Davison/Neale
Klinische Psychologie

Gerald C. Davison
John M. Neale

Klinische Psychologie

Ein Lehrbuch

übersetzt von
Jutta Schust

mit zusätzlichen Beiträgen
von Steffen Fliegel, Alexa Franke,
Heiner Keupp, Hans Reinecker

mit 235 Abbildungen, 48 Tabellen

3., neubearbeitete und erweiterte Auflage

Psychologie Verlags Union
München – Weinheim 1988

Übersetzung aus dem Amerikanischen von Jutta Schust, Regensburg
Titel der Originalausgabe: Abnormal Psychology. An Experimental Approach,
4th ed.

Lektorat
Dr. H. Jürgen Kagelmann, Petra Glück, Christa Neukirchinger

Redaktion
Brigitte Gerlinghoff, Ralf Horn

CIP-Titelaufnahme der Deutschen Bibliothek

1. Auflage 1979, 2. Auflage 1984,
Urban & Schwarzenberg, München–Wien–Baltimore
3. Auflage 1988 Psychologie Verlags Union,
München–Weinheim

Umschlagentwurf: Dieter Vollendorf, München
Herstellung: Wilfried Wirth, Regensburg
Satz, Druck: C. H. Beck'sche Buchdruckerei, Nördlingen
Bindung: Auer, Donauwörth
Printed in Germany.

ISBN 3-621-27030-2

Vorwort der Autoren zur 3. Auflage

Die heutige Klinische Psychologie stellt ein Gebiet dar, in dem es nur wenige gesicherte Erkenntnisse gibt. Nach wie vor sind die Art und Weise, wie dieses Gebiet begrifflich gefaßt werden sollte und die möglichen Fragestellungen in diesem Feld heftig diskutierte Themen. In diesem Buch versuchen wir zwei grundlegende Fragen zu beantworten: Was verursacht psychische Störungen und welche Behandlungsmöglichkeiten können am effektivsten psychisches Leiden verhindern oder reduzieren?

Der selektive Charakter der Wahrnehmung ist in der Psychologie zum Allgemeinplatz geworden. Sicherlich werden Autoren beim Verfassen eines Lehrbuchs von ihren Vorurteilen geprägt, wir sind da keine Ausnahme. Wir sind dem empirisch-wissenschaftlichen Ansatz verpflichtet, bewahren uns aber unsere Offenheit für andere Richtungen. Anstatt so zu tun, als wären wir unvoreingenommen und objektiv, versuchen wir, den Leser zu einer kritisch-reflektierenden Haltung unseren Annahmen gegenüber zu ermuntern. Auf diese Weise vorgewarnt, kann der Leser selbst über die Vorzüge unseres Standpunktes entscheiden. Gleichzeitig versuchen wir, so gut es uns gelingt, andere wichtige Ansätze in der heutigen Klinischen Psychologie angemessen und umfassend darzustellen. Ein Thema, das in diesem Buch immer wiederkehrt, ist die Bedeutung der, wie Kuhn (1962) es nennt, Paradigmen. Aus unserem intensiven Kontakt mit Studierenden wissen wir, wie wichtig es ist, vorgefaßte Meinungen bei der Suche nach Erkenntnissen explizit zu machen. Wenn wir Paradigmen darstellen, dann versuchen wir vor allem, deren Prämissen klar zu machen. Der Studierende soll, auch wenn er längst schon die einzelnen Tatsachen vergessen hat, die grundlegenden Probleme auf dem Gebiet der Klinischen Psychologie im Kopf behalten.

Eng damit zusammen hängt die Tatsache, daß wir mehrere Paradigmen in der Klinischen Psychologie favorisieren. Anstatt einen ganzen Bereich beispielsweise in das Paradigma des Sozialen Lernens zu zwängen, vertreten wir aufgrund des gegenwärtigen Erkenntnisstandes den Standpunkt, daß sich verschiedene Probleme in der Klinischen Psychologie innerhalb verschiedener Ansätze analysieren lassen. Bei der Untersuchung geistiger Behinderung und Schizophrenie müssen zum Beispiel physiologische Prozesse in Betracht gezogen werden, während zur Erklärung anderer Störungen die kognitive Verhaltenstheorie am geeignetsten erscheinen mag. Im Verlauf der immer wieder neu überarbeiteten Ausgaben unserer „Klinischen Psychologie" ist die Relevanz des Diathese-Streß-Modells immer offensichtlicher geworden. Die vorhandenen Daten deuten darauf hin, daß viele – vielleicht sogar die meisten – Störungen das Produkt subtiler Interaktionen zwischen physiologischen oder psychischen Prädispositionen einerseits und belastenden Lebensereignissen andererseits sind. Unsere Darstellung spiegelt diese Hypothesen und Ergebnisse ständig wider und unterstreicht unseren Standpunkt, daß ein Diathese-Streß-Paradigma für das Verständnis der meisten psychischen Störungen überaus nützlich ist.

Die Vorbereitung dieser neuen Auflage gab uns Gelegenheit, viele Teile des Buches weiter zu fundieren und wichtiges neues Material miteinzubeziehen, das seit der letzten Ausgabe veröffentlicht worden ist. Diejenigen, die die früheren Auflagen kennen, werden feststellen, daß aber unsere grundlegende Einstellung sich nicht verändert hat. Unsere Absicht ist es immer noch, den Studierenden unsere eigene Begeisterung über unser Fach zu vermitteln, und dabei auf noch ungelöste Fragen hinzuweisen, durch die die Forscher bei ihrer Suche nach den Ursachen psychischer Störungen sowie nach den geeigneten Möglichkeiten, diese zu verhindern und zu lindern, herausgefordert werden. Wenn wir die Untersuchungsergebnisse über die Ursprünge psychischer Störungen und die Wirksamkeit von speziellen Interventionen durchgehen, dann versuchen wir also, den Leser zu ermuntern, mit uns an einem Entdeckungsprozeß teilzunehmen.

Jedes Lehrbuch der Klinischen Psychologie,

das in den achtziger Jahren geschrieben wurde, kommt nicht umhin, die dritte Auflage des *Diagnostic and Statistical Manual of Mental Disorders (Diagnostisches und Statistisches Manual psychischer Störungen)* miteinzubeziehen, und unser Lehrbuch stellt dabei keine Ausnahme dar. Es ist erfreulich festzustellen, daß viele der Veränderungen, die in das DSM-III eingeführt wurden – wie z. B. die neue Kategorisierung affektiver Störungen, bessere operationale Definitionen jeder Kategorie, die Herausnahme von Homosexualität aus der Aufstellung psychischer Störungen, eine engere Definition von Schizophrenie usw. –, in den früheren Auflagen unseres Buches vorhergesehen und befürwortet wurden. Wir nehmen das DSM-III jedoch nicht unkritisch hin; diejenigen, die für seine Formulierungen verantwortlich sind, sind sich selbst des unvollständigen und sich erst entwickelnden Verständnisses menschlichen Leidens bewußt. An vielen Stellen äußern wir uns auch kritisch über dieses diagnostische Schema. Doch wir sind der festen Überzeugung, daß es eines Tages ein DSM-IV geben wird, und wir hoffen, daß wir dann – zusammen mit anderen Kollegen – einen Beitrag zur ständigen Verbesserung dieses Handbuchs leisten können.

Wie auch schon in der vorletzten Auflage wird auf die Behandlungsmöglichkeiten von speziellen Störungen in den Kapiteln über die entsprechenden Störungsformen eingegangen. Ebenso haben wir den abschließenden Teil über Intervention beibehalten, da wir immer noch die Auffassung vertreten, daß nur eine gesonderte und ausführliche Berücksichtigung es möglich macht, zusammen mit dem Leser die vielen verblüffenden und faszinierenden Probleme zu entdecken, auf die Klinische Psychologen stoßen, die psychische Störungen zu verhindern und zu behandeln versuchen. Das zentrale Kapitel 2, das sich den Paradigmen widmet, legt den Grundstock für die Kapitel 5 bis 17, welche die verschiedenen Störungen und das, was über ihre Ätiologie, Therapie und Prävention bekannt ist, beschreiben.

Wir freuen uns darüber, daß zahlreiche Kollegen und Studenten zu dieser überarbeiteten Auflage Beiträge geleistet haben. Ian Evans und Stephen A. Lisman, State University of New York, Binghamton; Martha Storandt, Washington University, und Paul Wachtel, New York University, lieferten gut durchdachte Empfehlungen für diese Auflage. Hilfreiche Literaturrecherchen verdanken wir Sharon Dolezal, Max Fuentes, David Haaga, Kathie Hilterbrand, Elizabeth Kandel und Linda Louie von der State University of Southern California sowie Alexandra Gaughan, Jill Hooley, Kevin Leach, Sally Thomason und Heiddis Valdimarsdottir von der State University of New York, Stony Brook. Ganz besonders möchten wir Keri Weed und Wendy Weicker danken, die große Teile der überarbeiteten Fassungen von Kapitel 16 und 17 entwarfen und neu schrieben.

Weiterhin danken wir unserer ,,Wiley Familie", Carol Luitjens, Mark Mochary, Stella Kupferberg, Elizabeth Meder, Dawn Stanley, Ed Burke und Barbara Heaney für ihre Kompetenz und Unterstützung. Wie schon früher geht unsere höchste Anerkennung an Priscilla Todd, mit deren Schreiberfahrung ein lesbarer und fesselnder Text entstand, ohne daß dadurch die wissenschaftliche Genauigkeit und fachmännische Verantwortung Einbußen erlitten. Für ihre schreibpraktische Unterstützung möchten wir Fran McCleod und Barbara Conklin von Stony Brook, Gertrude Langerud von der USC sowie Eve Davison und Asher Davison danken. Unser herzlichster Dank gebührt unseren Familien, die erneut ,,verlorene Wochenenden" und gelegentliche Unleidlichkeit ertrugen: Gail und Sean Neale und Carol, Eve und Asher Davison. Die Herausgeberschaft – wir entschieden die Reihenfolge unserer Namen per Münzwurf – entspricht der ersten Auflage.

Gerald C. Davison
John M. Neale

Redaktioneller Hinweis

Diese dritte Auflage der deutschsprachigen Ausgabe des „Davison/Neale" ist die Übersetzung der vierten amerikanischen Auflage. Sie enthält gegenüber der amerikanischen Originalausgabe drei Erweiterungen:
Einmal wurde die neueste – „revidierte" – Fassung des *Diagnostic and Statistical Manual of Mental Disorders,* das DSM-III-R, in den Text integriert, so daß die vorliegende Ausgabe die derzeit aktuellste und voraussichtlich noch viele Jahre gültige Fassung des wichtigsten Diagnostik-Systems der Psychiatrie/Psychopathologie zur Grundlage hat.

Zum zweiten wurde die Übersetzung durch einige Kapitel erweitert, in denen solche Forschungsrichtungen und Diskussionsschwerpunkte dargestellt werden, die im deutschsprachigen Raum eine besondere Rolle spielen. Dies betrifft die Kapitel über das sozialwissenschaftliche Paradigma (2a), über Verhaltensmedizin (19a) und über Gemeindepsychologie (20a).

Zum dritten wurde das Kapitel über die rechtliche Situation psychisch kranker Menschen (21a), das aus amerikanischer Perspektive geschrieben war, auf deutsche Verhältnisse übertragen.

Geleitwort zur 1. Auflage der deutschen Ausgabe

Die wachsende Bedeutung der Klinischen Psychologie für Ausbildung, Forschung und Praxis führte in den letzten 10 Jahren zu einer Vielzahl von einführenden Büchern im anglo-amerikanischen Sprachraum. Sowohl die in englischer Sprache verfaßten Lehr- und Einführungsbücher als auch die wenigen deutschen Einführungswerke weisen meist einen wesentlichen Mangel auf: der Bezug zu den Theorien und Ergebnissen der allgemeinen experimentellen Psychologie fehlt und abweichendes Verhalten wird aus der Sicht eines spezifischen vom Autor bevorzugten psychologischen Konzepts, meist aus der Sicht einer bestimmten „Schule“ der Psychologie gesehen. Einseitige und oft allzu spekulative Sichtweisen der dargestellten Verhaltensstörungen sind die notwendige Folge dieses Vorgehens. Mehr als andere Bereiche der Psychologie leidet die Klinische Psychologie an ihrer historischen Verbindung mit philosophischen Spekulationen und hat daher häufiger als andere psychologische Fächer den notwendigen Bezug zum empirischen Material verloren. Das Buch von Davison und Neale vermeidet die Fehler und Einseitigkeiten vieler Einführungstexte und versucht, die wichtigsten Störungsformen von verschiedenen theoretischen Blickpunkten aus abzuhandeln. Dabei fühlen sich die Autoren durchgehend einer sozialwissenschaftlichen Auffassung von Verhaltensstörungen verpflichtet, abnormes Verhalten wird nicht als Resultat eines *einzigen* Wirkfaktors (z. B. einer organischen Erkrankung des Gehirns) gesehen, sondern als das Produkt vieler psychologischer, physiologischer und gesellschaftlicher Faktoren. Verhaltensstörungen sind in den meisten Fällen *auch* Produkt eines kulturabhängigen gesellschaftlichen Bewertungsvorgangs und nicht feststehende Entitäten medizinischer Genese. Die Autoren versuchen lernpsychologische, physiologische, kognitiv-psychologische und psychoanalytische Aspekte bei den theoretischen Erklärungsansätzen zu den einzelnen Störungen in gleicher Weise zu berücksichtigen. Die Auswahl des empirischen Materials ist besonders gut gelungen und didaktisch geschickt mit den theoretischen Ansätzen verbunden worden. An allen Punkten des Buches wird die Vorläufigkeit unserer gegenwärtigen Datenbasis betont, die Fragwürdigkeit der diagnostischen und klassifikatorischen Kategorien aufgezeigt. Obwohl die Autoren der experimentellen Methodik in der Psychologie verpflichtet sind, werden wichtige Themenkreise der Klinischen Psychologie, die sich einer experimentellen Untersuchung weitgehend entziehen müssen, wie z. B. ethische Fragen, in die Überlegungen einbezogen.

Das Buch wird seit Jahren an unserem Institut als Einführungstext und Grundlage der Vorlesung „Einführung in die Klinische Psychologie“ verwendet. Die übersichtlichen Illustrationen und die gesondert hervorgehobenen Kästen mit spezifischen Problemkreisen erleichtern den Studierenden der Klinischen Psychologie in den ersten beiden Semestern des Hauptstudiums das Verständnis für die Fülle an Daten und theoretischen Ansätzen. Fallbeispiele, viele Abbildungen und Tabellen, Fotografien der bekanntesten Forscher und Bilderwitze lockern den Text auf und erleichtern das systematische Bearbeiten erheblich. Wir hoffen, daß dieses ausgezeichnete Lehrbuch in der deutschen Übersetzung eine große Verbreitung finden wird.

Prof. Dr. Niels Birbaumer,
Tübingen

Inhalt

Teil II. Störungen der Befindlichkeit und Streßreaktionen

Teil VI. Intervention

Teil I

Einführung und Grundlagen

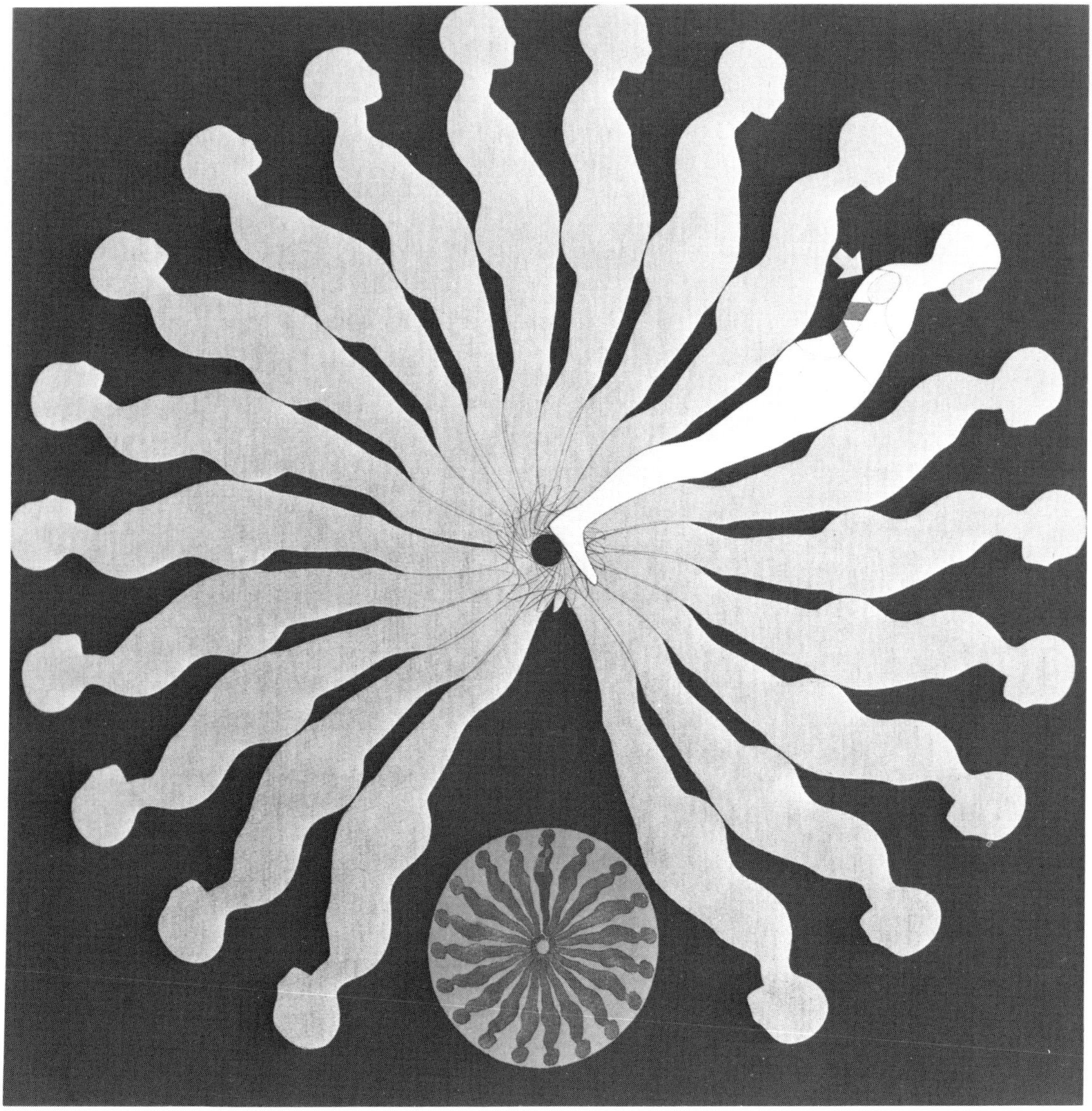

Kapitel 1

Einführung: Geschichtliche und wissenschaftstheoretische Betrachtungen

1. Geschichte der Psychopathologie
2. Wissenschaft: Ein menschliches Unternehmen

Ernst H., ein 35jähriger Polizist, saß bequem in einem Ledersessel, die Augen skeptisch auf seinen Therapeuten gerichtet, der sich bemühte, zwischen einer ganzen Reihe von Problemen einen Zusammenhang herzustellen. Ursprünglich hatte Ernst H. therapeutische Hilfe gesucht, weil er seit einiger Zeit beim Geschlechtsverkehr mit seiner Frau Schwierigkeiten hatte, die Erektion zu halten. Doch auf das sanfte Drängen des Therapeuten kam eine Fülle anderer Probleme zutage, von denen einige ihn seit seinen Kindertagen plagten, die meisten jedoch erst in den letzten Jahren.

Ernst hatte keine glückliche Kindheit gehabt. Als er sechs war, starb plötzlich seine Mutter, die er zärtlich liebte, und in den folgenden zehn Jahren lebte er entweder bei seinem Vater oder bei einer Schwester seiner Mutter. Sein Vater trank so stark, daß er kaum einen Tag ohne Alkohol leben konnte. Überdies war er extrem stimmungslabil und hatte sogar mehrere Monate mit der Diagnose „manisch-depressive Psychose" in einem psychiatrischen Landeskrankenhaus verbracht. Es gab kein regelmäßiges Einkommen, nie war genug Geld da, um fällige Rechnungen pünktlich zu bezahlen, und so reichte es denn auch nur zu einem Leben in einem der heruntergekommensten Wohnviertel. Zuweilen war der Vater völlig unfähig, für sich selbst – geschweige denn für seinen Sohn – zu sorgen. Ernst verbrachte dann Wochen, manchmal auch Monate, bei seiner Tante in einem nahegelegenen Vorort.

Trotz all dieser Benachteiligungen schloß Ernst die High School ab und besuchte anschließend die kostenlose städtische Hochschule. Seinen Lebensunterhalt verdiente er als Kellner in einem kleinen Restaurant. Während dieser College-Jahre wurden ihm seine psychischen Probleme erstmals schmerzlich bewußt. Ohne ersichtlichen Grund war er häufig tief deprimiert, und zuweilen folgten auf diese Anfälle von Traurigkeit Perioden manischen Überschwangs. Daß er diesen Stimmungsumschwüngen so hilflos ausgeliefert war, machte ihm große Sorgen, denn dasselbe hatte er bei seinem alkoholabhängigen Vater beobachten können. Menschen gegenüber, die er in irgendeiner Form als Autorität erlebte, fühlte er sich sehr unsicher, ob es nun sein Arbeitgeber, seine Professoren oder sogar auch Studienkollegen waren, mit denen er sich verglich und denen er sich unterlegen glaubte. Besonders schämte er sich seiner Kleidung, die – verglichen mit der seiner wohlhabenderen Kameraden – alt und abgetragen war.

An seinem ersten College-Tag sah er seine zukünftige Frau zum erstenmal. Als die hochgewachsene, schlanke junge Frau anmutig und selbstsicher zu ihrem Platz ging, folgten ihr nicht nur seine Blicke. Das ganze Semester über beobachtete er sie von weitem und wählte seinen Platz mit Bedacht immer so, daß er unauffällig zu ihr hinübersehen konnte. Eines Tages dann stießen sie beim Verlassen des Unterrichtsraumes zufällig zusammen, und ihre Wärme und ihr Charme ermutigten ihn, sie zu einem Kaffee einzuladen. Als sie die Einladung tatsächlich annahm, wünschte er fast, sie hätte es nicht getan.

Für ihn erstaunlich genug, verliebten sie sich

ineinander und heirateten noch während seines letzten College-Jahres. Ernst konnte nie so ganz glauben, daß sich diese ebenso intelligente wie schöne Frau wirklich etwas aus ihm machte. Im Laufe der Jahre wurden seine Selbstzweifel und die Zweifel an ihren Gefühlen für ihn immmer größer.

Er hatte eigentlich Jura studieren wollen, und dem hätte auch nichts entgegengestanden: seine Noten waren gut, und die juristische Fakultät hatte positiv entschieden. Doch er entschloß sich zum Eintritt in die Polizeiakademie. Er habe an seinen intellektuellen Fähigkeiten gezweifelt, erklärte er dem Therapeuten, und sei überdies zunehmend schlechter mit Situationen fertiggeworden, in denen er sich bewertet fühlte. Die Seminare waren ihm im letzten College-Jahr zur Qual geworden. Er hoffte, daß ihm Insignien und Uniform eines Polizeibeamten die Anerkennung und den Respekt verschaffen würden, die aus eigener Kraft zu erringen, er sich nicht zutraute.

Um ihm den Akademie-Besuch zu ermöglichen, brach seine Frau ein Jahr vor dem Abschluß ihr eigenes Studium ab und suchte sich eine Stelle als Sekretärin. Ernst war dagegen, denn er hielt sie für weitaus klüger als sich und sah nicht ein, warum sie um seiner Karriere willen ihre Möglichkeiten opfern sollte. Gleichzeitig mußte er jedoch die finanziellen Realitäten anerkennen, und so akzeptierte er denn widerwillig ihre Unterstützung.

Die Polizeiakademie erwies sich als noch belastender als das College. Seine Stimmungsumschwünge plagten ihn, wenn auch weniger häufig, weiterhin. Und wie sein Vater, der inzwischen dauerhaft hospitalisiert war, trank er, um seine seelische Qual zu lindern. Er meinte, seine Lehrer hielten ihn für einen Idioten, wenn er es kaum schaffte, vor die Klasse zu treten und eine Antwort zu geben, von der er selbst wußte, daß sie richtig war. Aber trotz allem stand er die körperlichen, geistigen und sozialen Zwänge der Akademie durch, schloß die Ausbildung erfolgreich ab und begann seine Polizeilaufbahn als Fußstreifen-Polizist in einem der wohlhabenderen Viertel der Stadt.

Einige Jahre später, als das Leben eigentlich hätte leichter werden sollen, wurde alles nur noch schlimmer. Er war jetzt 32 Jahre alt, hatte einen recht sicheren und verhältnismäßig gutbezahlten Arbeitsplatz und trug sich mit dem Gedanken an ein Kind. Seine Frau teilte seinen Wunsch, aber genau zu diesem Zeitpunkt begannen seine Potenzschwierigkeiten. Zunächst gab er dem Alkohol die Schuld: er trank allabendlich mindestens 150 ml Whisky und schränkte seinen Alkoholkonsum nur ein, wenn er Nachtdienst hatte. Doch bald fragte er sich, ob er nicht in Wirklichkeit der Verantwortung für ein Kind aus dem Weg ging, und schließlich quälte ihn der Zweifel, ob seine Frau ihn überhaupt attraktiv und begehrenswert fand. Je verständnisvoller und geduldiger sie sich bei seinen manchmal geradezu wütenden Liebesbemühungen zeigte, um so „unmännlicher" kam er sich vor. Er war unfähig, sich von seiner Frau helfen zu lassen, denn das, so glaubte er, sei ganz bestimmt nicht der „richtige" Weg zu einer befriedigenden sexuellen Beziehung. Die Probleme im Bett übertrugen sich auf andere Lebensbereiche. Sie schliefen immer seltener miteinander, was ihn nur noch mißtrauischer machte, denn seine Frau war jetzt, da sie die dreißig überschritten hatte, schöner und aufregender als je zuvor. Sie arbeitete in einer Anwaltskanzlei und war gerade befördert worden. Gelegentlich erzählte sie – vielleicht um ihn zu verspotten – von opulenten, alkoholreichen Abendessen mit ihrem Chef in einem eleganten Restaurant.

Den Anstoß zur Therapie gab ein häßlicher Streit mit seiner Frau. Ernst war schon seit Tagen euphorisch und übererregt. Um seiner Angst, die Kontrolle über sich gänzlich zu verlieren, Herr zu werden, trank er allabendlich fast eine ganze Flasche Whisky. Als seine Frau am bewußten Abend um zehn Uhr von der Arbeit kam, war Ernst bereits schwer betrunken. Er beschuldigte sie der Untreue und schlug sie. In ihrem Zorn und ihrer Angst stellte sie seine Männlichkeit in Frage, da er es nötig habe, eine Frau zu schlagen und warf ihm ihr enttäuschendes eheliches Liebesleben vor. Ernst stürmte aus dem Haus, verbrachte die Nacht in einer Bar und konnte sich am nächsten Tag immerhin soweit zusammenreißen, daß er sich um fachliche Hilfe bemühte.

Tag für Tag versuchen wir, andere Menschen zu begreifen. Herauszubringen, warum jemand dies oder jenes tut oder empfindet, ist ein schwieriges Unterfangen. Manchmal verstehen wir sogar uns selber nicht. Einsicht in das zu gewinnen, was bei uns als normales Verhalten gilt, ist schon mühsam genug. Aber noch viel verwirrender wird die Sache, wenn wir ein Verhalten verstehen wollen, das den Bereich des Normalen sprengt, wie das des Polizisten in der Fallgeschichte.

Befremdliches Verhalten oder befremdliche Gedanken kommentieren wir mit ,,Er ist nicht bei Verstand", ,,Er ist völlig verdreht", ,,Er ist ein Irrer", ,,Sie ist hysterisch" oder ,,Sie ist wirklich paranoid". Das Verhalten des betreffenden Menschen ist uns unerklärlich – also, so folgern wir, muß sein Geisteszustand aus dem Gleichgewicht geraten sein. Der ist aber häufig sehr viel gesünder, als derartige Charakterisierungen vermuten lassen. Erschreckende Beispiele ungewöhnlichen Verhaltens stehen im Blickpunkt des öffentlichen Interesses, auch wenn die wenigsten von uns dergleichen je selber aus der Nähe gesehen haben. Kaum eine Woche vergeht, ohne daß wir von einer Gewalttat, einem gräßlichen Mord mit einer Axt oder gar von Massenmorden hören und lesen. Der Täter, so lassen sich Polizei oder Psychiater vernehmen, sei ein ,,psychiatrischer Fall", dessen Lebensgeschichte von psychischer Labilität gekennzeichnet sei. Manchmal erfahren wir auch, daß der Betreffende bereits Patient einer psychiatrischen Klinik war.

Das ganze Spektrum abnormen Verhaltens sowie die verschiedenen Erklärungen, die man in älterer und jüngerer Zeit dafür gefunden hat, sind Gegenstand dieses Buches. Die Suche nach gültigen Erklärungen hat allerdings ihre Tücken. Wenn wir uns mit Klinischer Psychologie befassen, brauchen wir das, was man eine ,,große Ambiguitätstoleranz" nennen könnte: die Fähigkeit, mit sehr vorläufigen und häufig widersprüchlichen Informationen zurechtzukommen. Wirklich gesicherte Erkenntnisse auf diesem Gebiet gibt es sehr viel weniger, als wir uns wünschen würden; und das stellt Experten wie Studenten vor einige Probleme. Wie bereits erwähnt, ist recht wenig darüber bekannt, warum Menschen sich auf normale Weise verhalten, ganz zu schweigen von ihrem abnormen Verhalten. Wenn wir uns mit der Psychopathologie beschäftigen, sollten wir uns also immer vor Augen halten, daß es in diesem Bereich selten unanfechtbare, gesicherte Antworten gibt. Viele der Ergebnisse, über die wir hier berichten, werden zweifellos in ein paar Jahren überholt sein. Doch Ambiguität der Ergebnisse bedeutet keineswegs, daß die Forschung wertlos sei, wie hoffentlich deutlich wird, wenn wir unseren wissenschaftstheoretischen Standpunkt darstellen. Wichtiger als die spezifischen Antworten, die zu einem bestimmten Zeitpunkt zur Verfügung stehen, sind die Fragen, die gestellt werden: sie sind der eigentliche Kern unseres Forschungsgebietes.

Ein weiteres Problem, das Fachleute mit Laien teilen, besteht darin, daß jedem Menschen Verhalten unmittelbar nahe ist. Ärzte, so scheint es, können ihrem Gegenstand emotional unbeteiligter begegnen als Psychologen, besonders wenn diese sich auf das Studium abnormen Verhaltens spezialisiert haben. Die allgegenwärtigen, beunruhigenden Auswirkungen abnormen Verhaltens dringen in unser aller Leben ein. Wer von uns hätte noch nie die Erfahrung irrationaler Gedanken und Gefühle gemacht? Wer hätte nicht schon bei irgendjemandem, einem Freund oder Verwandten ein Verhalten erlebt, das ihm völlig unverständlich war? Jeder, der das kennt, weiß, wie frustrierend und beunruhigend es ist, einen Menschen, der unter psychischen Schwierigkeiten leidet, zu verstehen und ihm helfen zu wollen.

Unsere Nähe zu diesem Forschungsgegenstand trägt natürlich zu der Faszination bei, die er ausübt. Kein Wunder also, daß Einführungen in die Klinische Psychologie zu den beliebtesten Studienveranstaltungen gehören. Viele fühlen sich zum Studium der Klinischen Psychologie ermutigt, weil sie mit dem Gegenstand vertraut sind; darin liegt ein deutlicher Nachteil. Wir alle haben schon vorher eine bestimmte Art und Weise entwickelt, über Verhalten nachzudenken und zu sprechen, haben uns Worte und Begriffe angewöhnt, die irgendwie zu *passen* scheinen. So mag man zum Beispiel der Meinung sein, daß sich die Erforschung der Angst auf die unmittelbare Erfahrung von Angst konzentrieren sollte: ein Vorgehen, das wir als *phänomenologischen* Ansatz kennen und das eine mögliche formale Methode ist, sich menschlichem Verhalten forschend zu nähern. Als Verhaltenswissenschaftler müssen wir trennen zwischen dem, was unserem *Gefühl* nach die angemessene Form ist, über menschliches Verhalten und menschliche Erfahrung zu sprechen, und dem, was sich als der fruchtbarere Weg erwiesen hat, beides zu untersuchen. Wo die meisten Menschen von „entsetzlicher Angst" reden würden, hieße es bei uns wohl eher „Angstreaktion von großer Intensität". Das ist beileibe nicht nur ein Spiel mit Worten. Das Wort „Spiel" trifft die Sache allenfalls insofern, als wir bestimmten Regeln folgen, meint aber keineswegs, daß wir uns mit etwas wenig Ernsthaftem beschäftigen, das man nach Belieben so oder auch anders machen kann. Entscheidend ist, daß die Begriffe und Bezeichnungen, derer wir uns bei der ernsthaften Erforschung abnormen Verhaltens bedienen, vom subjektiven Gefühl der Angemessenheit, das unseren alltäglichen Sprachgebrauch prägt, frei sind. Der Leser wird sich also mit Bezugsrahmen vertraut machen müssen, die sich von denen, die wir – ob Laien oder Experten – im Alltag gewöhnt sind, unterscheiden.

Die Fallbeschreibung zu Beginn dieses Kapitels läßt Spielraum für die verschiedensten Interpretationen. Zweifellos haben auch Sie bestimmte Vorstellungen davon, wie Ernst zu dem wurde, was er ist, wo seine eigentlichen Schwierigkeiten liegen, und glauben vielleicht sogar auch zu wissen, wie ihm zu helfen wäre. Wir kennen kaum eine größere intellektuelle und emotionale Herausforderung als die, zu entscheiden, wie das Leben eines Menschen mit psychischen Schwierigkeiten begrifflich zu fassen und wie er oder sie am besten zu behandeln sei. Wir werden auf den Fall Ernst H. gegen Ende des nächsten Kapitels noch einmal zurückkommen, um zu illustrieren, wie Vertreter unterschiedlicher theoretischer Richtungen den Fall beschreiben könnten und wie jeweils ihr Versuch aussehen würde, dem Klienten zu helfen.

1. Geschichte der Psychopathologie

Als Psychopathologen interessieren wir uns für die Ursachen abweichenden Verhaltens. Die Suche nach diesen Ursachen ist ein sehr altes menschliches Anliegen. Bevor es wissenschaftliche Forschung in unserem Sinne gab, galten alle guten oder bösen Kräfte, die der Kontrolle des Menschen entzogen waren – Sonnenfinsternisse, Erdbeben, Stürme, Donner und Blitz, Feuer, schwere und verstümmelnde Krankheiten, Dunkel und Licht, der Wechsel der Jahreszeiten –, als etwas Übernatürliches. Auch Verhalten, über das der Mensch offenbar keine Macht hatte, interpretierte man ähnlich. In den frühesten Schriften der Philosophen, Theologen und Ärzte, die sich mit den Verwirrungen des Geistes beschäftigten, wird solche Abweichung auf den Zorn der Götter oder dämonische Besessenheit zurückgeführt.

Frühe Dämonologie

Die Lehre, daß ein teilweise oder völlig autonomes böses Wesen, wie der Teufel, sich in einer Person aufhalten und ihren Geist und Körper beherrschen kann, wird *Dämonologie* genannt. Die Religion der alten Babylonier sah für jede Krankheit einen eigenen Dämon vor. Idta hieß der Dämon, der den Wahnsinn brachte. Ähnliche Beispiele dämonologischen Denkens kennen wir aus Berichten des alten China, aus Ägypten und Griechenland. Auch die alten Hebräer hielten einen Menschen, der sich sonderbar verhielt, für besessen von bösen Geistern, nachdem Gott in seinem Zorn die Hand von ihm abgezogen hatte. Von Christus wird berichtet, er habe einen Mann geheilt, der „unreinen Geistes" war, indem er die Teufel aus ihm vertrieb und in eine Herde Schweine jagte. Die Besessenheit soll auf die Tiere übergegangen sein, und diese hätten sich von einem Abhang ins Meer gestürzt und seien ertrunken (Markus 5, 8–13).

Zur Behandlung der Besessenen, d.h. Bekämpfung und Austreibung der Dämonen, dienten gewöhnlich ausgefeilte Gebetsriten, Lärmrituale oder auch ein schrecklich schmeckendes Gebräu, das man den Betroffenen zu trinken zwang. Gelegentlich griff man auch zu extremeren Maßnahmen wie Auspeitschen und Nahrungsentzug, um so den Körper für die Teufel unbewohnbar zu machen.

Aber schon in diesen alten Zeiten lernten es die Priester, ihre Beschwörungen durch Güte und Fürsorge zu mildern. Im ägyptischen Memphis wurde der Tempel des Imhotep, des Gottes der Heilung, zum Hospital und zur Ausbildungsstätte für Ärzte. Eine der wichtigsten therapeutischen Maßnahmen war der Schlaf im Tempel. Man drängte die Kranken auch, sich künstlerisch zu betätigen, Ausflüge auf dem Nil zu unternehmen und Tänze und Konzerte zu besuchen. Die Tempel des Asklepios, des griechischen Gottes der Heilkunst, errichtete man in der Nähe von Heilquellen oder auf hohen Bergen. Auch die Asklepios-Priester bauten auf die heilende Wirkung des Schlafs innerhalb des Heiligtums; angeblich erschien den Patienten Asklepios selbst oder einer seiner Priester im Traum und erteilte ihnen Rat. Am Morgen verließen sie den Tempel entweder geheilt oder sie änderten ihr Leben, wie es ihnen empfohlen worden war. Zur Behandlung gehörten Bäder, Diät, Spaziergänge, Reiten und andere Körperübungen. Aber diejenigen, deren befremdliches und unberechenbares Verhalten all diesen Maßnahmen trotzte, wurden gelegentlich mit Steinen aus dem Tempel getrieben.

Der griechische Arzt Hippokrates vertrat eine somatogenetische Auffassung abnormen Verhaltens und hielt Wahnsinn für eine Krankheit des Gehirns.

Somatogenese

Hippokrates (um 460–377 v. Chr.) erhielt seine erste medizinische Ausbildung im berühmten Asklepios-Tempel von Kos. Er, der oft als der Vater der modernen Medizin angesehen wird, und der mit seinem Denken außerhalb des *Zeitgeistes* oder der geistigen und emotionalen Strömungen seiner Zeit stand, trennte die Medizin von Religion, Magie und Aberglauben und verwarf die in Griechenland vorherrschende Ansicht, daß schwere Krankheit und seelische Verwirrung Strafe der Götter seien. Er bestand darauf, daß solche Krankheiten natürliche Ursachen hatten und genauso zu behandeln seien wie die üblichen Krankheiten, wie etwa Erkältung und Verstopfung. Intellekt und Gefühl waren für ihn eine Sache des Gehirns, und daraus folgte, daß abweichendem Denken und Verhalten eine Pathologie des Gehirns zugrunde lag. Hippokrates gilt vielfach als einer der ersten Vertreter einer *somatogenetischen* Hypothese zur Erklärung gestörten Verhaltens: Etwas ist mit dem *Soma*, dem Körper, nicht in Ordnung und dieses Etwas stört Denken und Handeln. Er erkannte auch, daß auch umweltbedingte und emotionale Belastungen Körper und Geist zerstören können. Er teilte die psychischen Störungen in drei Kategorien ein: Manie, Melancholie und Phrenitis oder Gehirnfieber. Seine Lehre bewirkte, daß das Phänomen des abnormen Verhaltens zunehmend dem Einfluß der Priester entzogen wurde und in die Zuständigkeit der Ärzte überging.

Bei der Behandlung seiner Patienten versuchte *Hippokrates,* mit natürlichen Mitteln zu heilen, was er als natürliche Erscheinung betrachtete. Bei Melancholie verordnete er Ruhe, Nüchternheit, sorgfältige Wahl von Nahrung und Getränken und sexuelle Abstinenz. Er nahm an, daß diese Behandlung eine heilsame Wirkung auf Gehirn und Körper haben würde. Weil *Hippokrates* eher von natürlichen als von übernatürlichen Krankheitsursachen überzeugt war, vertraute er seinen eigenen genauen Beobachtungen und hinterließ nützliche klinische Aufzeichnungen. Mit beachtlicher Detailtreue beschrieb er viele Krankheitssymptome, die wir inzwischen der Epilepsie, dem Alkoholentzugsdelirium, dem Schlaganfall und der Paranoia zuordnen.

Seine physiologischen Vorstellungen waren indes recht undifferenziert. Für das normale Funktionieren des Gehirns und also auch für die seelische Gesundheit machte er das delikate Gleichgewicht der vier „Säfte" oder Körperflüssigkeiten: Blut, schwarze Galle, gelbe Galle und Schleim (Phlegma) verantwortlich. Jegliches Ungleichgewicht führe zur Krankheit. Wenn ein Mensch träge und dumm sei, habe vermutlich der Schleim ein Übergewicht. Zuviel schwarze Galle war die Erklärung für Melancholie, zuviel gelbe Galle für Reizbarkeit und Ängstlichkeit und zuviel Blut für ein launisches Temperament. Die humorale Pathologie des *Hippokrates* hielt späterer wissenschaftlicher Forschung nicht stand. Seine Grundvoraussetzung aber, daß menschliches Verhalten unmittelbar von Körperstrukturen oder -substanzen bestimmt werde und daß abnormes Verhalten seine Ursache in irgendeiner Form von Ungleichgewicht oder auch körperlicher Schädigung habe, enthält bereits Aspekte modernen Denkens. In den folgenden sieben Jahrhunderten, vor und nach Christi Geburt, wurde der somatogenetische Ansatz des *Hippokrates* von vielen seiner Landsleute, darunter *Aristoteles, Platon* und *Galen,* aber auch von den Römern übernommen, die die griechische Medizin bei sich heimisch machten, nachdem ihre Stadt zum Machtzentrum der antiken Welt geworden war.

Galen (130–200 n. Chr.), der letzte große Arzt der klassischen Antike, war ein produktiver Schriftsteller, der die Medizin der Antike von *Hippokrates* bis zu seiner Zeit systematisch erfaßte. Er übernahm die Lehre von den Körpersäften und baute sie weiter aus, war aber auch der erste experimentelle Physiologe. Das Sezieren des menschlichen Körpers war seinerzeit verboten, und so studierte Galen die Anatomie von Affen und Schweinen. Durch seine wissenschaftliche Untersuchung des Nervensystems konnte er die Aufmerksamkeit auf das Gehirn und dessen Funktion im psychischen Geschehen lenken.

Frühmittelalter und Dämonologie

In starker Verallgemeinerung haben Historiker oft behauptet, mit dem Tod Galens im dritten nachchristlichen Jahrhundert sei das Mittelalter für die Medizin im allgemeinen und die Behandlung und Erforschung abnormen Verhaltens im besonderen angebrochen.

In der Tat konzentrierte sich die Weltmacht Rom im Verlaufe des dritten Jahrhunderts zunehmend auf das Militär, so daß auch der Zivilverwaltung, soweit es sie noch gab, kaum ein anderes Betätigungsfeld blieb. Das Militär hatte nur noch die einzige Aufgabe, die Grenzen des inzwischen unübersichtlichen und aus den Fugen geratenden Reiches zu schützen. Die Wirtschaft brach zusammen und das geistige Leben verarmte. Ende des fünften Jahrhunderts (476) wurde der letzte römische Kaiser abgesetzt. Nach mehreren Jahrhunderten des Niedergangs hatte die griechisch-römische Zivilisation schließlich aufgehört zu existieren. Gleichzeitig hatten die Kirchen an Einfluß gewonnen. Das Papsttum wurde als vom Staat unabhängig erklärt und wurde zum wichtigen Faktor kirchlicher Einheit. An die Stelle der klassischen Kultur trat das christliche Mönchtum mit seiner Missions- und Bildungsarbeit. Die Natur wurde zum Spiegel des göttlichen Willens und blieb folglich menschlicher Einsicht verschlossen. In einem solchen System hatte wissenschaftlich-systematische Beobachtung, wie die Griechen sie pflegten, keinen Platz.

Um die Kranken kümmerten sich die Klöster; in einigen wurden die medizinischen Schriften aus dem klassischen Griechenland aufbewahrt, auch wenn das in ihnen zusammengetragene Wissen wohl kaum angewandt wurde. Die Mönche sprachen Gebete über die psychisch Kranken und berührten sie mit Reliquien, brauten ihnen auch wohl einen wunderlichen Trank, der bei abnehmendem Mond zu trinken war. Manche Angehörige sperrten die Gestörten oft in Käfige, manchmal verleugneten sie sie aus Angst und Aberglauben. Viele der psychisch Kranken irrten im Land umher, verkamen im Schmutz und büßten langsam ihre restlichen geistigen Fähigkeiten ein.

Die frühe Kirche begegnete der Hexenkunst von Anfang an mit Mißtrauen und mißbilligte ihre Anwendung. Gott allein wurde die ganze

Mittelalterliche Holzschnitte der vier Temperamente. Jedes Temperament, so glaubten die Anhänger Galens, gehe auf eine Überproduktion einer der vier Körperflüssigkeiten zurück: der Mann mit unbeständigem Temperament, der zuviel Blut hat; der melancholische Mann voll schwarzer Galle; der heißblütige oder cholerische Mann mit zuviel gelber Galle; und der träge, phlegmatische Mann mit zuviel Schleim.

Macht zugeschrieben. Seit 1140 wies das kanonische Recht den Klerus an, Behauptungen böser Frauen, Satan selbst habe sie befähigt, bei Nacht auf dem Rücken von Tieren große Entfernungen zurückzulegen, als reine Phantasie zu bezeichnen. Doch in den folgenden dreißig Jahren gewann die dualistische Irrlehre, die dem Teufel als gleichberechtigtem Widersacher Gottes reale Macht zuerkannte, im westlichen Deutschland, in Flandern, Frankreich und Norditalien mit katastrophaler Geschwindigkeit an Boden. Kirche und Staat fühlten sich gleichermaßen bedroht. Schon 1252 lief die Inquisitionsmaschinerie auf vollen Touren. Häretiker wurden vor ein Kirchengericht gestellt, und wenn sie nicht widerriefen, zivilen Autoritäten zur Bestrafung überantwortet, was gewöhnlich den Tod auf dem Scheiterhaufen bedeutete. Päpstliche Inquisitoren, die autorisiert wurden, Geständnisse und Namen weiterer Häretiker durch Folter aus den Beschuldigten herauszupressen, sandte man in die bedrohten Bistümer, damit sie den Kampf gegen die Häresie beaufsichtigten.

In diesem und den folgenden Jahrhunderten war das ganze Volk, das bereits von sozialen Unruhen ergriffen war und unter Hungersnöten und Seuchen litt, wie vom Teufel besessen. Die Hexenkunst, die nunmehr als Eingebung des mächtigen Satans der Häretiker galt, war selbst Häresie und Abkehr von Gott. Die angeblichen Bräuche der Hexen – sie feierten Sabbats, pflegten Umgang mit dem Teufel, verwandelten sich selbst in Tiere, machten Männer impotent, ließen den Weizen des Nachbarn verfaulen und sein Vieh eingehen, und sie töteten Menschen, indem sie ihre wächsernen Bilder schmolzen – wurden nicht mehr als Phantasien, sondern als Tatsachen genommen. Solche Übeltaten fielen natürlich in die Verantwortung der Inquisition, und so begann man in ganz Europa, die Hexen zu jagen und zu verbrennen. Mit unerklärlichen und furchteinflößenden Ereignissen konfrontiert, waren die Menschen geneigt, nach jeder Erklärung, die sich ihnen bot, zu greifen. Die Zeiten hatten sich gegen die angeblichen Hexen verschworen, um ihnen ungeheure Schuld aufladen zu können.

Foltermethoden, mit denen der Hexerei Angeklagte zum Geständnis gezwungen wurden.

1484 ermahnte Papst Innozenz VIII. den Klerus Europas in einer päpstlichen Bulle, bei der Verfolgung der Hexen keinen Stein auf dem anderen zu lassen. Er entsandte Jakob Sprenger und Henricus Institoris, zwei Dominikaner-Mönche, als Inquisitoren nach Norddeutschland. Mit dem *Malleus Maleficarum* („Der Hexenhammer") gaben die beiden zwei Jahre später einen umfassenden Leitfaden für die Hexenjagd heraus. Dieses juristische und theologische Dokument wurde zum Hexen-Handbuch für Katholiken wie Protestanten. Manche Frauen, so hieß es darin, verkehrten, von unersättlicher „Fleischeslust" getrieben, sogar mit Teufeln und würden so zu Hexen. Hexen besaßen untrügliche Male, etwa rote Flecken oder empfindungslose Stellen auf der Haut – Spuren, die die Teufelsklaue bei der Unterzeichnung des Paktes hinterließ. Und das Handbuch bestätigte, daß Hexen ebenso unter die Gesetze der Inquisition fielen wie Häretiker. Waren die der Hexerei Angeklagten nicht geständig, so wurde Folter vorgeschrieben. Waren sie überführt und bußfertig, lautete die Strafe auf lebenslangen Kerker. Galten sie als überführt, aber unbußfertig, hatte man sie der weltlichen Gerichtsbarkeit und damit der Todesstrafe

Die Tauchprobe. Ertrank die Frau nicht, galt als bewiesen, daß sie mit dem Teufel im Bunde war.

zu überantworten. Verlor jemand plötzlich den Verstand, war das ein Zeichen dafür, daß ein Teufel von ihm Besitz ergriffen hatte, der nur mit Hilfe des Scheiterhaufens auszutreiben war. Etliche Hexenprozesse waren Massenprozesse, und mit der Zeit fanden viele Verfahren gleich vor weltlichen Gerichten statt. In den folgenden Jahrhunderten sollen Hunderttausende von Frauen, Männern und Kindern angeklagt, gefoltert und hingerichtet worden sein, aber die Quellen zu dieser Epoche sind nicht sehr zuverlässig.

Als erstes Land dämmte Spanien solche Exzesse ein. 1610 kam der Inquisitor Alonso Salazar y Frias zu dem Schluß, daß die meisten Anklagen in Logrono, Navarra, nicht rechtens waren. Er ordnete an, daß Anklage nur erhoben werden dürfte, wenn es objektive Beweise gebe. Er verbot die Folter und Eigentumskonfiszierungen. Danach gingen die Anklagen wegen Hexerei in Spanien stark zurück. In einem Brief vom 16. Februar 1649 befahl Königin Christina von Schweden ihrem Minister, alle der Hexerei Angeklagten, mit Ausnahme der Mörder unter ihnen, auf freien Fuß zu setzen, allerdings lebte die Hexenjagd in Schweden zwanzig Jahre später unter einem anderen Herrscher noch einmal kurz auf. In Frankreich wurden die Hexenprozesse nach einem 1682 von Ludwig XIV. erlassenen Edikt allmählich eingestellt. Die letzte Hexenverbrennung fand 1782 in der Schweiz statt.

Hexenverbrennung

Psychisch Kranke als Hexen

Eine Zeitlang herrschte die Meinung vor, daß im späteren Mittelalter alle psychisch Kranken als Hexen gegolten hätten (*Zilboorg* und *Henry*, 1941). Zuweilen gestanden die Angeklagten, Umgang mit dem Teufel gehabt zu haben und zu Hexensabbats, ihren geheimen, kultischen Treffen, geflogen zu sein. Solche Berichte haben zeitgenössische Autoren als Einbildungen oder Halluzinationen interpretiert und also für Symptome einer Psychose gehalten. Auf der Suche nach „Teufelsmalen", den schmerzunempfindlichen Hautstellen, zogen professionelle Hexenstecher von Stadt zu Stadt, um Angeklagte mit Nadeln zu stechen. Solche Anästhesien kennen wir heute als Symptome von Hysterie, und daher wird die Tatsache, daß manche „Hexen" keine Reaktion zeigten, wenn sie gestochen wurden, als Beweis für ihren Wahnsinn genommen.

Sorgfältigere Analysen der Hexenjagden offenbaren jedoch, daß, obwohl es unter den angeklagten Hexen zweifellos psychisch gestörte Menschen gab, weitaus mehr gesunde als kranke Menschen abgeurteilt wurden. Die wahnhaften Bekenntnisse wurden typischerweise unter brutaler Folter abgelegt. Zeitgeist und Ankläger legten den Gepeinigten die Worte in den Mund. In England, wo die Folter verboten war, enthielten die Bekenntnisse für gewöhnlich nämlich keine Hinweise auf Wahn oder Halluzinationen. Und Schmerzunempfindlichkeit kann bis hin zu organischen Störungen viele Ursachen haben. Aber noch wichtiger ist, daß Fälle bewußter Täuschung dokumentiert sind. Oft war die Nadel an einem hohlen Schaft befestigt, so daß sie die Haut gar nicht wirklich durchstieß, obwohl sie tief in den Körper einzudringen schien (*Schoeneman*, 1977; *Spanos*, 1978).

Auswertungen anderer Quellen zeigen, daß psychische Krankheiten nicht unbedingt als Hexerei ausgelegt wurden. Seit dem dreizehnten Jahrhundert hatten die europäischen Städte stetig an Einwohnern zugenommen, und immer mehr Hospitäler wurden der weltlichen Rechtsprechung unterstellt. Die städtische Amtsgewalt wuchs und damit die Tendenz, kirchliche Aktivitäten zu ergänzen oder ganz in die eigene Verantwortung zu übernehmen, darunter die Fürsorge für die Kranken. Die Gründungsurkunde des Holy Trinity Hospital im englischen Salisbury, Mitte des vierzehnten Jahrhunderts, vermerkt als Sinn und Ziel des Hospitals unter anderem, daß „die Irren sicher verwahrt werden, bis sie wieder bei Verstand sind". Nach dem zeitgenössischen britischen Gesetz konnten gemeingefährliche Irre und Schwachsinnige im Hospital verwahrt werden. Wohlgemerkt, diese Menschen wurden nicht als Besessene beschrieben (*Allderidge*, 1979).

In England gab es seit dem dreizehnten Jahrhundert gerichtliche Untersuchungen zur Feststellung der psychischen Gesundheit eines Menschen, deren Protokolle *Neugebauer* (1979) geprüft hat. Die Untersuchungen unterstanden der Krone, die das Recht besaß, den psychisch aus dem Gleichgewicht Geratenen zu schützen. Lautete das Urteil auf Wahnsinn, konnte die Krone das Vermögen des Betroffenen verwalten. Untersucht wurden Orientierungsfähigkeit, Gedächtnis, Intellekt, Alltag und Gewohnheiten des Beklagten. Man erklärte befremdliches Verhalten normalerweise mit körperlicher Krankheit oder Verletzung oder einem emotionalen Schockerlebnis. Von all den Fällen, die *Neugebauer* untersucht hat, lautete das Urteil nur ein einziges Mal auf Besessenheit. Letzteres war also ganz eindeutig nicht die im Mittelalter vorherrschende Erklärung für psychische Störungen, wie man früher glaubte (vgl. Kasten 1.1).

Die Entwicklung der Asyle

Bis zum Ende der Kreuzzüge, im fünfzehnten Jahrhundert, gab es in Europa praktisch keine Hospitäler für psychisch Kranke. Allerdings existierten bereits Tausende von Hospitälern für Leprakranke: im zwölften Jahrhundert allein in England und Schottland 220 bei einer Einwohnerzahl von anderthalb Millionen. Als die Zeit

Ein priesterlicher Exorzist versucht, einer Frau den Teufel aus dem Körper zu treiben.

Zwei Damen aus der Gesellschaft machen sich einen Spaß daraus, St. Mary's of Bethlehem (Bedlam) zu besichtigen. Hogarth, ein Maler des 18. Jahrhunderts, fing diese Szene mit seinem berühmten Bild in aller Schärfe ein.

der großen Kreuzzüge im wesentlichen vorüber war, verschwand die Lepra allmählich aus Europa, vermutlich, weil aus dem Osten keine Infektionen mehr eingeschleppt wurden. Der Aussatz hörte also auf, Gegenstand großer nationaler Sorge und Fürsorge zu sein, und man scheint sich statt dessen vermehrt den Geisteskranken zugewandt zu haben.

Im fünfzehnten und sechzehnten Jahrhundert ging man dann ernsthaft daran, die psychisch Kranken zu internieren, manchmal in ehemaligen Lepra-Hospitälern. Einige dieser *Asyle* waren nicht nur für psychisch Gestörte, sondern auch für Bettler vorgesehen. Bettler wurden seinerzeit als ein großes soziales Problem angesehen. Im sechzehnten Jahrhundert schlugen sich in Paris, das damals kaum 100000 Einwohner hatte, 30000 Menschen als Bettler durch. Die einzige Behandlung, die man den Insassen dieser Institutionen angedeihen ließ, war der Versuch, sie zum Arbeiten zu bringen. Aber gleichzeitig entstanden auch Hospitäler, die eigens für die Internierung psychisch Kranker bestimmt waren. 1243 wurde in London die Priory of St. Mary of Bethlehem gegründet. 1403 beherbergte sie sechs geistesgestörte Männer; sie wurde 1547 von Heinrich VIII. der Stadt London übereignet, um von da an ausschließlich der Verwahrung von Geisteskranken zu dienen. Die Verhältnisse in Bethlehem waren erbärmlich. Im Laufe der Zeit wurde „bedlam", der volkstümliche Name des Hospitals, zur stehenden Redewendung für Aufruhr und Chaos, und die Institution selbst zu einer der größten Touristenattraktionen Londons. Im achtzehnten Jahrhundert lief sie Westminster Abbey und dem Tower fast den Rang ab. Sogar noch im neunzehnten Jahrhundert machte man sich ein Vergnügen daraus, die gewalttätigen Patienten und ihre Possen – gegen Eintrittsgeld – zu bestaunen. Die Insassen des 1784 fertiggestellten

Kasten 1.1
Der Fall Salem: Hexerei oder Vergiftung?

Im Dezember 1691 wurden acht Mädchen, die in oder nahe bei Salem Village lebten, von seltsamen ,,Störungen" heimgesucht, die nach medizinischer Untersuchung verlangten. Aber die Ärzte fanden keine Erklärung für die konfuse Sprache, die seltsamen Körperhaltungen und Gesten und die Krampfanfälle der Mädchen. Eines von ihnen war die Tochter, ein anderes die Nichte des Geistlichen Samuel Parris. Eine Nachbarin beauftragte schließlich auf eigene Faust Parris' Sklaven Tituba, aus Roggenmehl und dem Urin der Mädchen einen ,,Hexenkuchen" zu backen und diesen an einen Hund zu verfüttern, worauf sich zeigen sollte, ob die Mädchen der Hexerei verfallen waren. 1692 beschuldigten die Mädchen ihrerseits Tituba und zwei ältere Frauen der Hexerei, und alle drei wurden verhaftet. In seinen kirchlichen Verlautbarungen ging Parris mit der Tat seiner Nachbarinnen scharf ins Gericht: Bevor nicht ein Mitglied der Gemeinde versucht habe, ,,den Teufel mit dem Teufel auszutreiben", sei weder der Verdacht der Hexerei laut geworden, noch habe es Berichte über Mißhandlung durch außernatürliche Erscheinungen gegeben.

Aber nun hagelte es Anklagen. Die Gefängnisse Salems, seiner Nachbarstädte und sogar die des fernen Boston füllten sich mit Angeklagten, die auf ihren Prozeß warteten. Bis Ende September hatten neunzehn Menschen den Weg zum Galgen angetreten, und ein Mann war zu Tode gequetscht worden. Überführt wurden sie ohne Ausnahme durch ,,Geisterbeweis" (ein Geist des oder der Angeklagten war auch dem Ankläger erschienen) und mit Hilfe der Berührungsprobe (der Anfall eines Anklägers oder einer Anklägerin hörte auf, wenn er oder sie vom Angeklagten berührt wurde). Die gestörten Mädchen wohnten den Prozessen bei und störten die Verhandlungen häufig mit ihren heftigen Anfällen, Krämpfen und offensichtlichen Halluzinationen von Gespenstern und ,,Hausgeistern" (Geister, die dem Volksglauben nach häufig Tiergestalt annahmen und einer Hexe zu Diensten waren).

Noch vor der letzten Hinrichtung wurden die Hexenprozesse auf November vertagt. Doch das vom Gouverneur einberufene Sondergericht sollte nie wieder zu diesem Zweck zusammenkommen. Im Januar 1693 trat ein höheres Gericht zusammen und beschäftigte sich mit den fünfzig von einer Geschworenen-Jury erhobenen Anklagen wegen Hexerei. Man eröffnete die Verhandlung gegen zwanzig Personen, siebzehn wurden freigesprochen und drei verurteilt, wenn auch nie hingerichtet. Im Mai 1693 fand diese seltsame Episode jedoch ein Ende, als Gouverneur Phips eine

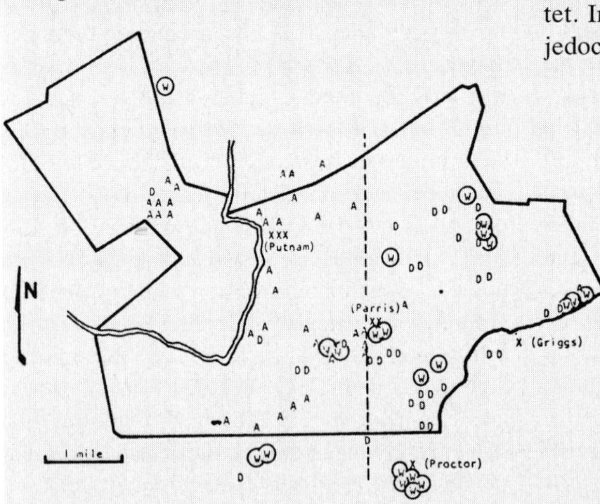

Lageskizze von Salem, 1692. Die Namen in Klammern bezeichnen die Häuser, in denen die ‚besessenen' Mädchen lebten. Die Bewohner sind wie folgt gekennzeichnet: ×, betroffenes Mädchen; W, angeklagte Hexe; D, Verteidiger einer angeklagten Hexe; A, Ankläger. Dreißig der zweiunddreißig Ankläger lebten im westlichen Teil des Ortes, und zwölf der vierzehn angeklagten Hexen im östlichen Teil.

Generalamnestie erließ und die immerhin noch ungefähr 150 der Hexerei angeklagten Männer und Frauen freiließ.

Obwohl die angeklagten Hexen im allgemeinen reputierliche Gemeindemitglieder waren, findet man die Salemer Ereignisse häufig als Beispiel dafür zitiert, welch furchtbare Folgen der weitverbreitete Glauben an teuflische Besessenheit für die unglücklichen psychisch Kranken hatte. Gelegentlich beschreibt man auch die Ankläger und Anklägerinnen aufgrund ihrer Halluzinationen als schizophren. Aber es ist kaum wahrscheinlich, daß Schizophrenie bei einer ganzen Gruppe junger Frauen gleichzeitig ausbricht. Oder man sieht die Episode als Fall von ,,Massenhysterie": die erste Anklage wegen Hexerei fand aus irgendeinem Grund zahllose Nachahmer. In den puritanischen Gemeinden Neu-Englands, wo bereits früher Hexenprozesse stattgefunden hatten, kam es allerdings zu solchen Folgen nicht. Einer neuen Theorie aus jüngerer Zeit (*Linnda Caporael*, 1976) zufolge, litten die Ankläger und Anklägerinnen an einer Mutterkorn-Vergiftung.

Das Mutterkorn ist ein Parasitenpilz, der auf Getreide, hauptsächlich auf Roggen, wächst und besonders gut bei warmer, feuchter Witterung gedeiht. Einige Alkaloide* des Mutterkorns basieren auf Lysergsäure, aus der sich LSD synthetisieren läßt. Nimmt man Nahrungsmittel aus mit Mutterkorn verseuchtem Mehl zu sich, können Kribbelgefühle auf der Haut und in den Fingern, Schwindel, Kopfschmerzen, Halluzinationen, Erbrechen, Durchfall und Krämpfe die Folge sein. Nach Einnahme von Mutterkorn-Alkaloiden kann es auch zu Delirien und einer Art von manisch-depressiven Stimmungsschwankungen kommen.

Ist Mutterkorn-Vergiftung tatsächlich eine mögliche Erklärung für die fraglichen Ereignisse? Das Verhalten der ersten Anklägerinnen ist mit den bekannten Symptomen einer Mutterkorn-Vergiftung durchaus vereinbar. Die Mädchen berichteten von Halluzinationen, sie erbrachen auch, hatten Krämpfe und sie sagten, sie fühlten sich, als wären sie gewürgt und mit Nadeln gestochen worden. Zweitens wurde in Salem viel Roggen angebaut, und 1691 hatte es schwere Regenfälle gegeben, der Pilz hätte also ausgezeichnet gedeihen können. Der Roggen wurde gewöhnlich im August geerntet und im Spätherbst gedroschen. Das seltsame Verhalten der Mädchen setzte zu einem Zeitpunkt ein, zu dem das neue Getreide wohl schon Eingang in die Nahrung gefunden hatte. Die sich häufenden Anklagen wegen Hexerei fanden offensichtlich im folgenden Herbst ein abruptes Ende, als das Getreide des trockenen Sommers 1692 auf die Tische kam. Danach sind keine Krankheitssymptome der erwähnten Art mehr dokumentiert.

Warum hatten aber nur einige Leute das Gefühl, daß ihr Körper besessen sei? *Linnda Caporael* argumentiert, daß das Getreide im tiefer gelegenen und feuchteren westlichen Teil von Salem Village wohl am ehesten verseucht gewesen sein dürfte. Daß die jungen Mädchen und die anderen Ankläger und Anklägerinnen überwiegend in dieser Gegend gewohnt und vermutlich auch eher das dort gewachsene Getreide gegessen haben, kommt dieser Hypothese entgegen. Die meisten der Angeklagten und ihre Verteidiger lebten im östlichen Teil der Stadt.

Die Argumente, die *Linnda Caporael* für ihre Vergiftungstheorie ins Feld führt, sind recht überzeugend. Ihre Annahme bleibt natürlich eine Theorie. Gleichwohl ist es interessant, darüber zu spekulieren, für wieviele Hexenverfolgungen des späten Mittelalters wohl letztlich eine Mutterkorn-Vergiftung verantwortlich gewesen sein mag.

---

* Alkaloide sind organische Substanzen, die man überwiegend in Saatpflanzen findet. Normalerweise handelt es sich dabei um Mischungen ähnlicher Alkaloide. Sie alle enthalten Nitrogen und sind diejenigen Agenzien, die einer Anzahl natürlicher Drogen ihre medizinische, aber auch ihre toxische Wirkung verleihen.

Irrenturmes in Wien waren in den Zwischenräumen zwischen den inneren quadratischen Zellen und den Außenmauern eingesperrt und den Blikken der Passanten preisgegeben. Das erste amerikanische Hospital für Geisteskranke wurde 1773 in Williamsburg, Virginia, gegründet.

Daß abnormes Verhalten nunmehr zur Domäne von Hospitälern und Ärzten geworden war, bedeutete nicht unbedingt auch humanere und wirksamere Behandlungsmethoden. *Benjamin Rush* (1745–1813), der seit 1769 in Philadelphia als Arzt praktizierte und sehr engagiert am Kampf seines Landes um die Unabhängigkeit teilnahm, gilt als der Vater der amerikanischen Psychiatrie. Er hielt einen übermäßigen Blutandrang im Gehirn für die Ursache psychischer Störungen. Konsequenterweise war seine bevorzugte Behandlung, den ,,Wahnsinnigen" große Mengen Blut abzunehmen: bis zu fünf Liter und mehr innerhalb weniger Monate. Kein Wunder, daß die so traktierten Patienten ruhiger wurden (*Farina*, 1976)! Eine weitere Hypothese *Rushs* war, daß man viele ,,Irre" heilen könne, indem man sie in Angst und Schrecken versetze. So empfahl er etwa, den Patienten von seinem bevorstehenden Tod zu überzeugen. Im neunzehnten Jahrhundert ersann ein Arzt aus Neu-England zu diesem Zweck folgendes Verfahren: ,,Auf seinem Grundstück stand ein großer Wasserbehälter, in den man den Patienten, der in einer durchlöcherten, sargähnlichen Kiste verpackt lag, hinabließ . . . Er wurde unter Wasser gehalten, bis keine Luftblasen mehr aufstiegen, dann zog man ihn heraus, rieb ihn ab und brachte ihn wieder zu Bewußtsein – sofern es dann noch etwas zu Bewußtsein zu bringen gab!" (*Deutsch*, 1949, S. 82).

Humanitäre Behandlung

Eine führende Persönlichkeit innerhalb der Bewegung für eine menschliche Behandlung von Asylinsassen war *Philippe Pinel* (1745–1826). 1793, als die Französische Revolution wütete, übertrug man ihm die Leitung eines großen Pariser Asyls, des sogenannten La Bicêtre. Ein Historiker beschrieb die Verhältnisse in diesem Hospital folgendermaßen:

,,(Die Patienten waren) mit eisernen Halsbändern so eng an die Wände ihrer Zellen geschmiedet, daß sie kaum Bewegungsfreiheit hatten . . . In der Regel konnten sie sich nachts nicht niederlegen . . . Oft trugen die Patienten auch einen Eisenring um die Gürtellinie und . . . Ketten an Händen und Füßen . . . Diese Ketten (waren) gerade so lang, daß sich der Patient aus einem Napf – die Nahrung bestand gewöhnlich aus einem matschigen Schleim aus dünner Suppe und aufgeweichtem Brot – versorgen konnte. Da man über Diätetik wenig wußte, machte man sich über die Ernährung der Patienten kaum Gedanken. Man hielt sie für Tiere . . . und ob sie gut oder schlecht ernährt wurden, war folglich ohne Bedeutung" (*Selling*, 1940, S. 54).

Pinel wurde es nur widerwillig gestattet, die Insassen von La Bicêtre von ihren Ketten zu befreien und sie nicht mehr wie Tiere, sondern wie kranke Menschen zu behandeln. Viele, die zuvor erregt und vollkommen unzugänglich waren, wurden ruhig und sehr viel umgänglicher. Sie, die einst als gemeingefährlich galten, spazierten jetzt in Haus und Garten umher und zeigten keinerlei Neigung, Unruhe zu stiften oder jemandem zu schaden. An die Stelle der Kerker traten helle und luftige Räume. Etliche der jahrelang Eingekerkerten wurden bald gesund und konnten das Hospital verlassen.

Die Befreiung der Kranken von ihren Fesseln war nicht die einzige humanitäre Reform, für die *Pinel* sich einsetzte[1]. Entsprechend dem Gleichheitsgebot der neuen Französischen Republik war er der Ansicht, daß seine geisteskranken Patienten im Grunde ganz normale Leute seien, denen man mit Mitleid und Verständnis begegnen, und die man als Menschen mit persönlicher Würde behandeln sollte. Vermutlich hätten ihnen schwerwiegende persönliche und soziale Probleme den Verstand geraubt, und tröstlicher Zuspruch und sinnvolle Tätigkeit könnten sie wieder zu klarem Bewußtsein bringen.

---

[1] Nicht alle Wissenschaftler halten die Verehrung, die *Pinel* genießt, für ganz berechtigt. *Thomas Szasz* (1974) verweist auf Abschnitte in *Pinels* berühmter Abhandlung über den Wahnsinn (1801), in denen sich zeigt, daß dieser Unterdrückung und Zwang im Umgang mit Patienten niederer Schichten durchaus für angebracht hielt.

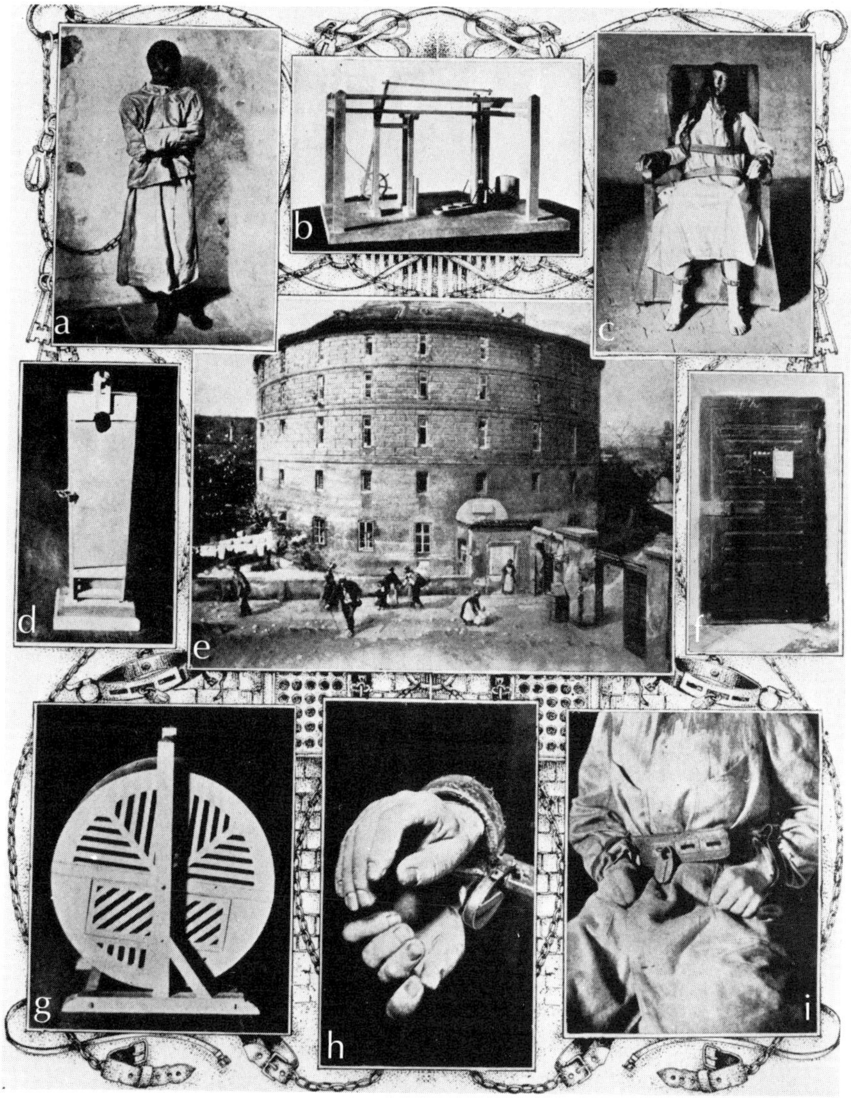

Im Wiener Irrenturm (Bild e, Mitte) findet man eine denkwürdige Sammlung seltsamer Instrumente und Fesseln, mit denen in jenen Tagen die Wahnsinnigen behandelt wurden. (a) Ein Irrer mit verhülltem Kopf und Zwangsjacke, angeschlossen an eine Zellwand. (b) Eine Maschine, in der die Irren solange geschaukelt wurden, bis sie wie betäubt waren und sich ruhig verhielten. (c) Ein in einem Armstuhl festgeschnallter Wahnsinniger; in dieser Position mußten die Betroffenen oft für Wochen verharren. (d) Der ‚englische Sarg', in den man die Irren, mit dem Gesicht an der Öffnung, aus disziplinarischen Gründen einschloß. Das ganze hatte Ähnlichkeit mit einer Standuhr. (f) Eine Zellentür mit eisernem ‚Spion'. (g) Ein riesiges Rad, das sich drehte, sobald sich der Irre innen bewegte. (h) Mit Handschellen gefesselte Hände eines Verrückten, und (i) ein weiterer Irrer in einer Zwangsjacke.

Zur gleichen Zeit, als *Pinel* mit der Reform von La Bicêtre begann, lernte *William Tuke* (1732–1822), ein prominenter englischer Kaufmann und Quäker, die Verhältnisse im Asyl von York kennen und war schockiert. Er schlug der Society of Friends vor, eine eigene Institution zu gründen. 1796 entstand auf dem Lande außerhalb Yorks ,,York Retreat". Hier lebten, arbeiteten und erholten sich die Kranken in ruhiger und religiöser Atmosphäre. Sie besprachen mit den Wärtern ihre Schwierigkeiten, arbeiteten im Garten und machten Spaziergänge in der Umgebung.

Pinel entläßt die Patienten in La Bicêtre.

In den Vereinigten Staaten entstanden nach diesem Vorbild ähnliche Einrichtungen: 1817 in Pennsylvania das „Friends' Asylum" und 1824 „Hartford Retreat" in Connecticut. Auch in einer Reihe weiterer amerikanischer Hospitäler wurde der Einfluß von *Pinel* und *Tuke* spürbar. Natürlich übernahmen nicht alle Asyle ihre sogenannte *moralische Behandlung*, aber die kleineren, die sie praktizierten, erzielten bemerkenswerte Erfolge. Leider fand diese Behandlungsform der individuellen Zuwendung ihr Ende, als man begann, jene großen psychiatrischen Kliniken zu bauen, die bis in unsere Zeit das Feld beherrschen (*Bockhoven*, 1963).

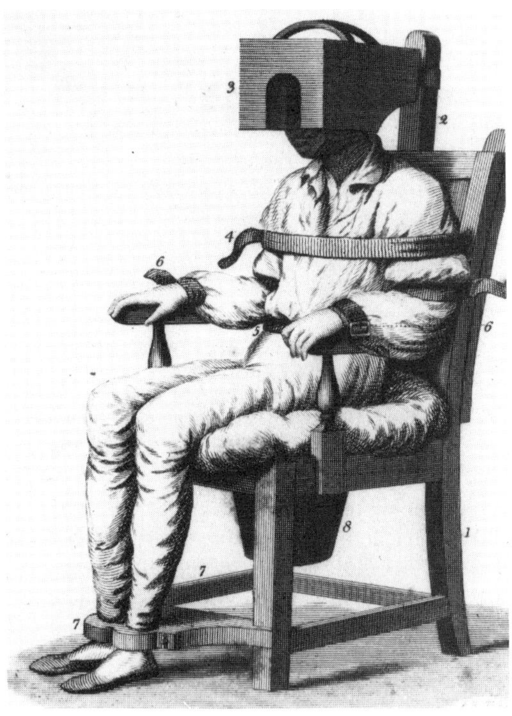

Der ‚Beruhigungsstuhl', mit dem Benjamin Rush psychische Störungen behandelte.

Die Anfänge gegenwärtiger Auffassungen

Somatogenese

In einem früheren Abschnitt wurde Hippokrates als erster Vertreter einer somatogenetischen Hypothese zur Erklärung von Geisteskrankheiten vorgestellt. Der deutsche Arzt *Wilhelm Griesinger* nahm Mitte des neunzehnten Jahrhunderts diesen Gedanken auf und forderte, daß mit jeder Diagnose einer psychischen Störung eine physiologische Ursache spezifiziert werden müsse. 1883 veröffentlichte sein berühmter Nachfolger *Emil Kraepelin* (1956–1926) ein Lehrbuch der Psychiatrie mit einem Klassifikationssystem, das der Vorstellung von der organischen Natur psychischer Krankheiten den Weg bahnen sollte. *Kraepelin* stellte fest, daß mit Geisteskrankheiten häufig eine bestimmte Gruppe von *Symptomen*, ein sogenanntes *Syndrom*, einherging, und zwar so regelmäßig, daß der Schluß auf eine zugrundeliegende physische Ursache berechtigt schien – genauso, wie man eine medizinische Krankheit und ihr Syndrom auf eine physiologische Dysfunktion zurückführen kann. Jede psychische Krankheit, so *Kraepelins* Ansicht, sei von allen anderen verschieden, habe ihre spezifische Genese, ihre Symptome, ihren Verlauf und ihre Prognose. Auch wenn es noch keine spezifischen Behandlungsmethoden gebe, könne man zumindest den Verlauf der Krankheit vorhersagen. *Kraepelin* unterschied zwei Hauptgruppen schwerer psychischer Krankheiten: die *Dementia praecox* – die frühere Bezeichnung für die Schizophrenie – und die *manisch-depressive Psychose*. Als Ursache der Schizophrenie postulierte er ein chemisches Ungleichgewicht und als Ursache der manisch-depressiven Psychose eine Stoffwechselstörung. *Kraepelins* Klassifikationsschema wurde zur Grundlage der heute gebräuchlichen diagnostischen Kategorien in der Psychiatrie, denen wir uns im dritten Kapitel ausführlicher zuwenden werden.

Die zweite Hälfte des neunzehnten Jahrhunderts brachte viele neue Erkenntnisse über das Nervensystem, aber nicht genügend, um all den Strukturabnormitäten auf die Spur zu kommen, die man als Ursache der Geisteskrankheiten vermutete. Immerhin entdeckte man mit senilen und präsenilen Psychosen einhergehende degenerative Veränderungen in den Gehirnzellen und einige für die Oligophrenie typische strukturelle Pathologien. Die Pellagra und die von ihr verursachte schwere Desorientierung wurde auf einen Vitaminmangel zurückgeführt. Der vielleicht eindrucksvollste Erfolg war die Entdeckung von Wesen und Ursprung der *Syphilis*. Die Geschlechtskrankheit Syphilis war seit einigen Jahrhunderten bekannt, und seit 1798 wußte man, daß es bei etlichen Geisteskranken zu einem ähnlichen und unaufhaltsamen Verfall der körperlichen und geistigen Kräfte kam. Man beobachtete bei diesen Kranken Größenwahn und progressive Paralyse und stellte bald fest, daß diese Kranken nie wieder genasen. 1825 kennzeichnete man diesen Symptomenkomplex unter dem Namen *Progressive Paralyse* als Krankheit. Obwohl 1857 festgestellt wurde, daß viele Paralyse-Patienten früher eine Syphilis hatten, gab es über den Ursprung dieser Paralyse viele konkurrierende Theorien. Da z. B. besonders häufig Seeleute davon betroffen waren, vermuteten manche das Seewasser als Ursache. Für die höhere Erkrankungsrate bei Männern, so spekulierte *Griesinger*, seien Alkohol, Tabak und Kaffee mit verantwortlich. In den sechziger und siebziger Jahren des neunzehnten Jahrhunderts schließlich stellte *Louis Pasteur* seine *Keimtheorie der Krankheiten* auf und machte es so möglich, den Zusammenhang zwischen Syphilis und Progressiver Paralyse nachzuweisen. 1897 impfte *Richard von Krafft-Ebing* Paralyse-Patienten Eiter aus syphilitischen Wunden ein. Die Kranken entwickelten keine Syphilis, waren also bereits früher infiziert worden. 1905 endlich wurde der die Syphilis verursachende Mikroorganismus entdeckt. Glücklicherweise gelang es, sehr bald nach der Entdeckung der Spirochäten, Medikamente und Verfahren zu entwickeln, mit denen man die Syphilis diagnostizieren und ihrer Verbreitung vorbeugen konnte.

Psychogenese

Die Suche nach somatischen Ursachen beherrschte die Psychiatrie bis weit ins zwanzigste Jahrhundert hinein, sicher nicht zuletzt angeregt durch die überwältigenden Entdeckungen im Zusammenhang mit der Progressiven Paralyse. Doch in anderen Teilen Westeuropas vermutete man im ausgehenden achtzehnten und während des ganzen neunzehnten Jahrhunderts eine völlig andere Genese der psychischen Krankheiten. In Frankreich und Österreich waren *psychogenetische* Auffassungen in Mode, die für die Geisteskrankheiten Funktionsstörungen psychischer Natur verantwortlich machten. Aus Gründen, die uns noch nicht einmal heute einsichtig sind, waren seinerzeit viele Westeuropäer Opfer hysterischer Zustände (in heutiger Terminologie: Konversionsreaktion). Sie litten an körperlichen Störungen, für die es keinerlei anatomische Erklärungen gab (vgl. S. 200). Bei der sogenannten ,,Handschuh-Anästhesie" zum Beispiel hatte der oder die Betroffene kein Gefühl in der Hand, während die Empfindungsfähigkeit oberhalb des Handgelenks und den ganzen Arm hinauf normal war. Da die Nerven kontinuierlich von den Schultern bis zu den Fingerspitzen verlaufen, läßt sich eine derartige Empfindungslosigkeit physiologisch bis heute nicht erklären.

Franz Anton Mesmer (1734–1815), ein in Wien und Paris im späten achtzehnten Jahrhundert praktizierender österreichischer Arzt, glaubte, daß hysterische Störungen durch eine bestimmte Verteilung eines universellen magnetischen Fluidums im Körper verursacht würden. Überdies könne, so meinte er, ein Mensch das Fluidum eines anderen beeinflussen und so dessen Verhalten ändern. Er veranstaltete geheimnisvolle, mystische Zusammenkünfte, während derer die Patienten um ein zugedecktes *baquet* saßen, eine Wanne, aus der Eisenstäbe ragten, die in verborgenen Flaschen mit diversen Chemikalien staken. *Mesmer* pflegte, in fremdartige, lilafarbene Gewänder gehüllt, den Raum zu betreten, einige Stangen aus der Wanne zu ziehen und damit die befallenen Körperteile seiner Patienten zu berühren. Mit den Stangen, so glaubten die Beteiligten, werde ,,animalischer Magnetismus" übertragen, der das universelle magnetische Fluidum wieder ins Gleichgewicht bringe, wodurch hysterische Anästhesien und Lähmungen schwänden. Was immer man auch von Theorie und Praxis dieses in unseren Augen doch recht fragwürdigen Verfahrens halten mag, Tatsache ist, daß es vielen Menschen half, ihrer hysterischen Anwandlungen Herr zu werden. Daß wir das Wirken *Mesmers* unter der Rubrik der psychogenen Ursachen abhandeln, ist eine eher willkürliche Entscheidung, denn *Mesmer* selbst postulierte für hysterische Störungen körperliche Ursachen. In Anbetracht der äußeren Bedingungen, unter denen *Mesmer* mit seinen Patienten arbeitete, gilt er jedoch allgemein als einer der ersten Praktiker der modernen *Hypnose* (vgl. Kasten 1.2). Die bekannte Bezeichnung ,,mesmerisieren" ist der ältere Ausdruck für ,,hypnotisieren". Das Phänomen selbst ist natürlich sehr viel älter und war vermutlich den Menschen jeder Kultur schon früh vertraut, es gehörte zum Rüstzeug von Zauberern, Taschenspielern, Fakiren und Wunderheilern.

Obwohl *Mesmer* bei seinen Zeitgenossen als Quacksalber galt, gewann die Erforschung der Hypnose allmählich an Ansehen. Auch der große Pariser Neurologe *Jean Martin Charcot* (1825–1893) untersuchte hysterische Zustände, und zwar nicht nur Anästhesien und Lähmungen, sondern auch hysterisch bedingte Blindheit, Taubheit, Krampfanfälle und Erinnerungslükken. Ursprünglich hatte *Charcot* eine somatogene Betrachtungsweise favorisiert. Eines Tages jedoch hypnotisierten einige seiner unternehmungslustigen Studenten eine ganz normale Frau und suggerierten ihr bestimmte hysterische Symptome. *Charcot* ließ sich täuschen und hielt sie für eine wirklich hysterische Patientin. Als die Studenten die Frau aufweckten und die Symptome sich in Nichts auflösten, änderte *Charcot* seine Meinung über die Hysterie und interessierte sich fortan zunehmend für nicht-physiologische Interpretationen dieses rätselhaften Phänomens. Ein weiterer psychologisch orientierter Theoretiker und Forscher war *Pierre Janet* (1859–1947), ein Schüler *Charcots*. Er glaubte, daß sich bei der Hysterie aufgrund einer Schwäche des Nervensystems ein Teil des organisierten Systems von Gedanken, Emotionen und Empfindungen vom Rest abspalte.

In Wien behandelte gegen Ende des letzten Jahrhunderts der Arzt *Josef Breuer* eine junge Frau, die wegen einer Anzahl hysterischer Symptome bettlägrig war. Ihre Beine, ihr rechter Arm und ihre rechte Seite waren gelähmt, Sehen und Hören waren beeinträchtigt, und oft hatte sie

Mühe zu sprechen. Zuweilen verfiel sie in einen traumähnlichen Zustand, eine „Absence", murmelte vor sich hin und wurde offensichtlich von quälenden Gedanken heimgesucht. Vielleicht weil er sich sonst keinen Rat wußte, hypnotisierte *Breuer* seine Patientin Anna O. und wiederholte dann einige der Wörter, die sie gemurmelt hatte. Er erreichte so, daß sie sich freier äußerte und schließlich sehr bewegt über einige quälende Ereignisse ihrer Vergangenheit sprach. Nach der Hypnose ging es ihr oft sichtlich besser. *Breuer* hypnotisierte auch andere hysterische Patienten und stellte fest, daß Erleichterung und Symptomfreiheit länger anhielten, wenn die Patienten sich unter Hypnose an das für die Symptome verantwortliche Ereignis erinnerten und auch die Emotion, die dieses Ereignis seinerzeit begleitet hatte, zum Ausdruck kam. Dieses Wiedererleben einer früheren emotionalen Katastrophe und die Lösung der emotionalen Spannung, die das Ergebnis früherer, inzwischen vergessener Gedanken

Anton Mesmer überträgt animalischen Magnetismus aus der Wanne auf seine Patienten. Die Karikatur zeigt das Verfahren als eine Art Exorzismus. Aus Österreich ausgewiesen, nahm Mesmer seine Praxis in Paris wieder auf. Zur französischen Kommission, die 1784 seine Aktivitäten untersuchte, gehörte auch Benjamin Franklin.

Kasten 1.2
Hypnose

Eine Erörterung der Hypnose würde in mehrere Kapitel dieses Buches passen. Da sie in der Entwicklung von Theorien über den psychogenen Ursprung psychischer Störungen eine so zentrale Rolle spielt, fügen wir sie an dieser Stelle ein.

Zunächst müssen wir fragen, was Hypnose eigentlich ist. Psychologen wie Psychiater gebrauchen dieses Wort mit großer Selbstverständlichkeit, um so ernüchternder ist es, zu beobachten, wieviele hitzige Kontroversen es um das Phänomen der Hypnose gibt. *Hilgard* (1979) schlägt folgende Merkmale vor:

1. *Erhöhte Suggestibilität.* Unter Hypnose scheinen Menschen für die Suggestionen eines Hypnotiseurs empfänglicher zu sein als im Wachzustand.
2. *Vermehrtes Bildersehen und erhöhte Vorstellungskraft.* Hypnotisierte Personen können sich suggerierte sensorische Erfahrungen lebhafter vorstellen und sind, ihren Berichten zufolge, in der Lage, sich mit großer Klarheit Bilder, zuweilen sogar aus fernen Kindertagen, vor Augen zu führen.
3. *Abneigung gegen Eigeninitiative.* Hypnotisierte Personen büßen Eigeninitiative ein und erwarten jegliche Handlungsanweisung vom Hypnotiseur. Tatsächlich werden viele geradezu ärgerlich, wenn sie aufgefordert werden, ihre Handlungen selbst zu planen.
4. *Verminderte Realitätsprüfung.* Viele Hypnotisierte akzeptieren Wahrnehmungsverzerrungen, die sie in wachem Zustand niemals hinnehmen würden. Sie akzeptieren z.B. die Suggestion, daß ein Tier zu ihnen spricht oder daß jemand im Zimmer ist, wenn das auch nicht der Fall ist. Die Logik der hypnotischen Trance, auch ,,Trancelogik“ genannt (Orne, 1959), erlaubt eine Weltwahrnehmung, die sich von unserer Wahrnehmung im Wachzustand beträchtlich unterscheidet.

Soweit die Merkmale, die nach Ansicht vieler Autoren für hypnotisierte Personen charakteristisch sind. Wie immer, wenn wir es mit menschlichem Verhalten zu tun haben, manifestieren sich auch hier die typischen Merkmale nicht bei allen Menschen auf dieselbe Weise, und es ist durchaus möglich, daß allem Anschein nach tief hypnotisierte Menschen zu keinem Zeitpunkt alle Charakteristika gleichzeitig erkennen lassen.

In unserem historischen Überblick ist die Rede von *Mesmers* Hysterie-Therapie und der späteren Arbeit von *Charcot, Janet* und *Breuer.* Während dieser Zeit unternahmen es auch Chirurgen, ihre Patienten zu ,,mesmerisieren“, um sie schmerzunempfindlich zu machen. 1842 nahm z.B. der britische Arzt *W. S. Ward* eine Beinamputation unter Hypnose vor. Der Patient spürte von dieser sonst qualvoll schmerzhaften Prozedur offensichtlich nichts. Und 1849 nahm in London ein mesmerisches Spital seine Arbeit auf. Hunderte von offenbar schmerzfreien Operationen wurden durchgeführt, während die Operierten in hypnotischer Trance lagen. Noch im gleichen Jahrzehnt entdeckte man indes, daß auch Äther schmerzunempfindlich macht. Bislang hatte man unter ,,Anästhesie“ nur die Taubheitsempfindungen bei hysterischen Zuständen und Lähmungen verstanden. Auf *Oliver Wendell Holmes* geht der Vorschlag zurück, diesen Begriff nunmehr der Wirkung dieses neuen Wirkstoffs und ähnlicher Mittel vorzubehalten und die Wirkstoffe selbst Anästhetika zu nennen. Als dann diese Chemikalien ihren Siegeszug durch die Operationssäle antraten, schenkte man der Hypnose als Mittel der Schmerzlinderung kaum noch Aufmerksamkeit.

Der moderne Begriff des Hypnotismus geht nach allgemeiner Auffassung auf den britischen Arzt *James Braid* (1795–1860) zurück, der die Hypnose ebenfalls zur Schmerzreduktion einsetzte. Im Unterschied zu *Mesmer* blieb *Braid* seinem Beruf und der damit verbundenen Sicht der Dinge treu und beschrieb die Phänomene in Begriffen, die dem *Zeitgeist* angemessener waren. Er charakterisierte die Trance als „nervösen Schlaf“, was dann zur Bezeichnung „Neuro-Hypnologie“ – später verkürzt zu „Hypnotismus“ – führte. *Braid* lehnte die mystische Orientierung *Mesmers* ab, fuhr jedoch fort, mit dem Phänomen aus seiner Perspektive zu experimentieren. Er suchte nach einer physiologischen Erklärung und glaubte sie gefunden zu haben, als er entdeckte, daß man Trance ganz leicht induzieren konnte, wenn man die Hypnose-Kandidaten auf ein glänzendes Objekt ein wenig oberhalb ihrer normalen Sichtlinie starren ließ. Das Objekt wurde dem Kandidaten so vorgehalten, daß er die Hebemuskeln der Augenlider anspannen mußte, um es im Blick zu behalten. *Braid* nahm an, daß die längere Fixierung der Muskeln in dieser Position einen so starken Einfluß ausübte, daß sich schließlich nervöser Schlaf bzw. Hypnose einstellte. Er vermutete die Ursache des hypnotischen Schlafes daher im Menschen, und nicht außerhalb, wie es *Mesmer* mit seiner Lehre vom animalischen Magnetismus getan hatte. So konnte er viele öffentliche Demonstrationen durchführen, ohne sich der Mißbilligung seiner Mediziner-Kollegen auszusetzen.

Wie gesagt, verlor man nach der Entdekkung anästhetisch wirksamer Substanzen die medizinische Anwendung der Hypnose aus den Augen, denn diese Substanzen waren eindeutig zuverlässiger, wenn auch gefährlicher als die Hypnose. Zu psychotherapeutischen Zwecken bediente man sich der Hypnose aber auch weiterhin. Besonders während des Zweiten Weltkriegs versetzte man Soldaten, die nach einem psychischen Trauma an Angst und Schlaflosigkeit litten, in Hypnose und ermunterte sie, die traumatischen Ereignisse in ihrer Vorstellung noch einmal zu durchleben.

Mit der wissenschaftlichen Erforschung der Hypnose konnte man erst in den fünfziger Jahren beginnen, als man über halbwegs objektive Meßinstrumente verfügte. Mit der von ihnen entwickelten *Stanford Hypnotic Susceptibility Scale* gaben *Weitzenhoffer* und *Hilgard* (1959) der einschlägigen Forschung das vielleicht wichtigste Hilfsmittel an die Hand. Bei der Anwendung dieser Skala – oder besser, dieser Skalen, denn es sind mehrere – wird der Proband hypnotisiert und dann aufgefordert, eine Reihe von Dingen zu tun. Der Hypnotiseur suggeriert ihm etwa, seine rechte Hand sei so schwer, daß er sie wohl kaum werde heben können. Dann bittet ihn der Hypnotiseur, zu versuchen, seine schwere Hand zu heben, obwohl er dazu wahrscheinlich nicht in der Lage sei. Der Hypnotiseur beobachtet, ob und wie hoch der Proband die Hand heben kann, und verzeichnet für diese Aufgabe einen positiven oder negativen Wert. Wenn der Proband eine Anzahl von Aufgaben absolviert hat, bekommt er einen Wert zwischen 0 und 12; dieser Wert gilt dann als Maß dafür, wie tief seine Hypnose ist.

Mit den meisten dieser Skalen werden allerdings die subjektiveren Aspekte der Hypnose nicht erfaßt. Viele Hypnotisierte haben zum Beispiel Empfindungen des Schwebens oder Taumelns, obwohl davon vor und während der Hypnose mit keinem Wort die Rede war. Viele Hypnotiseure halten diese subjektiven Erlebnisse für mindestens ebenso bedeutsam wie die leichter beobachtbaren Abläufe, die die diversen Skalen erfassen. Wie zu erwarten, hat die unterschiedliche Interessenlage zu Kontroversen geführt. Viele klinisch arbeitende Hypnotiseure bezweifeln die Gültigkeit der Stanford-Skala und ähnlicher Instrumente. Ihnen genügt, was Hypnotisierte über ihre subjektiven Reaktionen berichten.

Der Stanforder Psychologe Ernest Hilgard, der wegweisend an der Entwicklung einer reliablen Methode zur Messung von hypnotischer Suggestibilität beteiligt war.

über das fragliche Ereignis war, nannte *Breuer* Abreaktion oder Katharsis. Die Methode selbst wurde als *kathartische Methode* bekannt. 1895 veröffentlichte er zusammen mit einem Kollegen die *Studien über Hysterie*, ein Buch, das als Meilenstein der Klinischen Psychologie gilt. *Breuers* Mitarbeiter, dessen Arbeit uns im nächsten Kapitel beschäftigen wird, war *Sigmund Freud*.[2]

2. Wissenschaft: Ein menschliches Unternehmen

Um den Weltraum zu erforschen, schießen wir hochkomplizierte Satelliten ins All, die ihre Beobachtungen zur Erde zurückfunken. Auch Astronauten wurden auf den Mond katapultiert, um mit ihren menschlichen Sinnen sowie mit von Menschen gemachten Apparaten weitere Beobachtungen zu sammeln. Es ist jedoch möglich, daß uns Phänomene entgehen, weil unseren Instrumenten die entsprechende Vorrichtung fehlt, um Vorhandensein oder Fehlen solcher Phänomene zu registrieren und weil wir nicht dafür ausgebildet sind, nach ihnen zu suchen. Als im Juli und September 1976 die Marssonden Viking 1 und Viking 2 mit der Suche nach Leben auf diesem Planeten begannen, warnten Weltraumforscher wiederholt vor dem voreiligen Schluß, daß es kein Leben auf dem Mars gebe, nur weil die Instrumente keines entdeckt hatten. Wissenschaftler sind aufgrund ihrer Arbeitserfahrung scharfsinnig genug, um zu wissen, daß ihnen Grenzen gesetzt sind. Wenn sie auf fremden Planeten nach Leben suchen, können sie das nur mit Instrumenten tun, die sie selbst entwickelt haben und die infolgedessen begrenzt sind wie die Vorstellungen, die ihnen zugrunde liegen. Bei den Tests auf dem Mars ist man von Annahmen über das Wesen lebender Materie ausgegangen, die dem, was sich auf diesem fernen Planeten entwickelt hat, vielleicht gar nicht gerecht werden. *Carl Sagan*, ein renommierter Weltraumforscher in Cornell, hat warnend darauf hingewiesen, daß wir vielleicht einfach die falschen Fragen stellen. Mit den Viking-Experimenten läßt sich nur feststellen, ob die Bodenproben vom Mars erdähnliches Leben enthalten; möglicherweise beruht das Leben auf dem Mars aber auf einem völlig anderen Chemismus (*Time*, 2. August 1976, S. 23).

Dieser Exkurs in die Weltraumforschung sollte deutlich machen, daß wissenschaftliche Beobachtung ein menschliches Bestreben ist, das sowohl die Leistungskraft menschlicher Genialität und Gelehrsamkeit als auch unsere prinzipielle Unfähigkeit, vollständige Kenntnis über das Wesen unseres Universums zu erlangen, widerspiegelt. Wissenschaftler können nur Instrumente für Beobachtungen entwickeln, von denen sie bereits irgendeine Vorstellung haben. Ihnen ist klar, daß bestimmte Beobachtungen nicht gemacht werden, weil unser Wissen über die allgemeine Natur des Universums beschränkt ist. *Thomas Kuhn*, ein bekannter Wissenschaftstheoretiker, hat das so dargestellt: ,,Die Entscheidung, einen bestimmten Apparat einzusetzen und ihn auf bestimmte Weise zu verwenden, beinhaltet die Annahme, daß nur ganz bestimmte Sachverhalte auftreten werden" (1962, S. 59). *Robert Pirsig*

[2] Anna O., die junge Frau, die *Breuer* mit seiner kathartischen Methode behandelte, wurde zu einem der berühmtesten Fälle der psychotherapeutischen Literatur. Zusammen mit vier anderen Fallberichten bildete er die Grundlage für die späteren bedeutenden Arbeiten *Freuds*. Historische Nachforschungen von *Ellenberger* (1972) erlauben jedoch ernsthafte Zweifel an der Genauigkeit von *Breuers* Bericht. Tatsächlich half Anna O. – in Wirklichkeit die aus wohlhabender Wiener Familie stammende Berta Pappenheim – *Breuers* Behandlung wohl nur vorübergehend. *C. G. Jung*, *Freuds* berühmter Kollege, soll 1925 während einer Konferenz von *Freud* erfahren haben, daß Anna O. nie geheilt worden sei. Von *Ellenberger* entdeckte Krankenblätter bestätigen, daß sie weiterhin auf Morphium zurückgriff, um ihre ,,hysterischen" Leiden zu lindern. Es spricht etliches dafür, daß einige ihrer Schwierigkeiten organischer und nicht psychischer Natur waren. Es ist faszinierend und zugleich nicht ohne Ironie, daß ein unrichtig dargestellter Fall den entscheidenden Anstoß zur Entwicklung der Psychoanalyse gab.

Der österreichische Arzt und Physiologe Josef Breuer, dessen Zusammenarbeit mit Freud für die frühe Entwicklung der Psychoanalyse wichtig wurde. Er behandelte Anna O. mit der von ihm entwickelten kathartischen Methode. Beunruhigt durch das, was später als Übertragung und Gegenübertragung bekannt werden sollte, beschrieb er sein Verfahren einem Kollegen und überließ ihm die Behandlung.

drückt das Problem in *Zen and the Art of Motorcycle Maintenance* (1974; deutsch: Zen und die Kunst, ein Motorrad zu warten) etwas poetischer aus: ,,Wir nehmen aus der endlosen Landschaft des Bewußtseins um uns herum eine Handvoll Sand und nennen diese Handvoll Sand die Welt" (S. 75).

Subjektivität in der Wissenschaft: Die Rolle der Paradigmen

Wir meinen, daß jede Anstrengung unternommen werden sollte, um abnormes Verhalten nach wissenschaftlichen Prinzipien zu erforschen. Dabei sollte jedoch immer klar sein, daß Wissenschaft *nie* ein vollkommen objektives und eindeutiges Unterfangen ist. Wie wir *Kuhns* Darstellung entnehmen können, ist jedes Forschungsunternehmen von subjektiven Faktoren und unserer beschränkten Wahrnehmung des Universums beeinflußt. Entscheidend für jegliche Anwendung wissenschaftlicher Prinzipien ist nach *Kuhns* Ansicht das *Paradigma*, der begriffliche Rahmen, innerhalb dessen ein Wissenschaftler arbeitet. Ein Paradigma ist, nach *Kuhn*, eine Menge von Grundannahmen, die das jeweilige Gebiet wissenschaftlicher Forschung eingrenzen, indem sie spezifizieren, welche Begriffe als legitim gelten und welche Methoden erlaubt sind, um Daten zu sammeln und zu interpretieren. In der Tat wird darüber, was ein Datum oder eine wissenschaftliche Beobachtung ist, immer innerhalb eines Paradigmas entschieden. Ein Paradigma hat tiefgreifenden Einfluß darauf, wie Wissenschaftler zu einem gegebenen Zeitpunkt vorgehen, denn ,,(Menschen), deren Forschung auf gemeinsamen Paradigmen basiert, sind denselben Regeln und Standards wissenschaftlicher Tätigkeit unterworfen" (*Kuhn*, 1962, S. 11). Paradigmen legen fest, welchen Problemen sich Wissenschaftler zuwenden und wie sie sie angehen werden.

Paradigmen werden nur explizit gemacht, wenn ein Forscher auch philosophisch bzw. wissenschaftstheoretisch interessiert ist. Gleichwohl sind sie unabdingbarer Teil jeder Wissenschaft, denn sie erfüllen die vitale Funktion, dem Spiel seine Regeln zu geben. Wahrnehmungspsychologisch betrachtet, ist ein Paradigma einer allgemeinen *Einstellung*, einer Tendenz zu vergleichen, bestimmte Faktoren zu sehen und andere nicht.

Abgesehen von der Tatsache, daß in die Definition und Sammlung von Daten subjektive Tendenzen eingehen, kann ein Paradigma auch die Interpretation von Fakten beeinflussen. Mit anderen Worten, die Bedeutung oder das Gewicht, welches man Daten beimißt, kann in erheblichem Ausmaß von einem Paradigma abhängen (vgl. Kasten 1.3).

Kasten 1.3
Der Paradigmen-Streit bei der Erforschung der Hypnose

Kasten 1.2 gab einen gewissen Überblick über die Geschichte der Hypnose und ihre Merkmale, soweit sie allgemein akzeptiert sind. Die Erforschung der Hypnose ist geprägt von einem ständigen Streit um Paradigmen, denn schon die bloße Vorstellung von Hypnose als einem Zustand, in dem besondere psychologische Prozesse ablaufen, war Gegenstand von Kontroversen (z.B. *Barber*, 1969; *Spanos*, 1982).

Um diese Kontroverse zu veranschaulichen, wollen wir einige jüngere Forschungsergebnisse zur hypnotischen Analgesie, der Schmerzausschaltung durch Hypnose, untersuchen. *Hilgard, Morgan* und *MacDonald* (1975) wählten Versuchspersonen, die leicht zu hypnotisieren waren und von denen bekannt war, daß sie unter Hypnose Schmerzempfinden beträchtlich reduzieren konnten. Die Probanden hatten die Aufgabe, eine Hand 45 Sekunden lang in fließendes Eiswasser zu halten und in wachem wie hynotisiertem Zustand über ihre Schmerzempfindung zu berichten. Wie aus Abbildung 1.1 ersichtlich, nahm die Schmerzempfindung im Wachzustand sehr schnell zu. Im zweiten Durchgang hypnotisierte man die Probanden, suggerierte ihnen Empfindungslosigkeit und instruierte sie, auf zweierlei Weise über ihre Schmerzempfindung zu berichten: mit Worten und per Knopfdruck. Die beiden Reaktionen sollten zwei unterschiedliche Erfahrungsebenen ansprechen. Mittels Hypnose, so teilte man den Probanden mit, sei es möglich, einen dem Bewußtsein normalerweise unzugänglichen, ,,verborgenen Teil" des Selbst zu erreichen. Der bewußte Teil des Hypnotisierten werde verbal über das Ausmaß der Schmerzempfindung berichten. Der verborgene Teil dagegen registriere alles, was jenseits des ,,bewußten Bewußtseins" im Körper vorgehe und werde sie automatisch den Knopf drücken lassen, um den auf dieser Bewußtseinsebene erfahrenen Schmerz anzuzeigen.

Wie wir sehen (Abb. 1.1), sind die beiden Berichterstattungen sehr unterschiedlich ausgefallen. Verbal berichteten die Probanden erwartungsgemäß über sehr wenig Schmerz. Dagegen signalisierte der ,,geheime Beobachter" per Knopfdruck ganz erhebliche Schmerzempfindungen. Nach *Hilgard* (1979) erlauben diese Daten den eindeutigen Schluß,

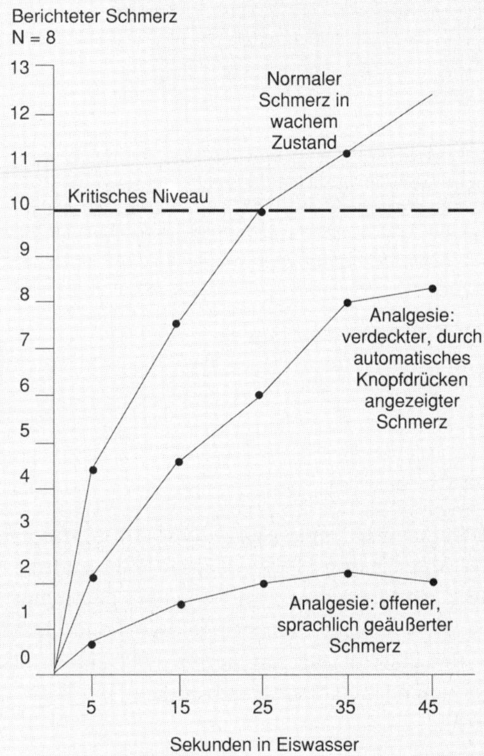

Abb. 1.1. Die höchste Kurve zeigt den Schmerz, den wache Probanden empfanden, als sie eine Hand in zirkulierendes Eiswasser hielten. Die unterste Kurve steht für den geringfügigen offenen Schmerz, von dem sie in derselben Situation, aber unter Hypnose und mit einer Analgesie-Suggestion berichteten. Die mittlere Kurve zeigt den Schmerz, den der verborgene Teil ihres hypnotisierten Selbst durch Knopfdruck anzeigte (nach *Hilgard, Morgan* und *Mac Donald*, 1975).

daß in hypnotischem Zustand tatsächlich spezifische psychologische Prozesse ablaufen. *Hilgard* glaubt, daß bei hypnotischer Analgesie die Schmerzerfahrung vom Bewußtsein dissoziiert oder abgespalten und nur unbewußt, hinter einer „amnesie-ähnlichen Barriere" wahrgenommen wird. Die Technik des geheimen Beobachters mache diese, normalerweise unbewußte, Erfahrung offenbar.

Hilgards Theorie stieß auf großes Interesse, aber auch auf einige Kritik, auf letztere besonders bei Forschern, die nicht glauben, daß Hypnose spezifische psychologische Prozesse einschließt. Nach Ansicht von *Spanos, Gwynn* und *Stam* (1983) ist der Effekt des geheimen Beobachters ein soziales Phänomen. Kurz, *Spanos* und seine Mitarbeiter sind der Meinung, daß die Instruktionen *Hilgards* den Probanden eindeutig die Information übermittelten, daß das hypnotisierte bewußte Selbst wenig, der verborgene Teil dagegen mehr Schmerz empfinden werde. Die experimentelle Situation *verlange* also von den Probanden ein spezifisches Reaktionsmuster, und diese lieferten Schmerzberichte, die diesen Forderungen entsprächen.

In einem eigenen Experiment führten *Spanos, Gwynn* und *Stam* den gleichen Test – ebenfalls mit leicht hypnotisierbaren Probanden – in vier verschiedenen Situationen durch: einmal im Wachzustand, dann unter hypnotischer Analgesie, aber mit unterschiedlichen Instruktionen zum geheimen Beobachter. Unter einer dieser letzteren Bedingungen erfuhren die Probanden, daß die Hypnose es ermögliche, zu einem verborgenen Teil ihrer selbst vorzustoßen, aber sie erhielten keinerlei Vorgaben über das, was in ihrem verborgenen Teil vorgehen würde. In den beiden anderen Versuchsdurchgängen stattete man den geheimen Beobachter einmal mit mehr Bewußtsein aus – „Der verborgene Teil Ihrer selbst kann sich all dessen bewußt bleiben, was um Sie herum und in Ihrem Körper vorgeht" – und einmal mit weniger Bewußtsein – „... wird sich dessen, was in Ihrem Körper vorgeht, weniger bewußt sein ..."

Nach Analgesie-Suggestion wurde von weniger Schmerz berichtet als im Wachzustand – soweit entsprechen die Ergebnisse von *Spanos* et al. denen von *Hilgard* und seinen Mitarbeitern (1975). Wichtiger ist aber, daß die Art der Hinweise, die man den Probanden gab, einen Effekt auf die Berichte des geheimen Beobachters hatten. Unter der Bedingung ohne Wahrnehmungsspezifizierung unterschieden sich die Knopfdruck-Berichte des geheimen Beobachters nicht von dem, was die Probanden verbal über ihre Schmerzempfindung vermeldeten. Probanden, die von ihrem geheimen Beobachter mehr Bewußtsein erwarteten, äußerten dagegen mehr verborgene als offene Schmerzempfindungen. Erwarteten sie vom geheimen Beobachter weniger Bewußtsein, war es umgekehrt. Diese Ergebnisse sprechen ziemlich deutlich dafür, daß sich die Berichte des geheimen Beobachters ganz wesentlich durch die vom Versuchsleiter gegebene Information beeinflussen lassen. Überdies steht die Tatsache, daß das Niveau des verborgenen Schmerzes je nach Instruktion variiert, im Widerspruch zur Theorie *Hilgards*, daß es während der hypnotischen Analgesie eine starke, unbewußte Schmerzempfindung gibt.

Aber damit war die Kontroverse keineswegs ausgestanden. *Nogrady, McConkey, Laurence* und *Perry* (1983) legten z. B. Untersuchungsergebnisse vor, die wieder eher für die Theorie *Hilgards* sprechen. In dieser Untersuchung hatte man die Probanden je nach Hypnoseempfänglichkeit in drei Gruppen eingeteilt. Die Probanden von hoher und mittlerer Empfänglichkeit wurden hypnotisiert und verschiedenen Tests unterzogen. Die wenig empfänglichen Probanden hypnotisierte man nicht, sondern instruierte sie, das Verhalten einer hypnotisierten Person zu *simulieren*. Mit Hilfe der Simulations-Gruppe wollte man herausfinden, inwieweit die Probanden den Hinweisen des Versuchsleiters entnehmen konnten, welches Verhalten von ihnen gewünscht wurde. Verhielten sich die simulierenden Probanden ähnlich wie die tatsächlich hypnotisierten, konnte man daraus schließen, daß die Informationen des Versuchsleiters ausgereicht hatten, um die erwartete Reaktion auszulösen. Damit wäre zwar nicht bewiesen, daß die Hypnotisierten mit ihrer Reaktion tatsächlich den entsprechenden Hinweisen gefolgt waren, aber es bliebe immerhin offen, was von beiden – Hypnose oder Hinweise – ausschlaggebend gewesen war. Verhielten sich, auf der anderen Seite, die hypnotisierten Probanden anders als die simulierenden, können wir schließen, daß ihr Verhalten nicht einfach eine Reaktion auf die Hinweise war.

Ein Test der *Nogrady*-Studie bestand darin, daß man den Probanden an beiden Händen elektrische Schläge verabreichte, wobei man für die rechte – nicht aber für die linke – Hand Analgesie suggeriert hatte. Der Schmerztest erfolgte zweimal: nach Hypnose-Induktion oder der Instruktion, Hypnose zu simulieren, und im zweiten Durchgang nach Instruktionen zum geheimen Beobachter. Im zweiten Test sollten die Probanden darüber berichten, wieviel Schmerz der geheime Beobachter empfand. Man fragte die Probanden auch, ob sie überhaupt die Erfahrung unterschiedlicher Bewußtseinsebenen, d.h. eines geheimen Beobachters, machten. Die *Nogrady*-Studie modifizierte also die Instruktionen zum geheimen Beobachter, um den Probanden mehr Freiheit zu geben. Man berichtete ihnen über den verborgenen Teil ihrer selbst nicht als *Tatsache*, sondern als *Möglichkeit*.

Die Gruppen unterschieden sich signifikant in ihren Reaktionen bezüglich des verborgenen Beobachters – in der Gruppe der sehr hypnose-empfänglichen Probanden machten 42% die Erfahrung eines geheimen Beobachters, in den beiden anderen Gruppen kein einziger! Zur Analyse der Schmerzberichte unterteilten die Forscher die sehr empfänglichen Probanden in zwei Gruppen, eine mit geheimem Beobachter, eine ohne. Wie Tabelle 1.1 zeigt, berichteten nur die geheimen Beobachter sehr empfänglicher Probanden nach den entsprechenden Instruktionen über zunehmende Schmerzen in der analgesierten Hand. In beiden Fällen konnten die simulierenden Probanden das diesbezügliche Verhalten der sehr hypnose-empfänglichen Versuchspersonen nicht nachahmen.

Ein Beispiel für Paradigmen in der Klinischen Psychologie

Ein Grundzug der Wissenschaft, umschrieben mit der Aussage: „Das glaube ich erst, wenn ich es sehe“, zeigt sich besonders eindrucksvoll in einem Experiment von *Langer* und *Abelson* (1974). Die beiden Forscher interessierten sich für die Frage, welchen Einfluß unterschiedliche theoretische Ausrichtungen darauf haben, wie ausgebildete Klinische Psychologen die „Angepaßtheit“ eines Menschen beurteilen.

Die *Verhaltenstherapie* hat ihre Wurzeln in der behavioristischen Lerntheorie, die es sich zum Ziel gesetzt hat, offenes Verhalten objektiv zu beobachten, und die Gesetze formuliert, die das Lernen beschreiben. Lerntheoretiker glauben, daß abnormes Verhalten nach denselben Lernprinzipien erworben wird wie normales Verhalten und daß die Beschreibung eines Menschen als psychisch krank ein soziales Urteil widerspiegele. Traditioneller ausgebildete Kliniker suchen hinter dem gestörten Verhalten den innerpsychischen Konflikt als Ursache und sind eher geneigt, in Kategorien psychischer Krankheit zu denken. *Abelson* und *Langer* überlegten nun, daß sich Verhaltenstherapeuten, denen man einen Menschen als psychisch krank vorstellte, in ihrem Urteil weniger beeinflussen lassen dürften als traditionell ausgebildete Kliniker. Um diese Hypthese zu prüfen, ersannen sie folgendes Experiment. Sie führten einer Gruppe von Verhaltensthera-

Die Ergebnisse von *Spanos* und *Nogrady* sind also widersprüchlich und illustrieren die ungelöste Streitfrage, ob eine Hypnose spezifische psychologische Prozesse einschließt oder nicht. Die Veröffentlichungen der jeweiligen Befürworter beider Thesen machen die Wirkungen des Paradigmas deutlich. Ein Ergebnis pro *Hilgard* wird bald einen kritischen Beitrag oder ein neues Experiment auf seiten derjenigen Forscher auslösen, die die soziale Rolle betonen, und Ergebnisse, welche die Interpretation der sozialen Rolle begünstigen, werden üblicherweise Widerspruch bei denen hervorrufen, die die Absicht befürworten, daß in der Hypnose spezielle psychologische Prozesse die Führung übernehmen. Es sieht so aus, als würde sich der Streit noch über Jahre fortsetzen, und es ist zweifelhaft, ob sich die eine oder andere Seite je überzeugen lassen wird, daß ihre Ansicht falsch ist.

Tabelle 1.1. Schmerzberichte von Probanden auf unterschiedlichem Niveau hypnotischer Empfänglichkeit (aus *Nogrady* et al., 1983)

	Analgesierte Hand		
Gruppe	Vor der Instruktion eines verborgenen Beobachters	Nach der Instruktion eines verborgenen Beobachters	Kontrollhand
Hohe Empfänglichkeit			
Verborgener Beobachter	3.4	6.2	6.2
Kein verborgener Beobachter	3.6	2.4	8.7
Mittlere Empfänglichkeit	3.9	4.0	8.1
Geringe Empfänglichkeit und Simulation	2.8	2.6	6.8

peuten und einer Gruppe von *Psychoanalytikern* ein Videoband vor, das zwei Männer in einem Interview zeigte. Zuvor hatte man den Interviewten beiden Gruppen je zur Hälfte als Stellenbewerber oder als psychiatrischen Patienten beschrieben. Man erwartete, daß die traditionellen Therapeuten dem ,,Patienten" eine schwerere Störung bescheinigen würden als dem ,,Stellenbewerber". Die zweite Prognose ging dahin, daß sich die Verhaltenstherapeuten vom Etikett weniger beeinflussen lassen und ihre Beurteilungen daher unter beiden Versuchsbedingungen ähnlich ausfallen würden.

Das Videoband zeigte einen bärtigen Professor im Gespräch mit einem jungen Mann von etwa 25 Jahren. Den Interviewten hatte man mittels Zeitungsannonce gefunden, mit der man nach jemandem gesucht hatte, der sich kürzlich um eine Stelle beworben hatte und gegen ein Honorar von 10 Dollar bereit war, sich interviewen und filmen zu lassen. Die Therapeuten-Probanden sahen einen weitschweifigen biographischen Monolog des jungen Mannes. Er schilderte seine früheren Stellungen und ließ sich über seine Schwierigkeiten mit Bürokraten aus. *Langer* und *Abelson* befanden, daß er zwar einen angespannten, aber in keinerlei Hinsicht eindeutigen Eindruck machte, und daß sein Verhalten gleichermaßen als ernsthaftes Bemühen wie als konfus und gequält angesehen werden konnte.

Den Eindruck, den die Therapeuten von der psychischen Gesundheit des Interviewten gewonnen hatten, erfaßte man mit einem Fragebogen. Galt der junge Mann als Stellenbewerber, unterschieden sich die Einschätzungen von traditionellen Therapeuten und Verhaltenstherapeuten nicht wesentlich. Doch das Etikett „Patient" führte zu den erwarteten eindeutigen Unterschieden (vgl. Abb. 1.2). Den „Patienten" hielten die traditionellen Therapeuten für signifikant gestörter als den „Stellenbewerber". Dagegen beurteilten die Verhaltenstherapeuten den „Kranken" als relativ gut angepaßt; tatsächlich erhielten Patient und Stellenbewerber von den Verhaltenstherapeuten ganz ähnliche Bewertungen.

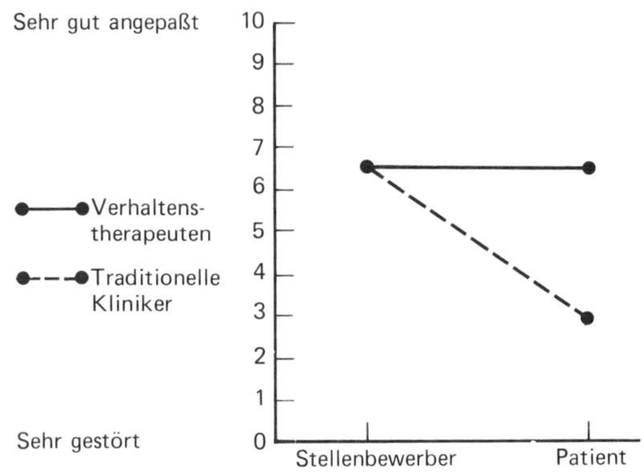

Abb. 1.2. Die mittleren Anpassungseinstufungen des Interviewten durch Verhaltenstherapeuten und traditionelle Kliniker (nach *Langer* und *Abelson*, 1974).

Die qualitativen Beurteilungen der Therapeuten unterstützten ihre Bewertungen im einzelnen. Während die Verhaltenstherapeuten den Mann, ungeachtet der Etikettierung, als „realistisch", „offen" und „verantwortungsbewußt" beschrieben, waren von den traditionellen Therapeuten, die ihn für einen Patienten hielten, Urteile zu hören wie „wenig flexible, defensiv eingestellte Persönlichkeit", „Homosexualitäts-Konflikt" und „hinter seiner Rigidität verbirgt sich Unbeherrschtheit".

Warum ließen sich die Verhaltenstherapeuten in diesem Experiment weniger beeinflussen? *Langer* und *Abelson* erklären das folgendermaßen: Der verhaltenstherapeutische Ansatz verlangt vom Therapeuten, sich auf offenes oder manifestes Verhalten zu konzentrieren und an einem krankhaften Zustand so lange zu zweifeln, wie er sich nicht eindeutig im Verhalten manifestiert. Die Therapeuten mit dieser Orientierung hatten in diesem besonderen Experiment den Vorteil, daß das Verhalten des Interviewten, so weitschweifig es sich auch äußerte, im Grunde nie eindeutig gestört war. Die traditionellen Therapeuten hatten vermutlich dagegen gelernt, auf das zu achten, was sich hinter dem manifesten Verhalten eines Klienten verbirgt. Als sie sich nun den jungen Mann weitschweifig über Bürokraten beklagen hörten, maßen sie dem vermutlich zuviel Wert bei und schlossen, daß mit ihm im Grunde etwas nicht stimme.

Langer und *Abelson* sind sich der Grenzen ihres Experimentes sehr wohl bewußt und machen den Leser darauf aufmerksam, daß in einer andersgearteten Untersuchung – vielleicht mit einem wirklich gestörten Interviewpartner – die Verhaltenstherapeuten ins Hintertreffen geraten könnten. Ziel des Experiments war es nicht, die eine therapeutische Orientierung gegen die andere auszuspielen. Es sollte vielmehr zeigen, wie eine theoretische Überzeugung die Wahrnehmung beeinflussen kann: Die Psychopathologie kann in der Tat im Auge des Betrachters liegen!

Subjektive Faktoren in Gestalt theoretischer Ausrichtungen sind in der Psychologie allgegenwärtig und haben bestimmenden Einfluß auf unsere Auffassung vom Wesen abnormen Verhaltens. Jeder Wissenschaftler, ganz gleich welcher Fachrichtung, der Hypothesen aufstellt, Untersuchungen durchführt und kontrollierte Forschung betreibt, bleibt immer auch ein menschliches Wesen. Vielleicht stünde es den Wissenschaftlern unter den Psychologen ganz besonders gut an, sich dieser einfachen, aber oft übersehenen Tatsache stets bewußt zu bleiben.

Zusammenfassung

Die Erforschung der Psychopathologie sucht eine Antwort auf die Frage, warum Menschen auf ungewöhnliche, zuweilen bizarre und typisch selbstzerstörerische Weise sich verhalten, denken und fühlen. Wir wissen darüber sehr viel weniger, als uns lieb sein kann. In diesem Buch nun soll es darum gehen, wie Psychopathologen den Ursachen abnormen Verhaltens auf die Spur zu kommen versuchen, und wie man es – nach gegenwärtigem Wissensstand – verhindern oder mildern kann.

Wir haben in diesem Kapitel die Geschichte der Disziplin nachgezeichnet und ihre Ursprünge in der alten Dämonologie und wenig differenzierten medizinischen Theorien gefunden. Von Beginn der wissenschaftlichen Erforschung abnormen Verhaltens an wetteiferten zwei Erklärungsprinzipien miteinander: das somatogene Prinzip, das jegliche psychische Abweichung auf eine physische Funktionsstörung zurückführen möchte, und das psychogene Prinzip, das die Physis des Betroffenen für intakt hält und psychische Schwierigkeiten allein psychologisch zu erklären versucht.

Wissenschaftliche Forschung wurde als ein besonderes Mittel dargestellt, durch das Menschen Wissen über ihre Welt erwerben. Ein sehr wichtiger Aspekt dabei ist, daß Menschen nur das sehen, auf dessen Wahrnehmung sie vorbereitet sind, und manche Phänomene bleiben uns vermutlich verschlossen, weil auch Wissenschaftler nur etwas entdecken können, von dem sie bereits eine allgemeine Vorstellung haben. Der Subjektivität entgehen wir weder in der Wissenschaft noch in unserer alltäglichen Wahrnehmung der Dinge.

Mit einiger Ausführlichkeit haben wir die Hypnose vorgestellt, da sie in der Geschichte unseres Faches eine nicht unwesentliche Rolle gespielt hat und da die Kontroversen um sie ein gutes Beispiel dafür sind, wie wissenschaftliche Paradigmen – jene Grundannahmen, die festlegen, welche wissenschaftlichen Fragen zu stellen und mit welchen Verfahren die nötigen Daten zu sammeln sind – sich unterscheiden und die Schlußfolgerungen, die man zieht, beeinflussen können.

Kapitel 2

Gegenwärtige Paradigmen in Psychopathologie und Therapie

In diesem Kapitel geht es um die wichtigsten Paradigmen oder Betrachtungsweisen, in deren Rahmen man versucht hat, abnormes Verhalten in Begriffe zu fassen, seine Entwicklung nachzuzeichnen und die angemessenste Behandlung zu bestimmen. Manche Autoren sprechen lieber von *Modellen* als von Paradigmen. Der Begriff ,,Modell" impliziert, daß man Begriffe des einen Bereichs, etwa der Lerntheorie, auch für einen anderen, z.B. die Klinische Psychologie, nutzbar machen kann, mit der Erwartung, daß man den zweiten Bereich dadurch besser verstehen lernt. Oder um ein anderes Beispiel zu nehmen: Gelegentlich stellt man sich das Gehirn als Computer vor. Die Entscheidung für ein Computer-Modell des Gehirns heißt nun nicht etwa, daß wir das Gehirn tatsächlich für eine Maschine aus Schaltkreisen, Festplatten und Terminals halten. Wir nehmen vielmehr an, daß der Vergleich mit den Operationen eines Computers das *Funktionieren* des Gehirns besser verständlich macht (*Maher*, 1966; *Price*, 1972a).

Der Begriff des Modells impliziert allerdings auch ein Maß an Präzision, das sich mit der Art und Weise, wie über abnormes Verhalten und seine Behandlungsmöglichkeiten nachgedacht wird, kaum verbinden läßt. Viele Wissenschaftler verzichten auf die Konstruktion von Modellen und wählen bestimmte Perspektiven, formulieren allgemeine *Annahmen*, die den Rahmen dafür abstecken, was zu untersuchen, wie Information zu erheben und wie über Verhalten nachzudenken ist. Wir werden uns im folgenden mit den fünf wesentlichsten Paradigmen der gegenwärtigen Klinischen Psychologie beschäftigen: dem *physiologischen*, dem *psychoanalytischen*, dem *lerntheoretischen*, dem *kognitiven* und dem *humanistischen Paradigma*. Die einzelnen Postulate von jedem Paradigma aufzulisten, ist unmöglich. Aber wir werden versuchen, einen allgemeinen Eindruck von den fünf Standpunkten zu vermitteln.

Viele begeben sich an die Erforschung abnormen Verhaltens, ohne sich das Paradigma, dem sie folgen, explizit klarzumachen. Doch wie wir sehen werden, hat die Wahl des Paradigmas entscheidenden Einfluß darauf, wie man abnormes Verhalten definiert, untersucht und behandelt. Mit der Darstellung von Paradigmen wollen wir eine Grundlage schaffen für die nachfolgende ausführliche Diskussion der Hauptkategorien psychischer Störungen und ihrer Behandlung.

1. Das physiologische Paradigma

Was wir hier ,,physiologisches Paradigma abnormen Verhaltens“ nennen, wird oft auch als *medizinisches* oder *Krankheitsmodell* bezeichnet. Wir ziehen erstere Bezeichnung aus zweierlei Gründen vor. Erstens hat es sich als schwierig erwiesen, exakt zu definieren, was mit dem,,medizinischen Modell“ gemeint ist. Zweitens – und das ist noch wichtiger – beschränken sich die Argumente in bezug auf das medizinische Modell zumeist auf die Frage, ob ein physiologischer Defekt die Ursache abnormen Verhaltens ist oder nicht.

Die Wahl der Terminologie

Beschäftigen wir uns zunächst mit der vorherrschenden Definition des medizinischen Modells. Wie wir aus Kapitel 1 wissen, ist die Erforschung abnormen Verhaltens historisch mit der Medizin verbunden. Heute wie früher dient das Modell der körperlichen Krankheit als Grundlage für die Definition abweichenden Verhaltens. Immer noch dominiert im Bereich psychischer Störungen die medizinische Terminologie. ,,(Abweichendes) Verhalten wird *pathologisch* genannt und auf der Grundlage von *Symptomen* klassifiziert, wobei die Klassifikation *Diagnose* heißt. Maßnahmen zur Änderung von Verhalten nennt man *Therapien*, die man bei Patienten in psychiatrischen *Kliniken* anwendet. Stellt der Patient das abweichende Verhalten ein, gilt er als *geheilt*“, konstatiert *Maher* (1966, S. 22).

Dem medizinischen Modell liegt die Annahme zugrunde, daß abnormes Verhalten einer Krankheit vergleichbar ist. Um zu verstehen, wie ein Krankheitsmodell auf abnormes Verhalten angewandt werden kann, müssen wir uns den medizinischen Krankheitsbegriff genauer ansehen. Im Mittelalter wurde Krankheit gleichgesetzt mit beobachtbaren Anzeichen und Symptomen wie Ausschlag oder Fieber. Mit dem Fortschritt der medizinischen Wissenschaft, insbesondere auf dem Gebiet der Autopsie, lernte man, beobachtbare Symptome inneren Fehlfunktionen zuzuschreiben. Als dann *Louis Pasteur* den Zusammenhang zwischen Bakterien und Krankheit entdeckte und bald darauf die Existenz von Viren postulierte, verfügte man mit der *Keimtheorie* von Krankheit über eine neue Erklärung in bezug auf Pathologie. Nunmehr sah man in äußeren Symptomen die Folge einer Infektion des Körpers mit winzigen Organismen und Viren. Die Keimtheorie wurde zum neuen Paradigma der Medizin. Doch schon bald zeigte sich, daß nicht alle Krankheiten mit Hilfe der Keimtheorie erklärt werden konnten. Diabetes z.B., eine Fehlfunktion der insulinbildenden Zellen der Bauchspeicheldrüse, geht weder auf eine Infektion zurück, noch läßt sie sich überhaupt einer einzelnen Ursache zuschreiben. Auch für die Herzkrankheiten können eine Vielzahl von Faktoren – genetische Ausstattung, Belastungen durch Rauchen und Fettleibigkeit, Typ-A-Verhalten (vgl. S. 238ff.) usw. – verantwortlich sein. Ist hier ein einzelnes Paradigma überhaupt noch ausreichend?

Wohl kaum. Da sich selbst die medizinischen Krankheiten in Ursachen und Symptomen vielfältig unterscheiden, trägt die Behauptung, abnormes Verhalten lasse sich als Krankheit auffassen, wenig zur Klärung des Phänomens bei (vgl. Kasten 2.1). Da aber zweifellos jeder Krankheit Störungen physiologischer Prozesse zugrunde liegen, haben wir uns entschlossen, hier vom *physiologischen Paradigma* zu sprechen. Zu sagen, daß eine Verhaltensanomalie zumindest zum Teil auf eine Störung eines oder mehrerer physiologischer Prozesse zurückgehen kann, ist sinnvoll.

Inzwischen gibt es eine beachtliche Literatur, im Bereich der Forschung wie der Theorie, welche die für die Psychopathologie relevanten physiologischen Faktoren behandelt. Erblich bedingte physiologische Fehlfunktionen prädisponieren z.B. zur Schizophrenie (Kapitel 14). Zur Depression kommt es möglicherweise, weil die normalen Prozesse neuraler Erregungsübertragung gestört sind (Kapitel 9), und neurotische Angst hat man verschiedentlich auf einen Defekt innerhalb des autonomen Nervensystems zurückgeführt, der eine Senkung der Erregungsschwelle verursacht

(Kapitel 6). Anderen sogenannten hirnorganischen Syndromen liegen Schädigungen von Gehirnstrukturen zugrunde (s. Anhang). In jedem Fall wird eine psychopathologische Erscheinung mit der Störung eines physiologischen Prozesses in einen Kausalzusammenhang gebracht. Forscher, die innerhalb dieses Paradigmas arbeiten, glauben, das Rätsel der Psychopathologie sei allein dadurch zu lösen, daß man nach somatischen, d.h. körperlichen Ursachen sucht.

Kasten 2.1
Kritik des medizinischen beziehungsweise Krankheits-Modells abnormen Verhaltens

Obwohl wir den Begriff des medizinischen Modells für nicht sehr sinnvoll halten, ist bei Psychopathologen und Klinikern doch soviel die Rede davon, daß ein Überblick über einige der Schwachstellen dieses Modells ganz nützlich sein kann. Ein Kliniker, so lautet ein häufiger Einwand, der mit dem abnormen Verhalten eines Menschen konfrontiert ist, verfügt über keinerlei unabhängiges Instrumentarium, um das Vorhandensein von Krankheitsprozessen nachzuweisen. In der Medizin lassen sich sowohl die Symptome als auch die dafür verantwortlichen Faktoren und somit der Krankheitsprozeß häufig eindeutig feststellen. Fieber läßt sich genau messen, und auch der spezifische Erreger oder Mikroorganismus, der den Temperaturanstieg verursacht hat, kann – etwa durch einen Rachenabstrich und die Analyse der vorhandenen Fremdorganismen – unabhängig davon bestimmt werden. Wendet man das Krankheitsmodell jedoch auf abnormes Verhalten an, steht man meistens vor dem Problem, daß sich weder die Symptome noch ihre vermuteten Ursachen unabhängig voneinander erfassen lassen. Man kategorisiert und benennt bestimmte Verhaltensweisen und Symptome als psychische Krankheit, zieht dann aber die Krankheitsbezeichnung als Erklärung oder Ursache dieser Symptome heran. Einen Patienten, der sich der Realität entfremdet hat und halluziniert, beschreibt man als schizophren. Wenn wir dann fragen, warum der Patient sich der Realität entfremdet hat und halluziniert, lautet die Antwort häufig, das tue er, weil er schizophren sei. Mit „Schizophrenie" wird also ein bestimmtes Verhalten, aber zugleich auch eine Ursache eben dieses Verhaltens bezeichnet. Ein klares Beispiel für einen Circulus vitiosus – den man in der Wissenschaft unbedingt vermeiden sollte.

Diese Kritik an der Art und Weise, wie psychisch Kranke diagnostiziert werden, ist zwar berechtigt, läßt sich aber nicht immer aufrechterhalten. Man könnte aus der Perspektive des medizinischen Modells auch differenzierter argumentieren und dem entgegenhalten, daß man die Schizophrenie zwar auf der Grundlage von Symptomen diagnostiziere, aber damit keineswegs behaupte, diese Symptome seien Folge der Schizophrenie. Die Ursachen der Symptome seien einfach noch nicht gefunden, doch das sei eine Frage der Zeit. Irgendwann werde man bei Schizophrenen eine abweichende chemische Verbindung entdecken und als Ursache der Krankheit identifizieren. Kurz, der differenziertere Anhänger eines Krankheitsmodells würde zugestehen, daß wir über die Ursachen im Moment zwar noch wenig wissen, daß es aber im Prinzip und wenn die notwendige Information zur Verfügung stehe, möglich sein werde, Symptome und *Ätiologie*, wie in der Medizin üblich, unabhängig voneinander zu erfassen.

Ein zweiter gängiger Einwand gegen die Übertragung medizinischer Modelle auf abnormes Verhalten zielt auf eine prinzipielle Verschiedenheit der Symptome physischer und psychischer Krankheiten ab. Die sogenannten psychischen Symptome, so *Thomas Szasz* (1960), der wohl berühmteste Verfechter dieser Kritik, sind zunächst einmal Äußerungen des Patienten über sich und andere. Die Qualifizierung solcher Äußerungen als Symptome bedeute, daß wir innerhalb eines spezifischen sozialen und kulturellen Kontextes eine Beurteilung vornehmen. So kann zum Beispiel die Überzeugung eines Patienten, er sei Christus, Grund genug sein, ihn mit der Diagnose „paranoide Schizophrenie" zu belegen. Aber sogar in diesem Extremfall wird die Diagnose davon abhängen, ob der Therapeut der Behauptung Glauben schenkt oder nicht. Denn glaubt der Beobachter dem Patienten, wird er in dessen Verhalten sicher nicht das Symptom einer psychischen Krankheit sehen.

Szasz und seine Anhänger behaupten weiter, die Symptome psychischer Krankheit seien *subjektiver*, die physischer Krankheiten dagegen *objektiver* Natur. Das hat sicher etwas für sich, nur ist der Unterschied nicht so eindeutig, wie *Szasz* das gerne hätte (*Ausubel*, 1961b). Nehmen wir an, ein Patient klagt über Schmerzen. Wie kann der Arzt nun feststellen, wie stark die Schmerzen tatsächlich sind, da doch die Schmerztoleranz bekanntermaßen von Mensch zu Mensch verschieden ist? Zwar sollte man bei der Definition dessen, was eine sogenannte psychische Krankheit ist, die Bedeutung subjektiver Faktoren keineswegs unterschätzen, nur ist eine Unterscheidung zwischen psychischer und physischer Krankheit allein auf dieser Grundlage eine fragwürdige Sache. Auch bei der Feststellung körperlicher Krankheiten scheinen subjektive Faktoren impliziert zu sein, obwohl sich die eigentliche Natur einer medizinischen Krankheit wahrscheinlich in objektiven Labortests erfassen läßt.

Schließlich behaupten viele Kritiker des medizinischen Modells, daß sogenannte Geisteskrankheiten weder eine spezifische Ätiologie noch eine spezifische Symptomatologie aufweisen und also nicht als Krankheiten im eigentlichen Sinne gelten können (z.B. *Milton* und *Wahler*, 1969). In der Tat ist unser Wissen über die Ätiologie von Psychopathologien verschwindend gering. Daß wir diese Ätiologien noch nicht entdeckt haben, heißt aber, wie gesagt, nicht, daß wir die Suche nach ihnen einstellen sollten.

Sehr viel triftiger ist der Einwand, daß es immer noch nicht gelungen ist, etlichen Kategorien abnormen Verhaltens eine spezifische Kombination von Symptomen zuzuordnen. Es hat sich einfach noch nicht für jede Psychopathologie ein spezifisches Syndrom ausmachen lassen. Dem ließe sich aus der Sicht eines medizinischen Modells allerdings entgegenhalten, daß auch viele medizinische Krankheiten *keine* spezifische Symptomatologie aufweisen. Ein gutes Beispiel dafür ist die Progressive Paralyse. Bevor sie als Infektionskrankheit erkannt wurde, war heftig umstritten, ob die Symptome körperlichen Ursprungs oder Folge einer psychischen Störung waren. Verfechter der psychologischen These argumentierten, das Symptombild sei uneinheitlich, da manche Patienten nicht an Größenwahn, sondern an Depression litten. Folglich sei die Paralyse keine medizinische Krankheit im eigentlichen Sinne. Nun geht die Paralyse, wie sich herausstellte, tatsächlich auf ein *einzelnes* ursächliches Agens zurück, gleichwohl können sich ihre Manifestationen in *späteren* Stadien *von Patient zu Patient deutlich unterscheiden*. Sogar eine Infektionskrankheit geht also nicht unbedingt auch mit einer homogenen Symptomatologie einher.

Das alles zeigt, daß an der Entscheidung, abnormes Verhalten als medizinische Krankheit zu sehen, auch subjektive Faktoren beteiligt sind. Gegen das medizinische Modell werden triftige und bedenkenswerte Einwände erhoben. Für jeden dieser Einwände gibt es jedoch auch Entgegnungen.

Physiologische Interventionen

Aus dem physiologischen Paradigma folgt, daß sich mit chirurgischen Eingriffen oder Medikamenten, die das körperliche Funktionieren verändern, auch bestimmte Verhaltensabnormitäten behandeln oder sogar verhindern lassen. Wenn man feststellt, daß der Mangel an einer bestimmten biochemischen Substanz einem Problem zugrunde liegt oder dazu beiträgt, so ist es sicher sinnvoll, die fehlende Substanz in entsprechenden Dosen von außen zuzuführen und so das Gleichgewicht wiederherzustellen. Hier besteht ein eindeutiger Zusammenhang zwischen der Betrachtung einer Störung als physiologischer Defekt und dem Versuch, den Fehler durch physiologische Intervention zu korrigieren.

Nehmen wir ein anderes Beispiel. Die Phenylketonurie (PKU), eine Form des Schwachsinns, wird verursacht durch einen genetisch determinierten Enzymdefekt, der es dem Organismus unmöglich macht, Phenylalanin in Tyrosin umzuwandeln. Daß man den verheerenden Folgen solchen Mangels vorbeugen kann, ist ein Beispiel für eine erfolgreiche physiologische Intervention zur Korrektur einer physiologischen Anomalie.

Andere weitverbreitete physiologische Interventionen gründen nicht unbedingt auf dem Wissen, was die jeweilige Krankheit in erster Linie verursacht. Nochmals, unser Wissen über Ätiologien ist äußerst rudimentär. Aber mit schwächeren Tranquilizern wie Valium läßt sich die mit Angst-Störungen einhergehende Spannung reduzieren. Die umstrittene Elektroschock-Behandlung scheint schwere Depressionen zu mildern. Keine dieser somatischen Therapien läßt sich bis heute sinnvoll den möglichen Ursachen dieser psychischen Störungen zuordnen, gleichwohl gelten sie als physiologische Behandlungsformen (vgl. Kapitel 20).

2. Das psychoanalytische Paradigma

Das in Psychopathologie und Psychotherapie wohl am meisten angewandte Paradigma ist das ursprünglich von *Sigmund Freud* entwickelte psychodynamische oder psychoanalytische Paradigma.

Die Struktur der Psyche

Nach *Freud* besteht die Psyche aus drei Teilen: dem *Es*, dem *Ich* und dem *Überich*. Diese drei Metaphern stehen jeweils für spezifische Funktionen oder Energien. Das Es – jener Teil der Persönlichkeit, der die gesamte Energie für das psychische Geschehen liefert – ist von Geburt an da. Es besteht aus den grundlegenden Bedürfnissen nach Nahrung, Wasser, Ausscheidung, Wärme, Zuwendung und Sexualität. Als ausgebildeter Neurologe glaubte *Freud*, daß die Es-Energie physiologischen Ursprungs sei und sich später irgendwie – für uns nicht wahrnehmbar, d.h. unterhalb unserer Bewußtseinsschwelle – in psychische Energie umwandle.

Innerhalb des Es postuliert Freud die zwei grundlegenden Triebe Eros und Thanatos. Dabei kommt dem Eros, einer lebens-integrierenden Kraft von grundsätzlich sexueller Natur, die größere Bedeutung zu. Die Energie dieses Eros-Triebes nennt *Freud Libido*. Manchmal scheint *Freud* zwischen Eros, Libido und sexueller Energie keinen Unterschied zu machen, aber zuweilen schreibt er Libido und Eros auch alle integrativen, lebensfördernden Kräfte zu, die nicht immer im strengen Sinne sexuellen Ursprungs sein müssen. Thanatos, der Todestrieb, spielt in *Freuds* Denken eine relativ geringe Rolle, und die ihm entsprechende Energie hat nie einen Namen erhalten.[1]

Das Es sucht unmittelbare Befriedigung und folgt dem, was von *Freud Lustprinzip* genannt wurde. Bleibt die Befriedigung aus, entsteht

[1] Der Analytiker *Wachtel* (persönliche Mitteilung, 1983) hält es für fraglich, daß *Freud* diesen Ausdruck überhaupt je gebraucht hat. Heutzutage spricht man einfach von einem Aggressionstrieb.

Spannung, und das Es strebt danach, diese Spannung so schnell wie möglich zu beseitigen. Ein Säugling, der Hunger verspürt, also einen aversiven Trieb, wird Such- und Saugbewegungen machen, um die Spannung, die der unbefriedigte Trieb hervorruft, zu reduzieren. Solches Verhalten heißt Reflexaktivität und ist eines der Mittel, mit deren Hilfe sich das Es Befriedigung verschafft, es stellt den ersten Austausch des Organismus mit seiner Umwelt dar. Ein zweites Mittel ist der *Primärprozeß*, der das Bild des Gewünschten erzeugt. Der hungrige Säugling imaginiert die mütterliche Brust, und mit dieser wunscherfüllenden Phantasie gelingt es ihm, den Hungertrieb kurzzeitig zu befriedigen. Auch im Leben des Erwachsenen bleiben die Es-Impulse relativ unabhängig von den realitätsorientierten, auf Anpassung ausgerichteten Prozessen des Ich. Das Es strebt mit seinem Bedürfnis, Spannung zu reduzieren und zu beseitigen, einen Zustand der Ruhe an, der – vielleicht ironischerweise – nur im Tod zu erreichen ist.

Der zwanzigjährige Freud mit seiner Verlobten Martha Bernays.

Das Zimmer, in dem Freud viele Patienten seiner berühmten psychoanalytischen Fallberichte empfing.

Freud an seinem Schreibtisch.

Aus dem Es entwickelt sich der zweite Teil der Persönlichkeit, das weitgehend bewußte sogenannte Ich: ein Prozeß, der mit der zweiten Hälfte des ersten Lebensjahres beginnt. Das Ich ist jener Teil des Es, der unmittelbar durch die Umgebung beeinflußt und modifiziert wird. Das Ich muß sich mit der Realität auseinandersetzen und daher häufig versuchen, die vom Es verlangte unverzügliche Bedürfnisbefriedigung aufzuschieben. Das Ich mißbilligt den Primärprozeß, denn Phantasien erhalten den Organismus nicht am Leben. Im sogenannten *Sekundärprozeß* plant und entscheidet das Ich und trägt damit der Tatsache Rechnung, daß das uneingeschränkte Vorherrschen des Lustprinzips, wie es dem Es entspräche, kaum der effektivste Weg zur Erhaltung des Lebens ist. Das Ich hat also zwischen den Anforderungen der Realität und den Ansprüchen des Es zu vermitteln und folgt dabei dem *Realitätsprinzip*.

Allerdings bezieht das Ich all seine Ernergie vom Es, einem Reiter vergleichbar, der die Kraft zu reiten seinem Pferd verdankt. Nun wird ein wirklicher Reiter sein Pferd mit eigener Kraft lenken, unabhängig davon, wohin dieses will, strebt oder sich bewegt. Das Ich jedoch empfängt andererseits seine ganze Energie vom Es, ist also in dieser Beziehung völlig von ihm abhängig und muß ihm doch die Richtung weisen.

Das Überich, der dritte Teil der Persönlichkeit, ist im wesentlichen Träger der moralischen Normen der Gesellschaft, wie sie dem Kind vermittelt werden. Das Überich entwickelt sich mit der Lösung des Ödipuskonflikts, den wir weiter unten behandeln werden, und ist im allgemeinen dem gleichzusetzen, was wir das Gewissen nennen. Wenn das Es nach Bedürfnisbefriedigung drängt, muß sich das Ich nicht nur mit den Zwängen der Realität, sondern auch mit den moralischen ,,richtig-falsch"-Urteilen des Überich auseinandersetzen. *Freud* sieht das Verhalten des Menschen also als komplexes Wechselspiel dreier psychischer Systeme, die alle ihre eigenen, zuweilen einander widersprechenden Ziele verfolgen. Dieses Wechselspiel der Kräfte nennt man die *Psychodynamik* der Persönlichkeit.

Zum Studium der menschlichen Psyche wurde Freud angeregt durch seine Arbeit mit *Breuer* über Hypnose und Hysterie (vgl. S. 20ff.). Aus der Tatsache, daß bei beiden Phänomenen offensichtlich einflußreiche Faktoren wirksam waren, deren sich die Patienten nicht bewußt zu sein schienen, schloß Freud, daß ein Großteil unseres Verhaltens von Kräften bestimmt wird, die unserem Bewußtsein nicht zugänglich sind. Sowohl die Triebe des Es als auch viele Aktivitäten des Überich bleiben dem bewußten Seelenleben verborgen. Das Ich dagegen ist in erster Linie bewußt, denn es ist die Metapher für diejenigen psychischen Systeme, die mit Denken und Planen zu tun haben. Aber auch das Ich hat seine unbewußten Seiten: die sogenannten *Abwehrmechanismen*, die es vor Angst schützen. Wir werden uns an anderer Stelle kurz damit beschäftigen. Grundsätzlich sah *Freud* die wichtigsten Faktoren unseren Verhaltens als *unbewußt* an.

Freud verstand die Persönlichkeit des Menschen als geschlossenes Energiesystem. Das Es verfügt zu jedem Zeitpunkt über einen bestimmten, gleichbleibenden Energiebetrag, um den psychischen Apparat in Gang zu halten, und jede der drei Instanzen der Persönlichkeit ist bemüht, sich ihren Anteil zu sichern. *Freuds* Denken war vollkommen deterministisch. Als Naturwissenschaftler glaubte er, daß jedes noch so geringfügige Verhalten, und sei es auch ein scheinbar trivialer Versprecher, seine ganz bestimmten – zuweilen unbewußten – Ursachen habe.

Stadien der psychosexuellen Entwicklung

Nach *Freud* entwickelt sich die Persönlichkeit im Verlaufe von vier aufeinanderfolgenden psychosexuellen Phasen. In jedem dieser Stadien ist ein anderer Teil des Körpers für sexuelle Reizung besonders empfänglich und daher auch am besten geeignet, die Libido-Bedürfnisse des Es zu befriedigen. Das erste ist die *orale* Phase. Während dieser Zeit bezieht der Säugling die größtmögliche Befriedigung seiner Triebimpulse aus der Erregung der sensorischen Nervenendigungen des Mundes. Seine wichtigsten Lustempfindungen sind Saugen und Nahrungsaufnahme. Im zweiten Lebensjahr tritt das Kind in die *anale* Phase ein, die Lustempfindung konzentriert sich auf den Anus und das Abgeben und Zurückhalten der Faeces. Die nachfolgende *phallische* Phase, in der die größte Befriedigung durch Stimulation der Genitalien erreicht wird, dauert vom dritten bis zum fünften oder sechsten Lebensjahr. Es folgt, bis etwa zum dreizehnten Lebensjahr, eine Zeit der *Latenz*, die nicht als psychosexuelle Phase gilt. Während dieser Jahre sind die Es-Impulse weniger stark und spielen keine unmittelbare Rolle für die Verhaltensmotivation. Das Kind verhält sich asexuell, obwohl *Freud* im Grunde für jedes Verhalten Triebregungen des Es verantwortlich macht. Schließlich wird das erwachsene *genitale* Stadium erreicht, in dem heterosexuelle Interessen vorherrschend sind.

In jeder Phase hat der heranwachsende Mensch Konflikte zwischen den Wünschen des Es und den Gegebenheiten der Umwelt zu lösen, und die Art und Weise wie er das tut, wird bestimmend dafür, welche grundlegenden und dauerhaften Persönlichkeitsmerkmale er entwickelt. Ein Mensch, der in der analen Phase, je nach Art seiner Erziehung zur Sauberkeit, zuviel oder zuwenig Befriedigung erfahren hat und folglich über dieses Stadium nicht hinausgelangt ist, wird zur sogenannten *analen Persönlichkeit*. So gilt etwa der anal-retentive Charakter als geizig und zuweilen zwanghaft reinlich. Diese Persönlichkeitszüge, die sich ein Leben lang zeigen, zumeist aber erst im Erwachsenenalter besonders beachtet weden, wenn die Betroffenen einen Psychoanalytiker konsultieren, werden auf frühe Kindheitserlebnisse zurückgeführt und auf die Art und Weise, wie dem Kind Befriedigung ermöglicht oder verweigert wurde. Ein solches „Einfrieren" der Entwicklung auf einer frühen psychosexuellen Stufe bezeichnete *Freud* als *Fixierung*.

Die vielleicht bedeutsamste Entwicklungskrise erfährt das Kind während der phallischen Phase, denn in dieser Zeit, etwa im Alter von vier Jah-

Die Familie Freud in Wien 1896. Stehend von links nach rechts: Paula (Schwester), Anna (Schwester), ein unbekanntes Mädchen, Sigmund, Emanuel (Halbbruder), Rosa (Schwester), Marie (Schwester) und Simon Nathanson (Cousin). Sitzend von links nach rechts: Adolfine (Schwester), Amalie (Mutter) und Jacob (Vater). Vorne sitzend: Alexander (Bruder) und ein unbekannter Junge.

ren, wird das Kind, so behauptet *Freud*, von sexuellem Verlangen nach dem gegengeschlechtlichen Elternteil überwältigt. Durch eine Strafandrohung des gleichgeschlechtlichen Elternteils kann das Kind den ganzen Konflikt verdrängen, ihn ins Unbewußte abschieben. Dieses Verlangen und seine Verdrängung wird beim Knaben *Ödipuskomplex* und beim Mädchen *Elektrakomplex* genannt. Der Weg aus dem Dilemma führt gewöhnlich über die Identifikation mit dem gleichgeschlechtlichen Elternteil und die Übernahme gesellschaftlicher Normen, die es verbieten, die eigene Mutter oder den eigenen Vater zu begehren. Durch das Lernen moralischer Wertvorstellungen entwickelt sich das Überich.

Angst und Angstabwehr

Freud entwickelte zwei verschiedene Angsttheorien. In der ersten, 1895 veröffentlichten Fassung sah er die Ursache *neurotischer Angst* in einer Blockierung unbewußter Triebregungen. Dazu kommt es z.B. unter den Bedingungen extremer sexueller Deprivation. Werden diese Triebregungen verdrängt, ist die Voraussetzung dafür geschaffen, sie in neurotische Angst zu überführen. Diese erste Angsttheorie schenkte den Bedingungen, unter denen es zur Verdrängung einer unbewußten Triebregung kam, kaum Aufmerksamkeit. Das geschah erst in der 1926 veröffentlichten zweiten Fassung der Theorie, in der *Freud* sich ausführlicher mit den Situationen beschäftigte, die jemanden zur Verdrängung einer unbewußten Triebregung veranlassen. Gleichzeitig kehrte er die ursprünglich angenommene Beziehung zwischen Angst und Verdrängung um. Nach der ersten Theorie entsteht neurotische Angst durch die Unterdrückung von Impulsen. Nach der zweiten Theorie dagegen ist die Angst vor Impulsen ein Signal für die Notwendigkeit, diese Impulse zu unterdrücken (*Wachtel*, 1977).

Die zweite Theorie sieht die Geburt als den Prototyp einer Angst-Situation, denn das Kind wird von einer Erregung überflutet. Nach der Herausbildung des Ich im ersten Lebensjahr, wird die Angst zum Signal einer drohenden Überstimulation. Sie kündigt dem betreffenden Menschen an, daß er von Es-Impulsen und anderen Kräften überwältigt zu werden droht und Gefahr läuft, in einen infantilen Zustand der Hilflosigkeit zu geraten. Angst spielt also eine funktionelle Rolle, indem es dem Ich signalisiert, daß es handeln muß, um nicht überwältigt zu werden.

Freud unterscheidet, je nach Ursprung, drei Arten von Angst. Mit *Realangst* reagiert das Ich, wenn in der Außenwelt Gefahr droht, wenn z.B. reale Lebensgefahr besteht. *Gewissensangst*, die das Ich als Schuld oder Scham erlebt, ist in Wirklichkeit Angst vor der Strafe, die das Überich für die Verletzung moralischer Normen auferlegt. *Neurotische Angst* schließlich ist die Furcht vor den schrecklichen Folgen, die das Ich erwartet, wenn es zuläßt, daß eine früher bestrafte Triebregung sich äußert. Neurotische Angst hat ihre Wurzeln in der Realangst. *Hall* (1954) beschreibt das folgendermaßen:

„Neurotische Angst gründet in dem Sinne auf Realangst, als jemand zunächst einmal eine Triebforderung mit äußerer Gefahr in Verbindung bringen muß, bevor er lernt, seine Triebe zu fürchten. Solange Triebabfuhr nicht bestraft wird, hat er (von den Trieben) nichts zu befürchten... Wenn triebgesteuertes Verhalten ihn allerdings in Schwierigkeiten bringt, was meistens der Fall ist, lernt er, wie gefährlich Triebe sind. Prügel und andere Strafen zeigen dem Kind, daß impulsive Triebbefriedigung Verdruß und Kummer zur Folge hat. Das Kind entwickelt neurotische Angst, wenn es für solche Impulsivität bestraft wird" (S. 67).

Hinzugefügt werden muß, daß dieser Konflikt zwischen dem Wunsch und der Furcht vor dem Wunsch verdrängt oder vom Bewußtsein ausgeschlossen werden muß, bevor wir von neurotischer Angst sprechen können. Wo immer wir im Verlaufe dieses Buches im Zusammenhang mit psychoanalytischen Theorien von Störung und Behandlung sprechen, ist diese Form der Angst gemeint.

*Freud*ianer, so ist häufig zu hören – und vielleicht ist das ein Überbleibsel von *Freuds* erster Angst-Theorie –, predigten soviel Triebbefriedigung wie möglich, da andernfalls die Neurose drohe. Das ist nicht der Fall, denn nach *Freud* ist die notwendige Voraussetzung neurotischer Angst die Verdrängung. Kern der neurotischen Angst ist nicht einfach das Zögern, Widerstreben oder die Unfähigkeit, den Ansprüchen des Es zu widerstehen, sondern die Unbewußtheit des Konflikts. Ein Priester oder eine Nonne sind so lange keine Neurose-Kandidaten, wie sie sich ihre sexuellen oder aggressiven Regungen bewußt eingestehen. Sie brauchen diese Bedürfnisse nicht auszuleben, um neurotischer Angst zu entgehen. Sie müssen sich diese Bedürfnisse nur immer wieder bewußt machen, wenn sie nach Befriedigung drängen.

Ursprünglich hatte *Freud* angenommen, den neurotischen Schwierigkeiten seiner Patienten lägen traumatische Kindheitserlebnisse sexueller Art zugrunde. Aber 1897 stellte er fest, daß sexuelle Handlungen an Kindern nach allem, was er von seinen Patienten hörte, weit verbreiteter sein müßten, als er willens oder fähig war zu glauben. Er brachte daher die Berichte von solchen traumatischen Erlebnissen in Zusammenhang mit seiner Hypothese, daß das Unbewußte zwischen Wirklichkeit und Phantasie keinen Unterschied mache. Nach einem – wie ein Kommentator es nannte – atemberaubenden geistigen Kraftakt (*Wachtel*, 1977) schlug er nunmehr vor, daß seine Patienten ihm nicht von wirklichen Ereignissen, sondern von Phantasien berichteten. Kleine Kinder, so seine Hypothese, haben mit intensiven Gefühlen und Sehnsüchten fertigzuwerden. Dafür schlecht ausgerüstet, neigen sie dazu, sich Befriedigungen zu *erfinden*. Wissenschaftler können sehr kreativ sein, wenn es gilt, einzelne Aspekte ihres Denkens einer neuen Beweislage anzupassen und dennoch bestimmte grundlegende Sätze ihrer Theorie aufrechtzuerhalten. *Freud* rettete das Kindheitstrauma als Hauptursache neurotischer Angst, indem er es von der Wirklichkeit in die Phantasie verlegte.[2]

[2] Inzwischen haben Forschungen ergeben, daß sexuelle Vergehen an Kindern innerhalb von Familien sehr viel häufiger sind, als man vermuten wollte. Möglicherweise hat *Freud* die Häufigkeit inzestuöser Handlungen unterschätzt und hätte deshalb vielleicht seine Theorie über traumatische sexuelle Kindheitserfahrungen gar nicht so gravierend zu ändern brauchen, wie er es tat.

Formen neurotischer Angst

Neurotische Angst kann sich auf verschiedene Weise äußern: als *frei-flottierende Angst*, als *Phobie* und als *Panik-Reaktion*. Alle diese Erscheinungsformen neurotischer Angst werden von inneren Faktoren ausgelöst, die auf einstmals bestrafte Es-Impulse zurückgehen. Ein Mensch mit frei-flottierender Angst erscheint fast immer und ohne ersichtliches äußeres Gefahrenmoment ängstlich. Die Theorie nimmt an, daß ein solcher Mensch eigentlich sein eigenes Es fürchtet, das in der Tat untrennbar mit ihm verbunden, also immer da ist. Phobien äußern sich in irrationaler Furcht vor und im Vermeiden von bestimmten Objekten und Situationen, wie Katzen, weiträumigen Plätzen, geschlossenen Räumen oder ungiftigen Schlangen. Die gefürchteten Objekte oder Situationen, sind, nach der Theorie, symbolische Repräsentationen jenes Objektes oder jener Situation, die früher zur Befriedigung des Es-Impulses ausgewählt wurden. Diese Auswahl und damit auch der Impuls wurden anschließend bestraft, und dann wurde der ganze Konflikt verdrängt. „Hinter jeder neurotischen Furcht steht ein primitiver Wunsch des Es nach dem Objekt, vor dem man Angst hat" (*Hall*, 1954, S.65). Schließlich kann sich neurotische Angst auch als Panik-Reaktion äußern: als ein plötzlicher und unerklärlicher Ausbruch schwerer und anhaltender Angst.

Abwehrmechanismen

Nach *Freud* kann das angstempfindende Ich sein Mißbehagen durch etliche Manöver reduzieren. Realangst läßt sich meistern, indem man die äußere Gefahr beseitigt, meidet oder sich rational mit ihr auseinandersetzt. Neurotische Angst und manchmal auch Gewissensangst lindert man, indem man Zuflucht zu einem Abwehrmechanismus sucht und unbewußt die Wirklichkeit verzerrt. Ein Abwehrmechanismus ist eine unbewußte Strategie, die das Ich vor Angst schützt. Der vielleicht bedeutsamste Abwehrmechanismus ist die *Verdrängung*, ein Prozeß, in dem für das Ich unannehmbare Triebregungen und Gedanken ins Unbewußte abgedrängt werden. Verdrängung verhindert nicht nur, daß Dinge bewußt bleiben, sondern auch, daß Wünsche ins Bewußtsein aufsteigen (*Wachtel*, 1977). Solcherart verdrängte infantile Erinnerungen können nicht durch spätere Erfahrung korrigiert werden und büßen also nichts von ihrer ursprünglichen Intensität ein. Ein anderer Abwehrmechanismus, der besonders bei paranoiden Störungen (vgl. Kapitel 14) eine große Rolle spielt, ist die *Projektion*: Einem äußeren Agens werden Eigenschaften oder Wünsche zugeschrieben, die eigentlich Eigenschaften und Wünsche des Projizierenden sind, aber vom Bewußtsein nicht zugelassen werden. So kann zum Beispiel eine Frau, die sich unbewußt keinen Zorn auf andere gestattet, ihre eigenen feindseligen Gefühle anderen unterstellen – auf andere projizieren – und die anderen als feindselig ihr gegenüber erleben. Weitere Abwehrmechanismen sind: die *Verschiebung*: das Umdirigieren emotionaler Reaktionen von einem vielleicht gefährlichen Objekt auf ein Ersatzobjekt – anstatt dem Chef einen Fußtritt zu geben, tritt man nach der Katze; die *Reaktionsbildung*: die Umwandlung eines Gefühls, wie z.B. Haß, in sein Gegenteil, in Liebe; die *Regression*: der Rückzug auf Verhaltensmuster einer früheren Altersstufe; die *Rationalisierung*: die Erfindung eines Grundes für eine Handlung oder eine Einstellung.[3] Alle diese Abwehrmechanismen erlauben es dem Ich, Es-Energie abzuführen, ohne sich der wahren Natur der Motivation stellen zu müssen. Weil Abwehrmechanismen leichter beobachtet werden können als andere Symptome einer Persönlichkeitsstörung, sind zumeist sie es, die die Betroffenen auf ihre seelischen Schwierigkeiten aufmerksam machen und sie veranlassen, therapeutische Hilfe zu suchen.

Die psychoanalytische Therapie

Seit *Freud* hat sich das psychoanalytische Denken in wichtigen Punkten gewandelt, aber bestimmte Grundzüge sind allen psychoanalytischen Behandlungsformen gemeinsam. Die klassische Psychoanalyse basiert auf *Freuds* zweiter Angst-

[3] Eine Rationalisierung, so definiert ein psychoanalytisches Bonmot, ist ein *guter* Grund für eine Handlung, aber nicht der *eigentliche*.

Die Agoraphobie, die Furcht vor Menschenmengen, offenen Räumen und öffentlichen Plätzen, gehört zu den Phobien, die die Betroffenen am meisten beeinträchtigen. Höhenangst ist eine der häufigsten einfachen Phobien.

Theorie, die besagt, daß das Ich mit neurotischer Angst reagiert, wenn eine einstmals bestrafte und verdrängte Triebregung nach Ausdruck verlangt (*Freud*, 1949). Wenn der unbewußte Teil des Ich mit einer Situation konfrontiert wird, die an einen verdrängten Kindheitskonflikt – gewöhnlich sexueller oder aggressiver Art – erinnert, wird er von Spannung überwältigt und geschwächt. Die psychoanalytische Therapie versucht, die frühere Verdrängung aufzuheben und dem Patienten zu helfen, sich dem Kindheitskonflikt zu stellen und ihn aus der Sicht erwachsener Wirklichkeit zu lösen. Die frühe Verdrängung hat es dem Ich verwehrt, wirklich erwachsen zu werden. Die Aufhebung der Verdrängung soll es dem Klienten ermöglichen, diesen Lernprozeß nachzuholen.

Paul Wachtel (1977) hat das Wesen der Psychoanalyse in der Metapher vom *Mammut* zu fassen versucht. Einige dieser gigantischen, vor Äonen lebendig eingefrorenen Kreaturen waren bei ihrer Entdeckung so vollkommen erhalten, daß man ihr Fleisch noch hätte essen können. Für *Freud* waren neurotische Probleme die abgekapselten Überbleibsel sehr alter Konflikte. Danach sind die Schwierigkeiten des Erwachsenen Widerspiegelung oder Ausdruck dieser „eingefrorenen" innerpsychischen Konflikte.

„Ursache der Neurose ist im wesentlichen das fortwährende und erfolglose Bemühen des Patienten, mit internalisierten Resten seiner Vergangenheit fertigzuwerden, die vom anpassungsfähigen und integrierten Ich abgespalten sind und weiterhin ihre primitiven, realitätsfremden Forderungen stellen. Die Psychoanalyse behauptet daher, daß eine erfolgreiche Behandlung Bedingungen bereitstellen müsse, unter denen diese anachronistischen Neigungen bewußt erfahren, ins Ich integriert und auf diese Weise kontrolliert und modifiziert werden können" (*Wachtel* 1977, S. 36).

Zur Aufhebung der Verdrängung stehen dem Analytiker eine Anzahl von Techniken zur Verfügung, von denen die wohl bekannteste die *freie Assoziation* ist. Der auf einer Couch liegende Patient wird ermuntert, seinen Gedanken freien Lauf zu lassen und ohne die im normalen Leben übliche Zensur alles auszusprechen, was ihm in den Sinn kommt. Man nimmt an, daß der Analysand die Fähigkeit dazu allmählich lernen kann, und daß die über Jahre hin aufgebauten Abwehrmechanismen schließlich überwunden werden können. Eine weitere klassische analytische Technik ist die *Traumanalyse*. Die psychoanalytische Theorie lehrt, daß im Schlaf der Widerstand des Ich herabgesetzt wird und so verdrängtes Material Zugang zum Bewußtsein des Schläfers erhält. Da dieses Material aber äußerst bedrohlich ist, kann es nicht in seiner tatsächlichen Form zum Bewußtsein zugelassen werden. Das Verdrängte wird vielmehr getarnt, es erscheint im Traum als Symbol. So kann zum Beispiel eine Frau, deren Angst um aggressive männliche Annäherungsversuche kreist, träumen, sie werde von Wilden angegriffen, die Speere nach ihr werfen. Die Speere wären als Phallus-Symbole zu interpretieren und stehen für eine deutliche sexuelle Annäherung.

Die *Widerstandsanalyse*, schon lange ein Schwerpunkt psychoanalytischer Therapie, wird von zeitgenössischen Analytikern – vielfach auch *Ich-Analytiker* genannt – sogar noch mehr betont. Diese bestreiten, daß das Ich tatsächlich die ihm von *Freud* zugeschriebene relativ schwache Rolle spielt. Die Abwehrmechanismen sind, wie wir gesehen haben, die unbewußten Mittel des Ich, sich vor einer Konfrontation mit der Angst zu schützen. So kann es z.B. vorkommen, daß ein Mann, der offensichtlich Probleme mit Nähe und Intimität hat, immer dann aus dem Fenster sieht und das Thema wechselt, wenn dieser Bereich während der Sitzung in irgendeiner Form berührt wird. In einem geeigneten Moment wird der Analytiker dem Patienten eine *Interpretation* für sein Verhalten anbieten und auf dessen defensiven Charakter hinweisen, in der Hoffnung, daß der Patient erkennt und eingesteht, daß er den betreffenden Themenkomplex tatsächlich meidet.

Früher dauerte eine psychoanalytische Behandlung (bei bis zu fünf Sitzungen wöchentlich) mehrere Jahre.[4] Häufig wird zwischen Psychoanalyse und psychoanalytischer Psychotherapie, der neueren Spielart psychoanalytischer Behandlung, unterschieden. Letztere Therapieform sieht weder so häufige Sitzungen noch unbedingt die sprichwörtliche Couch vor. Unserer Ansicht nach

[4] Interessanterweise haben die Analysen *Freuds* selten länger als sechs Monate gedauert.

verbergen sich hinter diesen prozeduralen Nuancen jedoch keine wesentlichen theoretischen Unterschiede. Die Häufigkeit der Sitzungen und die Körperlage sind nicht das Entscheidende. Entscheidend ist, daß der Patient mit Unterstützung des Therapeuten die Verdrängung aufhebt und dadurch den wahren Quellen von Spannung und Unglück nachspürt. Ausführlicher werden wir die Psychoanalyse und verwandte Therapieformen in Kapitel 18 erörtern.

Kasten 2.2.
Methodologische und theoretische Probleme bei Freud

Kein Forscher, der es je unternommen hat, den verschlungenen Pfaden menschlichen Lebens nachzuspüren, ist so geehrt und so kritisiert worden wie *Freud.* Als er in den letzten Jahren des neunzehnten und zu Beginn des zwanzigsten Jahrhunderts seine Auffassung zur kindlichen Sexualität darlegte, wurde er persönlich verunglimpft. Über Sexualität wurde seinerzeit kaum unter Erwachsenen gesprochen. Welch ein Skandal daher, zu behaupten, Säuglinge und Kinder bezögen ihre Motivationen auch aus Sexualtrieben! In der Geschichte der Wissenschaft haben nur wenige eine ähnliche geistige Integrität und ähnlichen persönlichen Mut bewiesen wie *Freud.*

Wegen der außerordentlich großen Bedeutung, die *Freud* für unser Fachgebiet besitzt, wollen wir uns mit einigen neueren Einwänden gegen seine Methodologie und sein theoretisches Denken beschäftigen. Auch wenn wir Fallberichten von Klinikern, die gleichsam „an der Front" arbeiten, große Bedeutung beimessen, stellt uns der klinische Bericht als solcher vor Probleme, die äußerst schwer zu umgehen sind. Sowohl *Freud* als auch die sogenannten *Neo-Freud*ianer, die *Freuds* Grundannahmen übernommen und modifiziert haben, bauten ihre jeweilige Theorie in erster Linie auf Fallstudien auf. Wie viele Kliniker machte sich *Freud* während seiner Sitzungen kaum Aufzeichnungen und mußte sich daher nahezu ausschließlich auf sein Gedächtnis verlassen. Wie zuverlässig seine Beobachtungen und Erinnerungen waren, ist keineswegs abzuschätzen. Überdies nimmt ein Zuhörer mit seinem Verhalten Einfluß darauf, was ein Sprecher sagt. Möglicherweise ist es also, wenigstens bis zu einem gewissen Grad, *Freuds* Einfluß zuzuschreiben, daß seine Patienten gerade über solche Kindheitsereignisse berichteten, an denen er am meisten interessiert war.

Die sprunghaften Schlußfolgerungen *Freuds* und anderer psychoanalytischer Theoretiker mögen nicht einfach nachzuvollziehen sein, wenn man sich nicht von vornherein dieser Betrachtungsweise verschrieben hat. Zuweilen sind die Grenzen zwischen Beobachtung und Interpretation fließend. Als Beispiel sei der Analytiker *Main* (1958) zitiert: „Der kleine Junge, der zärtlich mit sich selbst spricht, während er sich in der Badewanne einseift, tut dies, weil er seine ihn zärtlich einseifende Mutter internalisiert hat." Was der normale Betrachter tatsächlich sieht, ist ein Kind, das sich wäscht. Wahrzunehmen, daß die Mutter Teil des Bade-Spiels ist, heißt, auf einem sehr hohen Abstraktionsniveau zu operieren. Einmal mehr wird das Paradigmen-Problem offenbar. Denn das Paradigma, innerhalb dessen wir denken, färbt auch unsere Wahrnehmungen.

Ob *Freuds* Theorien als wissenschaftlich gelten können, ist sehr umstritten, da sie sich schwer widerlegen oder beweisen lassen. Wenige der Aussagen sind eindeutig. Wenn unsere Auffassung von Wissenschaft verlangt, daß ihre Konzepte meßbar und ihre Theorien überprüfbar seien, kann die Theorie der Psychoanalyse diesen Status nicht beanspruchen.

Freuds Ergebnisse sind nicht allgemein anwendbar, weil seine Patienten-Stichprobe sehr ausgewählt und klein war. Fast alle Patienten entstammten der oberen Mittelschicht Wiens zu Beginn des zwanzigsten Jahrhunderts, sind also kaum als repräsentativ zu bezeichnen. Gleichwohl wollte *Freud* seine Ergebnisse auf die ganze Menschheit angewandt wissen. Nach diesem Muster behauptete *Freud*, auf der Basis einer begrenzten Beobachtung, daß die Grundlage aller paranoiden Störungen eine verdrängte homosexuelle Neigung sei. Aber weder er noch die, die seine Ansicht teilten, haben je berücksichtigt, wie viele paranoide Menschen keine homosexuellen Wünsche haben und wie viele Menschen mit verdrängter Homosexualität sich nicht zu Paranoikern entwickeln.

Obwohl *Freud* betonte, daß Begriffe wie Es, Ich, Überich oder das Unbewußte Metaphern zur Beschreibung psychischer Funktionen seien, scheint er sie letztlich doch verselbständigt, d.h. zu unabhängigen, verhaltenssteuernden Instanzen gemacht zu haben, deren Aktionen nun ihrerseits noch erklärt werden müssen. So spricht er z.B. von ,,... der unmittelbaren und rücksichtslosen Befriedigung der Instinkte, wie sie das Es fordert ... Das Es kennt die Sorge um das Überleben nicht" (1937, S.56). Das Es „fordert" also unmittelbare Befriedigung und ,,kennt" bestimmte Dinge. Trotz der gelegentlichen Hinweise psychoanalytischer Autoren, daß diese Begriffe als Metaphern oder auch als Sammelbegriffe für Funktionen zu verstehen seien, schreibt man über sie, als besäßen sie eine eigenständige Existenz und die Macht, zu beeinflussen, zu denken und zu handeln.

Es sollte inzwischen deutlich geworden sein, daß die Autoren dieses Buches Gültigkeit und Nutzen von *Freuds* Arbeit mit einiger Skepsis betrachten. Andererseits wäre es ein schwerer Fehler, seine Bedeutung für die Psychopathologie oder, in diesem Zusammenhang, für die Geistesgeschichte der westlichen Zivilisation zu unterschätzen. *Freud* war ein scharfsinniger Beobachter der menschlichen Natur. Außerdem hat seine Arbeit die Art von Kritik auf den Plan gerufen, die dazu beiträgt, Erkenntnis zu fördern. Unter seiner Wirkung wurden vermehrt nicht-physiologische Erklärungen für gestörtes Verhalten in Betracht gezogen. Wenn man sich das Gebiet der Klinischen Psychologie erschließen will, ist eine gewisse Vertrautheit mit seinem Werk unumgänglich.

3. Lerntheoretische Paradigmen

Die Entwicklung des Behaviorismus

Bevor wir uns den lerntheoretischen Paradigmen zuwenden, wird es nützlich sein, kurz die Entstehung des Behaviorismus zu skizzieren. Die Psychologie des frühen zwanzigsten Jahrhunderts wurde vom Strukturalismus beherrscht, der es sich zur eigentlichen Forschungsaufgabe machte, das Funktionieren und die Struktur des menschlichen Geistes zu untersuchen. Ziel der Psychologie – seinerzeit eine noch sehr junge Disziplin – war es demnach, mehr über den menschlichen Geist zu erfahren und zu diesem Zweck die elementaren Konstituenten zu analysieren, die seinen Gehalt ausmachen. 1879 begründete der Experimentalpsychologe *Wilhelm Wundt* in Leipzig das erste psychologische Laboratorium und damit die Disziplin selbst. Er und *Edward Titchener* (1867–1927), der ein ebensolches Labor an der Cornell Universität hatte, brachten Probanden mittels ausgeklügelter Verfahren bei, über die grundlegendsten Aspekte von Erfahrungselementen zu berichten, während sie bestimmten Reizen ausgesetzt waren. Durch sorgfältige *Introspektion* sollten die Probanden dem Forscher Erfahrungsbausteine und die Struktur des Bewußtseins enthüllen. *Wundts* Versuchspersonen lauschten zum Beispiel einem Metronom, das über kürzere oder längere Zeitspannen mal schnell, mal langsam tickte. Die Probanden fanden, daß eine Serie schneller Klick-Töne erregend, eine langsame Serie dagegen entspannend auf sie wirke. Kurz vor jedem Klick-Ton verspürten sie ein leichtes Gefühl der Spannung, danach das einer leichten Befreiung. Nach einigen Jahren des Experimentierens war der Glaube, man könne mit dieser Art von Introspektion wertvollen Aufschluß über den Menschen gewinnen, erheblich erschüttert. Ihren Höhepunkt erreichte die Unzufriedenheit mit *John B. Watson* (1878–1958), der die Psychologie mit Feststellungen wie den folgenden revolutionierte:

„*Psychologie, wie der Behaviorist sie sieht, ist ein rein objektiver, experimenteller Zweig der Naturwissenschaft. Ihr theoretisches Ziel ist die Voraussage und Kontrolle von Verhalten. Weder stellt die Introspektion einen wesentlichen Bestandteil ihrer Methoden dar, noch ist der wissenschaftliche Wert ihrer Daten davon abhängig, ob diese ohne weiteres einer Interpretation in Begriffen des Bewußtseins zugänglich sind.*" (S. 158).

Auf der Suche nach Ersatz für die Introspektion sah *Watson* sich bei denjenigen Psychologen um, die mit Hilfe experimenteller Verfahren das Lernen bei Tieren untersuchten. So rückte in der Zeit nach *Watson* das Lernen anstelle des Denkens in den Mittelpunkt psychologischen Interesses. Nunmehr galt es als Aufgabe der Psychologie, herauszufinden, welche Reize oder Stimuli welche unmittelbar beobachtbaren Reaktionen auslösen. Mit solcherart objektiver S-R-Information werde es möglich, so hoffte man, menschliches Verhalten sowohl vorherzusagen als auch zu kontrollieren.

Klassisches Konditionieren

Der neue Forschungsschwerpunkt regte zu einer wahren Flut von Untersuchungen und theoretischen Arbeiten an. Zwei Formen des Lernens erwiesen sich dabei als besonders attraktiv. Den ersten Typ, das *klassische Konditionieren*, hatte um die Jahrhundertwende ganz zufällig der russische Physiologe *Iwan Pawlow* (1849–1936) entdeckt. Im Verlaufe seiner Untersuchungen zum Verdauungssystem verabreichte er einem Hund zwecks Anregung des Speichelflusses pulverisiertes Fleisch. Nach kurzer Zeit fiel *Pawlows* Laborassistenten auf, daß der Hund bereits Speichel absonderte, wenn er die Person sah, die ihn fütterte, und schließlich auch dann, wenn er nur deren Schritte hörte. *Pawlows* Neugier war geweckt, und er beschloß, diese Reaktionen des Hundes systematisch zu untersuchen. In dem ersten der zahlreichen Experimente wurde hinter dem Hund eine Glocke angeschlossen, dann wurde ihm das Fleischpulver in die Schnauze geschoben. Als man diese Prozedur einige Male wiederholt hatte, begann der Hund zu speicheln, sobald die Glocke ertönte und bevor die Nahrung erschien.

Der russische Physiologe und Nobelpreisträger Iwan P. Pawlow, dem wir umfangreiche Forschungsarbeiten und theoretische Überlegungen zum klassischen Konditionieren verdanken. In der sowjetischen Psychologie ist sein Einfluß auch heute noch groß.

Da das Fleischpulver automatisch, ohne vorheriges Lernen auf seiten des Hundes, Speichelfluß auslöste, nennt man es einen *unkonditionierten Reiz* (UCS) und die Reaktion darauf eine *unkonditionierte Reaktion* (UCR). Ist der Nahrungsdarbietung mehrere Male ein neutraler Reiz, etwa ein Glockenton (vgl. Abb. 2.1), vorangegangen, kann schließlich dieser *konditionierte Reiz* (CS) die *konditionierte Reaktion* (CR), in *Pawlows* Fall den Speichelfluß, auslösen. Abbildung 2.2a zeigt eine typische *Lernkurve*. Je häufiger Glok-

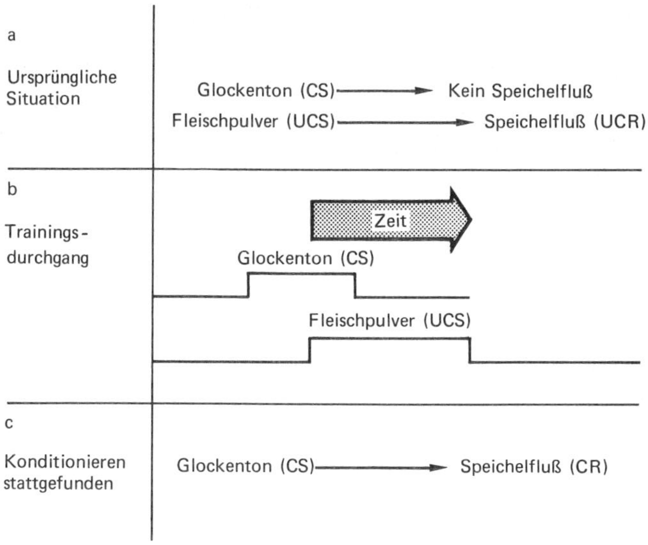

Abb. 2.1. Der Prozeß des klassischen Konditionierens:
a) vor dem Lernprozeß löst das Fleischpulver (UCS) Speichelfluß (UCR) aus, nicht jedoch der Glockenton (CS);
b) ein Trainings- oder Lerndurchgang besteht aus einer Darbietung des CS, gefolgt von einer Darbietung des UCS:
c) das klassische Konditionieren hat stattgefunden, wenn der vorher neutrale Glockenton Speichelfluß (CR) auslöst.

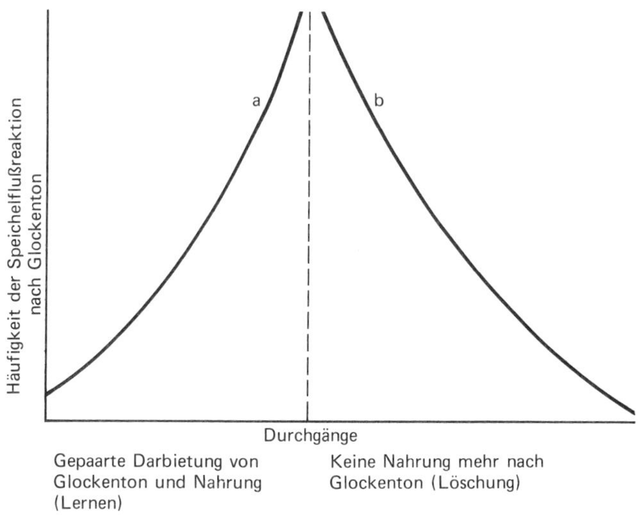

Abb. 2.2. Klassisches Konditionieren: Typische Lernkurve (a); typische Löschungskurve (b).

kenton und Fleischpulver gleichzeitig dargeboten wurden, um so häufiger löste der Glockenton Speichelsekretion aus. Der *Löschungskurve (Extinktionskurve)* (Abb. 2.2b) ist zu entnehmen, was mit der konditionierten Reaktion geschieht, wenn nach dem Glockenton die Nahrung ausbleibt: Es wird zunehmend seltener Speichelfluß ausgelöst und so der konditionierte Reiz gelöscht.

Ein anderes berühmtes, wenn auch, von einem ethischen Standpunkt her gesehen, fragwürdiges Experiment ersannen *John Watson* und *Rosalie Rayner* (1920). Sie machten einen elf Monate alten Jungen, den kleinen Albert, mit einer weißen Ratte bekannt. Albert zeigte zunächst keine Angst vor dem Tier und schien mit ihm spielen zu wollen. Aber immer, wenn Albert nach der Ratte greifen wollte, schlug der Versuchsleiter hinter Alberts Kopf auf ein Metallstück, und das dabei entstehende laute Geräusch (der unkonditionierte Reiz) erschreckte den kleinen Jungen fürchterlich (die unkonditionierte Reaktion). Nach fünf solchen Versuchen zeigte Albert beim bloßen

Der amerikanische Psychologe John B. Watson, der als einer der ersten wegweisend darum bemüht war, aus der Psychologie statt einer Untersuchung subjektiver Erfahrung die Erforschung beobachtbaren Verhaltens zu machen.

Anblick der Ratte, auch ohne Lärm, alle Anzeichen großer Verstörung (die konditionierte Reaktion). Die Angst, die ursprünglich mit dem lauten Geräusch verbunden war, wurde nunmehr vom zuvor neutralen Reiz, der weißen Ratte (jetzt der konditionierte Reiz), ausgelöst. Diese Untersuchung legt eine mögliche Beziehung zwischen dem klassischen Konditionieren und der Herausbildung bestimmter emotionaler Störungen, in diesem Fall einer Phobie, nahe.

Operantes Konditionieren

Der zweite Grundtyp des Lernens leitet sich von dem Werk *Edward Thorndikes* (1874–1949) her. *Thorndike* begann mit seinen Forschungen in den neunziger Jahren des vorigen Jahrhunderts. Ihn interessierte nicht wie *Pawlow* die Verknüpfung zweier Reize, sondern der Effekt, den die Konsequenzen eines Verhaltens auf dieses haben. Er hatte beobachtet, daß eingefangene streunende Katzen, die wütende Anstrengungen machten, ihrem Käfig zu entkommen, irgendwann zufällig den entscheidenden Hebel drückten, der ihr Gefängnis öffnete. Sie wurden immer wieder eingefangen, und bald wußten sie den Verschlußmechanismus unverzüglich und zielgerichtet zu betätigen. *Thorndike* formulierte ein Prinzip, das außerordentliche Bedeutung gewinnen sollte – das Gesetz der Wirkung (law of effect): Ein Verhalten, dessen Konsequenzen für den Organismus befriedigend sind, wird wiederholt, während die Häufigkeit eines Verhaltens bei unangenehmen oder schädlichen Folgen abnimmt. Verhaltensweisen oder Reaktionen, die bestimmte Folgen haben, dienen also als Mittel oder Instrument, den Organismus in der Wiederholung eben dieses Verhaltens zu bestärken oder zu entmutigen. Aus diesem Grund nannte man das Lernen aus Konsequenzen zunächst *instrumentelles Lernen*.

Vor über fünfzig Jahren hat dann *Burrhus Frederick Skinner* damit begonnen, das Gesetz der Wirkung auf unterschiedlichste Aspekte menschlichen Verhaltens anzuwenden. *Skinner* sprach nicht mehr von Konsequenzen des Verhaltens, sondern nannte das Prinzip nunmehr *Verstärkung*. Die Freiheit der Wahl, so verkündete er, sei ein Mythos, denn jegliches Verhalten werde durch positive und negative Verstärkung seitens der sozialen Umwelt determiniert. Ähnlich wie *Watson*, ihr Mentor, sehen auch *Skinner* (1953) und die *Skinner*ianer als Ziel ihrer Forschung, Verhalten vorherzusagen und zu kontrollieren. Wenn man Verhalten in Form von Reizen, beobachtbaren Reaktionen und Verstärkung analysiere, so hoffen sie, werde man schließlich bestimmen können, wann bestimmte Verhaltensweisen auftreten. Mit Hilfe der gesammelten Information müßte man dann herausfinden, wie Verhalten erworben, beibehalten, geändert und aufgegeben wird. *Skinner* und seine Anhänger vermeiden in ihrem Ansatz – oft auch *operanter Ansatz* genannt, weil er Verhalten untersucht, das auf die Umwelt einwirkt – abstrakte Begriffe und Theoreme. Von Bedürfnissen, Motivationen und Wünschen ist bei ihnen z.B. nicht die Rede. *Skinner* meint, eine Psychologie, die ihrem Anspruch, eine befriedigende Erklärung für menschliches Verhalten zu finden, gerecht werden wolle, müsse ihr Forschungsinteresse auf unmittelbar beobachtbare Reize und Reaktionen und die Auswirkungen von Verstärkung beschränken. Psychologen, die sich dieser Auffassung anschließen, leugnen als Menschen keineswegs die Existenz innerer psychischer Zustände und Emotionen. Sie fordern nur, daß Forscher, die eine Wissenschaft des Verhaltens zu entwickeln versuchen, derartige *Mediatoren* nicht anwenden.

In einem typischen Experiment zum *operanten Konditionieren* setzt man z.B. eine Ratte in einen Käfig, an dessen einem Ende sich ein Hebel befindet (die berühmte ,,Skinner-Box"). Zunächst wird die Ratte ihre neue Umgebung erkunden und dabei zufällig auch in die Nähe des Hebels kommen. In diesem Moment läßt der Versuchsleiter eine Futterpille in den Behälter neben dem Hebel fallen. Nach einigen solchen Belohnungen wird sich das Tier immer länger in der Nähe des Hebels aufhalten. Aber jetzt wird der Experimentator den Futterbehälter nur füllen, wenn die Ratte den Hebel zufällig auch berührt. Nach ein paar belohnten zufälligen Berührungen wird die Ratte die Berührung häufig wiederholen. Ist diese Reaktion gut eingeschliffen, kann der Experimentator zu einem strengeren Belohnungskriterium übergehen: Das Tier muß den Hebel tatsächlich niederdrücken. So wird das gewünschte operante Verhalten – der Hebeldruck – allmählich *geformt* (shaped), indem man eine Reihe von Reaktionen belohnt, die *sukzessive Annäherungen* an eben dieses Verhalten sind. Die Häufigkeit des Hebeldrückens nimmt zu, sobald dieses Verhalten zum Kriterium für das Erscheinen der Futterpillen geworden ist, und nimmt wieder ab, wenn der Hebeldruck folgenlos bleibt (vgl. Abb. 2.3).

B. F. Skinner, der vielleicht einflußreichste lebende Psychologe. Er erforschte die Grundlagen operanten Verhaltens und übertrug aus Experimenten gewonnene Erkenntnise auf das amerikanische Bildungssystem und die Gesellschaft als ganzes.

a

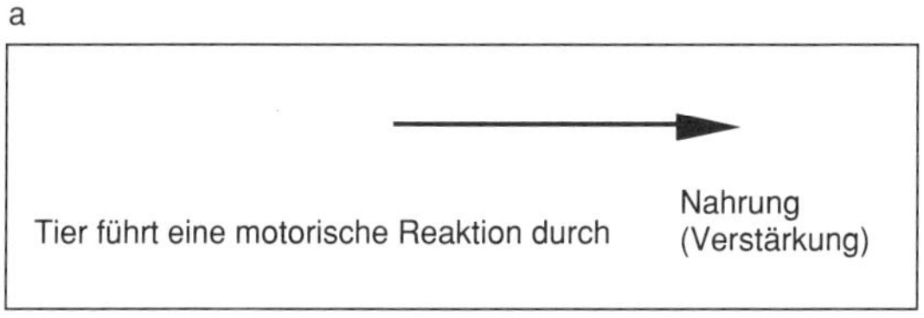

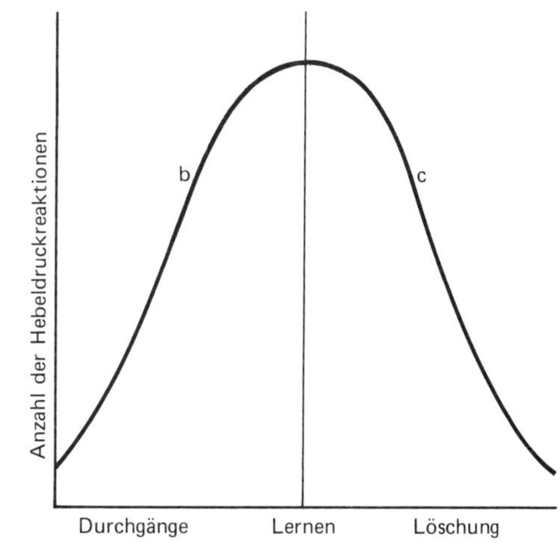

Abb. 2.3. Operantes Konditionieren (a) oder instrumentelles Lernen: Ausbildung und Beibehaltung eines Verhaltens in Abhängigkeit von seinen Konsequenzen; eine typische Lernkurve (b): Zunahme der Reaktionshäufigkeit bei Verstärkung des operanten Verhaltens; eine typische Löschungskurve (c): Abnahme der Reaktionsfähigkeit, wenn die gewohnte Belohnung ausbleibt.

Modellernen

Großes Interesse findet in letzter Zeit ein dritter Lerntyp, das sogenannte *Modellernen (modeling)*. Wir alle stellen immer wieder fest, daß wir durch Beobachtung und Nachahmung anderer lernen. Experimente haben gezeigt, daß bestimmte Verhaltensweisen – z.B. das Teilen mit anderen, Aggression oder Furcht – nach Beobachtung des entsprechenden Verhaltens an Häufigkeit zu- oder abnehmen können. *Bandura* und *Menlove* (1968) setzten das Modellernen zum Beispiel ein, um Kindern die Angst vor Hunden zu nehmen. Ursprünglich ängstliche Kinder, die ein Modell beim furchtlosen Umgang mit einem Hund beobachteten, zeigten sich zunehmend bereit, auf einen Hund zuzugehen und ihn anzufassen. (vgl. Kasten 2.3).

Die Anwendung lerntheoretischer Gesichtspunkte auf abweichendes Verhalten

Wir haben jetzt einen Punkt erreicht, wo wir allgemein die Anwendung von Lernprinzipien auf die Untersuchung von abweichendem Verhalten prüfen können. Die zentrale Hypothese behavioristischer und lerntheoretischer Ansätze ist die, daß abweichendes Verhalten genauso gelernt wird wie die meisten anderen menschlichen Verhaltensweisen. Bei dieser Betrachtung spielen physiologische Faktoren nur noch eine sehr geringe Rolle. Sie konzentriert sich vielmehr darauf, die Lernprozesse zu erhellen, die vermutlich zu unangemessenem Verhalten führen. Die Kluft zwischen normalem und abnormem Verhalten ist kleiner geworden, da man beides innerhalb desselben allgemeinen Rahmen betrachtet. Gleichzeitig ist eine Brücke zwischen allgemeiner experimenteller Psychologie und dem Gebiet der Klinischen Psychologie geschlagen. Außerdem ist „Abnormität" für viele Lerntheoretiker ein *relativistischer* Begriff. Jemanden oder jemandes Verhalten als abnorm zu etikettieren, ist untrennbar an einen bestimmten sozialen oder kulturellen Kontext gebunden. In den Vereinigten Staaten können Halluzinationen Grund für eine Einweisung in eine psychiatrische Institution sein. In manchen afrikanischen Stämmen dagegen bauen die Medizinmänner und Zauberkundigen auf ihre Trancen und Visionen, um Kranke heilen und zum Wohle ihres Volkes in die Zukunft sehen zu können.

Mit der Anwendung lerntheoretischer Betrachtung in der Psychopathologie ist ein sehr wichtiger Vorteil verbunden: Die Beobachtung ist präziser geworden. Reize müssen genau beobachtet und kontrolliert werden; Stärke und Häufigkeit von Reaktionen und ihre Latenz, die Schnelligkeit, mit der sie erfolgen, werden gemessen und festgehalten; die Beziehungen zwischen Reizen, Reaktionen und Ergebnissen werden sorgfältig aufgeschrieben. Was auf unbeobachtbare Prozesse, wie Gedanken oder Angst, hinzuweisen scheint, muß explizit gemacht und in den Begriffen meßbarer Ergebnisse beschrieben werden. Wir halten diese und andere Merkmale lerntheoretischer Annäherung an abweichendes Verhalten für außerordentlich vorteilhaft; aber jemanden davon zu überzeugen, der dieses Paradigma nicht bereits akzeptiert, ist schwierig. Mit dem lerntheoretischen Paradigma abnormen Verhaltens verhält es sich ähnlich wie mit dem physiologischen Paradigma. Genauso, wie es letzterem noch nicht gelungen ist, die entsprechenden physiologischen Fehlfunktionen aufzuspüren, blieb es der Lerntheorie bisher versagt, Verhaltensabnormitäten überzeugend auf spezifische Lernerfahrungen zurückzuführen. Wir werden darauf in späteren Kapiteln noch zurückkommen. Auch wenn eine lerntheoretische Erklärung abnormen Verhaltens viele Behandlungsmöglichkeiten eröffnet (vgl. den folgenden Abschnitt über Verhaltenstherapie), bedeuten Behandlungserfolge nicht zugleich auch, daß eine bestimmte Verhaltensabweichung in erster Linie das Ergebnis eines Lernprozesses ist. Daß eine auf Lernprinzipien basierende Behandlung Verhalten wirksam ändern kann, beweist nicht, daß das Verhalten selbst einst auf ähnliche Weise gelernt wurde. Wenn man z.B. die Stimmung depressiver Menschen heben kann, indem man sie für zunehmende Aktivität belohnt, folgt daraus nicht, daß die Ursache für Depression und Apathie in fehlenden Belohnungen zu suchen ist (*Rimland*, 1964).

Kasten 2.3
Mediator-Lernparadigmen: Das kleine r

Wir haben gesehen, daß es eine Anzahl von Lernparadigmen gibt. Mit dem Modellernen ist die wichtige Frage angesprochen, welche Rolle Mediatoren für Lernen und Verhalten spielen. Schauen wir uns an, was im typischen Experiment zum Modellernen geschieht. Eine Person beobachtet eine andere bei einem bestimmten Tun und verändert unverzüglich das eigene Verhalten. Um zu lernen, ist also weder eine offene Reaktion noch Verstärkung nötig. Der Beobachtende lernt bereits, bevor er Gelegenheit zu beobachtbarer Reaktion hat. Solche und ähnliche Ergebnisse haben Lerntheoretiker der dreißiger und vierziger Jahre veranlaßt, auf Mediatoren unterschiedlichster Art zu schließen.

Ganz allgemein gesagt, behauptet die *Mediatortheorie* des Lernens, daß die offene Reaktion nicht unmittelbar vom Umweltreiz, sondern von einem zwischengeschalteten Prozeß ausgelöst wird. Man faßt diesen Prozeß – liebevoll auch Klein-r genannt – als innere Reaktion auf. Ohne sich vom Behaviorismus loszusagen, vertreten Theoretiker des Mediator-Lernens die paradigmatische Position, daß es unter bestimmten Bedingungen sowohl legitim als auch unumgänglich ist, über beobachtbare Daten hinauszugehen. Psychologen, die sich nach dem Status sehnen, der Chemikern und Physikern zuerkannt wird, verweisen darauf, daß man sich in diesen Wissenschaften mit Gewinn hypothetischer Entitäten bedient, die nicht unmittelbar beobachtbar sind, deren vermutete Existenz aber vorliegende Daten erklären und weitere Forschung sinnvoll machen kann.

Betrachten wir die auf Mediator-Lernen beruhende Analyse von Angst, wie sie *O. Hobart Mowrer* und *Neal Miller* Ende der dreißiger Jahre entwickelten. In den Jahren, die seit dem Angst-Experiment von *John Watson* und *Rosalie Rayner* vergangen waren, hatten amerikanische Lerntheoretiker zumeist mit Ratten gearbeitet und für Verhalten, das man gemeinhin mit Angst in Zusammenhang bringt, wenig Interesse gezeigt. Die Erforschung der Angst war seinerzeit die Domäne der Kliniker, namentlich der *Freud*ianer, die Angst natürlich als Bedrohung oder Überflutung des Ich durch starke und quälende Triebregungen sahen. *Mowrer* (1939) kommt das Verdienst zu, die Erforschung der Angst auch zu einem Schwerpunkt experimentalpsychologischen Interesses gemacht zu haben. Er schlug vor, Angst als eine innere Reaktion zu sehen, die durch klassische Konditionierung gelernt werden kann.

In einem typischen Experiment verabreichte man Ratten bei gleichzeitigem neutralen Reiz, etwa einen Klingelton, wiederholt elektrische Schläge. Der elektrische Schlag (der unkonditionierte Reiz) löste die unkonditionierte Reaktion von Schmerz, Angst und Flucht aus. Nach einigen Durchgängen mit gleichzeitiger Präsentation von Elektroschock und Klingelton, genügte schon der Klingelton, um die Angstreaktion auszulösen, und so nahm man an, daß Furcht die lernbare Komponente der Schmerz-Furcht-Reaktion sei. Auch wenn der elektrische Schlag schließlich ganz ausblieb, reagierte das Tier auf den ursprünglich neutralen (konditionierten) Reiz mit Angst. Überdies, so zeigte sich (z.B. *Miller*, 1948), lernte die Ratte neue Reaktionen, um den konditionierten Reiz zu meiden. Wie ließ sich die Tatsache, daß Tiere ein an sich harmloses Ereignis *vermeiden* lernen, in die Theorie einfügen? *Mowrer* (1947) und andere vermuteten, daß in diesem Falle – dem typischen Experiment zur *Vermeidenskonditionierung* – zwei Lernschritte gemacht werden (vgl. Abb. 2.4): 1. Das Tier lernt durch klassisches Konditionieren, den konditionierten Reiz zu fürchten, d. h. es erwirbt einen Angsttrieb; 2. Es lernt auf dem Wege operanten Konditionierens ein offenes Verhalten, um sich dem konditionierten Reiz zu entziehen und so den Angsttrieb abzuschwächen.

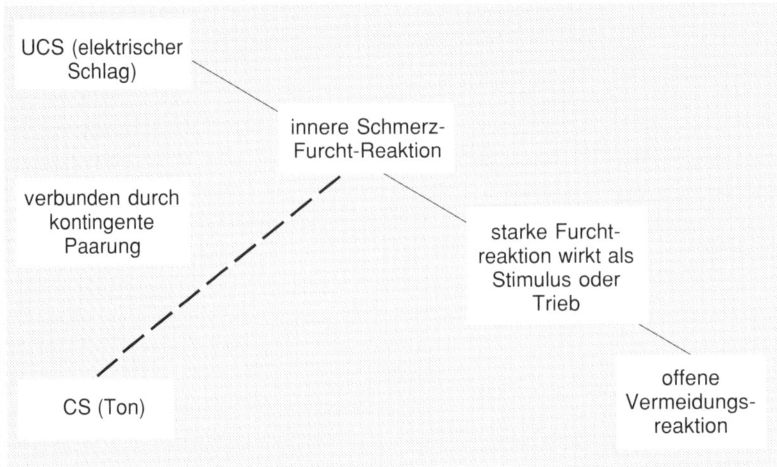

Abb. 2.4. Schematische Darstellung von *Mowrers* Modell des Vermeidungslernens. Die gestrichelte Linie zeigt, daß das Versuchstier lernt, den Summton zu fürchten, die durchgezogene Linie, daß das Versuchstier lernt, den elektrischen Schlag zu vermeiden.

Kennzeichnend für diese Theoriebildung sind also zweierlei Erklärungsmöglichkeiten für Angst: Angst als innere Reaktion, die gelernt wird wie jede andere beobachtbare Reaktion, und Angst als Antrieb, der Vermeidungsverhalten vermitteln kann. Damit wird Angst für die gleiche experimentelle Analyse zugänglich wie die, die zur Erforschung beobachtbaren Verhaltens verwandt wird. *Mowrer* und *Miller* sprechen von „vermittelnden Angst-Reaktionen", um damit ihre Annahme zu unterstreichen, daß sich solche, obwohl erschlossene, Reaktionen von offenen Reaktionen nicht wesentlich unterscheiden. Das über offenes Verhalten angesammelte Wissen müßte sich also, so hofft man, auf die Erforschung des geistigen und emotionalen Lebens übertragen lassen. Wenn wir zum Beispiel wissen, daß unverstärkte Wiederholung einer offenen Reaktion zur Löschung dieser Reaktion führt, können wir vorhersagen, daß wiederholtes Auslösen einer Angstreaktion ohne den erwarteten Schmerz oder die erwartete Strafe die Angst allmählich verringern wird. Das ist keineswegs trivial, und tatsächlich haben Behandlungen, die auf solchen Überlegungen basieren, vielen Menschen geholfen, ihre unangemessene Furcht vor Tieren, Objekten und Situationen zu überwinden.

Verhaltenstherapie

Auf der Grundlage von lerntheoretischen Paradigmen wurden in den letzten Jahren eine ganze Anzahl therapeutischer Techniken entwickelt. Man nannte sie „Verhaltenstherapie" oder „Verhaltensmodifikation", weil man zumindest zu Beginn der Entwicklung behauptete, diese Techniken basierten auf den experimentell getesteten Lerngesetzen, die von den Behavioristen formuliert wurden.

Da in der Mediatortheorie Angst als das Ergebnis eines klassischen Konditionierungsprozesses gilt, beseitigt man sie wirkungsvoll, wenn man den konditionierten Reiz mit einer nicht-ängstlichen Reaktion koppelt. Dieses Prinzip der Verhaltensänderung nennt man *Gegenkonditionierung*; dahinter steht die Annahme (vgl. Abb. 2.5), daß man eine Reaktion (R_1) auf einen gegebenen Reiz (S) zum Verschwinden bringen kann, indem man in Anwesenheit des Reizes eine neue Reaktion (R_2) auslöst. Wenn zum Beispiel ein Kind Angst vor einem harmlosen Tier hat (S) kann der Therapeut versuchen, in Anwesenheit

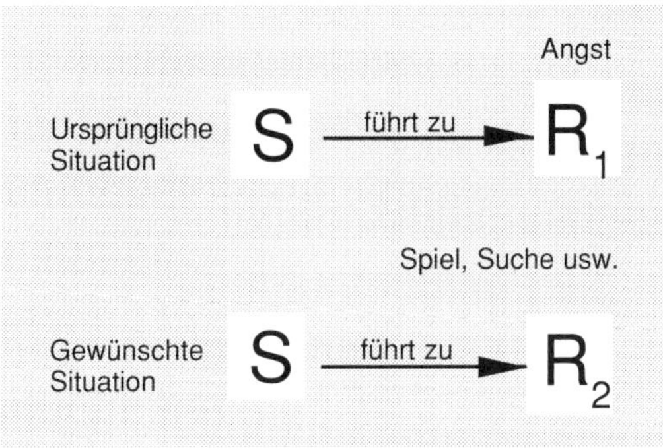

Abb. 2.5. Schematische Darstellung des Gegenkonditionierens, wobei eine ursprüngliche Reaktion (R_1) auf einen gegebenen Stimulus (S) durch Auslösen einer neuen Reaktion (R_2) auf denselben Stimulus (S) gelöscht wird.

des Tieres eine spielerische Reaktion (R_2) auszulösen. Klinische und experimentelle Erfahrungen sprechen dafür, daß sich R_1 durch Gegenkonditionieren bzw. durch den Ersatz der Reaktion tatsächlich löschen läßt.

Das Prinzip des Gegenkonditionierens hat eine zentrale Rolle im innovativen Denken *Josef Wolpes* (1958) gespielt. *Wolpe* entwickelte eine Reihe verhaltenstherapeutischer Techniken, deren Wirksamkeit er auf die eben beschriebenen Prinzipien zurückführte. Die größte Verbreitung hat wohl die Technik der *systematischen Desensibilisierung* gefunden. Der an Angst leidende Klient stellt zusammen mit dem Therapeuten eine Liste angstauslösender Situationen zusammen und ordnet die Situationen hierarchisch danach, wie groß die in ihnen erfahrene Angst ist. Dann lernt der Klient, sich tief zu entspannen und wird angewiesen, sich in der Entspannung Schritt für Schritt eine Reihe von Situationen – immer beginnend mit der am wenigsten angstauslösenden – vorzustellen. In einem nicht spannungsfreien Zustand würden die vorgestellten Szenen vermutlich Angst auslösen, während Entspannung die Angstentstehung hemmt. Der Klient lernt, immer schwierigere vorgestellte Situationen angstfrei zu ertragen, indem er sich so während einer Reihe von Therapiesitzungen in seiner Angsthierarchie nach oben arbeitet. Klinische und experimentelle Erfahrung haben bestätigt, daß sich mit dieser Technik eine Vielzahl von Ängsten reduzieren läßt.

Der 35jährige Briefträger, der uns konsultierte, mußte vor sechzehn Jahren wegen seiner lähmenden Angst vor Kritik das College verlassen. Vor Prüfungen und wenn er vor der Klasse das Wort ergreifen sollte, hatte ihn eine extreme Spannung befallen. Als er zu uns kam, beeinträchtigte ihn Angst vor Kritik im allgemeinen und vor der Beurteilung seines Briefesortierens im besonderen. Die Folge davon war, daß er seine täglichen Aktivitäten immer mehr einschränkte. Trotz hoher Intelligenz hatte er sich offenbar mit einem Beruf begnügt, der keinerlei Erfüllung versprach.

Nachdem auch der Klient der Meinung war, daß es sinnvoll sei, seine unangemessenen Ängste abzubauen, wurde ihm während mehrerer Sitzungen beigebracht, seine Körpermuskeln zu entspannen, während er in einem verstellbaren Lehnstuhl saß. Mit unserer Hilfe stellte er eine Liste angstauslösender Situationen zusammen:

- Sie sagen zu Ihrem Chef ,,Guten Morgen".
- Sie stehen vor Ihrem Sortierkasten im Postamt und sortieren Briefe; und Ihr Vorgesetzter fragt Sie, warum Sie so langsam seien.
- Sie haben Ihre tägliche Route erst halb geschafft und es ist bereits 14 Uhr.
- Gerade als Sie Mrs. Mackenzies Post in den Briefkasten stecken, öffnet sie die Tür und schimpft, daß Sie so spät sind.
- Ihre Frau kritisiert Sie, weil Sie das falsche Brot gekauft haben.
- Der Beamte an der Brückenmautstelle scheint ungeduldig zu werden, als Sie in Ihrer Tasche nach Kleingeld suchen.

Diese und ähnliche Szenen wurden zu einer *Angsthierarchie* geordnet. Die eigentliche Desensibilisierung begann damit, daß wir den Klienten anwiesen, sich zunächst so tief zu entspannen, wie er es gelernt hatte. Dann sollte er sich die am wenigsten Angst auslösende Szene vorstellen und dabei so entspannt wie möglich bleiben. Als er sich dieser Vorstellung angstfrei stellen konnte, nahm er sich die nächste Szene seiner Angsthierarchie vor usw. Nach zehn Sitzungen konnte er sich auch die belastendste Szene ohne Angst vergegenwärtigen. Im täglichen Leben ließ seine Spannung allmählich merklich nach.[5]

Ein weiterer verhaltenstheoretisch orientierter Ansatz ist das *Selbstbehauptungstraining*, das zu freiem Sprechen und offenem Ausdruck positiver wie negativer Gefühle im Umgang mit anderen ermutigen soll. Beim *aversiven ,,Konditionieren"* koppelt man einen attraktiven Reiz an ein unangenehmes Ereignis, z.B. einen elektrischen Schlag in die Fingerspitzen, um so den Reiz mit

[5] Fallberichte ohne Quellenangabe wie dieser entstammen unserer eigenen klinischen Praxis. Identifizierende Einzeleinheiten wurden aus Gründen der Vertraulichkeit geändert.

negativen Eigenschaften auszustatten. Aversive Techniken sind, wie man sich denken kann, nicht unumstritten. Man hat sie eingesetzt, um – etwa bei Fetischismus – Objekten die sozial unpassende Anziehungskraft zu nehmen.

Etliche verhaltenstherapeutische Techniken leiten sich vom operanten Konditionieren her. Wenn zum Beispiel ein Lehrer verhaltensauffällige Kinder in seiner Klasse hat, kann er deren sozial annehmbares Verhalten belohnen, unerwünschtes Betragen dagegen ignorieren und auf diese Weise schließlich löschen. *Token economy* nennt sich ein ebenfalls operantes Behandlungsprogramm, das viele psychiatrische Kliniken einsetzen, um schwer gestörte Patienten zu angepaßterem Verhalten zu motivieren. Für die Einhaltung bestimmter Regeln gibt es Belohnungen in Form von Münzen oder einem anderen Geldersatz, die der Patient in vorher festgesetzten Intervallen gegen besondere Verstärker, etwa einen Kantinenbesuch oder Verlegung in ein anderes Zimmer, eintauschen kann.

Das *Modellernen* wird als therapeutische Intervention zunehmend beachtet. *Bandura, Blanchard* und *Ritter* (1969) haben es erfolgreich gegen Schlangenphobien eingesetzt. Sie führten ihren Klienten per Film und „live" nahe und angstfreie Begegnungen zwischen Menschen und (ungiftigen) Schlangen vor. Auf analoge Weise bedienen sich manche Verhaltenstherapeuten auch des *Rollenspiels*. Sie demonstrieren dem Patienten ein Verhaltensmuster, mit dem er seine Ziele vermutlich besser erreichen wird als mit seinem üblichen Verhalten, und lassen es den Patienten üben. Von *Lazarus* (1971) stammt die Technik der *Verhaltenseinübung*. Er stellt dem Patienten exemplarische Möglichkeiten vor, mit einer Situation umzugehen, und ermutigt ihn, diese Möglichkeiten während der Therapiesitzungen auszuprobieren. Ein Student hat zum Beispiel Schwierigkeiten, seinen Professer um die Ergänzung einer Liste mit Fachausdrücken zu bitten. Der Therapeut stellt ihm eine effektive Methode vor, diese Bitte vorzubringen, und hilft ihm dann, die neue Fertigkeit in einem entsprechenden Rollenspiel zu üben.

4. Das kognitive Paradigma

Der Begriff *Kognition* umfaßt die Prozesse des Wahrnehmens, Erkennens, Begreifens, Urteilens und Schließens. Die kognitive Psychologie beschäftigt sich mit der Frage, wie Menschen (aber auch Tiere!) ihre Erfahrungen *strukturieren*, wie sie ihnen einen Sinn unterlegen, indem sie Umweltreize in verwertbare Information transformieren. Wir können nicht auf alle Reize reagieren, die in jedem Augenblick auf uns einstürmen. Aber wie filtern wir diesen überwältigenden „Input"? Wie setzen wir ihn in Worte oder Bilder um, wie formen wir Hypothesen, kurz, wie gelangen wir zur Wahrnehmung dessen, was um uns herum vorgeht? Kognitive Psychologen glauben, daß sich beim Lernen weit Komplexeres abspielt als die passive Bildung von neuen Reiz-Reaktions-Verknüpfungen. In der Sicht der kognitiven Psychologie interpretiert der Lernende eine Situation bewußt und aktiv im Lichte dessen, was in der Vergangenheit schon erworben wurde, er versieht Erfahrung sozusagen mit einem Wahrnehmungstrichter. Neue Information wird in ein organisiertes Netzwerk vorhandenen Wissens, oft auch als *Schema* (*Neisser*, 1976) bezeichnet, eingepaßt. Widerspricht die neue Information dem Schema, so wird dieses, in dem erforderlichen Ausmaß, neu organisiert.

Innerhalb der Experimentalpsychologie ist das Interesse an kognitiven Prozessen gegenwärtig sehr groß. Das folgende kleine Experiment soll illustrieren, wie ein Schema oder eine *kognitive Einstellung* (cognitive set) die Informationsverarbeitung und -speicherung beeinflussen kann.

„Der Mann stand vor dem Spiegel und kämmte sich. Er überprüfte sorgfältig, ob die Rasur wirklich einwandfrei geraten war, und band sich dann die konservative Krawatte um, für die er sich ent-

schieden hatte. Beim Frühstück studierte er die Zeitung sorgfältig und erörterte bei einer Tasse Kaffee mit seiner Frau die Möglichkeit, eine neue Waschmaschine anzuschaffen. Dann führte er einige Telefongespräche. Als er das Haus verließ, ging ihm durch den Kopf, daß seine Kinder im Sommer wohl wieder in das private Ferienlager würden fahren wollen. Als das Auto nicht ansprang, stieg er aus, warf die Tür zu und machte sich sehr ärgerlich in Richtung Bushaltestelle auf den Weg. Nun würde er zu spät kommen" (*Bransford* und *Johnson*, 1973, S. 415).

Lesen Sie die Geschichte noch einmal, fügen aber vor ,,Mann" das Wort ,,arbeitslos" ein. Dann lesen Sie sie ein drittes Mal und ersetzen ,,Mann" durch ,,Börsenmakler". Achten Sie darauf, auf welch unterschiedliche Weise Sie den Text aufnehmen. Fragen Sie sich, welchen Zeitungsteil diese Männer lesen. Wäre diese Frage Teil eines Fragebogens gewesen, hätten Sie den arbeitslosen Mann vielleicht die Stellenanzeigen, den Börsenmakler den Wirtschaftsteil lesen sehen. Tatsächlich wird in der Geschichte mit keinem Wort erwähnt, was der Mann liest. Ihre Antworten hätten zwar nicht den Tatsachen entsprochen, wären aber in jedem Fall sinnvoll und vorhersagbar gewesen.

Kognitive Psychologen untersuchen, wie wir Information empfangen, speichern und verwenden. Orthodoxe Behavioristen in der Nachfolge *Skinners*, die Verhalten in Form offen beobachtbarer Ereignisse beschreiben, erkennen kognitive Erklärungen nicht an. Kognitive Psychologen haben sich bis vor kurzer Zeit kaum systematisch damit befaßt, welche Bedeutung ihre Forschungsergebnisse für die Psychopathologie haben könnten, oder wie sie dazu beitragen könnten, effektive Therapieformen zu entwickeln. Inzwischen bemüht man sich allerdings vermehrt um kognitive Erklärungen für Verhaltensabnormitäten und um die Entwicklung neuer Interventionsmethoden. Nach einer weit verbreiteten Ansicht ist z.B. für die Depression eine bestimmte kognitive Einstellung verantwortlich, ein übermächtiges Gefühl von Hilflosigkeit (vgl. S. 267ff.). Viele depressive Menschen, so vermutet man, leben in der Überzeugung, daß sie auf ihre Umgebung, gleichgültig, was sie tun, so gut wie keinen Einfluß haben. Ihr Geschick scheint nicht in ihren eigenen Händen zu liegen. Wenn sich die Depression tatsächlich aufgrund eines Gefühls von Hilflosigkeit entwickelt, hätte das Folgen für die Art ihrer Behandlung.

Es gibt auch Kliniker, die das kognitive Paradigma für nichts anderes halten als eine der Mediatortheorie verpflichteten Reiz-Reaktions-Analyse von Verhalten (z.B. *Wolpe*, 1980), vergleichbar den historisch bedeutsamen Beiträgen von *Mowrer* und *Miller*. Wir sind anderer Meinung. Eine kognitive Analyse von Verhalten ist von einer ,,Klein-r"-Analyse *fundamental verschieden*. Die Mediatortheorie behauptet, daß ein Umweltreiz automatisch eine vermittelnde innere Reaktion auslöse, die denselben Verstärkungsprinzipien unterworfen sei wie offene Reaktionen. Der kognitiv orientierte Forscher würde dagegen Wahrnehmung und Denken niemals als eine ,,kleine Reaktion" auffassen. Ihm geht es vielmehr darum, wie Menschen Umgebungsreize aktiv interpretieren, und wie diese transformierten Reize Verhalten beeinflussen. Verstärkung spielt in der Theoriebildung kognitiver Psychologen eine untergeordnete Rolle (*Davison*, 1980).

Kognitive Verhaltenstherapie

Der kognitive Standpnkt hat in jüngster Zeit in der Verhaltenstherapie große Beachtung gefunden. Allgemein gesprochen, versuchen kognitiv orientierte Verhaltenstherapeuten die Denkprozesse ihrer Patienten zu ändern, um so auch ihre Emotionen und ihr Verhalten zu beeinflussen. Zur Veranschaulichung soll das frühe Beispiel einer *kognitiven Umstrukturierung* (*Davison*, 1966) dienen.

Ein Mann, der sich über ,,Druckpunkte" auf seiner Stirn und anderen Körperteilen beklagte, war hauptsächlich deswegen als paranoid-schizophren beschrieben worden. Er hielt diese Druckpunkte für Signale von Kräften außerhalb seiner selbst, die ihm halfen, Entscheidungen zu treffen. Diese paranoiden Wahnvorstellungen hatten bisher jeglicher medikamentöser und psychotherapeutischer Behandlung widerstanden. Man unterbreitete den Fall einem Verhaltenstherapeuten, und der stellte die Hypothese auf, daß jede fällige Entscheidung den Patienten in Angst und Spannung versetzte, und daß diese Angst sich als Muskelverspannung in bestimmten Körperteilen äußerte, die der Patient dann als ,,Druckpunkte" und Signale hilfreicher Geister mißdeutete. Patient und Therapeut beschlossen, der Möglichkeit nachzugehen, ob die Druckpunkte nicht in Wirklichkeit eine Spannungsreaktion auf spezifische Situationen waren. Der Therapeut verordnete zunächst ein Tiefentraining, in der Hoffnung, daß es dem Patienten auf diese Weise gelingen werde, seine Spannungen und Druckpunkte zu kontrollieren.

Aber ebenso wichtig war es, den Mann dazu zu veranlassen, sein Wahnsystem in Zweifel zu ziehen. Also bat der Therapeut den Patienten in der ersten Sitzung, seinen rechten Arm auszustrecken, die Faust zu ballen und das Handgelenk einwärts zu biegen, als wolle er mit der Faust seinen Unterarm berühren. Zweck des Ganzen war, ein Spannungsgefühl im Unterarm zu erzeugen. Das gelang, und der Mann stellte fest, daß dieses Gefühl seinen Druckpunkten recht ähnlich war.

Das ausgedehnte Entspannungstraining befähigte den Klienten, seine Angst allmählich in verschiedenen Situationen innerhalb der Klinik unter Kontrolle zu halten und gleichzeitig die empfundene Intensität der Druckpunkte zu reduzieren. Sowie er Kontrolle über seine Gefühle erlangte, bezeichnete er seine Druckpunkte immer häufiger als ,,Empfindungen" und seine Äußerungen verloren allmählich ihre frühere paranoide Färbung.

Das Entspannungstraining hatte es ihm offensichtlich ermöglicht, eine nicht-paranoide Erklärung für seine Druckpunkte zu testen, sie bestätigt zu finden und so eine Vorstellung abzuschütteln, die ihm die Diagnose einer Paranoia eingetragen hatte.

Albert Ellis, ein führender kognitiver Therapeut, sieht die Ursache fehlangepaßter Gefühle und Handlungen in *,,irrationalen Überzeugungen"*. Solche fehlerhaften Annahmen konfrontieren die Betroffenen mit überhöhten Anforderungen an sich selbst. Ein Mann, der glaubt, er müsse in allem vollkommen sein, empfindet jeden Fehler als eine Katastrophe. Eine Frau, die an sich den Anspruch stellt, von jedermann geliebt zu werden, wird sich bis zur Erschöpfung bemühen, anderen zu gefallen. *Ellis* und seine Anhänger, die sogenannten ,,*rational-emotiven* Therapeuten", helfen ihren Klienten, solche Annahmen zu hinterfragen und sie durch Vorstellungen zu ersetzen wie ,,Obwohl es großartig wäre, niemals einen Fehler zu machen, heißt das nicht, daß ich ohne Fehler sein *muß*".

Lerntheoretische Paradigmen und kognitive Paradigmen

Ob sich die kognitive Betrachtungsweise nun grundsätzlich von lerntheoretischen Paradigmen unterscheidet und beanspruchen kann, ein eigener Ansatz zu sein, ist Gegenstand ausführlicher Kontroversen. Vieles von dem, was oben gesagt wurde, spricht dafür. Aber die zunehmende Bedeutung der ,,kognitiven Verhaltenstherapie" läßt uns zögern, denn hier geht es um das komplexe Wechselspiel von Meinungen, Erwartungen, Wahrnehmungen und Einstellungen auf der einen und offenem Verhalten auf der anderen Seite.

Albert Bandura (1977), ein führender Verfechter von Verhaltensänderung mit kognitiven Mitteln, glaubt, daß sich die Erfolge unterschiedlicher Therapieformen unter anderem damit erklären lassen, daß sie den Klienten ein Gefühl für die eigene Wirksamkeit und die eigenen Einflußmöglichkeiten vermitteln, den Glauben daran, daß sie angestrebte Ziele erreichen können (vgl. S. 666). *Aber* gleichzeitig sagt er auch, daß Verhaltensänderung durch Verhaltenstechniken der effektivste Weg sei, um dieses Gefühl und diesen Glauben zu stärken. Therapeuten wie *Ellis* wollen Emotionen und Verhalten dagegen mittels unmittelbarer Veränderung von Kognitionen durch Argument, Überzeugung, sokratische Dialoge u.ä. günstig beeinflussen. Doch die Sache ist noch komplizierter, denn *Ellis* und seine Anhänger legen auch großen Wert auf ,,Hausaufgaben" und verlangen von ihren Klienten, Verhaltensweisen auszuprobieren, die ihnen – blockiert durch negatives Denken – bisher verschlossen waren. Tatsächlich arbeiten kognitive Verhaltenstherapeuten auf kognitiver wie Verhaltensebene gleichermaßen, und die meisten von ihnen, die sich einem kognitiven Ansatz verpflichtet fühlen und Überzeugungen mit verbalen Mitteln zu ändern versuchen, setzen auch Verhaltenstechniken ein, um das Verhalten unmittelbar zu beeinflussen.

Wo auch immer die theoretischen und praktischen Unterschiede liegen mögen, einig sind sich Verhaltenstherapeuten und kognitive Therapeuten über ihre philosophische Nähe zur experimentellen Psychologie. Aus diesem Grund werden beide Ansätze von manchen nicht als eine Reihe von Techniken gesehen, sondern als eine bestimmte erkenntnistheoretische Einstellung, die sich dem strengen Beweis verpflichtet weiß (z.B. *Davison* und *Goldfried*, 1973; *Goldfried* und *Davison*, 1976). Es wird angenommen, daß spezifische Techniken reduziert werden, wenn die Forschung bessere Wege weist, um abweichende Entwicklungen zu korrigieren und zu verhindern. Die Implikationen, die diese Betonung experimenteller Forschung und Methodologie hat, werden klarer, wenn wir uns im neunzehnten Kapitel ausführlicher mit der Verhaltenstherapie und ihren kognitiven Spielarten beschäftigen.

5. Das humanistische Paradigma

Als Reaktion auf die Vorherrschaft von Psychoanalyse und Behaviorismus in Psychologie und Psychiatrie empfahl *Abraham Maslow* (1908–1970) in den fünfziger Jahren seinen Kollegen, bei der Erforschung des menschlichen Verhaltens auf die Entwicklung einer „dritten Kraft" hinzuarbeiten (*Maslow*, 1968). Maslow sah die menschliche Natur und die menschlichen Möglichkeiten sehr viel positiver. Jeder Mensch sei, so verkündete er, im Grunde gesund, intakt und einmalig, ausgestattet mit einem Bedürfnis nach Wachstum und *Selbstverwirklichung*; die Menschheit sei von Natur aus aktiv, schöpferisch, zielgerichtet und gut; menschliches Leiden habe seine Ursache darin, daß dieses grundsätzliche Gutsein verleugnet werde.

Sehen wir uns an, was dieses Paradigma – bekannt als humanistische Psychologie oder Existenzanalyse[6], als Bewegung für das menschliche Potential und als Bewegung für das persönliche Wachstum – im Unterschied zum psychoanalytischen und behavioristischen Paradigma besagt. Das psychodynamische Paradigma nimmt an, daß die menschliche Natur – das Es – gezähmt werden muß, und daß eine effektive Sozialisation vom Ich verlangt, zwischen der Umwelt und den ihrem Wesen nach antisozialen oder bestenfalls asozialen Triebregungen physiologischen Ursprungs zu vermitteln. Die Verhaltenstheoretiker betrachten kontingente Aktivitäten der Umwelt – Belohnung und Bestrafung – als Hauptdeterminanten wirksamen und normalen Verhaltens, betonen also die sozialen Konsequenzen von Überzeugungen und Handlungen. Im Unterschied dazu behauptet *Carl Rogers* (1951), einer der führenden Vertreter der humanistischen Psychologie, die Persönlichkeitsentwicklung nehme dann eine falsche Richtung, wenn der Mensch sich nach den Urteilen und Erwartungen anderer richte und nicht seinem angeborenen Trieb zur Selbstentfaltung folge.

Für die Humanisten ist die *phänomenologische Welt* der Individuen von allergrößter Bedeutung. Jeder von uns, so glauben sie, verfüge über einen inneren Bezugsrahmen, der sich aus der Summe früherer Erfahrung ergebe. Dieses subjektive Universum mache jeden Menschen zu etwas Einmaligem und gebe jedem von uns seine eigene Wahrheit. Um miteinander in Kontakt treten zu können, müssen wir versuchen, die Welt aus der Perspektive des jeweils anderen zu sehen. Das unmittelbare Verhalten werde mehr von erfahrenen als von äußeren Stimuli geleitet. Unsere Handlungen – ja, unsere ganze Existenz – würden davon bestimmt, wie wir die Welt in jedem gegebenen Augenblick erfahren.

Und schließlich zeichnet den humanistischen Standpunkt ein unerschütterlicher Glaube an den freien Willen aus. Menschen hätten die Freiheit der Wahl. Sie seien initiativ und aktiv und nicht passive Opfer von Umwelt und inneren Triebregungen. Das Problem von Freiheit versus Determinismus ist außerordentlich komplex, eine Frage, die Philosophie, Literatur, Psychologie und Politik beschäftigt.

[6] Humanistischer und existentieller Ansatz werden zwar häufig gleichgesetzt, sind aber tatsächlich in mancherlei Hinsicht verschieden. Wir werden darauf in Kapitel 18 näher eingehen.

Carl Rogers (zweiter von rechts), der Schöpfer der klientenzentrierten Therapie, leitet eine Gruppentherapiesitzung.

Die Existenzneurose

Obwohl in der offiziellen Klassifikation (DSM-III-R, vgl. Kapitel 3) nicht formell als psychische Störung anerkannt, sprechen Kliniker von der sogenannten *Existenzneurose*. Sie bezeichnen damit eine Unfähigkeit, den freien Willen auszuüben und nach Erfüllung zu suchen. Zentrale These von Existenzphilosophie und Humanistischer Psychologie ist: Jeder Mensch ist für sein Leben selbst verantwortlich und verwirklicht seine Existenz recht eigentlich, indem er wählt. *Maddi* (1967) beschreibt die Neurose folgendermaßen:

„Die kognitive Komponente der Existenzneurose ist das Gefühl der Sinnlosigkeit oder chronischen Unfähigkeit, an Wahrheit, Bedeutung, Nutzen oder Wert der Dinge zu glauben, die man tut oder zu tun sich vorstellen kann. Die typischsten (emotionalen) Merkmale ... sind Zuvorkommenheit und Gelangweiltsein, unterbrochen von Phasen der Depression, die seltener werden, je länger die Störung andauert. Das Aktivitätsniveau kann gering bis durchschnittlich sein, aber bedeutsamer als die reine Quantität ist die introspektiv und offen zu beobachtende Tatsache, daß die Aktivitäten nicht freier Wahl entspringen. Die Betroffenen sind kaum selektiv, es scheint ihnen gleichgültig zu sein, was sie – wenn überhaupt – tun. Wenn sie wählen, dann mit dem Ziel, Kraft- und Entscheidungsaufwand möglichst gering zu halten“ (S. 313).

Maddi vermutet, daß der Weg zur eigentlichen Existenzneurose über die Entwicklung einer *prämorbiden Persönlichkeit* führt, über ein Verhaltensmuster, das zur Neurose prädisponiert. Ein solcher Mensch befriedigt seine körperlichen Bedürfnisse – er ißt, trinkt, hält sich warm, geht körperlicher Gefahr aus dem Weg – und spielt auch soziale Rollen, vielleicht sogar sehr gut. Diese Talente sind wichtig, wie *Maddi* eigens betont. Aber Menschen, deren Leben *nur* aus diesen erworbenen Fertigkeiten besteht, sind Kandidaten für eine Existenzneurose. Sie haben sich immer nur an der Gesellschaft „ausgerichtet“, statt ihr eigenes Schicksal zu gestalten. Solche Menschen fühlen sich, *ungeachtet dessen, daß sie vielleicht die Forderungen der Gesellschaft in jeder Hinsicht außerordentlich gut erfüllen*, leer und unerfüllt. Große Belastungen – der drohende Tod zum Beispiel oder eine Erschütterung der sozialen Ordnung in Form von Krieg oder wirtschaftlicher Depression – können die Neurose dann endgültig zum Ausbruch bringen.

Kindern, so *Maddi* weiter, kann es „beigebracht“ werden, zum prämorbiden Existenzneurotiker zu werden, dann nämlich, wenn sie Wertschätzung und Belohnung nur dann erfahren, wenn sie in der Lage sind, ihre körperlichen Bedürfnisse zu befriedigen und die von der Gesellschaft verlangten sozialen Rollen zu übernehmen. Im Interesse einer gesunden Entwicklung sollte man sie ermuntern, auf der Grundlage eines Wertesystems, das durchaus von anderen geteilt werden kann, unabhängige Entscheidungen zu treffen und ein aktives Innenleben zu führen, das ihnen bleibt, was immer auch in der äußeren Welt geschieht.

Humanistische Therapie

Nach dem humanistischen Paradigma sollen Therapeuten Menschen helfen, mit ihrem inneren Selbst, ihren wahren Gefühlen in Kontakt zu kommen und zu lernen, ihre Gefühle auszudrükken, ohne sich allzu sehr um die Meinung anderer zu kümmern. Die vorherrschende und wohl auch elaborierteste Form humanistischer Therapie ist der *klientenzentrierte* Ansatz von *Carl Rogers*. Der Hilfesuchende wird als Klient und nicht als Patient betrachtet und ist für seine Behandlung weitgehend selbst verantwortlich. In Einklang mit der Überzeugung, daß die reife und gutangepaßte Persönlichkeit das tut, was ihrer inneren Befriedigung und Selbstverwirklichung dient, geben die Therapeuten den Klienten keine Ziele vor. Sie schafften vielmehr die Bedingungen, die es den Klienten ermöglichen, ihr eigentliches Wesen zu entdecken und selbst zu entscheiden, was sie brauchen, was sie wollen und wie sie ihr Selbst bewahren und bereichern können. Der humanistische Therapeut ist davon überzeugt, daß die Entscheidungen seiner Klienten letztlich gute Entscheidungen sind.

Pathologische Entwicklungen sind in humanistischer Sicht das Ergebnis einer unangemessenen Abhängigkeit vom Urteil anderer und einer Mißachtung des eigenen Wesens. Der Betroffene nimmt negative, engstirnige Einstellungen sich selbst gegenüber an und ist nicht mehr offen für neue Erfahrungen. Das wichtigste therapeutische Werkzeug des klientenzentrierten Therapeuten ist daher eine *bedingungslose positive Haltung*, d.h. das vollständige und vorbehaltlose Annehmen und Respektieren der Gefühle und Handlungen des Klienten. Durch einfühlsames Nachfragen und aufmerksames Zuhören hilft der Therapeut dem Klienten, seine tiefsten Sorgen und Konflikte aufzudecken, abzuklären und auszudrücken. Der Klient lernt allmählich, aufrichtiger und emotionaler über sich selbst zu sprechen und gewinnt dabei Zugang zu seiner im Grunde gesunden inneren Natur.

Rogers und andere humanistische Therapeuten glauben, daß Menschen auch dann Verantwortung für sich übernehmen müssen, wenn sie Probleme haben. Es ist nicht immer leicht für einen Therapeuten, sich guter Ratschläge zu enthalten und dem Klienten nicht doch Verantwortung abzunehmen, besonders dann nicht, wenn der Klient entscheidungsunfähig zu sein scheint. Aber Therapeuten wie *Rogers* halten unbeirrt daran fest, daß sich – eine warme, zugewandte und aufnahmebereite therapeutische Atmosphäre vorausgesetzt – die angeborene Fähigkeit des Menschen zu innerem Wachstum und Selbstbestimmung behaupten wird. Eine Einmischung des Therapeuten würde den Wachstums- und Selbstverwirklichungsprozeß tatsächlich nur aufhalten. Sein Intervenieren mag dem Klienten kurzzeitig Erleichterung bringen, geht aber langfristig auf Kosten des inneren Wachstums. Der Therapeut darf nicht einfach ein weiterer Mensch sein, dessen Wünsche der Klient zu befriedigen sucht.

Humanistische Therapeuten neigen dazu, Techniken keine besondere Bedeutung beizumessen, aber die meisten humanistischen Therapeuten sind um *Empathie* bemüht. In dem folgenden kleinen Ausschnitt bemüht sich der Therapeut um Zugang zu dem phänomenologischen Universum seiner Klientin und versucht, ihr Problem von ihrem Bezugsrahmen aus zu sehen. Er wiederholt in anderer Formulierung, was sie ausgedrückt hat, um ihr bei der Klärung ihrer Gedanken und Gefühle zu helfen – und auch, um von ihr als jemand wahrgenommen zu werden, der versteht und Anteil nimmt.

Klientin: Ich halte es einfach nicht aus, daß ich nicht weiß, was Fred fühlt. Ist er wirklich interessiert an mir, oder ist das für ihn nur so eine oberflächliche Geschichte?

Therapeut: Ich sehe, wie frustierend es für Sie ist, nicht zu wissen, was Fred für Sie fühlt, wie er die Beziehung sieht.

Diese Widerspiegelung von Gefühlen ist kein bloßes Nachplappern. Der Therapeut bemüht sich vielmehr, den Kern dessen zu erfassen, was die Klientin – manchmal nur vage angedeutet – auszudrücken versucht, und ihr dann ihr Anliegen wiederzugeben, in der Hoffnung, daß sie das wirkliche Problem dadurch besser versteht und anerkennt. Ermutigt durch die Empathie und Annahme des Therapeuten, sollte sie allmählich genügend Selbstvertrauen gewinnen, um auf ihre Gefühle zu hören, die sie wie Fremdkörper von sich ausgeschlossen hatte.

6. Konsequenzen der Entscheidung für ein Paradigma

Wenn sich ein Wissenschaftler, der abnormes Verhalten untersucht, ein bestimmtes Paradigma zu eigen macht, entscheidet er notwendigerweise auch darüber, welche Art von Daten er sammeln und wie er sie interpretieren wird. Er berücksichtigt nur das, was seiner Meinung nach die wahrscheinlichste Erklärung ist, und so kann es sehr wohl geschehen, daß andere Möglichkeiten ignoriert und andere Informationen übersehen werden. Ein Behaviorist, der ein bestimmtes Maß und ein bestimmtes Muster von Verstärkung für die Voraussetzung normaler Entwicklung hält, wird dazu neigen, das häufigere Vorkommen von Schizophrenie in der Unterschicht unzureichender sozialer Belohnung zuzuschreiben. Ein physiologisch orientierter Theoretiker wird den Behavioristen eilends auf die vielen Menschen hinweisen, die unter ähnlich deprivierten Bedingungen aufwachsen und *nicht* schizophren werden. Dem hält der Behaviorist zweifellos entgegen, daß man es dann eben mit unterschiedlichen Verstärkungsgeschichten zu tun habe. Der physiologisch orientierte Theoretiker wird erwidern, solcherart *post-hoc*-Behauptungen ließen sich immer aufstellen.[7]

Unser Physiologe könnte die These vertreten, für die Korrelation zwischen sozialer Schicht und Schizophrenie seien bestimmte biochemische Faktoren verantwortlich, die sowohl zur Schizophrenie disponieren, als auch zum Mangel an den geistigen Fähigkeiten, die zur Erlangung und Beibehaltung einer beruflichen Position nötig sind. Dem wiederum wird der Behaviorist mit vollem Recht entgegenhalten, daß diese Faktoren bis heute nicht gefunden seien. „Ja," sagt dann der Verfechter der physiologischen Theorie mit gleicher Berechtigung, „aber ich gehe jede Wette ein, daß es sie gibt. Nur würde ich nicht danach suchen, wenn ich nur *deinem* Paradigma folgte. „Ja", kontert der Lerntheoretiker, „nur werden dir bei deiner Suche vermutlich die subtilen Verstärkungsfaktoren entgehen, die aller Wahrscheinlichkeit nach sowohl Vorhandensein als auch Fehlen dessen erklären, was du Schizophrenie nennst."

Die Tatsache, daß beide Disputanten in einem Sinne recht und in einem anderen unrecht haben, ist so aufregend wie ärgerlich. Recht haben beide darin, daß ein bestimmtes Paradigma mit größerer Wahrscheinlichkeit auch zur Entdeckung bestimmter Daten führt. Aber unrecht haben sie mit ihrem Anspruch, es müsse letztlich ein und derselbe Faktor für die Entstehung aller psychischer Störungen verantwortlich sein. Abnormes Verhalten ist viel zu mannigfaltig, als daß man es nur innerhalb eines der bekannten Paradigmen

[7] Der verhaltenstheoretische Begriff der *Verstärkungsgeschichte* stellt jeden Vertreter eines lerntheoretischen Paradigmas vor ein interessantes Dilemma, und zwar immer dann, wenn es gilt, eine individuelle Entwicklung oder die unterschiedliche Entwicklung zweier Menschen zu erklären, die ganz offensichtlich in derselben Umgebung aufgewachsen sind. Werden zum Beispiel bei ihren natürlichen Eltern aufgewachsene, eineiige Zwillinge schizophren, wird der lerntheoretisch orientierte Therapeut die in beiden Fällen sehr ähnliche Verstärkungsgeschichte dafür verantwortlich machen. Wenn von zweieiigen Zwillingen, die sich genetisch nicht ähnlicher sind als normale Geschwister, nur einer schizophren wird, „erklärt" das die Lerntheorie mit unterschiedlichen Verstärkungsgeschichten. Solche Erklärungen sind ebensolche Zirkelschlüsse und genauso unbefriedigend wie der von Behavioristen mit gutem Recht beklagte psychoanalytische Schluß auf unbewußte Prozesse. Beide Hypothesen erklären nichts, sie ermutigen auch nicht dazu, nach neuen Daten zu forschen.

Kasten 2.4
Eklektizismus in der Psychotherapie: Praxis macht unvollkommen

Ein Wort noch zum Verhältnis von Paradigmen und therapeutischer Tätigkeit. Wir haben die verschiedenen Behandlungstypen dargestellt, als handele es sich um klar voneinander unterschiedene therapeutische Schulen ohne jede Gemeinsamkeit. Es könnte der Eindruck entstanden sein, als höre sich ein Verhaltenstherapeut niemals den Traum eines Klienten an und als käme ein Psychoanalytiker nie auf die Idee, einem Patienten ein Selbstbehauptungstraining zu verordnen. Nichts läge der Wahrheit ferner. Die meisten Therapeuten sehen sich als *Eklektiker*, die sich der Gedanken und Techniken der unterschiedlichsten Schulen bedienen (*Garfield* und *Kurtz*, 1974). Therapeuten, die eine bestimmte Theorie vertreten, gehen in ihrem therapeutischen Handeln häufig darüber hinaus. Erfahrene Verhaltenstherapeuten pflegen ihren Klienten empathisch zuzuhören, indem sie versuchen, deren Weltsicht zu ergründen, um so ein wirksameres Programm zur Verhaltensänderung entwerfen zu können. Die Lerntheorien selbst schreiben dieses Verfahren nicht vor, aber klinische Erfahrung und vielleicht auch die eigene Humanität sagen dem Therapeuten, daß einfühlsames Zuhören hilft, eine Beziehung zum Klienten herzustellen, zu klären, was ihn wirklich bedrückt und so ein vernünftiges Therapieprogramm zu planen. Sogar *Freud* wird nachgesagt, sehr viel direktiver gewesen zu sein und sehr viel häufiger eingegriffen zu haben, um Verhalten direkt zu ändern, als seine Schriften vermuten lassen. Moderne Psychoanalytiker schenken offenem Verhalten und Symptomerleichterung viel mehr Aufmerksamkeit, als ihre Theorie vorsieht. Zeitgenössische Autoren wie *Paul Wachtel* (vgl. S. 673ff.) schlagen den Analytikern sogar vor, Verhaltenstechniken einzusetzen, und erkennen offen an, daß die Verhaltenstherapie bei der Linderung von Verhaltenspathologien durchaus einiges zu bieten hat.

Das sind schwerwiegende Fragen. Im letzten Abschnitt dieses Buches werden wir ihnen die Aufmerksamkeit zukommen lassen, die sie benötigen und verdienen. Wir wollten dem Leser diese Komplexität aber von Beginn an bewußt machen, um ihm Fehleinschätzungen psychotherapeutischer Realitäten und Probleme zu ersparen.

angemessen erklären oder behandeln könnte (vgl. Kasten 2.4). Wenn wir uns im folgenden mit verschiedenen Kategorien von Psychopathologie beschäftigen, werden wir feststellen, daß physiologische und lerntheoretische Paradigmen in sehr unterschiedlichem Ausmaß anwendbar sind. Im Sinne zukünftiger Entdeckungen ist es nur von Vorteil, daß Psychologen sich *nicht* einig sind, welches Paradigma das *beste* ist. Wir wissen noch viel zu wenig, um uns endgültig auf die Überlegenheit eines Paradigmas festzulegen, und wichtige Arbeit gibt es noch genug zu tun. Wir werden noch häufig sehen, daß man Daten plausiblerweise aus der Perspektive multipler Verursachung betrachten sollte, denn die Ursache bestimmter psychischer Störungen kann sehr wohl in einer Wechselwirkung physiologischer und umweltbedingter Faktoren zu suchen sein – eine Betrachtungsweise, der wir uns im folgenden Abschnitt zuwenden wollen.

Das Diathese-Streß-Modell: Ein Vorschlag für ein Paradigma

Bei unserer eigenen Suche nach Antworten gehen wir von einer sinnvollen Verbindung physiologischer und umweltbedingter Faktoren aus. Das sogenannte *Diathese-Streß-Modell* untersucht die oft subtilen Wechselwirkungen zwischen der *Prädisposition* für eine Krankheit – der Diathese – und belastenden Umwelt- oder Lebensereignissen – dem Streß. „Diathese" bedeutet, ganz genaugenommen, eine konstitutionelle Prädisposition für eine körperliche Krankheit, aber man kann darunter auch jegliche Tendenz oder Neigung eines Menschen fassen, auf eine besondere Weise auf einen Umweltstreß zu reagieren. Die bereits erwähnte kognitive Einstellung mancher depressiver Menschen, jenes chronische Gefühl von Hilflosigkeit ließe sich – so betrachtet – als Diathese zur Depression auffassen.

Es ist eine Tatsache, daß manche Menschen gewissermaßen zusammenbrechen, wenn sie bestimmten Stressoren ausgesetzt sind, während andere viel schwerere Traumata allem Anschein nach unbeschadet überstehen. Manche Menschen haben z.B. eine physiologische Prädisposition ererbt, die ein hohes Schizophrenie-Risiko birgt (vgl. Kapitel 14). Ihre physiologische Konstitution ist derart, daß sie bei einem bestimmten Ausmaß an Streß Gefahr laufen, schizophren zu werden. Menschen mit wenig ausgeprägtem Risikofaktor in dieser Hinsicht werden, ganz gleich, wie schwer ihr Leben ist, kaum eine Schizophrenie entwickeln.

Unterschiedliche Perspektiven zu einem klinischen Problem

Es wird zweckmäßig sein, an dieser Stelle noch einmal auf den Polizisten aus dem ersten Kapitel zurückzukommen. Was wir über ihn wissen, läßt sich – je nach Paradigma – auf unterschiedliche Weise interpretieren. Bei physiologischer Betrachtungsweise wird einem auffallen, daß die sich abwechselnden manischen und depressiven Zustände des Mannes den zyklischen Stimmungsumschwüngen seines Vaters sehr ähnlich sind, denn man wird sich an Untersuchungen orientieren (vgl. Kapitel 9), die bei bipolaren affektiven Störungen einen genetischen Faktor nahelegen. Man ignoriert zwar einen gewissen Zusammenhang zwischen Umweltfaktoren und seinen Problemen nicht, aber man setzt voraus, daß ihn ein ererbter, vermutlich biochemischer Defekt zum Zusammenbruch unter Streß prädisponiert. Schließlich hat nicht jeder, der eine schwere Kindheit und Jugend hatte, mit ähnlichen Problemen zu kämpfen wie Ernst H. Zur Behandlung verschreibt man ihm vielleicht Lithium-Karbonat, ein Medikament, das nach Meinung vieler die Heftigkeit manisch-depressiver Stimmungsumschwünge abschwächt.

Nun stellen Sie sich vor, Sie seien einer kognitiv-verhaltenstherapeutischen Sichtweise verpflichtet und hätten gelernt, menschliches Verhalten in Form von Verstärkungsmustern und kognitiven Variablen zu analysieren. Sie konzentrieren sich vielleicht auf Ernsts Befangenheit während seiner College-Zeit und bringen sie damit in Zusammenhang, daß er, verglichen mit seinen Kommilitonen, eine sehr benachteiligte Kindheit hatte. Wirtschaftliche Unsicherheit und Not könnten ihn übermäßig empfindlich für Kritik und Ablehnung gemacht haben. Seine so warmherzige und charmante Frau macht ihm den eigenen angeblichen Mangel an sozialen Fähigkeiten nur noch schmerzlicher bewußt. Aus diesen Spannungen, so können Sie sagen, hat er die Flucht in den Alkohol gesucht. Der Alkoholmißbrauch und der ständige Zweifel am eigenen Wert führten schließlich zu Potenzschwierigkeiten, woraufhin sich die bereits belastete eheliche Beziehung weiter verschlechterte. Als Verhaltenstherapeut können Sie mit systematischer Desensibilisierung arbeiten. Ernst wird lernen, sich zu entspannen und sich in hierarchischer Reihenfolge Situationen vorzustellen, in denen andere ihn bewerten. Vielleicht werden Sie sich auch für eine rational-emotive Therapie entscheiden, um Ernst davon zu überzeugen, daß nicht alles, was er unternimmt, von jedermann anerkannt werden muß. Da Ernst unter seinem Mangel an sozialen Fähigkeiten leidet, können Sie ihm auch mittels Verhaltenseinübung beibringen, soziale Situationen, mit denen er wenig Erfahrung hat, besser zu meistern. Seine sexuellen Schwierigkeiten ließen sich mit dem Therapieprogramm von *Masters* und *Johnson* überwinden, das ihn zu nicht-fordernder und zunehmend intimerer Sexualität mit seiner Frau anleitet.

Einem Psychoanalytiker wird sich der Fall von Ernst H. noch anders darstellen, denn sein Paradigma macht für spätere Anpassungsmuster in erster Linie frühe Kindheitserlebnisse verantwortlich. Als Psychoanalytiker können Sie z.B. vermuten, daß der kleine Ernst seinem Vater die

Kasten 2.5
Was ist abnorm?

Jedes der eben vorgestellten Paradigmen enthält natürlich auch Annahmen über das Wesen abnormen Verhaltens. Explizit definiert wird es allerdings nirgendwo. Das physiologische Paradigma z.B. macht für abnormes Verhalten physiologische Prozesse verantwortlich, die lerntheoretischen Paradigmen dagegen ungünstige Erfahrungen. Aber diese Paradigmen sagen uns nicht genau, was abnormes Verhalten ist. Läßt sich zwischen normal und abnorm überhaupt eine eindeutige Grenze ziehen? Gibt es eine befriedigende Definition von Abnormität?

Um auf diese Fragen einzugehen, wollen wir uns einige Definitionsvorschläge ansehen. Wir werden feststellen, daß keine dieser Definitionen völlig angemessen ist. Jede hat ihre Verdienste und erfaßt einen Teil dessen, was eine vollständige Definition enthalten müßte. Aber jede für sich kennt zu viele Ausnahmen, um annehmbar zu sein.

Eine Definition schlägt als Kriterium abnormen Verhaltens statistische Seltenheit vor. Verfechter des statistischen Ansatzes messen bestimmte Eigenschaften, z.B. bestimmte Persönlichkeitsmerkmale und Verhaltensformen, und bestimmen die Verteilung dieser Eigenschaften in der Gesamtpopulation. Ein möglicher Verteilungstyp ist die *Normalkurve* (Abb. 2.6), die für jede einzelne Eigenschaft die Populationsmehrheit in der Mitte ansiedelt, d.h. es entfallen nur sehr wenige Mitglieder der Population auf die beiden Extreme. Die Behauptung, ein Mensch sei normal, besagt in diesem Fall, daß er oder sie bezüglich der Ausprägung eines bestimmten Merkmals oder Verhaltensmusters nicht gravierend vom Durchschnitt abweicht. Wenn wir z.B. Angst als eine Dimension von Abnormität nehmen, gelten Menschen mit „durchschnittlichem" Angstniveau als normal. Extrem ängstliche oder nahezu angstfreie Menschen werden als abnorm angesehen. Explizit als Kriterium eingesetzt wird statistische Seltenheit bei der Diagnose von geistiger Retardierung. Abbildung 2.6 zeigt die Normalverteilung von Intelligenz innerhalb der Population. Bei einem Intelligenzquotienten von unter 70 gilt die Norm als hinreichend weit unterschritten, so daß von einer geistigen Retardierung gesprochen werden kann. (Geringe Intelligenz ist zwar ein Hauptkriterium für geistige Retardierung, aber es müssen noch weitere diagnostische Merkmale berücksichtigt werden.)

Obwohl uns seltenes Verhalten tatsächlich sehr häufig abnorm erscheint, hat die Beziehung zwischen Seltenheit und Abnormität in manchen Fällen auch keinerlei Relevanz. Überragende sportliche Fähigkeiten sind zwar selten, aber nicht abnorm in unserem Sinne. Uns interessieren in diesem Buch nur ganz bestimmte seltene Verhaltensweisen, etwa Halluzinationen oder tiefe Depression. Leider sagt uns die statistische Definition nicht, welches seltene Verhalten Gegenstand psychopathologischer Untersuchung sein sollte.

Eine andere Definition von Abnormität bringt den Begriff des persönlichen Leidens ins Spiel: Menschen gelten als abnorm, wenn ihr Verhalten ihnen selbst quälendes Leid bringt. Auch diese Definition umfaßt, wie zuvor die statistische, viele Formen von Abnormität, die für uns von Interesse sind. Menschen mit Angst-Störungen und Depressionen leiden zweifellos sehr. Aber einige Störungen verursachen offensichtlich kein akutes Leiden. Der Soziopath z.B. behandelt andere Menschen mit großer Kälte, bricht möglicherweise fortwährend das Gesetz, ohne je ein Gefühl von Schuld, Reue oder Angst zu empfinden. Persönliches Mißbehagen als Definitionskriterium hat den weiteren Nachteil, daß es seinem Wesen nach subjektiv ist. Darüber, wie sehr sie leiden, entscheiden und berichten die Betroffenen selber. Kummer und Leid sind quantitativ schwer zu vergleichen, da der Maßstab, nach dem die eigenen psychischen Zustände eingeschätzt werden, sehr verschieden sein kann.

Schließlich ist da noch der Vorschlag, ein Verhalten dann als abnorm einzustufen, wenn es soziale Normen verletzt und andere bedroht oder ängstigt. Auch diese Definition klingt teilweise richtig. Sie gilt für die Gefühllosigkeit des Soziopathen genauso wie für das zuweilen wilde Gebaren des Manikers und die seltsamen Possen des Schizophrenen. Außerdem wird Abnormität in dieser Definition explizit zu etwas Relativem. Sie impliziert, daß verschiedene Formen ungewöhnlichen Verhaltens toleriert werden können, insofern, als sie von den jeweils herrschenden Normen abhängen. Aber auch diese Definition ist zu weit und zu eng zugleich. Kriminelle und Prostituierte, die doch ganz gewiß soziale Normen verletzen, untersucht man gewöhnlich nicht im Rahmen der Klinischen Psychologie. Der angstgeplagte Mensch, der nach allgemeiner Ansicht im Mittelpunkt der Klinischen Psychologie steht, würde vielen Laien, die ihn beobachten, überhaupt nicht auffallen.

Unserer Ansicht nach kann keine der gängigen Definitionen abnormen Verhaltens vollkommen befriedigen. In den offiziellen diagnostischen Handbüchern haben sich zahlreiche Kategorien abnormen Verhaltens im Laufe der Jahre zwar geändert, aber nicht etwa, weil man eine andere Definition abnormen Verhaltens zugrundegelegt hätte. Vielmehr haben sich Normen und Werte geändert. Immer mehr Menschen haben z. B. in den letzten hundert Jahren gefunden, daß ihre psychischen Schwierigkeiten professioneller Hilfe bedürfen. Dieser wachsende Patientenstrom konfrontierte Therapeuten und Forscher mit Problemen, denen sie noch nie begegnet waren, und so tauchten immer neue Diagnosen auf. Was wir in diesem Buch präsentieren, ist eine Liste von Zuständen, die gegenwärtig als abnorm gelten. Die psychischen Störungen, die diese Liste verzeichnet, werden sich zweifellos im Laufe der Zeit ändern.

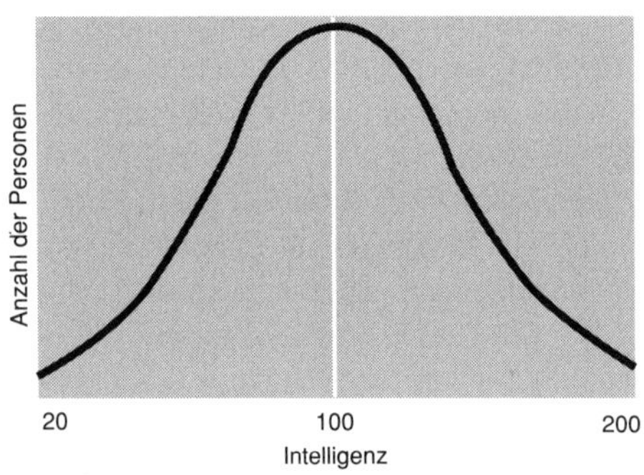

Abb. 2.6. Die Intelligenzverteilung bei Erwachsenen; ein Beispiel für eine Normal- oder Glockenkurve.

Schuld am frühen Tod seiner Mutter gegeben hat. Die Wut auf den Vater hat er zwar verdrängt, gleichwohl hat er ihn nie als kompetenten, wertvollen Erwachsenen sehen und sich nie mit ihm identifizieren können. Die Fixierung auf der ödipalen Stufe seiner psychosexuellen Entwicklung könnte zu einer ängstlichen Haltung gegenüber Autoritäten geführt und ihm ein Leben als wirklich erwachsener Mann unmöglich gemacht haben. Als Behandlung wählen Sie vielleicht Traumanalyse und freie Assoziation, um Ernst zu helfen, das Verdrängte ins Bewußtsein zu holen und sich offen und bewußt mit seinem bis dahin verschütteten Zorn auf den Vater auseinanderzusetzen.

Sind Sie ein humanistischer Therapeut, werden Sie feststellen, daß Ernst sich immer gegen seine inneren Gefühle, seine eigentliche Natur, entschieden hat, und daß dieses Streben nach Sicherheit statt nach Selbst-Ausdruck Ursache seiner gegenwärtigen Schwierigkeiten und Frustrationen ist. Er studierte nicht Jura, wie es seiner Neigung entsprochen hätte, sondern wurde Polizist, um unmittelbar den Respekt zu genießen, den man vor einer Uniform hat. Er wollte ein Kind, weil es mit zweiunddreißig Jahren schließlich Zeit dafür wurde, und machte so aus der sexuellen Beziehung zu seiner Frau, die Selbst-

Ausdruck sein sollte, eine Pflicht. Diese ständige Mißachtung seiner authentischen Gefühle mündete schließlich in Vorwürfe, Frustration und einen explosiven Ausbruch. In der Therapie werden Sie Ernst helfen, seinen innersten Gefühlen zu vertrauen und nicht mehr einzig in Reaktion auf Angst und sozialen Druck zu leben, sondern seine eigenen Lebensziele zu verfolgen. Ihr einfühlsames Zuhören wird Ernst Mut machen, seine eigenen Bedürfnisse zu entdecken und selbst zu entscheiden, was er aus seinem Leben machen will.

Zusammenfassung

Dieses Kapitel stellt die wichtigsten Paradigmen oder Betrachtungsweisen klinisch-psychologischer Forschung und Therapie vor. Das *physiologische* Paradigma nimmt eine organische Ursache psychopathologischer Phänomene an. Frühere Diskussionen um diese Betrachtungsweise haben die Form von Argumenten pro oder kontra „medizinisches" bzw. „Krankheitsmodell" angenommen. Bei genauerem Hinsehen zeigt sich jedoch, daß die Bezeichnung „medizinisches Modell" hinsichtlich der Ätiologie zu vage ist, als daß darunter ein formales Modell von Psychopathologie zu fassen wäre. Eines ist allerdings darin impliziert: daß psychopathologische Phänomene physiologischen Fehlfunktionen und Defekten zugeschrieben werden können. Aus diesem Grund ziehen wir die Bezeichnung „physiologisches Paradigma" vor. Physiologische Therapien versuchen, den einer Störung zugrundeliegenden organischen Defekt zu korrigieren, oder aber, wenn dieser nicht bekannt ist, die Symptome zu lindern.

Ein anderes Paradigma geht auf *Sigmund Freud* zurück. Die *psychoanalytische* Betrachtungsweise lenkt unsere Aufmerksamkeit auf Verdrängungen und andere unbewußte Prozesse, die ihren Ursprung in frühen Kindheitskonflikten haben. Während moderne Ich-Analytiker, die ebenfalls zu dieser Tradition zählen, das größere Gewicht auf die bewußten Ich-Funktionen legen, forscht das psychoanalytische Paradigma allgemein im unbewußten und frühen Leben der Patienten nach den Ursachen von Abnormität. Psychoanalytische therapeutische Interventionen zielen gewöhnlich darauf ab, die Verdrängungen aufzuheben, damit der Analysand den infantilen Charakter und die Unbegründetheit seiner Ängste nachprüfen kann.

Verhaltens- oder *lerntheoretische* Paradigmen vermuten, daß sich abweichendes Verhalten durch klassische Konditionierung, operante Konditionierung oder Modellernen entwickelt. In jüngerer Zeit treten zu den rein lerntheoretischen immer häufiger auch kognitive Gesichtspunkte hinzu. Aus kognitiver Sicht ist für Abnormität ein bestimmtes Wahrnehmungs- und Interpretationsschema verantwortlich. Gemeinsam ist allen lerntheoretisch orientierten Forschern die Überzeugung, daß man alle Situationen, die Verhalten beeinflussen, sorgfältig untersuchen und ebenso sorgfältig die verwendeten Begriffe definieren sollte. Verhaltenstherapeuten setzen lerntheoretische und kognitive Prinzipien ein, um offenes Verhalten, Denken und Emotionen unmittelbar zu verändern. Man kümmert sich weniger um die historischen Ursachen des abnormen Verhaltens als vielmehr darum, was es aufrechterhält, also um die Belohnungs- und Bestrafungskontingenzen, die die problematischen Verhaltensmuster immer wieder anregen. Das *humanistische* Paradigma schließlich nimmt an, daß der Mensch seinem Wesen nach gut ist und daß es zu psychopathologischen Entwicklungen dann kommt, wenn das eigene Wertgefühl blockiert oder verleugnet wird. Humanistische Therapeuten ermutigen ihre Klienten, ihr wahres inneres Selbst zu entdecken, ihm zu vertrauen und ihren Bedürfnissen und Impulsen Ausdruck zu verleihen.

Das *Diathese-Streß*-Paradigma vermag vielleicht, die für die Anwendung geeignetsten Merkmale der verschiedenen Betrachtungsweisen in sich zu vereinen. Menschen, so nimmt dieses Paradigma an, sind dazu disponiert, auf bestimmte Formen von Umweltstreß unangemessen zu reagieren. Die Diathese kann, wie es bei der Schizophrenie der Fall ist, konstitutioneller Art sein, oder sich auch – wie beim chronischen Hilflosigkeitsgefühl des Depressiven – auf psychologische Faktoren beziehen.

Paradigmen, und das ist ihre wichtigste Implikation, legen fest, wo und wie der Forscher nach

Antworten sucht. Paradigmen schränken die Wahrnehmung der Welt notwendigerweise ein, denn je nach Standpunkt des Forschers werden die Daten unterschiedlich interpretiert. Wir halten es für ein Glück, daß in unserem Fach nicht nur innerhalb eines einzigen Paradigmas gearbeitet wird. Wir wissen noch zu wenig über Psychopathologien und ihre Behandlung, als daß wir es wagen könnten, uns auf eines von ihnen festzulegen.

Kapitel 2a

Psychische Störungen im gesellschaftlichen Lebenszusammenhang

Heiner Keupp

Wie im Kapitel 2 erläutert wurde, werden psychische Störungen und Probleme im Rahmen konkurrierender medizinischer und individualpsychologischer Theorien ganz unterschiedlich interpretiert. In diesem Kapitel geht es um die Darstellung von Ansätzen, die psychische Störungen in den sozialen Lebensprozeß rücken, – also solchen, die den Einfluß *soziokultureller* Bedingungen auf Prozesse der Wahrnehmung, der Entstehung und des Verlaufs von psychischen Störungen beschreiben. Es geht darum, ob und inwieweit Aussagen über den Zusammenhang materieller, sozialer und kultureller Lebensbedingungen einerseits und subjektiven Prozessen – psychische Befindlichkeit – andererseits getroffen werden können.

1. Zum Verhältnis von bio-, psycho- und soziogenetischen Modellen

Drei wesentliche Modelle zur Erklärung des Entstehens psychisch abweichenden Verhaltens gibt es, drei konkurrierende Antworten auf die Frage, was denn das Wesen psychischen Leids ist. Und nicht selten begreifen ihre Anhänger, die Vertreter des *naturhistorischen* Modells (meist Psychiater und Mediziner), des *lebensgeschichtlichen* (in der Regel Psychologen und Psychoanalytiker) und eines *sozialhistorischen* Ansatzes (Soziologen und Historiker) ihre Antworten als einzig „*wahre*", überlegene Erklärungsalternative. Mit guten Argumenten kann jeder Position der Vorwurf des *Reduktionismus* entgegengehalten werden – sie gingen entweder „*biologistisch*", „*psychologistisch*" oder „*soziologistisch*" (simplifizierend) vor.

Das naturhistorisch-biomedizinische Modell ist das traditionelle Modell psychisch abweichenden Verhaltens. In den letzten Jahren und Jahrzehnten ist dieses ins Zentrum heftiger Auseinandersetzungen geraten; obwohl aber psychologische, soziologisch, auch *ökologisch* und „*ganzheitlich*" orientierte Alternativen aufgestellt worden sind, darf das traditionelle Modell als das nach wie vor dominierende bezeichnet werden. Und es ist wichtig, sich damit auseinanderzusetzen, besonders wenn es darum geht, psychosoziale Alternativen zu entwickeln, wie dies in den folgenden Abschnitten geschieht.

Die *Psychiatrie,* die sich in den letzten Jahrhunderten als die für psychische Störungen („Krankheiten") zuständige Disziplin innerhalb der Medizin herausbildete, hat den historischen Anspruch, den Diskurs über psychische Störungen aus der *moralischen* Sphäre herausgelöst und auf eine *naturwissenschaftliche* Basis gestellt zu haben.

Entsprechend den Systematisierungsversuchen der medizinischen Pathologie sollte auch die Psychiatrie die Ordnung ihres professionellen Handlungsraums durch eine strikte Ausrichtung an den Eigengesetzlichkeiten naturbestimmter Abläufe erhalten. Man hatte die feste Überzeugung, daß die Gründe für das *unverständliche* Denken, Fühlen und Handeln, das bestimmte Menschen auszeichnete, in Abweichungen, Störungen, und Schädigungen des Körpers auffindbar waren und es früher oder später gelingen würde, spezifische „Herde" für spezifische psychische „Krankheiten" dingfest zu machen.

Dies hat in exemplarischer Weise der Psychiater *Kurt Schneider* so formuliert: „Der Krankheitsbegriff ist für uns gerade in der Psychiatrie ein streng medizinischer. Krankheit selbst gibt es nur im Leiblichen und ‚krankhaft' heißen wir seelisch Abnormes dann, wenn es auf krankhafte Organprozesse zurückzuführen ist." (1931, 1967^8, S. 7).

Wie für organmedizinische Krankheiten sollte auch für psychische Krankheiten die *„Naturgeschichte"* dokumentiert werden. Der naturgeschichtliche Krankheitsbegriff konzentriert sich auf das somatische Substrat, von dem angenommen wird, daß es einem strengen naturgesetzlichen Determinismus unterliege und eine große Homogenität und Konstanz zeige. *Psychosoziale* Aspekte gelten vor diesem Hintergrund als *irrelevant;* höchstens, daß sie gewisse Ausgangsbedingungen setzen könnten, die dann einen streng gesetzmäßigen, somatischen Prozeß auslösen.

Beim naturhistorischen Krankheitsverständnis wird nicht danach gefragt, ob das Auftreten und die spezifische Form einer psychischen Störung aus dem bisherigen biographischen Lebensentwurf und den spezifischen Lebenserfahrungen einer Person verstanden werden könnte. Man stellt sich vor, daß der Krankheitsprozeß mit einer von lebensgeschichtlichen Prozessen unabhängigen Eigenlogik in die Biographie einer Person einbricht und dann für einen abgrenzbaren (akuten) Zeitraum oder auf Dauer (chronisch) die Lebensperspektive der Person bestimmt.

Psychosoziale Ansätze, von denen es ganz unterschiedlich akzentuierte gibt, gehen anders vor. Psychisches Leid gilt ihnen als eine *subjektive* Antwort eines Individuums auf besondere Lebensereignisse und Belastungen; und diese Reaktion kann und muß *biographisch entschlüsselt* werden.

Gemeinsam ist diesen psychosozialen Ansätzen, daß sie sich auf die individuelle Lebensgeschichte einer Person konzentrieren (sie *„verstehen"* wollen). Diese Lebensgeschichte oder *Biographie* hat zu persontypischen Kompetenzen, Bedürfnissen, Erwartungen, Verletzlichkeiten geführt, auf deren Basis aktuelle Lebensaufgaben, temporäre Belastungen und plötzlich auftretende Krisen bewältigt werden müssen.

Je nachdem, ob das Ineinandergreifen von aktuellen Anforderungen und subjektiven Ressourcen gelingt oder nicht gelingt, erwachsen biographisch entweder neue Handlungschancen und Weiterentwicklungen für das Individuum, oder neue Verletzlichkeiten und Minderungen des Selbstwertgefühls.

Das naturgeschichtliche und – bis in einem gewissen Maße – auch das lebensgeschichtliche Modell konzentrieren sich auf das Individuum. Es ist entweder passive Trägerinstanz eigengesetzlicher biologischer Prozesse (im naturhistorischen Verständnis) oder es wird als Subjekt begriffen, das sich mit den Widrigkeiten seiner gesellschaftlichen Lebenssituation auseinanderzusetzen hat. Diese individualgeschichtliche Auseinandersetzung findet jedoch in einem sozialen Raum statt und wird in diesem auch als gelingend oder mißbilligend bewertet. Das subjektive Handeln ist Teil komplexer Handlungsketten und fordert Resonanz und Intervention von jenen, die von diesem Handeln betroffen sind. Sie können dieses Handeln für sich sehr unterschiedlich interpretieren. Was für ein Individuum eine lebbare Antwort auf seine spezifische Lebenssituation sein mag, wird möglicherweise von anderen

Angehörigen seiner sozialen Mikrowelt als nicht mehr zu tolerierende Abweichung von eingespielten Gruppennormen angesehen. Infolgedessen werden Anstrengungen unternommen, die Abweichung zu korrigieren. Sollte das in der mikrosozialen Konstellation von Primärgruppen (wie Familie und Freundeskreis) nicht mehr gelingen, erfolgt möglicherweise der Ausschluß aus der Gruppe oder es wird die Intervention formeller Institutionen sozialer Kontrolle veranlaßt. In den vielfältigen Transaktionen zwischen dem Individuum, das mit seinem Handeln aus dem normativen Horizont seines sozialen Netzwerkes herausfällt, und den unterschiedlichen Versuchen, eine lebbare Ordnung wieder herzustellen, konstituiert sich die *Sozialgeschichte* psychischen Leids.

Bei der Rekonstruktion der Biographie einer Person, die als psychisch krank bezeichnet („etikettiert") wird, ist es wichtig, die Abfolge der sozialen Transaktionen rund um diese Person zu verfolgen.

Außerdem sind die verschiedenen beteiligten Akteure und Institutionen, sowie ihre spezifischen Vorstellungen und Wissensbestände, auf deren Grundlage sie helfend, korrigierend oder kontrollierend auf die Person einzuwirken versuchen, zu erfassen.

Entscheidend ist aber ebenso, in welcher Weise sich die „betroffene" Person mit diesen sozialen Reaktionen auf ihr Anderssein auseinandersetzt;

- ob sie deren normative Regelbestände akzeptiert oder sich von ihnen distanziert;
- ob sie Interventionen, die vom Adressaten als Hilfe gemeint sind, als hilfreich oder zumutbares Eindringen in ihre Privatsphäre erlebt;
- ob das eigene Anderssein als Belastung erfahren wird und Leidensdruck erzeugt;
- welches Verständnis von den aktivierten, um Hilfe oder Kontrolle angegangenen Institutionen (bei der betroffenen Person) vorherrscht,
- und welche soziale Distanz zwischen ihr und den Institutionen besteht.

Eine solche mikrosozialgeschichtliche Perspektive ist mit einer „psychologischen" Perspektive und auch mit Elementen einer naturgeschichtlichen Position *durchaus vereinbar.* Sie erweitert diese Positionen zugleich um Dimensionen, ohne die psychisches Leid nicht voll erfaßt werden kann. Die natur- und lebensgeschichtlichen Aspekte bestimmen die Möglichkeiten des Subjekts, sich mit den gesellschaftlichen Reaktionen auf sein abweichendes Verhalten auseinanderzusetzen, entscheidend mit.

Sozial-, lebens- und *naturgeschichtliche* Prozesse können nicht addiert werden; sie *durchdringen* sich.

Dementsprechend versuchen die im folgenden dargestellten sozialwissenschaftlich orientierten Beiträge zum Verständnis psychischen Leids, psychische Störungen als *sozialen Tatbestand zu rekonstruieren,* ohne damit ihre bio-psychologischen Dimensionen leugnen zu wollen.

Die soziokulturellen Bezüge psychischen Leids lassen sich auf drei unterschiedlichen Problemebenen darstellen, die auch die nachfolgenden Abschnitte gliedern:

1. Die gesellschaftliche Lebenssituation stellt ein relevantes Einflußfeld für die psychische Befindlichkeit von Individuen dar. In traditionsreichen sozialwissenschaftlichen Forschungsgebieten werden die *Einflüsse materieller, sozialer, ökologischer und kultureller Lebensbedingungen auf die Entstehung psychischer Störungen* untersucht. Neben makrosozialen Bedingungen wie Armut, soziale Schicht, Geschlecht und Stadt-Land-Differenzen, die die klassischen Fragestellungen der Sozialepidemiologie bildeten, hat sich die Forschung zunehmend auf die Erfassung mikrosozialer Bedingungen wie konkrete belastende Lebensereignisse und psychosoziale Bewältigungsressourcen konzentriert.
2. In gesellschaftlichen Systemen wird auf das reagiert, was jeweils als Abweichung von geltenden Normalitätserwartungen angesehen wird. Die Abweichungstendenzen, die im Alltag nicht normalisiert oder bewältigt werden können, werden zum Gegenstand spezifischer institutioneller Bearbeitungen (von Sondereinrichtungen für spezifische Problemgruppen bis zu therapeutischen Maßnahmen). Die systematische Erforschung des *Zusammenhangs von Abweichung und den gesellschaftlichen Versuchen der Abweichungskontrolle* hat immer wieder sozialwissenschaftliche Interessen auf sich gezogen.

3. Normalitäts- und Störungsbegriffe stellen kulturspezifische Ordnungsleistungen dar, in deren Bedeutungskoordinaten sich die Vielfältigkeit menschlichen Erlebens und Handelns klassifizieren läßt nach Typen, die als erwünscht, akzeptabel, förderungswürdig oder als reif zu betrachten sind und nach solchen, die als unerwünscht, abweichend, krank und behandlungsbedürftig gelten sollen. Es ist von besonderem sozialwissenschaftlichen Interesse, *kulturspezifische Unterschiede in grundlegenden Ordnungsprinzipien für Normalität und Abweichung* nachzuspüren und plausibel erklären zu können: Wie hängen bestehende Normalitätserwartungen mit den grundlegenden Organisationsprinzipien der jeweiligen Gesellschaftsordnung zusammen? Wie wirkt sich gesellschaftlicher Wandel auf Normalitätsvorstellungen aus?

2. Sozialstrukturen der Alltagswelt als Quelle von Belastungen und Ressourcen

Die sozialepidemiologische Fragestellung: Soziale Ungleichheit als Risikokonstellation

Historisch gesehen, war die entstehende Psychiatrie eine Antwort auf die ,,Soziale Frage": Die Institutionen (vor allem Anstalten) der Psychiatrie sollten diejenigen Menschen aufnehmen, die in den sich herausbildenden kapitalistischen Industriegesellschaften ihre Rolle (noch) nicht finden konnten oder wollten, die heimatlos, mittellos, bildungslos und orientierunglos waren. Aufgabe der Psychiatrie sollte es sein, diese Menschen, die ,,armen Irren", unter Kontrolle zu bekommen, sie zu arbeitsfähigen ,,Normalbürgern" zu formen oder, falls dies nicht gelang, sie als potentielle Störquelle vom gesellschaftlichen Alltag fernzuhalten (was zum Beispiel in weitab von den Zentren gelegenen Anstalten sozusagen unter Ausschluß der Öffentlichkeit geschah).

Seit es eine administrative, statistische Erfassung der ,,Patientenströme" gibt, ist der Zusammenhang von *Armut* und psychischen Problemen (Störungen) belegt. Dies war und ist das Anliegen der *Epidemiologie,* die sich vor allem seit den 30er Jahren dieses Jahrhunderts zu einer methodisch und theoretisch produktiven Disziplin entwickelt hat. Wir verdanken ihr eine Reihe klassischer Studien; ihre Ergebnisse gehören heute zu den wichtigsten Grundlagen der sozialätiologischen Ursachenforschung und der Planung bedarfsgerechter psychosozialer Versorgungssysteme.

Es gibt in den Sozialwissenschaften wahrscheinlich nur wenige Zusammenhänge zwischen zwei Variablen, die *vergleichbar gut* belegt sind, wie der von der sozialepidemiologischen Forschung festgestellte Zusammenhang von Schichtzugehörigkeit und psychischen Problemen. ,,Das Beweismaterial dafür ist eindeutig und stark, daß in unserer Gesellschaft die untersten sozialen Schichten die höchsten Raten schwerer psychischer Störungen aufweisen. Ungeachtet der verwendeten Methoden zur Erfassung psychischer Störungen, ungeachtet auch von Zeitpunkt und Region der Untersuchung verweist die große Mehrheit der Ergebnisse klar und eindeutig auf die Tatsache, daß die unterste soziale Schicht bei weitem die höchste Störungsrate aufweist," resümierte *Marc Fried* (1969, S. 113) den Stand der Forschung.

Allerdings muß weiter differenziert werden. Zunächst einmal ist zu unterscheiden zwischen Studien, die sich auf ,,Behandlungsfälle" stützen, und solchen, die sich auf repräsentative Bevölkerungsstichproben beziehen.

Die erste Gruppe läßt sich als *,,administrative Epidemiologie"* bezeichnen. Sie versucht Daten, die sich bei der routinemäßigen Erfassung von

Aufnahmerate, Wiederaufnahmerate, Verweildauer und Behandlungsform in psychosozialen Institutionen ergeben. Schichtbezogene Zusammenhangsanalysen, die auf der Basis solcher Daten ermittelt werden, sagen etwas aus über die unterschiedlichen Diagnosen und Behandlungsverfahren, mit denen Angehörige unterschiedlicher sozialer Schichten in psychiatrischen und psychotherapeutischen Einrichtungen rechnen können.

Auf dieser Grundlage lassen sich die institutionellen und professionellen Interventionsformen evaluieren, aber keine Aussagen über gesellschaftliche Einflüsse auf den *Entstehungs*prozeß psychischer Störungen treffen. Man sieht an ihnen aber immerhin eines deutlich, daß nämlich die Art der Behandlung oder Kontrolle, die ein Individuum mit psychischen Problemen erfährt, nicht nur von dem Typus und dem Schweregrad seiner Probleme abhängt, sondern wesentlich durch seinen gesellschaftlichen Status, seine Schichtzugehörigkeit bestimmt wird (vgl. Kasten 2a.1).

Therapieeignung und Nutzerverhalten. In der psychotherapeutischen Literatur läßt sich die Behauptung finden, daß vor allem Angehörige der unteren sozialen Schichten nicht die erforderliche Therapieeignung mitbringen würden. Wie Metaanalysen von Therapiestudien aber eindeutig zeigen (*Smith, Glass* und *Miller*, 1980) profitieren nicht nur die sozio-ökonomisch gut situierten Patienten von Psychotherapien. – Allerdings weist das „Gesundheits- und Krankheitsverhalten" klare schichtspezifische Differenzierungen auf. Für Angehörige aus Mittel- und Oberschichten ist im Falle einer psychosozialen Krise der Schritt zu einer Beratungseinrichtung sehr viel selbstverständlicher als für Angehörige der unteren Schichten, – was seine Gründe hat: Bildungsmäßige Voraussetzungen, aber auch die „Veröffentlichungsbereitschaft" (*Buchholz* et al., 1984), die Bereitschaft, die defizitäre eigene Fähigkeit, ein Problem zu bewältigen, anderen Menschen mitzuteilen, sind bei Unterschichtangehörigen viel geringer.

Hinzu kommt das Problem unterschiedlicher Sprachniveaus oder -stile: Die im Regelfall in Mittel-/Oberschichtmilieus geprägten Normen und Kommunikationsstile der Therapeuten erschweren einen verstehenden Zugang zu Problemen von Klienten, die aus den unteren Schichten stammen.

Schichtspezifische Beratung und Therapie. Die Chance zur Nutzung einer Psychotherapie, die auf individuelle Bedürfnisse und Problemlagen eingeht, wächst mit dem sozialen Status einer Person. Für Angehörige der unteren sozialen Schichten bleibt in vielen psychiatrischen Einrichtungen meist nur eine Pharmakotherapie. Diese in klassischen sozialepidemiologischen Studien immer wieder bestätigte Situation hat sich bis heute kaum verändert (vgl. *Eron* und *Peterson*, 1982). Die Therapieergebnisse sind dann gut, wenn es sich um YA(R)VIS-Patienten handelt. *Schofield* (1964) beschrieb damit junge (Y), attraktive (A), evtl. reiche (R), verbalisationsfähige (V), intelligente (I) und erfolgreiche (S) Patienten.

Das „Eisberg"-Problem. Für das Verhältnis der institutionell erfaßten „Fälle" zu der Gesamtheit des Bevölkerungsanteils, der psychosoziale Probleme erlebt, ist immer wieder das Bild vom Eisberg herangezogen worden. Er stellt das Morbiditätspotential in einer spezifischen Population dar. Der sichtbare Teil des Eisbergs wird von den institutionell erfaßten Menschen mit psychischen Störungen gebildet; aber es gibt auch noch einen unsichtbaren Teil des Eisberges, die „Dunkelziffer". Ihn versucht die Epidemiologie mit Gemeindestudien (vgl. dazu *Barrett* und *Rose*, 1986; *Weissman* et al., 1986) abzuschätzen.

Die Dohrenwend-Studie. Den umfassendsten Versuch, etwas über das Verhältnis von sichtbarem und unsichtbarem Teil des Eisbergs auszusagen, hat das Forscherteam um das Ehepaar *Barbara* und *Bruce Dohrenwend* unternommen (Eine neue Gemeindestudie, die von *Dilling, Weyerer* und *Castell* (1984) in Oberbayern durchgeführt wurde, bestätigt in den entscheidenden Punkten die Ergebnisse der *Dohrenwend*-Gruppe; insofern darf vermutet werden, daß deren Angaben auch für die Bundesrepublik Deutschland Gültigkeit beanspruchen können). Die Amerikaner fanden heraus:

- etwa 75% der Menschen, die an einer klinisch-psychologisch erfaßbaren Störung bzw. an erheblichen pychosozialen („Lebens"-)Problemen leiden, waren nie in Behandlung;

- auch bei den schweren psychotischen Störungen gibt es einen Anteil von etwa 45%, der nie in professioneller Behandlung gewesen ist;
- und sogar etwa 20% der „Schizophrenen" hatten nie Kontakt zu einem psychosozialen „Professionellen";
- Frauen haben häufiger als Männer die Tendenz, psychosoziale Behandlung aufzusuchen;
- Menschen, die in städtischer Umgebung leben, erhalten mit größerer Wahrscheinlichkeit Hilfe in Form von Behandlung als Menschen aus ländlichen Gebieten;
- getrennt und geschieden lebende Personen suchen mit größerer Wahrscheinlichkeit einen Therapeuten auf als verheiratete oder verwitwete Personen;
- jüngere Personen, die an psychosozialen Problemen leiden, unterziehen sich mit größerer Wahrscheinlichkeit einer Behandlung als ältere Personen;
- während Menschen aus unteren sozialen Schichten mit größererer Wahrscheinlichkeit an psychosozialen Problemen leiden, ist die Wahrscheinlichkeit bei ihnen geringer, daß sie professionelle Hilfe erhalten (*Dohrenwend* et al., 1980, S. 147).
- Die Gesamtrate für psychische Störungen wird auf etwa 20% (– Schwankungsbreite 16 bis 25% –) der Bevölkerung geschätzt. Der Anteil der Schizophrenie liegt bei 1,5%, der für neurotische Störungen bei 12%, der für Persönlichkeitsstörungen bei etwa 7%. Ein Viertel der Bevölkerung wird als „demoralisiert" eingeschätzt (hierzu Kasten 2a.2).

Zur schichtspezifischen Verteilung haben *Dohrenwend* und *Dohrenwend* (1981) eine eigene Zusammenstellung vorgelegt:

- die höchsten Gesamtraten psychischer Störungen sind in der untersten sozialen Schicht ermittelt worden;
- der Zusammenhang zwischen psychischer Störung und Schichtzugehörigkeit war in solchen Studien am stärksten, die in städtischen Gebieten durchgeführt wurden;
- die inverse Beziehung zwischen Schichtposition und Störung ist für die Schizophrenie und Persönlichkeitsstörungen eindeutig erwiesen;
- für unipolare affektive Störungen liegen deutlich weniger Studien vor; aus ihnen geht hervor, daß die inverse Beziehung zwischen Schicht und Störung offenbar nur für Frauen gilt;
- schwere psychosoziale Probleme, die nicht einer spezifischen Störungskategorie zugeordnet werden können, sind durchgängig in der untersten sozialen Schicht gefunden worden. Daraus können wir folgern, daß *gesellschaftliche Ungleichheit ihren Niederschlag in den Verteilungsmustern psychischer Störungen findet.*

Bruce P. Dohrenwend

Barbara S. Dohrenwend

Belastungen und Bewältigungsversuche im Alltag

„Kritische Lebensereignisse" und *„Streß"*. Auf die Frage, warum ein Individuum unter gegebenen sozioökonomischen Lebensbedingungen schwere psychische Probleme erlebt und ein anderes nicht, kann die sozialepidemiologische Forschung mit ihren globalen Zusammenhangsbefunden keine befriedigende Antworten geben. Dieses Defizit versucht die *„life event-Forschung"* zu überwinden. Erforscht wird nach solchen belastenden Lebensereignissen, die vor dem Entstehen einer psychischen Problematik aufgetreten sind (*Katschnig*, 1980; *Filipp*, 1981); das sind sowohl schicksalhaft-unvorhersehbare Belastungen als auch antizipierbare normative Lebensveränderungen.

Die Life Event-Forschung ist als Teil der *Streßforschung* einzuordnen. In ihrer aktuellen Entwicklung wird das Individuum, das Belastungen erfährt, nicht als passives Reaktionsmuster aufgefaßt, sondern als *handelnder Akteur,* der sich seine natürliche und soziale Umwelt anzueignen und zu bewältigen versucht.

Kasten 2a.1
Soziale Ungleichheit in der psychosozialen Versorgung

Im Jahre 1950 wurde in der mittelgroßen nordamerikanischen Stadt New Haven (im Bundesstaat Connecticut) eine mittlerweile „klassisch" gewordene epidemiologische Studie durchgeführt, die *„New Haven-Studie"*. Der Soziologe *August B. Hollingshead* und der Psychiater *Fredrick Redlich* wollten vor allem wissen, ob sich die Vermutung beweisen läßt, daß zwischen sozialer Schicht und behandelten psychischen Störungen ein systematischer Zusammenhang besteht. Dieser kann dann als erwiesen gelten, wenn sich im Vergleich von normaler und psychiatrisch erfaßter Population bezüglich ihrer Verteilung im System sozialer Ungleichheit ein signifikanter Unterschied ergibt. Dies trifft, wie Tabelle 2a.1 zeigt, zu.

Der Anteil der Patientenpopulation an der Schicht I, also der gesellschaftlich privilegiertesten Schicht, beträgt nur ein Drittel von dem, was aufgrund des Anteils dieser Schicht an der Gesamtbevölkerung zu erwarten war. Angehörige der Schichten II, III und IV sind in der Patientenspalte eher unterrepräsentiert. In der untersten sozialen Schicht hingegen ist der Prozentsatz der Patienten mehr als doppelt so groß wie der Anteil der Angehörigen dieser Schicht an der Gesamtbevölkerung.

Tabelle 2a.1. Differenzierung der Patientenpopulation und der Bevölkerung nach Schicht

Schicht	Population, in Prozent Patienten	Bevölkerung
I	1,0	3,0
II	7,0	8,4
III	13,7	20,4
IV	40,1	49,8
V	38,2	18,4

Zweitens interessierte sich man für den *Schweregrad* der diagnostizierten Störung. Dabei zeigte sich: Je niedriger der soziale Status, desto höher der Anteil der diagnostisch zugewiesenen schweren Störungen (s. Abb. 2a.1).

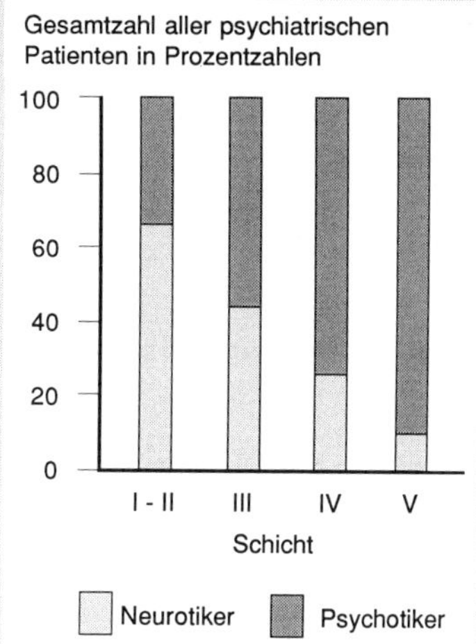

Abb. 2a.1. Differenzierung der Neurotiker und Psychotiker nach Schicht (nach Alter und Geschlecht bereinigt, in Prozent).

Drittens analysierte man den Zusammenhang von *Behandlungsform* und Schichtzugehörigkeit. Auch hier gab es Eindeutiges: Je höher der soziale Status einer Person ist, desto eher kann sie mit einer gezielten psychotherapeutischen Behandlung in ambulanter Form rechnen. Organische Behandlungsmethoden (Z.B. Elektroschock, Psychopharmaka) konzentrieren sich eher im mittleren und unteren Spektrum des Schichtungssystems. Der höchste Anteil von Personen, die *keine* Behandlung erhielten, sondern meist in staatlichen Kliniken über einen längeren Zeitraum pflegerisch verwahrt werden, findet sich in der *untersten* Sozialschicht (Tab. 2a.2).

Hollingshead und *Redlich* (1975) sehen sich durch die Ergebnisse ihrer Studie in der Annahme bestätigt, daß sich soziale Ungleichheit auf die Verteilung psychischer Störungen auswirkt und vor allem die Krankheitsdefinitionen und Behandlungsform beeinflußt. Dafür machen sie vor allem die soziale Distanz zwischen Psychiatern und Patienten verantwortlich. In Interviews zeigten sich auch ‚soziale Welten', die zwischen diesen beiden Gruppen liegen:

Tabelle 2a.2. Verteilung der hauptsächlichen Behandlungsformen im System sozialer Schichtung (nach *Hollingshead* und *Redlich*, 1975)

Soziale Schicht	Psychotherapie Anzahl	Psychotherapie %	Organische Therapie Anzahl	Organische Therapie %	keine Behandlung Anzahl	keine Behandlung %
I	14	73.7	2	10.5	3	15.8
II	107	81.7	15	11.4	9	6.9
III	136	52.7	74	28.7	48	18.6
IV	237	31.1	288	37.1	242	31.8
V	115	16.1	234	32.7	367	51.2

„Praktisch alle interviewten Psychiater mißbilligten die dominanten Verhaltensmuster der Patienten aus Schicht V. Sie fühlten sich abgestoßen durch die rohe und vulgäre Sprache ihrer Patienten, durch Gewaltausbrüche, gelegentliche Passivität und Apathie, ihre Billigung physischer Gewalt zwischen Ehepartner, besonders des Ehemannes gegenüber seiner Ehefrau, sowie durch ihre andauernde Armut und ökonomische Unsicherheit; ihre Sexualmoral versetzte die Therapeuten in Bestürzung und Verlegenheit. Die Psychiater als Gruppe waren irritiert durch die Unfähigkeit der Patienten, im begrifflichen Bezugssystem der Therapeuten zu denken. Sie beklagten sich über die Dumpfheit und Stumpfheit, vor allem die teilnahmslose Abhängigkeit ihrer Patienten“ (1975, S. 225).

Viele nachfolgenden Studien bestätigten diese Ergebnisse der New Haven-Studie, deren Einfluß man am besten daran abmessen kann, daß mit ihnen als Begründung eine Reihe umfassender Reformmaßnahmen durchgeführt wurden. Zum Beispiel hoffte man mit der Einrichtung gemeindenaher Behandlungszentren, die für alle Bürger kostenlose Beratung und Behandlung anbieten sollten, die offenkundige Chancenungleichheit beim Zugang zu psychosozialen Hilfen zu überwinden.

Hat sich heute Wesentliches verändert? Heute wie ein Vierteljahrhundert zuvor kommt die überwiegende Anzahl von Menschen mit psychosozialen Problemen aus den unteren sozialen Schichten; haben Angehörige der unteren sozialen Schichten kaum Chancen auf *psycho*therapeutische Hilfe. – Andererseits gibt es auch positive Veränderungen; z.B. wurde früher die Mehrzahl der Unterschichtspatienten in die staatlichen Anstalten eingewiesen und hatten nur sehr wenige die Chance auf ambulante Behandlung. Heute kommen in den neu entstandenen gemeindepsychiatrischen Behandlungszentren etwa die Hälfte aus der untersten Sozialschicht (vgl. *Redlich* und *Kellert*, 1978; *Mollica* und *Redlich*, 1980). Stark hat sich das Hilfesuchverhalten der Bevölkerung in der Zeit zwischen 1957 und 1976 verändert: Mit Ausnahme von Unterschichtsfrauen findet sich überall eine höhere Bereitschaft zur Nachfrage nach psychosozialen Hilfen (*Mollica* und *Milic*, 1986).

Um die Wirkung belastender Lebensbedingungen auf eine Person angemessen verstehen zu können, sind deshalb zwei Dinge zu untersuchen: erstens die von ihr herangezogenen *Deutungsmuster* und zweitens die ihr verfügbaren und von ihr genutzten Bewältigungsmuster. Diesen Zusammenhang versucht das „*Belastungs-Bewältigungs-Paradigma*“ verständlich zu machen (*Lazarus* und *Folkman*, 1984; *Ulich*, 1987).

Soziale Netzwerke. Innerhalb der Belastungs-Bewältigungs-Forschung haben sich Psychologen vornehmlich mit Persönlichkeitsaspekten beschäftigt, also individuellen Ressourcen, die für Bewältigungsversuche förderlich bzw. hinderlich sein können. Hinzu kam in der letzten Zeit die Beschäftigung mit sozialen Bewältigungsmöglichkeiten. Zum Schlüsselkonzept ist hier die „*soziale Unterstützung*“ geworden. Verstehen läßt

Kasten 2a.2
Grenzen des Bewältigungsoptimismus: Die ,,Demoralisierung"

Bewältigung (coping) und soziale Unterstützung (social support) gehören in der psychosozialen Szene sicherlich zu den Konzepten, die sich besonderer Beliebtheit erfreuen. Sie vermitteln den psychosozialen Berufsgruppen eine optimistische Grundhaltung, die sie an ihre jeweilige Klientengruppe weiterzuvermitteln versuchen. Ein kürzlich erschienenes Buch vermittelt diese spezifische Haltung: ,,Das heilende Gewebe: Soziale Netzwerke und menschliches Überleben" (*Pilisuk* und *Parks*, 1986). Neben dem Bewältigungsoptimismus und der Hoffnung, die dieses Buch auf die Unterstützungsressourcen alltäglicher sozialer Netzwerke setzt, wird jedoch in diesem Titel auch die ,,Absturzgefahr" sichtbar. Es geht ums Überleben in einer zunehmend riskant werdenden Welt (*Christopher Lasch* (1984) hat sein letztes Buch ,,Das minimale Selbst. Psychisches Überleben in schweren Zeiten" genannt, in dem er das zunehmend defensive Moment im kulturellen Selbstverständnis der spätkapitalistischen Gesellschaften untersucht). In dieser Kombination von Bewältigungs- und Unterstützungseuphorie und Überlebenskampf wirkt der zur Schau gestellte Optimismus schon beinahe verzweifelt. Die Welt wird ausgehorcht und abgeklopft, um die bislang unentdeckten Bewältigungskompetenzen und Stützpfeiler der Lebenswelten sichtbar zu machen.

Doch diese Entdeckungstour nach Bewältigungsressourcen findet immer wieder ihre Grenzen, wenn sie sich nicht von einer realistischen Erschließung der gesellschaftlichen Wirklichkeit abgekoppelt hat. Ein eindrucksvolles empirisches Gegengift gegen die ideologische Beschwörung, daß in den spätkapitalistischen Gesellschaften jeder gute Chancen hätte, etwas aus seinem Leben zu machen, und aus seinen Krisen und Belastungen gestärkt und optimistisch hervorgehen könnte, liefert die neuere epidemiologische Forschung. Vor allem die Gruppe um das Ehepaar *Dohrenwend* ist bei ihren Gemeindestudien auf ein Phänomen gestoßen, das sie im Anschluß an *Jerome Frank* (1981) ,,Demoralisierung" genannt hat. Es beinhaltet Einstellungen und Grundhaltungen, die bestimmt sind durch ein geringes Selbstwertgefühl, Hilflosigkeit, Hoffnungslosigkeit, unbestimmte Zukunftsängste und allgemein gedrückte Grundstimmung. In einer repräsentativen Studie für die USA kam das National Opinion Research Center (zitiert nach *Dohrenwend* et al., 1980) zu folgenden Ergebnissen: Demoralisiert im beschriebenen Sinne wurde etwa ein Drittel der USA-Bevölkerung eingeschätzt. Die Demoralisierungsrate der Frauen liegt um 10 Prozent höher als bei Männern. Etwa die Hälfte der Angehörigen der untersten sozialen Schicht erwies sich als demoralisiert. Etwa die Hälfte des Bevölkerungsanteils, der so eingeschätzt wurde, wies klinisch auffällige Symptome auf. Bei dieser Gruppe hatten die Bewältigungsressourcen offensichtlich nicht ausgereicht, um mit den Lebensproblemen produktiv umgehen zu können.

Die ,,Demoralisierungs"-Forschung hat sich produktiv weiterentwickelt (vgl. *de Figueiredo* und *Frank*, 1982; *Shrader*, 1984; *Murphy*, 1986). Exemplarisch seien nur noch zwei Ergebnisse genannt: Frauen, die ihren Arbeitsplatz verlieren, reagieren auf dem Hintergrund zunehmend erschwerter Erwerbsmöglichkeiten für Frauen mit einem höheren Maß an Demoralisierung (*Snyder* und *Nowak*, 1984). Nach dem Reaktorunfall von Three Mile Island hat der Präsident der Vereinigten Staaten eine Expertenkommission von Psychologen und Psychiatern berufen. Zu ihr gehörte auch *Bruce Dohrenwend*. Er berichtete über besonders hohe Demoralisierungswerte bei der Bevölkerung, die in unmittelbarer Nähe des Reaktors lebt (*Dohrenwend*, 1983).

Das Demoralisierungssyndrom hat unmittelbar mit Bewältigungsressourcen zu tun. Es bringt zum Ausdruck, daß die Menschen, die von ihm gezeichnet sind, für sich keinen Sinn mehr darin sehen, sich für oder gegen etwas einzusetzen. Sie lassen Ereignisse fatalistisch auf sich zukommen und über sich hereinstürzen, weil sie nicht mehr daran glauben können, daß sie wirksam etwas gegen sie unternehmen könnten.

Es ist wichtig, dieses Demoralisierungsphänomen gegen eine professionelle Hoffnung auf unbegrenzte Bewältigungsressourcen zu setzen. Psychosoziale Praxis sollte sich um eine realistische Einschätzung von Bewältigungsmöglichkeiten bemühen. Sie sollte aufzeigen, wo gesellschaftliche Fremdbestimmung, Enteignung von Alltagskompetenzen, die Zerstörung menschlicher Entfaltungsmöglichkeiten und die wachsenden ökologischen Risiken durch individuelle Bewältigungsversuche nicht überwunden werden können und präventive Maßnahmen als gesellschaftliche Strukturreformen eingeleitet werden müssen.

sich diese als die soziale Assistenz, die eine Person erfährt, wenn sie ein schwieriges Problem bewältigt (vgl. *Thoits*, 1986). Wie das geschieht, untersucht die *„Netzwerkforschung"* (vgl. *Keupp* und *Röhrle*, 1987).

Gegenüber den klassischen sozialepidemiologischen Zugängen zur Entstehung psychosozialer Probleme hat sich mit der Netzwerkforschung eine bemerkenswerte Interessenverlagerung ergeben. Es geht nicht mehr (nur) um eine möglichst genaue Erfassung all jener sozio-ökonomischen Lebensbedingungen, die das Individuum belasten, einschränken und mit denen es nicht zurechtkommen kann. Sondern die Aufmerksamkeit gilt den sozialen Bedingungen, die es dem Subjekt ermöglichen oder erleichtern, mit spezifischen Alltagsbelastungen fertigzuwerden.

„Netzwerk" oder *„persönliches Netzwerk"* meint das Muster der sozialen Beziehungen, in die ein Individuum eingebunden ist; also: in Primärgruppen (Familie, Verwandtschaft, Freunde) und in wichtigen Alltagssektoren (wie Nachbarschaft, Arbeitswelt, Freizeit). Die Forschung untersucht, wie soziale Unterstützung durch das Netzwerk vermittelt wird, da das Netzwerk als ein *Puffer* gegen sozio-psychische Belastungen oder als ein *Schutzschild* gegenüber drohenden Krisen und Gefährdungen betrachtet wird.

Dabei hat sich z.B. gezeigt: Wenn Menschen mit chronischen Krankheiten angemessene soziale Unterstützung erfahren haben, haben sie bessere Chancen, zumindest eine Verschlechterung ihres gesundheitlichen Status zu verhindern, wird die Krankheit für sie *lebbarer*. – Behinderte können besser versuchen, ihr Leben als ein „normales" zu gestalten, wenn sie intensive soziale Unterstützung bekommen. – Depressive Störungen werden schneller überwunden, wenn ein Netzwerk vertrauensvoller und enger sozialer Beziehungen vorhanden ist. Es gibt weniger Geburtskomplikationen, längere Phasen des Stillens, erfolgreichere Trauerarbeit, bessere Bewältigung von Übergangssituationen (wie Ruhestand, Ehescheidung), auch von Arbeitslosigkeit oder von Unfällen, wenn ein funktionierendes Beziehungsnetz vorhanden ist.

Wenn in der Literatur von sozialer Unterstützung die Rede ist, dann ist meist die emotionale Unterstützung gemeint. Dies ist zwar bei psychischen Problemen die zentrale Bewältigungsressource, aber es gibt andere Formen, z.B.: kognitive Unterstützung (Informationen, Orientierungen und Deutungen werden von der Umwelt vermittelt); instrumentelle Unterstützung (praktische, materielle Hilfe wird im Alltag oder in Notfallsituationen geleistet); Identitäts-Unterstützung (Zugehörigkeit wird demonstriert); soziale Regulation und Kontrolle (Überwachung von Normalitätsmodellen).

Netzwerkressourcen und gesellschaftlicher Wandel. Die Fragestellungen der Netzwerkforschung differenzieren sich zunehmend. Ein besonderes Problem betrifft den Wandel von Unterstützungsformen, der mit der Bedeutungszunahme („typisch") städtischen Lebens verknüpft ist. Hier hat die Forschung interessanterweise ergeben, daß – gängigen Vorurteilen zum Trotz – „Städter" keineswegs isolierter als Nicht-Städter

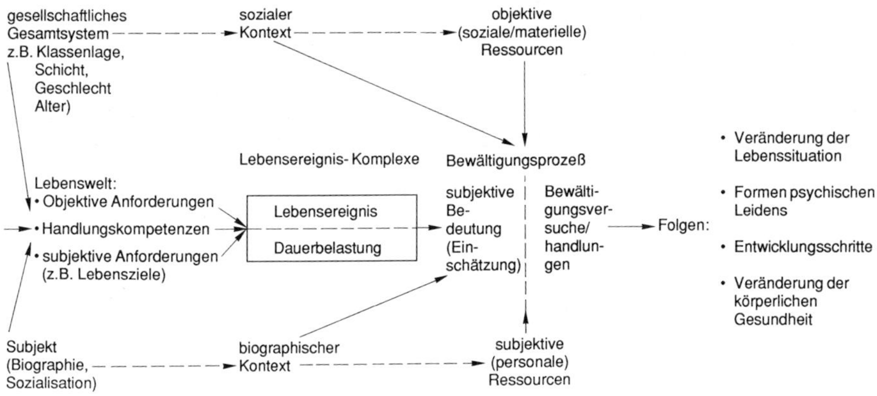

Abb. 2a.2. Gesellschaftlicher Lebenszusammenhang, psychosoziale Belastungen und Bewältigungsversuche (nach *Faltermaier,* 1987).

sind. Ganz im Gegenteil haben Bewohner großer Städte im Durchschnitt vielfältigere Kontakte zu Freunden, Arbeitskollegen, Mitgliedern verschiedenster Vereinigungen. Der Urbanisierungsprozeß führt nicht zu einem Versiegen der Quellen informeller Hilfeleistungen, sondern zu einer Differenzierung: In Alltagsangelegenheiten erfolgt in der Regel Hilfe durch Nachbarn oder Arbeitskollegen. Bei schwerwiegenderen Problemen (etwa schwere Krankheiten, Behinderungen) suchen und erhalten Menschen Hilfe im engeren Familien- und Verwandschaftskreis. Da deren räumliche Erreichbarkeit durch die meist hohe räumliche Segregation häufig nicht gegeben ist, suchen Städter vermehrt bei formellen Institutionen des Gesundheits- und Sozialbereichs Unterstützung.

Die Netzwerkforschung hat einige bemerkenswerte Ergebnisse zu bieten: Je höher der *Bildungsstand* einer Person ist, desto größer sind ihre Netzwerke, desto mehr sozialen Begleitschutz hat sie, desto vertrauter sind die Beziehungen und desto weiter ist die geographische Reichweite der Beziehungen.

- Mit dem *Einkommen* steigt die Zahl der vertrauten Personen, die nicht aus der Verwandtschaft stammen und es wächst auch die Qualität und die Sicherheit der Unterstützung, die von diesen Personen erwartet wird.
- Mit dem *Alter* werden die Netzwerke kleiner, die soziale Unterstützung wird weniger verläßlich, die sozialen Beziehungen sind räumlich stärker beschränkt (vor allem für Männer).
- *Kinder* schränken die soziale Vernetzung vor allem ihrer *Mütter* ein; *Frauen* mit kleinen Kindern haben weniger Freunde, sind an weniger sozialen Aktivitäten beteiligt, haben weniger verläßliche Unterstützung und haben mehr lokal bezogene Netzwerke als vergleichbare Frauen ohne Kinder.
- *Frauen* haben mehr Verwandtschaftskontakte und vertrauensvollere soziale Beziehungen als Männer (ausführlichere Befunde bei *Fischer*, 1982; *Schenk*, 1984).

Die Dialektik von Person und Umwelt. Der entscheidende Fortschritt des Belastungs-Bewältigungs-Modells und der Netzwerk-Idee ist, daß erfolgreiche Bewältigung oder deren Mißlingen als spezifische Mischungsverhältnisse von *Person- und Umwelt*bedingungen betrachtet werden können. Hier ist der entscheidende Fortschritt gegenüber vielen Vorläufern von reduktionistischen Modellen zu sehen, die subjektives Befinden entweder ausschließlich aus psychologischen Konstrukten ableiten oder es zur mechanistischen Reaktion auf äußere Lebensbedingungen verkürzen (s. Abb. 2a.2).

Dies hat Auswirkungen auf das Verständnis psychologisch/psychotherapeutischen Tuns. Denn traditionellerweise richtet sich das psychologische Veränderungsinteresse ausschließlich auf das *personale* System; und dies in der Regel erst dann, wenn sich psychische Probleme bereits manifestiert haben und über den von ihnen produzierten Leidensdruck zur Inanspruchnahme psychotherapeutischer Dienstleistungen führen.

Aus dem neuen Modell ergibt sich eine andere Perspektive, die besonders *präventives* Arbeiten in den Vordergrund stellt. Präventive Aktivitäten richten sich sowohl auf das Umweltsystem (z.B. Verbesserung der natürlichen Umweltbedingungen, Reform von Arbeits- und Lebensbedingungen) als auch auf das personale System (z.B. Unterstützung angemessenerer Erziehungs- und Sozialisationsprozesse). Mit präventiven Strategien soll sowohl eine Reduktion von Alltagsbelastungen als auch eine Verbesserung von Bewältigungsressourcen erreicht werden (nähere Ausführungen dazu in Kapitel 20a).

3. Die Labeling-Perspektive. Psychisches Leid als gesellschaftlich konstruierte Wirklichkeit

Die unterschiedlichen psychologischen Schulen haben sich bemüht, psychisches Leid aus der Biographie und dem subjektiven Erleben der betroffenen Person zu verstehen. Was sie nicht erklären können, ist der Prozeß, als Folge dessen (eine Anzahl von) Individuen in einer Gesellschaft den Status des Normalbürgers verlassen und zum psychisch Kranken, zum ,,Fall" werden. Der Prozeß, durch den psychisches Leid zum *sozialen Tatbestand* wird.

Das heißt: abgesehen von einem ,,befremdlichen" und störenden Handeln, das ein Mensch zeigt, ist die Frage, was in einem gesellschaftlichen System konkret unternommen wird, um die Störung zu beseitigen, und wie sich solche Reaktionsmuster ihrerseits auf das weitere Handeln der Person auswirken können. – Dies wird von keiner ätiologischen Theorie erklärt; hier setzt der Erklärungsanspruch der Labeling-Perspektive an.

Die Labeling-Perspektive ist aus einem *interpretativen* Verständnis sozialer Wirklichkeit entstanden. Intepretative Sozialwissenschaften bemühen sich um die Rekonstruktion der alltäglichen Herstellungsprozesse von Bedeutung und Sinn, die Ereignissen und Handlungen zugemessen werden. Ein Ereignis oder eine Handlungsweise haben keine immer schon feststehenden, ihnen innewohnende Bedeutungen; sondern diese sind das Ergebnis sozialer Konstruktionen. Ihr interpretativer Nachvollzug erfordert eine genaue Analyse der jeweiligen situativen Kontextbedingungen und ein verstehendes Anknüpfen an den Produzenten alltäglicher Sinnstiftung.

Mit dieser Ausrichtung befindet sich interpretative Sozialwissenschaft im *paradigmatischen Widerspruch* zu allen ,,absolutistischen" oder ,,normativistischen" Positionen (*Douglas* und *Waksler*, 1982).

Bezogen auf abweichendes Verhalten heißt das, *daß eine Handlung nicht per se abweichenden Charakter haben kann, sondern erst im Prozeß gesellschaftlicher Sinnsetzung zur Abweichung wird.* Das ist etwas ganz anderes als das, was in den vorherrschenden Devianztheorien behauptet wird. Dort geht man bekanntlich von der Annahme aus, daß es benennbare, identifizierbare Besonderheiten der abweichenden Person sind, – biologische oder psychologische Merkmale, die den abweichenden Status konstituieren; oder daß es eindeutige normative Kriterien gibt, nach denen Devianz bestimmt, fixiert werden kann.

Diese zentrale Prämisse der Labeling-Perspektive: Abweichung ist eine gesellschaftliche Konstruktion der (beteiligten) sozialen Akteure – führt zu einer Reihe von neuen Forschungsfragen:

Was sehen verschiedene Gesellschaftsmitglieder für richtig oder falsch, gut oder böse, legal oder illegal, normal oder abweichend an?

Wann kommen ihre Definitionen zur Anwendung – immer oder nur in einigen, bestimmten Situationen?

Auf wen werden diese Definitionen angewendet – auf jeden, unabhängig von Alter, Geschlecht und sozialem Status?

Was geschieht konkret, wenn solche Definitionen auf einzelne Gesellschaftsmitglieder angewendet werden? u.a.m.

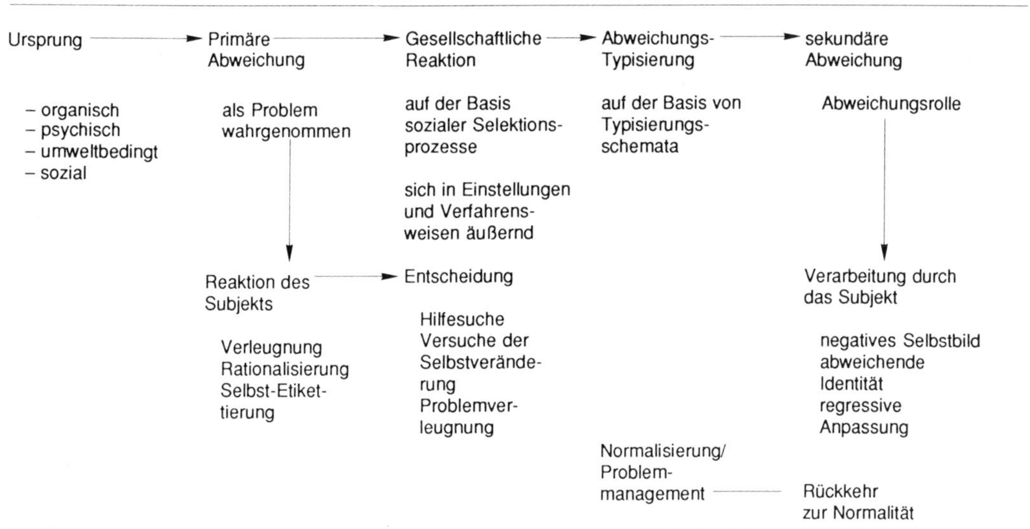

Abb. 2a.3. Abweichung als hergestellte Wirklichkeit: Die Labeling-Perspektive (nach *Nooe,* 1980).

Primäre und sekundäre Abweichung. Edwin Schur (1980, S. 10) beschreibt den Kerngedanken der Labeling-Perspektive als die Frage danach, *,,was aus einer Handlung gesellschaftlich gemacht wird"*. Der Akzent verschiebt sich von einer (,,kriminellen", ,,wahnsinnigen", ,,unverständlichen") Handlung auf die Art und Weise, wie dies von der Umwelt wahrgenommen wird. Für jede Handlung kann man sich einen Kontext denken, innerhalb dessen sie als regelverletzend wahrgenommen und entsprechend beantwortet wird.

In der Sprache der Labeling-Perspektive wird die Wahrnehmung einer regelverletzenden Handlung als ,,*primäre* Abweichung" bezeichnet, deren individuelle Motive und Anlässe für die sozialen Reaktionen, die beobachtet werden können, nicht determinierend sind. Je nachdem, welche Motive und Gründe dem Verhalten eines anderen Individuums zugeschrieben werden, gibt es spezifische Resultate. Ein Verhalten wird etwa als tolerierbare Rechtfertigung akzeptiert (Prozeß der *,,Normalisierung")* oder als sanktionswürdig betrachtet.

Im zweiten Fall kommt es zur *sekundären Abweichung,* in dem sich die Identität einer Person um das Merkmal ihrer so fixierten Abweichung stabilisieren kann (s. Abb. 2a.3).

Zur Kritik der Labeling-Perspektive. Allgemeine Zustimmung zu finden, ist der Labeling-Perspektive nicht gelungen. Das hat einerseits sicherlich mit der Tatsache zu tun, daß sie – vor allem in Psychologie und Psychiatrie – gegen den Strom vorherrschender ätiologischer Theorieansätze schwimmt. Andererseits muß man aber auch kritisch anführen, daß sie ihr eigenes Verständnispotential vulgarisiert und damit einiges vergeben hat.

Zum Beispiel finden wir nicht selten als Kernstück der Labeling-Perspektive die Tatsache herausgestellt, daß bestimmte Verhaltensmuster mit einem spezifischen Etikett belegt würden (weshalb auch manchmal von der *,,Etikettierungstheorie"* die Rede ist). Der falsche Eindruck ist entstanden, daß es völlig *willkürlich* sei, ob eine Person etikettiert bzw. stigmatisiert wird. Und von da ist es nicht mehr weit zu einer Position, die auf die moralische Qualität von Psychiatern und anderen Vollzugsagenten sozialer Kontrolle schielt und nur noch anklagt. Das Subjekt, das mit einem Etikett oder einem Stigma versehen wird, ist dann nur noch das beklagenswerte, hilf- und wehrlose *Opfer.*

Kurz, aus einem Ansatz, der das interpretative Potential fruchtbar machen sollte, ist so nicht selten ein *deterministisches* (,,Abweichung entsteht, wenn ... etikettiert wird", o.ä.), ein *ätiologisches* Modell geworden.

Zur Weiterentwicklung der Labeling-Perspektive. Die Protagonisten der Labeling-Perspektive versuchen heute, ihren Ansatz in eine umfassende *Theorie sozialer Kontrolle* einzubinden (*Scheff*, 1984). Ihre Kernstücke lassen sich in folgenden Thesen zusammenfassen:

1. Abweichendes Verhalten wie unsere gesamte gesellschaftliche Realität ist kein natürliches Produkt, sondern hat einen *Prozeß der gesellschaftlichen Konstruktion von Wirklichkeit* zur Voraussetzung. Die Bedeutung, die ein Sachverhalt für uns hat, die Art, wie wir uns auf ihn beziehen, und das, was wir aus ihm machen, sind rekonstruierbare Prozesse. Sie sind eingebettet in kulturelle und normative Horizonte und werden praktisch in institutionellen Strukturen vollzogen. Die Rekonstruktion dieser Prozesse ist notwendig, um abweichendes Verhalten angemessen verstehen zu können.
2. Abweichendes Verhalten ist als soziales Phänomen erst dadurch möglich, daß es als Regelverletzung, Irritation oder Störung eingespielter sozialer Routinen wahrgenommen wird. Diese Wahrnehmung setzt Aktivitäten in Gang; es wird etwas unternommen, was zur Behebung der Störung als geeignet betrachtet wird. Es können auch Regeln so verändert werden, daß das zunächst normabweichende Handeln einen neuen Regelfall darstellen kann (im Bereich der Mode passiert das unentwegt). Abweichendes Verhalten setzt soziale Prozesse in Gang, die als *soziale Kontrolle* bezeichnet werden und in ihrer spezifischen Form entscheidend das „soziale Schicksal" von Devianz prägen.
3. Die soziale Gestalt, der Grad Organisiertheit oder Institutionalisierung von sozialer Kontrolle ist höchst unterschiedlich, und entsprechend differentiell ist die jeweilige „Sozialgeschichte" von Devianz. Die Bandbreite reicht von Korrektur- und Beeinflussungsversuchen in alltäglichen sozialen Beziehungen über die Zuständigkeitserklärung von Institutionen für spezifische Devianztypen (z.B. die Differenzierung in Gefängnis, Psychiatrie, Sozialfürsorge, Medizin) bis zur Verbreitung von Ideologien, die als Steuerungsinstrumente „angemessenes Verhalten" begünstigen sollen. Diese zielen in erster Linie auf die Verinnerlichung von Maßstäben, an denen Personen sich selbst und ihr Handeln überprüfen. Allen Maßnahmen sozialer Kontrolle ist gemeinsam, daß sie die Bandbreite menschlichen Handelns und subjektiver Entfaltung auf Typen von sozial erwünschten „Sozialcharakteren" einzuengen versuchen.
4. Institutionelle Felder (wie die psychosozialen Dienstleistungssysteme, das Gesundheitswesen, die sozialen Dienste) realisieren je spezifische Kontrollfunktionen. In ihnen arbeiten Berufsgruppen auf der Grundlage ihrer wissenschaftlichen Sichtweisen und berufsrechtlicher Normierungen. Zwischen den unterschiedlichen Berufsgruppen gibt es konkurrierende wissenschaftliche Paradigmen und Zuständigkeitsrivalitäten. Die jeweils realisierten Formen sozialer Kontrolle sind deshalb ebenso geprägt von solchen interprofessionellen Aushandlungsprozessen (Psychiater und Psychologen liefern dafür gegenwärtig Beispiele am laufenden Band).
5. Soziale Kontrolle weist durch die institutionelle Vielgestaltigkeit hindurch eine innere Systematik auf, die für ein soziales System ihre je typische Gestalt ausgebildet hat. Gesellschaften weisen ihrem Entwicklungsniveau entsprechend auch unterschiedliche Hauptströmungen praktizierter sozialer Kontrolle auf. In fortgeschrittenen kapitalistischen Gesellschaften können Kontrollprozesse auf die zunehmende Individualisierung von Lebenslagen und -wegen setzen und diese ihrerseits weiter verstärken. Häufiger wird der Zugriff auf Sozialisationsprozesse, die über Motivations- und Aspirationsprozesse steuerbar sind. Vorherrschend werden Kontrollprozesse, die die Menschen an sich selbst vollziehen oder mit denen sie sich positiv identifizieren können (z.B. Psychotherapie). Es nehmen präventive Strategien zu, die auf die Verhaltenssteuerung der Subjekte zielen und eine Lebensweise und -gestaltung fördern, in denen sich die Individuen für die Verringerung ihres eigenen Devianzrisikos verantwortlich fühlen (das heißt dann im entsprechenden Fachjargon „Verhaltensprävention").

6. Gesellschaftliche Krisen und Widersprüche haben Auswirkungen auf die jeweiligen professionellen und institutionellen Formen der Mikropolitik der Devianzkontrolle. Das wird gegenwärtig besonders an den Folgewirkungen der krisenhaften Entwicklung der staatlichen Sozialpolitik erkennbar. Die wohlfahrtsstaatliche Programmtik der Sozialpolitik, wie sie für die 70er Jahre typisch war, wird immer weniger aufrechterhalten und realisiert. Es mehren sich die Indikatoren für eine Spaltung der Gesellschaft in einen ,,produktiven Kern" und eine stetig wachsende Teilgesellschaft von Randgruppen und Marginalisierten. Parallel zu dieser Spaltung entsteht ein duales Modell der sozialen Reintegration. Soziale Kontrolle läßt sich nicht mehr als ein homogenes und die Gesellschaft durchziehendes Muster bestimmen, wie es von den Kontrolltheorien der 70er Jahre prognostiziert wurde. Die gesellschaftliche Spaltung führt zu einer Intensivierung der ,,weichen" Kontrolle in Gestalt von psychologisierenden/therapeutisierenden Dienstleistungsangeboten für den gesellschaftlichen Kern bei gleichzeitiger Regeneration und Verstärkung ausgrenzender Kontrollsysteme für die Peripherie, für die eine Integration in die Arbeitsgesellschaft nicht mehr vorgesehen ist.

Diese differenzierten Muster gesellschaftlicher Reaktion auf Normalitätsverlust zeigen, wie weit die Diskussion, die von der Labeling-Perspektive in Gang gesetzt wurde, über jene Simplifizierungen hinausgeführt hat, die in der Literatur immer wieder kolportiert wurden. Es sind vor allem zwei zentrale Dimensionen, auf denen die konzeptuelle Entwicklung erheblich fortgeschritten ist und durch die Ansatzpunkte für Fehldeutungen reduziert wurden:

1. Die Systematik gesellschaftlicher Kontrollfunktionen ist für das Problemfeld psychische Devianz unter sozialhistorischen, sozialpolitischen und organisationssoziologischen Aspekten gründlich untersucht worden. Dadurch ist es möglich geworden, die formgebenden Strukturelemente von psychiatrischen Karrieren zu rekonstruieren, die differenzierte Karriereverläufe erzeugen und nicht nur eine einzige Schablone, die sich in jedem einzelnen Fall eines Menschen mit psychischen Problemen zwangsläufig reproduziert (vgl. Kasten 2a.3).
2. Die Differenziertheit in der Wahrnehmung möglicher Verläufe einer Normalitätskrise hat auch durch eine genauere Analyse der Subjektanteile an der Krise und der jeweiligen Formen ihrer Bewältigung zugenommen. Das Subjekt wird weniger unter einer Opferperspektive gesehen, sondern als Person, deren Handeln einem rekonstruierbaren Sinn folgt und auch dann noch regelgeleitet und sinnorientiert ist, wenn es Regeln verletzt. Es wird als problemlösendes Handeln gefaßt, dessen Nachvollzug erfordert, daß der subjektive Problemraum und die Handlungsressourcen einer Person rekonstruiert werden. Hier bietet es sich an, erneut an der Netzwerk- und Ressourcenforschung anzuknüpfen.

Verglichen mit der Labeling-Perspektive, für die Interaktionen zwischen einem problembelasteten Individuum und seiner sozialen Umwelt in der Regel unter negativen Vorzeichen (z.B. Stigmatisierung, Ausgrenzung, soziale Kontrolle) thematisiert werden, rückt die Netzwerkperspektive die positiven Qualitäten von sozialen Reaktionen in den Mittelpunkt. Sie können Hilfe und Unterstützung vermitteln, sie puffern Belastungen ab oder lassen sich als Schutzschild gegen belastende Lebensumstände fassen. Natürlich sind auch in der Netzwerkperspektive negative Konsequenzen für das Subjekt zu erfassen: Als Verlust, Abwesenheit oder als quantitativ und qualitativ unzureichende Quelle von sozialer Unterstützung. Es scheint mir für ein angemessenes Verständnis der gesellschaftlichen Produktion von Karrieren psychischen Leids unerläßlich, die Sichtweisen der beiden Perspektiven für die Analyse der alltagsweltlichen Prozesse beim Auftreten psychischer Devianz zu verschränken. Erst bei ihrer Integration wird jene Ambivalenz von Hilfe und Kontrolle zureichend erfaßbar, die in der Reaktion auf den Normalitätsverlust einer Person zum Ausdruck kommt. Hilfe und Kontrolle beginnen nicht erst mit der Intervention von Institutionen des Dienstleistungssystems oder Kontrollapparats wirksam zu werden, sie durchziehen auch das lebensweltliche Handeln.

Kasten 2a.3
Karriereprozesse bei Menschen mit psychosozialen Problemen

Seit der Veröffentlichung von *Erving Goffmans* klassischer Analyse der ,,Moralischen Karriere des Geisteskranken" (1961/1972) ist der Begriff der Patientenkarriere nicht nur bekannt, sondern fast schon Bestandteil der Alltagssprache geworden.

Damit ist mehr als nur ein Begriff gemeint, nämlich eine alternative Perspektive zur Analyse von Krankheitsverläufen (organischer oder psychischer Art), weil mit ihm der Schnittpunkt analysiert und in das Blickfeld gerichtet wird, an dem sich individuelle Lebensgestaltung und gesellschaftliche Strukturen verzahnen:

,,Zu den Vorteilen des Begriffs der Karriere gehört seine Doppelseitigkeit. Einerseits berührt er jene hoch und heilig gehaltenen Dinge wie das Selbstbild und das Identitätsgefühl; andererseits betrifft er die offizielle Stellung, rechtliche Verhältnisse sowie den Lebensstil, und ist Teil eines der Öffentlichkeit zugänglichen institutionellen Ganzen. Der Begriff der Karriere erlaubt uns also, uns zwischen dem persönlichen und dem öffentlichen Bereich, zwischen dem Ich und der für dieses relevanten Gesellschaft hin und her zu bewegen, ohne daß wir allzu sehr auf Angaben darüber angewiesen sind, wie der betreffende Einzelne sich in seiner eigenen Vorstellung sieht." (1972, S. 127).

Die Patientenkarriere nun hat sich seit den späten 50er Jahren, in denen *Goffman* seine teilnehmenden Beobachtungen in der Anstaltspsychiatrie unternommen hatte, *verändert:* Grund dafür ist, daß man heute – zumindest in den USA, zu denen die meisten Analysen vorliegen (vgl. *Scull*, 1980; *Brown*, 1985) – versucht, den Aufenthalt in der Anstalt möglichst kurz zu halten und sich dabei auf die Behandlung eines akuten Zustandes zu beschränken. In dem Maße wie die Anstalt – aus ökonomischen Gründen heraus – keine langfristige Unterbringungen mehr anbieten kann, müssen alternative Betreuungsmöglichkeiten in der Gemeinde bzw. in den Familien oder in ganz neu zu schaffenden Institutionen (z.B. auch privaten Einrichtungen) geschaffen werden.

Die psychiatrische Klinik in den USA also gewinnt zunehmend den Charakter einer Institution für zeitlich befristete therapeutische Interventionen, sie wird zur *,,Akutklinik"*. (Und je bereitwilliger und kooperativer sich die Betroffenen und ihre Angehörigen auf die Angebote der Klinik einlassen und einstellen, um so wirksamer kann die Klinik therapeutisch intervenieren.) Veränderte Karrieremuster werden in einer neuen Studie herausgearbeitet:

Die Karriere-Studie von Perruci und Targ (1982). Die beiden Autoren interessierten sich weniger für die individuellen Merkmale des einzelnen Patienten und auch nicht für die institutionellen Reaktionsmuster des psychosozialen Versorgungssystems (wie in den frühen Karriere-Studien in der *Goffman*schen Tradition), sondern für die Bedeutung des sozialen Netzwerks bei der Problemdefinition und -bewältigung. Aus der Integration von Labeling-Perspektive und Netzwerkansatz konstruieren die Autoren das folgende Schema (Abb. 2a.4).

Auf der Basis *qualitativer* Analysen der Karriere von psychiatrischen Patienten konnten *Perruci* und *Targ* differenzierte Bedingungen für unterschiedliche Karriereverläufe aufzeigen. Dabei scheint eine schichtspezifische Differenzierung von zentraler Bedeutung zu sein:

Kommen ungewöhnliche Handlungsweisen vor, dann tendieren Unterschichtnetzwerke zu einem längeren *,,Normalisierungsprozeß"*, während in der Mittelschicht schneller *,,medikalisiert"* wird. Die Betroffenen der letztgenannten Gruppe nehmen meist relativ schnell Kontakt zum professionellen System der psychiatrischen Versorgung auf. Die soziale Distanz der Betroffenen zu diesem System ist gering und es entwickeln sich Kooperationsformen, die zu einer zügigen Hospitali-

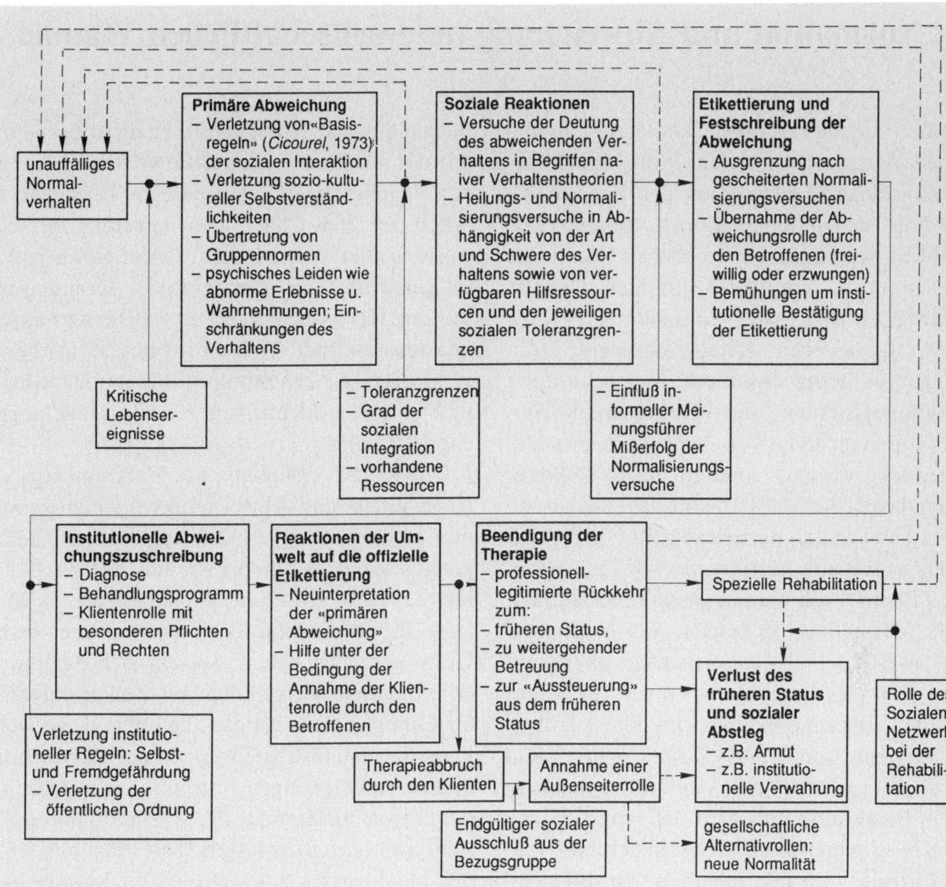

Abb. 2a.4. Die Karriere psychiatrischer Patienten und die Rolle sozialer Netzwerke nach *Perruci* und *Targ*, 1982
(aus *v. Kardorff*, 1986, S. 127).

sierung, zu einem begrenzten Klinikaufenthalt und zu einer meist erfolgreichen sozialen *Reintegration* (oder *Rehabilitation)* nach der Entlassung beitragen.

Anders verlaufen Karrieren der Unterschicht-Patienten; sie beginnen mit intensiven Normalisierungsversuchen. Wenn dann – nach einem erfolglosen Bewältigungsversuch – eine Hospitalisierung notwendig wird, erfolgt sie häufig unter *Zwang,* und zu einem Zeitpunkt, an dem die Netzwerkressourcen an psychosozialer und materieller Unterstützung erschöpft sind. Häufig *zerfallen* Netzwerke sogar an solchen Zwangsentscheidungen, – Zwangseinweisungen. Das, was eigentlich sinnvoll und funktional wäre, eine Abstimmung, ein Sichergänzen von alltagsweltlichen und professionellen Handlungssystemen, kommt nicht zustande; Mißtrauen und soziale Distanz sind die Folge. Die Rehabilitationschancen werden davon sehr ungünstig beeinflußt.

4. Normalität und Abweichung im gesellschaftlichen Wandel

Die in den vergangenen zwei Jahrzehnten in und zwischen den psychosozialen Professionen geführte Auseinandersetzung um den Krankheitsbegriff (vgl. die Dokumentationen: *Keupp*, 1972; 1979) blieb nicht in einem fachlichen Raum. Sie wurde zu einer öffentlich-kulturellen Debatte über Kriterien alltäglicher Normalitäten und die in ihnen enthaltenen Alltagspathologien. Zugleich gab es heftig diskutierte Versuche einer ,,Entpathologisierung der Geisteskrankheit". Diese wurden nicht nur von Psychiatern entschieden zurückgewiesen, sondern auch Politiker warnten davor, die Maßstäbe für das, was als abweichend und was als normal zu gelten habe, aufzuweichen. Für eine konservative Ordnungspolitik ist offenbar von entscheidender Bedeutung, daß die normativen Eckpfeiler für Normalität und Abweichung als unverrückbar anerkannt werden. Der ,,gesunde Menschenverstand", das ,,gesunde Volksempfinden", das klare Fadenkreuz für ,,gut" und ,,böse", für ,,richtig" und ,,falsch", für ,,normal" und ,,abnorm" werden als zentrale Steuerungsprinzipien des guten Staatsbürgers beschworen, als eine tief in den Individuen verwurzelte ,,Instinktsicherheit" für das angemessene Alltagshandeln. Das Rütteln an diesen normativen Grundfesten, das Enstehen von anomischen Situationen, in denen kein Konsens über die handlungsleitenden Normen mehr besteht, ja nur das Ansprechen der Relativität von normativen Regulierungen in einer Kultur beschwört die Angst vor dem Chaos, dem Umsturz, der Umwertung aller Werte herauf. In der gleichen Weise gefährdet ein konservatives Ordnungsverständnis das bloße Fragen, zu welchem Preis jene quasi-instinkthaft gedachte Normalität hergestellt wird, die sich mit der Ordnung identifiziert und in dieser Identifikation seine Handlungssicherheit erwirbt.

Durch die systematische Verknüpfung von Normalitäts- und Abweichungsvorstellungen mit den jeweils als verbindlich angesehenen Bedingungen sozialer Ordnung wird die historische Relativität jener Kriterien erkennbar, die als Meßlatte für Normalität und Abweichung jeweils Geltung erlangt haben. So sehr sich das jeweils dominierende Verständnis mit Zügen universeller Gültigkeit auszustatten bemüht ist, so wenig kann dies letztlich gelingen. In der Regel bedarf es nur einer geringen historischen Distanz, um die Zeitgebundenheit der Definitionen offensichtlich werden zu lassen. Nur eingebunden in die ideologische Sogwirkung des jeweils herrschenden Bewußtseins kann der universelle Geltungsanspruch glaubwürdig behauptet werden (vgl. Kasten 2a.4).

Kasten 2a.4
Sozialgeschichtliche Entschlüsselung von Normalitätsmodellen

Die tiefgreifende ökonomische, ökologische und kulturelle Krise, in der sich die spätkapitalistischen Industriegesellschaften befinden, läßt uns unmittelbar die Brüchigkeit des Normalitätsentwurfes spüren, den diese Gesellschaften produziert haben und von denen sie abhängig sind. Dieses Brüchigwerden hat auch die Fragen nach dem historischen Werdeprozeß dieses Normalitätsentwurfs gefördert. In dem Maße wie die unhinterfragbare Naturhaftigkeit des herrschenden Normalitätsmodells (sich in Formulierungen wie ,,es ist unnatürlich, sich so zu verhalten", ,,es schlägt aus der Art", ,,das ist entartet" ausdrückend) ihren Geltungsanspruch und ihre Verbindlichkeit verloren hat, sind die sozialgeschichtlichen Bedingungen der Möglichkeit dieses Modells zum Thema geworden. Für die wissenschaftliche Bewältigung der damit verbundenen Fragestellungen sind vor allem drei sozialwissenschaftliche Theorierichtungen von besonderer Bedeutung:

1. Die *Kritische Theorie* hat ein begründetes Mißtrauen gegen die Darstellung der Zivilisationsgeschichte als Sieg des Fortschritts geweckt. Vor allem in ihrem Buch aus den 40er Jahren, ,,Dialektik der Aufklärung", versuchen *Horkheimer* und *Adorno* den ,,Preis des Fortschritts" erkennbar zu machen. In ihrer ,,Archäologie der Moderne" (*Walter Benjamin*) zeigen sie, wie sich die Zivilisationsgeschichte als zunehmende Reduktion der Vernünftigkeit auf die Perspektive einer instrumentellen Vernunft darstellen läßt, als Unterwerfung der Natur unter eine Zweck-Mittel-Rationalität. Dies ist die Linie, die in die Urgeschichte der Menschheit zurückverfolgt werden kann und die in der bürgerlichen Gesellschaft ihre verdichtete und herrschende Kerngestalt gewonnen hat. ,,In dem Augenblick, in dem der Mensch das Bewußtsein seiner selbst als Natur sich abschneidet, werden alle die Zwecke, für die er sich am Leben erhält, der gesellschaftliche Fortschritt, die Steigerung aller materiellen und geistigen Kräfte, ja Bewußtsein selber, nichtig, und die Inthronisierung des Mittels als Zweck, die im späten Kapitalismus den Charakter des offenen Wahnsinns annimmt, ist schon in der Urgeschichte der Subjektivität wahrnehmbar" (*Horkheimer* und *Adorno*, 1971, S. 51).

Von der Kritischen Theorie ist der Gedanke wichtig, daß die Fortschritte der Zivilisation ihren Preis in der Subjektbildung haben: Unter der Vorherrschaft der instrumentellen Vernunft wird eine Normalität erzwungen, die menschliche Potentialitäten unterdrückt, abspaltet, sie dadurch aber ihrer Wirksamkeit nicht beraubt. Sie bilden eine Basis für die Barbarei, die die zivilisierten Gesellschaften nie wirklich überwunden haben. Das faschistische Deutschland lieferte dafür den zentralen Beweis. Die *Freud*sche Kulturtheorie hat für *Adorno* hier grundlegende Einsichten vermittelt: ,,Unter den Einsichten von *Freud*, ..., scheint mir eine der tiefsten die, daß die Zivilisation ihrerseits das Antizivilisatorische hervorbringt und es zunehmend verstärkt" (*Adorno*, 1969, S. 85).

2. Die *Figurationssoziologie von Norbert Elias* hat überzeugend aufzeigen können, daß Strukturen in den Subjekten nicht unabhängig von der Gesellschaftsgeschichte verstanden werden können. Der Ausgangspunkt für die Geschichte der abendländischen Zivilisation, deren Rekonstruktion sich *Elias* zum Ziel gesetzt hat, war die Erfahrung von deren Krise und das daraus folgende Erkenntnisinteresse an den Grundlagen dieser Zivilisation. Seine Untersuchung entspringt ,,den Erfahrungen, unter deren Eindruck wir alle leben, den Erfahrungen von der Krise und der Umbildung der bisherigen, abendländischen Zivilisation und dem einfachen Bedürfnis zu verstehen, was es eigentlich mit dieser ‚Zivilisation' auf sich hat" (*Elias*, 1976, S. LXXX).

Elias unternimmt dann den faszinierenden Versuch, die über lange historische Spannen sich vollziehende Veränderung von Persönlichkeitsstrukturen mit sozialstrukturellen Prozessen zu verkoppeln. Für *Elias* besteht der Kern des Zivilisationsprozesses in der allmählichen Verinnerlichung der zunächst äußeren Kontrollen über alle Ausdrucksformen körperlicher und emotionaler Bedürfnisse. Die Ausbildung einer ,,Selbstzwangsapparatur" ermöglicht es, anstelle spontaner Äußerungsformen strategisch geplante und innengesteuerte Handlungsweisen zu setzen. Diese zunehmende Herstellung von Affektkontrolle und Selbstdisziplin ist die Folge wachsender sozialer Verflechtungen im makrogesellschaftlichen Raum, die ihren Niederschlag in der Herausbildung des absolutistischen Staates finden. In diesem Prozeß ist auch die sich verallgemeinernde ökonomische Tauschlogik bestimmend, die immer weitere Räume und Beziehungsketten erfaßt und die bei den Individuen mehr ,,Langsicht" (*Elias*) erfordert, ,,nämlich die Planung rationaler Verhaltensweisen und schließlich jene ‚Frustrationstoleranz', die mit dem ,Muster der aufgeschobenen Befriedigung' gemeint ist" (*Dreitzel*, 1981, S. 181). Was *Elias* als „Selbstzwangsapparatur" beschreibt, läßt sich als Normalitätsinstanz verstehen, die in die Persönlichkeitsstrukturen eingelassen ist.

3. Am dichtesten an dem Thema Normalität und Abweichung liegen die Arbeiten von *Michel Foucault.* In zwei klassischen Werken hat er sich mit der Geschichte der Vernunft und der institutionellen Ausgrenzung der Unvernunft beschäftigt: „Psychologie und Geisteskrankheit" (1968) und „Wahnsinn und Gesellschaft" (1969). An der Geschichte der Psychiatrie zeigt er, daß die entstehende bürgerliche Gesellschaft das bis dahin vorherrschende Verhältnis zum Wahnsinn grundlegend revidierte. War dieser in den vorbürgerlichen Perioden toleriert „als eine Art von existentieller Entscheidung, am geregelten Sozialzusammenhang nicht mehr teilzunehmen" (*Honneth* und *Jonas*, 1980, S. 127), so setzte sich jetzt ein Normalitätsbegriff durch, der diese Toleranz nicht mehr enthielt. Der absolutistische Staat eröffnete die „Epoche der administrativen Ausgrenzung der Unvernunft" (*Dörner*, 1969, S. 28), er hatte das Gewaltmonopol um die neue Vernunftordnung gesellschaftlich herzustellen: „Der Aufstieg des Zeitalters vollzog sich in einem mit einer

Max Horkheimer

Michel Foucault

Theodor W. Adorno

Norbert Elias

neuen rigorosen Raumordnung, die alle Formen der Unvernunft, die im Mittelalter zu der einen göttlichen, in der Renaissance zur sich säkularisierenden Welt gehört hatten, demarkiert und jenseits der zivilen Verkehrs-, Sitten- und Arbeitswelt, kurz: der Vernunftwelt, hinter Schloß und Riegel verschwinden ließ" (*Dörner*, 1969, S. 27). Für die neugezogene Grenze zwischen Vernunft und Unvernunft ist als Grenzwächterprofession und -institution die Psychiatrie entstanden, der wenig später auch die Psychologie folgte, die sich als Instanz der Selbstreflexion der bürgerlichen Vernünftigkeit entwickelte. Die Konzepte der Psychiatrie für Normalität und Abweichung trugen in sich die Bereitschaft, das historische Mandat als Grenzwächterinstanz zu übernehmen. Die Erfüllung dieses Mandats war jeweils abhängig von der spezifischen inneren Dynamik der gesellschaftlichen Vernunftbezirke, aber es war immer das Ordnungsmandat leitend.

Gerade in einer gesellschaftlichen Umbruchphase, in der sich die spätkapitalistischen Gesellschaften gegenwärtig befinden, wird erfahrbar, wie sich mit der Veränderung gesellschaftlicher Strukturen auch die normativen Regulative und ihnen zuordenbare passende „Sozialcharaktere" verändern. So beginnt der klassische „bürgerliche Sozialcharakter", der sich an Prinzipien der individuellen Leistungs- und Aufstiegsorientierung ausrichtet, für den Besitzindividualismus und Autonomie zentrale Werte sind, die zur innersten motivationellen Basis seiner Person gehören, sich allmählich zu überleben. Die asketischen Tugenden und die mit ihnen verbundene protestantische Leistungsethik, auf die der bürgerliche Sozialisationsmodus abzielte, verlieren immer stärker ihren gesellschaftlichen Sinn.

In dem Maße wie die ökonomische Bedeutung des Massenkonsums wuchs, verfielen zentrale bürgerliche Tugenden wie Verzicht, Sparsamkeit, Selbstdisziplin, Gratifikationsaufschub zugunsten „höherer Ziele". Ein Normalitätsmodell, das sich heute an solchen Zentralwerten orientiert, kann nicht mehr universelle Gültigkeit beanspruchen. Die protestantische Arbeits- und Pflichtethik, die nach *Max Weber* (1963) so unauflöslich mit dem Aufstieg des Kapitalismus verbunden ist, hat ihre Verankerung noch in den alten Mittelschichten, wird allerdings auch hier zunehmend von Prinzipien einer hedonistischen Ethik und von Zielen einer expressiven Selbstentäußerung und grenzenloser Selbstverwirklichung abgelöst.

Zwar versuchen die Ideologen der neokonservativen Wende an die bürgerliche Wertetradition anzuknüpfen. Doch die Prägekraft der klassischen ideologischen Grundströmungen der bürgerlichen Kultur, die sich in Stichworten wie Leistungswillen, individuelles Durchsetzungsvermögen, Elitebewußtsein, Familie, Opfer oder Moral ausdrücken, findet nicht mehr problemlos eine individuelle Verinnerlichungsbereitschaft. Zumindest für immer größere Teile der Bevölkerung können diese Wertmuster keine volle Akzeptanz mehr erlangen, wirken hohl bis lächerlich. Sie beanspruchen eine integrative Verbindlichkeit, für die gesellschaftliche Voraussetzungen immer weniger gegeben sind. Die Basis des Normalitätsmodells, das sich am Koordinatensystem der protestantischen Leistungsethik festmachen konnte, ist von einem strukturellen Erosionsprozeß erfaßt.

Die bislang eher global angesprochenen gesellschaftlichen Wandlungsprozesse und ihre bewußtseinsmäßigen Begleitphänomene lassen sich bezogen auf die Lebensbedingungen der einzelnen Subjekte spezifischer fassen. Bei unverändertem Fortbestand sozialer Ungleichheitsrelationen (der Klassencharakter der kapitalistischen Gesellschaftsformation) hat sich in den hinter uns liegenden Jahrzehnten für alle Bevölkerungsschichten ein tiefgreifender Prozeß der Auflösung traditioneller Lebensformen vollzogen. Die Folge davon war und ist die Individualisierung von Lebenslagen und Lebenswegen. Als sozioökonomische und soziokulturelle Hintergrundbedingungen für diese Prozesse lassen sich benennen (vgl. *Beck*, 1986):

1. Auf der Grundlage ökonomischer Konzentrationsprozesse und von technologischem Strukturwandel ist es zu einer weiteren Zunahme der für die kapitalistische Gesellschaftsformation von Beginn an kennzeichnenden sozialen und geographischen Mobilitätsprozesse gekommen, die immer mehr Menschen aus ihren Herkunftsmilieus herausgelöst haben.
2. Sozialpolitische Sicherungs- und Steuerungssysteme basieren auf der Individualisierung von Risiken und ,,sichern" diese Risiken lediglich auf der Basis dieser Individualisierung ab.
3. Immer mehr gesellschaftliche Bereiche werden von der Logik kapitalistischer Konkurrenz durchzogen und verstärken die Tendenz zur Abschottung und Vereinzelung der Subjekte.
4. Alte Wohngebiete und die in ihnen ermöglichten und faktisch vorhandenen dichten Netzwerkbeziehungen werden endgültig und unwiederbringlich durch neue großstädtische Wohnformen verdrängt, in denen sich gelokkerte Bekanntschafts- und Nachbarschaftskreise entwickeln.
5. Bei kontinuierlich sinkender Erwerbsarbeitszeit differenzieren sich gruppen- und generationsspezifische Gestaltungschancen in der Privatsphäre. An die Stelle von relativ homogenen und kollektiven Problemerfahrungen treten weit ausdifferenzierte Teil- und Subkulturen mit je eigenen Erfahrungen und Sichtweisen.
6. Kollektive Deutungsmuster und homogene Bewußtseinslagen sind fortschreitend zerfallen und werden zunehmend durch massenmedial vermittelte Interpretationsfolien ersetzt, die ihrerseits durch die Wahl ihrer Modelle den Individualisierungstrend verstärken.

Dieser aus mehreren Quellen gespeiste Individualisierungsdruck und der mit ihm verbundene Verlust an alltagsweltlich abgesicherten Handlungskompetenzen führt zu erhöhten Anforderungen an die Subjekte. Die für sie wichtigen Sozialbeziehungen und Kontaktnetze müssen individuell selegiert, hergestellt und immer wieder erneuert werden. Die Individuen werden immer mehr zu Initiatoren und Managern ihrer Beziehungsmuster bei gleichzeitigem Verlust an normativen Steuerungspotentialen, an gesellschaftlich unproblematisch geliefertem Handlungssinn. Vor allem in den kleinfamiliären Monaden und in deren chronischer Verunsicherung bei der Wahrnehmung grundlegender Sozialisationsfunktionen werden dieser Individualisierungsdruck und seine Folgen sichtbar.

Die beschriebene Erosionskrise, die radikal veränderten Bedingungen psychosozialer Identitätsbildung und das neu entstehende ökologische Bewußtsein sind die entscheidenden Bedingungen für eine Vielzahl von sozialen Bewegungen, Projekten und Initiativen, die neue Vergesellschaftungsmodelle ausprobieren und die als ,,Alternativbewegung" zusammengefaßt werden. Sie stellen kollektive Versuche dar, die brüchig gewordenen Normalitätsmuster der spätkapitalistischen Gesellschaft zu verändern bzw. endgültig zu überwinden. Sie lassen sich sinnvollerweise als Opposition zur herrschenden Normalität bestimmen. Und sie erproben neue Lebensentwürfe, in denen sich die Suche nach neuen lebbaren Normalitätsmustern erkennen läßt.

Kasten 2a.5
Normalitätsvorstellungen im Laufe der Zeit

Die folgende Montage von Zitaten aus einer Zeitspanne von etwa 200 Jahren veranschaulicht, wie unterschiedlich, und vor allem zeit- und ortsgebunden die Vorstellungen von dem sind, was als gesund und normal oder krank und anormal angesehen wurde bzw. wird.

,,Es scheint mir, jedes Übermaß an Leidenschaft, Vorurteil und Appetit, an Liebe,

Angst, Neid, Eifersucht, Rache, Habsucht und Ehrgeiz, an Träumereien und Kaprizen der Phantasie, ebenso die Märchen von arabischen Nächten, kurz, praktisch alle Poesie und die Eloquenz, jede Abweichung vom puren logisch mathematischen Denken, all das kann man in irgendeiner Form als Geisteskrankheit bezeichnen" (*Adams*, 1774, zit. nach *Sarbin* und *Mancuso*, 1982, S. 109).

„Nur durch die Unterordnung unter das göttliche Gesetz besteht die Gesundheit des menschlichen Seelenlebens, die Harmonie des Einzelnen mit dem Allgemeinen, und seine Mitwirkung zur Erfüllung der erhabenen Ziele des Schöpfers. Sobald das individuelle Seelenleben des Menschen den allgemeinen Naturgesetzen widerstrebt und egoistisch etwas für sich bedeuten will, fällt es der Krankheit anheim und beginnt seinen Kampf mit der Natur, welcher nur mit seiner Unterwerfung und Vernichtung enden kann" (*Jessen*, 1838, zit. nach *Herzog*, 1985, S. 63).

„Z. B. ist die Kinderliebe ein wesentlicher Zug des weiblichen Geistes; wenn ein Mann kleine Kinder abscheulich findet, so erregt das kein Bedenken, thut dies ein Weib, so ist sie stets mit Bestimmtheit als entartet zu bezeichnen" (*Möbius*, 1900, S. 104).

„Auch der Gesunde ist also virtuell ein Neurotiker, aber der Traum scheint das zu bilden er fähig ist. Unterwirft man sein Wachleben einer schärferen Prüfung, so entdeckt man freilich – was diesen Anschein widerlegt –, daß dies angeblich gesunde Leben von einer Unzahl geringfügiger, praktisch nicht bedeutsamer Symptombildungen durchsetzt ist. Der Unterschied zwischen nervöser Gesundheit und Neurose schränkt sich also aufs Praktische ein und bestimmt sich nach dem Erfolg, ob der Person ein genügendes Maß von Genuß- und Leistungsfähigkeit verblieben ist. Er führt sich wahrscheinlich auf das relative Verhältnis zwischen freigebliebenen und den durch Verdrängung gebundenen Energiebeträgen zurück und ist von quantitativer, nicht von qualitativer Art" (*Freud*, 1904, GW IV, S. 475).

„Die Spannungen und Belastungen, denen der einzelne ausgesetzt ist, beruhen nicht auf individuellen Störungen und Erkrankungen, sondern auf dem normalen Funktionieren der Gesellschaft (und des Individuums) ... Den Patienten auf diese Normalität auszurichten hieße, diese Spannungen und Belastungen normalisieren; oder um es krasser auszudrükken: es hieße ihn in die Lage versetzen, krank zu sein und seine Krankheit als Gesundheit zu erleben, ohne daß er, der sich gesund und normal fühlt, diese Krankheit überhaupt noch bemerkt" (*Marcuse*, 1967, 1980, S. 452 und 454).

„Das spezifische Verhalten, das als abnorm bezeichnet wird, wird in der gleichen Weise gelernt, aufrechterhalten und geändert, wie normales Verhalten selbst als Anpassung betrachtet werden kann, das aus einer bestimmten Lerngeschichte folgt" (*Ullmann* und *Krasner*, 1969, S. 105).

„Geistige Gesundheit wird nach männlichen Normen gemessen und ‚der normale gesunde Mensch' wird mit aktiven männlichen Kriterien belegt. Das beinhaltet, daß weibliches Verhalten per se zum Ausdruck des Pathologischen wird; will eine Frau ‚geistig gesund' sein, steht sie vor folgendem Konflikt: entweder sie entwickelt Eigenschaften, die für ‚erwachsene Menschen' als richtig angesehen werden, dann verhält sie sich abweichend in bezug auf ein ‚gesundes weibliches' Verhalten, oder sie verhält sich ‚weiblich' und akzeptiert damit einen zweitklassigen Status als erwachsener Mensch. Sobald sie aktive Eigenschaften entwickelt, die helfen würden, Entscheidungssituationen durchzustehen – wird sie zur unweiblichen Frau erklärt" (*Broverman* et al., 1970, zit. nach *Kickbusch*, 1983, S. 144).

„Anormal ist also derjenige, der – auf eine nicht vorgesehene Art und Weise – diese Regeln, weil sie nicht seinen Bedürfnissen entsprechen, in Frage stellt, indem er die Regeln übertritt. Anormales Verhalten besteht also zunächst einmal in systematischen und systematisierbaren Regelverletzungen. Sie richten sich gegen Regeln, die als universell gültige aufgezwängt werden, d. h., als ob sie den Bedürfnissen und Interessen aller entsprechen würden, während sie tatsächlich nur den Ansprüchen und Interessen der Klasse entsprechen, die die Regeln eingesetzt hat. Die Übertretung steht in Relation zu den als absolut aufgezwängten Werten, und die ‚Antwort' auf Übertretungen kann innerhalb dieses Wertesystems ebenfalls nur absolut sein" (*Basaglia, Basaglia-Ongaro* und *Gianichedda*, 1979, S. 328).

„Ein psychisch Kranker ist ein Mensch, der bei der Lösung einer altersgemäßen Lebensaufgabe in eine Sackgasse geraten ist. Das Ergebnis nennen wir Krankheit, Kränkung, Störung, Leiden, Abweichung. Es sind grundsätzlich allgemein-menschliche Möglichkeiten; d.h. sie sind für uns alle unter bestimmten inneren und äußeren Kontext-Bedingungen Ausdrucksformen der Situation ‚so geht es nicht mehr weiter'. Daher sind sie grundsätzlich uns allen innerlich zugänglich und bekannt" (*Dörner* und *Plog*, 1984, S. 12).

Kapitel 3

Klassifikation und Diagnostik

1. DSM-III: Das diagnostische System der *American Psychiatric Association*
2. Probleme bei der Klassifikation abnormen Verhaltens

Die Medizin des ausgehenden neunzehnten Jahrhunderts hatte mit der des Mittelalters, die praktisch jede Unpäßlichkeit oder Krankheit zumindest teilweise mit Schröpfköpfen und Aderlaß behandelte, kaum noch etwas gemein. Nach und nach hatte man erkannt, daß unterschiedliche Krankheiten nach unterschiedlicher Behandlung verlangten. Man verbesserte die diagnostischen Verfahren, klassifizierte die Krankheiten und bemühte sich um sinnvolle Heilmittel. Beeindruckt von den Erfolgen der neuen medizinischen Diagnostik suchten auch die Erforscher abnormen Verhaltens nach Klassifikationsschemata, die psychische Störungen ihren Symptomen gemäß zu Gruppen zusammenfaßten. Man tat das mit um so größerer Hoffnung, als sich mit der Entwicklung von Klassifikationssystemen auch in Wissenschaften wie der Botanik und der Chemie Fortschritte eingestellt hatten.

Aber die im Laufe des neunzehnten und auch noch des zwanzigsten Jahrhunderts entstehenden Klassifikationen abnormen Verhaltens waren sehr uneinheitlich – ein Problem, dessen Schwere man sich Ende des neunzehnten Jahrhunderts bewußt wurde und das die Kommunikation zwischen den Fachleuten erheblich behinderte. 1889 einigte man sich in Paris während eines Kongresses auf ein einheitliches Klassifikationsschema, das jedoch in der Praxis weitgehend unberücksichtigt blieb. Bereits 1882 hatte der Statistik-Ausschuß der britischen *Royal Medico-Psychological Association* ein Klassifikationsschema erstellt, das trotz mehrfacher Umarbeitung von den Mitgliedern nie angenommen wurde. Eine etwas abgewandelte Version des britischen Systems übernahm 1886 die *Association of Medical Superintendents of American Institutions for the Insane*, eine Vorläuferin der *American Psychiatric Association*. 1913 wurde dieses Schema durch eine neue Klassifikation ersetzt, in die auch einige von *Kraepelins* Vorstellungen Eingang gefunden hatten. Einheitlichkeit war indes wieder nicht erreicht worden. Die New Yorker State Commission on Lunacy bestand zum Beispiel darauf, weiterhin ihr eigenes System beizubehalten (*Kendell*, 1975).

Auch späteren Versuchen, zu einem einheitlichen Klassifikationssystem zu gelangen, blieb der vollständige Erfolg versagt. 1939 erweiterte die Weltgesundheitsorganisation (WHO) die *International List of Causes of Death* um die psychischen Krankheiten. Dieses Verzeichnis wurde 1948 zur *International Statistical Classification of Diseases, Injuries, and Causes of Death* erweitert, einer umfassenden Liste aller Krankheiten, einschließlich einer Klassifikation abnormen Verhaltens. Auf einer WHO-Konferenz hatte man sich zwar einstimmig für diese Nomenklatur ausgesprochen, indes blieb für den Bereich der psychischen Krankheiten die allgemeine Anerkennung auch dieses Mal aus. Obwohl amerikanische Psychiater am Bemühen der WHO entscheidenden Anteil hatten, veröffentlichte die *American Psychiatric Association* 1952 ihr eigenes *Diagnostic and Statistical Manual* (DSM-I).

Breitere Anerkennung fand das 1969 von der WHO veröffentliche neue Klassifikationssystem. Eine zweite Version des DSM der *American Psychiatric Association* (DSM-II, 1968) war diesem ähnlich; und in England wurde ein Glossar mit

Definitionen als Begleitmaterial dazu hergestellt (*General Register Office*, 1968). Aber ob eine wirkliche Übereinstimmung erreicht wurde, ist zweifelhaft. Die WHO-Klassifikationen sind letztlich nicht mehr als eine Auflistung diagnostischer Kategorien: ihre Grundlage – das zugehörige Verhalten bzw. die Symptome – ist nicht spezifiziert. Im DSM-II und im British Glossary war diese wesentliche Information zwar enthalten, aber die Symptome entsprachen sich nicht immer. Von einer einheitlichen diagnostischen Praxis konnte also immer noch keine Rede sein. Inzwischen gibt es eine neuere Version des WHO-Systems (ICD-9), die dritte Auflage des *Diagnostic and Statistical Manual* (DSM-III, 1980) der *American Psychiatric Association* und eine Revision (DSM-III-R) von 1987 (dt. 1988).

In diesem Kapitel wollen wir zunächst einen kurzen Überblick über die Hauptkategorien des DSM-III [auf das DSM-III-R wird nur da Bezug genommen, wo Veränderungen gegenüber dem DSM-III vorliegen. Anm. d. Red.] geben und uns dann der Kritik der Klassifikation im allgemeinen und des DSM im besonderen zuwenden. Im vierten Kapitel werden wir uns mit den diagnostischen Verfahren beschäftigen, welche die für diagnostische Entscheidungen notwendigen Daten liefern.

1. DSM-III: Das diagnostische System der *American Psychiatric Association*

Die Achsen

Das *Diagnostische und Statistische Manual Psychischer Störungen* enthält in seiner dritten Auflage ganz wesentliche Neuerungen. Die vielleicht durchgreifendste Änderung besteht darin, daß die Klassifikation nunmehr *multiaxial* geworden ist: Jede Person soll auf fünf gesonderten Dimensionen oder Achsen (vgl. Tabelle 3.1) beurteilt werden. Auf diese Weise zwingt das multiaxiale System den Diagnostiker, eine große Vielfalt von Informationen zu berücksichtigen. Achse I erfaßt alle psychischen Störungen mit Ausnahme von Persönlichkeitsstörungen und spezifischen Entwicklungsstörungen, die auf Achse II registriert werden. Achse I und II stellen also die eigentliche Klassifikation abnormen Verhaltens dar. Man hat diese beiden Achsen getrennt, um sicherzustellen, daß nicht mögliche Langzeit-Störungen übersehen werden, wenn das Augenmerk auf die gegenwärtigen Schwierigkeiten des Patienten gerichtet ist. Bei einer Heroinabhängigkeit würde man auf Achse I zum Beispiel einen aktuellen Substanzmißbrauch diagnostizieren. Es könnte zugleich aber auch eine seit langer Zeit bestehende antisoziale Persönlichkeitsstörung vorliegen, die auf Achse II registriert würde.

Die verbleibenden drei Achsen sind für die eigentliche Diagnose zwar nicht notwendig, aber mit ihrer Einbeziehung in das Manual erkennt man an, daß zur umfassenden Beurteilung eines Menschen mehr gehört als seine Symptome. Auf Achse III werden alle körperlichen Störungen und Zustände verzeichnet, die in Zusammenhang mit der psychischen Störung von Bedeutung sein könnten. Im einen Fall ist die körperliche Störung, z.B. eine neurologische Fehlfunktion, möglicherweise die Ursache des abnormen Verhaltens, während sie sich im anderen Fall als wichtiger Faktor auf die Allgemeinverfassung auswirken kann: z.B. Diabetes bei einem Kind mit einer Verhaltensstörung. Achse IV verschlüsselt die Schwere der psychosozialen Belastungsfaktoren, die die Person erfahren hat und die möglicherweise zu der Störung beitragen für Erwachsene und Kinder und Jugendliche getrennt. Sie werden auf einer Skala von 1 (keine) bis 6 (katastrophal, z.B. mehrfache Todesfälle in der Familie) eingeschätzt. Auf Achse V wird schließlich eine globale Beurteilung der sozialen und beruflichen Anpassung vorgenommen. Dabei wird eine Einschätzung für den gegenwärtigen Stand und eine für das vergangene Jahr verlangt. Die Einschätzungen auf Achse V von 90 keine oder nur wenige Symptome bis 1 (beständige Gefahr sich oder andere zu verletzen) sind einbezogen worden, da sie ho-

Tabelle 3.1. Das multiaxiale Klassifikationssystem des DSM-III-R

Achse I	Achse II	Achse III
Störungen des Kleinkindalters, der Kindheit und der Adoleszenz Organisch bedingte psychische Störungen Substanzinduzierte Störungen Schizophrene Störungen Paranoide Störungen Affektive Störungen Angstsyndrome Somatoforme Störungen Dissoziative Störungen Psychosexuelle Störungen Psychische Faktoren mit Einfluß auf den körperlichen Zustand	Persönlichkeitsstörungen: Paranoide, Schizoide, Schizotypische, Histrionische, Narzißtische, Antisoziale, Borderline, Hypersensitive, Dependente, Zwanghafte, Passiv-aggressive Spezifische Entwicklungsstörungen: Entwicklungsbedingte Lesestörung, Rechenstörung, Sprachstörung, Artikulationsstörung	Körperliche Störungen und Zustände

Achse IV

Schweregrad psychosozialer Belastungsfaktoren:

Beispiele für Belastungsfaktoren

Schlüssel	Bezeichnung	Erwachsene: akute Ereignisse	Erwachsene: Länger andauernde Umstände	Kinder und Jugendliche: akute Ereignisse	Kinder und Jugendliche: Länger andauernde Umstände
1	kein	kein Ereignis steht in Zusammenhang mit der Störung	keine andauernden Lebensbedingungen stehen in Zusammenhang mit der Störung	kein Ereignis steht in Zusammenhang mit der Störung	keine andauernden Lebensbedingungen stehen in Zusammenhang mit der Störung
2	gering	Bruch mit Freund oder Freundin; Beginn oder Ende der Ausbildung; Kind hat das Elternhaus verlassen	Streit in der Familie; Unzufriedenheit im Beruf; Wohnen in einer verwahrlosten Umgebung	Bruch mit Freund oder Freundin; Schulwechsel	überbelegte Wohnung; Streit in der Familie
3	mäßig	Heirat; Trennung; Verlust des Arbeitsplatzes; Pensionierung; Fehlgeburt	Eheproblem; ernste finanzielle Schwierigkeiten; Ärger mit Vorgesetzten; Alleinerzieher	Ausschluß von der Schule; Geburt eines Geschwisters	schwere chronische Krankheit bei einem Elternteil; ständige Auseinandersetzungen in der Familie
4	schwer	Scheidung; Geburt des ersten Kindes	Arbeitslosigkeit; Armut	Scheidung der Eltern; ungewollte Schwangerschaft; Arrest	strenge oder zurückweisende Eltern; chronische lebensbedrohende Erkrankung eines Elternteils; mehrfach wechselnde Pflegefamilien
5	extrem	Tod eines Ehepartners; Diagnose einer schweren Krankheit; Opfer einer Vergewaltigung	Schwere chronische Krankheit bei einem Kind oder selbst; ständiger körperlicher oder sexueller Mißbrauch	Sexueller oder körperlicher Mißbrauch; Tod eines Elternteils	Wiederholter sexueller oder körperlicher Mißbrauch
6	katastrophal	Tod eines Kindes; Selbstmord des Ehepartners; verheerendes natürliches Unglück	Geiselhaft; Aufenthalt in einem Konzentrationslager	Tod beider Eltern	Chronische lebensbedrohende Krankheit

Achse V

Global Assessment of Functioning Scale (GAF-Skala)
Beurteilen Sie hier die psychische, soziale und berufliche Leistungsfähigkeit des Patienten auf einem hypothetischen Kontinuum zwischen seelischer Gesundheit und Krankheit. Beeinträchtigungen der Leistungsfähigkeit aufgrund körperlicher (oder durch Umweltbedingungen bedingte) Einschränkungen sind nicht miteinzubeziehen.

90–81	Keine oder nur minimale Symptome (z.B. eine leichte Angst vor einer Prüfung), gute Leistungsfähigkeit in allen Gebieten, interessiert und eingebunden in ein breites Spektrum von Aktivitäten, sozial effektiv im Verhalten, im allgemeinen zufrieden mit dem Leben, übliche Alltagsprobleme oder -sorgen (z.B. nur gelegentlicher Streit mit einem Familienmitglied).
80–71	Wenn Symptome vorliegen, sind diese vorübergehende oder normale Reaktionen auf psychosoziale Stressoren (z.B. Konzentrationsschwierigkeiten nach einem Familienstreit); höchstens leichte Beeinträchtigung der sozialen, beruflichen und schulischen Leistungsfähigkeit.
70–61	Einige leichte Symptome (z.B. depressive Stimmung, oder leicht ausgeprägte Schlaflosigkeit) oder einige leichte Beeinträchtigungen hinsichtlich sozialer, beruflicher und schulischer Leistungsfähigkeit (z.B. gelegentliches Schulschwänzen oder Diebstahl im Haushalt), aber im allgemeinen relativ gute Leistungsfähigkeit, hat einige wichtige zwischenmenschliche Beziehungen.
60–51	Mäßig ausgeprägte Symptome (z.B. Affektverflachung, weitschweifige Sprache, gelegentliche Panikattacken) oder mäßig ausgeprägte Schwierigkeiten bezüglich der sozialen, beruflichen oder schulischen Leistungsfähigkeit (z.B. wenige Freunde, Konflikte mit Arbeitskollegen).
50–41	Ernsthafte Symptome (z.B. Suizidgedanken, schwere Zwangsrituale, häufige Ladendiebstähle) oder jede ernste Beeinträchtigung der sozialen, beruflichen und schulischen Leistungsfähigkeit (z.B. keine Freunde, unfähig, eine Arbeitsstelle beizubehalten).
40–31	Einige Beeinträchtigungen in der Realitätswahrnehmung oder der Kommunikation (z.B. Sprache, zeitweise unlogisch, unverständlich und belanglos) oder starke Beeinträchtigung in mehreren Bereichen, z.B. in der Arbeit, Schule, der familiären Beziehung, dem Beurteilungsvermögen, dem Denken oder der Stimmung (z.B. ein männlicher Depressiver vermeidet Freunde, vernachlässigt seine Familie und ist unfähig zu arbeiten; ein Kind schlägt häufig jüngere Kinder, ist zu Hause trotzig und versagt in der Schule).
30–21	Das Verhalten ist ernsthaft durch Wahngedanken oder Halluzinationen beeinflußt oder ernsthafte Beeinträchtigung der Kommunikation und des Urteilsvermögens (z.B. manchmal inkohärent, handelt weitgehend inadäquat, ausgeprägte Beschäftigung mit Selbstmordgedanken) oder Leistungsunfähigkeit in fast allen Bereichen (z.B. bleibt den ganzen Tag im Bett, hat keine Arbeit, kein Zuhause und keine Freunde).
20–11	Selbst- und Fremdgefährlichkeit (z.B. Selbstmordversuche ohne eindeutige Todesabsicht, häufig gewalttätig, manische Erregung) oder ist manchmal nicht in der Lage, minimale persönliche Hygiene aufrechtzuerhalten (z.B. schmiert mit Stuhl) oder weitgehende Beeinträchtigung in Kommunikation (größtenteils inkohärent oder stumm).
10–1	Ständige Gefahr, sich oder andere schwer zu schädigen (z.B. wiederholte Gewaltanwendung) oder anhaltende Unfähigkeit, die minimale persönliche Hygiene aufrechtzuerhalten oder ernsthafter Selbstmordversuch mit eindeutiger Todesabsicht.

hen prognostischen Wert haben, denn je besser jemand ungeachtet seiner gegenwärtigen psychischen Schwierigkeiten (Achse I und II) einmal funktioniert hat, um so besser sind seine Aussichten für die Zukunft. Tabelle 3.2 zeigt, wie eine Diagnose nach dem DSM-III aussehen könnte.

Diagnostische Kategorien

Die folgenden *diagnostischen Hauptkategorien* beschreiben den Patienten auf den Achsen I und II.

Störungen, die gewöhnlich zuerst im Kleinkindalter, in der Kindheit oder der Adoleszenz auftreten. Zu dieser umfassenden Kategorie gehören die intellektuellen, emotionalen, körperlichen und entwicklungsbedingten Störungen, die gewöhnlich im Kleinkind- und Kindesalter oder in der Adoleszenz beginnen. Unter anderem sind aufgeführt: geistige Behinderung, Verhaltensstörungen, Eßstörungen wie die Anorexia Nervosa – die Betroffenen verlieren aus Angst vor dem Dickwerden erheblich an Körpergewicht – und der frühkindliche Autismus, das Fehlen von Reaktion auf andere Menschen und eine Abneigung, mit ihnen kommunizieren zu lernen. Mit diesen Störungen werden wir uns in Kapitel 15 und 16 näher beschäftigen.

Organisch bedingte psychische Störungen. Bei den organisch bedingten psychischen Störungen liegt eine dauerhafte oder vorübergehende Beeinträchtigung von Gehirnfunktionen vor. Die Hauptsymptome, die je nach Lokalisation und Ausmaß des Schadens variieren, sind das Delir: Bewußtseinstrübung, fluktuierende Aufmerksamkeit, inkohärenter Gedankenstrom, Wahrnehmungsstörungen; die Demenz: Beeinträchtigung der intellektuellen Fähigkeiten, des Gedächtnisses, des abstrakten Denkens, der Urteilsfähigkeit und der Impulskontrolle; anhaltende und sich wiederholende Halluzinationen; affektive Störungen. Diese Störungen werden wir in Kapitel 17 und im Anhang ausführlicher behandeln.

Tabelle 3.2. Beispiel einer multiaxialen DSM-III-R-Diagnose

Achse I	Achse II
Alkoholabhängigkeit	Antisoziale Persönlichkeitsstörung
Achse III	**Achse IV**
Leberzirrhose	Psychosoziale Belastungsfaktoren: Tod des Ehepartners. Schweregrad: 5 - extrem
Achse V	
Höchste Stufe sozialer Anpassung im letzten Jahr: ist unfähig zu arbeiten. Code: 35	

Substanzinduzierte Störungen. Bei Störungen in der Folge pathologischen Gebrauchs verschiedener Substanzen wie Alkohol, Opiate, Kokain, Amphetaminen usw., hat sich das Verhalten so sehr geändert, daß die soziale und berufliche Leistungsfähigkeit beeinträchtigt ist. Der oder die Betroffene kann unfähig werden, die Einnahme der Substanz zu kontrollieren oder zu unterbrechen und kann Entzugserscheinungen entwikkeln, wenn er oder sie den Substanzgebrauch einstellt. Substanzinduzierte Störungen werden in Kapitel 11 ausführlicher besprochen.

Schizophrene Störungen. Schizophrene Störungen beinhalten das Absinken des früheren Leistungsniveaus in Bereichen wie Arbeit, soziale Beziehungen und Selbstständigkeit. Sprache und Kommunikation sind beeinträchtigt, und die Betroffenen wechseln mehr oder weniger übergangslos von einem Thema zum anderen. Wahnphänomene wie etwa die Überzeugung, daß die Gedanken nicht die eigenen sind, sondern von außen eingegeben werden, sind häufig. Die Kranken werden von Halluzinationen gequält, insbesondere von Stimmen, die sie als von außerhalb ihrer selbst kommend erleben. Ihre Emotionen sind abgestumpft, abgeflacht oder unangemessen; der Kontakt mit der Welt und anderen Menschen geht verloren. Diesen Störungen werden wir uns in Kapitel 14 ausführlicher zuwenden.

Paranoide (Wahn-)Störungen. Hauptsymptom von Menschen mit paranoiden Störungen ist ihr Verfolgungswahn. Diese Diagnose gilt ebenfalls für extreme und ungerechtfertigte Eifersucht, wenn etwa ein Partner ohne ersichtlichen Grund von der Untreue des anderen überzeugt ist. Das

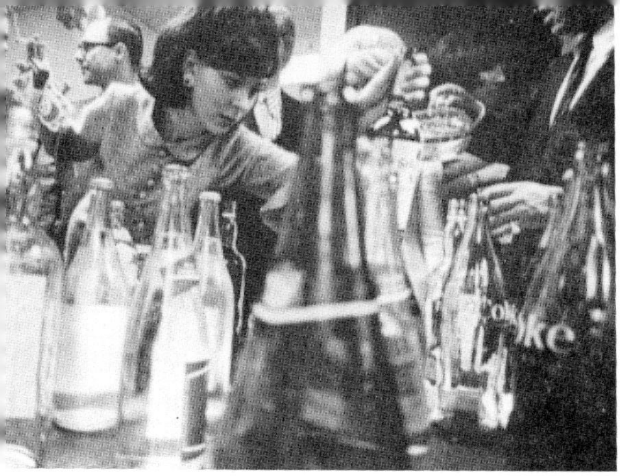

Alkohol, eine der gefährlichsten Drogen, ist zugleich eine der am häufigsten konsumierten, potentiell suchterzeugenden Substanzen. Problemtrinker findet man in allen Altersstufen und allen sozialen Schichten.

DSM-III verweist auf die Schwierigkeit, paranoide Störungen von der *Schizophrenie, paranoider Typ* abzugrenzen, wobei die Schizophrenie – die schwerere Störung von beiden – mit bizarreren und fragmentierteren Wahnvorstellungen und Halluzinationen einhergeht. Auch die paranoiden Störungen werden in Kapitel 14 erörtert.

Affektive Störungen. Hauptmerkmal affektiver Störungen ist die Beeinträchtigung der Stimmung. Bei einer *typischen Depression* ist der Betroffene zutiefst traurig und mutlos, neigt dazu, an Gewicht und Energie zu verlieren, hat Suizidgedanken und quält sich mit Selbstvorwürfen. Der an *Manie* Leidende könnte beschrieben werden als: euphorisch, hyperaktiv, ablenkbar und von unrealistischem Selbstwertgefühl. Eine *bipolare Störung* wird diagnostiziert, wenn die Manie episodenhaft auftritt oder Manie und Depression einander abwechseln. Einen Überblick über die affektiven Störungen gibt Kapitel 9.

Angstsyndrome. Hauptmerkmal dieser Gruppe von Störungen ist Angst. Menschen mit einer *Phobie* haben eine so intensive Furcht vor einem Objekt oder einer Situation, daß sie den Gegenstand ihrer Furcht meiden müssen, obwohl sie wissen, daß ihre Furcht unberechtigt und irrational ist und ihr Leben beeinträchtigt. Das *Paniksyndrom*, einer von drei sogenannten Angstzuständen, manifestiert sich in plötzlichen, jedoch kurzen Attacken intensiver Befürchtungen. Das Entsetzen kann so groß sein, daß der oder die Betroffene zittert und geschüttelt wird, Schwindelgefühle hat und in Atemnot gerät. Beim *generalisierten Angstsyndrom* ist die Angst allgemein und persistierend. Die Betroffenen sind nervös und sprunghaft, leiden unter Herzklopfen und oft auch einem Kloßgefühl im Hals. Sie grübeln und fühlen sich ständig angespannt. Hauptmerkmale des *Zwangssyndroms* sind anhaltende Zwangsgedanken oder Zwangshandlungen. Zwangsgedanken sind immer wiederkehrende Gedanken, Ideen und Vorstellungen, die das Bewußtsein der Betroffenen unkontrollierbar beherrschen. Eine Zwangshandlung ist der Drang, eine stereotype Handlung zu vollziehen, um eine gefürchtete bevorstehende Situation abzuwenden. Das Verhalten steht jedoch mit dem, was es abwenden soll, meistens in keinerlei vernünftigem Zusammenhang. Versuche, einem Zwang zu widerstehen, rufen eine so starke Spannung hervor, daß der Betroffene dem Zwang gewöhnlich nachgibt.

Die Angst und Erstarrung nach einem traumatischen Ereignis, das im allgemeinen außerhalb der üblichen menschlichen Erfahrungen liegt, wird *posttraumatische Belastungsreaktion* genannt. Das Trauma wird tagsüber in eindringlichen und qualvollen Erinnerungen und nachts in Alpträumen wiedererlebt. Die Betroffenen haben Konzentrationsschwierigkeiten und fühlen sich anderen Menschen und Alltagsdingen entfremdet. Eine ausführlichere Erörterung der Angststörungen findet sich in Kapitel 6.

Somatoforme Störungen. Die körperlichen Symptome somatoformer Störungen haben keine physiologischen Ursachen, sondern scheinen einem psychologischen Zweck zu dienen. Menschen mit einem *Somatisierungssyndrom*, auch

Ein depressiver Mensch ist oft nur noch ein Häufchen Elend.

Briquet-Syndrom genannt, leiden unter immer wiederkehrenden, mannigfaltigen körperlichen Beschwerden und sind manchmal bei mehreren Ärzten gleichzeitig in Behandlung. Beim *Konversionssyndrom* berichtet der Patient von einem Verlust motorischer oder sensorischer Funktionen wie Lähmung, Taubheitsempfindungen oder Blindheit. Das *psychogene Schmerzsyndrom* manifestiert sich in schwerer und anhaltender Schmerzempfindung. *Hypochondrie* ist die Fehlinterpretation geringfügiger körperlicher Empfindungen als schwere Krankheit.

Dissoziative Störungen. Hauptmerkmal ist eine plötzliche Veränderung des Bewußtseins, die Gedächtnis und Identitätsgefühl beeinträchtigt. Menschen mit *psychogener Amnesie* können ihre ganze Vergangenheit oder auch nur die Ereignisse eines bestimmten Zeitraumes vergessen. Bei *psychogenem Weglaufen* verläßt der Betroffene plötzlich und unerwartet seine gewohnte Umgebung, fängt woanders ein neues Leben an und ist unfähig, sich an seine frühere Identität zu erinnern. Ein Mensch mit einer *multiplen Persönlichkeit* besitzt zwei oder mehr verschiedene, komplexe Persönlichkeiten, von denen jede zu einer bestimmten Zeit dominiert. Das *Depersonalisationssyndrom* besteht vorrangig aus einem intensiven Gefühl der Selbstentfremdung und Unwirklichkeit. Somatoforme und dissoziative Störungen werden wir in Kapitel 7 ausführlicher betrachten.

Psychosexuelle Störungen. Das DSM-III unterteilt die psychosexuellen Störungen in zwei Hauptgruppen. Bei *Paraphilien* sind die Quellen sexueller Befriedigung ungewöhnlich (wie z.B. beim Sadismus und Masochismus). Menschen mit *psychosexuellen Dysfunktionen* schließlich sind unfähig, den üblichen sexuellen Reaktionszyklus vollständig zu vollziehen. Sie leiden etwa unter Erektionsschwierigkeiten, vorzeitigem Samenerguß oder einer Orgasmushemmung. Diese psychosexuellen Störungen sind Thema der Kapitel 12 und 13.

Schlafstörungen. Diese Kategorie wird im DSM-III-R eingeführt. Sie umfaßt neben den Einschlaf- und Durchschlafstörungen auch die Angstzustände, die während des Schlafs auftreten und das Schlafwandeln.

Weitere Abschnitte des DSM-III-R befassen sich mit vorgetäuschten Störungen, Störungen der Impulskontrolle und Anpassungsstörungen.

Psychische Faktoren mit Einfluß auf den körperlichen Zustand. Wenn psychische Faktoren zum Entstehen oder zur Verschlechterung eines körperlichen Zustandes beizutragen scheinen, lautet die Achse-I-Diagnose auf *Psychische Faktoren mit Einfluß auf den körperlichen Zustand.* Diese früher als ,,psychophysiologisch" oder ,,psychosomatisch" bezeichneten Störungen werden in Kapitel 8 ausführlicher behandelt.

Persönlichkeitsstörungen. Persönlichkeitsstörungen sind definiert als ,,unflexible und schlechtangepaßte" Verhaltensmuster. Sie werden auf Achse II aufgelistet. Es werden elf Persönlichkeitsstörungen unterschieden. Personen mit *schizoider Persönlichkeitsstörung* erscheinen verschlossen und zurückhaltend, haben kaum Freunde und sind gleichgültig gegenüber Lob und Kritik. Hauptmerkmale einer *narzißtischen Persönlichkeitsstörung* sind ein übermäßiges Selbstwertgefühl, Erfolgsphantasien, das Bedürfnis nach dauernder Aufmerksamkeit und die Neigung zur Ausbeutung anderer. Die *antisoziale Persönlichkeit* tritt bereits vor dem fünfzehnten Lebensjahr zutage und äußert sich in Schuleschwänzen, Weglaufen von zu Hause, Straftaten und Prügeleien. Der Erwachsene ist überdies unfähig, eine dauerhafte Tätigkeit auszuüben, Verantwortung als Ehepartner oder Elternteil zu übernehmen, für die Zukunft oder auch nur den nächsten Tag zu planen und Gesetzesnormen einzuhalten. Kapitel 10 wird sich mit Persönlichkeitsstörungen im allgemeinen und der Soziopathie im besonderen beschäftigen.

Entwicklungsstörungen. Zu den Entwicklungsstörungen (Achse II) gehören geistige Behinderung und spezifische Entwicklungsstörungen, die die Schulleistungen (Rechnen, Schreiben, Lesen), die Sprache (Sprachrezeption und Sprachexpression) und die Motorik betreffen. Näheres dazu findet sich in Kapitel 15.[1]

---

[1] Die Organisation der diagnostischen Kategorien des DSM-III unterscheidet sich substantiell vom System des DSM-II. Außerdem hat das DSM-III etliche neue Diagnosen aufgenommen und führt einige Kategorien des DSM-II nicht mehr auf. Auf die bedeutsamsten Änderungen werden wir in den Kapiteln über die einzelnen Störungen näher eingehen.

2. Probleme bei der Klassifikation abnormen Verhaltens

Auf der Grundlage dieses kurzen Überblicks über die Hauptkategorien abnormen Verhaltens, die uns im Verlaufe des Buches noch ausführlicher beschäftigen werden, wollen wir die Brauchbarkeit des Systems, wie es gegenwärtig existiert, prüfen. Die Kritik, die das System betrifft, ist im wesentlichen durch zwei Merkmale zu charakterisieren. Eine Gruppe von Kritikern hält jegliche Klassifikation im Bereich abnormen Verhaltens für irrelevant. Zwischen Anpassung und Fehlanpassung, so behaupten sie, bestehe ein *Kontinuum*, und daher sei jeder Versuch, diskrete Einheiten zu schaffen, unangemessen. Die zweite Kritikergruppe sieht bestimmte Mängel in der Art, wie Diagnosen gestellt werden.

Die Relevanz der Klassifikation

Wann immer wir klassifizieren, argumentieren die Klassifikationsgegner, entgeht uns Information und also auch ein Teil der Einmaligkeit der untersuchten Personen.[2] Verdeutlichen wir uns das am einfachen Beispiel des Würfelns. Nach jedem Wurf wird eine Zahl von 1 bis 6 oben liegen. Nehmen wir an, wir klassifizieren jedes mögliche Würfelergebnis als gerade oder ungerade. Würfeln wir eine 1, 3 oder 5, rufen wir „ungerade", erscheint eine 2, 4 oder 6, verkünden wir „gerade". Jemand, der uns aus einiger Entfernung zuhört, weiß nicht, ob wir bei dem Ruf „ungerade" eine 1, 3 oder 5 bzw. bei dem Ruf „gerade" eine 2, 4 oder 6 gewürfelt haben. Bei der Klassifikation geht ein gewisser Teil an Information unweigerlich verloren.

Eine Rolle spielt dabei nur, ob die verlorengegangene Information *relevant* ist, was wiederum davon abhängt, welche *Zwecke* das Klassifikationssystem erfüllen soll. Sinn jeder Klassifikation ist es, Objekte mit gemeinsamen Eigenschaften zusammenzufassen und Unterschiede, die für den gerade verfolgten Zweck nicht relevant sind, zu ignorieren. Wenn wir nur die ungeraden und geraden Würfelergebnisse auszählen wollen, ist es irrelevant, ob der Würfel 1, 3 oder 5 oder 2, 4 oder 6 zeigt. Aber so einfach sind bei der Beurteilung abnormen Verhaltens Spreu und Weizen nicht zu trennen, denn noch steht nicht eindeutig fest, welches die relevanten und welches die irrelevanten Dimensionen abnormen Verhaltens sind. Es kann also passieren, daß wir Menschen aufgrund eines trivialen Merkmals zusammengruppieren, während wir die eigentlich wichtigen Unterschiede zwischen ihnen übersehen.

Man kann auch einwenden, daß Klassifikation, die ja diskrete Einheiten postuliert, nicht die Möglichkeit einer Kontinuität zwischen normalem und abnormem Verhalten vorsehe. Verfechter dieses Einwands, z.B. lerntheoretisch orientierte Psychopathologen, behaupten, daß sich normales und abnormes Verhalten nur quantitativ, nicht aber qualitativ unterscheiden. Diskrete diagnostische Kategorien leisteten in dieser Sichtweise also nur dem falschen Eindruck von Diskontinuität Vorschub. *Rimland* (1969) hat über diese Position zusammenfassend berichtet und sie, wie wir meinen, sehr wirksam entkräftet.

„*... Dahinter steht die Vorstellung, daß, wenn es schwierig ist, zwischen zwei benachbarten Punkten auf einem hypothetischen Kontinuum zu unterscheiden, nirgends, auch nicht zwischen den Extremen des Kontinuums, gültige Unterscheidungen getroffen werden können. Es gibt also Leute, für die die Existenz verschiedener Grautöne eine Unterscheidung in Schwarz und Weiß ausschließt. Das ist Humbug. Ich gebe zu, daß manche Patienten in psychiatrischen Kliniken gesünder sind als manche Nicht-Patienten und daß es manchmal schwer ist, zwischen tiefem Unglück und psychotischer Depression zu unterscheiden. Aber daß wir zuweilen Schwierigkeiten haben, zwischen normal und abnorm zu unterscheiden, macht, nach meiner Überzeugung, nicht die Unterscheidung als solche hinfällig*". (S. 716–717)

[2] Der Leser möge sich erinnern an unsere Erörterung der Paradigmen und ihre Auswirkungen darauf, wie wir Information über die Welt gewinnen. Es scheint in der Natur des Menschen zu liegen, daß er kategorisiert, wann immer er wahrnimmt und denkt. Wer Klassifikation als solche ablehnt, scheint zu übersehen, daß Klassifizieren oder Kategorisieren unabdingbarer Teil menschlichen Denkens ist.

Mit anderen Worten, die Tatsache, daß es schwerfällt zu entscheiden, ob es nach Sonnenuntergang noch Tag oder schon Abend ist, bedeutet nicht auch die Unmöglichkeit, zwischen Mittag und Mitternacht zu unterscheiden.

Klassifikation kann einen Menschen stigmatisieren. Stellen Sie sich vor, man teilt Ihnen z.B. mit, Sie seien schizophren. Sie würden vielleicht vorsichtig und argwöhnisch werden, aus Furcht, jemand könnte ihnen die Störung anmerken. Vielleicht säßen Sie dauernd ,,auf dem Sprung", jederzeit geplagt von der Angst vor einem neuen ,,Schub". Auch die Tatsache, daß Sie ein ,,ehemaliger psychiatrischer Patient" sind, könnte gravierende Folgen für Ihr Leben haben. Sie finden vielleicht keine Arbeit, und Ihre Freunde und Angehörigen gehen anders mit Ihnen um.

Eine Diagnose kann zweifellos solche negativen Folgen haben, aber die soziale Stigmatisierung scheint doch nicht so weitreichend zu sein, wie man früher glaubte. *Gove* und *Fain* (1973) untersuchten z.B. eine umfangreiche Stichprobe von ehemaligen psychiatrischen Patienten ein Jahr nach ihrer Entlassung aus der Klinik. Die Probanden wurden nach Beruf, sozialen Beziehungen und Außenaktivitäten befragt. Ihr jetziges Leben verlief nicht sehr viel anders als das vor ihrem Klinikaufenthalt. Natürlich müssen wir uns der Möglichkeit eines sozialen Stigmas nach einer Diagnose bewußt sein, aber das Problem muß nicht so groß sein, wie allgemein geglaubt wird.

Wenn wir allerdings annehmen, daß sich verschiedene Typen abnormen Verhaltens voneinander unterscheiden, ist es auch wichtig, zu klassifizieren, denn diese Unterschiede können uns den Weg weisen zu den Ursachen und Behandlungsmöglickeiten der verschiedenen devianten Verhaltensweisen. Wir haben bereits von der Phenylketonurie gesprochen, einer geistigen Behinderung, bei der aufgrund einer Stoffwechselstörung des Proteins Phenylalanin unvollständige Metaboliten gebildet werden, die das Gehirn schädigen (vgl. S. 525). Mit einer phenylalaninreduzierten Diät kann man einigen dieser Schädigungen vorbeugen. Dazu bemerkt *Mendels* (1970) jedoch:

,,... *hätten wir 100 oder auch 1000 geistig behinderte Menschen genommen und phenylalaninfrei ernährt, wäre das Ergebnis nichtssagend gewesen, und wir hätten die Diät als Behandlungsform verworfen. Man mußte erst einen Untertyp geistiger Behinderung, die Phenylketonurie, ausgrenzen und dann den Wert einer phenylalaninfreien Diät für diese besondere Population untersuchen. Nur so konnte man beweisen, daß die Diät ein geeignetes Mittel war, die Entwicklung des Schwachsinns zu verhindern*" (S. 35).

Die Bildung von Klassen kann also unser Wissen erweitern, denn haben wir erst die Klasse, können wir uns auch weitere Information über sie verschaffen. Obwohl eine Klasse nur eine behauptete, nicht aber eine bewiesene Einheit darstellt, ist sie doch von heuristischem[3] Wert, denn sie weist uns Wege zu neuer Information. Erst wenn eine diagnostische Klasse gebildet ist, können die Menschen, die in deren Definition passen, untersucht werden, in der Hoffnung, die für ihre Schwierigkeiten verantwortlichen Faktoren zu entdecken und Behandlungsformen zu entwickeln, die ihnen zu helfen vermögen.

Kritik an der gegenwärtigen diagnostischen Praxis

Die spezifischeren Einwände gegen psychiatrische Klassifikationen laufen überwiegend darauf hinaus, daß diagnostische Klassen weder reliabel noch valide seien. Gegenstand solcher Kritik ist häufig das DSM-II und sein Vorläufer. Wir wollen uns zum Schluß dieses Abschnitts kurz ansehen, wie das DSM-III dem gerecht geworden ist.

Mangelnde Reliabilität

Übereinstimmung mehrer Diagnostiker in der Zuweisung eines bestimmten Menschen zu einer diagnostischen Klasse ist der Prüfstein ihrer *Re-*

[3] Heuristisch ist ein zentraler Begriff in der Wissenschaft. Er geht auf das griechische *heuriskein* zurück, das ,,entdecken", ,,finden" bedeutet. Ein wissenschaftliches Ergebnis von heuristischem Wert hilft, die Erkenntnis zu leiten und neue Aufschlüsse zu gewinnen und erhält seinen besonderen Wert dadurch, daß es zu empirischer Forschung anregt. Der häufige Gebrauch dieses Begriffs und seiner Ableitungen unterstreicht, welch große Bedeutung Wissenschaftler den Ideen für die Gewinnung neuer Erkenntnisse beimessen.

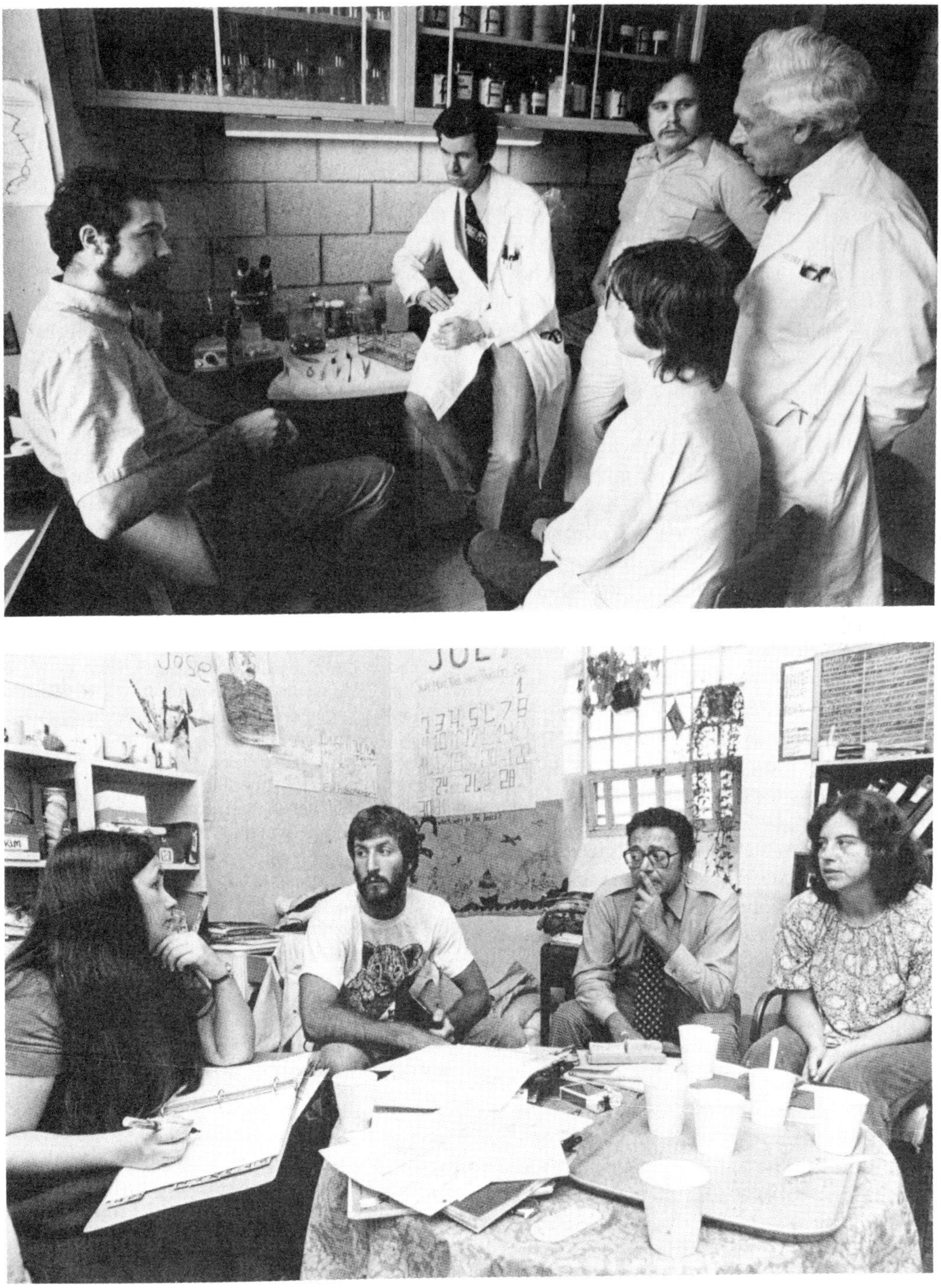

Eine medizinische Diagnose wird üblicherweise anhand von Ergebnissen gut validierter Laboruntersuchungen überprüft. Über solche objektiven Kriterien verfügt die Klinische Psychologie nicht.

liabilität. Wenn ein Klassifikationssystem brauchbar sein soll, muß natürlich unter denjenigen, die es anwenden, Einigkeit darüber herrschen, was in eine bestimmte Klasse hineingehört und was nicht. Die Reliabilität ist also das vorrangigste Kriterium für die Beurteilung eines Klassifikationssystems.

Bevor wir uns näher damit beschäftigen, sollten wir uns kurz einer Schwierigkeit bei der Feststellung der Reliabilität von Diagnosen zuwenden. Eine medizinische Diagnose läßt sich in den meisten Fällen im Labor nachprüfen, das heißt: es gibt ein objektives Maß für ihre Reliabilität. Auf so ein unfehlbares Maß müssen wir bei der Diagnose abnormen Verhaltens verzichten. Das einzige Mittel, das uns hier zur Reliabilitätsschätzung zur Verfügung steht, ist die mehr oder weniger große Übereinstimmung der Diagnostiker.

Die Reliabilität psychiatrischer Diagnosen ist gut erforscht. In einer exemplarischen Untersuchung haben *Aaron T. Beck* (1962) und seine Kollegen die Unreliabilität älterer Diagnosesysteme anschaulich demonstriert. *Beck* und drei weitere sehr erfahrene Psychiater stellten für 153 Patienten innerhalb der ersten Woche nach ihrer Einweisung in eine psychiatrische Einrichtung die Diagnose. Jeder Patient wurde nacheinander von zwei verschiedenen Psychiatern befragt. Vor Beginn der eigentlichen Untersuchung hatten sich die vier Psychiater mit dem seinerzeit gültigen diagnostischen Handbuch auseinandergesetzt und über seine Anwendung Übereinstimmung erzielt. Allerdings blieb die Technik der Informationserhebung dem einzelnen überlassen.

Die Übereinstimmung zwischen den Psychiatern, errechnet aus der Anzahl der übereinstimmenden Diagnosen, dividiert durch die Gesamtzahl der gestellten Diagnosen, war mit 54% enttäuschend gering. In einer Nachuntersuchung wollten die vier Psychiater herausbekommen, warum die Diagnosen so unterschiedlich ausgefallen waren (*Ward* et al., 1962). Nach Abschluß der Interviews und ihrer Diagnosen setzten sie sich zusammen und fanden im wesentlichen drei Gründe für den mangelnden Konsens. Für 5% der voneinander abweichenden Diagnosen war *inkonsistente Information seitens der Patienten* verantwortlich. 32,5% der abweichenden Entscheidungen gingen auf das Konto von *Inkonsistenzen auf seiten der Diagnostiker*. Ausschlaggebend waren unterschiedliche Interviewtechniken, unterschiedliche Gewichtung der einzelnen Symptome und unterschiedliche Interpretation derselben pathologischen Phänomene.

Die dritte und mit 62,5% größte Gruppe nicht übereinstimmender Diagnosen erklärte man mit *Unzulänglichkeiten des diagnostischen Systems*. Die Diagnostiker fanden die Kriterien unklar. Entweder, so befanden sie, seien zu feine Unterscheidungen gefordert, oder das System zwinge den Diagnostiker zur Wahl einer Hauptkategorie, die wiederum nicht spezifisch genug sei.

„... Die Patientin war eine 21jährige weiße, alleinstehende Frau, die seit ihrem dritten Lebensjahr an nervösen Spannungen und Selbstunsicherheit litt. In den letzten Jahren hatte sie sich in keiner Stellung halten können, obwohl sie über eine Sekretärinnenausbildung verfügte... Im Laufe von vier Jahren war sie bei zwölf Psychiatern in Behandlung gewesen, hatte es nur bei einem länger als sieben Monate ausgehalten und hatte sich von allen in offener Feindschaft getrennt... In der Familie war es ein offenes Geheimnis, daß die Patientin eigentlich ein Junge hatte werden sollen. Ihre Eltern, besonders der zum Alkoholismus neigende Vater, sagten ihr offen, sie sei nichts wert, weil sie ein Mädchen sei, und erkannten sie nur an, wenn sie erfolgreich mit Jungen wetteiferte. Die High School hatte sie nur mit Mühe geschafft, hatte wegen ihrer – im übrigen immer noch vorhandenen – übermäßigen Neigung zu Tagträumen und ihrer Unfähigkeit, vor gemischten Gruppen zu sprechen, einmal auch die Schule wechseln müssen. Sie war nun frustriert und verbittert und fand das Leben schon seit geraumer Zeit nicht mehr lebenswert. Sie hatte niemals die Erfahrung einer ernsthaften positiven Beziehung gemacht, und soweit sie sich überhaupt mit anderen einließ, war ihr Verhalten von feindseligen Erwartungen, schlecht verborgenen Aggressionen und Argwohn bestimmt. Sie wünschte sich oft, tot zu sein, hatte verschiedentlich daran gedacht, den Gashahn aufzudrehen oder sich vor ein Auto zu werfen, war sich aber gleichzeitig einer großen Angst vor dem Tod bewußt. Nach der Berührung bestimmter Möbel hatte sie den Zwang, sich die Hände zu waschen, und sie hatte eine phobische Angst davor, mit anderen Leuten zu essen. Ihre zahlreichen körperlichen Symptome wiesen ... auf Angst und autonome Spannung hin... Ihr Schlafverhalten entsprach einer Mischung aus Angst und Depression, häufig wurde sie von Alpträumen geweckt, in denen sie sich selbst tot sah oder Schlimmes wahrnahm, das ihrer Familie zustieß. Gelegentlich wurde sie nach dem Erwachen aus solchen Träumen von visuellen Vorstellungen heimgesucht, die sie ängstigten und nicht wieder einschlafen ließen. Im Wachzustand hatte sie allerdings keine akustischen oder visuellen Halluzinationen noch eindeutige Wahnvorstellungen gehabt. Ihr

Affekt war von ganz eigenartiger Qualität, die entweder auf Flachheit des Erlebens oder auf eine manifeste Depression hinwies, obwohl die Unterscheidung schwierig war und keiner der Beobachter das Gefühl hatte, sie sei melodramatisch oder versuche, Eindruck zu machen.

Beide Beobachter waren beeindruckt vom Borderline-Charakter ihrer Schwierigkeiten. Einer fühlte sich – weniger durch konkrete Details als ganz intuitiv – an eine Patientin erinnert, die schließlich ‚offen psychotisch' geworden war. Ihn beeindruckten auch Dauer, Vielzahl und Vielfalt ihrer Symptome. Sein Kollege gestand zu, daß er an einem anderen Tag sehr wohl zu einer ähnlichen Auffassung hätte kommen können, daß er aber im Moment, nach einem einstündigen Gespräch, durchaus den Eindruck einer gewissen Integration und inneren Konsistenz der Patientin gewonnen habe. Er hatte ähnliche Patienten erlebt, die sich ohne eindeutige psychotische Episode stabilisiert und besser angepaßt hatten. Weil eindeutige Realitätsbrüche fehlten, weil es im Gesamtbild reaktive Elemente gab, weil die Patientin intelligent war – in Routinetests, in denen es um Ähnlichkeiten, Unterschiede und Interpretation von Sprichwörtern ging, hatte sie gut abgeschnitten –, weil er die Patientin vor einer möglichen Stigmatisierung durch die Diagnose einer Psychose bewahren wollte, weil ihm die phrasenhafte Diagnose ‚chronische, undifferenzierte Schizophrenie' widerstrebte und weil er nicht sicher war, wo die schizoide Persönlichkeit aufhörte und die Schizophrenie begann, traf er seine Entscheidung schließlich zugunsten der Patientin. Diagnostischer Konflikt: chronische, undifferenzierte schizophrene Reaktion vs. chronische Angstreaktion bei schwer schizoider Persönlichkeit" (S. 203–204).

Das Problem der Validität

Valide ist eine Klasse dann, wenn sich richtige Aussagen und Vorhersagen über sie treffen lassen. Die Validität steht in einer bestimmten Beziehung zur Reliabilität; je weniger reliabel eine Kategorie ist, um so schwieriger ist es, valide Aussagen über sie zu machen. Ist eine Diagnose nicht hinreichend reliabel, wird auch ihre Validität gering sein.

Eine Diagnose kann dreierlei Arten von Validität aufweisen: ätiologische Validität, Übereinstimmungsvalidität und Vorhersagevalidität. Sie besitzt *ätiologische Validität*, wenn für die Störung von Patienten mit gleicher Diagnose die gleichen lebensgeschichtlichen Umstände verantwortlich sind. Mit anderen Worten, um eine Diagnose als ätiologisch valide bezeichnen zu können, muß man bei allen Angehörigen einer diagnostischen Gruppe dieselben Verursachungsfaktoren gefunden haben. Nehmen wir zum Beispiel die Hypothese, eine bipolare Störung sei teilweise genetisch determiniert. In diesem Fall müßten sich im „Stammbaum" bipolar gestörter Menschen weitere Personen mit manisch-depressiven Merkmalen finden. Wie wir in Kapitel 9 sehen werden, sprechen etliche Befunde dafür, was dieser diagnostischen Kategorie in der Tat eine gewisse ätiologische Validität verleiht.

Eine Diagnose besitzt *Übereinstimmungsvalidität*, wenn sich herausstellt, daß weitere Symptome oder Störungsprozesse, die nicht zur eigentlichen Diagnose zählen, für die betreffenden Patienten charakteristisch sind. Beispiel dafür ist etwa die Tatsache, daß Menschen mit einer Schizophrenie zumeist auch Schwierigkeiten mit persönlichen Beziehungen haben. Die *Vorhersagevalidität* bezieht sich auf die zukünftige Entwicklung der Störung oder der an ihr leidenden Patienten. Die Störung kann eine bestimmte „natürliche Geschichte", d.h. einen bestimmten Verlauf haben, oder man setzt voraus, daß die Angehörigen einer diagnostischen Gruppe auf eine bestimmte Behandlung ähnlich reagieren. Bipolare Patienten reagieren zum Beispiel gut auf das relativ neue Medikament Lithium-Karbonat. Die Tatsache, daß Patienten mit anderer Diagnose auf dieses Mittel nicht ansprechen, spricht für die Vorhersagevalidität der Diagnose „bipolare Störung". Daß wir die diagnostischen Kategorien zum Organisationsprinzip dieses Buches gemacht haben, heißt natürlich auch, daß wir ihnen eine gewisse, wenn auch unterschiedlich hohe Validität zuerkennen. Bei der Erörterung der einzelnen diagnostischen Kategorien werden wir auf diese Unterschiede näher eingehen.

Das DSM-III und die Diagnose-Kritik

Das DSM-III sollte diagnostisch reliabler und valider werden als seine Vorgänger. Tatsächlich wird jede diagnostische Kategorie auf den Achsen I und II mit ihren „Hauptmerkmalen" und „Nebenmerkmalen" auch sehr viel detaillierter beschrieben. Es folgen der Forschungsliteratur entnommene Angaben über Alter bei Beginn, Verlauf, Grad der Beeinträchtigung und Komplikationen, prädisponierende Faktoren, Geschlechtsverteilung, familiäre Häufung und Differentialdiagnose. Auch die spezifischen *diagnostischen Kriterien* für die jeweilige Kategorie, d.h. diejenigen Symptome und Begleitumstände, die die Diagnose rechtfertigen, sind sehr viel genauer spezifiziert. Tabelle 3.3 vergleicht die Beschreibungen einer manischen Episode des DSM-II mit den diagnostischen Kriterien des DSM-III. Das DSM-III bietet eindeutig die detailliertere und konkretere Basis für eine Diagnose.

Diese Klarheit in der Formulierung der Kriterien reduziert sicher auch einige der Unzulänglichkeiten in der Beschreibung, die *Beck* und seine Kollegen als die Hauptursache diagnostischer Unreliabilität ausgemacht hatten. Tabelle 3.4 zeigt Ergebnisse von Felduntersuchungen, die dem Handbuch selbst entnommen sind. Wie man sieht, sind die Reliabilitäten unterschiedlich, aber für die meisten Hauptkategorien durchaus annehmbar.[4]

Soweit ist das DSM-III also positiv zu werten. Die Erreichung einer angemessenen diagnostischen Reliabilität ist eine beachtliche Leistung. Aber Probleme gibt es dennoch. Zum Beispiel bleibt zweifelhaft, ob die Regeln zur diagnostischen Entscheidungsfindung wirklich eine ideale Lösung sind. Aus der Tabelle 3.3 ersehen wir, daß Patienten mit diagnostizierter Manie mindestens drei, bei nur reizbarer Stimmung vier von sieben Symptomen aufweisen müssen. Aber warum gerade drei Symptome und nicht zwei oder fünf, bleibt unersichtlich (vgl. *Finn*, 1982). Außerdem wird die Reliabilität der Achsen I und II in der Alltagspraxis vermutlich weniger hoch sein, da sich der Diagnostiker wohl nicht immer mit der gleichen Präzision an die Kriterien halten wird wie der Forscher. Und obwohl sich die höhere Reliabilität des DSM-III positiv auf die Validität auswirken *kann*, ist keineswegs garantiert, daß sie das auch tut. Eine Diagnose nach dem DSM-III muß nicht notwendigerweise auch sinnvolle Information über den Patienten enthüllen.

Tabelle 3.3. Beschreibung der Manischen Störung im DSM-II und im DSM-III

DSM-II (APA, 1968, S. 36)
Manisch-depressive Krankheit, manischer Typ: Diese Störung besteht ausschließlich aus manischen Episoden. Diese Episoden sind gekennzeichnet durch ein exzessives Hochgefühl, Reizbarkeit, Redseligkeit, Ideenflucht und Beschleunigung von Sprechen und motorischer Aktivität. Zuweilen kommt es zu kurzen depressiven Perioden, die aber nie wirkliche depressive Episoden sind.

DSM-III Diagnostische Kriterien einer manischen Episode (APA, 1984, S. 218-219)

A) Eine oder mehrere abgegrenzte Perioden mit überwiegend gehobener, expansiver oder reizbarer Stimmung. Die gehobene oder reizbare Stimmung muß ein auffälliger Teil der Erkrankung und relativ anhaltend sein, obgleich sie auch mit depressiver Stimmung alternieren oder sich mit ihr vermischen kann.
B) Dauer mindestens eine Woche (oder beliebige Dauer, wenn eine Klinikaufnahme erforderlich ist), während der in der überwiegenden Zeit mindestens drei der folgenden Symptome dauernd (bzw. vier, wenn die Stimmung nur reizbar war) und in ausgeprägtem Grade bestanden haben:
   1. Steigerung der Aktivität (sozial, bei der Arbeit oder sexuell) oder körperliche Unruhe;
   2. redseliger als gewöhnlich oder Drang, dauernd weiterzureden;
   3. Ideenflucht oder die subjektive Erfahrung des Gedankenjagens;
   4. gesteigertes Selbstbewußtsein (Größengedanken, die wahnhaft sein können);
   5. vermindertes Schlafbedürfnis;
   6. Ablenkbarkeit, d.h. die Aufmerksamkeit wird zu leicht von unwichtigen oder irrelevanten äußeren Reizen angezogen;
   7. exzessive Beschäftigung mit Aktivitäten, die mit großer Wahrscheinlichkeit unangenehme Konsequenzen haben, worauf aber keine Rücksicht genommen wird, etwa "Runden ausgeben", sexuelle Indiskretionen, törichte geschäftliche Investitionen, grob fahrlässiges Autofahren.

Außerdem spielen auch bei Diagnosen nach dem DSM-III subjektive Faktoren weiterhin eine Rolle. Auf Achse V hat der Kliniker z.B. die soziale Anpassung im letzten Jahr zu beurteilen.

[4] Auch im Umgang mit der zweitwichtigsten Ursache für Unreliabilität, der Inkonsistenz auf seiten des Diagnostikers, sind seit dem Einsatz standardisierter, reliabel bewertbarer Interviews große Fortschritte zu verzeichnen (vgl. Kapitel 4).

Tabelle 3.4. In Feldversuchen mit dem DSM-III erzielte Reliabilitäten für die diagnostischen Hauptkategorien*

Diagnostische Kategorie	Reliabilität**
Störungen des Kleinkindalters, der Kindheit und der Adoleszenz	.65
Organisch bedingte psychische Störungen	.79
Substanzinduzierte Störungen	.86
Schizophrene Störungen	.81
Paranoide Störungen	.66
Affektive Störungen	.69
Angstsyndrome	.63
Somatoforme Störungen	.54
Dissoziative Störungen	.80
Psychosexuelle Störungen	.92
Psychische Faktoren mit Einfluß auf den körperlichen Zustand	.62
Persönlichkeitsstörungen	.56

* Die Daten stammen aus Phase I des Feldversuchs. Die Anzahl der Patienten betrug 339.
** Die Reliabilität wird ausgedrückt als Kappa-Wert, der eine zufallskorrigierte Übereinstimmung zeigt.

Was soziale Anpassung für einen bestimmten Patienten ist und wie er oder sie, verglichen mit einem durchschnittlichen Zeitgenossen, abschneidet, bestimmt der Kliniker. Nach *Taylor* (1983) besteht die Gefahr, daß sich in solche Urteile kulturgebundene Verzerrungen einschleichen, sowie die individuellen Vorstellungen des Klinikers davon, was die eine Person in einem bestimmten Lebensalter und unter bestimmten Umständen tun *sollte*. Und schließlich scheinen nicht alle Modifikationen von Kategorien so sinnvoll zu sein wie die bereits erwähnten. Kinder mit entwicklungsbedingten Lese-, Rechen-, Sprach- und Artikulationsstörungen oder mit Trotzverhalten gibt es ja nun wirklich wie Sand am Meer. Sollte man ein so spezifisches Problem wie die Schwierigkeit, Rechnen zu lernen, tatsächlich in den Rang einer ,,psychiatrischen Störung" erheben? In seinem Bemühen um Vollständigkeit scheint das DSM-III aus zu vielen Kindheitsproblemen ohne Notwendigkeit psychiatrische Störungen gemacht zu haben.

Insgesamt halten wir das DSM-III für vielversprechend, aber noch lange nicht vollkommen. Wenn wir im Verlaufe dieses Buches die Literatur zu den einzelnen Störungen vorstellen, wird weiter Gelegenheit sein, auf die Stärken und Schwächen dieses jüngsten Bemühens um eine Kategorisierung psychischer Störungen einzugehen.

Zusammenfassung

Die dritte Auflage des *Diagnostischen und Statistischen Manuals psychischer Störungen* (DSM-III) der *American Psychiatric Association* (1980; deutsch: 1984) ist der jüngste einer Reihe von Versuchen, die Psychologen zur Kategorisierung verschiedener Psychopathologien unternommen haben. Neu am DSM-III ist der multiaxiale Ansatz. Bei jeder Diagnose muß der Kliniker den Zustand des Patienten auf fünf Achsen oder Dimensionen beschreiben. Achse I und II enthalten die eigentlichen psychischen Störungen. Auf Achse III werden diejenigen körperlichen Störungen aufgeführt, die einen Einfluß auf die diagnostizierte psychische Störung zu haben scheinen. Achse IV verzeichnet die Schwere der psychosozialen Belastungsfaktoren, denen der Patient ausgesetzt war, und auf Achse V wird die soziale Anpassung im letzten Jahr eingeschätzt. Eine multiaxiale Diagnose auf der Grundlage des DSM-III stellt nach Meinung der Autoren eine angemessenere und brauchbarere Beschreibung der psychischen Störung eines Patienten dar als frühere Klassifikationsversuche.

Es wurden allgemeine und spezifische Probleme bei der Klassifikation von Abnormität erörtert. Da das DSM-III sehr viel konkreter und deskriptiver ist als seine Vorgänger, sind Diagnosen auf seiner Grundlage reliabler. Die Validität bleibt jedoch noch eine offene Frage. Ob eine weite Verbreitung des DSM-III zu brauchbarerem Wissen über Psychopathologien, ihre Prävention und Behandlung führt, läßt sich zu diesem Zeitpunkt noch nicht beurteilen.

Kapitel 4

Klinische Erhebungsverfahren

1. Persönlichkeitsdiagnostik
2. Erfassung von Hirnfunktionsstörungen
3. Verhaltensdiagnostik
4. Stabilität und Variabilität von Verhalten

Der Bericht über den Polizisten mit den Alkohol- und Eheproblemen zu Beginn dieses Buches gab nichts über die Ursachen seines Verhaltens preis. Wir hatten keine Möglichkeit, mit Hilfe der gängigen diagnostischen Mittel – Interviews, Tests und einer Vielfalt anderer verhaltensdiagnostischer Verfahren – mehr über ihn zu erfahren. Zuweilen laufen diese *Erhebungsverfahren* auch unter anderen, vielleicht eindrucksvolleren Namen. Ein Interview heißt dann etwa ,,psychiatrisches Interview", ,,diagnostisches Interview" oder ,,Tiefeninterview", ein Test nennt sich ,,psychologisch" oder ,,projektiv". Alle klinischen Erhebungsverfahren sind mehr oder weniger formalisierte Methoden, mit denen herausgefunden werden soll, was mit einem Menschen nicht stimmt, wo die Ursachen seiner Schwierigkeiten liegen könnten und welche Schritte möglich wären, um seine Situation verbessern.

1. Persönlichkeitsdiagnostik

Klinische Interviews

Vermutlich sind die meisten von uns irgendwann schon einmal interviewt worden, auch wenn das Gespräch vielleicht so informell war, daß man es gar nicht als Interview empfunden hat. Der Laie verbindet mit dem Wort ,,Interview" wohl zumeist die Vorstellung eines formellen, in hohem Maße strukturierten Gesprächs, aber wir wollen darunter jeden zwischenmenschlichen Austausch in Gesprächsform verstehen, in dem ein Teilnehmer – der Interviewer – mit vornehmlich sprachlichen Mitteln versucht, etwas über den anderen – den Interviewten – herauszufinden. Wenn also der Interviewer eines Meinungsforschungsinstituts eine Studentin fragt, wem sie bei der nächsten Wahl ihre Stimme geben werde, tut er das mit dem begrenzten Ziel, in Erfahrung zu bringen, welchen Kandidaten sie bevorzugt. Von einem Interview sprechen wir auch dann, wenn ein Klinischer Psychologe einen Patienten nach den näheren Umständen seiner letzten Klinikeinweisung befragt.

Ein *klinisches Interview* unterscheidet sich von einem zwanglosen Gespräch oder einer Meinungsumfrage vielleicht auch darin, daß der Interviewer in einem klinischen Interview darauf achtet, *wie* sein Gesprächspartner die Fragen beantwortet – oder auch nicht beantwortet. Wenn zum Beispiel eine Klientin ihre Eheprobleme schildert, wird der Psychologe jede Emotion registrieren, die sie dabei zeigt. Wenn sie sich bei der Schilderung einer schwierigen Situation nicht aufzuregen scheint, wird er ihre Antworten anders interpretieren, als wenn sie bei ihrer Erzählung in Tränen ausbricht.

Das Paradigma, innerhalb dessen der Interviewer arbeitet, bestimmt, welche Art der Information gesucht und erhalten wird. Ein psychoanalytisch ausgebildeter Therapeut wird seinen Klienten vermutlich über dessen Kindheit befragen. Allem, was sein Klient sagt, wird er wahrscheinlich mit Vorbehalt begegnen, denn dem analytischen Paradigma zufolge haben wir alle die bedeutsamsten Aspekte unserer Kindheitsgeschichte ins Unbewußte verdrängt. Dagegen wird sich der Verhaltenstherapeut auf gegenwärtige Lebensumstände konzentrieren, die zum veränderten Verhalten des Klienten beigetragen haben könnten; er versucht zum Beispiel, die Bedingungen auszumachen, unter denen sein Klient Angst empfindet. Das klinische Interview folgt also keiner für alle verbindlichen Form gibt, es richtet sich vielmehr jeweils nach dem Paradigma des Interviewers. Genau wie Wissenschaftler finden auch klinische Interviewer bis zu einem gewissen Grad nur die Information, die sie suchen.

Ein gutes klinisches Interview erfordert viel Geschick und Können, denn die Interviewten stehen meistens unter erheblichem persönlichen Streß. Ungeachtet ihrer theoretischen Ausrichtung stimmen alle Kliniker darin überein, daß es wichtig ist, eine *Beziehung* zum Klienten herzustellen. Der klinische Interviewer braucht das Vertrauen seines Gesprächspartners. Es wäre naiv anzunehmen, ein Klient werde sich leicht einem anderen mitteilen, selbst wenn es sich dabei um eine Autoritätsperson mit Doktortitel handelt. Überdies ist ein Klient, auch wenn er das aufrichtige, vielleicht sogar verzweifelte Verlangen hat, mit einem berufsmäßigen Helfer über seine Schwierigkeiten zu sprechen, dazu möglicherweise gar nicht ohne Hilfe in der Lage. Psychodynamisch und humanistisch orientierte Therapeuten nehmen daher auch an, daß der Klient zu Beginn seiner Therapie gar nicht weiß, was ihn eigentlich quält. Und auch der Verhaltenstherapeut, der sich ja eigentlich mehr auf das Beobachtbare konzentriert, erkennt die Schwierigkeit der Klienten an, die Verursachungsfaktoren für das, was sie bedrückt, herauszufinden.

Die meisten Therapeuten ermutigen ihre Klienten mit Empathie-Äußerungen, wie wir sie im Zusammenhang mit der Humanistischen Therapie besprochen haben (vgl. S. 61), aus sich herauszugehen, ausführlich über ihre Sorgen zu sprechen und ein Problem in all seinen Facetten zu betrachten. Oft macht schon eine einfache Zusammenfassung des Gesagten es dem Klienten leichter, über schmerzliche und vielleicht auch beunruhigende Ereignisse und Gefühle zu sprechen. Zudem nimmt eine solcherart akzeptierende Haltung dem Klienten die Angst, daß die Enthüllung so schrecklicher Geheimnisse katastrophale Folgen haben könnte.

Mit Hilfe des Interviews kann viel Information gewonnen werden, und seine Bedeutung in der Klinischen Psychologie und Psychiatrie ist unumstritten. Ob man sich auf die so erhaltene Information immer *verlassen* kann, ist allerdings weniger klar. Kliniker neigen dazu, *situative* Faktoren des Interviews, die in erheblichem Maße beeinflussen können, was der Patient sagt oder tut, zu übersehen. Stellen Sie sich z.B einen Augenblick vor, wie ein Teenager wohl auf die Frage „Wie oft hast du illegale Drogen genommen?" antworten wird, wenn ein junger Psychologe in Jeans sie ihm stellt oder aber ein sechzigjähriger Psychiater in Anzug und Weste. Interviews können sich auch im Grad ihrer Strukturiertheit unterscheiden. In der Praxis folgen die meisten Kliniker nur sehr vagen Leitlinien. *Wie* nun genau die interessierende Information gesammelt wird, ist weitgehend dem einzelnen überlassen. In langen Jahren klinischer Erfahrung, des Lehrens und Lernens in Zusammenarbeit mit Studenten und Kollegen hat jeder Therapeut den Interviewstil entwickelt, bei dem er sich wohl fühlt und der ihm zu Informationen verhilft, die im Sinne des Klienten den größten Nutzen versprechen. Je unstrukturierter ein Interview also verläuft, um so mehr muß sich der Interviewer auf Intuition und Erfahrung verlassen. Das kann aus naheliegenden Gründen von Vorteil, aber auch von Nachteil sein.

Da die Forschung standardisierte Information braucht, hat man entsprechende strukturierte Interviews entwickelt. Der *SADS (Schedule for Affective Disorders and Schizophrenia)* z.B. fragt in einem ersten Teil nach den aktuellen Schwierigkeiten, im zweiten nach der Lebensgeschichte. Viele Symptome werden auf einer Sechs-Punkte-Skala nach Ernsthaftigkeit und Schwere eingeschätzt, für andere wird auf einer Drei-Punkte-Skala Fehlen oder Vorhandensein abgetragen.

Der Ausschnitt in Tabelle 4.1 enthält Fragen, die gründlichen Aufschluß über den Inhalt von Halluzinationen geben sollen. Unter der Rubrik Research Diagnostic Criteria findet man Kriterien für die meisten Diagnosen und auch Definitionen zahlreicher Schlüsselbegriffe. Die Reliabilität des SADS ist beeindruckend (*Spitzer* und *Endicott*, 1978). Er hat sich als sehr brauchbares Interview-Schema erwiesen, um Informationen über den jetzigen und früheren psychischen Zustand des Patienten zu gewinnen.

Ein Bild aus dem Thematischen Apperzeptionstest, der 1935 von Henry Murray und seinen Mitarbeitern an der Harvard Psychological Clinic eingeführt wurde. Wie der Rorschach-Test soll auch dieser projektive Test unbewußte Konflikte und Ängste enthüllen.

Psychologische Tests

Psychologische Tests strukturieren den Prozeß der Informationsgewinnung noch weiter. Man legt vielen Menschen zu unterschiedlichen Zeitpunkten denselben Test vor und analysiert die Ergebnisse, um anzugeben, zu welchen Reaktionen bestimmte Menschen tendieren. Wenn man hinreichend viele Daten sammelt, lassen sich für den Test statistische Normen aufstellen. Diesen Prozeß nennt man *Standardisierung*. Man kann dann die Reaktionen einzelner Patienten mit der statistischen Norm vergleichen. Es gibt drei Grundtypen von Tests: die projektiven Persönlichkeitstests, die objektiven Persönlichkeitsfragebögen und die Intelligenztests.

Projektive Persönlichkeitstests

Die wohl bekanntesten *projektiven Verfahren* sind der *Rorschach-Tintenklecks-Test* und der *Thematische Apperzeptionstest*. In beiden Tests werden den Probanden eine Reihe von Standardreizen geboten, die vage genug sind, um variable Reaktionen zu erlauben. In einem Tintenklecks-Test sieht der Proband nacheinander zehn Kleckse und soll sagen, was er darin jeweils zu erkennen glaubt. Fünf der Kleckse sind schwarz, weiß und unterschiedlich grau, zwei haben rote Flekken und drei sind in Pastellfarben gehalten. Im Thematischen Apperzeptionstest (TAT) zeigt man dem Klienten eine Reihe von Bildern und bittet ihn, zu jedem eine Geschichte zu erzählen.

Da das Reizmaterial in beiden Tests unstrukturiert ist, werden die Reaktionen des Klienten – so die zugrundeliegende Annahme – in erster Linie von unbewußten Prozessen gesteuert und enthüllen so seine Einstellungen, Motivationen und Verhaltensweisen. Man nennt diese Annahme auch die *projektive Hypothese*. Wurden in den Rorschach-Klecksen zum Beispiel Augen erkannt, hielt man das für ein Anzeichen von Paranoia. Psychoanalytisch orientierte Therapeuten haben für diese Tests eine besondere Vorliebe. Eine Präferenz für ambige Reize paßt zur psychoanalytischen Hypothese, daß Menschen ihnen unangenehme Gedanken und Gefühle abwehren, indem sie sie dem Unbewußten überantworten, d.h. verdrängen. Um den Abwehrmechanismus der Verdrängung zu umgehen (vgl. S. 43) und den wirklichen Ursachen der Störung auf den Grund zu kommen, läßt man den Probanden über die wahre Zielsetzung des Tests am besten im unklaren. Aus psychoanalytischer Sicht muß

Tabelle 4.1. Itembeispiel aus dem SADS Interview (aus *Spitzer* und *Endicott*, 1978)

Halluzinationen

Wenn Krankenbericht, Informantenbefragung oder Ihr eigenes Gespräch mit dem Patienten keine Hinweise auf Halluzinationen ergeben, stellen Sie die folgenden Fragen; Sie können aus dem Abschnitt zu den Halluzinationen auch andere, Ihnen angemessen scheinende Fragen wählen.

Haben irgendwelche Dinge ungewöhnlich ausgesehen, geklungen oder gerochen?
Haben Sie Stimmen oder andere Dinge gehört, die nicht da waren oder die andere nicht hören konnten, oder haben Sie Dinge gesehen, die nicht da waren?

Wenn immer noch nichts auf Halluzinationen hindeutet, stellen Sie die Befragung zu diesem Punkt ein und gehen zum bizarren Verhalten über.

Erlebte akustische Halluzinationen von Stimmen, Geräuschen, Musik usw. (Nicht aufzunehmen, wenn der Patient sich nur beim Namen gerufen hörte)*	0 keine Information 1 nicht vorhanden 2 mutmaßlich oder wahrscheinlich 3 definitiv vorhanden

Haben Sie die Töne/Stimmen von außen, mit den Ohren, gehört oder kamen sie von innen, aus Ihrem Kopf?
Konnten Sie hören, was die Stimme gesagt hat?
(Sprach die Stimme über Sie oder wiederholte Ihre Gedanken?)
Haben Sie sonst noch etwas gehört? Zum Beispiel Geräusche?

Akustische Halluzinationen einer Stimme, die laufend das Verhalten oder die Gedanken des Patienten kommentiert.	0 keine Information 1 nicht vorhanden 2 mutmaßlich oder wahrscheinlich 3 definitiv vorhanden

Hat die Stimme beschrieben oder kommentiert, was Sie gerade taten oder dachten?

Akustische Halluzinationen, in denen sich zwei oder mehr Stimmen miteinander unterhalten.	0 keine Information 1 nicht vorhanden 2 mutmaßlich oder wahrscheinlich 3 definitiv vorhanden

Haben Sie zwei oder mehr Stimmen gehört, die miteinander sprachen?

Nicht-affektive verbale, zum Patienten sprechende Halluzinationen. Der Patient hört eine Stimme oder Stimmen, die sich direkt an ihn richtet oder richten. Der Inhalt des Gesagten steht in keinem Zusammenhang mit depressiver oder gehobener Stimmung (auch wenn sich der Patient in depressiver oder gehobener Stimmung befindet). Bewerten Sie als „nicht vorhanden", wenn die Stimmen jeweils nur ein oder zwei Worte sagen. Beispiele: Eine Frau hörte Stimmen, die ihr sagten, sie bekomme ein Baby und solle ins Krankenhaus gehen. Ein Mann hörte eine Stimme, die ihm sagte, seine Nachbarn beobachteten ihn, um Anzeichen von Perversion bei ihm zu entdecken.	0 keine Information 1 nicht vorhanden 2 mutmaßlich oder wahrscheinlich 3 definitiv vorhanden
Visuelle Halluzinationen*	0 keine Information 1 nicht vorhanden 2 mutmaßlich oder wahrscheinlich 3 definitiv vorhanden

Haben Sie Visionen gehabt oder etwas gesehen, was für andere unsichtbar war?

Olfaktorische Halluzinationen. (Ausgenommen die Wahnvorstellung, daß der Patient sich selbst riecht.*)	0 keine Information 1 nicht vorhanden 2 mutmaßlich oder wahrscheinlich 3 definitiv vorhanden

Sind Ihnen seltsame oder ungewöhnliche Gerüche aufgefallen, von denen andere nichts gemerkt haben?

Somatische oder taktile Halluzinationen (z.B. Elektrizität, Dinge, die über den Körper kriechen, eine Schlange im Körper).*	0 keine Information 1 nicht vorhanden 2 mutmaßlich oder wahrscheinlich 3 definitiv vorhanden

Haben Sie seltsame Gefühle an oder in Ihrem Körper?

Halluzinationen jeden Typs, die Grandiosität oder Verfolgung beinhalten. Beispiele: Stimmen, die den Patienten beschuldigen oder rühmen. Elektrische Strahlen, die ihn quälen.	0 keine Information 1 nicht vorhanden 2 mutmaßlich oder wahrscheinlich 3 definitiv vorhanden

* Wenn der Patient nur von formlosen visuellen (Flecken, Blitzen usw.) oder nur von somatischen oder taktilen Halluzinationen berichtet, sollten die Symptome nur mit äußerster Vorsicht als definitiv vorhanden bewertet werden. Solche Phänomene sind häufig keine Halluzinationen, sondern eine Drogen-Reaktion oder eine Illusion. Wenn sich der Beurteiler nicht ganz sicher ist, daß es sich um eine wirkliche Halluzination handelt, sollte er das Item als ,,mutmaßlich" einstufen.

das sogar geschehen, denn nach dieser Theorie sind die Faktoren, denen die größte Bedeutung zukommt, unbewußt.

Wie man sich denken kann, ist die Interpretation der Antworten auf projektive Tests recht problematisch, denn der Getestete hat ja nicht nur Ja- und Nein-Antworten auf eine Reihe von Fragen zu geben oder zutreffende Aussagen anzukreuzen. Er wird vielmehr auf komplexe Weise auf einen komplexen Reiz reagieren, der – so will es der Test – offen ist für eine ungeheuere Vielfalt von Interpretationen. In vielen Fällen ist die

Der Schweizer Psychiater Hermann Rorschach (1884–1922). Während eines Ausfluges mit seinen beiden Kindern fiel ihm auf, daß die Dinge, die sie in den Wolken sahen, ihre Persönlichkeit widerspiegelten. Diese Beobachtung regte ihn zu seinem berühmten Tintenkleckstest an.

Tintenkleckse ähnlich denen von Rorschach.

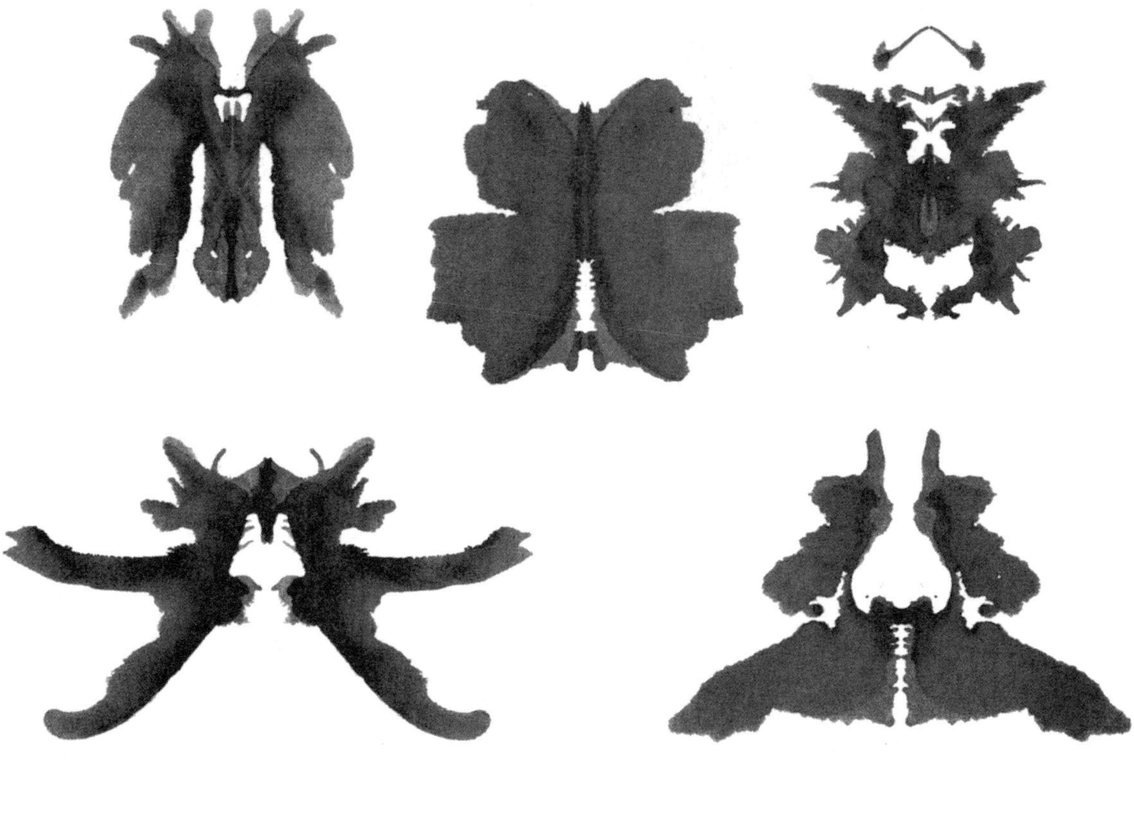

Reliabilität beider Tests sehr gering. Mit einer umfassenden Ausbildung in einem bestimmten Bewertungssystem kann jedoch eine recht zufriedenstellende Übereinstimmung unter den prüfenden Psychologen erreicht werden (*Goldfried, Stricker* und *Weiner*, 1971). Schwerer wiegt die oft sehr geringe Validität der Antworten auf projektive Tests. Wir nehmen an, daß uns diese Antworten Wichtiges und Nützliches über die getestete Person mitteilen. Aber wie *Nunnally (1967)* schreibt:

„... *ist das, was die meisten projektiven Techniken in der Messung von Persönlichkeitszügen leisten, eher mäßig... Die Befunde sprechen eindeutig dafür, daß projektive Techniken in der Praxis nur einen geringen Grad an Validität aufweisen... Sie leisten wenig, will man mit ihrer Hilfe normale Menschen von als neurotisch beschriebenen unterscheiden, und sie leisten wenig, wenn es um die Differenzierung unterschiedlicher Typen psychisch Kranker geht.*" (S. 497)

Gleichwohl gelten bestimmte Reaktionen auf projektive Tests als diagnostische Hinweise, und manche Kliniker stützen vielleicht zu einem großen Teil ihre Diagnose darauf. Mit anderen Worten, Kliniker zeigen bei der Zuschreibung von Bedeutung zu verschiedenen Testantworten eine oft erstaunliche Übereinstimmung, obwohl es für die Berechtigung solcher Interpretationen kaum gültige Nachweise gibt (*Chapman* und *Chapman*, 1969). Sehen wir uns dieses Problem der Übereinstimmung näher an. Wenn ein Patient aufgrund seiner Rorschach-Ergebnisse als homosexuell bezeichnet wird, ist die Validität dieser Behauptung nachprüfbar.

Chapman und *Chapman* haben eine Untersuchung durchgeführt, an der auch Sie sich jetzt beteiligen können. Stellen Sie sich vor, Sie nehmen an einem psychologischen Experiment teil und werden gebeten, den Zusammenhang zwischen Homosexualität und bestimmten Rorschach-Antworten zu schätzen. Genauer gesagt, sollen Sie auf folgender Sechs-Punkte-Skala vermerken, wie stark die einzelnen Antworten auf Homosexualität hindeuten: 6 = sehr stark; 5 = stark; 4 = mäßig; 3 = leicht; 2 = sehr leicht; 1 = keine Tendenz. Die acht einzuschätzenden *Rorschach*-Antworten können Sie Tabelle 4.2 entnehmen.

Tabelle 4.2. *Rorschach*-Antworten, die danach eingestuft werden sollen, in welchem Ausmaß in ihnen Homosexualität zum Ausdruck kommt

Antwort	Einstufung
Weibliche Kleidung	
Nahrung	
Enddarm und Hinterbacken	
Landkarten	
Figur, teilweise Mann – teilweise Frau	
Sexualorgane	
Ungeheuer	
Figur, teilweise tierisch – teilweise menschlich	

Nun vergleichen Sie Ihre Einschätzungen mit denen, die *Chapman* und *Chapman* von einer Stichprobe von Studenten erhielten. Sie lassen sich, wie Tabelle 4.3 zeigt, in drei Klassen einteilen. Da gibt es zunächst die populären, nicht validen Anzeichen, bei denen Kliniker zu der *Meinung* neigen, daß sie auf Homosexualität hindeuten, obwohl diese Annahme *nicht* von wissenschaftlicher Evidenz gestützt wird. Die unpopulären, aber validen Anzeichen werden von Klinikern selten als solche benannt, besitzen aber, Forschungsergebnissen zufolge, eine gewisse Indikator-Qualität. Bei den Füllitems zeigt sich weder ein Zusammenhang mit der Homosexualität noch mit ihrer Einschätzung durch Kliniker. Von den Studenten der *Chapman*-Studie erhielten die *populären, aber nicht-validen* Anzeichen sehr viel höhere Einschätzungen als die übrigen Antworten.

Erfahrene Kliniker mögen sich bei ihrer Diagnose auf bestimmte Anzeichen stützen, weil sie *annehmen*, es seien valide Indikatoren von Homosexualität. Aber *Chapman* und *Chapman* schreiben selbst: „Die von Klinikern angegebenen populären Bedeutungen von Test-Anzeichen sind *illusorische Korrelationen* (Hervorhebung von *Davison* und *Neale*), die auf einer verbal-assoziativen Verknüpfung von Test-Anzeichen und Symptom beruhen" (S. 272). Unsere Kultur,

Tabelle 4.3. Mittlere Einstufung der Stärke des Zusammenhangs zwischen bestimmten *Rorschach*-Antworten und Homosexualität (aus *Chapman* und *Chapman*, 1969)

Reaktion	Einstufung der Stärke des Zusammenhangs
Populäre, nicht valide Zeichen	
Enddarm und Hinterbacken	4.38
Figur, teilweise Mann – teilweise Frau	3.53
Weibliche Kleidung	3.12
Sexualorgane	4.47
Unpopuläre, valide Zeichen	
Figur teilweise tierisch – teilweise menschlich	1.93
Ungeheuer	1.68
Füllitems	
Nahrung	1.09
Landkarten	1.09

sagen *Chapman* und *Chapman*, scheint uns alle mit ähnlichen Vorstellungen darüber versehen zu haben, was Homosexuelle sagen, denken und tun. Wie die Kliniker haben auch die Studenten bei ihrer Beurteilung von *Rorschach*-Antworten *angenommen*, daß Homosexuelle dazu neigen, in den Klecksen solche Dinge wie Hinterteile zu sehen, und akzeptierten derartige Antworten dann als Indikatoren. Gleichwohl sind diese vielfach akzeptierten Anzeichen *nicht* valid. Für ihren Zusammenhang mit Homosexualität gibt es keinerlei empirisch-wissenschaftliche Bestätigung, und nichts spricht dafür, daß sich anhand solcher Antworten zwischen Homosexuellen und Heterosexuellen differenzieren läßt.

Vielversprechender und für viele Kliniker interessanter ist die Analyse der *formalen* Eigenschaften von *Rorschach*-Antworten (*Exner*, 1978). Der Inhalt spielt dabei nur eine untergeordnete Rolle, von Interesse ist vielmehr, ob der Getestete bei seiner Wahrnehmung die ganze Bildkarte berücksichtigt oder nur größere oder kleinere Details, wie oft weiße Räume als Hintergrund, wie oft als Figur wahrgenommen werden, ob die Farbe in der Antwort eine Rolle spielt und ob das wahrgenommene Objekt statisch oder in Bewegung ist. *Rorschach* (1921) selbst hat dieses Vorgehen vorgeschlagen, aber er starb acht Monate nach der Veröffentlichung seiner Tintenkleckse, und seine Nachfolger gaben anderen Methoden der Testauswertung den Vorzug.

Persönlichkeitsfragebögen

Der typische *Persönlichkeitsfragebogen* besteht aus einer großen Anzahl von Aussagen, und der Getestete hat anzugeben, ob sie auf ihn zutreffen oder nicht. Die an der Konstruktion solcher *Selbstbeurteilungs*-Instrumente beteiligten Wissenschaftler wissen mit den allgemeinen Prinzipien der Testkonstruktion und Standardisierung gewöhnlich aufgrund ihrer Ausbilung gut umzugehen. Persönlichkeitsfragebögen sind daher nur in seltenen Fällen nicht reliabel. Mit der Validität hapert es allerdings immer noch, besonders, wenn der Fragebogen darauf angelegt ist, unbewußte Konflikte und dergleichen zu enthüllen. Manche Persönlichkeitsfragebögen sind auch auf ganz spezifische Ziele hin konstruiert. Am bekanntesten ist hier wohl das *Minnesota Multiphasic Personality Inventory* (MMPI), das man Anfang der vierziger Jahre entwickelte, um die Differentialdiagnose psychisch gestörter Patienten zu vereinfachen und den Aufwand möglichst gering zu halten. Man nennt den Fragebogen „multiphasisch", weil er konstruiert wurde, um mit ihm eine Vielzahl psychiatrischer Probleme zu ermitteln.

Bei der Entwicklung des Tests stützte man sich auf Fakten. In einem ersten Schritt stellten zahlreiche Kliniker Aussagen zusammen, die ihrer Meinung nach auf verschiedene psychische Störungen hinwiesen. Diese Items wurden dann von Probanden, bei denen man bereits spezifische psychische Störungen diagnostiziert hatte, als zutreffend oder nicht zutreffend beurteilt. Items, die dazu dienten, zwischen den Patienten zu differenzieren, behielt man bei: d.h. man wählte die Items danach aus, ob Patienten einer klinischen Gruppe häufiger in bestimmter Weise darauf reagierten als die Patienten der anderen Gruppen. Nach weiteren Verfeinerungen wurden aus einzelnen Items Skalen hergestellt, die festlegen sollten, ob einem Getesteten eine bestimmte Diagnose zuzuweisen sei oder nicht. Hatte er viele Items einer Skala genauso beantwortet wie die entsprechende diagnostische Vergleichsgruppe, erreichte man, daß er auch in seinem Verhalten den Patienten dieser Gruppe ähnlich war. Tatsächlich besteht zwischen Skalen und psychiatrischen Diagnosen ein enger Zusammenhang. Der MMPI hat als Screening-Test für Personengruppen, mit denen klinische Interviews nicht durchführbar sind, welte Anwendung gefunden. Tabelle 4.4 zeigt Item-Beispiele aus den verschiedenen Skalen.[1]

Man mag sich nun fragen, ob die Antworten nicht so „frisiert" werden könnten, wie es einer „normalen" psychischen Verfassung entspräche? Selbst ein ernsthaft gestörter Mensch würde sich – auch wenn er nur oberflächlich mit Klinischer Psychologie vertraut wäre – sagen, daß er seine Angst vor Bakterien an Türklinken besser für sich behält, wenn er als normal gelten möchte. Tatsächlich gibt es Belege dafür, daß man diese Tests „austricksen" *kann*. Menschen, die ernsthaft Hilfe suchen, haben allerdings gar kein Interesse daran, ihre Antworten zu fälschen. Überdies sind in den Test Kontrollskalen eingebaut, mit denen man solchen Falschaussagen auf die Schliche kommen will (vgl. Tabelle 4.4). Eine dieser Fallen für Probanden, die besonders „gut aussehen" möchten, ist die sogenannte *Lügenskala*. Eines ihrer Items lautet: „Ich lese jeden Abend die Leitartikel in der Zeitung" – eine Feststellung, der, so glaubt man, nur die wenigsten guten Gewissens zustimmen können. Wenn also jemand viele Aussagen der Lügenskala bestätigt, liegt der Verdacht nahe, daß er sich in einem besonders guten Licht präsentieren möchte. Man wird also auch seinen Werten auf anderen Skalen mit größerer Skepsis begegnen.

[1] Die Art, wie der MMPI konstruiert wurde, wird als *empirisch* bezeichnet, was heißen soll, daß der Test auf Daten und Erfahrung aufbaut und nicht auf Spekulation. Es sollte auch vermerkt werden, daß das Diagnose-Schema des MMPI größtenteils Symptome aufführt, die später im DSM erschienen. Es kann also kaum überraschen, daß Kliniker, die das DSM nicht mögen, auch vom MMPI nicht begeistert sind. Da dem MMPI überdies ein älteres Diagnosesystem zugrunde liegt, ist es zur Vorhersage von DSM-III-Diagnosen vielleicht nicht immer geeignet. *Winters, Weintraub* und *Neale* (1981) haben zum Beispiel festgestellt, daß der MMPI für die DSM-III-Diagnose der Schizophrenie sehr wenig aussagekräftig ist. Die Herausgeber des MMPI erheben daher derzeit neue Daten, um den Fragebogen zu erweitern und auf den neuesten Stand zu bringen.

Tests wie der MMPI haben noch mit anderen Schwierigkeiten zu kämpfen. Bei vielen Menschen, so hat man festgestellt, wird die Antwort auf die Testfragen nicht von deren Inhalt, sondern von einer bestimmten Grundhaltung bestimmt. Angenommen, die Testaussage lautet: „Ich gehe wenigstens einmal in der Woche auf eine Party". Können wir aus einer positiven Antwort vorbehaltlos schließen, daß der oder die Getestete wirklich häufig an geselligen Zusammenkünften teilnimmt? Forschungsergebnisse legen nahe, daß solche Antworten nicht unbedingt der Wahrheit entsprechen müssen, sondern einer bestimmten Test-„Haltung" entstammen können. In unserem Beispiel könnte sich die zugrundeliegende Haltung auf *sozial Erwünschtes* beziehen: Der Getestete glaubt vielleicht, daß „man" häufig Partys besucht, und diese Grundhaltung bestimmt seine Antwort. Aber auch hier haben Psychologen Wege gefunden, um den Einfluß solcher Testhaltungen gering zu halten (vgl. *Edwards*, 1957).

Intelligenztests

Psychologische Maßstäbe für Intelligenz spielen bei der Diagnose geistiger Behinderungen eine zentrale Rolle. Die ersten derartigen Tests stammen von dem französischen Psychologen *Alfred Binet*. Sie waren als Instrument für die Pariser Schulbehörde gedacht, mit dessen Hilfe sie erkennen konnte, welche Kinder besonderer schulischer Betreuung bedurften. Seither hat sich das *Testen der Intelligenz* zu einer der größten psychologischen Industrien entwickelt. Diese weithin gebräuchlichen, standardisierten Verfahren werden häufig auch Eignungstests genannt. Der *Scholastic Aptitude Test*, die *Graduate Record Examination* und auch die individuell durchgeführten Tests wie die *Wechsler Adult Intelligence Scale* und der *Stanford-Binet-Test* gründen alle auf der Annahme, daß sich anhand einer Stichprobe des gegenwärtigen intellektuellen Funktionierens Voraussagen über die späteren Schulleistungen der getesteten Personen treffen lassen.

Bei der Auswertung solcher Tests sind zwei Dinge zu beachten, die von berufsmäßigen Intelligenztestern nur selten explizit gemacht werden.

Tabelle 4.4. Typische klinische Interpretationen von Items, die denjenigen des MMPI ähnlich sind (nach *Kleinmuntz*, 1967)

Skala	Itembeispiel	Interpretation
Keine Angabe möglich	Dies ist lediglich die Anzahl der Items, bei denen ‚keine Angabe möglich' angekreuzt wird.	Ein hoher Wert weist auf eine ausweichende Haltung hin.
Lügen	Ich habe niemals schlecht geschlafen. (falsch)*	Personen, die einen guten (das heißt gesunden, aufrichtigen) Eindruck machen wollen, erhalten hohe Werte.
Häufigkeit	Alles schmeckt salzig. (richtig)	Hohe Werte in dieser Skala weisen auf Gleichgültigkeit oder den Wunsch hin, abnorm zu erscheinen.
Korrektur	Ich bin mit meinem Leben zufriedener als die meisten meiner Freunde. (richtig)	Hohe Werte in dieser Skala weisen auf eine vorsichtige Haltung dem Test gegenüber hin.
Hypochondrie	Ich wache fast immer müde auf. (richtig)	Personen mit hohen Werten werden als zynisch und unzufrieden beschrieben.
Depression	Ich sehe nur selten die angenehme Seite der Dinge. (richtig)	Personen mit hohen Werten sind gewöhnlich isoliert, traurig und besorgt.
Hysterie	Meine Finger fühlen sich manchmal taub an. (richtig)	Personen mit hohen Werten klagen über vielfältige körperliche Beschwerden.
Psychopathie	Ich ging nicht gern zur Schule. (richtig)	Personen mit hohen Werten sind häufig draufgängerisch und antisozial.
Maskulinität – Feminität	Ich interessiere mich nicht für Sport. (richtig)	Männer mit hohen Werten sind häufig künstlerisch veranlagt und empfindsam. Frauen mit hohen Werten werden als rebellisch und selbstsicher beschrieben.
Paranoia	Ich werde von vielen Menschen beneidet. (richtig)	Personen mit hohen Werten in dieser Skala sind häufig argwöhnisch und eifersüchtig.
Psychoasthenie	Ich habe ziemlich viel Selbstvertrauen. (falsch)	Personen mit hohen Werten werden als ängstlich, selbstunsicher und rigide beschrieben.
Schizophrenie	Ich rieche manchmal eigenartige Gerüche. (richtig)	Personen mit hohen Werten werden als isoliert und bizarr beschrieben.
Hypomanie	Ich habe keinerlei Schwierigkeiten, Entscheidungen zu treffen. (richtig)	Personen mit hohen Werten sind häufig unbesorgt und impulsiv.
Soziale Introversion – Extraversion	Ich gehe Zusammenkünften mit anderen Personen aus dem Weg. (richtig)	Personen mit hohen Werten sind bescheiden und scheu; Personen mit niedrigen Werten sind kontaktfreudig und exhibitionistisch.

* Die Angabe ‚richtig' oder ‚falsch' in den Klammern bezeichnet die Antwort, die zu einem hohen Wert in dieser Skala beiträgt.

Erstens messen Intelligenztests, genaugenommen, nur das, was man aus psychologischer Sicht für Intelligenz hält. Aufgaben und Items der IQ-Tests sind schließlich von Psychologen ersonnen und wurden uns nicht auf steinernen Tafeln überliefert. Und zweitens sind die Tests so weit verbreitet, weil sie ihren vorgesehenen Zweck tatsächlich erfüllen, d.h. vorhersagen, wer innerhalb unseres Bildungssystems Erfolg haben wird. Wenn wir unsere Schulsysteme einmal entscheidend verändern sollten, wird sich vermutlich auch Definition und Messung von Intelligenz ändern müssen. In Kapitel 16 werden wir die IQ-Tests eingehender erörtern.

2. Erfassung von Hirnfunktionsstörungen

CAT und PET

Wie wir aus Kapitel 3 wissen, ist ein Hauptabschnitt des DSM-III den organisch bedingten psychischen Störungen gewidmet und beschäftigt sich mit Verhaltensproblemen als Folge von Hirnfunktionsstörungen. Brauchbare diagnostische Hilfsmittel sind hier neurologische Tests, etwa die Prüfung des Patellar-Reflexes, die Untersuchung der Retina auf Anzeichen für eine Blutgefäßschädigung oder die Überprüfung von motorischer Koordination und Wahrnehmung. Mit Röntgenstrahlen lassen sich manchmal Tumore entdecken, und im Elektroenzephalogramm (EEG) zeigen sich Abnormitäten in der elektrischen Aktivität des Gehirns.

Die *Computertomographie* (CAT) und die *Positronen-Emissions-Tomographie* (PET) stellen den jüngsten Fortschritt in der Diagnostik von Gehirnabnormitäten dar. Beim CAT wird ein Strahlenbündel aus jeweils leicht verändertem Winkel (bis sich der Kreis bei 360° schließt) durch eine horizontale Schicht des Gehirns geschickt. Auf der anderen Seite mißt der sich mitbewegende Röntgenstrahl-Detektor die nicht absorbierte Strahlungsaktivität. Auf diese Weise lassen sich ganz subtile Unterschiede in der Gewebsdichte feststellen. Der Computer verarbeitet diese Information und konstruiert in optimaler Kontrastierung ein zweidimensionales, detailliertes Bild der betreffenden Schicht. Dann wird die Lage des Kopfes verändert und eine andere Gehirnschicht durchforscht. Die Bilder machen Tumore, Blutgerinnsel und Vergrößerungen des Ventrikelsystems sichtbar, die auf eine Gewebedegeneration hindeuten (vgl. Kasten A.1, S. 773).

Beim PET markiert man eine Substanz, die vom Gehirn aufgenommen wird, mit einem kurzlebigen radioaktiven Isotop und injiziert sie dem Patienten. Die radioaktiven Moleküle geben einen bestimmten Partikel, ein sogenanntes Positron, ab, das alsbald mit einem Elektron kollidiert. Zwei hoch energiegeladene Lichtpartikel schießen in entgegengesetzte Richtungen und werden von den Detektoren erfaßt. Der Computer verarbeitet Millionen solcher Aufnahmen, macht daraus einen Film, und auf dem Fernsehschirm läßt sich verfolgen, wie das Gehirn in einer horizontalen Schicht funktioniert. Die Bilder erscheinen in Farbe, und Flecke in helleren und wärmeren Farben sind Bereiche, in der die Substanz vermehrt umgesetzt wird. Diese Emissionscomputertomogramme, Filmaufnahmen des arbeitenden Gehirns, können epileptische Anfälle, Krebstumore, Schlaganfälle, verletzungsbedingte Traumata und die Verteilung psychoaktiver Drogen lokalisieren. Mit dem PET kann man psychisch gestörte Patienten auch auf mögliche abnorme physiologische Prozesse hin untersuchen.

Wir könnten also vernünftigerweise annehmen, daß Neurologen und Ärzte mit Hilfe solcher Verfahren und Technologien das Gehirn und seine Funktionen mehr oder weniger direkt beobachten und Abnormitäten erfassen können. Viele Abnormitäten und Verletzungen des Gehirns gehen allerdings mit so subtilen oder geringfügigen Strukturveränderungen einher, daß wir sie bisher mit direkten physikalischen Untersuchungsverfahren noch nicht aufspüren konnten.

Neuropsychologische Testverfahren

Da das Problem ist, wie hirngeschädigte Patienten funktionieren, d.h. handeln, sprechen, denken oder fühlen, haben Psychologen eine Reihe von Testverfahren entwickelt, die von organischen Hirndysfunktionen verursachte Verhaltensstörungen erfassen. Über diese Tests ist viel und – wie meistens in der Psychologie – auch viel Kontroverses geschrieben worden. Es scheint aber doch einiges dafür zu sprechen, daß die sogenannten *neuropsychologischen Tests* eine gewisse Validität besitzen, d.h. tatsächlich Hirnschäden messen. Einer davon ist *Reitans* Modifikation einer ursprünglich von *Halstead* entwickelten Test-Batterie. Man faßt etliche Tests, die alle unterschiedliche Funktionen prüfen, zu einer Batterie zusammen, weil nur das Leistungsmuster insgesamt genauen Aufschluß darüber gibt, ob die getestete Person tatsächlich hirngeschädigt ist. Aber die *Halstead-Reitan*-Batterie leistet noch mehr, denn mit ihr läßt sich die Schädigung auch lokalisieren. Die Batterie umfaßt unter anderem folgende Tests.

1. *Taktiler Leistungstest (Tactual Performance Test).* Der Proband versucht mit verbundenen Augen, Klötze in Hohlräume einzuführen, und verwendet dabei nacheinander jede der beiden Hände. Nach Beendigung des Tests versucht der Proband, die Versuchsanordnung so zu zeichnen, daß die Klötze am jeweils richtigen Ort sind.
2. *Zeichne-einen Pfad-Test (Trail-Making Test)* – siehe Abbildung 4.1.
3. *Finger-Oszillation* Bei dieser Prozedur drückt der Proband in fünf Versuchsdurchgängen von jeweils 10 Sekunden mit dem Zeigefinger so schnell er kann eine Taste. Getestet werden rechter wie linker Zeigefinger.
4. *Kategorien-Test* Der Proband sieht auf einer Leinwand ein Bild, das eine Zahl zwischen eins und vier darstellen könnte, und zeigt per Knopfdruck an, um welche Zahl es sich seiner Meinung nach handelt. Hat er richtig gewählt, ertönt eine Glocke, war die Wahl falsch, ein Summton. Der Proband muß Bilder und Signale im Kopf behalten, um die Regeln für eine richtige Entscheidungsfindung herauszubekommen.

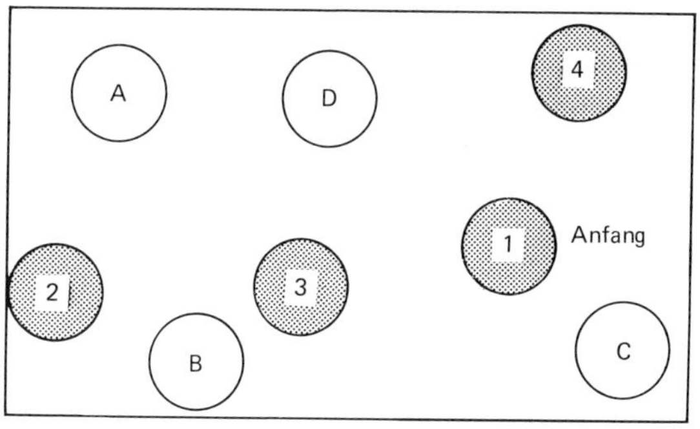

Abb. 4.1. Itembeispiel aus dem Zeichne-einen-Pfad-Test (Trail-Making Test). Die Versuchsperson wird aufgefordert, alternierend Zahlen und Buchstaben miteinander zu verbinden, zum Beispiel indem sie eine Linie von 1 zu A, von A zu 2, von 2 zu B usw. zieht.

5. *Aphasie-Screening-Test* Mit diesem Test werden eine Reihe von sprachlichen Fähigkeiten untersucht, wobei man den Probanden auffordert, Objekte zu benennen, Buchstaben und Zahlen zu identifizieren, Wörter zu buchstabieren, zu lesen, zu schreiben und auszusprechen, Rechenaufgaben zu lösen, Körperteile zu identifizieren, einfache Handlungen pantomimisch nachzuahmen und Anweisungen auszuführen.

Bei der Interpretation von Testleistungen stützt man sich darauf, was man über die Beziehung zwischen bestimmten Gehirnstrukturen und Verhalten weiß. Das Tastendrücken zum Beispiel soll unter der Kontrolle eines Hirnbereichs unmittelbar vor dem Sulcus centralis stehen (vgl. Kasten A.1). Und die Kontrolle von Sprechen und Sprache obliegt zumeist der linken Hemisphäre des Gehirns. Bestimmte Ausfälle oder Defizite lassen also darauf schließen, in welchem spezifischen Bereich des Gehirns und in welcher der beiden Hemisphären eine Schädigung vorliegt.

Als weiterer effektiver neuropsychologischer Test wird heute die kürzlich entwickelte *Luria-Nebraska*-Batterie angesehen (*Golden, Hammeke* und *Purisch*, 1978), die auf der Arbeit des russischen Psychologen *Alexandr Luria* (1902–1977) basiert und seither auch vielfach kritisch geprüft wurde (*Adams*, 1980; *Spiers*, 1982). Die Batterie besteht aus elf Teilen mit insgesamt 269

Items und überprüft grundlegende und komplexe motorische Fertigkeiten, rhythmische und melodische Fähigkeiten, taktile und kinästhetische Fertigkeiten, verbale und räumliche Fertigkeiten, Sprachverständnis und sprachliches Ausdrucksvermögen, Schreiben, Lesen, Rechnen, Gedächtnis und intellektuelle Prozesse. Die Ergebnismuster der Einzeltests und der pathognomischen Skala – den 32 Items, die am meisten diskriminieren und auf eine Gesamtschädigung hinweisen – enthüllen Schädigungen des frontalen, temporalen, sensumotorischen oder parietal-okzipitalen Bereichs der rechten oder linken Hemisphäre (s. Kasten A.1).

Zum Beispiel erreichen Patienten mit Läsionen im vorderen Stirnhirnbereich der linken Hemisphäre sehr hohe Werte auf der pathognomischen Skala (diese Batterie sieht bei Symptomfreiheit den Wert Null vor). Der Sprachausdruck ist umfassender gestört als das Sprachverständnis, und die motorischen Fähigkeiten sind stärker beeinträchtigt als die taktilen. Bei motorischer Schädigung gelingen den Patienten Aufgaben der Fein-Koordination besser als Aufgaben, die komplexe Bewegungsabfolgen verlangen. Hohe Werte in den Einzeltests für Rechnen, Gedächtnis und Intelligenz zeigen ernsthafte Schädigungen des linken Frontallappens an. Bei Patienten mit einer Schädigung im rechten parietal-okzipitalen Bereich halten sich motorische und taktile Werte im allgemeinen die Waage. Im motorischen Bereich sind Raumanalyse und zeichnerische Fertigkeiten betroffen. Die schlechtesten bzw. höchsten Werte erreichen diese Patienten im taktilen, motorischen, arithmetischen und pathognomischen Bereich. Bei Gedächtnis- und Schreibaufgaben schneiden sie besser ab, mit dem Lesen haben sie im allgemeinen größere Schwierigkeiten als mit dem Schreiben (*Golden*, 1981). Die *Luria-Nebraska*-Batterie läßt sich in zweieinhalb Stunden durchführen, für die *Halstead-Reitan*-Batterie braucht man sechs.

3. Verhaltensdiagnostik

Der Rorschach-Tintenklecks-Test, der TAT und der MMPI, die heute immer noch am meisten verwendeten Meßinstrumente, sind eng verbunden mit psychoanalytischem Denken oder einem alten Diagnose-System. Wie gesagt, ist es innerhalb eines psychodynamischen Bezugsrahmens durchaus sinnvoll, mit projektiven Verfahren zu arbeiten, denn laut Psychoanalyse wird das wirklich wichtige Material ins Unbewußte verdrängt; und mehrdeutige Reize sind besser geeignet, den Abwehrmechanismen beizukommen, als direkte Fragen. Der MMPI bedient sich eines direkteren Selbstaussage-Verfahrens und wurde zur Diagnose einiger Störungen entwickelt, die das DSM-III nicht verzeichnet.

Seit man zunehmend verhaltenstheoretisch orientierte Ansätze zur Erforschung von Psychopathologien und ihrer Behandlung entwickelte, wuchs auch das Interesse an diagnostischen Verfahren, die sich von den herkömmlichen unterschieden. Lernforscher und Behavioristen, so haben wir in Kapitel 2 gesagt, interessieren sich für die *situativen Determinanten* von Verhalten, d.h. dafür, welche Umweltbedingungen bestimmten Reaktionen vorausgehen und folgen. Da man zunehmend auch nach kognitiven Erklärungen sucht, ist zu erwarten, daß man zur Verhaltensdiagnostik auch Selbstaussagen heranzieht. Aber wie wir sehen werden, unterscheiden sich die verhaltenstheoretischen Interpretationen solcher Selbstaussagen von denjenigen einer traditionelleren Diagnostik.

Die traditionelle Diagnostik will so grundlegende Persönlichkeitsstrukturen und Persönlichkeitsmerkmale wie „anale Persönlichkeit“, „zwanghafte Persönlichkeit“, „paranoide Persönlichkeit“, Kälte, Aggressivität usw. erfassen. „Es ist ein Hauptanliegen persönlichkeitstheoretischer Betrachtungsweise, die zugrundeliegende Persönlichkeitsstruktur eines Menschen zu erschließen und Personen und Gruppen anhand von Persönlichkeitsdimensionen zu vergleichen“

(*Mischel*, 1968, S. 5–6). Der Verhaltenstherapeut dagegen ist bemüht, die Bedingungen zu spezifizieren, unter denen ein Verhalten gezeigt wird oder ausbleibt. Zunächst wird ein Therapeut von seinen Klienten so vage und allgemeine Klagen hören wie „Ich bin total verkorkst" oder „Ich bin eigentlich nur noch niedergedrückt und depressiv". Der Verhaltenstherapeut hat dann die mühevolle Aufgabe, seinen Klienten Informationen zu entlocken, die sich zur lerntheoretischen Analyse des Problems und vor allem zur Planung eines entsprechenden Therapieprogrammes eignen.

Verhaltenstherapeuten richten ihr Augenmerk auf vier Gruppen von Variablen, die man zuweilen unter dem Akronym SORK zusammenfaßt (*Kanfer* und *Phillips*, 1970). Das S steht für „Stimuli", d.h. für diejenigen Faktoren der Umgebung, die dem problematischen Verhalten vorangehen. Der Therapeut versucht z.B. herauszubekommen, welche Situationen beim Klienten besonders große Angst auslösen. Das O steht für „organismisch" und meint physiologische und psychologische Faktoren, die unter der Oberfläche wirksam sind. Vielleicht ist der Klient ständig müde, weil er zuviel Alkohol trinkt, vielleicht aber auch aufgrund seiner Tendenz zur Selbstentwertung, die sich in Sätzen bekundet wie „Ich mache sowieso alles falsch, warum soll ich mich überhaupt noch bemühen". Mit R sind die offenen Reaktionen gemeint, denen vermutlich das Hauptinteresse des Verhaltenstherapeuten gelten wird. Er muß herausfinden, welches Verhalten problematisch ist, wie häufig und intensiv es gezeigt wird und wie es genau abläuft. Man stelle sich vor, eine Klientin klagt, sie sei vergeßlich und schiebe alles auf die lange Bank. Meint sie nun, daß sie notwendige Telephonate nicht erledigt oder ständig zu spät kommt oder beides? K sind die Konsequenzen, d.h. Ereignisse, die das fragliche Verhalten zu verstärken scheinen. Reagiert die Frau eines Klienten, der eine gefürchtete Situation meidet, vielleicht mit Verständnis und Entschuldigungen und hält ihn damit unwissentlich davon ab, sich seinen Ängsten zu stellen?

Diese SORK-Faktoren müssen für jeden einzelnen Klienten spezifiziert werden. Nebenbei bemerkt werden O-Variablen von *Skinner*ianern verständlicherweise heruntergespielt, während kognitiv orientierte Verhaltenstherapeuten eher die K-Faktoren vernachlässigen.

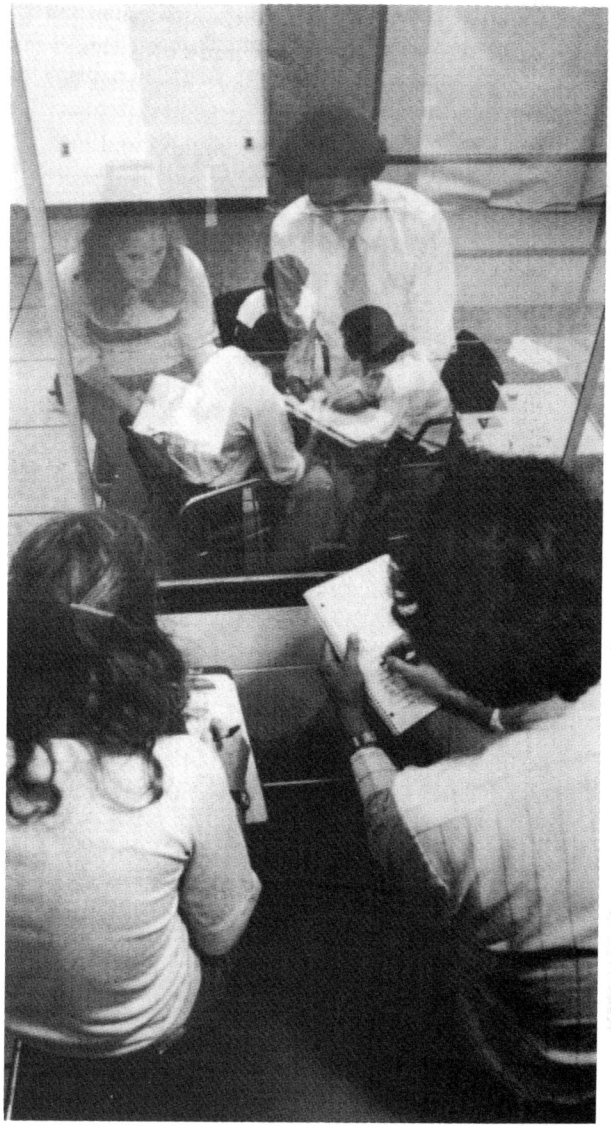

Verhaltenserfassung durch direkte Beobachtung mit Hilfe eines Einwegspiegels. Die Probanden können die Beobachter nicht sehen, obwohl sie von der Beobachtung wissen und sich damit einverstanden erklärt haben.

Es gibt mehrere Methoden, um die für eine *Verhaltensdiagnose* notwendige Information zu erheben. Dazu gehören Verhaltensbeobachtung im Alltag und in planmäßig herbeigeführten Situationen, Interviews und Selbstangaben, kognitive Erhebungen und physiologische Messungen.

Direkte Verhaltensbeobachtung

Wie nicht anders zu erwarten, spielt in Verhaltenstherapien die sorgfältige Beobachtung von Verhalten in einer Vielzahl von Situationen eine große Rolle. Der Therapeut geht nun aber nicht einfach hin und *beobachtet*. Wie andere Wissenschaftler auch versucht er beobachtbare Ereignisse so zu fassen, wie es seiner theoretischen Sichtweise entspricht. Der folgende Ausschnitt aus einem Fallbericht von *Gerald Patterson* und seinen Mitarbeitern (1969), der eine Interaktion zwischen dem Jungen Kevin, seinen Eltern und seiner Schwester Freida beschreibt, soll als erster Teil eines Beispiels dienen:

„Kevin geht zum Sessel seines Vaters und stellt sich daneben. Der Vater legt den Arm um Kevins Schultern. Kevin sagt zu seiner Mutter, während Freida ihn anschaut: ‚Darf ich nach dem Essen draußen spielen?‘ Die Mutter antwortet nicht. Kevin wiederholt seine Frage lauter. Die Mutter sagt: ‚Du brauchst nicht zu schreien, ich hör' dich schon.‘ Der Vater sagt: ‚Wie oft habe ich dir schon gesagt, du sollst deine Mutter nicht anschreien.‘ Kevin kratzt an einem blauen Fleck an seinem Arm, während die Mutter zu Freida sagt, sie solle mit dem Geschirrspülen anfangen, was Freida tut. Kevin reibt und kratzt weiter an seinem Arm, während Mutter und Tocher am Spülbecken hantieren“ (S. 21).

Das ist eine Beschreibung, wie sie von einem beliebigen Beobachter stammen könnte. Ein verhaltenstheoretisch orientierter Beobachter würde diese ununterbrochene Abfolge von Verhaltensweisen unterteilen und in Begriffe fassen, die ihren Sinn aus seinem theoretischen Bezugsrahmen beziehen: „Kevin beginnt den Austausch mit einer Routinefrage in normaler Stimmlage. Dieses normale Verhalten wird jedoch nicht durch die Aufmerksamkeit der Mutter verstärkt – sie antwortet nicht. Weil sie nicht antwortet, stellt Kevin das normale Verhalten ein und wiederholt seine Frage mit großer Lautstärke. Die Mutter drückt Mißbilligung aus, indem sie sagt, er solle nicht so schreien, d.h. sie bestraft den Sohn. Der Vater ermahnt Kevin, die Mutter nicht anzuschreien und ergänzt so die Bestrafung.“ In diese Darstellung sind die Konsequenzen, die es haben kann, wenn eine kindliche Frage ignoriert wird, einbezogen. An einem bestimmten Punkt wird der Verhaltenstherapeut den Eltern zweifellos raten, auf in normaler Stimmlage vorgetragene Anliegen Kevins einzugehen, um so zu verhindern, daß er sich lautstark Gehör verschafft. Dieses Beispiel verdeutlicht einen wichtigen Aspekt der Verhaltenserfassung: ihre enge Verbindung zur *Intervention*. Die verhaltenstherapeutische Konzeptualisierung einer Situation schließt oft auch einen Weg zu ihrer möglichen Veränderung ein.

Verhalten zu beobachten, wenn es tatsächlich auftritt, ist meistens schwierig, und so ist auch kaum zu bestimmen, wo und wann damit zu rechnen ist. Aus diesem Grund schaffen viele Therapeuten im Labor oder im Sprechzimmer künstliche Situationen, um beobachten zu können, wie sich ein Klient oder eine Familie unter bestimmten Bedingungen verhalten. Die eben beschriebene Szene könnte sich sehr wohl auch im Rahmen einer solcherart planmäßig herbeigeführten Situation ereignet haben.

Die vorausgegangene operante Interpretation einer Familienszene verzichtet auf Begriffe, die auf Schlußfolgerungen beruhen; die Beobachtungen werden ziemlich direkt interpretiert. Man kann sich aber auch innerhalb eines mediatortheoretischen Rahmens verhaltensdiagnostischer Techniken bedienen. *Gordon Paul* (1966) war z.B. daran interessiert, die „Angst“ von Menschen, die vor einer Öffentlichkeit sprechen müssen, zu erfassen. Er beschloß, auf die Häufigkeit von Verhaltensweisen zu achten, die als Indikatoren für diesen emotionalen Zustand gelten. Tabelle 4.5 zeigt eines seiner wichtigsten Meßinstrumente, die sogenannte *Timed Behavioral Checklist for Performance Anxiety*. Die Probanden wurden gebeten, vor einer Gruppe eine Rede zu halten. Einige Mitglieder der Gruppe waren darin geschult, das Verhalten des Redners zu beobachten und alle dreißig Sekunden Anwesenheit oder Abwesenheit von zwanzig spezifischen

Tabelle 4.5. Zeitstichproben von Verhaltensweisen, die Ausdruck einer Leistungsangst sind (aus *Paul,* 1966)

	Zeitpunkt								
Beobachtetes Verhalten	1	2	3	4	5	6	7	8	Σ
1. Geht herum									
2. Schwankt									
3. Scharrt mit den Füßen									
4. Zitternde Knie									
5. Ausladende Arm- und Handbewegungen (schleudert seine Arme, kratzt sich, spielt usw.)									
6. Steife Arme									
7. Hände bewegungseingeschränkt (in den Taschen, hinter dem Rücken verschränkt)									
8. Hand zittert									
9. Kein Blickkontakt									
10. Gesichtsmuskeln angespannt (verzerrt, Tics, Grimassen)									
11. „Sturer" Blick									
12. Bleiches Gesicht									
13. Gesicht errötet									
14. Feuchtet die Lippen an									
15. Schluckt									
16. Räuspert sich									
17. Atmet schwer									
18. Schwitzt (Gesicht, Hände, Achseln)									
19. Stimme bebt									
20. Sprechhemmung oder Stottern									

Verhaltensweisen zu protokollieren. Die Werte wurden zusammengezählt und ergaben einen Verhaltensindex von Angst. Diese Untersuchung ist ein Beispiel dafür, wie man sich der Beobachtung offenen Verhaltens bedient hat, um auf einen inneren Zustand zu schließen.

In *Pauls* Studie haben andere das Verhalten des Redners beobachtet. Einige Jahre lang haben Verhaltenstherapeuten und Verhaltensforscher Klienten oder Probanden ihr Verhalten auch *selbst* beobachten lassen, um zu verschiedenen Reaktionskategorien zu gelangen. Dieser allgemeine Ansatz heißt *Selbstüberwachung* (self-monitoring). Eine erste Anwendung fand er in der Forschung zur Raucherentwöhnung. Die Probanden hatten vor, während und nach der Behandlung über jede Zigarette, die sie sich anzündeten, Buch zu führen.

Mit solcherart Selbstüberwachung lassen sich zwar Verhaltensweisen wie Rauchen oder bestimmte Eßgewohnheiten durchaus genau erfassen, aber oft zeigt sich auch, daß die so erhaltene Information nicht reliabel ist (*Nelson*, 1977). Doch es gibt Möglichkeiten, die Genauigkeit der Selbstüberwachung zu erhöhen: durch Belohnung für Genauigkeit (*Lipinski* et al., 1975); dadurch, daß man die Betroffenen motiviert, ehrlich und gewissenhaft zu sein (*Bornstein* et al., 1977); indem man ihnen eine besondere Schulung angedeihen läßt (*Nelson, Lipinski* und *Boykin*, 1978); oder indem man sie darauf hinweist, daß ihre Selbstüberwachung wiederum von anderen Beobachtern kontrolliert wird (*Nelson, Lipinski* und *Black*, 1975). Gleichzeitig sprechen viele Forschungsergebnisse dafür, daß bereits die bloße Selbstüberwachung zu Verhaltensänderungen führen kann (*Haynes* und *Horn*, 1982). Daß Verhalten sich ändert, weil es beobachtet wird, ist das Phänomen der *Reaktivität* von Verhalten. Allgemein gesagt, steigt bei Selbstüberwachung die Häufigkeit erwünschten Verhaltens, etwa die Pflege sozialer Kontakte (*Nelson, Lipinsky* und *Black*, 1976), während Verhaltensweisen, die der Betroffene reduzieren möchte, wie das Zigarettenrauchen, seltener werden (*McFall* und *Hammen*, 1971). Solche Ergebnisse legen es nahe, die Reaktivität als Folge von Selbstüberwachung auch therapeutisch zu nutzen.

Tabelle 4.6. Ein verhaltenstherapeutisch orientierter Aufnahmebericht (nach *Goldfried* und *Davison*, 1976)

Name: Brian, James (fiktiv)	Alter: 22 Geschlecht: männlich
Semester: Senior	Datum: 26.3. 1984 Therapeut: John Doe

1. Verhalten während des Interviews und äußerer Eindruck: James ist ein sauber rasierter, langhaariger junger Mann, der zum Aufnahmegespräch in ordentlicher College-Kleidung erschien: Jeans, breiter Gürtel, offenes Hemd und Sandalen. Er war schüchtern und sprach leise, mit gelegentlichen kleinen Sprechhemmungen. Obwohl er sich während der Sitzung überwiegend unbehaglich fühlte, sprach er frei und offen.
2. Darstellung des Problems:
   a) Art des Problems: Angst vor Sprechen in der Öffentlichkeit und in anderen Situationen, in denen er von anderen bewertet wird.
   b) Lebensgeschichtliche Determinanten: James wurde in Frankreich geboren und kam im Alter von sieben Jahren in dieses Land, wo er mit erheblichen sozialen und sprachlichen Problemen zu kämpfen hatte. Seine sozialen Kontakte waren bis zum Eintritt ins College minimal. Hier half ihm ein sozial aggressiverer Freund, aus seinem Schneckenhaus auszubrechen. Seinen Vater beschreibt James als überkritischen Perfektionisten, der gelegentlich die Hausaufgaben des Sohnes zerriß, wenn sie seinen Ansprüchen nicht genügten. Seine Mutter empfand er als kontrollierend, überzärtlich und ständig um sein Wohlergehen besorgt. Sein jüngerer Bruder, der immer ein guter Schüler war, wurde ihm von den Eltern stets als Vorbild vorgehalten.
   c) Gegenwärtige Determinanten: Interaktion mit den Eltern, Prüfungen, Familientreffen, Teilnahme an Seminaren, erste soziale Kontakte.
   d) Relevante organismische Variablen: Der Klient scheint sich einer Reihe von Situationen mit bestimmten irrationalen Erwartungen zu nähern, vornehmlich mit einem unrealistischen Perfektionsstreben und dem überwältigenden Wunsch, von anderen anerkannt zu werden. Medikamente nimmt er mit Ausnahme der unter Punkt 10 aufgeführten gegenwärtig nicht.
   e) Dimensionen des Problems: Die Angst des Klienten vor sozialen Beziehungen und Bewertung seitens anderer besteht seit langem und tritt in einer Vielzahl von Alltagssituationen auf.

Interviews und Selbstaussagen

Bei allem Interesse an direkter Verhaltensbeobachtung verlassen sich Verhaltenstherapeuten doch immer auch in hohem Maße auf das Interview, um den Bedürfnissen ihrer Klienten auf die Spur zu kommen. Wie Therapeuten anderer Schulen bemühen auch sie sich um guten Rapport, d.h. sie schaffen eine Atmosphäre des Vertrauens und der Anteilnahme, die den Klienten ermutigt, bisher Ungesagtes zu enthüllen und, wie *London* (1964) es poetisch ausdrückt, seine „Herzensgeheimnisse" preiszugeben. Innerhalb dieser vertrauensvollen Beziehung ist es nun Aufgabe des Verhaltenstherapeuten, mittels kundiger Fragen und sorgfältiger Beobachtung der emotionalen Reaktionen seines Gegenüber besagte SORK-Faktoren zu ermitteln: die Situationen, in denen das Problemverhalten auftritt; die den Umwelteinfluß vermittelnden inneren Bedingungen; die besonderen Verhaltensmuster, die Ursache des Kummers sind; die Ereignisse, die das Problemverhalten aufrechterhalten. Die Autoren dieses Buches, selber verhaltenstherapeutisch orientiert, führen ein Erstinterview mit dem Ziel, ein Eingangsprotokoll zu erstellen (vgl. Tabelle 4.6).

f) Konsequenzen des Problems: Sein chronisch hohes Angstniveau führte dazu, daß er sich im Alter von 15 Jahren einer Magengeschwüroperation unterziehen mußte. Zusätzlich entwickelte er - offensichtlich als Folge exzessiver Transpiration - einen Hautausschlag an Armen und Händen. Seinen Angaben zufolge hat er aus Nervosität eine Zeitlang gestottert, aber dieses Problem scheint sich in den letzten Jahren erledigt zu haben. Typischerweise interferiert seine Prüfungsangst mit seinem ansonsten guten Leistungsvermögen.

3. Andere Probleme:
   a) Selbstbehauptung: Obwohl James ganz offensichtlich ein schüchterner und furchtsamer Mensch ist, sagt er, daß Selbstbehauptung kein Problem mehr für ihn sei. Früher habe er sich von seinen Freunden ausnutzen lassen, aber das sei nicht mehr der Fall. Seinen diesbezüglichen Äußerungen sollte man nachgehen, denn es ist nicht ganz klar, was er unter Selbstbehauptung versteht.
   b) Vergeßlichkeit: Der Klient berichtet, daß er häufig Verabredungen versäume, Dinge verlege, sich aus seinem Zimmer ausschließe und allgemein abwesend sei.
4. Persönliche Vorzüge:
   Der Klient ist recht gescheit und vermittelt den Eindruck eines warmen, freundlichen und sensiblen Menschen.
5. Ziele für die Modifikation:
   Unrealistische Selbstaussagen über sein gewünschtes Abschneiden in sozialen Bewertungssituationen; mögliche Verhaltensdefizite in Zusammenhang mit mangelnder Selbstbehauptung; Vergeßlichkeit.
6. Empfohlene Behandlung:
   Ein guter Einstieg angesichts des hohen Angstniveaus des Klienten wäre ein Entspannungstraining. Die anschließende Behandlung müßte seine unrealistischen Erwartungen umstrukturieren. Verhaltensübung wäre eine Möglichkeit. Mit welcher Strategie die Vergeßlichkeit am besten zu behandeln wäre, ist einstweilen noch unklar.
7. Motivation zur Behandlung: Hoch.
8. Prognose: Gut
9. Dringlichkeit der Behandlung: Hoch
10. Erwartungen:
    Gelegentlich, besonders vor einer Verabredung, nimmt James einen Tranquilizer (Valium 19), um sich zu beruhigen. Er möchte davon loskommen und glaubt, daß er lernen muß, mit seiner Angst selbst fertigzuwerden. Vermutlich wird er auf jeden von uns schließlich gewählten Behandlungsplan ansprechen, besonders, wenn die Selbstkontrolle von Angst im Mittelpunkt steht.
11. Sonstige Kommentare:
    Da bis zum Ende des Semesters nur noch wenig Zeit zur Verfügung steht, sollten zwischen den Sitzungen Hausaufgaben gegeben werden.

Die von Verhaltenstherapeuten entwickelten Selbstbeurteilungs-Fragebögen sind viel spezifischer und detaillierter als die sonst üblichen. *McFall* und *Lillesand* (1971) z.B. bedienten sich eines Konfliktlösungs-Fragebogens von 35 Items, um die Fähigkeit von Probanden zu messen, unvernünftige Bitten abzuschlagen. ,,Sie arbeiten gerade unter Hochdruck für eine Prüfung", lautet etwa so ein Item, ,,als Sie ein Ihnen kaum bekannter Studienkollege besucht und verkündet: ,Ich habe die Lernerei satt. Hast du etwas dagegen, wenn ich bei dir eine kleine Pause einlege?' " Die Probanden sollen die Wahrscheinlichkeit angeben, mit der sie ein derartiges Ansinnen ablehnen und wie wohl bzw. unwohl sie sich dabei fühlen würden. Mit solchen und ähnlichen Fragebögen arbeiten nicht nur praktizierende Therapeuten, sondern auch verhaltenstheoretisch orientierte Forscher, die die Effektivität klinischer Interventionen messen.

Die Erfassung kognitiver Variablen

Was Patienten denken, läßt sich sowohl in Interviews als auch durch Selbstbeurteilungs-Fragebögen ermitteln. Die Patienten versetzen sich zurück und berichten retrospektiv und ziemlich allgemein über ihre Gedanken in bestimmten Situationen. ,,Was ging Ihnen durch den Kopf, als man Sie einmal vor versammeltem Seminar kritisierte?" könnte etwa so eine Frage lauten. *Kendall* und *Hollon* (1981) haben die Methoden, mit denen man Kognitionen von klinischem Interesse erfaßt, zusammengestellt. In dem vielleicht gängigsten Verfahren füllen die Patienten einige Selbstbeurteilungs-Fragebögen aus, von denen z.B. einer über ihre Angst vor negativer Bewertung, ein anderer über ihre Neigung zu irrationalem Denken Aufschluß geben soll.

Nun ist aber nicht auszuschließen, daß ihre Antworten auf Interview- und Fragebogen-Fragen anders ausfallen, als wenn sie ihre Antworten unmittelbar in den entsprechenden Situationen geben könnten. Zudem machen kognitive Verhaltenstherapeuten wie *Albert Ellis* und *Aaron Beck* Vorhersagen darüber, wie Menschen mit bestimmten psychischen Schwierigkeiten unter sehr spezifischen Bedingungen denken. Man hat nach Wegen gesucht, die es Probanden ermöglichen, dann, wenn sie mit einer bestimmten Situation konfrontiert werden, ihren unmittelbaren Gedankenprozessen nachzuspüren. Können wir z.B. nachweisen, daß es ein sozial ängstlicher Mensch tatsächlich, wie *Ellis* vorhersagen würde, für eine Katastrophe hält, wenn gute Bekannte ihn schief ansehen, ein sozial sicherer Mensch dagegen nicht?

Die Methode der Gedankenäußerung während simulierter Situationen von *Davison* und seinen Mitarbeitern (*Davison, Robins* und *Johnson*, 1983; *Davison, Feldman* und *Osborn*, 1984) ist ein Beispiel für diese Forschung. Die Probanden tun so, als seien sie Teilnehmer einer Situation, als hörten sie etwa zu, wie ein Assistent ein Referat kritisiert, für das sie sich eine gute Note erhofft hatten. Die Szene wird per Tonband dargeboten und alle zehn oder fünfzehn Sekunden unterbrochen. In den folgenden dreißig Sekunden berichtet der Proband, was ihm in Reaktion auf das gerade Gehörte durch den Kopf geht. Dann läuft die Szene weiter, wird erneut angehalten, und der Proband ist wieder an der Reihe. In einer auf Tonband aufgenommenen Szene, in der der Proband von zwei Bekannten kritisiert wird, kommt es zu folgendem Dialog:

Erster Bekannter: Er hat sich mit seinem Gerede über Religion ziemlich zum Narren gemacht. Ich finde seine Meinung engstirnig und naiv. Man muß schon ziemlich blind sein für die Tatsachen, um so etwas zu glauben. (Dreißig Sekunden Pause für die Reaktion des Probanden)

Zweiter Bekannter: Was mich stört, ist seine Art zu reden. Er scheint überhaupt nicht nachzudenken, sondern platzt mit allem raus, was ihm in den Kopf kommt. (Dreißig Sekunden Pause)

Die Probanden lassen sich bereitwillig auf die gestellten Situationen ein und halten sie für glaubwürdig und realistisch. Die bisher durchgeführten Untersuchungen erbrachten folgende Ergebnisse:

1. Die Gedanken, die Probanden beim Anhören eines Tonbandes artikulierten, auf dem zwei Bekannte sie kritisierten, wurden häufiger als ,,kritische Beurteilung des Sprechers" und ,,Wunsch, den Sprecher zu verletzen" kodiert als ihre Gedanken zu einem neutralen Band (*Davison, Robins* und *Johnson*, 1983).

2. Die Gedanken, die Probanden in Reaktion auf die simulierte Kritik durch Bekannte oder die Herabsetzung durch eine Lehrperson artikulierten, waren irrationaler als die Reaktionen auf ein neutrales Band (*Davison, Feldman* und *Osborn*, 1984).
3. Depressive Patienten einer psychiatrischen Klinik und ambulante Patienten mit anderen psychischen Störungen hörten ein Band, das ein angeblich von ihnen geplantes und dann verregnetes Grillfest schilderte. Die artikulierten Gedanken der depressiven Patienten waren – der Vorhersage von *Beck* entsprechend (s. S. 265f.) – unlogischer als die der anderen Patienten (*White, Davison* und *White*, 1985).
4. Probanden, die zuvor von einem universitären Beratungszentrum als äußerst schüchtern, zurückgezogen und kritikempfindlich eingeschätzt worden waren, artikulierten irrationalere Gedanken als Teilnehmer eines Einführungskurses in Psychologie (*Davison* und *Zighelboim*, 1985).

Wie die Ergebnismuster zeigen, läßt sich mit dieser Methode tatsächlich herausbekommen, was Menschen in für sie unliebsamen und zugleich ,,objektiv" harmlosen Situationen denken.

Das Interesse an der Erfassung kognitiver Vorgänge hat kognitiv orientierte Verhaltenstherapeuten mit der Literatur zur experimentellen kognitiven Psychologie in Kontakt gebracht – mit jenem Zweig der Psychologie also, der untersucht, wie Menschen Eingaben aus der Umwelt in für sie brauchbare Information transformieren, wie sie denken, planen, sich erinnern und Dinge in Gedanken vorwegnehmen. Neben der Selbstgesprächs-Forschung hat man auch Meßinstrumente entwickelt, mit deren Hilfe man auf das Vorhandensein kognitiver Strukturen, insbesondere kognitiver Schemata schließen kann. Der Begriff des Schemas geht auf den englischen Psychologen *Frederick Bartlett* (1932) zurück und wird definiert als ,,... der Teil des gesamten Wahrnehmungszyklus, der sich im Innern des Wahrnehmenden abspielt, durch Erfahrung modifizierbar und auf irgendeine Weise spezifisch für das jeweils Wahrgenommene ist" (*Neisser*, 1976, S. 54). Ein einfaches Beispiel für ein Schema wäre etwa unsere Vorstellung von einem Gesicht als einer Konfiguration, zu der zwei Augen, ein Mund und zwei Ohren gehören. Wir identifizieren ein Objekt auch dann als Gesicht, wenn die Konfiguration ungewöhnlich ist.

Unseren klinischen Interessen kommt der Begriff *Skript* von *Schank* und *Abelson* (1977) noch näher. Damit sind Handlungssequenzen gemeint, die wir in unserem Denken verinnerlicht haben und die unser zielgerichtetes Handeln leiten. Unser ,,Restaurant-Skript" enthält und antizipiert z.B. eine Abfolge von Ereignissen und Handlungen, die sich zwischen Betreten und Verlassen eines Speiselokals mit ziemlicher Sicherheit abspielen werden. Wir setzen uns, studieren die Speisekarte, bestellen, essen, zahlen und gehen (*Bower, Black* und *Turner*, 1979). Die kognitive Internalisierung dieses allgemeinen Plans ermöglicht es uns, ohne großen Aufwand an Aufmerksamkeit mit einer Vielfalt von Situationen fertigzuwerden.

Viele Methoden zur Ermittlung solcher Skripte basieren nicht auf direkten Selbstangaben, sondern auf Schlüssen, die aus dem Verhalten gezogen werden. Wir können Menschen z.B. im Restaurant beobachten, Regularitäten in ihrem Verhalten feststellen – aber auch die Aufregung, wenn die Dinge einen irregulären Verlauf nehmen, z.B. das bestellte Essen auf sich warten läßt –, und dann den Schluß ziehen, daß hier ein Restaurant-Skript am Werk ist. Forschungsergebnisse zeigen, daß nicht nur das Verhalten, sondern auch das Gedächtnis vom Skript beeinflußt wird. Probanden, die eine Geschichte über einen Vorfall in einem Restaurant wiedererzählen sollen, verzerren die Ereignisse so, daß sie mit einem vorherrschenden Skript übereinstimmen. In ihrer Erzählung begleichen die Hauptpersonen z.B. die Rechnung, obwohl dieses Detail in der Originalgeschichte fehlte.

Physiologische Messungen

Experimentell orientierte Verhaltenstherapeuten und Therapieforscher wenden oft ausgefeilte Verfahren an, um physiologische Aspekte von Verhalten zu messen. Die *Psychophysiologie* interessiert sich für die körperlichen Veränderungen, die mit psychologischen Ereignissen einhergehen (*Grings* und *Dawson*, 1978; vgl. Kasten

4.1). Wir wissen zum Beispiel, daß die Herzschlagfrequenz bei den meisten Menschen nicht nur unter körperlicher, sondern auch unter seelischer Belastung ansteigt.

Man hat in Experimenten diese Veränderungen der Herzschlagfrequenz und solche der Leitfähigkeit der Haut, der Muskelspannung, sowie den Blutzustrom zu verschiedenen Körperteilen und sogar Hirnströme an Probanden untersucht, während diese Angst hatten, depressiv waren, schliefen, sich etwas vorstellten, Probleme lösten usw. Besonderes Interesse gilt der *Musterbildung* solcher Reaktionen, bei denen das Herz schneller schlägt, während die Hautleitfähigkeit konstant bleibt.

Den Verhaltenstherapeuten ist bewußt geworden, daß man ein vollständigeres Bild vom Menschen erhält, wenn man neben offenem Verhalten und kognitiver Aktivität auch die physiologischen Funktionen in die Diagnostik einbezieht. Wenn man wissen möchte, ob es für einen schizophrenen Patienten belastend ist, ein Bild seiner Mutter zu betrachten, kann man ihn nach seinen Gefühlen fragen und gleichzeitig Herzschlagfrequenz und elektrische Hautaktivität messen. Die psychophysiologischen Meßverfahren werden zunehmend besser und vielfältiger und sind verhältnismäßig unaufdringlich. Hat sich der Proband einmal an die Elektroden an seinem Arm gewöhnt, wird die Messung der Herzschlagfrequenz auch nicht mehr die vielen experimentellen Aufgaben, etwa das Anhören einer Geschichte oder das Lösen eines mathematischen Problems, behindern.

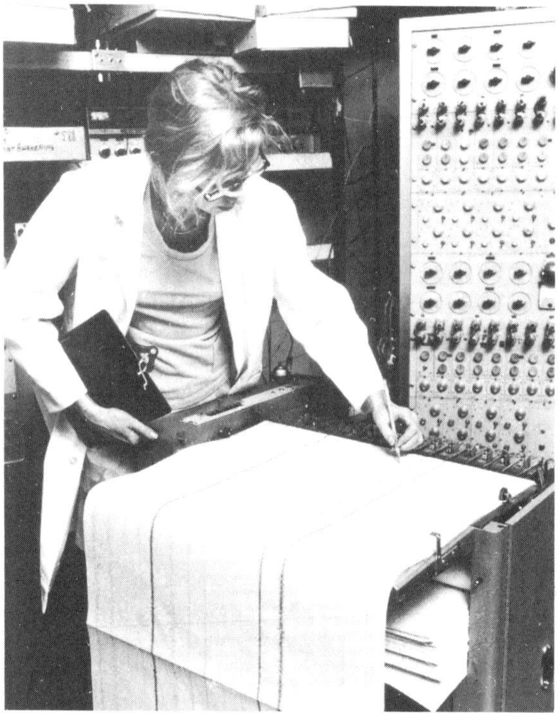

Hier kontrolliert eine Psychologin die verschiedenen Kanäle eines Polygraphen, eines Apparates zur Messung einer Anzahl physiologischer Reaktionen wie Herzfrequenz, Blutdruck, Atemtätigkeit und elektrodermale Aktivität.

Die hochkomplizierte elektronische Ausstattung und das Trachten vieler Psychologen nach naturwissenschaftlicher Präzision führen zuweilen zu einem unkritischen Glauben an diese scheinbar objektiven Meßinstrumente, und man übersieht ihre tatsächlichen Grenzen und auch die Probleme, die sie aufwerfen. Die Herzschlagfrequenz erhöht sich z.B. nicht nur bei Angst, sondern auch bei zahlreichen anderen Emotionen. Damit die Daten überhaupt sinnvoll sind, muß man das ,,Setting'', in dem man sie erhebt, mit besonderer Sorgfalt wählen.

Ein häufiges Skript in Amerika ist der rituelle mittägliche Gang zur Bank am Zahltag.

Kasten 4.1
Messen der Aktivität des autonomen Nervensystems

Das Nervensystem der Säugetiere besteht aus zwei relativ getrennten funktionellen Teilen: dem *somatischen* oder willkürlichen und dem *autonomen* (vegetativen) oder unwillkürlichen Nervensystem. Da das autonome Nervensystem bei der Untersuchung des emotionalen Verhalten eine ganz besonders wichtige Rolle spielt, wollen wir einen kurzen Überblick über seine Haupteigenschaften und die Methoden geben, mit denen man seine Aktivität überprüfen kann.

Unsere Skelettmuskeln, z.B. unsere Arm- und Beinmuskeln, werden vom willkürlichen Nervensystem innerviert. Einen großen Teil unseres Verhaltens kontrolliert jedoch ein Nervensystem, dessen Wirken uns nicht be-

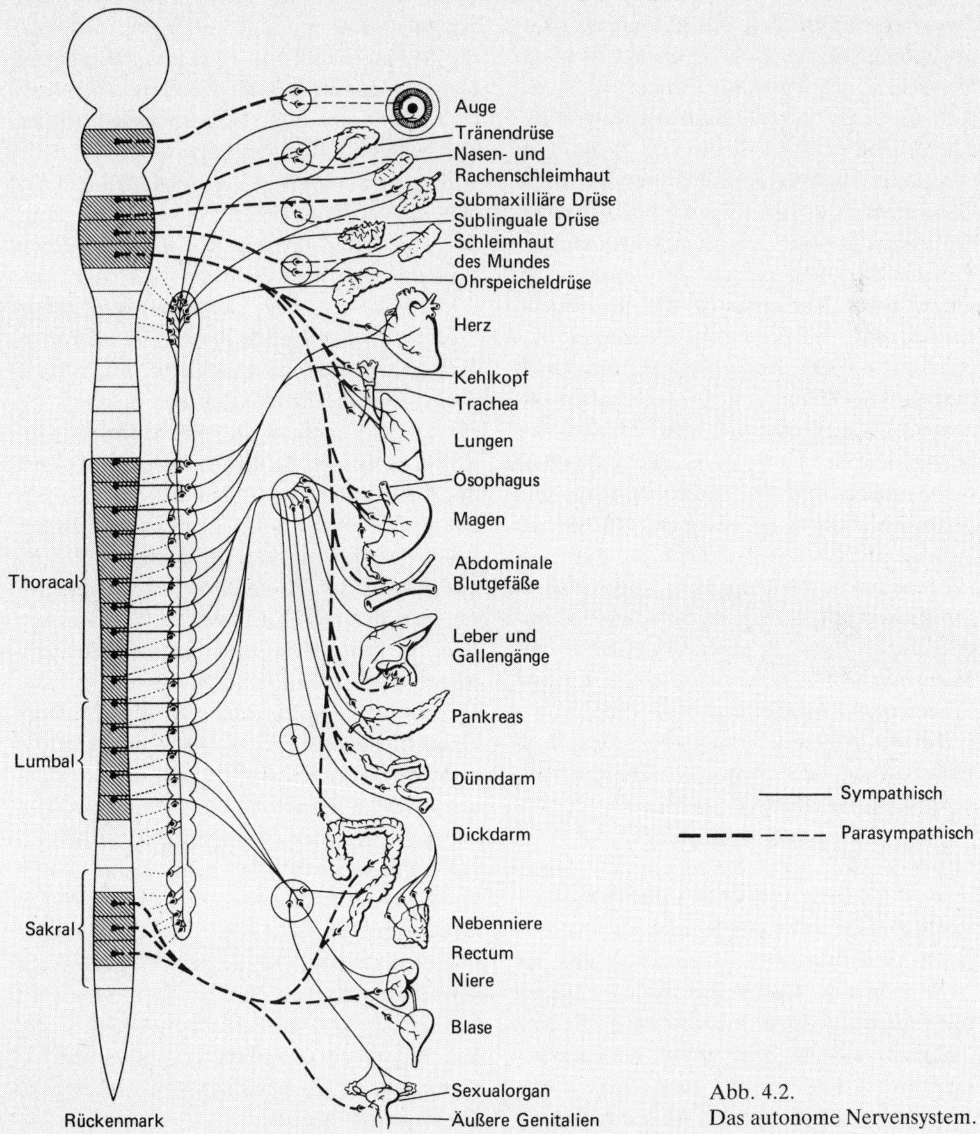

Abb. 4.2.
Das autonome Nervensystem.

wußt und das nach traditioneller Auffassung vom Willen unabhängig ist. Daher nennt man es auch das autonome Nervensystem. Das autonome Nervensystem innerviert die endokrinen Drüsen, das Herz, die glatte Muskulatur der Blutgefäße, Eingeweide, Nieren und andere Organe. Dieses Nervensystem ist seinerseits zweigeteilt in das *sympathische* und das *parasympathische* Nervensystem (vgl. Abb. 4.2), die manchmal gegeneinander, manchmal auch in Einklang miteinander arbeiten. Wird der sympathische Teil des autonomen Nervensystems aktiviert, beschleunigt sich der Herzschlag, die Pupillen erweitern sich, die Aktivität des Verdauungstraktes wird gehemmt, und noch etliche weitere Reaktionen von glatter Muskulatur und Drüsen werden in Gang gesetzt, um den Organismus auf plötzliche Aktivität und Belastung vorzubereiten. Tatsächlich halten manche Physiologen das sympathische Nervensystem für vorwiegend exzitatorisch, während sein Gegenpart, das parasympathische Nervensystem, für Erhaltungsfunktionen und ruhigeres Verhalten verantwortlich gemacht wird, etwa für die Verlangsamung des Herzschlags, die Verengung der Pupillen und die Beschleunigung der Darmkontraktion. So eindeutig verläuft die Arbeitsteilung allerdings nicht, denn das parasympathische Nervensystem kann auch in Stressituationen aktiv sein. So kommt es vor, daß Tiere – und zu ihrem Entsetzen auch Menschen – in Situationen äußerster Angst urinieren und defäzieren.

Um das Wesen der Emotion zu verstehen, mißt und analysiert man das autonome Nervensystem elektronisch und chemisch. Ein wichtiges Maß ist der Herzschlag. Jeder Herzschlag bewirkt Veränderungen des elektrischen Potentials, das sich mit einem Elektrokardiographen oder einem entsprechend eingestellten Polygraphen aufzeichnen läßt. An beiden Armen werden Elektroden befestigt und führen von da zu einem sogenannten Galvanometer, einem Instrument zur Messung elektrischer Ströme. Die Ausschläge dieses Instruments erscheinen als Wellen auf einem Oszilloskop oder werden, gleichfalls als Wellen, von einem Schreibgerät auf langsam abrollendes Papier abgetragen. Beide Verfahren nennt man Elektrokardiogramm. Eine jüngere Entwicklung ist das Kardiotachometer, ein Gerät, das präzise die Zeit zwischen zwei Herzschlägen und gleichzeitig auf einer von-Schlag-zu-Schlag-Basis auch die Herzschlagfrequenz mißt. Dieser technologische Fortschritt ist für experimentelle Psychologen von ganz besonderer Bedeutung, da diese sich normalerweise für sehr kurzfristige körperliche Veränderungen in Reaktion auf schnelle Umgebungswechsel interessieren. Im allgemeinen gilt eine hohe Herzschlagfrequenz als Zeichen von Erregungssteigerung.

Ein zweites Maß ist die *elektrodermale Reaktion*, auch *galvanischer Hautreflex* genannt. Bei Aufregung, Furcht, Zorn und anderen Emotionen erhöht sich die Aktivität der Schweißdrüsen. Die elektrophysiologischen Prozesse in den Zellen dieser Drüsen verändern die elektrische Leitfähigkeit der Haut ebenso wie die Produktion von Schweiß. Es gibt zwei Methoden, die elektrodermale Reaktion zu messen. In dem einen Fall mißt man mit Oberflächenelektroden die sehr kleinen Unterschiede im elektrischen Potential zweier beliebiger Hautstellen. Die gemessene Spannung steigt nach Stimulation der Schweißdrüsen merklich an. Oder man erzeugt zwischen zwei an Handfläche und Handrücken befestigten Elektroden eine bestimmte geringe elektrische Spannung und mißt den durch die Hand fließenden Strom. Auch dieser Strom verstärkt sich nach Aktivierung der Schweißdrüsen. Maß der Reaktivität ist in beiden Fällen die gegenüber den normalen Verhältnissen prozentuale Veränderung. Hohe Leitfähigkeit – oder andersherum geringer Widerstand – gilt als Anzeichen gesteigerter autonomer Aktivität. Da die Schweißdrüsen nur vom sympathischen Nervensystem innerviert werden, zeigt eine erhöhte Aktivität der Schweißdrüsen sympathische, autonome Erregung an; sie wird häufig als ein Maßstab für Angst genommen.

Verhalten erfassen, um Verhalten zu ändern

Ein wesentlicher Aspekt der Verhaltensdiagnostik ist, wie wir gesehen haben, ihre enge Beziehung zu Verfahren der Verhaltensänderung. Verhaltenstherapeuten sind immer bemüht, die situativen Determinanten von Verhalten aufzuspüren, da sich Verhalten ihrer Überzeugung nach durch Manipulation der Umgebung ändern läßt. Das verhaltenstherapeutische Verfahren der *Systematischen Desensibilisierung* scheint sich bei einer Vielzahl von Ängsten zu bewähren. Diese Technik verlangt, daß der Therapeut die besonderen Situationen kennt, die beim Klienten Angst auslösen. Der Verhaltenstherapeut stellt nicht zunächst eine allgemeine Diagnose, etwa die einer Phobischen Reaktion, und sucht dann nach der zugrundeliegenden Persönlichkeitsdynamik, sondern glaubt, daß sich der Erfolg schneller und umfassender einstellt, wenn man erst die spezifischen angstauslösenden Situationen aufspürt und dann daran arbeitet, die Angst des Klienten zu mindern. Oder man beobachtet, um ein anderes Beispiel zu nehmen, ein aggressives Kind darauf hin, ob Eltern und Lehrer sein widerborstiges Verhalten durch Aufmerksamkeit verstärken. Ist das der Fall, kann man sie anweisen, aggressives Verhalten so weit wie möglich zu ignorieren. Auch hier diagnostiziert man nicht zuerst eine Verhaltensstörung und sucht dann nach den Gründen für das allgemeine Problem. Wenn wir in späteren Kapiteln die vielfältigen Möglichkeiten verhaltenstherapeutischen Vorgehens bei unterschiedlichen psychischen Störungen ausführlicher vorstellen, wird sich dieser unmittelbare Zusammenhang zwischen Verhaltenserfassung und Intervention immer wieder offenbaren.

Die Reliabilität von Verhaltensmessung

Wir haben im Laufe dieses Kapitels die wichtigsten Ansätze zur Erfassung von Verhalten kennengelernt. Der Leser wird festgestellt haben, daß diese Art der Erfassung um vieles *direkter* ist als traditionelle Techniken wie z.B. der *Rorschach*-Test. Will der Verhaltensforscher bestimmen, wie ängstlich jemand ist, wird er (oder sie) zunächst geeignete Indikatoren – z.B. Händezittern oder ein polygraphisch ermitteltes psycho-

Daniel O'Leary, Psychologe in Stony-Brook, beobachtet und protokolliert das Verhalten von Kindern in einer Schulklasse. Auf einer Liste vorher festgesetzter Dimensionen kodiert er ihr Verhalten in regelmäßigen Intervallen.

Kasten 4.2
Die Messung von Angst: Auf der Jagd nach einem schwer faßbaren Konstrukt

Angst ist wohl eine der häufigsten Emotionen und von großem Interesse für Psychopathologen und Therapeuten; und so bietet es sich an, am Beispiel der Angstmessung, der große Forschungsanstrengungen gelten, einige allgemeine Probleme dieser Art der Verhaltenserfassung zu erörtern. Als Meßinstrumente dienen im allgemeinen Selbstbeurteilungs-Fragebögen, Beobachtungen offenen Verhaltens und physiologische Messungen.

Wenn Klienten ihre Emotionen mit eigenen Worten beschreiben, wie das in klinischen Interviews geschieht, erhält der Therapeut zwar nützliche Informationen über den einzelnen Befragten: aber diese Strategie allein macht es schwierig, Erfahrungen von mehreren Menschen zu vergleichen und, was noch wichtiger ist, ihre Aussagen zu quantifizieren. Man hat daher verschiedene Selbstbeurteilungs-Fragebögen entwickelt, die den individuellen Eindrücken standardisierte Ausdrucksformen zuweisen. Die folgenden Item-Beispiele sind der *Taylor Manifest Anxiety Scale* (*Taylor*, 1953) entnommen, die fünfzig aus dem MMPI abgeleitete Items enthält.

Ich arbeite unter ständiger Anspannung.	*Richtig* Falsch
Ich bin gewöhnlich ruhig und nicht leicht aufzuregen.	Richtig *Falsch*
Ich schwitze leicht, auch an kühlen Tagen.	*Richtig* Falsch
Ich habe genug Energie, um mit Schwierigkeiten fertigzuwerden.	Richtig *Falsch*
Mein Schlaf ist unruhig und gestört.	*Richtig* Falsch

Das Antwortmuster ist in diesem Fall das eines ängstlichen Menschen. Die Auswertung erfolgt durch einfaches Addieren der „ängstlichen" Antworten, und dieser Wert gilt als das allgemeine Angstniveau der getesteten Person.

Im zweiten Verfahren zur Erfassung von Angst beobachtet man offenes Verhalten, d.h. Reaktionen und Bewegungen, die nach allgemeiner Auffassung einen inneren emotionalen Zustand widerspiegeln: Zittern, Schwitzen, Nägelkauen, Flucht aus der Situation usw. In der Anwendung von *Pauls* (1966) *Timed Behavioral Checklist for Performance Anxiety* geschulte Beobachter beobachteten das offene Verhalten von Probanden in einer Streßsituation und fertigten ein Zeitstichproben-Protokoll von zwanzig Angst-Indikatoren an.

Man kann das jeweilige Angstniveau auch physiologisch bestimmen, indem man die Aktivitäten des autonomen Nervensystems und bestimmter endokriner Drüsen mißt. Die Möglichkeit solcher Messungen hat dazu geführt, daß man Angst physiologisch definierte. Allerdings spielt dabei die Situation, in der gemessen wird, eine große Rolle. Was käme zum Beispiel dabei heraus, würde man eine Frau kurz vor einem Liebesakt mit Elektroden versehen? Vor und während der sexuellen Aktivität wird ihr Herz schneller schlagen, ihr Blutdruck wird steigen, sie wird mehr transpirieren und schneller atmen – kurz, sie wird alle physiologischen Reaktionen zeigen, die auch als Indikatoren für Angst gelten. Aber warum würden wir daraus nicht den Schluß ziehen, daß unsere Probandin während der sexuellen Begegnung Angst hat? Wie wir in Kapitel 13 sehen werden, haben viele Menschen Angst in sexuellen Situationen. Wie läßt sich unterscheiden, ob sexuelle Erregung oder Angst den Atem beschleunigt? Einen Teil der Antwort geben sicher zusätzliche Beobachtungen. Wenn die Probandin zur Zeit der Messung glaubhaft versichert, daß sie sich auf das Kommende freue, und wenn ihr Partner ihr offensichtlich Lust bereitet, würden wir ihren beschleunigten Atem und andere physiologische Reaktionen sicher als Indikatoren sexueller Erregung interpretieren. Die Situation und ihre Selbstangaben dazu müssen also bei der Interpretation der physiologischen Maße mit berücksichtigt werden.

Doch nicht genug damit, daß physiologische Indikatoren für Angst auch für andere emotionale Zustände kennzeichnend sind. Man hat überdies immer wieder festgestellt, daß viele Maße für Angst zeitweise *nicht* gut miteinander korrelieren (vgl. *Martin*, 1961; *Lang*, 1969). Viele Probanden berichten angesichts einer belastenden Situation, etwa in Erwartung eines schmerzhaften elektrischen Schlages, von großer Nervosität, dennoch kann ihr Herzschlag eher verlangsamt als beschleunigt sein. Ein schlecht vorbereiteter Prüfungskandidat kann jegliches Angstgefühl leugnen, aber gleichwohl zittern. Wenn man Leute nach verschiedenen Anzeichen von Angst fragt, etwa danach, ob sie geselligen Zusammenkünften aus dem Weg gehen, sich Sorgen machen oder Steifheitsgefühle im Nacken verspüren, lassen sich ihre Selbstangaben zumeist einer von drei weitgehend unabhängigen Gruppen zuordnen: Die Aussagen betreffen entweder körperliche Empfindungen oder Verhalten oder Kognitionen (*Lehrer* und *Woolfolk*, 1982). Die Angst, von der Menschen berichten, scheint also aus drei relativ getrennten Komponenten zu bestehen. Es ist durchaus möglich, daß jemand körperliche Indikatoren wie Muskelspannung und übersäuerten Magen aufweist, aber kognitive Anzeichen von Angst, z.B. Nachgrübeln über ein alarmierendes Ereignis, vermissen läßt.

Auf einer allgemeineren Ebene halten viele Wissenschaftler ,,Angst" für einen sehr nützlichen Begriff, um Daten unterschiedlichster Quellen zu organisieren und miteinander in Beziehung zu setzen. *Maher* (1966) und *Lang* (1969) zum Beispiel betrachten Angst als hypothetisches *Konstrukt*, als brauchbare Fiktion oder einen gefolgerten Zustand, der zwischen bedrohlicher Situation und dem beobachteten Verhalten eines Organismus vermittelt. Dieses Konstrukt, so *Maher* und *Lang*, ist facettenreich oder multidimensional, wobei sich einzelne Facetten in einer gegebenen belastenden Situation unter Umständen überhaupt nicht oder in unterschiedlichem Ausmaß bemerkbar machen – eine weitere Erklärung für die geringen Korrelationen zwischen den Maßen von Angst.

Als wissenschaftliches Konstrukt muß Angst an beobachtbare Variablen, an die Bedingungen ihres Entstehens und an ihre Folgewirkungen gebunden sein. Und aus eben diesem Grund, so argumentiert *Skinner* (1953; vgl. S. 50f.), können Mediatoren zur Erklärung von Verhalten nichts Wesentliches beitragen. Da das Konstrukt ,,Angst" an Reize und Reaktionen gebunden ist, warum dann nicht auf Mediatoren verzichten und nur von beobachtbaren Variablen sprechen? Und könnte uns der Schluß auf einen inneren Zustand nicht in dem Glauben wiegen, die angemessene Erklärung sei gefunden und wir könnten uns die Suche nach weiteren Möglichkeiten, Verhalten vorherzusagen und zu kontrollieren, ersparen?

Das alles sind triftige Einwände, die die Forscher veranlaßt haben, bei der Verwendung des Angst-Konstrukts sehr behutsam vorzugehen. Wenn sie sich solcher Mediatoren wie Angst bedienen, dann in der Hoffnung, ihre Daten besser organisieren und Hypothesen bilden zu können (vgl. Kapitel 5). Kaum ein Experimentalpsychologe spricht von Angst, ohne jederzeit erklären zu können, wie und warum er zu dem Schluß gelangt ist, daß dieser emotionale Zustand existiert.

Bestimmte Experimente könnte man ohne den Schluß auf einen vermittelnden Zustand weder durchführen noch erklären. Nehmen wir als Beispiel ein Experiment, von dem *Rescorla* und *Solomon* (1967) berichten. Man brachte Hunden bei, einen Reiz zu vermeiden (konditionierter Reiz), indem man ihn wiederholt mit einem schmerzhaften Elektroschock (unkonditionierter Reiz) verband. Dann injizierte man den Tieren Curare, ein Gift, das jegliche Bewegung der Skelettmuskulatur unmöglich macht. Einem Teil der gelähmten Tiere wurde wiederholt der konditionierte Reiz ohne begleitenden elektrischen Schlag präsentiert. Im *Pawlow*schen Sinne würde man das als Versuch werten, die konditionierte Reaktion zu löschen. Lernten diese gelähmten, also bewegungsunfähigen Tiere nun, daß der konditionierte Reiz nicht mehr von einem elektrischen Schlag gefolgt wurde? Oder anders ausgedrückt, wurde die gelernte Angst vor dem konditionierten Reiz gelöscht? Die Antwort auf diese Frage erhielt man an einem der nächsten Tage, als man die nunmehr erholten Hunde erneut mit dem konditionierten Reiz konfrontierte. Obwohl die gelähmten Tiere auf die wiederholte Darbietung des Reizes ohne Elektroschock nicht offen hatten reagieren können, zeigten sie am folgenden Tag deutlich weniger Vermeidungsverhalten. Die Tiere der Kontrollgruppe, die nicht mit dem Reiz konfrontiert worden waren, als sie gelähmt waren, zeigten keine Reduktion des Vermeidungsverhaltens.

Wie lassen sich diese bemerkenswerten Ergebnisse erklären? *Rescorla* und *Solomon* halten es für notwendig und legitim, hier auf eine vermittelnde Angst zu schließen, die sich verringerte, als man die gelähmten Tiere wiederholt mit dem konditionierten Reiz konfrontierte. Offensichtlich hatten die Hunde während der Zeit, in der sie nicht mit Vermeiden reagieren konnten, etwas verlernt. Der Schluß auf eine vermittelnde Angst macht diese Ergebnisse sinnvoll und setzt sie zugleich zu einer Fülle anderer Theorien und Forschungsergebnisse in Beziehung. Angst oder Furcht, so zeigt dieses Experiment, kann durchaus eine brauchbare Erklärungsmöglichkeit sein. Gleichwohl birgt das Angst-Konstrukt für diejenigen, die damit arbeiten, auch weiterhin etliche Schwierigkeiten.

physiologisches Reaktionsmuster – wählen und dann die Reaktionen des Probanden unter kontrollierten Bedingungen messen, z.B. bei der Durchführung eines Tests.

Aber liegen die Dinge tatsächlich so einfach? Sammeln Verhaltensforscher, nur weil sie ein bißchen Verhalten direkt beobachten, tatsächlich immer auch die besseren Daten? Die Antwort darauf ist: „vielleicht". Sehen wir uns das Problem zunächst aus der Perspektive der Reliabilität und dann der Validität an.[2]

Die Reliabilität von Diagnosen hängt davon ab, ob zwischen verschiedenen Diagnostikern ein Konsens darüber besteht, wie die Schwierigkeiten eines Patienten kategorisiert werden. Die Reliabilität von Verfahren der Verhaltensmessung hängt auch davon ab, ob ihre Ergebnisse ähnlich sind. Machen zwei Beurteiler desselben Ereignisses auf der Grundlage eines bestimmten Kodierungssystems ähnliche Beobachtungen in bezug auf dasselbe Ereignis? Und erreicht ein Proband in zwei als ungefähr äquivalent geltenden Tests ähnliche Ergebnisse? *Paul* (1966) zum Beispiel trainierte seine Forschungsassistenten in der Anwendung der Verhaltens-Checkliste (vgl. Tabelle 4.5) so lange, bis zwei von ihnen in derselben Beobachtungssituation (ein Proband hält eine Rede) die Häufigkeiten verschiedener Anzeichen von Angst in etwa gleich beurteilten.

Wie sich im Laufe der Jahre gezeigt hat, können etliche Faktoren die Reliabilität von Verhaltensmessungen beeinflussen. Die Komplexität oder Schwierigkeit der Aufgabenstellung kann die Reliabilität mindern. Bedient man sich, wie *Paul*, eines Zeitstichproben-Verfahrens, bei dem die Beurteiler in festen Zeitintervallen nach bestimmten Indikatoren Ausschau halten, steigt die Reliabilität, wenn man 1. das Intervall zwischen den Beobachtungen so lang wählt – z.B. eine Minute, und nicht nur zehn Sekunden –, daß wirklich sorgfältige Beobachtung möglich ist, und 2. wenn die Beobachter nur einige wenige – z.B. fünf, und nicht zwanzig – Verhaltensweisen zu beobachten haben.

---

[2] Das Problem der Reliabilität und Validität von Verhaltensmessungen ist sehr komplex. Eine profunde Diskussion bieten *Kanfer* und *Nay* (1982).

Außerdem muß berücksichtigt werden, wie man die Beobachter kontrolliert. In den ersten Stadien eines Forschungsprojektes ist die Zusammenarbeit zwischen dem verantwortlichen Forscher und den Experimentatoren, d.h. denjenigen, die später den Kontakt mit den Probanden haben werden, sehr eng. Die Forschungsleiter versichern sich in zahllosen Stunden, daß ihre Assistenten die Instruktionen genauestens befolgen und jedes Verhalten zuverlässig erfassen. Es hat sich gezeigt, daß unbeaufsichtigte Experimentatoren – oder genauer, Experimentatoren, die sich unbeaufsichtigt *glauben* –, nachlässiger und also auch weniger zuverlässige Beobachter sind (*Romanczyk* et al., 1973). Um die Reliabilität auf eine effektive und ethisch vertretbare Weise zu steigern, informiere man die Experimentatoren, daß man ihre Arbeit gelegentlich und ohne vorherige Ankündigung kontrollieren werde. Solcherart unsystematisches Beobachten der Beobachter scheint geeignet, diese bei der Stange zu halten und so die Reliabilität zu steigern (*Bernstein* und *Nietzel*, 1980).

Die Validität von Verhaltensmessung

Auf die Validität ihrer Messungen achten die Verhaltensforscher erst seit relativ kurzer Zeit. Eine Messung ist in dem Umfang valide, indem sie zeigt, was sie zeigen soll. Wenn ein Forscher z.B. behauptet, häufiges Zuspätkommen sei ein Maß für Feindseligkeit, macht er eine Aussage über die Validität von Verspätungen als Maß für Feindseligkeit. Ist er zu so einer Behauptung berechtigt? Oder, anders gesagt, sind wir bereit zuzugestehen, daß sich Feindseligkeit durch die Kenntnisnahme von Zuspätkommen erfassen läßt?

Daß Verhaltensmessung um so vieles direkter ist als die traditionelle Persönlichkeitserfassung, kann dazu verführen, Validität unkritisch und vielleicht voreilig vorauszusetzen. Der gesunde Menschenverstand und die oben erwähnte Reaktivität selbstüberwachten Verhaltens sprechen allerdings dafür, daß sich unser Denken und Verhalten ändern, wenn wir uns beobachtet wissen. Zum Beispiel verhielten sich Mütter ihren Kindern gegenüber positiver, wenn sie wußten, daß sie beobachtet wurden, als wenn die Beobachtungen heimlich erfolgten (*Zeigob, Arnold* und *Forehand*, 1975). So ist denn das Verhalten von Müttern, die sich beobachtet wissen, möglicherweise keine valide Erfassung des für sie typischen Niveaus mütterlichen Verhaltens.

Allerdings ist nicht jedes Verhalten gegenüber Messung reaktiv, und wir haben über diese mögliche Quelle von Nicht-Validität noch viel zu lernen (vgl. *Haynes* und *Horn*, 1982). Wir wissen jedenfalls, daß sich Klienten und Probanden erst an das Beobachtetwerden gewöhnen müssen, bevor man ernsthaft darangehen kann, Daten zu erheben. Wir werden aus diesem Grund z.B. die erste halbe Stunde eines auf Tonband aufgenommenen Gruppengesprächs bei der Auswertung nicht berücksichtigen.

Ein weiteres Problem ist die *externe* oder *ökologische Validität* einer Verhaltenserfassung, d.h. die Frage, ob sie für die eigentlichen Situationen Gültigkeit besitzt, die den Forscher oder Therapeuten interessieren. Angenommen, eine Therapeutin möchte via Rollenspiel herausfinden, ob sich eine junge Frau gegenüber ihrer Mutter behaupten kann. Sie selbst übernimmt den Part der Mutter. Wenn die Klientin sich nun bei diesem Spiel als durchsetzungsfähig erweist, kann die Therapeutin daraus schließen, daß die Klientin diesbezüglich mit ihrer Mutter keine Schwierigkeiten hat? Das wäre voreilig. Ein Grund dafür liegt auf der Hand: Die Therapeutin ist nicht die Mutter der Klientin! Und möglicherweise geht auch die für das Rollenspiel gewählte Situation, etwa die Mutter zu bitten, nicht so oft anzurufen, an anderen Problemen vorbei, die mehr Selbstbehauptung verlangen. Vielleicht kann die Klientin ihre Mutter wohl um ein Darlehen, nicht aber um Hilfe beim Babysitting bitten. Jede Verhaltensbeobachtung kann nur ein Ausschnitt sein. Es lassen sich *nie* alle denkbaren Situationen beobachten. Wie immer, wenn wir uns um Wissen bemühen, erfassen wir auch hier nicht alles, was es gibt oder geben könnte. Jemand, der Verhalten erfaßt oder mißt, sollte sich also der Begrenztheit seiner Beobachtungen bewußt sein und in Fragen externer Validität Bescheidenheit und Vorsicht walten lassen.

Problematisch sind auch die vielen Verzerrungen, die sich in jede von Menschen gemachte Beobachtung einschleichen können. In Kapitel 1 und 2 haben wir uns mit der wichtigen Rolle von wissenschaftlichen Paradigmen beschäftigt. Jeder, der Verhalten erfaßt, tut das aus einer bestimmten Perspektive und ist abhängig von den Auswirkungen dieser Sichtweise. Er hat möglicherweise bestimmte Erwartungen und teilt sie seinen Probanden mit. Vor einigen Jahren berichtete *Robert Rosenthal* (1966) über eine Reihe von Experimenten, deren Ergebnisse Experimentalpsychologen wie Kliniker bestürzten. Er demonstrierte an Forschungsarbeiten anderer und mit Hilfe eigener ingeniöser Techniken, daß Experimentatoren mit ihren Erwartungen bezüglich der Resultate das Ergebnis einer Untersuchung sehr oft unwissentlich beeinflussen. Diese Verzerrung durch den Versuchsleiter hat man nach ihrem Entdecker *Rosenthal-Effekt* genannt. In einer interessanten Untersuchung haben *Kent, O'Leary* und ihre Mitarbeiter (1974) jedoch gezeigt, daß von dieser Verzerrung weniger die spezifischen Verhaltensbeobachtungen als vielmehr die allgemeinen Schlußfolgerungen betroffen sind. In dieser Studie sahen Beobachter Videobänder von Therapiestunden, in denen Kinder wegen einer bestimmten Verhaltensstörung behandelt wurden, und erfaßten deren Verhalten anhand eines Kodierungssystems. Einem Teil der Beobachter hatte man gesagt, das fragliche Verhalten werde im Laufe der Therapie an Häufigkeit abnehmen, der restlichen Gruppe dagegen, es werde keine Veränderung erwartet. Tatsächlich kamen die Beobachter der ersten Gruppe, wie es *Rosenthals* Untersuchungen nahelegen, zu dem Schluß, das störende Verhalten sei seltener geworden. Bedeutsamer ist allerdings, daß die *spezifischen Verhaltensprotokolle* eine solche Befangenheit nicht aufwiesen. Relativ objektive Kodierungsschemata, so zeigen diese Resultate, sind also ein brauchbares Mittel der Verhaltenserfassung.

Und schließlich steht und fällt die Validität von Verhaltenserfassung damit, anhand welcher Indikatoren wir das uns interessierende Phänomen messen. Betrachten wir das früher erwähnte Beispiel, bei dem die Häufigkeit des Zuspätkommens der Maßstab für Feindseligkeit war. Ist die Häufigkeit von Verspätungen wirklich das geeignetste Maß für Feindseligkeit? Daß jemand häufig zu spät kommt, kann auch andere Gründe haben. Jeder, der sich durch den Berufsverkehr kämpfen muß, wird zumindest mit einem Beispiel aufwarten können. Wenn wir daher die Feindseligkeit einer Person erfassen wollen, müßten wir uns vergewissern, daß sie nicht aus ganz und gar unemotionalen Gründen zu spät kommt.

Wie bedeutungsvoll unsere Maßstäbe jeweils sind, läßt sich auf vielerlei Weise feststellen und man ist seit einiger Zeit dabei, die Validität einer Vielzahl von Methoden der Verhaltenserfassung aktiv zu untersuchen (vgl. *Hersen* und *Bellack*, 1981). *Weiss, Hops* und *Patterson* (1973) haben z.B. einen Fragebogen entwickelt, den bei einem Ehepaar beide Partner am Ende eines Tages ausfüllen. Die Fragen zielen etwa darauf ab, wie oft der eine Partner dem anderen im Laufe des Tages eine Freude gemacht oder etwas zuliebe getan hat. *Margolin* (1978) hat die Validität dieser *Spouse Observation Checklist* überprüft und festgestellt, daß Paare, die über eine unglückliche Ehe klagen, von weniger kleineren und größeren „Gefallen" berichten als Paare, die in ihrer Ehe zufrieden sind. Eine andere Untersuchung von *Margolin* und *Weiss* (1978) ergab, daß bei Paaren, die sich einen Monat lang einer Kommunikationstherapie unterzogen, mißfälliges Verhalten merklich abnahm. Solche Zusammenhänge sprechen in starkem Maße dafür, daß dieses Instrument ein valides Maß für eheliche Zufriedenheit ist.

Das waren also einige Schwierigkeiten, mit denen man bei der Bestimmung der Validität von Verhaltenserfassung zu kämpfen hat, und einige Strategien, um damit fertigzuwerden. Die Verhaltenserfassung ist zu einem der lebendigsten und wichtigsten Arbeits- und Forschungsbereiche in der Klinischen Psychologie und in der Psychiatrie geworden.

4. Stabilität und Variabilität von Verhalten

Walter Mischel vertritt in seinem Buch *Personality and Assessment* (1968) die Auffassung, daß die Umgebung eine wichtigere Verhaltensdeterminante ist als Persönlichkeitsmerkmale. Persönlichkeitstheoretiker vertreten, wie bereits gesagt, die Ansicht, daß Menschen Eigenschaften in bestimmter Ausprägung besitzen, etwa „Geiz oder „Zwanghaftigkeit, und daß der Ausprägungsgrad einer Eigenschaft, Vorhersagen darüber gestattet, wie sich der betreffende Mensch in einer Vielzahl von Situationen verhalten wird. Damit ist impliziert, daß Menschen in der besagten Vielfalt von Situationen in ihrem Verhalten beständig sind, d.h. ein aggressiver Mensch wird zu Hause, am Arbeitsplatz und beim Spiel gleichermaßen aggressiv sein. *Mischels* Analyse der einschlägigen Beweislage ergab jedoch, daß das Verhalten der Menschen von Situation zu Situation häufig nicht konstant ist.

Wie nicht anders zu erwarten, löste *Mischels* Attacke auf die Persönlichkeitstheorie eine heiße Debatte aus. Der psychodynamisch orientierte Theoretiker *Paul Wachtel* (1977) z.B. führte ins Feld, man ignoriere von seiten der Lerntheorie, daß die Psychoanalyse inzwischen durchaus nicht mehr übersehe, wie Verhalten in unterschiedlichen Situationen variieren könne. Überdies, argumentiert *Wachtel* weiter, könne das Verhalten von Menschen, mit denen der Therapeut zu tun habe, sehr wohl auf der Basis eines zugrundeliegenden Persönlichkeitsmerkmals oder einer solchen Disposition vorhersagbar sein. Es ist in der Tat nicht ausgeschlossen, daß klinische Probleme verbunden sind mit einer Rigidität oder Inflexibilität in bezug auf sich verändernde Bedingungen.[3]

Der berühmte Psychologe Walter Mischel, der zur gegenwärtigen Diskussion darüber angeregt hat, ob Persönlichkeitsmerkmale oder Situationen die einflußreichsten Verhaltensdeterminanten sind.

Wachtel nimmt auch an, daß Menschen dazu neigen, bestimmte Situationen auf besondere Weise wahrzunehmen. Tatsächlich können Probanden Situationen als äquivalent wahrnehmen, die in den Augen des Experimentators verschieden sind. Für einen Menschen mit paranoiden Neigungen sind ganz offensichtlich harmlose Situationen bedrohlich. Sein Problem ist nicht ein mangelndes Gespür für die jeweiligen Umstände; er nimmt vielmehr sehr viele Situationen als bedrohlich wahr. Hinzu kommt, daß Menschen mit ihrem Verhalten ganz bestimmte Reaktionen bei ihrer Umgebung *auslösen* können. Ein paranoider Mensch nimmt andere vielleicht nicht nur als bedrohlich wahr, sondern macht sie dazu, indem er sie zuerst angreift. Er macht also tatsächlich aus unterschiedlichen Situationen ähnliche und gefährliche, wobei sich sein eigenes Verhalten kaum ändert.

Weiter argumentiert *Wachtel*, daß in den Experimenten, auf die *Mischel* sich beziehe, zumeist normale College-Studenten untersucht worden

[3] Man hat angenommen, daß Menschen des anderen Extrems, die, die sozusagen „schwanken wie ein Rohr im Wind", vielleicht ebenfalls emotional gestört sind. D.h., einige Störungserscheinungen können mit einer das Verhalten determinierenden Überabhängigkeit von der Umgebung einhergehen. Wie ein ruderloses Schiff auf Gedeih und Verderb seiner Umgebung ausgeliefert zu sein, schafft sicher nicht weniger Probleme als Blindheit für wechselnde Umweltanforderungen (*Phares*, 1979).

seien, deren Verhalten vermutlich flexibler sei als das von Patienten. Wie bereits gesagt, können sich psychische Störungen unter anderem durch Rigidität und Inflexibilität auszeichnen, was nichts anderes heißt, als daß das Verhalten über eine Vielzahl von Situationen hin stabil ist. Hätten die sozialen Lerntheoretiker Patienten und nicht im Grunde normale Menschen untersucht, hätten sie vielleicht auf eine geringere Variabilität schließen müssen.

Die moderne Psychoanalyse stellt also keineswegs, wie ihre verhaltenstheoretischen Kritiker behaupten, in Abrede, daß Umweltereignisse einen gewichtigen Einfluß auf die Determination von Verhalten haben. Sie behauptet vielmehr, daß Menschen Situationen auf ganz bestimmte Weise wahrnehmen, ja sogar transformieren, und dann in ziemlich gleicher Weise auf sie reagieren.

In einem 1973 veröffentlichten wichtigen Aufsatz gestand *Mischel* seinen Kritikern zu, daß die soziale Lerntheorie bestimmte Persönlichkeitsvariablen in der Tat systematischer integrieren könne, als er das 1968 deutlich gemacht habe. Er schlug eine Reihe vornehmlich kognitiver „Personenvariablen" vor. So könne zum Beispiel die Erwartung, seine Umgebung beeinflussen oder nicht beeinflussen zu können, eine wichtige Determinante sein, anhand derer sich Verhalten vorhersagen lasse. Allerdings, so *Mischel*, sollte man diese und andere Personenvariablen aus experimentellen Untersuchungen ableiten, und nicht, wie es häufig in psychodynamischen Theorien geschehe, aus Spekulationen.

Im Verlaufe dieser Debatte, die sich an *Mischels* wichtigem Buch entzündete, war von etlichen Psychologen auch zu vernehmen, seine ursprüngliche Position sei zu extrem gewesen. *Jack Block* beschäftigte sich kritisch mit *Mischels* Schlußfolgerungen zur Instabilität von Verhalten. Er nahm sich seinerseits die Studien vor, die *Mischel* zur Untermauerung seiner Behauptung gedient hatten, und fand in den meisten gravierende Fehler. Zum Beispiel zitiert *Mischel* eine einzige Untersuchung (*Burwen* und *Campbell*, 1957) als Beleg dafür, daß Verhaltensweisen gegenüber Autoritätsfiguren nicht gleichbleibend seien. In dieser Studie, so *Block*, sei für manche Messungen überhaupt keine, und für andere nur eine sehr geringe Reliabilität angegeben. Bei niedriger Reliabilität lassen sich keine engen Zusammenhänge zwischen den Messungen und also auch keine Stabilität der gemessenen Verhaltensweisen finden. *Block* präsentiert auch Information, die für Verhaltensstabilität spricht, aber von *Mischel* ignoriert wurde. Ein bemerkenswertes Beispiel dafür ist *Blocks* eigene Langzeitstudie (1971), die junge Menschen von der Schule bis ins Erwachsenenalter begleitete und ergab, daß die Konsistenz von Persönlichkeitsmerkmalen beträchtlich ist.

Weitere Belege für die Konsistenz und Stabilität von Verhalten stammen von *Epstein* (1979), der an den von *Mischel* zitierten Studien ebenfalls Entscheidendes auszusetzen hatte. Diese Untersuchungen, so *Epstein*, erfassen jeweils nur kleine Verhaltensbruchstücke, eine Strategie, die so unangemessen ist, als wolle man den IQ anhand eines einzelnen Items bestimmen. Angemessener sei es, das *durchschnittliche* Verhalten in einer Vielzahl von Situationen zu erfassen. Genau das tat *Epstein* in eigenen Experimenten und konnte tatsächlich eine deutliche Verhaltenskonsistenz nachweisen.

Dieser Kritik hielten *Mischel* und *Peake* (1982) allerdings entgegen, daß die wichtigsten einschlägigen Untersuchungen trotz multipler Messung und Beobachtung keine signifikanten Verhaltenskonsistenzen gefunden hätten. Ihrer Meinung nach verwechselte *Epstein* Verhaltensstabilität mit situationsübergreifender Konsistenz. Das heißt, es läßt sich in der Tat Konsistenz nachweisen, wenn man Verhalten mehrfach in Situationen gleichen Typs beobachtet, etwa pünktliches Erscheinen zur Vorlesung an Tag 1 und Tag 2. Festzustellen, daß sich jemand in ähnlichen Situationen ähnlich verhält, ist aber etwas anderes als zu beweisen, daß jemand sich in den Situationen Y und Z genauso ängstlich verhält wie in Situation X.

Zusammenfassung

Um herauszufinden, wie ein Patient am angemessensten zu beschreiben ist, wo die Gründe für seine Probleme liegen und wie man ihn möglichst effektiv behandeln kann, stehen Klinikern verschiedene Methoden der Verhaltenserfassung zur

Verfügung. Ausführlicher vorgestellt wurden klinische Interviews, projektive Tests wie der *Rorschach*-Test, standardisierte Persönlichkeitsfragebögen wie der MMPI, Intelligenztests und tomographische und neuropsychologische Verfahren zur Diagnose von hirnorganischen Dysfunktionen.

Verhaltenstherapeuten sind bei ihren Erhebungen an Informationen über vier Faktorengruppen interessiert: an situativen Determinanten, organismischen Variablen, Verhaltensreaktionen und den Konsequenzen von Verhalten. Während die traditionelle Diagnostik – ein Beispiel ist das DSM-III – Menschen über allgemeine Merkmale oder Persönlichkeitsstrukturen zu verstehen versucht, geht es der Verhaltenserfassung vornehmlich darum, wie Menschen in bestimmten Arten von Situationen handeln, denken und fühlen. Wichtigstes Erfordernis der Verhaltenserfassung ist Spezifität, und innerhalb dieses Rahmens erhoffen sich Verhaltenstherapeuten und -forscher nützlichere Informationen über Menschen. Einige Verfahren der Verhaltenserfassung durch Therapeuten, z.B. die direkte Verhaltensbeobachtung und lerntheoretisch orientierte Interviews, wurden näher beschrieben. Ein jeweils eigener Abschnitt wurde den Problemen von Reliabilität und Validität in der Verhaltensdiagnostik gewidmet.

Kein Begriff ist wichtiger und gleichzeitig schwerer zu definieren und zu messen als der der Angst, die in einem Exkurs gesondert behandelt wurde.

Ein letzter Abschnitt schließlich beschäftigte sich mit der Kontroverse um die Stabilität oder Instabilität menschlichen Verhaltens in unterschiedlichen Situationen. Diese Frage ist für Psychologen seit langem von theoretischem wie praktischem Interesse, aber ganz besondere Wichtigkeit hat sie mit der Entwicklung lerntheoretischer Modelle für Psychopathologie und Psychotherapie erlangt. Von endgültigen Antworten sind wir noch weit entfernt, aber man kann wohl vernünftigerweise sagen, daß Verhalten variabler ist, als sich die traditionellen Persönlichkeitstheoretiker das einst vorstellten, und stabiler in verschiedenen Situationen, als Lerntheoretiker einstweilen noch glauben.

Kapitel 5

Methoden zur Erforschung abnormen Verhaltens

Aus unserer Erörterung verschiedener Möglichkeiten, abnormes Verhalten begrifflich zu fassen und zu behandeln, und der Schwierigkeiten bei seiner Klassifikation und Erfassung sollte deutlich geworden sein, daß keineswegs Einigkeit darüber herrscht, wie abnormes Verhalten zu erforschen ist. Unserer Meinung nach ist mit wissenschaftlicher Forschung mehr zu erreichen als mit Schreibtisch-Spekulationen. Theoretisiert wird über abnormes Verhalten seit Jahrhunderten. Wir haben es hier mit einem Bereich zu tun, wo die Spekulation die Daten bei weitem übertrifft. An verläßliche Fakten zu kommen, ist in der Tat keineswegs leicht, also ist es wichtig, die gegenwärtigen Forschungsmethoden im Bereich der Psychopathologie im einzelnen zu besprechen.

1. Wissenschaft und wissenschaftliche Methoden

In Kapitel 1 haben wir über die wichtige Rolle gesprochen, die subjektive Faktoren bei der Erhebung und Interpretation von Daten spielen, ja sogar bei der Definition dessen, was Beobachtung konstituiert. *Die* Wissenschaft oder *die* wissenschaftliche Methode gibt es also nicht, auch wenn in Lehrbüchern häufig von ,,der wissenschaftlichen Methode“ die Rede ist. Dem ist in Gedanken immer ein ,,wie sie gegenwärtig praktiziert wird“ hinzuzufügen.

Betrachten wir Wissenschaft einmal mit den Augen *Baruch Spinozas*, eines berühmten holländischen Philosophen des 17. Jahrhunderts. *Spinoza* hielt es für die Aufgabe des Wissenschaftlers, die Gesetze Gottes zu entdecken. Eine solche Auffassung von Wissenschaft gilt aus heutiger Perspektive als nicht ,,konstruktiv“. Das heißt nicht unbedingt, daß sie nicht nützlich war, sondern zunächst einmal nur, daß sie sich von Sichtweisen unterscheidet, die die aktive Rolle des Menschen beim Aufstellen von Gesetzen und Prinzipien betonen. Moderne Wissenschaftler neigen eher dazu, bestehende Gesetze und Theorien für Konstruktionen oder Erfindungen von Wissenschaftlern zu halten. Und auch die Regeln, denen man bei der Formulierung und Evaluierung dieser Hypothesen zu folgen hat, sind von Menschen gemacht und können sich jederzeit ändern. Wissenschaft, wie sie heute praktiziert wird, ist das Streben nach systematisiertem Wissen[1] durch Beobachtung. Der Begriff meint also eine Methode: nämlich die systematische Erhebung und Bewertung von Information. Er meint aber ebenso ein Ziel, nämlich die Entwick-

[1] Das Wort Wissenschaft kommt von dem lateinischen *scire* = wissen.

lung von Prinzipien, die die erhobene Information erklären. Die moderne Wissenschaft sucht nach Erklärungen, die das Ergebnis von Beobachtungen sind und durch Beobachtungen modifiziert werden können. Sowohl Beobachtungen als auch Erklärungen müssen bestimmten Kriterien genügen.

Überprüfbarkeit und Falsifizierbarkeit

Wissenschaftliches Vorgehen verlangt zunächst einmal eine klare und präzise Formulierung von Vorschlägen und Vorstellungen. Nur dann sind wissenschaftliche Behauptungen systematisch überprüfbar, wobei jede Überprüfung die Erwartung des Wissenschaftlers widerlegen kann. Aussagen, Theorien und Behauptungen müssen ungeachtet ihrer Plausibilität öffentlich überprüfbar und Gegenstand von Widerlegungsversuchen sein. Grundhaltung der Wissenschaft ist die äußerster Skepsis. Es genügt nicht, zum Beispiel zu behaupten, daß besondere traumatische Erfahrungen während der Kindheit eine psychische Fehlanpassung im Erwachsenenalter zur Folge haben können. Das ist allenfalls eine Möglichkeit oder eine These. Aus wissenschaftlicher Sicht muß eine solche Hypothese Überprüfungen und Falsifizierungen zugänglich sein.

Reliabilität

Eng verbunden mit der Forderung nach Überprüfbarkeit ist die Forderung, daß jede Beobachtung, die zu einer wissenschaftlichen Theoriebildung beiträgt, reliabel sein muß. Alles, was beobachtet wird, muß sich unter festgelegten Bedingungen nicht nur einmal, sondern wiederholt ereignen. Das Ereignis darf nicht nur von einem oder einigen Menschen in einem bestimmten Labor, einer bestimmten Stadt oder einem bestimmten Land gesehen oder entdeckt worden sein, sondern muß sich unter den angegebenen Bedingungen jederzeit und überall reproduzieren lassen. Ist das Ereignis nicht reproduzierbar, werden Wissenschaftler die Richtigkeit der ursprünglichen Beobachtung anzweifeln.

Die Rolle der Theorie

Eine *Theorie* umfaßt Vorschläge, die eine Klasse von Phänomenen erklären sollen. Es ist eines der Hauptziele von Wissenschaft, Theorien aufzustellen, die – häufig in Form von behaupteten Ursache-Wirkung-Beziehungen – einzelne Erscheinungen, mit denen sie zu tun hat, durchschaubar machen. Wie angemessen eine Theorie ist, überprüft man mittels empirischer Forschung. Umgekehrt können Theorien auch nach bestimmten zusätzlichen Daten verlangen und so der empirischen Forschung die Richtung weisen. Das Aufstellen einer Theorie ist der vielleicht anspruchsvollste, schwierigste und einstweilen auch noch am wenigsten verstandene Teil des Unternehmens Wissenschaft. Eine Theorie, so hört man zuweilen, komme einfach dadurch zustande, daß der Wissenschaftler seine gesammelten Daten betrachte und dann zu dem Schluß komme, daß eine bestimmte Art und Weise, Aussagen über diese Daten zu machen, die brauchbarste sei, aus der überdies die Experimente zu ihrer Überprüfung gleichsam logisch folgten.

Manche Theoriengebäude kommen in der Tat so zustande, aber bei weitem nicht alle. Nur allzu selten spricht man über den kreativen Aspekt von Theorienbildung und darüber, wie aufregend es ist, einen neuen Weg zu finden, Dinge begrifflich zu fassen. Zuweilen scheint eine Theorie dem Bewußtsein des Wissenschaftlers geradezu in einem wunderbaren Augenblick der Einsicht zu entspringen. Plötzlich eröffnen sich neue Ideen und bisher übersehene Verbindungen werden offenbar. Für das, was vor einem Augenblick noch unklar oder bedeutungslos schien, erschließt sich innerhalb der neuen Theorie nun ein neuer Sinn.

Bei der Formulierung einer Theorie muß der Wissenschaftler oft theoretische Konzepte, unbeobachtbare Zustände oder Prozesse einbeziehen, die er aus beobachtbaren Daten erschlosssen hat. Obwohl theoretische Konzepte aus Beobachtbarem erschlossen werden, gehen sie über das hinaus, was man sehen oder messen kann. Das hat verschiedene Vorteile. Erstens überbrücken theoretische Konzepte häufig Zeit-Raum-Beziehungen. Ein Magnet, so stellte man zum Beispiel in den frühen Tagen der Physik fest, bewirkt, daß sich in seiner Nähe befindliche Eisenspäne auf ihn zubewegten. Wie ist es möglich, daß ein Metallstück ein anderes über eine räumliche Entfernung hin beeinflußt? Mit dem erschlossenen Konzept des Magnetfeldes ließ sich dieses Phänomen sehr einsehbar erklären. In der Klinischen Psychologie helfen uns theoretische Konzepte, zeitliche Lücken zu überbrücken. Wenn ein Kind eine besonders beängstigende Erfahrung macht und sich sein Verhalten für längere Zeit ändert, müssen wir erklären, wie das frühere Ereignis das nachfolgende Verhalten beeinflussen kann. Das unbeobachtbare und erschlossene Konzept der *erworbenen Angst* hat sich hier als sehr hilfreich erwiesen.

Man kann sich theoretischer Konzepte auch bedienen, um bereits beobachtete Beziehungen zu erklären. Wir wollen uns das an einem klassischen Beispiel des Wissenschaftstheoretikers *Carl Hempel* (1958) verdeutlichen. Irgendwann in früher Zeit hat einmal jemand untersucht, wie sich verschiedene Objekte verhalten, wenn man sie ins Wasser legt. Das Ergebnis seiner Forschungen war eine gesetzesähnliche Verallgemeinerung, z.B. ,,Holz schwimmt, Eisen sinkt". Abgesehen davon, daß sehr viele solcher Verallgemeinerungen nötig wären, um das Verhalten aller Objekte in Flüssigkeit zu beschreiben, kennen solche Verallgemeinerungen höchstwahrscheinlich Ausnahmen. Eisen von bestimmter – etwa schiffsähnlicher – Form wird auf Wasser schwimmen, ein wasserdurchtränktes Stück Holz wird sinken. Man löst das Problem mit Hilfe eines theoretischen Begriffs, in diesem Fall mit dem des spezifischen Gewichts, und schlägt zwei Fliegen mit einer Klappe: Die Beschreibung dessen, was schwimmt und was nicht, vereinfacht sich und es werden fehlerlose Aussagen möglich. Das spezifische Gewicht ist das Verhältnis des Gewichtes eines Objekts zu seinem Volumen. Mit diesem theoretischen Begriff können wir nun vorhersagen, wie sich *jeder* Körper in *jeder* Flüssigkeit verhalten wird. Ist das Objekt von geringerem spezifischem Gewicht als die Flüssigkeit, wird es schwimmen.

Sehen wir uns nun ein vergleichbares und wohlbekanntes Beispiel aus unserem Fachgebiet an. Wir beobachten, daß Menschen während eines Examens, in Erwartung eines elektrischen Schlages oder während einer Auseinandersetzung feuchte Handflächen haben, daß ihre Hände zittern und ihr Herz schneller schlägt. Wenn wir sie fragen, wie sie sich fühlen, erklären alle, sie seien erregt. Abbildung 5.1a zeigt eine mögliche Darstellungsform dieser Beziehungen. Wir könnten aber auch sagen, daß alle Situationen bei den Betroffenen Angst ausgelöst haben und daß die Angst dann die berichtete Erregung und die übrigen physiologischen Symptome verursacht hat. Abbildung 5.1b zeigt Angst als theoretisches Konzept zur Erklärung des Beobachteten. Der erste Teil der Abbildung ist sehr viel komplexer als der zweite, wo der Begriff der Angst zum Mediator der Beziehungen wird.

Neben diesen Vorteilen müssen wir uns aber auch mit den Kriterien zur Beurteilung der Angemessenheit eines theoretischen Konzeptes beschäftigen. Von einer älteren, der sogenannten *operationalistischen* Denkrichtung stammt der Vorschlag, jedem derartigen Konzept eine einzige, beobachtbare und meßbare Operation als Bedeutung beizugeben. So betrachtet, wäre ein theoretisches Konzept nicht mehr als ein bestimmter, meßbarer Effekt. Auf diese Weise würde z.B. ,,Angst haben" *nicht mehr* bedeuten als der Wert 50 in einem Angst-Fragebogen. Es wurde jedoch bald realisiert, daß dieser Ansatz die theoretischen Konzepte ihrer größten Vorteile berauben würde. Wenn man theoretische Konzepte auf nur eine Weise *operationalisiert*, büßen sie ihre Allgemeingültigkeit ein. Setzt man zum Beispiel das theoretische Konzept des Lernens mit einer *einzigen* meßbaren Operation oder einem einzigen meßbaren Effekt gleich, etwa damit, wie oft eine Ratte einen Hebel drückt, kann man andere Verhaltensweisen – etwa, wie ein Kind Rechenaufgaben löst oder ein Student dieses Buch liest – nicht ebenfalls ,,Lernen" nennen. Vielleicht würde man daraufhin gar nicht mehr versuchen, die verschiedenen Phänomene miteinander in Beziehung zu setzen. Diese frühe operationalistische Betrachtungsweise machte bald der flexibleren Auffassung Platz, daß man ein theoretisches Konzept durch *Mengen* von Operationen oder Effekten definieren könne. Auf diese Weise wird das Konzept mit mehreren unterschiedlichen Messungen in Zusammenhang gebracht, deren jede eine andere Facette des Konzepts erfaßt (vgl. Abb. 5.1b).

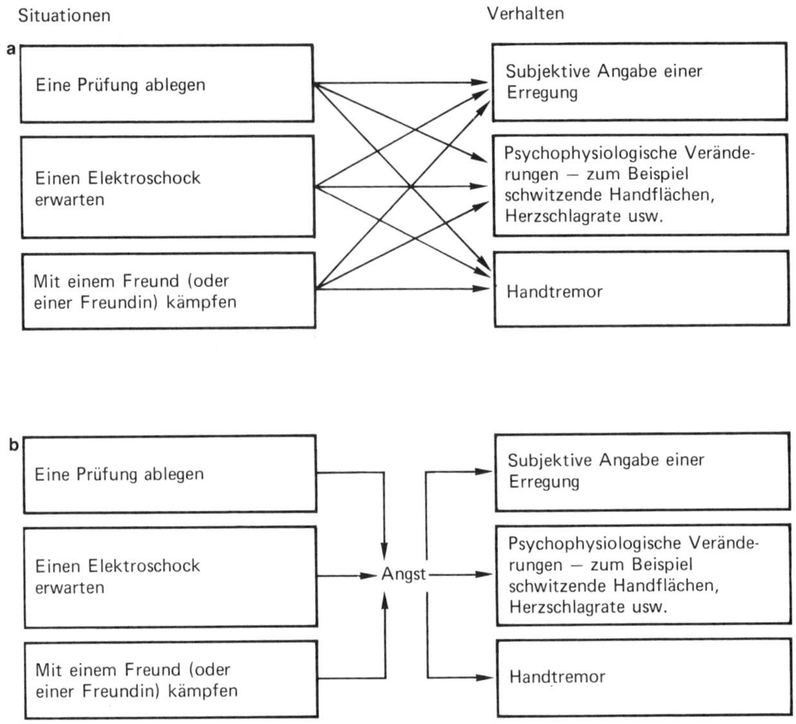

Abb. 5.1. Eine Illustration der Vorteile, die sich aus der Anwendung des theoretischen Konzepts der Angst ergeben. Teil b enthält weniger Beziehungen, deren Bedeutung leichter zu verstehen ist (nach *Miller*, 1959).

2. Die Forschungsmethoden der Klinischen Psychologie

Zu jeglicher empirischer Forschung gehört die Erhebung beobachtbarer Daten. Manchmal bleibt die Forschung auf einer rein deskriptiven Ebene, doch in den meisten Fällen werden die Forscher mehrere Ereignisse beobachten und dann versuchen, eine Verbindung oder Beziehung zwischen ihnen herzustellen. Ein großer Teil der Literatur zur Klinischen Psychologie beschäftigt sich z.B. mit den typischen Symptomen von Menschen, bei denen man besondere psychische Störungen diagnostiziert hat. Es wird die Verbindung oder Beziehung zwischen einer bestimmten diagnostischen Kategorie und einer Menge von charakteristischen Symptomen hergestellt. Aber Wissenschaft beschränkt sich nicht auf die Beschreibung von Beziehungen. Oft möchten wir auch die *Ursachen* der beobachteten Beziehungen verstehen. Wir möchten z.B. nicht nur wissen, daß Phobiker eine gefürchtete Situation nach Möglichkeit aktiv vermeiden, sondern auch, warum sie das tun.

In diesem Abschnitt wollen wir die gebräuchlichsten Methoden zur Erforschung abnormen Verhaltens vorstellen: die *Einzelfallstudie*, die *Korrelationsstudie*, das *Experiment* als *Gruppenexperiment* und als *Einzel-Probanden-Experiment* und den *gemischten Versuchsplan*. Die Methoden unterscheiden sich durch das Ausmaß, in dem sie angemessene, deskriptive Daten erbringen und Schlüsse auf kausale Zusammenhänge erlauben.

Die Einzelfallstudie

In diesem wohl bekanntesten Verfahren der Beobachtung anderer forscht man den anderen aus und vermerkt zugleich sein Verhalten. In einer Einzelfallstudie sammelt der Kliniker historische und biographische Informationen von dem Individuum selbst und auch noch aus anderen Quellen. Zu einer umfassenden Fallstudie gehören Familiengeschichte und familiärer Hintergrund, Krankheitsgeschichte, Bildungsweg, Arbeitsstellenwechsel, Ehegeschichte, Einzelheiten der persönlichen Entwicklung, Anpassung, Persönlichkeit, Lebenslauf und gegenwärtige Situation. Vielleicht werden auch noch alle bisherigen Behandlungsbemühungen sorgfältig beschrieben. Fallberichte praktizierender Therapeuten mögen nicht so kontrolliert und objektiv sein wie mit anderen Methoden erhobene Daten, gleichwohl haben sie in der Erforschung abnormen Verhaltens bereits eine bedeutende Rolle gespielt. Besonders die Fallgeschichte wurde für folgende Zwecke verwendet: 1. für die detaillierte Darstellung eines seltenen oder ungewöhnlichen Phänomens und wichtiger oft neuer Interview-, Diagnose- und Behandlungsmethoden; 2. zur Entkräftung angeblich universaler Aspekte einer theoretischen Aussage; und 3. für die Entwicklung von Hypothesen, die sich durch kontrollierte Untersuchungen überprüfen lassen (*Lazarus* und *Davison*, 1971).

Diese Szene aus dem Film ‚The Three Faces of Eve' (dt. Titel ‚Eva mit den drei Gesichtern') zeigt Eva Black (dargestellt von Joanne Woodward) in einer Therapiesitzung mit ihrem Psychiater (Lee J. Cobb).

Deskriptive Verwendungsweisen

Thigpen und *Cleckley* (1954) füllten mit ihrer Fallgeschichte einer multiplen Persönlichkeit ein ganzes Buch. In *The Three Faces of Eve* erzählen sie die Geschichte der „Eve White", einer Patientin, die zu verschiedenen Zeiten drei völlig verschiedene Persönlichkeiten annahm. Die folgende kurze Zusammenfassung beschränkt sich im wesentlichen auf die Momente, in denen die neuen Persönlichkeiten auftauchten, und darauf, was die einzelnen Selbst-Identitäten voneinander wußten.

Eve White war mehrere Monate wegen schwerer Kopfschmerzen und damit einhergehendem plötzlichen Gedächtnisverlust in psychotherapeutischer Behandlung gewesen. Ihr Therapeut beschrieb sie als eine zurückhaltende und etwas konventionelle Person. Doch eines Tages zeigte sie sich mitten in einer Therapiestunde plötzlich auf überraschende Weise verändert.

„Als ob ein plötzlicher Schmerz sie durchführe, legte sie beide Hände an den Kopf. Nach kurzem, angespanntem Schweigen ließ sie die Hände sinken. Sie lächelte kurz und unbekümmert und sagte mit heller, lebhafter Stimme: ‚Hallo, Doktor!' Ihre sonst so ernste und gezwungene Haltung war heiterer Gelassenheit gewichen... Dieses neue und offenbar sorglose Mädchen sprach zwanglos auch über Eve White und deren Schwierigkeiten, tat das aber immer in der dritten Person, ohne je die Grenzen dieser beiden Identitäten zu verwischen. Nach ihrem Namen gefragt, antwortete sie wie aus der Pistole geschossen: ‚Oh, ich bin Eve Black'" (S. 137).

Nach dieser ebenso überraschenden wie bestürzenden Entdeckung wurde Eve vierzehn Monate lang in fast hundert Therapiegesprächen beobachtet. Dem Therapeuten kam es vor allem darauf an, daß Eve White mehr über Eve Black erfuhr, ihr zweites, so ansteckend fröhliches Selbst, das sich verführerisch und teuer kleidete und unerinnerte Episoden ihres Lebens lebte. Und während Eve White sich einen Unfall in ihrer Kinderzeit ins Gedächtnis rief, bei dem sie sich schmerzhaft verbrüht hatte, tauchte Jane auf, ihre dritte Persönlichkeit.

Jane, die von nun an alles wußte, was den beiden Eves widerfuhr, obwohl diese ihr Leben nicht teilten, war „sehr viel reifer, lebendiger, weitaus befähigter und interessanter als Eve White." Sie brachte der ersten Eve, die für Eve Black eine Art Bauerntrampel war, eine tiefe und verehrende Zuneigung entgegen. Über Eve Whites früheres Leben wußte Jane allerdings nur das, was Eve darüber erzählte.

Etwa elf Monate später kam es zu einer schlimmen Sitzung, in der abwechselnd alle drei Persönlichkeiten auftauchten. Eve Black erinnerte sich einen Moment lang daran, wie gut es ihr früher häufig gegangen sei, und bemerkte dann, daß sie jetzt eigentlich überhaupt keinen Spaß mehr habe. Und das erste Mal sah Dr. Thigpen sie weinen. Sie sagte, sie wolle ihm ihr rotes Kleid schenken, damit er sich an sie erinnere. Jeglicher Ausdruck wich aus ihrem Gesicht und ihre Augen schlossen sich. Eve White öffnete sie wieder. Einige Minuten später meldete sich dann Jane, stellte bald fest, daß es auch keine Eve White mehr gab, und hatte ein schlimmes Verlusterlebnis. „Nein, nein...! Oh nein, Mutter... Ich kann nicht... Zwing mich nicht dazu!" schrie sie. Jane, die früher nichts über Eves Kindheit wußte, war fünf Jahre alt. Es war der Tag, an dem ihre Großmutter beerdigt wurde. Ihre Mutter hielt sie über den offenen Sarg und sagte, sie müsse das Gesicht der toten Großmutter berühren. Als sie jetzt wiedererlebte, wie ihre Hand die feuchtkalte Wange verließ, schrie die junge Frau so durchdringend, daß *Dr. Cleckley* aus seinem Büro auf der anderen Seite der Halle herbeieilte.

Die beiden Ärzte waren nicht sicher, mit wem sie es zu tun hatten. In der Intensität des erinnerten Augenblicks war eine neue Persönlichkeit entstanden. Ihre verwandelte Patientin fühlte sich zunächst nicht, wie die beiden Eves und Jane, als einzelne, als genau umgrenzte Persönlichkeit, wußte über die drei anderen aber eine ganze Menge. Als sich ihre anfängliche Verwirrung etwas gelegt hatte, neigte sie dazu, sich mit Jane zu identifizieren. Aber diese Identifikation war weder sicher noch vollständig, und sie trauerte um die beiden Eves wie um verlorene Schwestern. Diese neue Person beschloß, sich Mrs. Evelyn White zu nennen.

Der Fall von Eve White, Eve Black, Jane und schließlich Evelyn wurde zu einem Klassiker der psychiatrischen Literatur, denn es ist eine der seltenen detaillierten Darstellungen des seltenen Phänomens der *multiplen Persönlichkeit.* Der Originalbericht von *Thigpen* und *Cleckley* illustriert nicht nur das Phänomen selbst, sondern enthält auch wertvolle Einzelheiten über die angewandten Gesprächsmethoden. Er gibt auch Hinweise auf die Art und Weise, wie sich das gestörte Verhalten der Frau entwickelt haben könnte und welchen Verlauf die Behandlung in diesem Fall einer multiplen Persönlichkeit nahm.

Die Fallgeschichte als Widerlegung

Fallgeschichten können besonders aufschlußreiche Einzelheiten bieten für die Widerlegung einer als allgemein gültig angenommenen Beziehung oder eines Gesetzes. *Freud* z.B. war ursprünglich davon überzeugt, daß sich die sexuellen Belästigungen durch Väter und andere männliche Verwandte, von denen ihm seine Patientinnen berichteten, tatsächlich begeben und Einfluß auf die psychische Entwicklung der Frauen genommen hatten. Später kam er zufällig dahinter, daß in einem Fall der angebliche sexuelle Angreifer zur fraglichen Zeit gar nicht am fraglichen Ort war, und er erkannte, daß einige dieser sexuellen Übergriffe Phantasieprodukte waren. Der Einzelfall bot ein Negativbeispiel und wurde für *Freud* zum Anlaß, seine These, daß die berichteten sexuellen Handlungen immer auch wirklich stattgefunden hatten, zu revidieren.[2]

Sehr viel geringer ist die Beweiskraft von Fallgeschichten *zugunsten* einer Theorie oder Behauptung, denn für gewöhnlich wird weder mit schlüssigen methodischen Mitteln eine Hypothese bestätigt, noch werden alternative Hypothesen ausgeschlossen. Wir wollen diesen Mangel an Validität am Fall der „Bridey Murphey" illustrieren, der in den fünfziger Jahren einiges Aufsehen erregte.

Unter Hypnose „regredierte" eine ruhige und gesetzte Frau aus New England augenscheinlich über ihre frühe Kindheit hinaus in ein früheres Leben und behauptete, ein irisches Mädchen mit Namen Bridey Murphey gewesen zu sein. In irischem Gälisch wußte sie bemerkenswert detailliert von einer Stadt in Irland zu berichten, in der sie nie gewesen war. Es sah so aus, als habe man es tatsächlich mit einem Fall von Reinkarnation zu tun. Wie sich später allerdings herausstellte, hatte die Frau das unter Hypnose Berichtete vom

[2] Aber erinnern Sie sich an die Fußnote auf S. 42. *Freud* mag sich sehr wohl im Irrtum befunden haben, als er seine Ansicht änderte.

irischen Hausmädchen ihrer Kinderzeit erfahren. Das nämliche Mädchen hatte auch jenen irischen Akzent gesprochen, dessen sich die Probandin unter Hypnose so überzeugend zu bedienen wußte. Die mit der Falldarstellung aufgestellte Reinkarnations-Hypothese erwies sich in diesem Fall als unzutreffend.

Ähnlich weist *Chris Sizemore* in ihrem Buch *I'm Eve* (*Sizemore* und *Pittillo*, 1977) die Unvollständigkeit der Fallstudie von *Thigpen* und *Cleckley* nach. Wie *Chris Sizemore* – die wirkliche Eve White – berichtet, blieb ihre Persönlichkeit auch nach der Therapie fragmentiert. Insgesamt wurde ihr Körper im Laufe der Zeit von einundzwanzig „Fremden" bewohnt, von denen neun, so behauptet *Chris Sizemore* im Gegensatz zu *Thigpen* und *Cleckley*, bereits da waren, bevor Eve Black auftauchte. Die Persönlichkeiten erschienen gewöhnlich in Dreiergruppen, verblaßten und verschwanden, und machten einer anderen Gruppe Platz. Schließlich gingen die Persönlichkeitsveränderungen so stetig und häufig vonstatten, als wechsele man dauernd von einem Fernsehkanal zum anderen über. Dieser verzehrende Kreislauf von Transformationen und der wütende Kampf um Dominanz, den ihre zahlreichen Selbst miteinander ausfochten, füllte ihr ganzes Leben aus. Schließlich wurde ihr bewußt, daß die alternierenden Persönlichkeiten Aspekte ihrer selbst und nicht Fremde von außerhalb waren, und es gelang ihr, auch das – wie sie hofft – letzte Trio aufzulösen. Sie beschloß, ihre Geschichte zu veröffentlichen, um die Last ihrer Vergangenheit weitestgehend abzuwerfen.

Hypothesenbildung

Und schließlich liegt die einzigartige und große Bedeutung von Fallstudien in ihrem häufig erheblichen heuristischen Wert. Kliniker bekommen im Laufe langjähriger Praxis viel Erfahrung darin, Lebensgeschichten zu verstehen und zu interpretieren. Vielleicht fallen ihnen dabei Ähnlichkeiten von Umständen und Folgen auf, und sie formulieren Hypothesen, auf die man unter kontrollierteren Bedingungen nicht hätte kommen können.

„... *Es ist ein schwerwiegender Fehler, die Bedeutung klinischer Erfahrung als solcher zu leugnen. Es ist nichts Geheimnisvolles an der Tatsache, daß die wiederholte Konfrontation mit einer bestimmten Kombination von Bedingungen das Bewußtsein für subtile Hinweise und Zusammenhänge weckt, die dem mit einer Situation weniger vertrauten Beobachter entgehen. Die klinische Erfahrung befähigt den Therapeuten, Probleme und Tendenzen wahrzunehmen, für die dem Anfänger, unabhängig von seinen allgemeinen Fachkenntnissen, der Blick fehlt. Auf dieser Ebene kommt der Praktiker zu Erkenntnissen, mit denen häufig ein Durchbruch erreicht wird, der mit Analog-Untersuchungen an Tieren und streng kontrollierten Untersuchungen nicht möglich gewesen wäre. Klinik und Labor liefern unterschiedliche Arten von Daten und Informationen unterschiedlichen Niveaus. Jedes ist notwendig, nützlich und wünschenswert*" (*Lazarus* und *Davison*, 1971, S.197).

Kurz, die Fallstudie bietet die Möglichkeit, das Verhalten eines einzelnen Menschen ausführlich zu untersuchen und Hypothesen aufzustellen, die dann durch kontrollierte Forschung überprüft werden können. Sie ist daher besonders im klinischen Bereich von Nutzen, wo man es schwerpunktmäßig mit Einzelpersonen zu tun hat. Von klinischen und Persönlichkeitspsychologen hört man zuweilen, psychologische Studien hätten es letztlich immer und ihrem Wesen nach mit den einmaligen Charakteristika eines Individuums zu tun (z.B. *Allport*, 1961). Der Fallbericht ist eine ideale Methode in einem individualistischen oder *idiographischen* Kontext. Doch in einem *nomothetischen* Kontext, wo es nur um allgemeine und universale Gesetze geht, ist ihr Nutzen begrenzt. Informationen über einen einzelnen Menschen führen möglicherweise *nicht* zu Prinzipien, die für Menschen allgemein kennzeichnend sind. Überdies geben Einzelfallstudien keinen hinreichend befriedigenden Aufschluß über Ursache-Wirkung-Beziehungen.

Die Korrelationsmethode

Im Gegensatz zur Einzelfall-Studie, die eine relativ informelle Sammlung von Informationen über ein einzelnes Individuum darstellt, erfordert die Korrelationsmethode eine systematischere Erhebung von Daten über bestimmte Aspekte einer Gruppe von Menschen. Mit Korrelationstechniken will man Fragen beantworten wie: „Sind die Variable X und die Variable Y auf irgendeine Weise so miteinander verbunden, daß sie eine gemeinsame Variation (Korrelation) aufweisen?" Mit anderen Worten, man fragt nach Beziehungen, z.B.: „Besteht ein Zusammenhang zwischen Schizophrenie und sozialer Schicht?" Oder: „Besteht ein Zusammenhang zwischen Examensnoten und Angst?" Mit Hilfe der Korrelationsmethode stellt man also fest, ob zwischen zwei oder mehr Variablen ein Zusammenhang besteht. Unser Alltag liefert zahlreiche Beispiele dafür. Einkommen korreliert positiv mit der Menge der erworbenen Luxusartikel: Je höher das Einkommen, um so mehr Luxus. Körpergröße korreliert positiv mit Körpergewicht: Größere Menschen sind gewöhnlich auch schwerer. Allerdings ist hier der Zusammenhang nicht vollkommen, denn viele Menschen sind „übergewichtig" beziehungsweise zu dick für ihre Größe, oder „untergewichtig", d.h. für ihre Größe zu dünn. Gleichwohl ist der Zusammenhang stark und positiv.

Korrelationsbestimmung

Um eine Korrelation zu bestimmen, braucht man zunächst von jedem Mitglied der Probandengruppe Paare von Beobachtungen der fraglichen Variablen: etwa von Körpergröße und Körpergewicht (vgl. Tabelle 5.1). Anhand dieser Beobachtungspaare läßt sich errechnen, wie stark der Zusammenhang zwischen beiden ist. Das gängigste Verfahren, einen derartigen Zusammenhang zu berechnen, ist der Produkt-Moment-Korrelationskoeffizient von *Karl Pearson*, gewöhnlich symbolisiert mit *r*. Diese Statistik kann jeden Wert zwischen -1.00 und +1.00 annehmen und mißt sowohl Stärke als auch Richtung des Zusammenhangs. Je höher der absolute Wert von *r*, um so größer oder stärker ist der Zusammenhang zwischen den beiden Variablen. Ein *r* von +1.00 oder -1.00 zeigt einen vollkommenen Zusammenhang an, während ein *r* von 0.00 bedeutet, daß zwischen den Variablen keinerlei Zusammenhang besteht. Ist *r* positiv, besteht zwischen beiden Variablen ein *positiver Zusammenhang*. Bei steigenden Werten für *X* steigen tendenziell auch die Werte für *Y*. Entsprechend ist bei negativem *r* auch der Zusammenhang der Variablen ein negativer, das heißt, wenn die Werte der einen Variablen steigen, fallen die der anderen. Die Korrelation zwischen Körpergröße und Körpergewicht beträgt Tabelle 5.1 zufolge +.97; zwischen beiden besteht also ein starker, positiver Zusammenhang: Mit zunehmender Körpergröße steigt auch das Gewicht.

Tabelle 5.1. Daten zur Bestimmung einer Korrelation*

Personen	Körpergröße	Gewicht in Pfund
John	5' 10"	170
Asher	4' 7"	70
Eve	5' 4"	112
Carol	5' 8"	130
Gail	5' 3"	105
Jerry	5' 10"	170
Bob	6' 1"	175
Gayla	5' 2"	100
Steve	5' 8"	145
Margy	5' 5"	128
Gert	5' 6"	143
Don	6' 0"	170
Sean	4' 7"	75

* Für diese Zahlen r = +.97.

In graphischer Darstellung wird ein Zusammenhang häufig anschaulicher. Abbildung 5.2 zeigt Diagramme einiger der genannten Korrelationen. Jedem Punkt entsprechen die Werte der Variablen *X* und *Y*, die für jeweils einen Probanden bestimmt wurden. In vollkommenen Zusammenhängen liegen alle Punkte auf einer Geraden: Wenn wir den Wert oder die Ausprägung einer der beiden Variablen kennen, können wir mit Sicherheit auf den Wert der anderen schließen. Korrelieren beide Variablen relativ hoch, ist die Streuung um die Gerade einer vollkommenen Korrelation gering. Die Streuung wird um so größer, je niedriger die Korrelation ist. Korrelieren die Variablen mit 0.00, sagt der Wert der einen nichts mehr über den Wert der anderen aus.

Wir wissen also jetzt, daß die Höhe des Korrelationskoeffizienten etwas aussagt über die Stärke des Zusammenhangs zwischen zwei Variablen. Aber Wissenschaftler wollen sehr viel genauer wissen, wie aussagekräftig Korrelationen sind, und überprüfen sie daher auf ihre *statistische Signifikanz*. Die statistische Signifikanz ist ein Maß für die Wahrscheinlichkeit, mit der ein gefundener Zusammenhang zufällig ist und bei Wiederholung der Messung wohl nicht wieder auftreten würde. Statistisch signifikant ist eine Korrelation dann, wenn sie mit großer Wahrscheinlichkeit *kein* Zufall ist, d.h., wenn ihr zufälliges Zustandekommen in weniger als 5 von 100 Fällen erwartet wird. Dieses Signifikanzniveau nennt man das .05-Niveau und symboliert es als $p < .05$. Im allgemeinen nimmt die Wahrscheinlichkeit, daß ein Ergebnis statistisch signifikant ist, mit der Höhe des Korrelationskoeffizienten zu.[3]

[3] Ob eine Korrelation statistische Signifikanz erreicht, hängt auch davon ab, wieviele Beobachtungen man macht. Je größer die Anzahl der Beobachtungen, um so kleiner darf *r* sein, um trotzdem noch statistische Signifikanz zu erreichen. Eine Korrelation von $r = .30$ z.B. wäre bei 300 Beobachtungen statistisch signifikant, bei nur 20 Beobachtungen nicht.

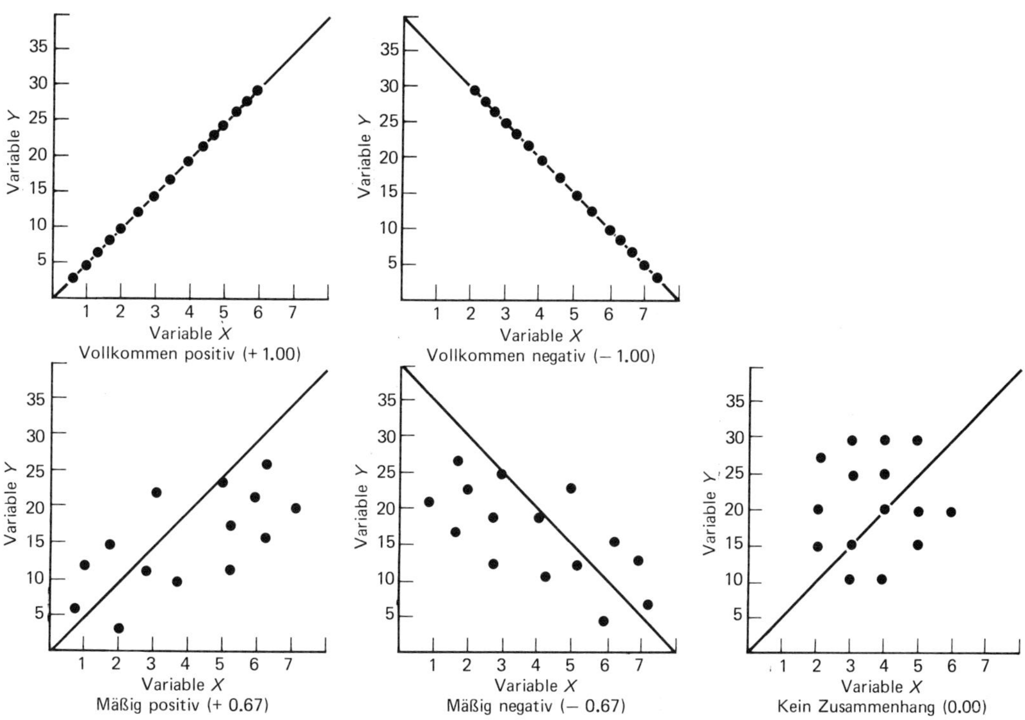

Abb. 5.2. Graphische Darstellungen verschiedener Ausmaße eines korrelativen Zusammenhangs.

Statistische Signifikanz ist nicht zu verwechseln mit der sozialen oder realen Signifikanz von Forschungsergebnissen. Ein Ergebnis kann statistisch signifikant, aber ohne jeglichen praktischen Wert sein. Zudem ist das statistische Signifikanzniveau selbst eine *soziale Konvention*, d.h. eine der Spielregeln, auf die sich die Wissenschaftler vorläufig geeinigt haben. Weisen die Ergebnisse einer Korrelationsstudie ein Signifikanzniveau von .10 auf, braucht man keineswegs die Ereignisse für zufällig und die Studie für wertlos zu erklären. Die Forscher können ganz im Gegenteil zu dem Schluß kommen, daß ein solches Ergebnis angesichts des besonderen Charakters einer bestimmten Untersuchung sehr ermutigend und keinesfalls zu ignorieren ist. Sie müssen dann nur ihre Kollegen davon überzeugen, daß ihre Ergebnisse tatsächlich valide sind. In gewissem Sinne ist Wissenschaft ein *Überzeugungs*spiel.

Anwendung in der Psychopathologie

Die Korrelationsmethode findet innerhalb der Klinischen Psychologie breite Anwendung. Wann immer wir eine Gruppe von Menschen mit bestimmter Diagnose und eine Gruppe mit einer anderen Diagnose miteinander oder mit normalen Menschen vergleichen, führen wir eine Korrelationsstudie durch. Man kann zum Beispiel untersuchen, einer wie großen Belastung die Mitglieder zweier diagnostischer Gruppen vor dem Ausbruch ihrer Störung ausgesetzt waren. Es gibt zahlreiche Untersuchungen, in denen die Leistungen schizophrener und normaler Menschen in Laboraufgaben (Sprichwortinterpretation, Größenschätzungen, Reaktionszeit-Tests etc.) verglichen werden (z.B. *Kopfstein* und *Neale*, 1972). Oft sind solche Untersuchungen gar nicht als Korrelationsstudien zu erkennen, weil – wie es in Experimenten häufig geschieht – die Versuchspersonen im Labor getestet werden, oder auch weil die Datenanalyse darin besteht, daß man die Durchschnittswerte der Gruppen vergleicht. Aber die Logik dieser Studien ist die Logik der Korrelation; denn untersucht wird nichts anderes als die Korrelation zwischen zwei Variablen: schizophren sein oder nicht-schizophren sein und die Mittelwerte beider Gruppen. Variablen wie „schizophren" oder „nicht-schizophren" nennt man *klassifikatorische Variablen*, denn man hat die Probanden den jeweiligen Klassen zugeordnet, bevor sie ihre Laboraufgabe durchführen. Auch Alter, Geschlecht, soziale Schicht und Körperbau sind klassifikatorische Variablen. Solche Variablen sind natürliche Muster und werden nicht, wie das bei experimentellen Variablen der Fall ist, vom Forscher manipuliert. Klassifikatorische Variablen sind eine Domäne der Korrelationsforschung.

Aus praktischen wie moralischen Gründen verbietet es sich, klassifikatorische Variablen wie psychische Störungen zu manipulieren. Das Zufügen milden Schmerzes oder Mißbehagens mag ethisch noch vertretbar sein (oder auch nicht). Ethisch verwerflich wäre es aber, Menschen zu Forschungszwecken extrem schmerzhaften, aber psychologisch bedeutsamen Erfahrungen auszusetzen, wie sie sie in ihrem Alltag nur allzu oft erleben müssen. Jemanden so zu belasten, daß seine Seele aus dem Gleichgewicht gerät, wäre unvertretbar. Also wird die Korrelationstechnik auch weiterhin eine der wichtigsten Strategien bleiben, um den verschlungenen Wegen der Psychopathologie nachzuspüren. Mit ihrer Hilfe kann der Psychologe feststellen, ob bestimmte Reaktionen oder Eigenschaften von Patienten mit ihrer Abnormität korrelieren.

Das Problem der Verursachungsrichtung und das Problem der dritten Variablen

Trotz ihrer häufigen Anwendung in der Klinischen Psychologie hat die Korrelationsmethode jedoch auch einen schwerwiegenden Mangel. Zwei Schwierigkeiten bei der Interpretation von Korrelationsstudien – das *Problem der Verursachungsrichtung* und das *Problem der dritten Variablen* – machen es unmöglich, Ursache-Wirkung-Beziehungen festzustellen. Eine hinreichend hohe Korrelation zwischen zwei Variablen sagt uns, daß sie zusammenhängen oder kovariieren. Aber wir wissen im Grunde nicht, welche von beiden nun Ursache und welche Wirkung ist. Man hat zum Beispiel Korrelationen zwischen der Diagnose ‚Schizophrenie' und der sozialen Schicht gefunden. Bei Angehörigen der Unterschicht wird häufiger eine Schizophrenie diagno-

Für Angehörige unterer sozioökonomischer Schichten ist die Wahrscheinlichkeit, an Schizophrenie zu erkranken, größer. Es ist nicht ausgeschlossen, daß auch dieser verarmte Mann an der Störung leidet.

stiziert als bei Mitgliedern der Mittel- und Oberschicht. Eine Erklärung dafür könnte sein, daß das Leben von Unterschichtsangehörigen insgesamt belastender ist und zu Verhalten führt, das man dann als schizophren etikettiert. Doch es gibt noch eine zweite, vielleicht genauso plausible Hypothese: Möglicherweise sind die desorganisierten Verhaltensmuster schizophrener Menschen die Ursache dafür, daß sie häufig ihre Stellung verlieren und verarmen. Die Verursachungsrichtung ist das Problem vieler auf Korrelation basierender Forschungsansätze. Daher heißt es auch oft: „Korrelation impliziert keine Verursachung."

Korrelation impliziert zwar keine Ursache-Wirkung-Beziehung, aber indem man feststellt, ob zwei Variablen korrelieren oder nicht, kann man bestimmte kausale Hypothesen *ausschließen*. Das heißt, *Verursachung impliziert Korrelation*. Wenn man zum Beispiel behauptet, Zigarettenrauchen verursache Lungenkrebs, impliziert man, daß Zigarettenrauchen und Lungenkrebs positiv korrelieren. Untersuchungen dieser beiden Variablen müssen diese positive Korrelation ergeben, andernfalls wäre die Theorie widerlegt.

Das Problem der dritten Variablen besteht darin, daß keine von zwei korrelierenden Variablen die andere verursacht, sondern möglicherweise eine bislang unspezifizierte dritte Variable oder ein unspezifizierter Prozeß für die Korrelation verantwortlich ist. Im folgenden Beispiel liegt die dritte Variable auf der Hand:

„*... Man findet regelmäßig eine hohe positive Korrelation zwischen der Anzahl der Kirchen in einer Stadt und der Anzahl der in dieser Stadt verübten Straftaten. Je mehr Kirchen also eine Stadt hat, um so mehr Straftaten werden in ihr begangen. Heißt das, daß die Religion das Verbrechen oder daß das Verbrechen die Religion begünstigt? Keines von beiden. Für den Zusammenhang ist eine dritte Variable – die Einwohnerzahl – verantwortlich. Je mehr Einwohner eine Gemeinde hat, um so mehr ... Kirchen hat sie und ... um so mehr Verbrechen werden in ihr begangen*" (*Neale* und *Liebert*, 1980, S. 109).

Lassen sich beide Probleme überhaupt lösen? Im allgemeinen ja, obwohl die Lösungen nicht immer ganz zufriedenstellend sind und auch weiterhin keine eindeutigen Schlüsse von Korrelationen auf Verursachungen erlauben. Eine Erörterung solcher Techniken würde allerdings den Rahmen dieses Buches sprengen.[4]

Das Experiment

Wie wir gesehen haben, lassen sich die Verursachungsfaktoren von Zusammenhängen durch Korrelationsstudien nicht mit absoluter Sicher-

[4] Eine lesbare Darstellung der Methoden, mit Verursachungsrichtung und dritter Variable umzugehen, findet man bei *Neale* und *Liebert*, *Science and Behavior* (1980).

heit bestimmen. Als wirkungsvollstes Instrument zur Feststellung kausaler Beziehungen zwischen Ereignissen gilt im allgemeinen das Experiment. Zur Einführung in die Grundkomponenten experimenteller Forschung wollen wir uns eine Studie ansehen, die die Auswirkung von Gewalt im Fernsehen auf das Aggressionsverhalten von Kindern untersucht (*Liebert* und *Baron*, 1972). An der Untersuchung nahmen 136 Kinder teil. Man führte jedes Kind zunächst in einen Raum mit einem Fernsehmonitor und sagte ihm, bis der Versuchsleiter komme, dürfe es fernsehen. Zunächst gab es für alle Kinder zwei Werbespots. Anschließend sah die *Hälfte* der Kinder einen Ausschnitt aus dem Spielfilm „The Untouchables" („Chicago 1930"), in dem eine Verfolgungsjagd, zwei Faustkämpfe, zwei Schußwechsel und eine Messerstecherei einander ablösten.

Die anderen Kinder sahen eine spannende, aber gewaltlose Sportsendung. Den Abschluß bildete für alle Kinder wieder ein Werbespot.

Dann wurde jedes Kind in einen Nachbarraum geführt und vor einen großen Kasten gesetzt, vom dem aus Drähte in ein anderes Zimmer liefen. Am Kasten befand sich ein weißes Leuchtsignal und darunter ein grüner Knopf mit der Aufschrift HELFEN (help) und ein roter mit der Aufschrift WEHTUN (hurt). Der Versuchsleiter erklärte, daß die Drähte an ein Spiel angeschlossen seien, das ein Kind in einem anderen Zimmer spiele. Bei diesem Spiel müsse man an einer Kurbel drehen, und jedesmal, wenn das andere Kind dies tue, leuchte das weiße Licht auf. Der kleine Proband, so erklärte der Versuchsleiter weiter, könne nun dem anderen Kind entweder helfen – denn wenn es den grünen Knopf drücke, ginge die Kurbel leichter – oder aber wehtun, denn bei einem Druck auf den roten Knopf würde die Kurbel heiß. Jedesmal, wenn das weiße Signal aufleuchtete, sollte das Kind einen der beiden Knöpfe drücken. Je länger es das tat, um so größer waren Hilfe oder Schmerz für das Kind an der Kurbel. Der Versuchsleiter vergewisserte sich, daß die Instruktionen verstanden waren, und verließ den Raum. Jeder Proband hatte zwanzig Versuche, d.h. das weiße Licht leuchtete zwanzigmal auf.

Tabelle 5.2 zeigt, wie lange die Kinder beider Gruppen im Durchschnitt den WEHTUN-Knopf drückten. Kinder, die zuvor die Gewaltszenen gesehen hatten, erwiesen sich als aggressiver als diejenigen, die den Sportfilm angeschaut hatten.

Tabelle 5.2. Auswirkungen des Fernsehens auf die Aggressivität von Kindern (aus *Liebert* und *Baron*, 1972)

Vorgeführter Fernsehfilm	Durchschnittliche Dauer der einzelnen aggressiven Reaktionen in Sekunden
Aggressiv – „The Untouchables" (Chicago 1930)	9.92
Nicht aggressiv – Sportfilm	7.03

Wenn Kinder Zeugen von Gewalt auf dem Bildschirm werden, so wissen wir aus experimentellen Untersuchungen, zeigen sie mit größerer Wahrscheinlichkeit aggressives Verhalten.

Grundlegende Merkmale eines experimentellen Versuchsplans

Das eben geschilderte Beispiel illustriert viele der grundlegenden Merkmale eines Experiments. Zunächst stellt der Forscher eine *experimentelle Hypothese* auf. *Liebert* und *Baron* vermuteten zum Beispiel, daß das Betrachten von Gewalt zu aggressivem Verhalten reizt. Als zweites wählt der Forscher eine *unabhängige Variable*, die er manipulieren, d.h. einen Faktor, den er kontrollieren kann. *Liebert* und *Baron* zeigten einigen Kindern aggressive Filmausschnitte, den anderen eine Szenenfolge ohne Gewalt. Und schließlich trifft der Forscher Vorbereitungen zur Messung einer *abhängigen Variablen*, von der er erwartet, daß sie von der unabhängigen Variablen abhängig ist beziehungsweise mit deren Manipulation variiert. Unabhängige Variable der *Liebert-Baron*-Studie war die Dauer der WEHTUN-Reaktion, eine operationale Definition von Aggression. Wenn eine solche Untersuchung ergibt, daß die Unterschiede zwischen Gruppen tatsächlich eine Funktion der Variation der unabhängigen Variablen sind, hat man einen *experimentellen Effekt* erzielt.

Interne Validität

Zu jedem experimentellen Versuchsplan gehört die Einbeziehung wenigstens einer *Kontrollgruppe*. Eine Kontrollgruppe ist notwendig, um die Effekte eines Experiments überhaupt der Manipulation der unabhängigen Variablen zuschreiben zu können. Bei *Liebert* und *Baron* sah die Kontrollgruppe den gewaltlosen Sportfilm.

Wir wollen das an einem weiteren Beispiel verdeutlichen. Nehmen wir an, uns interessiert, was eine bestimmte Therapie für die Modifikation einer bestimmten Form abnormen Verhaltens leistet. Nehmen wir weiter an, daß sich Klienten mit zunächst negativem Selbstbild einer Therapie unterziehen, die für sich in Anspruch nimmt, hier eine Besserung zu bewirken. Nach sechs Monaten werden die Klienten erneut beurteilt, und wie sich herausstellt, ist ihr Selbstbild nunmehr tatsächlich weniger negativ. Unglücklicherweise wären die Ergebnisse einer solchen Untersuchung nicht valide. Für die Verbesserung des Selbstbildes innerhalb der sechs Behandlungsmonate könnten Faktoren verantwortlich sein, die zusätzlich zur Therapie oder gänzlich unabhängig von ihr wirksam waren. Vielleicht haben sich in der Umgebung der Klienten Dinge ereignet, die ihr Selbstbild verbessert haben. Vielleicht gewinnen Menschen mit negativem Selbstbild auch einfach im Laufe der Zeit eine positivere Einstellung sich selbst gegenüber. Solche Variablen, die wie die dritten Variablen in Korrelationsstudien eine Interpretation der Ergebnisse unmöglich machen, nennt man auch *Störvariablen*.[5] Untersuchungen, in denen man den erzielten Effekt nicht mit Sicherheit der unabhängigen Variablen zuschreiben kann, sind *intern invalide*. Die Planung *intern valider* Untersuchungen, deren Effekt zuverlässig der Manipulation der unabhängigen Variablen zugeschrieben werden kann, ist eines der Hauptziele der Sozialwissenschaften.

Im oben skizzierten Beispiel hätte man sich der *internen Validität* durch Einbeziehung einer Kontrollgruppe versichern können. Sie hätte in diesem Fall etwa aus Menschen mit negativem Selbstbild bestehen können, die sich *keiner* Therapie unterzogen. Veränderungen im Selbstbild der Kontroll-Probanden wären die *baseline* oder der Standard, an dem sich die Auswirkungen der unabhängigen Variablen messen lassen. Wenn eine Veränderung im Selbstbild, ganz unabhängig von jeglicher therapeutischer Intervention, die Folge von Umweltereignissen wäre, müßte sie sich bei Experimental- und Kontrollgruppe gleichermaßen zeigen. Hätten sich dagegen die Selbstbilder in der behandelten Gruppe umfassender gewandelt als in der unbehandelten Kontrollgruppe, könnten wir relativ sicher sein, daß dieser Unterschied auf das Konto der Behandlung geht.

Mit der bloßen Einbeziehung einer Kontrollgruppe ist es allerdings nicht getan. Nehmen wir wieder an, jemand möchte die Wirksamkeit einer bestimmten Therapie untersuchen und wählt als Probanden die Patienten zweier psychiatrischer Stationen. Der betreffende Forscher bestimmt ei-

[5] Diese und andere in diesem Kapitel beschriebene Verwechslungen sind in der Forschung in bezug auf die Wirkungen von Psychotherapie leider recht verbreitet. Wir werden ihnen im Verlaufe des Buches häufig begegnen, besonders in Teil 6.

ne Station zur Experimentalgruppe, die die Behandlung erhält, die andere zur Kontrollgruppe. Wenn er nach einer bestimmten Zeit die Häufigkeit abweichenden Verhaltens in beiden Gruppen vergleicht, möchte er eventuelle Unterschiede der Tatsache zuschreiben können, daß die Patienten der einen Station die experimentelle Behandlung erhielten, die anderen nicht. Aber zu diesem Schluß ist der Forscher nicht berechtigt: Er kann die konkurrierende Hypothese nicht widerlegen, daß die Patienten der Experimentalgruppe vielleicht schon vor der Behandlung weniger deviantes Verhalten zeigten als die der Kontrollgruppe. Die Untersuchung hat ein entscheidendes Prinzip experimenteller Planung verletzt: das Prinzip der *Zufallsauswahl*.

Die zufällige Zuordnung zu den einzelnen Gruppen stellt man dadurch sicher, daß man jedem Probanden die gleiche Chance einräumt, jeder Gruppe zugewiesen zu werden. Handelt es sich zum Beispiel um ein Zwei-Gruppen-Experiment, kann man für jeden Probanden eine Münze werfen: Kopf gleich Experimental-Zahl gleich Kontrollgruppe. Dieses Verfahren minimiert die Wahrscheinlichkeit, daß Unterschiede zwischen den Gruppen nach der Behandlung keine wirklichen experimentellen Effekte, sondern bereits vor der Behandlung bestehende Unterschiede widerspiegeln.

Aber Kontrollgruppe und Zufallsauswahl zum Trotz können die Ergebnisse immer noch invalide sein. Eine weitere Fehlerquelle ist ein möglicherweise verfälschender Einfluß des Versuchsleiters oder der Beobachter: der bereits in Kapitel 4 erwähnte „*Rosenthal*-Effekt". *Rosenthal* (1966) vermutete, daß die Erwartungen des Versuchsleiters die Ergebnisse einer Untersuchung zugunsten der Ausgangshypothese verfälschen können, d.h., daß der Forscher seine Probanden ebenso subtil wie unwillentlich manipuliert, die erwarteten oder gewünschten Reaktionen zu zeigen. Obgleich bezweifelt wird, daß solche Effekte tatsächlich an der Tagesordnung sind (*Barber* und *Silver*, 1968; *Kent* et al., 1974), sollte jeder Forscher vor ihnen auf der Hut sein. Um Verzerrungen dieser Art zu vermeiden, bedient man sich vielfach der sogenannten *Doppel-Blind-Methode*. Will man zum Beispiel die psychologischen Effekte zweier Medikamente vergleichen, kann man es so einrichten, daß man demjenigen, der die Tabletten ausgibt, über deren Zusammensetzung in Unkenntnis (d.h. „blind") läßt und auch die Probanden nicht über die Art der bevorstehenden Behandlung informiert. Bei solchen Vorsichtsmaßnahmen dürfte der Einfluß des Versuchsleiters keine Rolle mehr spielen.

Wir haben den Begriff des experimentellen Effektes weiter oben kurz definiert, wissen aber noch nicht, wie man feststellen kann, ob ein Effekt auch bedeutsam ist. Die Bedeutsamkeit experimenteller Ergebnisse bestimmt man, wie bei Korrelationen, über ihre statistische Signifikanz. Signifikant ist ein Unterschied zwischen Gruppen dann, wenn die Wahrscheinlichkeit, daß er zufällig zustande gekommen ist, gering ist. Bei jeder Wiederholung des Experiments kann man also mit demselben Effekt rechnen. In einem Experiment gilt wie in Korrelationsuntersuchungen ein Unterschied zwischen Gruppen als statistisch signifikant und daher als zuverlässiger Beweis, wenn die Wahrscheinlichkeit, daß es sich um ein zufälliges Ergebnis handelt, 5% oder weniger beträgt.

Externe Validität

Die *externe Validität* ist das Maß dafür, wie weit sich die Ergebnisse eines Forschungsunternehmens über das unmittelbare Experiment hinaus verallgemeinern lassen. Wenn ein Forscher zeigen konnte, daß eine bestimmte Behandlung den am Experiment beteiligten Patienten geholfen hat, möchte er natürlich wissen, ob diese Behandlung auch bei anderen Patienten, zu anderen Zeiten und an anderen Orten wirksam ist. *Liebert* und *Baron* hoffen sicher, daß die Ergebnisse ihres Fernsehexperiments nicht nur für ihre Versuchskinder, sondern auch für andere Kinder und andere Formen von Gewalt im Fernsehen Gültigkeit haben.

Die externe Validität von Ergebnissen eines psychologischen Experiments ist ausgesprochen schwer zu bestimmen. Zu rechnen ist zum Beispiel mit der Reaktivität beobachteten Verhaltens. Allein das Wissen, daß man an einem Experiment teilnimmt, kann Verhalten ändern, und so kann der Forscher nicht automatisch davon ausgehen, daß sich seine Probanden im Labor genauso verhalten, wie sie das in einer natürlichen Umgebung tun würden. In vielen Fällen hat man mit Tieren, etwa mit Ratten, im Laborversuch erzielte Ergebnisse auf Menschen verallgemeinert. Das ist eine gefährliche Sache, denn die Unterschiede zwischen dem *Homo sapiens* und dem *Rattus norvegicus* sind immerhin gewaltig. Der Forscher muß sich sehr genau überlegen, wieweit er Allgemeingültigkeit für seine Ergebnisse beanspruchen kann, denn die Frage der externen Validität ist nicht mit letzter Sicherheit zu beantworten. Der beste Weg, sich der Grenzen oder der Allgemeingültigkeit von Ergebnissen einigermaßen zu versichern, besteht darin, ähnliche Untersuchungen unter neuen Bedingungen mit neuen Teilnehmern durchzuführen.

Junge Affen brauchen in der ersten Zeit eine Mutter, selbst wenn es, wie hier, nur eine Ersatzmutter aus Stoff ist. In Isolation aufgewachsene Affen zeigen später Anzeichen emotionaler Verstörung und Depression. Wenn wir diese Ergebnisse auf Menschen verallgemeinern, haben wir die Untersuchungen an Affen als Analogie-Studien benutzt.

Analogie-Experimente

Das Experiment gilt als aussagekräftigste Methode, um Ursache-Wirkung-Beziehungen festzustellen. Es wird Ihnen aber vermutlich nicht entgangen sein, daß es bei der Erforschung von Ursachen abnormen Verhaltens eine verhältnismäßig geringe Rolle spielt. Angenommen, ein Forscher vermutet die Ursache von Schizophrenie in einer emotional belasteten, übermäßig abhängigen Beziehung zur Mutter. Eine experimentelle Überprüfung dieser Hypothese würde erfordern, kleine Kinder zufällig zwei Gruppen von Müttern zuzuweisen! Die Mütter der einen Gruppe hätten zuvor ein intensives Trainingsprogramm zu absolvieren, damit sie lernen, eine hoch emotionsgeladene Atmosphäre zu schaffen und beim Kind die entsprechende übermäßige Abhängigkeit zu erzeugen. Die Mütter der zweiten Gruppe müßten lernen, eben diese Art der Beziehung nicht herzustellen. Dann wartet der Forscher, bis seine Probanden erwachsen sind und stellt fest, wieviele von ihnen eine Schizophrenie entwickelt haben. So ein Versuchsplan ist schon aus rein praktischen Gründen kaum zu realisieren. Doch das ist angesichts der ethischen Fragen, die so ein Experiment aufwerfen würde, zweitrangig. Könnte ein möglicher wissenschaftlicher Gewinn das Leid aufwiegen, das man einigen Teilnehmern ganz sicher aufbürden würde? Wohl kaum.

Gleichwohl wird in einigen Bereichen der Klinischen Psychologie experimentiert. Das Experiment hat sich als sehr wirkungsvolles Werkzeug erwiesen, wenn festgestellt werden soll, ob eine bestimmte Therapieform Leiden wirklich lindert. Will man allerdings den Ursachen abnormen Verhaltens experimentell auf den Grund kommen, bevorzugt man die *Analogie-Methode*. Man versucht dabei, ein verwandtes, d.h. analoges Phänomen im Labor intensiver zu untersuchen. Auf diese Weise kann man zu intern validen Ergebnissen gelangen, obwohl sich das Problem der externen Validität möglicherweise verschärft. Bei einem Typ der Analogie-Studien manipuliert man die Probanden, z.B. durch Verabreichung von Medikamenten, hypnotische Suggestion, sensorische Deprivation oder operante Verhaltensformung (shaping), so daß ihr Verhalten vorübergehend „abnorm" wird. Wenn sich nun durch eine dieser Manipulationen experimentell eine „Pathologie" erzeugen läßt, könnte dieselbe Variable auch in natürlicher Umgebung eine Ursache der Verhaltensstörung sein. Die Interpretation solcher Untersuchungen steht und fällt mit der Validität der abhängigen Variablen als Analogie zum wirklichen klinischen Zustand. Sind z.B. vorübergehend gesteigerte Angst oder Depression ihren klinischen Entsprechungen tatsächlich analog? Die Ergebnisse derartiger Experimente sind mit großer Vorsicht zu interpretieren, gleichwohl liefern sie wertvolle Hypothesen über mögliche Ursprünge von Psychopathologien.

Bei einem anderen Typ der Analogie-Studien sucht man Probanden aus, die eine gewisse Ähnlichkeit mit Patienten mit einer bestimmter Diagnose zu haben scheinen. Häufig hat man zu diesem Zweck College-Studenten mit Papier-und-Bleistift-Methoden auf Angst und Depression getestet und die Probanden mit den höchsten Werten für die Untersuchung ausgewählt. Die Frage ist, ob zwischen diesen ängstlichen und depressiven Studenten und Patienten mit Angstsyndrom oder Typischer Depression wirklich eine Analogie besteht. Einige Forschungsarbeiten, die sich mit dieser Frage beschäftigen, werden in Kapitel 9 näher erörtert.

Auch etliche Tier-Experimente, deren Ergebnisse allgemein auf Menschen bezogen werden, sind ihrem Wesen nach Analogie-Experimente. Wir werden in späteren Kapiteln darauf zurückkommen. An dieser Stelle sei aber darauf hingewiesen, daß wir auf der Basis der Analogie argumentieren, wenn wir etwa versuchen, Streßreaktionen weißer Ratten mit Angst bei Menschen in Beziehung zu setzen. Obwohl Menschen sich von anderen Säugetieren in vielen wichtigen Dimensionen unterscheiden, bedeutet das nicht, daß Verhaltensprinzipien, welche die Forschung bei Tieren festgestellt hat, für menschliches Verhalten vollkommen irrelevant seien.

Experimentelle Untersuchungen mit einer Versuchsperson

Experimente kann man nicht nur mit *Gruppen*, sondern auch mit Einzelpersonen durchführen. In diesem Abschnitt werden wir Versuchspläne zur Untersuchung einer Einzelperson betrachten.

Diese Strategie scheint vielen Prinzipien zu widersprechen, die wir in Zusammenhang mit Versuchsplänen erörtert haben. Wie bei der Einzelfallstudie kann auch beim Einzelfallversuch nicht mit einer Kontrollgruppe gearbeitet werden. Zudem ist die Verallgemeinerung der Ergebnisse problematisch, denn möglicherweise erfassen sie nur einen individuellen Aspekt des untersuchten Probanden. Also ist es sehr unwahrscheinlich, daß ein Experiment mit nur einer Versuchsperson zu intern oder extern auch nur annähernd validen Resultaten führt. Aber wie wir sehen werden, *kann* das Einzelfallexperiment für bestimmte Zwecke eine ergiebige Forschungsmethode sein.

Tate und *Baroff* (1966) haben zum Beispiel eine Methode entwickelt, um einen neunjährigen Jungen namens Sam von seinem selbstschädigenden Verhalten abzubringen. Sam galt als psychotisch und hatte eine ganze Palette selbstschädigender Verhaltensweisen aufzuweisen: Er schlug mit dem Kopf gegen Boden und Wände, ohrfeigte sich selbst, stieß das Kinn gegen die Schultern und versetzte sich selbst Fußtritte. Trotzdem war Sam nicht völlig antisozial. Kontakt mit anderen Menschen machte ihm offensichtlich Spaß, er klammerte sich an sie, umarmte sie und setzte sich auf ihren Schoß. Dieses Zuwendungsverhalten brachte die Forscher auf die Idee einer experimentellen Behandlung.[6]

Die Untersuchung erstreckte sich über zwanzig Tage. In den ersten fünf Tagen beobachtete und protokollierte man, wie häufig Sam innerhalb einer bestimmten Zeitspanne selbstschädigendes Verhalten zeigte. An jedem der folgenden fünf Tage machten die beiden erwachsenen Versuchsleiter mit dem Jungen einen kurzen Spaziergang auf dem Klinikgelände, unterhielten sich dabei mit ihm und hatten ihn beide stets an der Hand. Bei jeder Selbstschädigungsaktion ihres Schützlings zogen sie ihre Hand unverzüglich zurück und berührten ihn erst wieder drei Sekunden nach Einstellen der selbstschädigenden Aktivität. Auch in dieser Phase wurden Häufigkeitsproto-

[6] Daß wir in diesem Zusammenhang von ,,experimentell" sprechen, heißt, daß wir zwischen zwei Bedeutungen des Wortes unterscheiden. Im Zusammenhang mit den erörterten Forschungsmethoden bezieht sich ,,experimentell" auf die Manipulation einer Variablen, die Schlüsse auf eine Ursache-Wirkung-Beziehung erlaubt. Aber in unserem augenblicklichen Kontext ist mit ,,experimentell" eine Behandlung gemeint, über deren Wirkung wenig oder gar nichts bekannt ist. Ein ,,experimentelles Medikament" ist z.B. eines, über das wir relativ wenig wissen. Gleichwohl kann man so eine Droge in einer Korrelationsuntersuchung oder einer Einzelfallstudie einsetzen.

kolle geführt. Dem Versuchsplan folgend, setzte man das Schema dann systematisch noch einmal ins Werk. Fünf Tage lang gab es keine Spaziergänge, sondern nur Verhaltensbeobachtung; und in den letzten fünf Tagen nahmen die Versuchsleiter ihre experimentelle Behandlung wieder auf. Wie dramatisch das unerwünschte Verhalten während der Behandlung abnahm, zeigt Abbildung 5.3. Ein solcher *ABAB-Versuchsplan* verlangt eine sorgfältige viermalige Messung des interessierenden Probandenverhaltens: zur Erfassung der Ausgangshäufigkeit (der baseline) (A), während einer einführenden Behandlungsphase (B), nochmals unter den Bedingungen der baseline-Phase (A), und schließlich während einer zweiten Phase der experimentellen Manipulation (B). Wenn sich das Verhalten der experimentellen Phase gegenüber dem der Baseline-Phase ändert, dann umschlägt, wenn man die experimentelle Manipulation einstellt, und erneut umschlägt, wenn die Behandlung wieder eingeführt wird, kann man ziemlich sicher sein, daß nicht der Zufall oder unkontrollierte Faktoren, sondern die Manipulation für die Veränderung verantwortlich ist.

Die Umkehrtechnik ist allerdings nur dann einzusetzen, wenn die Behandlung nicht zu irreversiblen Veränderungen führt. Überdies würde man es unter therapeutischen Bedingungen im allgemeinen für ethisch nicht vertretbar halten, einen Probanden oder Patienten wieder in seinen ursprünglichen Zustand zurückzuversetzen. Es wäre wohl kaum ein Therapeut bereit, gerade das Verhalten zu induzieren, um dessentwillen ein Klient Hilfe gesucht hat, nur um die Wirksamkeit einer bestimmten Behandlungsform für die Verhaltensänderung zu beweisen.

Wenn die Umkehrtechnik nicht angebracht ist, ist das Verfahren der *multiplen Ausgangshäufigkeiten* (multiple-baseline procedure) die Methode der Wahl. Hier untersucht man zwei oder mehr Verhaltensweisen. Bei einem Kind mit „Lernschwierigkeiten" könnte sich die Behandlung etwa auf Rechen- und Leseleistungen er-

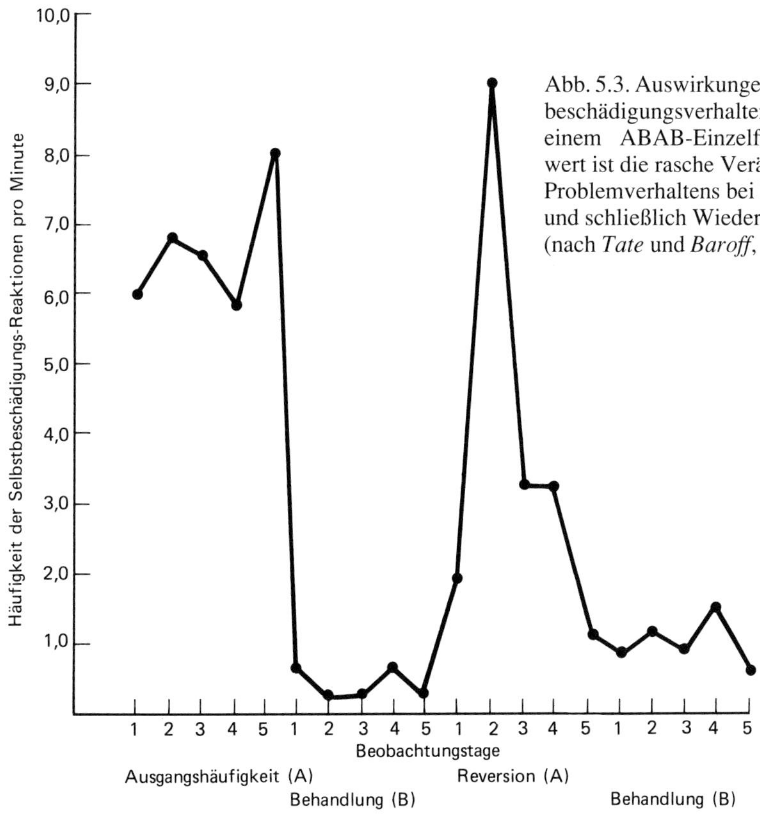

Abb. 5.3. Auswirkungen der Behandlung eines Selbstbeschädigungsverhalten in einem Experiment mit einem ABAB-Einzelfallversuchsplan. Bemerkenswert ist die rasche Veränderung in der Häufigkeit des Problemverhaltens bei Beginn (B), Zurücknahme (A) und schließlich Wiederaufnahme (B) der Behandlung (nach *Tate* und *Baroff*, 1966).

strecken. Vielleicht stellt der Experimentator fest, daß das Kind während des Unterrichts unaufmerksam ist, und beschließt, während des Mathematik- *und* während des Deutschunterrichts Baseline-Daten zu erheben. Anschließend wird das Kind dann für Aufmerksamkeit in den Mathematikstunden verstärkt, aber nicht für Aufmerksamkeit in den Deutschstunden. Wieder wird die Aufmerksamkeit des Kindes in beiden Fächern gemessen. Und in einer dritten Phase des Experiments belohnt man es dann für Aufmerksamkeit in beiden Fächern.

Abbildung 5.4 zeigt ein hypothetisches Aufmerksamkeitsmuster des Kindes im Verlaufe des Experiments. Ein solches Muster wäre in der Tat ein überzeugender Beweis dafür, daß einzig die Belohnung für die Verhaltensänderung verantwortlich war. Hätte ein unkontrollierter Einfluß der Umgebung zu vermehrter Aufmerksamkeit geführt, hätte er sich vermutlich kaum in Mathematik- und Deutschunterricht gleich stark bemerkbar gemacht. Und wenn Belohnung nicht der für die Veränderung verantwortliche Faktor gewesen wäre, würde sich die Aufmerksamkeit in den Mathematikstunden gegenüber der in den Deutschstunden nicht so markant gesteigert haben. Indem man also zwei oder mehr Ausgangshäufigkeiten (daher die Bezeichnung „multiple Ausgangshäufigkeiten") erhebt, lassen sich bestimmte mögliche Quellen der Nicht-Validität ausschließen.

Aber wie gesagt, sind die Effekte, die ein Einzelfallexperiment zeitigt, nicht immer verallgemeinerbar. Daß eine bestimmte Behandlung bei einem einzelnen Probanden anschlägt, bedeutet nicht notwendigerweise, daß die Behandlung generell wirksam ist. Wenn ein Forschungsunternehmen darauf abzielt, eine allgemein wirksame Behandlung zu finden, hat das Einzelfallexperiment schwerwiegende Nachteile. Es kann jedoch die Entscheidung erleichtern, ob eine umfängliche Untersuchung mit Gruppen gerechtfertigt ist.

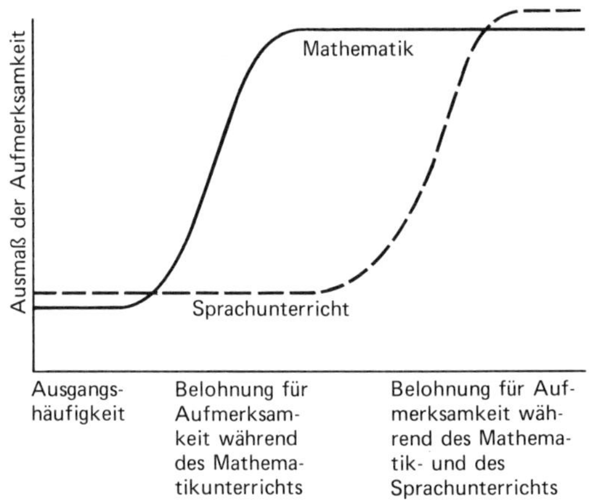

Abb. 5.4. Ergebnis eines Einzelfallexperiments mit multiplen Ausgangshäufigkeiten, bei dem Aufmerksamkeit belohnt wurde, zunächst während des Mathematikunterrichts, zum Schluß während des Mathematik- und des Sprachunterrichts.

Gemischte Versuchspläne

Man kann experimentelle Verfahren und Korrelationstechniken auch zu einem sogenannten *gemischten Versuchsplan* kombinieren. Bei einem gemischten Versuchsplan werden Probanden aus zwei oder mehr diskreten und einander im allgemeinen nicht überschneidenden Populationen als Gruppen den einzelnen Versuchsbedingungen zugewiesen. Die beiden Populationstypen, etwa Schizophrene und Phobiker, konstituieren die klassifikatorischen Variablen. Das heißt, die Variablen Schizophrenie und Phobie werden weder manipuliert noch vom Forscher induziert, und sie können mit den manipulierten Bedingungen – den eigentlichen experimentellen Variablen – nur in Korrelationsbeziehung gesetzt werden.

Zur Illustration wollen wir uns eine Untersuchung der Wirksamkeit dreier Therapieformen (die experimentelle Variable) bei psychiatrischen Patienten ansehen, die man je nach der Schwere ihrer Krankheit (die klassifikatorische Variable) in zwei Gruppen eingeteilt hat. Die Frage war, ob die Wirksamkeit der Behandlungen mit der Schwere der Krankheit variiert. Abbildung 5.5 zeigt das hypothetische Ergebnis einer solchen Studie. Teil b zeigt die Ergebnisse, wenn man die Patienten je nach Schwere ihrer Probleme in zwei Gruppen eingeteilt hatte. Teil a illustriert, zu welchen irreführenden Schlußfolgerungen man gelangt wäre, hätte man die Patienten nicht in schwerere und leichtere Fälle einteilen können. Wurde diese Unterscheidung nicht gemacht, war Behandlung 3 am wirksamsten. Behandlung 3 ist

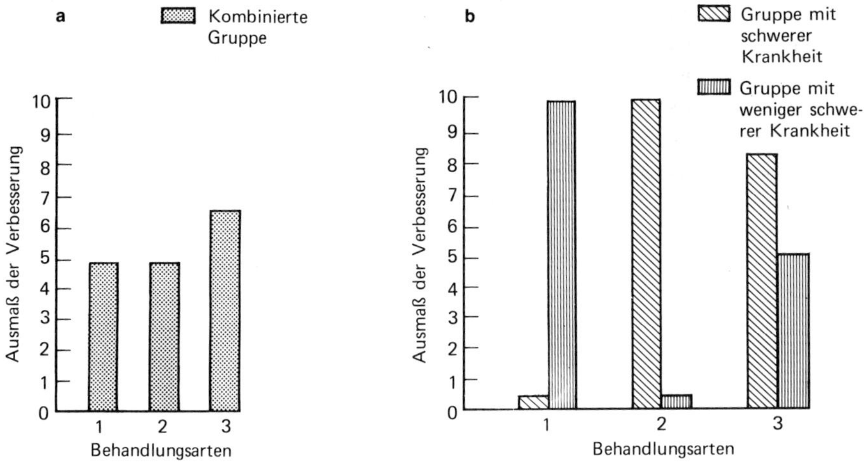

Abb. 5.5. Auswirkungen von drei Behandlungsarten bei Patienten, deren Symptome schwer oder weniger schwer sind. Das Ausmaß der Verbesserung, das durch die einzelnen Behandlungen erzielt worden ist, hängt davon ab, auf welche Personen die Behandlung angewandt wird. Wenn der Schweregrad der Krankheit nicht bekannt ist, werden die Patienten zusammen behandelt (a). Wenn der Schweregrad bekannt ist, werden sie in zwei Gruppen unterteilt und getrennt behandelt (b).

also dann zu empfehlen, wenn keine differentielle Information über die Patienten verfügbar ist. Berücksichtigt man aber die Schwere der Störung, ist Behandlung 3 für *keinen* der Patienten angezeigt. Für leichter Erkrankte würde man vielmehr Behandlung 1 wählen und Behandlung 2 den schwerer Erkrankten vorbehalten. Mit dem gemischten Versuchsplan läßt sich also ermitteln, welche Behandlung für welche Gruppe die beste ist.

Bei der Interpretation der Ergebnisse gemischter Versuchspläne dürfen wir nicht vergessen, daß eine der Variablen (in unserem Fall die Schwere der Krankheit) nicht manipuliert wird. Wir stehen also vor den gleichen Problemen wie bei der Interpretation von Korrelationen.

Und doch hat die Einbeziehung einer manipulierten Variablen, insbesondere einer mit mehreren Ebenen, einige Vorteile. Nehmen wir zum Beispiel eine Untersuchung, in der schizophrene und Kontrollprobanden eine Informationsverarbeitungs-Aufgabe von vier unterschiedlichen Komplexitätsniveaus zu lösen hatten (*Neale*, 1971). Den Probanden wurde kurz eine Tafel präsentiert, die einen, vier, acht oder zwölf Schriftzüge zeigte. Sie sollten feststellen, ob ein *T* oder ein *F* darunter war. Unterschiede zwischen schizophrenen und Kontrollprobanden ergaben sich immer dann, wenn beide Gruppen mehr als einen Buchstaben sahen. Ein solches Muster nennt man *differentielles Defizit*. Ein differentielles Defizit ist informativer als ein einfaches Defizit bei einer einzelnen Aufgabe. *Maher* (1974) erklärt, warum:

„*Mit der Hypothese, daß Bullen ein besonderes Verlangen danach haben, Chinesisches Porzellan zu zerschlagen, füllen wir die Regale eines Geschäftes ausschließlich mit diesem Artikel, lassen die Bullen los und beobachten sie bei ihrem Zerstörungswerk. Unsere Hypothese hat sich eindrucksvoll bestätigt – besonders, wenn unsere Kontrollgruppe aus Mäusen bestand*“ (S. 2).

Und die Moral von *Mahers* Geschichte: „Genauso wie Bullen dazu neigen, China-Porzellan in jeglicher Form zu zerschlagen, versagen Patienten-Populationen mit großer Wahrscheinlichkeit bei vielen Aufgabenstellungen.“ Mit anderen Worten, der Nachweis eines einfachen Defizits enthält wenig spezifische Information, da die schlechte Leistung vielerlei Gründe haben kann. Ein differentielles Defizit dagegen schließt bestimmte, ebenfalls plausible Konkurrenz-Hypothesen aus. Da bei nur einem Buchstaben die Leistung von Schizophrenen und Kontroll-Probanden gleich war, ist unwahrscheinlich, daß für die Schwierigkeiten, die schizophrene Probanden mit den umfangreicheren Darstellungen hatten, ein allgemeines Versagen beim Aufgabenverständnis verantwortlich war. Wenn die schizophrenen Versuchspersonen nicht in der Lage gewesen wären, die Aufgabe zu verstehen oder den Instruktionen zu folgen, hätten sie nicht ebenso gut wie die Kontroll-Probanden unterscheiden können, ob ein einzelner Buchstabe ein *T* oder ein *F* war.

Zusammenfassung

Wissenschaft ist ein Unternehmen, auf das man sich zu Zwecken der Problemlösung geeinigt hat und innerhalb dessen man mit spezifischen Verfahren Daten erhebt und interpretiert, um zu systematischem und kohärentem Wissen zu gelangen. Wissenschaftliche Aussagen müssen folgende Eigenschaften besitzen: Sie müssen vor der Öffentlichkeit überprüfbar sein, sie müssen falsifizierbar sein, sie müssen auf reliablen Beobachtungen beruhen, und obwohl Schlüsse auf unbeobachtbare Prozesse erlaubt sind, müssen die erschlossenen Konzepte an beobachtbare und meßbare Ereignisse oder Ergebnisse gebunden sein.

Wichtig ist, daß Wissenschaftler mit unterschiedlichen Methoden zu Daten und Schlußfolgerungen gelangen. Klinische Einzelfallstudien haben innerhalb der Psychopathologie eine ganz besondere und wichtige Funktion, sie erlauben es zum Beispiel, ein Phänomen intensiv und in all seiner Komplexität zu untersuchen. Anhand von Fallstudien lassen sich Hypothesen aufstellen, die man später unter den kontrollierten Bedingungen der Forschung überprüfen kann.

Ein wichtiges Hilfsmittel der Verhaltensforschung innerhalb der Klinischen Psychologie sind die Korrelationsmethoden, denn Diagnosen sind klassifikatorische und keine experimentell manipulierbaren Variablen. Mittels statistischer Verfahren können wir feststellen, in welchem Umfang zwei oder mehr Variablen korrelieren oder kovariieren. Es ist so gut wie nie legitim, einer Korrelationsstudie einen Ursache-Wirkung-Zusammenhang zu entnehmen, obwohl die Versuchung groß ist.

Zur experimentellen Methode gehört die Manipulation von unabhängigen Variablen und die sorgfältige Messung ihrer Wirkungen auf abhängige Variablen. Am Anfang eines Experiments steht gewöhnlich die Hypothese, daß die Manipulation einer Variablen bei einer anderen spezifische Veränderungen hervorrufen wird. Die Versuchspersonen verteilt man im allgemeinen auf wenigstens zwei Gruppen: eine Experimental-Gruppe, die die experimentelle Behandlung, d.h. die Manipulation der unabhängigen Variablen erfährt, und eine Kontrollgruppe, die unmanipuliert bleibt. Wenn sich anschließend zwischen Experimental- und Kontrollgruppe Unterschiede in der Ausprägung der abhängigen Variablen beobachten lassen, können wir den Schluß ziehen, daß die unabhängige Variable tatsächlich einen Effekt hatte. Um sicherzustellen, daß Experimental- und Kontrollprobanden sich nicht schon vor Einführung der unabhängigen Variablen unterscheiden, geschieht die Zuweisung zu den Gruppen gewöhnlich nach dem Zufallsprinzip. Weitere Verzerrungen können dadurch vermieden werden, daß die Experimentatoren selbst nicht wissen, welcher Proband zu welcher Gruppe gehört. Sind diese Bedingungen erfüllt, besitzt das Experiment interne Validität. Ob man die Ergebnisse eines Experiments über die untersuchten Situationen und Personen hinaus verallgemeinern kann, ob sie also externe Validität besitzen, läßt sich nur mit ähnlichen Experimenten unter neuen Bedingungen und mit neuen Probanden überprüfen.

Einzelfallexperimente, in denen man einen einzelnen Probanden innerhalb einer gewissen Zeit unterschiedlichen Behandlungen unterzieht, können zu intern validen Resultaten führen, deren Verallgemeinerbarkeit allerdings möglicherweise begrenzt ist. Gemischte Versuchspläne kombinieren experimentelle Verfahren und Korrelationsmethoden. Man setzt etwa unterschiedliche Patiententypen (die klassifikatorische Variable) mehreren Behandlungen aus (die experimentelle Variable).

Eine Wissenschaft ist immer nur so gut wie ihre Methodologie. Wenn sich jemand also mit Klinischer Psychologie befaßt und sich ein Urteil bilden möchte über die Untersuchungen und Theorien, die Gegenstand dieses Buches sind, muß er sich auch mit den Regeln vertraut machen, auf die sich die Sozialwissenschaftler – einstweilen – geeinigt haben.

Teil II

Störungen der Befindlichkeit und Streßreaktionen

Kapitel 6

Angstsyndrome

1. Phobien
2. Angstzustände
3. Posttraumatische Belastungsreaktion

„Wie würde es Ihnen gefallen, wenn Sie ein etwas schwächlicher, etwas schüchterner und zurückhaltender kleiner Junge von neun Jahren wären, etwas kleiner und schmächtiger als die meisten, und wenn Sie dreimal in der Woche, jeden Montag, Mittwoch und Freitag, so regelmäßig und unerbittlich, wie die Sonne untergeht und der Himmel sich verdunkelt, und die Welt schwarz und tot und gespenstisch wird – ohne die erwärmende Hoffnung, daß irgendjemand irgendwo jemals wieder aufwacht –, der düsteren, eisernen Obhut eines Menschen namens Forgione übergeben würden, eines Menschen, der älter, breiter und viel größer ist als Sie, eines bedrohlichen, mächtigen, breitschultrigen Mannes mit einer Menge Haaren, harten Muskeln und einem Nacken wie ein Faß, der enge, fleckenlos weiße oder marineblaue T-Shirts trägt, die ebenso fest und mitleidlos aussehen wie die Figur aus Fleisch und Knochen, die sie wie eine Gußform umhüllen, in dessen wilde und dunkle Augen sie sich niemals zu schauen trauen und der einen Gehilfen hat, nach dessen Namen Sie nicht gefragt haben oder den Sie nicht behalten konnten, und der nicht den Anschein erweckt, als ob er Sie mag oder Ihr Verhalten billigt? Er könnte mit Ihnen ganz nach Belieben verfahren. Er konnte mit mir ganz nach Belieben verfahren“ (*Heller*, 1966, S. 219–220).

Dieses Zitat aus *Joseph Hellers* zweitem Roman „Was geschah mit Slocum?“ schildert die lähmende Hilflosigkeit eines neunjährigen Jungen, der sich jeden zweiten Schultag mit einem stämmigen Sportlehrer auseinanderzusetzen hat. Sein gleichermaßen ängstlicher Vater beschreibt die überwältigende Angst des Jungen vor dem Sportunterricht, vor einer Situation, in die er gezwungen wird und der er nicht entfliehen kann, einer Situation, die Ansprüche an ihn stellt, die zu erfüllen, er sich völlig außerstande sieht. Wieder einmal fängt ein begabter Schriftsteller die Erscheinungsweise – die direkte Erfahrung – einer wichtigen menschlichen Emotion auf eine Weise ein, die uns unmittelbar anrührt.

In der Klinischen Psychologie scheint kaum ein Fragenkomplex so vorrangig und so umstritten zu sein wie die Angst. Dieser emotionale Zustand ist Teil vieler psychopathologischer Erscheinungsbilder und ein Hauptaspekt der Störungen, mit denen wir uns im folgenden beschäftigen wollen. Die Angst spielt auch eine wichtige Rolle bei der Erforschung normaler menschlicher Psychologie, da wohl kaum einer von uns auch nur eine Woche erlebt, ohne wenigstens in einem gewissen Grad das zu erfahren, was wir Angst oder Furcht nennen. Aber die kurzen Angstperioden normaler Menschen sind nicht im entferntesten so intensiv, andauernd und beeinträchtigend wie die Ängste, an denen Menschen mit einem Angstsyndrom leiden.

Die Störungen, um die es in den folgenden beiden Kapiteln geht, galten lange Zeit als Formen von *Neurosen*. Ihre Begrifflichkeit und Definitionen entstammten der klinischen Arbeit *Freuds*, und so blieb die diagnostische Kategorie der Neurosen untrennbar mit der psychoanalytischen Theorie verbunden. Das DSM-II definierte die Angst wie folgt:

„Angst ist das Hauptmerkmal der Neurosen. Sie

kann direkt empfunden und ausgedrückt oder unbewußt und automatisch durch Konversion, Verdrängung und andere psychische Mechanismen kontrolliert werden. Im allgemeinen führen diese Mechanismen zu Symptomen, die als subjektives Leid erfahren werden, von dem der Patient befreit werden möchte" (S. 39).

Die verschiedenen Neurosen gehen mit unterschiedlichsten Verhaltensweisen einher – beim Phobiker mit Furcht und Vermeiden, beim zwanghaften Menschen mit dem unwiderstehlichen Drang, bestimmte Handlungen immer und immer wieder auszuführen, und in der Konversionshysterie mit Lähmungen und anderen „neurologischen" Symptomen. Wie konnten so verschiedene Probleme unter eine einzige Kategorie subsumiert werden? Trotz der Verschiedenartigkeit der Symptome *nimmt* die psychoanalytische Neurosenlehre *an*, daß alle neurotischen Zustände Spiegel verdrängter Angst sind. Daran ist im Laufe der Jahre viel Zweifel laut geworden, und diese Zweifel sind in den vielen Entwürfen zum DSM-III abzulesen, bis man schließlich zur endgültigen Fassung fand. Zwischendurch war auch einmal der Punkt erreicht, wo man die Kategorie der Neurosen ganz fallenließ. Doch die Einleitung zu dieser letzten Fassung vermerkt, daß der Verzicht auf die diagnostische Kategorie der Neurosen, wie sie im DSM-II zu finden sei, bei vielen Klinikern große Bedenken ausgelöst habe, und so hat man die Kategorie, zumindest teilweise, letztlich doch beibehalten. Das DSM-III verteilt die alten Neurosekategorien auf mehrere neue diagnostische Klassen, die neue Abteilungen bilden: Angstsyndrome, die uns in diesem Kapitel interessieren, und Somatoforme und Dissoziative Störungen, die Thema des nächsten Kapitels sind. In solchen Fällen führt man die alte DSM-II-Kategorie zusammen mit der neuen Diagnose auf, d.h., man läßt z.B. der neuen Diagnose der Phobischen Störungen die DSM-II-Diagnose „Phobische Neurosen" in Klammern folgen. Das DMS-III hat also einen Mittelweg gewählt, der nicht nach jedermanns Geschmack ist. Wir halten die Neurose für eine wenig wünschenswerte diagnostische Kategorie, da jeglicher empirischer Nachweis fehlt, daß alle solchermaßen charakterisierten Patienten ein gemeinsames Problem oder eine gemeinsame Symptomatologie aufweisen. Vermutlich wird das Wort nicht auszurotten sein – es ist längst Teil unseres alltäglichen Sprachgebrauchs geworden und taucht auch in diesem Buch immer wieder auf –, aber in diesem und dem nächsten Kapitel folgen wir mit unserer Darstellung neueren diagnostischen Kategorien.

Psychose ist ein weiterer Begriff, der Eingang in unsere Alltagssprache gefunden hat und auch im DSM-II eine herausragende Rolle spielte. Bestimmte Diagnosen des DSM-III – massive Entwicklungsstörungen, einige organisch bedingte psychische Störungen, Schizophrenie und paranoide Störungen und einige affektive Störungen – gelten als Psychosen, obwohl sie allgemein nicht als solche zu einer Gruppe zusammengefaßt sind. Psychotische Menschen leiden im allgemeinen an extremer psychischer Unruhe und haben den Kontakt mit der Realität verloren. Ihre Halluzinationen und Wahnvorstellungen – falsche Wahrnehmungen und irrige Überzeugungen, die aus einem als wahr empfundenen Wirrwarr von Verzerrungen und Unmöglichkeiten bestehen – nehmen sie so in Anspruch, daß sie oft auch den einfachsten Alltagsanforderungen nicht mehr gerecht werden können. Psychotische Menschen müssen häufig hospitalisiert werden. Gegen Ende des letzten Jahrhunderts definierte *Charcot* Neurosen als klinische Probleme, die außerhalb einer psychiatrischen Einrichtung behandelt werden könnten.

In diesem Kapitel geht es um *Angstsyndrome*, d.h. um Störungen, die durch eindeutig vorhandene, subjektive Angstgefühle gekennzeichnet sind. Das DSM-III schlägt drei Hauptkategorien vor: *Phobische Störungen*; *Angstzustände*, zu denen das *Paniksyndrom*, das *Generalisierte Angstsyndrom* und das *Zwangssyndrom* zählen; und die *Posttraumatische Belastungsreaktion* (vgl. Tabelle 6.1).

Tabelle 6.1. Angstsyndrome

Phobische Störungen
Angstzustände: Paniksyndrom, Generalisiertes Angstsyndrom, Zwangssyndrom
Posttraumatische Belastungsreaktion

Kasten 6.1
Der kleine Hans

Ein klassischer Fall von Phobie, über den *Freud* 1909 berichtete, war der des fünfjährigen Hans, der Angst vor Pferden hatte und sich nicht aus dem Haus wagte. Seither haben Psychoanalytiker immer wieder auf die Bedeutung dieses Falles hingewiesen. *Ernest Jones*, *Freuds* berühmter Biograph, nannte ihn einen „glänzenden Erfolg der Kinderanalyse" (1955, S. 289). Und *Glover*, ein angesehener Gelehrter, spricht von „einer bemerkenswerten Leistung... [die einen] der höchstgeschätzten Berichte in psychoanalytischen Archiven [darstellt]" (1956, S.76).

Persönlich sah *Freud* den Jungen nur ein einziges Mal. Er analysierte ihn anhand von Briefen, die er von dessen Vater erhielt. Zwei Jahre vor Ausbruch seiner Phobie zeigte der seinerzeit dreijährige Hans „ein besonders lebhaftes Interesse für den Teil seines Körpers, den er als ‚Wiwimacher' zu bezeichnen gewohnt war." Als er dreieinhalb Jahre war,

„Warum kannst du nicht ein bißchen so sein wie Ödipus?"

ertappte ihn seine Mutter mit der Hand am Penis und drohte, man werde ihm den Penis abschneiden, wenn er das noch einmal tue. Mit viereinhalb Jahren, so wird weiter berichtet, habe Hans während eines sommerlichen Ferienaufenthaltes versucht, seine Mutter zu „verführen". Als die Mutter ihn einmal – jede Berührung peinlich vermeidend – um den Penis herum puderte, sagte Hans: „Weshalb gibst du denn nicht den Finger hin?" „Weil das eine Schweinerei ist," antwortete die Mutter. Darauf Hans: „Was ist das, eine Schweinerei? Warum denn?" Mutter: „Weil es unanständig ist." Hans, lachend: „Aber lustig." *Freud* sah darin den Beweis, daß Hans einen starken sexuellen Drang hatte, den er auf seine Mutter richtete und dann aus Angst vor Kastration verdrängte. Nach *Freuds* erster Angsttheorie (vgl. S. 41) verwandelte sich diese sexuelle Entbehrung schließlich in neurotische Angst.

Erstmals bemerkbar machte sich die Phobie etwa sechs Monate später während eines Spaziergangs mit dem Kindermädchen. Hans wurde Zeuge, wie ein Pferdefuhrwerk umstürzte, fing an zu weinen und wollte nach Hause, um mit der Mutter zu „schmusen". Später erklärte er, er fürchte sich, aus dem Haus zu gehen, weil ein Pferd ihn beißen könne, und bald wurden seine Ängste detaillierter und richteten sich gegen das, „was die Pferde vor ihren Augen haben und das Schwarze vor ihrem Mund."

Das alles, schreibt *Freud*, spiegele den ödipalen Wunsch des Jungen wider, den Vater loszuwerden, um die Mutter zu besitzen. Seine auf die Mutter gerichtete sexuelle Erregung verwandelte sich in Angst, weil er fürchtete, die Strafe folge auf dem Fuße. Die Angst vor dem Vater, der als deren ursprüngliche Quelle galt, wurde auf ein Symbol für den Vater verschoben: auf die Pferde. Das schwarze Pferdemaul und die Scheuklappen wurden zu symbolischen Repräsentationen von Schnurrbart und Brille des Vaters. Indem er Pferde fürchtete, konnte Hans seiner eigentlichen Furcht, vom Vater kastriert zu werden, erfolgreich und unbewußt aus dem Weg gehen – obwohl es doch die *Mutter* war, die mit dieser Strafe gedroht hatte –, und schaffte er es auf diese Weise gleichzeitig, zu Hause zu bleiben und um so mehr Zeit mit seinem vorrangigen Liebesobjekt – der Mutter – zu verbringen.

Das Original dieses Fallberichtes ist sehr viel detaillierter und umfaßt etwa 140 Seiten. Unser Ziel war es hier, einen Eindruck von *Freuds* Denken zu vermitteln. Wir stimmen mit *Wolpe* und *Rachman* (1960) darin überein, daß zwischen den Schlüssen, die *Freud* aus den Daten zieht, und den Daten selbst große Diskrepanzen bestehen. Erstens sind die Belege dafür, daß der kleine Hans seine Mutter sexuell begehrte, minimal, und das macht es doch sehr fraglich, daß Hans wirklich die Stelle seines Vaters einnehmen und seine Mutter sexuell besitzen wollte. Zweitens gibt es kaum Anzeichen dafür, daß Hans seinen Vater haßte oder fürchtete, und im Originalbericht ist zu lesen, daß Hans selber jegliche symbolische Verbindung zwischen Pferden und Vater leugnete. Allerdings wurde gerade das als Beweis für das Vorhandensein einer solchen Verbindung gewertet. Drittens haben wir weder einen Beweis noch einen Grund für die Annahme, daß hier intensive sexuelle Erregung in Angst verwandelt wurde. Eine überzeugendere Erklärung für die Tatsache, daß Hans Angst vor Pferden bekam, nachdem er Zeuge eines Unfalls mit Pferden geworden war, liefert das Modell des klassischen Konditionierens, obwohl auch diese Interpretation nicht unproblematisch ist (vgl. S. 169).

1. Phobien

Psychopathologen definieren eine Phobie als ein zerrüttendes, angstvermitteltes Vermeidungsverhalten, das in keinem Verhältnis zu der Gefahr steht, die vom gemiedenen Objekt oder von der gemiedenen Situation droht, und das der Leidende in der Tat auch als grundlos erkennt. Menschen mit extremer Angst vor großen Höhen, geschlossenen Räumen, Schlangen oder Spinnen, die zugestehen, daß es eine objektive Gefahr nicht gibt und daß ihr Leiden ihr Leben zu zerstören droht, wird man mit großer Wahrscheinlichkeit als phobisch bezeichnen.

Im Laufe der Jahre hat man für solcherart ungerechtfertigte Vermeidensmuster komplexe Namen gefunden. Immer wird dem Suffix -phobie das griechische Wort für das gefürchtete Objekt oder die gefürchtete Situation vorangestellt. Der Begriff „Phobie" selbst ist vom Namen des griechischen Gottes Phobos abgeleitet, der seine Feinde das Fürchten lehrte. Den meisten von Ihnen werden Bezeichnungen wie „Klaustrophobie" für die Angst vor geschlossenen Räumen, „Agoraphobie" für die Angst vor öffentlichen Plätzen und „Akrophobie" für die Höhenangst vertraut sein. Auch exotischere Ängste haben griechische Namen bekommen: Die Ergasiophobie ist eine Schreibangst, Pnigophobie ist die Angst zu ersticken, und mit Taphephobie meint man die Angst, lebendig begraben zu werden. Nur allzu häufig wird der Eindruck vermittelt, es genüge, einem Problem einen imponierenden Namen zu geben, um alles über seine Entstehung und sogar über seine Behandlung zu wissen. Nichts könnte jedoch weiter von der Wahrheit entfernt sein. Wie so oft in der Klinischen Psychologie gibt es auch hier mehr Theorien und Fachjargon als sichere Ergebnisse.

Phobien sind im Vergleich zu anderen diagnostischen Kategorien in der Bevölkerung recht weit verbreitet. In Neuengland, so stellten *Agras*, *Sylvester* und *Oliveau* (1969) fest, litten 7,7% der Bevölkerung daran. Eine jüngere und umfangreichere Studie kam auf einen Anteil von 5,9%, wobei Frauen mit 8,0% sehr viel häufiger vertre-

vertreten waren als Männer mit 3,4% (*Myers* et al., 1984). Die *Agras*-Studie enthüllte allerdings auch, daß die meisten Phobien relativ gelinde waren und nur in 2,2 von 1000 Fällen eine ernsthafte Beeinträchtigung darstellten. In der Tat ist die Beschwernis, die viele spezifische Ängste verursachen, nicht so groß, daß die Betroffenen sich in therapeutische Behandlung begeben. Wenn ein Großstadtmensch eine intensive Angst oder eine Phobie vor ungiftigen Schlangen entwickelt, wird er höchst selten Gelegenheit zu ausgiebigem Kontakt mit dem Angstobjekt haben und sich nicht ernsthaft beeinträchtigt fühlen.

Die Klassifikation der Phobien

Bisher haben wir die Phobien erörtert, als unterschieden sie sich einzig im gemiedenen Objekt oder in der gemiedenen Situation. Die Behavioristen haben es versäumt, der Frage nachzugehen, ob sich die Angst vor einem kleinen Tier und die Angst angesichts der Aussicht, das Haus verlassen zu müssen, wesentlich unterscheiden. Das mangelnde Interesse der Lerntheoretiker am Inhalt der Phobie ist eine Folge ihres eher funktionalen als topographischen Ansatzes (*Wilson* und *Davison*, 1969). *Topographie* meint in diesem Zusammenhang die Spezifikation des tatsächlich gezeigten, körperlichen Verhaltens. Das Vermeiden einer Schlange ist topographisch verschieden vom Vermeiden einer Höhe aus dem einfachen Grund, daß eine Schlange keine Höhe ist. Aus der *funktionalen* Perspektive der meisten Behavioristen gelten beide Reaktionen dagegen als äquivalent, da beide die Funktion haben, das Individuum aus der angstauslösenden Situation zu entfernen. Innerhalb des funktionalen Rahmens sind sie auch äquivalent in der Art und Weise, wie sie erworben wurden, wie das entsprechende Verhalten geändert werden kann usw.

Wenn Behavioristen dem Inhalt einer Phobie zu wenig Bedeutung beimessen, vertreten die Psychoanalytiker das andere Extrem: Sie sehen im Objekt einer Phobie das Symbol einer bedeutsamen, unbewußten Angst. Einer von *Freuds* berühmten Patienten, der ,,kleine Hans", fürchtete sich vor Pferden (vgl. Kasten 6.1), wenn er hinausging. *Freuds* besondere Aufmerksamkeit galt den Bemerkungen des Jungen über das, ,,was die Pferde vor ihren Augen haben und das Schwarze vor ihrem Mund." Das Pferd, schloß *Freud*, stehe für den Vater, der Schnurrbart und Brille trug. *Freud* stellte die Theorie auf, daß die Furcht vor dem Vater sich in die Furcht vor Pferden verwandelt habe, die Hans daraufhin mied. Es ließen sich zahllose ähnliche Beispiele zitieren. Sie alle laufen in psychoanalytischer Sicht darauf hinaus, daß der Inhalt einer Phobie einen bedeutsamen symbolischen Wert besitzt.

Marks (1969) hat ein ausführliches Klassifikationsschema der verschiedenen Phobien vorgeschlagen. Er vermerkte viele potentiell bedeutsame Unterschiede, denen Behavioristen und –

Tabelle 6.2. Zusammenfassende Klassifikation der Phobien (nach *Marks*, 1969)

Variablen	Agoraphobie	Soziale Phobien	Tierphobien	Einfache Phobien
Häufigkeit	häufig	nicht selten	selten	nicht selten
Geschlechtsverteilung	75 - 90% Frauen	60% Frauen	95% Frauen	50% Frauen
Alter bei Beginn	nach der Pubertät	nach der Pubertät	Kindheit	jederzeit
Begleitende Symptome	multiple - Angst, Depression, Panik, andere Phobien	wenige	wenige	keine Angaben
Psychophysiologie	starke Erregung	starke Erregung	normal	keine Angaben

wenn auch aus anderen Gründen – Psychoanalytiker wenig oder gar keine Aufmerksamkeit geschenkt haben. *Marks* untersuchte die Variablen Häufigkeit des Auftretens, Verteilung auf die Geschlechter, Alter bei Ausbruch der Störung, Vorhandensein oder Fehlen zusätzlicher Symptome, psychophysiologische Reaktionen (Tabelle 6.2) und Verlauf.

Agoraphobie

Das komplizierte Syndrom der *Agoraphobie* (von griechisch *agora* = Versammlungsplatz, Marktplatz) ist ein ganzes Gewebe von Ängsten, die sich auf öffentliche Plätze und die Befürchtung beziehen, nicht entkommen oder bei plötzlicher eigener Unfähigkeit keine Hilfe finden zu können. Oft äußert sich eine Agoraphobie auch in der Furcht vor größeren Menschenansammlungen, vor Reisen, vor dem Alleinsein und vor dem Betreten von Geschäften. Für diejenigen, die daran leiden, ist eine Agoraphobie ganz sicher sehr belastend. Wie einschränkend muß es sein, nur unter Ängsten das Haus verlassen zu können. Vielleicht begegnet man deshalb in der klinischen Praxis keiner Phobie so häufig wie der Agoraphobie, die im übrigen etwa 60% aller untersuchten Phobien ausmacht.[1] Am häufigsten leiden Frauen unter Agoraphobie (vgl. Kasten 6.2), und in der Mehrzahl der Fälle beginnen die Schwierigkeiten während der Adoleszenz oder im frühen Erwachsenenalter. Oft kommt es zunächst zu wiederholten Panikattacken. Zusätzlich zur eigentlichen Störung stellen sich zahlreiche andere Symptome ein. Dazu gehören Spannungsgefühle, Benommenheit, leichte Kontrollzwänge – Kontrolle, ob das Türschloß eingeschnappt, kein Eindringling unter dem Bett, das Bügeleisen abgeschaltet ist –, Grübeln, Depression und die Angst, verrückt zu werden. Außerdem berichteten in einer Untersuchung (*Buglass* et al., 1977) 93% der Agoraphobiker auch von Höhenangst und Angst vor geschlossenen Räumen wie Untergrundbahnen und Aufzügen. Aber viele Agoraphobiker haben auch „gute Tage“, an denen sie sich relativ frei bewegen können. Bei manchen verringert sich die Angst, wenn eine Person ihres Vertrauens sie begleitet. Psychophysiologische Untersuchungen bestätigen den klinischen Eindruck, daß Agoraphobiker an einer recht diffusen, unspezifischen Angst leiden. Messungen ihrer autonomen Aktivität enthüllen gewöhnlich auch dann ein hohes Erregungsniveau, wenn sie einen ganz entspannten Eindruck machen (*Marks*, 1969).

Soziale Phobien

Eine *soziale Phobie*, in ihrer weniger ausgeprägten Form auch soziale Angst genannt, ist eine persistierende, irrationale, an die Gegenwart an-

[1] Es ist eine traurige Ironie, daß diese so häufige Störung vermutlich unterschätzt wird, denn Menschen mit einer schweren Agoraphobie sind nicht in der Lage, ihre eigenen vier Wände zu verlassen und sich in einer Klinik oder einer Privatpraxis um Hilfe zu bemühen.

Große Angst vor öffentlichem Reden ist eine Form der sozialen Phobie.

Kasten 6.2
Geschlechtsrollen und Agoraphobie

Ein Blick auf die Literatur zeigt, daß Frauen häufiger an einer Agoraphobie zu leiden scheinen als Männer (*Brehony* und *Geller*, 1981). Selbst wenn man damit rechnen muß, daß Frauen derartige Schwierigkeiten bereitwilliger zugeben als Männer, weisen die Zahlen daraufhin, daß die meisten Agoraphobiker Frauen sind. Warum?

In den Jahren der Frauenbewegung und der Aufdeckung vergangener und gegenwärtiger weiblicher Stereotype hat man die Ursache der Agoraphobie in der traditionellen Geschlechtsrollenverteilung gesucht. Klinisch werden Agoraphobiker gewöhnlich als passiv, schüchtern, abhängig usw. beschrieben – mit traditionellen weiblichen Attributen also (*Bem*, 1974; *Broverman* et al., 1970). Möglich, daß *Fodor* (1978) recht hat und die Agoraphobie unter anderem eine logische, wenn auch übertriebene Ausweitung der stereotypen Frauenrolle ist. Bis vor kurzer Zeit – und vielfach auch heute noch – wurde und wird ein ausschließliches Haushaltsdasein für die Frau eher akzeptiert als für den Mann. Entwicklungen in die andere Richtung stoßen schnell auf Kritik, die Männer fühlen sich aufgefordert, ihre Inbesitznahme der Außenwelt fortzusetzen und haben so ständig Gelegenheit, ihre Angst vor dem Schritt nach draußen zu löschen.

Die Geschlechtsrollendarstellungen bestimmter Medien halten das weibliche Stereotyp weiterhin lebendig. Eine Arbeitsgruppe der National Organization for Women untersuchte Kinderbücher und traf in ihnen überwiegend auf hilflose, häusliche, passive, abhängige, ängstliche und im Vergleich zu Männern inkompetente Heldinnen (*Brehony* und *Geller*, 1981). Sollten sich diese Stereotype einmal ändern, wird sich vermutlich auch die Agoraphobie gleichmäßig auf die Geschlechter verteilen.

derer Menschen gebundene Angst. Der oder die Betroffene vermeidet nach Möglichkeit Situationen, in der er oder sie sich kritisch beobachtet fühlen und Angst verraten oder sich unangemessen verhalten könnte. Sprechen oder Essen in der Öffentlichkeit, die Benutzung öffentlicher Waschräume oder praktisch jede beliebige andere Aktivität in Gegenwart anderer kann extreme Angst auslösen. Obwohl diese Phobie durchaus nicht selten ist, scheinen die Betroffenen sehr viel seltener – Frauen etwas häufiger als Männer – therapeutische Hilfe zu suchen als Agoraphobiker. Wie nicht anders zu erwarten, tauchen die ersten Schwierigkeiten im allgemeinen während der Adoleszenz auf, wo soziales Bewußtsein und Interaktion mit anderen zunehmend an Bedeutung gewinnen. Zusätzliche Symptome fehlen gewöhnlich, obwohl die psychophysiologischen Reaktionen ein recht hohes Erregungsniveau verraten.

Tierphobien und andere einfache Phobien

Obwohl leicht zu definieren, sind *Tierphobien* in der klinischen Praxis am seltensten anzutreffen. Nur drei Prozent aller Phobiker sind von dieser Spielart der Phobie betroffen. Am häufigsten leiden Frauen darunter, und das zumeist seit der frühen Kindheit (*Marks* und *Gelder*, 1966). Vermutlich sind Tierphobien bei Kindern beiden Geschlechts recht häufig, nur unterliegen Jungen dem größeren sozialen Druck, sich dem Objekt ihrer Furcht zu stellen, und so können einige ihre Phobien löschen. Aufzeichnungen der autonomen Aktivität im Ruhezustand zeigen, daß sich das Erregungsniveau bei dieser Form der Phobie im Rahmen des Normalen hält. Beim Anblick des gefürchteten Tieres steigt die Erregung dann allerdings an.

Zur umfassenden Kategorie der einfachen Phobien zählen Angst vor Höhen, Donner, Dunkelheit, Reisen, geschlossenen Räumen, Autofahren, Infektionen, fließendem Wasser u.ä. Eine weitergehende Bewertung dieser Kategorie ist nicht möglich, da zuwenig Daten verfügbar sind.[2]

Die psychoanalytische Theorie der Phobien

Freud war der erste, der versucht hat, eine systematische Erklärung für die Entwicklung phobischen Verhaltens – wie auch für viele andere Angstsyndrome – zu finden. Nach *Freud* sind Phobien eine Abwehr der Angst vor verdrängten Triebimpulsen aus dem Es. Diese Angst wird von der gefürchteten Triebregung auf ein Objekt oder eine Situation verschoben, die mit der Triebregung in symbolischem Zusammenhang stehen. Diese Objekte oder Situationen – z.B. Aufzüge oder geschlossene Räume – werden dann zu phobischen Reizen. Indem der Betroffene sie vermeidet, vermeidet er gleichzeitig auch die Auseinandersetzung mit den verdrängten Konflikten. Die Phobie ist der Ausweg, den das Ich gewählt hat, um einer Konfrontation mit dem wirklichen Problem, einem verdrängten Kindheitskonflikt, aus dem Weg zu gehen.

Vor einigen Jahren hat *Arieti* (1979) eine andere psychoanalytische Theorie der Phobien vorgeschlagen. Er hält nicht eine verdrängte Triebregung aus dem Es für die Ursache von Phobien, sondern die Verdrängung einer ganz bestimmten zwischenmenschlichen Erfahrung. Spätere Phobiker, so *Arieti*, haben als Kinder eine Zeitlang in aller Unschuld darauf vertraut, daß die Menschen ihrer Umgebung sie vor jeglicher Gefahr schützen würden. Aber dann machen diese Kinder die beängstigende Erfahrung, daß auf Erwachsene, gewöhnlich die Eltern, kein Verlaß ist. Mit diesem Mißtrauen oder dieser generalisierten Angst vor anderen können sie nicht leben. Um den Menschen wieder vertrauen zu können, verwandeln sie diese Angst vor anderen unbewußt in eine Furcht vor unpersönlichen Objekten oder Situationen. Bemerkbar macht sich die Phobie, wenn der nunmehr Herangewachsene unter besonderer Belastung steht. Wie fast immer im psychoanalytischen Denken beschränken sich auch die Belege für diese Theorie auf unkontrollierte klinische Fallberichte.

[2] Kindheitsphobien werden in Kapitel 15 abgehandelt.

Lerntheoretische Theorien der Phobien

Wie die Psychoanalyse nehmen auch die Lerntheorien in erster Linie an, daß Phobien gelernte Reaktionen sind. Aber wie und was genau gelernt wird, wenn sich eine Phobie entwickelt, wird je nach Art der Lerntheorie unterschiedlich spezifiziert.

Das Modell der Vermeidungskonditionierung

Historisch gilt die Demonstration von *Watson* und *Rayner* (1920), denen es offensichtlich gelungen war, beim kleinen Albert durch Konditionieren eine Furcht oder Phobie zu erzeugen (vgl. S. 49f.), als Modell dafür, wie eine Phobie erworben werden kann. In der Folge behaupteten Lerntheoretiker, daß die auf dem Wege klassischer Konditionierung erworbene Furcht vor einem objektiv harmlosen Reiz die Grundlage bilde für eine operante Vermeidungsreaktion. Ausgehend von der ursprünglich von *Mowrer* (1947) entwickelten *Zwei-Faktoren-Theorie des Lernens* glaubte man, daß an der Entstehung von Phobien zwei Arten des Lernens beteiligt seien (vgl. S. 53f.). 1. Jemand kann auf dem Wege klassischer Konditionierung einen neutralen (konditionierten), an ein schmerzhaftes oder erschreckendes Ereignis gekoppelten Reiz fürchten lernen. 2. In einem zweiten Schritt lernt er dann möglicherweise, die konditionierte Angst dadurch zu reduzieren, daß er den konditionierten Reiz flieht oder meidet. Diese zweite Art des Lernens, so glaubt man, geschehe durch operantes Konditionieren: Die Reaktion wird aufrechterhalten durch ihre bekräftigenden Konsequenzen.

Etliche Phobien, denen wir im klinischen Alltag begegnen, scheinen mit diesem Modell gut erklärt zu sein. Bei Phobien vor einem spezifischen Objekt hat man tatsächlich eine entsprechende schmerzhafte Erfahrung mit eben jenem Objekt gefunden. Es gibt Menschen, die nach einem schweren Unfall große Angst vor dem Autofahren haben oder nach einem Sturz nur unter

Angst eine Treppe hinabsteigen können. Andere Phobien lassen sich offensichtlich ähnlich erklären.

„Ein Junge kam auf seinen Streifzügen häufig an einem Lebensmittelgeschäft vorbei und bediente sich jedesmal aus einem Stand vor dem Geschäft heimlich mit einer Handvoll Erdnüsse. Eines Tages sah ihn der Inhaber kommen und versteckte sich hinter einem Faß. In dem Moment, als der Junge die Hand in die Kiste mit Erdnüssen steckte, sprang der Lebensmittelhändler hervor und packte ihn von hinten. Der Junge schrie und fiel ohnmächtig auf die Straße.

Der Junge entwickelte die Phobie, von hinten gepackt zu werden. Bei geselligen Zusammenkünften richtete er es so ein, daß sein Stuhl mit der Lehne zur Wand stand. Es war ihm unmöglich, sich an belebten Plätzen aufzuhalten oder ins Theater zu gehen. Auf der Straße mußte er sich in bestimmten Abständen vergewissern, daß ihm niemand nahe auf den Fersen war" (*Bagby*, 1922).

Bei der Anwendung dieses Modells stehen wir allerdings vor einem Problem. Daß Phobien – wie im Falle des kleinen Albert oder in anderen klinischen Fallberichten – durch Konditionieren erworben werden, bedeutet *nicht*, daß sich *alle* Ängste und Phobien so erklären lassen. Die vorliegenden Fälle sagen uns nicht mehr, als daß bestimmte Ängste auf diese besondere Weise erworben werden *können*. Andere klinische Berichte lassen vermuten, daß sich Phobien auch *ohne* vorherige angstauslösende Erfahrung entwickeln können. Viele Patienten mit großer Angst vor Schlangen, Bazillen, Flugzeugen und Höhen wissen von keiner unerfreulichen Erfahrung mit diesen Objekten und Situationen zu berichten.[3] In einer systematischen Untersuchung stellte *Keuthen* (1980) fest, daß sich die Hälfte seiner Stichprobe von Phobikern an keine schlimme Erfahrung mit der gefürchteten Situation erinnern konnte. Und bei weitem *nicht* alle Menschen entwickeln nach einem Autounfall oder einem Sturz von der Treppe eine Phobie gegenüber Autos oder Treppen. Das Modell des Vermeidungskonditionierens ist also keine Erklärung für die Phobie schlechthin.

Überdies waren Replikationen des Experiments von *Watson* und *Rayner* überwiegend *nicht* erfolgreich, d.h., der Versuch, Angst auf klassische Weise zu konditionieren, blieb folgenlos. So präsentierte z.B. *English* (1929) einem vierzehn Monate alten Mädchen eine Ente und koppelte diese Darbietung mit einem lauten Geräusch. Trotz fünfzig Versuchsdurchgängen stellte sich keine konditionierte Reaktion auf die Ente ein. Umfänglicher war die Untersuchung von *Bregman* (vgl. *Thorndike*, 1935), der versuchte, bei fünfzehn Kindern im Alter des kleinen Albert mit Hilfe verschiedener konditionierter Reize und einer lauten Glocke als unkonditioniertem Reiz Angst zu konditionieren. Es gelang nur in ganz wenigen Fällen. (Aus ethischer Sicht können wir nur froh sein, daß es den Forschern nicht gelang, Phobien bei ihren kleinen Probanden zu erzeugen.)

Tatsächlich gibt es nur wenige experimentelle Belege dafür, daß Menschen die Furcht vor neutralen Reizen auf dem Wege klassischer Konditionierung erwerben, auch dann nicht, wenn solche Reize wiederholt zusammen mit primär aversiven Reizen – etwa elektrischen Schlägen – auftreten (vgl. z.B. *Davison*, 1968b). Aus ethischen Gründen verbietet es sich natürlich, Menschen mit hoch aversiven Reizen zu konfrontieren. Aber etliche Forschungsergebnisse zeigen, daß sich die Angst recht schnell wieder löschen läßt, wenn der konditionierte Reiz einige Male ohne verstärkende elektrische Schläge mittlerer Stärke präsentiert werden (*Bridger* und *Mandel*, 1965; *Wickens, Allen* und *Hill*, 1963).

Zusammenfassend läßt sich sagen, daß es sich gezeigt hat, daß nicht alle Phobien durch Vermeidungskonditionieren gelernt werden. Derartige Prozesse *können* für die Ätiologie einiger Phobien eine Rolle spielen, gleichwohl müssen an ihrer Entwicklung noch andere Prozesse beteiligt sein (vgl. Kasten 6.3).

---

[3] Solche Berichte sind *retrospektiv*, d.h. die Menschen erinnern sich ihrer – manchmal weit zurückliegenden – Vergangenheit. Da sich lange zurückliegende Ereignisse in der Erinnerung häufig verzerrt darstellen, ist solchen Berichten nicht ohne Vorbehalt zu begegnen. Daß sich viele Phobiker nicht an traumatische Erfahrungen mit ihren jetzigen Angstobjekten erinnern können, kann durchaus eine Folge solcher Verzerrungen sein. Aus demselben Grund sind aber auch Erinnerungen an traumatische Ereignisse nicht immer zuverlässig. Retrospektiven Erzählungen werden wir uns auf S. 309f. noch einmal zuwenden.

Kasten 6.3
Vermeidungskonditionieren und Bereitschaft (preparedness)

Vielleicht könnte das Modell des Vermeidungskonditionierens an Validität gewinnen, wenn man es modifizieren und in Erwägung ziehen würde, daß sich bestimmte neutrale Reize besser als andere dazu eignen, zu konditionierten Reizen zu werden. Für *Pawlow* (1928) stellte sich diese Frage nicht, denn, so befand er, „... jedes vorstellbare Phänomen der äußeren Welt, das auf eine spezifische rezeptive Oberfläche des Körpers einwirkt, läßt sich in einen konditionierten Reiz verwandeln" (S.88).

Seligman (1971) fragte sich, ob Phobien nicht das Ergebnis einer klassischen Konditionierungsreaktion auf Reize sein könnten, auf die ein Organismus aufgrund physiologischer Prädisposition besonders empfindlich reagiere. Dementsprechend hätten Experimente, in denen sich konditionierte Angst leicht löschen ließ, vielleicht mit konditionierten Reizen gearbeitet, für deren Vernüpfung mit unkonditionierten Reizen es im Organismus keine physiologische „Bereitschaft" gegeben habe.

Ein Beispiel aus der Forschung macht diese Hypothese von der *Bereitschaft* vielleicht klarer. *Garcia* und seine Mitarbeiter (*Garcia, McGowan* und *Green*, 1972) stellten fest, daß Ratten den Geschmack einer bestimmten Nahrung vermeiden lernten, wenn die Nahrungsaufnahme – und sei es viele Stunden später – von Übelkeit gefolgt wurde. Dagegen ließ sich der bloße *Anblick* der Nahrung bei gleichzeitiger Übelkeit nicht aversiv konditionieren. Ähnlich lernten Ratten ein mit einem elektrischen Schlag gepaartes Licht meiden (wie wir es aus vielen Experimenten kennen), aber dieser Lernerfolg stellte sich nicht ein, wenn an den elektrischen Schlag ein Geschmack gekoppelt war. Gustative Empfindungen und Krankheit (Geschmack – Übelkeit) werden also, wie visuelle und taktile Modalitäten (Licht – elektrischer Schlag), ohne weiteres assoziiert. Aber visuelle Reize und Krankheit (Anblick von Nahrung – Übelkeit) und gustative und taktile Empfindungen (Geschmack – elektrischer Schlag) werden nicht assoziiert (vgl. Abb. 6.1).

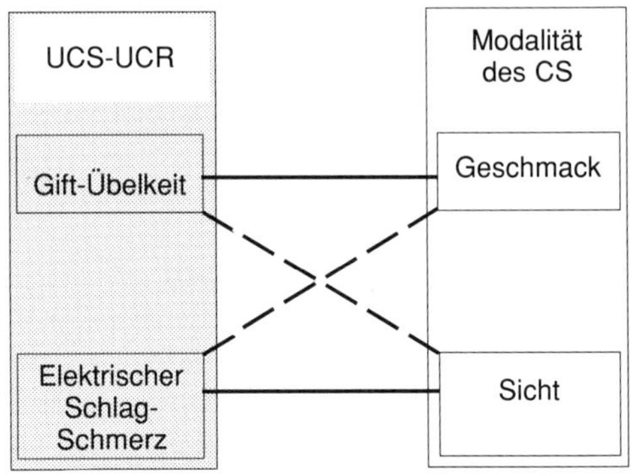

Abb. 6.1. Der Organismus kann aufgrund einer angeborenen Sensibilität dafür ausgerüstet sein, bestimmte Assoziationen zu lernen, während ihm eine ähnliche Ausrüstung für andere Assoziationen fehlt. Die durchgezogenen Linien gelten leichtherstellbaren Assoziationen, die gestrichelten Linien verbinden Klassen von Stimuli, die schwierig zu assoziieren sind.

Seligman kennt diesen Prozeß aus persönlicher Erfahrung:

„Mit Eiern legierte und mit Estragon gewürzte Sauce Béarnaise war lange Zeit meine Lieblingssauce. Jetzt finde ich sie ekelhaft. Dazu kam es vor mehreren Jahren ... Nachdem ich Filet Mignon mit Sauce Béarnaise gegessen hatte, wurde ich ernsthaft krank und mußte mich während der folgenden Nacht dauernd übergeben. Als man mir das nächste Mal Sauce Béarnaise vorsetzte, war mir der Geschmack unerträglich. Seinerzeit konnte ich mir diese Veränderung nicht recht erklären, obwohl sie einem klassischen Konditionierungsparadigma zu folgen schien: Konditionierter Reiz (Sauce) gepaart mit unkonditioniertem Reiz (Krankheit) und unkonditionierter Reaktion (Erbrechen) führte zu konditionierter Reaktion (übelkeitserregender Geschmack). Obwohl ich erfuhr, daß die Ursache meiner Übelkeit eine

Grippe war und meine Tischgenossen die Mahlzeit unbeschadet überstanden hatten …, konnte ich später meiner Aversion nicht Herr werden“ (*Seligman* und *Hager,* 1972, S. 8).

Solcherart persönliche Erfahrungen und entsprechende Forschungsergebnisse veranlaßten *Seligman* zu der Hypothese, daß sich manche Assoziationen – und auf diese Weise auch Phobien – leicht lernen und folglich nur schwer löschen lassen. *Marks* (1969) weist darauf hin, daß die Angst in den meisten Fällen bestimmten Typen von Objekten und Ereignissen gilt. Menschen entwickeln Phobien vor Hunden, Katzen und Schlangen – auf Lamm-Phobiker trifft man dagegen höchst selten. Noch bemerkenswerter ist vielleicht, wie selten Steckdosen phobisch gemieden werden, obwohl diese unter bestimmten Umständen tatsächlich nicht ungefährlich sind.

Um die Hypothese zu testen, daß bestimmte Ängste besonders leicht gelernt werden, verwendeten *Öhman, Erixon* und *Löfberg* (1975) als konditionierte Reize unterschiedliche Reiztypen. Alle Probanden sahen dreierlei Arten von Bildern unterschiedlichen Inhalts, d.h. Bilder von Schlangen, Häusern und Gesichtern. Eine Hälfte der Versuchsteilnehmer erhielt unmittelbar nach Betrachten eines Schlangenbildes einen elektrischen Schlag (unkonditionierter Reiz). Die andere Hälfte erhielt den elektrischen Schlag nach Betrachten von Häusern oder Gesichtern. Als konditionierte Reaktion diente der psychogalvanische Hautreflex, der während der Konditionierung und auch während der nachfolgenden Löschprozedur gemessen wurde. Während der Konditionierungsphase war die galvanische Hautreaktion in allen Gruppen und unabhängig von der Art des konditionierten Reizes in etwa gleich. Während der Löschung nahm jedoch die konditionierte Reaktion auf Bilder von Häusern und Gesichter schnell ab, während sie auf Schlangenbilder kaum an Stärke einbüßte. Am dauerhaftesten war die konditionierte Reaktion also mit dem Anblick von Schlangen assoziiert, die uns auch aus der klinischen Praxis als häufiger Auslöser von Phobien bekannt sind.

In einer späteren Untersuchung (*Hugdahl, Fredrikson* und *Öhman*, 1977) zeigte sich, daß auch physiologisches Erregungsniveau und Grad der Konditionierbarkeit von Ängsten zusammenhängen. Menschen mit hohem Erregungsniveau sind offener für die Angst vor Reizen, die mit dieser Emotion leicht zu verknüpfen sind, als Menschen mit niedrigerem Erregungsniveau. Diese Ergebnisse lassen vermuten, daß Menschen, besonders wenn sie über ein hohes Erregungsniveau verfügen, in der Tat dazu disponiert oder „bereit“ sind, bestimmte Reize zu fürchten.

Seligman stellt auch eine Verbindung zwischen seiner Theorie der Bereitschaft und psychoanalytischem Denken her. Der Symbolismus der psychoanalytischen Theorie, so spekuliert er, würde vielleicht eines Tages auf die spezifischen Reizempfänglichkeiten von Menschen und ihre besonderen Assoziations- und Lerndispositionen zurückgeführt werden. Der kleine Hans entwickelte seine Angst vor Pferden, nachdem er eines auf der Straße hatte stürzen sehen, ein Erlebnis, das ihm sicher nachhaltigen Eindruck gemacht haben dürfte. Der umgestürzte Wagen hinterließ dagegen keine Spuren, genausowenig wie all die anderen eindrucksvollen und dramatischen Ereignisse, deren Zeuge er auf seinen Spaziergängen mit dem Kindermädchen geworden sein dürfte. Obwohl die symbolische Verbindung zum Vater weiterhin ungeklärt bleibt – es sei denn, man akzeptiert *Freuds* Hypothese –, scheint doch unbezweifelbar, daß der besagte Vorfall für Hans bedrohlicher war als andere und daß der Junge nach diesem Ereignis große Angst vor Pferden hatte. Obwohl die Hypothese, daß Menschen zu konditionierten Reaktionen auf bestimmte Reize disponiert sind, nicht unumstritten ist (vgl. *Bitterman*, 1975; *Evans*, 1976; *McNally* und *Reiss*, 1982), scheint sie weiterer Erforschung durchaus wert zu sein.

Modellernen

Phobische Reaktionen werden auch durch Nachahmen der Reaktionen anderer gelernt. Wie schon erwähnt (vgl. S. 52) können wir eine große Vielfalt von Verhaltensweisen, einschließlich emotionaler Reaktionen, dadurch lernen, daß wir ein Modell beobachten. Das Erlernen phobischer Reaktionen durch Beobachtung anderer bezeichnet man im allgemeinen als *stellvertretendes Lernen* (vicarious conditioning). In einer Untersuchung von *Bandura* und *Rosenthal* (1966) beobachteten Probanden eine andere Person – das Modell – in einer aversiven Konditionierungssituation. Das Modell war an ein eindrucksvolles Aufgebot elektrischer Apparate angeschlossen. Bei Ertönen eines Summtones zog das Modell sofort seine Hand von der Armlehne zurück und täuschte Schmerzen vor. Unterdes zeichnete man die physiologischen Reaktionen der beobachtenden Probanden auf. Nachdem diese das Modell etliche Male hatten „leiden" sehen, zeigten sie mit zunehmender Häufigkeit bei Ertönen des Summtones emotionale Reaktionen. Obwohl die Probanden also keinen direkten Kontakt mit dem schmerzhaften Geschehen hatten, reagierten sie schließlich emotional auf einen an sich harmlosen Reiz.

Auch verbale Instruktionen können zu stellvertretendem Lernen führen. Das heißt, phobische Reaktionen werden nicht nur dadurch gelernt, daß man die Angst eines anderen beobachtet, sondern auch dadurch, daß man der Beschreibung möglicher Folgen lauscht. Zum Beispiel pflegen Mütter ihre Kinder häufig vor den Folgen bestimmten Tuns zu warnen. Stellvertretendes Lernen kann also offensichtlich durch Worte vermittelt werden. (Allerdings muß solches Lernen nicht unbedingt auch das Ergebnis eines Konditionierungsprozesses sein.)

Genausowenig wie das klassische Konditionieren liefert das stellvertretende Lernen ein angemessenes Erklärungsmodell für alle Phobien. Erstens wird die auf dem Wege stellvertretenden Lernens erworbene Angst sehr schnell wieder gelöscht. Zweitens bringen phobische Patienten ihre Angst nur selten mit der Beobachtung fremden Ungemachs in Zusammenhang. Und drittens haben viele Menschen schlimme Erfahrungen anderer miterlebt, ohne eine Phobie zu entwickeln.

Operantes Konditionieren

Es ist nicht auszuschließen, daß phobische Reaktionen auch kraft ihrer positiven Konsequenzen gelernt werden. Vielleicht wird eine bestimmte Vermeidensreaktion unmittelbar belohnt und dadurch gelernt. Man nehme nur den Fall eines Kindes, das immer einen Elternteil um sich haben möchte und Entschuldigungsgründe erfindet, um nicht in die Schule gehen zu müssen. Wenn Eltern auf diese Vorwände eingehen und dem Kind erlauben, zu Hause zu bleiben, belohnen sie sein Verhalten unmittelbar. Das Kind vermeidet die Schule einfach darum, weil damit angenehme Konsequenzen verbunden sind.

Manche Phobien mögen ihren Grund durchaus in einem solchen unmittelbarem Vorteil haben. Doch angesichts der Tatsache, daß der Zwang, harmlose Situationen zu meiden, das Leben vieler Phobiker doch ernsthaft beeinträchtigt, sind an der Allgemeingültigkeit der Theorie Zweifel angebracht.

Forschung zur sozialen Angst

Phobien vor kleinen Tieren, Aufzügen und Höhen sind sicher störend, aber bei weitem nicht so beeinträchtigend, wie das bei sozialen Phobien der Fall sein kann. Im Übermaß auf die Meinung anderer bedacht sein, ständig daran zweifeln, ob man das Richtige tut – das alles kann sinnvolles Handeln erheblich behindern. Als soziale Wesen verbringen wir Menschen einen großen Teil unserer Zeit in Gesellschaft anderer und denken, wenn wir allein sind, darüber nach, was andere wohl von uns und unserem Tun halten. Entsprechend viele Untersuchungen gibt es auch zum Phänomen der sozialen Phobie.

Drei theoretische Modelle dienen experimentellen Psychopathologen zur Erklärung sozialer Angst (*Curran*, 1977). Das erste sieht in sozialer Angst die Folge einer unglückseligen Episode, in der die Betroffenen einem klassischen Konditionierungsprozeß ausgesetzt waren. Solche vermutlich sozial sehr sensitiven Menschen haben in Gegenwart anderer sehr unangenehme Dinge erlebt und so gelernt, Angst und Anwesenheit anderer zu assoziieren. Das zweite Modell hält mangelnde soziale Fertigkeiten oder unangemessenes Verhalten für die Ursache sozialer Angst. Die

Betroffenen, so diese Theorie, haben nicht gelernt, sich in Gesellschaft anderer so zu verhalten, daß sie sich wohl fühlen, oder benehmen sich wiederholt taktlos, linkisch und sozial unangemessen und erfahren entsprechend häufig Kritik von ihren Mitmenschen.

Ein neuerer Ansatz legt den Schwerpunkt auf die Denkweise von Menschen in sozialen Situationen (*Glass* und *Merluzzi*, 1981). Die rational-emotive Theorie von *Ellis* (1962) ist ein gutes Beispiel dafür. Sozial ängstliche Menschen, behauptet *Ellis*, seien der irrationalen Überzeugung, jedermann müsse sie anerkennen und sie dürften niemals einen Fehler machen. Da es unmöglich ist, bei jedermann Anklang zu finden und in allem und jedem vollkommen zu sein, sind solche Menschen in ständiger Angst und Sorge um die Resonanz, die ihr Verhalten bei anderen findet. Erfahren sie Kritik oder machen sie einen Fehler, ist das für sie – ,,Das ist ja furchtbar!" – eine Katastrophe.

Es spricht einiges für die Theorie von *Ellis*. *Newmark* und seine Mitarbeiter haben mit einem Fragebogen gearbeitet, der verschiedene irrationale Überzeugungen erfaßte. Sie untersuchten drei Gruppen von Probanden: sogenannte ,,Neurotiker", bei denen man zuvor ein Angstsyndrom diagnostiziert hatte, Probanden mit einer Persönlichkeitsstörung und im wesentlichen normale Probanden. Die ängstlichen Probanden bekannten sich sehr viel häufiger zu einigen der traditionellen, irrationalen Überzeugungen von *Ellis* (vgl. Tabelle 6.3). In einer anderen Untersuchung reagierten Frauen, denen sehr an der sozialen Anerkennung durch ihre Geschlechtsgenossinnen lag, bei der Vorstellung, in einer sozialen Situation zurückgewiesen zu werden, mit größerer – selbst berichteter – Angst als Frauen, denen soziale Anerkennung weniger wichtig war (*Goldfried* und *Sobocinski*, 1975).

Ähnliche, aber auf direkterem Weg gewonnene Ergebnisse erbrachte die bereits in Kapitel 4 erwähnte Untersuchung von *Davison* und *Zighelboim* (1985). Sie ließen die Probanden zweier Gruppen während simulierter Situationen, die entweder neutral waren oder scharfe Kritik am Probanden enthielten, ihre Gedanken artikulieren. Die eine Gruppe bestand aus Freiwilligen eines psychologischen Einführungskurses, die zweite Gruppe hatte das universitäre Beratungszentrum aus schüchternen, zurückhaltenden und sozial ängstlichen Studenten zusammengestellt. Die sozial ängstlichen Probanden äußerten in neutralen wie belastenden Situationen stärker irrationale Gedanken als die Probanden der Kontrollgruppe.

Tabelle 6.3. Reaktionen von Neurotikern, Patienten mit Persönlichkeitsstörung und normalen Kontrollprobanden auf eine Reihe von *Ellis'* irrationalen Überzeugungen (nach *Newmark* et al., 1973)

Irrationale Überzeugung	Neurotisch %	Persönlich - keitsstörung %	Normal %
Es ist ganz wichtig, in seiner Gemeinschaft von fast jedem geliebt oder anerkannt zu werden.	65*	5	2
Man muß vollkommen kompetent sein, sich immer angemessen verhalten und sich selbst für einen wertvollen Menschen halten können.	80	30	25
Es ist leichter, bestimmte Lebensprobleme und Verantwortlichkeiten zu meiden, als sich ihnen zu stellen.	75	34	29
Frühere Erfahrungen und Ereignisse bestimmen das gegenwärtige Verhalten; der Einfluß der Vergangenheit ist nicht auszumerzen.	89	45	38
Manche Menschen sind schlecht, böse oder verbrecherisch und sollten dafür zur Rechenschaft gezogen oder bestraft werden.	70	48	40

* Die Zahlen entsprechen dem Prozentsatz von Probanden in jeder Gruppe, die die fragliche Aussage bejahten. Die Tabelle führt nur die Items auf, in denen sich die Gruppen wesentlich unterschieden.

Kasten 6.4
Verhaltensgenetik

Wenn sich ein Ei, d.h. eine weibliche Reproduktionszelle, und eine männliche Samenzelle verbinden, entsteht die *Zygote* oder das befruchtete Ei mit seinen für den Menschen typischen 46 *Chromosomen*. Jedes Chromosom besteht aus Tausenden von *Genen*. Die Gene sind die Träger der Erbinformation, die von den Eltern auf das Kind übergeht. Jede menschliche Zelle enthält in ihrem Kern einen vollständigen Satz von Chromosomen und Genen.

Die *Verhaltensgenetik* erforscht, welche individuellen Verhaltensunterschiede zumindest teilweise einer unterschiedlichen genetischen Ausstattung zuzuschreiben sind. Die individuelle genetische Ausstattung, d.h. das Gesamt der ererbten Gene nennt man den *Genotyp*. Der Genotyp, die physiologisch-genetische Konstitution eines Menschen, ist nicht beobachtbar. Die Gesamtheit der beobachtbaren Merkmale eines Menschen nennt man seinen *Phänotyp*. Der Genotyp liegt bei der Geburt unveränderlich fest, während der Phänotyp dauerndem Wandel unterworfen ist und allgemein als das Produkt einer Wechselwirkung von Genotyp und Umwelt gilt. Ein Mensch kann mit einer großen intellektuellen Leistungskapazität geboren werden. Ob er allerdings dieses genetische Potential auch ausschöpft, hängt von Umweltfaktoren wie Erziehung und Ausbildung ab. Jedes Intelligenzmaß (IQ) betrachtet man daher am besten als Index für den Phänotyp.

Ausgehend von der Unterscheidung zwischen Genotyp und Phänotyp stellen wir fest, daß etliche klinische Syndrome Störungen des Phänotyps sind. Es ist also nicht richtig, von einer unmittelbaren Vererbbarkeit von Schizophrenie und Angstsyndromen zu sprechen. Allenfalls der Genotyp für diese Störungen ist ererbt. Ob es bei entsprechendem Genotyp schließlich auch zur phänotypischen Verhal-

In Familienuntersuchungen interessieren sich die Forscher dafür, wie groß die genetische Ähnlichkeit der Familienmitglieder ist. Das Bild zeigt ein Beispiel für eine auffallende äußere Familienähnlichkeit.

tensstörung kommt, hängt von Umwelt und Erfahrung ab. Vererbt werden kann nur die Disposition (Diathese), nicht aber die Störung selbst.

Die beiden wichtigsten Methoden verhaltensgenetischer Forschung sind der Vergleich von Familienmitgliedern und Zwillingspaaren. Familienmitglieder vergleicht man, weil man bestimmen kann, wieviele Gene zwei Blutsverwandte durchschnittlich gemeinsam haben. Kinder z.B. beziehen von jedem Elternteil eine Hälfte ihrer Gene. Bei Geschwistern ist die genetische Ausstattung im Durchschnitt zu 50% identisch. Je weitläufiger die Verwandtschaft, um so geringer ist der Anteil gemeinsamer Gene. Neffen und Nichten teilen etwa ein Viertel ihrer Gene mit einem Onkel. Wenn die Disposition für eine psychische Störung erblich ist, müßten der Anteil gemeinsamer Gene und das Auftreten der Störung innerhalb einer Verwandtschaft korrelieren. Um das festzustellen, bemüht man sich zunächst um eine Stichprobe von Menschen, bei denen die fragliche Störung diagnostiziert wurde, d.h. um *Index-Fälle* oder *Probanden*. Dann nimmt man sich Verwandte der Probanden vor und untersucht, mit welcher Häufigkeit man hier zur gleichen Diagnose kommt.

Mit der Zwillingsmethode werden *eineiige* (EZ) und *zweieiige* (ZZ) Zwillingspaare verglichen. Eineiige Zwillinge entwickeln sich aus einem einzigen befruchteten Ei und sind genetisch identisch, also auch stets gleichen Geschlechts. Zweieiige Zwillingspaare entstammen zwei befruchteten Eiern. Sie sind sich mit einer im Durchschnitt zur Hälfte identischen Genausstattung genetisch nicht ähnlicher als normale Geschwister und können folglich gleichen oder verschiedenen Geschlechts sein. Auch in Zwillingsuntersuchungen beginnt man zunächst mit diagnostizierten Fällen und untersucht dann, ob beim Zwilling die gleiche Störung vorliegt. Zwillinge mit ähnlicher Diagnose nennt man *konkordant*. Ist die Disposition zu einer Störung erblich, müßte die entsprechende Konkordanz bei eineiigen Zwillingspaaren größer sein als bei zweieiigen.

Die Methode der *Familien-* und *Zwillingsuntersuchungen* ist zwar einleuchtend, ihre Ergebnisse sind aber nicht immer leicht zu interpretieren. Angenommen, wir stellen fest, daß neurotische Eltern überdurchschnittlich häufig neurotische Kinder haben. Können wir daraus schließen, daß Angstsyndrome genetisch weitergegeben werden? Nicht unbedingt. Das vermehrte Vorkommen von Angstsyndromen könnte ebenso gut eine Folge der elterlichen Erziehungspraktiken und der Tatsache sein, daß die Kinder es mit neurotischen erwachsenen Modellen zu tun haben. Wie sähe es aus, wenn wir bei eineiigen Zwillingen eine höhere Konkordanz für Schizophrenie fänden als bei zweieiigen? Wieder könnten wir nicht ohne weiteres auf Vererbung schließen. Möglicherweise werden eineiige Zwillinge aufgrund ihres gleichen Aussehens ähnlicher erzogen als zweieiige, was ihre größere Konkordanz für Schizophrenie erklären würde. Unter besonderen, wenn auch seltenen Umständen haben wir die erwähnten Probleme jedoch nicht: wenn wir Kinder finden, die ohne Verbindung zu ihren neurotischen Eltern aufgewachsenen sind, und eineiige Zwillingspaare, die man in früher Kindheit voneinander getrennt hat. Würden getrennt von ihren angst-gestörten Eltern aufgewachsene Kinder in erhöhtem Maß Angstsyndrome aufweisen, hätten wir einen überzeugenden Beleg für eine Beteiligung genetischer Faktoren. Das wäre auch der Fall, wenn getrennt aufgewachsene eineiige Zwillinge eine höhere Konkordanz aufweisen würden als getrennt aufgewachsene zweieiige Zwillingspaare.

Die Gedanken von ängstlichen Probanden, die sich in ihrer Vorstellung scharfer Kritik ausgesetzt sahen, wurden folgendermaßen geäußert:

Diese Leute haben mich abgelehnt. Ich fühle mich sehr deprimiert und zurückgewiesen. Ich kann nirgends mehr hingehen. Es gibt keinen Weg, dieses Gefühl, das in mir ist, auszulöschen. (Diese Gedanken reflektieren die Überzeugung, von jedermann geliebt und anerkannt werden zu müssen.)

Ich glaube, ich langweile die anderen einfach, wenn ich rede. Ich denke oft, ich sollte überhaupt nichts mehr sagen. (Diese Gedanken reflektieren die Überzeugung, man müsse in allem vollkommen sein.)

Vielleicht sollte ich nicht soviel streiten und die Dinge laufen lassen, auch wenn ich mit der Situation nicht glücklich bin. Einfach um der anderen willen, damit die anderen zufrieden sind, sollte ich die Dinge manchmal laufen lassen. (Hier spiegelt sich die Überzeugung, daß man von jedermann geliebt und geschätzt werden müsse.)

Physiologische Faktoren, die zu Phobien disponieren

Psychoanalytische wie Lerntheorien suchen die Ursache für Entstehung und Aufrechterhaltung von Phobien in der Umwelt. Beide Theorien gründen auf der Annahme, daß Phobien gelernt werden. Aber warum entwickeln manche Menschen unrealistische Ängste und andere nicht, bei denen ebenfalls Gelegenheiten dazu bestünden? Vielleicht liegt bei Menschen, die von Streß so folgenreich beeinflußt werden, eine physiologische Fehlfunktion (Diathese) vor, die sie dazu prädisponiert, nach einem belastenden Ereignis eine Phobie auszubilden.

Das autonome Nervensystem

Welche Merkmale könnten eine Rolle spielen, wenn Menschen für bestimmte Umwelterfahrungen besonders empfänglich sind? Ein Grund dafür, daß Menschen auf Umweltsituationen unterschiedlich reagieren, ist möglicherweise die unterschiedliche Erregbarkeit ihres autonomen Nervensystems. *Lacey* (1967) vermutete als eine Dimension autonomer Aktivität die der *Stabilität-Labilität*. Das autonome System labiler oder „sprunghafter" Menschen spricht auf eine Vielzahl von Reizen leicht an. Da Angst, also auch phobisches Verhalten, ohne erhebliche Beteiligung des autonomen Nervensystems nicht zu denken ist, könnte eine Dimension wie *autonome Labilität* natürlich sehr bedeutsam sein. Es gibt einigen Grund zu der Annahme, daß autonome Labilität bis zu einem gewissen Grad genetisch determiniert ist (*Eysenck*, 1957; *Lacey*, 1967), und so spielt bei der Entwicklung von Phobien möglicherweise auch die Erblichkeit (vgl. Kasten 6.4) eine nicht unbedeutende Rolle.

Genetische Untersuchungen

Etliche Untersuchungen sind der Frage nachgegangen, ob bei Angstsyndromen ein genetischer oder angeborener Faktor beteiligt ist, wobei es in den meisten dieser Untersuchungen nicht explizit darum ging, ob auch bei Phobien mit einem derartigen Faktor zu rechnen ist. *Brown* (1942) untersuchte die Neurose-Häufigkeit in Familien von Personen, die bereits als neurotisch beschrieben waren. In Übereinstimmung mit der Hypothese, daß die Disposition für eine Störung auf genetischem Wege weitergegeben werden kann, fand er bei Verwandten ersten Grades – Geschwistern, Müttern und Vätern – eine Neurose-Inzidenz von 16,8%. Im Unterschied dazu betrug die Neurose-Inzidenz in einer nicht-neurotischen Kontrollgruppe nur 1,1%. *Noyes* und seine Mitarbeiter (1978) fanden bei 15% der Verwandten ersten Grades von Angstneurotikern[4] dieselbe Störung. Von den nahen Verwandten der Kontrollprobanden, Patienten einer chirurgischen Station, waren dagegen nur 3% angstneurotisch. *Rosenthal* (1970) faßte die frühen Untersuchungen zur Neurose-Inzidenz bei Zwillingen zusammen. Wieder ergab sich in Übereinstimmung mit der Theorie der genetischen Weitergabe für eineiige Zwillinge eine Konkordanz oder Ähnlichkeit der Diagnose von 53%, während sie bei zweieiigen Zwillingen nur 40% betrug. Neuere Studien haben die Ergebnismuster der älteren

[4] Angstneurose ist eine DSM-II-Diagnose, die Panikattacken und Generalisiertes Angstsyndrom umfaßt.

Arbeiten im allgemeinen bestätigt. *Harris* und ihre Mitarbeiter (1983) untersuchten die familiäre Häufigkeit von Angstsyndromen. Verwandte ersten Grades von Agoraphobikern, so stellten sie fest, liefen größere Gefahr, ein Angstsyndrom zu entwickeln als Verwandte ersten Grades der nicht-angstgestörten Kontrollprobanden. Bei Verwandten ersten Grades von Patienten mit Panik-Syndrom war die Wahrscheinlichkeit für eben diese Störung erhöht. *Torgersen* (1983) fand bei eineiigen Zwillingen eine höhere Konkordanz für Agoraphobie als bei zweieiigen.

Diese Daten lassen jedoch nicht eindeutig auf angeborene Faktoren schließen. Nahe Verwandte haben zwar gemeinsame Gene, aber gleichzeitig auch viel Gelegenheit, einander zu beobachten und zu beeinflussen. Die Tatsache, daß Vater und Sohn an Höhenangst leiden, muß nicht bedeuten, daß hier eine genetische Gemeinsamkeit vorliegt. Möglicherweise hat der Sohn sein Verhalten unmittelbar durch Modellernen erworben. Kurz, es gibt zwar Anhaltspunkte dafür, daß bei der Ätiologie von Phobien genetische Faktoren eine Rolle spielen, aber in welchem Ausmaß das der Fall sein kann, wissen wir nicht.

Eineiige oder monozygote Zwillinge sind genetisch identisch. Zweieiige oder dizygote Zwillinge sind sich genetisch nicht ähnlicher als normale Geschwister und können gleichen oder ungleichen Geschlechts sein. Die eineiigen Zwillinge auf unserem Photo wurden sehr früh voneinander getrennt und wuchsen in unterschiedlichen Umgebungen auf. Trotzdem sehen sie sich als Erwachsene verblüffend ähnlich. Beide haben sie zu Hause eine Werkstatt und bauen Möbel.

Die Behandlung von Phobien

Wir wollen es im folgenden so halten, daß wir nach den Theorien über die Ursachen der verschiedenen Störungen kurz auch die wichtigsten Therapieformen vorstellen. Die Abschnitte über Behandlungsformen im zweiten Kapitel haben dafür, so hoffen wir, den nötigen Verständnisrahmen geschaffen. Eine tiefergehende Untersuchung und Bewertung von Therapien bleibt dem letzten Abschnitt des Buches vorbehalten.

Psychoanalytische Ansätze

In psychoanalytisch orientierten Behandlungen von Phobien geht es im allgemeinen darum, die verdrängten Konflikte aufzuspüren, die nach psychoanalytischer Auffassung der für diese Störungen charakteristischen extremen Angst und dem damit verbundenen Vermeiden bestimmter Objekte oder Situationen zugrunde liegen. Da die Phobie als *symptomatisch* für zugrundeliegende Konflikte gilt, wird sie nicht direkt behandelt. Vielmehr sind direkte Versuche, phobisches Vermeiden zu reduzieren, kontrainduziert, da die Phobie den Betroffenen vor der Konfrontation mit verdrängten und noch allzu schmerzhaften Konflikten schützt. Mit unterschiedlichen Kombinationen der im Laufe der psychoanalytischen Tradition entwickelten Techniken bemüht man sich, die Verdrängung aufzuheben. Der Psychoanalytiker achtet sorgfältig darauf, ob sich in den freien Assoziationen des Patienten Hinweise auf die Phobie finden. Auch im manifesten Inhalt von Träumen sucht er nach Spuren der verdrängten Ursprünge einer Phobie. Was der einzelne Therapeut für verdrängte Ursprünge hält, hängt natürlich von der psychoanalytischen Schule ab, der er anhängt. Ein orthodoxer Psychoanalytiker wird nach sexuellen Konflikten suchen, während ein Anhänger der interpersonalen Theorie *Arietis* seine Patienten ermutigt, ihre generalisierte Angst vor Menschen zu untersuchen.

Der moderne Ich-Analytiker ist an historischen Einsichten weniger interessiert. Er hält die Phobie zwar weiterhin für die Folge eines lebensgeschichtlichen Problems, ermutigt den Patienten aber gleichwohl, sich der Phobie zu stellen. *Alexander* und *French* (1946) sprechen in ihrem klassischen Buch *Psychoanalytic Therapy* von der „korrektiven emotionalen Erfahrung" in der Therapie, und meinen damit die Konfrontation des Patienten mit dem, was er so verzweifelt fürchtet. „*Freud* selbst", so stellen sie fest, „kam zu dem Schluß, daß die Behandlung in manchen Fällen, z.B. bei Phobien, an einen Punkt gelangt, wo der Analytiker den Patienten dazu ermutigen muß, gerade das zu tun, was er in der Vergangenheit gemieden hat" (S. 39). *Wachtel* (1977) wagt sich noch weiter vor und empfiehlt Analytikern, sich in solchen Fällen verhaltenstherapeutischer Techniken zur Angstreduktion, etwa der systematischen Desensibilisierung, zu bedienen.

Verhaltenstherapeutische Ansätze

Verhaltenstherapeutisch behandelt man Phobien vornehmlich mittels systematischer Desensibilisierung (*Wolpe*, 1958). Dabei stellt sich der Phobiker in entspanntem Zustand eine Reihe zunehmend ängstigender Szenen vor. Klinische wie experimentelle Daten zeigen, daß sich Phobien mit dieser Technik heilen oder zumindest mildern lassen (*Wilson* und *O'Leary*, 1980). Etliche Verhaltenstherapeuten sind mit den Jahren zu der Einsicht gelangt, daß auch die Konfrontation mit realen angstauslösenden Situationen wichtig ist. Das geschieht dann entweder während der in sensu-*Desensibilisierung* oder unter völligem Verzicht auf dieses Verfahren. Tatsächlich scheint sich eine Agoraphobie dauerhafter zu bessern, wenn man die Betroffenen in allmählicher Steigerung realen Menschenmengen und öffentlichen Plätzen aussetzt (*Munby* und *Johnston*, 1980).

Beim Modellernen sieht der ängstliche Klient gefilmte oder reale Modelle, die angstfrei mit dem gefürchteten Objekt umgehen. Die *Überflutungstechnik* (flooding therapy) zwingt den Klienten, sich der Quelle seiner Phobie in voller Intensität auszusetzen. Da dieses Verfahren unweigerlich mit extremem Unbehagen einhergeht, wird es nur noch selten, etwa dann, wenn alle anderen Mittel versagt haben, eingesetzt.

Verhaltenstherapeuten, die operanten Techniken den Vorzug geben, ignorieren die den Phobien zugrundeliegende vermutete Angst. Sie richten ihr Augenmerk statt dessen auf das offene Vermeiden des phobischen Objekts und auf das Annäherungsverhalten, das es zu lernen gilt. Sie verfahren mit Annäherung wie mit einem beliebigen Operanten und formen das Annäherungsverhalten gemäß den Prinzipien der *sukzessiven Approximation.* In allmählicher Steigerung wird der Klient mit dem phobischen Objekt real konfrontiert und auch für minimale Annäherungen belohnt.

Viele Verhaltenstherapeuten behandeln Angst und Vermeiden gleichermaßen. Mit Techniken wie der systematischen Desensibilisierung reduzieren sie die Angst und mit operanter Verhaltensformung ermutigen sie den Klienten, sich schrittweise dem gewünschten Verhalten zu nähern. Diese zweigleisige Strategie haben als erste *Lazarus, Davison* und *Polefka* (1965) vorgeschlagen. In den Anfangsstadien der Behandlung, wenn Angst und Vermeiden sehr stark sind, konzentriert sich der Therapeut auf die Angstreduktion, d.h. er führt mit dem Klienten ein Entspannungstraining durch und konfrontiert ihn schrittweise mit der gefürchteten Situation. Mit fortschreitender Therapie tritt dann zunehmend das Vermeiden in den Mittelpunkt. Oft hat sich der Phobiker im Laufe der Zeit in einem Leben eingerichtet, in dem die anderen Rücksicht auf seine Schwierigkeiten nehmen und ihn so in seinem phobischen Verhalten bestärken. Mit schwindender Angst wird er nun zunehmend fähig, sich der gefürchteten Situation oder dem gefürchteten Objekt zu nähern. Freunde, Verwandte sollten ebenso wie der Therapeut dieses offene Verhalten positiv verstärken.

Besonders bei Agoraphobikern sollte man den Partner, gewöhnlich den Ehemann oder die Ehefrau, in die Behandlung einbeziehen. Möglicherweise ist der Partner – sei es aus verständlicher Sorge um den anderen, sei es, um seine eigenen Dominanzbedürfnisse zu befriedigen – allzu fürsorglich und macht sich so unwissentlich zum ,,Komplizen" der Agoraphobie, indem er sie aufrechterhalten hilft (*Brehony* und *Geller*, 1981). Tatsächlich stellten *Milton* und *Hafner* (1979) fest, daß sich eine bereits gespannte eheliche Beziehung weiter verschlechtern kann, wenn sich der Zustand der Partnerin / des Partners bessert.[5]

Agoraphobiker stellen den Therapeuten bei der Behandlungsplanung vor ganz spezifische Probleme. Besonders häufig, so vermerkt die klinische Literatur, klagen Agoraphobiker über ,,Angst vor der Angst". Sie scheinen an einer ,,tragbaren Phobie" (*Brehony* und *Geller*, 1981) zu leiden und fürchten sich vor der geringsten Nervosität. Sie haben Angst, daß diese Nervosität zu einer Panikattacke eskaliert, während derer sie die Kontrolle über sich verlieren, sie sich durch ihr Verhalten bei anderen blamieren oder irgendeinen Schaden erleiden könnten.

An der Wirksamkeit kognitiver Behandlungsformen wird gezweifelt, denn ,,die Furcht wird vom Betroffenen als übermäßig und irrational, gemessen an der tatsächlichen Gefährlichkeit des Objekts, der Tätigkeit oder der Situation, erkannt" (DSM-III, S. 237). Wenn sich also ein im Grunde gut angepaßter Mensch vor etwas fürchtet, dessen relative Harmlosigkeit er mit dem Verstand durchaus erkennt, welchen Sinn kann es dann haben, seine kognitive Einstellung zum Angstobjekt zu ändern? Ein Vorschlag dazu stammt von *Ellis*. Er vermutet, daß eine Phobie von irrationalen Überzeugungen aufrechterhalten wird wie ,,Wenn etwas gefährlich oder furchterregend erscheint, mußt du dich ganz intensiv damit beschäftigen und darüber aufregen", oder ,,Es ist leichter, bestimmten Lebensproblemen aus dem Weg zu gehen, als sich ihnen zu stellen." In der Therapie lernt der Klient, seine irrationale Überzeugung in Frage zu stellen, wann immer er mit dem gefürchteten Objekt oder der gefürchteten Situation konfrontiert ist. Aber selbst der streng kognitiv ausgerichtete *Ellis* fordert seine Klienten auf, sich dem, was sie fürchten, zu nähern und zu stellen. Es ist sehr gut möglich, daß die intellektuellen Diskussionen mit ihm den Klienten dazu motivieren, sich dem wirklichen Leben auszusetzen, und daß so seine Angst gelöscht wird. Anhaltspunkte dafür, daß allein die Veränderung irrationaler Überzeugungen phobisches Vermeiden reduziert, gibt es nicht (*Williams* und *Rappoport*, 1983).

Allen Phobie-Therapien gemeinsam ist die Auffassung, daß der Phobiker das gewohnte Vermeiden des gefürchteten Objektes oder der gefürchteten Situation aufgeben und damit beginnen muß, sich dem, was ihm so furchterregend erscheint, zu stellen. Sicher, die Analyse schiebt die direkte Konfrontation auf, da sie die Ursache der Furcht in einer verschütteten Vergangenheit sucht, aber letztlich wird auch sie dazu ermutigen. In all diesen Therapien spiegelt sich ein Stück alter Volksweisheit wider, die uns sagt, daß wir dem, was wir fürchten, ins Gesicht sehen müssen. Oder wie ein altes chinesisches Sprichwort sagt: ,,Begib dich in das Herz der Gefahr, denn dort wirst du Sicherheit finden."

Somatische Ansätze

Sehr häufig setzt man bei Phobien psychoaktive Medikamente, vornehmlich *Tranquilizer* wie Valium und Librium, ein. Ärzte, seien es Allgemeinpraktiker oder Psychiater, verschreiben sie in der Hoffnung, daß sich die Patienten dann ruhiger mit ihren Ängsten auseinandersetzen können. Man kann die medikamentöse Behandlung

[5] Dieses Phänomen ist einer der Kernpunkte der *Familientherapie*-Bewegung, die wir in Kapitel 20 ausführlicher beschreiben. Angemerkt sei allerdings, daß diese familiensystematische Auffassung der Agoraphobie nicht unumstritten ist. *Bland* und *Hallam* (1981) befinden, daß die Daten *nicht* dafür sprechen, daß sich mit der geminderten Agoraphobie der Ehefrau die eheliche Beziehung verschlechtert: ,,Unzufriedene Partner blieben unzufrieden; zufriedene Partner wurden eher zufriedener, wenn sich die Phobie des anderen besserte" (S. 338).

auch mit einem verhaltenstherapeutischen Desensibilisierungsprogramm verbinden. Tranquilizer sollen dabei, wie sonst die Tiefenentspannung, für die nötige innere Ruhe sorgen. Bei Agoraphobie scheinen auch Antidepressiva wie *Imipramin* hilfreich zu sein (*Zitrin, Klein* und *Woerner*, 1980).

Bei medikamentöser Behandlung von Phobien und anderen Angstsyndromen gibt es allerdings eine Schwierigkeit. Allzu häufig stellt sich die Angst nach Absetzen des Medikaments wieder ein (*Marks*, 1981a). Folglich sind die Patienten für lange Zeit vom Medikament abhängig. Tatsächlich versuchen Menschen mit Phobien und anderen Ängsten häufig, ihrer Angst auf eigene Faust mit Hilfe von Tranquilizern und Alkohol Herr zu werden. Alkohol- und Medikamentenmißbrauch sind daher eine nicht seltene Begleiterscheinung von Angststörungen.

2. Angstzustände

Zu den Angstzuständen zählen das Paniksyndrom, das Generalisierte Angstsyndrom und das Zwangssyndrom.

Das Paniksyndrom

Das Paniksyndrom manifestiert sich im anfallartigen und unerklärlichen Auftreten einer Vielzahl quälender Symptome: in Atemschwierigkeiten, Herzpalpitationen, Schmerzen oder Unwohlsein in der Brust, Erstickungs- oder Beklemmungsgefühlen; in Benommenheit, Schwitzen und Zittern oder Beben; in intensiver Angst und dem Gefühl drohenden Unheils. Gefühle der *Depersonalisation* und *Derealisation* – des Getrenntseins vom eigenen Körper und der Unwirklichkeit der Welt – und die Angst zu sterben, verrückt zu werden oder unkontrolliert zu handeln, können den Patienten bedrängen und überwältigen. Panikattacken treten wöchentlich einmal oder häufiger auf, dauern gewöhnlich Minuten, in seltenen Fällen auch Stunden und sind manchmal an bestimmte Situationen, etwa Autofahren, gebunden. Die Störung ist bei Frauen (1,0%) etwas häufiger als bei Männern (0,7%) (*Myers* et al., 1984). Zur Diagnose eines Paniksyndroms berechtigen nach dem DSM-III erst mindestens drei Panikattacken innerhalb eines Zeitraumes von drei Wochen, aber vermutlich leiden sehr viel mehr Menschen an gelegentlichen Panikattacken. *Norton* und seine Mitarbeiter (1985) haben zum Beispiel eine Gruppe von Studenten untersucht und festgestellt, daß mehr als 30% von ihnen im vergangenen Jahr eine Panikattacke hatten. Und über 80% der Patienten mit einem der anderen Angstsyndrome leiden gelegentlich auch an Panikattacken (*Barlow* et al., 1985).

Wir wissen noch wenig über das Paniksyndrom, auch wenn es in den letzten Jahren verschiedentlich untersucht wurde. Es scheint familiär gehäuft aufzutreten (*Crowe* et al., 1983) und bei eineiigen Zwillingen größere Konkordanz zu besitzen als bei zweieiigen (*Torgersen*, 1983).

Es gibt auch Hinweise darauf, daß bei einem nicht unerheblichen Teil der diagnostizierten Fälle mit einer körperlichen Ursache zu rechnen ist. Insbesondere kann das sogenannte Mitralklappenprolapssyndrom, ein Herzfehler, mit panikähnlichen Symptomen einhergehen, und diesen Herzfehler findet man sehr häufig bei Patienten mit Paniksyndrom (*Crowe* et al., 1980).

Man hat vermutet, daß Menschen mit Mitralklappenprolapssyndrom unruhig und ängstlich werden, wenn sie Palpitationen („Herzklopfen") spüren, so zu deren Eskalation beitragen und die Palpitationen für eine Panikattacke halten (*Kantor, Zitrin* und *Zeldis*, 1980). Die Therapie bestünde in solchen Fällen darin, den Betroffenen genau zu erklären, was mit ihnen geschieht, daß die Palpitationen selten gefährlich und kein Anzeichen von Angst sind. Vielleicht läßt sich mit dieser Umdeutung bei Menschen mit Mitralklappenprolapssyndrom der schnellen Eskalation der Angst vorbeugen.

Andere physiologische Untersuchungen haben das Paniksyndrom mit einer Überaktivität im beta-adrenergen Nervensystem in Zusammenhang gebracht. Das beta-adrenerge System kontrolliert die Aktivität vieler Organsysteme, die bei einer Panikattacke in Mitleidenschaft gezogen werden; Herzpalpitationen, Schwitzen und Erstickungsgefühle sind also Zeichen einer beta-adrenergen Überaktivität. Medikamente, die die Aktivität dieses Teils des Nervensystems blockieren, die sogenannten Beta-Blocker, reduzieren in der Tat Angst. Es hat sich allerdings gezeigt, daß im Falle des Paniksyndroms Benzodiazepine wirksamer sind als Beta-Blocker (*Noyes* et al., 1984). Und wenn man Patienten mit Paniksyndrom zur Induktion einer Attacke Laktat verabreicht, läßt sich dieser laktat-induzierten Panik nicht mit Beta-Blockern vorbeugen (*Gorman* et al., 1983), während das mit Antidepressiva gelingt (*Liebowitz* et al., 1984). Die Theorie der beta-adrenergen Überaktivität ist also zur Zeit nicht unumstritten. Daß man eine Panikattacke mit Laktat induzieren und diese induzierte Attacke mit Antidepressiva blockieren kann, also über eine Behandlungsmöglichkeit des Paniksyndroms verfügt, ist allerdings eine aufregende Sache. Leider sind die physiologischen Mechanismen, die diese Effekte hervorbringen, noch unbekannt.

Wenig Untersuchungen gibt es zu den am Paniksyndrom möglicherweise beteiligten psychologischen Faktoren. Patientenberichte über ihre Kindheit enthüllen Trennungsangst und ganz allgemein gestörte Familienverhältnisse, aber wie bei allen Retrospektionen ist auch hier Vorsicht am Platze. Vielversprechender ist vielleicht die Untersuchung von *Hibbert* (1984), die ergab, daß Panik-Patienten viel über mögliche ernste Erkrankungen von Körper und Geist nachgrübeln. In ihrer Überängstlichkeit neigen sie dazu, in geringfügigen körperlichen Empfindungen Anzeichen eines drohenden Unheils zu sehen, was sich dann zur ausgewachsenen Panik steigern kann.

Das Generalisierte Angstsyndrom

Hauptmerkmal des Generalisierten Angstsyndroms ist eine chronische und persistierende Ängstlichkeit in vielen Lebenssituationen. Dieses Gefühl ist so allgegenwärtig, daß man es manchmal auch „frei-flottierende" Angst nennt. Überdies zeigt sich die Angst in so vielen verschiedenen Situationen und so häufig, daß viele Psychopathologen eine systematische Suche nach spezifischen Auslösern für zwecklos halten. Somatische Beschwerden – Schwitzen, Hitze- oder Kältewellen, Herzklopfen oder -jagen, empfindlicher Magen, Diarrhöe, häufige Miktion, feuchtkalte Hände, trockener Mund, Kloß im Hals – sind häufig und spiegeln die Hyperaktivität des autonomen Nervensystems wider. Auch Puls- und Atemfrequenz können erhöht sein. Die Betroffenen berichten auch von Störungen der Skelettmuskulatur: Muskelspannung und -schmerzen besonders in Nacken und Schultern, Lidzukken, Zittern, leichte Ermüdbarkeit und eine Unfähigkeit, sich zu entspannen. Sie sind reizbar, zappelig, ruhelos und atmen seufzend. Sie sind allgemein besorgt, haben Visionen drohenden Unheils, befürchten etwa den Verlust der Selbstkontrolle, einen Herzanfall oder sogar den Tod. Sie sind immer „auf dem Sprung", ungeduldig, leicht abgelenkt, schlaflos und unfähig, sich zu konzentrieren. Leicht entmutigt, extrem kritikempfindlich, entschlußlos und häufig leicht depressiv sind sie sich selbst und manchmal auch anderen zur Last, schaffen es aber gewöhnlich immer wieder, sich durch den Tag zu kämpfen.

Der Patient, ein 24jähriger Mechaniker, war vom Arzt, den er wegen seiner Schwindelgefühle und Schlafschwierigkeiten aufgesucht hatte, zur Psychotherapie überwiesen worden. Während des ganzen Erstgesprächs stand er sichtbar unter Spannung, schluckte, bevor er sprach, schwitzte und zappelte. Seine wiederholten Bitten um Wasser, um einen scheinbar unstillbaren Durst zu löschen, waren ein weiteres Anzeichen seiner extremen Nervosität. Obwohl er zunächst nur von seinen körperlichen Beschwerden berichtete, zeigte sich bald das allgemeinere Bild einer alles durchdringenden Angst. Er fühle sich, so erzählte er, nahezu immer angespannt, habe Angst, daß ihm bei der Arbeit oder während des Beisammenseins mit anderen ein Unglück geschehe. Seine seit langem bestehenden Schwierigkeiten im Umgang mit anderen hatten ihm mehrere Entlassungen eingetragen. Oder wie er es darstellte: „Ich mag Menschen, wirklich, und ich versuche, mit ihnen auszukommen, aber ich gerate wohl einfach zu leicht in Wut. Ich rege mich wegen Kleinigkeiten viel zu sehr auf. Ich bin eben nicht zufrieden, bis alles genau richtig läuft".

Psychoanalytische Sicht

Die Psychoanalyse postuliert als Quelle generalisierter Angst einen unbewußten Konflikt zwischen dem Ich und Triebregungen des Es. Die Triebregungen, gewöhnlich sexueller oder aggressiver Natur, drängen nach Ausdruck, was das Ich wegen seiner unbewußten Angst vor Bestrafung nicht zulassen kann. Da die Quelle der Angst unbewußt ist, steht der Betroffene unter Unruhe und Spannung, ohne zu wissen, warum. Die eigentliche Quelle der Angst – die früher bestraften Triebregungen, die nach Ausdruck drängen – ist stets gegenwärtig. In gewissem Sinne gibt es vor dieser Angst kein Entrinnen, denn jemand, der dem Es entkommt, hört auf zu leben. Die Angst ist nahezu immer da. Der Phobiker ist, wenn man so will, glücklicher dran: Er hat, psychoanalytisch betrachtet, seine Angst auf ein bestimmtes Objekt oder eine Situation verschoben, die er künftig meiden kann. Ein Mensch mit Generalisiertem Angstsyndrom hat sich dieser Abwehrmöglichkeit nicht bedient und ist seiner Angst ständig ausgesetzt.

Lerntheoretische Sicht

In lerntheoretischen Versuchen, generalisierte Angst zu erklären (z.B. *Wolpe*, 1958), hat ein Konzept wie „frei-flottierende Angst" keinen Platz. Der Lerntheoretiker wird statt dessen hartnäckig nach äußeren Ursachen suchen. Ein Mensch, der nahezu immer Angst hat, könnte sich zum Beispiel vor sozialen Kontakten fürchten. Wenn dieser Mensch nun einen großen Teil des Tages mit anderen Menschen zusammen ist, wäre es sinnvoller, die Angst diesen äußeren Umständen und nicht irgendwelchen inneren Faktoren zuzuschreiben. Dieses verhaltenstheoretische Modell der generalisierten Angst wäre dann identisch mit einer der lerntheoretischen Erklärungen für Phobien: Die Angst ist das Ergebnis einer klassischen Konditionierung auf äußere Reize, wobei die konditionierten Reize im Falle generalisierter Angst erheblich vielfältiger sind als bei Phobien.

Kognitiv-verhaltenstheoretische Sicht

Ein kognitiv-verhaltenstheoretisches Modell der generalisierten Angst würde Kontrolle und Hilflosigkeit in den Mittelpunkt stellen. Gemeinsames Merkmal aller Aspekte von Angst, meint *Mandler* (1966), sei das Gefühl des Kontrollverlustes. In psychoanalytischer Sicht hat das Ich Angst, weil es von Triebimpulsen bedroht wird, die es nicht kontrollieren kann. Lerntheoretisch gesprochen, kontrolliert der ängstliche Mensch den gefürchteten Reiz einzig dadurch, daß er lernt, ihn zu meiden. Dieses Konzept der *Hilflosigkeit* war früher Gegenstand des Forschungsinteresses mehrerer Disziplinen.

Richter (1957) zitiert in seinem Aufsatz „On the Phenomenon of Sudden Death in Animals and Man" (Über das Phänomen des plötzlichen Todes bei Tieren und Menschen) folgende anthropologische Beobachtung aus einer älteren Quelle:

„Ein brasilianischer Indianer, der von einem sogenannten Medizinmann verflucht und verurteilt wird, ist seiner emotionalen Reaktion auf diesen Urteilsspruch hilflos ausgeliefert – und stirbt innerhalb von Stunden. In Afrika ißt ein junger Neger die mit einem unumstößlichen Verbot belegte wilde Henne. Als man seinem „Verbrechen" auf die Spur kommt, zittert er, wird von Furcht überwältigt und stirbt innerhalb von vierundzwanzig Stunden. In Neuseeland ißt eine Maori-Frau eine Frucht, die, wie sie später erst erfährt, von einem tabuisierten Ort stammt. Sie hat ihren Häuptling entweiht. Am Mittag des folgenden Tages ist sie tot" (*Basedow*, 1925, zitiert in: *Richter*, 1957, S. 191).

Manch einem mag es schwer fallen zu glauben, daß solche scheinbar übernatürlichen Dinge in primitiven Gesellschaften tatsächlich geschehen. *Walter Cannon* (1942), ein seinerzeit sehr bekannter amerikanischer Physiologe, ging den Berichten solcher „Voodoo"-Todesfälle nach und kam zu dem Schluß, daß es sie in der Tat gibt und daß sie ernsthafter wissenschaftlicher Erforschung wert sind. Gestützt auf seine experimentelle Arbeit über Angst und Wut bei Katzen vermutete er, daß ein Mensch im Zustand hoher autonomer Erregung und ohne die Möglichkeit, diese Erregung wirksam abzubauen, tatsächlich

Insassen von Nazi-Konzentrationslagern machten die Erfahrung extremer Hilflosigkeit. Viele gaben jede Hoffnung auf.

sterben könne. Unter derartiger Spannung, so *Cannon*, können vitale Körperorgane irreparabel geschädigt werden, und der betroffene Mensch stirbt an seiner Angst.

Was *Bruno Bettelheim* (1960) über die Reaktionen von Gefangenen in den Konzentrationslagern der Nazis berichtet, ist ein weiteres Beispiel dafür, wie Menschen vom Gefühl des Kontrollverlustes überwältigt werden können.

,,*Gefangene, die schließlich ihren Wärtern glaubten – daß es keine Hoffnung für sie gebe und daß sie das Lager allenfalls als Leiche verlassen würden – und die das Gefühl hatten, sie seien ihrer Umgebung vollkommen hilflos ausgeliefert, wurden buchstäblich zu wandelnden Leichen... Sie wurden zu Menschen, die so bar jeden Gefühls, jeder Selbstachtung und jeden Antriebs und dabei körperlich und seelisch so erschöpft waren, daß sie sich der Gewalt ihrer Umwelt vollkommen auslieferten*" (S. 151–152).

Diese zumeist sehr gebildeten Menschen reagierten in der Überzeugung, keinerlei Kontrolle über ihr Leben mehr zu haben, hilflos und selbstzerstörerisch.

Auch Experimentalpsychologen haben sich für das Phänomen der Hilflosigkeit interessiert. Bei *Mowrer* und *Viek* (1948) lernten Ratten zunächst, sich mit einer bestimmten operanten Reaktion Nahrung zu verschaffen. Dann erhielten alle Tiere, sobald sie den Futterplatz aufsuchten, einen elektrischen Schlag. Eine Gruppe konnte diesen Schlag durch Springen beenden. Jeweils gepaart mit einem Tier der ersten Gruppe ging auch eines der zweiten zur Futterstelle, so daß Stärke und Dauer des elektrischen Schlages für beide identisch waren. Allerdings konnten die Tiere der zweiten Gruppe die Situation nicht durch Springen kontrollieren. Die Tiere, die den Schlag kontrollieren konnten, zeigten weniger Angst als ihre hilflos an sie gebundenen Partner.

Aber Ratten sind keine Menschen, und um Voodoo-Tod und extreme Apathie bei Gefangenen wirklich verstehen zu können, waren bei den oben berichteten Ereignissen zu viele unkontrollierte Variablen im Spiel. Glücklicherweise hat man aber auch mit Menschen experimentell gearbeitet. *Haggard* zeigte bereits 1943, daß menschliche Probanden, die sich selbst elektrische Schläge verabreichten, weniger ängstlich waren als Probanden, die Schläge gleicher Stärke und gleicher Anzahl erhielten, sie aber nicht selber kontrollieren konnten. Darüber hinaus stellte *Pervin* (1963) fest, daß Probanden kontrollierbare elektrische Schläge unkontrollierbaren vorzogen. Eine andere Studie ergab, daß Probanden intellektuell mehr leisten, wenn sie die Reihenfolge, in der sie die Tests absolvieren, selbst glauben bestimmen zu können (*Neale* und *Katahn*, 1968). *Staub, Tursky* und *Schwartz* (1971) setzten Probanden aversiven Reizen aus. ,,Die Fähigkeit, Ereignisse in der Umgebung vorherzusagen und zu kontrollieren", so stellten sie fest, ,,ist wichtig für das Wohlbefinden und das Sicherheitsgefühl des Organismus. Dementsprechend ... kann fehlende Kontrolle ... intrinsisch aversiv werden" (S.157).

Bei allen diesen Experimenten mit Menschen lösten Ereignisse, über die die Probanden eine gewisse Kontrolle hatten, weniger Angst aus als unkontrollierbares Geschehen. Unter bestimmten Bedingungen scheint es sogar zu genügen, daß die Probanden glauben, die Kontrolle zu haben, ohne daß das wirklich der Fall zu sein braucht (z.B. *Geer, Davison* und *Gatchel*, 1970).

Die Ergebnisse von Untersuchungen über die Auswirkungen von Situationskontrolle sind im Laufe der Jahre immer komplexer geworden. Diese Komplexität ist unter anderem eine Folge der unterschiedlichen Konzeptualisierungsmöglichkeiten von Kontrolle. Nach *Thompson* (1981) können wir auf viererlei Art Kontrolle ausüben.

1. Individuen besitzen *Verhaltens*kontrolle, wenn sie über Mittel verfügen, ein aversives Ereignis aufzuhalten, seine Wahrscheinlichkeit zu verringern, seine Dauer einzuschränken oder den Zeitpunkt seines Eintretens zu verändern.
2. Sie besitzen *kognitive* Kontrolle, wenn sie über eine Strategie verfügen, ihre emotionale Reaktion auf ein Ereignis – z.B. durch Ablenkung – in Grenzen zu halten.
3. Sie besitzen *Informations*kontrolle, wenn sie über nützliches Wissen über das drohende aversive Ereignis verfügen, z.B. ein Signal kennen, das seinen baldigen Eintritt ankündigt oder die Empfindungen, die es in ihnen auslösen wird.
4. Menschen üben *retrospektive* Kontrolle aus, wenn sie für ein zurückliegendes aversives Ereignis eine Ursache gefunden zu haben glauben. Machen sie sich zum Beispiel selbst dafür verantwortlich, kann das zu vermehrter Anstrengung führen, mit dem Ereignis fertigzuwerden (*Bulman* und *Wortman*, 1977).

Zusätzlich zur Erforschung solcher Unterschiede in der Art der Kontrollausübung kann man Kontrolle auch mittels Selbstbeurteilung, Verhaltenserfassung und physiologischer Verfahren messen. Man kann Streß – etwa elektrische Schläge – im Labor manipulieren oder die Probanden in belastenden Alltagssituationen, z.B. bei einer unangenehmen medizinischen Untersuchung, beobachten. Doch ungeachtet dieser Vielfalt bestätigt sich im allgemeinen, daß sowohl Verhaltenskontrolle als auch kognitive Kontrolle geeignete Mittel sind, um antizipatorische Angst, physiologische Erregung und die Belastung nach dem Ereignis zu reduzieren. Ob allerdings kognitive und Verhaltenskontrolle Tragweite und Einfluß des belastenden Ereignisses selbst verringern, wie man aus physiologischen und selbstberichteten Reaktionen entnehmen könnte, ist weniger klar (*Thompson*, 1981; vgl. auch Kasten 6.5).

Die humanistische Sicht

Humanistische Forscher haben bisher noch nicht versucht, spezifische Erklärungen für Phobien, generalisierte Angst und andere Angstsyndrome zu finden, da sie für alle diese Störungen eine allgemeine und keine spezifische Ursache annehmen. Aus humanistischer Sicht ist der Mensch von Natur aus gut, und seelische Probleme sind das Ergebnis einer Verleugnung dieses inneren Wertes. Angst bekommen wir dann, wenn wir dieser unserer eigentlichen Natur nicht leben können. Humanistisch orientierte Psychologen glauben, daß neurotische Menschen über zwei widerstreitende Selbstkonzepte verfügen. Sie haben die negative Meinung anderer über sich verinnerlicht, die in Widerspruch steht zu dem natürlicheren und besseren Bild, das sie selbst von sich haben. Statt auf ihre Selbstverwirklichung konzentriert zu sein, erschöpft sich ihre Energie in diesem ständigen Konflikt.

Kasten 6.5
Kontrolle und Bedeutung

Die Beziehungen zwischen Kontrolle und Streß sind komplex. Über Kontrolle zu verfügen oder das zumindest zu glauben, vermindert, so zeigen Forschungsergebnisse, die Intensität der emotionalen Reaktion auf eine unangenehme Situation. Wie lassen sich diese Ergebnisse, sollten sie sich auch weiterhin bestätigen, erklären?

Thompson (1981) hat sich die Literatur über Experimente zu Kontrolle und Belastung beim Menschen daraufhin angesehen und sieben mögliche und plausible Erklärungen gefunden. Vielleicht, so spekuliert *De-Charms* (1968), haben Menschen von Natur aus das starke Bedürfnis, sich kompetent und als Herr der Lage zu fühlen. Dieses Bedürfnis wird bei der Untersuchung psychischer Störungen in der Tat immer wieder offenbar. Viele depressive Menschen leben z.B. mit der Überzeugung, daß sie nichts tun können, um ihre Situation zu ändern (*Seligman*, 1975).

Menschen müssen, wie *Miller* (1979) vermutet, glauben können, daß die Belastungen, denen sie ausgesetzt sind, ihre Kräfte nicht übersteigen. Eine gute Möglichkeit, sich in diesem Glauben zu bestärken, besteht für den einzelnen darin, sich selbst die Kontrolle über eine gegenwärtige, schwierige Situation zuzuschreiben. Wenn er sein gegenwärtiges Leiden verringern oder zumindest ertragen kann, hat er Aussicht, auch mit zukünftigen belastenden Situationen fertigzuwerden.

In seinem Bemühen, in allen diesen Forschungsarbeiten und Theorien einen gemeinsamen Kern zu entdecken, hebt *Thompson* die *Bedeutung* hervor, die das Leiden für den Einzelnen besitzt. Wenn Menschen einen Rückschlag oder eine Krankheit als Teil eines größeren – z.B. eigenen, göttlichen – Plans begreifen können, können sie dem Geschehen Bedeutung und Perspektive abgewinnen und es ertragen. Wahrscheinlich kennen wir alle jemanden, der eine ernste, ihn stark beeinträchtigende Krankheit zum Anlaß genommen hat, seine persönlichen Werte zu überprüfen, so daß er aus dem Trauma gestärkt und besser für seine Krankheit gerüstet hervorging. *Thompsons* Hinweis ist besonders attraktiv, weil er das Ergebnis einer sorgfältigen Durchsicht kontrollierter, experimenteller und ihrem Wesen nach analoger Untersuchungen ist. *Thompsons* kognitive Hypothese läßt an die humanistisch-existentielle Betrachtungsweise denken (vgl. S. 59), die die menschliche Suche nach Bedeutung und Sinn in den Mittelpunkt stellt.

Manche Menschen können großen Belastungen, etwa der Tatsache, gelähmt zu sein, standhalten und wachsen sogar an ihnen. Das gelingt unter anderem dann, wenn man dem belastenden Ereignis einen Sinn geben, es als Teil eines größeren Plans erleben kann.

Genetische Untersuchungen

Auch Genetiker haben sich mit dem generalisierten Angstsyndrom beschäftigt. *Slater* und *Shields* (1969) verglichen siebzehn eineiige und achtundzwanzig zweieiige Zwillingspaare, wobei jeweils ein Zwilling als angstneurotisch beschrieben war. Von den eineiigen Zwillingspartnern erhielten 49% die gleiche Diagnose, von den zweieiigen nur 4%. Bei *Torgersen* (1983) unterschieden sich die Konkordanzen eineiiger und zweieiiger Zwillingspaare dagegen nicht. Die Forschungslage ist hier also zum gegenwärtigen Zeitpunkt nicht eindeutig.

Behandlung des Generalisierten Angstsyndroms

Gemäß ihrer Auffassung, daß dem Generalisierten Angstsyndrom verdrängte Konflikte zugrunde liegen, helfen Psychoanalytiker, wie nicht anders zu erwarten, ihren Patienten, die wahren Quellen ihrer Konflikte aufzuspüren, und behandeln generalisierte Angst im wesentlichen nicht anders als Phobien.

Verhaltenstherapeuten haben mehrere Möglichkeiten. Wenn sie die Angst als eine Reihe von Reaktionen auf identifizierbare Situationen *auslegen* können, läßt sich die frei-flottierende Angst als eine oder mehrere Phobien umdeuten. Zum Beispiel kann eine Situationserfassung (vgl. S. 118) ergeben, daß sich der allgemein ängstliche Klient insbesondere davor fürchtet, andere zu kritisieren und von ihnen kritisiert zu werden. Diese konkrete Angst erscheint nur frei-flottierend, weil der Klient einen großen Teil des Tages in Gesellschaft anderer verbringt. In solchen Fällen könnte eine systematische Desensibilisierung angebracht sein.

Scheint die allgegenwärtige Angst mit einem Gefühl der Hilflosigkeit einherzugehen, wird der Therapeut dem Klienten Fertigkeiten vermitteln, die ihm ein Gefühl von Kompetenz geben, von jener lebenswichtigen „self-efficacy", wie *Bandura* (1977) es nennt. Hier wären verbale Instruktionen, Modellernen oder operante Verhaltensformung – und vermutlich eine sinnvolle Kombination aller drei Verfahren – am Platze (*Goldfried* und *Davison*, 1976).

Der humanistisch orientierte Therapeut wird seinem ängstlichen Klienten helfen, seinen wahren Bedürfnissen und Wünschen nachzuspüren, und diese Bedürfnisse vertrauensvoll zu äußern und zu befriedigen. Ziel der *Gestalttherapie*, einer der humanistischen Therapien, ist es zum Beispiel, daß der Klient sich seine Gefühle und Wahrnehmungen im Hier und Jetzt bewußt macht. Um das zu erreichen, hat man vielfältige Übungen ersonnen. Bei der *Technik des leeren Stuhls* wird der Klient aufgefordert, zu einem ihm wichtigen Menschen oder einem Gefühl zu sprechen, als säßen Partner oder Gefühl auf dem leeren Stuhl neben ihm. Mit dieser ungewöhnlichen Prozedur, so glauben Gestalttherapeuten, werde der Klient mit seinen ureigensten Wünschen und Ängsten konfrontiert. Er nehme zu an Bewußtsein und Einsicht, und genau das sei notwendig und hinreichend, um eine Fülle von seelischen Problemen, darunter auch Angst[6], zu mildern. Klientenzentrierte Therapeuten in der Nachfolge von *Carl Rogers* schaffen eine warme, akzeptierende Atmosphäre, die dem Klienten Mut machen soll, seinen innersten Gefühlen auf den Grund zu gehen.

Am häufigsten wird generalisierte Angst vermutlich mit Tranquilizern behandelt. Ärzte halten ein psychoaktives Medikament bei einer so umfassend beeinträchtigenden Störung für besonders geeignet: Denn hat die Wirkung einmal eingesetzt, hält sie für mehrere Stunden und damit in allen Situationen an, denen der Klient in dieser Zeit ausgesetzt ist. Leider haben Tranquilizer oft unerwünschte Nebenwirkungen, die von Müdigkeit und Depression bis hin zu Abhängigkeit und Organschädigungen reichen (vgl. Kapitel 20).

Sozial orientierte Psychologen und Psychiater betrachten menschliches Leiden – und damit auch generalisierte Angst und die meisten anderen psychischen Störungen – als normale Reaktion auf anormale oder unhaltbare Lebensbedingungen. Ihnen ist mehr an sozialer Veränderung gelegen als daran, dem einzelnen zur Anpassung an eine brutalisierende Umwelt zu verhelfen. Ih-

[6] Mehr zur Gestalttherapie findet der Leser auf S. 623.

re Arbeit unterscheidet sich also erheblich von den bisher besprochenen therapeutischen Bemühungen.

Das Zwangssyndrom

Vom Zwangssyndrom sind ein bis zwei Prozent der Bevölkerung betroffen (*Myers* et al., 1984). Die Störung selbst beginnt üblicherweise im frühen Erwachsenenalter, oft nach einem belastenden Ereignis, etwa einer Schwangerschaft oder einer Geburt, einem familiären Konflikt oder Schwierigkeiten am Arbeitsplatz (*Kringlen*, 1970). Gelegentlich entwickeln Patienten auch während einer depressiven Phase Zwangssymptome, und häufig leiden zwanghafte Patienten auch an einer Depression (*Rachman* und *Hodgson*, 1980).

Zwangsgedanken sind sich wiederholende und anhaltende Gedanken und Vorstellungen, die dem Betroffenen ungebeten in den Sinn kommen und von ihm als irrational und unkontrollierbar erlebt werden. Die flüchtige Erfahrung solcher Gedanken werden viele von uns schon einmal gemacht haben, aber der Zwangskranke wird von seinen Gedanken mit solcher Intensität und Häufigkeit heimgesucht, daß ein normaler Funktionsablauf gestört ist. Im folgenden Beispiel schildert *Cameron* das Einsetzen eines Zwangsgedankens bei einer 42jährigen Frau und Mutter.

„*Als sie eines Abends ihrer Familie das Essen servierte, ließ sie eine Schüssel auf den Tisch fallen. Die Schüssel ging entzwei. Sie erschrak, und als sie die Scherben wegräumte, befiel sie die unbegründete Angst, es könnten Glasscherben in das Essen ihres Mannes geraten und ihn töten. Die Familie durfte das Abendessen erst am vollkommen neu gedeckten Tisch fortsetzen. Aber damit waren die Ängste der Frau nicht etwa beseitigt, sondern sie steigerten sich zu der Befürchtung, auch ihre Kinder und sie könnten an Glassplittern sterben*“ (S. 384).

Zwangsgedanken können auch die Form extremen Zweifelns, Zauderns und Unschlüssigseins annehmen. Der Patient kann unfähig sein, zu einem Entschluß zu kommen und denkt ein Problem wieder und wieder durch (*Salzman* und *Thaler*, 1981).

Eine *Zwangshandlung* ist der unwiderstehliche Drang, eine ritualisierte Handlung immer und immer wieder zu vollziehen. Aber es besteht entweder keine realistische Beziehung zwischen der Handlung und dem, was sie bewirken soll, oder die Handlung ist eindeutig übertrieben. Lady Macbeth wusch sich nach dem Mord an König Duncan unablässig die Hände. Häufig fürchtet derjenige, der sich einer Zwangshandlung unterwirft, schlimme Folgen, wenn er sie unterläßt. Oft ist allein die Häufigkeit, mit der die Handlung wiederholt wird, erschütternd. Eine von uns behandelte Frau wusch sich trotz inzwischen

Der berühmte Industrielle Howard Hughes litt an zwanghafter Angst vor Ansteckung. Auf einem Ausflug nach London ließ er die Fenster seines Rolls Royce mit Zeitungspapier zukleben, um sich vor unreiner Luft zu schützen.

schmerzhafter Entzündungen mehr als 500 mal am Tag die Hände. Sie hatte große Angst, sich mit Bakterien zu infizieren, und konnte diese Angst zeitweise nur dadurch lindern, daß sie sich die Hände wusch. Oft drehen sich Zwangshandlungen um Sauberkeit und Ordnung, die nur über ausgefeilte, manchmal den ganzen Tag beanspruchende Zeremonien erreicht werden können. Oder der Betroffene meidet bestimmte Objekte, z.B. alles, was braun ist, trifft „magische" Vorsichtsmaßnahmen, zählt, sagt laut bestimmte Zahlen, muß einen Talismann oder einen bestimmten Körperteil berühren u.ä. Manche Menschen müssen sich auch sieben oder acht Mal vergewissern, ob etwas bereits Erledigtes auch wirklich getan ist – ob das Licht gelöscht, das Gas abgestellt, der Wasserhahn zugedreht ist, ob die Fenster verriegelt, die Türen abgeschlossen, Silber und Schmuck hinter den Tafeltüchern verstaut sind.

Bernice war 46 Jahre alt, als sie zu uns kam. Es war ihr vierter Versuch mit einer ambulanten Therapie, zweimal war sie in der Klinik gewesen. Begonnen hatte ihr Zwangssyndrom vor zwölf Jahren, kurz nach dem Tod ihres Vaters. Seither war es mit ihr auf- und abgegangen, aber gegenwärtig stand es sehr schlimm um sie.

Bernice hatte eine zwanghafte Angst vor Ansteckung, die sie vage mit der tödlichen Lungenentzündung ihres Vaters in Zusammenhang brachte. Obwohl sie sich, wie sie sagte, vor nahezu allem fürchtete, weil Bazillen schließlich überall sein konnten, war es ihr insbesondere unmöglich, Holz, „Dinge, die kratzen", Postsendungen, Konservennahrung und „silberne Teilchen" zu berühren. Mit silbernen Teilchen meinte Bernice silberne Prägungen auf Glückwunschkarten, Brillengestelle, glitzernde Applikationen und Gegenstände aus Silber. Warum sie gerade mit diesen Dingen eine besondere Ansteckungsgefahr verband, wußte sie nicht.

Zur Linderung ihrer Angst hatte Bernice eine Vielzahl von Zwangsritualen entwickelt, die sie fast den ganzen Tag beschäftigten. Jeden Morgen verbrachte sie allein drei bis vier Stunden damit, sich immer wieder zu waschen. Zwischen den Waschungen mußte sie, um sich vor Bazillen sicher zu fühlen, die obere Schicht von der Seife abkratzen. Auch die Mahlzeiten dauerten Stunden, denn es gehörte zum Ritual, immer drei Bissen auf einmal zu nehmen und jeden Mundvoll dreihundertmal zu kauen. Auf diese „magische" Weise desinfizierte sie ihre Nahrung. Manchmal bezog sie sogar ihren Mann in diese Essenszeremonien ein und ließ ihn einen Teekessel und tiefgefrorenes Gemüse über ihrem Kopf schwingen, um Bazillen zu vertreiben. In diesem Leben war neben Ritualen und Bazillenangst für fast nichts mehr Platz. Bernice konnte weder das Haus verlassen noch ihre Hausarbeit erledigen, ja nicht einmal zum Telephonieren war sie in der Lage.

Klinisch versteht man unter einer Zwangshandlung etwas anderes als in der Umgangssprache. Wir sprechen von zwanghaften Spielern, zwanghaften Essern und zwanghaften Trinkern. Aber auch wenn solche Menschen einen unwiderstehlichen Drang haben, zu spielen, zu essen oder zu trinken, gilt derartiges Verhalten nicht als zwanghaft im klinischen Sinne, da es häufig mit Vergnügen verbunden und nicht „ich-fremd" ist. Ein wirklicher Zwang wird von dem Betroffenen als etwas ihm Fremdes erlebt. *Stern* und *Cobb* (1978) stellten zum Beispiel fest, daß 78% einer Stichprobe zwanghafter Probanden ihre Rituale als „ziemlich töricht" oder „absurd" bezeichneten.

Eine häufige Konsequenz des Zwangssyndroms ist der negative Effekt, den es auf die Beziehungen des Individuums zu anderen, insbesondere zu Familienmitgliedern, ausüben kann. Jemand, der dem unwiderstehlichen Zwang unterliegt, alle 10 Minuten die Hände zu waschen, jede Türklinke zu berühren, an der er vorbeikommt, oder jede Fliese im Badezimmer zu zählen, löst wahrscheinlich Besorgnis und negative Gefühle beim Ehepartner, Kindern, Freunden und Mitarbeitern aus. Die antagonistischen Gefühle, die von den Bezugspersonen erlebt werden, sind mit Schuldgefühlen verbunden, denn irgendwie ist den anderen schon klar, daß der Betroffene gar nicht anders kann als diese sinnlosen Dinge zu tun. Schließlich können diese unerwünschten Wirkungen auf andere zur Folge haben, daß sich neben dem Zwang Depression und generalisierte Angst einstellen, womit der Boden für eine weitere Verschlechterung der zwischenmenschlichen Beziehungen bereitet ist. Aus diesen Gründen nehmen Familientherapeuten (*Hafner*, 1982; *Hafner* et al., 1981) an, daß das Zwangssyndrom zuweilen auch die „Lösung" eines zugrundeliegenden Ehekonfliktes darstellt. Diese spekulative Hypothese soll Therapeuten veranlassen, neben einer Einzeltherapie gegebenenfalls auch eine Ehetherapie in Betracht zu ziehen.

Akhter und seine Mitarbeiter (1975) haben

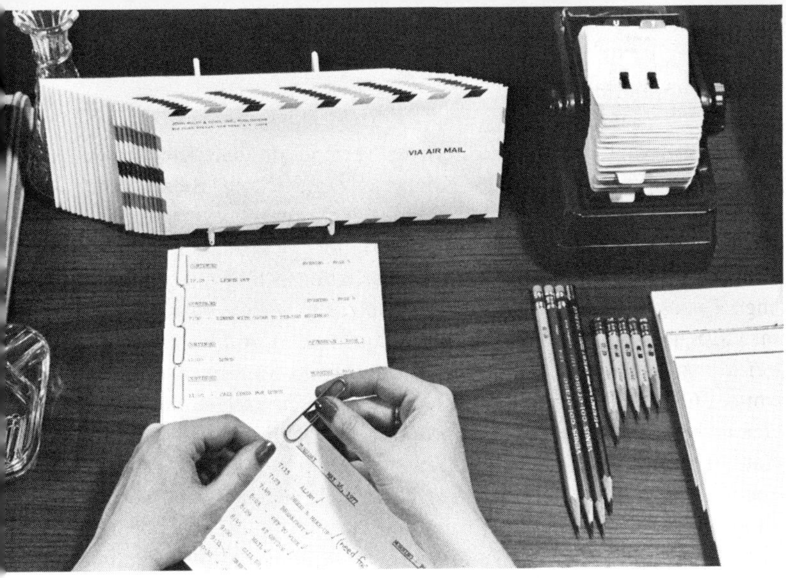

Die ordentliche Welt eines zwanghaften Menschen.

den Inhalt von Zwangsgedanken und Zwangshandlungen untersucht. Sie interviewten 82 Zwangspatienten und fanden fünf Formen von Zwangsgedanken und zweierlei Arten von Zwangshandlungen.

Zwangsgedanken

1. **Zwanghafte Zweifel.** 75% der Patienten beschäftigte der anhaltende Gedanke, eine Aufgabe nicht angemessen erledigt zu haben. ,,Jedesmal, wenn er sein Zimmer verließ, fragte sich ein 28jähriger Student ‚Habe ich die Tür abgeschlossen? Bin ich sicher?', und das, obwohl er sich ganz genau daran erinnerte" (S. 343).
2. **Zwangsgedanken.** 34% der Interviewten berichteten von scheinbar endlosen Gedankenketten, die gewöhnlich um Zukünftiges kreisten. Eine schwangere Frau quälte sich mit folgenden Gedanken: ,,Wenn mein Kind ein Junge wird, möchte er vielleicht einen Beruf ergreifen, der es notwendig macht, daß er von mir weggeht, aber vielleicht will er auch wieder zu mir zurückkommen, und was soll ich dann tun, weil, wenn ich ..." (S. 343).
3. **Zwangsimpulse.** 17% der Befragten hatten wiederholt den starken Drang, bestimmte Handlungen – harmlose Schrullen, aber auch aggressive Akte – auszuführen. ,,Ein 41jähriger Rechtsanwalt war von der von ihm als sinnlos erkannten Vorstellung besessen, er könne, ohne daß es ihm bewußt werde, aus seinem Tintenfaß trinken. Aber er hatte auch den bedrückenden Drang, seinen offensichtlich geliebten einzigen Sohn zu erwürgen" (S. 343).
4. **Zwangsbefürchtungen.** 26% befürchteten, die Selbstbeherrschung zu verlieren und in Gegenwart anderer irgendetwas Peinliches zu tun. ,,Ein 32jähriger Lehrer hatte Angst, im Unterricht gegen seinen Willen von seiner unbefriedigenden sexuellen Beziehung zu seiner Frau zu erzählen" (S. 344).
5. **Zwangsvorstellungen.** Anhaltende Vorstellungen eines kürzlich gesehenen oder phantasierten Ereignisses plagten 7% der Befragten. Eine Patientin, ,,‚sah' immer, wenn sie das Bad betrat, wie ihr Baby in der Toilette weggespült wurde" (S. 344).

Zwangshandlungen

1. **Nicht-unterdrückbare Zwänge.** 61% der Patienten konnten dem zwanghaften Drang zu bestimmten Handlungen nicht widerstehen. ,,Ein 29jähriger Büroangestellter wurde von der Vorstellung verfolgt, ein wichtiges Dokument in der Tasche zu haben. Er wußte, daß das nicht der Fall war, fühlte sich aber gezwungen, seine Tasche immer wieder zu kontrollieren" (S. 344).
2. **Kontroll-Zwänge.** 6% der Patienten gelang es offensichtlich, einen zwanghaften Drang mit

Ablenkungsmanövern zu kontrollieren. „Ein 16jähriger Junge mit inzestuösen Impulsen kontrollierte die Angst, die diese Impulse in ihm auslösten, indem er wiederholt und laut bis zehn zählte" (S. 344).

Rachman und *Hodgson* (1980) ließen Zwangspatienten einen Fragebogen ausfüllen. Am häufigsten, so stellten sie fest, ging es bei Zwangshandlungen um Säuberung und Kontrolle. Viele Patienten klagten auch darüber, was *Rachman* und *Hodgson* die primäre, zwangsbedingte Langsamkeit nennen. Das Anziehen, die persönliche Hygiene, das Zusammenfalten von Kleidungsstükken und Wäsche kann soviel Zeit in Anspruch nehmen, daß kaum noch Zeit für andere notwendige Dinge bleibt.

Theorien des Zwangssyndroms

Die **psychoanalytische Theorie** nimmt als Ursache von Zwangshandlungen und Zwangsgedanken sexuelle oder aggressive Triebkräfte an, die aufgrund eines übermäßig strengen Sauberkeitstrainings in der frühen Kindheit nicht zu kontrollieren sind. Die Betroffenen sind auf der analen Stufe fixiert. Die manifesten Symptome sind das Ergebnis eines Kampfes zwischen Es und Abwehrmechanismen. Manchmal behält das Es die Oberhand, manchmal die Abwehrmechanismen. Stellen sich z.B. zwanghafte Tötungsgedanken ein, haben die Kräfte des Es obsiegt. Häufiger spiegeln die Symptome allerdings das partiell erfolgreiche Wirken eines Abwehrmechanismus wider. Reaktionsbildung etwa ermöglicht es einem auf der analen Stufe fixierten Menschen, seinem Drang sich zu beschmutzen, zu widerstehen: Er wird statt dessen zwanghaft reinlich, sauber und ordentlich. Mit dem Ungeschehenmachen unternimmt der Betroffene den magischen Versuch, mittels ritualisierter Verhaltensweisen den verbotenen Impuls auszulöschen. Das Ritual kann auch als Buße für Missetaten, als Wiedergutmachung dienen.

Alfred Adler (1931) war ein früher Mitarbeiter *Freuds*, der später mit dem Meister brach, weil er sich mit dessen Libido-Theorie nicht anfreunden konnte. Psychopathologien, so glaubte *Adler*, entstehen dann, wenn nachgiebige oder allzu dominante Eltern es verhindern, daß Kinder ein Gefühl der Kompetenz entwickeln. Belastet mit einem Minderwertigkeitskomplex entwickeln diese Menschen unter Umständen später Zwangsrituale und schaffen sich so unbewußt einen Bereich, in dem sie Kontrolle ausüben und sich kompetent fühlen können. *Adler* glaubt, daß die Zwangshandlung einem Menschen das Gefühl gibt, *irgend etwas* zu beherrschen, und sei es nur die Anordnung von Schreibutensilien auf dem Schreibtisch.

Verhaltenspsychologisch gelten Zwangsgedanken und Zwangshandlungen als gelerntes, durch seine Konsequenzen verstärktes Verhalten (*Meyer* und *Chesser*, 1970). Eine dieser Konsequenzen ist die Minderung der Angst. In dieser Sicht der Dinge ist zwanghaftes Händewaschen eine operante Fluchtreaktion, die eine zwanghafte Furcht vor Kontakt mit Schmutz oder Krankheitskeimen reduziert. Zwanghafte Kontrollmaßnahmen reduzieren die Angst vor einem Unglück, dem der Patient sich ausgeliefert sieht, wenn er es nicht mit seinem Zwangsritual bannt. Tatsächlich hat man mittels Selbstangaben und psychophysiologischen Messungen festgestellt (*Hodgson* und *Rachman*, 1972; *Carr*, 1971), daß solches Zwangsverhalten Angst reduzieren kann. Allerdings – auch das hat die Forschung gezeigt – gelingt das nicht allen Zwangshandlungen in gleichem Maße. Wie *Rachman* und *Hodgson* (1980) berichten, verringern Patienten mit einem Reinlichkeitszwang ihre Angst erfolgreicher als Patienten mit einem Kontrollzwang. Außerdem ist Angstreduktion keine Erklärung für Zwangshandlungen. Tatsächlich lösen Zwangshandlungen bei Patienten mit Zwangssyndrom Angst aus (*Rabavilas* und *Boulougouris*, 1974); nicht viel anders geht es auch normalen Probanden, die gegen ihren Willen von Gedanken an einen belastenden Reiz, etwa einen grausamen Film, heimgesucht werden (*Horowitz*, 1975).

Zwangsverhalten kann auch direkt verstärkt werden, wie *Skinner* (1948) mit seinen „abergläubischen" Tauben bewies. *Skinner* ließ die Vögel auf 75% ihres normalen Körpergewichts abspecken und verabreichte ihnen dann in regelmäßigen Intervallen und ungeachtet ihres gerade gezeigten Verhaltens Futter. Auf diese Weise und vollkommen zufällig wurde

„ein Vogel ... konditioniert, sich gegen den Uhrzeigersinn im Käfig herumzudrehen... Ein anderer steckte seinen Kopf wiederholt in eine der oberen Ecken des Käfigs. Ein dritter entwickelte eine „Kopfwerf"-Reaktion, als schiebe er seinen Kopf unter eine unsichtbare Stange und höbe sie immer wieder hoch" (S. 168).

Auch menschliches Zwangsverhalten, so die Schlußfolgerung, werde durch zufällige Belohnung gelernt. Möglich, daß eine Ehefrau auf das zwanghafte Verhalten ihres Mannes mit Mitgefühl reagiert, ihn umsorgt und alle Unannehmlichkeiten von ihm fernhält.

Eine verwandte, wenn auch *kognitiv* orientierte Auffassung vertritt *Carr* (1974). Er vermutet, daß Zwangspatienten in Situationen mit möglichem unangenehmen Ausgang die Wahrscheinlichkeit eben dieses unangenehmen Ausgangs überschätzen. Mit anderen Worten, sie treten dem Leben mit der Überzeugung entgegen: „Wenn irgend etwas schief gehen kann, wird es auch so kommen." Diese kognitive Haltung, so *Carr*, macht es notwendig, mögliche Gefahrenquellen zu meiden, und damit steigt die Wahrscheinlichkeit zwanghaften Verhaltens.

So plausibel diese Aussagen auch erscheinen, so haben wir über die Ätiologie des Zwangssyndroms doch noch viel zu lernen.

Die Behandlung des Zwangssyndroms

Psychoanalytisch behandelt man Zwangshandeln und Zwangsgedanken ähnlich wie Phobien und generalisierte Angst, d.h., man bemüht sich um Aufhebung der Verdrängung und ermöglicht es dem Patienten so, sich seiner wahren Angst – der Angst vor der Befriedigung einer bestimmten Triebregung – zu stellen. Die unmittelbare Veränderung von Zwangsgedanken und Zwangshandlungen gilt nicht als angemessenes therapeutisches Ziel, da diese das Ich vor dem verdrängten Konflikt schützen.

Da dieses Vorgehen häufig wenig erfolgreich ist, vertreten einige Analytiker inzwischen einen verstärkt handlungsorientierten Ansatz. *Salzman* (1980) z.B. warnt, daß freies Assoziieren der Zwanghaftigkeit des Patienten nur Vorschub leiste, und rät dem Analytiker zu direktiverer Gesprächsführung. Seiner Meinung nach sollte er den Patienten auch ermutigen, die zwanghafte Ich-Abwehr aufzugeben. Man könne den Patienten in seinem Bemühen auch bestärken, indem man ihm klarmache, daß Angst zum Leben gehöre und niemals völlig zu überwinden sei. Im Mittelpunkt der Behandlung steht jedoch auch weiterhin die Einsicht in die unbewußten Determinanten des Zwanges.

Die aktive Beeinflussung der „Symptome", in der Psychoanalyse nur ein Trend, ist in der Verhaltenstherapie vorrangiges Behandlungsprogramm. Zwanghaftes Denken behandelt man vornehmlich mit Desensibilisierungsverfahren, um die vermutete zugrundeliegende Angst zu reduzieren, oder mit der Technik des sogenannten „Gedankenstoppens". Bei dieser letzten Prozedur signalisiert der Klient dem Therapeuten sofort, wenn ein Zwangsgedanke auftaucht, worauf dieser „Stop!" schreit. Der Patient schreckt verständlicherweise zusammen, stellt aber fest, daß diese Unterbrechung die unerwünschte Kognition vertrieben hat. Im folgenden lernt der Klient, sich dieses „Stop!" selbst lautlos zuzurufen, wann immer zwanghafte Gedanken oder Bilder auftauchen. Das Datenmaterial zur Wirksamkeit dieser Technik ist allerdings einstweilen noch dürftig (*Marks*, 1981b).

Zur verhaltenstherapeutischen Behandlung von Zwangsritualen gehört gewöhnlich die sogenannte *Responseprävention*, d.h., man hindert den Patienten an der Handlung, wann immer sich der Drang dazu einstellt (*Rachman* und *Hodgson*, 1978).[7] Das ist für den Klienten im Moment zwar ausgesprochen hart und unangenehm, aber man glaubt diese Härte um der längerfristigen Ziele, d.h. der Symptomerleichterung willen, in Kauf nehmen zu können. Voraussetzung sind natürlich Bedingungen, unter denen sich der Patient mit dieser Behandlung einverstanden erklären kann. Manchmal ist für die Kontrolle der Rituale ein Klinikaufenthalt erforderlich. *Victor Meyer* (1966), ein bekannter Verhaltenstherapeut und Spezialist für die Behandlung von

[7] Diese moderne Behandlung von Zwangsritualen hat *Janet* bereits vorweggenommen. Er entdeckte, daß die Regeln und Strafmodi von Militär und religiösen Orden, die die „unkontrollierbaren" Handlungen zwanghafter Mitglieder nicht tolerierten, zu überraschenden Besserungen führten (*Marks*, 1981a).

Zwangspatienten, schuf zu diesem Zweck im Londoner Middlesex Hospital eine kontrollierte Umgebung. Das Krankenhauspersonal ist dort darin geschult, den Patienten nach Möglichkeit jede Gelegenheit zu ritualisierten Handlungen zu nehmen. Um den Behandlungserfolg auf die häusliche Umgebung zu generalisieren, mußte man auch die Angehörigen in die Behandlung einbeziehen. Letztere auf diese Arbeit vorzubereiten, ist ein schwieriges Unterfangen und verlangt Einsatz und Fähigkeiten, die über alle üblichen verhaltenstherapeutischen Techniken weit hinausgehen.

Zuweilen gibt man Zwangspatienten auch Monoaminoxidase-Hemmer und Trizyklika – Medikamente, die häufig bei der Behandlung von Depressionen verwendet werden (vgl. Kapitel 9). Die Verzweiflung der Therapeuten, die nur von derjenigen der an den Zwängen Leidenden übertroffen wird, mag eine Erklärung dafür sein, daß gelegentlich auch die Neurochirurgie zur Behandlung von Zwangssyndromen eingesetzt wird. Es wird zwar verschiedentlich von Besserung des Leidens berichtet, aber das ist möglicherweise einfach die Folge der allgemeinen Gefühlsverflachung und Verhaltensträgheit, wie man sie häufig nach einer Lobotomie findet.

Das Zwangssyndrom gehört zu den psychischen Störungen, denen am schwierigsten beizukommen ist.

3. Posttraumatische Belastungsreaktion

Symptome und Diagnose

Zur posttraumatischen Belastungsreaktion kann es nach traumatischen Ereignissen oder Katastrophen kommen, die im allgemeinen außerhalb der üblichen menschlichen Erfahrung liegen, z.B. nach einer Vergewaltigung,[8] nach Kriegserlebnissen oder nach einer Naturkatastrophe. Zu den charakteristischen Symptomen gehören Konzentrations- und Gedächtnisschwierigkeiten, die Unfähigkeit, sich zu entspannen, Erregbarkeit, Schreckhaftigkeit, Schlafstörungen, Angst, Depression und vor allem psychische Erstarrung. Das Interesse an zuvor gern ausgeübten Tätigkeiten geht verloren. Die Betroffenen fühlen sich anderen und der Welt um sie herum entfremdet. Wurde das Trauma mit anderen geteilt und kamen Leidensgefährten dabei ums Leben, kann es bei Überlebenden zu schmerzlichen Schuldgefühlen kommen. Häufig ist das Erlebnis nicht aus der Erinnerung zu verbannen. Das Ereignis wird schmerzlich und eindringlich – oft auch in wiederkehrenden Träumen und Alpträumen – wiedererlebt. Die posttraumatische Belastungsreaktion kann akut, chronisch oder verzögert auftreten. Die Störung ist offensichtlich schwerer und anhaltender, wenn das Trauma, wie im Krieg, bei Gewaltverbrechen oder Folterungen, eine Folge menschlichen Handelns ist, als wenn es durch Naturkatastrophen ausgelöst wird. Oft verschlimmern sich die Symptome in Situationen, die dem ursprünglichen Trauma ähneln: Ein Gewitter etwa kann den ehemaligen Soldaten an den Gefechtslärm einer unerträglich blutigen Schlacht erinnern.

Die Angstsyndrome, mit denen wir es bisher zu tun hatten – Phobien und Angstzustände –, scheinen sich in einem wichtigen Punkt zu gleichen: Sie lassen sich mit Umweltereignissen allein nicht angemessen erklären. Obwohl unser Wissen hier noch sehr lückenhaft ist, läßt sich doch soviel sagen, daß von Angstsyndromen wahrscheinlich nur eine kleine Minderheit von Menschen mit der Erfahrung bestimmter Lebenssituationen betroffen werden. Tatsächlich läßt sich aus den Lebensgeschichten dieser Menschen nicht auf spezifische Ursachen – wie z.B. übermaßig strafende Eltern – schließen.

Ganz anders bei der posttraumatischen Belastungsreaktion. Hier verzeichnet die Lebensgeschichte der Betroffenen, so verschieden diese vor dem Trauma auch sein mögen, immer ein

[8] Die Folgen sexueller Gewalt werden in Kapitel 12 in einem eigenen Abschnitt über Vergewaltigung erörtert.

wichtiges und eindruckvolles Geschehen – eben jenes, mit den Worten des DSM-III, ,,psychisch traumatische Ereignis, das im allgemeinen außerhalb der üblichen menschlichen Erfahrung liegt" (S. 248). Wie die Literatur zum Trauma seit jeher, vermerkt auch das DSM-III, daß ,,der Stressor, der dieses Syndrom hervorruft, bei den meisten Menschen erhebliche Belastungssymptome auslösen würde" (S. 248).

Obwohl es auch vor Jahren klinische Berichte über die sogenannte traumatische Neurose gab, fehlte im DSM-II eine eigene Kategorie für länger anhaltende Belastungssyndrome. Daß das DSM-III das posttraumatische Belastungssyndrom als eigene Kategorie vorsieht, ist ein in seiner Bedeutung nicht zu unterschätzender Perspektivenwechsel: Zum erstenmal wird formal anerkannt, daß eine überwältigende Belastung katastrophalen Ausmaßes bei vielen Menschen, unabhängig von ihrer individuellen Lebensgeschichte, zu einer psychischen Schädigung führen kann und daß die Reaktion auf ein derartiges Ereignis von anderen psychischen Störungen unterschieden werden muß. Mit der neu aufgenommenen Diagnose, so könnte man sagen, verlagert sich die ,,Schuld" an der Störung vom Überlebenden auf das Ereignis. Statt implizit zu schließen, daß der Betroffene, wäre er aus härterem Holz geschnitzt, keinen Schaden genommen hätte, erkennt das DSM-III die übergroße Belastung durch die traumatisierenden Umstände an (*Haley*, 1978).[9]

Der Leser möge an dieser Stelle darüber nachdenken, ob diese trauma-bedingten Reaktionen überhaupt als abnorm gelten können. Wenn denn ein schweres Trauma bei den meisten Menschen ernste Folgen zeitigt, ist die posttraumatische Belastungsreaktion doch eigentlich von keinem besonderen psychopathologischen Interesse wie die Tendenz der meisten Menschen zur Dehydration, wenn sie ohne Flüssigkeitszufuhr stundenlang extrem hohen Temperaturen ausgesetzt sind. Natürlich sollte und kann man die posttraumatische Belastungsreaktion erforschen und behandeln, aber vielleicht läßt sich beides ins Werk setzen, ohne das Phänomen als abnorm zu betrachten.

Posttraumatische Belastungsreaktion und der Vietnam-Krieg

Belastungen in früheren Kriegen

In den siebziger und frühen achtziger Jahren unseres Jahrhunderts war in den Medien viel über den schlimmen psychischen Zustand von Vietnam-Veteranen zu hören und zu lesen. Während und nach Kriegen haben Menschen, insbesondere Soldaten, mit verheerenden Belastungen fertigzuwerden, unter denen einige auch zusammenbrechen. Zum erstenmal als klinisches Problem anerkannt wurde der psychische Verfall als Folge des grausamen Kriegsgeschehens im amerikanischen Bürgerkrieg. William Hammond, Generalarzt der Unionsarmee, sprach von ,,nostalgia" und meinte damit eine schwere Melancholie, für deren Ursache er die lange Trennung von zu Hause hielt. Betroffen waren im ersten Kriegsjahr 2,34 von 1000 Soldaten, im zweiten 3,3. Darüber hinaus mußten 20,8 Soldaten von 1000 wegen ,,Paralyse" und 6 wegen Wahnsinns entlassen werden (*Bourne*, 1970).

Im Ersten Weltkrieg nannte man das Phänomen ,,Gefechtsschock". Die Ursache, so glaubte man, sei somatischer Natur und in den dauernden Erschütterungen zu suchen, denen das Gehirn der Soldaten während der plötzlichen und großen Luftdruckschwankungen durch nahe Einschläge und Explosionen ausgesetzt sei. Und schließlich gelangte man dahin, den Verlust der Selbstkontrolle, das Zittern und die Schreckhaftigkeit von Soldaten für die emotionale und psychische Reaktion auf die übergroße Anspannung und Belastung zu halten. Gleichzeitig galten aber auch diejenigen, die zusammenbrachen, als wenig belastbar: Sie hatten einen ,,schwachen Punkt", eine bereits zuvor bestehende Fehlanpassung habe sie zu diesem Zusammenbruch disponiert. Im Zweiten Weltkrieg und im Korea-Krieg faßte man die betreffenden Symptome – ständige Mü-

[9] Wir dürfen die Rolle prämorbider Faktoren einfach darum nicht völlig außer acht lassen, weil nicht alle Menschen mit vergleichbarer traumatischer Erfahrung eine posttraumatische Belastungsreaktion aufweisen. Es geht eher darum, wo man den Schwerpunkt setzt. Das von außen kommende Trauma ist ein eindeutiger, schwerwiegender, nicht wegzuleugnender Umstand im Leben der Betroffenen.

digkeit, Schlaflosigkeit, Schreckhaftigkeit beim geringsten Geräusch, Sprachverlust, ständige Angst, Stupor oder agitierte Erregtheit – unter der Diagnose der „Erschöpfung" und später dann der „Frontmüdigkeit" zusammen (*Figley*, 1978a), machte also eindeutig das belastende Kriegsgeschehen dafür verantwortlich.

Belastung im Vietnam-Krieg

Was war ungewöhnlich an den psychischen Zusammenbrüchen, zu denen es während des Vietnam-Krieges und danach kam. Zunächst glaubte man, daß dieser Krieg weit weniger psychische Störungen verursacht habe als die beiden Weltkriege – man rechnete mit 1,5% psychisch geschädigter Vietnamsoldaten[10] gegenüber 10% im Zweiten Weltkrieg, vielleicht weil die Soldaten in Vietnam mit Unterbrechungen und immer nur für begrenzte Zeit dem Kampfgeschehen ausgesetzt waren (*Figley*, 1978b). Der Vietnamkrieg war kein Stellungskrieg mit festem Frontverlauf, der die verteidigenden Soldaten zwang, wochenlang im Kugel- und Geschoßhagel des Feindes auszuharren. Die Männer wurden mit Helikoptern zu Guerilla-Einsätzen geflogen und anschließend zu sichereren Stützpunkten zurückgebracht. Alle paar Monate gestand man ihnen einen Erholungsurlaub in vietnamesischen Badeorten oder Städten außerhalb des Landes zu. Jeder Soldat mußte ein Jahr in Vietnam bleiben und kannte von vornherein sein DEROS (date expected to return from overseas), das Datum seiner vermutlichen Heimkehr, wußte also genau, wann der Krieg für ihn vorüber sein würde (*Bourne*, 1970). Das DEROS, so glaubte man, habe den Soldaten geholfen, sich auf dieses eine Jahr einzustellen und alle Energie auf das Überleben zu richten.

Aber dann, als die Männer bereits Monate oder Jahre wieder zu Hause waren, zeigten sich Zeichen großer seelischer Belastung. Die Veteranen nahmen die für sie kostenlosen, staatlichen medizinischen und psychologischen Hilfseinrichtungen in Anspruch, und auch die Öffentlichkeit erfuhr von ihren Problemen. Simulierten diese Männer? Waren sie zu schwach oder zu faul, unfähig oder nicht willens, sich wieder in das Zivilleben einzufügen? Die Zeiten waren tatsächlich alles andere als leicht, denn die siebziger Jahre bescherten den Vereinigten Staaten wie allen anderen Industriestaaten eine schwere Rezession. Viele Veteranen hatten überdies seit dem Krieg mit einem Drogenproblem zu kämpfen.

Die Aufnahme der posttraumatischen Belastungsreaktion in das DSM-III erleichterte den Vietnam-Veteranen den Zugang zu staatlicher Hilfe, denn sie hatten nunmehr eine anerkannte psychische Störung. Die Behandlung kreiste jetzt um die zurückliegenden Kriegsbelastungen und nicht um irgendeine, bereits vorher bestehende emotionale „Schwäche" oder um ihre Versuche, den Streß – etwa mit Drogenmißbrauch – zu bewältigen.

In den letzten Jahren hat man versucht, das Ausmaß der posttraumatischen Belastungsreaktion unter den Vietnam-Veteranen zu dokumentieren. *Penk* und seine Mitarbeiter (1981) untersuchten 87 ehemalige Frontsoldaten und 120 Soldaten, die nicht zum Einsatz gekommen waren. Alle hatten sich bei der Veteranenbehörde um Behandlung ihres Drogenmißbrauchs bemüht. Für die Untersuchung beantworteten sie von *Figley* speziell zu diesem Zweck entwickelte Fragen, die auf ihre besonderen Schwierigkeiten seit der Entlassung aus dem Militärdienst abzielten. Insgesamt erwiesen sich die Frontveteranen als signifikant mehr belastet, wobei statistische Auswertungen ergaben, daß zuvor bestehende Anpassungsunterschiede als Grund dafür vermutlich auszuschließen waren. Überdies waren die Symptome um so schwerer, je schwerer die Kämpfe gewesen waren, an denen die Veteranen teilgenommen hatten. Insbesondere berichteten Frontveteranen signifikant häufiger als die Kontrollprobanden von Symptomen, die für die post-

[10] *Figley* vermerkt allerdings auch, daß die streßbedingten Schwierigkeiten möglicherweise häufig unter den Tisch fielen, da das Militär zum Mittel der Entlassung griff, um sich der Soldaten mit „Disziplinproblemen" zu entledigen. Statt in solchen Schwierigkeiten die Folge der übergroßen Belastung zu sehen und die Verantwortung für die Behandlung der Betroffenen zu übernehmen, schaffte das Militär, so behauptet *Figley*, schwierige Soldaten nach unehrenhafter Entlassung nach Hause. Die grausame Ironie bestand dann darin, daß diese Männer keinen Anspruch auf die Rehabilitationsmaßnahmen für Veteranen hatten (*Figley* und *Leventman*, 1980).

traumatische Belastungsreaktion kennzeichnend sind: Sie hatten Schwierigkeiten im Umgang mit anderen, es fiel ihnen schwer, emotionale Nähe herzustellen, anderen zu vertrauen und Gefühle auszudrücken; sie berichteten von familiären und ehelichen Schwierigkeiten, litten unter Schlaflosigkeit, Unbeherrschtheit und ständiger Nervosität. Zusammen mit anderen Untersuchungen bestätigen diese Ergebnisse, was Veteranengruppen seit Ende des Vietnamkrieges behaupten: daß Frontveteranen, besonders, wenn sie an schweren Kämpfen beteiligt waren, als Folge dieser Belastung unter mannigfaltigen psychischen Problemen leiden, auch wenn die Reaktion nach Wiedereintritt ins Zivilleben in einigen Fällen mit größerer Verzögerung eintrat.

Ein unpopulärer Krieg

Aber nicht nur die verkürzten und zeitlich begrenzten Einsätze der Soldaten unterschieden den Vietnamkrieg von anderen Kriegen der jüngeren Geschichte. Es war überdies ein extrem unpopulärer und umstrittener Krieg, und es war ein Krieg, den das Land trotz Kriegskosten in Milliardenhöhe, trotz 58 000 gefallener und sehr viel mehr schwer verwundeter oder für den Rest ihres Lebens verkrüppelter Soldaten nicht gewonnen hat. Nach ihrem Einsatzjahr wurden die Soldaten einzeln und eiligst nach Hause geflogen. Da kehrten nicht ganze Bataillone bei Kriegsende heim, es gab keine Paraden, keine Begrüßungsfeiern, kurz, keines der Dankesrituale, wie sie uns aus den Wochenschauen nach dem Zweiten Weltkrieg vertraut sind. Noch trostloser wurde die Sache dadurch, daß sich die Heimgekehrten Kritik und manchmal auch Beschimpfungen gefallen lassen mußten. Man betrachtete sie als Mörder, weil sie in einem Krieg gekämpft hatten, den viele amerikanische Bürger inzwischen für einen unmoralischen Krieg hielten. Hier ist ein Beispiel von vielen, die *Figley* und *Leventman* (1980) zitiert haben:

„Als er am Tag seiner Heimkehr in seiner Uniform die Straße entlangging, begrüßten ihn Friedensdemonstranten mit ‚Killer! Wieviele Babys hast du drüben verbrannt?' Zu Hause sagte sein Bruder: ‚Du Arschloch! Warum bist du überhaupt nach Vietnam gegangen?' In jener Nacht suchte er Trost und Gesellschaft in der American Legion Hall, aber auch dort schallte es ihm entgegen: ‚He Kumpel! Wie konntet ihr Jungs den Krieg da drüben verlieren?' " (S.xxv).

Die Entfremdung und Sinnlosigkeit des gerade hinter ihnen liegenden Krieges wird in folgender Schilderung deutlich.

„Ziel war es, Herz und Geist der Vietnamesen zu gewinnen. Aber mit der Zerstörung ihrer Dörfer trieb man sie immer zahlreicher in die Arme des Vietkong. Machtdenken und verwirrende Restriktionen hatten häufig zur Folge, daß die GIs denselben Hügel, dasselbe Dorf innerhalb eines Jahres fünf oder sechsmal eroberten und wiedereroberten... Falsche Geheimdienstberichte, gefälschte Zahlen, ein unsichtbarer Feind, eine verschworene Zivilbevölkerung, die Unmöglichkeit, militärische Erfolge abzuschätzen und das Bewußtsein halbherziger Unterstützung von der Heimat – all das trug zu einem Gefühl tiefer Verzweiflung und Sinnlosigkeit unter den Vietnamsoldaten bei" (*Figley* und *Leventman*, 1980, S.xxiii).

Die Existenzphilosophie lehrt uns, daß Menschen Sinn und Zweck in ihrem Leben sehen müssen. Überleben ist wichtig, aber es belastet Männer wie Frauen zutiefst, wenn aus dem, was sie tun, kein Gefühl von Wert und Selbstwert erwächst. Es ist für einen Soldaten schrecklich genug, wenn ein Freund neben ihm von einem Schrapnell zerrissen wird, oder wenn er selber einem zum Feind erklärten Mann ein Bajonett in die Kehle rennen muß. Aber um wieviel schlimmer wird das alles noch, wenn er weiß, daß man zu Hause in erster Linie gegen die moralische Berechtigung seiner Kriegsteilnahme protestiert. Viele Vietnam-Soldaten begannen selber am Wert und an der Legitimität ihrer Anwesenheit in Vietnam zu zweifeln.

Das Schicksal des heimgekehrten Soldaten

Soldaten haben zu allen Zeiten in und nach Kriegen gelitten. Wirtschaftlich standen sie nach Friedensschluß oft schlechter da als die Zuhausegebliebenen. Hoch dekorierte Soldaten gerieten zuweilen in elende Armut. Und doch hieß man sie im allgemeinen als Patrioten willkommen und integrierte sie in die Gesellschaft, auch wenn sie, wie der Süden im Bürgerkrieg, zu den Verlierern gehörten. Anders die Vietnam-Veteranen. Sie fanden nur mühsam wieder Anschluß, was zu den Langzeitfolgen ihres Kriegstraumas beigetragen haben mag.

Außerdem waren Arbeiter und Minderheiten unter den Vietnam-Soldaten überrepräsentiert. Ihrer zivilen Bezugsgruppe ging es insgesamt nicht gut, was zu den Entfremdungsgefühlen und beruflichen Schwierigkeiten der Veteranen zweifellos beigetragen hat (*Figley* und *Leventman*, 1980). Von *Émile Durkheim* (1897), einem französischen Soziologen, wissen wir, daß Menschen mit der Unterstützung einer Gruppe großen Belastungen standhalten können. Viele Vietnam-Veteranen mußten gerade darauf verzichten.

Auch in den intimsten Bereichen häuslichen Lebens zeigten die Kriegserlebnisse Folgen. *Haley* (1978), ein Sozialarbeiter mit großer Erfahrung in der Behandlung von Vietnam-Veteranen, vermittelt uns einen erschütternden Eindruck davon, wie sehr ein Soldat noch nach Jahren unter diesem besonderen Krieg leiden konnte.

„Der Vietnamkrieg war ein Guerillakrieg, und so konnte sich in jedem Menschen, auch in Frauen und Kindern, der „Feind" verbergen. Diese Erfahrungen und die damit verbundene Belastung werden wieder lebendig durch die Nähe zu Frauen, durch Eheverantwortung, Schwangerschaft und Geburt. Veteranen, die im Krieg gegen Frauen und Kinder gekämpft und sie getötet haben, finden es oft unmöglich, in ihre Rolle als Ehemann, Beschützer und Vater zu schlüpfen. Ein ehemaliger Soldat hatte einmal in Vietnam seinen besten Freund, den Truppenarzt, davor gewarnt, sich einem auf der Dorfstraße liegenden schreienden Baby zu nähern, bevor sie nicht das Terrain sondiert hätten. Der Arzt wollte dem Kind so schnell wie möglich helfen, rannte hin und wurde zusammen mit ihm, das als Falle gedient hatte, ‚in Stücke gerissen'. Der Soldat fand sich anfänglich im Zivilleben gut zurecht, aber nach drei Jahren mußte er sich um therapeutische Hilfe bemühen, weil das Schreien seiner acht Monate alten Tochter ihm Angst machte. Trotz seines innigen Wunsches, ein ‚guter Vater' zu sein, hatte er sie seit ihrer Geburt nicht aufnehmen oder im Arm halten können" (S. 263).

Die Behandlung der Posttraumatischen Belastungsreaktion

Eine Zeitlang behandelte man kriegsbedingte Belastungsreaktionen nach den drei Prinzipien der Unmittelbarkeit, der Nähe und der Erwartung (*Lifton*, 1976). Bei den ersten Anzeichen von Belastung, etwa Schlaflosigkeit, wurde der Soldat unverzüglich in einen ruhigeren Abschnitt verlegt, blieb aber gleichwohl in der Nähe seiner Kampfeinheit und seiner Kameraden. Hier sollte er sich die Dinge von der Seele reden und ausruhen. Man erklärte ihm, daß man seine baldige Rückkehr zur Truppe erwarte, denn Angst sei im Krieg unvermeidbar und enthebe keineswegs von der Pflicht zu kämpfen. Bei schwereren Symptomen war die Therapie entsprechend intensiver.

Im Zweiten Weltkrieg wurden seelisch erschöpfte Soldaten hypnotisiert. Manchmal griff man auch zum Mittel der Narkosynthese (*Grinker* und *Spiegel*, 1945), einem Verfahren, das der Katharsis à la *Breuer* nicht unähnlich war. Man injizierte dem betroffenen Soldaten soviel Penthotal, daß er sehr schläfrig und ruhig wurde. Dann teilte ihm der Therapeut ganz sachlich mit, er befinde sich an vorderster Front im Kampfgeschehen, und erwähnte nach Möglichkeit Einzelheiten der betreffenden Schlacht. Gewöhnlich – und häufig unter großer emotionaler Beteiligung – erinnerte sich der Patient dann an die Ereignisse, die er vielleicht inzwischen vergessen hatte. Auf diese Weise wurde das Trauma mehrfach durchlebt, zuweilen auch ausagiert. Während der Patient langsam wieder zu sich kam, ermunterte ihn der Therapeut, weiter über die schrecklichen Ereignisse zu sprechen. Der Patient sollte sich dabei bewußt machen, daß das alles der Vergangenheit angehörte und keinerlei Gefahr mehr bedeutete. Auf diese Weise wollte man eine Synthese von vergangenem Schrecken und Gegenwart erreichen (*Cameron* und *Magaret,* 1951).

Die Veteranenbehörde, die den Veteranen des Zweiten Weltkrieges und denen des Koreakrieges geholfen hatte, war auf Probleme, wie sie die Vietnamkämpfer mitbrachten, zunächst nicht vorbereitet. Viele von ihnen waren mit „schlechten Papieren", d.h. nicht sehr ehrenhaft aus dem Militärdienst entlassen worden. Es war darin häufig von „Charakter- und Verhaltensstörungen", ,,Alkoholismus" und ,,Drogeneinnahme" die Rede (*Kidder*, 1978). Vermutlich litten etliche Soldaten mit solchen Entlassungspapieren an einem Kriegstrauma. Erst 1979 – sechs Jahre nach Unterzeichnung des Waffenstillstandsabkommens mit Nordvietnam – hatte die American Civil Liberties Union mit ihren Bemühungen um Aufhebung der unehrenhaften Entlassungen Erfolg (*Beck*, 1979).

Aber bereits 1971, noch bevor die Veteranenbehörde Maßnahmen traf, um mehr Vietnam-Soldaten medizinisch und psychologisch betreuen zu können, baten Veteranen, die gleichzeitig Kriegsgegner waren, den Psychiater *Robert Jay Lifton* von der Yale Universität, ihnen bei der Bildung sogenannter ,,rap groups" zu helfen. Diese Selbsthilfegruppen setzten sich ein zweifaches Ziel: das therapeutische Ziel ihrer eigenen Heilung und das politische, die amerikanische Öffentlichkeit zu zwingen, die menschlichen Kosten dieses Krieges zur Kenntnis zu nehmen (*Lifton*, 1976). Die ,rap groups' blieben nicht auf New York City beschränkt, sondern breiteten sich weiter aus, bis 1979 der Kongreß ein Paket von 25 Millionen Dollar bewilligte, um ein Netz von 91 Beratungsstellen für psychisch beeinträchtigte ehemalige Vietnam-Soldaten einzurichten. 1981 wurde dieser Fonds um drei weitere Jahre verlängert.

In den Selbsthilfegruppen ging es vor allem um die verbliebenen Schuld- und Zorngefühle der ehemaligen Soldaten: Ein Gefühl der Schuld über das, was ihnen ihr Soldatentum in einem Guerillakrieg abverlangt hatte, in dem man oft nicht wußte, wer Freund und wer Feind war; und Zorn darüber, daß sie ihr Leben in einem Streit aufs Spiel setzen mußten, den zu führen ihr Land eigentlich keine hinreichende Verpflichtung hatte. Man sprach auch über gegenwärtige Sorgen, über Beziehungen zu Frauen und die Einstellung zur sogenannten Männlichkeit, insbesondere zur ,,Macho"-Haltung gegenüber physischer Gewalt.

Bei der Behandlung der posttraumatischen Belastungsreaktion sollte man, so raten *Stanton* und *Figley* (1978), die Familien- und Eheprobleme nicht aussparen. Fühlt der Betroffene sich beim Gedanken an eigene Seitensprünge schuldig oder empfindet er Zorn über außereheliche Beziehungen, die seine Frau während seiner Abwesenheit eingegangen ist? Vielleicht ist die Frau während dieser Zeit notgedrungen selbständiger geworden und möchte sich diese neugewonnene Unabhängigkeit – in einer Zeit gewachsenen feministischen Bewußtseins – auch weiterhin bewahren. Wie wird der Heimgekehrte damit fertig?

Mit der *Gruppentherapie* werden wir uns in Kapitel 20 ausführlicher beschäftigen. Hier sei nur gesagt, daß es wenigstens zwei Faktoren waren, die den Mitgliedern der ,rap groups' – aber auch den Teilnehmern an konventionelleren Gruppentherapien in den 172 Veteranen-Hospitälern im ganzen Land – vermutlich geholfen haben. Sie waren vielleicht zum erstenmal unter sich, fühlten sich verstanden und konnten einander Mut machen. Und hier konnten sie sich schließlich auch in häufig sehr emotional geführten Diskussionen den Kriegsereignissen stellen, deren traumatische Auswirkungen sie aus ihrem Bewußtsein verbannt und mit denen sie sich nie auseinandergesetzt hatten. Um mit einem furchtbaren Geschehen ins reine zu kommen, um sich der Macht zu entledigen, die Ereignisse über ihn haben können, muß der Mensch – das weiß man seit vielen, vielen Jahren – zu den Ereignissen zurückkehren und sich ihnen rückhaltlos stellen.

Zusammenfassung

Menschen mit einem Angstsyndrom, auch Angstneurose genannt, empfinden eine überwältigende und offensichtlich ungerechtfertigte Furcht. Das DSM-III verzeichnet drei Hauptdiagnosen: die Phobischen Störungen, die Angstzustände, zu denen das Paniksyndrom, das Generalisierte Angstsyndrom und das Zwangssyndrom gehören, und die Posttraumatische Belastungsreaktion.

Phobien sind intensive, unbegründete Ängste, die das Leben eines an sich normalen Menschen stark beeinträchtigen können. Sie sind im übrigen relativ häufig. Agoraphobie ist die Angst davor, das Haus zu verlassen. Eine soziale Phobie ist die Angst vor sozialen Situationen, in denen man von anderen kritisch beurteilt werden könnte. Menschen, die an einer einfachen Phobie leiden, fürchten z.B. Tiere, abgeschlossene Räume und Höhen. Nach psychoanalytischer Auffassung wird mit einer Phobie ein verdrängter Konflikt abgewehrt. Lerntheoretische Erklärungen zur

Erwerbung von Phobien sind folgende: Klassische Konditionierung, d.h. die Anbindung eines harmlosen Objektes oder einer harmlosen Situation an ein schmerzhaftes Ereignis; operante Konditionierung, d.h. Belohnung für wiederholtes Vermeiden; Modellernen, d.h. Nachahmung von Angst und Vermeiden anderer; und eine Kognition, die aus einem sozialen Mißgeschick eine Katastrophe macht. Aber nicht alle Menschen mit ähnlichen Erfahrungen entwickeln eine Phobie. Möglicherweise sind manche Menschen aufgrund einer physiologischen Diathese – einer Labilität des autonomen Nervensystems – besonders dazu disponiert.

Ein Patient mit Paniksyndrom leidet an plötzlichen, unerklärlichen und periodischen Angstattacken. In manchen Fällen liegt gleichzeitig ein Mitralklappenprolapssyndrom vor. Ist das der Fall, hält der Patient seine Herzpalpitationen möglicherweise für Anzeichen von Angst, woraus sich eine ausgewachsene Panikattacke entwickeln kann. Patienten mit Paniksyndrom neigen dazu, über mögliche schwere körperliche oder seelische Erkrankungen nachzugrübeln. Sie messen geringfügigen körperlichen Empfindungen eine so große Bedeutung bei, daß sie schließlich davon überwältigt werden.

Beim generalisierten Angstsyndrom, manchmal auch „frei-flottierende Angst“ genannt, leiden die Betroffenen unter ständiger ängstlicher Spannung. Quelle der Angst ist nach Auffassung der psychoanalytischen Theorie ein unbewußter Konflikt zwischen dem Ich und Triebregungen des Es. Die Lerntheorie nimmt an, daß sich diese allgegenwärtige Angst bei angemessener Verhaltenserfassung auf bestimmte angstauslösende Umstände eingrenzen läßt und einer Gruppe von Phobien vergleichbar ist. Auch ein Gefühl der Hilflosigkeit in vielen Situationen kann ängstlich machen. Humanistisch orientierte Theoretiker glauben, daß es zu Angstzuständen dann kommt, wenn Menschen sich die negative Meinung, die andere über sie haben, zu eigen machen und ihren eigentlichen Wert nicht anerkennen.

Menschen mit einem Zwangssyndrom haben anhaltende, ich-fremde Gedanken und fühlen sich, um nicht von Angst überwältigt zu werden, zur Einhaltung stereotyper Rituale gezwungen. Diese Störung beeinträchtigt unter Umständen nicht nur das Leben der unglücklichen Betroffenen, sondern auch das der Menschen in ihrer Umgebung. Die Psychoanalyse nimmt als Ursache starke, vom Ich nur mangelhaft und unangemessen kontrollierte Es-Impulse an. Lerntheoretisch gelten Zwangshandlungen und Zwangsgedanken als gelernte Vermeidungsreaktionen.

Es gibt zahlreiche Therapien für Phobien und Angstzustände. Die Psychoanalyse versucht, die Verdrängung aufzuheben, damit der Kindheitskonflikt gelöst werden kann. Eine unmittelbare Linderung der manifesten Symptome wird nicht für sinnvoll gehalten. Im Unterschied dazu ist eine Verhaltenstherapie darauf ausgerichtet, mit Verfahren wie der Systematischen Desensibilisierung und Modellernen Angst und Vermeiden zu reduzieren. Zwangspatienten an ihren Ritualen zu hindern, ist eine offenbar wirksame, wenn auch zunächst sehr harte Technik. Rational-emotive Therapeuten versuchen, irrationale Überzeugungen durch realistischere Selbstaussagen zu ersetzen. Humanistische Therapeuten helfen den Betroffenen, ihre verleugneten Bedürfnisse und Wünsche zu entdecken und die Verantwortung für deren Befriedigung zu übernehmen.

Am häufigsten scheint die Behandlung mit vom Arzt verschriebenen beruhigenden Medikamenten zu sein. Hier besteht allerdings die Gefahr des Mißbrauchs und unerwünschter, bisher noch nicht kontrollierbarer Nebenwirkungen. Die Entwöhnung von einem angstlindernden Medikament kann schwierig werden.

Schließlich wurde die posttraumatische Belastungsreaktion beschrieben, wobei die besondere Aufmerksamkeit der verzögert eingetretenen Reaktion vieler ehemaliger Vietnam-Soldaten galt. Diese Angstreaktionen sind häufig die Folge eines lebensbedrohenden Traumas, das die meisten Menschen schwer belasten würde. Die Behandlung besteht in der eindringlichen Erinnerung an das traumatische Ereignis. Um die von dieser Störung betroffenen Vietnam-Soldaten zu verstehen und um ihnen bei ihrer Wiedereingliederung in die Gesellschaft zu helfen, müssen wir auch die moralische und politische Seite dieses Konfliktes berücksichtigen. Nicht nur die Schrekken, sondern auch die Immoralität des Krieges scheinen den Veteranen die Wiederanpassung an das Zivilleben zu erschweren.

Kapitel 7

Somatoforme und Dissoziative Störungen

1. Somatoforme Störungen
2. Dissoziative Störungen

Klagen über körperliche Symptome, die – zuweilen recht dramatisch – auf einen körperlichen Defekt oder eine körperliche Dysfunktion hindeuten, ohne daß sich eine physiologische Grundlage dafür finden läßt, werden als *Somatoforme Störungen* diagnostiziert. *Dissoziative Störungen* sind seltenere, aber noch dramatischere plötzliche Änderungen in Bewußtsein, Gedächtnis und Identität. Somatoforme und dissoziative Störungen scheinen für die Betroffenen einen Zweck zu erfüllen oder ein Bedürfnis zu befriedigen (vgl. Tabelle 7.1).

Tabelle 7.1. Somatoforme und Dissoziative Störungen

Somatoforme Störungen
Konversionssyndrom
Somatisierungssyndrom (Briquet-Syndrom)
Psychogenes Schmerzsyndrom
Hypochondrie
Dissoziative Störungen
Psychogene Amnesie
Psychogenes Weglaufen (Fugue)
Multiple Persönlichkeit
Depersonalisierungssyndrom

1. Somatoforme Störungen

Die körperlichen Symptome somatoformer Störungen haben hisher noch keine physiologische Erklärung gefunden und sind nicht willentlich kontrollierbar. Man nimmt an, daß sie mit zuweilen recht eindeutigen psychologischen Faktoren in Zusammenhang stehen. Es werden zwei Hauptformen der somatoformen Störung unterschieden: das *Konversionssyndrom* und das *Somatisierungssyndrom*, manchmal auch *Briquet-Syndrom* genannt. Das DSM-III schlägt noch zwei weitere somatoforme Störungen vor, über die wir aber bisher wenig wissen. Beim *Psychogenen Schmerzsyndrom* klagen die Betroffenen über große und anhaltende Schmerzen, für die sich auch nach gründlichster Untersuchung keine körperlichen Ursachen finden lassen. Der Schmerz kann zeitlich mit einem Konflikt oder einer großen Belastung zusammenfallen. Möglicherweise hilft sie dem Betroffenen auch, eine ihm unangenehme Tätigkeit zu meiden und sich Aufmerksamkeit und Anteilnahme zu verschaffen, die ihm sonst versagt bliebe. Bei der *Hypochondrie* beschäftigen sich die Betroffenen allzu eingehend mit der Furcht vor einer schweren Krankheit. In ganz normalen Körperempfindungen oder geringfügigen Abnormitäten – ein unregelmäßiger Herzschlag, Schwitzen, gelegentliches Husten, Magenschmerzen usw. – sehen sie ihre Befürchtungen bestätigt, und keine medizinische Diagnose kann sie vom Gegenteil überzeugen. Hypochondrie und Somatisierungssyndrom sind nicht sehr gut voneinander abgegrenzt.

Konversionssyndrom

Symptome

Bei Konversionssyndromen sind Muskel- oder Sinnesfunktionen beeinträchtigt, obwohl Körperorgane und neuromuskulärer Apparat selbst gesund sind. Die klassischen Konversionssymptome lassen zunächst an eine neurologische Erkrankung denken. Wir finden Berichte über die teilweise oder vollständige Lähmung der Arme oder Beine, über Anfälle und Koordinationsstörungen, Parästhesien, Gefühle des Prickelns, Stechens oder Schauderns, Analgesien, Schmerzunempfindlichkeit – all das bei physiologisch ganz normalen Menschen. Zuweilen ist auch der Gesichtssinn ernsthaft gestört: Der Betroffene kann teilweise oder vollständig erblinden oder auch an einem ,,Tunnelgefühl" leiden, d.h., sein Gesichtsfeld ist so eingeschränkt, als blicke er durch einen Tunnel. Weitere Konversionssymptome sind Aphonie – Stimmverlust und Flüstersprache –, Anosmie – Verlust oder Beeinträchtigung des Geruchssinnes – und Scheinschwangerschaften.

Konversionssymptome sind so geartet, daß man – wie beim psychogenen Schmerz – einen Zusammenhang mit psychologischen Symptomen vermuten kann. Sie stellen sich gewöhnlich in stark belastenden Situationen ein, erlauben es dem Patienten, eine bestimmte Tätigkeit oder Verantwortung zu meiden und sichern ihm schmerzlich entbehrte Aufmerksamkeit. Der Begriff ,,Konversion" stammt ursprünglich von *Freud*, der glaubte, daß von der Vorstellung abgetrennte und verdrängte libidinöse Energie in sensumotorische Kanäle gelenkt werde und deren Funktionieren blockiere. So könne es geschehen, daß Angst und seelischer Konflikt in körperliche Symptome *konvertiert* würden. In der Tat scheinen manche Menschen trotz ihrer Konversionssymptome zufrieden, ja sogar heiter und nicht besonders erpicht darauf zu sein, ihre Symptome loszuwerden. Sie sehen auch keinen Zusammenhang zwischen ihren Symptomen und sonstigen Lebensproblemen.

Die *Hysterie*, wie man derartige Reaktionen früher nannte, hat eine sehr lange Geschichte. *Hippokrates* hielt sie für eine Frauenkrankheit, verursacht durch die Wanderung des Uterus. Das griechische Wort *hystera* bedeutet Gebärmutter. Vermutlich symbolisierte der wandernde Uterus das Verlangen des Körpers nach einem Kind. Nach *Freud* ist das hysterische Symptom die entstellte Äußerung des verdrängten Triebes oder dessen verdrängender Gegenkraft. Ein hysterischer Krampf kann der symbolische Ausdruck eines verbotenen sexuellen Wunsches sein, eine hysterische Lähmung die Manifestation von Selbstbestrafung für einen verborgenen aggressiven Impuls. Gewöhnlich treten Konversionssymptome zum ersten Mal bereits in der Jugend und im frühen Erwachsenenalter auf. Eine solche Episode kann abrupt enden, aber ein Rückfall – mit gleichem oder anderem Symptom – ist wahrscheinlich. Man ist sich allgemein einig, daß vom Konversionssyndrom in erster Linie Frauen betroffen werden. Allerdings hat man während beider Weltkriege auch bei vielen Frontsoldaten konversionsähnliche Phänomene beobachtet (*Ziegler, Imboden* und *Meyer*, 1960).

Diagnostische Probleme

Diagnostisch ist es wichtig, eine konversionsbedingte Lähmung oder sensorische Dysfunktion von ähnlichen, tatsächlich neurologisch begründeten Störungen zu unterscheiden. In manchen Fällen, wenn die Lähmung z.B. anatomisch keinerlei Sinn ergibt, ist das ohne weiteres möglich. Doch die diagnostische Entscheidung kann in anderen Fällen auch schwieriger sein.

Da die Mehrzahl der Lähmungen, Analgesien und sensorischen Ausfälle organisch bedingt sind, werden wirkliche neurologische Probleme zuweilen als Konversionssyndrome fehldiagnostiziert. *Slater* und *Glithero* (1965) sind dieser beunruhigenden Möglichkeit nachgegangen und haben Patienten untersucht, bei denen man neun Jahre zuvor Konversionssymptome diagnostiziert hatte. 60% dieser Patienten – eine alarmierende Zahl – waren in der Zwischenzeit entweder gestorben oder hatten Symptome einer körperlichen Krankheit entwickelt! Sehr viele von ihnen litten an Erkrankungen des zentralen Nervensystems. *Whitlock* (1967) verglich das Auftreten körperlicher Störungen bei Patienten mit diagnostiziertem Konversionssyndrom mit den Krank-

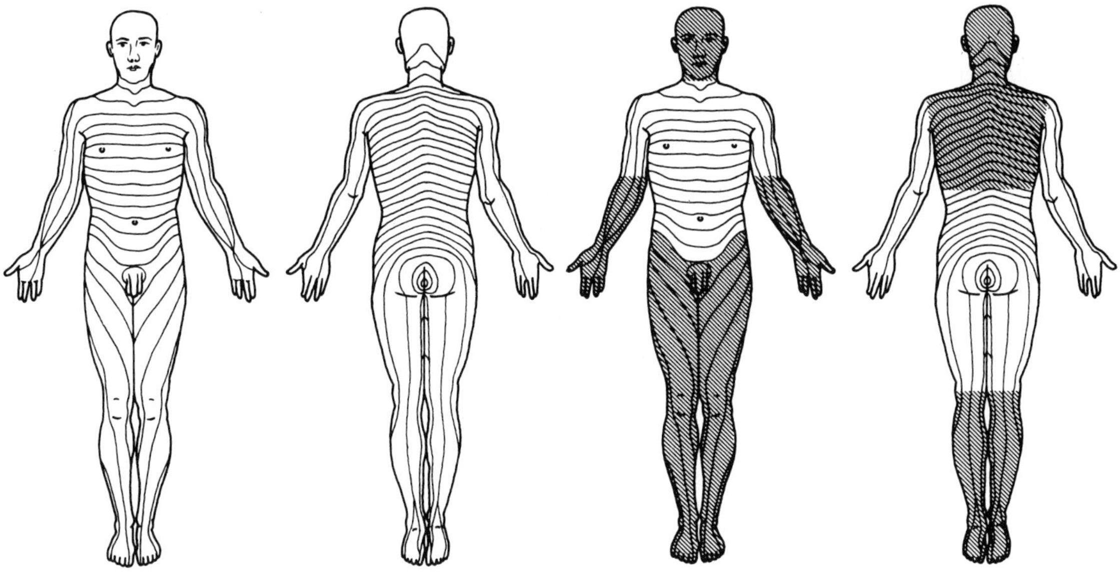

Abb. 7.1. Hysterische Anästhesien können von neurologischen Funktionsstörungen unterschieden werden. Links ist das neutrale Innervationsmuster der Haut dargestellt. Rechts sind zusätzlich die bei hysterischen Patienten typischen Anästhesiebezirke dargestellt. Die hysterischen Anästhesien stimmen nicht mit der Anatomie überein (CIBA 1963).

heitserscheinungen bei Patienten, bei denen man eine Depression, ein Angstsyndrom oder beides diagnostiziert hatte. 62,5% der Konversions-Patienten wiesen organische Störungen auf, gegenüber nur 5,3% der Patienten der anderen Gruppen. Am häufigsten handelte es sich dabei um Kopfverletzungen, die sich die Patienten im allgemeinen etwa sechs Monate vor Einsetzen der Konversionssymptome zugezogen hatten. Nicht selten litten die Patienten aber auch an den Folgen eines Schlaganfalls, einer Enzephalitis oder eines Gehirntumors. Und bei *Watson* und *Buranen* (1979) schließlich waren 25% der untersuchten Patienten mit angeblichen Konversionsreaktionen in Wirklichkeit körperlich krank.

Wie wir sehen, können einige Symptome, die man für Konversionsreaktionen, also für psychisch bedingt hält, in Wirklichkeit Anzeichen körperlicher Krankheit sein. Wir haben auch gesehen, daß die Erfassung organischer Störungen immer noch recht grob ist. Und so gelingt es nicht in jedem Fall, zwischen psychisch und organisch bedingten Symptomen zu unterscheiden. Vielleicht stellt man allzu schnell die Diagnose „Konversionssyndrom"; auf diese Weise kann ein organischer Schaden unentdeckt bleiben. Es ist recht ernüchternd, sich die schlimmen Folgen solcher Fehldiagnosen vorzustellen.

Ein zweites diagnostisches Problem stellt sich mit der Möglichkeit der *Simulation*, dem Vorgeben einer Beeinträchtigung, um einer Verantwortung aus dem Weg zu gehen. Ist der Kliniker sich seiner Diagnose – Konversionssyndrom oder Simulation – nicht sicher, kann er versuchen herauszubekommen, ob die Symptome unter der bewußten Kontrolle des Betroffenen stehen oder nicht. Natürlich ist das eine bestenfalls zweifelhafte Lösung des Problems, denn mit Sicherheit zu entscheiden, ob ein Verhalten bewußt oder unbewußt motiviert ist, ist schwierig, wenn nicht gar unmöglich. Enthüllend ist allerdings manchmal *la belle indifférence* des Patienten: Er legt seinen schweren Symptomen und deren vermutlichen Langzeitfolgen gegenüber relative Sorglosigkeit und Überheblichkeit an den Tag. Aber solche Patienten können auch endlos und dramatisch über ihre Symptome berichten; im Gegensatz dazu ist der Simulant diesbezüglich wahrscheinlich vorsichtiger. Vielleicht betrachtet er solche Gespräche als Herausforderung oder fürchtet möglicherweise auch um den Erfolg seiner Lüge. Aber große Beweiskraft hat auch dieser Unterschied nicht, denn nur ein Drittel aller Patienten mit Konversionssyndrom legt *la belle indifférence* an den Tag (*Stephens* und *Kamp*, 1962).[1]

Somatisierungssyndrom (Briquet-Syndrom)

1859 beschrieb der französische Arzt *Pierre Briquet* ein nach ihm benanntes Syndrom, das im DSM-III als ,,Somatisierungssyndrom" erscheint. Grundlage dieser Diagnose sind wiederkehrende, vielgestaltige körperliche Beschwerden, für die medizinische Hilfe gesucht wird, die aber offensichtlich nicht körperlich bedingt sind. Die Betroffenen klagen etwa über Kopfschmerzen, Müdigkeit, Allergien, Bauch-, Rücken- und Brustschmerzen, urogenitale Symptome und Palpitationen. Auch Konversionssymptome können darunter sein. Patienten mit Somatisierungssyndrom haben einen beträchtlichen Konsum an Medikamenten und sind manchmal bei mehreren Ärzten gleichzeitig in Behandlung. Nicht selten werden sie ins Krankenhaus eingewiesen und sogar operiert (*Guze*, 1967). Die Beschwerden werden oft in theatralischer, dramatischer und übertriebener Manier vorgebracht oder in eine lange und komplizierte Krankengeschichte eingeflochten. Viele dieser Patienten sind davon überzeugt, schon ihr Leben lang leidend gewesen zu sein.

[1] Erwähnt werden sollten auch die DSM-III-Diagnosen der *Simulation* und der *Vorgetäuschten Störung*. Beide gelten für Menschen, die ihre konversionsähnlichen oder psychischen Symptome willentlich kontrollieren. Bei der Simulation sind die Symptome an ein erkennbares Ziel – die Änderung bestimmter Lebensumstände des Simulierenden – gebunden. Beispiel wäre die Simulation einer körperlichen Krankheit, um nicht vor Gericht erscheinen zu müssen. Bei der vorgetäuschten Störung ist die Motivation für die vorgespiegelten körperlichen oder seelischen Symptome sehr viel weniger klar. Anscheinend streben die Betroffenen aus irgendeinem Grund die Rolle des ,,Patienten" an.

Umgangssprachlich spricht man in solchen Fällen von Hypochondrie, aber das DSM-III macht zwischen Hypochondrie und Somatisierungssyndrom einen Unterschied. Im ersteren Fall wird der Patient von übergroßer Furcht vor einer spezifischen und ernsten körperlichen Erkrankung geplagt, während der Patient mit Somatierungssyndrom über die Symptome selbst klagt. Doch wie gesagt, ist diese Unterscheidung von zweifelhaftem Wert. Tabelle 7.2 zeigt, wie umfassend die gesundheitlichen Probleme von Patienten mit Briquet-Syndrom sein können.

Die Symptome setzen gewöhnlich in der späten Adoleszenz ein. Frauen sind häufiger betroffen als Männer (*Kroll, Chamberlain* und *Halpern*, 1979). Häufig wird auch von Depression, Angst und einer Fülle von Verhaltensproblemen und Schwierigkeiten im zwischenmenschlichen Bereich berichtet, wie Schuleschwänzen, schlechten Arbeitsleistungen und Eheproblemen. Somatisierungssyndrome scheinen familiär gehäuft aufzutreten: Man hat sie bei etwa 20% der Verwandten ersten Grades der Indexfälle gefunden (*Arkonac* und *Guze*, 1963). Der folgende Fallbericht schildert die Beschwerden einer Frau:

Alice wurde von ihrer Ärztin, Joyce Williams, in die psychotherapeutische Klinik überwiesen. Dr. Williams hatte Alice seit sechs Monaten behandelt und sie in dieser Zeit 23mal gesehen. Alice hatte über eine Reihe recht unspezifischer Beschwerden geklagt – allgemeine Mißempfindungen und Schmerzen, Übelkeit, Müdigkeit, unregelmäßige Menstruation und Benommenheit. Aber auch gründlichste Untersuchungen – Blutbilder, Röntgenaufnahmen, Spinalpunktion usw. – hatten keinen organischen Befund erbracht.

Ihrem Therapeuten machte Alice gleich beim ersten Treffen klar, daß sie eine eher widerstrebende Klientin sei: ,,Ich bin nur hier, weil ich Vertrauen zu Dr. Williams habe und sie wollte, daß ich hierherkomme. Ich bin körperlich krank und wüßte nicht, wie ein Psychologe mir helfen könnte." Aber sie ließ sich schnell dafür erwärmen, ihre Krankengeschichte zu erzählen. Danach war sie immer krank gewesen. Aus ihrer Kindheit erinnerte sie sich an Episoden hohen Fiebers, häufige Infektionen der Atemwege und Krämpfe. Auch ihre ersten beiden Operationen – Blinddarm- und Mandeloperation – fielen in diese Zeit. Während sie so in loser chronologischer Folge ihre Krankengeschichte erzählte, wurden ihre Schilderungen immer farbiger (und vermutlich auch immer übertriebener): ,,Ja, und so mit Anfang zwanzig hatte ich Probleme mit dem Erbrechen. Wochenlang habe ich alles, was ich gegessen habe, wieder erbrochen. Ich habe sogar Flüssigkeit, ja

Tabelle 7.2. Verschiedene Symptome und ihre Häufigkeiten laut Angaben einer Stichprobe von Patienten mit Briquet-Syndrom (nach *Perley* und *Guze*, 1962)

Symptom	Häufigkeit %	Symptom	Häufigkeit %
Dyspnoe (Atembeschwerden)	72	Harnverhaltung	8
Herzklopfen	60	Dysmenorrhöe (schmerzhafte Menstruation, nur vorehelich)	4
Brustschmerzen	72	Dysmenorrhöe (nur vor der ersten Schwangerschaft)	8
Benommenheit	84	Dysmenorrhöe (andere)	48
Kopfschmerzen	80	Unregelmäßige Menstruation	48
Angstanfälle	64	Sehr starke Menstruationsblutung	48
Müdigkeit	84	Sexuelles Desinteresse	44
Blindheit	20	Frigidität (fehlender Orgasmus)	24
Lähmung	12	Dyspareunie (Schmerz beim Geschlechtsverkehr)	52
Anästhesie	32	Rückenschmerzen	88
Aphonie (Stimmverlust oberhalb eines Flüsterns)	44	Gelenkschmerzen	84
Kloßgefühl in der Kehle	28	Schmerzen in den Extremitäten	84
Anfälle oder Krämpfe	20	Brennende Schmerzen in Rektum, Vagina, Mund	28
Ohnmachten	56	Andere körperliche Schmerzen	36
Bewußtlosigkeit	16	Depressive Gefühle	48
Amnesie	8	Phobien	48
Verschwommenes Sehen	64	Erbrechen bis zum Ende der Schwangerschaft	20
Visuelle Halluzination	12	Nervös	92
Taubheit	4	Mußte die Arbeit aufgeben, weil er/sie sich so schlecht fühlte	44
Olfaktorische Halluzination	16	Fühlte sich so schlecht, daß er/sie kaum etwas tun konnte	72
Schwäche	84	Weinte viel	70
Gewichtsverlust	28	Hielt das Leben für hoffnungslos	28
Plötzliche Gewichtsschwankungen	16	Immer kränklich (fast das ganze Leben)	40
Anorexie	60	Dachte ans Sterben	48
Übelkeit	80	Wünschte sich zu sterben	36
Erbrechen	32	Suizidgedanken	28
Bauchschmerzen	80	Suizidversuch	12
Aufgetriebener Leib	68		
Nahrungsunverträglichkeit	48		
Durchfall	20		
Verstopfung	64		
Dysurie (schmerzhaftes Wasserlassen)	44		

sogar Wasser wieder erbrochen. Schon der Geruch von Essen war mir unterträglich. Ich muß wohl fast alle zehn Minuten gebrochen haben." Zwischen zwanzig und dreißig war Alice von einem Arzt zum anderen gegangen. Wegen ihrer Menstruationsunregelmäßigkeiten und Dyspareunie (Schmerzen beim Geschlechtsverkehr) konsultierte sie mehrere Gynäkologen, unterzog sich einer Dilatation und einer Uteruskürettage. Dem Grund für ihre Kopfschmerzen, Benommenheitsgefühle und Ohnmachtsanfälle versuchten Neurologen mittels EEGs, Spinalpunktionen und sogar einer Computertomographie auf die Spur zu kommen. Andere Ärzte hatten sie wegen ihrer Bauchschmerzen geröntgt und wegen ihrer Brustschmerzen EKGs angefertigt. Sie hatte eine Darm- und eine Gallenblasenoperation hinter sich.

Als sich das Gespräch schließlich anderen Themen zuwandte, wurde offenbar, daß Alice ein sehr ängstlicher Mensch war, und das besonders in Situationen, wo sie sich von anderen bewertet fühlte. Tatsächlich waren wohl einige ihrer körperlichen Beschwerden Folgen ihrer Angst. Zudem kriselte es in ihrer Ehe und sie und ihr Mann erwogen die Scheidung. Die Eheprobleme schienen mit ihrer Dyspareunie und einer allgemeinen sexuellen Indifferenz zusammenzuhängen.

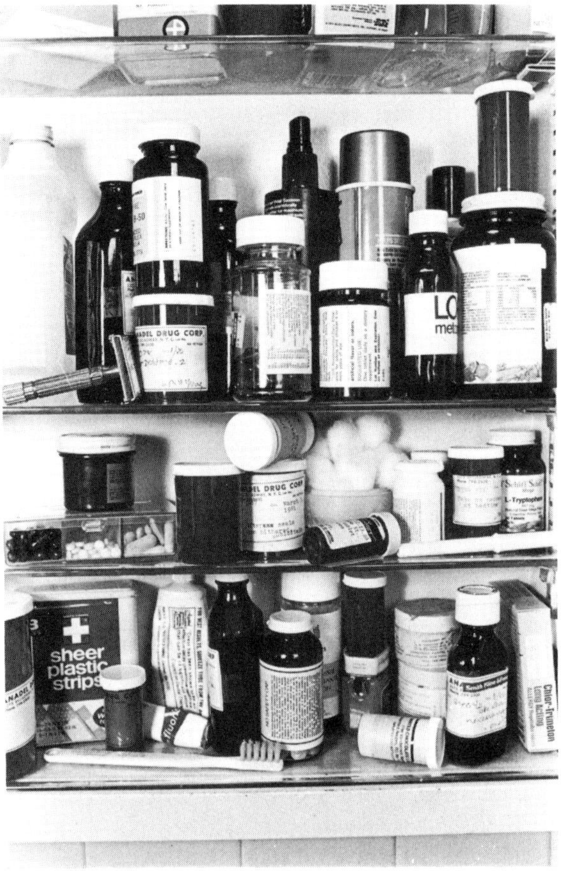

Die Hausapotheke eines Patienten mit Somatisierungssyndrom

Theorien der somatoformen Störungen[2]

Das Konversionssyndrom spielt in der Geschichte der **psychoanalytischen Theorie** eine ganz besondere Rolle, denn während der Behandlung solcher Fälle entwickelte *Freud* die wesentlichsten Konzepte der Psychoanalyse. Konversionssyndrome boten ihm Gelegenheit, das Konzept des Unbewußten anzuführen. Wie würden Sie es sich zum Beispiel zu erklären versuchen, wenn Ihnen eine Patientin berichtet, daß sie morgens mit einem gelähmten linken Arm aufgewacht sei. Vermutlich würden Sie sie zunächst gründlich neurologisch untersuchen, um mögliche physiologische Ursachen der Lähmung abzuklären. Nehmen wir weiter an, daß alle Befunde negativ sind: Sie finden keinerlei Anzeichen für eine neurologische Erkrankung. Jetzt müssen Sie sich entscheiden, ob Sie Ihrer Patientin glauben wollen oder nicht. Sie könnte natürlich lügen, d.h., sie täuscht die Lähmung bewußt vor, um irgend etwas zu erreichen. In so einem Fall wäre sie eine Simulantin. Aber was geschieht, wenn Sie der Patientin glauben? Dann sind Sie fast gezwungen, zu erwägen, daß unbewußte Prozesse am Werk sind. Auf einer bewußten Ebene sagt die Patientin die Wahrheit. Sie glaubt und sagt, daß ihr Arm gelähmt sei. Nur auf einer nicht-bewußten Ebene weiß sie, daß ihr Arm in Wirklichkeit ganz in Ordnung ist.

In ihren *Studien über Hysterie* (1895) vermuteten *Breuer* und *Freud* die Ursache der Konversionsreaktion in einer Erfahrung, die mit starker emotionaler Erregung einherging. Der Affekt gelangte allerdings nicht zum Ausdruck, und die Erinnerung an das Ereignis wurde vom Bewußtsein ausgeschlossen. Dafür, daß der mit der Erfahrung einhergehende Affekt nicht ausgedrückt wurde, vermuteten *Freud* und *Breuer* zwei mögliche Gründe. Entweder war die Erfahrung so belastend, daß sie nicht zum Bewußtsein zugelassen und daher verdrängt wurde. Oder das fragliche Ereignis trat ein, als sich die betroffene Person in einem abnormen psychischen Zustand – etwa einer Trance – befand. Doch in beiden Fällen, so glaubten *Freud* und *Breuer*, bestehe ein Zusammenhang zwischen spezifischen Konversionssymptomen und traumatischem Ereignis.

Anna O. zum Beispiel war am Bett ihres schwerkranken Vaters in einen Wachtraum verfallen. Den rechten Arm hatte sie über die Stuhllehne hängen lassen. Sie sah, wie sich eine schwarze Schlange ihrem Vater näherte, um ihn zu beißen. Sie wollte das Tier wegstoßen, aber ihr rechter Arm war eingeschlafen. Sie sah, daß sich ihre Finger in kleine Schlangen mit Totenköpfen verwandelt hatten. Am folgenden Tag rief ihr ein

[2] Viele theoretische Gedanken in diesem Bereich gelten der Hysterie und gehen folglich davon aus, daß Konversionssyndrom und Somatisierungssyndrom eine ähnliche Ätiologie aufweisen. Es gibt keine Untersuchungen, die diese Annahme stützen, aber uns bleibt kaum eine andere Wahl, als die bestehenden Theorien darzustellen.

gebogener Ast die Schlangenhalluzination in Erinnerung, und im selben Augenblick wurde ihr Arm steif. Das geschah von nun an immer, wenn irgend etwas sie an ihre Halluzination erinnerte. Später, als Anna O. in ihre Absencen fiel, wurde die Kontraktur des rechten Armes chronisch und schließlich war ihre ganze rechte Seite gelähmt und empfindungslos.

In seinen späteren Schriften formulierte *Freud* dann eine Theorie des Konversionssyndroms, in der sexuelle Triebregungen vorrangig waren. Insbesondere vermutete er die Wurzeln des Konversionssyndroms in einem frühen, ungelösten Elektra-Komplex. Das kleine Mädchen entwickelt eine inzestuöse Bindung an den Vater, aber diese frühen Triebregungen werden verdrängt. Als Folge erlangt Sexualität eine überwertige Bedeutung für das Kind, und jeder Gedanke daran wird vermieden. In späteren Jahren erwecken sexuelle Erregung oder irgendein zufälliges Ereignis diese verdrängten Triebregungen wieder zum Leben. Sie werden in körperliche Symptome umgewandelt oder konvertiert, die nunmehr in verzerrter Form die verdrängten Triebwünsche oder deren verdrängende Kräfte repräsentieren. Der aus dem Konversionssymptom bezogene *Primärgewinn* besteht also im Vermeiden früher verdrängter Es-Impulse. *Freud* räumte allerdings auch einen möglichen *Sekundärgewinn* ein: Vielleicht halfen die Symptome der Patientin auch, einer momentanen, unliebsamen Lebenssituation zu entkommen. (Lerntheoretisch gesprochen: Die Symptome werden durch ihre Konsequenzen verstärkt.) In der modernen Psychoanalyse bringt man Konversionssyndrome nicht mehr so ohne weiteres mit dem Elektrakomplex in Zusammenhang. Einige psychoanalytische Theoretiker (z.B. *Sperling*, 1973) glauben, daß die Grundlage für diese Störung bereits sehr viel früher, in der oralen Phase, gelegt wird, wenn das Kind sein grundlegendes Sicherheits- und Vertrauenssystem erwirbt.

Eine neue psychodynamische Interpretation einer bestimmten Form des Konversionssyndroms, der hysterischen Blindheit, wurde 1979 von *Sackeim, Nordlie* und *Gur* angeboten. In ihren Experimenten machte das Verhalten hysterisch blinder Menschen bei visuellen Testaufgaben deutlich, daß sie sehr wohl von den visuellen Reizen beeinflußt wurden, aber explizit leugneten, sie zu sehen.

Hierher gehört auch ein Fall, von dem *Theodor* und *Mandelcorn* (1973) berichten. Die Patientin, ein 16jähriges Mädchen, hatte plötzlich ihr peripheres Gesichtsfeld eingebüßt. Ihr Gesichtsfeld, so sagte sie, sei röhrenförmig und stark eingeschränkt. Neurologische Tests waren ohne Befund. Doch die Autoren wollten ganz sicher gehen, daß sie es nicht mit einem neurologischen Problem zu tun hatten. In einem speziellen Sehtest boten sie der Patientin im Zentrum oder an der Peripherie ihres Gesichtsfeldes ein helles, ovales Ziel dar. Jeder Versuchsdurchgang bestand aus zwei Zeitintervallen, deren Beginn jeweils von einem Summton angekündigt wurde. Während eines dieser Intervalle wurde das Zielobjekt beleuchtet, und dieses Intervall sollte die junge Frau angeben.

Wurde das Objekt im Zentrum des Gesichtsfeldes dargeboten, konnte die Patientin das entsprechende Intervall immer richtig identifizieren. Das hatte man auch nicht anders erwartet, denn von Beeinträchtigungen des zentralen Gesichtsfeldes hatte sie nichts berichtet. Was geschah aber nun, wenn das Oval peripher präsentiert wurde? Wäre die Patientin hier wirklich „blind", so müßte sich, nach der Erwartung der Autoren, ihre zufällige Trefferquote um etwa 50% bewegen. Tatsächlich lag sie bei 30%. Sie hatte also bedeutend schlechter abgeschnitten als jemand, der wirklich blind ist! Die Autoren zogen daraus den Schluß, daß sie den beleuchteten Reiz irgendwie wahrgenommen haben mußte, sich aber bewußt oder unbewußt bemüht hatte, im Test schlecht abzuschneiden und sich ihre „Blindheit" zu bewahren.

Grosz und *Zimmerman* (1970) beobachteten dagegen bei einem hysterisch blinden jungen Mädchen eine nahezu vollkommene Sehleistung. Zunächst war die 15jährige Celia plötzlich auf beiden Augen erblindet, später sah sie wieder, wenn auch nur sehr verschwommen. Sie behauptete, weder Klein- noch Großgedrucktes lesen zu können. Celia verlangte viel von sich und war eine sehr gute Schülerin. Ihre vielbeschäftigten Eltern waren ständig unterwegs, bekundeten zwar Interesse an der Erziehung ihrer vier Kinder, überließen die drei jüngeren aber häufig der

Obhut Celias. Celias Sehprobleme zwangen die Eltern, ihr das, was sie für die Schule lernen mußte, vorzulesen. Gleichwohl hatte Celia beim Test keinerlei Mühe, Objekte verschiedener Größe und Form zu identifizieren und auf eine Entfernung von drei Metern Finger zu zählen. Als man auf drei Monitore Dreiecke projizierte – zwei verkehrt herum, eines aufrecht –, reagierte sie in 599 von 600 Versuchen richtig und drückte den Knopf unter dem aufrechten Dreieck, was einen Summton für fünf Sekunden zum Schweigen brachte.

Sackeim und seine Kollegen vermuten hinter diesen widersprüchlichen Ergebnissen zwei Phasen einer defensiven Reaktion. Zunächst werden Wahrnehmungsbilder visueller Reize vom Bewußtsein ferngehalten: Die Betroffenen empfinden sich als blind. Zweitens wird den Wahrnehmungsbildern auch weiterhin Information entnommen. Wenn die Betroffenen glauben, jeglichen Zugang zu diesen Informationen leugnen zu müssen, schneiden sie in Wahrnehmungsaufgaben schlechter ab, als es dem Zufall entspräche. Wenn sie derartige Informationen nicht vor sich verleugnen müssen, absolvieren sie die Aufgabe erfolgreich, behaupten aber gleichwohl, blind zu sein. Ob eine hysterisch blinde Person den Zugang zu Wahrnehmungsinformationen unbewußt leugnen muß oder nicht, hängt, so glauben die Autoren, von Persönlichkeitsfaktoren und Motivation ab.

Sagen Menschen, die behaupten, blind zu sein, und auf anderer Ebene auf visuelle Reize reagieren, die Wahrheit? *Sackeim* und seine Kollegen berichten, daß manche Patienten mit gesunden Augen, aber mit Läsionen im visuellen Cortex behaupten, blind zu sein, sich visuellen Aufgaben jedoch recht gut gewachsen zeigen. Sie sehen zwar, aber sie *wissen* nicht, daß sie sehen können. Jemand kann also durchaus wahrheitsgemäß behaupten, er könne nicht sehen und im selben Augenblick den Beweis für das Gegenteil liefern. Auf allgemeinerer Ebene wissen wir aus zahlreichen Wahrnehmungs- und Kognitionsstudien von einer Dissoziation zwischen Bewußtsein und Verhalten (vgl. Kasten 7.1). Um ihre Hypothese zu überprüfen, daß Motivation hier in der Tat eine Rolle spielt, hypnotisierten *Sackeim* und seine Kollegen zwei hypnose-geeignete Probandinnen, suggerierten ihnen völlige Blindheit und ließen sie dann eine visuelle Diskriminationsaufgabe durchführen. Eine der Probandinnen erhielt Instruktionen, die sie motivieren sollten, ihre Blindheit beizubehalten. Sie würde nunmehr, so erwartete man, ihre Wahrnehmungen leugnen und bei der visuellen Aufgabe schlechter abschneiden, als es dem Zufall entspräche. Die zweite Probandin drängte man nicht explizit, ihre Blindheit aufrechtzuerhalten, und so würde sie mit der Aufgabe vermutlich besser fertigwerden, als es dem Zufall entspräche. Eine dritte Probandin simulierte das Verhalten eines Menschen, dem unter Hypnose völlige Blindheit suggeriert worden war.

Es kam, wie vorhergesagt. Die zur Beibehaltung ihrer Blindheit motivierte Probandin schnitt tatsächlich schlechter ab, als es dem Zufall entsprochen hätte; die weniger stark motivierte Probandin löste die Aufgabe fehlerlos, vermeldete aber gleichwohl, daß sie blind sei. Die Leistung der Simulantin entsprach im wesentlichen der Zufallserwartung. Sie habe, so sagte sie in einem anschließenden Gespräch, bewußt eine Zufallsleistung zu simulieren versucht. Wie *Sackeim* und seine Kollegen vermuteten, ist es offensichtlich möglich, Worte und Verhalten unbewußt voneinander zu trennen. Hysterisch blinde Personen können behaupten, nichts zu sehen und im selben Moment von visuellen Reizen beeinflußt werden. Auf welche Weise sie erkennen lassen, daß sie sehen können, hängt möglicherweise davon ab, wie sehr sie es brauchen, für blind gehalten zu werden.

Soziokulturelle Theorien sind begründet in der angenommenen Abnahme des Konversionssyndroms während des letzten Jahrhunderts. Während *Freud* und *Charcot* offensichtlich sehr viele Patientinnen mit dieser Störung behandelt haben, bekommen heutige Therapeuten solche Patienten kaum noch zu sehen. Dafür gibt es verschiedene Erklärungsversuche. In Frankreich und Österreich scheinen Konversionsreaktionen seinerzeit besonders häufig gewesen zu sein, und daran, so vermutet die Psychoanalyse, war die repressive Einstellung zur Sexualität in diesen Ländern nicht unschuldig. Daß das Konversionssyndrom seltener geworden ist, liegt demnach an

Kasten 7.1
Bewußtheit, das Unbewußte und Verhalten

Im ausgehenden 19. Jahrhundert stellten die ersten Experimentalpsychologen sehr bald fest, daß uns vieles von dem, was in unseren Köpfen vorgeht, wenn wir Umweltreize wahrnehmen und enkodieren, unbewußt bleibt. Ein großer Teil unserer geistigen Arbeit vollzieht sich jenseits unseres Bewußtseins. Nehmen wir ein Beispiel aus unserer Zeit. Wenn Psychologen die selektive Aufmerksamkeit untersuchen, tun sie das mit Hilfe einer akustischen Aufgabe, bei der jedem Ohr des Probanden ein anderes Band eingespielt wird. Nur einem davon sollen die Probanden ihre Aufmerksamkeit schenken. Im allgemeinen berichten die Probanden anschließend, daß sie von dem, was in das andere Ohr eingespielt wurde, kaum etwas mitbekommen hätten. *Aber diese unbeachteten Reize können späteres Verhalten beeinflussen. Wilson* (1975) z.B. ließ seine Probanden einer menschlichen Stimme lauschen und spielte ihnen in das unbeachtete Ohr Tonsequenzen ein. Die Probanden behaupteten, keine Töne gehört zu haben. In einer nachfolgenden Gedächtnisaufgabe, bei der sie zuvor gespielte Tonsequenzen hörten und andere, die nicht gespielt worden waren, waren sie nicht in der Lage, zwischen den beiden Typen zu unterscheiden. Sie erkannten die unbeachteten Tonreize also tatsächlich nicht wieder. Dafür zeitigte eine andere Messung ein verblüffendes Ergebnis. Es ist bekannt, daß Vertrautheit die Beurteilung von Tonreizen, wie *Wilson* sie darbot, beeinflußt. Vertraute Sequenzen gefallen besser als ganz neue. Als *Wilson* seine Probanden nun bat, eine Reihe von Tonfolgen danach zu ordnen, wie sehr sie ihnen gefielen, erhielten die zuvor dem unbeachteten Ohr eingespielten den Vorzug. Einige Aspekte dieser Tonfolgen mußten also aufgenommen worden sein, obwohl die Probanden sie angeblich nicht gehört und auch bewiesen hatten, daß sie sie nicht wiedererkannten. Ähnliches hat man beim Gesichtssinn beobachtet (*Kunst-Wilson* und *Zajonc*, 1980). Den Probanden wurden für eine Millisekunde (eine Tausendstelsekunde) verschiedene Formen vorgeführt. Sie waren so gut wie nicht in der Lage, diese Formen später wiederzuerkennen. Doch ihnen gefielen die bereits „gesehenen" Formen besser als neu dargebotene.

Eine Untersuchungsreihe von *Nisbett* und *Wilson* (1977) zeigt ebenfalls, daß in Worte gefaßtes Bewußtsein nicht immer ein sehr zuverlässiger Indikator für die Auswirkung von Reizen auf Verhalten ist. In einer ihrer Untersuchungen ließen *Wilson* und *Nisbett* ihre Probanden zunächst eine Reihe von Wortpaaren lernen. Für einige Probanden waren die Wortpaare so zusammengestellt, daß sich die Kombination vermutlich auf das Verhalten der Probanden im zweiten Teil der Studie auswirken würde. Eines dieser Wortpaare war z.B. „Ozean – Mond". Man erwartete, daß den Probanden, die dieses Wortpaar gelernt hatten, später auf die Frage nach einem Waschmittel mit größerer Wahrscheinlichkeit die Marke „Tide" (Gezeiten) in den Sinn kommen würde. Die Ergebnisse entsprachen den Erwartungen: Probanden, die die besonderen Wortkombinationen gelernt hatten, reagierten doppelt so häufig mit den erwarteten Assoziationen wie die Probanden der anderen Gruppe. Gleich anschließend fragte man die Probanden nach dem Grund ihrer Reaktion. Sie erinnerten sich zwar noch an die Wortpaare, erwähnten sie aber als Urheber ihrer Reaktionen so gut wie nie. Statt dessen gaben sie Gründe an wie: „Meine Mutter wäscht mit ‚Tide' " oder „ ‚Tide' ist das bekannteste Waschmittel".

Solche Untersuchungen, von denen es eine ganze Reihe gibt, sind eng mit dem psychoanalytischen Konzept des Unbewußten verbunden. Moderne Forscher neigen inzwischen durchaus der Ansicht *Freuds* zu, daß ein großer Teil menschlichen Verhaltens von unbewußten Prozessen determiniert wird. Aber sie verstehen diese unbewußten Prozesse anders als *Freud*. Letzterer postulierte die Existenz

„des" Unbewußten, eines Reservoirs für Triebenergie und verdrängte Konflikte und Triebregungen. Heutige Forscher haben mit Energiespeicher und Verdrängung nichts im Sinn, sondern nehmen einfach an, daß wir uns weder all dessen, was um uns herum vorgeht, noch aller unserer kognitiver Prozesse bewußt sind.* Gleichzeitig können solche unbewußt bleibenden Reize und Prozesse unser Verhalten nachhaltig beeinflussen. Es wird also nicht einfach sein, den Ursachen menschlichen Verhaltens auf die Spur zu kommen. Einfach zu fragen „Warum hast du das getan?" reicht nicht.

* In gewissem Sinne liegt der Unterschied darin, ob man den Begriff des Unbewußten wie *Freud* substantivisch verwendet oder aber adjektivisch, wie es heutige Forscher tun. Das Adjektiv „unbewußt" kann zur Erforschung von Faktoren anregen, die bestimmte Dinge vom Bewußtsein fernhalten.

der allgemeinen Lockerung der sexuellen Sitten, aber auch an der größeren psychologischen und medizinischen Erfahrenheit unserer gegenwärtigen Kultur, die Angst eher toleriert als Dysfunktionen, die keine physiologische Grundlage haben.

Zur Unterstützung dieser Theorie wird häufig eine Untersuchung von *Proctor* (1958) zitiert. In die Psychiatrische Klinik der Universität von North Carolina wurden auffallend viele Kinder mit Konversionsreaktionen eingewiesen: insgesamt 13% der kindlichen Patienten. Wie *Proctor* feststellte, kamen die meisten Kinder aus ländlichen Gegenden, deren Bewohner einen überwiegend niedrigen sozioökonomischen Status hatten, wenig gebildet und im fundamentalistischen Sinne streng religiös waren. In diesem Teil North Carolinas herrschten also Verhältnisse, die denen im Frankreich und Österreich des 19. Jahrhunderts in mancherlei Hinsicht vergleichbar waren.

Ironischerweise *gibt es kaum Belege dafür, daß Konversionssyndrome tatsächlich seltener geworden sind.* Zum Beispiel haben *Stephens* und *Kamp* (1962) die Diagnosen ambulanter Patienten in der Zeit von 1913 bis 1919 mit denen zwischen 1945 bis 1960 verglichen. In beiden Zeiträumen betrug der Anteil der Konversionspatienten etwa 2%. Wir können andere Gründe für das scheinbar gehäufte Vorkommen von Konversionssyndromen im 19. Jahrhundert finden. Daß Therapeuten wie *Charcot* und *Freud* es so häufig mit Konversionsstörungen zu tun hatten, mag das Ergebnis eines Selektionsprozesses gewesen sein. Vielleicht wurden sie darum besonders oft von Patienten mit hysterischen Störungen konsultiert, weil sie für ihre einschlägigen Behandlungserfolge bekannt waren. Auch die Daten aus North Carolina spiegeln möglicherweise nicht ein besonders gehäuftes Vorkommen von Konversionssyndromen, sondern Unterschiede in der diagnostischen Praxis wider. Angesichts der Schwierigkeit, Vorkommenshäufigkeiten in verschiedenen Zeitperioden zu schätzen, wäre man schlecht beraten, mit angeblich veränderten Vorkommenshäufigkeiten die ätiologische Theorie einer Störung validieren zu wollen.

Eine **verhaltenspsychologische Erklärung** der Entwicklung von Konversionssyndromen stammt von *Ullmann* und *Krasner* (1975). Ihrer Meinung nach ist die Konversionsreaktion der Versuch, sich so verhalten, wie sich in der Vorstellung der Betroffenen jemand mit einer motorisch und sensorisch beeinträchtigenden Krankheit verhalten würde. Damit stellen sich zwei Fragen. Sind Menschen zu solchem Verhalten fähig? Und unter welchen Bedingungen wird solches Verhalten am wahrscheinlichsten?

Es spricht einiges dafür, daß die erste Frage zu bejahen ist, daß also Menschen in der Tat Verhaltensmuster annehmen können, die klassischen Konversionssymptomen entsprechen. Lähmungen, Analgesien und Blindheit lassen sich, wie wir gesehen haben, unter Hypnose induzieren. Ähnlich hat man mit biochemisch unwirksamen Medikamenten (Placebos) Schmerzlinderung bei Patienten erreicht, die als wirklich krank galten. Auf die zweite Frage geben *Ullmann* und *Krasner* eine Teilantwort. Zwei Bedingungen erhöhen ihrer Meinung nach die Wahrscheinlichkeit, daß jemand motorische und sensorische Funktionsstörungen imitiert. Erstens muß der oder die Betroffene – sei es am eigenen Leibe oder durch Beobachtung anderer – einige Erfahrung mit der fraglichen Rolle haben. Und zweitens muß, so meinen *Ullmann* und *Krasner*, das Rollenverhalten belohnt werden. Jemand wird nur dann ein Unvermögen in Szene setzen, wenn er dadurch eine Belastung verringern oder andere für ihn positive Dinge erreichen kann. Für *Ullmann* und *Krasner* gleichen sich Konversionssyndrom und Simulation darin, daß die Betroffenen die Symptome einsetzen, um etwas zu erreichen.

Die Patientin von *Grozs* und *Zimmerman* fügte sich dieser Theorie allerdings nicht. Die sehr intelligente Celia führte ihre visuelle Diskriminationsaufgabe perfekt aus, behauptete aber gleichwohl, nur sehr verschwommen zu sehen. Als Rollenspiel wäre ein derartiges Verhaltensmuster recht ungeschickt. Würden Sie, wenn Sie jemand von Ihrer Blindheit überzeugen wollten, immer das richtige Dreieck identifizieren? Celias Verhalten scheint eher der Theorie von *Sackeim* und seinen Mitarbeitern zu entsprechen. Auf der Ebene bewußter Wahrnehmung sah Celia vermutlich tatsächlich nur verschwommene Bilder. Die Dreiecke wurden auf unbewußter Ebene unterschieden, und so konnte sie jedesmal das aufrechte herauspicken.[3]

Eine andere verhaltenspsychologische Auffassung der somatoformen Störungen, zumindest des Briquet-Syndroms, geht dahin, daß die verschiedenen Schmerzen, Beeinträchtigungen und Dysfunktionen eine unrealistische Angst darstellen, die sich in den jeweiligen Körpersystemen manifestiert. Vielleicht setzt sich die extreme Spannung, unter der jemand steht, in seinen Magenmuskeln fest, und er fühlt sich elend, ja erbricht vielleicht sogar. Sind die normalen Funktionen einmal gestört, verstärkt sich die Fehlanpassung möglicherweise dadurch, daß der Betroffene ihr übermäßig viel Aufmerksamkeit widmet oder lernt, sie als Entschuldigung zu benutzen.

Es wurde auch angenommen, daß **genetische und physiologische Faktoren** bei der Entwicklung von Konversionssyndromen eine Rolle spielen. *Slater* (1961) untersuchte die Konkordanz bei zwölf eineiigen und zwölf zweieiigen Zwillingspaaren. In jedem Fall war bei einem Zwilling die Störung diagnostiziert worden, aber in keiner der beiden Gruppen waren auch die Zwillingspartner betroffen. Und *Gottesman* (1962) stellte fest, daß sich die Reaktionen eineiiger Zwillinge auf Items der MMPI-Hysterieskala nicht ähnlicher waren als die zweieiiger Zwillinge. Das scheint darauf schließen zu lassen, daß genetische Faktoren ohne Bedeutung sind.

In mehreren Untersuchungen wurden die physiologischen Reaktionen von Patienten mit Konversionssymptomen geprüft. Die Frage dabei ist, ob sich für die angegebenen Symptome physiologische Entsprechungen finden lassen. Sind z.B. angeblich von Analgesie oder Anästhesie betroffene Körperzonen physiologisch weniger reaktiv? Leider sind die Ergebnisse hier widersprüchlich (*Hernández-Peón*, *Chávez-Ibarra* und *Aguilar-Figueroa*, 1963; *Levy* und *Muskin*, 1973).

Einen Hinweis auf eine mögliche neurophysiologische Erklärung, warum mit Konversationssyndromen verbundene Emotionen der bewußten Wahrnehmung verborgen bleiben, geben uns Untersuchungen, die zeigen, daß Konversionssymptome auf der linken Körperseite häufiger sind als auf der rechten (*Galin*, *Diamond* und *Braff*, 1977; *Stern*, 1977). In den meisten Fällen werden diese linksseitigen Körperfunktionen von der rechten Hirnhemisphäre kontrolliert. Die Mehrzahl der Konversionssymptome hängen also möglicherweise mit dem Funktionieren der rechten Hemisphäre zusammen. Untersuchungen an Patienten, deren Hemisphären man chirurgisch voneinander getrennt hatte, um die Ausweitung epileptischer Anfälle zu verhindern, ergaben, daß die rechte Hemisphäre separat Emotionen erzeugen kann und dies vermutlich sogar in größerem Umfang tut als die linke Hemisphäre. Auf diese Weise wären Konversionssymptome neurophy-

[3] Celias Sehschwierigkeiten hatten ihr die Aufmerksamkeit und Hilfe ihrer Eltern eingetragen, was in der Natur des Konversionssyndroms, aber auch der Simulation liegt. Drei Jahre nach Einsetzen der Störung erlangte Celia während eines Ferienaufenthaltes mit ihren Eltern an der Westküste ganz plötzlich und auf dramatische Weise ihr Sehvermögen wieder. Im Juni hatte sie die High School mit überdurchschnittlich guten Noten abgeschlossen.

siologisch mit emotionaler Erregung verbunden. Dieselbe Forschung ergab ferner Hinweise darauf, daß die Verbindung der rechten Hemisphäre mit der Fähigkeit der linken, Emotionen zu beschreiben und zu erklären und so dem Individuum bewußt zu machen, von den Nervenverbindungen des Corpus callosum (vgl. Kasten A.1, S. 772ff.) abhängt. Bei Konversionsreaktionen blockiert möglicherweise die linke Hemisphäre auf irgendeine Weise Impulse, die Träger eines schmerzhaften emotionalen Inhaltes aus der rechten Hemisphäre sind. Menschen mit einem Konversionssyndrom würden also zwischen diesem Inhalt und den sie beunruhigenden Umständen oder ihren emotionalen Bedürfnissen keinen Zusammenhang herstellen – eine sehr spannende Spekulation.

Die Therapie somatoformer Störungen

Natürlich gehen Menschen mit hypochondrischen Beschwerden, Konversionssyndromen und psychogenen Schmerzen in den meisten Fällen zunächst einmal zum ganz normalen Arzt und nicht zum Psychiater oder Psychologen, denn sie definieren ihre Probleme somatisch. Sie nehmen psychologische Erklärungen nicht an und reagieren sehr ungehalten auf eine Überweisung zum „Irrenarzt“. Solche Patienten können die Geduld ihrer Ärzte auf eine harte Probe stellen. Häufig wissen sich diese nicht anders zu helfen, als – in der Hoffnung, die somatischen Beschwerden doch noch zu lindern – ein Medikament oder eine medizinische Behandlung nach der anderen zu verschreiben.

Die Psychoanalyse hat natürlich ein ganz besonderes Verhältnis zum Konversionssyndrom, da viele von *Freuds* Patientinnen darunter litten. Die „Redekur“, zu der sich die Psychoanalyse entwickelte, ist gegründet auf der Annahme, daß eine massive Verdrängung der psychischen Energie keinen anderen Ausweg ließ als den der Konversion in rätselhafte Anästhesien oder Lähmungen. Die Katharsis sollte durch Konfrontation mit den infantilen Ursprüngen der Verdrängung helfen, und sogar heute noch versucht man es mit freier Assoziation und anderen Techniken zur Aufhebung der Verdrängung. Psychoanalyse und psychoanalytisch orientierte Therapien haben sich bei der Behandlung von Konversionssyndromen als nicht sehr effektiv erwiesen, sie bewirken allenfalls, daß die Patienten sich wegen ihrer Beeinträchtigungen weniger Sorgen machen (*Ochitil*, 1982).

Verhaltenstherapeuten glauben, daß das mit einem Somatisierungssyndrom einhergehende hohe Angstniveau an bestimmte Situationen geknüpft ist. Alice, die wir weiter oben kennengelernt haben, sagte selbst, daß sie beim Gedanken an ihre kriselnde Ehe und an Situationen, in denen andere sie bewerten könnten, extreme Angst empfände. Diese Ängste könnte man mit Techniken wie systematischer Desensibilisierung oder einer kognitiven Therapie behandeln, und mit der Angst müßten auch die somatischen Beschwerden schwinden. Aber vermutlich dürfte sich die Behandlung darin nicht erschöpfen, denn jemand, der eine Zeitlang „krank“ gewesen ist, hat sich in einem Leben der Schwäche und Abhängigkeit eingerichtet und sich daran gewöhnt, den Herausforderungen des Alltags aus dem Weg zu gehen, statt sich ihnen wie ein erwachsener Mensch zu stellen. Es ist gut möglich, daß sich auch die Angehörigen mit der „Schwäche“ von Alice arrangierten und sie in ihrem Vermeiden normaler, erwachsener Verantwortung unwillentlich bestärkten. In diesem Fall müßte eine Familientherapie Alice und ihrer Familie helfen, das familiäre Beziehungsnetz zu ändern, um die Bemühungen von Alice um größere Autonomie zu unterstützen. In einem Selbstbehauptungstraining und einem *sozialen Training* könnte Alice lernen, sich anderen Menschen zu nähern und mit ihnen zu sprechen, Augenkontakt aufzunehmen, Komplimente zu machen, Kritik anzunehmen und Forderungen zu stellen – kurz, sie könnte Fertigkeiten im Umgang mit anderen und den eigenen Bedürfnissen erwerben oder wiedererwerben, mit Bedürfnissen, die nicht von vornherein unter der Prämisse stehen „Ich bin eine arme, kranke, schwache Person“.

Mit einer großen Vielfalt therapeutischer Techniken haben Verhaltenstherapeuten ihren Patienten zu vermitteln versucht, daß es sich lohnt, die Symptome aufzugeben. Ein Fallbericht von *Liebson* (1967) ist ein Beispiel für diese Taktik. Ein Mann hatte wegen Schmerzen und

Schwäche in den Beinen und Schwindelanfällen seine Arbeit aufgegeben. *Liebson* überzeugte seine Familie, daß sie ihn in seinem Müßiggang nicht bestärken dürfe, und arrangierte es so, daß der Mann eine Gehaltszulage bekam, wenn er es schaffte, wieder zur Arbeit zu erscheinen. Verstärkung sollte es also für den Patienten verlokkender machen zu gesunden, als sich weiterhin von seinen Symptomen einschränken zu lassen. Bei einer solchen operanten Taktik muß der Therapeut Sorge tragen, daß der Patient nicht sein Gesicht verliert, wenn er sich von seinen Symptomen trennt (*Walen, Hauserman* und *Lavin*, 1977). D.h., der Therapeut muß die Möglichkeit berücksichtigen, daß der Patient sich gedemütigt fühlt, wenn sich sein Zustand durch eine andere als eine ,,medizinische" Behandlung bessert.

Da somatoforme Störungen seltener zum Psychotherapeuten führen als andere Schwierigkeiten, gibt es keine kontrollierten Untersuchungen über die relative Wirksamkeit der verschiedenen Behandlungsformen. Informationen darüber, wie man Menschen mit diesen rätselhaften Beeinträchtigungen körperlicher Funktionen helfen kann, liefern uns einstweilen nur Fallberichte und klinische Spekulationen.

2. Dissoziative Störungen

Das DSM-III unterscheidet bei den dissoziativen Störungen drei Kategorien: *Psychogene Amnesie, Psychogenes Weglaufen (Fugue)* und *Multiple Persönlichkeit*. Allen gemeinsam ist ,,eine plötzliche, zeitlich begrenzte Änderung der normalen integrativen Funktionen des Bewußtseins, der Identität oder des motorischen Verhaltens" (S. 265). Wichtige persönliche Ereignisse können nicht erinnert werden, oder die gewohnte Identität geht zeitweilig verloren. Möglicherweise verläßt der oder die Betroffene sogar die gewohnte Umgebung. Das *Depersonalisationssyndrom* – die befremdende und abrupte Änderung von Selbstwahrnehmung und Selbsterleben – wird im DSM-III ebenfalls zu den dissoziativen Störungen gerechnet.[4] Aber diese Zuordnung ist umstritten, weil bei diesem Syndrom die Gedächtnisstörung fehlt.

Hauptmerkmal der **psychogenen Amnesie** ist eine plötzlich einsetzende Unfähigkeit, sich wichtiger persönlicher Daten zu erinnern. Die Störung tritt gewöhnlich nach einer Zeit besonderer Belastung auf. Die Erinnerungslücken sind zu groß, als daß man sie mit normaler Vergeßlichkeit erklären könnte. In den meisten Fällen betrifft der Gedächtnisverlust alle Ereignisse, die sich innerhalb eines begrenzten Zeitraumes nach einer traumatischen Erfahrung begeben, etwa nachdem jemand den Tod eines geliebten Menschen miterleben mußte. Etwas seltener ist die selektive Amnesie, der nur einige, nicht aber alle Ereignisse eines bestimmten, besonders belastenden Zeitraumes anheimfallen. Die seltenste Form dieser Störung ist die vollständige Amnesie, die sich auf das ganze Leben erstreckt. Während einer amnestischen Episode können als Folge des Gedächtnisverlustes Desorientiertheit und zielloses Umherlaufen vorkommen, aber im allgemeinen ist das Verhalten der Betroffenen unauffällig. Bei vollkommener Amnesie erkennt der Patient weder Verwandte noch Freunde, aber seine Fähigkeit, zu sprechen, zu lesen und zu argumentieren und vielleicht auch seine besonderen Talente und jegliches Wissen über die Welt und über die Funktionsweisen in ihr, das vorher erworben wurde, bleiben ihm erhalten. Die am-

[4] Während einer Depersonalisationsepisode verlieren die Betroffenen ganz plötzlich das Gefühl für sich selbst. Ihre Glieder scheinen sich auszudehnen oder zu schrumpfen; oder sie haben das Gefühl, sich außerhalb ihres Körpers zu befinden und sich selbst aus einer Entfernung zu betrachten. Manchmal kommen sie sich ganz mechanisch vor, haben das Gefühl, sie und die anderen seien Roboter. Oder sie bewegen sich wie im Traum, in einer Welt, die unwirklich geworden ist. Ähnliche, aber sehr viel intensivere Erlebnisse haben auch manche schizophrenen Patienten. Die Erfahrung des Schizophrenen entbehrt aber der Qualität des ,,als ob", von der Personen mit Depersonalisationssyndrom regelmäßig berichten. Die Entfremdung des Schizophrenen vom eigenen Selbst ist real und vollständig.

Dissoziativen Störungen ist gewöhnlich eine große Belastung vorangegangen, etwa ein Todesfall in der Familie oder die Teilnahme an einem Krieg.

nestische Periode kann mehrere Stunden, aber auch mehrere Jahre dauern. Die Amnesie verschwindet gewöhnlich so plötzlich wie sie gekommen ist, die Wiederherstellung ist vollständig und Rezidive sind selten.

Gedächtnisverlust ist auch ein übliches Symptom vieler organisch bedingter Störungen des Gehirns. Aber psychogene Amnesie und hirnorganisch bedingter Gedächtnisverlust sind recht gut voneinander zu unterscheiden. Bei organisch bedingten psychischen Störungen läßt das Gedächtnis allmählich und unabhängig von besonders belastenden Ereignissen nach. Eine vollständige Wiederherstellung des Gedächtnisses ist selten und es bestehen häufig zusätzliche Konzentrations- und Affektstörungen.

Wenn jemand eine vollständige Amnesie erleidet und außerdem Heim und Arbeitsplatz verläßt und eine ganz neue Identität annimmt, lautet die Diagnose auf **psychogenes Weglaufen**. Die Identitätsänderung kann sehr umfassend sein: der Betroffene wählt einen neuen Namen, eine neues Zuhause, einen neuen Arbeitsplatz und sogar neue Persönlichkeitszüge. Er baut sich ein komplexes gesellschaftliches Leben auf – und das alles ohne das Unvermögen, sich an die Vergangenheit zu erinnern, in Zweifel zu ziehen. In den meisten Fällen ist das neue Leben weniger komplex und das Weglaufen insgesamt von kürzerer Dauer. Die Betroffenen unternehmen kurze, offensichtlich zielgerichtete Reisen, während derer sie wenig oder gar keine sozialen Kontakte aufnehmen. Zum psychogenen Weglaufen kommt es meistens nach schweren Belastungen wie Ehestreitigkeiten, persönliche Zurückweisung, kriegerische Konflikte oder Naturkatastrophen. Die Wiederherstellung ist – obwohl die dafür notwendige Zeitspanne unterschiedlich lang ist – gewöhnlich vollständig, und es besteht keine Erinnerung an die Ereignisse während der Flucht.

Stellen Sie sich vor, was es für Sie bedeuten würde, wie *Chris Sizemore* mit den berühmten „drei Gesichtern der Eve" (vgl. S. 143 bis S. 145) eine **multiple Persönlichkeit** zu haben. Man hat Ihnen von Dingen erzählt, die Sie getan haben, die Ihnen ganz wesensfremd sind, von Ereignissen, an die Sie sich nicht erinnern. Sie wachen jeden Morgen auf und sehen eine halbgetrunkene Tasse Tee neben Ihrem Bett – dabei trinken Sie nicht gern Tee. Wie können Sie sich diese Vorkommnisse erklären? Wenn Sie eine Behandlung anstrebten, würden Sie sich nicht Gedanken darüber machen, ob der Psychiater oder Psychologe Ihnen auch glaubt? Vielleicht würde der Kliniker Sie für psychotisch halten.

Wir alle sind gelegentlich einmal nicht ganz „wir selbst". Das ist normal und hat mit einer multiplen Persönlichkeit nichts zu tun. Nach dem DSM-III ist das Hauptmerkmal der multiplen Persönlichkeit die „Existenz von zwei oder mehr verschiedenen Persönlichkeiten innerhalb eines Individuums" (S. 269). Jede dieser Persönlichkeiten hat ihre eigene Lebensform, ihre Gefühle und Verhaltensmuster, die unabhängig voneinander sind und zu unterschiedlichen Zeiten dominant werden.[5] Üblicherweise hat zumindest eine Persönlichkeit keinerlei Zugang zur anderen, d.h., wenn Persönlichkeit A dominiert, weiß der oder die Betroffene nichts von Persönlichkeit B. Die Existenz verschiedener Persönlichkeiten muß chronisch und gravierend sein und darf z.B. nicht auf Drogeneinnahme zurückgeführt werden können.

„Red' keinen Unsinn. Wenn du an multipler Persönlichkeit leiden würdest, hätte ich schließlich irgend etwas gemerkt."

Jede Persönlichkeit ist eine voll integrierte und komplexe Ganzheit mit eigenen Verhaltensmustern, Erinnerungen und Beziehungen, die Wesen und Handlungen des Betroffenen bestimmen, wenn die betreffende Persönlichkeit dominiert. Gewöhnlich sind die einzelnen Persönlichkeiten sehr verschieden, manchmal ist die eine sogar das genaue Gegenteil der anderen. Ursprüngliche Persönlichkeit und Subpersönlichkeiten sind sich der zeitlichen Lücken bewußt, und die Stimmen der einen können ins Bewußtsein der anderen dringen, ohne daß diese wissen, wem diese Stimmen gehören. Besitzt jemand mehr als zwei Subpersönlichkeiten, ist sich jede Persönlichkeit der anderen in unterschiedlichem Grade bewußt. Manchmal sprechen sie auch miteinander und sind einander ständige Gefährten. Beginnen kann die Störung bereits in der frühen Kindheit, diagnostiziert wird sie aber selten vor der Adoleszenz. Die multiple Persönlichkeit ist chronischer und gravierender als andere dissoziative Störungen, und die Wiederherstellung ist möglicherweise weniger vollständig.

Eine Zeitlang war Eve White der am besten dokumentierte Fall einer multiplen Persönlich-

[5] In der populären Literatur laufen Fälle von multipler Persönlichkeit fälschlicherweise unter dem Etikett der Schizophrenie. Letztere Diagnose, der wir uns in Kapitel 14 ausführlicher zuwenden werden, enthält den griechischen Wortstamm *schizo*, was soviel bedeutet wie „sich abspalten". Daher auch wohl die Verwirrung. Eine Spaltung innerhalb der Persönlichkeit, bei der zwei oder mehr unterscheidbare und kohärente Systeme innerhalb einer Person abwechseln, ist etwas anderes als die Spaltung von Kognition und Affekt, die, so glaubt man, für das bizarre Verhalten Schizophrener verantwortlich ist. *Bliss* (1980) und *Rosenbaum* (1980) glauben, daß die multiple Persönlichkeit oft als Schizophrenie fehldiagnostiziert worden ist. Seit das Konzept der Schizophrenie Einzug in unser diagnostisches System gehalten hat, wird die Diagnose der multiplen Persönlichkeit nur noch selten gestellt. Der Diagnostiker kann einem Patienten auch ganz unabsichtlich eine bestimmte Interpretation seiner Symptome nahelegen. Auf diese Weise kommt möglicherweise ein schizophrener Patient dazu, die Stimmen, die er hört, als Beweis seiner multiplen Persönlichkeit zu *interpretieren*.

keit. Inzwischen gibt es noch eine Anzahl weiterer Fallbeschreibungen. Eine davon, *The Three Faces of Evelyn*, aufgeschrieben von ihrem Psychiater *Robert F. Jeans*, erschien 1976 im *Journal of Abnormal Psychology*.

Jeans schildert den Hintergrund seiner Patientin wie folgt. Im Dezember 1965 konsultierte ihn auf Empfehlung ihrer Freunde Gina Rinaldi. Gina, eine unverheiratete Frau von 31 Jahren, lebte mit einer ebenfalls unverheirateten Frau zusammen und war seinerzeit erfolgreiche Autorin eines großen pädagogischen Verlages. Sie galt als effiziente, geschäftstüchtige und kreative Person, aber ihren Freunden war aufgefallen, daß sie immer vergeßlicher wurde und Dinge tat, die ihrem Wesen völlig widersprachen. Gina war die jüngste von neun Geschwistern und war, wie sie erzählte, seit ihrer frühen Jugend geschlafwandelt. Von ihrer jetzigen Mitbewohnerin wußte sie, daß sie zuweilen im Schlaf schrie.

Gina beschrieb ihre damals 74jährige Mutter als die dominierendste Frau, die sie je erlebt habe. Sie selbst sei als Kind eine ängstliche und gehorsame Tochter gewesen. Mit 26 bekam sie Zahnspangen, und mit 28 hatte sie ihre erste ,,Affäre'', und zwar mit einem ehemaligen Jesuitenpater, die aber offensichtlich nicht sexuellen Charakters war. Dann ging sie eine Beziehung mit ,,T.C.'', einem verheirateten Mann, ein, der versprach, sich scheiden zu lassen und sie zu heiraten. Sie vertraute ihm, wie sie sagte, von Anfang an. Ginas Psychiater kam unter anderem aufgrund einer Traumanalyse zu dem Schluß, daß seine Patientin sich insbesondere dann, wenn eine enge, sexuelle Beziehung von ihr erwartet wurde, in ihrer Rolle als Frau sehr unwohl fühlte. Aber T.C. rang sich nicht zur versprochenen Scheidung durch und hörte auf, Gina regelmäßig zu sehen. Auch Gina brachte ihm nicht mehr die gleiche Zuneigung entgegen.

Nach einigen Sitzungen stellte *Jeans* fest, daß sich eine zweite Persönlichkeit bemerkbar machte. ,,Mary Sunshine'', wie *Jeans* und Gina sie nannten, war ganz anders als Gina. Sie schien kindlicher, femininer im traditionellen Sinn, überschwänglich und verführerisch zu sein. Sie selbst, so befand Gina, habe den Gang eines Grubenarbeiters, was man von Mary ganz sicher nicht behaupten konnte. Einige ganz konkrete Vorfälle wiesen auf Marys Existenz. Manchmal fand Gina im Spülbecken Tassen, in denen offensichtlich heiße Schokolade gewesen war – aber weder Gina noch ihre Mitbewohnerin mochten heiße Schokolade. Ihr Bankkonto verzeichnete hohe Abhebungen, an die sie sich nicht erinnern konnte. Eines Abends beim Fernsehen merkte Gina, daß sie weinte, und schalt sich selbst dumm, da der Film keinerlei Anlaß zum Traurigsein bot. Sie ertappte sich dabei, wie sie telephonisch eine Nähmaschine bestellte, obwohl sie ausgesprochen ungern nähte. Ein paar Wochen später kam sie in einem neuen, von Mary genähten Kleid zur Therapie. Ihre Kollegen, berichtete Gina, fänden sie sehr viel umgänglicher als früher und holten sich bei ihr Rat, wenn es mit Zusammenarbeit und Arbeitsklima nicht zum besten stand. All das war Gina vollkommen wesensfremd. *Jeans* und Gina kamen zu dem Schluß, daß Gina sich zuweilen in Mary verwandelte.

Eines Tages erschien T.C. wieder auf der Bildfläche. Gina, die nur Spott und Verachtung für ihn empfand, hörte sich sagen: ,,Ich habe dich ja so vermißt! Wie schön, dich zu sehen!'' (Offensichtlich hatte die psychoanalytisch orientierte Therapie die bisher undurchlässigen Grenzen zwischen beiden Persönlichkeiten etwas durchlässiger gemacht.) Und zu ihrer Überraschung hörte Gina T.C. antworten: ,,Du hast mir immer nur Liebes tun wollen. Jede Laune hast du ertragen und wolltest mich nur glücklich machen.'' Mary mußte auch in der früheren Beziehung Ginas zu diesem Mann aktiv gewesen sein.

Von nun an erlebte *Jeans* es immer häufiger, daß Gina sich vor seinen Augen in Mary verwandelte. Während einer Sitzung, zu der T.C. Gina begleitet hatte, wurden ihre Körperhaltung und ihre Bewegungen entspannter und ihre Stimme wärmer. Als T.C. erklärte, daß er wirklich sehr viel für sie empfinde, antwortete Gina oder vielmehr Mary mit Wärme: ,,Natürlich, T., ich weiß, daß du das tust.''

Während einer anderen Sitzung war Mary aufgeregt und kaute, wie *Jeans* vermutete, an Ginas Fingernägeln. Dann fingen beide an, sich in *Jeans* Anwesenheit zu unterhalten.

Nach einem Jahr Therapie begannen Gina und Mary immer mehr zu verschmelzen. Erst sah es so aus, als behalte Gina die Oberhand, doch dann merkte *Jeans*, daß Gina weniger ernst war als früher, und das betraf besonders ihren Vorsatz ,,die Sache hinter mich zu bringen'', d.h., harte therapeutische Arbeit zu leisten. *Jeans*, der wahrscheinlich glaubte, Mary wolle sich mit ihm unterhalten, ermunterte statt dessen Gina, mit ihr zu sprechen. Darauf hörte er von seiner Patientin folgendes: ,,Ich lag im Bett und versuchte zu schlafen. Jemand fing wegen T.C. an zu weinen. Ich war sicher, daß das Mary war. Ich begann mit ihr zu sprechen. Doch die Person sagte, sie habe keinen Namen. Später erzählte sie dann, Mary nenne sie Evelyn... Ich hatte zuerst Mary in Verdacht, Evelyn zu spielen. Aber die Person, mit der ich sprach, hatte zuviel Verstand, um Mary zu sein. Sie sagte, sie habe erkannt, daß T.C. unzuverlässig sei, aber sie liebe ihn immer noch und fühle sich sehr einsam. Sie war wie ich der Meinung, daß man sich nach einem verläßlicheren Mann umsehen solle. Sie komme täglich einmal für kurze Zeit zum Vorschein, erzählte sie mir, um sich an die Welt zu gewöhnen. Sie hat auch versprochen, zu Ihnen *(Jeans)* zu kommen, wenn sie sich stärker fühlt'' (*Jeans*, S. 254–255).

Im Januar erschien Evelyn dann immer häufiger, und *Jeans* merkte, daß es seiner Patientin zunehmend besser ging. Nach einigen Monaten schien sie nur noch Evelyn zu sein, und als Evelyn heiratete sie bald darauf einen Arzt. Die anderen Persönlichkeiten scheinen bis heute – nach Jahren – nicht mehr in Erscheinung getreten zu sein.

Wie beim Konversionssyndrom muß man auch bei den verschiedenen dissoziativen Störungen damit rechnen, daß die Symptome bewußt angenommen werden, um einer beängstigenden Situation zu entkommen. Ein Therapeut geht sogar soweit, jeden Fall von psychogenem Weglaufen für Simulation zu halten. Wenn *Symonds* (berichtet in *Merskey*, 1979) auf einen solchen Fall trifft, pflegt er zu dem Betreffenden zu sagen: „Ich weiß aus Erfahrung, daß Ihr angeblicher Gedächtnisverlust das Ergebnis einer für Sie unerträglichen emotionalen Situation ist. Erzählen Sie mir die ganze Geschichte, und ich verspreche Ihnen, daß ich Ihr Vertrauen absolut respektiere, Ihnen helfe, wo ich nur kann und Ihrem Arzt und Ihren Angehörigen erzähle, ich hätte Sie durch Hypnose geheilt." Angeblich haben diese Worte ihre Wirkung niemals verfehlt und alle Patienten gaben zu, das Weglaufen vorgetäuscht zu haben. Das ist allerdings eine sehr extreme Sicht der Dinge.

Theorien dissoziativer Störungen

Nach **psychoanalytischer Auffassung** spaltet sich bei dissoziativen Störungen ein Teil des Bewußtseins von einem anderen ab. Die verschiedenen Formen der dissoziativen Störung, so vermutet die psychoanalytische Theorie, sind ätiologisch verwandt und gehen gewöhnlich auf eine massive Verdrängung unannehmbarer, infantiler sexueller Wünsche während der ödipalen Phase zurück. Im Erwachsenenalter nimmt dieses ödipale Verlangen an Stärke zu, bis es sich schließlich, häufig in einem impulsiven sexuellen Akt, entlädt. Die normale Form der Verdrängung reicht offensichtlich nicht mehr aus, das Ereignis muß völlig aus dem Bewußtsein gelöscht werden. Die Betroffenen spalten einen ganzen Teil ihrer Persönlichkeit vom Bewußtsein ab (*Buss*, 1966) oder geben diesem abgespaltenen Teil ihrer selbst eine neue Identität. Ähnlich glaubt *Bliss* (1980), daß die multiple Persönlichkeit ihren Ursprung in einer Selbsthypnose während der Kindheit hat. Die neuen Persönlichkeiten werden für eine Möglichkeit gehalten, mit extrem beunruhigenden Ereignissen und manchmal auch mit den eigenen unannehmbaren Reaktionen darauf fertigzuwerden.

Lerntheoretiker halten diese seltenen Phänomene im allgemeinen für Vermeidungsreaktionen auf sehr belastende Ereignisse. Auch wenn dieser Ansatz weder Verdrängung noch infantile sexuelle Konflikte vorsieht, ist er den psychoanalytischen Spekulationen nicht unähnlich. Eine neuere Untersuchung von *Spanos, Weekes* und *Bertrand* (1985) läßt es möglich erscheinen, daß jemand in eine andere Persönlichkeit flieht, um einer Strafe zu entgehen. Die Autoren bezogen die Idee zu ihren experimentellen Manipulationen aus einem Interview mit dem angeblich unter Hypnose stehenden Hillside-Würger Kenneth Bianchi (B). Der Interviewer (I.) hatte während dieses Gesprächs eine zweite Persönlichkeit gebeten, in Erscheinung zu treten.

I. „... Ich habe mich ein bißchen mit Ken unterhalten, aber ich glaube, daß es da noch einen anderen Teil von Ken gibt, mit dem ich nicht gesprochen habe. Ich möchte mich gerne auch mit diesem anderen Teil unterhalten. Ich würde mich freuen, wenn der andere Teil hervorkäme und wir miteinander reden könnten... Und wenn du da bist, heb die linke Hand hoch, um mir zu zeigen, daß du da bist. Würdest du bitte kommen, Teil, daß ich mit dir reden kann?... Teil, würdest du bitte kommen und Kens Hand heben, damit ich weiß, daß du da bist?... Würdest du mit mir sprechen, Teil, und sagen ‚Ich bin hier'?" (*Schwarz*, 1981, S. 142–143).

B. beantwortete die letzte Frage mit „Ja", und es kam zwischen ihm und dem Interviewer zu folgendem Gespräch:

I. Teil, bist du wie Ken oder bist du irgendwie anders...

B. Ich bin nicht er.

I. Du bist nicht er. Wer bist du? Hast du einen Namen?

B. Ich bin nicht Ken.

I. Du bist nicht er? Okay. Wer bist du? Erzähl' mir von Dir. Hast du einen Namen, mit dem ich dich anreden kann?

B. Steve. Du kannst mich Steve nennen (S.139–140).

Als Steve erklärte Bianchi, daß er Ken hasse, weil dieser ein so liebenswerter Mensch sei, und daß er, Steve, mit der Hilfe eines Cousins mehrere Frauen ermordet habe. Bianchi plädierte auf ‚nicht schuldig' wegen Unzurechnungsfähigkeit und behauptete, an multipler Persönlichkeit zu leiden.[6]

In der Untersuchung von *Spanos* sagte man den Probanden, sie würden die Rolle eines angeklagten Mörders spielen, für dessen Schuld zwar erdrückende Beweise vorlägen, der aber dennoch behauptete, unschuldig zu sein. Die Probanden erfuhren auch, daß sie einem fingierten psychiatrischen Interview unterzogen und vielleicht auch hypnotisiert werden würden. Dann lernten sie in einem anderen Raum den „Psychiater" – in Wirklichkeit natürlich ein Forschungsassistent – kennen. Alle Probanden beantworteten eine Reihe von Standardfragen, danach verlief das Interview in jeder der drei Experimentalgruppen anders. Unter der *Bianchi-Bedingung* wurden die Probanden hypnotisiert und dann, genau wie Bianchi, beauftragt, eine zweite Persönlichkeit auftreten zu lassen. Auch unter der *Bedingung des verborgenen Teils* hypnotisierte man die Probanden und gab ihnen Informationen, die den Schluß auf mögliche verborgene Teile ihres Selbst nahelegten. Diese Instruktionen waren allerdings weniger explizit als die unter der ersten Bedingung. Die Probanden der dritten Gruppe blieben unhypnotisiert und erhielten noch weniger explizite Informationen über einen möglichen verborgenen Persönlichkeitsanteil.

Nach den experimentellen Manipulationen forschte der „Psychiater" direkt nach einer möglicherweise vorhandenen zweiten Persönlichkeit und fragte die Probanden dabei auch nach Fakten in Zusammenhang mit den Morden. In einer zweiten Sitzung füllten dann diejenigen Probanden, welche die Gegenwart einer zweiten Persönlichkeit anerkannt hatten, für jede ihrer beiden Persönlichkeiten einen Persönlichkeitstest aus.

[6] Bianchi wurde für schuldig befunden. Er kam mit seinem Plädoyer auf Unzurechnungsfähigkeit nicht durch, da man feststellte, daß sich sein Rollenspiel in wichtigen Punkten vom Verhalten zweifelsfrei multipler Persönlichkeiten und tief hypnotisierter Probanden unterschied (*Orne, Dinges* und *Orne*, 1984).

Unter der Bianchi-Bedingung nahmen 81% der Probanden einen neuen Namen an, und viele von ihnen gestanden auch den Mord. Sogar die Testwerte der beiden „Persönlichkeiten" unterschieden sich beträchtlich. Wenn die Situation es erfordert, können Menschen also eindeutig eine zweite Persönlichkeit annehmen. Diese Demonstration zeigt allerdings nur, daß ein derartiges Rollenspiel möglich ist; sie behauptet keineswegs, daß alle Fälle von multipler Persönlichkeit einen solchen Ursprung haben.

Sieht man dissoziative Störungen als Gedächtnisstörungen, kann man auch auf dem Wege experimenteller Gedächtnisforschung versuchen, ihrem Verständnis näherzukommen. Die neuere Hypothese der *zustandsabhängigen Erinnerung* bietet vielversprechende Ansätze. Es hat sich gezeigt, daß Menschen ein Ereignis besser erinnern, wenn sie sich beim Erinnern im gleichen psychischen Zustand befinden wie beim Eintreten des Ereignisses. Ist jemand traurig, fällt es ihm schwer, sich ein in glücklicher Stimmung erlebtes Ereignis ins Gedächtnis zu rufen. Man hat in einigen Experimenten die Stimmung von Probanden per Hypnose manipuliert und bestätigt gefunden, daß sie sich sehr viel besser erinnerten, wenn ihre Stimmung beim Lernen der beim Erinnern entsprach. Tabelle 7.3 zeigt die Ergebnisse einer diesbezüglichen Studie von *Bower* (1981). Zwei Probandengruppen wurden zunächst hypnotisiert und aufgefordert, sich in glückliche oder traurige Stimmung zu versetzen. Dann lernten alle Probanden eine Liste von sechzehn Wörtern. Um Interferenz mit diesem Lernvorgang zu erzeugen, lernten sie anschließend – in einem dem ersten Lernvorgang konträren affektiven Zustand – eine zweite Wortliste. Danach überprüfte man die Erinnerung an die zuvor gelernten Wörter. Während dieses Erinnerungstests war ein Teil der Probanden genauso gestimmt wie beim Lernen. Wie sich Abbildung 7.2 entnehmen läßt, hatte die Stimmung großen Einfluß auf die Gedächtnisleistung. Letztere war erheblich besser, wenn die Stimmung beim Erinnern die gleiche war wie beim Lernen.

Bower bringt das Konzept der zustandsabhängigen Erinnerung mit den dissoziativen Störungen in Verbindung und kommt zu dem Ergebnis, daß sich die verschiedenen Ich-Zustände von

Tabelle 7.3. Durch Hypnose erzeugte Stimmungen in den drei Teilen einer Untersuchung zum zustandsabhängigen Lernen (aus *Bower*, 1981)

Lernen der ersten Wortliste	Lernen der zweiten (interferierenden) Wortliste	Erinnerungstest
glücklich	traurig	glücklich traurig
traurig	glücklich	traurig glücklich

Menschen mit multipler Persönlichkeit häufig in ihrer Grundstimmung unterscheiden. Auch beim psychogenen Weglaufen flieht der Betreffende aus einer emotional belastenden Situation in ein ruhigeres Leben. Die unterschiedlichen emotionalen Zustände sind möglicherweise ein Teil der Erklärung für den selektiven Gedächtnisverlust.

Mehr als diese recht vagen Theorien und Analogdaten haben wir leider nicht aufzuweisen. Dissoziative Störungen sind sehr selten, und entsprechend spärlich fließen die Informationen. Sie gehören also auch weiterhin zu denjenigen klinischen Syndromen, über die wir am wenigsten wissen.

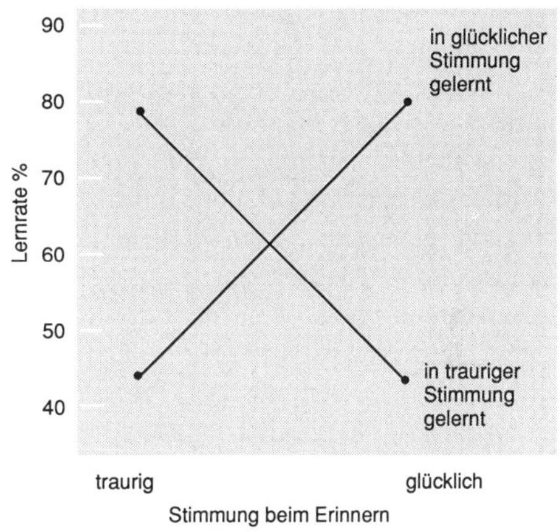

Abb. 7.2. Die Ergebnisse der Untersuchung zum zustandsabhängigen Lernen zeigen die Auswirkungen von Stimmung auf das Gedächtnis (nach *Bower,* 1981).

Therapie der dissoziativen Störungen

Dissoziative Störungen sprechen vielleicht mehr als alle anderen klinischen Syndrome für die Plausibilität von *Freuds* Konzept der Verdrängung. Denn in allen drei Fällen – ob Amnesie, psychogenes Weglaufen oder multiple Persönlichkeit – scheint das Verhalten der Betroffenen darauf hinzudeuten, daß sie Teile ihres früheren Lebens vergessen haben. Und da sich diese Menschen dessen zuweilen nicht einmal bewußt sind, ist die Hypothese einer massiven Verdrängung recht zwingend.

Vielleicht gehen Psychoanalytiker die Behandlung dissoziativer Störungen darum auch mit besonderem Elan an. „Aufhebung der Verdrängung" heißt die Devise. Welcher Techniken man sich dabei bedient, wissen wir bereits.

Manche Patienten mit akuter Amnesie scheinen ihre verlorenen Erinnerungen wiederzufinden, wenn man sie ihre Lebensgeschichte erzählen läßt, und zwar möglichst vollständig und ohne schwer zu erinnernde Ereignisse zu überspringen (*Combs* und *Ludwig*, 1982). Bei offensichtlichen Erinnerungslücken kann man zusätzlich mit einer modifizierten Technik der freien Assoziation arbeiten: Wenn der Patient bei seiner Erzählung etwas zu überspringen scheint, fordert der Therapeut ihn auf, zu dem der Gedächtnislücke unmittelbar voraufgehenden Ereignis frei zu assoziieren (*Parfitt* und *Gall*, 1944). Der Therapeut sollte dabei immer betonen, daß sich die Erinnerung wieder einstellen werde, und nicht andeuten, daß der Patient bewußt lüge oder simuliere. In manchen Fällen kann man, so glauben *Combs* und *Ludwig*, auch einfach der heilenden Wirkung der Zeit vertrauen: Alles, was der Patient dann braucht, ist Abstand von seiner belastenden Umgebung, Ruhe, ein unterstützendes Umfeld und Ermutigung. So kann der starke Eindruck des Traumas verblassen und dieses schließlich erinnert werden.

Die Geschichte der psychologischen Theorien in bezug auf psychische Störungen begann Ende des 18. Jahrhunderts in Wien mit *Mesmer* und seiner Arbeit zur Hypnose und in der zweiten Hälfte des 19. Jahrhunderts mit dem Pariser Arzt *Charcot*. Offensichtlich gelang es beiden, hysterische Symptome[7] durch ziemlich direkte Suggestion zu heilen. Dann kamen *Freud* und *Breuer*, die ihre Patienten ermunterten, unter Hypnose über ihre Probleme und namentlich deren frühe Ursprünge zu sprechen. Die Psychoanalyse hat ihre Wurzeln also in der Hypnose. *Freud* gab diese Praxis schließlich zugunsten von Techniken wie der freien Assoziation auf, denn er war zu der Überzeugung gelangt – wenn vielleicht auch fälschlicherweise –, daß länger dauernde Behandlungen mittels Hypnose nicht möglich seien.

Bis heute werden dissoziativ gestörte Patienten hypnotisiert. Therapeuten, die diese Praxis üben, nehmen an, daß der hypnotische Zustand es den Betroffenen auf irgendeine Weise ermöglicht, Zugang zu verborgenen Teilen ihrer selbst zu finden – zur verlorenen Identität oder zu Ereignissen vor beziehungsweise nach einem Trauma. Und immer wird auch vorausgesetzt, daß das Problem, etwa die Amnesie, seinen Ursprung in einer massiven Verdrängung hat, die das Ich vor unerträglicher Angst schützt, und daß die Hypnose helfen kann, die Verdrängung aufzuheben.

Manche Ärzte haben ihren Patienten Natriumamytal, das sogenannte ,,Wahrheitsserum", verabreicht, um einen hypnoseähnlichen Zustand zu induzieren. Auch das geschah in der Annahme, daß schmerzhafte verdrängte Erinnerungen auftauchen und das ,,Bedürfnis" nach der dissoziativen Störung aufheben würden. Etliche dramatische Einzelfallstudien bezeugen die Wirksamkeit von Hypnose und Barbituraten wie Natriumamytal, doch was davon letztlich zu halten ist, wissen wir nicht, da es hier kaum auch nur annähernd kontrollierte Untersuchungen gibt.[8] *Dysken* (1979) hat amnestischen Patienten entweder Amobarbital oder normales Bittersalz (Placebo) verabreicht. Er fand keinen signifikanten Unterschied im Erinnerungszuwachs beider Gruppen.

Verhaltenstherapeutische Literatur zum Thema gibt es sehr wenig – vielleicht eine Folge der Seltenheit des Phänomens. *Walton* (1961) berichtet über die erfolgreiche Therapie eines Schlafwandlers, der während seiner somnambulen Episoden allnächtlich versucht hatte, seine Frau zu verletzen. (Das DSM-II verzeichnete Somnambulismus als hysterische dissoziative Störung.) *Walton* analysierte den Fall fast nach psychoanalytischer Manier und stellte fest, daß der 35jährige Mann, von Beruf Angestellter in einem Architektenbüro, besonders seiner autoritären und rigiden Mutter gegenüber sehr schüchtern und gehemmt war. Im Moment fühlte er sich von seiner Frau zu Dingen gedrängt, die er für sich

---

[7] Hysterie ist eine volkstümliche Diagnose mit einer Jahrtausende alten Geschichte. Die ,,hysterische Neurose" des DSM-II und DSM-I umfaßte sowohl Konversionssyndrome als auch dissoziative Störungen. Im DSM-III ist das Konversionssyndrom eine der somatoformen Störungen, während die dissoziativen Störungen eine eigenständige Hauptabteilung bilden. In der modernen Psychiatrie gelten beide Problemkreise, die man früher für nah verwandt hielt, als grundverschieden. Gleichwohl behandelt man die Hysterie, und das heißt in diesem Fall sowohl Konversionssyndrom als auch verschiedene dissoziative Störungen, weiterhin mit Hypnose.

[8] Zur Illustration der mit Einzelfallstudien verbundenen Schwierigkeiten sei eine eigene Beobachtung angeführt. Während seiner Tätigkeit an einer psychiatrischen Klinik begegnete einer der Autoren auf seiner Station einem Mann, der an partieller Amnesie litt. Dieser Mann erkannte seine Familie nicht, wenn sie ihn besuchte, konnte sich aber an sein übriges Leben recht gut erinnern. Von der Hypnose bis zu Medikamenten reichten die Bemühungen, sein Erinnerungsvermögen wiederherzustellen. Der Patient bekam sowohl Natriumamytal als auch das starke Stimulans Methedrin, letzteres intravenös. Man hoffte, daß das Methedrin sein Nervensystem stimulieren und den Gedächtnisblock lösen, d.h., wie ,,Rohrfrei" in einem verstopften Rohr wirken würde. Der Patient war kooperativ und wünschte sich ein positives Ergebnis, aber alle Versuche blieben erfolglos. Diese gescheiterte Behandlung wurde nie veröffentlicht. Es besteht eine große Scheu davor, über mißlungene Behandlungsversuche zu berichten, was übrigens auch für nicht schlüssige Versuchsergebnisse gilt. Das ist von ganz besonderem Nachteil, wenn es, wie bei den dissoziativen Störungen, wenig Möglichkeiten zu kontrollierter Forschung gibt.

ablehnte, was ihn an seine dominante Mutter erinnerte. In einem Selbstsicherheitstraining lernte er, sich seiner Mutter gegenüber besser zu behaupten und seine negativen Gefühle direkt zu äußern. Auch das Schlafwandeln hörte bald auf. Ganz allgemein können Verhaltenstherapeuten dissoziativ gestörte Klienten ermutigen, sich die in der Erinnerung vermiedenen Aspekte des Traumas bildhaft vor Augen zu führen und darüber zu sprechen. Vielleicht hilft auch eine Desensibilisierung gegenüber Situationen, die mit dem Beginn der Störung assoziiert sind. Die Wiederherstellung der Erinnerung an das belastende Ereignis signalisiert natürlich, daß es nicht länger vermieden wird.

Zusammenfassung

Patienten mit somatoformen Störungen klagen über körperliche Symptome, für die es keine physiologische Grundlage zu geben scheint. Die sensorischen und motorischen Dysfunktionen der Konversionssyndrome, einer der beiden Haupttypen somatoformer Störungen, legen neurologische Beeinträchtigungen nahe, die allerdings anatomisch keinerlei Sinn ergeben. Die Symptome scheinen vielmehr einem psychologischen Zweck zu dienen. Beim Somatisierungssyndrom (Briquet-Syndrom) klagen die Betroffenen über vielfältige körperliche Beschwerden, für die sich keine angemessene körperliche Erklärung findet, die aber Anlaß geben zu häufigen Arztbesuchen, Krankenhausaufenthalten und sogar völlig unnötigen Operationen.

Die theoretischen Erklärungsversuche dieser Störungen sind sehr spekulativ und konzentrieren sich überwiegend auf die Konversionssyndrome. Die Psychoanalyse vermutet, daß beim Konversionssyndrom verdrängte Triebregungen in körperliche Symptome umgesetzt werden. Aus verhaltenstherapeutischer Sicht nehmen die Betroffenen ihre Symptome mehr oder weniger bewußt und mehr oder weniger willentlich an, um damit ein gewünschtes Ziel zu erreichen. Folglich wird der Psychoanalytiker dem Klienten helfen, sich den verdrängten Impulsen zu stellen, während der Verhaltenstherapeut versucht, Angst zu reduzieren und Verhaltensweisen zu verstärken, die die Symptome zum Verschwinden bringen.

Dissoziative Störungen sind Brüche in Bewußtsein, Gedächtnis und Identität. Die Unfähigkeit, sich an bedeutsame persönliche Daten und Lebensereignisse zu erinnern – gewöhnlich

Der Hypnotiseur überprüft die Tiefe der hypnotischen Trance, indem er der Frau suggeriert, an ihrem Arm sei ein gasgefüllter Ballon befestigt.

die Folge einer traumatischen Erfahrung – , wird als psychogene Amnesie diagnostiziert. Beim psychogenen Weglaufen verschwindet der oder die Betreffende aus der gewohnten Umgebung, nimmt eine neue Identität an und hat jede Erinnerung an das zuvor gelebte Leben verloren. Ein Mensch mit multipler Persönlichkeit besitzt zwei oder mehr verschiedene, voll ausgeprägte Persönlichkeiten, deren jede über ein eigenes Gedächtnis, eigene Verhaltensmuster und eigene Beziehungen verfügt und das Verhalten des Betroffenen bestimmt, sobald sie in Erscheinung tritt. Die Psychoanalyse sieht in dissoziativen Störungen Zeichen einer massiven Verdrängung unerwünschter Ereignisse oder Aspekte des Selbst. Lerntheoretisch gelten dissoziative Reaktionen als durch Angst motivierte Vermeidungsreaktionen. Analytiker wie Verhaltenstherapeuten konzentrieren ihre therapeutischen Bemühungen auf die mit den verlorenen Erinnerungen verbundene Angst, die in beiden therapeutischen Schulen als ätiologisch bedeutsam gilt.

Kapitel 8

Psychophysiologische Störungen

Beim scheinbar übernatürlichen Phänomen des Voodoo-Todes genügt der Fluch eines Medizinmannes oder Zauberers, um das Opfer zu äußerstem körperlichen Leid und Tod zu verurteilen (vgl. Kapitel 6). *Cannon* (1942) hat solche Vorkommnisse mit der irreparablen Schädigung lebenswichtiger Körperorgane zu erklären versucht, zu der es kommen kann, wenn das autonome Nervensystem durch anhaltende psychische Belastung auf einem hohen Erregungsniveau gehalten wird, ohne daß sich dem Organismus Gelegenheit zu wirksamer Aktion bietet. Erregung des autonomen Nervensystems gilt als einer der körperlichen Indikatoren für Emotion. So ist es denn nicht verwunderlich, daß sich auch Psychopathologen, auf der Suche nach eventuell beteiligten psychologischen Faktoren, mit körperlichen Krankheiten im Umkreis dieses Systems beschäftigen. Die mit Emotionen einhergehenden, erregungsbedingten körperlichen Veränderungen sind, so scheint es, vorübergehender Natur. Bei psychophysiologischen Störungen können die gewöhnlich reversiblen autonomen und hormonalen Reaktionen auf Streß zu irreversiblen Gewebsschädigungen führen.

Psychophysiologische Störungen wie Asthma und Ulcus sind gekennzeichnet durch genuin körperliche Symptome, für deren Entstehen oder Verschlimmerung emotionale Faktoren verantwortlich sind. Heute bezeichnet man solche Störungen bevorzugt als psychophysiologisch, bekannter ist vermutlich die Bezeichnung „psychosomatische Störung“. Mit *psychosomatisch* ist das Wesen dieser Störungen – jener schwer zu fassende Einfluß der Psyche oder Seele auf das Soma oder den Körper – recht gut erfaßt. Die Struktur beider Bezeichnungen impliziert, daß Leib und Seele im Prinzip voneinander unabhängig sind, einander aber gelegentlich auch beeinflussen (vgl. Kasten 8.1). Das dualistische Paradigma ist im menschlichen Denken tief verwurzelt. Dennoch hoffte man, mit beiden Bezeichnungen nicht die dualistische, sondern eine monistische Sicht des Menschen zu fördern, denn „... jedes Funktionieren und jede Krankheit ist seelisch und körperlich zugleich, da sowohl psychische als auch physiologische Prozesse kontinuierlich vor sich gehen“ (*Sternbach*, 1966, S. 139). Statt von Emotionen als den Ursachen körperlicher Dysfunktionen zu sprechen, könnten wir Psyche und Soma auch als ein und dasselbe betrachten (*Graham*, 1967). In diesem Fall wären psychologische und physiologische Erklärungen einfach zwei unterschiedliche Weisen, dieselben Ereignisse zu beschreiben.

Zu Beginn unserer Erörterung sei auf zwei wichtige Punkte verwiesen: Erstens, eine psychophysiologische Störung ist eine richtige Krankheit mit tatsächlicher Schädigung des Körpers. Daß solche Störungen auf emotionale Faktoren

Kasten 8.1
Descartes und das Leib-Seele-Problem

Eine der einflußreichsten Aussagen zum Leib-Seele-Problem stammt von dem brillanten französischen Philosophen *René Descartes* (1596–1650). Als tiefgläubiger Katholik glaubte er, daß sich der Mensch von allen anderen Lebewesen dadurch unterscheide, daß er eine Seele besitze und daher ein Teil seines Wesens göttlich sei. Aber wie die Tiere hat auch der Mensch einen Körper. Und obwohl der Körper, wie man seinerzeit annahm und was Descartes faszinierte, nach mechanischen Prinzipien funktionierte, glaubte er diese Mechanik unter der Kontrolle der Seele oder des Geistes. Aber wie konnte die Seele, die doch geistig und unkörperlich war, Einfluß nehmen auf einen Körper, der wie eine Maschine arbeitete? Wie konnten zwei fundamental verschiedene Substanzen einander „berühren"? Wenn die Seele Einfluß auf den Körper nahm, mußte es irgendwo einen *Berührungspunkt* geben. Descartes postulierte als Ort der entscheidenden Wechselwirkung, als denjenigen Punkt, von dem aus die Seele die Mechanik des Körpers steuert, die im Mittelhirn befindliche Zirbeldrüse. Indem er den Menschen auf diese Weise dualisierte und gleichzeitig zwischen Seele und Körper eine lebenswichtige Verbindung herstellte, konnte Descartes seine religiöse Sicht des Menschen als teilweise göttlich und doch auch integraler Teil der belebten Natur aufrechterhalten.

Der französische Philosoph René Descartes, der einen Leib-Seele-Dualismus vertrat.

zurückgehen, heißt nicht, daß das körperliche Leiden imaginär sei. An „psychisch bedingtem" Bluthochdruck oder Magengeschwür kann man genausogut sterben wie an vergleichbaren infektiösen oder verletzungsbedingten Krankheiten. Zweitens sind psychophysiologische Störungen von den in Kapitel 7 erörterten Konversionssyndromen zu unterscheiden. Bei Konversionssyndromen besteht kein Organschaden, und betroffen ist im allgemeinen die Funktion der Willkürmuskulatur. Dagegen handelt es sich bei psychophysiologischen Störungen um *wirkliche* Gewebsschädigungen.

Im Unterschied zum DSM-II sieht das DSM-III für psychophysiologische Störungen keine eigene Kategorie vor. Da man inzwischen nahezu alle körperlichen Krankheiten mit psychischer Belastung in Verbindung bringt, müßte eine solche Kategorie eine vollständige Aufzählung aller Krankheiten enthalten. Das DSM-III verzichtet auf ein derart umständliches System mit seinen vielen unumgänglichen Überschneidungen. Statt dessen wird ein diagnostisches Urteil auf Achse I verlangt, das auf das Vorhandensein eines *psychischen Faktors mit Einfluß auf einen körperlichen Zustand* hinweist, und eine Spezifizierung des körperlichen Zustandes auf Achse III.

Die klassischen psychophysiologischen Störungen – einige der wichtigsten sind unten aufgeführt – werden je nach betroffenem Organsystem in Gruppen zusammengefaßt.

1. Psychophysiologische Hautkrankheiten: Hautreaktionen wie Neurodermitis (Entzündung), Pruritus (Jucken) und Hyperhydrosis (trockene Haut).
2. Psychophysiologische respiratorische Erkrankungen: Bronchialasthma, Hyperventilation (sehr schnelles Atmen), Seufzeratmung und Schluckauf.
3. Psychophysiologische kardiovaskuläre Erkrankungen: Tachykardie (Herzjagen), Hypertonie (Bluthochdruck) und Migränekopfschmerz.
4. Psychophysiologische gastrointestinale Erkrankungen: Peptische Geschwüre, chronische Gastritis, ulceröse oder muköse Colitis, Obstipation, Hyperazidität und Sodbrennen.
5. Psychophysiologische urogenitale Erkrankungen: Menstruations- und Miktionsstörungen, Dyspareunie (Schmerzen beim Geschlechtsverkehr) und Impotenz (Schwierigkeiten beim Erreichen oder Aufrechterhalten einer Erektion oder beides).[1]
6. Psychophysiologische muskuloskeletale Störungen: Rückenschmerzen, Muskelkrämpfe und Spannungskopfschmerzen.

Psychophysiologische Symptome und Störungen sind in Industriegesellschaften recht verbreitet, in nicht-industrialisierten Gesellschaften, etwa bei den australischen Aborigines und den amerikanischen Indianern, dagegen offensichtlich selten. *Schwab, Fennell* und *Warheit* (1974) befragten eine Zufallsstichprobe von fast 1700 Amerikanern (Tabelle 8.1). Mehr als 40% der Befragten hatten im vergangenen Jahr unter Kopfschmerzen gelitten, und 50% berichteten von gastrointestinalen Symptomen. Ernsthaftere Störungen wie Bluthochdruck waren weniger häufig.

Tabelle 8.1. Prozentsatz der Probanden*, die eigenen Angaben zufolge im Jahr vor der Untersuchung unter psychophysiologischen Symptomen und Krankheiten litten (nach *Schwab, Fennell* und *Warheit*, 1974)

Symptome und Zustände	Ja– regelmäßig %	Ja– gelegentlich %	Nein %
Symptome			
Kopfschmerzen	8.7	38.0	53.4
Verdauungs-beschwerden	6.4	27.5	66.1
Verstopfung	6.9	19.6	73.5
Nervöser Magen	5.2	17.5	77.3
Magenschmerzen	3.7	18.8	77.5
Diarrhöe	0.9	14.4	84.8
Zustände			
Bluthochdruck	6.2	8.0	85.8
Asthma	1.9	2.9	95.2
Magengeschwüre	0.9	1.4	97.6
Colitis	0.4	0.9	98.7

*N = 1647.

1. Streß und Krankheit

Welche Anhaltspunkte haben wir für einen Zusammenhang zwischen Streß und Krankheit? Seit Jahren wissen wir, daß man bei Tieren körperliche Krankheiten hervorrufen kann, wenn man sie im Labor großem Streß aussetzt. Untersucht wurden dabei gewöhnlich so klassische psychophysiologische Störungen wie Ulcus und Bluthochdruck. In letzter Zeit hat sich der Kreis der offensichtlich durch Streß beeinflußbaren Krankheiten erweitert. *Sklar* und *Anisman* (1979) z.B. haben bei Mäusen mit transplantiertem Krebsgewebe Tumore induziert und dann untersucht, welchen Einfluß Streß auf das Wachstum der Tumore hatte. Elektrische Schläge beschleunigten das Wachstum und die gestreßten Tiere starben früher.

[1] Das DSM-III führt sexuelle Dysfunktionen, einschließlich Dyspareunie und Impotenz, unter einer eigenen Kategorie der „Psychosexuellen Störungen" (vgl. Kapitel 13).

Die Messung von Lebensstreß

Menschen vergleichbaren experimentellen Prozeduren zu unterziehen, verbietet sich aus ethischen Gründen. Also hat man die besonders belastenden Ereignisse oder den Lebensstreß gemessen, denen Menschen ausgesetzt waren, und das Ergebnis mit Krankheit korreliert. Zu diesem Zweck wurden eine Anzahl von Meßinstrumenten entwickelt. Ein solcher Test, dessen Items in Tabelle 8.2 aufgeführt sind, ist die *Social Readjustment Rating Scale* (SRRS – Einschätzskala der sozialen Wiederanpassung). Bei diesem Test kreuzt der Proband einfach die Ereignisse an, die er innerhalb eines bestimmten Zeitraumes erlebt hat. Ein einfaches Summieren der *Anzahl* der Ereignisse hätte allerdings wenig Sinn, da mit den verschiedenen Ereignissen ein unterschiedliches *Ausmaß* an Streß verbunden ist. Um dieses Problem zu lösen, legten *Holmes* und *Rahe* (1967) einer großen Probandengruppe eine Liste von Lebensereignissen vor und forderten sie auf, diese „... *unabhängig von ihrer Erwünschtheit* nach Intensität und benötigter Zeit der Anpassung an das jeweilige Ereignis" einzustufen. Dabei wurde, um einen Bezugspunkt zu haben, der Heirat

Tabelle 8.2. Social Readjustment Rating Scale (aus *Holmes* und *Rahe*, 1967)

Rangplatz	Ereignis	mittlerer Wert
1	Tod des Ehegatten	100
2	Scheidung	73
3	Trennung ohne Scheidung	65
4	Gefängnisstrafe	63
5	Tod eines nahen Familienmitgliedes	63
6	Verletzung oder Krankheit	53
7	Hochzeit	50*
8	Entlassenwerden	47
9	Wiederversöhnung nach Streit mit Ehegatten	45
10	Pensionierung	45
11	Erkrankung eines Familienmitglieds	44
12	Schwangerschaft	40
13	Sexuelle Schwierigkeiten	39
14	Vergrößerung der Familie	39
15	Berufliche Veränderungen	39
16	Veränderungen im finanziellen Bereich	38
17	Tod eines nahen Freunds	37
18	Wechsel an einen Arbeitsplatz mit ungewohnter Tätigkeit	36
19	Veränderung in der Anzahl der Auseinandersetzungen mit dem Ehegatten	35
20	Aufnahme einer Hypothek über 10 000 Dollar	31
21	Verfallen einer Hypothek oder eines Darlehens	30
22	Veränderungen in den beruflichen Aufgaben	29
23	Sohn oder Tochter verläßt Familie	29
24	Schwierigkeiten mit Verwandten des Ehemanns bzw. der Ehefrau	29
25	Außergewöhnliche persönliche Leistung	28
26	Ehefrau fängt mit einer Arbeit an oder hört mit ihr auf	26
27	Schulbeginn oder -abschluß	26
28	Veränderung in den Lebensumständen	25
29	Aufgabe persönlicher Gewohnheiten	24
30	Schwierigkeiten mit dem Chef	23
31	Veränderung in den Arbeitszeiten oder -bedingungen	20
32	Umzug	20
33	Schulwechsel	20
34	Veränderungen im Freizeitbereich	19
35	Veränderungen in den kirchlichen Aktivitäten	19
36	Veränderungen in den sozialen Aktivitäten	18
37	Aufnahme einer Hypothek oder eines Darlehens unter 10 000 Dollar	17
38	Veränderung in den Schlafgewohnheiten	16
39	Veränderung in der Anzahl der Familienzusammenkünfte	15
40	Veränderungen in den Eßgewohnheiten	15
41	Ferien	13
42	Weihnachten	12
43	Kleinere Gesetzesverstöße	11

* Der Hochzeit wurde willkürlich ein Streßwert von 500 zugeordnet; kein Ereignis wurde mehr als zweimal so belastend eingestuft. Die hier angegebenen Werte sind proportional verringert und reichen bis zu 100.

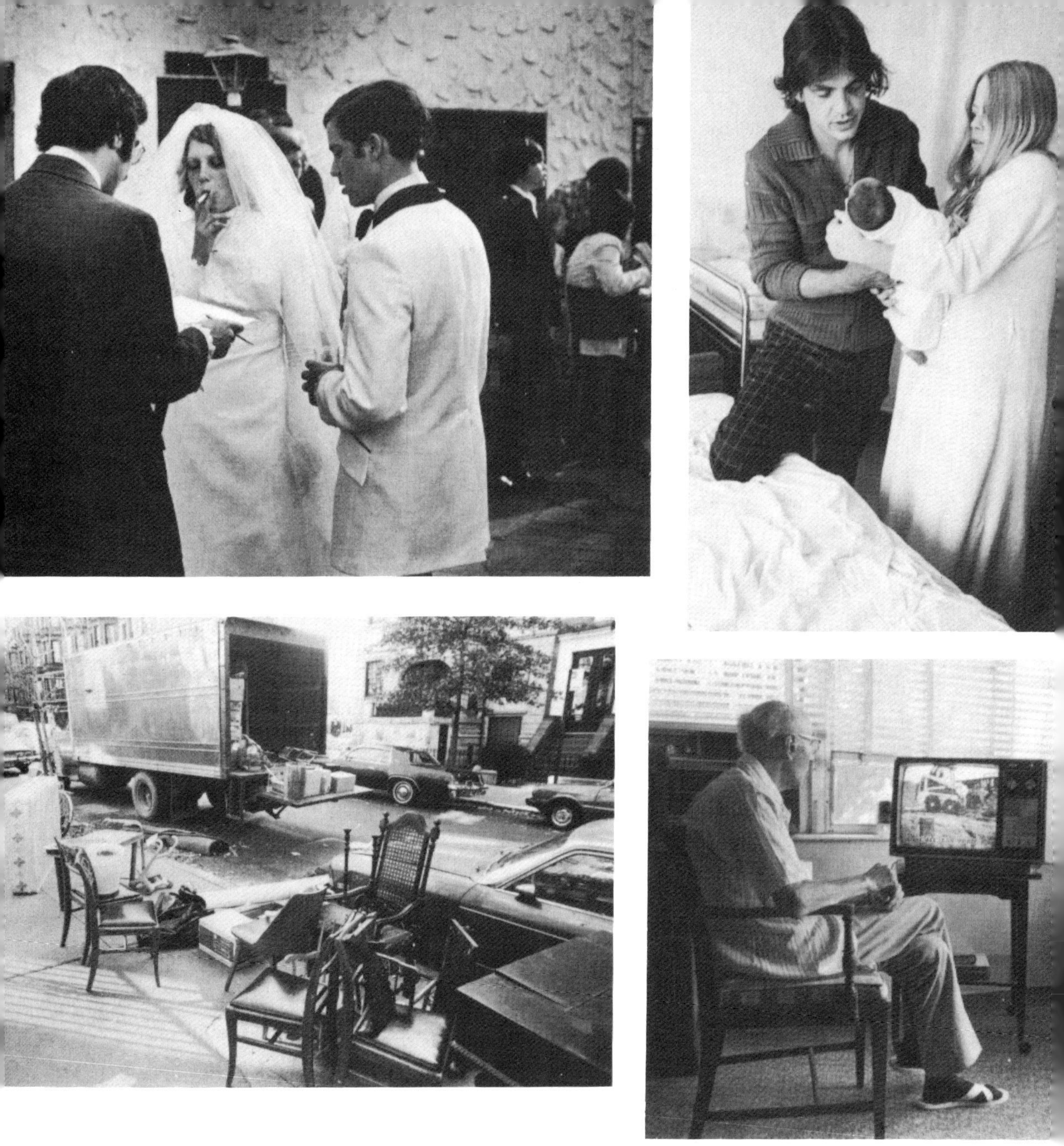

Wichtige Lebensereignisse bringen Belastungen mit sich, die ihrerseits medizinische und psychische Probleme verursachen können.

ein willkürlicher Streßwert von 500 zugewiesen. Ein Ereignis, das der Proband doppelt so belastend fand wie Heiraten, wurde also mit 1000 bewertet, und wenn die Belastung nur ein Fünftel des Hochzeitsstreß betrug, schlug sie mit 100 zu Buche. Neben den einzelnen Ereignissen verzeichnet Tabelle 8.2 auch deren durchschnittliche Einstufung durch die Probanden.

Die differentiellen Streßwerte der tatsächlich erlebten Ereignisse werden gewichtet und zum sogenannten *Life Change Unit Score* (LCU-Wert für die Veränderung der Lebensumstände) aufsummiert. Diesen LCU-Wert setzt man dann in Beziehung zu Krankheit. *Rahe* und *Holmes* (unveröffentlicht) haben auf diese Weise eine Stichprobe von 200 Ärzten untersucht. Es ergab sich ein enger Zusammenhang zwischen Gesundheitsproblemen (Infektionskrankheiten, Allergien, Erkrankungen des Bewegungsapparates und psychophysiologische Störungen) und LCU-Werten. Lag der LCU-Wert unter 200, waren 37% der Lebenskrisen mit Gesundheitsbeeinträchtigungen verbunden. Bei einem LCU-Wert von über 300 stieg dieser Anteil auf 79%. Andere Untersuchungen haben einen Zusammenhang zwischen LCU-Wert und Herzanfällen (*Rahe* und *Lind*, 1971), Knochenbrüchen (*Tollefson*, 1972), Ausbruch einer Leukämie (*Wold*, 1968) und Erkältungen und fieberhaften Erkrankungen (*Holmes* und *Holmes*, 1970) festgestellt.

Wir verfügen also über einige vielversprechende Anhaltspunkte für einen Zusammenhang zwischen psychischen Belastungen und körperlicher Krankheit. Dennoch sollte man nicht voreilig auf einen kausalen Zusammenhang schließen. Der eigentliche Grund für einen hohen Änderungswert kann z.B. auch die Krankheit selbst sein, man denke nur an jemanden, der aus Krankheitsgründen häufig nicht zur Arbeit kommt und entlassen wird. Vielleicht wird die Erinnerung an das belastende Ereignis auch durch das Wissen um die nachfolgenden Krankheiten verfälscht. Viele dieser Studien basieren auf der Methode der Retrospektive. Die Probanden sollten sich sowohl an Krankheiten als auch an die belastenden Ereignisse der letzten zwei Jahre erinnern. Bei solchen Retrospektiven ist immer damit zu rechnen, daß Ereignisse verzerrt erinnert oder vergessen werden.

Einzuwenden ist auch, daß die SRRS eine ganz bestimmte Definition von Streß zugrunde legt, derzufolge jede Veränderung, sei sie positiv (z.B. Heirat) oder negativ (z.B. Entlassung) eine Belastung bedeutet. Die Beweislage ist hier zwar widersprüchlich, aber es sieht doch so aus, als seien die unerwünschten Aspekte von Ereignissen mindestens ebenso bedeutsam wie die Tatsache, daß die fraglichen Ereignisse das Leben verändern (*Redfield* und *Stone*, 1979). Problematisch ist ferner, daß die Items der SRRS nicht systematisch alle wesentlichen Belastungen abdecken. Vermutlich werden viele Leser in der Tabelle 8.2 Ereignisse vermissen, die sie selber als sehr belastend empfunden haben.

Man hat diese Kritik ernst genommen und neue „life event"-Fragebögen entwickelt. Zu den besten gehört das *Psychiatric Epidemiology Research Instrument* (PERI). Angefangen haben seine Autoren (*Dohrenwend* et al., 1978) damit, daß sie eine große Probandenstichprobe nach belastenden Ereignissen befragten. Diese Ereignisse wurden reliabel auf verschiedenen, mit Streß korrelierenden Dimensionen eingeschätzt und überdies in drei Kategorien eingeteilt: Ereignisse, die mögliche Indikatoren körperlicher Krankheit sind, etwa eine Verletzung; Ereignisse, die mögliche Folgen der psychischen Verfassung des Probanden sind, etwa das Schließen neuer Freundschaften; Ereignisse, die von Krankheit und psychischer Verfassung unabhängig sind, etwa der Tod eines nahen Freundes. Diese Kategorisierung ist von besonderer Bedeutung, denn erst mit ihr kann man den unabhängigen Beitrag von Ereignissen zu Krankheiten untersuchen.

Methoden zur Erforschung des Bindegliedes zwischen Streß und Krankheit

Das Immunsystem

Mit immer weiter verbesserten Instrumenten haben die Forscher ihre Suche nach Bindegliedern zwischen Streß und Krankheit fortgesetzt. Man hat sich z. B. gefragt, welche physiologischen Mechanismen Lebensstreß in Krankheit umsetzen können. Das größte Interesse gilt dabei dem Immunsystem, das krankheitsverursachende Mikroorganismen erkennt und für entsprechende Schutzmaßnahmen sorgt. Das Immunsystem besteht aus einer humoralen und einer zellvermittelten Komponente. Der humorale Teil des Systems synthetisiert und entläßt Antikörper oder Immunglobuline in Blut, Speichel und andere Körperflüssigkeiten. Die auf Zellaktivität beruhende Immunität baut sich langsamer auf und wirkt nicht über Antikörper. Immunsystem-Zellen können den Körper schützen, können aber auch transplantierte Organe abstoßen.

Wenn Streß tatsächlich mit dem normalen Funktionieren des Immunsystems interferieren kann, müßte sich eigentlich herausstellen, daß Streß den Körper infektionsanfälliger macht. Die vorliegenden Forschungsergebnisse bestätigen im allgemeinen die Beziehung zwischen Streß und Infektionsanfälligkeit. Das gilt zum Beispiel für Infektionen des Respirationstraktes, für Tuberkulose, Herpes simplex und Mononucleosis infectiosa (Drüsenfieber) (*Jammott* und *Locke*, 1984). Mehrere mögliche Maße für das Funktionieren des Immunsystems offenbaren ebenfalls dessen ,,Streßanfälligkeit". *Jammott* und seine Mitarbeiter (1983) haben z.B. den Immunglobulin-A-Spiegel (Ig A) untersucht. Ig A ist das wichtigste Immunglobulin zum Schutz gegen Infektionen des Respirationstraktes. Während dreier Perioden großer Belastung und zweier relativ ruhiger Phasen extrahierte man aus dem Serum der Betroffenen das Immunglobulin A. Wie erwartet, war der Ig-A-Spiegel in streßreichen Zeiten niedriger. Was noch fehlt, ist der schlüssige Nachweis eines Bindegliedes zwischen Streß, Beeinträchtigung des Immunsystems und Krankheit. Dazu bedarf es einer Langzeituntersuchung und einer großen Zahl von Probanden. Der Langzeitaspekt ist wichtig, weil man nur so zeigen kann, daß einer Störung des Immunsystems und einer nachfolgenden Krankheit tatsächlich eine größere Belastung vorausgegangen ist. Und die vielen Probanden braucht man, weil Immunsysteme individuell verschieden arbeiten. Bei weitem nicht jedes Immunsystem wird derart gravierend auf Streß reagieren, und nur einige Menschen mit solcherart erworbener Anfälligkeit werden auch mit dem zugehörigen Krankheitserreger in Berührung kommen.

Widerstandskraft

Die Korrelation zwischen belastenden Lebensereignissen und Krankheit ist in der Tat mäßig und liegt bestenfalls bei .30. Mit anderen Worten, Streß erhöht nur bei manchen Menschen die Krankheitshäufigkeit. Zeichnen sich nun streßreaktive und streß-resistente Menschen durch besondere Merkmale aus und lassen sich diese Merkmale identifizieren? Zur Illustration dieser zweiten allgemeinen Möglichkeit, die Beziehung zwischen Streß und Krankheit zu untersuchen, wollen wir uns kurz mit der Widerstandskraft beschäftigen, einer Variablen, der gegenwärtig die besondere Aufmerksamkeit von Forschern gilt.

,,Widerstandskraft ist definiert als Konstellation dreier klinischer Persönlichkeitsmerkmale: Engagement, Kontrolle und Herausforderung... Menschen mit großer Widerstandskraft engagieren sich bei dem, was sie tun (statt sich entfremdet zu fühlen), glauben im allgemeinen, daß sie die Dinge zumindest teilweise kontrollieren können (statt sich machtlos oder ohnmächtig zu fühlen) und betrachten Veränderung als normale Herausforderung oder Anstoß zu weiterer Entwicklung (anstatt als Bedrohung)" (*Kobasa* und *Puccetti*, 1983, S. 840).

In ihrer ersten Studie zur Widerstandskraft untersuchte *Kobasa* (1979) leitende Angestellte mit großer Streßbelastung und teilte sie in jeweils eine Gruppe mit hoher und eine mit niedriger Krankheitshäufigkeit ein. Beide Gruppen füllten mehrere Persönlichkeitsfragebögen aus. Die daraus abgeleiteten Werte für Widerstandskraft waren erwartungsgemäß für beide Gruppen verschieden. Probanden mit geringer Krankheitshäufigkeit erreichten höhere Werte für Widerstandskraft als Probanden mit hoher Krankheitshäufigkeit. In einer Nachfolgestudie konnte mit einer aussagekräftigeren prospektiven Methode gezeigt werden, daß sich anhand der Werte für Widerstandskraft vorhersagen ließ, ob die Probanden in Zukunft häufiger oder seltener krank sein würden (*Kobasa, Maddi* und *Kahn*, 1982). Widerstandskraft scheint also die Beziehung zwischen Streß und Krankheit zu schwächen. Zur Zeit sucht man nach weiteren, diese Beziehung schwächenden Faktoren, wie z.B. die soziale Unterstützung, die jemand von einer Gemeinschaft oder Gruppe erhält, instrumentelle Hilfen, z.B. Information und technische Unterstützung von anderen, Sympathie und Zuwendung seitens Angehöriger und Freunde (*Thoits*, 1982) und das sogenannte ,,Coping", die Fähigkeit eines Menschen, mit Problemen und deren emotionalen Folgen fertigzuwerden (*Stone* und *Neale*, 1984).

In summa, Lebensstreß und Krankheit ist ein ebenso aktives wie vielversprechendes Forschungsgebiet. Allerdings fehlen bis jetzt detaillierte prospektive Untersuchungen, die sowohl Lebensereignisse als auch Krankheiten einbeziehen.

2. Theorien psychophysiologischer Störungen: Ein Überblick

Im folgenden erörtern wir Theorie und Forschung zur Wechselwirkung psychologischer und physiologischer Faktoren bei der Verursachung und Begünstigung bestimmter psychophysiologischer Störungen. Zunächst werden wir uns damit beschäftigen, wie psychischer Streß physiologische Funktionen beeinflußt und eine Krankheit verursacht oder verschlimmert, und gegen Ende des Kapitels einen Blick auf die psychotherapeutischen Möglichkeiten werfen, körperlichen Krankheiten vorzubeugen oder zu ihrer Heilung beizutragen.

Die Ätiologie psychophysiologischer Störungen konfrontiert uns mit drei Fragen: 1. Warum haben nur manche Menschen unter den Folgen von Streß zu leiden? 2. Warum verursacht Streß manchmal eine Krankheit und nicht eine psychische Störung? 3. Was ist gegebenenfalls verantwortlich dafür, welche der zahlreichen möglichen psychophysiologischen Störungen sich einstellt? Wir haben bereits in Zusammenhang mit den verschiedenen Angstsyndromen über Streß gesprochen und werden auch im Kapitel über Schizophrenie noch einmal darauf zurückkommen. Wie kommt es, daß sich dieses allgemeine Konzept zur ,,Erklärung" so vieler und so vielfältiger Störungen eignet?

Um Antworten auf diese Fragen haben sich physiologisch wie psychologisch orientierte Theoretiker bemüht. Physiologische Ansätze ordnen einzelne psychophysiologische Störungen spezifischen Schwächen oder Überaktivitäten individueller Organsysteme in Reaktion auf Streß zu. Psychologische Theorien postulieren einen Zusammenhang zwischen bestimmten emotionalen Zuständen und bestimmten Störungen.

Physiologische Theorien

Die Theorie der Organschwäche

Möglicherweise haben genetische Faktoren, frühere Krankheiten, Ernährungsgewohnheiten usw. ein Organsystem so in Mitleidenschaft gezogen, daß es schwach und durch Streß anfällig geworden ist. Gemäß der *Theorie der Organschwäche* ist der Zusammenhang zwischen Streß und einer bestimmten psychophysiologischen Störung mit der Schwäche innerhalb eines spezifischen Körperorgans gegeben. Wie ein Reifen an seiner schwächsten oder dünnsten Stelle platzt, könnte z.B. im menschlichen Körper ein angeborenes schwaches Respirationssystem zu Asthma prädisponieren.

Die Theorie der spezifischen Reaktion

Andere Forscher sind der Meinung, daß es – vermutlich genetisch determinierte – Unterschiede in der Reaktionsweise auf Streß gibt. Jeder Mensch, so hat man festgestellt, besitzt sein besonderes autonomes Reaktionsmuster auf Streß. Bei dem einen schlägt das Herz schneller, während sich bei einem anderen nur der Atem beschleunigt (*Lacey*, 1967). Jeder Mensch reagiert auf Streß auf seine eigene, idiosynkratische Weise, und so ist vielleicht das jeweils reaktivste Körpersystem zugleich auch der Ort einer eventuellen späteren psychophysiologischen Störung. Reagiert jemand auf Streß mit vermehrter Sekretion von Magensäure, entwickelt er möglicherweise auf die Dauer ein Magengeschwür, während jemand mit streßbedingter Neigung zu erhöhtem Blutdruck anfällig ist für eine essentielle Hypertonie. Wenn wir uns weiter unten die einzelnen psychophysiologischen Störungen genauer ansehen, werden wir feststellen, daß es für beide Theorien, die der Organschwäche und die der *spezifischen Reaktion*, gewichtige Belege gibt.

Evolutionstheorie

Betroffen von einer psychophysiologischen Störung ist gewöhnlich ein einzelnes Organsystem, das vom autonomen Nervensystem kontrolliert wird. In einem gesunden Körper müssen die Aktionen beider Teile des Systems, des Parasympathikus und des Sympathikus – die manchmal zusammen, manchmal auch gegeneinander arbeiten –, immer in einem komplexen und empfindlichen Gleichgewicht gehalten werden. Beide Systeme arbeiten in ,,konzertierter Aktion". Einem Ausbruch von sympathischer Aktivität muß bald durch vermehrte parasympathische Aktivität Einhalt geboten werden. Eine gelegentliche längere Überaktivität eines der beiden Systeme schadet dem gesunden Körper nicht, aber damit Eingeweide, Blutgefäße und Drüsen effektiv arbeiten können und ungeschädigt bleiben, darf kein System über einen langen Zeitraum ein Übermaß an Energie verbrauchen.

Äußere, körperliche Gefahr stimuliert das sympathische System, den Körper auf Kampf oder Flucht vorzubereiten. Es beschleunigt Herz- und Atemfrequenz und erhöht den Blutdruck. Die Leber schüttet vermehrt Zucker ins Blut aus. Die Blutgefäße der Arm- und Bein- und anderer Skelettmuskeln erweitern sich, um sich auf die bevorstehende Anstrengung vorzubereiten. Gleichzeitig ziehen sich in Magen, Eingeweiden, Haut und Gehirn die Blutgefäße zusammen. Aber äußere Gefahr geht meistens vorüber. Nachdem der Körper geflohen ist oder gekämpft hat, entspannen sich die Muskeln, das Herz pendelt sich auf seine normale Frequenz ein, das Gehirn wird vermehrt mit Blut versorgt, und der Verdauungsapparat nimmt seine Tätigkeit wieder auf. All das geschieht auf ,,Anweisung" des parasympathischen Systems.

Vorgestellte und soziale Gefahren veranlassen das sympathische System zu denselben Vorbereitungsmaßnahmen. Unser Gehirn hat sich so weit entwickelt, daß es nicht mehr nur körperliche Gefahren wahrnimmt (*Simeons*, 1961), und Menschen können auch dann unter Streß geraten, wenn von wirklicher Gefahr keine Rede sein kann. Ärger in einer unangenehmen Situation, Reue über Vergangenes und Sorgen um Zukünftiges – all das versetzt das sympathische System in Aktivität. Aber vor Ärger, Reue und Sorge kann man weder fliehen noch kann man gegen sie kämpfen. Sie verschwinden auch nicht so ohne weiteres von selbst. Sie können das sympathische System in Erregung und den Körper in einem ständigen Alarmzustand halten. Unter solchen Bedingungen wird es immer schwieriger, sympathische und parasympathische Aktivitäten im notwendigen Gleichgewicht zu halten, bis es möglicherweise verlorengeht. So führen die sorgenvollen Gedanken, zu denen uns unser evolutionärer Entwicklungsstand befähigt, zu körperlichen Veränderungen, die dauerhafter sind, als sie ursprünglich gemeint waren, und die zum Ungleichgewicht von sympathischer und parasympathischer Aktivität beitragen. Unsere höheren geistigen Fähigkeiten, so die Theorie, setzt unseren Körper physiologischen ,,Stürmen" aus, denen er nach seiner Anlage nicht gewachsen ist.

Psychologische Theorien

Die psychoanalytische Theorie

Der vielleicht bekannteste psychoanalytische Theoretiker, der sich mit psychophysiologischen Reaktionen beschäftigte, war *Franz Alexander* (1950). Er hielt die verschiedenen psychophysiologischen Störungen jeweils für das Produkt unbewußter und störungsspezifischer emotionaler Zustände. Zum Beispiel ,,... dürfte der für die Pathogenese des Magengeschwürs entscheidende Faktor die Frustration des abhängigen, Hilfe und Liebe fordernden Menschen sein. Wenn diese Wünsche in zwischenmenschlichen Beziehungen keine Befriedigung finden, entsteht ein chronischer emotionaler Stimulus, der spezifische Auswirkungen auf die Funktionen des Magens hat" (S. 103).

Alexander nahm an, daß Ulcus-Patienten ihre Sehnsucht nach elterlicher Liebe in der Kindheit verdrängt haben und daß diese verdrängten Impulse die Überaktivität des autonomen Nervensystems und des Magens verursachen, die schließlich zu Magengeschwüren führt. Der Magen befindet sich in ständiger physiologischer Bereitschaft, um jene Nahrung aufzunehmen, die der Betroffene symbolisch mit elterlicher Liebe gleichsetzt.

Für den chronischen emotionalen Zustand, der zur Hypertonie führen kann, macht *Alexander* unterdrückte aggressive Impulse verantwortlich.

,,Es stauen sich fortgesetzt aggressive Impulse an und nehmen dementsprechend an Intensität zu. Um die aufgestauten Aggressionen unter Kontrolle zu halten, werden stärkere Abwehrmaßnahmen nötig... Wegen ihrer starken Hemmungen sind solche Patienten beruflich weniger effektiv und ziehen aus diesem Grund im Wettbewerb mit ande-

ren häufig den kürzeren... Neid stellt sich ein ... und aggressive Gefühle gegenüber erfolgreicheren, weniger gehemmten Rivalen verstärken sich" (S. 150).

Grundlage von *Alexanders* Theorie des unausgedrückten Zorns waren seine Beobachtungen an Analysanden. Obwohl spätere Forschung die Theorie zu bestätigen schien – man stellte z.B. fest, daß Hypertoniker auch hohe Werte für Zorn oder Feindseligkeit erreichen –, können solche Daten nicht als Beleg einer ursächlichen Beziehung zwischen Aggression und Hypertonie gelten, da sie *nach* der Erkrankung erhoben wurden. Andere Untersuchungen fanden *Alexanders* Hypothese nicht immer bestätigt; trotzdem wird sie auch in modernen Forschungsarbeiten zu den an essentieller Hypertonie beteiligten psychischen Faktoren weiterhin verfolgt (vgl. S. 235f.).

Konditionierungstheorien

Man hat sowohl dem klassischen als auch dem operanten Konditionieren eine Rolle bei der Entwicklung psychophysiologischer Störungen zugeschrieben. Gleichwohl scheint Konditionierung weniger zur Entstehung als vielmehr zur Verschlimmerung von Krankheiten beizutragen. Nehmen wir z.B. einen Menschen mit Pollenallergie, der an Asthmaanfällen leidet. *Bandura* (1969) hält es für möglich, daß ursprünglich neutrale Reize, die mehrfach zusammen mit Pollen auftreten, auf dem Wege klassischen Konditionierens ebenfalls zu Auslösern von Asthmaanfällen werden können und sich so der Kreis der auslösenden Reize um einen neuen Reiz erweitert. Vielleicht sind Asthmaanfälle zuweilen auch operante Reaktionen auf nachfolgende Belohnungen. Ein Kind könnte sein Asthma „einsetzen", um nicht an unliebsamen Aktivitäten teilnehmen zu müssen. *Dworkin* und seine Mitarbeiter (1979) vermuten, daß auch Hypertonie verstärkend sein kann. Viele Menschen, so die Grundannahme ihrer Hypothese, leben in einer Umgebung, die einerseits aggressive Neigungen verstärkt, zugleich aber den offenen Ausdruck von Aggression verbietet. Untersuchungen an Tieren haben gezeigt, daß sich Zorn-Reaktionen durch Stimulierung der Barorezeptoren hemmen lassen. Barorezeptoren sind blutdrucksensitive Nervenzellen des kardiovaskulären Systems, die sich u.a. an den Gefäßwänden des Aortabogens und des Sinus caroticus befinden.[2] Vielleicht ist ein ähnlicher Mechanismus auch beim Menschen wirksam. Bluthochdruck könnte die Barorezeptoren stimulieren und so dazu beitragen, fehlangepaßte aggressive Reaktionen zu hemmen.

Keine dieser Erklärungen schließt die Bedeutung physiologischer Faktoren für die Entstehung phsychophysiologischer Störungen aus. Beide Konditionierungshypothesen setzen das Vorhandensein der körperlichen Symptome bereits voraus. Jedes Lernmodell einer psychophysiologischen Störung postuliert eine physiologische Prädisposition, also irgendeine Form von Diathese.

Die multifaktorielle Theorie

Als *Louis Pasteur* seine Keimtheorie der Krankheit aufgestellt hatte, hoffte man, nunmehr für jede medizinische Störung eine einzige Ursache zu finden. Inzwischen wissen wir, daß wir bei den meisten Krankheiten mit multiplen Ursachen zu rechnen haben. Für den Herzinfarkt macht man z.B. eine komplexe Wechselwirkung von genetischen Faktoren, cholesterinreicher Ernährung, Zigarettenrauchen, Bewegungsmangel und Streß verantwortlich. Diese *multifaktorielle* Betrachtungsweise hat auch Eingang gefunden in moderne Theorien über Streß und die mit psychophysiologischen Störungen einhergehenden physiologischen und emotionalen Reaktionen.

Die Theorien der Organschwäche und der spezifischen Reaktion behaupten, daß durch Streß die physiologischen Prädispositionen für eine Krankheit aktiviert werden. Aber durch welche Art von Streß? Sind es diejenigen Ereignisse oder Situationen, die wohl niemanden unberührt

---

[2] Als Sinus caroticus bezeichnet man die leichte Ausweitung der Karotisarterie an der Stelle, wo sie sich gabelt in einen äußeren Zweig, der Gesicht, Kopfhaut, Zunge, Zähne und andere äußere Teile des Kopfes versorgt, und einen inneren Zweig zur Versorgung von Gehirn, Augen und anderen inneren Strukturen. Die besonders reichhaltige Ausstattung seiner Wände mit sensorischen Nervenendigungen ist ein wesentlicher Mechanismus zur Regulierung von Herzfrequenz und Blutdruck.

lassen, wie der Verlust des Arbeitsplatzes oder der Tod eines Angehörigen? Vermutlich nicht, zumindest nicht ausschließlich. Eine sehr viel größere Rolle scheinen so idiosynkratische Stressoren wie das Umstoßen eines gefüllten Glases während eines großen Abendessens in Gesellschaft spielen zu können (z.B. *Lazarus*, 1974). Das gleiche gilt für die ständigen oder zumindest chronischen Widrigkeiten des täglichen Lebens. Die stete Belastung durch Armut, Großstadtlärm, Luftverschmutzung, Hetze, Unter- oder Überforderung durch Fließbandarbeit, wichtige Familienentscheidungen, Statusungleichheiten der Ehepartner, Pflege von Kindern und betagten Eltern erschöpfen Geduld und Energiereserven (*Lazarus* und *Cohen*, 1977). Die bedeutsame Rolle von *Alexanders* spezifischen emotionalen Zuständen könnte darin bestehen, daß sie jemanden für die Überreaktion auf beschwerliche, aber nicht unbedingt katastrophale Erfahrungen gleichsam ,,sensibilisieren". Eine umfassende Diathese-Streß-Theorie der psychophysiologischen Störungen verlangt also die Integration mehrerer bereits bestehender Theorien.

Damit ist unser allgemeiner Überblick über die Theorien der Ätiologie psychophysiologischer Störungen vollständig. Wir wenden uns nunmehr ausführlich jenen Störungen zu, die die meiste Forschungsaufmerksamkeit gefunden haben: dem *Ulcus*, der *Hypertonie*, der *koronaren Herzkrankheit*, dem *Asthma* und dem *Migränekopfschmerz*.

3. Ulcus

Ein Ulcus ist eine kraterförmige Läsion oder ein Loch in der Magen- oder Zwölffingerdarmwand. Beim Verdauungsprozeß wirkt Magensaft, bestehend aus verdünnter Salzsäure und Pepsin, auf die aufgenommene Nahrung ein und spaltet sie in für den Körper verwertbare Komponenten auf. Normalerweise sind die Innenwände des Magens und des Zwölffingerdarms vor diesen Magensekretionen durch eine Schleimschicht geschützt. Bei unzureichender Durchblutung der Schleimhaut und/oder exzessiver Magensekretion zerfrißt der Magensaft die Schleimhaut und kann die Magenwand andauen (*Weiss*, 1977).[3] Eine mögliche Ursache von Minderdurchblutung und vermehrter Magensäuresekretion ist eine autonome Überaktivität. So ist mit der Beziehung zwischen autonomer Aktivität und Emotionen auch der Zusammenhang zwischen einem physiologischen Prozeß und möglichen psychologischen Faktoren gegeben. Die folgende Fallgeschichte illustriert die Entwicklung eines Magengeschwürs.

Hintergrund. Als Kind war Herr A. im Gegensatz zu seinem drei Jahre älteren, aggressiven und unabhängigen Bruder ruhig und folgsam. Der große Bruder hatte ihn immer beschützt, und Herr A. war viel mit ihm und dessen Freunden zusammen gewesen. Einen großen Teil seiner Zeit verbrachte er auch mit seinen Eltern, die ihm viel Aufmerksamkeit widmeten.

Emotional erregende Situationen. Als Herr A. dreizehn Jahre alt war, starb sein Bruder, und zwei Jahre später sein Vater. Beide Ereignisse hatten einen bestimmenden Einfluß auf sein Leben. Nach dem Tod des Vaters wurde die Mutter psychisch abhängig von ihm, suchte in allen wichtigen Fragen seinen Rat und verlangte ganz allgemein, daß er Bruder und Vater ersetzte – eine Situation, der Herr A. weder intellektuell noch in anderer Hinsicht gewachsen war. Nach außen machte er trotz emotionaler Erregung auch weiterhin einen sicheren Eindruck. Die übermäßigen Erwartungen seiner Mutter intensivierten seine emotionalen Reaktionen... Im Alter von 18 Jahren litt Herr A. vorübergehend an Magenbeschwerden, denen eine erste Blutung aus einem Zwölffingerdarmgeschwür folgte. Zu Beginn seiner Psychotherapie fünf Jahre später wiesen Röntgenbefunde und allgemeine Symptome auf ein aktives Ulcus hin.

Katamnese. Eine Nachfolgeuntersuchung, die sich über einen Zeitraum von drei Jahren nach Abschluß

[3] In der psychologischen Literatur findet man häufig Untersuchungen zum *peptischen Ulcus*, eine Kategorie, die sowohl Magengeschwüre als auch Geschwüre des Zwölffingerdarms umfaßt. Diese Praxis ist wenig glücklich, da die Ätiologie beider Ulcustypen recht unterschiedlich sein kann. Zwölffingerdarmgeschwüre sind gewöhnlich mit vermehrter Sekretion von Salzsäure verbunden und häufiger bei Männer zu finden, während Magengeschwüre diesem Muster nicht folgen (*Weiner*, 1977).

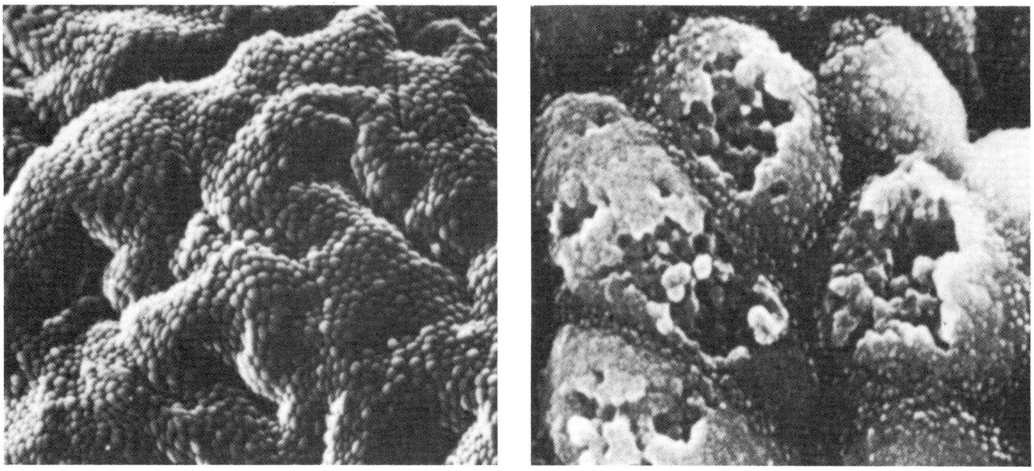

Elektronen-mikrographische Aufnahmen (a) eines gesunden Magens und (b) eines Magens mit Magengeschwüren.

dieser ersten Psychotherapie erstreckte, erbrachte folgendes: Herr A. hatte kurz nach seiner Hochzeit einen leichten Rückfall, als er eine anstrengende Aufgabe im Ausland übernahm und sich nicht streng an seine Diät hielt. Zu einem zweiten, ebenfalls leichten Rückfall kam es kurz vor der Geburt seines ersten Kindes. Zur gleichen Zeit trug sich übrigens seine Mutter mit dem Gedanken an eine Wiederheirat. In einigen psychotherapeutischen Sitzungen wurden die bestehenden emotionalen Probleme besprochen, woraufhin sich die Funktionen offensichtlich wieder stabilisierten. Drei Jahre nach Abschluß der ersten Psychotherapie ernährte Herr A. sich normal und erhielt eine minimale tägliche Medikation (*Lachman*, 1972, S.1–2).

Streß und Ulcus

Man hat für die Entstehung von Ulci zahlreiche Stressoren verantwortlich gemacht. Einer der ersten, die man identifizierte, war die *Immobilisierung* (*Selye*, 1936). Wenn man Ratten in Tücher packte oder ihnen die Beine zusammenband, entwickelten sie mit ziemlicher Sicherheit Magenläsionen. Besonders großes Forschungsinteresse fanden Appetenz-Aversions-Konflikte. In mehreren anschaulichen Ratten-Experimenten wies *Sawrey* einen möglichen Zusammenhang zwischen andauernden Annäherungs-Vermeidungs-Konflikten und Magengeschwüren nach. Wenn seine Versuchstiere sich Nahrung oder Wasser näherten, erhielten sie einen elektrischen Schlag. Sie lebten also in dem ständigen Konflikt, sich der Nahrung anzunähern oder den elektrischen Schlag zu meiden. Nach fast zwei Wochen hatten viele Tiere ein Ulcus entwickelt und einige waren sogar an Blutungen gestorben (*Sawrey* und *Weisz*, 1956; *Conger, Sawrey* und *Turrell*, 1958).

„Das Komische ist, daß ich mein Magengeschwür erst habe, seit ich Landstreicher bin."

Auch bestimmte Qualitäten belastender Reize stehen mit Ulcuserkrankungen in Zusammenhang. So kommt es z.B. mit größerer Wahrscheinlichkeit zu Läsionen, wenn der elektrische Schlag nicht auf Signal und damit vorhersagbar erfolgt, sondern gänzlich unvorhersagbar (*Weiss*, 1970). Kann der Stressor kontrolliert werden, sind die durch die experimentelle Situation erzeugten Ulci weniger schwer (*Weiss*, 1968).

Möglicherweise haben solche Stressoren eine ähnliche Wirkung auch auf den Menschen. In einer Untersuchung von *Cobb* und *Rose* (1973) litten Fluglotsen doppelt so häufig an Magengeschwüren wie Piloten. Vielleicht ist der Streß für die Piloten, die mehr unmittelbare Kontrolle über ihr Flugzeug haben, weniger groß. Es gibt aber auch Erklärungen, die nicht auf das Konzept der Kontrolle zurückgreifen. Moderne, kommerzielle Düsenjets sind so umfassend automatisiert, daß die Piloten außer bei Start und Landung – verglichen mit der ständigen und stundenlangen angespannten Aufmerksamkeit, die den Fluglotsen abverlangt wird – wenig zu tun haben. Überdies trägt der Fluglotse mit jeder Entscheidung die Verantwortung für das Leben von sehr viel mehr Menschen als der Pilot eines einzelnen Passagierflugzeugs. Diese beiden emotional sehr fordernden Berufe scheinen sich also im Ausmaß der persönlichen Verantwortung zu unterscheiden, die auf dem einzelnen lastet.

Physiologische Prädisposition

In den Untersuchungen zum Zusammenhang zwischen verschiedenen Stressoren und Ulcus-Entstehung entwickelten immer nur *einige* Versuchstiere Läsionen. Also ist Streß als Verursachungsfaktor nicht hinreichend, es muß darüber hinaus eine Prädisposition vorliegen. Aus diesem Grund hat man Ratten auf besondere Ulcus-Anfälligkeit hin gezüchtet. Bei *Sines* (1963) entwikkelten Ratten einer bestimmten Zuchtlinie unter Streß ausnahmslos ein Ulcus. Diese Ratten schienen sehr „emotional" zu sein. Setzte man sie auf freiem Feld aus, defäzierten sie häufiger als andere.

Ein weiterer möglicher Faktor für eine physiologische Prädisposition ist die Pepsinogen-Menge, die von den peptischen Zellen der Magenschleimhaut abgesondert wird. Pepsinogen wird in Pepsin umgewandelt, jenes Magenenzym, das Proteine verdaut und zusammen mit der Salzsäure der wichtigste aktive Wirkstoff des Magensaftes ist. Also hat man im Pepsinogenspiegel einen verursachenden Faktor bei der Bildung von Magengeschwüren vermutet. *Mirsky* (1958) nahm Messungen durch die Nabelschnur vor und konnte deutliche individuelle Unterschiede im Pepsinogenspiegel Neugeborener feststellen. Überdies stammten Säuglinge mit hohem Pepsinogenspiegel aus Familien, in denen man gehäuft stark überhöhte Pepsinogenspiegel fand. Daß nur manche Menschen – abhängig von ihrer genetischen Ausstattung – große Mengen von Pepsino-

Fluglotsen erkranken – vielleicht als Folge ihrer chronischen Streßbelastung – besonders häufig an Magengeschwüren.

gen absondern, beweist, daß diese Variable eine kausale Rolle bei der Entstehung von Magengeschwüren spielen kann. Noch mehr Beweiskraft hätte eine prospektive Studie, die zeigen könnte, daß Menschen noch ohne Ulcus, aber mit hohem Pepsinogenspiegel häufiger Magengeschwüre entwickeln als Menschen mit niedrigerem Pepsinogenspiegel.

Eine solche Untersuchung gibt es tatsächlich. *Weiner* und seine Mitarbeiter (1957) bestimmten die Pepsinogenspiegel von 2073 neu eingezogenen Soldaten. Aus dieser großen Gruppe wurden die 63 Soldaten mit den höchsten und die 57 mit den niedrigsten Pepsinogenspiegeln ausgewählt. Eine umfassende gastrointestinale Untersuchung vor Beginn der Grundausbildung ergab, daß keiner dieser Probanden bereits an einem Ulcus litt. Nach acht bzw. sechzehn Wochen untersuchte man die meisten von ihnen erneut. Neun Soldaten, alle aus der Gruppe mit hohem Pepsinogenspiegel, hatten ein Ulcus entwickelt. In einer anderen Studie (*Mirsky*, 1958) untersuchte man Kinder und Zivilisten, die man ebenfalls je nach Höhe ihres Pepsinogenspiegels in zwei Gruppen einteilte. Auch hier war die Anfälligkeit für Magengeschwüre in der Gruppe mit hohem Pepsinogenspiegel deutlich erhöht.

Die verfügbaren Daten stehen also in Einklang mit einem Diathese-Streß-Modell, das an der Entwicklung von Magengeschwüren sowohl Streß als auch die physiologische Prädisposition zu exzessiver Pepsinogen-Sekretion beteiligt glaubt. Und entsprechend der Theorie der spezifischen Reaktion scheinen Menschen, die an Magengeschwüren leiden, prädisponiert zu sein, auf Streß mit exzessiver Magensaftsekretion zu reagieren, was dann zu Läsionen führt.

4. Kardiovaskuläre Störungen

In den Vereinigten Staaten sterben mehr als die Hälfte aller Menschen an Erkrankungen von Herz und Kreislauf (*American Heart Association Heart Facts 1982*, 1981). Wir werden uns im folgenden mit dem Bluthochdruck und der koronaren Herzkrankheit beschäftigen. Die koronare Herzkrankheit ist von besonderer Bedeutung, weil sie unter den kardiovaskulären Erkrankungen die häufigste Todesursache darstellt. Hypertonie oder Bluthochdruck spielt nicht nur bei der koronaren Herzkrankheit, sondern auch beim Schlaganfall eine Rolle. Es ist unumstritten, daß kardiovaskuläre Erkrankungen häufig zu vorzeitigem Tod führen und daß man ihnen durch Ausschaltung eines oder mehrerer Risikofaktoren vorbeugen kann (*Price*, 1982).

Essentielle Hypertonie

Den Druck, der entsteht, wenn das Herz Blut durch die Arterien pumpt, nennt man Blutdruck. Der Blutdruck steigt bei einem erhöhten Herz-Minuten-Volumen (die Blutmenge, die pro Minute den linken Ventrikel des Herzens verläßt), bei erhöhtem Strömungswiderstand in den Arterien, d.h. bei Vasokonstriktion, und bei erhöhtem Blutvolumen. Ohne Frage ist Hypertonie, gemeinhin Bluthochdruck genannt, eine der ernsthaftesten psychophysiologischen Störungen. Hypertonie disponiert zu Arteriosklerose („Arterienverkalkung"), zu Herzattacken und Schlaganfällen (vgl. Kapitel 17) und kann überdies Tod durch Nierenversagen verursachen. Neueren Schätzungen zufolge leiden 15–33% der erwachsenen Amerikaner und 10% der amerikanischen College-Studenten – letztere meist ohne ihr Wissen – an mehr oder weniger erhöhtem Blutdruck. Nur in 10% dieser Fälle läßt sich eine körperliche Ursache – gewöhnlich ein Nierenleiden – feststellen. Hypertonie ohne erkennbare organische Ursache nennt man *essentielle Hypertonie*.

Von *Lyght* (1966) stammt folgende Verlaufsbeschreibung der Hypertonie und der mit ihr verbundenen Symptome:

„... Häufig besteht eine Hypertonie über viele Jahre, ohne daß sich irgendwelche Anzeichen oder

Symptome dafür bemerkbar machen. In der Mehrzahl der Fälle setzt der Blutdruckanstieg im frühen Erwachsenenalter ein (das Durchschnittsalter bei Krankheitsbeginn liegt bei Mitte dreißig). Diese Patienten können irgendwann im Verlauf der Krankheit über Müdigkeit, Nervosität, Benommenheit, Palpitation, Schlaflosigkeit, Schwächegefühle und Kopfschmerzen klagen... Unbehandelte Patienten sterben im Durchschnitt zwischen dem 50. und 60. Lebensjahr; ihre Lebenserwartung beträgt nach Beginn der Störung vermutlich etwa zwanzig Jahre, in Extremfällen einige Jahre beziehungsweise mehrere Jahrzehnte" (S. 218 ff.).

Läßt man seinen Blutdruck nicht gelegentlich überprüfen, kann eine bestehende Hypertonie über Jahre unentdeckt bleiben. Man nennt diese Krankheit daher auch den ,,stillen Mörder".

Gegenwärtig betrachtet man die essentielle Hypertonie als heterogene Kondition, die durch zahlreiche mögliche Störungen in den für die Blutdruckregelung verantwortlichen Körpersystemen verursacht wird. Die Zusammenarbeit der physiologischen Mechanismen, die an der Blutdruckregulierung beteiligt sind, ist äußerst komplex. Sympathisches Nervensystem, Hormone, Salz- und Wasserhaushalt und zentralnervöse Mechanismen können das Herz gleichermaßen zur Mehrarbeit anregen, wodurch es dann zur Erhöhung des Blut-Minuten-Volumens und damit des Blutdrucks kommt (*Weiner*, 1977). Viele dieser kontrollierenden Mechanismen reagieren auf psychischen Streß.

Streß und Blutdruckanstieg

Man hat verschiedene belastende Bedingungen untersucht, um ihren Anteil an der Ätiologie der essentiellen Hypertonie zu bestimmen. Streßreiche Interviews, Naturkatastrophen, Zorn und Angst, so hat man festgestellt, führen zu kurzzeitiger Blutdruckerhöhung (*Innes, Millar* und *Valentine*, 1959; *Ruskin, Board* und *Schaffer*, 1948; *Ax*, 1953). *Kasl* und *Cobb* (1970) haben sich dafür interessiert, wie sich der Verlust des Arbeitsplatzes auf den Blutdruck auswirkt. Sie untersuchten eine Gruppe von Arbeitern zwei Monate vor Wirksamwerden der Kündigung und während zweier Jahre nach dem Verlust des Arbeitsplatzes. Die Kontrollgruppe bestand aus Männern in ähnlichen Berufen, aber ungekündigten Stellungen. Jedem Probanden wurde innerhalb von sechs Zeitabschnitten mehrfach der Blutdruck gemessen. Die Kontrollprobanden wiesen im allgemeinen keine Blutdruckschwankungen auf. Bei den Männern, die ihren Arbeitsplatz verloren hatten, wurden jedoch in der Zeit vor der Entlassung, nach Beendigung des Arbeitsverhältnisses und während der Probezeit in einer neuen Stellung erhöhte Blutdruckwerte gemessen. Probanden, die große Schwierigkeiten hatten, einen festen Arbeitsplatz zu finden, litten am längsten unter erhöhtem Blutdruck.

In einer anderen, zum Teil psychoanalytisch ausgerichteten Untersuchungsreihe (*Hokanson* und *Burgess*, 1962; *Hokanson, Burgess* und *Cohen*, 1963; *Hokanson, Willers* und *Koropsak*, 1968; *Stone* und *Hokanson*, 1969) interessierten sich *Hokanson* und seine Mitarbeiter für einen möglichen Zusammenhang zwischen Blutdruckerhöhung und Aggressionshemmung. Die Probanden hatten eine Aufgabe zu absolvieren, wurden dabei aber ständig von einem angeblichen Mitprobanden, in Wirklichkeit ein Komplize des Versuchsleiters, gestört. Später hatte die Hälfte der Probanden Gelegenheit, es dem Störenfried heimzuzahlen.

Natürlich trieb die Störung den Blutdruck in die Höhe. Die Ergebnisse dieser klassischen Untersuchungsserie zeigen aber auch, daß sich bei Männern die Blutdruckverhältnisse wieder normalisierten, wenn sie Gelegenheit zur Aggression gegenüber der Frustrationsquelle hatten. Bestand diese Gelegenheit nicht, sank der Blutdruck nach der Frustration signifikant langsamer. Allerdings hatte nur Aggression gegenüber einem Frustrator von niedrigem Status (College-Student) blutdrucksenkende Wirkung; war der Frustrator hochkarätiger (Professor), blieb sie wirkungslos. Für Probandinnen galten diese Ergebnisse übrigens nicht.

Hokanson interpretiert seine Daten wie folgt: ,,Man kann davon ausgehen, daß *jede* soziale Reaktion mit Erregungsabnahme einhergeht, wenn diese Reaktion früher zur Beendigung oder Vermeidung von Aggression seitens anderer geführt hat" (*Stone* und *Hokanson*, 1969, S. 72).

Hokansons Interpretation erklärt auch, warum eine gegen einen Frustrator mit hohem Status gerichtete Aggression wirkungslos bliebe. Vermutlich haben die Probanden gelernt, daß sich Vergeltungsaktionen gegenüber einem hochgestelltem Aggressor nicht auszahlen. Also würde eine aggressive Reaktion die Erregung *nicht* mindern, da derartige Reaktionen früher nicht belohnt worden sind. Eine ähnliche Erklärung findet die Tatsache, daß aggressive Reaktionen bei Frauen keine Erregungsminderung bewirken. Die sozialen und kulturellen Verhältnisse zur Zeit der Untersuchung verboten es den Frauen noch, auf Frustration mit Aggression zu reagieren. Dieser geschlechtsbedingte Unterschied verschwindet möglicherweise in dem Maße, wie auch weibliche Selbstbehauptung soziale Billigung findet.

Harburg und andere (1973) übernahmen die Grundgedanken von *Hokanson* und übertrugen sie auf den Zusammenhang zwischen natürlicher Umwelt und Häufigkeit von Bluthochdruck bei schwarzen Amerikanern. Die Untersuchung wurde in zwei Bezirken Detroits durchgeführt. Im ersten Bezirk, der sogenannten Hoch-Streß-Gegend, waren Kriminalität, Bevölkerungsdichte, Sterblichkeitsrate und Anzahl der Ehescheidungen gleichermaßen hoch und der sozioökonomische Status der Bewohner im allgemeinen niedrig. Im zweiten Bezirk, der Niedrig-Streß-Gegend, herrschten günstigere Bedingungen.

Als Probanden wählte man verheiratete schwarze und weiße Männer. Man besuchte sie zu Hause, maß ihren Blutdruck, interviewte sie und legte ihnen eigens entworfene Tests vor, die nach ihren Reaktionen auf hypothetische Situationen fragten, z.B.:

„Stellen Sie sich vor, Sie suchen eine neue Wohnung, finden auch eine, die Ihnen gefällt, aber der Besitzer sagt, er werde Ihnen die Wohnung wegen Ihrer Religion, Ihrer nationalen Herkunft oder Ihrer Rasse weder vermieten noch verkaufen. Wie empfänden Sie das? Die Reaktionskategorien ... lauteten: 1. Ich wäre wütend oder außer mir und würde das auch zeigen, 2. Ich würde mich ärgern und das zeigen, 3. Ich würde mich ärgern, aber meinen Ärger für mich behalten, 4. Ich wäre wütend oder außer mir, würde mich aber beherrschen, 5. Ich wäre weder wütend noch ärgerlich“ (S. 280).

Die Probanden gaben auch Auskunft darüber, wie sie sich vermutlich fühlen würden, wenn sie ihrem Zorn freien Lauf gelassen hätten. Gemessen wurde die Dimension der Schuld, und die möglichen Antworten reichten von „sehr starke Schuldgefühle“ bis hin zu „keinerlei Schuldgefühle“.

Bei den schwarzen Männern war der Blutdruck höher als bei den weißen, wobei die schwarzen Bewohner der Hoch-Streß-Gegend stärker betroffen waren als die schwarzen Probanden aus dem Mittelschicht-Bezirk. Die vorliegenden Statistiken über Rassenunterschiede im Blutdruck bestätigten sich also, allerdings mit der wichtigen Einschränkung, daß dabei auch der Streß durch die Umgebung eine entscheidende Rolle spielt.

Harburg und seine Mitarbeiter stellten fest, daß Schwarze, die in sehr belastenden Wohngebieten leben, zu hohem Blutdruck neigen, insbesondere dann, wenn sie Zorn und Ärger nur unter Schuldgefühlen ausdrücken können.

Als man die Testantworten zu den Blutdruckwerten in Beziehung setzte, ergab sich folgendes Muster: Bei allen Probanden mit Ausnahme der Schwarzen aus dem Mittelschicht-Bezirk bestand ein Zusammenhang zwischen unterdrücktem Zorn und Schuldgefühlen und erhöhtem Blutdruck.

Harburgs Ergebnisse und deren Reanalyse durch *Gentry* et al. (1981, 1982) verweisen auf die Rolle von unterdrücktem Zorn bei der Entwicklung und Fixierung von erhöhtem Blutdruck. Spätere Untersuchungen (z.B. *Spielberger* et al., 1984) korrelierten den Blutdruck normaler Probanden mit deren Werten auf der *Anger Expression Scale*. Dieser Selbstbeurteilungs-Fragebogen besteht aus zwanzig Items und fragt die Probanden, wie sie reagieren, wenn sie zornig oder wütend sind. Behalten sie die Kontrolle über sich? Unterdrücken sie ihre Gefühle? Schlagen sie Türen oder streiten sie mit anderen? *Johnson* (1984, berichtet in *Spielberger* et al., 1984) untersuchte Jugendliche und fand hohe, positive Korrelationen zwischen erhöhtem Blutdruck und der Neigung, Zorngefühle zu unterdrücken. Unterdrückter Zorn bedeutet eine ständige Aktivierung des autonomen Nervensystems und kann so zur Fixierung des erhöhten Blutdrucks, d.h. zu essentieller Hypertonie führen.

Der Mechanismus, der eine dauerhafte essentielle Hypertonie induziert, geht notwendigerweise auch mit strukturellen Veränderungen im Organismus einher. Aus ethischen Gründen verbieten sich Experimente mit Menschen, die Aufschluß darüber geben könnten, ob sich kurzfristige Blutdruckerhöhungen zu anhaltender Hypertonie entwickeln. Einige Tieruntersuchungen liegen dagegen vor.

Im allgemeinen erwies sich das Labor als ungeeignet, um Hypertonie herbeizuführen. In vielen Fällen war der Stressor ein elektrischer Schlag; der Blutdruck der Tiere stieg unter Streß zwar an, normalisierte sich aber nach Entfernung des Stressors wieder. Längerfristigere Blutdruckerhöhungen erzielten Untersuchungen, die mit natürlicheren Formen von Streß arbeiteten und die Tiere z.B. um Nahrung streiten ließen (*Peters*, 1977). Aber insgesamt scheinen ein oder mehrere prädisponierende Faktoren erforderlich zu sein, damit Streß – etwa die Aktivierung des autonomen Nervensystems durch unterdrückten Zorn – zu essentieller Hypertonie führt.

Prädisponierende Faktoren

Einige Diathesen hat man in Tierexperimenten identifizieren können: Aufzucht in sozialer Isolierung (*Henry, Ely* und *Stephens*, 1972), ein hohes Emotionalitätsniveau (*Farris, Yeakel* und *Medoff*, 1945) und Empfindlichkeit gegen Salz (*Friedman* und *Dahl*, 1975). Um letztere zu untersuchen, hat man mit zwei Zuchtlinien von Ratten gearbeitet. Die Tiere waren entweder auf Empfindlichkeit oder Unempfindlichkeit in bezug auf eine spezielle Nahrung gezüchtet worden. Die empfindlichen Ratten entwickelten bei stark salzhaltiger Ernährung verläßlich eine Hypertonie und starben. Bei diesen salz-empfindlichen Ratten kam es in experimentell herbeigeführten Konfliktsituationen auch mit größerer Wahrscheinlichkeit zu dauerhaften Blutdruckerhöhungen.

Leider lassen die verfügbaren Daten zu physiologischen Hypertonie-Prädispositionen beim Menschen keine eindeutigen Schlüsse zu. Immerhin haben einige Untersuchungen gezeigt, daß Hypertoniker zu größerer Blutdruck-Reaktivität neigen und auf Streß und andere neue Situationen mit ausgeprägterer Blutdruckerhöhung reagieren als normale Menschen (*Engel* und *Bickford*, 1961; *Shapiro*, 1961). *Engel* und *Bickford* setzten zwanzig Hypertonikerinnen und zwanzig Kontrollprobandinnen verschiedenen Stressoren aus. Bei fünfzehn der zwanzig Hypertonikerinnen stieg der Blutdruck, von den Kontrollprobandinnen wiesen nur fünf erhöhte Werte auf. *Hodapp, Weyer* und *Becker* (1975) maßen den Blutdruck von Hypertonikern und normalen Probanden im Ruhezustand, beim Betrachten farbiger Landschaftsaufnahmen und beim Lösen einer anspruchsvollen kognitiven Aufgabe (der Stressor). Unter Streß stieg der Blutdruck bei allen Probanden. Aber bei den Hypertonikern erhöhte er sich, verglichen mit den Ruhewerten, bereits bei Betrachtung der Landschaftsaufnahmen.

Die Forschung zur Blutdruck-Reaktivität als einer möglichen physiologischen Prädisposition ist allerdings nicht überzeugend, denn die Probanden litten *bereits* an Hypertonie. Möglicherweise war ihre Reaktivität die *Folge* und nicht die *Ursache* der Krankheit. Um zu schlüssigen Ergebnissen zu kommen, müßte man Menschen untersuchen, die zwar die Prädisposition besitzen, aber noch keine essentielle Hypertonie entwikkelt haben. Eine solche Langzeitstudie haben *Rose, Jenkins* und *Hurst* (1978) durchgeführt. Drei Jahre lang beobachteten sie Fluglotsen und stellten in Übereinstimmung mit den hier diskutierten Forschungsergebnissen fest, daß Lotsen mit einer von vornherein höheren Blutdruck-Reaktivität später auch häufiger eine Hypertonie entwickelten. So ist wohl kaum mehr zu bezweifeln, daß wir die Ursache der essentiellen Hypertonie in der Wechselwirkung zwischen einer Diathese und Streß zu suchen haben.

Koronare Herzkrankheit

Charakterisierung der Krankheit

Es gibt zwei Hauptformen der koronaren Herzkrankheit: die Angina pectoris und den Myokardinfarkt oder Herzanfall. Die *Angina pectoris* macht sich bemerkbar durch anfallartige Schmerzen in der Brust, gewöhnlich hinter dem Brustbein, die häufig in den linken Arm und die linke Schulter ausstrahlen. Hauptursache dieser Paroxysmen ist eine unzureichende Sauerstoffversorgung des Herzens, die ihrerseits auf eine Arteriosklerose der Herzkranzgefäße zurückgeht, einer Verengung oder Verhärtung der Herzkranzarterien durch Ablagerungen von Fettsubstanzen. Einem Angina-Anfall gehen im allgemeinen körperliche oder seelische Belastungen voran; man behandelt ihn mit Ruhe oder Medikamenten. Nur in seltenen Fällen wird der Herzmuskel ernsthaft geschädigt, denn der Blutzufluß ist zwar reduziert, aber nicht unterbrochen. Sehr viel ernster und zudem eine der häufigsten Todesursachen in den Vereinigten Staaten ist der *Myokardinfarkt*. Ursache des Myokardinfarktes ist ebenfalls die unzureichende Sauerstoffversorgung des Herzens. Der Sauerstoffmangel ist allerdings extremer als bei der Angina pectoris. Ursache dieses Mangels ist entweder eine allgemeine Unterversorgung des Herzens mit Blut als Folge einer Koronarsklerose oder ein Koronarverschluß, d.h. eine plötzliche Verstopfung einer großen Koronararterie durch Ablagerungen oder einen Blutpfropfen. In beiden Fällen stirbt Herzmuskelgewebe ab. Abgesehen von der möglichen Lebensgefahr unterscheidet sich der Herzinfarkt von der Angina pectoris darin, daß ihm nicht unbedingt eine Belastung vorangehen muß und daß er mit anhaltenderem und größerem Schmerz verbunden ist (*Friedberg*, 1966).

Die *American Heart Association* nennt sieben Risikofaktoren für eine koronare Herzkrankheit: Alter, Geschlecht (Männer sind gefährdeter), Zigarettenrauchen, erhöhter Blutdruck, erhöhter Cholesterinspiegel, Vergrößerung des linken Herzventrikels, ablesbar am Elektrokardiogramm, und Diabetes (*Insull*, 1973). Das Risiko nimmt mit Anzahl und Ausprägung dieser Faktoren zu. Und doch, so der Schluß von *Jenkins* (1976), erklären diese traditionellen Risikofaktoren die Ätiologie der koronaren Herzkrankheit allenfalls zur Hälfte. In den dreißiger Jahren etwa tat man gegen stark mitverursachende Faktoren wie Übergewicht, Bewegungsmangel und fettreiche Ernährung sehr viel weniger als heute, und doch waren koronare Herzkrankheit und andere kardiovaskuläre Störungen damals erheblich seltener. Auch im Mittelwesten Amerikas, wo die Menschen – unter anderem bedingt durch ihren großen Konsum an halbgegartem Fleisch – den höchsten Anteil an gesättigten Fettsäuren zu sich nehmen und wo besonders viel geraucht wird, ist die koronare Herzkrankheit verglichen mit den stärker industrialisierten Teilen der USA selten. Und wer je in Paris war, weiß, wie unmäßig die Franzosen rauchen und wie fettreich sie essen – und doch sind koronare Herzerkrankungen hier seltener als anderswo. *Warum?*

Typ-A-Verhalten und Typ-B-Verhalten

Inzwischen konzentriert sich die Suche nach weiteren Ursachen der koronaren Herzkrankheit auf psychologische Faktoren wie Streß und Persönlichkeit. Tatsächlich reichen solche Überlegungen mehr als fünfzig Jahre zurück. 1910 beschrieb der kanadische Arzt *Sir William Osler* (1849–1919) den typischen Angina-Patienten als „... geistig wie körperlich gleichermaßen tätigen, energischen und ehrgeizigen Mann, dessen Ma-

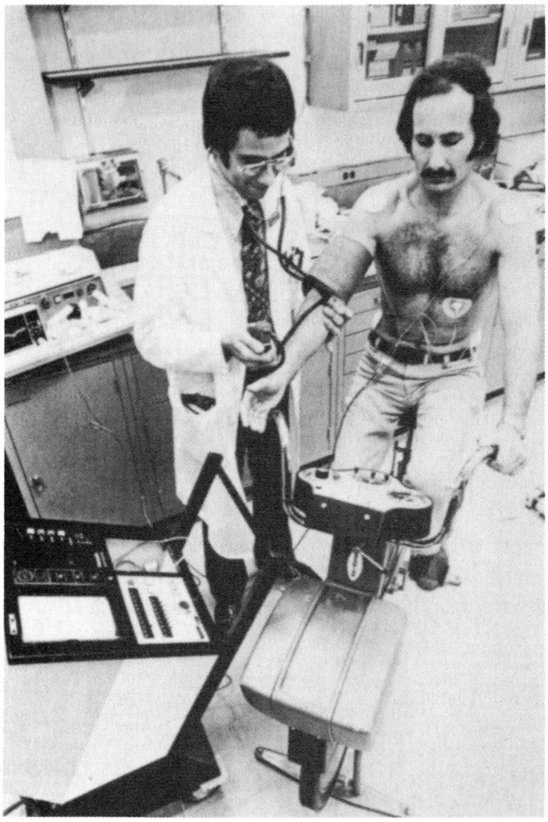

Während eines Herzbelastungstests macht der Patient unter kontrollierten Bedingungen und mit wachsendem Kraftaufwand körperliche Übungen. Während dieser Zeit und auch während der nachfolgenden Ruheperiode wird der Herzschlag überwacht und periodisch der Blutdruck gemessen.

schinen immer ‚volle Kraft voraus' laufen" (*Chesney, Eagleston* und *Rosenman*, 1980, S. 256). Neuere Forschung belegt einen Zusammenhang zwischen koronarer Herzkrankheit und Stressoren wie Arbeitsüberlastung, chronischem Konflikt und Lebensstressoren, wie sie die SRRS erfaßt (*Jenkins*, 1971, 1976; *Rahe* und *Lind*, 1971). Der vielversprechendste Hinweis auf eine Verbindung von koronarer Herzkrankheit und psychologischen Variablen entstammt der forscherischen Pionierarbeit der beiden Kardiologen *Meyer Friedman* und *Ray Rosenman* (*Friedman*, 1969; *Rosenman* et al., 1975). Im Jahre 1958 identifizierten sie ein mit der Neigung zu Koronarerkrankungen einhergehendes Verhaltensmuster, den sogenannten *Typ A*. *Glass* (1977) beschreibt den Menschen vom Typ A als jemanden, der einen starken Drang nach Leistung und Aufstieg hat und auch den Konkurrenzkampf nicht scheut; er fühlt sich in übertriebenem Maße unter Zeitdruck und zur Eile genötigt. Anderen gegenüber ist er aggressiv und feindselig. Bei Menschen des Typs A zählt in erster Linie die Arbeit, und häufig wollen sie zwei Dinge auf einmal tun. Um sicher sein zu können, daß etwas klappt, müssen sie sich selbst darum kümmern. Für etwas Schlange zu stehen, ist ihnen ein Ding der Unmöglichkeit und wenn sie spielen, dann, um zu gewinnen, selbst wenn ihre Spielpartner Kinder sind. Sie denken schnell, sprechen schnell, gestikulieren abrupt, wackeln mit den Knien, trommeln mit den Fingern und zwinkern häufig. Zu geschäftig, um ihre Umgebung wahrzunehmen oder ein Auge für schöne Dinge zu haben, machen sie Erfolg im Leben an der Anzahl der geschriebenen Artikel, der laufenden Projekte und der erworbenen materiellen Güter fest. Menschen des Typs B dagegen sind entspannt und verhältnismäßig frei von solchem Druck.

Mit dem strukturierten Interview (*Rosenman* et al., 1964), das nach der Intensität von Ambitionen, Leistungs- und Wettbewerbsstreben, Termindruck und Feindseligkeit fragt (vgl. Kasten 8.2), lassen sich verläßlich Typ-A- und Typ-B-Menschen unterscheiden. Ähnliche Fragen stellt auch ein Selbstbeurteilungs-Fragebogen, der sogenannte *Jenkins Activity Survey* (*Jenkins, Rosenman* und *Zyzanski*, 1974). Zahlreiche Forschungsarbeiten belegen die Unterschiede zwischen Typ-A- und Typ-B-Menschen und bestätigen damit die Validität dieser Verhaltensmuster. In einer dieser Untersuchungen ließ man Studenten auf einer Tretmühle gehen. Messungen der ausgeatmeten Luft zeigten, daß die kompromißlosen A-Typen näher an ihre körperlichen Grenzen gegangen waren, aber gleichwohl von weniger Müdigkeit berichteten (*Glass*, 1977).

Belege für die Vorhersagevalidität des Typ-A-Musters lieferte die *Western Collaborative Group Study* (WCGS) (*Rosenman* et al., 1975). In einer prospektiven Doppelblind-Studie von achteinhalbjähriger Dauer untersuchte man 3524 Männer im Alter von 39 bis 59 Jahren. 3154 Männer

Kasten 8.2
Das strukturierte Interview und die Erfassung von Typ-A-Verhalten

Das Interview, dessen sich die *Western Collaborative Group* bediente, um herauszubekommen, welche Probanden einem Typ-A-Verhaltensmuster folgten, bestand aus 26 Fragen und Fragenkomplexen folgender Art:

Interviewer: Sie sitzen im Auto, und vor Ihnen fährt einer *viel zu langsam* für Sie. Was tun Sie? *Schimpfen* Sie vor sich hin? Drücken Sie auf Hupe oder Lichthupe? Würde Ihr Beifahrer merken, daß Sie sich *ärgern*?

Interviewer: Sie haben sich für vierzehn Uhr mit jemandem verabredet. Sind Sie *pünktlich*? Immer? Nie? *Ärgern* Sie sich, wenn Sie selber warten müssen? *Sagen* Sie Ihrem Partner, daß Sie sich ärgern? Warum oder warum nicht?

Das Interview dauert selten länger als 15 Minuten, die Fragen werden nicht mit Wärme und Empathie, sondern kurzangebunden und zügig gestellt. Obwohl das Interview stark strukturiert ist, sind die Interviewer angewiesen, den Probanden mit provozierenden Nachfragen zu reizen. Erzählt der Proband z.B., er habe es auch beim Spiel mit seinen Kindern, als sie sechs Jahre alt waren, darauf angelegt zu gewinnen, könnte der Interviewer gleichsam im Selbstgespräch ungläubig nachhaken: ,,Sogar mit Sechsjährigen?" Um Bewegung in das Gespräch zu bringen, wird der Interviewer den Probanden auch hin und wieder mitten im Satz unterbrechen. Die Urheber dieses neuen Meßinstrumentes glauben, daß man die Interviewten entsprechend anstacheln muß, um zu reliablen Unterscheidungen von A- und B-Typen zu kommen.

Nach Abschluß des Interviews beurteilt zunächst der Interviewer, ob sein Gesprächspartner zum Typ A oder zum Typ B gehört. Doch entscheidender ist die Einschätzung, die später eigens geschulte Beurteiler anhand von Tonband- oder Videoaufnahmen des Interviews abgeben. Sie stützen sich dabei auf zweierlei Arten von Information: auf das, was der Proband sagt, und darauf, wie er es sagt. Tatsächlich scheint das ,,Wie" die wichtigere Information zu sein. Frage 13 soll z.B. sehr zögernd und schleppend gestellt werden, fast so, als habe der Interviewer den Faden verloren oder sei in Gedanken ganz woanders.

Interviewer: Die meisten Berufstätigen müssen morgens ziemlich früh aus den Federn. Wie ist das bei Ihnen, wann, ehm, stehen Sie, ehm, ehm, normalerweise, ehm-ehm-ehm, auf?

Wenn der Interviewer mit seinem ehm-ehm beginnt, ist bereits klar, was er fragen will. Vermerkt wird, ob der Proband dem Interviewer ins Wort fällt, und ob er dabei ungeduldig oder sogar aggressiv wirkt, als wolle er sagen: ,,Mein Gott, laß uns doch weiterkommen mit diesem verdammten Interview!" Auch andere Fragen geben den Beurteilern Aufschluß über Aggressivität, Ungeduld und Zeitdruck des Probanden. Nach *Rosenman* sollte übrigens

waren von Anfang bis Ende dabei. Probanden, die man zuvor anhand des strukturierten Interviews als Typ-A-Menschen identifiziert hatte, liefen doppelt so große Gefahr, eine koronare Herzkrankheit zu bekommen, wie Typ-B-Männer. Überdies war die Wahrscheinlichkeit eines zweiten Herzinfarkts für Typ-A-Männer mit koronarer Herzerkrankung mehr als fünfmal so groß wie für Typ-B-Männer mit koronarem Herzleiden. Man fand auch einen Zusammenhang mit den traditionellen Risikofaktoren – familiäre Häufung, hoher Cholesterin-, Triglyzerid- und Lipidspiegel, Diabetes, erhöhter Blutdruck, Zigarettenrauchen, niedriges Bildungsniveau und Bewegungsmangel –, aber selbst wenn man diese Faktoren kontrollierte, war die Erkrankungsrate bei Typ-A-Menschen immer noch doppelt so hoch. Die Ergebnisse der WCGS sprechen in starkem Maße dafür, daß das Typ-A-Verhalten zur Entwicklung der koronaren Herzauch der Interviewer eine Typ-A-Persönlichkeit sein!

Es gibt noch andere Techniken, um Typ-A-Persönlichkeiten aufzuspüren (vgl. *Chesney, Eagleston* und *Rosenman*, 1980; *Matthews*, 1982), darunter auch der erwähnte Jenkins Activity Survey. Sie alle besitzen ein gewisses Maß an Vorhersagevalidität für koronare Herzerkrankungen, und ihre Ergebnisse korrelieren signifikant mit den Ergebnissen des strukturierten Interviews. Gleichwohl bleibt die Vorhersagekraft des strukturierten Interviews unübertroffen (*Brand* et al., in Druck) – vielleicht, weil es nicht nur die typischen Reaktionen der Probanden auf bestimmte Situationen erfaßt, sondern weil Interviewer und Beurteiler überdies beobachten können, *wie* der einzelne auf provozierende Fragen antwortet.

Tatsächlich sind strukturiertes Interview und Jenkins Activity Survey, die beiden üblichsten Instrumente zur Erfassung von Typ-A-Verhalten, bei weitem nicht identisch. Beide kommen nur in 60 bis 70% der Fälle zu identischen Einschätzungen. Eine 50prozentige Übereinstimmung wäre bereits nach dem Zufall zu erwarten (*Matthews* et al., 1982). Wenn wir es also mit der Unterscheidung in A- und B-Typen zu tun haben, müssen wir immer mit berücksichtigen, wie sie gemessen wurde.

krankheit beiträgt, ein Schluß, zu dem auch eine Gruppe angesehener Wissenschaftler kam, die auf Einladung des *National Heart, Lung, and Blood Institute* zusammenkam (*Review Panel on Coronary-Prone Behavior*, 1981).[4]

Doch wie können *psychologische* Merkmale Einfluß nehmen auf die Entstehung einer *physiologischen* Herzkrankheit? Typ-A-Menschen reagieren auf Streß mit höherem Noradrenalin-Spiegel als Menschen des Typs B (*Simpson* et al., 1974)[5]. Ein hoher Noradrenalinspiegel kann zu arteriellen Schädigungen und Läsionen im Herzen führen. Die Blutgerinnungsneigung steigt und es kommt leichter zu einer Blockade in den Arterien. Angiographie-Patienten, bei denen man eine ausgeprägte Arteriosklerose feststellte, waren überwiegend Typ-A-Persönlichkeiten (z.B. *Blumenthal* et al., 1978). Bei der Angiographie wird durch einen Katheter ein Röntgenkontrastmittel ins Herz injiziert, um Aufnahmen von den Koronararterien machen zu können.

Aus psychologischer Sicht interessiert uns die Frage, was den A-Typ so besonders gefährdet. Wir könnten zum Beispiel untersuchen, welche Items des strukturierten Interviews die besten Prädiktoren einer koronaren Herzerkrankung sind. Eine solche Analyse der WCGS-Daten ergab, daß nur insgesamt sieben Items zwischen Typ-A-Persönlichkeiten mit und ohne späterer Herzerkrankung diskriminierten (*Matthews* et

[4] Diese Ergebnisse werden häufig fehlinterpretiert. Weder hat die WCGS gezeigt noch wollte sie zeigen, daß Typ-A-Menschen mit großer Wahrscheinlichkeit eine koronare Herzkrankheit entwickeln. Ihre Ergebnisse sprechen für ein *relatives* Risiko: 7% der anfangs gesunden Probanden litten nach achteinhalb Jahren an einer koronaren Erkrankung; von dieser kleinen Gruppe gehörten zwei Drittel zum Typ A, ein Drittel zum Typ B. Da die Probanden insgesamt je zur Hälfte Typ-A- und Typ-B-Persönlichkeiten waren, war das Risiko für A-Typen doppelt so hoch wie für B-Typen (*Chesney, Eagleston* und *Rosenman*, 1980). Die überwältigende Mehrheit der Typ-A-Persönlichkeiten entwikkelte *keine* koronare Herzkrankheit; Typ-A-Verhalten ist vielmehr *ein* signifikanter Risikofaktor unter vielen. Typ-B-Persönlichkeiten bleiben von der koronaren Herzkrankheit ebenfalls nicht verschont.

[5] Noradrenalin ist ein Hormon des Nebennierenmarks. Bei Aktivierung des sympathischen Nervensystems wird es zusammen mit dem ihm ähnlichen Hormon Adrenalin ausgeschüttet. Noradrenalin steigert den diastolischen Druck. Es ist zugleich ein sehr wirksamer Vasokonstriktor, der sogar die Blutgefäße der Skelettmuskeln verengt. Daneben wirkt es als Neurotransmitter, eine Substanz, durch die Information von einer Nervenzelle zur nächsten transportiert wird. Die gleiche Wirkung hat es auch in einigen Nervenbahnen des Gehirns. Noradrenalin ist der wichtigste Neurotransmitter, der von sympathischen Nervenfaserendigungen ausgeschüttet wird.

„Typisches Typ-A-Verhalten."

al., 1977). Drei dieser Items waren Selbstangaben zu Ungeduld und Feindseligkeit, eines fragte nach Leistungs- und Wettbewerbsorientiertheit, und die übrigen betrafen Ausdrucksaspekte wie z.B. Explosivität. Auch neuere Forschungsergebnisse (z.B. *Williams* et al., 1980) sprechen dafür, daß insbesondere Feindseligkeit eine wesentliche Rolle spielt. Die Herzinfarktrate war besonders hoch bei Typ-A-Personen, die bei früherer Testung MMPI-Items beigepflichtet hatten, in denen andere Menschen als rücksichtslos, unmoralisch, egoistisch und bestrafungswürdig angesehen wurden. Eine Studie von *Barefoot, Dahlstrom* und *Williams* (1983) bestätigt diese prospektiven Daten. Es handelte sich dabei um eine Nachuntersuchung von ehemaligen Medizinstudenten, die bei Absolvierung des MMPI vor 25 Jahren gesund waren. Probanden, die seinerzeit eben diese feindselige Einstellung gegenüber anderen erkennen ließen, wiesen jetzt die größere Krankheits- und Todesrate auf. Ungeduld und Feindseligkeit scheinen also den „Kern" der Typ-A-Persönlichkeit auszumachen und sollten weiter untersucht werden.

Glass (1977) ging die Sache theoretischer an. Verhalten vom Typ A, so vermutete er, ist im Grunde der Versuch, belastende Ereignisse zu kontrollieren. Wenn die Typ-A-Persönlichkeit mit unliebsamen Umständen konfrontiert ist, setzt sie alles daran, um diese zu kontrollieren, was dann den Eindruck von Ehrgeiz und Leistungswillen hervorruft. Diese aktive Auseinandersetzung mit der Umwelt führt schließlich zu den mit Typ-A-Verhalten einhergehenden physiologischen Veränderungen, z.B. zu einem dauerhaft erhöhten Noradrenalinspiegel. Damit wären Verhalten und physiologische Manifestationen von Typ-A-Persönlichkeiten gleichermaßen erklärt. Aus der Theorie von *Glass* folgt noch ein übriges: Man sollte auch die Umwelt der Typ-A-Persönlichkeit sorgfältig erfassen, denn ohne herausfordernde Umweltbedingungen kann sich das Typ-A-spezifische Verhaltensmuster nicht manifestieren. Bisher hat man sich für die Umgebungsfaktoren, die Typ-A-Verhalten aktivieren, wenig interessiert. Es scheint so, als sei hier noch wichtige Forschungsarbeit zu leisten.

5. Asthma

Eine Charakterisierung der Krankheit

Purcell und *Weiss* (1970) haben das Asthma wie folgt beschrieben:

„Asthma ist ein Symptomkomplex, der durch eine erhöhte Reaktionsbereitschaft der Trachea, der Hauptbronchien und der peripheren Bronchiolen auf verschiedene Reize gekennzeichnet ist. Asthma manifestiert sich in einer übermäßigen Verengung der Luftwege, was den Luftaustausch – vor allem beim Ausatmen – beeinträchtigt (und so) zum Keuchen führt. (Die Luftwege können verengt sein) aufgrund eines Ödems (einer Ansammlung von wäßriger Flüssigkeit im Gewebe)

der Wände, einer erhöhten Schleimsekretion, eines Spasmus der Bronchialmuskeln oder eines Kollapses der hinteren Wände der Trachea und der Bronchien bei bestimmten Formen von forcierter Expiration" (S. 597).

Asthmaanfälle treten intermittierend auf und sind unterschiedlich schwer. Bei manchen Patienten ist die Häufigkeit der Anfälle jahreszeitlich bedingt und abhängig vom Pollenflug. Die Luftwege sind nicht ständig blockiert. Vielmehr normalisiert sich das Respirationssystem, sei es spontan, sei es nach Behandlung, völlig, was das Asthma von chronischen Respirationsproblemen wie dem Emphysem unterscheidet (*Creer*, 1982). Abbildung 8.1 zeigt die Hauptstrukturen des Respirationssystems.

,,Es ist mir egal, ob es drüben schneller geht. Dies ist die Überholspur und hier lebe ich."

Asthmaanfälle setzen in den meisten Fällen ganz plötzlich ein. Der Patient verspürt ein Engegefühl in der Brust, keucht, hustet und expektoriert Sputum. Zu den subjektiven Reaktionen gehören panische Angst, Reizbarkeit und Müdigkeit (*Kinsman* et al., 1974). Ein schwerer Asthmaanfall ist in der Tat eine beängstigende Erfahrung. Es ist ungeheuer mühsam, Luft in die Lungen hinein- und wieder herauszubekommen, man glaubt zu ersticken, und das rasselnde, harte Geräusch des Keuchens und Hustens macht die Sache noch schlimmer. Gelegentlich schläft der oder die Betroffene vollkommen erschöpft ein, sobald sich der Atem wieder normalisiert hat.

Asthmatiker brauchen mehr Zeit zum Ausatmen als Gesunde, und in der ganzen Brust sind Pfeifgeräusche zu hören. Diese Geräusche nennt man Giemen. Die Symptome können eine Stunde und weniger, aber auch mehrere Stunden und manchmal sogar Tage andauern. In anfallsfreien Zeiten ist bei normalem Atmen kein Zeichen einer Abnormität zu entdecken, aber bei forciertem, starkem Ausatmen ist mit dem Stethoskop das Giemen zu hören.

Der Patient der folgenden Fallgeschichte hatte seinen ersten Anfall im Alter von neun Jahren. Bis er dreizehn war, verschlimmerte sich sein Zustand, danach blieb er zehn Jahre symptomfrei. Danach verschlechterte sich sein Zustand allerdings so sehr, daß er schließlich an respiratorischen Komplikationen starb – ein Ausgang, der glücklicherweise selten ist.

Eine Fülle von Daten aus dem Leben dieses Patienten deuten darauf hin, daß emotionale Faktoren eine bedeutsame Rolle bei den jähen Verschlimmerungen seines Leidens spielten. Er selbst schilderte anschaulich, wie sich anläßlich der Trennung von der Mutter Keuchen und Kurzatmigkeit entwickelten. Einmal übernachtete er auf einer Reise mit Mutter oder Großmutter (wer von beiden es war, blieb unklar) in einem fremden Hotel, Wand an Wand mit seiner Begleiterin. Er litt die ganze Nacht und glaubte, sein Keuchen sei so laut, daß sie es hören und kommen müsse, um ihn zu retten.

Sehr deutlich ging aus seiner Schilderung der Zusammenhang zwischen Symptomen und Gerüchen hervor. Seine Reaktion auf Blumenduft dürfte eine allergische Grundlage gehabt haben. Beim Duft ,,schöner Damen", der seiner Aussage nach ebenfalls Asthma bei ihm auslöste, scheint dies weniger wahrscheinlich. Die gleiche Wirkung hatte der ,,schlechte" Geruch von Spargel und Zigarettenrauch... Viele seiner Konflikte drehten sich um das Weinen, er war häufig in Tränen aufgelöst, hatte aber immer das Gefühl, das Reservoir an ,,Schluchzen" nicht völlig auszuschöpfen...

Als sein Bruder heiratete, war er eifersüchtig. Er vergaß tatsächlich, die ihm anvertrauten 150 Einladungskarten zur Hochzeitsfeier in den Briefkasten zu werfen. In der Kirche ging er unmittelbar vor der Hochzeitszeremonie nach Atem ringend und im Pelzmantel – es war Juli! – durch den Gang und erregte so fast mehr Aufmerksamkeit als die Braut (*Knapp*, 1969, S. 135).

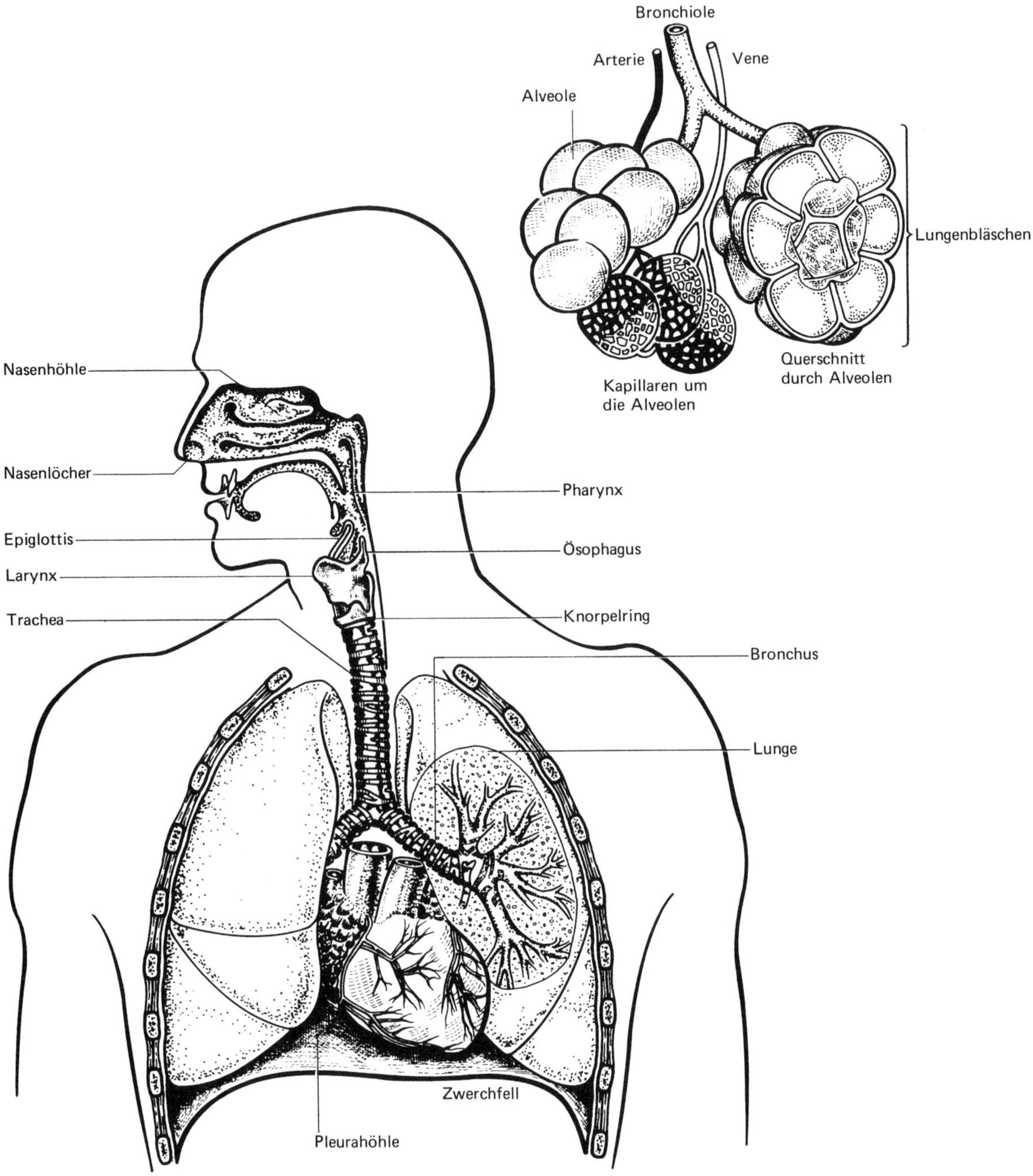

Abb. 8.1. Wichtige Strukturen des respiratorischen Systems – Trachea, Lungen, Bronchien, Bronchiolen und Aloveolen – und der der Atmung dienenden Organe.

Man schätzt, daß etwa 2 bis 5 Prozent der Bevölkerung an Asthma leiden. Ein Drittel der Asthmatiker sind Kinder, und davon wiederum sind zwei Drittel Jungen (*Graham* et al., 1967; *Purcell* und *Weiss*, 1970). *Williams* und *McNicol* (1969) untersuchten 30 000 siebenjährige Schulkinder in Australien. Sie fanden eine hohe Korrelation zwischen dem Alter bei Beginn der Symptome und deren Dauer. 80 Prozent der Kinder, bei denen die Symptome vor Vollendung des ersten Lebensjahres aufgetreten waren, litten auch fünf Jahre später noch an Asthmaanfällen. War die Störung im vierten Lebensjahr zum erstenmal aufgetreten, war sie nach fünf Jahren noch bei 40 Prozent der Kinder von Bestand, und nur 20 Prozent der Kinder, die mit fünf oder sechs Jahren ihren ersten Anfall hatten, waren auch nach fünf Jahren noch krank. Je früher die Störung also beginnt, um so länger wird sie wahrscheinlich dauern.

Die Ätiologie des Asthmas

In der Auseinandersetzung um die Bedeutung psychischer Faktoren bei der Entstehung von Asthma geht es häufig um die Frage, ob Emotionalität immer eine Rolle spielt oder nicht. Um der Ätiologie des Asthma auf die Spur zu kommen, teilte *Rees* (1964) die möglichen Ursachen in die drei Kategorien „allergisch", „infektiös" und „psychisch" ein. In manchen Fällen reagieren die Zellen des Respirationstraktes besonders empfindlich auf eine oder mehrere Substanzen oder Allergene wie Pollen, Schimmelpilze, Pelz und Staub, was dann zu Asthma führt. Auch Infektionen, meistens eine akute Bronchitis, können den Respirationstrakt anfällig machen für Asthma. Angst, durch Frustration erzeugte Spannung, Zorn, Depression und antizipierte freudige Erregung sind psychologische Faktoren, die über die mit ihnen verbundene Emotionalität das Funktionieren des Respirationssystems stören und so Asthma verursachen können.

Rees untersuchte 388 asthmatische Kinder, die in der Asthma-Ambulanz des St. David's Hospital in Cardiff, Wales, behandelt wurden. Den Anteil allergischer Faktoren schätzte man anhand von Krankengeschichten und Haut- und Inhalationsreaktionstests mit verdächtigen Allergenen. Zum gleichen Zweck setzte man die Patienten im Blindversuch auch verdächtigen Allergenen und unwirksamen Substanzen aus. Um die Bedeutung infektiöser Faktoren zu bestimmen, sah man sich ebenfalls die Krankengeschichten an, nahm Röntgen- und Sputumuntersuchungen vor und forschte nach Eiter oder anderen Anzeichen einer Infektion von Nase, Nebenhöhlen und Brust. Die mögliche Bedeutung psychischer Faktoren ermittelte man anhand von Krankengeschichte und direkter Verhaltensbeobachtung. Die Ergebnisse von *Rees'* Untersuchung zeigen, wie wichtig es ist, Asthma als Krankheit mit multiplen Ursachen aufzufassen. Nur in 37 Prozent der Fälle galten psychische Faktoren als dominanter Verursachungsfaktor. In 30 Prozent der Fälle erkannte man psychischen Variablen überhaupt keinen Einfluß zu – ein Schluß, der der populären Auffassung von Asthma als einem in jedem Fall psychosomatischen Phänomen widerspricht (vgl. Tabelle 8.3).

Tabelle 8.3. Relative Bedeutung allergischer, infektiöser und psychischer Faktoren in der Ätiologie des Asthmas (aus *Rees*, 1964)

	Relative Bedeutung, Prozent		
Faktoren	Dominant	Beteiligt	Unbedeutend
Allergische	23	13	64
Infektiöse	38	30	32
Psychische	37	33	30

Rees' Daten zeigen auch, daß die verschiedenen Ursachen von Asthma je nach Alter des Patienten in ihrer Bedeutung variierten. Bei Patienten unter fünf Jahren dominierten infektiöse Faktoren. Im Alter zwischen sechs und sechzehn herrschten die infektiösen Faktoren zwar immer noch vor, aber psychische Variablen hatten an Bedeutung gewonnen. Bei sechzehn- bis fünfundsechzigjährigen Patienten verloren psychische Faktoren bis zum fünfunddreißigsten Lebensjahr an Bedeutung, wurden dann allerdings wieder wichtiger.

Psychische Faktoren, die zu Asthma führen

Rees' Untersuchungen haben gezeigt, daß psychische Faktoren in einigen, aber bei weitem nicht in allen Fällen von Asthma eine Hauptursache sind. Aber auch wenn das Asthma ursprünglich von einer Infektion oder einer Allergie ausgelöst wurde, kann psychische Belastung die Anfälle begünstigen. *Kleeman* (1967) begleitete 26 Asthma-Patienten über einen Zeitraum von 18 Monaten. Nach Angaben dieser Patienten ging ihren Anfällen in 69% der Fälle eine emotionale Störung voraus.

Dekker und *Groen* (1956) konnten im Labor mit folgendem Verfahren Asthma-Anfälle auslösen. Vor Beginn der eigentlichen Untersuchung hatten zwölf Asthma-Patienten die Umgebungsbedingungen geschildert, die den Anfällen vorausgingen. Als man diese Situationen dann szenisch oder bildlich im Labor reproduzierte, kam es bei drei der zwölf Patienten zu ausgewachsenen Asthmaanfällen, drei andere zeigten weniger schwere respiratorische Symptome. Zu den nach Angaben der Patienten asthma-auslösenden Reizen gehörten die Nationalhymne, Parfum, der Anblick von Staub, Pferden und Wasserfällen.

Die „Macht der Suggestion", die Asthmaanfälle auch dann auslöst, wenn die Hauptursache des Leidens eine Allergie ist, weist eine andere Studie nach (*Luparello* et al., 1971). Vierzig Asthmatiker und eine gleich große Kontrollgruppe glaubten, an einer Untersuchung zur Luftverschmutzung teilzunehmen. Der Experimentator erklärte jedem Probanden, daß man untersuchen wolle, welche Konzentrationen verschiedener Substanzen zu Atemschwierigkeiten führten. Den Asthmatikern sagte man, daß sie fünf verschiedene Konzentrationen eines Reizstoffes oder Allergens einatmen würden, der oder das als Mitursache ihrer Asthmaanfälle galt. Man überzeugte sie davon, daß sich die Konzentration des Allergens mit jeder Probe erhöhe, ließ sie aber in Wirklichkeit fünf nicht-allergene Salzlösungen inhalieren. Die Kontrollprobanden glaubten, Luftverschmutzungspartikel einzuatmen, die die Bronchien reizen und zu Atemschwierigkeiten führen könnten. Vierzehn der vierzig Asthmatiker reagierten mit einer signifikanten Obstruktion der Luftwege, und zwölf entwickelten einen vollständigen Asthmaanfall. Keiner der Kontrollprobanden wies pathologische respiratorische Reaktionen auf. Anschließend ließ man die zwölf Probanden, die mit einem Asthmaanfall reagiert hatten, dieselbe Salzlösung noch einmal inhalieren, diesmal aber unter dem Etikett eines Bronchodilatators. Der Zustand aller zwölf Patienten besserte sich, womit sich bestätigte, daß bei manchen Asthmatikern die Suggestion eine nicht unerhebliche Rolle spielen kann.

Klassisches Konditionieren

Beide eben geschilderten Untersuchungen legen die Möglichkeit nahe, daß Asthma durch eine Vielzahl von Situationen als Ergebnis eines Konditionierungsprozesses hervorgerufen werden kann. Ein Konditionierungsexperiment mit menschlichen Probanden scheiterte allerdings völlig. *Dekker, Pelser* und *Groen* (1957) verknüpften ein bekanntes Allergen mit einer neutralen Lösung. Der Hypothese des klassischen Konditionierens zufolge würde man erwarten, daß nach wiederholtem gemeinsamen Auftreten von konditioniertem und unkonditioniertem Reiz schließlich auch der konditionierte Reiz allein die asthmatische Reaktion auslöst. In der genannten Untersuchung zeigten sich nach Abschluß der Reizdarbietungen nur zwei von hundert Probanden erfolgreich konditioniert. Überdies erfuhren *Purcell* und *Weiss* (1970, S. 607) von *Dekker* in einem persönlichen Gespräch, daß sich sogar diese Ergebnisse nicht hatten replizieren lassen. Gegenwärtig gibt es keinen Anhaltspunkt dafür, Asthmaanfälle als das Ergebnis eines klassischen Konditionierungsprozesses zu erklären.

Die Rolle der Familie

Einige Forscher halten die Eltern-Kind-Interaktion für einen bedeutenden Faktor bei der Ätiologie von Asthma. Am *Children's Asthma Research Institute and Hospital* in Denver kategorisiert man die Patienten routinemäßig danach, ob für die Krankheit in erster Linie psychische oder vorrangig andere Faktoren verantwortlich zu machen sind. *Purcell* und seine Mitarbeiter (1969) wählten 22 Kinder für eine Untersuchung aus.

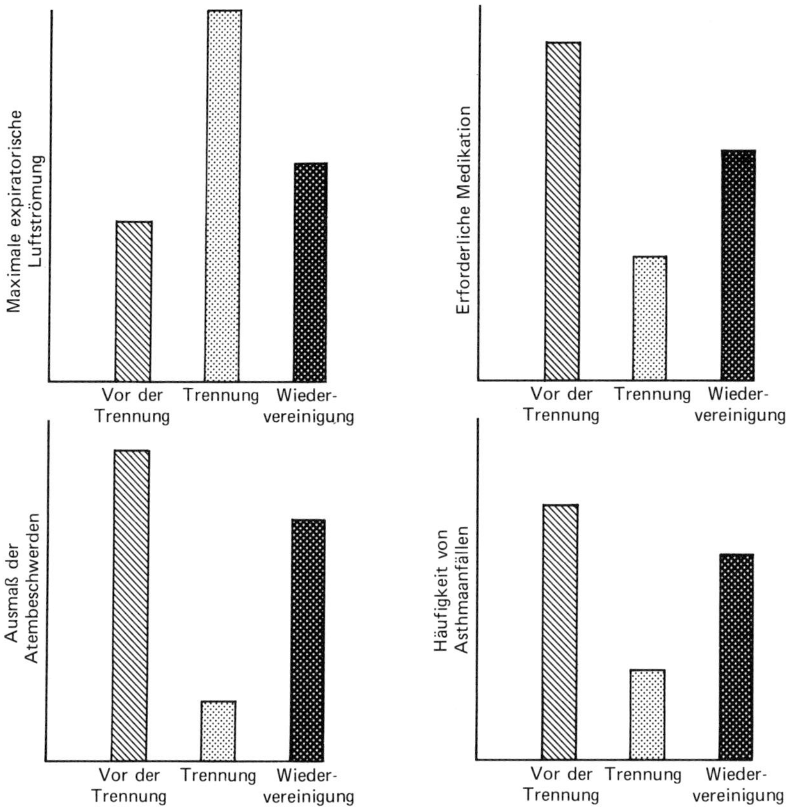

Abb. 8.2. Verbesserung in verschiedenen Asthmamaßen bei Kindern, für die eine Besserung nach der Trennung von ihren Eltern vorausgesagt wurde (nach *Purcell et al.*, 1969).

Bei dreizehn der Kinder galten psychische Faktoren als vornehmliche Auslöser von Asthmaanfällen, in den anderen Fällen hielt man allergische und infektiöse Momente für bedeutsamer. Diese 22 Kinder untersuchte man über einen längeren, in vier Perioden eingeteilten Zeitraum. Während der ersten Periode, in der die Kinder gewöhnlich bei ihren Familien lebten, erhob man die Ausgangshäufigkeiten. In der zweiten Periode blieb alles beim alten, außer daß man die Familie davon in Kenntnis setzte, daß sie alle, mit Ausnahme des asthmatischen Kindes, bald für zwei Wochen das Haus verlassen würden. In der dritten Periode kam eine Ersatzmutter ins Haus, und in der vierten Periode schließlich kehrten die Eltern zurück. Wenn in der einen Gruppe tatsächlich die Eltern-Kind-Beziehung der entscheidende psychische Faktor war, mußte sich der Zustand dieser Kinder während der Trennung von den Eltern bessern. Die Kinder, bei denen man hauptsächlich allergische oder infektiöse Faktoren als Auslöser des Asthmas annahm, durften jedoch keine Besserung zeigen. Die Ergebnisse bestätigten diese Hypothese in bemerkenswertem Umfang. Täglich maß und beobachtete man folgende Variablen: die expiratorische Spitzenkapazität, d.h. die Kraft, mit der das Kind Luft ausstoßen konnte; die Menge der notwendigen Medikation; Atemschwierigkeiten und die Häufigkeit von Asthmaanfällen. 70 Prozent der Kinder, für die man bei Trennung von den Eltern eine Besserung prophezeit hatte, ging es während der Trennungsphase tatsächlich besser (vgl. Abb. 8.2). Von den übrigen neun Kindern profitierte nur eines von der Trennung.

Auch eine Untersuchung von *Rees* (1963) bestätigt den Zusammenhang zwischen einer gestörten Eltern-Kind-Beziehung und Asthma. Er klassifizierte die Grundhaltung von Eltern hospitalisierter, asthmatischer Kinder als entweder befriedigend – die Eltern vermitteln ein Gefühl der Sicherheit und sind zugewandt und warmherzig – oder unbefriedigend – die Eltern sind zurückweisend und perfektionistisch. Nur 44 Prozent der Eltern von Asthmatikern waren in diesem Sinne befriedigend, während es bei den Kontrollkindern, Unfallpatienten desselben Krankenhauses, 82 Prozent waren.

Allerdings kommen nicht alle Untersuchungen zu demselben Ergebnis. *Gauthier* und seine Mitarbeiter (1977, 1978) beobachteten Mütter mit ihren kleinen, asthmatischen Kindern zu Hause, ließen sie Fragebögen ausfüllen und führten Interviews mit ihnen. Kinder und Mütter waren überwiegend gut angepaßt. Die Kinder waren für ihr Alter normal entwickelt und setzten sich unabhängig und erfolgreich mit ihrer Umgebung auseinander.

Die Forschungslage zum Einfluß des Familienlebens auf die Entwicklung von Asthma ist also nicht eindeutig. Auch wenn wir zugestehen, daß zwischen Familienbeziehungen und Asthma ein Zusammenhang besteht, ist nicht immer zu entscheiden, ob die einzelnen Familienvariablen die Ursache des Asthmas sind oder nur dazu beitragen, es aufrechzuerhalten. Bei manchen Kindern mögen es durchaus bestimmte, familienbedingte emotionale Faktoren sein, die die ersten Asthmaanfälle auslösen; bei anderen entwickelt sich das Asthma unabhängig von solchen Faktoren, aber die Eltern belohnen unwissentlich einzelne Symptome des Syndroms. Vielleicht verwöhnen die Eltern das Kind und behandeln es auf besondere Weise. Behandlungsempfehlungen für asthmatische Kinder scheinen diese These indirekt zu bestätigen. Ärzte raten von Sonderbehandlung und Überbehütung ab. Asthmatische Kinder sollen so normal wie möglich leben und sogar Sport treiben. Es soll möglichst verhindert werden, daß die Krankheit zum alles beherrschenden Faktor im Leben der Kinder wird. Verdeutlicht wird diese Haltung im folgenden Gesprächsbeispiel von *Kluger* (1969).

Patient: Ich kann heute nicht in die Schule gehen, weil mein Asthma so schlimm ist.

Arzt: Ich weiß, aber es ist nicht ansteckend. Warum solltest du also nicht in die Schule gehen?

Patient (irritiert): Weil ich Schwierigkeiten mit dem Atmen habe.

Arzt: Das sehe ich. Aber Atemschwierigkeiten hast du, ob du nun zur Schule gehst oder nicht. Im Bett bleiben hilft da überhaupt nichts.

Patient (ärgerlich): Mann, in diesem Krankenhaus lassen sie einen nicht mal krank sein! (S. 361)

Persönlichkeit und Asthma

Man hat oft versucht, bestimmte Konstellationen von Persönlichkeitszügen mit Asthma in Verbindung zu bringen, und Untersuchungen haben bei Asthmatikern eine ganze Anzahl sogenannter neurotischer Symptome zu Tage gefördert: Abhängigkeit und Fehlanpassung (*Herbert*, 1965); Unterwürfigkeit, Empfindlichkeit, Angst, Übergenauigkeit, Perfektionismus und Zwänge (*Rees*, 1964). Aber in den meisten dieser Untersuchungen hat man Asthmatiker mit gesunden Kontrollprobanden verglichen. *Neuhaus* (1958) verglich die Persönlichkeitstestwerte asthmatischer Kinder sowohl mit denen gesunder Kinder, als auch mit einer Gruppe von Kindern mit Herzbeschwerden. Wie in anderen Untersuchungen waren auch hier die Asthmatiker neurotischer als die Gesunden. Aber, und das ist der springende Punkt, *die herzkranken Kinder waren ebenfalls neurotischer als gesunde Kinder*. Der erhöhte Neurotizismus asthmatischer Kinder ist also möglicherweise nur die Reaktion auf eine chronische Krankheit. Neurotizismuswerte in Persönlichkeitstests sind immer abhängig von der Dauer der Krankheit (*Kelly* und *Zeller*, 1969).

Physiologische Prädisposition

Nachdem wir uns nun mit der Bedeutung verschiedener Stressoren beschäftigt haben, müssen wir auch eine Erklärung dafür suchen, daß nicht alle Menschen, die derartigen Stressoren ausgesetzt sind, an Asthma erkranken. Laut *Rees* (1964) hatten 86 Prozent der von ihm untersuchten Asthmatiker vor ihrer Asthma-Erkrankung an einer Infektion der Atemwege gelitten. Bei den gesunden Kontrollprobanden betrug dieser Anteil nur 30 Prozent. Das spricht dafür, daß bei der Entwicklung von Asthma eine ererbte Organschwäche, ein erworbenes Reaktionsmuster oder beides eine Rolle spielen. Menschen mit primär allergischem Asthma haben vielleicht eine Überempfindlichkeit der respiratorischen Schleimhäute ererbt und neigen folglich zu Überreaktionen auf normalerweise harmlose Substanzen wie Pollen oder Staub. Wir haben Belege dafür, daß das Familienmuster der Asthma-Inzidenz der genetischen Weitergabe einer Diathese entspricht (*Konig* und *Godfrey*, 1973). Und schließlich scheint das sympathische Nervensystem von Asthmatikern eine geringere Reaktionsbereitschaft zu besitzen als das nicht-asthmatischer Menschen (*Miklich* et al., 1973; *Mathe* und *Knapp*, 1971). Wir wissen, daß sich bei Aktivierung des sympathischen Nervensystems die Intensität eines Asthmaanfalls abschwächt.

Einmal mehr scheint das Diathese-Streß-Modell die Ätiologie einer psychophysiologischen Störung am angemessensten zu erklären. Ist das respiratorische System für Asthma prädisponiert, kann eine Interaktion von psychischen Stressoren und Diathese die Krankheit schließlich zum Ausbruch bringen.

6. Die Therapie psychophysiologischer Störungen

Da psychophysiologische Störungen wirkliche körperliche Dysfunktionen sind, müssen Arzt und Psychotherapeut eng zusammenarbeiten. Antazida – Magensäure bindende Mittel – helfen gegen die unangenehmen Symptome von Ulci, und anticholinerge Medikamente, die in ihrer Wirkung dem sympathischen Nervensystem gleichkommen, senken die Produktion von Magensaft. Sowohl bei organisch bedingtem Bluthochdruck als auch bei streßbedingter essentieller Hypertonie wird das Diuretikum Chlorthalidon die Natriumausscheidung durch die Nieren steigern, das Natrium wird so den Arterienwänden entzogen, die sich daraufhin wieder erweitern. Reserpin reduziert den arteriellen Druck durch seine sedierende Wirkung. Bei Asthmaanfällen werden Wirkstoffe inhaliert oder injiziert, die die Bronchien erweitern. Eines der wirksamsten Mittel ist hier Epinephrin. Die erleichternde und heilungsfördernde Wirkung von Medikamenten ist nicht zu unterschätzen. Gleichwohl sind sich Therapeuten und Ärzte bewußt, daß man mit Medikamenten zumeist nur die Symptome behandelt. Sie richten nichts dagegen aus, daß der Mensch auf psychische Belastung emotional reagiert. Die Disposition für eine bestimmte Krankheit mag ererbt sein oder zumindest eine somatische Grundlage besitzen, für die Art und Weise der psychischen Reaktion gilt das wahrscheinlich nicht, und so sind hier psychotherapeutische Interventionen geboten.

Therapeuten aller Richtungen stimmen darin überein, daß Angstreduktion der beste Weg ist, um psychophysiologisches Leiden zu lindern. Man sieht in der Störung, sei es ein Ulcus, essentieller Bluthochdruck, koronare Herzkrankheit oder ein Asthmaanfall, eine Folge von Angst oder vermutet zwischen beiden zumindest einen Zusammenhang. Psychoanalytisch orientierte Therapeuten arbeiten wie bei allen Angstleiden auch hier mit Techniken wie freier Assoziation und Traumanalyse, um dem Ich ihrer Patienten zu helfen, sich den infantilen Ursprüngen seiner Ängste zu stellen. Ich-Analytiker wie *Franz Alexander*, die für jede psychophysiologische Störung einen spezifischen emotionalen Zustand annehmen, haben dagegen eher die Gegenwart im Blick. Sie würden einen Patienten mit essentieller Hypertonie, der, wie sie glauben, unter dem Druck seines zurückgehaltenen Zornes leidet, zur Selbstbehauptung und damit Entlastung von unterdrückter Aggression ermutigen.

Auch klientenzentrierte Therapeuten halten bei psychophysiologischen Störungen Angstreduktion für das anzustrebende Therapieziel, konzentrieren sich aber insbesondere auf den Konflikt des Patienten mit der Gesellschaft. Mit Magengeschwüren, Bluthochdruck und koronarer Herzkrankheit reagiert der Körper dann, wenn jemand sich gesellschaftlichen Normen fügt, die seinen ureigensten Interessen zuwiderlaufen. Aufmerksames Zuhören und einfühlsames Widerspiegeln seiner Äußerungen sollen den Klienten zur Erkenntnis führen, welchen körperlichen Preis er für seine gesellschaftliche Konformität zahlt, und ihn zu selbstverantwortlichen Entscheidungen befähigen.

Verhaltenstherapeuten setzen ihr übliches Repertoire an Angstreduktionstechniken ein, d.h. je nach Quelle der Spannung systematische Desensibilisierung, rational-emotive Therapie und Selbstbehauptungstraining. Fühlt sich der Klient in ganz bestimmten Situationen unsicher, können ihm Verhaltenserprobung und Verhaltensformung die notwendigen Fertigkeiten vermitteln.

Die *Verhaltensmedizin*, ein neues Spezialgebiet der Verhaltenstherapie, konzentriert sich auf die mit körperlichen Problemen verbundenen psychischen Faktoren. Natürlich gilt hier das besondere Interesse den psychophysiologischen Störungen. Man ergänzt etwa die medikamentöse Behandlung von Bluthochdruck, Asthma und anderen Störungen dieser Art durch ein Entspannungstraining, oder versucht, mit eigens dafür entwickelten Behandlungsformen bekanntermaßen gesundheitsschädliche Gewohnheiten zu ändern. Ein wichtiges Forschungsgebiet ist hier die Raucherentwöhnung. Verhaltensmedizinisch ausgerichtete Therapeuten bemühen sich um Methoden, die übergewichtigen Klienten das Abnehmen erleichtern (*Marston* und *Marston*, 1980). Zuviele überflüssige Pfunde können besonders bei älteren Menschen Mitverursacher von Bluthochdruck und koronarer Herzkrankheit sein. Asthmapatienten bringt man bei, die Anzeichen eines drohenden Anfalles zu erkennen. Viele Patienten erkennen ihre eigenen Symptome nicht und reagieren unangemessen. Sie können lernen, sich darauf einzustellen und angemessener damit umzugehen (*Creer, Renna* und *Chai*, 1982).

Eine Reihe psychophysiologischer Störungen behandelt man auch mit Biofeedback-Verfahren. Die auf dem Photo demonstrierte Technik wird gelegentlich eingesetzt, um Kopfschmerzen zu lindern.

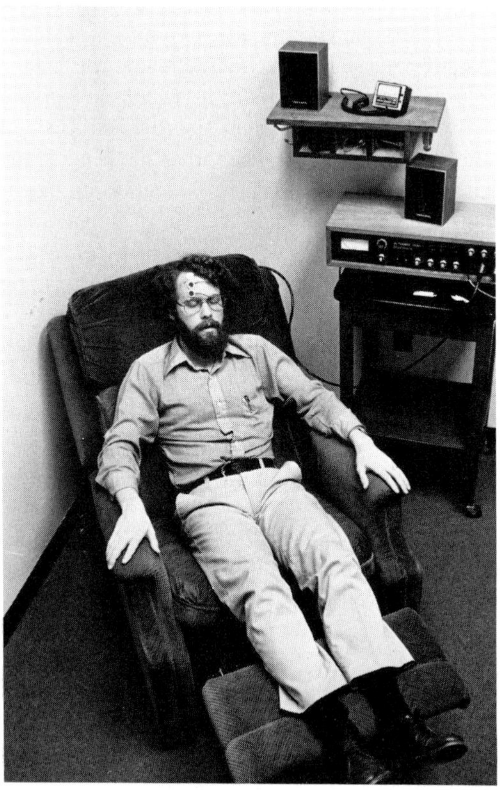

In den letzten Jahren haben Verhaltensforscher auch die klinischen Einsatzmöglichkeiten des *Biofeedback* erforscht als ein Mittel, das körperliche Funktionieren zu verbessern. Das Biofeedback vermittelt prompte, genaue und auf andere Weise nicht zugängliche Information über Herzschlagfrequenz, Blutdruck, Gehirnwellen, Hauttemperatur und andere autonome Körperfunktionen. Der interessierende physiologische Prozeß wird von einem empfindlichen elektronischen Aufnahmegerät hörbar oder sichtbar gemacht. Das akustische oder visuelle Signal setzt den Patienten unverzüglich davon in Kenntnis, ob der betreffende Prozeß zu stark, zu schwach oder genau richtig abläuft. Aus zahlreichen Untersuchungen wissen wir, daß es den meisten Menschen mit Hilfe des Biofeedback gelingt, z.B. ihre Herzfrequenz zu erhöhen oder ihren Blutdruck zu senken (*Elmore* und *Tursky*, 1978; *Shapiro, Tursky* und *Schwartz*, 1970). Unklar ist noch, ob sich mit Biofeedback auch klinisch bedeutsame Resultate erzielen lassen. Bei essentieller Hypertonie (*Blanchard* und *Miller*, 1977) und Spannungskopfschmerzen (*Budzynski* et al., 1973) wurde eine Besserung erreicht, aber dafür waren möglicherweise auch andere Faktoren, etwa ein Entspannungstraining, verantwortlich. Kasten 8.3 stellt ein Beispiel der recht vielversprechenden klinischen Forschungsarbeit auf diesem Gebiet vor.

Kasten 8.3
Migräne und Biofeedback

„Wenn ich in einer Migräneaura bin (bei manchen Menschen dauert diese Aura fünfzehn Minuten, bei anderen mehrere Stunden), fahre ich bei Rot über die Ampel, verliere meine Schlüssel, lasse alles fallen, kann meine Augen nicht mehr fixieren und keine zusammenhängenden Sätze mehr bilden, und man könnte meinen, ich hätte Drogen genommen oder zuviel getrunken.

Mit den eigentlichen Kopfschmerzen kommen auch Kälteschauer, Schweißausbrüche, Übelkeit und eine Schwäche, die bis an die Grenze des Erträglichen geht. Daß man an Migräne nicht stirbt, ist für jemanden, der mitten in einem Anfall steckt, ein sehr zweifelhafter Trost.“

(Aus: *Joan Didion, The White Album*, 1979, S. 170–171.)

Man schätzt, daß 10 Prozent der Menschen an Migräne leiden. Manche der Betroffenen haben alle paar Tage einen Anfall, andere nur einige Male im Leben. Der Kopfschmerz tritt gewöhnlich einseitig auf, fast so, als teile eine undurchlässige Trennwand den Kopf in zwei Hälften. Nur jemand, der von dieser häufigsten psychophysiologischen Störung tatsächlich betroffen ist, so sagt man, könne ermessen, wie unerträglich das damit verbundene Leiden sei.

Man unterscheidet gewöhnlich klassische und gemeine Migräne. Die klassische Migräne beginnt mit Prodromalsymptomen, d.h. mit Symptomen, die dem eigentlichen Kopfschmerz vorausgehen. Die Betroffenen leiden unter Spannungsgefühlen und Schlaflosigkeit, Energie und Antrieb nehmen ab, und manchmal kommt es auch zu visuellen Störungen, wobei zunächst flimmernder Nebel und dann Zickzacklinien erscheinen. Die Kopfschmerzen beider Migränetypen werden verursacht durch eine anhaltende Erweiterung oder Vergrößerung der extrakranialen Gefäße, hauptsächlich der Temporalarterie, die sich zur Versorgung der Kopfseiten dreiteilt. Fast immer beginnen die Kopfschmerzen auf einer Seite mit einem pulsierenden Schmerz bei jedem Herzschlag, wenn das Blut durch die erweiterten extrakranialen Arterien gepumpt wird. Schmerzverursacher ist der Druck, den die erweiterten Arterien auf schmerzsensitive Nervenfasern der Kopfhaut ausüben. Später wird der Schmerz stetiger. Die Arterien werden dicker und versteifen, die extrakranialen Nervenfasern werden nicht mehr pulsierend, sondern konstant gereizt (*Elmore*, 1979). Neueren Untersuchungen zufolge reagieren die Arterien von Migräneopfern empfindlicher auf autonome Stimulation als die normaler Menschen. Es gibt auch Hinweise auf eine allgemeine Instabilität der vasomotorischen Kontrolle, eine offensichtlich angeborene Diathese, die die unglücklichen Betroffenen dazu disponiert, mit dieser sie erschöpfenden Störung zu reagieren.

Die Ursachen der extrakranialen Gefäßerweiterung waren lange Jahre umstritten. Zu den Prodromalsymptomen der klassischen Migräne gehören, wie bereits gesagt, Sehstörungen. Ursache dieser Vorläufer der eigentlichen Kopfschmerzen ist nach Ansicht einiger Forscher eine starke Konstriktion oder Verengung der inneren Karotis und ihrer Äste, der Kranialarterien, die Gehirn und visuelles System mit Blut versorgen. Irgendwie, so die Theorie, führt diese anfängliche Konstriktion der inneren Kranialarterien schließlich zur Erweiterung der äußeren Karotis und ihrer Äste, insbesondere der Schläfenarterien, was dann unmittelbar den eigentlichen Migränekopfschmerz verursacht.

Folglich wetteifern zwei theoretische Schulen um den Preis der wirksamsten Migränebehandlung: Die eine konzentriert sich auf die intrakraniale Gefäßverengung während der Prodromalphase, die andere auf die extrakraniale Gefäßerweiterung während der Schmerzphase. Im ersten Fall versucht man, durch Reduktion der sympathischen Aktivität die inneren Arterien zu erweitern, im zweiten

Fall die äußeren Arterien durch Steigerung der sympathischen Aktivität zu verengen. Reduzieren läßt sich die sympathische Aktivität durch psychologische Techniken wie progressive Muskelentspannung (*Jacobson*, 1929), autogenes Training, eine Technik, bei der durch Suggestion von Schwere und Wärme* Entspannung erreicht wird (*Luthe* und *Schultz*, 1969) und durch eine westlichem Denken angepaßte Version der transzendentalen Meditation (*Benson*, 1975). Von besonderem Interesse sind in unserem Zusammenhang Untersuchungen, in denen mit Hilfe des Biofeedback die Fingertemperatur erhöht wird, um eine allgemeine Gefäßerweiterung zu erreichen. An der berühmten Menninger-Klinik in Topeka, Kansas, lernten Migräne-Patienten durch Biofeedback-Training und dann ohne apparative Hilfe beim geringsten Anzeichen eines drohenden Migräneanfalls ihre Hände zu erwärmen. Auf diese Weise soll sich der Zustand vieler Migräne-Patienten erheblich verbessert haben (*Sargent, Green* und *Walters*, 1972, 1973). Leider wird der Wert dieser Untersuchungen durch ihre methodischen Mängel beeinträchtigt. Nichts beweist, daß die Patienten tatsächlich lernten, ihre Hände zu erwärmen, und die Beurteilung der Zustandsverbesserungen war unsystematisch und impressionistisch (*Elmore*, 1979). Gleichwohl haben die Menninger-Berichte eine Reihe besser kontrollierter Untersuchungen angeregt.

Die zweite Form der Migränebehandlung stützt sich auf die Steigerung der sympathischen Aktivität, um so der Erweiterung der extrakranialen Arterien Einhalt zu gebieten. Mittels Biofeedback lernen die Betroffenen, die Pulsamplitude in den Oberflächenarterien der Schläfe zu verringern, mit anderen Worten, die Arterien am tatsächlichen Entstehungsort der Kopfschmerzen zu verengen.

Graham und *Wolff* (1938) verabreichten Migräne-Patienten Ergotamintartrat, ein hochwirksames, gefäßverengendes Medikament, und stellten eine signifikante Pulsabnahme in den Oberflächenarterien der Schläfe und in den okzipitalen, den extrakranialen Arterien im seitlichen und hinteren Teil des Kopfes fest. Die Patienten ihrerseits berichteten von weniger starken Kopfschmerzen. Die gefäßverengenden Medikamente linderten zwar die Migräne, hatten aber, wie das so oft bei Medikamenten der Fall ist, schwere Nebenwirkungen: Es kam zu Übelkeit und Erbrechen und zu Taubheitsgefühlen und sogar Wundbrand an den Extremitäten. Angesichts dieser Nebenwirkungen wandte man sich verstärkt psychologischen Methoden zu, mit denen sich ausschließlich die extrakranialen Arterien verengen ließen. In etlichen Untersuchungen zeigte sich, daß es den Patienten Erleichterung brachte, wenn sie mittels Biofeedback lernten, den Puls in den extrakranialen Arterien zu verringern (z.B. *Friar* und *Beatty*, 1976).

Aus dem Studium der vorliegenden Literatur zur Migränebehandlung zogen *Elmore* und *Tursky* (1981) den Schluß, daß eine Untersuchung zum Vergleich der beiden konkurrierenden Behandlungsansätze vonnöten sei. Gleichzeitig wollten sie durch sorgfältige physiologische Messungen sicherstellen, daß die Probanden nach dem Biofeedback-Training die behauptete Reaktion auch tatsächlich erworben hatten. Und sie wollten in einer Nachfolgestudie untersuchen, ob Therapieerfolge auch nach dem Training von Dauer waren.

Elmore und *Tursky* teilten eine Stichprobe von 23 erwachsenen Migräne-Patienten in zwei Gruppen ein: Eine Gruppe lernte in acht Sitzungen, mittels Biofeedback die Handtemperatur zu erhöhen, die andere in ebenfalls acht Biofeedback-Sitzungen, ihren Schläfenpuls zu reduzieren. Anschließend hatten alle Probanden neun Sitzungen ohne Biofeedback, um zu überprüfen, ob sie die gelernte Reaktion auch eigenständig herbeiführen konnten. Um ihre Gruppenziele zu erreichen, d.h. die Handtemperatur zu erhöhen bzw. den Schläfenpuls zu reduzieren, wurden die Probanden angewiesen, sich Wärme oder Kühle bildhaft vorzustellen oder sich mit Ausnahme von Muskelanspannung eine andere wirksame

Technik anzueignen. Sie sollten die von ihnen gewählte Strategie täglich fünfzehn Minuten und beim geringsten Anzeichen eines drohenden Migräneanfalles üben. Einen Monat vor und einen Monat nach der Behandlung führten die Probanden in einem speziell dafür entworfenen Schmerztagebuch über Häufigkeit und Intensität ihrer Kopfschmerzen Protokoll. Wenn bei Pulsreduktion weniger Schmerzen auftraten als bei Handerwärmung, konnte man den Schluß ziehen, daß *Steigerung* der sympathischen Aktivität die bessere Migränebehandlung sei. Um sich Erleichterung zu verschaffen, müssen die Betroffenen dann nur die Verengung ihrer extrakranialen Arterien herbeiführen. Hat sich dagegen die Handerwärmung als überlegen erwiesen, müssen die Patienten vorher der intrakranialen Gefäßverengung, die nach Ansicht der Menninger-Gruppe die nachfolgende extrakraniale Weitstellung der Gefäße verursacht, mit Vasodilatation (Gefäßerweiterung) vorbeugen.

Physiologische Messungen während des Biofeedback-Trainings zeigten, daß die jeweilige Fertigkeit tatsächlich erworben wurde. Darüber hinaus maß man bei den Probanden, die die Schläfenpulsreduktion erlernt hatten, eine allgemeine Aktivierung des sympathischen Nervensystems, in der Hand-Gruppe dagegen dessen Deaktivierung, was bewies, daß beide Verfahren die jeweils beabsichtigte Wirkung auf das autonome Nervensystem hatten. Und die wichtigsten Ergebnisse schließlich: Patienten, die ihren Schläfenpuls reduziert hatten, wiesen bei der Nachuntersuchung nach einem Monat die signifikant größeren Behandlungserfolge auf als die Probanden, die die Handerwärmung praktizierten. Insbesondere berichteten sie von weniger als halb so viel Anfällen wie vor der Behandlung; sie hatten signifikant weniger häufig zu Schmerztabletten gegriffen und fanden zum großen Teil ihre Kopfschmerzen, wenn sie auftraten, weniger schmerzhaft. Die Handwärm-Gruppe berichtete dagegen von schwereren und dauerhafteren Schmerzen als vor der Behandlung. Diese Ergebnisse stellen also ernsthaft die Auffassung in Frage, daß Migräne von sympathischer Übererregung verursacht werde und daß, allgemein gesagt, Migräne-Patienten versuchen sollten, die Aktivität ihres sympathischen Nervensystems durch ein Entspannungstraining oder spannungsmildernde Medikamente zu reduzieren. Die Behandlung sollte vielmehr unmittelbarer auf eine Verengung der extrakranialen Arterien abzielen.

* Die Patienten erlernen sechs Übungen, um Herz- und Atemfrequenz zu regulieren, Arme und Beine schwer und warm, den Magen warm und die Stirn kühl zu machen. Autogenes Training gilt als Kombination von Entspannungstraining und Selbsthypnose.

Verhaltensmedizinische Forscher stellen sich auch der Herausforderung, das getriebene, übermäßig leistungsorientierte Verhaltensmuster des Typ-A-Menschen zu ändern, das ein erhöhtes Risiko für Herzerkrankungen birgt. Innerhalb der letzten zehn Jahre sind dazu etwa ein Dutzend Untersuchungen durchgeführt worden. Da den Probanden in den meisten Fällen eine Schmalspurbehandlung von kurzer Dauer, etwa einige Stunden Entspannungstraining, verabreicht wurde, sind die Ergebnisse von nur mäßiger Aussagekraft (*Price*, 1982). Eine rühmliche Ausnahme ist dabei das *Recurrent Coronary Prevention Project* (*Friedman* et al., 1982), das vom *National Heart, Lung and Blood Institute* finanziert wurde.

Dieses Projekt sollte vor allem erforschen, ob sich das Typ-A-Verhalten von männlichen Infarkt-Patienten in Richtung Typ-B-Verhalten verändern ließ und ob es bei diesen Patienten dann seltener zu einem zweiten Herzinfarkt kam als bei Patienten, die nur kardiologisch beraten wurden. Am meisten, so glaubte man, würde eine Behandlung nützen, die nicht nur das Typ-A-

Verhalten der Probanden änderte, sondern auch die umweltbedingten, kognitiven und physiologischen Faktoren, die, wie man vermutete, ihren Teil zur Persönlichkeit beitrugen. Die Probanden übten, langsamer zu sprechen und ihren Gesprächspartnern genauer zuzuhören anstatt sie zu unterbrechen – eine Verhaltensänderung also. Sie schauten sich im Fernsehen weniger Sendungen an, in denen es um Gewalt und Wettbewerb ging – eine Umweltänderung. Sie versuchten ihren stummen, inneren Monolog dahingehend zu ändern, daß sie nicht jedes Ereignis als unmittelbare Herausforderung sahen – eine kognitive Veränderung. Und um ihren körperlichen Zustand zu verbessern, nahmen sie die verschriebenen Medikamente und befolgten die Diätvorschriften ihres Arztes. Die Ergebnisse waren ermutigend: Typ-A-Verhalten läßt sich meßbar verändern. Überdies lag für diese Männer das Risiko eines zweiten Herzinfarkts nach dreijähriger Behandlung bei 2,5% jährlich, gegenüber 5% für Typ-A-Männer, die nur kardiologisch beraten worden waren.

Aber einer Änderung von Typ-A-Verhalten steht in unserer Kultur vieles entgegen. *Price* (1982) nennt insbesondere zwei Hindernisse. Erstens zahlt sich Typ-A-Verhalten in einer Industrie- und Leistungsgesellschaft wie der unsrigen zumindest auf kurze Sicht aus: Produktivität und Leistung steigen, wenn auch vielleicht um den Preis persönlichen Glücks. Zweitens ist die Typ-A-Persönlichkeit in den USA und andernorts in vielerlei Hinsicht eine kulturelle Norm. Oft bedarf es eines Herzinfarkts, um jemanden dieses Typs auch zum Nachdenken darüber zu zwingen, ob er den aggressiven, individualistischen Kampf um möglichst viel materielle Güter in möglichst kurzer Zeit nicht aufgeben und statt dessen lernen sollte, den Müßiggang zu genießen und Menschen, einschließlich seiner selbst, mehr um ihrer inneren Werte willen zu schätzen als wegen ihrer Leistungen und ihres Status.

Matthews (z.B. 1978) hat Typ-A-Verhalten bei Kindern erfaßt und untersucht, wie junge Menschen Werte und Verhalten der Typ-A-Persönlichkeit erwerben. Sie hat z.B. festgestellt, daß Mütter von Typ-A-Jungen den Einsatz für Verstärkungen ständig erhöhen. Für dieselbe Belohnung werden dem Kind immer höhere Ziele gesetzt. Massenmedien und Schulen verlangen vom Kind ,,Sei die Nummer eins!" – ,,Mach keine Fehler!" – ,,Verschwende keine Zeit!" – ,,Werde produktiver!" – ,,Aufwärts und vorwärts!" Vermutlich werden Entwicklungspsychologen immer häufiger feststellen, daß jungen Menschen von Kindesbeinen an Typ-A-Verhalten beigebracht wird.

Die Veränderung von Typ-A-Verhalten, um koronaren Herzerkrankungen vorzubeugen oder sie zumindest zu reduzieren, stellt unsere fortgeschrittene und immer noch fortschreitende Gesellschaft also in ihrem Kern in Frage. Die wachsende Literatur und Forschung zur Typ-A-Persönlichkeit könnte so vielleicht ganz unbeabsichtigt dazu führen, daß auch einige der grundlegendsten Werte, auf denen unsere westlichen Gesellschaften aufbauen, kritisch hinterfragt werden. Ganz sicher aber kann die Psychologie dafür plädieren, daß Schulen und Massenmedien andere Werte vermitteln. Und das Recurrent Coronary Prevention Project, das die Patienten ermutigte, Leistung und Eile nicht mehr so wichtig zu nehmen und statt dessen an Blumen zu riechen, den Augenblick zu genießen und das Leben nicht auf der Überholspur zu leben, hat gezeigt, daß Menschen ihre Typ-A-Persönlichkeit aus eigener Kraft ändern können und dabei glücklicher und gesunder werden.

Zusammenfassung

Psychophysiologische Störungen sind durch psychische Faktoren, in erster Linie durch Streß hervorgerufene körperliche Krankheiten. Betroffen werden von solchen Störungen gewöhnlich vom autonomen Nervensystem innervierte Organe des respiratorischen, kardiovaskulären, gastrointestinalen und endokrinen Systems. Die Forschung beschäftigt sich vor allem mit der Frage, wie psychischer Streß zu einer bestimmten psychophysiologischen Störung führen kann. Einige Forscher haben vorgeschlagen, die Antwort in den besonderen Eigenschaften des Stressors zu suchen. Einigen Befunden zufolge kann große persönliche Verantwortung soviel Druck erzeugen, daß jemand ein Magengeschwür entwickelt. Manche Theorien und Forschungsergebnisse setzen Aggressionshemmung mit Hypertonie und Typ-A-Persönlichkeit mit Herzinfarkt in Verbindung. Wieder andere Theorien gehen von einer Wechselwirkung zwischen Streß und physiologischer Diathese aus. Bei Ulcusneigung könnte die Diathese in einer Tendenz des Magens bestehen, zuviel Magensaft abzusondern, bei Hypertonie in einer Kreislauflabilität, bei Herzinfarkt in einem sympathischen Nervensystem, das zuviel Noradrenalin ausschüttet, und bei Asthma in einem respiratorischen System, das überempfindlich auf ein Allergen reagiert oder durch eine Infektion geschwächt ist. Obgleich wir davon sprechen, daß sich seelischer Streß auf den Körper auswirkt, sollten wir daran denken, daß man *Körper* und *Seele* wohl am besten als zwei verschiedene Möglichkeiten betrachtet, über ein und denselben Organismus zu sprechen.

Da psychophysiologische Störungen wirkliche körperliche Dysfunktionen sind, ist gewöhnlich eine medikamentöse Behandlung notwendig. Psychotherapien psychophysiologischer Störungen verfolgen das allgemeine Ziel, Angst zu reduzieren. Die Verhaltensmedizin, ein neues Spezialgebiet der Verhaltenstherapie, sucht nach psychologischen Interventionen, die geeignet sind, die körperliche Verfassung der Patienten zu verbessern. Die entwickelten Verfahren helfen den Patienten, sich zu entspannen, weniger zu rauchen, sich weniger fett zu ernähren und mittels Biofeedback verschiedene autonome Funktionen wie Herzfrequenz und Blutdruck kontrollieren zu lernen. Eine Untersuchung hat Methoden entwickelt, mit deren Hilfe Typ-A-Infarktpatienten ihre aggressive, ruhelose Lebensart ändern können.

Kapitel 9

Affektive Störungen

Melancholie, abgeleitet von den griechischen Wörtern *melan* (schwarz) und *choler* (Galle), und Manie, abgeleitet von griechisch *mainesthai* (wahnsinnig sein), sind zwei der drei psychischen Störungen, die bereits *Hippokrates* im vierten vorchristlichen Jahrhundert unterschied. Im zweiten Jahrhundert unserer Zeitrechnung vermutete der kappadokische Arzt *Aretaeus* einen Zusammenhang zwischen Melancholie und dem scheinbar genau entgegengesetzten emotionalen Zustand der Manie. Im späten 19. Jahrhundert verzeichnete, wie wir bereits wissen, der berühmte deutsche Psychiater *Emil Kraepelin* zwei Hauptformen der Psychose: die Schizophrenie, mit der wir uns in Kapitel 14 beschäftigen werden, und die *manisch-depressive Krankheit*. Letztere Diagnose wurde bei Patienten, die einen „affektiven Exzess" zeigten, gestellt; diese Störung ist eines der Hauptthemen dieses Kapitels.

1. Allgemeine Merkmale von Depression und Manie

Depression

„Die Depression ist die Erkältung der Psychopathologie, vertraut und geheimnisvoll zugleich" (*Seligman*, 1973). Wie kaum eine Woche vergeht, in der wir nicht zumindest Augenblicke der Angst erleben, wird jeder von uns irgendwann auch Zeiten der Traurigkeit durchzumachen haben. In den meisten Fällen ist die Niedergeschlagenheit weder so tief noch so dauerhaft, daß die Diagnose einer Depression gerechtfertigt wäre. Depression geht häufig mit anderen psychischen Problemen und körperlichen Krankheiten einher. Ein Mann mit Erektionsschwierigkeiten entwickelt angesichts seines Sexuallebens eine Depression. Eine Frau ist möglicherweise niedergeschlagen, weil sie sich nach einer Hysterektomie fälschlicherweise eines Teils ihrer Weiblichkeit beraubt fühlt. Agoraphobiker können angesichts ihrer Unfähigkeit, die Wohnung zu verlassen, verzagen. Alkoholiker verzweifeln, weil sie ihren Alkoholkonsum nicht kontrollieren können, was zunehmend soziale und berufliche Probleme schafft. In diesen und ähnlichen Fällen betrachtet man die Depression am besten als sekundär. Wir wollen uns in diesem Kapitel vornehmlich mit

Menschen beschäftigen, für die diese affektive Störung das *primäre* Problem ist.

Die folgende beredte Beschreibung stammt von einem Menschen, der als tief depressiv bezeichnet werden kann. Die Verzweiflung wird durch Angst noch vertieft.

„Ich war von einer unsäglichen körperlichen Müdigkeit befallen. Meine Muskeln waren so müde, wie ich es noch nie erlebt hatte. Eine eigenartige Empfindung schien meine Wirbelsäule entlangzulaufen und bis ins Gehirn zu steigen. Ich war unbeschreiblich nervös. Meine Nerven schienen elektrisch geladene Drähte zu sein. Meine Nächte waren ohne Schlaf. Ich lag da mit trockenen, ins Leere starrenden Augen. Jeden Augenblick befürchtete ich ein schreckliches Unglück. In mir wuchs die Angst, allein gelassen zu werden. Die einfachste Pflicht wurde zur riesigen Aufgabe. Schließlich war mir jede geistige und körperliche Arbeit unmöglich. Die müden Muskeln versagten den Dienst, mein ‚Denkapparat' weigerte sich zu arbeiten, jeglicher Ehrgeiz war dahin. Ich trat der Welt mit der Haltung ‚Was hat das alles für einen Sinn' entgegen. Ich hatte hart daran gearbeitet, etwas aus mir zu machen, aber der Kampf schien sinnlos. Das ganze Leben schien leer" (*Reid*, 1910, S. 612–613).

Abgesehen von solchen phänomenologischen Berichten hat man die Depression aus verschiedenen Perspektiven untersucht. Wir werden uns im folgenden mit der psychoanalytischen Auffassung beschäftigen, die Trauer und Verlustangst mit unbewußten Konflikten in Verbindung bringt; mit kognitiven Theorien, die bei depressiven Menschen selbstzerstörerische Denkprozesse am Werk sehen; mit Lerntheorien, die sich vornehmlich für die mit Depressionen einhergehende Aktivitätsminderung interessieren; und mit physiologischen Theorien, die sich auf die neurochemischen Prozesse im zentralen Nervensystem konzentrieren.

Über die häufigsten Anzeichen und Symptome der Depression ist man sich im allgemeinen einig (*Robins* und *Guze*, 1970; *American Psychiatric Association*, 1980).

1. Traurige, niedergeschlagene Stimmung.
2. Appetit- und Gewichtsverlust oder gesteigerter Appetit und Gewichtszunahme.
3. Schlaflosigkeit; Einschlafschwierigkeiten; nächtliches Aufwachen und anschließende Schlaflosigkeit; frühes morgendliches Erwachen; bei manchen depressiven Patienten auch das Bedürfnis, den größten Teil des Tages nach Möglichkeit zu verschlafen.
4. Veränderung des Aktivitätsniveaus in Richtung auf Lethargie (psychomotorische Hemmung) oder Agitiertheit.
5. Verlust von Interesse und Vergnügen an gewohnten Aktivitäten.
6. Antriebsverlust, große Müdigkeit.
7. Negatives Selbstkonzept; Selbstvorwürfe und Selbsttadel, Gefühle der Wertlosigkeit und Schuld.
8. Klagen über oder Anhaltspunkte für Konzentrationsschwierigkeiten wie verlangsamtes Denken und Unentschlossenheit.
9. Wiederkehrende Todes- oder Suizidgedanken.

Sich auf etwas zu konzentrieren bedeutet für depressive Menschen eine kaum zu bewältigende Anstrengung. Sie nehmen weder auf, was sie lesen, noch, was andere zu ihnen sagen. Schon eine einfache Unterhaltung ist mühsam, und viele Patienten ziehen es vor, allein und schweigsam dazusitzen. Sie sprechen langsam, mit langen Pausen zwischen ihren wenigen Worten und leiser, monotoner Stimme. Andere wiederum sind übermäßig agitiert und können nicht stillsitzen. Sie laufen umher, ringen die Hände, seufzen, stöhnen oder klagen. Einem depressiven Menschen scheint jedes Problem unlösbar. Jeder Augenblick wiegt schwer, und der Kopf hallt wider von Selbstvorwürfen. Zuweilen vernachlässigen sie Körperpflege und äußere Erscheinung und ergehen sich in hypochondrischen Klagen über Schmerzen und Beschwerden, die offensichtlich keine körperliche Grundlage haben. Völlig entmutigt und ohne jede Hoffnung und Initiative, sind sie fast immer voll Sorge, Angst und Verzagtheit.

Nur selten finden sich alle Aspekte der Depression in einem Menschen zusammen. Man stellt die Diagnose normalerweise dann, wenn zumindest einige typische Symptome vorhanden sind und wenn vor allem eine *Stimmung* tiefer Traurigkeit vorherrscht, die in keinem Verhältnis zur tatsächlichen Lebenssituation des oder der

Die Depression war Marilyn Monroe eine häufige Begleiterin und zerrüttete ihr Privat- und ihr Berufsleben. Sie focht als berühmte Schauspielerin, aber auch schon vorher, viele Kämpfe gegen sie, bis sie im letzten Kampf schließlich unterlag.

Betroffenen steht. Glücklicherweise gehen Depressionen, auch wenn sie wiederkehren, mit der Zeit vorüber. Unbehandelt kann eine depressive Episode allerdings sechs bis acht Monate und länger dauern. Wird eine Depression chronisch, erreichen die Betroffenen zwischen den depressiven Phasen nicht immer ihr früheres Funktionsniveau.

Herr J. war 51 Jahre alt und arbeitete als Ingenieur in einem Industriebetrieb. Seit dem Tod seiner Frau vor fünf Jahren litt er an anhaltenden depressiven Phasen, während derer er sich völlig zurückzog und gelegentlich Suizidgedanken hatte. Seine Frau war während einer Einkaufsfahrt, die er selbst hätte machen sollen, aber wegen beruflicher Pflichten abgesagt hatte, tödlich verunglückt. Seit ihrer Beerdigung quälten ihn Schuldgefühle, die seine Freunde und Verwandten für etwas Vorübergehendes hielten. Doch das Gefühl, Schuld zu tragen am Tod seiner Frau, vertiefte sich mit den Monaten und Jahren. Herr J. fing an zu trinken – zuweilen sehr stark –, und wenn er sich betrunken hatte, bat er seine verstorbene Frau um Verzeihung. Er konnte sich an nichts mehr freuen, seine Freunde wußten nicht, wann sie ihn das letztemal hatten lächeln sehen. Einst ein Feinschmecker, hatte er jetzt jedes Interesse an gutem Essen und gutem Wein verloren, und bei – zunehmend seltener werdenden – Einladungen zum Essen war dieser früher so geistreiche, gewandte Mann kaum zur einfachsten Konversation in der Lage. Natürlich litt auch seine Arbeit. Er versäumte Verabredungen und setzte eher zufällig als geplant Projekte in Gang, ohne sie zu beenden.

Manie

Manche Menschen, die an umschriebenen Episoden von Depression leiden, sind zuweilen auch ganz plötzlich hochgestimmt, hyperaktiv, übertrieben selbstbewußt und voll von nicht zu verwirklichenden, grandiosen Plänen. In seltenen Fällen trifft man, klinischen Fallberichten zufolge, auch auf Patienten, die nur manische Episoden durchmachen. Die *Manie* zeichnet sich durch folgende Merkmale und Symptome aus.

1. Gehobene, expansive oder reizbare Stimmung.
2. Außerordentliche Aktivitätssteigerung (bei der Arbeit, sozial oder sexuell).
3. Ungewöhnliche Redseligkeit, schnelles Sprechen und die subjektive Erfahrung des Gedankenjagens.
4. Vermindertes Schlafbedürfnis.
5. Gesteigertes Selbstbewußtsein; die Überzeugung, bestimmte Talente und Fähigkeiten oder eine bestimmte Macht zu besitzen.
6. Ablenkbarkeit, d.h., die Aufmerksamkeit wird leicht von unwichtigen Dingen angezogen.
7. Engagement in Aktivitäten, die mit großer Wahrscheinlichkeit unangenehme Folgen haben, etwa törichte Geldausgaben.

Der manische Redestrom ist laut und kaum zu unterbrechen, voll von Witzen, Wortspielen, Reimen und Berichten über Ereignisse, die im Moment die Aufmerksamkeit des Sprechers erregt haben. Häufig besteht *Ideenflucht.* Die Rede kann kurzzeitig kohärent sein, wechselt dann aber schnell und abrupt von Thema zu Thema. Das manische Aktivitätsbedürfnis macht die Betroffenen penetrant gesellig und aufdringlich. Sie sind permanent und zuweilen ziellos geschäftig und leider blind für die offensichtliche Gefährlichkeit ihres Tuns. Jeder Versuch, ihnen Einhalt zu gebieten, kann Zorn oder sogar einen Wutanfall auslösen. Die Manie entwickelt sich gewöhnlich plötzlich und innerhalb von ein oder zwei Tagen. Bleibt der Patient unbehandelt, können die Episoden einige Tage, aber auch mehrere Monate dauern.

Der folgende Fallbericht stammt aus unseren eigenen Akten. Die für die Manie häufig typische Reizbarkeit zeigte sich bei diesem Patienten nicht.

Herr M., ein zweiunddreißigjähriger Postangestellter, war seit acht Jahren verheiratet. Seine Frau und er lebten bequem und glücklich mit ihren zwei Kindern in einer guten Mittelschicht-Gegend. Rückblickend gab es keinerlei Anzeichen für das, was dann geschah. Am 12. Februar ließ Herr M. seine Frau wissen, daß er vor Energie und Ideen berste, daß ihn sein Beruf als Briefträger nicht ausfülle und er damit nur sein Talent vergeude. In dieser Nacht fand er kaum Schlaf, saß fast die ganze Zeit am Tisch und schrieb wild drauflos. Morgens ging er wie gewöhnlich zur Arbeit, stellte sich aber schon um 11 Uhr wieder zu Hause ein, den Wagen voll mit Aquarien und anderen Ausrüstungsgegenständen für eine tropische Fischzucht. Er hatte seine Stellung aufgegeben und dann das ganze Geld vom Sparbuch der Familie abgehoben. Das Geld hatte er für die Ausrüstung einer tropischen Fischzucht ausgegeben. In der Nacht, so vermeldete er, habe er ein Verfahren entwikkelt, ,,daß die Fische nicht mehr sterben. Wir werden bald Millionäre sein.“ Er lud den Wagen aus und machte sich auf den Weg, um in der Nachbarschaft Käufer zu werben; er ging von Tür zu Tür und sprach mit jedem, der ihm zuhörte.

Der folgende Ausschnitt entstammt einem Gespräch kurz nach Aufnahme der Behandlung und zeigt den unverbesserlichen Optimismus und die provozierende Art des Patienten.

Therapeut: Na, Sie scheinen heute ja ziemlich glücklich zu sein.

Klient: Glücklich! Glücklich! Sie sind sicher ein Meister der Untertreibung, Sie Schelm! (Schreiend, buchstäblich aus dem Sessel springend) Warum ich so ekstatisch bin? Ich fahre heute an die Westküste. Auf dem Rad meiner Tochter. Sind ja nur 3100 Meilen. Das ist so gut wie nichts, wissen Sie. Ich könnte auch zu Fuß gehen, aber ich will nächste Woche dort sein. Und unterwegs will ich mit einer Menge Leute Kontakt aufnehmen und mit ihnen über Investitionen in mein Fischprojekt sprechen. Ich werde so mehr Menschen kennenlernen, Sie wissen schon, Doktor, ,,kennen“ im biblischen Sinne (mit einem verführerischen Blick auf den Therapeuten). Oh Gott, tut das gut. Das ist fast wie ein Non-Stop-Orgasmus.

2. Formale diagnostische Kategorien

Das DSM-III-R verzeichnet zwei Klassen *affektiver Störungen:* die *Depressiven Störungen* und die *Bipolaren Störungen.* Die Symptome der typischen (major) Depression, manchmal auch *Unipolare Depression* genannt, sind die tieftraurige Stimmung und die Veränderungen von Appetit, Gewicht, Schlaf und Aktivitätsniveau, die wir weiter oben beschrieben haben. Etwa 8–11% der Männer und 18–23% der Frauen sind wenigstens einmal in ihrem Leben klinisch depressiv (*Weissman* und *Myers*, 1978; *Woodruff, Goodwin* und *Guze*, 1974). In Bevölkerungsschichten mit niedrigem sozioökonomischen Status ist die Störung häufiger (*Hirschfeld* und *Cross*, 1982). Die kritischen Symptome der bipolaren Störung sind die gehobene oder reizbare Stimmung, Redseligkeit und Hyperaktivität der Manie und Episoden der Depression. Interessanterweise wird bei Patienten mit nur manischen Episoden eine bipolare Störung diagnostiziert. Die bipolare Störung ist sehr viel seltener als die typische Depression, etwa 1% der Bevölkerung leidet daran (z.B. *Weissman* und *Myers*, 1978).

Die grundlegenden Unterschiede zwischen unipolarer Depression und bipolarer Störung

Daß die unipolar-bipolar-Unterscheidung wichtig ist, wurde vielfach belegt. Beide Störungen unterscheiden sich nicht nur darin, ob auch manische Episoden auftreten oder nicht. Bipolar gestörte, depressive Patienten schlafen typischerweise mehr als gewöhnlich und sind insgesamt lethargisch, während unipolar Depressive an Schlaflosigkeit leiden und agitiert sind. Die unipolare Depression tritt gewöhnlich später – im Durchschnitt mit 36 Jahren – auf als die bipolare Störung (Durchschnittsalter der Patienten beim ersten Auftreten 28 Jahre). Die familiäre Häufung ist bei der bipolaren Störung größer als bei der unipolaren Depression. Lithiumkarbonat (vgl. S. 289 und S. 712f.) wirkt während der depressiven Phase bipolar Gestörter besser als bei unipolarer Depression. Alle diese Unterschiede tragen zur Validität der bipolar-unipolar-Unterscheidung bei (*Depue* und *Monroe*, 1978).

Heterogenität innerhalb der Kategorien

Ungelöst bleibt bei der Klassifikation der affektiven Störungen das Problem ihrer großen Heterogenität. Manche bipolaren Patienten weisen die Symptome von Manie und Depression in ihrer ganzen Bandbreite fast gleichzeitig oder innnerhalb weniger Tage in schnellem Wechsel auf. Andere Patienten haben während einer klinischen Episode entweder nur depressive oder nur manische Symptome. Sogenannte Bipolar-II-Patienten haben Phasen typischer Depression, aber nur eine leichtere Form der Manie, die sogenannte *Hypomanie*. Auch in solchen Fällen tritt die bipolare Störung familiär auf. Einige Forscher sind der Ansicht, hier sei ebenfalls die eigentliche bipolare Störung zu diagnostizieren, aber die Belege dafür sind noch unzureichend (*Depue* und *Monroe*, 1978).

Auch die unipolare Depression ist von erheblicher Heterogenität. Im DSM-II hatte man versucht, dem gerecht zu werden. Als Faktoren, die zwischen verschiedenen Typen der unipolaren Depression unterscheiden, findet man dort: Alter beim ersten Auftreten der Störung, Anwesenheit oder Abwesenheit von Streß und Vorliegen oder Nicht-Vorliegen einer Psychose. Die Involutionsdepression, ebenfalls eine DSM-II-Kategorie, galt als Störung der ,,Wechseljahre" – jener Lebensphase, in der sich bei Männern und Frauen physiologische Veränderungen bemerkbar machen, die die Fortpflanzungsfähigkeit in Frage stellen. Hier wurde Streß nicht als wesentlicher ätiologischer Faktor angesehen, entscheidend waren die physiologischen (hormonellen) Umstellungen. Aber diese Auffassung wird nicht durch Forschungsergebnisse gestützt. Bekanntermaßen gesellen sich zu den körperlichen Veränderungen in der Mitte des Lebens noch etliche andere gravierende Probleme: Zweifel an der sexuellen Attraktivität, die Einsicht, daß bestimmte Lebensziele unerreicht blieben, die sich lockernde Verbindung mit den Kindern. All das trägt vermutlich zur Depression in diesem Lebensabschnitt bei. Bei zwei anderen Diagnosen, der neurotischen und der psychotischen Depression, nahm das DSM-II ein bestimmtes Lebensereignis als Auslöser an. Aber die Entscheidung, ob eine Depression tatsächlich von umgebungsbedingtem Streß ausgelöst wurde oder nicht, erwies sich als schwierig.

Auch das DSM-III sieht die Möglichkeit vor, einen depressiven Patienten als psychotisch zu beschreiben, läßt aber den Begriff der neurotischen Depression fallen. Als psychotisch werden depressive Patienten dann charakterisiert, wenn sie – gewöhnlich *stimmungskongruente* – Wahnvorstellungen und Halluzinationen haben. Psychotisch-depressive Patienten glauben etwa, jetzt ereile sie die Strafe für Sünden der Vergangenheit. Oder ihr Gefühl des Ungenügens wächst sich aus zur Wahnvorstellung eines früheren Versagens. Manchmal glauben sie, der Weltuntergang stehe bevor. Das Vorhandensein von Wahnvorstellungen scheint ein recht brauchbares Unterscheidungskriterium zu sein (*Nelson* und *Bowers*, 1978; *Glassman* und *Roose*, 1981): Die bei Depression üblichen Medikamente haben bei depressiven Patienten mit Wahnvorstellungen nicht immer die gewünschte Wirkung. Der Erfolg stellt sich erst ein, wenn man diese Medikamente mit anderen Mitteln kombiniert, die gewöhnlich bei psychotischen Störungen wie Schizophrenie eingesetzt werden.

Schließlich können unipolar Depressive dem DSM-III zufolge auch Symptome der Melancholie aufweisen. Sie finden an nichts Freude und ihre Stimmung hellt sich auch dann nicht auf, wenn irgend etwas Schönes passiert. Die depressive Verstimmtheit unterscheidet sich von ,,normaler" Trauer und verschlimmert sich morgens. Die Patienten erwachen zwei Stunden zu früh, verlieren Appetit und Gewicht, haben starke Schuldgefühle und sind entweder lethargisch oder agitiert. Über die Validität der Unterscheidung in Depressionen mit und ohne Melancholie ist bis jetzt nichts bekannt. Die Depression mit Melancholie kommt allerdings der älteren Diagnose einer endogenen Depression recht nahe, die sich durchaus zu bewähren schien (z.B. *Mendels* und *Cochrane*, 1968).

Chronische affektive Störungen

Das DSM-III verzeichnet zwei langanhaltende Erkrankungen, bei denen affektive Verstimmungen die dominierenden Symptome sind. Die Symptome sind zwar seit mindestens zwei Jahren von Bestand, aber nicht so schwer, daß sie die Diagnose einer typischen Depression oder einer bipolaren Störung rechtfertigen. Ein Patient mit *Zyklothymer Störung* hat immer wiederkehrende Phasen von Depression und Hypomanie. Es können beide Formen vermischt oder alternierend auftreten, oder auch getrennt durch – zuweilen mehrmonatige – Phasen normaler Stimmung. Patienten mit Zyklothymie weisen einander zugeordnete Symptome in den Phasen der Depression und Hypomanie auf. Während der Depression fühlen sie sich unterlegen, während der Hypomanie ist ihr Selbstwertgefühl gesteigert. Sie ziehen sich von den Menschen zurück, dann suchen sie in hemmungsloser Form danach. Sie schlafen zuviel und danach zuwenig. Depressive zyklothyme Patienten haben Schwierigkeiten, sich zu konzentrieren, aber während der Hypomanie wird ihr Denken präzise und kreativ; ihre Arbeitsproduktivität nimmt ab und steigert sich dann wieder.

Ein Mensch mit einer *Dysthymen Störung* ist chronisch depressiv. Das kann ununterbrochen der Fall sein oder mit Perioden normaler Gestimmtheit abwechseln, die einige Tage oder Wochen, niemals aber länger als einen oder zwei Monate dauern. Außer depressiver Verstimmung und dem Verlust von Freude an allen üblichen Aktivitäten und Freizeitbeschäftigungen weisen die Patienten wenigstens einige der sonstigen Depressionssymptome auf; das sind z.B.: Schlaflosigkeit oder vermehrter Schlaf, Gefühle der Unzulänglichkeit, der Leistungsunfähigkeit und des Energieverlustes, Pessimismus, Unfähigkeit, sich zu konzentrieren oder klar zu denken, Meiden der Gesellschaft anderer.

Diese beiden chronischen Stimmungsstörungen treten auch bei Menschen mit gelegentlichen typischen depressiven und bipolaren Episoden auf. Für Patienten mit typischer Depression, die auch an einer dysthymen Störung leiden, ist die Prognose besonders schlecht (*Keller* et al., 1982).

3. Psychologische Theorien der Depression

Wie die Theorien anderer abnormer Syndrome beschäftigen sich auch Depressionstheorien mit psychologischen und physiologischen Faktoren. Jede theoretische Position betont einen Aspekt der Depression auf Kosten der anderen. In diesem Abschnitt wollen wir uns einige psychologisch orientierte Theorien ansehen.

Die psychoanalytische Theorie

Es ist nicht immer leicht, zwischen normalem Traurigsein und nicht mehr normaler Depression zu unterscheiden. Genau diesen Gegensatz von normaler Trauer und abnormer Depression stellte der *Freud*-Schüler *Karl Abraham* (1911) in den Mittelpunkt seines Versuches, die Depression im Rahmen der psychoanalytischen Theorie zu erklären. 1917 erschien dann *Freuds* berühmter Aufsatz „Trauer und Melancholie". In den Augen beider Autoren war das differenzierende Moment zwischen Depression und normaler Trauer die Ichzentriertheit. *Freud* führte mit seiner Arbeit die Theorie *Abrahams* fort.

Wie zu erwarten, sah *Freud* die Grundlagen für eine spätere Depression in frühester Kindheit gelegt. Während der oralen Phase, so spekulierte *Freud*, finden die Bedürfnisse des später Depressiven entweder unzureichende oder übermäßige Befriedigung. Das Kind bleibt in dieser Phase „stecken" und ist künftig abhängig von der für sie typischen Triebbefriedigung. Bleibt die psychosexuelle Reifung an diesem Punkt stehen, ist ein Mensch also auf der oralen Stufe fixiert, kann es geschehen, daß er zur Aufrechterhaltung seines Selbstwertgefühls übermäßig von anderen abhängig wird.

Wie kann es von solchen Kindheitsbedingungen zur Depression des Erwachsenen kommen? Der Gedankengang ist komplex, basiert er doch auf der Annahme, daß unbewußte Prozesse Teil jeder Trauer sind. Nach dem Verlust eines geliebten Menschen wird der Trauernde, so *Freuds* Hypothese, den Verlorenen zunächst *introjizieren*, ihn sich sozusagen einverleiben: Vielleicht in dem vergeblichen Versuch, den Verlust ungeschehen zu machen, identifiziert sich der Trauernde mit dem Objekt seiner Trauer. Weil wir, wie *Freud* behauptet, gegenüber Menschen, die wir lieben, auch negative Gefühle hegen, wird der Trauernde durch den Akt der Introjektion zum Objekt seines eigenen Hasses oder seiner

Die Analyse der psychischen Mechanismen nach dem Verlust eines geliebten Menschen veranlaßte Abraham und Freud, die psychoanalytische Theorie der Depression zu formulieren.

eigenen Wut. Überdies nimmt er übel, daß man ihn verlassen hat und empfindet Schuld beim Gedanken an das wirkliche oder eingebildete Böse, das er dem verlorenen Menschen angetan hat. Auf die Phase der Introjektion folgt eine Zeit der *Trauerarbeit*, während derer der Trauernde Erinnerungen an den Verlorenen lebendig werden läßt, sich so von ihm löst und die Bande lockert, die die Introjektion geknüpft hat.

Bei übermäßig abhängigen Menschen kann die Trauerarbeit mißglücken und in einen andauernden Prozeß der Selbstverachtung, Selbstbeschuldigung und Depression münden. Solche Menschen verlieren ihre emotionale Bindung an den Gestorbenen nie und kasteien sich für jeden Fehler und jede Unzulänglichkeit, die sie an dem geliebten, nunmehr introjizierten Menschen wahrgenommen haben. Der Zorn des Trauernden auf den Verlorenen bleibt nach innen gerichtet. Das ist die Grundlage für die weitverbreitete psychodynamische Auffassung von der Depression als gegen die eigene Person gerichteter Zorn.

Ein weiterer Punkt ist folgender: Da Menschen depressiv werden und bleiben können, ohne in jüngerer Zeit einen geliebten Menschen verloren zu haben, wird, um die Theorie zu retten, das Konzept des *symbolischen Verlustes* nötig: Möglicherweise hat der Betreffende eine Zurückweisung unbewußt als totalen Liebesentzug interpretiert.

Diese Theorie hat, wie wir meinen, zahlreiche Schwachpunkte. Wenn der Trauernde den verlorenen Menschen haßt und liebt, warum werden dann nur Haß und Zorn nach innen gewendet und nicht die Liebe, die doch ebenfalls da ist? Wenn der Depressive den geliebten und verlorenen Menschen introjiziert und also auch die ihm geltenden Gefühle nach innen gekehrt hat, warum herrschen dann Zorn und Ärger vor? Würde der Trauernde die positiven Gefühle nach innen wenden, wäre er kein depressiver, sondern ein glücklicher Mensch. Um hier Stimmigkeit zu erreichen, d.h., um die Vorherrschaft eines negativen emotionalen Zustandes plausibler zu machen, haben psychoanalytische Theoretiker postuliert, daß der Verlust eines geliebten Menschen als Zurückweisung oder Liebesentzug erlebt werde. Aber immer noch, und das ist und bleibt der springende Punkt, haben wir keinen unmittelbaren Beweis dafür, daß Depressive den Tod als Zurückweisung durch den Verstorbenen erleben.

Eine zweite Schwierigkeit, die allen Hypothesen *Freuds* eigen ist, liegt im Konzept der Fixierung auf einer frühen psychosexuellen Entwicklungsstufe. Nach *Freud* kommt es zur Fixierung auf der oralen Stufe durch entweder *zu wenig* oder *zu viel* Befriedigung. Wieviel Befriedigung ist also notwendig, um einer Fixierung vorzubeugen? Da *Freuds* Theorie nicht quantitativ ist, muß sie die Antwort auf diese Frage schuldig bleiben.

Ein drittes Problem stellt sich mit dem Begriff des „symbolischen Verlustes". Hier haben wir zu kritisieren, daß das Konzept erst im nachhinein eingeführt wurde, um zu erklären, warum es auch ohne feststellbaren Objektverlust zu Depressionen kommt. Für nicht-depressive Menschen ist der symbolische Verlust ohne Belang. Man hat erst *nach* der Diagnose der Depression darauf geschlossen, und erst *nachdem* die Suche nach einem Objektverlust erfolglos blieb. Der Diagnostiker folgt damit jener wirren Argumentation, die man *post hoc, ergo propter hoc* nennt – danach, also deswegen.

Weder die Arbeit *Freuds* noch die anderer psychoanalytischer Theoretiker hat zu nennenswerter Forschung angeregt. Die wenigen Informationen, die wir haben, bestätigen die Theorie nicht. Theoretisch müßten in Träumen und projektiven Tests unbewußte Bedürfnisse und Ängste zum Ausdruck kommen. *Beck* und *Ward* (1961) analysierten die Träume Depressiver und fanden darin Verlust- und Versagensangst, nicht aber Zorn und Feindseligkeit. Eine Untersuchung von Antworten auf projektive Tests ergab, daß Depressive sich nicht mit dem Aggressor, sondern mit dem Opfer identifizierten. Auch andere Untersuchungsergebnisse widersprechen der Auffassung von *Abraham* und *Freud*. Wenn Depression die Folge nach innen gekehrter Aggression wäre, dürften wir bei depressiven Menschen kaum aggressives Verhalten gegenüber anderen finden. Eine Untersuchung ergab das Gegenteil: Depressive bringen Feindseligkeit und Zorn gegenüber Menschen, die ihnen nahestehen, oft recht intensiv zum Ausdruck (*Weissman, Klerman* und *Paykel*, 1971).

Trotz aller Kritik haben psychoanalytische Vorstellungen auch Eingang in neuere Theorien gefunden. So ist durchaus denkbar, daß sich *Freuds* „orale Persönlichkeit" in der tiefen Depression nach dem Verlust eines geliebten Menschen mit irrationalen Selbstaussagen wie „Ich muß von allen Menschen geliebt und geschätzt werden" plagt, die nach *Ellis* häufig Grundlage psychischen Leids sind. Auch wenn *Freud* seine klinischen Eindrücke in theoretische Begriffe faßte, die von vielen modernen Autoren abgelehnt werden, dürfen wir nicht übersehen, daß einige seiner Grundannahmen weiterhin ihren Einfluß geltend machen.

Kognitive Theorien

Konzepte wie das der Hilflosigkeit (Kapitel 6) und das der irrationalen Überzeugungen (Kapitel 2) zeigen, daß kognitive Prozesse das emotionale Verhalten entscheidend beeinflussen. Wie für die Angst postulieren einige Theorien auch für die Depression Gedanken und Überzeugungen als Ursache des emotionalen Zustandes. In gewissem Sinne ist auch *Freuds* Theorie kognitiver Natur, denn als Ursache der Depression gilt die Überzeugung, daß der Verlust ein Liebesentzug ist.

Die Theorie von *Beck*

Die vielleicht bedeutendste moderne Theorie, die Denkprozesse als Verursachungsfaktoren für Depression annimmt, ist die von *Aaron Beck* (1967). Menschen werden depressiv, so seine zentrale These, weil sie charakteristische logische Denkfehler begehen. *Beck* fiel bei Durchsicht seiner Therapieaufzeichnungen auf, daß seine depressiven Patienten dazu neigten, alles, was in ihrem Leben geschah, in der Perspektive von Selbstvorwürfen, Katastrophendenken und dergleichen zu sehen. Alltägliche Ereignisse, z.B. ein nicht anspringendes Auto, die ein normaler Mensch als lästig und ärgerlich empfindet, erscheinen dem Depressiven als weiterer Beweis für die Hoffnungslosigkeit des Lebens. *Beck* glaubt nicht etwa, daß Depressive ganz allgemein unfähig sind zu logischem Denken. Sie ziehen vielmehr unlogische Schlüsse, die sie zu negativer Bewertung ihrer selbst, ihrer Lebenswelt und ihrer Zukunft führen. Sie sehen in der Vergangenheit nur persönliches Versagen, in der Gegenwart Unglück und in der Zukunft unüberwindliche Schwierigkeiten.

Nach *Beck* haben depressive Menschen in Kindheit und Jugend durch den Verlust eines Elternteils oder unbarmherzige Schicksalsschläge, durch die Zurückweisung durch Gleichaltrige, Kritik in der Schule, die depressive Haltung eines Elternteils usw. ein negatives Schema oder negative Schemata erworben. Wir alle verfügen über vielfältige Schemata. Mit Hilfe dieser Wahrnehmungshaltungen, dieser „Miniparadigmen", bringen wir Ordnung in unser Leben. Die negativen Schemata depressiver Menschen werden immer dann aktiviert, wenn neue Situationen in irgendeiner Hinsicht, wenn auch vielleicht nur ganz entfernt, den Bedingungen ähneln, unter denen sie ihre Schemata gelernt haben. Seine negativen Schemata veranlassen den Depressiven zu bestimmten Fehlschlüssen, die wiederum die negativen Schemata bestätigen. Gemeinsam verzerren sie die Realität. Ein solcherart unangemessenes Schema kann zu der Erwartung führen, fast immer zu versagen. Mit einem Selbstvorwurf-Schema bürdet sich der Betroffene die Verantwortung für jegliches Mißgeschick auf, das ihn trifft, und ein Schema negativer Selbstbewertung gemahnt ihn ständig an seine Wertlosigkeit. Depressive Menschen mit einem Schema negativer Selbstbewertung machen in der Hauptsache folgende vier Denkfehler:

1. **Willkürliche Schlüsse.** Schlüsse, die ohne hinreichende Beweise oder ohne jeglichen Beweis gezogen werden. Ein Mann kommt z.B. zu dem Schluß, daß er zu nichts taugt, weil es ausgerechnet an dem Tag, wo er zu einem Sommerfest eingeladen hat, regnet.
2. **Selektive Abstraktion.** Schlüsse, die nur auf der Grundlage eines von vielen Elementen einer Situation gezogen werden. Eine Arbeiterin fühlt sich wertlos, weil ein Produkt nicht funktioniert, obwohl an dessen Produktion außer ihr noch viele andere beteiligt waren.
3. **Übergeneralisierung.** Ein alles umfassender Schluß auf der Grundlage eines einzelnen, möglicherweise trivialen Ereignisses. Ein

Schüler hält seine schlechte Leistung in einer einzigen Unterrichtsstunde für den endgültigen Beweis seiner Wertlosigkeit und Dummheit.

4. **Über- und Untertreibung.** Grobe Fehleinschätzung von Leistungen. Eine Frau entdeckt einen Kratzer an der hinteren Stoßstange ihres Autos, glaubt, sie habe den Wagen völlig ruiniert (Übertreibung) und hält sich für in jeder Beziehung unfähig; oder: Ein Mann hält sich immer noch für wertlos (Untertreibung), obwohl er inzwischen auf ansehnliche Leistungen zurückblicken kann.

Zu denselben logischen Fehlern kann es natürlich auch innerhalb eines Schemas positiver Selbstbewertung kommen. In diesem Fall wird die Wirklichkeit zum Zwecke der Selbst*erhöhung* verzerrt. Jemand kann vom Erfolg eines Projektes, an dem auch viele andere beteiligt waren, selektiv abstrahieren, daß in erster Linie er selbst und seine großen Fähigkeiten für das gute Ergebnis verantwortlich seien. Dem Depressiven dienen diese Denkfehler jedoch dazu, ihm sein Schema der Selbstherabsetzung zu bestätigen und sich wertlos und für jegliches Unheil verantwortlich zu fühlen.

Wichtig ist die „Stoßrichtung" von *Becks* Position. Während andere Theoretiker den Menschen als Opfer seiner Passionen sehen, als Kreaturen, die – wie bei *Freud* – wenig oder überhaupt keine intellektuelle Kontrolle über ihre Gefühle haben, operiert *Becks* Theorie mit Ursache und Wirkung genau entgegengesetzt: Unsere emotionalen Reaktionen sind danach eine Funktion dessen, wie wir unsere Welt konstruieren, und in der Tat interpretieren Depressive die Welt anders als normale Menschen. Nach *Beck* ist der Depressive das Opfer seiner eigenen *unlogischen Selbstbeurteilungen.*

Um *Becks* Theorie evaluieren zu können, müssen zwei Punkte überprüft werden. Erstens müssen sich depressive Menschen im Unterschied zu nicht-depressiven tatsächlich so unlogisch beurteilen, wie *Beck* das vermutet. Die erste Bestätigung dafür waren *Becks* eigene klinische Beobachtungen, die zumindest auf einige der von ihm angenommenen Denkfehler schließen ließen (*Beck*, 1967).

Aber auch zahlreiche andere Arbeiten sprechen für die Richtigkeit dieser allgemeinen Hypothese. Man hat Fragebögen entwickelt, um depressiv verzerrte kognitive Haltungen in Reaktion auf Geschichten über Studenten, die sich in schwierigen Situationen befinden, zu erfassen (*Krantz* und *Hammen*, 1979) und um Probanden Gelegenheit zu geben, automatische negative Gedanken auszudrücken (*Hollon* und *Kendell*, 1980). Im allgemeinen entsprechen die Antworten Depressiver den Erwartungen von *Becks* Theorie. Wir wir aus Kapitel 4 wissen, ergab ein Experiment mit *der Methode der Gedankenäußerung während simulierter Situationen,* daß das Denken depressiver Patienten unlogisch war (*White, Davison* und *White*, 1985). Bei der Wahrnehmung und Erinnerung von Informationen scheinen Depressive einem negativen Schema zu folgen, denn sie nehmen Informationen eher in negativen Kategorien wahr (*Roth* und *Rehm*, 1980) und erinnern sich an ihre falschen Antworten besser als an ihre richtigen (*Nelson* und *Craighead*, 1977).

Zweitens müßte man beweisen, daß die kognitive Verzerrung nicht die Folge einer emotionalen Störung ist, sondern die depressive Stimmung *verursacht.* Viele experimentalpsychologische Untersuchungen haben ganz allgemein gezeigt, daß die Gefühle eines Menschen dadurch beeinflußt werden können, wie er Ereignisse konstruiert. So ergab z.B. eine Studie von *Geer, Davison* und *Gatchel* (1970), daß Menschen weniger erregt sind, wenn sie – ob fälschlicherweise oder nicht – glauben, die Kontrolle über einen schmerzhaften Reiz zu haben. Aber Manipulation des Affekts beeinflußt auch das Denken (z.B. *Isen* et al., 1978). Keine uns bekannte Untersuchung beweist unmittelbar, daß die verschiedenen emotionalen und körperlichen Aspekte der Depression tatsächlich sekundär oder eine Funktion der negativen Schemata und logischen Denkfehler sind, die nach *Becks* Auffassung bei dieser Störung wirksam sind. *Beck* selber fand eine *Korrelation* zwischen Depression und kognitiven Verzerrungen, aber aus solchen Daten läßt sich keine spezifische kausale Beziehung ableiten. Die Depression könnte die Ursache negativer und unlogischer Gedanken sein oder die negativen und unlogischen Gedanken könnten die Depression verursachen.

Tatsächlich ergab eine Langzeituntersuchung des Zusammenhangs zwischen Kognition und Depression keine Anhaltspunkte dafür, daß der Depression negative und unlogische Denkmuster vorausgehen (*Lewinsohn* et al., 1981). Eine große Stichprobe von Bürgern absolvierte im Abstand von acht Monaten zweimal eine Testbatterie, die Kognition und Depression maß. Man interessierte sich dabei besonders für die früheren kognitiven Testergebnisse von Probanden, die sich später als depressiv erwiesen.

„*Vor Ausbruch der Depression hatten sich (die später Depressiven) weder irrationalen Annahmen verschrieben, noch waren ihre Erwartungen positiver oder negativer... noch schrieben sie sich eine geringere Kontrolle über das zu, was sich in ihrem Leben ereignete*“ (S. 218).

Nach unserer Ansicht ist die Beziehung wahrscheinlich in beiden Richtungen wirksam: In manchen Fällen kann die Depression das Denken negativ und unlogisch machen, in anderen Fällen hat negatives und unlogisches Denken wahrscheinlich eine Depression zur Folge.

Auch wenn es hier keine eindeutigen Lösungen gibt, hat *Becks* Theorie den großen Vorteil, überprüfbar zu sein und dadurch der Forschung Impulse gegeben zu haben. Und sie hat – wichtiger noch – Therapeuten dazu angeregt, die Gefühle ihrer Patienten über eine Beeinflussung ihres Denkens zu ändern und zu erleichtern (*Beck*, 1976).

**Gelernte Hilflosigkeit:
Eine kognitive Lerntheorie**

Viel Aufmerksamkeit hat in den letzten Jahren *Martin Seligmans* (1974) Theorie der *gelernten Hilflosigkeit* gefunden. *Seligman* vermutet, daß Angst zwar die erste Reaktion auf eine belastende Situation ist, aber erst dann einer Depression Platz macht, wenn der Betroffene zu der Überzeugung gelangt, daß er keinerlei Kontrolle über die Ereignisse besitzt. Dieses Modell hat gewisse Ähnlichkeiten mit der ich-analytischen Auffassung von *Bibring* (1953). Depression, so *Bibring*, stelle sich ein, wenn das Ich zur „schockierenden Einsicht seiner Hilflosigkeit angesichts dessen, was es erreichen möchte“ (S. 39) gelange.

Ursprünglich hatte *Seligman* einen mediatortheoretischen Ansatz verfolgt, um das Verhalten von Tieren zu erklären, denen in zwei unterschiedlichen Situationen schmerzhafte elektrische Schläge verabreicht wurden. Im ersten Teil des Experiments setzte er einige Hunde in einen Käfig mit elektrischen Bodengittern und verabreichte ihnen zahlreiche elektrische Schläge, vor denen es kein Entkommen gab. Im zweiten Teil setzte er die Tiere zusammen mit anderen, die diese Erfahrung des unvermeidbaren Schmerzes nicht gemacht hatten, in eine ähnliche Vorrichtung. Jetzt konnten die Hunde den Schmerz vermeiden, wenn sie es lernten, auf einen warnenden Summton oder ein Lichtsignal hin über eine Trennwand in den anderen Teil der sogenannten „shuttle box“ überzuwechseln. Das Verhalten der Tiere wurde merklich davon beeinflußt, ob sie zuvor die Erfahrung unvermeidbaren Schmerzes gemacht hatten oder nicht. Tiere ohne diese Erfahrung zeigten sich bei den ersten elektrischen Schlägen zwar aufgeregt und ängstlich, lernten aber bald, bei Summton oder Lichtzeichen die Trennwand zu überspringen und so weiteren Schmerz zu vermeiden. Tiere mit der Erfahrung unvermeidbaren Schmerzes verhielten sich ganz anders. Nach den ersten elektrischen Schlägen rannten sie nicht mehr aufgeregt umher, sondern schienen aufzugeben und den Schmerz passiv über sich ergehen zu lassen. Wie zu erwarten, lernten sie es auf diese Weise nicht, den aversiven Reiz ebenso effizient und effektiv zu meiden wie die Kontrolltiere. Die meisten von ihnen legten sich in eine Ecke und winselten. Offensichtlich können Tiere angesichts unkontrollierbarer aversiver Reizung so etwas wie ein „Gefühl der Hilflosigkeit“ entwickeln. Diese Hilflosigkeit hat später gravierenden und nachteiligen Einfluß auf ihr Verhalten in belastenden, aber *kontrollierbaren* Situationen. Augenscheinlich hatten *Seligmans* Hunde sowohl die Fähigkeit als auch die Motivation eingebüßt, auf schmerzhafte Reizung effektiv reagieren zu lernen.

Diese und andere Arbeiten zur Auswirkung von unkontrollierbarem Streß ließen *Seligman* vermuten, daß gelernte Hilflosigkeit ein Modell für zumindest einige Formen menschlicher Depression sein könnte. Er fand Ähnlichkeiten zwischen den Manifestationen von Hilflosigkeit bei Labor-Tieren und einigen Depressionssymptomen. Wie viele depressive Menschen verhielten sich auch die Tiere angesichts von Streß passiv und unternahmen nichts, um dieser Belastung Herr zu werden. Sie hatten Schwierigkeiten, Nahrung aufzunehmen oder bei sich zu behalten und verloren an Gewicht, d.h., sie entwickelten eine Anorexie. Physiologische Untersuchungen ergaben, daß sich bei *Seligmans* Tieren der Neurotransmitter Noradrenalin erschöpft hatte (vgl. Kasten 9.4, S. 282). Wie wir wissen, lassen sich menschliche Depressionen durch medikamentöse Anhebung des Noradrenalinspiegels lindern. Nun sagt die Wirksamkeit einer Behandlung nicht unbedingt auch etwas über die Ätiologie der behandelten Störung aus. Gleichwohl paßt die Tatsache, daß Depression sich durch Hebung des Noradrenalinspiegels lindern läßt, zu der anderen Tatsache, daß gelernte Hilflosigkeit bei Tieren mit einem niedrigen Noradrenalinspiegel einhergeht.

Experimente mit Menschen führten zu ähnlichen Ergebnissen wie Tierexperimente. Setzte man Menschen unentrinnbarem Lärm oder unausweichbaren elektrischen Schlägen aus oder stellte man sie vor unlösbare Aufgaben, brachten sie es später nicht fertig, Lärm und elektrischen Schlägen zu entkommen und einfache Probleme zu lösen (z.B. *Hiroto* und *Seligman*, 1975; *Roth* und *Kubal*, 1975). Überdies erbrachten Studenten, die man nach dem *Beck*schen *Depressions-Inventar* (vgl. Tabelle 9.1) als depressiv eingestuft hatte, im Experiment ähnliche Leistungen wie nicht-depressive Studenten, die zuvor die obengenannten Erfahrungen von Hilflosigkeit gemacht hatten (*Miller, Seligman* und *Kurlander*, 1975; *Klein* und *Seligman*, 1976). Das ist sehr wichtig, denn offensichtlich lassen sich bei nicht-depressiven Probanden im Labor depressionsähnliche Verhaltensweisen auslösen (Abb. 9.1).

1978 legten *Abramson, Seligman* und *Teasdale*[1] eine revidierte Fassung des Modells der gelernten Hilflosigkeit vor, da sich die Theorie in einigen Punkten als unangemessen erwiesen hatte und bestimmte Aspekte der Depression unerklärt ließ. Viele Belastungen und Schicksalsschläge sind außerhalb unserer Kontrolle, und doch

[1] *Miller* und *Norman* (1979) haben unabhängig davon eine sehr ähnliche Theorie entwickelt.

Tabelle 9.1. Itembeispiele aus *Becks Depressions-Inventar* (BDI) (nach *Beck* et al., 1979,1986)

Einstellungen		Depressions-Inventar
	0	Ich bin nicht traurig.
	1	Ich bin traurig.
Traurigkeit*	2	Ich bin immer traurig und kann das auch nicht überspielen.
	3	Ich bin so traurig oder unglücklich, daß ich es nicht mehr aushalten kann.
	0	Ich schaue nicht besonders entmutigt in die Zukunft.
	1	Ich schaue entmutigt in die Zukunft.
	2	Es gibt nichts, auf das ich mich freue.
Pessimismus	3	Für mich ist die Zukunft hoffnungslos und ich glaube nicht, daß die Dinge sich zum Besseren wenden.
	0	Ich fühle mich nicht besonders schuldig.
	1	Ich fühle mich ziemlich oft schuldig.
Schuld	2	Ich fühle mich meistens schuldig.
	3	Ich fühle mich ständig schuldig.
	0	Ich bin nicht enttäuscht von mir.
Selbst-	1	Ich bin enttäuscht von mir.
Ablehnung	2	Ich bin mir selbst zuwider.
	3	Ich hasse mich.
	0	Ich bin kein schlechterer Mensch als andere.
	1	Ich kritisiere mich für meine Schwächen oder Fehler.
Selbst-Beschuldigungen	2	Ich werfe mir dauernd meine Fehler vor.
	3	Für alles Schlechte, was passiert, gebe ich mir die Schuld.
	0	Ich habe keine Selbstmordgedanken.
	1	Ich habe Selbstmordgedanken, würde sie aber nicht in die Tat umsetzen.
Suizid-gedanken	2	Ich würde mich am liebsten umbringen.
	3	Wenn ich die Gelegenheit dazu hätte, würde ich mich umbringen.

* Die Begriffe auf der linken Seite gehören nicht zum eigentlichen Fragebogen. Wir haben sie hier aufgeführt, um zu verdeutlichen, welche Einstellung jede Itemgruppe messen soll.

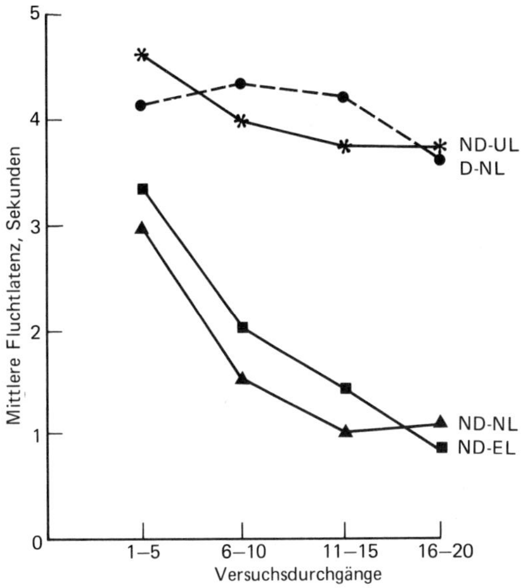

Abb. 9.1. Depressive Versuchspersonen und unentrinnbarem Lärm ausgesetzte nicht-depressive Probanden reagierten langsamer, um dem Lärm zu entkommen als die Probanden der beiden anderen Versuchsgruppen (nach *Klein* und *Seligman*, 1976).

D-NL: Nach *Becks* Depressions-Inventar als depressiv beurteilte Probanden, die nicht zuvor Lärm ausgesetzt wurden.
ND-NL: Als nicht-depressiv beurteilte Probanden, die nicht zuvor Lärm ausgesetzt wurden.
ND-UL: Als nicht-depressiv beurteilte Probanden, die zuvor unentrinnbarem Lärm ausgesetzt wurden (die „Hilflosigkeits"-Gruppe).
ND-EL: Als nicht-depressiv beurteilte Probanden, die zuvor entrinnbarem Lärm ausgesetzt wurden.

treffen sie uns nicht so, daß wir depressiv werden. Zudem schreiben sich viele Depressive selbst die Verantwortung für ihre Mißerfolge zu. Wie kann man sich Vorwürfe machen, wenn man sich hilflos glaubt? Und warum haben depressive Menschen eine so geringe Selbstachtung? Kern der revidierten Theorie ist das Konzept der *Attribution* (*Weiner* et al., 1971), das Elemente von Kognition und Lernen in sich vereint. Wenn jemand eine Situation nicht erfolgreich bewältigt, wird er diesen Mißerfolg einer Ursache attribuieren. Tabelle 9.2 zeigt die Anwendung dieser revidierten Theorie von *Abramson, Seligman* und *Teasdale*. Es geht um Möglichkeiten des Umgangs mit dem Versagen in einer Mathematikprüfung. Drei Fragen werden gestellt. Hat das Versagen persönliche (interne) oder umweltbedingte (externe) Gründe? Sieht der betroffene Student in seinem Versagen ein stabiles, d.h. dauerhaftes, oder ein vorübergehendes (unstabiles) Problem? Für wie umfassend oder spezifisch hält er die Unfähigkeit, zu Erfolg zu kommen?

Die attributionsorientierte Fassung der Hilflosigkeitstheorie behauptet, daß die Art der Mißerfolgsattribution deren Auswirkung bestimmt. Bei globalen Attributionen verallgemeinern sich auch die Effekte des Versagens. Attributionen zu stabilen Faktoren machen Versagenseffekte dauerhaft. Und wird der Mißerfolg inneren Eigenschaften attribuiert, sinkt – besonders, wenn er solche persönlichen Fehler auch als global und dauerhaft wahrnimmt – das Selbstwertgefühl des Betroffenen.

Tabelle 9.2. *Seligmans* Attributionsschema der Depression: Weshalb ich mein Mathematikexamen nicht bestanden habe

	intern		extern	
Grad	stabil	unstabil	stabil	unstabil
Umfassend	Mir fehlt es an Intelligenz	Ich bin erschöpft	Diese Prüfungen sind alle unfair	Es ist ein Unglückstag, Freitag, der Dreizehnte
Spezifisch	Mir fehlt es an mathematischer Begabung	Ich habe Mathematik satt	Die Mathematikprüfungen sind unfair	Ich hatte bei der Mathematikprüfung die Nummer „13"

Menschen werden also depressiv, wenn sie erwünschte Ziele für unerreichbar oder negative Ergebnisse für unvermeidbar halten. Ob darüber auch das Selbstwertgefühl zusammenbricht, hängt davon ab, ob das Ergebnis der eigenen Unzulänglichkeit angelastet wird. Allgemeinheit und Chronizität der Depression und der Verlust der Selbstachtung sind abhängig davon, als wie global und dauerhaft die beanstandeten Persönlichkeitsmerkmale wahrgenommen werden. Der depressionsanfällige Mensch, so vermutet man, neigt zu einem ,,depressiven Attributionsstil", d.h. dazu, schlechte Ergebnisse den eigenen, globalen, stabilen Wesensmängeln zuzuschreiben. Wenn Menschen mit diesem Attributionsstil unglückliche oder unliebsame Erfahrungen machen, werden sie depressiv und ihre Selbstwertschätzung sinkt ins Bodenlose (*Peterson* und *Seligman*, 1984; vgl. Kasten 9.1).

Diese modifizierte Theorie wird von einigen Forschungsarbeiten unmittelbar gestützt. *Seligman* und seine Mitarbeiter (1979) haben einen Attributionsstil-Fragebogen (*Attributional-Style Questionnaire* – ASQ; vgl. Tabelle 9.3) entwickelt und entsprechend den Voraussagen der Theorie festgestellt, daß depressive Studenten Mißerfolge in der Tat häufiger persönlichen, umfassenden, stabilen Unzulänglichkeiten attribuierten als nicht-depressive Studenten.

Tabelle 9.3. Instruktionen und Itembeispiele aus dem Fragebogen zum Attributionsstil (aus *Seligman* et al., 1979)

Versetzen Sie sich bitte in die folgende Situation. Wenn Ihnen dergleichen zustoßen würde, was würden Sie für die Ursache halten? Ereignisse haben zwar häufig viele Ursachen, aber wir möchten, daß Sie sich für eine entscheiden - für die Hauptursache, wenn das geschilderte Ereignis Ihnen zugestoßen wäre. Tragen Sie diese Ursache bitte in die freie Zeile nach jedem Ereignis ein. Anschließend beantworten Sie bitte einige Fragen zur Ursache und eine abschließende Frage zur Situation. Kurz, wir bitten Sie,

1. jede Situation zu lesen und sich lebhaft in sie hineinzuversetzen;
2. sich zu überlegen, welches die Hauptursache der Situation wäre, falls Sie Ihnen zustoßen würde;
3. eine Ursache in die dafür vorgesehene freie Zeile zu schreiben;
4. drei Fragen zur Ursache zu beantworten;
5. eine Frage zur Situation zu beantworten;
6. mit der nächsten Situation fortzufahren.

Sie haben sich eine ganze Zeit erfolglos bemüht, Arbeit zu finden.

1. Notieren Sie eine Hauptursache
2. Ist die Ursache Ihrer erfolglosen Arbeitssuche bei Ihnen zu suchen oder bei anderen Menschen oder Umständen? (Kreuzen Sie eine Zahl an)

Nur bei anderen Menschen oder Umständen — 1 2 3 4 5 6 7 — Nur bei mir

3. Wird diese Ursache auch bei einer künftigen Arbeitssuche eine Rolle spielen? (Kreuzen Sie eine Zahl an)

Wird nie mehr eine Rolle spielen — 1 2 3 4 5 6 7 — Wird immer eine Rolle spielen

4. Ist diese Ursache nur bei der Arbeitssuche von Bedeutung oder beeinflußt sie auch andere Bereiche Ihres Lebens? (Kreuzen Sie eine Zahl an)

Beeinflußt nur diese besondere Situation — 1 2 3 4 5 6 7 — Beeinflußt jede Situation in meinem Leben

5. Wie wichtig wäre diese Situation für Sie, wenn sie Ihnen zustoßen würde? (Kreuzen Sie eine Zahl an)

Überhaupt nicht wichtig — 1 2 3 4 5 6 7 — Extrem wichtig

Kasten 9.1
Depression bei Frauen: eine Folge gelernter Hilflosigkeit?

Frauen scheinen häufiger unter Depressionen zu leiden als Männer. Warum? Eine großangelegte Befragung des *National Institute of Mental Health Center for Epidemiologic Studies* (*Radloff*, 1975) ergab einige mögliche Gründe dafür.

Man befragte in zwei Städten mehr als 2500 Männer und Frauen aller Altersstufen, Bildungsstufen und sozioökonomischer Schichten. Zwanzig der gestellten Fragen dienten der Erfassung der Depression. Gefragt wurde z.B., wie oft der oder die Betroffene in der vergangenen Woche schlecht geschlafen und wie häufig er oder sie sich traurig gefühlt habe.

Einige der zahlreichen Ergebnisse dieser Befragung sind in unserem Zusammenhang von Belang.

1. In Übereinstimmung mit früheren Forschungsergebnissen waren verheiratete Männer signifikant weniger depressiv als verheiratete Frauen.
2. Im Gegensatz zu früheren Annahmen (z.B. *Gove* und *Tudor*, 1973; *Bernard*, 1973) reichte jedoch die Hausfrauenrolle allein zur Erklärung des höheren Depressionsniveaus bei verheirateten Frauen nicht aus, denn berufstätige Ehefrauen waren ebenfalls depressiver als verheiratete Männer. Berufsausübung außer Haus scheint verheiratete Frauen also nicht vor Depression zu schützen. Tatsächlich waren berufstätige Ehefrauen nicht weniger depressiv als nicht berufstätige.
3. Daß berufstätige Ehefrauen depressiver waren als Männer, hatte seinen Grund nicht – wie ebenfalls früher angenommen – in der Doppelbelastung von Beruf und Haushalt. Berufstätige Ehefrauen arbeiteten zwar mehr im Haushalt als berufstätige Ehemänner, aber ein diesbezüglicher Zusammenhang mit Depression wurde nicht festgestellt.

Nach *Radloff* läßt sich das höhere Depressionsniveau der Frauen am besten als Folge gelernter Hilflosigkeit erklären. Das entspräche auch feministischer Auffassung (z.B. *Bernard*, 1973; *Chesler*, 1972), die für die häufigeren psychischen Probleme bei Frauen den Mangel an persönlicher und politischer Macht verantwortlich macht. Frauen sind darum depressiver als Männer, weil ihre soziale Rolle ihnen wenig Anlaß gibt, sich kompetent zu fühlen. Was Frauen tun, scheint, verglichen mit der größeren Macht der Männer in der Gesellschaft, nicht zu zählen. Möglicherweise werden kleine Mädchen dazu *erzogen*, hilflos zu sein (*Broverman, Broverman* und *Clarkson*, 1970). Und je hilfloser die Frau ist, um so weniger kann sie es aushalten, alleine zu leben (*Bernard*, 1973), und um so wahrscheinlicher wird sie heiraten.

Das sind nicht nur interessante, sondern auch plausible Hypothesen. Aber wir müßten z.B. wissen, ob der Depression Ereignisse vorausgingen, die die Frau gezwungen haben, sich ihr – bereits in frühen Jahren angelegtes – Gefühl der Hilflosigkeit einzugestehen. Bevor diese und andere Fragen nicht geklärt sind, sollten wir nicht zu sehr auf Hilflosigkeit als Erklärung weiblicher Depression bauen. Immerhin kann die Theorie der gelernten Hilflosigkeit einen fruchtbaren Rahmen bieten, um weibliche Depression weiter zu erforschen.

Metalsky und seine Mitarbeiter (1982) haben Attributionsstil mit depressiver Stimmung in Verbindung gebracht. Sie untersuchten Teilnehmer eines Seminars für Klinische Psychologie. Zu Beginn des Semesters füllten die Studenten den ASQ aus, schätzten anhand einer Eigenschaftswortliste ihre momentane Stimmung ein und beantworteten Fragen zum angestrebten Semestererfolg. Die Eigenschaftswortliste wurde ihnen nach elf Tagen ein zweites und nach weiteren fünf Tagen, als sie für eine Hausarbeit ihre erste Semesternote erhalten hatten, ein drittes Mal vorgelegt.

Gemäß der modifizierten Hilflosigkeitstheorie müßten Studenten mit einer Neigung, negative Ereignisse persönlichen, globalen und dauerhaften Unzulänglichkeiten zu attribuieren, bei schlechten Noten eine eher depressive Stimmung erkennen lassen. Man teilte die Studenten in eine Gruppe mit guten und eine Gruppe mit schlechten Noten ein, wobei sich „gut" und „schlecht" nach den tatsächlichen Ergebnissen im Vergleich zu den angestrebten bemaß. Jeder Student hatte im ersten Erhebungsdurchgang angegeben, mit welcher Note er *un*glücklich sein würde. Wurde diese Note erreicht oder unterschritten, so definierte man, war das Ergebnis für den Studenten schlecht. Entsprechend galt als gute Note das Erreichen oder Überschreiten des gewünschten Ergebnisses. Dann berechnete man für jede Gruppe die Korrelationen zwischen den ASQ-Maßen und der Stimmungsveränderung vor und nach der Benotung. In Übereinstimmung mit der Theorie waren die Korrelationen innerhalb der „guten" Gruppe nicht signifikant, denn eine Verstärkung der depressiven Gestimmtheit setzt *sowohl* den besonderen Attributionsstil *als auch* ein negatives Ereignis voraus. Für die „schlechte" Gruppe sagten zwei der drei ASQ-Maße – interne Attribution und Stabilität von Fehlern – eine Verstärkung der Depression voraus. Genauso kam es: Studenten mit der Neigung, negative Ereignisse persönlichen und dauerhaften Unzulänglichkeiten zu attribuieren, wurden nach dem negativen Ereignis – der schlechten Note – depressiver.

In den vergangenen Jahren standen die ursprüngliche Theorie der gelernten Hilflosigkeit und ihre attributionstheoretische Variante eindeutig im Vordergrund psychologischer Depressionsforschung. 1978 widmete eine unserer wichtigsten Fachzeitschriften, das *Journal of Abnormal Psychology*, den theoretischen und experimentellen Untersuchungen zur Depression und gelernten Hilflosigkeit eine ganze Ausgabe. Doch obwohl die Theorie so vielversprechend ist, bleiben etliche Fragen weiterhin unbeantwortet.

1. **Für welchen Typ der Depression gilt das Modell?** Ursprünglich hatte *Seligman* die Ähnlichkeit von gelernter Hilflosigkeit und „reaktiver Depression", d.h. einer Depression, die laut DSM-II durch belastende Lebensereignisse verursacht wird, nachweisen wollen. Aber eine Untersuchung von *Depue* und *Monroe* (1978) zeigte, daß gelernte Hilflosigkeit mehr Ähnlichkeit mit den Symptomen der depressiven Phase einer bipolaren Störung hat als mit jeder Form der unipolaren Depression. *Seligman* (1978) sah die Lösung darin, gelernte Hilflosigkeit jenseits traditioneller Klassifikationsschemata als Modell einer „Hilflosigkeitsdepression" zu betrachten. Damit schlägt er auf der Grundlage einer angenommenen Ätiologie eine neue Diagnose vor. Erst künftige Forschung wird zeigen, ob diese Lösung mehr ist als ein Zirkelschluß.
2. **Wie analog sind Studenten-Populationen?** Obwohl man in einigen Fällen auch klinische Populationen untersucht hat (z.B. *Abramson* et al., 1978), arbeitete man zumeist mit College-Studenten, die man mit Hilfe des *Beck*schen *Depression Inventory* (BDI) auswählte. Dieses Instrument ist aber eigentlich nicht zur *Diagnose* von Depression gedacht, sondern soll deren Schwere bei Probanden messen, bei denen bereits eine klinische Diagnose gestellt wurde. Tatsächlich läßt sich inzwischen wohl sagen, daß einzig aufgrund ihrer BDI- Werte ausgesuchte Probanden kein gutes Analogon für wirklich klinisch depressive Probanden darstellen. In einer Untersuchung von *Hammen* (1980) z.B. schrumpfte der hohe BDI-Durchschnittswert von 18,37 innerhalb von zwei bis drei Wochen auf ganze 10,87 zusammen. Ein hoher BDI-Wert kann also eine vorübergehende Angelegenheit sein. Gleichwohl entspricht es allgemeiner Forschungspraxis, potentielle Probanden mit dem BDI zu testen und anhand der erreichten Ergebnisse für die

Sich nach einem sehr belastenden Ereignis einem guten Freund oder einer guten Freundin anvertrauen zu können, verringert die Gefahr der Depression.

erst Wochen oder Monate später stattfindende eigentliche Untersuchung auszuwählen. Nun ist es, wie wir seit *Hammens* Studie wissen, sehr gut möglich, daß laut BDI-Testung depressive Probanden zum Zeitpunkt der eigentlichen Untersuchung gar nicht mehr depressiv sind.

3. **Sind die Forschungsergebnisse depressionsspezifisch?** Diese Frage erhob sich nach einer Untersuchung zur gelernten Hilflosigkeit von *Lavelle, Metalsky* und *Coyne* (1979), die Probanden nach dem Ausmaß ihrer Testangst klassifizierten. Probanden mit großer Testangst schnitten bei der gestellten Aufgabe dann schlecht ab, wenn durch eine Laborsituation Hilflosigkeit induziert wurde. Das Phänomen der gelernten Hilflosigkeit ist also möglicherweise nicht depressionsspezifisch. Übrigens lasten auch sehr ängstliche Menschen, genau wie Depressive, Mißerfolge vornehmlich sich selber an (*Doris* und *Sarason*, 1955).
4. **Sind Attributionen relevant?** Gemeint ist die Grundannahme des Attributionsmodells, daß Menschen aktiv nach einer Erklärung für ihr Verhalten suchen und daß die Attributionen, zu denen sie gelangen, wiederum ihr Verhalten beeinflussen. Es scheint Anhaltspunkte dafür zu geben, daß Attribution kein universaler Prozeß ist. *Hanusa* und *Schulz* (1977) z.B. ließen die Probanden eines Hilflosigkeitsexperiments Attributionen zu Erfolgen und Mißerfolgen vornehmen. Diese Attributionen erfolgten keineswegs spontan und ließen sich, auch wenn sie nach sorgfältigem Überlegen abgegeben wurden, keinen spezifischen Kategorien zuordnen. Zudem erwies es sich als schwierig, zwischen Attributionen und Verhalten einen Zusammenhang herzustellen. Tatsächlich zeigten *Nisbett* und *Wilson* (1977) in einer Reihe von Experimenten, daß sich Menschen der Ursachen ihres Verhaltens häufig nicht bewußt sind.[2]

Selbst wenn wir Attributionen als relevante und effektive Verhaltensdeterminanten anerkennen, sollten wir nicht vergessen, daß viele Forschungsergebnisse zugunsten der Theorie

[2] Die Attributionstheorie geht von der Annahme aus, daß Menschen sich über die Ursachen ihres Verhaltens in der Tat *Gedanken machen.* Dieser Grundgedanke wurde von Psychologen ins Leben gerufen, deren Arbeit darin besteht, Verhalten zu erklären. Es ist immerhin möglich, daß Psychologen hier ihr eigenes Bedürfnis, Verhalten zu erklären, auf andere projizieren! Psychologische Laien denken vielleicht sehr viel weniger über die Gründe ihres Handelns und Fühlens nach.

Kasten 9.2
Lebensstreß und Depression

In Kapitel 8 haben wir uns mit dem Zusammenhang zwischen Lebensstreß und verschiedenen körperlichen Krankheiten beschäftigt. Auf ähnliche Weise hat man auch einer möglichen Beziehung zwischen Lebensstreß und Depression nachgespürt. Viele derartige Untersuchungen bedienten sich derselben allgemeinen Methoden, wie wir sie im Zusammenhang mit körperlichen Krankheiten beschrieben haben: Man legt den depressiven Probanden und der Kontrollgruppe einen „life event"-Fragebogen vor und bittet die Probanden, alle Ereignisse anzukreuzen, die ihnen im letzten halben oder ganzen Jahr widerfahren sind. Dabei haben Depressive durchweg mehr belastende Ereignisse aufzuweisen (*Paykel*, 1979), obwohl nicht auszuschließen ist, daß die Depression ihre Erinnerung verzerrt. Ähnlich wie in der Forschung zu Lebensereignissen und Krankheit richtet man in jüngerer Zeit auch hier das Augenmerk auf mögliche Vermittler der Beziehung Streß-Depression. *Billings*, *Cronkite* und *Moos* (1983) haben z.B. festgestellt, daß Depressive über weniger soziale Ressourcen verfügen und seltener versuchen, eine Lösung für ihre Probleme zu finden.

Brown und *Harris* (1978) interessierten sich für ähnliche Fragen, strebten aber gleichzeitig auch qualitativ bessere Daten an. Sie führten in London eine umfangreiche Untersuchung mit depressiven Frauen durch. Statt der üblichen „life event"-Liste entwickelten sie ein detailliertes Interview und schulten die Interviewer darin, die Probandinnen nach in letzter Zeit erlittener Unbill zu befragen. Zur Überprüfung der Interviewauskünfte unterhielt man sich mit Verwandten der Probandinnen. Wie belastend die Ereignisse im einzelnen waren, ließ man nicht die Probandinnen selbst, sondern geschulte Mitglieder des Forschungsteams einschätzen. Die Auswertung ergab, daß 61% der depressiven Frauen – gegenüber nur 25% der Kontrollprobandinnen – innerhalb der letzten neun Monate schwerwiegende Lebensereignisse zu verkraften hatten. Die meisten dieser schmerzlichen Ereignisse waren langfristiger Natur, wie die Trennung von einem wichtigen Menschen, z.B. vom Ehemann, die lebensbedrohende Krankheit eines Freundes oder Verwandten, eine große Enttäuschung oder der Verlust des Arbeitsplatzes. Entscheidend war auch die jeweils genossene soziale Unterstützung. Teilte man die Frauen danach auf, ob sie sich einer Freundin oder einem Freund anvertrauen konnten oder nicht, zeigten sich jeweils unterschiedliche Auswirkungen von Streß. Konnten Frauen sich nach einem Schicksalsschlag auf eine vertraute, freundschaftliche Beziehung stützen, wurden nur 10 Prozent krank. Bei Frauen in einer ähnlich schlimmen Lage, aber ohne vertrauten Menschen, betrug dieser Anteil 37 Prozent! Auf Frauen mit wenig sozialer Unterstützung wirkt sich Streß also weit gravierender aus.

der gelernten Hilflosigkeit dadurch zustande gekommen sind, daß man Probanden den ASQ vorlegte oder festhielt, wie sie laborinduzierte Erfolge und Mißerfolge attribuierten. Fragt man allerdings Depressive nach den fünf belastendsten Ereignissen ihres Lebens, unterscheiden sich ihre Attributionen nicht von denen nicht-depressiver Probanden (*Hammen* und *Cochran*, 1981; vgl. Kasten 9.2).

5. **Einige Aspekte der Theorie sind eindeutig widerlegt.** *Alloy* und *Abramson* (1979) haben eine der zentralen Thesen der Theorie untersucht, die behauptet, daß depressive Menschen nur wenig Kontrolle über ihr Leben zu haben glauben. In verschiedenen experimentellen Situationen wurde die Kontingenz von Reaktionen und Ergebnis so manipuliert, daß sie einem bestimmten, objektiven Prozentsatz ent-

sprach. Nachdem die Probanden also eine Situation mit einem objektiven Maß an Kontrollmöglichkeit absolviert hatten, fragte man sie, wieviel Kontrolle sie *ihrer Meinung nach* hätten ausüben können. Entgegen der Theorie unterschätzten depressive Studenten ihre Kontrollmöglichkeiten keineswegs. *Ford* und *Neale* (1985) induzierten auf klassische Weise Hilflosigkeit und stellten ebenfalls fest, daß die Probanden ihre Kontrolle bei einer nachfolgenden Aufgabe nicht unterschätzten.

Eine der Schlüsselannahmen der modifizierten Theorie lautet, daß zur überdauernden Persönlichkeitsstruktur depressiver Menschen ein depressiver Attributionsstil gehöre. Mit einer ganzen Batterie von Meßinstrumenten, einschließlich des ASQ, testeten *Hamilton* und *Abramson* (1983) Patienten, bei denen die sorgfältige Diagnose auf Depression lautete, und zwar einmal auf dem Höhepunkt einer depressiven Phase und ein zweites Mal kurz vor ihrer Entlassung aus der Klinik. Die erste Messung ergab das erwartete depressive ASQ-Muster. Doch bei der zweiten Messung kurz vor der Entlassung war dieses Muster nicht mehr erkennbar.

Depression durch Entzug von Verstärkung: Eine Lerntheorie

Es gibt eine lerntheoretische Auffassung der Depression, die der psychoanalytischen Theorie nicht unähnlich ist, wenn sich auch die Metaphern unterscheiden. Für jemanden, so *Freud*, der aufgrund nicht gelöster, frühkindlicher oraler Abhängigkeiten besonderer Stützung von außen bedarf, kann der Verlust eines geliebten Menschen zum Verursachungsfaktor von Depression werden. Von da aus scheint es nur ein kleiner Schritt zu sein, Depression mit dem Aktivitätsabfall zu verbinden, der auf den Entzug gewohnter Verstärkung folgt: Mit dem Tod eines geliebten Menschen versiegt auch eine wichtige Quelle positiver Verstärkung.

Für manche Lerntheoretiker ist das zentrale Konzept die *Reduktion von Verstärkung und Aktivität* (*Eastman*, 1976). Unbewußte Trauerprozesse und Introjektion des geliebten Menschen spielen in ihrer Erklärung der Depression allerdings keine Rolle. Wenn Menschen aufhören, sich so zu verhalten, wie sie das vor dem Verlust, als die Verstärkung noch reichlich war, getan haben (*Ferster*, 1965; *Lazarus*, 1968b), finden geringeres Aktivitätsniveau und geminderte Teilnahme am sozialen Geschehen unter Umständen ihrerseits Verstärkung (*Ullmann* und *Krasner*, 1975). Möglicherweise erfahren depressive Menschen von anderen Anteilnahme oder besondere Nachsicht, da man von ihnen nach dem schweren Verlust, den sie erlitten haben, weniger erwartet. Noch düsterer ist die Aussicht auf Besserung dann, wenn dem Depressiven die sozialen Fertigkeiten fehlen, sich die gewohnten Verstärkungen anderweitig und auf andere Weise zu verschaffen. Diese Lerntheorie erklärt – unmittelbarer als *Freud* – auch Depressionen, denen nicht der Verlust eines geliebten Menschen voranging. Von gewohnten Verstärkungen kann man aus vielerlei Gründen, etwa anläßlich eines Stellungs- oder Ortswechsels, abgeschnitten werden.

Entwickelt und erforscht wurde die lerntheoretische Auffassung, die Depression auf eine Aktivitätsreduktion nach ausbleibender Verstärkung zurückführt, von *Lewinsohn* und seinen Mitarbeitern (z.B. *Lewinsohn*, 1974). Abbildung 9.2 ist eine schematische Darstellung von *Lewinsohns* Depressionsmodell, das von folgenden Annahmen ausgeht:

1. Das Gefühl der Depression und andere Symptome des Syndroms, z.B. Müdigkeit, werden ausgelöst, wenn Verhalten wenig Verstärkung erfährt.
2. Dieses ,,dünne" Muster positiver Verstärkung ist Anlaß, die Aktivität noch weiter zu reduzieren, wodurch Verstärkungen noch seltener werden.
3. Die Menge der erreichbaren positiven Verstärkung ist eine Funktion dreier Variablen: (a) der persönlichen Eigenschaften des betreffenden Menschen wie Alter, Geschlecht und Attraktivität für andere; (b) der Umgebung, in der der Betreffende lebt, denn es ist sicher ein Unterschied, ob er sich im Gefängnis oder zu Hause befindet; (c) das Repertoire an Verhaltensweisen, die Verstärkung verschaffen können, etwa berufliche und soziale Fertigkeiten.

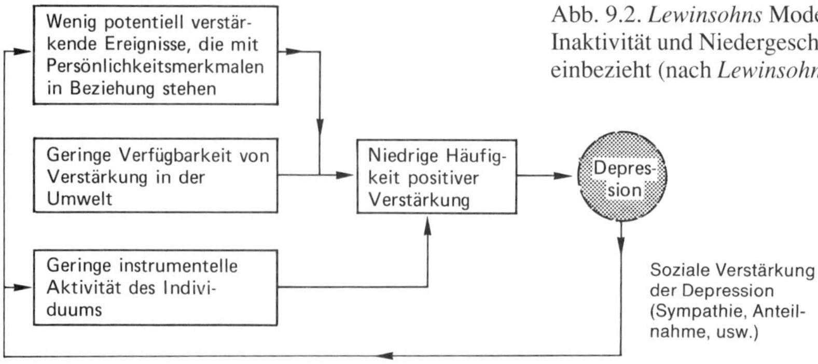

Abb. 9.2. *Lewinsohns* Modell der Depression, das die Inaktivität und Niedergeschlagenheit des Depressiven einbezieht (nach *Lewinsohn*, 1974).

Wie aus Abbildung 9.2 ersichtlich ist, reduziert eine geringe Verstärkungsrate die Aktivität und gleichzeitig den Ausdruck von Qualitäten, die Verstärkungen eintragen können. Nimmt der Depressive nicht mehr am sozialen Geschehen teil, bekommt er keine Verstärkung und umgekehrt – ein Teufelskreis.

Evaluierungsversuche von *Lewinsohns* Theorie haben im allgemeinen die Beziehung zwischen angegebener Stimmung und der Anzahl erfreulicher Begebenheiten erfaßt, von denen die Probanden berichteten. Die Items, die die Probanden täglich anhand des *Pleasant Events Schedule* (*MacPhillamy* und *Lewinsohn*, 1973) – einer Liste von 320 im allgemeinen als erfreulich erachteten Ereignisse wie Gespräche über Sport oder Musizieren in einer Gruppe – zu überprüfen hatten, erfaßten die Häufigkeit von Verstärkung. Je tiefer die Depression, um so weniger Erfreuliches gab es zu berichten (*Lewinsohn* und *Libet*, 1972). Im übrigen berichten depressive Menschen ganz allgemein über weniger angenehme Ereignisse als nicht depressive (*MacPhillamy* und *Lewinsohn*, 1974).

Zur Bestätigung der Theorie reicht diese Information allerdings nicht aus. Erstens bleibt die Frage der Richtung dieser Korrelationsbeziehungen unbeantwortet. Möglicherweise geht die depressive Gestimmtheit ja auch der Reduktion erfreulicher Ereignisse voraus: Ein depressiver Mensch kann vielleicht darum nur von wenigen erfreulichen Ereignissen berichten, weil die Schwermut seine Gefühle diesen Ereignissen gegenüber verändert. Zweitens müssen erfreuliche Ereignisse nicht unbedingt als Verstärker wirken. Ein Verstärker, so die Definition, erhöht die Wahrscheinlichkeit von Verhalten. Für manche Menschen und manche erfreulichen Ereignisse trifft das sicher zu, aber ebenso sicher wird nicht jedes Ereignis des Pleasant Events Schedule jedesmal als Verstärker wirken. Und drittens ist zu fragen, wie genau die erhobenen Selbstbeurteilungen sind. Daß die Erinnerungen Depressiver an angenehme Geschehnisse reliabel sind, darf bezweifelt werden (*Nelson* und *Craighead*, 1977).

Häufig argwöhnt der Depressive, daß andere ihn ablehnen – ein Verdacht, der nicht immer grundlos ist. *Coyne* (1976) stellte z.B. fest, daß nach einem 20minütigen Telephongespräch mit einem Depressiven auch die Stimmung des Anrufers gesunken war. *Gotlib* und *Robinson* (1982) analysierten videographierte Zweierinteraktionen zwischen nicht-depressiven Studenten und zwischen mäßig depressiven und nicht-depressiven Studenten. Die nicht-depressiven Partner der depressiven Studenten sprachen und lächelten weniger und waren weniger zugewandt und kooperativ. Daß Depressive auch auf andere entmutigend wirken, kann natürlich zur *Aufrechterhaltung* der Störung beitragen. Tatsächlich lassen sich Therapeuten manchmal von ihren depressiven Patienten „anstecken". Das kann durchaus hilfreich sein, denn es sagt dem Therapeuten möglicherweise etwas über die Schwere der Depression. Aber es kann die Therapie auch empfindlich beeinträchtigen. Wenn sich Therapeuten der düsteren Stimmung, die ihre verdrießlichen und hoffnungslosen Klienten vermitteln, nicht erwehren können, büßen sie an Effektivität ein.

4. Psychologische Theorien der bipolaren Störung

Die bipolare Störung hat in Theorie und Forschung wenig Aufmerksamkeit gefunden. Das liegt vermutlich daran, daß nur fünf bis zehn Prozent der Maniker auch an Depressionen leiden. Im allgemeinen unterscheiden sich Theorien über die depressive Phase der bipolaren Störung kaum von Theorien über die unipolare Depression. Die manische Phase der Störung gilt als Abwehr gegen einen schwächenden psychischen Zustand. Welcherart dieser negative Zustand genau ist, sieht jede Theorie anders. Einer unserer eigenen Fälle illustriert, warum viele Theoretiker der Manie eine defensive Funktion zuschreiben.

Ein 42jähriger Mann befand sich in seiner dritten manischen Phase. Wie immer zeigte er das klassische Muster manischer Symptomatologie und sein manisches Verhalten drehte sich überwiegend um den grandiosen Wahn, er sei der größte Geschäftsmann der Welt. „Wissen Sie, daß ich heute schon zwanzig Unternehmen gekauft habe?" eröffnete er eine Therapiesitzung. „Nicht einmal Getty und Rockefeller können mir das Wasser reichen." In den Sitzungen zwischen den manischen Episoden hatte sich herausgestellt, daß das Leben des Patienten tatsächlich weitgehend vom Streben nach geschäftlichem Erfolg bestimmt war. Allerdings war er seinem Ziel ferner denn je. Mit dem Geld seiner Eltern hatte er mehrere Firmen gegründet und jedesmal Konkurs anmelden müssen. Er war besesssen von dem Wunsch, es seinem reichen Vater gleichzutun, hatte aber eine Gelegenheit nach der anderen vertan. Es schien daher, als sollte ihn sein manischer Größenwahn davor schützen, den Realitäten ins Auge sehen zu müssen – eine Einsicht, die ihn wahrscheinlich in eine tiefe Depression gestürzt hätte.

Aus klinischen Erfahrungen mit Manikern und aus Untersuchungen ihrer Persönlichkeit in Remissionsphasen wissen wir, daß die Patienten zwischen den manischen Episoden einen gut angepaßten Eindruck machen. Aber wenn die Manie eine Abwehr ist, muß sie eine Abwehr gegen etwas sein, obwohl die Betroffenen selbst dieses Etwas vermutlich kaum werden nennen können. *Winters* und *Neale* (1985) haben vor kurzem mit eigens dafür entwickelten Methoden die Hypothese untersucht, daß Maniker auch zwischen den manischen Episoden wenig Selbstachtung besitzen.

Man ließ Maniker, unipolar depressive und normale Probanden zwei Tests absolvieren: einen Fragebogen zu Selbstwert und Selbstachtung und einen pragmatischen Inferenztest. Letzterer war als subtiles Maß für die erwartete geringe Selbstachtung manischer Probanden gedacht. Die Untersuchung begann damit, daß die Probanden eine Reihe kleiner Geschichten mit gutem oder schlechtem Ausgang lasen. Der anschließende Test schien ihr Erinnerungsvermögen an diese Geschichten zu messen. Einige Items taten das tatsächlich, aber andere zwangen die Probanden, über die gegebene Information hinauszugehen und einen Schluß zu ziehen. Eine Geschichte erzählte z.B. von einem Mann, der vor kurzem seine Arbeit verloren hatte. Die Geschichte verschwieg den Grund für die Entlassung, war aber so konstruiert, daß alternativ zwei Schlüsse möglich waren. Die Probanden konnten zu dem Schluß kommen, daß der Mann seinen Arbeitsplatz nicht aus eigener Schuld verloren hatte, sondern wirtschaftlichen Zwängen zum Opfer gefallen war. Sie konnten aber auch auf schlechte Arbeitsleistung als Entlassungsgrund schließen. Probanden mit geringer Selbstachtung, so erwartete man, würden den zweiten Schluß ziehen. Dieser Test zeichnet sich dadurch aus, daß die Probanden nicht merken, daß sie Schlüsse ziehen sollen. Sie glauben, einen einfachen Gedächtnistest durchzuführen.

Die Ergebnisse entsprachen den Erwartungen. Im Papier-und-Bleistift-Test ihrer Selbstachtung erreichten manische und normale Probanden höhere Werte als depressive. Aber im pragmatischen Inferenztest schnitten Maniker und Depressive gleich ab. Beide Gruppen zogen überwiegend Schlüsse der zweiten Art und enthüllten so ihre geringe Selbstachtung. Die Selbstachtung von Manikern kann also sehr gering sein. Im allgemeinen werden diese Gefühle des Ungenügens allerdings erfolgreich abgewehrt.

5. Physiologische Theorien der affektiven Störungen

Da physiologische Prozesse die Stimmung erheblich beeinflussen können, hat man natürlich auch nach physiologischen Ursachen für Depression und Manie gesucht. Überdies müssen gestörte physiologische Prozesse Teil der Kausalkette sein, wenn die Prädisposition für eine affektive Störung auf genetischem Wege weitergegeben werden kann. Schlüssige Hinweise darauf, daß eine affektive Störung – zumindest teilweise – ererbt ist, würden auch den Schluß auf eine physiologische Basis der Störung plausibel machen.

Die genetischen Befunde

Man hat die genetischen Faktoren der unipolaren Depression und der bipolaren Störung mittels Familien- und Zwillingsstudien erforscht. Schätzungen der Häufigkeit bipolarer Störungen bei Verwandten ersten Grades liegen zwischen 10 und 20 Prozent. (*Slater*, 1938; *Perris*, 1969; *Brodie* und *Leff*, 1971; *Hays*, 1976). Das ist weit mehr, als man für die Gesamtbevölkerung annimmt. Bemerkenswerterweise sind die Verwandten ersten Grades bipolarer Indexfälle häufiger unipolar depressiv als bipolar gestört. Eine sorgfältig angelegte Untersuchung von *James* und *Chapman* (1975) in Neuseeland ergab z.B., daß die Verwandten ersten Grades von bipolar gestörten Patienten ein 6,4prozentiges Erkrankungsrisiko für die bipolare Störung aufwiesen; dagegen betrug das Risiko für die unipolare Depression 13,2 Prozent. *Allen* (1976) untersuchte Konkordanzdaten für die bipolare Störung bei Zwillingen. Insgesamt betrug die Konkordanzrate bei eineiigen Zwillingen 72 Prozent, gegenüber nur 14 Prozent bei zweieiigen Zwillingen. Solche Ergebnisse sprechen für die Hypothese, daß an der bipolaren Störung möglicherweise eine erbliche Komponente beteiligt ist (vgl. Kasten 9.3).

Bei der unipolaren Depression scheinen genetische Faktoren eine zwar nicht zu unterschätzende, aber doch geringere Rolle zu spielen als bei der bipolaren Störung. *Perris* (1969) stellte z.B. fest, daß Verwandte ersten Grades von unipolar depressiven Probanden häufiger eine depressive Phase durchgemacht hatten als die Verwandten der Kontrollprobanden. Das Risiko, an einer bipolaren Störung zu erkranken, war für Verwandte unipolar depressiver Patienten gering. *Weissman, Kidd* und *Prusoff* (1982) fanden bei – insbesondere weiblichen – Verwandten depressiver Patienten mehr als doppelt so viel Fälle von Depression als bei den Verwandten ersten Grades normaler Probanden. Litten die Index-Fälle unter einer schweren Depression, konnte die Depressionsrate unter ihren nächsten Verwandten die der Verwandten normaler Probanden um das Fünffache übersteigen. Zwillingsuntersuchungen ergaben eine Konkordanz von 40 Prozent bei eineiigen, und von 11 Prozent bei zweieiigen Zwillingen (*Allen*, 1976).

Von der großen Heterogenität unipolarer Depressionen haben wir bereits gesprochen. Auch hierzu gibt es einige genetische Befunde. *Winokur* (1979) stellte fest, daß sich die Störungen, die er bei Verwandten ersten Grades unipolar depressiver Patienten fand, unterschieden. Für weibliche und männliche Verwandte ersten Grades von Männern, die erst ziemlich spät, d.h. nach dem vierzigsten Lebensjahr, depressiv geworden waren, war das Risiko, an Depression zu erkranken, gleich. Handelte es sich bei den Patienten aber um Frauen, die ihre erste depressive Episode früher durchgemacht hatten, war das Muster für männliche und weibliche Verwandte verschieden. Das Risiko, an Depression zu erkranken, war für weibliche Verwandte größer als für männliche, die ihrerseits eine größere Gefährdung für Alkoholismus und Soziopathie aufwiesen. Obwohl wir diese Daten noch nicht ganz erklären können, lassen sie vermuten, daß sich hinter der Diagnose einer unipolaren Depression in Wirklichkeit mehrere Störungen mit unterschiedlicher Ätiologie verbergen können.

Insgesamt lassen die Ergebnisse dieser Familien- und Zwillingsstudien den Schluß zu, daß *sowohl an der bipolaren Störung als auch an der unipolaren Depression erbliche Komponenten*

Kasten 9.3
Eine Theorie der genetischen Übertragung der bipolaren Störung

Im Verlaufe dieses Buches haben wir es immer wieder mit Theorien zu tun, die so vage sind, daß sie sich nicht überprüfen lassen. Eine rühmliche Ausnahme ist die Hypothese von *Winokur* und seinen Mitarbeitern an der Universität von Iowa, daß die bipolare Störung von einem dominant vererbten Gen auf dem X-Chromosom verursacht wird – einem jener beiden Chromosome also, die gemeinsam das Geschlecht des Fetus bestimmen. Das ist leicht zu überprüfen. Gemäß der Vererbungslehre *Mendels* wirken die 46 Chromosome der menschlichen Körperzellen und die Gene, die sie tragen, paarweise zusammen. Ein dominantes Gen wird immer und ungeachtet seines Partnergens Ausdruck finden. Bei Frauen paaren sich zwei gleiche (XX), bei Männer zwei ungleiche Geschlechtschromosomen (XY). Der Fetus erhält eines seiner Geschlechtschromosome aus der Eizelle der Mutter und eines aus der Samenzelle des Vaters. Die elterlichen Geschlechtszellen enthalten jeweils nur 23 Chromosome, denn die Chromosomenpaare haben sich zuvor geteilt. Die Mutter trägt also immer ein X-Chromosom bei. Kommt auch vom Vater ein X-Chromosom, wird das Kind ein Mädchen, kommt von ihm ein Y-Chromosom, wird es ein Junge.

Winokur entwickelte seine Theorie auf der Grundlage einer früheren Untersuchung der Familiengeschichten bipolar gestörter Patienten (*Winokur* und *Clayton*, 1967). Man hatte die Patienten dieser Untersuchung in zwei Gruppen eingeteilt: Unterscheidungskriterium war, ob es in den Familien weitere Fälle von affektiver Störung gab oder nicht. Von den 112 Probanden der ersten Gruppe waren 96 Prozent bipolar gestört. Die zweite Gruppe umfaßte 129 Probanden, von denen nur 3 Prozent eine bipolare Störung aufwiesen. Das Erkrankungsrisiko von Verwandten bipolar gestörter Probanden war also offensichtlich hoch. Zur genaueren Untersuchung erhoben *Winokur*, *Clayton* und *Reich* (1969) eine neue Stichprobe von 89 Indexfällen. Tabelle 9.4 zeigt die Ergebnisse. Teil A der Tabelle ist zu entnehmen, daß weibliche Verwandte sehr viel gefährdeter sind als männliche, was der Hypothese entspräche, daß die bipolare Störung von einem dominanten Gen auf dem X-Chromosom kontrolliert wird. In Teil B der Tabelle fehlen Vater-Sohn-Paarungen. Auch das entspricht den Vorhersagen der Theorie. Dahinter steht folgender Gedankengang: Das die bipolare Störung beim Vater verursachende Gen liegt auf seinem X-Chromosom. Da der Vater an das männliche Kind nur das Y-Chromosom weitergibt, kann der Sohn nicht betroffen sein.

Winokurs Daten entsprachen seiner Theorie, aber bald tauchten auch gegenteilige Befunde auf. Sowohl *Goetzl* und seine Mitarbeiter (1974) als auch *Hays* (1976), *James* und *Chapman* (1975) fanden bipolar gestörte Vater-Sohn-Paare. Mit *Winokurs* Theorie ist die Genetik der bipolaren Störung also nicht vollständig erklärt. Sollte, was nicht auszuschließen ist, die bipolare Störung ätiologisch heterogen sein, könnte *Winokurs* Theorie für einen Teil der bipolar gestörten Patienten durchaus zutreffen.

Tabelle 9.4. Eine Untersuchung der Verwandten ersten Grades bipolar gestörter Probanden (aus *Winokur*, *Clayton* und *Reich*, 1969)

A. Erkrankungsrisiko des Verwandten eines Probanden

Verwandtschaftsverhältnis zum Probanden	Risiko, Prozent
Mutter	55
Vater	17
Schwester	52
Bruder	29

B. Verwandtschaftsverhältnisse zwischen Paaren von Depressiven

	Anzahl der Paare
Vater-Sohn	0
Vater-Tochter	13
Mutter-Sohn	17
Mutter-Tochter	17

beteiligt sind. Dafür sprechen auch die vorliegenden Adoptionsstudien. *Mendlewicz* und *Rainer* (1977) stellten bei den biologischen Eltern bipolar gestörter Adoptivkinder mehr affektive Störungen fest als bei den Adoptiveltern. Und umgekehrt fand *Cadoret* (1978a) mehr affektive Störungen bei Adoptivkindern, deren biologische Eltern affektiv gestört waren.

Biochemie und affektive Störungen

Die zwei in diesem Zusammenhang wichtigsten Theorien stellen eine Beziehung zwischen Depression und *Neurotransmittern* her (vgl. Kasten 9.4). Im einen Fall vermutet man als Ursache von Depression einen niedrigen *Noradrenalin*spiegel, im anderen einen niedrigen *Serotonin*spiegel. Die Noradrenalin-Theorie geht zudem davon aus, daß ein Übermaß an diesem Neurotransmitter die Manie verursacht (*Schildkraut*, 1965).

Beide Theorien wurden aufgrund der Wirkung bestimmter Medikamente entwickelt. In den fünfziger Jahren entdeckte man, daß zwei Gruppen von Medikamenten, die *Trizyklika* und die *Monoaminooxidase-Hemmer* (vgl. S. 711), depressionslindernd wirkten. Untersuchungen zeigten, daß beide Medikamente im Gehirn von Tieren sowohl den Serotonin- als auch den Noradrenalinspiegel anhoben. Das sprach zwar dafür, daß Depression von einem Mangel an diesen Substanzen verursacht wird, machte aber weitere Forschung notwendig. Zugunsten beider Theorien sprach auch die Wirkung des Reserpin, eines Medikamentes, das gelegentlich zur Behandlung von Bluthochdruck eingesetzt wurde. Erst Anfang der fünfziger Jahre war es einem Schweizer Forscherteam gelungen, das Reserpin zu isolieren. Reserpin ist ein Alkaloid aus der Wurzel der *Rauwolfia serpentina*, einem in Indien heimischen Strauchgewächs. Hindu-Ärzte setzen Rauwolfia-Pulver seit Jahrhunderten zur Behandlung psychischer Krankheiten ein. Reserpin war einer der Wirkstoffe, mit denen die Ära moderner Psychopharmakologie und die Revolutionierung von Pflege und Behandlung psychisch Kranker ihren Anfang nahm. Mit Reserpin und Chlorpromazin (vgl. S. 708) dämpfte man die Agitiertheit schizophrener Patienten. Reserpin wirkte in der Tat entspannend und sedierend, war aber bald wegen einer schweren Nebenwirkung kontraindiziert: 15% der Patienten entwickelten nach Einnahme eine Depression (z.B. *Lemieux, Davignon* und *Genest*, 1965). Reserpin, so entdeckte man, senkt den Spiegel von Serotonin, Noradrenalin und aller Gehirnamine. Es stört den Speicherungsprozeß dieser Substanzen innerhalb der synaptischen Vesikel, so daß sie durch Monoaminooxidase abgebaut werden können.

Das alles bestätigt beide Theorien nur *indirekt*. Ideal wäre es, wenn man Noradrenalin- und/oder Serotoninspiegel im Gehirn depressiver Menschen direkt messen könnte. Dazu fehlen aber die technischen Mittel, also muß man es anders versuchen. Man ist das Problem auf zweierlei Weise angegangen. Man hat zum einen die Metaboliten dieser Neurotransmitter gemessen, die Nebenprodukte des Serotonin- und Noradrenalinabbaus also, die man im Urin, im Blutserum und in der zerebrospinalen Flüssigkeit findet. Dabei steht man allerdings vor dem Problem, daß solche Messungen nicht ausschließlich und unmittelbar den Serotonin- oder Noradrenalinspiegel im *Gehirn* wiedergeben, da Serotonin auch an anderen Prozessen im Körper beteiligt ist und Noradrenalin nicht nur im Gehirn, sondern auch im peripheren Nervensystem wirkt.

Eine zweite Strategie besteht darin, anstelle von Antidepressiva und Reserpin andere Medikamente zu verabreichen, die den Serotonin- und Noradrenalinspiegel im Gehirn heben oder senken. Hebt das Medikament den Spiegel des jeweiligen Neurotransmitters, müßte sich die Stimmung des Patienten aufhellen, während eine Senkung des Neurotransmitterspiegels eine Depression vertiefen oder bei normalen Probanden induzieren müßte. Auch diese Strategie hat ihre Probleme. Da die meisten derartigen Drogen multiple Wirkungen haben, erfüllt kaum eine den angestrebten Zweck ohne komplizierende Nebenwirkungen.

Doch was läßt sich, abgesehen von solchen Problemen, über die Validität von Theorien sagen, die für die Depression einen niedrigen Serotonin- oder Noradrenalinspiegel und für die Manie einen hohen Noradrenalinspiegel verantwortlich machen? In einer Reihe von Untersuchungen maßen *Bunney* und *Murphy* und ihre Mitarbeiter am *National Institute of Mental Health* den Noradrenalinspiegel im Urin bipolar gestörter Patienten, und zwar in allen Stadien der Störung, d.h. während der Depression, der Manie und in normalen Zeiten. Der Noradrenalinspiegel sank, wenn die Patienten depressiv wurden (*Bunney* et al., 1970), und stieg während der Manie (*Bunney, Goodwin* und *Murphy*, 1972). Es stellte sich aber auch heraus, daß die Noradrenalinmangel-Theorie nicht alle Depressionen erklärt. Das 3-Methoxy-4-Hydroxyphenylaethylen-Glykol (MHPG) gilt als Hauptmetabolit des Noradrenalin. Gemäß der Theorie müßte ein niedriger Noradrenalinspiegel mit einem entsprechend geringen MHPG-Spiegel im Urin einhergehen. Nun findet man bei bipolar gestörten, depressiven Patienten im allgemeinen tatsächlich wenig MHPG im Urin, aber bei unipolar Depressiven ist der MHPG-Spiegel variabler (z.B. *Muscettola* et al., 1984).

Es ist bekannt, daß manche Trizyklika, z.B. Imipramin, die Wiederaufnahme von Noradrenalin blockieren, andere dagegen, etwa Amitriptylin, dieselbe Wirkung auf das Serotonin haben. Unipolar depressive Patienten mit niedrigem MHPG- und also vermutlich auch niedrigem Noradrenalinspiegel müßten daher am besten auf ein Trizyklikon wie Imipramin ansprechen. Das wird durch die Forschung im allgemeinen auch bestätigt (z.B. *Schatzberg* et al., 1983). Allerdings scheint die Beziehung zwischen niedrigem MHPG-Spiegel und gutem Ansprechen auf Imipramin nicht stark genug zu sein, um auf ihrer Grundlage klinische Behandlungsentscheidungen treffen zu können (*Muscettola* et al., 1984).

Um den Serotoninspiegel in Gehirn und Rükkenmark zu bestimmen, mißt man die 5-Hydroxyindolessigsäure (5-HIAA), einen Hauptmetaboliten des Serotonin, den man in der zerebrospinalen Flüssigkeit findet. Die Befunde sprechen recht übereinstimmend dafür, daß der 5-HIAA-Spiegel in der zerebrospinalen Flüssigkeit Depressiver niedrig ist (*Ashcroft, Crawford* und *Eccleston*, 1966; *Mendels* et al., 1972; *Van Praag, Korf* und *Schut*, 1973). Man hat ebenfalls nachgewiesen, daß die Gabe von L-Tryptophan, einem Serotonin-Vorläufer, depressionslindernd wirkt, besonders, wenn man es mit anderen Medikamenten kombiniert (*Coppen* et al., 1972; *Mendels* et al., 1975). Darüber hinaus konnte man zeigen, daß p-Chlorophenylalanin (PCPA), das durch Blockieren der Tryptophanhydroxylase die Serotoninsynthese verhindert, die therapeutische Wirkung von gewöhnlich depressionslindernden Medikamenten abschwächt (*Shopsin, Friedman* und *Gershon*, 1976).

Wirksame Antidepressiva, so haben wir gesagt, heben Serotonin- und Noradrenalinspiegel an, und diese Erkenntnis wurde zum Grundpfeiler der Noradrenalin- bzw. Serotonintheorie der Depression. Im Moment sieht es so aus, als beruhe die therapeutische Wirkung von Trizyklika und MAO-Hemmern *nicht* auf einer Steigerung von Neurotransmitterspiegeln. Die früheren Forschungsergebnisse waren nicht falsch. Trizyklika und MAO-Hemmer führen *anfänglich* tatsächlich zu einer Erhöhung von Noradrenalin- und Serotoninspiegel. Aber nach einigen Tagen pendeln sich die Neurotransmitterspiegel wieder auf ihr altes Niveau ein. Das ist eine ganz entscheidende Erkenntnis, denn sie *widerspricht* unserer Erfahrung, daß Antidepressiva erst nach einer gewissen Zeit ihre Wirkung entfalten. Die depressionslindernde Wirkung von Trizyklika und MAO-Hemmern macht sich erst nach sieben bis vierzehn Tagen bemerkbar! Das läßt sich mit einem einfachen Anstieg von Noradrenalin- oder Serotoninspiegel nicht plausibel erklären (*Heninger, Charney* und *Menkes*, 1983).

Welche Folgen haben diese neuen Erkenntnisse für die alten Theorien? Zur Zeit untersucht man, ob die depressionslindernde Wirkung von Trizyklika und MAO-Hemmern darin besteht, daß sie die postsynaptischen Rezeptoren sensibler machen. Erste Befunde deuten darauf hin, daß diese Antidepressiva die Sensibilität der Rezeptoren beider Neurotransmitter erhöhen, und daß sie das genau in der Zeit tun, die die Medikamente brauchen, um ihre Wirkung zu entfalten (*Heninger, Charney* und *Menkes*, 1983; *Charney, Heninger* und *Sternberg*, 1984). Wenn dann der Noradrenalin- oder Serotoninspiegel wieder sinkt, sind die Patienten offensichtlich in der Lage, die Neurotransmitter mit ihren nunmehr sensibleren Rezeptoren besser zu nutzen. Mit dieser neuen Fragestellung stehen die Wissenschaftler vor der Aufgabe, Methoden zur Erforschung der Sensibilität menschlicher Rezeptoren zu entwik-

Kasten 9.4
Kommunikation im Nervensystem

Das Nervensystem besteht aus Milliarden von Neuronen, die sich zwar in mancherlei Hinsicht unterscheiden, immer jedoch vier Hauptbestandteile aufweisen (Abb. 9.3): 1. den Zellkörper; 2. etliche Dendriten, d.h. kurze und dicke Ausläufer; 3. ein oder mehrere Axone, von denen aber gewöhnlich nur eines eine beträchtliche Länge erreicht; 4. Endknöpfe an den zahlreichen Endverzweigungen des Axons. Wenn ein Neuron am Zellkörper oder durch seine Dendriten adäquat gereizt wird, wandert ein Nervenimpuls – eine Änderung im elektrischen Potential der Zelle – das Axon entlang bis zu den Endigungen. Zwischen den Endigungen eines Axons und anderen Neuronen ist eine kleine Lücke, die sogenannte Synapse (Abb. 9.4). Um von einem Neuron zum anderen zu gelangen, muß der Nervenimpuls diesen synaptischen Spalt irgendwie überwinden.

Die Endknöpfe jedes Axons enthalten synaptische Vesikel, kleine Bläschen, die mit Überträgersubstanzen, den Neurotransmittern, gefüllt sind. Jedes Neuron synthetisiert und speichert nur einen der Hauptneurotransmitter. Neuropeptide dienen als Hilfsneurotransmitter. Sie können sich zusammen mit einem anderen Neuropeptid oder einem Hauptneurotransmitter, dessen Wirkung sie unterstützen oder modifizieren, in ein Neuron einspeichern. Wenn der Nervenimpuls auf die synaptischen Vesikel trifft, setzen diese ihre Überträgersubstanzen frei. Der Transmitter fließt in die Synapse und stimuliert das benachbarte Neuron. Die Moleküle eines Transmitters passen in Rezeptoren des postsynaptischen Neurons und geben so den Impuls weiter.

Einige Haupttransmitter sind bekannt. Diejenigen, die zu den beiden großen Gruppen der Katecholamine und der Indolamine gehören, spielen bei Stimmung und Emotion eine Rolle und sind daher in unserem Zusammenhang von besonderem Interesse. Die Substanzen beider Gruppen zählen zu den Monoaminen, d.h., ihre Moleküle enthalten nur eine einzige Aminogruppe (NH_2). Zu den Katecholaminen mit jeweils einem Katecholanteil ($C_6H_6O_2$) gehören das Noradrenalin, das Adrenalin und das Dopamin. Serotonin und Tryptamin sind die beiden Indolamine mit jeweils einem Indolanteil (C_8H_7N). Serotonin und Tryptamin findet man in größeren Men-

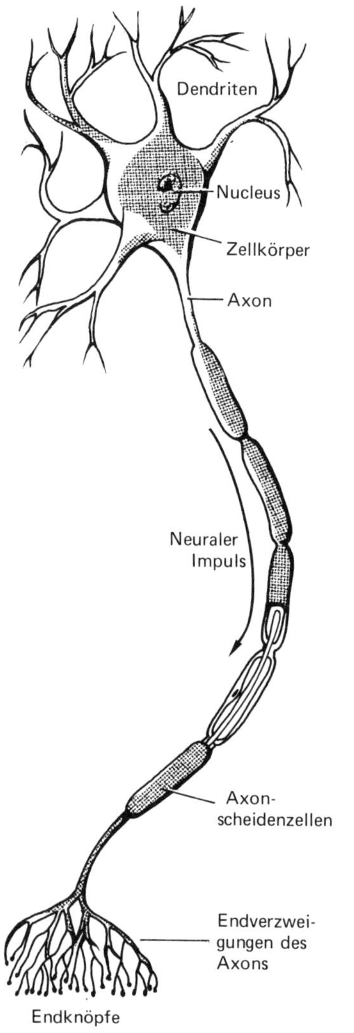

Abb. 9.3. Das Neuron, die grundlegende Einheit des Nervensystems.

gen nicht nur im Zentralnervensystem, sondern auch in anderen Körpergeweben, das Serotonin z.B. in den Schleimhäuten des Verdauungstraktes. Seine Freisetzung spielt eine Rolle bei der Regulierung der Peristaltik. Noradrenalin ist ein Neurotransmitter des peripheren sympathischen Nervensystems. Es scheint gesichert, daß die Monoamine Noradrenalin, Adrenalin, Dopamin und Serotonin Neurotransmitter des zentralen Nervensystems sind. Bekannt sind auch zumindest einige der spezifischen Erregungswege dieser Transmitter im Gehirn.

Um zu verstehen, wie Theorie und Forschung den Zusammenhang zwischen Neurotransmittern und Psychopathologie sehen, muß man wissen, wie diese Substanzen im Neuron aus den Aminosäuren Tryosin und Tryptophan synthetisiert werden. Tabelle 9.5 stellt diesen Vorgang dar. Und schließlich müssen wir uns noch ansehen, wie die Neurotransmitter nach der Freisetzung wieder inaktiviert werden. Die Katecholamine Noradrenalin und Dopamin werden zum größten Teil wieder in das präsynaptische Neuron aufgenommen. Der verbleibende Rest wird in der Synapse vom Enzym Katechol-O-Methyltransferase (COMT) deaktiviert. Katecholamine im präsynaptischen Neuron können vom Enzym Monoaminooxidase abgebaut werden. Dieses Enzym befindet sich in den Mitochondrien, den Zellkraftwerken, die die Energie für die Aktivierung aller Zellen bereitstellen. Auch das Serotonin wird wieder in das präsynaptische Neuron aufgenommen und dort, aber auch in der Synapse, durch MAO abgebaut.

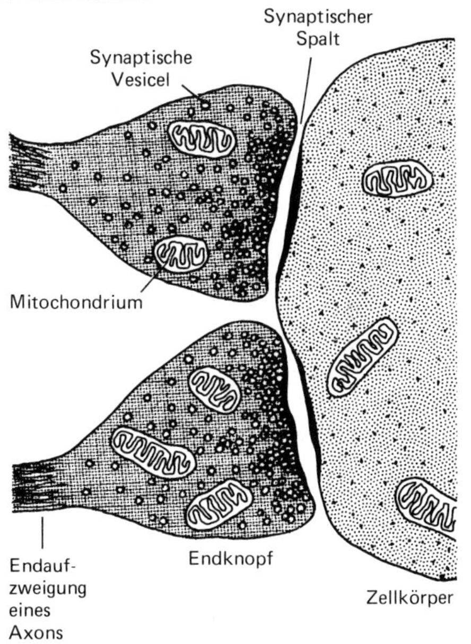

Abb. 9.4. Eine Synapse: dargestellt sind die Endknöpfe von zwei Axonen, die zu einem einzigen Zellkörper in Kontakt treten.

Tabelle 9.5. Biosynthese der Katecholamine und Indolamine

Katecholamine	Indolamine	
Tyrosin	Tryptophan	
↓ Tyrosin hydroxylase*	↓ Tryptophan hydroxylase	→ Tryptophan decarboxylase
Dopa	5-Hydroxytryptophan	↓
↓ Dopa decarboxylase	↓ Dopa decarboxylase	
Dopamin	Serotonin	Tryptamin
↓ Dopamin-b-hydroxylase		
Noradrenalin		
↓ Noradrenalin-N-Methyltransferase		
Adrenalin		

* Die Substanzen neben den Pfeilen sind die Enzyme, die die Reaktionen katalysieren.

keln. Unser bisheriges Wissen über das Funktionieren von Rezeptoren stammt überwiegend aus Tierstudien, dem Menschen ist man diesbezüglich natürlich nur mit indirekten Methoden zu Leibe gerückt. Hier wird man, um Rezeptorfunktionen genauer untersuchen zu können, in den nächsten Jahren zweifellos Fortschritte machen.

Die Ergebnisse biochemischer Forschung unterstützen also in gewisser Weise Theorien, denen zufolge affektive Störungen physiologische Ursachen haben. Werden psychologische Theorien dadurch irrelevant oder nutzlos? Keineswegs. Mit der Behauptung, daß Verhaltensstörungen eine somatische Grundlage haben, konstatiert man nur das, was offen zutage tritt. Kein psychogen orientierter Theoretiker würde bestreiten, daß Verhalten durch gewisse körperliche Veränderungen vermittelt wird. Die Frage ist vielmehr, wie psychologische und physiologische Prozesse ineinandergreifen. Wir haben dieses philosophische Problem bereits in Kapitel 8 angesprochen. Es ist zum Beispiel durchaus denkbar, daß bestimmte Formen der Depression in der Tat durch Noradrenalinmangel verursacht werden, daß aber diesem Glied der Kausalkette ein anderes vorangeht – eben jenes ,,Gefühl der Hilflosigkeit" oder der ,,Willenslähmung", in dem Psychologen die Hauptursache sehen.

6. Die Therapie der affektiven Störungen

In den meisten Fällen dauern depressive Episoden einige Monate, obwohl die Zeit den Betroffenen unendlich viel länger vorkommt. Daß Depressionen im allgemeinen von selbst ihr Ende finden, ist ein Glück. Das heißt aber nicht, daß wir einen depressiven Menschen sich selbst überlassen dürfen. Die Depression ist zu häufig und beeinträchtigt die Betroffenen[3] und die Menschen ihrer Umgebung zu sehr, als daß sie unbehandelt bleiben darf. Moderne Therapien bedienen sich psychologischer und somatischer Methoden, die sich – einzeln oder kombiniert – als recht wirksam erwiesen haben.

Psychologische Therapien

Für die Psychoanalyse ist die Depression eine Folge unbewußt nach innen gewendeten Zorns, und folglich hilft der psychoanalytisch orientierte Therapeut dem Patienten, Einsicht in den verdrängten Konflikt zu gewinnen. In vielen Fällen wird er ihn auch ermutigen, seinem inneren Zorn Luft zu machen. Ganz allgemein gesagt ist es das Ziel der analytischen Therapie, den verborgenen Motivationen für die Depression auf die Spur zu kommen. So kann sich z.B., wie im Fall des weiter oben vorgestellten Ingenieurs, ein Mann für den Tod eines geliebten Menschen verantwortlich fühlen, dieses Schuldgefühl aber verdrängen, weil der Schmerz unerträglich ist. In der Therapie wird man zunächst darauf hinarbeiten, daß sich der Patient dieser Überzeugung stellt, danach kann der Therapeut ihm helfen einzusehen, daß dieses Schuldgefühl unbegründet ist. Zusätzliche Erleichterung soll die Erinnerung an belastende Kindheitserlebnisse bringen, die im Patienten Gefühle des Ungenügens und des Verlustes zurückließen.

Untersuchungen zur Wirksamkeit psychoanalytischer Depressionstherapie gibt es kaum. Die wenigen, die durchgeführt wurden, haben keinen signifikanten Einfluß der Behandlung auf das Problem gefunden (*Hollon* und *Beck*, 1979). Eine Kombination von psychoanalytischer Therapie mit Trizyklika, deren hilfreiche Wirkung erwiesen ist, hebt die Stimmung z.B. nicht mehr als eine ausschließlich medikamentöse Behandlung (*Daneman*, 1961; *Covi* et al., 1974).

Ausgehend von ihrer kognitiven Theorie der Depression, die die tiefe Traurigkeit und die erschütterte Selbstachtung Depressiver auf eine

[3] Depression kann sehr viel mehr sein als eine ernsthafte Unannehmlichkeit. Sie kann lebensgefährlich sein, denn das Suizidrisiko ist für depressive Menschen besonders groß. Der letzte Abschnitt dieses Kapitels ist daher dem Suizid gewidmet.

Auch ein Selbstbehauptungstraining kann zur Behandlung der Depression eingesetzt werden. In diesem Workshop der National Organization for Women üben die Teilnehmerinnen, ihrer Nachbarin positive Dinge über sich zu erzählen.

fehlerhafte Denkhaltung zurückführt, haben *Aaron Beck* und seine Mitarbeiter einige Jahre lang an der Entwicklung einer kognitiven Therapie gearbeitet, die diese falschen Denkmuster ändern soll. Der Therapeut versucht den depressiven Klienten dazu zu bringen, seine Einschätzung von Ereignissen und seiner selbst zu ändern. Wenn ein Klient sich wertlos fühlt, weil ,,Nichts klappt. Alles, was ich anfange, endet mit einem Desaster", versucht der Therapeut, diese Übergeneralisierung zu widerlegen und verweist auf Kompetenzen, die der Klient entweder übersieht oder entwertet. Der Klient wird instruiert, seine ,,inneren Monologe" zu kontrollieren und alle Denkmuster zu vermerken, die zur Depression beitragen. Dann lernt er, über seine negativen Überzeugungen hinaus zu denken und zu sehen, wie sie ihm den Weg zu realistischeren, positiven Einschätzungen und zu realitätsgerechter Interpretation von Mißhelligkeiten verstellen.

Obwohl *Beck* seinen Ansatz unabhängig von *Ellis'* rational-emotiver Methode entwickelt hat, haben beide gewisse Ähnlichkeiten. Nach *Beck* neigen depressive Menschen z.B. dazu, sich nach einem Fehler in jeder Hinsicht für unfähig und inkompetent zu halten. Das klingt, als habe *Beck* hier eine der irrationalen Überzeugungen des *Ellis*schen Systems ,,Um etwas wert zu sein, muß ich alles können und wissen" ergänzt.

Beck bezieht – konsequenter als *Ellis* – auch verhaltenstherapeutische Elemente in seine Behandlung ein. Insbesondere schwer depressive Klienten werden angehalten, bestimmte Dinge zu *tun*, etwa morgens aufzustehen, und andere zu lassen, z.B. Selbstmordversuche. Solche Aktivitätsverschreibungen sollen dem Patienten Erfolgserlebnisse verschaffen und ihm erlauben, besser von sich zu denken. Aber vor allem geht es *Beck* um eine kognitive Umstrukturierung, darum, daß der Klient anders von sich denken lernt. Wenn die Änderung offenen Verhaltens dazu beiträgt – um so besser. Aber mit Verhaltensänderung allein, ohne gleichzeitig auch die Denkfehler zu korrigieren, läßt sich, davon ist *Beck* überzeugt, Depression nicht wesentlich lindern.

Eine vielzitierte vergleichende Therapiestudie von *Rush* und seinen Mitarbeitern (1977), die wir in Kapitel 19 ausführlicher vorstellen werden, ergab, daß *Becks* kognitive Therapie erfolgreicher ist als die übliche Behandlung mit einem Antide-

Kasten 9.5
Eine existenzanalytische Theorie der Depression und ihrer Behandlung

1959 veröffentlichte *Viktor Frankl*, ein österreichischer Psychiater, der während des Zweiten Weltkrieges drei schreckliche Jahre in den Konzentrationslagern der Nazis zubringen mußte, sein bemerkenswertes Buch *From Death Camp to Existentialism* (dt: „... trotzdem Ja zum Leben sagen. Ein Psychologe erlebt das Konzentrationslager"). Mit ihm im Lager waren seine Frau, sein Bruder und seine Eltern. Sie alle kamen um. In seiner revidierten Fassung und unter dem neuen Titel *Man's Search for Meaning* (1963) (dt: „Der Mensch vor der Frage nach dem Sinn") beschreibt das Buch Erniedrigung, Leid und Schrecken der Lagerinsassen. *Frankl* erzählt, wie er und andere es schafften, unter den brutalen Bedingungen eines Todeslagers zu überleben.

Viktor Frankls bekannteste Technik ist die sogenannte paradoxe Intention. Die Patienten werden aufgefordert, ihren Symptomen ganz bewußt und absichtlich nachzugeben. Wenn ein depressiver Mann bis mittags nicht aus dem Bett kam, trug Frankl ihm auf, bis abends im Bett zu bleiben. Übertreibung kann dieses Symptom unter die bewußte Kontrolle des Betroffenen bringen.

Emotional habe er überlebt, schreibt *Frankl,* weil es ihm irgendwie gelungen sei, in seinem Leiden Sinn zu finden und es in sein geistiges Leben einzubeziehen. Der Geist verleiht dem einzelnen die Freiheit, die Umstände zu transzendieren, und Freiheit macht ihn verantwortlich für sein Leben. *Maddis* Konzept der Existenzneurose (vgl. S. 60) sieht vor, daß jeder Mensch die Verantwortung hat, Sinn und Zweck in seinem Leben zu finden, auch wenn die äußere Welt dem zu widersprechen scheint. Psychische Störungen und besonders Depressionen, so *Frankl,* stellen sich dann ein, wenn jemand keinen Sinn in seinem Leben sieht. Aus seinen Lagererfahrungen entwickelte er einen therapeutischen Ansatz, den er – nach dem griechischen Wort *logos* (hier mit „Sinn" zu übersetzen) – *Logotherapie* nannte.

pressivum, dem trizyklischen Imipramin (Tofranil). Diese Überlegenheit, die nach sechs und auch nach zwölf Monaten (*Kovacs* et al., 1981) noch von Bestand war, hat viele Forscher ermutigt, die Therapie zu übernehmen und weiterzuentwickeln. Frühere Untersuchungen hatten die Überlegenheit von Imipramin über eine einsichtsorientierte psychotherapeutische Depressionsbehandlung nachgewiesen. Das macht die Tatsache, daß sich *Becks* kognitive Therapie einer pharmakotherapeutischen Standardbehandlung überlegen erwies, noch beeindruckender.[4]

[4] Auf S. 662ff. beschäftigen wir uns ausführlicher mit der Depressionstheorie von *Beck*.

Ziel der Logotherapie ist es, dem Leben des Klienten wieder Sinn zu geben. Das geschieht zunächst einmal dadurch, daß die subjektive Leiderfahrung des Klienten mitfühlend akzeptiert und nicht als krank, schlecht und mithin unnormal entwertet wird. Dann hilft der Therapeut dem Klienten, sein Leid in einem größeren Kontext zu sehen und ihm so einen gewissen Sinn zu geben. Er vermittelt eine Lebensphilosophie, innerhalb derer der einzelne die Verantwortung für seine Existenz und für die Annahme lebensinhärenter Werte übernimmt – getreu dem *Nietzsche*-Wort, daß derjenige, der ein Warum für sein Leben hat, auch nahezu jedes Wie ertragen kann.

Es ist vielleicht sinnvoll, *Frankls* Ansichten zur Depression und ihrer Behandlung vor dem Hintergrund der gelernten Hilflosigkeit zu sehen. Ganz sicher fühlten sich die Menschen im Konzentrationslager hilf- und hoffnungslos und glaubten nicht mehr, irgendeine Kontrolle über ihr Leben zu haben. Es herrschte eine tiefe Depression. Die Logotherapie könnte ein Weg sein, heutigen Menschen, die unter weniger furchtbaren und brutalen Bedingungen depressiv geworden sind, das Gefühl der Hilflosigkeit angesichts der modernen Gesellschaft zu nehmen. Indem sie die Verantwortung für ihr Leben übernehmen und auch in Widrigkeiten Sinn suchen, können sie es zu jenem Gefühl von Kontrolle und Kompetenz bringen, das für eine annehmbare Existenz unabdingbar ist.

Zuweilen hat ein Mensch allen Grund, depressiv zu sein. Eine Frau, die in einer Männerwelt allen Mut verliert, ist vermutlich bei einer feministischen Therapeutin, die ihr zum Widerstand gegen die fortwährende Unterdrückung durch Chef oder Ehemann rät, besser aufgehoben als bei einem noch so wohlmeinenden kognitiven Therapeuten, der ihr klarzumachen versucht, daß sie sich zwar schlecht behandelt fühlt, aber nicht so schlecht behandelt wird. Ebenso wie er seine Therapie auf vielfältige menschliche Probleme einzustellen hat, muß sich jeder Therapeut auch den moralischen und politischen Implikationen seiner Arbeit stellen. Soll ich dem Klienten helfen, seine Lebenssituation zu verändern oder sich ihr anzupassen? Allein die Tatsache einer Depression kann Anzeichen dafür sein, daß der oder die Betroffene bereit ist, etwas in ihren sozialen und persönlichen Beziehungen zu ändern. Eine Depression kann also durchaus ein gesundes Zeichen sein, ein Signal dafür, daß etwas nicht stimmt und nach Veränderung drängt.

Obwohl *Seligmans* Theorie der gelernten Hilflosigkeit als Erklärung für Depression weite Anerkennung gefunden hat, steht eine spezielle Therapie auf dieser Grundlage noch aus. *Seligman* hat versucht, seine hilflosen Hunde zu therapieren, aber das erwies sich als schwierig. Man entfernte die Trennwand der „shuttle box", stellte Futter auf die Seite mit dem sicheren Boden, aber die Tiere bewegten sich nicht. Wenn Summer oder Licht signalisierten, daß ein schmerzhafter elektrischer Schlag bevorstand, kauerten sie nach wie vor in einer Ecke der gefährlichen Seite und nahmen den Schmerz passiv hin. Schließlich zerrte man die Hunde mit Gewalt auf die andere Seite, wenn Summer oder Licht sich meldeten. Einige Hunde bewegten sich nach fünfundzwanzig solcher Erfahrungen schließlich selbst, andere taten das erst nach hundert Versuchen. Aber alle mußten sie zunächst zur Erfahrung erfolgreicher Schockvermeidung gezwungen werden. Die wachsende Forschungsliteratur über die gelernte Hilflosigkeit hat Therapeuten dafür sensibilisiert, daß depressive Menschen ein Gefühl der Kompetenz und der Kontrolle über ihr Leben erwerben müssen, aber auch ganz allgemein dafür, daß Menschen glauben möchten und müssen, daß sie ihr Geschick selbst bestimmen (vgl. Kasten 9.5).

Nach *Lewinsohn* wird ein Mensch dann depressiv, wenn er nach Entzug wichtiger Verstärkungsquellen Aktivitäten und Umgang mit anderen weitgehend einstellt. Therapien, die auf dieser Sicht der Dinge gründen, stellen die Verhaltensdefizite in den Mittelpunkt. Die Patienten werden angehalten, mehr zu unternehmen, einfen zu gehen, sich Hobbys zuzulegen und mit anderen Menschen zu sprechen. Darüber hinaus lernen sie, sich so zu verhalten, daß andere vermutlich einen positiveren Eindruck von ihnen gewinnen. Mit Hilfe von Selbstbehauptungstraining, Rollenspiel und Modellernen erwerben sie die nötigen sozialen Fertigkeiten. Was Menschen denken, wenn sie ihr Verhalten ändern, ist – anders als bei *Beck* – nicht expliziter Teil der Therapie.

Shaw (1977) verglich in einer Untersuchung vier Gruppen von Depressiven. Eine Gruppe erhielt entsprechend der Theorie von *Lewinsohn* ein soziales Fertigkeitstraining, die zweite wurde mit *Becks* Therapie der kognitiven Umstrukturierung behandelt. Die Probanden der dritten, sogenannten Aufmerksamkeits-Placebo-Gruppe führten mit einem Therapeuten nicht-direktive Gespräche über ihre Gefühle und deren mögliche Gründe. Man wollte wissen, ob für depressive Menschen auch der *Placebo-Effekt* eine Rolle spielen kann, d.h. in diesem Fall die Hoffnung und die Erwartung, von einem interessierten und anteilnehmenden Berufshelfer Hilfe zu bekommen. Die vierte Gruppe blieb unbehandelt. Nach sechzehn Therapiestunden waren die Probanden der kognitiven Gruppe weniger depressiv als alle anderen, und den Probanden der sozialen Trainingsgruppe ging es nicht besser als denen der Aufmerksamkeits-Placebo-Gruppe. Es gab zwar einige methodische Kritik an dieser Untersuchung (*Wilson* und *O'Leary*, 1980), gleichwohl bleibt festzuhalten, daß ein soziales Training keine besonders wirksame Depressionsbehandlung ist.

Somatische Therapien

Für Depression und Manie stehen eine Vielzahl somatischer Therapien zur Verfügung. Die vielleicht dramatischste – und umstrittenste – Depressionsbehandlung ist die *Elektrokrampftherapie*. Sie wird gewöhnlich stationär durchgeführt und besteht darin, daß man einen Stromstoß von 70 bis 120 Volt durch das Gehirn des Patienten leitet und dadurch künstlich einen generalisierten Krampfanfall und vorübergehende Bewußtlosigkeit herbeiführt. Früher wurden Elektroden an beiden Seiten der Stirn angebracht, aber im heutigen Standardverfahren begnügt man sich mit einer Elektrode auf der Seite der nicht-dominanten Gehirnhemisphäre. Früher war der Patient gewöhnlich auch bei Bewußtsein, bis der Strom den Anfall auslöste. Oft krümmte sich der Körper dabei so zusammen, daß es manchmal sogar zu Knochenbrüchen kam. Heute erhält der Patient vor dem Stromstoß ein kurzwirkendes Anästhetikum und ein starkes Muskelrelaxans. Die Muskelspasmen sind für den Beobachter kaum wahrnehmbar, und wenn der Patient einige Minuten später wieder zu sich kommt, hat er keine Erinnerung an die Behandlung.

Gleichwohl bleibt die künstliche Herbeiführung eines Krampfanfalls ein drastisches Verfahren. Warum sollte sich jemand, der zwar depressiv, aber sonst bei vollem Verstand ist, einer derart radikalen Therapie unterziehen? Oder wie können Eltern oder Ehepartner eines im juristischen Sinne unmündigen Patienten einer solchen Behandlung zustimmen? Die Antwort ist einfach: Für eine schwere Depression kann die Elektrokrampftherapie die beste Behandlung sein (*Klerman*, 1972). Daß mit dem Verfahren Risiken verbunden sind, wird kaum ein Arzt leugnen. Es kann zu anhaltendem Gedächtnisverlust kommen, wenn auch die einseitige Elektrokrampftherapie der nicht-dominanten Gehirnhemisphäre weniger Gedächtnisinhalte auslöscht als das bilaterale Vorgehen. Der Patient kann nach der Therapie verwirrt sein und bei mehrfacher Wiederholung vielleicht sogar eine Gehirnschädigung davontragen. Heute greift man zum Mittel der Elektrokrampftherapie eigentlich nur noch, wenn weniger drastische Behandlungsversuche nicht den gewünschten Erfolg gezeitigt haben. *Jede* Behandlung hat Nebenwirkungen, und wenn man als behandelnder Arzt zu entscheiden hat, muß man auch an die möglichen Folgen einer unbehandelten Depression denken. Depressive Menschen sind immer auch suizidgefährdet. Angesichts einer ethischen Wertvorstellung, die gebietet, Leben zu bewahren, halten daher viele die Elektrokrampftherapie – zumindest, wenn andere Behandlungsversuche gescheitert sind – für vertretbar und verantwortbar.

Wir verfügen inzwischen über eine Vielzahl *antidepressiver Medikamente*. Auch wenn ein chemisches Agens die Depression nur vorübergehend lindert, sollte man seine wohltätige Wirkung angesichts des Suizidpotentials einer Depression und der Angst und des Leids der Betroffenen und ihrer Angehörigen nicht unterschätzen. Bei vernünftigem Einsatz von Medikamenten kann sich eine Möglichkeit der Intervention und Kontrolle erübrigen, die, nach Meinung vieler, nur ein allerletzter Ausweg sein sollte: die Hospitalisierung in einer psychiatrischen Klinik.

Die beiden Hauptkategorien antidepressiver Medikamente sind die Trizyklika wie Imipramin (Tofranil) und Amitriptylin (Elavil) und die Monoaminoxidase-(MAO-)Hemmer. Da MAO-Hemmer die sehr viel schwereren Nebenwirkungen haben, werden überwiegend Trizyklika eingesetzt. Die Wirksamkeit dieser Medikamente, mit denen wir uns in Kapitel 20 ausführlicher beschäftigen werden, hat sich in einer Reihe von Doppel-Blind-Studien (*Morris* und *Beck*, 1974) erwiesen. Man sollte Patienten und Angehörige allerdings vorsorglich darauf hinweisen, daß sich ein therapeutischer Erfolg erst nach ein bis mehreren Wochen einstellt. Diese Wartezeit kann sich sehr schwierig gestalten und spricht einmal mehr für die Notwendigkeit zusätzlicher psychotherapeutischer und somatischer Intervention. Noch aus einem anderen Grund wird es der Arzt nicht ausschließlich bei einer Behandlung mit Tofranil oder ähnlichen Medikamenten bewenden lassen: Setzt der Patient diese Medikamente ab, ist ein Rückfall eher die Regel als die Ausnahme (*Klerman*, 1975). ,,Symptomerleichterung" ist bei Störungen wie der Depression von nicht zu unterschätzender Bedeutung, aber der Patient sollte in symptomarmen Perioden ohne Medikamente auskommen können. Man ist, und das ist die schlichte Wahrheit, bis heute nicht in der Lage, die Depression auf biochemischem Wege zu ,,heilen".

Bipolar gestörten Patienten kann man häufig mit sorgfältig dosierten Gaben von *Lithium* bzw. *Lithiumkarbonat* helfen. Weil man Lithium nicht wie andere Medikamente patentieren lassen und also keine großen Gewinne damit machen kann, wurde es jahrelang nicht vermarktet. Inzwischen verabreicht man Lithium regelmäßig und vorbeugend, um es gar nicht erst zu krassen Stimmungsschwankungen kommen zu lassen (*Davis*, 1976). Für die Patienten bedeutet das unter anderem, daß sie auf ihre gelegentliche Hochstimmung verzichten müssen, was ihnen nicht immer leichtfällt (*Honigfeld* und *Howard*, 1978). Wegen möglicher schwerer, unter Umständen sogar tödlicher Nebenwirkungen ist Lithium verschreibungspflichtig; die Einnahme erfordert große Umsicht.

7. Suizid

Im klassischen Rom, jener Ära also, die dem Christentum unmittelbar voranging, galt die Qualität des Lebens weit mehr als dessen Dauer. Nicht das Leben sei gut, sondern das gute Leben; der weise Mann trachte also nicht danach, möglichst lange, sondern möglichst gut zu leben, befand im ersten Jahrhundert der römische Stoiker *Seneca*. Das Christentum war in den ersten Jahrhunderten seines Bestehens eine verfolgte Religion. Viele frühe Christen gaben sich in einem Akt des Märtyrertums selbst den Tod (*Heyd* und *Block*, 1981). Das vierte Jahrhundert brachte einen radikalen Wandel im westlichen Denken: *Augustinus* erklärte die Selbsttötung zum Verbrechen, da sie das Gebot Gottes: Du sollst nicht töten, verletze. *Thomas von Aquin* machte daraus im 13. Jahrhundert eine Todsünde, weil sich der Mensch damit Gottes Macht über Leben und Tod anmaße. Obwohl weder Altes noch Neues Testament die Selbsttötung verbieten, galt sie nunmehr in der westlichen Welt als Verbrechen und Sünde (*Shneidman*, 1973). Ironischerweise führte dieses christliche Verbot des Suizids, das ursprünglich einem tiefen Respekt vor dem Leben entstammte, zur Verfolgung jener, die versuchten, Hand an sich zu legen. Noch 1823 wurde in London jeder Selbstmörder mit einem Pfahl im Herzen verbrannt, und erst seit 1961 ist Suizid in England kein strafrechtliches Vergehen mehr.

Suizid ist eine der häufigsten Todesursachen von College-Studenten. In diesem von Studenten organisierten Krisenzentrum an der University of Massachusetts gibt es ein Not-Telephon, über das Studenten mit Suizidgedanken mit einem Kommilitonen Kontakt aufnehmen und sprechen können.

Wir haben uns entschlossen, dieses Kapitel mit einem Abschnitt über den Suizid zu beschließen, weil viele Depressive Suizidgedanken haben und manchmal auch tatsächlich versuchen, sich das Leben zu nehmen. Überdies sind vermutlich über die Hälfte aller Suizidanten zum Zeitpunkt der Tat depressiv und verzweifelt. Allerdings versuchen auch viele Menschen, sich das Leben zu nehmen, ohne depressiv zu sein. Wenn wir das Phänomen der Selbsttötung verstehen wollen, dürfen wir uns also nicht nur auf die Suizidneigung depressiver Menschen konzentrieren.

Fakten zum Suizid

Was wir über den Suizid wissen, ist zu komplex und vielschichtig, als daß es sich mit einer einzelnen Theorie erklären ließe (*Resnik*, 1968; *Gibbs*, 1968; *Douglas*, 1967; *Holinger*, 1979; *Shneidman*, 1973; *Seiden*, 1974).

1. In den Vereinigten Staaten begeht alle halbe Stunde ein Mensch Suizid, aber vermutlich ist diese Schätzung – immerhin mehr als 25000 Menschen im Jahr – viel zu niedrig angesetzt.
2. Es gibt 200 000 Suizidversuche, von denen etwa jeder achte erfolgreich ist.
3. Der Hälfte aller Suizide ist wenigstens ein Suizidversuch vorangegangen.
4. Es töten sich dreimal mehr Männer als Frauen, obwohl sich hier ein 2:1-Verhältnis anzubahnen scheint, da auch Frauen zunehmend zur Risikogruppe werden.
5. Dreimal mehr Frauen als Männer versuchen, sich zu töten, sterben aber nicht.
6. Die Suizidwahrscheinlichkeit ist für geschiedene Männer dreimal höher als für verheiratete.
7. Sowohl sehr alte als auch sehr junge Menschen – darunter Greise über neunzig und Kinder unter zehn – begehen Suizid.
8. Suizid findet man in allen sozialen Schichten, ganz besonders häufig aber unter Psychiatern, Ärzten, Rechtsanwälten und Psychologen.
9. Keine andere Todesart hinterläßt bei Freunden und Verwandten so andauernde Gefühle von Schmerz, Scham, Schuld, Verwirrung und allgemeiner Verstörung. Tatsächlich sind diese Überlebenden selbst Opfer: Unter ihnen ist die Sterblichkeitsziffer im Jahr nach dem Suizid des geliebten Menschen besonders hoch.
10. In den Vereinigten Staaten werden die meisten Suizide mit Schußwaffen begangen. Männer erschießen oder erhängen sich gewöhnlich, Frauen nehmen eher Schlaftabletten. Im übrigen sind die vorrangigen Suizidmethoden von Land zu Land verschieden. In England wird das eigene Leben häufig mit Kohlegas beendet, in Österreich durch Gas und Erhängen und in den skandinavischen Ländern mittels Tabletten und Gift.

11. Als Todesursache steht Suizid bei Erwachsenen an zehnter und bei College-Studenten – nach den Unfällen – an zweiter Stelle.
12. Am häufigsten töten sich in den Vereinigten Staaten 45- bis 60jährige Männer europäischer Abstammung.
13. Man schätzt, daß jährlich etwa 10 000 College-Angehörige versuchen, sich das Leben zu nehmen.
14. Die Suizidrate von jungen weißen Amerikanern ist doppelt so hoch wie die von schwarzen jungen Männern. Sie stieg von 1970 bis 1980 bei jungen weißen Männern zwischen 15 und 25 Jahren um 50%, und in der Altersgruppe zwischen 25 und 34 Jahren um fast 30%.
15. In den Vereinigten Staaten begehen immer mehr Jugendliche und Kinder Suizid. Man schätzt, daß sich jährlich etwa 1600 junge Menschen im Alter zwischen fünfzehn und neunzehn das Leben nehmen, und sogar von Sechsjährigen sind Suizidversuche bekannt. Aber insgesamt liegt die Rate weit unter der der Erwachsenen.
16. Das Land mit der höchsten Suizidrate der Welt ist Ungarn, aber auch die Tschechoslowakei, Finnland, Schweden und Österreich haben hohe Raten zu verzeichnen.
17. Suizidraten steigen in Zeiten wirtschaftlicher Depression, bleiben in Jahren wirtschaftlichen Aufschwungs stabil und erreichen in Kriegsjahren einen Tiefpunkt.

Suizidtheorien

Wenn wir an Suizid denken, stellen wir uns gewöhnlich einen Menschen vor, der bewußt und aus freiem Willen etwas ganz Dramatisches tut, um seinem Leben unverzüglich ein Ende zu setzen – die Frau auf der Brüstung eines Hochhauses, der Mann mit der Pistole an der Schläfe, das Kind mit Mutters Schlaftabletten. Aber suizidal, sagen die Suizidforscher, ist auch ein Mensch, der sich so selbstzerstörerisch verhält, daß er sich ernsthaft verletzen oder auf die Dauer umbringen kann – etwa der Diabetiker, der es mit dem Insulin nicht genau nimmt und sich über Diätvorschriften hinwegsetzt, oder der Alkoholiker, der zwar weiß, was er seinem Körper antut, aber gleichwohl keine Hilfe sucht, oder auch der schlechte Schwimmer, der sich den Warnungen der Strandwache zum Trotz immer wieder in die gefährliche Brandung stürzt. Solche unterschwellig angestrebten Tode machen es noch schwerer, das Phänomen des Suizids zu verstehen und statistisch zu erfassen (*Shneidman*, 1973).

Mintz (1968) hat die zahlreichen in der Literatur genannten Motivationen für einen Suizid aufgelistet: nach innen gekehrte Aggression; Vergeltung angetanen Unrechts durch die Schuldgefühle, die der Suizid bei anderen erzeugt; der Wunsch, Liebe zu erzwingen; der Wunsch nach Wiedergutmachung; der Wunsch, sich von unannehmbaren Gefühlen, etwa einer sexuellen Vorliebe für das eigene Geschlecht, zu befreien; der Wunsch nach Reinkarnation; der Wunsch nach Wiedervereinigung mit einem geliebten Verstorbenen; und der Wunsch oder das Bedürfnis, Belastungen, körperliche Verunstaltung, Schmerz oder emotionale Leere hinter sich zu lassen. Zwei traditionelle theoretische Positionen haben die Suizidforschung wesentlich beeinflußt: die Psychoanalyse und die soziologische Theorie *Émile Durkheims* (1858–1917).

Psychoanalytische Suizidtheorien

Freud fand zwei Erklärungen für den Suizid. Die eine ist eine Erweiterung seiner Depressionstheorie und besagt, daß mit der Selbsttötung im Grunde ein Mord begangen wird. Wenn jemand einen gleichermaßen geliebten und gehaßten Menschen verliert und introjiziert, kehrt er die diesem Menschen gegenüber empfundene Aggression nach innen. Wenn diese Gefühle stark genug sind, wird der Betreffende sich schließlich umbringen. In seiner zweiten Theorie postuliert *Freud*, daß sich der Todestrieb, Thanatos, nach innen kehren und bewirken kann, daß der oder die Betroffene sich das Leben nimmt.

Vieles von dem, was wir bereits an anderer Stelle an der psychoanalytischen Auffassung problematisch fanden, läßt sich auch gegen *Freuds* Suizidtheorien einwenden. *Tuckman, Kleiner* und *Lavell* (1959) analysierten Abschiedsbriefe von Suizidanten und das Ergebnis steht in bemerkenswertem Widerspruch zur psychoanalytischen

Position. Nur in ganz wenigen Briefen kam Feindseligkeit zum Ausdruck, in etwa der Hälfte dagegen Dankbarkeit und Zuneigung. Dem ließe sich aus psychoanalytischer Sicht entgegnen, daß ein Abschiedsbrief eine Angelegenheit des Bewußtseins sei, zu dem die verdrängte Aggression nicht zugelassen werde – eine Erklärung, die unserer Meinung nach unbefriedigend ist.

Durkheims soziologische Theorie des Suizids

Durkheim (1897) analysierte die Suizidberichte verschiedener Länder und verschiedener Epochen und kam zu dem Schluß, daß Selbstvernichtung ein soziologisches Phänomen sei. Er unterschied drei Arten der Selbsttötung. Zum *egoistischen Suizid* kommt es dann, wenn jemand keine ausreichenden Bindungen an Gesellschaft und Gemeinschaft hat. Solche Menschen fühlen sich den anderen entfremdet, abgeschnitten von den sozialen Hilfen, die für ein angemessenes Funktionieren als soziales Wesen wichtig sind. Der *altruistische Suizid* ist dagegen die Antwort auf Ansprüche der Gesellschaft. Manche Menschen fühlen sich in hohem Maße als Teil einer Gruppe und opfern sich für das, was sie für das Wohl der Gesellschaft halten. In diese Kategorie würden etwa die Selbstopferungen buddhistischer Mönche und Nonnen aus Protest gegen die Kämpfe in Vietnam fallen. Manche altruistischen Suizide, etwa das Harakiri der Japaner, werden als unter den gegebenen Umständen einzig ehrenhafter Ausweg von der Gesellschaft buchstäblich gefordert. Zum *anomischen Suizid* schließlich kann es kommen, wenn jemand seine Beziehungen zur Gesellschaft plötzlich verändert sieht. Eine erfolgreiche Geschäftsfrau kann sich nach einem schweren finanziellen Verlust in einer *Anomie*,

Kasten 9.6
Einige Mythen über den Suizid

Über den Suizid gibt es viele weit verbreitete Mißverständnisse (*Pokorny*, 1968; *Shneidman*, 1973).

1. *Wenn jemand davon spricht, sich umzubringen, tut er es nicht.* Tatsache ist, daß drei Viertel aller Suizidanten ihre Absicht vorher angekündigt haben, sei es als Hilferuf, sei es als Anklage. Andererseits begehen Menschen, die Suizidgedanken hegen, in den allermeisten Fällen nicht tatsächlich auch einen Suizidversuch.
2. *Suizid wird ohne Vorwarnung begangen.* Wie falsch das ist, geht aus dem oben Gesagten bereits hervor. Gewöhnlich wird der Suizid auf vielerlei Weise angekündigt. Menschen, die einen Suizid planen, stellen etwa fest, die Welt wäre besser ohne sie. Häufig machen sie anderen überraschende und unerklärliche Geschenke und trennen sich dabei von ihren wertvollsten Besitztümern.
3. *Suizid begehen nur Angehörige einer bestimmten Klasse.* Suizid ist weder der Fluch der Armen noch die Krankheit der Reichen, sondern wird von Menschen aller Klassen und Schichten begangen.
4. *Die Zugehörigkeit zu einer Religionsgemeinschaft ist ein guter Prädiktor für ein sehr geringes Suizidrisiko.* Es ist eine irrtümliche Annahme, daß das strenge katholische Suizidverbot die Suizidwahrscheinlichkeit für Katholiken entscheidend verringert. Es gibt dafür keinerlei Belege, was vielleicht daran liegt, daß die formale Religionszugehörigkeit nicht immer auch etwas über die Tiefe des Glaubens aussagt.
5. *Die Gründe für einen Suizid sind leicht festzustellen.* Die Wahrheit ist, daß wir nicht genau wissen, warum Menschen sich umbringen. Die Tatsache, daß jemand vor seinem Suizid schwere finanzielle Verluste erlitten hat, bedeutet nicht, daß damit auch der Suizid angemessen erklärt ist.
6. *Alle Menschen, die Suizid begehen, sind depressiv.* Dieser Irrtum erklärt vielleicht die tragische Tatsache, daß Anzeichen eines drohenden Suizids übersehen werden, weil der Betreffende sich nicht wie ein Verzweifelnder verhält. Viele Menschen,

Die buddhistische Flagge bedeckt den Körper eines jungen Mädchens, das sich selbst verbrannt hat. Die Selbstopferung ist eine Form des altruistischen Suizids.

die sich das Leben nehmen, sind *nicht* depressiv. Manche erscheinen, nachdem sie sich zum Suizid entschlossen haben, vielmehr ruhig und in Frieden mit sich selber.

7. *Jemand mit einer unheilbaren Krankheit wird wahrscheinlich keinen Suizid begehen.* Daß jemand um seinen baldigen Tod weiß, schließt einen Suizid nicht aus. Viele Todkranke treibt vielleicht der Wunsch, das eigene Leiden und das ihrer Angehörigen zu beenden, dazu, den Zeitpunkt ihres Todes selbst zu wählen.
8. *Wer Suizid begeht, ist wahnsinnig.* Die meisten Menschen, die sich das Leben nehmen, sind sehr unglücklich, aber durchaus Herr ihrer Sinne und ihres Verstandes.
9. *Suizidneigung ist erblich.* Da sich Suizide in Familien häufen können, hat man angenommen, daß die Neigung, in Kategorien der Selbstvernichtung zu denken, vererbt wird. Es gibt in der Forschung keinerlei Anhaltspunkte dafür.
10. *Die Suizidneigung wird beeinflußt von Jahreszeiten, Breitengrad, Wetterlage, Luftdruck, Luftfeuchtigkeit, Niederschlag, Bewölkung, Windgeschwindigkeit, Temperatur und Wochentagen.* Keiner dieser Mythen ist hinreichend bestätigt.
11. *Suizid wird von kosmischen Faktoren wie Sonnenflecken und Mondphasen beeinflußt.* Auch dafür gibt es keinerlei Bestätigung.
12. *Wenn sich die Gefühlslage bessert, verringert sich die Suizidgefahr.* Tatsache ist, daß Menschen häufig dann Suizid begehen, wenn sich ihre Stimmung und ihr Energieniveau gehoben haben. Das scheint besonders für depressive Patienten zu gelten.
13. *Suizid ist eine einsame Angelegenheit.* Auch wenn der einzelne die Entscheidung für einen Suizid mit sich alleine abmacht, kann die tiefe Verstrickung in eine frustrierende, verletzende Beziehung zu einem anderen Menschen – einem Ehepartner, einem Kind, einem Liebhaber oder einem Kollegen – eine Hauptursache sein.
14. *Suizidale Menschen wollen sterben.* Menschen, die Suizid begehen, scheinen dem eigenen Tod meist ambivalent gegenüberzustehen (*Kovacs* und *Beck*, 1977).

einem Gefühl der Desorientiertheit, befinden, weil sie das, was sie für ihr normales Leben hält, nicht weiterführen kann. Anomie kann eine ganze Gesellschaft in ein Ungleichgewicht stürzen und so die Suizidrate steigen lassen.

Aber wie allen soziologischen Theorien fällt es auch der von *Durkheim* schwer, die unterschiedlichen Reaktionen von Angehörigen einer Gesellschaft auf gleiche Anforderungen und Bedingungen zu erklären. Nicht jeder, der plötzlich sein Geld verliert, bringt sich um. *Durkheim* war sich dessen offensichtlich bewußt, denn er sieht eine Wechselwirkung zwischen individuellem Temperament und suizidförderndem gesellschaftlichem Druck vor.

Auf allgemeinster Ebene können wir vielleicht sagen, daß Menschen sich töten, weil sie das für den besten Ausweg aus einem bestimmten und scheinbar unlösbaren Lebensproblem halten, aus einem unerbittlichen schmerzlichen emotionalen Zustand, den *Herman Melville* in seinem Roman *Moby Dick* als „unerträgliche Seelenqual" beschreibt. Aber auch das ist nicht adäquat, denn wir wissen immer noch nicht, warum A den Suizid wählt, während B sich dem Unerträglichen entzieht, indem er „wahnsinnig" wird. Das alles bleiben *post hoc*-Erklärungen, solange wir nicht wissen, warum Menschen sich in ihren Reaktionen auf gleiche soziale Bedingungen unterscheiden.

Das Bild zeigt die etwa 60jährige, an Brustkrebs leidende Jo Roman, als ihre Krankheit noch nicht lebensbedrohlich war. 15 Monate lang plante sie systematisch ihren Tod. Sie war entschlossen, sich und ihren Lieben die Schmerzen und das emotionale Leid des letzten Krankheitsstadiums zu ersparen. Eines abends, als sie noch „zu meiner Zufriedenheit funktionierte", sagte sie ihrem Mann, ihrer Tochter und einer engen Freundin Gute Nacht und Lebewohl, schluckte 35 Schlaftabletten, trank ein Glas Champagner und ging ruhig ins Bett.

Suizidprognose anhand psychologischer Tests

Psychologen haben versucht, anhand psychologischer Tests Suizidvoraussagen zu treffen. Natürlich wäre es theoretisch und praktisch von ungeheurem Vorteil, wenn sich anhand von Testergebnissen ein Suizidrisiko abschätzen ließe. Das Wissen um die besonderen Merkmale eines potentiellen Suizidkandidaten würde uns theoretisch besser verstehen lassen, was einen Menschen dazu bringt, an eine Selbsttötung zu denken. In der Praxis könnte dieses Wissen helfen, rechtzeitig zu intervenieren und Leben zu retten.

Viele Forscher haben die Persönlichkeitsmerkmale von Menschen untersucht, die einen Suizidversuch unternommen haben. Dieses Verfahren hat einen unvermeidbaren Nachteil: Es wird kaum möglich sein, mit einer größeren Anzahl Menschen, die sich *später* vielleicht einmal umbringen werden, Persönlichkeitstests durchzuführen. Aber das Problem ist nicht nur die Datenerhebung vor dem Suizidversuch. Sie bleibt auch nach vollbrachter Tat problematisch, da zur Informationserhebung jetzt nur noch die Verwandten und einige wenige andere Quellen zur Verfügung stehen. Die Literatur bezieht sich daher überwiegend auf psychologische Tests mit Probanden *nach* einem fehlgeschlagenen Suizidversuch. Natürlich wird sich in den Testergebnissen die Tatsache niederschlagen, daß die Getesteten jüngst erfolglos versucht haben, sich das Leben zu nehmen. Ihr psychischer Zustand ist jetzt vermutlich ein anderer als vor dem Suizidversuch.

Viele fühlen sich nach einem erfolglosen Versuch, sich das Leben zu nehmen, extrem schuldig und verwirrt. Man wird den Einfluß solcher Faktoren auf Testwerte und Interviewverhalten auch nicht annähernd genau abschätzen können.

Wenngleich all diese Probleme die Ergebnisse beeinflußt haben können, zeigen einige Studien signifikante Korrelationen zwischen Suizidabsicht und Hoffnungslosigkeit. *Beck, Kovacs* und *Weissman* (1975) stellten z.B. fest, daß Hoffnungslosigkeit – erfaßt mit der Hoffnungslosigkeitsskala – mit Suizidabsicht höher korreliert als mit Depression. Die Erwartung, daß es in Zukunft nicht besser wird als es jetzt ist, scheint Menschen eher in den Suizid zu treiben als Depression. *Beck* und seine Gruppe entwickelten auch die Suizidabsicht-Skala (*Suicidal Intent Scale*) (*Beck, Schuyler* und *Herman*, 1974) und die Skala zur Erfassung von Suizidgedanken (*Scale for Suicide Ideation*) (*Beck, Kovacs* und *Weissman*, 1979). Beides sind vielversprechende Instrumente, die uns ernsthafte Suizidabsichten besser verstehen und vorhersagen lassen.

Eine andere Forschungsrichtung sucht nach den kognitiven Besonderheiten suizidgefährdeter Menschen. Man hat vermutet, daß suizidgefährdete Menschen rigider mit Problemen umgehen (z.B. *Neuringer*, 1964) und weniger flexibel in ihrem Denken sind (*Levenson*, 1972). Ihre eingeschränkten Denkmuster könnten die Erklärung für ihre offensichtliche Unfähigkeit sein, für ihre Lebensprobleme eine andere Lösung zu finden als die, sich umzubringen. Hinzu kommt, so vermuten andere Forscher, möglicherweise noch eine gewisse Impulsivität, d.h., solche Menschen würden nicht versuchen, sich zu töten, wenn sie reiflicher über ihr Verhalten nachdenken würden. *Patsiokas, Clum* und *Luscomb* (1979) haben versucht, einigen dieser Fragen auf den Grund zu gehen. Sie testeten eine Gruppe von Patienten, die nach einem Suizidversuch in einer psychiatrischen Klinik gelandet waren, und eine Gruppe ebenfalls psychiatrischer Patienten, deren Lebensgeschichte keinen Suizidversuch verzeichnete. Flexibilität des Denkens wurde mit dem *Alternative Uses Test* (*Wilson* et al., 1975) gemessen, bei dem der Proband für eine Reihe ganz gewöhnlicher Objekte so viele verschiedene Verwendungsweisen wie möglich angeben soll. Des weiteren ließ man die Probanden den *Matching Familiar Figures Test* (*Kagan*, 1965) absolvieren. Jedes Item dieses Tests beginnt mit dem Bild eines vertrauten Objektes. Aus sechs weiteren Bildern, von denen eines mit dem oberen identisch ist, während die fünf anderen in einem geringfügigen, schwer auszumachenden Detail von ihm abweichen, soll der Proband den Doppelgänger herausfinden. Ein impulsiver Mensch, so vermutete man, würde seine Wahl zu schnell treffen und viele Fehler machen, statt sich Zeit zu Überlegung und genauer Betrachtung zu nehmen.

Die Ergebnisse bestätigten im allgemeinen die Hypothese, daß Menschen, die versuchen, Suizid zu begehen, rigider sind als Kontrollprobanden. Das scheint der klinischen Beobachtung zu entsprechen, daß solche Menschen nahezu völlig unfähig zu sein scheinen, sich alternative Lösungen ihrer Probleme vorzustellen und daher vielleicht den einzigen Ausweg im Suizid sehen. Allerdings haben wir für einen Zusammenhang zwischen Impulsivität und versuchtem Suizid kaum Anhaltspunkte. Es liegt der Verdacht nahe, daß das verwendete Meßinstrument kein valider Index von Impulsivität in Zusammenhang mit Suizid ist. Uns erscheint die Ansicht plausibler, daß ein Suizid keineswegs ein impulsiver Akt, sondern im allgemeinen das Ergebnis langen Überlegens und Zweifelns ist.

Suizidprävention

Zentren zur Suizidverhütung stützen sich auf demographische Faktoren (*Shneidman, Farberow* und *Litman*, 1970). Wenn die Mitarbeiter solcher Zentren am Krisentelephon mit suizidgefährdeten Menschen sprechen, stellen sie dem Anrufer anhand einer Liste bestimmte Fragen, um sehr schnell einschätzen zu können, wie groß die Suizidgefahr vermutlich ist. Stark gefährdet wäre z.B. ein geschiedener Mann in mittleren Jahren, der allein lebt und bereits einen oder mehrere Suizidversuche unternommen hat. Und gewöhnlich ist die Gefahr um so größer, je detaillierter und konkreter der Suizidplan ist. In Kasten 9.7 sprechen wir einige allgemeine klinische Fragen an und geben Richtlinien für den Umgang mit suizidgefährdeten Patienten.

Ein anderes Verfahren ist die am *Los Angeles Suicide Prevention Center* entwickelte *psychologische Autopsie* (*Shneidman, Farberow* und *Litman*, 1970). Dabei werden Informationen aus Krisengesprächen, aus Gesprächen mit Angehörigen und Freunden von Menschen, die an Suizid denken oder vermutlich Suizid begangen haben, und zuweilen auch aus hinterlassenen Aufzeichnungen analysiert. Man will auf diese Weise herausbekommen, ob die einzelnen Personen wirklich von eigener Hand starben, und falls ja, warum.

Besonders interessant ist eine Analyse von Aufzeichnungen, die von Menschen hinterlassen wurden, die Suizid begangen haben (*Shneidman* und *Farberow*, 1970). Zur Zeit der Untersuchung hinterließen in Los Angeles etwa 15% der Suizidanten Aufzeichnungen, die von geschulten Beurteilern auf Vorhandensein oder Fehlen von Verfügungen und spezifischen Themen wie Selbstvorwürfen, Kummer, Tod als Erlösung und dergleichen analysiert wurden. Nachdem sie sichergestellt hatten, daß solche Beurteilungen zu reliablen Ergebnissen führten, verglichen *Shneidman* und *Farberow* diese wirklich hinterlassenen Zeugnisse mit simulierten Aufzeichnungen von Personen, die zwar *nicht* an Suizid dachten, den Suizidanten aber in demographischen Variablen wie Alter, Geschlecht und sozialer Schicht entsprachen. Die Kontrollprobanden waren instruiert, so zu schreiben, als *ob* sie zum Suizid entschlossen seien. Die echten Abschiedsbriefe enthielten mehr Anweisungen, die Schreiber machten sich Gedanken über die Zukunft der Kinder oder verfügten, was mit ihrer Leiche zu geschehen habe. Überdies sprach aus den echten Briefen erheblich mehr Seelenqual und Feindseligkeit.

Wie in fast allen Bereichen der Klinischen Psychologie wissen wir auch über den Suizid noch viel zu wenig. In diesem Fall sind die Wissenslücken um so beklagenswerter, als das Leben vieler Menschen auf dem Spiel steht. Gott sei Dank warten die Menschen, die es sich zum Beruf gemacht haben, Suizide nach Möglichkeit zu verhindern, nicht erst auf gesicherte wissenschaftliche Daten. Das Fehlen einer guten Theorie schließt Handeln nicht aus. Aus den vorliegenden statistischen Untersuchungen, die immerhin einige Hinweise auf besonders suizidgefährdete Menschen geben, lassen sich durchaus nützliche Arbeitsprinzipien ableiten.

Zusammenfassung

Das DSM-III verzeichnet in der Hauptsache zwei affektive Störungen. Bei der typischen oder unipolaren Depression ist der Betroffene von tiefer Traurigkeit erfüllt und leidet an einer Anzahl weiterer Symptome wie Schlaf- und Appetitstörungen, Energieverlust und Verlust des Selbstwertgefühls. Ein Patient mit bipolarer Störung hat entweder nur manische oder sowohl manische als auch depressive Phasen. Die Manie zeichnet sich aus durch gehobene oder reizbare Stimmung, die Patienten werden extrem aktiv, gesprächig und ablenkbar.

Depressionstheorien drücken sich in psychoanalytischen, kognitiven und lerntheoretischen Begriffen aus. Psychoanalytische Formulierungen legen den Schwerpunkt auf eine unbewußte Identifikation mit einem geliebten Menschen, dessen Verlust dazu führt, daß der Verlassene seinen Zorn nach innen kehrt. Die kognitive Theorie von *Beck* sieht die Ursache der Depression in einer negativen und unlogischen Selbstbeurteilung. Dem kognitiv-lerntheoretischen Ansatz von *Seligman* zufolge kann eine Depression dann entstehen, wenn frühe Erfahrungen mit unentrinnbaren, leidvollen Situationen ein Gefühl der Hilflosigkeit hinterlassen haben. Solche Menschen neigen dazu, Mißerfolge eigenen Fehlern und dem eigenen allgemeinen Ungenügen zuzuschreiben. Operante Lerntheoretiker führen die Depression auf eine wenig aktive und wenig verstärkende Lebensform zurück. All diese Theorien gelten auch für die depressive Phase der bipolaren Störung. Die manische Phase wird als Abwehr oder Schutz gegen einen psychischen Zustand interpretiert, der den Betroffenen schwächen würde. Physiologische Theorien vermuten insbesondere für die Depression eine ererbte Prädisposition und bringen Depression und Manie mit abnorm geringen bzw. zu reichlichen Mengen derjenigen Neurotransmitter in Verbindung, die neurale Impulse in bestimmte Nervenstränge des Gehirns weiterleiten.

Kasten 9.7
Umgang mit Suizid

Auch wenn nicht jeder, der einen Suizid begeht oder versucht, depressiv ist, muß man bei der Arbeit mit schwer Depressiven die Möglichkeit eines Suizids immer im Auge behalten. Die verzweifelte Hoffnungslosigkeit ihres Lebens kann ihnen den Suizid als einzige Lösung, als einzigen Ausweg erscheinen lassen. Manchmal versuchen depressive Menschen einfach darum *nicht*, sich umzubringen, weil ihnen die Energie fehlt, den Suizid zu planen und auszuführen. Besonders kritisch wird es dann, wenn der schwer depressive Patient den Tiefpunkt seiner Depression *überwunden* hat, denn noch sind Traurigkeit und Hoffnungslosigkeit groß genug, um in der Selbstvernichtung die einzige Lösung zu sehen, *aber jetzt* reicht auch die Energie, um sie in die Tat umzusetzen. Weil so viele Depressive Suizid begehen, ist die Behandlung der Depression immer auch eine Intervention, mit der der Therapeut hofft, das Suizidrisiko zu mindern.

Der Kliniker braucht eine Ethik, d.h. er muß sich klar darüber werden, ob er Menschen grundsätzlich das Recht zuerkennt, ihr Leben zu beenden. Zu welchen Maßnahmen ist der berufliche Helfer bereit, um einen Suizid zu verhüten? Zur Zwangsjacke auf der geschlossenen Abteilung einer psychiatrischen Klinik? Oder – zeitgemäßer – zu einer Sedierung gegen den Willen des Patienten, die stark genug ist, um ihn nahezu völlig handlungsunfähig zu machen? Und wie lange sollen solche Maßnahmen weitergeführt werden? Der Kliniker weiß natürlich, daß viele, vielleicht sogar die meisten suizidalen Krisen vorübergehen. Suizidgefährdete Menschen sind hinterher meistens dankbar, daß man sie vor der Selbstzerstörung, die einmal der einzige Ausweg zu sein schien, bewahrt hat.* Aber wie weit ist der berufliche Helfer bereit zu gehen, um einen Suizidversuch zu verhindern?

Der Therapeut sollte sich nicht scheuen, den Klienten direkt nach Suizidgedanken zu fragen. Erfahrene Kliniker und Suizidologen glauben nicht, daß der Gedanke daran, sich umzubringen, von außen kommen kann, daß sich also das Risiko eines Suizids erhöht, wenn man danach fragt. Den Suizid zum Thema zu machen, kann ganz im Gegenteil der Schritt zu einer therapeutischen Intervention sein (*Beck* et al., 1979). Wichtig ist ein phänomenologischer Standpunkt: Der Therapeut sollte die Situation des suizidgefährdeten Klienten so sehen wie dieser und ihm auf keinen Fall zu verstehen geben, daß es unsinnig ist, auf Suizid als Lösung aller Probleme zu setzen. Diese Empathie im Sinne *Rogers* nennen Mitarbeiter von Suizidpräventionszentren auch „sich einstimmen" (tuning in). Die Behandlung suzidgefährdeter Klienten kostet viel Energie und Zeit und kann aufwendiger sein als die psychotischer Patienten. Möglicherweise muß sich der Therapeut auf häufige nächtliche Telephonanrufe und Hausbesuche einrichten. Er sollte sich bewußt sein, daß er in dieser Zeit vermutlich der wichtigste Mensch im Leben des Klienten ist, und muß sowohl dessen extreme Abhängigkeit als auch die Feindseligkeit und Ablehnung akzeptieren können, mit denen der Klient seinen Hilfsangeboten manchmal begegnen wird.

* *Shneidman* weist darauf hin, daß suizidgefährdete Menschen sogar auf dem Höhepunkt einer Krise höchst ambivalent sein können: „Es ist möglich – und wahrscheinlich sogar typisch –, daß sich ein Suizidant die Kehle durchschneidet und gleichzeitig um Hilfe ruft" (S. 384A).

Für die affektiven Störungen und speziell die Depression gibt es eine ganze Anzahl psychologischer und somatischer Therapien. Die Psychoanalyse versucht, dem Patienten Einsicht in den Zusammenhang zwischen einem in der Kindheit erlittenen Verlust oder anderen Defiziten und späteren Selbstvorwürfen zu vermitteln. Ziel von *Becks* kognitiver Therapie ist es, negative und unlogische Denkmuster aufzudecken und dem Klienten beizubringen, sich selbst und das, was er erlebt, realistischer zu betrachten. Die Depressionstheorie der gelernten Hilflosigkeit hat zwar bis jetzt noch keine eigenen therapeutischen Verfahren hervorgebracht, schärft aber das Bewußtsein dafür, daß Menschen ganz offensichtlich das Gefühl brauchen, eine gewisse Kontrolle über ihr Leben zu haben. Die Logotherapie hilft depressiven Menschen, ihrem Leiden einen spirituellen Sinn zu geben, sich frei und für ihr Leben verantwortlich zu fühlen und Sinn und Zweck in ihrer Existenz zu finden. Verhaltenstherapeuten schließlich glauben, daß häufigere Verstärkung die Stimmung depressiver Patienten heben und ihnen Mut zur Teilnahme am sozialen Geschehen machen wird, und arbeiten folglich darauf hin, die Patienten zu mehr Aktivität zu befähigen.

Die verschiedenen somatischen Behandlungsformen können – häufig in Verbindung mit einer Psychotherapie – sehr effektiv sein. Elektrokrampftherapie und Antidepressiva haben sich als depressionslindernde Maßnahmen bewährt. Sorgfältig dosiertes Lithiumkarbonat kann manischen und depressiven Phasen die Spitze nehmen.

Der letzte Abschnitt dieses Kapitels beschäftigt sich mit dem Suizid, obwohl die Neigung zur Selbstvernichtung nicht auf depressive Menschen beschränkt ist. Wie die Vielfalt der Fakten und Mythen um den Suizid zeigt, ist eine einzelne Theorie mit der Erklärung des Phänomens überfordert, aber das, was wir über den Suizid wissen, ist als Grundlage für eine Suizidprävention durchaus ausreichend.

In den meisten großen Gemeinden gibt es Zentren zur Suizidverhütung, und irgendwann einmal haben es auch die meisten Therapeuten mit stark suizidgefährdeten Patienten zu tun. Aus klinischer Erfahrung wissen wir, daß suizidgefährdete Menschen keine Beurteilung ihrer Ängste und Sorgen brauchen, sondern Verständnis, und daß die beruflichen Helfer ihnen mit viel Ruhe und Geduld vermitteln müssen, daß es Alternativen zur Selbstzerstörung gibt.

Teil III

Soziale Probleme

Kapitel 10

Persönlichkeitsstörungen und Soziopathie

Mit der diagnostischen Kategorie der Persönlichkeitsstörungen, manchmal auch „Charakterstörungen" genannt, folgt man einem persönlichkeitstheoretischen Ansatz, der von überdauernden Persönlichkeitszügen ausgeht (vgl. S. 118). Das DSM-III drückt es folgendermaßen aus:

„...*Wenn Persönlichkeitszüge unflexibel und schlecht angepaßt sind sowie entweder wesentliche Beeinträchtigungen der sozialen oder der beruflichen Leistungen oder subjektive Beschwerden verursachen, stellen sie Persönlichkeitsstörungen dar. Persönlichkeitsstörungen sind im allgemeinen bereits im Adoleszentenalter oder früher zu erkennen und setzen sich während des größten Teils des Erwachsenenlebens fort, obgleich sie im mittleren oder älteren Lebensalter oft weniger auffällig werden.*

Viele der für die verschiedenen Persönlichkeitsstörungen...charakteristischen Merkmale können während einer Episode einer anderen Psychischen Störung wie z.B. einer Typischen Depression beobachtet werden. Die Diagnose...sollte nur gestellt werden, wenn die charakteristischen Merkmale typisch für die überdauernden Verhaltensweisen des Betroffenen sind und nicht auf begrenzte Krankheitsepisoden beschränkt bleiben" (S. 317).

Laut DSM-III sind *Persönlichkeitsstörungen* auf Achse II anzugeben, was bedeutet, daß Vorhandensein oder Nicht-Vorhandensein einer Persönlichkeitsstörung bei jeder Diagnosestellung zu verzeichnen ist. In der Definition der früheren DSM-Fassungen besaßen die Persönlichkeitsstörungen nur geringe diagnostische Reliabilität (z.B. *Beck* et al., 1962). Obwohl das DSM-III einzelne Persönlichkeitsstörungen umbenannt und sich um größere definitorische Klarheit bemüht hat, erreichen, wie sich in Feldversuchen zeigte, die Diagnosen von Persönlichkeitsstörungen immer noch nicht die Reliabilität der meisten anderen Kategorien. Dabei sind nicht nur einzelne Störungen wenig reliabel, vor allem betroffen sind die Persönlichkeitsstörungen *als Klasse*. Persönlichkeitsstörungen werden zwar häufig diagnostiziert – in besagten Feldversuchen in über 50% der Fälle –, gleichwohl sind die Reliabilitäten einzelner Persönlichkeitsstörungen vollkommen unzureichend. Zudem, so hat sich gezeigt, handelt es sich bei Persönlichkeitsstörungen um Extremausprägungen von Persönlichkeitszügen, wie wir sie bei vielen Menschen finden (*Frances*, 1980). Wo also die Grenze ziehen auf diesem Kontinuum? Daß eindeutige Kriterien zur Unterscheidung in ‚normal' und ‚abnorm' fehlen, trägt zweifellos zur geringen Reliabilität der Kategorie bei. Laut DSM-III ist eine Persönlichkeitsstörung dann zu diagnostizieren, wenn Persönlichkeitszüge „unflexibel" und „schlecht angepaßt" sind. Da aber weder „unflexibel" noch „schlecht angepaßt" definiert wird, bleibt die Diagnose weitgehend dem Ermessen des einzelnen Diagnostikers überlassen.

Eine diagnostische Kategorie auf der theoretischen Konzeption von überdauernden Persönlichkeitszügen zu gründen, ist überhaupt problematisch. Mit der Behauptung, jemand habe ein bestimmtes Persönlichkeitsmerkmal, verfügt man nicht immer auch über einen guten Prädiktor von Verhalten (vgl. Kapitel 4). Vielleicht spiegeln Persönlichkeitsstörungen aber dennoch ein Phänomen wider, dem *Bem* und *Allen* (1974) auf die Spur gekommen sind: Menschen, die sich selbst für konsistent halten – und möglicherweise gehören Menschen mit Persönlichkeitsstörungen dazu –, verhalten sich in vielen verschiedenen Situationen tatsächlich so konstistent, daß man von einem Persönlichkeitsmerkmal sprechen kann. Problematisch ist schließlich auch, daß wir zu vielen Persönlichkeitsstörungen einfach noch zu wenig Daten haben, um ihre Validität als Diagnosen beurteilen zu können.

1. Spezifische Persönlichkeitsstörungen

Das DSM-III ordnet die speziellen Persönlichkeitsstörungen zu drei Hauptgruppen. Personen mit den ersten drei Störungen der nachfolgenden Liste erscheinen seltsam oder exzentrisch, Personen mit Störungen der zweiten Dreiergruppe antisozial, dramatisch, emotional oder launenhaft, und Personen mit einer der vier Störungen der letzten Gruppe zeigen sich oft ängstlich oder furchtsam.

Paranoide Persönlichkeitsstörung. Die *paranoide Persönlichkeit* ist anderen gegenüber voll Mißtrauen. Die betroffenen Menschen erwarten von anderen nur Schlechtes, verschließen sich immer mehr und halten beständig Ausschau nach möglichen Anzeichen dafür, daß man sie betrügt und schädigt. Sie sind extrem eifersüchtig und machen anderen Dinge zum Vorwurf, die sie unter Umständen sogar selbst verschuldet haben. Paranoide Persönlichkeiten sind überempfindlich, streitsüchtig, angespannt und gehen schnell zum Angriff über. Sie erscheinen emotional flach, kalt und humorlos.

Schizoide Persönlichkeitsstörung. Der *schizoiden Persönlichkeit* fällt es schwer, soziale Beziehungen anzuknüpfen. Menschen dieses Typs haben gewöhnlich nur sehr wenig enge Freunde. Sie erscheinen gelangweilt und unnahbar und ohne warme, zärtliche Empfindungen für andere. Gleichgültig gegenüber Lob, Kritik und den Gefühlen anderer verfolgen diese Menschen als „Einzelgänger" ihre einsamen Interessen. Häufig überlassen sie sich Tagträumen, erscheinen abwesend und losgelöst von ihrer Umgebung („nicht dabei"), haben aber, im Unterschied zu Schizophrenen, prinzipiell guten Kontakt zur Realität.

Schizotypische Persönlichkeitsstörung. Die *schizotypische Persönlichkeit* hat gewöhnlich dieselben zwischenmenschlichen Probleme wie die schizoide Persönlichkeit. Aber darüber hinaus bestehen eine Reihe weiterer Symptome, die zwar exzentrisch, aber nicht schwer genug sind, um den Kriterien einer Schizophrenie zu genügen (vgl. Kapitel 14). Dazu kann „*magisches Denken*" in Form von Aberglauben, Hellseherei und Telepathie gehören oder auch Wahrnehmungsstörungen wie Depersonalisation, Derealisation und wiederkehrende *Illusionen*; die Betroffenen spüren etwa die Anwesenheit einer Kraft oder einer Person, die nicht real da ist. Oft zeigt auch die Sprache Besonderheiten, z.B. werden Wörter auf unübliche und verschwommene Weise gebraucht. Unter Streß kann es zu psychotischen Störungen kommen. Zwischen schizotypischer Persönlichkeitsstörung und Schizophrenie besteht wahrscheinlich ein genetischer Zusammenhang, d.h., die Prädisposition zu beidem wird auf ähnlichem Wege vererbt. Bei Verwandten ersten Grades von Schizophrenen wird häufiger eine schizotypische Persönlichkeitsstörung diagnostiziert als bei Verwandten von Kontrollprobanden. Möglicherweise ist die schizotypische Persönlichkeitsstörung also eine milde Form der Schizophrenie (*Spitzer, Endicott* und *Gibbon*, 1979).

Borderline-Persönlichkeitsstörung. Die *Borderline-Persönlichkeit* zeichnet sich aus durch Instabilität von Beziehungen, Stimmung und Selbstbild. Einstellungen und Gefühle anderen Menschen gegenüber können innerhalb kurzer Zeit beträchtlich und aus unerklärlichen Gründen schwanken. Auch die Emotionen sind schwankend und ändern sich abrupt, besonders häufig sind plötzliche Zornausbrüche. Borderline-Persönlichkeiten sind streitsüchtig, reizbar und sarkastisch. Ihr Verhalten ist in einigen Bereichen – z.B. Glücksspiel, Geldausgaben, Sexualität und übermäßigem Essen – unberechenbar, impulsiv und potentiell selbstschädigend. Diesen Menschen fehlt das sichere Gefühl eines eindeutigen und kohärenten Selbst und sie sind sich ihrer Werte, Loyalitäten und Berufswünsche unsicher. Alleinsein wird schwer ertragen. So kommt es zwar häufig zu intensiven zwischenmenschlichen Beziehungen, die aber gewöhnlich ebenso stürmisch wie kurz sind, denn weder wissen Borderline-Persönlichkeiten andere einzuschätzen, noch ist ihnen wirklich an anderen gelegen. Das ständige Gefühl der Depression und Leere kann sie zu suizidalen Gesten treiben. Wie schizotypische Persönlichkeiten können auch diese Menschen unter Streß psychotische Symptome zeigen.[1]

Kliniker und Forscher verwenden den Begriff der Borderline-Persönlichkeit seit geraumer Zeit, aber sie haben ihm verschiedene Bedeutungen gegeben. Ursprünglich beinhaltete der Begriff, daß sich der Patient auf der Grenze (borderline) zwischen Neurose und Schizophrenie befinde – eine Auffassung, für die sich in neueren Forschungsarbeiten keine Bestätigung findet.

Die gegenwärtige Definition der Borderline-Persönlichkeit geht auf mehrere Quellen zurück. *Gunderson, Kolb* und *Austin* (1981) studierten die einschlägige Literatur und die vorhandenen Interview-Studien und entwarfen auf dieser Grundlage ein eigenes Interview, um die zur Diagnose notwendigen Informationen zu erheben. Sie schlugen auch eine Reihe spezifischer Diagnose-Kriterien vor, ähnlich denen, wie sie dann schließlich ins DSM-III aufgenommen wurden. Die DSM-III-Kriterien für die Borderline-Persönlichkeit wurden im Rahmen einer Untersuchung von *Spitzer, Endicott* und *Gibbon* (1979) entwickelt. Zunächst analysierte man dänische Forschungsarbeiten zur Erblichkeit von Schizophrenie. Diese genetischen Studien hatten ergeben, daß nicht nur die Schizophrenie, sondern auch andere Störungen bei Verwandten von Schizophrenen häufiger waren als in der Gesamtbevölkerung. Diese anderen Störungen nannte man schizophrenes Spektrum oder Borderline-Schizophrenie. Bei sorgfältiger Analyse dieser Fälle stellten *Spitzer* und seine Mitarbeiter fest, daß ein bestimmtes klinisches Syndrom mit der Schizophrenie in der Tat durch ererbte Prädisposition verbunden zu sein schien. Dieses Syndrom wurde zur schizotypischen Persönlichkeitsstörung des DSM-III. *Spitzer* et al. identifizierten ein weiteres Syndrom, das nicht über eine Prädisposition mit der Schizophrenie in Verbindung stand, und dieses Syndrom ging ins DSM-III als Borderline-Persönlichkeitsstörung ein.

Die Diagnose der Borderline-Persönlichkeitsstörung ist weiterhin sehr umstritten. Wie sich herausgestellt hat, verbirgt sich hinter den Borderline-Persönlichkeiten eine recht heterogene Gruppe. Von den Borderline-Probanden, die *Pope* und seine Mitarbeiter (1983) untersuchten, litt die Hälfte zusätzlich entweder noch an einer typischen Depression oder einer bipolaren Störung. Diese Probanden reagierten positiv auf die bei diesen affektiven Störungen üblichen somatischen Behandlungsformen. Ihre Verwandten ersten Grades litten häufiger an affektiven Störungen als es dem Bevölkerungsdurchschnitt entspricht. Bei den meisten ihrer Borderline-Probanden konnten *Pope* und seine Mitarbeiter auch eine andere Persönlichkeitsstörung, nämlich eine histrionische, narzißtische oder antisoziale Persönlichkeitsstörung diagnostizieren. Obwohl die Untersuchung bisher nicht repliziert wurde, lassen ihre Ergebnisse vermuten, daß sich die verschiedenen Persönlichkeitsstörungen stark überschneiden – ein wenig wünschenswerter Sachverhalt, wenn es sich um jeweils eigene und klar abgrenzbare Diagnosen handeln soll.

Aber was gibt es, abgesehen von dieser Heterogenität, noch über die Borderline-Persönlichkeit zu sagen? Es ist eine interessante und ebenso häufige wie ernsthafte Störung, die entsprechend viel Aufmerksamkeit gefunden hat. Sie beginnt in der Adoleszenz; Frauen sind häufiger betrof-

[1] Patienten mit Borderline-Störung und schizotypischen Persönlichkeitsstörungen wären nach DSM-II-Kriterien vermutlich als schizophren diagnostiziert worden. Das DSM-III hat die Diagnose der Schizophrenie unter anderem dadurch eingeengt, daß es das Verhalten der Betroffenen zum Kriterium dieser beiden Persönlichkeitsstörungen machte (vgl. Kapitel 14).

fen als Männer (*McGlashan*, 1983). Sie tritt familiär gehäuft und mit hohen Raten bei Verwandten ersten Grades auf (*Loranger, Oldham* und *Tulis*, 1983). Die Prognose ist nicht gut. Auf eine Behandlung sprechen die Betroffenen kaum an, es sei denn, sie leiden zusätzlich an einer affektiven Störung (*Pope* et al., 1983). Es bleibt also noch viel Forschungsarbeit in bezug auf dieses Syndrom zu leisten.

Histrionische Persönlichkeitsstörung. Die *histrionische Persönlichkeit*, früher hysterische Persönlichkeit genannt, ist übertrieben dramatisch und fortwährend bemüht, Aufmerksamkeit auf sich zu ziehen. Diese Menschen sind emotional ungewöhnlich expressiv, reagieren auf geringfügige Unannehmlichkeiten mit Zornausbrüchen und sind durch tägliche Routine schnell gelangweilt. Ihre zwischenmenschlichen Beziehungen leiden unter ihren Manipulations- und Verführungsversuchen, ihrer Abhängigkeit und ihren dauernden Forderungen. Frauen sind häufiger betroffen als Männer. Die histrionische Persönlichkeit wirkt auf andere zwar oberflächlich anziehend, aber auch eitel, flach, unecht und rücksichtslos.

Narzißtische Persönlichkeitsstörung. Charakteristisch für *narzißtische Persönlichkeiten* ist das grandiose Selbstbild ihrer Einzigartigkeit und ihrer Fähigkeiten. Sie phantasieren von grenzenlosen Erfolgen und brauchen die Bewunderung

„Ich dachte immer, ich sei hochmotiviert. Als ich herausfand, daß ich nur zwangsneurotisch war, war ich schon ein reicher Mann."

und Aufmerksamkeit anderer. Sie als egozentrisch zu bezeichnen, ist fast noch untertrieben. Ihre zwischenmenschlichen Beziehungen leiden unter ihrer mangelnden Empathie. Sie neigen dazu, andere auszubeuten und nur auf ihren Vorteil bedacht zu sein, stellen Ansprüche und erwarten von anderen Vergünstigungen, ohne zu Gegenleistungen bereit zu sein.

Die Diagnose der narzißtischen Persönlichkeitsstörung hat ihre Wurzeln in der modernen psychoanalytischen Literatur. *Kernberg* (1970) glaubt, daß Narzißten mit ihrer Grandiosität und ihrem egozentrischen Verhalten die Wut auf kalte und gleichgültige Eltern abwehren. Nach Ansicht *Kohuts* (1966) ist die Herausbildung einer narzißtischen Persönlichkeit eine Möglichkeit, mit wahrgenommenen Unzulänglichkeiten des Selbst fertigzuwerden, die immer quälender werden, weil von den Eltern weder Hilfe noch Empathie kommt. Ein Kind, dem solche Hilfe zuteil wird, erwirbt angepaßtere Formen des Umgangs mit eigenen Unzulänglichkeiten. Obwohl diese ätiologischen Spekulationen empirisch nicht überprüft worden sind, haben sie die DSM-III-Diagnose wesentlich beeinflußt (vgl. Kasten 18.2).

Hypersensitive Persönlichkeitsstörung. *Hypersensitive Persönlichkeiten* sind außerordentlich empfindlich für mögliche soziale Zurückweisung, Erniedrigung und Beschämung und zögern daher, sich auf Beziehungen einzulassen, auch wenn sie sich nach Nähe, Zuneigung und Angenommenwerden sehnen. Ihre Selbstachtung ist gering, sie schämen sich ihrer Unzulänglichkeiten und werten eigene Leistungen ab.

Dependente Persönlichkeitsstörung. Die *dependente Persönlichkeit* ist ohne Selbstvertrauen und unfähig zu selbständigen Entscheidungen. Sie überläßt dem Ehepartner passiv die Entscheidung darüber, wo die Familie lebt, wovon sie lebt und mit wem man Freundschaft schließt. Sie ist unfähig, Forderungen zu stellen und stellt die eigenen Bedürfnisse hintan, um nicht die Beziehung zu Menschen zu gefährden, von denen sie abhängig sind. Unterordnung gehört zum traditionellen Stereotyp weiblichen Verhaltens, und so wird diese Störung denn auch häufiger bei Frauen diagnostiziert. Die Selbstherabsetzung der dependenten Persönlichkeit erinnert an das, was wir umgangssprachlich einen „Minderwertigkeitskomplex" nennen.

Zwanghafte Persönlichkeitsstörung. *Zwanghafte Persönlichkeiten* sind perfektionistisch und übermäßig mit Einzelheiten, Regeln und Plänen beschäftigt. Arbeit geht ihnen vor Vergnügen, und es fällt ihnen über die Maßen schwer, Entscheidungen zu treffen und ihre Zeit einzuteilen. Ihre zwischenmenschlichen Beziehungen sind häufig schlecht, denn sie bestehen darauf, daß alles auf ihre Art und Weise gemacht wird. Menschen mit dieser Störung sind gewöhnlich ernst und förmlich und kaum in der Lage, Wärme und Freundlichkeit zu vermitteln.[2] Erwartungsgemäß sind es häufiger Männer, die Arbeit und Produktivität eine solcherart ineffiziente Aufmerksamkeit widmen.

Passiv-Aggressive Persönlichkeitsstörung. *Passiv-aggressive Persönlichkeiten* widersetzen sich, sei es im Beruf oder im Privatleben, auf indirekte Weise den Forderungen anderer. Dieser Widerstand, der sich in Eigensinn und Ineffizienz äußert, gilt als verkappte Aggression. Passiv-aggressive Persönlichkeiten kommen zu Verabredungen grundsätzlich zu spät, erledigen telephonische Rückrufe nicht, trödeln und „vergessen", was man ihnen aufgetragen hat. Dieses Verhaltensmuster schafft gewöhnlich weitere Probleme. Die Ehe kann leiden und das berufliche Fortkommen stagnieren. Die passiv-aggressive Persönlichkeit übt mit ihrer Bummelei eine Art aggressiver Kontrolle über andere aus, ohne die Verantwortung für den eigenen Zorn zu übernehmen.

Viele Wissenschaftler halten die Persönlichkeitsstörungen für ein unreliables, bunt zusammengewürfeltes Kategoriengemisch. Ironischerweise wird man beim Lesen der Beschreibungen wohl immer irgendwelche Verwandten, ein paar Bekannte und natürlich auch sich selbst wiedererkennen! Wir alle entwickeln im Laufe der Jahre eine bestimmte Art und Weise des Umgangs mit den Herausforderungen des Lebens, einen bestimmten „Stil" bei unseren Kontakten mit anderen. Der eine ist übermäßig abhängig, ein anderer herausfordernd und aggressiv. Ein dritter ist schüchtern und meidet soziale Kontakte, und einem vierten geht es mehr um den Schein und sein kostbares Ego als um ehrliche und tiefe Beziehungen zu anderen. Natürlich würde das DSM- III diese Diagnosen nicht aufführen, wenn die betreffenden Verhaltensmuster nicht dauerhaft, vorherrschend und beeinträchtigend wären. Aber zweifellos fühlen wir uns beim Lesen der grundlegenden Merkmale einzelner Persönlichkeitsstörungen an Unzulänglichkeiten von Freunden, Verwandten – und uns selbst – erinnert.

Dem Leser wird auch die Ähnlichkeit einiger Persönlichkeitsstörungen mit andernorts vorgestellten diagnostischen Kategorien nicht entgehen. Allgemein gesagt, ist jemand mit einer, sagen wir, paranoiden Persönlichkeitsstörung weniger gestört oder beeinträchtigt als ein Mensch mit paranoider Schizophrenie oder paranoider Störung (vgl. S. 442ff.). Aber gemeinsam ist ihnen die Tendenz zu übergroßem Argwohn, übertriebener Vorsicht und Dünnhäutigkeit. In der Tat kann die Unterscheidung zwischen Persönlichkeitsstörungen und entsprechenden ähnlichen Beeinträchtigungen sehr schwierig sein (*Nathan* et al., 1968), was einmal mehr den problematischen Status der Persönlichkeitsstörungen als eigenständiger diagnostischer Gruppe unterstreicht.

Alle diese Störungen sind kaum empirisch erforscht. Aber es gibt noch eine – bisher nicht vorgestellte – Persönlichkeitsstörung, die diagnostisch reliabler ist und seit vielen Jahren die Aufmerksamkeit der Forscher findet. Die Diagnose einer *antisozialen Persönlichkeitsstörung* wird leider sehr häufig gestellt. Wir werden daher den Rest des Kapitels diesen destruktiven, im Grunde aber selbstzerstörerischen Menschen widmen, die durch ihre tiefverwurzelte ethische und moralische Fehlanpassung häufig in ernsten Konflikt mit Umwelt und Gesellschaft geraten.

---

[2] Vielleicht ist der Leser der Ansicht, daß diese Persönlichkeitszüge in manchen Situationen auch sehr angepaßt sein können. Man hört häufig im Scherz davon reden, daß Universitätserfolg denen winkt, die hinreichend zwanghaft sind. So einfach liegen die Dinge aber nicht. Es geht nicht nur darum, ob solche Menschen psychisch gestört sind oder nicht, sondern auch um die Anforderungen, die mit höheren akademischen Weihen verbunden sind. Studenten für eine höhere akademische Qualifikation auszuwählen, ist eine Sache; man bedenke dabei aber auch, wie diese Leute vermutlich einmal ihren Beruf ausfüllen werden.

2. Antisoziale Persönlichkeitsstörung (Soziopathie)

Gegenwärtig scheint man die Bezeichnungen *Soziopath* und *Psychopath* bedeutungsgleich mit *antisoziale Persönlichkeit* zu verwenden. Das Konzept selbst hat eine interessante Geschichte. *Philippe Pinel* sprach Anfang des 19. Jahrhunderts von einer *manie sans délire*. Er wollte damit ausdrücken, daß der betreffende Patient zwar verrückt war (*manie*), aber sonst keine der üblichen Symptome des Wahnsinns zeigte (*sans délire*). 1835 beschrieb der englische Psychiater *James Prichard* eine Störung, die er „moralischen Wahnsinn" nannte. Es ging ihm dabei um ein Verhalten, das so weit außerhalb der üblichen ethischen und rechtlichen Normen lag, daß es nur als Ausdruck von Wahnsinn erklärbar zu sein schien. Angeregt zu seiner Diagnose wurde *Pinel* durch den Fall eines cholerischen Aristrokraten, der ein Pferd geschlagen, einen Hund zu Tode getreten und eine Bäuerin in den Brunnen geworfen hatte. Da das Konzept in seiner frühen Fassung auf eine Vielfalt seltsamer Verhaltensweisen Anwendung fand, konnte es nicht ausbleiben, daß es zu einer Art Sammeldiagnose wurde, die man immer dann stellte, wenn die Patienten nicht nur zur Gewalttätigkeit, sondern auch zu anderem unüblichen Tun neigten.

Drei Prozent der amerikanischen Männer und ein Prozent der amerikanischen Frauen, so schätzt man, sind als antisoziale Persönlichkeiten einzustufen. Manager, Politiker und Ärzte können ebenso betroffen sein wie Klempner, Seeleute, Tischler und Barkeeper. Man findet Soziopathen beileibe nicht nur unter Prostituierten, Zuhältern, Gaunern, Mördern und Rauschgifthändlern.

Bevor wir uns neueren Auffassungen der antisozialen Persönlichkeit zuwenden, wollen wir anhand zweier Fallberichte die Bandbreite soziopathischer Reaktionen illustrieren. Der erste Fall veranschaulicht viele klassische Merkmale der Soziopathie, ist aber insoweit untypisch, als der Betroffene zur Zeit der Datenerhebung weder vorbestraft noch in psychiatrischer Behandlung war. Das anzumerken ist wichtig, denn im allgemeinen haben soziopathische Probanden das Gesetz gebrochen und sind dabei geschnappt worden. Es bietet sich nur selten Gelegenheit, das Verhalten eines Menschen zu studieren, auf den die Diagnose zutrifft und der es geschafft hat, noch nicht mit dem Gesetz in Konflikt zu geraten. Der zweite Fall bietet das üblichere Bild des kriminellen Soziopathen.

Der Fall Dan

Aufgezeichnet wurde diese Fallgeschichte von dem Psychologen *Elton McNeil* (1967), der zufällig ein persönlicher Freund von Dan war.

Dan war ein wohlhabender Schauspieler und Diskjockey, der ein teures Haus in einer exklusiven Wohngegend besaß und seine Rolle als „Persönlichkeit" bis zum letzten ausspielte. Eines Abends gingen Dan und *McNeil* miteinander essen. Im Restaurant machte Dan großes Theater um ein angeblich mißlungenes *„Shrimp de Johnge"*. *McNeil* glaubte, daß Dan die ganze Szene einzig um der Wirkung willen gespielt hatte und sagte ihm das auch:

„Ich habe den leisen Verdacht, daß du das alles nur veranstaltet hast, weil du eigentlich gar nicht hungrig bist." Dan lachte laut und zustimmend und sagte: „Zum Teufel, das nächste Mal werden sie ganz schön auf der Hut sein." „War das der einzige Grund für diese Vorstellung?" „Nein," erwiderte er, „ich wollte dir zeigen, wie wenig Rückgrat sie alle haben. Du brauchst sie nur etwas zu triezen und sie springen. Wenn ich das nächste Mal komme, werden sie sich schier überschlagen, damit alles genauso ist, wie ich es will. Nur so kann man ihnen den Unterschied zwischen Klasse und Gemeinen klarmachen. Ich pflege erster Klasse zu reisen." „Ja gut, aber was hältst du jetzt von dir als Person – als Mitmensch?" „Wen kümmert's," lachte er, „wären sie oben, würden sie mich genauso behandeln. Je mehr du auf ihnen rumtrampelst, um so mehr mögen sie's. Es ist wie zu Zeiten der Kaiser und Könige. Sie werden nervös, wenn sie keine Unterschiede mehr sehen. Paß auf. Wenn wir gehen, lege ich den Arm um die Kellnerin, frage sie, ob sie mich noch liebt und tätschele ihr den Po. Sie wird von Stund an springen, wenn ich nur mit dem kleinen Finger winke" (S. 85).

Zur folgenden Episode kam es, als ein Freund von Dan sich umgebracht hatte. Fast alle gemeinsamen Freunde waren sehr betroffen und riefen *McNeil* an, um etwas über die Gründe des Suizids zu erfahren. Dan nicht. Als *McNeil* ihn später darauf ansprach, sagte er nur: „Das ist der Lauf der Welt." In der Öffentlichkeit zeigte Dan sich allerdings von einer ganz anderen Seite. Er war es, der Geld sammelte und es persönlich der Witwe überbrachte. Nur wußte er anschließend – seinem Charakter getreu – zu vermelden, die Witwe sei sehr sexy und er diesbezüglich an ihr interessiert.

Beide Geschichten vermitteln einen Eindruck von Dans Verhalten. *McNeil* wurde noch häufig Zeuge ähnlicher Vorfälle und kam schließlich zu dem Schluß, daß ,,(solche Begebenheiten) ein schreckliches Zeugnis von dem Mißbrauch ablegten, den Dan zeit seines Lebens zu seinem Vergnügen und seinem Vorteil mit anderen trieb. Er kannte die Finessen des Showgeschäfts und erzählte mir gelegentlich von unglaublichen Betrugs- und Täuschungsmanövern, mit denen er Gegner und Konkurrenten ausgeschaltet hatte. Rufmord, Ausstreuen von Gerüchten, gelinde Erpressung, Verführung und schamloses Lügen waren die geringsten seiner Talente. Er war ein Schakal im Dschungel des Unterhaltungsgeschäfts – ein Schakal, der sich an den Leichen derjenigen delektierte, die er beruflich ruiniert hatte" (S. 91).

Bei ihren Gesprächen erfuhr *McNeil* auch einiges über Dans Lebensgeschichte, unter anderem erzählte ihm Dan folgende und möglicherweise bedeutsame Geschichte aus seiner Jugend:

,,Ich kann mich noch gut erinnern, wie mir zum erstenmal der Verdacht kam, daß ich etwas anders bin als die meisten. Als ich auf der High School war, starb mein bester Freund an Leukämie und ich ging zu seiner Beerdigung. Alles weinte und bemitleidete sich selbst, und als sie dann für ihn beteten, merkte ich plötzlich, daß ich eigentlich überhaupt nichts fühlte. Er war ein netter Kerl, aber was soll's. Nachts dachte ich noch einmal darüber nach und kam zu dem Schluß, daß ich weder Mutter noch Vater vermissen und mich auch der Tod meiner Geschwister kalt lassen würde. Mir wurde klar, daß mir an niemandem wirklich lag, aber daß ich eigentlich auch keinen Menschen brauchte. Dann drehte ich mich um und schlief ein" (S. 87).

Die moralische Verderbtheit, von der schon *Pinel* und *Prichard* schrieben, kennzeichnet auch Dans Verhalten. Jemand kann durchaus vernünftig und in offensichtlich normalem Kontakt mit der Realität sein und sich doch gewohnheitsmäßig zutiefst unethisch verhalten. Der vollständige Mangel an Gefühlen für andere, wie er in Dans letzter Erzählung zum Ausdruck kommt, ist ein Merkmal, das für die Erklärung soziopathischen Verhaltens von erheblicher Bedeutung ist. Wir werden später darauf zurückkommen.

Der Fall Jim

Jim, das vierte von fünf Geschwistern, wuchs in bescheidenen Verhältnissen in einer kleinen Stadt des Mittleren Westens auf. Der Mensch, der ihn in seiner Kindheit am meisten beeindruckte, war sein älterer Bruder, den er wie folgt beschreibt:

,,Er war ein Raufbold und Draufgänger und hatte viele Frauengeschichten. Er hatte ständig was mit irgendeinem Mädchen aus dem Ort, bevor ich überhaupt alt genug war, um zu verstehen, was da lief. Er fing früh an zu trinken und kam mehrfach mit dem Gesetz in Konflikt. Er hatte rauhe Kumpels, die ich später von ihm erbte und die mir sozusagen aufs Pferd halfen.

Er heiratete ein Flittchen, wurde in einem gestohlenen Auto erwischt und vor die Wahl gestellt, ins Gefängnis zu gehen oder – es war zur Zeit des Korea-Krieges – Soldat zu werden. Er hat nicht direkt was damit zu tun, daß ich kriminell geworden bin, obwohl er mich in die entsprechenden Kreise einführte. Er lobte mich auch für meine ersten kleinen Diebereien" (*Bintz* und *Wilson*, zitiert nach *Milton* und *Wahler*, 1969, S. 92).

Bereits während seiner frühen Jugendjahre kam es zu zahlreichen kleineren antisozialen Handlungen. Einmal stahl er aus dem Geldbeutel seiner Mutter Kleingeld. Sein Vater verprügelte beide Brüder so lange, bis Jim den Diebstahl zugab. Sofort stellte der Vater die Bestrafung ein. Das blieb dann die übliche Prozedur: Wurde Jim einer Missetat beschuldigt, brauchte er sie – begangen oder nicht – nur einzugestehen und entging der Strafe. Auch die kleinen Diebereien, die Jim in der Stadt beging, blieben im allgemeinen unentdeckt, und wenn man ihn erwischte, passierte nicht viel.

Zum erstenmal geriet Jim ernsthaft mit dem Gesetz in Konflikt, als man ihn beschuldigte, ein Mädchen vergewaltigt zu haben, das er auf der Eisbahn des Ortes aufgegabelt hatte. Das Urteil lautete auf fünf Jahre Besserungsanstalt, wurde aber zur Bewährung ausgesetzt. Kleinere Vergehen während der Bewährungsfrist – Diebereien, Geschwindigkeitsüberschreitungen und dergleichen – trugen ihm schließlich doch ein Jahr Besserungsanstalt ein. Als er nach diesem Jahr in seine Heimatstadt zurückkehrte, war er endgültig zum Strolch geworden. Jim selbst meinte, dem Jahr Besserungsanstalt habe er vor allem die Bekanntschaft mit erfahrenen Dieben zu verdanken. Kurz darauf begingen Jim und ein Freund den ersten wirklich großen Diebstahl, sie entwendeten aus dem Safe eines Gasthauses 1700 Dollar. Danach brachen die beiden in eine Holzhandlung ein, konnten aber den Safe nicht öffnen. Am nächsten Tag wurden sie verhaftet, die Einbruchswerkzeuge lagen noch in Jims Auto. Er saß neunzig Tage wegen versuchten Einbruchs ab. Drei Monate nach seiner Entlassung verhaftete man ihn erneut, diesmal wegen Notzucht. Kaum wieder in Freiheit, plante er mit einem Freund einen weiteren Raubzug. Ihr Opfer sollte ein Alkoholschmuggler sein, der, so überlegten sie, angesichts seiner eigenen unreinen Weste die Polizei aus dem Spiel lassen würde. Sie gingen die Sache aber sehr stümperhaft an und wurden für fünf Jahre hinter Gitter geschickt. Jim saß drei der fünf Jahre ab und lernte kurz nach seiner Entlassung seine spätere Frau kennen. Er beschreibt sie wie folgt:

„Diane war ein Flittchen, das habe ich gleich gesehen. Unsere Bekanntschaft und unsere erste Verabredung kam auf ihre Initiative zustande. Gleich bei unserem ersten Treffen schlief ich mit ihr, sie war an diesem Tag meine dritte Sexualpartnerin. Sie war nett, aber nicht wirklich attraktiv. Die nächsten viereinhalb Monate waren wir fast jede Nacht intim. Sie wollte heiraten, ich nicht. Ich konnte mir nicht vorstellen, mit diesem unscheinbaren Flittchen verheiratet zu sein. Tatsächlich suchte ich bis zuletzt nach einer Möglichkeit, sie loszuwerden ..." (S. 100).

Während dieser Zeit ging Jim einer regelmäßigen Arbeit nach, geriet aber bald tiefer und tiefer in Schulden. Irgendwann bot sich dann wieder die Gelegenheit zu einem Diebstahl. Die Sache ging gründlich schief und Jim wanderte für zehn Jahre ins Zuchthaus. Diane hatte ihn während der Untersuchungshaft häufig besucht, und kurz bevor er ins Zuchthaus überstellt wurde, heiratete er sie. Als Ehering-Ersatz ließ Jim sich die Worte „Love me, Diane" auf den Penis tätowieren.

Das Soziopathiekonzept von *Cleckley*

In beiden Fallgeschichten finden sich viele Symptome des Soziopathie-Syndroms zusammen, wie *Hervey Cleckley* es in seinem Standardwerk *The Mask of Sanity* (1976) definiert. Auf der Grundlage seiner reichen klinischen Erfahrung formulierte *Cleckley* eine Reihe diagnostischer Kriterien, die immer noch als klassische Beschreibung der Soziopathie gelten.

1. Oberflächlicher Charme und durchschnittliche bis überdurchschnittliche Intelligenz.
2. Keine Wahnvorstellungen oder andere Anzeichen irrationalen Denkens.
3. Weder Angst noch andere „neurotische" Symptome; auffallende Gelassenheit, Ruhe und Wortgewandtheit.
4. Unzuverlässig, keinerlei Pflichtgefühl; weder in großen noch in kleinen Dingen Verantwortungsgefühl.
5. Falsch und unaufrichtig.
6. Kennt weder Reue noch Schamgefühl.
7. Antisoziales Verhalten, das weder angemessen motiviert noch geplant ist und dessen Ursache eine unerklärliche Impulsivität zu sein scheint.
8. Geringe Urteilskraft und unfähig, aus Erfahrung zu lernen.
9. Pathologisch egozentrisch, vollkommen selbstzentriert; unfähig zu wirklicher Liebe und Bindung.
10. Genereller Mangel an tiefen und dauerhaften Emotionen.
11. Fehlen jeglicher echten Einsicht; unfähig, sich selbst mit den Augen anderer zu sehen.
12. Keine Anerkennung für besonderes Bemühen, für Freundlichkeit und entgegengebrachtes Vertrauen.
13. Launisches und anstößiges Verhalten; unter Alkoholeinfluß und manchmal sogar auch nüchtern Pöbelhaftigkeit, Grobheit, schneller Stimmungswechsel, üble Streiche.
14. Keine ernsthaften Suizidversuche.
15. Ein unpersönliches, triviales und kaum integriertes Sexualleben.
16. Unfähig, sein Leben zu planen oder seinem Leben irgendeine Ordnung zu geben, höchstens eine, die ihm hilft, seine Selbsttäuschung aufrechtzuhalten.

Cleckleys Soziopathie-Indikatoren unterscheiden sich etwas von den DSM-III-Kriterien für die antisoziale Persönlichkeitsstörung. Letztere enthalten spezifischereVerhaltensaspekte, etwa die Unfähigkeit, ein ständiges Arbeitsverhältnis aufrechtzuerhalten, ein verantwortlicher Elternteil zu sein und finanziellen Verpflichtungen nachzukommen. Zugleich fehlen im DSM-III einige Merkmale, denen *Cleckley* zentrale Bedeutung beimißt, etwa mangelndes Schamgefühl und die Unfähigkeit, aus Erfahrung zu lernen. Und während *Cleckley* bei Soziopathen weder Angst noch andere „neurotische" Symptome fand, vermerkt das DSM-III Klagen über Anspannung und persönliche Belastung. Bei *Hare* (1980) treten andere Merkmale der antisozialen Persönlichkeit in den Vordergrund. *Hare* entwickelte eine Checkliste zur zuverlässigeren Diagnose der Soziopathie. Er bewies nicht nur, daß sich mit diesem Instrument eine reliable Diagnose stellen läßt, sondern konnte auch bestimmte Persönlichkeitsdefizite als beste Indikatoren der Störung festmachen. Als bedeutsamste Mängel erwiesen sich dabei die Unfähigkeit zur Empathie und zur Sorge um andere, beide im DSM-III als Kriterien einer antisozialen Persönlichkeitsstörung nicht aufgeführt.

Um mit dem Konzept der Soziopathie sinnvoll

arbeiten zu können, muß es leicht von kriminellem Verhalten abzugrenzen sein. Diesen Zweck erfüllt eine Definition, die die Reaktionen des Betroffenen auf sein antisoziales Verhalten in den Mittelpunkt stellt. In dieser Hinsicht sind *Cleckleys* Kriterien *kein Verantwortungsgefühl* und *kein Schamgefühl* von besonderer Bedeutung. Der Soziopath wird als ein Mensch gesehen, der nach einer Handlung, die bei den meisten Menschen Scham und Schuldgefühle auslösen würde, keinerlei emotionale Reaktion zeigt. Auch diese beiden Defizite haben sich in *Hares* Untersuchung als Indikatoren für Soziopathie erwiesen.

Das Fehlen von Scham und Schuldgefühlen hängt vermutlich mit der Unfähigkeit des Soziopathen zusammen, aus Erfahrung zu lernen, beziehungsweise zu lernen, Strafe zu vermeiden. Der Soziopath wiederholt immer wieder – ungeachtet früherer böser Folgen und ungeachtet sogar auch einer vielleicht überdurchschnittlichen Intelligenz – dieselben antisozialen Handlungen. Handlungen vermeiden zu lernen, die stets von Mißerfolg gefolgt sind, wird möglicherweise durch emotionale Erregung vermittelt. Weil Soziopathen emotionale Erregung nicht kennen, leiden sie vielleicht auch weniger oder gar nicht unter ihrer unproduktiven und antisozialen Art und sind daher wenig motiviert, etwas zu ändern.

Bevor wir uns die vorliegende Forschung zum Soziopathie-Syndrom näher ansehen, sei noch einmal darauf hingewiesen, daß zumeist Soziopathen untersucht wurden, die bereits kriminell waren. Menschen wie Dan sind kaum darunter. Es ist also nicht gesagt, daß die Untersuchungsergebnisse ohne weiteres auch für Soziopathen gelten, die nicht vorbestraft und mit dem Etikett des Kriminellen versehen sind.[3]

3. Theorie und Forschung zur Ätiologie der Soziopathie

Die Rolle der Familie

Da etliche soziopathische Verhaltensweisen soziale Normen verletzen, überrascht es nicht, daß sich viele Forscher bei ihrer Suche nach Erklärungen für solches Verhalten mit dem wichtigsten Sozialisationsfaktor – der Familie – beschäftigt haben. *McCord* und *McCord* (1964) schlossen auf der Basis eines klassischen Forschungsberichts zum Thema, daß fehlende Zuwendung und elterliche Zurückweisung vorrangige Ursachen antisozialen Verhaltens seien. Eltern von Soziopathen, so zeigten andere Untersuchungen, waren sowohl in ihren Disziplinierungsmaßnahmen als auch in ihren Versuchen, dem Kind Verantwortung für andere beizubringen, inkonsequent (*Bennett*, 1960). Überdies neigen die Väter von Soziopathen ebenfalls zu antisozialem Verhalten.

Aber bei der Interpretation solcher Kindheitsdaten ist äußerste Vorsicht geboten. Sie beruhen auf *retrospektiven Angaben*, und solche Informationen sind unter Umständen wenig wert. Wenn man Menschen nach ihren Erinnerungen an die Kindheit eines inzwischen bekanntermaßen zum Soziopathen gewordenen Menschen fragt, kann das Wissen um diese Entwicklung das Was und Wie der Erinnerung beeinflussen. Möglicherweise wird vorwiegend potentiell abweichendes Verhalten erinnert und Verhalten, das zur jetzigen Persönlichkeit nicht paßt, übersehen.

Umgehen läßt sich dieses Problem z.B. dadurch, daß man eine große Gruppe von Kindern,

[3] Und nicht alle Kriminellen sind Soziopathen. Tatsächlich gilt Soziopathie für die meisten Kriminellen nicht. Wir halten es für wichtig, zwischen Soziopathie und kriminellem Verhalten zu unterscheiden. *Kriminalität* bedeutet Gesetzesbruch, wie ihn eine gegebene Gesellschaft zu einem gegebenen Zeitpunkt definiert. Das Verbrechen als solches ist ein Thema, das den Rahmen eines Lehrbuchs der Klinischen Psychologie bei weitem sprengt. Wir beschränken unsere Darstellung nach Möglichkeit auf die Soziopathie, werden aber darauf hinweisen, wenn sich eine Untersuchung mehr mit Kriminalität und nicht mit Soziopathie im eigentlichen Sinne beschäftigt.

Vandalismus, Schuleschwänzen und andere antisoziale Handlungen gehören zu den besten Prädiktoren von Soziopathie im Erwachsenenalter.

die in einer Erziehungsberatungsstelle vorgestellt wurden, als Erwachsene erneut untersucht. Genau das hat *Robins* (1966) getan. Er fertigte detaillierte Aufzeichnungen an, die über die Schwierigkeiten, die Anlaß zur Vorstellung in der Beratungsstelle gegeben hatten, ebenso ausführlich Auskunft gaben wie über die familiäre Situation der Kinder. 90 Prozent der ursprünglichen Stichprobe von 594 Probanden konnten dreißig Jahre später wieder aufgespürt werden.[4] Ebenfalls untersucht und im Erwachsenenalter nachuntersucht wurden 100 Kontrollprobanden, die im Einzugsbereich der Beratungsstelle lebten, aber nie Kontakt mit ihr hatten.

Die nunmehr erwachsenen Probanden beider Stichproben wurden interviewt und feststellbare Fehlanpassungen diagnostiziert und beschrieben. Dann setzte man die Schwierigkeiten der Erwachsenen mit den Kindheitsmerkmalen in Beziehung, um herauszufinden, welches dieser Merkmale ein Prädiktor für soziopathisches Verhalten im Erwachsenenalter war. *Robins* faßt seine Ergebnisse folgendermaßen zusammen:

„*Wenn man unter den kindlichen Klienten einer Erziehungsberatungsstelle das Kind herausfinden möchte, das die größten Aussichten hat, sich zu einer soziopathischen Persönlichkeit zu entwikkeln, halte man Ausschau nach einem Jungen, der stiehlt oder besonders aggressiv ist, eine Vielfalt antisozialer Verhaltensweisen an den Tag legt, von denen mindestens eine ihn vor den Jugendrichter hätte führen können und dessen antisoziales Verhalten ihn in Konflikt mit Fremden und Organisationen, aber auch mit Eltern und Lehrern gebracht hat ... Mehr als die Hälfte der Jungen (mit solchen Auffälligkeiten wurden später) als soziopathische Persönlichkeit eingestuft. Die Akten dieser Jungen verzeichneten Schulschwänzen, Diebstahl, zu spätes Nachhausekommen und Ungehorsam den Eltern gegenüber. Sie logen mutwillig und grundlos und ließen kaum Schuldgefühle erkennen. Man konnte sich im allgemeinen weder darauf verlassen, daß sie waren, wo sie sein sollten, noch konnte man ihnen Geld anvertrauen*“ (S. 157).

Darüber hinaus erwiesen sich auch hier die bereits erwähnten Aspekte des Familienlebens als folgenträchtig. Sowohl inkonsistente oder völlig fehlende Disziplinierung als auch antisoziales Verhalten des Vaters waren gute Prädiktoren für soziopathisches Verhalten im Erwachsenenalter.

Insgesamt sprechen alle vorgestellten Forschungsarbeiten für die Bedeutsamkeit von Erziehungspraktiken. In ihren Vätern scheinen die späteren Soziopathen ein Modell für antisoziales Verhalten zu haben. Allerdings gilt ein schlechtes

[4] Soviele Menschen nach dreißig Jahren wieder aufzuspüren, ist eine unglaubliche Leistung.

Sozialisationstraining als Teil der Ätiologie einer ganzen *Anzahl* klinischer Syndrome, einschließlich des delinquenten, neurotischen und sogar psychotischen Verhaltens (*Wiggins*, 1968); und viele Kinder aus offenbar ähnlich gestörten Verhältnissen werden *weder* zu Soziopathen *noch* entwickeln sie eine andere Verhaltensstörung. Das ist ein wichtiger Punkt: Aus Kindern, die inkonsistenten und sonstwie unangemessenen Erziehungspraktiken ausgesetzt waren, können durchaus gutangepaßte Erwachsene werden. Die Familienerfahrung spielt bei der Entwicklung soziopathischen Verhaltens zwar vermutlich eine bedeutende Rolle, ist aber wohl kaum dessen einzige Ursache.

Genetische Korrelate soziopathischen Verhaltens

Zwillings- und Adoptionsstudien

Im Mittelpunkt von Untersuchungen zu möglichen genetischen Grundlagen soziopathischen Verhaltens steht nicht die Soziopathie als solche, sondern Kriminalität oder antisoziales Verhalten. Die erhobenen Daten sind daher schwer zu interpretieren, da nicht alle Soziopathen Kriminelle und nicht alle Kriminellen Soziopathen sind. *Lange* (1929) verglich die Konkordanzraten für Kriminalität bei eineiigen und zweieiigen Zwillingen. Sie lagen für eineiige Zwillinge wesentlich höher und sprachen für die Theorie einer möglichen Beteiligung genetischer Faktoren. *Kranz* (1936) bediente sich besserer Stichprobenverfahren und fand folgende Konkordanzmuster: eineiige Zwillinge 66%; zweieiige Zwillinge gleichen Geschlechts 54%; verschiedengeschlechtliche zweieiige Zwillinge 14%. Obwohl auch diese Daten auf den ersten Blick für einen Einfluß genetischer Faktoren zu sprechen scheinen, ist es mit ihrer Beweiskraft so sehr weit nicht her. Entscheidend sind die *unterschiedlichen* Konkordanzraten gleichgeschlechtlicher und verschiedengeschlechtlicher zweieiiger Zwillinge. Die genetische Ähnlichkeit ist bei beiden Zwillingsarten gleich. Aber die Erziehungspraktiken, denen sie ausgesetzt waren, dürften sich erheblich unterscheiden. Gleichgeschlechtliche Zwillinge werden vermutlich ähnlicher behandelt als verschiedengeschlechtliche. Tatsächlich verweisen die Ergebnisse dieser Studie auf den Einfluß von Umgebungsfaktoren.

Adoptionsstudien aus neuerer Zeit lassen vermuten, daß Erblichkeit bei Kriminalität und Soziopathie doch eine Rolle spielt. Anhand umfänglicher, in Dänemark durchgeführter sozialer Erhebungen untersuchten *Hutchings* und *Mednick* (1974) und *Mednick, Gabrielli* und *Hutchings* (1984) die Kriminalitätsraten bei Adoptiv- und Blutsverwandten von Adoptivkindern, die inzwischen straffällig geworden waren. In einer ähnlichen Untersuchung von *Schulsinger* (1972) ging es direkt um Soziopathie. In beiden Kriminalitätsstudien waren Blutsverwandte von Kriminellen häufiger mit dem Gesetz in Konflikt geraten als Adoptivverwandte. Entsprechend fand *Schulsinger* mehr Soziopathie bei Blutsverwandten von Soziopathen. Amerikanische Untersuchungen von Adoptivkindern, deren biologische Eltern antisoziale Persönlichkeiten waren, sprechen ebenfalls für eine genetische Prädisposition (*Crowe*, 1974; *Cadoret*, 1978b).

Komplexere Untersuchungen beschäftigten sich sowohl mit der Kriminalität als auch mit dem Alkoholismus von Adoptivkindern (*Bohman* et al., 1982; *Cloninger* et al., 1982). Eine große Stichprobe nunmehr erwachsener Adoptivkinder wurde danach klassifiziert, ob sie vorbestraft waren, Alkoholprobleme hatten oder ob beides bzw. keines von beidem der Fall war. Vorbestrafte Alkoholiker hatten wiederholt Gewaltdelikte begangen. Das Kriminalitätsrisiko dieser Menschen hing mit ihrem Alkoholismus, nicht aber mit einem kriminellen Verhalten ihrer biologischen Eltern zusammen. Kriminelle ohne Alkoholproblem neigten zu Kleinkriminalität, z.B. zu Eigentumsdelikten. Hier waren bei den biologischen Eltern gehäuft ähnliche Vergehen zu verzeichnen. Überdies bestand ein Zusammenhang zwischen Kriminalitätsrisiko und häufigem Hin- und Hergeschobenwerden vor der endgültigen Adoption. Auch diese Daten sprechen also dafür, daß an manchen Formen kriminellen Verhaltens eine genetische Komponente beteiligt sein könnte.

Die Aktivität des zentralen Nervensystems und Soziopathie

Viele frühe Studien untersuchten die Hirnstromaktivität (vgl. Kasten 10.1) bei Soziopathen und verschiedenen Kontrollgruppen. In dreizehn von vierzehn solcher Studien, die insgesamt 1500 Soziopathen untersuchten, wiesen 31–58% der Soziopathen im Elektroenzephalogramm (EEG) irgendeine Abnormität auf (*Ellingson*, 1954). Die häufigste Abnormität war eine *niedrige Wellenfrequenz,* wie sie für Säuglinge und Kleinkinder, nicht aber für Erwachsene normal ist. Diese niederfrequenten Wellen waren nicht auf bestimmte Hirnbereiche beschränkt. Es gibt aber auch Anhaltspunkte dafür, daß bei extrem impulsiven und aggressiven Soziopathen die EEG-Abnormitäten ausschließlich in den Frontallappen der Großhirnhemisphären lokalisiert sind (*Hill*, 1952). Und schließlich hat man bei Menschen, die auf offensichtlich triviale Reize impulsiv, aggressiv und destruktiv reagieren, sogenannte *positive Spitzen* gefunden. Solche positiven Spitzen treten im Temporalbereich des Gehirns auf und bestehen in einer plötzlichen Aktivitätszunahme mit Sekundenfrequenzen von 6 bis 8 oder 14 bis 16 Zyklen.

Neuere Untersuchungen kommen im allgemeinen zu ähnlichen Ergebnissen (Überblick in *Syndulko*, 1978). Die meisten derartigen Studien fanden bei Soziopathen gehäuft EEG-Abnormitäten, insbesondere niedrige Wellenfrequenzen und positive Spitzen. Aber nicht alle Soziopathen weisen EEG-Abnormitäten auf, und es bleibt unklar, ob sich Soziopathen mit und Soziopathen ohne EEG-Abnormitäten in irgendeiner Weise unterscheiden. Vergessen wir auch nicht, daß das EEG ein sehr grobes Maß für das Funktionieren des Gehirns ist und die Aktivität hunderttausender von Neuronen zusammenfaßt. Überdies sind die Gehirnwellen von Soziopathen nicht in allen experimentellen Kontexten abnorm. *Hare* und *Jutai* (1985) fanden die übliche niederfrequente Wellenaktivität nur, wenn ihre soziopathischen Probanden ruhten. Bei einem spannenden Video-Spiel unterschieden sich ihre Gehirnwellen nicht von denen normaler Probanden.

Interpretationen dieser EEG-Abnormitäten

Kasten 10.1
Das Elektroenzephalogramm

Das *Elektroenzephalogramm* oder EEG ist eine graphische Darstellung der elektrischen Aktivität des Gehirns. Bekanntermaßen ist das Gehirn ohne Unterlaß, auch im Schlaf, chemisch und elektrisch aktiv. Einzelne Neurone des zentralen Nervensystems feuern spontan in regelmäßigen oder unregelmäßigen Intervallen und erzeugen so elektrische Potentiale, d.h. Spannungsschwankungen. Um die Spannungsschwankungen in der unmittelbar unter der Schädeldecke liegenden Hirnrinde zu erfassen, werden der Schädeldecke zwei oder mehr empfindliche Elektroden angelegt. Das Aufnahmegerät, der sogenannte *Elektroenzephalograph*, verstärkt die Schwingungen ein- bis zweimillionenfach und ist mit einem oder mehreren Schreibern verbunden, die die Schwankungen fortlaufend auf sich langsam abrollendem graphischen Papier als Oszillationsmuster aufzeichnen. Die spontane Aktivität des Gehirns – die Hirnwellen – variiert in den verschiedenen kortikalen Bereichen und in anderen, weniger leicht zugänglichen Teilen des Gehirns. An den jeweils vorherrschenden Hirnwellen –

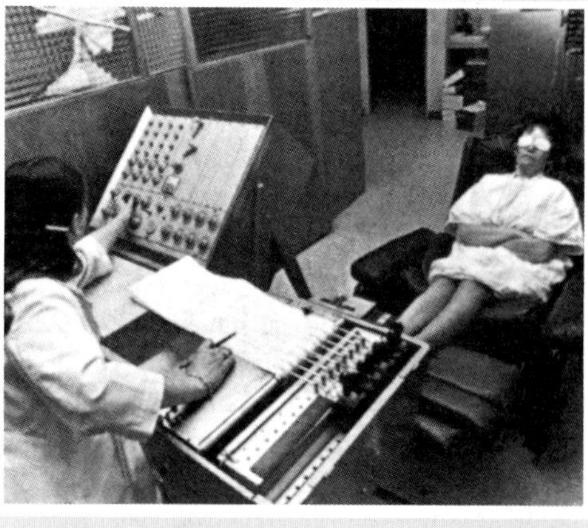

Der Elektroenzephalograph zeichnet die Schwankungen der elektrischen Aktivität im Kortex auf. Hier legt sich die Patientin mit geschlossenen Augen zurück, während die technische Assistentin die Aufzeichnungen der Gehirnwellen kontrolliert.

und das ist die vielleicht wichtigste Information – läßt sich erkennen, in welchen Ausmaß das Gehirn erregt wurde.

Bei einem normalen, wachen, aber mit geschlossenen Augen ruhig daliegenden Erwachsenen weist der dominante Rhythmus eine Frequenz von 8 bis 13 Pulsationen oder Schwingungen pro Sekunde (Hz) mit einer Amplitude von 40 bis 50 Mikrovolt auf. Diese niederfrequenten Wellen mit hoher Amplitude nennt man *Alpha*-Wellen. Wird ein Reiz dargeboten, tritt an die Stelle des Alpha-Rhythmus ein hochfrequenter (14 bis 25 Hz) Rhythmus mit niedriger Spannung – die *Beta*-Wellen. Sehr niederfrequente Wellen bei einem wachen Erwachsenen gelten als abnorm. Diese langsamen Wellen, die man bei manchen Soziopathen im normalen Wachzustand findet, heißen *Theta*- (4 bis 7 Hz) beziehungsweise *Delta*-Wellen (weniger als 4 Hz). Delta-Wellen sind eine Begleiterscheinung des Tiefschlafs. Theta-Wellen entstammen gewöhnlich subkortikalen Bereichen des Gehirns. Abb. 10.1 zeigt Beispiele für die verschiedenen Rhythmen und die erwähnten positiven Spitzen.

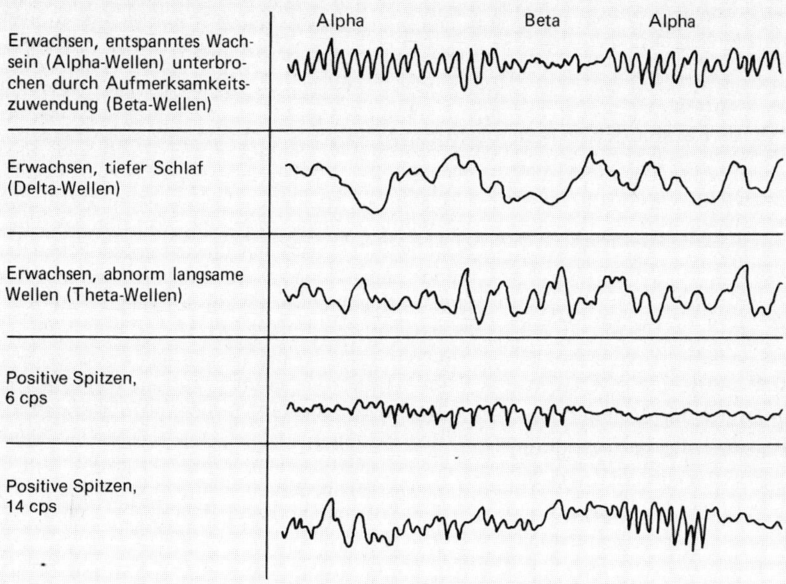

Abb. 10.1. Mit dem Elektroenzephalographen aufgezeichnete elektrische Aktivitätsmuster im Gehirn (nach *Hare*, 1970).

bewegen sich einstweilen noch im Bereich der Spekulation. *Hare* (1970) z.B. interpretiert die niederfrequente Wellenaktivität als Dysfunktion der Hemmungsmechanismen, die dann ihrerseits dazu führt, daß der Soziopath nicht lernt, unliebsame und konfliktträchtige Verhaltensweisen zu meiden. Diese Interpretation fügt sich zwar zur Tatsache, daß Bestrafung bei Soziopathen kaum Wirkung zeitigt, ist aber sicher nicht die einzig mögliche. Gleichwohl war die *Unfähigkeit* von Soziopathen, *Strafe vermeiden zu lernen*, ein sehr wichtiger Forschungsgegenstand.

Vermeidungslernen, Strafe und Soziopathie

Wie wir wissen, gehörte zu *Cleckleys* Definition des soziopathischen Syndroms die Unfähigkeit der Betroffenen, aus Erfahrung zu lernen. Sie machen keinen Versuch, die negativen Folgen sozialen Fehlverhaltens zu meiden. *Cleckley* vermerkt auch, daß Soziopathen nicht neurotisch und nur selten ängstlich sind. *Lykken* (1957) vermutete, daß Soziopathen darum so ungehemmt antisoziale Akte begehen, weil sie so wenig Angst haben. In mehreren Tests versuchte er herauszufinden, ob das Angstniveau von Soziopathen tatsächlich so gering ist. Dabei untersuchte er unter anderem auch das Vermeidungslernen.

Er wählte unter den Insassen einer Besserungsanstalt anhand der Kriterien *Cleckleys* eine Gruppe männlicher Soziopathen aus. Die beiden Kontrollgruppen bestanden aus nicht-soziopathischen Anstaltsinsassen[5] und Studenten. Alle drei Gruppen absolvierten eine Aufgabe zum Vermeidungslernen. Entscheidend war natürlich, daß dabei wirklich nur Vermeiden getestet wurde, und nicht etwa durch mögliche andere Belohnungen vermitteltes Lernen. Wenn ein Proband dahinterkommt, daß er lernen soll, Schmerz zu vermeiden, besteht seine Lernmotivation möglicherweise nicht nur darin, Schmerz zu vermeiden; vielleicht möchte er gleichzeitig dem Versuchsleiter beweisen, wie clever er ist. Um sicherzustellen, daß keine anderen Lernmotive im Spiel waren, organisierte *Lykken* sein Experiment so, daß das Vermeidungslernen ein *zufälliges Nebenprodukt* war. Die Versuchsanordnung war wie folgt: Die Probanden saßen vor einer Tafel, auf der nebeneinander vier rote Lichter, unter jedem roten Licht ein grünes Licht und darunter wiederum jeweils ein Hebel angebracht waren (vgl. Abb. 10.2). Der Proband sollte eine Abfolge von 20 richtigen Hebelbetätigungen lernen, hatte aber zunächst durch Versuch und Irrtum herauszufinden, welche der vier Alternativen die richtige war. Drückte er den richtigen Hebel, leuchtete ein grünes Licht auf. Zwei der verbleibenden drei falschen Hebel waren mit roten Lichtsignalen verbunden, die einen Fehlversuch anzeigten. Drückte der Proband den dritten falschen Hebel, erhielt er einen elektrischen Schlag. Natürlich war nicht immer derselbe Hebel der richtige. Dem Probanden wurde einfach gesagt, er solle eine Abfolge von 20 richtigen Hebelbetätigungen herausbekommen und lernen. Weiter erfuhr er, daß er als Lern- oder Leistungsanreiz in zufälliger Abfolge mit elektrischen Schlägen zu rechnen habe. Davon, daß er den elektrischen Schlag vermeiden konnte oder nach Möglichkeit sollte, war nicht die Rede. Die Aufgabe enthielt also zweierlei Lernmaße: die Gesamtzahl der Fehlversuche, bis der Proband die richtige Abfolge der Hebelbetätigungen gelernt hatte, und die Anzahl der Fehlversuche, die ihm einen elektrischen Schlag eintrugen. Letzterer Index war das Maß für Vermeiden.

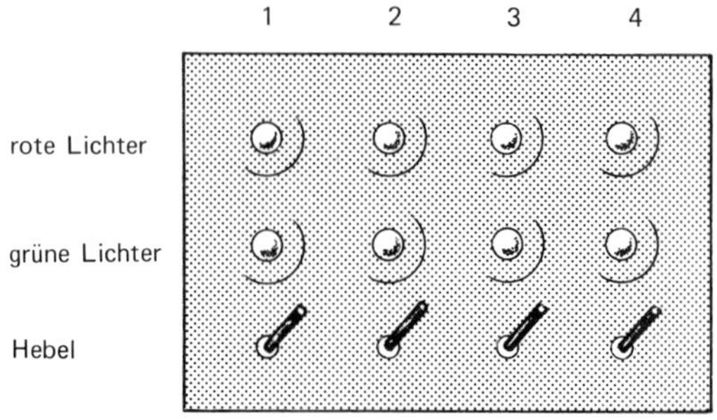

Abb. 10.2. Der von *Lykken* (1957) für seine Untersuchung des Vermeidungslernens von Soziopathen entworfene Apparat. Angenommen, beim ersten Hebeldruck ist Hebel 3 richtig, das heißt, wenn dieser Hebel gedrückt wird, leuchtet das grüne Licht auf; die Hebel 1 und 4 sind falsch, sie bringen ein rotes Licht zum Aufleuchten; die Wahl des Hebels 2 bringt ein rotes Licht zum Aufleuchten und ist mit einem elektrischen Schlag für die Versuchsperson verbunden. Beim zweiten Hebeldruck können die Hebel eine völlig neue Bedeutung haben; zum Beispiel kann Hebel 2 richtig, die Hebel 3 und 4 falsch und Hebel 1 mit einem elektrischen Schlag verbunden sein. Die Versuchspersonen mußten eine Abfolge von zwanzig richtigen Hebeldruckreaktionen lernen.

In der Gesamtzahl der Fehlversuche gab es keine signifikanten Unterschiede zwischen den drei Gruppen. Aber offensichtlich konnten sich die Studenten am besten merken, welche Hebeldruck-Abfolge einen elektrischen Schlag nach sich zog, denn bei ihnen nahm die entsprechende Fehlerquote rapide ab. Die Soziopathen handelten sich zwar die meisten elektrischen Schläge ein, aber der diesbezügliche Unterschied zur Gruppe der nicht-soziopathischen Anstaltsinsassen lag knapp unter der statistischen Signifikanzgrenze. *Lykkens* Ergebnisse sind also keineswegs eine überzeugende Bestätigung der Hypothese, daß das Angstniveau von Soziopathen niedriger ist als das normaler Menschen.

[5] In der Literatur werden solche Menschen gelegentlich als neurotische Soziopathen bezeichnet. Wir bedienen uns dieser verwirrenden Terminologie nicht, da ein Soziopath definitionsgemäß nicht neurotisch ist.

Lykken versuchte seine Hypothese auch dadurch zu bestätigen, daß er seine Probanden psychologische Standardtests zur Angstmessung, etwa die *Taylor Manifest Anxiety Scale*, absolvieren ließ. Hier ergab sich für die Soziopathen tatsächlich ein niedrigeres Angstniveau.

Schachter und *Latané* (1964) setzten die Pionierarbeit von *Lykken* fort. Wenn Soziopathen aus Mangel an Angst nicht lernen, unangenehme Reize zu meiden, müßte man ihnen, so folgerten die beiden Forscher, dadurch helfen können, daß man ihr Angstniveau anhebt. Da zwischen Angst und der Aktivität des sympathischen Nervensystems ein Zusammenhang besteht, injizierten sie ihren Probanden zwecks Hebung des Angstniveaus Adrenalin, eine Substanz, die sympathische Aktivität bewirkt.

Soziopathische und nicht-soziopathische Insassen einer Besserungsanstalt wurden dem eben beschriebenen Experiment von *Lykken* unterzogen. Allerdings wurde jeder Proband – in der Annahme, es ginge im Experiment um die Auswirkungen eines Hormons auf die Lernfähigkeit – zweimal getestet. Vor dem ersten Versuchsdurchgang erhielt die Hälfte der Probanden eine Placebo-Injektion, den anderen injizierte man Adrenalin. Am nächsten Tag wurden die Medikamente vertauscht.

Die Ergebnisse des Experiments von *Schachter* und *Latané* sind in mehrerlei Hinsicht bedeutsam. Erstens bestätigte sich, was auch *Lykkens* Untersuchung ergeben hatte: In der Gesamtfehlerzahl bis zum Erlernen der geforderten Abfolge unterschieden sich soziopathische und nicht-soziopathische Probanden nicht, und zwar unabhängig davon, ob sie Adrenalin oder Placebo erhalten hatten. Zweitens reduzierte sich bei den nicht-soziopathischen Probanden der Placebo-Gruppe die Quote der mit einem elektrischen Schlag bestraften Fehlversuche nach einigen Durchgängen erheblich, während bei den Soziopathen nach der Placebo-Injektion kein derartiger Lernerfolg zu verzeichnen war. In diesem Teil des Experiments war der Leistungsunterschied zwischen beiden Gruppen größer als bei *Lykken* und lag um einiges oberhalb der statistischen Signifikanzgrenze. Drittens – und das ist das wichtigste Ergebnis – reduzierten sich bei den Soziopathen nach der Adrenalin-Injektion die „bestraften" Fehlversuche erheblich, während sich das Adrenalin bei den nicht-soziopathischen Anstaltsinsassen gegenteilig auswirkte, d.h., sie lernten es in ihrem adrenalin-induzierten Erregungszustand nicht, den elektrischen Schlag zu vermeiden (vgl. Abb. 10.3). Die Hypothese vom angstfreien und *untererregten* Soziopathen fand sich also recht eindrucksvoll bestätigt.[6]

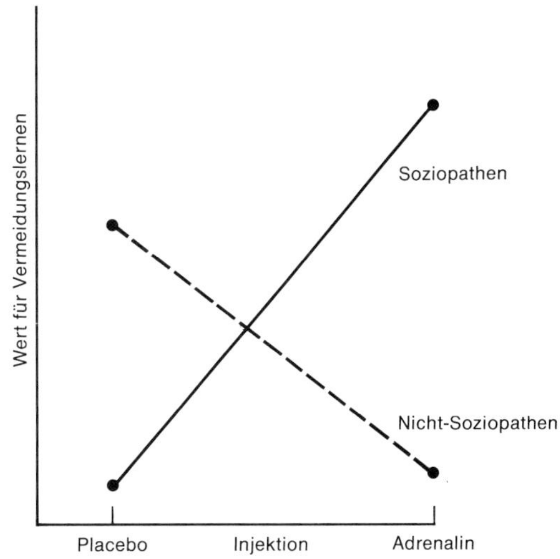

Abb. 10.3. Ergebnisse der Untersuchung von *Schachter* und *Latané* (1964) über die Auswirkungen des Adrenalins auf das Vermeidungslernen von soziopathischen und nicht-soziopathischen Gefangenen. Je höher der Wert, um so besser das Vermeidungslernen; die durch Adrenalin erzeugte Erregung trug dazu bei, daß die Soziopathen lernten, den elektrischen Schlag zu vermeiden, indem ihr sonst untererregtes autonomes Nervensystem aktiviert wurde.

Die Ergebnisse von *Chesno* und *Kilmann* (1975) weisen in dieselbe Richtung wie die von *Schachter* und *Latané*. Soziopathen und verschiedene andere Probandengruppen sollten lernen, einen elektrischen Schlag zu vermeiden. Beim Absolvieren ihrer Aufgabe waren die Probanden plötzlich einsetzendem Lärm unterschiedlicher Stärke

[6] Daß sich Adrenalin auf das Vermeidungslernen nicht-soziopathischer Häftlinge offensichtlich negativ auswirkte, ist schwer zu interpretieren. In einer Nachfolge-Untersuchung von *Schachter* und *Latané* ließ sich dieser Effekt nicht replizieren.

ausgesetzt. Der Lärm erreichte für jeweils ein Drittel jeder Probandengruppe 35, 65 beziehungsweise 95 Dezibel. Die verschiedenen Lärmpegel sollten, ähnlich wie die Adrenalininjektion bei *Schachter* und *Latané*, das Erregungsniveau in unterschiedlichem Ausmaß anheben. Bei den Soziopathen, so erwartete man, würde mit steigendem Lärmpegel auch die Lernleistung steigen. Und genauso kam es.

Eine Untersuchung von *Schmauk* (1970) modifiziert die Ergebnisse *Lykkens* und auch die der übrigen soeben vorgestellten Arbeiten. *Schmauk* zeigte, daß eine bestimmte Art der Strafe – der Verlust von Geld – die Lernleistung von Soziopathen in einem Experiment zum Vermeidungslernen sehr wohl beeinflussen kann. Er untersuchte drei Probandengruppen: soziopathische Häftlinge, nicht-soziopathische Häftlinge und eine Kontrollgruppe aus Landarbeitern und Krankenhauspersonal. Im Unterschied zu den bisherigen Studien konnten bei der Lernaufgabe drei verschiedene aversive Reize vermieden werden: eine körperliche Strafe: ein elektrischer Schlag; eine materielle Strafe: die Einbuße von 25 Cent aus einem Ausgangsguthaben von 40 Cents; und eine soziale Strafe: der Versuchsleiter kommentierte einen Fehlversuch mit „falsch". Wieder gab es keinen Unterschied in der Gesamtzahl der Fehlversuche. Aber es zeigte sich, daß die Lernleistung der Soziopathen mit der Art der Bestrafung variierte (vgl. Abb. 10.4). Bei körperlicher und sozialer Strafe waren die Probanden der Kontrollgruppe den Soziopathen im Vermeidungslernen weit voraus. Dafür übertrafen die Soziopathen die Kontrollgruppe, wenn es galt, die materielle Strafe zu vermeiden. Die nicht-soziopathischen Häftlinge lernten die körperliche Strafe besser, die soziale Strafe dagegen schlechter meiden als die Soziopathen.

Soziopathen sind also offensichtlich doch in der Lage, Strafe vermeiden zu lernen. Die Unterschiede, die frühere Untersuchungen zwischen Soziopathen und Nicht-Soziopathen gefunden haben, spiegeln daher möglicherweise nicht eine allgemeine diesbezügliche Lernunfähigkeit wider, sondern nur die Tatsache, daß manche Strafen für Soziopathen keine Bedeutung haben. Wenn aber eine Strafe innerhalb ihres Wertesystems relevant ist – und vielleicht besitzt Geld

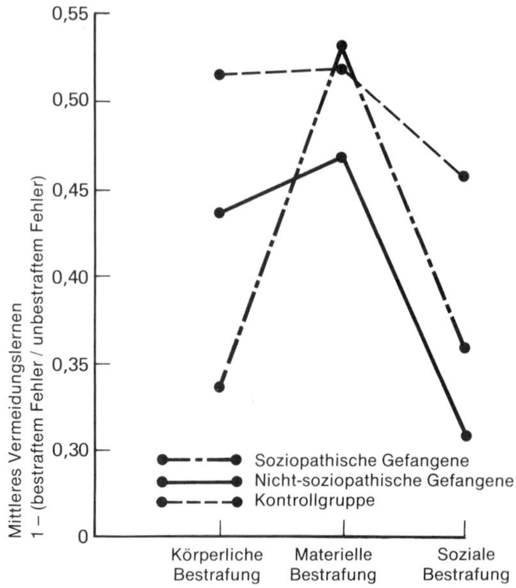

Abb. 10.4. Mittlere Werte für das Vermeidungslernen für drei Versuchspersonengruppen, die drei verschiedenen Bestrafungsarten ausgesetzt waren, körperlicher, materieller und sozialer Bestrafung. Die Soziopathen lernten leicht, Bestrafung zu vermeiden, wenn sie in Geldeinbußen bestand (nach *Schmauk*, 1970).

darin einen besonders hohen Stellenwert –, lernen Soziopathen sie offenbar auch vermeiden.

In den bisher vorgestellten Untersuchungen zum Vermeidungslernen folgte auf eine bestimmte falsche Reaktion unvermeidlich auch die Strafe. Aber viele Vergehen bleiben unentdeckt, so daß Strafe im wirklichen Leben eine ungewisse Sache ist. Soziopathen, so berichten Kliniker, sind zuweilen in dem fast magischen Glauben befangen, daß ihr antisoziales Verhalten ungeahndet bleibe. Vielleicht fehlt einem Soziopathen daher insbesondere der Sinn für *ungewisse Strafen*. *Siegel* (1978) ist dieser Frage nachgegangen. Er ließ Soziopathen, nicht-soziopathische Häftlinge und Studenten ein Kartenspiel spielen. Man spielte um – später in Geld eintauschbare – Pokerchips, wobei die Wahrscheinlichkeit zu verlieren (die Strafe) variierte. Erwartungsgemäß hatte eine mittlere Strafwahrscheinlichkeit von 40–70 Prozent den geringsten Einfluß auf die Soziopathen. Und hatten die Soziopathen eine Zeitlang unter der Bedingung mittlerer Verlustwahr-

Der Sozialpsychologe Stanley Schachter von der Columbia Universität ist bekannt geworden für seine Theorie, daß eine Emotion kognitive wie physiologische Aspekte besitzt. Er untersuchte den Zusammenhang zwischen Erregung im autonomen Nervensystem, Emotion und Soziopathie.

scheinlichkeit gespielt, unterschätzten sie nachfolgend die Möglichkeiten, Spielchips einzubüßen. Nicht-soziopathische Häftlinge und Studenten setzten unter diesen Bedingungen ihre Chips weniger sorglos aufs Spiel. Auch in dieser Untersuchung ließen sich die Soziopathen also von Strafe weniger beeinflussen als die Kontrollprobanden, und – wichtiger noch – sie verhielten sich so, als sei eine Strafe, die dem Fehltritt nicht auf dem Fuße folgte, überhaupt unwahrscheinlich.

Geringes Erregungsniveau, mangelnde Planung, fehlende Hemmung und Soziopathie

Soziopathen, so kann man häufig lesen, zeigen angesichts von bekannten oder neuen Situationen, die die meisten Menschen belastend oder unangenehm finden würden, keinerlei emotionale Reaktion. *Cleckley* (1976) beschreibt das folgendermaßen:

„*(Beim Soziopathen) finden wir in der Regel da, wo anderen die Knie zittern, eine außerordentliche Gelassenheit, ein unbeeinträchtigtes Gefühl körperlichen Wohlbefindens statt ängstlicher Sorge um den eigenen Körper. Sogar unter Bedingungen, die beim normalen Menschen Verlegenheit, Verwirrung, große Unsicherheit oder sichtbare Aufregung hervorrufen, bleibt er von bemerkenswerter, gelassener Ruhe*" (S. 340).

Das stimmt auffallend gut mit dem Ergebnis von *Schachter* und *Latané* überein, daß Soziopathen einen elektrischen Schlag normalerweise nicht vermeiden, es sei denn, man hebt mit Hilfe von Adrenalin ihr autonomes Erregungsniveau. Ausgehend von der dem autonomen Nervensystem zugeschriebenen zentralen Rolle für emotionale Zustände hat man Soziopathen mehrfach auf ihre autonome Aktivität im Ruhezustand und auf ihr autonomes Reaktionsmuster in Bezug auf verschiedene Klassen von Reizen hin untersucht.

In den meisten Fällen hat sich gezeigt, daß bei ruhenden Soziopathen die elektrische Leitfähigkeit der Haut unterdurchschnittlich und auch bei Konfrontation mit einem intensiven oder aversiven Reiz weniger reaktiv ist. Das Bild ändert sich, wenn man die Herzschlagfrequenz untersucht. In Ruhe gleicht die Herzschlagfrequenz von Soziopathen der von normalen Menschen, und auch ihre Reaktivität auf neutrale Reize ist unauffällig. Doch wenn man Soziopathen einen belastenden Reiz erwarten läßt, schlägt ihr Herz schneller als das von normalen Menschen, die ein belastendes Ereignis antizipieren.

Einige Untersuchungen sprechen dafür, daß Soziopathen mit ihrer ständigen Suche nach Nervenkitzel versuchen, ihr chronisch zu niedriges Erregungsniveau zu erhöhen.

Soziopathen undifferenziert Untererregtheit zu bescheinigen, trifft die Sache also nicht, denn dann würden sich die Maße von Hautleitfähigkeit und Herzschlagrate widersprechen. Aus diesem Grund interessierte sich *Hare* (1978), zum Teil gestützt auf die Arbeit von *Lacey* (1967), für die psychophysiologischen Reaktions*muster* von Soziopathen. Schneller Herzschlag gilt als Begleiterscheinung des Bemühens, sich gegenüber sensorischer Reizung abzuschließen und so die kortikale Erregung zu dämpfen. Der beschleunigte Herzschlag von Soziopathen, die einen aversiven Reiz antizipieren, wäre dann ein Zeichen dafür, daß sie „abschalten". Bei der Konfrontation mit dem aversiven Reiz bleibt die Hautleitfähigkeit niedrig, weil es ihnen inzwischen gelungen ist, den Reiz zu ignorieren. Soziopathen reagieren nach erwarteter aversiver Reizung nicht mit Erhöhung der Hautleitfähigkeit – einem vermuteten Index für Angst –, weil sie den Reiz nicht mehr an sich herankommen lassen.[7] Diese Interpretation der physiologischen Reaktionen von Soziopathen ist plausibel und macht auch in Zusammenhang mit den Untersuchungen zum Vermeidungslernen Sinn. In weiteren Studien fanden *Hare* und seine Mitarbeiter bestätigt, daß Psychopathen sowohl in ihrem Verhalten (*Jutai* und *Hare*, 1983) als auch in ihren physiologischen Reaktionen (*Hare*, in Druck) eine ganz besondere Fähigkeit an den Tag legen, Reize zu ignorieren.

[7] Psychophysiologische Untersuchungen von Soziopathie haben sich auch mit der sogenannten *Erholungszeit* beschäftigt, der Zeitspanne, innerhalb derer sich die Hautleitfähigkeit nach Reaktion auf einen Reiz wieder auf ihr Normalniveau einpendelt. Langsame Erholung hängt zusammen mit kriminellem Verhalten und wurde sogar bei Kindern von aggressiven Vätern gefunden (*Mednick* und *Hutchings*, 1978). Mit der Erholungszeit von Soziopathen verhält es sich komplizierter. Laut *Hare* (1978) ging die Erholung nur dann langsamer vonstatten, wenn die Hautleitfähigkeit an der linken Hand gemessen wurde und der Reiz unerwartet oder aversiv gewesen war. Langsame Erholung könnte ein weiterer Indikator für die größere Fähigkeit von Soziopathen sein, aversive Reize wie Strafen zu ignorieren oder „abzuschalten".

Aus der Tatsache, daß Soziopathen untererregt oder besser in der Lage sind, ihre Erregung zu kontrollieren, folgt weiteres. *Quay* (1965) vermutete, daß die geringere emotionale Reaktivität der Soziopathen und ihre Fähigkeit, erregende sensorische Reize abzublocken und so die kortikale Erregung zu hemmen, ihrer Impulsivität, ihrem Hunger nach Aufregung und ihrer Unfähigkeit, Routine und Langeweile auszuhalten, Vorschub leisten. *Quay* geht dabei von der Hypothese aus, daß es ein für Menschen optimales Erregungsniveau gibt. Ist die Erregung zu hoch, wird der Betroffene Maßnahmen ergreifen, um sie zu senken; ist sie zu niedrig, wird er bemüht sein, sie zu steigern. Die Suche vieler Soziopathen nach „Nervenkitzel“ könnte also ein Versuch sein, die Erregung diesem optimalen Maß anzunähern.

Wenn Soziopathen tatsächlich die Aufregung suchen, um ihr Erregungsniveau anzuheben, müßten sie bei einer langweiligen und eintönigen Aufgabe ganz besonders schlecht abschneiden. *Orris* (1967) hat das mit Häftlingen überprüft. Die Ergebnisse entsprachen der Erwartung. Soziopathische Häftlinge leisteten weniger als nicht-soziopathische. Eine weitere Vorhersage könnte lauten, daß Soziopathen, vor die Wahl gestellt, neue und komplexe Reize bevorzugen. Solche Reize, so nimmt man an, treiben die Erregung in die Höhe, und genau darum müßten Soziopathen sie bevorzugen. *Skrzypek* (1969) testete diese Hypothese an einer Stichprobe soziopathischer und nicht-soziopathischer Häftlinge, und tatsächlich zeigten die Soziopathen eine etwas größere Präferenz für Neuheit und Komplexität als die Kontrollgruppe.

Wir haben bereits davon gesprochen, daß Soziopathen wenig Pläne machen und wenig Hemmungen haben. Ein großer Teil soziopathischen Verhaltens ist mit Planlosigkeit und Mangel an Selbstkontrolle durch Hemmung gut beschrieben. Genau das, was uns im allgemeinen von antisozialen Verhaltensweisen abhält, scheint bei Psychopathen also nicht zu funktionieren. *Gorenstein* (1982) legte seinen Probanden neuropsychologische Tests vor, die Defizite in Zusammenhang mit Läsionen im vorderen Stirnhirnbereich erfassen. Diese Tests sind darum relevant, weil Stirnhirnläsionen die Fähigkeit zu Voraussicht, Planung und Impulskontrolle beeinträchtigen.

Wie vermutet, unterschieden sich hospitalisierte Soziopathen von anderen psychiatrischen Patienten und Studenten und wiesen ähnliche Defizite auf wie Patienten mit Stirnhirnläsionen, obwohl ihr Gehirn intakt war. Soziopathen gelang es schlechter, Karten auf Kommando nicht mehr nach der Farbe der Bilder – rot, gelb, grün oder blau – , sondern nach Figuren – Sterne, Kreuze, Dreiecke oder Kreise – oder nach der Anzahl der Figuren zu sortieren. Wenn man ihnen nacheinander Karten mit einem Plus- oder einem Minuszeichen zeigte, hatten sie die größeren Schwierigkeiten, sich zwei Karten zurückzuerinnern. Und beim Necker-Würfel, einer zweidimensionalen Zeichnung eines Würfels, der bei intensivem Ansehen die Perspektive wechselt, nahmen sie den Perspektivenwechsel häufiger wahr. Was immer für Pläne, Absichten und Kurzzeiterinnerungen Soziopathen haben mögen – sie lassen sich durch eingefahrene Gewohnheiten, besondere Reaktionsmuster, Triebe und auffällige Reize vergleichsweise leicht darin stören. Soziopathen scheinen zu Planung, Flexibilität und Handlungskontrolle nicht in vollem Umfang fähig zu sein.

Die Fallgeschichten, Untersuchungen und Theorien, die wir erörtert haben, zeigen den Soziopathen als einen Menschen, der anders reagiert als die meisten von uns. Angst ist ihm nahezu fremd, also hält sie ihn vor kaum etwas zurück. Und da der Soziopath negative emotionale Reaktionen weniger intensiv erfährt, sucht er die Erregung. Weil er wenig gehemmt und seine Fähigkeit zur Planung beschränkt ist, handelt er impulsiv. Das alles sind mögliche Gründe dafür, daß sich der Soziopath ohne Bedenken und Reue fehlverhält und ohne Rücksicht auf die Regeln der Gesellschaft den Nervenkitzel sucht.

4. Therapie von Persönlichkeitsstörungen

Über die Behandlung von Persönlichkeitsstörungen wissen wir so wenig wie über ihre Entwicklung. Untersuchungen zur medikamentösen Therapie der einzelnen Persönlichkeitsstörungen blieben überwiegend ergebnislos. Persönlichkeitsstörungen sind auch kaum je Anlaß, sich in Therapie zu begeben. Die Betroffenen finden ihr Verhalten „natürlich", für sie gibt es keinerlei Grund, professionelle Hilfe zu suchen. Man hat sogar behauptet, daß ihnen ihre Störung, egal welche, keinerlei oder allenfalls wenig Kummer macht (*Nathan* und *Harris*, 1980). Da persönlichkeitsgestörte Menschen nicht einsehen, daß sie Hilfe brauchen, und zum Therapeuten keine bessere Beziehung finden als zu anderen Menschen, zeigen sie während einer Therapie weder Verantwortung noch Engagement. Oft wird der Therapieversuch nach kurzer Zeit abgebrochen.

Verhaltenstherapie der gestörten Persönlichkeit

Die Verhaltenstherapie, deren Aufmerksamkeit Situationen und nicht Persönlichkeitszügen gilt, hat für keine der im DSM-III verzeichneten Persönlichkeitsstörungen spezielle therapeutische Verfahren entwickelt. Verhaltenstherapeuten analysieren die vorhandenen Probleme, die – zusammengenommen – einen DSM-III-Verfechter zur Diagnose einer Persönlichkeitsstörung veranlassen würden. Zum Beispiel wird ein Mann, den besagter DSM-III-Verfechter als paranoide Persönlichkeit eingestuft hat, sehr kritikempfindlich sein. Hier wäre aus verhaltenstherapeutischer Sicht systematische Desensibilisierung oder rational-emotives Vorgehen am Platze. Seine Streitsucht und Feindseligkeit wird andere auf Distanz halten und zu Gegenangriffen provozieren. Hier könnte man mit dem Mann üben, wie sich Meinungsverschiedenheiten angepaßter austragen lassen.

Über einen Aspekt jeglicher Persönlichkeitsstörung dürfen weder Verhaltenstherapeuten noch andere professionelle Helfer hinwegsehen: Das Problem ist tief verwurzelt, hartnäckig und alles durchdringend. Die Diagnose einer paranoiden Persönlichkeitsstörung ist nur gerechtfertigt, wenn die Tendenz zu Argwohn und Wachsamkeit chronisch ist und das gesamte seelische Funktionieren des Betroffenen beeinflußt. Jeder Therapeut, der mit einem solchen Klienten arbeitet, muß um die weitreichenden Implikationen dieser Störung wissen. Bevor ein durch und durch mißtrauischer Mensch offen und angemessen über Gefühle sprechen kann, muß er in einem schwierigen Prozeß seine Einstellung anderen Menschen und sich selbst gegenüber grundlegend geändert haben. Mit anderen Worten, die Therapie hat immer den prägenden und weitreichenden Charakter der Störung und außerdem den allgemeinen Starrsinn des Gestörten zu berücksichtigen.

Therapie der Soziopathie

Über die Behandlung der antisozialen Persönlichkeitsstörung äußern sich Therapeuten unterschiedlichster theoretischer Ausrichtungen leider ungewöhnlich einhellig: Die Soziopathie ist praktisch nicht zu behandeln (*Cleckley*, 1976; *McCord* und *McCord*, 1964).

Es kann durchaus sein, daß Menschen mit den klassischen Symptomen *Cleckleys* aus keiner wie auch immer gearteten Form von Psychotherapie Nutzen ziehen können. Grund dafür ist wahrscheinlich ihre Unfähigkeit, zu einem Therapeuten eine vertrauensvolle, offene Beziehung einzugehen. Ein Mensch, der gleichsam ohne sein Wissen lügt, dem jegliches Interesse für die Gefühle anderer und vermutlich auch für seine eigenen abgeht, dem gar nicht bewußt zu sein scheint, daß er moralisch falsch handelt, dem jede Motivation fehlt, sich Gesetzen und Sitten anzupassen, den die Zukunft nicht interessiert und der nur in der Gegenwart lebt, ist alles in allem ein wenig aussichtsreicher Therapiekandidat. Ein Therapeut hat seine Erfahrung im therapeuti-

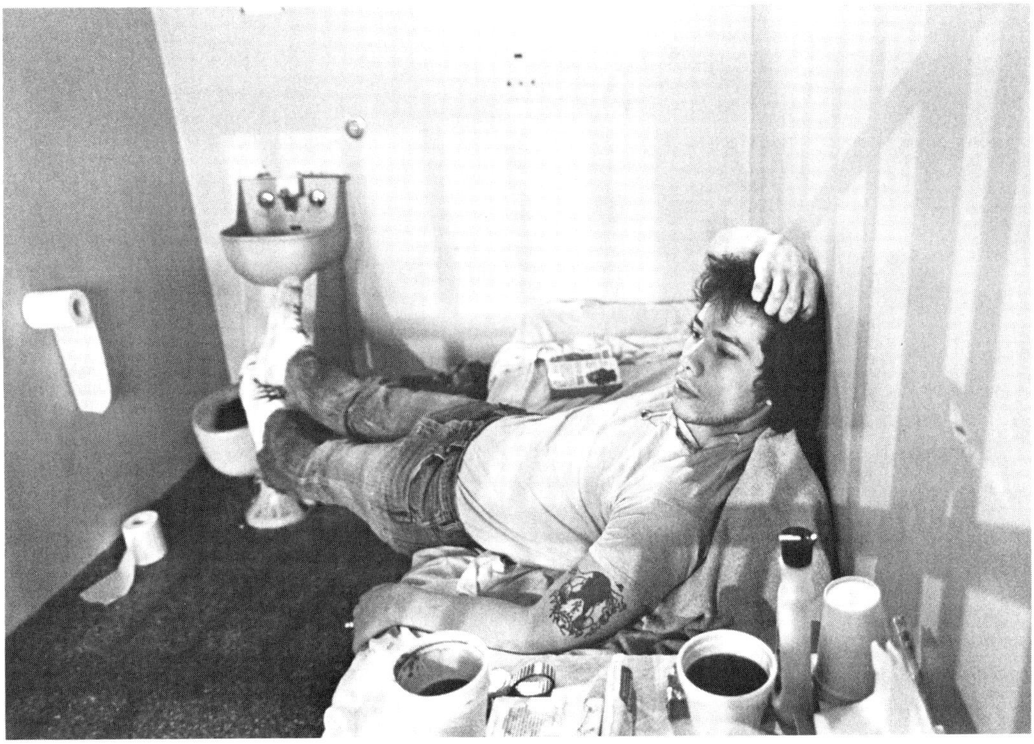

Nach Meinung vieler sind Gefängnisse eher Schulen des Verbrechens als wirksame Rehabilitationshilfen.

schen Umgang mit Soziopathen zu drei allgemeinen Prinzipien zusammengefaßt:

,,*Erstens, der Therapeut muß ständig mit Manipulationsversuchen des Patienten rechnen. Zweitens, er muß bis zum Beweis des Gegenteils annehmen, daß das, was ihm sein Patient erzählt, die Wirklichkeit verfälscht oder gar nichts mit ihr zu tun hat. Drittens, er muß sich damit abfinden, daß ein therapeutisches Arbeitsbündnis mit einem Psychopathen, wenn es überhaupt zustande kommt, außerordentlich lange auf sich warten läßt*" (*Lion*, 1978, S. 286).

Natürlich hat es viele heroische Versuche gegeben, tragbare Beziehungen zu Soziopathen aufzubauen, aber einschlägige Literatur und informeller Erfahrungsaustausch unter berufsmäßigen Helfern bestätigen immer wieder, daß wirkliche Soziopathie allen therapeutischen Bemühungen widersteht. Ähnlich schlecht sind die Erfahrungen mit somatischen Methoden, seien es Medikamente wie Dilantin, Stimulantia, Sedativa, Elektrokrampftherapie oder auch Psychochirurgie.[8] Es gibt allerdings Anhaltspunkte dafür, daß hochdosierte angstlösende Medikamente bei Soziopathen aggressionsmindernd wirken (*Kellner*, 1982).

Da viele Soziopathen immer wieder ins Gefängnis wandern, schreibt man die Tatsache, daß die Haftstrafe als Rehabilitationsmaßnahme meistens versagt, zumindest teilweise der Unmöglichkeit zu, soziopathisches Verhalten zu ändern.

---

[8] Mit der Feststellung, daß Soziopathen eine schlechte Prognose haben, stellt sich möglicherweise ein ethisches Problem. Gilt ein Häftling als Soziopath, fragen sich diejenigen, die über Freigängertum oder vorzeitige Entlassung zu entscheiden haben, natürlich, ob er sich wirklich geändert hat. Seine gute Führung ist vielleicht nur Zeichen seines manipulativen Geschicks und seiner Fähigkeit, anderen etwas vorzumachen. Ein ,,designierter" Soziopath hätte es damit schwerer als andere, zu seinem Recht zu kommen.

Kasten 10.2
Aggression allein macht keinen Soziopathen

Die soziale Lerntheorie weiß viel über Erwerb und Ablegen aggressiven Verhaltens zu sagen, die Literatur zum Thema ist sehr umfangreich. Einige Autoren (z.B. *Mahoney*, 1980) berufen sich auch in Zusammenhang mit der Ätiologie und möglichen Behandlung der Soziopathie auf diese Theorie und die zugehörige Forschung. Unserer Ansicht nach ist das aggressive Verhalten, das die soziale Lerntheorie untersucht, aber von ganz anderer Art als das der antisozialen Persönlichkeit. In ihren Experimenten zeigen die Theoretiker des sozialen Lernens (z.B. *Bandura*, 1973), daß normale Kinder und Erwachsene allein durch Beobachtung eines aggressiven Modells komplexe neue aggressive Verhaltensmuster erwerben können. Die Nachahmungsbereitschaft, so hat man nachgewiesen, ist abhängig davon, wie das Modell für sein aggressives Verhalten belohnt wird, welchen Status es einnimmt und wie schließlich auch der Beobachter für Aggression verstärkt wird. Solche Untersuchungen geben Aufschluß über Aggression bei normalen Menschen und unter normalen Umständen. Mit der Soziopathie im besonderen befassen sie sich nicht. Zum Beispiel hat kein Experiment zum sozialen Lernen jemals untersucht, ob Probanden nach der Imitation eines aggressiven Modells Schuld oder Scham empfinden. Und keine dieser Untersuchungen macht die *beständige* und *alles durchdringende* ungeheure Grausamkeit zum Thema, die ein Markenzeichen echter Soziopathie ist und sie deutlich von normaler Aggression abgrenzt. Was die Behandlung angeht, so kann man jugendliche Straftäter in familienähnlicher Umgebung durch Belohnung vielleicht tatsächlich dafür gewinnen, sich prosozial zu verhalten. Aber man muß sich die Persönlichkeiten und Neigungen junger Leute, die in therapeutischen Wohngemeinschaften leben, sehr genau ansehen. Obwohl sie zweifellos mit dem Gesetz in Konflikt geraten sind und viele von ihnen alle Aussichten haben, einen guten Teil ihres Erwachsenenlebens im Gefängnis zuzubringen, wird man unter ihnen nur sehr vereinzelt, wenn überhaupt, Soziopathen finden.

Kriminologen haben immer wieder darauf hingewiesen (z.B. *Wilkins*, 1969), daß unser Gefängnissystem eher eine Schule des Verbrechens ist als ein Ort, wo Kriminelle – und Soziopathen – rehabilitiert werden können. *Ramsey Clark*, ein ehemaliger amerikanischer Generalstaatsanwalt, sagt es so: ,,Gefängnisse sind in den Vereinigten Staaten heutzutage überwiegend Schulen des Verbrechens … Es sind im Grunde Verwahranstalten, Sammelplätze menschlicher Erniedrigung" (1970, S. 213). In den siebziger Jahren gab es einige Bestrebungen, neue Therapieprogramme für Häftlinge zu entwickeln. Besonders bei gewalttätigen Straftätern setzte man auf operante Konditionierungsverfahren, zumeist solchen nach dem token-economy-Prinzip; die leichter lenkbaren Häftlinge versuchte man mit gruppentherapeutischen Methoden zu bewegen, mehr Verantwortung für ihr Verhalten zu übernehmen. Aus vielerlei Gründen, darunter auch die Behauptung von Bürgerrechtsgruppen, Therapie im Gefängnis sei verfassungswidrig, hat das therapeutische Bemühen in Gefängnissen nachgelassen. Der Trend scheint dahin zu gehen, die Haftzeit ausschließlich als Strafe für Vergehen gegen die Gesellschaft zu verstehen. Die Verurteilten erhalten kaum noch Hilfe für ein ,,anständiges" Leben nach der Entlassung.

Ein interessantes Argument zugunsten der Inhaftierung verweist darauf, daß viele Psychopathen in mittleren Jahren und danach ,,zur Ruhe kommen" (*Craft*, 1969). Ob dafür nun physiologische Veränderungen verantwortlich sind, oder ob die Einsicht in den selbstzerstörerischen Charakter ihres Tuns siegt, oder ob sie einfach verbraucht sind – Tatsache ist, daß viele Soziopathen um die vierzig ruhiger werden. Das Gefängnis schützt also die Gesellschaft vor dem antisozialen Verhalten des „aktiven" Soziopathen, und man hält seine Entlassung erst dann für sinnvoll, wenn er in eine Lebensphase eintritt, in der er seine Soziopathie weniger exzessiv lebt (vgl. Kasten 10.2).

Zusammenfassung

Die Kategorie der Persönlichkeitsstörungen ist äußerst umfassend und heterogen. Über die meisten Störungen wissen wir sehr wenig. Eine Ausnahme ist die Soziopathie, deren dominantes Verhaltensmuster in wiederholten antisozialen Handlungen ohne Reue und Scham besteht. Überdies scheinen Soziopathen unfähig zu sein, aus Erfahrung zu lernen, kaum Verantwortungsgefühl zu besitzen und keine emotionalen Beziehungen zu anderen Menschen einzugehen. Schaut man in die Familien von Soziopathen, zeigt sich, daß zumeist auch die Väter zu antisozialem Verhalten neigen und daß Disziplinierung entweder fehlt oder inkonsistent ist. Genetische Untersuchungen, insbesondere Adoptionsstudien, lassen vermuten, daß die Prädisposition für Soziopathie ererbt wird. Das Kernproblem des Soziopathen ist möglicherweise, daß auch drohende Strafe ihn nicht von antisozialen Handlungen abhält. Diese Auffassung wird von zahlreichen Forschungsergebnissen belegt: 1. Das EEG von Soziopathen weist abnorm viel niederfrequente Wellen auf, was möglicherweise auf ein Versagen der üblichen Inhibitionsprozesse hindeutet; 2. Soziopathen lernen nur langsam, einen elektrischen Schlag zu vermeiden, ein Defizit, das sich durch Erhöhung des physiologischen Erregungsniveaus abbauen läßt; 3. die elektrodermalen Reaktionen von Soziopathen sprechen für wenig Angst, aber wie ihr beschleunigter Herzschlag zeigt, scheinen Soziopathen den Einfluß aversiver Reize besser abblocken zu können als normale Menschen; 4. testet man die Stirnhirn-Kapazität von Soziopathen, zeigt sich, daß ihnen Planung und Flexibilität als Mittel zur Selbstkontrolle nicht in vollem Umfang zur Verfügung stehen.

Über die Behandlungsmöglichkeiten von Persönlichkeitsstörungen wissen wir wenig. Das hat verschiedene Gründe. Da die Diagnosen wenig reliabel sind und man sich ihrer häufig recht willkürlich zu bedienen scheint, lassen sich Therapieberichte nur schwer evaluieren. Die Therapie von Soziopathen ist besonders wenig erfolgversprechend. Das liegt nicht nur an dem in jeder Hinsicht und kaum zu verändernden lieblosen und manipulativen Lebensstil von Soziopathen, sondern auch daran, daß die antisoziale Persönlichkeit ihrem Wesen nach kaum zu therapieren ist. Menschen, die gewohnheitsmäßg lügen und die keinerlei Einsicht in eigene und fremde Gefühle haben – die mit Emotionen auch gar nichts zu tun haben wollen –, werden kaum bereit sein, mit einem Therapeuten eine vertrauensvolle und offene Arbeitsbeziehung einzugehen.

Kapitel 11

Substanzinduzierte Störungen

Seit vorgeschichtlicher Zeit kennt die Menschheit Substanzen, die körperlichen Schmerz lindern und Bewußtseinszustände verändern. Fast alle Völker haben Rauschmittel entdeckt, die auf das zentrale Nervensystem einwirken und körperliche und seelische Pein lindern oder euphorisch machen. Welche Folgen auf die Dauer auch immer damit verbunden sind, wenn dem Körper solche Substanzen zugeführt werden, ihre Wirkung ist – zumindest anfangs – angenehm.

Alkoholische Getränke aus der Gärung von Früchten und Getreide, von Milch, Honig, Melasse und sogar Baumsaft; Opium, der getrocknete milchige Saft der unreifen Mohnfrucht; Haschisch und Marihuana aus der Hanfpflanze *Cannabis*; und Kokain, ein aus Kokablättern gewonnenes Alkaloid – das sind die wichtigsten natürlichen Drogen, die man seit langer Zeit gebraucht und mißbraucht und die unsere Gesellschaft auch heute noch vor Probleme stellen. In den Vereinigten Staaten und anderen westlichen Ländern spielen Morphium, ein aus Opium gewonnenes Alkaloid, und das aus Morphium gewonnene Heroin eine größere Rolle als Rohopium; und getrocknetes Marihuana wird häufiger konsumiert als Haschisch. Ebenfalls auf dem Markt sind eine Anzahl neuerer synthetischer und synthetisierter Drogen, hier sind vor allem die Barbiturate, die Amphetamine, LSD und PCP zu nennen. Von allen potentiell gefährlichen Drogen gelüstet die Menschen am häufigsten nach Nikotin, dem Hauptalkaloid des Tabaks. Das DSM-III sieht für die mit Rauschmitteln verbundenen Probleme die Kategorie der *Substanzinduzierten organisch bedingten psychischen Störungen* vor.

Beim pathologischen Gebrauch von Substanzen, die das zentrale Nervensystem beeinflussen, unterscheidet man *Substanzmißbrauch* und *Substanzabhängigkeit*. Von Substanzmißbrauch spricht man etwa dann, wenn der oder die Betroffene sich tagsüber unter die Wirkung der Substanz zu setzen pflegt und es trotz aller Anstrengungen nicht schafft, die Einnahme einzuschränken. Die Intoxikation ist stark genug, um die Betroffenen an der Erfüllung wichtiger Pflichten gegenüber der Familie, Freunden und Beruf zu hindern. Sie können mit dem Gesetz in Konflikt geraten, weil sie in diesem Zustand Schaden anrichten oder sich auf kriminelle Weise Geld zum Erwerb der Substanz verschaffen. Der Mißbrauch muß mindestens seit einem Monat bestehen, um im Sinne des DSM-III als Störung zu gelten. Der jährliche Silvesterrausch eines Mannes, der sich das ganze Jahr über in Mäßigung übt, hat mit Substanzmißbrauch nichts zu tun.

Von Substanzabhängigkeit, einer schwereren Form der Störung, spricht man dann, wenn sich neben den Problemen in der Folge von Mißbrauch eine körperliche Abhängigkeit von der Droge nachweisen läßt. Abhängigkeit in diesem Sinne, oder, wie wir lieber sagen, *Sucht*, ist der physiologische Prozeß, mit dem der Körper auf bestimmte Drogen reagiert. Wenn suchterzeugende Drogen über längere Zeit eingenommen werden, *toleriert* sie der Körper in immer größeren Mengen: Die Körpersysteme gewöhnen sich an die betreffende Substanz, und es werden immer größere Mengen nötig, um gleichbleibende Wirkungen aufrechtzuerhalten. Bei plötzlichem Absetzen der Substanz oder plötzlicher Dosisminderung kommt es zu *Entzugserscheinungen*. Die regelmäßige Einnahme der Droge hat die physiologischen Verhältnisse des Körpers so verändert, daß er aus dem Gleichgewicht gerät, wenn diese nicht mehr zugeführt wird. Stellt z.B. ein Süchtiger die Einnahme von Morphium abrupt ein, reagiert sein Körper gewöhnlich mit Bluthochdruck, Krämpfen, Ruhelosigkeit und übermäßigem Schwitzen. Über die für *Toleranz* und Entzugserscheinungen verantwortlichen physiologischen Mechanismen wissen wir noch wenig.

Aber nicht alle Drogen führen bei regelmäßiger Einnahme zu Toleranz oder zu Entzugserscheinungen, wenn sie abgesetzt werden. Die Abhängigkeit von nicht-suchterzeugenden Drogen nennt man daher häufig auch *psychische Abhängigkeit*[1]. Manche Droge wird genommen, um Streß oder Angst erträglicher zu machen. Aber weder muß zur Erreichung der gewünschten Wirkung die Dosis ständig erhöht werden, noch kommt es bei Abstinenz zu Entzugserscheinungen. Das heißt nicht, daß sich der psychisch abhängige Drogenkonsument ohne seine Droge nicht unwohl fühlt. Wenn Menschen *etwas* vorenthalten wird, an das sie sich gewöhnt haben, werden sie auf das Fehlen dieses Etwas im allgemeinen mit Ruhelosigkeit, Nervosität oder anderen Anzeichen von Erregung reagieren. Das kann manchmal durchaus Ähnlichkeit mit Entzugserscheinungen haben, sollte aber *ohne* Hinweise auf eine Toleranzentwicklung nicht als solche diagnostiziert werden.

Viele Menschen mit Drogenproblemen nehmen mehr als eine Droge. Der *Mißbrauch mehrerer Substanzen* stellt eine ernsthafte Gefährdung der Gesundheit dar, weil manche Drogen synergistisch wirken, daß heißt, ihre Wirkungen addieren oder potenzieren sich. Viele Menschen begehen mit einer Mischung aus Barbituraten und Alkohol – sei es willentlich oder unwillentlich – Suizid. Auch bei vielen Herointoten wird als Mitursache Alkohol vermutet, denn unter Alkoholeinfluß kann offenbar bereits eine sehr viel geringere Dosis des Narkotikums tödlich wirken. Viele frühere Untersuchungen ergaben, daß Heroinsüchtige Alkohol mieden und ihn nur als Ersatzdroge während des Entzugs einsetzten. In den letzten Jahren scheinen Heroinsüchtige – wohl als Folge der hohen Heroinpreise – vermehrt auch dem Alkohol zuzuneigen.

Das DSM-III vermerkt im Abschnitt über die substanzinduzierten Störungen nur das schlechtangepaßte *Verhalten*, das mit regelmäßiger Einnahme der Substanzen einhergeht. Wenn einem Süchtigen seine Droge vorenthalten wird und er sich im Entzug befindet, kann zusätzlich die Diagnose einer *substanzinduzierten organisch bedingten psychischen Störung* gestellt werden. Ein Beispiel dafür ist das *Alkoholentzugsdelir*. Da es in diesem Kapitel ganz allgemein um die seelischen und körperlichen Folgen von Drogenmißbrauch geht, werden wir es notwendigerweise mit Problemfacetten zu tun haben, die das DSM-III auf mehrere Hauptkategorien verteilt.

[1] Die Bezeichnung „psychische Abhängigkeit“ ist nicht zu verwechseln mit „Abhängigkeit“ im Sinne des DSM-III, wo Abhängigkeit gleichbedeutend ist mit Sucht. Doch können, allgemein gesagt, auch nichtsuchterzeugende Drogen wie LSD das Leben der Konsumenten schwer beeinträchtigen, denn im Übermaß konsumiert führen sie zu den für Substanzmißbrauch typischen Problemen. Psychische Abhängigkeit von einer Substanz entspricht also der DSM-III-Diagnose des Substanzmißbrauchs.

1. Alkoholismus

Schriftliche Zeugnisse über den Konsum von Wein, Bier und anderen alkoholischen Getränken reichen bis ins dritte vorchristliche Jahrtausend zurück. Aber erst seit dem 8. Jahrhundert v.Chr. kennt man die Destillation und damit die Zubereitung hochprozentiger Alkoholika. In Amerika und in den meisten anderen Ländern ist der Alkoholkonsum ständig gestiegen. 1940 tranken z.B. 30 Prozent der amerikanischen Bürger Alkohol und etwa 2 Prozent waren Problemtrinker. 1970 betrug der Anteil der Alkoholkonsumenten unter den Amerikanern 68 Prozent, und Probleme mit dem Alkohol hatten 9 Prozent (*Caddy*, 1983). Glücklicherweise gelten diese Zahlen im wesentlichen heute noch, obwohl sich der Alkoholkonsum in einigen Gruppen beträchtlich gesteigert hat.

Es sind jährlich etwa 20000 neue Fälle von *Alkoholismus* zu verzeichnen, wobei der Jugendalkoholismus in den letzten Jahren stark zugenommen hat. In älteren Untersuchungen waren Männer viermal so häufig vom Alkoholismus betroffen wie Frauen. Aber dieser Vorsprung schwindet, denn namentlich jüngere Frauen trinken zunehmend mehr Alkohol (*Becker* und *Kronus*, 1977). Obwohl die meisten Menschen mit Alkoholproblemen keine professionelle Hilfe suchen, stellen Alkoholiker einen großen Teil der Neuaufnahmen in psychiatrischen Einrichtungen und Allgemeinkrankenhäusern. Die Suizidrate von Alkoholikern, besonders von alkoholkranken Frauen, liegt weit über dem Bevölkerungsdurchschnitt. Bei einem Drittel aller Suizide gilt ein Alkoholproblem als Mitursache. Zudem schätzt man, daß bei etwa der Hälfte der 50000 tödlichen Unfälle, die sich jährlich auf amerikanischen Autobahnen ereignen, Alkohol im Spiel ist. Und möglicherweise spielt Alkohol auch eine unrühmliche Rolle bei Flugzeugabstürzen, Arbeitsunfällen und häuslichen Mißgeschicken. Alkohol stellt auch die Vollzugsbehörden vor Probleme, denn in den USA hat ein Drittel aller Festnahmen Trunkenheit in der Öffentlichkeit zum Grund. Über die Hälfte aller Morde, so schätzt man, werden unter Alkoholeinfluß begangen. Auch viele Kindesmißhandlungen, Mißhandlungen von Ehepartnern und sexuelle Gewaltdelikte sind mit Alkohol in Zusammenhang zu bringen (*Brecher*, 1972; *National Institute on Alcohol Abuse and Alcoholism*, 1983).

Entsprechend den allgemeineren Diagnosen von Substanzmißbrauch und Substanzabhängigkeit unterscheidet das DSM-III zwischen *Alkoholmißbrauch* und *Alkoholabhängigkeit*. Letztere ist zu diagnostizieren, wenn die Betroffenen die klassischen Anzeichen der Sucht aufweisen, also entweder Toleranz oder Entzugserscheinungen wie morgendliches Zittern und Übelkeit, die nur durch erneuten Alkoholgenuß zu beheben sind. Personen, die bereits in frühen Lebensjahren zu trinken beginnen, erleben ihre ersten Entzugssymptome mit dreißig oder vierzig Jahren. Bei beiden Diagnosen haben die Betroffenen keine Kontrolle mehr über ihr Trinkmuster. Sie müssen täglich trinken, und alle Versuche, abstinent zu bleiben, nur bestimmte Mengen zu trinken oder den Alkoholkonsum auf bestimmte Tageszeiten zu beschränken, schlagen fehl. Manche gehen auf Trinktouren und setzen sich zwei, drei oder mehr Tage unter Alkohol. Gelegentlich trinken sie 0,2 l in Spirituosen auf einmal. Es kommt zur Amnesie der Ereignisse während des Rauschzustandes („blackout"). Die Sucht kann so überwältigend sein, daß zur Not auch nicht trinkbarer Alkohol, z.B. Haarwasser, getrunken wird. Derart starkes Trinken führt natürlich zu sozialen und beruflichen Schwierigkeiten, und für beides muß es Anzeichen geben, um die Diagnose eines Alkoholmißbrauchs oder einer Alkohlabhängigkeit stellen zu können: Streit mit der Familie oder Freunden, Gewalttätigkeit im Rausch, häufiges Fortbleiben von der Arbeit oder Verlust des Arbeitsplatzes und strafrechtliche Schwierigkeiten, z.B. Haft wegen Trunkenheit oder Verkehrsunfällen.

Viele Forscher möchten auch die *Kontinuität* einer Alkoholabhängigkeit und alkoholbedingter Beeinträchtigungen betont wissen. Die Weltgesundheitsorganisation schlägt ein Alkoholabhängigkeits-Syndrom, bestehend aus mehreren cha-

Tabelle 11.1. Konstituierende Elemente des Alkoholabhängigkeits-Syndroms (aus *Edwards* et al., 1977)

Elemente	Interpretation, Beispiele
Einengung des Trinkrepertoires	Das Trinkmuster verändert sich zum regelmäßigen Schema fast täglichen Alkoholkonsums.
Dominanz des auf Trinken ausgerichteten Verhaltens	Trinken erhält, trotz seiner negativen Konsequenzen, die Priorität vor anderen Aktivitäten.
Gesteigerte Alkoholtoleranz	Es ist immer mehr Alkohol nötig, um Verhalten, subjektives Empfinden und Stoffwechsel zu verändern; es können große Alkoholmengen toleriert werden.
Wiederholte Entzugssymptome	Die Betroffenen leiden nach kurzzeitiger Abstinenz unter Zittern, Schweißausbrüchen, Übelkeit usw.
Erleichterungstrinken	Erleichterung oder Vermeidung von - insbesondere morgendlichen - Entzugserscheinungen durch weiteres Trinken.
Trinkzwang	Die Betroffenen verspüren subjektiv ein starkes Bedürfnis nach Alkohol und können Menge und Häufigkeit des Alkoholkonsums kaum noch kontrollieren.
Neigung zum Rückfall in die Sucht	Das Syndrom stellt sich sehr schnell wieder ein, wenn das Trinken nach einer Zeit der Abstinenz wieder aufgenommen wird.

rakteristischen Merkmalen des Alkoholmißbrauchs, vor (vgl. Tabelle 11.1). Die Schwere der Abhängigkeit bemißt sich an der Anzahl der Symptome, die mit einer Reihe eigens zu ihrer Erfassung entwickelter Instrumente gemessen werden können (z.B. *Skinner* und *Allen*, 1982).

Kurzzeiteffekte des Alkohols

Physiologische Effekte

Alkohol wird keinem Verdauungsprozeß unterzogen. Ein kleiner Teil tritt durch die Magenwände unverzüglich ins Blut über, der größte Teil gelangt in den Dünndarm und erst von da durch Resorption ins Blut. Danach muß er in einer Reihe von Schritten metabolisiert werden. In der Leber wird der Alkohol zunächst in Azetaldehyd, dann in Azetat umgewandelt. Über 75% des Azetats wird in andere Gewebe transportiert, wo dann die Oxidation zu Wasser und Kohlendioxyd stattfindet.[2] Die Oxidation von Alkohol wird von mehreren Enzymen katalysiert: Alkoholdehydrogenase, mikrosomale, aethanol-oxidierende Enzyme und Katalase. Die Leber kann stündlich etwa 30 g 50%igen Whisky abbauen. Was darüber liegt, verbleibt im Blut. Die Resorption von Alkohol kann sehr schnell gehen, zum Abbau braucht der Körper dagegen Zeit. Viele Wirkungen des Alkohol hängen unmittelbar mit seiner Konzentration im Blut zusammen, die ihrerseits davon abhängt, wieviel Alkohol innerhalb welcher Zeit getrunken wird, ob und wieviel Nahrung sich im Magen befindet, die den Alkohol zurückhält und seine Resorptionsrate reduziert, wie schwer der Trinkende und wie funktionstüchtig seine Leber ist.

Weil die meisten Gesellschaften den Genuß von Alkohol akzeptieren, gilt er – insbesondere bei denjenigen, die Alkohol trinken – nicht als Droge. Aber Alkohol ist eine Droge, die das zentrale Nervensystem beeinflußt. Alkohol lähmt zunächst die höheren Gehirnzentren, und zwar diejenigen mit vornehmlich hemmender Funktion, wirkt also erst einmal stimulierend. Span-

[2] Die verschiedenen Alkoholarten unterscheiden sich darin, wie schnell sie oxydiert werden können. Am schnellsten oxydiert Aethylalkohol, den wir mit alkoholischen Getränken zu uns nehmen, während Methyl- oder Holzalkohol sehr viel langsamer oxydiert. Wegen dieser langsamen Oxydation können große Mengen Methylalkohol im Blut akkumulieren und zu Blindheit oder Tod führen. Ein tödliches Gift ist der denaturierte Alkohol, da ihm toxische Substanzen beigemischt sind.

Alkoholmißbrauch hat nicht nur für den Trinkenden, sondern auch für dessen Angehörige und Freunde schwerwiegende negative Folgen.

nungen und Hemmungen nehmen ab, der Trinkende erlebt vielleicht ein umfassendes Gefühl der Verbundenheit mit anderen und des Wohlbefindens. Allerdings werden manche Menschen in diesem Stadium auch mißtrauisch und sogar gewalttätig. In größeren Mengen beeinträchtigt Alkohol komplexe Denkprozesse, die motorische Koordination, das Gleichgewicht, Sprache und Wahrnehmung. In diesem Stadium werden manche Menschen depressiv und ziehen sich zurück. Alkohol stumpft gegen Schmerz ab und wirkt in größeren Dosen sedierend und einschläfernd. In Zeiten, als man noch nicht über unsere heutigen Anästhesietechniken verfügte, setzte man Patienten vor einer Operation häufig unter Alkohol.

Auswirkungen auf das Verhalten

Wie Untersuchungen zeigen, sind die Kurzzeitwirkungen von Alkohol auf Geselligkeitstrinker komplex. *Jones* und *Parsons* (1975) nennen eine Reihe von Experimenten, die unter anderem ergaben, daß Alkoholeffekte davon abhängen, ob sich jemand auf dem Weg zur Trunkenheit oder zur Ausnüchterung befindet. In einem solchen Experiment untersuchten *Jones* und *Parsons* (1971), wie es unter Alkoholeinfluß um die Fähigkeit bestellt ist, abstrakte Probleme zu lösen. Alkoholisierte Probanden, die sich auf der fallenden Kurvenseite, also auf dem Weg zur Nüchternheit befanden, schnitten bei einem bestimmten Blutalkoholspiegel signifikant besser ab als Probanden mit gleichem Alkoholspiegel, aber auf der aufsteigenden Seite der Kurve. Man denkt in einem bestimmten Stadium des Rausches also offensichtlich besser bei sinkender als bei steigender Trunkenheit. Ein ähnlicher Zusammenhang fand sich zwischen dem Kurzzeitgedächtnis und zunehmender Nüchternheit beziehungsweise Trunkenheit (*Jones*, 1973).

Untersucht man die Auswirkungen von Alkohol auf die Sexualität, findet sich bestätigt, was schon eine Figur in Shakespeares *Macbeth* sagte: „Buhlerei befördert und dämpft er zugleich" (*Macbeth*, II. Akt, 3. Szene). Im ersten Experiment zum Einfluß von Alkohol auf die Physiologie der sexuellen Reaktivität maß man mit Hilfe eines Plethysmographen die Durchblutung des Genitalbereichs (vgl. Kasten 12.2). *Farkas* und *Rosen* (1976) ließen männliche Probanden jeweils eines von vier unterschiedlichen Getränken trinken, deren Alkoholkonzentration von 0% bis 0,075% – was etwa fünf starken Whiskys entspricht – reichten. Der Geschmack der Getränke verriet nichts über die Menge des enthaltenen Alkohols. Dann sahen die Männer einen erotischen Film. Je mehr Alkohol sie getrunken hatten, um so schwächer war ihre Erektion. Im Labor gilt also: Je mehr Alkohol, desto weniger „Leistungskraft".

Reagieren Frauen ähnlich? Eine Untersuchung von *Wilson* und *Lawson* (1976) bestätigte, daß auch bei Frauen die physiologisch meßbare sexuelle Erregung nach dem Genuß einer größeren Menge Alkohol geringer war. Aber wenn die Frauen *glaubten*, Alkohol getrunken zu haben, fühlten sie sich eigenen Angaben zufolge sexuell erregt, obwohl ihr vaginales Blutvolumen – bei stärkerer Alkoholisierung – von wenig Erregung kündete. Einmal mehr muß der Psychologe zugestehen, daß der Dichter aus Stratford upon Avon ein großer Menschenkenner war.

Es sieht so aus, als hätten manche Kurzzeiteffekte kleiner Alkoholmengen mehr mit dem Glauben an die Wirkung der Droge zu tun als mit chemischen Reaktionen. Alkohol, so glaubt man gemeinhin, stimuliere die Aggression, reduziere Angst und steigere die sexuelle Reaktivität. Aber diese Reaktionen sind möglicherweise gar nicht dem Alkohol selbst zuzuschreiben, sondern dem Glauben an seine Wirkung. Man ließ Probanden glauben, sie würden mit einem – in Wirklichkeit alkoholfreien, aber geschmacklich manipulierten – Getränk ein bestimmtes Quantum Alkohol zu sich nehmen. Sie tranken und wurden aggressiver (*Lang* et al., 1975), sexuell erregter (*Wilson* und *Lawson*, 1976) und weniger ängstlich (*Wilson* und *Abrams*, 1977). Tatsächlich benehmen sich nüchterne Probanden, die glauben, Alkohol getrunken zu haben, manchmal genauso wie ihre wirklich angetrunkenen Kollegen. Wieder einmal ist bewiesen, daß Kognitionen Verhalten nachhaltig beeinflussen.

Langzeiteffekte von anhaltendem Alkoholkonsum

Die möglichen Langzeitfolgen anhaltenden Trinkens veranschaulicht folgende Fallgeschichte:

Als der Patient, ein lediger, stellungsloser Arbeiter, im Alter von 24 Jahren zum erstenmal in ein staatliches Krankenhaus eingewiesen wurde, konnte er bereits auf eine lange Geschichte antisozialen Verhaltens zurückblicken. Er hatte sehr promiskuitiv gelebt und war abhängig von Alkohol und anderen Drogen... Er war achtmal für kurze Zeit in privaten Alkoholikerkliniken gewesen, war mehrfach wegen öffentlicher Trunkenheit und Trunkenheit am Steuer festgenommen worden und hatte zweimal eine Haftstrafe wegen Körperverletzung zu verbüßen.

Der Patient war in einer Kleinstadt als Sohn einer wohlhabenden und angesehenen Familie aufgewachsen. Sein Vater, ein ebenso erfolgreicher wie bekannter und beliebter Geschäftsmann, hatte stark getrunken, und sein Tod im Alter von 57 Jahren ging sicher zum Teil auf das Konto seines exzessiven Alkoholkonsums.

Auch seine Mutter trank bis zum Exzeß. Die Eltern kümmerten sich wenig um den Sohn und überließen ihn den Kindermädchen. Er war noch sehr klein, als sein Vater ihm beibrachte, die Gäste des Hauses mit Drinks zu versorgen. Und er war noch nicht sechs, als er anfing, die Gläser bei den Partys auch zu leeren. Mit zwölf trank er jedes Wochenende fast einen halben Liter Spirituosen, und mit siebzehn drei Flaschen täglich. Sein Vater versorgte ihn mit Geld und deckte ihn, wenn man ihn betrunken am Steuer oder bei anderen alkoholbedingten Vergehen erwischte.

Die High School mußte er bereits im ersten Jahr wieder verlassen, weil er einen Lehrer geschlagen hatte. Auf einer Privatschule hielt er bis zur elften Klasse durch, dann fälschte er sein Geburtsdatum und ging zur Luftlandetruppe der Armee. Nach seiner Entlassung war er sechs Monate arbeitslos. Er trank stark und mußte wiederholt in einem Sanatorium behandelt werden. Man fand eine Stelle für ihn, die er nach einem Monat wieder kündigte. Nach seiner dritten Festnahme wegen Trunkenheit am Steuer mußte er ins Gefängnis. Sein Vater holte ihn gegen Bürgschaft heraus, drohte aber dieses Mal, ihm den Geldhahn zuzudrehen. Der Patient verließ seine Heimatstadt und schlug sich als Hilfsarbeiter durch – irgend etwas Nützliches hatte er nie gelernt –, kehrte aber nach dem Tod seines Vaters nach Hause zurück. Es folgten Gefängnisaufenthalte wegen Trunkenheit, weil er seiner Mutter ein blaues Auge geschlagen hatte, als er sie mit einem Freund überraschte und weil er sich entgegen den Bewährungsauflagen weiterhin betrank. Bei einem Fluchtversuch schlug er einen Gefängniswärter nieder und verletzte ihn schwer, was ihm zwei weitere Jahre Gefängnis eintrug. Nach seiner Entlassung beschränkte er sich nicht mehr auf Alkohol, sondern nahm zusätzlich auch Sedativa, Stimulantien und Narkotika (*Rosen, Fox* und *Gregory*, 1972, S. 312).

Auswirkungen auf das Verhalten

Früher nahm man an, die Entwicklung zum Alkoholiker verlaufe in ganz bestimmten, immer gleichen Etappen. *Jellinek* (1952) untersuchte die Lebensgeschichte von 2000 Alkoholikern und beschrieb vier Stadien auf dem Weg zur Sucht. In der *präalkoholischen* Phase trinkt der spätere Alkoholiker aus Geselligkeitsgründen, betrinkt sich gelegentlich auch wohl, um Spannungen loszuwerden und Probleme zu vergessen. In der zweiten, der *prodromalen* Phase wird vielleicht schon heimlich getrunken, und es kommt eventuell zu ersten blackouts. Der Trinker nimmt wahr, was um ihn herum vorgeht, er spricht zusammenhängend und macht bei allem, was er tut, keinen besonders betrunkenen Eindruck. Aber später erinnert er sich an nichts von alledem. Der Alkohol wird mehr und mehr zur Droge.

Die dritte Phase nennt *Jellinek* die *kritische*, weil der Alkoholiker nunmehr Gefahr läuft, alles zu verlieren, was ihm wichtig ist. Die Kontrolle über das Trinken hat er bereits verloren. Nach dem ersten Glas trinkt er weiter, bis er nicht mehr kann. Auch seine soziale Anpassung nimmt Schaden. Er trinkt jetzt auch tagsüber, was sich vor Familie, Arbeitgeber und Freunden nicht mehr verbergen läßt. Er ernährt sich schlecht, trinkt zum erstenmal ununterbrochen und exzessiv über mehrere Tage und hat, wenn er aufhört, möglicherweise seine ersten Halluzinationen und sein erstes Delir. In diesem Stadium kann er das Trinken noch einstellen. Er kann Wochen und sogar Monate abstinent bleiben, aber mit dem ersten Schluck fängt alles von vorne an.

Im letzten, dem *chronischen* Stadium wird ohne Unterbrechung getrunken, und es kommt häufig zu mehrtägigen Trinktouren. Der Alkoholiker in diesem Stadium lebt nur noch, um zu trinken. Sein Körper hat sich so an Alkohol gewöhnt, daß er ohne Entzugserscheinungen nicht darauf verzichten kann. Im Notfall trinkt er alles, was Alkohol enthält, sei es Rasierwasser, Haarwasser oder ein Medikament. Er leidet an Unterernährung und anderen physiologischen Veränderungen. Er vernachlässigt sein Äußeres und hat so sehr an Selbstachtung eingebüßt, daß er sich für nichts mehr schämt. Schließlich werden ihm auch Heim, Familie, Freunde, Beruf und sozialer Status gleichgültig.

Jellineks Beschreibung hat es zu großer Popularität gebracht, wird aber von der Forschung nicht immer bestätigt. *Goodwin*, *Crane* und *Guze* (1969) stellten fest, daß es bei mäßigem Trinken *nicht* zum Erinnerungsverlust kommt und daß viele Alkoholiker überhaupt nie einen Blackout hatten. Neuere Befunde lassen es auch fraglich erscheinen, daß, wie weithin angenommen wird, bereits ein einziges Glas den unwiderstehlichen Drang auslöst, weiterzutrinken (*Marlatt, Demming* und *Reid*, 1973). Alkoholiker, die mit einem Initialschluck „gezündet" wurden, aber glaubten, Nicht-Alkoholisches zu sich zu nehmen, tranken anschließend nicht mehr als Geselligkeitstrinker. Und schließlich ist der Übergang vom Problemtrinken zum Alkoholismus weniger einheitlich, als *Jellinek* annahm. Eine Nachuntersuchung von Problemtrinkern innerhalb von vier

Theaterplakat aus dem 19. Jahrhundert, das ein Stück über die Übel des Alkohols ankündigt.

Jahren ergab ganz unterschiedliche Ergebnisse (*Clark* und *Cahalan*, 1976).

Wie eine wachsende Anzahl von Forschungsarbeiten zeigt, entzieht sich auch der weibliche Alkoholismus *Jellineks* Schema. Frauen fangen im allgemeinen später an zu trinken als Männer, und Anlaß ist sehr häufig eine ungewöhnlich belastende Erfahrung, etwa der Tod des Ehemanns oder eine schwere Familienkrise. Dafür werden Frauen schneller von Problemtrinkerinnen zu Alkoholikerinnen. Frauen trinken beständiger als Männer und meistens allein. Sie neigen auch weniger zu Trinktouren (*Hill*, 1980; *Wolin*, 1980).

Physiologische Auswirkungen

Chronisches Trinken führt nicht nur zu psychischem Niedergang, sondern auch zu schweren physiologischen Schädigungen. Kaum ein Gewebe oder Organ bleibt vom chronischen Trinken unbeeinflußt. Die Unterernährung kann ein ernstes Ausmaß erreichen. Weil Alkohol dem Körper Kalorien zuführt – ein knapper halber Liter Schnaps kann bereits die Hälfte des täglichen Kalorienbedarfs decken –, nehmen Alkoholiker oft nur noch wenig Nahrung zu sich. Aber Alkoholkalorien sind „leere" Kalorien. Sie enthalten keinen jener Nährstoffe, die der Körper zum gesunden Funktionieren braucht. Alkohol beeinträchtigt die Verdauung der Nahrung und trägt so auch direkt zur Unterernährung bei. Für den schweren Gedächtnisverlust älterer Alkoholiker (*Korsakow*-Syndrom, vgl. S. 775) macht man einen Mangel an Vitaminen des B-Komplexes verantwortlich. Die drastische Einschränkung der Eiweißzufuhr führt zur Leberzirrhose, einer Krankheit, bei der Leberzellen durch die Einlagerung von Fett und Protein in ihrer Funktion beeinträchtigt sind und durch das Absterben von Zellen ein Entzündungsprozeß in Gang gesetzt wird. Im nächsten Stadium kommt es zur Entwicklung von Narbengewebe und zur Beeinträchtigung der Blutzirkulation. In den Vereinigten Staaten ist die Leberzirrhose die achthäufigste Todesursache und jährlich sterben 5 von 100000 Menschen an alkoholbedingter Zirrhose – eine Zahl, die sich seit vielen Jahren nicht geändert hat (*Malin* et al., 1982). Die Krankheit ist bei weiblichen Alkoholkranken häufiger als bei männlichen. Alkohol an sich beeinträchtigt auch Leberfunktionen und schädigt Leberzellen. Weitere alkoholbedingte physiologische Veränderungen sind Schädigungen der endokrinen Drüsen und der Bauchspeicheldrüse, Herzversagen, Bluthochdruck und kapillare Hämorrhagien, die für das Anschwellen und die Rötung des Gesichts, insbesondere der Nase bei chronischen Trinkern, verantwortlich sind. Langanhaltender Alkoholkonsum scheint auch – insbesondere in den Frontallappen – zur Schädigung von Hirnzellen und damit zur Hirnrindenatrophie und anderen Strukturveränderungen zu führen (*Parsons*, 1975).

Starker Alkoholkonsum während der Schwangerschaft kann das Wachstum von Fötus und Säugling verzögern und Anomalien an Schädel, Gesicht und Gliedmaßen und geistige Behinderung verursachen. Man nennt das ein *fetales Alkoholsyndrom*. Sogar mäßiges Trinken kann sich schädigend auf den Fetus auswirken, was das *National Institute on Alcohol Abuse and Alcoholism* dazu veranlaßt hat, während der Schwangerschaft zu völliger Abstinenz zu raten (*Alcohol, Drug Abuse and Mental Health Administration News*, 2. Mai 1980).

Abrupter Alkoholentzug hat unter Umständen ziemlich dramatische Folgen, denn der Körper hat sich an die ständige Alkoholzufuhr gewöhnt. In vielen Fällen fühlt sich der Patient angsterfüllt, depressiv, schwach, rastlos und kann nicht schlafen. Es kann zu einem ausgeprägten Tremor insbesondere der kleinen Muskulatur der Finger, des Gesichts, der Augenlider, der Lippen und der Zunge kommen, der Puls beschleunigt sich, Blutdruck und Körpertemperatur steigen. Der Patient schwitzt stark und seine Pupillen reagieren nur sehr langsam auf Veränderungen der Lichtverhältnisse. Nach einigen Jahren starken Trinkens kann ein plötzlicher Abfall des Blutalkoholspiegels auch in ein *Delirium tremens* münden. Der Patient deliriert und zittert. Er hat überwiegend visuelle, zuweilen aber auch taktile Halluzinationen. Unangenehmes und sehr lebhaftes Getier – Schlangen, Schaben, Spinnen und dergleichen – scheint die Wände hinauf oder über seinen Körper zu kriechen, zuweilen auch das ganze Zimmer zu füllen. Fiebernd, desorientiert und voll Angst und Schrecken kratzt sich der Alkoholiker vielleicht wie rasend, um das Ungeziefer loszuwerden, oder er kauert sich in eine Ecke, um einer vorrückenden Armee niegesehener Lebewesen zu entkommen.

Steigt das Fieber weiter, werden viele Gehirnzellen zerstört. Das Nervensystem kann so gestört sein, daß physiologische Funktionen aus dem Gleis geraten. Manchmal hört der Patient auf zu atmen, und sein Körper schüttelt sich in Krämpfen. Ein Alkoholiker mit schweren Entzugssymptomen gehört ins Krankenhaus, wo er sofort medizinisch betreut werden kann, sonst besteht Lebensgefahr.

Das Delirium und die kurzdauernde Änderung wesentlicher Körperfunktionen (Paroxysmen) sind sichere Zeichen dafür, daß Alkohol eine suchterzeugende Droge ist. Auch Toleranzsteigerung ist nachgewiesen. Wie *Mello* und *Mendelson* (1970) feststellten, können manche Alkoholiker einen Liter Bourbon am Tag trinken, ohne Anzeichen von Trunkenheit erkennen zu lassen. Zudem war der Blutalkoholspiegel nach einem Alkoholkonsum, den man gewöhnlich als exzessiv bezeichnen würde, überraschend niedrig.

Obwohl für die Toleranzsteigerung unter anderem sicher Veränderungen der Alkohol metabolisierenden Leberenzyme verantwortlich sind, ist, davon sind die meisten Forscher inzwischen überzeugt, auch das zentrale Nervensystem daran beteiligt. Alkohol kann z.B. die Flüssigkeit in den Nervenzellenmembranen vermehren und dadurch die elektrische Leitfähigkeit im Gehirn verändern (*National Institute on Alcohol Abuse and Alcoholism*, 1983).

Kurz, *die psychischen, physiologischen und sozialen Folgen andauernden Alkoholmißbrauchs sind äußerst schwerwiegend*. Nicht nur der Alkoholiker selbst ist in seinen Funktionen schwer gestört, auch die Menschen, die mit ihm zu tun haben, leiden. Die Gesellschaft leidet ebenfalls, denn ein Alkoholiker ist zu einem geregelten Arbeitsleben kaum in der Lage. Die Gesamtkosten – für den Alkoholnachschub, den Arbeitszeitausfall, die verursachten Verkehrsunfälle, für Ärzte und Psychologen – gehen jährlich in die Milliarden. Das noch viel verheerendere menschliche Leid ist in Zahlen nicht auszudrücken.

Theorien des Alkoholismus

Wenn wir versuchen wollen, den Alkoholismus zu verstehen, müssen wir zunächst unterscheiden zwischen Bedingungen, die jemanden zum Trinken *bringen*, und Bedingungen, die entscheidend dazu beitragen, dieses Verhalten *aufrechtzuerhalten*. Chronisches Trinken kann zur Sucht werden; ein Alkoholiker trinkt schließlich weiter, weil sein Körper nach Alkohol verlangt. Aber das spätere körperliche Bedürfnis erklärt nicht, warum ein Mensch solcherart exzessive Trinkgewohnheiten entwickelt. Versuche, den Ursprung gewohnheitsmäßigen Trinkens zu erklären, stützen sich entweder auf psychologische oder auf physiologische Faktoren. Und innerhalb beider Erklärungskategorien gibt es mehrere Theorien.

Psychologische Theorien

Psychoanalytische Auffassungen. In den meisten psychoanalytischen Darstellungen gilt die *Fixie-*

rung auf der oralen Stufe der Entwicklung als vorrangige Ursache des Alkoholismus. Die frühen Mutter-Kind-Interaktionen, so nimmt man an, haben die Abhängigkeitsbedürfnisse des Kindes auf dieser Reifungsstufe entweder frustriert oder im Übermaß befriedigt. Entsprechend unterschiedlich sind die Funktionen, die die verschiedenen psychoanalytischen Theoretiker dem exzessiven Trinken zuschreiben. *Knight* (1937) vermutete z.B., daß die Erfahrung mit einer überfürsorglichen Mutter im männlichen Alkoholiker das starke Bedürfnis zurückgelassen hat, in Abhängigkeit zu verharren. Bleibt dieses Bedürfnis unbefriedigt, wird er aggressiv und zornig. Diese Impulse wiederum wecken Schuldgefühle. Er trinkt, um dieser Impulse Herr zu werden, aber auch um diejenigen zu bestrafen, die ihm Zuneigung und Zuwendung vorenthalten. Bei *Fenichel* (1945) verläuft die Entwicklung anders: Der von der Mutter vernachlässigte kleine Junge wendet sich dem Vater zu, was unbewußte homosexuelle Wünsche in ihm zurückläßt. Diese unterdrückten Triebregungen zwingen ihn, sich in Bars und Kneipen anderen Männern zuzugesellen und zu trinken, was dem Alkoholiker etwas von der emotionalen Befriedigung gewährt, die er von Frauen nicht bekommen hat. (Welche psychodynamische Bedeutung dem einsamen Trinken zukommt, bleibt ungeklärt.) Bei *Bergler* (1946) steht der selbstzerstörerische Charakter des Alkoholismus im Vordergrund. Die Alkoholsucht, so *Bergler*, ist der Versuch, die schlechte Mutter, mit der der Trinker sich identifiziert, zu zerstören. Empirische Belege gibt es für alle drei Hypothesen kaum.

Andere analytische Erklärungen beschreiben exzessives Trinken als einen Abwehrmechanismus, der gegenüber emotionalen Konflikten und Schuldgefühlen erworben wurde. Ganz allgemein scheint man sich vorzustellen, daß das Überich sozusagen alkohollöslich ist.

Lerntheoretische Auffassungen. Auch in lerntheoretischen Erklärungsversuchen des Alkoholismus wird die Vorstellung gestützt, daß Alkohol entlastend wirke. Wie bereits *Conger* (1951) zeigte, kann Alkohol Angst lindern. *Conger* setzte seine Versuchstiere zunächst einer klassischen Appetenz-Vermeidungs-Situaton aus: Nachdem die Tiere gelernt hatten, daß es an einer bestimmten Stelle etwas zu fressen gab, erhielten sie, wenn sie sich ihrem Futter näherten, einen elektrischen Schlag. Dann injizierte man der Hälfte der Tiere Alkohol, woraufhin sie sich der Nahrung bereitwilliger näherten als die Kontrolltiere. Die mit dem Ziel assoziierte Angst war unter dem Einfluß von Alkohol offensichtlich geringer geworden. Diese Untersuchung wurde mehrfach repliziert. Dabei zeigte sich auch, daß ein Konflikt den Alkoholkonsum steigern kann (*Freed*, 1971; *Von Wright, Pekanmaki* und *Malin*, 1971).

Das Trinken von Alkohol, so könnte man daraus ganz allgemein schließen, ist eine gelernte Reaktion, die erworben und beibehalten wird, weil sie seelische Spannungen lindert. Nun wissen wir aber auch um die unangenehmen und schädlichen Langzeitfolgen dauerhaften Alkoholmißbrauchs. Müßten diese extrem negativen Auswirkungen die relativ flüchtige Streßlinderung nach Alkoholgenuß nicht aufwiegen? *Dollard* und *Miller* (1950) boten als Lösung für dieses scheinbare Paradox das Konzept eines *Belohnungsaufschubgradienten* an. Demnach nimmt die Wirksamkeit von Belohnung und Bestrafung, gemessen an ihrem Einfluß auf ein bestimmtes Verhalten, mit der zeitlichen Entfernung von der Reaktion ab. Eine kleine, aber unverzügliche Belohnung ist also wirksamer als eine größere, die der Reaktion nicht unmittelbar folgt. Ähnlich verändert eine Strafe, die nach Tagen, Wochen oder Monaten verabreicht wird, Verhalten sehr viel weniger nachhaltig als eine Strafe, die auf dem Fuße folgt. In diesem Sinne ist die kurzzeitige Spannungslösung nach Alkoholgenuß ein unverzüglicher und ziemlich wirksamer Verstärker. Umgekehrt schrecken die Langzeitfolgen des Alkohols nicht vom Trinken ab, denn sie stellen sich ja erst lange nach dem aktuellen Genuß ein.

Die Theorie, daß der Alkoholiker trinkt, weil Alkohol seine Spannungen mindert, scheint unerklärt zu lassen, warum das Trinken zu einer so dauerhaften Angewohnheit wird. *Nathan* und seine Mitarbeiter (1970) beobachteten hospitalisierte Alkoholiker auf einer eigens eingerichteten Station. Die Patienten konnten sich für Arbeit Punkte gutschreiben lassen und später gegen Alkohol eintauschen. Eigenen Angaben zufolge tranken die Patienten, um sich von Angst und

Der Passah-Seder ist ein gesellschaftlich sanktionierter, zeremonieller Konsum von Alkohol.

Depression zu befreien. Als man jedoch anhand einer Eigenschaftswortliste ihre Stimmung erfaßte, zeigte sich, daß sie nach dem Trinken in Wirklichkeit noch ängstlicher und depressiver waren. Zu ähnlichen Ergebnissen kam auch *Mendelson* (1964).

Eine Untersuchung aus jüngerer Zeit spricht allerdings für die Annahme, daß Menschen trinken, um Spannungen zu mindern. *Sher* und *Levenson* (1982) untersuchten an zwei Gruppen von jungen Männern die spannungsmindernden Eigenschaften von Alkohol. Die Probanden der einen Gruppe waren, wie ihre Antworten auf 49 einschlägige MMPI-Items ergeben hatten, stark alkoholismusgefährdet, für die Probanden der zweiten Gruppe bestand allenfalls ein geringfügiges Risiko. Die Probanden bekamen entweder eine mäßige Menge Alkohol oder gar keinen. Den Streß manipulierte man, indem man ihnen einen elektrischen Schlag oder die Notwendigkeit von Selbstenthüllungen in Aussicht stellte. Alkohol wirkte in dieser Untersuchung tatsächlich spannungsmindernd. Das konnte man sowohl den Angaben der Probanden als auch einer Anzahl physiologischer Messungen entnehmen, die man gemacht hatte, als die Probanden auf den elektrischen Schlag oder ihren Redeauftritt warteten. Allerdings hatte Alkohol diese Wirkung nur auf die offenbar stark alkoholgefährdeten jungen Männer.

Es gibt auch spezifischere Versionen der Theorie. *Hull* vermutet z.B., daß Alkohol mit kognitiven Prozessen interferiert, die Informationen über das Selbst selektieren, und so die Selbstaufmerksamkeit herabsetzt. Alkohol könne also *indirekt* Spannung reduzieren, wenn sich der Betroffene zuvor mit negativen Gedanken über sein Selbst geplagt hat. *Hull* (1981) ließ Probanden – als Maß für Selbstaufmerksamkeit – eine Rede halten und stellte fest, daß unter Alkohol weniger Äußerungen gemacht wurden, die sich mit dem Selbst beschäftigten. Und *Lubin* (1977) wies nach, daß dem unter Alkoholeinfluß schlechten Abschneiden bei einer experimentellen Aufgabe weniger Aufmerksamkeit geschenkt wird. Schließlich weiß *Hull* noch zu berichten, daß sehr gehemmte Probanden nach einem – im Labor manipulierten – Versagen mehr Alkohol trinken als Probanden mit weniger Hemmungen. Offensichtlich trinken sie, um mit dem Versagen und den damit unweigerlich verbundenen negativen Gedanken über das eigene Ich fertigzuwerden. *Hulls* Spezifizierung der Spannungsreduktions-Theorie ist also vielversprechend. Da es noch mehr Bemühungen in dieser Richtung gibt, wird mit der Theorie vermutlich auch weiterhin gearbeitet werden.

Die soziokulturelle Betrachtungsweise. Der Alkoholismus, so hat man behauptet, sei seltener in ethnischen Gruppen, in denen, wie bei Juden,

Italienern und Chinesen, der Alkoholgenuß auf Zeremonien, Mahlzeiten oder Feste beschränkt bleibe. In diesen Gruppen wird Alkohol bei bestimmten Gelegenheiten gebilligt, im Übermaß aber abgelehnt. Andere nationale Gruppen, etwa die Iren und die Engländer, definieren die Umstände, unter denen Alkoholgenuß als angemessen gilt, weniger eindeutig. Empirisch besteht ein enger Zusammenhang zwischen der Menge des in einer Kultur genossenen Alkohols und der Häufigkeit von Alkoholproblemen. Von all den soziokulturellen Variablen, die *Frankel* und *Whitehead* (1981) in ihrer umfassenden Studie untersuchten, erwies sich der durchschnittliche Alkoholkonsum als wichtigster Prädiktor alkoholbedingten Schadens.

Daß in Amerika der *ethnische und kulturelle Hintergrund* bei der Ätiologie des Alkoholismus eine große Rolle spielt, zeigt eine Untersuchung von *McCord, McCord* und *Gudeman* (1959, 1960). Man untersuchte junge Männer, die als Jugendliche bereits einmal an einer Untersuchung teilgenommen hatten. Einige waren inzwischen Alkoholiker geworden. Die Analyse ihrer Lebensgeschichte ergab einen signifikanten Zusammenhang zwischen Alkoholismus und ethnischem Hintergrund. Junge Männer indianischer, west- und osteuropäischer und irischer Abstammung hatten häufiger Alkoholprobleme als Probanden italienischer oder überhaupt romanischer Herkunft. Es bestand auch ein Zusammenhang zwischen Alkoholismus und sozialer Schicht: Aus der Mittelschicht kamen mehr Alkoholiker als aus der Unterschicht.

Soziale und kulturelle Faktoren spielen zwar eindeutig eine wichtige Rolle, reichen aber als Erklärung nicht aus. Die Beziehung zwischen ethnischem Hintergrund und Alkoholismus ist nicht eindeutig. Es gibt jüdische Alkoholiker und nicht jeder Ire ist Trinker. Auch ein Vergleich der verschiedenen Länder fügt sich nicht nahtlos ins Bild. In Irland ist Alkoholismus verhältnismäßig selten, während Italien mit der zweithöchsten Häufigkeit aufwartet.

Wenn sich Epidemiologen mit dem Alkoholismus und den sozialen Kontexten beschäftigen, in denen Menschen leben, folgen sie ihren eigenen Methoden. *Fillmore* und *Caetano* (1980) fanden besonders viele Alkoholiker unter Seeleuten, Eisenbahnarbeitern und Menschen, die im ,,Trinkgewerbe" arbeiteten, d.h. unter Restaurantbesitzern, Barkeepern, Kellnern und mit Alkohol Handelnden. In all diesen Berufen ist Alkohol leicht verfügbar, und starkes Trinken scheint fast Teil des Berufsbildes zu sein. Eine Untersuchung über Alkohol am Arbeitsplatz ergab (*Mannello* und *Seaman*, 1979), daß 14 Prozent der Eisenbahnarbeiter während der Arbeitszeit Alkohol tranken, 5 Prozent betrunken zur Arbeit kamen oder sich während der Arbeit betranken und 20 Prozent, eigenen Angaben zufolge, mit schwerem Kopf und verkatert arbeiteten. Das sind alarmierende Zahlen, wenn man bedenkt, daß das Eisenbahnpersonal täglich für die Sicherheit Hunderttausender von Menschen verantwortlich ist. Vielleicht würde eine Verbesserung der Arbeitsbedingungen, etwa großzügigere Regelungen im Krankheitsfall und besserer Freizeitausgleich für Schichtarbeiter, Abhilfe schaffen.

Physiologische Theorien

Da chronischer Alkoholmißbrauch zur physiologischen Sucht werden kann, hat man auch nach physiologischen Erklärungen dafür gesucht, warum manche Menschen sich ein Trinkmuster aneignen, das zur Sucht führt. Bei Tieren sind Neigung und Abneigung gegenüber Alkohol artbedingt. Durch gezielte Zucht innerhalb einer ,,trinkenden" Spezies kann man Tiere produzieren, die Alkohol den meisten anderen Getränken vorziehen (*Segovia-Riquelme, Varela* und *Mardones*, 1971). Und wir haben Belege dafür, daß Alkoholismus beim Menschen familiär gehäuft auftritt. Wie eine Reihe von Untersuchungen zeigte, haben Kinder und Verwandte von Alkoholikern überdurchschnittlich häufig ebenfalls Alkoholprobleme. Die höheren Konkordanzraten für Alkoholismus bei eineiigen Zwillingen weisen in dieselbe Richtung. Diese Ergebnisse fügen sich zwar in die Theorie der genetischen Weitergabe einer Prädisposition, gleichwohl können die Betroffenen auch zu Alkoholikern geworden sein, weil sie entsprechenden Trinkgewohnheiten ausgesetzt waren.

Man hat jedoch auch adoptierte Kinder von Alkoholikern untersucht, um die Rolle der Vererbung genauer bestimmen zu können (*Goodwin* et al., 1973). Die 174 Probanden wählte man aus 5483 zwischen 1924 und 1947 in Kopenhagen geborenen Babys aus und verteilte sie auf folgende drei Experimental- und Kontrollgruppen:

1. *N* = 67: Ein leiblicher Elternteil – manchmal auch beide Eltern – der Probanden der Experimentalgruppe war wegen Alkoholkrankheit in stationärer Behandlung. Die Probanden kamen innerhalb von sechs Wochen nach der Geburt in nicht-verwandte Adoptivfamilien und hatten keinen Kontakt zu ihren leiblichen Eltern.
2. *N* = 70: Jeder Proband dieser Kontrollgruppe wurde nach Alter und Adoptionszeitpunkt mit einem Probanden der Gruppe 1 parallelisiert. Kein leiblicher Elternteil dieser Kontrollprobanden war je in einer psychiatrischen Klinik behandelt worden.
3. *N* = 37: Die Probanden dieser Kontrollgruppe wurden nach Alter und Adoptionszeitpunkt mit den Probanden der Gruppe 1 parallelisiert. Wenigstens ein leiblicher Elternteil dieser Kontrollprobanden war stationär in einer psychiatrischen Klinik behandelt worden. Bei der behandelten Störung handelte es sich weder um Alkoholismus noch um Schizophrenie.

Tabelle 11.2. Die mit Alkohol zusammenhängenden Probleme von Alkoholikerkindern, die adoptiert wurden und nicht in ihren biologischen Familien aufwuchsen, verglichen mit denselben Problemen bei Kontrollprobanden (aus *Goodwin* et al., 1973)

Probleme	Probanden Prozent (N = 55)	Kontrollpersonen, Prozent (N = 78)
Scheidung	27	9
Irgendeine Form psychiatrischer Behandlung	40	24
Aufenthalt in einer psychiatrischen Klinik	15	3
Trinkprobleme		
Halluzinationen (als Entzugssymptome)	6	0
Kontrollverlust	35	17
Wiederholtes morgendliches Trinken	29	11
Behandelt wegen Alkoholismus	9	1
Diagnostizierter Alkoholismus	18	5

Für die Nachuntersuchung konnte man 133 Probanden der ursprünglichen Stichprobe ausfindig machen und befragen. (Der Anteil derjenigen, die verschollen blieben oder das Interview ablehnten, war in allen drei Gruppen in etwa gleich.) Die zum Zeitpunkt der Nachuntersuchung im Durchschnitt 30jährigen Probanden wurden von einem Psychiater interviewt, der die Gruppenzugehörigkeit seines jeweiligen Gesprächspartners nicht kannte. Gefragt wurde nach Trinkgewohnheiten, Psychopathologie und demographischen Variablen. Da sich die Probanden der beiden Kontrollgruppen in den klassifikatorischen Variablen mit Ausnahme des Klinikaufenthaltes ihrer Eltern nicht unterschieden, faßte man sie für die Analyse zu einer Vergleichsgruppe zusammen. Tabelle 11.2 zeigt die Probleme, in denen sich Experimental- und Vergleichsgruppe signifikant unterschieden.

Wie man sieht, sind die Gruppen anhand der Variablen, die mit Alkohol zu tun haben, leicht zu unterscheiden. Die Ergebnisse deuten also darauf hin, daß bei Männern eine ererbte Prädisposition für Alkoholismus nicht auszuschließen ist.

Spätere Untersuchungen haben *Goodwins* Ergebnisse im allgemeinen bestätigt (z.B. *Cadoret, Cain* und *Grove*, 1980). Bei Adoptivtöchtern ist das Bild weniger eindeutig. *Goodwin* und seine Mitarbeiter (1977) fanden für einen genetischen Beitrag kaum Anhaltspunkte, während eine Untersuchung von *Bohman, Sigvardsson* und *Cloninger* (1981) ergab, daß für Adoptivtöchter dann ein Alkoholismusrisiko bestand, wenn ihre leiblichen Mütter Alkoholikerinnen gewesen waren.

Damit stellt sich die Frage, was als Diathese für Alkoholismus vererbt wird. *Goodwin* (1979) vermutet, daß es die Anlage zur Alkoholtoleranz ist. Um Alkoholiker zu werden, muß man zunächst einmal viel trinken können, mit anderen Worten, man muß in der Lage sein, große Mengen Alkohol zu tolerieren. Vielleicht ist die physiologische Intoleranz der Grund dafür, daß es in manchen ethnischen Gruppen, namentlich bei den Orientalen, so wenig Alkoholiker gibt. Tatsächlich wirkt sich bei 75 Prozent der Orientalen bereits geringfügiger Alkoholkonsum sehr unangenehm aus. Möglicherweise schützen solche unangenehmen Wirkungen der Droge vor Alkoholismus.

Goodwins Hypothese betrifft die Kurzzeiteffekte, etwa die Metabolisierung von Alkohol oder die Reaktion des Zentralnervensystems. Aus Tieruntersuchungen weiß man, daß bei beiden Prozessen genetische Komponenten eine Rolle spielen (*Schuckit*, 1983). In einer noch interessanteren Untersuchung verglich man Probanden mit einer mit Alkoholismus belasteten Familiengeschichte – also eine Risikogruppe – mit Probanden, in deren Familiengeschichte keine Alkoholprobleme verzeichnet waren. Nach 24stündigem Fasten erhielten die Probanden beider Gruppen eine mäßige Dosis Alkohol. Während der folgenden fünf Stunden wiesen die Probanden mit belasteter Familie einen etwa doppelt so hohen Azetaldehyd-Spiegel auf wie die Probanden der Kontrollgruppe – ein Hinweis darauf, daß bei Menschen mit genetischer Prädisposition mit irgendeiner Abweichung des Alkohol-Metabolismus zu rechnen ist (*Schuckit* und *Rayses*, 1979).

Therapie des Alkoholismus

Der Schaden, der dem Trinker selbst, seiner Familie, seinen Freunden, seinem Arbeitgeber und der Gemeinschaft durch den Alkoholismus erwächst, ist ungeheuer groß; dadurch wird in den Vereinigten Staaten der Alkoholismus zum schwersten öffentlichen Gesundheitsproblem. Wie gesagt, lassen sich die menschlichen Tragödien in der Folge dieser häufigsten Form des Drogenmißbrauchs nicht in Dollar bemessen. Die Industrie wendet große Summen für Rehabilitationsmaßnahmen alkoholgeschädigter Mitarbeiter auf, weil man weiß, daß jeder ausgegebene Dollar mit der wiederhergestellten Leistungskraft des Rehabilitierten mehrfach wieder hereinkommt. In Amerika wird in Fernsehen und Rundfunk über die Gefahren des Alkohols aufgeklärt, um Menschen von exzessivem Alkoholgenuß abzuhalten und bereits Süchtige zu ermutigen, sich ihrem Problem zu stellen und sich helfen zu lassen. Man macht die Betroffenen für ihr übermäßiges Trinken vielfach nicht mehr verantwortlich, sondern zieht es vor, sie als krank zu betrachten. Man hofft, sie so von ihren Schuldgefühlen zu entlasten, damit sie alle Kräfte zum Kampf gegen ihre Alkoholsucht mobilisieren können.

Traditionelle Krankenhausbehandlung

Seit vielen Jahren bieten öffentliche und private Krankenhäuser in der ganzen Welt Alkoholikern eine Zuflucht, wo sie ,,trocken" werden und an einer Vielzahl von Einzel- und Gruppentherapien teilnehmen können. Der Alkoholentzug – die *Entgiftung* – kann körperlich wie seelisch sehr qualvoll und ohne ärztlichen Beistand sogar lebensgefährlich sein. In manchen Fällen werden Tranquilizer eingesetzt, um Angst und allgemeines Unbehagen zu lindern. Weil viele Alkoholiker zum Tranquilizer-Mißbrauch übergehen, versucht man in manchen Kliniken statt des üblichen abrupten Entzugs auch den allmählichen Ausstieg ohne Einsatz von Tranquilizern. Auf jeden Fall braucht der Alkoholkranke während des Entzugs Kohlehydratlösungen, Vitamin B und eventuell ein Antikonvulsivum.

Disulfiram, oder Antabus, führt in Verbindung mit Alkohol zu heftigem Erbrechen und soll den Patienten vom Trinken abhalten. Viele Alkoholiker lehnen diese Art der Vorbeugung natürlich ab. Wenn sie sich aber dafür gewinnen lassen, kann Antabus eine sehr wirksame Therapie sein (*Bourne, Alford* und *Bowcock*, 1966). Die Wirkung von Antabus hält etwa vier Tage an. Der alkoholkranke Patient, der das Medikament alle vier Tage nimmt, ist vor einem Rückfall ziemlich sicher. Damit ist sehr wertvolle Zeit gewonnen. Zum erstenmal seit langer Zeit hat er die Chance, den Tag ohne Besäufnis durchzustehen, ein Fußballspiel ohne Bier, ein Geschäftsessen ohne Martinis, einen Abend zu Hause ohne Cocktails zu erleben. Die Probleme hinter der Alkoholabhängigkeit werden offenbar. Der Therapeut kann besser beurteilen, welche Bedürfnisse in der Therapie vorrangig zu bearbeiten sind, und mit etwas Glück hält es jetzt auch der Patient für möglich, ohne Alkohol mit seinen Problemen fertigzuwerden (*Goodwin*, 1982).

Die Anonymen Alkoholiker

Der Welt größte und bekannteste Selbsthilfegruppe sind die Anonymen Alkoholiker (AA), 1935 von zwei ehemaligen Alkoholikern gegründet. Es gibt inzwischen 30 000 Gruppen mit mehr als einer Million Mitglieder in den Vereinigten Staaten und 91 anderen Ländern. Jede AA-Gruppe kommt regelmäßig und häufig zusammen. Neue Mitglieder müssen aufstehen und bekennen, daß sie Alkoholiker sind, ältere „trockene" Mitglieder erzählen die Geschichte ihrer Alkoholkrankheit und berichten von ihrem nunmehr besseren Leben. Die Gruppe bietet emotionale Unterstützung, Verständnis, Rat und Geselligkeit, die den einzelnen aus seiner Isolation befreit. Die Mitglieder sind rund um die Uhr füreinander da und stehen einander bei, wenn einer in Versuchung gerät, wieder zu trinken.

Jedes AA-Mitglied wird davon überzeugt, daß Alkoholismus eine unheilbare Krankheit ist und daß ständige Wachsamkeit notwendig ist, um selbst einem einzigen Drink zu widerstehen, will man nicht wieder dem unkontrollierten Trinken verfallen. Wie wichtig auch die religiöse und spirituelle Seite der Angelegenheit ist, offenbaren die Zwölf Schritte der AA (vgl. Tabelle 11.3).

Inzwischen gibt es auch Selbsthilfegruppen für Familienangehörige und speziell für Kinder von Alkoholikern, die ebenfalls Hilfe und Verständnis brauchen.

Die AA nehmen eine hohe Erfolgsquote für sich in Anspruch, die leider kaum je wissenschaftlich überprüft wurde. Wo das geschehen ist, zeigt sich, daß hier Vorbehalte angebracht sind. Immerhin bleiben etwa 80 Prozent der ehemaligen Mitglieder der Gruppe schließlich fern (*Edwards* et al., 1967). Überdies bleibt ohne Nachfolgeuntersuchungen im dunkeln, wie dauerhaft die Anfangserfolge der AA sind. Da bei Alkoholikern der Rückfall in alte Trinkgewohnheiten eher die Regel als die Ausnahme ist, läßt sich ohne solche Informationen schwer abschätzen, was diese, nach Ansicht vieler, beste Alkoholismusbehandlung wirklich wert ist.

Tabelle 11.3. Die zwölf Schritte der Anonymen Alkoholiker

1. Wir haben bekannt, daß der Alkohol stärker war als wir - daß wir unser Leben nicht mehr in der Hand hatten.
2. Wir sind zu dem Glauben gelangt, daß nur eine Macht, die größer ist als wir, uns unsere Gesundheit wiedergeben kann.
3. Wir haben beschlossen, unseren Willen und unser Leben Gott, *wie wir Ihn verstehen,* anheimzugeben.
4. Wir haben eine gründliche und unerschrockene moralische Bilanz unserer selbst gezogen.
5. Wir haben vor Gott, vor uns selbst und vor einem anderen Menschen bekannt, wie wir gesündigt haben.
6. Wir sind völlig bereit dafür, daß Gott all diese Unzulänglichkeiten unseres Charakters von uns nimmt.
7. Wir haben Ihn demütig gebeten, unsere Unzulänglichkeiten von uns zu nehmen.
8. Wir verzeichneten die Namen all derer, denen wir Unrecht getan haben, um Wiedergutmachung zu leisten.
9. Wir haben bei diesen Menschen, wo immer das möglich war, ohne ihnen oder anderen zu schaden, unmittelbare Wiedergutmachung geleistet.
10. Wir haben nicht aufgehört, persönliche Bilanz zu ziehen, und jeden Fehler sofort bekannt.
11. Wir haben uns in Gebet und Meditation bemüht, unseren bewußten Kontakt mit Gott, *wie wir Ihn verstehen,* zu vertiefen, und nur darum gebeten, daß Er uns seinen Willen offenbare und die Kraft geben möge, ihn auszuführen.
12. Diese Schritte brachten uns spirituelles Erwachen und wir haben versucht, diese Botschaft den Alkoholikern zu bringen, und alles, was wir tun, von diesen Prinzipien bestimmen zu lassen.

(aus *The Twelve Steps and Twelve Traditions*. Alcoholics Anonymous World Services, 1952.)

Aversionstherapie

Im Rahmen der Lerntheorie beschäftigt man sich seit vielen Jahren mit der Behandlung von Alkoholikern. Tatsächlich hatte einer der ersten Aufsätze zur Verhaltenstherapie die aversive „Konditionierung" von Alkoholikern zum Thema (*Kantorovich*, 1930). Bei diesen Verfahren wird dem Problemtrinker jedesmal, wenn er Alkohol anschaut, die Hand nach einem Glas oder einer Flasche ausstreckt oder anfängt zu trinken, ein elektrischer Schlag versetzt, oder man erzeugt bei ihm medikamentös Übelkeit. Bei der sogenannten *verdeckten Sensibilisierung* wird er angewiesen, sich den aversiven Reiz – eine heftige und widerwärtige Übelkeit nach Alkoholgenuß – lebhaft zu vergegenwärtigen (*Cautela*, 1966).

Aus ethischen Gründen mußten sich die Forscher bei der Wahl der aversiven Verfahren sehr beschränken, denn sie alle stellen ja ihrem Wesen nach eine Schädigung dar. Daß einige Patienten nach einer stationären chemischen *Aversionstherapie* nur noch wenig oder gar nicht mehr tranken (*Wiens* und *Menustik*, 1983), muß nicht unbedingt Folge einer Konditionierung sein (*Kazdin* und *Wilson*, 1978). Möglicherweise beruht der Erfolg der Aversionstherapie auch auf einem unspezifischen Placebo-Effekt der Behandlung.

Der Verhaltensvertrag

Etwas vielversprechender scheint es zu sein, mit dem – hospitalisierten – Alkoholiker einen Vertrag zu schließen. Institution und Patient kommen überein, daß letzterer gegen eine bestimmte Belohnung – etwa einen Wochenendausgang oder angenehmere Lebensbedingungen auf der Station – auf exzessives Trinken verzichtet. Läßt sich der Patient von der Notwendigkeit eines solchen Vertrages überzeugen, scheint er es zu kontrolliertem Trinken bringen zu können (*Nathan* und *Goldman*, 1979).

Kontrolliertes Trinken

Bis vor kurzem war man allgemein der Ansicht, bei einem Alkoholiker sei Heilung nur durch vollkommene Abstinenz zu erreichen, da er schon nach dem ersten Schluck keine Kontrolle mehr über seinen Alkoholkonsum habe. Obwohl die Anonymen Alkoholiker weiterhin an dieser Überzeugung festhalten, stellen die oben zitierten Forschungsarbeiten diese angebliche konstitutionelle Schwäche in Frage: Was der Trinker über sich und den Alkohol *glaubt*, scheint eine mindestens ebenso große Rolle zu spielen wie die physiologische Sucht. Da es in unserer Gesellschaft unter Umständen ausgesprochen schwierig ist, dem Alkohol völlig aus dem Weg zu gehen, ist es manchmal vielleicht sogar *besser*, dem Alkoholiker maßvolles Trinken beizubringen. Ganz sicher wird es seiner Selbstachtung zugute kommen, wenn er merkt, daß er ein Problem unter Kontrolle hat und verantwortlich mit seinem Leben umgehen kann.

Als man die ersten Versuche machte, Alkoholikern kontrolliertes Trinken beizubringen, ließ man sie trinken, bis ein mäßiger Rausch und ein mittlerer Alkoholspiegel im Blut erreicht waren, und informierte sie dann, wenn der Blutalkoholspiegel einen bestimmten Prozentsatz überschritten hatte (*Lovibond* und *Caddy*, 1970). Nach einiger Zeit waren die Patienten angeblich selbst in der Lage, ihren Blutalkoholspiegel niedrig zu halten.

Die Erfahrungen mit folgendem Behandlungsprogramm lassen vermuten, daß zumindest manche Alkoholiker lernen können, kontrolliert zu trinken und ihr Leben auch in anderen Bereichen zu ändern (*Sobell* und *Sobell*, 1976, 1978). Alkoholiker, die versuchten, kontrolliert zu trinken, erhielten jedesmal, wenn sie harte Getränke pur trinken wollten und zu schnell oder in zu großen Schlucken tranken, einen elektrischen Schlag. Darüber hinaus nahmen sie an einem Problemlösungs- und Selbstbehauptungstraining teil, sahen Videobänder ihres betrunkenen Selbst und identifizierten die Situationen, die ihren Besäufnissen vorangegangen waren. Auf diese Weise lernten sie, sich weniger destruktiv in der Welt einzurichten. Dieses Vorgehen war erfolgreicher als eine Behandlung mit vollkommener Abstinenz, wobei jegliches Trinken mit einem elektrischen Schlag bestraft wurde. Einige Jahre später wurden die Ergebnisse allerdings scharfen Angriffen ausgesetzt. Viele der kontrolliert trinkenden Patienten tranken im Grunde weiter stark und gaben den Interviewern über ihre wirklichen Trinkgewohnheiten keine Auskunft (*Pendery, Maltzman* und *West*, 1982). Die Frage bleibt weiter umstritten (*Marlatt*, 1983). Viele Forscher und Therapeuten bezweifeln, daß *kontrolliertes Trinken* für Alkoholiker eine gute Lösung ist. Sie fürchten vielmehr, daß sich für viele der Glaube, mit Maßen trinken zu können, als Illusion erweisen wird.

Möglicherweise gibt es eine Lösung für diese offensichtlichen Widersprüche. Wissenschaftler der *Rand Corporation*, einem Forschungsinstitut im kalifornischen Santa Monica, stellten fest, daß für manche Patienten – Alkoholiker unter vierzig mit noch relativ schwach ausgeprägter Abhängigkeit – kontrolliertes Trinken ein besseres Behandlungsziel schien als totale Abstinenz. Für ältere Trinker mit stärker ausgeprägter Sucht galt das allerdings nicht (*Armor, Polich* und *Stambul*, 1976, 1978). Besonders interessant ist, daß manche Alkoholiker nach Absolvierung eines Abstinenz-Programms mit mäßigem Trinken besser zurechtzukommen scheinen als mit völliger Abstinenz (*Marlatt*, 1983). Obwohl es ihr Therapieziel war, das Trinken ganz einzustellen, richteten sich manche Patienten anschließend mit einem Muster mäßigen, gelegentlichen Trinkens ein, wobei die Arbeitsfähigkeit und andere Indikatoren einer erfolgreichen Therapie erhalten blieben.[3]

Inzwischen sind therapeutische Programme zum Erwerb kontrollierter Trinkmuster sehr viel umfassender als jene ersten Versuche, bei denen die Patienten ausschließlich lernten, ihren Blutalkoholspiegel zu kontrollieren. Jetzt lernen sie, schwierige Situationen anders zu bewältigen als mit exzessivem Trinken. Sie lernen, wie man dem sozialen Druck zu trinken widersteht, lernen – zuweilen auch mittels Biofeedback und Meditation – Selbstbehauptung, Entspannung und Streßbewältigung. Körperliche Bewegung und gesündere Ernährung unterstützen sie ebenfalls dabei; sie erfahren auch, daß ein Ausrutscher eine Lernerfahrung sein kann und nicht unvermeidlich zum Rückfall führen muß. Sie untersuchen, was sie bei der Arbeit, in der Familie und im Freundeskreis ganz besonders belastet. Um ihr Trinken kontrollieren zu können, müssen sie in der Lage sein, aktiv und verantwortlich Situationen zu antizipieren, die sie zu Exzessen verleiten könnten, und ihnen zu widerstehen (*Marlatt*, 1983).

[3] Hier stellt sich die Frage der Definition. Sind diese jüngeren Trinker wirklich Alkoholiker? Sie zeigen zum Teil weder Toleranzsteigerung noch Entzugserscheinungen. Vielleicht bezeichnet man sie am besten als „Problemtrinker" (*Lang* und *Marlatt*, 1982), deren Leben durch Phasen der Trunkenheit ernsthaft beeinträchtigt ist, die aber keine eindeutigen Anzeichen körperlicher Sucht erkennen lassen. Betrachtet man den Alkoholismus allerdings als fortschreitende Krankheit, die unerbittlich zu immer stärkerer Sucht führt, sind solche Trinker Alkoholiker im Anfangsstadium, für die als Therapieziel nur völlige Abstinenz in Frage kommt.

Klinische Überlegungen

Die Behandlung von Alkoholikern krankt seit jeher daran, daß Therapeuten häufig unter der unbewiesenen Prämisse arbeiten, exzessives Trinken habe immer dieselben Gründe. So geht ein Analytiker etwa davon aus, daß Problemtrinker unerträglichen Abhängigkeitsgefühlen zu entfliehen suchen. Ein humanistischer Therapeut mag glauben, daß der Trinker in den Alkohol flüchtet, weil ihm der Mut fehlt, sich Problemen zu stellen und sie offen und direkt anzugehen. Ein Verhaltenstherapeut, der auf die Aversionstherapie baut, glaubt, daß man dem Alkohol Attraktion und Wohlgeschmack nehmen müsse, um dem Trinker die Abstinenz zu erleichtern. Aber wie mit anderen Störungen verhält es sich auch mit dem Alkoholismus vermutlich komplexer (*Lazarus*, 1965). Ein weniger eingleisiger und umfassenderer klinischer Ansatz berücksichtigt auch den Stellenwert, der dem Trinken im Leben des Betroffenen zukommt. Eine Frau in einer verzweifelt unglücklichen Ehe, die jetzt, da ihre Kinder in die Schule gehen und nicht mehr ihrer ständigen Aufmerksamkeit bedürfen, die Zeit sinnlos verrinnen sieht, sucht die betäubende Wirkung des Alkohols vielleicht, um ihrem Unglück zu entfliehen und die Zeit zu vergessen. Dieser Frau den Alkohol mit elektrischen Schlägen oder einem Brechmittel zu vergällen, wäre weder einfühlsam noch angemessen. Hier müßte sich der Therapeut auf die Schwierigkeiten in Familie und Ehe konzentrieren und versuchen, die allgegenwärtige seelische Qual zu lindern. Da sie vermutlich wirklich süchtig ist, braucht sie auch Hilfe beim Durchstehen des körperlichen Entzugs. Und da sie sich nicht mehr mit Alkohol betäuben kann, muß sie Kräfte freimachen, um sich den bis dahin vermiedenen Problemen zu stellen. Vielleicht hilft ihr ein Training, das soziale Fertigkeiten einübt.

Zuweilen ist Alkoholismus mit einer weiteren psychischen Störung verbunden. Hier sind insbesondere affektive Störungen und Soziopathie zu nennen (*Goodwin*, 1982). Eine sorgfältige und weitgefächerte Diagnostik ist erforderlich, denn wenn der Patient mit dem Alkohol eine tiefe Depression zu lindern versucht, wird der Erfolg einer reinen Alkoholismus-Therapie kaum von langer Dauer sein.

2. Sedativa und Stimulantien

Bis 1914 wurde Drogensucht in den Vereinigten Staaten zwar nicht gebilligt, aber toleriert. Mit der *Harrison Narcotics Act* von 1914 änderte sich das: Sie erklärte den unbefugten Umgang mit bestimmten Drogen für illegal und den Süchtigen zum Kriminellen. Die Drogen, um die es im folgenden gehen soll und die nicht alle illegal sind, lassen sich zwei allgemeinen Kategorien zuordnen. Die *Sedativa*, auch „downer" genannt, verlangsamen die Aktivität des Körpers und mindern die Reaktionsbereitschaft. Zu dieser Drogengruppe gehören die organischen Narkotika – Opium und dessen Derivate Morphium, Heroin und Kodein – und die synthetischen Barbiturate. Die Drogen der zweiten Gruppe, die sogenannten *Stimulantien* („uppers") wirken auf Gehirn und sympathisches Nervensystem, sie machen wach und steigern die motorische Aktivität. Die Amphetamine sind synthetische Stimulantien, Kokain ist ein natürliches, aus dem Kokablatt gewonnenes Stimulans.

Sedativa

Narkotika

Das *Opium*, ursprünglich die im internationalen illegalen Rauschgifthandel wichtigste Droge, war bereits 7000 v.Chr. den Sumerern bekannt. Sie gaben auch der Mohnpflanze, die dieses Narkotikum liefert, den Namen, unter dem wir sie heute noch kennen und der „Pflanze der Freude" bedeutet. Opium ist eine Mischung aus etwa 18 Alkaloiden, aber bis zum Jahre 1806 waren diese Substanzen, auf denen die Wirkung so vieler natürlicher Rauschmittel beruht, unbekannt. In jenem Jahr gelang es, das Alkaloid *Morphium* – benannt nach Morpheus, dem griechischen Gott der Träume – aus Rohopium zu isolieren. Dieses bitter schmeckende Pulver erwies sich als wirksames Beruhigungs- und Schmerzmittel. Solange man seine Sucht erzeugenden Eigenschaften noch nicht kannte, bediente sich die Schulmedizin seiner häufig und gern. Als sich in den Vereinigten Staaten in der Mitte des vorigen Jahrhunderts die Injektionsnadel einbürgerte, injizierte man Morphium zur Schmerzlinderung direkt in die Venen. Während des Bürgerkrieges behandelte man verwundete und an Bakterienruhr erkrankte Soldaten mit Morphium und viele kehrten süchtig nach Hause zurück. Beunruhigt über ein Medikament, das das Leben der Behandelten zerstören konnte, begannen Wissenschaftler, das Morphium näher zu erforschen. Möglicherweise, so spekulierten sie, war ein Teil des Moleküls für die Schmerzlinderung, ein anderer für die Suchterzeugung verantwortlich. 1874 stellte man fest, daß sich Morphium in ein anderes, ebenfalls sehr wirksames Schmerzmittel verwandeln ließ, und nannte dieses Morphiumderivat *Heroin*. Man setzte es zunächst als Heilmittel gegen die Morphiumsucht ein und gab es anstelle von Morphium Hustensäften und anderen Medikamenten bei. Man behandelte so viele Krankheiten mit Heroin, daß dieses schließlich als G.O.M. – „God's own medicine" – galt (*Brecher*, 1972). Heroin wirkte schneller und stärker als Morphium – und machte noch schneller süchtig. 1909 rief Präsident Theodore Roosevelt zur weltweiten Erforschung von Opium und Opiaten auf.

Opium und seine Derivate Morphium und Heroin bewirken einen euphorischen, benommenen, träumerischen Zustand und manchmal auch eine Beeinträchtigung der Koordination. Heroin besitzt darüber hinaus eine besondere Initialwirkung, den sogenannten „rush", ein warm strömendes, ekstatisches Gefühl unmittelbar nach der Injektion. Der Süchtige ist für vier bis sechs Stunden selbstbewußt und frei von Sorgen und Ängsten. Dann folgt ein Abfall, der fast an Stupor grenzt. Da diese Drogen hemmend auf das Zentralnervensystem wirken, lindern sie Schmerzen. Alle drei sind eindeutig im physiologischen Sinne suchterzeugend, d.h., es kommt sowohl zur Toleranzsteigerung als auch zu Entzugserscheinungen, wenn der Nachschub ausbleibt.

Wir wissen über den Prozeß der Opiatsucht heute sehr viel mehr als noch vor zehn Jahren. Anfang der siebziger Jahre kamen aus verschie-

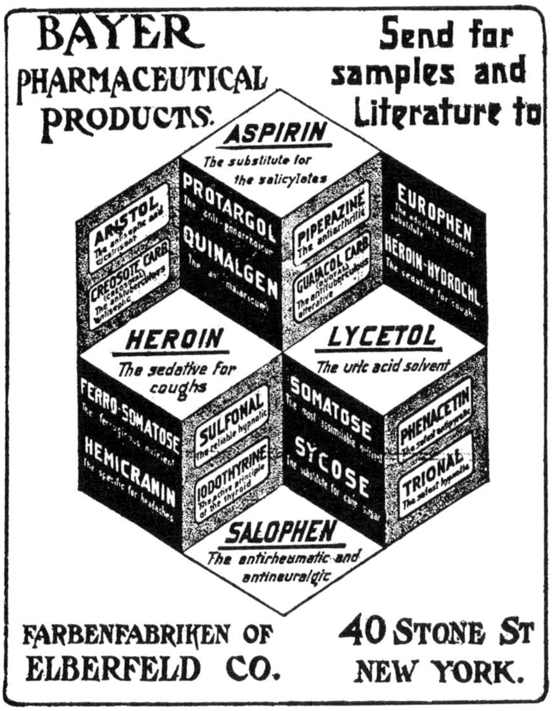

Eine alte Werbung der Bayer-Werke als Beispiel für den legalen Verkauf von Heroin als Hustenmittel.

denen Laboratorien Berichte über spezifische Opiatrezeptoren in Vertebratengehirnen, über Zellkomponenten also, die Opiate an sich binden, was dann zu Euphorie und Schmerzlinderung führt. Da es unwahrscheinlichlich schien, daß sich derartige Rezeptoren entwickelt hatten, um mit von außen zugeführten Opiatalkaloiden zu interagieren, begann die Suche nach vom Körper selbst erzeugten (endogenen) Opiaten. 1975 wurden bei mehreren Spezies – auch beim Menschen – derartige Verbindungen, die sogenannten *Endorphine*, entdeckt (*Goldstein*, 1976). Offensichtlich können wir also alle unsere eigenen Opiate produzieren. Mit den Endorphinen, so glaubt man, erzeugt der Körper sein eigenes Schmerzmittel, und möglicherweise sind sie auch entscheidend an der Entwicklung von Sucht beteiligt. Es ist denkbar, daß der Körper bei Zuführung eines exogenen Opiats, etwa Heroin, die eigene Produktion von Endorphinen einstellt. Bleibt die Zufuhr exogener Substanzen aus, fehlen dem Körper möglicherweise – exogene wie endogene – Opiate und es kommt zu Entzugserscheinungen.

Bei Heroinsucht mit hoher Toleranz können Entzugssymptome bereits acht Stunden nach der letzten Injektion auftreten. In den folgenden Stunden wird der Betroffene unter Muskelschmerzen, Niesen, Schwitzen und Tränenfluß leiden und häufig gähnen. Die Symptome ähneln denen der Influenza. Innerhalb der nächsten 36 Stunden verschlimmern sich die Entzugssymptome. Es kann zu unkontrollierbarem Muskelzukken und zu Krämpfen kommen, Schüttelfrost wechselt mit Hitzewellen und Schweißausbrüchen und Herzfrequenz und Blutdruck steigen. Der Süchtige kann nicht schlafen, erbricht und hat Durchfall. Diese Symptome halten etwa 72 Stunden an und bauen sich dann allmählich innerhalb von fünf bis zehn Tagen ab.

In den Vereinigten Staaten nahm der Heroinkonsum in den sechziger Jahren stark zu, seither schätzt man die Zahl der Süchtigen unverändert auf etwa 400 000 (*Dogoloff*, 1980). Inzwischen ist, wie als erste die *Haight-Ashbury Clinic* in San Francisco bekanntgab, eine neue Form des Heroin auf dem Markt (berichtet in *Leibtag*, 1980). Der sogenannte „Perser" stammt aus dem Iran und ist mit 92% statt der üblichen 2–4% erheblich potenter und konzentrierter als andere, auf der Straße erhältliche Heroinformen. Der Perser wird gewöhnlich nicht injiziert, sondern geraucht oder geschnupft. Diese Art der Drogeneinnahme führt schnell zur Sucht und birgt zudem die Gefahr von Lungenkomplikationen. Wie zu erwarten, nimmt der Entzug von dieser hochkonzentrierten Droge auch einen entsprechend schwereren Verlauf. Die Dealer versuchen dieser neuen Konkurrenz dadurch zu begegnen, daß sie ihr schwächeres Heroin mit Pulverkaffee mischen, um ihm das braune, pulvrige Aussehen des Perser zu geben. Oder – noch gefährlicher, weil Heroin den Atem lähmt – sie verkaufen weniger stark verschnittenes Heroin in Konzentrationen bis zu 50%.

Schwerwiegender noch als die körperlichen sind die sozialen Folgen einer Narkotikasucht. Die Droge und die Jagd nach ihr werden zum Mittelpunkt des Lebens, bestimmt alles Handeln und alle soziale Beziehungen. Da Narkotika illegal sind, muß der Süchtige seinen Bedarf über die

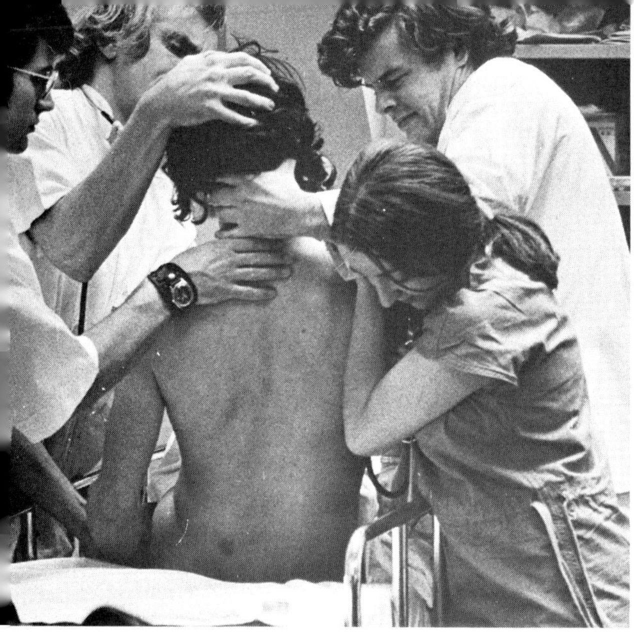

Einige Seiten des Drogenmißbrauchs. (Oben links) Wiederbelebungsversuch nach einer Überdosis Heroin. (Oben rechts) Ein gerade von der Polizei ausgehobenes Lager von „Schußutensilien". (Unten links) Ein Kokain-Beratungs- und Krisentelephon in einem Krankenhaus in New Jersey.

Unterwelt decken. Die Droge ist teuer. Ein Süchtiger braucht oft 100 Dollar und mehr für seine Tagesdosis. Er muß also entweder reich sein oder sich das Geld illegal – etwa durch Prostitution oder Drogenhandel – beschaffen.[4] Kein Wunder also, daß Drogensucht und Kriminalität recht hoch korrelieren, was zweifellos zur weitverbreiteten Ansicht beiträgt, die Drogensucht als solche führe zum Verbrechen.

[4] Inzwischen zeigen neuere Daten, daß der Heroinkonsum auch in den gehobenen sozioökonomischen Schichten zunimmt.

Barbiturate und andere Sedativa

Barbiturate wurden als Schlaf- und Entspannungshilfe synthetisiert und 1903 erstmalig produziert. Seither hat man Hunderte von Barbitursäure-Derivaten hergestellt. Gewöhnlich werden zwei Typen unterschieden: langwirkende Barbiturate zur längerfristigen Beruhigung und kurzwirkende Barbiturate als schnellwirkende Beruhigungs- und Schlafmittel. Letztere gelten gemeinhin als suchterzeugend. Anfangs fanden diese Medikamente begeisterte Aufnahme und wurden fleißig verschrieben. In den vierziger Jahren, als man entdeckt hatte, daß sie süchtig machen, kam es dann aber zu einer regelrechten Kampagne gegen sie und die Ärzte wurden mit ihren Verordnungen zurückhaltender. Heutzutage werden sie in den Vereinigten Staaten in ungeheuren Mengen produziert, genug, wie man schätzt, um jede Frau, jeden Mann und jedes Kind mit fünfzig Tabletten pro Jahr zu versorgen. Ein großer Teil der Produktion wird legal nach Mexiko verschifft, kehrt auf heimlichen Wegen ins Land zurück und gelangt auf den illegalen Drogenmarkt. Bei gemischtem Substanzmißbrauch sind fast immer auch Barbiturate oder andere Sedativa im Spiel.

Barbiturate – auf der Straße werden zumeist Pentobarbital, Secobarbital und Amobarbital angeboten – wirken depressorisch,[5] sie entspannen die Muskeln und führen bei kleinen Dosen zu einem leicht euphorischen Zustand. Bei hohen Dosen wird die Sprache undeutlich und verschwommen und der Gang unsicher. Urteilskraft, Konzentration und Arbeitsfähigkeit können stark beeinträchtigt sein. Der Betroffene verliert die emotionale Kontrolle, wird reizbar und aggressiv und fällt dann in tiefen Schlaf. Sehr hohe Dosen können tödlich sein, weil sich die Zwerchfellmuskeln so weit entspannen, daß der Betroffene erstickt. Wie wir aus Kapitel 9 wissen, wird mit Barbituraten häufig Suizid begangen. Aber viele Barbituratkonsumenten töten sich unabsichtlich, indem sie zusätzlich zur Droge Alkohol trinken, der die depressorischen Effekte von Barbituraten vervielfacht. Bei langem, exzessiven Mißbrauch können Gehirn und Persönlichkeit Schaden nehmen.

Bei längerer Einnahme kommt es zur Toleranzsteigerung. Die Entzugserscheinungen nach abruptem Absetzen sind besonders schwer und langwierig und können sogar zum plötzlichen Tod führen. Delirium, Krämpfe und andere Symptome haben Ähnlichkeit mit den Symptomen eines abrupten Alkoholentzugs. Angemessen verschrieben und eingenommen sind Barbiturate sichere und wirksame Medikamente. Erwirbt man die Droge illegal auf der Straße, läuft man Gefahr, daß man andere Mittel in Barbiturate-Pakkungen kauft oder daß man das Produkt eines Amateurchemikers erwirbt, der möglicherweise nicht weiß, wie man das Mittel von giftigen Nebensubstanzen reinigt.

Es lassen sich drei Typen von Barbituratkonsumenten – und Konsumenten anderer Sedativa wie Valium und Meprobomat – unterscheiden. Die erste Gruppe entspricht dem Stereotyp des Drogenabhängigen, der sich auf dem illegalen Markt versorgt: Jugendliche und junge Erwachsene, meist männlichen Geschlechts und antisozial, die mittels Drogen Stimmung und Bewußtseinszustand ändern wollen und zuweilen mehrere Drogenarten gleichzeitig mißbrauchen. Die zweite Gruppe besteht aus „angesehenen" Bürgern mittleren Alters, denen der Arzt irgendwann einmal gegen Schlaflosigkeit und Angst Sedativa verordnete und die die Dosis dann immer weiter erhöhten, bis sie süchtig waren. Sie sind selten darauf angewiesen, sich die Droge illegal zu beschaffen. Im allgemeinen wird sie ihnen nach Belieben verschrieben, manchmal gehen sie auch, um keinen Verdacht zu erregen, zu mehreren Ärzten. Zur dritten Gruppe gehören Ärzte, Pflegepersonal und andere im Gesundheitswesen Tätige, die leichten Zugang zur Droge haben und ihre mit Ängsten verbundenen Probleme auf diese Weise selbst behandeln (*Shader, Caine* und *Meyer*, 1975; *Liskow*, 1982).

Stimulantien

Amphetamine

Auf seiner Suche nach einer wirksamen Asthmatherapie studierte der chinesisch-amerikanische Forscher *Chen* alte chinesische Beschreibungen von Heilmitteln. Immer wieder stieß er bei dieser Lektüre auf den Wüstenstrauch Mahuang, der als besonders wirksam empfohlen wurde. Nach systematischer Forschung gelang es *Chen*, aus dieser Pflanze, die zur Gattung *Ephedra* gehört, ein Alkaloid zu isolieren. Tatsächlich ließ sich Asthma mit Ephedrin sehr erfolgreich behandeln. Man hielt es auf die Dauer für wenig ökonomisch, das Medikament aus dem Strauch zu gewinnen und suchte bald nach einem synthetischen Ersatz. Ergebnis dieser Suche waren die *Amphetamine* (*Snyder*, 1974).

Als erstes Amphetamin wurde 1927 das Benzedrin synthetisiert. Kaum war es Anfang der dreißiger Jahre als Inhalationsmittel gegen eine verstopfte Nase auf dem Markt, entdeckte man auch seine anregende Wirkung. Ärzte verschrie-

[5] Methaqualonum, ein Sedativum, das unter den Handelsnamen Revonal und Cascan verkauft wird, wirkt ähnlich wie Barbiturate und ist zur gefragten Straßendroge geworden. Es ist nicht nur suchterzeugend, sondern kann zu inneren Blutungen, Koma und überdosiert sogar zum Tod führen.

ben Benzedrin und andere inzwischen synthetisierte Amphetamine gegen leichte Depressionen und als Appetitzügler. Im Zweiten Weltkrieg versorgten beide Seiten ihre Soldaten gegen Müdigkeit und Erschöpfung mit Amphetaminen. Heute setzt man Amphetamine gelegentlich zur Behandlung hyperaktiver Kinder ein (vgl. S. 488).

Amphetamine wie Benzedrin, Dexedrin und Methedrin haben auf das sympathische Nervensystem eine ähnliche Wirkung wie Noradrenalin. Sie werden oral oder intravenös verabreicht und können zur Sucht führen. Sie machen wach, hemmen die intestinalen Funktionen und reduzieren den Appetit – daher ihr Einsatz zur Gewichtsabnahme. Das Herz schlägt schneller und die Blutgefäße in Haut und Schleimhäuten verengen sich. Der Betroffene wird überwach und euphorisch, geht mehr aus sich heraus und verfügt über scheinbar grenzenlose Energie und unbändiges Selbstvertrauen. Bei höheren Dosen können sich Nervosität, Agitiertheit, Verwirrung, Palpitationen, Kopfschmerzen, Benommenheit und Schlaflosigkeit einstellen. Nimmt jemand regelmäßig hohe Dosen zu sich, kann er so argwöhnisch und aggressiv werden, daß er eine Gefahr für seine Umgebung darstellt. Berichten zufolge können hohe Dosen über einen längeren Zeitraum zu einem Zustand führen, der dem der paranoiden Schizophrenie einschließlich der zugehörigen Wahnvorstellungen sehr ähnlich ist. Dieser Zustand hält unter Umständen auch nach Abbau der Droge im Körper an. Häufige hohe Amphetamin-Dosen führen vermutlich zur Gehirnschädigung.

Die Toleranz steigert sich so schnell, daß schon bald eine ganze Handvoll Tabletten nötig wird, um die anregende Wirkung zu erreichen. Bei weiterer Toleranzsteigerung gehen viele Abhängige dazu über, sich Methedrin, das stärkste verfügbare Amphetamin, direkt in die Vene zu spritzen. Die sogenannten ,,speed freaks" halten sich durch mehrfache Injektionen über mehrere Tage hinweg überaktiv und euphorisch, ohne Essen oder Schlaf, bis sie schließlich erschöpft und depressiv für einige Tage zusammenbrechen und schlafen. Danach fängt alles wieder von vorne an. Nach einigen Wiederholungen haben die körperlichen Funktionen wie die sozialen Fähigkeiten des Betroffenen Schaden genommen. Mit seinem unberechenbaren und aggressiven Verhalten kann der ,,speed freak" zur Gefahr für sich und andere werden. Besonders besorgniserregend ist, daß 20 Prozent der High School-Schüler bereits wenigstens einmal Amphetamine genommen haben und die Tendenz gerade bei den jüngeren Jugendlichen steigt (*Goodwin* und *Guze*, 1984).

Kokain

Die ersten Kokablätter brachten die spanischen Konquistadoren mit nach Europa. Heimisch ist der Kokastrauch im Hochland der Anden. Die dort lebenden Indianer pflegen die Blätter zu kauen, die Europäer zogen es vor, koka-haltige Getränke zu brauen. 1844 gelang es, aus den Blättern das Alkaloid *Kokain* zu isolieren, das man anschließend als lokales Anästhetikum einsetzte. 1884 versuchte *Freud*, damals noch junger Neurologe in Wien, seine Depression mit Hilfe von Kokain zu bekämpfen. Überzeugt von seiner Wunderwirkung verschrieb er es einem Freund, der an einer schmerzreichen Krankheit litt und veröffentliche mit seinem ,,Loblied" – einer begeisterten Schilderung ihrer am eigenen Leib erfahrenen aufheiternden Wirkung – eine der ersten Arbeiten über diese Droge.[6] Die kommerzielle Nutzung von Kokablättern begann unter anderem mit dem Erfrischungsgetränk Coca Cola, das 1886 ein Apotheker aus Atlanta zusammenbraute. Zwanzig Jahre lang war Coke ,,das einzig Wahre", bis 1906 der *Pure Food and Drugs Act* verabschiedet wurde und die Hersteller nur noch Kokablätter verwandten, denen das Kokain entzogen worden war.

Kokain lindert nicht nur Schmerz, sondern wirkt auch sehr schnell auf die Hirnrinde, schärft die Wahrnehmung und versetzt für etwa dreißig Minuten in Euphorie. Das sexuelle Verlangen steigt und der Konsument ist erfüllt von Selbstvertrauen, Wohlbehagen und dem Gefühl, niemals müde zu werden. Eine Überdosis kann Schüttelfrost, Übelkeit und Schlaflosigkeit, aber auch einen paranoiden Zusammenbruch und

[6] *Freuds* Begeisterung für das Kokain kühlte ab, als er eine Nacht lang einem befreundeten Kollegen beistehen mußte, der die Droge auf seinen Rat hin genommen hatte und in einen psychotischen Zustand verfiel.

schreckenerregende Halluzinationen von unter der Haut kriechenden Insekten zur Folge haben. Je höher die Dosen des nunmehr in ziemlich reiner Form verfügbaren Kokains werden, um so häufiger landen die Konsumenten in der Notambulanz, und die Wahrscheinlichkeit steigt, daß sie an einer Überdosis sterben (*Kozel, Crider* und *Adams*, 1982).

Kokain kann durch die Nase hochgezogen („geschnupft"), in Pfeifen und Zigaretten geraucht, geschluckt und sogar wie Heroin in die Venen injiziert werden. Manche Süchtige mischen beide Drogen zum sogenannten „speedball", der oral eingenommen wird. Seit den siebziger Jahren praktizieren die Anhänger der Droge ein Verfahren zur Wirkungssteigerung, wie es ähnlich aus Südamerika bekannt ist. Um die wirksamste Komponente des Kokain zu isolieren oder freizusetzen, erhitzen sie das Kokain mit Äther. Die durch diesen Prozeß gereinigte Kokainbase („freebase") ist in ihrer Wirkung extrem. Man nennt sie „weißer Tornado" oder „Baseball" und raucht sie in der Wasserpfeife oder – mit und ohne Marihuana – in einer Zigarette. Schnell über die Lungen aufgenommen und in Sekunden zum Gehirn gelangt, bewirkt Freebase ein intensives, zweiminütiges Hoch, gefolgt von Unruhe und Unwohlsein. Manche Freebase-Raucher gehen auf viertägie Marathontrips (*Goodwin* und *Guze*, 1984). Die Freebase-Herstellung ist ein Glücksspiel, denn Äther ist leicht brennbar. Der Schauspieler Richard Pryor starb fast an den Verbrennungen, die er sich zuzog, als sich der Äther bei der Freebase-Herstellung entzündete.

Der Kokainmißbrauch nahm während der siebziger und beginnenden achtziger Jahre zu. Wie dramatisch diese Steigerung ist, zeigt folgende Statistik: 1974 hatten, so schätzte man, etwa 5,4 Millionen Amerikaner Kokain mindestens einmal versucht; 1982 waren es 21,6 Millionen. Die Anzahl der ständigen Kokainkonsumenten belief sich 1974 auf 1,6 Millionen, 1982 auf 4,2 Millionen (*National Institute on Drug Abuse*, 1983; *Blanken, Adams* und *Durell*, 1984). Insgesamt gesehen, stieg der Kokainkonsum in den oberen Klassen der High Schools 1984 nur leicht, aber in den nordöstlichen Bundesstaaten war eine Steigerung von 40 Prozent zu verzeichnen. In dieser Region bezeichneten sich mehr als 10 Prozent der älteren High-School-Schüler als regelmäßige Kokainkonsumenten (*The New York Times*, 8. Januar 1985).

Kokain wird immer teurer. 1982 mußte jemand, der täglich einmal Kokain schnupfte, wöchentlich 1000 Dollar aufwenden. Schnupft jemand öfter, kostet ihn das zwischen 2000 und 12000 Dollar pro Woche, und eine solche kostspielige Angewohnheit kann man sich nur leisten, wenn man selber mit der Droge handelt oder sehr reich ist (*Siegel*, 1982). Anfang der achtziger Jahre kostete die Unze Kokain (etwa 30 g) 2000 Dollar und übertraf damit den Goldpreis um das Fünffache. In den zwanziger Jahren ein Statussymbol Hollywoods, hat es in den achtziger Jahren diese Bedeutung für Schauspieler, Sportler und andere vermögende Mitglieder der Gesellschaft wiedererlangt. Inzwischen sinkt der Preis und die Droge wird für alle Gesellschaftsschichten zugänglich (*Adams* und *Durell*, 1984).

Macht Kokain süchtig? Bis vor kurzem war man davon überzeugt, daß das nicht der Fall sei. Inzwischen macht sich ein Meinungswandel bemerkbar. Die Frage ist ebenso heiß umstritten wie wissenschaftlich komplex (*Jones*, 1984). Wir glauben, daß die Forschung der nächsten Jahre den suchterzeugenden Charakter der Droge Kokain bestätigen wird.

Aber auch wenn Kokain nicht im engeren Sinne süchtig macht, führt es bei starkem Konsum sicher zu dem, was wir an anderer Stelle psychische Abhängigkeit genannt haben, so daß auch hier die Droge zum Mittelpunkt des Lebens wird. Labor- und Felduntersuchungen zeigen mehr und mehr, daß diese Droge im gleichen Ausmaß von einem Menschen Besitz ergreifen kann wie die erwiesenermaßen suchterzeugenden Drogen. Tiere ziehen Kokain – sogar um den Preis ihres Lebens – Futter und Wasser vor. Und in den Massenmedien mangelt es nicht an Berichten darüber, was sich manche Menschen sozial, seelisch, wirtschaftlich und juristisch antun, um weiterhin an ihre Droge zu kommen (*Grabowski*, 1984).

Kasten 11.1
Unsere wohlschmeckendste Sucht: Koffein

Die vielleicht beliebteste Droge der Welt wird nur in den seltensten Fällen überhaupt als Droge wahrgenommen. Und doch sind ihre Effekte durchaus gravierend, sie führt zur Toleranzsteigerung und bei regelmäßigem Konsum sogar zu Entzugserscheinungen. Jedermann macht seine Witze darüber, gleichwohl werden vermutlich die meisten Leser dieses Buches ihre Entzugserscheinungen heute schon mit der einen oder anderen Dosis bekämpft haben. Die Rede ist natürlich vom Koffein, einer Substanz, die in Kaffee, Tee, Cola und anderen nicht-alkoholischen Getränken, in einigen Mitteln gegen Erkältung und auch in einigen Appetitzüglern enthalten ist.

Als der Kaffee im 15. und 16. Jahrhundert aus Arabien und der Türkei zu uns gelangte, war er Europäern und Amerikanern, wie einst der Tabak, ein Greuel. „Anständige“ Leute fanden es seiner anregenden Wirkung wegen, die manchmal zu „gotteslästerlichem“ Sprechen verführte, gefährlich und unziemlich, ihn zu trinken. Aber sein Siegeszug war unaufhaltsam. Er „belebe den Geist“, befanden die Menschen. Sie mochten seinen Geschmack, und daß dieser sich durch Zugabe von Zucker noch heben ließ, machte das Getränk immer beliebter. 1652 wurde in London das erste Kaffeehaus eröffnet. 1854 fand man auch in Konstantinopel die ersten Kaffeehäuser. Unsere gegenwärtige westliche und weitgehend auch die östliche Kultur sind ohne die Zeremonie und die Geselligkeit des Kaffeetrinkens kaum noch vorstellbar (*Brecher*, 1972).*

Zwei Tassen Kaffee enthalten zwischen 150 und 300 Milligramm Koffein, dessen Wirkung sich bei den meisten Menschen innerhalb einer halben Stunde bemerkbar macht. Der Stoffwechsel intensiviert sich, Körpertemperatur und Blutdruck steigen und es wird – uns allen sicher wohlbekannt – vermehrt Urin produziert. Die Hände können zittern, der Appetit kann abnehmen und – bekannteste aller Koffeinwirkungen – das Schlafbedürfnis schwindet. Extrem hohe Dosen können Kopfschmerzen, Durchfall, Nervosität, schwere Agitiertheit, ja sogar Krämpfe und Tod verursachen. Solche Todesfälle sind allerdings nur dann möglich, wenn hohe Überdosen koffeinhaltiger Tabletten genommen werden, denn im allgemeinen wird die Droge ohne nennenswerte Akkumulation rasch über die Nieren ausgeschieden.

Starke Kaffeetrinker tun sich schwer, wenn sie ihren Tag ohne die übliche Kanne Kaffee beginnen müssen, und plagen sich womöglich mit Entzugserscheinungen wie Kopfschmerzen, Reizbarkeit und Stimmungsschwankungen. Kindern wird Kaffee und Tee gewöhnlich vorenthalten, aber die fürsorglichen Eltern gestatten ihnen ohne weiteres koffeinhaltige Cola-Getränke, Schokolade in trinkbarer und eßbarer Form und koffein- und schokoladehaltige Eiscreme (*Berger* und *Dunn*, 1982). Unsere Koffeinabhängigkeit kann also bis ins zarte Alter von sechs Monaten zurückreichen, nur ihre Form ändert sich, wenn wir erwachsen werden.

---

* Heutzutage sind etliche dieser Tassen Kaffee entkoffeiniert, denn der gesundheitsbewußte Kaffeetrinker will dem Verlangen nach Koffein entgehen. Gleichwohl gilt als „richtiger“ Kaffee weiterhin der koffeinhaltige. Deshalb läßt man es sich seitens der Hersteller viel kosten, der Öffentlichkeit auch entkoffeinierte Kaffeesorten als legitimen Kaffee zu präsentieren.

Theorien über die Ursprünge der Drogensucht

Physiologische Theorien

Vielfach gelten die durch die Drogen bewirkten physiologischen Veränderungen als wichtigster Faktor der Suchtentwicklung. Da die Droge die Physiologie verändert und der Körper sich an die Substanz gewöhnt hat, reagiert er, wenn er sie entbehren muß. Um Entzugsreaktionen zu vermeiden, führt sich der Süchtige die Droge weiterhin zu. Man ist dann wieder der Ansicht, daß die physiologischen Veränderungen zufällig oder aus Neugier hervorgerufen werden. Jemand gerät zufällig an die Droge oder möchte ihre Wirkung erleben. Geschieht das hinreichend oft – wie oft das sein muß, wissen wir nicht –, schnappt die Falle zu: Die Chemie des Körpers hat sich verändert, und Entzugserscheinungen bei Absetzen der Droge werden unausweichlich. Der Süchtige wird als Opfer seiner physiologischen Reaktionen angesehen; er muß die Droge nehmen, um den Unannehmlichkeiten des Entzugs zu entgehen.

Ausubel (1961a) hat diese Interpretation in Frage gestellt und behauptet, daß die Symptome etwa eines Heroinentzugs nicht schwerer seien als die einer schweren Influenza. *Ausubels* Behauptung, daß der Entzug nicht so schlimm sei wie häufig angenommen, wird von Fallberichten gestützt. Allerdings scheint das reinere Heroin, das zunehmend auf den Markt gelangt, die Entzugsprobleme der Süchtigen zu verschlimmern.

Psychologische Theorien

Psychologische Theorien über den Ursprung der Drogensucht betonen gewöhnlich die Spannungsminderung, das Wohlgefühl und den euphorischen Zustand, die die Drogeneinnahme bewirkt. Sie versuchen auch zu erklären, warum bestimmte Menschen diese Wirkungen zu „brauchen" scheinen. Häufig wird ein Zusammenhang zwischen Kriminalität, Drogenmißbrauch und antisozialer Persönlichkeitsstörung hergestellt. In diesem Kontext wäre der Drogenmißbrauch Teil der soziopathischen Verhaltenspalette, die auf „Nervenkitzel" abzielt (vgl. Kapitel 10). Zu erwarten wäre demnach auch, daß ängstliche Menschen vornehmlich Narkotika nehmen, um ihre innere Not zu dämpfen. Drogenabhängige, so hat man festgestellt, erzielen auf verschiedenen Persönlichkeitsfragebögen von der Norm abweichende Werte. Es bleibt jedoch unklar, ob diese Persönlichkeitsmerkmale der Sucht vorausgehen und sie verursachen. Es könnte z.B. sein, daß Drogenabhängige besonders mißtrauisch sind. Daraus zu schließen, daß Mißtrauen ein mitverursachender Faktor der Drogensucht ist, wäre nicht gerechtfertigt, denn möglicherweise ist das Mißtrauen die *Reaktion* des Süchtigen auf seinen illegalen Status als Drogenkonsument.

Man hat in der Familiengeschichte von Drogensüchtigen gewisse Ähnlichkeiten gefunden (*Chein* et al., 1964). Viele Süchtige waren ohne Vater aufgewachsen. Lebte der Vater in der Familie, war er häufig entweder eine Randfigur oder sehr feindselig und kühl. Zuweilen bot er dem späteren Süchtigen auch ein Modell für kriminelles Verhalten. Die Ehe der Eltern war in den meisten Fällen geprägt von stürmischen Auseinandersetzungen. *Chein* und seine Mitarbeiter vermuteten daher, daß für die Persönlichkeitsdefekte von Drogenabhängigen, welcherart sie auch immer sein mögen, in erster Linie der familiäre Hintergrund verantwortlich ist. Im übrigen zeigte sich, daß die ersten Erfahrungen mit suchterzeugenden Drogen keineswegs zufällig sind. Die meisten Süchtigen wurden mit vollem Wissen an die Drogen herangeführt, und zwar nicht von Erwachsenen, sondern von Altersgenossen, was den beiden Faktoren „Neugier" und „sozialer Gruppendruck" besondere Bedeutung verleiht. Auch Verdruß und Langeweile tragen vermutlich ihren Teil bei. In Ghettos, wo Narkotika leicht verfügbar sind und das Leben weitgehend den Gesetzen der Straße gehorcht, ist der Drogenkonsum besonders hoch.

Eine interessante Erklärung für Drogenkonsum und Drogenhandel in Ghettos stammt von *Preble* und *Casey* (1969). Sie glauben, daß hier die Sucht und alles, was damit zusammenhängt, zur Herausforderung und Vollzeitbeschäftigung wird. Um sich die Droge leisten zu können, muß der Süchtige bei seinen Geldbeschaffungsmaßnahmen – sei es Diebstahl, Hehlerei, Drogenhandel oder Prostitution – aktiv und findig sein. Die

Sucht wird zum organisierenden Prinzip seines Lebens, gibt ihm ein Ziel, für das er – nunmehr ein vollbeschäftigter und rühriger Mensch – Tag und Nacht im Einsatz ist.

Therapie von Drogenabhängigen

Im Mittelpunkt der Behandlung Drogenabhängiger steht zunächst die Entgiftung, der Entzug der Droge. Die Symptome des Heroinentzugs sind, abhängig von der Reinheit des konsumierten Heroins, von unterschiedlicher Schwere und reichen von relativ gelinden Angstanfällen, Übelkeit und Ruhelosigkeit über mehrere Tage bis hin zu erschreckenden anfallsweisen Delirien und scheinbarem Wahnsinn. Eine Amphetaminintoxikation läßt sich mit entsprechenden Dosen eines Phenothiazins lindern, eine Medikamentengruppe, die sonst bei der Behandlung der Schizophrenie eingesetzt wird (vgl. S. 708). Dabei ist allerdings zu beachten, daß der Speedabhängige außer Amphetaminen möglicherweise noch andere Drogen genommen hat. Der Barbituratentzug führt zu besonders ernsten, zuweilen sogar lebensgefährlichen Symptomen. Sie setzen etwa 24 Stunden nach Einnahme der letzten Dosis ein und erreichen zwei oder drei Tage später ihren Höhepunkt. Gegen Ende der ersten Woche ist gewöhnlich das Schlimmste überstanden, allerdings kann der Entzug bei starkem Konsum auch einen Monat dauern. Der Barbituratentzug sollte schleichend und nicht abrupt („cold turkey") und nur unter ärztlicher Aufsicht geschehen (*Honigfeld* und *Howard*, 1978).

Der Entzug ist aber nur der erste und ironischerweise der leichteste Schritt auf dem Wege zu Rehabilitation. Den Süchtigen dazu zu bringen, sein Leben auch ohne Drogen zu leben, ist eine mühsame Aufgabe, die für Klient und Helfer mehr Enttäuschung und Trauer bereithält als Erfolge. Trotzdem hat man, vielfach mit finanzieller Unterstützung öffentlicher Stellen, immer wieder nach Wegen gesucht, Süchtigen zu helfen.

Häufig gehört zum Therapieprogramm Heroinsüchtiger die Gabe von *Heroinsubstituten* und *Heroinantagonisten*. Zu ersteren zählen *Methadon* und Methadylazetat, beides synthetische Narkotika. Ursprünglich von *Dole* und *Nyswander* (1966) entwickelt, sollen diese Substanzen ganz gezielt an die Stelle des Heroins treten. Da es ebenfalls Narkotika sind, macht eine erfolgreiche Behandlung aus einem Heroinsüchtigen einen Methadonsüchtigen. Der Betroffene muß einmal täglich – bei Methadylazetat dreimal wöchentlich – in die Klinik kommen und unter Aufsicht Methadon schlucken. Das hat den Vorteil, daß er nicht mehr an der Nadel hängt und zur Befriedigung eines körperlichen Bedürfnisses keine kriminінellen Handlungen mehr begehen muß. Die ersten Berichte waren zwar ermutigend, aber es gab auch Probleme. Zum einen versetzt Methadon nicht in euphorische Stimmung, so daß viele Süchtige, sowie sich die Gelegenheit dazu bietet, zum Heroin zurückkehren. Zum anderen wirkt injiziertes Methadon auf manche Süchtige ähnlich wie Heroin (*Honigfeld* und *Howard*, 1978). Das hatte zur Folge, daß Methadon inzwischen auch illegal gehandelt wird, was natürlich seinem ursprünglichen Zweck zuwiderläuft. Und schließlich steigen viele Süchtige aus der Methadonbehandlung aus.

Cyklazocin und Naloxon sind Heroinantagonisten. Nach einem stufenweisen Heroinentzug erhalten die Süchtigen eines der beiden Medikamente in steigenden Dosen. Damit wird verhindert, daß eine eventuelle spätere Heroininjektion euphorisierend wirkt. Die Heroinantagonisten besitzen eine große Affinität für diejenigen Zellen, an die sich gewöhnlich das Heroin bindet. Ihre Moleküle besetzen die Zellen, ohne sie zu stimulieren, so daß für Heroinmoleküle kein Platz mehr bleibt. Der Antagonist verändert also die Natur des Heroin; es bewirkt einfach nicht mehr die Euphorie, die der Süchtige sucht. Aber wie bei der Methadonbehandlung müssen die Süchtigen auch hier häufig und regelmäßig in die Klinik kommen, was von ihnen Motivation und Verantwortung verlangt. Überdies bleibt das Verlangen nach Heroin erhalten.

Es reicht aber nicht, Drogenmißbrauch nur mit irgendeiner Form von Chemotherapie zu behandeln. Drogen werden aus vielerlei Gründen genommen. Und wenn die Einnahme auch in erster Linie von einer körperlichen Sucht bestimmt wird, ist doch das ganze Lebensmuster des Süchtigen von der Droge beeinflußt. Und jeder, der die Droge aus seinem Leben zu verbannen hofft, muß auch hier ansetzen.

Die Gruppentherapie in Rehabilitationsheimen für Drogenabhängige ist gewöhnlich konfrontierend.

Die Therapie der Drogensucht liegt in den Händen von Psychiatern, Psychologen und anderer im Bereich psychischer Gesundheit Tätiger. Die Drogensucht wird psychotherapeutisch genauso behandelt wie andere Störungen und Fehlanpassungen. Wieweit es den verschiedenen Therapieformen – sei es Psychoanalyse, Verhaltenstherapie oder ein humanistisches Konzept – gelingt, den Teufelskreis der Abhängigkeit zu durchbrechen, ist kaum bekannt (*Liskow*, 1982).

Der wohl am häufigsten verfolgte psychologische Behandlungsansatz sind die bekannten therapeutischen Wohngemeinschaften oder Kommunen nach dem Selbsthilfeprinzip. Erstes Vorbild war Synanon[7], eine von *Charles Dederich* im kalifornischen Santa Monica 1958 gegründete therapeutische Gemeinschaft. Ziel dieser Wohngemeinschaften ist es, Lebensanschauungen und Zukunftserwartungen der Süchtigen so radikal zu ändern, daß Drogen darin keinen Platz mehr haben. *Daytop Village, Phoenix House, Odyssey House* und andere Rehabilitationszentren haben folgende Merkmale gemeinsam:

1. Ein Umfeld, innerhalb dessen keinerlei Drogen verfügbar sind, dafür aber ein ständiges Hilfsangebot besteht, um den Übergang von regelmäßigem Drogenkonsum zu einem drogenfreien Leben zu erleichtern.
2. Die Anwesenheit von häufig charismatischen Rollenvorbildern, ehemaligen Süchtigen, die ihr Leben jetzt offensichtlich ohne Drogen meistern.
3. Direkte, oft brutale Konfrontationen in gruppentherapeutischen Sitzungen, in denen der Süchtige gedrängt wird, die Verantwortung für seine Schwierigkeiten, seinen Drogenkonsum und sein Leben zu übernehmen.
4. Eine Umgebung, in der der Süchtige als Mensch respektiert und nicht als Versager oder Krimineller stigmatisiert wird.
5. Der Süchtige muß alle früheren sozialen Kontakte abbrechen, da man annimmt, daß diese Beziehungen den zur Sucht führenden und die Sucht begünstigenden Lebensstil gefördert haben.

---

[7] Wie sein Gründer *Charles Dederich*, der sich 1980 nicht gerichtlich gegen den Vorwurf des Mordversuchs an einem Anwalt von Synanon-Mitgliedern zur Wehr setzte, dem er angeblich eine giftige Schlange in den Briefkasten praktiziert hatte, stand auch Synanon unter einem Unstern. Es wurde vielfach nachgeahmt, büßte selbst aber schließlich seinen missionarischen und wohltätigen Charakter ein. Seine kommerziellen Unternehmungen machten es groß und reich. Es mußte sich vor Gericht für Gewalttätigkeiten verantworten und dafür, Hilfesuchende gegen ihren Willen festzuhalten.

Die Wirksamkeit dieser Behandlung innerhalb einer Gemeinschaft ist schwer zu beurteilen. Erstens ist der Beitritt freiwillig und die Abbruchquote hoch, so daß diejenigen, die bleiben, keine repräsentative Stichprobe harter Drogenkonsumenten sind. Sie sind vermutlich überdurchschnittlich motiviert, von der Droge loszukommen, ihre Fortschritte verdanken sie also möglicherweise weniger den besonderen Qualitäten des Behandlungskonzepts, als vielmehr, zumindest teilweise, ihrem ungewöhnlich starken Wunsch, sich von ihrer Sucht zu befreien. Zweitens gibt es entweder überhaupt keine professionelle Begleitung, weil man mit „Irrenärzten" und Sozialarbeitern nichts zu tun haben will, oder nur eine sehr marginale. Man hat die Ergebnisse dieser Behandlungsprogramme bisher nie angemessen empirisch untersucht.

3. Nikotin und Zigarettenrauchen

Die Geschichte des Tabakrauchens hat viel Ähnlichkeit mit der anderer suchterzeugender Drogen (*Brecher*, 1972). Die Verbreitung des Tabaks über die ganze Welt begann mit dem ersten Handel, den Columbus mit den amerikanischen Indianern trieb. Bald übernahmen auch Seeleute und Händler die Angewohnheit der Indianer, gerollte Tabakblätter zu rauchen – und auch bei ihnen wuchs, wie bei den Indianern, das Verlangen nach Tabak. Der Tabak wurde geraucht, gekaut oder stark zerkleinert durch die Nase hochgezogen.

Wie suchterzeugend Tabak ist, mag man daran ermessen, was Menschen opferten, um ihren Bedarf zu decken. Im England des 16. Jahrhunderts wurde Tabak Unze um Unze gegen Silber aufgewogen. Arme Leute tauschten das wenige, was sie hatten, für ein paar tägliche Pfeifen ein. Sogar die öffentlichen Folterungen und Hinrichtungen in der Türkei, mit denen Sultan Murad IV. den Tabakgenuß bestrafte, konnten süchtige Untertanen von diesem Kraut nicht abbringen.

Verbreitung und Folgen des Rauchens

Welche Gefahr das Rauchen für die Gesundheit darstellt, hat der *United States Surgeon General* seit 1964 in einer Reihe von Dokumentationen überzeugend belegt. Medizinisch gesehen besteht zwischen langjährigem Rauchen und Lungenkrebs, Lungenemphysem, Kehlkopf- und Speiseröhrenkrebs und einer Reihe von Herzkrankheiten ein – fast mit Sicherheit ursächlicher – Zusammenhang. Eine der zahlreichen Statistiken über die gesundheitlichen Gefahren des Rauchens schätzt, daß die Mortalitätsrate von dreißig bis fünfunddreißigjährigen Rauchern, die täglich zwei Packungen Zigaretten rauchen, etwa doppelt so hoch ist wie die von Nichtrauchern. Und ähnlich wie beim Alkohol sind die sozioökonomischen Kosten für die Gesellschaft beträchtlich: Jährlich gehen 80 Millionen verlorene Arbeitstage durch Ausschußproduktion und 145 Millionen verlorene Arbeitstage wegen Arbeitsunfähigkeit auf das Konto von Rauchern. Die Kosten für die gesundheitlichen Folgeprobleme des Rauchens belaufen sich in den Vereinigten Staaten jährlich auf 30 Milliarden Dollar, und jährlich sterben etwa 350000 Menschen vorzeitig an den Folgen ihrer Nikotinsucht.

All diese Hiobsbotschaften scheinen die Raucher inzwischen nicht mehr ganz unberührt zu lassen. Seit dem ersten Bericht des *Surgeon General* ist der Zigarettenkonsum begrüßenswerterweise zurückgegangen (*Warner*, 1977). Aber immer noch rauchen 54 Millionen amerikanische Erwachsene jährlich 620 Milliarden Zigaretten. Alarmierender noch ist die Tatsache, daß sich das Rauchverhalten männlicher Jugendlicher nicht geändert hat und daß weibliche Jugendliche heute *mehr* rauchen als früher. Besonders schlimm ist, daß Kinder immer früher anfangen zu rauchen.

Daß das Rauchen für junge Leute so anziehend ist, gibt Anlaß zu Besorgnis, denn haben sich Gewohnheit und Sucht einmal eingestellt, ist es sehr schwer, das Rauchen wieder aufzugeben. Seit Beginn der achtziger Jahre rauchen junge Menschen allerdings zunehmend weniger. Forscher vermuten hier einen gewissen Einfluß der öffentlichen Warnungen vor den gesundheitlichen Gefahren des Rauchens. Seit Altersgenossen und Gesellschaft vermehrt Stimmung gegen das Rauchen machen, scheint der „Macho"-Appeal des männlichen Rauchers und das Bild der emanzipiert-überlegenen Raucherin an Anziehungskraft zu verlieren.[8]

Die meisten Raucher sind sich bewußt, daß sie ihre Gesundheit aufs Spiel setzen, und doch stellen sie ihr – wie man es durchaus nennen kann – suizidales Verhalten nicht ein. Einer der geplagtesten Süchtigen war *Sigmund Freud*, der täglich bis zu zwanzig Zigarren rauchte, obwohl er sehr wohl wußte, daß sie sein Herz ernsthaft belasteten und Ursache seines Mundkrebses waren. Später mußte man ihm fast den ganzen Unterkiefer entfernen. Die Prothese, die man ihm einsetzte, saß schlecht, er konnte nur mit großer Mühe schlucken und litt peinigende Schmerzen. Aber immer noch war er unfähig, die Qualen der Abstinenz zu ertragen. Wenn auch viele starke Raucher mit ihren Entwöhnungsversuchen Erfolg haben, sind tragische Fälle wie der von *Freud* sicher keine Ausnahme.

Rauchen gefährdet nicht nur die Gesundheit der Raucher. Der Rauch der brennenden Zigarette enthält höhere Konzentrationen von Ammoniak, Kohlenmonoxid, Nikotin und Teer als der Rauch, der beim Rauchen inhaliert wird. Auch Nichtraucher, die sich häufig und lange in verrauchter Luft aufhalten, können – möglicherweise bleibende – Lungenschäden davontragen (*Bennett*, 1980). Zumindest ist vielen Nichtrauchern der Geruch von Tabakqualm zuwider, und manche Menschen reagieren darauf allergisch. Schwangere Raucherinnen haben häufiger Frühgeburten, ihre Kinder kommen häufiger untergewichtig oder mit einem Geburtsfehler auf die Welt.

[8] Aber junge Menschen tun es älteren Familienmitgliedern genauso nach wie ihren Altersgenossen. In Familien, wo beide Eltern und ältere Geschwister rauchen, raucht ein jüngeres Kind viermal so häufig wie in Nichtraucherfamilien.

In den letzten Jahren haben die Regierungen einiger amerikanischer Bundesländer versucht, das Rauchen an öffentlichen Plätzen und am Arbeitsplatz per Verordnung zu regeln. Am umfassendsten sind diese Regelungen wohl in New Jersey. In Supermärkten, Autobussen und anderen öffentlichen Verkehrsmitteln ist das Rauchen verboten. Restaurants müssen kenntlich machen, ob sie einen Nichtraucher-Bereich haben. An Arbeitsplätzen mit mehr als fünfzig Angestellten muß das Rauchen entweder ganz unterbleiben oder es müssen bestimmte Bereiche dafür vorgesehen sein. Viele Nichtraucher begrüßen derartige Maßnahmen, aber manchmal ist der Druck seitens der Raucher und der Tabakindustrie so stark, daß die entsprechenden Gesetzesvorhaben scheitern. Es gibt auch Raucher, die sich leidenschaftlich gegen diese, wie sie glauben, unzulässige Beschneidung ihrer Rechte zur Wehr setzen.

Ist Rauchen eine Sucht?

Für manche Menschen gehört Rauchen zur Entspannung, anderen hilft es, mit den ständigen Anforderungen unserer leistungsorientierten Gesellschaft fertig zu werden (*Mausner*, 1973). Es befriedigt einen Raucher, die Packung zu öffnen, eine Zigarette herauszunehmen, sie vielleicht mit einem Ende auf eine feste Oberfläche zu klopfen, um den Tabak zu festigen, was vermutlich, namentlich bei Filterzigaretten, völlig wirkungslos ist, die Zigarette anzuzünden und das Streichholz vielleicht mit einem Freund zu teilen und während einer entspannten Unterhaltung oder einer Aufgabe, die – wie das Lesen eines psychologischen Lehrbuches – ihre volle Aufmerksamkeit verlangt, in regelmäßigen Abständen an ihr zu ziehen. Solche sozialen und psychologischen Faktoren darf man nicht außer acht lassen, wenn man zu verstehen versucht, warum Menschen rauchen. Gleichwohl scheint sich immer mehr zu bestätigen, daß das im Tabak enthaltene *Nikotin* eine stark suchterzeugende Droge ist. Es gibt unterschiedliche Typen von Rauchern. Raucher, die mehr als zwei Packungen pro Tag rauchen, sind vermutlich süchtig, während andere, die etwa nur bei geselligen Anlässen und weniger als eine Pak-

Als die schädlichen Auswirkungen des Passivrauchens bekannt wurden, haben einige Stadtverwaltungen das Rauchen in der Öffentlichkeit untersagt.

kung rauchen, zwar Gewohnheitsraucher sind, aber nicht unbedingt süchtig sein müssen.

Von den schätzungsweise über vier Millionen Amerikanern, die jährlich auf eigene Faust das Rauchen aufgeben, werden drei Viertel innerhalb von zwölf Monaten wieder rückfällig. Raucher, die sich das Kraut abzugewöhnen versuchen, berichten von Schlafstörungen, Übelkeit, Kopfschmerzen, Verstopfung, übermäßiger Eßlust, Angst, Konzentrationsschwierigkeiten, Reizbarkeit – kurz, sie zeigen alle Anzeichen und Symptome, wie wir sie aus Filmkomödien oder von Freunden und Angehörigen im Kampf mit ,,Nikotinanfällen" kennen. Diese Entzugssymptome können Wochen, ja sogar Monate anhalten. Wie bei jeder anderen Sucht hilft dagegen am schnellsten ,,ein bißchen mehr desselben", noch eine Zigarette und damit der notwendige Nikotin,,stoß" für den abhängigen Körper. Bei Nichtrauchern gilt der Nikotinsüchtige häufig als willensschwach und rücksichtslos gegen sich und andere. Nach allem, was wir wissen, haben diese Menschen aber mit einer wirklichen Sucht zu kämpfen (*Jarvik*, 1979). Es gibt Schätzungen, nach denen es einen von fünf ehemaligen Rauchern noch nach vielen Jahren Abstinenz gelegentlich nach einer Zigarette verlangt (*Fletcher* und *Doll*, 1969).

Ergebnisse aus *Stanley Schachters* Labor an der Columbia Universität sprechen noch deutlicher dafür, daß Raucher nikotinsüchtig sind. Raucher richten ihren Zigarettenkonsum so ein, daß ihr Nikotinspiegel relativ konstant bleibt (*Schachter*, 1977), und wie es scheint, wird ihr Nikotinkonsum vom pH-Wert (ein Maß für den Säuregrad) des Urins kontrolliert. Anders gesagt, ,,Das Bewußtsein des Rauchers sitzt in der Blase" (*Schachter, Silverstein* und *Perlik*, 1977). Urin-pH und Rauchen hängen wie folgt zusammen: Ist der Urin sauer, wird das Nikotin schneller ausgeschieden. Bei saurem Urin müßte der Raucher seinen Zigarettenkonsum also erhöhen, um das ausgeschiedene Nikotin zu ersetzen. Diese Vorhersage fand sich in der Untersuchung von *Schachter, Kozlowski* und *Silverstein* (1977) bestätigt. Die Raucher erhielten Vitamin C, woraufhin ihr Urin saurer wurde und ihr Zigarettenkonsum stieg. Wenn *Schachter* mit seiner Hypothese recht hat, müßten auch andere Umweltbedingungen, unter denen sich der Säuregrad des Urins erhöht, vermehrtes Rauchen zur Folge haben. Streß scheint ein solcher Umweltfaktor zu sein: Er erhöht den Säuregrad im Urin und läßt Raucher häufiger zur Zigarette greifen (*Silverstein, Kozlowski* und *Schachter*, 1977; *Schachter* et al., 1977). Man kann die üblichen Auswirkungen von Streß sogar durch eine Manipulation abblocken, indem man verhindert, daß der Urin zu sauer wird. Raucher, die Natriumbikarbonat getrunken hatten, das den Urin alkalischer macht, rauchten unter Streß nicht mehr als sonst (*Schachter, Silverstein* und *Perlik*, 1977).

Eine Untersuchung von *Schneider, Jarvik* und *Forsythe* (1984) brachte weitere Bestätigung. Starke Raucher, die das Rauchen aufgeben wollten, kauten entweder ein nikotinhaltiges Kaugummi, um den Nikotinmangel wettzumachen, oder ein Placebo, was wirkliche Nikotinabstinenz bedeutete. Die zweite Gruppe litt signifikant mehr unter Entzugserscheinungen wie Ruhelosigkeit und Verlangen nach einer Zigarette als die erste.

Seit man allgemein darin übereinstimmt, daß Nikotin süchtig macht und daß zumindest starke Raucher nikotinsüchtig sind, stellt sich die Frage nach dem Sinn nikotinarmer Zigaretten. Raucher, die zu solchen Zigaretten übergehen, aber ihr tägliches Quantum nicht erhöhen, werden genau wie plötzlich abstinente Raucher unter akuten Entzugssymptomen zu leiden haben (*Schachter*, 1977). Sie werden folglich mehr von diesen „gesünderen" Zigaretten rauchen oder häufiger daran ziehen und den Rauch tiefer inhalieren. Aus diesem Grund stellt *Schachter* (1978) eine Gesundheitspolitik in Frage, die die Industrie auffordert, vermehrt leichte Zigaretten zu produzieren. Krebs und andere körperliche Schäden werden nicht vom Nikotin, sondern von den Abfallprodukten der unvollständigen Teerverbrennung während des eigentlichen Rauchprozesses verursacht. Folglich sollte man nicht nach der leichten Zigarette rufen, sondern nach der Zigarette mit *hohem* Nikotin- und geringem Teergehalt. So würde der Süchtige mit seiner Droge versorgt, aber das mit dem Teer verbundene Risiko gemindert. Allerdings kann auch Nikotin durch seine stimulierende Wirkung zur Entstehung und Verschlimmerung von Herz-Kreislauf-Krankheiten beitragen. Alles in allem sollte man mit dem Rauchen am besten gar nicht erst beginnen oder, wenn es schon zur Gewohnheit geworden ist, alles daran setzen und auch den Gang zum Therapeuten nicht scheuen, um den Zigarettenkonsum zu reduzieren oder das Rauchen ganz einzustellen.

Therapie des Rauchens und vorbeugende Maßnahmen

Etwa dreißig Millionen Menschen, so schätzt man, haben seit 1964 das Rauchen aufgegeben und 95 Prozent taten das ohne professionelle Hilfe (*National Cancer Institute*, 1977; *U.S. Department of Health and Human Services*, 1982).[9] Manche Raucher begeben sich zu diesem Zweck in spezielle Kliniken oder erarbeiten zusammen mit einem Fachmann einen Entwöhnungsplan. Besonders aktiv auf diesem Gebiet waren die *American Cancer Society* und die *Adventisten*. Und immer mehr Nichtraucher wehren sich dagegen, daß in Restaurants, Zügen, Flugzeugen und öffentlichen Gebäuden geraucht wird. Inzwischen gibt es also erheblich mehr soziale Anreize und Unterstützung zur Raucherentwöhnung als vor zwanzig Jahren, als der *Surgeon General* zum erstenmal vor den schädlichen Folgen des Zigarettenrauchens warnte. Trotzdem bleibt nur etwa die Hälfte der Absolventen von Raucherentwöhnungsprogrammen nach Abschluß ihrer Therapie abstinent; und nur ein Drittel der Kurzzeit-Abstinenten hält es auch nach einem Jahr noch ohne Zigaretten aus (*Hunt* und *Bespalec*, 1974).

Die ermutigendsten Ergebnisse verzeichnen Verhaltensprogramme, insbesondere dann, wenn sie mit dem sogenannten *Schnell-Rauch-Verfahren* (rapid-smoking treatment) (*Lando*, 1977; *Lichtenstein* und *Danaher*, 1977) arbeiten. Dabei muß der Raucher in einem schlecht belüfteten Raum sehr viel schneller als gewöhnlich rauchen, d.h., die Intervalle zwischen den einzelnen Zügen auf wenige Sekunden verkürzen. Die Sitzungen erfolgen täglich und nach einer gewissen Zeit nimmt bei vielen Rauchern das Rauchverlangen ab. Es findet eine aversive Konditionierung statt: Man bedient sich beim „schnellen Rauchen" der natürlichen Folgen der Handlung – also des Rauches – als eines aversiven unkonditionierten Rei-

[9] Inzwischen beschäftigt sich die Forschung auch mit den vielen Rauchern, die das Rauchen ohne Hilfe eines therapeutischen Programms einstellen. Wie bringen die einzelnen das fertig? Wie überstehen sie den Nikotinentzug, diese teuflisch schwere Zeit, die Monate, manchmal sogar Jahre dauern kann? Welche hausgemachten Techniken setzen sie dabei ein? Was haben diese Do-it-yourself-Nichtraucher gemeinsam?

Kasten 11.2
Nikotin-Kaugummi und Nikotin„hunger"

Jeder der unzähligen Nikotin„stöße", die sich der Raucher täglich versetzt, liefert dem Gehirn innerhalb von sieben Sekunden Nikotin. Nikotinhaltiges Kaugummi kann helfen, den Nikotinentzug zu ertragen, der jeden Abstinenzversuch begleitet. Das im Kaugummi enthaltene Nikotin wird sehr viel langsamer und stetiger resorbiert. Indem man die Droge mit dem Kaugummi zuführt, hofft man, den Akt des Rauchens vom „Nikotinstoß" und die Abstinenz vom akuten Nikotin„hunger" oder Entzug abzukoppeln. Langfristig will man den ehemaligen Raucher natürlich in die Lage versetzen, auch den Kaugummikonsum einzuschränken und schließlich ganz auf Nikotin zu verzichten. Doch selbst wenn der Raucher auf das Kaugummi angewiesen bleibt, ist das nach Meinung von Fachleuten immer noch gesünder als die Nikotinaufnahme durch Rauchen.

Einige gut kontrollierte Doppelblind-Studien lassen vermuten, daß das nikotinhaltige Kaugummi in begrenztem Umfang hilfreich ist. Englische Raucher, die Nikotin-Kaugummi kauten, waren nach einem Jahr abstinenter als die Placebo-Gruppe (*Jarvis* et al., 1982). Eine Untersuchungsreihe von *Schneider, Jarvik* und ihren Mitarbeitern (1983) an der Universität von Kalifornien in Los Angeles erbrachte weniger positive Ergebnisse. Am meisten unterschieden sich Nikotin- und Placebo-Gruppen zu einem frühen Zeitpunkt der Behandlung, zwischen drei und sechs Wochen nach Behandlungsbeginn und nach sechs Monaten. Nach einem Jahr hatte es in der Nikotingruppe etliche Rückfälle gegeben – nur noch 30 Prozent waren abstinent –, aber die Nikotinprobanden waren immer noch besser als die Kontrollprobanden, die nur zu 20 Prozent abstinent geblieben waren.

Eine genauere Analyse dieser Ergebnisse förderte Interessantes zutage. Das Nikotinkauen erleichtert die Tabakabstinenz, indem es das benötigte Nikotin auf andere Weise zuführt. Darin liegt die Logik des Verfahrens. Folglich wird jemand, der stark von Zigaretten abhängig ist, mehr davon profitieren als ein weniger abhängiger Raucher, denn einem stark nikotinbedürftigen Raucher wird eine Behandlung, die Nikotin zuführt, mehr entsprechen. *Jarvik* und *Schneider* (1984) teilten die Raucher in der besagten Studie auf der Grundlage ihrer Antworten auf einen von *Fagerstrom* (1978) entwickelten Fragebogen in eine stark abhängige und eine schwach abhängige Gruppe ein. Die Raucher wurden gefragt, wieviel sie inhalieren, ob sie auch an Orten rauchten, wo das Rauchen untersagt sei, ob sie rauchten, wenn sie krank seien, und ob sie starke oder leichte Zigaretten bevorzugten. Tabelle 11.4 zeigt, wie viele Raucher beider Gruppen nach einem Jahr noch abstinent waren. Der Unterschied ist statistisch signifikant und bestätigt – in Replikation einer ähnlichen Untersuchung von *Fagerstrom* (1982) – die Hypothese. In der Placebo-Gruppe zeigte sich eine solche Beziehung er-

zes, um dem Raucher die Lust zu nehmen, an einer Zigarette zu ziehen. Dieses offensichtlich vielversprechende verhaltenstherapeutische Verfahren ist allerdings für manche Raucher, namentlich solche mit Herz- und Lungenbeschwerden, nicht ungefährlich – und gerade sie hätten es besonders nötig, das Rauchen einzustellen (*Horan, Linberg* und *Hackett*, 1977).

Leider wird der Wert der Forschung zur Raucherentwöhnung durch zahlreiche methodische Fehler und Verfahrensmängel beeinträchtigt. Insbesondere haben die meisten Studien es versäumt, mit Hilfe einer Placebo-Gruppe die Rolle von Glaube und Erwartung zu untersuchen (*Pechacek*, 1979). Ohne eine Bewertung von Placebo-Effekten können auch bescheidene Ergebnisse nicht der untersuchten Behandlungsmethode zugeschrieben werden.

wartungsgemäß nicht, denn hier enthielt das Kaugummi kein Nikotin. Die Abstinenzrate von 41 Prozent für Nikotinabhängige ist beträchtlich höher als die Erfolgsrate von 30 Prozent für alle Probanden, bei denen der Grad ihrer Nikotinabhängigkeit nicht berücksichtigt wurde.

Tabelle 11.4. Anzahl von Abstinenten und Rauchern als eine Funktion der Nikotinabhängigkeit (nach *Jarvik* und *Schneider*, 1984)

	Starke Abhängigkeit	Schwache Abhängigkeit
Abstinente	7	0
Raucher	10	8

Therapeutische Unterstützung ist nach Meinung der Autoren ebenfalls wichtig. Dazu gehören in der ersten Woche die Kontrolle, ob auch tatsächlich gekaut wird, tägliche Ermunterung und Gespräche darüber, wie der Abstinenzwillige mit dem immer wieder auftauchenden Rauchbedürfnis umgehen kann. Nach den ersten paar Behandlungswochen hilft das Kaugummi allein nur noch wenig. Es kann dem starken Raucher über die Entzugserscheinungen der ersten Wochen hinweghelfen, aber um weiterhin abstinent zu bleiben, braucht er mehr als nur Ersatz für das Nikotin. Er muß lernen, mit Streß fertigzuwerden, ohne zur Zigarette zu greifen und seinen Weg im Leben ohne die „ständige Begleiterin" zu machen, die ihm die Zigarette im Laufe vieler Jahre des Rauchens geworden ist.

Verhaltenstherapeutische Bemühungen haben sich bisher auf das offene Verhalten des Rauchens konzentriert. Da Gewohnheitsrauchen Suchtcharakter hat, ist es nicht erstaunlich, daß der Erfolg meistens ausblieb. Bessere Behandlungsergebnisse sind realistischerweise wohl erst dann zu erwarten, wenn wir wissen, wie die Sucht zu überwinden ist oder zumindest eine Vorstellung davon haben, wie ehemalige Raucher lernen können, über lange Zeit hin Entzugserscheinungen zu tolerieren. In Kasten 11.2 stellen wir eine vielversprechende neue Methode vor, die zur Raucherentwöhnung nikotinhaltiges Kaugummi einsetzt.

Sucht ist bei starken Rauchern also zweifellos mit im Spiel. Trotzdem erschweren es einem Raucher A und einem Raucher B vielleicht auch psychische Gründe, mit dem Rauchen aufzuhören, und die können bei beiden ganz unterschiedlicher Natur sein. Es ist kaum wahrscheinlich, daß ein und dasselbe Behandlungspaket beiden gleichermaßen hilft. Im wohlgemeinten Eifer, das Rauchproblem zu lösen, hat man entwöhnungswillige Raucher leider jahrelang Standardprogrammen unterworfen. Da Raucher aber vermutlich aus vielerlei Gründen nicht vom Rauchen lassen können, wird man auch vielfältigere Methoden brauchen, um ihnen zu helfen.

Da es so schwierig ist, vom Rauchen zu lassen, wenn Gewohnheit und Sucht sich eingestellt haben, hat sich inzwischen – mit Unterstützung des *Surgeon General* – auch die *Prävention* als Forschungsschwerpunkt etabliert, d.h., man sucht nach Wegen, um junge Leute davon abzuhalten, mit dem Rauchen zu experimentieren. Welche Variablen sind hier am vielversprechendsten? Obwohl schon viele junge Leute die unheilvollen Folgen des Rauchens fürchten und gar nicht erst damit anfangen, scheinen junge wie alte Raucher vor der Tatsache eines erhöhten Risikos, an koronarer Herzkrankheit oder Lungenkrebs zu erkranken, weiterhin die Augen zu verschließen – das „Es wird mir schon nicht passieren"-Syndrom. Nun leben in der Tat viele starke Raucher länger und gesünder als Nichtraucher, obwohl ihr Risiko, an Lungenkrebs zu erkranken, elfmal höher ist. Überdies pflegt die Zeitperspektive junger Menschen begrenzt zu sein. Ein Teenager macht sich mehr Gedanken über das Fest am nächsten Samstag oder die Klassenarbeit am nächsten Freitag als über seine Lebenssituation im Alter von sechzig Jahren.

Aber daß immer mehr Erwachsene das Rauchen einstellen, verändert möglicherweise auch die Rauchgewohnheiten junger Leute. Ob ein bewunderter Lehrer oder Arzt raucht, bleibt auf die Entscheidung eines jungen Menschen, mit dem Rauchen zu beginnen oder weiterzurauchen, vermutlich nicht ohne Einfluß. Interessanterweise klaffen die tatsächlichen und von den Schülern vermuteten Rauchgewohnheiten von Lehrern recht weit auseinander, was eine Intervention nahelegt. In einer Befragung von *Jarvik* et al. (1977) hielten es 70 Prozent der Jugendlichen für wahrscheinlich, daß ihre Lehrer rauchten. Eine andere Befragung hatte jedoch ergeben, daß das nur für 20 Prozent der Lehrer auch tatsächlich zutrifft (*American Cancer Society*, 1976). Vielleicht könnten genauere Informationen dazu beitragen, daß die in ihrer überwiegenden Mehrheit nichtrauchenden Lehrer für ihre Schüler zum Vorbild werden.

Auch Kampagnen in Schulen könnten vorbeugende Wirkung haben. Da der Druck von Altersgenossen erwiesenermaßen einiges bewirkt, haben *Evans* und seine Mitarbeiter (1981) Filme gedreht, in denen sich Teenager nicht von rauchenden Freunden zum Mitrauchen verführen lassen. Man hofft, daß die Kinder solche Selbstbehauptung übernehmen und Aufforderungen zum Mitrauchen ablehnen. *McAlister* hat versucht, auch das Selbstbewußtsein junger Leute zu stärken, denn mit einem guten Selbstgefühl, so glaubt er, sind sie besser dafür gerüstet, sozialem Druck und möglicherweise Spott zu widerstehen (*Alcohol, Drug Abuse and Mental Health Administration News*, 2. November 1979).

Millionen von Amerikanern, die meisten von ihnen vernünftige und intelligente Leute, rauchen Zigaretten, deren Packung die Aufschrift trägt ,,Warnung – Der Surgeon General stellt fest, daß Rauchen Ihre Gesundheit gefährdet“. Verhaltensforscher und Mediziner stehen vor der wichtigen und herausfordernden Aufgabe, genauer herauszufinden, warum Menschen anfangen zu rauchen, warum sie weiterrauchen und warum es für die meisten so schwer ist, diese Gewohnheit aufzugeben.

4. Marihuana

Marihuana besteht aus den getrockneten und zerriebenen Blättern und Blütenspitzen der Hanfpflanze *Cannabis sativa*. Es wird meistens geraucht, kann aber auch gekaut, als Tee getrunken oder in Backwaren gegessen werden. Trocknet man das Harz aus den Spitzen hochwertiger Cannabispflanzen, erhält man das sehr viel stärkere *Haschisch*. Haschisch und Marihuana sind der Menschheit seit Jahrtausenden bekannt und seit Jahrhunderten in der breiten Öffentlichkeit verrufen. Das englische Wort ,,assassin“ (Mörder) ist vom arabischen *hashishāshīn* (Haschischsüchtige) abgeleitet. Zur Zeit der Kreuzzüge nannte man so eine Muslimsekte, die Haschisch nahm und Christen ermordete. Im jungen Amerika wurde die Pflanze in großem Umfang angebaut, aber nicht um ihrer berauschenden Wirkung willen, sondern weil man aus ihren Fasern Tuche und Seile herstellte. Im 19. Jahrhundert entdeckte man die pharmakologischen Eigenschaften des Cannabisharzes und setzte es zur Behandlung von Rheuma, Gicht, Depression, Cholera und Neuralgien ein, rauchte es aber auch zum Vergnügen. Marihuana tauchte in den Vereinigten Staaten bis 1920 kaum auf, aber als der achtzehnte Zusatzartikel zur Verfassung den Verkauf von Alkohol verbot, begann der Marihuanatransport über die mexikanische Grenze. Vornehmlich in den unteren Schichten berauschte man sich nunmehr statt mit Alkohol mit Marihuana. Aufgrund von Presseberichten, die Verbrechen auf den Konsum von Marihuana zurückführten, wurde der Verkauf der Droge 1937 per Bundesgesetz verboten. Heute ist sie in den meisten Ländern, von denen sich viele einer entsprechenden Konvention der Vereinten Nationen angeschlossen haben, illegal (*Goodwin* und *Guze*, 1984).[10]

[10] Wie wir sehen werden, steckt die Geschichte des Marihuana voller Ironien. Eine davon ist, daß es im landwirtschaftsreichen Kalifornien die bedeutendste Handelspflanze ist.

Haschischkonsum in einer mondänen Wohnung in New York City. Das Bild stammt aus einer Ausgabe der Illustrated Police News von 1876 und trägt die Überschrift „Die geheimen Ausschweifungen der New Yorker Schönen: In einer Haschisch-Hölle auf der Fifth Avenue."

Häufigkeit des Marihuanakonsums

In Amerika obliegt es einer Bundesbehörde, dem *National Institute of Drug Abuse* (NIDA), den Drogenkonsum im Land zu untersuchen. Das Institut vergibt zu diesem Zweck Forschungsmittel und veröffentlicht in regelmäßigen Abständen das Ergebnis von Umfragen unter Jugendlichen im Alter von zwölf bis siebzehn, unter jungen Erwachsenen zwischen achtzehn und fünfundzwanzig und Erwachsenen über sechsundzwanzig. Sie alle werden nach jetzigem und früherem Drogenkonsum, Häufigkeit des Drogenkonsums, Art der konsumierten Drogen usw. befragt. Z.B. hatten 1972 14 Prozent der Jugendlichen zwischen zwölf und siebzehn Jahren wenigstens einmal Marihuana geraucht, 1979 waren es 31 Prozent und 1982 27 Prozent. (*Marijuana Research Findings*, 1980; *National Survey on Drug Abuse*, 1979; *National Survey on Drug Abuse*, 1982). Bei den Erwachsenen zwischen achtzehn und fünfundzwanzig waren es 1971 39 Prozent, 1974 53 Prozent, 1979 68 Prozent und 1982 64 Prozent. Man schätzt, daß 13 Prozent der Amerikaner aller Altersstufen regelmäßig Marihuana konsumieren.

Diese Statistiken zeigen, wie verbreitet das Marihuanarauchen von der Grundschule aufwärts ist. Die Droge wird in allen sozioökonomischen Schichten konsumiert, wenn auch im Westen und Nordosten häufiger als in anderen Teilen der Vereinigten Staaten.

Gründe für den Konsum

Mitte und Ende der sechziger Jahre, als sich so viele junge Menschen politisch engagierten, kam dem Marihuanarauchen ganz offensichtlich politische und auch generationentrennende Bedeutung zu. Neben Psilocybin und LSD war Marihuana die erklärte Droge der Jugend. Daß sie illegal war, mag sie für jene, die noch im magischen Alter diesseits der Dreißig waren, besonders anziehend gemacht haben. Und vielleicht waren die harten Strafen für jene, die das Pech hatten, erwischt zu werden, Ausdruck der Abneigung, die das „Establishment", das Normen und Institutionen bedroht sah, dieser langhaarigen, ungeschliffenen und politisch radikalen jungen Gegenkultur entgegenbrachte.

Marihuana blieb seiner angenehmen Wirkung wegen weiterhin beliebt. Die Droge macht „high" und entspannt, und man muß im allgemeinen nicht wie beim Alkohol mit einem Kater dafür büßen. Unter dem Einfluß von Marihuana erweitern sich, wie Konsumenten berichten, Raum und Zeit, die Wahrnehmung wird reicher und intensiver. Für viele wird Marihuana zur leichten Flucht aus dem Alltag. Und viele schätzen die Geselligkeit eines gemeinsamen Joints, das Gefühl der Verbundenheit, wenn man mit Freunden und Bekannten ruhig dasitzt, den Joint kreisen läßt, einander berührt, sich unterhält und gemeinsam Musik hört. Liebhaber von Rockkonzerten und Science Fiction-Filmen machen, so sagen sie, die interessanteren und intensiveren Erfahrungen, wenn sie „high" sind. Nachdem der Marihuanakonsum in den Vereinigten Staaten nunmehr weniger streng bestraft wird und sich Menschen jeden Alters und aller Schichten zu seinen Anhängern zählen, ist die süßliche Marihuanawolke in Parks und sogar in manchen Theatern schon fast etwas Alltägliches.

Die Wirkung von Marihuana

Die Forschung hat sich in den letzten Jahren recht intensiv mit Marihuana beschäftigt. Offensichtlich ist es wie die meisten anderen Drogen nicht ungefährlich. Es war bisher immer so: Je mehr wir über eine Droge wissen, als um so weniger harmlos erweist sie sich. Marihuana ist da keine Ausnahme.

Psychische Wirkungen von Marihuana

Wie bei den meisten Drogen hängt auch beim Marihuana die berauschende Wirkung von der Stärke und Höhe der Dosis ab. Wie gesagt, fühlen sich Marihuanaraucher nach dem Konsum der Droge entspannt und kontaktfreudig. Hohe Dosen führen zu schnellem Stimmungswechsel, Abstumpfung der Aufmerksamkeit, fragmentiertem Denken und Gedächtnisstörungen. Sehr hohe Dosen können Halluzinationen und andere Symptome einschließlich extremer Panik auslösen, wie wir sie ähnlich vom LSD kennen. Am größten scheint die Gefahr solcher negativer Reaktionen generell für Menschen zu sein, die bereits vor dem Griff zu einer psychoaktiven Droge seelische Probleme haben.

Man hat den wichtigsten chemischen Wirkstoff in Marihuana isoliert und Tetrahydrocannabinol (THC) genannt. Seit 1974 kommt das in Amerika erhältliche Marihuana aus Jamaica, Mexiko und Kolumbien und ist etwa zehnmal stärker als das bis dahin gehandelte.[11] Das bis Anfang der siebziger Jahre gängige heimische *Cannabis* enthielt etwa 0,4% THC. In 1979 untersuchten Stichproben waren es über 4%, und ein paar Jahre später bereits 6%. Im Haschischöl, einem konzentrierten flüssigen Marihuanaextrakt, der erst seit kurzem auf der Straße gehandelt wird, fand man sogar 28% THC. Das Bild kompliziert sich allerdings dadurch, daß *Cannabis* neben dem THC noch mindestens 400 weitere chemische Verbindungen enthält, von denen vermutlich viele allein, in Verbindung miteinander oder zusammen mit THC psychisch wirksam sind.

Sehen wir uns die psychische Wirkung von Marihuana näher an. Wie vielfach wissenschaftlich belegt ist, beeinträchtigt Marihuana eine ganze Reihe kognitiver Funktionen. Die meisten dieser Ergebnisse entstammen Laboruntersuchungen aus den späten sechziger Jahren. Da das gegenwärtig verfügbare *Cannabis* stärker ist als das damals untersuchte, ist vermutlich auch mit entsprechend stärkeren Kurzzeitwirkungen zu rechnen. In etlichen Tests – Zahl-Symbol-Substitution (das Ersetzen von Zahlen durch Symbole), Reaktionstests, Wiederholung von Zahlenreihen vorwärts und rückwärts, Rechentests, Tests zur Überprüfung von Leseverständnis und Sprachfähigkeit – wurde eine intellektuelle Beeinträchtigung nachgewiesen (*Marijuana Research Findings, 1980*). Besonders bedeutsam sind der Verlust des Kurzzeitgedächtnisses und das zustandsabhängige Lernen, die Unfähigkeit, sich in nüchternem Zustand an das unter Einfluß von Marihuana gelernte Material zu erinnern. So ist – angesichts der vielen High-School-Schüler, die regelmäßig Marihuana rauchen, und der Stärke des heutigen *Cannabis* – nicht auszuschließen, daß die Droge für viele Schüler zur ernsthaften Lernbehinderung wird.

---

[11] Man vermutet, daß die Wirkkraft der Blätter mit dem Anbaugebiet variiert. Pflanzen aus heißen, relativ trockenen Klimazonen enthalten mehr THC.

Unter dem Einfluß von Marihuana leiden auch komplexe psychomotorische Fertigkeiten, die zum Autofahren notwendig sind. Wie sich zeigte, war bei einem großen Teil tödlicher Highway-Unfälle und Festnahmen wegen verkehrswidrigen Fahrens Marihuana im Spiel. In Kalifornien untersuchte man z.B. 1800 Blutproben von Autofahrern, die wegen Fahrens im Rauschzustand festgenommen worden waren; in 24 Prozent der Fälle fand man Marihuana (*Reeve*, 1979, zitiert in *Marijuana Research Findings, 1980*). Marihuana mindert auch die Leistung am Flugsimulator. Manchmal ist die Leistung sogar dann noch beeinträchtigt, wenn der oder die Betreffende sich gar nicht mehr „high" fühlt. Damit besteht die ganz reale Gefahr, daß jemand Steuer oder Flugzeugknüppel in die Hand nimmt, bevor er wieder voll funktionstüchtig ist.

Wie steht es bei regelmäßigem Genuß von Marihuana mit eventuellen dauerhaften Schädigungen intellektueller Funktionen? Ende der siebziger Jahre in Ägypten und Indien durchgeführte Untersuchungen ergaben für Marihuanakonsumenten verglichen mit Nicht-Konsumenten etwas schlechtere Gedächtnis- und Problemlösungswerte (*Soueif*, 1976; *Wig* und *Varma*, 1977). Wir wissen allerdings nicht, ob diese Unterschiede bereits vor dem starken Drogenkonsum der Marihuana-Gruppe bestanden und ob sie nicht vielleicht auch auf mangelhafte Ernährung zurückzuführen waren. Bei amerikanischen College-Studenten hat man solche Defizite nicht gefunden. Der Schluß, daß chronischer Marihuanakonsum intellektuelle Funktionen dauerhaft beeinträchtigt, wäre also verfrüht.

Körperliche Wirkungen von Marihuana

Es gibt – wenn auch noch nicht vollkommen gesicherte – Anhaltspunkte dafür, daß Marihuana sich nachteilig auf die Fortpflanzungsfähigkeit auswirken kann. In zwei Untersuchungen fand man bei chronischen Marihuanakonsumenten weniger Sperma und weniger bewegliche Spermien, was vermuten läßt, daß Marihuana, namentlich bei Männern, die bereits vorher wenig fertil waren, die Fertilität beeinträchtigen kann (*Hembree, Nahas* und *Huang*, 1979; *Issidorides*, 1979). Am größten ist der Schaden möglicherweise bei jungen Marihuanarauchern, wie der *Public Health Service Marijuana Report* von 1980 vermerkt. Es scheint also nicht ausgeschlossen, daß der High-School-Schüler, der heute regelmäßig Marihuana raucht, seine spätere Fruchtbarkeit aufs Spiel setzt.

Bei Frauen waren die Ergebnisse ähnlich: In vielen Fällen fand man Unregelmäßigkeiten beim Eisprung und verkürzte Fertilitätsperioden. Überdies hat man in Versuchen mit Ratten festgestellt, daß Bestandteile des Marihuana die Plazenta-Schranke[12] überwinden und also möglicherweise auch die Entwicklung des Fötus beeinflussen können (*Vardaris* et al., 1976). Weibliche Rhesusaffen mit einem THC-Spiegel, der dem starker Marihuanaraucherinnen entsprach, hatten überdurchschnittlich viele Fehlgeburten (*Sassenrath, Chapman* und *Goo*, 1979). In der Milch von Totenkopfäffchen, denen man die Droge verabreicht hatte, war Marihuana nachweisbar. Es ist also möglich, daß auch menschliche Babys die Droge mit der Muttermilch aufnehmen (*Chao* et al., 1976). Trotz der methodischen Mängel all dieser Studien scheint es nicht ausgeschlossen, daß mäßiger bis hoher Marihuanakonsum schädigenden Einfluß auf die Fortpflanzungsfähigkeit hat. Wer Kinder möchte, ist also gut beraten, bei Drogenkonsum *jeglicher Art* Vorsicht walten zu lassen.

Kurzfristig verursacht Marihuana Rötung und Jucken der Augen, trocknet Mund und Kehle aus, steigert den Appetit und führt gelegentlich zu einem leichten Blutdruckanstieg. Für das gesunde Herz scheint Marihuana nicht schädlich zu sein. Für Menschen mit bereits geschädigter Herzfunktion ist es dagegen durchaus gefährlich, da es den Herzschlag – zuweilen dramatisch – beschleunigt. Relevant wird diese Tatsache, wie ein NIDA-Bericht vermutet, dann, wenn die heutigen Raucher älter werden. Die relativ ge-

[12] Die Plazenta ist die durchlässige, sackartige Membran, in der der Fötus heranwächst. Wenn man wissen will, ob eine von der schwangeren Frau aufgenommene chemische Substanz auch auf den Fötus einwirkt, versucht man festzustellen, ob es die Plazenta durchdringt oder von ihr ausgefiltert wird. Wenn das Agens diese Schranke überwinden kann, gilt das als – naheliegender, nicht endgültiger – Beleg dafür, daß der Fötus beeinflußt wird.

sunden dreißigjährigen Marihuanaraucher von heute sind die Fünfzigjährigen von morgen mit ihrem statistisch höheren Risiko, aus anderen Gründen einen Herz-Kreislaufschaden zu entwickeln. Rauchen sie dann immer noch Marihuana, wird ihr Herz für dessen Wirkung anfälliger sein. Möglich ist auch, daß der langfristige Marihuanakonsum, ähnlich dem von Tabak, zu Schädigungen führt, die sich anhand der bisher untersuchten Kurzzeitwirkungen nicht vorhersagen lassen (*Jones*, 1980).

Es gibt Anzeichen dafür, daß langjähriger Marihuanakonsum Struktur und Funktion der Lunge ernsthaft schädigen kann. Marihuanakonsumenten rauchen zwar sehr viel weniger Zigaretten als Tabakraucher, inhalieren aber den Rauch tiefer und halten ihn länger in der Lunge. Die Effekte der im Marihuanarauch enthaltenen schädigenden Elemente lassen sich also an der absoluten Anzahl der gerauchten Zigaretten oder Pfeifen allein nicht bemessen, sondern können erheblich stärker sein. Welche Schädigungen der Lunge sind möglich? Ein Forschungsteam der Universität von Kalifornien in Los Angeles stellte fest, daß die sogenannte Vitalkapazität, d.h. das Luftvolumen, das jemand nach tiefer Einatmung ausstößt, nach dem Genuß einer einzigen täglichen Marihuanazigarette um genausoviel reduziert ist wie nach einer Tagesdosis von 16 normalen Zigaretten (*Tashkin, Clavarese* und *Simmons*, 1978). Zweitens werden Marihuanazigaretten im allgemeinen selbst gedreht, d.h., sie sind nicht, wie die meisten Tabakzigaretten, gereinigt. Ihr Rauch enthält sehr viel mehr Teer, der genau wie der Teer üblicher Zigaretten auf der Haut von Labortieren Krebs verursachte. Überdies enthält Marihuanarauch 70% mehr krebserregendes Benzpyren und 50% mehr karzinogene polyaromatische Kohlenwasserstoffe als der Rauch normaler Zigaretten (*Cohen*, 1981). Das Lungenkrebsrisiko bei regelmäßigem und langfristigem Marihuanakonsum ist also nicht zu unterschätzen. Eine weitere, wenn auch für den Menschen noch nicht eindeutig nachgewiesene mögliche Gefahr ist eine erhöhte Infektionsanfälligkeit, insbesondere für eine schwere Form der Pneumonie. Marihuanarauch schwächt das antibakterielle Abwehrsystem der Lungen.

Man hat auch untersucht, ob Marihuana süchtig macht. Entgegen früheren Annahmen scheint das tatsächlich der Fall zu sein. Auf eine mögliche Toleranzentwicklung schloß man erstmalig, als man feststellte, daß zurückkehrende Vietnam-Soldaten an THC-Konzentrationen gewöhnt waren, die für heimische Konsumenten Gift wären. Kontrollierte Beobachtungen bestätigten, daß der habituelle Konsum von Marihuana zur Toleranzsteigerung führt (*Nowland* und *Cohen*, 1977).[13] Weniger klar ist, ob es nach langfristigem Konsum auch zu Entzugserscheinungen kommt. Wenn man Probanden im Labor mehr als die gewohnte Menge rauchen ließ, zeigten sie nach Absetzen der Droge Appetitverlust und andere Entzugserscheinungen wie Reizbarkeit, Übelkeit und Durchfall (*Jones*, 1977; *Jones* und *Benowitz*, 1976). In einer anderen Untersuchung ließ man die Probanden ihren Marihuanakonsum selbst bestimmen. Bei nachfolgender Abstinenz zeigten auch sie Entzugserscheinungen (*Mendelson, Rossi* und *Meyer*, 1974).

In unserer Kultur sind Drogen an der Tagesordnung. Zu jedem Zeitpunkt haben viele Menschen eine oder mehrere Chemikalien im Blut, die sie sich schluckend, spritzend, schnupfend oder inhalierend zugeführt haben. Eine nicht geringe Rolle spielt auch die *Wechselwirkung* der Drogen untereinander, namentlich die Kombination von Marihuana und Alkohol. Beide Drogen werden häufig zusammen oder doch kurz genug hintereinander genommen, um sich im Körper zu mischen.

Untersuchungen an Menschen und Tieren haben ergeben, daß der gleichzeitige Konsum von Alkohol und Marihuana Wahrnehmung, Kognition und Motorik mehr beeinträchtigt als eine der

---

[13] Die Frage, ob Marihuana körperlich süchtig macht oder nicht, kompliziert sich durch das Phänomen der „umgekehrten Toleranz“. Wo erfahrene Marihuanaraucher nur ein paar Züge brauchen, muß der weniger erfahrene Raucher sehr viel häufiger ziehen, um „high“ zu werden. Die umgekehrte Toleranz ist das Gegenteil der Toleranzsteigerung, zu der es bei suchterzeugenden Drogen wie Heroin kommt. THC wird nach seiner Metabolisierung im Fettgewebe des Körpers gespeichert und dann sehr langsam, innerhalb eines Zeitraums bis zu einem Monat, wieder abgegeben. Möglicherweise liegt hier die Erklärung für die Entwicklung einer umgekehrten Toleranz bei Marihuanakonsum.

Kasten 11.3
Die Einstiegstheorie: Von Marihuana zu harten Drogen

Die eine Zeitlang vorherrschende Besorgnis im Zusammenhang mit Marihuana fand ihren Ausdruck in der Theorie von der „Einstiegsdroge". Demzufolge ist Marihuana nicht nur an sich gefährlich, es kann für junge Leute den ersten Schritt auf dem Weg zur Abhängigkeit von harten Drogen wie Heroin bedeuten. Ende der sechziger Jahre, als man über die Schädlichkeit von Marihuana noch nicht viel wußte, war das im Grunde eine politische Frage und Ausdruck eines Generationenproblems. Da keine wissenschaftlichen Daten gegen den Konsum von Marihuana zu Felde zu führen waren, habe, so glaubten die jungen Leute unter und über zwanzig, die ältere Generation die – ebenfalls nicht wissenschaftlich belegte – Theorie von der Einstiegsdroge ausgeheckt, um die harten Strafen für Marihuanakonsum und -verkauf rechtfertigen zu können. Da über die Gefährlichkeit harter Drogen weitgehend Einigkeit herrschte, schrieb man auch Marihuana diese Gefährlichkeit zu, mit dem Argument, es sei der erste Schritt auf dem Weg zu einer Drogenkarriere.

Untersuchungen gegen Ende der siebziger und zu Beginn der achtziger Jahre stellten fest, daß auch der Marihuanakonsum seine besonderen Gefahren hat, aber die Theorie von der Einstiegsdroge bleibt weiterhin in der Diskussion (z.B. *O'Donnell* und *Clayton*, in Druck). In einem von der NIDA 1982 veröffentlichten Überblick erfuhr die Hypothese einige Unterstützung. Die Zusammenschau ergab eine typische Abfolge: Junge Menschen beginnen im Alter zwischen zwölf und siebzehn Jahren mit Alkohol und Zigaretten, erweitern dann ihr Drogenrepertoire gelegentlich auch um Marihuana und gehen als junge Erwachsene im Alter von achtzehn bis fünfundzwanzig zu LSD, PCP, Kokain oder Heroin über.

Die Mehrzahl der Jugendlichen geht diesen Weg allerdings *nicht*, obwohl die meisten jungen Erwachsenen, die zu härteren Drogen übergegangen sind, angeben, früher Marihuana geraucht zu haben. Für manche Jugendliche kann Marihuana vielleicht tatsächlich zur Einstiegsdroge werden, ist aber ganz sicher nicht der einzige Faktor, der sie später zu härteren Drogen greifen läßt.

beiden Drogen allein. Die synergetische Wirkung erstreckt sich auch auf physiologische Prozesse. Unter anderem schlägt das Herz schneller und die Augen röten sich stärker. Marihuana kann auch die Wirkung anderer Drogen, etwa die von Barbituraten und Amphetaminen, verstärken. Doch die Wechselwirkung von THC mit anderen Drogen ist komplex und unser Wissen darüber begrenzt. Trotzdem sollten THC-Konsumenten darum wissen und sich entsprechend kontrollieren (*Siemens*, 1980).

Therapeutische Wirkungen von Marihuana

Ironischerweise kamen die therapeutischen Einsatzmöglichkeiten von Marihuana ans Licht, als gleichzeitig die negativen Auswirkungen regelmäßigen und hohen Marihuanakonsums nachgewiesen wurden. In den siebziger Jahren zeigten eine Reihe von Doppelblind-Studien (z.B. *Sallan, Zinberg* und *Frei*, 1975), daß THC und verwandte Drogen bei manchen Krebspatienten die Übelkeit und den Appetitverlust mildern, die mit der Chemotherapie einhergehen. Marihuana scheint die Übelkeit zu nehmen, wo andere einschlägige Mittel versagen. Man hat es auch zur Behandlung des grünen Star eingesetzt. Bei dieser Augenkrankheit ist der Abfluß des Kammerwassers behindert und es kommt zu abnorm erhöhtem Augeninnendruck und allmählichem Nachlassen der Sehkraft. 1971 entdeckten *Hepler* und *Frank*, daß sich nach Genuß von Marihuana bei normalen Probanden der Augeninnendruck senkte. In anschließenden klinischen Versuchen senkte

Delta-9-THC, oral verabreicht und besonders in Kombination mit traditionellen Behandlungsverfahren, auch den Augeninnendruck von Glaukom-Patienten (*Hepler, Frank* und *Petrus*, 1976).

Diese und andere therapeutische Einsatzmöglichkeiten von Marihuana werden weiterhin untersucht, aber keine von ihnen hat bisher Eingang in die medizinische Standardpraxis gefunden (*Cohen*, 1980). Da solche Behandlungen überwiegend bei älteren Menschen notwendig werden, muß man den möglichen Nutzen der Droge gegen ihre Risiken abwägen. Es wäre bedauerlich, würde das Marihuanaverbot in vielen Staaten die Erforschung seines positiven Gebrauchs behindern, besonders, wenn es um Krankheiten geht, denen mit konventionellen Mitteln nur schwer beizukommen ist.[14]

5. LSD und andere Halluzinogene

1943 beschrieb der Schweizer Chemiker *Albert Hofmann* folgende Symptome, die er an sich festgestellt hatte:

> ,,*Am letzten Freitag ... mußte ich meine Arbeit im Labor unterbrechen... Ich litt an einem Gefühl großer Ruhelosigkeit und leichtem Schwindel. Zu Hause legte ich mich hin und versank in ein nicht unangenehmes Delirium, das sich durch äußerst aufregende Phantasien auszeichnete. In halbbewußtem Zustand mit geschlossenen Augen ... stürmten mit kaleidoskopartigem Farbenspiel phantastische und außerordentlich wirklich erscheinende Visionen auf mich ein*" (zitiert nach *Cashman*, 1966, S. 31).

An jenem Tag hatte *Dr. Hofmann* einige Milligramm *d*-Lysergsäurediäthylamid hergestellt, eine Droge, die er 1938 als erster synthetisiert hatte. Er vermutete, daß er davon unbeabsichtigt etwas geschluckt hatte und so zu seinem ungewöhnlichen Erlebnis gekommen war. Mit einer weiteren, diesmal wissentlich eingenommenen Dosis bestätigte er sich seine Hypothese.

Nach *Hofmanns LSD*-Erfahrungen bezeichnete man die Droge als psychotomimetisch, da man die von ihr erzeugten Effekte für psychoseähnliche Symptome hielt. Später bürgerte sich, abgeleitet von den griechischen Wörtern für ,,Seele" und ,,offenbar machen", die Bezeichnung *psychedelisch* ein, um die subjektive Erfahrung der Bewußtseinserweiterung zu betonen, von der LSD-, aber auch Meskalin- und Psilocybin-Konsumenten berichten.[15] Bereits 1896 hatte man das Meskalin, ein Alkaloid und aktives Ingredienz des Peyotl, isoliert. Peyotl wird aus den kleinen, scheibenförmigen Auswüchsen des Peyotlkaktus gewonnen, dessen größter Teil unter der Erde wächst. Die Droge ist seit Jahrhunderten Teil der religiösen Riten von Indianerstämmen im Südwesten und Norden Mexikos.

[14] Und doch besteht möglicherweise sogar für schwerkranke Krebspatienten ein zusätzliches Risiko. *Dr. Steve Kagan* (Bericht in *The New York Times*, 19. Februar 1981) stellte fest, daß Marihuana einen Pilz enthält, der besonders für Menschen mit geschädigtem Immunsystem gefährlich ist – und das Immunsystem von Krebspatienten ist während der Chemotherapie geschädigt. In der Lunge gesunder Menschen wird das Immunsystem mit dem Pilz fertig, es kommt höchstens zu leichtem Husten oder Fieber. Bei Menschen, deren Immunsystem durch die Krebsbehandlung geschwächt ist, können solche Infektionen einen schwereren Verlauf nehmen und zum Tod führen.

[15] Seit dem 1. Juli 1985 ist eine neue illegale halluzinogene Droge auf dem Markt. ,,Ekstase", wissenschaftlich bekannt als 3,4-Methylendiosymethamphetinim, hat es in Kalifornien, Texas, Süd-Florida und den nordöstlichen Bundesstaaten inzwischen zu alarmierender Beliebtheit gebracht. ‚Ekstase', so heißt es bei Konsumenten, bereichere Innenschau, Einfühlungsvermögen und ästhetisches Bewußtsein und intensiviere die Emotionen. Es kann Muskelspannung, schnelle Augenbewegungen, Übelkeit, Mattigkeit, Kältegefühl oder Schweißausbrüche, Angst, Depression und Verwirrung verursachen. Die Drogenkontrollbehörde hält den Konsum von ‚Ekstase' für ein Risiko und eine ernsthafte Gesundheitsgefährdung.

Psilocybin ist ein kristallines Pulver, das *Hofmann* 1958 aus dem Pilz *psilocybe mexikana* isolierte. Die frühen aztekischen und mexikanischen Kulturen nannten den ihnen heiligen Pilz „Fleisch Gottes", und die Indianer Mexikos nehmen ihn beim Gottesdienst heute noch.

In den fünfziger Jahren erforschte man die von der Droge erzeugten – wie man glaubte – psychotischen Zustände. 1960 begannen *Timothy Leary* und *Richard Alpert* von der Harvard Universität die Wirkung von Psilocybin auf Gefängnisinsassen zu untersuchen. Die ersten Ergebnisse waren, trotz etlicher Störfaktoren, ermutigend: Entlassene Häftlinge, die einen Psilocybin-Trip hinter sich hatten, wurden weniger häufig rückfällig. Die Forscher nahmen selbst auch Trips und bald hatte sich eine Gruppe von Leuten um sie geschart, die ebenfalls mit halluzinogenen Drogen experimentieren wollten. 1962 zogen ihre Aktivitäten die Aufmerksamkeit der Strafverfolgungsbehörden auf sich. *Leary* und *Alpert* setzten ihre Untersuchungen fort, es kam zu einem Skandal, der darin gipfelte, daß beide Harvard verließen. Die Affäre schien dem allgemeinen *Halluzinogen*-Konsum enormen Auftrieb gegeben zu haben, zumal sich die Herstellung von LSD und die Gewinnung von Meskalin und Psilocybin als relativ einfach und billig erwiesen.

Nachdem sie Harvard verlassen hatten, gründeten *Leary* und *Alpert* die *International Foundation for Internal Freedom*, eine Organisation, die mit Entschiedenheit die positive Wirkung von Trips propagierte. Es ist wohl den Bekehrungsbemühungen von *Leary* und *Alpert* zu verdanken, daß sich die allgemeine Aufmerksamkeit nunmehr den bewußtseinserweiternden Wirkungen halluzinogener Drogen zuwandte, während man sich zuvor nur für die angeblich von ihnen ausgelösten psychotischen Symptome interessiert hatte.[16] Der Bewußtseinszustand während eines Trips und die Intensivierung aller Sinneswahrnehmungen werden als äußerst positiv und schön empfunden. Zu den oft beschriebenen und immer wieder gesuchten Bewußtseinserweiterungen gehören die Verlangsamung der Zeit, das Gefühl, daß Körper und Glieder grenzenlos sind, eine träumerische Benommenheit und Loslösung von der Realität, angenehme und schimmernde Bilder von großem Farbenreichtum, gelegentliche Synästhesien – ein Verschmelzen von Sinneswahrnehmungen, das einen Farben hören und Töne sehen läßt –, Erleuchtungen, Ekstase und das Gefühl, mit der ganzen Menschheit emphatisch verbunden zu sein.

Forschung zur Wirkung von Halluzinogenen

Die typische LSD-Dosis ist sehr klein und reicht von 100 bis 350 Mikrogramm. Man nimmt es als Flüssigkeit auf Würfelzucker, als Kapseln oder Tabletten. Die übliche Psilocybindosis liegt bei etwa 30000 Mikrogramm, die von Meskalin zwischen 350000 und 500000 Mikrogramm. Die Wirkung von LSD und Meskalin hält etwa zwölf, die von Psilocybin etwa sechs Stunden an.

Klee und seine Mitarbeiter (1961) untersuchten die Wirkungen von unterschiedlich dosiertem LSD. Weder Probanden noch Beobachter wußten, welche Dosis im Einzelfall verabreicht worden war. Trotzdem hatten erfahrene Beobachter keine Mühe, anhand der berichteten visuellen Erlebnisse und der somatischen oder körperlichen Reaktionen, insbesondere des sympathischen Nervensystems, die jeweilige Dosis zu schätzen. Verwirrung und intellektuelle Ausfälle waren bei höheren Dosen ebenfalls ausgeprägter. Anhaltspunkte dafür, daß LSD und andere Halluzinogene süchtig machen, gibt es nicht.

Die Wirkung von Halluzinogenen hängt, wie bei anderen Drogen, nicht nur von der Dosis, sondern auch von psychologischen Variablen ab. Die Reaktionen auf Halluzinogene hängen weit-

[16] Wie viele Veteranen der halluzinogenen Drogenbewegung hängt auch *Alpert* inzwischen einer östlichen Meditationsphilosophie an, die dazu auffordert, den Drogen zu entsagen und sich ohne Hilfe chemischer Substanzen aus sich selbst heraus um bedeutungsvolle „Trips" zu bemühen. Als *Baba Ram Dass* schreibt und spricht er nunmehr beredt über die Möglichkeit der Bewußtseinserweiterung ohne Drogen. Jeder, der sich mit dem nötigen Aufwand an Zeit und Energie die entsprechenden Meditationstechniken aneigne, sei, so *Ram Dass*, für diese Erfahrungen offen.

gehend davon ab, mit welcher Haltung, d.h. mit welchen Einstellungen, Erwartungen und Motivationen jemand eine Droge konsumiert. Eine der größten Gefahren des LSD-Konsums liegt in der Möglichkeit sogenannter „Horror-Trips". Irgend etwas von dem, was der Betroffene nach der LSD-Einnahme erlebt, löst Angst aus, die immer größer wird und zur ausgewachsenen Panikattakke eskaliert. Oft haben die Betroffenen das Gefühl, verrückt zu werden. Diese Panikanfälle sind gewöhnlich nur von kurzer Dauer und legen sich mit Abbau der Droge. In seltenen Fällen verfallen die Betroffenen jedoch auch in einen psychotischen Zustand, der Hospitalisierung und intensive Behandlung erforderlich macht.

Von den Untersuchungen zur psychischen Haltung von Halluzinogen-Konsumenten sind einige verhältnismäßig einfach, andere dagegen recht komplex. *Metzner, Litwin* und *Weil* (1965) haben die Erwartungen vor der Drogeneinnahme untersucht. Bevor man den Probanden 25000 bis 30000 Milligramm Psilocybin verabreichte, fragte man sie „Wie groß ist Ihre Angst vor der Droge?" und „Wie fühlen Sie sich bei dem Gedanken, heute die Droge zu nehmen?" Größere Befürchtungen vor der Drogeneinnahme korrelierten signifikant mit vermehrter Angst, Kopfschmerzen und Übelkeit während des anschließenden Drogenerlebnisses. Andere Studien bestätigen den großen Einfluß der psychischen Haltung des Konsumenten auf die Art und Weise der Drogenwirkung (*Linton* und *Langs*, 1964; *Klee* und *Weintraub*, 1959; *Von Felsinger, Lasagna* und *Beecher*, 1956).

Eine sehr viel bemerkenswertere und originellere Untersuchung stammt von *Pahnke* (1963). Er versuchte, diejenigen situativen Variablen zu maximieren, die zu einer religiösen oder mystischen Erfahrung beitragen könnten. Seine Probanden waren Theologiestudenten. Sie erfuhren bei einem ersten Zusammentreffen unter anderem, daß nach Einnahme von Psilocybin religiöse Erfahrungen möglich seien. In einem Doppelblind-Verfahren erhielten 20 Studenten Psilocybin und 20 ein aktives Placebo. Als Placebo verabreichte man Nikotinsäure, die gewisse Sensationen, z.B. ein Kribbeln auf der Haut erzeugt. Nach Einnahme von Psilocybin oder Placebo nahmen alle Probanden an einer zweieinhalbstündigen religiösen Feier mit Meditationen, Gebeten usw. teil. Um auch den Anlaß bedeutsam zu machen, hatte *Pahnke* für sein Experiment den Karfreitag gewählt. Nach dem Gottesdienst schrieben die Probanden auf, was sie erlebt hatten, und beantworteten einen umfangreichen Fragebogen. Die Psilocybin-Gruppe berichtete von signifikant mehr mystischen und transzendentalen Erfahrungen als die Placebo-Gruppe.

Das Problem der „Flashbacks"

Eine der Hauptfragen in Zusammenhang mit LSD gilt der Möglichkeit von *Flashbacks* – „der vorübergehenden Wiederkehr von Symptomen halluzinogener Drogen nach Abklingen der pharmakologischen Wirkung der Drogen und einer Zeit relativer Normalität" (*Heaton* und *Victor*, 1976, S. 83). Über diese „Flashback-Trips" ist, abgesehen davon, daß man sie weder vorhersagen noch kontrollieren kann, wenig bekannt. Die verfügbaren Daten sprechen nicht für die Hypothese, daß sie auf von der Droge verursachte körperliche Veränderungen des Nervensystems zurückgehen. Erstens haben schätzungsweise nur 15 bis 30 Prozent der Halluzinogen-Konsumenten je einen Flashback erlebt (z.B. *Stanton* und *Bardoni*, 1972). Zweitens haben wir keinerlei unabhängige Anhaltspunkte für neurologische Veränderungen bei Konsumenten dieser Drogen. Das Phänomen des Flashback scheint eine Eigendynamik zu besitzen und kann die Betroffenen zu ihrer Verwirrung und Bestürzung noch Wochen und Monate nach der Drogeneinnahme verfolgen.

Heaton und *Victor* (1976) unternahmen es, eine mögliche psychologische Erklärung der Flashbacks zu untersuchen. *Heaton* stützte sich dabei auf vorliegende Untersuchungsergebnisse, die besagten, daß extreme Entspannung und sensorische Deprivation bei manchen Menschen zu flashback-ähnlichen Empfindungen und Erfahrungen führen. In einer älteren Studie (1975) hatte er nachgewiesen, daß LSD-Konsumenten, die eine Placebo-Kapsel schluckten, dann leichter sensorischer Deprivation ausgesetzt wurden und überdies einen Flashback *erwarteten*, mit größerer Wahrscheinlichkeit und unabhängig da-

Kasten 11.4
Weder „upper" noch „downer", sondern eine Droge, die das Innere nach außen kehrt

1956 synthetisierte man bei Parke Davis und Co., einer großen pharmazeutischen Firma, ein neues Anästhetikum. Es erfüllte – hochdosiert – auch seinen Zweck, aber wie sich zeigte, waren die Patienten nach dem Erwachen aus der Narkose agitiert und desorientiert. In kleineren Dosen verursachte es einen psychoseähnlichen Zustand. 1965 nahm man das Medikament, *Phencyclidin* mit Namen, vom Markt und stellte 1978 in den Vereinigten Staaten die legale Produktion vollkommen ein.

Illegal tauchte Phencyclidin (PCP) zum erstenmal 1965 in Los Angeles auf. Bald konnte man es als halluzinogene Droge unter dem Namen „PeaCePill" auch in San Francisco erwerben. Die Droge geriet wegen ihrer häufig negativen Wirkung schnell in Verruf. Ende der sechziger und Anfang der siebziger Jahre fand sie immer weitere Verbreitung, bis sie 1979 schließlich fast überall in Amerika zu haben war.

Als Straßendroge ist PCP unter Dutzenden von Namen bekannt, darunter Engelsstaub, Elefantentranquilizer, Cadillac, Kosmos, Detroit Pink, Balsam, Killerkraut, Pferdekristall, PeaCePill („Friedenspille") und Zombie. Sie wurde auch fälschlich als LSD, Psilocybin, Kokain oder sonst eine andere Droge gehandelt. Man bekommt sie in den unterschiedlichsten Formen und Farben und in unterschiedlichster Reinheit. Bei körniger Konsistenz ist mit einer Phencyclidin-Konzentration von 50 bis 100% zu rechnen. Engelsstaub besteht gewöhnlich aus mit flüssigem oder pulvrigem PCP versetzter Minze oder Petersilie und man kauft ihn in Plastikbeutelchen mit Reißverschluß. Konsumiert wird PCP zumeist in Minze- oder Petersilienjoints, aber auch in normalen Zigaretten, die man in flüssiges PCP getaucht oder durch die man einen PCP-getränkten Faden gezogen hat. Die Droge kann auch intravenös injiziert, geschluckt, in die Augen getropft, wie Kokain geschnupft und in einer Pfeife geraucht werden.

Die Wirkung von PCP ist weitgehend dosisabhängig. Im allgemeinen wechseln ruckweise Augenbewegungen (Nystagmus) mit leerem Starren ab, der PCP-Berauschte ist unfähig, Fuß vor Fuß auf einer geraden Linie zu gehen (Gangataxie) und es besteht eine erhebliche Muskelstarre. Manchmal kommt es auch zu Halluzinationen und Wahnvorstellungen. Eine Überempfindlichkeit aller sensorischen Systeme macht extrem empfänglich für Reize jeglicher Art; man läßt die Betroffenen am besten ganz in Ruhe. Wenn man sie berührt, schlagen sie um sich und werden so erregt und aggressiv, daß man allein nicht mit ihnen fertig wird. Sie kommunizieren, falls überhaupt, so unzusammenhängend, daß es unmöglich ist, sie aus ihrem Rausch „herauszureden". Bei sehr hoher Dosierung – und das heißt bereits bei einem einzigen Gramm – kommt es gewöhnlich zu tiefem und langem Koma, Anfällen, Apnoe oder zeitweisem Atemstillstand und anhaltend hohem Blutdruck. Manchmal führen Herz- und Lungenversagen oder Gehirnblutungen infolge geplatzter Blutgefäße sogar zum Tod. Die Auswirkungen von PCP lassen sich bis heute nicht medikamentös kontrollieren. In den meisten Fällen haben die Betroffenen keine Erinnerung an die Ereignisse während des PCP-Rausches.

Phencyclidin ist weder ein „upper" noch ein „downer" noch eine halluzinogene Droge. Fachleute haben sie einen „inside-outer" genannt, eine Bezeichnung, die ein wenig von der bizarren und extremen Natur ihrer Wirkung einfängt, die in mancherlei Hinsicht den Wirkungen so unterschiedlicher Drogen wie Alkohol, Barbituraten, Stimulantien und Halluzinogenen ähnlich ist.

Wie lange dauert die Wirkung von PCP an? Das scheint unter anderem von der Form der Einnahme und der Höhe der Dosis abzuhängen. Gewöhnlich setzt die Wirkung eine bis fünf Minuten nach Genuß einer präparierten Zigarette ein, erreicht nach etwa einer halben Stunde ihren Höhepunkt und dauert bis zu zwei Tagen an. Da PCP mehrere Tage im Körper verweilt, kann es bei wiederholter Einnahme akkumulieren. Chronische PCP-Konsumenten, die die Droge sechs Monate lang mehrmals wöchentlich nahmen, litten noch Monate, in manchen Fällen sogar zwei Jahre nach Einstellen des Konsums an kognitiven Verzerrungen und Desorientierung. Häufig verändert sich die Persönlichkeit, es kann zu Gedächtnisverlust, schweren Angstzuständen, Depression und aggressiven Ausbrüchen kommen.

Auch bei chronischem Konsum der Droge wurden bisher keine Organschädigungen nachgewiesen. Allerdings wurden 1978 allein aus dem Gebiet von Los Angeles über 100 PCP-Tote gemeldet. Die Todesursachen waren vielfältig. Ein Mann ertrank, weil er beim Schwimmen die räumliche Orientierung verlor. Andere starben an einer schweren Atemdepression oder einem unkontrollierbaren Temperaturanstieg. Über die Langzeitwirkungen der Droge wissen wir noch wenig. Welche Folgen sie im einzelnen hat und ob sie süchtig macht, ist schwer festzustellen, da die meisten PCP-Konsumenten auch andere Drogen nehmen.

PCP wird offenbar vornehmlich von sehr jungen Leuten genommen: Das Durchschnittsalter regelmäßiger PCP-Konsumenten beträgt fünfzehn Jahre. Oft wird gleichzeitig Alkohol getrunken. PCP-Konsumenten werden häufiger wegen rauschbedingter Gewaltdelikte verhaftet als Konsumenten anderer Drogen und neigen mehr zur Überdosierung ihrer Droge. Der PCP-Konsument scheint also häufiger sozial abweichend – vielleicht auch häufiger soziopathisch – zu sein als Konsumenten anderer illegaler Substanzen. Wie es scheint, ist PCP weiterhin stark auf dem Vormarsch (*Berger* und *Dunn*, 1982).

Warum steigt der Konsum dieser Droge, wenn ihre Wirkung so überaus unangenehm und gefährlich ist? Man hat zwar etliche Gründe genannt, aber da die Droge erst so kurz auf dem Markt ist, sind solche Aussagen notgedrungen sehr vorläufiger Natur. Die Droge ist billig, reichlich vorhanden und leicht im Privatlabor herzustellen. Das macht sie zu einer leicht verfügbaren Flucht aus einer unerfreulichen Wirklichkeit. Vielleicht wollen die ganz Jungen unter dem Druck ihrer Bezugsgruppe den Beweis antreten, daß sie stark genug sind, sich unter Kontrolle zu halten. Allein die Intensität der Erfahrung ist verlockend, und die Euphorie, in die PCP versetzen kann, wurde beschrieben als „Traumwelt", „vollkommene Flucht" (*Berger* und *Dunn*, 1982). Daß man, um von anderen illegalen Drogen abzuschrecken, jahrelang die Taktik der Greuelmeldungen verfolgte, hat vermutlich auch den Warnungen vor PCP einiges an Glaubwürdigkeit genommen.*

* Die meisten Informationen wurden dem *Phencyclidin Abuse Manual* entnommen, das im Auftrag des kalifornischen *Department of Alcohol and Drug Abuse* 1980 von einer Abteilung der Universität von Kalifornien, Los Angeles, veröffentlicht wurde.

von, ob sie jemals einen Flashback hatten oder nicht, von Flashback-Erlebnissen berichteten. Der Glaube daran, daß sie eine flashback-erzeugende Droge genommen hatten, erwies sich als bedeutsamer als die frühere Erfahrung mit diesem Phänomen.

Möglicherweise, so spekulierten *Heaton* und *Victor*, wenden Drogenkonsumenten dem in Erwartung eines Flashbacks auf natürliche Weise veränderten Bewußtseinszustand ihre *selektive Aufmerksamkeit* zu und *nennen* diesen Zustand dann Flashback. Aber warum nimmt ihr Denken diese Richtung? Ausgehend von verschiedenen MMPI-Skalen entwickelten die beiden Forscher Maße für eine logische, realitätsorientierte und eine ungebundere, phantasiengeleitete Art des Denkens. Dann suchten sie sich in Kliniken und Beratungsstellen, aber auch auf den Straßen einer westlichen Großstadt junge Drogenkonsumenten, die sich bereiterklärten, am Experiment teilzunehmen. Die Hälfte der Probanden hatte eigenen Angaben zufolge keine Flashback-Erfahrung, die anderen gaben an, dergleichen erlebt zu haben. Beide Gruppen wurden hinsichtlich klassifikatorischer Variablen wie Alter und bisherigem Halluzinogen-Konsum hinreichend parallelisiert und dann mit den ausgewählten MMPI-Skalen getestet. Anschließend schluckten alle eine Kapsel, die, so sagte man ihnen, bei Drogenkonsumenten ihrer Erfahrung vermutlich einen Flashback produzieren würde. Es folgte eine kurze Zeit sensorischer Deprivation. Im zweiten Teil des Versuchs erhielten die Probanden eine andere Kapsel, diesmal war die Erwartung, daß es *nicht* zum Flashback kommen würde. In beiden Fällen handelte es sich um Placebos.

Die LSD-Konsumenten mit Flashback-Erfahrung zeigten im Test signifikant mehr ungebundenes Phantasieren. Sie waren überdies sozial und sexuell schlechter angepaßt, ihre Schul- und Berufslaufbahn zeigte Brüche, und häufig waren sie schon früher wegen ihres bizarren Denkens aufgefallen. Probanden, die für ungebundenes Denken besonders hohe Werte erreichten, berichteten auch dann von Flashback-Erlebnissen während der sensorischen Deprivation, wenn sie instruiert waren, daß derartiges *nicht* zu erwarten sei.

Wenn auch nicht festzustellen ist, ob die beschriebenen Persönlichkeitsmerkmale der Neigung zu Flashbacks vorangingen, sind die Ergebnisse aufschlußreich. Sie lassen vermuten, daß „*(ungebunden denkende) Probanden unter Umgebungsbedingungen, die auf jeden Fall den Bewußtseinszustand ändern, weniger fähig – und möglicherweise auch weniger motiviert – sind, ihr realitätsorientiertes Denken aufrechtzuerhalten ... Wenn der Proband (darüber hinaus) seine anfänglichen Empfindungen als Vorboten eines Flashback interpretiert, erfüllen sich ... seine Erwartungen in dem Ausmaß, wie er seine Aufmerksamkeit den psychedelischen Empfindungen zuwendet*" (*Heaton* und *Victor*, 1976, S. 89).

Zusammenfassung

Die Neigung, mit Hilfe von Substanzen Stimmung und Bewußtsein zu ändern und folglich auch, diese Substanzen zu mißbrauchen, ist praktisch eine menschliche Eigenschaft. DSM-III folgt der heutigen Praxis und unterscheidet zwischen Substanzmißbrauch und Substanzabhängigkeit. Von Mißbrauch spricht man dann, wenn der Konsum der Droge das normale Funktionieren des Konsumenten beeinträchtigt. Substanzabhängigkeit oder Sucht ist die physiologische Abhängigkeit von einer Droge, erkenntlich an der sich entwickelnden Toleranz – immer höhere Dosen der Droge werden nötig, damit eine bestimmte Wirkung erreicht wird – und an den Entzugserscheinungen nach Absetzen der Droge.

Die kurz- und langfristigen Wirkungen von Alkohol sind vielfältig und vielfach tragisch. Sie reichen von Beeinträchtigungen des Urteilsvermögen und der motorischen Koordination mit ihren schlimmen Folgen für Alkoholkonsumenten und Gesellschaft bis hin zur Sucht, die ein normales, produktives Leben unmöglich macht und sehr schwer zu besiegen ist. Die Betroffenen konsumieren Alkohol – wie andere suchterzeugende Drogen – schließlich kaum noch, um sich gut zu fühlen, sondern um unguten Gefühlen zu entgehen.

Weniger häufig, aber dafür – vielleicht weil sie illegal sind – um so berüchtigter sind die sogenannten harten Drogen: das Narkotikum Heroin; Barbiturate wie Seconal, die zu den Sedativa gehören; und die Amphetamine und das Kokain, beides Stimulantien. Das Heroin hat in den letzten Jahren Anlaß zu besonderer Sorge gegeben, weil es in zunehmend stärkeren Konzentrationen auf den Markt kommt. Mit Barbituraten wird immer wieder, sei es beabsichtigt oder unbeabsichtigt, Suizid begangen. Besonders in Verbindung mit Alkohol sind sie lebensgefährlich. Der Konsum von Kokain ist in den letzten Jahren dramatisch gestiegen. Sein hoher Preis und das mit ihm verbundene Drum und Dran haben es in manchen Kreisen zur Modedroge werden lassen, aber inzwischen ist es billiger und wird in allen Gesellschaftsschichten konsumiert.

Nikotin, besonders als Zigarettenrauch inhaliert, hat seine suchterzeugende Kraft seit Jahrhunderten bewiesen, und trotz der düsteren Warnungen von seiten der Gesundheitsbehörden dauert sein weitverbreiteter Konsum an. Anlaß zu besonderer Sorge sind die Rauchgewohnheiten von Schulkindern und Jugendlichen. Jährlich versuchen Regierung und Privatleute unter Einsatz von Millionen von Dollar Nichtraucher auch fernerhin vom Rauchen abzuhalten und Nikotinsüchtigen zu helfen, von ihrer Sucht loszukommen. Und jährlich wenden Regierung und Privatleute Millionen von Dollar auf, um noch mehr Tabak anzubauen und noch mehr Tabakerzeugnisse zu verkaufen. Weder die psychologisch-medizinischen noch die ökonomisch-politischen Probleme sind leicht zu lösen.

Viele junge Amerikaner rauchen Marihuana. Als Argument für die Legalisierung von Marihuana wird dessen angebliche Sicherheit angeführt, der geringe Schaden, den es im Vergleich zum regelmäßigen Konsum von Alkohol anrichtet, der legal und akzeptierter Bestandteil unserer Kultur ist. Aber wie neuere Forschungsergebnisse zeigen, ist auch regelmäßiger Marihuana-Konsum nicht harmlos. Inzwischen sind sehr viel stärkere Marihuanavarianten auf dem Markt als Anfang der siebziger Jahre. Überdies gibt es Anhaltspunkte dafür, daß Bestandteile des Marihuana die Fertilität, die Entwicklung des Fötus, bei Menschen mit Herzbeschwerden die Herzfunktionen und auch die Lungenfunktion beeinträchtigen können. Umstritten bleibt, ob Marihuana süchtig macht. Obwohl Entzugserscheinungen nicht schlüssig nachgewiesen sind, scheint sich die Toleranz mit der Zeit zu steigern. Ironischerweise entdeckte man zusammen mit den möglichen Gefahren der Droge auch deren therapeutische Einsatzmöglichkeiten: Marihuana lindert die Übelkeit chemotherapeutisch behandelter Krebspatienten und senkt bei grünem Star (Glaukom) den überhöhten Augeninnendruck.

Phencyclidin, bekannt als PCP oder Engelsstaub, ist eine Neuerscheinung auf der Drogenszene. PCP gibt mehr Anlaß zur Besorgnis als andere illegale Drogen, denn Menschen im PCP-Rausch sind unberechenbar, häufig gewalttätig und in ihrer Urteilsfähigkeit so beeinträchtigt, daß sie sich unbeabsichtigt töten können.

Die sogenannten Halluzinogene LSD, Meskalin und Psilocybin werden vielfach genommen, um das Bewußtsein zu ändern und zu erweitern. Ihre unveränderte Beliebtheit zeugt einmal mehr vom Wunsch der Menschheit, nicht nur einer unerfreulichen Wirklichkeit zu entfliehen, sondern auch den eigenen Innenraum auszuloten.

Therapiert werden viele dieser Drogenabhängigkeiten mit konfrontativen Verfahren. In stationären und ambulanten Therapieprogrammen konfrontiert man Alkoholiker und andere Drogensüchtige mit der Unmoral oder Dummheit ihres Verhaltens und ermutigt sie, ihr Leben so zu ändern, daß kein Raum bleibt für chemische Krücken. Bei Alkohol- und Nikotinmißbrauch setzten Verhaltenstherapeuten bis vor kurzem vornehmlich aversive Techniken ein, haben aber inzwischen ihr Repertoire um Verfahren der Angstminderung und Förderung sozialer Fertigkeiten bereichert. Angst und der Mangel an sozialen Fertigkeiten können die tieferen Gründe dafür sein, daß Menschen zur Droge greifen, um mit dem Leben fertigzuwerden.

Kapitel 12

Psychosexuelle Störungen: Störungen der Geschlechtsidentität und Paraphilien

William V. ist ein 28jähriger, zur Zeit allein lebender Computerfachmann. Aufgewachsen ist er in ländlicher Umgebung, in einer konservativen, streng religiösen Familie. Er hat zwei jüngere Brüder und eine ältere Schwester. Im Alter von fünfzehn Jahren begann William zu masturbieren. Seine ersten Masturbationserfahrungen machte er, als er seine Schwester in einer Toilette außerhalb des Hauses beim Urinieren beobachtete. Trotz starker Schuldgefühle masturbierte er von nun an unter voyeuristischen Phantasien zwei- bis dreimal wöchentlich. Mit zwanzig Jahren verließ er sein Elternhaus und ging für zwei Jahre zur Navy.

In einer Sommernacht um 23.30 Uhr wurde William in einer Vorstadtsiedlung verhaftet, weil er auf einer Leiter gestanden und die Vorgänge in einem Schlafzimmer beobachtet hatte. Kurz vorher hatte er in einer Bar, in der eine Oben-ohne-Tänzerin die Gäste unterhielt, viel getrunken. Als er die Bar gegen 23.15 Uhr verließ, wollte er eigentlich nach Hause gehen. Einsam und deprimiert fuhr er dann allerdings langsam durch besagte nahegelegene Vorstadtsiedlung, wo ihm im ersten Stock eines Hauses ein beleuchtetes Fenster auffiel. Er dachte nicht lange nach, parkte sein Auto, fand neben dem Haus eine Leiter, stellte sie auf und kletterte zum Fenster hoch. Die Bewohner des Hauses hörten ihn, riefen die Polizei, und William wurde verhaftet. Es war zwar seine erste Festnahme, aber bereits der dritte Vorfall dieser Art.

Die Polizei übergab Williams Fall der zuständigen psychologischen Beratungsstelle. Dem Therapeuten schilderte William sein einsames und unsicheres Leben: sechs Monate vor der Verhaftung hatte ihn seine langjährige Freundin verlassen, und an dieser emotionalen Zurückweisung litt er immer noch. Unsicher und ängstlich, wie er war, hatte er darauf mit Rückzug aus allen sozialen Beziehungen und vermehrtem Alkoholkonsum reagiert. Mit sinkendem Selbstbewußtsein wurden seine voyeuristischen Phantasien immer drängender. Seine Verhaftung war ein Schock für ihn, aber er erkannte auch, daß sein Verhalten irrational und selbstzerstörerisch war (*Rosen* und *Rosen*, 1981, S. 452–453).

Von allen menschlichen Schwierigkeiten, die in die Zuständigkeit von Psychopathologen und Therapeuten fallen, sind die sexuellen Probleme die häufigsten. Oft machen schlechte Ratschläge und Fehlinformationen das Leid nur noch größer, man denke nur an den noch gar nicht so lange überwundenen Irrglauben, Masturbation sei unmoralisch, könne sogar den Verstand schwächen und sei daher um jeden Preis zu unterlassen. Die beiden folgenden Kapitel geben einen Überblick über menschliche sexuelle Gedanken, Gefühle und Handlungen, die als abnorm und dysfunktional gelten und im DSM-III als *psychosexuelle Störungen* aufgeführt sind (vgl. Tabelle 12.1). In diesem Kapitel geht es um die *Störungen der Geschlechtsidentität* und die *Paraphilien* – sexuelle Probleme, die man für besonders schwerwiegend und abweichend hält und von denen nur eine kleine Minderheit betroffen ist. Im Mittelpunkt des folgenden Kapitels stehen dann die *psychosexuellen Dysfunktionen*, Störungen des normalen Sexualverhaltens, an denen viele sonst psychisch gesunde Menschen leiden.

Wenn Wissenschaftler Vermutungen darüber anstellen, wie das Sexualleben von Menschen durcheinandergerät, wird der Eindruck vermittelt, als wüßten wir über die *normale* Sexualentwicklung des Menschen ziemlich genau Bescheid. Tatsächlich wissen wir wenig darüber, wie und warum ein körperlich reifer Mann sowohl das Verlangen als auch die Fähigkeit besitzt, mit einer körperlich reifen Frau so zu interagieren, daß er an einem bestimmten Punkt der Interaktion seinen Penis in ihre Vagina einführt und einer der

Tabelle 12.1. Psychosexuelle Störungen (aus DSM-III)

A. Störungen der Geschlechtsidentität

1. Transsexualismus
2. Störung der Geschlechtsidentität im Kindesalter
3. Atypische Störung der Geschlechtsidentität

B. Paraphilien

1. Fetischismus
2. Transvestitismus
3. Zoophilie
4. Pädophilie
5. Exhibitionismus
6. Voyeurismus
7. Sexueller Masochismus
8. Sexueller Sadismus
9. Atypische Paraphilie (z.B. Koprophilie, Frotteurismus, Nekrophilie)

C. Psychosexuelle Dysfunktion

1. Gehemmte sexuelle Appetenz
2. Gehemmte sexuelle Erregung
3. Gehemmter weiblicher Orgasmus
4. Gehemmter männlicher Orgasmus
5. Ejaculatio Praecox
6. Dyspareunie
7. Vaginismus
8. Atypische psychosexuelle Dysfunktion

D. Andere psychosexuelle Störungen

1. Homosexualität
2. Psychosexuelle Störungen, die nicht andernorts klassifiziert sind

Partner oder auch beide nach einer Zeit drängender Bewegungen zum Orgasmus kommen. Menschen, so glaubt man gemeinhin, ,,tun eben, was die Natur ihnen eingibt". Bis zu einem gewissen Grad mag das stimmen, aber es erklärt nicht die komplexen Regeln, nach denen wir eine sexuelle Begegnung zu initiieren lernen, was sie für uns sexuell erregend macht, wie sie abläuft und was sie für uns bedeutet.

1. Störungen der Geschlechtsidentität

,,Bist du ein Junge oder ein Mädchen?", ,,Bist du ein Mann oder eine Frau?" Für praktisch alle Menschen – sogar für psychisch schwer gestörte – ist die Antwort selbstverständlich. Ebenso selbstverständlich ist, daß andere dieser Antwort zustimmen. Unser Bewußtsein von uns selbst als Mann oder Frau, unsere sogenannte *Geschlechtsidentität*, ist von Kindesbeinen an so tief in uns verwurzelt, daß sich die allermeisten Menschen, welchen Belastungen sie von Zeit zu Zeit auch ausgesetzt sein mögen, ihrer Geschlechtszugehörigkeit ohne jeden Zweifel sicher sind.

Es gibt allerdings auch Menschen, und häufig sind es Männer, die von früher Kindheit an mit der tiefen, inneren Überzeugung leben, daß sie zum anderen Geschlecht gehören. Auch ihre Anatomie – normale Genitalien und die üblichen sekundären Geschlechtsmerkmale wie Bartwuchs bei Männern oder entwickelte Brüste bei Frauen – überzeugt sie nicht davon, daß sie sind, was andere in ihnen sehen. Ein männlicher Transsexueller kann sich im Spiegel betrachten, einen ganz normalen Mann sehen und doch zu sich selbst sagen: ,,Ich bin eine Frau". In vielen Fällen wird er sich auf die Suche nach einem Arzt machen, der bereit ist, seinen Körper seiner Geschlechtsidentität anzupassen. Viele Transsexuelle lassen sich operieren und mit Hormonen behandeln, um ihre Anatomie weitestgehend der des anderen Geschlechts anzugleichen.

Transsexualismus

Das DSM-III definiert den *Transsexuellen* als einen (meistens männlichen) Erwachsenen, der ein ständiges Gefühl des Unbehagens hinsichtlich des eigenen anatomischen Geschlechtes hat, oft verbunden mit dem Wunsch, die eigenen Genitalien loszuwerden und als Angehöriger des anderen Geschlechts zu leben. Die Störung muß mindestens zwei Jahre lang bestehen. Diese letzte Einschränkung schließt Menschen aus, die ihr anatomisches Geschlecht nur vorübergehend in besonderen Belastungssituationen ablehnen. Ausgeschlossen sind auch Schizophrene, die in seltenen Fällen behaupten, zum anderen Geschlecht zu gehören, und Menschen, die – wie beim *Hermaphroditismus* – mit weiblichen wie männlichen Geschlechtsorganen ausgestattet sind.

Transsexuelle, manchmal auch „Geschlechtsdysphoriker“ genannt, leiden im allgemeinen an Angst und Depression, was angesichts der mißlichen seelischen Lage, in der sie sich befinden, kaum überrascht. Ein männlicher Transsexueller wird sein sexuelles Interesse an Männern als ganz normales Zeichen seiner Heterosexualität deuten, denn schließlich sei er „in Wirklichkeit“ ja eine Frau. Wie zu erwarten, erregen Transsexuelle Anstoß, wenn sie sich zumindest kleiden wie das andere Geschlecht. Tatsächlich ist es Männern in vielen Staaten verboten, Frauenkleider zu tragen. Viele männliche Transsexuelle, die sich auf eine anatomische Geschlechtsumwandlung vorbereiten, tragen Bescheinigungen ihrer Ärzte oder Therapeuten bei sich, die die Polizei darüber informieren, daß ihre weibliche Kleidung Teil der Behandlung ist. Weibliche Transsexuelle haben in dieser Beziehung weniger Sorgen, da die herrschende Mode den Frauen einen männlichen Kleidungsstil gestattet.

Man hat oft gefragt, ob es nicht wahnhaft ist, wenn ein Mensch mit Penis glaubt, eine Frau zu sein. Nach Meinung des DSM-III ist die „Beharrlichkeit einer Person mit Transsexualismus zu glauben, das er oder sie zum anderen Geschlecht gehöre, ... genaugenommen natürlich kein Wahn, sondern der Betroffene fühlt sich lediglich beständig als Mitglied des anderen Geschlechts, doch ist er nicht davon überzeugt, zum anderen Geschlecht zu gehören.“ (S. 275). In zahlreichen Fallstudien finden wir jedoch Transsexuelle zitiert, die in der Tat davon überzeugt sind, zum anderen Geschlecht zu gehören. Die Aussagen dieser Menschen lassen auf mehr schließen als auf die laut DSM-III vorherrschenden „als ob“-Gefühle. Die Ergebnisse einschlägiger Untersuchungen sind widersprüchlich (z.B. *Langevin, Paitich* und *Steiner*, 1977; *Hunt, Carr* und *Hampson*, 1981). Aber vielleicht spielt es auch keine Rolle, ob Transsexuelle nun wahnhaft sind oder nicht; ihr Zustand bleibt letztlich doch, wie er ist.

Daß die widerspruchsvolle Geschlechtsidentität Transsexueller so dauerhaft und offenbar unveränderbar ist, gab zu der Vermutung Anlaß, für die Transsexualität könne ein hormoneller Faktor verantwortlich sein. Vielleicht hat eine Frau, die ein Mann zu sein glaubt, ein Übermaß an Androgenen wie Testosteron und Androsteron, von Hormonen also, die dazu beitragen, daß sich männliche sekundäre Geschlechtsmerkmale entwickeln und erhalten bleiben. *Meyer-Bahlburg* (1979) sah sich etliche diesbezügliche Untersuchungen an und stellte übereinstimmende Ergebnisse fest: Einige weibliche Transsexuelle haben tatsächlich erhöhte männliche Hormonspiegel, die meisten aber nicht. Wenn Unterschiede gefunden werden, sind sie schwer zu interpretieren. Viele Transsexuelle bemühen sich, ihre Körper mit Hilfe von Sexualhormonen in Richtung auf das gewünschte Geschlecht zu verändern. Obwohl nur Transsexuelle untersucht wurden, die sich seit ein paar Monaten keine Hormone mehr zuführten, wissen wir bisher doch sehr wenig über die Langzeitwirkungen einer früheren Hormonbehandlung. Auf jeden Fall stützen die verfügbaren Daten die Hypothese einer hormonellen Ursache des Transsexualismus nicht. Noch weniger überzeugende Ergebnisse hat die Forschung zu möglichen chromosomalen Abnormitäten aufzuweisen.

Störung der Geschlechtsidentität im Kindesalter

Praktisch alle von Sexualforschern untersuchten Transsexuellen berichten rückblickend, daß sie sich bereits als kleine Kinder verhalten haben, als gehörten sie dem anderen Geschlecht an. Eine genauere Untersuchung der *Störung der Geschlechtsidentität im Kindesalter* könnte uns also vielleicht Hinweise auf die Ätiologie der Transsexualität geben. Kinder mit dieser Diagnose sind als Jungen ausgeprägt feminin und als Mädchen ausgeprägt maskulin. Ihr Verhalten, ihre Vorlieben und Abneigungen entsprechen nicht den Standards, die unsere Kultur beiden Geschlechtern vorschreibt. Ein Junge mit gestörter Geschlechtsidentität meidet rauhe Spiele, zieht kleine Mädchen als Spielgefährten vor, verkleidet sich als Mädchen und will unbedingt, wenn er einmal groß ist, ein Mädchen werden. Möglicherweise findet er sogar seinen Penis und seine Testikel eklig. Die Störung beginnt vor dem sechsten Lebensjahr.

Die Kategorisierung von Jungen und Mädchen als maskulin oder feminin ist derart mit Werturteilen behaftet und stereotypenabhängig, daß es kaum gerechtfertigt scheint, gegenteilige Verhaltensmuster als abnorm zu betrachten. Es gibt aber Anhaltspunkte für eine mögliche körperliche Ursache dieser Verhaltensmuster. Menschen- und auch andere Primatenkinder, deren Mütter während der Schwangerschaft Hormone bekommen haben, verhalten sich häufig wie das jeweils andere Geschlecht *und* weisen anatomische Abnormitäten auf. Zum Beispiel sind Mädchen, deren Mütter während der Schwangerschaft zur Vorbeugung von Uterusblutungen Progestine erhalten haben, in ihrer frühen Kindheit ausgesprochen ,,wild" (*Ehrhardt* und *Money*, 1967). Progestine gelten als Vorstufe der Androgene, der männlichen Geschlechtshormone also. Bei manchen der kleinen Wildfänge hat man auch Genitalien mit männlichen Merkmalen gefunden, was einen Zusammenhang zwischen der Progestin-Einnahme ihrer Mütter und ihren männlichen Körpermerkmalen nahelegt (*Green*, 1976). Kleine Jungen, deren Mütter während der Schwangerschaft weibliche Hormone genommen hatten, waren als kleine Kinder weniger athletisch und beteiligten sich weniger an rauhen Spielen als ihre Altersgenossen (*Yalom, Green* und *Fisk*, 1973). Obwohl solche Kinder nicht unbedingt in ihrer Geschlechtsidentität gestört waren, orientierten sie sich als Folge des pränatalen Hormoneinflusses in Interessen und Verhalten doch auffallend am jeweils anderen Geschlecht.[1]

Das geschlechtsunspezifische Verhalten, das viele, vielleicht sogar die meisten kleinen Kinder gelegentlich an den Tag legen, wird möglicherweise in manchen Fällen von Eltern und Verwandten mit allzuviel Aufmerksamkeit und Verstärkung bedacht. Gespräche mit Eltern, deren Kinder geschlechtsatypisch geworden waren, enthüllten häufig, daß das ,,Verkleiden" zum Jungen oder Mädchen nicht nur nicht eingeschränkt, sondern in vielen Fällen eindeutig gern gesehen wurde. Das gilt besonders für effeminierte Jungen. Viele Tanten, Mütter und Großmütter fanden es ,,reizend", wenn der kleine Bursche in Mamis alten Kleidern und Stöckelschuhen daherkam. Sehr oft brachten sie ihm auch noch bei, wie man Lippenstift, Lidschatten und Rouge handhabt. In Familienalben finden sich diese zauberhaft verkleideten kleinen Jungen verewigt. Solche Reaktionen seitens der Familie eines atypischen Kindes tragen vermutlich entscheidend zum Konflikt zwischen seinem anatomischen Geschlecht und der erworbenen Geschlechtsidentität bei (*Green*, 1974).

Untersuchungen über Säuglinge und Kleinkinder, deren Genitale zugleich weibliche und männliche Merkmale haben und die häufig operativen Korrekturen unterzogen werden, weisen darauf hin, daß ein Kind mit drei Jahren ein Bewußtsein seiner Geschlechtsidentität erworben hat, das später kaum mehr zu ändern ist (*Money, Hampson* und *Hampson*, 1955). In mehreren Fällen geriet das den Kindern zugewiesene soziale Geschlecht später in Konflikt mit zumindest einem anatomischen Geschlechtskriterium, etwa der chromosomalen Geschlechtszugehörigkeit. Kinder, die schon älter waren als drei Jahre, behielten das ihnen zugewiesene Geschlecht bei. In ihrer Gesamtheit machen die Befunde deutlich, daß die Geschlechtsidentität entscheidend davon abhängt, wie die Erwachsenen das kleine Kind bis zum Alter von drei Jahren behandeln. Wenn man das Kind als Jungen kleidet, ihm (oder ihr!) einen Jungennamen gibt und es zu traditionell maskulinen Aktivitäten ermuntert, nimmt man gewichtigen Einfluß auf die sich entwickelnde

[1] Nicht bewiesen wurde allerdings, daß gegengeschlechtliche Hormone notwendigerweise eine Geschlechtsdysphorie verursachen. Trotzdem vermutet und sucht man die Ätiologie von Störungen der Geschlechtsidentität auch weiterhin in einem Ungleichgewicht der Sexualhormone. Unserer Ansicht nach zeigt sich darin, daß viele Sexualforscher implizit psychische Faktoren als mögliche Erklärung einer gestörten Geschlechtsidentität ausschließen.

Geschlechtsidentität. Im Gegensatz zur weitverbreiteten Annahme bestimmt die Anatomie nicht immer das Schicksal.

Aber man interpretiere diese Ergebnisse bitte nicht so, daß ein kleiner Junge, der zur Sanftheit, und ein kleines Mädchen, das zur Selbstbehauptung oder gar Aggressivität ermuntert wird, Gefahr läuft, eine Störung der Geschlechtsidentität zu entwickeln. Tatsächlich *werden aus den wenigsten Kindern mit gestörter Geschlechtsidentität einmal transsexuelle Erwachsene, sogar ohne professionelle Hilfe* (*Zucker* et al., 1984). Wissenschaftler, die auf diesem Gebiet arbeiten, sind sich der kulturbedingten Aspekte von Weiblichkeit und Männlichkeit sehr wohl bewußt, sowie des Unterschiedes, ob sich ein Kind gern den für das andere Geschlecht eher typischen Aktivitäten anschließt oder ob es tatsächlich glaubt, dem anderen Geschlecht *anzugehören*. Wir wissen, daß fast alle kleinen Jungen und Mädchen in unterschiedlichem Ausmaß, aber ohne wie auch immer gearteten Identitätskonflikt, „feminine" beziehungsweise „maskuline" Spiele spielen (*Green*, 1976). Die Störung der Geschlechtsidentität im Kindesalter und der erwachsene Transsexualismus sind sehr seltene Phänomene, sehr viel seltener, als man angesichts der vielen kleinen Jungen, die mit Puppen spielen, und der vielen kleinen Mädchen, die sich für rauhe Sportarten begeistern, erwarten würde.

Sandra Bem (1984) vertritt sogar die Auffassung, daß wir Verhalten oder Interessen nur insoweit als geschlechtsspezifisch betrachten sollten, als sie mit Anatomie und Fortpflanzung zu tun haben. Kinder sollten, findet sie, die Freiheit haben, sich nach Belieben konventionell oder untraditionell zu verhalten, ohne Gefahr zu laufen, bestraft zu werden. Ein kleiner Junge, der zärtlich zu seiner Puppe ist, und ein kleines Mädchen, das dazu keine Neigung zeigt, sollten nicht an sich selbst zweifeln müssen. Würde sich – einen Schritt weiter gedacht – das Problem der Transsexualität von selbst lösen, wenn es keine Geschlechtsrollenstereotype mehr gäbe? Dann würde ein Mann seine nach traditionellem Verständnis femininen Züge und Interessen für eine normale Spielart des *Männlichen* halten und nicht für ein pathognomonisches Zeichen, daß sich in seinem Männerkörper eine Frau verbirgt (vgl. *Raymond*, 1979). Er müßte dann allerdings eher akzeptieren, daß ihn Angehörige des eigenen Geschlechts sexuell anziehen – eine Neigung, die Transsexuelle für heterosexuell halten.

Therapie von Störungen der Geschlechtsidentität

Operative Geschlechtsumwandlung

Neue chirurgische Techniken, Fortschritte in der Hormonbehandlung und ein soziokulturelles Klima, das solche Verfahren akzeptiert, haben es vielen Transsexuellen ermöglicht, der gewünschten Geschlechtszugehörigkeit in mancherlei Hinsicht nahezukommen. Die im folgenden beschriebenen Behandlungsformen machen die Betroffenen jedoch *nicht* biologisch zu Angehörigen des jeweils anderen Geschlechts.

Bei der *operativen Geschlechtsumwandlung* werden männliche Genitalien fast völlig entfernt, nur ein Teil des Gewebes bleibt erhalten, damit eine künstliche Vagina geformt werden kann. Vorher erhalten die Patienten mindestens ein Jahr lang entsprechende weibliche Hormone, damit sich die Brüste bilden, die Haut weicher wird und der Körper sich auch in anderer Hinsicht verändert. Die Hormone müssen nach der Operation unbegrenzt weitergenommen werden (*Green* und *Money*, 1969). Trotzdem müssen sich die meisten männlichen Transsexuellen zusätzlich mit Hilfe einer aufwendigen und kostspieligen Elektrolyse Bart- und Körperhaare entfernen lassen und unter fachlicher Anleitung lernen, in höherer Stimmlage zu sprechen, denn die weiblichen Hormone lassen weder den Haarwuchs schwinden, noch machen sie die Stimme weiblicher. Da Kinn, Nase und Adamsapfel bei Männern im allgemeinen stärker sind, unterziehen sich manche transsexuelle Patienten auch entsprechenden plastischen Operationen. Gleichzeitig nimmt der Transsexuelle sein Leben als weibliches Mitglied der Gesellschaft auf, um möglichst umfassend zu erfahren, was auf ihn/sie zukommt. Die operative Umwandlung des Genitales wird erst nach ein- bis zweijährigem „Probeleben" vollzogen. Für den zur Frau geworde-

Ein Bild von James Morris aus dem Jahr 1960, der nach einer Geschlechtsumwandlung zu Jan Morris (Bild rechts im Jahr 1974) wurde.

nen Transsexuellen ist normaler heterosexueller Geschlechtsverkehr möglich, wobei eine Schwangerschaft natürlich ausgeschlossen ist, da nur die äußeren Genitalien verändert wurden.

Bei weiblichen Transsexuellen ist das Verfahren komplizierter und das Ergebnis problematischer. Es kann nur ein kleiner Penis geformt werden, der zudem nicht normal erigiert. Zur Durchführung normalen Geschlechtsverkehrs bedarf es also künstlicher Hilfen. Inzwischen kann man immerhin die Harnröhre in den neu aufgebauten Penis einbeziehen, so daß die Betroffenen problemlos auf öffentlichen Toiletten urinieren können. Da schon die verabreichten männlichen Hormone den Körper drastisch vermännlichen, etwa die Fettverteilung verändern und Bart- und Körperhaare sprießen lassen, sind sehr viel weniger kosmetische Korrekturen notwendig. Daß die Umwandlung zum Mann in mancherlei Hinsicht leichter ist als die zur Frau, mag zum Teil dem Umstand zu verdanken sein, daß unsere Gesellschaft den körperlichen Attributen von Männern weniger Gewicht beimißt. Ein kleiner Mann mit weicher Stimme wird eher akzeptiert als eine große, ungeschlachte Frau.

Laut DSM-III schwankt das Zahlenverhältnis von männlichen zu weiblichen Transsexuellen zwischen 8:1 und 2:1. *Lothstein* (1983) zufolge, der als erster dem weiblichen Transsexualismus ein umfassendes Buch widmete, bemühen sich jedes Jahr mehr Frauen um eine operative Geschlechtsumwandlung, so daß das Verhältnis vermutlich näher bei 2:1 liegt.

Die erste operative Geschlechtsumwandlung fand 1930 in Europa statt. Weltweites Aufsehen erregte jedoch die Operation, die an einem ehemaligen Soldaten, Christine (ursprünglich George) Jorgensen, 1952 in Kopenhagen vorgenommen wurde. Einige Jahre später schrieb *Jan* (ursprünglich *James*) *Morris*, eine bekannte Journalistin, *Conundrum* (1974), einen einfühlsamen und sehr persönlichen Bericht über ihr Leben als Mann und ihre spätere Umwandlung zur Frau.

Viele Jahre lang war die *Gender Idendity Clinic* der Johns Hopkins University School of Medicine eine führende amerikanische Adresse für solche Operationen, aber in den achtziger Jahren wurde dieses Programm eingestellt. Eine Untersuchung von *Meyer* und *Reter* (1979) ergab, daß operierte Transsexuelle ein keineswegs besser angepaßtes Leben führten als nicht-operierte.

Die Johns Hopkins Klinik und andere Krankenhäuser machten sich diese negativen Ergebnisse so bereitwillig zu eigen, als hätten sie sie geradezu herbeigewünscht, um ihre Projekte zur Geschlechtsumwandlung mit wissenschaftlicher Rechtfertigung einstellen zu können. *Fleming, Steinman* und *Bocknek* (1980) warfen der *Meyer-Reter*-Studie in einer harten Kritik eine ganze Reihe methodischer Mängel vor. Die Resultate der Geschlechtsumwandlungschirurgie bleiben mithin unklar und sind vielleicht doch nicht ganz so trostlos, wie die Studie sie schildert. Auf jeden Fall werden andernorts auch weiterhin solche Operationen vorgenommen. Man schätzt, daß sich in den Vereinigten Staaten jährlich mehr als 1000 Transsexuelle einer Operation zur Geschlechtsumwandlung unterziehen.

Wie sich der Eingriff langfristig auswirkt und ob er überhaupt eine Lösung ist, läßt sich schwer abschätzen (*Lothstein*, 1980). Wenn Menschen ihren Wunsch, auch körperlich dem anderen Geschlecht zu gleichen, damit begründen, daß von der Operation ihr künftiges Lebensglück abhänge, ist der Erfolg des Eingriffs dann danach zu bemessen, wie glücklich diese Menschen hinterher tatsächlich sind? Falls ja, kann man mit Sicherheit sagen, daß es manchen Transsexuellen nach der Umwandlung besser geht, anderen nicht. Aber im Laufe eines Lebens geschieht vieles, was Erfüllung bringen oder das Los des Betroffenen erleichtern kann. Ist es also allein dem Wagnis der chirurgischen Umwandlung anzulasten – und dieses also als antitherapeutisch zu verurteilen –, wenn ein umgewandelter Transsexueller sehr unglücklich wird? Häufig brechen Transsexuelle nach ihrer Umwandlung alle Verbindungen zu früheren Freunden und ihrer Familie ab und lassen auch andere Aspekte ihres früheren Lebens hinter sich: ,,War *ich* wirklich derjenige, der da als Rechtsaußen auf dem Fußballplatz herumtobte?“ Sich von der eigenen Vergangenheit zu trennen, ist sehr belastend, denn die Vergangenheit gehört genauso zum Bewußtsein des Menschseins wie Gegenwart und Zukunft. Eine Geschlechtsumwandlung stellt die Betroffenen also vor Aufgaben, wie sie nur die wenigsten je zu lösen haben. Vielleicht sollte man die Anpassung an das neue Leben mit mehr Nachsicht beurteilen.

Jeder erfahrene Therapeut, gleich welcher theoretischen Ausrichtung, ist auf der Hut, wenn ein Klient sagt ,,Wenn ich doch nur...“ Die möglichen Varianten sind Legion: ,,Wenn ich doch nur nicht so fett wäre...“, ,,Wenn ich doch nur nicht so nervös wäre...“, ,,Wenn ich doch nur bis zum Abitur durchgehalten hätte...“ Auf jedes ,,Wenn ich doch nur...“ folgt unvermeidlich die Behauptung, daß das Leben sehr viel schöner, ja nachgerade wunderbar wäre, wenn ich doch nur... Meistens sind diese Hoffnungen Illusionen, denn so einfach sind die Dinge selten. Der Transsexuelle, dessen Gedanken verständlicherweise um die Diskrepanz zwischen Geschlechtsidentität und biologischer Ausstattung kreisen, lastet seine Unzufriedenheit dem schrecklichen Streich an, den die Natur ihm gespielt hat. Aber gewöhnlich muß er feststellen, daß mit der Geschlechtsumwandlung seine Lebensprobleme nicht gelöst sind. Zwar stellt sich vielleicht die Frage der Geschlechtszugehörigkeit nicht mehr, aber andere menschliche Schwierigkeiten bleiben bestehen.

Sogar Verfechter der operativen Geschlechtsumwandlung befürworten psychotherapeutische Maßnahmen, die den Transsexuellen bei ihrer Anpassung an das neue Leben helfen. Die *Harry Benjamin Gender Dysphoria Association*, benannt nach dem New Yorker Endokrinologen und Pionier auf dem Gebiet der Behandlung Transsexueller, verschickt auf Anfrage entsprechendes Informationsmaterial für Transsexuelle und deren Freunde und Verwandte. Transsexuelle, ob sie sich nun für eine operative Geschlechtsumwandlung entscheiden oder nicht, brauchen stützende Psychotherapie und Beratung, um mit ihren Konflikten, ihrer Angst und Depression fertigzuwerden (*Roberto*, 1983).

Änderung der Geschlechtsidentität

Ist die operative Geschlechtsumwandlung tatsächlich die einzige Lösung? Sie galt lange als der einzig gangbare Weg, da Versuche, die Geschlechtsidentität auf psychologischem Weg zu ändern, durchweg fehlschlugen. Man nahm an, die Geschlechtsidentität liege zu tief, um sie ändern zu können. Inzwischen liegen Berichte über offensichtlich erfolgreiche verhaltenstherapeutische Verfahren vor. *Rekers* und *Lovaas* (1974) behandelten einen fünfjährigen Jungen, der sich seit seinem zweiten Lebensjahr als Mädchen verkleidete und auch alle anderen Anzeichen einer gestörten Geschlechtsidentität erkennen ließ. Therapeut und Eltern stimmten darin überein, daß es für den Jungen auf kurze und lange Sicht besser sei, die gesellschaftlichen Männlichkeitsstandards zu erfüllen. Auf Anweisung des Therapeuten lobten und verstärkten die Eltern den Jungen, wann immer er mit traditionellem Jungenspielzeug spielte oder sich sonstwie „männlich" betätigte. Feminines Verhalten stieß dagegen auf Mißbilligung. Nach nur sechs Monaten intensiver Behandlung war der Junge typisch maskulin, und das hatte sich auch nach zwei Jahren noch nicht geändert. Natürlich kann man einwenden, daß nur kulturelle Stereotype verstärkt werden, wenn man kriegerisches Spiel ermutigt und Puppenspiele mißbilligt (*Winkler*, 1977). Aber vielleicht ist diesem Kind dadurch, daß man seine Geschlechtsidentität mit seiner biologischen Ausstattung in Einklang gebracht hat, viel seelisches Leid erspart geblieben.[2]

Von einer noch dramatischeren Umkehr der Geschlechtsidentität auf verhaltenstherapeutischem Wege berichten *Barlow, Reynolds* und *Agras* (1973). Der Klient war ein siebzehnjähriger Transsexueller. Zunächst schlüsselte man die Geschlechtsrolle in konkrete Komponenten auf wie Merkmale, zwischenmenschliches Verhalten und Phantasien. Dann ging man daran, jede einzelne Komponente zu ändern. Als erstes machte man dem jungen Mann bewußt, auf welch effeminierte Weise er stand, saß, ging und sprach. Mit Hilfe von Modellernen, Verhaltenswiederholung, Video-Feedback und Stimmschulung lernte er, diese Verhaltensweisen den üblichen Männlichkeitsstandards anzupassen. Fast sofort hörten seine Altersgenossen auf, ihn anzustarren und zu verspotten, und er ging wieder stundenweise zur Schule. Dann vervollkommnete der junge Mann seine sozialen Fertigkeiten. Er lernte, Blickkontakt aufzunehmen, Gespräche anzufangen und durch Lächeln und andere angemessene Verhaltensweisen seine positiven Gefühle auszudrükken.

Er fühlte sich aber weiterhin als Frau und sein sexuelles Interesse und seine sexuellen Phantasien galten ausschließlich Männern. Die Therapie konzentrierte sich nun auf sein Phantasieleben. Während der Trainingssitzungen ermunterte ihn eine Therapeutin, sich in sexuellen Situationen mit attraktiven Frauen vorzustellen. Sie selber schmückte seine Phantasien mit detaillierten Beschreibungen des Vorspiels aus. Man trug ihm auf, sich solchen Phantasien auch im alltäglichen Umgang mit Frauen hinzugeben. Nach vierunddreißig Sitzungen innerhalb zweier Monate hatte das Verlangen des Klienten, sein Geschlecht zu ändern, dramatisch abgenommen, seine Phantasien kreisten immer weniger um Männer und zunehmend um Frauen. Er begann, sich selbst als Mann zu sehen, und wenn er sich gelegentlich noch sexuell zu Männern hingezogen fühlte, tat er das ohne Umkehrung der Geschlechtsrolle, sondern fühlte sich als Mann von einem anderen Mann angezogen.

Messungen der sexuellen Erregung mit dem Penis-Plethysmographen (vgl. Kasten 12.1) zeigten eindeutig, daß seine sexuelle Vorliebe weiterhin Männern galt. Also war es das nächste therapeutische Ziel, die sexuelle Empfindung für Frauen zu steigern und die für Männer abzubauen. Man zeigte ihm jeweils paarweise Dias von Frauen und Männern, um auf dem Wege klassischen Konditionierens sexuelle Erregung beim Anblick von Frauen dadurch zu erreichen, daß man sie mit der beim Anblick von Männern empfundenen Erregung verknüpfte. In einem anschließenden Aversionstraining nahm man den Männerbildern die Anziehungskraft. Beide Verfahren trugen tatsächlich dazu bei, daß der Klient ein heterosexuelles Erregungsmuster entwickelte. Interessanterweise wurde der junge Mann während dieser Zeit in seiner Art zu stehen, zu sitzen und zu gehen noch maskuliner. Er war sehr viel zufriedener mit sich und nahm wieder normal am Unterricht teil. Fünf Monate nach Ende der Behandlung masturbierte er zum ersten Mal erfolgreich, während er sich vorstellte, mit einer Frau zusammenzusein. Als man ihn nach einem

[2] Wir haben behauptet, daß die meisten Kinder mit gestörter Geschlechtsidentität auch ohne therapeutische Intervention nicht transsexuell werden. Da sich Eltern und Therapeuten nicht sicher waren, ob sich die Störung auch bei diesem Kind „auswachsen" würde, entschloß man sich zur Behandlung.

Kasten 12.1
Die psychophysiologische Messung sexueller Erregung

Wir wollen uns im folgenden einige wichtige Neuerungen bei der Messung physiologischer Variablen ansehen. 1966 überraschten und bestürzten *Masters* und *Johnson* Fachwelt wie Laien gleichermaßen mit den direkten physiologischen Messungen, die sie an sexuell stark erregten Frauen und Männern vorgenommen hatten. Sie maßen dabei in erster Linie die Muskelspannung und das Blutvolumen in verschiedenen Teilen des kardiovaskulären Systems. Darüber hinaus gelang es ihnen, mit raffinierten Techniken, die Farbveränderungen zu photographieren, zu denen es während der sexuellen Erregung in verschiedenen Geweben der Vagina kommt. In jüngerer Zeit haben sich Verhaltensforscher zweier genitaler Verfahren bedient, um sexuelle Erregung bei Männern und Frauen zu messen. Beide Verfahren sind valide, indem sie recht spezifische Messungen der sexuellen Erregung vornehmen. In beiden Fällen handelt es sich um empfindliche Indikatoren der Vasokongestion der Genitalien, d.h. des Blutandrangs in ihren Adern, ein physiologischer Schlüsselprozeß der sexuellen Erregung.

Der Penis-Plethysmograph (*Freund*, 1963; *Bancroft, Jones* und *Pullan*, 1966) hat sich in einer Vielzahl von Experimenten als erfolgreiches Meßinstrument für die sexuelle Erregung von Männern erwiesen. Ein Plethysmograph ist ein Instrument zur Messung durchblutungsbedingter Volumenschwankungen. Der gebräuchlichste Penis-Plethysmograph besteht aus einer sehr dünnen, mit Quecksilber gefüllten Gummimanschette oder sehr leichtem Chirurgenstahl, die der Proband ohne Mühe und diskret um den Penis legen kann (*Barlow* et al., 1970). Wenn sich der Penis mit zunehmender sexueller Erregung mit Blut füllt, dehnen sich Manschette oder Stahl aus, wodurch sich der elektrische Widerstand des Quecksilbers oder Stahls verändert. Manschette oder Stahl sind mit einem komplizierten Apparat, Polygraph genannt, verbunden, der die Erhöhung des Widerstands fortlaufend aufzeichnet. Die Längenzunahme des Penis korreliert recht gut mit der Vergrößerung seines Umfangs, und beides sind Funktionen der während der sexuellen Erregung im Penis angestauten Blutfülle. Der Plethysmograph liefert in dieser Form also einen nützlichen Maßstab für die sexuelle Reaktion des Mannes.

Weibliche sexuelle Erregung ähnlich direkt und spezifisch zu messen, schien zunächst nicht möglich. Es gab nur die – aus ästhetischen wie praktischen Gründen wenig befriedigenden – indirekten Verfahren, wie sie *Masters* und *Johnson* praktizierten. Schließlich entwickelten *Sintchak* und *Geer* (1975) einen Vagina-Plethysmographen. Er hat die Form eines kleinen Menstruationstampons und trägt am Ende ein Licht. Das von den Vaginawänden reflektierte Licht wird aufgezeichnet und ist ein Maß für die in ihnen enthaltene Blutmenge. Auch die Vagina-Sonde ist diskret und einfach anzuwenden. *Geer, Morokoff* und *Greenwood* (1974) wiesen in einer wichtigen Studie die Validität dieser Vorrichtung nach. Sie zeigten jungen Studentinnen einen erotischen und einen nicht-erotischen Film. Ersterer zeigte einen jungen Mann und eine junge Frau beim Geschlechtsverkehr; im zweiten Fall handelte es sich um einen historischen Film voll von Schlachtszenen und Schilderungen höfischen Lebens zur Zeit der Kreuzzüge. Da jeder Film leicht als erotisch oder nicht-erotisch zu identifizieren war, konnten unterschiedliche Meßergebnisse als Beleg dafür gelten, daß die Vaginalsonden ein valides Maß für sexuelle Erregung angeben. Bei den Frauen, die den Sexfilm sahen, war der Blutandrang sehr viel stärker als bei den Zuschauerinnen des Kontrollfilms. Daß die gleichzeitig gemessene Herzschlagrate nicht zwischen beiden Gruppen unterschied, bestätigt, wie wünschenswert spezifisch genitale Maße sind.

Die Probanden hatten die Genital-Plethysmographen an und in ihren Körpern und die

Drähte, die zum Polygraphen führten, sehr bald mehr oder weniger vergessen. Solche Unaufdringlichkeit ist für jedes Meßverfahren erstrebenswert, bei der Untersuchung sexuellen Verhaltens aber ganz besonders wichtig, da viele Menschen hier sehr befangen sind. Diese technischen Neuerungen haben der Erforschung menschlichen Sexualverhaltens beträchtlichen Auftrieb gegeben. Natürlich wäre es naiv zu behaupten, solche Vorrichtungen ließen das Verhalten von Probanden im Labor vollkommen unbeeinflußt. Überdies besaßen die Probanden, die sich für derartige Untersuchungen zur Verfügung stellten, mehr sexuelle Erfahrung als diejenigen, die eine Teilnahme ablehnten (*Wolchik, Spencer* und *Lisi*, 1983). Eine Verallgemeinerung der Ergebnisse allein auf der Grundlage ihrer Reaktionen kann also nicht reliabel sein.

Die Physiologie des menschlichen Körpers macht diese Art der Messung sexueller Erregung in mancherlei Hinsicht schwierig. Im Anfangsstadium der Erregung nimmt der Penis an Länge schneller zu als an Umfang (*Davidson* et al., 1981). Der vom Plethysmographen gemessene Umfang des Penis kann in diesem Stadium *abnehmen*. Viele Untersuchungen der männlichen Sexualerregung konzentrieren sich auf eben diese frühen Stadien, die man vielleicht als das Stadium des sexuellen *Interesses* bezeichnen könnte. Der Vagina-Plethysmograph wiederum ist äußerst temperaturempfindlich, und bekanntermaßen schwankt bei Frauen die Körpertemperatur je nach Phase des Menstruationszyklus (*Beck, Sakheim* und *Barlow*, 1983).

Natürlich kann Sexualität nicht nur als genitale Reaktion gemessen werden. Gleichwohl bringen die Daten, die Sexualforscher überall auf der Welt zusammentragen, immer mehr Licht in einen Bereich menschlichen Verhaltens, der lange Zeit hinter Geheimniskrämerei, Scham und einer oft schädlichen Mythologie verborgen war.

Jahr wieder befragte, hatte er eine feste Freundin, mit der er „leichtes Petting" praktizierte. Sich selbst hielt er nicht mehr für eine Frau. Auch nach fünf Jahren war seine Geschlechtsidentität weiterhin die des heterosexuell orientierten Mannes (*Barlow, Abel* und *Blanchard*, 1979).

Barlow und seinen Mitarbeitern ist es zum ersten Mal gelungen, die Geschlechtsidentität eines erwachsenen Transsexuellen zu ändern. Eine gegengeschlechtliche Identität ist also möglicherweise therapeutisch veränderbar. Allerdings, so erkennen die Therapeuten selbst an, habe sich ihr Klient vielleicht auch von anderen Transsexuellen unterschieden. Er hatte sich von Beginn an mit dem Ziel der Therapie, seine Geschlechtsidentität zu ändern, einverstanden erklärt. Die meisten Transsexuellen lehnen eine solche Behandlung als unangemessen ab. Für sie ist die operative Anpassung des Körpers an die empfundene Geschlechtsidentität das einzig legitime Ziel.[3]

[3] In ihrem Bericht über die Nachfolgeuntersuchung des siebzehnjährigen Transsexuellen beschreiben *Barlow, Abel* und *Blanchard* (1979) zwei weitere ähnlich behandelte Fälle. Die Männer, beide Mitte zwanzig, waren eigentlich schon zur Operation entschlossen, hatten dann aber Bedenken bekommen. Es gelang, durch das Verhaltenstraining ihre Geschlechtsidentität zu ändern, nicht aber ihre sexuelle Vorliebe für Männer.

2. Paraphilien

Mit der Bezeichnung Paraphilie ist ausgesagt, daß eine Abweichung (para-) im Objekt vorliegt, von welchem der Betroffene angezogen wird (-philie). Diese Störungen zeichnen sich dadurch aus,

„*daß ungewöhnliche, bizarre Vorstellungen oder Handlungen zur sexuellen Erregung erforderlich sind. Derartige Vorstellungen oder Handlungen sind meist anhaltend und werden unfreiwillig wiederholt, sie beinhalten im allgemeinen entweder 1. die Bevorzugung eines nichtmenschlichen Objektes zur sexuellen Erregung, 2. wiederholte sexuelle Betätigung mit Menschen, bei der reale oder simulierte Leiden oder Demütigungen zugefügt werden oder 3. wiederholte sexuelle Betätigung mit nicht einverstandenen Partnern ... Häufig besteht eine Einschränkung (der) Fähigkeit zur gegenseitigen liebevollen sexuellen Aktivität*" (*DSM-III*, S. 279, 280).

Diese Definition der Paraphilien macht deutlich, daß Voraussetzung der Diagnose nicht nur offene Handlungen sind. Die unkonventionelle sexuelle Aktivität kann auch ausschließlich in der Vorstellung stattfinden, etwa wenn jemand zur sexuellen Erregung bei der Masturbation bestimmte Phantasien oder Bilder braucht. Die abweichenden Komponenten einer Paraphilie sind eine *notwendige* Voraussetzung sexueller Erregung und nicht nur der gelegentliche Versuch, das Sexualleben abwechslungsreicher zu gestalten. Laut DSM-III können Paraphilien „mehrfach auftreten oder gleichzeitig mit anderen psychischen Störungen wie Schizophrenie oder verschiedenen Persönlichkeitsstörungen bestehen" (S. 279). Und schließlich weist die Tatsache, daß in manchen dieser Muster nicht-einverstandene Partner eine entscheidende Rolle spielen, darauf hin, daß das betreffende Verhalten strafrechtliche Folgen hat.

Fetischismus

Ein Fetischist, fast immer ein Mann, wird sexuell von irgendeinem nichtbelebten Objekt oder einem bestimmten, nicht-genitalen Körperteil gefesselt. Der *Fetischismus* ist gekennzeichnet durch den

„*Gebrauch toter Objekte (Fetische) als wiederholt bevorzugte oder ausschließliche Methode zur Erlangung sexueller Erregung. Die Diagnose ist nicht zu stellen, wenn die Fetische weibliche Kleidungsstücke sind, die zum Verkleiden wie beim Transvestismus benötigt werden, oder wenn das Objekt sexuell stimulierend wirkt, weil es hierfür konstruiert wurde, z.B. ein Vibrator*" (*DSM-III*, S. 280).

Am häufigsten erregen sich Fetischisten an schönen Schuhen, hauchdünnen Strümpfen, Handschuhen, Toilettenartikeln, Pelzwerk und ganz besonders häufig an Unterwäsche. Manche praktizieren ihren Fetischismus heimlich, herzen und küssen das angebetete Objekt während der Masturbation, riechen daran oder betrachten es

„Glaub' mir, Harry, das ist jetzt schon kein gewöhnlicher Fetisch mehr."

nur. Manche können den Geschlechtsverkehr nur vollziehen, wenn der Partner den Fetisch anzieht. Und wieder andere sind fast ausschließlich daran interessiert, sich eine Sammlung der begehrten Objekte anzulegen und gehen Woche um Woche auf Raubzug, um ihre Schätze zu vermehren.

Manche machen auch Teile des weiblichen Körpers zum Fetisch. Haarlocken, Füße, Fußknöchel, Hände, Fingernägel, schön geformte Ohren und große Brüste können zum Mittelpunkt ihrer Leidenschaft werden. Um sich möglichst viel Kontakt mit dem bevorzugten Objekt zu sichern, ist der Fetischist zu außerordentlichen Manövern fähig. Er bringt es fertig, als Schuhverkäufer zu arbeiten, obwohl er sich für eine besser bezahlte Position qualifizieren könnte – und schreckt unter Umständen auch vor Gewalttaten nicht zurück.

Subjektiv ist die Vorliebe des Fetischisten für sein Objekt unfreiwillig und unwiderstehlich. Wegen seiner Stärke und Zwanghaftigkeit kann der Fetischismus zur dominierenden Kraft im Leben des betroffenen Mannes werden. Das Ausmaß, in dem der Fetisch im Brennpunkt des erotischen Lebens steht, unterscheidet den Fetischismus von der normalen Anziehungskraft, die hohe Absätze und Netzstrümpfe auf heterosexuelle Männer ausüben können, und von deren normaler Begeisterung für schönes Haar, Brüste und Hüften. Die Störung beginnt gewöhnlich in der Adoleszenz, obwohl der Fetisch seine besondere Bedeutung bereits in der frühen Kindheit erlangt haben kann. Der Fetisch kann mit einer Person assoziiert werden, zu der der Fetischist als Kind eine vertraut-intime Beziehung hatte.

In der Psychoanalyse gelten Fetischismus und andere Paraphilien als Abwehr gegen die Kastrationsangst bei normalen sexuellen Kontakten. Lerntheoretiker vermuten einen klassischen Konditionierungsprozeß in der soziosexuellen Geschichte der Betroffenen. Vielleicht haben einem jungen Mann Bilder von Frauen in schwarzer Lederkleidung als erste Masturbationshilfe gedient. Eine gewisse Bestätigung erfuhr diese Hypothese in einem Experiment von *Rachman* (1966). Man zeigte männlichen Probanden wiederholt Bilder von attraktiven nackten Frauen und dazwischen Bilder von Frauenstiefeln. Schließlich lösten auch die Stiefel allein sexuelle Erregung aus. Die solcherart erzeugte „fetischistische Anziehung" war allerdings nicht stark und legte sich bald wieder.

In Kasten 6.3 (S. 170f.) haben wir die Möglichkeit erörtert, daß Menschen eine gewisse „Bereitschaft" mitbringen, auf bestimmte Objekte phobisch reagieren zu lernen. Vielleicht besitzen wir eine ähnliche Bereitschaft zu lernen, von bestimmten Klassen von Reizen sexuell stimuliert zu werden. Wenn es zur Herausbildung eines Fetischismus nur der Verknüpfung mit sexueller Stimulation bedürfte, würden wir dann nicht auch Sofakissen und Zimmerdecken auf der Liste der Fetische finden (*Baron* und *Byrne*, 1977)? Noch wissen wir nicht genug, um den Fetischismus auf einen klassischen Konditionierungsprozeß zurückführen zu können.

Transvestitismus

Von *Transvestitismus* spricht man dann, wenn ein Mann durch das Tragen von Frauenkleidern sexuell erregt wird, sich aber weiterhin als Angehöriger des eigenen Geschlechts fühlt. Manche Transvestiten zeigen sich auch öffentlich gerne als Frau, zuweilen treten sie zum Vergnügen vieler sexuell konventioneller Menschen als Frauenimitatoren in Nachtclubs auf. Ist sexuelle Erregung die vorrangige Motivation, masturbieren Transvestiten häufig, wenn sie weibliche Kleidung tragen. Transvestitismus ist nicht mit Homosexualität zu verwechseln. Transvestiten sind heterosexuell, und nur einige wenige Homosexuelle verkleiden sich gelegentlich als Frauen. Wie gesagt, verbietet es die Rechtssprechung vieler Länder Männern, sich in der Öffentlichkeit als Frau verkleidet zu zeigen.

Transvestiten sind laut DSM-III immer männlichen Geschlechts und verkleiden sich in den meisten Fällen nicht regelmäßig, sondern nur phasenweise. Darüber hinaus unterscheiden sie sich in äußerer Erscheinung, Auftreten und sexuellen Vorlieben im allgemeinen nicht von anderen Männern. Die meisten sind verheiratet. Das Verkleiden findet gewöhnlich privat und im geheimen statt, und nur wenige Angehörige wissen davon. Der Verkleidungszwang kann sich mit der Zeit verstärken, entwickelt sich aber nur selten

Ein Marilyn Monroe imitierender Transvestit in einem Pariser Nachtclub.

zu einer Störung der Geschlechtsidentität, d.h., es kommt nur selten dazu, daß der Betroffene wirklich glaubt, weiblichen Geschlechts zu sein.

In Fallgeschichten berichten Transvestiten oft, daß man sie als kleine Jungen gelobt und großes Aufhebens davon gemacht habe, wenn sie in Frauenkleidern erschienen und „süß" aussahen. Lerntheoretisch gilt die Störung als Ergebnis eines Konditionierungsprozesses, d.h. des wiederholten Masturbierens in Frauenkleidern, ein Zusammenhang, wie man ihn ähnlich ja auch zwischen sexueller Erregung und Fetisch annimmt. Manche Therapeuten halten den Transvestitismus für die Flucht eines überforderten Mannes aus Verantwortlichkeiten, die ihm, wie er glaubt, in unserer Gesellschaft nur darum aufgebürdet seien, weil er ein Mann ist. Demnach hätte das Verkleiden für den Transvestiten eine *Bedeutung*, die komplexer und umfassender ist als die bloße sexuelle Erregung. Dem Transvestitismus einzig und allein sexuelle Motive zu unterlegen, heißt also möglicherweise, das Phänomen allzu einfach zu sehen.

Inzest

Ein *Inzesttabu* scheint es praktisch in allen menschlichen Gesellschaften zu geben (*Ford* und *Beach*, 1951). Eine bemerkenswerte Ausnahme waren die Geschwisterehen der ägyptischen Pharaonen. Man wollte auf diese Weise das königliche Blut vor Verunreinigung schützen. Das Inzestverbot, so glauben manche Anthropologen, habe die wichtige Funktion gehabt, breiter gestreute soziale Bindungen und infolgedessen auch größere soziale Harmonie zu erzwingen, als sie vermutlich zustande gekommen wäre, hätten die Mitglieder einer Familie ihre Sexualpartner immer nur unter ihresgleichen gesucht. Auch aus moderner wissenschaftlicher Sicht ist das Inzesttabu sinnvoll. Bei Kindern aus Vater-Tochter- oder Bruder-Schwester-Verbindungen findet sich mit größerer Wahrscheinlichkeit ein rezessives Genpaar zusammen. In den meisten Fällen sind die physiologischen Effekte rezessiver Gene negativ und können zu schweren Geburtsfehlern führen. Das Inzesttabu hat also im evolutionären Sinne adaptive Bedeutung (*Geer, Heiman* und *Leitenberg*, 1984).

Inzest,[4] der sexuellen Kontakt in jeglicher Form einschließt, scheint am häufigsten zwischen Bruder und Schwester stattzufinden. Es folgt der Inzest zwischen Vater und Tochter, der gemeinhin als pathologisch gilt. In ihrer bekannten Studie über Sexualstraftäter kamen *Gebhard* und seine Mitarbeiter (1965) zu dem Ergebnis, daß die meisten Väter, die sexuelle Beziehungen zu ihren körperlich reifen Töchtern unterhielten, sehr fromm, moralistisch und starr in ihren religiösen Überzeugungen waren. Solche Väter sind vielleicht in ihrer Ehe sexuell frustriert, aber ihre religiösen Grundsätze verbieten es ihnen, ihre sexuellen Bedürfnisse durch Masturbation, bei Prostituierten oder in außerehelichen Affären zu suchen. Für sie ist es annehmbarer, wenn ihre sexu-

---

[4] Aus irgendeinem Grund ist der Inzest im DSM-III nicht aufgeführt.

ellen Kontakte auf die Familie beschränkt bleiben (*Frude*, 1982). Allerdings zeigen andere Untersuchungen, daß inzestuöse Beziehungen in Familien jeglicher Art, unabhängig vom religiösen und sozioökonomischen Hintergrund, zu finden sind (*Rosen* und *Rosen*, 1981). Von Mutter-Sohn-Inzest hört man nur sehr selten.

Statistiken über die Häufigkeit des Inzests sind aus verständlichen Gründen schwer zu erheben. Inzestvergehen werden nur selten angezeigt. Manchmal unterbleibt die Anzeige aus Furcht vor dem gewalttätigen Vater, besonders wenn dieser stark trinkt (*Mey* und *Neff*, 1982). Oder die Familienmitglieder haben die berechtigte Angst, daß Kind oder Vater auf gesetzlichem Wege von der Familie getrennt werden, was die Familie in ihrer Existenz als solcher bedroht. Wie wir jetzt wissen, ist Inzest sehr viel häufiger, als man früher annahm. Eine Untersuchung von 796 College-Studenten ergab, daß 19 Prozent der Frauen und 9,6 Prozent der Männer als Kinder sexuell mißbraucht wurden. Bei den mißbrauchten Frauen waren die sexuellen Übergriffe zu 28 Prozent, bei den Männern zu 23 Prozent inzestuöser Natur (*Finkelhor*, 1979). Wenn Staaten bezüglich der Meldung von Inzestfällen effektivere gesetzliche Regelungen trafen, stieg die Zahl der gemeldeten Fälle um 50 bis 500 Prozent. 1974 wurden den Jugendbehörden von Texas 214 Inzestfälle bekannt, 1976 waren es 630 und 1977 1153. Dem *Child Sexual Abuse Treatment Program* im kalifornischen Santa Clara wurden 1971 36, 1974 180 und 1977 600 Inzestfälle überwiesen (*Justice* und *Justice*, 1979).

Die Erklärungen für den Inzest reichen von sexueller Deprivation bis hin zur Überzeugung *Freuds*, daß das Verlangen nach solchen Beziehungen Teil der menschlichen Natur sei. Einige ältere Erklärungen gingen auch in Richtung „schuld ist das Opfer“ (*Ryan*, 1971): *Bender* und *Blau* (1937) schilderten betroffene Kinder als „ungewöhnlich anziehende und charmante Persönlichkeiten (S. 511), und weil sie so verführerisch seien, trügen sie Mitschuld am inzestuösen Geschehen. Ganz abgesehen davon, daß dem aus moralischen Gründen widersprochen werden muß, lassen auch die verfügbaren Informationen diese Deutung nicht zu (*Meiselman*, 1978).

Nach Meinung *Gagnons* (1977) kommt es zu einer inzestuösen Beziehung zwischen Vater und Tochter unter Umständen dann, wenn der Vater außerhalb des Hauses unter großer Belastung steht und von seiner Frau weder emotional noch sexuell hinreichend unterstützt wird. Er wendet sich seiner Tochter zu, die manchmal noch nicht das Pubertätsalter erreicht hat und für ihn als Ersatzfrau fungiert. Ob die inzestuöse Beziehung andauert, hängt weitgehend von der Reaktion der Ehefrau ab, die manchmal im Interesse des Familienzusammenhalts ignoriert, was zwischen Vater und Tochter vorgeht. Die Reaktionen der Töchter sind erwartungsgemäß sehr unterschiedlich und ändern sich vermutlich im Laufe der Zeit. Manchen schmeichelt es vielleicht zunächst, daß sie ihren Daddy verwöhnen können, aber später, als heranwachsende junge Frauen, fühlen sie sich so erniedrigt und eingeschlossen durch die ganze Affäre, daß sie von zu Hause fortlaufen. Vielleicht wird die eine oder andere auch schwanger und *erzwingt* es auf diese Weise, daß sich auch die übrige Familie mit dem Verhalten des Vaters auseinandersetzt.

Darüber, wie sich Inzest langfristig auf Kinder und Eltern auswirkt, wissen wir sehr wenig. Eine Reihe von Untersuchungen, die von *Geer, Heiman* und *Leitenberg* (1984) überprüft wurden, lassen vermuten, daß die psychischen Auswirkungen sehr gravierend sein und sich später in Prostitution, Promiskuität, Drogenmißbrauch, Depression und psychosexueller Dysfunktion äußern können. Allerdings muß man, ohne das Problem zu verkleinern, auch darauf hinweisen, daß Inzest nicht notwendigerweise seelische Schäden verursacht (*Mey* und *Neff*, 1982).

Pädophilie

Pädophile sind Erwachsene – den Polizeiberichten zufolge gewöhnlich Männer –, die durch körperlichen und oft auch sexuellen Kontakt mit präpubertären Kindern sexuelle Befriedigung erlangen. Auch ältere Adoleszente können pädophil sein, aber im allgemeinen beginnt die Störung im mittleren Lebensalter. Obwohl es bei solchen Belästigungen selten zu Gewalttätigkeit kommt, reagiert die Gesellschaft auf pädophile Handlungen sehr viel ablehnender und strafender als auf Vergewaltigungen, bei denen immer physische Gewalt im Spiel ist. Manchmal begnügt sich der Pädophile damit, die Haare des Kindes zu streicheln, kann aber auch dessen Genitalien manipulieren, es ermuntern, dasselbe mit den seinen zu tun und – seltener – eine Immissio versuchen. Die pädophilen Kontakte können Wochen, Monate oder Jahre andauern, es sei denn, das Kind wehrt sich oder andere Erwachsene entdecken sie.

Zwischen Inzest und Pädophilie gibt es zwei wesentliche Unterschiede. Erstens findet Inzest definitionsgemäß zwischen Angehörigen derselben Familie statt. Zweitens sind Inzestopfer im allgemeinen älter als Kinder, die zum Ziel pädophilen Begehrens werden. In Vätern erwacht das Interesse für ihre Töchter meist erst dann, wenn diese Anzeichen körperlicher Reife zeigen. Den Pädophilen reizen, eben wegen ihrer Unreife, die ganz kleinen Mädchen.

Pädophile sind häufig streng religiös und moralistisch. Wie bei fast allen sexuellen Abweichungen, die wir beschrieben haben, ist auch das subjektive Erleben der Anziehungskraft, die das Kind auf den Pädophilen ausübt, stark zwanghaft. Im allgemeinen kennen Pädophile die Kinder, die sie belästigen, wohnen Tür an Tür mit ihnen oder sind mit ihrer Familie befreundet (*Gebhard* et al., 1965). Die meisten älteren heterosexuellen Pädophilen sind verheiratet oder waren es irgendwann einmal.

Wie häufig Kinder sexuell belästigt werden, ist auch nicht annähernd genau bekannt. Da das Kind und seine Eltern den Pädophilen im typischen Fall gut kennen, werden derartige Vorkommnisse vermutlich sehr viel häufiger verschwiegen als angezeigt. Das Ausmaß des Problems drang 1984 vermehrt ins öffentliche Bewußtsein – und entsprechend groß war die allgemeine Empörung –, als Besitzer und Personal etlicher Kindertagesstätten beschuldigt wurden, Kinder sexuell belästigt zu haben.

Die Pädophilie, so hat man vermutet, entspringt dem Gefühl, in der Erwachsenenwelt sozial, beruflich und sexuell versagt zu haben. Gelegentlich mag auf einen zur Pädophilie neigenden Erwachsenen auch die unschuldige, ungehemmte Zärtlichkeit eines Kindes erregend wirken. Für ihn hat solche Überschwenglichkeit einen, dem Kind nicht bewußten, sexuellen Beiklang. In den Vereinigten Staaten legen einschlägige Gesetze fest, bis zu welchem Alter ein junger Mensch als Kind gilt und sexueller Umgang mit ihm strafbar ist. Die Altersgrenze ist in den einzelnen Bundesstaaten unterschiedlich.

Wenn ein Kind seinen Eltern erzählt, daß ein Erwachsener zärtlich zu ihm war, wissen diese oft nicht, wie sie reagieren sollen. Viele Fachleute sind der Meinung, daß das Kind dem Geschehenen im allgemeinen nicht dieselbe sexuelle Bedeutung beimißt wie Erwachsene (*Gagnon*, 1977). Selbst wenn der Pädophile zum Orgasmus kommt, ist dem Kind nicht immer klar, was passiert ist. Erst die panische Reaktion Erwachsener kann dem bedauerlichen Ereignis eine unnötige negative Bedeutung verleihen. Aber gleichzeitig muß das Kind natürlich vor einer längerfristigen sexuellen Beziehung mit einem Erwachsenen geschützt werden, die Schaden anrichtet.

Voyeurismus

Gelegentlich mag es vorkommen, daß ein Mann eine nackte Frau zufällig und ohne deren Wissen beobachtet. Wenn sein Sexualleben im allgemeinen in konventionellen Bahnen verläuft, ist dieser Akt zwar voyeuristisch, er selbst aber kein Voyeur. *Voyeurismus* ist

„das Beobachten argloser Personen, gewöhnlich Fremder, die entweder nackt sind, sich gerade ausziehen oder sich sexuell betätigen, als wiederholt bevorzugte oder ausschließliche Methode zur Erlangung sexueller Erregung. Das Zuschauen („peeping") geschieht mit dem Ziel der sexuellen Erregung, eine sexuelle Betätigung mit der anderen Person wird dabei nicht gesucht. Ein Orgasmus, der üblicherweise durch Masturbation erlangt wird, kann während der voyeuristischen Betätigung eintreten oder später als Reaktion auf die Erinnerung an das Gesehene. Oft genießen die Betroffenen die Vorstellung, wie hilflos die beobachteten Personen waren und wie sie sich beschämt fühlen würden, wenn sie wüßten, daß sie beobachtet wurden" (*DSM-III*, S. 285).

Ein wirklicher Voyeur, in den meisten Fällen ein Mann, wird es nicht besonders aufregend finden, einer Frau zuzuschauen, die sich für ihn ent-

Ein heimlicher und zu engeren sexuellen Kontakten unfähiger Voyeur dringt aus einer gewissen Entfernung in die Intimsphäre einer sich entkleidenden Fremden ein.

kleidet. Wichtig scheint das Moment der Gefahr zu sein, denn ihn erregt die Vorstellung, wie die Frau reagieren würde, wenn sie wüßte, daß er sie beobachtet.[5] Manche Voyeure beobachten mit besonderer Vorliebe Paare beim Geschlechtsverkehr. Wie bei jedem Verhalten, das gegen das Gesetz verstößt, ist auch hier die Häufigkeit schwer zu schätzen, denn Straftaten *jeglicher Art* bleiben größtenteils von der Polizei unbemerkt.

Nach allem, was wir wissen, sind Voyeure zumeist jung, alleinstehend, unterwürfig, und sie haben Angst vor direkteren sexuellen Kontakten (*Katchadourian* und *Lunde*, 1972; *McCary*, 1973). Das Zuschauen dient ihnen als Ersatzbefriedigung und gibt ihnen möglicherweise das Gefühl, Macht über die Beobachteten zu haben. An anderen Störungen scheinen sie nicht zu leiden. Nachdem man in Dänemark alle Verkaufsbeschränkungen für pornographisches Material an Erwachsene aufgehoben hatte, nahm als eine der wenigen beobachteten Auswirkungen dieser Liberalisierung der Voyeurismus – zumindest Polizeiberichten zufolge – signifikant ab (*Kutchinsky*, 1970). Vielleicht befriedigt der leichtere Zugang zu sehr freizügigem Bild- und Schriftmaterial, das ja zumeist als Masturbationshilfe dient, die Bedürfnisse, die früher manche Männer mangels anderer Abfuhrmöglichkeiten zu Voyeuren werden ließen.

Exhibitionismus

Die Mehrzahl der Sexualdelikte, von denen die Polizei erfährt, ist voyeuristischer und exhibitionistischer Natur. Erwartungsgemäß werden Exhibitionisten häufig wegen ,,unsittlicher Zurschaustellung" festgenommen. Ihre eigentliche Störung besteht darin, daß sie sich gezwungen fühlen, sich Menschen gegenüber zur Schau zu stellen, die sich dadurch schockiert oder doch zumindest in ihren Gefühlen verletzt fühlen. Auch der *Exhibitionismus* ist ein vornehmlich männliches Phänomen. Einem Aperçu zufolge ist ein Mann, der heimlich eine nackte Frau beobachtet, ein Voyeur, während eine Frau, die einen nackten Mann betrachtet, einem Exhibitionisten zuschaut. Wie in so vielen Äußerungen über menschliche Sexualität ist auch hier impliziert, daß Frauen weniger sexuell veranlagt seien als Männer. Der Exhibitionist entblößt wiederholt die

,,Genitalien vor unbefangenen Fremden, um sexuelle Erregung zu erreichen, ohne den Versuch einer weiteren sexuellen Aktivität. Der Wunsch, den Beobachter zu überraschen oder zu erschrekken, wird häufig bewußt wahrgenommen oder ist fast bewußt, aber die Betroffenen stellen gewöhnlich für das Opfer keine körperliche Gefahr dar.

---

[5] Die Tatsache, daß Voyeure ein verarmtes Sozialleben haben und Frauen lieber heimlich beobachten, statt konventionelle soziale und sexuelle Beziehungen zu ihnen aufzunehmen, läßt auch eine andere Erklärung für ihr Verhalten plausibel erscheinen. Wüßte die Frau von der Anwesenheit des Mannes und würde sich trotzdem von ihm beobachten lassen, könnte der Mann den Schluß ziehen, sie habe ein persönliches Interesse an ihm. Diese Möglichkeit wäre für einen Voyeur sehr bedrohlich und, weil sie Angst auslöst, sexuell weniger erregend. Demnach wäre das Risiko, entdeckt zu werden, kein erregender Faktor. Vielmehr wäre die heimliche Beobachtung, die den heterosexuellen Voyeur vor einer möglichen Beziehung zu einer Frau schützt, für ihn der am wenigsten ängstigende Weg, zu ihr in Kontakt zu treten.

Manchmal masturbiert der Betroffene bei der Entblößung" (*DSM-III*, S. 284).

Der Drang, sich entblößt zur Schau zu stellen, scheint für den Exhibitionisten überwältigend und unkontrollierbar zu sein und wird offensichtlich ebenso durch Angst und Ruhelosigkeit wie durch sexuelle Erregung ausgelöst. Da der Drang einen so ausgeprägten Zwangscharakter hat, können sich die Entblößungen, sogar an gleicher Stelle und zur gleichen Tageszeit, recht häufig wiederholen. Offensichtlich ist der Drang zum Zeitpunkt des Aktes so stark, daß Exhibitionisten die möglichen sozialen und juristischen Folgen ihres Tuns vergessen (*Stevenson* und *Jones*, 1972). In der Verzweiflung und Spannung des Augenblicks können sie an Kopfschmerzen und Palpitationen leiden und ein Gefühl der Unwirklichkeit erleben. Anschließend suchen sie zitternd und voll Scham das Weite (*Bond* und *Hutchison*, 1960). Der Exhibitionist sucht nur sehr selten auch körperlichen Kontakt zu seinem unfreiwilligen Betrachter. Noch seltener sind gewalttätige Übergriffe, etwa eine Vergewaltigung, zu befürchten (*Rooth*, 1973). Im allgemeinen hat der Exhibitionist Schwierigkeiten in zwischenmenschlichen Beziehungen und ist unreif in seinem Verhalten dem anderen Geschlecht gegenüber. Über die Hälfte der Exhibitionisten ist verheiratet, aber ihre ehelichen Beziehungen sind wenig befriedigend (*Mohr, Turner* und *Jerry*, 1964).

Jüngere Exhibitionisten weisen darüber hinaus keine Anzeichen einer psychischen Störung auf, in manchen Fällen liegt allerdings eine geistige Retardierung oder Senilität vor. Es kommt auch vor, daß Exhibitionisten sich während eines epileptischen Temporallappenanfalls zur Schau stellen (vgl. S. 775f.). Weil diese Männer sich ohne Willen und Vorsatz und manchmal auch ohne Bewußtsein entblößen, ist fraglich, ob sie überhaupt als Exhibitionisten gelten sollten. Im Grunde sollte man von Exhibitionismus nur dann sprechen, wenn das Verhalten bewußt und mit Absicht gezeigt wurde. Aber das in jedem Fall festzustellen, dürfte schwierig sein.

Angesichts der Tatsache, daß der exhibitionierte Penis zuweilen schlaff ist (*Langevin* et al., 1979), stellt sich die interessante Frage nach den *sexuellen* Aspekten des Aktes. Wie sexuell erregend kann es für einen Mann sein, sich zu entblößen, wenn sein Penis dabei nicht erigiert? Vielleicht ist der Akt des Zurschaustellens für den Exhibitionisten mit seinen defizienten sozialen Fertigkeiten die bestmögliche Form der sozialen Interaktion. Die Tatsache, daß Gleichgültigkeit auf seiten des Beobachters den Exhibitionisten unbefriedigt läßt, bestätigt, daß er die anderen mit der Entblößung erschrecken will.

Die Suche nach den Entstehungsbedingungen war bisher wenig ergiebig. Eine von vielen psychodynamischen Theorien vermutet, daß dem Exhibitionismus eine verdrängte Kastrationsangst und das Bedürfnis, sich seines Mannseins zu versichern, zugrunde liegen. Solche Spekulationen werden weder von Daten gestützt, noch haben sie zur Entwicklung wirksamer Therapien beigetragen. Eine interessante lerntheoretische Hypothese unterstreicht die verstärkenden Aspekte der Masturbation. *McGuire, Carlisle* und *Young* (1965) berichten über die Entwicklung des Exhibitionismus bei zwei jungen Männern, die beim Urinieren von einer attraktiven Frau überrascht worden waren. Zu Hause, als sich Verlegenheit und Scham gelegt hatten, erregte sie der Gedanke an dieses Erlebnis und sie masturbierten. Nachdem sie wiederholt mit solchen Phantasien masturbiert hatten, begannen sie mit exhibitionistischen Handlungen. Die Autoren vermuten, daß die wiederholte Verknüpfung von sexueller Erregung mit der Vorstellung, von einer Frau gesehen zu werden, die Männer auf klassische Weise konditionierte, durch Exhibition in sexuelle Erregung zu geraten. Es gibt allerdings keine kontrollierte Untersuchung, die eine lerntheoretische Erklärung des Exhibitionismus eindeutig bestätigt.

Vergewaltigung

Das Verbrechen

Auf kaum einen anderen antisozialen Akt reagieren wir mit derartigem Abscheu und Zorn wie auf *Vergewaltigung*, d.h. den Versuch, mittels Zwang und Gewalt von einem nicht einverstandenen Partner sexuelle Befriedigung zu erlangen.

Als zweite Kategorie sieht das Gesetz in den Vereinigten Staaten die *Vergewaltigung Minderjähriger* vor, wonach jeder Geschlechtsverkehr zwischen einem Mann und einer Minderjährigen strafbar ist. In den meisten Bundesstaaten liegt das Mündigkeitsalter bei 18 Jahren. Man nimmt an, daß ein Mädchen bis zu diesem Alter für seine sexuellen Aktivitäten nicht verantwortlich zu machen ist, aber es gibt Bestrebungen, dieses Alter zu senken. Zur Anklage der Vergewaltigung einer Minderjährigen kann es auch dann kommen, wenn das Mädchen erwiesenermaßen mit der Situation einverstanden war. Kriterium für eine Anklage wegen Vergewaltigung Minderjähriger ist also nicht Gewalt, sondern allein der vollzogene Geschlechtsverkehr mit einer Minderjährigen. In diesem Kapitel geht es um Vergewaltigung im üblichen Sinne.

In früherer Zeit galt Vergewaltigung nicht als Angriff auf das Opfer, sondern als Verletzung der Eigentumsrechte des Ehemanns, des Vaters oder der Brüder der Frau. Sogar heute noch gelten gewaltsame sexuelle Übergriffe des Ehemannes auf seine Frau in den meisten Staaten juristisch nicht als Vergewaltigung. Und auch wenn Frauen bei der Polizei ihrer Gemeinde einen „schlechten" Ruf haben, wird eine wirkliche, unter Zwang und Gewalt vollzogene Vergewaltigung, besonders wenn der gesellschaftliche Status des Vergewaltigers höher ist als der seines Opfers, nicht als solche verfolgt. Polizeiakten vermitteln also möglicherweise ein falsches Bild von der Häufigkeit von Vergewaltigungen und anderer sexueller Abweichungen. Wichtiger noch ist allerdings die bedauerliche Tatsache, daß die betroffenen Frauen oft das Gefühl haben, man rechne ihnen die unfreiwillige Teilnahme an der Vergewaltigung zur Schande an. Schätzungsweise wird nur etwa jede zwanzigste Vergewaltigung bei der Polizei angezeigt. Trotzdem steigt die Zahl der Vergewaltigungen schneller als die von Mord, Körperverletzung und Raub. Vergewaltigung ist in den Vereinigten Staaten das Gewaltverbrechen mit den höchsten Zuwachsraten.[6]

Bemerkenswert ist auch die Häufigkeit, mit der Männer Frauen sexuell nötigen, ohne daß es zur eigentlichen Vergewaltigung kommt. Bei einer diesbezüglichen Befragung von *Rapaport* und *Burkhart* (1985) gaben viele Studenten an, Frauen gegen ihren Willen sexuell berührt zu haben. 37 Prozent hatten z.B. einer Frau die Hand auf die Brust gelegt, 31 Prozent hatten sich an ihrer Unterwäsche zu schaffen gemacht und 30 Prozent hatten gegen den Protest der Frau ihren Genitalbereich berührt.

Das Opfer und der Angriff

Man glaubt vielfach, Vergewaltigungsopfer seien immer jung und attraktiv. Das ist ein Mythos. Für viele trifft das zwar zu, für viele andere aber nicht. Alter und Aussehen sind für manche Vergewaltiger kein Hinderungsgrund. Sie vergehen sich an einjährigen Kindern ebenso wie an achtzigjährigen Frauen. Bei fast jeder Vergewaltigung kommt es zum Geschlechtsverkehr, aber manchmal wird das Opfer auch zu anderen sexuellen Handlungen – Fellatio und Cunnilingus – gezwungen. Bei einer sogenannten sadistischen Vergewaltigung fügt der Vergewaltiger dem Opfer schweren körperlichen Schaden zu, indem er etwa Objekte in die Vagina einführt, an ihren Brüsten reißt oder ihr Verbrennungen beibringt. Manche Vergewaltiger ermorden und verstümmeln ihr Opfer (*Holmstrom* und *Burgess*, 1980). Kein Wunder also, daß Vergewaltigung nicht nur als sexueller Akt, sondern auch als aggressive Gewalttätigkeit gilt.

Vergewaltigungsopfer sind oft körperlich und seelisch traumatisiert. In den Minuten oder Sekunden vor der Vergewaltigung wird sich die Frau bewußt, in welcher Gefahr sie schwebt, kann aber noch kaum glauben, was da auf sie zukommt. Im Augenblick des Angriffs bangt sie zuerst und vor allem um ihr Leben. Daß sie körperlich verletzt und ihrer Entscheidungsfreiheit beraubt wird, versetzt sie in Zorn. Aber sie weiß auch um ihre Verwundbarkeit. Der Angreifer ist stärker als sie, und gewöhnlich werden Angst und Schrecken größer sein als die Kraft, sich zu wehren. Viele Opfer leiden in den Wochen nach der Vergewaltigung unter einem Gefühl extremer Spannung und tiefer Demütigung. Sie fühlen sich

[6] In den Strafgesetzen vieler Länder gilt nicht nur vaginale Penetration, sondern auch oraler oder analer Verkehr als Vergewaltigung (*Geis*, 1977).

schuldig, weil sie sich nicht stärker gewehrt haben und hegen wütende Rachegedanken. Manche verfolgt die Vergewaltigung bis in ihre Träume. *Burgess* und *Holmstrom* (1974) untersuchten Frauen, die unmittelbar nach einer Vergewaltigung zur Notbehandlung in ein großes städtisches Krankenhaus eingeliefert worden waren, und stellten fest, daß die Hälfte von ihnen anschließend die Wohnung oder zumindest die Telephonnummer wechselte. Bei einem großen Teil gestaltete sich die sexuelle Beziehung zu Ehemännern oder Freunden problematisch. Unter den von *Masters* und *Johnson* (1970) behandelten Ehepaaren waren ebenfalls etliche Frauen, die nach einer Vergewaltigung auch zur Sexualität mit ihrem Mann eine negative Einstellung hatten. Manche Vergewaltigungsopfer entwikkeln Phobien. Sie können sich, je nachdem, wo die Vergewaltigung stattgefunden hat, nicht innerhalb oder außerhalb geschlossener Räume aufhalten oder fürchten sich vor Dunkelheit. Sie können es eine Zeitlang nicht ertragen, alleine oder in einer großen Menschenmenge zu sein oder jemanden hinter sich zu wissen. Aus gutem Grund erwähnt das DSM-III die Vergewaltigung als eines jener Traumata, die zur posttraumatischen Belastungsreaktion führen können.

Der Vergewaltiger

Eine Vergewaltigung ist mit ziemlicher Sicherheit meistens geplant und nicht, wie oft behauptet wird, der spontane Akt eines Mannes, dessen Sexualtrieb vorübergehend außer Kontrolle gerät (*Harrington* und *Sutton-Simon*, 1977). Der Vergewaltiger kann eine sadistische Ader haben, aber im Unterschied zum Sadisten kennt er sein Opfer oft vorher nicht und vergreift sich an einer Frau, die mit der sexuellen Handlung nicht einverstanden ist. Überdies unterhält der Sadist gewöhnlich eine feste und dauerhafte Beziehung zu einer Masochistin. In vielen Fällen ist wiederholte Vergewaltigung Teil eines soziopathischen Lebensstils.

Sexuelle Dysfunktion während einer Vergewaltigung scheint häufig zu sein. In Interviews mit 170 wegen eines gewalttätigen Sexualdeliktes verurteilten Männern zeigte sich, daß ein Drittel dieser Männer während der Tat keine Erektion oder aber vorzeitigen beziehungsweise verzögerten Samenerguß hatten – Schwierigkeiten, die die meisten der Betroffenen eigenen Angaben zufolge bei normalen sexuellen Beziehungen nie hatten. Offensichtlich war nur ein Viertel der Männer während der Vergewaltigung sexuell voll funktionstüchtig (*Groth* und *Burgess*, 1977). Eine Interpretation solcher Reaktionen ist, daß Vergewaltigungen nicht unterschiedslos und ausschließlich sexuell motiviert sind. Aber da eine Vergewaltigung immer eine Mischung aus Sexualität und Aggression darstellt, ist die eigentliche Motivation schwer zu ermitteln.

Susan Brownmiller (1975) hat den Sexismus und die Unterwerfung der Frau durch Vergewaltigung in ihrem Bestseller „*Gegen unseren Willen*" ausführlich untersucht. Vergewaltigung, so ihre These, ist „nicht mehr und nicht weniger als ein bewußter Prozeß der Einschüchterung, durch den alle Männer alle Frauen in einem steten Zustand der Angst halten" (S. 5). Sie führt auch den historischen Beweis. Im alten Babylon (3000 v. Chr.) z.B. war die Ehefrau das Eigentum ihres Mannes. Wurde sie vergewaltigt, warf man sie zusammen mit dem Vergewaltiger gefesselt in einen Fluß. Dem Ehemann blieb es überlassen, ob er sie rettete oder als Strafe für den „Ehebruch" ertrinken ließ. Die alten Hebräer waren nicht fortschrittlicher. Sie steinigten eine vergewaltigte Ehefrau und ihren Vergewaltiger gewöhnlich zu Tode. Wurde eine nicht verlobte Jungfrau innerhalb der Stadtmauern vergewaltigt, steinigte man sie ebenfalls, denn es wurde angenommen, daß sie die Tat durch lautes Schreien hätte verhindern können.

Diese Bestrafungen, die verschiedene Gesellschaften über vergewaltigte Frauen verhängten, sowie die Tatsache, daß Männer Frauen im allgemeinen an Körperkraft überlegen sind, stützen die These von *Susan Brownmiller*, daß Vergewaltigung seit jeher – also auch heute noch – dazu dient, die Frauen einzuschüchtern. Zwischen dem 11. und 13. Jahrhundert vergewaltigten die Kreuzritter auf ihren heiligen Pilgerzügen zur Befreiung Jerusalems von den Moslems Frauen in Europa, die Deutschen vergewaltigten im Ersten Weltkrieg die Frauen des überwältigten Belgien, und amerikanische Soldaten vergewaltigten in Vietnam, als sie den Feind „suchten und vernichteten". *Susan Brownmiller* behauptet, daß Vergewaltigung im Krieg geradezu *erwartet* wird. Die Mitgliedschaft in den exklusivsten Männerclubs der Welt – den Streitkräften der meisten Nationen – provoziere, so schreibt sie, ein perverses Gefühl männlicher Überlegenheit und schaffe damit ein Klima, in dem Vergewaltigung akzeptabel sei.

Was ist der Vergewaltiger für ein Mensch? Ist er ein Psychopath, dem es Nervenkitzel bedeutet, eine Frau durch Einschüchterung und oft brutale Gewalt zu beherrschen und zu erniedrigen? Ist er der normale, wenig selbstbewußte Mann mit schwachem Ego, der seine Frustrationen nach Enttäuschungen in Beruf oder Liebe an einer Fremden ausläßt? Oder ist es der Halbwüchsige, der sich durch eine verführerische und scheinbar bereitwillige Frau provoziert fühlt, die dann aber, wie er feststellen muß, doch nicht an sexuellen Beziehungen mit ihm interessiert ist? Oder ist es ein Mann, der unter Alkohol alle Hemmungen verloren hat und seinen aggressiven Gefühlen freien Lauf läßt? Die beste Antwort wäre: der Vergewaltiger verkörpert alle diese Männer insofern, als wahrscheinlich mehrere der beschriebenen Momente bei ihm zusammenkommen.

Wenn wir Polizeiberichten glauben, ist der Vergewaltiger zumeist jung – gewöhnlich zwischen 15 und 25 Jahre alt –, arm und ohne abgeschlossene Schul- und Berufsausbildung. Er entstammt der Unterschicht, wo, wie Soziologen behaupten, Gewalt selbstverständlicher ist als in der Mittelschicht. Vergewaltiger sind in etwa 50% der Fälle verheiratet und leben zum Zeitpunkt des Verbrechens mit ihrer Frau zusammen. An jeder dritten oder vierten Vergewaltigung sind zwei und mehr Männer beteiligt. Da die Dunkelziffer bekanntermaßen hoch ist, lassen sich die aus Polizeiakten gewonnenen Erkenntnisse nicht ohne weiteres verallgemeinern. In manchen Fällen sind Vergewaltiger und Ehemann des Opfers auch ein und dieselbe Person (*Russell*, 1982).

Nach Meinung mancher Wissenschaftler ist die Vergewaltigung Teil jenes kulturellen Stereotyps von Männlichkeit und Weiblichkeit, das dem Mann in einer sexuellen Beziehung die aggressive, der Frau die passive, aber verführende Rolle zuschreibt. Von der Frau wird erwartet, daß sie den Avancen des Mannes widersteht. Der Mann hat diesen Widerstand zu überwinden. Möglich, daß manche Vergewaltigungshandlung das Ergebnis eines Mißverständnisses zwischen Mann und Frau ist. Der Mann interpretiert das „Vielleicht" der Frau als „Ja", intensiviert seine sexuelle Annäherung in der Annahme, daß die Frau „eigentlich" damit einverstanden ist, wird bitter enttäuscht und kann sich mit der Zurückweisung nicht abfinden (*Gagnon*, 1977). Das ist natürlich nur denkbar, wenn Vergewaltiger und Opfer sich kennen – wie es in über einem Drittel der angezeigten Vergewaltigungen der Fall ist –, kommt aber als Erklärung für die vielen Vergewaltigungen auf der Straße oder in der Wohnung des Opfers, zu der der Täter sich gewaltsam Zugang verschafft hat, nicht in Frage. Auch die extreme Brutalität vieler Vergewaltigungen findet auf diese Weise keine Erklärung.

Auch bei der Untersuchung der Vergewaltigung und anderer Muster abweichenden Sexualverhaltens sind wir mit der Tatsache konfrontiert, daß Sexualität vielen Zwecken dienen kann. Eine Handlung, die wir sexuell nennen, weil sie die Genitalien mit einschließt, wäre vielleicht manchmal aus nicht-sexueller Perspektive sehr viel verständlicher. In ihrer klassischen Studie über Sexualtäter kommen *Gebhard* et al. (1965) zu dem Schluß, daß bis zu einem Drittel der Vergewaltiger den Akt nicht um der sexuellen Befriedigung willen ausführte, sondern um Aggression auszudrücken. Auch andere Forscher (z.B. *Brownmiller*, 1975; *Gagnon*, 1977) glauben, daß die Gründe, die den Vergewaltiger zur Tat veranlassen, nur entfernt mit Sexualität als solcher zu tun haben (vgl. Kasten 12.2). Viele feministische Gruppen wollen Vergewaltigung überhaupt nicht als *Sexual*delikt klassifiziert wissen, denn damit werde verschleiert, daß der Akt seinem Wesen nach beleidigend und brutal sei, und eine Atmosphäre geschaffen, in der nach den Motiven des *Opfers* gefragt werde. Jemand, der niedergeschlagen und beraubt (aber nicht sexuell mißbraucht) wird, gerät selten in Verdacht, den Angriff heimlich gewünscht zu haben. Dagegen will es eine grausame Ironie, daß Vergewaltigungsopfer häufig vor Ehemännern, Freunden, der Polizei, aber auch sich selbst den Beweis ihrer „Unschuld" antreten müssen. Wie haben *sie* zur Tat beigetragen, besonders, wenn der Vergewaltiger

Kasten 12.2
Eine psychophysiologische Analyse der Vergewaltigung

Diskussionen über das Phänomen der Vergewaltigung basieren fast ausschließlich auf den Arbeiten von Historikern, Soziologen, Politologen und Journalisten. Seit einigen Jahren versucht man es auch ins experimentalpsychologische Labor zu bringen. Die Untersuchung von *Abel* und seinen Mitarbeitern (1977) ist ein gutes Beispiel für diese Art der Forschung.

In ihrer ersten Untersuchung entwickelten sie eine Methodologie, die ihnen mit Hilfe des Penis-Plethysmographen helfen sollte, zwischen Vergewaltigern und Nicht-Vergewaltigern zu unterscheiden. Die meisten an der Untersuchung beteiligten Vergewaltiger blickten auf eine lange Geschichte gewalttätiger Sexualdelikte an Frauen, in manchen Fällen auch an Männern, zurück. Die Kontrollprobanden wiesen andere Formen abweichenden Sexualverhaltens auf wie Exhibitionismus, Pädophilie und Homosexualität.

Als unabhängige Variable wurden den Probanden zwei Tonbänder mit jeweils einer erotischen Geschichte vorgespielt. Im einen Fall war es die Geschichte eines gemeinsam genossenen Geschlechtsverkehrs zwischen zwei miteinander harmonisierenden Partnern. Das andere Tonband erzählte von der Vergewaltigung der ersten Partnerin. Die lustvolle Szene schilderte die Partnerin als bereitwillig, liebevoll und zärtlich. In der Vergewaltigungsszene litt das Opfer unüberhörbar körperliche und seelische Schmerzen. Der Plethysmograph zeigte erwartungsgemäß, daß die Vergewaltiger von der Vergewaltigungsszene signifikant mehr erregt wurden als die Kontrollprobanden. Aber interessanterweise wirkte die Szene mit der einverständig genossenen Sexualität auf die Vergewaltiger genauso erregend! Die Kontrollprobanden erregte die liebevolle Szene zwar sehr viel mehr als die Vergewaltigung, aber auch letztere führte zu leichter Erregung.

Dann untersuchte *Abel* mit derselben Methode die Reaktion von Vergewaltigern auf Aggression. Wirkt auch nicht-sexuelle Aggression auf Vergewaltiger erregend? Wie hängen Erregung durch Aggression und Erregung durch Vergewaltigung zusammen? Probanden waren einige der auch an der ersten Studie beteiligten Vergewaltiger. Diesmal spielte man ihnen drei Tonbandgeschichten vor. Eine schilderte einen Vergewaltiger, der eine Frau zu Boden warf, schlug und gegen ihren Willen niederhielt, ohne aber Geschlechtsverkehr zu suchen. In der zweiten Geschichte erzwang der Mann den Geschlechtsverkehr. Das dritte Band erzählte von einer gewaltlosen sexuellen Begegnung mit einer bereitwilligen Partnerin. Wie die Ergebnisse zeigten, führte die Aggressionsszene zwar zu einer gewissen sexuellen Erregung, aber sie machte nur 40% der Erregung aus, die bei Anhören der Vergewaltigungsszene entstand. Sogar das Band mit der wechselseitig befriedigenden, nicht-aggressiven Sexualität erregte die Vergewaltiger mehr.

Dann verglichen *Abel* und seine Mitarbeiter die Plethysmograph-Aufzeichnungen der einzelnen Vergewaltiger mit deren Fallgeschichte. Einige Probanden zogen normalen Geschlechtsverkehr vor und nahmen zur Vergewaltigung nur Zuflucht, wenn das Opfer nicht dazu bereit war. Diese Männer hatten bei der Aggressionsgeschichte nur schwache Erektionen, stärkere beim Anhören der Vergewaltigungsszene, und am stärksten war die Reaktion auf die Schilderung herkömmlichen Geschlechtsverkehrs. Vergewaltiger, die sich wiederholt und häufig auf sadistische Weise an Frauen vergriffen hatten, reagierten auf den beidseitig als befriedigend erlebten Liebesakt kaum, aber ihre Erregung stieg merklich, wenn die Sexualität gewalttätig wurde. Auch die Aggressionsgeschichte löste bei diesen Männern starke Erregung aus. Das Bild ist also nicht einfach. Manche Männer greifen offensichtlich nur dann zum Mittel der Vergewaltigung, wenn liebevolle Sexualität nicht erreichbar ist, während andere die Verbindung von Sexualität und Gewalt gegenüber einem widerstrebenden und angstvollen Opfer zu *brauchen* scheinen.

Wie lassen sich solche Forschungsergebnisse mit unseren Erörterungen im Text vereinbaren? Denken wir etwa an *Susan Brownmillers* These, daß die Vergewaltigung dem Mann dazu dient, die Frauen einzuschüchtern, ja sogar zu demütigen. Zwischen dieser historisch-politischen Analyse und der Laborforschung von *Abel* scheinen Welten zu liegen. Das ist aber in Wirklichkeit nicht der Fall, auch wenn es zwischen Wissenschaftlern wie *Susan Brownmiller* und experimentellen Psychologen nur selten zum Austausch kommt. *Abel* und seine Mitarbeiter haben gezeigt, daß die Schilderung von Aggression bei manchen Vergewaltigern tatsächlich Erregung auslöst, und daß diese Erregung stärker sein kann als die Erregung bei Schilderung normalen Geschlechtsverkehrs. Die Frage, die diese Art der Laborforschung nicht anspricht und wahrscheinlich auch gar nicht ansprechen kann, ist die nach dem *Warum*. Warum erregt es manche Männer, wenn einem widerstrebenden Opfer Schmerz zugefügt wird? Was ist an der Beziehung zu seinem Opfer für den Vergewaltiger so erregend? *Brownmiller* und andere finden die Ursache in der Geschichte, und dort speziell in der Machtbeziehung zwischen Männern und Frauen. Ihre unabhängigen Variablen sind, wenn man so will, der männliche ,,machismo", die absichtliche Erniedrigung der Frau und der Wunsch, durch Aggression einzuschüchtern. *Abel* und andere Forscher seiner Richtung untersuchen Männer, die am Ende eines langen Prozesses der Verhaltensformung angelangt sind. Diese Vergewaltiger sind das Produkt ihrer sozialen Lerngeschichte. Herauszubekommen, *warum* sie zu Vergewaltigern wurden, ist das größere und wichtigere Problem. Zur Beantwortung dieser Frage bedarf es der Hilfe von Soziologen, Politologen und Historikern.

kein vollkommen Fremder war? Aber dank einer aufgeklärteren Haltung scheint die Vergewaltigung allmählich ihren stigmatisierenden Charakter zu verlieren. Dazu haben die Frauenbewegung und Bücher wie das von *Susan Brownmiller* entscheidend beigetragen.

Sexueller Sadismus und Sexueller Masochismus

Die meisten *Sadisten* unterhalten zum Zwecke gegenseitiger sexueller Befriedigung sexuelle Beziehungen mit Masochisten. Sadomasochismus gibt es sowohl in hetero-, als auch in homosexuellen Beziehungen. Der Sadist bezieht sein orgastisches Vergnügen daraus, daß er dem Partner Schmerz zufügt, den Masochisten befriedigt es, daß er Schmerz erleidet. In anderen Partnerschaften können sadistische und masochistische Praktiken Teil des sexuellen Vorspiels sein. Ein Ehepaar, das sich in Verhaltenstherapie befand, praktizierte folgendes Ritual:

,,*Als Vorspiel zum Geschlechtsverkehr brachte der junge Mann seiner Frau einen kleinen Schnitt in der rechten Handfläche bei. Wenn sie dann seinen Penis stimulierte, diente das Blut aus der Wunde als Gleitmittel. Dann folgte ein normaler Geschlechtsverkehr, und wenn die Frau spürte, daß ihr Mann ejakulierte, hatte sie ihre Fingernägel tief in seinen Rücken oder seine Gesäßbacken einzugraben*" (*Lazarus* und *Davison*, 1971, S. 202–203).

Die *Masochisten* scheinen die Sadisten allerdings an Zahl zu übertreffen. Vermutlich wird in vielen Bordellen ein guter Teil des Geschäfts mit ,,Sklavenspiel und Bestrafung" gemacht. Die Erscheinungsformen des sexuellen Masochismus variieren, natürlich kommt es in manchen Fällen auch zu Selbstverstümmelungen.

Manche Sadisten ermorden und verstümmeln ihre Opfer. Glücklicherweise bleiben Sadismus und Masochismus zumeist auf Phantasien beschränkt und gelten dann laut DSM-III nicht als Störungen. In großen Städten wächst die Zahl der „Sex-Shops", die ein lukratives Geschäft daraus machen, Menschen, die zur sexuellen Befriedigung zumindest die stellvertretende Erfahrung von Schmerz brauchen, mit dem entsprechenden Bild- und Schriftmaterial zu versorgen.

Bei gemeinsamen sexuellen Aktivitäten folgen Sadist und Masochist weitgehend einer Art „Drehbuch". Schmerz, Erniedrigung und Dominanz oder beides sind Teil einer Geschichte, die beide zusammen ausagieren. Unterordnung-Dominanz scheint als Thema genauso wichtig wie das Zufügen von körperlichem Schmerz. Der Masochist ist etwa das unartige Kind, das vom Lehrer, der auf Zucht und Ordnung hält, bestraft werden muß; oder er ist ein Sklave aus alten Zeiten, der an einen mächtigen Sultan verkauft wurde. Was Sadist und Masochist gemeinsam tun, hat für beide Teile eine bestimmte fiktive *Bedeutung*, die die sexuelle Erregung erhöht. Nach Ansicht kognitiver Theoretiker wie *Gagnon* und *Simon* (1973) muß jede Erklärung des sadomasochistischen Verhaltensmusters auch die Phantasien berücksichtigen, die beide Partner in ihre Handlungen einweben.

Wie kann es kommen, daß ein in anderen Bereichen oft völlig normaler Mensch direkt oder in der Phantasie Schmerzen zufügen oder erfahren muß, um sexuelle Erregung zu spüren? Nimmt man, wie manche Psychoanalytiker, an, daß Schmerz sexuelle Lust bereitet, liegt die Antwort auf der Hand. Nur „erklärt" ist damit in Wirklichkeit gar nichts. Eine andere psychoanalytische Theorie behauptet, daß der – immer männliche – Sadist an einem Kastrationskomplex leidet und dem Sexualpartner Schmerzen zufügt, um sich seiner Macht und Männlichkeit zu vergewissern. Vielleicht waren auch an einer frühen Orgasmuserfahrung in Kindheit oder Jugend sadomasochistische Elemente beteiligt. Einen klassischen Konditionierungsprozeß anzunehmen ist sicher plausibel, läßt sich aber einstweilen noch nicht durch Untersuchungsergebnisse belegen. Eine verwandte Hypothese besagt, daß die physiologische Erregung beim Zufügen und Erleiden von Schmerz sexueller Erregung nicht unähnlich ist. Wenn ein junger Mensch seine ersten Erfahrungen mit sexueller Erregung macht, ist beides vielleicht nicht ohne weiteres zu unterscheiden, besonders dann nicht, wenn am schmerzvollen Akt auch sexuelle Elemente beteiligt waren. Auf diese Weise lernt der Betroffene vielleicht, schmerzbedingte Erregung für sexuelle Erregung zu halten. Auch diese Hypothese ist, so interessant sie sein mag, einstweilen noch reine Spekulation.

Atypische Paraphilien

Die Paraphilien der letzten Gruppe nennt man atypisch. Es handelt sich um eine Restgruppe unkonventioneller sexueller Aktivitäten, die alle eindrucksvolle und mysteriöse Namen haben und über die man wenig weiß. In jedem Fall ist der Akt die notwendige Voraussetzung für sexuelle Erregung und nicht nur eine Variation konventionellen Sexualverhaltens. Es gehören unter anderem dazu:

Koprophilie. Das Erlangen sexueller Befriedigung durch das Hantieren mit Fäzes.

Frotteurismus. Die Betroffenen erlangen sexuelle Befriedigung, indem sie sich an anderen reiben, ohne daß es zu Geschlechtsverkehr kommt.

Klismaphilie. Das Erlangen sexueller Erregung durch ein Klistier, das eine andere Person verabreicht.

Nekrophilie. Sexueller Umgang mit einer Leiche.

Telefon-Scatologie. Erlangung sexueller Befriedigung durch obszöne Telephonanrufe.

Sexueller Oralismus. Ausschließliches Praktizieren von oral-genitalem Sex.

Sexueller Analismus. Ausschließliches Praktizieren von Analverkehr.

Gerontosexualität. Bevorzugung älterer Menschen als Sexualpartner.[7]

[7] Diese Paraphilie ist ein gutes Beispiel für die Subjektivität oder den kulturellen Relativismus psychiatrischer Diagnosen. Wieviel älter muß der Sexualpartner sein, damit die Beziehung als abnorm beurteilt wird? Auf eine derartige Diagnose konnte man möglicherweise nur verfallen, weil die Tatsache, daß Menschen bis ins hohe Alter sexuell aktiv bleiben können, weitgehend ignoriert wird.

Therapie der Paraphilien

Weder psychoanalytische noch humanistische Schulen haben zur Therapie von Paraphilien einen nennenswerten Beitrag geleistet, obwohl ihre klinische Literatur reich an interessanten Fallstudien ist.

In der Verhaltenstherapie sah man in den Paraphilien zunächst nur Vorlieben für unangemessene Objekte und Aktivitäten. Man sah sich in der Experimentalpsychologie nach Möglichkeiten um, diese Vorlieben abzubauen und hielt die Aversionstherapie für das einzig wirksame Verfahren. Einem Stiefel-Fetischisten verabreichte man einen elektrischen Schlag oder ein Brechmittel für jeden Blick auf einen Stiefel, dasselbe machte man mit dem Transvestiten, wenn er sich verkleidete, mit dem Pädophilen, wenn er sich das Bild eines nackten Kindes ansah, usw. Manchmal ergänzte man diese negativen Verfahren durch ein Training in sozialen Fertigkeiten und Selbstbehauptung, da viele der Betroffenen bereits in ganz alltäglichen sozialen Situationen Schwierigkeiten im Umgang mit anderen haben, ganz zu schweigen – wenn es überhaupt je dazu kommt – von ihren Schwierigkeiten beim normalen Geschlechtsverkehr. Die Aversionstherapie scheint sich bei der Behandlung von Pädophilie, Transvestitismus, Exhibitionismus und Fetischismus tatsächlich bewährt zu haben (*Marks* und *Gelder, 1967; Marks, Gelder* und *Bancroft*, 1970), obwohl unklar bleibt, wieweit die Behandlungserfolge einem Placebo-Effekt zuzuschreiben sind.

Später hat man dann auch mit verdeckter Sensibilisierung gearbeitet, d.h., man hat den aversiven Reiz in der Vorstellung dargeboten (*Cautela*, 1966). Statt den Paraphilen während der Konfrontation mit den unangemessenen Objekten und Situationen mit elektrischen Schlägen und Brechmitteln zu traktieren, half der Therapeut dem Klienten, sich die lustvolle, aber unerwünschte Erregung zusammen mit einem aversiven Reiz vorzustellen. In einem leicht abgewandelten Verfahren, der sogenannten verdeckten Bestrafung, betrifft der phantasierte aversive Reiz die Folgen der paraphilen Handlung. Ein Pädophiler z.B. malt sich aus, wie er von Frau und Tochter bei pädophilem Tun überrascht wird, wie die Polizei ihn auf offener Straße verhaftet, mit welchen Schlagzeilen die Zeitungen über sein Verbrechen berichten, daß er seine Stellung verliert und ins Gefängnis muß.

Ein weiteres verhaltenstherapeutisches Verfahren ist das der *orgasmischen Reorientierung*. Dabei soll der Paraphile lernen, sexuell auf Reize und Situationen zu reagieren, die bisher keine derartige Anziehungskraft auf ihn ausübten. Wenn der Klient auf dem von ihm bevorzugten, unerwünschten Weg einen Erregungszustand erreicht hat, konfrontiert man ihn mit einem erwünschten erregenden Reiz. Als einer der ersten demonstrierte *Davison* (1968a) diese Technik. Er wies einen jungen, von sadistischen Phantasien geplagten Mann an, zu Hause auf folgende Weise zu masturbieren:

> „*Wenn er sicher war, daß er ungestört blieb, ... sollte er zunächst mit beliebigen Mitteln – bei ihm zweifellos eine sadistische Phantasie – eine Erektion herbeiführen. Beim anschließenden Masturbieren sollte er den Blick auf das Bild einer attraktiven nackten Frau (den sexuellen „Zielreiz") gerichtet halten... Wenn die Erektion nachließ, durfte er zu seinen sadistischen Phantasien zurückkehren, bis er wieder effektiv masturbieren konnte. Solange er masturbierte, hatte er sich auf das... Bild zu konzentrieren, sadistische Phantasien waren nur zu Erektionszwecken erlaubt. Kurz vor und während des Orgasmus hatte er auf jeden Fall das Bild anzusehen ...*" (S. 84).

Der Klient konnte diesen Instruktionen folgen und begann nach einigen Wochen, auch konventionelle Bilder, Gedanken und Vorstellungen sexuell erregend zu finden. Der Therapeut gab sich damit allerdings nicht zufrieden und ließ dem orgasmischen Verfahren eine verdeckte Sensibilisierung für die sadistischen Phantasien folgen. Auch anderthalb Jahre nach Abschluß der Behandlung war der Klient noch zu konventioneller Erregung fähig, wenn er auch hin und wieder zu seinen sadistischen Phantasien zurückkehrte. Dieses etwas zweifelhafte Ergebnis steht für mehrere Beispiele dieser Art, aber es wird weiterhin versucht, die Möglichkeiten einer orgasmischen Reorientierungsbehandlung auszuloten.

Jede Paraphilie hat viele Facetten, und dem hat ein einfühlsames therapeutisches Programm

„Als ich Ihnen erlaubt habe, einen Anruf zu tätigen, habe ich damit nicht schon wieder einen obszönen gemeint."

Rechnung zu tragen. Transvestit A verkleidet sich aus dem, Transvestit B aus jenem Grund. Ein Exhibitionist fühlt vielleicht dann den Drang, sich zu entblößen, wenn er unter großer Spannung steht. In diesem Fall wäre es sinnvoll, ihn für den Frauentyp zu desensibilisieren, der ihn besonders anzieht. Man läßt ihn sich solche Frauen so lange auf Straßen und anderen öffentlichen Plätzen vorstellen, bis die Vorstellung für ihn angstfrei ist. Vermutlich wird er ihnen jetzt auch in der Öffentlichkeit entspannter begegnen und nicht mehr den Drang spüren, sich ihnen entblößt zur Schau zu stellen (*Bond* und *Hutchison*, 1960). Mit anderen Paraphilien erarbeitet man vielleicht eine Liste von sozialen Situationen oder Aspekten ihrer Beziehung zu Frauen, die sie in unverhältnismäßige Spannung versetzen. Wenn man sie dann dafür desensibilisiert, kann man hoffen, daß ihr Leben ganz allgemein angstfreier wird.

Die Paraphilien waren Gegenstand umfangreicher verhaltenstherapeutischer Forschungen. Die Belege dafür, daß Aversionstherapie, Selbstbehauptungstraining, Training sozialer Fertigkeiten, verdeckte Sensibilisierung, Desensibilisierung und andere verhaltenstherapeutische Verfahren dauerhafte und entscheidende Veränderungen bewirken können, sind gemessen an üblichen wissenschaftlichen Standards (vgl. Kapitel 5) sicher recht dürftig. Aber wir sollten bei aller wissenschaftlichen Strenge nicht übersehen, daß sich die Verhaltenstherapie bei der Behandlung dieser schwierigen und hartnäckigen menschlichen Probleme, aus welchen Gründen auch immer, sehr viel effektiver erwiesen hat als psychoanalytische oder humanistisch-existentielle Verfahren. Bei der Behandlung von Angst und Depression ist Einsicht als solche sicher ein wichtiger Faktor, aber klinische und experimentelle Daten sprechen dafür, daß man bei der Behandlung von Paraphilien wohl am besten einem fokussierten, handlungsorientierten und direktiven Programm folgt, zu dem nach Möglichkeit auch ein Training spezifischer sozialer Fertigkeiten gehören sollte.

Therapie der Vergewaltigung

Im Unterschied zu den meisten Störungen, mit denen wir es in diesem Buch zu tun haben, stellt eine Vergewaltigung den beruflichen Helfer vor eine zweifache Aufgabe: Nicht nur der Vergewaltiger bedarf der Behandlung, sondern auch dessen Opfer.

Es gibt eine ganze Anzahl von Therapieprogrammen, um Männer von ihrer Vergewaltigungsneigung abzubringen. In manchen Gefängnissen praktiziert man ein gruppentherapeutisches Konfrontationsverfahren und hofft, daß man so die verurteilten Vergewaltiger dazu bringt, die Verantwortung für ihre Gewalttätigkeit gegenüber Frauen zu übernehmen und sich um andere Möglichkeiten des Umgangs mit dem anderen Geschlecht, aber auch mit ihrem Zorn zu bemühen. Über die Wirksamkeit dieser Programme ist jedoch wenig bekannt. Die meisten Vergewaltiger sind Wiederholungstäter, und Gefängnisstrafen haben sich als wenig wirksames Mittel erwiesen, künftigen Vergewaltigungen vorzubeugen. Therapeuten, die betroffenen Männern helfen wollen, müssen mit einer Vielzahl möglicher Ursachen für die Vergewaltigungsneigung rechnen: Einsamkeit, mangelnde soziale Fertigkeiten, Furcht vor normalem Umgang mit Frauen, ausgeprägter Frauenhaß, Unfähigkeit oder mangelnde Bereitschaft, die Befriedigung aufzuschieben, was vielleicht besonders nach starkem Alkoholkonsum der Fall ist, und eine übertriebene Vorstellung von Männlichkeit, bei der Frauen dem Mann untergeordnet sind.

Man hat auch verschiedene chirurgische und hormonelle Behandlungsverfahren sowohl an Vergewaltigern als auch an Pädophilen ausprobiert. Aber alle diese Verfahren, und das ist das größte Problem dabei, machen die Behandelten auch unfähig zu normalem Geschlechtsverkehr. Sie werden kastriert – entweder chirurgisch, indem man ihnen die Testes nimmt, oder chemisch, indem man ihnen weibliche Hormone zuführt. Wenn man den Sexualtrieb schwächt, kann man nicht differenzieren und nimmt den Betroffenen damit die Möglichkeit, konventionellere Formen der sexuellen Befriedigung für sich zu entdecken. Diese Verweigerung von Alternativen ist ethisch

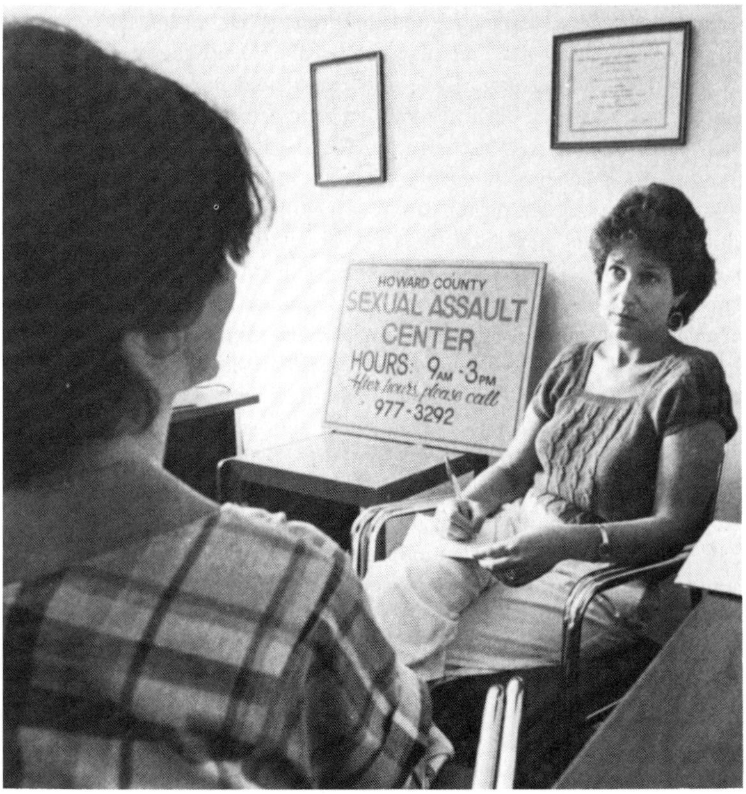

Beratungszentren für vergewaltigte Frauen helfen den Frauen nicht nur bei der Polizei und vor Gericht, sondern bieten auch Therapiemöglichkeiten für die traumatischen Nachwirkungen, die viele der Opfer quälen und oft genug seelisch zerrütten.

Kasten 12.3
Inhaftierte Sexualtäter: Ein Problem für die Gesellschaft

Sexualtäter, die wegen Vergewaltigung, Kinderschändung, Voyeurismus und Exhibitionismus verurteilt werden, kommen gewöhnlich ins Gefängnis. In manchen Fällen besteht dort die Möglichkeit therapeutischer Hilfe, aber die Erfolge sind wenig ermutigend.

Fast alle Therapien verlangen die aktive Mithilfe des Patienten. Eine aufgezwungene Therapie hat wenig Aussicht auf Erfolg. Möglicherweise sind die Bedingungen in einem Gefängnis auch viel zu restriktiv, als daß sich der Gefangene wirklich auf eine Therapie einlassen könnte. Aber abgesehen von solchen einschränkenden Umgebungsbedingungen ist das Wissen über aussichtsreiche Behandlungsmöglichkeiten für abweichendes Sexualverhalten sehr begrenzt. Bis vor kurzem war das therapeutische Bemühen seinem Wesen nach strafend, meistens handelte es sich um eine Aversionstherapie. Viele Kritiker sehen in solch radikalen Maßnahmen eher den Wunsch der Gesellschaft widergespiegelt, den Täter für seine abscheuliche Tat zu bestrafen, als die Absicht, ihm zu helfen.

In den siebziger Jahren wurden die therapeutischen Maßnahmen in Gefängnissen eingeschränkt. Es hatte gerichtliche Klagen von Gefangenen gegeben, die sich durch bestimmte therapeutische Interventionen in ihren Grundrechten verletzt fühlten. Und in der Tat hatte man Sexualtäter im Namen der Verhaltensmodifikation wiederholt extrem schmerzhaften und und ethisch mehr als fragwürdigen Prozeduren unterzogen. Davor sind die Gefangenen jetzt dank gesetzlicher Maßnahmen besser geschützt, aber dieser Schutz hat auch seinen Preis: Man hat es weitgehend aufgegeben, Behandlungsmöglichkeiten zu entwikkeln, die Verhalten ändern könnten, das Gesellschaft wie Gewalttäter gleichermaßen bedroht. Und schließlich zeigen die Beschreibungen von Sexualtätern, wie komplex ihr Verhalten ist. Ein Mann mit dem Drang, sich vor unfreiwilligen Beobachtern zu entblößen, scheint an einer Fülle seelischer Probleme zu leiden. Ist er ein einsamer Mensch, unfähig zu oberflächlichen, ganz zu schweigen von intimen Beziehungen mit Frauen, wird sich die Behandlung vermutlich auf viele Bereiche seines Lebens erstrecken müssen. Das verlangt Können, Geduld und Zeit – kaum etwas, was unsere Gesellschaft in Fülle aufwenden wird, um inhaftierte Sexualtäter zu rehabilitieren.

fragwürdig und kann dazu führen, daß der ehemalige Vergewaltiger ein anderes antisoziales Verhalten entwickelt und neuerlich mit seelischen Problemen zu kämpfen hat. Zudem setzt Vergewaltigung nicht unbedingt Erektionsfähigkeit voraus, und Gewalttätigkeit als solche wird durch diese drastischen medizinischen Maßnahmen nicht unmittelbar beeinflußt (*Geer, Heiman* und *Leitenberg*, 1984).

Man hat sich in den letzten Jahren sehr um Hilfe für die Opfer von Vergewaltigungen bemüht (z.B. *Peters*, 1977; *Sutherland* und *Scheri*, 1977). In ganz Amerika gibt es Krisenzentren und Nottelephone für vergewaltigte Frauen. Zum Teil sind sie an örtliche Kliniken und Krankenhäuser angeschlossen, zum Teil arbeiten sie selbständig. Berufliche Helfer und ehrenamtliche Mitarbeiterinnen, vielleicht selbst früher einmal Opfer einer Vergewaltigung, bieten Unterstützung und Rat an. Mitarbeiterinnen des Zentrums begleiten die vergewaltigte Frau zum Krankenhaus und zur Polizeiwache, stehen ihr bei, wenn sie den Vorfall erzählen muß, und helfen ihr in juristischen Fragen. Unter Umständen sorgen sie auch dafür, daß die Vergewaltigte auf Schwangerschaft und Geschlechtskrankheiten hin untersucht und psychologisch beraten wird. Dieser einfühlsame Beistand erleichtert es der vergewaltigten Frau, allmählich ihre Gefühle auszudrükken, und die Helferinnen ermuntern sie, damit

Kasten 12.4
Homophobie und Homosexualität

Wer der Meinung ist, Heterosexualität sei normal, Homosexualität dagegen abnorm, begründet das häufig damit, daß es im Tierreich keine ausschließliche Homosexualität gebe, solange andersgeschlechtliche Sexualpartner verfügbar seien. Es wird auch behauptet, daß alle Arten die heterosexuellen Kontakte maximierten, um das Fortbestehen der Art zu sichern. Überdies hat es offensichtlich noch nie eine menschliche Kultur gegeben, die in größerem Umfang zu ausschließlicher Homosexualität ermutigt hat.

Diese Argumente sind durchaus zwingend, nur übersehen sie ein wesentliches Charakteristikum menschlicher Sexualität: *Bisexualität ist sehr viel häufiger als ausschließliche Homosexualität* (*Kinsey, Pomeroy* und *Martin*, 1948). *Churchill* (1967) stellte die provozierende These auf, daß ausschließliche Homosexualität von antihomosexuellen Gesellschaften wie den unsrigen möglicherweise sogar gefördert wird. Da sexuelle Kontakte mit Angehörigen des eigenen Geschlechts so scharf verurteilt werden, ist mancher Bisexuelle vielleicht gezwungen, sich für eine Seite zu entscheiden. Erst so legt er sich ausschließlich auf das eigene Geschlecht fest, statt wie bisher sexuelle Kontakte mit Angehörigen beiderlei Geschlechts sinnvoll zu finden. Es ist also nicht ausgeschlossen, daß die *Homophobie*, wie die ablehnende Einstellung unserer Gesellschaft zur Homosexualität gelegentlich genannt wird (*Weinberg*, 1972), ihren Teil zur Entwicklung einer ausschließlich homosexuellen Orientierung beiträgt.

auch bei Verwandten und Freunden nicht hinter dem Berg zu halten. Gelingt es, den oder die Vergewaltiger zu fassen, dringen die Helferinnen darauf, daß das Opfer Anzeige erstattet und stehen mit ihr gemeinsam die Gespräche beim Staatsanwalt und den späteren Prozeß durch.

Vergewaltigungsopfer fragen sich sehr viel häufiger als Opfer anderer Gewaltverbrechen, ob nicht etwas in ihrem eigenen Verhalten die Tat provoziert oder ermöglicht haben könnte. Die psychologische Beratung hat sich zunächst also darauf zu konzentrieren, den betroffenen Frauen das Gefühl der Verantwortlichkeit und der Schuld zu nehmen. Steht mehr Zeit zur Verfügung, gilt die Aufmerksamkeit häufig den sozialen Beziehungen der Frau, die möglicherweise durch die Vergewaltigung unterbrochen wurden oder in anderer Weise Schaden genommen haben. Ehemänner und Liebhaber teilen oft den kulturbedingten Argwohn dem Opfer gegenüber und müssen daran gehindert werden, ihre Frau als schuldig oder durch die Erfahrung mit einem Makel behaftet zu sehen.

Die geänderte allgemeine Einstellung und die zahlreichen Hilfsangebote haben inzwischen dazu geführt, daß vergewaltigte Frauen häufiger Anzeige erstatten und vor Gericht gegen den Vergewaltiger aussagen. Aber die Gesetzeslage ist weiterhin problematisch. Schätzungen zufolge wird nur ein sehr geringer Prozentsatz der Vergewaltiger schließlich auch verurteilt. Jegliche Vertraulichkeit des Opfers ihrem Vergewaltiger gegenüber macht dessen Verurteilung sehr unwahrscheinlich. Immer noch wird untersucht, welche Rolle das Opfer bei der eigenen Vergewaltigung gespielt hat. Und viele Vergewaltiger vergewaltigen Hunderte von Malen, auch wenn sie gelegentlich ins Gefängnis wandern. Die Gesellschaft muß sich sehr aufmerksam und aktiv darum bemühen, daß die Rechte des Opfers vom Rechtssystem gewahrt werden.

3. Homosexualität

Vom Erscheinungszeitpunkt des DSM-II (1968) bis zum Jahr 1973 wurde *Homosexualität* als eine der „sexuellen Abweichungen" geführt. 1973 empfahl das für die psychiatrische Nomenklatur verantwortliche Komitee der *American Psychiatric Association* auf Druck vieler beruflicher Helfer und besonders der Homosexuellen-Gruppen, die Kategorie der Homosexualität aus dem diagnostischen Repertoire zu streichen und schlug als Ersatz *Störung der sexuellen Orientierung* vor. Diese neue Diagnose galt homosexuellen Männern und Frauen, für die ihre sexuelle Orientierung zur „Ursache von seelischen Störungen und Konflikten geworden war oder die ein heterosexuelles Verhaltensmuster anstrebten". Die Streitfrage wurde den Mitgliedern der Psychiatrischen Gesellschaft zur Abstimmung vorgelegt – als solche ein Beispiel dafür, wie Wissenschaft im 20. Jahrhundert betrieben wird. Die Änderung wurde gebilligt, aber nicht ohne heftigen Protest seitens etlicher renommierter Psychiater, die sich die traditionelle Ansicht zu eigen gemacht hatten, daß Homosexualität die Fixierung auf einer frühen Stufe der psychosexuellen Entwicklung widerspiegele und als solche abnorm sei.

Die Kontroverse dauerte an, aber als man Ende der siebziger Jahre am DSM-III arbeitete, wurde zunehmend klar, daß man auch in der neuen Nomenklatur die tolerante Einstellung zur Homosexualität beibehalten würde.

Ein Kommentar zur älteren Theorie und Forschung

Die Ursprünge der Homosexualität beschäftigen Theoretiker und Forscher seit vielen Jahren. Psychoanalytiker, Lerntheoretiker und physiologisch orientierte Forscher haben Homosexuelle und Heterosexuelle verglichen und nach Unterschieden in ihrer psychischen oder physischen Ausstattung gesucht. Die vielleicht am häufigsten zitierte Studie ist die von *Bieber* und einigen seiner Mitarbeiter (1962). Die Untersuchung vergleicht Fallberichte von 106 homosexuellen und 100 heterosexuellen Patienten, die bei insgesamt 77 New Yorker Psychoanalytikern in Behandlung waren. Man stellte dabei unter anderem fest, daß männliche homosexuelle Analysanden häufiger eine „enge, intime Mutterbindung" und emotional gleichgültige, ablehnende Väter hatten. Methodisch ist der Studie – neben etlichen anderen Mängeln, die uns im Moment nicht interessieren – vor allem anzulasten, daß sich alle homosexuellen Probanden in analytischer Behandlung befanden und also kaum repräsentativ für die Homosexuellen als solche waren, von denen die meisten nie einen Therapeuten aufsuchen. Fragt sich also, ob diese Unterschiede beweisen, daß Homosexualität als solche pathologisch ist und daß solche Eltern zu haben, pathogen, d.h. krankheitsverursachend ist.

Bieber und seine Kollegen sind dieser Ansicht:

„*(Die Mutter, die den Sohn eng und intim an sich bindet) übt auf ihren Sohn durch einerseits verwöhnendes und verführendes und andererseits einschränkendes und überkontrollierendes Verhalten einen ungesunden Einfluß aus. In vielen Fällen war der Sohn der wichtigste Mensch in ihrem Leben und ersetzte den Ehemann als Liebesobjekt. ...*[8] *Wir sind zu der Ansicht gelangt, daß... stark bindende Intimität auf seiten der Mutter und Gleichgültigkeit-Ablehnung auf seiten des Vaters das ‚klassische' Muster ist, das am ehesten zur Entwicklung von Homosexualität beim Sohn führt*" (S. 47, 144).

Aus dieser und vielen ähnlichen Untersuchungen folgt, daß jeder Unterschied zwischen Homosexuellen und Heterosexuellen beweist, daß Homosexualität abnorm und der Unterschied selbst pathogen ist. Stimmt an dieser Argumentation vielleicht irgend etwas nicht?

Stellen wir uns eine analoge Situation vor. Nehmen wir an, wir hätten festgestellt, daß gute Golfspielerinnen als Kinder häufiger öffentliche Schulen besuchten als schlechte Golfspielerin-

[8] Die Hypothese, daß der Sohn den Vater als „Liebesobjekt" ersetzt, bezieht sich nicht auf ausgesprochen sexuelle Aktivitäten.

Kasten 12.5
Sexuelle Präferenz und unser Verständnis menschlichen Verhaltens

Die *Kinsey*-Reports (*Kinsey, Pomeroy* und *Martin*, 1948; *Kinsey, Pomeroy, Martin* und *Gebhard*, 1953) dokumentierten zum ersten Mal, daß sehr viele Männer und Frauen zu verschiedenen Zeiten ihres Lebens homosexuelle Gefühle haben. So war es schließlich immer weniger vertretbar, Menschen aufgrund des Geschlechts ihrer Sexualpartner zwei einander ausschließenden Kategorien zuzuordnen. Ein Kontinuum zu sehen, schien die angemessenere Betrachtungsweise. Aber wie *Gagnon* betont, folgt allein schon aus der Tatsache, daß Homosexualität und Heterosexualität an entgegengesetzten Polen des Kontinuums *Kinseys* erscheinen, die *Annahme*, daß man menschliches Verhalten besser versteht, wenn man Individuen irgendwo auf einem Kontinuum sexueller Präferenzen ansiedelt. Eine unendliche Fülle von Merkmalen könnte *Kinseys* Skala gebildet haben:

„*In der amerikanischen Kultur ist die Geschlechtszugehörigkeit der Sexualpartner von entscheidender Bedeutung und führt zu dementsprechend entscheidenden Etikettierungen. Stellen wir uns aber einmal eine Gesellschaft vor, die der Geschlechtszugehörigkeit wenig, aber den Gefühlen während des sexuellen Miteinanders sehr viel Bedeutung beimißt. Die Menschen würden sich dann darin unterscheiden, ob sie ... Liebe oder Lust fühlen (erstere wären natürlich die ‚besseren' Menschen). Bei unseren Untersuchungen würden wir feststellen, daß es in der Gesellschaft viele Menschen mit Liebesgefühlen und nur wenige mit Lustgefühlen gibt. Und in der Mitte zwischen beiden wären Menschen mit ‚Bi-Gefühlen' anzusiedeln. Bald würde es Theorien darüber geben, warum etliche Menschen Lust (und nicht Liebe) fühlen. Man würde ihre Kindheit unter die Lupe nehmen und aus der Tatsache, daß sie nicht richtig fühlen können, schließen, daß sie unreif, neurotisch, vielleicht sogar kriminell sind*" (Aus „*Human Sexualities*", S. 236, 1977).

Ist das seit langem bestehende Interesse westlicher Gesellschaften an sexueller Orientierung sinnvoll? Verstehen wir das Genie eines Michelangelo besser, wenn wir wissen, daß er starke homosexuelle Neigungen hatte? Sein „David", so liest man häufig, sei eine Manifestation seiner Homosexualität, diese brillante Darstellung eines jungen Mannes sei inspiriert von seiner sexuellen Liebe zu Männern im allgemeinen und zum Modell der Skulptur im besonderen. Haben wir uns dann die Schönheit der Sixtinischen Kapelle ähnlich zu „erklären"?

nen. Nehmen wir weiter an, die unterschiedlichen Leistungen auf dem Golfplatz seien der einzig durchgängige Unterschied zwischen beiden Gruppen. Unter welchen Bedingungen würden wir schließen, daß Kindheitserfahrungen in Privatschulen pathogen sind, d.h., Pathologie oder Krankheit verursachen? Die Antwort ist einfach. Der Besuch einer Privatschule ist pathogen, wenn das Ergebnis, ein schlechter Golfspieler zu sein, bereits vorher als pathologisch gilt. Ohne dieses a priori-Urteil könnten wir einen Unterschied zwischen zwei Gruppen nicht als Beweis dafür anführen, daß in einer der beiden Gruppen eine Pathologie vorliegt, und wir könnten die vermutliche Ursache nicht als pathogen betrachten. Festzuhalten wäre allein, daß sich die beiden Gruppen voneinander *unterscheiden*.

Diese Logik gilt auch für *Biebers* Untersuchung.

„*Man kann ein bestimmtes Erziehungsmuster nur dann pathogen nennen, wenn man das Verhaltensmuster des Erwachsenen a priori als pathologisch betrachtet. ... Was ist schlimm an (‚einer engen, intimen Mutterbindung'), wenn sie nicht zufällig in der Geschichte von Menschen auf-*

taucht, deren Verhalten man von vornherein als pathologisch beurteilt hat?" (*Davison*, 1976, S. 159).

Künftige Forschung

Wenn Therapeuten die Position des DSM-III ernst nehmen, daß Homosexualität selbst nicht pathologisch ist, sollte die Forschung zur Homosexualität nicht weiter nach den Gründen einer homosexuellen Entwicklung suchen. Sie sollte sich vielmehr dafür interessieren, warum manche Homosexuelle dem äußeren Druck erliegen und ihre Homosexualität ebenfalls für abnorm halten. Und Therapeuten sollten weniger Zeit auf Versuche verwenden, aus Homosexuellen Heterosexuelle zu machen, und mehr Zeit dafür erübrigen, den gesellschaftlichen Vorurteilen gegenüber der Homosexualität entgegenzutreten. Wenn sie damit Erfolg haben, werden sich solche Vorurteile vermindern, und es werden auch Gesetze verschwinden, die Homosexuelle diskriminieren. Kurz, es ändern sich die gesellschaftlichen Bedingungen, die die Homosexualität hervorbringen, und mit den Voraussetzungen verschwindet auch diese letzte Spur der Homosexualität aus der Liste der psychischen Störungen.

Alfred C. Kinsey, berühmter Biologe der Indiana University. Seine mutige Erforschung der sexuellen Praktiken in den Vereinigten Staaten trug dazu bei, daß die Sexualforschung als respektable Wissenschaft anerkannt wurde.

Zusammenfassung

In diesem Kapitel haben wir drei Kategorien psychosexueller Störungen untersucht. Die Störungen der Geschlechtsidentität – der Transsexualismus und die Störungen der Geschlechtsidentität im Kindesalter – bestehen in der tiefen und ständigen Überzeugung der Betroffenen, daß ihre anatomische Ausstattung und ihr Selbstgefühl als Mann oder Frau und als Junge oder Mädchen einander widersprechen. Ein transsexueller Mann besitzt ein maskulines Äußeres, betrachtet sich aber als Frau und möchte als Frau leben. Frühe Erziehungspraktiken mögen das kleine Kind dazu ermuntert haben, sich dem anderen Geschlecht zuzuzählen. Diese Schwierigkeiten sind von einigem theoretischen Interesse, denn sie illustrieren, wie formbar unsere frühe Wahrnehmung von uns selbst als weiblich oder männlich ist. Eine Zeitlang glaubte man den Betroffenen nur dadurch helfen zu können, daß man ihren Körper auf chirurgischem Wege ihrer Geschlechtsidentität anglich. Inzwischen gelingt es der Verhaltenstherapie, bestimmte Aspekte transsexuellen Verhaltens – Bewegungen, Stimmlage, sexuelle Phantasien – zu ändern und die Geschlechtsidentität mit der Anatomie in Übereinstimmung zu bringen.

Bei den Paraphilien sind zur Erlangung sexueller Erregung oder Befriedigung ungewöhnliche Phantasien oder Handlungen notwendig. Beispiele dafür sind Fetischismus, Transvestitismus, Pädophilie, Inzest und Sexueller Sadismus. Vergewaltigung, wenn auch im DSM-III nicht aufge-

Kasten 12.6
Geschlechtsidentität und homosexuelle Präferenz

Psychoanalytische und bis zu einem gewissen Grad auch Lerntheorien halten Homosexualität für ein Problem der Geschlechtsidentität: Ein Mann könne homosexuell werden, weil er sich die gesellschaftliche Definition des Mannseins nicht zu eigen gemacht habe. Einen Mann sexuell zu lieben, sei nur Männern möglich, die das Männlichkeitskonzept ihrer Gesellschaft nicht teilen.

Andere Theoretiker und Autoren bestreiten, daß es dem Homosexuellen an einer angemessenen Geschlechtsidentität fehlt. *Churchill* (1967) erwähnt in diesem Zusammenhang die Kameradschaft und sexuelle Liebe, die viele griechische Krieger verband. Platon rühmte den militärischen Nutzen homosexueller Beziehungen, denn das Bedürfnis, den Geliebten zu schützen, schien die Männer zu größerem Kampfesmut anzuspornen. Gibt es Sinn, einem tapferen Soldaten eine männliche Geschlechtsidentität abzusprechen?

In der *Bieber*-Studie (1962) wurden nur 2 Prozent der homosexuellen Probanden von ihren Analytikern als „effeminiert" beurteilt. Bestätigt wurden diese Beobachtungen zur Maskulinität männlicher Homosexueller durch eine Untersuchung von *Evans* (1969): 95 Prozent der homosexuellen Probanden bezeichneten sich selbst als „mäßig oder stark maskulin". „Bei den Männern ist die vollste seelische Männlichkeit mit der Inversion vereinbar," stellte auch *Freud* in seinen berühmten „Drei Abhandlungen zur Sexualtheorie" (1905) fest.

Viele männliche Homosexuelle besitzen eine feste männliche (*Silverstein*, 1972) und lesbische Frauen im allgemeinen eine weibliche Identität (*Martin* und *Lyon*, 1972). Vermutlich hat das Stereotyp der weichlichen, lispelnden „Tunte" viel zur falschen Vorstellung oder zumindest zur Übergeneralisierung von männlicher Homosexualität als weibliches Verhalten beigetragen. Ähnlich leistet das Stereotyp des lesbischen „kessen Vaters" mit männlichem Haarschnitt und Schneiderjakkett der Vorstellung Vorschub, eine Lesbierin habe mehr von einem Mann als von einer Frau. Aber vergessen wir nicht, daß Homosexuelle innerhalb derselben Kultur aufwachsen wie alle anderen auch! Sie lernen, daß es weniger männlich beziehungsweise weniger weiblich ist, gleichgeschlechtlichen Sexualpartnern den Vorzug zu geben, und nehmen vielleicht ganz bewußt Züge des jeweils anderen Geschlechts an. Die Homosexualität ganz allgemein als Fehler der Geschlechtsidentität zu erklären, ist vermutlich falsch. „Geschlechtsrollen sind keine Form, in die wir unsere Sexualität gießen" (*Gagnon*, 1977, S. 242).

führt, ist ein Verhaltensmuster, das für die Opfer zum sozialen und seelischen Trauma wird. Ob die Vergewaltigung überhaupt in ein Kapitel über menschliche Sexualität gehört, ist umstritten. Für viele Forscher hat Vergewaltigung weniger mit Sexualität als mit Aggression und Gewalttätigkeit zu tun. Die besten Behandlungserfolge versprechen verhaltenstherapeutische Verfahren. In einer Aversionstherapie versucht man den paraphilen Objekten ihre unerwünschte Anziehungskraft zu nehmen, und ein Training seiner sozialen Fertigkeiten hilft dem Betroffenen, normale Beziehungen zu Angehörigen des anderen Geschlechts aufzunehmen.

Kapitel 13

Psychosexuelle Dysfunktionen

1. Der sexuelle Reaktionszyklus
2. Die sexuellen Dysfunktionen: Beschreibung und Ursachen
3. Theorien der psychosexuellen Dysfunktionen: Allgemeine Überlegungen
4. Verhaltenstherapien und kognitive Therapien psychosexueller Dysfunktionen

Im letzten Kapitel haben wir uns mit den ungewöhnlichen sexuellen Verhaltensmustern einer kleinen Minderheit beschäftigt. Aber auch ,,normale" Menschen können im Laufe ihres Lebens Probleme haben, die ihre sexuelle Lustempfindung beeinträchtigen. In diesem Kapitel nun geht es um eine Vielfalt sexueller Probleme, die als Störungen des normalen sexuellen Reaktionszyklus gelten.

Ein seelisches Problem hat nicht nur Folgen für den Betroffenen, sondern auch für die Menschen in seiner Umgebung. Menschen, die Schwierigkeiten im Umgang mit anderen haben, sind unvermeidlich von vielem abgeschnitten und haben zudem häufig von sich selbst keine hohe Meinung. Sie können für einen Ehepartner, ein Kind oder einen Freund zur Quelle von Frustration und Schuld werden. Diese Seite individueller emotionaler Probleme wird gewöhnlich in intimen persönlichen Beziehungen offenbar und spielt daher in unserer Betrachtung der *psychosexuellen Dysfunktionen* eine besonders wichtige Rolle. Eine Ehe muß leiden, wenn einer oder beide Partner die sexuelle Situation fürchten. Und die meisten Menschen beziehen, sei es zum Guten oder zum Schlechten, einen Teil ihres Selbstkonzeptes aus ihrer Sexualität. Bereiten wir geliebten Menschen Lust, stellen wir uns selbst zufrieden oder – einfacher – können wir die Erfüllung und Entspannung einer lustvollen sexuellen Erfahrung genießen? Sexuelle Schwierigkeiten können so gravierend sein, daß sogar die Zärtlichkeit verlorengeht, ganz zu schweigen von den intensiveren Befriedigungen sexueller Aktivität. Es wird nützlich sein, wenn man diese Punkte bei dem folgenden Überblick über die verschiedenen sexuellen Dysfunktionen und einige ihrer Therapien am Ende des Kapitels im Gedächtnis behält.

1. Der sexuelle Reaktionszyklus

Man hat den *sexuellen Reaktionszyklus*, mit dessen Darstellung wir beginnen wollen, auf unterschiedliche Weise in Begriffe gefaßt. *Havelock Ellis* (1906), einer der ersten Sexualforscher, sprach von *Anschwellen* und *Abschwellen*, womit er den vermehrten Blutzustrom in den Beckenbereich während des Erregungszustandes und beim Orgasmus und dessen anschließende Normalisierung meinte. Ein Drei-Phasen-Modell – Begehren, Erregung und Orgasmus – wurde von der bekannten Sexualtherapeutin *Helen Singer Kaplan* (1974) vorgeschlagen. Bedeutsam an diesem Modell ist, daß es das „Begehren" als Anfangsphase mitumfaßt.

Weltweites Aufsehen erregte die Forschungsarbeit von *William H. Masters* und *Virginia Johnson* (1966). Sie ließen die Bedeutung, die der Wunsch oder die Entscheidung zu sexueller Aktivität im normalen Leben besitzt, außer acht. Ihr Vier-Phasen-Zyklus sexueller Erregung (vgl. Abb. 13.1) basiert auf der unmittelbaren Beobachtung normaler freiwilliger Probanden, deren physiologische Reaktionen auf sexuelle Stimulation sie im Labor aufzeichneten.[1] Dabei zeigte sich, daß Männer und Frauen überraschend ähnlich reagieren.

„*Die* Erregungsphase *wird eingeleitet, wenn irgend etwas das betreffende Individuum sexuell stimuliert. Ist die Stimulation stark genug, baut sich die Erregung schnell auf; wird die Stimulation unterbrochen oder wird sie unangenehm, zieht sich die erste Phase länger hin oder der Zyklus bricht an diesem Punkt ab. Dauert die effektive sexuelle Stimulation an, steigert sich die sexuelle Spannung. ... Diesen Zustand erhöhter Spannung bezeichnet man als* Plateauphase. *Wenn in dieser Phase das Bedürfnis nach sexueller Entladung nicht groß genug oder die Stimulation nicht mehr effektiv genug ist beziehungsweise ganz aufgehört hat, kommt es nicht zum Orgasmus, sondern zu einer längeren Phase allmählich abnehmender sexueller Spannung. Die unwillkürliche Reaktion der Klimax- oder* Orgasmusphase *dauert nur wenige Sekunden, während derer die stimulationsbedingten körperlichen Veränderungen ihre maximale Intensität erreichen. Während der* Auflösungsphase *nach dem Orgasmus nimmt die sexuelle Spannung ab, bis wieder der nicht-stimulierte Zustand erreicht ist. Frauen können während dieser Phase, effektive Stimulation vorausgesetzt, einen weiteren Orgasmus haben. Bei den Männern ist für einen gewissen, in seiner Länge unterschiedlichen Zeitraum, die sogenannte* refraktäre Periode, *erneute Stimulation nicht möglich. Die grundlegenden Körperreaktionen auf sexuelle Stimulation sind bei beiden Geschlechtern Myotonie (erhöhte Muskelspannung) und Vasokongestion (vermehrter Blutandrang) vor allem in den Genitalorganen, die diese anschwellen läßt. Natürlich machen sich diese physiologischen Reaktionen bei Männern und Frauen äußerlich unterschiedlich bemerkbar. Interessanterweise sind die grundlegenden physiologischen Sexualreaktionen unabhängig von der Art der Stimulation – sei sie koital, manipulativ, mechanisch oder phantasiert – immer dieselben*" (*Belliveau* und *Richter*, 1970, S. 33–34).

Der britische Autor Havelock Ellis (1859–1939), ein humaner und scharfsinniger Mann, bewies in seinen Schriften zur Psychologie der Sexualität bereits um die Jahrhundertwende Einsicht in das sexuelle Vermögen von Frauen, Kindern und alten Menschen.

[1] Es wird allgemein angenommen, daß die Daten, die *Alfred Kinsey* in den vierziger und fünziger Jahren zusammentrug, nahezu ausschließlich Befragungen und Gesprächen entstammen. *John Gagnon*, der früher an *Kinseys* Institut für Sexualforschung in Bloomington, Indiana, gearbeitet hat, machte darauf aufmerksam, in welchem Maße *Masters* und *Johnson* auf der Arbeit dieses Instituts aufbauten. Viele der später als *Kinsey*-Report veröffentlichen Ergebnisse der Kinsey-Gruppe basieren tatsächlich auf direkt beobachteten oder gefilmten sexuellen Aktivitäten. Das soziale Klima jener Tage ermutigte *Kinsey* allerdings nicht, offen zu bestätigen, daß die Gruppe die Informationen über die menschliche Sexualität durch direkte Beobachtung gesammelt hatte (*Gagnon*, 1977).

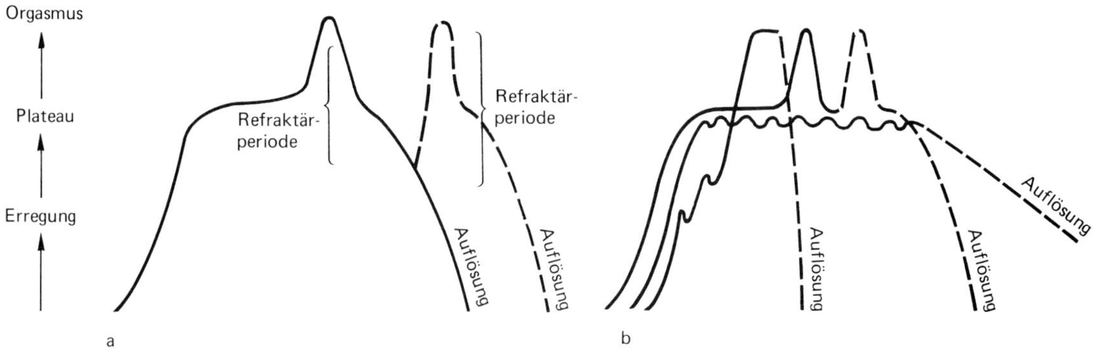

Abb. 13.1. Die männlichen (a) und weiblichen (b) sexuellen Reaktionszyklen. Die durchgezogenen Linien zeigen die häufigsten Reaktionsmuster, die gestrichelten Linien Variationen. Der weibliche Zyklus gipfelt nicht immer in einem Orgasmus, doch wenn er es tut, folgt im Unterschied zum männlichen Zyklus nicht unausweichlich eine Refraktärperiode. Viele Frauen können in recht schneller Folge mehrere Orgasmen hintereinander haben (nach *Masters* und *Johnson*, 1966, S. 5).

Wichtig ist, daß die einzelnen Phasen des von *Masters* und *Johnson* beschriebenen Sexualzyklus keine realen quantitativen Veränderungen in einer bestimmten physiologischen oder psychologischen Dimension darstellen. Weder nehmen Herzschlagrate, vaginale Lubrikation und Blutfülle im Penis während der Erregungsphase stetig zu, noch bleiben sie während des Plateaus konstant, um sich dann beim Orgasmus merklich zu steigern und während der Auflösungsphase wieder zu normalisieren. *Masters* und *Johnson* behaupten auch nicht, nachgewiesen zu haben, daß das sexuelle Interesse aller ihrer Probanden auf diese Weise zu- und abnahm. Was sie, *Ellis* und *Kaplan* vorgeschlagen haben, sind vielmehr allgemeine Schemata menschlicher Sexualität. Ein Schema ist immer eine *Erfindung* des Wissenschaftlers, ein Mittel, um Information zu ordnen und sinnvoll darüber zu sprechen (*Gagnon*, 1977). Im übrigen sprechen Sexualforscher vom Gruppendurchschnitt, der per definitionem eine handliche Möglichkeit ist, eine *Reihe* von Werten oder Erfahrungen zusammenzufassen. Die Reaktionen des einzelnen können sich vom Gruppendurchschnitt erheblich unterscheiden, ohne darum abweichend oder abnorm zu sein.

Die Arbeit von *Masters* und *Johnson* hatte großen Einfluß und trug erheblich zu unserem jetzigen Wissen über die Physiologie menschlicher Sexualität bei. Überdies verhalf sie, was vielleicht noch wichtiger ist, der wissenschaftlichen Erforschung der menschlichen Sexualität zu Geltung und Anerkennung. Noch vor Erscheinen ihres Buches setzten sie die durch ihre Forschung gewonnenen Erkenntnisse in der Behandlungsphase ihres Projekts in die Praxis um (*Masters* und *Johnson*, 1970). Da sie wußten, wie der Körper funktioniert, um ein Maximum an sexueller Reaktion zu erreichen, konnten sie Methoden zur Behandlung sexueller Dysfunktionen entwickeln. Diese und andere Behandlungsformen werden im letzten Abschnitt dieses Kapitels dargestellt. Die künstlichen Bedingungen, unter denen *Masters* und *Johnson* arbeiteten, schränken die Allgemeingültigkeit ihrer Ergebnisse allerdings etwas ein. Vergessen wir auch nicht, daß physiologische Forschungen wenig über die *psychischen* Komponenten menschlicher Sexualität aussagen. Gleichwohl haben *Masters* und *Johnson* mit ihren Ergebnissen Kontroversen um bestimmte strittige Fragen beendet und einige gängige Annahmen ins Reich der Mythen verwiesen:

1. Obwohl die *Klitoris* (vgl. Abb. 13.2) bei der Vermittlung sexueller Stimulation zweifellos eine sehr wichtige Rolle spielt, war es ein Fehler, Männern zu raten, sie beim Geschlechtsverkehr kontinuierlich zu stimulieren. Die Kli-

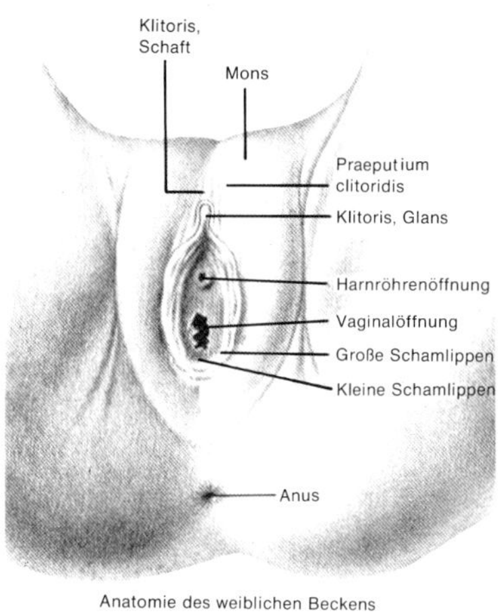

Abb. 13.2. Darstellung der äußeren weiblichen Genitalien, Querschnitt durch die männlichen (aus *Alvin Nason* und *Robert DeHaan*, „The Biological World", New York: Wiley, 1973).

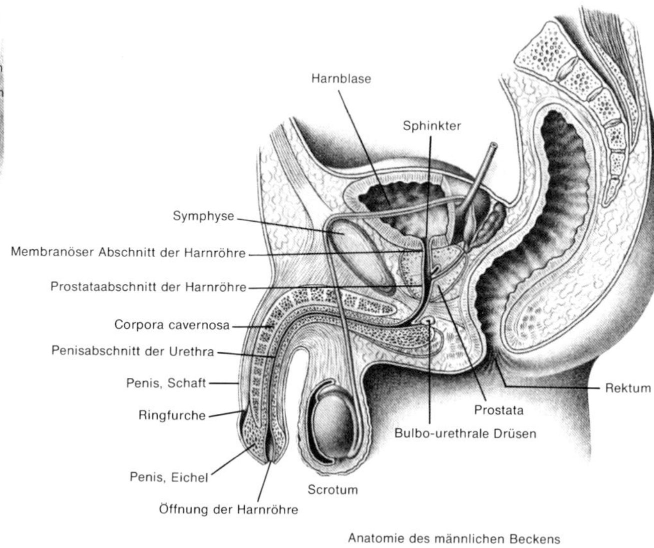

toris retrahiert während der Plateauphase, und sie zu stimulieren wird schwierig und für manche Frauen sogar schmerzhaft. Es ist aber auch sehr schwierig, die Klitoris beim Geschlechtsverkehr nicht *indirekt* zu stimulieren, und diese Art der indirekten Stimulation scheint manchen Frauen angenehmer zu sein.

2. *Masters* und *Johnson* konnten nachweisen, daß Orgasmen allein durch Stimulation der Klitoris ohne Eindringen in die Vagina für die Frau ebenso intensiv sind wie Orgasmen, die durch Penisbewegungen in der Vagina zustande kommen; zudem sind sie von letzteren physiologisch nicht zu unterscheiden.

Nur wenige Irrtümer dürften zu mehr Bestürzung geführt haben als *Freuds* Behauptung, daß der vaginale Orgasmus dem klitoralen überlegen sei. Er befand – und Praktiker aller Länder gaben das an Hunderttausende von Menschen weiter –, daß sich eine Frau, die nur durch Stimulation der Klitoris zum Orgasmus komme, mit der zweitbesten Möglichkeit bescheide. Außerdem sei das Unvermögen, auf dem Wege vaginaler Stimulation durch den männlichen Penis zum Orgasmus zu kommen, ein Zeichen psychosexueller Fixierung und Unreife. Sehr hübsch erläutert *Gagnon* diese Theorie *Freuds*:

„Wir alle durchlaufen bestimmte psychosexuelle Stadien, zu deren einer als wichtiges offenes Sexualverhalten die Masturbation gehört. Dieses Stadium ist eines der ersten einer ganzen Parade von Veränderungen bis hin zur heterosexuellen genitalen Reife, d.h. zum Geschlechtsverkehr mit einem erwachsenen Menschen anderen Geschlechts. Masturbation ist infantil, Geschlechtsverkehr reif. Reif sein ist besser als infantil sein. Wenn Frauen masturbieren, berühren sie ihre Klitoris. Wenn Frauen Geschlechtsverkehr haben, haben sie einen Penis in der Vagina. Weil Masturbation infantil ist, ist auch Lust, die man sich durch Berühren der Klitoris verschafft, infantil. Sexuelle Reife ver-

langt (daher), daß Frauen von Orgasmen durch Berühren der Klitoris fortschreiten zu Orgasmen, die vom Penis in der Vagina erzeugt werden. Es wird angenommen, daß die Stelle der Empfindsamkeit von der Klitoris in die Vagina wandert." (Aus „Human Sexualities", S. 138, 1977).

Bereits vor *Masters* und *Johnson* haben Sexualforscher versucht, diesen Irrtum richtigzustellen (z.B. *A. Ellis*, 1961). Sie verwiesen darauf, daß die Wände der Vagina nur spärlich mit sensorischen Nervenendigungen versehen sind, die Klitoris dagegen – wie die Glans des Penis – reichlich. Die Tatsache, daß Orgasmen durch Masturbation und manuelle Manipulation seitens des Partners, beides üblicherweise auf die Klitoris und umgebende Bereiche konzentriert, mindestens ebenso erregend sind wie Geschlechtsverkehr, nimmt dem dummen Gerede über klitorale Orgasmen jegliche Grundlage.

Viele Fachleute neigen inzwischen zu der Ansicht, daß jeder weibliche Orgasmus durch Stimulation der Klitoris ausgelöst wird, ob die Reibung nun unmittelbar oder durch Koitus erfolgt. Der Orgasmus selbst drückt sich allerdings in rhythmischen Kontraktionen der Vaginalmuskeln aus. Vielleicht hat der Mythos von vaginalen und klitoralen Orgasmen seinen Ursprung in dieser Dichotomie (*Kaplan*, 1974). Natürlich ist aus diesen Forschungsergebnissen nicht zu schließen, daß das Einführen des Penis und die Koitusbewegungen für Frauen nicht äußerst lustvoll wären.

3. Der gleichzeitige Orgasmus, laut zahlreicher Ehehandbücher Zeichen wahrer Liebe und Harmonie, markiert offenbar nicht das Erreichen einer höheren Stufe der Sexualität. Tatsächlich kann das Streben danach beide Partner vom eigenen sexuellen Vergnügen ablenken.
4. Wie sich herausstellte, haben die meisten Frauen gegen Geschlechtsverkehr während der Menstruation nichts einzuwenden. Vielmehr scheinen sie ihn, namentlich in der zweiten Hälfte der Periode, besonders zu genießen.
5. Während der mittleren drei Schwangerschaftsmonate scheinen Frauen mindestens ebenso starkes Verlangen nach Geschlechtsverkehr zu haben wie in nicht-schwangerem Zustand. Obwohl in den ersten Stadien einer Schwangerschaft besonders bei Frauen, die bereits eine spontane Fehlgeburt hatten, die – wenn auch geringe – Gefahr eines Abgangs besteht, wünschen die meisten Frauen, manchmal bis zum Einsetzen der Wehen, sexuelle Stimulation. Auf jeden Fall scheint Geschlechtsverkehr, zumindest in den ersten sechs Schwangerschaftsmonaten, weder der werdenden Mutter noch dem Fötus zu schaden.
6. Auch in bezug auf den Penis des Mannes ergaben sich verschiedene Fakten. Wie sich herausstellte, spielt die Größe des erigierten Penis für die Lust, die beide Partner empfinden, keine Rolle. Die Vagina ist kein tatsächlicher, sondern ein potientieller Raum, d.h., sie dehnt sich gerade soviel aus, um sich dem Penis an-

Die bekannten Sexualforscher und -therapeuten William H. Masters und Virginia Johnson. Mit ihrer Pionierarbeit trugen sie zu einer offeneren und wissenschaftlicheren Betrachtung menschlicher Sexualität bei.

zupassen. Ein sehr großer Penis erzeugt also bei Mann und Frau nicht mehr Reibung als ein kleinerer. Überdies kann ein in schlaffem Zustand kleiner Penis bei der Erektion zu doppelter Größe anwachsen, während ein in nicht erigiertem Zustand großer Penis proportional weniger zunimmt. Mit anderen Worten, die Größe des *erigierten* Penis scheint weniger variabel zu sein, als man angenommen hat. Die Vorstellung, daß die Größe des Penis auf die Virilität seines Besitzers schließen lasse, entbehrt jeder Grundlage.[2]

2. Die sexuellen Dysfunktionen: Beschreibung und Ursachen

Es hat etliche Versuche gegeben, die *sexuellen Dysfunktionen* zu klassifizieren (einen umfassenden Überblick geben *LoPiccolo* und *Hogan*, 1979). Auch wenn keiner dieser Klassifikationsversuche allgemeine Anerkennung gefunden hat, ist das Schema des DSM-III ebenso vernünftig wie alle anderen, die vorgeschlagen wurden.

Bei den aufgeführten Kategorien handelt es sich im allgemeinen um Störungen in einer oder mehreren Phasen des sexuellen Reaktionszyklus, der laut DSM-III wie folgt verläuft: Appetenzphase, die *Kaplans* Stadium des Begehrens entspricht, Erregungsphase, Orgasmus und Entspannung. Die von *Masters* und *Johnson* beschriebene Plateau-Phase fehlt, und es wird vermerkt, daß eine Hemmung in der Phase der Entspannung nur selten von klinischer Bedeutung ist. Alle Störungen können lebenslang bestehen oder nach einer Zeit normalen Funktionierens erworben werden. Sie können generalisiert auftreten oder nur in bestimmten Situationen oder mit bestimmten Partnern, und sie können vollständig oder partiell sein. Die Störungen zeigen sich entweder während der sexuellen Betätigung mit einem Partner oder bei der Masturbation. Über das Geschlecht des Sexualpartners sagt das DSM-III nichts – Zeichen der zunehmend liberaleren Einstellung von Klinikern und Forschern zur Homosexualität. Störungen dieser Art scheinen so häufig zu sein, daß sich nicht jeder, der irgendwann einmal dergleichen erlebt, für behandlungsbedürftig halten sollte. Zu den diagnostischen Kriterien des DSM-III gehört auch, daß die Störungen „wiederkehrend und anhaltend" sein müssen. Das sexuelle Problem muß also wirklich schwerwiegend sein, um eine Diagnose zu rechtfertigen.[3]

Wenn wir uns nun den psychosexuellen Dysfunktionen im einzelnen zuwenden, werden wir die jeweils vermutete Ursache angeben. Dabei sollte man aber nicht vergessen, daß die meisten dieser allgemeinen Aussagen über die Ätiologie auf klinischen Berichten von Forschern wie *Masters* und *Johnson* (1970), *Kaplan* (1974) und anderen Sexualtherapeuten beruhen. Klinische Berichte bergen aber immer die Gefahr, daß die von den Klienten gegebenen und von den Therapeuten interpretierten Informationen Verzerrungen und selektiven Beobachtungen unterworfen sind. Zudem gibt es keine Studie, die Gruppen dysfunktionaler Patienten in bezug auf das Fehlen oder Vorhandensein von Verursachungsfaktoren mit entsprechenden Kontrollgruppen vergleicht.

[2] Es sind auch Stimmen von Frauen laut geworden, die die Verdienste eines großen Penis anders einschätzten. Wie die einzelne Frau reagiert, hängt zweifellos auch von psychologischen Faktoren und nicht nur von den rein physiologischen Variablen ab, die *Masters* und *Johnson* zu ihrem Schluß veranlaßten.

[3] Was in der menschlichen Sexualität als normal und erwünscht gilt, ist je nach Ort und Zeit verschieden. Nach gegenwärtiger Ansicht, die sich auch im DSM-III widerspiegelt, sind *Hemmungen* der sexuellen Ausdrucksfähigkeit die Ursache von Anormalität. Noch im 19. Jahrhundert und bis in die zwanziger Jahre unseres Jahrhunderts gab man in westlichen Gesellschaften dem sexuellen *Exzeß* die Schuld. Sexuelle Normen sind zeit- und kulturabhängig. Der Leser sollte bei der weiteren Lektüre dieses Kapitels gelegentlich daran denken.

Man könnte z.B. zu dem Schluß kommen, die Erektionsschwierigkeiten eines Dreißigjährigen seien auf eine unglückliche Erfahrung des Siebzehnjährigen mit einer Prostituierten zurückzuführen. Aber zahllose andere Männer haben eine ähnlich schlechte Erfahrung gemacht, *ohne* ein sexuelles Problem zu entwickeln.

Alle Aussagen zur Ätiologie psychosexueller Dysfunktionen sind also notwendigerweise vorläufig. Das gilt zwar im Grunde für alle in diesem Buch besprochenen Störungen, soll aber hier besonders betont werden, da vermutlich viele Leser mit der einen oder anderen Störung eigene Erfahrungen gemacht haben.

Gehemmte sexuelle Appetenz

Im DSM-II fehlte die psychosexuelle Dysfunktion der *gehemmten sexuellen Appetenz*. Mit ihrer Aufnahme erkennt das DSM-III formal an, daß manche Menschen, und besonders deren Partner, Kummer mit ihrem, wie sie meinen, abnorm geringen Interesse an sexueller Intimität haben. Laien sprechen auch von einem ,,schwachen Sexualtrieb".

Von allen im DSM-III aufgeführten sexuellen Dysfunktionen scheint dieses die problematischste zu sein. Wie häufig ,,sollte" man sexuell interessiert sein? Wie häufig ,,sollte" man Geschlechtsverkehr haben oder masturbieren? Vielleicht verdankt die Diagnose der gehemmten sexuellen Appetenz ihre Existenz der nunmehr größeren Aufgeschlossenheit unserer Gesellschaft der Sexualität gegenüber – und vielleicht auch den höheren Erwartungen, die man allgemein an die eigene Sexualität stellt.

Früher hielt man sexuelles Desinteresse für ein seltenes und nur bei Frauen anzutreffendes Phänomen. Inzwischen wissen Sexualforscher und -therapeuten, daß auch Männer davon betroffen sind, und in sexualtherapeutischen Zentren wird die Diagnose der gehemmten sexuellen Appetenz zunehmend häufiger gestellt. Im Extremfall handelt es sich dabei um eine Aversion gegen Sexualität überhaupt.

Über die Ursachen wissen wir wenig. Ziemlich gesichert scheint zu sein, daß bestimmte Medikamente und Drogen, insbesondere Sedativa und Narkotika, die sexuelle Appetenz dämpfen können. Zumindest mitverursachend kann auch eine sexuelle Dysfunktion des Partners sein: Wenn eine Frau aufgrund der Erektionsschwierigkeiten oder sonstigen sexuellen Unzulänglichkeiten ihres Partners ständig frustriert wird, kommt sie vielleicht eines Tages zu dem Schluß, daß Sexualität all den Ärger und all die Enttäuschungen nicht wert ist. Beziehungsprobleme der Partner werden deren Interesse an gemeinsamer Sexualität wahrscheinlich auch beeinflussen. Der Stellenwert, den wir der Sexualität beimessen, kann sich im Laufe unseres Lebens gewaltig ändern. Im Unterschied zu Hunger und Durst muß ,,Appetit" auf Sexualität weder befriedigt werden noch überhaupt vorhanden sein, damit der einzelne überleben und, wie es scheint, auch glücklich leben kann.

Gehemmte sexuelle Erregung

Das DSM-II verzeichnete noch ,,Impotenz". Das weibliche Äquivalent dazu war ,,Frigidität". Hemmung im Erregungsstadium des Reaktionszyklus manifestiert sich laut DSM-III

> ,,*Bei* Männern *(durch) partielles oder vollständiges Versagen, die Erektion bis zur Beendigung des Geschlechtsaktes aufrechtzuerhalten.*
>
> *Bei* Frauen *(durch) partielles oder vollständiges Versagen, die Schwell- und Lubrikationsfunktionen bis zur Beendigung des Geschlechtsaktes zu erhalten*" (S. 292).

Die Diagnose einer *gehemmten sexuellen Erregung* ist nur zu stellen, wenn ,,der Betroffene ein Interesse an sexueller Aktivität zeigt, das hinsichtlich Zielrichtung, Intensität und Dauer ausreichend ist" (S. 292). Reagiert z.B. eine Frau nicht auf die sexuellen Praktiken eines Mannes, den sie nicht besonders mag, ist die Diagnose unangebracht.

Helen Singer Kaplan (1974) führt eine Vielzahl von Erektionsschwierigkeiten an. Manche Männer erigieren leicht, können die Erektion aber beim Eindringen in die Vagina nicht aufrechterhalten. Andere erigieren nicht, wenn ein Eindringen erwartet wird, halten die Erektion während einer Fellatio aber problemlos aufrecht. Es gibt Männer, die nur erigieren, wenn der Partner dominiert, andere müssen die Situation selbst kontrollieren. Manche sind erektionsunfähig, d.h., sie können unter gar keinen Umständen eine Erektion aufrechthalten. Wieder andere haben nur dann Erektionsschwierigkeiten, wenn sie sehr viel für ihren Partner empfinden. Ein Aspekt des Problems ist seine Offensichtlichkeit. Eine Frau kann immer zumindest die Bewegungen eines Liebesaktes mitvollziehen, aber wenn der Mann nicht erigiert, geht gar nichts. Es steht sehr viel auf dem Spiel, wenn der Penis erschlafft, wo er eigentlich erigieren ,,muß".[4] Vielleicht gilt darum ein ,,impotenter" Mann mancherorts bedauerlicherweise kaum mehr als Mann.

Erektionsschwierigkeiten können viele Ursachen haben. Zu den möglichen organischen Faktoren gehören: bestimmte Medikamente, etwa das Phenothiazin Mellaril, das zur Behandlung von Psychosen eingesetzt wird; manche Medikamente gegen hohen Blutdruck, Angina und Herzkrankheit; Alkohol in großen Mengen; Fettleibigkeit und Fettsucht; und ganz allgemein jede Krankheit und jedes hormonelle Ungleichgewicht mit Einfluß auf die Nervenbahnen, die zum Penis gehen, und auf dessen Blutversorgung (*Geer, Heiman* und *Leitenberg*, 1984). Ist einer dieser Faktoren die vermutlich alleinige Ursache der Störung, ist laut DSM-III die Diagnose einer psychosexuellen Dysfunktion nicht zu stellen. Wichtig ist immerhin, daß Erektionsunfähigkeit auch körperlich bedingt sein kann. Die weitaus meisten Erektionsschwierigkeiten scheinen allerdings psychischer Natur zu sein (*Rosen* und *Rosen*, 1981). Ursachen sind Leistungsängste und andere Probleme, die den Mann so beanspruchen, daß sie sein ,,Ich" gefangenhalten und ihm sexuelle Beziehungen und sexuellen Genuß unmöglich machen. Von der gehemmten sexuellen Erregung bei Frauen wird im folgenden Abschnitt die Rede sein.

Gehemmter weiblicher Orgasmus

Die Diagnose eines *gehemmten weiblichen Orgasmus*, manchmal auch orgasmische Dysfunktion oder Anorgasmie genannt, ist laut DSM-III bei anhaltender Orgasmusunfähigkeit nach für ausreichend gehaltener sexueller Stimulation zu stellen. Häufig bestehen auch Schwierigkeiten während der Erregungsphase. In solchen Fällen ist zusätzlich gehemmte sexuelle Erregung zu diagnostizieren.

Bis vor gar nicht langer Zeit war es keineswegs selbstverständlich, bei Frauen zwischen Erregungs- und Orgasmusschwierigkeiten zu unterscheiden. Obwohl 20 Prozent der erwachsenen Frauen selten oder nie zum Orgasmus kommen (*Kinsey* et al., 1953), bleiben vermutlich sehr viel weniger während eines Liebesaktes unerregt. *Kaplan* (1974) hält diese Unterscheidung, die ja nunmehr auch Eingang ins DSM-III gefunden hat, für sehr wichtig, denn ,,in der Regel sind Frauen, die an orgasmischer Dysfunktion leiden, sexuell reaktionsfähig. Sie verlieben sich, haben erotische Gefühle, lubrifizieren reichlich und zeigen genitale Schwellung" (S. 343). Fehlender Orgasmus, so *Kaplan*, sollte überhaupt nicht als Störung, sondern als Variation weiblicher Sexualität betrachtet werden.

Man hat hinter der Anorgasmie zahlreiche Gründe vermutet. Vielleicht müssen es Frauen,

[4] Erektionsschwierigkeiten sind ebenso kompliziert wie bedeutsam. Obwohl eine ausführliche Diskussion den Rahmen dieses Buches sprengen würde, scheinen ein paar ergänzende Beobachtungen angebracht. Die Tatsache, daß der Zustand des Penis weder seinem Besitzer noch dessen Partner verborgen bleibt, setzt, so glaubt man allgemein, den Mann unter außerordentlichen Druck, der einer Frau mit gehemmter sexueller Erregung erspart bleibt. Das stimmt zwar, aber die Situation der Frau wird dadurch nicht leichter. Die bloße Tatsache, daß sie, auch ohne erregt zu sein, sexuelle Beziehungen haben kann, hat sicher ihren Teil dazu beigetragen, daß man die weiblichen Bedürfnisse und Wünsche so lange mißachtete. Wenn sich keine Erektion einstellt, ist das nicht nur für den Betroffenen bedrohlich. Oft kommen auch dem Partner, sei er weiblich oder männlich, Zweifel an seinem sexuellen Vermögen: Ist er/sie nicht attraktiv, liebenswert, kreativ oder ,,liberal" genug? Und schließlich bedeutet es einen Fortschritt, statt von Impotenz oder Frigidität von gehemmter sexueller Erregung zu sprechen. Impotenz impliziert, daß der betreffende Mann nicht potent, nicht kontrolliert, nicht wirklich maskulin ist und verweist auf jene Macho-Vorstellung von Männlichkeit, die heute vielfach abgelehnt wird. Mit dem Begriff der Frigidität ist die Vorstellung einer emotional kalten, distanzierten, abweisenden und uneinfühlsamen Frau verbunden. Beide Bezeichnungen sind abfällig und verführen dazu, die Ursache *im* Betroffenen selbst zu suchen, statt das Augenmerk, wie es in der heutigen Forschung geschieht, auf die Beziehung zu richten und auch dort nach Antworten und Lösungen zu suchen.

im Unterschied zu Männern, *lernen*, einen Orgasmus zu haben. Das heißt, die Fähigkeit zum Orgasmus ist den Frauen möglicherweise nicht angeboren. Beim Mann ist die Ejakulation, die ja im allgemeinen mit einem Orgasmus einhergeht, die Voraussetzung zur Reproduktion. Die Frau braucht vielleicht die Erfahrung der Masturbation, um auch beim Koitus einen Orgasmus haben zu können. Fragebogenerhebungen ergaben, daß Frauen, die vor den ersten Koituserfahrungen wenig oder gar nicht masturbiert hatten, sehr viel häufiger anorgasmisch waren als Frauen mit Masturbationserfahrung (*Kinsey* et al., 1953; *Hite*, 1976; *Hoon* und *Hoon*, 1978). Natürlich sind das Korrelationsdaten; möglicherweise gibt es einen dritten Faktor, der sowohl für die seltene Masturbation als auch für die verminderte Orgasmusfähigkeit verantwortlich ist. Klinischen Daten zufolge spielt auch Informationsmangel eine Rolle. Anorgasmische Frauen und Frauen, die sexuell wenig erregbar sind, kennen häufig ihre eigene Anatomie nicht und können ihre Bedürfnisse weder sich noch dem Partner klarmachen.

Frauen haben unterschiedliche „Orgasmusschwellen". Manche kommen sehr schnell und ohne viel klitorale Stimulation zum Höhepunkt, andere scheinen, sei es während des Vorspiels oder während des Liebesaktes, längere und intensive Stimulation zu brauchen. Auch die Reaktion des Partners kann zu den Schwierigkeiten beitragen. Wenn die Frau während des Geschlechtsverkehrs um manuelle Manipulation bittet, schließt mancher Mann daraus, er und sein Penis seien nicht angemessen.

Ein weiterer Faktor mag die Angst vor Kontrollverlust sein. Die Franzosen nennen den Orgasmus *la petite mort*, den kleinen Tod. Manche Frauen befürchten, unkontrolliert zu schreien oder lächerlich und schwach zu wirken. Oder sie halten es im Grunde ihres Herzens für unziemlich, sich nicht mehr zu beherrschen und es dem Körper zu gestatten, den bewußten, kontrollierenden Verstand außer Kraft zu setzen. Auch die Art der Beziehung spielt vermutlich eine Rolle: Manche Frauen können Sexualität auch dann genießen, wenn sie auf den Partner wütend sind oder ihn sogar verachten, doch die meisten werden unter solchen Umständen eher zurückhaltend reagieren.

Gehemmter männlicher Orgasmus

Masters und *Johnson* (1970) nannten die Unfähigkeit des Mannes, innerhalb der Vagina zu ejakulieren, etwas abwertend Ejakulationsinkompetenz. Die DSM-III-Diagnose des *gehemmten männlichen Orgasmus* betrifft Ejakulationsschwierigkeiten bei Koitus, Masturbation, manueller und oraler Stimulation durch einen Partner und Analverkehr.

Ejakulationsschwierigkeiten sind relativ selten, wenngleich sie, wie manche Forscher vermuten, häufiger werden, sobald Männer es für ein wünschenswertes Ziel halten, ihren Orgasmus so lange wie möglich hinauszuzögern (*Rosen* und *Rosen*, 1981). Das ging in letzter Zeit sogar so weit, daß man Sex ohne Orgasmus für eine ganz besonders raffinierte Form männlicher Sexualität hielt. Möglicherweise haben manche Männer diese Kunst zu gut gelernt! Es gibt aber auch prosaischere Gründe: die Angst, ein Kind zu zeugen, eingeschränkte Liebe, Ausdruck von Feindseligkeit und, wie bei der weiblichen Anorgasmie, Angst davor, sich gehen zu lassen. In seltenen Fällen liegen organische Gründe vor, etwa durch die Einnahme bestimmter Tranquilizer (*Munjack* und *Kanno*, 1979).

Vorzeitige Ejakulation (Ejaculatio praecox)

Nach *Masters* und *Johnson* (1970) liegt die Störung einer vorzeitigen Ejakulation dann vor, wenn ein Mann in über 50 Prozent der sexuellen Begegnungen nicht in der Lage ist, seinen Orgasmus so lange hinauszuzögern, bis auch seine Partnerin ihren Höhepunkt erreicht. Daß man das männliche Problem der *Ejaculatio praecox* mit der Reaktion eines Partners in Verbindung gebracht hat, hat viele Menschen betroffen gemacht. Das DSM-III definiert das Problem wie folgt: „Die Ejakulation tritt ein, bevor der Betroffene es wünscht, bedingt durch wiederholtes und anhaltendes Fehlen einer ausreichenden, willkürlichen Beherrschung von Ejakulation und Orgasmus..." (S. 293). In dieser Definition kommt es allein auf den Wunsch des Mannes an.[5]

---

[5] Es wäre allerdings naiv zu glauben, daß die Partnerin auf diese Präferenz keinen Einfluß nimmt.

Wie bei vielen anderen sexuellen Dysfunktionen wird auch hier dem Kliniker einiges an Urteilsvermögen abverlangt, denn um eine angemessene Diagnose zu stellen, muß er Faktoren abwägen wie Alter des Mannes, Grad der Vertrautheit mit dem Sexualpartner und Häufigkeit des Koitus.

Vorzeitige Ejakulation ist die vermutlich häufigste männliche sexuelle Dysfunktion. Besteht das Problem nur gelegentlich, ist die Diagnose unangemessen. Im allgemeinen geht die Störung mit erheblicher Angst einher. Manchmal kommt es bereits vor Eindringen in die Vagina zur Ejakulation, üblicherweise aber erst einige Sekunden nach der Penetration. Obwohl der Mensch zweifellos mehr ist als ein relativ haarloser Affe, klärt uns die Evolutionstheorie darüber auf, daß schnelle Ejakulation Überlebenswert besitzt, denn während der Kopulation findet ein Überraschungsangriff das Tier vollkommen wehrlos. Je schneller die Kopulation also vonstatten geht, um so besser. Nach Meinung *Kinseys*, der selber Biologe war, sollte man schnelles Ejakulieren auch beim Menschen nicht zum Problem machen. Dabei haben *Kinsey* und andere aber nur die reproduktive Funktion des Koitus im Blick und ignorieren seinen Erholungswert und seine zwischenmenschlichen Funktionen (*Rosen* und *Rosen*, 1981). Die Angst vor „zu früher" Ejakulation ist möglicherweise auch eine Folge davon, daß der Koitus vielfach als das Nonplusultra sexuellen Verhaltens gilt. Paare, die konventionellen Geschlechtsverkehr allen anderen Praktiken vorziehen, müssen mit dem Problem leben, daß sich die Erektion nach der Ejakulation langsam verliert und viele Männer eine weitere Stimulation unangenehm und manchmal auch schmerzhaft finden. Ist der Liebesakt mit dem Erschlaffen des Penis zu Ende, kommt die Ejakulation zuweilen vermutlich wirklich zu früh. Aber wenn die Paare, wie Sexualtherapeuten raten, ihr sexuelles Repertoire um Techniken erweitern, für die eine Erektion nicht erforderlich ist, kann die Partnerin auch *nach* dem Orgasmus des Mannes Befriedigung finden. Nimmt man dem Koitus seine zentrale Bedeutung, läßt auch die Angst der betroffenen Paare so weit nach, daß der Mann die Ejakulation besser kontrollieren und das sexuelle Zusammensein länger ausdehnen kann. Wie bereits erwähnt, gilt der gleichzeitige Orgasmus beider Partner zunehmend weniger als das erstrebenswerte Ziel eines konventionellen Liebesaktes. Vielleicht können wir in nächster Zeit beobachten, wie sich mit den veränderten sexuellen Normen und Praktiken auch das Konzept der vorzeitigen Ejakulation ändert.

Vaginismus

Während der sexuellen Erregung, insbesondere kurz vor dem Koitus oder einer anderen Form sexueller Intimität, kommt es bei manchen Frauen zu unwillkürlichen Spasmen im äußeren Drittel der Vaginalmuskulatur. Der Koitus oder auch nur das Einführen eines Fingers wird unmöglich. Der sogenannte *Vaginismus* ist nicht auf sexuelle Situationen beschränkt. Gewöhnlich können sich die betroffenen Frauen keiner gynäkologischen Routineuntersuchung unterziehen, bei der ein Spekulum eingeführt werden muß. Die Adduktor-Muskeln können ebenfalls so verkrampfen, daß sich die Schenkel weder zum Geschlechtsverkehr noch zur gynäkologischen Untersuchung öffnen lassen. Auch die Frau selbst kann sich kein Objekt in die Vagina einführen.

Da die spastischen Muskelkontraktionen den Koitus verhindern, vermutet eine Theorie, daß die Frau – möglicherweise unbewußt – sich selbst, dem Partner oder beiden die Freuden sexueller Intimität versagen will. Das klingt zwar plausibel, läßt sich empirisch aber nicht belegen. Tatsächlich können Frauen mit dieser Störung häufig ein durchaus befriedigendes Sexualleben führen, wenn der Partner bereit ist, sie klitoral zu stimulieren. Klinischen Berichten zufolge ist die Ursache in manchen Fällen auch Angst vor Schwangerschaft oder eine ganz allgemein negative Einstellung zur Sexualität. *Masters* und *Johnson* stellten fest, daß bei einer Reihe von Paaren dem Vaginismus eine Erektionsschwäche des Mannes vorausging. Für manche Frauen sind die sexuellen Schwierigkeiten des Partners also so beängstigend, daß sie ihrerseits eine Störung, z.B. einen Vaginismus, entwickeln.

Kasten 13.1
Psychosexuelle Dysfunktion: ein bioenergetischer Ansatz

Wilhelm Reich, ein österreichischer Psychoanalytiker, stellte – wie *Freud* – die Sexualität in den Mittelpunkt seiner Psychologie. Aber im Unterschied zu *Freud* untersuchte er das sexuelle Funktionieren als solches. Die Grundlage jeglicher Angst, so *Reich* (1942), ist die Unfähigkeit zu wiederholter und vollständiger sexueller Befriedigung. Ziel seiner Therapie war es, die Menschen zu lehren, durch Muskelentspannung und freies Strömenlassen von Sexualenergie sexuelle Befriedigung zu erlangen. Auch wenn eine der extremen Vorstellungen *Reichs* – er glaubte, daß eine Vitalenergie namens ,,Orgon" die Natur durchdringe und vom Menschen zu körperlichem Nutzen akkumuliert werden könne, wenn er sich in einen eigens dafür konstruierten Kasten setze – seine früheren Theorien in Mißkredit brachte, erweckte *Alexander Lowen* (1958) sie in seiner Arbeit zu neuem Leben. Besonders an Amerikas Westküste ist die *bioenergetische Bewegung* zur einflußreichen Kraft innerhalb von Psychologie und Psychiatrie geworden.

Laut Bioenergetik ist die Ursache von sexuellen Dysfunktionen wie Ejaculatio praecox und gehemmtem Orgasmus in chronischen Spannungen zu suchen, die sich schließlich in der Körpermuskulatur niederschlagen. Diese chronischen Spannungen und Verspannungen entwickeln sich, wenn starke Emotionen wie Angst, Zorn und sexuelle Erregung ,,blokkiert" sind. Die ,,Blockierung" ist kognitiver wie körperlicher Natur. Für bioenergetische Analytiker gibt es so etwas wie ein ,,totes Becken", womit die Körperhaltung von Menschen beschrieben ist, die den Orgasmus nicht als jene kräftigen, rhythmischen, unwillkürlichen Bewegungen erfahren, wie sie für sexuelle Befriedigung kennzeichnend sind. Die Bioenergetik lehrt, die Körpermuskulatur zu entspannen und sich während des Liebesaktes frei zu bewegen.

Die bioenergetische Therapie spricht Kognition und Körper gleichermaßen an. Auf kognitiver Ebene verhilft der Therapeut dem Klienten mit traditionellen psychodynamischen Verfahren zur Einsicht in die Gedanken

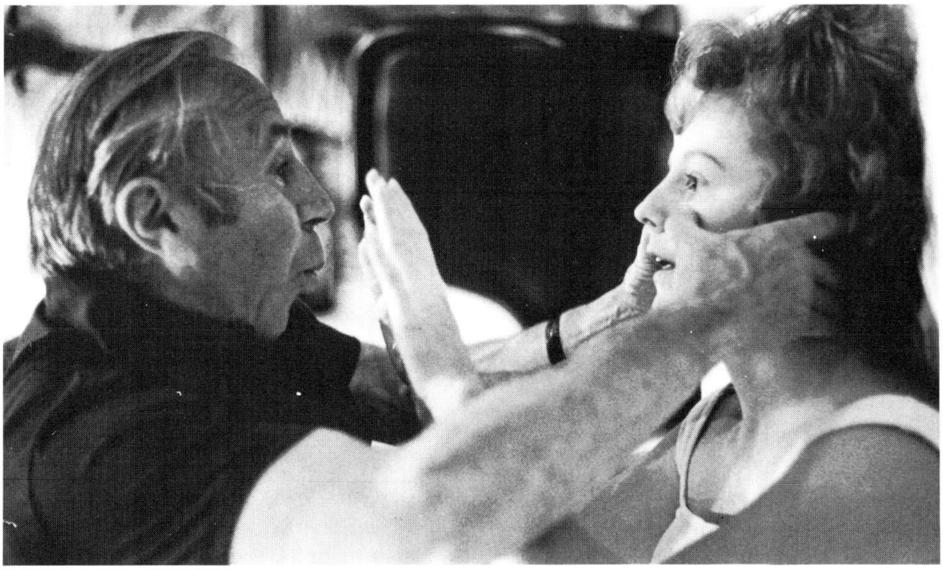

Die bioenergetische Therapie hält chronische Angst und Spannung für die Ursache sexueller Dysfunktionen. Hier führt Alexander Lowen eine Tiefen-Muskelmassage durch, um die Spannung zu lösen.

und Gefühle, die zu jener starren und sexuell dysfunktionalen Körperhaltung geführt haben. Auf körperlicher Ebene lernt der Klient eine Reihe von Übungen, um Muskelspannungen und Atemunregelmäßigkeiten zu beseitigen und das Becken zu freier Bewegung zu bringen. Manche bioenergetische Therapeuten lockern Verspannungen auch mit Tiefenmassage. Während der Massage soll sich der Patient nach Möglichkeit alles bewußt machen und ausdrücken, was emotional in ihm vorgeht. Damit wird sichergestellt, daß sich nicht erneut emotionale Blockierungen und Muskelspannungen aufbauen.

Wie einst *Reich* glauben auch heutige Bioenergetiker, daß jeglicher emotionalen Störung und jeglichem Verhaltensproblem eine sexuelle Dysfunktion zugrunde liegt, und folglich ist das Therapieziel für alle Klienten dasselbe: Die Wiederherstellung des sexuellen Funktionierens. Dieses Ziel mag für manch einen sehr anziehend sein, aber es wurde auch als Beitrag zur fixen Idee unserer Kultur kritisiert, man müsse unter allen Umständen sexuelle Befriedigung erreichen; zudem verführe es dazu, mit sexueller Erfüllung unrealistische Erwartungen zu verbinden (*Keen*, 1979).

Da die bioenergetische Therapie nicht angemessen durch kontrollierte Untersuchungen bewertet wurde, ist ihre Wirksamkeit schwer zu beurteilen. Immerhin bietet die Bioenergetik eine bisher nicht dagewesene Sicht der sexuellen Unzulänglichkeiten von Menschen.

Dyspareunie

Gelegentlich haben Mann oder Frau beim Koitus Schmerzen. Wenn dafür nicht ausschließlich eine körperliche Störung verantwortlich ist und die Frau nicht unter vaginalen Spasmen oder mangelhafter Lubrikation leidet – was für Vaginismus oder gehemmte sexuelle Erregung sprechen würde –, ist laut DSM-III eine *Dyspareunie* zu diagnostizieren. *Masters* und *Johnson* und andere Experten glauben allerdings, daß die Dyspareunie fast immer körperlich verursacht wird, etwa durch Infektionen von Vagina, Muttermund, Uterus oder Eichel, Zerrungen in der Leistengegend oder auch eine nach einem Dammschnitt vernarbte Vaginalöffnung.

3. Theorien der psychosexuellen Dysfunktionen: Allgemeine Überlegungen

Die ältere Sexologie

Die Psychoanalyse hält sexuelle Dysfunktionen für Symptome zugrundeliegender verdrängter Konflikte. Um die Ätiologie der Störung zu verstehen und um Anhaltspunkte für die Behandlung zu haben, bemüht sich der Psychoanalytiker um ein Verständnis der symbolischen Bedeutung des „Symptoms". Da sexuelle Dysfunktionen für die Betroffenen und deren Partner unangenehm und leidvoll sind und da unbeeinträchtigte Sexualität an sich lustvoll ist, kreisen psychoanalytische Schriften um den Konflikt zwischen unterdrücktem Zorn oder unterdrückter Aggression und dem Bedürfnis nach sexueller Befriedigung. Die vorzeitige Ejakulation, mit der ein Mann seine Partnerin frustriert, könnte Ausdruck einer verdrängten Feindseligkeit gegenüber Frauen sein, die ihn – ihm unbewußt – an seine Mutter erinnern. Im Vaginismus einer Frau äußert sich vielleicht verdrängter Penisneid: Sie bedroht den Mann, der in ihre Vagina einzudringen hofft, mit Kastration. Für die Validität oder auch nur Nützlichkeit dieser psychoanalytischen Theorien gibt es kaum Anhaltspunkte. Tatsächlich gestehen inzwischen auch viele Psychoanalytiker ein, daß ihre Therapie für Menschen mit einer psychosexuellen Dysfunktion nicht hilfreich ist und setzen ergänzend direktere verhaltenstherapeutische Techniken ein (*LoPiccolo*, 1977).

Für Anhänger der humanistischen Schule ist die sexuelle Dysfunktion, wie jede andere Störung auch, Ausdruck der lähmenden Angst und Hemmung eines Menschen, der die ihm innewohnenden Möglichkeiten nicht ausschöpft (vgl. Kasten 13.1).

Die meisten modernen Sexualforscher scheinen, auch wenn sie das nicht immer explizit machen, im Rahmen sozialer Lerntheorie zu arbeiten. Die wohl umfassendste Darstellung der Ätiologie menschlicher sexueller Dysfunktionen legten *Masters* und *Johnson* (1970) mit ihrem vielgerühmten Buch *Human Sexual Inadequacy* (dt. „Impotenz und Anorgasmie") vor. Wir wollen zunächst die Ergebnisse ihrer Forschungen untersuchen und anschließend Modifikationen und Erweiterungen dieser Vorstellungen aus jüngerer Zeit betrachten.

Die Ergebnisse von *Masters* und *Johnson*

Gegenwärtige Faktoren

Masters und *Johnson* fanden in den Lebensgeschichten ihrer Patienten eine Reihe wenig günstiger Einstellungen und Ereignisse, die nach ihrer Ansicht für die späteren sexuellen Schwierigkeiten verantwortlich sind. Die beiden Forscher unterscheiden dabei zwischen diesen *lebensgeschichtlich* und zwei *gegenwärtig* relevanten Faktoren, die, so glauben sie, die Ursache dafür sind, daß menschliche Sexualstörungen *aufrechterhalten* werden. Ihrer Meinung nach sind sexuelle Störungen darum so hartnäckig, weil einer der beiden Partner während des Geschlechtsverkehrs entweder eine *Zuschauerrolle* einnimmt oder von lähmender *Leistungsangst* befallen ist. In jedem Fall steht die Leistung im Mittelpunkt der Aufmerksamkeit. Damit wird ein relativ passives und unkritisches Annehmen der sexuellen Stimulation, die bei ungehindertem Verlauf ganz natürlich zu sexueller Lust und zum Orgasmus führt, unmöglich: „Es gibt, soweit wir wissen, nichts, was dem sexuellen Funktionieren so abträglich ist wie Angst vor Unzulänglichkeit, einfach darum, weil diese Angst das beobachtende Individuum von seiner natürlichen Reaktionsfähigkeit ablenkt, indem sie seine Empfänglichkeit für sexuelle Reize blockiert" (*Masters* und *Johnson*, 1970, S. 12–13).

Lebensgeschichtliche Faktoren

Wie kommt es zur Übernahme der Zuschauerrolle und zu Leistungsängsten? *Masters* und *Johnson* glauben, daß unglückliche erziehungsbedingte Einstellungen und schwer zu verkraftende Erfahrungen in jungen Jahren der Nährboden für gegenwärtige Ursachen sexueller Schwierigkeiten sind. (vgl. Abb. 13.3).

Orthodoxe Religiosität. Möglicherweise haben einer oder beide Partner eine negative Einstellung zur Sexualität, weil die strengen religiösen Grundsätze, nach denen sie erzogen wurden, sexuellen Genuß verbieten. Einer Interviewpartnerin von *Masters* und *Johnson*, die an Vaginismus litt, hatte man z.B.

„*... beigebracht, daß in nahezu jeder Form körperlichen Ausdrucks anstößige Sexualität mitschwingen könne... Man verbot ihr, beim Baden ihre Brüste oder auch nur deren Spiegelbild anzusehen, aus Furcht, die Betrachtung ihres Körpers könne sie zu ungesunden sexuellen Gedanken anregen. Unter den Geschwistern waren Gespräche über Menstruation, Empfängnis, Empfängnisverhütung und Sexualität tabu... Mrs. A. ging in die Ehe, ohne daß ihre Familie ihr zur ehelichen Sexualität ein Wort des Rates, der Warnung oder auch nur der Aufmunterung mit auf den Weg gegeben hätte. Ihr Seelsorger hatte ihr nur zu sagen, daß eine geschlechtliche Vereinigung nur dann zulässig sei, wenn auch eine Empfängnis gewünscht werde*" (S. 254).

Psychosexuelles Trauma. Manche Patienten führen ihre Angst vor sexuellem Kontakt auf besonders ängstigende oder demütigende erste se-

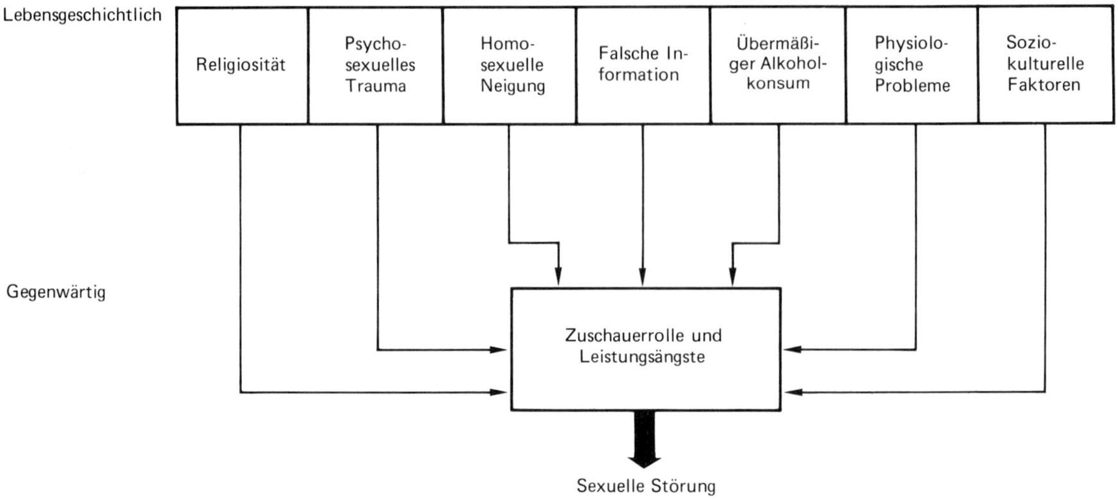

Abb. 13.3. Lebensgeschichtliche und gegenwärtige Ursachen sexueller Störungen bei Menschen (nach *Masters* und *Johnson*).

xuelle Erfahrungen zurück. Einem jungen Mann war von einer Prostituierten versichert worden, „er werde es bei keiner Frau schaffen, wenn er es nicht jetzt und hier bei einer Nutte schaffe." Eine Frau litt seit der Vergewaltigung durch eine Bande, bei der sie schwere körperliche und seelische Schäden davontrug, an Vaginismus.

Homosexuelle Neigungen. Bei Männern mit Erektionsproblemen und bei anorgasmischen Frauen sind möglicherweise homosexuelle Neigungen der Grund dafür, daß sie heterosexuelle Beziehungen nicht genießen können.[6]

[6] Als *Masters* und *Johnson* 1970 ihren klinischen Bericht über Wesen und Behandlung „menschlicher sexueller Unzulänglichkeit" veröffentlichten, war das gesellschaftspolitische Klima der Homosexualität gegenüber nicht so tolerant wie heute. Das Behandlungsprogramm war ausschließlich heterosexuell ausgerichtet; von daher galten homosexuelle Neigungen bei einem Partner als ätiologischer Faktor. Daß das eigentliche Problem in der Entscheidung des homosexuellen Partners liegen kann, eine heterosexuelle Ehe aufrechtzuerhalten, wurde nicht explizit berücksichtigt. Ähnlich hat es auch bis vor kurzem niemand unternommen, sexuelle Dysfunktionen in homosexuellen Beziehungen systematisch zu untersuchen. Beiträge wie *Silversteins A Family Matter: A Parent's Guide to Homosexuality* (1977) helfen, dieses Ungleichgewicht abzubauen und auch homosexuellen Interessen, Praktiken und Sorgen die nötige Aufmerksamkeit zu verschaffen.

Schlechte Beratung. Ein falscher Rat von einem Fachmann kann sexuelle Probleme auslösen oder verschlimmern. Manche Männer erfuhren von ihrem Arzt, daß Erektionsschwierigkeiten unheilbar oder natürlicher Teil des Alterungsprozesses seien. Anderen erklärten Geistliche, ihre Schwierigkeit sei die Strafe Gottes für ein sündhaftes Leben.

Übermäßiger Alkoholkonsum. Manchmal beginnen ernsthafte Erektionsschwierigkeiten auch damit, daß der Betroffene einer nach übermäßigem Alkoholgenuß normalen sexuellen Schwäche allzuviel Gewicht beimißt (vgl. S. 330). Der typische Fall, so *Masters* und *Johnson*, ist ein Mann, der schwer arbeitet und sich angewöhnt hat, sehr viel zu trinken. Wie wir wissen, beeinträchtigen große Mengen Alkohol die Erektionsfähigkeit, bauen ironischerweise aber gleichzeitig Hemmungen ab. Im Bett muß der stark alkoholisierte Mann dann möglicherweise feststellen, daß sich nichts rührt. Statt aber die mangelnde sexuelle Erregung dem Alkohol zuzuschreiben, fängt er an, sich Sorgen zu machen. Die Angst wird größer, und nach einer Reihe von Mißerfolgen stellt sich möglicherweise überhaupt keine Erektion mehr ein. Häufig versucht dann die Ehefrau, verständnisvoll zu sein und ihrem Mann zu helfen. Aus vielerlei Gründen erlebt dieser ihr Mitgefühl als weiteren Zweifel an seiner Männlichkeit. Vielleicht befürchtet die Frau auch, an sexueller Anziehungskraft verloren zu haben, forciert daher die sexuellen Kontakte und macht die Sache nur noch schlimmer. Es kann so weit kommen, daß sie schließlich jeglichen Körperkontakt, auch zärtliche Umarmungen und Küsse, meidet, weil sie Angst hat, ihr Mann könne dergleichen als Wunsch nach sexueller Intimität mißverstehen. Die Kommunikation zwischen beiden verschlechtert sich, die Angst des Mannes wird größer, und es entsteht eine Situation, die ohne professionelle Hilfe kaum zu bewältigen ist.

Vaginismus. In manchen Fällen entwickeln Partner von Frauen mit Vaginismus Erektionsschwierigkeiten – nach Meinung von *Masters* und *Johnson* ein weiteres Beispiel dafür, wie eng die sexuellen Reaktionen beider Partner aufeinander bezogen sind.

Physiologische Ursachen. Sexuelle Dysfunktionen können auch körperliche Ursachen haben. Infektionen von Klitoris und Vagina, Bänderrisse im Beckenbereich, nach einem Dammschnitt bei der Geburt (Episiotomie) vernarbtes Gewebe am Vaginaeingang, und – insbesondere bei Frauen nach der Menopause – unzureichende Lubrikation können den Geschlechtsverkehr für Frauen schmerzhaft machen. Bei Männern kann eine Infektion der Eichel, meist Folge mangelhafter Sauberkeit, zur Dyspareunie führen. Einige Männer mit Erektionsschwierigkeiten litten an diabetesbedingten Stoffwechselstörungen. Auch bestimmte Tranquilizer haben Einfluß auf die sexuelle Erregbarkeit.[7]

Soziokulturelle Faktoren. Besonders bei weiblichen Dysfunktionen spielen kulturelle Einflüsse eine Rolle. „Soziokulturelle Einflüsse drängen die Frau sehr häufig in eine Position, in der sie ihre natürliche Fähigkeit, in Erfüllung der ihr genetisch zugeschriebenen Rolle sexuell zu reagieren, den Umständen anpassen, sublimieren, hemmen oder verzerrt zum Ausdruck bringen muß. Hier liegt eine der Hauptursachen weiblicher Sexualstörungen“ (S. 218). Der Mann darf sein sexuelles Ausdrucksvermögen mit dem Segen der Gesellschaft nach Belieben entwickeln, der Frau blieb diese Freiheit, zumindest bis vor kurzem, versagt und ihre diesbezüglichen Bedürfnisse wurden oft ignoriert. Und natürlich macht es ihre Lage nicht gerade leichter, daß der Mann mit ihr, auch ohne daß sie sexuell erregt ist, den Geschlechtsverkehr vollziehen kann.

Die Laboruntersuchungen, von denen *Human Sexual Response* berichtet, ergaben, daß Frauen offensichtlich zu mehrfachen Orgasmen und zu anhaltenderer, häufigerer und physiologisch intensiverer sexueller Erregung fähig sind als Männer. Angesichts dessen ist es von besonderer Ironie, daß man weibliche Sexualität und die sexuellen Bedürfnisse der Frauen so lange vernachlässigt hat.

Weitere gegenwärtige Sichtweisen

Abbildung 13.3 illustriert graphisch die Unterscheidung von *Masters* und *Johnson* zwischen den für die Entwicklung von Sexualstörungen lebensgeschichtlich relevanten Faktoren und den Variablen „Zuschauerrolle“ und „Leistungsangst“, die im Hier und Jetzt eine Rolle spielen. Damit stellt sich natürlich automatisch die Frage, ob die angeblich nur historisch relevanten Ursachen für die Betroffenen nicht auch gegenwärtig bedeutsam sein können. Kann eine Frau nicht auch durch ihre *heutigen* religiösen Überzeugungen daran gehindert werden, sich auf sexuelle Beziehungen einzulassen und diese zu genießen? Oder denken wir an die Frau, die als junges Mädchen von einer Bande vergewaltigt wurde. Könnte sich ihr nicht die Erinnerung daran in jeder intimen Situation wieder aufdrängen? Dem würden *Masters* und *Johnson*, ohne Abstriche an ihrem theoretischen Modell zu machen, entgegnen, daß religiöse Überzeugungen oder Erinnerungen die Gegenwart insofern bestimmen, als sie den Betroffenen nur die Zuschauerrolle, nicht aber die unkontrollierte Teilhabe erlauben. Wie dem auch sei, auf jeden Fall können religiöse Über-

[7] Rückenmarksläsionen können, je nach ihrer Vollständigkeit und Lokalisierung, zu Lähmung und Empfindungsverlust in den Beinen (Paraplegie) oder in Armen und Beinen (Quadraplegie) führen. Gelegentlich werden Menschen, die weder Arme noch Beine bewegen können, für sexuell nicht erregbar gehalten. Dem ist nicht so. *Higgins* (1978) dokumentiert auch bei gelähmten Männern Erektionen und Ejakulationen.

zeugungen und sexuelle Traumata das Sexualverhalten eines Menschen sehr direkt und unmittelbar beeinträchtigen.

Für *Masters* und *Johnson* sind sexuelle Dysfunktionen eigenständige Probleme, die nicht unbedingt auf tiefere innerpsychische oder zwischenmenschliche Schwierigkeiten zurückzuführen sind. Die Paare, deren Behandlung die Grundlage ihres zweiten Buches, *Human Sexual Inadequacy* (1970), bildete, lebten durchweg in Ehen, die sich trotz der sexuellen Schwierigkeiten durch gegenseitige Zuneigung und Nähe auszeichneten. Aber als sich der allgemeine Ansatz von *Masters* und *Johnson* zunehmend durchsetzte und andere Therapeuten ihre Techniken übernahmen, hatten diese es immer wieder auch mit Paaren zu tun, deren Beziehung ernsthaft gestört war. Man kann sich unschwer vorstellen, warum eine Ehe oder Beziehung sich verschlechtert, wenn das Paar seit Jahren keine sexuellen Beziehungen mehr hat. Der Therapeut steht meist vor einem Henne-Ei-Problem. Die Frage, ob die Feindseligkeit Ursache der sexuellen Schwierigkeiten oder die sexuellen Schwierigkeiten Ursache der Feindseligkeit sind, wird sich kaum je beantworten lassen. Arbeitshypothese der meisten Therapeuten ist es daher, daß solche Paare in beiden Bereichen, d.h. sexuell wie zwischenmenschlich, Probleme haben. Natürlich ist kein befriedigendes Liebesleben zu erwarten, wenn der Mann der Frau z.B. ihre dauernde Aushäusigkeit verübelt oder die Frau ihm seinen unsensiblen Umgang mit den Kindern vorwirft. Solche negativen Gedanken und Emotionen können sich dann auch in der sexuellen Situation aufdrängen und Erregung und Genuß im Keim ersticken.

Für *Albert Ellis* (1971) spielt bei der Entwicklung und Aufrechterhaltung sexueller Dysfunktionen wie auch anderer Störungen irrationales Denken eine Rolle. Eine Frau, so vermutet er, die beim Geschlechtsverkehr nicht zum Höhepunkt kommt, *verlangt* von sich, einen Orgasmus zu haben. Vielleicht spiegelt schon die häufig gebrauchte Formel „einen Orgasmus erreichen" wider, wie sehr unsere Gesellschaft sexuelle Befriedigung als etwas ansieht, das sich – wie Erfolg und Anerkennung – durch Anstrengung und Zielstrebigkeit erreichen läßt. *Ellis* nennt dieses selbstschädigende, fordernde Denken treffend „Mußturbation". Nicht nur *Ellis*, sondern auch viele Sexualforscher einschließlich *Masters* und *Johnson*, glauben, daß eine solche Einstellung sexuellen Genuß unmöglich machen kann.

„Warum berührt er mich dauernd hier und nicht da?" „Warum hört sie auf, mich zu streicheln, sobald ich ein bißchen erregt bin?" Wir haben bereits an anderer Stelle davon gesprochen, daß es vielfach auch am nötigen Wissen über Anatomie und sexuelle Abläufe mangelt oder daß die Partner einander nicht sagen, was sie mögen und was ihnen weniger angenehm ist. Leider garantiert Zuneigung nicht immer auch eine beiderseits zufriedenstellende Sexualität. Menschen mit sexuellen Schwierigkeiten fehlt es oft an Kenntnissen und Fertigkeiten (*LoPiccolo* und *Hogan*, 1979). Eine Frau fühlt sich vielleicht kurz vor dem Orgasmus „im Stich gelassen", weil ihr Liebhaber nicht weiß, wie wichtig die Stimu-

In den meisten Fällen geht ein gestörtes Sexualleben mit Distanz und Spannungen in der Ehe einher, die daher häufig ebenfalls zum Gegenstand der Sexualtherapie werden.

lation der Klitoris ist; häufig stellt sich heraus, daß die Ehemänner anorgasmischer Frauen unbeholfene Liebhaber sind (*Kaplan*, 1974; *LoPiccolo*, 1977).

Ein verwandtes Problem ist die schlechte Kommunikation zwischen den Partnern. Aus vielerlei Gründen – sei es aus Scham, Mißtrauen, Abneigung, Ärger, Depression, um nur einige zu nennen – verschweigen sie einander, was sie gern haben und was ihnen unangenehm ist. Tut der eine Partner nicht das Richtige, weil er keine Gedanken lesen kann, wird das vom anderen häufig als mangelnde Zuneigung fehlinterpretiert. Häufig führt die schlechte sexuelle Kommunikation Paare, deren Beziehung auch in anderer Hinsicht gespannt ist, schließlich in eine Ehetherapie (vgl. S. 699). Aber auch bei Paaren, die sich sonst gut verstehen, kann die sexuelle Kommunikation schlecht sein. Daß man zwischen Partnern, unter Freunden, in den Medien und auch in therapeutischen Trainingsprogrammen offen über Sexualität spricht, ist noch eine relativ neue Entwicklung.

Und schließlich bleibt es, wie so oft bei psychischen Problemen, auch hier ein Rätsel, warum manche Menschen, die in Vergangenheit oder Gegenwart einen oder mehrere der vermuteten ätiologisch bedeutsamen Faktoren aufweisen, eine sexuelle Dysfunktion entwickeln, andere mit ähnlichen Problemen aber nicht.

4. Verhaltenstherapien und kognitive Therapien psychosexueller Dysfunktionen

In kaum einem Bereich haben Verhaltens- und kognitive Therapien mehr Erfolge zu verzeichnen als bei der Behandlung psychosexueller Dysfunktionen. Die Therapeuten, zuweilen als Sexualtherapeuten spezialisiert, arbeiten unmittelbar an den sexuellen Problemen und schenken innerpsychischen und persönlichkeitsbedingten Schwierigkeiten, die bei psychodynamisch und humanistisch ausgerichteten Therapeuten im Mittelpunkt stehen, relativ wenig Aufmerksamkeit. Einige angemessen kontrollierte Untersuchungen (z.B. *Obler*, 1973; *Heiman* und *LoPiccolo*, 1983) und eine überwältigende klinische Evidenz sprechen recht eindeutig dafür, daß lerntheoretische und kognitive Ansätze anderen therapeutischen Vorgehensweisen bei der Behandlung sexueller Dysfunktionen überlegen sind.

LoPiccolo und *Hogan* (1979) haben die Behandlungsmöglichkeiten für sexuelle Dysfunktionen in ein hilfreiches Schema gebracht. Zur Verfügung stehen Sexualerziehung, Techniken zur Angstreduktion, Programme zum Training von Fertigkeiten und Kommunikation, Verfahren zur Änderung von Einstellungen und Gedanken, Änderungen der Routine, Ehetherapie, psychodynamische Techniken und medizinische und körperliche Verfahren. Der Therapeut kann sich für nur eine Technik entscheiden, in den meisten Fällen wird er angesichts der Vielschichtigkeit sexueller Probleme allerdings mehrere Verfahren einsetzen.

Sexualerziehung. Da viele Menschen mit sexuellen Störungen die Grundtatsachen menschlicher Sexualität nicht kennen, verwenden die meisten Therapeuten viel Zeit und Mühe darauf, ihre Klienten mit der Anatomie des Geschlechtsapparates und den physiologischen Prozessen während des Geschlechtsverkehrs vertraut zu machen. Auf diese Weise legitimiert man gleichzeitig auch das offene Gespräch über Sexualität – ein zwar nicht explizit angestrebter, aber sehr wichtiger Effekt. Der Sexualität wird so der Charakter des Unaussprechlichen und Geheimnisvollen genommen und der Klient verliert bereits an diesem Punkt der Behandlung etwas von der Angst und Scham, mit denen dieses bisher vermiedene Thema umgeben wurde.

Techniken zur Angstreduktion. Noch bevor *Masters* und *Johnson* ihr Therapie-Programm der Öffentlichkeit vorstellten (vgl. Kasten 13.2), hatten Verhaltenstherapeuten festgestellt, daß es ihren geängstigten Klienten half, wenn man sie schrittweise und systematisch den angstauslösenden Aspekten der sexuellen Situation aussetzte. *Wolpes* systematische Desensibilisierung und *In-vivo-Desensibilisierung*, d.h. die reale Begegnung mit der gefürchteten Situation, waren hier – besonders in Verbindung mit einem Fertigkeitstraining – offensichtlich sehr erfolgreich (*Hogan*, 1978; *Andersen*, 1983). Menschen mit großer Angst vor Sexualität haben häufig einfach bestimmte notwendige und vorbereitende Dinge nicht gelernt. Haupttechnik des *Masters-Johnson*-Programms ist daher vermutlich die In-vivo-Desensibilisierung, wenn auch sicher noch andere Komponenten zu seiner Wirksamkeit beitragen.

Fertigkeits- und Kommunikationstraining. Um die sexuellen Fertigkeiten ihrer Klienten und deren Kommunikation über Sexualität zu verbessern, arbeiten Therapeuten mit schriftlichem Informationsmaterial, mit Filmen und Videobändern, die sexuelle Techniken demonstrieren, besprechen die Techniken mit den Klienten und ermutigen sie, den Partner wissen zu lassen, was sie mögen und was ihnen unangenehm ist (z.B. *McMullen* und *Rosen*, 1979). Bei all diesen Trainingsverfahren wird der Klient zugleich auch mit angstbesetzten Aspekten der sexuellen Situation konfrontiert. Dieser Desensibilisierungseffekt scheint zusätzlich zum Behandlungserfolg beizutragen.

Verfahren zur Änderung von Einstellungen und Gedanken. In sogenannten *sensory-awareness-Verfahren* wird der Klient ermutigt, sich den angenehmen Empfindungen zu überlassen, die auch die beginnende sexuelle Erregung begleiten. Das Empfindungsfokussieren (sensate focus) (vgl. Kasten 13.2) z.B. ist ein Weg, den Klienten für wirklich sinnliche und sexuelle Gefühle zu öffnen. Die rational-emotive Therapie versucht, die ,,Mußturbation" durch weniger leistungsorientierte Gedanken zu ersetzen, denn das ,,Ich muß"-Denken hat für Menschen mit Sexualstörungen oft katastrophale Folgen.

Änderung von Routineverhalten. Therapeuten können einem Paar raten, miteinander ,,Rendezvous" zu vereinbaren, den Telephonhörer auszuhängen, ein ,,Bitte nicht stören"-Schild vor die

Eine der Techniken in den ersten Phasen einer Sexualtherapie ist die Übung des sensate focus, bei der die Partner einander durch Berühren angenehme Gefühle bereiten.

Schlafzimmertür zu hängen oder übereinzukommen, eine Zeitlang gar nicht miteinander zu schlafen. So ein ,,Ausstieg" aus der Alltagsroutine kann positiv verstärkend wirken und die sexuelle Beziehung beleben.

Ehetherapie. Oft ist die Ehe oder Beziehung nicht nur in sexueller Hinsicht gestört. Paare in einer Krise brauchen gewöhnlich ein Kommunikationstraining. In Kapitel 20 werden wir uns ausführlicher mit der Ehetherapie beschäftigen.

Psychodynamische Techniken. Nicht jeder Mann kann ohne weiteres eingestehen, daß er keine Erektion hat. In solchen Fällen muß der Therapeut in der Lage sein, auf ,,Zwischentöne"

zu hören. Frauen verschweigen ihrem Therapeuten möglicherweise, daß es ihnen widerstrebt, in sexuellen Dingen die Initiative zu ergreifen, weil sie eine solche Selbstbehauptung nicht mit ihrer traditionellen weiblichen Rolle vereinbaren können. Wenn Klienten, wie so oft, ihrem Therapeuten nicht sagen können, was sie wirklich bedrückt, hilft ein allgemein analytisches Vorgehen, das Problem einzukreisen und eine Verhaltenstherapie zu planen. *Kaplan* (1974) macht die Mischung von psychodynamischer Therapie und direkter Verhaltenstherapie sehr schön deutlich. Zweifellos setzen verhaltensorientierte Sexualtherapeuten in der Praxis Elemente anderer Therapieformen ein, auch wenn sie das in Zeitschriftenartikeln und Diskussionen mit Kollegen nicht ausdrücklich erwähnen. Vielleicht blättert der Leser an dieser Stelle zu Kasten 2.4 (S. 63) zurück, wo wir uns mit dem therapeutischen Eklektizismus beschäftigt haben, um sich einmal mehr vor Augen zu führen, ein wie komplexes Unternehmen eine Psychotherapie ist.

Medizinische und körperliche Verfahren. Mit den somatischen Problemen, die einer sexuellen Dysfunktion zugrunde liegen können, haben wir uns bisher kaum beschäftigt. Gleichwohl darf der Therapeut, besonders, wenn es sich bei der Störung um eine Dyspareunie oder eine völlige Erektionsunfähigkeit handelt, die Möglichkeit einer körperlichen Störung nicht vollkommen ausschließen. Wenn eine Depression vorliegt und der Sexualtrieb stark vermindert ist, können antidepressive Medikamente hilfreich sein (*Winokur*, 1963). Zur Ergänzung von Angstreduktions-Techniken werden gelegentlich auch Tranquilizer verschrieben, obwohl die beruhigende Wirkung dieser Medikamente die Sexualfunktionen beeinträchtigen kann. Die meisten Therapeuten setzen Medikamente aber nur dann ein, wenn psychologische Verfahren den Erwartungen nicht entsprechen.

Inzwischen greifen Menschen mit Sexualstörungen, aber auch andere, die ihr an sich befriedigendes Sexualleben intensivieren und bereichern wollen, vermehrt zur Selbsthilfe. Manch einer versucht auf chemischem Weg, Erregung und sexuelle Ekstase zu steigern. Amylnitrit ist eine peripher wirkende Depressorsubstanz, die allerdings ein unter Umständen tödliches Herzversagen zur Folge haben kann. Kurz vor dem Orgasmus – zumeist von Männern – aus einer kleinen Glasphiole inhaliert, intensiviert und verlängert Amylnitrit das orgastische Erleben. Alkohol in kleinen Mengen enthemmt; die Wirkung von Marihuana, Haschisch, Kokain, LSD und anderen Psychedelika ist unterschiedlich und nimmt oft dramatische Formen an. Andere Chemikalien werden um ihrer angeblich aphrodisiakischen oder sexuell stimulierenden Wirkung willen genommen. Kanthariden oder Spanische Fliegen z.B., die getrockneten und pulverisierten Körper des Blasenkäfers, führen – oral eingenommen – zu Reizerscheinungen und Jucken in den Genitalien, was manche Menschen als sexuell erregend erleben. Über solche Drogen läßt sich einstweilen nicht mehr sagen, als daß der Beweis ihrer Wirksamkeit noch aussteht. Man hat Hymnen auf sie gesungen und ebenso eindringlich vor ihnen gewarnt, also scheinen sie manchen Menschen geholfen, anderen geschadet zu haben.

Die Implantation eines festen Plastikrohres oder eines Systems hydraulischer Röhren in einen chronisch schlaffen Penis und die Entfernung des Klitorishäubchens (clitorial hood) sind chirurgische Verfahren. Es sind radikale Schritte, aber immerhin ermöglichen Implantationen in den Penis dem aus körperlichen Gründen impotenten Mann zu erigieren – wenn sie funktionieren. Viele solcher Operationen haben gravierende Komplikationen nach sich gezogen (*Malloy, Wein* und *Carpiniello*, 1980). Operative Veränderungen des weiblichen Genitals sind wohl unnötig, denn die Klitoris kann vor oder während des Koitus sanft gerieben werden. Und schließlich kann auch einfache sportliche Betätigung hilfreich sein, wenngleich deren Wirkung eher allgemeiner Natur ist und Placebo-Charakter hat. Wer joggt oder sich auf andere Weise körperlich fit hält, fühlt sich vermutlich mit sich selbst wohler und davon wird auch sein Sexualleben profitieren. Es gibt allerdings ein Übungsprogramm, daß für anorgasmische Frauen von ganz konkretem Nutzen zu sein scheint: die Übungen von *Kegel* (1952) zur regelmäßigen Kontraktion und damit Stärkung der die Vagina umgebenden Muskulatur.

Kasten 13.2
Die Therapie psychosexueller Dysfunktionen von Masters und Johnson

Wohl kaum ein Buch hat die Gemüter so erregt wie *Impotenz und Anorgasmie* von *Masters* und *Johnson* (1970). Das Buch berichtet über ein Therapieprogramm, das an 800 Klienten mit sexuellen Schwierigkeiten erprobt wurde. Jedes Paar kam nach St. Louis, erhielt zwei Wochen lang tagsüber an der *Reproductive Biology Research Foundation* eine intensive Therapie und machte nachts im Motel seine Hausaufgaben. Weit weg von zu Hause waren sie frei von häuslichen Ablenkungen und konnten ihren Aufenthalt in St. Louis zu einer Art zweiter Flitterwochen gestalten. Mit vielen der von *Masters* und *Johnson* eingesetzten Techniken hatten auch schon andere Therapeuten gearbeitet. Obwohl man bei genauerer Analyse des Berichts einige methodische Mängel entdeckte (*Zilbergeld* und *Evans*, 1980), verzeichneten andere Therapeuten mit diesen Techniken ähnliche Erfolge (*Andersen*, 1983). *Masters* und *Johnson* haben die sexualtherapeutische Bewegung recht eigentlich begründet, und ihre Arbeit verdient es, ausführlicher gewürdigt zu werden.

Die Therapie versucht, Leistungsängste zu mindern oder nach Möglichkeit ganz auszuschalten und den Klienten den Weg aus ihrer unguten Zuschauerrolle zu weisen. Dann, so hofft man, wird das Paar fähig sein zu freier und genußvoller Sexualität.

Jeden Tag trifft sich das Paar mit einem Team von Therapeuten beiderlei Geschlechts, denn man nimmt an, daß Männer sich besser in Männer und Frauen sich besser in Frauen einfühlen können. In den ersten Tagen ist das Programm für alle Paare, ungeachtet ihres spezifischen Problems, das gleiche. Wichtig ist, daß den Paaren zunächst jegliche sexuelle Aktivität verboten wird. Während der ersten beiden Tage wird eine vollständige soziale und sexuelle Anamnese erhoben, die Paare werden körperlich untersucht, so daß organische Faktoren ausgeschlossen oder gefunden und behandelt werden können.

In den diagnostischen Interviews gilt die besondere Aufmerksamkeit dem sogenannten *sexuellen Wertesystem*, d.h. den Vorstellungen, die beide Partner davon haben, was in einer sexuellen Beziehung akzeptabel und notwendig ist. Manchmal muß sich erst dieses Wertesystem für einen oder beide Partner ändern, bevor die Sexualität besser werden kann. Wenn einer der Partner Sexualität für etwas Schmutziges und Unmoralisches hält, wird vermutlich auch die beste Sexualtherapie versagen.

Am dritten Tag bieten die Therapeuten dem Paar Interpretationen dafür an, wie es zu dem Problem gekommen ist und warum es so hartnäckig erhalten bleibt. Im Mittelpunkt stehen dabei immer die Probleme innerhalb der Beziehung, nicht die besonderen Schwierigkeiten eines der beiden Partner. Es ist eine Grundprämisse der *Masters-Johnson*-Therapie, daß „...es in einer Ehe mit sexuellen Schwierigkeiten gleich welcher Art einen unbeteiligten Partner nicht gibt“ (1970, S. 2). Wie das Problem auch immer beschaffen ist, das Paar lernt, es als gemeinsames zu sehen. An diesem Punkt werden die Klienten auch mit der Vorstellung der Zuschauerrolle bekannt gemacht. Sie erfahren zum Beispiel, daß sich ein Mann mit Erektionsschwierigkeiten gewöhnlich Gedanken darüber macht, wie gut oder wie schlecht er ist, statt sich dem Geschehen einfach zu überlassen. Man erklärt ihnen, daß diese Selbstbeobachtung unter den gegebenen Umständen zwar verständlich sei, aber die natürlichen Reaktionen blockiere und den sexuellen Genuß stark beeinträchtige.

Am Ende des dritten Tages erfolgt die wichtigste Instruktion: die Anweisung zum Empfindungsfokussieren. Dazu sollen sich die Partner eine Zeit aussuchen, wo zwischen ihnen „ein natürliches Gefühl der Wärme und Gemeinsamkeit..., vielleicht sogar der verspielten Verschworenheit“ herrscht (*Masters* und *Johnson*, 1970, S. 71). In so einem Moment sollen sie sich entkleiden und einander durch gegenseitiges Berühren ihrer Körper Freude bereiten. Die Ko-Therapeuten weisen einem der Partner die Rolle des „Freudenspenders“ oder „Gebenden“ zu. Der „nehmende“ Partner hat nichts weiter zu tun, als die Berührung zu genießen. Es wird von ihm keine sexuelle Reaktion verlangt, aber er soll dem gebenden Partner möglichst unmittelbar mitteilen, wenn ihn etwas ablenkt oder wenn ihm etwas unangenehm ist. Dann werden die Rollen getauscht. Immer noch ist jeder Koitusversuch untersagt. Nach *Masters* und *Johnson* ist das ein Weg, die Paare von den krampfhaften Versuchen abzubringen, die sie gemeinhin praktizieren. Das Empfindungsfokussieren kann Kontakt herstellen, wo seit Jahren keiner mehr war. Wenn es dazu kommt, ist das ein erster Schritt, auf dem Wege zu einer allmählichen Neubelebung der sexuellen Intimität.*

Bei dem Empfindungsfokussieren können tiefsitzende, bisher verborgene Feindseligkeiten ans Licht kommen. In den meisten Fällen machen die Partner aber die Erfahrung, daß das Zusammensein im Bett nicht immer die Funktion eines Vorspiels zum Geschlechtsverkehr haben muß. Am zweiten Abend wird der empfangende Partner instruiert, den gebenden Partner zu bestimmten Zärtlichkeiten zu ermuntern und anzuleiten. Er soll zu diesem Zweck seine Hand auf die des Partners legen und selber regulieren, mit wieviel Druck und wielange er wo gestreichelt werden möchte. Die Berührung von Genitalien und Brust ist nun auch erlaubt. Vom Orgasmus wird jedoch noch nicht gesprochen, und auch der Koitus bleibt verboten. Falls erforderlich – und das ist häufig der Fall –, wird dem Paar anhand von Bildmaterial grundlegendes anatomisches Wissen vermittelt. Nach diesem zweiten Tag des Empfindungsfokussierens konzentriert sich die Behandlung auf das besondere Problem oder die Probleme des Paares. Zur Illustration sei kurz die Therapie einer orgasmischen Dysfunktion der Partnerin beschrieben.

Nachdem sich das Paar jetzt, nach dem Sensualitätstraining, im Bett wieder wohler miteinander fühlt, soll die Frau darauf bedacht sein, die eigene sexuelle Stimulation zu maximieren, ohne allerdings einen Orgasmus anzustreben. Dabei baut sich gewöhnlich Erregung auf. Von den Therapeuten erfährt das Paar, wie sich der weibliche Genitalbereich im allgemeinen besonders wirksam manuell manipulieren läßt, aber letztlich entscheidet immer die Frau, die ermuntert wird, ihrem Mann fortlaufend ihre Wünsche mitzuteilen. Die Therapeuten betonen, daß der Orgasmus in dieser Behandlungsphase immer noch nicht Ziel der Interaktion ist.

Wenn die Frau anfängt, diese Zärtlichkeiten zu genießen, geht man einen Schritt weiter. Die Quelle des sinnlichen Vergnügens soll jetzt von der Hand des Mannes auf seinen Penis in ihrer Vagina verlagert werden. Sie wird angewiesen, sich auf den Mann zu setzen, sanft seinen Penis in die Vagina einzuführen und sich einfach ihren Empfindungen zu überlassen. Wenn ihr danach ist, kann sie langsam ihr Becken bewegen. Die Therapeuten ermuntern sie, den Penis als Spielzeug zu betrachten, als etwas, das ihr Lust und Vergnügen bereitet. Auch der Mann kann jetzt langsame Stoßbewegungen machen. Immer aber entscheidet die Frau, was als nächstes geschehen soll.

Wenn das Paar diese Stellung einige Minuten beibehalten kann, ohne daß es den Mann zum Orgasmus drängt, hat sich ihr sexuelles Miteinander gewöhnlich entscheidend geändert: denn vielleicht zum ersten Mal in ihrem Leben hat die Frau sexuell fühlen und denken und ganz egoistisch auf ihr eigenes Vergnügen bedacht sein dürfen. Im Anschluß an diese Phase nimmt der Koitus in den meisten Fällen einen für beide Teile befriedigenden Verlauf.

Die einzelnen Behandlungsverfahren müssen dem Paar, das meist seit vielen Jahren mit seinem Problem lebt, äußerst feinfühlig und behutsam nahegebracht werden. Manche Paare sprechen während der Behandlung überhaupt zum erstenmal in ihrem Leben über Sexualität. Die ruhige und offene Art der Therapeuten erleichtert es dem Paar, bestimmten Instruktionen zu folgen und selber offener mit Sexualität und allem, was sexuelle Lust bereitet, umzugehen. Obwohl die Verhaltensverschreibungen recht technischer Natur sind, muß die Atmosphäre im Behandlungszimmer so beschaffen sein, daß das Paar sie mitnehmen kann in die Intimität des Schlafzimmers, wo letztlich die *eigentliche* Therapie stattfindet. Wie bei jeder Verhaltenstherapie steht auch hier das Erlernen einer Technik im Mittelpunkt, aber es sind die zwischenmenschlichen Faktoren, die für die Verhaltensänderung den Boden bereiten.

Inzwischen sind allerorten Sex-Kliniken aus dem Boden geschossen, die im wesentlichen nach dem *Masters-Johnson*-Modell arbeiten, und auch viele Kliniker setzen direkte sexualtherapeutische Techniken ein. Die Forschung hat sich ebenfalls mit einzelnen Aspekten des Behandlungspakets beschäftigt. Man hat sich etwa gefragt, ob tatsächlich für jedes Paar ein Therapeutenteam beiderlei Geschlechts notwendig ist. Das scheint nicht der Fall zu sein (*Fordney-Settlage*, 1975; *Husted*, 1975). Eine andere Untersuchung vergleicht die tägliche Intensivtherapie mit der üblicheren Praxis wöchentlicher Sitzungen. Es zeigte sich, daß das Intensivverfahren keinen entscheidenden Vorteil besitzt (*Heiman* und *LoPiccolo*, 1983). Manche Kliniker setzen zur Behandlung weiblicher orgasmischer Dysfunktion inzwischen auch elektrisch betriebene Vibratoren ein. Unter Anleitung lernen anorgasmische Frauen zunächst, den durch Selbststimulation mit diesen kleinen Apparaten erreichten Orgasmus zu genießen (*Barbach*, 1975; *Dodson*, 1974). Damit wird auch das sexuelle Vergnügen um seiner selbst willen legitimiert. Manch einer betrachtet diesen Trend zur ,,Sexualgymnastik" mit Sorge, aber aufs Ganze gesehen verspricht die größere Freizügigkeit auch größere Befriedigung (*Gagnon* und *Davison*, 1974).

* Detailliertere Beschreibungen anderer direkter Therapien, die zum Teil über *Masters* und *Johnson* hinausgehen, finden sich in *LoPiccolo* und *LoPiccolo*, 1978; *Rosen* und *Rosen*, 1981; *Gagnon*, 1977; *Kaplan*, 1978.

Zusammenfassung

Nur wenige emotionale Probleme sind für die Menschen heute von größerem Interesse als die psychosexuellen Dysfunktionen. Ursache dieser Störungen des normalen sexuellen Reaktionszyklus, die viele Menschen ihrer sexuellen Genußfähigkeit berauben, sind offensichtlich Hemmungen. Das DSM-III kategorisiert die Störungen danach, in welcher Phase des Reaktionszyklus sie sich bemerkbar machen. Unterschieden wird zwischen Appetenzphase (ob der oder die Betroffene überhaupt den Wunsch nach Sexualität verspürt), Erregungsphase (ob der einzelne auf die ihm angemessen erscheinende Stimulation mit Erregung reagiert), Orgasmus und Entspannung. Die Störungen können sich in Schwere, Chronizität und in ihrem Umfang, d.h., ob sie generell oder nur mit bestimmten Partnern und in bestimmten Situationen auftreten, unterscheiden. Eine psychosexuelle Dysfunktion besteht nur bei anhaltenden und wiederholten Schwierigkeiten. Mit vorübergehenden sexuellen Schwierigkeiten hat vermutlich jeder irgendwann einmal zu kämpfen.

Es werden die einzelnen sexuellen Dysfunktionen und ihre vermutlichen Ursachen beschrieben. Auch wenn besonders bei Dyspareunie und vollkommener Erektionsunfähigkeit mit organischen Ursachen gerechnet werden muß, findet man als Ätiologie der Störungen gewöhnlich eine Kombination von negativen Einstellungen, unguten früheren Erfahrungen, Leistungsängsten, Annahme einer Zuschauerrolle und Mangel an Wissen und Fertigkeiten. Bei manchen Dysfunktionen spielen wohl auch Geschlechtsrollenstereotype eine Rolle: Ein Mann, der keine Erektion aufrechterhalten kann, gilt vielfach als impotent und das heißt zugleich als wenig männlich; und entsprechend hält man die „frigide" Frau, die nicht mit schöner Regelmäßigkeit einen Orgasmus produziert, für kalt und empfindungslos. Sexuelle Probleme von Frauen scheinen ganz besonders eng mit kulturellen Vorurteilen gegen weibliche Sexualität zusammenzuhängen – eine besondere Ironie angesichts der durch Laboruntersuchungen belegten Tatsache, daß Frauen zu häufigerem sexuellen Genuß befähigt sind als Männer.

Informationen über die Ursachen psychosexueller Dysfunktionen entstammen zumeist unkontrollierten Fallstudien und sind daher mit einiger Vorsicht aufzunehmen. Das Fehlen solider ätiologischer Daten hat Therapeuten nicht davon abgehalten, offensichtlich wirksame verhaltensorientierte und kognitive Interventionen zu entwickeln. Die verhaltensorientierte direkte Sexualtherapie mit dem Ziel, alte Gewohnheiten zu ändern und neue Fertigkeiten zu lernen, haben als erste *Masters* und *Johnson* mit ihrem Buch *Human Sexual Inadequacy* (1970) ins öffentliche Bewußtsein gerückt. Praktiziert wurde die Methode von manchen Verhaltenstherapeuten schon Jahre zuvor. Die Klienten werden mit Unterstützung von vertrauenswürdigen und feinfühligen Therapeuten schrittweise und so, daß keine Angst ausgelöst wird, zu zunehmend intimerem sexuellen Umgang miteinander angeregt. Hinzu kommen Unterricht in Sexualanatomie und -physiologie, Techniken zur Angstreduktion, Fertigkeits- und Kommunikationstraining, Verfahren zur Änderung von Einstellungen und Gedanken, Änderungen von Routine und auch Ehetherapie, wenn – wie es häufig der Fall ist – die sexuellen Schwierigkeiten Teil einer umfassenderen Beziehungsproblematik sind. Psychodynamische Techniken und eine breite Palette medizinischer und anderer physischer Verfahren sind weitere Mittel, die in der Sexualtherapie eingesetzt werden. Daten aus kontrollierten Untersuchungen gibt es bisher nur wenige, aber wir haben allen Grund zu der optimistischen Annahme, daß den meisten Menschen mit lähmenden sexuellen Hemmungen zumindest in gewissem Umfang zu helfen sein wird.

Teil IV

Die Schizophrenien

14. Schizophrenie

Kapitel 14

Schizophrenie

Plötzlich ging alles nicht mehr so leicht. Ich begann, die Kontrolle über mein Leben, und – vor allem – über mich selbst zu verlieren. Ich konnte nicht lernen, ich konnte nicht schlafen, und wenn ich schlief, träumte ich davon zu sterben. Ich hatte Angst, ins Seminar zu gehen, weil ich mir einbildete, alle redeten über mich, und obendrein hörte ich Stimmen. Ich rief meine Mutter in Pittsburgh an und bat sie um Rat. Sie meinte, ich solle aus dem Studentenheim ausziehen und mit meiner Schwester zusammen eine Wohnung nehmen.

Ich zog mit meiner Schwester zusammen, und alles wurde noch schlimmer. Ich hatte Angst, das Haus zu verlassen, und wenn ich aus dem Fenster sah, schien mir, daß die Leute auf der Straße schrien: „Tötet sie, tötet sie!" Meine Schwester zwang mich, zur Universität zu gehen. Ich verließ das Haus, kehrte aber zurück, sobald sie zur Arbeit gegangen war. Es wurde immer noch schlimmer. Ich bildete mir ein, ekelhaft zu riechen, und duschte bis zu sechsmal täglich. Ich erinnere mich, wie ich einmal einkaufen ging und die Leute im Geschäft sagen hörte: „Rettet euch, Jesus ist die Antwort." Es wurde noch schlimmer – ich vergaß alles. Ich mußte alles, was ich an einem Tag zu tun und zu erledigen hatte, aufschreiben. Ich behielt nicht, was ich lernte, saß von sechs Uhr abends bis vier Uhr morgens über den Büchern, traute mich aber am nächsten Tag nie ins Seminar. Ich versuchte, meiner Schwester davon zu erzählen, aber sie verstand es nicht. Sie meinte, ich solle zu einem Psychiater gehen, aber das konnte ich nicht, weil ich Angst hatte, aus dem Haus zu gehen.

Eines Tages glaubte ich, dieses Trauma nicht mehr ertragen zu können und nahm 35 Darvon-Tabletten. Im selben Augenblick sagte eine Stimme in mir: „Warum tust du das? Jetzt kommst du nicht in den Himmel." Da wurde mir bewußt, daß ich gar nicht sterben wollte, ich wollte leben, und ich hatte Angst. Ich ging zum Telephon und rief den Psychiater an, den meine Schwester mir empfohlen hatte. Ich erzählte ihm von der Überdosis Darvon und von meiner Angst. Er sagte, ich solle ein Taxi nehmen und ins Krankenhaus fahren. Am Krankenhaus angekommen, begann ich zu erbrechen, rührte mich aber nicht von der Stelle. Irgendwie konnte ich nicht akzeptieren, daß ich wirklich auf dem Weg zu einem Psychiater war. Ich glaubte, Psychiater seien nur für Verrückte da, und für verrückt hielt ich mich ganz bestimmt nicht. Also ließ ich mich nicht aufnehmen, sondern machte mich auf den Heimweg. Unterwegs traf ich meine Schwester. Sie schickte mich unverzüglich zurück. Dann riefen wir meine Mutter an, und die sagte, sie werde mit dem nächsten Flugzeug kommen. (*O'Neal*, 1984, S. 109–110).

Obwohl es die Diagnose einer Schizophrenie seit nunmehr hundert Jahren gibt und diese schwere psychische Störung häufiger erforscht wurde als jede andere, sind wir von einem Verständnis noch weit entfernt. Schizophrenie, diese massive und extreme Zerrüttung von Gedanken, Wahrnehmungen, Emotionen und Verhalten ist das, was man gemeinhin Wahnsinn nennt. In diesem Kapitel wollen wir uns zunächst ansehen, wie Schizophrenie diagnostiziert wird und wurde. Wir werden dabei auf einen Jahrzehnte währenden Meinungsstreit stoßen. Anschließend beschäftigen wir uns mit der Forschung zur Ätiologie der Schizophrenie und den Therapien, die für diese Störung entwickelt wurden.

1. Die Geschichte des Konzepts

Die frühen Beschreibungen von *Kraepelin* und *Bleuler*

Das Konzept der *Schizophrenie* formulierten als erste die beiden europäischen Psychiater *Emil Kraepelin* und *Eugen Bleuler*. Unterschiede in ihren Ansätzen und ihre Definitionen der Schizophrenie wirkten lange nach und führten zu etlichen Kontroversen. *Kraepelin* präsentierte zunächst sein Konzept der *Dementia praecox* – so der frühere Begriff für Schizophrenie – im Jahr 1898. Er unterschied zwei Hauptgruppen endogener oder innerlich verursachter Psychosen: das manisch-depressive Irresein und die Dementia praecox. Die Dementia praecox schloß mehrere diagnostische Konzepte mit ein: den Verfolgungswahn, die Katatonie und die Hebephrenie, die von Klinikern Jahrzehnte vorher bereits als eigene Krankheiten betrachtet worden waren. Die Bezeichnung „Dementia praecox" beschreibt zwei Hauptaspekte der Störung: den frühen Beginn (praecox) und den fortschreitenden geistigen Verfall (dementia). Zu den Hauptsymptomen zählte *Kraepelin* Halluzinationen, Wahnvorstellungen, Negativismus, gestörte Aufmerksamkeit, stereotypes Verhalten und emotionale Dysfunktion. *Kraepelins* Definition der Störung basiert also auf Verlauf wie Symptomen gleichermaßen, obwohl er häufig ersteren in den Vordergrund stellte.

Kraepelin gelangte über die deskriptive Ebene im Grunde nicht hinaus. In der achten Auflage seines Lehrbuchs z.B. gruppierte er die Symptome der Dementia praecox zu 36 Hauptkategorien, denen er jeweils Hunderte von Einzelsymptomen zuordnete. Er machte kaum den Versuch, diese vielen Einzelsymptome miteinander in Beziehung zu setzen und beließ es bei der Feststellung, sie alle seien Zeichen der Dementia praecox und des Verlustes der normalen Einheit von Denken, Fühlen und Handeln. Im Unterschied zu *Kraepelins* deskriptivem Ansatz bemühte sich *Eugen Bleuler*, den „Kern" der Störung zu erfassen und nicht mehr, wie es *Kraepelin* getan hatte, die Prognose in den Mittelpunkt der Definition zu stellen.

Der deutsche Psychiater Emil Kraepelin (1856–1926), dessen Beschreibung der Dementia praecox sich im Lichte heutiger Forschung als bemerkenswert haltbar erwies.

In seiner Beschreibung der Schizophrenie entfernte sich *Bleuler* von *Kraepelin* in zwei Hauptpunkten: Er glaubte weder an den durchgängig frühen Beginn der Störung noch an deren unausweichliches Fortschreiten bis zur Verblödung. Der *Verlauf* der Störung interessierte *Bleuler* sehr viel weniger als *Kraepelin* und folglich hielt er auch „Dementia praecox" nicht für die angemessene Bezeichnung. 1908 schlug er vor, die Störung „Schizophrenie" zu nennen, da damit das eigentliche Wesen des Zustandes erfaßt sei.

Bleulers Auffassung von der Schizophrenie war wesentlich von der Psychoanalyse beeinflußt. Erstens glaubte er, daß sich im Rahmen des *Freud*schen Systems die spezifischen Inhalte von Symptomen wie Wahnvorstellungen und Halluzinationen aufschlüsseln ließen. Er hielt sie für Versuche, die wirkliche Welt, aus der der Schizophrene sich zurückgezogen hat, durch eine andere zu ersetzen. *Bleuler* bemühte sich, für die Schizophrenie zu leisten, was *Freud* im Bereich der Neurosen versucht hatte: diejenigen psychischen Prozesse zu bestimmen, die den verschiedenen Störungen schizophrener Patienten zugrunde liegen könnten.

Der Schweizer Psychiater Eugen Bleuler (1857–1939), der entscheidend zu unserem heutigen Verständnis der Schizophrenie beitrug und von dem wir auch die Krankheitsbezeichnung übernommen haben.

Wie *Kraepelin* hatte auch *Bleuler* festgestellt, daß die Schizophrenie mit einer großen Vielfalt von Leiden und Dysfunktionen einhergeht. Aber *Bleuler* ging in seinem Versuch, einen gemeinsamen Nenner oder eine Grundeigenschaft zu finden, die diese Vielfalt einte, sehr viel weiter als *Kraepelin*. Er faßte diesen Wesensgehalt in das metaphorische Konzept der zerrissenen Assoziationsfäden. Für *Bleuler* waren nicht nur Wörter, sondern auch Gedanken assoziativ verbunden. Zielgerichtetes, effizientes Denken und Kommunizieren sind demnach nur möglich, wenn diese hypothetischen Strukturen intakt sind. Die These, daß bei Schizophrenen die assoziativen Zusammenhänge gestört seien, diente dann auch zur ,,Erklärung" anderer Probleme. Die Aufmerksamkeitsstörungen Schizophrener, so glaubte *Bleuler*, resultierten aus dem Verlust der Fähigkeit zu zielgerichtetem Denken, der wiederum die Ursache dafür war, daß die Betroffenen auf Objekte und Menschen in ihrer unmittelbaren Umgebung passiv reagierten. Ähnlich betrachtete er das Blockieren, den scheinbar totalen Verlust einer Gedankenfolge, als vollständigen Zusammenbruch assoziativer Verbindungen.

Kraepelins Schriften begünstigten also eine eng gefaßte Definition der Schizophrenie mit Schwerpunkt auf der Beschreibung. Obwohl auch *Kraepelin* nicht verborgen blieb, daß ein kleiner Teil der Patienten, die ursprünglich Symptome der Dementia praecox aufwiesen, nicht verblödete, zog er es vor, diese diagnostische Kategorie Patienten mit schlechter Prognose vorzubehalten. *Bleulers* Werk dagegen führte zu einem umfassenderen Schizophrenie-Konzept und zu ausgeprägterer theoretischer Arbeit. *Bleuler* zählte auch Störungen mit guter Prognose zur Gruppe der Schizophrenien. Er schlug sogar die Existenz einer ,,latenten" Schizophrenie vor, eine Diagnose für Patienten, die ,,die Störung haben", aber nicht in offenen schizophrenen Symptomen manifestieren. Als schizophren bezeichnete er auch viele atypische Melancholien und Manien anderer Schulen, besonders die hysterischen Melancholien und Manien, die meisten halluzinatorischen Verwirrungen, einige ,,nervöse" Menschen, einige zwanghafte und impulsive Patienten und viele Gefängnispsychosen (1923, S. 436).

Das erweiterte amerikanische Konzept

Bleuler hat die amerikanische Auffassung der Schizophrenie stark beeinflußt. Und dieser Einfluß wurde bis in die fünfziger Jahre hinein immer größer. 1930 bezeichnete man z.B. am *New York State Psychiatric Institute* 20 Prozent der Patienten als schizophren. Dieser Prozentsatz erhöhte sich während der vierziger Jahre, bis 1952 bemerkenswerte 80 Prozent erreicht waren. Der europäische Schizophrenie-Begriff war weniger umfassend. Am *Maudsley Hospital* in London blieb der Prozentsatz der als schizophren bezeichneten Patienten vierzig Jahre lang mit etwa 20 Prozent relativ konstant (*Kuriansky, Deming* und *Gurland*, 1974).

Nach den Gründen für diese immer häufiger werdende Diagnose in Amerika braucht man nicht lange zu suchen. Etliche führende Persönlichkeiten der amerikanischen Psychiatrie folgten der Schizophrenie-Auffassung *Bleulers*, weiteten das Konzept aber noch mehr aus und schenkten der Diagnose selbst immer weniger Aufmerksamkeit.

Adolf Meyer (1866–1950), der vielen als der Nestor der amerikanischen Psychiatrie gilt (z.B. *Zilboorg* und *Henry*, 1941), argumentierte, daß diagnostische Kategorien häufig willkürlich und artifiziell seien (z.B. *Meyer*, 1917, 1926). Sein Schizophrenie-Verständnis war flexibel und stützte sich definitorisch weder auf spezifische Symptome noch auf fortschreitende Verschlechterung. Für ihn war Schizophrenie eine Akkumulation mangelhafter Gewohnheiten, die sich über lange Zeit hin aufgebaut haben. An die Stelle angemessenen Alltagsverhaltens seien, wie er sie nennt, Ersatzreaktionen getreten, die sich schließlich einschliffen, wenn der Betroffene sich endgültig für den Weg des geringsten Widerstandes entscheide.

Zur Erweiterung des amerikanischen Schizophrenie-Verständnisses trugen auch Forscher bei, die zusätzliche Untertypen der Störung vorschlugen.[1] 1933 beschrieb z.B. *Kasanin* neun Patienten, für welche die Diagnose ausnahmslos „Dementia praecox“ lautete. Bei allen hatte die Störung plötzlich eingesetzt und alle hatten sich relativ schnell wieder davon erholt. In allen Fällen hatte es sich nach Meinung *Kasanins* um eine Kombination schizophrener und affektiver Symptome gehandelt, und so schlug er vor, diese Störung mit dem Begriff „schizoaffektive Psychose“ zu beschreiben. Die Diagnose wurde Teil des amerikanischen Schizophrenie-Konzeptes und fand Eingang in das DSM-I (1952) und in das DSM-II.

Eine weitere Expansion erfuhr die Kategorie der Schizophrenie, als *Hoch* und seine Mitarbeiter die These aufstellten, die Schizophrenie „maskiere“ sich häufig als andere Störungen. Sie schlugen als neue Diagnosen die „pseudoneurotische Schizophrenie“ (*Hoch* und *Polatin*, 1949) und die „pseudopsychopathische Schizophrenie“ (*Hoch* und *Dunaif*, 1955) vor. Sie sollten für ängstliche, verschlossene Menschen mit ernsthaften zwischenmenschlichen Problemen gelten, die zusätzlich neurotische oder psychopathische Symptome aufwiesen. Auch wenn die Betroffenen häufig die klassischeren Symptome der Schizophrenie vermissen ließen, argumentierte *Hoch*, enthülle sich bei näherem Hinsehen die gleiche kognitive und emotionale Desorganisation, die seiner Meinung nach Kern der Störung sei. So kam es, daß viele Patienten, bei denen man andernorts Neurosen, affektive Störungen oder Persönlichkeitsstörungen diagnostiziert hätte, in diesem Land zu Schizophrenen wurden.

In den sechziger und siebziger Jahren sorgte die sogenannte *prozeß-reaktive* Dimension dafür, daß man das umfassende Schizophrenie- Konzept beibehielt. Kurz nachdem *Bleuler* festgestellt hatte, daß die Schizophrenie keineswegs immer in jungen Jahren beginnt und nicht immer einen bestimmten, unaufhaltsamen Verlauf nimmt, beobachteten Kliniker weitere Unterschiede zwischen Patienten, deren Schizophrenie spät auftrat und zuweilen wieder völlig verschwand, und Patienten, die früher erkrankten und deren Zustand sich gewöhnlich verschlechterte. Manche Schizophrene waren bereits in jungen Jahren ziemlich abweichende, apathische Menschen gewesen und litten an einer allmählichen, aber heimtückischen Entleerung ihres Denkens, ihrer Emotionen, Interessen und Aktivitäten. Bei anderen waren ziemlich unvermittelt, aber gewöhnlich in höherem Lebensalter, schwerere Symptome aufgetreten. Die Bezeichnung *Prozeß* deutet auf irgendeine grundlegende hirnphysiologische Fehlfunktion hin und wurde für die sich schleichend entwickelnde Schizophrenie gewählt, *reaktiv* für die Form, die plötzlich und nach großer Belastung auftritt. Man hat die prozeß-reaktive Dimension in den Vereinigten Staaten während der letzten dreißig Jahre sehr ausführlich untersucht. Zum Unterscheidungs- und Prognosekriterium wurde die frühere soziale und sexuelle Anpassung, wie sie z.B. die *Phillips-Skala* (1953) mißt. Bei Patienten mit *guter prämorbider* Anpassung ist die Wahrscheinlichkeit größer, daß es sich bei der Störung nur um ein episodisches Problem mit guter Prognose handelt. Die Prozeß-Schizophrenie nach früherer schlechter Anpassung in Schule, Beruf, Sexualität und sozialem Leben ist also in etwa *Kraepelins* ursprünglicher Dementia praecox gleichzusetzen.

[1] Sowohl *Kraepelin* als auch *Bleuler* gingen von spezifischen Schizophrenie-Typen aus, aber die hier besprochenen Untertypen gehen erheblich weiter als ihre Vorschläge.

Daß man die reaktiven Patienten in die Definition einschloß, trug zur Erweiterung des amerikanischen Schizophrenie-Konzeptes bei.

Auch das vorherrschende Interesse an der Behandlung von Schizophrenen spielte für die Erweiterung des amerikanischen Konzeptes eine Rolle. *Bleuler* wie *Meyer* wandten sich gegen die Auffassung, daß der geistig-seelische Verfall unausweichlich sei, und gaben damit Raum für Interventionen und die Hoffnung auf Wiederherstellung. *Harry Stack Sullivan* (1892–1949) teilte diesen Optimismus und entwickelte als erster einflußreicher Theoretiker eine psychologische Behandlung der Schizophrenie. Er betonte die *zugrundeliegenden* emotionalen und kognitiven Faktoren, die den Schizophrenen seiner Meinung nach zum Rückzug aus zwischenmenschlichen Beziehungen motivierten. Andere Verhaltensweisen spielten in *Sullivans* Definition der Störung kaum eine Rolle. Da er der Überzeugung war, daß sich Persönlichkeit nur in interpersonalen Beziehungen beobachten lasse, behauptete er, es gebe keine fundamentalen Kriterien für die Störung (*Sullivan*, 1929).

Die DSM-III-Diagnose

Mit dem Erscheinen des DSM-III hat sich die amerikanische Auffassung der Schizophrenie beträchtlich von der eben besprochenen umfassenden Definition entfernt. Die neue Definition engt den Kreis der Patienten, die als schizophren zu charakterisieren sind, in viererlei Hinsicht ein. Erstens werden die diagnostischen Kriterien explizit und detailliert aufgeführt. Zweitens werden Patienten mit Symptomen einer affektiven Störung ausgeschlossen. Viele nach dem DSM-II als schizophren beschriebene Patienten hatten in Wirklichkeit eine affektive Störung (*Cooper* et al., 1972). Die Schizophrenie vom schizoaffektiven Typ ist nunmehr als *schizoaffektive Störung*[2] im Abschnitt ,,Psychotische Störungen, die nicht andernorts klassifiziert sind“ verzeichnet. Drittens verlangt das DSM-III, daß die schizophrenen Symptome mindestens seit sechs Monaten bestehen müssen. Damit sind Patienten ausgeschlossen, die, häufig nach Streß, eine kurze psychotische Episode erleiden und dann wiederhergestellt sind. Die akute schizophrene Episode des DSM-II wird jetzt entweder als *schizophreniforme Störung* oder als *kurze reaktive Psychose* diagnostiziert, die ebenfalls in dem neuen Abschnitt verzeichnet sind. Bei der schizophreniformen Störung dürfen die psychotischen Symptome – emotionale Aufgewühltheit, Furcht, Verwirrtheit und lebhafte Halluzinationen – nicht länger als sechs Monate oder kürzer als zwei Wochen anhalten. Eine kurze reaktive Psychose darf nicht länger als zwei Wochen dauern und tritt gewöhnlich nach einer psychosozialen Belastung auf, die fast jeden Menschen verstören würde. Viertens wird das, was laut DSM-II vermutlich als milde Formen der Schizophrenie gegolten hätte, jetzt als schizotypische oder Borderline-Persönlichkeitkeitsstörung diagnostiziert (vgl. Kapitel 10).

Daraus folgt allerdings nicht, daß mit dem Erscheinen des DSM-III das Problem der Schizophrenie-Diagnose ein für allemal gelöst sei. Die DSM-III-Kriterien sind nicht allgemein akzeptiert, und es werden daneben eine ganze Reihe anders systematisierte diagnostische Kriterien benutzt. *Endicott* und ihre Mitarbeiter (1982) haben nach zehn verschiedenen diagnostischen Systemen gestellte Diagnosen miteinander verglichen. Die Anzahl der als schizophren beschriebenen Patienten reichte von sechs bis vierundvierzig! Die Uneinheitlichkeit der Schizophrenie-Konzepte stellt also auch die heutige Forschung noch vor Probleme.

Das bisher Gesagte sollte einen Hintergrund schaffen für die nun folgende detailliertere Beschreibung schizophrenen Verhaltens. Bei der Darstellung der diagnostischen Symptome stützen wir uns in erster Linie auf das DSM-III, aber auch auf Informationen aus einer großangelegten Untersuchung der Schizophrenie, der *International Pilot Study of Schizophrenia* (IPSS), die im Auftrag der Weltgesundheitsorganisation durchgeführt wurde (*Sartorius, Shapiro* und *Jablonsky*, 1974).

[2] Eine schizoaffektive Störung ist nur zu diagnostizieren, wenn der Kliniker nicht entscheiden kann, ob eine affektive Störung, eine Schizophrenie oder eine schizophreniforme Störung vorliegt. Die Störung bricht ebenso plötzlich aus wie sie gewöhnlich auch wieder schwindet.

2. Klinische Symptome der Schizophrenie

Die Symptome schizophrener Patienten betreffen folgende Hauptbereiche: Denken, Wahrnehmung und Aufmerksamkeit, motorisches Verhalten, Affekt oder Emotion und Lebensbewältigung. Die möglichen Störungen sind von großer Vielfalt, obwohl jeder als schizophren beschriebene Patient typischerweise immer nur *einige* davon aufweist. Das DSM-III legt fest, wie viele Probleme in welchem Ausmaß vorhanden sein müssen, um die Diagnose zu rechtfertigen. Im Unterschied zu den meisten anderen hier vorgestellten diagnostischen Kategorien gibt es bei der Schizophrenie *kein essentielles* Symptom, das vorhanden sein müßte. Schizophrene Patienten unterscheiden sich voneinander also mehr als Patienten mit anderen Störungen. Die Heterogenität der Schizophrenie legt es nahe, nach Untertypen mit bestimmten Problem-Konstellationen zu suchen. Nach einem Überblick über die Hauptsymptome werden wir uns den Typen der Schizophrenie zuwenden.[3]

Denkstörungen

Als *Denkstörung* gelten sowohl Störungen in der *Form* des Denkens – der Organisation der Gedanken – als auch in seinem *Inhalt*, d.h. in den eigentlichen Gedanken, die zum Ausdruck gebracht werden. Wir beschäftigen uns zunächst mit dem formalen Denken Schizophrener.

Formale Denkstörungen. Nach einer ersten, scheinbar ganz einfachen Frage an einen schizophrenen Patienten entwickelte sich folgendes Gespräch:

„Wie alt sind Sie?"

„Nun, ich bin Jahrhunderte alt."

„Seit wann sind Sie hier?"

„Ich bin seit langer Zeit auf diesem Besitz. Wie lange genau, weiß ich nicht, weil wir nachts von der Luft absorbiert werden, und sie bringen einen wieder zurück. Sie töten alles; sie können machen, daß du lügst; sie können durch deine Kehle sprechen."

„Wer ist das?"

„Na, die Luft."

„Wie heißt das, wo wir hier sind?"

„Man nennt diesen Ort einen Stern."

„Wer ist Ihr Stationsarzt?"

„Ein Körper wie der Ihre. Sie können einen schwarz und weiß machen. Ich sage guten Morgen, aber er geht bloß hier durch. Erst war es eine Kolonie. Sie sagten, es sei der Himmel. Damals waren das hier keine festen Gebäude, und ich bin sicher, daß es derselbe Ort ist. Sie haben noch andere Orte, die genauso sind. Menschen sterben, und alle Mikroben sprechen darüber, und Prestigitis, wissen Sie, sendet einen von hier weg in eine andere Welt... Die Regierung schickte mich zu den Vereinigten Staaten nach Washington auf einen Stern, die Landschaft war sehr schön da. Sie haben einen Körper wie ein junger Mann, der sagt, er sei von Prestigitis."

„Wer war dieser Prestigitis?"

„Nun, Sie sind Sie selbst. Sie können Prestigitis sein. Sie machen, daß du schlimme Dinge sagst; sie können dich lesen; sie erwecken Neger vom Tode" (*White*, 1932, S. 228).

Dieser Ausschnitt ist ein Beispiel für die *Inkohärenz*, die schizophrenes Sprechen manchmal kennzeichnet. Die Patienten lassen zwar immer wieder zentrale Ideen oder ein bestimmtes Thema anklingen, aber Bilder und Gedankenfragmente stehen zusammenhanglos nebeneinander. Es ist schwer, genau zu verstehen, was der Patient dem Interviewer sagen will. Der Patient im obigen Beispiel verwendet mehrfach das Wort „Prestigitis", einen *Neologismus* oder eine Wortneuschöpfung, die für den Zuhörer vermutlich sinnlos ist.

Das Denken kann auch durch *lockere Assoziationen* gestört sein. Der Patient kommuniziert dann zwar etwas erfolgreicher, hat aber Schwie-

[3] Obwohl wir uns hier ausführlich den einzelnen Symptomen der Schizophrenie widmen, sollte man nicht vergessen, daß diagnostisch die Dauer der Störung eine mindestens ebenso wichtige, wenn nicht wichtigere Rolle spielt. Die Dauer ist dasjenige Kriterium, anhand dessen sich die Schizophrenie von der symptomatisch ähnlichen schizophreniformen Störung und der kurzen reaktiven Psychose unterscheiden läßt.

rigkeiten, bei einem Thema zu bleiben. Eine Vorstellung aus der Vergangenheit löst immer neue Assoziationen aus, von denen sich der Patient davontragen läßt. Schizophrene Patienten haben diesen Zustand einmal wie folgt beschrieben:

„Meine Gedanken gehen ihre eigenen, wirren Wege. Ich fange an, über irgend etwas nachzudenken oder zu sprechen, aber ich komme nie da an, wo ich hin will. Statt dessen marschiere ich in die falsche Richtung und werde unterwegs von allen möglichen Dingen aufgehalten, die zwar irgendwie mit dem, was ich eigentlich sagen will, zusammenhängen, aber ich weiß nicht, wie. Die Leute, die mir zuhören, kennen sich noch weniger aus als ich ...

Mein Problem ist, daß ich zu viele Gedanken habe. Wenn Sie an irgend etwas denken, zum Beispiel an diesen Aschenbecher, dann denken Sie bloß ‚Oh ja, das ist da, um meine Zigarette reinzulegen', ich würde das auch denken, aber gleichzeitig noch ein Dutzend andere Dinge, die irgendwie damit zu tun haben" (*McGhie* und *Chapman*, 1961, S. 108).

Zu den assoziativen Problemen Schizophrener gehören auch die sogenannten *Klangassoziationen*. Der Patient wählt mit Vorliebe Wörter, die sich reimen, zum Beispiel: „Wie geht's Ihnen heute morgen mit den Sorgen beim Borgen, Herr Doktor?" Die Worte folgen einander, weil sie sich reimen, und nicht, weil sie grammatisch oder logisch sinnvoll sind. Weitere Störungen des formalen Denkens sind die *Verarmung des Sprechens*: reduziert ist die Quantität des Sprechens; die *Verarmung des Sprachinhalts*: die Rede ist quantitativ ausreichend, enthält aber nur wenig Information; die *Perseveration*: Worte und Gedanken werden ständig wiederholt; und die *Blokkierung*: der Redefluß wird von Schweigen unterbrochen, bevor ein Gedanke zu Ende gebracht ist, und der Faden kann nicht wieder aufgenommen werden.

Bleuler hielt formale Denkstörungen für eines der klinischen Hauptsymptome der Schizophrenie, und auch das DSM-III behielt sie als diagnostisches Kriterium bei. Aber wie neuere Untersuchungsergebnisse zeigen, weisen nicht alle Schizophrenen formale Denkstörungen auf. Überdies ist das Vorhandensein von Denkstörungen kein hinreichendes Kriterium, um eindeutig zwischen Schizophrenen und anderen psychotischen Patienten, wie einigen mit affektiven Störungen, zu unterscheiden (*Andreasen*, 1979).

Inhaltliche Denkstörungen. Abweichungen des *Denkinhalts* scheinen zentraler für die Schizophrenie zu sein als formale Denkstörungen. Bei 97 Prozent der Schizophrenen des IPSS war das Denken durch *„Mangel an Einsicht"* sehr grundlegend gestört. Wenn man die Patienten fragte, was ihnen fehle oder warum sie im Krankenhaus seien, schienen sie weder ihren Zustand einschätzen zu können noch sich bewußt zu sein, daß ihr Verhalten ungewöhnlich war. Viele Schizophrene haben *Wahnvorstellungen*, d.h., sie sind von etwas überzeugt, das die übrige Gesellschaft als falsch ablehnen oder als Fehlinterpretation der Wirklichkeit betrachten würde.

Zweifellos machen wir uns alle irgendwann einmal Sorgen, weil wir glauben, daß andere schlecht von uns denken. Oft hat das sicher auch seine guten Gründe. Wer wird schließlich von allen geliebt? Glücklicherweise lernen wir mit dieser Überzeugung zu leben oder können sie revidieren, wenn sie sich als falsch herausstellt. Man stelle sich jedoch vor, was es hieße, der festen Überzeugung zu sein, daß sehr viele Menschen uns nicht mögen, ja, uns sogar so sehr verabscheuen, daß sie sich gegen uns verschwören. Einige dieser Verschwörer verfügen über raffinierte Abhörgeräte, mit denen sie sich in unsere vertraulichsten Gespräche einschalten können, um das Gehörte gegen uns zu verwenden und uns in Verruf zu bringen. Niemandem, auch nicht unseren nächsten Angehörigen, gelingt es, uns das auszureden. Im Gegenteil, auch unsere engsten Freunde und Vertrauten schließen sich einer nach dem anderen unseren Peinigern an und beteiligen sich an der Verfolgung. Natürlich packt uns Angst oder Wut und wir fangen unsererseits an, Schutzmaßnahmen gegen unsere Verfolger zu ergreifen. Jedes neue Zimmer, das wir betreten, muß sorgfältig nach Abhöranlagen abgesucht werden. Wenn wir jemanden kennenlernen, müssen wir ihn erst ausführlich befragen, um herauszufinden, ob auch er ein Verschwörer ist.

Unter einfachem *Verfolgungswahn* litten 65 Prozent der IPSS-Stichprobe. Aber schizophrene

Wahnphänomene können auch andere Formen annehmen. Einige der wichtigsten hat der deutsche Psychiater *Kurt Schneider* (1959) beschrieben. Den folgenden Katalog solcher Wahnvorstellungen haben wir *Mellor* (1970) entnommen.

Von Kurt Schneider, einem deutschen Psychiater, stammt der Vorschlag, bei der Definition der Schizophrenie von bestimmten zentralen Wahn- und Halluzinationsformen – den von ihm so genannten Symptomen erster Ordnung – auszugehen.

1. **Wahnwahrnehmung.** Eine normale Wahrnehmung gewinnt aus irgendeinem Grund eine besondere Bedeutung für den Patienten, und es entwickelt sich schnell ein häufig sehr detailliertes Wahnsystem, wie folgendes Beispiel einer Wahrnehmungstransformation zeigt:

   „*Ein junger Ire saß mit zwei Mitbewohnern beim Frühstück. Er hatte das unangenehme Gefühl, daß gleich etwas Schreckliches passieren würde. Einer seiner Tischgenossen schob ihm den Salzstreuer hin (was er in diesem Moment noch für eine unschuldige Geste mit einem ganz normalen Salzstreuer hielt). Als der Salzstreuer fast bei ihm angelangt war, wußte er, daß er nach Hause zurückkehren mußte, ‚um den Papst zu begrüßen, der nach Irland gekommen war, um seine Familie zu sehen und zu belohnen ... weil Unser Herr von einer der Frauen wiedergeboren wird... Und weil deswegen alle Frauen anders zur Welt kommen, mit umgekehrten Geschlechtsteilen‘* “ (S. 18).
2. **Körperliche Passivität.** Der Patient ist passiver und unfreiwilliger Empfänger von Körperempfindungen, die von einer äußeren Macht gesteuert werden.

   „*Ein 29jähriger Lehrer beschreibt ‚Röntgenstrahlen, die meinen Nacken treffen, wo die Haut sich erwärmt und prickelt, und die dann in einem etwa acht Zentimeter breiten, heißen und prickelnden Streifen den Rücken hinunter bis zur Taille wandern. Dort verschwinden sie im Becken, das taub und kalt und hart wie ein Eisblock ist. Sie lassen es nicht zu, daß ich eine Erektion bekomme‘* “ (S. 16).
3. **Gedankeneingebung.** Dem Patienten werden fremde Gedanken von einer äußeren Macht ins Bewußtsein eingegeben.

   „*Eine 29jährige Hausfrau erzählte: ‚Ich schaue aus dem Fenster und denke, der Garten sieht schön aus und das Gras kühl, aber dann kommen mir die Gedanken von Eamonn Andrews in den Sinn. Es gibt keine anderen Gedanken, nur seine... Er behandelt mein Bewußtsein wie einen Bildschirm und läßt seine Gedanken aufleuchten wie Sie Blitzlichtaufnahmen machen‘* “ (S. 17).
4. **Gedankenausbreitung.** Die Gedanken des Patienten werden übertragen, so daß andere sie kennen.

   „*‚Wenn ich denke,‘ (erklärte) ein 21jähriger Student, ‚verlassen die Gedanken meinen Kopf wie Streifen eines Fernschreibers. Es braucht nur jemand den Streifen durch seinen Kopf laufen zu lassen, und schon kennt er meine Gedanken‘* “ (S. 17).
5. **Gedankenentzug.** Dem Patienten werden die Gedanken von einer äußeren Kraft plötzlich und unerwartet aus dem Kopf „gestohlen“.

   „*Eine 22jährige Frau (beschrieb eine derartige Erfahrung wie folgt): ‚Ich denke an meine Mutter, und plötzlich werden mir die Gedanken von einem phrenologischen Vakuumextraktor aus dem Verstand gesogen, und in meinem Verstand ist nichts mehr, er ist leer...‘* “ (S.16–17).

In den folgenden drei Wahnvorstellungen geht es um Gefühle, Handlungen und Impulse, die dem Patienten von einer äußeren Kraft eingegeben wurden.

6. **„Gemachte" Gefühle.** *„Eine 23jährige Patientin berichtete: ‚Ich weine, die Tränen rollen mir die Wangen hinunter, und ich sehe unglücklich aus, aber in mir ist kalte Wut, weil sie mich auf diese Weise benutzen; und nicht ich bin es, die unglücklich ist, sondern sie projizieren das Unglücklichsein in mein Gehirn. Sie projizieren grundloses Gelächter in mich, und Sie können sich nicht vorstellen, wie schrecklich es ist, zu lachen und glücklich auszusehen und zu wissen, das sind nicht deine, sondern ihre Gefühle' "* (S. 17).
7. **„Gemachte" Handlungen.** *„Eine 29jährige Stenotypistin beschrieb ihre (einfachsten) Handlungen wie folgt: 'Wenn ich nach dem Kamm greife, sind es meine Hand und mein Arm, die sich bewegen, und meine Finger nehmen den Bleistift, aber nicht ich kontrolliere sie ... Ich sitze da und sehe sie sich bewegen, und sie sind völlig selbständig, was sie tun, hat nichts mit mir zu tun... Ich bin nur eine Marionette, die an kosmischen Fäden hängt. Wenn an den Fäden gezogen wird, bewegt sich mein Körper, und ich kann nichts dagegen tun' "* (S. 17).
8. **„Gemachte" Impulse.** *„Ein 29jähriger Ingenieur hatte auf der Station den Inhalt einer Urinflasche über dem Essenswagen ausgeleert (und erklärte den Vorfall wie folgt): 'Es überkam mich ein plötzlicher Impuls und ich mußte es tun. Es war nicht mein Gefühl, es ist aus der Röntgenabteilung in mich gekommen, darum haben sie mich auch gestern wegen der Implantationen dahin geschickt. Es hatte nichts mit mir zu tun, sie wollten es. Also nahm ich die Flasche und goß sie aus. Es schien mir nichts anderes übrig zu bleiben' "* (S. 18).

Störungen der Wahrnehmung und der Aufmerksamkeit

Schizophrene Patienten berichten häufig, daß ihnen die Welt irgendwie verändert oder sogar unwirklich erscheint (Derealisationen). Für manche fühlt sich auch ihr Körper anders an. Körperteile erscheinen zu groß oder zu klein, die Dinge um sie herum zu nah oder weit weg. Sie verspüren Taubheit, Prickeln oder Brennen oder auch Empfindungen von Elektrizität. Manche Patienten haben das Gefühl, als wenn Schlangen in ihrem Bauch kröchen. Oder sie erleben ihren Körper so depersonalisiert, daß sie das Gefühl haben, er sei eine Maschine. Manche Patienten werden überempfindlich für visuelle Eindrücke, Töne und Gerüche. Jede Berührung empfinden sie als Qual. Licht blendet und Lärm peinigt sie. Für andere hat sich die Umgebung verändert, alles erscheint ihnen flach und farblos. Manchen Schizophrenen fällt es schwer, darauf zu achten, was um sie herum vorgeht.

„Ich kann mich nicht auf das Fernsehen konzentrieren, weil ich Bild und Ton nicht gleichzeitig aufnehmen kann. Ich kann nicht zwei Sachen auf einmal aufnehmen, besonders wenn ich gleichzeitig hinhören und hinsehen muß. Andererseits scheine ich zuviel auf einmal aufzunehmen, und

„Ich will endlich wissen, welche verborgenen Kräfte meinem Fortschritt entgegenstehen und meinen Weg mit Hindernissen pflastern!"

dann kann ich nicht damit fertig werden und finde keinen Sinn darin... (Oder ein anderer Patient) Wenn Leute reden, kriege ich immer nur Bruchstücke mit. Wenn nur einer redet, ist es nicht so schlimm, aber wenn noch andere dazukommen, wird es mir zuviel. Ich kann dem Gespräch einfach nicht folgen. Ich fühle mich ganz hilflos – als ob die Dinge auf mich einstürmten und ich die Kontrolle verloren hätte" (*McGhie* und *Chapman*, 1961, S. 106).

Besonders dramatisch sind Sinneswahrnehmungen bei fehlenden Umweltreizen, die sogenannten *Halluzinationen*. Sie sind in den meisten Fällen akustischer, seltener visueller Natur. 74 Prozent der IPSS-Probanden berichteten von akustischen Halluzinationen.

Wie die Wahnvorstellungen gelten auch einige Halluzinationen als diagnostisch besonders bedeutsam, weil sie bei Schizophrenen häufiger sind als bei Patienten mit anderen psychotischen Störungen. Eine systematische Beschreibung der Halluzinationen findet sich bei *Schneider* (1959), wir entnehmen unsere Beispiele wieder *Mellor* (1970).

1. **Gedankenlautwerden.** „*Eine 32jährige Hausfrau klagte darüber, daß eine männliche Stimme etwa 60 cm über ihrem Kopf eindringlich auf sie einflüstere. Die Stimme wiederholte nahezu alle zielgerichteten Gedanken der Patientin, auch die banalsten. Wenn die Patientin dachte ‚Ich muß den Kessel aufsetzen', dauerte es keine Sekunde und auch die Stimme sagte ‚Ich muß den Kessel aufsetzen'. Oft sagte sie auch das Gegenteil: ‚Setz' den Kessel nicht auf.'*" (S. 16)
2. **Streitende Stimmen**. „*Ein 24jähriger Patient hörte Stimmen aus dem Schwesternzimmer. Eine tiefe und rauhe Stimme sagte immer wieder: ‚G.T. ist verdammt durcheinander.' Und eine höhere Stimme antwortete: ‚Das stimmt. Man sollte ihn einsperren.' Gelegentlich warf eine weibliche Stimme dazwischen: ‚Das stimmt nicht. Er ist ein sehr netter Mann.'* " (S. 16)
3. **Kommentierende Stimmen.** „*Eine 41jährige Hausfrau hörte eine Stimme aus einem Haus auf der anderen Straßenseite. Die Stimme beschrieb in monotonem Tonfall unaufhörlich alles, was sie tat, und begleitete das mit kritschen Kommentaren: ‚Sie schält Kartoffeln, jetzt hat sie das Schälmesser in der Hand, diese Kartoffel mag sie nicht, sie legt sie zurück, weil sie findet, daß sie einen Knubbel hat wie ein Penis, sie hat schmutzige Gedanken, sie schält Kartoffeln, jetzt wäscht sie sie...'* " (S. 16).

Motorische Symptome

Störungen des motorischen Verhaltens sind auffällig und bizarr. Der Schizophrene grimassiert oder nimmt einen seltsamen Gesichtsausdruck an. Er kann wiederholt gestikulieren und dabei sonderbare und zuweilen komplexe Abfolgen von Finger-, Hand- und Armbewegungen ausführen, die – eigenartig wie sie sind – häufig doch einen bestimmten Zweck zu erfüllen scheinen. Bei manchen Schizophrenen steigt das gesamte Aktivitätsniveau ungewöhnlich an. Sie sind erregt, werfen ihre Glieder und betreiben einen Energieaufwand, wie er ähnlich bei der Manie zu beobachten ist. Das andere Extrem ist der *katatone Stupor*: Der Patient nimmt eine ungewöhnliche Haltung ein und behält sie für lange Zeit bei. Er kann z.B. auf einem Bein stehen, das andere gegen das Gesäß nach hinten abgewinkelt, und diese Position den ganzen Tag über nicht ändern. Die Gliedmaßen katatoner Patienten können von *wächserner Biegsamkeit* sein. Man kann sie bewegen und in seltsame Positionen bringen, die der Patient dann beibehält.

Affektive Symptome

Bei vielen schizophrenen Patienten findet man Affektabnormitäten von zweierlei Art. Ist der Affekt *flach*, löst praktisch kein Reiz mehr eine emotionale Reaktion aus. Diese emotionale Seichtheit oder Abstumpfung macht den Schizophrenen apathisch. Der Patient kann ausdruckslos, mit erschlafften Gesichtsmukeln und leblosen Augen vor sich hinstarren. Wenn man ihn anspricht, antwortet er mit flacher, tonloser Stimme. Die IPSS-Probanden wiesen zu 66 Prozent flachen Affekt auf. Bei manchen Patienten ist auch ein *inadäquater Affekt* zu beobachten. Die emotionalen Reaktionen dieser Menschen sind den Ereignissen unangemessen. Der Patient lacht, wenn er erfährt, daß seine Mutter gestor-

Gemälde eines Patienten während seines Aufenthaltes in einem stationären Behandlungszentrum für Jugendliche. Das Bild, so sagte er, zeige den Geist, den er die ganze Zeit gesehen habe.

ben ist, und reagiert wütend auf die einfache Frage, wie ihm ein neues Kleidungsstück passe. Diese Schizophrenen wechseln schnell und aus unerfindlichen Gründen aus einem emotionalen Zustand in einen anderen. Dieses Symptom ist zwar recht selten, besitzt aber, wenn es auftritt, beträchtlichen diagnostischen Wert.

Behinderungen in der Lebensbewältigung

Neben den beschriebenen spezifischen Symptomen sind Behinderungen in vielen Bereichen des täglichen Lebens die Regel. Schon in seiner Jugend fehlt es dem Präschizophrenen gewöhnlich an sozialen Fertigkeiten, Freunden und Vertrauten. Er hat kaum Verabredungen und im allgemeinen Schwierigkeiten in der Schule. Nach Schulabschluß finden die meisten Schizophrenen relativ schwer und häufig nur kurzfristig Arbeit. Sie sondern sich immer mehr ab und meiden die Gesellschaft anderer. Sie halten sogar eine bestimmte körperliche Distanz ein und haben manchmal Schwierigkeiten, anderen in die Augen zu sehen. Ernährung und persönliche Hygiene können zu wünschen übrig lassen. Solche und ähnliche Probleme bleiben dann während und auch zwischen den schizophrenen Episoden bestehen.

3. Unterkategorien der Schizophrenie

Drei der jetzt im DSM-III verzeichneten Typen schizophrener Störungen – den *hebephrenen*, den *katatonen* und den *paranoiden* Typus – hatte schon *Kraepelin* vorgeschlagen. Die gegenwärtigen Beschreibungen von *Kraepelins* ursprünglichen Typen geben weiteren Aufschluß über das Wesen der Schizophrenie und die große Vielfalt diagnostisch relevanter Verhaltensweisen.

Eine in katatonem Zustand eingenommene Pose wird für Stunden eingehalten.

Desorganisierter Typus

Kraepelins hebephrene Form der Schizophrenie ist im DSM-III als *desorganisierter Typus* aufgeführt und wird durch eine Reihe recht diffuser und regressiver Symptome charakterisiert. Sexuelle, hypochondrische, religiöse und paranoide Halluzinationen und Wahnphänomene kommen häufig vor, sind aber weniger organisiert als beim paranoiden Typus. Der Patient kann bizarre Vorstellungen haben, die häufig den körperlichen Verfall einschließen. Er verändert sich ständig und bricht aus unerklärlichen Gründen in Lachen oder Weinen aus. Oft ist das Verhalten des Patienten läppisch und absurd. Er grimassiert oder lächelt ohne erkennbaren Anlaß. Er kichert albern, seine Sprache ist inkohärent, voll ähnlich klingender Wörter und Neologismen. Alles in allem scheint sein Leben ein wirres Durcheinander von Wahnvorstellungen, Manierismen und geschäftigen, unlogischen Ritualen zu sein. Er kann sich ein Band um den großen Zeh binden, ohne Unterlaß in Bewegung sein und ohne erkennbaren Grund mit dem Finger auf Dinge zeigen. Häufig verkommt und verfällt er so, daß er Stuhl und Urin nicht mehr halten kann und sich überall und jederzeit entleert. Er vernachlässigt sein Äußeres, bis er sich schließlich weder wäscht noch kämmt noch sich die Zähne putzt.

Katatoner Typus

Die auffälligsten Symptome des *katatonen Typus* der Schizophrenie sind die oben erwähnten motorischen Störungen. Die Betroffenen wechseln zwischen extremer Erregung und Stupor, wobei aber der eine oder der andere Symptomtyp überwiegen kann. Die katatonen Symptome können plötzlicher einsetzen als andere Formen der Schizophrenie, obwohl wahrscheinlich auch vorher schon Apathie und Rückzug aus der Wirklichkeit zu beobachten waren. Im Stupor können die Gliedmaßen steif werden und anschwellen. Obwohl der Patient nichts wahrzunehmen scheint, kann er sich in vielen Fällen an alles erinnern, was sich während des Stupor ereignet hat. Im katatonen Erregungszustand läuft er agitiert umher, schreit und spricht ununterbrochen und unzusammenhängend. Heutzutage ist diese Form der Schizophrenie selten, vielleicht ein Erfolg der medikamentösen Therapie (*Arieti*, 1955).

Paranoider Typus

Häufiger diagnostiziert wird der paranoide Typus. Hauptmerkmal sind ausgeprägte Wahnvorstellungen. Gewöhnlich handelt es sich um Verfolgungswahn, in selteneren Fällen auch um *Größenwahn*. Die Betroffenen können übertriebene Vorstellungen von ihrer Bedeutung, ihrer Macht, ihrem Wissen und ihrer Identität haben. Oft plagt sie auch *wahnhafte Eifersucht*, d.h., sie glauben, ihr Sexualpartner sei ihnen untreu. Die Wahnvorstellungen können von lebhaften akustischen und visuellen Halluzinationen begleitet sein. Häufig entwickeln die Betroffenen auch einen sogenannten *Beziehungswahn*: Sie ordnen unwichtige Begebenheiten in einen wahnhaften Rahmen ein und schreiben augenscheinlich trivialen Aktivitäten anderer eine auf sie gemünzte Bedeutung zu. Sie beziehen zufällig mitgehörte Gesprächsbruchstücke auf sich und deuten das regelmäßige Auftauchen eines Menschen auf einem Weg, den sie zu gehen pflegen, als Zeichen dafür, daß man sie beobachtet. Auch was sie im Fernsehen sehen oder in der Zeitung lesen, setzen sie auf irgendeine Weise zu sich in Beziehung. Paranoide Schizophrene sind agitiert, streitsüchtig, zornig und zuweilen auch gewalttätig. Aber die emotionale Schwingungsfähigkeit bleibt erhalten, obwohl sie im Umgang mit anderen steif, förmlich und angespannt sein können. Sie sind aufmerksamer und gesprächsfreudiger als andere Schizophrene. Ihre Denkprozesse sind zwar wahnhaft, aber nicht fragmentiert (vgl. Kasten 14.1).

Positive und negative Symptome

Grundlage gegenwärtiger Diagnose-Systeme sind immer noch die Untertypen *Kraepelins*, doch wird ihre Brauchbarkeit vielfach in Frage gestellt. Schizophrenietypen zu diagnostizieren ist äußerst schwierig, was häufig gleichbedeutend ist mit sehr geringer diagnostischer Reliabilität. Überdies besitzen die einzelnen Typen nur wenig Vorhersagevalidität: Zu wissen, daß man bei einem Patienten diese oder jene Form der Schizophrenie diagnostiziert hat, hilft uns weder bei der Behandlung noch bei der Prognose. Und schließlich gibt es zwischen den Typen erhebliche Überschneidungen. Zum Beispiel können Patienten jeden Typs Wahnvorstellungen haben. Das *Kraepelin*sche Klassifizierungssystem hat sich also nicht als das optimale Mittel erwiesen, mit dem man die Variabilität schizophrenen Verhaltens in den Griff bekommen könnte.

Die Typen, die das DSM-III ergänzend vorsieht, helfen uns auch nicht viel weiter, wie die Definitionen des *undifferenzierten Typus* und des *residualen Typus* beweisen. Der undifferenzierte Typus ist für Patienten mit psychotischen Symptomen gedacht, die entweder nicht in eine der bisherigen Kategorien eingeordnet werden können, oder die den Kriterien von mehr als einem Typus entsprechen. Die Diagnose eines residualen Typus „ist einzusetzen, wenn mindestens eine Episode von Schizophrenie bestanden hat, aber das (gegenwärtige) klinische Bild … keine auffallenden psychotischen Symptome bietet, obgleich Zeichen der Erkrankung fortdauern" (*DSM-III*, S. 202). Die Schizophrenie ist eine Störung mit einer großen Vielfalt möglicher Symptome. *Bleuler* sprach denn auch von der „Gruppe der Schizophrenien", um deutlich zu machen, daß es sich nicht um eine einzelne Störung, sondern um eine Reihe von Störungen mit unter Umständen unterschiedlicher Ätiologie handelt.

Man ist auch weiterhin daran interessiert, die Schizophrenie in Typen einzuteilen, obwohl die bisherigen Klassifikationsversuche weder von therapeutischem noch von prognostischem Nutzen waren. Ein System, das jüngst die Aufmerksamkeit erregte, unterscheidet zwischen positiven und negativen Symptomen. *Positive Symptome* wie Halluzinationen, Wahnvorstellungen und bizarres Verhalten sind durch ein Übermaß gekennzeichnet. *Negative Symptome* bestehen in Verhaltensdefiziten. Im Unterschied zu den positiven Symptomen werden die negativen Symptome von Standardinterviews nicht hinreichend erfaßt. Das gelingt aber mit der von *Andreasen* (1982) entwickelten *Scale for the Assessment of Negative Symptoms*. Diese Skala erfaßt fünf negative Symptome.

1. **Affektive Verflachung.** Ein Abstumpfen der Emotionen.
2. **Alogie.** Eine Gruppe von Sprachdefiziten; unter anderem zählen dazu Sprachverarmung, Verarmung des Sprachinhaltes, Sperrung und verzögerte sprachliche Reaktionen.
3. **Willensmangel-Apathie.** Ein Mangel an Interesse, Antrieb und Energie, der sich in der Vernachlässigung von Ernährung und Hygiene, in Schwierigkeiten bei der Stellungssuche und der Beibehaltung von Arbeitsplätzen und in allgemeiner Inaktivität äußert.
4. **Ahedonie-Asozialität.** Die Unfähigkeit, Freude und Nähe zu empfinden, verbunden mit mangelndem Interesse an Freizeitaktivitäten, Sexualität und sozialen Beziehungen.
5. **Beeinträchtigte Aufmerksamkeit.** Die Unfähigkeit, sich auf eine Sache zu konzentrieren; die Betroffenen sind sowohl bei der Arbeit als auch bei den während des Klinikaufenthaltes durchgeführten Tests unaufmerksam.

Kasten 14.1
Paranoider Wahn und verdrängte Homosexualität

Laut DSM-III sind die augenfälligsten Symptome sowohl der paranoiden Schizophrenie als auch der *paranoiden Störungen* die paranoiden Wahnvorstellungen. Ein Mensch mit einer paranoiden Störung wird von anhaltendem Verfolgungswahn oder wahnhafter Eifersucht – der unbegründeten Überzeugung, daß der Ehe- oder Liebespartner untreu ist – gequält. Doch im Unterschied zum paranoiden Schizophrenen hat er weder Denkstörungen noch Halluzinationen oder bizarre Wahnvorstellungen. Er spricht und argumentiert kohärent und erfüllt seine täglichen Pflichten. Ein umschriebenes Wahnsystem zeichnet sich durch einen fundamentalen Verlust des Realitätskontaktes aus. Menschen mit paranoider Störung suchen nur selten aus eigenem Antrieb therapeutische Hilfe, aber wenn sie streitsüchtig sind und einen Prozeß nach dem anderen anstrengen, sorgen zumeist andere dafür, daß sie behandelt werden.

Freuds auch heute noch weithin anerkannte Theorie besagt, daß paranoide Wahnvorstellungen das Ergebnis verdrängter homosexueller Impulse sind, die nach Ausdruck verlangen. Dieses Streben nach Ausdruck ist bedrohlich und die Angst wird vornehmlich mit dem Abwehrmechanismus der Projektion bekämpft, d.h., die Betroffenen schreiben Gefühle, die für das eigene Ich unannehmbar sind, anderen zu (*Freud*, 1915). Dahinter steht der unbewußte Gedanke ,,Ich, ein Mann, liebe ihn" oder ,,Ich, eine Frau, liebe sie." *Freud* hielt den paranoiden Verfolgungswahn und paranoiden Größenwahn für das Resultat einer Verzerrung und anschließenden Projektion dieses zugrundeliegenden homosexuellen Wunsches.

Beim *Verfolgungswahn* wird der für das Ich unannehmbare homosexuelle Gedanke ,,Ich, ein Mann, liebe ihn" zur weniger bedrohlichen Feststellung ,,Ich, ein Mann, hasse ihn." Da auch die darin zum Ausdruck kommende Emotion wenig befriedigend ist, wird daraus in weiterer Transformation die Projektion ,,Er haßt mich, also bin ich berechtigt, auch ihn zu hassen." Und das wird möglicherweise noch einmal umformuliert zu ,,Ich hasse ihn, weil er mich verfolgt." Laut *Freud* gehört der Verfolger immer demselben Geschlecht an wie der Projizierende und stellt für diesen unbewußt ein Liebesobjekt dar.

Im *Größenwahn* (Megalomanie) wird dem homosexuellen Impuls zunächst widersprochen. Der Satz ,,Ich, ein Mann, liebe ihn" wandelt sich zu ,,Ich liebe niemanden." Aber da die Libido an irgend jemand oder irgend etwas gebunden werden muß, wird daraus ,,Ich liebe nur mich."

Einer der weniger bekannten Fälle *Freuds* ist hier von besonderem Interesse, da er zunächst *Freuds* Grundannahme, daß der Verfolger demselben Geschlecht angehören müsse, in Frage zu stellen schien. Die Art, wie *Freud* bei dieser Fallanalyse zu Schlüssen kommt, ist typisch für seine Versuche, klinische Daten zu verstehen und seine Hypothesen zu testen.

In Wien wandte sich ein Rechtsanwalt an *Freud*, der von einer Mandantin beauftragt war, einen ihrer Arbeitskollegen wegen unschicklicher Anschuldigungen zu verklagen. Sie behauptete, der Mann habe sie bei ihrem intimen Zusammensein photographieren lassen und drohe nun, Schande über sie zu bringen. Dem Rechtsanwalt erschien ihre Beschuldigung so ungewöhnlich, daß er sie überredete, die Sache von *Freud* begutachten zu lassen.

Bei der Patientin handelte es sich um eine dreißigjährige attraktive ledige Frau, die ruhig mit ihrer Mutter zusammenlebte, deren Stütze sie war. Kürzlich hatte ein gutaussehender Kollege begonnen, ihr den Hof zu machen. Nach langem Überreden willigte sie ein, ihn am Nachmittag in seiner Wohnung zu besuchen. Es kam zu intimen Zärtlichkeiten, und genau an diesem Punkt erschreckte sie ein klopfendes Geräusch, das aus der Richtung des am Fenster stehenden Schreibtisches kam. Ihr Freund hielt eine kleine Standuhr für die wahrscheinliche Ursache. Als sie das Haus an jenem Nachmittag verließ, traf sie auf der Treppe zwei Männer, von denen einer ein kleines Päckchen trug. Als sie an ihnen vorbeiging, schienen sie einander etwas zuzuflüstern. Auf dem Heimweg reimte sie sich folgendes zusammen: Der Kasten war eine Kamera, die Männer waren Photographen, und ihr Liebhaber war ein wenig vertrauenswürdiger Mensch, der alles so arrangiert hatte, daß die Männer sie in verfänglicher Situation photographieren konnten. Am nächsten Tag begann sie, ihren Liebhaber des Vertrauensbruchs zu beschuldigen, und er tat alles, um sie von der Grundlosigkeit ihrer Verdächtigungen zu überzeugen. *Freud* las einen der Briefe des Mannes und hielt ihn nach dieser Lektüre für aufrichtig und ehrenhaft.

An diesem Punkt stand *Freud* vor einem Dilemma, wie es in der Wissenschaft häufig vorkommt. Was soll der Forscher tun, wenn er mit einem Faktum konfrontiert ist, das seiner Hypothese widerspricht. Der Verfolger der jungen Frau schien dem anderen Geschlecht anzugehören. Natürlich hätte *Freud* die Theorie aufgeben können, daß paranoide Wahnvorstellungen ihren Ursprung in homosexuellen Impulsen haben. Statt dessen sah er sich den Fall genauer an. Er wollte wissen, ob ihm nicht subtile Einzelheiten entgangen waren, die es ihm gestatten würden, seine Theorie dennoch beizubehalten.

Bei ihrer zweiten Zusammenkunft erzählte die Frau die Geschichte etwas anders. Sie gab zu, daß sie den Mann nicht einmal, sondern zweimal besucht und das verdächtige Geräusch erst beim zweiten Besuch vernommen hatte. Bei ihrem ersten Besuch hatte sich, soweit es ihre Paranoia betraf, nichts Auffälliges zugetragen. Aber am Tag danach war sie im Büro Zeugin eines sie verwirrenden Vorfalls geworden. Sie sah ihren Liebhaber in leisem Gespräch mit der älteren Dame, die die Abteilung leitete. Diese war der jungen Frau sehr zugetan und letztere fühlte sich von der alten Dame an ihre Mutter erinnert. Die Patientin sah das Gespräch mit großer Sorge und war auf einmal davon überzeugt, daß ihr Verehrer der Chefin über ihren Liebesnachmittag berichtete.

Zugleich entstand in ihr die Gewißheit, daß Liebhaber und Chefin seit langem selbst ein Liebesverhältnis hatten. Bei der ersten sich bietenden Gelegenheit stellte sie ihren Liebhaber zur Rede. Der protestierte natürlich, und es gelang ihm schließlich, ihren Verdacht zu zerstreuen. Sie machte ihren zweiten Besuch in seiner Wohnung, bei dem es dann angeblich zu jenem Vorfall mit dem Klopfen kam. *Freud* kommentiert diesen Teil der Geschichte wie folgt:

„*Was wir neu erfahren haben, macht zunächst dem Zweifel an der krankhaften Natur der Verdächtigung ein Ende. Unschwer erkennt man, daß die weißhaarige Vorsteherin ein Muttersatz ist, daß der geliebte Mann trotz seiner Jugend an die Stelle des Vaters gerückt wird und daß es die Macht des Mutterkomplexes ist, welche die Kranke zwingt, ein Liebesverhältnis zwischen den beiden ungleichen Partnern, aller Wahrscheinlichkeit zum Trotze, anzunehmen. Damit verflüchtigt sich aber auch der anscheinende Widerspruch gegen die von der psychoanalytischen Lehre genährte Erwartung, eine überstarke homosexuelle Bindung werde sich als die Bedingung zur Entwicklung eines Verfolgungswahnes herausstellen. Der ursprüngliche Verfolger, die Instanz, deren Einfluß man sich entziehen will, ist auch in diesem Falle nicht der Mann, sondern das Weib. Die Vorsteherin weiß von den Liebesbeziehungen des Mädchens, mißbilligt sie und gibt ihr diese Verurteilung durch geheimnisvolle Andeutungen zu erkennen. Die Bindung an das gleiche Geschlecht widersetzt sich den Bemühungen, ein Mitglied des anderen Geschlechts als Liebesobjekt zu gewinnen*“ (1915, S. 211).

Um sich unbewußt gegen ihre eigenen homosexuellen Impulse zu schützen, soll die junge Frau also einen paranoiden Wahn über den Mann und ihre Vorgesetzte entwickelt haben. Ein entscheidender Aspekt des Falles war laut *Freud* das Klicken oder Klopfen, das die Frau gehört und als Geräusch eines Kameraauslösers interpretiert hatte. *Freud* vermutete dahinter in Wirklichkeit eine Empfindung oder ein Klopfen in ihrer Klitoris. Grundlage ihres paranoiden Wahns, photographiert zu werden, war also ihre sexuelle Erregung.

Freud gestattet sich in diesem besonderen Fall eine ganze Reihe unbewiesener Schlußfolgerungen. Weil er seine Theorie von der Paranoia als Ergebnis verdrängter Homosexualität retten wollte, schloß er, daß die Frau ihre Vorgesetzte als Muttterersatz betrachtete, daß sie eine unerlaubte homosexuelle Bindung an ihre Mutter und auf dem Wege der Generalisierung an diese ältere Frau hatte und daß das Klopfgeräusch, das sie hörte und nach paranoider Manier als Ton einer ausgelösten Kamera interpretierte, in Wirklichkeit sexuelle Erregung war.*

* Eine allgemeinere Schwierigkeit für die psychoanalytische Paranoia-Theorie besteht darin, daß sich viele Paranoiker ihrer homosexuellen Neigungen *bewußt* sind. Wenn das so ist, sollten sie es eigentlich nicht nötig haben, die Neigungen durch unbewußte Projektion abzuwehren.

Werden positive wie negative Symptome reliabel erfaßt, lassen sich schizophrene Patienten in solche mit positiven, solche mit negativen und solche mit „gemischten" Symptomen einteilen. *Andreasen* und *Olsen* (1982) testeten 52 nach DSM-III-Kriterien als schizophren beschriebene Patienten und stellten fest, daß nach ihrem System sechzehn Probanden als Schizophrene mit negativen, achtzehn als Schizophrene mit positiven und achtzehn als Schizophrene mit gemischten Symptomen zu klassifizieren waren. Über Belege für die Validität dieser Unterscheidung werden wir berichten, wenn wir uns mit der möglichen Rolle von Dopamin und Gehirnpathologien bei der Ätiologie der Schizophrenie beschäftigen.

4. Forschung zur Ätiologie der Schizophrenie

Bisher ging es darum, *wie* Schizophrene sich in Denken, Sprechen, Wahrnehmung und Vorstellungen von normalen Menschen unterscheiden. Jetzt stehen wir vor der Frage, *wodurch* sich die Brüche in ihrem Denken, ihre unangemessenen Emotionen, ihre wirren Wahnvorstellungen und Halluzinationen erklären lassen. Im Unterschied zu anderen Störungen hatten so umfassende Theorien wie die Psychoanalyse oder die Lerntheorie auf die Erforschung der Schizophrenie nur wenig Einfluß. Wir beschränken uns daher auf einen kurzen Überblick über die wesentlichen theoretischen Positionen (vgl. Kasten 14.2). Mit spezifischen Bereichen der ätiologischen Forschung werden wir uns dagegen ausführlich beschäftigen.

Soziale Schicht und Schizophrenie

In zahlreichen Untersuchungen wurde ein Zusammenhang zwischen sozialer Schicht und der Diagnose Schizophrenie nachgewiesen. Die höchsten Schizophrenieraten fand man in Stadtgebieten, deren Bewohner den untersten sozioökonomischen Schichten angehörten (z.B. *Hollingshead* und *Redlich*, 1958; *Srole* et al., 1962). Der Zusammenhang zwischen sozialer Schicht

Kasten 14.2
Die wichtigsten theoretischen Positionen zur Ätiologie der Schizophrenie

Psychoanalytische Theorie

Da *Freud* sich selbst in erster Linie mit Neurosen befaßte, hatte er relativ wenig über die Schizophrenie zu sagen. Er stellte jedoch gelegentlich spekulative Bertachtungen über ihren Ursprung an, wobei er auf einige der psychoanalytischen Konzepte zurückgriff, die er zur Erklärung aller gestörten Persönlichkeiten einsetzte. Dabei ging er von der grundlegenden Annahme aus, daß der Schizophrene auf den Zustand des ,,primären Narzißmus" regrediert, ein frühes Stadium der oralen Phase, in dem sich das Ich noch nicht aus dem Es herausdifferenziert hat. Es ist also noch kein gesondertes Ich vorhanden, das die Realitätsprüfung durchführen könnte; die Realitätsprüfung ist eine entscheidende Funktion des Ich; dies führt Handlungen durch, mit denen es die Natur seiner sozialen und physikalischen Umgebung erkundet. Die Regression auf den Narzißmus führt dazu, daß der Schizophrene den Kontakt mit seiner Umwelt verliert; er besetzt mit seiner Libido keine äußeren Objekte mehr. *Freud* nahm als Ursache für die Regression eine Zunahme der Intensität der Es-Impulse, insbesondere sexueller, während des Erwachsenenalters an. Gegenwärtig betonen psychoanalytische Theoretiker mehr aggressive Impulse. Ob die mit den intensiven Es-Impulsen einhergehenden Bedrohungen eine Schizophrenie oder eine Neurose hervorrufen, hängt von der Ich-Stärke ab. Neurotiker, die ein stabileres Ich entwickelt haben, werden nicht wie Schizophrene bis auf die erste Stufe der psychosexuellen Entwicklung regredieren und werden daher den Kontakt mit der Realität nicht verlieren.

Es gibt kaum Befunde, die die psychoanalytische Position bestätigen. Die Theorie hat zu spekulativen Analysen von Fallgeschichten veranlaßt, jedoch kaum zu Untersuchungen. Befunde über kognitive Defizite bei Schizophrenen könnten als Hinweis darauf verstanden werden, daß das Ich des Schizophrenen beeinträchtigt ist. Aber selbst wenn dies so ist, muß die Ich-Schwäche weder eine Folge von verstärkten Es-Impulsen sein, noch muß sie zu einer Regression auf ein Kindheitsstadium führen. Schließlich gibt es keinerlei Belege dafür, daß Ich-Schwäche eine Ursache für Schizophrenie ist.

Die Labeling-Theorie

Unter radikaler Abwendung von traditionellen Konzeptionen der Schizophrenie hat *Scheff* (1966) den Vorschlag gemacht, die Störung als erlernte soziale Rolle zu begreifen. Diese Position, bekannt als *Labeling-Theorie*, ist im wesentlichen nicht an der Ätiologie interessiert. Vielmehr behauptet *Scheff*, daß der entscheidende Faktor für die Schizophrenie die Zuschreibung eines diagnostischen Etiketts zu einer Person ist. Es ist anzunehmen, daß dieses Etikett dann die Art und Weise beeinflußt, wie sich die betreffende Person weiterhin verhalten wird, entsprechend den stereotypen Vorstellungen von psychischen Krankheiten, und gleichzeitig bestimmt es die Reaktionen anderer auf das Verhalten der Person. Demzufolge ist die soziale Rolle identisch mit der Störung, die durch den Etikettierungsprozeß bestimmt wird. Laut *Scheff* würde ohne gestellte Diagnose das abweichende Verhalten – oder, wie er sagt, der Verstoß gegen ,,residuale Regeln" – nicht stabilisiert. Es wäre dann wahrscheinlich vorübergehend und relativ inkonsequent.

Mit ,,residualen Regeln" meint *Scheff* die Regeln, die übrigbleiben, nachdem alle formalen und expliziten Regeln, wie die über Diebstahl, Gewalt oder Fairneß, festgelegt sind. Sie betreffen Verhaltensweisen, die so selbstverständlich sind, daß sie kaum jemals erwähnt werden und man sie nur dann bemerkt, wenn sie mißachtet werden. ,,Bleib' nicht, ins Leere starrend, mitten auf einem belebten Bürgersteig stehen." ,,Sprich' nicht mit der Neonreklame einer Geschäftsauslage." ,,Spucke nicht auf das Klavier." Die Zahl der Beispiele ist endlos. *Scheff* glaubt, daß einmalige Verletzungen solcher Regeln recht häufig sind. Normalerweise glaubt jeder wohl zu wissen, wann er bedenkenlos gegen Regeln dieser Art verstoßen kann, aber durch unglückliche Zufälle oder negative Beurteilungen kann er zum Gefangenen seines Verhaltens werden und die ihm zugeschriebenen Diagnosen übernehmen. Dann ist es, laut *Scheff*, recht wahrscheinlich, daß er die soziale Rolle, geisteskrank zu sein, übernimmt. Einmal so beurteilt, stellt es sich für ihn als sehr schwierig dar, wieder zu den ,,Gesunden" zu gehören, da ihm eine Anstellung verweigert wird und andere über seine Vergangenheit Bescheid wissen. In der Klinik wird er Aufmerksamkeit und Mitgefühl erfahren und frei von aller Verantwortung sein. Wenn er also erst einmal an diesem Punkt angelangt ist, nimmt er sich selbst als psychisch krank wahr und gewöhnt sich daran, sich ,,verrückt" zu verhalten, wie es von ihm erwartet wird.

Scheffs Theorie hat eine gewisse intuitive Plausibilität. Wer eine Zeitlang in einer psychiatrischen Einrichtung gearbeitet hat, kann meistens Beispiele mißbräuchlicher Verwendung von Diagnosen bezeugen. Patienten werden manchmal mit Diagnosen etikettiert, die kaum gerechtfertigt sind. Neben der Symptomatologie gibt es viele Faktoren, durch die Diagnose und Hospitalisierungsprozeß beeinflußt werden können, so zum Beispiel die Zahl der verfügbaren Betten.

Die Theorie von *Scheff* beinhaltet allerdings einige gravierende Probleme, die nahelegen, ihr für das Verständnis der Schizophrenie nur eine sekundäre Bedeutung beizumessen. Erstens bezieht sich *Scheff* auf Abweichung als Verstoß gegen residuale Regeln, und was er beschreibt, ist tatsächlich nicht mehr. Die Verletzung kultureller Normen, die zwischenmenschliche Interaktionen steuern, unterscheidet sich jedoch sehr stark von den Phänomenen, die in den meisten Definitionen von Schizophrenie enthalten sind, und ganz sicher von *Schneiders* Beschreibung von Wahnvorstellungen und Halluzinationen. Wird Schizophrenie als Verletzung ,,residualer Regeln" verstanden, trivialisiert man eine sehr ernste Störung. Zweitens gibt es wenig Belege für die Annahme *Scheffs*, daß Normverstöße vorübergehender Natur sind, wenn sie nicht etikettiert werden. Drittens sind Untersuchungen über schädliche Konsequenzen von sozialer Stigmatisierung, die mit psychischer Krankheit einhergeht, zumindest ohne Ergebnis geblieben (*Gove*, 1970). So ist also die Ansicht, Schizophrenie am sinnvollsten einfach als Etikett zu verstehen, das willkürlich unglückseligen Regelverletzern zugeschrieben wird, keine befriedigende Position.

Eine Erfahrungstheorie

Der schottische Psychiater und Psychoanalytiker *Ronald D. Laing*, einer der Führer der ,,Anti-Psychiatrie", hat eine Theorie der Schizophrenie vorgeschlagen, die in gewisser Hinsicht der von *Scheff* ähnlich ist. Für *Laing* ist Schizophrenie nicht eine Krankheit, sondern eine Bezeichnung für eine bestimmte Form problematischer Erfahrungen und Verhaltensweisen.

,,... *Die Erfahrungen und Verhaltensweisen, die mit der Bezeichnung schizophren versehen werden, sind eine bestimmte Art von Strategie, die eine Person erfindet, um in einer Situation zu leben, in der man nicht leben kann... Die Person wurde in eine unhaltbare Position manövriert. Sie kann nicht etwas unternehmen oder auch nichts unternehmen, ohne sowohl einem internen, aus ihr selbst stammenden, als auch einem externen, von den Personen um sie herum stammenden, widersprüchlichen Druck ausgesetzt zu sein. Sie befindet sich gewissermaßen in einer Position des Schachmatts*" (1964, S. 186).

Unter einer derartigen Belastung wird sie nicht länger das falsche äußere Selbst präsentieren, das die Gesellschaft von ihr erwartet. Eher zieht sie sich von der Realität in ihre innere Welt zurück. Dabei durchlebt sie regressive Veränderungen, aber das ist eine Entdeckungsreise, auf der die Person ihr wahres inneres Selbst finden und mit ihm Frieden schließen kann. Dann kann sie mit einer intakten und authentischen Identität wieder in die Realität eintreten. *Laing* hält die Familie für den Hauptschuldigen, der das als schizophren bezeichnete Verhalten erzeugt. Mit dem, was *Laing* „*Mystifikation*" nennt, haben die Eltern systematisch die Gefühle und Wahrnehmungen des Kindes über sich selbst und die Welt jeder Gültigkeit beraubt, so daß es an seinem Bezug zur Realität zu zweifeln beginnt.

Laing meint, wir sollten, statt den Versuch zu unternehmen, die Symptome des Patienten zu beseitigen, seine Erfahrungen als gültig, verständlich und potentiell bedeutungsvoll und positiv akzeptieren. Der Schizophrene befindet sich auf einem psychedelischen Trip, der durch unhaltbare Anforderungen aus der Umwelt notwendig wurde, und er braucht Anleitung – nicht Kontrolle –, wenn das Ziel dieses Trips ein Zustand der Aufgeklärtheit sein soll.

Laings Ideen sind bei denjenigen populär, die sich gegen das wenden, was sie für eine Heuchelei der Gesellschaft und des Psycho-Establishments halten. Diejenigen, die die mit der Schizophrenie verbundenen Qualen erleben, ziehen vielleicht ebenfalls aus der Überzeugung Trost, daß sie gerade einen positiven Wachstumsprozeß durchlaufen. Es gibt jedoch kaum einen Hinweis darauf, daß das Erleben einer Schizophrenie aus dem Patienten einen „besseren Menschen" machen kann. Nach der Entlassung aus der Klinik führen die meisten Schizophrenen, deren prämorbide Anpassung schlecht war, eine Existenz am „Rand", isoliert von zwischenmenschlichen Beziehungen. Wie wir sehen werden, gibt es auch nicht viele Belege für *Laings* Behauptung, daß die Schizophrenie durch Erfahrungen in der Familie verursacht wird.

Zusammenfassend kann man sagen, daß es für keine der wichtigsten theoretischen Positionen deutliche Belege gibt. Weder für *Freuds* Annahme einer Regression auf die orale Phase, noch für die Labeling-Theorie, die die Übernahme von Rollen betont, die durch die Haltung der diagnostizierenden Ärzte und des Klinikpersonals verstärkt wird, noch für *Laings* Hypothese, daß Schizophrenie ein Trip in Richtung auf ein besseres Zurechtkommen ist, gibt es irgendwelche eindeutigen Beweise.

und Schizophrenie nimmt aber nach „unten" nicht kontinuierlich zu. Vielmehr besteht zwischen der Anzahl Schizophrener in der untersten sozialen Schicht und der Anzahl in anderen sozialen Schichten ein scharfer und deutlicher Unterschied. Wie die über zehn Jahre hin durchgeführte Untersuchung von *Hollingshead* und *Redlich* über soziale Schicht und psychische Krankheit in New Haven, Connecticut, zeigte, war die Schizophrenie in der untersten sozialen Schicht doppelt so häufig wie in der nächst höheren (vgl. Kasten 14.3). Die Ergebnisse von *Hollingshead* und *Redlich* bestätigten sich auch transkulturell, denn vergleichbar angelegte Gemeindeuntersuchungen aus Dänemark, Norwegen und England kamen zu ähnlichen Ergebnissen (*Kohn*, 1968).[4]

Die Korrelationen zwischen sozialer Schicht und Schizophrenie sind konsistent, aber ihre Interpretation nach den Begriffen der Kausalität ist immer noch schwierig. Manchmal gilt die Zugehörigkeit zu einer niedrigen sozialen Schicht selbst als Ursache der Schizophrenie. Man nennt diese Sichtweise die *soziogene Hypothese*. Die entwürdigende Behandlung seitens anderer, das niedrige Bildungsniveau und die fehlenden Bestätigungen und Startchancen machen die Zugehörigkeit zur untersten sozialen Schicht zu einer so belastenden Erfahrung, daß viele Betroffene eine Schizophrenie entwickeln.

Eine andere Erklärung der Korrelation zwischen Schizophrenie und niedriger sozialer Schicht führte zur Theorie der *sozialen Drift*. Vielleicht „driften" Schizophrene im Verlauf ihrer sich entwickelnden Psychose in die ärmeren Stadtbezirke. Möglicherweise sind diese Men-

[4] Hier gibt es vielleicht eine Ausnahme: Möglicherweise gilt die Beziehung in nicht-städtischen Gebieten nicht (*Clausen* und *Kohn*, 1959).

schen durch die zunehmenden kognitiven und motivationalen Probleme in ihrer Fähigkeit, für ihren Lebensunterhalt zu sorgen, so beeinträchtigt, daß sie es sich nicht mehr leisten können, woanders zu wohnen. Oder sie entscheiden sich bewußt für ein Leben in einer Umgebung, wo der soziale Druck gering ist und sie intensiven sozialen Beziehungen aus dem Weg gehen können.

Um diese Frage zu beantworten, kann man die soziale Mobilität Schizophrener untersuchen. In drei solcher Studien (*Schwartz*, 1946; *Lystad*, 1957; *Turner* und *Wagonfeld*, 1967) hat man festgestellt, daß der berufliche Weg Schizophrener abwärts führt. Aber ebenso viele Studien sprechen dafür, daß es mit Schizophrenen *nicht* abwärts geht (*Hollingshead* und *Redlich*, 1958; *Clausen* und *Kohn*, 1959; *Dunham*, 1965). *Kohn* (1968) schlägt vor, diese Frage anders zu untersuchen. Entstammen die Väter Schizophrener ebenfalls der untersten sozialen Schicht? Das würde zugunsten der Hypothese sprechen, daß die Zugehörigkeit zu einer unteren sozialen Schicht die Schizophrenie begünstigt, denn die Schichtzugehörigkeit ginge der Schizophrenie *voraus*. Kämen die Väter dagegen aus einer höheren sozialen Schicht, wäre die Drift-Hypothese die bessere Erklärung.

Goldberg und *Morrison* (1963) haben eine solche Untersuchung in England und Wales durchgeführt. Männliche Schizophrene, so stellte sich heraus, arbeiteten in schlechter bezahlten und weniger angesehenen Berufen als ihre Väter. Eine ähnliche amerikanische Untersuchung von *Turner* und *Wagonfeld* (1967) erbrachte Belege für beide Hypothesen. Väter von Schizophrenen entstammten häufiger der untersten sozialen Schicht, was für die soziogene Hypothese sprach. Aber gleichzeitig arbeiteten Schizophrene auch in weniger angesehenen Berufen als ihre Väter – eine Bestätigung der Drift-Hypothese. Offensichtlich sind also beide Theorien teilweise richtig. Ein Teil des Zusammenhangs zwischen sozialer Schicht und Schizophrenie läßt sich mit der Drift-Hypothese erklären. Die Zugehörigkeit zu einer sozialen Schicht scheint eine ursächliche Rolle zu spielen, aber wie sich die damit verbundenen Belastungen im einzelnen auswirken, wissen wir noch nicht.

Die Rolle der Familie

Viele Theoretiker halten Familienbeziehungen, insbesondere die zwischen Mutter und Sohn, für den entscheidenden Faktor bei der Entstehung einer Schizophrenie. Diese Ansicht war so vorherrschend, daß man den Begriff der *schizophrenogenen Mutter* prägte; gemeint war jener kalte, dominante und konfliktauslösende Elternteil, der dem Kind keinen anderen Ausweg ließ, als schizophren zu werden (*Fromm-Reichmann*, 1948). Man hat diese Mütter auch als zurückweisend, überfürsorglich, aufopfernd, unzugänglich für die Gefühle anderer, rigide und moralistisch in ihren Ansichten über Sexualität beschrieben. Zudem, so hieß es, hätten sie Angst vor Intimität und Nähe.[5]

Großen Einfluß hatte auch die *double-bind-Theorie* von *Bateson* und seinen Mitarbeitern (1956). Dieser Theorie zufolge wird die Entwicklung einer schizophrenen Denkstörung in erheblichem Maße dadurch begünstigt, daß ein Mensch ständig einer sogenannten double-bind-Situation ausgesetzt ist. Eine ,,Doppel-Bindung" ist durch folgende drei Aspekte gekennzeichnet:

1. Der oder die Betroffene hat eine so intensive Beziehung zu einer anderen Person, daß es ganz besonders wichtig wird, die Mitteilungen dieser anderen Person genau zu verstehen, um angemessen darauf reagieren zu können.
2. Die andere Person übermittelt mit einer Äußerung zwei widersprüchliche Botschaften.
3. Das betroffene Individuum kann zu den beiden einander ausschließenden Botschaften weder Stellung beziehen noch sich aus der Situation zurückziehen oder die Botschaften ignorieren.

Der betreffende Elternteil kommuniziert mit dem Kind nur selten einfach und direkt. Was die Mutter zu ihrem Sohn sagt, kann in Widerspruch stehen zu der Art und Weise, wie sie es sagt, zu dem, was sie dabei tut oder zu der Emotion, die sie auf andere Weise übermittelt. Das Kind kann

[5] Bemerkenswerterweise konzentrieren sich die meisten Theorien, die Familienprozesse für die Ätiologie abnormen Verhaltens verantwortlich machen, fast ausschließlich auf die Mütter. Ein Fall von Sexismus?

Kasten 14.3
Die Brauchbarkeit von Schizophrenieindizes

Die vielleicht wichtigste Entscheidung, die ein Forscher treffen muß, der sich für den Zusammenhang zwischen sozialer Schicht und Schizophrenie interessiert, besteht in der Festlegung des Schizophrenieindexes, den er verwenden will. In vielen Untersuchungen wird die Anzahl der Klinikeinweisungen, insbesondere in öffentliche Kliniken, als Index genommen. Angehörige einer niedrigen sozialen Schicht kommen jedoch mit größerer Wahrscheinlichkeit in eine öffentliche Klinik als in eine private. Darüber hinaus hat sich in vielen Untersuchungen ergeben, daß manche Personen, die unter schwerwiegenden psychischen Störungen leiden, nie in eine psychiatrische Klinik kommen.

Manche haben versucht, ihre Stichproben dadurch vollständiger zu gestalten, daß sie Personen aus allen Behandlungseinrichtungen in einer bestimmten Gegend auswählten. Dabei entstehen jedoch die gleichen Schwierigkeiten. Es gibt zum Beispiel Unterschiede in der sozialen Schicht zwischen Personen, die wegen einer Geisteskrankheit behandelt werden, und schwer gestörten Personen, die nie irgendeine Art von Behandlung erfahren haben (*Srole et al.*, 1962). Den Klinikaufenthalt als Schizophrenieindex zu verwenden, ist also fragwürdig.

Eine andere Möglichkeit besteht darin, in die Gemeinde zu gehen und jedermann oder eine repräsentative Stichprobe zu untersuchen. Damit werden die Schwierigkeiten umgangen, die vorhanden sind, wenn man sich lediglich auf Klinikeinweisungen stützt, es entstehen jedoch andere Probleme. Bei der Arbeit in der Gemeinde ist es schwierig, zu reliablen Diagnosen zu gelangen oder auch nur abnormes Verhalten eindeutig zu definieren. Die bei Gemeindeuntersuchungen eingesetzten Mitarbeiter sind gewöhnlich wesentlich weniger gut ausgebildet als diejenigen, die an psychiatrischen Einrichtungen Untersuchungen durchführen. Darüber hinaus werden in Gemeindeuntersuchungen *Prävalenz*-Daten und nicht *Inzidenz*-Daten erhoben. Inzidenz ist die Zahl der neuen Fälle, die in verschiedenen Gruppen der Population während einer bestimmten Zeit ermittelt werden; die Inzidenz ist deshalb das theoretisch bedeutungsvollere Maß bei einer Untersuchung dieser Art. Bei Gemeindeuntersuchungen wird jedoch einfach die Anzahl abnormer Personen, die gerade vorhanden sind, ermittelt. Dieses Prävalenzmaß ist nicht so gut geeignet, da in ihm sowohl die Inzidenz als auch die Krankheitsdauer zum Ausdruck kommt. Da es einen Zusammenhang zwischen der Dauer einer Krankheit und der sozialen Schicht gibt (*Hollingshead* und *Redlich*, 1958), kann man aufgrund von Prävalenzdaten nicht feststellen, ob in einer Korrelation zwischen sozialer Schicht und Schizophrenie die Indizes oder die Dauer der Störung zum Ausdruck kommt.

Alles in allem wurde jedoch immer wieder, gleichgültig, welche Methode angewandt wurde, ein Zusammenhang zwischen sozialer Schicht und Schizophrenie festgestellt, was darauf hinweist, daß dieser Zusammenhang als tatsächlich bestehend vorausgesetzt werden kann.

sich weder beklagen, daß es die Mutter nicht versteht, noch kann es sie um Klärung bitten. Es kann seine Gedanken nicht mehr ordnen und schließlich werden seine Antworten konfuser als die Botschaften, die es empfängt. In ihrem ersten Aufsatz zum Thema gaben *Bateson* und seine Mitarbeiter dafür folgendes Beispiel:

„Ein junger Mann, der noch im Krankenhaus war, sich aber von einer akuten schizophrenen Episode recht gut erholt hatte, bekam Besuch von seiner Mutter. Er freute sich, sie zu sehen und legte spontan seinen Arm um ihre Schultern, woraufhin sie erstarrte. Er zog seinen Arm zurück und sie fragte: ‚Liebst du mich nicht mehr?' Als er erröte-

te, sagte sie: ‚Mein Lieber, sei doch nicht so empfindlich und hab' keine Angst vor deinen Gefühlen.' Der Patient hielt es nur ein paar Minuten mit ihr aus und griff, kurz nachdem sie gegangen war, einen Pfleger an …

Vermutlich wäre die Geschichte anders ausgegangen, wenn der junge Mann hätte sagen können: ‚Mutter, offensichtlich ist es dir unangenehm, wenn ich meinen Arm um dich lege, und es fällt dir schwer, eine Geste der Zuneigung von mir zu ertragen.' Nur ist dem schizophrenen Patienten diese Möglichkeit verschlossen. Eine intensive Abhängigkeit hindert ihn daran, das Kommunikationsverhalten seiner Mutter zu kommentieren, wohingegen sie mit ihren Kommentaren zu seinem Verhalten nicht hinter dem Berg hält und ihn zwingt, die komplizierte Sequenz zu akzeptieren und irgendwie damit fertigzuwerden …

Der Junge steckt also in dem folgenden, unlösbaren Dilemma: ‚Wenn ich meiner Mutter verbunden bleiben will, darf ich ihr nicht zeigen, daß ich sie liebe, aber wenn ich ihr nicht zeige, daß ich sie liebe, werde ich sie verlieren' " (S. 258–259).

Beide Theorien ließen sich in kontrollierten Studien nicht bestätigen. Allerdings zeigte sich, daß sich die Familien Schizophrener in mancherlei Hinsicht von normalen Familien unterscheiden. *Fontana* (1966) sah sich die einschlägige Literatur daraufhin an und kam zu folgendem Schluß:

1. Zwischen den Eltern Schizophrener gibt es mehr Konflikte als zwischen den Eltern der Kontrollprobanden.
2. Die Kommunikation zwischen den Eltern Schizophrener ist weniger angemessen als die zwischen Kontroll-Eltern.

Aber ob es zwischen diesen Familienprozessen und der Schizophrenie einen kausalen Zusammenhang gibt, ist fraglich. Genauso plausibel wäre, daß Konflikt und uneindeutige Kommunikation die Reaktion darauf ist, ein schizophrenes Kind in der Familie zu haben. Und in der Tat gibt es Befunde, die für diese Sichtweise sprechen. *Liem* (1974) ließ zum Beispiel eine Anzahl Familien mit einem schizophrenen und Kontrollfamilien mit einem normalen Sohn eine Aufgabe zur Objektidentifikation absolvieren. Dabei hatte der „Kommunikator" die Aufgabe, alltägliche Objekte wie Lampe oder Streichholz und Begriffe wie Lehrer und Kind so zu beschreiben, daß ein Zuhörer sie identifizieren konnte. Während einer Sitzung wurden fünf „Mitteilungen" zu jedem der drei Objekte oder Konzepte auf Band aufgenommen. Jeder schizophrene und jeder normale Sohn hatte einmal die Rolle des Kommunikators. Die Eltern übernahmen diese Rolle jeweils als Paar. Später spielte man Eltern und Söhnen einige der Tonbandaufnahmen vor und ließ sie auf jede eine Antwort geben. Die Eltern antworteten auf ein Band ihres eigenen Sohnes, auf das eines unbekannten nicht-schizophrenen und das eines unbekannten schizophrenen Sohnes. Die Söhne antworteten auf Bänder ihrer eigenen Eltern, unbekannter Eltern eines normalen Sohnes und unbekannter Eltern eines schizophrenen Sohnes.

Was sagt diese Untersuchung über die mögliche Rolle der Familie in der Ätiologie der Schizophrenie aus? Wenn der unklaren Kommunikation der Eltern eines Schizophrenen eine *kausale* Rolle zugeschrieben wird, könnten wir erwarten, daß ihre Beschreibungen tatsächlich unangemessen und für jeden, der ihnen zuhört, verwirrend wären. Im Gegensatz dazu würden wir von den Eltern keine unangemessenen Beschreibungen erwarten, wenn sie auf die Störung ihres Kindes *reagieren*; aber wir würden erwarten, daß *alle* Eltern Schwierigkeiten hätten, die auf Tonband aufgenommenen Mitteilungen eines schizophrenen Sohnes zu interpretieren. Dieses zweite Muster ist dasjenige, das durch die Untersuchung von *Liem* bestätigt wurde.

In verschiedenen Adäquatheitsmaßen für Kommunikation unterschieden sich Eltern normaler und schizophrener Söhne nicht wesentlich. Die schizophrenen Söhne waren den normalen Söhnen unterlegen, was zu erwarten war, da schließlich Kommunikationsschwierigkeiten ein diagnostisches Kriterium der Schizophrenie sind. Alle Eltern zeigten sich von den Beschreibungen schizophrener Söhne verwirrt und machten bei der Identifikation des beschriebenen Gegenstandes mehr Fehler, wenn sie dem Tonband ihres eigenen schizophrenen Sohnes oder demjenigen eines fremden schizophrenen Sohnes zuhörten. Oder wie der Autor selbst schreibt:

„*Die Kommunikationsstörung schizophrener Söhne hatte einen unmittelbaren, beobachtbaren negativen Effekt nicht nur auf die Eltern schizophrener Söhne, sondern auf alle Eltern, die diese Bänder hörten und versuchten, darauf zu antworten. In der Kommunikation der Eltern schizophrener Söhne wurde keine Störung beobachtet, noch hatte ihre Kommunikation einen negativen Einfluß auf die Antworten der Söhne*" (S. 445).

Untersuchungen wie die von *Liem* spiegeln allerdings nicht unbedingt auch die alltäglichen Interaktionen zwischen dem Schizophrenen und seinen Eltern wider. Der Schluß, daß falsche elterliche Mitteilungen für die Ätiologie der Schizophrenie keine Rolle spielen, ist also nicht erlaubt. Wie neuere Untersuchungen zeigen, scheinen sie sehr wohl eine Rolle zu spielen. Eine dieser Untersuchungen ist das *University of California at Los Angeles Family Project* (*Goldstein* und *Rodnick*, 1975). In diesem Projekt untersuchte man Adoleszente mit Verhaltensproblemen zusammen mit ihren Familien. Eine Nachuntersuchung nach fünf Jahren ergab, daß etliche der jungen Leute eine Schizophrenie oder schizophrenie-verwandte Störungen entwickelt hatten. Die Forscher hatten also jetzt die Möglichkeit, diese Störungen zu jeder Abweichung im elterlichen Kommunikationsverhalten von vor fünf Jahren in Beziehung zu setzen. Abweichendes elterliches Kommunikationsverhalten erwies sich in der Tat als guter Prädiktor für eine spätere Schizophrenie der Kinder. Es bestätigte sich also, daß fehlerhafte Familieninteraktionen für die Ätiologie der Störung bedeutsam sind (*Norton*, 1982).

Wie eine Reihe von in London durchgeführten Untersuchungen zeigt, kann die Familie auch auf die Anpassung des Patienten *nach* der Entlassung aus der Klinik einen erheblichen Einfluß haben. *Brown* und seine Mitarbeiter (1966) untersuchten in einer neunmonatigen Nachfolge-Studie eine Stichprobe von Schizophrenen, die nach der Entlassung aus dem Krankenhaus in ihre Familien zurückgekehrt waren. Man interviewte Eltern oder Ehepartner vor der Entlassung der Patienten und erstellte Skalen, auf denen man eine Reihe kritischer Stellungnahmen zu dem Patienten, Äußerungen von Feindseligkeit ihm gegenüber oder eine allzu intensive emotionale Bindung an ihn einschätzte. Anhand dieser letzteren Variablen, der sogenannten *expressed emotion* (EE), kategorisierte man die Familien in solche mit hohem EE und solche mit wenig oder niedrigem EE. Nach neun Monaten hatten 10 Prozent der Patienten aus Familien mit niedrigem EE einen Rückfall erlitten. Aber in deutlichem Kontrast dazu waren im gleichen Zeitraum von den Patienten aus Familien mit hohem EE 58 Prozent ins Krankenhaus zurückgekehrt! Diese inzwischen replizierte Untersuchung (*Vaughn* und *Leff*, 1976; *Leff*, 1976) zeigt, daß die Umgebung, in die der Patient entlassen wird, großen Einfluß darauf hat, ob er ins Krankenhaus zurückkehrt oder nicht.

Die genetischen Befunde

Angenommen, Sie möchten einen Menschen herausfinden, bei dem irgendwann einmal eine Schizophrenie diagnostiziert werden wird, aber weder entsprechende Verhaltensmuster noch andere Symptome können berücksichtigt werden. Für dieses Problem, auf das *Paul Meehl* (1962) hinwies, gibt es eine Lösung, die Ihnen zumindest eine 50%ige Erfolgswahrscheinlichkeit garantiert: *Suchen Sie nach einem Menschen mit einem schizophrenen eineiigen Zwilling*. Es gibt inzwischen eine ganze Anzahl von Arbeiten, die überzeugend belegen, daß eine Prädisposition für Schizophrenie genetisch weitergegeben wird. Wie bei anderen verhaltensgenetischen Forschungsprojekten stützt man sich auch hier in erster Linie auf Familien- und Zwillingsuntersuchungen. Wir wollen uns zunächst die Ergebnisse dieser Studien und anschließend die von Untersuchungen über adoptierte Kinder ansehen.

Familienstudien

Tabelle 14.1 stellt dar, mit welchem Schizophrenie-Risiko Verwandte unterschiedlichen Grades von schizophrenen Index-Fällen zu rechnen haben (*Zerbin-Rüdin*, 1972). Bei der Bewertung dieser Zahlen denken Sie daran, daß das Schizophrenie-Risiko in der Gesamtbevölkerung etwas weniger als 1% beträgt. Ganz offensichtlich besteht für Verwandte von Schizophrenen ein erhöhtes Risiko, und das Risiko steigt, je näher Indexfall und Familienmitglied verwandt sind.

Tabelle 14.1. Erkrankungsrisiko für Schizophrenie, zusammengestellt aus den wichtigsten Untersuchungen verschiedener Autoren (aus *Zerbin-Rüdin*, 1972)

Verwandtschaft mit einem Schizophrenen	Erkrankungsrisiko in Prozent
Eltern	
Kinder	9-16
Geschwister	8-14
Kinder von zwei betroffenen Elternteilen	40-68
Halbgeschwister	1-7
Stiefgeschwister	1-8
Enkelkinder	2-8
Cousinen	2-6
Nichten und Neffen	1-4
Onkel und Tanten	2-7
Großeltern	1-2

Die Befunde der Familienforschung sprechen also dafür, daß eine Prädisposition für Schizophrenie genetisch weitergegeben werden kann. Aber Verwandte schizophrener Probanden haben nicht nur Gene, sondern auch Erfahrungen gemeinsam. Das Verhalten eines schizophrenen Elternteils kann sich sehr nachteilig auf die Entwicklung eines Kindes auswirken. Man darf den Einfluß der Umgebung als weitere mögliche Erklärung des erhöhten Erkrankungsrisikos also nicht außer acht lassen.

Zwillingsstudien

Tabelle 14.2 faßt die Ergebnisse der verfügbaren Zwillingsstudien zusammen. Die Konkordanzraten der einzelnen Untersuchungen reichen von 6% bis 86%. Für zweieiige Zwillinge finden wir Konkordanzraten von 2% bis 34%. Bei eineiigen Zwillingen ist die Konkordanz im allgemeinen höher, erreicht aber nie 100%. Das ist wichtig, denn wenn Schizophrenie ausschießlich genetisch weitergegeben würde und ein Zwilling wäre erkrankt, wäre dem genetisch identischen eineiigen Zwillingsgeschwister ein ähnliches Schicksal gewiß.

Gottesman und *Shields* (1972) untersuchten alle Zwillinge, die von 1948 bis 1964 in zwei Londoner Kliniken, dem Maudsley Hospital und dem Bethlem Hospital, behandelt wurden. Wie bei jeder Zwillingsuntersuchung der Schizophrenie bestand auch hier eines der Probleme darin, wie die Konkordanz zu beurteilen sei. *Gottesman* und *Shields* waren sich der möglichen Probleme und Verzerrungen bewußt, unter denen psychiatrische Diagnosen, die häufig auch ambulant erstellt werden, leiden und entwickelten ein Drei-Stufen-System der Konkordanz. Natürlich waren ihre Probanden ausschließlich hospitalisierte Schizophrene. Zwillinge mit einer Konkordanz ersten Grades waren beide hospitalisiert und als schizophren diagnostiziert. Zwillinge mit einer Konkor-

Tabelle 14.2. Konkordanzquoten in den wichtigsten Zwillingsuntersuchungen über Schizophrenie (nach *Rosenthal*, 1970)

Untersuchung	Land	Eineiige Zwillinge: Anzahl der Paare	Eineiige Zwillinge: Konkordanz in Prozent	Zweieiige Zwillinge: Anzahl der Paare	Zweieiige Zwillinge: Konkordanz in Prozent
Luxenburger, 1928, 1934	Deutschland	17-27	33-76.5*	48	2.1
Rosanoff et. al., 1934-1935	Vereinigte Staaten und Kanada	41	61.0	101	10.0
Essen-Möller, 1941	Schweden	7-11	14-71	24	8.3-17
Kallmann, 1946	New York	174	69-86.2	517	10-14.5
Slater, 1953	England	37	65-74.7	115	11.3-14.4
Inouye, 1961	Japan	55	36-60	17	6-12
Tienari, 1963, 1968	Finnland	16	6-36	21	4-10
Gottesman und *Shields*, 1972	England	24	42	33	9
Kringlen, 1967	Norwegen	55	25-38	172	4-10
Fischer, 1973	Dänemark	16	24-58	34	10-34
Hoffer und *Pollin*, 1970	Vereinigte Staaten	80	13.8	145	4.1

* In den Streubreiten der Konkordanzangaben kommen unterschiedliche Definitionen dessen, was ein konkordantes Paar ist, zum Ausdruck.

Der Psychologe David Rosenthal, der viel zu unserem Verständnis von der Genetik der Schizophrenie und anderer psychischer Störungen beigetragen hat.

danz zweiten Grades waren beide hospitalisiert, aber nicht als schizophren diagnostiziert. Bei Konkordanz dritten Grades war ein Zwilling zwar abnorm, aber nicht hospitalisiert. Tabelle 14.3 zeigt in kumulativer Darstellung der drei Konkordanzgrade die Konkordanzraten für die eineiigen und zweieiigen Zwillingspaare der Stichprobe. Je weiter man Konkordanz faßt, um so höher ist bei Zwillingen beiderlei Art die Konkordanzrate, aber die Konkordanz eineiiger Zwillinge liegt immer signifikant über der von zweieiigen Zwillingen.

Tabelle 14.3. Auf dreierlei Weise definierte Konkordanz bei eineiigen und zweieiigen Zwillingen (aus *Gottesman* und *Shields*, 1972)

	Konkordanz in Prozent	
Definition der Konkordanz	eineiige Zwillinge	zweieiige Zwillinge
1. Hospitalisiert und als schizophren diagnostiziert	42	9
2. Hospitalisiert, jedoch nicht schizophren, plus diejenigen mit Konkordanz ersten Grades	54	18
3. Nicht hospitalisiert, jedoch abnorm, plus diejenigen mit Konkordanz ersten und zweiten Grades	79	45

Gottesman und *Shields* haben auch die Beziehung zwischen der Schwere der Schizophrenie des Probanden und der Konkordanzrate untersucht. Als Kriterien für die Schwere der Krankheit galten die Gesamtdauer der Hospitalisierung und das Behandlungsergebnis, d.h., man prüfte, ob der Patient soweit wiederhergestellt war, daß er das Krankenhaus verlassen und einer Erwerbstätigkeit nachgehen konnte. Wurde die Erkrankung eines eineiigen Zwillings als schwer beurteilt, schnellte die Konkordanzrate dramatisch in die Höhe. Zum Beispiel teilte man die eineiigen Zwillingspaare je nach Dauer der Hospitalisierung in zwei Gruppen ein: Die Probanden der einen Gruppe waren weniger als zwei Jahre, die der zweiten Gruppe länger als zwei Jahre stationär behandelt worden. Für die erste Gruppe betrug die Konkordanzrate 27%, für die zweite 77%.

Die Interpretation solcher Befunde gab Anlaß zu mancherlei Fragen. Möglicherweise, so wurde unter anderem erwogen, prädisponiere allein die Erfahrung, ein eineiiger Zwilling zu sein, zur Schizophrenie. Denn hielte man Schizophrenie für ein ,,Identitätsproblem", könnte man argumentieren, daß es besonders belastend sei, Teil eines eineiigen Zwillingspaares zu sein. Aber Schizophrenie ist, insgesamt gesehen, bei Einzelgeburten genauso häufig wie bei Zwillingsgeburten. Wenn die Hypothese zuträfe, müßte bereits die Tatsache, ein Zwilling zu sein, das Erkrankungsrisiko erhöhen. Das ist aber nicht der Fall (*Rosenthal*, 1970).

Das entscheidendste Interpretationsproblem bleibt allerdings ungelöst. Da die Zwillinge zusammen aufgewachsen sind, könnte für die Konkordanzraten auch eine gemeinsame, abweichende Umgebung eher verantwortlich sein als genetische Faktoren. Einige der eineiigen Zwillingspaare, von denen zumindestens ein Zwilling eine Schizophrenie entwickelte, waren in sehr früher Kindheit getrennt worden. Solche Fälle boten Gelegenheit, den relativen Beitrag von Vererbung und Umgebung unabhängig voneinander zu bestimmen. Von den sechzehn in der Literatur verzeichneten Fällen waren zehn konkordant und sechs diskordant (*Rosenthal*, 1970). Die Konkordanzrate dieser kleinen Stichprobe betrug also 62,5%, ein Ergebnis, das sicher für die Hypothese der genetischen Weitergabe einer Schizophrenie-Prädisposition spricht. Da aber die Stichprobe so klein war und nicht systematisch erhoben wurde, können die Daten nicht als endgültig angesehen werden.

Eine kluge Analyse, die ebenfalls für eine genetische Interpretation der hohen Konkordanzraten bei eineiigen Zwillingen spricht, stammt von *Fischer* (1971). Wenn diese Konkordanzraten tatsächlich einen genetischen Effekt widerspiegelten, argumentierte sie, müßten auch die Kinder der diskordanten, d.h. nicht-schizophrenen eineiigen Zwillingspartner ein erhöhtes Schizophrenie-Risiko aufweisen. Diese nicht-schizophrenen Zwillinge wären dann Träger des Genotyps für Schizophrenie und würden folglich, auch wenn sich der Genotyp in ihrem eigenen Verhalten nicht ausdrücke, an ihre Kinder ein erhöhtes Erkrankungsrisiko weitergeben. Tatsächlich wiesen die Kinder nicht-schizophrener Zwillingsgeschwister schizophrener Probanden mit einer Häufigkeit von 9,4% eine Schizophrenie oder eine schizophrenie-ähnliche Störung auf. Diese Häufigkeit lag bei den Kindern der schizophrenen Probanden selbst mit 12,3% nur wenig und nicht signifikant höher. Beide Häufigkeiten liegen wesentlich über der einer Zufallsstichprobe.

Adoptionsstudien

Eine Untersuchung von Kindern schizophrener Mütter, die als Säuglinge zu Adoptiveltern kamen, liefert schlüssigere Informationen über die Rolle der Gene bei der Schizophrenie. Auch diese Studie schloß die möglichen Effekte einer abweichenden Umgebung aus. *Heston* (1966) verfolgte die Entwicklung von 47 Probanden, die während der Hospitalisierung ihrer schizophrenen Mütter in einer staatlichen Psychiatrischen Klinik auf die Welt gekommen waren. Die Kinder wurden den Müttern kurz nach der Geburt fortgenommen und entweder zu Verwandten oder in Heime gegeben, die sie an Pflegestellen oder Adoptivfamilien vermittelten. Die Kontrollgruppe bestand aus 50 Probanden, die von denselben Heimen an Adoptivfamilien vermittelt worden waren wie die Kinder der schizophrenen Mütter. Die Nachfolgeuntersuchung bestand aus einem Interview, dem MMPI, einem IQ-Test, Einschätzung der sozialen Schichtzugehörigkeit und ähnlichem. Über jeden Probanden erstellte man ein Dossier, das zunächst und unabhängig voneinander von zwei Psychiatern und ein drittes Mal von *Heston* beurteilt wurde. Auf einer von 0 bis 100 reichenden Skala wurde die allgemeine Beeinträchtigung eingeschätzt und, wann immer möglich, eine psychiatrische Diagnose gestellt. Die Einschätzungen der Beeinträchtigung erwiesen sich als recht reliabel, und wenn man die diagnostischen Kategorien auf vier – Schizophrenie, Debilität, Soziopathie und Neurose – beschränkte, war auch hier die Übereinstimmung annehmbar.

Die Kontrollprobanden waren diesen Einschätzungen zufolge weniger beeinträchtigt als die Kinder schizophrener Mütter. 31 der 57 Kinder schizophrener Mütter (66%) erhielten eine psychiatrische Diagnose, gegenüber nur 9 der 50 Kontrollprobanden (18%). Bei keinem der Kontrollprobanden wurde eine Schizophrenie diagnostiziert, aber 16,6% der Kinder schizophrener Mütter erhielten diese Diagnose.[6] Letztere wurden nicht nur mit größerer Wahrscheinlichkeit als schizophren diagnostiziert, sondern bekamen auch häufiger die Diagnose einer Debilität, einer Soziopathie und einer Neurose (vgl. Tabelle 14.4). Sie waren häufiger kriminell geworden, hatten mehr Zeit in Institutionen des Strafvollzugs verbracht und waren häufiger aus psychiatrischen Gründen aus der Armee entlassen worden. *Hestons* Untersuchung spricht eindeutig für die Bedeutung genetischer Faktoren bei der Entwicklung einer Schizophrenie. Kinder, die ohne Kontakt zu ihrer sogenannten „pathogenen Mutter" aufwuchsen, entwickelten immer noch mit größerer Wahrscheinlichkeit eine Schizophrenie als Kontrollprobanden.

Eine Untersuchung mit ähnlichem Ziel wurde in Dänemark unter der Leitung *Ketys* (*Kety* et al., 1968, 1976) durchgeführt. In Dänemark gibt es

[6] Die 16,6% kamen nach einer *Alterskorrektur* zustande, d.h., man hatte die Rohdaten korrigiert, um auch dem Alter der beteiligten Probanden Rechnung zu tragen. Ein Proband aus *Hestons* Stichprobe, der zur Zeit der Datenerfassung erst 24 Jahre zählte, hätte später immer noch schizophren werden können. Das Verfahren der Alterskorrektur versucht, diese Möglichkeit einzubeziehen.

Tabelle 14.4. Von ihren Müttern im frühen Säuglingsalter getrennte Versuchspersonen (aus *Hestan*, 1966).

Daten	Kinder schizophrener Mütter	Kontrollkinder, Mütter nicht schizophren
Anzahl der Versuchspersonen	47	50
Mittleres Alter bei der Untersuchung	35.8	36.3
Gesamtbeurteilung der Beeinträchtigung (je niedriger der Wert, um so größer die Pathologie)	65.2	80.1
Anzahl der als schizophren Diagnostizierten	5	0
Anzahl der als psychisch gestört Diagnostizierten	4	0
Anzahl der als soziopathisch Diagnostizierten	9	2
Anzahl der als neurotisch Diagnostizierten	13	7

ein amtliches Adressenverzeichnis aller Bürger, das immer auf den neuesten Stand gebracht wird, und ein nationales Psychiatrie-Register verzeichnet jeden Aufenthalt in einer psychiatrischen Einrichtung. Die Untersuchung begann damit, daß man die amtlichen Listen nach Kindern durchforstete, die zwischen 1924 und 1947 in sehr frühem Alter adoptiert worden waren. Als Indexfälle wählte man alle Adoptivkinder, für die man einen Aufenthalt in einer psychiatrischen Einrichtung bei diagnostizierter Schizophrenie ermittelte. Aus den übrigen Fällen stellten die Forscher eine Kontrollgruppe zusammen, deren Mitglieder keine psychiatrische Geschichte hatten und die man in Geschlecht, Alter und anderen Variablen mit der Indexgruppe parallelisierte. Dann machte man Adoptiveltern, leibliche Eltern, Geschwister und Adoptivgeschwister der Probanden beider Gruppen ausfindig und stellte fest, wer von ihnen eine psychiatrische Geschichte zu verzeichnen hatte. Wie erwartet werden konnte, wenn genetische Faktoren tatsächlich Einfluß auf die Entwicklung einer Schizophrenie haben, wurde Schizophrenie bei den leiblichen Verwandten der Indexfälle häufiger diagnostiziert als in der Gesamtbevölkerung. Für die Adoptivverwandten galt das nicht.

Evaluation

Alle bisher erhobenen Befunde sprechen dafür, daß genetische Faktoren bei der Entwicklung der Schizophrenie eine bedeutende Rolle spielen. Frühere Zwillings- und Familienuntersuchungen wurden von Anhängern der Umwelt-Hypothese zu Recht dafür kritisiert, daß sie die Erziehung als möglichen Verursachungsfaktor außer acht ließen. Aber spätere Studien von Kindern schizophrener Mütter und Väter, die in Pflege- und Adoptivfamilien aufwuchsen, und die Nachfolgeuntersuchungen der Verwandten schizophrener Adoptivkinder bestätigten die Bedeutsamkeit ge-

Seymour Kety, ein prominenter Vertreter der genetischen und biochemischen Schizophrenieforschung.

netischer Weitergabe, denn in diesen Untersuchungen hatte man den möglicherweise verzerrenden Einfluß von Umgebungsfaktoren nahezu ausgeschaltet. „Wenn die Schizophrenie ein Mythos ist, dann ist sie ein Mythos mit einer starken genetischen Komponente," bemerkte dazu treffend der hochgeschätzte Schizophrenieforscher *Seymour Kety* (1974).

Wir können daraus allerdings nicht schließen, daß die Schizophrenie eine ausschließlich genetisch determinierte Störung ist. Dagegen spricht, daß die Konkordanzrate eineiiger Zwillinge nie 100% erreicht, nicht zu vergessen auch die Unterscheidung zwischen Genotyp und Phänotyp (vgl. S. 174). Das in Kapitel 2 vorgestellte Diathese-Streß-Modell scheint geeignet, Theorie und Forschung den Weg zur Ätiologie der Schizophrenie zu weisen. Genetische Faktoren können nur die prädisponierenden Komponenten der Störung sein. Erst Streß macht aus dieser Prädisposition eine beobachtbare Pathologie. Allerdings sind die möglichen Streßquellen einstweilen noch recht vage. Über die Zugehörigkeit zu einer niedrigen sozialen Schicht und bestimmte familiäre Interaktionsmuster haben wir bereits gesprochen. Es gibt auch Anhaltspunkte dafür, daß Schizophrene in den Wochen vor ihrer Hospitalisierung vermehrt belastenden Lebensereignissen ausgesetzt waren (*Brown* und *Birley*, 1968). Aber insgesamt bedarf die Frage, wie bestimmte Umweltstressoren bei einer prädisponierten Person Schizophrenie auslöst, weiterer Erforschung.

Biochemische Faktoren

Kaum hatte man das Syndrom identifiziert, begannen auch die Spekulationen über mögliche biochemische Ursachen[7] der Schizophrenie. *Kraepelin* vermutete ein chemisches Ungleichgewicht, denn seiner Meinung nach wirkten von den Geschlechtsdrüsen abgegebene Gifte auf das Gehirn ein, was dann zu den Symptomen führte. *Carl Jung* glaubte an ein „Toxin X", daß irgendwann einmal identifiziert werden würde. Auch der nunmehr als sicher geltende Einfluß genetischer Faktoren legt es nahe, daß man nach beteiligten biochemischen Faktoren sucht, denn möglicherweise haben die Erbfaktoren einen Effekt auf die Körperchemie und physiologische Prozesse.

Die umfangreiche und weiterhin andauernde Forschung zu möglichen biochemischen Ursachen der Schizophrenie hat mit einer Hauptschwierigkeit zu kämpfen. Findet man bei Schizophrenen, nicht aber bei Kontrollprobanden, einen abweichenden Biochemismus, ist der Unterschied in den biochemischen Funktionen möglicherweise nicht auf die Störung, sondern auf eine dritte Variable zurückzuführen. Zum Beispiel erhalten die meisten Schizophrenen beruhigende Medikamente. Obwohl die Auswirkungen solcher Medikamente nach deren Absetzen rasch schwinden, können Spuren dieser Substanzen noch lange im Blut verbleiben. Das macht es schwierig, einen biochemischen Unterschied zwischen Schizophrenen und Kontrollprobanden der Schizophrenie als solcher zuzuschreiben. Hospitalisierte Patienten rauchen vielleicht auch mehr als die jeweiligen Kontrollgruppen, trinken mehr Kaffee und nehmen eine ernährungsphysiologisch weniger angemessene Nahrung zu sich. Überdies sind sie möglicherweise auch recht inaktiv. Gemeinsam können solche Variablen biochemische Unterschiede zwischen Schizophrenen und Kontrollpatienten zur Folge haben, die sich auf Versuche, bei Schizophrenen abweichende biochemische Substanzen oder Reaktionen zu entdecken, störend auswirken. Gleichwohl macht die Suche nach möglichen biochemischen Ursachen der Schizophrenie schnelle Fortschritte. Dieser Fortschritt ist so groß, daß wir die Beziehung zwischen Biochemie und Verhalten inzwischen sehr viel besser verstehen. Gegenwärtig findet keine biochemische Theorie einhellige Zustimmung. Aber da die Suche nach biochemischen Ursachen mit unverminderter Anstrengung weitergeht, wollen wir uns einen der am besten erforschten Faktoren genauer ansehen.

---

[7] Dieser Abschnitt ist notgedrungen etwas sehr fachspezifisch, so daß Leser ohne biochemische Kenntnisse vielleicht Verständnisschwierigkeiten haben werden. Wir möchten aber im Interesse derer, die solche Vorkenntnisse mitbringen, nicht darauf verzichten. Trotzdem hoffen wir, daß auch die übrigen Leser zumindest einen Einblick in die Logik und die allgemeine Richtung der Forschung zu biochemischen Faktoren erhalten.

Übermäßige Dopaminaktivität

Die Theorie, daß die Schizophrenie auf eine übermäßige Aktivität des Neurotransmitters Dopamin zurückgeht, basiert im Prinzip auf dem Wissen über die Wirkungsweise von Medikamenten, mit denen man bei der Behandlung der Schizophrenie gewisse Erfolge erzielt. Wenn man die biochemische Aktivität einer therapeutisch wirksamen Droge – und sei es nur theoretisch – versteht, kann man auch Vermutungen über den für die Störung verantwortlichen Prozeß anstellen.[8] Die *Phenothiazine* (vgl. S. 707f.) lindern einerseits bestimmte Symptome der Schizophrenie, haben aber Nebenwirkungen, die der Parkinsonschen-Krankheit ähneln. Wir wissen, daß der Parkinsonismus zum Teil durch verminderte Dopaminkonzentrationen in einem bestimmten Teilsystem des Gehirns verursacht wird (vgl. S. 781). Man nimmt daher an, daß Phenothiazine mit der Dopaminaktivität interferieren. Wegen ihrer strukturellen Ähnlichkeiten mit dem Dopaminmolekül (vgl. Abb. 14.1), so glaubt man, passen Phenothiazinmoleküle in die postsynaptischen Rezeptoren der dopaminreichen Hirnareale und blockieren sie. Von dieser Hypothese über die Wirkungsweise von Medikamenten, die Schizophrenen helfen, ist es nur ein kleiner induktiver Schritt zur weiteren Hypothese, daß die Schizophrenie das Ergebnis einer übermäßigen Aktivität dopaminreicher Nervenbahnen ist.

Eine weitere indirekte Bestätigung erfährt die Theorie von der *übermäßigen Dopaminaktivität* in der Literatur zur Amphetaminpsychose. Amphetamine können einen Zustand erzeugen, der dem einer paranoiden Schizophrenie ähnlich ist, und können auch eine bestehende Schizophrenie-Symptomatik verschlimmern (*Angrist, Lee* und *Gershon*, 1974). Amphetamine, so nimmt man an, wirken entweder dadurch, daß sie Katecholamine in den synaptischen Spalt freisetzen oder deren Inaktivierung verhindern (*Snyder* et al., 1974). Wir können ziemlich sicher sein, daß Amphetamine über das Dopamin, und nicht über das Noradrenalin, psychoseinduzierend wirken, da Phenothiazine ein Antidot bei Amphetaminpsychosen sind.

Andere Untersuchungen beschäftigen sich mit der Monoaminoxidase. Dieses Enzym kann das Dopamin im präsynaptischen Neuron inaktivieren. Übermäßige Dopaminaktivität könnte ihren Grund also auch in einem Mangel an Monoaminoxydase haben. *Murphy* und *Wyatt* (1972) unter-

[8] Obwohl die therapeutischen Effekte eines Medikaments ein *Hinweis* sein können auf die Ursachen der Störung, die es lindern hilft, betonen wir einmal mehr, daß Behandlungseffekte weder ein Beweis für die Ätiologie noch auch nur für die gegenwärtigen Ursachen des fraglichen Problems sein können.

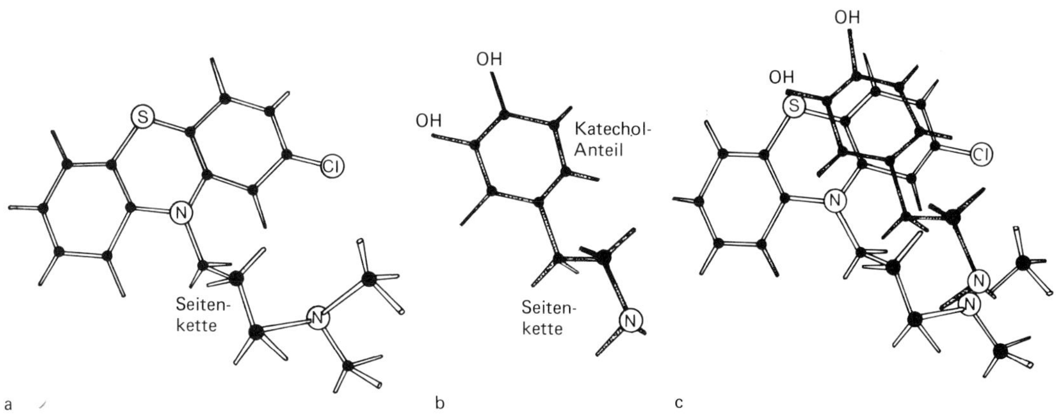

Abb. 14.1. Struktur von Chlorpromazin (a), eines Phenothioazins, und von Dopamin (b) und die Übereinanderprojektion dieser Substanzen (c) bestimmt durch Röntgen-Chrystallogramm-Analyse. Chlorpromazin hemmt die Impulsübertragung durch Dopamin, indem es die entsprechenden Rezeptoren besetzt (nach *Horn* und *Snyder*, 1971).

suchten die MAO-Konzentration in den Thrombozyten von 33 chronisch schizophrenen und 22 normalen Probanden. Beide Gruppen waren hinsichtlich Alter und Geschlecht parallelisiert. Die Thrombozyten der Schizophrenen enthielten sehr viel weniger MAO als die der Kontrollprobanden. Eine anschließende Untersuchung von Patienten ohne Medikation bestätigte dieses Ergebnis. Dagegen wiesen akut Schizophrene, bei denen die Symptome plötzlich und heftig eingesetzt hatten, keine andere MAO-Konzentration auf als Kontrollprobanden (*Carpenter, Murphy* und *Wyatt*, 1975). *Friedman* und seine Mitarbeiter (1974) untersuchten die MAO-Konzentration im Blut schizophrener, depressiver und normaler Probanden und fanden ebenfalls keine signifikanten Unterschiede. Zum gleichen Ergebnis kamen *Schwartz* und seine Mitarbeiter (1974), die post mortem die MAO-Konzentration im Gehirn von acht Schizophrenen und neun Kontrollprobanden untersuchten, und eine ähnliche Studie von *Domino, Krause* und *Bowers* (1973).

Ebenfalls untersucht wurde der Hauptmetabolit des Dopamin, die Homovanillinsäure. Man erwartete sie bei Schizophrenen in größeren Mengen zu finden. Die Homovanillinsäure läßt sich im Liquor cerebrospinalis messen, wenn man den Patienten Probenecid verabreicht, ein Medikament, das den Übertritt der Homovanillinsäure aus dem Liquor ins Blut verhindert. Aber *Bowers* (1974) stellte fest, daß Schizophrene vor der medikamentösen Behandlung einen niedrigeren Homovanillinsäurespiegel aufwiesen als Patienten mit affektiven Störungen und daß der Homovanillinsäurespiegel Schizophrener während der Behandlung stieg. *Post* und seine Mitarbeiter (1975) fanden keinen Unterschied im Homovanillinsäurespiegel von Schizophrenen und mehreren Kontrollgruppen.

Meltzer, Sachar und *Frantz* (1974) überprüften die Hypothese einer übermäßigen Dopaminaktivität ebenfalls indirekt, indem sie die Konzentration des Hormons Prolaktin untersuchten. Das dopaminerge System kontrolliert bis zu einem gewissen Grad die Freisetzung des prolaktinhemmenden Faktors und also auch den Prolaktinspiegel im Blut. Wenn bei Schizophrenen übermäßig viel Dopamin freigesetzt würde, müßte auch der hemmende Faktor in größerem Ausmaß vorhanden sein und das Blut folglich weniger Prolaktin enthalten. Also verglich man den Prolaktinspiegel im Blutserum von 30 neu stationär aufgenommenen, noch nicht medikamentös behandelten Patienten mit dem normaler Kontrollprobanden, fand aber zwischen beiden Gruppen keinen Unterschied.

Die Untersuchungen zur Monoaminoxydase, zur Homovanillinsäure und zum Prolaktin konnten die Theorie der übermäßigen Dopaminproduktion nicht endgültig widerlegen. Vielleicht hat man die dopaminerge Überaktivität noch nicht hinreichend präzise definiert. Die Hypothesen von der MAO-Entleerung und der Erhöhung des Homovanillinsäurespiegels gehen davon aus, daß die Dopamin freisetzenden Neurone überaktiv sind. Aber vielleicht sind bei der Schizophrenie die Dopamin*rezeptoren* überaktiv oder überempfindlich. Die Arbeiten zur Wirkungsweise der Phenotiazine lassen vermuten, daß der Ort der Störung mit größerer Wahrscheinlichkeit die dopaminergen Rezeptoren sind. In der Tat haben Untersuchungen von Gehirnen Schizophrener post mortem gezeigt, daß die Dopaminrezptoren entweder vermehrt auftreten oder hyperaktiv sein können (*Lee* und *Seeman*, 1977; *Mackay* et al., 1982). Ist die erhöhte Aktivität der dopaminergen Rezeptoren der Schlüssel zur Schizophrenie, kommt den Befunden zum MAO- und Homovanillinsäurespiegel keine entscheidende Bedeutung zu. Der Prolaktinspiegel im Blutserum wird von einer Vielzahl von Variablen, unter anderem auch durch Streß, beeinflußt. Der Schluß, daß der Prolaktinspiegel genaue Auskunft über die Aktivität der dopaminergen Neuronen gibt, wäre also gewagt.

Jüngere Untersuchungen zur Theorie der übermäßigen Dopaminaktivität haben gezeigt, daß die Theorie möglicherweise nicht auf alle Schizophrenen anwendbar ist. So kommt es etwa nach Einnahme von Amphetaminen nicht bei allen Patienten zur Symptomverschlimmerung (z.B. *Kornetsky*, 1976), und eine Untersuchung berichtet sogar von Symptomverbesserung nach Gabe von Amphetaminen (*Kammen* et al., 1977). Überdies helfen Phenothiazine nur einer Untergruppe von Patienten. In beiden Fällen besteht ein Zusammenhang zwischen den widersprüchlichen Ergebnissen und der oben erwähnten Unterscheidung zwischen positiven und negativen Symptomen (vgl. S. 441). Nach der Gabe von Amphetaminen verschlimmern sich positive und bessern sich negative Symptome. Phenothiazine bessern positive Symptome, aber wirken sich wenig oder gar nicht auf negative Symptome aus (*Haracz*, 1982). Die Dopamin-Theorie scheint in der Tat nur auf Schizophrene mit positiven Symptomen anwendbar zu sein.

Nicht einmal in diesem begrenzteren Kontext kann die Hypothese als erwiesen gelten, denn sie läßt andere Effekte unerklärt. Zum Beispiel bessern sich mit Phenothiazinen allmählich und im Laufe mehrerer Wochen positive schizophrene Symptome. Aber sie blockieren sehr schnell die Dopaminrezeptoren, und folglich müßte sich nach einigen Wochen eine Toleranz entwickelt haben (*Davis*, 1978). Dieses Auseinanderklaffen von klinischer und pharmakologischer Wirkung ist innerhalb des Kontextes der Theorie schwer zu verstehen. Rätselhaft ist auch, warum Phenothiazine den Dopaminspiegel oder die Aktivität der Dopaminrezeptoren *unter das normale Niveau* senken müssen – wobei es zu den erwähnten Parkinson-Symptomen kommt –, um therapeutisch wirksam zu sein. Folgt man der Theorie, müßte die Senkung von Dopaminspiegel oder Rezeptoraktivität auf ihr normales Niveau für eine therapeutische Wirkung ausreichend sein. Aber offensichtlich ist das nicht der Fall. Obwohl die Dopamin-Hypothese weiterhin die am aktivsten erforschte theoretische Position ist, reicht sie als Gesamttheorie der an der Schizophrenie beteiligten biochemischen Vorgänge also wahrscheinlich nicht aus.

Stellungnahme

Die Geschichte der biochemischen Erforschung der Schizophrenie ist also eine Geschichte von Entdeckungen, die sich nicht replizieren lassen. Die Forschung auf diesem Gebiet wird durch zahlreiche methodische Probleme erschwert, und viele Störfaktoren, die nichts damit zu tun haben, ob ein Proband schizophren ist oder nicht, können zu biochemischen Unterschieden führen. Wir müssen der Theorie von der übermäßigen Dopaminaktivität also weiterhin mit Vorbehalten begegnen. Überdies weisen biochemische Untersuchungen vielleicht auch nur nach, daß eine bestimmte Substanz und ihre physiologischen Prozesse mit Schizophrenie zusammenhängen. Die Dopaminaktivität könnte sich auch erst *nach* und nicht *vor* Einsetzen der Störung erhöhen.

Neurologische Befunde

Auch die Suche nach einer Gehirnläsion als möglicher Ursache der Schizophrenie begann, wie die nach biochemischen Faktoren, unmittelbar nach der Spezifizierung des Syndroms. Allerdings erwies sich diese Forschung als nicht sehr aussichtsreich, denn die Replikationen führten nie zu denselben Ergebnissen wie die Originaluntersuchungen. So nahm das Interesse im Laufe der Jahre allmählich ab. In den letzten zwanzig Jahren ist diese Forschung, angespornt durch Fortschritte im Bereich der Methodologie, wieder zum Leben erwacht, und ihre Ergebnisse sind vielversprechend (*Seidman*, 1983; *Weinberger, Wagner* und Wyatt, 1983). Ein gewisser Prozentsatz der Schizophrenen – die genaue Zahl läßt sich nicht angeben – weist, so stellte man fest, eine nachweisbare Gehirnpathologie auf.

Zu dieser Erkenntnis gelangte man unter anderem dadurch, daß man post mortem die Gehirne schizophrener Patienten analysierte. Bei allen diesbezüglichen Untersuchungen fand man in den Gehirnen Schizophrener Abnormitäten, wenn auch die erwähnten spezifischen Probleme von Studie zu Studie verschieden sind (*Weinberger, Wagner* und *Wyatt*, 1983). Noch beeindruckender sind die Bilder der vorliegenden CAT-Scan-Untersuchungen. Die Forscher haben sich dieses neue Verfahren sehr schnell zu eigen gemacht, um auch die lebenden Gehirne Schizophrener zu untersuchen. Bisher haben diese Bilder lebenden Gehirngewebes, mit einer Auflösung von weniger als einem Millimeter, übereinstimmend gezeigt, daß ein Teil der Schizophrenen vergrößerte Ventrikel aufweisen, was auf eine Pathologie des limbischen Systems oder des Zwischenhirns schließen läßt (vgl. Kasten A.1, S. 773f.). Große Ventrikel wiederum korrelieren mit verminderter Leistung in neuropsychologischen Tests, schlechter prämorbider Anpassung,

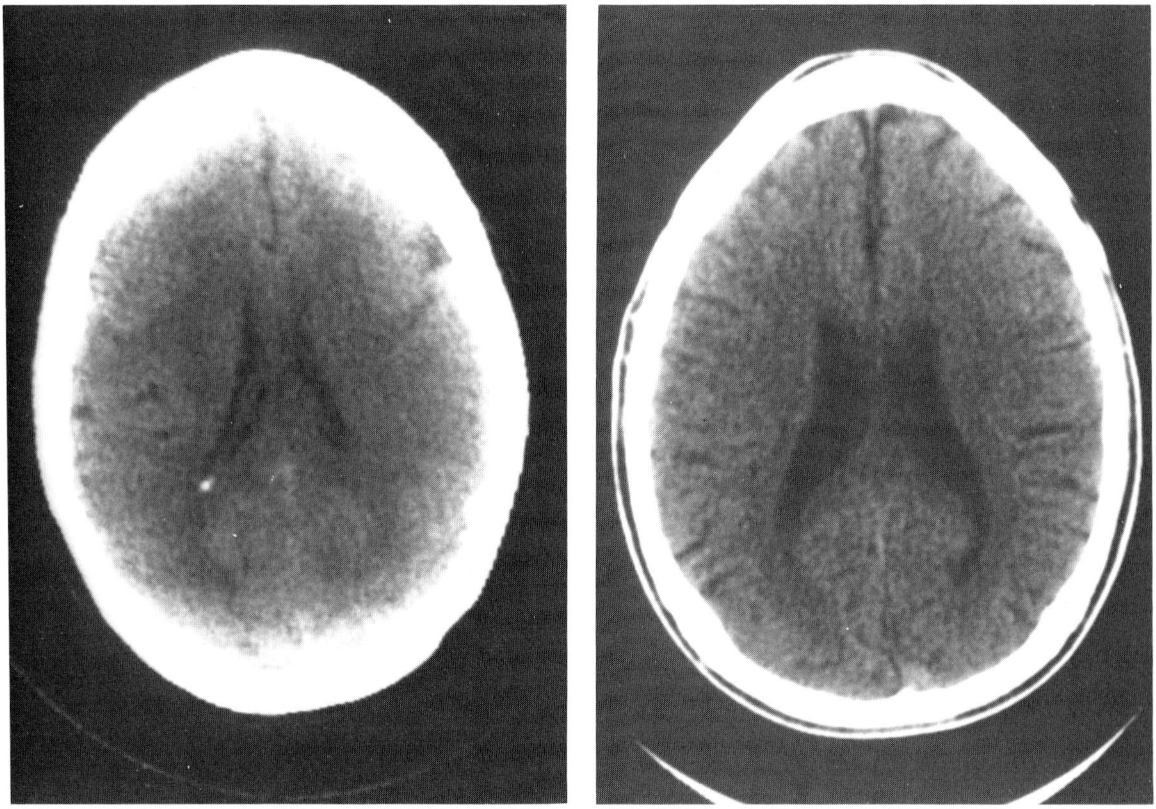

CAT-Scan-Bilder eines Gehirnquerschnitts. Die dunklen Bereiche in der Mitte sind die Ventrikel. Die Gehirnventrikel des schizophrenen Patienten (rechts) sind verglichen mit denen eines normalen Gehirns (links) eindeutig vergrößert.

schlechtem Ansprechen auf medikamentöse Behandlung und dem Vorhandensein negativer Symptome (*Weinberger* et al., 1980; *Andreasen* et al., 1982). Auf CAT-Scan-Aufnahmen zeigten sich auch Atrophien von Hirnrinde und Kleinhirn, aber diese Läsionen waren weniger häufig als vergrößerte Ventrikel.[9]

Seidman (1983) hat die auf andere Weise ermittelten neurologischen Befunde zusammengestellt. Die EEGs Schizophrener weisen erheblich mehr Abnormitäten als üblich auf, insbesondere eine Verkürzung des Alpha-Rythmus, einen reduzierten Metabolismus in den frontalen Hirnbereichen; und ihre Leistungen in neuropsychologischen Tests zur Erfassung von Hirnpathologien sind mangelhaft. Es spricht alles dafür, daß diese Fehlfunktionen vermutlich nur bei Patienten mit chronischen, negativen Symptomen auftreten. Möglicherweise können die Forscher also sehr bald eine Untergruppe schizophrener Patienten ausgliedern, die Anzeichen einer Gehirnpathologie aufweisen und an negativen Symptomen leiden.

Untersuchungen bei Probanden mit hohem Schizophrenie-Risiko

Wie entwickelt sich eine Schizophrenie? Früher versuchte man diese Frage unter anderem dadurch zu beantworten, daß man Berichte aus der Kindheit von späteren Schizophrenen untersuch-

[9] Vergrößerte Ventrikel und Atrophien von Cortex und Kleinhirn findet man auch in Tomographien anderer psychotischer Patienten; sie sind nicht schizophrenie-spezifisch (*Rieder* et al., 1983).

te und daraus eine Entwicklungsgeschichte konstruierte. Diese Art der Forschung zeigte in der Tat, daß sich die Betroffenen bereits vor dem Auftauchen ernsthafter Verhaltensprobleme von ihren Altersgenossen unterschieden. *Albee* und *Lane* fanden bei Präschizophrenen wiederholt einen niedrigeren IQ als bei verschiedenen Kontrollprobandengruppen, die gewöhnlich aus Geschwistern und gleichaltrigen Nachbarskindern bestanden (*Albee, Lane* und *Reuter*, 1964; *Lane* und *Albee*, 1965). Untersuchungen des Sozialverhaltens Präschizophrener erbrachten interessante Ergebnisse. Zum Beispiel beschrieben Lehrer männliche Schizophrene als unangenehme Kinder, schizophrene Frauen dagegen als passiv (*Watt* et al., 1970; *Watt*, 1974). Präschizophrene beiderlei Geschlechts wurden als delinquent und verschlossen gekennzeichnet (*Berry*, 1967).

Aber diese Ergebnisse sind grob und unspezifisch. Sicher würde man die erwähnten Eigenschaften auch bei Kindern und Jugendlichen finden, die nicht das Schicksal einer Schizophrenie erwartet. Diese Art der Entwicklungsforschung krankt in erster Linie daran, daß ihre Daten ursprünglich nicht mit der Absicht erhoben wurden, Präschizophrene zu beschreiben oder aus dem Kindheitsverhalten die Entwicklung der Schizophrenie vorherzusagen. Um aus Entwicklungsgeschichten neue Hypothesen ableiten zu können, müssen die erhobenen Informationen spezifischer sein.

Um zu Informationen über die Entwicklung der Schizophrenie zu kommen, wäre es vermutlich am günstigsten, eine große Stichprobe von Probanden über 20 oder 25 Jahre hin zu verfolgen, über jenen Zeitraum also, innerhalb dessen ein Risiko für das Ausbrechen der Störung besteht. Aber das wäre ein unerschwinglich teures Unterfangen, da von hundert Menschen nur einer schließlich schizophren wird. Die Datenausbeute einer solchen einfachen Langzeituntersuchung wäre also sicherlich sehr gering. Mit der *Methode des hohen Risikos* (high-risk method) läßt sich diese Schwierigkeit umgehen: Man wählt für eine Untersuchung nur solche Probanden aus, deren Risiko, als Erwachsene schizophren zu werden, überdurchschnittlich hoch ist. In den meisten derartigen Forschungsprojekten wählt man Probanden mit einem schizophrenen Elternteil, denn wie wir gesehen haben, laufen Kinder mit einem schizophrenen Vater oder einer schizophrenen Mutter eher Gefahr, ebenfalls eine Schizophrenie zu entwickeln.

Diese Methode hat drei weitere, wichtige Vorteile:

1. Man kann Variablen untersuchen, die für die Entwicklung einer Schizophrenie unmittelbar relevant sind.
2. Die Daten werden vor Ausbruch der Schizophrenie erhoben. Deshalb werden diese Forschungen, anders als die Untersuchungen an hospitalisierten Schizophrenen, auch nicht durch Variablen wie Medikamente, Ernährung und Inaktivität beeinträchtigt.
3. Findet man Variablen, anhand derer sich der Ausbruch einer Schizophrenie im Erwachsenenalter vorhersagen läßt, lassen sich vielleicht auch rechtzeitige Intervention und Prävention dieser schweren Störung ermöglichen.

Anfang der sechziger Jahre begannen *Sarnoff Mednick* und *Fini Schulsinger* in Dänemark mit einer der ersten und aufwendigsten „high-risk"-Untersuchungen dieser Art. Man wählte Dänemark, weil es das dortige Registriersystem ermöglicht, Menschen über lange Zeit hin auf der Spur zu bleiben. Als Probanden mit hohem Risiko wählten *Mednick* und *Schulsinger* 207 junge Leute mit chronisch schizophrenen Müttern, deren schlechte prämorbide Anpassung bekannt war. Man entschied sich ausschließlich für Mütter, weil die Vaterschaft nicht immer ohne weiteres nachweisbar ist und weil schizophrene Frauen mehr Kinder bekommen als schizophrene Männer. Die 104 Kontrollprobanden mit geringem Risiko, deren Mütter nicht schizophren waren, wurden der Risikogruppe in Geschlecht, Alter, Beruf des Vaters, ländlicher oder städtischer Herkunft, Dauer des Schulbesuchs, Heim- oder Familienerziehung usw. parallelisiert. Abbildung 14.2 faßt Ausführung und erwartete Resultate der Untersuchung zusammen.

Die Pioniertat von *Schulsinger* und *Mednick* fand zahlreiche Nachfolger. Alle diese Untersuchungen sind aber noch nicht so weit gediehen, daß man die über Kinder mit hohem Schizophrenie-Risiko erhobenen Daten mit Ergebnissen über die nunmehr Erwachsenen in Verbindung bringen kann. Daher berichten wir hier nur über

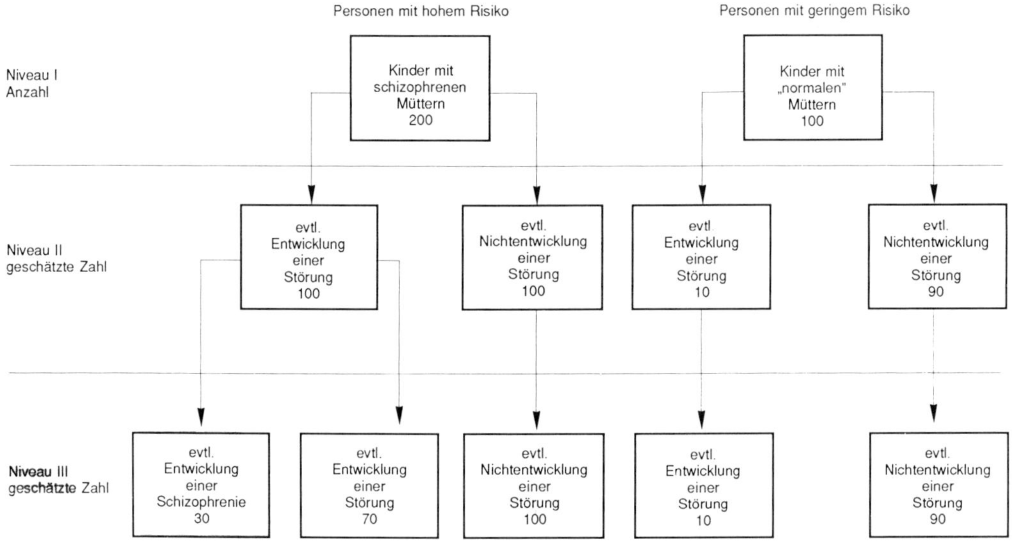

Abb. 14.2. Versuchsplan und erwartete Ergebnisse in der Untersuchung junger Menschen mit hohem Schizophrenierisiko von *Mednick* und *Schulsinger* (1968).

die Ergebnisse von *Mednick* und *Schulsinger*. Aber auch diese können aufgrund der geringen Stichprobengröße nur als vorläufig betrachtet werden.

1972 untersuchte man die inzwischen erwachsenen Männer und Frauen mit einer Anzahl von Meßinstrumenten – darunter eine diagnostische Testbatterie – nach. Bei siebzehn der Risiko-Probanden, neun Männern und acht Frauen, diagnostizierte man eine Schizophrenie. Kein Kontrollproband erhielt diese Diagnose. Aus der Risikogruppe hatten sechs Probanden Suizid begangen, aus der Kontrollgruppe keiner. Ein Rückblick auf die in der Kindheit der Probanden erhobenen Informationen zeigte, daß mehrere Umstände als Prädiktoren einer späteren Schizophrenie-Erkrankung in Frage kommen. Bei Jungen waren es die frühe Trennung von den Eltern und eine nachfolgende Heimerziehung (*Walker* et al., 1982). Die frühe Trennung wiederum hing zusammen mit dem frühen Ausbruch der Schizophrenie bei den Müttern und der Zugehörigkeit zu einer unteren sozialen Schicht. Bei Jungen wies auch eine erhöhte Reaktionsbereitschaft des autonomen Nervensystems auf eine spätere Schizophrenie. Und die Mütter dieser Jungen mit erhöhter autonomer Reaktionsbereitschaft hatten während Schwangerschaft und Geburt häufiger unter Komplikationen gelitten. Bei Mädchen besaß einzig der frühe Ausbruch der Störung bei der Mutter Vorhersagekraft, und dieser stand wiederum in Zusammenhang mit der Zugehörigkeit zu einer unteren sozialen Schicht (*Mednick, Schulsinger* und *Griffith*, 1981).

Diese frühen Statistiken scheinen, auch wenn die Stichprobe recht klein war, darauf hinzudeuten, daß die Ätiologie der Schizophrenie bei Männern und Frauen möglicherweise unterschiedlich ist. Die Studie hat gezeigt – und das ist noch wichtiger als ihre spezifischen Ergebnisse –, daß die ,,high- risk"-Methode ganz allgemein zu interessanten Resultaten führen kann. Wenn auch die Probanden anderer Projekte herangewachsen sind, erfahren wir möglicherweise eine ganze Menge über die Entwicklung der Schizophrenie.

5. Therapie der Schizophrenie

Angesichts der rätselhaften und häufig erschrekkenden Phänome, von denen Schizophrene geplagt werden, stellt sich die Frage, wie man diesen Kranken helfen kann. Die Geschichte der Psychopathologie, die in Kapitel 1 umrissen wurde, ist in vielerlei Hinsicht die Geschichte von – häufig brutalen und unaufgeklärten – Versuchen der Menschen, mit der Schizophrenie fertigzuwerden. Auch wenn etliche der Wahnsinnigen, die man vor einigen Jahrhunderten als Hexen verurteilte oder in vor Schmutz starrende Asyle sperrte, vermutlich an so prosaischen Krankheiten wie Nahrungsmittelvergiftung und Syphilis litten (vgl. S. 15 und 19), würde man bei vielen von ihnen heute zweifellos die Diagnose Schizophrenie stellen. In Kasten 14.4 beschäftigen wir uns ganz allgemein mit der psychiatrischen Klinik. Bis man dazu überging, psychisch Kranke so wenig wie möglich zu hospitalisieren, fand die somatische und psychotherapeutische Behandlung Schizophrener fast ausschließlich in Kliniken statt.

Sarnoff Mednick von der Universität von Südkalifornien und Fini Schulsinger von der Universität Kopenhagen gehörten zu den ersten, die die Methode, mit Hilfe von Längsschnitt-Studien ein Erkrankungsrisiko zu untersuchen, auf die Schizophrenieforschung anwandten.

Somatische Behandlungsformen

Im frühen 20. Jahrhundert verwahrte man schwer gestörte Patienten in psychiatrischen Kliniken, die wenig ausgebildetes Personal hatten. Diese Verhältnisse schufen ein Klima, das es gestattete – und vielleicht sogar auch auf subtile Weise dazu ermutigte –, mit radikalen somatischen Interventionen zu experimentieren. Anfang der dreißiger Jahre begann *Sakel* (1938), Schizophrene mit hochdosiertem Insulin in ein Koma zu versetzen und behauptete, daß bis zu 75 Prozent der von ihm behandelten Patienten anschließend eine bedeutende Verbesserung aufwiesen. Aber spätere Befunde bei anderen waren weniger ermutigend, und so verschwand die *Insulinkoma-Therapie*, die erhebliche gesundheitliche Risiken barg und zu einem irreversiblen Koma und sogar zum Tod führen konnte, allmählich aus dem therapeutischen Repertoire.

1935 führte der portugiesische Psychiater *Moniz* die *präfrontale Lobotomie* ein, ein chirurgisches Verfahren, bei dem die Bahnen zwischen Stirnhirn und unteren Gehirnzentren durchtrennt werden. Auch *Moniz* (1936) berichtete – wie *Sakel* anläßlich der Insulinkoma-Therapie – anfänglich von hohen Erfolgsquoten; und in den folgenden zwanzig Jahren unterzog man Hunderte von psychisch kranken Patienten, vor allem, wenn sie zu Gewalttätigkeiten neigten, unterschiedlichen psychochirurgischen Eingriffen. Viele von ihnen waren anschließend tatsächlich ruhiger und konnten sogar das Krankenhaus verlassen. Aber in den fünfziger Jahren geriet auch diese Intervention aus mehreren Gründen in Verruf. Viele Patienten nahmen ernsthaften Schaden an ihren kognitiven Fähigkeiten – was kaum überrascht, denn schließlich wurden Gehirnteile zerstört, die vermutlich für das Denken verantwortlich sind –, wurden stumpfsinnig und teilnahmslos oder starben sogar. Daß man auch auf dieses Verfahren verzichtete, lag allerdings in erster Linie an den neuen Medikamenten, die in vielen Fällen die Exzesse in Verhalten und Emotionen zu dämpfen schienen.

1938 entwickelten *Cerletti* und *Bini* die Elektrokrampftherapie (EKT). Man brachte an beiden Schläfen – später nur noch an einer – Elektroden an, durch die man für den Bruchteil einer Sekunde einen Stromstoß von 70 bis 130 Volt schickte. Dadurch wird ein Krampfanfall induziert, dem eine Zeit der Bewußtlosigkeit folgt. Bei der Behandlung der Schizophrenie hat sich die EKT als ebenso uneffektiv erwiesen wie die Psychochirurgie und wurde durch verschiedene psychotrope Medikamente ersetzt; nur bei tief depressiven Patienten scheint man sie weiterhin mit Erfolg einzusetzen (vgl. S. 714).

Den zweifellos bedeutsamsten Fortschritt in der Behandlung schizophrener Störungen stellen die verschiedenen sogenannten antipsychotischen Medikamente dar, die in den fünfziger Jahren auf den Markt kamen. Wegen ihrer Nebenwirkungen, die zu Verhaltensmanifestationen, ähnlich denen bei neurologischen Krankheiten, führen, nennt man sie auch *Neuroleptika*. Die Phenothiazine, insbesondere das *Chlorpromazin* (Thorazin) kontrollieren nicht nur die emotionalen und verhaltensmäßigen Exzesse der meisten hospitalisierten Patienten, sondern verbessern auch – wie, wissen wir noch nicht genau – die gestörten Denkfunktionen vieler Schizophrener. Diese Verbesserung geht oft so weit, daß die Patienten aus der Klinik entlassen werden können. Und diese positiven Wirkungen sind über den sonst allgegenwärtigen Zweifel, ob nicht doch eine Placebo-Wirkung vorliegt, erhaben (*Klein* und *Davis*, 1969). Die Medikamente wirken besser, wenn sie in unterstützender, d.h., nicht in unpersönlicher oder entwürdigender Umgebung verabreicht werden, was einmal mehr auf das komplexe Zusammenspiel von physiologischen und psychologischen Variablen verweist (*Simpson* und *May*, 1982). Aber auch in Zusammenhang mit antipsychotischen Medikamenten gibt es noch eine Fülle von Schwierigkeiten und ungelösten Fragen. In Kapitel 20 werden wir uns ihnen und anderen somatischen Behandlungsformen ausführlicher zuwenden.

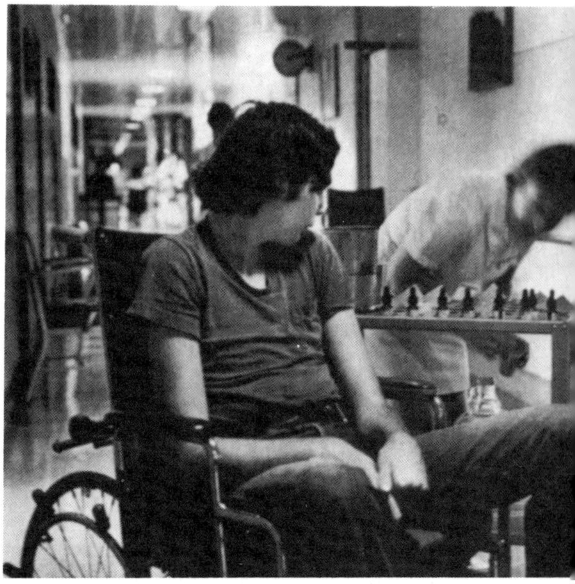

Mit dem Einzug der Neuroleptika ist der Medikamentenwagen zu einem der prominentesten Ausrüstungsgegenstände psychiatrischer Kliniken geworden.

Psychologische Behandlungsformen

Man hat die Schizophrenie keineswegs nur somatisch zu behandeln versucht. *Freud* selbst hat sich weder praktisch noch theoretisch bemüht, die Psychoanalyse auch der Behandlung Schizophrener zu öffnen. Er hielt Schizophrene für unfähig, die für eine Analyse notwendige enge zwischenmenschliche Beziehung einzugehen. Pionierarbeit auf diesem Gebiet leistete der amerikanische Psychiater *Harry Stack Sullivan*. 1923 richtete *Sullivan* am Sheppard and Enoch Pratt Hospital in Towson, Maryland, eine psychiatrische Station ein und entwickelte eine psychoanalytische Behandlung, die Berichten zufolge bemerkenswert erfolgreich war. Er glaubte, daß in der Schizophrenie Kommunikationsformen der frühen Kindheit wiederkehrten. Das zerbrechliche Ich des Schizophrenen, unfähig, mit der extremen Belastung zwischenmenschlicher Herausforderungen fertigzuwerden, sei regrediert. Aufgabe der Therapie müsse es daher sein, den Patienten erwachsene Kommunikationsformen zu lehren und ihm Einsicht in den Zusammenhang zwischen seiner Vergangenheit und seinen gegenwärtigen Schwierigkeiten zu vermitteln.[10] *Sullivan* riet zu einer sehr allmählichen, nicht ängstigenden Entwicklung einer Vertrauensbeziehung. Er empfahl z.B. dem Therapeuten, sich etwas seitlich zum Patienten zu setzen, um diesen nicht zu Blickkontakt zu zwingen, der in den ersten Stadien einer Therapie zu bedrohlich zu sein scheint. Erst nach vielen Sitzungen und erst dann, wenn die Beziehung vertrauensvoller ist und dem Patienten einen gewissen Rückhalt bietet, ermuntert der Analytiker den Patienten allmählich, seine interpersonalen Beziehungen näher zu betrachten.

Ein ähnliches ich-analytisches Vorgehen schlug auch die deutsche Psychiaterin *Frieda Fromm-Reichmann* (1889–1957) vor, die in die Vereinigten Staaten emigriert war und einige Zeit zusammen mit *Sullivan* am Chestnut Lodge, einer psychiatrischen Privatklinik in Rockville, Maryland, arbeitete. *Fromm-Reichmann* hatte viel Gespür für die symbolische und unbewußte Bedeutung von Verhalten; in der Abgeschlossenheit der Schizophrenen, so glaubte sie, komme der Wunsch zum Ausdruck, die in früher Kindheit erlittenen und später für unvermeidlich gehaltenen Zurückweisungen zu vermeiden. Sie behandelte schizophrene Patienten mit großer Geduld und mit viel Optimismus und vermittelte ihnen, daß sie sie, ihre Therapeutin, weder in ihre Welt hineinzunehmen noch ihre „Krankheit" aufzugeben brauchten, bis sie vollkommen dazu bereit seien. Zusammen mit *Sullivan* trug *Frieda Fromm-Reichmann* entscheidend dazu bei, daß die Psychoanalyse zu einer der Hauptbehandlungsformen der Schizophrenie wurde.

Zum psychoanalytischen Denken gehört das Paradox. Während *Sullivan* und *Fromm-Reichmann* sich der defensiven Struktur ihrer Patienten ganz behutsam näherten, ging *John Rosen* (1946) in seiner *direkten Analyse* unmittelbar darauf los. Er stimmte mit seinen Analytiker-Kollegen darin überein, daß in der Therapie Kommunikation herzustellen und Einsicht zu fördern sei, kündigte ihnen aber die Gefolgschaft auf, wenn sie von der Zerbrechlichkeit des schizophrenen Ich sprachen. *Rosen* hält das Ich Schizophrener für stark genug, um innerhalb einer unterstützenden Beziehung auch direkter und häufig brutaler Konfrontation standhalten zu können.[11] Das folgende Zitat beschreibt einen Ausschnitt aus einer Therapiesitzung mit einem jungen katatonen Schizophrenen.

„*In der ersten Stunde wiederholte er sich dauernd und es war offensichtlich, daß er aktiv halluzinierte. Er spielte auf zahlreiche sexuelle Abenteuer an. Er äußerte sich wie folgt: ‚Dies ist ein wundervolles Flugzeug. Es fliegt über dem Atlantik. Ich kann sie unten sehen. Meine Mutter. Sie treibt auf dem Wasser. Jetzt komme ich. Ein Sturzflug mit Bomben. Ich konzentriere mich auf sie. Jetzt komme ich. Jetzt komme ich.‘*

Nach diesem symbolischen Inzest schrie der Patient in höchster Angst und schien seinen Vater um Gnade zu bitten: ‚Nicht die Eier abschneiden. Bitte schneide sie nicht ab. Bitte, bitte, Papa.‘ Da das Flehen dem „Papa" galt, sagte der Arzt, er sei Papa; er habe gesehen, was geschehen sei und alles würde gut. Er erlaubte dem Patienten, auf diese Weise an seine Mutter zu denken, und versprach ihm Straffreiheit" (1946, S. 193).

Rosen wird zum allmächtigen Nährer und Schützer seiner Patienten. Manchmal füttert und liebkost er sie tatsächlich, um ihrer Regression Wirklichkeit zu verleihen und es ihnen zu ermöglichen, jene frühkindlichen Erfahrungen zu wiederholen, die nach psychoanalytischer Auffassung ihrer Psychose zugrunde liegen. Die Patienten sind vom Aufstehen bis zum Schlafengehen fast ununterbrochen mit dem Therapeuten und seinen Assistenten zusammen. Mit Drohungen und Versprechungen versucht man sie dahin zu bringen, ihr psychotisches Verhalten zu interpretieren und aufzugeben. Verständlicherweise sind *Rosens* Methoden umstritten, und daran ändert auch eine Erfolgsquote von angeblich 100 Prozent wenig.

Existentielle und humanistische Therapieformen richten bei schizophrenen Störungen wenig oder gar nichts aus. Autoren dieser Traditionen

[10] Eine allgemeinere Darstellung der Arbeit *Sullivans* findet sich in Kapitel 18.

[11] Mitarbeiter *Rosens* bezeugen seine ungewöhnliche Fähigkeit, zu vielen seiner Patienten eine unterstützende Beziehung aufzubauen, so daß seine unorthodoxen Techniken sie nicht ängstigen oder in anderer Weise belasten.

(z.B. *Corey*, 1977) geben selber zu, daß die anspruchsvolle Forderung, verantwortliche Entscheidungen zu treffen und so wahrhaft Mensch zu werden und sich dem existentiellen Faktum zu stellen, daß das Individuum letztlich allein in der Welt ist, höchstwahrscheinlich jenseits der Möglichkeiten der in diesem Kapitel beschriebenen Menschen liegt. Würde man einem Schizophrenen die existential-humanistischen Ziele erläutern, könnte der mit Fug und Recht antworten: ‚Das müßten meine Sorgen sein.' Wenn Menschen sogar darum kämpfen müssen, vernünftig zu denken, soziale Normen nicht zu verletzen und die Welt so zu sehen wie die meisten Menschen, ohne ihre eigenen furchterregenden Dämonen und Verfolger, können sie sich kaum den Luxus leisten, über letztendliche Einsamkeit nachzudenken und die schreckliche Verantwortung, Entscheidungen zu treffen und sich seine Existenz täglich neu zu schaffen. Aber ein Therapeut, der einfühlsam zuhört und bei dem der Patient sich vor Verletzungen sicher fühlen kann, ist sicherlich wohltuend. Zum Beispiel lehrt uns die klinische Erfahrung, paranoide Wahnvorstellungen nicht anzuzweifeln, um nicht Teil von ihnen zu werden. Ein Mensch, der glaubt, daß die CIA Botschaften in seinen Kopf sendet und alles, was er denkt und tut, registriert, braucht verständnisvolles, einfühlsames Zuhören.

Die Evaluation der einsichtsorientierten Psychotherapie mit Schizophrenen steht erst am Anfang. Ihre bisherigen Ergebnisse ermutigen aber kaum dazu, mit diesen schwer gestörten Menschen auf diese Weise zu arbeiten (*Feinsilver* und *Gunderson*, 1972). Die früheren Erfolgsmeldungen galten den Analysen von *Sullivan* und *Fromm-Reichmann*, aber sieht man sich ihre Patienten näher an, zeigt sich, daß ihre Störungen in den meisten Fällen verhältnismäßig geringfügiger Natur waren und vermutlich den strengen DSM-III-Kriterien für Schizophrenie nicht genügt hätten. Die wenigen Untersuchungen zur direkten Analyse *Rosens* sind methodisch fragwürdig; irgendein Wert konnte in diesem Ansatz auf jeden Fall nicht erkannt werden. Eine vielzitierte Untersuchung zur klientenzentrierten Therapie mit Schizophrenen stammt von *Carl Rogers* und seinen Mitarbeitern (1967). Sie zeigte, daß Empathie und außerordentliche Integrität auf seiten des Therapeuten dazu beitragen können, eine gute therapeutische Beziehung aufzubauen; an die eigentlichen klinischen Probleme Schizophrener kam man allerdings nicht heran (*May*, 1974). Dieses Versagen steht in Einklang mit Forschungsergebnissen, die besagen, daß die klientenzentrierte Therapie dann am erfolgreichsten ist, wenn der Klient von Anfang an großes Engagement zeigt. Ein derartiges Engagement von Schizophrenen zu erwarten, wäre unrealistisch (*Shilling*, 1984). Und schließlich konnte *May* (1968; *May* et al., 1976) nicht nachweisen, daß eine Psychoanalyse zusätzlich zur Phenothiazinbehandlung irgendeinen Vorteil brachte. Erfahrene Kliniker glauben häufig, daß sie selbst oder auch andere besonders begabte Therapeuten bei bestimmten Schizophrenen Änderungen zum Guten bewirken können. Wenn bestimmte Therapeuten mit bestimmten Patienten arbeiten, mag das in der Tat zutreffen. Die Befunde kontrollierter wissenschaftlicher Untersuchungen enthalten jedoch keine Anhaltspunkte dafür, daß Einsicht in sich selbst und die eigene Vergangenheit einem Schizophrenen viel hilft.

Die in den fünfziger Jahren entwickelte Familientherapie war eine Reaktion auf Schizophrenie-Theorien, die abnorme Familienbeziehungen für die Ursache der Störung hielten. Ob das nun stimmt oder nicht, möglich ist immerhin, daß sich bei bereits bestehender Schizophrenie durch Korrektur der häuslichen Beziehungen die Symptome des Patienten mildern lassen. Wenn ein Elternteil dem schizophrenen Sohn widersprüchliche Botschaften übermittelt, könnte man dem Elternteil beibringen, eindeutige Aussagen zu machen, und dem Sohn vermitteln, daß Menschen einander nicht immer sagen, was sie wirklich meinen. Die Literatur zur Familientherapie berichtet zwar von Symptomverbesserungen, aber wirklich tiefgreifende Änderungen werden selten erreicht. Die methodischen Mängel der Familientherapie-Forschung gestatten keine sicheren Schlußfolgerungen (*Massie* und *Beels*, 1972). Vielversprechender ist ein in Kapitel 20 (S. 705f.) näher beschriebenes familientherapeutisches Projekt zur Streßreduktion bei Patienten, die aus der Klinik nach Hause entlassen werden.

In den letzten Jahren hat auch die Verhaltenstherapie Verfahren zur Schizophreniebehand-

Kasten 14.4
Die psychiatrische Klinik

Jährlich werden etwa zweieinhalb Millionen Amerikaner wegen psychischer Störungen hospitalisiert. Man schätzt, daß jeder zehnte Einwohner dieses Landes wenigstens einmal im Leben in einer psychiatrischen Klinik behandelt wird (*Atthowe*, 1976). Der Aufenthalt in öffentlichen psychiatrischen Einrichtungen dient in erster Linie der Verwahrung, die Patienten führen ein überwiegend monotones und passives Leben. Nach *Pinels* revolutionärer Arbeit in La Bicêtre (vgl. S. 16) gab es in Europa und auch in Amerika eine Zeitlang nur relativ kleine und von privaten Geldgebern unterstützte Einrichtungen. Die Patienten hatten engen Kontakt zu ihren Wärtern, die sich mit ihnen unterhielten, ihnen vorlasen und sie zu sinnvollem Tun anregten. Die Patienten sollten ein möglichst normales Leben führen und im allgemeinen, soweit es ihre Störung zuließ, Verantwortung für sich übernehmen. Mit dieser moralischen Behandlung wurden, so vermutet man, beneidenswert hohe Entlassungsraten erreicht. Doch in der zweiten Hälfte des 19. Jahrhunderts geriet sie immer mehr in den Hintergrund. Für die vielen Patienten, die nicht in privaten Institutionen unterkamen, wurden große, öffentliche psychiatrische Krankenhäuser gebaut, denen es zur individuellen Betreuung an Möglichkeiten fehlte (*Bockhoven*, 1963). Überdies wurden solche Hospitäler von Ärzten verwaltet, die mehr an den physiologischen Aspekten der Krankheit und am körperlichen Wohlergehen der psychisch kranken Patienten interessiert waren. Das Geld, daß man zuvor für die persönliche Betreuung ausgegeben hatte, floß jetzt in die medizinische Ausstattung und in die Laboratorien.

Heutzutage werden psychiatrische Kliniken in Amerika entweder von der Bundesregierung oder von den einzelnen Bundesstaaten gebaut. Die ,,state hospitals" sind *psychiatrische* Kliniken unter staatlicher Trägerschaft. Sie sind oft alt, häßlich und außerhalb der Stadtzentren gelegen. Was die Gesellschaft finanziell für sie aufwendet, ist starken Schwankungen unterworfen. Auch manche Veteranenhospitäler und allgemeinmedizinischen Krankenhäuser verfügen über psychiatrische Stationen.

Es gibt auch private psychiatrische Kliniken. Zwei der bekanntesten sind das Sheppard and Enoch Pratt Hospital in der Nähe von Baltimore, Maryland, und das McLean Hospital in Belmont, Massachusetts. An Komfort sind die Privatkliniken den staatlichen Einrichtungen zumeist überlegen. Das hat einen ganz einfachen Grund: Sie haben mehr Geld. Der Tagessatz in diesen privaten Institutionen kann – ohne therapeutische Einzelsitzungen – 400 Dollar und mehr betragen! Obwohl manche Patienten, gewöhnlich mit einem Limit von 90 Tagen, krankenversichert sind, übersteigen solche Kosten die Möglichkeiten der meisten Bürger bei weitem.

Eine gewissermaßen spezialisierte psychiatrische Klinik ist denjenigen Menschen vorbehalten, die verhaftet und als nicht prozeßfähig beurteilt oder wegen Unzurechnungsfähigkeit freigesprochen werden. Sie kommen zwar nicht ins Gefängnis, gleichwohl bestimmen bewaffnete Wärter und strenge Sicherheitsvorkehrungen ihr Leben. Angeblich sollen sie während der Internierung auch behandelt werden.

Viele gute Bücher und Aufsätze sind über psychiatrische Kliniken geschrieben worden (*Stanton* und *Schwartz, 1954; Goffman*, 1961; *Rosenhan*, 1973; *Moos*, 1974). Sie alle bestätigen unsere eigene klinische Erfahrung, daß Patienten auch in den besten Kliniken gewöhnlich recht wenig Kontakt mit Psychiatern oder klinischen Psychologen haben. Den größten Teil ihrer Tage und Abende verbringen die Patienten allein oder unter ihresgleichen und mit Stationshilfen, die häufig kaum mehr als Grundschulbildung haben. Wie Häftlinge leiden auch Patienten psychiatrischer Kliniken unter einem überwältigenden Gefühl der Hilflosigkeit und Entpersönlichung. Die Patienten sitzen Stunden auf Fluren, warten auf die Öffnung des Speisesaals oder die Medikamentenausgabe, auf ihre Therapiestunde oder ihr Beratungsgespräch mit einem Sozialarbeiter oder Berufsberater.

Mit Ausnahme der Schwerstgestörten haben die Patienten Zugang zu verschiedensten Freizeiteinrichtungen. Sie können Holzarbeiten machen, schwimmen, in die Sporthalle gehen oder die sprichwörtlichen Körbe flechten. Die meisten Kliniken verlangen die Teilnahme an einer Gruppentherapie, was zumeist nur besagt, daß wenigstens zwei Patienten und ein Gruppenleiter für eine bestimmte Zeit in einem Raum zusammenkommen und sich unterhalten. Und manche Patienten erhalten auch ein paar Einzelsitzungen bei einem ausgebildeten Psychotherapeuten.

Patienten nach einjähriger oder noch längerer Hospitalisierung in die Freiheit zu entlassen, ist sehr schwierig. Psychiatrische Kliniken haben ihren Wert sicher nicht dadurch unter Beweis gestellt, daß sie Patienten auf die Rückkehr in die Gemeinschaft vorbereiten. Wir selber fragten einmal einen Patienten, dessen Zustand sich in den letzten Monaten sehr gebessert hatte, warum er nicht entlassen werden wolle. ,,Herr Doktor", sagte er mit ernster Miene, ,,das da draußen ist ein Dschungel". So ganz unrecht hatte der Mann sicher nicht, aber nichtsdestotrotz bietet das Leben draußen doch wohl auch einige Vorteile. Aber dieser Mann – ein Kriegsveteran und chronischer Patient, dessen Akte inzwischen einen halben Meter dick war – hatte sich so sehr an das geregelte Leben und das Versorgtwerden in den verschiedenen Veteranenkliniken gewöhnt, daß ihn die Aussicht auf Entlassung ebenso schreckte wie andere die Vorstellung, in eine psychiatrische Klinik zu gehen. Da man sich seit einiger Zeit bemüht, möglichst wenig Patienten zu hospitalisieren, sind die Patientenzahlen in psychiatrischen Kliniken stark zurückgegangen. Die Probleme der chronisch kranken Patienten haben aber immer noch keine angemessene Lösung gefunden.

Sehr häufig wird inzwischen nach dem Modell der *Milieutherapie* gearbeitet (z.B. *Jones*, 1953). Hier wird die ganze Klinik zur ,,therapeutischen Gemeinschaft". Jede Aktivität und auch jeder Mitarbeiter der Klinik ist Teil des Behandlungsprogramms. Die Milieutherapie scheint eine Rückbesinnung auf die moralische Behandlung des 19. Jahrhunderts zu sein. Man ermuntert zu sozialer Interaktion und Gruppenaktivitäten, so daß die Patienten unter dem Druck der Gruppe lernen, normaler zu funktionieren. Man behandelt die Patienten nicht wie verwahrte ,,Fälle", sondern wie verantwortliche Menschen (*Paul*, 1969). Man erwartet von ihnen, daß sie an ihrer eigenen Rehabilitation, aber auch an der ihrer Mitpatienten mitarbeiten. Offene Stationen ermöglichen ihnen ein verhältnismäßig freies Leben. Befunde über die Wirksamkeit der Milieutherapie sind allerdings spärlich (*Greenblatt* et al., 1965; *Fairweather*, 1964). Tatsächlich kann das intensive Engagement des Klinikpersonals, conditio sine qua non der Milieutherapie, manchen Schizophrenen auch schaden. Solche Menschen scheinen, zumindest zeitweise, Ruhe vor sozialer Stimulation und ihre Einsamkeit zu brauchen (*Simpson* und *May*, 1982; *Spadoni* und *Smith*, 1969).

Ein wegweisendes Projekt führten *Paul* und *Lentz* (1977) am neuen staatlichen Zentrum für psychische Gesundheit in Illinois durch. Sie behandelten 28 chronische ,,hardcore" Patienten mit *sozialer Lerntherapie* und erzielten ermutigende Erfolge. Sie kombinierten ein Münzsystem (token economy), das bis in Einzelheiten des Lebens der Patienten reichte, mit verhaltenstherapeutischen Interventionen, die den besonderen Bedürfnissen der einzelnen Patienten angepaßt waren. Viereinhalb Jahre lang erhob man über das Verhalten von Personal und Patienten eine Fülle von Daten, und schloß bei Patienten, die man hatte entlassen können, eine achtzehnmonatige Nachuntersuchung an. Gleichzeitig wurden zwei andere, der Experimentalgruppe parallelisierte Gruppen untersucht. Die eine erhielt in einer anderen Abteilung des Zentrums eine Milieutherapie, die andere wurde in einer älteren Einrichtung nach der üblichen Klinikroutine behandelt. Die soziale Lerntherapie war um einiges erfolgreicher als die beiden Kontrollverfahren. Da psychiatrische Kliniken – besonders für Menschen, die immer wieder beweisen, daß sie mit dem Leben draußen auf die Dauer nicht fertig werden – auf absehbare Zeit unverzichtbar sind, ist *Pauls* Arbeit von ganz besonderer Bedeutung. Sie weist Wege auf, wie chronischen Patienten geholfen werden kann, daß sie nicht nur in der Klinik, sondern auch während ihrer Zeit draußen besser zurechtkommen.

lung entwickelt. Im Vordergrund stehen hier Techniken des operanten Konditionierens. Wie in Kapitel 19 ausführlicher beschrieben ist, lebten bereits Hunderte von hospitalisierten, zumeist schizophrenen Patienten nach dem Token-Economy- oder Münz-System. Man wollte ihnen auf diese Weise bestimmte Verhaltensweisen, etwa das Hamstern von Handtüchern, abgewöhnen, ihnen angemessenere soziale Reaktionen beibringen – z.B. sich zu kämmen oder pünktlich zu den Mahlzeiten zu erscheinen – und sie zur Aktivität – etwa zu Hilfsarbeiten auf der Station – ermutigen (*Ayllon* und *Azrin*, 1968). Die Untersuchung von *Paul* und *Lentz* (1977) demonstriert die Möglichkeiten eines sorgfältig geplanten und peinlich genau durchgeführten Therapieprogramms auf der Grundlage sozialer Lernprinzipien. Schwer gestörte Schizophrene konnten in beschützende Heime und drei sogar in ein selbständiges Leben entlassen werden.[12] Gegenwärtig gelten Therapieprogramme mit lerntheoretischem Hintergrund als unumstritten wirksamste psychologische Verfahren bei dem Versuch, Schizophrenen zu helfen, im täglichen Leben besser zurechtzukommen. Aber die Verhaltenstherapie nimmt nur in seltenen Fällen für sich in Anspruch, bei dieser Gruppe psychischer Krankheiten so durchgreifende Änderungen zu erreichen, daß man von Heilung sprechen kann. Ihre Interventionen bewirken allerdings einige Änderungen, wenn es darum geht, die Folgen der Institutionalisierung rückgängig zu machen und Menschen, die vom Klinikpersonal für Passivität und Willfährigkeit verstärkt wurden, soziale Fertigkeiten, darunter auch Selbstbehauptung, zu vermitteln.

Bei aller berechtigten Begeisterung für Medikamente, die Halluzinationen und Wahnvorstellungen mindern und den Betroffenen sogar wieder zu klarerem Denken verhelfen, dürfen wir nicht vergessen, daß die Patienten immer auch lernen oder wieder lernen müssen, mit der Welt, in der sie leben, zu interagieren und die emotionalen Anforderungen zu bewältigen, vor die das Leben uns alle stellt. Die Schizophrenie ist, dessen sind wir inzwischen fast sicher, eine Krankheit, für deren Ausbruch bestimmte Menschen prädisponiert sind, wenn sie unter großer Belastung stehen. Eine Wunderdroge, die die Symptome lindert, vermag immer noch nichts gegen die Grundtendenz des Schizophrenen, bei späterer Gelegenheit erneut abnorm zu reagieren. Vielleicht gelingt es, Schizophrenen effektive Bewältigungsfertigkeiten (coping skills) zu vermitteln, so daß sie in Zukunft ihre emotionalen Reaktionen besser unter Kontrolle haben. Unser Wissen über diese rätselhafte und schwere psychische Störung ist immer noch sehr lückenhaft, aber die Logik gebietet, daß eine umfassende Schizophreniebehandlung beides, somatisch und psychologisch, sein muß.

Zusammenfassung

Die Pionierarbeit von *Kraepelin* und *Bleuler* führte zu zwei unterschiedlichen Auffassungen der Schizophrenie. *Kraepelins* Arbeit begünstigte

[12] Mit dem Kriterium der Entlassung aus einer psychiatrischen Klinik verhält es sich komplexer, als es auf den ersten Blick scheinen mag. Der Patient kann nach einer Behandlung möglicherweise das Krankenhaus verlassen und doch zu nicht mehr in der Lage sein, als eine Randexistenz zu führen. *Keith* und seine Mitarbeiter (1976) kamen zu dem Schluß, daß nur die Hälfte der entlassenen Schizophrenen fähig sind, ein beruflich wie sozial vollwertiges Leben zu führen.

einen deskriptiven Ansatz und eine eng gefaßte Definition, während sich aus *Bleulers* theoretischer Ausrichtung eine sehr umfassende diagnostische Kategorie entwickelte. Die amerikanische Auffassung der Schizophrenie ist stark von *Bleuler* beeinflußt. Sein Einfluß trug, zusammen mit dem amerikanischen Interesse an der Behandlung und dem Aufkommen etlicher schlecht definierter Untertypen der Schizophrenie, dazu bei, daß das amerikanische Schizophrenie-Konzept ausuferte. In den vierziger und fünfziger Jahren lagen zwischen amerikanischen und europäischen Schizophrenie-Diagnosen Welten. Mit dem Erscheinen des DSM-III ist auch das amerikanische Schizophrenie-Konzept enger und dem europäischen ähnlicher geworden. Die grundlegenden Symptome der Schizophrenie sind Denkstörungen: Inkohärenz, gelockerte Assoziationen, fehlende Einsicht und Wahnvorstellungen; Wahrnehmungs- und Aufmerksamkeitsstörungen: Derealisation, Ablenkbarkeit und Halluzinationen; Störungen des motorischen Verhaltens: Grimassieren, Gestikulieren, Gliederwerfen oder Katatonie und wächserne Beweglichkeit; Affektstörungen, d.h. abgestumpfter oder unangemessener Affekt. Schizophrene verfügen über wenig soziale Kompetenz und haben Schwierigkeiten, über längere Zeit hin eine Arbeitsstelle beizubehalten. Wie ein Blick auf die von *Kraepelin* und im DSM-III vorgeschlagenen Schizophrenie-Typen zeigt, ist das Verhalten schizophrener Patienten von beträchtlicher Vielfalt. Seit einiger Zeit klassifiziert man Schizophrene auch danach, ob sie positive Symptome – Exzesse wie Halluzinationen, Wahnvorstellungen und seltsames Verhalten – oder negative Symptome – abgestumpfte Emotionen, Sprachverarmung, Apathie, Anhedonie und Unaufmerksamkeit – aufweisen.

Man hat versucht, die ätiologische Rolle spezifischer Variablen wie soziale Schicht, Familie, genetische und biochemische Faktoren und Gehirnpathologie zu bestimmen. Die Diagnose Schizophrenie wird häufiger bei Angehörigen der untersten sozialen Schicht gestellt. Dafür gibt es, den vorliegenden Befunden zufolge, zwei Gründe: Erstens ist das Leben in dieser sozialen Schicht besonders belastend, und zweitens schaffen es Schizophrene aufgrund ihrer Störung nicht, in eine höhere soziale Schicht aufzusteigen. Das Familienleben Schizophrener ist häufig gekennzeichnet durch eine unbestimmte Kommunikation und Konflikte und trägt so wahrscheinlich zu ihrer Störung bei.

Die Befunde über eine genetische Weitergabe sind beeindruckend. Die Adoptionsstudien, die von den an Familien- und Zwillingsuntersuchungen kritisierten Mängeln verhältnismäßig frei sind, zeigen, daß zwischen der Schizophrenie eines leiblichen Elternteils und dem Schizophrenie-Risiko der Kinder ein enger Zusammenhang besteht. Möglicherweise entspricht der genetischen Disposition eine biochemische Abnormität, obwohl die Forschung auf diesem Gebiet nur vorläufige Schlußfolgerungen zuläßt. Zur Zeit scheint die Theorie der übermäßigen Dopaminaktivität der vielversprechendste Ansatz zur Erklärung einer Schizophrenie mit positiven Symptomen zu sein. Das Gehirn von Schizophrenen mit negativen Symptomen weist dagegen vergrößerte Ventrikel, Atrophien in Kortex und Kleinhirn, einen verminderten Alpha-Rhythmus und einen reduzierten Metabolismus in den Stirnhirnbereichen auf.

Ein großer Teil der in diesem Kapitel erörterten Informationen ist mit einem Diathese-Streß-Modell der Schizophrenie vereinbar. Man hat sich auch der Methode des hohen Risikos bedient und Kinder untersucht, deren Vater oder Mutter an der Störung litten und die daher besonders schizophrenie-anfällig waren. *Mednick* und *Schulsinger* stellten fest, daß die Prädiktoren für eine Fehlanpassung im Erwachsenenalter für Jungen und Mädchen verschieden sind. Bei Mädchen war es eine frühzeitig schizophren gewordene Mutter, die in materieller Armut lebte. Das galt auch für Jungen, nur kamen hier noch Schwangerschafts- und Geburtskomplikationen bei den Müttern, das labile autonome Nervensystem der Betroffenen und Heimerziehung seit frühester Kindheit hinzu.

Behandelt wird die Schizophrenie mit somatischen und psychotherapeutischen Verfahren. In früheren Jahren spielten Insulinbehandlung, Elektrokrampftherapie und sogar chirurgische Eingriffe eine große Rolle. Heute werden diese Verfahren kaum noch eingesetzt, was vor allem den nunmehr verfügbaren antipsychotischen Medikamenten, inbesondere den Phenothiazinen, zu verdanken ist. In zahlreichen Untersuchungen hat sich erwiesen, daß diese Medikamente einen großen und wohltuenden Einfluß auf das zerrüttete Leben schizophrener Patienten haben. Sie waren auch ein gewichtiger Faktor bei dem Bestreben, möglichst vielen Patienten eine dauerhafte Hospitalisierung zu ersparen. Aber mit Medikamenten allein lassen sich die Probleme Schizophrener nicht lösen. Die Patienten müssen lernen oder wieder lernen, mit den Herausforderungen des normalen Alltags fertigzuwerden und möglicherweise auch die innerpsychischen Probleme zu lösen, die ihren Symptomen nach Meinung mancher Therapeuten zugrunde liegen. Der Schizophrene, so vermutet die ich-analytische Theorie, entzieht sich dem Schmerz frühkindlicher Zurückweisung und Mißhandlung. Die vom Analytiker langsam und geduldig aufgebaute Beziehung bietet dem Patienten die notwendige Sicherheit, damit er sich den verdrängten Traumata nähern kann. Auch nach Ansicht der direkten Analyse liegen der Schizophrenie Kindheitskonflikte zugrunde, aber die Vertreter dieser Methode halten das Ich der Patienten für stark genug, einer konfrontativen Analyse ihrer Abwehrmechanismen standzuhalten. Verläßliche Befunde zur Wirksamkeit dieser Behandlungsformen sind selten, obwohl wir in Fach- und Populärliteratur eine Fülle dramatischer Fallschilderungen finden. In jüngerer Zeit hilft man entlassenen psychiatrischen Patienten auch mit verhaltenstherapeutischen Verfahren, mit den unvermeidlichen Belastungen eines Lebens in Familie und Gemeinschaft fertigzuwerden, und verhilft Patienten, die nicht entlassen werden können, zu einem geordneteren und konstruktiveren Leben innerhalb einer Institution.

Teil V

Entwicklungsstörungen

Kapitel 15

Spezifische Störungen in Kindheit und Adoleszenz

1. Klassifikation
2. Lernbehinderungen
3. Störungen mit unterkontrolliertem Verhalten
4. Störungen mit überkontrolliertem Verhalten
5. Eßstörungen

„Nichts ist so kostbar wie ein kleines Kind" (*O'Leary* und *Wilson*, 1975, S.39). Und nur wenige Ereignisse im Leben eines Erwachsenen sind emotional belastender, als einem Kind nahezustehen, das körperlichen oder seelischen Schaden erleidet. Bisher ging es um psychische Probleme, mit denen ein nicht geringer Anteil der erwachsenen Bevölkerung zu kämpfen hat. So schlimm es auch immer sein mag, einen Freund oder Angehörigen zu haben, der an einer Depression oder an unvorhersagbaren Angstanfällen oder an den zahllosen Denk- und Emotionsstörungen der Schizophrenie leidet, ist es doch ungleich viel schlimmer, dergleichen bei einem Kind zu erleben. Kinder, so glaubt man, haben nur wenig emotionale Ressourcen, um mit Schwierigkeiten fertigzuwerden. Daß gestörte Kinder von ihren Eltern und Pflegepersonen so extrem abhängig sind, trägt – berechtigt oder nicht – zu deren Gefühl der Verantwortlichkeit und Schuld bei.

Die meisten psychodynamischen, verhaltensbezogenen und sogar die biologischen Theorien gehen von der Annahme aus, daß Kindheitserfahrung und -entwicklung für die psychische Gesundheit des Erwachsenen von entscheidender Bedeutung sind. Überdies halten die meisten Theorien Kinder für leichter formbar und daher auch leichter therapierbar als Erwachsene. Man sollte daher meinen, daß Ätiologie, Prävention und Behandlung kindlicher Störungen im Zentrum einer umfangreichen Forschung stehen. Dem ist nicht so. Bis vor kurzem galt das Forschungsinteresse vornehmlich den Problemen Erwachsener.

Störungen im Zusammenhang mit der Entwicklung des Menschen zum Erwachsenen und in Verbindung mit dem Altern haben noch weniger Aufmerksamkeit gefunden als die Störungen des Kindesalters. Die Störungen dieser beiden Lebensabschnitte, der Kindheit und des Alterns, lassen sich zu einem neuen Forschungsziel zusammenfassen: der Erforschung von Entwicklungsproblemen über das ganze Leben hin (life-span development). In diesem Kapitel beschäftigen uns relativ spezifische Störungen in Kindheit und Adoleszenz, d.h. Störungen, die einen recht eng umgrenzten Verhaltensbereich betreffen, etwa die Unfähigkeit eines sonst normalen Kindes, grundlegende Fertigkeiten im Rechnen zu beherrschen. In Kapitel 16 geht es dann mit der geistigen Behinderung und dem frühkindlichen Autismus um umfassendere und ernstere Entwicklungsstörungen. In Kapitel 17 werden Probleme im Zusammenhang mit dem Altern besprochen.

1. Klassifikation

Die Klassifikation der Störungen, die in der Kindheit auftreten, hat sich im Laufe der letzten dreißig Jahre radikal gewandelt. Entsprechend den spärlichen Forschungsbemühungen behandelten DSM-I und DSM-II Probleme im Kindesalter vornehmlich so, als seien es die unteren Ausläufer der erwachsenen Störungen. Kinder erhielten häufig Diagnosen, die ursprünglich für Erwachsene geschaffen worden waren. Alle Hauptkategorien, die das DSM-II für Psychosen, Neurosen und Persönlichkeitsstörungen vorsah, wurden z.B. auch auf Kinder angewandt. Nur ein einziger Abschnitt – die Verhaltensstörungen in Kindheit und Adoleszenz – war speziell kindlichen Störungen vorbehalten. Wie ineffektiv dieses System war, zeigt sich darin, daß die meisten Kinder, die bei Psychiatern und Psychologen vorgestellt wurden, die Diagnose einer Anpassungsreaktion erhielten – in der Tat eine sehr umfassende, wenn überhaupt eine Diagnose (*Achenbach*, 1982).

In der ,,Gruppe für Fortschritt in der Psychiatrie (Group for Advancement in Psychiatry = GAP)" fanden sich Psychiater zusammen, um ihr Arbeitsgebiet einer sorgfältigen Prüfung zu unterziehen. Man erkannte, daß das Klassifikationssystem einer Änderung bedurfte und entwickelte ein von DSM-II-Vorstellungen sehr verschiedenes Diagnose-Schema für Kinder (*GAP*, 1966). Obwohl in seiner Arbeit weiterhin der psychodynamischen Theorie verpflichtet, schuf das GAP-Komitee ein an der Entwicklung orientiertes Diagnosesystem, das speziell auf Störungen der Kindheit zugeschnitten war. Das DSM-III nahm diese Vorschläge auf und erweiterte sie. Während das DSM-II nur einen Abschnitt mit sieben spezifischen, ausschließlich für Kinder gültigen Diagnosen enthielt, führt der entsprechende DSM-III-Abschnitt, verteilt auf neun allgemeine Gruppen, vierzig spezifische Diagnosen auf. In Tabelle 15.1, die die Schemata aller drei DSM-Versionen nebeneinanderstellt, läßt sich die Erweiterung der Kindheits-Diagnosen verfolgen.[1]

Die Validität des umfassenderen und detaillierteren DSM-III-Systems ist noch nicht überprüft, über die Reliabilität läßt sich indessen schon etwas sagen. Erste Untersuchungen der DSM-III-Diagnosen des Kindesalters zeigen, daß sich die Gesamtreliabilität im mittleren Bereich bewegt. Für einige spezifische Kategorien – beispielsweise Aufmerksamkeitsstörung und Hyperaktivität, Trennungsangst, Anorexia nervosa und Enuresis – ergaben sich hervorragende Reliabilitäten. Für andere, etwa die Verhaltensstörung ohne Sozialisierungsmängel, gilt das nicht (*Werry* et al., 1983). Allein die Tatsache, daß überhaupt Reliabilitätsstudien durchgeführt werden, spricht für das neue System, denn derartige Untersuchungen gab es weder für den entsprechenden Abschnitt des DSM-I noch des DSM-II (*Cantwell* et al., 1979).

Auch die Faktorenanalyse hatte einen wesentlichen Einfluß auf die Klassifikation von Kindheitsstörungen. Man erfaßt das Verhalten gestörter Kinder auf Skalen, analysiert die erhaltenen Daten und kommt so zu Clustern von Symptomen, die man zueinander in Beziehung setzt, um sie auszusondern. Diese Symptom-Cluster sind die sogenannten Faktoren. Die wichtigsten faktorenanalytischen Untersuchungen gestörter Kinder ergaben übereinstimmend wenigstens zwei umfassende derartige Symptom-Cluster. Kinder mit Symptomen des einen Clusters gelten entweder als unterkontrolliert oder als ,,Externalisierer" und zeigen Verhaltensexzesse. Kinder mit Symptomen des zweiten Clusters sind überkontrolliert oder sogenannte ,,Internalisierer" und weisen Verhaltensdefizite auf[2] (*Achenbach* und *Edelbrock*, 1978). Wie man die beiden Verhaltensmuster letztlich nennt, hängt von der theore-

[1] Das DSM-III sieht auch weiterhin Erwachsenen-Diagnosen für Kinder vor, wenn die Symptome den Kriterien entsprechen. Ein Beispiel dafür sind die affektiven Störungen.

[2] Man hat auch engere Symptom-Cluster gefunden, die sich aber durch die umfassenderen Begriffe ,unterkontrolliert' oder ,überkontrolliert' kategorisieren lassen.

Tabelle 15.1. Ausschließlich dem Kindesalter vorbehaltene Diagnosen der drei DSM-Versionen

Einträge	DSM-I	DSM-II	DSM-III
Insgesamt			
Hauptkategorie	keine	eine	neun
Anzahl der Unterkategorien	sechs	zehn	vierzig
Psychosen			
Hauptkategorie	keine	keine	Massive Entwicklungsstörungen
Anzahl der Unterkategorien	eine	eine	drei
Beispiel	Schizophrene Reaktion, Kindheitstyp	Schizophrene Reaktion, Kindheitstyp	Infantiler Autismus
Entwicklungsabweichungen			
Hauptkategorie	keine	keine	Spezifische Entwicklungsstörungen
Anzahl der Unterkategorien	keine	keine	sechs
Beispiel	–	–	Entwicklungsbedingte Lesestörung
Unterkontrolle			
Hauptkategorie	keine	Verhaltensstörungen in Kindheit und Adoleszenz	Störung mit Aufmerksamkeitsdefizit
Anzahl der Unterkategorien	eine	fünf	drei
Beispiel	Anpassungsreaktion, Verhaltensstörungen	Hyperkinetische Reaktion	Hyperaktivität Verhaltensstörungen fünf mit Sozialisierungsmängeln, aggressiv
Überkontrolle			
Hauptkategorie	keine	Verhaltensstörungen in Kindheit und Adoleszenz	Angststörungen
Anzahl der Unterkategorien	zwei	zwei	drei
Beispiel	Anpassungsreaktion, neurotische Züge	Rückzugsreaktion	Trennungsangst Andere Störungen fünf Elektiver Mutismus
Andere			
Hauptkategorien	keine	keine	Eßstörungen
Anzahl der Unterkategorien	drei	drei	fünf
Beispiel	Anpassungsreaktion der frühen Kindheit	Anpassungsreaktion der frühen Kindheit	Bulimie Sterotype Bewegungsstörungen fünf Tourette-Störung Andere Störungen mit körperlichen Manifestationen fünf Stottern

tischen Ausrichtung ab. Wir haben uns für *unterkontrolliert* und *überkontrolliert* entschieden. Der entscheidende Unterschied zwischen beiden liegt darin, ob die Reaktionsweise des Kindes – etwa sein Ungehorsam – in erster Linie den Menschen seiner Umgebung Probleme schafft, oder ob, wie bei der Angst, vornehmlich das Selbst des Kindes betroffen ist.

Bei der Strukturierung dieses Kapitels stützen wir uns sowohl auf die DSM-III-Einteilung als auch auf die unterkontrolliert-überkontrolliert-Dimension. Wir beginnen mit einem Überblick über die Lernbehinderungen. Diese Kategorie, im DSM-III spezifische Entwicklungsstörungen genannt, umfaßt extreme Abweichungen vom Durchschnitt in einem bestimmten Bereich der intellektuellen Entwicklung, wie z.B. Rechnen und Lesen. Im Anschluß daran beschäftigen wir uns in je einem Abschnitt mit unterkontrolliertem und überkontrolliertem Verhalten und schließlich mit den Eßstörungen, d.h. der Anorexia nervosa und der Bulimie.

Zuvor sei noch darauf hingewiesen, daß sich Störungen der Kindheit auf ganz zentrale Weise von Störungen des Erwachsenenalters unterscheiden. Während die meisten Erwachsenen *sich selbst* als jemand sehen, der ein Problem hat, werden Kinder zumeist von *anderen* als gestört angesehen. Der Unterschied zwischen ‚Ich habe ein Problem‘ und ‚Du hast ein Problem‘ ist beträchtlich. Wenn jemand sich selbst für behandlungsbedürftig hält, können wir vernünftigerweise sicher sein, daß er ein Problem hat und möchte, daß ihm geholfen wird. Wird aber ein Kind zur Behandlung angemeldet, wissen wir nur, daß jemand dieses Kind für gestört hält. Warum hält dieser Jemand das Kind für behandlungsbedürftig? Kindertherapeuten müssen sich ständig Fragen stellen, die nicht ohne weiteres zu beantworten sind. Ist dieser Junge wirklich nicht zu bändigen, oder erinnert er die Mutter nur an ihren geschiedenen Mann? Ist dieses Mädchen wirklich so leicht ablenkbar, oder langweilt es sich nur in der Schule? Auch wenn das Verhalten des Kindes entscheidend mitbestimmt, wie die Erwachsenen das Kind wahrnehmen, gehen in die Wahrnehmung noch zahlreiche weitere Faktoren mit ein (*Ross*, 1981).

2. Lernbehinderungen

Eine Gruppe kindlicher Probleme, die den Betroffenen gewöhnlich ein Leben lang erhalten bleiben, sind die sogenannten *spezifischen Entwicklungsstörungen*. Sie werden, getrennt von den klinischen Hauptsyndromen, auf Achse II kodiert, denn diese Entwicklungsstörungen, so sagt das DSM-III, treten häufig in Verbindung mit anderen Störungen auf und sollten nicht übersehen werden. Diese Diagnosen, besser bekannt als *Lernbehinderungen*, gelten Kindern, die in einem bestimmten Bereich der intellektuellen Entwicklung, etwa dem Spracherwerb, hinter den altersgemäßen Normen zurückbleiben. Die Kinder sind beim Erwerb der betreffenden Fertigkeit deutlich beeinträchtigt, und diese Beeinträchtigung ist weder dem chronologischen Alter noch dem Entwicklungsalter, noch einem mangelhaften Unterricht zuzuschreiben. Überdies gehen sie an Aufgaben, die die betreffende Fertigkeit erfordern, auf eine Weise heran, die deutlich unter ihrem sonstigen intellektuellen Vermögen liegt. Von den drei spezifischen Entwicklungsstörungen im Bereich der Sprache sind Jungen doppelt so häufig betroffen wie Mädchen. Tritt das Problem in Verbindung mit einer anderen Störung auf – wie etwa die verzögerte Sprachentwicklung bei einem Kind mit frühkindlichem Autismus – oder ist es, wie bei der geistigen Behinderung, Teil einer allgemeinen Entwicklungsverzögerung, wird keine spezifische Entwicklungsstörung diagnostiziert.

Das DSM-III verzeichnet vier Entwicklungsstörungen.

Entwicklungsbedingte Lesestörung. Kindern mit *entwicklungsbedingter Lesestörung*, besser bekannt als *Dyslexie*, fällt es schwer, zwischen den Buchstaben b und d, o und c, M und W zu unterscheiden. Häufig verwechseln sie auch Subjekt und Objekt und lesen statt ‚Hans sieht Marie' ‚Marie sieht Hans'. Die Kinder lesen langsam, und oft ist ihr Verständnis des Gelesenen eingeschränkt. Wenn sie laut lesen, lassen sie Wörter aus, fügen welche hinzu oder verdrehen sie. Die Störung schließt nicht aus, daß die Betroffenen unter Umständen Großes leisten. Bekanntermaßen litt auch *Nelson Rockefeller*, früherer Gouverneur des Staates New York und ehemaliger Vizepräsident der Vereinigten Staaten, an Dyslexie.

Entwicklungsbedingte Rechenstörung. Über die *entwicklungsbedingte Rechenstörung* wissen wir weniger. Vielleicht liegt das daran, daß Rechenschwierigkeiten in unserer Gesellschaft kein solches Stigma sind wie Schwierigkeiten beim Lesen und Sprechen (*Wicks-Nelson* und *Israel*, 1984). Die Störung ist anscheinend auch selten.

Entwicklungsbedingte Sprachstörung. Eine *entwicklungsbedingte Sprachstörung* kann rezeptiv sein, d.h., das Kind hat Schwierigkeiten beim Verstehen der gesprochenen Sprache, oder expressiv, wenn es dem Kind schwerfällt, sich sprachlich auszudrücken. Man kann ein Kind des rezeptiven Typs für taub halten, so mangelhaft ist sein Sprachverständnis. Ein Kind mit der expressiven Form der Störung kann ganz offensichtlich etwas mitteilen wollen, hat dann aber außerordentliche Schwierigkeiten, die richtigen Worte zu finden. Noch im Alter von vier Jahren äußert sich ein solches Kind nur in ganz kurzen Sätzen. Es vergißt früher gebrauchte Wörter, wenn es neue lernt, und im Gebrauch grammatischer Strukturen bleibt es erheblich hinter seinen Altersgenossen zurück.

Entwicklungsbedingte Artikulationsstörung. Im Unterschied zu Kindern, die Verständnis- und Wortfindungsschwierigkeiten haben, verfügen Kinder mit einer *entwicklungsbedingten Artikulationsstörung* über ein altersgerechtes Vokabular und Ausdrucksvermögen. Nur klingt das, was sie sagen, wie Babysprache. Aus ‚schön' wird ‚ßön', aus ‚blau' wird ‚bau'. Sie haben nicht gelernt, später erworbene Sprachlaute wie r, sch, th (im Englischen), f, z, l und ch zu artikulieren.

Die Ätiologie von Lernbehinderungen

Als mögliche Ursachen der einzelnen Lernbehinderungen gelten sowohl physiologische als auch psychologische Faktoren. Von richtigen Antworten auf die Frage nach der Ätiologie sind wir noch weit entfernt. Früher schrieb man die Behinderungen einer „minimalen cerebralen Dysfunktion (MCD)" zu. Heutzutage gibt es vage Hypothesen über Defekte in Gehirnbereichen, die, wie wir wissen, bestimmten intellektuellen Funktionen dienen. Menschen mit Sprachschwierigkeiten, so vermutet man, haben einen Schaden im linken Stirnhirn. Neben Ernährung und schädigenden Umwelteinflüssen, beispielsweise eine Bleivergiftung, werden auch genetische Faktoren angeführt. Geschwister und eineiige Zwillinge haben häufig die gleichen Leseschwierigkeiten (*Benton*, 1978).

Psychologischen Theorien zur Erklärung von Lernbehinderungen liegen im wesentlichen zwei Positionen zugrunde: die *Theorie vom Wahrnehmungsdefizit* (perceptual-deficit theory) und die *Theorie von der Didaktik* (academic-instruction theory) (*Wong*, 1979). Lernbehinderungen, so behauptet die Wahrnehmungsdefizit-Theorie, werden durch Dysfunktionen auf einer oder mehreren Ebenen des Wahrnehmungsprozesses verursacht: Kinder lernen bestimmte Dinge nicht, weil sie Fehler bei der Wahrnehmung sensorischer Reize machen. Eine populäre frühe Hypothese ging z.B. dahin, daß Kinder mit Dyslexie Druckbuchstaben verkehrt herum oder spiegelbildlich *wahrnehmen* und so fälschlich einen Buchstaben für einen anderen, etwa ein *d* für ein *b* halten. Das lernbehinderte Kind, so vermutete man, sieht Buchstaben und Wörter anders als andere Kinder. Wenn diese Kinder schreiben, erscheinen Buchstaben und Wörter tatsächlich häufig verkehrt herum. Obwohl es bisher nicht gelungen ist, bei lernbehinderten Kindern bestimmte Wahrnehmungsdefizite festzumachen (*Wong*, 1979), haben manche Forscher die Suche danach noch nicht aufgegeben (*Cruickshank*, 1977).

Die „Didaktiktheorie" hält Lernbehinderungen eher für ein Lehr- denn für ein Lernproblem (*Englemann*, 1969). Nicht das Kind ist lernunfähig, vielmehr mangelt es an angemessener schulischer Unterweisung.[3] Folglich geht es den Verfechtern dieser Theorie mehr um neue Lehrmethoden als um die Beschreibung lernbehinderter Kinder. Obwohl bezweifelt werden muß, daß sich viele Fälle mutmaßlicher Lernbehinderung einzig durch unzureichenden Unterricht erklären lassen, hat die Annahme, daß zumindest manche der betroffenen Kinder in bezug auf bestimmte Fertigkeiten nicht angemessen unterrichtet wurden, zu ermutigenden Behandlungserfolgen geführt.

Intervention bei Lernbehinderungen

Man hat Lernbehinderungen auf somatischem, pädagogischem und psychotherapeutischem Wege zu behandeln versucht. Man hat den Kindern Stimulantien und Tranquilizer verabreicht; oder man trainierte mit ihnen motorische Aktivitäten, die sie, so glaubte man, in einem noch jüngeren Alter nicht genügend beherrscht hatten. Auf diese Weise hoffte man, neuronale Verschaltungen im Gehirn neu zu organisieren. Und man versuchte es mit psychoanalytischer Behandlung. Die Angst von Eltern, deren Kinder im Lesen hinter anderen zurückbleiben oder nicht effektiv und altersgemäß sprechen können, sollte nicht unterschätzt werden. Auf dem Spiel stehen auch Steuergelder. Sie fließen in therapeutische Projekte, die betroffene Kinder auf das Leistungsniveau ihrer Altersgenossen bringen sollen, um auch ihnen die Chance zu geben, an den Segnungen unserer bildungsbeflissenen und technologiegläubigen Gesellschaft teilzuhaben.

Auch wenn nach Meinung vieler Experten zumindest ein Teil der lernbehinderten Kinder an subtilen Gehirnschäden leidet, die das angemessene Verständnis und den angemessenen Umgang mit intellektuellem Material verhindern, setzt die Behandlung gewöhnlich beim Verhalten an, d.h., man bringt den Kindern bestimmte Fertigkeiten bei. Wenn beispielsweise ein dyslexisches Kind nicht zwischen U und V unterscheiden kann, zeigt man ihm die Buchstaben und belohnt es, wenn es sie richtig beim Namen nennt. Dieses sogenannte Diskriminationstraining ist eigentlich eher ein pädagogisches als ein therapeutisches Verfahren.

Eines der frühesten Beispiele ist eine Fallstudie von *Staats* und *Butterfield* (1965). Der vierzehnjährige Klient kam aus einer vielköpfigen Familie mexikanischer Abstammung. Mit seinen Lesefähigkeiten befand er sich etwa auf dem Niveau eines Zweitkläßlers. Seine Chancen standen schulisch wie beruflich schlecht, und er war bereits polizeiauffällig geworden. Um ihm das Lesen beizubringen, gingen *Staats* und *Butterfield* in mehreren kleinen Schritten vor. In einem ersten Schritt lernte der Junge eine Reihe von Wörtern kennen, die einzeln auf Karteikarten standen. Alle Wörter waren einer Geschichte entnommen, die zu lesen der nächste Lernschritt sein sollte. Für jedes richtig ausgesprochene neue Wort wurde der Junge systematisch mit Münzen verstärkt, mit denen er sich später einen Wunsch erfüllen konnte. Machte er einen Fehler, sprach ihm der Trainer das Wort vor und kam nach einiger Zeit noch einmal darauf zurück. Waren alle neuen Wörter für die Geschichte gelernt, änderte sich das Belohnungssystem: Jetzt gab es Münzen für einen fehlerfrei gelesenen Absatz der Geschichte. Zudem waren die Münzen jetzt auch im Wert gestiegen. In einem letzten Schritt wurde der Junge dafür belohnt, daß er ganze Geschichten still für sich las und Verständnisfragen richtig beantwortete. Nach viereinhalb Monaten beziehungsweise vierzig Stunden solcher seinen Bedürfnissen angepaßten Instruktion hatten seine Lesefertigkeiten das Niveau eines Viertkläßlers erreicht. Nach dem Vorbild der Pionierarbeit von *Staats* und *Butterfield* wurden zahlreiche weitere Programme entwickelt, die sich zumindest bei einigen Schwierigkeiten lernbehinderter Kinder als recht vielversprechend erwiesen (z.B. *Schwartz*, 1977).

[3] Lernbehinderungen mit mangelhafter schulischer Instruktion zu erklären, ist ein Widerspruch, denn laut DSM-III kann ein Lernproblem nicht durch unangemessenen Unterricht verursacht werden.

3. Störungen mit unterkontrolliertem Verhalten

Das unterkontrollierte Kind hat keine oder nur unzureichende Kontrolle über das Verhalten, das – dem Alter des Kindes entsprechend – in einer gegebenen Situation von ihm erwartet wird. Dieser Mangel macht das unterkontrollierte Kind häufig für Erwachsene und Spielgefährten gleichermaßen zur Plage. Es werden zwei allgemeine Kategorien *unterkontrollierten Verhaltens* unterschieden: Störungen mit Aufmerksamkeitsdefizit und Verhaltensstörungen.

Schwierigkeiten als Folge von Unterkontrolle sind durch Art und Form des Verhaltens, seine *Topographie*, definiert. Daß vieles von dem, was als „Problemverhalten" gilt, etwa Herumzappeln im Unterricht, auch in der kindlichen Gesamtpopulation sehr häufig ist, macht es allerdings fraglich, ob man das isolierte Vorkommen solcher Verhaltensweisen bereits als abnorm betrachten sollte. Es gibt aber auch Verhalten, z.B. ein tätlicher Angriff auf den Lehrer, das allein aufgrund seiner Topographie allgemein als abnorm beurteilt wird.

Störung mit Aufmerksamkeitsdefizit und Hyperaktivität

„Wahrscheinlich kennt jeder wenigstens ein hyperaktives Kind, und sehr wahrscheinlich handelt es sich bei diesem Kind um einen Jungen im schulpflichtigen Alter. Solche Kinder verhalten sich oft impulsiv und handeln, ohne nachzudenken – ein Verhaltensmuster, daß zu Schwierigkeiten im sozialen Bereich und Schulversagen führen kann. Sie können sich nur mit Mühe auf eine einzelne Tätigkeit konzentrieren und wechseln oft sprunghaft von einer Aufgabe zur anderen, ohne Begonnenes zu Ende zu führen. Viele dieser Kinder verhalten sich allenfalls einige Minuten so, wie es von ihnen erwartet wird, sei es, daß sie auf eine Aufgabe oder ein Spiel konzentriert bleiben, geduldig auf ein von ihnen gewünschtes Ereignis warten oder ihr spontanes verbales und motorisches Verhalten den Umständen anpassen sollen. Sie scheinen über eine bemerkenswerte Energie zu verfügen und gehen Aktivitäten mit auffallender und manchmal erschreckender Intensität an.

Die Mutter eines hyperaktiven Sohnes könnte diesem vielleicht noch so oft verbieten, mit seiner schmutzigen Hand an der sauberen Wand entlangzustreifen, wenn er durch den Flur in die Küche rennt – er wird es immer wieder vergessen. Seine Spielkameraden stellen möglicherweise fest, daß er beim Monopoly oder beim Fußballspiel spontan die Regeln abwandelt. Unmittelbar, nachdem sein Lehrer der ganzen Klasse ausführliche Instruktionen gegeben hat, wird er fragen, was er denn nun tun solle. Er kann vor sich hintrillern oder andere seltsame Geräusche machen, die anderen unvermeidlich auf die Nerven gehen. Sein Kontingent an Mißgeschicken scheint überreichlich bemessen – er stößt an den Turm, den seine Klassenkameraden bauen, verschüttet seinen Preiselbeersaft über das Leinentischtuch, stolpert bei der Jagd auf die Katze der Familie über das Fernsehkabel, so daß der Bildschirm mitten in einer spannenden Sportsendung dunkel wird.

Ein hyperaktives Kind gerät allzu häufig ‚in Schwierigkeiten', mit seinen Spielgefährten, seinen Lehrern, seiner Familie, seiner Gemeinschaft. Seine sozialen Fehltritte entspringen weder einer negativistischen Haltung, noch sind sie bösartig. Tatsächlich ist oft keiner überraschter als es, wenn andere auf sein Verhalten mit Ärger oder Zurückweisung reagieren. Dabei scheint es weder im intellektuellen noch im zwischenmenschlichen Bereich grundlegende Defizite oder Behinderungen aufzuweisen. Es scheint in fast *jeder Hinsicht normal zu sein, und doch hat es immer und überall außerordentliche Schwierigkeiten, im Alltag zurechtzukommen. Das ist das Rätsel der Hyperaktivität – ein Rätsel, das Kindertherapeuten und Pädagogen verwirrt und fesselt*" (*Whalen*, 1983, S. 151–152).

Wie dieser Beschreibung zu entnehmen ist, sind die meisten Menschen, insbesondere aber Eltern und Lehrer, mit dem Phänomen der „Hyperaktivität" vertraut. Man hat diese unaufmerksamen und impulsiven Kinder in der Vergangenheit schon mit den verschiedensten Diagnosen belegt, darunter die eines minimalen Gehirnschadens, die eindeutig eine subtile cerebrale Dysfunktion als Ursache der Verhaltensprobleme nahelegte, und die einer Hyperkinese, abgeleitet von den griechischen Wörtern für ,,über" (*hyper*) und ,,Bewegung" (*kinesis*). An ihre Stelle trat im DSM-III-R die *Störung mit Aufmerksamkeitsdefizit und Hyperaktivität* und die *Undifferenzierte Störung mit Aufmerksamkeitsdefizit.* Schwerpunkt der Definition liegt nunmehr auf der Unfähigkeit der betroffenen Kinder, sich für eine angemessene Zeit auf eine Aufgabe zu konzentrieren. Hyperaktivität wird diagnostiziert, wenn unaufmerksamen Kindern die Verhaltenskontrolle besonders in Situationen schwerzufallen scheint, wo sie – wie in der Schule oder bei den Mahlzeiten – stillsitzen müssen. Sie können dann offensichtlich nicht aufhören sich zu bewegen oder zu sprechen. Sie werden oft als ,,ständig auf dem Sprung" oder wie ,,aufgezogen" geschildert. Sie sind unorganisiert, sprunghaft, taktlos, eigensinnig und herrisch. Alle ihre Beschäftigungen und Bewegungen scheinen vom Zufall bestimmt zu sein. Sie ruinieren im Handumdrehen Schuhe und Kleider, zerbrechen ihre Spielsachen und treiben ihre Familie und ihre Lehrer schnell an den Rand der Erschöpfung.

Es sei wichtig, warnt *Whalen* (1983), mit der Diagnose nicht allzu schnell bei der Hand zu sein: Nicht jedes ungestüme, ,,überaktive" und etwas zerstreute Kind ist auch gestört, denn in den ersten Schuljahren findet man solches Verhalten bei vielen Kindern. Manche Autoren befürchten, daß DSM-III-Diagnosen Kinder unnötig stigmatisieren können (z.B. *Garmezy*, 1977). Sie machen darauf aufmerksam, daß Worte wie ,,ungestüm" unter Umständen nicht mehr bedeuten, als daß das Kind lebhafter und schwerer zu kontrollieren ist, als Eltern und Lehrern lieb ist. Die Diagnose einer Störung mit Aufmerksamkeitsdefizit und Hyperaktivität sollte nur wirklich extremen und hartnäckigen Fällen vorbehalten bleiben. Ebenfalls nicht gedacht ist die Diagnose für Kinder mit schwerer oder tiefgreifender geistiger Behinderung oder einer ernsthaften neurologischen Beeinträchtigung, denn diese Störungen können selbst Ursache von Verhaltensweisen oder Symptomen sein, wie wir sie bei der Störung mit Aufmerksamkeitsdefizit kennen.

Erwartungsgemäß gehen Unaufmerksamkeit und Impulsivität häufig mit Lernschwierigkeiten einher. Tatsächlich halten manche Forscher die Beziehung zwischen Lernbehinderungen und der Störung mit Aufmerksamkeitsdefizit und Hyperaktivität für so eng, daß beide zuweilen kaum voneinander zu unterscheiden seien. In einer Untersuchung zeigte sich, daß über 75 Prozent einer Stichprobe von Kindern mit Aufmerksamkeitsdefizit und Hyperaktivität ernsthafte Lernschwierigkeiten hatten und mehr als ein Drittel der lernbehinderten Kinder hyperaktiv war (*Safer* und *Allen*, 1976). Aber derselben Statistik ist auch zu entnehmen, daß die Überlappung nicht vollständig ist; einige der hyperaktiven Kinder mit Aufmerksamkeitsdefizit waren z.B. sehr gute Schüler. Gegenwärtig gehen die Anstrengungen dahin, die beiden Kategorien trotz ihrer anerkanntermaßen engen Beziehung auseinanderzuhalten (*Whalen*, 1983).

Über 80 Prozent der hyperaktiven Kinder zeigen in der Schule Fehlverhalten (*Satterfield* et al., 1972). Erwachsene beschreiben sie gewöhnlich als unreif. Viele dieser Kinder haben außerordentliche Schwierigkeiten, mit Gleichaltrigen auszukommen und Freundschaften zu schließen (*Whalen*, 1983), wahrscheinlich, weil ihr Verhalten die anderen stört und ärgert. Sie spielen häufig mit jüngeren Kindern und mit Spielzeug, über das sie eigentlich hinausgewachsen sein sollten; sie behalten auch sehr lange die Babysprache bei (*Weiss* et al., 1971). Die sozialen Beziehungen von Kindern mit Aufmerksamkeitsdefizit und Hyperaktivität sind nicht etwa schlecht, weil sie nicht wissen, was sie zu tun haben. Verglichen mit normalen Kindern ist weder ihre ,,interpersonale Intelligenz" noch ihre soziale Urteilsfähigkeit defizient. Sie scheinen nur weniger Geschick dafür zu haben, bei passender Gelegenheit auch das Richtige zu *tun* (*Paulauskas* und *Campbell*, 1979; *Whalen*, 1983).

Die Probleme hyperaktiver Kinder beginnen bereits im Säuglingsalter: Sie neigen verglichen mit Kindern gleichen Alters häufiger zu Koliken (*Stewart* et al., 1966) und erreichen auch bestimmte Entwicklungsabschnitte, etwa das Laufenlernen, nicht zur erwarteten Zeit (*Denhoff*,

1973). Sogar das Aktivitätsniveau der ganz Kleinen weist schon Abweichungen auf: Manche sind überaktiv, aber andere interessanterweise auch zu passiv (*Werry, Weiss* und *Douglas*, 1964). Im Vorschulalter werden dann Unaufmerksamkeit und Überaktivität unübersehbar. Sie gehorchen nicht, wenn ihre Eltern ihnen kleine Aufgaben auftragen, und stoßen die Bauklötze der kleinen Schwester um, wenn sie mit ihr spielen sollen. In diesem Alter gelten sie häufig als temperamentvolle und emotionale Kinder (*Schain* und *Reynard*, 1975). Richtig auffällig werden ihre Probleme erst mit Schulbeginn, was vermutlich daran liegt, daß die Grundschulsituation in den meisten Fällen strukturierter ist als die bisherige Umgebung. In einer Untersuchung (*Stewart* et al., 1966) wurde das Verhalten von hyperaktiven und Kontrollkindern verglichen, wie es von Lehrern beurteilt worden war. (Tabelle 15.2). Die beurteilten Handlungen und Verhaltensweisen geben zugleich einen guten Katalog hyperaktiven Verhaltens ab.

Man schätzt, daß 8 bis 9 Prozent der Jungen und 2 bis 3 Prozent der Mädchen im Grundschulalter an einer Störung mit Aufmerksamkeitsdefizit und Hyperaktivität leiden (*Miller, Palkes* und *Stewart*, 1973). Eine Zeitlang glaubte man, daß sich die Hyperaktivität mit Erreichen der Adoleszenz von selbst lege. Eine sorgfältige Analyse der einschlägigen Literatur führte *Wallander* und *Hubert* (1985) jedoch zu dem vorläufigen Schluß, daß junge Menschen mit Aufmerksamkeitsdefizit und Hyperaktivität auch noch während der Adoleszenz und in manchen Fällen bis ins junge Erwachsenenalter Anpassungsprobleme haben. Diese jungen Menschen sind zwar im allgemeinen nicht mehr so überaktiv wie früher, haben aber mehr Schwierigkeiten, die Schule abzuschließen, als normale Adoleszente. Ihr Berufsleben verläuft kaum anders als das normaler Altersgenossen. Das liegt vielleicht daran, daß es im allgemeinen nicht ganz so strukturiert und kognitiv nicht ganz so anspruchsvoll ist wie die Schulsituation, wo die Aufmerksamkeitsstörung mit Hyperaktivität vorrangig auffällt. Und doch sind bei einem Teil dieser Menschen – meistens handelt es sich dabei um Männer – Alkoholprobleme und Autounfälle häufiger als in der Gesamtbevölkerung. Das gilt für Hyperaktive, die als Kinder behandelt wurden, ebenso wie für solche, die nie in Behandlung waren.

Tabelle 15.2. Unterrichtsverhalten von hyperaktiven und von Kontrollkindern (aus *Stewart* et al., 1966)

Verhalten	Kontroll-Kinder, % ($N = 33$)	Hyperaktive Kinder, % ($N = 37$)
Überaktiv	33	100
Kann nicht stillsitzen	8	81
Zappelt	30	84
Verläßt das Klassenzimmer ohne Erlaubnis	0	35
Kann Zurechtweisungen nicht akzeptieren	0	35
Jähzornausbrüche	0	51
Raufereien	3	59
Betrügereien	0	49
Führt Arbeit nicht zu Ende	0	84
Macht Spiele nicht bis zum Ende mit	3	78
Hört sich nicht die ganze Geschichte an	0	49
Wechselt während des Unterrichts von einer Aktivität zur anderen	6	46
Befolgt Anordnungen nicht	3	62
Ist schwer ins Bett zu bekommen	3	49
Bei Gleichaltrigen unbeliebt	0	46
Spricht zu viel	20	68
Beschädigt Spielzeug, Möbel usw.	8	68
Macht Dummheiten	11	54
Unberechenbar	3	59
Destruktiv	0	41
Fügt sich nicht	0	57
Lügt	3	43

In einer Reihe wichtiger Untersuchungen mit einer großen Stichprobe hyperaktiver Kinder haben *Loney* und ihre Mitarbeiter einige Prädiktoren für deren Verhalten in der Adoleszenz identifiziert. *Loney, Langhorne* und *Paternite* (1978) unterzogen die Symptome einer Faktorenanalyse und fanden zwei Hauptmuster. Das erste war der sogenannte Hyperaktivitätsfaktor mit den Komponenten Hyperaktivität, Unaufmerksamkeit und Urteilsschwäche. Als zweites Muster ergab sich der Aggressionsfaktor mit Aggression, Kontrollproblemen und negativer Emotion. Besserer Prädiktor für Hyperaktivität und aggressives Verhalten in der Adoleszenz war der Aggressionsfaktor (*Paternite* und *Loney*, 1980). Der aggressive Aspekt der Störung mit Aufmerksamkeitsdefizit und Hyperaktivität kann also die

Kasten 15.1
Enuresis

Säuglinge können weder Blase noch Darm kontrollieren und müssen folglich gewickelt werden. Wenn das Kind älter wird, beginnt die Sauberkeitserziehung. Manche Kinder sind mit 18 Monaten sauber, andere mit 30, usw. Ab welchem Alter ist mangelnde Blasenkontrolle nicht mehr ,,normal"? Die Antwort darauf ist recht willkürlich, wie kulturelle Normen und Statistiken belegen.

Das DSM-III und andere Klassifikationssysteme unterscheiden zwischen Einnässen bei Nacht, der Enuresis nocturna, und Einnässen bei Tage, der Euresis diurna. Die Urinkontinenz bei Tage wird früher erworben. Ein Kind, das in der Entwicklung der Blasenkontrolle zurückbleibt, näßt gewöhnlich nachts ein. Anhand von Volkszählungsdaten und Häufigkeitsschätzungen für verschiedene Altersstufen rechnet *Baller* (1975) bei, wie er es nennt, konservativer Schätzung in den Vereinigten Staaten mit fast vier Millionen Bettnässern! Das männliche Geschlecht ist etwa doppelt so häufig betroffen wie das weibliche (*DeJonge*, 1973).

Lovibond (1964) berechnete die Häufigkeit des Bettnässens in England als eine Funktion des Alters (Abb. 15.1). Natürlich kann man den Einschnitt, nach dem Bettnässen als Problem gilt, nicht, wie hier geschehen, im Alter von zwei Jahren machen, wo noch 40 Prozent der Kinder einnässen. In den Vereinigten Staaten verlegt man diesen Einschnitt im allgemeinen zwischen das dritte und vierte Lebensjahr. In diesem Alter nässen schätzungsweise noch 10–15 Prozent der Kinder ein (*Baller*, 1975). Demgegenüber wissen wir von *Bettelheim* (1969), daß in einem israelischen Kibbuz noch 40 Prozent der Neunjährigen ins Bett machen, nur ist das für niemanden ein Problem. Offensichtlich gibt es in Israel mehr Kinder, die ins Bett machen, aber weniger Enuretiker!

Natürlich ist das Alter nicht der einzige Faktor, der bei der Diagnose eine Rolle spielt. *Ballers* Definition der Enuresis nocturna besteht aus vier Teilen. Er beschreibt die Betroffenen als

,,*Personen, die 1. unfreiwillig das Bett einnässen; 2. keine Anzeichen einer organischen Blasenpathologie zeigen; 3. dreieinhalb Jahre und älter sind und 4. entweder einfach die frühkindliche Gewohnheit des Bettnässens beibehalten haben (,primäre Enuresis') oder ein Muster des Bettnässens entwickelt haben (,sekundäre Enuresis') und im Durchschnitt mehr als zweimal wöchentlich einnässen*" (S. 15).

Die Unterscheidung des vierten Kriteriums ist üblich und auch im DSM-III zu finden. In zwei Dritteln aller Fälle handelt es sich um eine primäre Enuresis (*Starfield*, 1972), d.h., die Betroffenen nässen seit Säuglingstagen ein, während sekundäre Enuretiker bereits nachts trocken waren, diese Fähigkeit aber offensichtlich wieder eingebüßt haben.

Die Befunde sprechen übereinstimmend dafür, daß fast 75 Prozent der Enuretiker einen Verwandten ersten Grades haben, der die Störung ebenfalls hat oder hatte (*Bakwin*, 1973) – ein Beweis entweder für physiologische oder für psychologische Theorien ihrer Ätiologie. Das Einnässen geschieht gewöhnlich im ersten, traumlosen Drittel der Nacht; wenn es während der Traumphase passiert,

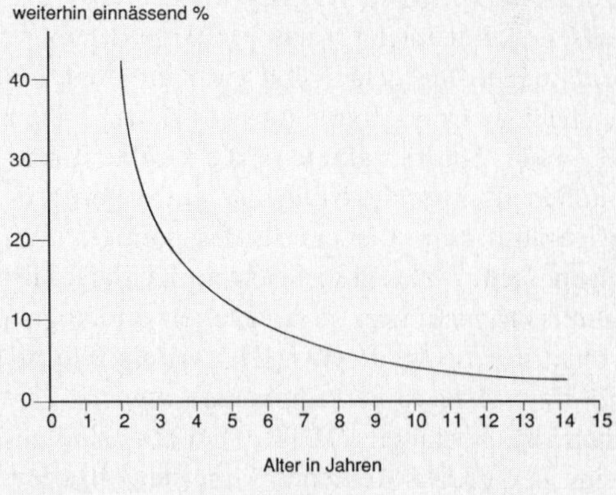

Abb. 15.1. Häufigkeit des Bettnässens in England (nach *Lovibond*, 1964).

erinnert sich das Kind manchmal an einen Traum, in dem es um Urinieren ging. Prädisponierende Belastungen sind Krankenhausaufenthalte im Alter zwischen zwei und vier Jahren, die Geburt eines Geschwisters und die Einschulung.

Theorien der Enuresis

10 Prozent aller Enuresis-Fälle haben rein medizinische Ursachen. Am häufigsten handelt es sich dabei um eine Harnweginfektion. Etwa 5 Prozent der weiblichen und 2 Prozent der männlichen Enuretiker sind davon betroffen. Mit der Behandlung der Infektion ist allerdings häufig nicht auch die Enuresis geheilt. Weitere seltene, aber bekannte körperliche Ursachen sind chronische Nierenleiden, Tumore, Diabetes und Anfallsleiden (*Kolvin, MacKeith* und *Meadow*, 1973). Da die Enuresis doch recht häufig körperliche Ursachen hat, bestehen die meisten Therapeuten vor Aufnahme der psychologischen Behandlung auf einer ärztlichen Untersuchung.

Manche psychoanalytische Theoretiker vermuten, daß die Enuresis als Symbol für andere Konflikte dient. Man hat sie als symbolische Masturbation gesehen, aber auch als indirektes Mittel, Zorn gegenüber den Eltern auszudrücken (*Mowrer*, 1950). Eine verwandte Auffassung hält die Enuresis für das Symptom einer allgemeineren psychischen Störung. Viele Forscher teilen diese Meinung allerdings nicht. Sie halten die anderen Probleme nicht für die Ursache der Enuresis, sondern für eine Reaktion auf die Scham- und Schuldgefühle, die mit dem Bettnässen einhergehen. Natürlich büßen Kinder ihre Selbstachtung ein, wenn ihre Spielgefährten sie hänseln und ihre Eltern ärgerlich und zurückweisend werden. Wenn sie ihre Blase beherrschen gelernt haben, schwinden in den meisten Fällen auch die damit verbundenen emotionalen Probleme (*Starfield*, 1972; *Baller*, 1975).

Nach lerntheoretischer Auffassung nässen Kinder ein, wenn die Sauberkeitserziehung zu früh beginnt, zu nachlässig ist und das Kind für rechtzeitiges Melden unzureichend verstärkt wird, und insbesondere, wenn Kinder nicht lernen – als konditionierte Reaktion auf eine volle Blase – aufzuwachen oder zu verhindern, daß sich der das Urinieren kontrollierende Schließmuskel entspannt (*Mowrer* und *Mowrer*, 1938; *Young*, 1965; *Baller*, 1975). Die Blasenkontrolle, d.h. die Verhinderung eines natürlichen Reflexes, bis eine willentliche Entleerung stattfinden kann, ist eine Fertigkeit von beträchtlicher Komplexität. Obwohl keine der einschlägigen Lerntheorien entscheidende empirische Unterstützung erfahren hat, haben sich lerntheoretisch fundierte Behandlungen als recht erfolgreich erwiesen (*Doleys*, 1977).

Behandlung der Enuresis

Ende der dreißiger Jahre entwickelten *Mowrer* und *Mowrer* (1938) das *Klingelkissen*, eine auf Lernprinzipien fußende Behandlung der Enuresis nocturna. Im Laufe der Jahre konnte man mit diesem Verfahren gute Erfolge verzeichnen, sei es, daß das Bettnässen reduziert oder ganz eingestellt wurde. Es kann zwar immer wieder zu Rückfällen kommen, aber man schätzt, daß 75 Prozent der enuretischen Kinder mit Hilfe dieses bemerkenswert einfachen Geräts lernen, während der Nacht trocken zu bleiben (*Doleys*, 1977).

Das Kissen besteht aus zwei, durch eine saugfähige Textilschicht getrennte Metallfolien, deren obere perforiert ist. Die Folien sind mit einer Klingel und der zugehörigen Batterie verbunden (Abb. 15.2). Das Kissen kommt in einen Kopfkissenbezug und wird dem Kind nachts untergelegt. Wenn der erste Urintropfen, der als ein Elektrolyt wirkt, die saugfähige Schicht erreicht, ist der Stromkreis zwischen beiden Folien geschlossen. Der geschlossene Stromkreis setzt die Klingel in

Gang, die das Kind mit oder kurz nach Beginn des Einnässens aufweckt. Es kann dann mit dem Urinieren innehalten, den Apparat abschalten und ins Badezimmer gehen.

Für *Mowrer* und *Mowrer* (1938) war das Klingelkissen ein klassisches Konditionierungsverfahren: Ein unkonditionierter Reiz – die Klingel – weckt das Kind auf: die unkonditionierte Reaktion. Die Klingel ist verbunden mit dem Gefühl einer vollen Blase, das schließlich zum konditionierten Reiz wird, der vor Ertönen der Klingel die konditionierte Reaktion des Erwachens auslöst. Andere haben bezweifelt, daß es sich dabei tatsächlich um klassisches Konditionieren handelt. Sie vermuten vielmehr, daß die Klingel, die das Kind aufweckt, als Strafe fungiert und so das unerwünschte Verhalten des Einnässens reduziert.* Recht erfolgreich sind auch Methoden, die anstelle des Klingelkissens oder zusätzlich operante Verfahren einsetzen (*Doleys*, 1977).

Eine ganz andere, aber ebenfalls lerntheoretisch fundierte Enuresisbehandlung basiert auf der Theorie, daß Enuretiker über eine abnorm geringe funktionale Blasenkapazität verfügen. Die Kinder üben, das gehaltene Urinvolumen allmählich zu steigern (*Starfield*, 1972). Man fordert das Kind etwa auf, ein großes Glas Wasser zu trinken und anschließend eine halbe Stunde lang nicht zu urinieren. Am nächsten Tag verlängert man die Zeit auf 35 Minuten usw. Für jedes erreichte Ziel wird das Kind belohnt. Auf diese Weise wird seine Blasenkapazität, d.h. seine Fähigkeit, Urin zu halten, zunehmend gesteigert, und mit der nunmehr vergrößerten Blasenkapazität, so hofft man, wird es auch weniger einnässen. Obwohl in vielen Fällen hilfreich, ist diese Art des Trainings weniger wirksam als das Klingelkissen (*Doleys*, 1977).

* In der Praxis weckt die Klingel nicht nur das Kind, sondern auch seine Eltern. Möglicherweise sind deren Reaktionen ein zusätzlicher Anreiz für das Kind, trocken zu bleiben.

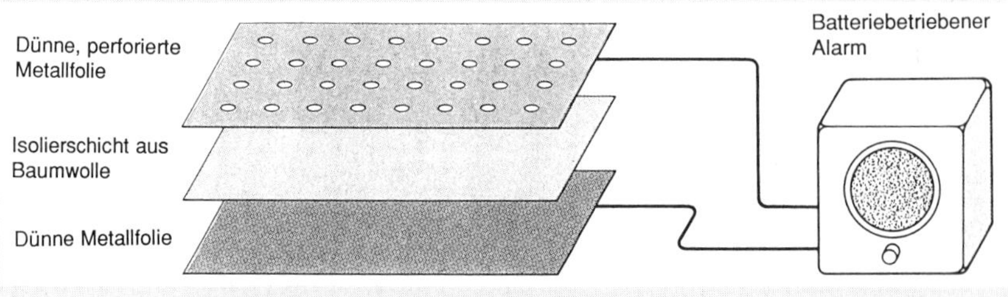

Abb. 15.2. Das von *Orval Hobart* und *Willie Mae Mowrer* entworfene Klingelkissen zur Behandlung des Bettnässens.

Kindheit überdauern und sogar zum lebenslangen Problem werden.

Physiologische Theorien der Störung mit Aufmerksamkeitsdefizit und Hyperaktivität

Die Suche nach den Ursachen des Aufmerksamkeitsdefizits und Hyperaktivität ist schwierig, weil die Kinder mit dieser Diagnose sehr heterogen sind. Jeder Faktor, der mit dem Syndrom in Zusammenhang gebracht werden kann, gilt vielleicht nur für eine bestimmte Gruppe von ihnen. Auch hier verhält es sich wie bei anderen Psychopathologien: Es gibt Kinder, die angesichts ihrer Geschichte oder ihrer Biochemie an der Störung leiden „müßten", es aber nicht tun.

Möglicherweise wird eine Prädisposition für die Störung ererbt. Wie *Morrison* und *Stewart* (1971) feststellten, hatten 20 Prozent der hyperaktiven Kinder auch einen ehemals hyperaktiven Elternteil. Bei den Kontrollkindern betrug der entsprechende Anteil 5 Prozent. Zu ähnlichen Ergebnissen kamen *Gross* und *Wilson* (1974), und weitere Bestätigung erfuhren diese Resultate in methodisch ausgefeilteren Adoptionsstudien (*Morrison* und *Stewart*, 1973; *Cantwell*, 1975).

Eine von *Feingold* (1973) vorgeschlagene biochemische Theorie errregte große Aufmerksamkeit in der Presse. Er hatte eine allergische Patientin behandelt, die wegen ihres unkontrollierbaren, zügellosen Verhaltens zur gleichen Zeit auch bei einem Psychiater in Behandlung war. *Feingold* glaubte, daß die Patientin gegen Aspirin und andere Salizylat-Verbindungen allergisch war und verschrieb ihr eine salizylat-freie Diät. Ebenso unverzüglich wie dramatisch besserten sich sowohl die Allergiesymptome als auch die Hyperaktivität. *Feingold* fand bald heraus, daß Salizylate und ähnliche Chemikalien häufige Nahrungsmittelzusätze waren und startete eine Untersuchung, in der hyperaktive Kinder nur Nahrung erhielten, die frei von chemischen Zusätzen war. Viele Kinder sprachen auf diese Diät gut an, und die Studie wurde bald repliziert (*Hawley* und *Buckley*, 1974). Es schien also möglich, daß das zentrale Nervensystem mancher hyperaktiver Kinder, vielleicht aufgrund einer genetischen Prädisposition, irgendwie von chemischen Nahrungsmittelzusätzen erregt wird. Höchstwahrscheinlich wird die Hyperaktivität aber nur in seltenen Fällen durch eine derartige Überempfindlichkeit verursacht. Gut kontrollierte Untersuchungen der *Feingold*-Diät haben ergeben, daß nur sehr wenige Kinder positiv darauf ansprechen (*Goyette* und *Conners*, 1977).

Es gibt Anhaltspunkte dafür, daß hyperaktive Kinder an einem abnormal niedrigen Erregungsniveau des zentralen Nervensystems leiden. Zum Beispiel enthält die Gehirn-Rückenmark-Flüssigkeit (Liquor cerebrospinalis) hyperaktiver Kinder sehr wenig Homovanillinsäure, die ein Hauptmetabolit des Dopamin ist (*Shaywitz, Cohen* und *Shaywitz*, 1978). Allerdings ist hier die Ursache-Wirkung-Beziehung nicht eindeutig (*Whalen*, 1983). Wie wir wissen, kann sich der Neurotransmitter-Metabolismus unter Streß ändern. Da viele hyperaktive Kinder wegen ihres Verhaltens dauernd in Schwierigkeiten geraten und folglich, so steht zu vermuten, unter abnorm hohem Streß stehen, sind die biochemischen Abweichungen möglicherweise eine Folge und nicht die Ursache ihres hyperaktiven Verhaltens. Dennoch bleibt die Theorie der Untererregung wichtig genug, um weiterverfolgt zu werden.

Kinder mit Aufmerksamkeitsdefizit und Hyperaktivität zeigen Anzeichen eines möglichen Gehirnschadens. Oft verzeichnet ihre Geschichte eine komplizierte Schwangerschaft (*Pasamanick, Rogers* und *Lilienfeld*, 1956); als Säuglinge und Kleinkinder litten sie häufiger unter Anfällen, Enzephalitis, cerebraler Kinderlähmung und Kopfverletzungen (*Conners* et al., 1972). Überdies kann Hyperaktivität auch durch eine Bleivergiftung verursacht werden (*Wiener*, 1970). Viele hyperaktive Kinder zeigen neben „weichen" neurologischen Symptomen wie Unbeholfenheit, Verwechslung von rechts und links, mangelhafter Koordination und schlechtem Gleichgewichtssinn auch Abnormitäten im EEG (*Gross* und *Wilson*, 1974). All das spricht für eine Fehlfunktion des Gehirns. Aber welche Teile des Gehirns könnten betroffen sein? Leider müssen wir uns einstweilen mit der vagen Diagnose eines möglichen Gehirnschadens zufriedengeben, denn die vorliegenden Befunde reichen für eine genauere und aussagekräftigere Spezifizierung nicht aus (*Sroufe*, 1975).

Daß sich hyperaktive Kinder erfolgreich mit Psychostimulantien behandeln lassen, galt früher als weitere Bestätigung einer physiologischen Theorie der Hyperaktivität. Amphetamine führen bei Erwachsenen zu einem Gefühl gesteigerter Energie (vgl. Kapitel 11). Bei hyperaktiven Kindern steigern sie jedoch die Aufmerksamkeit und senken das Aktivitätsniveau. Dieser scheinbar paradoxe Effekt, so glaubte man, sei ein Beweis für abnorme physiologische Prozesse. Diese Interpretation ist hinfällig geworden, denn neuere Befunde zeigen, daß auch normale Kinder auf Amphetamine mit gesteigerter Aufmerksamkeit und verminderter Aktivität reagieren (*Rapoport* et al., 1978). Der einstige „paradoxe Effekt" hat sich als die normale Reaktion von Kindern auf Psychostimulantien erwiesen.[4]

---

[4] Abgesehen von dieser empirischen Widerlegung, sei der Leser an die logische Unmöglichkeit erinnert, von der Wirksamkeit einer Behandlung auf die Ätiologie der Störung zu schließen.

Psychologische Theorien der Störung mit Aufmerksamkeitsdefizit und Hyperaktivität

Bettelheim (1973) folgte einer Diathese-Streß-Theorie und vermutete, daß es zur Hyperaktivität dann kommt, wenn eine Prädisposition für die Störung und ungünstige Erziehungspraktiken der Eltern zusammentreffen. Ein Kind mit einer Disposition zu Überaktivität und Launenhaftigkeit wird durch eine ungeduldige und aufbrausende Mutter zusätzlich belastet. Das Kind ist den mütterlichen Forderungen nach Gehorsam nicht gewachsen, die Mutter wird zunehmend ablehnender und ärgerlicher, und die Mutter-Kind-Beziehung wird zum Schlachtfeld. Das Kind entwickelt ein Muster regelwidrigen und ungehorsamen Verhaltens, wird folglich auch mit den Anforderungen der Schule nicht fertig und gerät mit seinem Verhalten häufig in Konflikt mit den hier geltenden Regeln.

Eine entwicklungspsychologische Langzeitstudie des *Fels Research Institute* kam zu Ergebnissen, die mit der Position *Bettelheims* vereinbar sind (*Battle* und *Lacey*, 1972). Mütter hyperaktiver Kinder verhielten sich schon dem Säugling gegenüber kritischer und weniger liebevoll. Diese Mütter tadelten ihre Kinder auch weiterhin häufig und ahndeten Ungehorsam mit strengen Strafen. Die Eltern-Kind-Beziehung ist jedoch keine einseitige Angelegenheit, und das Verhalten des einen Partners wird bestimmt durch die Reaktionen des anderen. Folglich ließ sich auch ein Einfluß hyperaktiver Kinder auf die Handlungen ihrer Mütter nachweisen (*Barkley* und *Cunningham*, 1979). Trotzdem scheint es plausibel, daß eine kritische und wenig liebevolle Mutter zu den Problemen ihres hyperaktiven Kindes beitragen kann (*Cunningham* und *Barkley*, 1979).

Auch wenn kein umfassendes lerntheoretisches Konzept zur Hyperaktivität vorliegt, sollten wir doch erwähnen, welche Rolle das Lernen bei der Entwicklung der Störung spielen könnte. Erstens wäre es möglich, daß Hyperaktivität durch die Aufmerksamkeit, die sie auslöst, verstärkt wird. Zweitens könnte Hyperaktivität, wie *Ross* und *Ross* (1982) vermuten, nach dem Vorbild von Eltern und Geschwistern auf dem Wege des Modellernens erworben werden.

Behandlung der Störung mit Aufmerksamkeitsdefizit und Hyperaktivität

Wie bereits gesagt, gibt es zwei somatische Behandlungsformen der Hyperaktivität. Seit Beginn der sechziger Jahre verabreicht man hyperaktiven Kindern Stimulantien, insbesondere Methylphenidat oder Ritalin (*Sprague* und *Gadow*, 1976). Während eines Schuljahres, so schätzt man, erhalten etwa 1 bis 2 Prozent der amerikanischen Kinder gegen ihre Hyperaktivität Ritalin oder eines der Amphetamine (*Henker* und *Whalen*, 1980). Die zweite somatische Intervention ist die sogenannte *Feingold*-Diät, die *Feingold* 1975 mit dem Buch *Why Your Child is Hyperactive* bekannt machte und die inzwischen auch von zahlreichen Elternvereinigungen im ganzen Land propagiert wird. Diese Elternvereinigungen veröffentlichen umfangreiche Empfehlungen für eine Ernährung, die nur aus Nahrungsmitteln ohne künstliche Aroma-, Farb- und Konservierungsstoffe und natürliche Salizylate besteht.

Die *Feingold*-Diät hilft nur wenigen hyperaktiven Kindern. In einer Reihe von Kontrolluntersuchungen verglich man im Doppel-Blind-Verfahren Stimulantien mit Placebos. Nach Einnahme von Stimulantien waren die Kinder in der Schule kurzfristig ruhiger und folgsamer (*Cantwell* und *Carlson*, 1978; *O'Leary*, 1980). Belege dafür, daß solche Medikamente langfristig auch den Schulleistungen zugute kommen, haben wir kaum (*Weiss* et al., 1975). Tatsächlich *interferieren* sie manchmal mit der Schulleistung, wenn man sie so hoch dosiert, daß sie die Hyperaktivität reduzieren (*Sprague* und *Sleator*, 1977).

Auch wenn eine entsprechende umfassende Theorie fehlt, haben Behandlungsverfahren auf der Grundlage von Lernprinzipien zumindest kurzfristige Erfolge im sozialen und schulischen Verhalten aufzuweisen. Man beobachtet die Kinder zu Hause und in der Schule und verstärkt sie, wenn sie sich angemessen verhalten, etwa auf ihrem Stuhl sitzen bleiben und Hausaufgaben machen. Oft gehören Punktesysteme und Sternkarten zum Programm. Die größeren Kinder bekommen für bestimmtes gewünschtes Verhalten Punkte, die kleineren Sterne. Für beides können sie sich natürlich später Belohnungen „kaufen". Interessanterweise kommt es bei diesen Pro-

Ein hyperaktives Kind schaut sich seine Sternchen-Karte an. Am Ende einer Woche werden die Sternchen gegen konkrete Belohnungen eingetauscht.

grammen mehr auf die Verbesserung der Schulleistungen an als auf eine Reduktion hyperaktiver Verhaltensweisen wie Herumlaufen und Herumkaspern (*O'Leary* et al., 1976). Die Therapeuten behandeln die Hyperaktivität als Mangel an bestimmten Fertigkeiten und nicht als Verhaltensexzeß. Obwohl hyperaktive Kinder auf diese Programme sehr gut ansprechen, scheint sich die Störung optimal erst dann behandeln zu lassen, wenn man neben der Verhaltenstherapie auch Stimulantien einsetzt (vgl. Kapitel 20).

Verhaltensstörungen

Für die *Verhaltensstörung* gibt es keine einzelne Definition, der Begriff umfaßt vielmehr eine große Vielfalt unterkontrollierten Verhaltens. Jedes unterkontrollierte Verhalten, das schädlich oder für andere unannehmbar ist, kann als Verhaltensproblem betrachtet werden. Aggression, Trotz, Ungehorsam, verbale Feindseligkeiten, Lügen, Destruktivität, Vandalismus, Diebstahl, Promiskuität und früher Drogen- und Alkoholkonsum sind Haltungen und Handlungen, die man gewöhnlich der allgemeinen und recht vagen Kategorie der Verhaltensstörungen zurechnet. Muster und Ernsthaftigkeit der Handlungen gehen über das hinaus, was man noch als Streiche oder Dummheiten bei Kindern und Jugendlichen bezeichnen würde. Den Kindern und Jugendlichen mit Verhaltensproblemen fehlt zudem ein Interesse am Wohlergehen, an den Gefühlen und Wünschen anderer.

Man unterscheidet gemeinhin zwei Typen von Verhaltensstörungen (*Jenkins* und *Glickman*, 1947; *Quay*, 1964). Die Diagnose einer *Verhaltensstörung ohne Sozialisierungsmängel* (socialized conduct disorder) gilt Kindern, die sich wiederholt und zusammen mit anderen antisozial oder kriminell verhalten, etwa die Schule schwänzen, von zu Hause weglaufen, lügen und stehlen. Wenn die antisozialen Handlungen denen der erwachsenen antisozialen Persönlichkeit nahekommen – wenn es sich dabei also um Vandalismus, Vergewaltigung, Einbruch, Brandstiftung, Schlägerei, Erpressung, Taschendiebstahl und bewaffneten Raub handelt –, und wenn die betroffenen Kinder keine stabilen Bindungen haben und es ihnen offensichtlich gleichgültig ist, was sie mit ihren Taten bei anderen anrichten, lautet die Diagnose auf *Verhaltensstörung mit Sozialisierungsmängeln* (undersocialized conduct disorder). Tatsächlich kann die Störung eine Vorstufe der antisozialen Persönlichkeit sein, denn viele dieser Kinder geraten als Erwachsene mit dem Gesetz in Konflikt (*Robins*, 1966).

Wie kaum eine andere kindliche Störung werden Verhaltensstörungen über den Einfluß definiert, den das Verhalten des Kindes auf andere Menschen und seine Umgebung hat. Gewöhnlich entscheiden Schule, Eltern und Altersgenossen, wann unterkontrolliertes Verhalten unakzeptabel ist. Präadoleszente und Adoleszente werden häufig von behördlicher Seite als verhaltensgestört eingestuft. In unseren Begriff der Verhaltensstörung gehen immer auch moralische Urteile ein (*Herbert*, 1982), denn als Beurteilungskriterien dienen uns die Regeln konventionellen Sozialverhaltens; und dazu gehören Mitgefühl und Respekt für andere, Aufrichtigkeit, Bindung und Loyalität gegenüber Gleichgestellten. Schon die englische Bezeichnung „conduct" (Betragen, Benehmen) verlangt nach einer Qualifikation als gut oder schlecht. Da überdies viele Verhaltensweisen, die als schlechtes Betragen gelten, auch in der Gesamtbevölkerung sehr häufig sind, muß ein bestimmtes Niveau an Aggression oder Ungehorsam „normal" sein. Sogar Delinquenz ist schwer zu definieren. Wie Tabelle 15.3 zeigt, sind gesetzeswidrige Handlungen auch in „nicht-delinquenten" Populationen bemerkenswert häufig.[5]

Ein Ausschnitt aus der Fallgeschichte Toms soll verdeutlichen, wie schwer es ist, Verhaltensstörungen allein über Verhalten zu definieren.

„Er betrat jetzt die Kirche mit einem Schwarm sauber aussehender, lärmender Jungen und Mädchen, steuerte auf seinen Platz zu und fing mit dem ersten Jungen, der in seine Nähe kam, Streit an. Der Lehrer, ein ernster älterer Mann, griff ein, wandte dann für einen Augenblick den Rücken, und schon zog Tom einen Jungen in der Bank vor ihm an den Haaren und war in sein Buch vertieft, als der Junge sich umdrehte, stach sofort einen anderen Jungen mit einer Nadel, damit dieser ‚Autsch' sagte, und erhielt einen neuen Verweis von seinem Lehrer."

Können wir aus dieser Verhaltensstichprobe schließen, daß Tom verhaltensgestört ist? Sicher, er ist aggressiv und ungehorsam und zeigt damit zwei der häufigeren Indikationen. Und er stört mit seinem Verhalten seine Kameraden und den Unterricht der Sonntagsschule, was letztere und sein Sonntagsschullehrer sicher bestätigen würden. Nun stammt das Zitat aber aus *Mark Twains* (1876) *The Adventures of Tom Sawyer* (deutsch: *Die Abenteuer Tom Sawyers*). Tom Sawyer ein verhaltensgestörtes Kind? Nein! Seit mehr als hundert Jahren gilt Tom als *der* amerikanische Junge schlechthin. Irgend etwas, vielleicht seine Gescheitheit und seine Zuneigung zu Becky, hält uns davon ab, ihn für verhaltensgestört zu halten. Er war zwar ein kleiner Teufel, aber sogar Tante Polly gab zu, daß Tom kein wirklicher Rowdy war.

„ ‚Aber wie ich schon sagte,' sagte Tante Polly, ‚er war nicht schlecht, sozusagen nur mutwillig. Nur einfach leichtsinnig, wild. Er war kein bißchen mehr verantwortlich als ein Fohlen. Er meinte es nie böse, und er war der gutmütigste Junge, den es gab.' "

Interessant sind die Faktoren, die Handlungen des einen Kindes in den Augen anderer zu einem Verhaltensproblem machen, während dieselben Handlungen bei einem anderen Kind als „normal" akzeptiert werden. Leider findet man dazu in der psychologischen Literatur kaum genauere Angaben. Ein fruchtbarer Boden für Spekulationen ist der Unterschied zwischen Tom Sawyer und Huck Finn. Letzteren würde man wohl vermutlich als verhaltensgestört diagnostizieren. „Huckleberry wurde von allen Müttern der Stadt aus tiefstem Herzen gehaßt und gefürchtet, denn er war ein Nichtsnutz und zügellos und vulgär und schlecht" (S. 464). Die Tatsache, daß Huck keine „anständige" Familie hatte, mag ein Faktor gewesen sein, der die Leute gegen ihn aufbrachte.

Wir wollen dem Urteil der Gesellschaft aber nicht übermäßig viel Gewicht beimessen. Bei der Diagnose von Verhaltensstörungen sind auch zahlreiche Qualitäten des kindlichen Verhaltens selbst zu berücksichtigen. Die beiden vielleicht wichtigsten Kriterien dafür, ob eine Handlung aggressiv oder problematisch ist, sind deren Häufigkeit und Intensität (*Herbert*, 1978). Sich einmal im Jahr prügeln, ist kein Problem, eine Prügelei pro Woche ist eines. (Wie Tabelle 15.3 zeigt, ist der Prozentsatz der jungen Leute, die ein Delikt ein zweites Mal begehen, zuweilen weit, weit geringer als der der Einmaltäter.) Ein Bonbondiebstahl ist ein mehr oder weniger unbedeutender Vorfall, ein Autodiebstahl dagegen eine kriminelle Handlung. Die Kriterien der Häufigkeit und der Intensität lösen das Definitionsproblem zwar nicht vollständig, sind aber eine wichtige Hilfe.

Wegen der Definitionsschwierigkeiten läßt sich auch die Prävalenz von Verhaltensstörungen nicht genau schätzen. An ihrer Häufigkeit bestehen allerdings kaum Zweifel. Ein Drittel aller Kinder, die an therapeutische Einrichtungen überwiesen werden, sind verhaltensgestört (*Wiltz* und *Patterson*, 1974). Da die meisten Kinder mit Verhaltensproblemen vermutlich nicht behandelt werden (*Bahm, Chandler* und *Eisenberg*, 1961),

---

[5] „Jugendliche Delinquenz" ist eine juristische, keine psychologische Bezeichnung. Gemeint sind Handlungen gewöhnlich nicht volljähriger Jugendlicher, die entweder allgemein gesetzeswidrig sind wie Körperverletzung oder Raub, oder – wie Schuleschwänzen – nur in einem bestimmten Alter das Gesetz verletzen. So ist es nicht überraschend, daß viele als verhaltensgestört diagnostizierte Jugendliche mit dem Gesetz in Konflikt geraten und innerhalb unseres Systems der Jugendgerichtsbarkeit als jugendliche Delinquente beurteilt werden. Ein junger Mensch mit Verhaltensstörung muß aber nicht juristisch auffällig werden.

Tabelle 15.3. Die Häufigkeit illegaler Handlungen in nichtdelinquenten männlichen Populationen in USA (aus *Short* und *Nye,* 1958)

	Die Handlung zugegeben %			Zugegeben, die Handlung mehr als ein- oder zweimal ausgeführt zu haben %		
Delinquente Handlung	Studenten aus dem Mittleren Westen	Studenten aus dem Westen	Sport treibende Studenten	Studenten aus dem Mittleren Westen	Studenten aus dem Westen	Sport treibende Studenten
Autofahren ohne Führerschein	81.1	75.3	91.1	61.2	49.0	73.4
Schuleschwänzen	54.4	53.0	95.3	24,4	23.8	85.9
Boxkampf	86.7	80.7	95.3	32.6	31.9	75.0
Weglaufen	12.9	13.0	68.1	2.8	2.4	37.7
Verwarnung oder Ausschluß von der Schule	15.3	11.3	67.8	2.1	2.9	31.3
Sich der elterlichen Autorität widersetzen	22.2	33.1	52.4	1.4	6.3	23.6
Gegenstände im Wert von weniger als 2 Dollar stehlen	62.7	60.6	91.8	18.5	12.9	65.1
Gegenstände im Wert von 2 bis 50 Dollar stehlen	17.1	15.8	91.0	3.8	3.8	61.4
Gegenstände im Wert von mehr als 50 Dollar stehlen	3.5	5.0	90.8	1.1	2.1	47.7
Bandenkämpfe	24.3	22.5	67.4	6.7	5.2	47.4
Bier, Wein oder Schnaps trinken	67.7	57.2	89.7	35.8	29.5	79.4
Konsum von Narkotika	1.4	2.2	23.1	0.7	1.6	12.6
Sexuelle Beziehungen haben	38.8	40.4	87.5	20.3	19.9	73.4

spiegeln Überweisungen an therapeutische Kliniken kaum die wirkliche Prävalenz dieser Störung wider. Wenn beide Annahmen zutreffen, dürften Verhaltensstörungen das häufigste Problem in Kindheit und Adoleszenz sein.

Die Störung ist bei Jungen etwa zehnmal so häufig wie bei Mädchen, obwohl der Anteil letzterer möglicherweise zunimmt (*Herbert*, 1978). Je schwerer das Delikt, um so häufiger sind im allgemeinen Jungen die Täter. Die Jugendkriminalität ist insbesondere bei Gewaltdelikten wie Raub und schwerer Körperverletzung ein Hauptproblem. Sie hat in den sechziger und siebziger Jahren stark zugenommen und sich seither auf diesem hohen Niveau eingependelt.

Die Prognose für Kinder mit Verhaltensstö-

Diese Photoreihe demonstriert die Auswirkungen eines aggressiven Modells auf das Verhalten von Beobachtern. Die obere Bildreihe zeigt das Modell bei seinen Attacken auf eine Puppe, auf den unteren Photos sind die beiden Kinder zu sehen, die das Modell beobachtet haben und es ihm jetzt gleichtun.

rungen ist schlecht. *Robins* (1966, 1972) untersuchte Erwachsene, die als Kinder in einer therapeutischen Einrichtung vorgestellt worden waren, nach dreißig Jahren wieder und stellte fest, daß volle 50 Prozent von ihnen in jungen Jahren in Erziehungseinrichtungen gelandet waren und daß die meisten Probanden dieser Stichprobe sich auch als Erwachsene antisozial verhielten. Wie die Hyperaktivität wachsen sich auch Verhaltensstörungen nicht einfach aus.

Die Ätiologie von Verhaltensstörungen

Zur Ätiologie von Verhaltensstörungen liegen zahlreiche Theorien vor. Physiologische Erklärungen berufen sich auf die Tatsache, daß antisoziales Verhalten bei den Verwandten delinquenter Kinder häufiger ist als in der Gesamtbevölkerung (*Cloninger, Reich* und *Guze*, 1975). Zudem hat man bei eineiigen Zwillingen durchgängig höhere Konkordanzraten für antisoziales Verhalten gefunden als bei zweieiigen (*Eysenck*, 1975). Daß es in den Familien dieser Kinder häufig an Zusammenhalt fehlt (*Craig* und *Glick*, 1963) und viele von ihnen den Belastungen von elterlicher Zwietracht und Scheidung ausgesetzt waren (*Rutter*, 1971; *Emery* und *O'Leary*, 1979; vgl. Kasten 15.2), verweist auf den Einfluß von Erziehung und Familie.

Wichtiger Teil einer normalen Entwicklung ist das Wachsen eines moralischen Bewußtseins, eines Gefühls für das, was richtig und falsch ist, und der Erwerb der Fähigkeit, ja sogar des Wunsches, sich nach Regeln und Normen zu richten. Die meisten Menschen schrecken davor zurück, jemanden körperlich zu verletzen, und das nicht nur, weil Körperverletzung gesetzeswidrig ist, sondern weil sie sich sonst schuldig fühlen würden. Wie den soziopathischen Persönlichkeiten (vgl. Kapitel 10) scheint auch den verhaltensgestörten Kindern dieses moralische Bewußtsein abzugehen. Für sie sind antisoziale Akte etwas Spannendes, Lohnendes und durchaus Zentrales für ihr Selbst-Konzept (*Ryall*, 1974). Psychody-

Kasten 15.2
Eheliche Zwietracht und Verhaltensstörungen

Die Rolle von Trennung und Scheidung bei der Herausbildung von Verhaltensstörungen ist viel diskutiert worden. Delinquenz ist häufiger in Familien mit einem alleinerziehenden Elternteil als in Zwei-Eltern-Familien (z.B. *Glueck* und *Glueck*, 1959). Man hat auch vermutet, daß allein die Trennung von einem Elternteil Delinquenz verursache (*Bowlby*, 1973). Wenn das zuträfe, täten Eltern gut daran, ,,um des Kindes willen" zusammenzubleiben.

Doch dem widersprechen Forschungsergebnisse. *McCord, McCord* und *Thurber* (1962) verglichen die Häufigkeit von Bandendelinquenz bei Söhnen, die aus drei Gruppen von Elternhäusern kamen: aus einem glücklichen Elternhaus mit einem alleinerziehenden Elternteil, aus einem glücklichen Elternhaus mit beiden Eltern und aus einem unglücklichen Elternhaus mit einem alleinerziehenden Elternteil. Die Delinquenzraten der Söhne aus glücklichen Elternhäusern beiderlei Typs waren sehr ähnlich, während die unglücklichen Elternhäuser mit alleinerziehendem Elternteil mehr delinquente Söhne hervorgebracht hatten. Aus diesen Ergebnissen zogen die Forscher den Schluß, daß Zwietracht, und nicht Trennung die wahrscheinlichere Ursache der Delinquenz war. Die Fehlinterpretationen der Ergebnisse anderer Studien ließen sich dann damit erklären, daß man die beiden Faktoren Trennung und Ehekonflikt vermengte. Neuere Befunde bestätigen, daß Zwietracht der entscheidende Faktor ist. Man verglich zum Beispiel Elternhäuser, die durch Tod auseinandergebrochen waren, mit solchen, wo die Eltern sich hatten scheiden lassen. Im Unterschied zu trennungs- oder scheidungsbedingter Abwesenheit ist der Tod eines Elternteils nicht mit vermehrten Verhaltensstörungen bei den Kindern verbunden (*Felner, Stolberg* und *Cowen*, 1975; *Rutter*, 1979). Obwohl auch die Trennung als solche zersetzend wirkt, leistet der Familienkonflikt offensichtlich den Schlüsselbeitrag zu Delinquenz und Verhaltensproblemen.

namische Theoretiker haben Verhaltensprobleme und Delinquenz als eine ,,...Störung im Funktionieren des Überich" (*Kessler*, 1966, S. 303) erklärt. Nach psychoanalytischer Auffassung ist das Überich jener Teil der Psyche, der das Verhalten in die von Gesellschaft und Eltern vorgeschriebenen Bahnen lenkt. Verhaltensprobleme sind also Zeichen einer mangelhaften Entwicklung von Gewissen und Moral.

Untersuchungen des familiären Hintergrunds verhaltensgestörter Kinder haben ergeben, daß das Familienleben ein Muster aufweist, in dem gerade die Faktoren fehlen, die für die Entwicklung eines starken Moralgefühls entscheidend sind: eine starke gefühlsmäßige Bindung zwischen Eltern und Kind; das Setzen fester moralischer Maßstäbe; konsistente Erziehungsmaßnahmen; psychologische statt körperliche Strafen, um Angst und Schuldgefühl, aber keinen Zorn zu erwecken; argumentative, erklärende Gespräche mit dem Kind. All das würde ihm in seiner Entwicklung helfen (*Herbert*, 1982; *Hoffman*, 1970; *Wright*, 1971).

Auch andere psychologische Theorien haben ihre Verdienste. Beträchtliche Aufmerksamkeit als Erklärung für Entwicklung und Aufrechterhaltung von Verhaltensstörungen haben Lerntheorien gefunden, die Modellernen und operantes Konditionieren in den Mittelpunkt stellen. *Bandura* und *Walters* (1963) gehörten zu den ersten, die auf die offenkundige Tatsache hinwiesen, daß Kinder ihre Aggressivität von aggressiven Eltern lernen können. Kinder ahmen auch aggressive Handlungen nach, die sie anderswo, beispielsweise im Fernsehen, beobachten (*Liebert, Neale* und *Davidson*, 1973). Da Aggression ein wirksames, wenn auch unangenehmes Mittel ist, ein Ziel zu erreichen, findet sie vermutlich

Verstärkung. Einmal nachgeahmte aggressive Handlungen werden also mit einiger Wahrscheinlichkeit beibehalten.

Bandura und *Walters* (1959) stellten fest, daß die Familien antisozialer Adoleszenter häufiger körperliche Strafen einsetzten als die Kontrollfamilien und aggressive Handlungen mit größerer Wahrscheinlichkeit belohnten. Eine spätere Studie von *Hetherington* und *Martin* (1979) konnte diese Ergebnisse bestätigen und ergänzen. Wegen aggressiven und antisozialen Verhaltens in Therapie befindliche Kinder hatten wahrscheinlich Geschwister und Väter, die ebenfalls wegen aggressiven und kriminellen Verhaltens aktenkundig geworden waren. Der Wert dieser Untersuchungen ist zwar begrenzt, da es sich um Querschnittsanalysen handelt,[6] gleichwohl zeigen sie, daß Modellernen und Verstärkung Teil der Ätiologie zumindest einiger Verhaltensprobleme sind.

Patterson und *Reid* (1970) haben eine spezifischere Erklärung für die Art und Weise, wie Verhaltensprobleme in Familien verstärkt werden. Ihre *Zwang-Hypothese* sei an einem Beispiel aus unseren eigenen klinischen Aufzeichnungen verdeutlicht.

Von seiner Mutter wurde der achtjährige Chris als ‚nicht zu lenken' beschrieben. Wann immer sie seinen Forderungen nicht nachkam, regte er sich furchtbar auf. Er wurde eigensinnig, widerspenstig und beschimpfte sie. Gelegentlich bekam er auch einen Wutanfall, warf sich auf den Fußboden, trat um sich und schrie. Die Mutter ignorierte sein Gebaren gewöhnlich einige Minuten, gab aber schließlich nach, weil sie es nicht mehr ertragen konnte. Diese Abfolge von Aufregung und Nachgeben hatte sich eingeschliffen und funktionierte besonders dann, wenn die Mutter beschäftigt war. Wenn sie es eilig hatte und sich gestört fühlte, gab sie dem Sohn fast unverzüglich nach.

Die Zwang-Hypothese postuliert, daß diese Abfolge der Ereignisse für Mutter wie Sohn belohnend war. Chris bekam seinen Willen, die Mutter hatte Ruhe. Diese wechselseitige Belohnung läßt erwarten, daß sowohl die Verhaltensprobleme des Sohnes als auch die Nachgiebigkeit der Mutter fortdauern. Eine auf der Zwang-Hypothese gründende Therapie würde die Mutter anweisen, Chris niemals nachzugeben, solange er sich schlecht benimmt, um so das mißliebige Verhalten zu löschen. Die Zwang-Hypothese scheint ein vielversprechendes Modell zu sein, sie erklärt aber nur, wie eigensinniges Verhalten *aufrechterhalten wird*, nicht, wie es sich *entwickelt*.

Das Problem von Verhaltensstörungen und Delinquenz ist ohne Berücksichtigung der soziologischen Forschung nicht zu lösen. Zwischen sozialer Schicht, Großstadtleben und Delinquenz-Häufigkeit besteht ein besonders enger Zusammenhang. Hohe Arbeitslosenziffern, schlechte Bildungsmöglichkeiten, zerrüttete Familienverhältnisse und eine Subkultur, in der Delinquenz akzeptiert wird, tragen nachweislich zur Entwicklung von Delinquenz bei (*Gibbons*, 1975). Jede umfassende Theorie von Verhaltensstörungen und Delinquenz müßte diese konsistenten soziologischen Befunde einbeziehen.

Behandlung von Verhaltensstörungen und Delinquenz

Die Verhaltensstörungen stellen für unsere gegenwärtige Gesellschaft eine große Herausforderung dar. Soziologen, Politiker und Gemeindepsychologen, die die schlechten wirtschaftlichen Bedingungen hauptsächlich für das Problem verantwortlich machen, fordern eine gerechtere Verteilung des Einkommens, Arbeitsbeschaffungsprogramme und andere umfassende Maßnahmen, um die materielle Benachteiligung der unteren Schichten, in denen Delinquenz besonders häufig ist, zu mildern.

So verdienstvoll solche Forderungen aus moralischer und politischer Sicht auch sein mögen, bei dieser soziologischen Sicht der Dinge finden zwei einfache Tatsachen zu wenig Berücksichtigung: Nur eine Minderheit der Unterschicht-Kinder sind „Rowdys", und Verhaltensprobleme findet man auch bei vielen Kindern und Halbwüchsigen

---

[6] Bei den Ergebnissen handelt es sich nur um Korrelationen. Bei solchen Querschnittsuntersuchungen ist nicht auszuschließen, daß die Aggressivität der Kinder die Eltern zu körperlichen Strafen veranlaßt. Eine Längsschnittstudie würde den Schluß auf einen bestimmten Kausalzusammenhang erlauben. Nehmen wir an, ein Kind ist im Alter von fünf Jahren noch nicht aggressiv, wird aber zu Hause körperlich bestraft. Im Alter von zehn Jahren wird es dann möglicherweise aggressiv geworden sein. Da wir wissen, daß die körperliche Bestrafung der Aggressivität voranging, sind wir eher in der Lage, auf Kausalität zu schließen.

aus Mittel- und Oberschichtfamilien.[7] Dummheiten und Verbrechen von Kindern vermögender Eltern sind in den Polizeistatistiken unterrepräsentiert. Status und sozialer Einfluß ihrer Familien verhindern, daß diese Kinder angezeigt und eingesperrt werden, wie das mit Kindern ärmerer Schichten unweigerlich geschieht. Obwohl soziologische Überlegungen bei der Behandlungsplanung durchaus von Bedeutung sein können, beschränken wir uns hier auf psychologische Methoden, die mehr auf die einzelnen Individuen zielen.

Manche der verhaltensgestörten jungen Menschen mit Sozialisierungsmängeln sind die Soziopathen von morgen. Genauso, wie man der Soziopathie therapeutisch ziemlich hilflos gegenübersteht, gibt es kaum Möglichkeiten, junge Menschen, die sich ohne nennenswerte Reue und emotionale Beteiligung gewalttätig und antisozial verhalten, therapeutisch zu erreichen. Diese verhärteten jungen Leute werden aus Sonderschulen und Erziehungsheimen in ein Leben des Verbrechens und der Ausschweifung entlassen, unterbrochen einzig durch lange Gefängnisaufenthalte. Rückfälle sind die Regel. Mit diesen Menschen und ihrem offensichtlich stark unterentwickelten sozialen Gewissen fertigzuwerden, ist eines der hartnäckigsten Probleme unserer Gesellschaft.

Manche Verhaltenstherapeuten glauben, daß Menschen, die mit ihrem Verhalten soziale Normen verletzen, nicht

„... gelernt haben, ... die unmittelbare und oft gesetzeswidrige Bedrüfnisbefriedigung aufzuschieben und ... (daß es ihnen) an sozial vermittelten Fertigkeiten (fehlt), alternative, legale Formen der Befriedigung zu finden... Folglich muß es Ziel der Intervention sein, ihnen die notwendigen Kontrollen und fehlenden Fertigkeiten zu vermitteln. (Überdies) hat jemand, der ständig die Normen verletzt, möglicherweise nicht die Fähigkeit erworben, zwischen annehmbarem und unanehmbarem Verhalten zu unterscheiden, (also) muß die Behandlung logischerweise darin bestehen, ihm diesen Unterschied beizubringen“ (*Ross*, 1981, S. 148).

Diese Therapeuten wollen nicht antisoziales Verhalten bestraft, sondern neue, prosoziale Reaktionen verstärkt sehen. Das kann man auf zweierlei Art versuchen. Erstens können die Therapeuten sich darauf beschränken, das Verhalten der Jugendlichen innerhalb der Institution zu verändern. Oder sie können versuchen, während der Institutionalisierung Veränderungen zu erreichen, die für das Leben draußen wichtig sind, so daß die Betroffenen nach der Entlassung besser in Schule und Arbeitsleben zurechtkommen und Konflikten mit der Polizei aus dem Weg gehen. Da es in der Ehe der Eltern und in den Familien der verhaltensgestörten Jugendlichen häufig nicht zum besten steht, bedürfen erwartungsgemäß auch diese therapeutischer Aufmerksamkeit (*Herbert*, 1982).

Wie mehrere Untersuchungen gezeigt haben, läßt sich mit systematischer Verstärkung prosozialer Handlungen das offene Verhalten junger Männer mit Verhaltensstörungen innerhalb einer Institution verbessern (z.B. *Barkley* et al., 1976). Daß eine Verbesserung auch nach der Entlassung zu erreichen ist, haben der Architekt *Harold Cohen* und seine Mitarbeiter gezeigt, die an der National Training School für Jungen in Washington D.C. ein einjähriges Sonderprogramm entwickelten. Die Schule ist ein staatliches Internat für männliche Jugendliche, die Verbrechen wie Raub, Autodiebstahl und sogar Mord begangen haben (*Cohen* und *Filipczak*, 1971). Dieses sogenannte CASE-II-Projekt war ein umfassendes, aus sechzehn Kursen bestehendes Bildungsprogramm. Die Amerikanische Revolution, Elektronik, Mathematik und Lesen sind Beispiele aus dem Angebot. Die jungen Männer konnten sich mit Leistungsnachweisen Geld verdienen. Gute Kursabschlüsse brachten Extrapunkte. Mit dem Geld bezahlten sie besondere Mahlzeiten, Einzelzimmer, Möbel, Kleider und den Eintritt in ein Freizeitzentrum. Sie verloren mit der Zeit viel von ihrer Aggressivität, hielten ihre Zimmer in

[7] Jugendliche Delinquenten aus wohlhabenden Elternhäusern und mit viel Freizeit entschließen sich manchmal, wie manche Forscher vermuten, ganz bewußt zu ihren antisozialen Handlungen. Sie begehen ihre Delikte nicht aus ökonomischen Gründen, sondern aus Langeweile. Vermutlich wägen sie zuvor positive und negative Folgen gegeneinander ab. Diese Auffassung von antisozialem Verhalten ist mit der einer zugrundeliegenden Pathologie nicht vereinbar (*Richards, Berk* und *Forster*, 1979).

Ordnung und verhielten sich ganz allgemein weniger wie jugendliche Kriminelle und eher wie normale junge Männer unter zwanzig ohne gravierende Polizeiakte. Nach elf Monaten Bildungsprogramm war ihr IQ um durchschnittlich 12.5 Punkte gestiegen. Ihre im Heim erworbenen Studienkenntnisse halfen ihnen später, auch mit dem öffentlichen Schulsystem zurechtzukommen. Zwei Jahre nach der Entlassung waren sie weniger häufig mit dem Gesetz in Konflikt geraten, und ihre Rückfallrate im ersten Jahr betrug nur ein Drittel der durchschnittlichen Quote.

Delinquente Jugendliche, die in einem sogenannten *Achievement Place* leben, einem kleinen Heim mit familiärer Atmosphäre, das von Ersatzeltern geleitet wird, besuchen die öffentlichen Schulen ihrer Gemeinde. Für bestimmte Dinge – Hausaufgaben machen, Zeitungen und Bücher lesen, sich ordentlich und sauber halten, im Haushalt helfen – werden sie mit Punkten belohnt (Tabelle 15.4). Haben sie sich dabei hinreichend bewährt, dürfen sie vom Punkte- zum Vorzugssystem wechseln. Sie stehen immer noch unter strenger Aufsicht, werden aber für gutes Verhalten jetzt mit Lob, Anerkennung und Zuneigung belohnt und brauchen für Privilegien nicht mehr zu bezahlen. Der nächste Schritt ist das Heimkehr-System. Die Jugendlichen dürfen ihre Familien besuchen, und zwar bei andauernder guter Führung jede Woche etwas länger, bis sie sich die Entlassung verdient haben. Auch hier waren die Rückfallquoten nach zwei Jahren gering. Schulische und soziale Defizite auszugleichen, scheint ein vielversprechender Weg, um

Tabelle 15.4. Verhaltensweisen in der Wohngruppe, die Punkte einbringen und Punkte kosten (aus *Phillips*, 1968)

Verhalten, das Punkte einbringt	**Punkte**
1. Nachrichten im Fernsehen anschauen oder Zeitung lesen	300 pro Tag
2. Im eigenen Zimmer saubermachen und Ordnung halten	500 pro Tag
3. Sich selber ordentlich und sauber halten	500 pro Tag
4. Bücher lesen	5 bis10 pro Seite
5. Den Hauseltern im Haushalt helfen	20 bis 1000 pro Hilfsleistung
6. Geschirr spülen	500 bis 1000 pro Mahlzeit
7. Sich zum Abendessen gut anziehen	100 bis 500 pro Mahlzeit
8. Schulaufgaben machen	500 pro Tag
9. Wünschenswerte Beurteilungen durch die Schule	500 bis 1000 pro Beurteilung
10. Licht ausmachen, wenn es nicht gebraucht wird	25 pro Lampe
Verhalten, das Punkte kostet	**Punkte**
1. Mangelhafte Beurteilung durch die Schule	500 bis 1000 pro Beurteilung
2. Aggressive Äußerungen	20 bis 50 pro Äußerung
3. Vergessen, sich vor dem Essen die Hände zu waschen	100 bis 300 pro Mahlzeit
4. Streiten	300 pro Reaktion
5. Nicht gehorchen	100 bis 1000 pro Reaktion
6. Zu spät kommen	10 pro Minute
7. Sich schlecht benehmen	50 bis 100 pro Reaktion
8. Sich schlecht halten	50 bis 100 pro Reaktion
9. Grammatikalisch falsch sprechen	20 bis 50 pro Reaktion
10. Stehlen, Lügen oder Betrügen	10 000 pro Reaktion

den Kampf mit dem sozial wie psychologisch gleichermaßen schwerwiegenden Problem der Jugenddelinquenz aufzunehmen.

Wenn man delinquenten Kindern und Jugendlichen mit Erfolg bestimmte Fertigkeiten beibringen kann, liegt es nahe, mit Präventivmaßnahmen in früher Kindheit zu versuchen, einer antisozialen Entwicklung vorzubeugen. *Gerald Patterson* und seine Mitarbeiter führten am *Oregon Social Learning Center* ein mehrjähriges exemplarisches klinisches Forschungsprogramm mit den Familien aggressiver Jungen durch (*Patterson, Cobb* und *Ray*, 1973). Während dieser Zeit lernten Eltern, deren Sohn als ,,prädelinquent" gelten konnte, ihre Interaktionen mit dem aggressiven Kind zu beobachten und zu kontrollieren, d.h., dessen Fehlverhalten nicht mehr durch Aufmerksamkeit zu verstärken – ein häufiges Verhalten in Familien mit aggressiven Kindern – und prosoziales Verhalten konsequenter zu belohnen. Ein Teil der Familien mit aggressiven und nach dem Zwang-Prinzip agierenden Söhnen wurde ein Jahr später nachuntersucht. Zumindest einigen Kindern hatten die Interventionen offensichtlich geholfen (*Patterson*, 1974b). Möglicherweise läßt sich also mit rechtzeitiger verhaltenstherapeutischer Intervention verhindern, daß sich eine Verhaltensstörung in ihrer ganzen Symptomatik entwickelt.

4. Störungen mit überkontrolliertem Verhalten

Unter *überkontrolliertem Verhalten* leidet gewöhnlich das betroffene Kind mehr als seine Umgebung.[8] Im Unterschied zu unterkontrollierten Kindern, deren Verhalten von anderen beurteilt wird, klagen Kinder, die sich selbst übermäßig kontrollieren, häufig über quälende Ängste und Spannungen. Sie sind schüchtern und fühlen sich unglücklich, ungeliebt und anderen Kindern unterlegen. Die Symptome überkontrollierter Kinder sind denen angstgestörter und depressiver Erwachsener ähnlich. Wir wollen uns drei für Überkontrolle spezifische Probleme näher ansehen: Kindheitsängste, sozialer Rückzug und Depression. In vielen Fällen finden sie sich bei einem Kind zusammen (*Quay*, 1979). Die ersten beiden Probleme entsprechen in etwa den DSM-III-Kategorien des *Angstsyndroms mit Trennungsangst* und des *Angstsyndroms mit Vermeidungsverhalten*. Die Kindheitsdepression wird im DSM-III nicht als eigene Kategorie geführt. Wie wir sehen werden, sind die Befunde über eine Depression im Kindesalter widersprüchlich.

[8] Wir sollten aber nicht unterschätzen, was bei allen hier beschriebenen Störungen den Eltern, der ganzen Familie und den Lehrern abverlangt wird.

Kindheitsängste

Die meisten Kinder haben zahlreiche Ängste, die sich im Laufe einer normalen Entwicklung ,,auswachsen". *Jersild, Markey* und *Jersild* (1933) interviewten 398 Kinder im Alter zwischen fünf und zwölf Jahren. Am häufigsten fürchteten die Kinder: übernatürliche Ereignisse wie Geister und Hexen, 19,2 Prozent; allein im Dunkeln oder an einem fremden Ort zu sein, wo niemand sie findet, 14,6 Prozent; von Tieren angegriffen oder bedroht zu werden, 13,7 Prozent; Verletzungen, Stürze, Krankheit, Operationen und Schmerzen, 12,8 Prozent. Abbildung 15.3 zeigt die Ergebnisse einer ähnlichen Untersuchung mit ausschließlich kleineren Kindern. Bestimmte Ängste verschwinden, wenn die Kinder älter werden. Die Kinder haben inzwischen mehr Erfahrungen mit verschiedenen alltäglichen Gegenständen und brauchen sie nicht mehr zu fürchten. Doch jetzt verstärken sich die imaginären Ängste, und mit zunehmendem Alter leiden immer mehr Kinder darunter. Wenn die Kinder das sechste Schuljahr erreicht haben, schwindet auch die Angst vor imaginären Geschöpfen, dafür fürchten sie sich jetzt vermehrt vor Körperverletzungen und physischer Gefahr (*Bauer*, 1976).

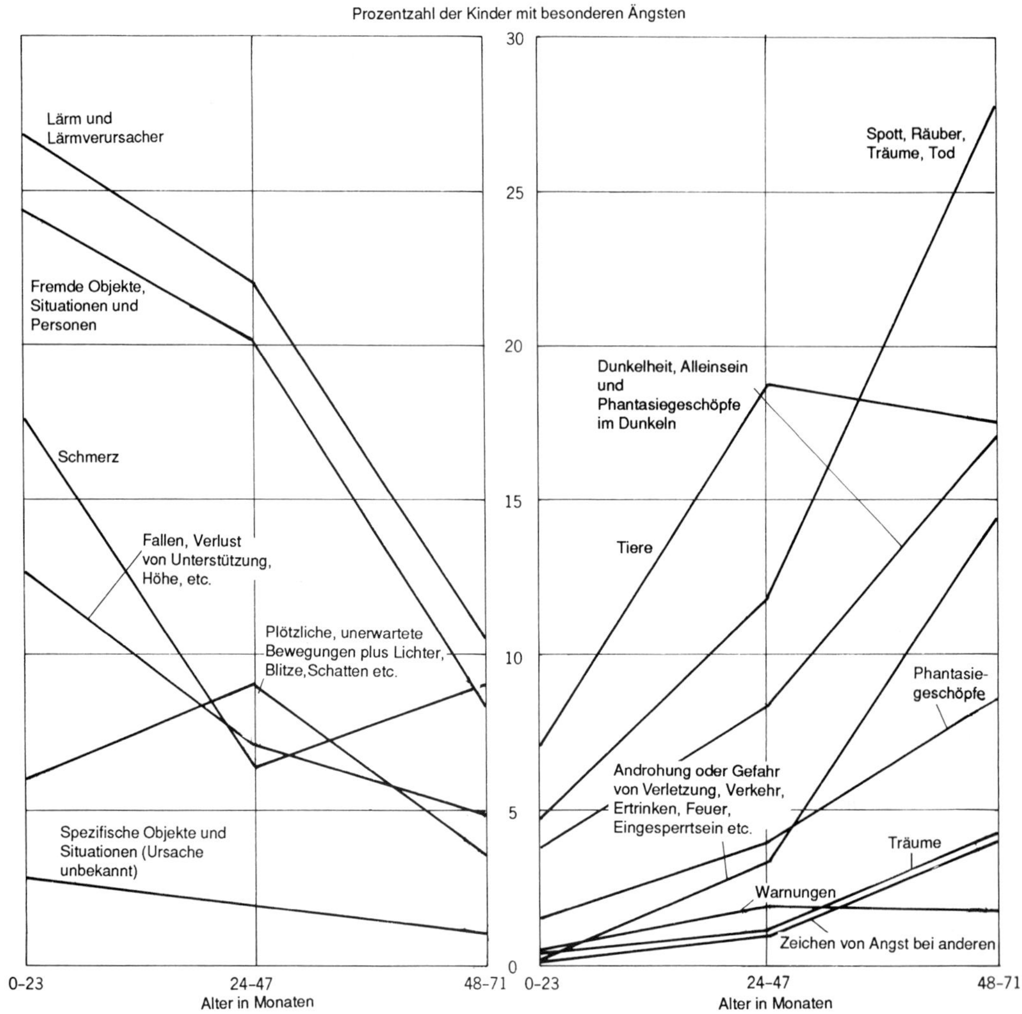

Abb. 15.3. Relative Häufigkeit von Ängsten bei Kindern verschiedener Altersstufen, die im Rahmen der Untersuchung von *Jersild* und *Holmes* (1935) von Eltern und Lehrern beobachtet wurden (nach *Gray,* 1971).

Das Leid eines ängstlichen Kindes sollte man nicht unterschätzen. Im Unterschied zu Erwachsenen, die gewöhnlich um die Grundlosigkeit vieler ihrer Ängste wissen, fehlt es einem Kind für eine solcherart realistische Perspektive an Lebenserfahrung (*Wicks-Nelson* und *Israel*, 1984). Wie das DSM-III vermerkt, können sich die Ängste auch körperlich auswirken: Die Kinder haben Kopf- und Magenschmerzen, ihnen ist übel und sie erbrechen. Es kann sie die fast zwanghafte Sorge quälen, daß den Eltern während einer Trennung etwas zustößt oder daß sie die Eltern nie wiedersehen. Sie können von Alpträumen und Schlaflosigkeit geplagt werden, von einem so überwältigenden Gefühl der Furcht und Bedrohung, daß dieses ihr junges Leben bestimmt und sie vieler einfacher Kindheitsfreuden beraubt. Und vielleicht macht das Gefühl der Hilflosigkeit, von dem wir weiter oben gesprochen haben, die Situation, die in den Augen des

Kindes bereits schrecklich genug ist, noch schlimmer.[9]

Schulphobie

Eine Kindheitsangst hat besonders viel Aufmerksamkeit gefunden, denn sie behindert nicht nur das Kind und bringt den Haushalt durcheinander, sondern scheint auch eine wirkliche Phobie zu sein, ein extremes Vermeiden, das sich nicht einfach im Laufe der Zeit zu verlieren scheint. Überdies hat die *Schulphobie* für das Kind schwerwiegende schulische und soziale Folgen. *Waldfogel* (1959) definiert sie wie folgt:

„*Schulphobie meint eine Verweigerung des Schulbesuchs, der mit akuter Angst verbunden ist. Gewöhnlich wird diese Furcht von somatischen Symptomen begleitet. Am häufigsten betroffen ist der Gastrointestinaltrakt... Die somatischen Beschwerden werden zum Vorwand, nicht in die Schule zu müssen, und verschwinden häufig, wenn das Kind zu Hause bleiben darf. Das charakteristische Bild ist das eines Kindes, das beim Frühstück über Übelkeit oder Bauchschmerzen klagt und sich verzweifelt gegen alle Versuche wehrt, es zum Schulbesuch zu überreden oder zu zwingen. In weniger ausgeprägter Form kann die Schulphobie ein passageres Symptom sein. Ist sie aber einmal etabliert, kann sie zu einer der am meisten beeinträchtigenden Kindheitsstörungen werden und jahrelang anhalten*" (S. 35–36).

17 von 1000 Kindern, so hat man geschätzt (*Kennedy*, 1965), leiden an Schulphobie, und im Unterschied zu den meisten anderen Kindheitsstörungen sind Mädchen häufiger betroffen als Jungen. Die Wurzeln der Schulphobie vermutet man in einer tatsächlichen Angst vor der Schule und in Trennungsangst. Da Eltern und Kind mit Schulbeginn zum erstenmal länger und wiederholt getrennt sind, ist Trennungsangst in vielen Fällen die Hauptursache einer Schulphobie. Das DSM-III verzeichnet die Schulphobie denn auch als eine von mehreren Manifestationen eines Angstsyndroms mit Trennungsangst.

Wenn Trennungsangst der Grund für Schulphobien ist, die mit der Einschulung beginnen, wie läßt sich dann eine schwere Schulphobie erklären, die sich erst später entwickelt? Eine mögliche Interpretation stammt von *Johnson* und seinen Mitarbeitern (1941).

Zunächst löst ein Umweltereignis, möglicherweise in Zusammenhang mit der Schulsituation, beim Kind größere Angst aus. Gleichzeitig hat die Mutter ein eigenes Problem und wird ebenfalls zunehmend ängstlich. Eine Abhängigkeitsbeziehung zwischen Mutter und Kind trägt das ihre dazu bei, die Angst, die sich ganz natürlich einstellt, wenn Mutter und Kind sich morgens trennen, weiter zu steigern. Also beginnt das Kind, die Schule zu meiden und die Mutter erhebt nur halbherzig Einspruch. Vielleicht kommt das Verhalten des Kindes ihren eigenen Bedürfnissen entgegen und sie belohnt es sogar unwissentlich dafür. Ist die Abhängigkeit gegenseitig, d.h., ist nicht nur das Kind von der Mutter, sondern auch die Mutter von dem Kind abhängig, möchte die Mutter das Kind möglicherweise nicht Tag für Tag an die Schule verlieren. Es können also mehrere Faktoren zusammenwirken, die das Kind von der Schule abhalten. Anfangs sind die Ängste, die das Kind dazu veranlassen, von der Schule fernzubleiben und den Trost der Mutter zu suchen, vielleicht realistisch. Diese Abhängigkeit von der Mutter ist tröstlich und verstärkt Mutter und Kind für das Vermeiden der gefürchteten Situation. Da keine Konfrontation mit dem Angstobjekt stattfindet, kann die Angst nicht schwinden und wird unter Umständen noch größer.[10]

Behandlung von Kindheitsängsten

Wie lassen sich Kindheitsängste überwinden? Wie Abbildung 15.3 zeigt, ist es in vielen Fällen eine Frage von Zeit und Reifung, bis sie von selbst verschwinden. Ein millionenfach im Alltag bewährtes Verfahren, Kindern beim Überwinden ihrer Angst zu helfen, besteht darin, sie allmäh-

---

[9] Manche Kinder werden von einer ganz neuen Furcht gequält, der Furcht nämlich, daß die Welt in einem nuklearen Holocaust untergeht. Hier tun sich Eltern und Therapeuten schwerer, dem Kind ein Gefühl von Sicherheit zu vermitteln als bei Angst vor Dunkelheit.

[10] Eine allgemeine Diskussion der Ätiologie von Phobien findet der Leser in Kapitel 6, S. 168ff.

lich dem Angstobjekt auszusetzen. Oft verhält sich der Erwachsene dabei so, daß möglichst gar keine Angst entsteht. Wenn ein kleines Mädchen Angst vor Fremden hat, nimmt ein Elternteil es bei der Hand und geht langsam mit ihm auf die unbekannte Person zu. *Mary Cover Jones* (vgl. S. 640) hat als erste Psychologin dieses Stück Volksweisheit als Gegenkonditionierung erklärt.

Auch moderne Therapeuten machen Anleihen bei der Volksweisheit, um ängstlichen Kindern zu helfen. Das Kind dem Angstobjekt *auszusetzen*, gilt allgemein als der wirksamste Weg, grundlose Angst und grundloses Vermeiden zu überwinden. Auch das Modellernen hat sich im Labor (z.B. *Bandura, Grusec* und *Menlove*, 1967) und in zahllosen Behandlungen bewährt. Ein anderes Kind, dem das ängstliche Kind es vermutlich gern gleichtun möchte, demonstriert furchtloses Verhalten. Auch Belohnungen können das Kind ermutigen, sich näher an das gefürchtete Objekt oder die gefürchtete Situation heranzuwagen. Ist die Furcht eines schulphobischen Kindes sehr groß und ist das Vermeiden lange eingeschliffen, kann eine Desensibilisierung durch direktes, allmähliches Aussetzen plus operanter Verhaltensformung notwendig werden. In einem unserer eigenen Fälle fing es damit an, daß der Therapeut mit dem neunjährigen Paul bis vor die Schule ging. Am nächsten Tag ging es auf den Schulhof, dann nach Schulschluß in ein leeres Klassenzimmer. An weiteren Tagen nahm Paul an der Morgengymnastik teil und ging dann wieder, setzte sich auf seinen Platz, blieb eine Zeitlang in der Schule – immer mit dem Therapeuten an seiner Seite. Später hielt sich der Therapeut außer Sichtweite, blieb aber immer in der Nähe. Als die Angst nachzulassen schien, begann die letzte Phase: Jetzt wurde Paul für den Schulbesuch mit abendlichem Gitarrenspiel, Comic-Heften und Münzen belohnt, für die er sich später einen Baseball-Handschuh kaufen konnte (*Lazarus, Davison* und *Polefka*, 1965).

Manche neue Situationen sind nicht nur für Kinder, sondern auch für Erwachsene ängstigend, weil ihnen Wissen und Fertigkeiten fehlen, um damit umzugehen. Die Angst eines Kindes vor Wasser entspringt möglicherweise der ganz vernünftigen Überlegung, daß da Gefahr droht, weil es nicht schwimmen kann. Eltern und Therapeuten müssen dem Kind also Gelegenheit geben, das notwendige Wissen und die notwendigen Fertigkeiten zu erwerben.

Sozialer Rückzug

In den meisten Klassen gibt es wenigstens zwei Kinder, die extrem ruhig und schüchtern sind. Oft spielen diese Kinder nur mit Angehörigen und sehr vertrauten Spielgefährten und gehen fremden Kindern und Erwachsenen aus dem Weg. Ihre Schüchternheit hindert sie daran, Fertigkeiten zu erwerben und an einer Vielzahl von Aktivitäten teilzunehmen, die ihren Altersgenossen großen Spaß machen, denn sie vermeiden Spielplätze und Spiele, bei denen sie sich den Nachbarskindern zugesellen müßten. Schüchterne Kinder werden mit unbekannten Personen einfach nur sehr langsam warm, zurückgezogene Kinder werden das, auch nach längerem Beisammensein, nie. Extrem schüchterne Kinder weigern sich unter Umständen, in einer unvertrauten sozialen Umgebung auch nur zu sprechen; dieses Verhalten wird *elektiver Mutismus* genannt. Sind viele Menschen im Raum, klammern sie sich an ihre Eltern und flüstern mit ihnen, verstecken sich hinter Möbeln und kauern sich in Ecken. Zu Hause stellen sie den Eltern endlose Fragen über die Situationen, die ihnen Angst machen. Zurückgezogene Kinder haben gewöhnlich warme und befriedigende Beziehungen zu Familienmitgliedern und Freunden der Familie und zeigen den deutlichen Wunsch nach Zuneigung und Anerkennung. Da sich nicht festlegen läßt, wann Schüchternheit oder Zurückgezogenheit zum Problem wird, gibt es zur Häufigkeit des *sozialen Rückzugs* keine statistischen Angaben.

Die Theorien zur Ätiologie des sozialen Rückzugs sind nicht sehr spezifisch. Oft wird vermutet, daß Angst mit sozialer Interaktion interferiert und so das Kind veranlaßt, soziale Situationen zu meiden. Vielleicht fehlt zurückgezogenen Kindern auch einfach das soziale Know-How, das ihnen den Umgang mit Altersgenossen erleichtern würde. Daß isolierte Kinder weniger häufig versuchen, ihre Beziehungen zu Gleichaltrigen zu strukturieren und in ihrem Spiel weniger Phantasie zeigen, deutet vielleicht auf diesen Mangel an

Schüchterne Kinder bleiben auf Spielplätzen für sich, wünschen sich aber nichts sehnlicher, als sich den anderen zuzugesellen.

sozialen Fertigkeiten hin. Und schließlich sind die Kinder vielleicht darum isoliert, weil sie fast ausschließlich mit Erwachsenen gespielt haben; sie interagieren mit Erwachsenen freier als mit anderen Kindern (*Scarlett*, 1980).

Störungen mit Rückzug oder sozialem Vermeiden werden ähnlich behandelt wie Kindheitsängste. In einer bahnbrechenden Untersuchung zeigte man den Kindern Filme, in denen sich ebenfalls isolierte Kinder allmählich und mit immer mehr Spaß am Spiel anderer Kinder beteiligten (*O'Connor*, 1969). Tagesstättenpersonal und Lehrer können schüchterne Kinder auch immer dann mit Aufmerksamkeit verstärken, wenn sie sich anderen zugesellen, ihnen aber keine Beachtung schenken, wenn sie allein bleiben (*Hart* et al., 1968). Man kann ihnen Fertigkeiten beibringen, die für den Gebrauch von Spielmaterial erforderlich sind, um so die Wahrscheinlichkeit sozialen Kontaktes zu erhöhen (*Buell* et al., 1968). Ein weiteres wirksames Verfahren bestand darin, das schüchterne Kind mit Gleichaltrigen als Modellen zusammenzubringen und es für jede soziale Interaktion zu verstärken (*Furman, Rahe* und *Hartup*, 1979).

Affektive Störungen der Kindheit

In der Literatur findet man Fallberichte über Kinder, die an typischer Depression und bipolarer Störung zu leiden schienen. Laut DSM-III haben affektgestörte Kinder die gleichen Symptome wie Erwachsene. Dabei ist gleichzeitig umstritten, ob man bei vielen Kindern überhaupt von einer affektiven Störung sprechen kann und wie sie zu definieren ist (*Lefkowitz* und *Burton*, 1978).

Rutter, Tizard und *Whitmore* (1970) führten mit den auf der Isle of Wight lebenden Kindern eine umfangreiche Untersuchung durch. Sie beurteilten die Kinder nach konservativen Kriterien und stellten fest, daß nicht einmal 1 Prozent der Kinder depressiv waren. In anderen Untersuchungen war diese Zahl sehr viel größer (z.B. *Weinberg* et al., 1973). Diese Diskrepanz hat zweierlei Gründe. Erstens sind manche Verhaltensweisen erwachsener Depressiver bei Kindern sehr häufig. Zum Beispiel sind 37 Prozent der Mädchen und 29 Prozent der Jungen mit sechs Jahren schlechte Esser (*MacFarlane, Allen* und *Honzik*, 1954). Sollte man diesem relativ häufigen Verhalten klinische Signifikanz zuerkennen? Untersuchungen, die das tun, werden auch mehr depressive Kinder finden. Zweitens haben manche Forscher den Verhaltensbereich, der auf eine kindliche Depression hindeutet, sehr umfassend gewählt. Und diese Vielfalt fassen sie dann unter den Begriff der „larvierten Depression". Verhaltensweisen wie Hyperaktivität, psychophysiologische Reaktionen, Schulschwierigkeiten und Aggression, die nicht zur Symptomatologie der Erwachsenendepression gehören, gelten bei Kindern gleichwohl als Zeichen einer „zugrundeliegenden" Depression. Eine derart umfassende, durch empirische Befunde nicht gestützte Definition bedeutet natürlich, daß sehr viele Diagnosen wahrscheinlich nicht valide sind.

Wie sollen wir die Depression bei Kindern also definieren? Entwicklungspsychologen erinnern uns daran, daß Kinder *keine* Miniaturerwachsenen sind. Es wäre daher unklug anzunehmen, daß ihre Depression dieselbe Form annimmt wie die Erwachsener. Ein Teil des Problems besteht natürlich darin, eine Definition der Kindheitsdepression zu finden, die sich in Forschung und Therapie bewährt. *Achenbach* und *Edelbrock* (1981) ließen in einem psychiatrischen Zentrum behandelte Kinder und Kontrollkinder von den jeweiligen Eltern mit Hilfe einer Anzahl von Items beurteilen. Nur 13 Prozent der Kontrollkinder zwischen vier und sechzehn Jahren erhielten die Charakteristik ,,unglücklich, traurig oder depressiv". Den behandelten Kindern sprachen die Eltern dieses Items sehr viel häufiger zu. Diese Häufigkeiten reichten von 43 Prozent für vier- und fünfjährige Jungen bis hin zu 80 Prozent für zwölf- und dreizehnjährige Mädchen. Andere Items, mit denen Eltern ihre Kinder beschrieben und die für Kinder zwischen sechs und elf Jahren hoch mit traurigem Affekt korrelierten, waren: klagt über Einsamkeit; fühlt sich zu schuldig; fühlt sich wertlos oder unterlegen; ist nervös; ist oft mißgelaunt; macht sich Sorgen; ist zu ängstlich; glaubt, vollkommen sein zu müssen; ist befangen oder schämt sich leicht; befürchtet, etwas Schlechtes zu tun oder zu denken. Alle diese Klagen und trostlosen Gefühle scheinen, wie *Achenbach* (1982) anmerkt, Zeichen einer Depression zu sein, obwohl die Übereinstimmung mit den DSM-III-Kriterien einer Erwachsenendepression nicht sehr groß ist.

Depressive junge Menschen haben, besonders im Alter zwischen fünfzehn und neunzehn, ein erhöhtes Suizidrisiko. Aber auch sehr viel jüngere Kinder, denen eigentlich noch die Zeitperspektive fehlt, können so niedergeschlagen, so völlig ohne Hoffnung sein, daß sie versuchen, ihrem Leben ein Ende zu machen. Aber wie wir wissen, ist Suizid nicht immer auch mit Depression verbunden. Jugendliche scheinen sich sehr viel häufiger wegen persönlicher Konflikte und Entwicklungskrisen, etwa einer zerbrochenen Liebe, das Leben zu nehmen als aufgrund von Depressionen (*Achenbach, 1982; Cytryn* und *McKnew*, 1979). In den USA ist Suizid nach Unfällen und Totschlag die dritthäufigste Todesursache bei jungen Menschen. Vermutlich ist auch mancher tödliche Unfall in Wirklichkeit ein – unter Umständen unbewußter – Suizid.[11]

5. Eßstörungen

Anorexia nervosa

Die *Anorexia nervosa* (Magersucht) ist eine lebensbedrohende Störung, die nicht auf eine bekannte körperliche Krankheit zurückzuführen ist. Anorexia bezeichnet einen schweren Appetitverlust, und nervosa bedeutet, daß die Gründe dafür emotionaler Natur sind. Interessanterweise ist ,,Anorexie" eine Fehlbezeichnung, da viele Anorektiker zunächst nicht ihren Appetit verlieren, sondern Angst haben zu essen (*Achenbach*, 1982). Erheblicher Gewichtsverlust, eine übermäßige Furcht vor dem Dickwerden und die Weigerung, genug zu essen, um zuzunehmen oder wenigstens das Körpergewicht zu halten, sind drei Hauptsymptome dieser rätselhaften Störung. Diese Selbstaushungerung führt zu physiologischen Veränderungen, die manchmal kaum rückgängig zu machen sind. Die Schätzungen gehen hier auseinander, aber etwa 5 Prozent der Betroffenen sterben. Bei weiteren 25 Prozent bleibt auch nach zwei Jahren die Remission aus, und der Rest nimmt im Laufe der Zeit und als Folge einer Behandlung wieder an Gewicht zu (*Hsu*, 1980).

[11] Solche Todesfälle sind sicher tragisch, aber man muß die Tatsache, daß Suizid bei jungen Menschen die dritthäufigste Todesursache ist, auch in bestimmter Relation sehen. Junge Menschen und Kinder sterben sehr viel weniger häufig an Krankheiten als Erwachsene. Also ist bei ihnen die Wahrscheinlichkeit, durch Unfälle oder Suizid zu sterben, entsprechend größer. Tatsächlich ist die Suizid*rate* von Kindern und Jugendlichen gering und reicht nirgends an die von Erwachsenen heran.

An der Störung leiden sehr viel mehr junge Frauen als Männer, die Schätzungen reichen bis zu einem Verhältnis von 20:1. Etwa eine von 200 jungen Frauen im Schulalter ist anorektisch (*Crisp, Palmer* und *Klucy*, 1976). Gewöhnlich beginnt der Gewichtsverlust während der Adoleszenz, kurz nach Einsetzen der Menstruation. Bei fast allen anorektischen Frauen kommt es, häufig noch vor einer deutlichen Gewichtsabnahme, zur Amenorrhöe, dem Ausbleiben der Monatsregel. Die Störung beginnt damit, daß sich die Betroffenen wegen ihres häufig leichten Übergewichts zu einer Diät entschließen. Diese Diät setzen sie nach dem ersten Gewichtsverlust jenseits aller Vernunft fort. Sie nehmen Abführmittel, treiben vielleicht unmäßig viel Sport und verlieren erschreckend an Gewicht. Es ist erstaunlich, wieviel besessene Energie sie bei ihrer Magerkeit für ihre exzessiven körperlichen Aktivitäten noch aufbringen können.

Magersüchtige sind fast immer mit Nahrung und Essen beschäftigt, sogar dann, wenn sie darum kämpfen, nichts zu sich zu nehmen. Sie interessieren sich für die Zubereitung, sammeln Kochbücher, probieren neue Rezepte aus, kochen üppige Mahlzeiten mit vielen Gängen und Spezialgerichten für andere. Viele leugnen jegliches Hungergefühl, während andere zugeben, daß sie Hunger haben, sich aber zwingen, nichts zu essen. Das Eingeständnis eines Hungergefühls ist verbunden mit einem Eßmuster, das nahezu die Hälfte aller Magersüchtigen an den Tag legen: Bulimie, gefolgt von selbst herbeigeführtem Erbrechen. Anorektische Frauen mit Bulimie-Anfällen sind impulsiver, depressiver und ängstlicher als andere und oft besonders schwer zu behandeln (*Caspar* et al., 1980; *Garfinkel, Moldofsky* und *Garner*, 1980). Tatsächlich leugnen die meisten Menschen mit dieser Störung, daß sie ein Problem haben, das der Behandlung bedarf.

Ein allgemein berichtetes Phänomen der Anorexia ist ein gestörtes Körperbild. Trotz ihrer hervorstehenden Rippen und Hüftknochen, ihrer knochigen Gesichter und besenstieldürren Gliedmaßen halten Magersüchtige sich nicht für zu dünn. Sie betrachten sich häufig im Spiegel und finden sich entweder immer noch zu dick oder haben das Gefühl, endlich eine attraktive Figur zu haben. Anorektische Mädchen werden oft als

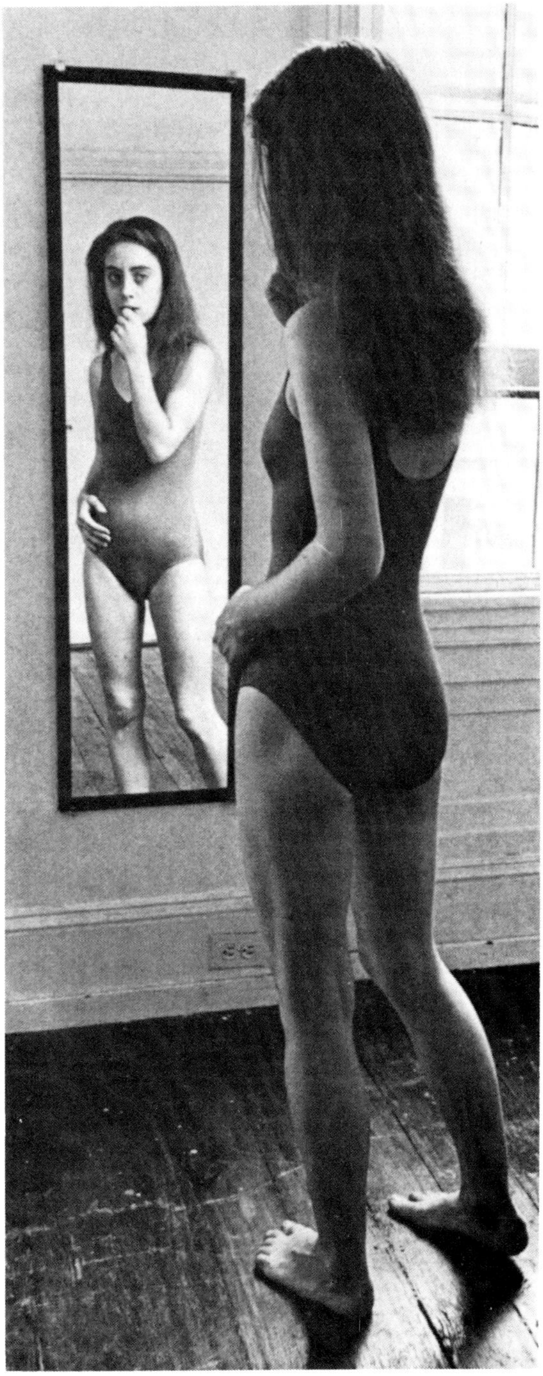

Eine junge anorektische Frau betrachtet ihren Körper. Sie versucht, der Überzeugung Herr zu werden, daß sie zu dick ist.

Kasten 15.3
Spieltherapie und Familientherapie: Zwei allgemeine Methoden zur Behandlung von Störungen in der Kindheit

Viele der in diesem Kapitel besprochenen Kindheitsstörungen und sogar die ernsteren Probleme, die uns im nächsten Kapitel beschäftigen, werden mit zwei allgemeinen Methoden behandelt: mit *Spieltherapie* und mit *Familientherapie*.

Kinder verfügen gewöhnlich nicht über die verbalen Möglichkeiten, die Erwachsene haben, zumindest nicht in dem Sinne, wie sie für eine psychoanalytische oder klientenzentrierte Therapie notwendig sind. Kinder sprechen auch weniger bereitwillig über ihre Sorgen und Kümmernisse. Durch die Pionierarbeit von *Melanie Klein* (1932) und *Anna Freud* (1946b) fand die Psychoanalyse über das Spiel Zugang zum Unbewußten eines Kindes. Das Spiel trat damit an die Stelle der freien Assoziation und der Traumerzählung, die in der Analyse Erwachsener eine so große Rolle spielen. In einer Spieltherapie, so nimmt man an, wird das Kind die Gefühle ausdrücken, die es gegenüber Problemen, Eltern, Lehrern und Spielgefährten hegt. Ein Spieltherapiezimmer ist ausgestattet mit Puppen, Bauklötzen, Spielen, Puzzles, Zeichenmaterial, Malfarben, Wasser, Sand, Ton, Spielzeuggewehren und -soldaten und dem großen, aufgeblasenen Gummiclown ,,Bobo" zum Boxen. Diese Spielzeuge sollen dem Kind helfen, innere Spannungen und Sorgen nach außen zu kehren. Häufig gehört auch ein Puppenhaus mit Eltern- und Kinderpuppen zum Inventar. Der Therapeut kann seinen kleinen Klienten beispielsweise auffordern, die Puppen so auf die Zimmer zu verteilen, ,,wie es dir gefällt". Vielleicht versammelt das Kind die Familie im Wohnzimmer, nur der Vater wird ins Arbeitszimmer gesetzt. ,,Was tut denn der Papi da?" wird der Therapeut fragen. ,,Er arbeitet. Wenn er nicht so ein Spielverderber wäre,

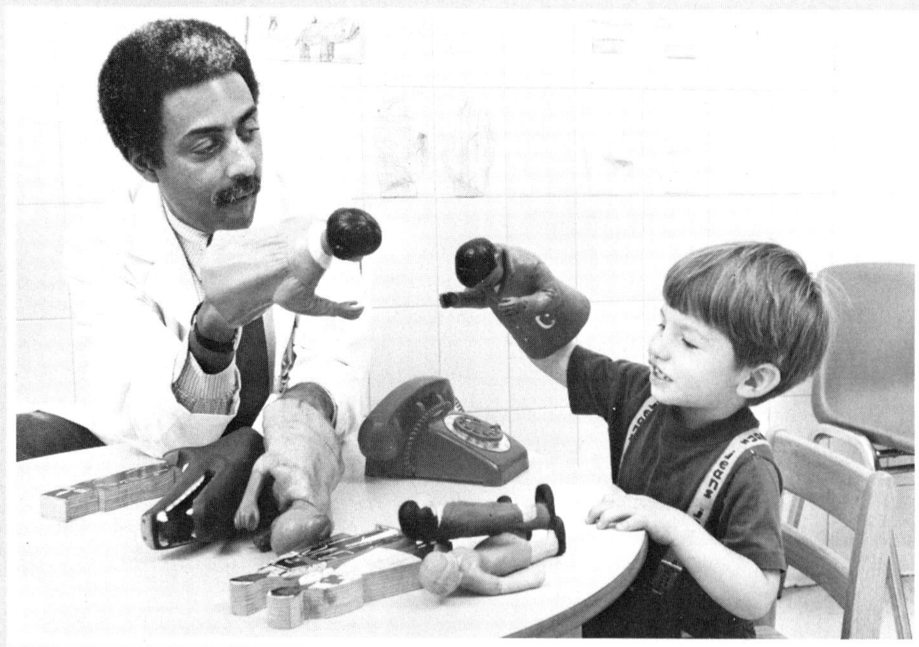

Störungen der Kindheit versucht man häufig, mit einer Spieltherapie zu behandeln. Als therapeutisches Spielzeug dienen übliche Haushaltsgegenstände und zuweilen auch Puppen.

würde er rauskommen und mit den Kindern spielen." Wie bei einem erwachsenen Klienten wird der Therapeut dem Jungen dann dessen unausgedrückt gebliebenen Wunsch interpretieren. In den wenigen kontrollierten Untersuchungen, die vorliegen, hat sich die Methode als nicht besonders wirksam erwiesen (*Barrett, Hampe* und *Miller*, 1978; *Levitt*, 1971).

Was immer man auch mit der Spieltherapie erreichen will, zumindest hilft sie dem Therapeuten, Rapport zum Kind herzustellen. Ein erwachsener Klient reagiert vielleicht positiv auf einen Therapeuten, der empathisch, freundlich und mit akademischen Graden versehen ist, aber ein kleines Mädchen wird „Dr.X" eher mit Argwohn begegnen, ihn mit Eltern und Lehrern im Bunde sehen und wenig interessiert an ihr. Therapeuten unterschiedlichster Ausrichtung, auch Verhaltenstherapeuten, die der symbolischen Bedeutung, die der psychoanalytische Therapeut dem Spiel des Kindes beimißt, wenig abgewinnen können, bedienen sich des Spielzimmers, um eine Beziehung zu ihrem kleinen Klienten aufzubauen und vielleicht auch, um über das Spiel herauszubekommen, wie das Kind das Problem sieht.

Da Kinder gewöhnlich mit Eltern und Geschwistern zusammenleben und untrennbar mit ihnen verbunden sind, kümmern sich viele Therapeuten nicht so sehr um die Probleme des betroffenen Kindes oder Jugendlichen allein, sondern versuchen vielmehr, die Interaktionsmuster der Familie zu ändern. Auch Familientherapie (vgl. S.699ff.) wird von Therapeuten aller Richtungen praktiziert. Sie nehmen an, daß die Ursache des kindlichen Problems oder der Grund für dessen Aufrechterhaltung in gestörten Familienbeziehungen zu suchen ist. Vielleicht kommt der Vater seiner Verantwortung nur unzureichend nach und zwingt den Sohn in eine Erwachsenenrolle, der dieser sich nicht gewachsen fühlt. Allerdings – man kann es nicht oft genug betonen – sagt die wirksame Behandlung einer Störung nichts aus über deren Ätiologie. Daß sich eine kindliche Störung beheben oder lindern läßt, wenn man die gestörten Familienbeziehungen erhellt und ändert, bedeutet nicht, daß die gestörten Familienbeziehungen auch die vorrangige Ursache des Problems sind. Viele klinische Berichte und die der Familientherapie innewohnende Plausibilität lassen vermuten, daß die künftige Forschung ihren Verfechtern in vielem recht geben wird.

„brave Mädchen" beschrieben. Sie sind wohlerzogen, gewissenhaft, ruhig und häufig perfektionistisch. Vielfach schneiden sie in der Schule und bei IQ-Tests besser ab als Kontrollprobandinnen (*Bemis*, 1978).

Die Ätiologie der Anorexia nervosa

Die Theorien zur Erklärung der Anorexia sind sehr unterschiedlich und empirisch überwiegend wenig fundiert. Einige psychologische Erklärungen stützen sich auf *Freud*, der im Essen einen Ersatz für sexuellen Ausdruck vermutete. In der Nahrungsverweigerung der Magersüchtigen zeigt sich demzufolge eine Furcht vor gesteigerten sexuellen Bedürfnissen oder vielleicht auch vor oraler Schwängerung (*Ross*, 1977). Nach lerntheoretischer Auffassung kommt in der Anorexia möglicherweise eine Gewichtsphobie zum Ausdruck (*Crisp*, 1967), oder auch das Verlangen, dem in unserer Gesellschaft so sehr gefragten Bild einer gertenschlanken Frau zu entsprechen (*Bemis*, 1978). Wieder andere vermuten einen Konflikt als Ursache der Störung: Die Betroffenen möchten einerseits unabhängig sein und innerhalb der Familie als eigenständige Persönlichkeit leben, fürchten aber andererseits das Erwachsenwerden. Und schließlich gibt es noch eine Vielzahl organischer Erklärungsversuche. Bei der Anorexia, so behauptet die vielleicht führende physiologische Theorie, funktioniere der Teil des Hypothalamus abnorm, der die Menge der

Kasten 15.4
Verhaltenspädiatrie

Bei der Besprechung der Verhaltensmedizin (vgl. S. 250) haben wir verschiedene Anwendungsmöglichkeiten psychologischen Wissens auf die Prävention und Behandlung körperlicher Krankheiten vorgestellt, z.B. die Änderung von Typ-A-Verhalten als ein Mittel, das Risiko einer koronaren Herzkrankheit zu verringern. In jüngster Zeit betrachtet man auch Krankheiten von Kindern und Jugendlichen aus psychologischer Perspektive.

Russo und *Varni* (1982) entwickelten als eine Möglichkeit, das Feld der sogenannten *Verhaltenspädiatrie* zu umreißen und in Begriffe zu fassen, das Modell der „normalen Person in einer abnormen Situation" (NPAS). Ein akut oder chronisch krankes Kind ist ein junger Mensch, der vielleicht psychische Probleme hat, weil er sich – durch die Krankheit – in einer komplexen und belastenden Situation befindet. Viele kranke Kinder haben große Schmerzen, sind manchmal entstellt und müssen eine lange Zeit, getrennt von Eltern, Geschwistern und ihrer vertrauten Umgebung, im Krankenhaus zubringen.

Um solche Kinder zu behandeln, kombiniert die Verhaltenspädiatrie im allgemeinen verhaltenstherapeutische und pädiatrische Verfahren. Sie kümmert sich um die Beziehungen zwischen Eltern und Kind, Schule und Kind und behandelndem Team und Kind (*Varni* und *Dietrich*, 1981). Einige Arbeiten aus dem Bereich der Verhaltenspädiatrie sollen Bandbreite und Ziele dieser jungen und vielversprechenden Disziplin verdeutlichen (*Kellerman* und *Varni*, 1982).

Viele Formen von Krebs bei Kindern, etwa die akute Lymphoblastenleukämie, sind erst seit einigen Jahren behandelbar. Bei manchen Krebstypen ist die Behandlung so effektiv, daß die Kinder nach erfolgter Remission fünf Jahre nach Ausbruch des Krebses noch leben. Diese Behandlungserfolge stellen Patient und Familie vor ein neues psychisches Problem: Sie müssen lernen, mit der Krankheit und ihrer Behandlung zu leben.

Dem Kind die wahre Natur seiner Krankheit und deren lebensbedrohenden Charakter zu verschweigen, hilft ihm nicht, sondern macht es nur noch ängstlicher (z.B. *Spinetta*, 1980). Man sollte also offen mit dem Kind sprechen. Aufgrund von Forschungsergebnissen scheint es ratsam zu sein, das Kind so lange wie möglich in seine alte Schule gehen zu lassen (*Katz*, 1980). Da Krebs und Krebsbehandlung das Kind häufig entstellen, sollte man ihm beibringen, mit den zu erwartenden Hänseleien umzugehen; man könnte etwa ein Selbstbehauptungstraining mit ihm durchführen oder es darin schulen, verletzende Bemerkungen zu überhören. Wenn dem Kind infolge der Strahlentherapie die Haare ausfallen, möchte es vielleicht eine Perücke tragen.

Diagnose und Behandlung von Krebs bei Kindern sind gleichermaßen schmerzhaft. Jedes Kind mit Leukämie muß sich oft und regelmäßig einer Knochenmarksaspiration unterziehen. Um das Mark zu entnehmen, führt der Arzt eine lange Nadel in das Innere des Oberschenkelknochens ein. Das tut weh und an diesen Schmerz gewöhnt man sich nicht (*Katz, Kellerman* und *Siegel*, 1980). Diese Erfahrung fordert vom kleinen Patienten, aber auch von seinen Eltern, ihren Tribut. Spezialisten für Verhaltenspädiatrie haben Hypnosetechniken entwickelt, damit das Kind lernt, sich zu entspannen, und der unumgängliche medizinische Eingriff etwas von seinem Schrecken verliert. Kindern mit antizipatorischer Angst vor anderen medizinischen Prozeduren zeigt man Filme, in denen gleichaltrige Modelle dergleichen tapfer überstehen (*Jay* et al., 1982). Um die Angst im Vorfeld des medizinischen Eingriffs, etwa beim Betreten des Krankenhauses oder beim Warten im Wartezimmer, und damit in gewissem Umfang auch den späteren Schmerz zu lindern, desensibilisiert man das Kind für solche, mit dem Schmerz assoziierten Situationen. Angstreduktion kann auch ganz allgemein wichtig sein. Ein extrem ängstliches Kind meidet

Eine Beraterin des Sloan-Kettering-Instituts arbeitet mit einer kleinen Krebspatientin und deren Mutter.

möglicherweise die medizinische Prozedur oder verliert an Gewicht. Gewichtsverlust mindert aber seine Chancen, den Krebs zu überleben (*Dewys* et al., 1980).

Die Verhaltenspädiatrie hilft auch Kindern und Jugendlichen mit anderen medizinischen Problemen. Ein ernstes Problem für Bluter, d.h. für Menschen, deren Blut ein wichtiger Gerinnungsfaktor fehlt, sind chronische Arthritisschmerzen in den Gelenken. *Varni* (1981) hat solche Schmerzen erfolgreich mit hypnotischen Bildertechniken behandelt. Dabei lernen die Patienten, sich zu entspannen und den Blutzustrom zum betroffenen Gelenk zu erhöhen. Kann der Patient auf diese Weise die Oberflächentemperatur im Umfeld des Gelenks erhöhen, braucht er weniger Schmerzmittel, von denen viele unerwünschterweise die Thrombozytenagglomeration hemmen und so die Blutgerinnung noch weiter beeinträchtigen. Wenn man kindlichen Asthmaanfällen – die Kinder dürfen sich allerdings nicht in akuter Gefahr befinden – wenig Aufmerksamkeit schenkt, verlaufen sie in vielen Fällen weniger schwer und gehen schneller vorüber (*Creer, Weinberg* und *Molk*, 1974). Heilen läßt sich das Asthma mit dem operanten Verfahren jedoch nicht.

Aus übergewichtigen Kindern werden mit großer Wahrscheinlichkeit auch übergewichtige Erwachsene, und Übergewicht ist bekanntermaßen ein Hauptrisikofaktor für Bluthochdruck, Herzkrankheit und Diabetes. Man hat Verhaltensprogramme entwickelt, um die Eß- und Bewegungsgewohnheiten der Kinder zu ändern sowie andere Aspekte ihres Lebensstils, die für die Aufnahme von Kalorien und deren Verbrennung – oder Nicht-Verbrennung – relevant sind (*Epstein, Masek* und *Marshall*, 1978). Fettleibige Kinder und Erwachsene essen zum Beispiel schneller, nehmen größere Bissen und kauen weniger als ihre normalgewichtigen Altersgenossen (*Drabman* et al., 1979). Wenn auch die Eltern in die Behandlung einbezogen werden, kann sich das Gewicht dauerhaft normalisieren (*Aragona, Cassady* und *Drabman*, 1975).

Ein weiteres Ziel der Verhaltenstherapie ist die *Kooperation (compliance)* der Patienten. Wie bringt man Menschen dazu, Dinge zu tun, die zur Vorbeugung oder zum Umgang mit einer Krankheit notwendig sind? (*Varni* und *Wallander*, in Druck.) Eine Krankheit stellt an das betroffene Kind und seine Familie hohe Anforderungen. Ein gutes Beispiel dafür ist der Jugend-Diabetes. Um das Kind auf eine bestimmte Diät und die erforderlichen Insulingaben einstellen zu können, muß täglich mehrfach der Glukosespiegel des Urins bestimmt werden. Und die Diät selbst verlangt vom Kind große Disziplin. Es muß lernen, auf Bonbons und andere Süßigkeiten zu verzichten, die ihm in unserer Kultur so verlockend vor Augen geführt werden. Seine Mahlzeiten müssen mit dem Wirkungsgipfel der Insulininjektion zusammenfallen, damit das Insulin den Glukosespiegel nicht abnorm senkt. Auch Aktivität und Sport müssen Teil des Behandlungsplans werden, denn beides hat einen eigenen, natürlichen insulinähnlichen Effekt auf die Glukoseverwertung in den Zellen (*Hobbs, Beck* und *Wansley*, 1984). Da es einstweilen noch keine Aussicht auf Heilung gibt, müssen Diabetiker nicht nur ihren Zustand akzeptieren, sondern auch die Tatsache, daß sie einige der grundlegendsten menschlichen Triebe nur nach Vorschrift befriedigen dürfen. Ein junger Mensch muß also ein komplexes Bündel von Fertigkeiten erwerben, um für sich selbst sorgen und mit dieser schweren, aber behandelbaren Krankheit leben zu können. Die klinische Forschung im Bereich der Verhaltenspädiatrie hat viel dazu beigetragen, daß ihm das gelingt (*Epstein* et al., 1981).

Nahrungsaufnahme, die sexuelle Aktivität und die Menstruation kontrolliert. Spezifische Abnormitäten hat man allerdings nicht gefunden (*Bemis*, 1978).

Therapie der Anorexia nervosa

Die Behandlung der Anorexie ist ein zweischichtiger Prozeß. Zunächst muß der jungen Frau bei der Gewichtszunahme geholfen werden, um medizinischen Komplikationen und einer möglichen Todesgefahr zu begegnen. Um sie überhaupt mit Nahrung zu versorgen, kann ein Krankenhausaufenthalt erforderlich sein. Oft sind die Betroffenen so geschwächt und in ihren physiologischen Funktionen derart gestört, daß es ohne stationäre Behandlung gar nicht geht. Ist die Situation lebensbedrohlich, müssen sie intravenös ernährt werden. Eine möglichst unverzügliche Gewichtszunahme erreichte man mit verhaltenstherapeutischen Programmen, in denen man die Patientin zunächst weitgehend isolierte, und sie dann für Essen und Gewichtszunahme sukzessive mit Gesellschaft bei den Mahlzeiten, Fernsehen, Radio oder Plattenspieler, Spaziergängen mit einer Lernschwester und der Erlaubnis, Post und Besuche zu erhalten, belohnte. Das zweite Behandlungsziel, die langfristige Beibehaltung des erreichten Gewichts, wird durch medizinische, verhaltenstherapeutische oder traditionelle psychodynamische Interventionen nicht immer erreicht (*Bemis*, 1978).

Dieses langfristige Ziel läßt sich möglicherweise mit einer Familientherapie erreichen. Wie bei den meisten anderen Therapieformen ist auch die Langzeitwirkung der Familientherapie noch unzureichend erforscht. Eine Untersuchung ergab allerdings, daß von 50, zusammen mit ihren Familien behandelten anorektischen Töchtern 86 Prozent drei Monate bis vier Jahre nach der Behandlung keine Anzeichen der Störung zeigten (*Rosman, Minuchin* und *Liebman*, 1976). *Salvador Minuchin* und seine Mitarbeiter, die eine von mehreren familientherapeutischen Schulen repräsentieren, haben einiges an Forschungsarbeit zur Familientherapie geleistet. Als therapeutisches Verfahren entwickelten sie die sogenannte *Familientischsitzung* (family lunch session).

Minuchins Familientherapie geht unter anderem von folgender Grundannahme aus. Er glaubt, daß „kranke“ Familienmitglieder, insbesondere Kinder, dazu dienen, die Aufmerksamkeit vom zugrundeliegenden Familienkonflikt abzulenken. In der Krankheit offenbart sich sozusagen die Psychopathologie der Familie. Die Mitglieder solcher Familien sind rigide und tief ineinander verstrickt, die Kinder werden überbehütet und Konflikte nicht eingestanden. Die Krankheit verhindert, daß es im Umkreis dieser grundlegenden Familienstörung zu Reibungen kommt. Die Krankheit zieht alle Aufmerksamkeit auf sich und verringert so die Spannung zwischen den Familienmitgliedern. *Minuchin* glaubt daher, daß gestörte Familien das „kranke" Familienmitglied mit ihrem Verhalten in seiner Patientenrolle festschreiben (*Minuchin* et al., 1975). Um die Störung behandeln zu können, versucht *Minuchin* sie als interpersonales Geschehen umzudefinieren und die Familienkonflikte zum Vorschein zu bringen. Ist das geschehen, so die Theorie, kann das symptomtragende Familienmitglied sein Problem aufgeben, denn nun lenkt es nicht mehr vom Familienkonflikt ab.

Der Therapeut trifft mit der Familie während des Essens zusammen, denn am Familientisch, so glaubt man, werden mit der Anorexie zusammenhängende Konflikte am ehesten offenbar. Mit diesen Essenssitzungen verfolgt man drei Hauptziele: 1. das anorektische Kind aus seiner Patientenrolle zu lösen; 2. das Eßproblem als interpersonales Geschehen zu definieren; und 3. die Eltern daran zu hindern, die Anorexie des Kindes als Mittel der Konfliktvermeidung einzusetzen. Eine Strategie besteht darin, daß jeder Elternteil alleine versucht, das Kind zum Essen zu zwingen. Der andere kann, wenn er will, den Raum verlassen. Diesen Einzelbemühungen wird höchstwahrscheinlich kein Erfolg beschieden sein. Die Frustration bewegt die Eltern dann vielleicht dazu, *zusammenzuarbeiten* und das Kind gemeinsam zum Essen zu bewegen. Auf diese Weise ist das Essen des Kindes nicht mehr Anlaß zu Konflikten, sondern zu Kooperation, und die Eltern lernen, angemessener und wirksamer mit dem Kind umzugehen (*Rosman, Minuchin* und *Liebman*, 1975). Gemessen an den nur mäßigen Erfolgen anderer Behandlungsformen scheint der familientherapeutische Ansatz vielversprechend.

Bulimie

Eine Zeitlang galt die *Bulimie* als gelegentliche Begleiterscheinung der Anorexie, wird aber nunmehr vom DSM-III als eigene, von der Anorexie unabhängige Eßstörung geführt. Das Wort Bulimie ist abgeleitet von griechisch *bous* (Rinderkopf) und *limos* (Hunger). Hauptmerkmal der Bulimie ist das periodische Essen großer Mengen, gefolgt von selbstherbeigeführtem Erbrechen oder der Einnahme einer Überdosis Abführmitteln, damit der Körper von den enormen Nahrungsmengen wieder befreit wird. Im Unterschied zu Anorektikern sind Patienten mit Bulimie selten stark untergewichtig, sind aber wie jene übermäßig um ihre Figur besorgt und haben eine krankhafte Angst, dick zu werden. Patienten mit beiden Störungen versuchen ständig abzunehmen, aber nur Magersüchtige reduzieren tatsächlich die Nahrungsaufnahme (*Schlesier-Stropp*, 1984).[12]

Patienten mit Bulimie wählen Nahrungsmittel, die sich schnell essen lassen. Sie schlingen sie, fast ohne zu kauen, herunter und machen sich dann auf die Suche nach mehr. Das typische Menü eines Freßanfalls könnte beispielsweise aus zwei Packungen Keksen, einem Laib Brot, einem Liter Milch und einem halben Liter Eiscreme, einem Brathähnchen und etlichen Süßigkeiten bestehen (*The New York Times*, 20. Oktober 1981). Bulimie-Patienten sind sich schmerzhaft bewußt, daß diese unkontrollierbaren Eßgewohnheiten abnorm sind. Während eines Anfalls empfinden sie Ekel, Hilflosigkeit und Panik. Die anschließende Entleerung wirkt meistens erleichternd.

Die Prävalenz der Bulimie ist schwer zu schätzen, da Essen und Entleerung zumeist heimlich geschehen und das Körpergewicht der Betroffenen im allgemeinen mehr oder weniger normal ist. Die von Schuldgefühlen geplagten Opfer halten ihre Störung so sorgfältig geheim, daß oft nicht einmal die Menschen, mit denen sie zusammenleben, davon wissen. In den Vereinigten Staaten, so schätzt man, sind mehr als fünf Millionen Menschen, hauptsächlich Frauen, von der Störung betroffen und vollziehen mindestens einmal wöchentlich das Ritual der übermäßigen Nahrungsaufnahme und der selbstinduzierten Entleerung. Manche wenden täglich hundert Dollar und mehr für Essen auf, wobei sie gewöhnlich Speisen mit einem hohen Kaloriengehalt bevorzugen (*Ely*, 1983).

[12] Wie bereits erwähnt, findet man bei manchen Patienten Aspekte beider Störungen. Man bezeichnet diese Patienten gelegentlich auch als Bulimarektiker.

Kasten 15.5
Depression und die Eßstörungen

Man weiß seit langem, daß Patienten mit Anorexie und Bulimie häufig depressiv sind, und hat begonnen, diese Depression zu untersuchen. *Ben-Tovim, Marilov* und *Crisp* (1979) untersuchten eine Gruppe von zwölf Anorexie-Patientinnen und neun Bulimie-Patientinnen. Alle Bulimie-Patientinnen und ein Drittel der Anorexie-Patientinnen waren klinisch depressiv. Auch von den 105 hospitalisierten Magersüchtigen, die *Eckert* und seine Mitarbeiter (1982) untersuchten, litt ein großer Teil unter Depressionen. Besonders betroffen waren Patientinnen mit sehr schweren Eßstörungen. *Winokur, March* und *Mendels* (1980) interessierten sich für die Häufigkeit von affektiven Störungen in den Familien von anorektischen Patienten und Kontrollprobanden. Wenn zwischen Depression und Anorexie ein Zusammenhang bestünde, so vermuteten sie, würden Verwandte eßgestörter Patienten häufiger an affektiven Störungen leiden. Ihre Hypothese wurde bestätigt. In vielen Fällen gingen die affektiven Probleme von Familienmitgliedern dem Ausbruch der Anorexie voraus. Das spricht gegen eine Erklärung, wonach Angehörige in Reaktion auf die Eßstörung depressiv werden. Zudem berichten *Pope* und *Hudson* (1984), daß sich Bulimie recht erfolgreich mit antidepressiven Medikamenten behandeln läßt. Alle diese Befunde sprechen für einen Zusammenhang zwischen Depression und Anorexie wie auch Bulimie.

Nehmen wir an, daß dieser Zusammenhang tatsächlich besteht. Aber was ist dann die Ursache und was die Wirkung? Wenn eine Anorexie-Patientin 25 Prozent ihres Körpergewichts verliert, können die gesunkene Körpertemperatur und der Aushungerungszustand biochemische Veränderungen verursachen, die ihrerseits zur Depression führen. Zu ähnlichen somatischen Veränderungen kann es auch bei Bulimie kommen. Aus psychologischer Sicht können Kontrollverlust und Schuld- und Schamgefühle, die mit diesen Eßstörungen einhergehen, leicht in eine klinische Depression münden. Denkbar ist andererseits auch, daß die Depression die Anorexie verursacht. Eine junge Frau, so vermutet die psychoanalytische Theoretikerin *Bruch* (1980), könnte ihre depressiven Gefühle dadurch kompensieren, daß sie versucht, schlank und begehrenswert zu werden. Sie nimmt ab, bleibt weiterhin depressiv und versucht, noch dünner zu werden. *Bruch* (1981) meint auch, man könne die Anorexie als eine weibliche Manifestation der Depression in der Adoleszenz ansehen. Indem die junge Frau in ihrer Erscheinung die Ursache und die mögliche Heilung ihrer Depression sieht, verliert sie mehr und mehr an Gewicht. Das sind Spekulationen. Sicher ist, daß nicht alle Patientinnen mit Anorexie oder Bulimie depressiv sind, noch entwickeln alle depressiven jungen Frauen eine Anorexie oder eine Bulimie. Gleichwohl besteht zwischen Depression und beiden Eßstörungen eine enge Beziehung. Notwendig wären Langzeitstudien, in denen man die affektiven Veränderungen junger Frauen und die Entwicklung von Eßstörungen sorgfältig verfolgt (*Hilterbrand*, 1983).

In ihrem Überblick über die Literatur zur Bulimie zeichnet *Schlesier-Stropp* (1984) folgendes Bild der typischen Bulimie-Kranken. Es handelt sich wahrscheinlich um eine junge Frau von Mitte zwanzig, deren Eltern europäischer Abstammung sind. Mit achtzehn fing sie an, sich zu überessen, und etwa ein Jahr später begann sie, das Gegessene – gewöhnlich durch Erbrechen – wieder aus sich herauszubefördern. Ihr Gewicht ist für ihr Alter und ihre Größe normal, und ihre Familiengeschichte verzeichnet ungewöhnlich viele Fälle von Fettleibigkeit und Alkoholismus. Dem Überblick von *Schlesier-Stropp* sind noch weitere wichtige Punkte zu entnehmen: 1. Bei Männern wurde Bulimie nur sehr selten diagnostiziert; 2. Bulimie tritt vornehmlich während der Adoleszenz und im frühen Erwachsenenalter auf, nur in sehr, sehr wenigen Fällen sind die Betroffenen bei Beginn der Störung älter als dreißig Jahre; 3. die Eßanfälle können schon bis zu drei Jahren bestehen, bevor die Betroffenen anfangen, sich anschließend wieder zu entleeren; 4. wie häufig es zum Zyklus des sich Überessens und Entleerens kommt, ist ganz verschieden: bei manchen Betroffenen einmal täglich, bei anderen etwa einmal wöchentlich und bei wieder anderen bis zu dreißigmal in der Woche.

Patienten mit Bulimie leiden häufig an Phasen der Depression (vgl. Kasten 15.5) und Angst und fühlen sich schuldig, weil sie ihre Eßanfälle nicht kontrollieren können. Ihr kostspieliges Leiden kann sie so beanspruchen, daß für soziale Aktivitäten nurmehr wenig Raum bleibt und ihre finanziellen Möglichkeiten sich dabei erschöpfen. Viele Bulimie-Patienten sind suizidgefährdet.

Die Störung hat, insbesondere bei häufigem Erbrechen, auch physiologische Folgen. Nicht wenige Betroffene haben eine wunde Kehle und geschwollene Speicheldrüsen. Die Säure des Erbrochenen kann den Zahnschmelz zerstören. Es kann auch zu Darmschädigung, ernährungsbedingten Mangelerscheinungen und Dehydration kommen. Menstruationsstörungen sind bei Patientinnen mit Bulimie weniger schwer als bei denen mit Anorexie (*Ely*, 1983; *Schlesier-Stropp*, 1984).

Das Verhaltensmuster von Patienten mit Bulimie ist offensichtlich von dem normaler Diätesser gar nicht so weit entfernt. *Herman* und *Polivy* (1980) entwickelten eine sogenannte *Einschränkungsskala* (Restraint Scale), um Personen zu identifizieren, die Diät halten. Die Probanden werden etwa gefragt: ,,Wie oft halten Sie Diät? Wieviel haben Sie in einem Monat maximal abgenommen? Essen Sie in Gegenwart anderer sehr viel bescheidener als alleine? Wieviel haben Sie innerhalb einer Woche maximal zugenommen?" Laboruntersuchungen mit Probanden, die ihre Nahrungsaufnahme immer wieder einschränkten, und solchen, die das nicht taten, führten zu interessanten Ergebnissen. In einer Studie erhielten die Teilnehmer einen, zwei oder drei Milchshakes und anschließend so viel Eiscreme, wie sie wollten, eine Gruppe bekam nur Eis. Bei normalen Essern sank der Eiskonsum, je mehr Milchshakes sie getrunken hatten. Diäthaltende Esser verhielten sich genau entgegengesetzt: Sie aßen nach zwei Milchshakes mehr Eis, als wenn sie vorher gar kein Shake gehabt hatten (*Herman* und *Mack*, 1975). *Polivy* (1976) zeigte auch, daß die letzteren Esser ihre Nahrungsaufnahme kognitiv kontrollieren. Wenn man ihnen sagt, daß sie gerade kalorienreiche Speisen zu sich genommen haben, essen sie anschließend mehr. Diät zum Zwecke der Gewichtsabnahme, so könnte man spekulieren, führt möglicherweise dazu, daß die Betroffenen nach einer Verletzung ihres Diätfahrplans übermäßig viel essen, nach dem Motto ,,Heute habe ich sowieso gesündigt, da kann ich auch genausogut..." Im Extremfall kann so ein Mechanismus auch für die Bulimie relevant sein.

Was kann man für jemanden tun, der an Bulimie leidet? Unbehandelt verläuft die Störung wahrscheinlich chronisch. Systematische Untersuchungen zu verschiedenen Interventionen gibt es nur wenige. Man hat versucht, die Überzeugung zu ändern, daß Schlankheit Erfolg bedeutet (*Boskind-Lodahl* und *White*, 1978), Selbstsicherheitstraining durchgeführt (*White* und *Boskind-White*, 1981), Programme zur Selbstbeobachtung entwickelt (*Fairburn*, 1980) und die Probanden daran gehindert, nach einem Eßanfall zu erbrechen (*Rosen* und *Leitenberg*, 1982). Alle Interventionen hatten einen gewissen Erfolg, auch die Gabe antidepressiver Medikamente (*Pope* und *Hudson*, 1984). Insgesamt wissen wir aber über eine wirksame Behandlung der Bulimie genauso wenig wie über die Störung selbst.

Zusammenfassung

Das DSM-III hat die diagnostische Kategorie der Störungen in Kindheit und Adoleszenz erheblich erweitert. Spezifische Entwicklungsstörungen werden diagnostiziert, wenn das Verhalten eines Kindes in spezifischen Entwicklungsbereichen von der altersgemäßen Norm abweicht. Solcherart lernbehinderte Kinder haben trotz ausreichender intellektueller Fähigkeiten Schwierigkeiten mit dem Lesen, der Sprachbeherrschung oder dem Rechnen. Theorien machen für solche Lernbehinderungen entweder Wahrnehmungsdefizite verantwortlich – es wird etwa vermutet, daß die Kinder bestimmte Buchstaben verkehrt herum sehen – oder mangelhafte Instruktionstechniken. Mit speziellen Unterrichtsformen verbunden mit Belohnungen lassen sich die Störungen erfolgreich behandeln. Enuresis wird diagnostiziert, wenn Kinder von über dreieinhalb Jahren nachts oder tagsüber einnässen. Obwohl keine Theorie der Enuresis hinreichende empirische Bestätigung gefunden hat, haben sich bei nächtlichem Einnässen lerntheoretisch fundierte Vorgehensweisen und Klingelmatte recht gut bewährt.

Störungen mit Aufmerksamkeitsdefizit und Verhaltensstörungen sind Störungen mit unterkontrolliertem Verhalten. Bei hyperaktiven Kindern, die sich ,,wie aufgedreht" verhalten, wenn Stillsitzen geboten ist, betrachtet man heute das Aufmerksamkeitsdefizit als die primäre Störung. Entsprechend diagnostiziert das DSM-III eine ,,Störung mit Aufmerksamkeitsdefizit und Hyperaktivität". Genetische Studien, neurologische Befunde und Untererregung des zentralen Nervensystems, dazu die Tatsache, daß Hyperaktivität eine Folge von Kopfverletzungen, Krankheiten des Gehirns oder einer Bleivergiftung sein kann, lassen auf eine physiologische Ursache schließen. Die Rolle, die die Eltern bei der Verursachung oder Verstärkung der Störung spielen, wird auch durch einige Daten belegt. Um Kinder mit Aufmerksamkeitsdefizit und Hyperaktivität zu beruhigen, verabreicht man Stimulantien und belohnt sie, wenn sie stillsitzen und ihre Schulaufgaben machen. Verhaltensstörungen äußern sich in Aggression, Lügen, Diebstahl, Vandalismus und anderen Handlungen und Einstellungen, die andere für unannehmbar halten. Als ätiologische Faktoren gelten eine genetische Prädisposition, ständiger Streit der Eltern, mangelhafte moralische Erziehung, Modellernen und direkte Verstärkung abweichenden Verhaltens und das Aufwachsen in großstädtischen Slums. Als vielversprechende Interventionen haben sich Verstärkung prosozialen Verhaltens und die Vermittlung spezifischen Wissens und schulischer Fertigkeiten erwiesen.

Schulphobie, sozialer Rückzug und Depression sind Störungen mit überkontrolliertem Verhalten. Bei der Schulphobie verweigern die betroffenen Kinder aus Angst vor der Schule den Schulbesuch. Man behandelt sie, indem man die Kinder der gefürchteten Situation schrittweise aussetzt und eventuell auch für den Schulbesuch belohnt. Wenn Kinder sich sozial zurückziehen, hat das, so vermutet man, seinen Grund in Angst und unzureichenden sozialen Fertigkeiten. Wie häufig Kinder unter Depressionen leiden und ob depressive Kinder andere Symptome haben als depressive Erwachsene, wissen wir nicht genau. Störungen mit überkontrolliertem Verhalten werden vielfach mit Spiel- oder Familientherapie behandelt. Die Verhaltenspädiatrie hilft Kindern, mit einer schweren Krankheit umzugehen.

Schließlich wurden noch zwei stark von der Norm abweichende Eßmuster bei Adoleszenten besprochen. Patienten mit Anorexia nervosa essen so wenig, daß sie übermäßig an Gewicht verlieren und sich, wenn der Störung nicht Einhalt geboten wird, zu Tode hungern. Von der Störung sind überwiegend adoleszente Frauen betroffen. Als Gründe hat man Angst vor der Geschlechtsreife, eine Gewichtsphobie, den Wunsch nach der in unserer Gesellschaft so geschätzten überschlanken Figur, einen Konflikt zwischen dem Wunsch nach Eigenständigkeit innerhalb der Familie und der Furcht vor dem Erwachsenwerden und physiologische Dysfunktionen vermutet. Keine dieser Theorien ist empirisch abgesichert. Die Störung ist schwer zu behandeln, auch wenn Familientherapie eine vielversprechende Möglichkeit zu sein scheint. Manche Anorexie-Patientinnen leiden zusätzlich an Bulimie, die aber auch als eigene Störung gilt. Die Betroffenen nehmen anfallartig große Nahrungsmengen zu sich, von denen sie ihren Körper anschließend durch selbstinduziertes Erbrechen oder Abführmittel wieder befreien. Die Störung ist zwar nicht so lebensbedrohlich wie die Anorexie, führt aber durch das dauernde Erbrechen und die forcierte Verdauungsaktivität zu durchaus ernsten gesundheitlichen Schäden wie Zahnverfall und Darmschädigungen. Bei beiden Eßstörungen kann Depression nicht nur als verständliche Folge, sondern auch als Ursache eine Rolle spielen.

Kapitel 16

Geistige Behinderung und frühkindlicher Autismus

1. Geistige Behinderung
2. Frühkindlicher Autismus

Geistige Behinderung und frühkindlicher Autismus sind zwei sehr schwere Störungen im Kindesalter. Da sie den normalen Entwicklungsprozeß erheblich beeinträchtigen, haben viele der betroffenen Kinder kaum Aussichten, zu normalen Erwachsenen heranzuwachsen. Diese Störungen begleiten sie nicht nur das ganze Leben, sondern behindern sie unter Umständen in allen Lebensbereichen. Geistig behinderte und autistische Kinder sind sich in vielerlei Hinsicht ähnlich. Die meisten autistischen Kinder erreichen in Intelligenztests nur signifikant unterdurchschnittliche Werte; und viele geistig behinderte Kinder machen rituelle Handbewegungen, schaukeln mit dem Körper und fügen sich selbst Verletzungen zu, wie man es bei autistischen Kindern noch häufiger findet. Auch die Förderungsmaßnahmen können bei beiden Störungen identisch sein. Sowohl der Autismus als auch die mäßigen, schweren und sehr schweren Formen der geistigen Behinderung entwickeln sich im Säuglingsalter oder in sehr früher Kindheit. Gleichwohl handelt es sich um verschiedene Störungen und unterschiedliche Entwicklungsprobleme.

1. Geistige Behinderung

Bei dem dreiundzwanzigjährigen Kevin wurde im Kindesalter eine mäßige bis schwere geistige Behinderung diagnostiziert. Seit seinem sechsten Lebensjahr ist er in Sondererziehungsprogramme eingegliedert. Er kann jetzt allein essen und sich selbstständig anziehen, allerdings muß man ihm die Kleidungsstücke bereitlegen und, bevor er das Haus verläßt, überprüfen, ob alles richtig zugeknöpft und an der richtigen Stelle ist. Er findet sich in seinem Heimatort zurecht, ohne sich zu verirren, kann aber nicht allein mit dem Bus fahren. Er kann im zwei Häuserblock entfernten Lebensmittelgeschäft einkaufen, wenn man ihm einen Zettel für den Lebensmittelhändler mitgibt, kann aber das Wechselgeld nicht überprüfen. Einfache Hausarbeiten erledigt er zuverlässig; er macht Betten, deckt den Tisch, saugt Staub und hilft in der Küche. Seine Werte auf der *Wechsler Adult Intelligence Scale* liegen weit unter dem Durchschnitt. Die Psychologin, die ihn getestet hat, vermerkt, daß Kevin sich an einigen verbalen Aufgaben gar nicht erst versuchte. Sie war sich allerdings nicht sicher, ob Kevin die Fragen nicht doch beantwortet hätte, wenn er besser sprechen könnte. Kevins Sprache ist tatsächlich nahezu unverständlich, er hat viele Artikulationsschwierigkeiten, reagiert aber auf Anweisungen und Bitten. Er arbeitet in einer ‚Beschützenden Werkstatt' und erledigt seine einfachen Montage- und Steckarbeiten zufriedenstellend. Er versteht, daß er für seine Arbeit bezahlt wird und erzählt, wie er das Geld, das er verdient, ausgeben will, muß aber beim Einkaufen beaufsichtigt werden. Sein sozialer Entwicklungsstand entspricht etwa dem eines Sechsjährigen (nach einem Originalbericht von *Grossman*, 1983).

Der Begriff der geistigen Behinderung

Das DSM-III definiert die geistige Behinderung und ihre diagnostischen Merkmale gemäß den

1973 von der *American Association of Mental Deficiency* aufgestellten Kriterien. Demnach besteht geistige Behinderung in einer ,,deutlich unterdurchschnittlichen allgemeinen Intelligenz, die einhergeht mit eingeschränkter Anpassungsfähigkeit und sich vor Abschluß der Entwicklung manifestiert.“ Wir wollen uns diese Kriterien im folgenden einzeln ansehen.

IQ-Werte als Kriterium

Der erste Teil der Definition erfordert eine Beurteilung der Intelligenz. Bereits dieses Kriterium wird nicht jeder ohne weiteres akzeptieren, denn immer noch ist man sich nicht einig, was allgemeine Intelligenz überhaupt ausmacht. Die meisten Psychologen bestimmen das intellektuelle Funktionieren über die Leistung in standardisierten Intelligenztests, obwohl inzwischen auch alternative Testverfahren entwickelt wurden (vgl. Kasten 16.1).

Mit standardisierten Intelligenztests läßt sich das geistige Alter eines Menschen bestimmen, denn die Testitems sind nach Schwierigkeitsgraden geordnet. Nationale Normen legen die Altersstufen fest, auf denen die meisten Kinder bestimmte Items meistern. Das geistige Alter eines Probanden entspricht der Altersstufe, auf der die von ihm bewältigten Items normalerweise gelöst werden. Wenn z.B. ein zwölfjähriges Mädchen Items beantwortet, die die meisten Neunjährigen bewältigen, aber bei Items, die ältere Kinder zum größten Teil beantworten, versagt, entspricht ihr geistiges Alter dem einer Neunjährigen.

IQ-Werte sind so standardisiert, daß der Mittelwert 100 und die Standardabweichung – ein Maß für die Streuung unterhalb und oberhalb des Mittelwertes – 15 beträgt. Diese Mittelwerte, die von etwa zwei Dritteln der Bevölkerung erreicht werden, liegen zwischen 85 und 115. Ein Wert von 130 bedeutet, daß der Betreffende zwei Standardabweichungen über dem Mittelwert und damit im 98. Zentil liegt. Probanden mit einem Wert von 70 gehören zu den unteren 2% der Bevölkerung. Anhand dieser statistischen Angaben können wir Menschen miteinander vergleichen, d.h., wir wandeln die tatsächliche Testleistung in standardisierte Werte um, die uns sagen, wo der Betreffende in Relation zu anderen steht.

Kinder, bei denen man eine geistige Behinderung vermutet, mit standardisierten IQ-Tests zu testen, ist aus mehrerlei Gründen problematisch. Erstens hat man die Altersnormen mit Stichproben weißer Kinder aus der Mittelschicht erstellt. Die Verallgemeinerung auf Kinder anderen rassischen oder kulturellen Hintergrunds ist möglicherweise nicht valide. Zweitens sind nur wenige Intelligenztests für Werte unter 70 validiert. Menschen mit eingeschränkten intellektuellen Funktionen waren in den Gruppen, mit denen man die Skalen zusammenstellte und standardisierte, nicht angemessen repräsentiert. Drittens blieben bei einigen der reliabelsten und am häufigsten eingesetzten IQ-Tests körperliche Behinderungen unberücksichtigt. Viertens kann der IQ-Wert geistig behinderter Kinder unangemessen niedrig ausfallen, weil sie mit der Prüfungssituation weniger vertraut sind als andere Kinder; möglicherweise sind sie auch weniger motiviert, gut abzuschneiden.

Von 1959 bis 1973 war für die *American Association of Mental Deficiency* jeder, der in einem standardisierten IQ-Test mit einer Standardabweichung unter dem Mittelwert (IQ=85) abschnitt, von ,,deutlich unterdurchschnittlicher allgemeiner Intelligenz“. Dieses Kriterium erklärte etwa ein Sechstel aller Amerikaner zu geistig Behinderten. 1973 wurde das geändert, und die geistige Behinderung beginnt seither zwei Standardabweichungen unter dem Mittelwert (IQ=70). Mit dieser Definitionsänderung verringerte sich der Anteil der geistig Behinderten von 16,7% auf etwa 2,5% der Bevölkerung.

Soziale Anpassung als Kriterium

,,Unter sozialer Anpassung ist die Effektivität zu verstehen, mit der eine Person den Anforderungen der persönlichen Unabhängigkeit und der sozialen Verantwortung begegnet, die nach Lebensalter und kultureller Zugehörigkeit von ihr erwartet werden dürfen“ (*DSM-III*, S. 45). Von einem Kind erwartet man, daß es lernt, sich selbst zu schätzen, sich unter Zeit und Geld etwas vorzustellen, Werkzeuge zu handhaben, einkaufen zu gehen, öffentliche Verkehrsmittel zu benutzen, sozial verantwortlich und selbständig zu sein. Der Jugendliche sollte in der Lage sein, sein

Kasten 16.1
Neue Ansätze zur IQ-Messung

Reuven Feuerstein, ein israelischer Psychologe und Schüler des berühmten Schweizer Kinderpsychologen *Jean Piaget*, hatte Zweifel an der Konstruktion und Verwendung standardisierter IQ-Tests.

Er hatte mit Kindern aus benachteiligten Wohnvierteln gearbeitet und war dabei zu der Überzeugung gelangt, daß viele von ihnen mehr intellektuelles Potential besaßen, als ihr IQ-Wert vermuten ließ. Zudem hielt er die Leistung nach kurzen Instruktionen für den besten Indikator kindlicher Lernfähigkeit. Also entwickelte er als Alternative zu standardisierten IQ-Tests den *Learning Potential Assessment Device* (LPAD) (*Haywood* et al., 1975; *Feuerstein*, 1980).

Um die Verzerrungen durch kulturelle und soziale Unterschiede möglichst gering zu halten, wählte *Feuerstein* nur Items, die allen Kindern gleichermaßen unvertraut waren. Abbildung 16.1 zeigt eine solche LPAD-Aufgabe. Obwohl die Items denen in standardisierten IQ-Tests ähneln, ist das Testverfahren hier anders. Der LPAD bedient sich eines Test-Training-Retest-Verfahrens. Zunächst testet man die Fähigkeit des Kindes, Probleme ohne Hilfe zu lösen. In einem nächsten Schritt übt der Tester kurz mit dem Kind und gibt ihm Instruktionen. Dann wird noch einmal getestet. Die erreichten Werte spiegeln das Lernpotential des Kindes wider, d.h. seine Fähigkeit, nach Instruktionen zu lernen.

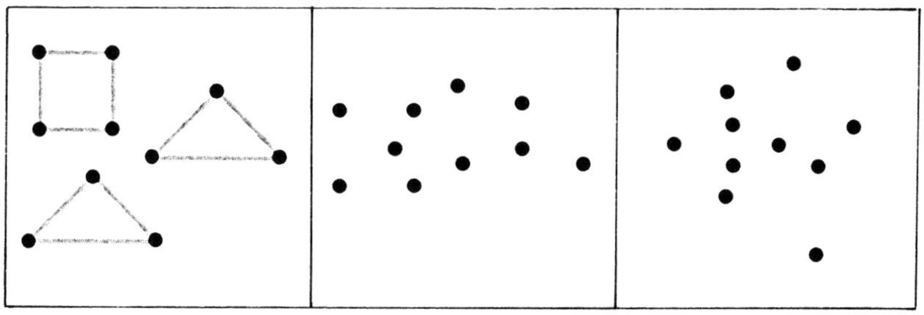

Abb. 16.1. Ziel dieses Beispielitems aus dem *Learning Potential Assessment Device* ist es, das Quadrat und die beiden Dreiecke zu finden, die in jeder Punktemenge eingebettet sind. Jeder Punkt darf nur einmal verwendet werden, aber die Figuren können sich überschneiden. Die Figuren im zweiten und dritten Kasten sind in Form und Größe mit denen im ersten Kasten identisch.

schulisches Wissen anzuwenden, logisch zu denken und zu argumentieren, er sollte Alltagsgeschehnisse beurteilen und an Gruppenaktivitäten teilnehmen können. Vom Erwachsenen wird natürlich erwartet, daß er sich selbst ernährt und soziale Verantwortung übernimmt.

Man hat verschiedene Tests konstruiert, um angepaßtes Verhalten zu messen. Die wohl bekanntesten sind die *American Association of Mental Deficiency Adaptive Behavior Scale* (ABS) (*Nihira* et al., 1974) und die *Vineland Adaptive Behavior Scales,* ehemals *Vineland Scale of Social Maturity* (*Sparrow, Balla* und *Cicchetti*, 1984; vgl. Tabelle 16.1).

Obwohl Beeinträchtigungen der sozialen Anpassung seit langem zur Definition geistiger Behinderung gehören, sind die entsprechenden Tests erst seit kurzem angemessen standardisiert. Viele Instrumente zur Erfassung der sozialen Anpassung versäumen es allerdings, auch die Umgebung einzubeziehen, an die sich das Individuum anpassen muß. In einer kleinen, ländlichen Gemeinde, wo jeder jeden kennt, sind möglicherweise weniger komplexe Fertigkeiten vonnö-

Tabelle 16.1. Beispielitems aus den *Vineland Adaptive Behavior Scales* (aus *Sparrow, Balla* und *Cicchetti,* 1984)

Altersstufe	Item
2 Jahre	Spricht wenigstens 50 verstehbare Wörter. Zieht ein vorne zu öffnendes Kleidungsstück (Mantel, Pullover, Hemd) ohne Hilfe aus.
5 Jahre	Erzählt bekannte Geschichten, Märchen, längere Witze oder den Inhalt einer Fernsehsendung. Kann ohne Hilfe Schuhbänder zur Schleife binden.
8 Jahre	Behält Geheimnisse oder vertrauliche Mitteilungen länger als einen Tag für sich. Bestellt sich im Restaurant eigenes Essen.
11 Jahre	Benutzt das Telefon für beliebige Gespräche ohne Hilfe. Wählt im Fernsehen oder Radio Sendungen zu bestimmten Interessengebieten aus.
16 Jahre	Achtet auf die eigene Gesundheit. Reagiert während einer Unterhaltung auf Andeutungen oder indirekte Hinweise.

ten als in New York City. Kinder, die sich schon recht gut auf bäuerliche Arbeiten verstehen, zur Schule gehen und im Dorfladen einkaufen, würden, in eine Großstadt verpflanzt, als schlecht angepaßt gelten, da sie nicht mit der U-Bahn zur Schule fahren oder in einem fremdsprachigen Geschäft einkaufen könnten. Weil die Umgebungen, in denen die Kinder leben, unterschiedlich komplexe Anforderungen stellen, ist ein Kriterium, das vom durchschnittlichen weißen, in der Stadt aufgewachsenen Mittelschichtskind ausgeht, möglicherweise nicht valide.[1] Eine effektive und valide Messung der sozialen Anpassung sollte daher auch die Interaktion zwischen einem Kind und den Umgebungen, in denen es zurechtkommen muß, berücksichtigen.

Problematisch ist weiter, daß die Grenzen zwischen sozialer Anpassung und Intelligenz zuweilen verschwimmen. Der Ethologe und Psychologe *Charlesworth* (1976), der Intelligenz aus evolutionärer Perspektive untersucht, glaubt, daß Intelligenz im Grunde die Fähigkeit ist, sich an die Umwelt anzupassen. Demnach wären Werte in Anpassungstests ein valideres Maß für Intelligenz als Werte in IQ-Tests, die abstrakteres Denken verlangen. Dagegen haben Kritiker einzuwenden, daß sich dann die Kakerlake wohl am besten an die Umwelt angepaßt habe, denn immerhin habe sie länger auf der Erde überlebt als jedes andere Geschöpf. Und zu der Behauptung, die Kakerlake sei intelligenter als der Mensch, würde sich wohl kaum jemand verstehen.

Das Alter bei Beginn der Störung als Kriterium

Ein letztes Definitionskriterium fordert, daß sich die Störung vor dem Erwachsensein manifestiert, d.h. vor dem 18. Lebensjahr. Demnach sind Mängel oder Einschränkungen in Intelligenz und Anpassungsverhalten, die in höherem Lebensalter als Folge traumatischer Unfälle oder Krankheiten auftreten, nicht als geistige Behinderung zu diagnostizieren. Eine schwerere geistige Behinderung stellt man gewöhnlich bereits im Säuglingsalter, manchmal auch schon vor der Geburt fest. In den meisten Fällen wird die geistige Behinderung aber erst in der Schule offenbar. Solche Kinder sind physiologisch, neurologisch oder körperlich in keiner Weise auffällig, und ihr Problem zeigt sich erst dann, wenn sie in der Schule nicht mit den anderen mithalten können. Haben diese leicht behinderten Kinder nach Abschluß der Schule ihren Platz in Arbeitswelt und Gemeinschaft gefunden, ist ihnen ihre geistige Behinderung vielleicht wiederum kaum anzumerken. Daß geistige Behinderung besonders häufig bei Schulkindern diagnostiziert wird, spricht nach Ansicht mancher Forscher für ein schulbedingtes Phänomen.

Die Klassifikation der geistigen Behinderung

Das DSM-III unterscheidet vier Schweregrade der geistigen Behinderung; jedem Grad entspricht ein spezifischer durchschnittlicher Punktebereich weit links auf der Normalverteilungskurve für Intelligenz, wie sie der Intelligenztest mißt. Diese IQ-Bereiche sind natürlich nicht die einzige Grundlage für eine Diagnose, denn auch eingeschränktes Anpassungsverhalten ist ein Kri-

[1] Ähnlich können Stadtkinder sich außerstande sehen, eine Tätigkeit auszuführen, die man bei ihren auf einem Bauernhof lebenden Altersgenossen voraussetzt.

terium für geistige Behinderung. Menschen mit einem für leichte geistige Behinderung typischen IQ-Wert, aber ohne defizitäres Anpassungsverhalten gelten nicht als geistig behindert. Die *American Association of Mental Deficiency* schlägt vor, das IQ-Kriterium erst dann in die Waagschale zu werfen, wenn Beeinträchtigungen des Sozialverhaltens festgestellt wurden. *Robinson* und *Robinson* (1976) haben die einzelnen Schweregrade geistiger Behinderung genauer beschrieben, wir geben im folgenden eine kurze Zusammenfassung ihrer Darstellung.

Leichte geistige Behinderung (IQ zwischen 50 bis 55 und 70). Etwa 80% der Menschen mit einem IQ unter 70 sind geistig leicht behindert. Sie sind von normalen Kindern häufig erst im Schulalter zu unterscheiden. Bis zu ihren späteren Teenagerjahren können sie Schulkenntnisse erwerben, die etwa dem Niveau der sechsten Klasse entsprechen. Als Erwachsene können sie sich mit ungelernten Tätigkeiten oder Arbeit in einer beschützenden Werkstatt selbst erhalten, brauchen aber bei größeren sozialen oder finanziellen Problemen häufig Hilfe. Nur 1% von ihnen – meistens verhaltensauffällige Jugendliche – wird irgendwann einmal in eine Institution eingewiesen. Die meisten geistig leicht Behinderten zeigen keine Anzeichen einer Gehirnpathologie und entstammen Unterschichtsfamilien mit ebenfalls niedrigen IQ-Werten.

Mäßige geistige Behinderung (IQ zwischen 35 bis 40 und 50 bis 55). Etwa 12% der Menschen mit einem IQ unter 70 sind geistig mäßig behindert. In vielen Fällen findet man einen Gehirnschaden und andere Pathologien. Mäßig Behinderte können körperliche Defekte und neurologische Dysfunktionen aufweisen, die feinmotorische Fertigkeiten wie Greifen oder Figuren-Ausmalen und grobmotorische Fertigkeiten wie Rennen und Klettern beeinträchtigen. Die Betroffenen können als Kinder Sonderklassen besuchen, in denen weniger Wert auf Schulwissen als auf die Entwicklung einer gewissen Selbständigkeit gelegt wird. In Lernfächern gelangen geistig mäßig Behinderte über das Niveau der zweiten Klasse höchstwahrscheinlich nicht hinaus, und auch dieses Niveau erreichen sie erst in später Kindheit oder als Erwachsene. In vertrauter Umgebung lernen sie, sich selbständig zu bewegen. Viele von ihnen leben in Institutionen. Obwohl die meisten durchaus nützliche Arbeit verrichten können, halten sie sich als Arbeitskräfte im allgemeinen nur in beschützenden Werkstätten oder im Familienbetrieb. Die meisten sind von ihrer Familie abhängig und leben zu Hause. Eigene Freunde haben sie nur selten, man kann sie aber mehrere Stunden unbeaufsichtigt lassen. Die Behinderung wird im allgemeinen bereits im Säuglingsalter oder in früher Kindheit festgestellt, da die schlechte sensomotorische Koordination und die verzögerte Entwicklung sprachlicher und sozialer Fertigkeiten unübersehbar sind. Im Unterschied zur leichten geistigen Behinderung findet man mäßig und schwer behinderte Kinder in allen sozioökonomischen Schichten.

Schwere geistige Behinderung (IQ zwischen 20 bis 25 und 35 bis 40). Zu dieser Gruppe zählen etwa 7% der Menschen mit einem IQ unter 70. Im allgemeinen gehen mit diesem Behinderungsgrad auch angeborene körperliche Abnormitäten und eine eingeschränkte sensomotorische Kontrolle einher. Die meisten Betroffenen leben in Institutionen und bedürfen ständiger Aufsicht und Hilfe. Kinder dieser Gruppe lernen erst nach langem Training, sich sprachlich auszudrücken und sich um die Befriedigung bestimmter Grundbedürfnisse zu kümmern. Vom Selbständigkeitstraining in den Sonderklassen profitieren allenfalls die Kinder an der oberen IQ-Grenze dieser Gruppe. Aus geistig schwer behinderten Kindern können umgängliche und freundliche Erwachsene werden, die allerdings nur zu kurzer und sehr konkreter Kommunikation fähig sind. Sie legen wenig unabhängige Aktivität an den Tag und sind häufig lethargisch, denn ihr schwerer Gehirnschaden hält sie verhältnismäßig passiv, zudem sind ihre Lebensbedingungen wenig anregend. Viele können unter ständiger Aufsicht einfache Arbeiten verrichten. In den meisten Fällen läßt sich eine geistige Behinderung dieses Schweregrades mit genetischen Faktoren oder Umwelteinflüssen, etwa einem schweren Sauerstoffmangel bei der Geburt, erklären.

Sehr schwere geistige Behinderung (IQ unter 20 oder 25). Weniger als 1% der Betroffenen sind so schwer behindert, daß sie lebenslanger, ständiger Aufsicht und Pflege bedürfen. Sie erhalten sehr wenig Training, weil man ihre Lernfähigkeit für äußerst gering hält und ihnen allenfalls zutraut, laufen, selbständig essen, auf die Toilette gehen und die Äußerung einiger weniger Sätze zu lernen. Viele geistig sehr schwer Behinderte weisen überdies körperliche Deformationen und neurologische Schäden auf und können gar nichts allein tun. Die Sterblichkeitsrate während der Kindheit ist hoch.

Forscher, die auf dem Gebiet der ‚Sonderpädagogik' arbeiten, haben parallele Klassifikationssysteme entwickelt, um die Zuweisung zu entsprechenden Lernprogrammen zu erleichtern. Man klassifiziert die Kinder z.B. nicht als geistig ‚leicht' oder ‚mäßig' behindert, sondern als ‚erziehbar' und ‚trainierbar'. Inzwischen geht der Trend immer mehr dahin, eine individuelle Zuordnung nach den jeweiligen Stärken und Schwächen des einzelnen Schülers und der notwendigen Unterrichtsintensität vorzunehmen. Im Bundesstaat New York kann z.B. ein Schüler, der aufgrund seiner intellektuellen Beeinträchtigung eines Unterrichts mit sehr kleinen Lernschritten bedarf, mit emotional gestörten oder körperlich behinderten Kindern, die ebenfalls einen sehr intensiven Unterricht brauchen, in eine Klasse gehen. Klassifikationskriterium ist die Art des benötigten Unterrichts. Dieses Vorgehen ist geeignet, der Diagnose einer geistigen Behinderung etwas von ihrer stigmatisierenden Wirkung zu nehmen.

Das Wesen der geistigen Behinderung

Beeinträchtigte oder lückenhafte Anpassungsfähigkeit

Bei einem geistig behinderten Menschen sind sechs zum normalen Leben notwendige Fertigkeiten mehr oder weniger stark beeinträchtigt: Kommunikation, soziale Fertigkeiten, schulische Fertigkeiten, sensomotorische Fertigkeiten, Selbsthilfe-Fertigkeiten und berufliche Fertigkeiten. Die direkte Betrachtung dieser Anpassungsfertigkeiten gibt uns ein Mittel an die Hand, die Schweregrade geistiger Behinderung und die notwendigen Hilfsmaßnahmen miteinander zu vergleichen.

Kommunikation. Obwohl sich Sprach- und Kommunikationsfähigkeit bei den meisten Kindern spontan entwickeln, brauchen Kinder mit geistiger Behinderung häufig Hilfe. Leicht behinderte Kinder lernen mit minimaler Unterstützung, etwa durch Zuweisung zu einer Sprecherziehungsklasse, effektiv zu kommunizieren. Schwerer beeinträchtigte Kinder bedürfen unter Umständen Jahre intensiven Sprachtrainings, um ihre grundlegenden Bedürfnisse und Gefühle ausdrücken zu lernen.

Manchen Kindern bringt man – sei es als Sprachersatz oder um ihnen das Sprechenlernen zu erleichtern – alternative Kommunikationsmittel bei. Viele Kinder, denen der normale Spracherwerb verschlossen scheint, können sich mit Zeichensprache, Gesten und Karten oder Photographien und Zeichnungen von alltäglichen Objekten und Handlungen durchaus effektiv verständigen (*Fristoe* und *Lloyd*, 1979).

Soziale Fertigkeiten. Kinder mit leichter geistiger Behinderung haben nicht selten Schwierigkeiten, Freunde zu gewinnen und zu behalten. Schwerer behinderte Kinder sind sich sozialer Konventionen offensichtlich kaum bewußt. Viele mäßig und schwer behinderte Kinder gehen distanzlos freundlich auf fast unbekannte Menschen zu und möchten von ihnen in den Arm genommen und gehalten werden. Sehr schwer behinderte Kinder scheinen es oft gar nicht wahrzunehmen, wenn man sich ihnen nähert.

Aber auch Kinder mit sehr schwerer geistiger Behinderung sind zu sozialem Verhalten fähig. Ein mehrfach körperbehindertes Kind kann vielleicht weder sprechen noch die Arme nach jemandem ausstrecken, lächelt aber Menschen, die es mag, freundlich an. Wenig ausdrucksstarkes Sozialverhalten bedeutet nicht, daß die betreffende Person auf soziale Ereignisse nicht reagiert. Vielleicht geht emotional mehr in ihr vor, als sie auszudrücken vermag.

Schulische Fertigkeiten. Der Erwerb schulischer Fertigkeiten wie Lesen, Schreiben und Rechnen stellt auch Kinder mit leichter geistiger Behinderung vor große Probleme. Immerhin gedeihen ihre Rechenkünste soweit, daß sie einkaufen, mit einem Scheckbuch umgehen und ihr Geld einteilen können. Sie können Rezepte und

Gebrauchsanweisungen lesen, aber auch Bücher zu ihrem Vergnügen. Nur wenige Lehrer versuchen, solche Fertigkeiten in ihrem üblichen Sinne auch schwerer behinderten Kindern zu vermitteln. Aber viele dieser Kinder können bei angemessener Unterweisung ‚funktionale Fertigkeiten' erwerben. Sie lernen z.B. Schilder und Aufschriften zu lesen, mit denen sie es täglich zu tun haben, und sich beim Einkaufen eines Taschenrechners zu bedienen.

Sensomotorische Fertigkeiten. Das Ausmaß der sensomotorischen Beeinträchtigung hängt nicht immer vom Grad der geistigen Behinderung ab. Sicher weisen viele geistig schwer und schwerst behinderte Kinder auch viele schwere motorische und sensorische Störungen auf. Kinder können auch körperlich behindert, aber geistig fast oder völlig normal sein. Leider werden viele Kinder mit einer Körperbehinderung, etwa einer zerebralen Kinderlähmung[2] oder einer angeborenen Taubheit, auch als geistig behindert eingestuft und folglich unangemessenen Trainingsmaßnahmen unterzogen. Angesichts des zunehmenden Problembewußtseins der Kliniker und der immer spezifischer werdenden diagnostischen Verfahren werden solche Fehldiagnosen aber immer seltener.

Selbsthilfe-Fertigkeiten. Selbsthilfe-Fertigkeiten werden im Alltag – beim Baden, Anziehen, Essen, Telephonieren etc. – geübt. Viele Kinder mit leichter und mäßiger geistiger Behinderung verfügen über all diese Fertigkeiten. Sehr schwer behinderte Kinder brauchen oft ein langes, mühsames Training und Aufsicht, bis sie diese grundlegenden Aufgaben bewältigen können. Aber diese Kinder sind häufig auch körperlich behindert. Eine Bewegung, die für einen nicht-behinderten Menschen einfach ist, kann für jemanden

Retardierte Kinder mit verhältnismäßig schweren Behinderungen können durch ein spezielles Training häufig Sprachfertigkeiten erwerben, die man früher nicht für möglich hielt.

mit eingeschränkten Bewegungsmöglichkeiten eine wirkliche Herausforderung darstellen.

Berufliche Fertigkeiten. Die Schule soll Kinder unter anderem auf das Berufsleben vorbereiten. Wenn Kinder mit leichter geistiger Behinderung die Schule verlassen, haben sie im allgemeinen die Fertigkeiten erworben, die sie brauchen, um sich auf dem Arbeitsmarkt eine Stellung zu verschaffen. War die Behinderung dieser Kinder in der Schule vielleicht noch auffällig, geht sie im Arbeitsleben oft völlig unter. Auch Kinder mit mäßiger geistiger Behinderung können arbeitsrelevante Fertigkeiten erwerben und viele von ihnen finden Arbeit. Es handelt sich dabei gewöhnlich um strukturierte und beaufsichtigte Arbeitsplätze in beschützenden Werkstätten und Familienbetrieben.

Geistig Behinderte arbeiten in Büros, Werkstätten und Wäschereien. Sie helfen beim Verpacken von Waren, machen elektronische und andere leichte Montagearbeiten oder stehen an Maschinen und schneiden oder bohren Metalle. Viele arbeiten in der Landwirtschaft, in Gärtnereien und Tischlereien. Auch in Privathaushalten und in der Gastronomie finden sie Stellen. Manche lernen mit großem persönlichen Gewinn, sich

---

[2] Manche Menschen mit zerebraler Kinderlähmung laufen große Gefahr, unterschätzt zu werden. Schwierigkeiten beim Laufen und Sprechen, beim differenzierten, koordinierten Gebrauch der Hände, unkontrollierbares Grimassieren – all das interpretieren andere häufig als Zeichen beeinträchtigter Intelligenz. Obwohl viele dieser Behinderten in IQ-Tests unterdurchschnittlich abschneiden, erreichen viele auch ein ungewöhnlich hohes Unterscheidungsvermögen, das eine höhere intellektuelle Funktionsfähigkeit voraussetzt.

an der Pflege und dem Training derer zu beteiligen, die schwerer behindert sind als sie. Geistig Behinderte sind häufig sehr ausdauernde, gewissenhafte und pünktliche Arbeitnehmer.

Definition der Behinderung durch das Altersniveau

Oft wird das Leistungsvermögen nicht durch den Behinderungsgrad, sondern durch das Altersniveau definiert. Von einem geistig schwer behinderten, achtzehnjährigen Mädchen heißt es dann etwa, sie kommuniziere auf dem Niveau einer Sechsjährigen. Man will damit sagen, daß ihre Kommunikationsfähigkeiten denen eines durchschnittlichen sechsjährigen Kindes vergleichbar sind. Ein Mensch mit mäßiger geistiger Behinderung kann es unter Umständen zu den sozialen Fertigkeiten eines Sieben- oder Achtjährigen bringen, aber weiter nicht.

Diese Art der Beschreibung basiert auf bestimmten Annahmen. Erstens setzt man voraus, daß sich Fertigkeiten bei allen Menschen, ungeachtet ihres Behinderungsgrades, in der gleichen Abfolge entwickeln. Zweitens glaubt man, daß das höchste Leistungsniveau eines geistig behinderten Menschen immer hinter dem eines nichtbehinderten zurückbleibt. Und drittens, so nimmt man an, wird in verschiedenen Fertigkeiten, etwa Kommunikation und Sozialverhalten, etwa dasselbe Altersniveau erreicht.

Diese Annahmen sind zwar schlüssig, lassen sich aber nicht belegen. Wie Fertigkeiten sich entwickeln, kann unter anderem von der primären Ursache der geistigen Behinderung abhängen. Ein als mäßig behindert beschriebener Vierzehnjähriger mit einem spezifischen Gehirnschaden mag unfähig sein, eins und eins zusammenzuzählen, hat aber möglicherweise wenig Schwierigkeiten im Lesen und Schreiben. Obwohl seine schulischen Leistungen im Durchschnitt denen eines Sechsjährigen nahekommen mögen, lassen sie sich mit den Leistungen eines normalen Sechsjährigen nicht vergleichen. Wenn wir einem solchen Jungen das ‚Niveau eines Sechsjährigen' zuschreiben, sind wir außerdem versucht, ihn auch als Sechsjährigen zu behandeln. Ein vierzehnjähriger Junge, ob geistig behindert oder nicht, hat aber sicher andere Erfahrungen und Gefühle als ein jüngeres Kind.[3]

[3] Auch ein normaler Sechsjähriger unterscheidet sich in vielerlei Hinsicht von einem geistig behinderten Vierzehnjährigen mit dem Leistungsniveau eines Sechsjährigen.

Eine Lehrerin führt einem retardierten Kind beim Nachzeichnen von Buchstaben die Hand – ein erster Schritt auf dem Weg zum Lesen und Schreiben.

Beeinträchtigungen der allgemeinen kognitiven Fertigkeiten

In der Forschung zur geistigen Behinderung sucht man nach allgemeinen kognitiven Fertigkeiten, die einen Zusammenhang zur Intelligenz aufweisen. Man nimmt an, daß für die beobachteten Mängel im Anpassungsverhalten bestimmte kognitive Defizite verantwortlich sind und daß man, will man das Anpassungsverhalten verbessern, auf erhebliche kognitive Fortschritte hinarbeiten muß (*Baumeister* und *Berkson*, 1980).

Gerichtete Aufmerksamkeit. Nach Meinung von *Zeaman* und *House* (1963, 1979) fällt geistig behinderten Menschen das Lösen einer Lernaufgabe darum so schwer, weil sie den relevanten Dimensionen keine Aufmerksamkeit schenken. In mehreren Untersuchungen verglichen die Forscher, wie geistig behinderte und normale Kinder eine Aufgabe zum Diskriminationslernen lösten. Die Kinder sollten korrekt zwischen zwei Objekten wählen, und zwar auf der Grundlage von einer oder mehreren spezifischen Dimensionen, wie Farbe, Größe und Form. Es zeigte sich, daß geistig behinderte Kinder länger brauchten, bis sie auf die relevanten Dimensionen der Objekte aufmerksam wurden. War das aber einmal geschehen, lernten sie genauso schnell wie nichtbehinderte Kinder. Daß die behinderten Kinder anfangs langsamer lernten, hatte, so vermuten die Forscher, seinen Grund darin, daß sie auf Reize achteten, die für die Lösung der Aufgabe irrelevant waren.

Strategisches Vorgehen. Ein weiteres allgemeines kognitives Defizit scheint darin zu bestehen, daß geistig behinderte Kinder beim Lösen von Problemen keine Strategien benutzen (*Detterman*, 1979; *Ellis*, 1963, 1970). Das Kurzzeitgedächtnis kann nur etwa sieben Items speichern, und ebenso knapp bemessen ist die Zeit, in der sie erinnert werden können. Ohne Wiederholung sind sie in wenigen Sekunden verschwunden. Das Langzeitgedächtnis ist ein dauerhafterer Speicher von fast unbegrenztem Fassungsvermögen. *Ellis* (1963) vermutete, daß geistig behinderte Kinder nicht so viele Reize erinnern können wie normale Kinder desselben geistigen Alters. Seither hat es viele Versuche gegeben, über das Wesen solcher Gedächtnisunterschiede genaueren Aufschluß zu erhalten. Das Langzeitgedächtnis von Kindern mit und ohne geistige Behinderung wies keine Unterschiede auf, wohl aber das Kurzzeitgedächtnis. Wie *Ellis* glaubt, leidet das Kurzzeitgedächtnis geistig behinderter Kinder darunter, daß sie die Items nicht wiederholen.

Nach Meinung einiger Forscher können geistig behinderte Kinder sehr wohl Strategien folgen, haben aber keinen spontanen Zugang zu strategischen Prozessen und können sie nicht koordinieren (*Brown*, 1974; *Belmont* und *Butterfield*, 1969, 1971). Wenn normal lernende Kinder z.B. eine Liste von zehn Items lernen sollen, wiederholen die meisten von ihnen die Items oder suchen sich Erinnerungshilfen. Geistig behinderte Kinder vergleichbaren geistigen Alters tun das aus eigener Initiative nicht. Schlägt der Versuchsleiter ihnen aber vor, die Wörter bei sich zu wiederholen, tun sie das, und dann ist ihre Erinnerungsleistung nicht schlechter als die normaler Kinder, die diese Instruktion nicht erhalten haben.

Ausführendes Handeln. Andere Forscher vermuten bei geistig behinderten Kindern allgemeine Defizite im ‚ausführenden Handeln' (executive functioning) (*Borkowski, Reid* und *Kurtz*, in Druck; *Butterfield* und *Belmont*, 1977). Die Kinder verallgemeinern Strategien nicht auf andere Situationen und Gelegenheiten. Der angemessene Einsatz von Erinnerungsstrategien ist zwar ein Aspekt der ausführenden Funktionen, aber es gehören auch ‚metakognitive' Aktivitäten dazu: Man muß planen, den Fortschritt verfolgen, Probleme lösen und die Ergebnisse auf Vollständigkeit und Richtigkeit hin überprüfen können. Menschen mit und ohne geistige Behinderung können zwar die Fähigkeit zu strategischem Vorgehen besitzen, wissen sie aber möglicherweise nicht einzusetzen.

Die Kontrollfunktion von Sprache. Russische Entwicklungspsychologen suchen seit langem nach allgemeinen kognitiven Defiziten geistig behinderter Kinder. Da ihre Arbeiten erst seit kurzem auch in englischer Sprache vorliegen, fangen amerikanische Forscher jetzt erst an, sie in ihre experimentellen Untersuchungen einzubeziehen. *Lew Semenovich Wygotski* (1896–1934) entwarf eine ausführliche Theorie des Denkens und Sprechens. Beide Fertigkeiten, so spekulierte er, entstammen unterschiedlichen Wurzeln, fallen aber später zusammen. *Wygotski* vermutet auch, daß sich das private oder egozentrische Sprechen aus dem sozialen Sprechen entwickelt und eine Kontrollfunktion erfüllt. Die Kontrollfunktion von Sprache ist eine Voraussetzung intelligenten Verhaltens und entwickelt sich in drei Stufen (*Wygotski,* 1978). Zunächst wird das Verhalten des Kindes durch Instruktionen anderer kontrolliert oder reguliert. Später spricht das Kind diese Anweisungen laut nach und schafft sich so Hinweisreize oder Leitfäden für sein Verhalten. Der Prozeß ist abgeschlossen, wenn das Kind die vormals gesprochenen Wörter verinnerlicht, d.h., wenn sie zum inneren Sprechen werden. Dieser natürliche Verinnerlichungsprozeß kann bei geistig behinderten Kindern zusammenbrechen. Es gibt tatsächlich Belege dafür, daß behinderte Kinder – wie normale Kleinkinder – Sprache nicht zur Verhaltenskontrolle einsetzen (*Meichenbaum* und *Goodman*, 1969; *Wertsch*, 1979; *Luria*, 1961).

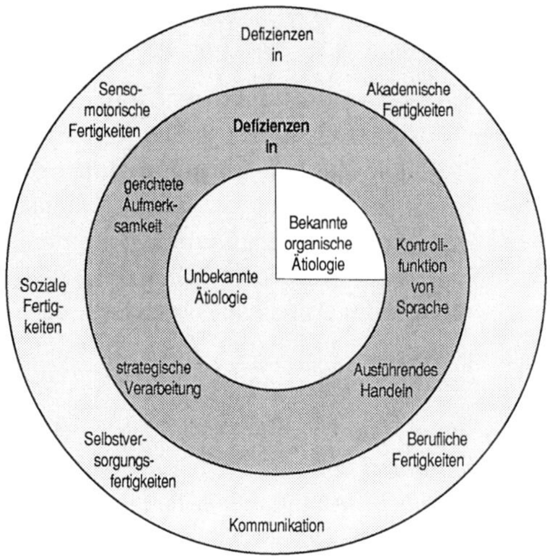

Abb. 16.2. Die Ursachen geistiger Behinderung und die adaptiven Fertigkeiten und allgemeinen kognitiven Fähigkeiten, die geistig behinderten Menschen fehlen.

Die Ätiologie der geistigen Behinderung

Abbildung 16.2 illustriert Wesen und Ätiologie der geistigen Behinderung in drei sich erweiternden Kreisen. Der innere Kreis repräsentiert das verantwortliche kausale Agens. Diese primäre Ursache kann nur bei 25 Prozent der geistig Behinderten identifiziert werden. Der mittlere Ring besteht aus den eben erwähnten allgemeinen kognitiven Fähigkeiten, die den Menschen mit geistiger Behinderung zumindest in gewissem Ausmaß fehlen. Da Menschen jeden Behinderungsgrades derartige Defizite aufweisen, liegt es nahe, hier die Ursache ihrer Behinderung zu sehen. Es bleibt allerdings die Frage, warum sie fehlen. Der äußere Ring zeigt die sechs Anpassungsfertigkeiten, die bei geistig behinderten Kindern zu wünschen übrig lassen. In diesem Abschnitt interessiert uns der innere Kreis.

Jungen sind doppelt so häufig von geistiger Behinderung betroffen wie Mädchen. Warum das so ist, wissen wir nicht. Im allgemeinen haben Personen mit schwerer oder sehr schwerer geistiger Behinderung einen erkennbaren organischen Gehirnschaden, weniger schwer behinderte Personen dagegen nicht. Geistige Behinderung verbunden mit erkennbaren organischen Schädigungen ist in allen sozioökonomischen, ethnischen und rassischen Gruppen gleich häufig, während die leichte oder mäßige geistige Behinderung in den unteren sozioökonomischen Schichten überrepräsentiert ist.

Nicht identifizierbare Ätiologie

Zwei Theorien versuchen zu erklären, warum sich Menschen ohne erkennbaren Gehirnschaden nicht innerhalb der Streubreite normaler Intelligenz bewegen. Eine davon, die *Theorie der entwicklungsbedingten oder sozialen Deprivation,* stammt von *Edmund Zigler* (1969). Kulturell und familiär bedingte Deprivation, so *Zigler*, führt dazu, daß sich die Intelligenz der Kinder langsamer entwickelt und nur ein niedrigeres Niveau erreicht. Ihre Beeinträchtigung hinsichtlich sozialer Anpassung wird als direkte Folge der Umgebung und als Nebenprodukt intellektueller Schwerfälligkeit gesehen. Zur Theorie der sozialen Deprivation paßt die Tatsache, daß leichte und mäßige geistige Behinderung in unteren sozioökonomischen Schichten häufiger ist. Auf *Ziglers* entwicklungspsychologischer Position bauen die zahlreichen Förderprogramme auf, mit deren Hilfe es leicht behinderten Kindern ermöglicht werden soll, ein normales intellektuelles und soziales Entwicklungsniveau zu erreichen.

Die zweite Theorie vermutet als Ursache der leichten geistigen Behinderung einen Gehirnschaden, der allerdings so geringfügig ist, daß er sich mit den verfügbaren Methoden nicht nachweisen läßt. Nach Meinung *Baumeisters* und *MacLeans* (1979) haben ein Geburtstrauma oder auch andere pränatale oder perinatale Bedingungen das Gehirn gerade soviel geschädigt, daß eine leichte geistige Behinderung verursacht wurde. Doch andere Faktoren, die Umwelt eingeschlossen, können dafür sorgen, daß sich derselbe Behinderungsgrad unterschiedlich manifestiert. Die Wirkung der Umgebung wäre eine Erklärung dafür, daß in den oberen Schichten relativ wenige Menschen mit leichter geistiger Behinderung vorkommen. Nehmen wir an, wir hätten es mit zwei Personen gleicher struktureller Beeinträchtigung zu tun, die eine von gehobener, die andere von niedriger sozioökonomischer Herkunft. Im ersten Fall könnte das leichte Defizit durch die anregendere Umgebung ausgeglichen werden, das Defizit der zweiten Person würde möglicherweise durch die ungünstige Umgebung noch ausgeprägter. Bei einem sozial privilegierten Menschen wird die geistige Behinderung nur dann offenbar, wenn die Schädigung so groß ist, daß sie sich durch das reiche Angebot von Erziehung und Umgebung nicht ausgleichen läßt.

Obwohl man versucht hat, die Art des vermuteten physischen Gehirnschadens genauer zu bestimmen, sind die Ergebnisse nicht schlüssig (*Baumeister* und *MacLean*, 1979; *Karrer, Nelson* und *Galbraith*, 1979). Einige Untersuchungsergebnisse lassen jedoch vermuten, daß die synaptischen Verbindungen im Gehirn geistig behinderter Kinder weniger komplex und differenziert sind als bei normalen Kindern (*Huttenlocher, 1974; Purpura*, 1976). Leider lassen sich die kleineren physischen Defekte, die für leichte bis mäßige geistige Behinderung verantwortlich sind, nur in post mortem-Studien feststellen. Ihr Vorhandensein stellt uns also in gewissem Sinne vor das Henne-Ei-Problem: Was war eher – die Deprivation durch die Umwelt oder das strukturelle Defizit? Unter mangelhaften Umweltbedingungen aufgezogene Tiere haben zum Beispiel kleinere Gehirne als artgerecht aufgewachsene (*Krech, Rosenzweig* und *Bennett*, 1966).

Genetische Faktoren

Bei etwa 25 Prozent der Fälle ist die geistige Behinderung auf eine *bekannte* einzelne organische Ursache zurückzuführen. Das übersteigt bei weitem den laut statistischer Normalverteilung der Intelligenz erwarteten Wert. Statistisch bilden diese Menschen am unteren Ende der Normalkurve einen ,,Höcker" (vgl. Abb. 16.3). Genetische Konditionen, Infektionskrankheiten, Unfälle, Frühgeburt, Chemikalien und Umwelteinflüsse sind sechs Kategorien organisch bedingter Behinderung.

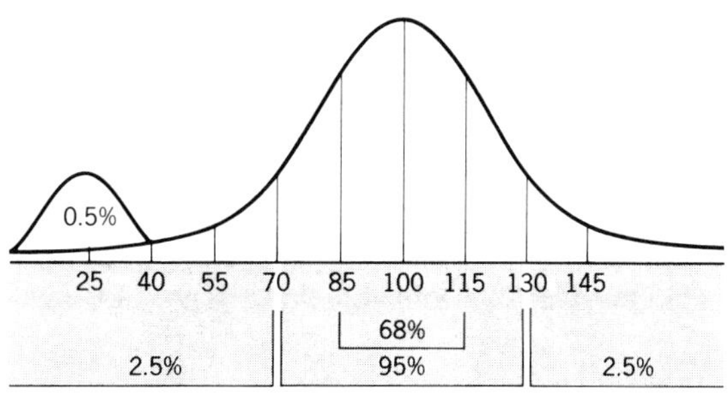

Abb. 16.3. Die Normalkurve der theoretischen Verteilung von IQ-Werten. Der Höcker rechts repräsentiert die tatsächliche Häufigkeit schwerer und sehr schwerer geistiger Behinderung mit organischer Ursache.

Chromosomenanomalien. Bei 4 Prozent aller erkannten Schwangerschaften liegen Chromosomenanomalien vor. Die Mehrzahl dieser Schwangerschaften enden jedoch als Spontanabort oder Fehlgeburt. Nur ein halbes Prozent der Kinder kommt mit einer Chromosomenaberration auf die Welt (*Smith, Bierman* und Robinson, 1978). Viele dieser Kinder sterben kurz nach der Geburt. Bei den meisten überlebenden Babys wird das *Down-Syndrom* oder *Trisomie 21* festgestellt.

Das Down-Syndrom ist nach dem englischen Arzt *Langdon Down* benannt, der 1866 als erster die klinischen Anzeichen der Störung beschrieb. 1959 fanden der französische Genetiker *Jerome Lejeune* und seine Mitarbeiter die genetische Grundlage. Menschen verfügen gewöhnlich über 46 Chromosomen, zu denen jeder Elternteil mit seinen Keimzellen jeweils die Hälfte beigetragen hat. Kinder mit Down-Syndrom weisen statt der üblichen 46 fast immer 47 Chromosomen auf. Irgend etwas hat während der Eireifung verhindert, daß sich die beiden Chromosomen des Paares 21 – im übrigen die kleinsten Chromosomen – trennten. Wird dieses Ei nun von einem Spermium befruchtet, treffen drei Chrosome 21 zusammen, daher die Bezeichnung Trisomie 21. Betroffen ist etwa eines von 800 bis 1200 lebend geborenen Kindern.

Die Eier der Frau werden bereits im Fötus gebildet und verbleiben von da an, bis sie – gewöhnlich eines nach dem anderen – nach der Pubertät zu reifen beginnen, in Prophase 1 der Meiose, die im Grunde nichts anderes ist als ein schwebender Teilungszustand. Je länger diese Phase andauert, um so größer ist die Wahrscheinlichkeit, daß Chromosomenpaare einen Schaden erleiden und sich später nicht voneinander trennen können. Daher steigt das Risiko, ein Kind mit Down-Syndrom zu bekommen, bei Müttern über 35 Jahren dramatisch an. 1973 waren etwas über 13% aller Schwangeren über 35 Jahre alt, aber diese Altersgruppe brachte mehr als die Hälfte aller Kinder mit Trisomie 21 zur Welt.

Im Unterschied zu den Frauen bilden Männer täglich neue Samenzellen. Neuere Forschungsarbeiten zeigen allerdings, daß in 25 Prozent der Fälle der väterliche Samen das Extra-Chromosom enthält (*Magenis* et al., 1977). Auch hier spielt das Zeugungsalter eine Rolle, betroffen sind vor allem Väter in recht fortgeschrittenem Alter.

Glücklicherweise enthält das Fruchtwasser, das den Fötus im Uterus umgibt, Zellen und andere Substanzen des Fötus. Bei der sogenannten Amniozentese wird in der sechzehnten Schwangerschaftswoche durch Punktion etwas Fruchtwasser entnommen. Man legt eine Zellkultur an, die dann zeigt, ob das Chromosom 21 dreifach vorhanden ist. Die neue Methode der Chorionzottenbiopsie hat den großen Vorteil, bereits in der zehnten Woche durchgeführt werden zu können. Die Chorionzotten, feine Fortsätze auf dem Chorion, der äußeren, den Fötus umgebenden Haut, bestehen aus Keimgewebe. Sie werden direkt durch den Gebärmutterhals durch Saugen oder Abknipsen entnommen und nach Anlegen einer Zellkultur analysiert.

Der IQ von Kindern mit Down-Syndrom liegt im Bereich leichter bis mäßiger geistiger Behinderung. Darüber hinaus haben die Betroffenen zahlreiche und sehr unterschiedliche körperliche Merkmale: kurze und gedrungene Statur; ovale, schrägstehende Augen; Epikanthus, d.h. eine Verlängerung der oberen Lidfalte über den äußeren Augenwinkel hinaus; dünnes, feines, glattes Haar; ein breiter und flacher Nasenrücken; Ohrmuscheldysplasie; eine große, gefurchte Zunge, die vorsteht, weil der Mund klein und der Gaumen niedrig ist; kurze, breite Hände mit kurzen, klobigen Fingern; allgemein schwache Gelenke, betroffen sind insbesondere die Fußknöchel; breitbeiniger Gang. Ungefähr 40 Prozent der Kinder mit Down-Syndrom haben einen angeborenen Herzfehler; bei einer kleinen Minderheit ist der obere Verdauungstrakt blockiert. Etwa eines von sechs Kindern stirbt im ersten Lebensjahr. Besonders hoch ist die Mortalität nach dem vierzigsten Lebensjahr. Bei der Autopsie zeigt sich im allgemeinen eine ähnliche Gehirnatrophie, wie sie für das Alzheimer-Syndrom typisch ist. Inzwischen lassen sich die auffälligsten Gesichtsmerkmale des Down-Syndroms durch plastische Operationen der Normalität angleichen. Trotz ihrer geistigen Behinderung lernen die meisten dieser Kinder lesen, schreiben und rechnen!

In den letzten Jahren hat man bei bestimmten Menschen Fehlbildungen des X-Chromosoms gefunden (*Harvey*, *Judge* und *Wiener*, 1977). Oft bricht das X-Chromosom in zwei Teile auseinander, daher der Name *fragiles X*. Das einzige mit fragilem X verbundene körperliche Symptom ist offenbar eine Vergrößerung der männlichen Testikel, gleichwohl sind die Betroffenen ausnahmslos geistig behindert. Frauen können das fragile X-Chromosom tragen, ohne geistig behindert zu sein. Man schätzt, daß das fragile X hinter dem Down-Syndrom die zweithäufigste Ursache geistiger Behinderung ist (*Gerald*, 1980).

Rezessiv erbliche Stoffwechselleiden. Wenn ein Paar defekter rezessiver Gene die Bildung eines Enzyms fehlleiten, sind Stoffwechselprozesse gestört. Die Störung kann bereits die Entwicklung des Embryos beeinträchtigen, sich aber auch erst viel später im Leben bemerkbar machen.

Bei der *Phenylketonurie* (PKU) wird das Kind normal geboren, leidet aber bald an einem Defekt des Leberenzyms Phenylalanin-Hydroxylase, das nötig ist, um Phenylalanin – eine Aminosäure proteinhaltiger Nahrung – in Tyrosin umzuwandeln. Das Phenylalanin und sein Derivat Phenylpyruvat sammeln sich in den Körperflüssigkeiten, verleihen dem Urin einen modrigen Geruch und führen letztlich zu einem irreversiblen Hirnschaden. Die nicht abgebaute Aminosäure stört den Prozeß der Myelinisation, der Umkleidung der Nervenaxone. Diese Umkleidung ist eine Voraussetzung für die schnelle Impulsweitergabe und folglich für die Informationsübertragung. Besonders betroffen sind die Neurone des Stirnhirns. Kein Wunder also, daß die resultierende geistige Behinderung sehr schwer ist.

Obwohl die Krankheit selbst mit einer Häufigkeit von 1:14 000 sehr selten ist, schätzt man, daß einer von siebzig Menschen Träger des rezessiven Gens ist. Paare, die mit Grund vermuten, solche Träger zu sein, können sich einem Bluttest unterziehen. Glücklicherweise läßt sich im Blut eines Neugeborenen mit PKU nach einigen Tagen Milchernährung ein Übermaß an nicht umgewandeltem Phenylalanin nachweisen. Der notwendige Test ist in den Vereinigten Staaten gesetzlich vorgeschrieben. Fällt der Test positiv aus, müssen die Eltern das Kind streng phenylalanin-arm ernähren. Wird die Diät vom dritten Lebensmonat bis zum Alter von sechs Jahren beibehalten, d.h., bis die Differenzierung des Gehirns so ziemlich abgeschlossen ist, nimmt die kognitive Entwicklung einen positiveren, in manchen Fällen nahezu normalen Verlauf (*Collaborative Study of Children Treated for Phenylketonuria*, 1975).

Das *Tay-Sachs-Syndrom* ist eine Störung des Fettmetabolismus, die durch Paarung einzelner rezessiver Gene verursacht wird. Betroffen sind vor allem jüdische Familien nordost-europäischen Ursprungs. In amerikanischen Großstädten können jüdische Paare im Rahmen großangelegter Kontrollprogramme Blutuntersuchungen machen lassen, um eine mögliche Trägerschaft festzustellen. Beim Tay-Sachs-Syndrom fehlt den Nervenzellen ein Enzym, und im Nervensystem akkumuliert sich Fett. Fehlen oder Vorhandensein des Enzyms läßt sich durch die Analyse bestimmter Fruchtwassersubstanzen feststellen.

Ein Kind mit Tay-Sachs-Syndrom leidet an zunehmender Muskelschwäche, einer Atrophie des Sehnervs, Krämpfen und erblindet schließlich. 25%–50% dieser Kinder entstammen Ehen zwischen Vetter und Cousine. Sie werden nur selten älter als drei Jahre (*Kolb*, 1968).

Es sind noch mehrere hundert anderer durch rezessive Gene verursachte Krankheiten bekannt, von denen viele mit geistiger Behinderung einhergehen. Nur sehr selten läßt sich eine geistige Behinderung auf eine einzige Krankheit zurückführen. Genetische Beratung hilft jungen Paaren herauszufinden, ob sie aufgrund ihrer Familiengeschichte mögliche Träger dieser rezessiven Gene sind. Und mit Hilfe von Amniozentese und Chorionzottenbiopsie läßt sich feststellen, ob der Fötus tatsächlich betroffen ist.

Weist der Fötus genetische Abnormitäten auf, besteht gewöhnlich die Möglichkeit eines Schwangerschaftsabbruchs. Verfechter des selektiven Schwangerschaftsabbruchs verweisen auf die armselige Lebensqualität eines geistig behinderten Menschen, auf die emotionalen Kosten für die Eltern und auf die Kosten, die der Gesellschaft durch Fürsorgemaßnahmen entstehen. Abtreibungsgegner halten dagegen, daß jedes Leben heilig sei und auch solchen Föten ein Recht auf Leben zustehe. Eine einfache Lösung gibt es hier nicht.

Infektionskrankheiten

Erkrankt die Mutter während der Schwangerschaft an einer Infektion, erhöht sich das Risiko einer geistigen Behinderung für das Kind. Besonders gefährlich sind diese Infektionskrankheiten während des ersten Schwangerschaftsdrittels, wenn der Fötus noch keine Immunreaktion zeigt. Überdies ist das erste Schwangerschaftsdrittel ei-

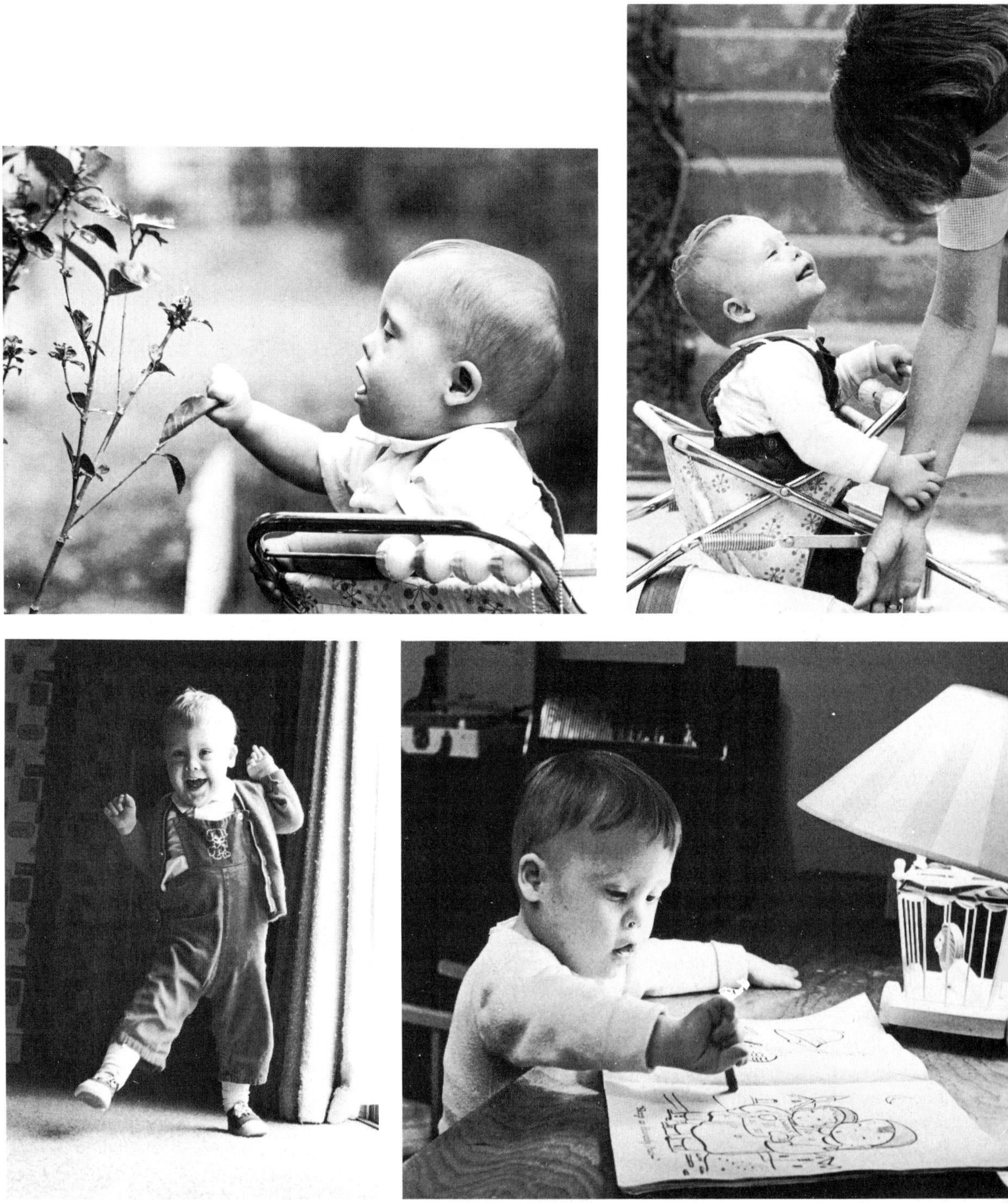

Die Entwicklung eines Kindes mit Down-Syndrom – von seinem Vater einfühlsam im Bild festgehalten.

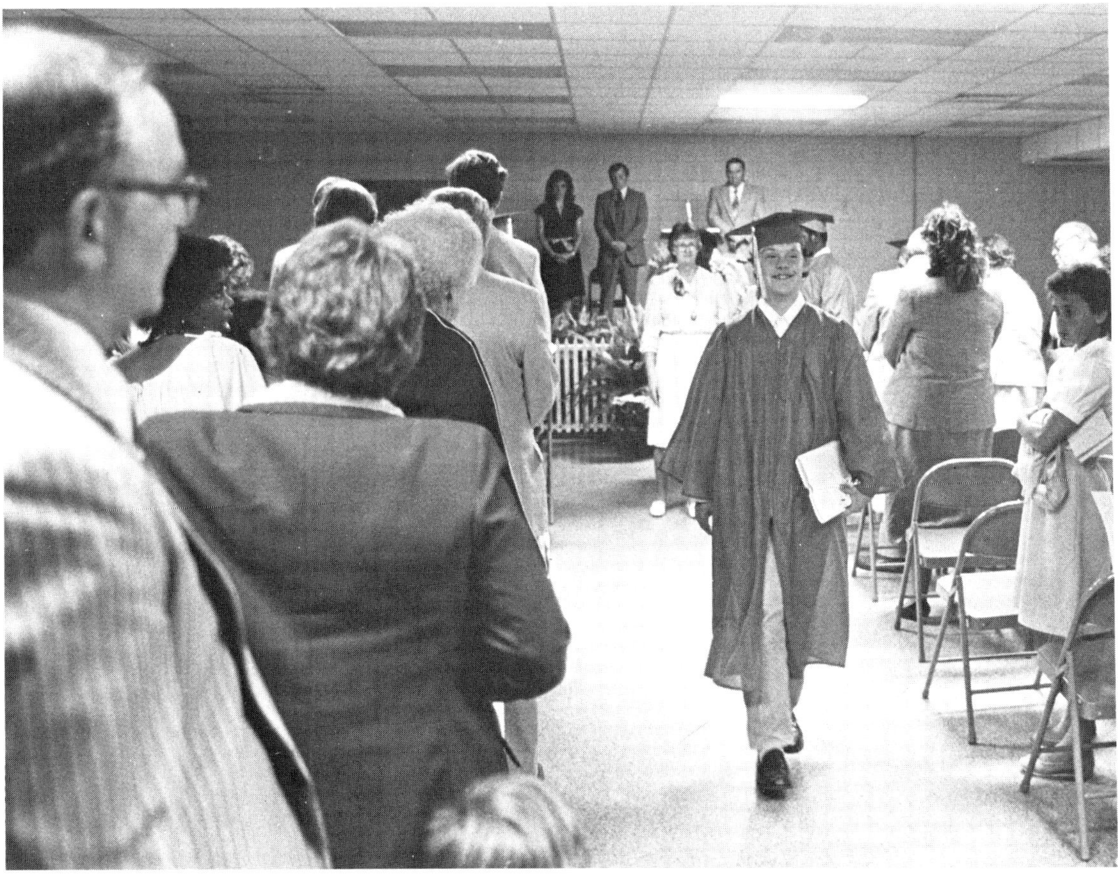

ne kritische Phase der Gehirnentwicklung. Der Zytomegalie-Virus, die Toxoplasmose, Röteln, Herpes simplex und Syphilis sind mütterliche Infektionen, die beim Fötus körperliche Mißbildungen und geistige Behinderung hervorrufen können. Möglicherweise verursacht die Infektion bei der Mutter nur leichte oder auch gar keine Symptome, aber die Auswirkungen auf den sich entwickelnden Fötus können verheerend sein. In Amerika wird das Blut schwangerer Frauen im Rahmen der Vorsorgemaßnahmen auf Syphilis untersucht. Wenn Frauen heute ein Kind möchten, können sie vor Eintritt der Schwangerschaft einen Rötelntest machen lassen. In Amerika sind etwa 85 Prozent der Frauen gegen Röteln immun. Zwischen einer Impfung und der Empfängnis sollten wenigstens sechs Monate liegen. Vorschulkinder werden in Amerika routinemäßig geimpft.

Auch nach der Geburt können Infektionskrankheiten das Gehirn des Kindes schädigen. Encephalitis und Meningokokken-Meningitis können im Säuglings- und Kleinkindalter zu schwerer Hirnschädigung und sogar zum Tode führen. Für den Erwachsenen sind diese Infektionen sehr viel weniger gefährlich, wahrscheinlich, weil die Entwicklung des Gehirns im Alter von sechs Jahren im großen und ganzen abgeschlossen ist. Es gibt verschiedene Formen der Kindheitsmeningitis, einer akuten Entzündung der schützenden Hirnhäute, die mit sehr hohem Fieber einhergeht. Auch wenn das Kind überlebt, ohne eine schwere geistige Behinderung davonzutragen, muß wahrscheinlich mit einer leichten bis mäßigen Behinderung gerechnet werden. Andere mögliche Folgen der Krankheit sind Taubheit, Lähmung und Epilepsie.

Unfälle

Die meisten Kinder, die in den USA nach dem ersten Lebensjahr sterben oder eine schwere Behinderung erleiden, sind Opfer von Unfällen. Am häufigsten sind Stürze und Autounfälle die Ursache von Kopfverletzungen und damit geistiger Behinderung verschiedener Schweregrade sein können. Die Anschnallpflicht für Kinder im Auto hat dazu geführt, daß die Häufigkeit derartiger Unfälle abgenommen hat.

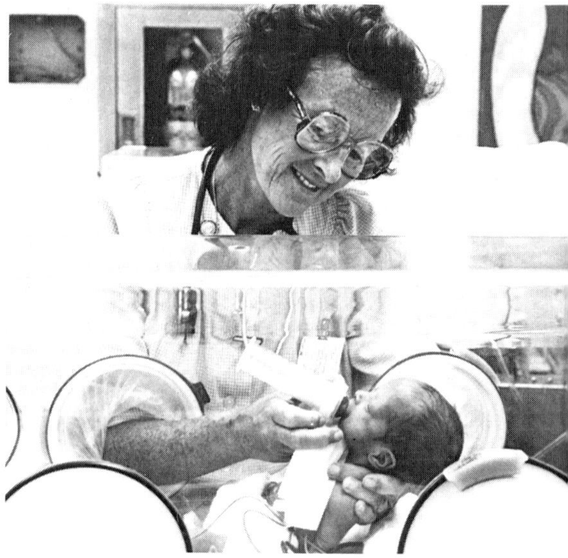

Ein Kind gilt als Frühgeburt, wenn es zwei oder mehr Wochen vor dem errechneten Termin zur Welt kommt. Eine zu frühzeitige Geburt bedeutet zusammen mit den Verursachungsfaktoren für das Kind das Risiko einer geistigen Behinderung.

Frühgeburt

Ein Kind gilt als Frühgeburt, wenn es zwei oder mehr Wochen vor dem errechneten Termin auf die Welt kommt. Frühgeburt und damit verbundene Probleme sind bei Kindern unter einem Jahr die häufigste Todesursache. Für überlebende Frühgeburten erhöht sich das Risiko, eine geistige Behinderung zu entwickeln. Obwohl Frühgeburt und geistige Behinderung recht hoch korrelieren, läßt sich nur schwer nachweisen, daß die Frühgeburt als solche ein kausaler Faktor ist. Armut, Minderjährigkeit der Mutter, unangemessene Ernährung und schlechte vorgeburtliche Vorsorge – all das sind Faktoren, die bei der Frühgeburt eine Rolle spielen. Überdies kann es bei Frühgeburten zu anderen medizinischen Komplikationen kommen, die das Risiko einer geistigen Behinderung weiter erhöhen.

Es gibt allerdings Hinweise darauf, daß vorzeitig geborene Kinder nicht immer den besten Start für eine gesunde geistige Entwicklung haben. *Field* und ihre Mitarbeiter (1979, 1980) haben die Interaktionsmuster von Müttern und ihren Frühgeborenen mit denen zwischen Müttern und ausgetragenen Kindern verglichen. Die Interaktion zwischen Müttern und Frühgeborenen verläuft weniger synchron und weniger feinfühlig, es finden weniger Geben-und-Nehmen-Spiele und wechselseitiges Vokalisieren statt. Vielleicht, so vermutet *Field*, spiegelt sich darin eine gewisse Enttäuschung der Mütter über ihre Kinder, von denen sie ein Verhalten erwarten, das dem Geburtsalter und nicht dem Alter zwischen Empfängnis und Geburt entspricht.

Giftige chemische Substanzen

Anfang der sechziger Jahre verschrieb man in England, Kanada, in der Bundesrepublik und Skandinavien schwangeren Frauen gegen morgendliche Übelkeit das angeblich unschädliche Medikament Thalidomid. Das Medikament wurde folglich vornehmlich in der kritischen embryonalen Phase genommen. Viele dieser Mütter bekamen Kinder, deren Arme und Beine ähnlich aussahen wie die Ansätze, die der Entwicklung der Gliedmaßen beim menschlichen Embryo vorangehen, ein Zustand, der Phokomelie genannt wird. Obwohl Thalidomid schnell wieder vom Markt verschwand, waren Tausende von Kindern bereits geschädigt.

Die Auswirkungen von Thalidomid waren katastrophal. Aber das unterstreicht nur, welches Risiko schwangere Frauen mit der Einnahme chemischer Substanzen eingehen: Es besteht immer die Gefahr, daß dadurch die Entwicklung des Fötus gravierend vom normalen Weg abweicht. Eine derart schädigende und noch dazu weitverbreitete Substanz ist der Alkohol.

Der Konsum von täglich ein bis zwei Gläsern Wein während des ersten Schwangerschaftsdrittels erhöht in 10 Prozent der Fälle die Wahrscheinlichkeit, daß das Kind mit einem *fetalen Alkoholsyndrom* auf die Welt kommt. Das FAS besteht in körperlichen Symptomen – kleiner Kopf, weit auseinanderstehende Augen, flache Nase, tiefgezogene Oberlippe und kleine Statur, die nie Normalgröße erreicht – und geistiger Behinderung. Das FAS-Risiko steigt mit der Menge des genossenen Alkohols. Aber schon bei ein oder zwei alkoholischen Ausschweifungen der werdenden Mutter kann das Kind ein FAS entwikkeln. Wie bei vielen Einflüssen ist der Fötus auch hier im ersten Schwangerschaftsdrittel am stärksten gefährdet. Viele Frauen bemerken ihre Schwangerschaft aber erst gegen Ende des ersten Drittels. Auch wenn die Mutter das Trinken vollkommen einstellt, sobald sie von ihrer Schwangerschaft weiß, kann der Fötus bereits geschädigt sein.

Umwelteinflüsse

Verschiedene umweltverschmutzende Substanzen können Vergiftung und geistige Behinderung verursachen. Dazu gehören Quecksilber, das man unter Umständen über verseuchte Fische zu sich nimmt, Blei, wie man es in bleihaltigen Farben findet, Smog und Abgase von bleihaltigem Benzin. Eine Bleivergiftung kann zu Nieren- und Gehirnschäden, Anämie, geistiger Behinderung, Anfällen, ja sogar zum Tod führen. Inzwischen hat der Gesetzgeber Farbe auf Bleibasis verboten, doch an den Wänden billiger Mietshäuser ist sie, soweit nicht schon abgeblättert, immer noch zu finden. Die abgeblätterte Farbe schmeckt süß-

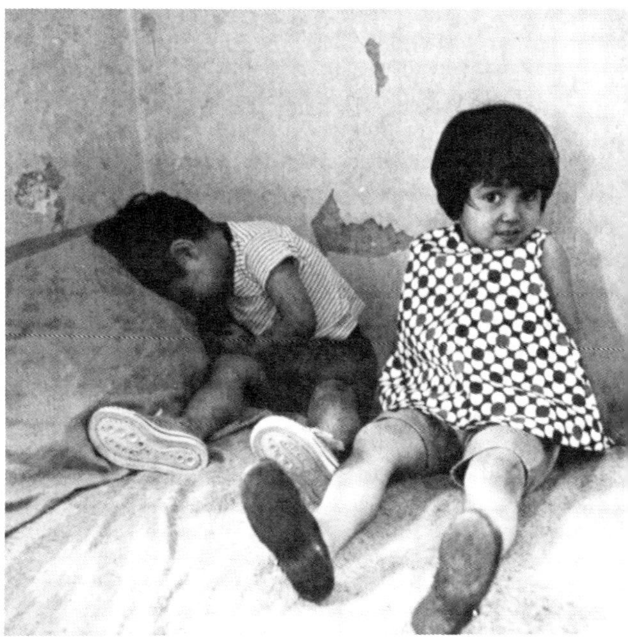

Wenn Kinder Bröckchen von bleihaltiger Wandfarbe essen, kann ein schwerer Gehirnschaden und geistige Behinderung die Folge sein.

lich. Wenn sehr kleine Kinder Blei schlucken, werden 40 Prozent davon durch den Gastrointestinaltrakt absorbiert. Bei Erwachsenen sind es nur 5%–10%. Kinder inhalieren auch zwei bis dreimal mehr Blei mit der Luft pro Körpergewichtseinheit als Erwachsene, weil sie körperlich aktiver und ihre Stoffwechselraten höher sind. Das *National Center for Health Statistics* fand 1982 bei 4 Prozent der Vorschulkinder erhebliche Bleimengen im Blut. Im Februar 1985 senkten die *Federal Centers for Disease Control* das seit 1978 geltende Kriterium für eine Bleivergiftung von 50 Mikrogramm pro Deziliter Blut auf 35 Mikrogramm. Um den Bleigehalt der Luft zu verringern, verfügte die *Environmental Protection Agency* zum 1. Januar 1986, daß die Gallone Benzin (3,78 l) nicht mehr, wie seit 1982 erlaubt, 1,1 Gramm Blei, sondern nurmehr 0,1 Gramm enthalten dürfe – immerhin eine Senkung um 91%. Auch das Totalverbot von bleihaltigem Benzin wurde um vier Jahre, von 1992 auf 1988, vorverlegt.

Die immer weiter fortschreitende Technisierung unserer Gesellschaft schafft neue Umweltgefahren. Eine medizinische Behandlung soll helfen, aber die ungewollte und unvorhergesehene Folge kann eine geistige Behinderung sein. Ein solches medizinisches Verfahren, die Diphterie-Pertussis (Keuchhusten)-Tetanus-Impfung (DPT-Impfung) birgt derartige iatrogene Gefahren, d.h. die Gefahr einer – unbeabsichtigten – Schädigung durch ärztliches Einwirken. Die DPT-Impfung schützt Tausende von Kindern vor dem gefährlichen Keuchhusten. Der Keuchhustenteil der Impfung führt aber bei vielen Kindern zu Unverträglichkeitsreaktionen. Diese reichen von Rötung und Schwellung der Impfstelle bis hin zu anhaltendem Weinen und schrillem Schreien und Gehirnschädigungen. Manche Kinder sterben sogar. Die DPT-Impfung ist, so schätzt man, jährlich für etwa fünfzig Fälle schwerer geistiger Behinderung verantwortlich.

Obwohl die möglichen schweren Nebenwirkungen der DPT-Impfung seit 1940 bekannt sind, ist die Bevölkerung darüber kaum informiert. Eine Gruppe von Eltern impfgeschädigter Kinder, die sich ‚Dissatisfied Parents Together' nennt, fordert ein Bundesgesetz, das den Familien von DPT-Opfern Schadensersatz zuspricht. Das vorgeschlagene Gesetz würde auch von den Ärzten verlangen, die Eltern vor der Impfung umfassend zu informieren und alle Abwehrreaktionen zu melden.

Prävention der geistigen Behinderung

Anfang der sechziger Jahre bemühte man sich in den USA erstmalig von staatlicher Seite aus um die Prävention geistiger Behinderung. Ein vom Präsidenten eingesetzter Ausschuß *(The President's Panel on Mental Retardation)* verlautbarte, daß man die Hälfte aller neuen Fälle von geistiger Behinderung verhüten könne, wenn alles verfügbare Wissen auch angewandt würde (*Begab*, 1974). Prävention hängt unter anderem davon ab, daß wir die Verursachungsfaktoren kennen. Die bekannten organischen Ursachen sind Herausforderung und Chance zugleich, und vielen von ihnen können wir inzwischen begegnen. Wo die Ätiologie weniger offenkundig ist, und das trifft leider auf die Mehrzahl der Fälle zu, wird die Prävention allerdings erheblich problematischer.

Eugenik

Es gab eine Zeit, da wurde Eugenik[4] praktiziert in dem Versuch, die Anzahl der geistig behinderten Menschen möglichst gering zu halten. Die Eugenik befürwortet eine selektive Fortpflan-

[4] Eugenik ist nicht zu verwechseln mit genetischer Beratung. Wenn ein Berater Eltern mitteilen muß, daß für sie das Risiko besteht, ein krankes Kind zu bekommen, klärt er sie über die Wahrscheinlichkeit und die gegebenenfalls notwendigen Betreuungsmaßnahmen auf und gibt ihnen jede Information, die ihnen bei dieser schweren Entscheidung helfen kann. Ziel des Eugenikers ist es im Unterschied dazu, Menschen mit ganz bestimmten Eigenschaften hervorzubringen, die sie, so die zugrundeliegende Überzeugung, anderen *überlegen* machen. Während des Dritten Reiches wollten die Nazis die Anzahl der blonden, blauäugigen arischen Kinder vermehren. Heutzutage lagert man in „Samenbanken" das tiefgefrorene Sperma von Männern, etwa Wissenschaftlern und Schriftstellern, die in ihrem Beruf Außergewöhnliches geleistet haben. Man tut das in der Hoffnung, daß sich irgendwann einmal eine Frau mit diesem angeblich genetisch überlegenen Samen befruchten lassen wird.

zung, um von Generation zu Generation den Anteil der Menschen mit überdurchschnittlich günstiger Erbausstattung zu vergrößern. Der Sozialdarwinismus steuerte die These bei, daß geistige Behinderung überwiegend vererbt werde. 1903 wurde die *American Breeders Association* gegründet, um Richtlinien zu erarbeiten und Maßnahmen in Gang zu setzen, nach denen es Menschen erlaubt sein sollte, Kinder zu zeugen und zu gebären. Vorbeugen wollte man der geistigen Behinderung mit zwei Mitteln: mit Isolation und Sterilisation.

Es wurden große Institutionen gebaut, wo die Behinderten abgeschirmt vom Rest der Welt leben konnten. Im Grunde waren das Verwahranstalten für alle die Unglücklichen, die das Pech hatten, in den neuen Intelligenztests schlecht abzuschneiden (*Blatt*, 1966). Die Klientel dieser Anstalten bestand zum größten Teil aus Neu-Einwanderern, Angehörigen rassischer Minderheiten, körperbehinderten Kindern und Mittellosen.

Nach Einführung der Zwangsisolation wurden zwar weniger Kinder von Paaren geboren, bei denen ein Partner einen bestimmten IQ-Wert unterschritt; nicht verhindern konnte man aber, daß innerhalb der Anstalten Kinder auf die Welt kamen. 1907 wurde in Indiana das erste Gesetz verabschiedet, das die Sterilisation geistig behinderter Frauen verfügte. 1930 gab es ein solches Gesetz in 28 Staaten. Obwohl die Zwangssterilisation inzwischen vielfach als verfassungswidrig galt, wurde sie in vielen Institutionen auch in den fünfziger Jahren noch praktiziert. Seit den sechziger Jahren wird das Recht geistig Behinderter auf Ehe und Kinder durch gesetzliche Verfügungen geschützt.

Frühzeitige Intervention

Als man sich zunehmend der Bedeutung von Umweltfaktoren bei der Herausbildung einer geistigen Behinderung bewußt wurde, wandelten sich die Präventivmaßnahmen zur frühzeitigen Intervention bei Kindern, die durch ungünstige Umweltbedingungen besonders gefährdet waren. Prävention leichter geistiger Behinderung bedeutet, eine Gefährdung frühzeitig zu erkennen und mit den betroffenen Kindern zu arbeiten, bevor sich tatsächlich eine Behinderung herausbildet. In der Forschung arbeitet man daran, die Verfahren zur Identifikation von Risiko-Kindern zu verbessern und möglichst effektive Präventivprogramme zu entwickeln. Auch die Eltern können Hilfe bekommen, aber das Hauptaugenmerk gilt Kindern im Vorschulalter.

Den wohl bekanntesten und umfassendsten Versuch zur Förderung der Leistungsfähigkeit und des intellektuellen Niveaus benachteiligter Kinder stellt das *Head-Start-Projekt* dar. Sein Ziel ist es, Kindern soziale und kulturelle Erfahrungen zu vermitteln, die ihnen zu Hause fehlen, und sie so auf den Besuch einer regulären Schule vorzubereiten. Den Anstoß zu Head Start brachten die sechziger Jahre, als die Aufmerksamkeit der Bürger auf den Hunger im Lande und die Probleme im Zusammenhang mit den Bürgerrechten gelenkt wurde. Wenn die vielen tausend Kinder aus kulturell benachteiligten Familien dieselben Bildungschancen erhielten, wie sie besser gestellte Kinder haben, müßte der Teufelskreis der Armut zu durchbrechen sein und sich der Lebensstandard der Unterprivilegierten beträchtlich heben.

Das Head-Start-Projekt regte zu weiteren Vorschulprojekten an. Eines der umfassendsten ist das *ABC-Schützen-Projekt* (Abecedarian Project) der Universität von North Carolina, das 1972 seine Arbeit aufnahm. Das Projekt war darauf angelegt, geistiger Behinderung vorzubeugen oder ihre Auswirkungen möglichst gering zu halten (*Ramey, MacPhee* und *Yeates*, 1982). Die Projektleiter fanden 112 schwangere Frauen heraus, deren soziale und wirtschaftliche Ressourcen beschränkt waren. Sie hatten nur geringe Schulbildung, und einige litten während der Schwangerschaft unter Mangelernährung. Die Frauen wurden nach dem Zufallsprinzip auf eine Experimental- und eine Kontrollgruppe aufgeteilt. Da man weiß, daß Unterernährung der Mutter und schlechte medizinische Versorgung dem Kind schadet, sorgte man nach der Geburt in allen Familien für ausreichende Ernährung und medizinische Betreuung.

Für die Kinder der Experimentalgruppe begann noch vor Ende des dritten Lebensmonats ein Frühförderungsprogramm. Sie wurden – mit Ausnahme von zwei Wochen – das ganze Jahr über ganztägig betreut. Das Programm sollte den Kindern hinreichend Gelegenheit geben, Sprache und angemessenes, angepaßtes Sozialverhalten zu erwerben, da sie viele der hier gebotenen Erfahrungen zu Hause möglicherweise nicht machen konnten. Experimental- und Kontrollkinder wurden im ersten Jahr alle drei Monate und im darauffolgenden Jahr einmal getestet.

Bis zum Alter von drei Jahren unterschieden sich die am Frühförderungsprogramm beteiligten Kinder in mehrerlei Hinsicht von den Kontrollkindern, die ausschließlich zu Hause lebten. Die Experimentalkinder paßten sich leichter an unvertraute Situationen und Menschen an, reagierten angemessener und tatkräftiger auf Testanforderungen und sprachen besser. Im allgemeinen wußten diese Kinder geschickter Interaktionen mit Menschen und Objekten zu initiieren und durchzuführen. Sie konnten abstrakte und komplexe Aufgabenstellungen verfolgen und verstehen und die Aufgaben anschließend bewältigen. Während der Spielperioden im Labor waren die Experimentalkinder besser in der Lage, der Mutter ihre Wünsche und Bedürfnisse mitzuteilen. Ihre Spielperioden dauerten länger und schienen auch der Mutter mehr Spaß zu machen.

Kontrollkinder, deren Mütter während der Schwangerschaft unterernährt waren, schnitten im Alter von drei Jahren bei Intelligenztests signifikant schlechter ab als Kontrollkinder von ausreichend ernährten Müttern. Auf den IQ der Experimentalkinder hatte eine frühere Unterernährung der Mutter dagegen keine Auswirkung, was vermuten läßt, daß die positiven Effekte der Frühförderung die negativen Effekte einer Mangelernährung abschwächen.

Daß berufstätige Mütter ihre Kinder zunehmend in Tagesstätten geben, hat jüngst viel öffentliche Aufmerksamkeit erregt, denn darunter, so fürchtet man, leidet die Bindung des Kindes an seine Mutter. Aus diesem Grund verglich man die Mutterbindung der ABC-Schützen-Kinder mit der Bindung an ihre Vorschullehrerin. Man konnte keine negativen Auswirkungen feststellen. Vorschulkinder hatten eine starke Bindung an ihre Mutter und zogen sie der Vorschullehrerin vor.

Andere unvorhergesehene Wandlungen ergaben sich auch in den Familien der Experimentalkinder. Erstens beschlossen mehr Mütter, noch einmal zur Schule zu gehen. Zweitens fanden mehr Experimentalmütter häufiger angelernte oder qualifizierte Arbeitsstellen als Kontrollmütter, die häufiger arbeitslos waren oder Hilfstätigkeiten verrichteten. Dieses Ergebnis hatte man zwar nicht angestrebt, aber überraschend ist es nicht. Wenn das jüngste oder auch einzige Kind täglich acht Stunden in der Vorschule verbringt, hat die Mutter mehr Zeit, eigene Ziele zu verfolgen. Bildungsmangel der Mutter korreliert häufig mit der geistigen Behinderung des Kindes. Wenn nun die Mutter etwas für ihre Bildung tut und qualifizierte Arbeit verrichtet, wird vermutlich auch die intellektuelle Entwicklung des Kindes davon profitieren.

Trotz der signifikant positiven Anfangserfolge frühzeitiger Interventionsprogramme ist deren Wirksamkeit erst dann eigentlich erwiesen, wenn die Kinder das, was sie in der Vorschule erworben haben, auch in der Schule aufrechterhalten können. Leider hat sich in den meisten Nachfolgeuntersuchungen von Schulkindern, einschließlich der des Head-Start- und des ABC-Schützen-Projektes, gezeigt, daß die Experimentalkinder, sobald die Intervention eingestellt wird, auf das Niveau der Kontrollkinder zurückfallen. Die Interventionsprogramme müßten also während der Grundschuljahre fortgesetzt werden. Das ist, wenn man so will, ein moralisches Erfordernis. Hinzu kommt, daß die Prävention vermutlich weit weniger kosten würde als die lebenslange Betreuung geistig behinderter Menschen.

Die Behandlung der geistigen Behinderung

In den letzten zweihundert Jahren pendelte die Einstellung den ‚Schwachsinnigen' gegenüber zwischen Optimismus und Interesse an ihrer Förderung und blankem Pessimismus hin und her (*Crissey*, 1975). *Édouard Seguin*, ein französischer Arzt und Erzieher des 19. Jahrhunderts, vertrat die Überzeugung, daß jedermann ein Recht auf Bildung habe und daß die ‚Idioten' ihrer am dringlichsten bedürften. Er hielt geistige Behinderung für eine Schwäche des Nervensystems und entwickelte Unterrichtsmethoden, die bestimmte Unzulänglichkeiten korrigieren sollten. 1848 verließ er Paris, ließ sich in Ohio nieder und war mitbeteiligt am Aufbau von Sonderschulen im Nordosten der Vereinigten Staaten. Eine dieser Schulen war die *Pennsylvania Training School for Idiots.* (Dem Leser wird nicht entgangen sein, wie sich die konnotativen Bedeutungen von Wörtern und Bezeichnungen ändern. Heutzutage würde kein Psychiater in diesem Zusammenhang das Wort ‚Idiot‘ in den Mund nehmen, und noch viel weniger würde es im Namen einer Institution auftauchen.) Später, als die Ziele, auf die man so zuversichtlich hingearbeitet hatte, unerreichbar blieben, kam die große Desillusionierung. Die Kinder wurden nicht normal, und die Institutionen wuchsen und wuchsen. Es entstand die Meinung, daß die geistig Zurückgebliebenen vielleicht doch einfach ‚so geboren‘ seien und daß man wenig für sie tun könne, außer sie zu verwahren und vor den intellektuellen Anforderungen der Gesellschaft zu schützen. In den letzten Jahrzehnten unseres Jahrhunderts gab es dann wieder ernsthafte und systematische Versuche, geistig behinderte Kinder so umfassend wie möglich zu fördern und zu bilden. Die meisten geistig behinderten Menschen können die Kompetenzen erwerben, die sie brauchen, um in der Gemeinschaft zurechtzukommen.

Deinstitutionalisierung

Seit den sechziger Jahren ist man bemüht, geistig Behinderte, wenn möglich, nicht in Institutionen zu verwahren, sondern zu fördern und ambulant zu betreuen. Wie bei den psychiatrischen Kliniken neigt man auch hier zur sogenannten ‚Deinstitutionalisierung‘. 1975 verabschiedete der Kongreß mit dem *Developmentally Disabled Assistance Act* und dem *Bill of Rights Act* zwei Gesetze, die geistig Behinderten ein Recht auf angemessene Behandlung in möglichst wenig restriktiver Umgebung zuerkannten. Im Idealfall leben mäßig Behinderte in kleinen bis mittleren familiären, wohngemeinschaftsähnlichen Heimen und sind in die Gemeinschaft integriert. Während einer Übergangszeit bereitet sich der einzelne auf die Übersiedlung aus der Institution in die Wohngemeinschaft vor. Dort werden sie medizinisch betreut und nehmen an Schulungsprogrammen teil; mit ihnen leben berufliche Helfer, die sich zusammen mit anderen engagierten Helfern rund um die Uhr um ihre besonderen Bedürfnisse kümmern. Die Bewohner werden ermuntert, sich je nach Fähigkeiten an den Arbeiten im Haushalt zu beteiligen. Geistig schwer behinderte Kinder können zu Hause oder in Pflegefamilien leben, für die nötige schulische und psychologische Betreuung wird gesorgt. Viele leicht Behinderte, die einer Arbeit nachgehen und selbständig leben können, haben eine eigene Wohnung. Andere leben mehr oder weniger selbständig zu dritt oder viert zusammen. In solchen Fällen findet Beratung und Betreuung nur am Abend statt.

Unglücklicherweise hat man einige große Institutionen geschlossen und die Bewohner entlas-

Seit den 60er Jahren leben viele retardierte Erwachsene nicht in großen, isolierten Institutionen, sondern innerhalb ihrer Gemeinde in familienähnlichen Wohngruppen.

sen, ohne daß die Gemeinde für geeigneten Wohnraum und Betreuung gesorgt hätte. Andere Institutionen wurden umstrukturiert, um eine familienähnlichere Atmosphäre zu schaffen. Oft leben mehrere Bewohner auf dem Areal der Institution in kleinen Häusern zusammen. Sie sind zwar nicht mehr kaserniert, aber die Institutionen liegen oft so weit außerhalb der Stadt, daß die Bewohner wenig Gelegenheit haben, einkaufen zu gehen, öffentliche Verkehrsmittel zu benutzen und mit normalen Menschen in Kontakt zu kommen. Gegenwärtig findet man in den Institutionen überwiegend schwer und sehr schwer behinderte Menschen, die zudem auch an einer körperlichen Behinderung leiden (*Scheerenberger*, 1984).

Soziale Integration

Die Praxis, geistig schwer behinderte Kinder in Klassen mit normalen Altersgenossen einzuschulen, nennt man ‚soziale Integration'. Zumindest werden Schüler aller Behinderungsgrade an denselben Schulen unterrichtet wie normale gleichaltrige Schüler. Sie haben so Gelegenheit, auf dem Schulhof, in der Cafeteria und im Flur mit Altersgenossen zusammenzutreffen und zu interagieren. Unterrichtet werden sie in Sonderklassen und von speziell ausgebildeten Lehrern. Die behinderten Schüler sind also sozial, nicht aber schulisch integriert.

Für weniger schwer behinderte Schüler kann eine umfassendere Integration nützlich sein. Leicht bis mäßig behinderte Kinder können möglicherweise in vielen nicht-theoretischen Fächern wie Kunst, Sport und Hauswirtschaft durchaus mit ihren normalen Altersgenossen mithalten. Für viele leicht geistig behinderte Schüler ist vielleicht sogar die Teilnahme am normalen theoretischen Unterricht sinnvoll, wenn sie gleichzeitig die Möglichkeit haben, die ihren besonderen Lernzielen und Lernstilen angepaßten Sonderklassen zu besuchen.

Erste Untersuchungen über die Auswirkungen des gemeinsamen Schulbesuchs – untersucht wurden Leistung, Selbstwertgefühl, soziale Akzeptanz und Intelligenz – ergaben leicht positive Effekte, keine Effekte oder auch negative Effekte auf das Selbstwertgefühl (*Gottlieb* et al., 1983). Man hat nach diesen ersten Ergebnissen das Prinzip der gemeinsamen Beschulung nicht aufgegeben, sondern analysiert, warum die Resultate nicht positiver waren. Pädagogen entwickelten ein Programm, das normalen Schülern helfen sollte, die behinderten Kinder besser zu verstehen. Im Rahmen einer Ton-Bild-Präsentation stellte man den Schülern Kinder mit schweren Behinderungen vor und schloß daran eine Frage-und-Antwort-Runde an. Anschließend hatten die Kinder Gelegenheit, einem schwer behinderten Mitschüler ‚Freund und Helfer' zu sein. Dieses System verglich man mit nicht-integrierten Schulen und mit integrierten Schulen, in denen diese Praxis nicht geübt wurde. Die normalen Schüler, die an dem Integrationsprogramm teilnahmen, waren schwer behinderten Kindern gegenüber positiver und akzeptierender eingestellt. Schüler integrierter Schulen ohne Sonderprogramm waren behinderten Kindern gegenüber nicht so positiv eingestellt, aber immer noch positiver als Schüler nicht-integrierter Schulen (*Voeltz*, 1980, 1982).

Programme, die sich der Probleme einer integrierten Schulerziehung annehmen, scheinen behinderten und nicht-behinderten Schülern gleichermaßen zugute zu kommen. Normale Kinder können von früh auf die Erfahrung machen, daß Menschen ungeheuer verschieden sind, daß ein Kind zwar in vielerlei Hinsicht sehr viel anders sein kann als sie und doch ihrer Achtung und Freundschaft wert ist. Mit Hilfe ihrer Eltern und Lehrer können normale Kinder ohne die Vorurteile früherer Generationen heranwachsen. Eine solche Möglichkeit wäre ein Gewinn für beide: für das normale Kind und den Mitschüler, der nicht mit einem so schnellen und aufnahmefähigen Verstand gesegnet ist.

Lehrstrategien

Auf dem Werk von *Freud* und *Rogers* basierende Therapieformen, die verbale Fähigkeiten, ja sogar Wortgewandtheit voraussetzen, sind bei der Behandlung geistig behinderter Menschen von nur begrenztem Wert. Aber natürlich ist auch mit geistig Behinderten verbaler Austausch möglich und notwendig. Für leicht bis mäßig behinderte Kinder kann das Gespräch mit einem psychologi-

Heute schließen die Förderungsprogramme für retardierte Kinder eigene Olympische Spiele ein.

schen Berater oder einem anderen Erwachsenen durchaus ein Gewinn sein. Sie alle müssen in den Fähigkeiten, über die sie verfügen, bestätigt werden, und die Worte freundlicher und vertrauenswürdiger Menschen können ermutigend und hilfreich sein (*Robinson* und *Robinson*, 1976). Man hat für geistig behinderte Kinder spieltherapeutische Verfahren entwickelt, z.B. unstrukturierte Malsitzungen mit Wasser- und Fingerfarben für die schwer behinderten, strukturiertere Sitzungen, in denen Bücher und Puzzles ausgemalt werden, für die weniger schwer behinderten (*Leland* und *Smith*, 1965).

Geistig behinderte Kinder werden auch mit verhaltenstherapeutischen Methoden behandelt, insbesondere mit *angewandter Verhaltensanalyse*[5] und kognitiver Verhaltenstherapie. Die angewandte Verhaltensanalyse wird meistens dann eingesetzt, wenn man schwer und sehr schwer behinderten Kindern sowie solchen mit Autismus die weiter oben erwähnten adaptiven Fertigkeiten beibringen will: Kommunikation, Selbsthilfe und soziale und berufliche Fertigkeiten. Leicht bis mäßig behinderte Kinder erhalten zur Förderung ihrer allgemeinen kognitiven Funktionen eine kognitive Therapie.

Angewandte Verhaltensanalyse. Geistig schwer und sehr schwer behinderte Kinder müssen in intensiver Schulung lernen, zu essen, auf die Toilette zu gehen und sich sauber zu halten. Wenn ein geistig schwer behindertes Kind ein bestimmtes Routineverhalten lernen soll, beginnt der Therapeut gewöhnlich damit, daß er das Zielverhalten, z.B. mit dem Löffel essen, analysiert und in Komponenten aufteilt: den Löffel in die Hand nehmen, Essen vom Teller auf den Löffel schöpfen, den Löffel zum Mund führen, mit den Lippen das Essen vom Löffel nehmen, kauen und schlucken. Diese einzelnen Komponenten werden dem Kind dann mit operanten Konditionierungsverfahren beigebracht. Bis das Kind z.B. den Löffel aufnehmen kann, wird es für jede sukzessive Annäherung an diese Verhaltenskomponente verstärkt. Man beginnt die Verhaltenskette entweder mit dem ersten Schritt der Sequenz – dem Aufnehmen des Löffels – und geht dann zum jeweils nächsten über, bis das Kind auch den letzten beherrscht. Dieses Verfahren heißt „Vorwärts-Chaining". Oder man bringt dem Kind zunächst den letzten Schritt, das Kauen und Schlukken der Nahrung, bei. Wenn es einen Schritt beherrscht, wird der nächstfrühere in Angriff genommen. Bei diesem „Rückwärts-Chaining" vollzieht der Schüler das Zielverhalten, das eigentliche Essen, in jeder Trainingssitzung. Das Lernen schreitet nur langsam voran und verlangt vom Lehrer Gewissenhaftigkeit und Geduld. Gleichwohl haben sich Vorwärts- und Rückwärts-Chaining als wirksame Methoden erwie-

[5] In der verhaltenstherapeutischen Literatur zur geistigen Behinderung liest man häufiger von angewandter Verhaltensanalyse als von operantem Konditionieren, aber beide Bezeichnungen beziehen sich auf dieselbe Art der Verhaltensanalyse und Intervention.

sen, um schwer behinderten Kindern notwendige Fertigkeiten zu vermitteln.

Angewandte Verhaltensanalyse wird auch eingesetzt, um unangemessenes und selbstschädigendes Verhalten zu reduzieren. In Institutionen lebende Kinder mit schwerer beziehungsweise sehr schwerer geistiger Behinderung neigen ganz besonders zu Verhaltensstereotypien, wie sie die Isolation hervorbringt, d.h. zu wiederholten, rhythmischen, selbststimulierenden Bewegungen – Vor- und Zurückschaukeln, Sich Wiegen, Kopfrollen – und zur Aggression sich selbst, anderen Kindern und dem Personal gegenüber. Diese fehlangepaßten Bewegungen und schädi-

Kasten 16.2
Idiot savant

Ein besonders interessantes Phänomen, das gewöhnlich als Sonderform der geistigen Behinderung gilt, ist der *Idiot savant*, eine geistig behinderte Person, die in einem eingeschränkten intellektuellen Bereich besonders leistungsfähig ist. Eine klassische Fallgeschichte dazu stammt von *Scheerer, Rothman* und *Goldstein* (1945), die ihren Probanden vom 11. bis zum 17. Lebensjahr begleiteten und ausführlich untersuchten. Während dieser Zeit ließen sie den Jungen zahlreiche Problemlösungsaufgaben und Intelligenztests absolvieren. Sie beschrieben den Jungen, L. mit Namen, wie folgt:

1. In der Schule hatte er versagt, wenig Interesse am Unterricht gezeigt und nur äußerst wenig mit seinen Klassenkameraden interagiert.
2. Er besaß die ungewöhnliche Gabe, für jedes Datum zwischen 1880 und 1950, ohne groß nachzudenken, den Wochentag anzugeben. Es gehörte zu seinen Lieblingsbeschäftigungen, Leute nach ihrem Geburtsdatum zu fragen und ihnen dann sofort zu sagen, an welchem Wochentag sie geboren waren und an welchem Tag sie in einem früheren Jahr Geburtstag hatten oder in einem der kommenden Jahre haben würden. Dieses Kunststück beherrschte L. seit seinem siebten Lebensjahr. Laut *Scheerer* und seinen Mitarbeitern hatte er allerdings keinerlei Vorstellung vom Altersunterschied zwischen zwei Menschen; älter war für ihn immer derjenige, der früher im Jahr Geburtstag hatte. Ohne Geburtsjahr und körperliche Erscheinung zu berücksichtigen, hielt er jemanden, der am 10. Juni geboren war, für älter als jemanden, dessen Geburtstag auf den 13. September fiel.
3. L. konnte praktisch jedes Wort, das man ihm vorsprach, unverzüglich vorwärts und rückwärts buchstabieren, ohne daß er dessen Bedeutung kannte oder danach fragte.
4. Der Junge hatte ein sehr gut ausgebildetes, aber ungewöhnliches musikalisches Talent. Er konnte viele Melodien, z.B. die von Beethovens Mondscheinsonate, nach Gehör auf dem Klavier spielen, schien aber weder zu verstehen, was er tat, noch Spaß daran zu haben. Anleitungen oder Kommentare zu seinem Spiel ignorierte er. Außerdem „singt er die Begleitung oder die italienischen Texte (zu mehreren Opern) nach. Dabei kennt er die Sprache nicht, sondern reproduziert sie rein phonetisch“ (S. 2).
5. L. verfügte auch über ungewöhnliche Fertigkeiten im Rechnen. Er konnte z.B. zehn bis zwölf zweistellige Zahlen, die man ihm schnell nacheinander nannte, zusammenzählen, lernte aber nie, auch größere Zahlen zu addieren. Er zählte sehr schnell in Sechzehnersprüngen – 1, 17, 33, 49, usw. –, wobei ihm jegliches Verständnis für die Bedeutung der Zahlen fehlte; ob 20 eine größere Zahl ist als 8, wußte er z.B. nicht zu sagen.
6. Mit vierzehn Jahren lernte er mühelos die Gettysburg Address (eine Ansprache, die *Abraham Lincoln* 1863 anläßlich der Einweihung eines Soldatenfriedhofs in Gettys-

genden Handlungen lassen sich häufig dadurch reduzieren, daß man Ersatzreaktionen verstärkt.

Daß behinderte Kinder eine gewisse Selbständigkeit erwerben und stereotype und schädigende Handlungen ablegen, ist von nicht zu unterschätzender Bedeutung. Kinder, die ein erfolgreiches Sauberkeitstraining absolviert haben, machen weniger Arbeit, genießen mehr Sympathien beim Personal, können ihre Station verlassen und in andere Zimmer gehen oder draußen auf dem Spielplatz spielen. Schwer behinderte Kinder, die sauber sind und sich selbständig anziehen und essen, können unter Umständen sogar zu Hause leben. Die Diskriminierung geistig Behinderter hat ihre Ursache sicher zum Teil darin, daß sie in zuweilen grober Weise Normen verletzen. Wenn man ihnen beibringt, normaler zu handeln, steigen auch ihre Chancen für eine sinnvolle Interaktion mit anderen. Dabei ist die Selbstachtung, die aus der größeren Selbständigkeit erwächst, äußerst hilfreich.

Kognitive Verhaltenstherapie. Geistig behinderten Kindern, so haben wir gesagt, fehlen Problemlösungsstrategien, und wenn sie über derartige Strategien verfügen, wissen sie sie nicht effektiv einzusetzen. In einem Selbstinstruktionstraining lernen die Kinder z.B., ihre Handlungen sprachlich zu steuern. *Meichenbaum* und *Goodman* (1971) entwickelten auf der Grundlage einer russischen Theorie ein Selbstinstruktionstraining in fünf Schritten. Zunächst macht der Therapeut oder die Therapeutin die Aufgabe vor und spricht die Instruktionen laut vor sich hin, während das Kind zuschaut und zuhört. Dann führt das Kind zu den Instruktionen des Therapeuten die Aufgabe selbst durch. Anschließend wiederholt das Kind die Aufgabe noch zweimal, wobei es die Anweisungen beim ersten Mal laut, beim zweiten Mal flüsternd vor sich hinsagt. Schließlich kann es die Aufgabe nach den Anweisungen, die es sich im Selbstgespräch gibt, selbständig absolvieren.

Mit Hilfe von Selbstinstruktionen hat man Kindern Selbstkontrolle, Aufmerksamkeit, aber auch mehr schulische Aufgaben näher gebracht. *Johnston* und ihre Mitarbeiter (1980) stellten fest, daß sich auf diese Weise geistig leicht behinderten Kindern im Unterricht Planungsfertigkeiten und Addition und Subtraktion vermitteln lassen. Die Kinder fragen sich selbst ,,Wie fange ich an?" und „Was ist das für eine Rechenaufgabe?" Sie lernen auch, sich diese Fragen zu beantworten, z.B. ,,Das ist eine Additionsaufgabe, das sehe ich am Zeichen." Als Instruktion für bestimmte Rechentechniken, etwa die des Übertragens und Borgens, lernen die Kinder sich zum Beispiel anzuweisen: ,,Ich fange mit der ersten Zahl der

burg hielt) auswendig, ohne sie im geringsten zu verstehen.

Im *Binet*-Test, so stellten *Scheerer* und seine Mitarbeiter fest, erreichte L. einen IQ von 50. Bei ihrem Versuch, L.s Verhalten zu erklären, verwarfen die Autoren die Vorstellung, daß ein ‚Idiot savant' übernormale *Fähigkeiten* in einem intellektuellen Bereich habe. Ihrer Meinung nach fehlt solchen Menschen die grundlegende Fähigkeit zu abstraktem Denken, und so versuchen sie – angesichts dieser schweren Beeinträchtigung – mit der Welt dadurch fertigzuwerden, daß sie ihre Energie in Gedächtniskunststücken erschöpfen. Sie bringen es auf diese Weise zu ungewöhnlichen mechanischen Fertigkeiten, weil sie im Grunde mit ihrem Cortex kaum etwas anderes anfangen können. L.s IQ-Wert war darum so niedrig, weil er bei Aufgaben versagte, die ein elfjähriges oder älteres Kind normalerweise bewältigen muß – bei Aufgaben nämlich, die abstraktes Denken verlangen. Als man dem fünfzehnjährigen L. z.B. das absurde Bild eines Mannes im Regen zeigte, der seinen Regenschirm verkehrt herum hielt, sagte er: ,,Ja, der Mann hält einen Regenschirm verkehrt herum. Ich weiß nicht, warum, es regnet ganz schön da" (S. 10). Insgesamt bestehe das Problem, so meinen die Autoren zusammenfassend, ,,in einer allgemeinen Beeinträchtigung des abstrakten Denkvermögens...; sogar auf seinen Spezialgebieten, wo er Erfolge aufzuweisen hatte, fehlte ihm das Verständnis für die eigentliche Bedeutung seines Tuns..." (S. 59).

Einerspalte an. Da sie zwei Zahlen hat, muß ich übertragen." Eine Frage zur Förderung von Kontroll- oder Überprüfungsfertigkeiten könnte lauten: „Ist die Antwort richtig? Ich muß alles noch einmal überprüfen." Schließlich lernen die Kinder, sich für richtige Antworten selbst zu verstärken: „Es ist alles richtig. Das habe ich sehr gut gemacht."

Ein exemplarisches Programm stammt von *Ross* und *Ross* (1973). Es basiert auf der Erkenntnis von *Milgram* (1973), daß geistig behinderte Kinder nicht wie normale Kinder Mediatoren einsetzen, um zu effektiven Verknüpfungen zu gelangen. In diesem Programm erhielten Kinder mit einem IQ zwischen 40 und 80 Spielsitzungen, während derer sie beobachteten, wie nicht-behinderte Kinder Worte mit Hilfe von Sätzen miteinander verbanden. Eine behinderte Kontrollgruppe wurde weiter nach dem an der Schule üblichen Curriculum unterrichtet. Der gemessene IQ der Experimentalkinder stieg im Laufe des Jahres merklich an, und elf der insgesamt dreißig Kinder konnten aus den Sonderklassen in reguläre Klassen überwechseln. Bei den Kontrollkindern war eine derartige Verbesserung nicht festzustellen.

2. Frühkindlicher Autismus

Stellen Sie sich vor, Sie kommen in ein Heim, in dem entwicklungsgestörte Kinder in Kleingruppen zusammenleben. Ein Praktikum in diesem Heim ist Teil eines Seminars über geistige Behinderung, an dem Sie teilnehmen. Als einige Kinder aufstehen, um Sie zu begrüßen, fallen Ihnen etliche ausgeprägte und weniger ausgeprägte körperliche Anzeichen ihrer Behinderung auf. Ein Kind hat schrägstehende Augen und eine flache Nase, Charakteristika des Down-Syndroms. Ein anderes zeigt spastische Bewegungen, die Sie als Zeichen einer zerebralen Kinderlähmung erkennen. Ein drittes Kind ruft vielleicht aus einem Rollstuhl mit grunzenden Lauten nach ihnen und teilt sich durch Gesten und Bilder mit. Insoweit sind die Kinder, wie Sie es von Ihrem Studium her erwartet haben.

Schließlich fällt Ihnen ein viertes Kind auf. Es steht vor dem Aquarium. Als Sie sich ihm nähern, sehen Sie seine wunderschönen blauen Augen, sein dickes blondes Haar und sein schelmisches Lächeln. Dieses Kind, so denken Sie bei sich, ist in ein paar Jahren der Sportstar seiner Schule. Natürlich nehmen Sie an, daß es nur zu Besuch im Heim oder der Bruder eines der behinderten Kinder ist. Sie fangen mit ihm ein Gespräch über die Fische an. Aber statt Ihre Bemerkung oder auch nur Ihre Anwesenheit zur Kenntnis zu nehmen, fängt er an, vorwärts und rückwärts zu schaukeln und lächelt dabei, als freue er sich insgeheim über einen Scherz. Als der Heimleiter den Raum betritt, gilt Ihre erste Frage dem Jungen am Aquarium. Der Junge sei autistisch, erklärt er Ihnen.

Deskriptive Merkmale

Seit man ihn zuerst erkannt hat, scheint der *frühkindliche Autismus* von einer geheimnisvollen Aura umgeben zu sein. Zum erstenmal beschrieben wurde das Syndrom 1943 von *Leo Kanner*, einem Psychiater in Harvard. *Kanner* beobachtete, daß sich elf offensichtlich nicht normale Kinder anders verhielten als geistig behinderte oder schizophrene Kinder. Er nannte das Syndrom Autismus, denn „von Anfang an ist da eine *extreme autistische Einsamkeit*, die alles, was von außen an das Kind herandringt, mißachtet, ignoriert, ausschließt" (*Kanner*, 1943). Diese autistische Einsamkeit hielt *Kanner* für das grundlegendste Symptom, vermerkte aber auch, daß die elf Kinder von Beginn ihres Lebens an unfähig gewesen waren, auf die übliche Weise zu Menschen in Beziehung zu treten, nur über eine sehr eingeschränkte Sprache verfügten und zwanghaft danach verlangten, daß um sie herum alles unverändert blieb.

Seit *Kanners* erster Beschreibung hat es auch andere Versuche gegeben, die Symptome zu definieren, die den Autismus von verwandten Störungen abgrenzen. Neben der Unfähigkeit, soziale Beziehungen aufzunehmen und sprechen zu lernen, beobachtete *Rutter* (1976) die ritualähnlichen und zwanghaften Aktivitäten autistischer Kinder. Der Autismus macht sich gewöhnlich vor dem 30. Monat bemerkbar, kann sich aber auch schon in den ersten Lebenswochen zeigen. Vor Erscheinen des DSM-III im Jahre 1980 war die Störung in keiner offiziellen diagnostischen Nomenklatur erschienen.

Der Autismus ist eine relativ seltene Störung, etwa vier oder fünf von 10000 Kindern leiden daran. Wie Untersuchungen zeigen, sind Jungen etwa viermal so häufig betroffen wie Mädchen. Autistische Kinder findet man in allen sozioökonomischen Schichten und in allen ethnischen und rassischen Gruppen.

Autismus und geistige Behinderung

Nach Ansicht *Kanners* verfügen autistische Kinder vermutlich über eine durchschnittliche Intelligenz. Er schloß das aus ihrer guten körperlichen Verfassung und ihrem guten Abschneiden bei Aufgaben, die eine mechanische Gedächtnisleistung oder räumliches Vorstellungsvermögen verlangen. Empirische Untersuchungen zeigen allerdings, daß etwa 80 Prozent der autistischen Kinder in standardisierten Intelligenztests weniger als 70 Punkte erreichen. Sehr viele autistische Kinder sind also auch geistig behindert, was eine eindeutige Unterscheidung zwischen beiden Behinderungsformen zuweilen schwierig macht. Sehr viel von dem, was wir über geistige Behinderung gesagt haben, trifft auch auf die meisten autistischen Kinder zu.

Aber es gibt wichtige Unterschiede. Obwohl geistig behinderte Kinder gewöhnlich in allen Teilen eines Intelligenztests gleich schlecht abschneiden, können die Werte autistischer Kinder ein differenzierteres Muster aufweisen. Autistische Kinder tun sich im allgemeinen schwerer bei Aufgaben, die abstraktes Denken, sinnbildliche Darstellung oder logische Schlußfolgerungen verlangen – Fähigkeiten, die irgendwie alle mit Sprache zusammenhängen. Bessere Werte erreichen sie gewöhnlich, wenn es, wie bei Musterergänzungen oder beim Zusammensetzen von Einzelteilen zu bestimmten Objekten, um visuellräumliche Fertigkeiten geht (*DeMyer*, 1975; *Rutter* und *Lockyer*, 1967). Wie der oben beschriebene ‚Idiot savant' können sie großes Talent für bestimmte isolierte Fertigkeiten haben und z.B. in der Lage sein, zwei vierstellige Zahlen blitzschnell im Kopf zu multiplizieren. Manchmal verfügen autistische Kinder auch über ein außergewöhnlich gutes Langzeitgedächtnis, was sich etwa darin zeigt, daß sie sich genau an den Text eines vor Jahren gehörten Liedes erinnern.

Da die Behinderung autistischer Kinder sozialer Natur ist, hat man den Sinn von Standardwerten in Intelligenztests angezweifelt. Tatsächlich gelten autistische Kinder vielfach als „untestbar". Man kann mit einem autistischen Kind durchaus eine Testsituation herstellen. Wie man es dann allerdings schafft, seine Aufmerksamkeit lange genug zu fesseln, um ihm klarzumachen, was man von ihm erwartet, ist eine andere Sache.

Wenn mehrere autistische Kinder zusammen sind, widmen sie einander kaum Aufmerksamkeit; unbelebte Objekte sind ihnen lieber als ihresgleichen.

Überdies ist es den meisten autistischen Kindern ziemlich egal, wie sie in einem Intelligenztest abschneiden, und noch weniger liegt ihnen daran, dem Experimentator zu zeigen, was sie können. Autistische Kinder können sehr negativistisch sein. In einer Untersuchung forderte man autistische Kinder auf, aus einer Stimulusmenge rote oder quadratische Objekte herauszusuchen. Für jede richtige Reaktion gab es eine Belohnung. Über 80 Prozent der Kinder zeigten *weniger* richtige Reaktionen, als nach dem Zufallsprinzip zu erwarten war. Mit anderen Worten, sie vermieden es aktiv, richtig zu reagieren (*Cowan, Hoddinott* und *Wright*, 1965). Auch wenn diese Faktoren das Durchführen von Tests erschweren, nimmt man im allgemeinen an, daß die intellektuellen Funktionen autistischer Kinder wesentlich beeinträchtigt sind.

Extreme autistische Einsamkeit

Im Unterschied zur Schizophrenie und anderen Störungen, die ebenfalls mit sozialem Rückzug einhergehen, zeigt sich der Autismus bereits vor dem 30. Lebensmonat. In gewissem Sinne ziehen sich autistische Kinder nicht von der Gesellschaft zurück – sie haben sich ihr nie zugesellt. Normale Kinder können schon mit drei Monaten Anzeichen von Bindung – gewöhnlich an die Mutter – zeigen. Bei autistischen Kindern ist diese frühe Bindung praktisch nicht vorhanden. Sie lächeln nicht, strecken nicht die Ärmchen nach der Mutter aus und sehen sie beim Füttern nicht an. Elterlicher Zuneigung verweigern sie sich und lassen sich weder halten noch liebkosen. Wenn man sie aufnimmt, krümmen sie den Rücken, um den Kontakt, wie ihn normale Kinder – und Eltern – lieben, möglichst gering zu halten. Normale Kinder versuchen mit Gurrlauten, Schreien oder aufgeregtem Gebaren die Aufmerksamkeit der Eltern zu erregen, autistische Kinder nehmen von sich aus nur selten Kontakt mit der Pflegeperson auf, es sei denn, sie sind hungrig oder naß. Tatsächlich gelten solche Kinder häufig als ‚brave Babys', weil sie kaum Ansprüche stellen. Autistische Kinder sitzen zufrieden und ruhig in ihren Laufställchen, vollständig in sich selbst vertieft, und nehmen vom Kommen, Gehen und Tun anderer keine Notiz.

Die mangelhafte soziale Entwicklung des autistischen Kindes zeigt sich nicht nur in der fehlenden Bindung an die Eltern. Das autistische Kind geht nie auf andere zu, sondern schaut häufig durch sie hindurch oder an ihnen vorbei oder kehrt ihnen den Rücken. Wenn allerdings andere ein Spiel initiieren, kann das autistische Kind durchaus kooperativ sein und sich eine Zeitlang an der betreffenden Aktivität beteiligen. Körperliche Spiele wie Kitzeln oder spielerisches Ringen scheinen ihm zuweilen wirklich Spaß zu machen.

Autistische Kinder haben die Neigung, den Blick abzuwenden, wenn die Eltern mit ihnen zu kommunizieren versuchen, und nehmen, Beschreibungen zufolge, weniger Blickkontakt auf als ihre Altersgenossen. Rein zahlenmäßig ist ihr Blickverhalten zuweilen verhältnismäßig normal, nicht normal ist allerdings die Art, wie sie ihre Blicke einsetzen. Normale Kinder versuchen mit Blicken jemandes Aufmerksamkeit auf sich oder ein angeblicktes Objekt zu lenken. Das autistische Kind tut das im allgemeinen nicht (*Mirenda, Donnellan* und *Yoder*, 1983).

Autistische Kinder haben selten Freunde. Sie ergreifen selber kaum je die Initiative zum Spiel mit anderen Kindern und reagieren auf potentielle Freunde genausowenig wie auf ihre Eltern. Tatsächlich scheinen manche autistischen Kinder Menschen nicht wiedererkennen oder voneinander unterscheiden zu können. Sie entwickeln eine starke Bindung an Schlüssel, Steine, einen Drahtkorb, Lichtschalter, eine große Decke oder auch an mechanische Objekte wie Kühlschränke und Staubsauger, und sind von dem jeweiligen Gegenstand völlig gefesselt. Wenn seine Größe es zuläßt, tragen sie ihn mit sich herum und berauben sich so der Möglichkeit, mit ihren Händen Nützlicheres tun zu lernen.

Eltern schreiben das Verhalten ihres autistischen Kindes vielleicht verschiedenen Faktoren zu. Sie glauben möglicherweise, daß sich das schon „auswachsen“ und das Kind mit zunehmendem Alter reaktionsfreudiger werde. Vielleicht gewöhnen sie sich auch daran und finden es normal, einfach nur anders, als sie es erwartet haben. Andere Eltern merken, daß etwas nicht stimmt, sind aber nicht in der Lage, sich dem wirklich zu stellen. Wieder andere befürchten, ihr Kind könne taub sein. Der Verdacht, daß irgend

Kasten 16.3
Massive Entwicklungsstörungen

Bei der Klassifikation schwerer, in der Kindheit beginnender Störungen gab es einige Verwirrung. Das DSM-II diagnostizierte in solchen Fällen eine *Kindheitsschizophrenie*, womit impliziert war, daß man die Störung einfach für eine früh beginnende Form der Erwachsenenschizophrenie hielt. Doch in der Forschung fand sich für diese Auffassung keine Bestätigung. Man stellte vielmehr fest, daß sich Kindheits- und Erwachsenenschizophrenie in vielerlei Hinsicht unterschieden. Zum Beispiel gehörten bei den früher als schizophren diagnostizierten Kindern weder Wahnvorstellungen noch Halluzinationen zu den vorherrschenden Symptomen. Obwohl bei erwachsenen Schizophrenen die Geschlechtsverteilung ungefähr gleich ist, waren von der sogenannten Kindheitsschizophrenie häufiger Jungen betroffen. *Lotter* (1966) gibt das Verhältnis mit 2,5 zu 1 an, *Rutter* (1967) dagegen mit 4,3 zu 1. Überdies ist die angebliche Kindheitsschizophrenie nicht, wie die Erwachsenenschizophrenie, überwiegend in unteren sozioökonomischen Schichten zu finden. Und schließlich ergab eine sorgfältige zehnjährige Nachfolgeuntersuchung von *Lokkyer* und *Rutter* (1969), daß aus psychotischen Kindern, von denen viele den Kriterien einer Kindheitsschizophrenie entsprachen, keine schizophrenen Erwachsenen geworden waren. Wie wir sehen, sprechen die vorliegenden Befunde nicht für eine enge Verwandtschaft von Erwachsenenschizophrenie und sogenannter Kindheitsschizophrenie.

Das DSM-III ersetzt die frühere Diagnose einer Kindheitsschizophrenie unter anderem durch die einer *massiven Entwicklungsstörung, in der Kindheit beginnend*. Die Diagnose gilt für Kinder mit ,,tiefgreifende(n) Störungen der sozialen Beziehungen und zahlreiche(n) Eigentümlichkeiten des Verhaltens, die sich alle nach dem 30. Lebensmonat und vor dem 12. Lebensjahr ausgebildet haben“ (S. 99). Die Kinder sind emotional unzugänglich, haben kaum Interesse an Gleichaltrigen oder sozialen Beziehungen und klammern sich für ihr Alter unangemessen an die Eltern. Es können plötzliche Episoden intensiver Angst und eigentümliches motorisches Verhalten, etwa stereotype Hand- und Fingerbewegungen auftreten. Übergroße oder zu geringe Licht-, Geräusch- und Schmerzempfindlichkeit, Selbstverstümmelung, Sprachanomalien und das Beharren darauf, daß die Dinge immer auf die gleiche Weise getan werden, sind weitere Symptome.

Für etliche Kinder, bei denen man früher eine Kindheitsschizophrenie diagnostiziert hätte, ist die neue Diagnose sicher zutreffend. Nicht zu stellen ist die Diagnose allerdings, wenn die betroffenen Kinder unter Wahnvorstellungen und Halluzinationen leiden oder Anzeichen einer Denkstörung zeigen. Laut DSM-III sind Kinder mit solchen Störungen als schizophren zu diagnostizieren, denn sie erfüllen die Kriterien, die man auch bei Erwachsenen zugrunde legt. Weil es hier ebenfalls diagnostische Probleme gibt, wollen wir uns mit der in der Kindheit beginnenden massiven Entwicklungsstörung nicht weiter beschäftigen und uns statt dessen einer anderen massiven Entwicklungsstörung zuwenden, die Forscher und Kliniker seit einigen Jahrzehnten fesselt und vor Rätsel stellt: dem frühkindlichen Autismus.

etwas ernsthaft gestört sei, kommt den Eltern vielleicht zum erstenmal dann, wenn das Kind einen wichtigen Entwicklungsschritt nicht tut oder bereits erworbene Fähigkeiten wieder einbüßt. Vielleicht sagt es zu einem erwarteten Zeitpunkt nicht ‚Mama‘ und ‚Papa‘, wenn überhaupt, oder es fängt ganz normal an zu laufen, stellt seine Gehversuche aber bald wieder ein.

Kommunikationsstörungen

Autistische Kinder weisen bereits vor der Phase des normalen Spracherwerbs Kommunikationsdefizite auf. Bevor kleine Kinder über richtige Wörter verfügen, plappern sie. Diese Vokalisationen sind bei autistischen Kindern weniger häufig und weniger informativ als bei anderen Kindern. *Ricks* (1972) zeichnete das Plappern autistischer und geistig behinderter Kinder auf Tonband auf und spielte die Aufnahme deren eigenen und fremden Müttern vor. Obwohl alle Mütter die Laute des eigenen Kindes am besten zu deuten wußten, war das Plappern autistischer Kinder für fremde Mütter weniger sinnvoll als das der geistig behinderten.

Mit zwei Jahren können die meisten normalen Kinder bedeutungsvolle Objekte ihrer Umgebung benennen und Ein- und Zweiwort-Sätze konstruieren, um komplexere Gedanken auszudrücken. Über 50 Prozent der autistischen Kinder lernen überhaupt nicht sprechen (*Rutter*, 1966). Und wenn sie es tun, weist ihre Sprache viele Eigentümlichkeiten auf. Eine davon ist die *Echolalie*. Das Kind gibt, gewöhnlich bemerkenswert wortgetreu und mit hoher, monotoner Stimme, wie ein Echo wieder, was es andere sagen hört. Wenn der Lehrer einen autistischen Jungen fragt „Möchtest du einen Keks?", antwortet das Kind „Möchtest du einen Keks?" In diesem Fall handelt es sich um prompte Echolalie. Bei verzögerter Echolalie sitzt das Kind etwa zusammen mit anderen in einem Zimmer, die sich bei laufendem Fernseher unterhalten. Es scheint sich weder für die Fernsehsendung noch für das Gespräch zu interessieren. Stunden später oder auch erst am nächsten Tag wiederholt es dann plötzlich ein Wort oder einen Satz genauso, wie sie in der Unterhaltung oder in der Fernsehsendung gefallen sind. Stumme autistische Kinder, die später durch Training eine gewisse funktionelle Sprache erwerben, müssen gewöhnlich erst ein Stadium der Echolalie durchlaufen.

Lange Zeit konnten die meisten Pädagogen und Forscher in der Echolalie keinerlei funktionalen Sinn erkennen. Seit kurzem neigen *Prizant* (1983) und andere zu der Ansicht, daß die Echolalie ein Versuch sein kann, zu kommunizieren. Der Junge, dem das Plätzchen angeboten wurde, beschließt etwas später, daß er es doch gerne hätte. Er geht also zum Lehrer und fragt: „Möchtest du einen Keks?" Er kennt vielleicht die Bedeutung der einzelnen Wörter nicht, hat aber sicher gelernt, daß zwischen der Äußerung des Satzes und dem Erhalten eines Kekses ein Zusammenhang besteht.

Eine weitere häufige Sprachanomalie autistischer Kinder ist die *Pronomen-Umkehr*. Die Kinder sprechen von sich selber als „er" oder „du" oder nennen sich selbst beim Namen. Das Pronomen „ich" verwenden sie selten und nur, wenn sie jemand anderen meinen. Die Pronomen-Umkehr ist eng mit der Echolalie verknüpft. Da autistische Kinder sich häufig einer Echolalie-Sprache bedienen, sprechen sie über sich selbst so, wie sie das von anderen gehört haben. Natürlich setzen sie dann auch die Pronomina falsch ein. Ein Beispiel:

Mutter:	„Was tust du da, Johnny?"
Kind:	„Er ist da."
Mutter:	„Geht es dir gut?"
Kind:	„Er weiß es."

Entgegen möglichen Erwartungen verschwindet die Pronomen-Umkehr nicht etwa mit dem Aufbau einer normalen Sprache, sondern erweist sich ganz im Gegenteil als ausgesprochen veränderungsresistent (*Tramontana* und *Stimbert*, 1970). Manche Kinder lernen den richtigen Gebrauch von Pronomina – auch wenn sie bereits aufgehört haben, die Sätze anderer nachzuplappern – erst nach sehr aufwendigem Training.

Neologismen, d.h. Wortneuschöpfungen oder der Gebrauch von Wörtern in unüblicher Bedeutung, sind eine weitere Spracheigenart autistischer Kinder. Neologismen können auch eine Folge der Echolalie sein. Wenn ein Kind Wörter oder Sätze, die es früher einmal gehört hat, wiederholt, sind sie der neuen Situation nicht immer angemessen. Wortneuschöpfungen kommen auch dadurch zustande, daß das Kind die ursprünglichen Wörter oder Sätze ein wenig verändert.[6]

[6] Ähnliche Wortneuschöpfungen kennen wir von allen Kindern. Normale Kinder ändern ihren idiosynkratischen Wortgebrauch allerdings, wenn sie anderen zuhören oder von anderen korrigiert werden.

Wenn zwei Menschen miteinander sprechen, verwenden sie immer auch einige Wörter mit abstrakter Bedeutung. Autistische Kinder gebrauchen Wörter sehr konkret. Ein Kind, das gelernt hatte, ja zu sagen, als sein Vater ihm versprach, es anschließend auf die Schultern zu nehmen, verwendete das Wort „ja" später nur dann, wenn es vom Vater auf die Schultern gehoben werden wollte. In umgekehrtem, d.h. metaphorischem Sprachgebrauch, sagt das Kind etwa „Laß die Katze nicht fallen", wenn es das allgemeinere „Nein" meint, weil es diese Worte einmal eindringlich von seiner Mutter gehört hat, als es im Begriff war, die Familienkatze fallen zu lassen.

Kommunikationsdefizite können zu dauerhafter sozialer Retardierung des Kindes führen. Wie eng soziale Fertigkeiten und Sprache zusammenhängen, wird darin offenbar, daß sich diese Kinder, sobald sie sprechen gelernt haben, häufig ganz spontan affektiv und anhänglich verhalten (*Churchill*, 1969; *Hewett*, 1965).

Zwanghafte und rituelle Handlungen

Autistische Kinder reagieren äußerst heftig auf Veränderungen ihrer Umgebung und täglicher Routineabläufe. Es kann vorkommen, daß sie schreien oder einen Wutanfall produzieren, wenn sie ihre Milch nicht in der gewohnten Tasse bekommen oder in der Wohnung ein Möbelstück umgestellt wird. Sogar die übliche Begrüßung darf sich nicht ändern.

„Jeden Morgen mußte man sie mit dem Satz begrüßen: ‚Guten Morgen, Lily, ich bin sehr, sehr froh, dich zu sehen.' Wenn man nur ein ‚sehr' ausließ oder hinzufügte, fing sie wütend an zu schreien" (*Diamond, Baldwin* und *Diamond*, 1963, S. 304).

Eine „zwanghafte" Qualität, ähnlich der des Beharrens auf immer gleichen Abläufen, prägt das Verhalten autistischer Kinder auch in anderer Hinsicht. Wenn sie spielen, stellen sie ihr Spielzeug säuberlich in eine Reihe oder ordnen Haushaltsgegenstände zu komplizierten Mustern. Manche lassen sich von Zugfahrplänen, U-Bahn-Linien und Zahlenfolgen fesseln. In der Adoleszenz können daraus ausgewachsene Zwänge werden.

Autistische Kinder neigen zu Stereotypien, zu seltsamen, rituellen Hand- und Körperbewegungen. Sie schaukeln etwa endlos mit dem Körper, klatschen in die Hände oder gehen auf Zehenspitzen. Sie drehen und zwirbeln Bindfäden, Buntstifte, Stöcke und Teller, bewegen ihre Finger vor den Augen und starren auf Ventilatoren und andere sich drehende Dinge. Sie können auch ganz versunken einen mechanischen Gegenstand manipulieren und werden sehr ärgerlich, wenn man sie dabei stört. Mit Spielsachen hantieren sie häufig entgegen deren eigentlicher Zweckbestimmung auf zwanghafte und rituelle Art und Weise.

Möglicherweise hängt diese Zwanghaftigkeit mit der „Hyperselektivität" dieser Kinder zusammen, einer Aufmerksamkeitsstörung, die *Lovaas* und seine Mitarbeiter (1971) untersucht haben. Sie boten normalen, autistischen und geistig behinderten Kindern gleichzeitig einen visuellen, einen akustischen und einen taktilen Reiz dar. Die Kinder lernten, auf diese Reize mit einem Hebeldruck zu reagieren; als Belohnung gab es Süßigkeiten. Später wurde dann immer nur einer der drei Reize präsentiert. Die normalen Kinder hatten die Situation in ihrer Ganzheit erfaßt und reagierten auch auf die Einzelreize. Geistig behinderte Kinder drückten den Hebel auf zwei der Reize hin, autistische Kinder reagierten nur auf einen. Sie hatten nicht auf das ganze Reizmuster, sondern nur auf einen Teil achtgegeben.

Prognose des frühkindlichen Autismus

Was wird aus diesen schwer gestörten Kindern, wenn sie erwachsen sind? In seiner ursprünglichen Arbeit über den Autismus hatte *Kanner* von elf Kindern berichtet. Über das weitere Schicksal von neun dieser Kinder brachte er folgendes in Erfahrung (*Kanner*, 1973): Zwei hatten epileptische Anfälle entwickelt, eines war 1966 gestorben, eines war in einer psychiatrischen Klinik, und vier andere hatten den größten Teil ihres Lebens in Institutionen verbracht.

„Sie, die einst um ihre Einsamkeit gekämpft und sich in der Zufriedenheit, die sie ihnen schenkte, gesonnt hatten, die einst vor unwillkommenen Veränderungen auf der Hut gewesen waren und auf ihre Weise einen Kampf um den Status

Kasten 16.4
Die Schädlichkeit psychogener Theorien

Dem Leser wird nicht entgangen sein, daß die Autoren dieses Buches einigen psychogenen Theorien, seien sie psychoanalytisch oder lerntheoretisch, kritisch gegenüberstehen. Neben unserem Bestreben, ein Lehrbuch zu schreiben, das so weit wie möglich an wissenschaftlichen Grundsätzen orientiert ist, machen wir uns Gedanken über den Einfluß, den Theorien auf Menschen haben können. Stellen Sie sich vor, ein Psychiater oder Psychologe würde Ihnen mitteilen, Ihre unbewußte Feindseligkeit habe dazu geführt, daß Ihr sechsjähriges Kind stumm ist. Welche Gefühle würden Sie bewegen? Oder wie würden Sie sich fühlen, wenn Sie Ihr berufliches Engagement dafür verantwortlich machen müßten, daß Ihr Kind ein autistisches Verhaltensmuster entwickelt hat? Tatsache ist natürlich, daß der Beweis für solche Behauptungen noch aussteht und viele Befunde ihnen sogar widersprechen. Aber solange wir nichts Genaueres wissen, bürden wir Eltern eine ungeheure emotionale Last auf, wenn wir sie, wie es seit Jahren geschieht, wissen lassen, daß die Schuld bei ihnen liegt.

Möglicherweise ist die Hypothese vom psychogenen Ursprung des Autismus nicht nur unangemessen, sondern auch schädlich (*Rimland*, 1964).

quo geführt hatten, die den Beobachter mit ihrem phänomenalen Gedächtnis verblüfft hatten, ergaben sich bereitwillig der völligen Selbstisolation und richteten sich in einem Leben ein, das einer nirwanagleichen Existenz nahekam" (S. 185).

Von den restlichen drei Kindern war eines stumm geblieben, arbeitete aber auf einer Farm und als Hilfskraft in einem Pflegeheim. Die beiden anderen hatten eine etwas erfreulichere Entwicklung genommen. Sie lebten zwar beide noch bei ihren Eltern und hatten kaum soziale Kontakte, gingen jedoch einer einträglichen Arbeit nach und hatten einige Freizeitinteressen. Andere Nachuntersuchungen malen ein ähnlich düsteres Bild vom Schicksal erwachsener Autisten (z.B. *Rutter*, 1967; *Treffert, McAndrew* und *Dreifuerst*, 1973; *Lotter*, 1974). *Lotter* (1978) sah sich alle veröffentlichten Untersuchungen zum Thema an und stellte fest, daß nur 5 bis 17 Prozent der autistischen Kinder als Erwachsene ein relativ gut angepaßtes, selbständiges Leben führten, daß ihnen aber Residualstörungen, etwa soziale Unbeholfenheit, geblieben waren. Die meisten erwachsenen Autisten führten ein sehr eingeschränktes Leben, mehr als die Hälfte in Institutionen.

Die Ätiologie des frühkindlichen Autismus

Psychologische Grundlagen des Autismus

Seit *Kanners* erster Beschreibung hat man natürlich nach den Ursachen des Autismus gesucht. Einige der Gründe, die *Kanner* veranlaßten, autistische Kinder für normal intelligent zu halten – ihre normale äußere Erscheinung und ihre offensichtlich normalen physiologischen Funktionen –, ließen andere die Ursache der Störung in der Umwelt vermuten.

Eine der bekanntesten psychologischen Theorien stammt von *Bruno Bettelheim* (1967). Der Autismus, so die Grundannahme seiner Theorie, habe sehr viel Ähnlichkeit mit der Apathie und Hoffnungslosigkeit, wie sie während des Zweiten Weltkrieges für die Insassen deutscher Konzentrationslager kennzeichnend gewesen seien (vgl. S. 183). *Bettelheim* vermutet, daß das kleine Kind zurückweisende Eltern hat und durchaus in der Lage ist, deren negative Gefühle ihm gegenüber wahrzunehmen. Es muß feststellen, daß seine Handlungen bei den unzugänglichen Eltern kaum ein Echo finden. So gelangt das Kind aufgrund der frühen Erfahrung, daß die Welt für seine Reaktionen unempfänglich ist, zu der Überzeugung, daß es die Welt aus eigener Kraft nicht beeinflussen kann (S. 46).

Diese Erfahrung der Hilflosigkeit, die Ähnlichkeit mit der sogenannten ‚gelernten Hilflosigkeit' (vgl. S. 267ff.) zu haben scheint, ist, so glaubt *Bettelheim*, für das Kind extrem frustrierend und erschreckend. Aber es ist nicht bereit, seine Ängste preiszugeben, weil es fühlt, daß dadurch die Dinge keineswegs besser würden. Es läßt sich nie wirklich auf die Welt ein, sondern verschanzt sich gegen Schmerz und Enttäuschung in der „leeren Festung" des Autismus. Seine einzigen Aktivitäten – die rituellen Handbewegungen und die Echolalie – sind eher Mittel, die Welt auszuschließen, als ihr zu begegnen. Es lebt ein Phantasieleben, und das Beharren auf Unwandelbarkeit ist die Regel, die Beständigkeit und Ordnung garantiert. Autistische Kinder fühlen sich nur sicher, wenn alles um sie herum stehenbleibt. Da Aktivität letztlich auf Änderung abzielt, vermeiden sie jegliches Handeln. Ihr Universum stützt sich auf eine statische Umwelt, über die sie keinen Schritt hinaus tun.

Ähnlich wie die psychoanalytisch orientierten Theoretiker machen auch Vertreter der sozialen Lerntheorie bestimmte frühe Erfahrungen für den Autismus verantwortlich. Ein sehr einflußreicher Aufsatz stammt von *Ferster* (1961). Die mangelnde Aufmerksamkeit der Eltern, insbesondere der Mutter, so vermutet er, verhindere, daß das Kind Assoziationen lerne, die Menschen zu Verstärkern machen. Und weil die Eltern nicht zu Verstärkern geworden seien, könnten sie das Verhalten des Kindes nicht kontrollieren – mit dem Ergebnis, daß das Kind autistisch werde. *Ferster* argumentiert wie folgt:

1. Verhalten wird in erster Linie durch seine Konsequenzen kontrolliert.
2. Zunächst reagiert das kleine Kind nur auf primäre Verstärker wie Nahrung und Milch.
3. Je älter das Kind wird, um so mehr gelangt sein Verhalten unter die Kontrolle sekundärer und generalisierter Verstärker wie Lob und Liebe. Diese sozialen Belohnungen haben ihre verstärkenden Eigenschaften durch die enge Assoziation mit primären Belohnungen erworben.
4. Das Verhalten autistischer Kinder ist eine Folge des Fehlens sekundärer und generalisierter Verstärker. Da ihre Eltern sie vernachlässigen – etwa weil sie sich übermäßig in ihrem Beruf oder anderen außerfamiliären Aktivitäten engagieren –, haben die Kinder keine Gelegenheit, generalisierte Verstärker zu erwerben.
5. So lernen die Kinder, allein oder autistisch zu funktionieren und bleiben unzugänglich für menschliche Kontakte, die sie zu Beginn ihres Lebens entbehren mußten.

Für *Bettelheim*, *Ferster* und andere kommt die Schlüsselrolle bei der Entwicklung des Autismus eindeutig den Eltern zu. Viele Forscher haben denn auch untersucht, was diese Eltern besonders charakterisiert. Denn damit die psychogene Theorie einer Kindheitsstörung irgendeine Plausibilität für sich beanspruchen kann, muß nachgewiesen werden, daß die Eltern ihre Kinder in irgendeiner Weise sehr ungewöhnlich und schädigend behandelt haben.

In seinen frühen Arbeiten beschrieb *Kanner* die Eltern autistischer Kinder als kalt, unsensibel, übergenau, introvertiert, zurückhaltend und hochintellektuell (*Kanner* und *Eisenberg*, 1955). *Kanner* bringt den Einfluß, den diese elterlichen Persönlichkeitszüge seiner Meinung nach auf die kindliche Entwicklung haben, auf einen Nenner und spricht von der „emotionalen Unterkühlung", in der diese Kinder aufgewachsen seien. Andere (z.B. *Singer* und *Wynne*, 1963; *Rimland*, 1964) vermerken den Bindungsmangel von Eltern autistischer Kinder, wobei *Rimland* eine weniger abfällige Wortwahl trifft. *Singer* und *Wynne* haben beschrieben, wie diese Eltern sich von ihren Kinder distanzieren. Manche begegnen allen zwischenmenschlichen Beziehungen mit Zynismus und sind emotional kalt, andere passiv und teilnahmslos. Wieder andere treten allen Menschen mit zwanghafter, intellektueller Distanz gegenüber.

Diese ersten klinischen Eindrücke ließen sich in systematischen Untersuchungen allerdings nicht bestätigen. *Cox* und seine Mitarbeiter (1975) verglichen z.B. Eltern autistischer Kinder mit Eltern, deren Kinder an rezeptiver Aphasie (einer Störung des Sprachverständnisses) litten. Die beiden Gruppen unterschieden sich *nicht* in

Wärme, emotionaler Ausdruckskraft, Reaktionsfreudigkeit und Soziabilität. Genauso wenig ließ sich bestätigen, daß Eltern autistischer Kinder zurückweisend sind (*DeMyer* et al., 1972) oder im Sinne von Standardmaßen wie dem MMPI psychiatrische Störungen aufweisen (*Cantwell, Baker* und *Rutter*, 1978; *McAdoo* und *DeMyer*, 1978). Die Beweislast ist überwältigend: Es ist nichts Besonderes an den Eltern autistischer Kinder.

Doch auch abgesehen von solchen Forschungsergebnissen, läßt sich die Richtung einer möglichen Korrelation zwischen elterlichen Merkmalen und Autismus nicht ohne weiteres bestimmen. Jedes abweichende Verhalten der Eltern könnte auch eine Reaktion auf die Anomalie des Kindes sein, und nicht umgekehrt. Überdies ist der Autismus eine sehr schwere Störung und die beschriebenen elterlichen Verhaltensweisen würden vermutlich zu einer allenfalls leichten Schädigung führen. Wahrscheinlich könnte nur eine sehr grobe Mißhandlung – wenn etwa die Eltern das Kind in einem kleinen abgeschlossenen Raum hielten – eine so frühe und schwere Störung zur Folge haben. Von überharter Behandlung autistischer Kinder ist aber nur sehr selten berichtet worden (vgl. Kasten 16.4).

Über eines sind sich heutige Wissenschaftler einig: Einen Effekt nicht nachweisen zu können, heißt nicht, daß es ihn nicht gibt. Auch wenn es nicht gelungen ist, in Untersuchungen Einflüsse von Eltern auf Kinder zu entdecken, die man vernünftigerweise für den frühkindlichen Autismus verantwortlich machen könnte, bedeutet das nicht, daß solche Einflüsse nicht existieren. Rein logisch können sie durchaus wirksam sein, wir haben sie nur einfach noch nicht gefunden. Und solange das nicht der Fall ist, sprechen der sehr frühzeitige Beginn des Autismus und eine Vielzahl genetischer und neurologischer Befunde für eine physiologische Grundlage dieser rätselhaften Störung.

Physiologische Grundlagen des frühkindlichen Autismus

Genetische Faktoren. Weil die Störung so selten ist, sind genetische Untersuchungen des Autismus schwer durchzuführen. In der Tat stellt die Familien-Methode die Forscher vor ganz besondere Probleme, da autistische Menschen so gut wie nie heiraten. Aber Autisten haben häufig Geschwister, und so kann man die Erkrankungsrate bei Brüdern und Schwestern festlegen. Sie liegt bei etwa 2% (*Rutter*, 1967). Obwohl das – absolut gesehen – wenig ist, tragen Geschwister verglichen mit der Gesamtbevölkerung das fünfzigfache Erkrankungsrisiko.

Die ersten Zwillingsuntersuchungen litten prinzipiell unter Fehlern bei der Stichprobenauswahl. Eine wie große Rolle genetische Faktoren bei der Entstehung des Autismus spielen, belegt jedoch die methodisch einwandfreie Untersuchung von *Folstein* und *Rutter* (1978). Bei den untersuchten zehn zweieiigen Zwillingspaaren mit einem autistischen Zwilling gab es keine Konkordanz. Bei den elf eineiigen Zwillingspaaren mit einem autistischen Zwilling betrug die Konkordanzrate dagegen 36 Prozent: Bei vier Paaren war der andere Zwilling ebenfalls autistisch. *Folstein* und *Rutter* untersuchten nicht nur die Autismus-Konkordanz, sondern auch kognitive Beeinträchtigungen wie verzögerte Sprachentwicklung, Schwierigkeiten bei der Aussprache von Wörtern und niedriger IQ. Bei monozygoten Paaren betrug die Konkordanz für kognitive Behinderung 82 Prozent, gegenüber 10 Prozent bei dizygoten Zwillingen. Das eineiige Zwillingsgeschwister eines autistischen Kindes hat also mit sehr großer Wahrscheinlichkeit sprachliche und intellektuelle Schwierigkeiten, für zweieiige Zwillinge gilt das nicht. Zwischen Autismus und einem deutlichen Defizit im kognitiven Vermögen besteht offensichtlich ein Zusammenhang. Insgesamt sprechen die Ergebnisse aus Familien- und Zwillingsuntersuchungen für eine genetische Grundlage des frühkindlichen Autismus.

Neurologische Faktoren. In EEG-Studien zeigte sich, daß viele autistische Kinder abnorme Gehirnwellenmuster aufwiesen (z.B. *Hutt* et al., 1964). Auch neurologische Untersuchungen enthüllten bei einem großen Prozentsatz autistischer Kinder Anzeichen eines Hirnschadens (*Bosch*, 1970; *DeMyer* et al., 1973; *Gubbay, Lobascher* und *Kingerlee*, 1970). EEG-Untersuchungen und anderen neurologischen Tests zufolge scheint bei sehr vielen autistischen Kindern also eine neurologische Dysfunktion zu bestehen. Zwischen dem Ausmaß der neurologischen Anomalie oder der Dysfunktion des zentralen Nervensystems und der Schwere der autistischen Symptome scheint ein Zusammenhang zu bestehen. 30 Prozent der autistischen Kinder leiden nach Eintritt der Adoleszenz unter epileptischen Anfällen. Überdies sind Kinder, deren Mütter während der pränatalen Periode an Röteln erkrankten, etwa zehnmal häufiger vom Autismus betroffen als die kindliche Gesamtpopulation. Ein autismus-ähnliches Syndrom kann auch nach einer Meningitis, einer Encephalitis und einer tuberösen Hirnsklerose zurückbleiben oder sich im Laufe einer PKU entwickeln. Alle diese Krankheiten können Funktionen des zentralen Nervensystems beeinträchtigen. Diese Befunde einschließlich des Grades der geistigen Behinderung scheinen für einen Zusammenhang zwischen Autismus und Gehirnschaden zu sprechen.

Zwei Gründe verbieten es allerdings, die Ursache des Autismus in einem allgemeinen Gehirnschaden zu suchen. Erstens läßt sich nicht bei allen autistischen Kindern ein solcher Schaden nachweisen. Obwohl die EEGs autistischer Kinder häufig abnorme Gehirnwellenmuster zeigen, bewegen sich viele innerhalb des Normbereichs. Zweitens lassen viele Kinder mit einem ähnlichen Gehirnschaden keine Autismus-Symptome erkennen. Tatsächlich sind die meisten Kinder mit Gehirnschaden nicht autistisch.

Die Behandlung des frühkindlichen Autismus

Besondere Probleme bei der Behandlung autistischer Kinder

Ziel von pädagogischen Programmen für autistische Kinder ist es gewöhnlich, die autistischen Symptome zu mildern, die kommunikativen und sozialen Fertigkeiten der Kinder zu verbessern und ihr adaptives Verhalten zu schulen, so daß sie selbständiger werden können. Bestimmte Probleme machen es allerdings schwierig, autistische Kinder zu unterrichten. Erstens fügen sie sich nicht in Veränderungen ihrer täglichen Routine, das gilt für besondere Ereignisse ebenso wie für neue Lehrer. Zweitens stehen ihre Verhaltensprobleme und ihre selbst-stimulierenden Bewegungen häufig einem effektiven Unterricht im Weg. Auch bei Kindern mit anderen Behinderungen mögen ähnliche Verhaltensweisen die Bemühungen des Lehrers stören, aber das geschieht weniger häufig und weniger gravierend.

Drittens ist es ganz besonders schwer, Verstärker zu finden, die autistische Kinder motivieren. Normale Kinder sind von sich aus motiviert, ihre Umgebung zu erkunden und zu kontrollieren, nicht so Kinder mit Autismus. Wirksame Verstärker für autistische Kinder müssen deutlich, konkret oder sehr auffällig sein. Häufig vergrößert man die Vielfalt der Verstärker, auf die autistische Kinder reagieren, dadurch, daß man soziale Verstärkung mit primären Verstärkern – z.B. Nahrung – kombiniert.

In vielen Fällen interferiert auch die hyperselektive Aufmerksamkeit des autistischen Kindes mit dem Lernprozeß. Wenn sich seine Aufmerksamkeit auf einen bestimmten Aspekt einer Aufgabe oder Situation konzentriert, bleiben andere Eigenschaften, auch relevante, oft unbemerkt. Beim Zeichensprachentraining verweist der Lehrer z.B. auf ein Objekt oder dessen Abbild, spricht das dazugehörige Wort aus und macht gleichzeitig das entsprechende Zeichen. Auf diese Weise, so nimmt man an, lernt der Schüler, das Zeichen mit dem gesprochenen Wort und dem Objekt zu verknüpfen. Autistische Kinder achten allerdings häufig nur auf einen der Reize. Es kann so aussehen, als habe ein autistisches Kind gelernt, das Zeichen mit einigen gesprochenen Wörtern und dem Objekt zu verbinden, während seine Aufmerksamkeit in Wirklichkeit den Mundbewegungen des Lehrers galt. Es wird das richtige Objekt nur dann wählen, wenn es die Lippenbewegungen des Lehrers beobachtet, aber nicht, wenn es das Wort hört oder das Zeichen sieht.

Eine weitere Schwierigkeit, mit der Lehrer und Therapeuten autistischer Kinder und geistig behinderter Kinder gleichermaßen zu kämpfen haben, ist deren Unfähigkeit, das Gelernte zu verallgemeinern. Ihre überselektive Aufmerksamkeit macht autistischen Kindern die Generalisierung ganz besonders schwer. Ein Kind, das die

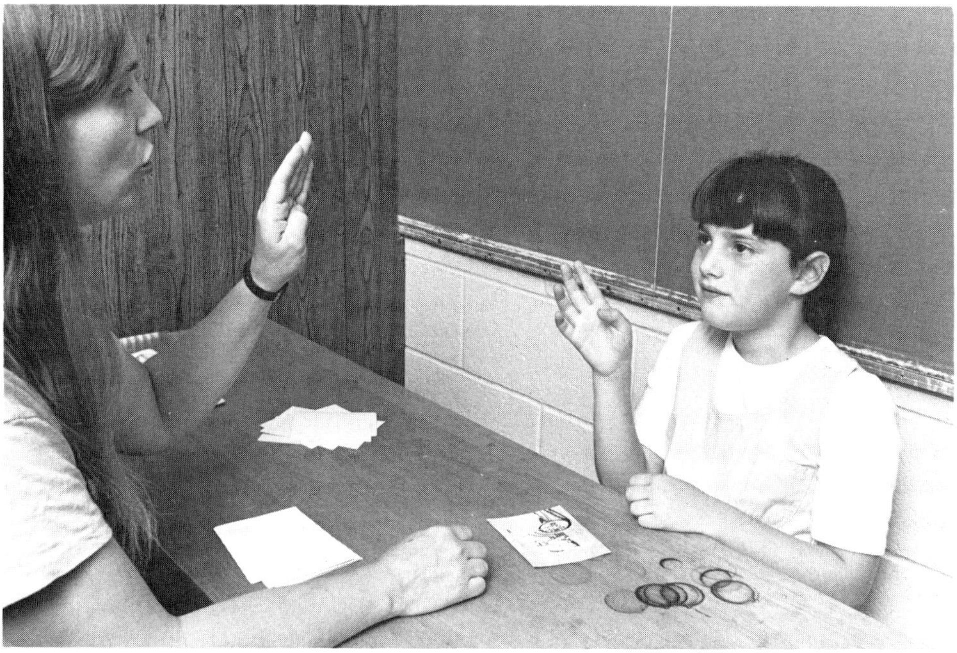

Autistische Kinder lernen manchmal bereitwilliger, mit Zeichensprache zu kommunizieren als mit gesprochenen Wörtern.

Lippenbewegungen seines Lehrers beobachtet und auf diese Weise mehrere Wörter gelernt hat, versteht unter Umständen dieselben Wörter nicht mehr, wenn sie von jemand anderem mit weniger deutlichen Lippenbewegungen gesprochen werden. Mit anderen Worten, die Reaktion des Kindes ist an einen unwesentlichen Aspekt der Situation gebunden, der bei verändertem Kontext gewöhnlich fehlt. All diesen Problemen zum Trotz haben pädagogische Programme für autistische Schüler durchaus zu positiven Ergebnissen geführt.

Behandlung nach Prinzipien des sozialen Lernens

Kind-zentrierte Ansätze. Als hilfreich bei der Behandlung autistischer Kinder haben sich Modellernen und operantes Konditionieren erwiesen. Verhaltenstherapeuten haben autistischen Kindern geholfen, sprechen zu lernen (*Hewett*, 1965), haben ihre Echolalie-Sprache modifiziert (*Carr, Schreibman* und *Lovaas*, 1975), sie ermutigt, mit anderen Kindern zu spielen (*Romanczyk* et al., 1975), und dazu beigetragen, daß die Kinder ganz allgemein mehr auf Erwachsene reagierten (*Davison*, 1964).

Es gibt einen frühen Fallbericht, der seit mehr als zwanzig Jahren als exemplarisches Beispiel einer Konditionierungstherapie bei Autismus dient. *Wolf, Risley* und *Mees* (1964) hielten die Wutanfälle eines autistischen Jungen für operantes, durch die Aufmerksamkeit der Erwachsenen aufrechterhaltenes Verhalten. Wann immer der Junge einen Wutausbruch produzierte, wurde er für kurze Zeit in einem Zimmer isoliert. Die Behandlung führte bald zum Erfolg, d.h., der Junge stellte sein ‚Agieren' ein. Dieses *time out*-Verfahren – die Praxis, jemanden zeitweise aus Situationen auszuschließen, aus denen er positive Verstärkung beziehen könnte – hat sich bei einer Vielzahl von Verhaltensproblemen und auch bei Kindern mit anderen Störungen bewährt. Bei extremem und gefährlichem Verhalten, etwa bei Selbstverstümmelung, kann eine kurze, aber strenge Bestrafung notwendig werden. Autistische Kinder können ihren Kopf so hart gegen die Wand schlagen, daß sie eine Gehirnerschütterung davontragen, oder sich bis auf die Knochen ins Fleisch beißen. *Ivar Lovaas*, ein führender klinischer Forscher auf dem Gebiet der Autismustherapie an der Universität von Kalifornien in Los Angeles, hat gezeigt, daß sich mit Schlägen und kurzen Elektroschocks solchen selbstdestruktiven Handlungen Einhalt gebieten läßt (*Lovaas* et al., 1965). Manche Therapeuten lehnen Verfahren ab, die die körperliche Bestrafung von Kindern vorsehen, aber die Forscher und auch die meisten Therapeuten halten sie in Extremfällen für gerechtfertigt. Mit Hilfe elektrischer Schläge läßt sich das zuweilen lebensbedrohende Verhalten sehr schnell abstellen, und der Therapeut kann zu positiverer Instruktion und Behandlung übergehen (*Lovaas*, 1977). Wie die *Lovaas*-Gruppe ebenfalls feststellte, stabilisiert sich der therapeutische Erfolg, wenn man die Eltern darin schult, die in der Therapie etablierten Verstärkungskontingenzen auch zu Hause beizubehalten. Wenn die behandelten Kinder in Institutionen kamen, wo die Verstärkungskontingenzen nicht aufrechterhalten wurden, ging der therapeutische Gewinn bald verloren (*Lovaas* et al., 1973).

In jüngerer Zeit haben *Donnellan* und ihre Mitarbeiter (1984) auch die kommunikativen Aspekte des aggressiven Verhaltens mancher autistischer Kinder mit Hilfe angewandter Verhaltensanalyse berücksichtigt. Die Forscher vermuten die Ursache vieler Wutanfälle und Zornausbrüche in der Unfähigkeit der Kinder, positiver und sozial angemessener zu kommunizieren. Sie schildern den Fall eines zwölfjährigen autistischen und geistig mäßig behinderten Jungen. Die Eltern wollten den Jungen gerne zum Einkaufen und auf andere Ausflüge in die Öffentlichkeit mitnehmen. Doch bei solchen Gelegenheiten pflegte er laut und anhaltend zu vokalisieren, was beträchtliches Aufsehen erregte.

Der erste Behandlungsschritt bestand darin, nach den genauen Bedingungen zu suchen, unter denen diese Ausbrüche stattfanden. Wie die Forscher beobachteten, kam es dazu immer dann, wenn der Junge Lärm und vielen Menschen ausgesetzt war. Was, so fragten sich die Forscher als nächstes, wollte der Junge mit seinem unangemessenen Verhalten mitteilen? Vielleicht versuchte er zu sagen: ,,Ich habe Angst und kann den Lärm und die vielen Leute nicht aushalten.“ Andere autistische Kinder möchten in anderen Situationen vielleicht zu verstehen geben: ,,Diese Aufgabe ist mir zu schwer.“ – ,,Ich bin frustriert.“ – ,,Ich langweile mich.“ – ,,Mir geht es nicht gut.“ – ,,Ich möchte, daß sich jemand um mich kümmert.“

Donnellan und ihre Mitarbeiter beschlossen, dem Jungen eine andere Methode zu vermitteln, sich gegen die Überstimulation in der Öffentlichkeit zu wehren. Sie brachten ihm bei, einen Kassettenrekorder mit Kopfhörer zu bedienen. Wann immer er das Bedürfnis hatte, die Stimulation zu reduzieren, brauchte er nicht Zuflucht zu einem Anfall zu nehmen, sondern konnte den Kopfhörer aufsetzen. Auf diese Weise gewöhnte er sich an die Öffentlichkeit und bediente sich des Kopfhörers allmählich immer seltener.

Familien-zentrierte Ansätze. Wie ein geistig behindertes Kind bedeutet auch ein autistisches Kind für seine Familie eine erhebliche Belastung. Da autistische Kinder körperlich wenig oder gar nicht beeinträchtigt sind und in einzelnen Bereichen normale oder sogar überdurchschnittliche Fähigkeiten besitzen, geben manche Eltern die Hoffnung nicht auf, daß es sich um eine Fehldiagnose handelt. Man erleichtert den Eltern ihre Bürde unter anderem dadurch, daß man sie über das Wesen des frühkindlichen Autismus aufklärt und darauf hinweist, daß die Ursache mit größter Wahrscheinlichkeit nicht psychogen ist. Entlastet vom Gefühl der Schuld, werden sich manche Eltern an der Erziehung und Ausbildung ihres Kindes beteiligen wollen. Es spricht einiges dafür, daß eine Erziehung durch die Eltern dem Kind mehr nützt als eine Behandlung, die ausschließlich unter klinischen Bedingungen stattfindet. Daß Verstärkung durch die Eltern notwendig ist, um Therapieerfolge aufrechtzuerhalten, wissen wir seit der Arbeit von *Lovaas* und seinen Mitarbeitern (1973).

Koegel und seine Mitarbeiter (1982) haben die Untersuchung von *Lovaas* in erweiterter Form repliziert. Nach nur 25 bis 30 Stunden Training mit den Eltern zeigten autistische Kinder in standardisierten Tests und Verhaltenserhebungen ähnliche Fortschritte wie andere Kinder nach 200 Stunden unmittelbarer klinischer Behandlung.

Koegel vermutet, daß das Elterntraining der Klinikbehandlung beim generalisierenden Lernen überlegen ist, weil die Eltern das Kind in vielerlei Situationen erleben; und wenn sie mit ihren Kindern üben, können sie einfach auch mehr Zeit in Erholungspausen und bei Freizeitbeschäftigungen mit ihnen verbringen.[7]

Psychodynamische Behandlung

Eine ganz andere Behandlungsform hat über lange Jahre *Bruno Bettelheim* (1967, 1974) an der Orthogenic School der Universität von Chicago entwickelt. Ein autistisches Kind, so glaubt *Bettelheim*, braucht eine warme und liebevolle Atmosphäre, um den Mut zu finden, an der Welt Anteil zu nehmen. Geduld und das, was *Rogers* unbedingte positive Wertschätzung nennt, sind notwendig, damit es Vertrauen fassen und das Risiko von Beziehungen eingehen kann. *Bettelheim* und seine Mitarbeiter berichten von zahlreichen Erfolgen, aber da sie ihre Beobachtungen unter unkontrollierten Bedingungen machen, läßt sich über die wirksamen Faktoren ihrer Behandlung wenig sagen. Es kann sehr viel mehr direkte Instruktion, systematisches Verstärken und Löschen beteiligt sein, als wir den Berichten entnehmen können. Mit verhaltenstherapeutischen Berichten verhält es sich hier im Grunde allerdings nicht anders: Verhaltenstherapeuten pflegen den Rapport herunterzuspielen, den auch sie herstellen und der zweifellos den Kontext für ihre Programme liefert.

Medikamentöse Behandlung

Manche autistischen Kinder weisen offensichtlich einen erhöhten Serotoninspiegel auf (*Ritvo* et al., 1970). An der Universität von Kalifornien in Los Angeles verabreichte man solchen Kindern ein Medikament, das bei Ratten und Affen erwiesenermaßen serotonin-reduzierend wirkt. Man hoffte, daß das Medikament bei den Kindern ähnlich wirken und in der Folge auch ihr Verhalten positiv beeinflussen würde. *Ritvo* und seine Mitarbeiter wählten das Amphetaminderivat Fenfluramin, ein unter dem Namen Pondimin im Handel befindlicher Appetitzügler für Erwachsene.

Eine vorbereitende Studie mit drei autistischen Kindern im Vorschulalter ergab, daß Fenfluramin den Serotoninspiegel tatsächlich senkte und daß sich IQ und Verhalten der Kinder signifikant besserten (*Geller* et al., 1982). Im daran anschließenden besser kontrollierten Doppelblind-Experiment steckte man die Ziele höher (*Ritvo* et al., 1983; *Geller* et al., 1984). Probanden waren vierzehn Kinder im Alter von acht bis achtzehn Jahren, die ambulant in einer psychiatrischen Kinderklinik behandelt wurden. Alle Kinder durchliefen während der Untersuchung ein pädagogisches Sonderprogramm. Da die erste Studie gezeigt hatte, daß Serotoninspiegel und autistisches Verhalten nach Absetzen des Fenfluramin bald wieder ihr Ausgangsniveau erreichten, erwartete man bei einem ABAB-Versuchsplan eine ähnliche Ergebnisumkehr. Die Untersuchung dauerte siebzehn Monate, die folgendermaßen aufgeteilt waren: Monat 1: Placebo; Monate 2 bis 5: Fenfluramin; Monate 6 und 7: Placebo; Monate 8 bis 17: Fenfluramin.

Beobachtet wurde das Verhalten der Kinder von den Eltern und von geschulten Mitarbeitern des Forschungsprojektes. Weder Eltern noch professionelle Beobachter wußten, wann die Kinder das Medikament und wann das Placebo bekamen. Gleichwohl waren die wesentlichsten, durch die Droge bewirkten Verbesserungen eindeutig festzustellen. Wie zuvor bei den drei Vorschulkindern sank nach Einnahme von Fenfluramin auch bei diesen Kindern der Serotoninspiegel, und genau wie im ersten Experiment besserten sich IQ und Verhalten. Unter dem Einfluß des Medikaments sind autistische Kinder nicht so zappelig, schlagen weniger mit den Armen und sind weniger mit ihren Fingern beschäftigt. Sie schlafen besser, und bestimmte bizarre Verhal-

[7] Gleichzeitig muß ganz klar gesagt werden, daß manche autistische oder auch in anderer Hinsicht schwer gestörte Kinder nur in Kleingruppenheimen mit ausgebildetem Personal angemessen versorgt werden können. Überdies leben manche Familien unter Bedingungen, die es ihnen nicht gestatten, ihr schwer gestörtes Kind zu Hause zu versorgen. Aus der Tatsache, daß auch Eltern ein behindertes Kind wirksam behandeln können, darf kein Muß werden, wenn das Leben einer Familie bereits eine feste Form hat und unter schwierigen Bedingungen normale Kinder versorgt werden müssen.

tensweisen, etwa an anderen Leuten riechen, werden seltener. Sie sind mehr auf andere bezogen, suchen Augenkontakt und kommunizieren besser mit Sprache, wobei die Echolalie abnimmt. Zu gravierenden Gewichtsverlusten kam es nicht. Während der Placebo-Monate 6 und 7 pendelten sich Verhalten und Serotoninspiegel im großen und ganzen wieder auf das Ausgangsniveau ein, besserten sich aber erneut, als man für die restlichen zehn Monate der Untersuchung zum Medikament zurückkehrte.

Allerdings reagierten nicht alle Kinder gleich gut. Die Aufgabe künftiger Forschung wird es sein, herauszubekommen, wem das Medikament am meisten nützt und wie lange ein Kind damit leben kann, ohne Schaden zu nehmen. Vielversprechend ist immerhin, daß ein solches Medikament meßbare und positive Wirkungen hat. Eltern können die realistische Hoffnung haben, daß das Medikament – zusammen mit den beschriebenen pädagogischen Maßnahmen – das Los ihrer autistischen Kinder erleichtern wird.[8]

Zusammenfassung

Geistige Behinderung ist gekennzeichnet durch folgende diagnostische Kriterien: unterdurchschnittliche allgemeine Intelligenz, eingeschränkte Anpassungsfähigkeit und Beginn vor dem 18. Lebensjahr. Es werden vier Schweregrade unterschieden: von sehr schwerer geistiger Behinderung mit einem IQ unter 20 bis hin zu leichter geistiger Behinderung mit einem IQ von 50–70. Untersuchungen ergaben, daß geistig behinderten Kindern bestimmte adaptive Fertigkeiten und allgemeine kognitive Fähigkeiten fehlen. Die schwereren Formen geistiger Behinderung haben gewöhnlich eine physiologische Grundlage, etwa eine Chromosomentrisomie, die dann zum Down-Syndrom führt. Auch bestimmte Infektionskrankheiten der Mutter während der Schwangerschaft, z.B. Röteln und Syphilis, oder Krankheiten, die das Kind unmittelbar schädigen, z.B. eine Enzephalitis, können die kognitive und soziale Entwicklung beeinträchtigen. Das gleiche gilt für Mangelernährung. Die geistige Behinderung kann auch die Folge einer Hirnverletzung sein, die sich das Kind bei einem schweren Sturz oder einem Autounfall zugezogen hat. Für die bei weitem häufigste leichte geistige Behinderung konnte ein Gehirnschaden nicht nachgewiesen werden. Hier hält man Umgebungsfaktoren für die Hauptursachen. Insbesondere ergaben Untersuchungen, daß die Betroffenen überwiegend aus Unterschichtsfamilien stammen, d.h., von Anfang an erheblichen Deprivationen ausgesetzt sind.

Forscher versuchen, der leichten geistigen Behinderung dadurch vorzubeugen, daß sie für Vorschulkinder, die durch ungünstige Umweltbedingungen gefährdet sind, besondere Förderprogramme entwickeln und ihnen Gelegenheit zu sozialem Lernen bieten. Darüber hinaus sind Verhaltenstherapeuten inzwischen in der Lage, mit Hilfe von angewandter Verhaltensanalyse, Selbstinstruktionstraining und Modellernen viele Verhaltensprobleme geistig Behinderter erfolgreich zu behandeln und ihre intellektuellen Fähigkeiten zu verbessern.

Der frühkindliche Autismus, eine der tiefgreifendsten Entwicklungsstörungen, beginnt vor Ende des 30. Lebensmonats. Seine Hauptsymptome sind: extreme autistische Einsamkeit, das völlige Fehlen von Beziehungen zu anderen Menschen, Beeinträchtigungen der Kommunikation, die sich entweder darin äußern, daß das Kind überhaupt keine Sprache lernt oder Spracheigentümlichkeiten wie Echolalie und Pronomen-Umkehr aufweist, und ein zwanghaftes Verlangen, daß tägliche Routineabläufe und Umgebungen bis ins kleinste Detail unverändert bleiben. Aus frühen klinischen Falldarstellungen schlossen psychologisch orientierte Theoretiker, daß der frühkindliche Autismus eine Folge elterlicher Kälte, Unnahbarkeit und Zurückweisung sei. In neueren Untersuchungen ließ sich diese Auffassung nicht bestätigen. Eine konkrete physiologische Grundlage hat man ebenfalls nicht gefunden, dennoch spricht etliches für eine körperliche Ursache. Die Störung beginnt sehr früh. Familien- und Zwillingsuntersuchungen lassen auf eine genetische Prädisposition schließen. Die

[8] Gegenwärtig arbeiten in den Vereinigten Staaten 18 medizinische Zentren zusammen und untersuchen an etwa 150 autistischen Kindern die Wirkung von Fenfluramin.

EEGs mancher autistischer Kinder sind abnorm, und auch neurologische Tests verweisen auf Anomalien. Nach einer Meningitis, einer Enzephalitis oder aufgrund einer Phenylketonurie kann sich ein Autismus-ähnliches Syndrom entwickeln. Bei vielen autistischen Kindern ist die geringe Intelligenz mit Dysfunktionen des Gehirns verbunden.

Die vielversprechendsten Behandlungsansätze für den frühkindlichen Autismus basieren vielfach auf Modellernen und operantem Konditionieren. Aus neueren Forschungsarbeiten wissen wir, daß das Medikament Fenfluramin den Serotoninspiegel autistischer Kinder senkt und viele ihrer stereotypen Verhaltensweisen und in gewissem Umfang auch ihre Unnahbarkeit und Abgeschlossenheit mildert. Aber auch wenn sich bestimmte Aspekte ihres Verhaltens beeinflussen lassen, bleiben die meisten autistischen Kinder ihr Leben lang intellektuell und sozial behindert.

Kapitel 17

Psychische Störungen im Alter

Die Glücklicheren unter den Lesern dieses Buches werden eines Tages ein hohes Alter erreichen. Altwerden geht unausweichlich mit physiologischen Veränderungen einher; Emotionen und geistige Funktionen können sich ebenfalls verändern. Die physiologischen Prozesse nehmen unerbittlich ihren Lauf, auch wenn eine vernünftige Gesundheitsvorsorge viele der Verwüstungen, die das Altern anrichtet, hinauszögern kann. Im Mittelpunkt dieses Kapitels sollen aber nicht die körperlichen Veränderungen, sondern die psychischen Aspekte des Alterns stehen. Geht es mit dem Gedächtnis und der Fähigkeit zu rationalem Denken unweigerlich bergab? Ist die Art und Weise, wie die Gesellschaft die alten Menschen behandelt, dazu angetan, diese auf eine Bahn zu drängen, die zur Vergreisung oder sogar zum Tod führt? Sind alte Menschen für psychische Störungen anfälliger als junge? Wie groß ist die Gefahr, daß emotionale Probleme der ersten Lebenshälfte – etwa Angst und Depression – mit dem Alter größer werden? Müssen mit solchen emotionalen Problemen auch Menschen rechnen, die in jungen Jahren davon verschont blieben? Ist es vernünftig, auch im Alter noch ein befriedigendes Sexualleben zu erwarten? Gibt es Therapieformen, die besonders für ältere Menschen geeignet sind, und stellt unsere Gesellschaft die notwendigen finanziellen und geistigen Mittel für die Entwicklung wirksamer Hilfsmaßnahmen für unsere älteren Mitbürger bereit? Unsere Lebenserwartung beträgt inzwischen mehr als siebzig Jahre und wird vermutlich weiter steigen. Was tun die Experten *jetzt*, um Wissen und Techniken zu erwerben, die das Leben der alten Menschen sinnvoller machen können, als es für vergangene Generationen in den Vereinigten Staaten und in vielen anderen Ländern war?

Alte Menschen werden bei uns schlecht behandelt. Der Alterungsprozeß wird, obwohl für uns alle unausweichlich, verabscheut, ja sogar übelgenommen. Unser Mangel an Rücksicht für alte Mitbürger hat seine Ursache vielleicht in unserer eigenen, tiefverwurzelten Angst vor dem Altwerden und in unserer falschen Vorstellung in dieser Hinsicht. Ein alter, gebrechlicher Mensch gemahnt uns auf höchst unwillkommene Weise daran, daß einst auch unser Schritt vielleicht weniger fest sein wird, daß Gesichts- und Geschmackssinn an Schärfe einbüßen, daß unser Sexualleben ärmer wird und daß auch wir Opfer vieler Unpäßlichkeiten und Krankheiten werden können, die das Los der meisten alten Menschen sind, bevor sie diese Welt verlassen.

Für Frauen ist das Altwerden vielleicht besonders schwer. Obwohl die Frauenbewegung in den vergangenen zehn Jahren Bewußtsein und Selbstbewußtsein gestärkt hat, fällt es Frauen immer noch schwer, sich mit Falten und zunehmend erschlaffendem Gewebe abzufinden. Frauen haben gelernt, daß man ihnen ihr Alter nicht ansehen darf. Kosmetikindustrie und Schönheitschirurgen verdienen jährlich Milliarden daran, daß sie diese Angst ausbeuten. Bei einem Mann gelten graue Schläfen, ja sogar ein kahler Kopf, vielfach als distinguiert und interessant, während

Frauen sich, so sie das Geld dazu haben, nach Möglichkeit ein paar weitere Jahre jugendliches Aussehen kaufen. So stellt das Altwerden Frauen unter Umständen vor besonders schwere psychische Probleme.

Psychiater und Psychologen haben es fast phobisch vermieden, sich mit den Problemen alter Menschen zu beschäftigen. Es kursieren eine Fülle falscher Informationen. Man glaubt z.B. immer noch, daß der Verfall der geistigen Kräfte weit verbreitet und unausweichlich sei, daß die Depression eines alten Menschen nicht zu behandeln und Sexualität eine Sache der Vergangenheit sei. *Butler* und *Lewis* (1982) haben gezeigt, daß es in der wissenschaftlichen Literatur und in klinischen Behandlungsanweisungen von solchen Vorurteilen nur so wimmelt, was die Lage älterer Menschen häufig nur noch schlimmer macht.

Daß die psychischen Probleme des Alters relativ wenig Aufmerksamkeit finden, ist Ursache und Folge mangelhafter Berufsausbildung. Über Geriatrie haben die zukünftigen Ärzte, Krankenschwestern, Psychologen und Sozialarbeiter während ihrer Ausbildung lange Zeit kaum etwas erfahren. Aus diesem Grund fand im Juni 1981 unter der Schirmherrschaft der *American Psychological Association* eine Tagung zur Ausbildung in klinischer Geriatrie statt. Ziel war es, Experten aus dem ganzen Land an einen Tisch zu bringen, um Richtlinien für eine angemessene geriatrische Ausbildung zu erarbeiten und zur Entwicklung derartiger Programme zu ermutigen. Seither haben Forschung und Ausbildung in Gerontologie zunehmend Einzug in die Lehrpläne von Schulen und Universitäten gehalten, an denen künftige professionelle Helfer für ihren Beruf ausgebildet werden.

1. Konzepte und Methoden der Altersforschung

Die Vielfalt des Alters

Bevor wir uns den psychischen Problemen der späten Lebensjahre zuwenden, wollen wir uns einige der für die Altersforschung wesentlichen Grundkonzepte ansehen. Bei Diskussionen darüber, worin sich alte von noch nicht alten Menschen unterscheiden, gilt als Grenze zwischen ‚alt' und ‚noch nicht alt' gewöhnlich das 65. Lebensjahr. Für diese Altersgrenze hat man sich in erster Linie aus sozialpolitischen Gründen entschieden und nicht etwa darum, weil das 65. Lebensjahr jenen unliebsamen Punkt markiert, an dem plötzlich und unvermittelt die physiologischen und psychologischen Alterungsprozesse einsetzen. Um der Vielfalt des Alters ein wenig besser gerecht zu werden, haben Gerontologen die Gruppe der über 65jährigen unterteilt in die jungen Alten zwischen 65 und 74 Jahren und die alten Alten, die 74 Jahre und mehr zählen. In gesundheitlicher Hinsicht gibt es innerhalb beider Gruppen erhebliche Unterschiede. Mit dem Wort ‚Vielfalt' ist die ältere Bevölkerung in der Tat gut beschrieben. Aber ältere Menschen sind nicht nur verschieden, sie unterscheiden sich mehr voneinander als Angehörige aller anderen Altersgruppen! Im Grunde neigen die Menschen dazu, einander mit zunehmendem Alter immer unähnlicher zu werden.[1]

Alters-, Kohorten- und Meßzeiteffekte

Als Variable in der psychologischen Forschung ist das chronologische Alter nicht unproblematisch, denn jedes Lebensalter ist mit einer Fülle weiterer Faktoren verknüpft. So ändern sich im Laufe der Zeit zum Beispiel Ernährung, medizi-

[1] Daß alle alten Menschen gleich sind, ist ein Vorurteil der Jüngeren. Wenn man über einen Mann nur weiß, daß er 67 Jahre zählt, weiß man sehr wenig über ihn. Doch wenn wir ehrlich sind, müssen wir zugeben, daß uns bei dieser Altersangabe ganz unwillkürlich bestimmte Merkmale in den Sinn kommen. Wie sehr sich Menschen, die 65 Jahre und älter sind, voneinander *unterscheiden*, wird bei der Lektüre dieses Kapitels zunehmend deutlich werden.

Bei der Erforschung des Alters muß immer der Kohorteneffekt berücksichtigt werden. Eine 1860 geborene Siebzigjährige kann sich von einer 1915 geborenen Frau gleichen Alters erheblich unterscheiden.

nische Versorgung und soziale Gewohnheiten, und jedes Jahrzehnt hat seine hervorragenden politischen Ereignisse. Siebzig Jahre alt zu sein, war 1956 anders als 1986. Wir müssen vorsichtig sein, wenn wir für Unterschiede in den Altersgruppen nur die Effekte des Alterns verantwortlich machen, denn es können noch weitere, mit dem Alter verbundene Faktoren wirksam sein. Bei der Erforschung des Alterns unterscheidet man daher zwischen den Anteilen von *Alterseffekten, Kohorteneffekten* und *Meßzeiteffekten*. Die beiden wichtigsten Forschungspläne zur Erfassung entwicklungsbedingter Veränderungen, die Querschnitts- und die Längsschnittsuntersuchung, verdeutlichen diese Begriffe.

In Querschnittsuntersuchungen werden gleichzeitig verschiedene Altersgruppen in einer Variablen miteinander verglichen. Angenommen, ich stelle 1985 anläßlich einer Umfrage fest, daß viele meiner über siebzigjährigen Interviewpartner mit europäischem Akzent sprechen, von den Dreißig- und Vierzigjährigen dagegen keiner. Kann ich daraus schließen, daß Menschen mit zunehmendem Alter den Akzent einer europäischen Sprache annehmen? Wohl kaum! Querschnittsstudien sind nicht dazu da, dieselben Menschen über einen gewissen Zeitraum hin zu untersuchen. Sie erlauben uns nur Aussagen über *Altersunterschiede*, nicht aber über *altersbedingte Veränderungen*. In der Querschnittsforschung verbinden sich die Effekte des Alterns mit Unterschieden, für die eine andere, für die Psychologie des Alterns sehr wichtige Variable verantwortlich ist: die *Kohorte*.

Eine Kohorte ist eine Gruppe von Menschen, denen ein wichtiges statistisches Element gemeinsam ist, in diesem Fall die Tatsache, innerhalb einer bestimmten Zeitspanne geboren zu sein. Von den älteren Probanden oder der älteren Kohorte der erwähnten hypothetischen Stichprobe stammte ein großer Teil aus Europa. Für eine Längsschnittsuntersuchung wählt man eine Kohorte und testet sie über eine Reihe von Jahren periodisch mit denselben Instrumenten. Auf diese Weise kann man individuelle Konsistenz- oder Veränderungsmuster aufspüren und dann analysieren, wie Verhalten in jüngeren Jahren und Verhalten im hohen Alter zusammenhängen.

Die Schlüsse, die man aus einer Längsschnittsstudie zieht, bleiben allerdings auf die einzelne untersuchte Kohorte beschränkt, denn jede Kohorte ist einmalig. Wenn wir zum Beispiel bei Mitgliedern einer von 1940 bis 1980 untersuchten Kohorte im sechsten Lebensjahrzehnt einen Intelligenzabfall festgestellt haben, dürfen wir daraus nicht schließen, daß auch Angehörige einer von 1980 bis 2020 untersuchten Kohorte in diesem Alter an Intelligenz einbüßen werden. Vielleicht bleibt die Intelligenz dieser jüngeren Kohorte aufgrund der allgemein besseren Gesundheit und anderer Variablen unbeeinträchtigt. Längsschnittsuntersuchungen stellen den Forscher noch vor ein weiteres Problem. Leider fallen im Laufe der Untersuchung etliche Probanden aus, was zu einer Verzerrung führt, die man gemeinhin ‚selektive Mortalität' nennt. Ausfallen werden wahrscheinlich die Schwächsten, so daß die verbleibenden Probanden gewöhnlich gesünder sind als die Gesamtbevölkerung und daher nicht als repräsentativ gelten können. Ergebnisse von Längsschnittsuntersuchungen fallen also möglicherweise in dieser Hinsicht allzu optimistisch aus.

Entgegen verbreiteter Annahme lassen sich mit Längsschnittsuntersuchungen keine rein altersbedingten Veränderungen erfassen. Es muß immer mit Meßzeiteffekten gerechnet werden. Hat zum Beispiel 1980 das Herzerkrankungsrisiko die öffentliche Meinung bewegt, haben vielleicht viele Probanden der Kohorte, die ich untersuche, zwischen 1970, dem Zeitpunkt der ersten Messung, und der zweiten Messung im Jahre 1985 das Kaffeetrinken eingestellt. Möglicherweise stelle ich nun fest, daß sich die körperliche Verfassung der Probanden – die sich gewöhnlich verschlechtert – *verbessert* hat, weil viele seit 1980 keinen Kaffee mehr getrunken haben: ein Meßzeiteffekt.

Die Diagnose von Psychopathologien im späten Lebensalter

Bisher sind wir in diesem Buch dem DSM-III gefolgt, aber bei Fragen des Alterns und des Alters läßt es uns im Stich. Obwohl die Forschung dafür kaum Anhaltspunkte bietet (*LaRue, Dessonville* und *Jarvik*, 1985), nimmt man offensichtlich an, daß sich Wesen und Manifestation psychischer Störungen bei jüngeren und älteren Erwachsenen nicht unterscheiden. Weil wir über die Psychopathologie des Alters wenig spezifische Kenntnisse besitzen, wissen wir oft nicht, wie wir bestimmte Symptome bei älteren Erwachsenen zu deuten haben (*Zarit, Eiler* und *Hassinger*, 1985). So nehmen zum Beispiel somatische Symptome mit dem Alter zu. Aber somatische Symptome sind auch eine Begleiterscheinung der Depression. Sind nun die somatischen Symptome eines depressiven älteren Menschen notwendigerweise Teil der Depression oder Zeichen körperlichen Abbaus?

Die Problemvielfalt

Wie wir bereits wissen, kann die psychische Gesundheit eines Menschen eng mit seinen körperlichen und sozialen Problemen zusammenhängen. Obwohl das im Prinzip für jedes Alter gilt, hat keine andere Gruppe mehr diesbezügliche Probleme als die Alten. Bei ihnen finden sie sich alle zusammen – körperlicher Abbau und Behinderungen, sensorische und neurologische Beeinträchtigungen, die kumulativen Auswirkungen der unglücklichen Erfahrungen und sozialen Belastungen eines ganzen Lebens. Um die Psychopathologie älterer Menschen zu verstehen, müssen wir die vielen körperlichen, seelischen und sozialen Einflüsse, denen der alternde Mensch ausgesetzt ist, mitberücksichtigen.

2. Einige grundlegende Fakten über ältere Menschen

Ältere Menschen in Zahlen

Der Anteil älterer Menschen an der Gesamtbevölkerung ist im Laufe des letzten Jahrhunderts stark angestiegen. Das hat vielerlei Gründe. Zu nennen sind insbesondere die gesunkene Säuglings-, Kinder- und Müttersterblichkeit, die verbesserte Gesundheitsfürsorge und die wirksame Kontrolle der Infektionskrankheiten. Um 1900 waren in den Vereinigten Staaten nur vier Prozent der Bevölkerung älter als 65 Jahre. Die Volkszählung von 1980 ergab einen Anteil von 11,3% oder 25,5 Millionen Menschen. Tatsächlich ist der Anteil derjenigen, die 65 Jahre und mehr zählen, seit 1970 um 5,5 Millionen oder 28% gestiegen. Heute ist jeder neunte Einwohner der Vereinigten Staaten 65 Jahre oder darüber. Und dieser Anteil wird weiterwachsen: Man erwartet, daß die Gesamtbevölkerung unseres Landes zwischen 1980 und 2050 um rund ein Drittel, die Gruppe der 55jährigen und älteren Bürger dagegen um 115% zunehmen werden! Im Jahr 2000 werden 13,1% der Bevölkerung der älteren Generation angehören und im Jahr 2030 möglicherweise bereits 21,1%. Kein Wunder, daß die Überalterung der Bevölkerung als einer der bedeutendsten Trends unseres Jahrhunderts gilt.

Obwohl in Zukunft vermutlich alle älteren Altersgruppen an Umfang zunehmen, wird den größten Zuwachs die Gruppe der alten Alten, d.h. die Gruppe der 75jährigen und älteren Einwohner zu verzeichnen haben. Die ältere Bevölkerung wird also auch ihrerseits älter, was, wie wir sehen werden, von erheblicher sozialer, wirtschaftlicher und medizinischer Bedeutung ist: Alte Menschen brauchen mehr medizinische und psychiatrisch-psychologische Betreuung (*U.S. Bureau of the Census*, 1982).

Besondere Merkmale der älteren Bevölkerung

Unser Zeitalter zeichnet sich unter anderem dadurch aus, daß die Zahl der älteren Menschen, insbesondere der älteren Frauen zunehmend steigt. Die Lebenserwartung von Männern und Frauen ist sehr unterschiedlich. Ein Mann, der 1980 seinen 65. Geburtstag feierte, konnte noch mit 14,02 weiteren Jahren rechnen, eine gleichaltrige Frau dagegen mit 18,35. Im Durchschnitt leben Frauen, absolut gesehen, 7,8 und nach dem 65. Lebensjahr 4,4 Jahre länger als Männer. Folglich verschiebt sich mit zunehmendem Alter das Geschlechterverhältnis: Kommen in der Altersgruppe zwischen 65 und 69 Jahren noch 125 Frauen auf 100 Männer, beträgt dieses Verhältnis in der Gruppe der über 85jährigen nurmehr 229:100. Wegen dieser unterschiedlichen Lebenserwartung sind die gesundheitlichen, sozialen und ökonomischen Probleme der Alten, insbesondere der alten Alten, häufig Probleme von Frauen. Angesichts dieser Zahlenverhältnisse sind erwartungsgemäß die meisten älteren Männer verheiratet und die meisten älteren Frauen verwitwet. Von den Männern zwischen 65 und 74 sind etwa 80 Prozent, von den gleichaltrigen Frauen nur 49 Prozent verheiratet. Bei den über 75jährigen sind sieben von zehn Frauen verwitwet und sieben von zehn Männern verheiratet. Frauen leben nicht nur länger als Männer und verlieren folglich ihre Partner, sondern Männer heiraten häufig auch jüngere Frauen, mit denen sie dann bis zum Tod zusammenleben. Hinzu kommt, daß ältere Witwer siebenmal häufiger wieder heiraten als Witwen (*U.S. Bureau of the Census*, 1982).

Wie steht es gegenwärtig mit der rassischen oder ethnischen Zusammensetzung der älteren Bevölkerung? Zum Zeitpunkt der letzten Volkszählung waren über 90 Prozent der 65jährigen und älteren Amerikaner weiß, 8 Prozent schwarz und etwa 2 Prozent gehörten anderen Rassen an. Etwa 3 Prozent waren spanischen Ursprungs. Der Anteil ethnischer Minderheiten müßte eigentlich größer sein. Daß er das nicht ist, liegt an der höheren Sterblichkeitsrate dieser Gruppen.

Körperlicher Abbau

Viele körperliche Funktionen lassen zweifellos mit dem Alter nach. Diesem Alterungsprozeß unterliegt zwar nicht der ganze Körper, aber

Alter, so glaubt man häufig, sei gleichbedeutend mit dem langsamen, aber sicheren Verfall körperlicher und geistiger Fähigkeiten. In Wirklichkeit stehen viele alte Leute weiterhin im Arbeitsleben, sind in der Freizeit aktiv und nehmen am Gemeindeleben teil.

doch alle wichtigen Körpersysteme, d.h. das musculoskeletare, das kardiovaskuläre, das respiratorische, das gastrointestinale, das urinale und das endokrine System, die Haut sowie Nerven-, Reproduktions- und Immunsystem (*Kenney*, 1982). Auch die Fähigkeit zur homöostatischen Regulation ist reduziert. Alle fünf Sinne büßen an Schärfe ein, was eine Beeinträchtigung der Wahrnehmung bedeutet. Die Augenlinsen werden gelblich und akkomodieren schlechter, die Sehschärfe nimmt ab und die Blendempfindlichkeit steigt. Das Gehör läßt nach, betroffen ist insbesondere die Fähigkeit, hohe Töne wahrzunehmen. Alte Menschen reagieren langsamer, sie brauchen für viele Aufgaben mehr Zeit und erholen sich langsamer von Streß (*Blazer* und *Siegler*, 1984). Wenn ältere Menschen vorsichtig Auto fahren, ist das eine kluge Anpassung an die Verlangsamung ihrer Reaktionszeit und ihre geminderte Sehschärfe.

Der altersbedingte körperliche Abbau spiegelt sich auch in den gesundheitlichen Problemen älterer Menschen wider. Chronische Krankheiten nehmen mit dem Alter an Häufigkeit zu. Über 80 Prozent der älteren Menschen leiden an mindestens einem chronischen Zustand, 50 Prozent an zweien oder mehr (*Jarvik* und *Perl*, 1981). Am häufigsten handelt es sich dabei um Arthritis, Bluthochdruck, Herzprobleme, Beeinträchtigungen des Seh- und Hörvermögens und Diabetes. Obwohl akute Krankheiten und Verletzungen mit dem Alter seltener werden, sind ihre Auswirkungen häufig gravierender und langwieriger (*Hickey*, 1980). Bei einem Sturz gebrochene Knochen heilen zum Beispiel langsamer als in jungen Jahren.

Doch all diesen Einbußen an körperlicher Leistungsfähigkeit zum Trotz sind schätzungsweise mindestens 80 Prozent der über 65jährigen Menschen in der Lage, den wichtigsten Alltagspflichten nachzukommen und auch sonst ein weitgehend selbstständiges Leben zu führen. Die ein oder mehr chronischen Leiden, die das Alter durchschnittlich mit sich bringt, bedeuten nicht unbedingt auch gravierende Einschränkungen. Tatsächlich sind immer nur etwa 10 Prozent der alten Menschen körperlich so schwer beeinträchtigt, daß sie ihr Leben ans Haus gefesselt, im Krankenhaus oder im Pflegeheim verbringen müssen (*U.S. Bureau of the Census*, 1982). Gesundheitliche Probleme, die ein selbständiges Leben unmöglich machen, stellen sich gewöhnlich erst nach dem 75. Lebensjahr ein.

Veränderungen des IQ

Nimmt der gemessene IQ mit dem Alter ab? Die Forschung zu dieser Frage steht vor einer Fülle methodischer Probleme, aber einige Muster hat man gleichwohl beobachtet (*Botwinick*, 1977). Entgegen allgemeiner Annahme besteht zwischen Alter und Intelligenz keine einfache Beziehung. Vorliegende Ergebnisse lassen vermuten, daß manche intellektuelle Fähigkeiten keine altersbedingten Einbußen erleiden, während andere in unterschiedlichem Ausmaß abnehmen. Verbale Fähigkeiten bleiben im allgemeinen erhalten, während psychomotorische Abläufe langsamer werden. Alte Menschen schneiden in verbalen Tests so durchgängig besser ab als in Tests, die psychomotorische Fertigkeiten verlangen, daß man hier von einem klassischen Altersmuster spricht (*Botwinick*, 1977). Selbst wenn man die Verschlechterung von sensorischen Funktionen und Reaktionszeit berücksichtigt, bleiben Testleistungsdefizite bestehen, die mit dem Alter zusammenhängen (*Storandt*, 1977). Nach dem 80. Lebensjahr sind geminderte IQ-Werte mehr oder weniger die Regel (*Schaie*, 1980).

Es gibt bei der Evaluierung von Intelligenz-Studien allerdings einige allgemeine Probleme, die auch bei der Erforschung von Lern- und Gedächtnisschwierigkeiten von Bedeutung sind. Der IQ sinkt altersbedingt weder so beträchtlich, wie das Querschnittsuntersuchungen zufolge der Fall zu sein scheint, noch so minimal, wie Längsschnittsstudien nahelegen. Die Wahrheit liegt irgendwo in der Mitte. Querschnittsstudien vermischen altersbedingte Leistung mit dem schlechteren Gesundheitszustand der älteren Kohorte, wohingegen die Probanden von Längsschnittsuntersuchungen im allgemeinen gesünder sind als die Gesamtbevölkerung. Wenn man Alter und Gesundheit einander innerhalb derselben Untersuchung gegenüberstellt, scheint nicht das Alter, sondern in erster Linie der Gesundheitszustand intellektuelle Einbußen zu erklären (*Siegler* und *Costa*, 1985). Warum der IQ auf die beschriebene Weise abnimmt, wissen wir also nicht genau. Vielleicht würden sich die Altersunterschiede verringern, wenn es uns gelänge, die älteren Menschen gesünder zu erhalten.

Die festgestellten IQ-Einbußen sind zwar in der Regel statistisch signifikant, aber insgesamt doch so gering, daß ihre praktische Bedeutung fraglich ist (*Schaie*, 1980).[2] Überdies bleiben wichtige kognitive Phänomene wie Weisheit und Kreativität oder die komplexe Fähigkeit, aus den Erfahrungen und Kenntnissen eines ganzen Lebens zu schöpfen, von Intelligenztests unerfaßt (*Clayton* und *Birren*, 1980).

Lernen und Gedächtnis

Großen Einfluß auf das Ergebnis eines IQ-Tests hat die Fähigkeit des Getesteten, zu lernen und sich zu erinnern. Obwohl ältere Menschen in Experimenten häufig schlechter abschneiden als jüngere Probanden, werden solche Unterschiede geringer, wenn man bestimmte Aspekte der Situation verändert. Gibt man dem alten Menschen mehr Zeit, das neue Material zu lernen, schwinden Altersunterschiede oft völlig. Und verstärkt man sie für ihre Antworten, geben sie einiges von ihrer Zurückhaltung und Vorsicht auf (*Botwinick*, 1984).

Forschungsergebnissen zufolge sind ältere Menschen jüngeren bei Gedächtnisaufgaben unterlegen, die eine starke Organisation des zu erinnernden Materials verlangen. Sie schneiden auch dann schlechter ab, wenn sie ihre Aufmerksamkeit teilen müssen; offensichtlich steht älteren Menschen zu jedem beliebigen Zeitpunkt nur eine begrenztere kognitive Kapazität zur Verfügung (*Craik*, 1977). Beim Kurzzeitgedächtnis sind die Altersunterschiede minimal. Dagegen scheint es älteren Erwachsenen schwerer zu fallen, Material zu enkodieren, es ins Langzeitgedächtnis zu übertragen und schließlich wieder abzurufen. Die Fähigkeit, Dinge wiederzuerkennen, nimmt altersbedingt weniger ab als das Erinnerungsvermögen (*Perlmutter* und *Hall*, 1985). Eine Gedächtnisfrage würde etwa lauten: ,,Wer war der 35. Präsident der Vereinigten Staaten?" Eine Wiedererkennungsfrage zum selben Thema enthält Hinweise und fragt: ,,Welcher Präsident wurde 1963 in Dallas ermordet, Kennedy oder Johnson?" Diese Art Fragen beantworten ältere Menschen genauso gut wie jüngere.

Damit stellt sich die praktische Frage, ob das in sorgfältigen Laboruntersuchungen gemessene, altersbedingte Nachlassen von Lern- und Gedächtnisleistungen auch wirkliche funktionale Defizite im Alltag widerspiegelt. Auch der alternde Mensch paßt sich an alle möglichen Umgebungsveränderungen an, und all diese Anpassungsleistungen setzen Lernprozesse voraus. Die in Experimenten gestellten Gedächtnisaufgaben decken also möglicherweise Mängel auf, die im Alltag irrelevant sind.

Die Gedächtnisschwierigkeiten verweisen auf ein allgemeines Attributionsproblem im Zusammenhang mit dem Alter. Man ,,weiß" um die Vergeßlichkeit älterer Menschen, und wenn sie dann tatsächlich vergeßlich sind, macht man den unvermeidlichen Alterungsprozeß dafür verantwortlich. Möglicherweise sind diese Beeinträchtigungen aber auch eine Folge von Gesundheitsproblemen älterer Leute und der Medikamente, die man ihnen gibt. Tatsächlich wurde kein Zusammenhang zwischen Leistungen bei Lern- und Gedächtnisaufgaben und Alter hergestellt, als man für eine Gruppe von Patienten den Gesundheitszustand konstant hielt (*Hulicka*, 1967). In einer anderen Studie litt die Hälfte einer Stichprobe über 60jähriger Probanden, eigenen Angaben zufolge, unter Gedächtnisschwierigkeiten, doch in Gedächtnistests fanden diese Klagen keine objektive Entsprechung (*Lowenthal* et al., 1967). Möglicherweise haben auch ältere Menschen sich das kulturelle Stereotyp der vergeßlichen Alten zu eigen gemacht und messen daher jeder kleinen Vergeßlichkeit besondere Bedeutung bei (*Kahn* et al., 1975). Das weckt Sorge und Angst, die sich nun ihrerseits störend auf das Gedächtnis und andere intellektuelle Leistungen auswirken. Leser unter 65 werden vermutlich bestätigen können, wie häufig auch sie Namen vergessen oder nicht mehr wissen, warum sie ihre Lektüre unterbrochen und sich in ein anderes Zimmer begeben haben. Jüngere Menschen scheinen leichter zu vergessen, daß sie etwas ver-

---

[2] Zum Unterschied zwischen statistischer versus klinischer Signifikanz vgl. S. 147f.

gessen haben – in der Tat eine interessante Ironie!

Persönlichkeit

Kommt es im Laufe des Lebens oder im hohen Alter zu vorhersagbaren Persönlichkeitsveränderungen? Nach weit verbreiteter Meinung sind alte Menschen rigider als junge Leute. In einer Anzahl von Experimenten fand sich dafür kein Anhaltspunkt. (*Botwinick*, 1984; *Zarit*, 1980). Das Alter als solches scheint kaum Einfluß auf die Persönlichkeit zu haben (*Neugarten*, 1977). Tatsächlich hat man in einer Reihe von Langzeituntersuchungen nur sehr wenig Persönlichkeitsveränderungen gefunden (*Costa* und *McCrae*, 1978; *Leon* et al., 1979; *McCrae, Costa* und *Arenberg*, 1980; *Siegler, George* und *Okun*, 1979). Allerdings gilt das nur für die überlebenden, insgesamt widerstandfähigeren Probanden, die bis zum Schluß an der Untersuchung teilnahmen (*Siegler* und *Costa*, 1985). Probanden, die vorher ausfielen, waren insgesamt ängstlicher als die überlebenden (*Rusin* und *Siegler*, 1975). Wir wissen also nicht, ob sich die Persönlichkeit dieser weniger stabilen Probanden mit der Zeit geändert hätte.

Im Gegensatz zur allgemeinen Annahme bleiben alte Menschen lernfähig, insbesondere, wenn sie das Lerntempo selbst bestimmen können.

Medizinische Versorgung

Die Aufwendungen für Medikamente und Ärzte können für viele ältere Amerikaner zu einem finanziellen Problem werden. 1965 wurde als Teil eines Gesetzes zur sozialen Sicherheit (Social Security Law) ein Programm zur medizinischen Versorgung verabschiedet, das auch für die Armen eine angemessene medizinische Versorgung sicherstellen sollte. Dieses Ziel wurde allerdings nicht erreicht. Schätzungen zufolge konnten alte Menschen 1967 damit rechnen, daß ihre Ausgaben für medizinische Maßnahmen zu etwa 46% gedeckt waren. Wie die jüngsten Erhebungen zeigen, ist diese Deckungsrate auf 38% gesunken (*Butler* und *Lewis*, 1982). Die Gründe dafür sind so zahlreich und so komplex, daß wir hier nicht näher darauf eingehen können. Unter anderem haben sich die Kostenerstattungsregelungen derart geändert, daß ältere Patienten und sogar auch die beruflichen Helfer oft nicht wissen, was nun erstattet wird und was nicht. Manche Behandlungen, etwa die körperliche Rehabilitation nach einem Schlaganfall oder einem Knochenbruch, werden nicht in jedem Fall übernommen; ähnlich steht es mit der Pflege bei Demenz-Störungen. Überdies ist die Kostendeckung bei psychiatrischen Leistungen minimal, eine Situation, die nach Ansicht vieler nicht die ambulante Versorgung, sondern die Hospitalisierung fördert (*Butler* und *Lewis*, 1982). Kein Wunder also, daß viele ältere Leute auf dritte Zähne, Brillen, körperliche Untersuchungen und Medikamente verzichten, die von der Kostenübernahme ausgeschlossen sind. Die wachsenden Kosten für Arztbesuche und Medikamente und die zur Zeit gültigen zeitlichen Beschränkungen von Krankenhausaufenthalten können in der Tat dazu führen, daß vielen älteren Menschen eine angemessene medizinische Versorgung versagt bleibt.

Doch wie gut ist diese medizinische Versorgung, vorausgesetzt, der ältere Mensch erhält sie und kann sie auch bezahlen? Sehr gut offensichtlich nicht. Die chronischen Leiden alter Menschen sind für Ärzte wenig attraktiv, da sie sich nur selten mit Erfolg behandeln lassen. Viele

Krankheiten alter Menschen – z.B. Verlust des Hör- und Sehvermögens, Verlust der Mobilität, Beschwerden und Schmerzen vor allem in den Füßen (*Pearson* und *Gatz*, 1982) und ein sich ständig verschlechterndes kardiovaskuläres System – werden in der Tat wahrscheinlich nicht besser und müssen irgendwie hingenommen werden. Die alten Menschen stützen sich schließlich ganz auf ihre Beziehung zu medizinischen Helfern, aber diese werden vielleicht ungeduldig mit ihnen, weil sie ständig darüber klagen, daß es ihnen nicht besser gehe, oder depressiv werden.[3] Alte Leute nehmen nicht immer ein, was man ihnen verschreibt. Oft gestaltet sich auch die Beziehung zu Familienangehörigen, die sie versorgen müssen, problematisch. Manchmal wird der leidende alte Mensch hin- und hergerissen zwischen Schuldgefühlen, weil er die anderen so sehr beanspruchen muß, und Zorn auf die jüngeren Leute, denen er seine „besten Jahre" gewidmet und für die er selber Opfer gebracht hat. Auch die Söhne und Töchter werden von Schuld und Zorn geplagt (*Zarit*, 1980).

Einkommen

Die Einkommensverhältnisse alter Menschen sind sehr viel schlechter als die der jüngeren Bevölkerung. 1981 hatten 75 Prozent der über 65jährigen ein Jahreseinkommen von 10000 Dollar, von den 25–64jährigen gehörten nur 42 Prozent zu dieser Einkommensgruppe. Über ein Einkommen von 20000 Dollar verfügten 25 Prozent der jüngeren, aber nur 7 Prozent der älteren Gruppe (*U.S. Bureau of the Census*, 1982). Der Anteil der alten Menschen, die an der Armutsgrenze lebten, war 1982 mit 15 Prozent etwa genauso hoch wie in der Gesamtbevölkerung. Die offizielle Armutsgrenze liegt für ein älteres Ehepaar bei 4954 Dollar und für einen allein lebenden alten Menschen bei 3941 Dollar. Häufiger als jüngere fristen alte Menschen ihr Leben mit einem Einkommen, das 25 Prozent über der Armutsgrenze liegt, als „Fast-Arme": Etwa ein Viertel der Alten kann als fast arm gelten, von den Amerikanern unter 65 Jahren dagegen nicht einmal ein Fünftel. Obwohl nur 11,3 Prozent der amerikanischen Bürger älter sind als 65 Jahre, stellt diese Gruppe 20 Prozent der Armen in diesem Land. Besonders hart getroffen sind ältere Frauen, vor allem, wenn sie allein leben. Von allen Alleinstehenden müssen ältere Frauen am häufigsten mit einem Einkommen an der Armutsgrenze auskommen. Frauen der gegenwärtigen älteren Generation befinden sich im allgemeinen in einer schlimmen Lage: Ihre frühere Berufstätigkeit war selten gut bezahlt und hat ihnen überdies nur in den seltensten Fällen einen Rentenanspruch oder einen Anspruch auf Maßnahmen des Sozialplans eingetragen. Für ältere Frauen ist die Wahrscheinlichkeit, in Armut zu leben, mit 17,5 Prozent doppelt so hoch wie für ihre männlichen Altersgenossen (8,3%). Um das Dreifache erhöht sich diese Gefahr für ältere schwarze Frauen, von denen 65,1 Prozent zu den Fast-Armen zählen. Das fixe, niedrige Einkommen gestattet manchen älteren Menschen – trotz Inflationsausgleich – weder eine angemessene Wohnung noch eine angemessene Ernährung. Im Abschnitt über die organisch bedingten psychischen Störungen werden wir sehen, welch schwerwiegende Folgen solche Einschränkungen für die geistige Gesundheit haben.

Wo leben alte Leute?

Alte Leute, so ein vielfach verbreiteter Mythos, leben überwiegend in Institutionen. Tatsächlich leben und lebten zu jeder Zeit 95 Prozent der Alten, sei es allein, mit einem Partner, mit der Familie oder mit Freunden, innerhalb der Gemeinde. 1980 lebten 68 Prozent der älteren Einwohner einer Gemeinde in ihren Familien. Aber auch hier gibt es Geschlechtsunterschiede: In „Familien", d.h. gewöhnlich mit Ehemann oder Ehefrau, lebten 57 Prozent der älteren Frauen und 83 Prozent der älteren Männer. 41 Prozent der Frauen und 15 Prozent der Männer, insgesamt etwa ein Drittel der älteren Einwohner, lebten allein. Erwartungsgemäß steigt der Anteil derjenigen, die allein oder nicht innerhalb ihrer

---

[3] Möglicherweise ist die Situation sogar noch schlimmer. Wie *Zarit* (1980) vermutet, verletzen kranke ältere Menschen ein für medizinische Berufe vitales „Gesetz", denn ihre Krankheiten sind oft unheilbar. Daß alte Patienten nicht wieder gesund werden, mag eine der Quellen dieser Ungeduld sein.

Familie leben, mit dem Alter. Wie alte Menschen wohnen, hängt natürlich von ihrer finanziellen Situation ab. In den Vereinigten Staaten leben schätzungsweise 30 Prozent der Alten in Wohnungen, deren Standard unterhalb der Norm liegt; Grund dafür ist zumeist das geringe Einkommen (*American Association of Retired Persons*, 1982).

Obwohl insgesamt immer nur 5 Prozent der älteren Bevölkerung in Institutionen leben, steigt dieser Anteil mit zunehmendem Alter dramatisch an. Wie eine Erhebung zeigte, lebte 1977 aus der Gruppe der 65–74jährigen nur jeder Hundertste in einem Pflegeheim (*National Center for Health Statistics*, 1979). In der Gruppe der 74–84jährigen waren es bereits 7 Prozent, und von den 84jährigen und älteren mehr als ein Fünftel. Die vielzitierte Statistik, derzufolge immer nur 5 Prozent der älteren Erwachsenen in Pflegeheimen leben, hat man auch den 5%-Trugschluß genannt (*Kastenbaum* und *Candy*, 1973), denn diese Zahl sagt nichts aus über die Wahrscheinlichkeit, mit der der einzelne im Alter irgendwann einmal eine gewisse Zeit in einer Institution verbringt. *Vincente, Wiley* und *Carrington* (1979) stellten fest, daß von 455 Probanden, die zu Beginn einer Zehnjahres-Studie 55 Jahre und mehr zählten, 38,9% wenigstens einmal vor ihrem Tod längere Zeit in einem Pflegeheim zubrachten.

Bedeutsame Lebensereignisse

Von besonderem Interesse sind die Auswirkungen von Lebensereignissen und Streß auf den alten Menschen. Viele Aufsätze über das Alter beginnen damit, daß der Autor die Verluste aufzählt, die ältere Menschen treffen: Ruhestand, Witwenschaft, Verlust von geliebten Menschen und so weiter. Die vorliegenden Untersuchungsergebnisse sprechen allerdings nicht dafür, daß das hohe Alter der Lebensabschnitt mit den streßreichsten Lebensereignissen (*Pearlin*, 1983) oder den meisten Verlusten ist (*McCrae*, 1982).

Doch wie steht es um die Fähigkeit alter Leute, mit Streß *fertigzuwerden*? Entscheidend ist, daß die Streß*anfälligkeit* im Alter höher sein kann als je sonst im Leben. Mit der altersbedingten Schwächung des Immunsystems steigt die Wahrscheinlichkeit, daß der alte Mensch auf einen Stressor, den er in jüngeren Jahren besser bewältigt hätte, mit einer Krankheit reagiert.

Die Erwartungen der Gesellschaft

Ein letzter sozialer Faktor, den es zu berücksichtigen gilt, sind die Einstellungen der Gesellschaft den Alten gegenüber, und hier insbesondere die in ihr umgehenden Mythen über diesen letzten Lebensabschnitt. Wie eine Umfrage unter Ame-

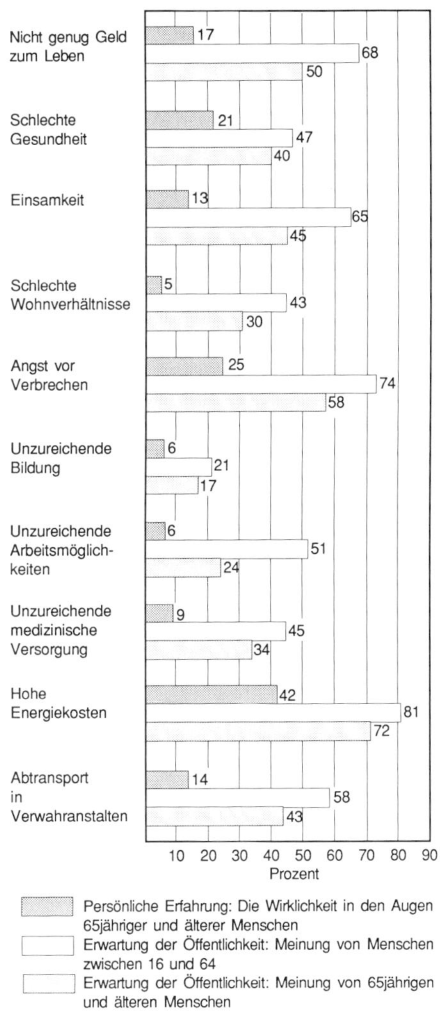

Abb. 17.1. Mythos versus Wirklichkeit des Alterns. Die Probleme, vor denen ältere Menschen stehen, sind in ihren eigenen Augen nie so schwerwiegend, wie sie von der Allgemeinheit eingeschätzt werden (nach *Harris*, 1981).

rikanern aller Altersstufen zeigte, gehen die allgemeinen Anschauungen über die Probleme alter Menschen und die Anschauungen derjenigen, die tatsächlich mit diesen Problemen leben, sehr weit auseinander. So hielt man die in Abbildung 17.1 aufgelisteten zehn Probleme allgemein für häufiger oder schwerwiegender, als sie die älteren Leute selbst empfanden. Zum Beispiel war Einsamkeit für nur 13 Prozent der alten Leute tatsächlich ein Problem, während 65 Prozent der unter 65jährigen und 45 Prozent der alten Menschen *erwarteten*, daß Einsamkeit ein Problem sei. Solche düsteren, über die Wirklichkeit hinausgehenden Erwartungen hegten nicht nur die unter 65jährigen, sondern auch die Altersgruppe darüber. Wir wissen noch nicht, welche Folgen diese Mythen über das Leben im Alter für die psychische Gesundheit älterer Menschen haben können. Aber wenn jemand glaubt, daß der Alterungsprozeß unausweichlich zur Senilität führt – was nicht stimmt –, wird er einen älteren Angehörigen möglicherweise und ungeachtet dessen tatsächlicher körperlicher und geistiger Verfassung so behandeln, als sei er senil.

Die Diskriminierung älterer Menschen, die *Butler* ,,ageism" nennt, ist ein Merkmal unserer Gesellschaft (*Butler* und *Lewis*, 1982) und kann verschiedene Formen annehmen. In seiner negativen Form diskriminiert dieser ,,ageism" alle alten Menschen als geschlechtslos, senil und gebrechlich. Subtiler, aber potentiell ebenso gefährlich äußert sich der ,,ageism" in jenem ganz besonderen Lächeln oder jenem betonten Beifall, mit dem wir die sportlichen Leistungen eines 90jährigen bedenken. *Gatz* und ihre Mitarbeiter (1983) bezeichnen die negative Spielart des ,,ageism" als Mythos, seine positive Form als Gegenmythos. Mythen betonen Nachteile und Verfall (vgl. Abb. 17.1). Gegenmythen finden im Alter keine Probleme; nach ihnen gibt es keinen altersbedingten Abbau intellektueller Fähigkeiten. Da die Wahrheit vermutlich irgendwo zwischen den Extremen liegt, können beide Formen des ,,ageism" für alte Menschen von Nachteil sein.

3. Hirnorganisch bedingte Störungen des hohen Alters

Obwohl nur 10 bis 15 Prozent der älteren Menschen davon betroffen sind, führen hirnorganische Störungen häufiger zu Einweisungen und Krankenhausaufenthalten als jede andere geriatrische Krankheit (*Christie*, 1982). Man unterscheidet zwei Haupttypen hirnorganisch bedingter Störungen: die *Demenz* und das *Delir*.

Demenz

Etwa 2 bis 5 Prozent der außerhalb von Institutionen und 2 bis 3 Prozent der innerhalb einer Institution lebenden älteren Menschen, so schätzt man, leiden zweifelsfrei an einer Demenz (*Gurland* und *Cross*, 1982). Bis zum Alter von 60 Jahren ist die Störung selten, aber in der Gruppe der über 80jährigen ist etwa jeder Fünfte betroffen (*Bergmann* et al., 1971; *Gurland* und *Cross*, 1982; *LaRue, Dessonville* und *Jarvik*, 1985; *Jarvik, Ruth* und *Matsuyama*, 1980).

Demenz ist das, was Laien Senilität nennen: Es ist eine allmähliche, sich über Jahre hinziehende Verschlechterung intellektueller Fähigkeiten, die so weit geht, daß schließlich die sozialen Funktionen und die Handlungsfähigkeit beeinträchtigt sind. Das Gedächtnis und mindestens einer der folgenden Bereiche geistiger Aktivität lassen nach: abstraktes Denken, Urteilsfähigkeit, Sprache und Persönlichkeit. Das auffälligste Symptom ist gewöhnlich die Gedächtnisschwäche. Aufgaben bleiben unerledigt, weil der Betreffende nach einer Unterbrechung vergißt weiterzuarbeiten, etwa anfängt, einen Wasserkessel zu füllen und dann das Wasser laufen läßt. Eltern erinnern sich nicht mehr, wie ihr Sohn oder ihre Tochter heißt, und später vielleicht nicht einmal mehr, daß sie Kinder haben. Hygiene und äußere Erscheinung werden vernachlässigt, weil die Betroffenen nicht mehr wissen, wann sie zuletzt gebadet haben und wie man sich angemessen kleidet.

Die Beeinträchtigung des abstrakten Denkens überprüft man vielfach dadurch, daß man die Betroffenen nach der Bedeutung von Sprichworten fragt. Liegt ein Defizit vor, fallen die Interpretationen wörtlich und konkret aus. Personen mit Demenz sind auch nicht in der Lage, Ähnlichkeiten und Unterschiede bei verwandten Wörtern zu finden. Läßt das Urteilsvermögen nach, haben die Betroffenen Schwierigkeiten, persönliche Situationen zu überschauen und zu verstehen, Pläne zu machen und Entscheidungen zu fällen. Sie verlieren Maßstäbe und Impulskontrolle. Sie bedienen sich einer groben Sprache, machen unpassende Scherze, begehen Ladendiebstähle und machen Fremden sexuelle Avancen. Eine Demenz kann, je nach Ursache, fortschreitend, gleichbleibend oder remittierend verlaufen. Viele Patienten mit fortschreitender Demenz sind schließlich völlig zurückgezogen und apathisch. Im Endstadium der Krankheit hat die Persönlichkeit alle Ausstrahlung und Integrität verloren. Von Verwandten und Freunden ist dann zu hören, daß der Betroffene nicht mehr er selber sei. Der Bereich sozialer Anteilnahme verengt sich zunehmend, bis der Kranke seine Umgebung schließlich vollständig vergißt.

Ursachen der Demenz

Wie Erhebungen zeigen, ist die Demenz älterer Menschen in 10 bis 20 Prozent der Fälle reversibel (*Cummings* und *Benson*, 1983; *Gurland* und *Cross*, 1982; *Small, Liston* und *Jarvik*, 1981; *Spar*, 1982; *Task Force Report*, 1980; *Wells*, 1978). Ursache einer reversiblen Demenz können Alkohol- und Medikamentenvergiftungen, Mangelernährung, Stoffwechselstörungen und Depressionen sein.

Die verbleibenden 80 Prozent der Demenz-Erkrankungen gelten als irreversibel. Bis vor gar nicht langer Zeit hielt man fälschlicherweise cerebrovaskuläre Krankheiten, häufig auch „Arterienverkalkung" genannt, für die Hauptursache der Demenz. Aus jüngeren Untersuchungen wissen wir, daß sich nicht einmal 25 Prozent der Demenz-Erkrankungen von älteren Menschen eindeutig auf Herz- und Kreislaufprobleme zurückführen lassen (*Terry* und *Wisniewski*, 1977). Nie wird die Demenz durch die Arteriosklerose als solche verursacht. Man schätzt, daß für etwa die Hälfte aller Demenz-Fälle die Alzheimer-Krankheit oder Demenz vom Typ Alzheimer verantwortlich ist, der primäre neuronale Degenerationsprozesse zugrunde liegen. Die Degeneration besteht in einer Atrophie oder einem Schwund von Kortexzellen. Diese Großhirnrindenatrophie erreicht ein solches Ausmaß, daß es zur Verbreiterung der Sulci und zur Vergrößerung der Ventrikel kommen kann (vgl. Kasten A.1, S. 773). An die Stelle der durch die Alzheimer Krankheit zerstörten Gehirnzellen treten senile oder neuritische Plaques. Diese kleinen Strukturen bestehen aus den Überresten der Nervenzellen und aus Amyloid, einer wachsartigen Substanz, die sich einlagert, wenn der Proteinstoffwechsel gestört ist. In den Zellkörpern von Neuronen sammeln sich Neurofibrillengeflechte, d.h. Bündel abnormer Proteinfäden.

Wie man bei Autopsien festgestellt hat, sehen diejenigen Bereiche des Hippocampus, in denen die ein- und ausgehenden Gedächtnisinhalte zusammenlaufen, flickenartig und zellarm aus (*Hyman* et al., 1984). Diese Degeneration isoliert den Hippocampus. Auch hier enthalten die Neuronen Neurofibrillengeflechte und Vakuolen, Zeichen der sogenannten granulovakuolären Degeneration. Es degenerieren selektiv azetylcholin-freisetzende Neuronen, deren Zellkern im basalen Vorderhirn liegt, und folglich werden Kortex und Hippocampus nicht mehr mit diesem Neurotransmitter versorgt (*Coyle, Price* und *Delong*, 1983). Überdies synthetisiert das Alzheimer-Gehirn nur noch gut die Hälfte der normalen Proteinmenge, was möglicherweise einer der Gründe für den Neuronenschwund ist (*Sajdel-Sulkowska* und *Marotta*, 1984). Aber noch weiß niemand, was hier Ursache und was Wirkung ist.

Die Demenz vom Typ Alzheimer ist vermutlich für mehr Demenz-Erkrankungen verantwortlich als jede andere Krankheit. Es folgt mit 15 bis 20 Prozent aller Fälle die Multi-Infarkt-Demenz. Die Multi-Infarkt-Demenz ist die Folge zahlreicher kleiner, über den Kortex verteilter Läsionen, wie sie nach einer Reihe kleinerer Schlaganfälle oder längerer Perioden diffuser zerebraler Insuffienz zurückbleiben. Ursache einer irreversiblen Demenz ist also in den meisten Fällen ein vaskuläres Syndrom oder die Alzheimer-

Kasten 17.1
Die Prävalenz psychischer Störungen im Alter

Ist Alter als solches ein Faktor, der zu emotionalen und geistigen Fehlfunktionen beiträgt? Leiden alte Menschen häufiger unter psychischen Störungen als junge? Ob psychische Störungen mit dem Alter an Häufigkeit zunehmen, ist unklar, was unter anderem auf die bereits erwähnten methodischen und konzeptuellen Schwierigkeiten zurückzuführen ist. Überdies stehen umfassende und systematische Untersuchungen zum Vorkommen und zur Prävalenz verschiedener psychiatrischer Störungen im späten Erwachsenenalter noch aus (*LaRue, Dessonville* und *Jarvik*, 1985; *Stenmark* und *Dunn*, 1982). Eine umfangreiche Querschnittsuntersuchung auf der Grundlage von DSM-III-Kriterien des *National Institute of Mental Health* wird möglicherweise wertvolle Daten über psychische Störungen in allen Altersgruppen liefern.

Zunächst einiges zum Hintergrund der Untersuchung. Das vom NIMH geförderte *Epidemiological Catchment Area Program* wird von fünf größeren amerikanischen Städten gemeinsam durchgeführt. In Abständen von sechs Monaten wird auf große, repräsentative Stichproben das *Diagnostic Interview Schedule* (DIS) angewandt, um die momentanen und die Lebenszeit-Prävalenzen psychiatrischer Störungen zu schätzen. Mit momentaner Prävalenz ist der Anteil derjenigen Stichprobenprobanden gemeint, die zum Untersuchungszeitpunkt an einer gegebenen Störung leiden. Die Lebenszeit-Prävalenz ist der Anteil von Probanden, die bis zum Erfassungszeitpunkt *irgendwann* einmal unter der fraglichen Störung gelitten haben, und zwar unabhängig davon, ob sie im Moment auch noch darunter leiden oder nicht. Das DIS erfaßt Phobien, Panik- und Zwangssyndrom, Somatisierungssyndrom, affektive Störungen, antisoziale Persönlichkeitsstörung, Substanzmißbrauch oder -abhängigkeit, Schizophrenie und als achte, nicht im DSM-III verzeichnete Kategorie, die kognitive Behinderung.

Diese umfassende, landesweite Untersuchung ist zwar noch nicht abgeschlossen, aber aus drei Städten liegen erste Resultate bereits vor. Für eine Stichprobe von 9000 Probanden ergab sich, daß Personen über 65 Jahre für alle Störungen zusammen die geringste momentane Prävalenz aufwiesen. Tatsächlich sind Schizophrenie und Substanzmißbrauch in den höheren Altersgruppen extrem selten. Das Hauptproblem der Ältesten war die *kognitive Behinderung*. In der NIMH-Studie waren etwa 14 Prozent der älteren Männer und Frauen kognitiv leicht behindert, bei 5,5 Prozent der Männer und 4,7 Prozent der Frauen lag eine schwere Behinderung vor (*Myers* et al., 1984). Diese Zahlen sagen nur etwas über die allgemeine Prävalenz der kognitiven Behinderung im Alter aus. Sie verschweigen, ob die Ursachen reversibel oder irreversibel waren. Wie wir sehen werden, ist das ein sehr wichtiger Punkt.

Wie steht es mit der Lebenszeit-Prävalenz? Hier würden wir in der Gruppe der Älteren die höchste Gesamtrate erwarten, denn schließlich blicken ältere Menschen auf eine längere Risikophase zurück, in der sich psy-

Krankheit, obwohl man nicht selten auch eine Mischung beider Ursachen findet.

Die Diagnose der Demenz

Die Diagnose einer Demenz besteht aus zwei Phasen: der Identifizierung des Syndroms und der systematischen Suche nach seinen Ursachen. Erstere erreicht man gewöhnlich mit einer klinischen Untersuchung der psychischen Leistungsfähigkeit und psychologischen Tests. Von besonderem Interesse sind dabei Orientierung, Gedächtnis, Informationsfülle, Sprache, Fähigkeit zu abstraktem Denken, Urteils- und Rechenfächische Störungen hätten entwickeln können. Aber wieder war der Anteil der im Laufe ihres Lebens von psychischen Störungen Betroffenen in der Gruppe ab 65 am niedrigsten.

Wie lassen sich diese Ergebnisse erklären? Psychisch gestörte ältere Menschen könnten durch Tod oder Institutionalisierung aus der Gemeinschaft ausgeschieden sein. Möglich ist auch, daß sie ihre Symptome auf eine körperliche Krankheit zurückgeführt oder frühere Episoden vergessen haben (*Robins* et al., 1984). Zudem wissen wir nicht genau, ob sich psychische Störungen bei alten Menschen mit denselben Instrumenten erfassen lassen wie bei jüngeren. Für manche Störungen, z.B. für die Schizophrenie, gibt es ein maximales Alter bei Beginn; laut DSM-III wird nach dem 45. Lebensjahr niemand mehr schizophren. Und schließlich haben wir vielleicht auch mit einem historischen Anwachsen der psychiatrischen Störungen in den letzten Generationen zu rechnen: Möglicherweise sind die Erwachsenen jüngeren und mittleren Alters signifikant häufiger von psychischen Störungen betroffen als noch ihre Eltern und Großeltern (*Robins* et al., 1984).

Alles in allem sind die über 65jährigen in ihrer Mehrzahl frei von schweren Psychopathologien, gleichwohl leiden 10 bis 20 Prozent unter psychologischen – sei es kognitiven oder seelischen – Problemen, die so schwerwiegend sind, daß unsere berufliche Aufmerksamkeit gefordert ist (*Birren* und *Sloane*, 1980; *Gurland* und *Cross*, 1982; *LaRue, Dessonville* und *Jarvik*, 1985).

higkeit. Ziel der zweiten Phase ist es, eine spezifische organische Ursache zu finden oder auszuschließen. Diesem Zweck dienen eine körperliche Untersuchung, Laboruntersuchungen und die Erhebung der medizinischen und psychiatrischen Anamnese des Patienten. Die körperliche Untersuchung sollte eine vollständige neurologische Untersuchung und eine Minimalbatterie von Screeningverfahren einschließen. Die Anamnese muß umfassend sein und sich insbesondere dafür interessieren, wann die Symptome eingesetzt und wie sie sich weiterentwickelt haben, ob und in welchen Mengen Drogen und Alkohol konsumiert wurden, ob der Patient kürzlich besonderen Belastungen ausgesetzt war und ob er Symptome aufweist, die auf eine affektive Störung hindeuten (*Cummings* und *Benson*, 1983; *Spar*, 1982).

Spezifische reversible Ursachen der Demenz, etwa ein Mangel an Vitamin B 12, sind im Labor leicht festzustellen, viele der irreversiblen Ursachen dagegen nicht. Mit Hilfe des CAT (vgl. S. 116) lassen sich kleine Infarktbereiche aufspüren, und fokale EEG-Anomalien können ebenfalls dazu beitragen, den diagnostischen Eindruck einer Multi-Infarkt-Demenz zu bestätigen. Allerdings bedeutet das Fehlen solcher Befunde nicht, daß man diese Diagnose ausschließen darf, denn CAT macht nur Läsionen von mindestens einem Millimeter Dicke sichtbar (*LaRue, Dessonville* und *Jarvik*, 1985). Die mit Hilfe von CAT-Scans gemessene Hirnrindenatrophie korreliert zwar einigermaßen mit dem Ausmaß der intellektuellen Beeinträchtigung von Alzheimer-Patienten, aber ein gewisses Maß an Hirnrindenatrophie ist im Alter normal. Das Vorliegen einer Hirnrindenatrophie reicht also zur Diagnose einer Demenz vom Typ Alzheimer nicht aus (*Wells* und *Duncan*, 1977; *Task Force Report*, 1980). Man geht allgemein davon aus, daß die Alzheimer-Krankheit erst bei der Autopsie diagnostiziert werden kann.

Die vorhandenen neurodiagnostischen Techniken sind also nur von begrenztem Aussagewert. Folglich untersucht man, nachdem man spezifische reversible Ursachen von Demenz ausgeschlossen hat, das Muster der Verhaltensbeeinträchtigung (*Cummings* und *Benson*, 1983). Aber das Gehirn ist ein komplexes Organ, über das wir noch sehr wenig wissen; zudem können Menschen auf einen scheinbar ähnlichen Abbau im Gehirn psychologisch sehr unterschiedlich reagieren. Manche sind in der Lage, auch einen erheblichen Gerhirnschaden zu kompensieren und zeigen sich in Verhalten und Intellekt unerwartet wenig beeinträchtigt, während bei anderen die feststellbare Schädigung minimal, aber der psychische Abbau beträchtlich ist (*Tomlinson* und *Henderson*, 1976). Bildung, Beruf und Persönlichkeit – all das spielt dabei eine Rolle. Zudem kann die Demenz von anderen hirnorganischen Syndromen, etwa einem Delir, überlagert sein oder, wie bereits gesagt, mehrere Ursachen haben. Hinzu kommt, daß viele depressive ältere Menschen über Symptome klagen – Nachlassen des Gedächtnisses, Vergeßlichkeit, Konzentrationsschwierigkeiten und psychomotorische Veränderungen –, die denen der Demenz ähnlich sind.

Da die Diagnose einer Demenz vom Typ Alzheimer gewöhnlich darin besteht, daß man andere mögliche Ätiologien ausschließt und nach unzureichend definierten Verhaltensmustern sucht, ist die Irrtumswahrscheinlichkeit relativ groß. Es besteht nicht nur die Gefahr, daß potentiell reversible Ursachen einer Demenz unentdeckt bleiben, sondern möglicherweise wird die Diagnose auch viel zu häufig gestellt, d.h. immer dann, wenn die genaue Ursache der Demenz nicht festgestellt werden kann. In der Tat lassen Untersuchungen zur Stabilität von Diagnosen vermuten, daß ein beträchtlicher Teil nicht von Bestand ist und nach einer gewissen Zeit geändert wird. Bei 25 bis 57 Prozent der Patienten mit diagnostizierter Alzheimer-Krankheit war der Verfall fünf bis fünfzehn Jahre nach der Diagnosestellung nicht im erwarteten Ausmaß fortgeschritten. Diese Erhebungen kommen gewöhnlich zu dem Schluß, daß die eigentliche Ursache des intellektuellen Abbaus eine unerkannt gebliebene Depression war (*Cummings* und *Benson*, 1983).

Angesichts all dieser diagnostischen Probleme sollte man mit der Diagnose einer irreversiblen Ursache einer Demenz zurückhaltend sein und statt dessen um so sorgfältiger nach vorübergehenden, reversiblen Ursachen der Symptome suchen. Es ist sicher besser, eine vorhandene irreversible Demenz fälschlicherweise nicht zu diagnostizieren, als die Diagnose zu stellen, wo sie nicht zutrifft. Mit Hilfe weiter verbesserter Computer-Diagnose-Techniken und detaillierterer Verhaltens- und Autopsiestudien wird es vielleicht einmal gelingen, die verschiedenen Ursachen der Demenz eindeutig festzustellen.

Die Behandlung der Demenz

Hat man für eine Demenz eine reversible Ursache gefunden, sollte unverzüglich mit einer angemessenen medizinischen Behandlung, etwa der Korrektur von Ernährungsmängeln, begonnen werden. Für die Alzheimer-Krankheit hat man allerdings trotz zahlreicher Untersuchungen bis heute keine klinisch bedeutsame Behandlung gefunden. Mit bestimmten Medikamenten lassen sich Lernen und Gedächtnis, insbesondere bei geringfügiger Beeinträchtigung, kurzzeitig etwas verbessern, aber Langzeitbehandlungen gibt es nicht (*Bartus* et al., 1982). *Zarit* (1980) faßt die in diesen Situationen sinnvollen Interventionen kurz und bündig folgendermaßen zusammen:

> „*Die Behandlung von Personen mit seniler Demenz besteht im Grunde darin, die Betroffenen und ihr soziales Netz zu stützen. Gegenwärtig gibt es keine Methode, mit der sich eine intellektuelle Funktion wiederherstellen oder im Falle einer senilen Gehirnkrankheit weiterem Abbau vorbeugen läßt. Die Behandlung schließt das Bemühen ein, die durch die Störung verursachte Zerrüttung möglichst gering zu halten. Die Behandlungsziele schließen ein: den Betroffenen weiterhin ein Leben in einer Gemeinschaft zu ermöglichen; ihnen Gelegenheit zu geben, über ihre Krankheit und deren Folgen zu sprechen; die Familie und andere betroffene Personen über das Wesen der Krankheit aufzuklären; Familienangehörige soweit zu unterstützen, daß sie dem oder der Erkrankten weiterhin helfen können; und verhaltenstherapeutische und problemlösende Methoden einzusetzen, um spezifische Probleme, die als Folge der Gehirnstörung auftreten, handhabbar zu machen.*“ (S. 356)

Auf jeden hospitalisierten Patienten mit schwerer Demenz kommen zwei, die – gewöhnlich mit Unterstützung eines Ehepartners, einer Tochter oder eines anderen Angehörigen – weiterhin innerhalb der Gemeinschaft leben (*Gurland* und *Cross*, 1982). Die Last der Pflege bleibt gewöhnlich den Angehörigen überlassen. Also sollte sich die Behandlung nicht nur der Bedürfnisse des Patienten annehmen, sondern auch dessen Familie einbeziehen. Die Pflege erfordert einen solchen Aufwand an Zeit, Kraft und Emotionen, daß pflegende Angehörige und Freunde depressiv werden können. Man kann ihnen unter anderem dadurch helfen, daß man sie genau und ausführlich über die spezifischen Probleme des Patienten informiert. Alzheimer-Patienten fällt es zum Beispiel sehr schwer, neue Informationen im Gedächtnis zu speichern. Sie können zwar durchaus an einer vernünftigen Unterhaltung teilnehmen, haben aber nach wenigen Minuten vergessen, worüber gesprochen wurde. Das kann eine Betreuungsperson, die nicht weiß, daß diese Beeinträchtigung als Folge des zugrundeliegenden Gehirnschadens zu erwarten ist, ungeduldig machen. Vom Patienten mehr zu fordern – vielleicht in dem Glauben, er bringe mit seinem Verhalten auf passiv-aggressive Weise Feindseligkeit zum Ausdruck –, macht die Sache für denjenigen, der solche Ansprüche stellt, aber auch für andere Angehörige nur noch schlimmer und ist kaum dazu angetan, dem Erinnerungsvermögen des älteren Menschen auf die Sprünge zu helfen. Auch von hausgemachten Gedächtnisübungen ist abzuraten, denn wir kennen keine Technik, mit der sich das Gedächtnis von Alzheimer-Patienten verbessern ließe.

Man kann der Familie jedoch vermitteln, wie sie ihrem kranken Angehörigen helfen kann, trotz der verlorenen Fähigkeiten einigermaßen zurechtzukommen. Zum Beispiel kann es das Leben für beide Teile erheblich erleichtern, wenn vom Kranken nicht Erinnerung, sondern Wiedererkennen verlangt wird. Die Familie lernt etwa, Fragen zu stellen, in denen die Antwort bereits enthalten ist. Es ist sehr viel leichter, auf die Frage „Hast du gerade mit Hans oder Fritz telephoniert?“ zu antworten als auf „Wer hat gerade angerufen?“ Aufschriften auf Schubfächern, Haushaltsgeräten und Zimmertüren helfen dem Kranken, sich zu orientieren. Wenn er nicht mehr lesen kann, versucht man es mit Bildern und kleinen Zeichnungen. Große Kalender, Uhren, Handlungsanweisungen und ein automatischer Wähler am Telephon können ebenfalls hilfreich sein.

Man sollte die Betreuungspersonen auch davon in Kenntnis setzen, daß die Patienten ihre Grenzen nicht immer richtig einschätzen und zuweilen Dinge tun, die ihre Fähigkeiten übersteigen. Damit können sie sich und andere in Gefahr bringen. Man sollte die Patienten zwar nicht verzärteln, aber da sie ihre Probleme und Beeinträchtigungen vergessen, ist es doch ratsam, ihnen Grenzen zu setzen. Manchmal erfordern auch die Reaktionen einer Betreuungsperson auf die Schwierigkeiten des Patienten Aufmerksamkeit. Die Schwiegertochter einer Frau mit Demenz konnte nur schwer ertragen, in welche Farbkombinationen sich ihre Schwiegermutter gewandete. Sie wollte daher die Zusammenstellung der Garderobe selber übernehmen, obwohl die Patientin durchaus in der Lage war, sich selbstständig und angemessen, wenn auch nicht modisch, zu kleiden. Der Schwiegertochter wurde nachdrücklich geraten, der Patientin nicht ihre Maßstäbe und ihren Geschmack aufzuzwingen und einzusehen, daß deren Fähigkeit, sich selbständig anzuziehen und sich für ihre Kleidung selbst verantwortlich zu fühlen, wichtiger war als ein konventionelles Äußeres (*Zarit*, 1980).

Berater und Betreuer haben noch andere Möglichkeiten, bei der häuslichen Betreuung von Demenz-Kranken zu helfen. Viele Angehörige haben Angst, die Patienten allein zu lassen, und beaufsichtigen sie bis zur eigenen völligen Erschöpfung. Sie verlassen kaum noch das Haus und versagen sich selbst einfache Zerstreuungen und kleine Freuden, um nicht das Gefühl zu haben, Ehepartner, Vater oder Mutter zu vernachlässigen. In vielen Fällen ist eine derart intensive Aufsicht der Situation gar nicht angemessen. Falls der Zustand des Patienten das wirklich erfordert, sollte man sich um eine Pflegerin oder andere Betreuungsperson bemühen. Leider können sich viele Familien solche Hilfsdienste zwischendurch finanziell nicht leisten, beziehungsweise sind diese in der näheren Umgebung nicht erreichbar.

Der Berater muß sich bewußt sein, daß einige der Spannungen zwischen Pflegeperson und Patient sehr wohl ihre Wurzeln auch in der Beziehung haben können, die beide vor Beginn der Demenz zueinander hatten. Es gibt eine Tendenz, den äußeren Anschein einer Situation, hier die Behinderung eines kranken Menschen, als die Ursache aller Schwierigkeiten anzusehen. Hier könnte aber die Bearbeitung lange bestehender Probleme notwendig sein.

Sehr belastend sind die paranoiden Wahnvorstellungen, unter denen manche Demenz-Kranke leiden. Wie bei jeder Paranoia, sollte man solche Vorstellungen nicht direkt bekämpfen. Man nimmt sie am besten so wenig wie möglich zur Kenntnis und konzentriert sich auf intaktere Verhaltensbereiche des Betroffenen. Bei Demenz-Kranken verschwinden Wahnvorstellungen in dem Maße, wie der zerebrale Verfall fortschreitet und das Gedächtnis nachläßt. Die Prognose für diesen Aspekt der Krankheit ist auf traurige Weise gut.

Den Kranken selbst zu beraten, ist schwierig und verspricht, namentlich bei fortgeschrittener Demenz und den damit verbundenen kognitiven Einbußen, wenig langfristigen Nutzen. Aber manchen Patienten scheinen gelegentliche Gespräche mit beruflichen Helfern und anderen Außenstehenden Freude und Beruhigung zu geben. Man sollte ihnen nicht völlig die Fähigkeit absprechen, an Gesprächen über die Probleme ihrer Betreuungspersonen teilzunehmen. Allerdings muß man die tatsächliche Begrenztheit ihres kognitiven Vermögens realistisch einschätzen. *Zarit* (1980) schlägt sogar vor, sie nicht zum Eingeständnis ihrer Schwierigkeiten zu bewegen, da Verleugnung der für sie vielleicht wirksamste Bewältigungsmechanismus ist.

Dem begrenzten kognitiven Vermögen seniler Menschen sollte man immer mit Güte begegnen. Man sollte sich nicht so verhalten, als seien sie nicht da, nicht in ihrer Anwesenheit über ihre Schwächen sprechen, sich nicht über ihre gelegentlichen Schrullen und ihre Vergeßlichkeit lustig machen, und man tut gut daran, ihre paranoiden Verdächtigungen zu überhören. Auch organisch gesunde ältere Menschen werden von ihren jüngeren Angehörigen häufig wie Kinder behandelt oder ignoriert – ein Zeichen von Geringschätzung, das nicht nur den älteren Menschen, sondern auch denjenigen, der sich so unhöflich verhält, entwürdigt.

Am schwersten fällt wohl die Entscheidung, ob und wann man den Demenz-Kranken einer Institution anvertrauen soll. Irgendwann kann die Pflege so belastend und der geistige Verfall des

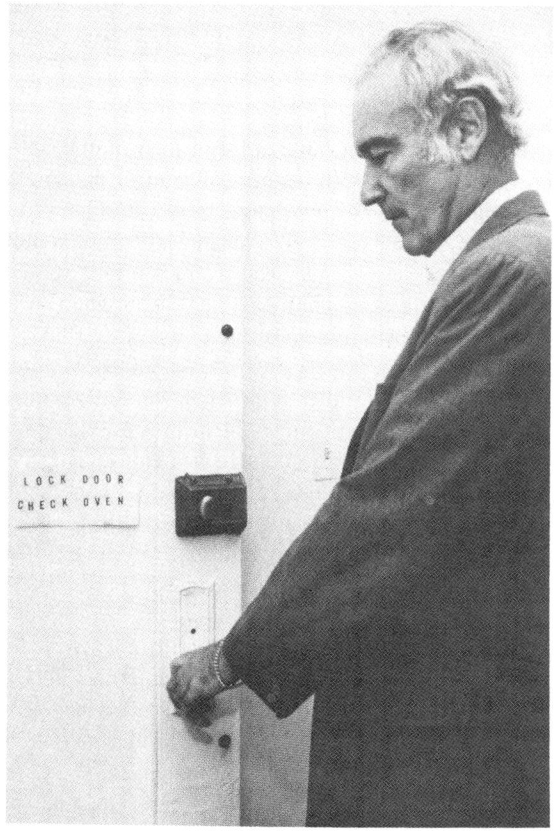

Bei Gedächtnisverlust als Folge der Alzheimerschen Krankheit kann es für die Betroffenen hilfreich sein, wenn man ihnen die täglichen Routineverrichtungen und andere Instruktionen gut lesbar aufschreibt.

Kranken so weit fortgeschritten sein, daß die Unterbringung in einem Pflegeheim für die Betroffenen und deren Familien die einzig gangbare Lösung bleibt. Die Konflikte, die diese Entscheidung auslöst, sind nicht zu unterschätzen. Der Berater kann die Familie über nahegelegene Einrichtungen informieren und ihr helfen, die Entscheidung zu treffen und in die Tat umzusetzen (*Zarit*, 1980).

Delir

Die Bezeichnung Delir ist abgeleitet von den lateinischen Wörtern *de* (von, aus) und *lira* (Rinne, Spur). Gemeint ist, daß jemand gleichsam aus der Spur geraten ist und sich in einem für ihn ungewöhnlichen Zustand befindet (*Wells* und *Duncan*, 1980). Obwohl das Delir eine der häufigsten organisch bedingten psychischen Störungen alter Menschen ist, wurde es von der Forschung vernachlässigt und wird, ähnlich wie die Demenz, oft fehldiagnostiziert. Schuld an letzterem trägt wohl in erster Linie das terminologische Durcheinander. In der Literatur findet man dreißig oder mehr Synonyme für das Syndrom (*Liston*, 1982), wovon ‚akuter Verwirrtheitszustand' und ‚akutes Psychosyndrom' die wohl gebräuchlichsten sind.

Das DSM-III beschreibt das Delir als „Bewußtseinstrübung". Der Patient hat, zuweilen ganz plötzlich, große Schwierigkeiten, sich zu konzentrieren und aufmerksam zu bleiben und kann keinen kohärenten und zielgericheteten Gedankengang aufrechterhalten. Fast immer ist der Schlaf-Wach-Rhythmus gestört, in vielen Fällen kommt es zur Umkehr des normalen Rhythmus. Oft wechselt der Betroffene abrupt von Hyperaktivität zu Lethargie.

T.H. ist ein 65jähriger Geschäftsmann, der in die Klinik gekommen war, weil er sich einer zervikalen Bandscheibenoperation unterziehen mußte. Aus beruflichen Gründen, aber auch aus Angst vor der Operation, hatte er den Operationstermin bereits zweimal verschoben. Der Patient war ein ziemlich starker sozialer Trinker, trank aber nicht so viel, daß seine berufliche Leistung darunter litt. Die Operation verlief ohne Zwischenfälle, und auch anschließend gab es zunächst keinerlei Komplikationen. Der Patient war sehr erleichtert, und es schien auf eine ganz normale Rekonvaleszenz hinauszulaufen – bis zur dritten Nacht nach der Operation. In dieser Nacht wurde er unruhig und fand keinen Schlaf. Am nächsten Tag war er sichtbar müde, aber sonst normal. In der darauffolgenden Nacht wurde seine Unruhe ausgeprägter, ihn quälten Angst und Furcht. Später glaubte er, Menschen zu sehen, die sich in seinem Zimmer verbargen, und kurz vor Morgengrauen teilte er der Schwester mit, über sein Bett und die Vorhänge hinauf liefen seltsame kleine Tiere. Bei der Morgenvisite zeigte sich der Patient sehr verängstigt. Er war lethargisch, zerstreut und berichtete von den Ereignissen der vergangenen Nacht sehr unzusammenhängend. Er wußte, wer er war und wo er war, konnte aber nicht sagen, welches Datum man schrieb und wann die Operation stattgefunden hatte. Während des Tages fluktuierte sein Geisteszustand, aber mit Einbruch der Dunkelheit wurde er wieder desorientiert und agitiert. An diesem Punkt wurde ein Psychiater hinzugezogen.

Dessen Diagnose lautete auf ‚akuter, postoperativer Verwirrtheitszustand', vermutlich verursacht durch ein Zusammentreffen mehrerer Faktoren: Alkoholentzug, Angst vor der Operation, starke Schmerzmittel, Operationsstreß, Schmerz und die schlaflosen Nächte in unvertrauter Umgebung. Die Behandlung bestand darin, daß man die Schmerzmittel reduzierte, nachts ein Licht im Zimmer brennen ließ und dafür sorgte, daß immer ein Angehöriger bei ihm war. Zusammen mit dreimal täglich 50 mg Chlorpromazin (Thorazin) und 500 mg Chloralhydrat zur Schlafenszeit bewirkten diese einfachen Maßnahmen innerhalb von zwei Tagen eine Besserung. Nach einer Woche konnte der Patient ohne Anzeichen irgendwelcher Verhaltensabnormitäten entlassen werden und ist bis heute von derlei Symptomen frei geblieben (*Strub* und *Black*, 1981, S. 89–90).

In den ersten Stadien eines Delir sind die Betroffenen – insbesondere nachts – oft unruhig. Der Schlaf-Wach-Zyklus ist gestört. Die Patienten sind tagsüber benommen, nachts dagegen wach, unruhig und agitiert. Im Dunkeln und während der schlaflosen Nächte geht es ihnen gewöhnlich schlechter. Es kommt zu lebhaften Träumen und Alpträumen.

Patienten im Delir haben oft extreme Schwierigkeiten, ihre Gedanken zu sammeln. Ihre Aufmerksamkeit schweift immer wieder ab, ihr Denken ist fragmentiert, so daß sie auch zu einem Gespräch nicht mehr fähig sind. Sie sprechen verschwommen oder finden Wörter nicht; Schreiben und Buchstabieren sind vielfach ebenfalls beeinträchtigt. Bei schwerem Delir ist die Sprache knapp und spärlich oder gedrängt und unzusammenhängend. In ihrer Verwirrung können die Betroffenen jegliche zeitliche und räumliche Orientierung verlieren und wissen zuweilen auch

Menschen nicht einzuordnen. Oft sind sie so unaufmerksam, daß es gar keinen Sinn hat, ihnen Fragen zur Orientierung zu stellen. Im Laufe einer 24-Stunden-Periode gibt es allerdings immer wieder „lichte Momente“, in denen die Kranken aufmerksamer und konzentrierter sind. Diese Fluktuationen machen es leichter, das Delir von anderen Psychosyndromen zu unterscheiden.

Wahrnehmungsstörungen sind häufig. Die Betroffenen halten Unbekanntes für Bekanntes; sie glauben z.B., sich nicht im Krankenhaus, sondern im Hotel zu befinden, und halten die Krankenschwester für das Zimmermädchen. Oft sehen sie Dinge doppelt, oder sie erscheinen ihnen zu klein, zu groß oder ganz und gar unförmig. Insbesondere visuelle und gemischt visuell-akustische Illusionen und Halluzinationen sind häufig, aber nicht die Regel. Bei alten Menschen kommt es im Delir in 40 bis 70 Prozent der Fälle zu paranoiden Wahnvorstellungen. Diese Wahnvorstellungen sind zumeist wenig konkret, flüchtig, an die Umgebung gebunden und ändern sich schnell.

Zu den ungeordneten Gedanken und Wahrnehmungen kommen Aktivitäts- und Stimmungsschwankungen. Personen mit Delir können sprunghaft und unruhig sein, an ihren Kleidern reißen und im nächsten Augenblick in Lethargie verfallen. Sie befinden sich in großem emotionalen Aufruhr und wechseln oft unvermittelt von einer Emotion zur anderen – von Depression, Angst und Schrecken zu Zorn, Euphorie und Reizbarkeit. Häufig sind Fieber, gerötetes Gesicht, erweiterte Pupillen, beschleunigter Herzschlag und erhöhter Blutdruck zu beobachten; nicht selten können die Betroffenen auch Urin und Fäzes nicht mehr halten. Im fortgeschrittenen Delir verlieren die Patienten den Kontakt zur Realität völlig und können in Stupor verfallen (*Lipowski*, 1980, 1983; *Strub* und *Black*, 1981).

Obwohl sich ein Delir gewöhnlich sehr schnell, d.h. innerhalb von Stunden oder Tagen, entwikkelt, hängt die genaue Art des Beginns von der zugrundeliegenden Ursache ab. Ein Delir in der Folge einer toxischen Reaktion oder einer Gehirnerschütterung setzt abrupt ein. Liegt eine Infektion oder eine Stoffwechselstörung zugrunde, bilden sich die Symptome stufenweise und über längere Zeit hin aus.

Das Delir kann in jedem Alter auftreten, besonders häufig betroffen sind Kinder und ältere Menschen. Untersuchungen zufolge kommt es bei älteren Patienten in 10 bis 15 Prozent der Fälle nach einer Operation zum Delir (*Miller*, 1981). Und wie einem Überblick über die Literatur zum Delir zu entnehmen ist, haben zwischen einem Drittel und der Hälfte aller hospitalisierten alten Leute während ihres Aufenthaltes in der Institution irgendwann einmal ein Delir (*Lipowski*, 1983). Obwohl die Schätzungen weit auseinandergehen, zeigen sogar noch die niedrigsten Zahlen, daß das Delir ein ernsthaftes Gesundheitsproblem für alte Menschen darstellt.

Warum sind alte Menschen so besonders anfällig für ein Delir? Man hat sich das auf vielerlei Weise zu erklären versucht. Da sind zum einen der altersbedingte körperliche Abbau, die erhöhte Anfälligkeit für chronische Krankheiten, die vielen Medikamente, die älteren Patienten verschrieben werden, und ihre größere Streßanfälligkeit. Zudem erhöht die Schädigung des Gehirns das Risiko, in ein Delir zu verfallen. Am anfälligsten scheinen alte Menschen mit Demenz-Störungen zu sein. Eine retrospektive Überprüfung ergab, daß von 100 Patienten aller Altersstufen, die mit Delir ins Krankenhaus eingeliefert worden waren, 44 zusätzlich an einer weiteren hirnorganischen Störung litten (*Purdie, Honigman* und *Rosen*, 1981).

Ursachen des Delirs

Die Ursachen des Delirs im Alter lassen sich mehreren allgemeinen Kategorien zuordnen: Drogenintoxikation, Stoffwechselstörungen und ernährungsbedingte Störungen, Infektionen oder Fieber, neurologische Störungen und Streß aufgrund einer Veränderung in der Umgebung des Patienten (*Habot* und *Libow*, 1980; *Lipowski*, 1980). Zu den körperlichen Krankheiten, die in dieser Altersgruppe ein Delir verursachen können, gehören außerdem die dekompensierte Herzinsuffizenz, die Pneumonie, Infektionen des Urinaltraktes, Krebs, Urämie, Dehydration und zerebrovaskuläre Unfälle und Schlaganfälle. Die vermutlich häufigste Einzelursache des Delirs im Alter ist die Intoxikation mit verschriebenen Medikamenten (*Besdine*, 1980; *Lipowski*, 1983). In den meisten Fällen ist allerdings mit mehr als einer Ursache zu rechnen (*Sloane*, 1980).

Wenn das Syndrom richtig diagnostiziert und die zugrundeliegende Ursache zügig und wirksam behandelt wird, ist eine vollständige Wiederherstellung möglich. Ein Delir dauert gewöhnlich zwischen einer und vier Wochen, obwohl es bei älteren Menschen länger dauern kann, bis sich das Bewußtsein wieder aufhellt. Wird allerdings die zugrundeliegene ursächliche Krankheit nicht behandelt, kann das Gehirn dauerhaften Schaden nehmen und der Patient sterben. Die Sterblichkeitsrate ist extrem hoch: Etwa 40 Prozent der deliranten Patienten sterben entweder an der zugrundeliegenden Krankheit oder an Erschöpfung (*Rabins* und *Folstein*, 1982). Tatsächlich übersteigt die über ein Jahr erhobene Sterblichkeitsquote des Delirs mit 37,5% die der Demenz mit 16% erheblich. Ein Delir im Alter ist also eine sehr ernste Angelegenheit.

Diagnose des Delirs

Das Wohl deliranter alter Menschen hängt also offensichtlich entscheidend davon ab, daß das Delir richtig diagnostiziert und von ähnlichen Zuständen abgegrenzt wird. Identifizierung und Differentialdiagnose des Delirs setzen allerdings die Kenntnis der unterscheidenden klinischen Symptome voraus. Eine alte Frau wurde zum Beispiel in ihrer völlig verwahrlosten Wohnung ohne Essen aufgefunden. Ein schlecht informierter Arzt diagnostizierte zunächst eine Demenz, die Frau wurde in ein Pflegeheim eingewiesen und routinemäßig überwacht und versorgt. Glücklicherweise gab es hier jemanden, dem das Phänomen des Delirs vertraut war und der in Erfahrung brachte, daß die Patientin nach dem Verlust eines geliebten Menschen depressiv geworden war und ihre Ernährung vernachlässigt hatte. Man konnte sie daraufhin gezielt behandeln, ihr Zustand besserte sich, und nach einem Monat wurde sie entlassen (*Zarit*, 1980).

Dieser Fall ist durchaus nicht untypisch. Alte Menschen werden häufig fälschlicherweise für „senil" und also für hoffnungslose Fälle gehalten. Allzu oft erscheint die Heimpflege als einzig vernünftige Lösung, obwohl der Zustand des Patienten möglicherweise reversibel ist. Ein alter Mensch mit einer kognitiven Behinderung muß sorgfältig auf alle möglichen reversiblen Ursachen der Störung – Drogenintoxikation, Infektionen, Fieber, Mangelernährung und Hirntrauma – untersucht und dann entsprechend behandelt werden.

Warum ist es so schwierig, ein Delir zu diagnostizieren und von der Demenz abzugrenzen? Erstens überschneiden sich beide Syndrome gemäß ihrer Definition im DSM-III (*Lipowski*, 1983). Überdies wird die Diagnose noch dadurch erschwert, daß sich das Delir, je nach Alter der Betroffenen, in unterschiedlichen Symptomen äußern kann. Und schließlich hat man es häufig mit beidem, mit Delir und Demenz, zu tun.

Behandlung des Delirs

Die Behandlung des Delirs hat zwei wichtige Aspekte: Die Identifizierung und Korrektur des zugrundeliegenden medizinischen Problems und der angemessene Umgang mit den problematischen Symptomen, bis das Delir vorüber ist.

Es sollte unbedingt für sensorische Stimulation und Orientierungshilfen gesorgt werden. Beide Zwecke erfüllen Radio oder Fernseher im Zimmer des Patienten. Ein anwesender Angehöriger oder Freund gibt dem Patienten Sicherheit und hilft ihm, sich wieder in der Wirklichkeit zurechtzufinden. Ein auch des Nachts etwas erhelltes Zimmer erleichtert es dem Patienten, sich in seiner Umgebung zurechtzufinden und mindert die Verwirrung und Erregung, die ihn nach Eintritt der Dunkelheit befallen. Man muß dafür sorgen, daß der delirante Patient weder sich noch andere verletzen kann. Möglicherweise muß er rund um die Uhr beaufsichtigt oder zumindest in der Nähe des Schwesternzimmers untergebracht werden. Körperliche Einschränkungen sind nach Möglichkeit zu vermeiden, da sie Erregung und Agitiertheit häufig nur verstärken (*Liston*, 1982). Medikamente können zur Behandlung des zugrundeliegenden Problems und/oder zur Beruhigung notwendig und angebracht sein.

Ein häufig vernachlässigter Aspekt im Umgang mit einem Delir ist die Unterrichtung der Familie des senilen Patienten. Man sollte sie ausführlich über Symptome und reversible Natur des Delirs aufklären. Möglicherweise interpretieren die An-

Kasten 17.2
Zerebrovaskuläre Krankheiten: der Schlaganfall und seine Folgen

Die das Gehirn versorgenden Blutgefäße sind anfällig für mehrere Formen von Fehlfunktionen. Bei der *Arteriosklerose* verengen fettige Ablagerungen das Lumen oder den inneren Durchgang der Arterien. Wenn die Arterien des Gehirns betroffen sind, können einige Bereiche nicht genügend Blut und daher zu wenig Sauerstoff und Glukose erhalten. Wenn der Mangel länger anhält, wird das Gewebe des Gehirns, das besonders auf angemessene Versorgung angewiesen ist, weich, es degeneriert und wird sogar zerstört. Die Auswirkungen der zerebralen Arteriosklerose sind sehr unterschiedlich, je nachdem, welcher Bereich des Gehirns verstopfte Arterien hat und ob dieser Bereich auch noch von gesunden Blutgefäßen versorgt wird. Über drei Millionen Amerikaner sind in irgendeiner Hinsicht durch eine zerebrale Arteriosklerose beeinträchtigt.

Bei der *zerebralen Thrombose* bildet sich an einer durch Arteriosklerose verengten Stelle ein Blutpfropf und blockiert die Blutzirkulation. Es entsteht Kohlendioxid, das das Nervengewebe schädigt. Wenn der Patient Bewußtsein und Kontrolle verliert, spricht man von einer Apoplexie oder einem *Schlaganfall*. Der Patient kann sterben. Überlebt er, können eine Körperseite, ein Arm oder Bein gelähmt oder weniger empfindungsfähig bleiben, möglicherweise gehen auch andere motorische und sensorische Funktionen verloren. Die Beeinträchtigungen verschwinden entweder spontan oder lassen sich durch Therapie und konsequentes, entschlossenes Bemühen reduzieren. Ein gewisser Schaden bleibt gewöhnlich zurück. Wird nur ein kleines Blutgefäß blockiert, ist der Patient vorübergehend verwirrt und unruhig. Folgen mehrere solcher kleiner Schlaganfälle aufeinander, kumuliert die Schädigung allerdings.

Häufige Folge eines Schlaganfalls ist die *Aphasie*, eine Störung der Fähigkeit, Wörter zu benutzen. Ursache kann ein Blutgerinnsel in der mittleren zerebralen Arterie sein, die den parietotemporalen Bereich, und zwar gewöhnlich den der dominanten Großhirnhemisphäre, versorgt. Beim Rechtshänder hängt die Sprachfähigkeit vom parietotemporalen Bereich der linken Hemisphäre ab, beim Linkshänder kann diese Fertigkeit in der rechten oder linken Hemisphäre lokalisiert sein. Interessanterweise hat beim Rechtshänder eine Schädigung der rechten und beim Linkshänder eine Schädigung der linken Hemisphäre weniger gravierende Folgen für die Sprachfähigkeit.

Man unterteilt gewöhnlich in eine rezeptive oder sensorische und eine exekutive oder motorische Aphasie. Bei sensorischer Aphasie haben die Betroffenen Schwierigkeiten, die Bedeutung von Wörtern zu verstehen. Bei der auditiven Aphasie können sie gesprochene Worte nicht verstehen, bei der visuellen Aphasie sind es gedruckte Worte. Die Sprechfähigkeit ist jedoch nicht beeinträchtigt. Die Fähigkeit zu lesen ist möglicherweise vorhanden, aber nicht die Fähigkeit, gesprochene Worte zu verstehen; oder die betroffene Person kann gesprochene Sprache verstehen, jedoch nicht lesen! Bei motorischer Aphasie hat der Betroffene keine Verständigungsschwierigkeiten, jedoch Probleme beim Sprechen von Wörtern und Sätzen. Er kann Silben durcheinanderbringen, die einzelnen Wörter eines Satzes in einer falschen Reihenfolge äußern oder sich nicht mehr an die Namen ganz alltäglicher Dinge erinnern.

Bei der *Hirnblutung* zerreißt an einer schwachen Stelle ein Blutgefäß. Dabei kommt Gehirngewebe mit dem austretenden Blut in Berührung und wird geschädigt. In vielen Fällen besteht ein Zusammenhang zwischen Hirnblutung und Bluthochdruck. Welche psychischen Störungen zurückbleiben, hängt von der Größe des gerissenen Blutgefäßes und von Ausmaß und Lokalisierung der Schädigung ab. Oft werden die Betroffenen von der Hirnblutung überrascht und verlieren sofort das Bewußtsein. Reißt ein großes Gefäß, kommt es zu einem schweren Schlaganfall. Im allgemeinen sind alle Gehirnfunktionen – Sprache, Gedächtnis, Schlußfolgern, Orientierung und Gleichgewichtssinn – gestört. Der Patient fällt gewöhnlich – zuweilen unter Krämpfen – ins Koma und kann innerhalb von zwei Wochen sterben. Überlebt der Patient, bleiben in den meisten Fällen Lähmungen und Sprach- und Gedächtnisstörungen zurück, obwohl manchmal mit angemessenen Rehabilitationsmaßnahmen die fast völlige Wiederherstellung gelingt. An Hirnthrombosen und -blutungen sterben jährlich etwa 200000 Amerikaner (*Terry* und *Wisniewski*, 1984).

Der folgende Fallbericht schildert die möglichen Folgen eines Schlaganfalls und Maßnahmen, mit denen zumindest eine gewisse Normalität wiederhergestellt werden kann.

Der 68jährige Herr H. war ein ehemaliger kleiner Geschäftsmann, der im Ruhestand lebte, sich aktiv um Angelegenheiten seiner Gemeinde kümmerte und seinem Hobby, der Holzbearbeitung, nachging. Er litt an hohem Blutdruck und seit einigen Jahren auch an Diabetes. Beides konnte mit Medikamenten gut kontrolliert werden. Herr H. war ein unabhängiges und selbständiges Leben gewöhnt, was seine 45jährige Frau akzeptierte und respektierte. Auch nur etwas von dieser Unabhängigkeit aufzugeben, hielt er für ein Zeichen von Schwäche. Er war im Grunde ein ausgeglichener Mensch, konnte aber sehr zornig werden, wenn man ihn an etwas hinderte, was er sich vorgenommen hatte...

Frau H. war aktives Mitglied ihrer Kirchengruppe und führte ein offenes Haus. Sie war gesund, aber nicht sehr robust. Sie kochte abwechslungsreich und ausgewogen und so, daß ihr Mann eine seiner Diabetes und seinem hohen Blutdruck angemessene Diät einhalten konnte. Die beiden Kinder des Paares waren bereits verheiratet und lebten in einem anderen Bundesstaat, verbrachten aber ihre Ferien bei den Eltern.

Eines Morgens betrat Frau H. die Werkstatt ihres Mannes und fand ihn auf einem Stuhl sitzend und unfähig zu sprechen. Seine rechte Gesichtshälfte hing herunter, und er konnte weder den rechten Arm noch das rechte Bein bewegen. Als sie sich ihm von rechts näherte, schien er sie nicht zu sehen, nahm sie aber wahr, als sie sich an seine linke Seite stellte. Er machte ein paar erfolglose Versuche, zu sprechen. Frau H. rief ihren Hausarzt an, der für den Transport ins Krankenhaus sorgte. Eine sorgfältige Untersuchung ergab, daß Herr H. durch den Verschluß einer Arterie der linken Hirnhälfte einen Schlaganfall erlitten hatte. Im Krankenhaus wurde Herr H. akut-medizinisch versorgt. Man tat das Notwendige, um Komplikationen vorzubeugen, und es gelang, seinen Zustand zu stabilisieren. Anschließend überwies man ihn in ein medizinisches Rehabilitationszentrum.

Dort sah sich der Arzt seinen Krankenbericht an, untersuchte ihn, und sprach mit seiner Frau über die Untersuchungsergebnisse. Frau H. unterhielt sich auch mit einem Sozialarbeiter, der mehr über ihren Mann wissen wollte und ihre Fragen über die Einrichtung beantwortete. Frau H., so erfuhr diese, werde selbst Teil des Rehabilitationsprozesses sein, das Personal werde eng mit ihr zusammenarbeiten und man werde ihr die notwendigen Fertigkeiten vermitteln, damit sie ihren Mann später zu Hause versorgen könne. In Beratungsgesprächen werde man ihr helfen, mit der neuen Lage fertigzuwerden und sich an die veränderte Situation anzupassen. Herr H. hatte einen Blasenkatheter und litt aufgrund seiner Krankheit und Inaktivität an Verstopfung. Um diese Probleme kümmerte sich das Pflegepersonal des Rehabilitationszentrums. Aufgrund seiner eingeschränkten Beweglichkeit und seiner Diabetes bedurfte auch seine Haut aufmerksamer Beobachtung und Pflege. Sein Blutdruck wurde überwacht und sein Urin regelmäßig auf Zucker untersucht. Als Herr H. die notwendigen Fortschritte gemacht hatte, brachte man ihm bei, sich das Insulin mit der linken Hand zu injizieren, und seine Frau lernte, die Spritze aufzuziehen.

Mit der Zeit gewann Herr H. eine gewisse Kommunikationsfähigkeit zurück. Er wurde dabei sorgfältig von einer Logopädin überwacht, die ihm half, seine allgemeinen Kommunikationsfertigkeiten zu verbessern. Sie erklärte Frau H. und den Mitgliedern des Rehabilitationsteams, wie man sich am besten mit Herrn H. verständigen könne. Mit Hilfe einer Sprachtherapie lernte er, wieder lauter und deutlicher zu sprechen.

Sowie sich seine Kommunikationsfertigkeiten verbessert hatten, untersuchte ihn ein Psychologe auf seinen Geisteszustand und seine kognitiven Fertigkeiten und half ihm, mit den Frustrationen seiner Behinderung und dem Gefühl, von anderen kontrolliert zu werden (oder selber nicht mehr alles unter Kontrolle zu haben), fertigzuwerden. Mit Hilfe des Psychologen lernte er, mit seinem Ärger produktiver umzugehen und seine Frustrationen nicht wahllos am Personal oder seiner Frau auszulassen.

Zusammen mit der Heilgymnastin arbeitete Herr H. daran, im Bett beweglicher zu werden und war schließlich soweit, daß er das Bett verlassen konnte. Die ersten Gehversuche machte er mit maximaler Unterstützung und einer vierbeinigen Gehhilfe, zum Schluß genügte ihm ein gerader Stock, während seine Frau nur noch für alle Fälle neben ihm stand. Der Beschäftigungstherapeut übte mit Herrn H. den Gebrauch der nicht-dominanten Hand, aber auch die schwache rechte Hand wurde trainiert. Er lernte, allein zu essen, sich allein anzuziehen und die grundlegenden Verrichtungen des täglichen Lebens selbständig zu erledigen. Er absolvierte ein Training, das es ihm erlauben sollte, (auch weiterhin) zumindest in beschränktem Umfang seinem Hobby nachzugehen und Holzarbeiten anzufertigen.

Der Freizeittherapeut half Herrn H., eine gewisse Erfüllung in seiner Freizeit zu finden. Es wurden Freizeitaktivitäten gewählt, die seiner Behinderung entsprachen, gleichzeitig aber auch dem nahekamen, was ihm früher Spaß gemacht hatte. Man besprach mit den Eheleuten die Frage des Transports, erkundigte sich nach ihrer finanziellen Situation und sagte ihnen, bei welcher Behörde ihrer Gemeinde sie Hilfe finden könnten. Ein Beschäftigungstherapeut sah sich das Haus der beiden daraufhin an, wie behindertengerecht es war, und empfahl aus Sicherheitsgründen einige Veränderungen.

Während dieser ganzen Zeit traf sich das Rehabilitationsteam einmal wöchentlich, um die besonderen Schwierigkeiten Herrn H.s zu besprechen, nach Lösungen zu suchen und die Behandlung für die kommende Woche zu planen. Nach etwa einem Monat konnte Herr H. mit seiner Frau nach Hause zurückkehren und mit ihrer Hilfe ein in begrenztem Umfang selbständiges Leben führen. Eine anschließende ambulante Behandlung im Zentrum war geplant, um Kraft, Beweglichkeit, Selbständigkeit und Kommunikationsfertigkeiten weiter zu verbessern (*Zarit*, 1980, S. 179–180).

gehörigen den Beginn eines Delirs als neues Stadium einer fortschreitenden Demenz. Ein Vater mit Alzheimer-Krankheit bekommt vielleicht als Folge einer inneren Infektion hohes Fieber und fängt an zu halluzinieren und andere seltsame Dinge zu tun. Diese neuen Symptome überlagern den intellektuellen Verfall, an den sich die Familie inzwischen gewöhnt hat. Die Angehörigen sind beunruhigt, befürchten, daß der Patient nunmehr endgültig den Boden unter den Füßen verliert, und fühlen sich – zu früh – zur Entscheidung genötigt, den Vater in ein Heim zu geben. Bei richtiger Diagnose und Behandlung wird der Patient jedoch seinen früheren Zustand wieder erreichen, der zwar auch problematisch war, mit dem seine Familie aber fertig wurde.

4. Psychische Störungen des Alters

Transsexuelle, so haben wir an anderer Stelle gesagt, schreiben es vielfach der Diskrepanz zwischen ihrer anatomischen und ihrer Geschlechtsidentität zu, wenn sie unglücklich sind. Ähnlich ist es, zumindest in den Augen anderer, bei alten Leuten. Ein 75jähriger Mann hat eine nicht wegzuleugnende Eigenschaft – er ist alt. Ist er verschroben oder depressiv, so eben darum, weil er alt ist. Sogar wenn er glücklich ist, schiebt man es auf sein Alter. Hinzu kommt, daß die ,,Alterserklärung" implizit gewöhnlich somatischer Natur ist. Nicht nur hinter den körperlichen, sondern auch hinter den psychischen Problemen alter Menschen wird irgendein nicht näher definierter körperlicher Abbau vermutet.

Eine psychische Störung kann in jedem Alter körperlich bedingt sein. Doch folgt man dieser Erklärung in bezug auf alte Menschen, so wird die Ursache solcher Probleme in die Betroffenen selbst verlegt. Das macht häufig blind für andere Faktoren, die großen Einfluß auf den seelischen oder emotionalen Zustand alter Menschen haben können. Tatsache ist, daß sich die meisten Psychopathologien, unter denen alte Menschen leiden, *nicht* unmittelbar mit dem körperlichen Altern in Verbindung bringen lassen. Ob jemand von früher schlechtangepaßte Persönlichkeitszüge und unangemessene Bewältigungsmechanismen mitbringt, spielt ebenso eine Rolle wie Gesundheit, genetische Prädisposition und Lebensbelastungen.

Depression

Häufigkeit und Schwere der Depression im Alter

Den jüngsten NIMH-Daten zufolge leiden ältere Menschen seltener unter affektiven Störungen als jüngere (*Myers* et al., 1984), doch man schätzt, daß etwa die Hälfte der älteren Menschen, die akut psychiatrisch behandelt werden müssen, solche Störungen aufweisen (*Gurland* und *Cross*, 1982; *Redick* und *Taube*, 1980). Unipolare Depressionen sind dabei sehr viel häufiger vertreten als bipolare (*Post*, 1978). Tatsächlich scheint die manisch-depressive Krankheit nach dem 65. Lebensjahr sehr selten zu sein (*Jamison*, 1979). Aus diesem Grund wird im folgenden nur von der unipolaren Depression die Rede sein.

Die Depression gilt als eine der häufigsten und am besten zu behandelnden psychischen Störungen im Alter. Die Prävalenzschätzungen fallen allerdings sehr unterschiedlich aus und hängen von mehrerlei Faktoren ab: erstens von der untersuchten Population, d.h. davon, ob die Probanden zu Hause oder in Pflegeeinrichtungen leben; zweitens davon, ob man als Erfassungsmethode Selbstbeurteilung oder klinische Evaluation wählt; und drittens von den diagnostischen Kriterien, dem vielleicht wichtigsten Faktor. Aus früheren Erhebungen geht hervor, daß 30 bis 65 Prozent der älteren Menschen über depressive Symptome, darunter Müdigkeit, dysphorische Verstimmung und Schlafstörungen, klagen (*Dovenmuehle, Recklass* und *Newman*, 1970; *Pfeiffer* und *Busse*, 1973; *Raymond, Michals* und *Steer*, 1980; *Zung*, 1967). Wenn sich eine derartige Untersuchung also vornehmlich auf somatische Beschwerden wie Müdigkeit und Schlaflosigkeit konzentriert, erscheint die Depressionsneigung bei alten Menschen größer als bei jungen. Legt man allerdings das im DSM-III definierte vollständige Syndrom einer typischen Depression zugrunde, sind nur 2 bis 6 Prozent der über 65jährigen betroffen (*Blazer* und *Williams*, 1980; *Gurland* und *Cross*, 1982; *Weissman* und *Myers*, 1978). Tatsächlich verzeichnet die jüngste NIMH-Studie für die typische Depression bei alten Menschen eine Prävalenzrate von weniger als einem Prozent (*Myers* et al., 1984). Unabhängig von der Art der untersuchten älteren Population wird bei alten Menschen also seltener eine Depression diagnostiziert als bei jüngeren. Zwischen fortgeschrittenem Alter als solchem und Depression besteht kein Zusammenhang (*Liberman*, 1983).

Frauen durchleiden zu jeder Zeit ihres Lebens, mit Ausnahme vielleicht des ganz hohen Alters, mehr depressive Phasen als Männer. Eine in New

York durchgeführte Untersuchung ergab, daß Frauen unter 80 häufiger an einer behandlungsbedürftigen Depression litten als Männer, während bei den über 80jährigen mit 24% versus 10% die depressiven Männer überwogen (*Gurland* und *Cross*, 1982). Über 30 Prozent der älteren Menschen, die chronische Gesundheitsprobleme haben oder im Krankenhaus liegen, sind depressiv (*Blazer*, 1982). Überdies kann mit einer Demenzstörung wie der Alzheimer-Krankheit auch eine Depression einhergehen. Man schätzt, daß die Demenz in 20 Prozent der Fälle von einer Depression überlagert wird (*Reifler, Larson* und Hanley, 1982).

Ganz allgemein leiden schätzungsweise etwa 10 bis 15 Prozent der geriatrischen Population unter einer interventionsbedürftigen Depression, wobei die meisten der Betroffenen in jüngerem Alter bereits ähnliche Episoden durchgemacht haben. Leider fehlen zuverlässige Inzidenz-Daten, d.h., wir wissen nicht, wieviele Menschen im Alter zum erstenmal eine Depression entwickeln.

Depression bei älteren und jüngeren Menschen

Unterscheidet sich die Depression älterer von der jüngerer Menschen? *Blazer* (1982) fand als übliche Symptome der Altersdepression eine innere Besorgnis, das Gefühl, nicht mehr gebraucht zu werden, Traurigkeit, Pessimismus, Müdigkeit, Schlaflosigkeit und Willensschwäche. Natürlich sind die Symptome in anderen Altersgruppen ähnlich. Als *Blazer* jedoch die Symptome depressiver älterer Menschen mit denen dreier jüngerer Populationen, die wegen Depression behandelt wurden, verglich, fielen ihm einige interessante Unterschiede auf. Depressive alte Menschen litten seltener unter Schuldgefühlen, klagten aber häufiger über somatische Beschwerden. Alte Patienten trugen sich weniger häufig mit Suizidgedanken, was im Widerspruch steht zur Tatsache, daß die Zahl der Suizidversuche und erfolgreichen Selbsttötungen mit dem Alter steigt (vgl. S. 588f.).

Depression versus Demenz

Aus zahlreichen Fallgeschichten und Untersuchungsberichten wissen wir, daß sich scheinbare Demenzsymptome älterer Menschen bei einer Depressionsbehandlung spontan zurückbilden oder bessern (*Kiloh*, 1961; *Post*, 1975; *Folstein* und *McHugh*, 1978; *McAllister* und *Price*, 1982). Und wie bereits erwähnt, wird die Depression häufig als Demenz fehldiagnostiziert. Depressive Patienten klagen unter Umständen mehr über Vergeßlichkeit als Patienten mit Demenz – ein Unterschied, der klinisch hilfreich sein kann (*Kahn* et al., 1975; *Raskin* und *Rae*, 1981). Patienten mit Demenz vergessen möglicherweise, daß sie vergessen! Bei Tests neigen depressive Patienten dazu, ihre Fähigkeiten zu unterschätzen und negative Rückmeldung übermäßig wichtig zu nehmen (*Miller*, 1975; *Weingartner* und *Silberman*, 1982). Depressive machen auch mehr Auslassungsfehler. Sie beantworten z.B. Fragen nicht, weil sie die Mühe scheuen oder weil sie glauben, sie nicht beantworten zu können. Patienten mit Demenz raten dagegen eher aufs Geratewohl oder konfabulieren (*Whitehead*, 1973).

Korrelate der Depression bei alten Menschen

Kann ein Zusammenhang hergestellt werden zwischen dem Auftreten depressiver Symptome im Alter und den Theorien und empirischen Befunden zu einer biochemischen Grundlage der Depression? Bei alten Menschen ist der Noradrenalin-Spiegel niedriger und der Monoaminooxidase-Spiegel höher als bei jungen (*McGeer* und *McGeer*, 1976; *Lipton* und *Nemeroff*, 1978). Da wir wissen, daß Depressive allgemein einen niedrigeren Noradrenalin- und Serotonin-Spiegel haben, und daß MAO Noradrenalin und Serotonin abbaut, könnte die Kombination dieser altersbedingten Veränderungen durchaus zur Entwicklung einer Depression beitragen. Ein weiterer Faktor ist möglicherweise die mit zunehmendem Alter geringere Produktivität der Schilddrüse. Vielleicht fördert künftige Forschung noch weitere mögliche biochemische Grundlagen der Depression bei alten Menschen zutage, aber auf keinen Fall dürfen darüber andere Faktoren vernachlässigt werden.

Wenn es alten Leuten gesundheitlich schlecht geht, sind sie häufig auch depressiv. *Blazer* und *Williams* (1980) befragten 900 zu Hause lebende ältere Menschen und stellten fest, daß 44 Prozent der Probanden mit depressiven Symptomen medizinisch krank waren. Bei vielen Männern, die im Alter zum erstenmal depressiv geworden waren, war der psychiatrischen Behandlung eine Operation vorausgegangen; sie litten ungewöhnlich häufig unter chronischen Krankheiten und waren auch in jüngeren Jahren überdurchschnittlich oft krank (*Roth* und *Kay*, 1956).

Daß körperlich kranke Menschen so oft depressiv sind, liegt nicht nur an der entmutigenden Tatsache des Krankseins selbst. Medikamente zur Behandlung einer chronischen Krankheit können eine bereits bestehende Depression verschlimmern, eine Depression hervorrufen oder, ohne daß wirklich eine Depression vorliegt, zu depressionsähnlichen Symptomen führen. (*Klerman*, 1983). Am gefährlichsten sind in diesem Zusammenhang blutdrucksenkende Mittel – sie führen bei 20 Prozent der Konsumenten zur Depression –, Hormone und Kortikosteroide und Mittel gegen die Parkinsonsche Krankheit. Längsschnittsstudien und retrospektive Untersuchungen haben gezeigt – und das ist die Kehrseite der Medaille –, daß eine Depression ihrerseits zu körperlichen Krankheiten prädisponieren kann (*Vaillant*, 1979; *Wigdor* und *Morris*, 1977).

Je älter wir werden, um so unvermeidlicher werden Lebensereignisse, die uns depressiv machen können. Ältere Menschen verlieren irgendwann einmal ihre Lebenspartner oder andere geliebte Menschen. Wie Untersuchungen zeigen, liegt die Krankheits- und Sterberate bei Verwitweten besonders hoch (*Parkes* und *Brown*, 1972; *Clayton*, 1973), und wie *Turner* und *Sternberg* (1978) vermuten, geht der Depression, die schließlich zur Einweisung des alten Menschen in eine Institution führt, sehr häufig der Verlust eines geliebten Menschen voraus. Und doch haben Längsschnittsstudien bei Hinterbliebenen verhältnismäßig niedrige Depressionsraten gefunden. Das läßt vermuten, daß Hinterbliebene insgesamt weniger schwere und weniger zahlreiche depressive Symptome entwickeln als man sie bei Menschen findet, die sich wegen einer Depression in psychiatrischer Obhut befinden (*Clayton* et al., 1972; *Bornstein* et al., 1973; *Gallagher* et al., 1982). Nur wenige alte Leute scheinen also nach dem vorhersehbaren Verlust eines geliebten Menschen in eine so schwere Depression zu verfallen, daß ihr Leben entscheidend beeinträchtigt ist.

Ältere Menschen, die in engem und aktivem Kontakt zu ihren Angehörigen leben, neigen weniger zu Depressionen als alte Menschen in Institutionen.

Auch dem Ruhestand hat man negative Folgen nachgesagt, aber die Forschung läßt das so allgemein nicht gelten (*Atchley*, 1980; *George*, 1980). Die schlimmen Folgen des Ruhestands, die man bei Untersuchungen fand, hatten möglicherweise viel mit dem schlechten Gesundheitszustand und dem geringen Einkommen der Rentner zu tun.

Jeder alte Mensch hat eine lange Entwicklungsgeschichte hinter sich, die seinen Reaktionen auf allgemeine Probleme Einmaligkeit verleiht. Bewältigungsmechanismen und Persönlichkeit bestimmen, wie wirksam der einzelne mit neuen Lebensereignissen fertig wird (*Butler* und *Lewis*, 1982). Wir sollten nicht einfach voraussetzen, daß alte Menschen auf Verluste und Belastungen statt mit Anpassung mit Depression reagieren.

Behandlung der Depression

Klinischer Überlieferung zufolge sollen Depressionen im Alter langwieriger und behandlungsresistenter sein als in jüngeren Jahren. Derartige Behauptungen entbehren jeder Grundlage (*Small* und *Jarvik*, 1982). Daß depressiven alten

Menschen mit psychologischen Interventionen geholfen werden kann, ist überzeugend belegt. *Gallagher* und *Thompson* (1982, 1983) verglichen kognitive Therapie, Verhaltenstherapie und unterstützende Kurztherapie. Mit allen drei Therapieformen ließ sich die Depression älterer Menschen wirksam lindern. Der Zustand der kognitiv und verhaltenstherapeutisch behandelten Probanden hatte sich allerdings nach einem Jahr noch weiter gebessert, was vermutlich daran lag, daß sie die erlernten Fertigkeiten weiterhin einsetzten. Man hat kognitive und verhaltenstherapeutische Strategien auch mit psychodynamischen Verfahren verglichen (*Jarvik* et al., 1982; *Steuer* und *Hammen*, 1983). Beide Behandlungsformen milderten laut Selbstangaben der Patienten Depression und Angst, mit leichten Vorteilen für die kognitiven und verhaltenstherapeutischen Strategien. Wie bei jeder Population ist auch bei alten Menschen die Art des zu behandelnden Problems zu berücksichtigen. Für Patienten mit Denkstörungen ist eine Verhaltenstherapie hilfreicher als eine kognitive Behandlung (*Steuer* und *Hammen*, 1983), während es bei langandauernden depressiven Störungen besser sein kann, Medikamente einzusetzen.

Obwohl die klinische Erfahrung für den Einsatz antidepressiv wirkender Medikamente spricht, bedürfen deren Nebenwirkungen sorgfältiger Beobachtung. Eine schwere Nebenwirkung ist das Orthostase-Syndrom. Viele ältere Patienten werden nach Einnahme trizyklischer Antidepressiva schwindlig und stürzen. Sogar das Herzinfarktrisiko kann sich erhöhen. Im Abschnitt über das Delir haben wir gesehen, daß bei alten Menschen die Gefahr toxischer Reaktionen auf Medikamente sehr groß ist. Man muß also die Vor- und Nachteile antidepressiver Medikamente sorgsam abwägen.

Paranoide Störungen

Eine 66jährige verheiratete Frau willigte zögernd in eine klinische Untersuchung ein. Seit sechs Wochen litt sie unter bizarren Wahnvorstellungen und Halluzinationen: Sie glaubte, ihr Mann versprühe im Haus eine Flüssigkeit, die wie ,,angebranntes Essen" röche. Es sei ihr zwar nie gelungen, ihn dabei zu beobachten, klagte sie, aber er versprühe das Zeug im ganzen Haus, auch auf Gardinen und Möbel. Sie habe den Geruch fast immer in der Nase, und er greife ihren Kopf, ihre Brust und ihr Rektum an. Des weiteren klagte sie, daß jemand aus der Nachbarschaft Ziegel und Steine nach ihrem Haus geworfen habe. Ihren Mann bezichtigte sie der Untreue und wollte die Fußstapfen der beteiligten Frauen in ihrem Garten gesehen haben.

Es ergab sich das unbestimmte Bild einer seit sechs Jahren währenden ehelichen Zwietracht. Früher hatte es solche Episoden nicht gegeben, die Patientin war nie in psychiatrischer Behandlung noch jemals für längere Zeit mißtrauisch oder argwöhnisch gewesen. Sie arbeitete seit dreißig Jahren als Hausangestellte und war immer noch tätig. Andere beschrieben sie als treues und aktives Mitglied ihrer Kirchengemeinde und geselligen Menschen. In den klinischen Gesprächen zeigte sie sich als vergrämte Frau, die ihrem Mann gegenüber extrem feindselige Gefühle hegte. Alles drehte sich um den Wahn, daß er, nur um sie zu ärgern, eine ungewöhnliche Substanz versprühe. Andere Probleme zwischen ihnen schienen zweitrangig zu sein. Eine kognitive Dysfunktion ließ sich nicht feststellen, und den Interviewern gegenüber verhielt sie sich sozial angemessen. Sie bestritt vehement, daß mit ihr etwas nicht stimme; das Problem, so behauptete sie hartnäckig, liege bei ihrem Mann. Zuweilen sah sie sehr traurig aus und wischte sich gelegentlich eine Träne weg. Doch der vorherrschende Affekt blieb extreme Feindseligkeit und Bestürzung über das angebliche Verhalten ihres Mannes...

Bei der medizinischen Untersuchung wurden keinerlei Anomalien gefunden. Das einzig in Frage kommende vorausgegangene belastende Ereignis war der Tod eines Sohnes vor fünf Jahren. Obwohl sie eigene emotionale Probleme weiterhin leugnete, war sie zögernd bereit, einmal wöchentlich mit dem Sozialarbeiter der Klinik zu sprechen und Haloperidol (dreimal täglich 1 mg) zu nehmen. Nach etwa drei Wochen unterdrückte sie ihre wahnhaften Sorgen allmählich, und der Therapeut konnte auch andere Dinge mit ihr besprechen. Nach ungefähr sieben Monaten wurde das Haloperidol abgesetzt, die Remission war dauerhaft (*Varner* und *Gaitz*, S. 108–109).

Nach dieser Fallgeschichte wird sicher verständlich, daß eine Paranoia einen sehr störenden unmittelbaren Einfluß auf andere haben kann, möglicherweise zu zornigen Reaktionen führt und schließlich vielleicht zur Entscheidung beiträgt, den alten Menschen einer Institution zu überantworten (*Berger* und *Zarit*, 1978). Doch wie häufig ist die Paranoia im Alter? Das hängt, wie auch bei der Depression, von den diagnostischen Kriterien ab. In einer sich über fünf Jahre erstreckenden Untersuchung des *Texas Research Institute of Mental Science*, an der 800 Patienten teilnahmen, legte man durchgängig die DSM-III-Kriterien für paranoide Störungen zugrunde.

Von den ambulanten Patienten entsprachen 2 Prozent, von den stationären 4,6 Prozent diesen Kriterien (*Varner* und *Gaitz*, 1982). Gleichwohl gelten paranoide Symptome als sehr häufige Erscheinung bei älteren psychiatrischen Patienten (*Pfeiffer*, 1977). *Whanger* (1973) untersuchte stationäre geriatrische Patienten und stellte fest, daß 32 Prozent von ihnen neben einer anderen psychischen Krankheit auch paranoide Symptome aufwiesen. Da die Bezeichnung ,,Paranoia" sehr locker gehandhabt wird, läßt sich über die genaue Prävalenz nichts sagen.

Kliniker sind auf einen interessanten und auffallenden Unterschied zwischen den paranoiden Wahnvorstellungen älterer und jüngerer Menschen gestoßen. Die Verdächtigungen älterer Leute sind gleichsam realistischer und betreffen Personen ihrer unmittelbaren Umgebung – Nachbarn, die eigenen Kinder, die Leute in den Geschäften, in denen sie einkaufen usw. Jüngere Paranoide vermuten ihre Verfolger dagegen oft sehr weit entfernt, beim CIA, beim FBI oder sogar im Weltraum. Sie neigen auch mehr zu Größenwahn als ältere Patienten. Übrigens sind bei den Älteren häufiger Frauen betroffen, die in ihrer Mehrzahl – abgesehen von einem beeinträchtigten Seh- und, wie wir sehen werden, Hörvermögen – bei guter Gesundheit sind.

Ursachen der Paranoia

Mit der Paranoia im Alter setzt sich möglicherweise eine bereits in jüngeren Jahren vorhandene Störung fort. Oft geht die Paranoia auch mit organischen Hirnschäden wie Delir und Demenz einher. Tatsächlich hat die Paranoia beim Demenz-Kranken nicht selten die Funktion, Erinnerungslücken zu füllen. Statt zuzugeben ,,Ich kann mich nicht erinnern, wo ich meine Schlüssel gelassen habe", denken sie ,,Es muß irgend jemand hereingekommen sein und meine Schlüssel genommen haben" (*Zarit*, 1980). Man hat paranoide Wahnvorstellungen auch mit sensorischen Beeinträchtigungen, insbesondere mit dem Verlust des Hörvermögens, in Zusammenhang gebracht. Ältere Menschen mit schweren paranoiden Wahnvorstellungen leiden oft seit längerer Zeit unter beidseitigem Hörverlust, der sie auch sozial taub macht (*Post*, 1980). Eine taube alte Frau glaubt vielleicht, andere reden absichtlich so leise über sie, daß sie es nicht hören kann. Ihre paranoiden Reaktionen dienen ihr dann möglicherweise dazu, die Lücken zu füllen, die sich aufgrund ihrer sensorischen Behinderung immer wieder auftun (*Pfeiffer*, 1977; vgl. Kasten 17.3); ähnlich versuchen ja auch Demenz-Kranke, ihr beeinträchtigtes Erinnerungsvermögen auszugleichen. In den paranoiden Wahnvorstellungen finden verwirrende Ereignisse ihre Erklärung, sie erfüllen also eine Anpassungsfunktion und sind durchaus verständlich. Oft ließ die soziale Anpassung paranoider Patienten bereits in jüngeren Jahren zu wünschen übrig. Vielleicht ging ihren Symptomen eine Phase zunehmender Isolation voraus. Und da ein isolierter Mensch weniger Gelegenheit hat, seinen Argwohn und sein Mißtrauen der Welt gegenüber zu überprüfen, setzen sich Wahnvorstellungen um so leichter fest. Statt sozialer Beziehungen, die auf Verständigung und gegenseitigem Vertrauen gründen, schafft sich das Individuum eine ,,Pseudogemeinschaft" (*Cameron*, 1959).

Wie andere psychische Störungen kann auch die Paranoia – zumindest teilweise – durch eine Verstärkung von seiten der Umwelt aufrechterhalten werden. Wenn eine einsame Frau sich über Eindringlinge beklagt, werden Polizei und Verwandte zu Hilfe eilen. Es ist traurig genug, daß das zuweilen die einzige Aufmerksamkeit ist, die sich ein alter Mensch verschaffen kann, denn viele Paranoide waren ihr Leben lang isoliert. Aber eine paranoide Überzeugung ist weder bewußt gewählt, noch erklären solche Verstärkungsmuster, warum jemand ausgerechnet Wahnvorstellungen entwickelt.

Alte Menschen sind besonders der Gefahr ausgesetzt, auf alle mögliche Weise mißbraucht zu werden. Man spricht hinter ihrem Rücken oder auch in ihrer Gegenwart über ihre Angelegenheiten, als seien sie nicht da, und nutzt sie in großen und kleinen Dingen weidlich aus. Ein alter Mensch, der sich verfolgt fühlt, wird also unter Umständen sehr schnell mit dem Etikett einer ,,Altersparanoia" bedacht. Eine Klientin von uns beklagte sich bitter darüber, daß ihr ,,böser" Mann sie von einem Detektiv verfolgen lasse. Nachforschungen ergaben, daß ihr Mann sie einer Liebesbeziehung verdächtigte und tatsächlich

Kasten 17.3
Partielle Taubheit, Altwerden und Paranoia

Einen Zusammenhang zwischen Hörproblemen im Alter und der Entwicklung paranoider Denkmuster hat bereits *Emil Kraepelin* festgestellt. Inzwischen wurden seine Beobachtungen in kontrollierten Laboruntersuchungen bestätigt (*Cooper* et al., 1974). Diese Verbindung scheint spezifisch für die Paranoia zu sein, denn zwischen Gehörlosigkeit und Depression im Alter besteht ein derart enger Zusammenhang nicht. Da der Hörverlust den paranoiden Wahnvorstellungen vorauszugehen scheint, haben wir es hier möglicherweise mit einer Ursache-Wirkung-Beziehung von einiger Bedeutung zu tun.

Der Stanforder Psychologe *Philip Zimbardo* und seine Mitarbeiter haben in einem Experiment den Zusammenhang zwischen Schwerhörigkeit und Paranoia untersucht. Sie gingen von der Hypothese aus, daß das beeinträchtigte Hörvermögen insbesondere dann der Entwicklung einer Paranoia Vorschub leistet, wenn der Betroffene sich nicht eingesteht oder gar nicht weiß, daß er schlecht hört (*Zimbardo, Andersen* und *Kabat*, 1981). Wenn ich kaum höre, was andere sagen, glaube ich vielleicht, daß sie flüstern, was mich wiederum zu dem Schluß veranlassen kann, daß sie *über mich* flüstern; und sie flüstern, weil sie schlecht über mich reden. So werde ich aber nur denken, wenn ich mir meiner Schwerhörigkeit nicht bewußt bin. Wenn ich um meine partielle Taubheit weiß, schätze ich die Lage anders ein: Ich sage mir, daß ich die anderen nicht höre, weil ich taub bin, und argwöhne nicht, daß sie flüstern. Ein schwerhöriger Großvater schimpft vielleicht mit seinen hellstimmigen, gestikulierenden Enkelkindern, sie sollten nicht flüstern. Die Kinder bestreiten, daß sie das tun. So kommt ein Teufelskreis von Vorwürfen, Dementis und weiteren Vorwürfen in Gang, die Spannung steigt und der zunehmend feindseligere und argwöhnischere Großvater wird seinen Enkeln immer mehr entfremdet.

In ihrem Experiment haben *Zimbardo* und seine Gruppe das Anfangsstadium dieser vermuteten Entwicklung untersucht. Als Probanden wählten sie Collegestudenten, die leicht zu hypnotisieren waren und auf die posthypnotische Suggestion partieller Taubheit gut ansprachen. Das Experiment, so glaubten die Versuchspersonen, untersuche die Effekte verschiedener hypnotischer Verfahren auf kreatives Problemlösen. Jeder Proband saß mit zwei anderen – in Wirklichkeit Verbündeten des Versuchsleiters – in einem Raum. Die drei erhielten eine Aufgabe, die sie entweder zusammen oder allein lösen sollten. Es ging darum, zu einem TAT-Bild eine Geschichte zu erfinden. Das Bild erschien auf einer Leinwand, auf die zunächst das Wort „FOCUS" projiziert wurde. Die Komplizen begannen, wie geplant, miteinander zu albern, als sie sich Gedanken über die Geschichte machten, und forderten den Probanden auf, sich dem Unternehmen anzuschließen. Als sie ihre Geschichte ersonnen hatten, blieb der Proband allein im Raum, um einige Fragebogen auszufüllen, darunter die MMPI-Fragen zur Paranoia und eine Eigenschaftswortliste zur Erfassung der Stimmung.

Bis hierher ist das Experiment nicht besonders interessant. Die eigentliche Manipulation hatte *vor* der Präsentation des TAT-Bildes stattgefunden: Jeder Proband hatte unter Hypnose eine der drei folgenden Suggestionen erhalten:

1. *Induzierte partielle Taubheit ohne Bewußtheit.* Sobald im Nachbarzimmer das Wort „Focus" auf der Leinwand erscheine, so wurde jedem Probanden der ersten Gruppe gesagt, werde er Schwierigkeiten haben, Geräusche zu hören und zu verstehen, was andere im Raum sagten; er werde den Eindruck haben, daß die anderen flüsterten, und es werde ihm Sorgen machen, daß er nichts hören könne. Man instruierte ihn,

diese Suggestion zu vergessen, bis einer der Experimentatoren ihn an der Schulter berühren und so die Amnesie aufheben werde.

2. *Induzierte partielle Taubheit mit Bewußtheit.* Auch den Probanden der zweiten Gruppe, der Kontrollgruppe, suggerierte man partielle Taubheit, instruierte sie aber, sich daran zu erinnern, daß ihre Schwerhörigkeit die Folge posthypnotischer Suggestion war.
3. *Kontrolle der posthypnotischen Suggestion.* Mit den Probanden der dritten Gruppe kontrollierte man die Wirksamkeit posthypnotischer Suggestionen. Sie würden, so instruierte man sie, beim Lesen des Wortes ,,Focus" ein Jucken im linken Ohrläppchen verspüren. Für diese Suggestion wurde ebenfalls bis zur Berührung der linken Schulter durch den Versuchsleiter Amnesie verschrieben.

Nachdem sie ihre posthypnotischen Suggestionen erhalten hatten, wurden die Probanden aufgeweckt, in den nächsten Raum geleitet, wo das Experiment, wie beschrieben, seinen Fortgang nahm. Die Teilnehmer, die sich ihrer suggerierten Taubheit nicht bewußt waren, so kann man jetzt spekulieren, nahmen die Scherze der Versuchsleiter-Gehilfen vielleicht als gegen sich gerichtet wahr, denn sie hatten Schwierigkeiten, zu verstehen, was gesagt wurde, und führten diese Schwierigkeiten wohl kaum darauf zurück, daß mit ihrem Gehör etwas nicht in Ordnung war. Auch die Probanden, die um ihre Taubheit wußten, hörten die Scherze nicht, schrieben aber den vorübergehenden Hörverlust der posthypnotischen Suggestion zu. Die Probanden der zweiten Kontrollgruppe schließlich dürften keine Hörprobleme gehabt haben, ihnen juckten die Ohrläppchen. Nach Abschluß des Experiments wurden alle Probanden ausführlich über den Zweck der Studie informiert, und man vergewisserte sich, daß die jeweiligen posthypnotischen Suggestionen keinerlei Folgen hinterlassen hatten.

Die Ergebnisse sind faszinierend. Die Erfahrung partieller Taubheit ohne Bewußtheit schlug sich signifikant in den für Kognition, Emotion und Verhalten erhobenen Maßen nieder. Verglichen mit den beiden Kontrollgruppen erreichten diese Probanden höhere Paranoia-Werte auf den MMPI-Skalen und beschrieben sich selbst als gereizter, aufgeregter und feindseliger. Auch die beiden Verbündeten des Versuchsleiters beurteilten diese Probanden als feindseliger. (Selbstverständlich wußten sie nicht, zu welcher der drei Gruppen ein Proband gehörte.) Nur sechs der Experimental-Probanden folgten der Aufforderung der Verbündeten, sich die Geschichte zum TAT-Bild gemeinsam auszudenken, während die meisten Kontrollprobanden mitmachten. Bevor man den Probanden den Zweck der Studie enthüllte, fragte man sie, ob sie mit denselben Partnern auch in einem späteren Experiment zusammenarbeiten würden. Alle Experimental-Probanden verweigerten sich diesem Ansinnen, während die meisten Kontrollprobanden sich zu weiterer Zusammenarbeit bereit erklärten.

Probanden, die sich ihre Hörprobleme nur damit erklären konnten, daß die anderen flüsterten, reagierten mißtrauisch, feindselig und erregt und waren nicht bereit, mit diesen anderen zu kooperieren. Aus einem ähnlichen Muster, so vermutet *Zimbardo*, entwickeln sich auch manche paranoide Wahnvorstellungen. Daß es gelungen ist, durch Induktion von Taubheit ohne Wissen um die Taubheit im Labor eine derartige ,,analoge Anfangsparanoia" zu erzeugen, entspricht der Hypothese, nach der altersbedingte Schwerhörigkeit dann für paranoide Gedanken empfänglich macht, *wenn* sich die Betroffenen – aus welchen Gründen auch immer – ihre Taubheit nicht eingestehen.

jemanden beauftragt hatte, ihr zu folgen! Man sollte sich immer vergewissern, ob Verdächtigungen nicht doch einen wahren Kern haben, bevor man sie einer Paranoia zuschreibt.

Behandlung der Paranoia

Im großen und ganzen behandelt man ältere paranoide Patienten nicht anders als jüngere. Erfahrene Kliniker halten ein geduldiges und stützendes Vorgehen für das beste. Der Therapeut sollte den Sorgen des Klienten mit einfühlsamem Verständnis begegnen. Die paranoide Überzeugung unverblümt zu bestreiten oder mit Argumenten zu widerlegen, ist selten sinnvoll. Besser und der therapeutischen Beziehung förderlicher ist es, wenn man anerkennt, wieviel Kummer die Paranoia für den Betroffenen bedeutet. Therapeuten sollten sich bewußt sein, daß vermutlich bereits vorher eine ganze Reihe von Leuten – Angehörige, Freunde, Polizisten – ohne Erfolg versucht haben, dem Patienten seine wahnhaften Überzeugungen auszureden.

Hat der Patient einen Seh- oder Hörschaden, lassen sich einige Symptome vielleicht mit einer Hörhilfe oder entsprechenden Gläsern mildern. Ist der Betroffene sozial isoliert, kann man ihn anregen, aktiver zu sein und Kontakte zu knüpfen. Eine regelmäßige stützende Therapie kann es dem Patienten erleichtern, wieder Beziehungen zu Verwandten und Freunden aufzunehmen. Gegebenenfalls sollten angemessene Verhaltensweisen eingeübt werden. Selbst wenn diese direkten Maßnahmen die Paranoia selbst nicht lindern, können sie dem Patienten in anderen Lebensbereichen helfen.

Untersuchungen von Therapieergebnissen zeigen, daß sich Wahnvorstellungen älterer Menschen erfolgreich mit Tranquilizern behandeln lassen (*Post*, 1980). Unglücklicherweise begegnen paranoide Menschen im allgemeinen auch denen mit Mißtrauen, die ihnen die Medikamente verabreichen. Ebenfalls zu berücksichtigen ist das bei älteren Menschen größere Risiko toxischer Reaktionen. Zu allerletzt sollte die Unterbringung in einer Institution erwogen werden, denn das ist für den Patienten selten eine gute Lösung. In der Praxis wird diese Entscheidung mehr von der Toleranz der Umgebung abhängen als davon, wie gravierend und destruktiv die paranoiden Überzeugungen des Patienten sind.

Schizophrenie

Tritt die Schizophrenie im Alter überhaupt erstmalig auf? An dieser Frage erhitzen sich seit Jahren die Gemüter, und die Antwort hängt davon ab, wie man Schizophrenie definiert. Folgt man der enger gefaßten Definition des DSM-III, ist der erstmalige Ausbruch einer Schizophrenie nach dem 65. Lebensjahr tatsächlich sehr selten.

Umfangreiche Erhebungen schätzen die Gesamtprävalenz der Schizophrenie nach dem 65. Lebensjahr auf ein Prozent und weniger (*LaRue, Dessonville* und *Jarvik*, 1985; *Myers* et al., 1984). Bei 90 Prozent der schizophrenen geriatrischen Patienten war die Störung bereits vor dem 40. Lebensjahr aufgetreten, nur in sehr wenigen Fällen erfolgte der Ausbruch also im höheren Alter (*Gurland* und *Cross*, 1982; *Bollerup*, 1975). Bei diesen letzteren Patienten sind fast immer auch paranoide Symptome zu verzeichnen (*Fish*, 1960; *Roth*, 1955), und die Schizophrenie folgt nicht dem klassischen Muster (*Post*, 1980).

Wie entwickeln sich die schizophrenen Symptome, wenn die Betroffenen älter werden? Die Antwort auf diese Frage hängt davon ab, für welche Generation wir uns interessieren. Die Verfügbarkeit von Neuroleptika und die politische Entscheidung, möglichst wenig Patienten dauerhaft in psychiatrischen Kliniken zu verwahren, haben die Behandlung der Schizophrenie wahrhaft revolutioniert. Heute leben sehr viel mehr Schizophrene zu Hause oder anderswo innerhalb einer Gemeinschaft als noch vor zwanzig oder dreißig Jahren. Die Betroffenen haben sehr viel seltener längere Zeit in Institutionen zugebracht, und so sind ihnen auch die Folgen einer längeren Hospitalisierung erspart geblieben. Diese Gruppe weist eine verglichen mit Kontrollprobanden entsprechenden Alters höhere Sterblichkeitsrate auf, was unter anderem damit zu erklären ist, daß schizophrene Menschen häufiger durch eigene Hand oder an den Folgen eines Traumas sterben (*Post*, 1980).

Wenn also viele Schizophrene, die das 65. Lebensjahr erreichen, nicht hospitalisiert sind und sich ihre Symptome in gewissem Umfang medikamentös kontrollieren lassen, ist dann auch damit zu rechnen, daß in dieser Gruppe mit zunehmendem Alter die schizophrenen Denkstörungen nachlassen? Einige Forscher behaupten, daß die Schizophrenie zuweilen gleichsam „ausbrenne" (*Bridge, Cannon* und *Wyatt*, 1978) und damit auch die Symptome etwas stiller würden. Halluzinationen und Wahnvorstellungen büßen an Intensität und Häufigkeit ein, und die Betroffenen gewinnen an Fähigkeit zu sozialer Interaktion. Aber wie *Lawton* (1972) warnend vermerkt, gelten diese Ergebnisse vorwiegend für hospitalisierte, medikamentös behandelte Patienten. Wie die Schizophrenie im Alter verläuft, ist bis heute noch nicht angemessen untersucht.

Eine Schizophrenie, die sich erst im Alter bemerkbar macht, wird häufig auch Paraphrenie genannt (*Roth*, 1955). Diese Form der Störung, so heißt es, sei leichter als eine Schizophrenie, die in jüngeren Jahren ausbreche. Die Betroffenen sind häufig unverheiratet und führen ein isoliertes Leben. Ihre Angehörigen sind fast alle tot, sie selbst sind schwerhörig, gehören einer unteren sozioökonomischen Schicht an und in ihrer Familie sind Fälle von Schizophrenie bekannt (*Post*, 1980). In den Vereinigten Staaten wird der Begriff der Paraphrenie, ähnlich dem der Paranoia, sehr uneinheitlich verwendet und das Phänomen selbst ist wenig erforscht (*Berger* und *Zarit*, 1978; *Bridge* und *Wyatt*, 1980). Einige Forscher glauben auch, daß die von *Roth* als paraphren diagnostizierten älteren Patienten in Wirklichkeit an einer affektiven Störung litten (*Cooper, Garside* und *Kay*, 1976; *Cooper* und *Porter*, 1976; *Kay* et al., 1976), denn bei vielen von ihnen waren trotz auffälliger Symptome weder die Kognition noch andere allgemeine Funktionen gestört.

Substanzinduzierte Störungen

Alkoholmißbrauch und -abhängigkeit

Alkoholismus gilt vornehmlich als das Problem jüngerer Altersgruppen, der Anteil älterer Betroffener wird auf 2 bis 10 Prozent geschätzt. Problemtrinker werden im allgemeinen nicht sehr alt. Die meisten Patienten, die an Zirrhose sterben, sind zwischen 55 und 64 Jahre alt. Auch Generationseffekte mögen eine Rolle spielen, denn jüngere Kohorten sind nicht in einem Klima aufgewachsen, das Maßhalten als Wert betont. Zudem entwickeln ältere Menschen leicht eine physiologische Intoleranz für Alkohol, die der euphorisierenden Wirkung der Droge entgegenwirkt (*Gurland* und *Cross*, 1982).

Es gibt zwei Gruppen älterer Alkoholiker: Mindestens zwei Drittel von ihnen haben bereits im frühen oder mittleren Erwachsenenalter zu trinken begonnen und ihr Trinkmuster bis ins Alter beibehalten, während die Betroffenen der kleinen zweiten Gruppe erst nach dem 50. Lebensjahr angefangen haben zu trinken (*Rosin* und *Glatt*, 1971). Die Angehörigen dieser letzten Gruppe haben entweder früher schon gelegentlich exzessiv getrunken und erst im Alter ein Muster regelmäßigen Alkoholmißbrauchs entwikkelt, oder sie haben jetzt im Alter erstmalig ein Alkoholproblem (*Zimberg*, 1978). Sie haben häufiger eine Trennung oder Scheidung hinter sich, leben häufiger allein und haben häufiger ernsthafte gesundheitliche Probleme (*Schuckit* und *Moore*, 1979). Manche greifen auch zur Flasche, weil sie mit altersbedingten Lebensumständen, etwa dem Ruhestand, nicht fertigwerden (*Rosin* und *Glatt*, 1971).

Da Alkohol vom älteren Organismus langsamer abgebaut wird, sinkt mit zunehmendem Alter die Alkoholtoleranz. Die Droge verursacht also im Alter möglicherweise größere chemische Veränderungen im Gehirn als in jüngeren Jahren und führt so leichter zu toxischen Reaktionen, etwa zum Delir. Wie eine Reihe neurophysiologischer Untersuchungen gezeigt hat, sind die kognitiven Defizite im Zusammenhang mit Alkoholmißbrauch bei älteren Alkoholikern ausgeprägter als bei jüngeren Menschen mit vergleichbaren Trinkgewohnheiten (*Brandt* et al., 1983). Obwohl sich manche intellektuellen Funktionen bei Abstinenz wieder erholen, kann es bei älteren Menschen zu langanhaltenden Residualeffekten kommen.

Leider versäumen es Kliniker zuweilen, sich nach einem eventuellen Alkoholproblem zu erkundigen und schreiben Symptome wie schlechte motorische Koordination und Gedächtnisstörungen einer organischen Ursache oder einer Altersdepression zu. Bleibt der Alkoholmißbrauch unerkannt, werden möglicherweise falsche Maßnahmen ergriffen, und der Behandlungserfolg ist ernsthaft gefährdet.

Mißbrauch illegaler Drogen

Im Vergleich zu anderen Altersgruppen spielt der Mißbrauch illegaler Drogen für die gegenwärtige ältere Population nur eine geringe Rolle. Nach *DuPont* (1976) berichteten in den Vereinigten Staaten nur 2 Prozent der über 50jährigen von gelegentlichem Marihuanakonsum, in der Gruppe der 18–21jährigen waren es 56 Prozent. Eine Untersuchung der wenigen älteren Menschen, die Narkotika mißbrauchen, ergab, daß die Betroffenen bereits in jungen Jahren damit begonnen hatten, ihren Drogenkonsum aber mit zunehmendem Alter reduzierten (*Ball* und *Chambers*, 1970). Wie man im Unterschied zu früheren Berichten feststellte, wird der Drogenkonsum nur selten ganz aufgegeben (*Schuckit* und *Moore*, 1979).

Medikamentenmißbrauch

Der Mißbrauch verschreibungspflichtiger und frei verkäuflicher Medikamente ist ein sehr viel größeres Problem als der von Alkohol und Drogen (*LaRue, Dessonville* und *Jarvik*, 1985). Da sich bei älteren Menschen alle Phasen der Drogeneinnahme – Absorption, Verteilung, Stoffwechsel und Ausscheidung – verändern, wächst die Wahrscheinlichkeit, daß sie auch auf normal dosierte Medikamente negativer und auf vielfältigere Arzneimittel mit mehr Nebenwirkungen reagieren. Umfragen unter alten Leuten zeigen, daß sie mehr legale Drogen einnehmen als jede andere Gruppe (*Warheit, Arey* und *Swanson*, 1976). Obwohl sie nur 11,3 Prozent der Gesamtbevölkerung ausmachen, konsumieren sie 25% aller verschriebenen Medikamente.

Der Mißbrauch verschriebener oder legaler Drogen kann absichtlich oder unabsichtlich erfolgen. Manche alte Menschen mißbrauchen bestimmte Medikamente bewußt und verschaffen sie sich aus verschiedensten Quellen. Andere nehmen ihre Medikamente unvorschriftsmäßig ein, sei es, weil sie die Anweisungen des Arztes nicht verstehen oder ignorieren, oder sei es, weil sie zu wenig Geld haben. Eine Untersuchung zeigte, daß es sich mehr als die Hälfte einer Gruppe alter Menschen nicht leisten konnte, verordnete Medikamente nach Vorschrift einzunehmen (*Brand, Smith* und *Brand*, 1977). Die Gefahr fehlerhafter Einnahme scheint um so größer zu sein, je mehr Medikamente genommen werden und je komplexer die Anweisungen sind. Besonders bei ängstlichen, depressiven und hypochondrischen älteren Menschen kann sich eine Medikamentenabhängigkeit entwickeln (*LaRue, Dessonville* und *Jarvik*, 1985). Möglicherweise werden Verwirrung und Lethargie nicht als Nebenwirkungen von Medikamenten erkannt, sondern als Demenz beziehungsweise Depression fehldiagnostiziert.

Ältere Menschen mit niedrigem Einkommen sollten notwendige Medikamente umsonst erhalten. Patienten jeden Alters müssen wissen, warum sie ein Medikament nehmen, wie es heißt, wann, wie oft und unter welchen Bedingungen – vor dem Essen, auf nüchternen Magen usw. – sie es nehmen sollen. Der Arzt sollte überprüfen, ob der Patient seine Instruktionen auch wirklich verstanden hat. Eine ältere Frau las auf dem Beipackzettel eines Antibiotikums, daß das Medikament weder vor noch nach Mahlzeiten zu nehmen sei. Sie zog daraus den Schluß, daß sie, solange sie das Mittel nehme, überhaupt nicht essen dürfe! Da mit dem Alter die Sehschärfe ab- und die Blendempfindlichkeit zunimmt, ist die übliche Praxis von Pharmafirmen, die Informationen zu einem Medikament sehr klein und auf glänzendem Papier zu drucken, verfehlt. Ein Schaubild, das der vergeßliche Patient an auffälliger Stelle deponieren und anhand dessen er überprüfen kann, wann er sein Medikament genommen hat, wäre eine gute Erinnerungshilfe.

Hypochondrie

Ältere Menschen klagen über eine Vielzahl körperlicher Probleme, unter anderem über Fuß- und Rückenschmerzen, schlechte Verdauung, Verstopfung, Atembeschwerden und kalte Extremitäten. Ein verantwortungsbewußter Arzt nimmt all diese Klagen ernst. Aber es gibt auch ältere (und jüngere) Menschen, die nur glauben, krank zu sein, und sich in endlosen Klagen über Schmerzempfindungen ergehen, für die es keine plausible Ursache gibt. Angeblich neigen besonders alte Menschen zur Hypochondrie. *Busse* und *Blazer* (1979) schätzten die Prävalenz bei nicht in Institutionen lebenden älteren Menschen auf 10 bis 20 Prozent. Ältere Patienten, die zum erstenmal wegen hypochondrischer Klagen auffallen, sind meistens zwischen 60 und 65 Jahre alt und überwiegend weiblichen Geschlechts (*Busse*, 1976).

Neueren Untersuchungen zufolge gibt es jedoch unter den alten Menschen *nicht* mehr Hypochonder als in jeder anderen Altersgruppe (*Siegler* und *Costa*, 1985). Tatsächlich geben alte Menschen insgesamt eher *zu wenig* als zuviel körperliche Symptome an und lassen oft auch ernsthafte Krankheiten nicht behandeln (*Besdine*, 1980). Damit ist nicht gesagt, daß es keine älteren Hypochonder gibt. Vielmehr lassen ältere Menschen, die über zahlreiche körperliche Beschwerden klagen, überdauernde Persönlichkeitszüge erkennen, die derartige Klagen vorhersagbar machen (*Siegler* und *Costa*, 1985). Ihre exzessiven Klagen über körperliche Beschwerden scheinen mit Neurotizismus oder schlechter Anpassung zusammenzuhängen, die ihrerseits altersunabhängig sind. Überdies haben die NIMH-Studien bei den an der Untersuchung beteiligten älteren Menschen keine Somatisierungsstörung gefunden (*Myers* et al., 1984). Einmal mehr wird einer der in unserer Gesellschaft vorherrschenden Mythen ernsthaft in Frage gestellt.

Ursachen der Hypochondrie

Älteren Menschen dieser und früherer Generationen, so hat man vermutet, fällt und fiel es leichter, über körperliche Leiden zu sprechen, als über emotionale Anliegen, Sorgen und Kummer. Die Sprache, in der sich ihr Unglück äußert, ist somatisch: „Ich bin nicht etwa verletzt, weil mein Sohn mich nie besucht. Ich kann einfach mein Essen nicht bei mir behalten, und meine Arme tun immer so weh." Wie Untersuchungen zeigen, somatisieren Angehörige der unteren Mittelschicht oder angelernte Arbeiter häufiger (*Pilowsky*, 1970) als Menschen mit besserer Ausbildung. Letztere verfügen vermutlich auch über das größere psychologische Wissen und sind daher zugänglicher für nicht-medizinische Erklärungen ihrer seelischen Probleme. Die hypochondrischen Klagen mancher älterer Menschen sind also möglicherweise zum Teil ein Kohorteneffekt. Die nächste Generation alter Menschen verbringt ihr Leben in einem sozialen Klima, in dem sehr viel offener über psychische Probleme gesprochen wird. Ihr wird es im Alter leichter fallen, zu einem „Seelendoktor" zu gehen und Medikamente gegen emotionale Störungen zu nehmen. Vielleicht werden die älteren Menschen künftiger Generationen weniger häufig Zuflucht zur Somatisierung nehmen, wenn sie unglücklich sind.

Behandlung der Hypochondrie

Kontrollierte Untersuchungen zur Behandlung der Hypochondrie gibt es nicht. In einem sind sich Kliniker allerdings einig: Einem Hypochonder zu versichern, er sei ganz gesund, führt im allgemeinen zu gar nichts, denn solche Menschen glauben weder negativen Laborbefunden noch einer Autorität im weißen Kittel. Hilfreicher scheint es zu sein, die somatischen Beschwerden zu ignorieren und sich auf positivere Aspekte des Lebens zu konzentrieren (*Goldstein* und *Birnbom*, 1976): Ich weiß, daß du dich schlecht fühlst und daß deine Füße wirklich weh tun, aber laß uns doch trotzdem ein bißchen in den Park gehen. Ablenkende und zerstreuende Aktivitäten ermöglichen es solchen Menschen zumindest, trotz ihrer „Krankheiten" ganz normale Dinge zu tun, und vielleicht gewinnen sie dem Leben auf diese Weise auch positive Seiten ab.

Schlaflosigkeit

Viele ältere Menschen klagen über Schlaflosigkeit, d.h. über einen gestörten Schlafprozeß. In einer Umfrage gaben 23 Prozent der über 60jährigen an, häufig unter Schlafschwierigkeiten zu leiden, gegenüber 13 Prozent der Gesamtbevölkerung (*Karacan* et al., 1976). Die meisten Betroffenen klagen über häufiges und längeres nächtliches Wachsein, frühmorgendliches Erwachen, Einschlafschwierigkeiten und Müdigkeit am Tage (*Miles* und *Dement*, 1980). Diese Beschwerden, so hat man festgestellt, entsprechen den normalen physiologischen Veränderungen im Schlafmuster älterer Menschen (*Bootzin, Engle-Friedman* und *Hazelwood*, 1983). Ältere Menschen scheinen dem Schlaf z.B. etwas weniger oder genausoviel Zeit zu widmen wie Angehörige jüngerer Altersgruppen. Allerdings kommt es im Alter häufiger zu spontanen Schlafunterbrechungen. In Relation zur im Bett verbrachten Zeit schlafen ältere Leute also im allgemeinen etwas weniger. Überdies verkürzt sich bei ihnen – absolut gesehen – die Phase des sogenannten REM(rapid eye movement)-Schlafs, und das vierte Schlafstadium, der Tiefschlaf, fehlt fast völlig. Ältere Männer scheinen häufiger betroffen zu sein als Frauen, ein Unterschied, der bei jüngeren Menschen offenbar weniger ausgeprägt ist (*Dement, Laughton* und *Carskadon*, 1981).

Ursachen der Schlaflosigkeit

Neben den altersbedingten Veränderungen des Schlafmusters können verschiedene Krankheiten, Medikamente, Koffein, Streß, Angst, Depression, Mangel an Aktivität und schlechte Schlafgewohnheiten für die Schlaflosigkeit verantwortlich sein. Schmerz, insbesondere Arthritisschmerz, ist ein häufiger Schlafstörer (*Prinz* und *Raskin*, 1978). Auch die Schlaf-Apnoe, eine respiratorische Störung, bei der im Laufe der Nacht wiederholt für zehn Sekunden oder länger die Atmung aussetzt, nimmt mit dem Alter zu (*Carskadon, Brown* und *Dement*, 1980). Was immer auch im Einzelfall die Schlaflosigkeit verursacht, sie wird um so schlimmer, je mehr der Betroffene darüber nachgrübelt und die geschlafenen und durchwachten Stunden zählt.

Behandlung der Schlaflosigkeit

Viele alte Leute versuchen der Schlaflosigkeit mit – frei verkäuflichen oder verschreibungspflichtigen – Medikamenten Herr zu werden. Das kleine Röhrchen mit den Schlaftabletten ist den zahlreichen anderen Medikamenten auf dem Nachttisch ein vertrauter Gefährte. Ältere Leute sind die Hauptkonsumenten von Schlafhilfen, doch diese büßen schnell an Wirksamkeit ein und können den Schlaf bei längerer Einnahme erst recht leicht und störanfällig machen. Der REM-Rebound-Schlaf, eine Zunahme des REM-Schlafes nach längerer Einnahme von Schlafmitteln, ist sehr unbeständig (*Bootzin, Engle-Friedman* und *Hazelwood*, 1983). Tatsächlich kann die längerfristige Einnahme von Schlafmitteln zur arzneimittel-bedingten Schlaflosigkeit führen. Diese sogenannten Schlafhilfen können einen Drogenkater oder auch vermehrte Atembeschwerden zur Folge haben, was angesichts der altersbedingt zunehmenden Schlaf-Apnoe nicht ungefährlich ist. Schlaftabletten, soviel ist sicher, sind in keinem Alter ein geeignetes Mittel, um chronische Schlaflosigkeit zu behandeln, aber ältere Menschen sollten sich ganz besonders davor hüten.

Aufklärung über das Wesen des Schlafs und seine normalen, altersbedingten Veränderungen können älteren Menschen die Sorge um ihren Schlaf nehmen, die oft ihrerseits zur Schlaflosigkeit beiträgt. Der Therapeut sollte den Betroffenen auch versichern, daß es kein Unglück ist, gar nicht oder wenig zu schlafen. Schlaflosigkeit führt weder zu Gehirnschäden noch zu Wahnsinn, wie zuweilen befürchtet wird. Manche Therapeuten verschreiben als Einschlafhilfe ein Entspannungstraining und weisen die Patienten an, ihre Schlafgewohnheiten zu ändern, etwa täglich zur gleichen Zeit aufzustehen, zur Schlafenszeit nicht mehr fernzusehen oder zu lesen, d.h. keine Dinge zu tun, die sich mit dem Einschlafen nicht vertragen, sich nur hinzulegen, wenn sie wirklich müde sind, und falls sich der Schlaf nicht einstellt, aufzustehen und in ein anderes Zimmer zu gehen. Alle diese Manöver können helfen, die Betroffenen aus den Klauen der Schlaflosigkeit zu befreien.

Suizid

Es gibt Faktoren, die für manche Menschen ein besonders hohes Suizidrisiko bedeuten: eine schwere körperliche Krankheit, das Gefühl der Hoffnungslosigkeit, soziale Isolation, der Verlust eines geliebten Menschen, große finanzielle Bedrängnis und Depressionen. Da mit diesen Problemen insbesondere ältere Menschen zu kämpfen haben, überrascht es kaum, daß die Suizidrate der über 65jährigen überdurchschnittlich hoch ist und die der jüngeren Menschen möglicherweise um das Dreifache übersteigt (*Pfeiffer*, 1977).

In den Vereinigten Staaten sind 23 Prozent aller Menschen, die sich das Leben nehmen, 60 Jahre und älter (*Blazer*, 1982). Eine Analyse von Querschnittsdaten zeigt, daß die Suizidrate für Männer von Jugend an steigt und linear mit dem Alter zunimmt (*Atchley*, 1982). Weiße ältere Männer begehen häufiger Suizid als jede andere Gruppe, und sie tun das am häufigsten im Alter zwischen 80 und 84 Jahren. Bei Frauen erreicht die Suizidrate vor dem 50. Lebensjahr ihren Höhepunkt und nimmt dann stetig ab. Die Suizidrate weißer Männer nimmt also mit dem Alter stark zu, während die der Frauen etwas sinkt. Männer nehmen sich in jedem Lebensalter häufiger das Leben als Frauen, doch am auffallendsten ist der Unterschied in der höchsten Altersgruppe.

Ältere Menschen sprechen seltener über ihre Suizidabsichten als jüngere und unternehmen weniger Suizidversuche. Wenn sie allerdings einen Versuch machen, sind sie erfolgreicher. Menschen unter 35 überleben ihre Suizidversuche in der Mehrzahl der Fälle, während die Versuche der über 50jährigen meistens tödlich enden. Sind die Betroffenen älter als 65 Jahre, schlagen ihre Versuche nur noch selten fehl (*Butler* und *Lewis*, 1982). Besonders bedrückend ist, daß die vorliegenden Statistiken wahrscheinlich noch zu niedrige Zahlen angeben. Ältere Menschen haben vielerlei Möglichkeiten „aufzugeben" und sich auf passive Weise das Leben zu nehmen: Sie brauchen oft nur Ernährung oder Medikamenteneinnahme zu vernachlässigen. Überdies weisen *Butler* und *Lewis* (1982) darauf hin, daß der Suizid älterer Menschen häufiger eine rationale oder philosophische Entscheidung sein kann als bei jüngeren Menschen. Man denke etwa an einen älteren Mann mit den unerträglichen Schmerzen einer unheilbaren Krankheit, der weiß, daß seine Behandlung mit jedem Tag mehr von dem Geld verschlingt, das er andernfalls seiner Frau und seiner Familie hinterlassen könnte.

Die vorbeugende Intervention unterscheidet sich nicht von der bei jüngeren Suizidkandidaten. Im allgemeinen wird der Therapeut versuchen, dem oder der Betroffenen eine weniger verzweifelte Sicht der Dinge zu vermitteln. Möglich ist allerdings, daß sich die gewöhnlich jüngeren und gesünderen beruflichen Helfer bei einem älteren Suizidkandidaten unbewußt weniger anstrengen, um sie von ihren Absichten abzubringen. Aber auch ein älterer Mensch ist nach Überwindung der Krise gewöhnlich dankbar für die neue Lebenschance.

Sexualität und Alter

Häufigkeit der sexuellen Aktivität

Unsere Kultur begegnet der sexuellen Aktivität im Alter mit Vorurteilen und traut älteren Leuten ein Sexualleben nicht mehr zu. Wenn Menschen – Männer wie Frauen – ein gewisses Alter erreichen, spricht man ihnen sexuelles Interesse und sexuelles Vermögen ab. Zwischen alten Menschen, so glauben viele, beschränkt sich die Leidenschaft auf eine zärtliche Umarmung und einen Kuß auf die Wange. Ein älterer Mann, der für eine viel jüngere Frau sexuelles Interesse bekundet, wird zum „geilen alten Bock". Und gemessen an dem hohen sexuellen Wert, den man jüngeren Frauen zuerkennt, gelten ältere Frauen als wenig sexuell. Überdies verwechselt man bei ihnen sexuelles Erregungsvermögen mit dem Unvermögen, sich fortzupflanzen.

Tatsache ist, daß es älteren Menschen weder an sexuellem Interesse noch an sexuellem Vermögen mangelt. Man führe sich im folgenden immer vor Augen, daß auch jüngere Erwachsene in unterschiedlichstem Ausmaß sexuell interessiert und aktiv sind. Sexuelles Desinteresse bei einem älteren Menschen ist keineswegs ein Beweis dafür, daß alte Menschen grundsätzlich asexuell sind. Der 68jährige Mann ohne Sexualleben hatte möglicherweise auch als 28jähriger wenig oder gar kein Interesse an Sexualität. Ob 28 oder 68, einer der besten Prädiktoren für die zukünftige sexuelle Aktivität sind die Häufigkeit und das Vergnügen, mit denen Sexualität in der Vergangenheit praktiziert wurde (*Solnick* und *Corby*, 1983).

Wie es um die Häufigkeit sexueller Aktivität und das Interesse an Sexualität bestellt ist, wissen wir aus mehreren großangelegten Umfragen (*Kinsey, Pomeroy* und *Martin*, 1948; *Kinsey* et al., 1953) und aus den *Duke Longitudinal Studies* (*Pfeiffer, Verwoerdt* und *Wang*, 1968, 1969; *George* und *Weiler*, 1980). Allerdings variiert das Bild, das solche Erhebungen vermitteln, entsprechend der jeweiligen Zeit, in der sie entstanden.

Ältere Untersuchungen wie der *Kinsey*-Report und die erste Duke-Studie ergaben, daß hetero- und homosexueller Geschlechtsverkehr und Masturbation mit dem 30. Lebensjahr an Häufigkeit abnehmen und daß sich diese Tendenz mit zunehmendem Alter fortsetzt. Der Glaube, daß Sexualität in der Mitte des Lebens und im Alter an Bedeutung verliert, findet in den jüngsten Forschungsarbeiten zum Thema allerdings keine Bestätigung. Die zweite Duke-Studie (*George* und *Weiler*, 1980) gibt Auskunft über die Jahre von 1968 bis 1974. Sie verzeichnet für die Altersgruppe zwischen 46 und 71 Jahren keine Abnahme der sexuellen Aktivität, vielmehr zeigte sich, daß 15 Prozent der älteren Menschen mit dem Alter sexuell aktiver wurden. Eine andere Untersuchung ergab, daß 47 Prozent der zwischen 60- und 71jährigen weiterhin regelmäßig und häufig Geschlechtsverkehr hatten (*Comfort*, 1980).

Für all das gibt es mehrere mögliche Erklärungen. Unbestritten ist, daß ältere Menschen sexuell aktiv sein können; das geht sogar aus den älteren Untersuchungen hervor. Bemerkenswerterweise verzeichnet die zweite Duke-Studie im Unterschied zur ersten keine Abnahme der sexuellen Aktivität mehr. Die älteren Probanden der zweiten Studie hatten möglicherweise bereits mit weniger negativen Stereotypen zu kämpfen und waren vielleicht auch gesünder: in beiden Fällen ein Kohorteneffekt. Vielleicht fiel es ihnen auch leichter, mit den Forschern über ihre sexuellen Interessen und Aktivitäten zu sprechen, weil sich das kulturelle Klima inzwischen gewandelt hatte: ein Effekt des Meßzeitpunkts. Historische Faktoren und eine positivere Einstellung zur Sexualität können sehr wohl auch die Sexualität älterer Menschen beeinflussen. Eine weitere Untersuchung ergab, daß 70- und 80jährige eigenen Angaben zufolge ähnlich häufig Geschlechtsverkehr hatten, wie 1940 und 1950 die 40jährigen bei *Kinsey* (*Starr* und *Weiner*, 1981). Vielleicht werden die jungen Leute unserer Tage im Alter sexuell noch aktiver sein.

Entgegen allgemeiner Annahme bedeutet Altwerden nicht unbedingt auch ein Leben ohne romantische Gefühle, Intimität und Sexualität.

Physiologische Veränderungen der sexuellen Reaktionsfähigkeit im Alter

Zu den freiwilligen Probanden von *Masters* und *Johnson* (1966) zählten auch eine Reihe älterer Leute. Unser Wissen über die sexuellen Reaktionen älterer Menschen haben wir überwiegend aus dieser Untersuchung bezogen. Bei der Interpretation der Daten ist allerdings in zweierlei Hinsicht Vorsicht geboten. Erstens liegt die Untersuchung einige Zeit zurück, und es ist fraglich, ob die Ergebnisse heute genauso ausfallen würden. Zweitens war die Stichprobe nicht repräsentativ. Unter diesen Vorbehalten ergaben die physiologischen Messungen folgende Unterschiede in der sexuellen Reaktion älterer und jüngerer Menschen:

Männer. Ältere Männer brauchen länger, bis sie eine Erektion haben. Das gilt auch dann, wenn sie auf eine ihnen angenehme Weise stimuliert werden. Sie können die Erektion vor der Ejakulation allerdings länger aufrechterhalten als jüngere Männer und haben vielfach nicht mehr das Gefühl, daß die Ejakulation unvermeidlich ist. Ob das mit physiologischen Veränderungen oder im Laufe der Jahre gelernter Kontrolle zu erklären ist, wissen wir nicht. In der Orgasmusphase kommt es zu weniger und weniger intensiven Kontraktionen und es wird weniger Samenflüssigkeit unter weniger Druck ausgestoßen. Die Erektion baut sich nach dem Orgasmus schneller ab, und es dauert länger als bei jüngeren Männern, bis sich eine weitere Erektion aufbauen kann. Tatsächlich nimmt die Dauer der Refraktärphase bereits im zweiten Lebensjahrzehnt zu (*Rosen* und *Hall*, 1984).

Auch wenn es sich bei den freiwilligen Probanden kaum um eine Zufallsstichprobe der Population handelte, wird deutlich, daß sich das sexuelle Reaktionsmuster älterer Männer im Grunde nicht von dem jüngerer unterscheidet. Die Dinge brauchen nur etwas länger und geschehen unter weniger Druck. Allerdings kann es durchaus eine Rolle spielen, wie die Männer – aber auch ihre Partnerinnen – den normalen, altersbedingten physiologischen Veränderungen gegenüberstehen. Wenn ein Mann oder seine Partnerin mit Beunruhigung oder Bestürzung darauf reagiert, daß sich die Erregung nur langsam aufbaut, ist die Bühne bereitet für Leistungsängste, die als eine Hauptursache psychosexueller Dysfunktion gelten. Unglücklicherweise werden normale, altersbedingte Veränderungen oft als Anzeichen drohender Impotenz fehlinterpretiert. Kein Mann büßt mit dem Alter seine Erektionsfähigkeit ein, es sei denn, er wird durch eine körperliche oder psychische Krankheit beeinträchtigt.

Frauen. Bei älteren Frauen gibt es ebenfalls einige altersbedingte Unterschiede, aber wieder rechtfertigt nichts den Schluß, sie seien zu einem befriedigenden Sexualleben nicht mehr in der Lage. Auch bei älteren Frauen dauert es etwas länger, bis sich sexuelle Erregung einstellt. Aufgrund des gesunkenen Östrogenspiegels ist die vaginale Lubrikation langsamer und weniger ergiebig, und es kommt gelegentlich zu Jucken und Brennen in der Vagina. Steroid-Substitution kann viele dieser Symptome abschwächen und zugleich der Osteoporose vorbeugen, einer Krankheit, die die Knochen brüchig macht. Mit dieser Behandlung sind allerdings auch Risiken verbunden, es kann sich z.B. ein Gebärmutterkrebs entwickeln. Die Vaginakontraktionen während des Orgasmus sind weniger zahlreich als bei jüngeren Frauen. Vagina und Uterus kontrahieren nicht mehr so rhythmisch, sondern eher spastisch, was zu Unbehagen und sogar Schmerz in Unterleib und Beinen führen kann. Für manche ältere Frauen ist die direkte Stimulation der Klitoris schmerzhaft. Wie ältere Männer kehren auch ältere Frauen schneller zu einem nicht-erregten Zustand zurück. Diese körperlichen Veränderungen scheinen bei Frauen, die ihr Sexualleben lang regelmäßig ein- bis zweimal wöchentlich sexuell stimuliert wurden, weniger ausgeprägt zu sein.

Altersbedingte Probleme. Keine dieser Veränderungen muß der Freude an sexueller Aktivität abträglich sein. Sexuelle Beziehungen älterer Menschen können sehr erfüllend sein, besonders wenn die Partner um diese altersbedingten Veränderungen ihres physiologischen Reagierens wissen und sie nicht für etwas Unnormales oder für ein Zeichen des Verfalls halten. Daß der ältere Mann zu längerer Erektion fähig ist, kann den Verkehr für beide Partner lustvoller machen (*Solnick* und *Corby*, 1983). Bei alten wie jungen Menschen kann eine körperliche Krankheit die sexuelle Aktivität lähmen. Und weil sich mit dem Alter zahlreiche chronische Leiden einstellen, steigt natürlich auch die Wahrscheinlichkeit, daß sich Krankheiten und Medikamente störend auf die Sexualität auswirken. Das gilt insbesondere für Männer: Jede Krankheit, die das hormonelle Gleichgewicht, die Nervenbahnen zur Beckenregion und die Blutversorgung des Penis beeinträchtigt, kann die Erektion verhindern. Tranquilizer, Antihypertonika, Müdigkeit und exzessive Eß- und Trinkgewohnheiten wirken sich unter Umständen ebenfalls beeinträchtigend auf die sexuellen Funktionen aus.

Oft haben ältere Männer und ihre Partnerinnen Angst, nach einem Herzanfall wieder sexuell aktiv zu werden. In den meisten Fällen sind solche Befürchtungen übertrieben (*Friedman*, 1978). Bedauerlicherweise mangelt es hier häufig an einer angemessenen Aufklärung durch den Arzt. Oft steigt die Herzfrequenz beim Treppensteigen mehr als beim Geschlechtsverkehr! Für Patienten mit Stauungsinsuffienz, bei der das Herz nicht mehr in der Lage ist, für einen angemessenen Blutumlauf zu sorgen beziehungsweise den venösen Rückfluß aufzunehmen, sieht die Situation etwas anders aus: Hier kann der Geschlechtsverkehr manchmal wirklich ein Risiko darstellen, aber bei ein wenig Vorsicht und Zurückhaltung ist sexuelle Aktivität auch in solchen Fällen kein Problem.

Ältere Frauen haben zwar weniger körperliche Probleme als Männer, sind aber gleichwohl Opfer all der Mythen, die über ihre Sexualität in Umlauf sind. Außerdem hängt die sexuelle Aktivität einer heterosexuellen Frau typischerweise davon ab, ob sie verheiratet und ob ihr Mann gesund und sexuell initiativ ist. Ältere Frauen sind sexuell weniger aktiv als ältere Männer, was möglicherweise daran liegt, daß ihnen ein Partner fehlt oder daß ihre Männer älter und weniger gesund sind als sie.

Die Behandlung sexueller Dysfunktion

Vermutlich würde es vielen älteren Menschen bereits helfen, wenn die Öffentlichkeit und die beruflichen Helfer, die sich um ihr körperliches und seelisches Wohl kümmern, besser über die Sexualität im Alter informiert wären. Insbesondere den Ärzten ist anzulasten, daß sie älteren Patienten nicht selten ihre sexuellen Bedürfnisse auszureden versuchen oder das Problem gar nicht erst ansprechen, wenn sie sich mit ihnen über Anpassungsschwierigkeiten unterhalten. Ob das seinen Grund in eigenem Unbehagen, Unwissen oder Vorurteilen hat, sei dahingestellt. Pflegeheime begegnen der Sexualität ihrer Bewohner häufig mit Intoleranz. So kann es geschehen, daß Ehepaaren ein gemeinsames Zimmer verweigert wird. Die Autoren dieses Buches haben selbst erlebt, wie das Pflegepersonal auf geriatrischen Stationen Patienten davor warnte, sich öffentlich selbst zu stimulieren, gleichzeitig aber auch ein Alleinsein der Patienten nicht zuließ.

Sicher gibt es auch ältere Menschen, die lieber sexuell enthaltsam leben. Aber für andere, die sexuell aktiv sind und von sexuellen Dysfunktionen geplagt werden, bietet sich eine Sexualtherapie an, wie sie von *Masters* und *Johnson* entwikkelt wurde (*Berman* und *Lief*, 1976). Allerdings bedarf die körperliche Verfassung älterer Klienten größerer Aufmerksamkeit, als das bei jüngeren Leuten gemeinhin notwendig ist.

5. Allgemeines zur Behandlung und Pflege alter Menschen

Zugang zu Dienstleistungen

Ältere Menschen bekommen offensichtlich nicht ihren gerechten Anteil an den Dienstleistungen im Bereich psychischer Gesundheit (*Redick* und *Taube*, 1980). Man schätzt, daß die klinischen Dienstleistungen von Psychologen nur zu 2,7 Prozent älteren Menschen gelten (*VandenBos, Stapp* und *Kilburg*, 1981). Fast 70 Prozent der Psychologen haben eigenen Angaben zufolge nie einen älteren Klienten gesehen (*Dye*, 1978; *VandenBos, Stapp* und *Kilburg*, 1981). Überdies haben jüngere Menschen mit psychiatrischer Diagnose eine größere Chance, behandelt zu werden als ältere Patienten (*Myers* und *Weissman*, 1980). Wie kommt es zu dieser Unterversorgung älterer Menschen? Man hat vermutet, daß es den heute Älteren widerstrebe, ihre Probleme psychologisch zu definieren, und daß dieser Mangel an psychologischer Aufgeschlossenheit sie von einer Psychotherapie abhalte (*Lawton*, 1979). Untersuchungen zufolge zögern ältere Menschen aber nicht mehr als jüngere Altersgruppen, eine Behandlung anzustreben (*Knight*, 1983; *Zarit*, 1980), noch brechen sie die Therapie häufiger ab (*Knight*, 1983).

Die Art und Weise, wie therapeutische Dienstleistungen vermittelt werden, erfaßt ältere Leute möglicherweise nicht. Viele von ihnen kommen mit einer Überweisung in therapeutische Zentren. Doch wie Forschungsarbeiten zeigen, werden ältere Menschen seltener überwiesen als jüngere (*Ginsburg* und *Goldstein*, 1974; *Kucharski, White* und *Schratz*, 1979). Auch das Kostenerstattungssystem ist hier problematisch; es ist auf stationäre Behandlung ausgerichtet und zahlt für eine ambulante Therapie weniger. Die Kosten für unterstützende Maßnahmen bei Patienten mit der Alzheimer-Krankheit werden in den Vereinigten Staaten überhaupt nicht übernommen.

In verschiedenen Untersuchungen zeigte sich, daß Kliniker sich von der Behandlung älterer Patienten weniger Erfolg versprechen (*Dye*, 1978; *Ford* und *Sbordonne*, 1980; *Settin*, 1982). In einer Studie schrieben die Therapeuten Patienten, die älter waren als sie selbst, eine schwerere Störung, eine geringere Behandlungsmotivation, eine schlechtere Prognose und weniger Einsicht zu als jüngeren Patienten (*Karasu, Stein* und *Charles*, 1979). Tatsächlich deutet aber nichts darauf hin, daß die Psychotherapie älterer Patienten weniger erfolgversprechend ist (*Garfield*, 1978). Wenn man die Möglichkeiten älterer Menschen zu positiver Veränderung für begrenzt hält, behandelt man sie vielleicht gar nicht erst. Vielleicht fehlt es dem Therapeuten aber auch am notwendigen Wissen, um ältere Patienten effektiv zu behandeln. Dann bleibt der therapeutische Erfolg ebenfalls aus.

Pflege- und Therapieeinrichtungen

Seit einigen Jahren werden immer weniger alte Menschen in staatliche oder städtische psychiatrische Einrichtungen eingewiesen. Alte Menschen, die psychiatrischer Behandlung bedürfen, leben jetzt vermehrt in Pflegeheimen oder werden von gemeindenahen Einrichtungen ambulant versorgt.

Pflegeheime

Die institutionelle Versorgung alter Menschen mit schweren chronischen Krankheiten und psychischen Störungen scheint zunehmend den Pflegeheimen zuzufallen (*Kramer*, 1977). Die Zahl der älteren Menschen, die in Pflegeheimen leben, wird, so besagen neuere Schätzungen, von 1,2 Millionen im Jahr 1980 um die Jahrhundertwende auf 2,2 Millionen und im Jahre 2050 auf 5,4 Millionen gestiegen sein (*U.S. Bureau of the Census*, 1984). Angesichts solcher Prognosen scheint es bei weitem nicht genug Menschen zu geben, die für die Arbeit in einem Pflegeheim angemessen ausgebildet sind. Das ist Anlaß zur Sorge, besonders wenn man weiß, daß nur 30 Prozent der Pflegeheime routinemäßig auch Beratung anbieten und daß wenigstens 50 Prozent der Patienten unter einer diagnostizierten emotionalen Störung leiden (*National Center for Health Statistics*, 1979).

Vor zehn Jahren waren die Medien voll von Berichten und Klagen über die unangemessenen und brutalen Verhältnisse in manchen Pflegeheimen. Verletzungen von Bauvorschriften, Vernachlässigung, zuviele Medikamente, Einschüchterung, überhöhte Rechnungen und andere unmoralische und gesetzeswidrige Praktiken weckten Zweifel an der Ehrenhaftigkeit derer, die Pflegeheime führen. Auch die Familien und die alten Leute selbst fragten sich besorgt, ob das Pflegeheim wirklich der beste Ort sei, um dort die letzten Monate oder Jahre zu verbringen.

Aber solche offenkundigen Mißstände stellen wahrscheinlich ein geringeres Problem dar als die mehr unterschwelligen Schädigungen, denen man sogar in Pflegeheimen mit sehr engagiertem Personal begegnet. Eine spektakuläre Untersuchung von *Blenker* (1967) verdeutlicht das. Ältere Menschen, die ein Familienfürsorgezentrum aufsuchten, wurden *zufällig* einer von drei Behandlungsformen zugewiesen: Sie wurden entweder intensiv, mit mittlerer Intensität oder nur minimal behandelt. Intensive Behandlung bedeutete den Einsatz einer Krankenschwester und eines Sozialarbeiters oder einer Sozialarbeiterin, bei mittlerer Intensität war die professionelle Aufmerksamkeit etwas geringer, und bei minimaler Behandlung wurden die Betroffenen informiert

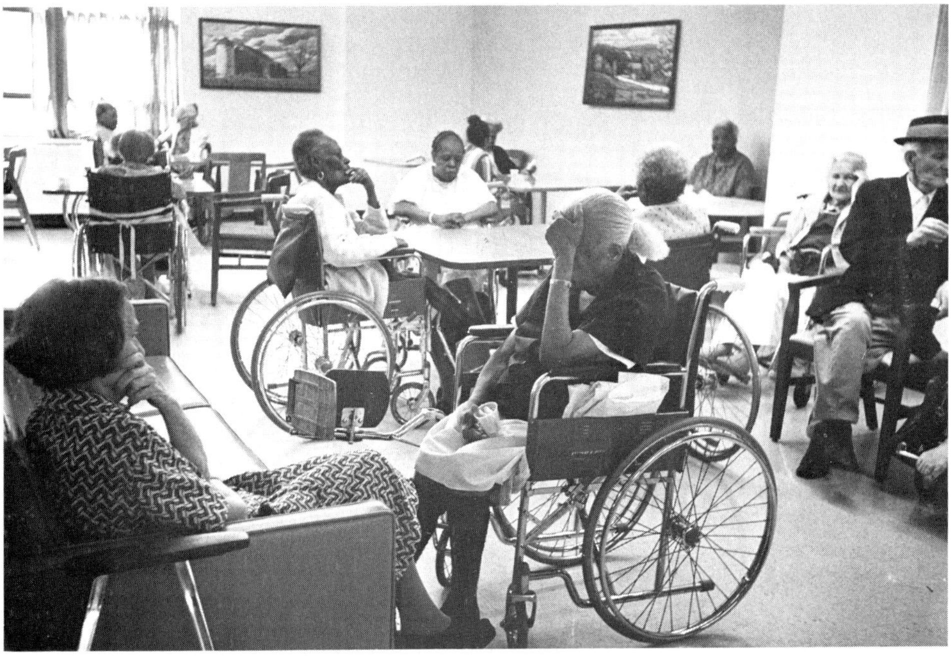

Obwohl Pflegeheime vielfach in schlechtem Ansehen stehen, kommt die Entscheidung, einen alten Menschen einer Institution anzuvertrauen, häufig den Familienbeziehungen und der Beziehung zwischen Alt und Jung zugute.

Entscheidungen treffen und für Pflanzen und Tiere sorgen zu müssen, hält ältere Menschen gesünder.

und an eine gemeindenahe Einrichtung verwiesen. Den größten Erfolg, so würde man meinen, hatte die intensive Behandlung, doch genau das Gegenteil war der Fall. Nach einem halben Jahr überstieg die Sterberate der Intensiv-Pflege-Gruppe die der Minimal-Pflege-Gruppe um das Vierfache! Die mittlere Pflege-Gruppe war etwas besser dran als die Intensiv-Pflege-Gruppe; hier starben ,,nur" doppelt so viele Mitglieder wie in der Minimal-Pflege-Gruppe. Was war geschehen? Wie sich herausstellte, war der entscheidende Faktor die Unterbringung in einer Institution, etwa einem Pflegeheim: Wo sich eine Krankenschwester und ein Sozialarbeiter intensiv an der Planung der Betreuung beteiligten, war die Wahrscheinlichkeit am größten, daß die Betreuten in einer Institution landeten; und genau diese Gruppe wies die meisten Todesfälle auf. Da die Zuweisung zu den drei Behandlungsformen zufällig erfolgte, ist eine Beziehung zwischen Sterberate und Unterschieden vor Behandlungsbeginn unwahrscheinlich.

Was haben Pflegeheime an sich, daß es zu einem derartigen Verfall kommen kann? Erstens ist der Umgebungswechsel als solcher belastend und scheint zur erhöhten Sterberate beizutragen

(*Aldrich* und *Mendkoff*, 1963; *Schulz* und *Brenner*, 1977). Umfang und Art der Betreuung sind nicht dazu angetan, die Rehabilitation zu fördern, vielmehr tragen sie dazu bei, daß die Bewohner die ihnen verbliebenen Fähigkeiten und selbständigen Aktivitäten auch noch einbüßen. Bewohner, die eigentlich, wenn auch langsam und vielleicht nicht immer ganz sauber, allein essen können, werden beim Essen unterstützt oder sogar wie kleine Kinder gefüttert. So wird Zeit gespart, und Fußboden und Kleider bleiben sauber. Die Betroffenen glauben selber nicht mehr, daß sie allein essen können, und darunter leiden Selbständigkeit und Moral. Es kommt zu Schwächung und Schwund der wenig geforderten Muskeln (*DeVries*, 1975). Die Angehörigen, die das Gefühl haben möchten, das Richtige getan und Mutter oder Vater gut untergebracht zu haben, nehmen Ordnung und Sauberkeit – Resultat der Tatsache, daß sich das Personal in alle Einzelheiten des Lebens der Bewohner einmischt – mit Wohlgefallen zur Kenntnis.

Pflegeheime tragen laut Gesetz die Verantwortung für ihre Bewohner. Wenn jemand zwar selbständig, aber nur unsicher und am Stock gehen kann, fährt man ihn dann nicht besser im Rollstuhl spazieren? Alte Leute stürzen oft und ihre Knochen heilen langsam und schlecht.

Die Bewohner werden beaufsichtigt und bevormundet. Demgegenüber tritt das therapeutische Bemühen um ihr geistig-seelisches Wohl zurück. Wir wissen, daß ältere Leute, insbesondere Bewohner von Pflegeheimen, häufig unter Depressionen leiden. An psychoaktiven Medikamenten verabreicht man ihnen allerdings mit Vorliebe nicht Antidepressiva, sondern Tranquilizer: Ein ruhiggestellter, relativ passiver Patient ist leichter zu handhaben. Psychologische Interventionen kennt man in den Heimen kaum, denn entweder ist das Personal für dergleichen nicht ausgebildet oder es glaubt wie so viele, daß solche therapeutischen Maßnahmen bei alten Menschen wenig sinnvoll sind.

Kurz, in Pflegeheimen werden alle Probleme einer Hospitalisierung wie unter einem Vergrößerungsglas offenbar. Unabhängiges Verhalten wird verhindert, zwar nicht mit Absicht, aber doch so, daß die traurigen Konsequenzen nicht ausbleiben und der körperliche und geistige Abbau, der unbewußt erwartet wird, seinen Lauf nimmt (vgl. Kasten 17.4).

Einem weit verbreiteten Mythos zufolge haben Familien nichts Eiligeres zu tun, als ihre älteren Angehörigen beim ersten Zeichen von Gebrechlichkeit in eine Institution abzuschieben. Die Forschungsergebnisse sprechen allerdings eine andere Sprache. Gewöhnlich erkunden Familien alle möglichen Alternativen und versuchen bis an den Rand der Erschöpfung, einen älteren Angehörigen selber zu versorgen, bevor sie ihn einer Institution überantworten. Die Institution ist der letzte Ausweg und nicht die erste Wahl. Die Unterbringung in einer Institution, so glaubt man gemeinhin, ist den Familienbeziehungen abträglich. Eine Untersuchung stellte dagegen fest, daß der Umzug eines Elternteils in ein Pflegeheim die Familienbande in vielen Fällen stärkte und eine neue Nähe zwischen Elternteil und zuvor für die Pflege verantwortlichem Kind schuf. Die Heimpflege entlastete die Angehörigen von der Anstrengung und dem Druck, die die ständige Konfrontation mit den zahlreichen körperlichen und seelischen Problemen des alten Vaters oder der alten Mutter mit sich brachten. In etwa 10 Prozent der Familien verschlechterten sich die Beziehungen nach der Übersiedlung (*Smith* und *Bengston*, 1979).

Gemeindenahe Versorgung

95 Prozent der alten Menschen leben innerhalb einer Gemeinde. Welche gemeindenahen therapeutischen und pflegerischen Möglichkeiten bestehen für sie? Traditionelle Einzel-, Familien- und Eheberatung, therapeutische Tierhaltung[4]

---

[4] Von alters her weiß man, daß es vielen Menschen guttut, ein Tier als Gefährten um sich zu haben. Auf dieser Erfahrung baut die therapeutische Tierhaltung auf. Die Abhängigkeit eines Haustieres kann den menschlichen Betreuer körperlich und seelisch aufrichten, denn er bleibt aktiv und fühlt sich gebraucht. Die Anhänglichkeit eines Tieres ist fast immer bedingungslos und von einem Menschen so kaum je zu erwarten. Allein der körperliche Kontakt zu einem Tier ist wohltuend. Wir wollen damit keineswegs sagen, daß ältere oder auch jüngere Leute Haustiere menschlicher Gesellschaft vorziehen sollten. Aber die Verantwortung für eine Katze, einen Hund oder einen Vogel und die Freude daran bereichern einfach den Alltag und regen an zu gesunden Gedanken und Handlungen (*Brickel*, 1984).

Kasten 17.4
Kontrollverlust und Unbewußtheit in Pflegeheimen

Ellen Langer hat einen Zusammenhang zwischen dem Verlust der Kontrolle über die eigenen Lebensumstände und dem körperlichen und geistigen Abbau bei manchen älteren Menschen hergestellt. Folgende Überlegung hat sie zu ihrer Untersuchung veranlaßt: Wie wir wissen, verschlechtert sich bei empfundenem oder tatsächlichem Kontrollverlust das adaptive Verhalten. Zumindest einige Aspekte verminderten Anpassungsverhaltens – die Inaktivität alter Menschen und ihre schlechte Anpassung an veränderte Umstände –, die wir für Zeichen von Senilität halten, könnten auf Kontrollverlust und nicht auf eine fortschreitende Gehirnkrankheit zurückzuführen sein (*Langer*, 1981).

Langer verweist darauf, daß unsere Gesellschaft die Alten – und zuweilen auch die Jungen! – *lehrt*, daß alte Menschen inkompetent oder zumindest weniger kompetent sind als in jüngeren Jahren. In unserem Hilfseifer scheinen wir alte Menschen davor zu bewahren, Entscheidungen treffen zu müssen, die sie durchaus treffen könnten. Wir möchten sie vor körperlichem Schaden schützen, schaffen ihnen aber damit eine Umwelt, die ihnen kaum Kontrollbemühungen abverlangt. Und natürlich bestimmen wir, daß sie sich mit Erreichen eines bestimmten Alters aus dem Berufsleben zurückzuziehen haben, und übersehen dabei, daß alte Menschen individuell sehr verschieden sind. Diese Praktiken, geübt in einer Gesellschaft, die Kompetenz und Leistung hoch bewertet, tragen viel dazu bei, einem älteren Menschen den Glauben zu nehmen, daß er noch leistungsfähig, ja, daß das Leben überhaupt noch lebenswert ist.

Langer und *Rodin* (1976b) halten es für das zentrale Problem von Pflegeheimen, daß sie kaum Gelegenheit zu Kontrolle und persönlicher Verantwortung bieten. In einer ihrer Untersuchungen hatten Patienten täglich für fünfzehn Minuten die Möglichkeit, die Krankenschwester ganz für sich in Anspruch zu nehmen und konnten auf diese Weise etwas mehr Kontrolle über ihre eigene Pflege und Betreuung ausüben. Diese Patienten waren bei Abschluß der Untersuchung gesünder und auch geselliger als die Probanden der Kontrollgruppe (*Rodin*, 1980).

In einer anderen Untersuchung teilten *Langer* und *Rodin* (1976a) einer Gruppe von Heimbewohnern mit, daß sie eine Reihe von Entscheidungen, die bis jetzt das Personal für sie übernommen hatte, künftig selbst treffen müßten. Darüber hinaus erhielten sie Pflanzen, für die sie selbst zu sorgen hatten. Eine Kontrollgruppe machte man darauf aufmerksam, wie gerne und eifrig das Personal sie versorge und daß es sich auch um die Pflanzen, die man ihnen gegeben hatte, kümmern werde. Obwohl ursprünglich hinsichtlich etlicher Variablen, darunter der Gesundheitszustand, parallelisiert, unterschieden sich beide Gruppen nach drei Wochen in Munterkeit, Glücksgefühl und allgemeinem Wohlbefinden. In allen drei Variablen schnitt die Gruppe mit der größeren Verantwortung – und vermutlich auch mit dem Gefühl größerer Kontrolle – besser ab. Noch eindrucksvoller waren die Ergebnisse nach achtzehn Monaten: Die Experimentalgruppe hatte mit sieben von insgesamt siebenundvierzig Mitgliedern nur halb so viele Todesfälle zu verzeichnen wie die Kontrollgruppe; hier starben im gleichen Zeitraum von 44 Mitgliedern 13. Die Gruppe mit der größeren Verantwortung war auch weiterhin seelisch wie körperlich gesünder (*Rodin* und *Langer*, 1977).

Die Behandlung, die sie durch uns erfahren, kann in alten Menschen ein Gefühl von Kontrollverlust wecken. Doch das ist nicht alles. Die eintönige, wenig fordernde Umgebung, in der insbesondere Krankenhauspatienten und Pflegeheimbewohner leben, führt oft zu einem kognitiven Verhalten, das *Langer* „Unbewußtheit" nennt. Unbewußtheit ist eine Form automatischer Informationsverarbeitung, wie sie von kognitiven Psychologen erforscht wird, eine Art zu denken, die in Routinesituationen, etwa beim Schuhebinden, durchaus Anpassungswert besitzt. Solchen überlernten Aktivitäten besondere Aufmerksamkeit zuzuwenden – die Informationen nicht unbewußt und automatisch, sondern bewußt zu verarbeiten –, kann in der Tat mit der Leistung *interferieren*!

Unbewußt, so zeigt die Forschung, reagieren wir in vertrauten Situationen. Es ist, als handelten wir mit dem geringstmöglichen kognitiven Aufwand. Ist eine Situation allerdings neu und verlangt unsere Aufmerksamkeit, neigen wir zu *achtsamem* Handeln.

Welches sind die klinischen Folgen von zuviel Unbewußtheit, wenn es also zur Gewohnheit wird, die Dinge mit möglichst geringem kognitiven Aufwand anzugehen? Ein jüngerer Mensch hat unzählige Gelegenheiten zu überlegtem Verhalten, und vermutlich brauchen wir alle ein Minimum an Überlegung und Planung, wenn unser Selbstbewußtsein und unser Geisteszustand keinen Schaden nehmen sollen. Ein älterer Mensch kommt dagegen vielleicht zu wenig dazu, überlegt zu handeln. Heimbewohner und Krankenhauspatienten sind in ihrer Mobilität eingeschränkt und werden wenig gefordert, so daß ihre Erfahrungen eintönig und langweilig sind. Die Pflegeheim-Studie von *Langer* und *Rodin* kann sehr gut belegen, daß nicht nur die wahrgenommene eigene Kontrolle, sondern bereits das bewußte *Denken* als solches eine notwendige Voraussetzung emotionalen und körperlichen Wohlbefindens ist. Zwischen Mangel an Kontrolle und Unbewußtheit besteht wahrscheinlich ein Zusammenhang, denn was gibt es schließlich noch zu denken, wenn man glaubt, die Kontrolle über sein Leben verloren zu haben? Zweifellos ist das Alter mit Verlusten verbunden; aber darüber hinaus entwickeln viele ältere Menschen ein ausgeprägtes Gefühl von Inkompetenz und Wertlosigkeit, weil man ihnen oft weder selbständiges Denken noch selbständige Entscheidungen abverlangt.

und Selbsthilfegruppen sind alle in gewissem Umfang geeignet, Depression, Angst und Einsamkeit zu lindern. Die meisten dieser Therapien werden an anderer Stelle beschrieben. Der gebrechliche alte Mensch braucht praktische Hilfe, um mit dem täglichen Leben zurechtzukommen. Wir wollen im folgenden einige allgemeine Prinzipien erörtern, welche die Entwicklung einer effektiven und umfassenden gemeindenahen Versorgung fördern können (*Zarit*, 1980).

Umfassende gemeindenahe Dienste. Eine vernünftige gemeindenahe Versorgung sollte ein breites Spektrum an Hilfsmöglichkeiten – von Informationen bis hin zu praktischen Dienstleistungen – abdecken, die gebrechlichen alten Menschen ein Leben zu Hause ermöglichen. Manche Gemeinden haben einen Telephondienst organisiert, der täglich bei alleinlebenden alten Leuten anruft und sich erkundigt, ob alles in Ordnung ist. Es gibt Einrichtungen verschiedenster Art: Das „Essen auf Rädern" versorgt alte Menschen täglich mit einer warmen Mahlzeit; Hauspflegerinnen kochen und kümmern sich um den Haushalt, junge Leute kaufen für alte Leute ein, und freiwillige Helfer erledigen kleine Reparaturarbeiten für sie. Es gibt Tagesstätten für alte Menschen, die warme Mahlzeiten servieren und in denen die Besucher Hilfe bei Behördenangelegenheiten finden. In betreuten Wohngemeinschaften leben mehrere alte Leute zusammen. Sie werden regelmäßig von medizinisch ausgebildeten Helfern und Sozialarbeitern besucht, die ihre Probleme kennen und behandeln. Nur wenn eine Gemeinde über eine breite Vielfalt von derartigen Diensten verfügt, kann sie den Bedürfnissen ihrer älteren Einwohner wirklich gerecht werden. Anderfalls ist die Versorgung entweder unzureichend oder die Betroffenen bekommen mehr Hilfe, als sie wirklich brauchen.

Besonders wichtig ist die Arbeit mit Familienmitgliedern, die für ältere Angehörige sorgen. Sie müssen lernen, mit Problemsituationen umzugehen und dem gebrechlichen alten Angehörigen so viel Unabhängigkeit wie möglich zu lassen. Natürlich muß man sie auch unterstützen, ermutigen und ihnen Gelegenheit geben, Schuldgefühlen und Ärger Luft zu machen. Manche brauchen die Versicherung, daß sie sich regelmäßig oder zumindest dann, wenn der Druck zu groß wird, Freizeit gönnen dürfen.

Koordination der Dienste. Das bloße Vorhandensein solcher Dienste genügt allerdings nicht. Sie müssen untereinander koordiniert sein, was bedauerlicherweise in den meisten Fällen nicht der Fall ist. Nur allzu oft werden ältere Menschen und ihre Familien von einer Stelle zur anderen geschoben und verirren sich in einem Labyrinth bürokratischer Spitzfindigkeiten. Sogar berufliche Helfer haben trotz ihrer Erfahrungen mit dem System oft Mühe, sich durchzufinden und ihren Klienten die notwendige Hilfe zu vermitteln! Oft stehen den eigentlichen Zielen der Hilfsprogramme frustrierende Vorschriften entgegen. In Kalifornien zum Beispiel übernimmt „Medicare" nicht immer Rehabilitationsmaßnahmen wie die Bewegungstherapie nach einem Hüftgelenksbruch. Das hat zur Folge, daß viele ältere Menschen nicht die Funktionsfähigkeit wiedererlangen, die unter den gegebenen Umständen möglich wäre, und daß sich ihr körperlicher und seelischer Zustand zusätzlich verschlechtert.[5]

Minimalintervention. Manchmal ist weniger mehr. Allzu viel Fürsorge für den alten Menschen kann dazu führen, daß seine Leistungsfähigkeit zu sehr eingeschränkt wird. Der alte Mensch leistet weniger, als es ihm seine körperliche Verfassung eigentlich erlauben würde (*Kahn*, 1975). Daß er viele Dinge nicht mehr tun kann, die ihm früher selbstverständlich waren, nimmt er zum Anlaß, sich körperlich auf andere zu verlassen. Das Gefühl für die Grenze zwischen notwendigem Schutz und einer Hilfe, die man aus Bequemlichkeit oder Höflichkeit annimmt, geht häufig verloren. In ihrem Bestreben, den Bedürfnissen des älteren Menschen gerecht zu werden, übertreiben es die jüngeren und gesünderen Betreuungspersonen zuweilen mit der Hilfe und schränken ihn damit unnötig ein. Natürlich wird dem Urteilsvermögen des Betreuenden einiges abverlangt, denn ihm darf nicht entgehen, wann ein Problem sein Eingreifen wirklich erfordert. Doch das Prinzip der Minimalintervention, das dem älteren Menschen größtmögliche Selbständigkeit bewahren soll, sollte unterstützt werden.

Besonderheiten bei der Therapie älterer Menschen

Wir haben es in diesem Kapitel mit einer Gruppe von Menschen zu tun, die nur das chronologische Alter gemeinsam haben. Dabei können wichtige Unterschiede in bezug auf Herkunft, Entwicklungsgeschichte und Persönlichkeit leicht aus dem Blick geraten. Zwar gibt es physische und psychische Merkmale, die Menschen über 65 von jüngeren unterscheiden, gleichwohl ist jeder ältere Mensch ein *Individuum*, das schon eine lange Zeit gelebt hat und seine ganz eigenen Freuden und Sorgen erfahren hat. Trotz dieser Einmaligkeit gibt es ein paar Punkte, die man bei der Therapie älterer Menschen beachten sollte. Sie betreffen sowohl den Inhalt als auch den Prozeß der Therapie.

Inhalt

Zwar steigt mit dem Alter die Häufigkeit hirnorganischer Psychosyndrome, aber darüber hinaus kämpfen alte Menschen oft mit denselben psychischen Problemen wie in früheren Jahren. Obwohl sich der Kliniker natürlich ein Bild davon machen muß, wie und in welchem Umfang körperliche Gebrechen und Medikamente bestehende psychische Probleme verstärken, sollte er gleichzeitig in Erfahrung bringen, ob und wie lange diese Probleme auch in früheren Lebensjahren eine Rolle spielten.

Der Kliniker sollte ebenfalls bedenken, daß die schlechte emotionale Verfassung seines älteren Klienten eine realistische Reaktion auf bestimmte Lebensprobleme sein kann. Vielleicht muß sich der Klient infolge einer medizinischen Krankheit für den Rest seines Lebens mit einer

[5] Oft erfordern diese Verschlimmerungen des ursprünglichen Leidens sehr viel kostspieligere Pflege- und Behandlungsleistungen.

Geh-, Seh- oder Hörbehinderung abfinden. Besonders ältere alleinstehende Frauen haben oft Geldsorgen. Es wäre unfair und falsch, alles seelische Leid alter Menschen für pathologisch zu halten.

Eine weitere realistische Belastung ist der Gedanke an den nahen Tod. Oft entlastet es den Klienten, wenn man ihn dazu ermutigt, ganz konkrete Dinge zu regeln, etwa zu überprüfen, ob Vermögensangelegenheiten und Testament in Ordnung sind, und niederzulegen, wie er sich den Ablauf seines Begräbnisses oder seiner Einäscherung wünscht. Wenn Klienten die künstlichen lebenserhaltenden Maßnahmen, die bei unheilbaren Krankheiten zuweilen eingesetzt werden, fürchten und ablehnen, sollte der Therapeut mit ihnen darüber sprechen, ob sie nicht den Menschen, die für sie verantwortlich sein sollen, eine Patientenverfügung geben möchten. Es empfiehlt sich, die Angehörigen an den Gesprächen zu beteiligen, denn ihre Einstellung zum Tod bleibt oft nicht ohne Einfluß auf ihren Umgang mit dem alten Menschen.

Der therapeutische Rat kann auch dahin gehen, das Leben aus philosophischer oder religiöser Perspektive zu sehen. Leo Tolstoi war einer von vielen, die sich im Alter zunehmend der Religion zuwandten. Philosophische und religiöse Sichtweisen können dem Klienten helfen, die Grenzen, die das Alter der menschlichen Existenz setzt, zu überschreiten. Wenn der Tod schließlich wirklich naht, können Gespräche über den Sinn eines jeden Lebens es ihm leichter machen, sich zu öffnen, und Wohlgefühl und das Bewußtsein der eigenen Persönlichkeitsentwicklung stärken. Auch für die Menschen, die ihn lieben und unwiederbringlich verlieren werden, können solche Gespräche hilfreich sein.

Prozeß

Kliniker fragen sich häufig, ob ältere Klienten nicht ganz andere Behandlungen brauchen als jüngere, oder ob sie von denselben Therapien profitieren. Wir haben bereits darauf hingewiesen, daß die traditionellen Einzel-, Familien- und Ehetherapien auch älteren Menschen helfen (*Gatz* et al., 1985). Manche Therapeuten konzentrieren sich bei älteren Klienten vornehmlich auf das Hier und Jetzt. Ihrer Meinung nach müsse die Therapie alter Menschen aktiver und direktiver sein; der Therapeut solle sich aus eigener Initiative um notwendige Unterstützungsmaßnahmen in der Betreuung kümmern und dem Klienten und seiner Familie helfen, durch das Labyrinth von Gesetzen, Verordnungen und zuständigen Ämtern hindurchzufinden.

Die weitaus meisten alten Menschen leben innerhalb der Gemeinde und rechnen auf Hilfe und Freizeitmöglichkeiten im Rahmen von Gemeindeeinrichtungen.

In den letzten Jahren sind etliche Bücher zur Therapie älterer Menschen erschienen (*Herr* und *Weakland*, 1979; *Hussian*, 1981; *Lewinsohn* und *Teri*, 1983; *Sherman*, 1981; *Storandt*, 1983; *Zarit*, 1980). Um sich zu ändern, brauchen ältere Klienten eine gute Beziehung zum Therapeuten, positive Bedingungen in ihrer Umgebung, Hoffnung, das Gefühl, noch etwas schaffen und eine gewisse Kontrolle ausüben zu können, und den Glauben, daß ihr Leben noch Sinn hat (*Gatz* et al., 1985).

Zusammenfassung

Bis vor kurzem hat man den psychischen Problemen älterer Menschen wenig Aufmerksamkeit geschenkt. Der Anteil der über 65jährigen steigt stetig. Es wird also immer wichtiger, daß wir möglichst viel über die Störungen wissen, unter denen ältere Menschen leiden, und lernen, ihnen vorzubeugen oder sie zu lindern. Obwohl das Älterwerden in jedem Fall von körperlichem Abbau begleitet ist, scheint die emotionale Belastung, unter der viele ältere Menschen leiden, vornehmlich psychischen Ursprungs zu sein.

Von schweren Gehirnstörungen ist nur eine kleine Minderheit von weniger als 10 Prozent betroffen. In den meisten Fällen handelt es sich dabei um eine Demenz oder ein Delir. Bei der Demenz sind intellektuelle Funktionen – Gedächtnis, abstraktes Denken und Urteilsfähigkeit – beeinträchtigt. Verläuft die Krankheit, wie fast immer, progressiv, scheinen die Betroffenen zu völlig anderen Menschen zu werden und sich schließlich ihrer Umgebung nicht mehr bewußt zu sein. Diesem Verfall kann eine Vielzahl von Krankheiten zugrunde liegen. Vor allem ist hier die Krankheit vom Alzheimer Typ zu nennen, bei der es zu einer fortschreitenden Atrophie der Großhirnrinde kommt. Das Delir äußert sich in einer plötzlichen Bewußtseinstrübung und anderen Denk-, Gefühls- und Verhaltensbeeinträchtigungen. Das Denken wird fragmentiert und ungerichtet, die Sprache unzusammenhängend und die Aufmerksamkeit flüchtig; die Betroffenen leiden unter Halluzinationen, Illusionen, Desorientierung, Lethargie oder Hyperaktivität und schnellen Stimmungswechseln. Wenn die zugrundeliegende Ursache vorübergehender Natur ist oder angemessen behandelt wird, ist der Zustand reversibel. Es handelt sich um eine Fehlfunktion, nicht aber notwendigerweise um eine Zerstörung von Gehirnzellen. Ursache können zuviele Medikamente, eine Infektion des Gehirngewebes, hohes Fieber, Mangelernährung, Dehydration, ein Schädeltrauma und zerebrovaskuläre Probleme sein.

Beide Störungen werden ganz unterschiedlich behandelt. Besteht Verdacht auf Delir, muß nach der Ursache gesucht werden, um die pathogene Situation korrigieren zu können. Eine Demenz ist gewöhnlich nicht zu behandeln, aber man kann die Betroffenen und ihre Familien beraten und mit ihnen besprechen, wie sie die verbleibende Zeit möglichst sinnvoll und vielleicht sogar gewinnbringend gestalten können. Wenn die Familie hinreichend unterstützt wird, können viele Demenz-Patienten zu Hause bleiben. Irgendwann wird die Last für die meisten Familien aber doch zu groß und zwingt sie, den dementen Angehörigen in einem Pflegeheim oder einem Krankenhaus unterzubringen.

Ältere Menschen leiden an einem ganzen Spektrum psychischer Störungen, die vielfach schon in jüngeren Jahren bestanden. Das gilt insbesondere für die Depression. Seit kurzem behandelt man die Depression älterer Klienten mit kognitiv-verhaltenstherapeutischen Verfahren, und die Ergebnisse sind bisher ermutigend.

Ein weiteres, wenn auch nicht so häufiges Problem, unter dem ältere Leute und die Menschen, die mit ihnen zu tun haben, leiden, ist die Paranoia. Während die Verfolger jüngerer Paranoider vom FBI oder aus dem Weltraum, also von weither kommen, fühlen sich ältere Personen von Menschen ihrer Umgebung verfolgt: vom Nachbarn, der ihre Briefe öffnet, vom undankbaren Sohn, der es auf ihr Geld abgesehen hat, vom Arzt, der ihnen Medikamente verschreibt, die ihren Geist verwirren. In manchen Fällen ist die Paranoia die Folge einer Demenz beziehungsweise des ihr zugrundeliegenden Hirnschadens, aber sehr viel häufiger sind psychische Faktoren dafür verantwortlich. Die Paranoia kann auch eine Reaktion auf Hörprobleme sein. Wenn ich – insbesondere dann, wenn ich mir meine Schwerhörigkeit nicht eingestehe – nicht hören kann, was andere sagen, glaube ich vielleicht, daß sie flüstern, weil sie schlecht über mich sprechen. Auch Isolation kann zur Paranoia beitragen. Wenn jemand wenig sozialen Umgang hat, und das gilt für viele alte Leute, ist es schwierig, Eindrücke und Verdachtsmomente auf ihren Wahrheitsgehalt hin zu überprüfen, womit die Voraussetzungen für Wahnvorstellungen geschaffen sind. Weitere in diesem Kapitel besprochene psychische Störungen sind die Schizophrenie, der Substanzmißbrauch, insbesondere die mißbräuchliche Einnahme von Medikamenten, die Hypochondrie und die Schlaflosigkeit.

Weiße Männer sind mit zunehmendem Alter vermehrt suizidgefährdet. Die Suizidversuche älterer Menschen verlaufen häufiger erfolgreich als die jüngerer Suizidanten. Berufliche Helfer, die ja zumeist jünger sind als 65 Jahre, nehmen möglicherweise an, alte und gebrechliche Menschen hätten nichts mehr, für das sich das Leben lohne. Vermutlich spiegelt sich darin die eigene Angst vor dem Altwerden.

Um das Problem von Sexualität und Alter ranken sich zahlreiche Mythen und Vorurteile. Im Alter sexuell aktiv zu sein, gilt vielfach als unschicklich, unbefriedigend, ja sogar unmöglich. Die Forschungsergebnisse sprechen für das Gegenteil. Wenn dem nicht schwere körperliche Beeinträchtigungen entgegenstehen, können ältere Menschen, auch jenseits der achtzig, Freude am Geschlechtsverkehr und anderen Zärtlichkeiten haben. Es gibt altersbedingte Veränderungen: Die Erregung stellt sich langsamer ein, und der Orgasmus ist weniger intensiv. Genaue und vorurteilsfreie Information über die sexuellen Möglichkeiten im Alter würde wahrscheinlich vielen unnötigen sexuellen Dysfunktionen und sexuellem Desinteresse vorbeugen.

Pflegeheime und andere Einrichtungen zur umfassenden Betreuung älterer Menschen machen den Bewohnern häufig wenig Mut, noch vorhandene Fähigkeiten und Fertigkeiten zu üben. Körperlicher und geistiger Verfall ist die Regel. Heutzutage werden alte Menschen, wo immer möglich, zu Hause versorgt. Voraussetzung dafür ist ein umfassendes Dienstleistungssystem wie Essen auf Rädern, regelmäßige Hausbesuche durch medizinisches Personal und Unterstützung für diejenigen, die die Hauptlast der Pflege und Betreuung tragen. Derartige Einrichtungen sollten so koordiniert arbeiten, daß Patienten und Angehörigen ein Irrgang durch das bürokratische Labyrinth erspart bleibt. Gleichzeitig sollte man dem Prinzip der minimalen Intervention folgen, damit die betreuten alten Menschen so unabhängig wie eben möglich bleiben.

Vielen alten Menschen kann durch eine Psychotherapie geholfen werden, wobei der Therapeut bestimmte Dinge nicht aus den Augen verlieren sollte. Die emotionale Belastung älterer Menschen hat manchmal sehr realistische Gründe. Viele haben unersetzliche Verluste erlitten und haben mit ganz realen medizinischen und finanziellen Problemen zu kämpfen. Es wäre falsch, die Klagen älterer Menschen in jedem Fall für das Zeichen einer vorliegenden Psychopathologie zu halten. Nicht zuletzt ist der Tod älteren Menschen näher als jüngeren. Auch an den therapeutischen Prozeß werden etwas andere Anforderungen gestellt. Der Therapeut sollte manchmal etwas aktiver und direktiver sein, den Klienten informieren und sich darum kümmern, welche praktischen Hilfsmöglichkeiten es für ihn gibt. Wichtig ist, daß die Therapie dem Klienten auch ein Gefühl von eigener Kontrolle, Selbständigkeit, Hoffnung und der Sinnhaftigkeit seines Lebens vermittelt.

Teil VI

Intervention

Kapitel 18

Einsichtstherapie

1. Der Placeboeffekt
2. Die psychoanalytische Therapie
3. Humanistische und existentielle Therapien

Im Verlaufe unseres Überblicks über die verschiedenen Psychopathologien sind wir immer auch darauf eingegangen, wie Therapeuten unterschiedlicher Schulen versuchen, psychisches und emotionales Leid zu verhindern, zu lindern oder sogar ganz zu beheben. Die Grundlage hierfür legte das Kapitel 2 mit der Beschreibung der einzelnen Behandlungsparadigmen: des physiologischen, psychoanalytischen, lerntheoretischen, kognitiven und humanistischen Paradigmas. Je nach Art des Problems sind mal diese, mal jene Interventionen angemessener. Unser heutiges physiologisches Wissen gibt jungen Eltern die Mittel an die Hand, bestimmten Formen genetisch bedingter geistiger Behinderung Einhalt zu gebieten oder sie zumindest zu begrenzen. Und da wir mehr über Lernprozesse wissen, können wir behinderten Kindern mehr kognitive, soziale und der Selbständigkeit dienende Fertigkeiten vermitteln, als man das früher je für möglich gehalten hätte. Die psychoanalytische Theorie ermöglicht es den Therapeuten, dissoziative Störungen zu behandeln, denn sie lenkt das Augenmerk zum Beispiel darauf, daß sich ein amnestischer Patient an bestimmte Ereignisse möglicherweise darum nicht erinnern kann, weil sie zu schmerzhaft sind und massiv verdrängt werden müssen. Die humanistische Therapie hilft den Klienten, Tiefe und Ursachen ihres seelischen Leids zu erforschen, und ermutigt sie, zu handeln, zu entscheiden und Verantwortung zu übernehmen für die Änderung ihres Lebens.

Jetzt ist es an der Zeit, uns intensiver mit allgemeinen und kontroversen Fragen der Psychotherapie zu beschäftigen und Vergleiche anzustellen. Wir wissen jetzt einiges über Psychopathologien und ihre Behandlung, daß wir das mit einem gewissen Sachverstand und einem Blick für Perspektiven tun können.

Ihrer theoretischen Komplexität beraubt, ist jede Psychotherapie „...eine Situation, in der ein Mensch (der Therapeut) versucht, so zu handeln, daß er einen anderen Menschen in die Lage versetzt, anders zu handeln und zu fühlen, als er es zuvor getan hat..." (*Wachtel*, 1977, S. 271). Es ist die Grundannahme, ja das Glaubensbekenntnis jeder Psychotherapie, daß man durch bestimmte Formen verbalen und nonverbalen Austauschs in einer vertrauensvollen Beziehung bestimmte Ziele wie Angstminderung und Löschung selbstzerstörerischen oder gefährlichen Verhaltens erreichen kann.

So einfach diese Definition auch klingt, tatsächlich herrscht darüber, was eine Psychotherapie *wirklich* ausmacht, kaum Einigkeit. Mein Nachbar kann mich mit denselben Worten trösten, wie es ein klinischer Psychologe tun würde – aber ist das bereits Psychotherapie? Was unterscheidet Psychotherapie von solcherart nichtprofessionellem Trost? Ist der Unterschied daran festzumachen, ob der Trostspender einen akademischen Grad oder eine Lizenz besitzt? Ist entscheidend, ob der andere sich bei dem, was er sagt, von einer Theorie leiten läßt? Oder hängt der Unterschied davon ab, wie stichhaltig die Grundannahmen der Theorie sind? Das sind schwierige Fragen, und wie in anderen Bereichen der Klinischen Psychologie gehen auch hier die Meinungen auseinander.

Die Menschen, die *professionelle* Hilfe suchen

oder zum Therapeuten geschickt werden, haben gewöhnlich die nicht-professionellen Wege bereits ausprobiert und keine Entlastung gefunden. Bevor jemand zum Therapeuten geht, hat er sich wahrscheinlich Freunden oder dem Partner anvertraut, vielleicht mit seinem Hausarzt, oft auch mit einem Geistlichen gesprochen und möglicherweise etliche Selbst-Hilfe-Bücher zu Rate gezogen, die heute sehr beliebt und in großer Anzahl verfügbar sind. In den meisten Fällen reicht das aus, die Betroffenen finden genug Erleichterung und stellen die Suche nach weiterer Hilfe ein (*Bergin*, 1971). Aber bei manchen Menschen schlagen alle diese Versuche fehl, sie fühlen sich weiterhin hilflos und oft ohne jede Hoffnung. Das sind dann diejenigen, die ihr Heil schließlich in psychiatrischen Kliniken, Beratungsstellen und bei niedergelassenen Psychotherapeuten suchen. Wie es auch um Wesen und Wirksamkeit der einzelnen psychotherapeutischen Methode bestellt sein mag, fast immer hat es der Therapeut mit Menschen zu tun, die besonders leiden und denen mit anderen Mitteln noch nicht geholfen wurde.

Die therapeutischen Praktiken und Theorien sind Legion. Es gibt Dutzende, wenn nicht Hunderte therapeutischer Schulen, jede mit einer Schar begeisterter Anhänger (Therapeuten wie Patienten), und ihre empfohlenen Praktiken reichen von ,,laut Schreien“ und sich ,,nackt auf dem Fußboden wälzen“ bis hin zu erzwungener Passivität und mehrwöchigem Schlaf – fast nach dem Motto ,,Erfinde einen Namen und irgend jemand wird es schon für eine Psychotherapie halten“. Da es gar nicht möglich und überdies wenig aufschlußreich wäre, sich mit all diesen Schulen zu beschäftigen, haben wir uns für einen schwerpunktmäßigen Überblick entschieden, der die Hauptansätze so detailliert vorstellt, daß die Grundfragen erfaßt werden können, und einen allgemeinen Eindruck vom Unternehmen Psychotherapie vermittelt.

London (1964) kategorisiert die Psychotherapien in *Einsichts-* und *Handlungs-* beziehungsweise *Verhaltenstherapien*. Die Verhaltenstherapien sind das Thema von Kapitel 19. Die Einsichtstherapie, mit der wir uns in diesem Kapitel beschäftigen, geht davon aus, daß Verhalten, Emotionen und Denken in Unordnung geraten, weil die betroffenen Menschen – besonders wenn ihre diversen Bedürfnisse und Triebe miteinander in Konflikt geraten – nicht verstehen, was sie wirklich motiviert. Mit Hilfe einer Einsichtstherapie sollen sie die wahren Gründe für ihr Verhalten, Fühlen und Denken aufspüren. Ist sich jemand seiner Motivationen umfassender bewußt, so glaubt man, wird er sein Denken, Füh-

Viele Menschen sprechen mit Freunden, Lehrern, Geistlichen und Angehörigen über ihre Probleme. Wie sich dieser Trost von professioneller Psychotherapie unterscheidet, ist eine interessante Frage.

len und Verhalten besser kontrollieren können und insgesamt besser mit dem Leben zurechtkommen. Es geht weniger darum, Menschen unmittelbar zu ändern, als darum, die – vergangenen und gegenwärtigen – Ursachen ihres Kummers zu entdecken. Um solche Einsichten zu erleichtern, wenden Therapeuten unterschiedlicher theoretischer Richtungen eine Vielzahl von Techniken an, von der freien Assoziation der Psychoanalyse bis hin zur Reflexion von Gefühlen, wie sie in der klientenzentrierten Therapie praktiziert wird.

Uns geht es in diesem wie im folgenden Kapitel hauptsächlich um die Einzeltherapie, das heißt die Therapie eines Therapeuten mit einem Patienten oder Klienten. Doch fast alles, was wir in diesen beiden Kapiteln zur Einzeltherapie sagen, ist auch für Gruppentherapien relevant, mit denen wir uns in Kapitel 20 ausführlicher beschäftigen werden.

Die ständige Prozession zur Grotte von Lourdes.

1. Der Placeboeffekt

Aus Gründen, die später deutlich werden, möchten wir unsere Erörterung der therapeutischen Interventionen mit einigen Anmerkungen zum sogenannten *Placeboeffekt* beginnen. Gemeint ist eine Verbesserung des körperlichen oder seelischen Zustands, die nicht mit einem spezifischen, aktiven Element der Behandlung, sondern mit den Erwartungen des Patienten zu erklären ist. Obwohl unter einem Placebo im allgemeinen eine Tablette oder Kapsel ohne pharmakologisch aktive Substanz – die allseits bekannte ,,Zuckerpille“ – verstanden wird, braucht man den Begriff des Placeboeffekts nicht auf die Therapie mit einer wirkungslosen Pille zu beschränken. Er gilt im Grunde für jedes psychologische und physiologische Therapieergebnis, das mit einer Methode erzielt wurde, für die eine spezifische Wirkung auf die behandelte Störung nicht nachgewiesen werden kann.

Frank (1973) bringt Placeboeffekte mit der Methode des Gesundbetens in vorwissenschaftlichen oder nicht-wissenschaftlichen Gesellschaften in Verbindung. Jahrhundertelang haben leidende Menschen ihr Heil darin gesucht und oft auch gefunden, daß sie nach Lourdes und anderen heiligen Stätten pilgerten und irgendein faulig riechendes Gebräu tranken.

Placebo-Reaktionen werden oft als ,,nicht wirklich“ oder allenfalls zweitbeste Lösung abgetan. Welchen Nutzen kann man sich schließlich, wenn man unter Spannungskopfschmerzen leidet, von einer Tablette ohne chemische Wirkung oder unmittelbaren physiologischen Effekt versprechen? Tatsache ist allerdings, daß der Nutzen zuweilen bedeutend und von langer Dauer ist. *Lasagna* und seine Mitarbeiter (1954) berichten zum Beispiel von beeindruckender Schmerzerleichterung nach Salzinjektionen bei Chirurgiepatienten. Und *Frank* (1973) liefert ausführliche Belege für die Linderung unterschiedlichster körperlicher und seelischer Probleme, nachdem die Betroffenen Tabletten genommen oder sich einer anderen Behandlung unterzogen hatten, die man als solche für die Besserung schlechterdings nicht verantwortlich machen konnte. Mit der Anerkennung des Placeboeffekts soll keinesfalls der Quacksalberei das Wort geredet werden. Viele potentiell schwerwiegenden Probleme werden sich mit einem Placebo, sei es als wirkungslose Pille oder als beeindruckende, aber wertlose psychologische Intervention, nicht unmittelbar behandeln lassen.

Ein Therapeut, der viel auf seine Theorie hält, wird sich kaum mit dem Gedanken anfreunden, daß der Erfolg seines professionellen Tuns zum großen Teil oder ganz davon abhängt, daß er die Hilfserwartungen seines Klienten mobilisiert. Aber die Psychotherapieforschung bietet nur wenig Belege für das Gegenteil. Nach Meinung vieler Forscher ist in der Psychotherapie, nicht anders als in weiten Teilen der Medizin, der *zuverlässigste Effekt der Placeboeffekt*.

Der Stellenwert von Placebo-Kontrollgruppen in der Psychotherapieforschung ist ein vieldiskutiertes und komplexes Problem, dessen Feinheiten den Rahmen dieses Buches sprengen würden. Doch auf eines sei immerhin hingewiesen. Wenn man untersucht, wie eine bestimmte Therapie im Vergleich zu gar keiner Behandlung abschneidet, und feststellt, daß es den therapierten Probanden besser geht, hat man etwas sehr Wichtiges in Erfahrung gebracht: Es ist besser, behandelt zu werden als völlig unbehandelt zu bleiben. Aber jede Therapieform versucht die Besserung auf ihre spezifische Weise zu erreichen, z.B. indem sie Widerstände beseitigt, dem Klienten den Weg zur Selbstverwirklichung oder zu verantwortlichen Entscheidungen ebnet, Ängste gegenkonditioniert usw. Um festzustellen, ob diese Prozesse tatsächlich in Gang gesetzt werden und zum angestrebten Ergebnis führen, braucht man eine Kontrollgruppe von Patienten, denen man vor allen Dingen die Erwartung vermittelt, daß ihnen geholfen wird – die glauben, daß etwas Sinnvolles und Gutes mit ihnen geschieht. *Alle* Therapien beziehen zumindest einen Teil ihrer Wirkung aus dem Vertrauen, daß Menschen in den Heiler setzen.

2. Die psychoanalytische Therapie

An der psychoanalytischen Theorie hat es sehr viel Kritik gegeben, und viele Kritiker halten die Wirksamkeit der psychoanalytischen Therapie für begrenzt. Trotzdem bleibt die Psychoanalyse zusammen mit ihren zahlreichen Abkömmlingen die dominierende Kraft innerhalb der amerikanischen Psychiatrie und klinischen Psychologie.

In diesem Abschnitt wollen wir versuchen, die wesentlichen Elemente sowohl der klassischen – d.h. der traditionellen – Psychoanalyse als auch der Ich-Analyse zusammenfassend darzustellen.

Grundlegende Techniken und Konzepte der Psychoanalyse

Das allgemeine Ziel der Psychoanalyse hat *Freud* mit seiner Grundannahme formuliert, daß es zu psychopathologischen Entwicklungen dann kommt, wenn Menschen sich auf Dauer ihrer wahren Motive und Ängste nicht bewußt sind. Ihre seelische Gesundheit erlangen sie nur dadurch wieder, daß sie sich des Verdrängten bewußt werden. Wenn wir wissen, was unsere Handlungen motiviert, wächst die Zahl unserer Entscheidungsmöglichkeiten. Wo Es ist, soll Ich werden – um eine psychoanalytische Maxime zu paraphrasieren. Das Ich, der überwiegend bewußte, erwägende, wählende Teil der Persönlichkeit, kann seine Aufgabe, das Individuum auf rationale, realistische Wege zu lenken, besser erfüllen, wenn möglichst wenig verdrängt bleibt.

Wachtels (1977) Mammut (vgl. S. 45) ist eine schöne Metapher für die ungelösten, verschütteten Konflikte, aus denen sich psychoanalytischer Theorie zufolge die Neurose nährt. Die Therapie konzentriert sich denn auch nicht auf das aktuelle Problem, etwa die Angst vor Zurückweisung, sondern auf die unbewußten Konflikte, die die Seele seit der Kindheit beschweren. Nur nach Aufhebung der Verdrängung ist der Patient in der Lage, sich dem eigentlichen Problem zu stellen und es im Kontext seines Erwachsenenlebens neu zu bewerten.

Freie Assoziation

Psychoanalytiker setzen eine Reihe von Techniken ein, um es dem Patienten zu ermöglichen, sich seine verdrängten Konflikte wieder zu Bewußtsein zu bringen. Die vielleicht bekannteste und wichtigste ist die der freien Assoziation: Der auf einer Couch liegende Patient wird aufgefordert, Gedanken und Gefühlen freien Lauf zu lassen und alles zu sagen, was ihm in den Sinn kommt. Nach einiger Übung im freien Assoziieren, so glaubt man, wird man dem unbewußten Material leichter auf die Spur kommen.[1] Dabei gilt für den Analysanden die Grundregel, über alle Gedanken und Gefühle, so unwichtig oder beschämend sie ihm auch erscheinen mögen, genau zu berichten. *Freud* nahm an, daß Gedanken und Erinnerungen als Ketten von Assoziationen auftauchen, die zunächst jüngeren Datums sind und schließlich zu den entscheidenden früheren Erfahrungen zurückführen. Um zu diesen zurückliegenden Ereignissen zu gelangen, muß der Therapeut es vermeiden, dem Denken des Patienten eine bestimmte Richtung zu geben, und auch der Patient darf seine Gedanken nicht kontrollieren. Er erhält vom Analytiker etwa folgende Anweisung (*Ford* und *Urban*, 1963):

„In einer normalen Unterhaltung versuchen Sie gewöhnlich, einem roten Faden zu folgen und sich aufdrängende Vorstellungen und Nebengedanken beiseite zu schieben, um nicht zu weit von Ihrem Thema abzukommen. Das ist auch richtig so. Doch hier müssen Sie es anders machen. Während Sie sprechen, werden immer wieder Gedanken auftauchen, gegen die Sie bestimmte Einwände haben und die Sie darum ignorieren möchten. Sie werden versucht sein zu denken ‚Das gehört nicht hierher oder das ist unwichtig oder unsinnig', und diese Gedanken zu verschweigen. Geben Sie solchen Einwänden nicht nach. Sprechen Sie die Gedanken aus, auch wenn Ihnen das widerstrebt. Der Grund für dieses Gebot, das einzige, dem Sie folgen müssen, wird Ihnen später klarwerden. Erzählen Sie alles, was Ihnen durch den Kopf geht. Stellen Sie sich vor, Sie sind ein Reisender und beschreiben einem Begleiter, was Sie draußen vor dem Zugfenster vorbeigleiten sehen" (S. 168).

[1] Das Adjektiv „frei" bedeutet allerdings nicht „ohne Ursache"; gemeint ist: frei von bewußter Zensur und Kontrolle. „Als erklärter Determinist glaubte *Freud*, daß es unbewußte, von psychologischen Gesetzmäßigkeiten gesteuerte Mechanismen seien, die die freien Assoziationen strömen lassen. Freie Assoziationen sind also nicht wirklich frei" (*Morse*, 1982, S. 215).

Widerstand

Doch den angeblich frei dahinfließenden Gedanken stellen sich, fast wie von selbst, Sperren in den Weg. Der Patient wechselt vielleicht plötzlich das Thema oder kann sich nicht mehr erinnern, welchen Ausgang ein weit zurückliegendes Ereignis nahm. Er versucht mit allen möglichen Taktiken, die Sitzung zu unterbrechen, schweigt, erhebt sich von der Couch, schaut aus dem Fenster, macht dem Therapeuten gegenüber Scherze und persönliche Bemerkungen. Vielleicht kommt er auch zu spät zur Sitzung oder „vergißt" seinen Termin sogar. *Freud* fielen diese Assoziationssperren – *Widerstände*, wie er sie nannte – auf und veranlaßten ihn unter anderem, das Konzept der Verdrängung zu entwickeln. Die Assoziationshemmung, so behauptete er, sei Zeichen einer unbewußten Kontrolle über besonders empfindliche Bereiche, und genau diese Bereiche müsse der Psychoanalytiker sorgfältig erkunden. Tatsächlich geben solche Widerstände, dieses Versagen der freien Assoziation, dem Analytiker in mancherlei Hinsicht die wichtigsten Informationen über den Patienten.

Traumanalyse

Mit der freien Assoziation verwandt ist die Traumanalyse. *Freud* nahm an, daß während des Schlafes die Ich-Abwehr nachlasse und verdrängtes Material, wenn auch gewöhnlich in maskierter Form, an die Oberfläche gelange. Das, was den Patienten bewegt, drückt sich oft in Symbolen aus, damit das bewußte Ich vor der wirklichen Bedeutung des Geträumten geschützt wird. Der manifeste, d.h. unmittelbar zugängliche Trauminhalt ist, so könnte man sagen, eine Art Kompromiß zwischen der Verdrängung der wirklichen Bedeutung und dem vollständigen Ausdruck des unbewußten Materials. Der Inhalt von Träumen wird also von unbewußten Abwehrstrukturen verzerrt, die nie ganz aufgehoben werden und das Ich sogar noch im Schlaf vor verdrängten Impulsen zu schützen versuchen.

Interpretation und Verleugnung

Wenn dann allmählich vermutlich unbewußtes Material auftaucht, kommt eine weitere Technik

Momentaufnahme einer psychoanalytischen Sitzung.

ins Spiel: die Interpretation. Nach *Freud* hilft dieses Behandlungsstadium dem Patienten, sich bisher verdrängten, emotionsgeladenen Konflikten zu stellen. Zum ,,richtigen Zeitpunkt" fängt der Analytiker an, den Patienten auf seine Abwehrmechanismen und die wirkliche Bedeutung seiner Träume hinzuweisen. Diese Technik erfordert großes Können, denn eine zu frühzeitige Interpretation kann beim Patienten so großen Widerstand wecken, daß er die Behandlung abbricht. Um wirksam zu sein, sollte eine Interpretation erst dann erfolgen, wenn der Patient selbst der entsprechenden Einsicht schon ganz nahe ist und sie als eigene Erkenntnis erleben kann. Eine Interpretation, die sich ein Patient selbst zuschreibt, wird vermutlich bereitwilliger angenommen und hat folglich die größere therapeutische Wirkung.

Die Interpretation ist die Hauptwaffe des Analytikers gegen die immer wieder wirksam werdenden Abwehrmechanismen. Der Analytiker macht deutlich, wie bestimmte Äußerungen des Patienten mit verdrängtem, unbewußten Material zusammenhängen, und gibt zu verstehen, was der manifeste Inhalt eines Traumes *eigentlich* bedeutet. Erfolgt die Interpretation zur rechten Zeit, kann der Patient damit beginnen, sich der verdrängten Triebregung im Lichte seiner jetzigen Realität zu nähern. Mit anderen Worten, in ihm wächst die Erkenntnis, daß er den Ausdruck dieses Impulses nicht länger zu fürchten braucht.

In der Sicherheit der vom Analytiker vermittelten, akzeptierenden Atmosphäre wird sich dem Patienten vermutlich mehr und mehr verdrängtes Material enthüllen. Interpretationen tragen insbesondere dazu bei, die Bedeutung von Widerständen zu klären, die den freien Assoziationsfluß des Patienten stören. Der Therapeut weist etwa darauf hin, wie der Analysand es schafft, ein bestimmtes Thema zu umgehen, während letzterer, wie es häufig geschieht, diese Interpretation ablehnt. Interessanterweise wird eine solche Interpretation manchmal als Zeichen dafür interpretiert, daß der Therapeut ins Schwarze getroffen hat. In einem langen Prozeß des ,,Durcharbeitens" wird der Patient wieder und wieder mit den störenden Konflikten konfrontiert, und kommt allmählich – oft mit großer emotionaler Anteilnahme – zu der Einsicht, daß die Interpretationen des Analytikers zutreffen.

,,Also, wenn Jud dem Zack Aggressivität gegenüber seiner Tochter vorwirft, wie er das ja offenbar in jeder Sitzung tut, also, dann ist doch klar, daß er damit nur rationalisiert, daß er sich selber seinem Stiefsohn gegenüber nicht behaupten kann, der es geschafft hat, die Loyalität seiner zweiten Frau völlig für sich in Anspruch zu nehmen. Schon die Art, wie er sich immer auf Zack stürzt, zeigt doch klar, daß er Schuldgefühle hat und sich mit Zacks momentaner Familienkonstellation identifiziert. Wenn er Zack egoistisch nennt, ist das nichts anderes als ein Verschleierungsmechanismus. Insgeheim ist er neidisch auf Zacks Durchsetzungsvermögen und Stärke, und wenn Ihr mich fragt, sind seine Ich-Grenzen ziemlich schwach."

Zu entscheiden, wann die Ablehnung einer Interpretation bedeutet, daß sie zutrifft, ist unserer Ansicht nach eines der schwierigsten Probleme der psychoanalytischen Behandlung. Wann ist es wirklich angemessen, ein Nein als Ja zu verstehen? Hier kann leicht Mißbrauch getrieben werden, und gerade diese Entscheidungen waren und sind häufiger Gegenstand von Satire. Aber wie jeder andere Kliniker urteilt der Analytiker nicht in einem Vakuum. Im Laufe der Zeit wird er gewahr, wie ein Problembereich mit anderen zusammenhängt, und er formuliert Hypothesen über seinen Patienten. Wie ein Detektiv sucht er nach Anhaltspunkten und Hinweisen in einem langsam sich entfaltenden Bild, und innerhalb dieses Schemas erhält jede Äußerung und jede Geste des Patienten seinen Sinn. Nur im *Kontext* eines solchen Bildes wird der Analytiker das Nein eines Patienten als Ja deuten. Und er wird sein Urteil zusätzlich darauf stützen, wie vehement und kategorisch der Patient eine Interpretation zurückweist. Abwehr wird er immer dann vermuten, wenn die Zurückweisung besonders heftig ausfällt. Wie Königin Gertrude in *Shakespeares Hamlet* (III. Akt, 2. Szene) anmerkt: ,,Die Dame, wie mich dünkt, gelobt zu viel."

Übertragung

Kern der psychoanalytischen Therapie ist die *Übertragungsneurose*. Als guter Beobachter bemerkte *Freud*, daß sich einige seiner Patienten ihm gegenüber sehr emotional und irgendwie unrealistisch verhielten. So betrug sich etwa ein Patient, der um vieles älter war als *Freud*, während einer Therapiesitzung ausgesprochen kindisch. Diese Reaktionen waren zwar häufig positiv und liebevoll, konnten aber auch sehr negativ und feindselig sein. Da diese Gefühle zur sonstigen therapeutischen Beziehung in Widerspruch zu stehen schienen, hielt *Freud* sie für Relikte von Einstellungen ehemals wichtigen Personen, insbesondere den Eltern, gegenüber, die nun auf ihn *übertragen* wurden. Seine Patienten, so glaubte er, reagierten auf ihn, *als ob* er eine der wichtigen Personen ihrer Vergangenheit sei. Schließlich hielt *Freud* die Übertragung für einen unabdingbaren Teil der Analyse, und er bediente sich ihrer, um den Patienten den kindlichen Ursprung vieler ihrer Sorgen und Ängste zu erklären. Auch diese Entdeckungen und Erklärungen sollten dazu beitragen, die Verdrängung aufzuheben und so die Konfrontation mit bislang verschütteten Triebregungen zu ermöglichen. Nach psychoanalytischer Ansicht ist eine vollständige Heilung ohne Übertragung nicht möglich. In dem Moment, wo sich eine Übertragung entwickelt, so hofft der Analytiker, wird sich die Therapie den wichtigen, in der Kindheit wurzelnden neurotischen Konflikten nähern.

Der Analytiker leistet der Entwicklung einer Übertragung ganz bewußt dadurch Vorschub, daß er eine möglichst konturlose Gestalt bleibt. Er sitzt im Normalfall hinter seinem frei assoziierenden Patienten und dient ihm als weitgehend leere Leinwand, auf die er die bedeutsamen Mitspieler seiner neurotischen Konflikte projizieren kann. Gleichzeitig ist der Analytiker bemüht, aus seinem eigenen Leben so wenig wie möglich preiszugeben. Er ist aber durchaus auch fürsorglich und anteilnehmend, was den Patienten vielleicht daran erinnert, was er von seinen Eltern einst erhalten oder auch nur erhofft hat. Da das therapeutische ‚Setting' mit der Kindheitssituation nur wenig gemein hat, bietet sich dem Analytiker vielfach Gelegenheit, den Patienten auf den irrationalen Charakter seiner Ängste und Besorgnisse hinzuweisen (vgl. Kasten 18.1).

Gegenübertragung

Das Pendant zur Übertragung ist auf seiten des Analytikers die *Gegenübertragung*, d.h. die Gefühle, die der Therapeut dem Patienten entgegenbringt. Der Analytiker muß sorgfältig darauf bedacht sein, nicht die eigene emotionale Verwundbarkeit dem Analysanden aufzubürden. Er muß seine Bedürfnisse und Ängste als das erkennen, was sie sind, und seine eigenen Motivationen so weit durchschauen, daß er den Klienten unverzerrt wahrnehmen kann. Sehr schön deutlich wird das Problem in einer Erörterung der Therapie mit depressiven Klienten, die den Therapeuten ständig vor die Herausforderung der Gegenübertragung stellt.

„Depressive Patienten bringen ihre Hoffnungslosigkeit und Verzweiflung mit in die Therapie, was auf den Therapeuten nicht immer ohne Einfluß bleibt. Wenn sich der Zustand des Patienten nur langsam oder gar nicht bessert, fühlt sich der Therapeut möglicherweise schuldig, ärgerlich und/oder hilflos. Beschert ihm der Tag gleich mehrere depressive Patienten, fühlt er sich leer und ausgepumpt und beschließt vielleicht, mit solchen Patienten künftig nicht mehr zu arbeiten. Suizidale Patienten können besonders schwere Gegenübertragungsreaktionen hervorrufen...

Gegen solche Komplikationen kann sich der Therapeut unter anderem dadurch schützen, daß er sich diese Gefühle ständig und mit Blick auf seine eigene Psychodynamik bewußt macht. Ein leidender Patient kann beim Therapeuten die Phantasie wecken, schnell und im Alleingang heilen zu können und Dankbarkeit zu verdienen. Vielleicht empfindet der Therapeut auch Zorn darüber, daß es überhaupt Leid auf dieser Welt gibt. Sich diese Reaktionen immer wieder bewußt zu machen, hilft ihm, geduldig zu bleiben und sich mit kleinen Fortschritten zufriedenzugeben. Nur so ist Therapie mit schwer depressiven Patienten möglich. Gleichzeitig darf der Therapeut seine Rolle nicht überschreiten und versuchen, einem offenbar schwachen Patienten alle Arbeit abzunehmen." (*Jacobson* und *McKinney*, 1982, S. 215)

Aus diesem Grund gehört zur Ausbildung des Analytikers die sogenannte *Lehranalyse*. Obwohl auch viele Therapeuten anderer theoretischer Richtungen eine eigene Therapie für sinnvoll halten, wird sie nur von psychoanalytischen Ausbildungsinstituten explizit *gefordert*. Analytiker müssen Häufigkeit und Intensität von Gegenübertragungsreaktionen auf ein Minimum reduzieren.

Die Abstinenz des Analytikers

Der Analytiker darf *keine* Anstrengungen unternehmen, dem Patienten bei seinen Alltagsproble-

Kasten 18.1
Übertragung, illustriert am Ausschnitt aus einer psychoanalytischen Sitzung

Patient (ein 50jähriger Geschäftsführer): Mir ist heute wirklich nicht nach Reden zumute.

Analytiker (nach einigen Minuten des Schweigens): Vielleicht möchten Sie darüber sprechen, warum Ihnen nicht nach Reden zumute ist.

Patient: Sie stellen schon wieder Forderungen an mich und wollen, daß ich etwas tue, wozu ich überhaupt keine Lust habe. (Pause) Muß ich hier denn immer reden, ob mir danach zumute ist oder nicht? (Seine Stimme klingt ärgerlich und gereizt.) Können Sie nicht da hinter meinem Rücken verschwinden? Im Grunde kümmert es Sie einen Dreck, wie es mir geht, oder?

Analytiker: Ich frage mich, warum Sie das Gefühl haben, daß Sie mir gleichgültig sind.

Patient: Weil Sie mich immer drängen, etwas zu tun, was ich nicht kann.

Kommentar. Diesen Ausschnitt muß man im Kontext betrachten. Der Patient war seit einem Jahr in Therapie und klagte über Depressionen und Angstgefühle. In den Augen seiner Familie und seiner Bekannten war er überaus erfolgreich, er selbst fühlte sich schwach und inkompetent. Nach vielen Sitzungen mit freier Assoziation und Traumanalyse kam dem Analytiker die Vermutung, daß die Versagensgefühle des Patienten ihren Ursprung in Kindheitserfahrungen mit einem extrem strafenden und kritischen Vater hatten, der noch erfolgreicher war als der Klient jetzt und den der Sohn offenbar nie hatte zufriedenstellen können. Der zitierte Ausschnitt, so interpretierte der Analytiker, war Ausdruck des Ärgers über diesen *väterlichen* Druck und hatte mit dem Analytiker selbst wenig zu tun. Die Stimme des Patienten (gereizt) und seine Überreaktion auf den freundlichen Vorschlag des Analytikers, über seine Redeunlust zu sprechen, waren Zeichen dafür, daß der Zorn des Patienten nicht seinem Analytiker, sondern seinem Vater galt. Die Äußerung solcher Gefühle dem Analytiker gegenüber, d.h. ihre Übertragung vom Vater auf den Analytiker, wurde von dem Therapeuten als sehr bedeutsam angesehen und in den folgenden Sitzungen mit einbezogen in die Bemühung, dem Patienten zu helfen, seine Kindheitsangst, Aggressionen gegen den Vater zu äußern, neu zu bewerten.

men zu helfen. Er wird sich jeder diesbezüglichen Intervention, jedes Rates und jedes direkten Vorschlags enthalten. Eine kurzfristige Erleichterung könnte den Antrieb des Patienten schwächen, seine verdrängten Konflikte aufzuspüren. Der Analytiker, so betonte *Freud* 1918 mit Nachdruck, dürfe dem Patienten das Leben nicht so angenehm machen, daß dieser die Motivation einbüße, sein Unbewußtes zu erkunden. Er sparte in diesem Zusammenhang nicht mit Kritik an nicht-analytischen Helfern:

„*Diese streben nichts anderes an, als es dem Kranken möglichst angenehm zu machen, damit er sich dort wohlfühle und gerne wieder aus den Schwierigkeiten des Lebens seine Zuflucht dorthin nehme. Dabei verzichten sie darauf, ihn für das Leben stärker, für seine eigentlichen Aufgaben leistungsfähiger zu machen. In der analytischen Kur muß jede solche Verwöhnung vermieden werden. Der Kranke soll, was sein Verhältnis zum Arzt betrifft, unerfüllte Wünsche reichlich übrigbehalten. Es ist zweckmäßig, ihm gerade die Befriedigungen zu versagen, die er am intensivsten wünscht und am dringendsten äußert*" (*Freud*, 1918, S. 246).

Diese Abstinenz des Analytikers wurde oft verspottet oder falsch verstanden, womit man sowohl der psychoanalytischen Theorie als auch ihren Praktikern unrecht tut. Wenn jemand sehr leidet, fühlt man sich unwillkürlich gedrängt, ihn

– bildlich gesprochen – in die Arme zu nehmen und zu trösten, ihm zu versichern, daß alles wieder gut und man ihm helfen werde. Aber mit solchem Trost haben es wahrscheinlich schon andere versucht. Wenn Mitgefühl und tatkräftige Unterstützung dem Klienten helfen würden, ginge es ihm vermutlich schon besser. Der Analytiker muß jeder Versuchung *widerstehen*, seine Anteilnahme durch aktive Unterstützung und konkreten Rat zu zeigen. Im übrigen würde sich direktes Handeln störend auf die Übertragung auswirken, denn ein Therapeut, der Meinungen äußert, Einwände vorträgt, Ratschläge erteilt und Richtungen weist, büßt notwendigerweise einiges von seiner Funktion als leere Projektionsfläche ein. Daß der Therapeut zum Analysanden Distanz hält, dient einzig dem angestrebten Behandlungsziel. Dieses strategische Moment steht in Einklang mit der analytischen Theorie und wird von orthodoxeren Psychoanalytikern und von Therapeuten, die die Theorie im großen und ganzen nützlich finden, ziemlich strikt befolgt.

Das psychoanalytische Vorgehen ist dem verhaltenstherapeutischen direkt entgegengesetzt. Der Verhaltenstherapeut tut, unbekümmert um das, was nach der Vermutung der Analytiker im Unbewußten verschüttet liegt, genau das, was der Analytiker verschmäht: er hilft dem Patienten, seine Einstellungen, seine Gefühle und sein offenes Verhalten in konkreten, aktuellen Lebenssituationen zu ändern. Was Analytiker und weitgehend auch Ich-Analytiker ,,stützende Therapie" nennen, hält der Verhaltenstherapeut für das Wesen von Therapie überhaupt. Und was der Verhaltenstherapeut für unnötig und sogar schädlich hält, nämlich in der verdrängten Vergangenheit des Klienten zu graben und ihm jeglichen Rat bezüglich praktischer Veränderungen im Hier und Jetzt zu verweigern, hält der Psychoanalytiker für die wesentlichen Momente einer vollständigen psychotherapeutischen Behandlung.

Ich-Analyse

Die wichtigsten Modifikationen der psychoanalytischen Theorie gehen auf die Gruppe der sogenannten Ich-Analytiker zurück. Nach Ansicht vieler repräsentieren sie die moderne Psychoanalyse. Zu ihren Hauptvertretern zählen *Karen Horney* (1942), *Anna Freud* (1946), *Erik Erikson* (1950), *David Rapaport* (1951) und *Heinz Hartmann* (1958).[2] Obwohl *Freud* die Interaktionen des Organismus mit seiner Umwelt keineswegs ignorierte, entwickelte er ein ,,Schub-Modell", dem zufolge ein innerpsychischer Drang die Menschen antreibt. Demgegenüber betonen die Ich-Analytiker die Fähigkeit des Menschen, seine Umwelt zu kontrollieren und Zeitpunkt und Mittel zur Befriedigung bestimmter instinktähnlicher Triebe selbst zu wählen. Das Individuum, so ihre grundlegende Behauptung, ist ebensosehr Ich wie Es. Der Begriff der Kontrolle, den wir in Kapitel 6 eingeführt haben, spielt im ich-analytischen Denken eine wichtige Rolle. Weit mehr als *Freud* interessieren sich Ich-Analytiker für die gegenwärtigen Lebensbedingungen ihrer Klienten, auch wenn sie der gründlichen Erforschung der historischen Ursachen von Verhalten weiterhin große Bedeutung beimessen.

,,Der Ich-Analytiker betrachtet den Menschen nicht als einen Automaten, der von gebieterischen, angeborenen Energien auf der einen und situationsbedingten Ereignissen auf der anderen Seite hierhin und dorthin geschoben wird und beständig auf der Suche nach irgendeinem Kompromiß zwischen diesen widerstreitenden Einflüssen ist. Der Mensch weiß – eine gesunde Entwicklung vorausgesetzt – sein Verhalten und den Einfluß situationsbedingter Ereignisse sehr wohl zu kontrollieren und selektiv auf die Konsequenzen zu reagieren, für die er sich bewußt entschieden hat... Der

[2] In analytischen Kreisen wird oft zwischen Ich-Analytikern und Neo-*Freud*ianern unterschieden. *Horney* und der weiter unten vorgestellte *Harry Stack Sullivan* gelten vielfach als Neo-*Freud*ianer. Neo-*Freud*ianer halten *Freuds* Modell vom Menschen für zu triebabhängig. Die Ich-Analytiker sind, mehr als die *Freud*ianer, an der Anpassung an Umwelterfordernisse interessiert; daher auch das ,,Ich" in ihrem Namen. Die größere Bedeutung der Anpassung scheint zumindest implizit die Rolle der Triebe zu schmälern, der Unterschied zwischen Ich-Analyse und Neo-*Freud*ianismus verschwimmt also wieder. Die Feinheiten solcher Ähnlichkeiten und Unterschiede waren Gegenstand lebhafter Auseinandersetzungen zwischen loyalen *Freud*-Anhängern und Rebellen.

Kasten 18.2
Kohut und die narzißtische Persönlichkeit

Seit den letzten Jahren gilt bei vielen psychoanalytisch orientierten Klinikern die narzißtische Persönlichkeit als typische Störung unserer Zeit. Dabei handelt es sich um einen Menschen, der hinter bemerkenswerter Selbstüberhebung, vollkommener Selbstbezogenheit und Größenphantasien eine äußerst fragile Selbstachtung verbirgt. Ständig nach Aufmerksamkeit und Komplimenten haschend, sind narzißtische Persönlichkeiten äußerst kritikempfindlich und haben eine tiefsitzende Angst zu versagen. Zuweilen schließen sie sich, enttäuscht von sich selbst, Menschen an, die sie idealisieren können, sind aber zu wirklicher Nähe im allgemeinen nicht in der Lage. Ihre persönlichen Beziehungen sind spärlich und oberflächlich; wenn die anderen, wie es unvermeidlich ist, ihren unrealistischen Erwartungen nicht entsprechen, werden sie ärgerlich und zurückweisend. Ähnlich verarmt ist das Innenleben narzißtischer Persönlichkeiten, denn all ihrer Selbstverherrlichung zum Trotz halten sie von sich selbst sehr wenig und haben keinerlei inneren Rückhalt.

Der führende Vertreter dieses neuen Interesses am Narzißmus ist *Heinz Kohut*. Mit seinen beiden Büchern *The Analysis of the Self* (1971) und *The Restoration of the Self* (1977) (Titel der deutschen Ausgaben: *Narzißmus*, 1976; *Die Heilung des Selbst*, 1979) schuf er eine neue Variante der Psychoanalyse, die sogenannte Selbst-Psychologie. Wenn Kinder ein normales Selbstwertgefühl erwerben sollen, so sein Grundgedanke, müssen sie von ihren Eltern Respekt, Wärme und Empathie erfahren. Doch wenn eine Mutter in erster Linie auf Befriedigung ihrer eigenen Bedürfnisse bedacht ist, bleibt für das Kind wenig Empathie übrig.

„Ein kleines Mädchen kommt aus der Schule heim und ist ganz erpicht darauf, ihrer Mutter von irgendwelchen großen Erfolgen zu berichten. Doch statt stolz zuzuhören, lenkt diese Mutter das Gespräch auf sich (und) erzählt ihrerseits von Erfolgen, die die der kleinen Tochter weit in den Schatten stellen.“ (*Kohut* und *Wolf*, 1978, S.418)

Ein solcherart vernachlässigtes Kind wird Mühe haben, seine Unzulänglichkeiten zu akzeptieren. Es hat alle Chancen, sich zu einer narzißtischen Persönlichkeit zu entwickeln, neurotisch bemüht, sein Selbstgefühl durch eine niemals endende Suche nach Liebe und Anerkennung aufzupäppeln.

Der Psychoanalytiker und Psychiater Heinz Kohut, Begründer einer Psychologie des Selbst und Autor vieler Aufsätze und Bücher über den Narzißmus.

Analytiker der *Kohut*-Richtung sind sehr viel wärmer und empathischer als ein Analytiker *Freud*ianischer Prägung, der für seine Patienten absichtlich eine schattenhafte, distanzierte Gestalt bleibt. In Einstellung und Verhalten ähneln sie eher einem Therapeuten der *Rogers*-Schule. Analytiker der *Kohut*-Richtung versuchen, ihre Patienten so anzunehmen und zu respektieren, wie diese es von ihren Eltern vermutlich nie erlebt haben. Mit Hilfe psychoanalytischer Techniken wie Traumanalyse, Interpretation und Übertragung helfen sie ihnen, mit unerfüllten Kindheitsbedürfnissen in Berührung zu kommen. Aus dieser Behandlung, so hoffen sie, wird der Patient mit einem stärkeren und positiveren Selbstgefühl hervorgehen.

Mensch ist beiden Einflüssen (angeborenen Energien oder situationsbedingten Ereignissen) keineswegs auf Gnade und Ungnade ausgeliefert. Er kann, bevor er handelnd auf angeborene Energien reagiert, eine Denkpause einschieben, also die Abfuhr solcher Energien auf unbegrenzte Zeit zurückstellen. Gelernte Reaktionen, insbesondere das Denken, machen das möglich, und obwohl ursprünglich vielleicht als Folge ihrer Energie reduzierenden Funktion gelernt, können sie von solchen Einflüssen (Trieben) später relativ unabhängig werden und sie ihrerseits kontrollieren" (*Ford* und *Urban*, 1963, S. 187–188).

Wir verfügen demnach über eine Reihe wichtiger Ich-Funktionen, die überwiegend bewußt und in der Lage sind, Es-Instinkte und äußere Umgebung zu kontrollieren, und die, was noch bedeutsamer ist, ihre Energie nicht vom Es beziehen. All diese Funktionen und Fähigkeiten sind von Geburt an da und entwickeln sich durch Erfahrung weiter. Die von *Freud* zu gering geachteten Ich-Funktionen verfügen über eigene Energien und Befriedigungsmöglichkeiten, die mit der Abfuhr von Es-Impulsen gewöhnlich nichts zu tun haben. Und während die Gesellschaft für *Freud* die im Grunde rein negative Funktion hatte, die ungezügelte Befriedigung libidinöser Triebregungen zu verhindern, glauben die Ich-Analytiker, daß soziale Interaktionen zu einer Befriedigung eigener Art führen können.

Trotz dieser Modifikationen haben die meisten Ich-Analytiker *Freuds* Verdrängungstheorie keineswegs völlig aufgegeben. *Karen Horney* (1885–1952) etwa vertrat folgende Position:

„Auf den Patienten wartet die ... Aufgabe, diejenigen Faktoren in sich zu verändern, die seiner optimalen Entwicklung im Wege stehen. Das bedeutet nicht nur eine gravierende Modifikation seines Handelns und Verhaltens, daß er z.B. die Fähigkeit erwirbt oder wiedererwirbt, sich in der Öffentlichkeit zu bewegen und kreativ zu arbeiten..., daß er seine Phobien und depressiven Neigungen verliert. Solche Veränderungen begeben sich in einer erfolgreichen Analyse automatisch. Das sind jedoch keine primären Veränderungen. Vielmehr sind sie das Ergebnis von weniger sichtbaren Veränderungen innerhalb der Persönlichkeit..." (1942, S. 117–118)

Die interpersonale Perspektive *Harry Stack Sullivans*

Die Auffassung des amerikanischen Psychiaters *Harry Stack Sullivan* (1892–1949) zur Entwicklung normalen und abnormen Verhaltens gilt allgemein als Variante der Ich-Psychologie. Manche Autoren rechnen ihn auch der „interpersonalen Schule"[3], andere den Neo-*Freud*ianern zu. *Sullivan* betonte den interpersonalen Charakter emotionaler Probleme. Das Grundproblem seelisch leidender Menschen sind laut *Sullivan* (1953) die sogenannten *parataxischen Verzerrungen*, Fehlwahrnehmungen der Realität, die ihren Ursprung in einer Störung der zwischenmenschlichen Beziehungen in der Kindheit, insbesondere in einer gestörten Beziehung zwischen Kind und Eltern, haben. Die gestörten Einstellungen zu Eltern, Geschwistern und anderen früher bedeutsamen Menschen werden fortan unbewußt in alle zwischenmenschlichen Beziehungen, einschließlich der zwischen Patient und Therapeut, projiziert (*Wolberg*, 1954). Der oder die Betroffene hat nie gelernt, sich in sozialen Situationen angemessen zu verhalten und ist daher zu ängstlich, um die Püffe zu vertragen, denen das Selbst in einer engen Beziehung ausgesetzt ist. Vornehmlichstes Therapieziel ist es, dem Patienten diese Verzerrungen bewußt zu machen, so daß er seine gegenwärtige Realität sehen und von früheren Konditionierungs- und Lernvorgängen trennen kann.

Sullivan ist insofern ein traditioneller *Freud*ianer, als er die Quelle der Schwierigkeiten des Erwachsenen in der Kindheit sucht und es für unabdingbar hält, dem Analysanden zur Einsicht in den infantilen Ursprung seiner gegenwärtigen Schwierigkeiten zu verhelfen. Daneben war er aber auch sehr direktiv und gegenwartsorientiert, denn er empfahl dem Therapeuten, den Patienten über die vorhersehbaren Konsequenzen geplanter Handlungen in Kenntnis zu setzen (*Wachtel*, 1977). Am bekanntesten wurde *Sullivan* vielleicht wegen seiner Auffassung vom Ana-

[3] Dem interpersonalen Ansatz zufolge kommt es zu psychischen Störungen dann, wenn das Individuum in einer interpersonalen Situation oder in mehreren Angst und Ungenügen erlebt hat.

Kasten 18.3
Was erkennt der Therapeut in der Übertragungssituation vom Klienten?

Nach Meinung von *Sullivan* kann der Therapeut nie eine leere Projektionsfläche sein, da er selbst wichtiger Teilnehmer des therapeutischen Prozesses ist. *Wachtel* (1977) geht in seiner Kritik der Übertragung noch weiter. Entgegen der orthodoxen psychoanalytischen Auffassung, daß nur der konturlose Therapeut Übertragung ermögliche, glaubt *Wachtel*, daß solcherart gleichbleibendes Verhalten den Klienten frustriert, der vielleicht nach irgendeinem Anzeichen sucht für das, was der Therapeut von dem hält, was er tut oder sagt. *Wachtel* hält die manchmal kindischen Reaktionen, die angeblich Teil der Übertragungsneurose sind, zumindest zum Teil für die ganz normalen Reaktionen eines erwachsenen Menschen, dem etwas gegen den Strich geht! Der verärgerte Klient nimmt den Analytiker als Fachmann wahr, der seinen unübersehbaren Gefühlssturm distanziert und ungerührt zur Kenntnis nimmt. Vielleicht ist ‚Übertragung' nicht nur Zeichen der sich entfaltenden Persönlichkeit, sondern in gewissem Umfang auch Ausdruck äußerster Frustration über die minimale Rückmeldung. Da der Analytiker überdies dem eigenen Verhalten im Sprechzimmer und dem therapeutischen Setting insgesamt so enge Grenzen setzt, erlebt er nur einen begrenzten Ausschnitt der Verhaltensweisen, Einstellungen und Gefühle seines Klienten. Demgegenüber verkörpern Verhaltenstherapeuten und andere Kliniker, die mehr als Analytiker davon überzeugt sind, daß Verhalten zu großen Teilen situationsbedingt ist, häufig im Rollenspiel eine Person aus dem Leben des Klienten, um zu sehen, wie dieser reagiert.

lytiker als einem „teilnehmenden Beobachter" des therapeutischen Prozesses. Im Unterschied zum klassischen, aber auch zum ich-analytischen Verständnis des Therapeuten als einer leeren Projektionsfläche für die Übertragungsneurose, war *Sullivan* der Meinung, daß der Therapeut, ähnlich dem Wissenschaftler, unausweichlich Teil des von ihm erforschten Prozesses ist. Kein Analytiker „sieht" einen Patienten, ohne ihn nicht auch in irgendeiner Weise zu beeinflussen. Was Patienten tun und sagen – oder auch nicht tun und sagen –, wird nicht nur dadurch bestimmt, was sie in die Sitzung einbringen, sondern auch dadurch, wie sie mit dem Therapeuten interagieren. Sogar ein schweigsamer oder „unsichtbarer" Analytiker löst beim Patienten eine Reaktion aus (vgl. Kasten 18.3).

Spezifische therapeutische Techniken findet man bei *Sullivan* nur wenig (*Ford* und *Urban*, 1963). Aber er machte die *Freud*ianer darauf aufmerksam, wie wichtig es sei, den zwischenmenschlichen Charakter der Therapie dafür zu nutzen, dem Patienten zu einem Verständnis seiner fehlangepaßten Auseinandersetzung mit der Welt zu verhelfen.

Bewertung der analytischen Therapie

In klinischen Kreisen wird über kaum etwas so heftig gestritten wie über die Frage, ob die Psychoanalyse und verwandte Therapieformen überhaupt wirksam sind. Manche Therapeuten fühlen sich mit den psychoanalytischen Konzepten als solchen unwohl, vor allem mit solchen, die an den Begriff *eines* Unbewußten geknüpft sind. Wie *Levy* es formuliert, „kann ... nach den Regeln moderner Wissenschaftstheorie ... über die Existenz des Unbewußten als einer substantiellen Einheit nichts ausgesagt werden: Die Behauptung seiner Existenz ist prinzipiell unüberprüfbar und daher sinnlos" (1963, S. 22).

Dieses harte Urteil verweist auf eines der Hauptthemen dieses Buches, nämlich die Rolle von Paradigmen. Wer in psychoanalytischen Begriffen denkt, wird vermutlich seinerseits die

„Regeln moderner Wissenschaftstheorie“ hinterfragen, und er wird das damit begründen, daß eine monolithische Sicht von Wissenschaft nicht haltbar sei. Das heißt, die Wissenschaft selbst ist, genauso wie die Psychopathologie, Gegenstand unterschiedlicher Betrachtungsweisen. Diese Unterschiede im Paradigma kommen bei jeder Bewertung der Wirksamkeit psychoanalytischer Behandlung in all ihren Spielarten zum Tragen. Hier wissenschaftlich zu bewerten, ist sehr schwierig. Was zum Beispiel sind die Kriterien für Besserung? Eines der wichtigsten ist die Aufhebung von Verdrängungen, das Bewußtmachen von Unbewußtem. Doch wie läßt sich das beweisen? Wie stellen wir fest, ob eine Verdrängung aufgehoben ist? Etliche Versuche der Effektivitätsbewertung stützen sich auf projektive Testverfahren wie den Rorschach-Test, der seinerseits das Konzept des Unbewußten voraussetzt. Wenn aber gerade dieses Konzept von vornherein abgelehnt wird, gibt es in der Tat kaum eine gemeinsame Disskussionsgrundlage.

Auch um das zentrale Konzept der Einsicht gibt es Kontroversen. Etliche Autoren (z.B. *Bandura*, 1969; *London*, 1964) verstehen Einsicht nicht als das Erkennen wichtiger, extern valider historischer Zusammenhänge oder Beziehungen, sondern möchten Einsicht als *sozialen Wandlungs- oder Bekehrungsprozeß* verstanden wissen, in dessen Verlauf sich der Klient das Einstellungssystem seines Therapeuten zu eigen macht. Nach Ansicht von *Marmor* (1962) bedeutet ‚Einsicht‘ für jede therapeutische Schule etwas anderes. Die Einsichten eines Patienten passen immer in den theoretischen Rahmen der therapeutischen Schule, der sein Therapeut oder seine Therapeutin angehört. Eine *Freud*ianische Therapie fördert Einsichten in die Ödipus-Problematik; Klienten von *Sullivan*-Anhängern werden Einsichten in ihre zwischenmenschlichen Beziehungen gewinnen. *Levy* (1963) geht so weit zu behaupten, daß das Konzept des Unbewußten nichts anderes sei als der fehlende Konsens zwischen Analytiker und Analysand über die Begründung der mißlichen Lage des Klienten.

Sollten wir uns überhaupt mit der Frage befassen, ob eine Einsicht in die Vergangenheit richtig ist? Wenn eine Einsicht tatsächlich Teil eines sozialen Wandlungsprozesses ist, spielt dann die Richtigkeit überhaupt eine Rolle? Bei der Betrachtung der kognitiven Verhaltenstherapie, insbesondere der rational-emotiven Therapie von *Ellis* im nächsten Kapitel, wird uns diese Frage erneut beschäftigen. Therapeuten, die ihren Klienten Mut machen, die Dinge anders zu betrachten – und das tun Therapeuten aller der in diesem und dem nächsten Kapitel vorgestellten Therapieschulen –, glauben, daß eine Einsicht, ob sie nun zutrifft oder nicht, dem Klienten helfen kann, seine Auffassung vom Leben zu ändern. Das menschliche Leben ist so ungeheuer komplex, daß es irgendeine Sicherheit darüber, ob ein Ereignis wirklich stattgefunden hat, und ob es, wenn ja, Ursache der gegenwärtigen Schwierigkeiten ist, nicht geben kann.[4]

Unter Berücksichtigung aller dieser Bedenken wollen wir uns jetzt ansehen, welche Versuche unternommen wurden, die therapeutische Wirksamkeit von Psychoanalyse und Ich-Analyse zu evaluieren. Wie jede Therapieforschung kann sich auch die psychoanalytische Therapieforschung entweder auf das therapeutische *Ergebnis* oder auf den therapeutischen *Prozeß* konzentrieren. Ergebnisorientierte Untersuchungen fragen danach, ob die Therapie eine Wirkung zeitigt. Prozeßorientierte Studien interessieren sich dafür, welche Faktoren und Ereignisse *während* der Therapie mit dem Ergebnis in Verbindung gebracht werden können. Ist zum Beispiel Übertragung eine notwendige Voraussetzung für einen Wandel zum Besseren?

Ergebnisorientierte Forschung

Die folgenden verallgemeinernden Feststellungen zur klassischen Psychoanalyse stammen von *Luborsky* und *Spence* (1978). Die Autoren stüt-

[4] Das Problem muß in einem anderen Zusammenhang gesehen werden. Wenn wir uns in Kapitel 21b mit der Rolle der Ethik in der Therapie beschäftigen, werden wir der Auffassung begegnen, daß Psychotherapie letztlich und inhärent ein moralisches Unternehmen ist. D.h. der Therapeut übermittelt dem Klienten, zuweilen unwissentlich, die Botschaft, wie er sein Leben leben *sollte*. Er übernimmt die Rolle eines „weltlichen Priesters“ (*London*, 1964). Aus dieser Sicht hängt der Wert und Nutzen einer Einsicht davon ab, ob der Klient mit ihrer Hilfe ein Leben führen kann, das bestimmten Erfordernissen besser gerecht wird.

zen sich dabei auf Ergebnisuntersuchungen mit einem gewissen Maß an kontrollierter Beobachtung:

1. Patienten mit schwerer Psychopathologie (z.B. Schizophrenie) erzielen weniger gute Ergebnisse als Patienten mit Angststörungen. Das ist verständlich, denn *Freud* ging es eingestandenermaßen vornehmlich um die Behandlung von Neurosen. Überdies verlangt die psychoanalytische Behandlung einiges an rationalen und verbalen Fähigkeiten.
2. Je gebildeter der Analysand, um so besser sein Behandlungsergebnis – vermutlich eine Folge der wichtigen Rolle verbaler Interaktion.
3. Die Befunde zur Frage, ob durch eine Psychoanalyse ein besseres Ergebnis erzielt wird als durch den bloßen Fortgang der Zeit oder durch andere professionelle Hilfe, etwa durch den Hausarzt, sind widersprüchlich (*Bergin*, 1971). Das heißt *nicht*, daß die Psychoanalyse wirkungslos sei, sondern nur, daß eindeutige Belege für ihre Wirksamkeit fehlen. Da Therapeuten wie Patienten eine solche Vielfalt an Merkmalen in die Situation einbringen und die behandelten Probleme von so unterschiedlicher Schwere sind, ist die Frage vermutlich zu komplex, als daß sich eine einzige, wissenschaftlich annehmbare Antwort darauf finden ließe.

Als beste vergleichende Therapie-Studie gilt bei einigen Therapieforschern (z.B. *Bergin* und *Lambert*, 1978) die oft zitierte Untersuchung von *Sloane* und seinen Mitarbeitern (1975). An der Temple University Outpatient Clinic wurden insgesamt 90 erwachsene Klienten von drei Verhaltenstherapeuten und drei Analytikern – alle erfahrene Therapeuten und anerkannte Kapazitäten auf ihrem Gebiet – über eine Zeitspanne von vier Monaten behandelt. Die meisten Probanden dieser Studie sind wohl am besten mit ‚neurotisch' beschrieben. Es waren Menschen, wie man ihnen in Klinikambulanzen und Privatpraxen typischerweise begegnet. Sie litten überwiegend unter Angst oder klagten über gestörte Beziehungen zu anderen. Parallelisiert in Alter, Geschlecht und Schwere des Problems wies man sie entweder einer Verhaltenstherapie oder einer analytischen Kurztherapie, vermutlich also einer Ich-Analyse zu. Zusätzlich zu den 90 behandelten Probanden stellte man aus Personen, die ebenfalls die umfangreiche Auswahlprozedur durchlaufen hatten, eine Kontrollgruppe zusammen. Auch den Probanden dieser Gruppe wurde eine Therapie in Aussicht gestellt, allerdings bat man sie zu warten, bis andere ihre Behandlung beendet hätten. Mit Hilfe der Kontrollgruppe wollte man herausfinden, wie sich allein die Tatsache, etwas in Richtung Therapie unternommen zu haben, auf Patienten auswirkt.

Sloane und seine Mitarbeiter stellten für die beteiligten Therapeuten eine Liste derjenigen definierenden Merkmale von Verhaltenstherapie und analytischer Therapie zusammen, die sie miteinander vergleichen wollten (vgl. Tabelle 18.1), und instruierten die Therapeuten, sich so eng wie möglich an diese Definitionen zu halten. Die fünfte Sitzung jeder Behandlung nahm man auf Tonband auf, um festzustellen, ob die Regeln eingehalten wurden. Das war, wie man übereinstimmend feststellte, der Fall.

Die Behandlungsergebnisse wurden unmittelbar nach der Behandlung und ein zweites Mal acht Monate nach deren Beendigung gemessen. Man unterzog die Patienten Persönlichkeitstests wie dem MMPI, ließ einschätzen, wie viele Symptome sich gebessert hatten, stellte mittels strukturierter Interviews fest, wie die Klienten im Arbeitsleben zurechtkamen und wie es mit ihrer sozialen Anpassung bestellt war und schätzte das Ausmaß der Besserung insgesamt ein. In die Beurteilung ging nicht nur die Einschätzung des behandelnden Psychiaters oder Psychologen und des Klienten ein, sondern auch die eines unbeteiligten Klinikers, der zudem nicht wußte, wie der Patient behandelt worden war; auch ein enger Freund oder Verwandter des Klienten gab sein Urteil ab.

Je nach Interpretation der Daten – und da gibt es angesichts der Komplexität der Untersuchung und der Vielfalt der erhobenen Maße viele Möglichkeiten – sprechen die Ergebnisse für die Verhaltenstherapie, die analytische Therapie oder gar keine Therapie! Unmittelbar nach Abschluß der Therapie zeigten sich die Klienten beider Behandlungsgruppen in etwa dem gleichen Ausmaß entlastet und in ihren täglichen Funktionen gebessert. Die unabhängigen Kliniker beurteilten

Tabelle 18.1. Charakteristische Merkmale von Verhaltenstherapie und psychoanalytisch orientierter Therapie in der Temple University-Studie (aus *Sloane* et al., 1975)

1. Spezifischer Rat
   v) wird häufig gegeben*
   p) wird selten gegeben
2. Übertragungsinterpretation
   v) wird vermieden
   p) kann gegeben werden
3. Interpretation von Widerstand
   v) nicht üblich
   p) üblich
4. Träume
   v) höfliches Desinteresse; werden für die Behandlung nicht verwertet
   p) Interesse an berichteten Träumen, die für die Behandlung verwertet werden können
5. Angstniveau
   v) wird außer in der Implosionstherapie so niedrig wie möglich gehalten
   p) hält eine gewisse Angst aufrecht, solange sie nicht das Verhalten beeinträchtigt
6. Entspannungstraining
   v) wird direkt vermittelt
   p) nur eine indirekte Folge des Sitzens und vielleicht auch des therapeutischen Vorbilds
7. Desensibilisierung
   v) wird direkt vermittelt
   p) nur eine indirekte Folge des Sprechens unter angenehmen äußeren Bedingungen mit einem unkritischen Therapeuten
8. Praktische Verhaltensumschulung
   v) wird direkt vermittelt
   p) kein besonderes Interesse
9. Training in angemessen selbstbehauptenden Handeln
   v) wird direkt vermittelt und soll im Alltag geübt werden
   p) nur indirekte Ermutigung, sich im Alltag selbstbehauptend zu verhalten. Im Alltag unangemessen selbstbehauptendes, aggressives Sprechen ist in der Therapiesitzung erlaubt.
10. Symptome
   v) Interesse an berichteten Symptomen, werden gerne biologisch erklärt
   p) Schilderungen von Symptomen sind wenig erwünscht; Symptome werden gerne symbolisch interpretiert

* Die Beispiele, die unter v) aufgeführt werden, beziehen sich auf die Verhaltenstherapie, die unter p) aufgeführten auf die Psychoanalyse.

80 Prozent der Klienten beider Behandlungsgruppen und 48 Prozent der Kontrollgruppenprobanden als gebessert oder geheilt. *Doch* acht Monate später hatten die beiden Behandlungsgruppen ihren Vorsprung eingebüßt, denn inzwischen hatte sich die Befindlichkeit der Kontrollprobanden erheblich gebessert. Während des Wartens auf die Behandlung war ihnen beträchtliche Aufmerksamkeit zuteil geworden, abgesehen von den drei Beurteilungen hatte man sie regelmäßig telephonisch ermutigt und unterstützt.[5]

[5] Daß die Warteliste-Gruppe die beiden Therapiegruppen nach acht Monaten „einholte", kann man negativ bewerten. Doch dasselbe Ergebnis läßt sich auch positiv auslegen. Die Therapie, ob nun einsichts- oder verhaltensorientiert, führte zu *schnellerer* Besserung und linderte so das Leid der Klienten und der ihnen Nahestehenden insgesamt. So gesehen waren beide Therapieformen hilfreich und der Aufmerksamkeit, die man der Warte-Gruppe angedeihen ließ, überlegen.

An dieser ambitionierten Untersuchung wurde einiges kritisiert, das für die Therapieforschung insgesamt von Bedeutung ist. Macht der Einsatz vieler Beurteiler – der Klient, der Therapeut, ein unabhängiger Kliniker und ein enger Freund oder Verwandter – die Information über die erreichte Verbesserung besonders valide? Wohl kaum. Die unabhängigen Kliniker gründeten ihre Urteile nur auf Gespräche mit den Klienten. So ist es nicht überraschend, daß ihre Einschätzungen signifikant mit denen der Klienten korrelierten. Viel niedriger war die Korrelation dieser beiden Beurteilungen mit denen der Therapeuten, Freunde und Verwandten. Welche Beurteilungen sind nun als valide anzusehen?

Ein großer Teil der Informationen stammte aus Gesprächen. Die Verbesserung wurde daran gemessen, was der Klient während der Behandlung und der Evaluationsinterviews sagte und wie er es sagte. Nur Freunde und Verwandte, die ebenfalls ihre Urteile abgaben, werden den Klienten vermutlich auch in Alltagssituationen beobachtet haben. Es wurde nicht versucht, die Klienten darüber hinaus in ihrer alltäglichen Umgebung oder auch in gestellten Situationen wie dem Sprechangst-Test von *Paul* (1960; vgl. S. 120f.) zu beobachten. Folglich muß man *Sloane* und seinen Mitarbeitern die Annahme unterstellen, der Klient böte uns im Sprechzimmer die ganze Palette seines Verhaltens.

Prochaska (1984) fand elf Untersuchungen zur Wirksamkeit der Psychoanalyse oder psychoanalytisch orientierter Verfahren, darunter auch die eben vorgestellte Temple-University-Studie. Keine dieser Studien berechtigt zu dem Schluß, daß die Psychoanalyse oder eine ihrer Spielarten einer Placebo-Behandlung überlegen sei. Tatsächlich fehlt in den meisten Untersuchungen eine Placebo-Gruppe, und bei Behandlungsvergleichen schnitt die Psychoanalyse nicht besser ab. ,,Bis heute hat keine Untersuchung ergeben, daß die Psychoanalyse oder die psychoanalytisch orientierte Therapie signifikant wirksamer wäre als eine Placebo-Behandlung oder irgendeine andere Form der Therapie" (S. 55).

Prozeßorientierte Forschung

Aus prozeßorientierten Untersuchungen der analytischen Therapie sind nur schwer allgemeine Schlüsse zu ziehen. Das liegt vor allem daran, daß die Variablen so komplex und untrennbar mit Konzepten verbunden sind, die das Vorhandensein eines Unbewußten voraussetzen. Einige Projekte, welche die intensive Analyse von Bandaufnahmen und von Anmerkungen der Analytiker erforderten, haben Jahre gedauert. Untersucht wurde unter anderem die ,,Assoziationsfreiheit", d.h. das Ausmaß, in dem der Analysand frei assoziieren kann. Wenn die freie Assoziation dem Analysanden hilft, zu bisher verdrängtem Material vorzudringen, müßte die Leichtigkeit, mit der die Assoziationen strömen, gegebenenfalls ein Prädiktor für das Behandlungsergebnis sein. Leider ist die Beziehung sehr viel komplexer, denn zwischen den freien Assoziationen des Patienten und den Interpretationen des Analytikers besteht eine Wechselwirkung, wobei die Wirksamkeit der Interpretationen wiederum von deren ‚Timing' abhängt – von ihrer Richtigkeit ganz zu schweigen. Ebenso problematisch gestaltet sich die Definition von Ergebniskriterien und die Entwicklung reliabler Meßinstrumente. Angesichts dieser Schwierigkeiten verwundert es nicht, daß die Prozeßforschung noch kaum erhellen konnte, wie Psychoanalyse und verwandte Therapieformen funktionieren.

Die vielleicht ernüchterndste und provozierendste Aussage über die psychoanalytische Prozeßforschung stammt von *Luborsky* und *Spence* (1978), zwei führenden Therapieforschern. Bei genauerem Hinsehen wird deutlich, daß beide Autoren von der kontrollierten Forschung kaum einen wesentlichen Beitrag zur Evaluierung der psychoanalytischen Therapie erwarten:

> ,,*Die quantitative Forschung zur psychoanalytischen Therapie präsentiert sich als unreliable Bestätigung klinischer Praxis. Klinische Weisheit hat uns sehr viel mehr gelehrt als objektive, quantitative Untersuchungen. Was die quantitative Literatur beiträgt, ist oft nicht mehr als ein umständlicher, schwerfälliger Weg, dem Kliniker zu zeigen, was dieser bereits ‚weiß'...*" (S. 358).

3. Humanistische und existentielle Therapien

In humanistischen und existentiellen Therapieformen geht es wie in psychoanalytischen Therapien um die Vermittlung von Einsichten. Allen diesen Therapien liegt die Annahme zugrunde, daß sich gestörtes Verhalten am ehesten ändert, wenn dem Klienten seine Motive und Bedürfnisse bewußter werden. Doch zwischen der Psychoanalyse und ihren Abkömmlingen auf der einen und existentiell-humanistischen Ansätzen auf der anderen Seite gibt es einen nützlichen Unterschied: Existentiell-humanistische Therapien betonen insbesondere die Entscheidungsfreiheit des einzelnen. Der freie Wille gilt als wichtigste menschliche Eigenschaft. Der freie Wille ist allerdings eine zweischneidige Sache: Er ist nicht nur Voraussetzung für Erfüllung und Freude, sondern bringt auch Schmerz und Leid mit sich. Er ist eine angeborene Gabe, von der wir Gebrauch machen *müssen*, und das erfordert ganz besonderen Mut. Nicht jeder kann dieser Herausforderung begegnen. Und wer das nicht kann, gilt als Kandidat für klientenzentrierte und existentielle Therapieformen und die Gestalttherapie.

Die klientenzentrierte Therapie von *Carl Rogers*

Der amerikanische Psychologe *Carl Rogers* entwickelte seine theoretischen Vorstellungen über Psychotherapie in langen Jahren intensiver klinischer Erfahrung. In den vierziger und fünfziger Jahren lehrte er an der Universität und half dann, das ‚Center for Studies of the Person' in La Jolla, Kalifornien, aufzubauen. *Rogers* geht von mehreren grundlegenden Annahmen über die menschliche Natur aus und hat bestimmte Vorstellungen über die Art und Weise, wie sie zu verstehen ist. (*Ford* und *Urban*, 1963; *Rogers*, 1951, 1961):

1. Unsere Betrachtungsweise muß phänomenologisch sein (vgl. S. 59). Wir können andere nur aus der Perspektive ihrer eigenen Wahrnehmungen und Gefühle verstehen. Nicht den Ereignissen selbst, sondern der Art und Weise, wie der andere sie erlebt, muß unsere Aufmerksamkeit gelten, denn die phänomenologische Welt des einzelnen ist die Hauptdeterminante seines Verhaltens und macht ihn einmalig.
2. Gesunde Menschen sind sich ihres Verhaltens bewußt. Insofern hat *Rogers*' System Ähnlichkeit mit Psychoanalyse und Ich-Analyse, denn auch *Rogers* betont, daß Motive bewußt sein sollten.
3. Der Mensch ist von Natur aus gut und leistungsfähig. Gestörtes Verhalten und beeinträchtigtes Leistungsvermögen sind allein die Folge falscher Lernprozesse.
4. Verhalten ist zweck- und zielgerichtet. Menschen sind ihrer Umwelt und ihren inneren Trieben nicht passiv ausgeliefert. Sie sind selbst-direktiv. In dieser Annahme ist *Rogers* den Ich-Analytikern näher als den Psychoanalytikern orthodox-*Freud*ianischer Prägung.
5. Der Therapeut sollte nicht versuchen, Ereignisse für den Klienten zu manipulieren. Er sollte vielmehr die Bedingungen schaffen, die es dem Klienten leichter machen, frei zu entscheiden.

Persönlichkeitsentwicklung

Rogers postuliert eine angeborene Tendenz zur Selbstaktualisierung, d.h. zur Verwirklichung der dem Menschen innewohnenden Möglichkeiten. Dieser Gedanke stammt ursprünglich von dem Wiener Psychoanalytiker *Otto Rank* (1936), der dem engeren Kreis um *Freud* angehörte; diese Auffassung ist grundlegend für *Rogers*' Menschenbild und daher entscheidend für seinen therapeutischen Ansatz. Wie *Freud* und die meisten Psychoanalytiker glaubt auch *Rogers*, daß der Mensch bestrebt ist, physiologische Spannungen wie Hunger, Durst und Schmerz nach Möglichkeit abzubauen. Aber *Rogers* ist außerdem davon überzeugt, daß die Menschen ein natürliches Bedürfnis haben, Neues zu lernen und ihr Leben auch in anderer Hinsicht zu bereichern. Mit anderen Worten, wir versuchen nicht nur, unangenehme Spannung loszuwerden, sondern *streben* auch aktiv nach angenehmer Spannung. Alles Verhalten, so *Rogers*, entspringt auf irgendeine Weise dieser angeborenen Tendenz zur Selbstverwirklichung. Überdies bemessen die Menschen den Wert ihres Verhaltens danach, wie es zu ihrem persönlichen Wachstum beiträgt, und neigen dazu, Verhalten zu wiederholen, das sie diesem Ziel näher bringt.

Rogers glaubt ferner, daß wir am besten lernen, wenn wir uns nicht um die Anerkennung und Billigung anderer bemühen müssen. Entscheidend ist, welchen Wert wir selbst unserem Tun beimessen, denn dem Selbst ist die Tendenz zur Selbstverwirklichung von Natur aus gegeben. Wenn wir von anderen *vorbehaltlose, eindeutige Wertschätzung* erfahren, sind wir nicht von uns selbst abgelenkt und können besser einschätzen, wie unser Verhalten zur Bereicherung unseres Selbst beiträgt.

Falsches Lernen kann den natürlichen Ablauf einer gesunden Entwicklung stören. Es kann geschehen, daß sich ein Mensch die Werturteile anderer zu eigen macht, anstatt den Bewertungen zu vertrauen, die der eigene Körper und die eigene Seele liefern. Vielleicht überträgt er die verunglimpfenden Werturteile anderer auf sein im Grunde gutes Verhalten und macht sich schließlich das fremde Urteil zu eigen – wie eine Schülerin, die sich selbst jeden Wert abspricht, nachdem sie vom Lehrer kritisiert worden ist.

Therapeutische Intervention

Ein reifer und gut angepaßter Mensch fällt seine Urteile auf der Grundlage dessen, was zu seiner ureigensten Befriedigung und Selbstverwirklichung beiträgt. Folglich vermeidet es *Rogers*, dem Klienten während der Therapie Ziele vorzugeben. Der Klient soll die Führung übernehmen und Gespräch und Sitzungsverlauf selbst bestimmen. Der Therapeut schafft die Bedingungen, die es dem Klienten ermöglichen, in den gemeinsamen Stunden zu seiner eigentlichen Natur zurückzufinden und selbst zu beurteilen, was für ein Leben ihm entspricht und ihn befriedigt. Wieder ist es *Rogers'* überaus positives Menschenbild, das ihn glauben läßt, daß die eigenen Entscheidungen den Betroffenen nicht nur glücklich machen, sondern auch in einen guten, zivilisierten Menschen verwandeln werden.

In *Rogers'* Denken läßt sich eine Entwicklung verfolgen. Zunächst war ihm an einer klaren Spezifikation von Techniken gelegen (1942), später gerieten die spezifischen Verfahren in den Hintergrund, und es ging ihm vor allem um die Einstellung und den emotionalen Stil des Therapeuten (1951). Der Therapeut, so befand er, müsse drei Kerneigenschaften besitzen: Zur Echtheit, manchmal auch Kongruenz genannt, gehören Spontaneität, Offenheit und Authentizität. Der Therapeut äußert weder falsche Töne noch hat er eine professionelle Fassade; er öffnet sich selbst und spricht mit dem Klienten zwanglos und aufrichtig auch über seine eigenen Gefühle und Gedanken. In gewissem Sinne bietet der Therapeut mit seiner ehrlichen Selbstenthüllung ein Modell dafür, wie der Klient werden kann. Er ist in Kontakt mit seinen Gefühlen, kann sie ausdrücken und dafür die Verantwortung übernehmen. Er hat den Mut, sich anderen so zu zeigen, wie er wirklich ist. Die zweite wichtige Eigenschaft des erfolgreichen Therapeuten ist laut *Rogers* die Fähigkeit zu vorbehaltloser positiver Wertschätzung. Andere Menschen stellen das, was *Rogers* „Wertbedingungen" nennt – ‚Ich werde dich lieben, wenn du...'. Der klientenzentrierte Therapeut schätzt den Klienten so, wie er ist, und bringt ihm Wärme entgegen, die nichts fordert, auch wenn er das Verhalten des Klienten nicht immer billigt. Menschen haben allein darum Wert, weil sie Menschen sind. Und auch ein Therapeut muß seinen Klienten zutiefst schätzen und respektieren – aus dem einfachen Grund, weil der Klient auch ein Mensch ist, der seinen Lebenskampf kämpft und innerlich wachsen möchte. Die dritte therapeutische Qualität – das empathische Verstehen – ist die Fähigkeit, die Welt in jedem Augenblick mit den Augen der Klienten zu betrachten, ihre Gefühle von dem ihnen bewußten phänomenologischen Standpunkt aus zu verstehen – aber auch aus Perspektiven, die ihnen vielleicht nur dunkel bewußt sind.

Empathie

Sehen wir uns genauer an, was Empathie beinhaltet. Empathisches Verstehen – das Akzeptieren, Erkennen und Verdeutlichen von Gefühlen – ist eine der wenigen Techniken der *Rogers*-Therapie. Im Rahmen einer warmen, therapeutischen Beziehung ermutigt der Therapeut den Klienten, über seine tiefsten Ängste und Sorgen zu sprechen, und versucht, über den Inhalt des Gesagten hinaus dessen emotionale Aspekte in eigene Worte zu fassen. Dieses Widerspiegeln von Gefühlen soll allmählich die emotionalen Konflikte auflösen, die die Selbstverwirklichung blockieren. Weil ihm seine Gefühle ohne jede Wertung oder Mißbilligung widergespiegelt werden, kann der Klient sich ihnen zuwenden, sich Klarheit über sie verschaffen, sie anerkennen und schließlich akzeptieren. Gedanken und Gefühle, die zuvor zu bedrohlich waren, um Zugang zum Bewußtsein zu erhalten, können nunmehr Teil des Selbstkonzeptes werden. Der Therapeut, das sollten wir noch anmerken, ist nicht wirklich nondirektiv – eine häufige Bezeichnung der Therapie nach *Rogers* –, denn er achtet selektiv auf Äußerungen und Gefühle des Klienten, in denen Bewertungen zum Ausdruck kommen. Er glaubt, daß es genau diese Bewertungen sind, die der Klient mit Hilfe des Therapeuten überprüfen sollte.

Wenn die therapeutischen Bedingungen es dem Klienten erlauben, sich selbst zu akzeptieren, wird er anfangen, aufrichtiger und emotionaler über sich zu sprechen. Dieses Sprechen bewirkt, so glaubt *Rogers*, in erster Linie die Verhaltensänderung.

Die Praxis der Empathie wird zuweilen fälschlicherweise für eine einfache, unkomplizierte Sache gehalten, doch das ist sie keineswegs. Tatsächlich erfordert sie sehr viel Feingefühl und ist manchmal durchaus „bittere Medizin" für den Klienten. Der Therapeut beschränkt sich nicht immer darauf, die emotionalen Aspekte einer Klientenäußerung in Worte zu fassen. Er kann auch in – wie ein Autor (*Egan*, 1975) es nennt – „fortgeschrittener genauer Empathie" (advanced accurate empathy) weitergehen zu dem, was seiner Meinung nach *hinter* dem beobachtbaren Verhalten des Klienten verborgen ist (vgl. Kasten 18.4). Der Therapeut schließt aus dem Verhalten des Klienten, was diesen wirklich bewegt. Er interpretiert dessen Äußerung so, daß sie dem tatsächlich Gesagten nicht mehr zu entsprechen scheint. In gewissem Sinne ist fortgeschrittene Empathie nichts anderes als ein Prozeß der Theoriebildung auf seiten des Therapeuten: Nachdem er über mehrere Sitzungen hin verfolgt hat, was der Klient sagt und wie er es sagt, stellt er eine Hypothese über die wirkliche und dem Klienten verborgene Quelle des Kummers auf.[6]

Klient: Ich weiß nicht, was los ist. Ich lerne unheimlich viel, aber ich kriege einfach keine guten Noten. Ich lerne wirklich nicht weniger als andere, aber es scheint alles für die Katz' zu sein. Ich weiß nicht, was ich noch tun soll.

Berater A: Sie fühlen sich frustriert, weil sich bei aller harter Arbeit kein Erfolg einstellt (primäre Empathie).

Berater B: Es ist deprimierend, genausoviel zu arbeiten wie die, die gut abschneiden, und trotzdem keinen Erfolg zu haben. Das macht Sie ganz mutlos und vielleicht bemitleiden Sie sich manchmal auch ein bißchen selbst (fortgeschrittene Empathie) (*Egan*, 1975, S. 135).

Bei der primären Empathie versucht der Therapeut, den Klienten ihre Gedanken, Gefühle und Erfahrungen *aus deren eigener Perspektive* vor Augen zu führen Diese Arbeit findet auf phänomenologischer Ebene statt. Der Therapeut sieht die Welt mit den Augen des Klienten und vermittelt ihm, daß er diesen Bezugsrahmen versteht und würdigt. Bei der fortgeschrittenen Empathie nimmt der Therapeut eine Sichtweise ein, die die Welt des Klienten einbezieht, die Dinge aber gleichwohl in anderer und, so hofft er, konstruktiverer Weise faßt. Der Therapeut präsentiert dem Klienten eine Sichtweise, die sich von dessen gewohnter Perspektive erheblich unterscheiden kann.

[6] Ob eine fortgeschrittene Empathie-Äußerung überhaupt als *genau* gelten kann, ist eine weitere interessante Frage. Der klientenzentrierte Therapeut kann nie sicher sein, ob seine Interpretationen wahr sind. Wie wissenschaftliche Theorien und Einsichten in bezug auf die Vergangenheit können auch sie mehr oder weniger *nützlich* sein.

Kasten 18.4
Ausschnitt aus einer klientenzentrierten Therapiesitzung

Klientin: (eine 18jährige Collegestudentin) Meine Eltern regen mich wirklich auf. Erst war es Arthur, den sie nicht mochten, jetzt ist es Peter. Ich hab' ihre Einmischungen wirklich satt.

Therapeutin: Sie sind richtig wütend auf ihre Familie.

Klientin: Ja, was glauben Sie denn? Da bringe ich gute Noten nach Hause und mache auch sonst ganz gute Sachen, und sie nehmen sich das Recht, sich darüber auszulassen, ob mein Freund richtig für mich ist. (Schluchzt)

Therapeutin: Mir fällt auf, daß Sie nicht nur wütend sind. Vielleicht ist da auch ein bißchen Angst, Sie könnten sie enttäuschen.

Klientin: (Weint heftiger) Mein ganzes Leben lang habe ich versucht, ihnen zu gefallen. Sicher ist ihre Anerkennung mir wichtig. Sie freuen sich ja auch, wenn ich gute Noten habe, aber warum müssen sie sich in meine Freundschaften einmischen?

Kommentar: Obwohl die Klientin zunächst nur Wut ausdrückt, glaubt die Therapeutin, daß sie in Wirklichkeit Angst vor der Kritik ihrer Eltern hat. Um zusammen mit der Klientin zu erkunden, was an nicht Gesagtem hinter der Wut verborgen ist, versucht die Therapeutin eine fortgeschrittene empathische Intervention. Vorangegangene Sitzungen haben vermuten lassen, daß die Klientin mit ihrem großen Studienfleiß vor allem den Eltern gefallen und ihnen keinen Anlaß zur Kritik geben will. Gute Noten haben ihr immer die Anerkennung ihrer Eltern eingetragen, aber seit kurzem richten sich die kritischen Blicke von Vater und Mutter auf die jungen Männer, mit denen sie sich trifft. Wenn sie ihren Eltern gefallen will – das wird ihr langsam klar – muß sie ihr soziales Leben nach deren Wünschen ausrichten. Nachdem die Therapeutin ihr geholfen hat, einen Blick hinter ihren Zorn zu tun, wird die Angst vor der Mißbilligung ihrer Eltern zum zentralen Thema der Therapie.

Um diesen wichtigen Unterschied zu verstehen, müssen wir uns klar machen, daß klientenzentriert arbeitende Therapeuten annehmen, daß die bisherige Betrachtungsweise des Klienten unproduktiv war; Beweis dafür ist seine seelische Not, die ihn schließlich therapeutische Hilfe suchen ließ. Auf primär empathischer Ebene akzeptiert der Therapeut diese Sichtweise, versteht sie und teilt dem Klienten mit, daß er sie würdigt. Doch auf fortgeschrittener oder interpretierender Ebene bietet der Therapeut etwas Neues an, eine, so hofft er, bessere und produktivere Perspektive, die neue Handlungsmöglichkeiten impliziert. Fortgeschrittene Empathie baut auf den Informationen auf, die der Therapeut in einer Reihe von Sitzungen mit vornehmlich primär empathischen Interventionen gesammelt hat.

Ziel des phänomenologisch orientierten, klientenzentriert arbeitenden Therapeuten *muß* es sein, daß der Klient aus seiner gegenwärtigen phänomenologischen Welt in eine andere wechselt; daher ist das Stadium der fortgeschrittenen Empathie so wichtig. Da Emotionen und Handlungen davon bestimmt werden, wie der einzelne sich selbst und seine Umgebung wahrnimmt, d.h. durch seine Phänomenologie, brauchen diejenigen, die mit ihrer gegenwärtigen Lebensweise nicht zurechtkommen oder unzufrieden sind, eine *neue* Phänomenologie. Von Anfang an bestand das Interesse der klientenzentrierten Therapie – und aller anderen phänomenologischen Therapien – also zwangsläufig darin, daß der Klient einen Bezugsrahmen annimmt, der sich von dem zu Beginn der Therapie unterscheidet. Dem Klienten nur seine gegenwärtige Phänomenologie widerzuspiegeln, kann keinen therapeutischen Wandel bewirken. Der Klient muß eine neue Phänomenologie erwerben.

Evaluation

Es gibt zahlreiche Versuche, die klientenzentrierte Therapie zu evaluieren. Zu verdanken ist das vor allem *Rogers* selbst, der darauf besteht, daß Ergebnis und Prozeß einer Therapie sorgfältig untersucht und empirisch validiert werden müssen. Tatsächlich war er es, der die Psychotherapieforschung recht eigentlich ins Leben rief. Ihm und seinen Schülern gebührt das Verdienst, Mystik und übertriebene Geheimhaltung aus dem Sprechzimmer des Psychotherapeuten verbannt zu haben. Als erste nahmen sie zum Beispiel Therapiesitzungen auf Band auf, um Forschern eine genaue Analyse zu ermöglichen.

Untersuchungen zur klientenzentrierten Therapie konzentrierten sich prinzipiell darauf, die persönlichen Eigenschaften des Therapeuten mit dem Behandlungsergebnis in Beziehung zu setzen. Die Resultate waren in sich nicht stimmig und weckten Zweifel an der vielfach vertretenen Meinung, daß ein positives Behandlungsergebnis in erster Linie von Empathie, Echtheit und Wärme des Therapeuten abhänge (*Parloff, Waskow* und *Wolfe*, 1978). Wahrscheinlich ist es trotzdem sinnvoll, bei der Ausbildung junger Therapeuten auf solche Qualitäten weiterhin Wert zu legen, denn sie scheinen eine Atmosphäre von Vertrauen und Sicherheit zu schaffen, innerhalb derer der Klient das innere Wirken seines Selbst erkunden kann. Doch aus wissenschaftlicher Sicht rechtfertigt nichts die Behauptung, daß diese Eigenschaften ausreichen, um eine Änderung beim Klienten zu bewirken.

Entsprechend dem phänomenologischen Ansatz von *Rogers* gelten als Maßstab für die Wirksamkeit der Therapie für gewöhnlich Selbstangaben der Klienten. Wie sich Klienten nach Abschluß der Therapie tatsächlich *verhalten*, findet in der Forschung zur klientenzentrierten Therapie kaum Interesse. Wichtigste Variable ist für *Rogers* die phänomenologische Bewertung des Individuums selbst und die Reaktion auf sich und die Ereignisse in seiner Welt. Das offene Verhalten, so die Hypothese, folgt aus diesen Wahrnehmungen und kann für die klientenzentrierte Therapieforschung nicht das eigentliche Untersuchungsobjekt sein.

Daß sich die Therapie nicht für das Verhalten des Klienten außerhalb der Therapiesitzung interessiert, hat seine Gründe im zugrundeliegenden Paradigma. Das kann für den Klienten durchaus problematisch sein. Wenn er im Laufe der Therapie seine Minderwertigkeitsgefühle überwunden hat, heißt das nicht, daß er sich auch außerhalb des Behandlungszimmers entsprechend verhalten kann. Vielleicht hat er nie ein angemessenes Repertoire sozialer Fertigkeiten erworben. Um sein Selbstkonzept wirklich ändern zu können, braucht er unserer Meinung nach mehr als ein besseres Verständnis seiner selbst. In so einem Fall wäre etwa ein Training in sozialen Fertigkeiten angebracht.

Rogers' Betonung der subjektiven Erfahrung wirft auch epistemologische Probleme auf, denn der Therapeut muß zutreffend und genau auf das schließen können, was der Klient gerade fühlt oder denkt. Die Methode berücksichtigt nur, was der Klient sagt. Aber *Rogers* behauptet auch, daß Klienten sich ihrer wahren Gefühle möglicherweise nicht bewußt sind. Tatsächlich ist es in den meisten Fällen diese fehlende Bewußtheit, die die Klienten in die Therapie führt. Wie bei der Psychoanalyse müssen wir auch hier fragen, wie der Therapeut zu Schlüssen über innere und dem Klienten anscheinend unbewußte Prozesse gelangen soll und wie die Nützlichkeit oder Validität eines solchen Schlusses zu evaluieren ist.

Auch die Annahme, daß das Streben nach Selbstverwirklichung das Hauptmotiv des Menschen sei, ist nicht ohne weiteres zu akzeptieren. Auf das Motiv der Selbstverwirklichung schließt *Rogers*, weil Menschen, nach seiner Beobachtung, Situationen anstreben, die ihnen Erfüllung versprechen. Aber dann dient die Tendenz zur Selbstverwirklichung als *Erklärung* dafür, daß solche Situationen gesucht werden. Einmal mehr ein Zirkelschluß!

Weiter ist zu fragen, wie durch die Werturteile anderer falsche Vorstellungen vom eigenen Selbst gelernt werden. Warum behält das Hauptmotiv nicht immer die Oberhand über das, was der einzelne lernt? Wenn es den Menschen tatsächlich unter allen Umständen zur Selbstverwirklichung drängt, unter welchen Bedingungen findet dann falsches Lernen statt, und welche Motive und Bedürfnisse werden dadurch befriedigt?

Und schließlich nimmt *Rogers* an, daß der psychisch gesunde Mensch Entscheidungen trifft, um seine Selbstverwirklichungstendenzen zu befriedigen, und daß Menschen von Natur aus gut sind. Etliche Sozialphilosophen sind weniger optimistisch in bezug auf die menschliche Natur. „Garstig, roh und kurz" nannte *Thomas Hobbes* das Leben. Wie erklären wir uns einen Menschen, der roh handelt und gleichwohl versichert, dieses Verhalten sei im tiefsten befriedigend und diene seiner Selbstverwirklichung?

Vielleicht hat *Rogers* sich um das Problem äußerster Unvernunft darum nicht angemessen bemüht, weil ihm und seinen Kollegen in erster Linie die leicht gestörten Menschen am Herzen lagen. Als ein möglicher Weg, unglücklichen, aber nicht schwer gestörten Menschen zu helfen, sich selbst zu verstehen (und sich *vielleicht* sogar anders zu verhalten), mag die klientenzentrierte Therapie sehr wohl angemessen und wirkungsvoll sein. Dieser humanistische Ansatz bleibt in der Encounter-Gruppen-Bewegung lebendig (vgl. S. 690ff.). Bei psychisch schwer gestörten Menschen dürfte die Therapie, wie *Rogers* selbst warnend vermerkt hat, allerdings nicht angebracht sein.

Existentialtherapie

Wenn vom Existentialismus die Rede ist, werden zumeist auch die Namen des dänischen Philosophen *Sören Kierkegaard* und der deutschen Philosophen *Edmund Husserl* und *Martin Heidegger* genannt. Mit der Existentialtherapie verbunden sind die beiden Schweizer Psychiater *Ludwig Binswanger* und *Medard Boss* und der Österreicher *Viktor Frankl*, dessen Logotherapie und Depressionstheorie wir weiter oben vorgestellt haben (vgl. S. 286f.). Die beiden wichtigsten amerikanischen Vertreter der Existentialtherapie oder, wie sie auch genannt wird, Existenzanalyse sind *Rollo May* und der späte *Abraham Maslow* (1908–1970).

Der humanistische Therapeut Abraham Maslow, der den von Carl Jung geprägten Begriff der Selbstaktualisierung ins Zentrum seiner Psychologie stellte.

Grundbegriffe des Existentialismus

In folgendem Zitat findet sich die existenzanalytische Position kurz umrissen:

„Der Mensch besitzt die Fähigkeit, sich seiner selbst und dessen, was er tut und was ihm zustößt, bewußt zu sein. Das hat zur Folge, daß er über diese Dinge entscheiden und für sich selbst Verantwortung übernehmen kann. Er kann sich auch der Möglichkeit bewußt werden, völlig isoliert und allein, das heißt nichts zu sein, was seinen symbolischen Ausdruck im äußersten Nichtssein des Todes findet. Davor hat er eine angeborene Angst. Er ist kein statisches Wesen, sondern ist in ständigem Übergang begriffen. Er existiert nicht; er ist kein Seiender. Vielmehr tritt er in jedem Augenblick ins Sein, entsteht, wird, entwickelt sich auf etwas zu. Sein Verhalten sich selbst und allem anderen gegenüber wandelt sich ständig. Von Bedeutung ist nicht, was er war, sondern was er jetzt ist und welchen Weg seine Entwicklung nimmt, die auf die Erfüllung seiner angeborenen Möglichkeiten gerichtet ist" (*Ford* und *Urban*, 1963, S. 448).

Die Existenzangst speist sich aus mehreren Quellen (*Tillich*, 1952). Wir alle wissen, daß wir eines Tages sterben müssen. Wenn wir uns dieser unausweichlichen Wirklichkeit ehrlich stellen, stellen wir uns zugleich auch der Existenzangst.

Wir sind uns bewußt, daß wir Zufällen, die unser Leben für immer verändern können, hilflos ausgeliefert sind, etwa dem Autounfall, der uns zum Krüppel macht. Drittens sind wir uns bewußt, daß wir Entscheidungen treffen, handeln und mit den Konsequenzen leben müssen. Viertens müssen wir unserem Leben selbst Sinn geben. Die letzte Verantwortung dafür, daß seine Welt und sein Leben Inhalt und Zweck haben, trägt jeder einzelne selbst. Und schließlich wissen wir, daß wir letztlich allein sind.

Wie die humanistische betont auch die existentielle Auffassung das persönliche Wachstum. Es gibt allerdings wichtige Unterschiede. Der Humanismus eines *Rogers* wurzelt in der Überzeugung, daß der Mensch von Natur aus gut ist. Frei von grundlosen Ängsten und gesellschaftlichen Restriktionen würden alle Menschen sich normal, ja sogar ungewöhnlich gut entwickeln, so wie eine Blume dem Samen entsprießt, wenn sie nur genug Licht, Luft und Wasser hat. Der Existentialismus ist schwermütiger und hat etwas Düsteres. Obwohl er den freien Willen und die Verantwortung des einzelnen einschließt, betont der Existentialismus die Angst, die mit wichtigen Entscheidungen unausweichlich verbunden ist, mit Entscheidungen, von denen die Existenz abhängt: Soll man bei einem Ehepartner, in einem Beruf, ja sogar in dieser Welt bleiben oder nicht? „Sein oder nicht sein – das ist die Frage", die erste Zeile von Hamlets berühmtem Monolog (3. Akt, 1. Szene), ist eine klassische existentielle Aussage. Man kann solche Entscheidungen meiden, so tun, als gebe es sie nicht. Das mag zwar vor Angst schützen, macht es aber unmöglich, ein sinnvolles Leben zu leben und ist der Kern jeder Psychopathologie. Während die humanistische Botschaft hochgestimmt, ja beinahe ekstatisch anmutet, klingt aus der existentiellen Trauer und Angst, aber nicht Verzweiflung, wenn der Mensch seinen freien Willen ausübt und die damit verbundene Verantwortung auf sich nimmt.

Die Ziele der Therapie

„So geschieht es oftmals, daß wir unser Leben in Ketten leben und nicht einmal wissen, daß wir selbst den Schlüssel haben" („Already Gone", von *Jack Tempchin* und *Robb Strandlund*, 1973 und 1975).

Ein Mensch ist die Summe seiner Entscheidungen. Um zu verstehen, warum jemand Entscheidungsschwierigkeiten hat, muß man seine Erfahrung untersuchen. Der Existentialtherapeut übernimmt empathisch den phänomenologischen Bezugsrahmen des Klienten und hilft ihm so, sein Verhalten, seine Gefühle, seine Beziehungen und den Sinn, den er im Leben sieht, zu erkunden. Aber er ermutigt ihn auch, sich der Vergangenheit und den Entscheidungen der Gegenwart zu stellen. Die Entscheidungen, vor denen man gegenwärtig steht, sind die wichtigsten.

Des weiteren hilft die Existentialtherapie dem Klienten, *authentische* Beziehungen zu anderen aufzubauen. Menschen, so nimmt man an, definieren ihre Identität und Existenz über ihre zwischenmenschlichen Beziehungen. Ein isolierter Mensch ist von Nicht-Sein oder Entfremdung bedroht. Auch wenn er mit seiner Welt und den anderen, mit denen er es zu tun hat, effektiv umgehen kann (vgl. S. 60f.), schleicht sich Angst ein, wenn es ihm an offenen, freimütigen Beziehungen fehlt. Obwohl die Perspektive der Existentialtherapie in hohem Maße subjektiv ist, gilt daher ihr besonderes therapeutisches Interesse der Fähigkeit, offene, aufrichtige, spontane und liebevolle *Beziehungen zu anderen* zu haben.[7] In dieser Hinsicht hat die Encounter-Gruppen-Bewegung viel vom existentiellen Ansatz übernommen.

Auch die therapeutische Beziehung sollte eine authentische Begegnung zwischen zwei Menschen sein, um dem Patienten Praxis im unverfälschten Umgang mit anderen zu vermitteln.[8]

---

[7] Gleichzeitig sind wir alle im Grunde *allein*. Obwohl der Existentialismus von uns verlangt, unsere Beziehungen zu anderen authentisch zu gestalten, will es das Paradox des Lebens, daß wir von Natur aus von anderen getrennt sind, daß wir allein auf diese Welt kommen und uns allein unsere Existenz in der Welt schaffen müssen.

[8] Interessanterweise ist dieser Ansatz, der soviel Wert auf Wahrnehmung, Verstehen, Gefühle und andere innere Prozesse legt, in gewisser Hinsicht sehr behavioristisch. An irgendeinem Punkt der Therapie muß der Klient anfangen, sich Therapeut und Außenwelt gegenüber anders zu verhalten, wenn er seine Existenzbedingungen wirklich ändern will.

Durch die eigene Aufrichtigkeit und Selbstenthüllung hilft der Therapeut dem Klienten, seinerseits authentisch zu sein. Das kann soweit gehen, daß der Therapeut ganz offen mißbilligt, was der Klient tut – ohne ihn allerdings als wertvollen Menschen in Frage zu stellen.

Erstes Ziel der Existentialtherapie ist es, dem Klienten seine Entscheidungs- und Reifungsmöglichkeiten bewußt zu machen. Aus existentialtherapeutischer Sicht schaffen wir uns unsere Existenz in jedem Moment neu, und immer ist die Möglichkeit der Störung, aber auch des Wachstums gegeben. Der einzelne muß ermutigt werden, die Verantwortung für seine Existenz selbst zu übernehmen, und muß sich bewußt machen, daß er sich innerhalb bestimmter Grenzen in jedem Augenblick seines Lebens neu definieren und sich innerhalb seiner sozialen Umgebung anders verhalten und anders fühlen kann. Aber diese Entscheidungsfreiheit und die damit verbundene Verantwortung sind weder leicht zu akzeptieren, noch ohne weiteres in die Tat umzusetzen. Viele Menschen haben Angst vor dieser Freiheit, und wenn sie anfangen, Entscheidungen zu treffen, merken sie, daß Erfüllung ein *Prozeß* ist, daß sie fortwährend entscheiden und Verantwortung übernehmen müssen, um wahrhaft Mensch zu sein und alle ihre Möglichkeiten auszuschöpfen. Der Blick in die Zukunft ist daher nicht heiter. Mit dem größeren Bewußtsein der Entscheidungsfreiheit wächst auch die Existenzangst. Es gehört zu den Zielen der Existenztherapie, die Klienten zu unterstützen in ihrer Entscheidung und Fähigkeit, mit dieser unausweichlichen Angst fertigzuwerden und weiter zu wachsen.

Sehr unbestimmt bleiben die Autoren der Existenzanalyse allerdings da, wo es um die therapeutischen Techniken geht, die dem Klienten zum Wachstum verhelfen. Der Einsatz von Techniken kann vielleicht als ein objektivierender Prozeß gesehen werden, d.h. als ein Prozeß, bei dem der Therapeut mit dem Klienten umgeht, als sei er ein zu manipulierendes Objekt (*Prochaska*, 1984). Der existentielle Ansatz ist keine Menge therapeutischer Techniken, sondern eine allgemeine *Einstellung* bestimmter Therapeuten der menschlichen Natur gegenüber.

Evaluation

Vielleicht ist kontrollierte Forschung zur Existentialtherapie schon an sich unmöglich, denn wie wir gesehen haben, handelt es sich bei dieser Therapieform nicht um eine Menge definierbarer Techniken, sondern um eine epistemologische Haltung und ein allgemeines Bekenntnis zu bestimmten Zielen des Menschseins, nämlich Authentizität, Spontaneität, Entscheidung, Wachstum und die Übernahme von Verantwortung. Der Therapeut, der diese Haltung einnimmt, ist nach Kräften bemüht, die Welt mit den Augen des Klienten zu sehen. Therapeutischer Wandel wird dadurch erreicht, daß man dem Klienten hilft, seine wahrgenommene Realität zu verändern und die von der Existenzphilosophie hochgehaltenen menschlichen Qualitäten zu entwikkeln. Die Existentialtherapie kennt keine definierbaren, konkreten Operationen, auf denen wissenschaftliche Forschung aufbauen könnte. Tatsächlich gibt es zu dieser Therapieform keinerlei kontrollierte Forschung, auch wenn Existenztherapeuten in zahlreichen Fallberichten von eindrucksvollen Erfolgen bei einer Vielzahl klinischer Probleme sprechen.

Überdies halten Existentialisten die moderne Wissenschaft für entmenschlichend und raten daher von ihr ab. Die Anwendung dieser Wissenschaft auf Individuen leugne, so glauben sie, deren einzigartiges Menschsein. Die Kritik an der klientenzentrierten Therapie trifft weitgehend auch auf die Existenzanalyse zu. Wie kann ein Therapeut sicher sein, daß er die wahrgenommene Welt eines Patienten wirklich versteht, wo doch die subjektive Erfahrung eines Menschen per definitionem einmalig und nur von ihm erlebbar ist? Trotzdem muß es nicht unproduktiv sein, dem subjektiven Eindruck Aufmerksamkeit zuzuwenden. Uns unserer Entscheidungsfreiheit bewußt zu werden und unserer Fähigkeit, uns in jedem Augenblick zu ändern, kann ein wichtiger Anstoß zur Verhaltensänderung sein. Die implizite Botschaft des Existentialismus, daß unsere Existenz ständig aufs neue bestätigt wird und wir keineswegs Gefangene früherer Fehler und früheren Unglücks sind, könnte ihren Platz in *jeder* Therapie finden.

Kasten 18.5
Ein kurzer Eindruck von Fritz Perls

Als Joe den Lift betrat, bemerkte er den kleinen, graubärtigen Mann, der an der Wand lehnte, kaum. Plötzlich erkannte er ihn. „Oh, Doktor *Perls*, es ist, äh, eine große Ehre für mich, Ihnen zu begegnen. Ich habe alle Ihre Bücher gelesen, und es ist so – so eine Ehre, Sie zu treffen – in Ihrer Nähe zu sein..." Joe stotterte weiter, doch ohne sichtbaren Erfolg. Der alte Mann rührte sich nicht.

Der Lift hielt an, Joe sah die große Gelegenheit verstreichen und hörte sich ganz hoffnungslos sagen: „Ich bin wirklich nervös." *Perls* wandte sich ihm zu und lächelte ihn an. Als sich die Fahrstuhltür öffnete, nahm er Joe beim Arm und sagte: „Jetzt wollen wir miteinander sprechen." (*Gaines*, 1974)

Frederich (Fritz) Perls (1893–1970), der schillernde Begründer der Gestalttherapie.

Gestalttherapie

Eine weitere humanistische Therapie, die sich in den letzten dreißig Jahren entwickelt hat, ist die Gestalttherapie. Ihr wichtigster Vertreter war der inzwischen verstorbene *Frederich S. Perls* (vgl. Kasten 18.5). Nach Abschluß seines Medizinstudiums 1921 in Deutschland wurde *Perls* Psychoanalytiker. Doch die europäischen Analytiker lehnten ihn ab, da er einige Grundkonzepte der psychoanalytischen Theorie, insbesondere die Bedeutung der Libido und ihre verschiedenen Transformationen im Laufe der Neurosenentwicklung, in Frage stellte (*Perls*, 1947). Da er gegen den Totalitarismus war, emigrierte er 1933, kurz nach der Machtübernahme Hitlers, nach Holland und 1934 nach Südafrika, das mit ihm seinen ersten Lehranalytiker gewann. Dort entwickelte er auch die Grundlagen der Gestalttherapie. 1946 siedelte er in die USA über und ließ sich schließlich in Esalen nieder, einem Zentrum für humanistische Therapie im kalifornischen Big Sur. Hier entfalteten und entwickelten sich die Ideen und Techniken seiner Therapie, besonders in ihrer Anwendung auf Gruppen, recht eindrucksvoll (*Perls, Hefferline* und *Goodman*, 1951; *Perls*, 1970).

Grundkonzepte der Gestalttherapie

Wie *Rogers* glaubte auch *Perls*, daß der Mensch seinem Wesen nach gut sei, man müsse ihm nur ermöglichen, diese seine wahre Natur auszudrükken. Psychische Probleme haben ihren Ursprung in Frustrationen und Verleugnungen dieses angeborenen Guten. Im Gegensatz zur Psychoanalyse, die vornehmlich die negativen und verzerrten Merkmale des Menschen zu sehen scheint, konzentriert sich die Gestalttherapie, wie andere humanistische Ansätze, auf die kreativen und expressiven Aspekte.

Es gehört zu den Grundannahmen der Gestalttherapie, daß wir alle in jede Situation unsere Bedürfnisse und Wünsche mitbringen. Wir nehmen Situationen nicht einfach so wahr, „wie sie sind". Vielmehr nehmen wir unsere soziale Umwelt in Anspruch, indem wir unsere Bedürfnisse, Ängste oder Wünsche auf „das da draußen" projizieren. Wenn ich mit einem Fremden spreche, reagiere ich nicht einfach auf diesen Menschen, so wie er ist; ich reagiere auf den Fremden im Kontext meiner Bedürfnisse. Gestalttherapeuten fordern die Teilnehmer von Gruppen zuweilen auf, sich zu Paaren zusammenzufinden, die Augen zu schließen und sich das Gesicht eines Menschen vorzustellen, zu dem sie eine starke emotionale Bindung haben. Sie sollen sich dabei auf die Gefühle konzentrieren, die sie diesem Menschen gegenüber hegen. Dann öffnen alle die Augen und schauen ihren Gruppenpartner an. Auf Anweisung des Therapeuten schließen sie ihre Augen erneut, denken jetzt aber an irgend etwas Neutrales, etwa an eine Rechenaufgabe. Auch danach schauen sie den Partner an. Schließlich fragt sie der Therapeut, ob sich ihre Gefühle für den Partner in beiden Situationen wesentlich unterschieden haben. In dieser Übung sollen die Teilnehmer überdeutlich erleben, was in all unseren sozialen Interaktionen unvermeidlich geschieht, daß nämlich jedes Geschehen in jedem Augenblick von unseren Gefühlen geprägt wird.

Perls und seine Anhänger konzentrieren sich auf das Hier und Jetzt, auf den Menschen als Handelnden, der für sein Verhalten verantwortlich ist und selbst entscheidend dazu beitragen kann, sich und seine Umwelt positiv zu verändern.

„Der hilfesuchende Patient, der seine Beziehungen zu anderen Menschen zu verbessern sucht und lernen möchte, seinen Gefühlen direkteren Ausdruck zu verleihen, wird angewiesen zu sagen, was er in diesem Moment einem anderen Menschen gegenüber empfindet. Dabei wird schnell offenbar, wie er sich selbst bremst, blockiert und frustriert, und man kann ihm helfen, seine Blockaden zu erkunden und zu erleben und andere Möglichkeiten auszuprobieren, sich auszudrücken und Beziehungen zu anderen herzustellen.

Der allgemeine Ansatz der Gestalttheorie und -therapie verlangt vom Patienten, genau zu sagen, was er an sich ändern möchte. Man hilft ihm, zu erkennen, wo er sich selber im Weg steht, man hilft ihm auch, mit sich zu experimentieren und sich schließlich zu ändern. Blockaden in Bewußtsein und Verhalten äußern sich (in der Therapiesitzung) nicht anders als im täglichen Leben. Sobald der Klient sich seiner Vermeidenshaltung stärker bewußt wird und erleichtert erkennt, daß er seine Erfahrungs- und Verhaltensmöglichkeiten bei weitem noch nicht ausgeschöpft hat, wächst in ihm das Gefühl, zu einem erfüllten Leben fähig zu sein" (*Fagan* und *Shepherd*, 1970, S. 2).

In dieser Darstellung scheinen sich die theoretischen Vorstellungen der Gestalttherapie kaum von denen der *Rogers*-Schule zu unterscheiden. Aber die Gestalttherapie steht angeblich mit der Gestaltpsychologie in Verbindung, einem Zweig der Psychologie, der sich vornehmlich mit Wahrnehmung beschäftigt hat. Zumindest sind beide sich darin ähnlich, daß ihre Aufmerksamkeit den *Ganzheiten* gilt. *Perls* will den einzelnen Menschen zu einer Ganzheit machen, indem er ihm zum Bewußtsein seiner uneingestandenen Gefühle verhilft und dazu, auch diejenigen Teile seiner Persönlichkeit anzuerkennen, die er bisher verleugnet oder abgelehnt hat.

Der Gestalttherapeut gräbt nicht in der Vergangenheit, sondern interessiert sich für das, was der Klient jetzt und hier im Behandlungszimmer tut, denn das wichtigste Ereignis im Leben des Klienten ist das, was gerade in diesem Moment geschieht. In der Gestalttherapie existiert nur das Jetzt. Wenn die Vergangenheit den Klienten belastet, wird sie in die Gegenwart hineingenommen. „Warum"-Fragen sind nicht zugelassen, denn die Suche nach Ursachen in der Vergangenheit gilt als Versuch, der Verantwortung für gegenwärtig notwendige Entscheidungen zu entfliehen – ein vertrautes existentialanalytisches Thema. Die Klienten werden ermahnt, überredet, manchmal sogar gezwungen, sich bewußt zu machen, was gerade vorgeht. Bewußtheit ist Unmittelbarkeit des Denkens und Fühlens. Man muß wissen, was um einen herum vorgeht, was man denkt und phantasiert, wünscht und fühlt und was man in diesem Augenblick tut. Man muß ein Gefühl haben für Körperhaltung und Gesichtsausdruck, für Muskelspannungen und Gesten, für die Worte, die man spricht, und den Klang der eigenen Stimme. Bewußtheit, so glaubte *Perls*, ist heilsam. Wir müssen nur dahin kommen, daß wir uns nicht mehr in Gedanken über uns selbst verlieren, sondern uns in diesem bestimmten Augenblick unseres Fühlens und Tuns bewußt sind.

Diese gestalttherapeutische Gruppenübung soll das Vertrauen unter den Gruppenmitgliedern stärken.

Gestalttherapeutische Techniken

Im Unterschied zu den bisher erörterten humanistischen und existentiellen Therapieformen legt die Gestalttherapie großen Wert auf Techniken.[9] Die hier beschriebenen Techniken stellen nur einen kleinen Ausschnitt der gängigen gestalttherapeutischen Praktiken dar.

Der Gestaltherapeut besteht darauf, daß der Klient im Präsens spricht. Das ist eine Möglichkeit, seine Aufmerksamkeit auf gegenwärtige Gefühle und Aktivitäten zu lenken. Damit er lernt, in jedem Augenblick Verantwortung für das zu tragen, was er ist und was er werden soll, weist der Therapeut ihn an, die „man"- oder „es"-Sprache aufzugeben und in der „Ich"-Sprache zu sprechen.

Therapeut: Was hören Sie in Ihrer Stimme?

Klient: Es hört sich an wie Weinen.

Therapeut: Können Sie die Verantwortung dafür übernehmen und sagen „Ich weine"? (*Levitsky* und *Perls*, 1970, S. 142)

Dieser veränderte Sprachgebrauch erleichtert es dem Klienten nicht nur, Verantwortung für Gefühle und Verhalten zu übernehmen, sondern nimmt ihm auch das Gefühl, Aspekten seines eigentlichen Selbst entfremdet zu sein. Er erlebt sich als aktiven, offenen und suchenden Menschen, und glaubt sich nicht mehr von äußeren Ereignissen bestimmt.

Bei der gestalttherapeutischen Technik des leeren Stuhls projiziert der Klient zunächst ein Gefühl oder einen Menschen, ein Objekt oder eine Situation und spricht dann zu seiner Projektion. So fordert etwa der Gestalttherapeut einen weinenden Klienten auf, sich vorzustellen, seine Tränen säßen auf dem leeren Stuhl gegenüber, und *zu* seinen Tränen zu sprechen. Diese Taktik bewirkt offenbar, daß sich der Klient seinen Gefühlen stellt. Denn jemanden zu bitten, *über* sei-

---

[9] Obwohl sich die Gestalttherapie im Laufe der Jahre als eine Reihe von Techniken etabliert hat, versichern viele ihrer Vertreter, daß sie nicht aus definierten Verfahrensweisen bestehe, und auch keine bestimmte Verhaltens- und Erlebenstheorie darstelle, sondern eine bestimmte *Einstellung* zur Natur des Menschen und zur Psychotherapie. Ein Gestalttherapeut ist ständig kreativ, offen für neue Erfahrungen und spricht mit dem Klienten freimütig von Mensch zu Mensch, jenes Ich-Du praktizierend, das ein Grundsatz der Existenzphilosophie ist. Eigentliches Ziel der Therapie ist es, auch dem Klienten zu Kreativität und Offenheit zu verhelfen. Der Gestalttherapeut ist dazu ausgebildet, den Klienten so fein auf sich einzustimmen, daß er der Welt unmittelbar, ohne zu werten und zu überlegen, begegnen kann. Auch wir glauben, daß man der Gestalttherapie nicht gerecht wird, wenn man in ihr nur eine Ansammlung von Techniken sieht. Die Gestalttherapie ermutigt in der Tat Therapeuten wie Klienten allgemein zu Spontaneität und Offenheit für neue Erfahrungen. Gleichzeitig aber bedient sich der Gestalttherapeut auf einer ziemlich konsistenten Basis einer Reihe von Verfahrensweisen, die inzwischen vielfach von Therapeuten anderer Richtungen übernommen werden.

ne Tränen zu sprechen, so sagt die Gestalttherapie, hieße, ihn aufzufordern, die Distanz zwischen sich und seinen Gefühlen noch zu vergrößern – etwas, das aus gestalttherapeutischer Sicht mit seelischem Wohlergehen unvereinbar ist.

Eine andere Technik sieht vor, daß der Klient ein seinen Gefühlen entgegengesetztes Verhalten zeigt. Ein sehr ängstlicher Klient wird etwa aufgefordert, sich während der Sitzung wie ein Draufgänger zu verhalten. *Perls* glaubt, daß zum Wesen eines Menschen immer auch die Kehrseite der Medaille gehört. Ein Klient, der gewöhnlich nicht geäußerte Gefühle ausagiert, wird sich eines Teiles seiner selbst bewußt, der bisher unterdrückt war.

Alle Therapeuten achten auf die nonverbalen und parasprachlichen Signale, die Klienten aussenden. Zu den nonverbalen Signalen zählen Körperbewegungen, Gesichtsausdruck, Gesten und dergleichen. Parasprachliche Signale sind hörbare Komponenten der gesprochenen Sprache jenseits des Sprachinhalts wie Tonfall oder Sprechgeschwindigkeit. Menschen können mit Händen oder Augen verneinen, was sie mit den Stimmbändern artikulieren. *Perls* hielt diese nichtsprachlichen Signale für besonders wichtig und beobachtete sie genau, um herauszufinden, was die Klienten wirklich bewegte. ,,Was wir erzählen, ist meistens gelogen oder Bockmist. Aber da ist die Stimme, die Geste, die Haltung, der Gesichtsausdruck, die psychosomatische Sprache" (*Perls*, 1969, S. 54).

Auf einem Gestalt-Workshop erlebten wir, wie ein junger Mann mit den beruflichen Leistungen seines Vaters prahlte. Während er sprach, begann sein rechtes Bein leicht zu zittern. Der Therapeut unterbrach ihn und forderte ihn auf, sein Bein zu beobachten. Der Klient kam dem nach und schien nahe daran, in Tränen auszubrechen. Der Therapeut merkte, daß er mit den Tränen kämpfte und bat ihn, sein Bein mehr zittern zu lassen. Nach kurzer Zeit bewegte sich das Bein heftig herauf und herunter, und der Mann begann zu weinen. Der Zorn auf seinen Vater, den er seit seiner Kindheit in sich verschlossen hielt, brach aus ihm heraus. Die Sitzung nahm ihren Fortgang, aber Thema war jetzt das ,,unerledigte Geschäft" des Klienten mit seinem Vater. *Perls* glaubte, daß ungelöste Traumata der Vergangenheit auch neue Beziehungen beeinflussen. Sie sollten daher in der Gegenwart ausagiert werden. Erst wenn der Klient dieses Geschäft abschließt, kann er sich der Gegenwart besser stellen, denn diese ist nicht mehr vergiftet von den Resten einer kummervollen Vergangenheit.

Oft arrangieren Gestalttherapeuten während der Sitzung ungewöhnliche Situationen, um ein Problem an die Oberfläche zu bringen und es lebendiger und einsichtiger zu machen. In einer von uns beobachteten Sitzung saß ein Ehepaar zusammen auf einem Sofa und zankte sich über die Mutter der Frau. Der Mann schien auf seine Schwiegermutter ziemlich wütend zu sein, und der Therapeut vermutete, daß sie ihm in der Beziehung zu seiner Frau im Weg war. Der Therapeut wollte dem Paar zeigen, wie frustrierend die Situation für beide Teile sein mußte, und es gleichzeitig anstacheln, etwas dagegen zu unternehmen. Ohne Vorwarnung stand er auf und zwängte sich zwischen das Paar auf das Sofa. Es wurde kein Wort gesprochen. Der Mann schien erstaunt, dann betroffen und wurde schließlich ärgerlich auf den Therapeuten. Er bat ihn aufzustehen, damit er wieder neben seiner Frau sitzen könne. Der Therapeut schüttelte den Kopf. Als der Mann seine Aufforderung wiederholte, nahm der Therapeut seine Jacke und legte sie der Frau über den Kopf, so daß der Mann sie nicht einmal mehr sehen konnte. Es folgte ein langes Schweigen. Der Ehemann wurde sichtlich immer erregter. Die Frau, bedeckt von der Jacke des Therapeuten, saß ruhig da. Plötzlich stand der Mann auf, ging am Therapeuten vorbei und zog seiner Frau zornig die Jacke vom Kopf. Dann stieß er den Therapeuten vom Sofa. Der Therapeut brach in ein fröhliches Gelächter aus. ,,Ich wollte wissen, wie lange es dauern würde," sagte er, ,,bis Sie etwas unternehmen."

Diese kleine Szene machte deutlich, was Worte vielleicht nicht hätten leisten können. Der Ehemann, der bereits gelernt hatte, mit seinen Gefühlen Kontakt aufzunehmen und sie ohne Angst oder Scham auszudrücken, berichtete weinend, daß er sich durch den Therapeuten von seiner Frau abgeschnitten gefühlt habe, fast genauso, wie er sich auch durch ihre Mutter von ihr entfremdet fühle. Die Mutter drängte sich zwischen ihn und seine Frau, und er tat nichts dagegen. Er wagte nicht, seine Bedürfnisse anzumelden und etwas zu unternehmen, um sie zu befriedigen. Daß er es geschafft hatte, Jacke und Therapeuten aus dem Weg zu räumen, veranlaßte ihn, sich zu fragen, ob er Ähnliches nicht auch bei seiner Schwiegermutter zuwege bringen könnte. Seine Frau begann zu schluchzen. Sie habe, gestand sie ihrem Mann, schon lange den Wunsch, er möge das Problem mit ihrer Mutter in die Hand nehmen. So weit, so gut. Aber dann wandte sich der Therapeut der Frau zu und fragte sie, warum sie sich denn nicht selbst von der Jacke befreit habe! Der Mann grinste, als der Therapeut der Frau sanft zum Vorwurf machte, daß sie ihren Eheproblemen so passiv gegenüberstehe. Am Ende der Sitzung waren beide Klienten zwar emotional erschöpft, hatten aber einen besseren Kontakt zueinander gefunden und beschlossen, aktiv zusammenzuarbeiten und die Beziehung zur Mutter zu ändern.

Ein weiterer wichtiger Teil der Gestalttherapie ist die Interpretation von Träumen. Diese Traumanalyse hat mit der psychoanalytischen nichts gemein. Im gestalttherapeutischen Denken ist der Traum keine Quelle von Symbolisierungen unbewußter Prozesse, sondern

„*jedes Traumbild, sei es Mensch, Tier, Pflanze oder Mineral, repräsentiert einen entfremdeten Anteil des Selbst. Indem der Klient den Traum wieder und wieder und aus der Perspektive jedes Bildes in der Gegenwart durchlebt und erzählt, ergreift er allmählich von diesen entfremdeten Fragmenten wieder Besitz, akzeptiert sie, lebt mit ihnen und kann ihnen angemesseneren Ausdruck verleihen.*" (*Enright*, 1970, S. 121)

So träumte einer Frau während ihrer Gestalttherapie, daß sie zwischen hohen, geraden Bäumen einem krummen Pfad folgte. Der Therapeut forderte sie auf, einer der Bäume zu *werden*. Die Klientin fühlte sich bei dieser Vorstellung heiter und tiefer verwurzelt. Sie sprach dann von ihrem Verlangen nach solcher Sicherheit. Als der Therapeut sie bat, der krumme Pfad zu werden, flossen Tränen, denn sie sah sich mit ihrer gewundenen Lebensweise konfrontiert. Wieder half der Gestalttherapeut der Klientin, gewöhnlich gemiedene Gefühle nach außen gelangen zu lassen, so daß sie sich ihrer bewußt werden, sie als zu sich gehörig erkennen und dann vielleicht beschließen konnte, sie zu ändern.

Entsprechend ihrem phänomenologischen Ansatz ermutigen Gestalttherapeuten ihre Klienten, mit den entsprechenden Emotionen zu erzählen, welche Bedeutung ihr Traum in eben diesem Moment für sie hat. Der Therapeut wird seine eigenen Hypothesen über die Bedeutung eines Traums zurückhalten, denn es ist nicht sein Traum, sondern der des Träumers. Und für diesen hat er genau die Bedeutung, die sich ihm während der Sitzung enthüllt. In diesem Sinne verfügt die Gestalttherapie über keine Traumtheorie. Ihr Anliegen ist vielmehr die Traum*arbeit*, die Analyse von Träumen durch den Klienten mit Unterstützung des Therapeuten. Da für jeden Klienten nur die phänomenale Welt bedeutsam ist, ist das einzige, was die Betrachtung lohnt, seine unmittelbare Erfahrung.

Jeder, der *Fritz Perls* kannte oder ihm auch nur einmal begegnete, gewann den Eindruck, als verkörpere er die Ideale seiner Therapie. Er war ein sehr gegenwärtiger, sinnenfroher, spontaner Mensch, der großen Wert darauf legte, seine Bedürfnisse zu befriedigen. Er selbst faßte seine Philosophie in folgende poetische Worte:

„*Ich tue das Meine, und du tust das Deine. Ich bin nicht auf der Welt, um deinen Erwartungen gemäß zu leben. Und du bist nicht auf der Welt, um meinen Erwartungen gemäß zu leben. Du bist du, und ich bin ich. Und wenn wir einander zufällig finden, ist das schön. Wenn nicht, dann eben nicht.*"

Evaluation

Die Literatur legt den Gedanken nahe, daß Gestalttherapeuten einen großen oder den größten Teil der Sitzungen damit verbringen, ihre Klienten zu drängen, expressiver, spontaner und nachgiebiger gegenüber ihren Bedürfnissen zu sein. *Perls* sieht darin das Bemühen, beim Klienten die Wahrnehmung für aufsteigende Gestalten zu schärfen. Darüber hinaus versucht die Therapie, aus dem Menschen wieder ein Ganzes zu machen, indem sie ihn ermutigt, verleugnete Teile seiner Persönlichkeit zu integrieren. Das verbindet die Psychotherapie mit den experimentellen

Ergebnissen der Gestaltpsychologie. Es fragt sich allerdings, ob *Perls'* Beschreibung die exakteste und ökonomischste Art ist, über Techniken zu sprechen, und ob sich – wichtiger noch – mit solchen Konzepten auf effektive Weise gute Therapeuten ausbilden lassen.

Die Gestalttherapie verkündet eindringlich die existentielle Botschaft, daß der Mensch kein Gefangener seiner Vergangenheit sei, daß er jederzeit die existentielle Entscheidung treffen könne, anders zu sein, und daß der Therapeut keinen Stillstand dulden werde. Diese optimistische Sicht der Dinge hilft zweifellos vielen Menschen, sich zu ändern. Wenn jemand aber nicht weiß, wie er sich anders verhalten soll, kann einem ohnedies unglücklichen Menschen erheblicher Schaden zugefügt werden.

Die Verantwortung, die *Perls* betont, ist nicht zu verwechseln mit der Verpflichtung gegenüber anderen. Sogar als Therapeut stellt sich *Perls* nicht als jemanden dar, der Verantwortung für andere übernimmt, und auch von seinen Klienten hat er dergleichen nie verlangt. Jeder Mensch hat die Verantwortung, für sich selbst zu sorgen, und seinen *eigenen* gegenwärtigen Bedürfnissen gerecht zu werden. Menschen, die ein soziales Gewissen haben oder in der Vergangenheit anderen gegenüber Verpflichtungen eingegangen sind, haben mit dieser offenbar egozentrischen Haltung unter Umständen Schwierigkeiten. Tatsächlich glaubte *Perls*, daß Verpflichtungen anderen gegenüber nie Vorrang haben sollten (*Prochaska*, 1984).

Die Gestalttherapie trifft dieselbe Kritik, die auch an *Rogers'* klientenzentriertem Ansatz geübt wird und die möglicherweise für alle humanistischen Therapieformen gilt. Aus humanistischer Sicht ist der Mensch von Natur aus gut, zielgerichtet und reich an Möglichkeiten. Wenn das zutrifft, wäre es vernünftig, dieser inneren guten Natur zu vertrauen und zum unmittelbaren Ausdruck von Bedürfnissen zu ermutigen. Aber sind Menschen immer gut? Manche Klienten, besonders wenn sie psychisch gestört sind, haben das Gefühl, etwas tun zu müssen, was nach professionellem Urteil nicht in ihrem Interesse ist. Angenommen, ein Klient hat das Bedürfnis, jemanden umzubringen oder irgend etwas zu tun, was für außenstehende Beobachter ganz sicher nicht wünschenswert ist. Wie steht es dann mit der Verantwortung des Therapeuten? An welchem Punkt muß er intervenieren und seinen Standpunkt durchsetzen? Wir glauben, daß Gestalttherapeuten *keineswegs* alle Entscheidungen dem Klienten überlassen, und – sei es auch nur durch den Modellcharakter seines eigenen Verhaltens – *beträchtlichen Einfluß* auf sie ausüben. Wie wir wissen, war *Perls* eine sehr charismatische Persönlichkeit. Vermutlich machen sich Klienten in den meisten Fällen die Werte ihrer Therapeuten zu eigen (*Rosenthal*, 1955; *Pentony*, 1966). Unserer Meinung nach sollte man diesen sozialen Einfluß eingestehen, denn dann könnte man damit umgehen. Ihn zu leugnen, birgt die Gefahr, daß die ,,Tyrannei" des Therapeuten über den Klienten noch weiter geht.

Einige Studien aus neuerer Zeit haben versucht, einzelne Aspekte der Gestalttherapie, insbesondere die Technik des leeren Stuhls, zu untersuchen. In einer Analog-Studie mit jüngeren Studenten stellten *Conoley* und seine Mitarbeiter (1983) fest, daß sich Ärger, den die Probanden zuvor selbst eingeschätzt hatten, nach zwanzigminütiger Arbeit mit dem leeren Stuhl reduziert hatte. *Greenberg* und *Rice* (1981) berichten, daß der Einsatz dieser Technik Bewußtheit und emotionalen Ausdruck förderte. Inzwischen gibt es auch auf seiten derjenigen, die sich für die Gestalttherapie interessieren, vermehrt Versuche, Teile dieser Therapieform auf vernünftig kontrollierte Weise zu untersuchen. 1983 kam auf Initiative der psychosozialen Abteilung des National Institute of Mental Health eine Gruppe renommierter Gestalt- und Verhaltenstherapeuten zusammen, um zu diskutieren, wie man in Experimenten die strenge Verfahrensweise von Verhaltenstherapeuten auf die kreativen und klinischen Einsichten von Gestalttherapeuten anwenden könne. Die Bundesbehörde will solche Forschungsunternehmen fördern. Man nimmt an, daß gestalttherapeutische Interventionen wirksame ,,Medizin" sind und ebenso kritisch unter die Lupe genommen werden sollten wie die klientenzentrierten, verhaltensorientierten und psychoanalytischen Therapien.

Alle Therapien können mißbraucht werden, die Gestalttherapie macht da keine Ausnahme. Tatsächlich ist sie in dieser Hinsicht vielleicht besonders problematisch. Sogar wenig erfahrene Therapeuten können Klienten ohne weiteres dazu bringen, ihre Gefühle zu äußern. Einige Gestalttechniken sind so wirksam, daß der Klient ungewollt Schaden nehmen kann. Die starke Persönlichkeit von *Perls* und sein Konfrontationsstil hat manche Nachahmer gefunden, die nicht über die Nachdenklichkeit, das Geschick und die Fürsorge verfügen, die er in so überreichem Maß zu besitzen schien. Der verantwortungsbewußte Gestalttherapeut ist ein Fachmann, dem die Interessen des Klienten über alles gehen, und der weiß, daß der Ausdruck einer starken Emotion um seiner selbst willen nur selten ausreicht, um Leiden zu lindern. Das Wesen der Gestalttherapie und der Kult, der mit dem Andenken an *Fritz Perls* getrieben wird, sollten jedem praktizierenden Gestalttherapeuten Anlaß sein, sich in besonderem Maße um Vorsicht und Bescheidenheit zu bemühen.

Zusammenfassung

Allen Einsichtstherapien liegt die Annahme zugrunde, daß ein Mensch darum in seinem Verhalten gestört ist, weil er sich der Motive seines Handelns nicht bewußt ist. Psychoanalyse und Ich-Analyse neigen dazu, Vergangenes zu betonen, während existentiell-humanistische Ansätze wie die von *Rogers* und *Perls* die gegenwärtigen Determinanten von Verhalten in den Mittelpunkt stellen.

Entsprechend *Freuds* zweiter Neurosentheorie versucht die Psychoanalyse, Kindheitsverdrängungen aufzuheben, so daß die infantile Angst vor Äußerungen der Libido vom erwachsenen Ich im Lichte der Gegenswartsrealität überprüft werden kann. Die Ich-Analyse legt größeren Nachdruck auf das Bedürfnis und die Fähigkeit des Patienten, größere Kontrolle über Umwelt und Triebbefriedigung zu erlangen.

Rogers vertraut darauf, daß der Trieb zur Selbstverwirklichung von Natur aus gut ist. Der Therapeut ist gehalten, innerhalb der Therapie eine wertungsfreie Atmosphäre zu schaffen. Durch Empathie und vorbehaltlose positive Wertschätzung hilft er dem Klienten, sich selbst genauer wahrzunehmen und dem eigenen Drang nach Selbstverwirklichung zu vertrauen. Auch die vornehmlich von der europäischen Existenzphilosophie beeinflußten Existenztherapeuten gehen von einer angeborenen Fähigkeit des Menschen aus, die in ihm liegenden Möglichkeiten zu verwirklichen. Der Mensch besitzt die Freiheit, sich in jedem Moment zu entscheiden, ein anderer zu werden. Wie für *Rogers* ist auch für die Existentialisten Wirklichkeit nur das, was der einzelne wahrnimmt. Der Therapeut muß also versuchen, die Welt vom phänomenologischen Bezugsrahmen des Klienten aus zu sehen und weniger von seinem eigenen her.

Die Gestalttherapie von *Perls* gilt gewöhnlich als humanistischer Ansatz, unterscheidet sich aber von der Sichtweise *Rogers'* und der Existentialisten in entscheidenden Punkten. Für *Perls* findet das Leben einzig im Hier und Jetzt statt, und die zahlreichen von ihm und seinen Anhängern entwickelten Techniken sollen dem Klienten helfen, seine aktuellen Bedürfnisse wahrzunehmen und unverzüglich und ohne schlechtes Gewissen zu befriedigen. Der Schwerpunkt liegt auf der Verhaltensänderung, doch soll der Klient sich auch zunehmend bewußt werden, was er in jedem Moment tut, und die Verantwortung dafür übernehmen.

Gegen jede einzelne dieser Therapieformen gibt es spezifische Einwände. Allen gemeinsam ist ein Problem, das Fortschritt und Weiterentwicklung im Weg steht. Es gibt kaum sorgfältig kontrollierte Untersuchungen, die bestätigen, daß die Therapien so wirksam sind, wie ihre Vertreter behaupten, und daß sich Veränderungen tatsächlich aus den von der jeweiligen Theorie erklärten Gründen vollziehen. Einige Theoretiker – insbesondere die Existentialisten – verneinen a priori und aufgrund ihres Paradigmas, daß kontrollierte Forschung, wie sie die meisten Sozialwissenschaftler für unabdingbar halten, nötig, ja auch nur möglich ist. Letztlich geht es – auch angesichts der hohen Honorare, die Klienten ihren Therapeuten zahlen – um die Frage, ob den Menschen durch die Therapien wirklich geholfen wird. Aber auch wenn die Therapie dem Patienten guttut, ist die Besserung vermutlich teilweise immer auch dem allgegenwärtigen Placeboeffekt zu verdanken.

Kapitel 19
Verhaltenstherapie

1. Gegenkonditionierung
2. Operantes Konditionieren
3. Modellernen
4. Kognitive Umstrukturierung
5. Einige Grundfragen der Verhaltenstherapie

Im Laufe der letzten dreißig Jahre wurde eine ganz neue Behandlungsform für psychische Störungen entwickelt. Die sogenannte *Verhaltenstherapie* war anfänglich auf Verfahren beschränkt, die auf dem klassischen und operanten Konditionieren basierten; inzwischen nutzt sie die ganze Spannbreite der experimentellen Psychologie. Kennzeichnend für die heutige Verhaltenstherapie ist weniger eine konzeptuelle Gefolgstreue, als vielmehr eine wissenschaftstheoretische Haltung – das Bemühen um strenge Überprüfungsstandards (*Davison* und *Goldfried*, 1973). Kurz, die Verhaltenstherapie ist der Versuch, sich die Methoden und Entdeckungen der Experimentalpsychologen bei der Erforschung normalen und abnormen Verhaltens zunutze zu machen, um abnormes Verhalten zu ändern.

Daß sich die wirksamsten klinischen Verfahren auf der Grundlage wissenschaftlicher Erkenntnisse entwickeln lassen, ist eine *Annahme*. Es gibt keine der wissenschaftlichen Methode innewohnende Eigenschaft, die demjenigen Forscher, der menschliches Verhalten nach wissenschaftlichen Prinzipien untersucht, den Erfolg garantiert. Zwar hat uns das Wissenschaftsspiel auf den Mond und darüber hinaus geführt, doch müssen darum dieselben Regeln nicht auch bei der Erforschung menschlichen Verhaltens zum Erfolg führen. Die Existentialisten, die nachdrücklich den freien Willen betonen, bestreiten, daß sich die menschliche Natur sinnvoll mit Hilfe von Regeln erforschen läßt, wie die Autoren dieses Buches sie bevorzugen. Obwohl wir – die Autoren – auf das in diesem Kapitel beschriebene wissenschaftliche Vorgehen setzen, können auch wir letztlich nur glauben, daß sich die Verhaltenstherapie schließlich als beste Methode zur Behandlung gestörten Verhaltens erweisen wird.

Statt von ,,Verhaltenstherapie" hat man wahlweise auch von ,,Verhaltensmodifikation" gesprochen; letztere Bezeichnung wird besonders von Therapeuten bevorzugt, die mit Methoden des operanten Konditionierens arbeiten. Aber wir haben uns bereits an anderer Stelle dafür ausgesprochen, einheitlich von ,,Verhaltenstherapie" zu sprechen, um diesen Ansatz von anderen abzugrenzen (*Davison* und *Stuart*, 1975). Letztlich hat jede Therapie – von der Psychoanalyse bis zur Psychochirurgie – die Modifikation von Verhalten zum Ziel. In letzter Zeit wird der Unterschied zwischen der Arbeit von Therapeuten anderer Richtungen, die sich nicht die Erfassungs- und Verfahrensstandards der Verhaltenstherapie zu eigen gemacht haben, und der Arbeit von Verhaltenstherapeuten häufig verwischt.

Wann die Entwicklung der Verhaltenstherapie genau begann, ist schwer zu sagen. Ganz sicher war es nicht so, daß ein paar Sozialwissenschaftler eines Morgens aufwachten und verkündeten, vom heutigen Tage an seien psychisch gestörte Menschen mit Techniken zu behandeln, die auf Ergebnissen experimenteller Forschung gründen. Vielmehr haben einige Kliniker im Laufe von Jahren ein Bündel neuer Hypothesen zu der Frage formuliert, wie man die Probleme, mit denen die Klienten in die Praxis kommen, am besten angehen könne. Wir halten es für sinnvoll, innerhalb der Verhaltenstheorie von vier theoretischen Ansätzen auszugehen: der Gegenkonditionierung, dem operanten Konditionieren, dem Modellernen und der kognitiven Umstrukturierung. Wir werden uns mit allen vier Ansätzen eingehender beschäftigen.

1. Gegenkonditionierung

Beim Gegenkonditionieren (vgl. Abb. 2.5, S. 55) wird eine Reaktion (R_1) auf einen gegebenen Reiz oder Stimulus (S) dadurch beseitigt, daß in Gegenwart dieses Stimulus ein anderes Verhalten (R_2) ausgelöst wird. Fürchtet (R_1) sich ein Klient zum Beispiel innerhalb geschlossener Räume (S), wird der Therapeut versuchen, ihm in derartigen Situationen zu einer ruhigen Reaktion (R_2) zu verhelfen. Ergebnisse von Experimenten erlauben den Schluß, daß sich unrealistische Ängste in der Tat auf diese Weise beseitigen lassen. Eine frühe und inzwischen berühmte klinische Demonstration der Gegenkonditionierung stammt von *Mary Cover Jones* (1924). Sie half einem kleinen Jungen, seine Angst vor Kaninchen dadurch zu überwinden, daß sie ihn in Anwesenheit eines Kaninchens fütterte. Zunächst hielt man das Tier in einiger Entfernung und brachte es dem Jungen in den nachfolgenden „Sitzungen" immer näher. Auf diese Weise wurde die Angst (R_1) vor dem Kaninchen (S) von den stärkeren positiven Gefühlen, die mit dem Essen (R_2) verbunden waren, gleichsam von ihrem Platz verdrängt.

Systematische Desensibilisierung

Drei Jahrzehnte später versuchte *Joseph Wolpe* (1958), ängstliche Erwachsene mit ähnlichen Techniken zu behandeln. Viele seiner Klienten, so stellte er fest, ließen sich – wie der kleine Junge bei *Jones* – dazu ermutigen, sich schrittweise der gefürchteten Situation oder dem gefürchteten Objekt auszusetzen, wenn sie gleichzeitig mit einem Verhalten beschäftigt waren, das Angst hemmte. *Wolpe* ließ seine Patienten allerdings nicht essen, sondern brachte ihnen muskuläre Tiefenentspannung bei. Diese Methode übernahm er von *Edmund Jacobson* (1929). *Jacobson* hatte in einer frühen Arbeit nachgewiesen, daß sich starke emotionale Zustände wie Angst deutlich hemmen lassen, wenn sich der oder die Betroffene in einem Zustand tiefer Entspannung befindet. *Jacobson* führte zahlreiche Experimente durch, und verschiedene unabhängige Hinweise und die Berichte der Probanden sprachen dafür, daß sich deren Angst reduzierte, nachdem sie gelernt hatten, die einzelnen Muskelgruppen ihres Körpers fortschreitend anzuspannen und wieder zu entspannen.

Wolpes Patienten litten häufig unter so abstrakten Ängsten – z.B. unter Angst vor Kritik oder Versagen –, daß es nicht möglich war, sie mit den angstauslösenden *Real*situationen zu konfrontieren. *Wolpe* folgte früheren Vorschlägen von *Salter* (1949), als er erwog, Angst-Patienten aufzufordern, sich bildlich *vorzustellen*, wovor sie Angst hatten. Auf diese Weise entwickelte er eine neue Technik, die er *systematische Desensibilisierung* nannte. Ursprünglich verstand man darunter das medizinische Verfahren, Heuschnupfen- und Asthma-Patienten langsam steigende Dosen eines Allergens zu verabreichen. Bei der systematischen Desensibilisierung im Sinne *Wolpes* wird der tief entspannte Klient aufgefordert, sich in hierarchisch geordneter Reihenfolge angstauslösende Situationen vorzustellen. Die Entspannung hemmt die Angst, die andernfalls von den vorgestellten Szenen ausgelöst würde. Wenn dennoch Angst aufkommt, gibt der Klient dem Therapeuten mit dem Zeigefinger ein Signal, bricht die Vorstellung ab, ruht sich aus, entspannt sich erneut und ruft sich die Situation ein weiteres Mal vor Augen. Wenn die Angst die Entspannung auch dieses Mal durchbricht, stellt sich der Klient eine weiter unten in der Hierarchie angesiedelte Situation vor und versucht es später noch einmal mit dem schwierigeren Bild. So arbeitet der Klient gewöhnlich im Laufe der Sitzungen seine Angsthierarchie von unten nach oben ab, das heißt, er lernt, zunehmend schwierigere Szenen zu tolerieren. Sobald der Klient belastende Vorstellungen tolerieren kann, reduziert sich, wie *Wolpe* und viele andere belegt haben (z.B. *Goldfried* und *Davison*, 1976), im allgemeinen auch die Angst in den entsprechenden Realsituationen. Der Fallbericht auf S. 55 illustriert die Anwendung dieser Technik.

Gewöhnlich weist man die Klienten an, sich zwischen den Therapiesitzungen zunehmend furchterregenden wirklichen Situationen auszusetzen. Diese Hausaufgabe soll ihnen helfen, ihre Anpassung aus der Vorstellung in die Wirklichkeit zu übertragen (z.B. *Davison*, 1968b; *Sherman*, 1972). Sich gefürchteten Situationen wirklich auszusetzen, ist, wie man seit langem weiß, ein wichtiger Schritt, um ungerechtfertigte Ängste loszuwerden (vgl. Kapitel 6, S. 179).

Inzwischen hat man eine große Vielfalt von Angstproblematiken mit systematischer Desensibilisierung behandelt. Die Technik erscheint trügerisch einfach. Doch wie immer, wenn man es mit emotional gestörten Menschen zu tun hat, ist die richtige Anwendung eine schwierige Sache. Erstens muß der Therapeut mittels gründlicher Verhaltenserfassung sicherstellen, daß die Angst, die der Klient in bestimmten Situationen empfindet, tatsächlich ungerechtfertigt ist. Wenn jemand Angst hat, weil ihm einfach die Fertigkeiten fehlen, um eine Situation zu meistern, ist eine Desensibilisierung fehl am Platze. Angst davor zu haben, sich an den Steuerknüppel eines Flugzeugs zu setzen, ist nur logisch, wenn man nie fliegen gelernt hat! Densensibilisierung ist dann angebracht, wenn ein Klient durch seine Angst an einem Verhalten gehindert wird, das ihm vertraut ist und das er beherrscht.

Manchmal kann man die Technik auch dann einsetzen, wenn der Klient keine direkte Angst zu zeigen scheint. Zum Beispiel suchte ein Bauarbeiter wegen seiner Depressionen therapeutische Hilfe (*Goldfried* und *Davison*, 1976). Er kam morgens nicht aus dem Bett. Beim Gedanken an seine Arbeit und an das Leben im allgemeinen überfielen ihn Furcht und schlimme Vorahnungen. Wie die sorgfältige Erkundung des Therapeuten ergab, war dem Mann übermäßig daran gelegen, daß die Männer, die unter ihm arbeiteten, ihn mochten und anerkannten. Eingesetzt hatten die Depressionen nach seiner Beförderung zum Vorarbeiter, eine Position, in der er Anweisungen zu geben und die Arbeit anderer zu beaufsichtigen und gegebenenfalls zu kritisieren hatte. Gelegentlich stießen seine Anweisungen und Kommentare bei seinen Männern auf wenig Gegenliebe, und ihre bösen Blicke und ihr mürrisches Schweigen bedrückten ihn sehr. Therapeut und Klient hielten es für sinnvoll, eine Hierarchie von Situationen aufzustellen, in denen der Klient kritisiert und von anderen zurückgewiesen wurde. Die Desensibilisierung linderte die Angst, die der Klient in seiner Arbeitssituation empfand, und damit schwand auch die Depression.

Joseph Wolpe, einer der Pioniere der Verhaltenstherapie. Bekannt wurde er insbesondere für die systematische Desensibilisierung, eine häufig angewandte verhaltenstherapeutische Technik.

Nur sehr selten beschränken sich Therapeuten auf nur eine der in diesem Kapitel beschriebenen Techniken. Wenn jemand Angst vor sozialen Interaktionen hat, kann man die Desensibilisierung durch ein Training in Gesprächsführung oder anderen sozialen Fertigkeiten ergänzen. Ganz allgemein hängt die Wahl der Techniken und ihre Anwendbarkeit weitgehend davon ab, ob es dem

Therapeuten gelingt, die ursprüngliche, den Problemen eines Klienten zugrundeliegende Angst zu entdecken.

Empirische Untersuchungen

Da Fallberichte für die Wirksamkeit der Technik sprachen, interessierten sich auch Forscher für die Desensibilisierung. Als erste nahmen *Lazovik* und *Lang* (1960; *Lang* und *Lazovik*, 1963) eine experimentelle Studie in Angriff. Ihnen war vornehmlich daran gelegen, das Verfahren unter einigermaßen kontrollierten Laborbedingungen zu untersuchen. In den vorliegenden Fallberichten hatten die behandelnden Therapeuten den Behandlungserfolg selbst beurteilt, und gewöhnlich gehörten zur Behandlung auch andere therapeutische Verfahren. *Lang* und *Lazovik* entschieden sich für eine kontrolliertere Evaluierung. Behandelt wurde eine einfache Schlangenphobie. Doch nicht die Therapeuten, sondern andere Beurteiler maßen vor und nach der Behandlung die Fähigkeit der Probanden, sich Schlangen zu nähern. Überdies beschränkte sich die Behandlung auf die Desensibilisierung. Diese Experimente zeigten, daß sich das Vermeiden eines phobischen Objektes mit Hilfe der Desensibilisierung tatsächlich meßbar und signifikant reduzieren läßt.

Sehr bekannte und anerkannte Experimente zur systematischen Desensibilisierung und zur Psychotherapie allgemein stammen von *Gordon Paul* (1966). Er verglich systematische Desensibilisierung, Placebo-Behandlung und Einsichtstherapie daraufhin, wie wirksam sie unrealistische Angst reduzierten. Als Probanden wählte er Studenten, die an einem Pflichtkurs für öffentliches Reden teilnahmen und Angst hatten, vor einer Gruppe zu sprechen. Vor der Behandlung mußten alle vor Publikum eine Rede halten; dabei wurden zahlreiche Maße für Angst erhoben: Selbstbeurteilungen, Verhaltensbeobachtungen und als physiologische Maße Pulsfrequenz und Schweißabsonderung (vgl. S. 120ff.).

Anschließend wies man die Studenten einer der drei Behandlungsformen zu. Die erste Gruppe erhielt eine systematische Desensibilisierung, die zweite eine Aufmerksamkeits-Placebo-Behandlung. Probanden dieser letzteren Gruppe hatten es mit einem mitfühlenden Therapeuten zu tun, der sie glauben ließ, daß eine Tablette ihre allgemeine Streßempfindlichkeit mindern würde. Um sie zu überzeugen, spielte er ihnen ein Tonband vor, mit dessen Hilfe er angeblich Astronauten trainiert hatte, unter Streß zu arbeiten. Es folgten einige Sitzungen, in denen die Probanden den „Tranquilizer" nahmen und sich das „Streß-Band" anhörten. Die Tablette war ein Placebo und auf dem Tonband waren verschiedene nicht-sprachliche Laute zu hören, bei denen sich Probanden einer anderen Untersuchung ziemlich gelangweilt hatten. Auf diese Weise stieg die Erwartung der Probanden, mit Hilfe einer Tablette ihre soziale Angst besiegen zu können.

Die dritte Gruppe erhielt eine Einsichtstherapie. Die Probanden sprachen mit erfahrenen einsichtsorientierten Therapeuten über ihre Ängste. Die Therapeuten konnten die Sitzungen so strukturieren, wie sie es für angebracht hielten. Alle Behandlungen waren auf fünf Sitzungen beschränkt. Diese Therapiedauer hatten die Einsichtstherapeuten vorgeschlagen, als man sie fragte, wie viele Sitzungen sie brauchen würden, um das Problem des Klienten meßbar zu verringern. *Paul* – und das war ein wichtiges Charakteristikum seines Versuchsplans – trainierte die Einsichtstherapeuten in der Durchführung der systematischen Desensibilisierung. Tatsächlich verabreichten die Einsichtstherapeuten alle drei Behandlungsformen. So entzog er von vornherein einem Einwand den Boden: daß nämlich jede Überlegenheit der systematischen Desensibilisierung möglicherweise mit dem größeren Engagement der Desensibilisierungstherapeuten zu erklären sei. Eine vierte Studentengruppe erhielt keinerlei Behandlung. Auch ihre Angst wurde gemessen, als sie zusammen mit den anderen vor und nach deren Behandlung ihre Reden hielten.

Nach Abschluß dieser wichtigen Untersuchung zeigte sich, daß die desensibilisierten Probanden mehr Angst abgelegt hatten als die nicht behandelte Gruppe, und auch mehr als die Studenten der Placebo- und der Einsichtsgruppe. Die Behandlungsergebnisse der beiden letzteren Gruppen waren ungefähr gleich, immerhin zeigten sich die Probanden auch hier signifikant verbessert. Mit systematischer Desensibilisierung wurde Re-

Eine kleine Gruppe von Hundephobikern bei der systematischen Desensibilisierung. Im Zustand tiefer Entspannung sehen sie eine Reihe von Hundebildern.

deangst also wirksamer therapiert als mit Einsichtstherapie oder einem Aufmerksamkeits-Placebo-Verfahren. Diese Ergebnisse waren auch nach zwei Jahren noch von Bestand (*Paul*, 1967). Wie nachfolgende Untersuchungen bezeugen, ist die systematische Desensibilisierung bei einer großen Vielfalt von Ängsten wirksam einzusetzen. Daß diese Erfolge auf einen Placeboeffekt zurückgehen, ist wenig wahrscheinlich (*Rachman* und *Wilson*, 1980).

Die Prozeß-Frage

Verhaltensforscher interessiert nicht nur, ob eine bestimmte Technik funktioniert: die Ergebnis-Frage, sondern auch, *warum* sie das tut: die Prozeß-Frage. *Wolpe* vermutet, daß die Wirksamkeit der Desensibilisierung auf Gegenkonditionierung beruht: Wenn man jemanden in allmählich steigenden Dosen mit dem konfrontiert, was er fürchtet, macht die Angst einem Zustand oder einer Reaktion Platz, der oder die das Vorhandensein von Angst ausschließt. Zahlreiche Experimente (z.B. *Davison*, 1968b) lassen vermuten, daß diese Technik möglicherweise einen spezifischen Lernprozeß in Gang setzt, und daß es sich dabei tatsächlich um eine Gegenkonditionierung handeln kann. Doch es sind auch andere Erklärungen denkbar. Manche Forscher halten die Tatsache, daß der oder die Betroffene dem Angstobjekt an sich ausgesetzt ist, für bedeutsam. Entspannung wäre dann nur ein möglicher Weg, den Klienten zu dieser Konfrontation zu bewegen (*Wilson* und *Davison*, 1971). Viele Forscher sind auch der Meinung, daß wir immer noch nicht wissen, warum die Technik funktioniert (z.B. *Borkovec* und *O'Brien*, 1976). Wir wissen überhaupt sehr wenig darüber, wie Menschen sich verändern. Im übrigen bewahrt sich die Verhaltenstherapie Skepsis gegenüber allen Behandlungsaspekten – vielleicht liegt darin eine besondere Stärke dieses Ansatzes.

Aversionstherapie

Die Aversionstherapie versucht, Reize, die für einen Klienten eine offenbar unangemessene Anziehungskraft haben, mit negativen Gefühlen zu verknüpfen. Die Literatur zum klassischen aversiven Konditionieren bei Tieren (d.h. die Verbindung eines neutralen oder positiven Reizes mit einem unangenehmen unkonditionierten Reiz wie z.B. einem elektrischen Schlag) führte Therapeuten zu dem Schluß, daß derartige negative Reaktionen auch beim Menschen konditionierbar sein müßten, und so entwickelten sie entsprechende Behandlungsprogramme. Zum Beispiel könnte ein Schuh-Fetischist den Wunsch äußern, von der überstarken Anziehungskraft, die der Anblick oder die Berührung von Schuhen auf ihn ausüben, befreit zu werden. Um diese Anziehungskraft zu schwächen, verabreicht der

Therapeut dem Klienten wiederholt elektrische Schläge, während er ihm Bilder von Schuhen vorführt. Statt Unbehagen zu erzeugen und elektrische Schläge zu verabreichen, setzen manche Therapeuten auch Emetika ein, Medikamente, nach deren Einnahme dem Klienten übel wird. Die Methode hat Ähnlichkeit mit der Desensibilisierung, verfolgt aber das entgegengesetzte Ziel: Die ursprünglich positive Reaktion soll durch eine Angst- oder Aversionsreaktion ersetzt werden. Bei der verdeckten Sensibilisierung stellt sich der Klient den attraktiven Reiz und den negativen Folgezustand vor. Mit der Aversionstherapie behandelt man unter anderem exzessives Trinken, Rauchen, Transvestitismus, Exibitionismus und übermäßiges Essen. Obwohl einige Klienten von diesen Verfahren durchaus profitiert haben, sind die vorhandenen Belege nicht schlüssig genug, um den Aversionstechniken wirkliche Effektivität bescheinigen zu können.

Die Aversionstherapie ist aus ethischen wie wissenschaftlichen Gründen umstritten. Daß man Menschen, wenn auch auf eigenen Wunsch, Schmerz und Unbehagen bereitete, hat zu einem Sturm der Entrüstung geführt. Die vielleicht stärksten ethischen Bedenken und den größten Zorn äußerten die verschiedenen Homosexuellen-Organisationen. Ihrer Meinung nach wollen sich Homosexuelle, die mit Hilfe einer schmerzhaften Behandlung ihre sexuellen Vorlieben ändern möchten, in Wirklichkeit für ein Verhalten bestrafen, von dessen Verwerflichkeit eine vorurteilsbehaftete Gesellschaft sie überzeugt hat. Indem sie solchen Wünschen nachkämen, so der Vorwurf an die Verhaltenstherapeuten, verhinderten sie, daß Homosexualität als legitime Lebensform akzeptiert werde (*Silverstein*, 1972). Das ist ein schwer zu lösendes Problem und hat in etlichen Verhaltenstherapeuten Zweifel geweckt, ob Therapeuten sich überhaupt darauf einlassen sollten, Homosexuellen bei der Veränderung ihrer sexuellen Orientierung zu helfen.

Aus wissenschaftlicher Sicht müssen wir fragen, ob die mittels elektrischer Schläge oder Übelkeit erworbenen Reaktionen auch beim Menschen stabil sind. Daß jemand auf einen an sich harmlosen Reiz auch dann noch ängstlich reagiert, wenn er weiß, daß kein elektrischer Schlag mehr folgt, ist zweifelhaft. Man hat eine breite Vielfalt von Aversionsbehandlungen untersucht (z.B. *Diament* und *Wilson*, 1975), ohne deren Überlegenheit über Kontrollbehandlungen mit Placebo beweisen zu können. Daher kann man nach Meinung vieler Forscher positive Behandlungsergebnisse nicht auf einen Konditionierungseffekt zurückführen.

Allerdings setzen Verhaltenstherapeuten nur in seltenen Fällen ausschließlich aversive Verfahren ein. Fast immer werden auch positivere Techniken eingeführt, um dem Klienten als Ersatz für

Bei dieser Aversionstherapie erhält die Raucherin jedesmal, wenn sie ihre Zigarette zum Mund führt, einen elektrischen Schlag.

die abgelegten neue Verhaltensweisen zu vermitteln. Zum Beispiel könnte ein soziales Training es dem Schuh-Fetischisten erleichtern, sozialen Kontakt zu Frauen aufzunehmen. Die Wirkung einer Aversionstherapie kann in der Tat recht flüchtig oder kurzlebig sein; möglicherweise zeitigt die Behandlung auch nur einen Placebo-Effekt. Immerhin wird mit der vorübergehenden Verminderung des unerwünschten Verhaltens etwas ,,Raum" geschaffen, den dann Reaktionen einnehmen können, die dem Betroffenen oder der ihn umgebenden Kultur angemessener erscheinen. Als einzige Behandlungsform wird der Therapeut eine Aversionstherapie im allgemeinen nur dann einsetzen, wenn alle anderen Mittel versagen.

Kasten 19.1
Angst mit Angst bekämpfen: Überflutungs- und Implosionstherapien

Bei der systematischen Desensibilisierung setzen sich ängstliche Klienten schrittweise ihrer Angst aus, indem sie sich eine Reihe von Episoden vergegenwärtigen, von denen die gerade vorgestellte immer etwas stärker angsterregend ist als die vorangegangene. Der Therapeut kann den Klienten im Rahmen zweier verwandter Verfahren – der Überflutung (flooding) und der Implosion – auch zwingen, sich einer stark furchterregenden Episode gleich in voller Intensität auszusetzen. Die beiden Verfahren unterscheiden sich im wesentlichen darin, daß die Implosion Reize psychodynamischer Natur einschließt. *Thomas Stampfl*, der Schöpfer der Implosionstherapie, behauptet, daß die Ängste, die die Klienten überwinden möchten, die Folge einer klassischen Konditionierung auf Problembereiche sind, wie sie auch in der Psychoanalyse eine wesentliche Rolle spielen, d.h. auf Ereignisse in Zusammenhang mit aggressiven und sexuellen Es-Impulsen (*Stampfl* und *Levis*, 1967). Den Überflutungsverfahren liegen solche Spekulationen nicht zugrunde. Die – vorgestellte oder wirkliche – Konfrontation mit denjenigen Situationen, die die größte Angst auslösen, gilt als bester Weg, die Angst zu mindern. Während der Klient bei der Desensibilisierung mit den Episoden beginnt, die ihn am wenigsten ängstigen, und die Vorstellung unterbrechen soll, wenn sie ihn auch nur ein bißchen beunruhigen, drängt der Therapeut den Klienten bei Überflutungs- und Implosionsverfahren, die Vorstellung der belastendsten Situation möglichst lange – und das kann heißen bis zu einer Stunde! – aufrechtzuerhalten. Klinische Untersuchungen sprechen dafür, daß Klienten, die sich selbst jede Flucht verbieten, ihre Ängste schließlich reduzieren oder auslöschen können.

Im Unterschied zum recht sanften Verfahren der Desensibilisierung sind Überflutung und Implosion eine sehr schwierige Sache. *Stampfls* Implosionstherapie ist besonders anstrengend und auch entsprechend umstritten, denn um die psychodynamischen Themen einzuführen, werden zuweilen unglaublich schreckliche und erniedrigende Geschichten und Szenen konstruiert. Natürlich bedient sich die Implosionstherapie nur der Vorstellung! Beim Überfluten würde der Therapeut etwa eine Schlangenphobikerin anweisen, in ihrer Vorstellung eine harmlose Schlange anzufassen, die sich in ihrem Schoß windet. Bei der Implosionstherapie könnte der Therapeut dieselbe Klientin auffordern, sich vorzustellen, wie eine riesige, bösartige Schlange ihre Augen verschlingt, in ihre Augenhöhlen kriecht und systematisch an ihren Eingeweiden nagt.

Doch ob Überflutung oder Implosion, immer soll die Konfrontation so lange aufrechterhalten werden, bis die Angst ihren Höhepunkt überschritten hat und wesentlich geringer geworden ist, was die sehr lange Dauer der Konfrontation erklärt. Statt aus einer aversiven Situation zu fliehen oder sie von vornherein zu vermeiden, stellt sich der Klient seinen schlimmsten Ängsten, bis die Furcht schließlich schwindet.

Es wird kaum überraschen, daß viele Therapeuten *Stampfls* Therapie als unmenschlich, vulgär und unnötig grausam abgelehnt haben. Aber es hat sich im Laufe der Jahre auch herausgestellt, daß viele Menschen ihre Ängste mit Hilfe der Implosion überwinden können (z.B. *Barrett*, 1969). Die Wirksamkeit der Überflutungstechnik wird durch Untersuchungen mit Tieren belegt: Angst vor einem Reiz, der zuvor mit einem elektrischen Schlag gepaart wurde, läßt sich zuweilen sehr schnell löschen, wenn man das Tier daran hindert, dem Reiz zu entfliehen (*Baum*, 1970; *Wilson* und *Davison*, 1971; *Stampfl* und *Levis*, 1967).

In kontrollierten Laboruntersuchungen hat man bei Klienten, während sie sich einer Implosionsbehandlung unterzogen, physiologische Anzeichen von Angst gemessen und mit der erfolgten Angstminderung verglichen. Die Ergebnisse lassen vermuten, daß die eingetretene Verbesserung mit dem Ausmaß der erlebten Angst korreliert: Je mehr Angst erregt und dann gelöscht wurde, um so größer war die Besserung beim Patienten. Dieses Ergebnis entspricht *Stampfls* Grundannahme, daß durch seine Behandlung die Furcht vor wirklich aversiven Situationen gelöscht wird (*Orenstein* und *Carr*, 1975). Bei sorgfältiger Analyse einiger solcher Studien (z.B. *Morganstern*, 1973; *Marshall, Gauthier* und *Gordon*, 1979) werden allerdings einige schwerwiegende methodische Fehler offenbar; es ist noch zu früh, die von *Stampfl* vermuteten Gründe für die Wirksamkeit seiner Implosionstherapie zu akzeptieren. Die Forschung zur Überflutungstechnik steht vor ähnlichen methodischen Problemen, aber die zahlreichen klinischen Behandlungsberichte klingen ermutigend, insbesondere wenn es um die Behandlung von Zwangsstörungen geht (z.B. *Meyer, Robertson* und *Tatlow*, 1975). Klienten mit einer Bazillenphobie bringt man dazu, mit Schmutz zu hantieren; und Klienten, die dauernd kontrollieren müssen, ob sie die Tür abgeschlossen haben, dürfen das nur ein einziges Mal tun.

Ob Überflutung und Implosion ebenso wirksam sind wie andere Methoden der Angstreduktion, ist umstritten; einig sind sich die Forscher aber darin, daß eine Therapie, die Angst mit Angst bekämpft, für den Klienten eine große Strapaze bedeutet. Selbst für den Fall, daß eine derartige Behandlung den sanfteren Methoden an Wirksamkeit nicht nachsteht, geben sie sehr ernsthaft zu bedenken, ob man sich ihrer – es sei denn, als allerletztem Ausweg – überhaupt bedienen sollte.

2. Operantes Konditionieren

In den fünfziger Jahren schlugen einige Forscher vor, die Therapeuten sollten doch versuchen, offenes Verhalten durch Belohnung und Bestrafung zu formen (*Skinner*, 1953). In der Überzeugung, durch operantes Konditionieren eine gewisse Kontrolle über das komplexe, rätselhafte und häufig zügellose Verhalten hospitalisierter Patienten zu erlangen, entschlossen sich viele experimentell ausgerichtete Psychologen zu dem Versuch, praktische Ordnung in das Chaos der Institutionen für schwer Gestörte zu bringen. Allgemein gesagt sind operante Behandlungen am wirksamsten bei Klienten mit begrenzten intellektuellen Fähigkeiten, die sich zudem in einer Situation befinden, in der der Therapeut ein beträchtliches Maß an Kontrolle ausüben kann (*Wilson* und *O'Leary*, 1980).

Das Münzsystem (Token Economy)

Ein frühes Beispiel für die Arbeit innerhalb der Tradition des operanten Konditionierens ist das Münzsystem von *Ayllon* und *Azrin* (1968). Auf der Grundlage eines älteren Behandlungsprogramms, das *Staats* und *Staats* (1963) für Kinder entwickelt hatten, führten sie mit einer ganzen Station einer psychiatrischen Klinik eine Reihe von Experimenten durch, für deren Dauer die Patienten für bestimmte Aktivitäten – etwa Bettenmachen und Haarpflege – belohnt wurden. Verhielten sich die Patienten seltsam oder zogen sie sich zurück, blieb die Belohnung aus. Die 45 Patientinnen, die auf eine durchschnittliche Hospitalisierung von 16 Jahren zurückblickten, wurden für Arbeiten auf der Station und selbständige Körperpflege systematisch mit Plastikmünzen belohnt, die sie später für bestimmte Privilegien wie Schallplattenhören, Kinobesuche, Einzelzimmer und Extrabesuche in der Kantine eintauschen konnten. Der Tagesablauf jeder Patientin wurde so vollständig wie möglich von diesem Münzsystem kontrolliert.

Die Regeln des Münzsystems – das Tauschmittel; die zu belohnenden Hausarbeiten und Körperpflege-Aktivitäten und die Anzahl der jeweils zur Belohnung ausgegebenen Münzen; welche Dinge und Privilegien für wie viele Münzen erworben werden können – werden genau festgelegt und gewöhnlich jedem Patienten an die Hand gegeben. Es hat sich gezeigt, daß man durch systematische Manipulation von Verstärkungskontingenzen, d.h. durch Belohnung bestimmter Verhaltensweisen, um deren Häufigkeit zu steigern, und durch Ignorieren anderer Verhaltensweisen, um deren Häufigkeit zu reduzieren, sogar stark regredierte Klinik-Patienten signifikant beeinflussen kann. Um zu zeigen, daß ein Reiz das Verhalten, auf das hin er erfolgt, tatsächlich verstärkt, muß ein Experiment nicht nur nachweisen, daß ein Verhalten häufiger wird, wenn ein positives Ereignis darauf folgt, sondern auch, daß ein Verhalten ohne positive Konsequenz an Häufigkeit abnimmt. In Kapitel 5 haben wir den ABAB-Versuchsplan als eine Methode vorgestellt, mit dem sich der Effekt von Kontingenzen untersuchen läßt. Und genau dieser Methode bedienten sich auch *Ayllon* und seine Mitarbeiter, um die Auswirkungen von Kontingenzen auf das Verhalten ihrer Psychiatrie-Patientinnen zu demonstrieren. Wie Abbildung 19.1 zu entnehmen ist, wurden Verhaltensweisen wie Zähneputzen und Bettenmachen merklich seltener, wenn man die Belohnungen einstellte, und sie nahmen an Häufigkeit wieder zu, sobald sie wieder belohnt wurden.

Seit der Veröffentlichung von *Ayllons* frühen Untersuchungen zum Münzsystem hat man vielerorts mit ähnlichen Programmen gearbeitet. Am beeindruckendsten ist die bereits in Kasten 14.4 (S. 467ff.) erwähnte Untersuchung von *Gordon Paul* und *Robert Lentz* (1977). Die regredierten und chronisch schizophrenen Langzeit-Patienten dieses Programmes sind wohl die am schwersten geschädigten, institutionalisierten Erwachsenen, die jemals systematisch untersucht wurden. Manche dieser Patienten schrien periodisch für längere Zeit, manche waren stumm; viele näßten ein und einige waren gewalttätig. Die meisten aßen nicht mehr mit Besteck, und

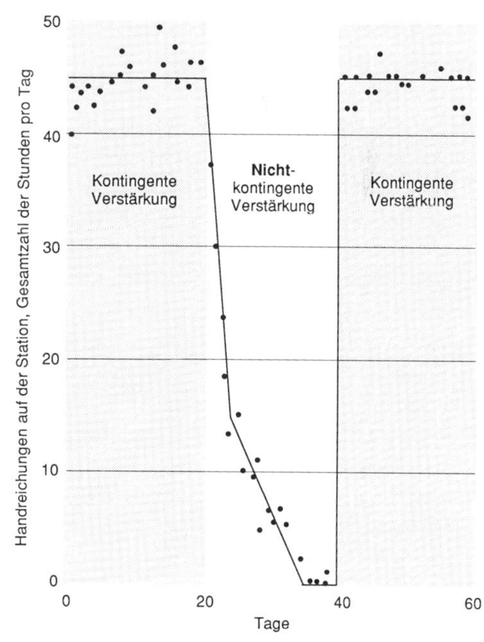

Abb. 19.1. Wenn die Patienten einer Station für bestimmte Verhaltensweisen Münzen erhielten, verbrachten sie mehr Zeit mit persönlicher Pflege und Hausarbeiten als ohne Belohnung (nach *Ayllon* und *Azrin*, 1965).

einige pflegten ihr Gesicht im Essen zu vergraben. Die Patienten wurden nach Alter, Geschlecht, sozioökonomischem Hintergrund, Symptomen und Dauer der Hospitalisierung parallelisiert und dann einer von drei Stationen zugewiesen, auf denen mit ihnen entweder nach den Prinzipien des sozialen Lernens, der Milieutherapie oder der normalen Klinikroutine verfahren wurde. Jede Station hatte 28 Bewohner. Die beiden Behandlungsstationen hatten sich anspruchsvolle Ziele gesetzt: Die Bewohner sollten lernen, selbständig für ihre Körperpflege zu sorgen, im Haushalt zu helfen, zu kommunizieren und ihre sprachlichen Möglichkeiten zu verbessern; das Symptom-Verhalten sollte reduziert und die Patienten schließlich in die Gemeinschaft entlassen werden.

1. **Station für soziales Lernen.** Die Station für soziales Lernen war in einem neuen Zentrum für psychische Gesundheit untergebracht und arbeitete mit einem Münzsystem, das das Leben der Bewohner in all seinen Aspekten erfaßte. Jeden Morgen wurde ihre äußere Erscheinung inspiziert und mußte, um mit einer Münze honoriert zu werden, elf Kriterien entsprechen. Ordentlich gemachte Betten, gutes Benehmen bei den Mahlzeiten, Teilnahme am Unterricht und soziales Verhalten während der Freizeit brachten weitere Münzen ein. Die Bewohner erlernten diese Fähigkeiten durch Modellernen, Verhaltensformung (shaping), direkte Hilfen (prompting) und Instruktionen. Sie wurden auch einem Training unterzogen, um besser miteinander zu kommunizieren, und sie nahmen an Gruppen zum Problemlösen teil. Die Münzen waren notwendig, denn mit ihnen konnte man Mahlzeiten und kleine besondere Genüsse erwerben. Die Bewohner lebten nicht nur nach dem Münzsystem, sondern erhielten auch Verhaltenstherapien, die auf die Bedürfnisse jedes einzelnen zugeschnitten waren. Den größten Teil ihrer wachen Stunden (85%) waren sie damit beschäftigt, sich angemesseneres Verhalten anzueignen.
2. **Station für Milieutherapie.** Auf einer anderen Station des Zentrums wurde nach den Prinzipien von *Jones'* (1953) ,,therapeutischer Gemeinschaft" gearbeitet. Auch hier wurden die Bewohner den größten Teil ihrer wachen Zeit beschäftigt. Man erwartete von ihnen, daß sie einzeln und als Gruppe verantwortlich handelten und sich an den Entscheidungen, die das Leben auf der Station betrafen, beteiligten. Man war bestrebt, sie mehr als normale Menschen denn als inkompetente psychiatrische Patienten zu behandeln. Das Personal trat den Bewohnern mit positiven Erwartungen gegenüber und lobte sie für jedes Wohlverhalten. Zeigte jemand Symptomverhalten, blieben Mitarbeiter bei ihm und verdeutlichten ihm ihre Erwartung, daß er sich bald angemessener verhalten werde.
3. **Klinik-Routine.** Die Patienten führten in einer älteren staatlichen Institution weiter ihr gewohntes Klinik-Leben, standen unter Bewachung und erhielten schwere antipsychotische Medikamente. Abgesehen von den 5% ihrer wachen Stunden, die sie mit gelegentlichen Aktivitäten und Freizeit-, Beschäftigungs-, Einzel- und Gruppentherapien beschäftigt waren, blieben sie sich selbst überlassen.

Vor Beginn des Programms wurde das Personal der beiden Behandlungsstationen sorgfältig darin geschult, den detaillierten Anweisungen des jeweiligen Therapie-Handbuches zu folgen. Durch regelmäßige Beobachtungen wurde bestätigt, daß sie bei ihrer Arbeit auf der Station die Prinzipien des sozialen Lernens oder der Milieutherapie erfüllten. Während der viereinhalb Jahre auf der Station und noch eineinhalb Jahre danach evaluierte man den Behandlungserfolg regelmäßig in sechsmonatigen Intervallen mit Hilfe strukturierter Interviews und peinlich genauen, unmittelbaren Verhaltensbeobachtungen.

Die Ergebnisse? Beide Behandlungsformen, soziales Lernen wie Milieutherapie, bewirkten eine Reduzierung des Symptomverhaltens. Die Bewohner lernten, sich besser selbst zu versorgen und im Haushalt zurechtzufinden und erwarben soziale und sprachliche Fertigkeiten. Beide Behandlungsgruppen waren in ihrem Verhalten den Patienten der Klinik-Station überlegen und nach Abschluß der Behandlung konnten mehr von ihnen entlassen werden. Tatsächlich verließen mehr als 10 Prozent der mit sozialem Lernen behandelten Patienten das Zentrum, um ein unabhängiges Leben zu führen. Von den Milieutherapie-Patienten erreichten 7 Prozent dieses Ziel, von den Klinik-Patienten keiner. Sehr viel mehr Patienten aller drei Gruppen wurden in Gemeindeeinrichtungen wie Ganztagsheime und Übergangsheime entlassen, wo sie zwar unter Aufsicht, aber erheblich weniger eingeschränkt lebten, als das im Durchschnitt in den letzten siebzehn Jahren ihres Lebens der Fall gewesen war. Mitglieder der mit sozialem Lernen vertrauten Gruppe hielten sich in diesen Gemeindeeinrichtungen signifikant besser als die Patienten der beiden anderen Gruppen.

Wenn man bedenkt, wie unselbständig die Patienten vor Beginn des Projektes waren, sind die Ergebnisse bemerkenswert. Ebenfalls bedeutsam ist die Tatsache, daß das soziale Lernen dem Milieuprogramm überlegen war, denn viele psychiatrische Kliniken haben die Milieu-Behandlung eingeführt. In der Form, wie sie von *Pauls* Team durchgeführt wurde, erhielten die Patienten mehr Aufmerksamkeit als die Patienten der Station für soziales Lernen. Das mit der anderen Behandlung verbundene größere Maß an Aufmerksamkeit dürfte ausreichen, um die Therapie des sozialen Lernens in bezug auf den Placebo-Effekt zu kontrollieren.

Gleichwohl bestätigte sich damit nicht die Nützlichkeit von Münzsystemen an sich, denn das soziale Lernen enthält Elemente, die über das operante Konditionieren offenen motorischen Verhaltens hinausgehen. Das Personal informiert die Bewohner und versucht, Mißverständnisse verbal zu klären. Tatsächlich erkennt *Paul* (persönliche Mitteilung, 1981) dem Münzsystem nur eine sekundäre, wenn auch keineswegs triviale Rolle zu. Er hält sie für ein nützliches Mittel, in den ersten Behandlungsstadien die Aufmerksamkeit schwer regredierter Patienten zu gewinnen. Das Münzsystem war für seine Patienten eine Gelegenheit, neue Information aufzunehmen oder, wie *Paul* es im Gespräch formulierte, „etwas Sinnvolles in ihren Kopf zu kriegen.“

Paul und *Lentz* haben nie behauptet, einen dieser Patienten „geheilt“ zu haben. Auch wenn sie zu einem Leben außerhalb der Klinik fähig waren, behielten sie viele Symptome ihrer psychischen Störung bei, nur wenige konnten sich ihren Lebensunterhalt selbst verdienen oder an sozialen Aktivitäten teilnehmen, die den meisten von uns selbstverständlich sind. Trotzdem sollte man das Erreichte nicht unterschätzen. Chronische psychiatrische Patienten, die typischerweise in Institutionen verwahrt und von der Gesellschaft vergessen werden, kann man resozialisieren und lehren, für sich selbst zu sorgen. Sie lernen, sich so normal zu verhalten, daß man sie aus der psychiatrischen Institution entlassen kann. Die merkliche Überlegenheit des sozialen Lernens läßt es geraten erscheinen, die Pflege schwer gestörter Patienten in psychiatrischen Kliniken entsprechend zu reorganisieren (vgl. Kasten 19.2).

Operantes Konditionieren mit Kindern

Einige der besten Verhaltenstherapien mit Mitteln des operanten Konditionierens hat man mit Kindern durchgeführt, vielleicht, weil deren Verhalten sowieso weitgehend von anderen kontrolliert wird. Schließlich stehen Kinder häufiger unter ständiger Aufsicht als Erwachsene. In der Schule wacht der Lehrer über ihr Verhalten, zu Hause haben die Eltern häufig ein Auge auf ihr Spiel und ihre sozialen Aktivitäten. In den meisten Fällen arbeitet der Verhaltenstherapeut mit Eltern und Lehrern eines Kindes und hält sie an, ihre gewohnten Formen des Belohnens und Strafens zu ändern. Wenn die für das Kind wichtigen Erwachsenen ihre Verstärkungspraktiken ändern, so nimmt man an, wird sich schließlich auch das Verhalten des Kindes ändern.

Mit dem operanten Konditionieren läßt sich eine breite Vielfalt von kindlichen Problemen behandeln; Bettnässen, Daumenlutschen, Aggression, Wutanfälle, Hyperaktivität und Selbstverstümmelung gehören ebenso dazu wie störendes Verhalten im Unterricht, schlechte Schulleistungen, extremer sozialer Rückzug und Asthmaanfälle. Sogar die Geschlechtsidentität scheint sich mit operanten Verfahren beeinflussen zu lassen (vgl. S. 377 ff.). Im allgemeinen werden mit operantem Konditionieren bessere Behandlungsergebnisse erzielt als mit traditionellen Therapieformen (*Franks*, 1984; *O'Leary, Turkewitz* und *Taffel*, 1973; *Ross*, 1981). Natürlich muß sich der

Kasten 19.2
Münzsysteme, Asyle und die Metrik der menschlichen Existenz

Nach der wegweisenden Untersuchung von *Paul* und *Lentz* besteht Aussicht, daß das Münzsystem zum wichtigen Bestandteil der institutionalisierten Behandlung psychiatrischer Langzeitpatienten wird. Gleichwohl wird die Einführung von Münzsystemen in Institutionen immer wieder Fragen aufwerfen. Einige davon rühren an die Grundvoraussetzungen dieser Form der Verhaltenskontrolle (*Gagnon* und *Davison*, 1976).

Der Historiker *David Rothman* (1971) hat die Entwicklung der psychiatrischen Kliniken in den Vereinigten Staaten während des 19. Jahrhunderts verfolgt. Er zeigt, daß die Asyle jener Zeit entstanden, weil man den Wahnsinn des einzelnen für eine Folge des Drunter und Drüber einer rücksichtslosen demokratischen und industriellen Gesellschaft hielt, die unbegrenzte Möglichkeiten bot – folglich auch die des Scheiterns. Das Asyl war als Zuflucht für diejenigen gedacht, die mit der schnellen wirtschaftlichen und sozialen Expansion, die der industriellen Revolution gefolgt war, nicht Schritt halten konnten.

Man mache sich einmal klar, wie weit diese Auffassung von einer psychiatrischen Klinik von der entfernt ist, die Münzsysteme einrichtet. Wenn man so will, macht man heutzutage die Krankheit zum Doktor. Das Münzsystem verkehrt das Asyl des 19. Jahrhunderts in sein Gegenteil, denn diese Neuerung führt ins Krankenhaus genau die Bedingungen ein, die im vorigen Jahrhundert als Ursache psychischer Störungen galten. Statt die Patienten vor einer leistungsorientierten, vom Geld beherrschten Gesellschaft zu schützen, etabliert das Münzsystem kommerzielle Beziehungen auch im Asyl.

Reichen diese historischen Gründe aus, um Münzsysteme für grundsätzlich schlecht zu halten? Können wir wirklich behaupten, daß kapitalistische Bedingungen psychische Krankheiten verursachen oder zu deren Verschlimmerung beitragen? Und haben wir in unserem Verständnis der psychischen Krankheiten seit Beginn des 19. Jahrhunderts nicht doch einige Fortschritte gemacht? Der Leser mag sich anhand dieses Buches selbst ein Urteil bilden. Es scheint so, als sei der Schlüssel für die Ätiologie der schwereren Störungen, insbesondere für die Schizophrenie, in erster Linie in genetischen Faktoren und der Biochemie und Pathologie des Gehirns zu suchen. Ökonomisches Versagen kann durchaus ein Faktor sein, spielt aber vermutlich nur die Rolle eines Stressors, der eine Diathese aktiviert.

Weitere, von der Geschichte unabhängige Gründe sprechen für die neue Methode. Münzsysteme tragen zu einem geordneten Ablauf auf der Station bei. Sie scheinen Ordnung herzustellen, wo vorher nur Chaos herrschte. Einer regredierten Schizophrenen beizubringen, sich selbst anzuziehen und

Therapeut vor der Behandlung davon überzeugen, daß das Verhalten, das geformt oder gelöscht werden soll, tatsächlich durch Belohnung kontrollierbar ist. Ein Kind, das weint, weil es Schmerzen hat, sollte man trösten.

Ermutigende Ergebnisse hat man auch bei der Arbeit mit retardierten Kindern erzielt. Wie wir aus Kapitel 16 wissen, haben viele Praktiker des operanten Konditionierens die Behauptung von der begrenzten Trainierbarkeit retardierter Kinder in Frage gestellt – sehr zum Nutzen der behandelten Kinder und ihrer Eltern. Diese Arbeit ist mühevoll und zeitaufwendig, aber es gelang unter anderem, Tischmanieren (*Plummer, Baer* und *LeBlanc*, 1977), soziale Fertigkeiten (*Williams* et al., 1975) und hyperaktives Verhalten (*Doubros*, 1966) zu verbessern.

rechtzeitig zu den Mahlzeiten zu erscheinen, ist eine beträchtliche Leistung. Und wenn es nach dem beachtlichen Erfolg von *Paul* und *Lentz* auch anderen Therapeuten gelingt, chronische Schizophrene in die Gemeinschaft zurückzuführen oder es ihnen zu ermöglichen, in geschützten Wohnheimen zu leben, hat sich der Wert des Münzsystems für die Resozialisierung psychiatrischer Patienten bestätigt.

Aber was lernen die Patienten wirklich mit dem Münzsystem? *Gagnon* und *Davison* (1976) haben hierauf eine ungewöhnliche Antwort.

„Gelernt wird unter anderem eines: daß bestimmte Verhaltensweisen verläßlich eine bestimmte Reaktion beim Münzen verteilenden Verhaltensingenieur hervorrufen... Der Wert jeder Handlung ist metrisch stabil und kann mit dem anderer Handlungen anhand der erhaltenen Münzen verglichen werden... (Ist das sinnvoller Lernstoff für psychiatrische Patienten, die auf ein Leben außerhalb der Institution vorbereitet werden sollen?) Im normalen sozialen Leben geht der Austausch nur in den wenigsten Fällen so glatt vonstatten... (Geistige Gesundheit) zeichnet sich vor allem durch die Fähigkeit aus, Interaktionen zu tolerieren, deren Ergebnis unsicher ist, (und) mit der Tatsache fertigzuwerden, daß das Leben ungerecht ist: Manchmal bekommt man das, wofür man bezahlt, manchmal kriegt man mehr und manchmal zahlt man mehr, als man kriegt... ‚Gesund' bleiben wird man im allgemeinen nur, wenn man die Bücher fälscht." (S. 532–534)

Und schließlich kann ein Münzsystem dazu führen, daß Menschen sich und andere auf unerwünschte Weise beurteilen. Wenn man menschliche Beziehungen und Gefühle auf eine vom Geld bestimmte Metrik reduziert sieht, läuft man Gefahr, sie gering zu schätzen. Wird zum Beispiel die Einstellung eines Patienten zur Religion darunter leiden, wenn er 20 Münzen bezahlen muß, um mit einem Pfarrer zu sprechen? Mit welchen Gefühlen wird ein Patient Menschen begegnen, die er während eines Klinikurlaubs trifft, wenn er für diesen Urlaub 30 Münzen geopfert hat?

Unseres Wissens hat noch kein Verhaltenstherapeut versucht, auf solche Fragen eine Antwort zu finden. Das bedeutet nicht, daß Verhaltenstherapeuten der Lage dieser Menschen gleichgültig gegenüberstehen. Eine solche Unterstellung wäre unfair und falsch. Vielmehr scheinen Psychologen und Psychiater – offenbar eine Folge ihrer Ausbildung – wenig geneigt, ihre Arbeit in historischen und soziologischen Zusammenhängen zu sehen. Vielleicht sind die hier referierten kritischen Einwände für die Verfechter des Münzsystems ein Ansporn zu eigenen diesbezüglichen Überlegungen.

Generalisierung von Behandlungseffekten

Wie bereits gesagt, ist die Übertragung des in der Therapie Gelernten auf das tägliche Leben ein Problem, dem sich unterschiedslos alle Therapien gegenübersehen. Die Einsichtstherapien nehmen an, daß die Verallgemeinerung therapeutischer Effekte durch die Umstrukturierung der Persönlichkeit ermöglicht wird. Der Verhaltenstherapeut, der die Ursachen von Verhalten in der Umwelt sucht, fragt sich, wie sich die Veränderungen, die seine Manipulationen hervorgebracht haben, stabilisieren lassen, wenn der Klient wieder mit seiner Alltagssituation konfrontiert ist, denn vermutlich hat sie ja viel zu seinen Schwierigkeiten beigetragen. Verhaltenstherapeuten versuchen dieser Herausforderung auf mehrerlei Weise zu begegnen.

Intermittierende Verstärkung

Da Laboruntersuchungen gezeigt haben, daß intermittierende Verstärkung – eine Reaktion wird nicht jedesmal, sondern nur in bestimmten Abständen belohnt – neues Verhalten stabilisiert, stellen viele operante Programme die regelmäßige Verstärkung ein, sobald das neue Verhalten mit zufriedenstellender Regelmäßigkeit gezeigt wird. Wenn zum Beispiel ein Lehrer einen unruhigen Jungen für jede zu Ende geführte Rechenaufgabe sehr gelobt und so erreicht hat, daß der Junge längere Zeit ruhig auf seinem Platz sitzen bleibt, wird er ihn allmählich nur noch für jede zweite gelöste Aufgabe und schließlich nur noch in Ausnahmefällen loben. Die Befriedigung, ein guter Schüler zu sein, so die dahinterstehende Erwartung, wird das Kind schließlich von der Anerkennung des Lehrers unabhängiger machen.

Eine andere Strategie besteht darin, von künstlichen Verstärkern zu solchen überzugehen, die die soziale Umwelt ganz natürlich bereithält. Man kann ein Münzprogramm etwa so lange aufrechterhalten, bis ein bestimmtes erwünschtes Verhalten etabliert ist, und den Betroffenen dann allmählich natürlichen Verstärkern überlassen, etwa der Anerkennung von Kameraden.

Modifikation der Umwelt

Eine weitere Strategie, um die Generalisierung von Behandlungsergebnissen zu erreichen, führt den Therapeuten in die Nähe der Gemeindepsychologie (vgl. Kapitel 20a). Um in der Behandlung erzielte Veränderungen zu stabilisieren, manipuliert der Verhaltenstherapeut die Umwelt oder versucht das zumindest. Ein kleines Beispiel dafür liefern *Lovaas* und seine Mitarbeiter (1973). Sie stellen fest, daß die bei autistischen Kindern mühsam erreichten Behandlungserfolge nur dann von Bestand waren, wenn die Eltern erwünschtes Verhalten weiterhin verstärkten.

Selbstverstärkung

Die Generalisierung läßt sich auch dadurch fördern, daß man dem Klienten eine aktivere Rolle zuweist. Ein Beispiel dafür ist die Arbeit von *Drabman, Spitalnik* und *O'Leary* (1973). In einem dreimonatigen Programm, das außerhalb des eigentlichen Unterrichts durchgeführt wurde, belohnte der Lehrer unruhige kleine Jungen für gutes Benehmen und gute Leseleistungen. Später durften die Jungen ihr Verhalten nach denselben Kriterien wie der Lehrer selbst bewerten und sich für gutes Betragen belohnen. Sie lernten also, daß angemessenes Verhalten ihnen nicht nur dann Privilegien eintrug, wenn der Lehrer die Belohnungen verteilte, sondern auch dann, wenn sie selbst ihr gutes Betragen ehrlich bewerteten. Der erste Teil der Untersuchung erbrachte ähnliche Ergebnisse wie viele andere Studien: Als der Lehrer die Jungen beurteilte und mit Münzen belohnte, nahm das Störverhalten ab und das den Unterrichtszielen dienliche Verhalten zu. Diese Verbesserung übertrug sich anschließend auch auf die Unterrichtsphasen, in denen das Kind *selbst beurteilte*, wie gut es sich betrug, und sich entsprechend *selbst verstärkte*. Mit anderen Worten, die Leistungsverbesserung erstreckte sich auch auf Phasen, in denen die Schüler nicht unter unmittelbarer äußerer Kontrolle standen (vgl. Kasten 19.3).

Was daraus folgt, ist klar. Zumindest bei Kindern mit Störverhalten kann die Selbstbeurteilung und Selbstbelohnung für eigenes gutes Wohlverhalten ein wirksames Mittel sein, um das Verhalten auch in Situationen aufrechtzuerhalten, in denen die ursprüngliche Kontrolle nicht erfolgt.

Ausschalten des sekundären Krankheitsgewinns

Viele Verhaltenstherapeuten verordnen ihren Klienten zwischen den Sitzungen Hausaufgaben, etwa Entspannungsübungen nach einem Tonband. Manche Klienten machen ihre Hausaufgaben nur unregelmäßig und entschuldigen sich damit, daß sie zu Hause nicht genug Ruhe gefunden oder die Anweisung ganz einfach vergessen hätten. Viele Patienten gestehen auf der Verstandesebene durchaus zu, daß solche Hausaufgaben in ihrem eigenen Interesse sind; gleichzeitig weigern sie sich aber so beharrlich, selbstständig etwas für sich zu tun, daß Therapeuten zur Erklärung häufig auf den psychoanalytischen Begriff des sekundären Krankheitsgewinns, den solche Patienten aus ihrem Problem beziehen, zurückgreifen. Aus komplexen und noch kaum verstandenen Gründen handeln Menschen manchmal so, als wollten sie sich unbewußt auf keinen Fall von ihren Symptomen trennen. Unabhängig von seiner Ausrichtung muß der Therapeut zuweilen in den persönlichen Beziehungen des Klienten nach Hinweisen dafür suchen, warum dieser an seinem Problem festhält, obwohl er doch unmittelbar darunter leidet.

Selbstattribution

Auch die Attribution, gewöhnlich Forschungsgegenstand der Sozialpsychologie, kann dazu beitragen, Behandlungserfolge über das Ende der Therapie hinaus zu stabilisieren. Wie jemand sich selbst ein gegenwärtiges oder vergangenes Verhalten erklärt, bleibt vermutlich nicht ohne Einfluß auf sein zukünftiges Handeln. Wäre nicht denkbar, daß jemand, der nach Abschluß seiner Therapie sein angemesseneres Verhalten einer äußeren Ursache, etwa einem Verstärker aus der Umwelt, attribuiert, die Motivation zu diesem Verhalten einbüßt, sobald das, was seiner Meinung nach die Verhaltensänderung gerechtfertigt hat, nicht mehr da ist? In einer Analogstudie über Attribution und Aufrechterhaltung einer Verhaltensänderung (*Davison* und *Valins*, 1969) erhielten College-Studenten elektrische Schläge auf die Fingerspitzen, um herauszufinden, wieviel sie ertragen konnten. Dann gab man ihnen ein ‚schnell wirkendes Multi-Vitamin-Präparat' und erklärte ihnen, nunmehr würden sie stärkere Stromschläge aushalten können. Und ihrem Eindruck nach konnten sie das tatsächlich. Um diesem Eindruck Vorschub zu leisten, hatten die Versuchsleiter heimlich das Spannungsniveau verändert. Anschließend erfuhr die Hälfte der Probanden, das Medikament sei ein Placebo gewesen, während man die andere Hälfte glauben ließ, daß die Wirkung der Tablette sehr bald nachlassen werde. Die Placebo-Gruppe attribuierte sich selbst die größere Fähigkeit, Schmerzen zu ertragen und hielt in einem dritten Durchgang die größeren Stromstärken aus. Diejenigen, die glaubten, ein wirkliches, wenn auch jetzt nicht mehr wirksames Medikament genommen zu haben, ertrugen in der dritten Runde nur schwächere Stromstärken.

Ein ähnlich angelegtes Experiment mit Probanden, die Einschlafstörungen hatten, (*Davison, Tsujimoto* und *Glaros*, 1973) erbrachte ähnliche Ergebnisse. Es sieht so aus, als ließen sich „wirkliche" Probleme dadurch behandeln, daß man die Patienten dazu bringt, sich eingetretene Verbesserungen selbst zu attribuieren. Auch einer klinischen Studie von *Levendusky* und *Pankratz* (1975) zufolge ist es für Patienten von Vorteil, wenn sie erreichte Verbesserungen eigenem Bemühen zuschreiben können. Entwöhnungswillige Raucher (*Chambliss* und *Murray*, 1979) und Übergewichtige (*Jeffrey*, 1974) profitierten ebenfalls von der Überzeugung, ihre schlechten Angewohnheiten selber in den Griff bekommen zu haben.

Was folgt aus solchen Attributionsuntersuchungen für die therapeutische Praxis? Da mit verhaltenstherapeutischen Mitteln, insbesondere durch operante Manipulation, erzielte Veränderungen zumeist von Umwelteinflüssen kontrolliert zu sein scheinen, würden Verhaltenstherapeuten möglicherweise gut daran tun, ihren Klienten zu einem Gefühl größerer Selbstverantwortung zu verhelfen. Wenn sie die Klienten etwa anregen, neue Fertigkeiten selbständig zu erproben und sich selbst herausfordernden Situationen zu stellen, wird sich bei diesen verstärkt der Eindruck einstellen, es selbst geschafft zu haben, sie werden unabhängiger von Therapie und Therapeuten und die Behandlungsergebnisse bleiben stabiler. Die Einsichtstherapien betonen seit jeher, daß in erster Linie der Patient die Verantwortung für eine Verbesserung seines Zustandes übernehmen müsse. Auch den Verhaltenstherapeuten ist inzwischen klar geworden, daß sie sich mit dieser Frage auseinandersetzen müssen (*Bandura*, 1977; *Mischel*, 1977). Und auf einer allgemeineren Ebene unterstreicht die Frage der Attribution von Behandlungserfolgen, eine wie wichtige Rolle kognitive Prozesse in der Verhaltenstherapie spielen. Wir werden weiter unten in diesem Kapitel darauf zurückkommen.

Kasten 19.3
Selbstkontrolle – außerhalb eines Verhaltensparadigmas?

Einer der interessantesten Bereiche in der Verhaltenstherapie ist das Ausüben von Selbstkontrolle (*Kanfer*, 1979; *Mahoney*, 1972; *Runck*, 1982). Einem großen Teil der in diesem Kapitel vorgestellten Forschungsarbeiten und theoretischen Überlegungen scheint die Annahme zugrundezuliegen, daß wir Menschen relativ passive Empfänger von Stimulation aus der Umwelt sind. Wie läßt sich angesichts dieser scheinbaren Abhängigkeit von der äußeren Welt ein Verhalten erklären, das offenbar autonom, gewollt und häufig das Gegenteil von dem ist, was man in einer bestimmten Situation erwarten würde? Wie erklären wir uns zum Beispiel, daß jemand, der Diät hält, trotz seines Hungers der Verlockung eines Stückes Schokoladentorte widersteht?

Psychoanalytiker einschließlich der Ich-Analytiker lösen das Problem dadurch, daß sie den Menschen mit einer Art innerem Agens ausstatten. So behaupten viele Ich-Analytiker, daß Ich könne aus eigener Kraft und eigenem Antrieb aktiv werden und bewußte Entscheidungen für das gesamte psychische System treffen – darunter auch Entscheidungen gegen Bestrebungen des Es. Behavioristen, insbesondere *Skinner* (1953), konnten dieser „Erklärung", die ihrer Meinung nach dem Phänomen nur einen neuen Namen gab, nichts abgewinnen.

Die am meisten anerkannte behavioristische Auffassung von Selbstkontrolle ist die von *Skinner*: Ein Individuum übt Selbstkontrolle, wenn es sich seine Umgebung so einrichtet, daß nur ganz bestimmte kontrollierende Reize vorhanden sind. Jemand, der abnehmen möchte, entfernt aus seiner Wohnung alle Nahrungsmittel, die dick machen, und meidet Restaurants, wenn er hungrig ist. Verhalten bleibt eine Funktion der Umwelt, aber die Umwelt wird vom Individuum kontrolliert.

Eine ähnliche verhaltenspsychologische Sicht der Selbstkontrolle spiegelt sich in *Banduras* (1969) Erklärung des aversiven Konditionierens. Ein Mensch wird nicht passiv darauf konditioniert, einen wiederholt mit einem elektrischen Schlag gepaarten Reiz widerwärtig zu finden, sondern erwirbt die Fertigkeit zu aversiver Selbstreizung, die er dann im wirklichen Leben bewußt und planmäßig einsetzt. Er widersteht einer Versuchung, indem er sich die während der Therapie gemachte Erfahrung des elektrischen Schlages oder der Übelkeit *bewußt* in die Erinnerung ruft. Das Individuum schafft sich also symbolische Reize, die ihrerseits das Verhalten kontrollieren.

Eine oft geübte und in der verhaltenstherapeutischen Literatur ebenfalls diskutierte Möglichkeit der Selbstkontrolle besteht darin, sich selbst Maßstäbe oder Standards zu setzen und sich jede Verstärkung zu versagen, bis man diesen Maßstäben gerecht geworden ist (*Bandura* und *Perloff*, 1967). Ein Beispiel dafür ist die Taktik, welche die Autoren dieses Buches häufig angewandt haben: „Ich werde nicht eher vom Schreibtisch aufstehen und mir etwas zu essen holen, bis ich diese Seite vollgeschrieben habe." Wenn jemand sich Ziele setzt und mit sich selbst vereinbart, sich erst nach deren Erreichen zu belohnen, und wenn er diese Vereinbarung ohne sichtbaren äußeren Zwang einhält, kann man sagen, er habe Selbstkontrolle ausgeübt.

Selbstkontrolle kann mit *jeder* therapeutischen Technik verbunden werden. Einzige Bedingung ist, daß der Klient selbständig an sich arbeitet, nachdem ihm der Therapeut das Verfahren erklärt hat. Zum Beispiel beschließt ein Klient, der sich in einer Desensibilisierungsbehandlung befindet, während eines entspannenden Bades, sich auf eigene Faust einige Szenen seiner Angsthierarchie vor Augen zu führen. Als gebildeter und intelligenter Mann glaubt er das Wesen der Desensibilsierung genügend erfaßt zu haben und seine Vorstellungsprozesse gut genug kontrollieren zu können, um den Erfordernissen der

Technik gerecht zu werden. Nachdem sich also im warmen Bade das Gefühl tiefer Entspannung eingestellt hat, schließt er die Augen, stellt sich eine Szene vor und beendet sie, wie er es in der Therapie gelernt hat. In der Therapiesitzung kann er später die Szenen, für die er sich in der Wanne selbst desensibilisiert hat, überspringen und auf diese Weise seine Angsthierarchie schneller absolvieren.

Alle Auffassungen von Selbstkontrolle implizieren drei Kriterien: 1. Das Verhalten läßt sich mit *wenigen äußeren Kontrollen* erklären; 2. sich selbst zu kontrollieren, ist so schwierig, daß es den Betroffenen *eine gewisse Anstrengung* kostet; 3. der Betroffene führt das Verhalten *überlegt und nach bewußter Entscheidung* aus. Der einzelne beschließt aktiv, Selbstkontrolle zu üben, indem er entweder eine Handlung ausführt oder indem er sich davon abhält, etwas zu tun, z.B. zuviel zu essen. Er tut das weder automatisch noch wird er von jemandem dazu gezwungen.

Nehmen wir als Beispiel einen Mann, der joggt. Wenn ein Unteroffizier dabeisteht und den Mann antreibt, ist das erste Kriterium nicht erfüllt und sein Laufen kein Fall von Selbstkontrolle, auch wenn es vermutlich einige Anstrengung kostet. Auch physiologische Faktoren können, so paradox das klingt, als „äußere" Kontrolle gelten. Wird ein Verhalten von einem inneren körperlichen Drang erzwungen oder angetrieben – läuft jemand etwa durch ein gut besetztes Restaurant Richtung Toilette, weil er das Gefühl hat, sich übergeben zu müssen –, unterliegt es nicht der Selbstkontrolle.

Von Selbstkontrolle können wir auch dann nicht sprechen, wenn der Jogger so gerne läuft, daß er seinen Dauerlauf anderen Aktivitäten vorzieht. Ist er als Jogger ein Anfänger, kostet es ihn vermutlich erhebliche Anstrengung. Er stöhnt, wenn er seinen Trainingsanzug anzieht, guckt bereits nach ein paar Minuten auf die Uhr, um zu sehen, wie lange diese Qual schon dauert, und läßt sich nach zwei Kilometern erleichtert fallen, froh, daß die Schinderei vorbei ist. Doch mit Übung und steigender Kondition ändert sich seine Einstellung. Der Dauerlauf wird fast zur Notwendigkeit. Jeden Morgen um sechs durch die Straßen zu rennen, wird etwas, worauf er sich freut und was ihm so viel wert ist, daß er es auf Kosten anderer, ebenfalls in Frage kommender Aktivitäten tut.

Das dritte Kriterium der bewußten Planung und Entscheidung unterscheidet Selbstkontrolle von Handlungen, die fast unbewußt vollzogen werden. Es ist vermutlich sehr sinnvoll, daß viele unserer alltäglichen Verhaltensweisen ohne große Überlegung vonstatten gehen. Man stelle sich nur vor, wie ermüdend (und langweilig!) es wäre, jedesmal zu grübeln und eine explizite Entscheidung zu treffen, wenn wir aus dem Fenster schauen, unsere Schuhe zubinden, frühstücken usw. Aber jede dieser Handlungen würde in dem Moment zu einem Akt der Selbstkontrolle, wenn wir entscheiden müßten, ob wir sie vollziehen oder nicht. Essen würde Selbstkontrolle verlangen, wenn wir Diät hielten und mit unserem Lebenspartner, unserem Arzt oder uns selbst vereinbart hätten, unsere Kalorienzufuhr zu reduzieren.

Unserer Meinung nach ist die Selbstkontrolle eine Herausforderung für das behavioristische Paradigma, denn sie setzt den Menschen als jemanden voraus, der unabhängig handelt, sich um etwas bemüht, plant und entscheidet. In jedem Fall ist der Mensch in dem Moment, wo die Kontrolle *einsetzt*, der *Initiator* einer Handlung. Glühende Verfechter des Behaviorismus würden dem mit *Skinner* entgegnen, daß unser Bild vom Menschen als einem Initiator von Handlungen nur zeigt, daß wir die Kräfte, die letztlich jedes menschliche Verhalten kontrollieren, nicht kennen. Der Mensch, der sich einen Extra-Nachtisch versagt, übt nicht wirklich Selbstkontrolle. Seine Selbstverleugnung steht vielmehr unter der Kontrolle irgendeiner subtilen Belohnung, die dem Beobachter verborgen bleibt, oder vielleicht auch unter der eines in die Zukunft verlagerten Verstärkers, etwa der Aussicht, künftig in kleinere Kleidergrößen zu passen. Diese Argumentation hat eine entscheidende Schwäche: Sie erfolgt ausschließlich post hoc und ist unwiderlegbar. Daß irgendwann ein Verstärker daherkommt, der das Verhalten aufrechterhält, läßt sich *immer* behaupten. Eine solche ,,Erklärung" sollte den Behavioristen ebenso wenig zufriedenstellen wie der psychoanalytische Versuch, eine Handlung als unbewußten Abwehrmechanismus zu deuten.

3. Modellernen

Ein dritter theoretischer Ansatz, dem Verhaltenstherapeuten folgen, ist das Modellernen. Die Bedeutung des Modellernens und Nachahmens von Verhalten liegt auf der Hand, denn Kinder wie Erwachsene sind in der Lage, durch die bloße Beobachtung anderer komplexe Reaktionen zu erwerben und emotionale Hemmungen abzubauen.

Behandelte Probleme

Wie wirksam das Modellernen in der klinischen Arbeit eingesetzt werden kann, zeigt eine frühe Untersuchung von *Bandura, Blanchard* und *Ritter* (1969). Sie versuchten, Klienten bei der Überwindung ihrer Schlangenphobie zu helfen. Zu diesem Zweck ließen sie ihre erwachsenen Probanden wirkliche und gefilmte Begegnungen von Menschen und Schlangen sehen. Bei diesen Begegnungen bewegten sich die menschlichen Modelle allmählich immer näher auf die Tiere zu. Bei Abschluß der Untersuchung zeigten sich die Ängste der Probanden entscheidend gemindert. Sexualtherapie-Forscher stellten fest, daß gehemmte Erwachsene zu erfreulicherer Sexualität finden können, wenn man ihnen freie, aber die Grenzen des guten Geschmacks nicht verletzende Filme zeigt, in denen Menschen sich streicheln, masturbieren und Geschlechtsverkehr haben (*Nemetz, Craig* und *Reith*, 1978; *McMullen* und *Rosen*, 1979). Ebenfalls mit Filmen konnte man Kindern die Angst vor Hunden (*Hill, Liebert* und *Mott*, 1968), Operationen (*Melamed* und *Siegel*, 1975) und Zahnarztbesuchen (*Melamed* et al., 1975) nehmen. Die Filme von *Melamed* zeigen, wie zunächst ängstliche Kinder ihre Angst vor medizinischen und zahnmedizinischen Behandlungen allmählich immer besser in den Griff bekommen. Solche Filme scheinen in der Tat sehr hilfreich zu sein, denn viele Kliniken und Krankenhäuser setzen sie bereits routinemäßig ein. Filme zum Modellernen, die den kindlichen Zuschauern die Angst vor medizinischen Behandlungen nehmen sollen, gelten als Verfahren der neuen Disziplin der Verhaltensmedizin oder ,,Gesundheitspsychologie".

Auch ein Teil der klinischen Arbeit von *Arnold Lazarus*, einem der führenden Verhaltenstherapeuten, kann zum Modellernen gerechnet werden. Bei der sogenannten *Verhaltenseinübung* (behavior rehearsal, vgl. Kapitel 2, S. 56) demonstriert *Lazarus* (1971) dem Klienten eine bessere Möglichkeit, mit einem schwierigen zwischenmenschlichen Problem umzugehen. Der Klient beobachtet das exemplarische Verhalten des Therapeuten und versucht es im Verlaufe der Therapiesitzung nachzuahmen. Durch kontinuierliche Übung und Beobachtung erwirbt der Klient oft ein ganzes Repertoire wirksamerer und befriedigenderer Verhaltensweisen. Dieses Modellernen und Nachahmen läßt sich durch den kreativen Einsatz von Video unterstützen.

Um den Bereich der handhabbaren Probleme zu erweitern, haben einige Therapeuten und Forscher es auch mit verdecktem Modellernen versucht (*Cautela*, 1971). Der Klient stellt sich vor, er beobachtet ein Modell – zuweilen auch sich selbst –, das eine Konfrontation mit einem Angstobjekt oder einer Situation, die ihm Selbstbehauptung abverlangt, erfolgreich besteht. Untersuchungsergebnisse zeigen, daß verdecktes Modellernen Ängste mindern und selbstbehauptendes Verhalten fördern kann (*Rimm* und *Masters*, 1979; *Kazdin*, 1975). Verdeckte Verfahren, bei denen der Klient kein offenes Verhalten zeigt und mit dem Gegenstand seiner Angst oder Erregung nicht wirklich in Kontakt kommt, sind natürlich dann angebracht, wenn eine direkte Erfahrung nicht möglich ist. Für wirksamer als die ersatzweise Vorstellung hält man aber weiterhin die wirkliche und wiederholte Konfrontation mit der angstauslösenden Situation (*Bandura*, 1977).

Auch verhaltenstherapeutische Programme für hospitalisierte Patienten bedienen sich des Modellernens. *Bellack, Hersen* und *Turner* (1976) entwarfen für drei chronisch schizophrene Patienten soziale Situationen und beobachteten, ob die Patienten sich der Situation angemessen verhielten. Der Patient sollte sich etwa vorstellen, er finde bei der Heimkehr von einem Wochenendausflug einen frisch gemähten Rasen vor. Wenn er aus dem Auto steige, komme sein Nachbar auf ihn zu und teile ihm mit, da er gerade seinen eigenen Rasen geschnitten habe, habe er den des abwesenden Nachbarn schnell mitbedacht. Auf diese Situation muß der Patient nun reagieren. Wie erwartet, gelang den Patienten zunächst keine sozial angemessene Reaktion, was in diesem Fall bedeutet hätte, dem Nachbarn in irgendeiner Form zu danken. Es wurde also geübt, der Therapeut ermutigte die Patienten zu weiteren Reaktionen und half mit hilfreichen Kommentaren. Wo nötig, fungierte er als Modell, so daß die Patienten ihn beobachten und versuchen konnten, es ihm gleichzutun. Mit dieser Kombination von Rollenspiel, Modellernen und positiver Verstärkung machten alle drei Patienten beträchtliche Fortschritte. Die Fortschritte übertrugen sich auch auf Situationen, an denen sie im Training nicht gearbeitet hatten. Diese und andere Untersuchungen zeigen, daß viele schwer gestörte Patienten neue soziale Verhaltensweisen lernen können, die ihnen das Leben innerhalb *und außerhalb* der Institution erleichtern.

Albert Bandura, Pionier der Erforschung des Modellernens und der Linderung neurotischer Ängste durch Nachahmung.

Die Rolle der Kognition

Unklar ist allerdings noch, *wie* die Beobachtung eines Modells in verändertes offenes Verhalten umgesetzt wird. In ihren ursprünglichen Veröffentlichungen zum Modellernen behaupteten *Bandura* und *Walters* (1963), ein Beobachter könne auf irgendeine Weise dadurch, daß er anderen zuschaue, neues Verhalten lernen. Angesichts der überragenden Bedeutung, die ein großer Teil der Experimentalpsychologen dem Lernen durch Tun zuschreiben, war diese Hinwendung zu einem Lernen ohne Tun wichtig. Doch man versäumte es, sich auch Gedanken über die dabei möglicherweise wirksamen Prozesse zu machen. Läßt man das typische Experiment zum Modellernen einen Augenblick Revue passieren, wird deutlich, welche Richtung Theorie und Forschung hier in den letzten Jahren genommen haben. Der Beobachter, ein Kind, sitzt in einem Sessel und schaut sich im Film an, wie ein anderes Kind eine Reihe von Bewegungen macht – etwa auf sehr stereotype Weise eine Puppe schlägt –

und dazu seltsame Laute ausstößt. Eine Stunde später bekommt das Kind Gelegenheit, das zuvor Gesehene und Gehörte nachzuahmen. Wie gesunder Menschenverstand und Alltagserfahrung vermuten lassen, gelingt ihm das auf Anhieb. Wie verstehen wir, was sich abgespielt hat? Da der kleine Beobachter allenfalls in seinem Sessel herumgezappelt, aber sonst nichts *getan* hat, was in motorischer Hinsicht von Interesse wäre, hätte es wenig Sinn, im offenen Verhalten nach einem Hinweis zu suchen. Offenbar waren die kognitiven Prozesse des Kindes beteiligt, einschließlich seiner Fähigkeit, sich an das Gesehene zu erinnern.

Gegenwärtig untersuchen Verhaltensforscher, welche kognitiven Prozesse die Wirkungen des Modellernens erklären könnten. Die experimentelle Kognitionsforschung lehrt uns zum Beispiel, daß der Besitz eines Codes, durch den Informationen zusammengefaßt werden, uns hilft, das Aufgenommene besser im Gedächtnis zu behalten. Wie *Bandura*, *Jeffrey* und *Bachicha* (1974) feststellten, half die Anwendung eines solchen Codes den Beobachtern, ihre Handlungen nach einem Modell zu formen. Andere Theorien über das Speichern und Abrufen von Informationen aus dem Gedächtnis erhellen vielleicht, wie Menschen ,,einfach" durch Beobachten anderer neue und komplexe Verhaltensmuster erwerben – die Anführungsstriche darum, weil der Prozeß in Wirklichkeit alles andere als einfach ist. Die Literatur zum Modellernen bot zunächst einfache Erklärungen an, im Sinne des sozialen Lernens nach gesundem Menschenverstand. Inzwischen betrachtet man Interventionen durch Modellernen als Spielart der kognitiven Verhaltenstherapie.

4. Kognitive Umstrukturierung

In den bisher vorgestellten Formen der Verhaltenstherapie geht es in erster Linie um die direkte Manipulation offenen und gelegentlich auch verdeckten Verhaltens. Versuche, auch Denk- und Urteilsprozesse von Klienten unmittelbar zu ändern, wurden kaum unternommen. Vielleicht war es eine Reaktion auf die Einsichtstherapie, daß Verhaltenstherapeuten den kognitiven Prozessen zunächst kaum Bedeutung beimaßen und jede Berufung auf Denkvorgänge als Rückfall in jenen ,,Mentalismus" ansahen, den *John Watson* Anfang des Jahrhunderts so scharf verurteilt hatte (vgl. S. 48).

Wenn die Verhaltenstherapie als angewandte Experimentalpsychologie jedoch ernst genommen werden soll, muß sie auch Theorie und Forschung zu kognitiven Prozessen einschließen. Und in der Tat schenken Verhaltenstherapeuten seit einer Reihe von Jahren auch ,,inneren Ereignissen" (private events) – Gedanken, Wahrnehmungen, Urteilen und Selbstaussagen – Aufmerksamkeit und untersuchen und manipulieren diese Prozesse, um offenes und verdecktes gestörtes Verhalten zu verstehen und zu modifizieren (*Mahoney*, 1974). Ein frühes Beispiel für eine kognitive Umstrukturierung ist der in Kapitel 2 beschriebene Mann mit den ,,Druckpunkten" (vgl. S. 57f.). Unter kognitiver Umstrukturierung ist ganz allgemein eine Veränderung von Denkmustern zu verstehen, die man für die Ursache einer emotionalen Störung oder eines gestörten Verhaltens hält. Sie wird von kognitiven Verhaltenstherapeuten auf unterschiedliche Weise praktiziert.

Die rational-emotive Therapie von Ellis

Viele Jahre lang blieb die klinische Arbeit des New Yorker Psychologen *Albert Ellis* von der Verhaltenstherapie nahezu unbeachtet, doch seit einiger Zeit findet sie das Interesse von Verhaltenstherapeuten. Wenn ein Mensch eine emotionale Reaktion dauerhaft aufrechterhält, so die Grundthese von *Ellis'* rational-emotiver Therapie, ist das darauf zurückzuführen, daß er sich einen bestimmten inneren Leitsatz zu eigen gemacht hat und ständig vorsagt. Ziel der Therapie ist es, diese unangemessenen Leitsätze gestörter Menschen durch rationale Betrachtung überflüssig zu machen. Wie wir wissen, können sich ängstliche Menschen durch unrealistische Erwartungen wie ,,Ich muß von allen geliebt werden" ihre Probleme selbst schaffen. Oder eine depressive Frau bestätigt sich vielleicht mehrmals täglich ,,Was bin ich für ein wertloser Mensch". Laut *Ellis* interpretieren Menschen das, was um sie herum geschieht, und manchmal können diese Interpretationen einen emotionalen Aufruhr auslösen. Statt auf lebensgeschichtliche Ursachen oder offenes Verhalten sollte sich der Therapeut auf solche inneren Leitsätze konzentrieren (*Ellis*, 1962, 1984).

Die rational-emotive Therapie von Albert Ellis hilft den Patienten, ihre nicht zu verwirklichenden ,ich-muß'-Annahmen zu erkennen und in ihren Erwartungen realistischer zu werden.

Ellis führt eine ganze Anzahl solcher irrationaler Annahmen auf (vgl. S. 173). Diese Annahmen veranlassen die Betroffenen zu ihren negativen Selbstaussagen und sind Ursache ihrer seelischen Not. Sehr häufig ist die Vorstellung, daß man alles, was man tue, eigentlich vollkommen beherrschen müsse. *Ellis* vermutet, daß viele Menschen sich diese unhaltbare Forderung tatsächlich zu eigen gemacht haben und alles, was ihnen begegnet, innerhalb dieses Kontextes bewerten. Sich zu irren oder einen Fehler zu machen, wird dann zur Katastrophe, weil es die tiefste Überzeugung des Irrenden verletzt, er müsse perfekt sein. Manchmal trifft den Klienten die Einsicht, daß er sich derart einengt und auf diese Weise ein angenehmes oder produktives Leben fast unmöglich macht, wie ein Schock.

Wenn sich der Therapeut mit den Problemen des Klienten vertraut gemacht hat, erläutert er ihm die Grundzüge der rational-emotiven Therapie und achtet dabei darauf, daß sein Gegenüber sie versteht und akzeptiert.[1] Der folgende Protokollausschnitt stammt aus einer Therapiesitzung mit einem jungen Mann, der sich übermäßig davor fürchtete, vor mehreren Menschen zu sprechen. Unter Anleitung des Therapeuten erkennt der Klient, daß sein ,,Minderwertigkeitskomplex" möglicherweise in nichts anderem besteht als den unvernünftigen Dingen, die er sich selbst einredet. Die kursiv gedruckten Passagen in Klammern sind die Gedanken, die dem Therapeuten an dieser Stelle durch den Kopf gingen.

Klient: Mein Hauptproblem ist, daß ich fürchterlich aufgeregt bin, wenn ich vor einer Gruppe von Leuten sprechen muß. Ich glaube, ich habe einfach einen Minderwertigkeitskomplex.

Therapeut: (Ich möchte an diesem Punkt nicht auf ein Nebengleis geraten und über die Begrifflichkeit sprechen, die er für sein Problem wählt. Ich werde sie nur etwas ankratzen und dann für einen glatten Übergang auf ein anderes Thema sorgen.) Ich weiß nicht, ob ich das einen Minderwertigkeitskomplex nennen würde, aber ich glaube tatsächlich, daß Menschen ihre Aufregung und Angst in bestimmten Situationen selbst verursachen können. Wenn man in einer bestimmten Situation ist, ist die Angst häufig nicht die Folge der Situation, sondern die Art und Weise,

[1] In Kapitel 18 haben wir gesagt, daß eine Einsicht in die Vergangenheit oder eine empathische Äußerung nicht wahr sein muß, um zu helfen. Das gilt auch für die rational-emotive Therapie. Ob die Ansichten von *Ellis* nur teilweise richtig sind oder auch ganz falsch, spielt keine Rolle, denn zu handeln, als seien sie wahr, kann für einen Klienten trotzdem hilfreich sein.

wie man diese Situation *interpretiert* – das, was man sich selbst über die Situation sagt. Sehen Sie sich zum Beispiel diesen Kugelschreiber an. Macht er Sie nervös?

Klient: Nein.

Therapeut: Warum nicht?

Klient: Es ist nur ein Gegenstand, nur ein Kugelschreiber.

Therapeut: Er kann Ihnen nichts tun?

Klient: Nein.

Therapeut: Es ist in Wirklichkeit nicht der Gegenstand, der uns aufregt und Angst macht, sondern das, was wir darüber denken. *(Hoffentlich bringt ihn dieser sokratische Dialog zu dem Schluß, daß Selbstaussagen emotionale Erregung vermitteln können.)* Nun, das gilt für ... Situationen, in denen Aufregung und Angst durch das entstehen, was jemand zu sich selbst über die Situation sagt. Nehmen wir zum Beispiel zwei Leute, die zu demselben geselligen Beisammensein unterwegs sind. Beide werden auf dieser Party gleich viele Bekannte treffen, aber während der eine der Situation optimistisch und entspannt entgegensieht, denkt der andere darüber nach, welchen Eindruck er machen wird, und folglich wachsen Angst und Unsicherheit. *(Ich möchte ihn dahin bringen, daß er selbst ausspricht, daß hier Einstellung und Wahrnehmung entscheidend sind.)* Hängt nun der Gefühlszustand, in dem beide auf der Party ankommen, in irgendeiner Weise mit den äußeren Umständen zusammen, auf die sie dort treffen?

Klient: Nein, offensichtlich nicht.

Therapeut: Womit dann?

Klient: Sie sind offenbar der Party gegenüber unterschiedlich eingestellt.

Therapeut: Genau. Und ihre Einstellung – die Art und Weise, wie sie auf die Situation zugehen – bestimmt weitgehend, wie sie gefühlsmäßig auf sie reagieren. (*Goldfried* und *Davison*, 1976, S. 163–165).

Nachdem er den Klienten davon überzeugt hat, daß es hilfreich sei, seine emotionalen Probleme rational zu überprüfen, bringt der Therapeut dem jungen Mann bei, seine irrationalen Selbstaussagen aufzugeben und statt dessen den Aufruhr seiner Gefühle mit einem inneren Dialog zu dämpfen. Gegenwärtig gibt es für diese Überzeugungsarbeit, in deren Verlauf rational-emotive Therapeuten ihre Klienten dazu bringen, ihr inneres Selbstgespräch zu ändern, noch kein einheitliches Konzept. Manche Therapeuten machen es wie *Ellis* und streiten mit ihren Klienten, schmeicheln ihnen und ziehen sie auf, um ihr Bewußtsein zu ändern, wobei sie sich zuweilen einer sehr groben Sprache bedienen. Andere glauben, daß sozialer Einfluß subtiler sein und der einzelne an seiner Veränderung gleichberechtigter mitarbeiten sollte. Sie ermutigen die Klienten, ihr irrationales Denken kritisch zu betrachten, und bringen sie auf sanfte Weise dazu, rationalere Möglichkeiten zu entdecken, die Welt zu sehen.

Eine Spielart der rational-emotiven Therapie, die *systematische rationale Umstrukturierung* (*Goldfried, Decenteceo* und *Weinberg*, 1974), orientiert sich an der systematischen Desensibilisierung. Therapeut und Klient erarbeiten eine Hierarchie angstauslösender Situationen, die der Klient sich vorstellt; aber anstatt zu lernen, sich dabei zu entspannen, lernt er, anders mit sich darüber zu sprechen. Man hofft, daß die bildhafte Vorstellung selbst angstreduzierend wirkt. Recht gut kontrollierte Untersuchungen zeugen für die Wirksamkeit der systematischen rationalen Umstrukturierung (z.B. *Goldfried, Linehan* und *Smith*, 1978). Der folgende Protokollausschnitt stammt aus einer späteren Sitzung des jungen Mannes mit Redeangst. Man beachte, wie sich der Therapeut die Perspektive des Klienten zu eigen macht, um sein Denken in eine realistischere Richtung zu lenken. Auch hier geben die kursiv gedruckten Passagen die Gedanken des Therapeuten wieder.

Therapeut: Ich möchte Sie jetzt bitten, sich selbst in solch einer Situation vorzustellen, und mir zu sagen, wie nervös Sie dabei werden. Dann denken Sie bitte laut nach: Was könnte das wohl sein, das Sie in dieser Situation zu sich sagen und das diese Angst auslöst? Versuchen Sie, realistischere Erwartungen zu formulieren. Auch ich werde gelegentlich etwas sagen, was Sie dann bitte so behandeln, als seien es ihre eigenen Gedanken. Einverstanden?

Klient: Einverstanden.

Therapeut: Schließen Sie bitte die Augen und

versetzen sich in folgende Situation: Sie sitzen zusammen mit anderen Mitgliedern Ihres Schulausschusses auf dem Podium. In einigen Minuten müssen Sie aufstehen und dem Auditorium unten Bericht erstatten. Wie aufgeregt sind Sie? Kennzeichnen Sie Ihre innere Nervosität mit einem Wert zwischen 0 und 100.

Klient: So um die 50.

Therapeut: (Jetzt muß ich in seinen Kopf) Ich bin also ziemlich angespannt. Mal nachdenken. Was könnte ich zu mir sagen, was es ist, das mich so aufregt?

Klient: Ich bin nervös, weil ich gleich vor all diesen Leuten meinen Bericht verlesen muß.

Therapeut: Aber warum beunruhigt mich das?

Klient: Ja also, ich weiß nicht, ob ich gut ankomme...

Therapeut: (Er scheint Schwierigkeiten zu haben. Ich muß ihm wohl mehr vorsagen, als ich vermutet habe.) Aber warum sollte mich das aufregen? Es regt mich auf, weil...

Klient: ...weil ich einen guten Eindruck machen möchte.

Therapeut: Und wenn ich das nicht tue...

Klient: ...ja, ich weiß nicht. Die anderen sollen nicht denken, ich sei inkompetent. Ich glaube, ich habe Angst, daß sie mich nicht mehr respektieren, die Leute haben ja gedacht, ich wüßte, was ich tue.

Therapeut: (Er scheint der Sache näherzukommen.) Aber warum muß mich das so aufregen?

Klient: Ich weiß nicht. Vermutlich sollte es das nicht tun. Vielleicht liegt mir *zuviel* daran, wie andere auf mich reagieren.

Therapeut: Woran könnte das liegen?

Klient: Ich glaube, das ist eine von den Situationen, wo ich es jedem recht machen muß, und da sitzt ein Haufen Leute unten. Unwahrscheinlich, daß jedem gefällt, was ich sage, und vielleicht macht mich das so nervös. Jeder soll denken, daß ich meine Sache gut mache.

Therapeut: Hier halte ich inne und denke einen Augenblick darüber nach, wie rational das ist.

Klient: Also erstmal glaube ich eigentlich nicht, daß es total schiefgeht. Schließlich habe ich mich vorbereitet und mir gut überlegt, was ich besonders deutlich machen will. Ich glaube fast, ich reagiere so, als hätte ich bereits versagt, obwohl das in Wirklichkeit sehr unwahrscheinlich ist.

Therapeut: Und selbst wenn ich es versiebte – wie schlimm wäre das?

Klient: Na ja, so furchtbar wäre das vermutlich auch nicht.

Therapeut: (Ich glaube ihm keinen Augenblick. Da ist ein bestimmter hohler Ton in seiner Stimme. Zu dem Schluß kam er viel zu schnell und er klingt nicht sehr überzeugt.) Ich sage zwar, daß mich das nicht aus der Fassung bringen würde, aber eigentlich glaube ich das nicht.

Klient: Das stimmt. Es würde mich aus der Fassung bringen wenn ich versagte. Aber eigentlich sollte ich die Situation wirklich nicht unter der Perspektive des Versagens sehen.

Therapeut: Was gäbe es für einen besseren Weg, an die Situation heranzugehen?

Klient: Naja, es geht sicher nicht um meinen Kopf. Es ist nur ein lächerlicher Ausschußbericht. Viele von den Zuhörern wissen, wer ich bin und was ich kann. Und selbst wenn ich keine glänzende Vorstellung gebe, werden sie wegen dieser fünf Minuten kaum ihre Meinung über mich ändern.

Therapeut: Aber was ist, wenn einige das doch tun?

Klient: Auch wenn einige dann anders von mir denken, heißt das nicht, daß ich auch anders *wäre*. Es wäre immer noch egal, was sie denken. Es ist eigentlich blöd von mir, mein Selbstwertgefühl davon abhängig zu machen, was andere denken.

Therapeut: (Ich glaube, weiter kommt er an dieser Stelle nicht und wir können abbrechen.) Wie würde sich Ihre neue Einstellung der Situation gegenüber in Angstprozenten ausdrücken?

Klient: Na, so etwa 25%.

Therapeut: Gut, dann schlage ich vor, wir sprechen jetzt etwas über Ihre Gedanken, die Sie während der Situation hatten, und versuchen es dann noch einmal (*Goldfried* und *Davison*, 1976, S. 172–174).

Die rational-emotive Therapie bedient sich auch anderer Techniken. Der Klient wird nicht in Gedanken ertränkt. Wenn ein Klient während einer Therapiesitzung eine neue Überzeugung oder Selbstaussage verbalisiert hat, muß er sie in sein alltägliches Denken integrieren. In den letzten Jahren sind *Ellis* und seine Anhänger verstärkt dazu übergegangen, ihren Klienten Hausaufgaben mit auf den Weg zu geben. Diese Hausaufgaben sollen dem Klienten Gelegenheit geben, Erfahrungen mit der neuen Art des Selbstgesprächs zu sammeln und die positiven Folgen dieser weniger pessimistischen Weltsicht zu erleben. Die Therapie scheint sich auch für einige Probleme des Kindesalters und sogar als Präventivmaßnahme zu empfehlen (*Ellis* und *Bernard*, 1983).

Es könnte gesagt werden, *Ellis* verkünde mit seiner Therapie ein ethisches System. Schließlich legt er nahe, daß sehr viel seelisches Leid die Folge von Zielsetzungen sei, die *er* für falsch hält. Durch Änderung dieser Zielsetzungen, so glaubt er, lasse sich subjektives Unbehagen abbauen. Tatsächlich bessert sich nach dem Abbau von Spannung die Leistungsfähigkeit oft so, daß ironischerweise gerade das Ziel, das zuvor als „Muß" empfunden wurde, in greifbare Nähe rückt. Die rational-emotive Technik ist gegenwärtig wohl einer der vielversprechendsten und interessantesten Ansätze in der Verhaltenstherapie. Doch die Frage ihrer Langzeitwirkung und ihrer Überlegenheit über andere Behandlungsformen ist weitgehend unbeantwortet. Hier bleibt noch viel zu tun.

Die kognitive Therapie von *Beck*[2]

Nach Meinung von *Beck* (vgl. S. 265f.) haben viele Störungen, insbesondere die Depression, ihre Ursache in den Denkmustern, die die Betroffenen über sich, die Welt und die Zukunft entwickelt haben. Diesen negativen Denkmustern oder negativen Schemata wiederum liegen ein oder mehrere logische Fehler zugrunde, etwa willkürliche Schlußfolgerungen oder eine selektive Abstraktion. Ziel von *Becks* Therapie ist es, dem Klienten innerhalb und außerhalb des Sprechzimmers Erfahrungen zu ermöglichen, die dessen düstere Schlußfolgerungen als logisch falsch entlarven, und die negativen Schemata schließlich zugunsten einer positiveren Sichtweise aufzugeben. Wenn sich ein Klient mit unrealistischem Schema der Dummheit zeiht, weil er den Braten hat anbrennen lassen, wird er ermuntert, diese Tatsache zwar für bedauerlich zu halten, sich aber nicht von seinem Schema der Hoffnungslosigkeit zu dem unzulässig verallgemeinernden Schluß – einem der logischen Denkfehler – verleiten zu lassen, es würde ihm auch in Zukunft alles mißlingen. Ein negatives Schema ist der Nährboden für eine logische Sinnwidrigkeit, die ihrerseits weitere negative Schemata nach sich zieht. Diesen Teufelskreis von negativen Schemata, die zu logischen Fehlschlüssen führen und von diesen wieder verursacht werden, versucht der Therapeut zu durchbrechen.

Man versucht, dem negativen Denken auf kognitiver wie Verhaltensebene gleichermaßen beizukommen. Wenn ein Klient davon überzeugt ist, daß er nie, auch nicht für Augenblicke, aus seiner Depression auftaucht, und folglich noch depressiver wird, kann eine wirksame verhaltenstherapeutische Technik darin bestehen, ihn in regelmäßigen, über den Tag verteilten Abständen Protokoll über seine Gemütsverfassung führen zu lassen. Wenn diese Berichte, wie das bei vielen sogar schwer depressiven Menschen der Fall ist, nun gar nicht so gleichförmig ausfallen wie erwartet, hilft diese Information möglicherweise dabei, ihre allgemeine Überzeugung in Frage zu stellen, daß das Leben immer ein Elend sei. Ein solcherart verändertes Denken kann zur Grundlage einer Verhaltensänderung werden: Vielleicht steht der oder die Betroffene morgens wieder auf, macht sich im Haus zu schaffen oder geht gar wieder zur Arbeit.

Depressive Klienten nehmen oft kaum noch etwas in Angriff, weil jede Aufgabe wie ein unüberwindlicher Berg vor ihnen steht und sie sich zu nichts mehr imstande fühlen. Um diese Hypothese oder dieses Schema der Unüberwindlichkeit zu testen, unterteilt der Therapeut eine Aufgabe in kleine Schritte und ermutigt den Klienten, sich immer auf nur einen Schritt zu konzentrieren. Wenn diese Taktik geschickt verfolgt wird – Voraussetzung dafür ist offenbar eine gute therapeutische Beziehung –, stellt der Klient fest,

[2] Die Ausführungen in diesem Abschnitt basieren zum Teil auf *Haaga* und *Davison* (1986).

daß er tatsächlich etwas zustande bringen kann. Im Gespräch wird dann erörtert, daß diese Leistung der Überzeugung des Klienten, er sei zu gar nichts mehr in der Lage, widerspricht. Wenn der Klient anfängt, seine Ansicht über sich zu ändern, erscheinen ihm auch schwierigere Aufgaben nicht mehr so bedrohlich, jeder Erfolg wird zur Grundlage eines weiteren Erfolges, und so wird sich auch das Denken des Klienten über sich und die Welt weiter wohltuend positiv verändern.

Kennzeichnend für *Becks* Therapie ist ein ,,kollaborativer Empirismus". Therapeut und Klient sind gemeinsam bemüht, jede fehlangepaßte Interpretation der Welt, die den Klienten weiter in die Depression treibt und ihm das Leben erschwert, aufzuspüren und zu untersuchen. Gesucht wird nach ,,automatischen Gedanken" und ,,dysfunktionalen Annahmen". Unter ,,automatischen Gedanken" ist all das zu verstehen, was wir uns selbst erzählen oder vorstellen, während wir unseren alltäglichen Geschäften nachgehen, unser stetiger innerer Dialog auf dem Weg zur Universität, während wir einem Freund zuhören oder während wir warten, bis Fußgänger die Straße überquert haben. Es bedarf gewöhnlich einiger Übung, sich solche Gedanken und Vorstellungen bewußt zu machen, und das gilt insbesondere dann, wenn sie mit der depressiven Verstimmung des Klienten zusammenhängen. Ein Vater erfährt zum Beispiel, daß seine Tochter einen Test in der Schule nicht bestanden hat. ,,Ich bin doch ein erbärmlicher Vater", denkt er bei sich und verfällt in eine gedrückte Stimmung. Der Therapeut hilft ihm, solche Gedanken wahrzunehmen, und gemeinsam untersuchen beide sie auf ihre Tragfähigkeit. Warum müssen Sie ein schlechter Vater sein, wenn Ihre Tochter Schwierigkeiten in der Schule hat? Was hat sonst noch Einfluß auf sie und bestimmt ihre Schulleistungen? Auf diese Weise bringt der Therapeut dem Mann bei, seine Gedanken an den verfügbaren Informationen zu überprüfen und Hypothesen über die Schulschwierigkeiten seiner Tochter aufzustellen, die mit seinem Vatersein nichts zu tun haben.

Auf diese Phase des Erkennens und Modifizierens automatischer Gedanken folgt die schwierigere Phase der Identifikation zugrundeliegender dysfunktionaler Annahmen. Diese können, ähnlich einem musikalischen Leitmotiv, ein vorherrschendes, immer wiederkehrendes Thema sein. Der Vater aus dem obigen Beispiel stellt vielleicht fest, daß er sich für Glück und Wohlergehen seiner ganzen Familie, einschließlich der Schulleistungen seiner Tochter, verantwortlich fühlt. Der Therapeut kann mit ihm auch die Konsequenzen der schlimmsten Möglichkeit untersuchen, d.h., wenn er sich tatsächlich als ein schlechter Vater herausstellen würde. Wäre das wirklich ein Grund zu klinischer Depression? Seine Sorgen und sein Wunsch, etwas für seine Tochter zu tun, sind natürlich verständlich, aber beides muß ihn nicht in Verzweiflung stürzen, sondern kann Anstoß zu neuem Handeln sein.

Wie kann der Therapeut jemandem helfen, seine dysfunktionalen Annahmen zu ändern? Er wird ihn verbal zu überzeugen versuchen, aber darüber hinaus kann er ihn auch ermutigen, sich im Widerspruch zu seinen Annahmen zu verhalten. Eine Frau, die glaubt, es im Büro jedermann recht machen zu müssen, kann sich zum Beispiel der nächsten unbilligen Forderung widersetzen und warten, ob tatsächlich, wie sie annimmt, der Himmel über ihr zusammenstürzt. Wenn die Situation zwischen Therapeut und Klientin gut vorbesprochen ist – ein sicher notwendiger Schritt –, kann sich die Frau dieser Erfahrung stellen und erleben, wie es ist, wenn sie ihrem diktatorischen Glauben zuwiderhandelt.

Wie andere Therapieformen, die das Denken verändern, ist auch *Becks* Therapie *schwierig*! Die Klienten wären wohl kaum depressiv geworden, wenn sie sich von ein paar Leistungserfahrungen bereitwillig davon überzeugen ließen, daß sie als Person etwas wert sind. Wir haben die Therapie nur kurz skizziert. In der Praxis verläuft sie sehr viel weniger systematisch, nicht so geradlinig und um einiges mühsamer, als unsere Beschreibung vielleicht vermuten läßt.

Die Wirksamkeit von *Becks* Ansatz wird derzeit noch intensiv untersucht. Über einen bemerkenswerten Versuch berichteten *Beck, Rush* und ihre Mitarbeiter (1977). Behandelt wurden zwei Gruppen schwer depressiver Männer und Frauen, alles ambulante Patienten und durchschnittlich 36 Jahre alt. Eine Gruppe nahm allabendlich eine Dosis Imipramin oder Tofranil, ein bei Depression häufig verabreichtes psychoaktives Medikament, die andere Gruppe erhielt eine kognitive Therapie von zwanzig Sitzungen. Alle Patienten waren seit etwa zwölf Monaten depressiv und hatten im Durchschnitt zwei erfolglose Therapieversuche hinter sich. Drei Viertel von ihnen trugen sich mit Suizidgedanken. Nach der zwölfwöchigen Behandlungsperiode zeigten sich 79 Prozent der kognitiv behandelten Gruppe stark oder vollständig gebessert, in der Imipramin-Gruppe waren es nur 20 Prozent. Die kognitiv therapierte Gruppe hatte auch weniger Ausfälle zu verzeichnen. Da es Klienten, die eine Therapie vorzeitig abbrechen, gewöhnlich schlecht geht, war dies ein frühes Zeichen dafür, daß die Patienten dieser Gruppe mehr Hilfe erhielten als die Mitglieder der Medikamenten-Gruppe. Die kognitiv behandelten Patienten waren auch bei einer Nachfolgeuntersuchung nach sechs Monaten und mindestens ein Jahr nach Abschluß der Therapie weniger depressiv (*Kovacs* et al., 1981).

Angesichts der nachgewiesenen Wirksamkeit von Imipramin bei der Behandlung von Depressionen kann man fast von einem Triumph der Therapie *Becks* sprechen. Auch andere Untersuchungen zeigen, daß diese Form der kognitiven Umstrukturierung Depressionen wirksam mildert (*Shaw*, 1977; *Wilson, Goldin* und *Charbonneau-Powis*, 1983). Und da ältere Patienten oft äußerst empfindlich auf Medikamente reagieren und häufig unter medikamentenbedingten Problemen leiden, d.h. psychoaktive Medikamente in vielen Fällen kontraindiziert sind, behandeln Therapeuten Depressionen älterer Menschen vielfach kognitiv.

Die Therapien von *Beck* und *Ellis* im Vergleich

Inzwischen haben sich viele Therapeuten die Ansichten und Techniken von *Ellis* und *Beck* zu eigen gemacht. Wie immer in solchen Fällen haben schöpferische Kliniker Änderungen eingeführt, und da sich auch das Denken beider Theoretiker weiterentwickelt hat, sind die Unterschiede zwischen beiden Therapieformen manchmal schwer auszumachen. Doch es gibt sie und sie sind recht interessant (*Haaga* und *Davison*, 1986).

Wäre der Vater, der angesichts des Schulversagens seiner Tochter depressiv wurde, Klient bei *Ellis* gewesen, hätte er im wesentlichen sofort folgendes zu hören bekommen: ,,Und wenn Sie nun ein schlechter Vater wären? Es ist irrational, depressiv zu sein, weil man ein schlechter Vater ist.“ *Beck* dagegen würde erst nach Beweisen für die Richtigkeit der Schlußfolgerung suchen, ein gewissermaßen wissenschaftlicheres Vorgehen: ,,Was spricht für die Annahme, daß Sie ein schlechter Vater sind?“ Läßt sich der Beweis nicht führen, ist bereits diese Entdeckung ein Therapeutikum. *Ellis* hält seine Lösung für die gründlichere. *Selbst wenn* der Mann ein schlechter Vater ist, wird die Welt nicht untergehen, denn niemand muß in allem, was er tut, kompetent sein. Auch *Beck* würde vermutlich irgendwann mit dem Mann erörtern, ob man wirklich in jeder Hinsicht kompetent sein muß, um zufrieden mit sich zu sein, aber er würde das erst dann tun, wenn er zusammen mit dem Klienten herausgefunden hätte, daß dieser tatsächlich kein guter Vater ist.

Ein nach *Becks* Prinzipien arbeitender Therapeut geht sicher von bestimmten Prämissen aus; diese betreffen in erster Linie die Formen fehlangepaßten, unlogischen Denkens, die Übergeneralisierung ist ein Beispiel dafür. Doch die Arbeit mit dem depressiven Klienten ist ein gemeinsamer, *induktiver* Prozeß, in dessen Verlauf Klient und Therapeut den dysfunktionalen Annahmen auf die Spur zu kommen versuchen, die den negativen Gedanken des Klienten zugrundeliegen. Rational-emotive Therapeuten gehen dagegen *deduktiv* vor. Sie sind davon überzeugt, daß es von einer begrenzten Anzahl allgemeiner irrationaler Glaubenssätze einer oder mehrere sind, denen sich ein leidender Klient verschrieben hat.

Diese induktive beziehungsweise deduktive Orientierung führt auch zu Stilunterschieden in der therapeutischen Praxis. Laut *Beck* sollte der Therapeut allzu didaktisches Vorgehen vermeiden, während *Ellis* seinen Klienten oft Mini-Vorlesungen und didaktische Vorträge hält. Um eines guten Rapports zum Klienten willen schlägt *Beck* vor, die negativen Gedanken als ,,unproduktive Ideen“ zu bezeichnen. Er hat keine Vorliebe für Adjektive wie ,,irrational“ oder ,,närrisch“, die die Klienten von *Ellis* – mit Humor vorgetragen, versteht sich – durchaus zu hören bekommen. Und schließlich empfiehlt *Beck* dem Therapeuten, sich zunächst mit dem Bezugsrahmen des Klienten vertraut zu machen und letzteren dazu ausführlich zu Wort kommen zu lassen. Ein Klient, der Gelegenheit hatte, seinen Fall darzustellen und sich verstanden zu fühlen, wird später möglicherweise bereitwilliger mit dem Therapeuten daran arbeiten, seine bisherigen Überzeugungen auszuhöhlen. *Ellis* dagegen hält recht eindringliche Interventionen für notwendig, um ein gut gelerntes fehlangepaßtes Denkmuster zu zerstören. Er konfrontiert den Klienten daher unmittelbar und manchmal schon in den ersten Minuten der ersten Sitzung mit seinen irrationalen Glaubenssätzen.

Soziales Problemlösen

Mancher psychische Belastungszustand kann auch als Reaktion auf Probleme gesehen werden, für die der Betroffene keine Lösung weiß. Angenommen, ich bin mit einem Referat in Verzug und sehr beunruhigt. Soll ich gleich zur Professorin gehen oder besser erst mit ihrem Assistenten verhandeln? Soll ich es halbfertig abgeben, oder macht das einen schlechten Eindruck? Ich werde bald bei der Professorin Examen machen, aber ist ein unvollständiges Referat nicht besser als ein schnell zusammengeschustertes schlechtes? Studenten, die sich in so einer mißlichen Lage befinden, können lernen, ihr Problem auf die wirkungsvollste und effizienteste Weise zu lösen.

Zu diesem Zweck haben Therapeuten das sogenannte *soziale Problemlösen* (SPS = social problem solving) entwickelt (*D'Zurilla* und *Goldfried*, 1971; *Goldfried* und *D'Zurilla*, 1969; *Kanfer* und *Busenmeyer*, 1972). Ein Training in sozialem Problemlösen besteht aus einer Anzahl von Lernschritten. Als erstes lernen die Klienten, Spannung und Unruhe als Reaktion auf ungelöste Probleme zu verstehen. Dann gilt es herauszubekommen, welches diese Probleme sind. Daran schließt sich ein ‚Brainstorming' an, d.h., der Klient trägt alle denkbaren Lösungsmöglichkeiten ohne Rücksicht auf deren Machbarkeit und Effektivität zusammen. Erst dann werden die wahrscheinlichen Konsequenzen der einzelnen Lösungen abgeschätzt, der Klient entscheidet sich für eine und überlegt, inwieweit ihn diese Lösung dem angestrebten Ziel näher bringt. Oft klappt es mit dem ersten Lösungsversuch noch nicht und die Klienten müssen den Prozeß von einem früheren Stadium an noch einmal durchlaufen. In vielen Fällen gibt es für die Betroffenen eine „zweite Chance", ein ernsthaftes Problem zu lösen.

In einigen klinischen Untersuchungen erwies sich die Technik des sozialen Problemlösens als hilfreich. Depressive ältere Bewohner eines Pflegeheims waren nach einem solchen Training weniger depressiv als Patienten, die eine mehr verhaltenstherapeutisch orientierte Behandlung erhielten (*Hussian* und *Lawrence*, 1981). In einer anderen Untersuchung erwarben Schulkinder Problemlösungsfertigkeiten, die sie auch auf im Training nicht angesprochene Situationen übertragen konnten (*Weissberg* et al., 1981). Im besten denkbaren Fall erwerben Klienten eine allgemeine Einstellung und eine Reihe von Fertigkeiten, die sie auf eine Vielfalt künftiger Situationen anwenden können. Die Folge ist eine Steigerung ihres allgemeinen Wohlbefindens.

An der Lösung sozialer Probleme ist auch die „Metakognition", das, was wir über das Wissen wissen (*Meichenbaum* und *Asarnow*, 1979), beteiligt. Wenn ich in eine fremde Stadt komme, werde ich mich ohne Stadtplan vermutlich verlaufen. Mit Stadtplan habe ich dieses Problem nicht – vorausgesetzt, ich verfüge über die allgemeine Fertigkeit des Kartenlesens. Um in einer fremden Stadt Straßen oder Stadtteile lokalisieren zu können, so sage ich mir auf der metakognitiven Ebene, muß ich mir einen Stadtplan besorgen und diesen lesen.

Wie wir auf ein Problem reagieren, das uns schwer lösbar erscheint, ist ein weiteres Beispiel für Metakognition. Wir halten es für eine interessante Herausforderung, mahnen uns selbst zur Ruhe, sammeln viele Lösungsmöglichkeiten, ohne uns im Moment noch für eine zu entscheiden und probieren dann sorgfältig und ohne Hast eine nach der anderen aus.

Man hat an der Technik des sozialen Problemlösens kritisiert, daß sie eine bestimmte allgemeine Einstellung dem Leben gegenüber vermittle. Ein solches Training, meint *Goldfried* (1980), enthalte die Botschaft, der Mensch *müsse* bemüht sein, jeder Frustration und jedem Problem aktiv und effektiv entgegenzutreten, um die Kontrolle über seine Situation zu gewinnen oder wiederzugewinnen. Das Leben als eine Fülle von Herausforderungen zu betrachten, mit denen man fertigwerden müsse, begünstige möglicherweise die Entwicklung einer Typ-A-Persönlichkeit (*Price*, 1982). Überdies fördere ein derartiges Problemlösungstraining eine berechnende Haltung. Der Klient lernt, und das möglicherweise ziemlich verbissen, alle Frustrationen und Schwierigkeiten, die das Leben bereithält, in einem sehr rationalen Sinne zu analysieren. Vielleicht sei es besser, wenn manche Probleme nicht von unserer Ratio untersucht würden.

Einige Überlegungen zur kognitiven Verhaltenstherapie

Wie wir gesehen haben, schloß sich die Verhaltenstherapie zunächst eng an die Psychologie von Reiz und Reaktion – die Erforschung des klassischen und operanten Konditionierens – an. Sie tat das in der Annahme, daß aus Konditionierungsexperimenten abgeleitete Prinzipien und Verfahren geeignet seien, seelisches Leid zu lindern. Diese Richtung vertraten zunächst Behavioristen wie *Watson* und *Skinner*, die der Art und Weise, wie man in den Laboratorien von *Wundt* und *Titchener* Bewußtseins- und Denkinhalte erforschte und mit Introspektion arbeitete, nichts abgewinnen konnten. Angesichts dieser früheren ausschließlichen Orientierung der Verhaltenstherapie an klassischen und operanten Konditionierungsprozessen mag die neuere Entwicklung der sogenannten ,,kognitiven Verhaltenstherapie" wie ein radikaler Aufbruch zu neuen Ufern erscheinen. Doch historisch betrachtet, handelt es sich um eine Rückkehr zum kognitiven Interessenschwerpunkt der experimentalpsychologischen Gründerjahre. Zudem hat es seither immer Experimentalpsychologen gegeben, die sich der Kognitionsforschung verschrieben und die mentalen Prozesse des Wahrnehmens, Erkennens, Planens, Urteilens, logischen Denkens, Problemlösens, Vorstellens und anderer Symbolisierungsakte untersucht haben.

Ellis und *Beck* versuchen, kognitive Prozesse unmittelbar zu verändern, um seelischen Streß zu lindern. Allerdings haben Verhaltenstherapeuten von Anfang an auf die menschliche Fähigkeit gebaut, zu symbolisieren, Informationen zu verarbeiten und die Welt in Worten und Bildern darzustellen. *Wolpes* systematische Desensibilisierung ist ein besonders gutes Beispiel dafür. Diese Technik, die *Wolpe* auf Konditionierungsprinzipien zu gründen glaubte, ist ein inhärent kognitives Verfahren, denn der Klient *stellt sich vor*, was ihn ängstigt. Das Aufregendste, was während einer Desensibilisierungsbehandlung an offenem Verhalten passiert, ist das gelegentliche Angstsignal mit dem Zeigefinger! Alles Wichtige geht gleichsam ,,unter der Haut" vonstatten, und einiges davon ist zweifellos kognitiver Natur.

Auch wenn die Verhaltenstherapie zunehmend in die kognitive Richtung geht, sollte man nicht vergessen, daß die moderne Forschung am Verhalten orientierte *Verfahren* immer noch für wirksamer hält als ein rein verbales Vorgehen, wenn man kognitive *Prozesse* beeinflussen will (*Bandura*, 1977). Das heißt, man favorisiert verhaltenstherapeutische Techniken, stellt aber gleichzeitig fest, daß auch Überzeugungen verändert werden müssen, wenn die Verhaltensänderung von Dauer sein soll. Nach Meinung von *Bandura* beruhen letztlich die Behandlungserfolge aller wirksamen therapeutischen Verfahren darauf, daß sie den Klienten das Gefühl vermitteln, Dinge zu meistern und selbst etwas bewirken zu können. Der wirksamste Weg zu diesem Ziel, so stellt er gleichzeitig fest, führt über die Änderung von Verhalten. Doch unabhängig davon, wie man die Rolle der ,,self-efficacy" im einzelnen bewertet, kann man unterscheiden zwischen Prozessen, die der Verbesserung zugrunde liegen, und *Verfahren*, die diese *Prozesse* in Gang setzen. Auch die Verfahrensweisen kognitiver Verhaltenstherapeuten basieren auf dem Umsetzen in Handlung, bleiben damit am Verhalten orientiert und sollen Verhaltensänderungen bewirken; kognitiv sind diese Therapeuten in dem Sinne, daß sie die kognitive Veränderung für einen wichtigen Mechanismus halten, der für den Erfolg zumindest einiger verhaltenstherapeutischer Verfahren verantwortlich ist.

Alle kognitiven Verhaltenstherapeuten berücksichtigen die mentalen Prozesse ihrer Klienten noch in anderer Hinsicht. Sie interessieren sich dafür, wie der einzelne Klient die Welt wahrnimmt. Nicht, was von außen auf uns einwirkt, kontrolliert unser Verhalten – die These, der die Reiz-Reaktions-Psychologie seit Jahrzehnten folgt –, vielmehr werden unsere Gefühle und unser Verhalten davon bestimmt, wie wir die Welt sehen. „Nicht die Dinge verwirren die Menschen, sondern die Ansichten, die sie von den Dingen haben", behauptete der griechische Philosoph Epiktet im ersten Jahrhundert. Die Verhaltenstherapie hat sich also den existentiell-humanistischen Therapien (vgl. Kapitel 18) angenähert. Es ist eine zentrale These von Therapeuten wie *Rogers* und *Perls*, daß man den Klienten aus dessen eigenem Bezugsrahmen oder dessen eigener phänomenologischer Welt heraus verstehen müsse, denn es sei diese Wahrnehmung der Welt, die Leben und Verhalten kontrolliere.

Aus philosophischer Sicht sind solche Hypothesen auf seiten derer, die Menschen verstehen und ihnen helfen möchten, von großer Bedeutung. Experimentell orientierte Kliniker und Forscher interessiert besonders, wieviel die neue Disziplin der kognitiven Verhaltenstherapie mit den Verfahrensweisen der Humanisten und deren Interesse für die phänomenologische Welt ihrer Klienten gemeinsam hat. In ihren *Techniken* unterscheiden sich kognitive Verhaltenstherapeuten natürlich erheblich von Therapeuten, die nach den Vorstellungen von *Rogers* und *Perls* arbeiten. Doch sollten uns, die wir die Psychotherapie und die menschliche Natur erforschen, solche oberflächlichen Unterschiede nicht blind machen für die Gemeinsamkeiten beider Ansätze.

Kasten 19.4
Selbstbehauptungstraining

„Kinder darf man sehen, aber nicht hören." „Halt den Nacken steif." „Er ist ein großer Schweiger." In unserer Gesellschaft wird der offene Ausdruck von Überzeugungen und Gefühlen im allgemeinen nicht geschätzt. Und doch scheinen viele Menschen emotionell einen hohen Preis dafür zu zahlen, daß sie mit ihren Gedanken hinter dem Berg halten und ihre Gefühle unterdrücken. Unsere Wünsche und Bedürfnisse bleiben unerfüllt und unbefriedigt, wenn wir uns scheuen, sie offen zu äußern. Die schlechte Kommunikation zwischen Sexualpartnern ist, wie wir gesehen haben, eine der Hauptursachen für unbefriedigende sexuelle Beziehungen. Therapeuten aller Richtungen verbringen viel Zeit damit, ihre Klienten zu ermutigen, sich ihrer Wünsche und Bedürfnisse bewußt zu werden und die Verantwortung für deren Befriedigung selbst zu übernehmen. Wenn es ihnen schwerfällt, ihre Gefühle und Wünsche zu äußern, kann ein Selbstbehauptungstraining ihnen helfen.

Als erster Verhaltenstherapeut erklärte *Andrew Salter* in seinem Buch *Conditional Reflex Therapy* (1949) Selbstbehauptung zum positiven Therapieziel. Die Ursache von viel seelischem Leid sei eine übermäßige kortikale Hemmung, schrieb *Salter* in der Sprache des *Pawlow*'schen klassischen Konditionierens. Erforderlich sei also eine stärkere Erregung. Er ermunterte sozial gehemmte Menschen, ihre Gefühle anderen gegenüber offen und spontan zu äußern. Sie sollten anderen mit Worten sagen, wann sie glücklich oder traurig, zornig oder entschlossen seien, und sich auch nonverbal mit Lächeln und Stirnrunzeln, der von ihm sogenannten Gesichtssprache, mitteilen. Sie sollten anderen mit dem zugehörigen Gefühlsausdruck widersprechen, wenn sie anderer Meinung seien, so oft wie möglich das Pronomen „ich" verwenden, zustimmen, wenn andere sie lobten, und improvisieren, d.h., intuitiv und ohne nachzudenken auf den Augenblick reagieren. Obwohl sich *Salters* Formulierung einer klassischen Konditionierung der Selbstbehauptung nicht bestätigen ließ, war sein Einfluß auf die therapeutische Praxis nachhaltig: Selbstbehauptung ist ein Therapieziel geblieben.

Wie ist Selbstbehauptung zu definieren? Ist es nicht unbedacht und rücksichtslos, sich selbst hervorzutun und anderen gegenüber seine Überzeugungen und Gefühle auszudrücken? Was ist, wenn wir die Gefühle anderer dabei verletzen? Man hat sich sehr bemüht, selbstbehauptendes und aggressives Verhalten voneinander abzugrenzen. Eine sehr hilfreiche Unterscheidung stammt von *Lange* und *Jakubowski* (1976). Sie betrachten Selbstbehauptung als

„*direkten, ehrlichen und angemessenen Ausdruck von Gedanken, Gefühlen und Überzeugungen, der zugleich die Rechte anderer respektiert. Aggressiver Selbstausdruck ist dagegen dadurch gekennzeichnet, daß er die Rechte anderer verletzt und andere herabwürdigt, um die eigenen Ziele zu erreichen*" (S. 38–39)

Für *Arnold Lazarus* ist der Ausdruck positiver und negativer Emotionen eine Voraussetzung seelischen Wohlbefindens. Für viele Klienten, so schreibt er (1971), sei „emotionale Freiheit" im allgemeinsten Sinne, der Ausdruck von Zuneigung und Zustimmung ebenso wie der von Abneigung und Kritik, ein wichtiges Ziel. Wenn Verhaltenstherapeuten Klienten dabei helfen, sich selbst zu behaupten, verfolgen sie mit ihrer therapeutischen Arbeit, ob sie es zugeben oder nicht, ähnliche Ziele wie die humanistischen Therapeuten, die den Ausdruck positiver und negativer Gefühle ebenfalls für die notwendige Voraussetzung eines produktiven Lebens halten.

Daß Menschen sich nicht selbst behaupten können, kann viele Gründe haben. Die Wahl der therapeutischen Verfahrensweisen hängt davon ab, welche Gründe der Therapeut im Einzelfall verantwortlich macht. Beim Selbstbehauptungstraining handelt es sich daher eigentlich um eine ganze Reihe unterschiedlicher Techniken, die das gemeinsame Ziel haben, den jeweiligen Klienten zu besserer Selbstbehauptung zu befähigen. Laut *Goldfried* und *Davison* (1976) können mangelnder Selbstbehauptung mehrere Faktoren zugrunde liegen, von denen zumeist mindestens einer anzutreffen ist.

1. Der Klient weiß nicht, was er sagen soll. Manchen unsicheren Menschen mangelt es an Information darüber, was man in Situationen sagt, die eigentlich nach spontanem Ausdruck verlangen. Diese Information sollte der Therapeut geben.
2. Der Klient weiß vielleicht nicht, wie man sich selbstbehauptend verhält. Er trifft weder den richtigen Ton noch die richtige Lautstärke, und weiß Sprachfluß, Gesichtsausdruck, Augenkontakt und Körperhaltung nicht so einzusetzen, wie es für selbstbehauptendes Verhalten notwendig wäre. Solche Signale von Entschiedenheit und Direktheit lassen sich mit Hilfe von Modellernen und Rollenspiel erwerben.
3. Der Klient fürchtet womöglich, daß etwas Schlimmes passiert, wenn er sich selbst behauptet. Diese antizipierende Angst kann ihm eine systematische Desensibilisierung nehmen. Bei anderen scheinen der Selbstbehauptung negative Selbstaussagen im Wege zu stehen wie „Wenn ich mich behaupten würde und man mich zurückwiese, wäre das eine Katastrophe" (*Schwartz* und *Gottman*, 1976). In solchen Fällen ist eine rational-emotive Therapie angebracht.
4. Der Klient hat das Gefühl, es sei nicht „schicklich" oder „richtig", sich selbst zu behaupten. Die Wertsysteme mancher Menschen schließen Selbstbehauptung aus oder ermutigen zumindest nicht dazu. Zum Beispiel schienen die Probleme einer katholischen Ordensfrau, die eine Therapie machte, mit ihrer mangelnden Selbstbehauptung zusammenzuhängen, aber im Gespräch stellte sich heraus, daß ein freimütigerer Ausdruck ihrer Bedürfnisse und Gefühle im Widerspruch zu einigen ihrer Gelübde stehen würde. Klientin und Therapeut kamen überein, auf ein Selbstbehauptungstraining zu verzichten. Statt dessen

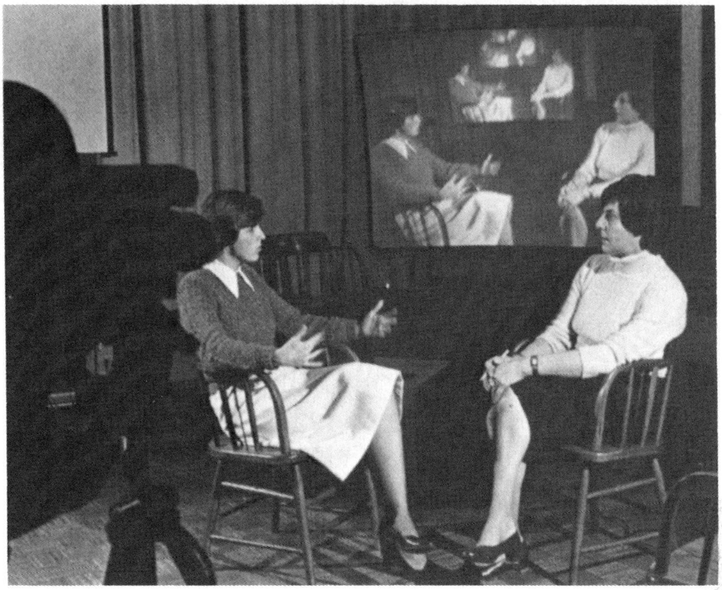

In einem Selbstbehauptungstraining lernen die Klienten, ihre Wünsche und Bedürfnisse direkter auszudrücken. Ein nützliches Hilfsmittel dabei sind Videoaufnahmen.

half ihr der Therapeut, ihre Arbeit innerhalb ihres Ordenslebens so zu gestalten, daß diese sie persönlich mehr befriedigte, ohne ihr mehr Selbstbehauptung abzuverlangen.

Ein Selbstbehauptungstraining kann mit Gesprächen beginnen, in denen der Therapeut dem Klienten beizubringen versucht, zwischen Selbstbehauptung und Aggression zu unterscheiden. Menschen, die sich immer unterordnen, haben oft sogar dann das Gefühl, sich feindselig zu verhalten, wenn sie eine vernünftige Forderung vorbringen oder eine anmaßende Bitte ablehnen. Solchen Klienten gibt der Therapeut im allgemeinen Beispielsituationen, in denen sie sich behaupten müssen, wollen sie sich nicht ausgenutzt fühlen. Die Situationen sind gewöhnlich so angelegt, daß sich der Klient für seine Rechte, seine Zeit und seine Tatkraft einsetzen muß.

Sie arbeiten seit Wochen hart für Ihr Examen und haben sich keinerlei Ablenkung und Entspannung gegönnt. Aber jetzt interessiert Sie ein neuer Film, der nur ein paar Tage läuft, und Sie beschließen, sich heute ein paar Stunden freizunehmen und abends ins Kino zu gehen. Auf dem Weg zum Seminar treffen sie Ihre Freundin, die für denselben Abend zwei Konzertkarten ergattert hat und Sie bittet, Sie zu begleiten. Wie würden Sie nein sagen?

Auch die Technik der Verhaltensübung läßt sich sinnvoll in ein Selbstbehauptungstraining einbauen. Der Therapeut bespricht mit dem Klienten, wie angemessene Selbstbehauptung aussieht, macht es ihm modellhaft vor und läßt es ihn dann im Rollenspiel üben. Wenn der Klient im Laufe der Sitzungen einige Selbstbehauptungsfertigkeiten erworben hat, bekommt er zunächst leichtere, dann schwierigere Hausaufgaben. Er soll sich etwa in seiner Autowerkstatt die letzte Rechnung erläutern lassen oder seinem Onkel mitteilen, daß er sich über dessen ständige Nörgelei ärgere.

Das Selbstbehauptungstraining wirft einige ethische Fragen auf. Jemanden zur Selbstbehauptung zu ermutigen, der – wie die Ordensfrau im obigen Beispiel – Selbstverleugnung für das wertvollere Gut hält, hieße sein Wertsystem verletzen und in einem unerwünschten ,,Welleneffekt“ auch andere Lebensbereiche des Betroffenen beeinflussen. Die Unterscheidung in Selbstbehauptung und Aggression ist ebenfalls eine ethische Frage. Was der eine für Selbstbehauptung hält, kann für einen anderen Aggression sein. Auch wenn wir uns an die Unterscheidung von *Lange* und *Jakubowski* halten, nach der Selbstbehauptung die Rechte anderer respektiert, Aggression dagegen nicht, müssen wir immer noch darüber befinden, was die Rechte anderer sind. Das Selbstbehauptungstraining berührt also die moralischen Aspekte sozialen Lebens, nämlich die Definition der Rechte anderer und die Frage nach den angemessenen Mitteln, mit denen man die eigenen Rechte durchsetzen kann.

5. Einige Grundfragen der Verhaltenstherapie

Die Verhaltenstherapie expandiert von Jahr zu Jahr, und gerade angesichts der überreichen Aktivität auf diesem Gebiet sollten sich alle Beteiligten stets der Fragen und Probleme bewußt bleiben, die über die einzelnen experimentellen Ergebnisse hinausgehen. Das gilt insbesondere für die folgenden, bereits verschiedentlich angeklungenen Überlegungen.

Die zentrale Bedeutung der das Verhalten aufrechterhaltenden Variablen

Die Verhaltenstherapie ist unter anderem entscheidend dadurch charakterisiert, daß sie sich nicht auf die Ätiologie eines Problemverhaltens konzentriert, sondern auf die Variablen, die es gegenwärtig aufrechterhalten. Denken wir zum Beispiel an eine Ehefrau, die darunter leidet, sich ihrem Mann gegenüber nicht behaupten zu können. Würde man ihr Problem zurückverfolgen, entdeckte man vielleicht, daß sie sich als Kind auch bei ihrem dominierenden Vater nie hatte durchsetzen können. Ein Verhaltenstherapeut würde allerdings nicht ihre frühere Vaterbeziehung mit ihr durcharbeiten, sondern sich mit ihr zusammen darum bemühen, daß sie offener mit ihrem Mann umzugehen lernt. Verhaltenstherapeuten richten ihr Augenmerk in erster Linie auf die aufrechterhaltenden Variablen, und nicht auf eventuelle Verursachungsfaktoren.

Inneres Verhalten und kognitive Prozesse

In Kapitel 5 haben wir gezeigt, daß der Schluß auf intervenierende Prozesse und andere Erklärungskonstrukte sehr nützlich sein kann, wenn es gilt, Daten zu interpretieren und fruchtbare Hypothesen aufzustellen. Verhaltenstherapeuten stehen vielfach in dem Ruf, immer noch die radikal-behavioristische Position von *Watson* und *Skinner* zu vertreten, daß Schlußfolgerungen auf innere Prozesse des Organismus weder hilfreich noch legitim seien. Wir möchten hier mit allem Nachdruck eine weniger enge Sichtweise vertreten, wenngleich mancher moderne Verhaltenstherapeut hier anderer Meinung ist (z.B. *Ullmann* und *Krasner*, 1975; *Bijou* und *Baer*, 1961).

Zusammen mit anderen (vgl. *Bandura*, 1969; *Kanfer* und *Phillips*, 1970; *Mahoney*, 1974; *MacCorquodale* und *Meehl*, 1948; *Meyer* und *Chesser*, 1970; *Mischel*, 1968; *O'Leary* und *Wilson*, 1975) stehen wir auf dem Standpunkt, daß es legitim ist, wenn die Verhaltenstherapie als angewandte Experimentalpsychologie innere Ereignisse ebenso berücksichtigt wie äußere – vorausgesetzt, die inneren Mediatoren stehen in gesicherter Verbindung zu beobachtbaren Reizen oder Reaktionen. Behavioristen brauchen das Innenleben von Menschen nicht zu ignorieren. Doch unterscheiden sich Behavioristen von Psychologen anderer Richtungen darin, daß sie an solche Schlußfolgerungen sehr strenge Maßstäbe legen, sich ihrer so sparsam wie möglich und nur dann bedienen, wenn sie zu guten Erklärungen und überprüfbaren Hypothesen führen.

Zugrundeliegende Ursachen

Ein verwandtes Mißverständnis besagt, daß die Verhaltenstherapie nur die Symptome behandele, während es anderen Therapieformen, insbesondere den psychoanalytisch ausgerichteten, um „Wurzeln" oder „zugrundeliegende Ursachen" gehe. Für viele Menschen ist eine Verhaltensdeterminante, die im Unbewußten oder in der Vergangenheit vermutet wird, irgendwie „zugrundeliegender" oder „grundlegender" als eine Determinante, die im gegenwärtigen Umfeld festzumachen ist. Bei dieser Auffassung wird übersehen, daß Wissenschaft immer nach den jeweils bedeutsamsten Verhaltensursachen sucht. Wenn man „zugrundeliegend" als „nicht unmittelbar offenkundig" definiert, suchen Verhaltenstherapeuten tatsächlich nach zugrundeliegenden Ursachen. Und wenn solche Ursachen für die bedeutsamsten gehalten werden, d.h. die jeweils kontrollierenden Variablen, dann steht der Verhaltenstherapeut vor derselben Aufgabe wie jeder andere Therapeut auch: nämlich die bedeutsamsten Ursachen zu finden (*Bandura*, 1969).

Ein klinisches Beispiel soll das veranschaulichen. Ein 25jähriger, aus einer psychiatrischen Klinik entlassener Mann wurde wegen etlicher Störungen behandelt, darunter auch paranoide Wahnvorstellungen. Nach sorgfältiger Verhaltensanalyse kamen Klient und Therapeut zu dem Schluß, daß diese Verfolgungsgedanken durch beträchtliche Angst ausgelöst wurden. Statt nun direkt an den Wahnepisoden zu arbeiten, beschloß der Therapeut, den Klienten für eine Reihe sozialer Situationen zu desensibilisieren, in denen der junge Mann sich möglicherweise unzulänglich fühlte und bei anderen auf Kritik stieß. Wie es schien, gingen seinen paranoiden „Trips" häufig ähnliche Situationen voraus. Als der Klient möglicher Kritik zunehmend ruhiger entgegensehen konnte, stellten sich auch die paranoiden Gedanken kaum noch ein. Obwohl sich natürlich nie mit letzter Sicherheit sagen läßt, ob für dieses Ergebnis wirklich die Desensibilisierung für beunruhigende soziale Situationen verantwortlich war, hat der Verhaltenstherapeut doch nichts anderes getan, als nach einer zugrundeliegenden Ursache im Sinne der stärksten kontrollierenden Variable zu suchen und sie zu modifizieren.

Breitbandbehandlung

Unsere Darstellung der Verhaltenstherapie muß fragmentarisch bleiben, da wir die einzelnen Techniken immer nur nacheinander darstellen konnten. In der klinischen Praxis setzt der Verhaltenstherapeut jedoch nacheinander oder auch gleichzeitig mehrere Verfahren ein, um möglichst alle wichtigen kontrollierenden Variablen zu erfassen. Diesen Ansatz bezeichnet man allgemein als *Breitbandverhaltenstherapie* (*Lazarus*, 1971). Eine Frau, die Angst hat, ihre Wohnung zu verlassen, könnte man zum Beispiel mit einer In-vivo-Desensibilisierung behandeln und sie veranlassen, vor die Haustür zu gehen und allmählich auch Dinge zu tun, die sie immer weiter von ihrem sicheren Hafen wegführen. Vielleicht ist sie aber auch im Laufe der Jahre immer abhängiger von ihrem Mann geworden. Wenn sie sich weiter von zu Hause fortwagt, könnte diese Verhaltensänderung das seit langem eingespielte eheliche Beziehungsgleichgewicht stören (vgl. S. 178f.). Würde man nur ihre Angst, das Haus zu verlassen, behandeln, bliebe die Verhaltenstherapie unvollständig (*Lazarus*, 1965). Möglicherweise träte an die Stelle der Agoraphobie ein anderes Problem mit der Funktion, die Frau im Haus zu halten – mit anderen Worten, es bestünde die Gefahr der sogenannten „Symptomsubstitution".

Man behauptet auch, die Verhaltenstherapie konzentriere sich nur auf das, worüber der Klient im Erstgespräch geklagt habe. Die Wirklichkeit sieht anders aus. Ein graduierter Psychologiestudent desensibilisierte einen noch nicht examinierten Kommilitonen, der unter Prüfungsangst litt. Der Klient kam in seiner Vorstellungshierarchie gut voran, ohne allerdings auch in wirklichen Prüfungen besser zurechtzukommen. Auf Rat seines Supervisors forschte der graduierte Student nach, ob der Klient sich überhaupt auf seine Prüfungen vorbereitete. Wie sich herausstellte, war das nicht der Fall. Aus Sorge um seine kranke Mutter kam er kaum zum Lernen. Das Ziel, dem Klienten eine gelassenere Haltung gegenüber Prüfungen zu vermitteln, war also unangemessen, da er sich auf die Prüfungen selbst nicht

Arnold A. Lazarus, eine der führenden Personen der modernen Verhaltenstherapie.

angemessen vorbereitete. Nach einer erneuten Verhaltensanalyse stellte der Therapeut die Desensibilisierung ein und besprach mit dem Klienten, wie er mit seiner realistischen Sorge um das Leben seiner Mutter besser fertigwerden könnte.

Beziehungsfaktoren

Die Literatur zur Verhaltenstherapie bedient sich typischerweise einer sehr wissenschaftlichen Sprache, und so sind die Verhaltenstherapeuten in den Ruf gekommen, sich wenig oder gar nicht für die Beziehung zwischen Therapeut und Klient zu interessieren, etwa dafür, ob der Klient dem Therapeuten vertraut oder wirklich glaubt, daß dieser ihm helfen kann. Obwohl den Behavioristen tatsächlich in erster Linie an den Lernmechanismen gelegen war, die an den verschiedenen Techniken beteiligt sind, haben sie nie in Abrede gestellt, daß auch die Gefühle des Klienten seinem Therapeuten gegenüber eine wichtige Rolle spielen. Tatsächlich haben Untersuchungen die Bedeutsamkeit von zuweilen nur vage definierten Beziehungsfaktoren bereits nachgewiesen. In *Pauls* (1966) Untersuchung von Probanden mit Redeangst war zum Beispiel auch dann eine erhebliche und langfristige Verbesserung zu verzeichnen, wenn die Betroffenen nur eine Aufmerksamkeits-Placebo-Behandlung erhielten. Wenn auch der Erfolg bei den desensibilisierten Probanden größer war, beweist die signifikante Verbesserung in der Aufmerksamkeits-Placebo-Gruppe dennoch, wie sehr eine warme, vertrauensvolle Beziehung zum Behandlungserfolg beiträgt.

Eine gute therapeutische Beziehung ist aus vielerlei Gründen wichtig. Ob Klienten sehr persönliche Dinge preisgeben, wenn sie ihrem Therapeuten weder Vertrauen noch Achtung entgegenbringen, ist zweifelhaft. Und da überdies eine Verhaltenstherapie gegen den Willen des Klienten nicht möglich ist, muß der Therapeut den Klienten zur Mitarbeit gewinnen, wenn die therapeutischen Techniken die gewünschte Wirkung haben sollen. Alle Bemühungen des Therapeuten sind umsonst, wenn der Klient eine Desensibilisierung sabotiert, indem er sich eine Szene nicht vorstellt, keine angemessenen Angstsignale gibt und nicht übt, sich zu entspannen. In fast allen anderen verhaltenstherapeutischen Verfahren kann der Klient dem Therapeuten ebenfalls entgegenarbeiten und wird das zuweilen auch tun, wenn die Beziehungsfaktoren vernachlässigt werden (*Davison*, 1973).

Fleisch um das theoretische Skelett

Die Suche nach den wichtigsten kontrollierenden Variablen hängt zusammen mit einem anderen häufig übersehenen Aspekt der Verhaltenstherapie, aber auch jeder anderen Therapieform: mit dem Problem der Anwendung eines allgemeinen Prinzips auf eine konkrete klinische Situation.

Sehen wir uns zur Illustration eine Untersuchung an, in der Studenten darin trainiert wurden, das Verhalten schwer gestörter Kinder nach den Prinzipien des operanten Konditionierens zu analysieren (*Davison*, 1964). Die Studenten sollten von der *Annahme* ausgehen, daß die entscheidenden Determinanten des Verhaltens dieser Kinder die Konsequenzen dieses Verhaltens seien. Ausgerüstet mit Verstärkern in Gestalt von Bonbons, versuchten die Studenten-Therapeuten das Verhalten der gestörten Kinder unter ihre Kontrolle zu bringen. Nach einer Weile schien eines der Kinder keine Lust mehr zu haben, sich Bonbons zu verdienen. Da die Methode einen wirksamen Verstärker verlangte, hielt der Therapeut Ausschau nach einem anderen Anreiz. Er hatte Glück, denn er beobachtete, daß das Kind jedesmal, wenn es an einem Fenster vorbeiging, einen Moment innehielt und sein Spiegelbild betrachtete. Er besorgte folglich einen Spiegel und machte ,,in den Spiegel schauen" zum Verstärker für das erwünschte Verhalten. Der Blick in den Spiegel wurde genauso *funktional* eingesetzt wie die Bonbons. *Obwohl der Therapeut einem allgemeinen Prinzip folgte, mußte er sich in der konkreten klinischen Situation auf Improvisation und Erfindungsgabe verlassen.*

Für einen Außenstehenden kann es so aussehen, als sei die Planung einer Therapie nach verhaltenstherapeutischen Prinzipien einfach und unkompliziert und die Anwendung eines allgemeinen Prinzips auf den klinischen Einzelfall eine simple Sache. Wer je verhaltenstherapeutisch gearbeitet hat, weiß es besser. Ein theoretischer Rahmen hilft dem Kliniker zwar bei seinen Überlegungen, ist aber keineswegs alleiniger Garant für Erfolg.

,,...*Der Kliniker macht sich in der Tat mit einer bestimmten Haltung an die Arbeit, mit einem theoretischen Rahmen, innerhalb dessen er die komplexen Daten, mit denen er es zu tun hat, ordnet. Doch dieser Rahmen reicht nie aus. Wie jeder angewandte Wissenschaftler muß auch der Kliniker das theoretische Skelett mit Fleisch füllen. Jeder individuelle Fall konfrontiert ihn mit Problemen, die ein Wissen verlangen, das über grundlegende psychologische Prinzipien hinausgeht*" (*Lazarus* und *Davison*, 1971, S. 203).

Diese Anmerkung zweier Verhaltenstherapeuten ist der folgenden sehr ähnlich, die einem Aufsatz zweier experimenteller Sozialpsychologen entnommen ist.

,,*Bei jedem Experiment wählt der Forscher ein Verfahren, das er intuitiv für eine empirische Realisierung seiner theoretischen Variable hält. Alle experimentellen Verfahren sind insofern ‚künstlich', als sie erfunden sind. Man kann in der Tat sagen, daß die Kunst des Experimentierens in erster Linie auf der Fähigkeit des Forschers beruht, dasjenige Verfahren zu wählen, das seine theoretische Variable am angemessensten realisiert, die stärkste Wirkung bei den Versuchspersonen erzielt und für sie auch am glaubwürdigsten ist*" (*Aronson* und *Carlsmith*, 1968, S. 25).

Verhaltenstherapeuten haben es also mit der gleichen Art von Entscheidungsproblemen zu tun wie ihre experimentierenden Kollegen. Im Umgang mit menschlichen Schwierigkeiten gibt es keine einfachen Lösungen.

Psychoanalyse und Verhaltenstherapie – eine Annäherung?

Ist die moderne Psychoanalyse mit der Verhaltenstherapie vereinbar? Darüber diskutiert man seit vielen Jahren und nur einige wenige Fachleute sind so optimistisch, eine sinnvolle Annäherung für möglich zu halten. Beide Standpunkte, so wird argumentiert, stellten unvereinbare Paradigmen dar. Doch *Paul Wachtel* (1977) hat in seinem Buch über eben diese Integration einen Entwurf vorgelegt, der unserer Meinung nach zumindest die Hoffnung auf einen Dialog zwischen psychoanalytisch orientierten Therapeuten und Verhaltenstherapeuten rechtfertigt.

Ich-Analytiker rücken die gegenwärtig vorhandenen Ich-Funktionen viel mehr in den Mittelpunkt, als *Freud* es tat (vgl. Kapitel 18). Nach Ansicht *Sullivans* steigen Selbstwertgefühl und Lebenstüchtigkeit von Patienten mehr, wenn sie sich auf die Schwierigkeiten in ihrem gegenwärtigen zwischenmenschlichen Verhalten konzentrieren. Doch selbst *Sullivan* erschien es offenbar bedenklich, unmittelbar an den gegenwärtigen Handlungen und Gefühlen von Klienten zu arbeiten, denn das, so gab er zu bedenken, hindere sie möglicherweise daran, die Erinnerung an verdrängte Kindheitskonflikte wiederzufinden. Demgegenüber ist *Wachtel* der Meinung, der Therapeut *solle* dem Klienten helfen, sein gegenwärtiges Verhalten zu ändern, und zwar auf eine Weise, daß dieser sich nicht nur im Hier und Jetzt besser fühlen, sondern auch seine aus der Vergangenheit überkommenen Kindheitsängste *ändern* könne.

Wachtel gründet seine Position, von ihm ,,zyklische Psychodynamik" (1982) genannt, auf Gedanken von *Horney* (1939), *Sullivan* (1953) und *Erikson* (1950). Er glaubt, daß das gegenwärtige Verhalten und die Reaktion des sozialen Umfeldes dazu dienen, verdrängte Probleme beizubehalten. Ihren Ursprung haben die Probleme zwar in vergangenen, verdrängten Ereignissen, doch die Betroffenen setzen bestimmte Verhaltensweisen fort, so daß diese lebendig bleiben. Angenommen, ein junger Mann hat als Kind mitansehen müssen, wie seine Mutter den Vater schlecht behandelte; seinen übergroßen Zorn auf die Mutter verdrängte er. Um diesen Zorn unter Kontrolle zu bringen, entwickelte er als kleiner Junge Abwehrmechanismen, die sich als Überhöflichkeit und Nachgiebigkeit gegenüber Frauen äußerten. Seine Fürsorglichkeit und mangelnde Selbstbehauptung führen jetzt dazu, daß manche Frauen ihn ausnutzen, doch andererseits schätzt er Situationen falsch ein, in denen Frauen aufrichtig nett zu ihm sind. Er mißdeutet ihre freundliche Annäherung als beleidigende Herablassung, was seine Vorbehalte gegenüber Frauen verstärkt und ihn zu weiterem Rückzug veranlaßt. Auf diese Weise schafft ihm seine Unterwürfigkeit, die ihren Ursprung in seinem ,,Mammut" – dem verschütteten Problem aus Kindertagen – hat, persönliche Schwierigkeiten in der Gegenwart und belebt seinen verdrängten Zorn immer wieder aufs neue. Es ist, als flüstere ihm sein erwachsenes Ich unbewußt zu: ,,Wie du siehst, sind alle Frauen wie deine Mutter. Man kann ihnen nicht trauen. Sie sind verletzend und grausam." Diese Bestätigung seines Kinderglaubens hält den verschütteten Konflikt lebendig. Das Karussell dreht sich immer weiter: Sein eigenes Verhalten und seine Fehlinterpretationen bestätigen dem jungen Mann ein ums andere Mal, wie schlecht die Frauen sind.

Für die Therapie bedeutet das zweierlei: Sie muß gegenwärtige Verhaltensmuster um ihrer selbst willen ändern, wie es verhaltenstherapeutischer Überzeugung entspricht, aber damit zugleich das Ziel verfolgen, die zugrundeliegende Psychodynamik aufzudecken. Indem er darauf hinweist, daß eine direkte Verhaltensänderung dem Klienten möglicherweise helfen kann, seine frühen verdrängten Konflikte zu verstehen, traditionellerweise das Ziel der Psychoanalyse, hofft *Wachtel*, seine Analytikerkollegen für verhaltenstherapeutische Techniken zu interessieren. *Wachtel* würde mit dem unterwürfigen jungen Mann vermutlich ein Selbstbehauptungstraining durchführen, um sein gegenwärtiges Verhältnis zu Frauen zu verändern, in der Hoffnung, so den Teufelskreis zu durchbrechen. Wird der junge Mann in seiner Überzeugung, alle Frauen wollten ihn nur ausnutzen, wiederholt erschüttert, wird ihm allmählich auch der verdrängte Haß-Liebe-Konflikt mit seiner Mutter verständlich werden.

In ähnlicher Weise können, nach *Wachtels* Meinung, Verhaltenstherapeuten viel von ihren analytischen Kollegen lernen, denn diese wüßten mehr über die *Art* der Probleme, die Menschen häufig entwickeln. Die psychoanalytische Theorie lehrt zum Beispiel, daß Kinder ihren Eltern starke und gewöhnlich ambivalente Gefühle entgegenbringen und daß einige dieser Gefühle vermutlich so unangenehm sind, daß sie verdrängt werden oder es dem betroffenen Kind zumindest schwerfällt, sie wahrzunehmen und offen darüber zu sprechen.

Ein Verhaltenstherapeut könnte zunächst den Eindruck gewinnen, der unterwürfige junge Mann habe Angst vor heterosexuellen Beziehungen. Verläßt er sich auf diesen Eindruck, wird er – vielleicht mit einer Kombination aus Desensibilisierung, rational-emotiver Therapie und sozialem Training – versuchen, dem Klienten diese Angst zu nehmen. Aber er wird es versäumen, die von der psychoanalytischen Literatur nahegelegte Möglichkeit zu erforschen, daß der junge Mann den Frauen im Grunde *Zorn* entgegenbringt. Ein Verhaltenstherapeut, der sich für die Kindheitskonflikte, wie sie der Analytiker in den Mittelpunkt stellt, interessiert, würde, so *Wachtel*, den jungen Mann nach der Beziehung zu seiner Mutter fragen. In der Antwort oder der Art und Weise, wie sie erfolgt, kann der Groll bereits zum Vorschein kommen. Der Therapeut wird den jungen Mann daraufhin anders *sehen* und vermuten, daß er nicht nur Angst vor Frauen hat, sondern auch zornig auf sie ist, denn er assoziiert sie mit einer Mutter, die von frühester Kindheit an Haß- und Liebesobjekt zugleich war. Diese zusätzliche Information verlangt vermutlich eine andere verhaltenstherapeutische Intervention, da der Zorn nicht unberücksichtigt bleiben darf.

Psychoanalytiker, so argumentiert *Wachtel* weiter, haben auch den besseren Blick für nicht den Normen entsprechende oder ungewöhnliche Interessen, Wünsche oder Ängste ihrer Klienten. Überzeugt davon, daß emotionale Probleme die

Folge verdrängter Es-Konflikte sind, sehen sie in ihnen die Widerspiegelung infantiler Wünsche und Ängste, dunkler Geheimnisse primären Prozeßdenkens. Verhaltenstherapeuten betrachten die Probleme ihrer Klienten einfacher oder, wenn man so will, prosaischer.

Laut *Wachtel* sollte der Verhaltenstherapeut immer auch damit rechnen, daß Verstärker sehr *subtil* sein können und der Klient das Vorhandensein eines Wunsches leugnet. Auch dieses Leugnen kann unbewußt sein. Mit anderen Worten, der Verhaltenstherapeut sollte sich auf unbewußte Motivationen einstellen, auf die Möglichkeit, daß jemand durch Ereignisse motiviert oder verstärkt wird, deren er sich aus psychodynamischen Gründen nicht bewußt ist.

Die moderne Psychoanalyse kann auch dazu beitragen, daß sich der Verhaltenstherapeut die *Bedeutung*, die eine bestimmte Intervention für den Klienten hat, bewußt macht. Nehmen wir an, ein Verhaltenstherapeut beschließt, mit einer jungen Frau ein Selbstbehauptungstraining durchzuführen. Als er ihr erklärt, wie ein Rollenspiel abläuft, erstarrt sie förmlich in ihrem Sessel und bricht dann in Tränen aus. Ohne Rücksicht auf ihre Reaktion mit dem Training fortzufahren, wäre unsensibel und kein Zeichen guter therapeutischer Arbeit. Eine gewisse Vertrautheit mit psychoanalytischen Theorien läßt den Therapeuten an die Möglichkeit denken, daß Selbstbehauptung für die Klientin einen gewissen *Symbolwert* besitzt. Der Therapeut fordert sie freundlich auf, offen zu sprechen und frei assoziierend alles zu sagen, was ihr beim Gedanken an das Selbstbehauptungstraining durch den Kopf geht. Ihr fällt ein, daß ihre Eltern sie früher oft für ihr Verhalten ihren Freunden gegenüber kritisiert, ihr aber nie den Rücken gestärkt oder auf konstruktive Weise mit ihr darüber gesprochen haben, wie sie es besser machen könne. Ohne sich dessen zunächst selbst bewußt zu sein, erinnerte sie der Vorschlag des Therapeuten, sich anderen gegenüber besser behaupten zu lernen, an diese längst vergangene Pein. Der Psychologe kann das gegenwärtige Unternehmen – das Selbstbehauptungstraining – von der früheren, wenig hilfreichen und negativen Kritik abgrenzen und so die Klientin überreden, es mit dem Rollenspiel zu versuchen. Der Vorfall bringt zudem die ungelöste Elternproblematik der Klientin und ihre Probleme mit Autoritätspersonen allgemein ans Licht.

Zusammenfassung

In diesem Kapitel ging es um Theorie und Forschung auf dem Gebiet der Verhaltenstherapie, einem Zweig der Klinischen Psychologie, der versucht, die Methoden und Prinzipien der experimentellen Psychologie auf die therapeutische Modifikation von Verhalten anzuwenden. Wir haben uns verschiedene Bereiche dieser Disziplin angesehen. Durch Gegenkonditionieren wird in Anwesenheit eines Reizes, der eine unerwünschte Reaktion ausgelöst hat, eine erwünschte Ersatzreaktion etabliert. Die Wirksamkeit der systematischen Desensibilisierung erklärt man unter anderem als Effekt einer Gegenkonditionierung. Beim operanten Konditionieren wird versucht, durch kontingentes Belohnen und Bestrafen erwünschtes Verhalten zu vermitteln und von unerwünschtem abzuhalten. Ein ausgezeichnetes Beispiel für die klinische Anwendung des operanten Konditionierens ist das Münzsystem. Beim Modellernen soll der Klient durch Beobachten von Modellen neue Verhaltensweisen erwerben und alte verlernen; es hilft, Angst zu reduzieren und neue Verhaltensmuster zu vermitteln. Techniken der kognitiven Umstrukturierung, wie z.B. die rational-emotive Therapie, sollen die Gedanken ändern, die der emotionalen Störung zugrunde liegen. Die Selbstkontrolle, so haben wir festgestellt, fordert das verhaltenstherapeutische Paradigma auf interessante Weise heraus: Hier handelt ein aktiver und bewußter Mensch nach autonomer und überlegter Entscheidung unabhängig von Umgebungseinflüssen. Und schließlich wurden einige wichtige allgemeine Fragen der Verhaltenstherapie erörtert – etwa die Rolle von zugrundeliegenden Ursachen und Beziehungsfaktoren und die Möglichkeit, bestimmte Teile der psychoanalytischen Theorie in die Verhaltenstherapie zu integrieren; letzteres geschah in der Hoffnung, dem Leser ein tieferes Verständnis für ein therapeutisches Vorgehen zu vermitteln, das ebenso vielversprechend wie umstritten ist.

Kapitel 19a

Verhaltensmedizin

Hans Reinecker

1. Zur Entwicklung der Verhaltensmedizin (VM)

Der Begriff Verhaltensmedizin erscheint zum ersten Mal in einer Publikation von *L. Birk: Biofeedback: Behavioral Medicine* (1973). 1977 trafen sich Proponenten der Verhaltensmedizin auf der Yale Conference on Behavioral Medicine. Hier einigte man sich auf eine Beschreibung der neuen Wissenschaftsdisziplin (s. *Schwartz* und *Weiss*, 1978).

Für die rasche Ausbreitung der Verhaltensmedizin sind sowohl wissenschaftliche als auch wissenschaftsexterne Gründe ausschlaggebend:

- Verhaltenstherapeutische Prinzipien und Methoden erweisen sich auch bei den medizinischen Erkrankungen als ausgesprochen effektiv; solche Verfahren sind zwar historisch eng mit dem Biofeedback verknüpft, sie sind jedoch nicht darauf beschränkt.
- Mit der Verhaltensmedizin ist eine Veränderung des Verständnisses von Gesundheit, Krankheit und ihren Bedingungen verknüpft (s. unten, Abschn. 2).
- Eine spezielle Gruppe von Störungen, die sogenannten psychosomatischen Krankheiten (vgl. *von Uexküll*, 1981; *Köhler*, 1985) lenkte die Aufmerksamkeit der Forscher und Praktiker schon immer auf psychologische Bedingungskonstellationen; in der Verhaltensmedizin sieht man jedoch alle Störungen unter multidisziplinärer Perspektive und lehnt den mit der Psychosomatik verbundenen Dualismus als nicht zielführend ab.
- Speziell chronische Erkrankungen erfordern eine interdisziplinäre Forschung, da sie mit medizinischen Methoden allein nicht mehr verstanden bzw. nicht zielführend behandelt werden können.
- Damit im Zusammenhang steht die Erkenntnis, daß eine rein medizinisch-somatisch orientierte Gesundheitsversorgung zunehmend schwieriger zu finanzieren ist.

Die Entwicklung der Verhaltensmedizin läßt sich recht deutlich an der sprunghaften Zunahme von Forschungsaktivitäten und Publikationen dokumentieren: Die Gründung von verhaltensmedizinischen Gesellschaften („Society of Behavioral Medicine“; „Deutsche Gesellschaft für Verhaltensmedizin“) und von einschlägigen Zeitschriften („Journal of Behavioral Medicine“; „Psychology and Health“; „Verhaltensmodifikation und Verhaltensmedizin“) ist dafür ein deutlicher Hinweis. Im deutschen Sprachraum gibt es eine Reihe von klinisch-psychologischen Institutionen und medizinischen Einrichtungen, die ihre Tätigkeit im Sinne verhaltensmedizinischer Prinzipien verstehen.

2. Was ist Verhaltensmedizin?

Die Definition von Verhaltensmedizin der 1. Yale Conference on Behavioral Medicine lautet: „Verhaltensmedizin ist ein Forschungsfeld, das sich mit der Entwicklung und Integration der für Gesundheits- und Krankheitsprobleme relevanten Erkenntnisse und Techniken der verhaltens- und biomedizinischen Wissenschaften und mit der Anwendung dieser Erkenntnisse und Techniken im Hinblick auf die Prävention, Diagnose, Behandlung und Rehabilitation beschäftigt." (*Schwartz* und *Weiss*, 1978, S. 7).

Die angeführte Definition wurde von verschiedenen Seiten als problematisch angesehen; *Pomerleau* und *Brady* (1979) etwa kritisierten sie als zu weit: Als entscheidendes Merkmal der Verhaltensmedizin sehen sie weiterhin den inhaltlichen und methodischen Rahmen der Verhaltenstherapie in seiner Anwendung auf somatische Störungen.

Auf der anderen Seite wurde geltend gemacht, daß in der Definition zu sehr auf den Aspekt der *Krankheit* abgehoben wird, womit die Bedeutung von Gesundheit und *Gesundheitsverhalten* (und damit der Prävention) nicht genügend zur Geltung komme. *Matarazzo* (1980) schlug deshalb vor, den Begriff „Behavioral Health" (etwa: „Gesundheitspsychologie") fest in der Verhaltensmedizin zu verankern.

Die verschiedenen Diskussionen um die Definition von Verhaltensmedizin sind für eine neue Wissenschaftsdisziplin nicht ungewöhnlich. Auch aus diesem Grunde ist die oben angeführte sehr weite Definition insofern günstig, als sie verschiedenen Entwicklungen innerhalb des sehr breiten Arbeitsfeldes Raum läßt. Über eine Veränderung oder Präzisierung des Gebietes sollte die zukünftige Forschungstätigkeit und die institutionelle Einbindung der neuen Wissenschaftsdisziplin entscheiden (vgl. auch *Traue,* 1986).

Gesundheit und Krankheit

Die Verhaltensmedizin trifft keine Unterscheidung in somatische Störungen einerseits und psychische Störungen andererseits. Das Ziel der Verhaltensmedizin besteht vielmehr darin, eine Erkrankung sowohl von ihren medizinischen Ursachen als auch von ihren psychologischen Determinanten her zu verstehen. Dies hängt u.a. damit zusammen, daß eine rein psychologische Betrachtung auch bei sogenannten psychischen Störungen zu kurz greift und daß auf der anderen Seite insbesondere bei chronischen Krankheiten ein biomedizinisches Krankheitsmodell nur bedingt anwendbar ist (vgl. *Traue*, 1986). Viele chronische Erkrankungen (Essentieller Bluthochdruck; chronische Niereninsuffizienz, Karzinome etc.) sind durch somatische ebenso wie psychische Funktionsstörungen gekennzeichnet. *Krankheit* beinhaltet ein Kontinuum und eine Interaktion von biologischen und psychologischen Prozessen (s. *Agras*, 1984).

Die Erforschung von Krankheitsursachen muß auf einen heterogenen Bereich von Faktoren zurückgreifen: Ursache einer Krankheit ist neben organischen Bedingungen auch ein problematischer Lebensstil im Sinne des *Gesundheitsverhaltens.* Die Analyse von Risikofaktoren für koronare Herzkrankheiten zeigt die Bedeutung von Verhaltensfaktoren, die in Interaktion mit biologischen Prozessen die Wahrscheinlichkeit einer Erkrankung determinieren (s. dazu auch Abschn. 4).

Ähnlich wie die Klinische Psychologie (oder auch viele Zweige der Medizin) ist die Verhaltensmedizin an der *Behandlung* von Krankheiten orientiert; diese Orientierung hat aber durch eine stärkere Beschäftigung mit *präventiven* Maßnahmen zur Verhinderung des Auftretens von Krankheiten eine gewisse Veränderung erfahren. Langfristig sind etwa Bemühungen zur Veränderung der Lebensgewohnheiten für die Aufrechterhaltung der Gesundheit entscheidend (vgl. *Matarazzo*, 1980; *Zeiner, Bendell* und *Walker*, 1985; *Feuerstein, Labbé* und *Kuczmierczyk*, 1986). In eine ähnliche Richtung gehen Forschungsansätze der „Behavioral Pediatrics". Hier wird versucht, Störungen und Krankheiten (z.B. Übergewicht, Diabetes, Schmerzen etc.) frühzeitig zu erfassen und durch eine Veränderung von biologischen und Verhaltensmerkmalen (z.B. der Lebensgewohnheiten; Optimierung der Compliance etc.) zu einer Bewältigung der Problematik beizutragen (vgl. z.B. *Lutzker* und *Lazamor*, 1985). Damit wird ein effizienter Beitrag zur Prävention geleistet.

Es wurde bereits darauf hingewiesen, daß die Entwicklung der Verhaltensmedizin u.a. eng mit dem *Biofeedback* verbunden war; Biofeedback besteht aus der geeigneten Erfassung und apparativen Rückmeldung von physiologischen und biologischen Prozessen an den Patienten. Durch eine Rückmeldung und Verstärkung lernt der Patient, diese sonst nicht wahrnehmbaren Prozesse zu beeinflussen (vgl. dazu *Legewie* und *Nusselt*, 1975; *Yates*, 1980; *Hatch* et al., 1987). Verhaltensmedizin versteht sich heute nicht nur als Intervention und ist nicht auf das Biofeedback beschränkt.

In der Verhaltensmedizin wird ein *bio-psychosoziales* Modell vertreten (vgl. *Schwartz*, 1982; 1984). Sowohl für die Beschreibung, als auch für die Analyse und Behandlung von Krankheiten werden Faktoren aus unterschiedlichen Wissenschaftsdisziplinen herangezogen. Damit ist für die Forschung und auch für die Praxis der Verhaltensmedizin eine interdisziplinäre Perspektive unabdingbar.

3. Anwendungsfelder der Verhaltensmedizin

Ein erstes Anwendungsfeld verhaltensmedizinischer Forschung und Praxis waren zunächst die klassischen psychosomatischen Störungen. Bei diesen Störungen nimmt man an, daß für die Entstehung des organischen Befundes vorwiegend psychische Faktoren ausschlaggebend sind. Beispiele dafür bilden Spannungskopfschmerzen, Asthma, Ulcus pepticum etc. Die klassischen Modellvorstellungen der Psychosomatik über den Zusammenhang von Emotionen und Konflikten mit körperlichen Prozessen (etwa über den Symbolcharakter von Krankheitssymptomen) werden in der Verhaltensmedizin nicht übernommen. Die Verhaltensmedizin hebt sich auch insofern von der Psychosomatik ab, als die Psychosomatik (z.B. bei der Analyse emotionaler Konfliktmuster) in theoretischer und methodologischer Hinsicht weitgehend einer psychoanalytischen Tradition verbunden ist. Die Verhaltensmedizin ist in engem Kontakt mit den Biowissenschaften und mit der experimentellen Psychologie entstanden und von deren Entwicklung abhängig.

Ein vollständiger Überblick über Anwendungsfelder der Verhaltensmedizin ist nicht in einem kurzen Kapitel möglich; grundsätzlich gibt es bei allen Krankheiten Verhaltens- und biologische Aspekte, so daß sich eine Beschränkung von dieser Seite her nicht ergibt. Die folgende Tabelle versucht Hinweise zu verhaltensmedizinischen Anwendungen, zu Störungen bzw. Patientengruppen zu liefern, wo bereits Befunde vorliegen. Zur Orientierung werden einige Literaturhinweise angeführt.

Tabelle 19a. 1. Probleme, Krankheiten und Patienten-Gruppen, bei denen verhaltensmedizinische Ansätze zur Anwendung gelangen*

Problem/Krankheiten/Patienten-Gruppe	Literaturhinweise
Chronische und akute Schmerzzustände (z. B. Rückenschmerzen)	*Turk, Meichenbaum* und *Genest*, 1983 *Ziesat*, 1981 *Elton, Stanley* und *Burrows*, 1983 *Holzman* und *Turk*, 1986 *Keefe, Gil* und *Rose*, 1986
Vorbereitung auf chirurgische Eingriffe (z. B. Operationen)	*Kendall* et al., 1979 *Kendall* und *Watson*, 1981
Diabetes Mellitus	*Streider*, 1981 *Cox* et al., 1986 *Turk* und *Speers*, 1986
Bluthochdruck	*Appel*, 1986 *Coates* und *Ewart*, 1985 *Jeavons* und *Zeiner*, 1985 *Shapiro*, 1982
Chronisches Asthma	*Creer*, 1983 *Cluss*, 1986 *Creer* und *Winder*, 1986
Neurologische Störungen (z. B.: Aphasien; Torticollis spasticus)	*Delprato* und *McGlynn*, 1986 *Kaplan* und *Wyler*, 1983 *Barth* und *Boll*, 1981 *Mostofsky* und *Iguchi*, 1982
Muskulär-skeletale Beeinträchtigung (z. B.: Skoliose; Bruxismus)	*Pinkerton, Hughes* und *Wenrich*, 1982 *Turner* und *Morrison*, 1982 *Bird, Cataldo* und *Parker*, 1981
Kardiovaskuläre Störungen (z. B. Raynaud'sche Erkrankung)	*Herd*, 1981 *Pinkerton, Hughes* und *Wenrich*, 1982 *Freedman* und *Ianni*, 1982
Psychosomatische Störungen bei Kindern (z. B.: Asthma; Hypertonie)	*Rynak*, 1981 *Jay* und *Wright*, 1981
Typ-A-Verhaltensmuster (z. B.: chronische Streßreaktionen)	*Siegrist*, 1985 *Newlin*, 1981 *Suinn*, 1977
Chronische Erkrankungen bei Kindern (z. B. Diabetes; Leukämie)	*Parker* und *Cinciripini*, 1984 *Hobbs* und *Perrin*, 1985 *Johnson*, 1985 *Masters, Cerreto* und *Mendlowitz*, 1983
Krebserkrankungen	*Meyerowitz* et al., 1983 *Wellisch*, 1981 *Burish* und *Lyles*, 1983
Übergewicht	*Stuart, Mitchell* und *Jensen*, 1981 *Foreyt* und *Goodrick*, 1981 *Straw*, 1983

Problem/Krankheiten/Patienten-Gruppe	Literaturhinweise
Koronare Herzkrankheiten	*Krantz* und *Deckel*, 1983 *Langeluddecke*, 1986 *Blumenthal* und *Califf*, 1982
Chronische Kopfschmerzen (z. B.: Migräne; Spannungskopfschmerz)	*Feuerstein* und *Gaine*, 1982 *Blanchard* und *Andrasik*, 1985 *Williams*, 1977 *Birbaumer* und *Haag*, 1982
Gastrointestinale Störungen (z. B. Erbrechen; Colitis ulcerosa)	*Pinkerton, Hughes* und *Wenrich, 1982* *Whitehead*, 1986
Dermatologische Störungen (z. B. Akne; Neurodermitis)	*Pinkerton, Hughes* und *Wenrich*, 1982 *Miltner*, 1986
Urologische Störungen (z. B. Blasenentleerungsstörungen)	*Doleys* und *Meredith*, 1982 *Sloop*, 1977 *Gerber*, 1986
Schlafstörungen	*Hyde* und *Pegram*, 1982 *Borkovec*, 1977 *Coates* und *Thoresen*, 1981
Geriatrische Störungen	*Lankford* und *Herman*, 1982 *Hussian*, 1984 *Levy*, 1981
Patienten nach Verbrennungen	*Achterberg-Lawlis* und *Kremer*, 1982
Rauchen	*Glasgow* und *Bernstein*, 1981 *Glasgow*, 1986 *Boudewyns*, 1977
Alkoholismus	*Nirenberg* et al., 1981 *George* und *Marlatt*, 1986
Gynäkologische Erkrankungen (z. B. Dysmenorrhoe)	*Meyer* und *Beckmann*, 1985 *Gerber*, 1986
Rheuma (z. B. Polyarthritis)	*Miltner*, 1986 *Krüskemper*, 1985
Zahnmedizin	*Magi* und *Schuller*, 1985
Eßstörungen (z. B. Anorexie; Bulimie)	*Bellack* und *Williamson*, 1982 *Williamson, Davis* und *Ruggiero*, 1987
Chronische Verlust- und Trauerreaktionen	*Osterweis, Solomon* und *Green*, 1984 *Kosten, Jacobs* und *Kasl*, 1985

* Die Tabelle ist unvollständig, weil durch die Entwicklung der Verhaltensmedizin laufend neue Gebiete und Anwendungsfelder erschlossen werden; die angeführte Literatur dient zur Orientierung und nicht als Dokumentation des Forschungsstandes in dem betreffenden Gebiet.

4. Risikofaktoren koronarer Herzerkrankungen

In diesem Abschnitt werden Risikofaktoren für koronare Herzkrankheiten (KHK) etwas ausführlicher behandelt; die Auswahl erfolgte zum einen wegen der hohen Bedeutung unterschiedlicher koronarer Herzkrankheiten und zum anderen, weil sich hier die Interaktion von Verhaltens-, biologischen und sozialen Faktoren deutlich zeigen läßt.

Koronare Herzkrankheiten (z. B. Koronarsklerose, Arrythmien, Herzinfarkt) stehen in den industrialisierten Ländern in der Liste der Todesursachen an erster Stelle; nach einer altersangepaßten Statistik ist zwar der ,,Gipfel" – nach einem dramatischen Anstieg in den 50er und 60er Jahren – bereits überschritten (*Lefebvre*, 1987), dennoch gehen jährlich in den USA ca. 50% oder rund 400000–600000 Todesfälle auf das Konto koronarer Herzerkrankungen (vgl. *Rosenberg* und *Klebba, 1979; Pollack, Wilmore* und *Fox*, 1984).

Als Ergebnis umfangreicher Forschungen wurden in den vergangenen 30 Jahren verschiedene *Risikofaktoren* von KHK identifiziert; neben somatischen Ursachen (Alter, genetische Faktoren) sind dies:

1. Erhöhter Serum-Cholesterolspiegel;
2. Bewegungsmangel;
3. Zigarettenrauchen;
4. Essentieller Bluthochdruck und
5. Typ-A-Verhaltensmuster (insbesondere problematische Streßbewältigung).

Eine Kombination dieser Faktoren ergibt ein rund zehnfach erhöhtes Risiko für eine koronare Herzkrankheit im Vergleich zu einer Normalstichprobe (*Herd*, 1981). Jeder der angeführten Risikofaktoren ist sehr komplexer Natur, hängt aber in hohem Maße mit *Verhaltensmerkmalen* der betreffenden Person zusammen, so daß eine Veränderung des Verhaltens generell zu einer Senkung des Risikos koronarer Herzkrankheiten führt. Verhaltensmedizinische Ansätze zielen deshalb direkt auf eine Veränderung des *Lebensstils* ab, weil primäre Prävention langfristig gesehen die effizienteste Möglichkeit zur Senkung der Mortalitätsrate durch koronare Herzkrankheiten darstellt. Einen indirekten Beweis für die Bedeutung einer Veränderung von Lebensgewohnheiten bildet die Abnahme der Todesrate durch koronare Herzkrankheiten in den vergangenen 10–15 Jahren in den USA, die man auf eine Veränderung des Gesundheitsverhaltens zurückführen kann (Zunahme von Bewegung durch Jogging/ Aerobic etc.; Umstellung von Ernährungsgewohnheiten; deutliche Senkung des Zigarettenkonsums; vgl. dazu *Levy*, 1981).

Eine spezielle Zielgruppe verhaltensmedizinischer Bemühungen bei Risikofaktoren koronarer Herzkrankheiten bilden Kinder und Jugendliche, weil die Vermittlung gesundheitsrelevanten Verhaltens unter präventiven Gesichtspunkten möglichst früh erfolgen muß (vgl. *Wells* und *Copeland*, 1985; *Cinciripini*, 1984; *Nader* und *Baranowski*, 1985; *Parker* et al., 1986).

Man muß sich die angeführten Risikofaktoren als ein *System* von verzahnten Variablen vorstellen: Die einzelnen Bedingungen von koronaren Herzkrankheiten sind nicht völlig unabhängig voneinander, so sind beispielsweise Rauchen, Bewegungsmangel und essentieller Bluthochdruck eng miteinander verquickt. Für eine verhaltensmedizinische *Intervention* bedeutet dies, daß die Veränderung eines Risikofaktors zwar Auswirkungen auf die anderen Faktoren hat, daß aber für eine stabile Veränderung des komplexen Musters von Risikofaktoren auf mehreren Ebenen anzusetzen ist. Genau dies ist gemeint, wenn zugunsten eines interdisziplinären Vorgehens im gesellschaftlichen System plädiert wird.

1. Erhöhter Serum-Cholesterolspiegel

Personen mit starkem Übergewicht besitzen ein erhöhtes Risiko für koronare Herzkrankheiten: Eine prospektive Studie über 26 Jahre erbrachte positive Korrelationen zwischen Körpergewicht und koronaren Herzkrankheiten (*Rabkin, Mathweson* und *Hsu*, 1977). In der Framingham-Studie (ebenfalls mit einem Follow-Up von 26 Jahren) wurde Übergewicht allein als ein unabhängiger Risikofaktor für koronare Herzkrankheiten identifiziert (*Hubert, Feinlieb, McNamara* und *Castelli*, 1983). Übergewicht ist ein ausgesprochen heterogenes Zustandsbild, das eine individuelle Analyse der Ursachen erfordert (*Pudel*, 1978; *Koch*, 1982).

Der Serum-Cholesterolspiegel wird durch eine Reihe von Faktoren beeinflußt (z. B. Menge des Fettkonsums; gesättigte Fettsäuren; Cholesterolgehalt der Nahrung; vgl. *Tzagournis*, 1977); den Ernährungsgewohnheiten kommt damit für die Prävention von koronaren Herzkrankheiten größte Bedeutung zu, auch wenn noch viele Fragen bezüglich der Entstehung des Übergewichtes (z. B. Bedeutung genetischer Faktoren) und der Mikro-Prozesse der Verursachung eines Koronar-Verschlusses offen sind. Das Hauptaugenmerk (vgl. *Ferster, Nurnberger* und *Levitt*, 1962; Stuart, 1967) verhaltensmedizinischer Ansätze liegt deshalb auf einer Veränderung des *Eßverhaltens*. Das bedeutet:

a) Selbstbeobachtungen und Selbstaufzeichnungen von Merkmalen des Eßverhaltens;
b) Techniken der Stimuluskontrolle;
c) Veränderung des Eßstils;
d) Veränderungen der Kalorienzufuhr;
e) Erziehung zur gesünderen, ausgewogeneren Ernährung;
f) Zunahme körperlicher Bewegung;
g) systematische Verstärkung der genannten Bemühungen.

Die Literatur zur Reduktion von Übergewicht durch Veränderung der Ernährung ergibt – vor allem langfristig gesehen – ein eher pessimistisches Bild (s. *Parker* et al., 1986). Dies hängt u. a. damit zusammen, daß Übergewicht eine stark genetische Komponente aufweist oder zumindest dann schwer zu verändern ist, wenn dieses Gewichtsproblem bereits in der Kindheit bestand. Verhaltensmedizinische Ansätze zur Veränderung des Serum Cholesterols und damit zur Senkung von Risikofaktoren für koronare Herzkrankheiten verlangen damit – im Sinne des genannten System-Ansatzes – eine Intervention in mehreren Bereichen.

2. Bewegungsmangel

Es ist inzwischen eine fast triviale Alltagsweisheit, daß körperliche Bewegung in vieler Hinsicht gesundheitsfördernd wirkt. Es gibt auch klare empirische Hinweise, daß körperliche Aktivität (Laufen, Gymnastik, Gehen etc.) sowohl das Risiko koronarer Herzkrankheiten gegenüber Kontrollgruppen senkt, als auch einen günstigen Einfluß auf andere Risikofaktoren ausübt (vgl. *Cinciripini*, 1984). Ein Minimum an körperlicher Bewegung stellen 2–4 mal wöchentliche Übungen von ca. ½ Stunde dar (s. *Morris* et al., 1973; 1980); sporadische – auch exzessive – sportliche Aktivitäten besitzen diesen positiven Effekt jedoch nicht. Körperliche Aktivitäten über einen längeren Zeitraum hinweg tragen zur Reduktion des Übergewichts (s. oben) bei und führen zu signifikanten Reduktionen des Serum Cholesterols (vgl. *Dubbert* et al., 1986; 1987; *Savage* et al., 1986). Ähnlich positive Effekte regelmäßigen moderaten Trainings (z. B. 2–3 mal pro Woche 30–40 Minuten Laufen oder Gymnastik) werden für eine Normalisierung stark erhöhten Blutdrucks berichtet (vgl. *Naughton*, 1985).

Körperliche Bewegung besitzt auch für die sekundäre Prävention eine zunehmende Bedeutung: Im Jahre 1970 zeigte eine Umfrage, daß nur 12% der Internisten und 24% der Kardiologen ihren Patienten körperliches Training nach einem Myokardinfarkt verschrieben; nur 9 Jahre später hat sich dieses Bild deutlich verschoben: 59% der Internisten und 83% der Kardiologen verschrieben ihren Myokardpatienten nunmehr mäßige körperliche Bewegung (vgl. *Wenger, Hellerstein, Blackburn* und *Castranova*, 1982).

3. Zigarettenrauchen

Starker Zigarettenkonsum ist für eine Reihe von Karzinomen, Atemstörungen etc. verantwortlich zu machen; daneben bildet der Zigarettenkonsum einen Risikofaktor für koronare Herzkrankheiten (*U. S. Public-Health-Service*, 1979). Von verhaltensmedizinischer Seite gibt es eine Reihe von Strategien zur Reduktion des Rauchverhaltens (vgl. *Glasgow*, 1986; s. Kasten 19a.1). Die dadurch erzielten Abstinenzraten von 0–50% (*Glasgow* et al., 1981) weisen jedoch auf große Probleme von professionellen Therapieprogrammen hin. Auf der anderen Seite zeigt sich, daß es sehr vielen Rauchern gelingt, ohne professionelle Unterstützung mit dem Rauchen aufzuhören

(*Schachter*, 1982); damit sind offenbar motivationale Faktoren (*Premack*, 1970), sozialer Druck, eine veränderte Einstellung zur eigenen Gesundheit und politische Maßnahmen zumindest ebenso wichtig wie psychologische Faktoren. Die drastische Reduktion des Zigarettenkonsums in den USA in den vergangenen Jahren (ca. 20% Reduktion in ca. 5 Jahren) ist dafür ein deutlicher Hinweis.

Verhaltensmedizin zur Veränderung des Rauchverhaltens beinhaltet auch eine Analyse von makro-sozialen und politisch-gesellschaftlichen Faktoren (vgl. *Holland*, 1978). Durch individuelle Strategien allein ist der Zigarettenkonsum auf Dauer kaum entscheidend zu verändern; in diesem Sinne ist auch die Entwicklung von neuen individuellen Therapieprogrammen nicht mehr sinnvoll, weil solche Programme zur Genüge vorhanden sind (vgl. *Glasgow*, 1986). Es ist zwar sicher entscheidend, ob es gelingt, Raucher von den gesundheitlichen Implikationen ihres Verhaltens für das koronare Herzkrankheitsrisiko zu überzeugen und damit die Bereitschaft (Motivation!) für die individuellen Formen der Bewältigung zu schaffen. Diese Überzeugung und Bereitschaft zu Verhaltens-Änderung erfordert jedoch breit angelegte Kampagnen, die in hohem Maße mit sozialen, ökonomischen und politischen Entscheidungen verbunden sind (z. B.: soziale Stellung des Rauchens; Beeinflussung weitverzweigter Industriebetriebe; Bedeutung einer Verlagerung von Steuereinnahmen etc.). Ein Hauptaugenmerk künftiger verhaltensmedizinischer Forschung muß sich demzufolge auch auf solche Faktoren des Rauchverhaltens und seiner Veränderung richten.

4. Essentieller Bluthochdruck

Von Bluthochdruck spricht man, wenn der Blutdruck mehr als 90 mm Hg diastolisch und mehr als 140–160 mm Hg systolisch beträgt (altersabhängig!); Bluthochdruck betrifft ca. 20% der erwachsenen Bevölkerung und stellt einen Risikofaktor nicht nur für koronare Herzkrankheiten (z. B. Myokardinfarkt), sondern auch für andere Erkrankungen dar (z. B. Nierenversagen). In rund 90% aller Fälle handelt es sich um Essentiellen Bluthochdruck, d. h. um Hochdruck ohne klar auszumachende Krankheitsursachen. Sekundärer Hochdruck (ca. 10% der Fälle) ist hingegen eine Folge spezieller Erkrankungen (z. B. renale Störungen). Das Regulationssystem für Bluthochdruck ist höchst komplex und bis heute nicht in allen Details geklärt (s. dazu etwa *Kaplan*, 1982, 1983; *Steptoe*, 1982). Klar ist jedoch, daß das Verhalten einen direkten Einfluß auf das Blutdruckniveau hat (vgl. *Appel*, 1986).

Verhaltensmedizinische Ansätze zur Veränderung des Essentiellen Bluthochdrucks gehen in zwei Hauptrichtungen: Zum *ersten* besteht die Möglichkeit einer *direkten* Senkung des Bluthochdrucks durch verschiedene psychologische Interventionen. Komplexe Behandlungsstrategien, etwa Entspannungstrainings, Streß-Management und nicht-kardiovaskuläres Biofeedback führten zur Senkung des Blutdrucks von 168/100 mm Hg um durchschnittlich 26/15 mm Hg (*Patel* und *North*, 1975) und in einer weiteren Studie von 163/100 mm Hg um 20/11 mm Hg (*Patel* et al., 1981). Die Effekte blieben im Follow-Up von sechs Monaten stabil. Die Ergebnisse von Biofeedback-Trainings zur Senkung des Blutdrucks sind jedoch insgesamt entmutigend (vgl. *Johnston*, 1982): Die Patienten lernten zwar zumeist, den Blutdruck in der Meß-Situation geringfügig zu senken, ohne explizites Training ergab sich jedoch keine Generalisierung auf die Alltagssituation des Patienten und blieb somit ohne Konsequenzen für die Gesundheit des Patienten. Große praktische Bedeutung besitzt offenbar mäßiges körperliches Training, weil dadurch auch indirekt andere Risikofaktoren positiv beeinflußt werden (Rauchen, Körpergewicht, Cholesterol etc.); in einer gut kontrollierten Studie erbrachte ein lediglich 10-wöchiges Training eine Senkung des diastolischen Blutdrucks um durchschnittlich 9 mm Hg gegenüber einer nichtbehandelten Kontrollgruppe (*Martin* et al., 1987).

Der *zweite* Ansatz richtet sich auf eine Verbesserung der *Compliance*-Rate bei der Einnahme anti-hypertensiver Präparate. Die Compliance liegt bei Bluthochdruck u. a. deshalb so niedrig (nach *Sackett* und *Snow*, 1979, bei ca. 50%), weil der Patient über Jahre hinweg keine negativen Folgen seiner Störung erfährt und er somit keine positive Rückmeldung über den Zweck der Me-

Kasten 19a.1
Strategien zur Selbstkontrolle des Rauchverhaltens

Selbst-Aufzeichnungen: Dazu zählt das Registrieren von Merkmalen des Rauchens (als Baseline) und das Erfassen von Kognitionen und des emotionalen Geschehens (z. B. Rauchen in Streß-Situationen).

Entwerfen eines Vertrages und Präzisieren von Zielen: Präzise Angabe von Zielen, der zeitlichen Perspektiven sowie Festlegen von Konsequenzen für das Einhalten bzw. Nicht-Einhalten (z. B.: Verwendung des ersparten Geldes für ein Geschenk an sich selbst/Versagen des Geschenks bei Nichteinhalten).

Stimuluskontrolle: Dazu gehören bekannte Verfahren aus dem engeren Bereich der Selbstkontrolle, etwa die Einschränkung des Zigarettenkonsums unter bestimmte Bedingungen (z. B. Rauchen nur in einem besonderen Raum), zu einer bestimmten Zeit (z. B. Rauchen nur zur vollen Stunde) und Planung von bestimmten Verhaltensweisen (z. B. Zigaretten schwer zugänglich machen, keine Vorräte kaufen etc.).

Alternative Verhaltensweisen: Es ist wichtig, Verhaltensweisen einzuführen, die als Alternativen zum Rauchen gelten (z. B. tiefes Atmen, Kaugummikauen) bzw. die mit dem Rauchen nicht verträglich sind (z. B. körperliches Training).

Aversive Techniken: Dies beinhaltet nicht nur Strafreize im engeren Sinne (z. B. Geldspende an eine politisch völlig konträre Partei beim Kauf einer Zigarettenpackung), sondern auch den Versuch, die positive Valenz des Rauchens zu verändern. Notwendig sind hier Formen der kognitiven Umstrukturierung und eine intensive Reflexion motivationaler Bedingungen des Rauchens versus Nichtrauchens.

Strategien der Aufrechterhaltung: Dazu zählen Hilfestellungen für eine langfristige Aufrechterhaltung eines therapeutischen Effektes; die Veränderung der Rauchgewohnheiten wird damit in einem Problemlösemodell gesehen. Notwendig ist hier auch das Planen eines Rückfalls und das Umgehenkönnen mit einem zeitweisen Mißerfolg (z. B. wenn man nach einer längeren Zeit der Abstinenz in Gesellschaft wieder zum Rauchen animiert wurde).

dikamenteneinnahme bekommt. Die Compliance-Rate hängt nach übereinstimmenden Befunden weniger von Merkmalen der Krankheit ab (z. B. Gefahr etc.), sondern variiert in hohem Maße mit Aspekten der Arzt-Patienten-Interaktion (s. *Leventhal, Zimmerman* und *Gutmann*, 1984; s. Kasten 19a.2).

Bei der verhaltensmedizinischen Behandlung von Essentiellem Bluthochdruck ist unbedingt auf eine Interaktion von ätiologischen Faktoren einerseits und therapeutischen Ansätzen andererseits zu achten: Die nichtmedizinischen Strategien erzielen Blutdrucksenkungen von ca. 10% und auch die Effekte von medizinischen Verfahren (Reduktionen im Bereich von 10–30%) hängen stark vom Typus der Hypertonie ab (vgl. *Kaplan,* 1982, 1982). Neben diesen differentiellen Gesichtspunkten (z. B. ist etwa salzarme Diät nicht immer indiziert, vgl. *Appel,* 1986, S. 364) in der interdisziplinären Behandlung von Bluthochdruck, muß – auch wegen der starken Verbreitung der Störung – auf die enorme Bedeutung von präventiven Maßnahmen hingewiesen werden.

5. Typ-A-Verhaltensmuster

Mit Typ-A-Verhaltensmuster ist ein Cluster von Verhaltensweisen gemeint; gekennzeichnet ist dies durch hohe Leistungsmotivation bei schlecht definierten Zielen, starkes Wettbewerbsstreben, Ungeduld, Ruhelosigkeit, dadurch Termindruck und ein Gefühl ständiger Zeitnot (s. *Friedman* und *Rosenman*, 1959, 1971). Die von *Friedman*

Kasten 19a.2
Zur Bedeutung von Compliance in der Verhaltensmedizin

Compliance bedeutet ganz allgemein die Bereitschaft eines Patienten zum Befolgen von ärztlichen bzw. psychotherapeutischen Anweisungen (z.B. Einnahme von Medikamenten bzw. Veränderung von Eßgewohnheiten etc.). Die unterschiedlichen Compliance-Raten bei verschiedenen Krankheiten und Störungen bilden ein enormes gesundheitspolitisches Problem; in der verhaltensmedizinischen Forschung versucht man, die Faktoren für eine Verbesserung der Compliance möglichst genau zu identifizieren, um sie dann praktisch nutzbar zu machen (vgl. z.B. *Haynes*, 1979; *Haynes, Taylor* und *Sackett*, 1979; *Sackett* und *Haynes*, 1976; *Leventhal, Zimmerman* und *Gutmann*, 1984; *DiMatteo* und *DiNiccola*, 1982; *Southam* und *Dunbar*, 1986).

Bei einer näheren Analyse der Compliance zeigt sich, daß folgende Faktoren zu einer Verbesserung der Compliance beitragen:

1. Eine für den Patienten klare, verständliche und transparente *Information* über die Wirkung einer verordneten Maßnahme (z.B. Information über Wirkungen und Nebenwirkungen eines Medikamentes; Informationen über die Zusammenhänge von Ernährungsverhalten und Krankheitsverlauf). Die Informationen und Instruktionen sollten auf die individuellen Bedürfnisse und die tägliche Routine des Patienten zugeschnitten sein.
2. Die möglichst rasche und kontingente *Erfahrung* des Patienten von der Wirkung einer bestimmten Maßnahme (Rückmeldung); viele Effekte treten erst verzögert ein, so daß entsprechende Erwartungen des Patienten und die Unterstützung durch ein verhaltensmedizinisches und soziales Netzwerk eine entscheidende Rolle spielen (z.B. kontinuierliche Supervision).
3. Die Fähigkeit des Patienten zum Ausformen spezieller *Selbstmanagement-Fertigkeiten;* da diese Selbstmanagement-Fertigkeiten (z.B. kontinuierliche Selbstbeobachtung; Bildung gesundheitsrelevanter Standards; Überbrücken verzögerter Effekte durch Selbstverstärkung etc.) beim Patienten nicht vorausgesetzt werden können, müssen die einzelnen Bestandteile effektiven Selbstmanagements durch entsprechend individuelle erzieherische Maßnahmen aufgebaut werden (z.B. Üben von Selbstaufzeichnungen; Erlernen von Selbstverstärkung etc.).

Folgerung: Es hat offensichtlich wenig Sinn, zur Behandlung einer Krankheit oder Störung lediglich potente Präparate oder erfolgversprechende therapeutische Strategien zur Verfügung zu haben; es muß vielmehr gesichert sein, daß der Patient die entsprechenden Maßnahmen auch umsetzen kann. Die Frage der Compliance, bei der eine Interaktion von Faktoren aus unterschiedlichen Bereichen eine Rolle spielt, ist für die Gesundheitsversorgung zumindest ebenso wichtig wie das reine Behandlungsverfahren.

und *Rosenman* ursprünglich aus klinischen Beobachtungen formulierte Annahme über das erhöhte Herzinfarktrisiko von Patienten mit Typ-A-Verhaltensmustern (doppeltes Erkrankungsrisiko für Typ-A-Patienten) ist inzwischen in unterschiedlichen Studien belegt.

Neben den Problemen einer präzisen Operationalisierung des Typ-A-Musters bleibt als zentrale Frage, wie durch einen Verhaltensstil eine koronare Herzkrankheit verursacht werden kann. Dafür lassen sich mehrere Hypothesen anführen, etwa die Annahme, daß sich Typ-A-Personen bevorzugt in Streß-Situationen begeben, daß sie in verschiedenen physiologischen Parametern auf normale Stressoren stärker reagieren oder sogar, daß das Typ-A-Verhaltensmuster und die damit verbundenen pathophysiologischen Prozesse auf eine bisher unbekannte Ursache zurückzuführen sind (s. *Cooper* et al., 1981). Einen gewissen Hinweis für diese Überlegungen liefern Befunde, wonach extreme Typ-A-Personen eine Reihe von pathophysiologischen Mechanismen zeigen, die sie von Kontrollpersonen unterscheiden (z. B. schnellere Blutgerinnungszeit, erhöhte Blutfette und Triglyzeride, erhöhte Katecholaminausschüttung unter Streß). Diese Mechanismen könnten zumindest eine gewisse Erklärung für das beobachtete erhöhte koronare Herzkrankheitsrisiko von Typ-A-Personen sein (vgl. *Dembroski, MacDougall, Eliot* und *Buell*, 1983). Für einzelne Komponenten des Typ-A-Verhaltens (etwa Dominanz, Antrieb, Impulsivität) spielen vermutlich auch genetische Faktoren zumindest eine gewisse Rolle (vgl. *Matthews* und *Krantz*, 1976). Trotz umfangreicher Bemühungen sind die genauen Mechanismen der Interaktion des psychologischen, physiologischen und endokrinen Geschehens, das für das erhöhte Erkrankungsrisiko verantwortlich zu machen ist, bis heute nicht restlos geklärt.

Zur verhaltensmedizinischen Veränderung des Typ-A-Verhaltensmusters und damit zur Senkung des Risikos koronarer Herzkrankheiten gibt es inzwischen eine Reihe von Strategien, die man auf ein Kontinuum individueller Hilfestellung (z. B. Streßbewältigung) bis hin zu gemeindepsychologischen Programmen (Überblick bei *Sallis* et al., 1986) einordnen kann. Die Befunde zur Veränderung des Typ-A-Verhaltensmusters (z. B. durch Streß-Management-Training) im nichtklinischen Bereich sind sehr uneinheitlich und wenig ermutigend (vgl. *Roskies* et al., 1978). Klare Hinweise auf die Wirksamkeit eines verhaltensmedizinischen Programms liefert eine groß angelegte Untersuchung im Bereich der sekundären Prävention von *Thoresen* et al. (1982): Patienten mit akutem Myokardinfarkt zeigten nach einer kontinuierlichen und intensiven verhaltensmedizinischen Behandlung (z. B. Strategien der Streßbewältigung) nach drei Jahren eine signifikant geringere Re-Infarkt-Quote gegenüber den Patienten, die lediglich laufend von einem Kardiologen überwacht wurden. Außerdem zeigten die verhaltensmedizinisch behandelten Patienten eine deutliche Reduktion von Verhaltensweisen, die man dem Typ-A-Bereich zuordnet, verglichen mit der Kardiologen- und der Nicht-Behandlungs-Kontrollgruppe.

Die inkonsistente Beweislage für eine Veränderung des Typ-A-Verhaltensmusters durch spezielle verhaltensmedizinische Ansätze kann damit zusammenhängen, daß die angeführten Merkmale (z. B. Streßbedingungen etc.) sehr eng mit den oben angeführten Risikofaktoren interagieren. Auf der Ebene der Intervention erfordert dies eine sensible Analyse unterschiedlicher Bedingungen des Problems und damit verbunden z. T. sehr komplexe und aufwendige Programme (s. *Langeluddecke*, 1986, *Sallis* et al., 1986; *Lefebvre*, 1987).

5. Perspektiven der Verhaltensmedizin

Als grundlegendes Modell einer Analyse und Behandlung wird in der Verhaltensmedizin auf einen *Systemansatz* Bezug genommen (vgl. *Schwartz*, 1981, 1982). Das Modell wird der Komplexität von Krankheiten und ihrer Interaktion mit Verhaltensmerkmalen wohl am ehesten gerecht; an den Forscher und Praktiker stellt der Umgang mit Komplexität jedoch hohe Anforderungen. Ohne die Bereitschaft zur Aufweichung tradierter professioneller Grenzen ist eine Umsetzung verhaltensmedizinischer Prinzipien kaum zu realisieren. Diese notwendige *Interdisziplinarität* hat Implikationen für Forschung, Praxis und Lehre, deren Konturen bis heute noch ausgesprochen unklar sind. Dennoch ist es sinnvoll, an der Forderung nach einem System-Ansatz und damit verbunden nach Interdisziplinarität im Sinne einer Leitidee festzuhalten; die konkrete Einlösung steht erst am Beginn und bildet eine ständige Herausforderung.

Die Tätigkeit der Forscher und Praktiker in der Verhaltensmedizin ist mit mehr oder weniger gravierenden Veränderungen im *Gesundheitssystem* verbunden: Dies hat nicht nur für einzelne Kranke oder krankheitsgefährdete Personen Implikationen, sondern auch für verschiedene Einrichtungen des Gesundheitssystems massive Konsequenzen. Eine Umsetzung der verhaltensmedizinischen Perspektive im Sinne eines wissenschaftlich-gesundheitspolitischen Programms hat eine Reihe von Veränderungen auf unterschiedlichen Ebenen zur Folge: Die Veränderung des Gesundheitsverhaltens führt nicht nur zu einer weiteren Verschiebung des Krankheitsspektrums (vgl. *Levy* und *Moskowitz*, 1982), sondern erbringt auch Verlagerungen in finanziellen, politischen und gesellschaftlichen Bereichen (z.B. Senkung des Alkohol- und Zigarettenkonsums; Veränderung des Arbeits- und Freizeitverhaltens etc.). Durch die Vernetzung des Verhaltens mit sozialen, ökonomischen und politischen Bedingungen sind die Folgeerscheinungen kaum abschätzbar, sollten aber zumindest mittelfristig ins Kalkül gezogen werden.

Es gehört zu den Verdiensten der Verhaltensmedizin, die Bedeutung von *Verhaltensanteilen* für Gesundheit und Krankheit in das Zentrum von Forschungsbemühungen gestellt zu haben; dies gilt insbesondere für chronische Krankheiten, bei denen eine Heilung im engeren Sinne nicht mehr möglich ist. Die Verhaltensanteile sind bei einzelnen Störungen (in Ätiologie und Verlauf) äußerst unterschiedlich zu gewichten und eine der künftigen Aufgaben der verhaltensmedizinischen Forschung wird darin bestehen, präzise und verbindliche Angaben zu den Verhaltensanteilen einzelner Krankheiten zu liefern (s. *Traue*, 1986). Dies erfordert die Analyse von Prozessen der emotionalen Verarbeitung, der Anpassung und ihrer Bedeutung für die Entstehung, Aufrechterhaltung und Behandlung von Krankheiten (s. *Temoshok*, 1983; *Zegans*, 1983). Ein zentralpsychologisches Thema in der Verhaltensmedizin bildet z.B. die Frage, unter welchen Bedingungen Personen bereit sind, einen Beitrag zur Aufrechterhaltung der eigenen Gesundheit zu leisten. Die Aufrechterhaltung von Gesundheit oder die Beschleunigung der Genesung werden als wichtige Themen der Prävention angesehen; dies kommt bereits im Begriff der Gesundheitspsychologie („Health-Psychology", vgl. *Matarazzo*, 1980, 1984; *Schwartz*, 1984; *Zeiner, Bendell* und *Walker*, 1985) zum Ausdruck. Die Veränderung eines pathogenen Lebensstils und die Stabilisierung adäquaten Gesundheitsverhaltens sind zentrale Aufgaben zukünftiger verhaltensmedizinischer Forschung und Praxis (s. *Farquhar, Maccoby* und *Solomon*, 1984; *Maccoby, Farquhar* und *Fortman*, 1985; *Matarazzo*, 1984).

Verhaltensmedizin ist nicht der Schlüssel zur Lösung aller hartnäckigen Probleme im Gesundheitssystem; bei entsprechender Bereitschaft von Individuum und Gemeinschaft bestehen aber nachgewiesenermaßen gute Chancen auf eine Verbesserung der Situation. Die Verbesserung besteht u.a. in einer Senkung der Kosten medizinischer Behandlung durch Prävention und durch optimale Nutzung des Gesundheitssystems (vgl. *Bühringer* und *Hahlweg*, 1986). Einen ganz entscheidenden Fortschritt bildet – wenn auch nicht so einfach meßbar, die Verbesserung der Lebensqualität für Individuum und Gemeinschaft.

Kapitel 20

Gruppen- und Ehetherapie. Somatische Behandlung

In diesem Kapitel beschäftigen wir uns mit zwei Formen der therapeutischen Intervention. Obwohl sie sich in vielerlei Hinsicht wesentlich unterscheiden, ist ihnen etwas gemeinsam: Der Fachmann kann seine Zeit sehr viel effizienter nutzen als in den bisher betrachteten Formen der Einzeltherapie. In der Gruppen- und Ehetherapie behandelt ein Therapeut mehrere Patienten gleichzeitig. Und die somatischen Behandlungen – Drogentherapie, chirurgische Eingriffe und Elektrokrampftherapie – verlangen insgesamt wenig Zeitaufwand. Beide Behandlungsformen sind also ökonomischer als die Einzeltherapie. Wie wir bald sehen werden, wird ihr Einsatz aber nicht in erster Linie von ökonomischen Gesichtspunkten bestimmt. Man hat sie vielmehr vor allem deshalb entwickelt, weil man sich von ihnen wirksame Hilfe versprach.

1. Gruppen- und Ehetherapie

Ein Therapeut kann offensichtlich mehr Menschen für ein geringeres Honorar behandeln, wenn er seine Klienten gruppenweise empfängt, anstatt in Einzelsitzungen. Doch es wäre falsch, den Wert der Gruppentherapie nur nach ökonomischen Maßstäben zu bestimmen. Die meisten Gruppentherapeuten glauben, daß bestimmte Ziele *nur* mit dieser Form der Behandlung zu erreichen sind. Gruppenmitglieder haben zum Beispiel Gelegenheit zu stellvertretendem Lernen (vgl. S. 52), wenn sie ihre Aufmerksamkeit auf einen anderen Teilnehmer konzentrieren. Auch der soziale Druck kann in Gruppen erstaunlich stark sein. Wenn ein Einzelklient von seinem Therapeuten gesagt bekommt, sein Verhalten wirke, auch wenn er das vielleicht nicht beabsichtige, feindselig, kann er diese Botschaft zurückweisen. Wird diese Interpretation aber von drei oder vier anderen bestätigt, ist es für den Betroffenen vermutlich sehr viel schwieriger, sie einfach zu negieren. Überdies ist allein die Erfahrung, daß andere ähnliche Probleme haben, für viele Menschen tröstlich und entlastend.

Wie wir in den beiden vorangegangenen Kapiteln feststellen konnten, ist die Literatur zur Einzeltherapie verwirrend und kaum noch zu überschauen. Bei der Gruppentherapie ist es nicht anders. Fast jede einzeltherapeutische Technik oder Theorie hat man sich auch für die Gruppentherapie zunutze gemacht. Es gibt psychoanalytische Gruppen (*Slavson*, 1950; *Wolf*, 1949), Gestaltgruppen (*Perls*, 1969), klientenzentrierte Gruppen (*Rogers*, 1970), verhaltenstherapeutische Gruppen (*Lazarus*, 1968a; *Paul* und *Shannon*, 1966; *Upper* und *Ross*, 1980) und zahllose weitere Formen. Man hat Gruppentherapien mit Kindern und ihren Eltern durchgeführt, mit Jugendlichen, mit Patienten, die an einer Vielzahl medizinischer Krankheiten litten, mit alten Menschen und ihren Betreuungspersonen, mit Drogen- und Alkoholabhängigen – die bemerkenswerteste Arbeit leisten hier wohl die Anonymen Alkoholiker –, mit Eltern, die ihre Kinder mißhandeln, mit Straffälligen, mit Homosexuellen, mit hospitalisierten psychiatrischen Patienten (*Lubin*, 1983). Wir werden uns – in der Hoffnung, eine Vorstellung von der Spannweite und Vielfalt der wichtigsten Theorien und Verfahren zu vermitteln – mit einigen dieser Gruppentherapien ausführlicher beschäftigen und uns anschließend einige Forschungsergebnisse zu ihrer Wirksamkeit ansehen.

Einsichtsorientierte Gruppentherapie

Morenos Psychodrama

Den Begriff ,,Gruppenpsychotherapie" soll 1931 der Wiener Psychiater *Jacob L. Moreno* geprägt haben. *Moreno* war fraglos eine der einflußreichsten und farbigsten Persönlichkeiten in diesem Bereich. Die von ihm geschaffene Form der Gruppentherapie, das *Psychodrama*, besteht ihrem Wesen nach darin, daß die Teilnehmer Rollen übernehmen und ihre Gefühle ausagieren, als spielten sie ein Theaterstück. Die Rolle des Regisseurs in diesem psychischen Drama fällt dem Therapeuten zu. Er kann zum Beispiel einen Mann auffordern, sich mit einem anderen Gruppenmitglied in der Rolle seines Vaters zu unterhalten. Im Rahmen einer solcherart spontanen und ungeplanten Inszenierung gelingt es dem Klienten offenbar besser als mit bloßen Worten, die den Vater betreffenden Gefühle und Wahrnehmungen zum Ausdruck zu bringen. ,,Wir müssen die Patienten dazu bringen, konkret zu sein und ihre Gefühle und Gedanken in strukturierter Form darzustellen" (*Moreno* und *Kipper*, 1968, S. 56). Wie andere Formen der Gruppentherapie setzt auch das Psychodrama die Gruppe als Mittel zur Änderung von Menschen ein. Die Gruppenmitglieder sind ein Ensemble potentieller Schauspieler, mit denen die dramatischen Darbietungen in Szene gesetzt werden.

Um die Rollenübernahme zu erleichtern und die Vorgänge einem wirklichen Schauspiel anzunähern, riet *Moreno*, eine richtige Bühne zu benutzen. Auch die Anwesenheit eines Publikums trägt zur Theateratmosphäre bei. *Moreno* schlug zahlreiche Formen des Rollenspiels vor, um den Ausdruck von echten Gefühlen und die Konfrontation mit ihnen zu fördern. Die Technik des *Spiegelns* zum Beispiel ist für Patienten gedacht, denen es schwerfällt, sich in Handlungen oder Worten darzustellen: Ein ,,Hilfs-Ich" in Gestalt eines anderen Gruppenmitgliedes liefert im Rahmen seiner darstellerischen Möglichkeiten ein Porträt des Patienten, der dadurch zugleich sehr konkret erfährt, wie andere ihn sehen. Bei der *Rollenumkehr* tauschen die Schauspieler die Rollen. Im *Zauberladen* kann sich der Protagonist eine gewünschte Eigenschaft ,,kaufen" und muß dafür eine altvertraute vorübergehend aufgeben. Immer haben die Spieler das Ziel, in dramatischer Form auszudrücken, wie sie sich in bestimmten Situationen fühlen. Zuweilen greift der Therapeut mit ,,Regieanweisungen" aktiv in das Spiel ein, damit der therapeutische Gewinn für die Beteiligten möglichst groß wird.

Ist das Psychodrama nun eine einsichtsorientierte oder eine handlungsorientierte Therapie? Der Therapeut übernimmt eindeutig die Verantwortung für das Geschehen während der Sitzung. Überdies leitet er die Patienten während der Behandlung zu spezifischen Verhaltensweisen an. Andererseits verfolgt *Moreno* mit seiner Therapie letztlich das Ziel, den Klienten Einsicht in ihre Motivationen zu vermitteln. Das Psychodrama scheint also eine Einsichtstherapie zu sein, die über die rein verbal interpretierenden Methoden der Psychoanalyse hinausgeht, den Patienten aber gleichwohl zur Einsicht in ihre wahren Motive und Bedürfnisse verhelfen möchte.

Leider gibt es kaum kontrollierte Untersuchungen zum Psychodrama, so daß es nicht möglich ist, die Wirksamkeit von *Morenos* Methode einzuschätzen.

Sensitivity-Training und Encounter-Gruppen

Eine der aufregendsten Entwicklungen innerhalb der Klinischen Psychologie und Psychiatrie ist zweifellos die Bewegung der T-Gruppen oder des *Sensitivity-Training*. *Aronson* (1972) unterschied die T-Gruppen von den radikaleren ,,Encounter-

Gruppen". Letztere erlangten vornehmlich an der amerikanischen Westküste, etwa am Esalen Institut, wo in den sechziger Jahren *Perls* residierte, große Beliebtheit. In T-Gruppen bedient man sich überwiegend verbaler Verfahren und vermeidet Körperkontakt, Berührungsübungen und den ungehemmten Ausdruck von Emotionen, wie sie in vielen Encounter-Gruppen üblich sind. *Aronsons* Unterscheidung wird jedoch nicht allgemein anerkannt. Laut *Rogers* (1970) gab ein von ihm geleitetes Therapeutentraining 1946 an der Universität von Chicago, bei dem er persönliches Wachstum und die Verbesserung der interpersonellen Kommunikation in den Mitelpunkt stellte, den Anstoß zur Entwicklung von Encounter-Gruppen. Wir teilen seine Meinung, daß T-Gruppen und Encounter-Gruppen heute gewöhnlich nicht voneinander zu unterscheiden sind.

Die Idee der T-Gruppe reicht bis ins Jahr 1947 zurück, als man in Bethel, Maine, Tagungen zur Dynamik von Kleingruppen abhielt, die schließlich zur Gründung des *National Training Laboratory* führten. Den Anstoß dazu gaben Mitarbeiter des berühmten Sozialpsychologen *Kurt Lewin*, der am *Massachusetts Institute of Technology* arbeitete (*Lubin*, 1983). Ursprünglich waren die Gruppen für leitende Angestellte aus der Industrie gedacht, mit dem Ziel, die Geschäftspraktiken auf dieser höchsten Management-Ebene dadurch in ihrer Effizienz zu steigern, daß man den Managern ihre Wirkung auf andere Menschen und ihre eigenen Gefühle gegenüber anderen bewußter machte. Im Laufe der letzten 35 Jahre haben Millionen von Menschen, darunter zweifellos auch einige Leser dieses Buches, an solchen Gruppen teilgenommen. Inzwischen steht nicht mehr die Gruppendynamik im Mittelpunkt der Aufmerksamkeit, sondern individuelles Wachstum.

Die T-Gruppe ist wohl am besten als Veranstaltung mit pädagogischer Zielsetzung beschrieben, denn für ernsthaft gestörte Menschen war sie von Anfang an nicht gedacht. Die T-Gruppe fördert persönliches Wachstum und gegenseitiges Verstehen bei Menschen, die im Grunde mit ihrem Leben ganz gut zurechtkommen. Allgemein gesagt, werden die Teilnehmer angehalten, sich auf ihre „Hier und Jetzt"-Beziehungen untereinander zu konzentrieren. Von T-Gruppen fühlen sich häufig Menschen angezogen, die zwar keine schwerwiegenden Probleme, aber trotzdem das Gefühl haben, daß ihnen etwas fehlt und daß sie ihre Tage ohne Intensität und wirkliche Nähe zu anderen verbringen. *Aronson* nennt als allgemeine Ziele von T-Gruppen die folgenden:

Eine Psychodramasitzung. Die Regisseurin-Therapeutin gibt den Patienten Hinweise für ihr Rollenspiel.

1. Eine Bereitschaft zu entwickeln, das eigene Verhalten zu überprüfen und mit neuen Verhaltensformen zu experimentieren.
2. Allgemein mehr über Menschen zu erfahren.
3. Authentischer und aufrichtiger in zwischenmenschlichen Beziehungen zu werden.
4. Mit anderen nicht autoritär oder unterwürfig, sondern kooperativ zusammenzuarbeiten.
5. Die Fähigkeit zu entwickeln, Konflikte nicht durch Zwang oder die Manipulation anderer, sondern durch logisches und rationales Denken zu lösen.

Ganz allgemein gesagt, stellen T-Gruppen und Encounter-Gruppen Bedingungen bereit, die die Teilnehmer ermutigen, sich ohne Schutzmaßnahmen zu verhalten. Sie lernen, Rückmeldung anzunehmen und zu geben, zu sehen, wie ihr Verhalten auf andere wirkt und andere beeinflußt, und zu erkunden, welche Gefühle ihr eigenes Verhalten und das anderer bei ihnen auslöst. *Aronson* (1972) beschrieb den Beginn einer Gruppensitzung folgendermaßen:

„Er (der Gruppenleiter) ... verfällt in Schweigen. Die Minuten verrinnen. Es scheinen Stunden zu sein. Die Gruppenmitglieder mustern einander

oder schauen aus dem Fenster. Typischerweise richten einige den Blick auf den Trainer, sie warten vielleicht auf Anweisungen. Es kommen keine. Nach etlichen Minuten äußert irgendeiner sein Unbehagen. Vielleicht reagiert jemand darauf, vielleicht aber auch nicht. In einer typischen Gruppe wird irgendeiner schließlich mit seinem Ärger über den Gruppenleiter nicht mehr hinter dem Berg halten: ‚Ich habe das jetzt satt. Das ist Zeitverschwendung. Warum tun Sie nicht endlich was, das ist schließlich Ihr Job. Wofür, zum Teufel, bezahlen wir Sie eigentlich? Warum sagen Sie uns nicht, was wir hier machen sollen?' Im Hintergrund wird beifälliges Gemurmel laut. Jetzt greift vielleicht ein anderer ins Geschehen ein und fragt den Unmutigen, warum ihn denn das Fehlen von Anweisungen so aus der Ruhe bringe – braucht er etwa immer jemanden, der ihm sagt, was er tun soll? Und schon nimmt die T-Gruppe ihren Lauf" (S. 241).

Kommunikationsebenen. Abbildung 20.1 zeigt *Aronsons* schematische Darstellung einer dyadischen oder Zweier-Interaktion. Im Alltag kommunizieren wir gewöhnlich auf Ebene P_3, d.h., wir verhalten uns einem anderen Menschen gegenüber auf irgendeine Weise verbal oder nonverbal. Der Adressat unseres P_3-Verhaltens reagiert gewöhnlich auf Ebene R_4: Er bewertet uns. Während dieses Prozesses kann es an vielen Stellen zu Fehlbeurteilungen kommen. Zum Beispiel kann der Empfänger auf Ebene R_3 die Absicht von P falsch einschätzen: Obwohl P dem Empfänger freundschaftliche und warme Gefühle (P_1) entgegenbringt, hat er möglicherweise Schwierigkeiten, diese Wärme auch zum Ausdruck zu bringen, und seine Kommunikation auf Ebene P_3 fällt daher sarkastisch aus. Der Empfänger interpretiert Ps Absicht dann möglicherweise nicht als den Wunsch, seine freundschaftlichen Gefühle für ihn auszudrücken, sondern als den Wunsch, ihn zu verletzen (R_3). Wenn nicht, wie in der T-Gruppe angestrebt, offen über Gefühle gesprochen wird, kann es geschehen, daß der Empfänger den P als übelwollenden Zeitgenossen ablehnt und nie erfährt, daß P ihn in Wirklichkeit sehr mag (P_1), aber einfach nie gelernt hat, seine Gefühle auch angemessen auszudrücken (P_3). In einer gut geleiteten T-Gruppe lernen die Teilnehmer, ihre persönlichen Kommunikationen und Reaktionen in ihre Komponenten zu zerlegen, um ihre eigenen Gefühle für andere zu erkunden und ihre Wahrnehmung dessen, was sie von den anderen empfangen, zu überprüfen.

Die Teilnehmer einer T-Gruppe sprechen offen miteinander und hören einander zu. Gewöhnlich arbeitet die Gruppe an den gerade ablaufenden Interaktionen und nicht an lebensgeschichtlichen Ereignissen, wie es eine psychoanalytisch orientierte Gruppe tun würde. Die Beto-

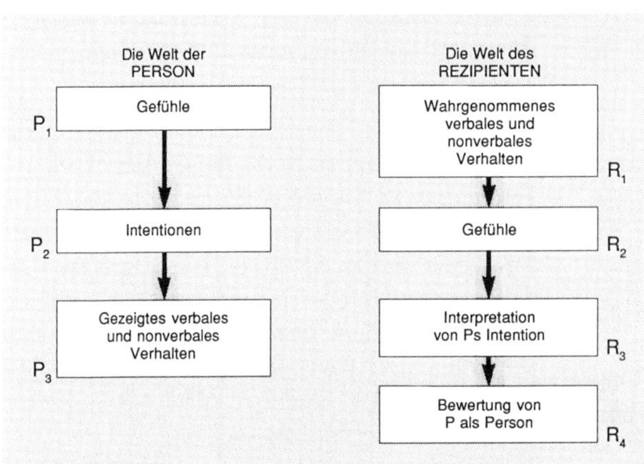

Abb. 20.1. Schematische Darstellung einer Zwei-Personen-Interaktion. Das Diagramm veranschaulicht die verschiedenen möglichen Kommunikationsebenen (nach *Aronson*, 1972).

nung des offenen Umgangs miteinander bedeutet nicht notwendigerweise eine Verletzung der Intimsphäre, obwohl sich die Teilnehmer in manchen Gruppen sicher auch gedrängt fühlen, mehr von sich zu offenbaren, als sie eigentlich wollen. Ein erfahrener und kompetenter Gruppenleiter achtet darauf, daß kein unangemessener Druck ausgeübt wird. Wenn er das Gefühl hat, daß sich die Gruppe zu intensiv mit den privatesten Gefühlen eines Teilnehmers beschäftigt, wird er das Gespräch von dem Betreffenden ablenken.

Die Rolle des T-Gruppen-Leiters. *Aronson* faßt Rolle und Funktion eines T-Gruppen-Leiters wie folgt zusammen:

1. Der Gruppenleiter oder Trainer ist vollwertiges Mitglied der Gruppe. Seine Gefühle, Reaktionen und Einflußnahmen auf andere stehen genauso zur Debatte wie die jedes anderen Gruppenmitgliedes. Im Unterschied zu manchen anderen Gruppentherapeuten achten T-Gruppen-Leiter nicht auf Distanz gegenüber ihren Klienten.
2. Als Experte nimmt er jedoch auch andere Funktionen wahr. Er kommentiert gelegentlich das Gruppengeschehen, greift helfend in besonders schwierige Konfrontationen ein und stellt sicher, daß die Interaktionspartner einander nicht bewerten, sondern über ihre gegenseitigen Gefühle sprechen.
3. Da er glaubt, daß selbst gemachte Entdeckungen bedeutungsvoller und nachhaltiger sind als die Einsichten und Beobachtungen eines Experten, ist der Gruppenleiter mit eigenen Interventionen so zurückhaltend wie möglich. Zuweilen wird er es für das beste halten, einfach zu schweigen.
4. Der fähige Trainer vermeidet es nach Möglichkeit, den anderen seinen Willen und seine Vorstellungen aufzudrängen, ist sich aber natürlich seiner besonderen Machtposition innerhalb der Gruppe bewußt. Der Mißbrauch, der gelegentlich mit Encounter- und T-Gruppen getrieben wird, ist vermutlich der allzu menschlichen Neigung mancher Trainer zuzuschreiben, sich dieser Macht auf unkluge Weise zu bedienen.

Variationen. Sensitivity- und Encounter-Gruppen werden in vielerlei Hinsicht unterschiedlich gehandhabt. *Rogers* Gruppen arbeiten nach den klientenzentrierten Prinzipien seiner Einzeltherapie (vgl. Kapitel 18). Da man annimmt, daß zum persönlichen Wachstum die aufrichtige Auseinandersetzung mit den eigenen Gefühlen gehört, hilft der Gruppenleiter den Teilnehmern, sich Klarheit über ihre Gefühle zu verschaffen. Er ist gewöhnlich weniger aktiv, als *Aronson* es für die T-Gruppen beschreibt. Manche Gruppen kommen für viele Stunden, vielleicht sogar für ein ganzes – nahezu oder völlig schlafloses – Wochenende zusammen. Sinn und Zweck solcher *Marathons* (*Bach*, 1966; *Mintz*, 1967; *Stoller*, 1968) soll es sein, durch Übermüdung und langdauernde Konfrontation mit bestimmten sozialen Bedingungen die ,,Abwehrhaltung“ der Teilnehmer so zu schwächen, daß sie offener und vermutlich auch authentischer werden. Viele Encounter-Gruppen-Enthusiasten setzen Übungen ein, um das Eis zu brechen (*Schutz*, 1967). Der Trainer fordert etwa einen Teilnehmer auf, die Augen zu schließen und sich von den anderen tragen zu lassen. Diese Übung soll ihm helfen, den anderen zu vertrauen. Eine andere Übung besteht darin, daß zwei Teilnehmer einander schweigend in die Augen schauen. Solche Manöver sind zur Auflockerung gedacht und sollen den Teilnehmern klarmachen, daß sie ihren Gefühlen in dieser sozialen Umgebung unzensiert und ungestraft Ausdruck verleihen können. Als weiteres Mittel zur Schwächung von Abwehrhaltungen setzte *Bindrim* (1968) als erster auch Nacktheit ein. In Gruppen mit Drogenabhängigen neigt man sogar zu Konfrontationen von brutaler Direktheit.

Verhaltenstherapeutische Gruppen

Individualisierte Verhaltenstherapie in Gruppen

Von *Arnold Lazarus* (1968a), einem Pionier der Gruppenverhaltenstherapie, stammt der Vorschlag, mehrere Klienten mit demselben Problem aus Effizienzgründen gleichzeitig, d.h. in einer Gruppe zu behandeln. Bei dieser Form der Verhaltenstherapie liegt der Schwerpunkt allerdings weiterhin auf den Interaktionen zwischen dem

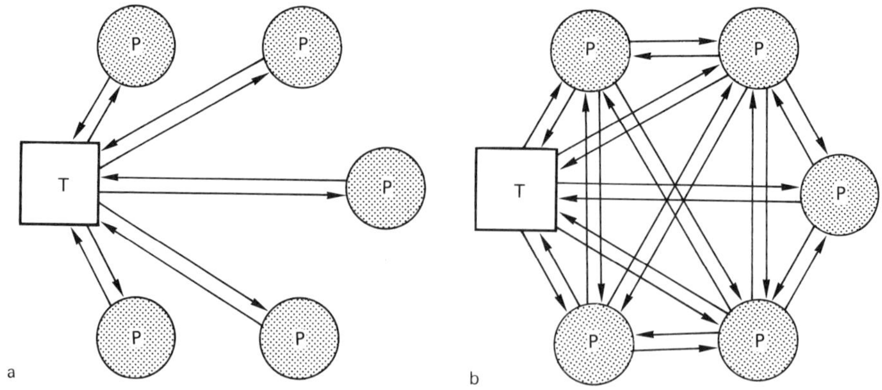

Abb. 20.2. Unterscheidung zwischen einer individualisierten Gruppentherapie (a) und einer Gruppentherapie, bei der Interaktionen zwischen allen Mitgliedern als wichtig erachtet werden (b). Die Pfeile stehen für Kommunikations- und Beeinflussungslinien. T bedeutet Therapeut, P ist der Patient.

Therapeuten und jedem einzelnen Patienten oder Klienten.[1]

Ein gutes Beispiel für den individualisierten Ansatz ist die Gruppendesensibilisierung (*Lazarus*, 1961). Ein einziger Therapeut kann der Gruppe die Tiefenentspannung beibringen und dem einzelnen Klienten gleichzeitig eine Hierarchie darbieten. Das spart viel Zeit. Man hat auf diese Weise Prüfungsangst (*Nawas, Fishman* und *Pucel*, 1970), Schlangenphobien (*Ritter*, 1968), Angst vor öffentlichem Reden (*Paul* und *Shannon*, 1966) und soziale Angst (*Wright*, 1976) behandelt.

Erfolgreich waren auch Gruppentherapien zur Gewichtsabnahme (*Wollersheim*, 1970) und zur Raucherentwöhnung (*Koenig* und *Masters*, 1965). Wieder behandelte man jedes Gruppenmitglied mit einer besonderen Technik. Bleibt zu fragen, ob man hier überhaupt von Gruppentherapie sprechen kann. Allerdings scheinen auch die Mitglieder solcher Spezialgruppen einander Mut zu machen und zu unterstützen.

[1] In gestalttherapeutischen Gruppen ist das Vorgehen im allgemeinen ähnlich. Der Therapeut arbeitet immer nur mit einem Gruppenmitglied. Häufig sitzt der oder die Betroffene zu diesem Zweck auf einer besonderen Sitzgelegenheit, dem sogenannten „heißen Stuhl".

Soziales Training in Gruppen

Menschen, die ähnliche Probleme im Umgang mit anderen haben, vermittelt man im Rahmen einer Gruppe soziale Fertigkeiten. Die Gruppenmitglieder üben die fehlenden Fertigkeiten miteinander ein und können sich so auf einzigartige und einander nicht überfordernde Art und Weise helfen, ihr Verhalten zu ändern. Die Kommunikation bleibt nicht auf den Therapeuten und jeweils einen Teilnehmer beschränkt, denn da die Gruppenmitglieder interagieren, kommunizieren sie auch alle miteinander (vgl. Abb. 20.2b). Depressive Menschen z.B. haben in Gruppen soziale Fertigkeiten erworben, die ihnen anschließend mehr Verstärkung von anderen eintrugen (*Lewinsohn, Weinstein* und *Alper*, 1970).

Selbstbehauptungstraining in Gruppen

Selbstbehauptung ist eine soziale Fertigkeit. *Lazarus* führt seine Trainingsgruppen mit etwa zehn Klienten gleichen Geschlechts durch. Beim ersten Treffen umreißt er die allgemeinen Ziele der Therapiegruppe. Dabei beschäftigt er sich insbesondere mit den Folgen, die Selbstunsicherheit oder mangelnde Selbstbehauptung in unserer Gesellschaft nach sich ziehen kann. Er weist auch darauf hin, daß die Therapiegruppe zum Übungsfeld für kooperatives Problemlösen werden kann.

Wie *Rogers* verlangt er von den Gruppenmitgliedern Aufrichtigkeit und gegenseitiges Akzeptieren und macht konstruktive Kritik und fleißiges Üben der neuen Fertigkeiten zur Pflicht. Dann stellen sich die einzelnen Teilnehmer kurz vor und die anderen sind aufgerufen, das jeweilige Verhalten zu kommentieren und insbesondere darauf zu achten, ob sich der Betreffende gerechtfertigt oder für irgend etwas entschuldigt hat.

Dann bekommen Gruppenmitglieder eine Situationsaufgabe, die eine selbstbehauptende Reaktion verlangt (vgl. S. 667ff.). Der Therapeut verwandelt die Situation in eine Szene und demonstriert selbstbehauptendes Verhalten. Dann übernehmen zwei oder mehr Gruppenmitglieder Rollen und spielen ihrerseits die Szene zu Ende. Der Therapeut und die anderen Teilnehmer sagen den Spielern, die selbstsicheres Verhalten üben, was sie richtig und was sie falsch machen. Jede Situation wird so oft wiederholt und geübt, bis den Spielern das selbstsichere Verhalten ganz natürlich erscheint. Besondere Bedeutung kommt den Hausaufgaben zwischen den Sitzungen zu. In den Sitzungen berichten die Mitglieder dann von ihren erfolgreichen und mißlungenen Versuchen, sich im Alltag selbstbehauptend zu verhalten. Häufig werden Alltagsszenen innerhalb der Gruppe im Rollenspiel geübt, um erlebte oder auch bevorstehende Situationen selbstsicherer bewältigen zu können. Immer wird betont, wie nutzbringend und wichtig es ist, positiven und negativen Gefühlen angemessenen und wirksamen Ausdruck zu verleihen. Ein einfühlsamer und geschickter Therapeut schafft eine Atmosphäre, in der die Gruppenmitglieder allmählich so viel Selbstvertrauen bekommen, daß sie andere kritisieren können, ohne zu befürchten, deren Gefühle zu verletzen. Auch chronisch Schizophrene haben nach einem Selbstbehauptungstraining viel von ihrer Willfährigkeit und ihrem Rückzugsverhalten abgelegt (*Bloomfield*, 1973).

Das Selbstbehauptungstraining von *Lazarus* und das Sensitivity-Training sind sich in mancherlei Hinsicht ähnlich, aber ein wichtiger Unterschied liegt vor allem in der Bedeutung, die *Lazarus* der Aktivität der Gruppenmitglieder zwischen den Sitzungen beimißt. Das Training innerhalb der Gruppe soll die Teilnehmer zu bestimmten Verhaltensänderungen außerhalb der Gruppe befähigen. Auch in T-Gruppen sollen die Beteiligten lernen, ihr Leben zu verändern, doch es wird sehr viel weniger systematisch darauf geachtet, was die Klienten zwischen den Gruppensitzungen tun.

Evaluierung der Gruppentherapie

Wie andere Therapieformen haben auch T-Gruppen und Encounter-Gruppen ihre begeisterten Anhänger.

„*Ich habe Menschen gekannt, bei denen die Encounter-Erfahrung die Kommunikation mit Ehepartner und Kindern so tiefgreifend verändert hat, daß es fast an ein Wunder grenzte. Manchmal wurden zum erstenmal echte Gefühle geteilt und mitgeteilt... Ich habe Lehrer erlebt, die ihre Klasse ... in eine persönliche, fürsorgliche, vertrauensvolle Lerngruppe verwandelten, in denen sich die Schüler unumschränkt und offen an der Gestaltung des Lehrplans und des Unterrichts beteiligten. Hartgesottene Geschäftsleute, die das Verhältnis zu einem Geschäftspartner für hoffnungslos hielten, kamen nach Hause und machten daraus eine konstruktive Beziehung.*" (*Rogers*, 1970, S. 71)

Solche Beobachtungen, noch dazu wenn sie von einem überaus befähigten und innovativen Therapeuten stammen, haben sicher Anteil an dem Vertrauen, das viele Menschen in Encounter-Gruppen setzen. Wissenschaftlichen Ansprüchen genügen sie allerdings nicht.

Zuweilen wurde der Verdacht laut, Teilnehmer an T-Gruppen lernten nur, wie man an T-Gruppen teilnimmt, und seien nicht in der Lage, die in der Gruppe erworbenen Einsichten und Fertigkeiten auf Alltagssituationen zu übertragen (*Houts* und *Serber*, 1972). Dieser Transfer ist in der Tat eine schwierige Angelegenheit, denn ob es uns paßt oder nicht – die wirkliche Welt ist nicht so beschaffen, daß sie zu unumwundener Offenheit und Aufrichtigkeit einlädt. Wer sich die Regeln der T-Gruppe nicht zu eigen gemacht hat, fühlt sich durch den ehrlichen und offenen Ausdruck von Gefühlen möglicherweise verletzt oder beleidigt. Und in der Tat, so mahnt auch *Aronson*, hat jemand, der, entgegen der Neigung

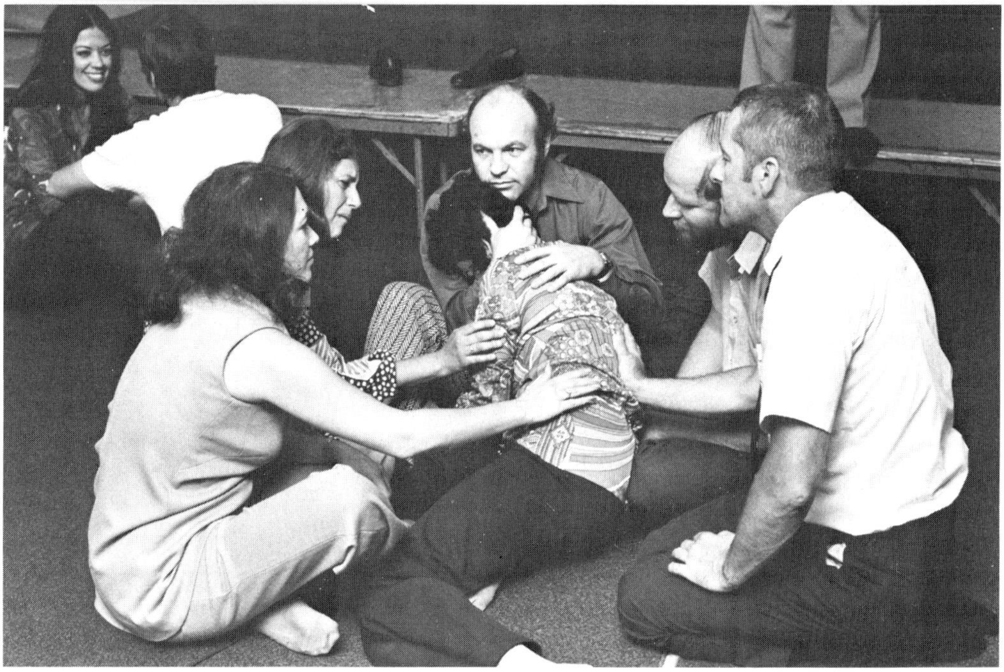

Encounter-Gruppen ermutigen oft zum Ausleben intensiver Emotionen.

seiner Partner, auf völliger Offenheit besteht und damit wenig Einfühlungsvermögen beweist, gerade *nicht* das gelernt, was eine gute T-Gruppe an Wichtigem vermitteln sollte. Das heißt nicht, daß T-Gruppen-Erfahrungen ganz generell nicht auf das wirkliche Leben übertragbar sind. Zu wissen, welche Gefühle man für andere hat und wie man auf andere wirkt, kann im Alltag – auch ohne das in der T-Gruppe gewünschte offene Verhalten – äußerst nützlich sein.

Gute Forschungsarbeit mit Gruppen ist außerordentlich schwierig, da die unabhängigen Variablen sehr komplex und schwer zu kontrollieren sind. Wie immer in der Psychotherapieforschung ist man sich auch hier nicht einig, woran der Erfolg zu messen ist. Es gibt große Unterschiede in der Häufigkeit der Gruppenzusammenkünfte, in ihrer Dauer; und auch die Menschen, die da zusammenkommen, sind sehr verschieden. Nur wenige Untersuchungen widmeten sich der Aufgabe, den Placebo-Effekt glaubhaft zu kontrollieren. Aber am bedeutsamsten ist wohl, daß man dem tatsächlichen Gruppen*geschehen* kaum Aufmerksamkeit geschenkt hat. Unter Berücksichtigung dieser methodischen Mängel kommt *Smith* (1975) in einem Überblick über die Forschungsarbeiten zu T-Gruppen, die mindestens 24 Stunden dauerten und mit einer Kontrollgruppe ohne Behandlung verglichen wurden, zu folgendem vorläufigen Fazit:

1. T-Gruppen-Teilnehmer verfügen nach der Gruppenerfahrung über ein vorteilhafteres Selbstbild, und dieser Effekt ist auch nach Monaten noch nachweisbar.
2. Einige Untersuchungen lassen vermuten, daß Gruppenmitglieder das Gefühl haben, ihr Verhalten besser kontrollieren und mehr Verantwortung für sich übernehmen zu können.
3. Daß T-Gruppen den Teilnehmern helfen, aufgeschlossener und vorurteilsfreier zu werden, ist kaum, wenn überhaupt, schlüssig belegt.
4. Einige Dokumentationen sprechen dafür, daß Gruppenteilnehmer bereitwilliger Informationen über sich preisgeben.
5. Angesichts der Zielsetzung einer Sensitivity-Training-Gruppe, das Verständnis für andere und deren Bedürfnisse zu fördern, ist es überraschend, wie wenig Belege es dafür gibt, daß die Teilnehmer mehr Empathie entwickelt haben.
6. Einige Ergebnisse sprechen dafür, daß sich die Kommunikationsfertigkeiten von Gruppenteilnehmern mehr verbesserten als die von Kontrollprobanden.

7. In einigen Untersuchungen finden Freunde und Kollegen, daß die ehemaligen Gruppenmitglieder im Alltag besser zurechtkommen. Zum Beispiel erscheinen sie den Beobachtern entspannter und kommunikativer. Nur wußten die Beobachter in den meisten Fällen, daß ihr Freund oder Kollege an einer Gruppe teilgenommen hatte, was die Bedeutung dieser Beobachtung schmälert.

Die folgenden allgemeinen Resümees über andere Formen der Gruppenarbeit entstammen einer sorgfältigen Analyse von Untersuchungen, die bestimmten methodischen Kriterien – etwa dem der zufälligen Zuweisung der Probanden zu den verschiedenen Treatment-Gruppen – genügten. Doch „...mit diesen Beschränkungen blieb der weitaus größte Teil der einschlägigen Literatur von der Analyse ausgeschlossen" (*Bednar* und *Kaul*, 1978, S. 772) – ein trauriger Kommentar zum Stand der Forschung auf dem komplizierten Gebiet der Gruppentherapie.

1. Abhängige Menschen scheinen sich in einer stark strukturierten Gruppe besser zu entwickeln, während unabhängige Menschen mit weniger Problemen im Alltag in weniger strukturierten Gruppen mit mehr Gelegenheit zum Selbstausdruck die größeren Fortschritte machen.
2. Nahezu keine Untersuchung beschäftigt sich mit Faktoren wie Lernen durch Nachahmung, der Erfahrung, daß andere dieselben Probleme haben, und der Entwicklung von Zugehörigkeitsgefühlen, die allgemein zu den gruppentherapeutisch wertvollsten gezählt werden.
3. Marathongruppen bieten gegenüber ähnlich konzipierten Gruppen mit kürzerer Sitzungsdauer keine besonderen Vorteile. Tatsächlich kann es weniger ergiebig sein, die Gruppenarbeit auf einige wenige Marathonsitzungen zu konzentrieren, als sie auf kürzere und entsprechend zahlreichere Sitzungen zu verteilen.
4. Viele Gruppentherapien geben den Anstoß zu heilsamen und dauerhaften Verhaltensänderungen, doch leider werden nur in den seltensten Fällen nicht-spezifische Faktoren durch Aufmerksamkeits-Placebo-Gruppen kontrolliert. (Diese Klage sollte dem Leser inzwischen mehr als vertraut sein.)
5. Zu Therapieunfällen, d.h. dazu, daß sich das Befinden der Teilnehmer im Verlaufe der Therapie verschlechtert, kommt es sehr selten, den meisten Untersuchungen zufolge in weniger als 3% der Fälle. Betroffen sind gewöhnlich besonders gestörte Gruppenmitglieder. Die für die Gruppenzusammenstellung Verantwortlichen nehmen nach Möglichkeit niemanden auf, der mehr individuelle Aufmerksamkeit zu brauchen scheint oder den Eindruck macht, als sei er der Konfrontation und dem gegenseitigen Offenlegen von Gefühlen nicht gewachsen. Bestimmte *Führungsstile*, etwa eine herausfordernde, autoritäre Haltung, die die Gruppenmitglieder zu einer Auseinandersetzung mit mehr Gefühl – insbesondere mit Zorn – treibt, zu der sie in dieser Stärke nicht bereit sind, können Schaden anrichten (*Lieberman, Yalom* und *Miles*, 1973; vgl. Kasten 20.1).
6. Ob irgendeine Form der Gruppentherapie einer anderen überlegen ist, wurde bisher nicht untersucht. Obwohl sehr gut möglich ist, daß sich ein bestimmtes Problem mit dem einen theoretischen Ansatz besser behandeln läßt als mit dem anderen, hat sich die Forschung solcher Fragen noch nicht angenommen.
7. In Gruppen mit gutem Zusammenhalt fühlen sich die Teilnehmer aufgehobener und mutiger und machen daher offenbar größere Fortschritte als in weniger eng verbundenen Gruppen.
8. Man vermutet seit langem, daß ein Teil des therapeutischen Erfolges von Gruppen der Rückmeldung zuzuschreiben ist, den offenen gegenseitigen Kommentaren über die Gefühle, die jemand auslöst, über den Eindruck, den er auf die anderen macht: „wie du rüberkommst". Wie Forschungsergebnisse zeigen, ist Rückmeldung in der Tat eine nützliche Sache, insbesondere dann, wenn auf eine negative Rückmeldung – „Es hört sich so fordernd an, wenn du jemanden um etwas bittest" – eine positive Rückmeldung – „Mir hat gefallen, wie du es formuliert hast" – folgt (*Jacobs* et al., 1973).

Kasten 20.1
Therapie zum Guten oder zum Schlechten?

Verschlimmerungseffekt (deterioration effect) nannte *Allen Bergin* (1966) den Schaden, den eine Therapie anrichten kann. Seit diesem ersten Bericht haben auch etliche weitere Literaturanalysen (*Bergin*, 1971; *Bergin* und *Lambert*, 1978; *Lambert, Bergin* und *Collins*, 1977; *Strupp, Hadley* und *Gomes-Schwartz*, 1977) auf eine sehr unerfreuliche Tatsache hingewiesen: Obwohl viele Menschen von einer psychotherapeutischen Einzeltherapie profitieren, gereicht manchen Klienten diese Erfahrung doch auch zum Schaden. Von der Gruppentherapie (*Yalom* und *Lieberman*, 1971), der Ehe- und Familientherapie (*Gurman* und *Kniskern*, 1978) sind solche Fälle ebenfalls bekannt. Die Gefahr einer Schädigung ist natürlich nicht nur bei psychologischen Interventionen gegeben. Wir wissen, daß sich der Zustand von Patienten auch nach vielen medizinischen Verfahren verschlechtern kann, zum Beispiel nach einer Elektrokrampftherapie (*Elmore* und *Sugerman*, 1975) oder nach der Einnahme psychoaktiver Medikamente (*Shader* und *DiMascio*, 1970) – beides Behandlungsformen, die eine Veränderung des psychischen Zustands zum Ziel haben.

Auch der Zustand von Menschen, die sich *nicht* behandeln lassen, verschlechtert sich. Psychologen oder Psychiatern unter allen Umständen aus dem Weg zu gehen, schützt keineswegs vor einer Verschlimmerung des Leidens!*

Welche Faktoren liegen dem Verschlimmerungseffekt möglicherweise zugrunde? Am häufigsten betroffen sind Menschen mit großen Erwartungen, für die die Besserung eine dringende Notwendigkeit ist, und schwer gestörte Klienten. Im übrigen bleibt keine Therapieform vom Verschlimmerungseffekt verschont. Berichten der *Menninger Foundation*, einem berühmten psychoanalytischen Forschungs- und Ausbildungszentrum, ist zu entnehmen, daß die *Freud*sche Therapie für Menschen mit wenig ,,Ich-Stärke", unzureichenden persönlichen Beziehungen und mangelnder Angst- und Frustrationstoleranz zu belastend sein kann (*Kernberg*, 1973; *Horwitz*, 1974).

Die letzte Verantwortung für den Schaden, den eine Therapie anrichtet, trägt der Therapeut. *Lieberman, Yalom* und *Miles* (1973) fanden therapiegeschädigte Klienten in Encounter-Gruppen, die von einem ,,aggressiven Antreiber" geleitet wurden, der fordernd und autoritär auf Selbstenthüllung und Katharsis auch dann bestand, wenn die Gruppenteilnehmer dazu nicht gewillt oder noch nicht in der Lage waren. Man kann jede Therapie mißbrauchen, indem man sie töricht und ohne Rücksicht auf die besonderen Bedürfnisse des Klienten anwendet. Manche Klienten mit mangelnden zwischenmenschlichen Fertigkeiten, die es verzweifelt nach Unterstützung, Beruhigung und Rat verlangt, rutschen noch tiefer in ihr Elend, wenn ihr klientenzentrierter Therapeut ihnen unnachgiebig eine gewisse Führung verweigert. Klienten, die bereits offen von anderen abhängig sind, schaffen es möglicherweise nicht, Entscheidungen zu treffen und zu wachsen, wenn der Verhaltenstherapeut das nicht als eine Notwendigkeit erkennt und sich statt dessen total ihres Lebens bemächtigt. Jeder Therapeut und Sozialarbeiter kann sich irren und das Problem eines Klienten falsch einschätzen. Er wird dann eine Behandlung wählen, die dem Klienten möglicherweise nicht hilft. Auch Therapeuten sind schließlich nur Menschen! Ausbildung und Erfahrung machen aus ihnen keine Übermenschen in Sachen psychischer Gesundheit. Ihre eigenen Bedürfnisse und Probleme, die eigentlich auf ihre Arbeit keinen Einfluß nehmen dürften, können sie blind machen für die Bedürfnisse des Klienten und auch auf andere Weise ihre Fähigkeit und Bereitschaft beeinträchtigen, zum Besten ihres Klienten zu arbeiten. Bedauerlicherweise mangelt es manchen Therapeuten auch am notwendigen Ethos. Manche gehen so weit zu behaupten, daß Klienten (und zwar immer die attraktiveren) auch vom sexuellen Kontakt mit dem Therapeuten profitieren können; folglich initiieren oder gestatten sie zuweilen sexuelle Intimitäten. Gesetzlich geregelte Berufsvoraussetzungen und Standesethik sind keine Garantie dafür, daß Therapeuten immer klug und human handeln. Die meisten tun es, und die große Mehrheit der Klienten trägt *keinen* Schaden davon. Aber der Verschlimmerungseffekt ist zu häufig, als daß man ihn außer acht lassen oder unterschätzen dürfte.

* Mehrere bekannte Verhaltenstherapeuten haben die Untersuchungen analysiert, die *Bergin* und andere zur Postulierung eines Verschlimmerungseffektes veranlaßt haben. Sie (*Mays* und *Franks*, 1980; *Rachman* und *Wilson*, 1980) kommen zu dem Schluß, daß die Belege dafür weit weniger aussagekräftig sind, als man angenommen hat. Zu zeigen, daß eine Therapie manchmal schaden kann, erweist sich als ebenso schwierig, wie seinerzeit der Nachweis, daß sie helfen kann. Ein Problem dabei ist unser geringes Wissen über die ,,spontane Verschlimmerung", d.h. darüber, wie häufig sich der Zustand von Menschen verschlechtert, die keinerlei Therapie erhalten. Immerhin wissen wir, daß es manchen gestörten und unbehandelten Menschen zunehmend schlechter geht. ,,Wenn es keine spontane Verschlimmerung gäbe, könnten sich Psychotherapeuten in das Heer der Arbeitslosen einreihen ..." (*Rachman* und *Wilson*, 1980, S. 99). Doch der Ergebnisforschung ist es noch nicht gelungen, diese Verschlimmerung angemessen zu erfassen. Bei bestimmten Klienten ist der Grund für die Zustandsverschlechterung während der Therapie möglicherweise nicht in der Therapie selbst zu suchen, sondern jenseits der Kontrolle des Therapeuten in Faktoren außerhalb des Sprechzimmers. Gleichwohl geht es manchen Patienten im Laufe der Therapie schlechter, was ernsthafte empirische und ethische Fragen aufwirft.

Familien- und Ehetherapie

Die Normalität von Konflikten

Daß Konflikte in einer Ehe oder jeder beliebigen anderen langfristigen Beziehung *unvermeidlich* sind, ist bei Ehetherapeuten und Forschern, ungeachtet ihrer theoretischen Ausrichtung, nahezu unbestritten. Die Aura ewiger Flitterwochen verflüchtigt sich, wenn das Paar ganz unromantisch darüber entscheiden muß, wo man lebt und Arbeit sucht, wie das Geld eingeteilt werden soll, was für Essen auf den Tisch kommt und wer es zubereitet, wann die Schwiegereltern zu besuchen sind, ob und wann ein Kind geplant werden soll und ob man es mit neuen sexuellen Techniken versucht, um das Feuer lebendig zu erhalten. Heutzutage gilt es auch, dem veränderten Geschlechtsrollenverständnis gerecht zu werden. Wo soll sich das berufstätige Paar zum Beispiel niederlassen – in der Nähe seiner oder ihrer Arbeitsstelle? Die Liste – manch einer würde auch sagen Litanei – der Konfliktmöglichkeiten ist lang, und jedes zusammenlebende Paar, ob verheiratet oder nicht, ob hetero- oder homosexuell, muß sie in irgendeiner Form bewältigen.[2] Nach einhelliger Meinung von Experten werden Qualität und Dauer einer Beziehung davon bestimmt, wie ein Paar mit solchen inhärenten Konflikten umgeht (z.B. *Schwartz* und *Schwartz*, 1980).

Manche Paare folgen, bewußt oder unbewußt, der Strategie, Unstimmigkeiten und Konflikte zu verleugnen. Sie halten den Satz ,,Und sie lebten glücklich bis ans Ende ihrer Tage", mit dem Märchen zu enden pflegen, für Wirklichkeit. Jedes Anzeichen dafür, daß es in ihrer Ehe ganz so glatt nicht läuft, ist bedrohlich und muß ignoriert werden. Leider bleiben Unzufriedenheit und Ärger gewöhnlich nicht aus und verlangen mit der Zeit ihren Tribut. Die Partner streiten sich nicht und machen nach außen den Eindruck eines ,,idealen Paares". Doch da sie die Dinge nicht offen austragen, entfernen sie sich emotional voneinander.

[2] Was wir hier unter dem Etikett ,,Ehetherapie" erörtern, gilt ebenso für unkonventionelle Beziehungen, etwa für die Beziehung zwischen zwei Homosexuellen. Aus diesem Grund wird es zunehmend üblich, von ,,Paartherapie" zu sprechen.

Von der Einzeltherapie zur gemeinsamen Therapie

Mit „Familientherapie“ oder „Ehetherapie“ ist nicht eine bestimmte Abfolge von Vorgehensweisen gemeint. Die Behandlung konzentriert sich zwar auf mindestens zwei Mitglieder einer Familie, doch wie der Therapeut das Problem einschätzt, welche Techniken er zu seiner Behebung wählt, wie häufig er die Familienmitglieder sieht und ob er Kinder oder sogar Großeltern einbezieht, sind alles mögliche Variablen der Behandlung.

Ehe- und Familientherapie haben einige theoretische Grundpfeiler mit der Einzeltherapie gemeinsam. Psychoanalytische Ehetherapeuten interessieren sich z.B. dafür, wie ein Klient einen Partner sucht oder meidet, der – ihm unbewußt – seinem gegengeschlechtlichen Elternteil ähnelt. Ein Mann, der als Kind in seinem Liebesbedürfnis frustriert und unbefriedigt blieb, sucht vielleicht als Erwachsener unbewußt mütterliche Fürsorge und stellt an seine Frau übermäßige oder infantile Forderungen. Ein großer Teil des therapeutischen Gesprächs wird sich um die Konflikte mit seiner Frau drehen, und vermutlich auch um das verdrängte Streben nach Mutterliebe, das seiner unreifen ehelichen Beziehung zugrunde liegt. Diese unbewußten Kräfte werden ausgelotet. Das geschieht mit Beteiligung und Hilfe der Ehefrau, die sich vielleicht eigener unbewußter Wünsche an ihren Vater bewußt wird.

Auch mit der rational-emotiven Therapie von *Ellis* behandelt man Ehekonflikte. Wieder ist die Perspektive individualistisch oder intrapsychisch. Der Therapeut nimmt an, daß irgend etwas, das in einem oder beiden Partnern vorgeht, das eheliche Zerwürfnis verursacht. Vielleicht lebt die Frau in der irrationalen Überzeugung, daß ihr Mann sie ohne Unterlaß anbeten müsse und in dieser Ergebenheit niemals schwankend werden dürfe. Also wird sie vermutlich überreagieren, wenn er sich auf einem Fest auch ohne sie amüsiert und sich andere männliche und – attraktive – weibliche Gesprächspartner sucht.

In ihren frühen Jahren behandelte die Sexualtherapie ein psychosexuelles Problem eines oder beider Partner direkt und in der Annahme, daß sich auf diese Weise auch mögliche andere Schwierigkeiten des Paares – Zorn und Ärger – legen würden. Das trifft für viele Paare mit sexuellen Schwierigkeiten sicher auch zu. Doch seit mit dem Erscheinen von *Human Sexual Inadequacy* von *Masters* und *Johnson* (1970) die Sexualtherapie immer populärer wurde, bekamen es die Sexualtherapeuten auch mit vielen Paaren zu tun, deren sexuelles Problem nur ein Aspekt eines komplexeren *Systems* war. Die Ehe- und Familientherapie versuchen, diese Systeme ausfindig zu machen. Die folgende Familiengeschichte illustriert, wie eine sexuelle Dysfunktion als *nützliches* Mittel dienen kann, eine Beziehung aufrechtzuerhalten, und wie sich nach scheinbar erfolgreicher Behandlung des sexuellen Problems die Beziehung insgesamt verschlechtern und die neue Fähigkeit zu sexueller Lust wieder verlorengehen kann:

Ein seit zwanzig Jahren verheiratetes Paar ließ sich wegen völliger Erektionsunfähigkeit des Mannes behandeln. Das Problem bestand seit über neunzehn Jahren. Erfolgreicher Geschlechtsverkehr hatte nur in den ersten Monaten ihrer Ehe stattgefunden. Die Ehefrau war ebenfalls orgasmusunfähig und war noch nie und durch keine Art der Stimulation zum sexuellen Höhepunkt gelangt. Doch habe sie, wie sie erklärte, die Sexualität sehr genossen, und die Erektionsunfähigkeit ihres Mannes frustriere sie außerordentlich.

Das Paar wurde mit (auf *Masters* und *Johnson* basierenden) Techniken behandelt und machte gute Fortschritte. Die Frau lernte, die Genitalien ihres Mannes manuell zu stimulieren, und er reagierte sehr bald mit Erektionen. Und sie lernte, zunächst durch Masturbation, dann dadurch, daß ihr Mann sie manuell und oral stimulierte, zum Orgasmus zu kommen. Nach 10 Sitzungen, die einmal wöchentlich erfolgten, war das Paar zu normalem Geschlechtsverkehr mit beiderseitigem Orgasmus in der Lage. Der Fall war also innerhalb von zehn Sitzungen „geheilt“.

Doch dann geschah etwas Seltsames. Statt sich nach diesem Erfolg ihrer Sexualität zu erfreuen, stellte das Paar wochenlang jegliche sexuelle Aktivität ein. Die sorgfältigen Erkundungen des Therapeuten ergaben ein interessantes Bild. Erstens wurde klar, daß der Mann seine Gründe hatte, sich von seiner Frau fernzuhalten. Er hatte große Angst, von ihr überwältigt und kontrolliert zu werden und fand Nähe sehr unangenehm. Er selbst blickte auf eine recht gestörte Beziehung zu seiner Mutter zurück, die äußerst kontrollierend und manipulierend gewesen war und sich auch in das Leben des erwachsenen Sohnes noch eingemischt hatte. Seine Erektionsunfähigkeit diente ihm dazu, seine Frau auf Distanz zu halten und seinem Bedürfnis nach Rückzug, Abgeschiedenheit und Autonomie innerhalb der Beziehung gerecht zu werden.

„Zweimal ‚Gesundheit' in sieben Jahren würde ich kaum als ernsthaften Kommunikationsversuch bezeichnen."

Bei der Frau (fand der Therapeut) im Gegensatz zu ihren Äußerungen ... eine äußerst ambivalente Einstellung zur Sexualität. Sie war in einer sehr sexualfeindlichen Familie aufgewachsen. Sie behauptete zwar, sich in der späten Adoleszenz und als erwachsene Frau von dieser sexualfeindlichen Haltung befreit zu haben, tatsächlich war das aber nur auf oberflächlich intellektueller Ebene geschehen. Emotional fiel es ihr immer noch schwer, ihre sexuellen Empfindungen zu akzeptieren. Sie befürchtete, von unkontrollierbaren sexuellen Impulsen überwältigt zu werden, wenn sie sich gestattete, Sexualität zu genießen. Die Erektionsprobleme ihres Mannes schützten sie also vor ihren eigenen sexuellen Ängsten. Zudem hatten ihr die neunzehn Jahre der Erektionsunfähigkeit ihres Mannes eine sehr starke Position innerhalb der Beziehung verschafft. Sie ließ ihren Mann sehr häufig wissen, daß er ihr, die sie aufgrund seines Mangels sexuell frustriert sei, einiges schulde. So ging sie im Grunde aus jedem Streit als Siegerin hervor und schaffte es, daß er alles tat, was sie wollte.

Die schnelle Behebung der sexuellen Dysfunktion bedrohte Elemente in der Persönlichkeit beider Partner und der Struktur ihrer Beziehung. Indem sie ihr erneutes sexuelles Unvermögen nach dessen anfänglicher erfolgreicher Bewältigung analysierten, wurde ihnen bewußt, daß ihre sexuellen Probleme und die Struktur ihrer Ehe eng miteinander verknüpft waren. Nach einigen Wochen zusätzlicher Therapie, in deren Mittelpunkt nunmehr diese individuellen und beziehungsbedingten Faktoren standen, konnten sie ihre sexuelle Aktivität erfolgreich wieder aufnehmen. (*LoPiccolo* und *Friedman*, 1985, S. 465–466)

Die Grundzüge der gemeinsamen Therapie

Viele Patienten, deren Zustand sich während einer – gewöhnlich in einer Institution durchgeführten – Einzeltherapie gebessert hat, erleiden zu Hause einen Rückfall (vgl. Kasten 20.2). Auf solchen Beobachtungen gründen Theorien, die für die Schizophrenie die besonderen Beziehungen innerhalb einer Familie verantwortlich machen. Manchmal wirken die Einflüsse auch umgekehrt: Die Besserung des „identifizierten Patienten" wirkt, ähnlich wie im obigen Fallbericht, destruktiv auf die Familie. Offenbar geraten die Familieneinheit und die Beziehungen innerhalb dieser Einheit zuweilen aus dem Gleichgewicht und bedürfen einer Umstrukturierung. Den ersten allgemeinen Ansatz zu einer Familientherapie scheint der Psychologe *John Bell* (1975) entwickelt zu haben, der in den fünfziger Jahren am *Mental Research Institute* (MRI) in Palo Alto, Kalifornien, arbeitete. Im Laufe der letzten vierzig Jahre haben sich zunehmend mehr berufliche Helfer dieser Form der therapeutischen Arbeit verschrieben. Während der sechziger Jahre gab die Arbeit von *Virginia Satir* (1967), einer psychiatrischen Sozialarbeiterin, und dem Psychiater *Donald Jackson* (und *Weakland*, 1961), der ebenfalls am MRI arbeitete, diesem Arbeitsfeld neuen Auftrieb.

Die Mitarbeiter des MRI decken mangelhafte Kommunikationsmuster, unsichere Beziehungen und Unflexibilität auf. Die Familienmitglieder erkennen allmählich, daß ihr Verhalten ihre Beziehungen zu anderen beeinflußt. Sie mobilisieren ihre Kräfte, um sich in bestimmten Punkten zu ändern. Familientherapeuten beschäftigen sich nur selten mit der Vergangenheit, und keiner hält die Arbeit mit nur einem Familienmitglied für sinnvoll. Welcher Art das klinische Problem auch immer ist, der Familientherapeut sieht es als Problem des Systems – der Familie –, das man folglich am besten innerhalb dieses Gruppenkontextes behandelt.[3]

Auch eine Ehetherapie wird zumeist gemeinsam durchgeführt, d.h., beide Partner kommen *zusammen* zu den Sitzungen. Wie nicht anders zu erwarten, reagieren die unglücklichen Partner zu Beginn einer Behandlung nicht sehr positiv aufeinander. *Jacobson* und *Margolin* (1979), zwei Ehetherapeuten, die nach verhaltenstherapeutischen Prinzipien arbeiten, empfehlen, sich dieses Problem als ersten Schritt zur Beziehungsverbesserung zunutze zu machen. *Richard Stuart* (1976) schlägt als eine mögliche Strategie die ,,Fürsorge-Tage" vor. Die Ehefrau willigt ein, an einem bestimmten Tag viele nette Dinge für ihren Mann zu tun, ohne von ihm eine Gegenleistung zu erwarten. An einem anderen Tag tut der Mann dasselbe für sie. Gelingt das, sind wenigstens zwei wichtige Dinge erreicht: Erstens wird der Teufelskreis von Distanz, Argwohn und gegenseitiger aversiver Kontrolle durchbrochen; und zweitens sieht der gebende Partner, daß er den anderen überhaupt noch positiv beeinflussen kann. Dieses gesteigerte Gefühl positiver Kontrolle wird einfach dadurch bewirkt, daß ein Partner dem anderen einen Gefallen tut. Später kann der jeweils Gebende dann mehr auf den anderen eingehen. Jeder Partner kann sich vornehmen, dem anderen einen speziellen Gefallen zu tun, wobei er das, was der andere ihm Gutes tun will, antizipiert. Der Mann kann sich zum Beispiel verpflichten, am Dienstag das Essen zu kochen, während sich die Frau bereit erklärt, an diesem Tag nach der Arbeit den Wocheneinkauf zu erledigen. Durch diese gegenseitigen Freundlichkeiten verbessert sich das eheliche Klima, was seinerseits zur Bereitschaft der beiden beiträgt, sich auch bei künftigen Gelegenheiten einen Gefallen zu tun.

Verhaltenstherapeutisch orientierte Ehetherapeuten folgen gewöhnlich der Austauschtheorie der Interaktion von *Thibaut* und *Kelley* (1959). Dieser Sicht menschlicher Beziehungen zufolge bewerten wir andere danach, ob sie uns ein gutes Kosten-Nutzen-Verhältnis eintragen, d.h., ob wir von dem anderen mindestens ebensoviel erhalten wie wir geben. Überdies, so besagt diese Theorie, halten wir eine bestehende Beziehung eher aufrecht, wenn uns die möglichen Alternativen unattraktiver erscheinen, d.h. weniger Nutzen und mehr Kosten versprechen. Daher ermuntert der Familientherapeut das Paar nach Möglichkeit, einander wechelseitig zu belohnen.

Ein quid-pro-quo-Arrangement birgt allerdings die Gefahr, daß ein Partner die Freundlichkeiten des anderen nur unter der Perspektive der erwarteten Gegenleistung wahrnimmt: Er kocht mir mein Lieblingsgericht, weil er etwas von mir will. Würden die Partner in einer wirklich befriedigenden und liebevollen Beziehung nicht Dinge füreinander tun, um dem anderen eine Freude zu machen? Vielleicht beraubt eine strikte und explizite Politik der Gegenseitigkeit eine langfristige Beziehung jeglicher Romantik! Dem wäre zu entgegnen, daß es in einer wirklich unglücklichen (distressed)[4] Beziehung nicht dabei bleiben kann, den Teufelskreis von Vorwurf, Gegenvorwurf und Feindseligkeit zu durchbrechen. Erst wenn

---

[3] Ein Beispiel für *Salvador Minuchins* Familiensystem-Therapie haben wir anläßlich der Erörterung der Anorexia nervosa gegeben (vgl. S. 508f.).

[4] Von einer ,,unglücklichen" (distressed) Beziehung spricht man häufig in der Literatur zur Ehetherapie, wenn ein Paar professionelle Hilfe braucht. Doch eine enge Beziehung kann auch gestört sein, ohne daß die Beteiligten besonderes Unbehagen oder Leid empfinden. Ein Paar kann sich im Laufe der Jahre emotional so sehr entfremdet haben, daß einer oder auch beide Partner nichts mehr füreinander empfinden (*Christensen*, 1983). Doch große emotionale Distanz macht eine Partnerschaft nicht unbedingt instabil. Manche Ehepaare bleiben auch ohne die Intimität und Gegenseitigkeit ihrer ersten Zeit aus vielerlei Gründen jahrelang zusammen.

Die Familientherapie bezieht die ganze Familie ein und versucht, die Beziehungen der einzelnen Familienmitglieder untereinander zu klären.

die Parteien zumindest höflich und entgegenkommend miteinander umgehen können, ist der Boden bereitet für konstruktivere Formen des Problemlösens und der Kommunikation.

Tatsächlich versucht die Ehetherapie in allen ihren Formen, die Kommunikation zwischen den Partnern zu verbessern. Beide Partner werden darin unterwiesen, dem anderen empathisch zuzuhören und dem Partner klar zu sagen, wie er das Gesagte verstanden hat und welche Gefühle hinter der Äußerung stehen. Eine Möglichkeit, die eheliche Kommunikation zu verbessern, besteht darin, zwischen der Absicht einer Äußerung und ihrer Wirkung zu unterscheiden.[5] Partner A möchte z.B. Partnerin B einen Gefallen tun und fragt sie, ob er ihr etwas aus der Stadt mitbringen könne. Doch bei Partnerin B kommt diese Äußerung möglicherweise negativ an, da sie möchte, daß er ihr bei einem häuslichen Vorhaben hilft. Die Absicht des Ehemanns wäre also positiv, aber ihre Wirkung auf seine Frau wäre negativ. Untersuchungen zeigen, daß sich die Kommunikation unglücklicher und glücklicher Paare weniger in der Absicht, als in der Wirkung unterscheidet. Wie *Gottman* und seine Mitarbeiter (1976) in einer Studie feststellten, war die Anzahl positiver Äußerungen dem Partner gegenüber bei beiderlei Paaren dieselbe, doch hatten die mit ihrer Beziehung unzufriedenen Partner, eigenen Angaben zufolge, weniger positive Äußerungen *gehört* als die zufriedenen Paare. *Gottman* schlägt eine Technik vor, mit deren Hilfe die Partner die jeweilige Äußerungsabsicht klären können, wenn ein hitziger Streit sich im Kreis dreht. Der Ehemann ruft ,,Stop" und bittet seine Frau, ihm zu sagen, was er ihr ihrer Meinung nach mitteilen möchte. Dasselbe kann die Frau natürlich auch ihrerseits tun. Die Rückmeldung macht sofort klar, ob eine Äußerung die beabsichtigte Wirkung hatte.

Man hat sich in Ehe- und Familientherapien sehr kreativ der modernen Video-Technik bedient. Man kann ein Paar während eines Teils der Sitzung ein Problem, etwa das des diesjährigen Urlaubsziels, lösen lassen und diesen Lösungsversuch auf Videoband aufnehmen. Wie beide ihre Wünsche durchsetzen – oder nicht durchsetzen – und wie sie sich den Wünschen des anderen anpassen – oder nicht anpassen –, ist ein Aspekt ihrer Kommunikation, den der Therapeut beim späteren Betrachten des Bandes, häufig mit dem Paar zusammen, analysieren kann. Auf diese Weise lassen sich Muster gelungener und mißlungener Kommunikation leichter entdecken. Danach kommt das Paar möglicherweise überein,

[5] Der Leser wird im folgenden Ähnlichkeiten mit *Aronsons* Analyse eines Zwei-Personen-Austauschs entdecken.

neue Formen des Verhandelns und des Umgangs mit konfliktträchtigen Fragen auszuprobieren (*Margolin* und *Fernandez*, in Druck).

Viele operante Verhaltenstherapeuten folgen der Praxis von *Gerald Patterson* (1974a) und arbeiten mit den Eltern von Problem-Kindern daran, die Verstärkungsmuster von Problem-Verhalten zu ändern. Das Kind wird in die Behandlung kaum oder gar nicht einbezogen. Verändert sich das Verhalten des Kindes, nimmt häufig auch die Spannung zwischen den Eheleuten ab. Doch manchmal erweist sich das abweichende Verhalten des Kindes auch als eine Folge der ehelichen Spannungen. Auch wenn das Kind der „identifizierte Patient" sein mag, betrachtet man seine „Probleme" besser als Spiegel des elterlichen Konflikts. In solchen Fällen entschließt sich der Familien- und Ehetherapeut gewöhnlich zu einer Intervention bei den Eltern, in der Hoffnung, daß die Schwierigkeiten des Kindes abnehmen, wenn die Eltern besser miteinander zurechtkommen. Leider gibt es kaum schlüssige Informationen darüber, wo die Intervention am besten ansetzen soll. Untersuchungen einer Stony Brook-Gruppe sprechen dafür, daß eine Änderung des kindlichen Problemverhaltens auch die eheliche Beziehung verbessern kann (*Oltmanns, Broderick* und *O'Leary*, 1976), doch gleichzeitig zeigt eine andere Arbeit derselben Gruppe, daß eine erfolgreiche Ehetherapie auch die Probleme von Kindern günstig beeinflußt (*Turkewitz* und *O'Leary*, 1977).

Einige spezielle Erwägungen

Von Therapeuten behandelte eheliche Dysfunktionen können, wie *Margolin* und *Fernandez* (in Druck) betonen, ganz unterschiedlicher Natur sein. Das eine Paar sucht bereits professionelle Hilfe, wenn beide Partner mit ihrer Beziehung unzufrieden sind, ein anderes Paar läßt die Krise so ausufern, daß einer von beiden oder beide schon beim Scheidungsanwalt waren. Es gibt also verschiedene *Stadien* ehelicher Spannungen (*Weiss* und *Cerreto*, 1980; *Duck*, 1984), und das kann, je nachdem, wie der Therapeut den Zustand des Paares einschätzt, jeweils unterschiedliches therapeutisches Vorgehen erfordern.

Nicht immer ist die gemeinsame Therapie der beste Weg – zum Beispiel dann nicht, wenn einer der Partner an einem psychischen Problem leidet, das sich störend auf das Familienleben auswirkt, dessen Gründe aber außerhalb der Familie zu suchen sind. Wird der Ehemann depressiv, weil ihn Selbstzweifel an seiner beruflichen Leistungsfähigkeit plagen, hat es wenig Sinn, die eheliche Beziehung zu ändern. Eine solche Strategie würde vielleicht die Depression etwas aufhellen, aber kaum zum Kern des Problems vordringen. Gleichwohl sind Eheleute einander gewöhnlich die wichtigsten Menschen im Leben und kontrollieren viele der für den Partner einflußreichsten Verstärker. Wenn nun der depressive Mann lernen möchte, in seinem Beruf selbstsicherer aufzutreten, kann die Frau dazu beitragen, indem sie mit ihm daran arbeitet, sich auch in der Ehe besser zu behaupten (*Jacobson* und *Margolin*, 1979).

Eine neue Facette der Ehetherapie ist die Scheidungsberatung. Bis vor gar nicht langer Zeit hielten Ehe- und Familientherapeuten die Scheidung für ein Übel, daß man um jeden Preis verhindern müsse. Doch die Frauenbewegung, die Tatsache, daß auch alleinerziehende Eltern zunehmend akzeptiert werden und die größeren Erwartungen, die die Partner heutzutage in die Ehe setzen, haben auch bei Psychotherapeuten einen Sinneswandel bewirkt: Wenn eine Ehe endgültig zerrüttet zu sein scheint, helfen sie den Betroffenen, sich aus der Beziehung zu lösen (*Kaslow*, 1981). Bei dieser speziellen Form der Beratung hilft der Therapeut dem geschiedenen oder getrennt lebenden Partner, mit dem Verlust fertigzuwerden, seine Selbstachtung wiederzuerlangen – oft machen sich die Betroffenen für das „Scheitern" der Ehe allein verantwortlich – und selbstständiger und unabhängiger zu werden (*Gurman* und *Kniskern*, 1978). Manchmal beginnt die Scheidungsberatung oder -therapie bereits, wenn das Paar noch zusammenlebt. In solchen Fällen wird etwa angestrebt, mit der Ambivalenz und der Angst vor der Trennung ins reine zu kommen. Die Scheidungsberatung ist ein noch zu neues Phänomen und folglich kaum erforscht, doch das wird sich in naher Zukunft sicher ändern.

Familientherapie-Forschung

Die Ergebnisse und Prozesse von Ehe- und Familientherapien sind ebenso komplex wie vage. Vielleicht ist das der Grund dafür, daß man erst seit kurzem empirisch erforscht, ob und bei welchen Problemen sie wirksam sind (*Gottman* et al., 1976; *Weiss* und *Wider,* 1982; *Jacobson* und *Margolin,* 1979; *Jacobson* et al., in Druck; *Lieberman, Wheeler* und *Kuehnel,* 1983; *O'Leary* und *Turkewitz,* 1978; *Stuart,* 1980; *Gurman* und *Kniskern,* 1978). Der Literatur zur Ergebnisforschung läßt sich als wichtiges Resultat immerhin entnehmen, daß bei Eheproblemen eine gemeinsame Therapie sehr viel erfolgreicher zu sein scheint als eine Einzeltherapie mit nur einem Partner. Tatsächlich trat bei etwa 10 Prozent der wegen Eheschwierigkeiten behandelten Einzelklienten eine Zustandsverschlechterung ein (*Gurman* und *Kniskern,* 1978). Gemeinsame Probleme geht man offenbar besser in einer gemeinsamen Therapie an.

Die meisten Familientherapeuten zeichnet eine große Tugend aus: sie machen ihre Arbeit bereitwillig publik. Es ist üblich, Therapiesitzungen zu videographieren, und etliche Fachzeitschriften wie *Family Process* und *Family Therapy* publizieren detaillierte klinische Berichte. Manche Fachleute glauben, daß die Familientherapie die Behandlung seelischen Leids revolutioniere. Ob ihre Wirkung tatsächlich so dramatisch ist, bleibt abzuwarten.

Kasten 20.2
Familientherapie und Schizophrenie

Kürzlich hat man im Rahmen eines Forschungsprojektes versucht, aus einer psychiatrischen Klinik entlassenen Schizophrenie-Patienten dabei zu helfen, dauerhaft zu Hause zu leben. Da man zwischen einer hohen Intensität „ausgedrückter Emotion" (vgl. S. 451), Rückfall und Wiedereinweisung einen Zusammenhang gefunden hat, beschloß ein Team von Familientherapeuten an der Universität von Süd-Kalifornien, mit kognitiven und verhaltenstherapeutischen Mitteln die emotionale Intensität in den Haushalten, in die die schizophrenen Patienten zurückkehrten, zu mindern (*Falloon* et al., 1982). Ihr großangelegtes Projekt war vergleichender Natur.

Die Familientherapie-Sitzungen, an denen die Familienmitglieder und der Patient gemeinsam teilnahmen, fanden in der Wohnung der Familie statt. Die Therapeuten wiesen darauf hin, wie wichtig die vorschriftsmäßige Medikamenteneinnahme für den Patienten sei. Die Familie lernte, positive wie negative Gefühle auf konstruktive, empathische Weise auszudrücken und spannungsreiche, persönliche Konflikte durch kooperatives Problemlösen zu entschärfen (vgl. S. 665f.). Man erklärte der Familie die Symptome des Patienten und zeigte Möglichkeiten auf, damit umzugehen und die emotionalen Turbulenzen im Haus zu reduzieren. Man machte Patient und Familie gleichermaßen klar, daß die Schizophrenie eine in erster Linie biochemisch bedingte Krankheit sei, daß aber angemessene Medikation und die psychosoziale Behandlung, die sie gerade erhielten, die Belastung für den Patienten mindern und Rückfällen und Zustandsverschlechterungen vorbeugen könnten. Die Behandlung begann nach der Entlassung des Patienten und erstreckte sich über neun Monate, ein Zeitraum, der besonders rückfallträchtig ist.

Diese Familienbehandlung, die das Ziel hatte, das häusliche Leben der Familie zu beruhigen, wurde verglichen mit einer Einzeltherapie, in der der Patient allein in einer Klinik behandelt wurde; die Gespräche hatten stützenden Charakter und beschäftigten sich mit Problemen des täglichen Lebens und dem Aufbau eines sozialen Netzes. Mit den Angehörigen der Kontrollpatienten sprach man nur selten, und das geschah weder bei der Familie zu Hause noch im Beisein des Patienten. Im Grunde handelte es sich also um eine individuelle, stützende Behandlung, wie sie in Nachsorge-Programmen für Schizophrene häufig ist.

Die Symptome der Patienten wurden systematisch beobachtet. Dabei galt die besondere Aufmerksamkeit möglichen Anzeichen eines Rückfalls wie Kontrollwahn und Halluzinationen. Auch die Angehörigen wurden evaluiert, hier lag das Augenmerk auf den Problemlösungsfertigkeiten und den Emotionen, die sie dem Patienten gegenüber zum Ausdruck brachten. Alle Patienten, einschließlich der Kontrollprobanden, erhielten antipsychotische Medikamente, vornehmlich Thorazin. Die Medikamenteneinnahme wurde während des ganzen Projektes von einem Psychiater, dem die Gruppenzugehörigkeit der einzelnen Patienten unbekannt war, kontrolliert und dem Zustand des Patienten angepaßt.

Man behandelte insgesamt 36 Patienten: 18 mit Familien- und 18 mit Einzeltherapie. Die Probanden der Familientherapie-Gruppe entwickelten sich sehr viel besser. Nur ein Patient dieser Gruppe erlitt einen größeren klinischen Rückfall, in der Kontrollgruppe waren es acht. Zudem zeigten die familientherapeutisch behandelten Patienten signifikant weniger schizophrene Symptome.

Bei der Interpretation ihrer Ergebnisse zogen die Forscher auch die Möglichkeit in Betracht, daß die Familientherapie-Patienten darum besser abschnitten als die Kontrollprobanden, weil sie ihre Neuroleptika gewissenhafter eingenommen hatten. Die Familientherapie-Probanden hatten sich tatsächlich genauer an die Einnahmevorschriften gehalten. Allerdings wissen wir aus anderen Untersuchungen, daß sich bei Patienten wie diesen einer Zustandsverschlechterung nicht allein mit Medikamenten vorbeugen läßt. Mit anderen Worten, die Familientherapie scheint eine bedeutende Rolle gespielt zu haben.

2. Somatische Behandlung

Viele der bisher betrachteten therapeutischen Verfahren sind ihrem Wesen nach psychologisch. Verhaltensänderungen werden mit Hilfe von Techniken angestrebt, die neue Lernerfahrungen ermöglichen, Hoffnung auf Hilfe wecken und Einsicht fördern. Aber man kann Verhalten auch durch direkte Manipulation des Körpers beeinflussen. Wie innig Körper und Seele zusammenhängen, haben wir bei der Erörterung der psychophysiologischen Störungen gesehen (vgl. S. 221 ff.). Wenn Seele und Körper lediglich zwei Möglichkeiten sind, über dieselbe Sache zu sprechen, macht es Sinn, Verhaltensänderungen zu erwarten, wenn wir in bestimmte körperliche Prozesse eingreifen. Überdies implizieren die vielen Theorien, die körperliche Funktionsstörungen für psychopathologische Entwicklungen verantwortlich machen, zugleich auch die Wirksamkeit physiologischer Behandlungen.

Einige spezifische Störungen, so haben wir in den einschlägigen Kapiteln gesehen, werden mit somatischen Mitteln behandelt – man manipuliert physiologische Prozesse mit dem Ziel, die Symptome zu lindern. Wir wollen einige der gängigsten Verfahren im folgenden etwas ausführlicher vorstellen.

Es gibt drei Hauptformen der somatischen Behandlung abnormen Verhaltens: Medikamente, chirurgische Eingriffe und Krampftherapien. Wie die Befunde zeigen, eignen sich *einige* Methoden zur Behandlung *einiger* psychischer Probleme. Aber einmal mehr sei die Warnung ausgesprochen, daß damit nicht etwa umgekehrt eine physiologische Erklärung irgendeiner dieser Störungen gestützt wird. In der Tat entdeckte man die somatischen Therapien gewöhnlich *nicht*, als man die mit einer bestimmten Störung zusammenhängenden physiologischen Erscheinungen untersuchte. Den meisten gängigen Behandlungsformen kam man vielmehr ganz zufällig auf die Spur, einigen, wie wir sehen werden, unter etwas seltsamen Umständen.

Medikamentöse Therapien

Vier Hauptkategorien von Pharmaka werden zur Zeit zur Behandlung psychischer Störungen eingesetzt: Tranquilizer, Neuroleptika, Stimulantien und Antidepressiva. In Tabelle 20.1 sind einige der üblichsten Medikamente der einzelnen Kategorien, ihre chemische Gruppe, ihr ‚generic name' (ihr Internationaler Freiname) und ihre Handelsbezeichnung aufgeführt. Seit kurzem behandelt man die bipolare affektive Störung vorzugsweise mit Lithiumkarbonat.

Obwohl wir die ausführliche Diskussion therapeutischer Pharmaka diesem Kapitel vorbehalten haben, ist die traurige Wahrheit, daß wir viele von ihnen ebenso gut im Kapitel über Drogensucht und Drogenabhängigkeit hätten abhandeln können. Sogar Tranquilizer können mißbraucht werden, und einige von ihnen, z.B. Miltaun, führen bei längerer regelmäßiger Einnahme zu körperlicher Abhängigkeit. Unsere psychischen Bedürfnisse und die physiologischen Gegebenheiten unseres Körpers machen uns nur allzu geneigt, psychoaktive Chemikalien zu mißbrauchen und uns so selbst Schaden zuzufügen.

Tranquilizer

Tranquilizer dienen zur Reduktion von nicht extrem ausgeprägter Angst. Der Arzt verschreibt sie gewöhnlich Patienten, die unter Angst und psychosomatischen Störungen leiden, manchmal auch ängstlichen depressiven Patienten. Seit der Jahrhundertwende kennt man die Barbiturate, die als erste Medikamente dieser Kategorie weithin zur Angstreduktion eingesetzt wurden. Doch da sie suchterzeugend sind und andere unerwünschte Nebenwirkungen haben (vgl. S. 344f.), hat man sie in den fünfziger Jahren durch eine Anzahl neu entwickelter, schwächerer Tranquilizer ersetzt. Die erste derartige Substanz ließ *Berger* 1952 unter dem Namen Meprobamat paten-

Tabelle 20.1. Verschiedene Psychopharmaka, nach ihren Auswirkungen auf das Verhalten kategorisiert

Wirkungsgruppe	Chemische Gruppe	Generic name	Handelsbezeichnung
Tranquilizer	Propandiole	Meprobamat	Miltaun, Cyrpon
	Benzodiazepine	Chlordiazepoxid Diazepam	Librium Valium
Neuroleptika (Antipsychotika)	Phenothiazine	Chlorpromazin Trifluoperazin Thioridazin	Megaphen Jatroneural Melleril
	Butyrophenone	Haloperidol	Haloperidol
	Thioxanthene	Chlorprothixen	Truxal
Stimulantien	Amphetamine	Dextroamphetamine	Dexedrin
	Piperidyle	Methylphenidat	Ritalin
Antidepressiva	Tricyclische Antidepressiva	Imipramin, Amitriptylin Nortriptyline	Tofranil Laroxyl Nortrilen
	Monoaminooxidasehemmer	Phenelzine Tranylcypromine	Nardil Parnate
Bipolare affektive Störung	anorganische Salze	Lithiumcarbonate	Lithonate, Lithane

tieren. Sie sind als Miltaun und Equanil im Handel. Meprobamat, das über die Reduzierung der Muskelspannung wirkt, gehört zur Gruppe der sogenannten Propandiole. Inzwischen haben die Propandiole an Beliebtheit eingebüßt; an ihre Stelle ist mit den Benzodiazepinen eine andere Gruppe von Tranquilizern getreten, deren bekannteste Vertreter Librium und Valium sind. Die Tranquilizer sind zur anerkannten Ingredienz amerikanischer Kultur geworden. Angstgetriebene Geschäftsleute und überforderte Eltern, so liest man, nehmen ihre „happy pills", um den Anforderungen des Tages gelassener gegenübertreten zu können.

Da Tranquilizer gewöhnlich vom Hausarzt verschrieben werden, sind kontrollierte Untersuchungen schwer zu organisieren. In den wenigen, die es gibt, zeigte sich, daß Benzodiazepine bei Patienten mit Angststörungen und angstgetönter Depression im allgemeinen wirksamer waren als ein Placebo (*Greenblatt* und *Shader*, 1978; *Noyes* et al., 1984). Häufig wird nach Einnahme von Benzodiazepinen allerdings über Benommenheit und Lethargie geklagt. Wie Meprobamat können auch diese Medikamente bei hochdosierter, längerer Einnahme zu körperlicher Abhängigkeit führen.

Neuroleptika[6]

Phenothiazin, die Hauptsubstanz phenothiazinhaltiger Pharmaka, wurde Ende des 19. Jahrhunderts von einem deutschen Chemiker zum erstenmal hergestellt. Es diente als Waffe im Kampf gegen Wurmparasiten im Verdauungssystem von Tieren. Das Medikament blieb weitgehend unbekannt, bis *Bovet* 1940 die Antihistamine entdeckte. Pharmaka mit Antihistaminwirkung haben ebenfalls einen Phenothiazin-Kern. Mit Antihistaminen wurde eine ganze Anzahl von Leiden behandelt, vom einfachen Schnupfen über Asthma bis hin zu niedrigem Blutdruck und Schock. Der französische Chirurg *Laborit* setzte Antihistamine als erster auch gegen den Operationsschock ein. Ihm fiel auf, daß seine Patienten nach Gabe von Antihistaminen etwas schläfrig wurden und weniger Angst vor der bevorstehenden Operation hatten. Die Pharmafirmen, die sich für die Antihistaminika nicht mehr interessiert hatten, weil deren sedierende Wirkung stärker war als ihr Antihistamineffekt, sahen sich nach *Laborits* Arbeit veranlaßt, sie erneut zu überprüfen. Kurz darauf synthetisierte der französische Chemiker *Charpentier* ein neues Phenothiazinderivat und nannte es Chlorpromazin. Wie sich zeigte, ließen sich schizophrene Patienten mit diesem Mittel sehr wirksam beruhigen. Heute glaubt man, daß die Phenothiazine ihre therapeutische Wirkung einer ganz bestimmten Eigenschaft verdanken: Sie blockieren, so glaubt man, die Impulsübertragung in den dopaminergen Leitungsbahnen des Gehirns (vgl. S. 457).

Chlorpromazin wurde 1954 in den Vereinigten Staaten zum erstenmal therapeutisch eingesetzt und avancierte schnell zur bevorzugten Behandlung bei Schizophrenie. 1970 erhielten mehr als 85 Prozent der Patienten in staatlichen psychiatrischen Einrichtungen Chlorpromazin oder eines der anderen Phenothiazinpräparate. Seit einigen Jahren verabreicht man bei Schizophrenie zwei weitere Neuroleptika: die Butyrophenone und Thioxanthene. Beide scheinen den Phenothiazinen an Wirksamkeit nicht nachzustehen. Mit allen drei Medikamentengruppen lassen sich positive – nicht aber negative – schizophrene Symptome reduzieren (vgl. S. 458f.).

Ist Phenothiazin bei hospitalisierten schizophrenen Patienten anderen möglichen Behandlungsformen vorzuziehen? *May* (1968) hat versucht, diese Frage zu beantworten und wies zu diesem Zweck erstaufgenommene schizophrene Patienten einer psychiatrischen Klinik einer von fünf Behandlungsgruppen zu.

1. Psychoanalytische Einzeltherapie durch Psychiater der Klinik.
2. Phenothiazinmedikation.
3. Psychoanalytische Einzeltherapie plus Phenothiazinmedikation.

[6] Neuroleptika werden – in relativ zutreffender Beschreibung ihrer Wirkung – zuweilen auch als Antipsychotika bezeichnet. In Amerika heißen sie irreführenderweise auch „major tranquilizer". Damit ist impliziert, daß sie im Unterschied zum einfachen (minor) Tranquilizer bei Angst größeren Ausmaßes helfen. Das ist aber nicht der Fall: Angststörungen lassen sich mit Neuroleptika nicht wirksam behandeln.

4. Elektrokrampftherapie (mit der wir uns weiter unten beschäftigen werden).
5. Milieutherapie.

Analysiert wurden zwei Klassen von abhängigen Variablen: Klinische Beurteilungen der Fortschritte der Patienten durch Pflegepersonal und Therapeuten und Entlassungsquote und Dauer des Klinikaufenthaltes. Nach allen klinischen Maßstäben erwiesen sich die Medikamente allein und die Kombination von Psychotherapie und Medikamenten als beste Behandlungsformen. Beide Behandlungen führten auch zu kürzeren Klinikaufenthalten und mehr Entlassungen. Tatsächlich waren Phenothiazine allein ebenso wirksam wie Phenothiazine in Kombination mit einer umfassenden Psychotherapie. Das Ergebnismuster war auch nach fünf Jahren noch von Bestand (*May* et al., 1976).

Obwohl die Phenothiazinbehandlung die positiven Symptome der Schizophrenie so abschwächt, daß die Patienten aus der Klinik entlassen werden können, sollte man nicht von Heilung sprechen. Typischerweise werden die Patienten auf einer sogenannten *Erhaltungsdosis* gehalten; sie nehmen weiterhin ihre Medikamente und kehren gelegentlich ins Krankenhaus oder in die Klinik zurück, um die Dosis neu einstellen zu lassen. Aber entlassene Patienten auf einer Erhaltungsdosis Phenothiazin sind in ihren Anpassungsmöglichkeiten an die Gemeinschaft weiterhin stark eingeschränkt. Die Phenothiazine halten die positiven Symptome in Schach, haben aber kaum Einfluß auf negative Symptome wie etwa soziale Inkompetenz. Häufig kommt es zu erneuten Einweisungen. Doch mit Beginn des ,,Phenothiazin-Zeitalters" hat die Zahl der Langzeit-Institutionalisierungen erheblich abgenommen. Statt dessen haben wir es jetzt allerdings mit dem bereits erwähnten Phänomen der ,,Drehtürpsychiatrie" zu tun, dem Kreislauf von Einweisung, Entlassung und Wiedereinweisung.

Doch auch hier gibt es Fortschritte, d.h. man hat zumindest erreicht, daß die Tür sich weniger häufig dreht. Ein Weg, entlassenen Patienten zu einem langfristigen Leben in der Gemeinschaft zu verhelfen, ist, wie wir wissen, die Behandlung nach Prinzipien des sozialen Lernens in Übergangsheimen. Und es spricht einiges dafür, daß auch eine Erhaltungsmedikation plus einer anderen Form der Psychotherapie einem Rückfall vorbeugen können (*Hogarty* et al., 1974). Eine Gruppe von entlassenen Patienten erhielt Medikamente und nahm gleichzeitig an einem Behandlungsprogramm, der sogenannten Hauptrollentherapie (major role therapy) teil. Dabei half man den ehemaligen Patienten, produktive Rollen innerhalb der Gemeinschaft zu übernehmen und mit aktiver Hilfe eines Beraters persönliche Beziehungen neu zu beleben. Im Laufe der Zeit trafen die Patienten ihre täglichen Entscheidungen zunehmend allein. Die Angehörigen dieser Gruppe wurden nach achtzehnmonatiger Behandlung als besser angepaßt beurteilt als drei andere Ex-Patientengruppen, die nur medikamentös, nur mit Placebo oder mit Placebo und

Tabelle 20.2. Rückfallrate von Schizophrenen neun Monate nach ihrer Entlassung. Die Patienten lebten – mit oder ohne Erhaltungsmedikation – in Familien mit einem niedrigen Niveau an Ausgedrückter Emotion (EA) oder in Familien mit hohem EA-Niveau mit wenig bzw. viel Kontakt der Familienmitglieder untereinander (aus *Vaughn* und *Leff*, 1976)

Medikamentenstatus	Familienatmosphäre und Kontakt EA niedrig	 EA hoch wenig Kontakt	 EA hoch viel Kontakt
Erhaltungsmedikation	12%	15%	53%
Keine Medikamente	15%	42%	92%

Hauptrollentherapie behandelt wurden. Ob eine Erhaltungsmedikation notwendig ist, hängt auch von dem Zuhause ab, in das die Patienten entlassen werden. Wie wir wissen, sind die Intensität der ,,ausgedrückten Emotion" innerhalb der Familie, die kritische Haltung und die Feindseligkeit der Familienmitglieder mitverantwortlich dafür, ob der ehemalige Schizophrenie-Patient einen Rückfall erleidet. Der Zusammenhang zwischen Erhaltungsmedikation und emotionaler Atmosphäre im Haushalt und Rückfall ist in Tabelle 20.2 dargestellt. Die Erhaltungsmedikation ist wertvoll für ehemalige Patienten, die in Haushalten mit hoher AE leben, beeinflußt aber nicht die Rückfallquote von Patienten aus Familien mit geringer AE (*Vaughn* und *Leff*, 1976).

Und schließlich dürfen wir die möglicherweise schweren Nebenwirkungen von Phenothiazinen nicht unerwähnt lassen. Patienten finden die Medikamente im allgemeinen unangenehm und klagen über Mundtrockenheit, verschwommenes Sehen, Niedergeschlagenheit und Verstopfung. Niedriger Blutdruck und Gelbsucht sind weitere häufige Nebenwirkungen. Vielleicht sind es unter anderem diese unangenehmen Auswirkungen, die eine Erhaltungsbehandlung so schwierig machen. Die Patienten zur Medikamenteneinnahme zu bewegen und sie auch nach der Entlassung bei der Stange zu halten, ist gleichermaßen problematisch (*Van Putten* et al., 1981).

Noch beeinträchtigender sind die extrapyramidalen Nebenwirkungen. Sie gehen auf Dysfunktionen derjenigen Nervenbahnen zurück, die vom Gehirn zu den motorischen Spinalnerven führen. Extrapyramidale Nebenwirkungen haben Ähnlichkeit mit den Symptomen neurologischer Erkrankungen, insbesondere mit der Parkinsonschen Krankheit, daher auch der Name ,,Neuroleptika" für diese Medikamente. Patienten, die Phenothiazine nehmen, leiden unter einem spezifischen Tremor der Finger, dem sogenannten ,,Pillendrehen", schwerfälligem, kleinschrittigem Gang, Muskelstarre und Speichelfluß. Dystonie ist eine Störung des natürlichen Spannungszustandes von Geweben, und unter Dyskinesie versteht man abnorme Bewegungen der willkürlichen und unwillkürlichen Muskulatur: Die Patienten verharren in Beugehaltung mit gegenüber dem Rumpf verdrehtem Hals. Akathisie ist die Unfähigkeit, sich ruhig zu halten. Die Patienten sind ständig in Bewegung, können nicht ruhig sitzen bleiben, machen Kaubewegungen und andere Bewegungen mit Lippen, Fingern und Beinen. Diese unangenehmen Symptome lassen sich mit Medikamenten gegen die Parkinsonsche Krankheit behandeln. Ältere Patienten leiden unter der sogenannten Dyskinesia tarda, einer Bewegungsstörung der Mundmuskeln, die sich in unwillkürlichen Saug- und Schmatzbewegungen und Kinnwackeln äußert. Von diesem Syndrom sind 10–15 Prozent der über lange Zeit mit Phenothiazin behandelten Patienten betroffen. Eine gewisse Besserung der Symptome erreicht man mit Benzodiazepinen oder Phenobarbital (*Borbruff* et al., 1981).

Bis eine bessere Behandlungsmöglichkeit gefunden ist, wird man die Schizophrenie trotz all dieser Schwierigkeiten zweifellos weiterhin hauptsächlich mit Phenothiazinen behandeln müssen. Ganz sicher sind sie der Zwangsjacke früherer Zeiten vorzuziehen.

Stimulantien

Eine Form des Amphetamin, das Dextroamphetamin, und ein Piperidylderivat, das Methylphenidat, setzt man gegenwärtig zur Behandlung hyperaktiver Kinder ein (vgl. S. 488). Als 1970 die *Washington Post* berichtete, daß 5 bis 10 Prozent der Schulkinder in Omaha, Nebraska, Stimulantien erhielten (*Maynard*, 1970), wurde diese Verschreibungspraktik zum Gegenstand von öffentlichen Auseinandersetzungen. Die daraufhin angestrengten Untersuchungen offenbarten, daß es eine oft geübte Praxis war, Kinder mit Stimulantien zu beruhigen, und daß die Ärzte beim Ausstellen der entsprechenden Rezepte recht wahllos vorgingen. Kurz darauf verschärfte die *Food and Drug Administration* die diesbezüglichen Bestimmungen.

Die vorliegenden Untersuchungsergebnisse sprechen in der Tat dafür, daß sich Hyperaktivität recht effektiv mit Stimulantien behandeln läßt (z.B. *Gittelman-Klein* et al., 1976b). In einer Untersuchung zeigten sich 35 bis 40 Prozent der beteiligten Kinder dramatisch, weitere 30 bis 40 Prozent mäßig gebessert (*Connors* et al., 1972). Die häufigsten, aber nur kurz anhaltenden Nebenwirkungen von Stimulantien sind Appetitmangel und Schlaflosigkeit. Trotzdem sehen Kinder, die Stimulantien nehmen, anders aus. Ihre Wangen sind eingefallen, ihre Haut ist fahl, und sie haben dunkle Schatten unter den Augen. Man sieht ihnen an, daß sie Medikamente nehmen, was die Kinder unter Umständen sehr bedrückt. Auf lange Sicht kann es zu einer geringfügigen Wachstumsbeeinträchtigung kommen (*Mattes* und *Gittelman*, 1983).

Eine genauere Untersuchung der tatsächlichen Wirkung von Stimulantien enthüllt, daß sie sich auf die zahlreichen Probleme eines hyperaktiven Kindes differenziert auswirken. Stimulantien reduzieren impulsives und unkontrolliertes Verhalten, bewirken eine Steigerung der Aufmerksamkeit und ermöglichen gerichtete und kontrollierte motorische Aktivitäten. Das bedeutet jedoch nicht, daß sich immer auch die Leistung bei kognitiven Aufgaben bessert oder die Kinder weniger Mühe haben, ihre Schulaufgaben zu machen (*Gittelman-Klein* und *Klein*, 1976; *Rie* et al., 1976). Wenn Stimulantien hoch dosiert werden müssen, um das hyperaktive Verhalten zu beeinflussen, können sie sogar mit Lernen *interferieren* (*Sprague* und *Sleator*, 1977). Aus diesem Grund und auch, weil bei längerer Einnahme unerwünschte Nebenwirkungen nicht ausgeschlossen sind, sollte man bei Hyperaktivität andere Behandlungsformen in Erwägung ziehen. Eine Untersuchung von *Gittelman-Klein* und ihren Mitarbeitern (1976a) zeigt, daß operante Programme allein recht wirksam sein können, daß die gegenwärtig beste Behandlung aber wohl eine mit der Einnahme von Stimulantien kombinierte Verhaltenstherapie ist. Es wurden drei Behandlungsformen verglichen: Verhaltenstherapie plus Placebo, Verhaltenstherapie plus einem Stimulans und lediglich Verhaltenstherapie. In allen drei Gruppen war die Verbesserung signifikant, doch die mit Stimulantien und Verhaltenstherapie behandelten Kinder waren am Ende der achtwöchigen Behandlung von ihren normalen Klassenkameraden nicht mehr zu unterscheiden.

Antidepressiva

Die *Trizyklika* und die *Monoaminoxydase-*(MAO)-*Hemmer* sind zwei Unterkategorien von Antidepressiva, die ganz zufällig entdeckt wurden. Das trizyklische Imipramin hat – ähnlich den Phenothiazinen – eine aus drei miteinander verbundenen Ringen bestehende Molekülstruktur; daher hoffte man, daß es auch bei der Behandlung der Schizophrenie wirksam sein werde. Bei der ersten klinischen Erprobung zeigte sich, daß es zur Schizophrenie-Behandlung wenig geeignet war, aber unerwarteterweise die Stimmung der Behandelten aufhellte. Aus diesem Grund setzte man es als Antidepressivum ein. Trizyklische Antidepressiva, so nimmt man heute an, interferieren nach der Freisetzung von Noradrenalin und Serotonin mit deren Wiederaufnahme durch die Nervenzelle, was zur Folge hat, daß diese Neurotransmitter an der Synapse in größeren Mengen verfügbar sind. Später pendeln sich Noradrenalin und Serotonin zwar wieder auf ihr Ausgangsniveau ein, aber die postsynaptischen Rezeptoren für diese Neurotransmitter scheinen sensibler geworden zu sein. Mit dem MAO-Hemmer Iproniazid behandelte man ursprünglich Tuberkulose. Weil sich daraufhin die Stimmung der Tuberkulose-Patienten hob, setzte man es auch als Antidepressivum ein. Das Enzym Monoaminoxydase baut die Monoamine des Zentralnervensystems ab. Da ein MAO-Hemmer diesen intrazellulären Abbau verhindert, sammeln sich große Mengen von freiem Noradrenalin und Serotonin zunächst einmal an den Rezeptoren (vgl. Kasten 9.4, S. 282f.). Auch hier verringern sich die Transmitter später wieder, aber ihre Rezeptoren scheinen sensibler geworden zu sein. Beide Klassen von Pharmaka, so nimmt man an, beziehen ihre therapeutische Wirkung daraus, daß sie die neurale Impulsübertragung fördern. Wie die Phenothiazine haben auch die Trizyklika einige unerwünschte Nebenwirkungen wie Mundtrockenheit, Verstopfung, Benommenheit und Schwindel, Herzklopfen und verschwommenes Sehen.

Den vorliegenden Befunden zufolge scheinen die trizyklischen Antidepressiva die Depression wirksam zu bekämpfen (*Davis, Klerman* und *Schildkraut*, 1967). Werden sie nach einer akuten Episode weitergenommen, verringert sich die Rückfallgefahr (*Prien* et al., 1984). Allerdings helfen Trizyklika nicht *allen* Depressiven. Wir müssen also in Erfahrung bringen, welchen depressiven Patienten mit trizyklischen Antidepressiva am besten gedient ist. Man hat zum Beispiel untersucht, wie endogen und exogen Depressive, d.h. Menschen mit sehr schwerer und weniger schwerer Depression auf trizyklische Pharmaka reagieren. Die endogene Depression wurde wirksamer gelindert als die exogene (*Stern, Rush* und *Mendels*, 1980). Von aktuellem Interesse sind die in Kapitel 9 erörterten Befunde zu spezifischen biochemischen Effekten der verschiedenen Trizyklika. Es sieht so aus, als seien bestimmte Trizyklika differentiell bei bestimmten unipolar Depressiven wirksam, doch einstweilen läßt sich noch nicht vorhersagen, welches Medikament bei welchem Patienten am besten wirkt.

Man hat die trizyklischen Antidepressiva auch mit verschiedenen Formen der Psychotherapie kombiniert. In zwei Untersuchungen schien die Kombination eine optimale Behandlungsmöglichkeit zu bieten (*DiMascio* et al., 1979; *Weissman* et al., 1981). Die bereits vorgestellte Untersuchung von *Rush* und *Beck* und ihren Mitarbeitern (1977) verglich *Becks* kognitive Therapie mit einer Imipramin-Behandlung und fand die kognitive Behandlung dem Medikament überlegen. In einem Vergleich von vier Behandlungsformen erhielten *Murphy* und seine Mitarbeiter (1984) allerdings andere Ergebnisse. Sie untersuchten kognitive Therapie plus Trizyklika, kognitive Therapie allein, Trizyklika allein und kognitive Therapie plus Placebo. Alle Behandlungen erwiesen sich als gleich wirksam. Weitere Forschungsarbeiten müssen klären, welche Kombination von Antidepressiva und psychologischer Behandlung bei welcher affektiven Störung den größten Erfolg verspricht.

MAO-Hemmer sind im allgemeinen zwar wirksamer als ein Placebo, aber eindeutig weniger hilfreich als trizyklische Antidepressiva (*Klerman*, 1975). Patienten, die auf Trizyklika nicht ansprechen, erhalten sie weiterhin, doch ist ihrer schweren Nebenwirkungen wegen das Interesse an ihnen erlahmt. MAO-Hemmer übertreffen jedes andere Medikament zur Behandlung psychischer Störungen an Toxizität. Sie schädigen Leber, Gehirn und das kardiovaskuläre System. Ihre Wechselwirkung mit anderen Medikamenten und Nahrungsmitteln, so hat man festgestellt, kann sogar zum Tod führen. Patienten, die MAO-Hemmer nehmen, sollten Nahrungsmittel und Getränke mit hohem Tyramingehalt meiden. Aromatische Käsesorten, Avocado, Bier, Saubohnen, Chiantiwein, Hühnerleber, Sahne, Wild, Lachs, eingelegter Hering, Schnekken und Hefeextrakt (*Honigfeld* und *Howard*, 1978) dürfen auch in geringen Mengen nicht genossen werden.[7]

Lithiumkarbonat

In den letzten zehn Jahren hat man sich sehr dafür interessiert, ob sich Lithiumkarbonat zur Behandlung der Manie einsetzen läßt. Das Medikament, ein einfaches anorganisches Salz, wurde 1949 von *Cade* entdeckt, dem seine beruhigende Wirkung bei Meerschweinchen auffiel. In den USA war man bis vor kurzem mit seinem Einsatz allerdings sehr zurückhaltend, da es nach einigen Todesfällen als gefährlich galt. Bei den betroffenen Patienten handelte es sich um Herzkranke, die Lithiumkarbonat in unbegrenzter Menge als Salzersatz zu sich genommen hatten.

Lithiumkarbonat ist bei Manie zweifellos wirksam; ob es allerdings auch die derzeit beste Behandlungsform ist, wissen wir nicht. In Doppelblind-Studien, die Lithium mit Chlorpromazin oder anderen Neuroleptika verglichen, erwiesen sich beide Behandlungsformen als etwa gleichwertig (z.B. *Shopsin* et al., 1975).

Lithium, so wird auch behauptet, dämpfe nicht nur die Manie, sondern wirke auch aufhellend bei Depression und verringere bei regelmäßiger Einnahme die Wahrscheinlichkeit nachfolgender manischer und depressiver Episoden. Bei manchen, insbesondere bei bipolaren Patienten kann Lithium die Depression tatsächlich aufhellen. Doch am nützlichsten ist das Medikament als prophylaktische Maßnahme, d.h., man kann mit ihm bei bipolar gestörten Patienten weiteren manischen und depressiven Episoden vorbeugen (*Gerbino, Oleshansky* und *Gershon*, 1978; *Prien* et al., 1984). Bei jedem Einsatz von Lithium ist

[7] Mit antidepressiven Medikamenten, d.h. mit Trizyklika und MAO-Hemmern, lassen sich auch Zwangsstörungen (*Insell* et al., 1983), Bulimie (*Walsh* et al., 1984) und Panik-Attacken (*Zitrin* et al., 1983) behandeln.

der Lithiumspiegel im Blut sorgfältig zu überwachen, um eine möglicherweise tödliche Überdosierung zu vermeiden.

Psychochirurgie

In den letzten Jahrzehnten des 19. Jahrhunderts berichtete ein Schweizer Arzt namens *Gottlieb Burckhardt* von Operationen, bei denen er sehr schwer gestörten Patienten Teile des Gehirns entfernt hatte. Die rudimentäre Trepanationspraxis prähistorischer Zeiten, die im Mittelalter und in einigen primitiven Gesellschaften gelegentlich wieder aufgenommen wurde, zeigt uns, daß das Aufbrechen des Schädels ein uraltes Mittel der Verhaltenskorrektur ist. Das Zeitalter der modernen Psychochirurgie beginnt mit der Arbeit des portugiesischen Neuropsychiaters *Antonio de Egas Moniz*. 1935 beeindruckte ihn auf einem wissenschaftlichen Kongreß in London ein Bericht von *Jacobsen* und *Fulton* über Gehirnoperationen an zwei Schimpansen. Man hatte den Tieren die präfrontalen Bereiche der Großhirnrinde entfernt. Vor der Operation waren die Tiere hocherregt und reagierten auf experimentell erzeugte Frustration mit heftigen Wutanfällen. Nach der Operation verhielten sie sich indifferent.

Nur auf der Grundlage dieses Falles zweier Affen, deren Verhalten durch einen gehirnchirurgischen Eingriff gedämpft worden war, überredete *Moniz* später seinen Kollegen *Almeida Lima*, die Frontallappen zweier menschlicher Patienten zu operieren. Innerhalb weniger Jahre wurden hundert Lobotomien vorgenommen, und 1949 erhielt *Moniz* für diese Arbeit den Nobelpreis für Medizin. *Moniz* selbst setzte sich 1944 zur Ruhe, unter anderem darum, weil eine Kugel ihn ins Rückgrat getroffen und halb gelähmt hatte. Abgeschossen hatte sie einer seiner lobotomisierten Patienten (*Valenstein*, 1973).

Walter Freeman und *James Watts* machten die Lobotomie in den Vereinigten Staaten heimisch. 1950 hatten sie bereits über tausend Patienten operiert. Diese Zahl erhöhte sich in den nächsten Jahren beträchtlich und *Freeman* selbst behauptete später, mehr als 3500 Lobotomien durchgeführt oder beaufsichtigt zu haben.

Die ursprüngliche Lobotomie war eine sehr grobschlächtige chirurgische Prozedur. Bei einer der beiden gängigen Methoden bohrte man beidseitig ein Loch in den Kopf, führte ein stumpfes Instrument ein und vollführte damit eine bogenförmige Drehbewegung, wodurch man eine nicht unerhebliche Menge weißer Substanz zerstörte. Das zweite Verfahren, die sogenannte Transorbitaltechnik, bestand darin, daß man durch die dünne Struktur, die Auge und Gehirn voneinander trennt, eine chirurgische Nadel ins Gehirn einführte und ebenfalls bogenförmig bewegte (vgl. Abb. 20.3). Man schätzt, daß beide Techni-

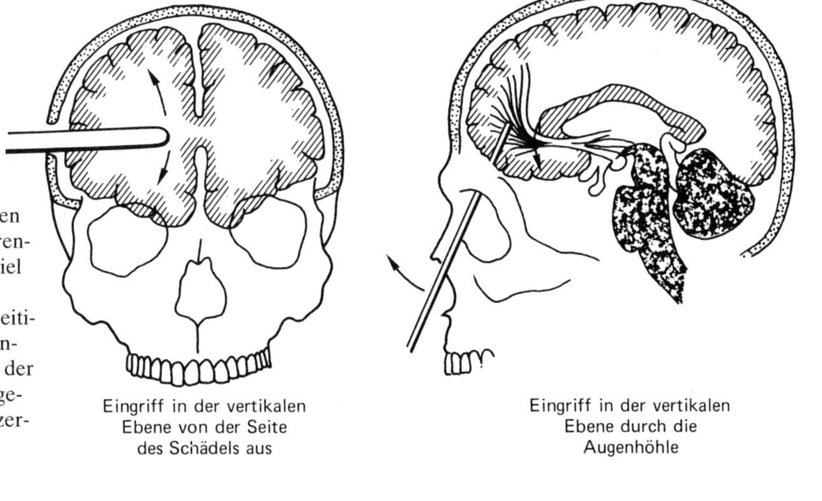

Abb. 20.3. Psychochirurgen versuchen, besonders störendes Verhalten, zum Beispiel gewalttätige psychotische Episoden, dadurch zu beseitigen, daß sie die Verbindungen zwischen dem Kortex der Frontallappen und niedrigeren Zentren des Gehirns zerstören.

ken etwa 120 cm^3 Hirngewebe zerstören (*Shevitz*, 1976). Hinter beiden Verfahren stand die Überlegung, daß der frontale Kortex die in niedrigeren Hirnregionen, insbesondere in Thalamus und Hypothalamus erzeugten emotionalen Reaktionen verstärke. Eine Unterbrechung der Verbindung zwischen diesen Bereichen und dem frontalen Kortex, so nahm man an, müsse beruhigend wirken.

Wie bei den meisten hier vorgestellten Behandlungsformen war das Interesse an den psychochirurgischen Verfahren zunächst sehr groß und entsprechend enthusiastisch waren die Erfolgsmeldungen. Solange diese Techniken im Schwange waren, operierte man Schizophrene, Depressive und, wenn auch seltener, Patienten mit Persönlichkeits- und Angststörungen. Bei Zwangsneurose wurde häufiger operiert als bei anderen Neurosen. Untersuchungen, die der Wirksamkeit der Behandlung nachgingen, kamen nicht gerade zu eindrucksvollen Ergebnissen. *Robbin* (1958, 1959) verglich zum Beispiel die Veränderungen bei Lobotomie- und Kontroll-Patienten. Bei der Lobotomie lag die Entlassungsquote geringfügig höher, dafür kehrten diese Patienten anschließend häufiger wieder in die Klinik zurück. *Barahal* (1958) untersuchte 1000 Lobotomie-Patienten fünf bis zehn Jahre nach ihrer Operation. Seine Ergebnisse zwangen ihn, publik zu machen, wie häufig es zu unerwünschten Nebenwirkungen wie Anfällen, extremer Apathie, Stupor und sogar Tod gekommen war. Kurz, es spricht so gut wie nichts für diese chirurgischen Verfahren. Ihre Wirksamkeit ist nicht erwiesen, und ihre Folgen können schwer und *irreversibel* sein. Mit dem Aufkommen der Phenothiazine Mitte der fünfziger Jahre war es mit der Popularität der Lobotomie schnell vorbei.

Doch abnormes Verhalten wird weiterhin, wenn auch mit neueren Verfahren, chirurgisch behandelt. Mit präziseren Techniken braucht man bei der Trennung des frontalen Kortex von niedrigeren Hirnbereichen nurmehr 8 cm^3 Hirngewebe zu zerstören (*Shevitz*, 1976). Das Verfahren scheint sich bei manchen Patienten, insbesondere bei solchen mit schwerer Depression, Angst und Zwangsstörung, zu bewähren und weniger unerwünschte Nebenwirkungen zu haben. Gegenwärtig besteht die Tendenz, diese Operationen auf sehr schwer und seit langer Zeit gestörte Patienten zu beschränken, die auf keine andere Behandlung ansprechen.

Krampftherapie

Innerhalb desselben Jahrzehnts begannen sich mehrere Ärzte und Forscher für die therapeutische Induktion von Krämpfen zu interessieren. 1932 experimente der Wiener Psychiater *Manfred Sakel* mit Insulininjektionen, um die Entzugssymptome von Morphiumsüchtigen zu lindern. Bei einem Patienten löste der durch das Insulin erzeugte niedrige Blutzuckerspiegel unbeabsichtigterweise ein Koma aus, und wie *Sakel* beobachtete, war der Patient anschließend weniger verwirrt. Daraufhin experimentierte er mit insulininduzierten Komata und berichtete, daß sich auf diese Weise sogar psychotische Symptome reduzieren ließen. Die Technik fand in Europa und Nordamerika schnelle Verbreitung. Doch die Prozedur dauerte jedesmal vier bis fünf Stunden und man mußte die Behandlung mehrere Monate lang fortsetzen. Infolge des gestörten Zuckerstoffwechsels nahmen die Patienten stark an Gewicht zu. Das wegen der erforderlichen medizinischen Betreuung sehr teure Verfahren büßte an Beliebtheit ein, als seine gesundheitlichen Gefahren und seine begrenzte Wirksamkeit offenbar wurden.

Etwa zur gleichen Zeit, als *Sakel* mit seiner Arbeit begann, kam der ungarische Arzt *von Meduna* zu dem Schluß, daß zwischen Schizophrenie und Epilepsie ein ,,Antagonismus" existieren müsse. Das veranlaßte ihn zu der voreiligen Vermutung, man könne die Schizophrenie mit einem induzierten Krampf heilen, und setzte zu diesem Zweck das Medikament Metrazol ein.

Die Elektrokrampftherapie (EKT) geht auf die italienischen Ärzte *Ugo Cerletti* und *Lucio Bini* zurück. *Cerletti* interessierte sich für die Epilepsie und suchte nach einem Mittel, um experimentell epileptische Anfälle zu erzeugen. Die ,,Lösung" fand er während der Besichtigung eines Schlachthauses, wo man die Tiere durch am Kopf applizierte Elektroschocks bewußtlos machte. Kurz darauf gelang es ihm, mit Elektroschocks voll ausgeprägte epileptische Anfälle – Starre, auf die Spasmen folgten – im Labor zu induzieren. 1938 probierte er in Rom die Technik an einem schizophrenen Patienten aus.

Der elektrisch induzierte Krampf wurde zur bevorzugten Methode. Die Technik hat sich seit den Tagen von *Cerletti* und *Bini*, zumindest bis vor kurzem, kaum geändert. An den Schläfen des Patienten werden Elektroden befestigt, durch die man für den Bruchteil einer Sekunde einen Stromstoß von 70 bis 130 Volt leitet, der einen Grand-Mal-Anfall (vgl. S. 776) auslöst. Anschließend bleibt das Gehirn des Patienten für einen gewissen Zeitraum elektrisch stumm, bis sich allmählich das alte Muster wieder aufbaut. Heute erhalten die Patienten vor der Behandlung gewöhnlich ein Beruhigungsmittel und ein Muskelrelaxans, um den Knochenbrüchen und Prellungen, zu denen es während einer EKT gelegentlich kam, vorzubeugen. Die übliche EKT umfaßt insgesamt zehn Behandlungen, die in einer Frequenz von etwa drei Behandlungen pro Woche verabreicht werden.

Nach einer EKT ist der Patient häufig sehr verwirrt und zeigt Amnesie für die Ereignisse vor und etwa eine Stunde nach der Behandlung. Verwirrung und Gedächtnisverlust verschwinden zumeist innerhalb einiger Wochen, doch bei manchen Patienten bleibt das Erinnerungsvermögen für Monate oder sogar Jahre gestört.

Eine bedeutsame Weiterentwicklung der Methode ist der unilaterale Schock, d.h. die Applikation auf nur eine Großhirnsphäre, gewöhnlich auf die nicht-dominante. Die unilaterale EKT hinterläßt den Patienten weniger verwirrt und mit weniger stark gestörtem Erinnerungsvermögen. In den meisten Untersuchungen erwies sie sich als therapeutisch ebenso wirksam wie das Standardverfahren (*Inglis*, 1969; *Abrams*, 1975).

Ursprünglich behandelte man schizophrene und depressive Patienten mit Elektrokrampftherapie, heute setzt man sie vornehmlich bei sehr schwer depressiven Patienten ein. Wie wir bei der Besprechung der Untersuchung von *May* (1968) gesehen haben, ist Phenothiazin bei Schizophrenie wirksamer als eine Elektrokrampftherapie. Für schwer Depressive ist die EKT allerdings eine schnelle und sichere Behandlung. Manche sehen sie sogar als die optimale Therapie an (z.B. *Klerman*, 1972), obwohl ihre Wirkmechanismen unbekannt sind und man mit ihr nicht einmal weitere depressive Episoden verhindern kann.

Obwohl eine sorgfältig durchgeführte EKT tief depressiven Menschen helfen kann, lehnen viele Experten das Verfahren ab. Es wird heute sehr viel weniger häufig eingesetzt als vor Jahren. Ein Hauptproblem ist die Angst vieler Patienten vor der Elektrokrampftherapie. Trotz Amnesie und trotz Muskelrelaxans zur Vorbeugung von Knochenbrüchen verweigern die Patienten oder auch deren Familien die Einwilligung zu der Behandlung, zumindest dann, wenn das medizinische Personal nicht hartnäckig dazu drängt. Das Verfahren ist zweifellos seinem Wesen nach gewalttätig. Eine Elektrokrampftherapie bedeutet die geplante Induktion eines Krampfanfalls und nachfolgender Amnesie. Viele Menschen halten daher die „Kur“ für schlimmer als die „Krankheit“. Aber auf die EKT zu verzichten, ist schwierig, da die Befunde sie als wirksame Depressionsbehandlung ausweisen.

Zusammenfassung

Die Gruppentherapie macht sich einige besondere Eigenschaften der Gruppe als solcher zunutze. Eine Gruppe kann besonders starken sozialen Veränderungsdruck ausüben. Die Gruppenmitglieder profitieren auch davon, daß andere dieselben Sorgen und Wünsche haben. Im Sensitivity-Training und in Encounter-Gruppen können die Teilnehmer erfahren und lernen, wie sie andere beeinflussen und durch andere beeinflußt werden können. Man bemüht sich, jenseits der sozialen Fassade, die man gewöhnlich der Welt präsentiert, ehrlich und effektiver miteinander umzugehen. Die kontrollierte Erforschung von Ergebnissen und Prozessen jedweder Form von Gruppentherapie hat gerade erst begonnen.

In der Familientherapie hält man die Probleme des „identifizierten“ Patienten für eine Manifestation von Störungen innerhalb der Familieneinheit. Die Familienmitglieder lernen, wie sie einander mit ihrem Verhalten und ihren Einstellungen zu beeinflussen vermögen, und daß Flexibilität und veränderte Kommunikationsmuster das

Familienleben harmonischer machen können. Eine Ehetherapie hilft unglücklichen Paaren, die Konflikte zu lösen, die sich bei längerem Zusammenleben unvermeidlich einstellen. Eine Technik besteht darin, daß jeweils ein Partner sich an bestimmten Tagen bemüht, dem anderen eine Freude zu machen, um so den Teufelskreis von gegenseitiger Verbitterung und Feindseligkeit zu durchbrechen. Ehetherapeuten aller theoretischen Richtungen arbeiten mit den Partnern daran, sich besser über ihre Bedürfnisse und Wünsche verständigen zu lernen. Eine gut gemeinte Handlung kann bei anderen eine negative Wirkung haben. Eine offene Aussprache über dieses Problem scheint die Beziehung häufig zu entspannen.

Die schizophrenen, aus der Klinik entlassenen Probanden eines Forschungsprojektes schafften es, dauerhaft zu Hause zu leben, weil man ihre Angehörigen über das Wesen der Schizophrenie aufklärte, was diese toleranter gegenüber ihren Symptomen werden ließ, und weil man mit der Familie daran arbeitete, die emotionalen Wogen im Hause nicht mehr so hoch schlagen zu lassen. Die gegenwärtige Forschung zur Familien- und Ehetherapie bemüht sich – mit zum Teil vielversprechenden Erfolgen – herauszufinden, für welche Probleme sie die angemessensten Verfahren sind und durch welche Prozesse sie befriedigende Lösungen erbringen.

Somatische Behandlungen versuchen abnormes Verhalten durch unmittelbare Eingriffe in körperliche Prozesse zu ändern. Eine Vielzahl psychoaktiver Medikamente hat sich als wirksam erwiesen: Tranquilizer beruhigen ängstliche, aber nicht-psychotische Menschen, Neuroleptika mildern die Denkstörungen und Verhaltensprobleme von Schizophrenen, Stimulantien dämpfen kindliche Hyperaktivität, Antidepressiva heben die Stimmung depressiver Menschen und Lithium kontrolliert die großen Affektumschwünge bipolarer Patienten. So nützlich diese Medikamente sind, sie alle sind nicht ohne – zum Teil schwere – Nebenwirkungen, und gewöhnlich bedarf es zusätzlich einer Psychotherapie, um die vom Medikament nicht beeinflußbaren Aspekte der Störung zu behandeln.

Vor ein paar Jahrzehnten noch versuchte man bei scheinbar unbehandelbaren psychotischen Zuständen drastischere Behandlungen: Bei der Psychochirurgie unterbrach man die Verbindung zwischen Kortex und unteren Gehirnregionen; und die Elektrokrampftherapie, die den Vorzug vor medikamentösen Krampftherapien erhielt, schickte Strom hoher Voltstärke durch den Kortex, um einen Grand-Mal-Anfall zu induzieren. Psychoaktive Medikamente haben diese Maßnahmen nahezu überflüssig gemacht, obwohl die Elektrokrampftherapie bei schwerer Depression eine offensichtlich wirksame Behandlung bleibt.

Kapitel 20a

Klinische Psychologie im System der psychosozialen Versorgung/Gemeindepsychologie

Heiner Keupp

Klinische Psychologen in der Bundesrepublik Deutschland sind während ihrer Ausbildung an der Universität fast ausschließlich am Erwerb diagnostischer und therapeutischer Kompetenzen orientiert. Wenn sie nach ihrer Ausbildung ihre Berufstätigkeit aufnehmen, kommt es nicht selten zu dem berühmten „*Praxisschock*", einer Phase tiefgreifender Verunsicherung und Hilflosigkeit angesichts der Erfahrung, nicht oder nicht richtig oder nicht ausreichend genug für die Praxis ausgebildet worden zu sein.

Einen gewichtigen Anteil am Praxisschock hat die mangelnde Kenntnis des sozial- und gesundheitspolitischen Kontextes, in dem sich klinisch-psychologische Aktivitäten vollziehen. Denn die erworbenen diagnostischen und therapeutischen Spezialkenntnisse in Zusammenhang mit dem „*Helferidealismus*", der wohl die meisten angehenden Therapeuten auszeichnet, reichen nicht aus, um psychosoziale Dienste in einer für beide Seiten – Klient und Therapeut – befriedigenden Weise erbringen zu können, solange man nicht das institutionelle Versorgungssystem in dieser Gesellschaft kennt. Dazu gehören Faktoren wie:

Problemlagen und Angebote:
Welche psychosozialen Probleme können nicht mehr ohne fachliche Hilfe bewältigt werden? Und, wo sieht der Staat Handlungsbedarf, durch organisierte psychosoziale Interventionen seine Vorstellungen von gesellschaftlicher Ordnung und Normalität aufrechtzuerhalten?

Recht und Gesetz:
Wer hat das Recht, psychosoziale Interventionen anzubieten und durchzuführen? Welche Rechtsvorschriften erlauben oder gebieten es, eine Person gegen ihren Willen einer Zwangsbehandlung zu unterziehen?

Geld und Honorare:
Wie werden die Dienstleistungen finanziert, privat oder öffentlich? Wer darf wann auf die Möglichkeiten der Kranken- und Sozialversicherung zurückgreifen? Welche Bedingungen sind daran geknüpft?

Macht und Einfluß:
Wann und wie können bestimmte Berufsvereinigungen, Verbände oder staatliche Stellen Einfluß auf die Gestaltung von psychosozialen Hilfsangeboten ausüben? Welche Sonderinteressen verfolgen sie jeweils?

Für viele Psychologen hat dieses komplexe System rechtlicher, institutioneller, ökonomischer und politischer Bedingungen den Charakter eines schwer durchschaubaren ,,psychosozialen Dschungels" (*Cramer,* 1982). Sie überlassen es den verschiedensten Standes- und Interessengruppen, Berufsverbänden und Vereinigungen, ,,professionelle Außenpolitik" zu treiben. Dieser Haltung liegt die Annahme zugrunde, daß die ,,eigentliche" psychologische Arbeit, die therapeutische Praxis mit einzelnen Klienten, Familien oder Gruppen, von den ,,außenpolitischen Aktivitäten" nicht berührt wird. Diese Vorstellung läßt sich angesichts der Realitäten des psychologischen Berufsalltags nicht aufrechterhalten.

In diesem Kapitel sollen daher Grundinformationen über das psychosoziale Versorgungssystem, verbunden mit einigen Vorstellungen über Reformmöglichkeiten vermittelt werden.

1. Das System der psychosozialen Versorgung in der BRD

Psychosoziale Versorgung in der Bundesrepublik Deutschland umfaßt ein breites Spektrum organisierter psychosozialer Aktivitäten, von denen in diesem Buch ausführlich die Rede ist:

Beratung bei Erziehungs-, Partnerschafts-, Schul-, Berufsproblemen und -konflikten; Psychotherapie unterschiedlichster Ausrichtung; Krisenintervention; psychiatrische/sozialpsychiatrische Behandlung in ambulanter und stationärer Form; therapeutische Wohngemeinschaften; Rehabilitation für Alltag und Beruf. Diese Aktivitäten beziehen sich auf:

a) unterschiedliche Problemlagen (z.B. akute Lebenskrisen, schwierige Lebensentscheidungen, lebensgeschichtlich verfestigte Persönlichkeitsstrukturen, Hilfe bei Isolation und Stigmatisierung);

b) unterschiedliche Zielorientierungen (Prävention, Therapie, Rehabilitation);

c) unterschiedliche institutionelle Organisationsformen (Einzelpraxis niedergelassener Nervenärzte, Psychiater, Psychotherapeuten; Beratungsstellen von Verbänden der freien Wohlfahrtspflege; psychiatrische Großklinik in kommunaler/staatlicher Trägerschaft; therapeutische Wohngruppe und rehabilitativ orientierter Alternativbetrieb), und

d) unterschiedliche Berufsgruppen als Handelnde (Ärzte, Sozialarbeiter, Psychologen, Pflegekräfte, die meistens in Konkurrenz zueinander stehen, auch wenn es Versuche und Ansprüche multiprofessioneller Kooperation gibt).

Man kann deshalb von einem *System* sprechen, weil diese Aktivitäten einen gemeinsamen gesellschaftlichen Bezugspunkt, einen gemeinsamen Anlaß haben: Sie reagieren auf das Herausfallen oder drohende Herausfallen von Individuen aus den bestehenden gesellschaftlichen Normalitätsvorstellungen bzw. auf die Unfähigkeit von Menschen, gesellschaftlich geforderte Anpassungsleistungen zu erbringen.

Sie sind also eine Form von *Sozialisation;* übernehmen die Aufgaben, die von Familie, Schule, Beruf nicht oder nicht genügend geleistet werden. Sie sind trotz unterschiedlicher Ausrichtungen und konkurrierender Anbieter Bestandteile des gleichen sozialpolitischen Systems für den Umgang mit Normalitätskrisen.

Kasten 20a.1
Rechtliche Grundlagen klinisch-psychologischer Tätigkeiten

Die Ausübung klinisch-psychologischer Tätigkeit ist Bestandteil der psychosozialen Versorgung. Mit Ausnahme von Psychodiagnostik und Psychotherapie ist klinisch-psychologische Tätigkeit, z.B. Beratung, Prävention, Rehabilitation, nicht erlaubnispflichtig. Anders Psychodiagnostik und Psychotherapie: diese beiden Tätigkeitsbereiche der Klinischen Psychologie stellen nach unumstrittener Rechtssprechung Ausübung der Heilkunde dar und sind damit erlaubnispflichtig.

Mit der rechtlichen Situation zur Ausübung von Psychodiagnostik und Psychotherapie wird sich dieser Kasten beschäftigen.

Psychotherapie als Bestandteil der psychosozialen Versorgung ist unterschiedlichen Gesetzen und Verordnungen unterworfen. Sicherstellung und Kontrolle der psychosozialen Versorgung sind aus rechtlicher Sicht Angelegenheit der Bundesländer.

Die Gesetze und Verordnungen sind allerdings widersprüchlich und sehr unübersichtlich und werden in verschiedenen Bundesländern unterschiedlich formuliert bzw. ausgelegt. Damit trägt die derzeitige rechtliche Situation wenig dazu bei, Psychodiagnostik und Psychotherapie bedürfnisgerecht in der psychosozialen Versorgung zu verankern.

Zur Ausübung von Psychotherapie

Psychodiagnostik und Psychotherapie (im folgenden zusammengefaßt: Psychotherapie) stellen Ausübungen der Heilkunde dar und werden als Krankenbehandlung definiert.

Während Ärzte nach dem 3. Staatsexamen und der Verleihung der Approbation zur selbständigen und eigenverantwortlichen Ausübung von Heilkunde zugelassen sind, ist jede weitere Erlaubnispflicht im Heilpraktikergesetz (HPG) verankert.

Nach § 1 des HPG bedarf der Erlaubnis, wer Heilkunde – und damit auch Psychotherapie – ausüben will und kein approbierter Arzt ist.

Begründung: Durch psychotherapeutische Tätigkeiten können gesundheitliche Schäden hervorgerufen werden, deshalb müssen die Personen, die psychotherapeutische Hilfe in Anspruch nehmen, besonders geschützt werden.

Wer entgegen dieser Bestimmung Heilkunde ausübt, kann nach § 5 HPG mit Freiheitsentzug bestraft werden.

Das Heilpraktikergesetz (HPG) ist Bundesgesetz, die Zulassungskontrolle im Sinne des § 1 HPG zum Heilpraktiker unterliegt den Ländern und ist mit einer besonderen Prüfung und besonderen Auflagen verbunden.

Bis 1984 machten nur wenige Personen aus psychosozialen Berufsgruppen, insbesondere Psychologen und Psychologinnen, die psychotherapeutisch tätig waren, von der Möglichkeit Gebrauch, Heilpraktiker/innen zu werden. Insbesonders in Institutionen wie Beratungsstellen und Kliniken duldeten und finanzierten die Träger die eigentlich ungesetzliche heilkundliche Tätigkeit von Psychologen, Sozialarbeitern usw. Schließlich war die psychotherapeutische Arbeit effektiv, es gab kaum Versorgungsalternativen, und die Aufsichtsbehörden duldeten größtenteils die gängige Praxis.

Hinzu kam, daß sich das Heilpraktikergesetz (HPG) nach juristischer Meinung als untauglich erwiesen hat, den Schutz der Klienten vor Scharlatanerie und unqualifizierter Behandlung zu sichern: es ist nicht auf Ausbildung, Qualifikation und berufliche Tätigkeit bei der Ausübung von Psychotherapie abgestimmt (vgl. *Heiland* und *Freitag,* 1978; *Schumacher* und *Schumacher-Merz,* 1980). Darüber hinaus macht ein Gesetz wie das HPG keine Aussage über die notwendige Kontrolle der beruflichen Ausübung und ist andererseits auch völlig ungeeignet, Psychotherapie in eine bedarfsgerechte Versorgung zu integrieren.

Da sich bestimmte psychotherapeutische Verfahren im Bewußtsein der Fachöffentlichkeit immer stärker als effektive Methoden bei der Behandlung psychischer Probleme und psychischer Erkrankungen festigten, und da die ärztlichen Standesorganisationen nicht in der Lage waren, ihren Sicherstellungsauftrag in der psychotherapeutischen Versorgung zu erfüllen, legte 1978 das damalige Bundesministerium für Jugend, Familie und Gesundheit (BMJFG) der Fachöffentlichkeit den Entwurf eines Gesetzes über den Beruf des Psychotherapeuten (PsychthG) vor. Mit diesem Gesetz sollte durch einen neuen Beruf (Psychotherapeut) die heilkundliche Tätigkeit von Diplompsychologen legalisiert werden. Zahlreiche Proteste von Verbänden, die sich gesundheitspolitisch für Versorgungsverbesserungen einsetzen (u.a. ÖTV, Deutsche Gesellschaft für Soziale Psychiatrie, Deutsche Gesellschaft für Verhaltenstherapie, Verbände der freien Wohlfahrtspflege), von fachpolitischen Instanzen (u.a. den Hochschulen) und berufsständischen Verbänden (u.a. Berufsverband deutscher Psychologen, ärztliche Standesverbände) führten schließlich zur Zurücknahme des Entwurfs (vgl. *Schulte* und *Trenk-Hinterberger*, 1979; *Cramer, Fliegel* und *Scholten*, 1983).

Um dem unkontrollierten Wildwuchs psychotherapeutischer Anwendung (Psychoboom) entgegenzuwirken und insbesondere die Tätigkeit von frei niedergelassenen Psychologen stärker zu kontrollieren, hat das Bundesverwaltungsgericht (BVG) im Februar 1983 entschieden, „daß in der Heilkunde selbständig und eigenverantwortlich tätige Diplompsychologen der Erlaubnis nach § 1 HPG Abs. 1 aufgrund einer besonders zu gestaltenden Überprüfung bedürfen (*Minister für Arbeit, Gesundheit und Soziales NRW*, 1985).

Nach diesem Urteil des Bundesverwaltungsgerichtes (BVG) fühlten sich die Bundesländer veranlaßt, aufgrund der ihnen zustehenden Richtlinien-Kompetenz eigene Regelungen zu erlassen. Diplompsychologen können nun von den zuständigen Gesundheitsämtern die Erlaubnis zur berufsmäßigen Ausübung der Heilkunde ohne Bestallung zum Arzt nach § 1 des Heilpraktikergesetzes (HPG) erhalten, nach diesen speziellen Richtlinien allerdings beschränkt auf psychodiagnostische und psychotherapeutische Tätigkeit. Der Berufsbezeichnung kann nach Erlaubniserteilung die Formulierung „zu heilkundlich-psychotherapeutischer Tätigkeit zugelassen" hinzugefügt werden.

Die Erlaubniserteilung nach § 1 HPG ist jedoch nicht ländereinheitlich geregelt. Während die Erlaubnis zur Ausübung psychotherapeutischer Tätigkeit in den meisten Bundesländern bei Vorlage des Diplomzeugnisses und weiterer Urkunden, wie Personalausweis, Führungszeugnis usw., durch die Gesundheitsbehörden recht problemlos erteilt wird, ist in Nordrhein-Westfalen (Erlaß vom 2. 10. 1985) und in Schleswig-Holstein (Erlaß vom 2. 1. 1987) eine psychotherapeutische Weiterbildung bzw. Zusatzausbildung nachzuweisen. Diese Weiterbildung muß in Nordrhein-Westfalen mindestens 700 Stunden, in Schleswig-Holstein mindestens 1000 Stunden umfassen.

Während die HPG-Erlasse vorrangig der Kontrolle der mittlerweile unüberschaubaren psychotherapeutischen Tätigkeit in der freien Praxis dienen sollen, machen die zuständigen Länderministerien widersprüchliche Aussagen zur Bedeutung der Erlasse für angestellte Psychologen.

Der einzige Vorteil dieser Erlasse der Bundesländer zum Heilpraktikergesetz (HPG) liegt darin, daß die bisher illegale Tätigkeit (Psychotherapie) – allerdings nur für Psychologen – legalisiert wird. Die Erlasse sind dahingehend zu kritisieren, daß sie völlig ungeeignet sind, die psychosoziale/psychotherapeutische Versorgung für die Bevölkerung zu verbessern. Im Gegenteil: sie bergen die Gefahr in sich, psychotherapeutische Leistungen aus öffentlichen Institutionen der ambulanten psychosozialen Versorgung (z.B. Beratungsstellen) in die freie Praxis niedergelassener Psychologen abzuschieben. Die unterschiedlichen Zulassungskontrollen in den einzelnen Bundesländern (nur Nordrhein-Westfalen und Schleswig-Holstein fordern Weiterbildung) sind versorgungspolitisch äußerst bedenklich.

Wie bereits ausgeführt, liegt die Zulassung zur Heiltätigkeit in der Kompetenz des Bundes. So ist auch das Heilpraktikergesetz (HPG) Bundesangelegenheit, lediglich die Zulassungsbestimmungen obliegen den Ländern. Für Ärzte existiert neben der Zulassungskontrolle eine Berufsausübungskontrolle, die in Länderkompetenz geregelt ist und an die Landesärztekammer delegiert wurde.

Für Diplom-Psychologen gibt es noch eine weitere Möglichkeit, rechtlich abgesichert Psychotherapie durchzuführen: über versicherungsrechtliche Regelungen (Psychotherapievereinbarung) und unter ärztlicher Kontrolle (vgl. hierzu Kasten 20a.2 über Finanzierungsrecht).

Im Rahmen dieser Psychotherapievereinbarung können neben Ärzten und Psychologen auch Sozialarbeiter mit einer psychagogischen Zusatzausbildung rechtlich abgesichert unter ärztlicher Kontrolle psychotherapeutisch arbeiten.

Zur Zeit wird im Bundesministerium für Jugend, Familie, Frauen und Gesundheit (BMJFFG) wieder über ein sog. Psychotherapeutengesetz nachgedacht. Die Vorlage eines entsprechenden Referentenentwurfes ist jedoch vorerst noch nicht zu erwarten. Mit einem solchen Gesetz werden aber wohl eher berufsständische Interessen von Psychologen befriedigt werden, als daß eine Orientierung an den Bedürfnissen der betroffenen Bevölkerung nach einer sinnvollen psychosozialen/psychotherapeutischen Versorgung erfolgt. Ein isoliertes Gesetz wird zwar die Uneinheitlichkeit der HPG-Erlasse aufheben, ansonsten wird es aber nicht sehr viel daran ändern, daß die Rechtslage für die Ausübung klinisch-psychologischer/psychotherapeutischer Tätigkeit eher mangelhaft, unübersichtlich und zum Teil widersprüchlich ist. Aufgrund der zahlreichen Mängel und Lücken in der Gesetzgebung werden auch weiterhin die Gerichte zu Entscheidungen angerufen. Da unterschiedliche Gesetze und Verordnungen unterschiedliche Gerichte aktivieren, liegen heute bereits Urteile zur Psychotherapie von Verwaltungsgerichten, Amts- und Landgerichten, Sozialgerichten und Arbeitsgerichten vor.

Psychotherapie ist ein Teil der Klinischen Psychologie, Klinische Psychologie ist ein Teilbereich der psychosozialen Versorgung. Um eine bedarfsgerechte psychosoziale/psychotherapeutische Versorgung zu gewährleisten, müssen auf Bundesebene Rahmengesetze zur Strukturierung der ambulanten und stationären Versorgung verabschiedet werden. Aus diesen Rahmengesetzen heraus sind Gesetze und Verordnungen für die Ausübung und Finanzierung von Psychotherapie zu schaffen. Dazu gehören auch gesetzliche Regelungen für den Aus- und Fortbildungsbereich aller psychotherapeutisch arbeitenden Berufsgruppen. Denn die unbefriedigende gesetzliche Situation hat auch im Aus- und Fortbildungsbereich zu großen Unsicherheiten und Nebeneinander-Regelungen geführt sowie eine unüberschaubare Zahl von privaten Ausbildungsinstituten entstehen lassen.

Wesentliche Grundlagen für eine zu erarbeitende Gesetzgebung müssen sich an gesellschaftspolitischen Bedürfnissen und wissenschaftlichen Entwicklungen im Bereich der Psychotherapie orientieren. Nur unter dieser Berücksichtigung werden Voraussetzungen zu schaffen sein, Menschen die ihnen zustehende Hilfe auch adäquat anbieten zu können.

Steffen Fliegel

Kasten 20a.2
Rechtliche Situation der Finanzierung von Klinischer Psychologie/Psychotherapie

Klinische Psychologie wird überwiegend in Institutionen der psychosozialen Versorgung ausgeübt. Die Träger dieser Einrichtungen finanzieren diese Stellen jedoch überwiegend aus fremden Mitteln (s.u.).

Da sich bei der Ausübung von Psychotherapie die Gesetzgebung zur Finanzierung dieser Leistungen als besonders kompliziert darstellt, sollen im folgenden – ebenso wie im vorherigen Kasten – die Möglichkeiten der Finanzierung von psychotherapeutischen Leistungen dargestellt werden.

Grundsätzlich muß zwischen zwei Finanzierungsprinzipien psychotherapeutischer Leistungen unterschieden werden, dem – Versicherungsprizip (z.B. Krankenversicherung) und dem – Fürsorgeprinzip (z.B. Sozialhilfe).

Das Versicherungsprinzip beinhaltet einen grundsätzlichen Anspruch auf Leistung im Falle des Auftretens zu behandelnder gesundheitlicher Einschränkungen, die z.B. in den Leistungskatalogen der Krankenkassen aufgenommen sind und für deren Absicherung Beitragsleistungen erhoben werden.

Nach dem Fürsorgeprinzip werden solche Leistungen nur gewährt, wenn der Anspruch nicht anderweitig geltend gemacht werden kann (s.u.). Auf diese Leistungen (z.B. der Sozialhilfe) besteht kein genereller Anspruch.

In der stationären psychosozialen Versorgung (z.B. psychiatrische Krankenhäuser, psychosomatische Kliniken, psychiatrische Fachabteilungen in Allgemeinkrankenhäusern) werden psychotherapeutische Leistungen über die sog. Pflegesätze abgegolten, die insbesondere von Krankenkassen und Rentenversicherungen (z.B. Bundesversicherungsanstalt für Angestellte – BfA –, Landesversicherungsanstalten für Arbeiter – LVA –, Bundesknappschaft) je nach Zuständigkeit geleistet werden.

Im ambulanten Bereich muß zwischen Psychotherapie in Institutionen (z.B. Beratungsstellen, sozialpsychiatrische Dienste) und Psychotherapie in der freien Niederlassung (z.B. freie Praxen von Ärzten, Psychologen usw.) unterschieden werden.

Psychotherapie in Institutionen wird meist vollständig durch die Träger der Einrichtung finanziert, und zwar über die Finanzierung der Planstellen. Träger sind dann entweder die öffentliche Wohlfahrtspflege (Städte, Kreise), die Träger der freien Wohlfahrtspflege, die sog. Wohlfahrtsverbände (Deutscher Paritätischer Wohlfahrtsverband – DPWV; Arbeiterwohlfahrt – AWO –, Diakonisches Werk – DW –, Caritas-Verband – CV –, Deutsches Rotes Kreuz – DRK –), oder freie Träger.

Bei der Finanzierung der Planstellen werden die Träger meist aus den Kassen der jeweiligen Bundesländer und Kommunen bezuschußt.

Vor der Darstellung der Möglichkeiten zur Finanzierung psychotherapeutischer Leistungen in der freien Praxis, zunächst ein Exkurs über die Leistungsgesetze:

Bei der Finanzierung von Psychotherapie hat die Reichsversicherungsordnung (RVO) eine wichtige Bedeutung.

Die Reichsversicherungsordnung (RVO) regelt die öffentlichen Versicherungszweige Kranken-, Unfall- und Rentenversicherung. Gemäß § 182 der Reichsversicherungsordnung (RVO) ist Psychotherapie Bestandteil der Krankenpflege, insbesondere als ärztliche Behandlung durch approbierte Ärzte. Als Hilfeleistung durch andere Personen als Ärzte (z.B. Psychologen) ist Psychotherapie nur dann anzuwenden, wenn der Arzt sie anordnet oder wenn in dringenden Fällen kein approbierter Arzt erreichbar ist (§ 122 RVO).

Das Wort „insbesondere" im 1974 neu gefaßten Text der RVO räumt nach Meinung von Juristen den Leistungsträgern die Möglichkeit ein, den Rahmen der zu erbringenden Leistungen an neue Erkenntnisse anzupassen und andere Berufsgruppen zur Heilkunde zuzulassen, ohne daß Gesetzesänderungen notwendig werden (vgl. *Heiland* und *Freitag*,

1978; auch zu Möglichkeiten der Finanzierung von Psychotherapie im Rahmen der Unfall- und Rentenversicherung).

Die Anwendung von Psychotherapie in stationären Einrichtungen wird nach § 184 – in Akutkrankenhäusern – bzw. § 184a RVO – in der Rehabilitation über die pauschalen Pflegesätze der Kliniken mit abgegolten. (Im Rahmen des Gesundheitsreformgesetzes (GRG) wird 1988 auch die RVO überarbeitet und revidiert. Dabei werden sich voraussichtlich die angegebenen §-Nummern ändern. Veränderungen für die Finanzierung von Psychotherapie sind nicht zu erwarten.)

Sozialhilfe wird nach dem Bundessozialhilfegesetz (BSHG) geregelt. Menschen, die körperlich, geistig oder seelisch behindert sind, wird

- vorbeugende Gesundheitshilfe (§ 36 BSHG)
- Krankenhilfe (§ 37 BSHG)
- Eingliederungshilfe (§ 39 BSHG) und
- Hilfe zur Überwindung besonderer sozialer Schwierigkeiten (§ 72 BSHG) gewährt.

Sozialhilfe wird gezahlt, wenn der/die Betroffene sich weder selbst helfen kann, die notwendige Hilfe von Angehörigen nicht erhält und auch keine Ansprüche gegen andere Sozialleistungsträger (Kranken-, Renten-, Unfallversicherung) geltend machen kann. Damit soll die Sozialhilfe die Lücken im Netz der sozialen Sicherung schließen helfen. Auf diese Leistungen besteht jedoch kein genereller Anspruch. Die Voraussetzung für die Inanspruchnahme der Leistungen wird meist streng kontrolliert und geht nicht selten mit einer Stigmatisierung einher, zumal die zuständige Behörde (z.B. Sozialamt) über den Gesundheitszustand der Personen, die Leistungen beantragen, informiert ist.

Eine entsprechende Hilfe für Kinder und Jugendliche kann nach dem Jugendwohlfahrtsgesetz (JWG) gezahlt werden.

In seltenen Fällen gilt als leistungsrechtliche Grundlage für die Psychotherapie auch das Arbeitsförderungsgesetz (AFG) zur Behebung psychischer Krankheiten bei Arbeitslosen, wenn nachfolgend eine effektivere Stellenvermittlung möglich ist.

Die Finanzierung psychotherapeutischer Leistungen im Rahmen der Reichsversicherungsordnung (RVO) steht in engem Zusammenhang mit der Definition von Krankheit (Krankheitsbegriff). Obwohl in der Gesetzlichen Krankenversicherung (GKV) der Krankheitsbegriff die Aufgabe hat, ,,Versicherungsfälle" festzulegen, hat die Reichsversicherungsordnung (RVO) den Krankheitsbegriff äußerst global umrissen: Krankheit ist danach ein regelwidriger Körper- und Geisteszustand, der ärztlicher Behandlung bedarf. Zwar hat das Bundessozialgericht (BSG) festgelegt, daß sich eine Regelwidrigkeit am Leitbild des gesunden Menschen zu orientieren hat, die Gesetzliche Krankenversicherung (GKV) hat Krankheit jedoch äußerst eng und rigide definiert: Psychotherapeutische Leistungen werden von den Krankenkassen nur bezahlt, wenn psychische Störungen ,,mit Krankheitswert" vorliegen. Anmerkung: Das Krankenkassenwesen in der Bundesrepublik gliedert sich in die Gesetzliche Krankenversicherung (GKV) und die Private Krankenversicherung (PKV). Der Gesetzlichen Krankenversicherung gehören die RVO-Krankenkassen (z.B. Ortskrankenkassen, Betriebskrankenkassen, Innungskrankenkassen) und die Ersatzkassen (z.B. Barmer Ersatzkasse, Deutsche Angestellten-Krankenkasse, Techniker-Krankenkasse) an.

Zur Finanzierung von Psychotherapie in der freien Niederlassung:

Bereits seit 1970 können im Rahmen einer Psychotherapievereinbarung zwischen Krankenkassen und Kassenärztlicher Bundesvereinigung (KBV) Psychologen und Psychagogen an der Kassenärztlichen Versorgung beteiligt werden. Zunächst betraf die Vereinbarung tiefenpsychologische Therapie, seit 1980 auch Verhaltenstherapie. Die Anwendung von Psychoanalyse und Verhaltenstherapie kann nur im Rahmen der Psychotherapievereinbarung von Ärzten ausgeführt und von Ärzten an Psychologen delegiert werden, wenn entsprechende Zusatzausbildungen abgeschlossen wurden. Die Gesamtaufsicht über die Behandlung unterliegt jedoch dem Arzt. Sie erübrigt die Zulassung nach dem Heilpraktikergesetz (HPG) und gewährleistet einer bestimmten Zahl von sog. nicht-ärztlichen Psychotherapeuten, für verhaltenstherapeutische und psychoanalytische Leistungen Finanzierung über die Krankenkasse zu erhalten.

Da die Leistungen im Rahmen der Kassenärztlichen Versorung erfolgen, obliegt die – vor allem zahlenmäßige – Kontrolle psychotherapeutischer Tätigkeit durch Psychologen den ärztlichen Standesverbänden, hier den Kassenärztlichen Vereinigungen.

Die Gefahren solcher Psychotherapievereinbarungen wurden von Wohlfahrtsverbänden, Gewerkschaften, verschiedenen Fachverbänden (z.B. DGSP, DGVT, IGWG) u.a. aufgezeigt:

Sie sind vor allem für die freie Niederlassung geschaffen, fördern daher – gerade in Zeiten des Stellenstops in öffentlichen Einrichtungen – den Ausbau privater Praxen ohne vorherige Bedarfsplanung. Damit schaffen sie Voraussetzungen, die einem sinnvollen psychosozialen Reformkonzept, nämlich dem Ausbau der öffentlich-ambulanten und gemeindenahen psychosozialen Versorgung entgegenstehen. Hinzu kommt, daß derartige Regelungen, die einzelne psychotherapeutische Richtungen fördern, mit einem integrativen Psychotherapiekonzept unvereinbar sind, das viel deutlicher derzeitigen wissenschaftlichen Erkenntnissen entspricht als eine isolierte psychoanalytische oder verhaltenstherapeutische Anwendung.

Wenn von seiten der Bundesregierung in den nächsten Jahren die Verabschiedung eines sog. Psychotherapeutengesetzes (PsychthG) zu erwarten ist, müssen von seiten des zuständigen Bundesministeriums für Arbeit und Sozialordnung (BMA) auch Finanzierungsregelungen für die psychotherapeutischen Leistungen zu erwarten sein, die nach dem PsychthG zugelassene Psychologen in der freien Praxis erbringen. Dabei ist schon jetzt die Gefahr vorherzusehen, daß sich öffentlich-rechtliche Träger von den Leistungen finanziell entlasten werden, die die Krankenkassen frei niedergelassenen Psychotherapeuten dann erstatten.

Steffen Fliegel

2. Reorganisation und Reformversuche des psychosozialen Systems. Die Psychiatrie-Enquete

In Phasen beschleunigten gesellschaftlichen Wandels rückt die Reorganisation der gesundheitlichen Dienste ins Zentrum der Aufmerksamkeit. Die sechziger und siebziger Jahre z.B. waren in allen westlichen Industriegesellschaften von einem starken Reform- und Modernisierungsdruck geprägt, der seine Spuren auch in den *psychosozialen* Versorgungssystemen hinterlassen hat (Mangen, 1985).

Die bedeutsamsten Impulse zielten auf die Veränderung der tradierten Formen der Unterbringung von Menschen mit schweren psychischen Problemen in großen Anstalten. An ihre Stellen sollten neuartige psychosoziale Einrichtungen treten – Hilfesysteme, die Menschen dort erreichen können, wo sie leben oder arbeiten: Ambulante Krisen- und Unterstützungsarbeit soll ‚*in der Gemeinde*‘ geleistet werden, mit dem Primärziel, stationäre Aufenthalte überflüssig zu machen oder auf ein Minimum zu reduzieren.

Vor allem waren es die *nichtärztlichen* Berufsgruppen, die diese Reformarbeit mit großem Elan forcierten und auf die Realisierung große Hoffnung setzten. Das wichtigste Stichwort in diesem Zusammenhang ist die „*Psychiatrie-Enquete*“ (s.a. Kasten 20a.3).

Kasten 20a.3
Die Ergebnisse der Psychiatrie-Enquete

1971 setzte der Deutsche Bundestag eine Expertenkommission ein, die 1975 einen „Bericht über die Lage der Psychiatrie in der Bundesrepublik Deutschland. – Zur psychiatrischen und psychotherapeutischen Versorgung der Bevölkerung" (Bundestagsdrucksache 7/4200) vorlegte. In schonungsloser Offenheit wurden eklatante Versorgungsmängel aufgelistet:

- Im Vorfeld der psychiatrisch-psychotherapeutischen („professionellen") Dienste fehlt die notwendige Infrastruktur, in der Prävention im Sinne von Früherkennung geleistet, erste Hilfs- und Beratungsangebote von paraprofessionellen Personen (z.B. Lehrer, Kindergärtnerinnen) verfügbar gemacht und die Überweisung in fachgerechte Behandlung geregelt werden könnten.
- Die ambulante Versorgung ist völlig unterentwickelt: niedergelassene Nervenärzte und Psychotherapeuten sind nicht in der Lage, eine bedürfnisgerechte Versorgung im außerstationären Bereich zu gewährleisten. Gäbe es eine bessere ambulante Versorgung, dann könnten viele Wiedereinweisungen vermieden werden.
- Die stationären Dienste weisen schlimme Mängel auf, z.B.: zu große, unübersichtliche und fernab von der Lebenswelt gelegene psychiatrische Anstalten, zu lange Verweildauer der Patienten, erhebliche Anzahl von Fehlplazierungen, mangelhafte Ausstattung mit Fachpersonal, speziell Sozialarbeitern und Psychologen, minderqualifiziertes Pflegepersonal.
- Besonders ungünstiges Versorgungsangebot für Kinder/Jugendliche (was besonders schwer wiegt, weil hier durch präventive Maßnahmen und Frühintervention spätere Störungen oder Chronifizierungen von Problemverhalten verhindert oder vermindert werden könnten) und für alte Menschen (die überdies durch spezielle Altenhilfe besser versorgt werden könnten); ferner für Suchtkranke, geistig Behinderte und soziale Randgruppen.
- Extrem mangelhafte Koordination der verschiedenen Dienstleistungssektoren (stationär, komplementär, ambulant), die von einer Vielzahl staatlicher, kommunaler, karitativer und privater Träger betrieben werden.

An die Analyse knüpften sich Vorschläge zur Neuordnung des Versorgungssystems und zur „Beseitigung grober inhumaner Mißstände" (Enquete) an. Leitziele waren der Aufbau eines umfassenden und lückenlosen „Versorgungsnetzes" und die Verwirklichung von Prinzipien der „gemeindenahen Versorgung", der „bedarfsgerechte und umfassende Versorgung aller psychisch Kranken und Behinderten", der „Gleichstellung psychisch Kranker mit körperlich Kranken" und der „bedarfsgerechten Koordination aller Versorgungsdienste".

Zur Realisierung dieser Prinzipien wurde konkret u.a. gefordert:

- Ein Ausbau ambulanter und komplementärer Dienste (z.B. Übergangseinrichtungen, Heime, beschützende Wohn- und Arbeitsplätze),
- die Reduzierung der Klinikgrößen auf maximal 500–600 Betten,
- die Einrichtung von psychiatrischen Abteilungen an Allgemeinkrankenhäusern,
- eine stärker therapeutisch ausgerichtete Aus- und Weiterbildung für das gesamte Personal,
- die verstärkte Einbeziehung von Psychologen und Sozialarbeitern in die psychosoziale Versorgung,
- insbesondere die Institutionalisierung von Planungs- und Koordinierungsinstrumenten, um das chaotische Neben- und Gegeneinander von Diensten zu verhindern und um eine umfassende Grundversorgung für alle Menschen mit psychosozialen Problemen zu gewährleisten;

Angebote in einem Standardversorgungsgebiet

Das Vorfeld psychiatrischer und psychotherapeutisch/psychosomatischer sowie rehabilitativer Dienste

Allgemeine professionelle und nicht-professionelle Beratung in den Bereichen: Erziehen, Seelsorge, Rechtspflege, Gesundheitsämter, Arbeitsverwaltung und Sozialversicherung, Sozialarbeit

Beratungsstellen

praktische Ärzte und Ärzte für Allgemeinmedizin

psychosoziale Kontaktstellen

Fachärzte anderer Disziplinen

Ambulante Dienste

niedergelassene Nervenärzte

niedergelassene ärztliche und nicht-ärztliche Fachpsychotherapeuten

Beratungsstellen für Kinder, Jugendliche und Eltern

niedergelassene Psychagogen (Kinder- und Jugendlichenpsychotherapeuten)

psychosoziale Versorgungseinrichtungen (in unterversorgten Gebieten)

Ambulante Dienste an Krankenhauseinrichtungen	*Halbstationäre Dienste*	*Stationäre Dienste*	*Komplementäre Dienste*	*Spezielle rehabilitative Dienste*	*Dienste für Behinderte*
ambulante Dienste an psychiatrischen Behandlungszentren	Tageskliniken und Nachtkliniken	psychiatrische Abteilungen an Allgemeinkrankenhäusern	Übergangsheime	Werkstätten für Behinderte	Einrichtung zur Früherkennung, Frühdiagnose und Frühbehandlung
psychotherapeutisch/psychosomatische Polikliniken	Tageskliniken und Nachtkliniken für besondere Patientengruppen	psychotherapeutisch/psychosomatische Abteilungen an psychiatrischen Krankenhäusern und Allgemeinkrankenhäusern	Wohnheime und Wohnheime für besondere Patientengruppen	Beschützende Arbeitsplätze	Sonderkindergärten Sonderschulen
Fachambulanzen		gerontopsychiatrische Abteilung	Beschützende Wohngruppen und Wohnungen		Sonderklassen
		Assessement-Unit für psychisch kranke alte Menschen	Familienpflege		Wohnangebote
			Tagesstätten		Bildungs-, Freizeit- und Erholungsstätten
			Patientenclubs		
			Einrichtungen für Schwerst- und Mehrfachbehinderte		

Koordination — Psychosozialer Ausschuß — Planung
Kooperation der Träger
Psychosoziale Arbeitsgemeinschaft

Abb. 20a.1. Angebote in einem Standardversorgungsgebiet (aus Deutscher Bundestag, 1975, S. 310)

- ferner die Zuordnung der Dienste und Einrichtungen zu überschaubaren geographischen Bereichen, sog. „Standardversorgungsgebieten“.

Da sich gegen Ende der 70er Jahre immer deutlicher eine ökonomische Krise abzeichnete, wurde nur sehr wenig Geld zur Realisierung von Modellprojekten, zum Ausbau ambulanter Dienste oder zur baulichen Sanierung der alten Anstalten bewilligt, ganz davon abgesehen, daß die sozialliberale Bundesregierung vier Jahre brauchte, bis sie endlich 1979 zu den Ergebnissen und Vorschlägen der Psychiatrie-Enquete-Kommission Stellung nahm.

Das Grundanliegen der Psychiatrie-Enquete zielte auf den Aufbau eines dicht gefügten Systems professioneller Hilfen. Für alle psychosozialen Risiken und Probleme sollten Hilfsangebote zur Verfügung gestellt werden. Kritiker haben auf die ungebrochene Expertengläubigkeit dieser Reformphilosophie hingewiesen. Menschen würden von der ,,Wiege bis zur Bahre" professionell betreut. Die bildhafte Umsetzung der Planungsutopie der Psychiatrie-Enquete vermittelt etwas von dieser Haltung der ,,fürsorglichen Belagerung" (s. Abb. 20a.2).

Heute läßt sich aus der Rückschau festhalten, daß die Psychiatrie-Enquete eigentlich ein *paradoxes* Ergebnis hatte: die jetzt modernisierten psychiatrischen *Anstalten* traditionellen Typus bilden das gestärkte Zentrum der Versorgung; die ursprünglich als *Alternative* dazu konzipierten *ambulanten* Dienste sind nur in bescheidener, reduzierter Form realisiert worden: die Integration von nichtpsychiatrischen, nichtmedizinischen Professionen, also z.B. von Klinischen Psychologen/Psychotherapeuten fand im geforderten Umfang nicht statt; von einem akzeptierten ,,*nichtärztlichen Psychotherapeuten*" sind wir heute so weit entfernt wie damals; die Lobby der Mediziner hat dies zu verhindern gewußt.

Heute, mehr als 10 Jahre nach dem Einsetzen der Psychiatrie-Enquete, zeigt sich auch, daß die Reformepoche nur sehr begrenzte Wirkungen gezeitigt hat (dazu *Helbig*, 1986; *Weik*, 1987). Letztlich ist trotz immer wieder beteuerten guten Willens das Gesamtsystem der psychosozialen Versorgung nach wie vor *defizitär* im Verhältnis zu den in vergleichbaren Ländern erreichten Standards.

Abb. 20a.2. Die Planungsutopie der Psychiatrie-Enquete von der ,,Aktion Psychisch Kranke" bildhaft dargestellt.

Kasten 20a.4
Langfristige Hospitalisierung statt ambulanter Betreuung. Ein Beispiel für das defizitäre psychosoziale Versorgungssystem

Die Zersplitterung des Kostenträgersystems und die in Teilbereichen fehlende kommunale Versorgungsverpflichtung für alle Bevölkerungs- und Patientengruppen führen immer wieder dazu, daß Patienten, die keiner stationären Behandlung bedürfen, in psychiatrische Krankenhäuser abgeschoben werden.

Beispielhaft läßt sich dieser meist auf dem Rücken der Patienten ausgetragene Mißstand, der auch ungünstige ökonomische Folgen hat, an Frau B. aus der Stadt Z. aufzeigen.

Vor drei Jahren wurde der Sozialpsychiatrische Dienst in Z. vom dortigen Stadtjugendamt gebeten, sich um die knapp 70jährige Frau B., für die das Amt als Betreuer eingesetzt worden war, zu kümmern.

Frau B. wohnte seit Jahren in einem Mietshaus und störte zunehmend die Nachtruhe der übrigen Bewohner durch lautes ängstliches Schreien. Sie war total isoliert und fühlte sich von Mördern, Nazis und dunklen Gestalten ihrer Nachbarschaft bedroht. Da sämtliche Versuche des Sozialpsychiatrischen Dienstes, zu Frau B. Kontakt zu bekommen, scheiterten, und auch die Bewohner nicht länger bereit waren, ihre nächtliche Ruhestörung hinzunehmen, kam es zu einer Räumungsklage, die Frau B. verlor. Sie mußte ihre Wohnung verlassen. Da eine Verständigung und Suche nach einer Wohnung zusammen mit der Patientin nicht möglich war, wurde sie übergangsweise in einer psychiatrischen Klinik aufgenommen. Dort zog sie sich voller Entrüstung zurück und beharrte auf ihrem Recht nach einer Wohnung.

Inzwischen ist Frau B. ein gutes Jahr in einer psychiatrischen Klinik, weil sich die Kommune außer Stande sah, einen entsprechenden Wohnraum zur Verfügung zu stellen. Der Krankenkasse und dem Sozialamt sind inzwischen Kosten von ingsgesamt über 60000 DM entstanden, bei der eigentlich nicht stationär behandlungsbedürftigen Frau B. zeigen sich erste Hospitalisierungstendenzen.

Wichtig zu wissen ist, daß es solche Sozialpsychiatrischen Dienste, wie in diesem Beispiel geschildert, bisher nur in wenigen Landkreisen und Städten (zumeist auch nur Großstädten) gibt. Ohne einen solchen Dienst wäre es überhaupt nicht zu den Hausbesuchen und Vermittlungsversuchen mit den Nachbarn gekommen: Frau B. wäre sofort in eine psychiatrische Klinik eingewiesen worden.

Aber selbst wo es solche ambulanten Dienste, die von sich aus die Initiative ergreifen, gibt, reicht das Personal nicht, um therapeutische Wohngemeinschaften zu betreuen. Hier rächt sich, daß deren Finanzierung im Gegensatz zur Pflegesatzregelung in den Heimen überhaupt nicht geregelt ist.

Das Beispiel zeigt darüber hinaus, daß selbst funktionierenden psychiatrischen Diensten die Hände gebunden sind, wenn örtliche Sozial- und Wohnungsämter nicht mitziehen und sich weigern, ihren Teil an der Verantwortung zu übernehmen (z.B. Wohnraumbeschaffung, Finanzierung des Lebensunterhaltes nach BSHG, gegebenenfalls Übernahme von Mietausfällen). Es gilt vor allem, die Finanzierung der Betreuung, die je nach Personenkreis als sozialpädagogische oder pflegerische Aufgabe zu verstehen ist, zu regeln. Als Planungsgröße, die je nach Bedarf und jeweils notwendiger Betreuungsintensität zu verändern ist, erscheint ein Betreuungsverhältnis von 1:8 sinnvoll.

Um Wohnheime, Wohngemeinschaften u.ä. zu finanzieren, wäre ein Einsatz der Mittel, die zur Zeit als Lastenausgleich des örtlichen Sozialhilfeträger an den überörtlichen abgeführt werden (§ 100 BSHG) denkbar. Je nach den örtlichen Gegebenheiten und je nach den zu lösenden Problemen der betreffenden Personen, wäre an eine Betreuung durch Mitarbeiter von Sozialstationen (z.B. Gemeindeschwestern), Sozialpsychiatrischen Diensten (wie im Beispiel) oder Sozialämtern zu denken. (Quelle: DGSP/DGVT/GwG, 1986)

Psychiatrische Anstalten sind heute wie früher dafür zu kritisieren, daß sie Menschen aus ihrem Lebenszusammenhang reißen und sie mit einem Stigma versehen entlassen, häufig ohne daß Anstrengungen unternommen werden, den schwierigen Prozeß der Wiedereingliederung zu unterstützen.

Niedergelassene Nervenärzte, in deren Händen das ,,ambulante Behandlungsmonopol" liegt, verzichten meist auf Hausbesuche, suchen lieber ein zahlungskräftiges Klientel und sind fast ausschließlich an einem biomedizinischen Modell orientiert. *Niedergelassene Psychotherapeuten* haben es ebenfalls mit einer Selektion von Patienten aus den oberen Schichten zu tun. Und nicht selten kann man ihnen den Vorwurf mangelnder Bereitschaft, sich auf schwerer gestörte Menschen einzulassen, nicht ersparen.

Zwar ist der Markt psychologischer Dienstleistungen mit seinen Hunderten von Therapieangeboten stark ausgeweitet worden, aber es werden die Bevölkerungsgruppen, die mit den schwersten psychosozialen Problemen konfrontiert sind, offenbar nur ungenügend erreicht.

3. Gemeindepsychologisch orientierte psychosoziale Praxis (Grundriß einer Reformperspektive für die psychosoziale Versorgung)

Anstöße der Gemeindepsychologie

Als orientierende Perspektive derjenigen Psychologen, die sich in den letzten Jahren an der Reform der psychosozialen Versorgung engagiert haben, hat sich ,,die Gemeindepsychologie" herausgebildet. *Ansatzpunkte der gemeindepsychologischen Perspektive* sind vor allem die folgenden Probleme und Defizite:

a) Es gibt unterversorgte Bevölkerungsgruppen. Noch immer gilt: Je höher der sozioökonomische Status einer Person, desto größer ist ihre Chance, eine individuelle Form psychologischer Hilfe zu bekommen. Psychologische, psychotherapeutische Dienstleistungen sind am Markt orientiert; sie sind in der Gesellschaft so verteilt wie die sozioökonomischen Privilegien. Für Menschen unterer sozialer Schichten sind sie kaum erreichbar, da kaum bezahlbar.

Das bedeutet, daß gerade die Menschen, die die massivsten Alltagsbelastungen und die schwersten psychosozialen Probleme aufweisen, kaum Zugang zu psychologischer Hilfe haben und, vor allem dann, wenn ihre Probleme bzw. Symptome sich zuspitzen, vom traditionellen psychiatrischen (also: Anstalts-) System erfaßt werden.

b) Psychologie und Psychotherapie sind apolitisch und asozial geworden. Eine jahrzehntelange intensive Forschung in der Sozialepidemiologie hat die Einflüsse gesellschaftlicher Lebensbedingungen auf Häufigkeit und Ausprägungen psychischen Leids nachweisen können. (vgl. den Überblick in Kapitel 2a).

Diese Zusammenhänge sind jedoch nur mangelhaft in den gängigen Theorien und Paradigmen berücksichtigt, was zum Vorwurf der ,,Ahistorizität" und des ,,psychologischen Reduktionismus" geführt hat: Der *,,psychologische Blick"* wird in Frage gestellt, weil er psychisches Leid auf jenen Anteil reduziert, der in psychologischen Theorien erfaßbar ist. Psychologischer Reduktionismus meint, daß Problemlagen ,,entpolitisiert" werden, daß man sich auf *individuelles* Verhalten konzentriert und ausschließlich dieses *modifizieren* will, auch dort, wo sozialökologische Einflüsse am Entstehen dieser subjektiven Probleme ursächlich beteiligt sind (vgl. *Sarason*, 1981).

c) Die akademische Psychologie scheint sich vom Alltag und ihrem eigentlichen Gegenstand, den Menschen, immer mehr zu entfernen. Es gibt Tendenzen in der akademischen Psychologie, sich aus dem Bereich der psychosozialen Versorgung mit all seinen Facetten zurückzuziehen, und dieses Feld zunehmend esoterischen oder simplifizierten Psychologien zu überlassen, die sich keiner wissenschaftlichen Reflexion mehr stellen. Im ,,mainstream" der Psychologie orientiert man sich zunehmend stärker an einem naturwissenschaftlichen Wissenschaftsverständnis und akzeptiert nur den experimentellen Weg und die quantitativ-statistische Analyse bzw. Auswertung als beweisfähig.

Folge ist eine schleichende Löslösung, eine Entfremdung der akademischen Psychologie, ihrer Konzepte, Untersuchungswege, Forschungsergebnisse vom gesellschaftlichen Alltag und seinen Problemen. Entsprechend gering erscheint ihre aktuelle Problemlösungskapazität in einer Gesellschaft, in der eine wachsende Anzahl von Menschen schwere Identitätskrisen erlebt und nach lebenswerten Formen für ihren Alltag sucht.

d) Der kommerzielle Psychoboom verhindert ein bedarfsgerechtes psychosoziales Dienstleistungssystem. Seit einigen Jahren erleben wir in den ,,postmodernen" Industriegesellschaften einen enormen ,,Psychoboom", einen ,,Tanz um das goldene Selbst" (*Beck*, 1985). Angesichts des zunehmenden Zerfalls traditioneller Lebensformen gehen immer mehr Menschen auf die Suche nach ,,Sinn", nach einem Leitfaden für die Organisation ihres Lebens. Daher kommt es zu einer anhaltenden starken Nachfrage nach psychologischen Deutungen und psychotherapeutischen Dienstleistungen. Vermehrt wird die Frage gestellt, ob die Psychologie durch eine unkritische Beteiligung an der Psychokultur selbst der individualistischen Tendenz erheblichen Vorschub leistet (*Wallach* und *Wallach*, 1983).

Die gemeindepsychologische Alternative

Das Profil einer gemeindepsychologischen Perspektive, die sich als Antwort auf die genannten Probleme versteht, läßt sich in einigen Prinzipien umreißen. Sie drücken eine spezifische *Grundhaltung* aus:

1. Das Prinzip Lebensweltbezug
   Psychosoziale Probleme werden nicht als individuelle Defizite verstanden. Sie stellen vielmehr Lösungsversuche von Individuen im Spannungsfeld ihrer Bedürfnisse und Handlungsmöglichkeiten einerseits und den Widersprüchen und Belastungen ihrer alltäglichen Lebenswelt andererseits dar. Die für ein Individuum relevante ,,Gemeinde" wird als das Gesamt der ihm verfügbaren materiellen, ökologischen und psychosozialen Ressourcen aufgefaßt.
2. Das Prinzip Prävention
   Gemeindepsychologie fragt danach, wie Menschen dabei unterstützt werden können, mit den Problemen ihres Alltags besser fertigzuwerden, möglichst bereits vor der Entstehung schwerer Formen psychischen Leids. Neben der Förderung von individuellen Handlungskompetenzen geht es vor allem um die Überwindung sozialer Ursachen für immer wiederkehrende Belastungen.
3. Das Prinzip Gemeindenähe
   Erforderlich ist der Aufbau und die Erprobung psychosozialer Praxisformen, die möglichst bürgernah und alltagsbezogen arbeiten. Solche institutionalisierten Praxisformen ermöglichen berufliche Handlungen, die Menschen bei der besseren Wahrnehmung und Nutzung lebensweltlicher Ressourcen unterstützen.
4. Das Prinzip ,,Hilfe zur Selbsthilfe"
   Psychosoziale Praxis zielt auf die Förderung von Selbstorganisation der Betroffenen. Professionelle Hilfen unterstützen die Mobilisierung individueller, sozialer und materieller Ressourcen, die die Voraussetzung für selbstorganisiertes Handeln darstellen (in den USA wird hier von dem Ziel des ,,Empowerment" gesprochen).
5. Das Prinzip Teamarbeit
   Eine veränderte Grundhaltung in der psychologischen Praxis erfordert die Bereitschaft und Fähigkeit von Psychologen, eigene Kompetenzen und Sichtweisen in multiprofessionelle Praxisformen einzubinden (ein Beispiel dafür wären Sozialpsychiatrische Dienste, in denen Ärzte, Sozialarbeiter und Pflegekräfte mit Psychologen kooperieren).

6. Das Prinzip Netzwerkförderung
   In einer Gesellschaft, deren Veränderungsdynamik den Zerfall traditioneller Sinnsysteme und Lebensformen und eine zunehmende Individualisierung fördert, gilt es, eine bewußte Förderung neuartiger kollektiver Lernprozesse zu betreiben. Es geht nicht um die bloße Verteidigung traditioneller Vergesellschaftungsmuster (z.B. von traditionellen Nachbarschaften und Kleinfamilien). Geschaffen werden sollen Strukturen, die die Entstehung von selbstorganisierten Projekten und Gruppen ermöglichen.
7. Das Prinzip Chancengleichheit und Bürgerrechte
   Aus der Einsicht heraus, daß viele Belastungen und Lebensprobleme auf die ungerechte Verteilung gesellschaftlicher Ressourcen zurückgeführt werden können, wird ein tiefgreifender sozialer Wandel für notwendig gehalten, der zu mehr Chancengleichheit im Zugang zu materiellen und ideellen Ressourcen führt. Gefordert wird weiterhin, sich für eine größere Vielfalt kultureller Lebensformen und für eine Überwindung rigider Normalitätsstandards einzusetzen.

Eine gemeindepsychologische Perspektive im Sinne dieser Grundprinzipien begründet keine neue Teildisziplin der Psychologie. Sie kann in das Berufsfeld der Klinischen Psychologie integriert werden, wird jedoch in diesem Berufsfeld für spezifische Fragen, Zusammenhänge und Praxisformen sensibilisieren. Sie formuliert keinen elaborierten neuen Wissens-, Methoden- und Technologiekanon, sondern zielt auf eine berufliche Identität von Psychologie, die diese zur Parteilichkeit im gesellschaftlichen Konfliktgeschehen ermutigen will. Dieses Grundverständnis wird besser verständlich, wenn die Entstehungsgeschichte der Gemeindepsychologie in den USA betrachtet wird (Kasten 20a.5).

Kasten 20a.5
Gemeindepsychologie: Partizipation von Psychologen an sozialen Bewegungen

Als sich in den 60er und 70er Jahren in vielen industrialisierten Ländern gesellschaftliche Reformbewegungen entwickelten, nahmen auch Psychologen daran teil. In den USA besonders an Antiarmutskampagnen, an der Bürgerrechtsbewegung, am Kampf gegen den Vietnamkrieg und an Initiativen zu einer Reform der psychosozialen Versorgung.

Wie Dokumente dieser Zeit zeigen, wurde immer wieder die programmatische Forderung erhoben, daß sich Psychologen aktiv in die Lösung gesellschaftspolitischer Probleme einbeziehen sollten und daß sie zu ,,Agenten sozialen Wandels" sich zu entwickeln hätten. In der ersten monographischen Darstellung der Gemeindepsychologie wird von ihr als dem *,,sozialen Gewissen"* der Psychologie gesprochen (*Murrell*, 1973). Bei vielen Psychologen setzte sich damals die Einsicht durch, daß das traditionelle Rollenverständnis des Psychologen als wertneutraler Experte nichts als ideologische Fiktion sei und daß er eigentlich immer parteilich handele.

Diese explizite Option für gesellschaftliche Veränderungen als Bedingung für die Verbesserung individueller Entfaltungsmöglichkeiten, somit auch als Vorbedingung für ein Gelingen psychosozialen Handelns, ist bis heute geblieben. Allerdings sind die meisten der Hoffnungen der Gemeindepsychologie auf umfassende staatliche Reformen, auf den Aufbau sozialstaatlicher Versorgungsmodelle, die für möglichst alle Menschen erreichbar sein sollten, im Zuge der neokonservativen Regierungswechsel der späten 70er und 80er Jahre zerstört worden. Heute konzentriert man sich daher auf das Mitarbeiten in vielfältigen neuen sozialen Bewegungen – wie Frauen-, ökologische, Friedens- und Selbsthilfe-Bewegungen).

Ein verändertes berufliches Selbstverständnis psychosozialer Praxis

Ins Zentrum einer „gemeindepsychologisch" orientierten psychosozialen Praxis rückt zunehmend das *Belastungs-Bewältigungs-Modell* (s. Kap. 2a). Es fragt nach den psychischen, sozialen und materiellen Ressourcen, die einer Person oder einer Gruppe zur Verfügung stehen. Mit *„Ressourcen"* ist alles gemeint, was für die Bewältigung belastender einmaliger Lebensereignisse (z.B. Tod des Ehepartners) oder den Umgang mit Dauerbelastungen (z.B. chronische Krankheit) wichtig und erforderlich ist.

Das Schema in Abb. 20a.3 (nach *Dohrenwend*, 1978) verdeutlicht dies und zeigt auch, welche konkreten Ansatzpunkte aus dem Modell für die Praxis abgeleitet werden können.

Dieses Modell überwindet mechanistische Vorstellungen von der Entstehung psychischen Leids. Dieses wird verstanden als Resultat eines Prozesses, in dem sich ein Individuum mit den spezifischen Belastungen seines Alltags auseinandersetzt. Psychisches Leid wird durch äußere Bedingungen nicht einfach ausgelöst, sondern entsteht dann, wenn die Kompetenzen einer Person und die für sie verfügbaren sozialen und materiellen Unterstützungen nicht ausreichen, um mit der Krisensituation fertigzuwerden. Das dargestellte Modell enthält mehrere zentrale Einsichten:

1. Belastende Lebensereignisse sind als Zusammenwirken äußerer (z.B. Arbeitsplatzverlust oder Tod einer wichtigen Person) und innerer Bedingungen (z.B. Ich-Stärke oder Selbstwertgefühl) zu begreifen.
2. Die durch Belastungen ausgelösten Krisenreaktionen führen nur dann zu psychischen Störungen, wenn die psychischen Mediatoren (z.B. Bewältigungsoptimismus, Kompetenzen) und die situativen Mediatoren (z.B. soziale Unterstützung aus dem Netzwerk oder materielle Hilfen) nicht ausreichen, um die Krise produktiv zu verarbeiten.

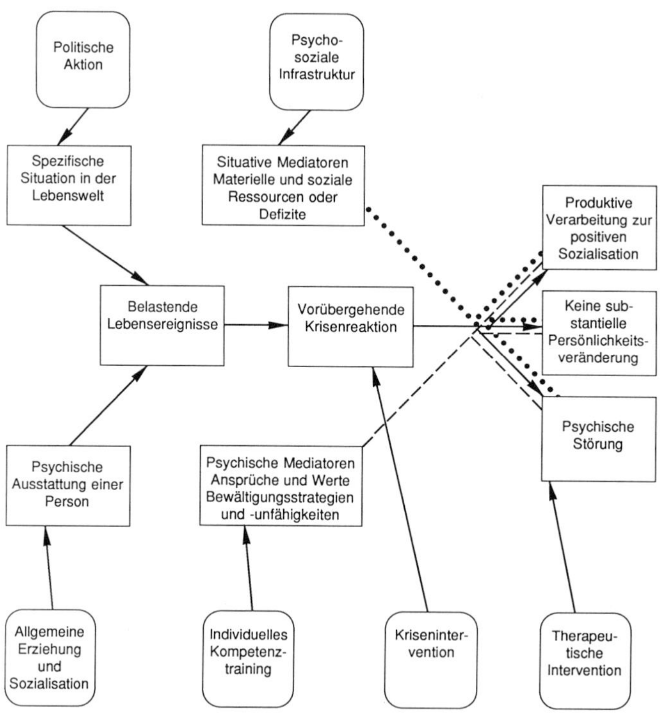

Abb. 20a.3. Psychisches Leid im Kontext gesellschaftlicher Lebensbedingungen (aus *Keupp*, 1980, S. 585).

3. Professionelle Hilfe kann an verschiedenen Punkten des individuellen Auseinandersetzungsprozesses mit Belastungen und Krisen ansetzen.

Klinische Psychologie im Sinne der psychotherapeutischen Behandlung psychischen Leids setzt dessen symptomatische Manifestation voraus. Sie knüpft also am Endprodukt des skizzierten Prozesses an. Die gemeindepsychologische Perspektive betont psychosoziale Praxismöglichkeiten in frühen Stadien dieses Prozesses. Sie können sich sowohl auf individuelle Bedingungen beziehen (etwa im Sinne der Kompetenzförderung oder der Krisenberatung), als auch auf die Verbesserung der materiell-gesellschaftlichen Lebensbedingungen oder der Förderung von sozialen Beziehungen. Hier hat sich ein neues Feld professionell-institutioneller Handlungsmöglichkeiten eröffnet. Dessen Nutzung und Gestaltung erfordert allerdings ein Umdenken der psychosozialen Professionen, die sich fast ausschließlich therapeutisch verstehen. Zugleich können sich dadurch einige innovative sozialpolitische Schwerpunktsetzungen ergeben:

a) Der im klinisch-psychologischen Bereich noch immer vorherrschende Modus des Wartens auf Klienten, die – angetrieben durch ihren Leidensdruck – das therapeutische Hilfsangebot wahrnehmen, reduziert das berufliche Handlungsfeld um wichtige Handlungsmöglichkeiten. Zugleich ist er mitverantwortlich für das immer wieder nachgewiesene Versorgungsdefizit gerade jener Bevölkerungsgruppen, die die schwerwiegendsten Lebensprobleme zu bewältigen haben.

Erforderlich ist statt dessen ein Modus des Zugehens und die Übernahme eines Versorgungsauftrags für einen spezifisch abgrenzbaren regionalen Bereich. Überwunden werden soll damit die klassische Schichtenselektivität psychosozialer Institutionen, die zu dem genannten Versorgungsdefizit führt. Dieser zugehende Modus bedeutet in allererster Linie eine Öffnung der Institution für vielfältige Bedürfnisse und Anfragen der Bewohner im Stadtteil oder in der Region und eine Orientierung des professionell-technologischen Standards (vgl. *Buchholz* et al., 1984 sowie Kasten 20a.6).

b) Die Geschichte von Psychiatrie, Pädagogik und psychosozialer Praxis läßt sich als die Übernahme institutioneller Zuständigkeiten für verschiedene Formen abweichenden Verhaltens begreifen. Die Konsequenzen dieser gesellschaftlichen Delegation war die Einrichtung von Sondereinrichtungen zur Behandlung oder Verwahrung von Devianz. Die institutionelle Eigendynamik solcher Einrichtungen hat dazu geführt, daß sie immer größer, immer mehr zu Einbahnstraßen (die Wege hinein waren einfacher als Wege heraus) und damit letztlich zu Instrumenten der sozialen Ausgrenzung wurden. Der Perspektivenwechsel, der zur Gemeindeorientierung führte, hatte die Einsicht zur Voraussetzung, daß Großinstitutionen mit Sonderpopulationen eher zu einer Stabilisierung von Devianz führen als zu ihrer Korrektur (Stichworte hierzu sind Institutionalismus oder Hospitalismus). Statt segregativer Sondereinrichtungen vertritt die Gemeindepsychologie die am Prinzip der Normalisierung orientierte „Deinstitutionalisierung". Auch Menschen mit spezifischen Behinderungen und Einschränkungen sollen das einklagbare Recht auf jene Formen des Lebens, Wohnens und Arbeitens haben, die in einer Gesellschaft für die Mehrheit der Bevölkerung erreicht werden konnten. Diese Forderung bedeutet die Auflösung bzw. Dezentralisierung von Sondereinrichtungen und die Stärkung der kommunalen Verantwortung auch für jene Bürger einer Gemeinde, die spezifische Lebensprobleme haben (vgl. *Biegel* und *Naparstek*, 1982; *Jeger* und *Slotnick*, 1982).

c) Mit der zunehmenden Resozialisierung institutioneller Hilfen, wie sie aus den Prinzipien von Deinstitutionalisierung und Dezentralisierung folgen, sind auch die verschiedenen Betroffenengruppen in die Lage versetzt worden, eigene Bedürfnisse und Wünsche besser zu artikulieren. Ein besonderes Gewicht erlangten die Forderungen nach Selbstorganisation und autonomen Lebensformen. In einer Vielzahl von Selbsthilfegruppen und selbstorganisierten Initiativen haben sich in den vergangenen Jahren diese Bestrebungen umgesetzt. Sie prägen das Gesundheits- und Sozialsystem in den fortgeschrittenen Industrieländern mit ihrer Vielgestaltigkeit und mit dem Veränderungsdruck, den sie auf professionelle Systeme ausüben (vgl. als Übersicht *Tro-*

jan, 1986). In die professionelle Arbeit, die sich konstruktiv auf diese Entwicklung bezieht, wird zunehmend das lange Zeit vorherrschende advokatorische Modell psychosozialer Praxis in Frage gestellt. Dieses geht von dem Grundgedanken aus, daß professionelle Helfer für ihre Klientengruppen verbesserte Lebensbedingungen zu erstreiten hätten. Gerade auch die von der Gemeindepsychologie propagierte Präventionsphilosophie ist von dieser wohlmeinenden Expertendominanz getragen. In der aktuellen gemeindepsychologischen Diskussion findet zu diesem Punkt eine selbstkritische Debatte statt. In ihr zeichnet sich ein in Umrissen erkennbares neues Prinzip ab, für das es noch keine angemessene deutsche Übersetzung gibt: Empowerment. Dieses Prinzip betont die Notwendigkeit, durch professionelle Arbeit die Betroffenen selbst zu „bemächtigen" und sie bei der Beschaffung von Ressourcen zu unterstützen, die eine Lebensform in Selbstorganisation ermöglichen (vgl. *Rappaport*, 1984).

d) Mit der Thematisierung und Formulierung innovativer Prinzipien für die psychosoziale Praxis ist das traditionelle Selbstverständnis der Helferrolle fragwürdig geworden. Dies betrifft vor allem die Rolle des kompetenten Technikers, der aus seiner jeweiligen Fachdisziplin Wissen bezieht, das er möglichst korrekt in Technologien transformiert. Die reflexive Analyse der bislang unbeachteten Folgen der berufsmäßigen Organisation von Hilfe nahm Impulse einer breiten gesellschaftlichen Kritik an der „Expertenherrschaft" auf (das kürzlich erschienene „Kursbuch 85" mit dem Titel „Die Havarie der Expertenkultur" bringt diese kritische Grundstimmung zum Ausdruck). Aber nicht nur als ideologisches Thema hat die Krisenhaftigkeit der Helferberufe Aufmerksamkeit gefunden. Der in den 60er und 70er Jahren erfolgte Ausbau psychosozialer Dienstleistungen, der die Bestandsraten der beteiligten Professionen vermehrfacht hat, geriet Ende der 70er Jahre an seine Grenzen. Der Phase expansiver Zuwachsraten folgte eine noch anhaltende Phase besonders hoher Arbeitslosigkeit. Die Krisenstimmung bei den Helferberufen kommt in der grassierenden Diskussion um die „Hilflosigkeit der Helfer" und die immer häufigere Thematisierung des Helfer-Burnout zum Ausdruck. Diese Diskussionen werden nicht ohne Larmoyanz geführt. Die Krise wird im gemeindepsychologischen Kontext jedoch auch als Chance zu einer Neubestimmung der eigenen beruflichen Identität gesehen, die die progressiven Impulse aus den Betroffenenkulturen und den vielfältigen neuen sozialen Bewegungen als Anregungspotential aufzunehmen versucht (vgl. *Kleiber* und *Rommelspacher*, 1986; *Keupp*, 1987).

e) Ein wichtiger Faktor, der die Krisenhaftigkeit professioneller Praxis mit erzeugt hat, ergab sich aus der kritischen Infragestellung der unerwünschten Nebenfolgen wohlfahrtsstaatlicher Bürokratien, die aus der Tätigkeit von Professionellen eine schematische Mangelverwaltung machen würden. Diese Kritik war gepaart mit der Krise der öffentlichen Finanzen, die einen weiteren Ausbau wohlfahrtsstaatlicher Leistungen nicht mehr zuließ und zur Suche nach Einsparungsmöglichkeiten im Sozialbudget führte (Stichwort „Sozialabbau"). Auf der Suche nach qualitativen Alternativen zu einer hochprofessionalisierten und -institutionalisierten Sozialpolitik ist jenes Handlungs- und Forschungsfeld relevant geworden, das in der Gemeindepsychologie besonders bearbeitet wurde: Die informellen alltäglichen Hilfesysteme in Gestalt sozialer Netzwerke. Allerdings weist dieser sozialpolitische Bezug auf den informellen Hilfesektor eine spezifische Ambivalenz auf. Auf dem Hintergrund neokonservativer fiskalischer Sparinteressen wird in diesem Sektor eine aktivierbare Ressource gesehen, die eine Zurücknahme staatlicher Dienstleistungen rechtfertigen könnte. Speziell die Familie wird als ein Reservoir aktivierbarer Hilfe und Pflege gesehen und ideologisch aufgewertet. Hier erscheint es notwendig, auf der Basis vorhandener Forschungsergebnisse die Grenzen der Nutzbarkeit von traditionellen Sozialsystemen aufzuzeigen. Gleichwohl bleibt der Bereich der informellen sozialen Netzwerke ein wichtiger Ansatzpunkt für innovative Sozialpolitik. Wie die Netzwerkforschung zeigt, entstehen an Stelle von traditionellen Netzwerken neuartige Beziehungsmuster, Initiativen und Gruppen in großer Vielfalt. Sie haben dort die besten Chancen, wo ökonomische, soziale und kulturelle Ressourcen in ausreichendem Maße vorhanden sind. Sozialpoli-

Art. 1 Voraussetzungen der Unterbringung.

Wer psychisch krank oder in Folge Geistesschwäche oder Sucht psychisch gestört ist und dadurch in erheblichem Maße die öffentliche Sicherheit oder Ordnung gefährdet, kann gegen oder ohne seinen Willen in einem psychiatrischen Krankenhaus oder sonst in geeigneter Weise untergebracht werden.

Art. 2 Unterbringungszweck.

Zweck der Unterbringung ist, die Gefährdung der öffentlichen Sicherheit oder Ordnung zu beseitigen; zugleich ist der Untergebrachte nach Maßgabe dieses Gesetzes wegen seiner psychischen Erkrankung oder Störung zu behandeln, um ihm ein eigenverantwortliches Leben in der Gemeinschaft zu ermöglichen.

Berlin, Bremen, Hamburg, Niedersachsen, Nordrhein-Westfalen und Schleswig-Holstein dagegen haben *Psychischkrankengesetze* (PsychKG) erlassen. Diese sind stärker fürsorgerechtlich orientiert. Ihr Anwendungsbereich umfaßt nicht nur die zwangsweise Unterbringung, sondern auch die Gewährleistung sozialer, medizinischer und rehabilitativer Hilfen für psychisch Erkrankte.

So heißt es im ,,Gesetz über Hilfen und Schutzmaßnahmen bei psychischen Krankheiten" des Landes Nordrhein-Westfalen:

§ 1 Anwendungsbereich. Dieses Gesetz regelt

1. Die Hilfen für psychisch Kranke, die Personen gewährt werden, bei denen Anzeichen einer psychischen Störung, einer Psychose, einer Suchtkrankheit oder eines Schwachsinns bestehen oder die an einer dieser Störungen oder Erkrankungen leiden oder gelitten haben,
2. die Anordnungen von Maßnahmen durch das Gesundheitsamt für Personen, bei denen Anhaltspunkte für eine Selbst- oder Allgemeingefährdung auf Grund einer Psychose, einer psychischen Störung, die in ihrer Auswirkung einer Psychose gleichkommt, einer Suchtkrankheit oder eines Schwachsinnes bestehen, und
3. die Unterbringung von Personen, die an einer Psychose, einer psychischen Störung, die in ihrer Auswirkung einer Psychose gleichkommt, einer Suchtkrankheit oder an Schwachsinn leiden und dadurch sich selbst oder die Allgemeinheit erheblich gefährden, sowie das in Ausführung des Artikels 104 des Grundgesetzes zu beachtende gerichtliche Verfahren.

§ 2 Aufgabe. Die Hilfen sollen Personen aller Altersstufen mit psychischen Störungen oder Erkrankungen durch individuelle, ärztlich geleitete Beratung befähigen, ein der Gemeinschaft angepaßtes Leben zu führen. Sie sind als vorsorgende und als nachgehende Hilfe zu gewähren. Befinden sich die in Satz 1 genannten Personen in ärztlicher Behandlung, werden die Hilfen erforderlichenfalls begleitend gewährt.

Natürlich haben auch die Psychischkrankengesetze eine polizeirechtliche Komponente – wie zum Beispiel aus § 11 Abs. 1 des PsychKG NW deutlich erkennbar ist:

§ 11 Voraussetzungen der Unterbringung.

Die Unterbringung von Personen, die an einer Psychose, einer psychischen Störung, die in ihrer Auswirkung einer Psychose gleichkommt, einer Suchtkrankheit oder an Schwachsinn leiden, ist nur zulässig, wenn und solange durch ihr krankhaftes Verhalten gegen sie oder andere eine gegenwärtige Gefahr für die öffentliche Sicherheit oder Ordnung besteht, die nicht anders abgewendet werden kann. Die Unterbringung ist auch dann zulässig, wenn nach dem krankhaften Verhalten eine nicht anders abwendbare gegenwärtige Gefahr besteht, daß die betroffene Person Selbstmord begeht oder sich selbst erheblichen Schaden zufügt. Die fehlende Bereitschaft, sich behandeln zu lassen, rechtfertigt für sich allein keine Unterbringung.

Doch ist dieser ordnungspolitische Aspekt deutlich hinter den fürsorgerischen in die zweite Reihe verwiesen.

Juristische Kritiker der neuen Psychischkrankengesetze werfen diesen jedoch vor, daß die ordnungspolitische Komponente lediglich verschleiert und hinter einem psychologischen Vokabular versteckt wird. So heißt es bei *Kargl*:

,,Kurz, die wirksamste Formel, um in diesem Zusammenhang elementare Grundrechte außer Kraft setzen zu können, bestand darin, in den einschlägigen Texten und normativen Überformungen die Vokabeln Gewalt, Macht, Zwang, Strafe, Herrschaft etc. radikal zu tabuisieren und sie in einer unverdächtigen materialistischen Wendung bis zur völligen Unkenntlichkeit durch die Begriffe Fürsorge, Hilfe, Therapie und Schutz zu ersetzen. ... So symbolisiert das Wort ,,Fürsorge" eine Art Koalition der Extreme, es umschreibt eine Spirale, von der Diagnose zum Elektroschock, von der Pflege zur körperlichen Fixierung, von der Analyse zur Droge, von der Behandlung zur Gewalt etc." (1977, S. 311).

Und an anderer Stelle.

,,Was sich heute als Unterbringungsrecht präsentiert, ist eine – von den Ländern leicht unterschiedlich praktizierte – Kapitulation des Rechts vor dem beherrschenden Vokabular der Anstaltspsychiatrie" (Kargl, a. a. O., S. 315).

Ein wesentlicher Teil der juristischen Kritik richtet sich dagegen, ,,daß das psychiatrische Diagnoseschema von der Psychose bis zur Suchterkrankung gesetzlich an die Stelle des juristischen Krankenbegriffes gerückt ist" (*Stolz*, 1984, S. 56). Dies gebe dem Psychiater zuviel Macht, denn er präjudiziere in einer Weise den richterlichen Beschluß, daß Artikel 104 des Grundgesetzes (nach dem Freiheitsentziehung nur durch richterlichen Beschluß möglich ist) unterhöhlt werde.

Hierzu ist allerdings zu bemerken, daß es sehr fraglich ist, was den von Juristen so oft beschworenen „juristischen Krankheitsbegriff" ausmacht. Zwar gibt es im bundesdeutschen Rechtsbereich kaum ein Gesetzeswerk, in dem Krankheit nicht berücksichtigt wird – doch bedeutet sie je nach Gesetzestext etwas anderes. Es gibt keine juristisch allgemeingültige Definition von Krankheit (vgl. *Gottschick*, 1975) – und insofern kann die Lösung des Problems nicht darin liegen, daß Juristen an Stelle von Psychiatern die Diagnose stellen.

So ernst die Bedenken zu nehmen sind, die neuen Fürsorgerechte leisteten ärztlichen Omnipotenzphantasien Vorschub – auch Juristen sind nicht unfehlbar, und mit ihrer Hilfe sind auch in jüngerer Zeit noch Unterbringungsgesetze erlassen worden, die das Recht der Öffentlichkeit auf Ruhe und Ordnung höher bewerten als die individuellen Rechte des psychisch kranken Bürgers. Denn bei aller Kritik gilt es doch anzuerkennen, daß die Psychischkrankengesetze ein Mehr an Rechtssicherheit für die Betroffenen gebracht haben. So sind es eindeutig positive Neuerungen, daß diese Gesetze die Ziele und Voraussetzungen für Unterbringung benennen, daß sie detailliert das Unterbringungsverfahren vorschreiben, die ärztliche Behandlung regeln und Richtlinien für die Entlassung und die ambulante Nachsorge vorgeben. Und geht man einmal davon aus, daß es auch psychiatrisch Beschäftigte gibt, die es mit der Rechtsstaatlichkeit ernst meinen, dann muß man auch anerkennen, daß die Psychischkrankengesetze den psychisch Kranken als Bürger ernst nehmen, daß sie ihm seine Krankheit nicht vorwerfen, daß sie sie nicht als Grund nehmen, ihn aus der Gesellschaft auszuschließen. Sondern daß sie geschaffen wurden, diesem Bürger, der die allgemeingültigen Regeln nicht einhalten kann, einen geschützten Rechtsraum zu gewährleisten.

Bürgerlich-rechtliche Unterbringung

„Unterbringung" ist im bürgerlich-rechtlichen Sinne nicht räumlich als Zwangsaufenthalt in einer geschlossenen Institution zu verstehen. Gemeint sind hier vielmehr die Rechtsmittel der Entmündigung und der Pflegschaft.

Entmündigung

Das heute geltende Entmündigungsrecht besteht in kaum veränderter Form seit 1900. Nach § 6 BGB kann entmündigt werden,

1. wer in Folge von Geisteskrankheit oder Geistesschwäche seine Angelegenheiten nicht zu besorgen vermag
2. wer durch Verschwendung sich oder seine Familie der Gefahr des Notstandes aussetzt
3. wer in Folge von Trunksucht oder Rauschgiftsucht seine Angelegenheiten nicht zu besorgen vermag oder sich oder seine Familie des Notstandes aussetzt und die Sicherheit anderer gefährdet.

Die Entmündigung ist wieder aufzuheben, wenn der Grund der Entmündigung wegfällt.

Nach der Intention des Gesetzgebers dient die Entmündigung in erster Linie dem Schutz des zu Entmündigenden und nicht dem Schutz oder den Interessen dritter Personen.

Historisch ist die Verschwendung der älteste und auch wichtigste Grund der Entmündigung. Der jüngste Grund ist die Rauschgiftsucht, die erst seit 1974 als Entmündigungsgrund angeführt wird. Mir sind keine Zahlen bekannt, wie häufig derzeit Entmündigungen wegen Trunksucht oder Rauschgiftsucht ausgesprochen werden. Nach *Schulte* (1983) kann man jedoch davon ausgehen, daß die Verschwendung als Entmündigungsgrund heute keine Rolle mehr spielt, und daß etwa 90% aller Entmündigungen wegen Geisteskrankheit oder Geistesschwäche erfolgen.

Insgesamt werden jährlich etwa 4500 Bürgerinnen und Bürger in der Bundesrepublik entmündigt.

Eine Entmündigung erfolgt durch Beschluß des Amtsgerichts, wobei das Verfahren in der Zivilprozeßordnung (ZPO) geregelt ist. Jede Entmündigung wird in das Bundeszentralregister eingetragen. Bei Wiederbemündigung jedoch kommt es dann nicht zu einer Löschung des Eintrags, sondern es wird der zusätzliche Vermerk einer Wiederbemündigung gemacht.

Ist jemand entmündigt, so erhält er einen Vormund. Er ist nicht mehr berechtigt, seinen Aufenthaltsort zu bestimmen und er verliert das Wahlrecht. Die Deliktsfähigkeit allerdings erlischt nicht.

Ist er wegen Geisteskrankheit entmündigt, so ist dieser Bürger einem Kind unter sieben Jahren gleichgestellt. Er ist gemäß BGB § 104 Nr. 3 geschäftsunfähig und kann zur Besorgung seiner Angelegenheiten überhaupt nichts tun. Er kann zum Beispiel nicht heiraten und ist auch nicht testierfähig. Hat er Kinder, so ruht die elterliche Gewalt.

Der wegen Geistesschwäche, Trunksucht, Rauschgiftsucht oder Verschwendung entmündigte Bürger ist einem Minderjährigen über sieben Jahren gleichzustellen. Er ist gemäß § 114 BGB beschränkt geschäftsfähig. Mit der Einwilligung seines Vormunds kann er Rechtsgeschäfte abschließen und heiraten. Ihm steht neben dem gesetzlichen Vertreter die Personensorge für seine Kinder zu; kommt es jedoch zu Meinungsverschiedenheiten, so hat er sich der Entscheidung seines Vormunds zu beugen. Er kann ein Testament widerrufen und mit der Genehmigung des Vormunds und des Vormundschaftsgerichts einen Erbvertrag aufsetzen.

Wenn bei den Unterbringungsgesetzen kritisiert wurde, daß durch die Einführung psychiatrischer Terminologie die Rechtsgrundlagen verwischt würden, so zeigt sich beim Entmündigungsgesetz, daß auch das Anlegen juristischer Definitionen problematisch ist. Da die juristischen Definitionen der Geisteskrankheit und der Geistesschwäche sich nach dem Grad des Unvermögens zur Besorgung der eigenen Angelegenheiten richten, kann das Vorliegen des gleichen Krankheitsbildes zu unterschiedlichen Entmündigungsbeschlüssen führen. *Sauer* (1974, S. 95) zeigt dies sehr schön an einem Beispiel:

„Geht man von drei Personen aus, einem Fabrikanten, verheiratet, zwei Kinder, einem verheirateten Arbeiter mit ebenfalls zwei Kindern und einem ledigen Arbeiter ohne Kinder, liegt bei allen dreien die gleiche psychische Erkrankung vor, so kommt man, will man den Entmündigungsgrund feststellen, doch zu unterschiedlichen Ergebnissen. Es muß jeweils der Umfang der zu erledigenden Angelegenheiten bestimmt werden und mit ihm der Entmündigungsgrund. Der Kreis der zu erledigenden Angelegenheiten des Fabrikanten ist größer als der der beiden Arbeiter, der Kreis der Angelegenheiten, die der verheiratete Arbeiter erledigen muß, ist wiederum größer als der des ledigen Arbeiters. Bestimmt man danach den jeweiligen Entmündigungsgrund, so kann sich ergeben, daß der Fabrikant wegen Geisteskrankheit, der eine Arbeiter wegen Geistesschwäche und der ledige Arbeiter eventuell überhaupt nicht entmündigt würde, u. a. deswegen, weil der Umfang der Angelegenheiten zu gering ist.“

Obwohl die Entmündigung einer der schwerwiegendsten Eingriffe in die persönliche Rechtsstellung und damit das Leben der Betroffenen ist, führt sie sowohl in der juristischen, als auch in der medizinischen und psychologischen Literatur ein Schattendasein. Kritik sowohl am Instrument der Entmündigung an sich, als auch an der Terminologie des Gesetzestextes und an den Verfahrensvorschriften gibt es seit 1900 – ohne daß sich etwas geändert hätte. Die letzte umfassende Kritik formulierte die Enquete-Kommission des Deutschen Bundestages 1975, und sie legte auch konkrete Änderungsvorschläge vor (s. Kasten 21a.1). Beides könnte auch heute, im Jahre 1987 formuliert sein – denn die Situation ist noch genau gleich.

Zwar gibt es seit Anfang der 80er Jahre mehrere Initiativen verschiedener Verbände und Organisationen wie z.B. des Verbandes Evangelischer Einrichtungen für seelisch und geistig Behinderte, dem Verband Katholischer Einrichtungen für Lern- und Geistigbehinderte, des Deutschen Vereins für Öffentliche und Private Fürsorge, den Grauen Panthern und den Grünen. Auftrieb und Unterstützung erhielten diese Initiativen durch das Vorbild Österreichs, wo im Jahre 1984 die Entmündigung abgeschafft wurde und ein „Gesetz über die Sachwalterschaft für behinderte Personen“ in Kraft trat. Dieses sieht ein abgestuftes Partialbetreuungssystem vor, wonach der behinderten Person ein Sachwalter bestellt wird für die – und nur für die! – Bereiche, die sie nicht besorgen kann.

Das Bundesjustizministerium kündigt von Zeit zu Zeit in der Presse (s. etwa Süddeutsche Zeitung vom 7. 4. 1985; Westdeutsche Allgemeine Zeitung vom 18. 4. 1987) eine Neuregelung des

Kasten 21 a.1
Zusammenfassung und Empfehlungen der Enquete-Kommission des Deutschen Bundestages zur Änderung des Vormundschafts- und Pflegschaftsrechts

1. Das geltende Vormundschafts- und Pflegschaftsrecht ist in mehrfacher Hinsicht unbefriedigend. Insbesondere wird beklagt
   - Uneinheitlichkeit und Schwerfälligkeit des Verfahrens,
   - zu hohe Entmündigungsrate,
   - Überlastung von Vormündern und Pflegern durch eine zu große Zahl vom einzelnen zu betreuender Mündel oder Pfleglinge,
   - mangelhafte Information von Ärzten und Vormündern über die rechtlichen und sozialen Folgen der Entmündigung,
   - Mangel an Fachärzten mit ausreichenden Kenntnissen und Erfahrungen für die Begutachtung in Vormundschaftssachen,
   - überholte Terminologie mit der Folge eines zu großen Interpretationsspielraumes in Rechtsprechung und Schrifttum,
   - Einschränkung der Befugnisse des gesetzlichen Vertreters durch Erweiterung der richterlichen Kontrolle.
2. Hinsichtlich der Unterbringung von psychisch Kranken und Behinderten in einem Krankenhaus ohne ihr ausdrückliches Einverständnis aus primär fürsorgerischen Gründen zum Zwecke der Behandlung und Rehabilitation sind die Regelungen des Vormundschafts- und Pflegeschaftsrechts unzureichend. Es fehlt insbesondere an einer deutlichen Abgrenzung zu den Freiheitsentziehungsgesetzen der Bundesländer für die Zwangsunterbringung aus Gründen der öffentlichen Sicherheit und Ordnung. Bei dem größten Teil der Kranken, die jetzt nach diesen Gesetzen untergebracht werden, geht es zunächst und entscheidend um Schutz- und Hilfsmaßnahmen, die im Zivilrecht und nicht im Polizeirecht zu regeln sind. Deshalb ist die Unterbringungsproblematik durch Anreicherung der Freiheitsentziehungsgesetze der Länder mit fürsorgerischen Aspekten und Maßnahmen grundsätzlich nicht zu lösen.
3. Eine Gesamtreform des Vormundschafts- und Pflegschaftsrechts ist, nicht zuletzt im Interesse der mit dieser Enquete angestrebten Neuordnung und Verbesserung der Versorgung psychisch Kranker und Behinderter, erforderlich. Die Vorbereitungsarbeiten sollten unter Beiziehung von Sachverständigen beschleunigt werden. Wichtige Reformziele wären
   - Entwicklung eines abgestuften Systems von Betreuungsmaßnahmen anstelle und in Ergänzung der bisherigen Vormundschaft und Pflegschaft unter Einbeziehung der fürsorglichen Unterbringung,
   - Ersatz der Entmündigung durch die Feststellung von „Betreuungsbedürftigkeit“ und gleichzeitige Bestellung eines „Betreuers“ mit Regelung seines Aufgabenkreises,
   - Klärung der Notwendigkeit einer obligatorischen Verknüpfung der Geschäftsfähigkeitsfrage mit der Anordnung bestimmter Betreuungsmaßnahmen,
   - einheitliche und auf das individuelle Betreuungsbedürfnis abgestellte Verfahrensregelung,
   - statistische Erfassung und Auswertung aller Vorgänge dieses Bereichs unter einheitlichen Gesichtspunkten im ganzen Bundesgebiet,
   - interdisziplinär orientierte Aus-, Weiter- und Fortbildung aller Verfahrensbeteiligten, insbesondere auch der als Sachverständige beizuziehenden Fachärzte,
   - Verbesserung der Voraussetzungen für eine wissenschaftliche Bearbeitung der hier einschlägigen Fragen durch Förderung der bestehenden und Schaffung neuer – interdisziplinär orientierter – Einrichtungen an den Universitäten.

Kasten 21 a.2
Beispiel einer Entmündigung

Entmündigte Personen haben keine Lobby. Wie viele Personen insgesamt entmündigt sind, weiß niemand. Zwar werden alle ausgesprochenen Entmündigungen von den zuständigen Amtsgerichten an das Bundeszentralregister gemeldet, aber da Wiederbemündigungen dort nicht automatisch vermerkt werden, ist das Register ungenau. Ebenso auf regionaler Ebene: Das Amtsgericht meldet Entmündigungen der regional zuständigen Behörde. Da diese aber keine Nachricht im Falle von Wiederbemündigung oder Tod der entmündigten Person erhält, sind deren Karteien nahezu wertlos.

Die Mehrzahl aller entmündigten Bürgerinnen und Bürger lebt, ohne daß ihre Umwelt davon Notiz nimmt. Nur ab und zu werden Einzelschicksale in der Presse bekannt – wie das von Ludwig Brühl:

Gut aufgehoben
In der Kurstadt Königstein ist ein Rentner vorläufig entmündigt worden, weil er seinen von Bankiers begehrten Grundbesitz an Umweltschützer verschenkt hat.

Den heilklimatischen Kurort Königstein im Taunus prägen Sanatorien für abgespannte Politiker und Manager, Schulungszentren für Bankkaufleute und Prachtvillen, in denen Industrielle aus dem Rhein-Main-Gebiet ihr Zuhause haben – rundum eine feine Adresse.

Mittendrin hat der Rentner Ludwig Brühl, 84, sein Anwesen. Es ist mit 6225 Quadratmeter das größte weit und breit, in bester Lage mit Blick auf die Burg und ins Maintal. Der Quadratmeter Boden kostet dort bis zu tausend Mark, die Stadtverwaltung schätzt den Wert des Grundstücks auf rund 3,6 Millionen.

Ständig gingen bei dem alten Mann Offerten ein. Ein Makler kam mit Interessenten aus dem Bankfach, die dem Rentner zusätzlich zum Kaufpreis ein Wohnrecht auf Lebenszeit versprachen. Ein Geldinstitut wollte wenigstens einen Zipfel der Liegenschaft erwerben, einen Privatweg, der bauwilligen Anliegern laut Grundbuch bislang nur ,,das Recht zur Heufahrt" einräumt.

Brühl lehnte alle Angebote ab. Dem alteingesessenen Königsteiner, dessen Großonkel einmal Bürgermeister und dessen Vater Heimatmaler war, geht es um den Erhalt des Anwesens mit der ehemaligen Pension ,,Germania" samt Wirtschaftsgebäuden. ,,Die reißen das dann ab", befürchtet der Rentner, ,,das ist mein ganzer seelischer Kummer."

Um den Bestand auch nach seinem Tod zu sichern, vermachte der ehemalige Gerichtsreferendar den Grundbesitz dem ,,Verein zur Förderung von Kunst und Kultur", dessen Mitglieder allesamt seine Mieter sind. Die bedachten Bewohner, vorwiegend Studenten und Arbeiter, gehören der örtlichen ,,Aktionsgemeinschaft lebenswertes Königstein" an, die im Stadtparlament acht Sitze hat. Seit etwa sechs Jahren versorgen sie den Rentner, halten die Gebäude instand und wollen hier einmal, wie Mieter Siegfried Otto sagt, ,,ein Kulturzentrum für junge Leute errichten".

Das paßt vielen Nachbarn und auch den Regierenden in Königstein nicht ins Bild. Als Bürgermeister Antonius Weber (CDU) von dem notariellen Schenkungsvertrag erfuhr, betrieb er die Entmündigung des Rentners, der ebenfalls den Christdemokraten angehört. Weber teilte Amtsgerichtsdirektor Axel Rohrbeck mit, daß es bei Herrn Brühl ,,zweifelhaft sein könnte, ob er die Bedeutung dieses Geschäfts ausreichend erkenne".

Richter Rohrbeck holte weitere Erkundigungen ein und gab sie an den Frankfurter Oberstaatsanwalt Reinhard Roth weiter. Der Rentner sei ,,bettlägerig in einem hochverwahrlosten Zustand"; schon ,,aus seinem Erscheinungsbild" könne man ableiten, ,,daß er infolge hohen Alters körperlich und geistig hinfällig sei".

Gleich tags darauf beantragte Roth beim Amtsgericht Königstein, das Entmündigungsverfahren gegen den Pensionär ,,wegen altersbedingter Geistesschwäche durchzuführen", und verband damit die ,,dringende Anregung", eine ,,vorläufige Vormundschaft anzuordnen".

Die zuständige Amtsrichterin Elke Hauer-Speckhardt leitete das Verfahren auf Entmündigung ein und ordnete in einem sieben Zeilen langen Beschluß ,,zur Abwendung einer erheblichen Gefährdung des Vermögens des Mündels" die ,,vorläufige Vormundschaft" an.

In dem Schnellverfahren ließ die Justiz Grundsätze außer acht, die Gesetz und Rechtsprechung auch für die vorläufige Entmündigung vorschreiben. So ist, wie etwa das Oberlandesgericht Köln festgestellt hat, dem Mündel vor der gerichtlichen Entscheidung ,,das rechtliche Gehör zu gewähren". Zusätzlich muß das Gericht, so Paragraph 50b des Gesetzes über die Angelegenheiten der Freiwilligen Gerichtsbarkeit, das Mündel ,,stets persönlich" anhören.

Der Renter Ludwig Brühl hat vor seiner vorläufigen Entmündigung weder Gelegenheit zur Stellungnahme bekommen, noch hat ihn ein Richter gesehen. Ausnahmen von diesen Geboten sind aber nur ,,aus schwerwiegenden Gründen" zulässig.

Gängige Gerichtspraxis ist, bei vermeintlicher Geistesschwäche zumindest eine ärztliche Stellungnahme einzuholen. Nach Ansicht des Berliner Kammergerichts darf ,,bei der einschneidenden Bedeutung" der vorläufigen Vormundschaft sich der Richter ,,nicht mit einer kurzen ärztlichen Äußerung und im übrigen mit den Angaben des Antragstellers begnügen".

Der Hausarzt kann bei Brühl keine Symptome von Geistesschwäche erkennen. Der Pensionär halte seine Termine ein und erledige die finanziellen Angelegenheiten ohne Hilfe. Und bei seinen Mietern sieht der Mediziner den alten Mann ,,gut aufgehoben".

Das Gericht verzichtete auf ärztliche Befunde. Nachforschungen stellte die Justiz hingegen über die von Brühl beschenkten Mieter an. Amtsgerichtsdirektor Rohrbeck übermittelte Oberstaatsanwalt Roth die Erkenntnisse, daß die Bewohner ,,hier als Demonstranten insbesondere mit der Dammbesetzung" an der Ausbaustrecke der Bundesstraße 8 und ,,der Startbahn West, dort auch vor Ort, bekanntgeworden" seien.

Die Staatsanwaltschaft leitete daraufhin Ermittlungen gegen Brühls Mieter wegen des Verdachts ein, sie hätten den Rentner zu der Schenkung genötigt. Für die Zeugenaussage erschien der angeblich geistesschwache Pensionär der Justiz noch helle genug – ein Kriminalbeamter vernahm ihn zur Vorgeschichte der Schenkung von Todes wegen.

Der greise Mann klärte den Polizeibeamten darüber auf, daß er den ,,Fortbestand des Lebenswerkes der Familie Brühl nur durch die Leute gewährleistet sieht, die hier wohnen". Dann korrigierte er das Polizeiprotokoll: Der Beamte solle seinen angegebenen Beruf ,,Gerichtsreferendar" nicht mit ,,v" scheiben, ,,sonst werden Sie noch von Ihrem Chef entlassen".

(aus: Der Spiegel, 3, 1983)

Ludwig Brühl hatte übrigens Glück: Das Entmündigungsverfahren wurde eingestellt.

Vormundschaftsrechts an – zuletzt im Januar 1988. Zweifel sind angebracht. Jährlich verkündete Absichtserklärungen allein ändern nichts an der seit 1900 unveränderten Rechtssituation.

Pflegschaft

Im Prinzip unterscheidet sich die Pflegschaft von der Vormundschaft in zwei Punkten: Sie ist nur möglich, wenn der Betroffene zustimmt, und sie bezieht sich nur auf Teilbereiche der zu besorgenden Angelegenheiten. Grundlage für die Anordnung einer Pflegschaft ist § 1910 des Bürgerlichen Gesetzbuchs. Er lautet:

1. Ein Volljähriger, der nicht unter Vormundschaft steht, kann einen Pfleger für seine Person und sein Vermögen erhalten, wenn er in Folge körperlicher Gebrechen, insbesondere weil er taub, blind oder stumm ist, seine Angelegenheiten nicht zu besorgen vermag.

2. Vermag ein Volljähriger, der nicht unter Vormundschaft steht, in Folge geistiger oder körperlicher Gebrechen einzelne seiner Angelegenheiten oder einen bestimmten Kreis seiner Angelegenheiten, insbesondere seine Vermögensangelegenheiten, nicht zu besorgen, so kann er für diese Angelegenheiten einen Pfleger erhalten.
3. Die Pflegschaft darf nur mit Einwilligung des Gebrechlichen angeordnet werden, es sei denn, daß eine Verständigung mit ihm nicht möglich ist.

Die Pflegschaft erstreckt sich in der Regel auf Teilbereiche wie Aufenthaltsbestimmung, Behandlungs- oder Vermögenspflegschaft. In der Praxis kommt die Pflegschaft jedoch häufig einer Vormundschaft gleich, da die Teilpflegschaft auch für mehrere oder alle Bereiche gleichzeitig ausgesprochen werden kann.

Auch der zweite prinzipielle Unterschied zwischen Pflegschaft und Vormundschaft, nämlich der, daß der Betroffene einer Pflegschaft zustimmen muß, wohingegen die Entmündigung unabhängig vom Willen des zu Entmündigenden ausgesprochen wird, ist nicht so prinzipiell wie es zunächst den Anschein hat, da ja nach § 1910 Abs. 3 eine Zwangspflegschaft möglich ist.

Gegen die Zwangspflegschaft bestehen zahlreiche Bedenken – sie stellt gleichsam eine Entmündigung durch die kalte Küche dar. Denn in den Auswirkungen entspricht sie einer Entmündigung – ohne daß der Betroffene jedoch wie bei der Entmündigung Anspruch auf ein gerichtliches Verfahren hat. Dazu kommt, daß der Begriff des geistigen Gebrechens noch vager ist als die im § 6 BGB genannten Entmündigungsgründe Geistesschwäche und Geisteskrankheit. Fehlende verfahrensrechtliche Bestimmungen erschweren auch eine weitere Konkretisierung dieses Begriffs.

Den wichtigsten Streitpunkt bildet jedoch die Verständigungsunfähigkeit. Der Bundesgerichtshof interpretiert diese als Geschäftsunfähigkeit, andere Gerichte interpretieren sie als mangelnde Fähigkeit zu einer sinnvollen und zweckgerichteten Willensbildung. „Festzustellen bleibt nur, daß sich die beiden Positionen seit Jahren unvereinbar gegenüberstehen, und daß hier der seltene Fall eingetreten ist, daß einige untere Gerichte dem Bundesgerichtshof, der die Zwangspflegschaft für zulässig hält, die Gefolgschaft versagen" (*Mrozynski*, 1984, S. 92).

„Aber in einem Fall von Unterschlagung können Sie einfach nicht auf Unzurechnungsfähigkeit auf Grund eines zusätzlichen Y-Chromosoms plädieren."

Strafrechtliche Unterbringung

Die Unterbringung eines Straftäters in einem psychiatrischen Krankenhaus ist eine von mehreren „Maßregeln", die das Strafrecht zum Schutz der Gesellschaft vorsieht. Weitere Maßregeln sind zum Beispiel die Unterbringung in einer sozialtherapeutischen Anstalt, Unterbringung in einer Erziehungsanstalt, Sicherungsverwahrung und Führungsaufsicht.

Maßregeln der Sicherung und Besserung müssen im Verhältnis zur begangenen Tat stehen. Wird etwa bei einem Ladenhausdieb eine Psychose entdeckt, so darf der Dieb nicht für unbestimmte Zeit in eine psychiatrische Klinik eingewiesen werden, wenn die Strafe für die Diebstähle nur sechs Monate betragen würde.

Ist ein Beschuldigter einer Tat dringend verdächtig, und ist er vermutlich als schuldunfähig oder vermindert schuldfähig einzustufen, so ist nach § 81 Strafprozeßordnung (StPO) eine vorläufige Unterbringung möglich. Diese soll vor allem der Vorbereitung eines Gutachtens über den psychiatrischen Zustand des Betroffenen dienen.

Die endgültige Unterbringung ist in § 63 StPO geregelt:

(1) Hat jemand eine rechtswidrige Tat im Zustand der Schuldunfähigkeit (§ 20) oder der verminderten Schuldfähigkeit (§ 21) begangen, so ordnet das Gericht die Unterbringung in einem psychiatrischen Krankenhaus an, wenn die Gesamtwürdigung des Täters und seiner Tat ergibt, daß von ihm in Folge seines Zustandes erhebliche rechtswidrige Taten zu erwarten sind und er deshalb für die Allgemeinheit gefährlich ist.

Nach Meinung von Patienten (vgl. *Fischer*, 1969) und Beschwerdegruppen (vgl. Redaktionsgruppe Psychiatrie-Ratgeber 1983/1984) ist die Unterbringung im Landeskrankenhaus nach § 63 schlimmer als diejenige in einem Gefängnis. Hierfür werden vor allem zwei Gründe genannt: Zum einen ist die Unterbringung nach § 63 für unbegrenzte Dauer, wohingegen bei der Haftstrafe die Frist von vornherein bestimmt ist. Darüber hinaus steht der psychisch kranke Straftäter in einer starken Abhängigkeit von Ärzten, die sich vor allem durch eine in der Regel hohe Dosierung von Medikamenten manifestiert.

3. Der Schutz der Daten des Patienten

Schweigepflicht der Behandler

Im Rahmen der Dokumentationspflicht von Angehörigen der Heilberufe angelegte Patientenkarteien unterliegen dem Schutz des Bundesdatenschutzgesetzes (BDSG). Alle intimen Informationen jedoch, die dem Arzt oder Psychologen in Ausübung seiner Tätigkeit bekannt werden, unterliegen der Schweigepflicht. Diese ist in § 203 StPO geregelt. Es heißt dort:

(1) Wer unbefugt ein fremdes Geheimnis, namentlich ein zum persönlichen Lebensbereich gehörendes Geheimnis oder ein Betriebs- oder Geschäftsgeheimnis, offenbart, das ihm als

1. Arzt, Zahnarzt, Tierarzt, Apotheker oder Angehörigen eines anderen Heilberufs, der für die Berufsausübung oder die Führung der Berufsbezeichnung eine staatlich geregelte Ausbildung erfordert,
2. Berufspsychologen mit staatlich anerkannter wissenschaftlicher Abschlußprüfung,
3. Rechtsanwalt [...]
4. Ehe-, Erziehungs- oder Jugendberater sowie Berater für Suchtfragen in einer Beratungsstelle, die von einer Behörde oder Körperschaft, Anstalt oder Stiftung des öffentlichen Rechts anerkannt ist,

4a. Mitglied oder Beauftragter einer ermächtigten Beratungsstelle nach § 218c,

5. staatlich anerkanntem Sozialarbeiter oder staatlich anerkanntem Sozialpädagogen oder
6. [...]

anvertraut wurde oder sonst bekannt geworden ist, wird mit Freiheitsstrafe bis zu einem Jahr oder mit Geldstrafe bestraft.

Diese strafrechtliche Bestimmung hat Vorrang vor Bestimmungen des Bundesdatenschutzgesetzes, was bedeutet, daß selbst dann, wenn nach BDSG Speicherung, Übermittlung, Berichtigung, Sperrung und Löschung allgemeiner und medizinischer personenbezogener Daten zulässig wäre, diese Verarbeitungsvorgänge nicht erfolgen dürfen, sofern § 203 entgegensteht.

Das Schweigerecht impliziert auch, daß alle in § 203 genannten Berufsgruppen in Zivil- und Verwaltungsprozessen nicht gezwungen werden können, Inhalte ihrer Tätigkeit preiszugeben. Hier kann sich der Patient somit darauf verlassen, daß seine Geheimnisse sicher sind.

Anders sieht es jedoch in Strafprozessen aus: Denn die Schweigepflicht beinhaltet kein Zeugnisverweigerungsrecht. Dieses ist in § 53 StPO geregelt und steht nur Ärzten, Apothekern, Theologen und einigen anderen Berufsgruppen zu, nicht jedoch Diplom-Psychologen. Im Strafprozeß muß der Psychologe über die ihm während seiner Berufsausübung bekanntgewordenen Fakten aussagen. Auch die von ihm angelegten Akten sind nicht sicher, da sie von der Staatsanwaltschaft beschlagnahmt werden können.

Eine Ausnahme stellen lediglich die Mitarbeiter in anerkannten Beratungsstellen für Schwangerschaftsabbruch nach § 218c StGB dar; ihnen wurde ein Zeugnisverweigerungsrecht eingeräumt und den entsprechenden Beratungsstellen das Beschlagnahmeprivileg nach § 97 StPO gewährt.

Akteneinsicht des Patienten

Wie bereits erwähnt, sind Mediziner und Psychologen auf der einen und Juristen auf der anderen Seite sich keineswegs einig, wenn es um die Frage geht, inwieweit der Patient Einsicht in die über ihn angelegten Akten haben soll. Grundsätzlich kann man feststellen, daß die Juristen diesbezüglich den Patienten weitergehende Rechte zugestehen als die medizinischen und psychologischen Fachleute – doch gibt es auch hier keine klaren Fronten, sondern durchaus unterschiedliche Meinungen in den jeweiligen Berufsgruppen. Gehen wir zunächst auf die medizinische und psychologische Diskussion ein, so lassen sich die Argumente der beiden Seiten etwa folgendermaßen zusammenfassen:

Den Gegnern der Akteneinsicht zufolge kann bei psychisch Kranken die Mitteilung von Diagnose und Prognose schädlich sein – dies sowohl wegen der wirklichen Gefahr, als auch wegen der innewohnenden irrationalen Bedrohung. Da der psychisch Kranke die Gefahren der Akteneinsicht nicht einschätzen könne, müsse der Arzt auf Grund seiner Fürsorgepflicht den Patienten schützen, er dürfe ihn nicht über das für diesen erträgliche Maß hinaus belasten und müsse potentielle Fehlentscheidungen des Patienten verhindern. Wenn ein gutes Vertrauensverhältnis bestehe, das ja sowieso die Grundlage jeder erfolgreichen Intervention sei, vertraue der Patient auch auf das, was der Arzt ihm mündlich mitteile. Hinter dem Begehren nach Einsicht in die Krankenakte stehe oft ein gestörtes Vertrauensverhältnis zum Arzt, und dieses müsse – etwa zur Abklärung paranoider Tendenzen – fachlich-therapeutisch ernstgenommen werden. Unter psychiatrischen Gesichtspunkten könne das Eingehen auf die Forderung geradezu einem Kunstfehler gleichkommen (vgl. *Wiennand*, 1982).

Diejenigen, die die Akteneinsicht des Patienten befürworten, halten den Gegnern vor, sie bauten einen Buhmann auf, und schürten eine irrationale Angst. Allerdings gehe es nicht um die Angst des Patienten, sondern um die Angst des Therapeuten, der durch diese Argumentation geschützt werden solle. Akteneinsicht verringere das Machtgefälle zwischen Patient und Therapeut, sie vermindere die Ausgrenzung des psychisch Kranken, sie nehme diesen ernst. Dadurch, daß die Patienten selbst lesen könnten, was über sie notiert werde, erhielten sie eine realistischere Sicht der Dinge, Ängste vor omnipotenten Behandlern und geheimen Absprachen könnten auf diese Weise abgebaut werden. Einsicht in die Akten führe oft zu intensiven Gesprächen und ermögliche es auch, falsche Aussagen im Krankenblatt zu korrigieren. Datenschutz bedeute, den persönlichen Lebensbereich des Patienten zu schützen – nicht aber, den Patienten vor seinen Daten zu schützen (*Dörner*, 1983).

Wie ist nun die Rechtslage?

In den letzten Jahren haben mehrere Gerichte entschieden, daß Patienten einen Anspruch auf Einsichtnahme in ihre Krankenakten haben. Das Landgericht Limburg (am 17. 1. 1979; 3 S 244/78) begründete sein entsprechendes Urteil sogar damit, daß die Anfertigung von Krankenunterlagen in erster Linie dem Patienten diene, und nicht dem behandelnden Arzt.

Dieser Rechtsprechung ist der Bundesgerichtshof in einem Urteil vom 23. 11. 1982 gefolgt: „Der Patient hat gegenüber Arzt und Krankenhaus grundsätzlich auch außerhalb eines Rechtsstreits Anspruch auf Einsicht in die ihn betreffenden Krankenunterlagen, soweit sie Aufzeichnungen über objektive physische Befunde und Berichte über Behandlungsmaßnahmen (Medikation, Operation etc.) betreffen" (zit. nach *Bastiaan*, 1984, S. 93). Allerdings beschränkt der Bundesgerichtshof dieses Urteil auf körperlich erkrankte Menschen! Denn in einem am selben Tag gefällten Parallelurteil verwehrte der Bundesgerichtshof einem fünf Jahre vorher aus der psychiatrischen Klinik der FU-Berlin entlassenen Patienten das Einsichtsrecht. Im Urteilsspruch heißt es: „Auch nach Abschluß einer (hier klinischen und abschließend ambulanten) psychiatrischen Behandlung besteht selbst gegenüber dem inzwischen beschwerdefreien Patienten in der Regel keine grundsätzliche Verpflichtung zur Gewährung der Einsicht in die Krankenunterlagen . . ." (*Bastiaan*, 1984, S. 93).

Das Kammergericht Berlin hatte dem Patienten das Einsichtsrecht genehmigt, doch die beklagte Klinik lehnte dieses weiterhin aus folgenden Gründen ab: Die Einsichtnahme sei therapeutisch unvertretbar, und sie würde die persönlichen Belange der befragten Angehörigen und der beteiligten Ärzte, die gerade im Bereich der Psychiatrie selbst als Person engagiert seien, unzumutbar tangieren. Mit dieser Argumentation hatte die Klinik dann vor dem Bundesgerichtshof Erfolg.

Kasten 20a.3
Wie Patienten sich ihr Recht verschaffen können

Damit Patienten auch die Rechte bekommen, die sie haben, haben psychiatrisch Tätige, ehemalige psychiatrische Patienten, Juristen und sonstige an der Durchsetzung von Bürgerrechten Interessierte Beschwerdezentren gebildet. Das erste Beschwerdezentrum wurde 1977 auf Anstoß der Sozialistischen Selbsthilfe Köln (SSK) gegründet. Beschwerdezentren fordern langfristig ,,die Auflösung der Landeskrankenhäuser und aller anderen Abschiebeeinrichtungen für Menschen, die im alltäglichen Konkurrenzkampf nicht mithalten können oder einfach nur ‚auffällig' oder unbequem sind". Und als Sofortmaßnahmen:

,,1. Abschaffung der Zwangsbehandlung wie Fesselung, Bodenlage, Einzelhaft, zwangsweise Verabreichung von Medikamenten.
2. Abschaffung von Hausstrafen wie Ausgangssperre, Besuchsverbot, Trennscheibe, Zusatzspritzen, Fesselung und Einzelzelle.
3. Das Briefgeheimnis muß gewahrt werden.
4. Die Patienten müssen genau über ihre Behandlung und deren Risiken aufgeklärt werden. Jeder Behandlungsschritt bedarf der Einwilligung des Patienten.
5. Das Recht auf sinnvolle Beschäftigung und Entlohnung muß verwirklicht werden.
6. Verteidigungsmöglichkeiten und das Beschwerderecht gegenüber Gerichten und der Anstalt müssen verwirklicht werden.
7. Medikamentenmißbrauch muß unterbunden werden.
8. Die Allmachtstellung von Ärzten und Betriebsleitung muß zugunsten einer Mitbestimmung aller Patienten und Beschäftigten verschwinden".

Beide Zitate sind dem Buch entnommen: ,,Psychiatrie und Recht: Praktischer Ratgeber zur Durchsetzung ihrer Rechte in der Psychiatrie." Dieses Buch wurde von einer Redaktionsgruppe herausgegeben, und es ist ein konkreter Leitfaden für Patienten, was sie tun müssen, an wen sie sich wenden müssen und wie sie sich verhalten müssen, um zu ihrem Recht zu kommen. Als Beispiel das Muster einer Beschwerde – in der Hoffnung, daß solche Beschwerden eines Tages überflüssig werden können.

Muster der Beschwerde

An das Amtsgericht ....

betrifft: Aktenzeichen ....

Ich befinde mich z.Zt. in der Klinik ....

und werde auf der Station ....
vom Arzt Dr. ....
behandelt.
Ich beschwere mich hiermit gegen die Behandlung mit Psychopharmaka gegen meinen Willen.
Die Bedeutung und die Folgen der Behandlung kann ich erkennen (oder: kenne ich aus Erfahrung).
Ich möchte statt dessen behandelt werden mit

....

Ich bitte um eine Überprüfung.

Datum, ...

(Unterschrift)

Es bleibt somit festzuhalten, daß nach höchstrichterlichem Beschluß für psychisch Kranke anderes Recht gilt als für körperlich Kranke.

Die Rechtsanwältin des betroffenen Patienten hat gegen das Urteil des Bundesgerichtshofs Beschwerde vor dem Bundesverfassungsgericht erhoben.

Zusammenfassung

Während psychisch verwirrte Menschen in früheren Zeiten schlicht aus der Gesellschaft ausgegliedert wurden, entspricht es der Ideologie des heutigen Rechtsstaats, für diese Bürgerinnen und Bürger einen besonderen Rechtsstatus zu formulieren. Es soll damit der Tatsache Rechnung getragen werden, daß psychisch Kranke oftmals nicht in der Lage sind, die Normen des Staates einzuhalten. Ziel der besonderen rechtsgeberischen Maßnahmen sind sowohl der Schutz des einzelnen Betroffenen, als auch derjenige seiner Familie und der Gesellschaft.

Nach grundsätzlichen Überlegungen zur Rechtsposition und ihrer historischen Entwicklung wurden die wichtigsten Gesetze, die in der Bundesrepublik Deutschland die Rechte von psychisch Kranken betreffen, dargestellt; vor allem Gesetze bezüglich der zivilrechtlichen und strafrechtlichen Unterbringung und des Umgangs mit den Daten des Patienten. Kritik, die an der gesetzlichen Situation und an der laufenden Rechtsprechung formuliert wurde, und die kontroversen Positionen von Medizinern und Juristen wurden ebenfalls zusammenfassend dargestellt.

Kapitel 21 b

Ethische Probleme in Therapie und Forschung

Wir haben uns in diesem Buch mit einer Vielzahl von Theorien und Daten beschäftigt, bei denen es darum ging, *was ist* und *was angenommen wird.* Bei der Erörterung von ethischen Fragen und Wertvorstellungen geht es um ganz andere Dinge, nämlich darum, *was sein sollte,* und das hat manchmal nur wenig mit dem zu tun, was ist. Es ist äußerst wichtig, sich diesen Unterschied klar zu machen. Innerhalb eines bestimmten wissenschaftlichen Paradigmas können wir das untersuchen, was wir für die Realität halten. Aus der Geschichte der Philosophie und der Ethik wird jedoch deutlich, daß die Festlegung dessen, was sein sollte, eine gänzlich andere Sache ist. Die Zehn Gebote sind solche Festlegungen. Sie stellen Vorschriften und Verbote dar, die sich auf bestimmte menschliche Verhaltensweisen beziehen. Das achte Gebot zum Beispiel, „Du sollst nicht stehlen", beschreibt keineswegs das Verhalten der Menschen, da Stehlen nicht selten vorkommt. Es ist vielmehr die Festlegung eines Ideals, das die Menschen anstreben *sollten.* Die Berechtigung eines ethischen Codes, der das Stehlen verbietet, hängt keineswegs von irgendwelchen Daten über die Prozentsätze von Menschen ab, die stehlen. Ethik und Daten sind zwei getrennte Bereiche.

Der rechtliche Rahmen erlegt den Aktivitäten der im Bereich der psychischen Gesundheit tätigen Personen Beschränkungen auf. Dies ist wichtig, da Gesetze eines der wirksamsten Mittel der Gesellschaft darstellen, uns alle zu einem bestimmten Verhalten zu zwingen. Psychologen und Psychiater unterliegen daneben ihren speziellen beruflichen und ethischen Beschränkungen. Alle Berufsgruppen verkünden ihr „Soll" und „Soll nicht" und beschränken durch Richtlinien und Aufträge bis zu einem gewissen Grad das, was Therapeuten und Forscher mit ihren Patienten, Klienten und Versuchspersonen tun. Die Gerichte haben ebenfalls Entscheidungen getroffen, die sich auf einige dieser Fragen beziehen. Wir werden uns nun mit den ethischen Problemen beschäftigen, die mit psychologischen Interventionen in das Leben anderer Menschen verbunden sind.

1. Ethische Beschränkungen der Forschung

Eine grundlegende Voraussetzung der Wissenschaft ist es, daß das, was getan werden kann, auch versucht wird. Die verabscheuenswerteste ethische Unempfindlichkeit kommt in den brutalen Experimenten zum Ausdruck, die von einigen deutschen Ärzten an Gefangenen der Konzentrationslager des Dritten Reichs durchgeführt wurden. In einem Experiment wurde zum Beispiel untersucht, wie lange Menschen lebten, wenn auf ihre Köpfe mit einem starken Prügel wiederholt eingeschlagen wurde. Auch wenn diese Art von Brutalität eine bestimmte Information erbringen könnte, was äußerst zweifelhaft erscheint, können solche Handlungen nicht zugelassen werden. Die Nürnberger Prozesse, die nach dem Krieg von den Alliierten durchgeführt wurden, brachten dies und andere Barbareien ans Licht und setzten die Soldaten, Ärzte und anderen Nazis, die solche Handlungen durchgeführt hatten oder an ihnen beteiligt gewesen waren, einer schweren Bestrafung aus, auch wenn sie behaupteten, sie hätten nur Befehle befolgt.

Es wäre beruhigend, wenn man sagen könnte, daß solche groben Verletzungen der Menschenwürde nur während so unglaublich grausamer Epochen, wie es das Dritte Reich war, stattfinden, aber unglücklicherweise ist dies nicht der Fall. Angespornt von einem blinden Enthusiasmus für ihre Arbeit haben auch in den Vereinigten Staaten Forscher menschliche Versuchspersonen auf tadelnswerte Weise behandelt.[1]

Henry K. Beecher, ein Professor an der Harvard Medical School, verschaffte sich einen Überblick über die medizinische Forschung seit 1945 und stellte fest, daß „... vielen der Patienten, (die als Versuchspersonen in Experimenten dienten), die Gefahren niemals ausreichend erklärt wurden und ... daß Hunderte von Patienten nicht einmal wußten, daß sie die Versuchspersonen eines Experiments waren, obwohl sie als direkte Folge des Experiments schwerwiegende Konsequenzen erlitten ..." (1966, S. 1354). In einem Experiment wurde Penicillin mit einem Placebo in der Behandlung zur Verhütung rheumatischen Fiebers verglichen. Obwohl bereits bekannt war, daß Penicillin das Medikament der Wahl für Personen mit einer Streptokokkeninfektion der Atemwege ist und daß dieses Mittel zur Verhütung des rheumatischen Fiebers, zu dem es in der Folge einer solchen Erkrankung kommen kann, gegeben werden sollte, wurden 109 Angehörigen der Streitkräfte ohne ihr Wissen oder ihre Erlaubnis Placebos gegeben. Es erhielten zwar mehr Männer das Penicillin als das Placebo, aber drei Mitglieder der Kontrollgruppe wurden ernsthaft krank. Es kam zu zwei Fällen von rheumatischem Fieber und zu einem einer akuten Nephritis, einer Nierenerkrankung, verglichen mit keiner Erkrankung bei denjenigen, die das Penicillin erhalten hatten.

Ihre Ausbildung setzt die Wissenschaftler dazu instand, interessante, manchmal sogar wichtige Fragen zu stellen und Experimente zu planen, die möglichst frei von Störfaktoren sind. Sie haben jedoch keine besondere Qualifikation für die Entscheidung, ob ein bestimmter Forschungsweg, in dem Menschen eine Rolle spielen, verfolgt werden *sollte.* Die Gesellschaft braucht wissenschaftliche Einsichten, und ein Wissenschaftler hat in einer Demokratie das Recht, sich um diese Einsichten zu bemühen. Die gewöhnlichen Bürger, die als Versuchspersonen in Experimenten verwendet werden, müssen jedoch vor unnötigen Schäden, Gefahren, Erniedrigungen und Verletzungen ihrer Privatsphäre geschützt werden.[2] Es gibt mehrere internationale Ethikcodes für die Durchführung wissenschaftlicher Forschung – den Nürnberger Code, der in der Folge der Kriegsverbrecherprozesse entstand, die Erklärung von Helsinki und Festlegungen des British Medical Research Council. In den Vereinigten Staaten begann Anfang der siebziger Jahre das Department of Health, Education and Welfare (Ministerium für Gesundheit, Erziehung und Wohlfahrt) Richtlinien und Regeln herauszugeben, mit denen die wissenschaftliche Forschung geregelt werden soll, bei der menschliche Versuchspersonen verwendet werden. Darüber hinaus führte ein Regierungsausschuß, die National Commission for the Protection of Human Subjects of Biomedical and Behavioral Research (Nationale Kommission zum Schutz menschlicher Versuchspersonen in biomedizinischen und verhaltenspsychologischen Forschungen) Anhörungen und Untersuchungen durch, um festzustellen, welche Beschränkungen die Bundesregierung Untersuchungen auferlegen sollte, die

[1] Forscher, die in ihren Experimenten Tiere verwenden, haben ebenfalls häufig ihre Versuchstiere unnötigerweise grausam behandelt.

[2] Genau dieses Argument ist ein ethisches und kein empirisches.

mit psychiatrischen Patienten, Gefangenen und Kindern durchgeführt werden. Bereits seit mehreren Jahren werden die Vorschläge von Verhaltensforschern, von denen viele Experimente im Bereich der Psychopathologie und Therapie durchführen, auf ihre Sicherheit und die Erfüllung allgemeiner ethischer Prinzipien hin von „Menschenrechtskomitees" und „institutionellen Überwachungsausschüssen" in Kliniken, Universitäten und Forschungsinstituten untersucht. Zu diesen Komitees – und das ist sehr wichtig – gehören nicht nur Verhaltenswissenschaftler, sondern auch Bürger der Gemeinden, Rechtsanwälte, Studenten und Spezialisten aus einer Vielzahl von Disziplinen, wie zum Beispiel Professoren für Englisch, für Geschichte und für vergleichende Religionswissenschaft. Sie können jeden Forschungsvorschlag zurückweisen oder eine Modifikation fragwürdiger Aspekte verlangen, wenn sie gemeinsam zu der Überzeugung gelangen, daß für die Versuchspersonen eine zu große Gefahr entsteht.

Zustimmung nach Information

Bei der Durchführung von Untersuchungen mit menschlichen Versuchspersonen spielt das wichtige Konzept der *Zustimmung nach Information* eine große Rolle. Ebenso wie zwangseingewiesene psychiatrische Patienten das Recht erhalten, eine Behandlung abzulehnen, kann sich jedermann weigern, Versuchsperson in einem Experiment zu werden. Der Wissenschaftler muß seine potentiellen Versuchspersonen ausreichend informieren, so daß sie beurteilen können, ob sie das Risiko auf sich nehmen wollen, das mit einer Teilnahme an dem Experiment verbunden ist. Die potentiellen Versuchspersonen müssen rechtlich dazu imstande sein, ihre Zustimmung zu geben, und sie dürfen nicht getäuscht oder einem Zwang ausgesetzt werden, damit sie ihre Zustimmung geben. Ein Experimentalpsychologe könnte zum Beispiel an der Frage interessiert sein, ob die Erzeugung einer Vorstellung bei Collegestudenten die Assoziation eines Worts mit einem anderen fördert. Eine Gruppe von Versuchspersonen soll aufgefordert werden, dadurch eine Verbindung zwischen Wortpaaren herzustellen, daß sie in ihrer Phantasie eine Vorstellung aufbauen, die eine Verbindung zwischen den beiden Wörtern herstellt, zum Beispiel das Bild einer „KATZE, die auf einem FAHRRAD fährt". Auf dem Zustimmungsvordruck wird festgestellt, daß das Experiment darin besteht, daß man eine halbe Stunde vor einer Leinwand sitzt, Wortpaare, die darauf projiziert werden, beobachtet und versucht, die Paare dadurch zu lernen, daß man Vorstellungen entwickelt, mit denen eine Verbindung zwischen den Wortpaaren hergestellt wird. Eine potentielle Versuchsperson könnte zu der Überzeugung gelangen, daß eine solche Sitzung wahrscheinlich langweilig sein wird, und es, ohne nachteilige Folgen erwarten zu müssen, ablehnen, an dem Experiment teilzunehmen. Tatsächlich verlangen die erwähnten Komitees, daß eine Versuchsperson die Möglichkeit hat, sich ohne Nachteile jederzeit aus einem Experiment zurückzuziehen; dennoch werden viele Versuchspersonen das Gefühl haben, sie sollten dies nicht tun.[3]

Untersuchungen mit Assoziationspaaren sind relativ harmlos, was aber dann, wenn das Experiment mit echten Gefahren verbunden ist, zum Beispiel mit der Einnahme einer Droge, oder wenn die potentielle Versuchsperson ein zwangseingewiesener psychiatrischer Patient oder ein retardiertes Kind ist, das unmöglich voll verstehen kann, was von ihm verlangt wird. Solche Versuchspersonen sehen möglicherweise gar

---

[3] Es ist nicht einfach nachzuweisen, daß ein Experimentator tatsächlich die Zustimmung nach ausreichender Information erhalten hat. *Epstein* und *Lasagna* (1969) stellten fest, daß nur ein Drittel der Versuchspersonen, die freiwillig an einem Experiment teilnahmen, tatsächlich verstanden hatte, worum es in dem Experiment ging. In einer gründlicheren Untersuchung kam *Stuart* (1978) zu dem Ergebnis, daß die meisten Collegestudenten ein einfaches Experiment nicht zutreffend beschreiben konnten, obwohl es ihnen unmittelbar vorher erklärt worden war und sie die Zustimmung zur Teilnahme gegeben hatten. Mit der Unterschrift auf einem Zustimmungsvordruck ist nicht sichergestellt, daß tatsächlich die Zustimmung nach ausreichender Information erreicht wurde, und dies stellt ein echtes Problem für Wissenschaftler und für die Mitglieder von Überwachungsausschüssen dar, die sich auf die Einhaltung ethischer Richtlinien bei der Durchführung von Untersuchungen mit menschlichen Versuchspersonen verpflichtet haben.

nicht die Möglichkeit, eine Teilnahme abzulehnen. Und wie steht es mit den Rechten der Wissenschaftler, die häufig nicht so sorgfältige Beachtung finden wie diejenigen der Versuchspersonen, und mit den Kosten, die für die Gesellschaft entstehen, wenn wichtige Untersuchungen nicht durchgeführt werden? Werden sich nicht die Wissenschaftler weigern, bestimmte Arten von Untersuchungen durchzuführen, da die Überwachungsausschüsse das Erreichen einer Zustimmung nach ausreichender Information zu mühevoll und zeitaufwendig machen?

Von *Davison* und *Stuart* (1975) stammt ein Schema (Tabelle 21b.1), mit dem die Rechte der Versuchspersonen, die an einer Untersuchung teilnehmen, geschützt werden könnten, ohne daß die Wissenschaftler durch die Notwendigkeit, ihre Versuchspersonen zu informieren, zu sehr Beschränkungen ausgesetzt werden. Um festzustellen, wie sorgfältig der Experimentator vorgehen muß, um eine Zustimmung nach ausreichender Information zu erhalten, würden *Davison* und *Stuart* vier Fragen stellen.

1. Wie hoch ist das Risiko? Das Gedächtnisexperiment, das oben erwähnt wurde, wird wahrscheinlich kaum schädlich sein, die mit einer Untersuchung, bei der einer Versuchsperson ein elektrischer Schlag auf die Finger appliziert wird, verbundenen Gefahren sind jedoch größer.
2. Ist die Untersuchung für die Versuchsperson oder den Klienten potentiell von Nutzen? Es ist möglich, daß eine Versuchsperson aus der Teilnahme an einer Untersuchung großen Nutzen zieht, aber auch, daß sie, abgesehen von der Befriedigung, einem Wissenschaftler bei der Entdeckung neuer Tatsachen geholfen zu haben, keine direkten Vorteile hat.
3. Sind die Gefahren und die Vorteile der zur Anwendung kommenden Technik bekannt, oder handelt es sich um ein neues experimentelles Verfahren, so daß der Wissenschaftler nicht angeben kann, wie vorteilhaft, schädlich oder unangenehm die Teilnahme an der Untersuchung sein könnte?
4. Hat die Versuchsperson tatsächlich die Möglichkeit, sich zwischen der Zustimmung und der Ablehnung der Beteiligung frei zu entscheiden? Ein Collegestudent hat diese Möglichkeit weitgehend, aber ein Gefangener hätte wahrscheinlich das Gefühl, zur Teilnahme an einem Experiment gezwungen zu sein, wenn er darum gebeten wird.

Tabelle 21b.1. Richtlinien für die Sicherstellung des Rechts von Versuchspersonen, nur aus freien Stücken an Experimenten teilzunehmen (nach *Davison* und *Stuart*, 1975)

		Großer potentieller Nutzen für die Versuchsperson		Geringer potentieller Nutzen für die Versuchsperson, großer potentieller Nutzen für die Gesellschaft	
Risiko-Niveau	Entscheidungs-freiheit	Bereits gut bebekanntes Verfahren	experimentelles Verfahren	Bereits gut bekanntes Verfahren	experimentelles Verfahren
geringes Risiko	große Entscheidungs-freiheit	2–4*	4	2–4	4–5
	Gefühl eines gewissen Zwanges	5	5	5–6	7
großes Risiko	große Entscheidungs-freiheit	4	5	5–6	7
	Gefühl eines gewissen Zwangs	6	6	7	8

* Die Zahlen 1 bis 8 stehen für das Ausmaß an Sorgfalt, das bei der Erzielung der Zustimmung walten sollte.

Diese vier Fragen sind nicht die einzigen, die gestellt werden könnten, und die in Tabelle 21b.1 aufgeführten Zustimmungsverfahren sind lediglich Vorschläge. Es müßten sich sicher viele andere Leute mit diesen Problemen beschäftigen, um sinnvolle Richtlinien und Verfahrensweisen ausarbeiten zu können. Die Komitees, die sich für die Menschenrechte von Versuchspersonen einsetzen, können jedoch dieses Schema heranziehen, um das Problem, in einer Vielzahl von Umständen eine Zustimmung nach ausreichender Information zu erhalten, zu strukturieren.

Behandlung oder Forschung?

Wodurch unterscheiden sich Behandlung und Forschung? Das ist eine Frage, um die sich diejenigen, die alte Verfahren durch neuere, möglicherweise effektivere Methoden ersetzen wollen, kümmern müssen. *Martin* (1975) beschäftigte sich mit dem folgenden Beispiel: Im Schulbezirk A führt ein Lehrer, der über die Untersuchungen über Münzsysteme im Unterricht (zum Beispiel *O'Leary* und *O'Leary*, 1977) gelesen hat, ein Münzsystem ein, um eine Gruppe von leistungsschwachen Schülern, die häufig den Unterricht stören, dazu zu bringen, ihren Stoff zu lernen. Die Ergebnisse sind sehr ermutigend: die Klasse ist ruhiger, die Schüler bleiben häufiger auf ihren Plätzen, und die schulischen Leistungen haben sich verbessert. Auch die Schüler selbst sind für das Programm. Handelt es sich hier um ein Experiment? Hätte der Lehrer die Eltern informieren und ihre Zustimmung einholen müssen? Ein paar Kilometer entfernt, im Schulbezirk B, wendet ein anderer Lehrer ebenfalls ein Münzsystem an. Das Projekt wird mit staatlichen Mitteln gefördert, es nennt sich selbst experimentell, und die Eltern wurden routinemäßig informiert, und ihre Zustimmung wurde eingeholt, wie dies bei Forschungsarbeiten üblich ist. Zweifellos ist *dieses* Programm ein Experiment, aber ist das im Bezirk A durchgeführte Programm deshalb, weil es dem im Bezirk B ähnlich ist, ebenfalls ein Experiment?

1. *Eine Zustimmung durch die Versuchsperson ist nicht notwendig.* Der Forscher stellt den Schutz der Rechte der Versuchsperson sicher. Die nichteingreifende Beobachtung des Verkehrsflusses auf öffentlichen Plätzen oder anderen öffentlichen Verhaltens könnte in diese Kategorie fallen. Dieses Verfahren und das nächste sind nur dann zulässig, wenn ein Überwachungskomitee festgestellt hat, daß das potentielle Schadensrisiko für die anonym beobachteten Versuchspersonen gleich Null ist.
2. *Die Versuchsperson wird lediglich gebeten, ein Formular, in dem es die Zustimmung zur Teilnahme an einer Untersuchung als Subjekt von Beoabchtungen gibt, zu unterschreiben, wobei über die Art der Untersuchung keine Erklärung gegeben wird.* Ein Beispiel wäre die Beobachtung der Einkäufe von Individuen in einem Supermarkt: eine Erklärung der Ziele der Untersuchung könnte das relevante Verhalten beeinflussen.
3. *Die Versuchsperson wird gebeten, einen Bogen über die Zustimmung zur Teilnahme an der Untersuchung zu unterzeichnen, wobei nach der Teilnahme die ‚Aufklärung' erfolgt.* Mit einer solchen Untersuchung könnte das zwischenmenschliche Verhalten auf öffentlichen Plätzen untersucht werden: eine Darlegung der Hypothesen zu Beginn könnte das Verhalten beeinflussen. Ein Expertenkomitee müßte feststellen, daß die Versuchspersonen mit ihrer Teilnahme kein Risiko eingehen, auch nicht das einer minimalen Erniedrigung nach der Aufklärung.
4. *Die Versuchsperson wird nach einer uneingeschränkten Darstellung der Ziele und Methoden der Untersuchung gebeten, durch ihre Unterschrift auf einem Bogen ihre Einwilligung zur Teilnahme an der Untersuchung zum Ausdruck zu bringen.* Dieses Verfahren würde bei Bemühungen angewandt, eine Behandlungsmethode dadurch zu bewerten, daß Versuchspersonen zufällig einer experimentellen, einer Placebo-Kontroll- und einer Kontrollgruppe ohne Behandlung zugewiesen werden. Ein Überwachungskomitee müßte zu dem Urteil kommen, daß das Schadenrisiko für die Kontrollpersonen nicht größer oder geringer ist, als wenn kein Experiment stattfände.
5. *Die Versuchsperson wird nach uneingeschränkter Darstellung der Ziele und Methoden der Untersuchung und in Gegenwart wenigstens eines Zeugen, der an der Untersuchung nicht beteiligt ist, gebeten, durch ihre Unterschrift auf einem Bogen ihre Einwilligung zur Teilnahme an einem Projekt zum Ausdruck zu bringen.* Dieses Verfahren wäre immer dann angebracht, wenn ein Überwachungskomitee das Gefühl hat, die Versuchsperson könnte sich zu einer Teilnahme verpflichtet fühlen. Untersuchungen mit verurteilten Gesetzesbrechern könnten in diese Kategorie fallen.
6. *Die Versuchsperson wird nach uneingeschränkter Darstellung der Ziele und Methoden der Untersuchung und in Anwesenheit von Zeugen gebeten, durch ihre Unterschrift auf einem Bogen ihre Zustimmung zur Teilnahme an einem Projekt zum Ausdruck zu bringen. Die Zustimmung wird durch ein unabhängiges Versuchspersonenkomitee innerhalb der In-*

stitution überwacht. Dieses Verfahren könnte bei der experimentellen Bewertung eines Programms zur Verfolgung der Ziele einer Institution angewandt werden, zum Beispiel der beruflichen Ausbildung in Gefängnissen und psychiatrischen Kliniken.

7. *Die Versuchsperson wird nach uneingeschränkter Darstellung der Ziele und Methoden der Untersuchung und in Anwesenheit von Zeugen gebeten, durch ihre Unterschrift auf einem Bogen ihre Zustimmung zur Teilnahme an einem Projekt zum Ausdruck zu bringen. Die Zustimmung wird durch ein unabhängiges Versuchspersonenkomitee innerhalb der Institution und ein ähnliches Komitee außerhalb der Institution überwacht.* Das Verfahren könnte angewandt werden, wenn die Untersuchung Verhaltensänderungen betrifft, die in keinem strengen Zusammenhang mit den Zielen der Institution stehen, zum Beispiel bei einer Untersuchung der Bedeutung der Wiederholung, wenn psychiatrischen Patienten Redewendungen in einer Fremdsprache gelehrt werden.
8. *Es ist keine Zustimmung möglich, da die Rechte der Versuchspersonen nicht geschützt werden können.*

Da die verhaltenstherapeutischen Verfahren relativ neu sind, wird ihre Anwendung wahrscheinlich als Forschungstätigkeit verstanden, auch wenn diese nicht beabsichtigt ist, und mit einiger Besorgnis betrachtet. Und doch halten wir es häufig für selbstverständlich – ja wir befürworten es sogar –, daß ein Grundschullehrer neue Wege ausprobiert, die Kinder für seinen Unterricht zu interessieren. „Sie ist wirklich eine kreative Lehrerin. Sie gibt sich nicht mit dem Curriculum und dem Lehrmaterial zufrieden, das ihr von der Schulverwaltung zur Verfügung gestellt wird." Sicher ist in vielen Fällen der Unterschied zwischen Behandlung und Forschung klar. So wurde zum Beispiel das Medikament Anectine (entspricht dem Pantolax), eine paralytische Substanz, die häufig zur Muskelentspannung vor einer EKT angewandt wird, einem Gefangenen zu einem ganz anderen Zweck verabreicht, nämlich um eine „unkonditionierte Angstreaktion" – eine Atmungsunfähigkeit – bei einem Verfahren des Aversionskonditionierens zu erzeugen. Obwohl das Medikament routinemäßig dazu eingesetzt wird, EKT-Patienten vor körperlichen Schäden zu bewahren, entschied ein Richter, daß gegen die Verfassungsmäßigkeit einer derartigen Anwendung schwerwiegende Bedenken bestehen und daß es sich offensichtlich um eine grausame und ungewöhnliche Bestrafung handelt.[4]

2. Ethische Aspekte in der Therapie

Wer ist der Klient?

Weiß der Kliniker immer genau, wer der Klient ist? Wenn ein Erwachsener einen Kliniker dafür bezahlt, daß er ihm bei der Bewältigung eines persönlichen Problems hilft, das mit dem Rechtssystem nichts zu tun hat, ist dieser Erwachsene eindeutig der Klient. Eine Person kann jedoch auch an den Kliniker zur Beurteilung ihrer Prozeßfähigkeit überwiesen werden. Oder der Kliniker kann von der Familie einer Person beauftragt werden, sie in einem Verfahren zu unterstützen, in dem es um eine zivilrechtliche Zwangseinweisung geht. Vielleicht ist der Kliniker auch Angestellter einer staatlichen Psychiatrischen Klinik und bemüht sich, die aggressiven Impulse eines bestimmten Patienten unter Kontrolle zu bringen. Jedem der Beteiligten sollte klar sein, daß der Kliniker in diesen Fällen für mehr als einen Klienten tätig ist, und doch ist dies nur sehr selten *wirklich* klar. Er ist nicht nur für den Patienten tätig, sondern auch für die Familie und den Staat, und es ist die Aufgabe des Klinikers, den Patienten darüber zu informieren, daß dies so ist. Diese doppelte Verpflichtung bedeutet nicht notwendigerweise, daß die Interessen des Patienten unberücksichtigt bleiben, aber sie bedeutet, daß Gespräche nicht unbedingt geheim bleiben werden und daß der Kliniker möglicherweise Handlungen vollziehen wird, die der Patient nicht wünscht.

---

[4] Mackey v. Procunier, 477 F. 2d 877 (pth Cir. 1973).

Die Wahl der Therapieziele

Im Idealfall bestimmt der Klient die Ziele der Therapie, aber es wäre naiv anzunehmen, daß in der Praxis nicht auch der Therapeut Ziele festlegt, die sogar den Wünschen des Klienten entgegengesetzt sein können. Vertreter der Schulsysteme möchten häufig gerne Programme einrichten, mit denen den Kindern beigebracht wird, „still, ruhig, gelehrig zu sein“ (*Winett* und *Winkler,* 1972, S. 499). Viele Verhaltenstherapeuten gehen davon aus, daß Kinder gefügig sein *sollten,* nicht nur weil der Lehrer dann leichter für Ordnung in der Klasse sorgen kann, sondern auch weil sie glauben, daß Kinder besser lernen, wenn sie gefügig sind. Aber wissen wir wirklich, daß Kinder am wirksamsten und mit der größten Freude lernen, wenn sie gezwungen werden, still auf ihren Plätzen sitzen zu bleiben? Manche Vertreter eines „offenen Unterrichts“ meinen dagegen, daß Neugier und Initiative, auch bei den jüngsten Kindern der Grundschule, mindestens ebenso wichtig sind, wie die Aneignung schulischer Fertigkeiten. Wie immer in der Psychologie, gibt es weniger Belege als kaum veränderbare und vehement verteidigte Meinungen. Das Problem ist jedoch deutlich: Jeder Psychologe, der von den Vertretern eines Schulsystems konsultiert wird, sollte sich seiner eigenen persönlichen Zielvorstellungen bewußt und darauf vorbereitet sein, daß er auf andere hinarbeiten muß, wenn die Eltern und das Schulpersonal dies wünschen. Jedem Therapeuten steht es natürlich frei, *nicht* für einen Klienten zu arbeiten, dessen Zielvorstellungen er ablehnt, und der Mittel, diese Ziele zu erreichen, vorschlägt, die seinen Auffassungen entgegengesetzt sind.

Als besonders komplex stellt sich die Frage der Therapieziele in der Familien- und Ehetherapie dar (*Margolin*, 1982). Wenn mehrere Personen gleichzeitig Klienten sind – was in einer Familientherapie unvermeidbar ist! –, kann eine Intervention, die einer oder mehreren Personen förderlich ist, durchaus zum Nachteil einer anderen oder sogar mehreren anderen gereichen. Dieser Fall kann dann eintreten, wenn in einer Ehetherapie der eine Partner die Beziehung wirklich beenden will, während der andere Partner denkt, die Therapie könne die Beziehung retten. Häufig drücken die Klienten am Anfang der Therapie ihre wahren Sorgen und ihre wahren Wünsche nicht explizit aus; der Therapeut kann schon tief in beider Leben verstrickt sein, bevor ihm klar wird, daß beide Partner widersprüchliche Ziele verfolgen (*Gurman* und *Kniskern,* 1981).

Obwohl die Lage von Personen, die freiwillig einen Therapeuten aufsuchen, längst nicht so beengend ist, wie sie sich für einen Klienten in einer Anstalt darstellt, handeln sie doch in eingeschränkter Freiheit. Auf dieses Problem weist *Seymor Halleck* (1971), ein Psychiater, hin, indem er feststellt, daß die Neutralität des Therapeuten ein Mythos ist. Seiner Meinung nach beeinflussen die Therapeuten ihre Klienten auf subtile und doch wirkungsvolle Weise:

„Auf den ersten Blick scheint ein Modell der psychiatrischen (oder psychologischen) Praxis, das auf der Behauptung aufbaut, daß Menschen nur dabei geholfen werden soll, die Dinge zu lernen, die sie tun möchten, unproblematisch und wünschenswert zu sein. Es ist jedoch ein unhaltbares Modell. Im Gegensatz zu einem Techniker kann ein Psychiater (oder Psychologe) es nicht vermeiden, daß er seinen Patienten seine eigenen Wertvorstellungen mitteilt und manchmal auch aufzwingt. Der Patient hat gewöhnlich große Schwierigkeiten festzustellen, auf welche Weise er sein Verhalten ändern will, während er jedoch mit dem Psychiater spricht, werden seine Wünsche und Bedürfnisse deutlicher. Gerade dadurch, daß seine Bedürfnisse in Gegenwart einer Person festgestellt werden, die als klug und fachkundig gilt, wird der Patient tiefgreifend beeinflußt. Schließlich wird er einige der Dinge wünschen, von denen der Psychiater meint, er sollte sie wünschen“ (S. 19).

Psychologen stimmen darin überein, und die verfügbaren Daten (zum Beispiel *Rosenthal,* 1955) sprechen ebenfalls für die Behauptung, daß Patienten durch die Wertvorstellungen ihrer Therapeuten tiefgreifend beeinflußt werden. Ein Klient sucht sich nicht nur einen Therapeuten aus, der seinem Geschmack entspricht und dem, was er für seine Bedürfnisse hält, entgegenkommt, sondern er nimmt auch einige der Wertvorstellungen und manchmal sogar die Gesten des Therapeuten an. Die meisten Therapeuten sind sich voll dessen bewußt, daß sie als Modell für ihre Klienten dienen, und dies vermehrt sicher noch die große Verantwortung, die sie haben. *Perry London* (1964), ein führender Autor über die Ethik der therapeutischen Intervention, meint sogar, daß die Therapeuten die säkularisierten Priester der modernen Gesellschaft seien, die Lieferanten der Werte und der Ethik, die es dem Klienten ermöglichen, „das gute Leben" zu führen.

Im „offenen Unterricht" (oben) wird den Kindern bei der Aneignung schulischer Fertigkeiten geholfen, indem Neugier und Initiative gefördert werden, während der „traditionelle Unterricht" (unten) Ordnung und ungeteilte Aufmerksamkeit erfordert.

Die Wahl der Techniken

Der Zweck heiligt die Mittel nicht. Die meisten von uns nehmen diese Maxime mit der Muttermilch auf. Sie soll unabdingbarer Bestandteil einer freien Gesellschaft sein. In den letzten Jahren waren verhaltenstherapeutische Techniken Gegenstand von Auseinandersetzungen zwischen Fachleuten und sogar von Gerichtsentscheidungen. Wohl deshalb, weil sich die verschiedenen Einsichtstherapien auf Zuhören beschränken, werden sie nur selten so argwöhnisch betrachtet wie die Verhaltenstherapie. Gerade weil die verhaltenstherapeutischen Techniken so konkret und spezifisch sind und weil sie sich auf die Experimentalpsychologie stützen, wird ihnen mehr Beachtung geschenkt. Auf manche wirkt die Überzeugung, daß unser Verständnis vom Menschen möglicherweise durch Vergleiche mit Ratten und Tauben bereichert werden könne, abstoßend.

Ein besonderes Problem stellt der Einsatz von aversiven Verfahren dar. Bei manchen Leuten erzeugt allein schon die Erwähnung des Begriffs Verhaltenstherapie die Vorstellung des gewalttätigen Beethoven-Liebhabers in *Kubricks Uhrwerk Orange* – Augen werden mit dem Folterapparat offengehalten, eine Übelkeit erzeugende Droge wird verabreicht und währenddessen blitzen Szenen der Gewalttätigkeit auf einer Leinwand auf und Beethovens Neunte Symphonie dröhnt ihm in den Ohren. In der Realität erreichen Programme des Aversionskonditionierens niemals dieses dramatische Ausmaß an Gewalttätigkeit, aber sicher gehören zu jedem solchen Verfahren – manchmal extreme – Unannehmlichkeiten für den Patienten. Patienten zum Erbrechen zu bringen oder sie sich mit einem elektrischen Schlag an den Extremitäten vor Schmerz krümmen zu lassen, sind zwei aversive Techniken, die diese Bezeichnung verdienen. Kann es irgendwelche Umstände geben, unter denen es sich Menschen gestatten können, anderen solche Schmerzen zuzufügen?

Bevor man vorschnell „Nein!" schreit, sollte man sich mit dem folgenden Bericht beschäftigen:

Der Patient war ein neun Monate alter Säugling, der bereits dreimal in einer Klinik gewesen war, um wegen Erbrechens und chronischen Wiederkauens (Hochwürgen von Nahrung und erneutes Kauen im Mund) behandelt zu werden. Es waren eine Reihe von diagnostischen Tests, unter anderem ein EEG, sowie eine Operation zur Entfernung einer Zyste an der rechten Niere durchgeführt, doch dabei keine organische Grundlage für das Problem gefunden und mehrere Behandlungen, einschließlich einer Spezialdiät, ohne Erfolg versucht worden. Als das Kind an *Lang* und *Melamed* (1969), zwei Verhaltenstherapeuten, überwiesen wurde, war es in einem kritischen Zustand und wurde über eine Sonde gefüttert, die von der Nase in den Magen vorgeschoben worden war. Der behandelnde Arzt hatte festgestellt, daß das Leben des Säuglings unmittelbar bedroht war, wenn das Erbrechen nicht aufhörte.

Die Behandlung bestand darin, daß jedesmal, wenn der Säugling Anzeichen dafür zeigte, sich zu übergeben, eine Reihe von eine Sekunde anhaltenden elektrischen Schlägen auf seine Wade appliziert wurde. Diese Sitzungen wurden nach der Nahrungsaufnahme weniger als eine Stunde lang durchgeführt. Nach nur zwei Sitzungen war nur noch selten ein elektrischer Schlag erforderlich, da der Säugling schnell gelernt hatte, das Erbrechen zu verhindern, um den elektrischen Schlag zu vermeiden. Bei der sechsten Sitzung konnte er nach dem Essen einschlafen. Die Schwestern berichteten, daß sich die Hemmung des Erbrechens während der Sitzung auf den Rest des Tages und der Nacht generalisierte; das Kind erbrach auch außerhalb der Sitzungen immer weniger. Etwa zwei Wochen später begann die Mutter, die Versorgung des hospitalisierten Kindes zu übernehmen, und bald danach wurde der Patient entlassen, und sein lebensbedrohliches Verhalten war praktisch vollständig beseitigt. Während der drei Behandlungs- und Beobachtungswochen nahm das Kind ständig an Gewicht zu. Einen Monat nach der Entlassung wog das Kind etwa neun Kilogramm und wurde von dem behandelnden Arzt als vollständig wiederhergestellt beurteilt. Fünf Monate später wog es etwa zwölf Kilo und wurde physisch und psychisch als völlig normal beurteilt.

Die Anwendung der Aversionstherapie unterliegt verständlicherweise erheblichen Beschränkungen. Einen weiteren Grund für administrative und juristische Sorge bildet die Tatsache, daß aversive Techniken mehr den Anschein von Forschung als von Standardtherapie vermitteln. Je anerkannter ein therapeutisches Verfahren ist – sei es nun ein medizinisches oder psychologisches –, um so weniger wahrscheinlich wird es die Aufmerksamkeit der Gerichtshöfe und anderer administrativer Institutionen auf sich ziehen. *Paul* und *Lentz* (1977) hatten einige Patienten, die tätlich wurden. Ihre Schilderung von administrativen Problemen zeigt, daß Patienten noch extremeren Verfahren unterzogen werden könnten, da neuen Techniken besondere Aufmerksamkeit gewidmet wird.

„Beträchtliche Überlegungen stellte man hinsichtlich kontingenter Applizierung geringer elektrischer Schläge an ... Doch schon zu einem frühen Zeitpunkt in der Erforschung notwendiger Schutzmaßnahmen und Überwachungsverfahren, die folgen sollten, noch ehe man solche Methoden beurteilte, erklärte der Leiter der Abteilung am Telefon, daß die aversive Konditionierung ein politisch prekäres Problem sei. Aus diesem Grund sei mehr vonnöten als der übliche Vorschlag, die normale Vorbereitung, Dokumentation und die gewöhnlichen Überwachungsausschüsse – mit der Konsequenz, daß eine Zustimmung wahrscheinlich erst in 8 Monaten zu erwarten wäre. Statt dessen schlug man die Anwendung von Elektrokrampftherapie vor (wodurch Gewebe zerstört werden kann), da es sich bei der ‚EKT um eine anerkannte Behandlungsmethode handle'. Diese Alternativen vor Augen entschieden wir uns, jegliche Elektroschocktherapie zu unterlassen..." (S. 499).

Unter Berücksichtigung der Tatsache, daß mit einem kurzzeitig applizierten elektrischen Schlag retardierte und autistische Kinder manchmal von ihren selbstzerstörerischen Handlungen abgehalten werden können, schlägt *Martin* (1975) vor, daß

„als Kriterium genommen werden sollte, daß die Aversionstherapie nur dort eingesetzt werden darf, wo eine andere Therapieform nicht wirksam war, wo durch ihre Anwendung das Individuum vor einer unmittelbaren und fortgesetzten Selbstbeschädigung bewahrt werden kann, wenn mit ihr eine Vermeidung körperlicher Einschränkungen möglich wird, die andernfalls fortgesetzt werden müßten, wenn sie nur für einige, zeitlich sehr begrenzte Fälle angewandt werden kann und wenn ihr Ziel darin besteht, eine andere, nicht-aversive Therapieform durchführbar zu machen. Für eine solche Aversionsbehandlung ist unbedingt die Zustimmung eines Vormunds sowie die sofortige Be-

urteilung der Ergebnisse jeder einzelnen Applikation des aversiven Stimulus erforderlich.“ (S. 77)[5]

Solche Vorsichtsmaßregeln sind notwendig, wenn mit einer Behandlung einem Patienten oder Klienten absichtlich Schmerz zugefügt wird; sie sind dann besonders notwendig, wenn man von dem Patienten nicht erwarten kann, daß er informiert werden und seine Zustimmung geben kann. Sollten wir uns jedoch nur über körperliche Schmerzen Gedanken machen? Die Qualen, unter denen wir leiden, wenn eine geliebte Person stirbt, sind psychisch schmerzhaft. Vielleicht sind sie schmerzhafter als ein elektrischer Schlag von 1500 Mikroampère. Wer könnte dies sagen? Wenn wir davon ausgehen, daß es auch Schmerzen psychischer Art gibt, sollen wir es dann zulassen, daß ein Gestalttherapeut einen Patienten dadurch zum Weinen bringt, daß er ihn mit Gefühlen konfrontiert, die er seit Jahren nicht zuließ? Sollen wir es einem Psychoanalytiker verbieten, einen Patienten zu einer Einsicht hinzuführen, die wahrscheinlich große Qualen für ihn mit sich bringt, und das um so mehr, wenn der Konflikt seit Jahren verdrängt worden war?

3. Berufsethische Verpflichtungen

Alexa Franke

Zu den Grundlagen der Ethik

In den vorangegangenen Absätzen dieses Kapitels sind einige der ethischen Probleme aufgezeigt worden, die sich für klinische Psychologen bei der Anwendung ihrer Wissenschaft in Forschung und Praxis ergeben. Es wurde dabei sehr deutlich, was in der Natur ethischer Probleme begründet ist: Sie lassen sich nicht allgemeingültig und allgemeinverbindlich lösen.

Als Wissenschaft ist die Ethik eine der Grundlagendisziplinen der Philosophie. Ihr Gegenstand ist die Frage des richtigen Handelns, das heißt die Frage, inwieweit Handeln begründet und verantwortet werden kann.

Bei der Beantwortung dieser Frage werden grundsätzlich zwei Argumentationsweisen unterschieden: die utilitaristische und die deontologische (vgl. *Schuler,* 1980).

Im Rahmen einer utilitaristischen Argumentation ist das entscheidende Bewertungskriterium die Nützlichkeit einer Handlung. Diese wird über ihre Konsequenzen erschlossen. Alle Konsequenzen, die eine Handlung für den Betroffenen, für seine Umgebung, für die Gesellschaft und für die Menschheit insgesamt hat, werden aufgeführt und gegeneinander aufgewogen. Als richtig wird dann eine Handlung bewertet, die für möglichst viele Menschen einen hohen Nutzen hat.

Deontologische Ethik hingegen orientiert sich an absoluten Werten. Eine Handlung wird ausschließlich danach bewertet, inwieweit sie diesen absoluten Werten gerecht wird.

Im Rahmen der Psychotherapie lassen sich diese beiden Prinzipien am besten am Beispiel der Methode der paradoxen Intervention erklären:

Paradoxe Interventionen beruhen darauf, daß der Therapeut den Patienten im unklaren läßt über die Art und Weise der geplanten Strategie, daß er ihre Wirkmechanismen nicht erklärt, und daß er auch nach Erreichen des gewünschten Ziels den Patienten über das, was passiert ist, im unklaren läßt.

Aufklärung, Offenheit über Ziele und Methoden, Aufrichtigkeit, Echtheit, Verringerung des Machtgefälles zwischen Therapeut und Patient – solche und andere Grundwerte therapeutischer Tätigkeit werden durch paradoxes Intervenieren des Therapeuten massiv verletzt. Folgt man somit deontologischer Ethik, so ist die Methode der paradoxen Intervention nicht zu rechtfertigen und ethisch nicht richtig.

[5] *Martins* Vorschläge sind nicht nur human, sondern sie stimmen auch mit einem gültigen Rechtsprinzip überein, nach dem eine Therapie mit der Technik beginnen sollte, die die geringste Freiheitsbeschränkung für den Patienten mit sich bringt und ihn den geringsten Gefahren aussetzt (*Morris,* 1966).

Demgegenüber verweisen die Vertreter der paradoxen Intervention auf die Erfolge ihrer Methode. Sie sagen: ,,Der einzig gültige Maßstab für den Wert einer Methode liegt in den praktischen Ergebnissen, die sie erzielt" (*Watzlawick, Weakland* und *Fisch,* 1974, S. 184). Damit stellen sie sich eindeutig auf die Seite einer utilitaristischen Ethik, in deren Rahmen ihr Verhalten gerechtfertigt und damit richtig ist.

Berufsethische Verpflichtungen

Am Beispiel der paradoxen Interventionen zeigte sich, daß kontroverse Positionen im Rahmen unterschiedlicher Argumentationen sowohl als richtig begründet als auch als falsch verurteilt werden können. Wenn daher Berufsverbände ,,Berufsethische Verpflichtungen" für die Mitglieder ihrer Profession entwerfen, so können sie damit keine Kataloge für das endgültig richtige Verhalten aller Kolleginnen und Kollegen in den unterschiedlichsten Situationen der beruflichen Praxis entwerfen. Dennoch haben fast alle Berufsgruppen Kodizies entwickelt, die geeignet sein sollen, das der Berufsgruppe angemessene, ethisch richtige Verhalten festzuschreiben, und haben Instanzen eingesetzt, die berufsgruppenintern Sanktionen verhängen, wenn ein Berufsangehöriger sich der Berufsethik widersprechend verhält.

Berufsethische Verpflichtungen sollen in erster Linie Richtwerte für das *berufliche* Verhalten ihrer Mitglieder sein, doch beanspruchen sie in der Regel, Prinzipien für die spezielle professionelle Verantwortlichkeit mit denen der allgemeinen Ethik zu verbinden. Die Probleme, die sich aus dieser Verbindung ergeben, werden in der Öffentlichkeit regelmäßig am Beispiel des Deutschen Fußballbundes diskutiert. Schädigten die Spieler Meier und Schulz das Ansehen ihres Berufsstandes, als sie laut singend und offensichtlich nicht ganz nüchtern nach 22 Uhr außerhalb des Trainingslagers mit zwei Frauen herumflanierten? Welche Gefahren gehen von einem solchen Verhalten für das Berufsbild des Deutschen Fußballspielers aus? Hat nicht die Öffentlichkeit Anspruch auf ein bestimmtes, zuverlässiges Bild des Deutschen Fußballspielers? Und trifft nicht die Wirtin, die den bekannten Deutschen Fußballspielern soviel Bier eingeschenkt hat, eine gewisse Mitverantwortung?

Ob jemand seinen Beruf physisch-intellektuell ausüben kann, vermischt sich mit der Frage, ob er ethisch-moralisch einwandfrei lebt. Berufsethische Verpflichtungen dienen damit nicht nur als Richtschnur, an der der einzelne Berufsangehörige sein Verhalten ausrichten kann, sondern vor allem als Instrument, ein bestimmtes Berufsbild zu etablieren und Abweichungen einzelner von diesem Standard zu sanktionieren.

In der Bundesrepublik haben auch die psychologischen Fachverbände ,Berufsverband deutscher Psychologen' (BDP) und ,Deutsche Gesellschaft für Psychologie' (DGfP) ,,Berufsethische Verpflichtungen für Psychologen" erarbeitet (Report Psychologie). Unter dem Punkt ,Aufgaben der Berufsethischen Verpflichtungen für Psychologen' heißt es:

Die ,,Berufsethischen Verpflichtungen für Psychologen" können verschiedene Funktionen erfüllen:

a) In erster Linie sollen sie dem in Praxis, Lehre und Forschung tätigen Psychologen – teils auch dem Studierenden der Psychologie – als Richtschnur für sein Handeln dienen. Insbesondere sollen sie erkennen lassen, welche Entscheidungen der Berufsstand von einzelnen Psychologen erwartet, wenn er in seiner Berufsausübung in problematische, ihn vor Konflikte stellende Situationen gerät.
b) Daneben mögen die ,,Berufsethischen Verpflichtungen" dazu beitragen, in der breiteren Öffentlichkeit ein zuverlässiges Bild vom Berufsstand des Psychologen entstehen zu lassen wie auch dementsprechende Maßstäbe für die Einschätzung verschiedenster als ,,psychologisch" ausgegebener Tätigkeiten.
c) Speziell allen Instanzen, die sich des Psychologen für ihre besonderen Zwecke bedienen oder bedienen möchten, können die ,,Berufsethischen Verpflichtungen" eine gültige Orientierung darüber vermitteln, wie der Psychologe seinen Beruf auffaßt. Je besser solche Instanzen erkennen und verstehen lernen, welchen Prinzipien der Psychologe sich in seiner Berufsausübung verpflichtet weiß, um so weniger wird der Psychologe schließlich mit

Zumutungen konfrontiert werden, die ihn in Konflikte bringen, um so eher wird er unangefochten seiner eigenen Berufsauffassung gemäß arbeiten können.

(Zum Vergleich die Fragen bezüglich der Fußballspieler. Sie haben sich an den Punkten a–c orientiert.)

In ihrer konkreten Ausgestaltung erweisen sich berufsethische Verpflichtungen eher als ein Katalog moralischer und praktischer Forderungen im Sinne der Etablierung eines positiven Berufsbilds in der Öffentlichkeit. So gebieten etwa die „Berufsethischen Verpflichtungen für Psychologen":

„Der Psychologe darf die Klientenbeziehung nicht für irgendwelche eigenen persönlichen Interessen ausnutzen." (Moralische Forderung)

„Für die Honorarforderungen gegenüber Klienten soll sich der Psychologe an die Gebührenordnung halten." (Praktische Forderung)

Berufsgruppenintern haben sie vor allem die Funktion eines Instruments zur Sanktionierung der Mitglieder. Da sie die Grundlage für die sogenannten „Ehrengerichte" darstellen, sind sie gleichsam der Gesetzeskodex, auf Grund dessen das Ehrengericht seine Verhandlungen führt und allfällige Verurteilungen ausspricht.

Der Berufsverband Deutscher Psychologen (BDP) berief bereits 1946 ein Ehrengericht zur „Wahrung und Sicherung der Berufsehre und berufsständischen Verpflichtungen der Mitglieder des Berufsverbandes Deutscher Psychologen" (§ 1 der „Ehrengerichtsordnung") ein. Die Macht dieses Ehrengerichts ist allerdings insofern beschränkt, als sich seine Zuständigkeit nur auf die Mitglieder des BDP erstreckt, und die Mitgliedschaft von Psychologen im BDP freiwillig ist.

Auszüge aus den „Berufsethischen Verpflichtungen für Psychologen" werden in Kasten 21b.1 vorgestellt.

Kasten 21b.1. Auszüge aus den berufsethischen Verpflichtungen
A) Allgemeine Grundsätze

I. Grundhaltung in der psychologischen Berufsausübung

Der Psychologe achtet die Würde und den Wert des Individuums: er berücksichtigt, daß alle Menschen in gleicher Weise Anspruch auf diese Achtung haben. Der Psychologe respektiert das Recht jedes Menschen, in eigener Verantwortung nach seinen Überzeugungen zu leben.

In jeder beruflichen Tätigkeit ist er auf das Wohl der Menschen bedacht, die von seiner Berufsausübung betroffen werden, er weiß sich dem Dienst am Individuum und an der Gesellschaft, in der er lebt, verpflichtet.

Der Psychologe beansprucht für sich Freiheit der Forschung und der Kommunikation, bleibt sich dabei aber stets der Verantwortung bewußt, die diese Freiheiten ihm auferlegen hinsichtlich der Lauterkeit seiner Ziele und der Qualität seiner Arbeit.

(...)

II. Allgemeine Grundsätze für die Arbeit des Psychologen

Der Psychologe bemüht sich bei seiner Berufstätigkeit in Forschung, Lehre und Praxis im Interesse der Menschen, mit denen er es zu tun hat, und im Interesse des Fortschritts seiner Wissenschaft um ein hohes Niveau seiner Arbeit.

(...)

Der Psychologe ist sich stets auch der besonderen Verantwortung bewußt, die sich daraus ergibt, daß psychologische Berufstätigkeit oftmals dazu geeignet ist, auf das Leben anderer Menschen besonders unvermittelt und nachhaltig einzuwirken.

a) Der Psychologe läßt sich bei seiner Arbeit nur von sachlichen Gesichtspunkten leiten, nicht von solchen unsachgemäßer persönlicher Wertung wie Sympathie o. a.

b) Der Psychologe bedenkt und berücksichtigt in seiner Arbeit die Grenzen seiner Arbeitsmittel und seiner eigenen Kompetenz.

(...)

f) Psychologische Tätigkeiten wie Diagnostizieren, individuell-spezifisches Beraten, Behandeln, die nur im Rahmen einer individuellen beruflichen Beziehung zum Klienten ausgeübt werden sollten, wird der Psychologe nicht auf dem Wege über Publikationsorgane wie Tages- und Wochenpresse, Rundfunk, Fernsehen usw., auch nicht auf dem Wege nur brieflicher Kontakte ausüben.

g) Der Psychologe wird im Interesse der Verbesserung seiner Arbeitsweise und seiner Arbeitsgrundlagen darum bemüht sein, den Erfolg seiner Tätigkeit nach Möglichkeit zu kontrollieren bzw. kontrollieren zu lassen.

h) Der Psychologe hilft die inkompetente Ausübung psychologischer oder als solche ausgegebener Tätigkeiten zu unterbinden. Erfährt er auf irgendeine Weise von der Berufsausübung eines Kollegen, die nicht den Grundsätzen dieses Kodex entspricht, wird er zunächst selbständig versuchen, darauf hinzuwirken, daß dies abgestellt wird, sofern das auf informelle Weise nicht möglich ist, sind die dafür vorzusehenden Instanzen der Psychologen-Vereinigungen auf die Übelstände hinzuweisen. Auch die unsachgemäße Ausübung einer als psychologisch ausgegebenen Tätigkeit durch Nicht-Psychologen ist diesen Instanzen zur Kenntnis zu bringen. (...)

III. Allgemeine Grundsätze für die Kommunikation des Psychologen

Der Psychologe ist verpflichtet, über alle Informationen, die ihm in seiner Berufstätigkeit über andere Menschen zugehen, Verschwiegenheit zu bewahren. Nur unter besonderen Umständen kann diese Verpflichtung eingeschränkt werden, und dies auch lediglich im geringstmöglichen, sachlich gebotenen Ausmaß. (...)

B) Spezielle Grundsätze

I. Grundsätze für die Beziehung zum Klienten

(...)

In der Beziehung zum Klienten nimmt der Psychologe durch seine Untersuchungsmittel wie auch durch die Methoden seiner psychologischen Einflußnahme besonders engen Kontakt zum Leben anderer Menschen auf. Aus dieser Tatsache erwächst dem Psychologen eine spezifische Verantwortung, die ihn in allen seinen Handlungen dem Klienten gegenüber bestimmt.

a) Sofern im Hintergrund der Beziehung des Psychologen zum Klienten andere Instanzen mit ihren Interessen stehen (beispielsweise irgendwelche Auftraggeber), entscheidet der Psychologe vor der Aufnahme der Klientenbeziehung, welche Haltung er einzunehmen gedenkt. Falls er in Interessenkonflikte geraten sollte über diese Haltung informiert er alle beteiligten Instanzen und den Klienten.
Sollte es für den Psychologen zu einem Konflikt kommen zwischen seiner Verantwortung dem Klienten gegenüber und berufsständischen Interessen, hat das Wohl des Klienten Vorrang.

(...)

c) Für die Honorarforderungen gegenüber Klienten soll sich der Psychologe an die Empfehlungen der Gebührenordnung halten. Er wird angemessene Honorarforderungen seiner Kollegen nicht zu unterbieten versuchen. (...)

d) Um beiderseits der Entstehung belastender Rollenkonflikte vorzubeugen, wird der Psychologe im allgemeinen keine Klientenbeziehungen innerhalb seiner Familie oder seines Freundes- oder engeren Bekanntenkreises eingehen.

e) Der Psychologe darf die Klientenbeziehung nicht für irgendwelche eigenen persönlichen Interessen ausnutzen.

(...)

h) Wenn es für den Psychologen hinreichend klar ist, daß die Aufrechterhaltung einer Beziehung zum Klienten für diesen selbst keinen weiteren Nutzen haben würde, hat der Psychologe die Beziehung zu beenden. Insbesondere wenn der Psychologe erkennt, daß eigene Persönlichkeitsprobleme die Beziehung zu einem Klienten nachhaltig und irreversibel zu beeinträchtigen drohen, wird er diese Beziehung unverzüglich abbrechen, nachdem er sich wirksam darum bemüht hat, dem Klienten auf andere Weise Hilfe zukommen zu lassen.

(...)

j) Der Psychologe sollte die Ergebnisse einer Untersuchung dem Klienten in angemessener Form bekanntmachen, sofern dieser es wünscht. Falls die besondere Art des Auftrags dies von vornherein ausschließt (bei Ausleseuntersuchungen z.B.), muß der Klient vorweg davon in Kenntnis gesetzt worden sein.

(...)

II. Grundsätze für die Beziehung zum Auftraggeber

Der Psychologe wird mit den Personen oder Institutionen, in deren Dienst er steht, von vornherein zu einer klaren Abgrenzung der Verantwortlichkeiten zu gelangen suchen, insbesondere wird er seine Auftraggeber darauf hinweisen, welche Haltung er einzunehmen beabsichtigt, falls ihn seine auftragsgemäße Berufsausübung in Interessenkonflikte bringen sollte.

(...)

III. Grundsätze für die Forschungstätigkeit

(...)

c) Der Psychologe sucht bei der Planung und Durchführung von Untersuchungen alle Bedingungen auszuschließen, aus denen sich schädliche Nachwirkungen bei den Probanden ergeben könnten. Entschließt sich der Psychologe aus gewichtigen Gründen dennoch, Forschungen durchzuführen, bei denen die Möglichkeit gewisser schädlicher Nachwirkungen offenbleibt, hat er die vorgesehenen Probanden ausdrücklich auf diese Möglichkeit hinzuweisen und sie nur dann in Anspruch zu nehmen, wenn sie ausdrücklich und in aller Freiheit ihre Bereitschaft erklärt haben, dieses Risiko einzugehen.

d) Den Probanden körperlich oder seelisch aktuell belastende Situationen dürfen in der Forschung nur dann herbeigeführt werden, wenn es sich um wichtige wissenschaftliche Probleme handelt, die auf andere Art und Weise nicht untersucht werden können, und unter der Voraussetzung, daß der Proband gewillt ist, sich solchen Belastungen zu unterziehen.

(...)

IV. Grundsätze für Lehrtätigkeit und Publikation

Als Lehrgegenstand weist die Psychologie einige Besonderheiten auf, die der Psychologe in jeder Art von Lehrtätigkeit, gegebenenfalls auch bei publizistischer Tätigkeit zu berücksichtigen hat.

Erfahrungsgemäß begegnen viele Menschen bestimmten Problembereichen der Psychologie mit besonderem Interesse. Der Psychologe sollte der Versuchung widerstehen, ein auf Sensationelles gerichtetes Interesse auszunutzen.

Informationen über einige Problembereiche der Psychologie bergen die Gefahr in sich, daß manche Menschen entweder selbst durch sie beunruhigt werden, sofern sie sie auf sich beziehen, oder aber bei anderen damit Beunruhigung hervorufen. Dieser Gefahr wird der Psychologe in jeglicher Art von Lehrtätigkeit Rechnung tragen.

Bei allem intensiven Interesse, das die Öffentlichkeit manchen Fragen der Psychologie entgegenbringt, fehlen dem Nichtfachmann weithin die Maßstäbe zu kritischer Beurteilung psychologischer Aussagen. Das verpflichtet den Psychologen um so mehr, in seinen Verlautbarungen zurückhaltend und vorsichtig zu bleiben.

Viele psychologische – insbesondere psychodiagnostische Untersuchungsverfahren, deren fachgerechte Ausarbeitung einen großen Arbeitsaufwand erfordert, würden durch ein breiteres Bekanntwerden ihres Sinnes und ihrer Wirksamkeit entkleidet werden. Auf diesen Umstand wird der Psychologe in jeder Lehrtätigkeit wie auch in seinen Publikationen Rücksicht nehmen.

(...)

h) Bei der Publikation von Untersuchungen dürfen keine Daten ausgelassen werden, die die Ergebnisse und/oder Interpretationen in wesentlichen Teilen zu modifizieren geeignet sind.

(...)

j) Bei der Publikation von Tests arbeitet der Psychologe nur mit solchen Verlagen zusammen, die sich verpflichtet haben, den Vertrieb von Tests gemäß den Testschutzrichtlinien zu handhaben.

(...)

V. Grundsätze für das Anbieten psychologischer Dienste in der Öffentlichkeit

Das Anbieten psychologischer Dienstleistungen hat unter fachlichen, nicht unter kommerziellen Gesichtspunkten zu erfolgen.

(...)

e) Bei Eintragungen in Telefonverzeichnissen werden lediglich der Name, die relevanten Grade, Adresse und Telefonnummer angegeben, eventuell auch Hinweise auf die Zugehörigkeit zu Berufsorganisationen und auf die Hauptarbeitsgebiete des Psychologen.

(...)

VI. Grundsätze für die Beziehungen zu Berufskollegen und Fachleuten verwandter Berufsrichtungen

Der Psychologe ist seinen Kollegen und Fachleuten verwandter Berufsrichtungen gegenüber loyal, tolerant und hilfsbereit.

Umfang und Differenziertheit der Psychologie bringen es mit sich, daß der Psychologe jeweils nur in manchen Bereichen wirkliche Kompetenz erlangen und behaupten kann; demgemäß wird er, zumal wo er vor relativ komplexe Aufgaben gestellt wird, stets für die Möglichkeiten fruchtbarer Kooperation aufgeschlossen sein.

Auch die Tatsache, daß psychologische Berufsausübung innerhalb mancher Tätigkeitsbereiche in persönlichen Bezugssystemen und Gewohnheiten verwurzelt ist, wird den Psychologen geneigt machen, mit anderen zu kooperieren und sich mit den Eigenarten seiner Arbeitsweise dem kritischen Urteil anderer auszusetzen.

a) Der Psychologe wird im allgemeinen keinen Arbeitsauftrag annehmen, in Hinsicht auf den schon ein Kollege oder ein anderer einschlägiger Fachmann tätig geworden ist, es sei denn, jene anderen hatten ausdrücklich ihr Einverständnis dazu erklärt oder waren zumindest darüber informiert worden.
b) In der Zusammenarbeit mit Kollegen, auch wenn der Psychologe Vorgesetzter von Kollegen ist oder seinerseits Psychologen als Vorgesetzte hat, sollten im Interesse aller Beteiligten und aller möglicherweise mittelbar Betroffenen die Zuständigkeiten und Verantwortlichkeiten der Zusammenarbeit und die Modi ihrer Beendigung von vornherein klar festgelegt werden.
c) Der Psychologe darf von anderen Instanzen keine Provision annehmen dafür, daß er Klienten an sie überweist.

Auszüge aus: Berufsethische Verpflichtungen für Psychologen (Report Psychologie, 5 (1980), 1, 18–25)

4. Abschließende Bemerkungen

Ein Grundthema dieses Buches betrifft die Frage der Erkenntnis. Welches Kriterium haben wir dafür, daß wir ein Phänomen verstehen? Der Zweig der Philosophie, der sich mit den Methoden und Voraussetzungen der Erkenntnis beschäftigt, wird Erkenntnistheorie genannt. Die Regeln der Wissenschaft, die unsere Definition von und Suche nach Erkenntnissen reglementieren, verlangen Theorien, die überprüft werden können, Experimente, die repliziert werden können, und Daten, die allen zugänglich sind. Berücksichtigt man aber die Komplexität abnormen Verhaltens und die weiten Bereiche, über die wir nichts wissen und die wesentlich ausgedehnter sind als die Gebiete, die von der Wissenschaft, wie sie gegenwärtig praktiziert wird, bereits abgesteckt sind, so muß man, wie wir meinen, großen Respekt vor den Theoretikern und Klinikern, vor den einfallsreichen Persönlichkeiten haben, die Vermutungen aufstellen, Hypothesen formulieren, verschlungenen Wegen folgen – und das alles auf der Grundlage ziemlich unsicherer Daten, die nur eine sehr vage Hoffnung zulassen, daß es schließlich zu wissenschaftlichen Erkenntnissen kommen wird.

In diesem abschließenden Kapitel wurde noch einmal deutlich, was bereits am Anfang dieses Buches betont wurde, nämlich daß die Wissenschaftler, die Verhalten erforschen, und die im Bereich der psychischen Gesundheit tätigen Personen, die Behandlungen durchführen, nur Menschen sind. Sie leiden unter den gleichen Schwächen, die manchmal auch Nicht-Spezialisten plagen. Sie handeln gelegentlich mit einer Sicherheit, die durch keine Befunde gerechtfertigt ist, und sie versäumen es manchmal, die moralischen und rechtlichen Konsequenzen ihrer Forschungsarbeit und der Anwendung der vorläufigen Ergebnisse ihrer jungen Disziplin richtig einzuschätzen.

Die Autoren dieses Lehrbuchs hoffen, daß ihre Liebe zum Gegenstand deutlich wurde und, was noch wichtiger ist, daß zum Ausdruck kam, daß sie sich der Art von Fragen und Zweifeln verpflichtet fühlen, mit der der Natur nützliche Erkenntnisse abgerungen werden können; diese werden in dem Ausmaß zunehmen, in dem neue Generationen von Wissenschaftlern auf den Leistungen ihrer Vorgänger aufbauen können.

Zusammenfassung

In diesem letzten Kapitel ging es um rechtliche und ethische Probleme in Behandlung und Forschung. Auf eine Anzahl von moralischen Problemen in Therapie und Forschung wurde hingewiesen: Ethische Beschränkungen von Forschungsarbeiten, die Pflicht des Wissenschaftlers, seine potentiellen Versuchspersonen zu informieren und ihre Zustimmung einzuholen, die Frage, ob es sich bei einem bestimmten Programm um eine Behandlung oder eine Forschungsarbeit handelt, das Recht der Klienten auf Vertraulichkeit, die Festsetzung der Therapieziele und die Wahl der Techniken. Einige grundsätzliche wissenschaftliche Positionen in der Ethik als Wissenschaft und Auszüge aus den „Berufsethischen Verpflichtungen für Psychologen“ bildeten den Abschluß dieses Kapitels.

Anhang

Hirnleistungsstörungen und abweichendes Verhalten*

1. Hirnorganische Psychosyndrome
2. Organisch bedingte psychische Störungen

Als Folge einer Hirnleistungsstörung entsteht eine Fülle von Beeinträchtigungen, die mit großer Wahrscheinlichkeit sensorische und motorische Funktionen genauso betreffen wie Emotionen und Verhalten. Die Psychischen Störungen, die hier besprochen werden, zeigen sich in Auffälligkeiten des Erlebens und Verhaltens, die durch vorübergehende oder bleibende Funktionsstörungen des Gehirns verursacht sind. Sie ähneln häufiger den psychopathologischen Syndromen, die in vorhergehenden Kapiteln dargestellt wurden. Aus diesem Grund ist es für jeden Kliniker besonders wichtig, zu berücksichtigen, daß ein offensichtlich psychisches Problem oder ein Symptom eine eindeutige körperliche Ursache haben kann.

Tabelle A.1. Die Kategorien der Hirnorganischen Psychosyndrome und der Organisch bedingten psychischen Störungen in DSM-III-R

1. *Hirnorganische Psychosyndrome* (Die Symptome werden durch eine Hirnfunktionsstörung verursacht, aber es gibt keinen Hinweis auf eine spezifische Ätiologie.)
   - A. Delir
   - B. Demenz
   - C. Amnestisches Syndrom
   - D. Organisches Wahnsyndrom
   - E. Organische Halluzinose
   - F. Organisch bedingte affektive Störungen
   - G. Organisch bedingte Persönlichkeitsänderung
   - H. Intoxikation
   - I. Entzug
   - J. sonstige Hirnorganische Psychosyndrome
2. *Organisch bedingte psychische Störungen* (Die Symptome stehen in Verbindung mit spezifischen bekannten oder vermuteten organischen Ursachen.)
   - A. präsenile und senile Demenzen
     1. Primär degenerative Demenz vom Alzheimer-Typ
     2. Multi-Infarkt-Demenz
   - B. Substanzinduzierte organisch bedingte psychische Störungen (Die Diagnose wird gewöhnlich in Verbindung mit Substanzinduzierten Störungen gestellt.)
     1. Alkoholinduzierte organisch bedingte psychische Störungen
     2. Durch Amphetamin oder ähnlich wirkende Sympathomimetika induzierte organisch bedingte psychische Störungen
     3. Koffeininduzierte organisch bedingte psychische Störungen
     4. Cannabisinduzierte organisch bedingte psychische Störungen
     5. Kokaininduzierte organisch bedingte psychische Störungen
     6. Halluzinogeninduzierte organisch bedingte psychische Störungen
     7. Durch Inhalantien organisch bedingte psychische Störungen
     8. Nikotininduzierte organisch bedingte psychische Störungen
     9. Opiatinduzierte organisch bedingte psychische Störungen
     10. Durch Phencyclidin (PCP) oder ähnlich wirkende Arylcyclohexylamine induzierte organisch bedingte psychische Störungen
     11. Durch Sedativa, Hypnotika oder Anxiolytika induzierte organisch bedingte psychische Störungen

Bei DSM-III-R werden zwei Hauptkategorien unterschieden, *Hirnorganische Psychosyndrome* und *Organisch bedingte psychische Störungen* (Tabelle A.1). Die unterschiedlichen Formen des Hirnorganischen Psychosyndroms, z.B. Organisch bedingte affektive Störungen und Organisch bedingte Halluzinose, haben jeweils eine spezifische Gruppe von psychischen Symptomen und Verhaltensauffälligkeiten, die durch unterschiedliche Verursachung bedingt sein können.

* Übersetzt von *Ralf Horn*

Jede der Organisch bedingten psychischen Störungen hat im Gegensatz dazu eine ganz bestimmte Ursache. Die Symptome der Störungen in den beiden Kategorien können ähnlich sein. Zum Beispiel sind Halluzinationen sowohl das Hauptsymptom bei der Organischen Halluzinose als auch des Alkoholentzugsdelirs und Alkoholhalluzinose, zwei der Alkoholinduzierten organisch bedingten psychischen Störungen. Der Unterschied besteht darin, daß bei Organisch bedingten psychischen Störungen die vermutete Ursache Teil der Diagnose ist.

1. Hirnorganische Psychosyndrome

Delir und Demenz

Das Delir und seine Hauptverursachungsmomente wurden in Kapitel 17 dargestellt. Obwohl die Demenz bei älteren Menschen häufiger ist, kann sie in jedem Alter auftreten und auf eine Vielzahl von Ursachen zurückgehen. Dazu gehören Infektionskrankheiten, Stoffwechselstörungen durch Erkrankungen der Leber oder der Nieren, Thiaminmangel, Substanzbedingte Intoxikation und Entzug, Epileptische Anfälle, Schädeltraumen und Hirnläsionen in bestimmten Bereichen des Temporal- und Occipitallappens. Wie in Kapitel 17 angedeutet, sind bei den älteren Menschen die degenerative Demenz vom Alzheimer-Typ und Multi-Infarkt-Demenz am häufigsten. Infektionskrankheiten des Zentralnervensystems stellen ebenfalls eine wichtige Ursache für Demenzen dar.

Encephalitis ist ein Sammelbegriff, der sich auf Entzündungen des Hirngewebes bezieht. Eine Vielzahl von Erregern oder Substanzen kann auf verschiedenen Wegen in den Körper gelangen und Entzündungen des Gehirns auslösen. Die wichtigsten Verursacher sind einige Viren, die gewöhnlich von Insekten (Stechmücken und Zecken) übertragen werden. In anderen Fällen kann sich die Entzündung von einem anderen Teil des Körpers ausbreiten, z.B. von den Nasennebenhöhlen oder den Ohren. Eine epidemische Form, Encephalitis lethargica, trat zur Zeit des Ersten Weltkriegs in den Vereinigten Staaten und Europa auf. Sie wurde auch als Schlafkrankheit bezeichnet, weil die Infizierten den Reizen aus der Umgebung gleichgültig gegenüber standen und extrem verlängerte Schlafphasen, manchmal tage- oder wochenlang, zeigten. Sie konnten jedoch aus diesem Schlafzustand für kurze Intervalle herausgeholt werden. Als vermutliche Ursache wurde ein Grippevirus genannt, das offensichtlich verschwunden ist, denn die Epidemien hörten um 1926 auf.

Die Hauptsymptome einer Encephalitis sind Erbrechen, Kopfschmerzen, Schläfrigkeit und Lethargie, Genickstarre und steifer Rücken, Fieber, Tremor (Zittern) und gelegentlich Krampfanfälle und Bewußtlosigkeit. In der akuten Phase der Erkrankung sind die Patienten verwirrt und nicht orientiert. Später können sie depressiv und reizbar sein und Symptome einer Demenz zeigen. Gewöhnlich ist die Heilung vollständig, aber einige Patienten können eine vollständige Lähmung eines Arms oder eines Beins, unkontrollierbares Zittern, Krampfanfälle, Schwerhörigkeit, Sprachstörungen und Demenz zurückbehalten. Wenn diese Erkrankung bei Kleinkindern auftritt, bleiben sie häufig geistig behindert; das sich entwickelnde Gehirn reagiert auf die Schädigungen durch die Infektion besonders empfindlich.

Die Symptome der Meningitis, einer Entzündung der Gehirnhäute (Meningen, siehe Kasten A.1), gleichen denen der Encephalitis. Die Ursachen sind jedoch andere, gewöhnlich bakteriell. Die bedeutendste epidemische Form, Meningokokken-Meningitis (Meningitis epidemica) kommt weltweit vor. Epidemien größeren Ausmaßes treten alle acht bis zwölf Jahre auf.

Der Erreger der Syphilis, der Spirochät *Treponema pallidum* (ein Bakterium), dringt über die Schleimhäute oder kleinere Hautverletzungen beim Geschlechtsverkehr oder oral-genitalem Kontakt in den Körper ein. Die Krankheit kann aber auch durch eine erkrankte Mutter auf den Fötus übertragen werden. Das erste Symptom der Erkrankung ist eine kleine wunde Stelle am Platz der Infektion, den Lippen, den Genitalien oder der Analregion, die 10 bis 20 Tage nach der Ansteckung auftritt und einige Wochen später verschwindet. Vor dem Verschwinden der wunden Stelle kann ein diffuser kupferfarbener Hautausschlag die Haut bedecken. Müdigkeit, Kopfschmerzen und Fieber können den Hautausschlag begleiten, ebenso Halsschmerzen, Entzündungen der Augen, unbestimmte Schmerzen in Knochen und Gelenken und Verletzungen in den Schleimhäuten des Mundes und der Genitalien.[1] Danach treten für viele Jahre keine Symptome der Erkrankung auf, aber die Spirochäten können in dieser Zeit in die Lymphdrüsen, das Knochenmark und andere Gewebe und Organe des Körpers eindringen. Die Schädigung ist gewöhnlich dann zu beobachten, wenn der Betroffene in den Vierzigern oder Fünfzigern ist und die Spirochäten in den Herzmuskel eindringen und einen Herzanfall verursachen oder das Nervengewebe befallen. Etwa 30 Prozent der Infizierten weisen im letzten Stadium neurologische Schädigungen auf.

Das klinische Bild hängt von dem Bereich des Nervensystems ab, der befallen wurde. Bei einigen Fällen sind dies die Hirnhäute, in anderen die motorischen Nerven des Rückenmarks. Die schwersten Schädigungen treten auf, wenn der cerebrale Cortex, meist die Frontallappen, infiziert sind. Dabei entsteht das Syndrom der Progressiven Paralyse. Die Hirnwindungen werden durch Atrophie flacher; bei einer Autopsie wird das Schrumpfen des cerebralen Cortex offensichtlich. Die ersten Symptome sind Reizbarkeit, Müdigkeit, Depression, Verlust der Leistungsmotivation, fehlende Verantwortung für persönliche Angelegenheiten und Vernachlässigung der persönlichen Erscheinung. Der Betroffene wird immer teilnahmsloser, vergeßlicher und es mangelt ihm an Urteilsvermögen. Einige werden euphorisch und expansiv. Sie zeigen Ideen von Größenwahn im Hinblick auf Macht, Einfluß, Reichtum und Tapferkeit. Andere sind depressiv und hoffnungslos.

Der Verlust der Spannung in den Gesichtsmuskeln und die fehlende Pupillenreaktion auf Lichteinwirkung sind deutliche Zeichen. Zittern der Augenlider, Lippen, der Gesichtsmuskulatur und Finger, undeutliche Aussprache und „Verschleifen" von Wörtern, Verschlechterung der Handschrift und ein schwankender Gang zeigen den Verlust an Kontrolle über die Willkürmotorik. Ein deutlicher Verwirrtheitszustand ersetzt langsam die Psychose. In den letzten Stadien ist der Betroffene gelähmt, unfähig zu sprechen und hat häufig Krampfanfälle. Geist und Körper haben ihre Funktion eingestellt.

Bei einem Schädeltrauma oder Verletzungen des Gehirns gibt es häufig Blutungen, die zur Zerstörung von Gehirngewebe führen. Wenn die Verletzung schwer ist, kann eine Demenz entstehen. Eine der häufigsten Verletzungen, die Demenz verursachen, ist das *subdurale Hämatom*. Der Schädel ist dabei gebrochen und Knochensplitter zerreißen das Arachnoidalgewebe (vgl. Kasten A.1). Dadurch wird der subdurale Raum zwischen der Dura mater und dem Arachnoidalgewebe mit Blut gefüllt und kann so Hirngewebe in erheblichem Umfang schädigen.

Amnestisches Syndrom

Das Hauptsymptom beim *Amnestischen Syndrom* ist eine Beeinträchtigung des Kurz- und Langzeitgedächtnisses, wobei weder Delir noch Demenz vorliegen, kein getrübtes Bewußtsein und kein intellektueller Abbau. Der Betroffene ist unfähig, Informationen zu erinnern, die ihm früher vertraut waren, und kann keine neuen Informationen lernen. Die Gedächtnisprobleme verursachen gewöhnlich Orientierungsschwierigkeiten. Gelegentlich vermeidet der Betroffene, die Gedächtnisschwierigkeiten zuzugeben, indem er mit Hilfe von *Konfabulationen* die Gedächtnislücken durch erfundene Einzelheiten schließt.

Das Amnestische Syndrom ist die Folge von Verletzungen auf beiden Seiten des Gehirns, in bestimmten Strukturen des Zwischenhirns und

[1] Unglücklicherweise treten diese frühen Anzeichen nicht immer auf und machen dadurch die Entdeckung der Krankheit schwierig. Aus diesem Grund werden Blutuntersuchungen empfohlen, wenn der Verdacht einer venerischen Erkrankung nach einem sexuellen Kontakt mit einer Person, die häufig Sexualkontakte mit unterschiedlichen Partnern hat, oder einem vergleichsweise Fremden besteht.

Kasten A.1
Struktur und Funktion des menschlichen Gehirns

Das Gehirn liegt innerhalb des durch die Schädelknochen geschützten Bereichs und ist von drei Gewebeschichten (die Hirnhäute), die keine Neurone enthalten, umgeben. Diese drei Hirnhäute werden als *Meningen* bezeichnet. Die äußere der drei ist die harte *Dura Mater*, die mittlere die spinnengewebsartige *Arachnoidalhaut* und die innere die weiche *Pia mater*. Von oben gesehen ist das Gehirn durch eine in der Mitte verlaufende Vertiefung in zwei spiegelbildlich liegende *Hemisphären* geteilt. Diese beiden umfassen den größten Teil des Großhirns. Die Hauptverbindung zwischen den beiden Hemisphären ist ein Bündel von Nervenfasern, das Balken *(Corpus callosum)* genannt wird. Abbildung A.1 zeigt die Oberfläche einer der Hemisphären. Die Oberfläche der Hemisphären und einige darunter liegende Schichten bilden das Großhirn *(Cortex)*. Der Cortex besteht aus sechs Schichten dicht gepackter Zellkörper von Neuronen mit vielen kurzen, ungeschützten Verbindungsmöglichkeiten. Diese Neuronen, deren Zahl auf 10 bis 15 Milliarden geschätzt wird, bilden eine dünne äußere Schicht, die sogenannte graue Substanz des Gehirns. Der Cortex ist vielfach gefaltet. Die Erhebungen werden als *Gyri* und die dazwischen liegenden Vertiefungen als *Sulci* oder Fissuren bezeichnet. Tiefe Fissuren teilen die Hemisphären in verschiedene Bereiche, die als Lappen bezeichnet werden. Der *Frontallappen* liegt vor dem Zentralsulcus, der *Scheitellappen* dahinter und über dem Zentralsulcus, der *Temporallappen* liegt unter dem Zentralsulcus und der *Occipitallappen* hinter dem Scheitel- und dem Temporallappen. Unterschiedliche Funktionen liegen in bestimmten Regionen der Teile des Cortex. Die optische Wahrnehmung befindet sich im Occipitallappen; die Wahrnehmung von Geräuschen im Temporallappen; Denken und andere höhere kognitive Prozesse und die Steuerung der feinen Willkürbewegung liegen im Frontallappen; die Auslösung von Bewegungen der Skelettmuskulatur liegt in einem schmalen Band unmittelbar vor dem Zentralsulcus. In einem schmalen Band dahinter werden Berührung, Druck, Schmerz, Temperatur und die Position des Körpers durch Rückmeldungen von der Haut, Sehnen und Gelenken wahrgenommen.

Von den beiden Hemisphären des Gehirns wird angenommen, daß sie unterschiedliche Funktionen haben. Die linke Hemisphäre, die im allgemeinen die rechte Hälfte des Körpers durch die Überkreuzung der sensorischen und motorischen Fasern kontrolliert, ist gewöhnlich dominant. Sie ist zuständig für die Sprache und, nach der Auffassung einiger Neuropsychologen, für analytisches Denken bei Rechtshändern und ebenfalls bei einer relativ großen Zahl von Linkshändern. Die rechte Hemisphäre kontrolliert die linke Körperseite und es wird angenommen, daß sie auf die Wahrnehmung räumlicher Verhältnisse und Strukturen und die Verarbeitung spezialisiert ist. Aber analytisches Denken kann nicht ausschließlich in der linken Hemisphäre genausowenig wie intuitives oder kreatives Denken in der rechten lokalisiert sein. Die beiden Hemisphären stehen über den Balken (Corpus callosum) in ständigem Kontakt. Die Lokalisation der deutlich verschiedenen Formen des Denkens ist wahrscheinlich nicht so scharf getrennt, wie uns früher erklärt wurde.

Wird das Gehirn so auseinander geschnitten, daß die beiden Hemisphären getrennt sind (Abb. A.2), können weitere wichtige Merkmale gesehen werden. Die graue Substanz des Großhirns erstreckt sich nicht über das gesamte Innere des Gehirns. Große Teile der inneren Strukturen bestehen aus *weißer Substanz*, die von Leitungsbahnen oder Bündeln von Fasern, die von der Markscheide (Myelin) umgeben sind, gebildet wird. Diese Leitungsbahnen verbinden Zellkörper im Großhirn mit anderen im Rückenmark und anderen Zentren, die im Gehirn tiefer liegen. Diese Zentren stellen weitere Ansammlungen grauer Substanz dar, die als Kern *(Nukleus)*

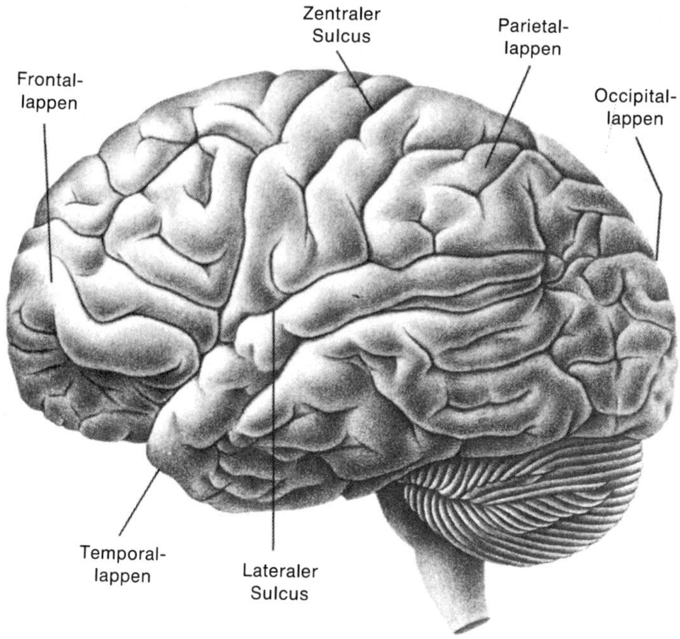

Abb. A.1. Oberfläche der linken Hirnhemisphäre mit Darstellungen der Lappen und der beiden Hauptfissuren des Cortex.

bezeichnet werden. Einige kortikale Zellen haben über lange Fasern (Axon) Verbindung mit den motorischen Neuronen im Rückenmark, andere nur mit den Kernen zwischengeschalteter Neuronen. Vier Kerne liegen tief im Inneren jeder Hemisphäre. Sie werden insgesamt als *Basalganglien* bezeichnet. Andere wichtige Bereiche und Strukturen des Gehirns enthalten ebenfalls Kerne. Die Nuklei dienen sowohl als Schaltstationen, indem sie Bahnen vom Großhirn mit anderen auf- und absteigenden Bahnen verbinden, als auch als Zentren sensorischer und motorischer Kontrolle. Tief im Gehirn liegen Hohlräume, die als *Ventrikel* bezeichnet werden. Sie stehen in Verbindung mit dem Rückenmarkskanal und sind mit cerebrospinaler Flüssigkeit (Liquor) gefüllt.

Abbildung A.2 zeigt vier wichtige funktionale Strukturen oder Bereiche:

1. Das *Zwischenhirn (Diencephalon)* steht frontal mit den Hemisphären und nach hinten mit dem Mittelhirn in Verbindung. Es umfaßt *Thalamus* und *Hypothalamus*, die aus Gruppen von Kernen bestehen. Der Thalamus stellt eine Zwischenstation für alle sensorischen Bahnen außer der olfaktorischen dar. Die Nuklei, die den Thalamus bilden, empfangen fast alle Impulse, die von den verschiedenen sensorischen Bereichen des Körpers kommen, und leiten sie an das Großhirn weiter, wo sie als bewußte Empfindungen interpretiert werden. Der Hypothalamus ist das höchste Integrationszentrum für viele viszerale Prozesse. Seine Kerne regulieren den Stoffwechsel, die Körpertemperatur, den Wasserhaushalt, das Schwitzen, den Blutdruck, den Schlaf und den Appetit.
2. Das *Mittelhirn* besteht aus einer Vielzahl von Nervenfasern, die das Großhirn mit der Pons, der Medulla oblongata, dem Kleinhirn und dem Rückenmark verbinden.
3. Der *Hirnstamm* besteht aus *Pons* und *Medulla oblongata* und dient vor allem als neuronale Schaltstation. Die Pons enthält Leitungsbahnen, die das Kleinhirn mit dem Rückenmark und das Kleinhirn mit den motorischen Bereichen des Großhirns verbinden. Die Medulla oblongata stellt die Hauptverbindungslinie von Bahnen dar, die vom Rückenmark aufsteigen oder vom Großhirn absteigen. Am unteren Ende der

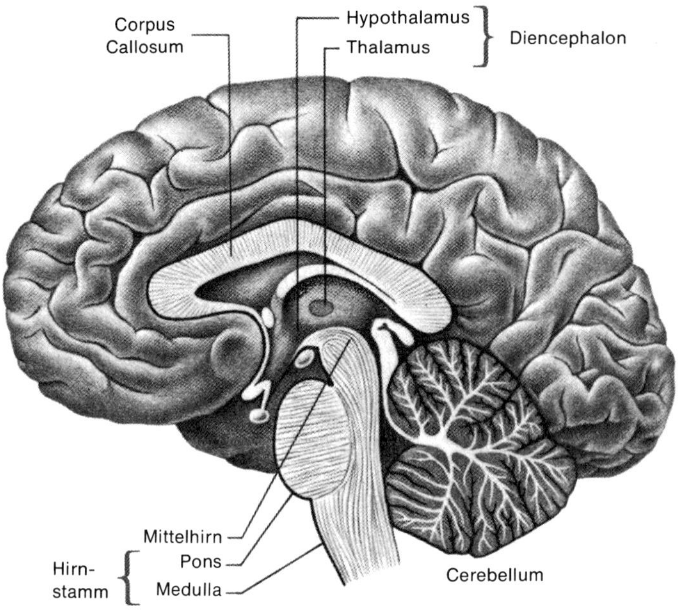

Abb. A.2. Querschnitt durch die mediale Ebene des Gehirns, Darstellung der inneren Strukturen.

Medulla wechseln viele der motorischen Fasern auf die andere Körperseite. Die Medulla enthält auch Nuklei, die für die Steuerung der rhythmischen Vorgänge zuständig sind. Dazu gehören Herzschlag, Heben und Senken des Zwerchfells, Zusammenziehen und Erweitern der Blutgefäße. Im Zentrum des Hinstamms liegt die *Formatio reticularis*, die gelegentlich auch als retikuläres Aktivationssystem bezeichnet wird, weil sie eine wichtige Rolle für den Wachzustand und die Aufrechterhaltung des Bewußtseins spielt. Die Bahnen von Pons und Medulla senden Fasern in das Geflecht der eng miteinander verbundenen Neuronen der Formatio reticularis, die wiederum Verbindungen zum Großhirn, den Basalganglien, dem Hypothalamus, der Atmungs- und Kreislaufregulierung und dem Kleinhirn aufweist.

4. Das *Kleinhirn* besteht wie das Großhirn zum größten Teil aus zwei gefalteten Hemisphären mit einem äußeren Bereich grauer Substanz und inneren weißen Fasern. Das Kleinhirn steht über sensorische Nervenbahnen mit dem Gleichgewichtssinn des Innenohrs und Muskeln, Sehnen und Gelenken in Verbindung. Die erhaltene und verarbeitete Information steht in Zusammenhang mit Haltung und Gleichgewicht und der reibungslosen Koordination des Körpers bei Bewegungen.

Ein fünftes wichtiges System des Gehirns, das in Abbildung A.2 nicht dargestellt ist, stellt das *limbische System* dar. Das limbische System besteht aus miteinander verbundenen Strukturen im unteren und älteren Teil des Gehirns, der sich früher als der Cortex der Säugetiere entwickelte. Dieses System wird von einem Teil des Cortex gebildet, der phylogenetisch älter als der sogenannte Neocortex ist, der einen großen Teil der Hemisphären bildet. Der *limbische Cortex*, der aus vier oder fünf Schichten von Neuronen besteht, umgibt den Balken (Corpus callosum) und den darunter liegenden Thalamus. Der Gyrus cinguli, der über dem Balken liegt, stellt eine wichtige Struktur des limbischen Cortex dar. Der *Allocortex* mit nur drei Schichten von Neuronen bildet den septalen Bereich des Cortex, der vor dem Thalamus liegt; der lange, röhrenförmige Hippocampus erstreckt sich vom septalen Bereich zum Temporallappen; der untere Teil des Temporallappens, der die unteren Teile des Hippocampus und der Amygdala (eine der Basalganglien) umgibt, ist in die Spitze des Hippocampus eingebettet. Die Amygdala und der septale Bereich, die ebenfalls aus Nuklei bestehen, werden gelegentlich als Teile des limbischen Systems angesehen, weil sie anatomisch und funktional Verbindungen zu den anderen Strukturen haben. Das limbische System kontrolliert den viszeralen und körperlichen Ausdruck von Emotionen – beschleunigter Herzschlag und Atmung, Zittern, Schweißausbruch und Veränderungen im Gesichtsausdruck – und die Äußerungen von Hunger und anderer primärer Triebe – Durst, Sexualtrieb, Verteidigung, Angriff und Flucht.

des Temporallappens. Die Ursachen dafür können vielfältig sein – Schädelverletzungen, Infektionen, Infarkte der hinteren Cerebralarterien. Am häufigsten sind jedoch chronischer Alkoholmißbrauch und Thiaminmangel.

Ein spezifisches Amnestisches Syndrom, das *Wernicke-Syndrom*, ist bei Alkoholikern häufig, die sich oft nicht richtig ernähren. Die Symptome schließen Verwirrung und Schläfrigkeit, partielle Lähmung der Muskeln, welche die Augenbewegungen kontrollieren, und einen unsicheren Gang ein. Die Autopsie zeigt dann Läsionen im Bereich von Pons, Kleinhirn und der Mammillarkörper, zwei kleinen rundlichen Strukturen des Hypothalamus, die Kerne enthalten. Zusätzlich ist eine Atrophie der grauen Substanz in der Umgebung der Ventrikel festzustellen.

Ein beträchtlicher Anteil der Patienten mit Wernicke-Syndrom weist auch das *Korsakow-Syndrom* auf. Die primären Symptome sind anterograde Amnesie, ein Verlust des Gedächtnisses für Dinge, die sich gerade ereignet haben, und Konfabulation. Wenn kurz nach dem Essen ein Patient mit Korsakow-Syndrom gefragt wird, was er gegessen habe, ist es ihm unmöglich, irgendwelche Details anzugeben. Daraufhin wird er rasch eine imaginäre Mahlzeit beschreiben. Oft zeigt sich jedoch, daß diese Darstellung offensichtlich falsch und erdichtet ist. Ein Patient in einem Psychiatrischen Krankenhaus könnte sagen, daß er gerade Beef Wellington mit einer ausgezeichneten Trüffelsauce gegessen habe, offensichtlich ist er sich dabei nicht bewußt, daß die Wahrscheinlichkeit, daß er eine derartige Mahlzeit bekommen hat, außerordentlich gering ist.

Patienten mit Korsakow-Syndrom sind gewöhnlich klar bei Bewußtsein und freundlich, aber es fehlt ihnen an Urteilsvermögen. Sie sind sich der fehlenden Plausibilität der von ihnen erzählten Geschichten nicht bewußt und können andere Belange des Lebens äußerst schlecht vorausplanen. Später werden sie apathisch, manchmal verwirrt und völlig desorientiert. Bei der Autopsie zeigen die Patienten eine ähnliche Form der Hirnschädigung wie beim Wernicke-Syndrom und zusätzlich Läsionen im Thalamus.

Organisches Wahnsyndrom

Die Wahnideen beim *Organischen Wahnsyndrom* sind durch körperliche Ursachen bedingt, die das Bewußtsein nicht trüben und keine deutliche Beeinträchtigung der intellektuellen Fähigkeiten verursachen. Geringfügige Einschränkungen können jedoch vorliegen und die Sprache des Patienten kann unzusammenhängend und weitschweifig sein. Darüber hinaus kann der Patient entweder hyperaktiv sein, herumlaufen oder hin- und herschaukeln, oder apathisch und fast bewegungslos. Die Stimmung ist ängstlich oder depressiv. Drogen wie Amphetamine, Marijuana und Halluzinogene können ebenso wie Gehirnläsionen, besonders in der nicht dominanten Hemisphäre, das Syndrom verursachen. Einige Patienten mit Chorea Huntington haben paranoide Wahnsyndrome genauso wie Personen mit progressiver Paralyse. Schließlich weisen auch einige Patienten mit einer Temporallappenepilepsie Wahnideen auf, sogar zwischen den Anfällen.

Es gibt verschiedene Formen der Epilepsie, bei denen sich der Bewußtseinszustand durch eine plötzliche Unterbrechung der rhythmischen elektrischen Entladungen der Neuronen im Gehirn ändert.[2] Bei der *Temporallappenepilepsie* liegt das Zentrum der abnormen und starken elektrischen Entladungen in den Temporallappen des Gehirns. Die Anfälle beginnen mit einer Aura, einem Anzeichen des beginnenden Anfalls, welches die Form von Schläfrigkeit, Angst oder ungewöhnlichen Sinneseindrücken wie Klingen in den Ohren oder fremdartige Gerüche annehmen kann. Danach verliert der Patient den Kontakt zur Umgebung. Während des eigentlichen Anfalls scheint der Epileptiker bei Bewußtsein und führt Routinetätigkeiten oder andere organisierte Aktivitäten aus. Die Handlungen können einfach sein und wiederholt werden, wie etwa Kauen oder die Bewegung der Gliedmaßen in einer bestimmten Weise. Sie können aber auch aus komplexen und lang dauernden Handlungssequenzen bestehen. Die Anfälle können einige Sekunden bis Minuten andauern, gelegentlich auch wesentlich länger. Nach dem Anfall können sich die Patienten nicht an ihre Handlungen während dieser Zeit erinnern. Das Verhalten der Patienten ist häufig psychotisch, sogar zwischen den Anfällen (*Glaser, Newman* und *Schafer*, 1963).

Organische Halluzinose

Bei der *Organischen Halluzinose* erleben die Patienten andauernde und wiederholte Halluzinationen, während sie aufmerksam, gut orientiert sind und sich bei vollem Bewußtsein befinden. Hauptursachen sind die Einnahme von Halluzinogenen und langer schwerer Alkoholmißbrauch. Halluzinogene verursachen hauptsächlich visuelle Halluzinationen, während der lange Alkoholmißbrauch zu auditiven Halluzinationen führt. Im Verlauf von Alkoholentzugsbehandlungen sind die Halluzinationen jedoch visuell. Die sensorische Deprivation bei Blindheit und Taubheit kann Halluzinationen verursachen. Blinde haben visuelle und Taube akustische Halluzinationen. Unbehandelte Katarakte (Linsentrübungen) und Otosklerose können chronische Halluzinationen verursachen. Schließlich können auch Anfälle, deren Zentrum im Temporal- oder Occipitallappen liegt, Halluzinationen auslösen.

Organisches affektives Syndrom

Die Störungen der Stimmung beim *Organischen affektiven Syndrom* ähneln denen bei Manie oder Depression und werden gewöhnlich durch toxische Substanzen oder Stoffwechselfaktoren verursacht. Wie bei den anderen organischen Syndromen müssen diese affektiven Störungen ohne Delir oder eine Demenz auftreten, um die Diagnose zu bestätigen. Depressive Symptome können durch Substanzen wie Reserpin, das bei der

[2] Die anderen Formen der Epilepsie sind Grand mal, Petit mal und fokale oder Jackson-Epilepsie. *Grand mal-Epilepsie* beginnt mit einer Aura. In der tonischen Phase werden die Muskeln des Körpers plötzlich steif. Der Patient verliert das Bewußtsein und fällt auf den Boden, wenn er sich nicht auf den Anfall vorbereiten konnte. Die Arme und der Rumpf sind gebeugt, die Beine ausgestreckt und das Atmen hat aufgehört. Nach etwa einer halben Minute in der klonischen Phase, die eine weitere Minute oder mehrere andauert, beginnen die Muskeln sich abwechselnd zu spannen und zu entspannen. Sie verursachen heftige Krümmungen und zuckende Bewegungen der Glieder. Das Atmen beginnt wieder. Die Kiefer öffnen und schließen sich und Speichel läuft über die Lippen. Mit der Abschwächung der konvulsiven Zuckungen geht der epileptische Anfall in ein Koma über. Der Betroffene bleibt bewußtlos und die Muskeln entspannen sich. Nach dem Aufwachen, entweder unmittelbar oder nach einigen Stunden, hat der Betroffene keine Erinnerung an das, was sich nach der tonischen Phase ereignete. Die *Petit mal-Epilepsie* ist bei Kindern häufiger und nach dem Alter von 20 Jahren selten. Sie besteht aus einer kurzen (15 bis 50 Sekunden dauernden) Änderung des Bewußtseins. Die betroffene Person hört mit der Tätigkeit, mit der sie gerade beschäftigt war, auf und die Augen bewegen sich nach oben. Danach können einige Blinzelbewegungen und Zucken der Gesichtsmuskel auftreten, aber in den meisten Fällen sind diese Anfälle schlecht zu erkennen. Der Betroffene ist sich möglicherweise nur der Tatsache bewußt, daß er für einige Augenblicke nichts mitbekommen hat. Bei der *fokalen* oder *Jackson-Epilepsie* sind die Krämpfe auf bestimmte Bereiche des Körpers beschränkt. Es gibt verschiedene Formen, die von dem Bereich des Gehirns abhängen, in dem abnorme Entladungen der Neuronen stattfinden. Ein motorischer Anfall beginnt mit Entladungen in der Nähe des lateralen Sulcus und kann sich in Zuckungen des Daumens und des Zeigefingers äußern. Entladungen, die im visuellen Cortex beginnen, können zu Halluzinationen führen. Manchmal bleiben die Anfälle lokalisiert und es tritt kein Bewußtseinsverlust auf. Die Anfälle können sich aber auch ausweiten; sie beginnen vielleicht mit dem Daumen, gehen dann auf die Hand, den Arm, die Schulter über und erfassen dann den gesamten Körper.

Behandlung von Bluthochdruck eingesetzt wird, oder Methyldopa, das bei der Therapie der Parkinson-Krankheit Verwendung findet, ausgelöst werden. Endokrine Störungen können ebenfalls zu Manie oder Depression führen.

Die endokrinen Drüsen geben ihre Hormone direkt in den Blutkreislauf ab. Daher werden diese wirksamen Substanzen fast zu jeder Körperzelle einschließlich der Neuronen im Gehirn transportiert. Jede Über- oder Unterproduktion der Schilddrüse kann affektive Störungen verursachen. Bei Hyperthyreose oder *Basedow-Krankheit* beschleunigt die Überproduktion des Hormons Thyroxin den gesamten Stoffwechsel, verursacht Gewichtsverlust, Schwitzen und motorische Erregung. Es entsteht ein Zustand der Angst, Rastlosigkeit und entweder gehobene Stimmung oder Reizbarkeit. Denkprozesse laufen mit großer Geschwindigkeit ab. Die Basedow-Krankheit kann fälschlicher Weise als manische Episode diagnostiziert werden. Etwa 20 Prozent der Patienten können vorübergehende Wahnvorstellungen und Halluzinationen aufweisen. Hypothyreose, die eine *Myxodermie* genannte Veränderung der Haut bei Erwachsenen verursacht, beruht auf einem Mangel an Thyroxin. Die Stoffwechselprozesse sind verlangsamt, ebenso Sprache und Denken. Der Betroffene hat eine schlechte emotionale Kontrolle, leidet an Müdigkeit und nimmt zu. Er bewegt sich so wenig wie möglich und verliert das Interesse an Aktivitäten und der Umgebung. Mit fortschreitender Erkrankung wird die Haut trocken und spröde, die Haare der Augenbrauen und des Genitalbereichs fallen aus. In schweren Fällen kann die Depression so ausgeprägt sein, daß eine Psychose vorzuliegen scheint. Bei Kindern verursacht diese Erkrankung geistige Behinderung. Glücklicherweise ist die Hypothyreose heutzutage selten, da das Jod im jodierten Salz diese Mangelkrankheit verhindert.

Die Nebennierenrinde ist entscheidend an der Aktivierung der körperlichen Notfallreaktion und dem Energiebedarf des menschlichen Körpers beteiligt. Eine chronische Unterproduktion von Kortison durch die Nebennierenrinde verursacht die *Addison-Krankheit*, die zuerst von dem englischen Arzt *Thomas Addison* beschrieben wurde. Der Betroffene nimmt ab, leidet an niedrigem Blutdruck, ist reizbar und leicht ermüdet. Haut und Schleimhäute färben sich dunkel. In der Folge kommt es zu Depressionen und sozialem Rückzug. Bei abnormem Wachstum der Nebennierenrinden und einer entsprechenden Überproduktion von Kortison spricht man vom *Cushing-Syndrom*. *Harvey Cushing*, ein amerikanischer Neurochirurg, beschrieb diese seltene Krankheit, die häufiger bei jungen Frauen auftritt. Die Patientinnen weisen beträchtliche Stimmungsschwankungen, von denen keine angenehm ist, auf. Meistens liegt eine depressive Verstimmung vor, die dann eine ängstliche, agitierte oder reizbare Färbung bekommen kann. Körperliche Veränderungen, einige sind ziemlich entstellend – Fettleibigkeit, Muskelschwund, Veränderungen der Hautfarbe und -struktur, zunehmende Porosität der Knochen, die zu Verformungen der Wirbelsäule führen können – treten ebenfalls auf.

Organisches Persönlichkeitssyndrom

Beim *Organischen Persönlichkeitssyndrom* ist die Persönlichkeit deutlich verändert, gewöhnlich aufgrund von Gehirnverletzungen. Die spezifische Art der Persönlichkeitsveränderung, obwohl sie schwer vorherzusagen ist, hängt in gewissem Umfang von der Funktion und Lokalisation der beeinträchtigten Gehirnstrukturen ab. Einige Betroffene werden emotional labil und unfähig sein, sich unter Kontrolle zu halten. Sie können plötzliche Weinkrämpfe oder Wutausbrüche aus geringem Anlaß haben. Andere Verhaltensstörungen können sich in Promiskuität, Ladendiebstahl und anderen unangemessenen Handlungen zeigen, bei denen auf die Konsequenzen nicht geachtet wird. Andere Patienten werden apathisch, verlieren das Interesse an den täglichen Aktivitäten, an Freunden und Hobbies. Auch das Auftreten von paranoidem Mißtrauen kann eine Folge der Hirnverletzungen sein.

Eine der Ursachen dieser Persönlichkeitsveränderungen kann ein *Gehirntumor* oder *Neoplasma* sein, dessen abnormes Wachstum eine große Vielfalt von psychischen und körperlichen Symptomen auslöst. Tumore sind entweder maligne oder gutartig. Bösartige Tumore beeinträchtigen die neuronalen Funktionen direkt durch die Zerstörung des Gewebes, von dem aus sie zu wachsen beginnen. Gutartige Tumore zerstören kein Gewebe, können aber im Verlauf des Wachstums zu einer Erhöhung des Schädelinnendrucks führen und so die normale Funktion des Gehirns unterbrechen. Hirntumore entstehen entweder in den Gliazellen – den Zellen, welche die Neuronen stützen und schützen, deren Bedarf an Nährstoffen und Enzymen decken und tote Zellen entfernen – oder in der Dura mater, der äußersten Schicht, die das Gehirn bedeckt. Metastasen können jedoch über die Blutbahn von anderen Körperteilen, etwa der Lunge, in das Gehirn gelangen.

Zusätzlich zur Verursachung von ständigem Kopfschmerz, Erbrechen, sensorischen und motorischen Beeinträchtigungen – Doppeltsehen, starke Reflexe, schlechte Koordination, visuelle, olfaktorische und akustische Halluzinationen, Krampfanfälle und Lähmungen – können Tumore im Frontal-, Temporal- und Parietallappen zuerst die Persönlichkeit verändern. Der Betroffene kann in Gedanken versunken und verwirrt, depressiv und reizbar, gleichgültig gegenüber Kleidung, Auftreten und Arbeit sein. Sehr selten kommt es zu einem unvorhersehbaren und zerstörerischen Ausbruch, der völlig aus dem Rahmen der Persönlichkeit fällt und von Familie, Freunden und der Gesellschaft nicht zu begreifen ist. Nach einem derartigen Ereignis wird häufig deutlich, daß es frühere Warnzeichen gegeben hat und diese auch von der Umgebung des Betroffenen wahrgenommen wurden.

Wenn ein maligner oder gutartiger Tumor weiterwächst, stirbt der Patient. Auch wenn der Tumor entfernt wurde, können die Funktionen, die durch die Zerstörung des Gewebes verloren gingen, nicht wiederkommen, denn die Gehirnzellen regenerieren sich nicht.

Die beiden leichteren Gehirntraumen – die Gehirnerschütterung *(Commotio)*, ein kurzer Bewußtseinsverlust durch einen heftigen Schlag auf den Kopf, und die Gehirnprellung *(Contusio)*, eine Quetschung des neuronalen Gewebes und nachfolgender Bewußtseinsverlust, wenn ein Schlag das Gehirn aus seiner Lage bringt und es auf der Gegenseite gegen die Schädelknochen preßt – sind ebenfalls ernster Natur, haben aber keine Persönlichkeitsveränderungen zur Folge[3]. Eine direkte Verletzung des Gehirns (*Lazeration*) durch ein Objekt, das den Schädelknochen durchdringt und in das Gewebe eindringt, es verletzt oder zerreißt, führt zu Persönlichkeitsveränderungen. Ein berühmter historischer Fall, der von *Dr. J.M. Harlow* 1896 beschrieben wurde, zeigt einige Persönlichkeitsveränderungen deutlich, die bei einer schweren Gehirnverletzung eintreten. Der Patient Phineas Gage arbeitete an der Sprengung von Felsen für die Trasse der Rutland-Burlington Eisenbahn in Cavendish, Vermont, als eine vorzeitige Explosion ihm einen Eisenstab von etwa ein Meter Länge und ungefähr drei Zentimeter Durchmesser durch den linken Kiefer nach oben und durch den Schädelknochen trieb. Obwohl Gage nach der Genesung keinen Verlust motorischer oder sensorischer Funktionen aufwies, war seine Persönlichkeit verändert. *Dr. Harlow* beschreibt, wie die Verletzung später das Verhalten von Gage beeinflußte:

> Sein körperlicher Zustand ist gut und ich bin geneigt zu sagen, daß er genesen ist. Er hat keine Kopfschmerzen, sagt aber, daß ein merkwürdiges Gefühl besteht, das er nicht beschreiben kann. In bezug auf seine Position als Vorarbeiter ist nicht entschieden, ob er arbeiten oder reisen kann. Seine Arbeitgeber, die ihn als einen der besten und fähigsten Vorarbeiter vor dem Unfall bezeichneten, sehen die Veränderung im Wesen als so deutlich an, daß sie ihm seine frühere Position nicht wieder geben wollen. Das Gleichgewicht oder die Ausgewogenheit zwischen seinen intellektuellen Fähigkeiten und den sozusagen animalischen Bedürfnissen scheint gestört. Er ist launisch, aufsässig, flucht in gröbster Art (was früher nicht seine Art war), zeigt nur wenig Achtung für seine Kollegen, ist ungeduldig über Einschränkungen oder Ratschläge, wenn diese seinen Wünschen im Weg stehen, gelegentlich hartnäckig und starrsinnig, jedoch wechselhaft. Er entwirft viele Pläne für zukünftige Handlungen, die, kaum in Angriff genommen, schon wieder für andere aufgegeben werden... Sein Wesen hat sich völlig verändert, so eindeutig, daß seine Freunde und die Bekannten sagten, er sei „nicht mehr Gage" (S. 339-340).

[3] Eine Folge schwerer Schläge auf den Kopf, wie sie ein Boxer erleidet, kann zu einem Syndrom führen, das *Boxerencephalopathie* genannt wird. Bereiche des Gehirngewebes werden durch die Anhäufung von Verletzungen geschädigt. Der Betroffene kann sich nicht konzentrieren und die Aufmerksamkeit steuern, das Gedächtnis und die motorischen Funktionen sind langsam. Er spricht, als ob er betrunken wäre. Die Emotionen sind labil und schlecht kontrolliert, die intellektuelle Beeinträchtigung ist manchmal ausgeprägt.

2. Organisch bedingte psychische Störungen

Zwei Klassen von *Organisch bedingten psychischen Störungen* werden unterschieden: *Demenzen mit senilem oder präsenilem Beginn* und *Substanzinduzierte psychische Störungen*. Die senilen Demenzen wurden bereits in Kapitel 17 behandelt. Die substanzinduzierten Störungen beruhen auf den spezifischen Wirkungen von Substanzen wie Alkohol, Narkotika, Barbituraten, Amphetaminen, Kokain und den anderen Substanzen, die in Kapitel 11 in bezug auf Intoxikation, Entzug, Delir, Halluzinationen und Gedächtnisstörungen dargestellt wurden. Für die Erörterung an dieser Stelle bleiben die präsenilen Demenzen übrig.

Präsenile Demenzen

Seltene Formen geistigen Abbaus, die beginnen, wenn der Betroffene in den Vierzigern oder Fünfzigern ist, werden als *präsenile Demenzen* bezeichnet. Derartige Erkrankungen sind die Alzheimersche Krankheit, die Picksche Krankheit, die Chorea Huntington und die Parkinson-Krankheit.

Alzheimersche Krankheit

Bei der *Alzheimerschen Krankheit* wird das Gehirngewebe relativ schnell zerstört. Der Tod tritt gewöhnlich zehn bis zwölf Jahre nach dem Auftreten der ersten Symptome ein. Die Krankheit ist bei Frauen dreimal häufiger als bei Männern. Die erste Beschreibung stammt von dem deutschen Neurologen *Alois Alzheimer* (1908). Die Krankheit beginnt mit Konzentrationsschwierigkeiten, der Betroffene scheint abwesend und ablenkbar. Diese Störungen haben bald Konsequenzen für die Lebensführung. Andere werden für das eigene Versagen verantwortlich gemacht und es tritt Verfolgungswahn auf. Wenn das Gedächtnis weiter in Mitleidenschaft gezogen wird, wird der Patient zunehmend desorientiert und erregt.

Die primäre physiologische Veränderung im Gehirn, die bei der Autopsie erkennbar wird, besteht in einer allgemeinen Atrophie des cerebralen Cortex durch den Verlust von Neuronen. Die Fissuren werden weiter und die Falten enger und flacher. Darüber hinaus findet man senile Plaques – kleine runde Körperchen, die aus den Überbleibseln der zugrunde gegangenen Neuronen und Amyloid, einer wachsartigen Substanz, die abgelagert wird, wenn die Proteinsynthese gestört ist, bestehen – über den gesamten Cortex verstreut. Darüber hinaus reichern sich abnorme Proteinfäden, neurofibrilläre Filamente in den Zellkörpern der Neuronen an. (Die Alzheimersche Krankheit wird auch in Kapitel 17, S. 565f. behandelt.)

Picksche Krankheit

Eine andere präsenile Erkrankung wurde zuerst von *Arnold Pick*, einem Prager Arzt 1892 beschrieben. Die *Picksche Krankheit* ist eine degenerative Erkrankung des Zentralnervensystems, bei der es zu einer Atrophie der Frontal- und Temporallappen kommt. Mit Fortschreiten der Erkrankung wird die Beeinträchtigung immer massiver. Das Hirngewicht kann auf weniger als 1000 g, wobei das Gewicht ursprünglich etwa bei 1300 g liegt, reduziert werden. Wie bei der Alzheimerschen Krankheit liegt der Beginn im allgemeinen in den Vierzigern oder Fünfzigern und die Symptome sind ähnlich. Der Patient hat Gedächtnisschwierigkeiten und Probleme beim abstrakten Denken; er ist verwirrt, unfähig sich zu konzentrieren und hat vorübergehende Sprachbeeinträchtigungen. Bei der Pickschen Krankheit kann ein flacher Affekt vorliegen und der Patient wird wahrscheinlich apathisch und inaktiv. Die Lebenserwartung nach Beginn der Krankheit beträgt vier bis sieben Jahre.

Chorea Huntington

Die degenerative Erkrankung *Chorea Huntington* wurde zuerst von dem amerikanischen Neurologen *George Huntington* 1872 beschrieben, nachdem sein Vater und sein Großvater, die ebenfalls Ärzte waren, die Erkrankung bei mehreren Generationen einer Familie beobachtet hatten. Die Symptome beginnen gewöhnlich während des vierten Lebensjahrzehnts. Danach kommt es zu einer progressiven Verschlechterung. Erste Anzeichen im Verhalten sind mangelnde persönliche Hygiene, Mißachtung sozialer Konventionen, Gewaltausbrüche, Depression, Ablenkbarkeit, schlechtes Gedächtnis, Euphorie, schlechte Urteilsfähigkeit, Wahnvorstellungen, Suizidgedanken und -handlungen, Halluzinationen. Der Begriff Chorea (Veitstanz) wurde auf die Krankheit angewendet, weil die Patienten choreiforme Bewegungen – unwillkürliche, krampfartige Zuckungen und Schütteln der Glieder, des Rumpfes und des Kopfes – aufweisen. Diese Anzeichen einer neurologischen Störung treten erst lange nachdem die Verhaltensänderungen begonnen haben auf. Grimassen, Schmatzen durch Lippen und Zunge, explosive und häufig obszöne Sprache sind andere Symptome. Der Betroffene hat mit hoher Wahrscheinlichkeit schwerwiegende Probleme beim Sprechen, Gehen und Schlucken. Im Verlauf der Erkrankung steigt die Selbstmordrate deutlich an. In Extremfällen tritt ein völliger Verlust der Kontrolle über den Körper auf. Eine Behandlungsmöglichkeit existiert nicht, der Tod kann aber gelegentlich erst zehn bis zwanzig Jahre nach den ersten Symptomen eintreten. Die Häufigkeit des Auftretens wird mit 5 Fällen auf 100000 Personen angegeben (*Boll, Heaton* und *Reitan*, 1974). Die folgenden Auszüge aus der Biographie des amerikanischen Folksängers *Woody Guthrie* illustrieren die Entwicklung der Erkrankung, einige der hervorstechenden klinischen Symptome und die persönliche Tragödie, die dadurch entsteht.

[Bei der Beschreibung der ersten Symptome gibt Woody's Ehefrau Marjorie folgende Erläuterung] „Was mich und Woody selbst in den frühen Stadien der Krankheit verwirrte, war, daß er von Natur aus eine ziemlich launische Person war. Schon 1948 begann uns aufzufallen, daß er nachdenklicher und häufig durch alltägliche Dinge depressiv wurde ...
[Kurze Zeit später] wurden die Symptome der Erkrankung deutlicher. Woody entwickelte einen besonderen einseitigen Gang und seine Sprache wurde explosiv. Er holte tief Luft und stieß dann die Worte aus. Die Stimmungen und Depressionen wurden immer extremer und häufiger ..."
[1952 trat der erste ernste Anfall auf. Seine Frau beschreibt ihn folgendermaßen] „Woody hatte heftige Ausbrüche und Schaum vor dem Mund." [Er wurde für drei Wochen in ein Krankenhaus aufgenommen und als Alkoholiker diagnostiziert. Nach der Entlassung hatte er einen weiteren heftigen Anfall, der dann zu einem dreimonatigen Krankenhausaufenthalt führte.] Später „machte die Krankheit schnelle Fortschritte. Woody fand es zunehmend schwerer, seine Bewegungen unter Kontrolle zu halten. So erschien er als betrunken, auch wenn er keinen Alkohol zu sich nahm. Freunde beobachteten voller Befürchtungen, wie er sich in den Verkehr stürzte und, blind gegenüber der Gefahr, wie Charlie Chaplin jedes Auto, das sich auf ihn zu bewegte, wegwinkte."
[1956 wurde schließlich erkannt, daß Guthrie Chorea Huntington hatte und er verbrachte die restlichen Jahre in Hospitälern. Ein Ereignis, das von seiner Frau erzählt wird und sich kurz nach seiner Aufnahme in ein Krankenhaus abspielte, ist besonders bedeutsam.] „In den ersten Jahren der Krankenhausaufenthalte verließ Woody gelegentlich auf eigene Faust die Klinik. Eines Tages erwischte er den falschen Bus und landete in irgendeiner Stadt in New Jersey. Seine ungewöhnliche Erscheinung, sein ungepflegtes Äußeres und sein hinkender Gang fielen einem Polizisten auf, der ihn auf das lokale Polizeirevier brachte und ihn wegen Landstreicherei festhielt. Woody erzählte der Polizei, daß er kein heimatloser Landstreicher sondern ein kranker Mann sei. Er erklärte, daß er in einer New Yorker Klinik untergebracht sei und bat sie, ihn nach Hause zu bringen. ‚Nun,' sagten sie, ‚wenn du krank bist, kannst du in unserer Klinik bleiben.' Schließlich ließen sie ihn mich anrufen und ich fuhr schnell nach New Jersey."
„Als ich ankam, wurde ich von einem Amtsarzt, einem Wiener Psychiater, empfangen. ‚Ihr Ehemann hat eine sehr stark gestörte Persönlichkeit,' sagte er herablassend, ‚mit zahlreichen Halluzinationen. Er sagt, er habe tausend Songs geschrieben.'[4]
‚Es stimmt', sagte ich.
‚Er sagt auch, er habe ein Buch geschrieben.'
‚Das stimmt auch.'
‚Er behauptet, daß eine Schallplattenfirma neun Platten mit seinen Liedern herausgebracht hat!' Die Stimme des Arztes drückte deutlich Ungläubigkeit aus.
‚Das ist ebenfalls die Wahrheit', sagte ich." (*Yurchenco*, 1970, S. 139-148).

Die Erkrankung ist genetisch determiniert, sie wird durch ein dominantes Gen vererbt. Die Nachkommen eines Kranken sind mit einer Wahrscheinlichkeit von 50 Prozent ebenfalls betroffen. Die Untersuchung des Gehirns eines Patienten nach dem Tod zeigt eine weitgehende

[4] Zusätzlich zur Fehldiagnose von Herrn Guthrie verwechselte der Arzt die Begriffe Wahnvorstellung und Halluzination.

Atrophie und Vernarbungen. Die wichtigste pathologische Veränderung ist der Verlust von Neuronen im Nukleus Caudatus, einem der Basalganglien. Der cerebrale Cortex ist von der Atrophie, besonders im frontalen Bereich, betroffen. Der hohe Dopaminspiegel im Nukleus Caudatus ist vermutlich in erster Linie für die choreiformen Bewegungen verantwortlich.

Parkinson-Krankheit

1817 beschrieb *James Parkinson* eine langsame degenerative Erkrankung, die im höheren Lebensalter, zwischen 50 und 70 Jahren, beginnt. Die ersten Symptome der *Parkinson-Krankheit* sind schweres und andauerndes Zittern der Muskeln, gewöhnlich bei einer Frequenz von 4 bis 8 Bewegungen pro Sekunde. Dieses Muskelzittern tritt bei den Gliedmaßen, den Händen, dem Nacken und den Füßen auf. Der Tremor kann in einer Hand oder einem Arm beginnen, sich auf das Bein der gleichen Körperseite ausbreiten, dann den Nacken, den Kiefer und das Gesicht einbeziehen und zum Schluß auch die anderen Glieder. Nur Muskeln im Ruhezustand sind betroffen, jedoch nicht die des schlafenden Körpers oder die an einer koordinierten Bewegung beteiligten. Die Handschrift wird kleiner, diese und andere manuelle Fertigkeiten können verloren gehen. Das Sprechen, Kauen und Schlucken sind mühsam. Andere körperliche Auswirkungen bestehen in einer Muskelsteifheit, Akinesie – Unfähigkeit, Bewegungen zu initiieren – und Gleichgewichtsstörungen. Das Gesicht wird später starr wie eine Maske und ausdruckslos, der Kopf wakkelt, die Finger machen Pillendrehbewegungen, der Gang ist steif und abgehackt, wobei der Oberkörper sich vor den Beinen nach vorne bewegt. Die Betroffenen können Konzentrationsschwierigkeiten bekommen, apathisch werden und sich von sozialen Kontakten zurückziehen. Etwa 90 Prozent der Patienten mit Parkinson-Krankheit sind depressiv und bei 30 Prozent ist ein intellektueller Abbau deutlich (*DeJong* und *Sugar*, 1971). Etwa 1,5 Millionen Amerikaner sind von der Krankheit betroffen (*Stang*, 1970).

Die Ätiologie der Parkinson-Krankheit ist unterschiedlich. Sie ist manchmal auf eine Atherosklerose zurückzuführen; in anderen Fällen handelt es sich um die Spätfolgen einer Encephalitis. Die grundlegende pathologische Veränderung im Gehirn ist der Verlust von stark pigmentierten Zellen in der Substantia nigra, einem Kern des Mittelhirns, der eine wichtige motorische Schaltstation darstellt. Die Neuronen, die in der Substantia nigra zerstört werden, setzen Dopamin frei. Ein Nebenprodukt des Dopamin-Stoffwechsels ist Melanin, das der Substantia nigra seine charakteristische Färbung verleiht. Die Verringerung der Zahl dieser Zellen bedeutet nicht nur, daß die Substantia nigra die Farbe verliert, sondern daß weniger Dopamin in dem Corpus striatum freigesetzt wird, einem Bereich, in den sich die Neuronen normalerweise erstrecken. Das Corpus striatum besteht aus dem Nukleus caudatus und dem Nukleus lenticularis, zwei der Basalganglien. Weiße Faserbündel geben der Struktur ein gestreiftes Aussehen. Die geringere Menge an Dopamin im Corpus striatus kann den Neurotransmitter Acetylcholin, der von den cholinergen Neuronen im Nukleus caudatus freigesetzt wird, nicht ausreichend kompensieren. Da der Neurotransmitter der cholinergen Leitungsbahnen nicht unter der hemmenden Kontrolle von Dopamin steht, feuern viele der postsynaptischen motorischen Neurone und verursachen dadurch das unkontrollierbare Muskelzittern und die Steifheit der Parkinson-Krankheit. Die Erkrankung kann entweder durch anticholinerg wirkende Substanzen, welche die Aktivität der cholinergen Neuronen reduzieren, behandelt werden oder durch die Gabe von L-Dopa, einem Stoffwechselvorprodukt von Dopamin. Darüber hinaus kann die Ermutigung zu so viel Bewegung wie möglich und eine Sprachtherapie hilfreich sein.

Glossar*

Kursiv gedruckte Begriffe oder deren Varianten sind selbst an anderer Stelle im Glossar definiert.

Abhängige Variable. Verhalten, das sich in einem psychologischen *Experiment* bei Manipulation der *unabhängigen Variablen* ändert.

Abwehrmechanismus. Begriff der psychoanalytischen Theorie. Eine die Realität verzerrende Strategie, die unbewußt angewandt wird, um das *Ich* vor *neurotischen* Konflikten *(Angst)* zu schützen.

Acetylcholin. *Neurotransmitter* des somatomotorischen, *parasympathischen* und *sympathischen Nervensystems*. Effekte: Herzfrequenzverlangsamung, Erschlaffung der Gefäßmuskulatur (Blutdruckabfall), Kontraktion der glatten Muskulatur, Zunahme der Sekretion der Speichel-, Bronchial-, Darm- sowie der Schweißdrüsen.

Addison-Krankheit. Ein durch eine Funktionsstörung der *Nebennieren*rinde bedingte *Kortison*mangelerscheinung, die durch Gewichtsverlust, Müdigkeit und eine Verfärbung der Haut gekennzeichnet ist.

Adrenalin. Hormon des *Nebennieren*marks. Es verursacht eine Zunahme des Blutdrucks, hemmt die peristaltischen Bewegungen und setzt Glukose aus der Leber frei. Synonym: Epinephrin.

Adrenerges System. Gesamtheit der vegetativen Nervenfasern, die *Adrenalin* und *Noradrenalin* als *Neurotransmitter* freisetzen. Es handelt sich dabei im wesentlichen um die postganglionären Fasern des Sympathikus, aber auch die präganglionären Fasern für das Nebennierenmark.

Ätiologie. Lehre von den Ursachen der Krankheiten, im weiteren Sinn die Krankheitsursache(n) selbst.

Affekt. Relativ kurz dauerndes und abgrenzbares, stark ausgeprägtes Gefühl, meist begleitet von vegetativ-körperlichen Symptomen mit Ausdruckscharakter, z.B. Freude, *Angst*, Scham.

Affektive Störung. Eine psychische Störung, die durch Beeinträchtigungen der Stimmung gekennzeichnet ist.

Affirmation der Konsequenz. Logischer Fehler, der aufgrund von zwei zusammen auftretenden Ereignissen A und B, A als Ursache von B festlegt.

Agoraphobie. Zahlreiche und starke Angstsymptome, in deren Mittelpunkt offene Plätze und das Verlassen der Wohnung stehen.

Akquieszenz. Die Tendenz des „Ja"-Sagens, des Zustimmens zu einer Frage unabhängig von ihrem Inhalt.

Alkaloid. Basische (alkaliähnliche) Substanz, die, gewöhnlich zusammen mit einer Anzahl ähnlicher Stoffe, Bestandteil von Samen von Pflanzen ist. Alkaloide sind die aktiven Substanzen, die vielen Medikamenten ihre physiologischen Effekte verleihen.

Alkoholismus. Eine physiologische Abhängigkeit von Alkohol. Siehe *Drogensucht*.

Alpha-Rhythmus. Das dominante Muster (8–13 Hz) der elektrischen Aktivität des Gehirns eines wachen, ruhenden Erwachsenen.

Altruistischer Suizid. Nach der Definition *Durkheims* eine Selbstvernichtung, von der die Person meint, sie diene einem sozialen Zweck, zum Beispiel die Selbstverbrennungen der buddhistischen Mönche während des Vietnam-Krieges.

Alzheimersche Krankheit. Eine *Demenz*, an der eine progressive Atrophie des kortikalen Gewebes beteiligt und die durch Orientierungsstörungen und intellektuelle Beeinträchtigung gekennzeichnet ist.

Ambivalenz. Das gleichzeitige Vorhandensein einer starken positiven und negativen emotionalen Einstellung gegenüber der gleichen Situation oder Person.

Aminosäure. Organische Verbindung, die als Baustein von Proteinen wichtig ist.

Amnesie. Vollständiger oder teilweiser Gedächtnisverlust, der bei *dissoziativen Störungen,* einem organischen Psychosyndrom oder einer Hypnose vorhanden sein kann. **Anterograde A.**, siehe unter *Anterograde Amnesie*. **Retrograde A.** Verlust des Gedächtnisses für Ereignisse, die einem traumatischen Vorfall unmittelbar vorausgingen, manchmal für Ereignisse, die weiter zurück in der Vergangenheit liegen.

Amphetamine. Stimulierende Substanzen, die ein erhöhtes Energieniveau und, in großen Dosen, Nervosität, Schlaflosigkeit und paranoide *Wahnvorstellungen* erzeugen.

---

* Übersetzt und bearbeitet von *Ralf Horn*

Anästhesie. Verminderung oder Verlust von Empfindungen, gewöhnlich von Berührungsempfindungen, aber manchmal auch die anderen Sinne betreffend.

Anaklitische Depression. Tiefe Traurigkeit eines Säuglings, der für längere Zeit von seiner Mutter getrennt wird.

Anales Stadium. Das zweite *psychosexuelle Stadium* in der psychoanalytischen Theorie, das während des zweiten Lebensjahres erreicht wird und während dessen der Anus als wichtigste erogene Zone betrachtet wird.

Analgesie. Unempfindlichkeit für Schmerz ohne Bewußtseinsverlust.

Analog-Experiment. Experimentelle Untersuchung eines Phänomens, das vom Gegenstand des eigentlichen Interesses des Forschers verschieden ist, aber mit ihm in Zusammenhang steht.

Analysand. Eine Person, die sich einer *Psychoanalyse* unterzieht.

Angst. Ein unangenehmes Gefühl umfassender Furcht und Besorgnis, das von vermehrter physiologischer Erregung begleitet wird. In der Lerntheorie ein Trieb, der zwischen einer bedrohlichen Situation und dem Vermeidungsverhalten vermittelt. Angst kann durch Selbstangaben, durch Messungen der physiologischen Erregung und durch Beobachtung offenen Verhaltens festgestellt werden.

Angstneurose. Begriff, der früher für die Störungen verwendet wurde, die nach dem DSM-III-R als Angstsyndrom mit Panikattacken, Panikstörung und generalisiertes Angstsyndrom bezeichnet werden.

Angststörungen. Gruppe von psychischen Störungen, bei denen die *Symptome* der *Angst* im Vordergrund stehen. Dazu gehören: Phobien, Angstsyndrom mit Panikattacken, Panikstörung, Generalisiertes Angstsyndrom und *Zwänge* (Zwangsgedanken und Zwangshandlungen).

Anomischer Suizid. Nach *Durkheims* Definition eine Selbsttötung, die von dem Unvermögen einer Person ausgelöst wird, mit einer plötzlichen und nachteiligen Veränderung in ihrer sozialen Situation fertig zu werden.

Anorexie (Anorexia nervosa). Eine Störung, bei der eine Person nicht in der Lage ist, etwas zu essen, die Nahrung bei sich zu behalten oder längere Zeit an einer deutlichen Verminderung des Appetits leidet. Darüber hinaus besteht eine intensive Furcht davor, dick zu werden, das Gefühl auch bei Gewichtsverlust „dick zu sein" und die Weigerung, ein Mindestgewicht aufrecht zu halten. Der Gewichtsverlust beträgt mindestens 25% des ursprünglichen Gewichts.

Anoxie. Unzureichende, unter dem physiologischen Bedarf liegende Sauerstoffkonzentration im Gewebe. A. kann zu Hirnschädigungen führen.

Antabus (Disulfiram). Eine Substanz, die bei nachfolgendem Alkoholgenuß zu Schwindelgefühl, Übelkeit und anderen unangenehmen Auswirkungen führt.

Anterograde Amnesie. Unfähigkeit nach Gehirnschädigungen neue Gedächtnisinhalte zu speichern.

Antidepressivum. Substanz, die *Depressionen* lindert, indem sie den Antrieb steigert und die Stimmung hebt.

Antisoziale Persönlichkeit. Eine Person, die oberflächlich charmant ist und gewohnheitsmäßig lügt; keine Rücksicht auf andere nimmt; kein Bedauern zeigt, wenn sie andere verletzt; sich nicht schämt, wenn sie sich in ungewöhnlicher Weise verhält; unfähig ist, stabile soziale Beziehungen einzugehen; keine Verantwortung zeigt und aus Bestrafung nichts lernt.

Antwortdeviation. Die Tendenz, ein Fragebogen-Item unabhängig von seinem Inhalt auf ungewöhnliche Weise zu beantworten.

Antworttendenz (response set). Die Tendenz eines Individuums, auf bestimmte Weise auf Fragen oder Feststellungen eines Tests zu reagieren – zum Beispiel mit „falsch", unabhängig vom Inhalt jeder Frage oder Feststellung.

Aphasie. Beeinträchtigung oder Verlust der sprachlichen Fähigkeiten aufgrund von Hirnschädigungen. **Motorische A.** Schwierigkeiten beim Sprechen oder Schreiben der beabsichtigten Begriffe. **Sensorische A.** Schwierigkeiten beim Verständnis geschriebener oder gesprochener Sprache.

Askriptive Verantwortlichkeit. Soziale Verurteilung einer Person, die eine Straftat begangen hat und dafür verfolgt werden soll; im Gegensatz zu *deskriptiver Verantwortlichkeit.*

Asthma. Eine *psychosomatische Störung*, die durch Verengung der Atemwege und vermehrte Schleimproduktion gekennzeichnet ist, was häufig das Atmen äußerst mühevoll und keuchend macht.

Attribuierung. Ursachenzuschreibung. Die Erklärung einer Person für die Ursachen des eigenen Verhaltens.

Aufmerksamkeit. Selegierende Beachtung dauernd vorhandener Reize.

Aura. Anzeichen eines bevorstehenden *epileptischen Anfalls*. Besteht in ungewöhnlichen sensorischen Empfindungen oder Benommenheit.

Autismus. Beschäftigung mit sich selbst oder Phantasietätigkeit, um Kommunikation zu vermeiden oder der Realität zu entfliehen. Siehe auch *Infantiler Autismus*.

Autonomes Nervensystem. Vegetatives Nervensystem, dient der Regelung der vom Willen weitgehend unabhängigen Lebensvorgänge und deren Anpassung an die Erfordernisse der Umwelt.

Aversionstherapie. Ein Verfahren der *Verhaltenstherapie*, bei dem ein unangenehmer Reiz, z. B. ein Elektroschock, mit Situationen zusammen gebracht wird, die in unerwünschter Weise attraktiv sind.

Aversiver Reiz. Ein Reiz, der Schmerz, Angst oder Vermeidung hervorruft.

Barbiturate. Abkömmlinge der Barbitursäure. Die B. wirken auf den *Hirnstamm* im Sinn einer Beeinflussung der physiologischen Schlafbereitschaft. Sie können abhängig machen und führen in größeren Dosen durch Atemstillstand zum Tod.

Basalganglien. Anhäufung von *Neuronen* (Kernen, *Nuklei*) in der Tiefe der Großhirnhemisphären. Dazu gehören der Nucleus lentiformis, der Nucleus caudatus (beide zusammen bilden das Corpus striatus), der Nucleus amygdalae und das Claustrum.

Basedow-Krankheit. *Schilddrüsen*funktionsstörung, die zu einer Überproduktion des *Hormons Thyroxin* führt. Die Stoffwechselprozesse sind beschleunigt, was zu Ruhelosigkeit, Reizbarkeit und Angst führt.

Behaviorismus. Richtung der Psychologie, die von *John B. Watson* begründet wurde. *Watson* vertrat die Auffassung, daß Gegenstand der Psychologie allein das beobachtbare Verhalten, nicht das Bewußtsein, sei. Einige heutige Vertreter des Behaviorismus verwenden auch Konzepte intervenierender *Variablen*, wenn diese in dem beobachtbaren Verhalten verankert sind.

Belohnung. Ein positives Ereignis oder ein positiver Reiz, der auf eine Reaktion hin kontingent erfolgt und diese Reaktion verstärkt. Belohnte Reaktionen treten mit größerer Wahrscheinlichkeit auf.

Bereitschaft (preparedness). Bei der *klassischen Konditionierung* die biologische Prädisposition, auf bestimmte Reize besonders empfindlich zu reagieren und diese schnell mit einem *unkonditionierten Reiz* zu verbinden.

Bestrafung. Ein unangenehmes Ereignis *(aversiver Reiz)*, das (der) auf eine Reaktion folgt und die Wahrscheinlichkeit des Auftretens dieser Reaktion herabsetzen soll.

Beta-Rhythmus. Das dominante Muster (14 bis 25 Hz) der elektrischen Aktivität des Gehirns bei wachen Erwachsenen, die auf einen Reiz reagieren. Siehe auch: *Alpha-Rhythmus*.

Beziehungsideen. *Wahn*vorstellungen, bei denen aus offensichtlich bedeutungslosen Bemerkungen und Handlungen anderer, aber auch Ereignissen, persönliche Bedeutung herausgelesen wird.

Biofeedback. Verfahren, bei denen ein Individuum mit unmittelbaren Informationen über minimale Änderungen in der Muskelaktivität, Hauttemperatur, Herzschlag, Blutdruck und andere körperliche Funktionen versorgt wird. Dadurch kann eine willentliche Kontrolle über diese Körperprozesse erreicht werden und so bis zu einem gewissen Ausmaß bestimmte *psychosomatische* Störungen gebessert werden.

Biophysisches System. Nach *Masters* und *Johnson* der Teil des sexuellen Reaktionssystems, das Genitalien und *Hormone* einschließt.

Bipolare Störung. Psychische Störung, bei der Episoden von *Manie* und *Depression* oder nur Manie auftreten.

Bisexuell. Eine Person, die sowohl *heterosexuelle* als auch *homosexuelle* Beziehungen eingeht.

Briquet-Syndrom. Siehe *Somatisierungssyndrom*.

Cerebrale Atherosklerose. Eine chronische Erkrankung, die intellektuelle Fähigkeiten und Emotionen beeinträchtigt. Sie wird verursacht durch eine Verminderung des Blutstroms zum Gehirn. Diese entsteht durch die Ablagerung von Cholesterinen in den Arterien.

Cerebrale Thrombose. Die Bildung eines Blutpfropfens in einer cerebralen Arterie, welche die Durchblutung in einem Bereich des Gehirns unterbindet und dadurch Lähmungen, den Verlust sensorischer Funktionen und möglicherweise den Tod verursacht.

Chlorpromazin. *Neuroleptikum*.

Cholinerges System. Neuronen, für die *Acetylcholin* die Transmittersubstanz ist.

Chorea Huntington. Eine zum Tod führende Form der präsenilen *Demenz*, die dominant vererbt wird. Zu den Symptomen gehören krampfartige Zuckungen der Glieder, psychotisches Verhalten und intellektuelle Beeinträchtigung.

Choreiform. Bezeichnet die unwillkürlichen, krampfartigen, zuckenden Bewegungen der Glieder und des Kopfes, die bei *Chorea Huntington* und anderen neurologischen Erkrankungen anzutreffen sind.

Chromosomen. Stäbchen- oder hakenförmige, membranlose Gebilde, die den wesentlichen Bestandteil des Zellkerns ausmachen. Sie bestehen hauptsächlich aus DNS und sind Träger der *Gene*.

Chronisch. Langanhaltend oder häufig wiederkehrend, häufig mit fortschreitender Verschlimmerung.

Chronisch schizophren. Eine *Schizophrenie*, die länger als zwei Jahre besteht.

Commotio cerebri (Gehirnerschütterung). Geschlossene Hirnschädigung in Folge stumpfer Gewalteinwirkung auf den Schädel; gewöhnlich mit vorübergehendem Bewußtseinsverlust, dem Desorientierung und Gedächtnisverlust folgen können.

Contusio cerebri (Hirnprellung). Gedeckte Hirnverletzung bei stumpfem Schädel*trauma*, gekennzeichnet durch Schwellung und Blutung des betroffenen Gewebes, die zum Koma führen. Intellektuelle Fähigkeiten können beeinträchtigt werden.

Corpus callosum (Balken). Bündel von Nervenfasern, welche die Verbindung zwischen den beiden Großhirnhemisphären darstellen.

Corpus mamillare (Mamillarkörper). Im Zwischenhirn ein rundlicher Körper an der Basis des *Hirnstamms;* enthält einen medialen und lateralen grauen Kern.

Cunnilingus. Orale Stimulation der weiblichen Genitalien.

Cushing-Syndrom. Eine endokrine Störung, die gewöhnlich junge Frauen betrifft; verursacht durch eine übermäßige Sekretion von *Kortison*. Zu den wichtigsten Symptomen gehören Stimmungsumschwünge, Erregbarkeit, Agitiertheit und körperliche Auffälligkeiten.

Dämonologie. Als Ursache für das abweichende Verhalten einer Person wird ein Dämon angesehen, von dem die Person besessen ist.

Defekttheorie. Diese Theorie besagt, daß die kognitiven Prozesse von geistig Behinderten qualitativ anders sind als die von Normalpersonen. Sie steht im Gegensatz zur *Entwicklungstheorie*.

Delir. Rückbildungsfähige organische psychische Störung, gekennzeichnet durch „abgesunkenes" Bewußtsein, örtliche und zeitliche Desorientierung, illusionäre oder wahnhafte Verkennung der Realität, optische, akustische, sensible und andere *Halluzinationen*, psychomotorische Unruhe.

Delirium tremens. Eines der Alkoholentzugssymptome nach der Beendigung einer Phase starken Konsums. Hauptsymptome sind: Fieber, Schwitzen, Zittern, kognitive Beeinträchtigung und *Halluzinationen*.

Dementia praecox. Von *Kraepelin* geprägte Bezeichnung für die Formen der *Schizophrenie*, die nach dem Auftreten bei jungen Menschen schnell zu einem intellektuellen Abbau führen.

Demenz. Progressive Verschlechterung intellektueller Fähigkeiten, insbesondere von Gedächtnis, Urteilsvermögen, abstraktem Denken und der Impulskontrolle, die das berufliche und soziale Leben beeinträchtigt und möglicherweise auch die Persönlichkeit verändert.

Demographische Variable. Biologische oder soziale Merkmale eines Individuums, einer Stichprobe oder einer Population, z. B. Alter, Geschlecht, *sozioökonomischer Status*, Rasse, Schulbildung usw.

Denkstörung. Wichtiges Symptom bei der Diagnose von *Schizophrenie*. Die D. äußert sich in *Inkohärenz, Lockerung der Assoziationen* und *konkretem Denken*. Darüber hinaus können Sprachverarmung, *Neologismen* und *Klangassoziationen* vorliegen.

Depersonalisationssyndrom (Depersonalisationsneurose). Eine *dissoziative Störung*, die durch Gefühle der Irrealität und Entfremdung von der eigenen Person und der Umgebung gekennzeichnet ist. Der Betroffene kann den Eindruck haben, daß sich seine Gliedmaßen in der Größe verändert haben oder, daß er sich selbst beobachtet.

Depression. Emotionaler Zustand, der durch große Traurigkeit, Besorgtheit, Gefühle der Wertlosigkeit und der Schuld, sozialen Rückzug, Schlafstörungen, Appetitmangel, sexuelles Desinteresse und entweder Lethargie oder Agitiertheit gekennzeichnet ist.

Deskriptive Verantwortlichkeit. Juristischer Begriff: das soziale Urteil, daß der Angeklagte die Straftat begangen hat; Gegensatz zu *askriptiver Verantwortlichkeit*.

Desorientiertheit. Verwirrtheit hinsichtlich der Zeit, des Ortes und der Identität seiner selbst, aber auch anderer Personen oder Objekte.

Diathese. Erblich-konstitutionelle, aber auch erworbene Bereitschaft (Disposition) des Organismus zu krankhaften Reaktionen an bestimmten Organen oder Organsystemen.

Diathese-Streß-Paradigma. In der Psychopathologie wird aufgrund dieser Theorie angenommen, daß *Streß* bei entsprechend vorbelasteten Personen zu abweichendem Verhalten, bzw. zu psychischen Störungen führt.

Diencephalon. Zwischenhirn. Umfaßt *Thalamus* und *Hypothalamus*.

Direktionalitätsproblem. Bei *Korrelationen*, die einen Zusammenhang zwischen zwei Variablen beschreiben, ist es nicht möglich festzustellen, ob eine kausale Beziehung vorliegt.

Dissoziative Störungen. Psychische Störungen, bei denen die normale Integration von Bewußtsein, Gedächtnis oder Identität plötzlich und zeitweilig aufgehoben ist. Beispiele sind: Psychogene *Amnesie*, psychogene *Fugue, Multiple Persönlichkeitsstörung*.

Dizygote (zweieiige) Zwillinge. Zwillinge, die sich aus getrennt befruchteten Eiern entwickelt haben. Sie stimmen, wie Geschwister, nur zu 50 Prozent genetisch überein.

Dominantes Gen. Das *Gen*, das sich bei Heterozygotie im Phänotyp manifestiert.

Dopamin. Ein *Katecholamin*, das in Gehirn, *Nebenniere*, sympathischen Nervenendigungen vorkommt. Außerdem *Neurotransmitter* im Zentralnervensystem. Dopaminrezeptoren finden sich in der Substantia nigra und der Formatio reticularis, im Tegmentum und im Nukleus infundibularis des *Hypothalamus*. Bei der *Parkinson-Krankheit* liegt ein Dopaminmangel vor, bei *Schizophrenie* eine Dopaminüberproduktion. *Neuroleptika* wirken als Dopaminrezeptorenblocker.

Doppel-Blind-Verfahren. Methode zur Kontrolle der realitätsverzerrenden Erwartungen von Versuchsleiter und Versuchsperson. Bei einer Medikamentprüfung wissen weder der behandelnde Arzt noch der Patient, ob die Substanz, die zur Therapie benutzt wird, wirksam (ein Verum) oder ein *Placebo* ist.

Double-bind-Situation. Form der Kommunikation, die als der kritische Aspekt *schizophrenie*erzeugender Situationen beschrieben wird. Kennzeichen solcher Kommunikation sind: 1. Widerspruch zwischen zwei Informationen, die einen wichtigen Bereich betreffen, 2. eine Reaktion ist zwingend erforderlich und 3. der Grundwiderspruch zwischen den Informationen wird so verdeckt oder verleugnet, daß er in der Situation nicht erkannt werden kann.

Down-Syndrom (Mongolismus, Trisomie 21). Eine Form der *geistigen Behinderung*, bei der das *Chromosom* 21 dreifach vorhanden ist. Neben der geistigen Behinderung treten körperliche Besonderheiten auf, von denen die Schrägstellung der Lidachse am häufigsten ist.

Drogenabhängigkeit. Gewohnheitsmäßiger Konsum einer Droge aufgrund eines psychologischen, jedoch nicht eines körperlichen Bedürfnisses; im Gegensatz zu *Drogensucht*.

Drogensucht. Körperliche Abhängigkeit von einer Droge, die sich durch fortgesetzten Konsum entwickelt. Kennzeichen der Abhängigkeit sind die *Toleranz* höherer Dosen und das Auftreten von *Entzugssymptomen* bei Einschränkung des Konsums.

DSM-III-R. Das 1987 publizierte revidierte Diagnostische und Statistische Manual Psychischer Störungen der *American Psychiatric Association*.

Dualismus. Weder wird materialistisch das Seelische auf das Körperliche noch spiritualistisch das Körperliche auf das Seelische zurückgeführt. Grundlage ist die Annahme einer Wechselwirkung zwischen Geist und Körper. Diese Anschauungen gehen letzlich auf *Descartes* zurück. Gegensatz zu *Monismus*.

Durcharbeiten. Der mühevolle, zeitaufwendige Prozeß in der *Psychoanalyse*, bei der sich der *Analysand* mit der Gültigkeit der *Interpretationen* des Analytikers und mit bisher verdrängtem Material so lange auseinandersetzt, bis seine Probleme zufriedenstellend gelöst sind.

Dyspareunie. Schmerzen der Frau beim Geschlechtsverkehr. Die Ursache kann in organischen Unterleibserkrankungen oder psychischen (neurotischen) Störungen liegen.

Echolalie. Sofortige Wiederholung der von anderen geäußerten Wörter; ein bei *autistischen* Kindern häufig anzutreffendes Sprachproblem. Bei der **verzögerten Echolalie** findet die Wiederholung Stunden oder Tage später statt.

Egoistischer Suizid. Nach der Definition von *Durkheim* Selbsttötung einer Person, die sich extrem von den anderen und der Gesellschaft entfremdet fühlt.

Einsichtstherapie. Eine Form der Psychotherapie, bei der versucht wird, beim Patienten ein größeres Bewußtsein für die Motivation seines Verhaltens zu erzeugen, wobei angenommen wird, daß das gestörte Verhalten durch *Verdrängung* oder unbewußte Konflikte verursacht ist.

Einzelfall-Versuchsplan (Versuchsplan mit nur einer Versuchsperson). Zum *experimentellen* Vorgehen gehören der *Versuchsplan* mit Reversion und der Versuchsplan mit multiplen Ausgangsdaten.

Ejaculatio praecox. Vorzeitiger, d.h. vor oder bei Beginn des Geschlechtsverkehrs erfolgender Samenerguß.

Ejakulation. Die beim Mann auf der Höhe des Orgasmus reflektorisch ausgelöste ,,Samenausstoßung".

Elektrakomplex. Siehe *Ödipuskomplex*.

Elektroencephalogramm (EEG). Graphische Aufzeichnung der elektrischen Aktivität des Gehirns, gewöhnlich, bedingt durch die Anbringung der Elektroden auf dem Schädel, des *Großhirns*.

Elektrokardiogramm (EKG). Graphische Aufzeichnung der bioelektrischen Aktivität, die bei der Erregungsausbreitung und -rückbildung im Herzen entstehen.

Elektrokrampftherapie (EKT). Psychiatrische Behandlung, bei der ein elektrischer Strom unterschiedlicher Form und von 1 bis 9 Sek. Dauer einen generalisierten (epileptischen) *Krampfanfall* auslöst. Diese Therapie wird bei schweren, durch andere Mittel nicht zu behandelnde, *Depressionen* eingesetzt.

Empathie. Erkennen und Verstehen der Gefühle anderer.

Empfindungsfokussieren (sensate focus). Begriff von *Masters* und *Johnson*, der auf die Übungen angewendet wird, die am Anfang des Sexual-Therapie-Programms stehen. Die Partner werden instruiert, einander zu liebkosen, jedoch keinen Geschlechtsverkehr durchzuführen. Dadurch wird die sexuelle Leistungsangst vermindert.

Encephalitis. Akute oder chronische Entzündung von Hirngewebe infolge einer Infektion durch Bakterien (z.B. Milzbrand, Syphilis), Rickettsien (z.B. Fleckfieber) und Viren (z.B. Herpes simplex, Windpocken, Masern).

Encephalitis lethargica („Schlafkrankheit"). Epidemische Form der Encephalitis, die in Europa zu Beginn des Jahrhunderts auftrat. Hauptsymptome waren Lethargie und ausgedehnte Schlafperioden.

Encounter-Gruppe. Siehe *Sensitivity-(encounter)-Gruppe.*

Endogene Depression. Tiefe Traurigkeit, von der angenommen wird, daß sie auf einer biochemischen Fehlfunktion beruht und nicht durch äußere Ereignisse ausgelöst wird. In jüngster Zeit wird angenommen, daß bei der endogenen *Depression* die *Symptome* besonders schwerwiegend sind.

Endokrine Drüse. Drüse ohne Ausführungsgang, die ihre Absonderung *(Hormon)* direkt in Blut- bzw. Lymphgefäße oder ins Gewebe abgibt; z.B. die Hypophyse, *Schilddrüse, Nebenniere*, Gonaden.

Endorphine. Körpereigene Peptide des Zentralnervensystems mit opiatartiger Wirkung durch die Bindung an die gleichen Membranrezeptoren wie das *Morphin.*

Enkopresis. Psychische Störung, bei der durch mangelnde Kontrolle des Schließmuskels wiederholt die Kleidung verschmutzt wird. Die Störung tritt in einem Alter auf, in dem Kontinenz erwartet wird.

Entwicklungstheorie. Die E. besagt, daß die kognitive Entwicklung geistig Behinderter lediglich langsamer verlaufe als bei normalen Kindern. Ein qualitativer Unterschied bestehe nicht. Gegensatz: *Defekttheorie.*

Entzugssymptome. Unangenehme körperliche und psychische Reaktionen, die bei einer Person nach Absetzen oder Reduktion einer Substanz, die abhängig macht, auftreten. Beispiele sind: Krämpfe, Ruhelosigkeit. Siehe *Drogensucht.*

Enuresis. Psychische Störung, bei der durch mangelnde Kontrolle der Blase entweder während der Nacht (Enuresis nocturna) oder am Tag wiederholtes Einnässen in einem Alter auftritt, in dem Kontinenz erwartet wird.

Enzyme. Für den Stoffwechsel aller Organismen unentbehrliche Eiweißkörper, die als Biokatalysatoren die biochemischen Vorgänge beschleunigen und in eine gewünschte Richtung laufen lassen, ohne selbst verändert zu werden.

Epilepsie. Oberbegriff für Anfallsleiden verschiedener Ursachen, z.B. infolge hirnorganischer Erkrankungen, Stoffwechselstörungen, familiärer (erblicher) Belastung oder ohne nachweisbare Ursache. Die Anfälle beruhen auf einer plötzlichen Änderung der rhythmischen elektrischen Aktivität des Gehirns. Siehe auch: *Grand mal, Petit mal, Jackson-Epilepsie* und *psychomotorische Epilepsie.*

Ergebnisforschung. Ermittlung der Effektivität von Psychotherapieformen. Gegensatz: *Prozeßforschung.*

Eros (Libido). *Freuds* Bezeichnung für den lebensintegrierenden Instinkt oder die Kraft des *Es*, manchmal mit sexuellem Trieb gleichgesetzt. Gegensatz: *Thanatos.*

Erregung. Ein entweder im Verhalten oder in körperlichen Reaktionen zum Ausdruck kommender Aktivierungszustand.

Erregungsphase. Nach *Masters* und *Johnson* die erste Phase der sexuellen Aktivierung, die durch einen geeigneten Reiz in Gang gesetzt wird.

Es. In der *Psychoanalyse* der Teil der Persönlichkeit, der zum Zeitpunkt der Geburt vorhanden ist, die gesamte Energie der *Psyche* umfaßt und sich in biologischen Trieben zeigt, die auf sofortige Befriedigung zielen.

Essentielle Hypertonie. *Psychosomatische Störung*, die durch hohen Blutdruck gekennzeichnet ist, der nicht auf organische Ursachen zurückgeführt werden kann. Sie verursacht Ausweitungen und Degeneration kleiner Arterien, Vergrößerung des Herzens und Nierenschäden.

Eugenik. Wissenschaft, die sich mit der Verbesserung der Erbqualität der menschlichen Art durch soziale

Kontrolle der Partnerwahl und der Reproduktion beschäftigt.

Exhibitionismus. Sexuelle Lust an der Entblößung der Geschlechtsteile in Gegenwart fremder – meist andersgeschlechtlicher – Personen.

Existentialanalyse. Siehe *Existential-humanistische Therapie.*

Existential-humanistische Therapie. *Einsichts*-Psycho*therapie*, bei der die subjektiven Erfahrungen des Individuums, sein freier Wille und die immer vorhandene Fähigkeit, sich für ein neues Leben zu entscheiden, betont werden.

Exogen. Auf äußere Ursachen zurückzuführen.

Exorzismus. Austreibung böser Geister durch rituelle Beschwörungen oder Folter.

Experiment. Anordnung zur Ermittlung eines kausalen Zusammenhangs. Das E. setzt die Manipulation einer *unabhängigen Variablen*, die Messung einer *abhängigen Variablen* und die *zufällige Zuweisung* der Versuchspersonen zu den verschiedenen Untersuchungsbedingungen voraus.

Ex-post-facto-Analyse. Versuch das Problem der dritten Variablen dadurch zu reduzieren, daß parallele Gruppen von Versuchspersonen zusammengestellt werden, die sich hinsichtlich möglicher Störvariablen nicht unterscheiden.

Extradurales Hämatom. Blutung zwischen Schädel und Dura mater nach einer Ruptur einer Meningealarterie aufgrund eines Schädelbruchs.

Fallstudie. Sammlung historischer oder lebensgeschichtlicher Informationen über eine Person, häufig unter Einschluß ihrer Erfahrungen mit einer Therapie.

Familieninteraktionsmethode. Das Verfahren, das Familienverhalten dadurch zu studieren, daß die Interaktion in einer strukturierten Laboratoriumssituation stattfindet und direkt beobachtet werden kann.

Familienmethode. Forschungsstrategie der *Verhaltensgenetik*, bei der die Häufigkeit eines Merkmals oder eines abnormen Verhaltens bei Verwandten ermittelt wird. Die Gemeinsamkeit der genetischen Ausstattung ist über das Verwandtschaftsverhältnis festgelegt.

Familientherapie. Form der *Gruppentherapie*, bei der vorausgesetzt wird, daß Änderungen des familiären Beziehungssystems zu Veränderungen im Verhalten und Erleben der einzelnen Familienmitglieder führen.

Fellatio. Orale Stimulation des Penis.

Fetischismus. Die wiederholt bevorzugte oder ausschließliche Verwendung unbelebter Objekte zur Erreichung sexueller Erregung.

Fixierung. *Freud* spricht von F., wenn durch Verknüpfung libidinöser Partialstrebungen mit Kindheitseindrücken an einer Entwicklungsstufe festgehalten wird, die der an Jahren inadäquat ist. So bleiben die Triebobjekte und die Befriedigungsformen infantil.

Flacher Affekt. Fehlen der Merkmale des affektiven Ausdrucks, die Stimme ist monoton, das Gesicht unbewegt.

Forensische Psychiatrie. Der Zweig der Psychiatrie, der sich mit rechtlichen Fragen beschäftigt, die durch gestörtes Verhalten aufgeworfen werden.

Formatio reticularis. Dreidimensionales, z.T. Zellanhäufungen nach Art von Nervenkernen enthaltendes Maschenwerk des Nervensystems im Rauten-, Mittel- und Zwischenhirn. Ein Schaltzentrum, das hirnwärts geleitete Impulse von Sinnesorganen, Rückenmark und *Großhirn* zu organgerichteten Impulsen im Sinne koordinierter, motorischer und vegetativer Leistungen umsetzt. Es ist maßgebend für den Bewußtseins- und Wachzustand, die Modulierung von Wahrnehmungen der Sinnesorgane, für die Beeinflussung von Haltung und Bewegung, die zentrale Kreislauf- und Atemregulation, die vegetativ-endokrinen Funktionen im *Hypothalamus* und für komplexe skelett-motorische Reflexe.

Freie Assoziation. Verfahren der *Psychoanalyse*, bei dem der *Analysand* dazu ermutigt wird, alles, was ihm in den Sinn kommt, zu verbalisieren, ohne den Inhalt zu überprüfen. Dabei wird angenommen, daß im Lauf der Zeit bislang verdrängtes Material auftaucht und durch den *Analysanden* und seinen Analytiker untersucht werden kann.

Frei flottierende Angst. Beständig vorhandene *Angst*, die nicht einer bestimmten Situation oder einer erkennbaren Gefahr zugeschrieben werden kann. Siehe *Generalisiertes Angstsyndrom.*

Frontallappen. Die vordere obere Hälfte jeder Großhirnhemisphäre vor dem Zentralsulcus; am Denken und anderen höheren kognitiven Prozessen beteiligt.

Fugue. *Dissoziative Reaktion*, bei der das Individuum seine gewohnte Umgebung verläßt, an einem anderen Ort ein neues Leben beginnt und eine *Amnesie* für seine Vergangenheit aufweist, obwohl es seine Fähigkeiten beibehält und anderen normal erscheint.

Funktionelle Psychose. Psychische Störung, bei der Denken, Verhalten und Emotionen ohne pathologische Veränderungen im Gewebe oder Zustand des Gehirns gestört sind.

Galvanische Hautreaktion (Galvanic skin response GSR). Veränderung der elektrischen Leitfähigkeit der Haut, die durch eine Zunahme der Aktivität der Schweißdrüsen verursacht wird. Ausgelöst wird diese Reaktion durch Emotionen wie *Angst*.

Geistige Behinderung. Deutlich unterdurchschnittliche allgemeine intellektuelle Leistungsfähigkeit verbunden mit einer Beeinträchtigung der sozialen Anpassung. Der Beginn der Störung liegt in der Kindheit.

Gelernte Hilflosigkeit. Bezieht sich auf die gelernte passive Akzeptierung von Unannehmlichkeiten durch den Organismus, nachdem festgestellt wurde, daß Reaktionen keine Fluchtmöglichkeiten eröffnen.

Gemeindepsychologie, Psychohygiene (Prävention). Ein therapeutisches Vorgehen, bei dem die Betonung auf der Verhütung und dem Ausfindigmachen potentieller Schwierigkeiten liegt. Eventuell erforderliche Behandlungen finden eher im natürlichen Umfeld der Person als in ausgegrenzten Institutionen statt.

Gemischter Versuchsplan. Forschungsstrategie, bei der sowohl korrelative als auch experimentelle Variablen verwendet werden; die Zuweisung von Versuchspersonen aus verschiedenen Populationen zu zwei experimentellen Bedingungen ist ein Beispiel.

Gen. Baustein der Erbsubstanz, in den *Chromosomen* lokalisiert.

Generalisiertes Angstsyndrom. Generalisierte, anhaltende Ängstlichkeit, die nicht durch eine andere psychische Störung bedingt ist. Symptome: Motorische Spannung, vegetative Hyperaktivität, Erwartungsangst, Überwachheit und ständiges Überprüfen der Umgebung.

Genitale Phase. In der Theorie *Freuds* das *psychosexuelle Stadium*, das im Erwachsenenalter erreicht wird und in dem heterosexuelle Interessen vorherrschen.

Genotyp. Die nicht beobachtbare genetische Ausstattung eines Menschen. Vergleiche: *Phänotyp*.

Geschlechtsidentität. Das Gefühl des Individuums, ein Mann oder eine Frau zu sein.

Geschlechtsumwandlungsoperation. Operation zur Entfernung vorhandener Genitalien einer *transsexuellen* Person und Konstruktion eines Ersatzes für die Genitalien des anderen Geschlechts.

Gestalttherapie. Eine *existential-humanistische Einsichtstherapie*, die von *Fritz Perls* entwickelt wurde. Die Klienten werden ermutigt, die auftretenden Bedürfnisse zu erfüllen, damit das angeborene Gute ausgedrückt werden kann; das Bewußtsein für unterdrückte Gefühle wird verbessert und Teile der Persönlichkeit, die vorher verleugnet wurden, angenommen.

Gestation. Schwangerschaft, der Zeitraum zwischen Befruchtung und Entbindung; beträgt beim Menschen 273–281 Tage.

Glatte Muskulatur. Dünne Muskelzellschichten in den Eingeweiden und den Wänden der Blutgefäße. Diese Muskulatur unterliegt nicht der direkten Willkürkontrolle.

Granatenschock. Siehe *Kriegsneurose*.

Grand mal-Epilepsie. Generalisierte *Epilepsie* mit tonisch-klonischen Krämpfen („großer Anfall").

Graue Substanz. Nervengewebe, das hauptsächlich aus Nervenzellkörpern besteht. Diese Substanz bildet die Hirnrinde, die Kerne *(Nuklei)* in den unteren Hirnbereichen und die innere Struktur des Rückenmarks.

Grenzbereich intellektueller Leistungsfähigkeit. Der mit standardisierten Tests gemessene IQ liegt zwischen 71 und 84 (nach DSM-III-R). Personen, deren Intelligenz in diesem Bereich liegt, können berufliche und soziale Kompetenzen erwerben.

Grimassieren. Verziehen der Gesichtsmuskulatur ohne entsprechenden seelischen Vorgang („leere" Mimik); kommt bei einer Unterform der *Schizophrenie (Hebephrenie)* häufig vor.

Großhirn. Paarige Struktur, die sich vom *Hirnstamm* aus erstreckt und den vorderen Bestandteil des Gehirns darstellt. Größter und in der Entwicklungsgeschichte jüngster Bestandteil des Gehirns beim Menschen; koordiniert sensorische und motorische Prozesse und ist entscheidend an den höheren kognitiven Funktionen beteiligt.

Großhirnrinde (Cortex cerebri). Dünne äußere Schicht der beiden Großhirnhemisphären. Besteht hauptsächlich aus der *grauen Substanz*.

Gruppentherapie. Methode der Behandlung psychischer Störungen, bei der mehrere Personen gleichzeitig mit einem Therapeuten zusammenkommen.

Gyrus. Bezeichnung für die Hirnwindungen, die an der Großhirnoberfläche ausgebildeten, von Furchen *(Sulci)* begrenzten Gebilde, deren Zahl und Anordnung individuell stark variiert.

Habituation. Prozeß, bei dem die Reaktion eines Organismus auf den gleichen Reiz bei wiederholter Darbietung abnimmt.

Halluzination. Wahrnehmung, die nicht durch entsprechende äußere Sinnesreize hervorgerufen wird, jedoch für die betroffene Person Realitätscharakter besitzt.

Halluzinogen. Psychotrope Substanz, die beim Gesunden je nach Dosis *schizophrenie*artige, delirante oder traumhafte Zustände bei Erhaltung des Bewußtseins hervorruft, z. B. *Mescalin, LSD, Psilobycin*, Scopolamin.

Handschuhanästhesie. In handschuhförmiger Ausbreitung vorhandene Empfindungslosigkeit der Hand. Tritt bei *dissoziativen Störungen* auf.

Haschisch. Das getrocknete Harz der Cannabis-Pflanze, in seinen Auswirkungen stärker als die getrockneten Blätter und Stengel, aus denen *Marihuana* besteht. Erzeugt gekaut oder geraucht eine Intoxikation, die durch einen unbekämpfbaren motorischen Bewegungsdrang, stark gelockerte Phantasietätigkeit („Bilderschnellzug") sowie *Denkstörungen* (Unfähigkeit zum Zusammenfügen von Teilinhalten, „Gedankenabreißen", Erinnerungsstörungen) gekennzeichnet ist.

Hebephrenie. Eine, meist zwischen dem 15. und 25. Lebensjahr auftretende Form der *Schizophrenie*. Ist geprägt durch *Affekt*veränderungen (abgeflacht und inadäquat), häufig mit Kichern oder „In-sich-hinein-Lächeln" oder stolzem Gehabe, ferner mit *Grimassieren*, Possenreißen, ständigem Wiederholen von Redensarten, Manierismen, Denkzerfahrenheit. *Wahnvorstellungen* und Wahrnehmungsstörungen treten selten auf. Die Prognose ist ungünstig.

Hermaphrodit. Person mit männlichen und weiblichen Geschlechtsorganen.

Heterosexuell. Person, die sexuelle Beziehungen zum anderen Geschlecht unterhält.

Hirnstamm. Der Teil des Gehirns, der das Rückenmark mit dem *Großhirn* verbindet; enthält die *Pons* und die *Medulla oblongata* und stellt eine neuronale Schaltstation dar.

Hirnwellen. Rhythmische Spannungsfluktuationen in der elektrischen Aktivität des Gehirns, die durch die Aktivität der *Neuronen* entstehen. Der Verlauf wird mit dem *Elektroencephalographen* aufgezeichnet.

Homophobie. Angst vor Homosexualität.

Homovanillinsäure. Abbauprodukt im *Katecholamin*-Stoffwechsel.

Hormon. Chemische Substanz, die von einer endokrinen Drüse produziert und in das Blut oder die Lymphe abgegeben wird. Die H. kontrollieren entfernte Organe oder Organsysteme. Dazu gehören: Stoffwechsel, Wachstum und Entwicklung der sekundären Geschlechtsmerkmale.

Hurler-Syndrom (v. Pfaundler-Hurler-Syndrom). Eine angeborene körperliche und geistige Störung, bei der sich Mucopolysaccharide in den Zellen anhäufen. Überleben über das 20. Lebensjahr hinaus ist ungewöhnlich.

Hyperaktivität. Unfähigkeit, Bewegungsdrang einzuschränken. Die Kinder laufen viel herum und klettern überall hinauf, können kaum stillsitzen und zappeln herum, bewegen sich sehr viel im Schlaf und sind „ständig auf dem Sprung".

Hypertonie. Hoher arterieller Blutdruck mit oder ohne bekannte organische Ursachen. Siehe *Essentielle Hypertonie*.

Hyperventilation. Über den Bedarf hinaus gesteigerte Belüftung der Lunge; führt zum Abfall des Kohlendioxidgehalts im Blut und möglicherweise zur Bewußtlosigkeit. Hyperventilation tritt bei Angstreaktionen auf.

Hypnose. Durch Suggestion bewirkter schlafähnlicher Zustand mit Bewußtseinseinengung, stark herabgesetzter Willensbildung, besonderem Kontakt zum Hypnotiseur, dessen Anweisungen auch posthypnotisch befolgt werden.

Hypochondrie. *Somatoforme Störung*. Hauptkennzeichen ist die unrealistische Interpretation von körperlichen Zeichen und Empfindungen als abnorm, so daß es zu intensiver Beschäftigung mit der Furcht oder Überzeugung kommt, eine schwere Erkrankung zu haben.

Hypothalamus. Unterhalb des *Thalamus* gelegener Teil des Zwischenhirns. Stellt durch seine Kerne das zentrale Regulationsorgan der vegetativen Funktionen dar, so der Nahrungsaufnahme, der Wasseraufnahme, der Körpertemperatur, des Kreislaufs (zusammen mit Kreislaufzentrum der *Medulla oblongata*), der Sexualität und des Schlafes.

Hysterie. Eine bereits in der Antike beschriebene Störung, bei der körperliche Krankheitssymptome wie Lähmung, Empfindungslosigkeit oder *Analgesie* nicht auf eine Fehlfunktion entsprechender Organe oder Organsysteme zurückgeführt werden können, z. B. bei der *Handschuhanästhesie*. Heute wird dieser historische Begriff durch *dissoziative Störung* ersetzt.

Ich. Begriff der *Psychoanalyse*. Der vorwiegend bewußte Bestandteil der Persönlichkeit, der für das Treffen von Entscheidungen und für den Umgang mit der Realität verantwortlich ist.

Ich-Analyse. Eine Modifikation der klassischen *Psychoanalyse*, die auf der Auffassung beruht, daß der Mensch ein stärkeres, autonomeres *Ich* hat und daß es Befriedigungen für das *Ich* gibt, die unabhängig vom *Es* sind. Gelegentlich auch Ich-Psychologie genannt.

Ideenflucht. Formale *Denkstörung*, gekennzeichnet durch vermehrten Zustrom an Denkinhalten, ständig wechselndes Denkziel, ablenkbares und oberflächliches Denken mit Verlorengehen des Leitgedankens; Symptom von *Manie*.

Idiot savant. Seltene Form der *geistigen Behinderung*, bei der in einem oder wenigen begrenzten Bereichen intellektueller Leistungen eine ungewöhnliche Begabung vorliegt.

Imipramin. *Trizyklisches Antidepressivum*.

Impotenz, primäre. Unvermögen des Mannes, den Geschlechtsverkehr regelrecht und befriedigend zu vollziehen. **I., sekundäre.** Häufigste Form der I., die z. B. durch Erwartungsspannungen, neurotische oder andere psychische Störungen entsteht; führt zu Erektionsschwäche oder zu verfrühtem bzw. verzögertem Samenerguß.

Indexfall. Bei einer genetischen Untersuchung die Person, die Träger des untersuchten Merkmals ist.

Indolamine. Verbindungen, die bei der neuralen Erregungsübertragung eine Rolle spielen und die einen Indolanteil enthalten. Dazu gehören Tryptamin und *Serotonin*.

Infantiler Autismus. Eine Störung, die vor dem Alter von 30 Monaten auftritt. Sie ist gekennzeichnet durch einen grundlegenden Mangel an Reaktion auf andere Menschen, große Defizite in der Sprachentwicklung, bizarre Reaktionen auf verschiedene Aspekte der Umgebung (Widerstand gegen Veränderungen, eigentümliche Interessiertheit an bzw. Beziehungen zu belebten und unbelebten Objekten). Wenn Sprache vorhanden ist, sind eigentümliche Sprachmuster, wie etwa prompte oder verzögerte *Echolalie*, metaphorische Sprache und Pronomenumkehr zu beobachten.

Infektionskrankheit. Eine durch das Eindringen von Mikroorganismen (z. B. Bakterien, Viren, Pilze, Parasiten) in den Körper und die anschließende Vermehrung dieser Organismen ausgelöste Erkrankung.

Inkohärenz. *Denkstörung*, bei der verbale Äußerungen durch fehlenden Zusammenhang, bruchstückhafte Gedanken, ungeordnete Sätze und Neologismen gekennzeichnet sind. Tritt bei *Schizophrenie* auf.

Instrumentelles Lernen. Siehe *Operantes Konditionieren*.

Intelligenzalter. Der Stand der Intelligenz eines Kindes bezogen auf die geistige Leistungsfähigkeit des altersgemäßen Intelligenzdurchschnitts. Dieser von *Binet* geprägte Begriff wurde durch den *Intelligenzquotienten* (IQ) ersetzt.

Intelligenzquotient (IQ). Das Verhältnis von Intelligenz-(Entwicklungs-)alter zu Lebensalter, multipliziert mit 100. Bei neueren Testverfahren wird dieser Wert aufgrund der Leistungsverteilung der Testrohwerte in einer repräsentativen Stichprobe ermittelt.

Intelligenztests. Bezeichnung für eine Gruppe von Verfahren, die auf der Grundlage unterschiedlicher Intelligenzdefinitionen und Intelligenztheorien die intellektuelle Leistungsfähigkeit quantitativ und qualitativ bestimmen.

Interpretation. In der *Psychoanalyse* das Vorgehen des Analytikers, der den *Analysanden* darauf hinweist, wo *Widerstände* vorhanden sind und was in den Träumen und verbalen Äußerungen über ins Unbewußte verdrängte Impulse zum Ausdruck kommt. Etwas allgemeiner: jede Äußerung eines Therapeuten, die das Problem des Klienten in neuem Zusammenhang erscheinen läßt.

Introjektion. Die unbewußte Übernahme von Werten, Einstellungen und Eigenschaften anderer Personen in die eigene *Ich*-Struktur.

Introspektive Methode. Verfahren, bei dem trainierte Versuchspersonen aufgefordert werden, über ihre Erlebnisse und Gedanken z. B. beim Lösen von Problemen zu berichten. Wichtiges Verfahren in der psychologischen Forschung zu Beginn des 20. Jahrhunderts.

Introversion-Extraversion. In *Eysencks* Persönlichkeitstheorie eine Dimension, die sich vor allem auf die *Konditionierbarkeit* bezieht. Extravertierte sollen *konditionierte* Reaktionen langsam erlernen und sie schnell wieder verlernen. Das Umgekehrte trifft für Introvertierte zu.

In vivo. In der Psychologie: in der Alltagssituation.

Involutionsdepression. *Depression*, die im höheren Lebensalter (nach dem Klimakterium) auftritt. Diese Diagnose findet sich nicht mehr im DSM-III.

Inzest. Sexuelle Beziehungen zwischen unmittelbar verwandten Personen (Eltern – Kinder, Bruder – Schwester).

Inzidenz. In der Epidemiologie die Anzahl neuer Erkrankungsfälle in der Zeiteinheit. Vergleiche *Prävalenz*.

Jackson-Epilepsie. Eine Form der *Epilepsie*, bei der Muskelkrämpfe auf einen bestimmten Körperteil begrenzt sind.

Juvenile Paralyse. Angeborene Form der Syphilis, die der Erkrankung des Erwachsenen ähnlich ist. Der Beginn liegt im zweiten Lebensjahrzehnt nach einer symptomfreien Kindheit.

Kastration. Vor oder nach der Pubertät erfolgende operative Entfernung der Keimdrüsen (Hoden oder Eierstöcke).

Katatonie. Psychische Störung mit ausgeprägter Störung der Willkürmotorik, entweder im Sinn einer Bewegungsstarre als katatoner Stupor (mit Unterbrechung der Beziehung des Betroffenen zur Umwelt) und häufig mit Automatismen (z. B. *Echolalie*) oder als katatoner Erregungszustand, in den die Bewegungsstarre schlagartig übergehen kann, wobei Selbstverletzungen oder Schädigungen anderer auftreten können. Der Zustand – von wenigen Minuten bis zu Tagen Dauer – kann unter Umständen lebensbedrohend sein. Tritt vor allem bei der katatonen *Schizophrenie* auf.

Katecholamine. Gruppe von Verbindungen, zu denen sowohl *Neurotransmitter (Noradrenalin, Dopamin)* als auch *Hormone* gehören.

Kathartische Methode. Therapeutisches Vorgehen, das gegen Ende des 19. Jahrhunderts von *Breuer* eingeführt und zusammen mit *Freud* weiterentwickelt wurde. Das Ziel besteht darin, durch „Offenlegen" früherer Erlebnisse zum Abreagieren und damit zur Heilung zu gelangen.

Klangassoziation. Verknüpfung von Wörtern aufgrund ihrer Klangähnlichkeit ohne Berücksichtigung des Inhalts.

Klassisches Konditionieren. Grundform des Lernens, bei der ein neutraler Reiz wiederholt mit einem anderen Reiz (dem sog. *unkonditionierten Stimulus*), der eine bestimmte Reaktion auslöst, gekoppelt wird. Nach wiederholter Darbietung der Kombination wird der früher neutrale Reiz zum *konditionierten Reiz* und ist in der Lage, die gleiche Reaktion wie der *unkonditionierte Reiz* auszulösen.

Kleinhirn. Hinten im Schädel liegender Teil des Gehirns, der für die motorische Koordination von Bewegungen und das Gleichgewicht zuständig ist.

Klientenzentrierte Therapie. Von *Carl Rogers* entwickelte Form der Psychotherapie, bei der es von besonderer Bedeutung ist, daß der Therapeut die subjektiven Erfahrungen des Klienten versteht und ihm dabei hilft, sein Bewußtsein für die gegenwärtig vorhandenen Motivationen seines Verhaltens zu erweitern. Das Ziel der Therapie besteht nicht nur darin, die Ängste und Probleme abzubauen, sondern in der Verwirklichung der Möglichkeiten des Klienten.

Klinefelter-Syndrom. Mißbildung der Keimdrüsen durch *Chromosomen*aberration (ein zusätzliches X-Chromosom) beim männlichen Geschlecht.

Klonische Phase. Stadium der heftigen Verdrehungen und Zuckungen der Glieder beim *epileptischen Grand mal-Anfall*.

Kognition. Sammelbegriff für alle Vorgänge oder Strukturen, die mit dem Gewahrwerden und Erkennen zusammenhängen, wie Wahrnehmung, Erinnerung (Wiedererkennen), Vorstellung, Begriff, Gedanke, aber auch Vermutung, Erwartung, Plan.

Kognitive Umstrukturierung. Verfahren der *Verhaltenstherapie*, bei dem versucht wird, die Ansichten und Gedanken des Klienten über sein Leben und damit sein offenes Verhalten zu ändern.

Kokain. Schmerzminderndes und stimulierendes *Alkaloid*, das aus den Blättern des Koka-Strauchs gewonnen wird. Es erzeugt Euphorie und erhöht das sexuelle Verlangen; in höherer Dosierung kann es *Halluzinationen* und *Wahn*ideen erzeugen.

Konditionierte Reaktion. Reaktion, die durch einen zunächst neutralen Reiz ausgelöst wird. Vorausgegangen ist eine *klassische Konditionierung*.

Konditionierter Reiz. Ein zunächst neutraler Reiz, der nach wiederholter kontingenter Koppelung mit einem *unkonditionierten Reiz*, der eine bestimmte Reaktion auslöst, die gleiche oder eine ähnliche Reaktion zur Folge hat.

Konfabulation. Ausfüllen von Gedächtnislücken mit erfundenen und häufig unwahrscheinlichen Geschichten, die von der Person, die sie erzählt, als wahr akzeptiert werden.

Kongenital. Zum Zeitpunkt der Geburt oder vorher vorhanden, jedoch nicht vererbt.

Konkordanz. Übereinstimmung bestimmter Eigenschaften, z. B. bestimmter Merkmale bei eineiigen Zwillingen.

Konkretes Denken. Abstraktionen und Generalisationen werden nicht verstanden und es erfolgt eine Interpretation im buchstäblichen Sinn. *Symptom* der *Demenz*.

Konstrukt. Ein nicht unmittelbar operational faßbarer Begriff, der sich auf nicht direkt beobachtbare oder erschließbare Entitäten oder Eigenschaften bezieht.

Kontingenz. Der Zusammenhang; das Miteinanderauftreten zweier qualitativer Merkmale.

Kontrollgruppe. Versuchspersonen bei einem *Experiment*, für die die *unabhängige Variable* nicht manipuliert wird. Dadurch besteht die Möglichkeit, die Effekte der Manipulation als Differenz gegen die Ausgangsbedingung zu untersuchen.

Konversionssyndrom. *Somatoforme Störung*, bei der sensorische oder muskuläre Funktionen beeinträchtigt sind. Die *Symptome* legen gewöhnlich eine neurologische Erkrankung nahe, obwohl eine körperliche Untersuchung keine Bestätigung liefert. Empfindungslosigkeit und Lähmungen sind Beispiele.

Korrelation. In der Statistik die Wechselbeziehung zweier oder mehrerer variabler Merkmale. Die Stärke und Richtung hängt vom Grad und der Art ihres gemeinsamen Variierens ab und kommt im Korrelationskoeffizienten zum Ausdruck. Aufgrund der Kenntnis der Korrelation zwischen zwei *Variablen* ist es möglich, Meßwerte der einen Variablen auf der Grundlage der Kenntnis der anderen vorherzusagen.

Korsakow-Syndrom. Alkoholbedingte amnestische Störung nach lange dauerndem schweren Alkoholmißbrauch. Kennzeichen sind sowohl Beeinträchtigung des Kurzzeitgedächtnisses (Unfähigkeit, neue Informationen aufzunehmen) als auch des Langzeitgedächtnisses (Unfähigkeit, früher aufgenommene Informationen zu reproduzieren).

Kortison. *Hormon* der *Nebennieren*rinde.

Krampfanfall (Konvulsion). Ein sich in Serien wiederholendes klonisches oder tonisches Krampfgeschehen der Körpermuskulatur, ausgelöst durch ein „Krampfzentrum" im Gehirn oder Rückenmark, z.B. bei Durchblutungsnot, durch ein Krampfgift (Strychnin), bei *Epilepsie* oder Fieber.

Krankheit. 1. Subjektives und objektives Bestehen körperlicher oder psychischer Störungen bzw. Veränderungen. 2. Krankheitsbegriff: die Bezeichnung für eine zusammengefaßte Gruppe von Krankheitsabläufen, die als Entität mit mehr oder weniger typischen Zeichen *(Symptomen)* aufgefaßt wird.

Kretinismus. Angeborene, fehlende oder mangelhafte *Schilddrüsen*funktion mit Wachstumshemmung (Zwergwuchs, Kurzfingrigkeit, aufgestülpte Nase, dikke Zunge, Taubheit) und Schwachsinn (zurückgebliebene Sprachentwicklung).

Kriegsneurose (Granatenschock). Ein Begriff aus dem Ersten Weltkrieg für das, was heute als *Posttraumatische Belastungsreaktion* bezeichnet wird. Als Ursache wurden die plötzlichen Druckschwankungen durch nahe Explosionen angesehen.

Kritische Phase. Siehe *Prägung*.

Läsion. Umschriebene Störung einer Funktion oder des Gewebegefüges im lebenden Organismus.

Langsame Hirnwellen. Thetarhythmus (4–7 Hz) des *EEG*, der gewöhnlich aus den subkortikalen Bestandteilen des Gehirns kommt und Deltarhythmus (weniger als 4 Hz), der normalerweise während des Tiefschlafs auftritt.

Latenz-Stadium. Nach der *Psychoanalyse* das vierte *psychosexuelle Stadium* im Alter von 6 bis 12 Jahren. Während dieser Zeit spielen die *Es*-Impulse in der Motivation eine geringere Rolle.

Lazeration. Zerreißung, Einriß.

Leichte geistige Behinderung. Einschränkung der allgemeinen intellektuellen Leistungsfähigkeit, die einem IQ zwischen 50 und 70 entspricht.

Lesch-Nyhan-Syndrom. Schwere Nierenerkrankung und *geistige Behinderung* beim männlichen Geschlecht durch ein defektes *Gen* auf dem X-*Chromosom*. Wenige Monate nach der Geburt zeigt sich eine leichte Erregbarkeit, Verlust der motorischen Kontrolle. Im zweiten Lebensjahr zeigen die erkrankten Kinder Selbstbeschädigungsverhalten. Sie sterben aufgrund renaler und neurologischer Schäden früh.

Libido. Siehe *Eros*.

Life Event-Fragebogen. Verfahren, das die subjektiv wahrgenommenen und erlebten Belastungen *(Streß)* einer abgegrenzten Zeit (üblicherweise einem Jahr) erfaßt. Berücksichtigt werden dabei nicht nur negative Ereignisse (z.B. Verlust naher Angehöriger, Scheidung), sondern auch positive (z.B. Heirat, Geburt eines Kindes). Hohe Werte können mit dem Auftreten von Krankheiten in Zusammenhang stehen.

Limbisches System. Phylogenetisch altes, zwischen *Hirnstamm* und Neocortex gelegenes funktionelles System. Kontrolliert viszerale und körperliche Veränderungen, die mit Emotionen einhergehen.

Lithium. Therapeutische Anwendung finden Lithiumchlorid und Lithiumkarbonat bei *manisch-depressiven Störungen* als Dauer- bzw. Intervallbehandlung.

Lobotomie. Operative Durchtrennung der Stirnhirn-*Thalamus*-Verbindung vor allem zur Schmerzausschaltung.

Lockerung der Assoziationen. Ein Denken, bei dem die Sprache durch einen Wechsel der Ideen von einem Thema zum anderen gekennzeichnet ist, wobei die Themen gar nichts oder nur wenig miteinander zu tun haben, ohne daß dies dem Sprecher bewußt wird. Aussagen, denen ein sinnvoller, logischer Zusammenhang fehlt, werden einander gegenübergestellt, oder der Betreffende schweift idiosynkratisch von einem Bezugsrahmen zum anderen. Bei schwerer Assoziationslockerung wird die Sprache inkohärent. Die Lockerung der Assoziationen findet sich bei *Schizophrenie*, bei *manischen* Episoden und bei anderen *Psychosen*.

Löschung (Extinktion). Beseitigung einer *klassisch* oder *operant konditionierten Reaktion* durch wiederholte Vorgabe des *konditionierten Reizes* ohne den *unkonditionierten Reiz* bzw. ohne nachfolgende Verstärkung.

LSD (D-Lysergsäurediäthylamid). *Halluzinogen*, verursacht nach oraler Aufnahme mit einer *Latenz* von 30–120 Minuten auftretende, 5–24 Stunden anhaltende psychotische Erscheinungen. Anfänglich finden sich Verzerrungen der Sinneswahrnehmungen, dann Gefühle der Geist-Körper-Trennung, Verlust des Raum-Zeit-Gefühls, *Halluzinationen*, *Affekt*aktivierung und evtl. Auslösung einer Angstreaktion.

Lustprinzip. In der *psychoanalytischen* Theorie die Grundlage der *Es*-Funktion; das *Es* ist auf sofortige Befriedigung seiner Bedürfnisse aus.

Mäßige geistige Behinderung. Deutliche Beeinträchtigung der allgemeinen intellektuellen Leistungsfähigkeit. Der IQ der Betroffenen liegt zwischen 35 und 49. Kinder mit dieser Behinderung sind „praktisch bildbar". Sie können nach intensivem Training Fertigkeiten erwerben, die sich auf Anziehen, Waschen und Essen beziehen.

Malleus Maleficarum (Der Hexenhammer). Ein von zwei Dominikaner-Mönchen im 15. Jahrhundert geschriebenes Handbuch, das Regeln zur Identifikation von Hexen und für den Prozeß gegen sie enthält.

Manie. Teilerscheinung der *manisch-depressiven Störung*. *Symptome:* heitere Grundstimmung, unbegründeter, strahlender Optimismus, Gehobensein aller Lebensgefühle, Antriebsüberschuß, Enthemmung (evtl. auch Tobsucht), erhöhte Triebhaftigkeit, *Ideenflucht*, Selbstüberschätzung, gesteigertes körperliches Wohlbefinden.

Manisch-depressive (bipolare) Störung. Zuerst von *Kraepelin* beschriebene *affektive Störung*, die durch wechselnde Phasen von *Manie* und *Depression* gekennzeichnet ist.

Marathon-Gruppe. Eine den ganzen Tag oder länger ununterbrochen andauernde Gruppensitzung, typischerweise als Bestandteil eines *Sensitivity*-Trainings, wobei angenommen wird, daß Abwehrhaltungen durch die körperliche und psychische Ermüdung durch die intensive Gruppeninteraktion erschöpft werden können.

Marihuana. Getrocknete Blätter, Blüten und Stengel des Indischen Hanfs. Wirkungen: Siehe *Haschisch*.

Masochismus. Nach dem Schriftsteller *v. Sacher-Masoch* benannte sexuelle Perversion, durch Erduldung körperlicher Mißhandlung, Erniedrigung usw. (meist durch Personen des anderen Geschlechts) in sexuelle Erregung zu geraten.

Massive Entwicklungsstörung, in der Kindheit beginnend. Schwere und anhaltende Behinderung der sozialen Beziehungen, z. B. Fehlen angemessener affektiver Reaktionen, unangemessen anklammerndes Verhalten, Asozialität, Fehlen der *Empathie*. Weitere *Symptome* sind: plötzlich auftretende exzessive *Angst*, eingeengter oder unangemessener *Affekt* (Fehlen angemessener Furchtreaktionen), Widerstand gegen Veränderungen in der Umgebung, Eigentümlichkeiten der Motorik, Anomalien der Sprache, Über- oder Unterempfindlichkeit gegenüber Reizen, Selbstbeschädigung. Die Störung tritt nach dem 30. Lebensmonat und vor dem 12. Lebensjahr auf.

Mediationstheorie. Die Auffassung, daß bestimmte Reize nicht direkt zu einer offenen Reaktion führen, sondern daß sie intervenierende Prozesse aktivieren, die ihrerseits die Reaktion in Gang setzen. Sie bietet eine Erklärung des Denkens, der Triebe, Emotionen auf der Basis von Reiz und Reaktion.

Mediator. Ein erschlossener Zustand, der zwischen dem beobachtbaren Reiz und der beobachtbaren Reaktion liegt, durch den Reiz erzeugt wird und die Reaktion auslöst.

Medizinisches Modell (Krankheitsmodell). Eine Reihe von Annahmen, nach denen abweichendes Verhalten Ähnlichkeiten zu körperlichen Krankheiten aufweist.

Medulla oblongata. Das „verlängerte Mark", der an das Rückenmark anschließende Teil des Zentralnervensystems. Enthält Hirnnervenkerne (ist Ursprung von Hirnnerven), Teile der *Formatio reticularis* und Bahnen, die zum *Großhirn, Thalamus* und *Kleinhirn* führen.

Megalomanie. *Größenwahn*.

Meningen (Hirnhäute). Die drei Schichten nicht-neuralen Gewebes, die das Gehirn und das Rückenmark umhüllen: Dura mater, Arachnoides und Pia mater.

Meningitis (Gehirnhautentzündung). Meistens durch Bakterien verursacht. *Symptome:* Kopf- und Rückenschmerzen, Krämpfe, Nackensteife und -beugeschmerz, Fieber, Bewußtseinstrübung.

Meningokokkenmeningitis. Durch Tröpfcheninfektion übertragbare eitrige *Meningitis*, die durch Neisseria meningitis verursacht wird. Nach einer Inkubationszeit von 1 bis 5 Tagen treten Krankheitsgefühl, Hautausschlag am Rumpf, heftige Kopfschmerzen und die *Symptome* der *Meningitis* auf. Die Krankheit führt bei 10% der betroffenen Personen zum Tod und verursacht bei einem Viertel bleibende Hirnschäden in der Form von cerebralen Lähmungen, Hörstörungen, Sprachdefekten und anderen hirnorganischen *Symptomen*.

Mescalin. Biogenes Amin, aktiver Bestandteil des *Peyotl*, wirkt als *Halluzinogen*.

Metabolismus. Stoffwechsel.

Methadon. Synthetisches *Opioid*, findet Anwendung als Analgetikum und zur Behandlung Heroinabhängiger.

Milieutherapie. Behandlungsverfahren, bei dem die gesamte Umwelt, das Personal und die Patienten der Klinik zu einer „therapeutischen Gemeinschaft" gemacht werden. Alle Mitarbeiter, mit denen der Patient zu tun hat, bringen ihm gegenüber zum Ausdruck, daß er sich normaler und verantwortungsvoller verhalten kann und dies auch tun soll.

Mittelhirn. Der mittlere, zwischen *Pons* und Zwischenhirn gelegene Teil des *Hirnstamms*. Enthält zahlreiche Nervenbahnen, die das Rückenmark, die *Medulla oblongata* und das *Kleinhirn* mit der *Großhirnrinde* verbinden.

MMPI (Minnesota Multiphasic Personality Inventory). Ein aus 566 Items bestehender *Persönlichkeitsfragebogen*, der für klinische Diagnosen entwickelt wurde. Mit dem Fragebogen werden krankhafte und störende psychische Auffälligkeiten erfaßt. Der Test umfaßt 10 klinische Skalen: *Depression* (D), *Hysterie* (Hy), Psychopathie (Pp), Maskuline, feminine Interessen (Mf), *Paranoia* (Pa), Psychasthenie (Pt), Schizoidie (Sc), Hypomanie (Ma), Soziale Introversion, Extraversion. Darüber hinaus verfügt das Verfahren über vier Kontrollskalen.

Modell. Analoge Übertragung von Vorstellungen von einem Fachgebiet auf ein anderes. Beim Versuch, ein Verständnis der Hirnfunktionen zu gewinnen, kann man z. B. die Annahme machen, es funktioniere wie ein Computer.

Mongolismus. Siehe *Down-Syndrom*.

Monismus. Annahme einer Einheit, eines einzigen Prinzips als der Grundlage allen Seins. In psychologischer Hinsicht ist die Lehre, daß Körper und Geist, Leib und Seele eine Einheit darstellen, monistisch. Gegensatz: *Dualismus*.

Monoamine. Organische chemische Verbindungen mit einer Amin(o)gruppe. Einige *Neurotransmitter* gehören in diese Gruppe (*Katecholamin* und *Indolamin*).

Monoaminooxidase (MAO). *Enzym* (in Mitochondrien), das *Monoamine* mit Wasser und Sauerstoff zu entsprechenden Aldehyden, Ammoniak und Wasserstoffperoxid abbaut.

Monoaminooxidase-Hemmer. Substanzen, die den Abbau der *Katecholamin*- und Tryptamingruppe aufheben, so daß durch Aminanreicherung therapeutisch erwünschte zentrale „antidepressive" Wirkungen ausgelöst werden.

Monozygote Zwillinge. Genetisch identische Geschwister, die sich aus einem einzigen befruchteten Ei entwickelt haben.

Moralische Angst. Begriff der *Psychoanalyse*. Furcht des *Ichs* vor Bestrafung oder vor dem Unvermögen, den Verhaltensstandards des *Über-Ichs* zu folgen.

Moralische Behandlung. Therapeutisches Vorgehen, das von *Pinel* zur Zeit der Französischen Revolution eingeführt wurde. Die geistesgestörten Patienten wurden von den ihnen auferlegten Fesseln befreit und mit Mitgefühl und Würde statt mit Verachtung und Ausstoßung behandelt. Ähnliche Zuwendung vermittelt die *Milieutherapie*.

Morphin, Morphium. Wichtigstes *Alkaloid* des *Opiums;* stark wirkendes Analgetikum (suchterzeugendes Betäubungsmittel).

Münz-System (Token-economy). Verfahren der Verhaltensmodifikation, das auf den Prinzipien des *operanten Konditionierens* beruht. Patienten erhalten z. B. *Belohnungen* für sozial konstruktives Verhalten in der Form von Chips, die später für erwünschte Dinge wie Zigaretten oder zusätzliche Freizeitaktivitäten eingetauscht werden können.

Multiple Persönlichkeit. Seltene *dissoziative Störung*, bei der zwei oder mehrere unterschiedliche und voneinander getrennte Persönlichkeiten in einer Person existieren. Jede dieser Persönlichkeiten hat seine eigenen Erinnerungen, Kontakte und Verhaltensweisen. Nur eine einzige ist zu einem bestimmten Zeitpunkt dominant.

Mutismus. Unfähigkeit oder Weigerung zu sprechen.

Myxödem. Bei *Schilddrüsen*unterfunktion die trockene, rauhe, wachsartige, blaß-fahle Haut im Gesicht und an den Gliedmaßen (Handrücken), meist kombiniert mit trockenen brüchigen Nägeln und schütterem Haar.

Narkotikum. Kurz-, mittel- oder langfristig wirkendes Mittel, das eine Narkose hervorruft und bei dosierter Anwendung die Funktion lebenswichtiger Zentren (Atmung, Kreislauf) nicht wesentlich beeinträchtigt.

Nebennieren. Zwei kleine Organe, die auf den Nieren sitzen. Die innere Schicht, das Mark, produziert die *Hormone Adrenalin* und *Noradrenalin*, die äußere, die Rinde, *Kortison* und andere Stereoide.

Negativismus. Verweigerung der adäquaten Antwort auf einen Außenreiz, d.h. fehlende Reaktion oder sogar gegenteiliges Handeln; *Symptom* der *Schizophrenie*.

Neologismus. Ein vom Sprechenden selbstkonstruiertes Wort, das für einen Zuhörer gewöhnlich bedeutungslos ist.

Neoplasma. Siehe *Tumor*.

Neurodermitis. Ursprünglich Sammelbegriff für krankhafte Hautveränderungen, bei denen eine Beteiligung des Nervensystems vermutet wurde; heute beschränkt auf vor allem an Ellenbeugen, Kniekehlen, Hals und Kopfhaut auftretende, stark juckende Herde.

Neuroleptika. Antipsychotisch wirkende Substanzen. Sie bewirken eine Reduzierung des vitalen Antriebs, Dämpfung von Erregung und Aggressivität (ohne Eintrübung des Bewußtseins oder Störung der Kritikfähigkeit), Dämpfung von Spontanbewegungen und der Ausdrucksmotorik.

Neurologie. Fachgebiet der Medizin: Diagnostik, nichtoperative Therapie, *Prävention*, Rehabilitation und Begutachtung von Erkrankungen des zentralen, peripheren und vegetativen Nervensystems und der Muskulatur.

Neuron. Eine einzelne Nervenzelle.

Neurose. Seit *Freud* Bezeichnung für psychisch bedingte Gesundheitsstörung, deren *Symptome* unmittelbare Folge und/oder symbolischer Ausdruck eines unbewußten, in der Kindheitsentwicklung verwurzelten seelischen Konflikts sind. In der Regel von einer *Psychose* eindeutig abgrenzbar.

Neurosyphilis (Progressive Paralyse). Spätphase der Syphilis, gekennzeichnet durch das Eindringen des Erregers Triponema pallidum in das Nervensystem. *Symptome* sind Sehstörungen, *Tremor* und Sprechstörungen, sowie intellektuelle Beeinträchtigung, aber auch psychotische Störungen.

Neurotische Angst. In der psychoanalytischen Theorie *Angst* vor den Konsequenzen des Äußerns früher bestrafter *Es*-Impulse. Allgemeiner: unrealistische Angst.

Neurotizismus. In *Eysencks* Persönlichkeitstheorie eine Dimension, die sich darauf bezieht, wie leicht Personen autonom erregt werden.

Neurotransmitter. Chemische Substanz, die für die Übertragung eines Nervenimpulses von einem *Neuron* zu einem anderen wichtig ist.

Niemann-Pick-Krankheit. Vererbte Störung des Lipid (Fett)-Stoffwechsels, die zu *geistiger Behinderung*, Lähmung und frühem Tod führt.

Nikotin. Haupt*alkaloid* des Tabaks.

Noradrenalin. Ein *Katecholamin,* das ein *Neurotransmitter* des Zentralnervensystems ist. Störungen im Noradrenalinhaushalt spielen anscheinend bei der *Depression* und bei der *Manie* eine Rolle. Es ist auch ein Neurotransmitter, der an den Nervenendigungen des *sympathischen Nervensystems* freigesetzt wird, und ein Hormon, das neben *Adrenalin* im Nebennierenmark gebildet und sezerniert wird und ähnliche Wirkungen wie *Adrenalin* hat; ein starker Vasokonstriktor.

Normalverteilung. Stetige Wahrscheinlichkeitsverteilung, die sich immer dann ergibt, wenn eine Zufallsvariable der Wirkung zahlreicher Variationsfaktoren ausgesetzt ist und die Abweichungen durch diese Faktoren unabhängig und von der gleichen Größenordnung sind. Graphische Darstellung als sog. ,,Glockenkurve".

Nosologie. Systematische Beschreibung und Lehre von den Krankheiten; Teilgebiet der *Pathologie*.

Nucleus. Ansammlung von Nervenzellkörpern innerhalb des Gehirns oder Rückenmarks, durch die absteigende Nervenfasern mit aufsteigenden verbunden werden.

Objektangst. In der psychoanalytischen Theorie die Reaktion des *Ichs* auf eine reale Gefahr. Synonym: realistische Angst.

Objektwahl. Die dritte Stufe in der Gefühlsentwicklung des Kindes gegen Ende des 1. Lebensjahres, in der das Kind ,,eine gefühlsbetonte Objektwahl" trifft, d.h. seine Gefühle solchen Menschen zuwendet, die ihm wegen ihrer Fürsorge usw. angenehm sind, und sie von unangenehmen, Furcht oder Unlust erregenden Menschen abwendet. In dieser Phase beginnt es auch, sich selbst als Ursache von Erfolg und Mißerfolg zu empfinden.

Occipitallappen. Der rückwärtige Bereich der Großhirnhemisphären hinter dem *Parietal-* und über dem *Temporallappen*. Hier werden visuelle Informationen analysiert und verarbeitet.

Ödipus-Komplex. In der psychoanalytischen Theorie der Wunsch des männlichen Kindes, seine Mutter sexuell zu besitzen und den Vater-Rivalen zu beseitigen, und der mit diesem Wunsch verbundene Konflikt. Die drohende Bestrafung durch den Vater veranlaßt den Jungen dazu, diese *Es*-Impulse zu *verdrängen*. Mädchen haben ein ähnliches sexuelles Verlangen nach dem Vater, das auf analoge Weise verdrängt und als ,,Elektra-Komplex" bezeichnet wird.

Östrogen. Weibliches Sexualhormon, das vor allem in den Ovarien produziert wird. Stimuliert die Entwicklung und trägt zum Fortbestehen der sekundären Geschlechtsmerkmale bei.

Operantes Konditionieren. Technik zur Modifikation von Verhalten durch kontingent erfolgende Belohnung *(Verstärkung)* oder *Bestrafung*.

Operationale Definition. Eine Definition eines theoretischen Konstrukts durch eine Reihe beobachtbarer Operationen, die gemessen werden können.

Opium. Aus unreifen Kapseln von Papaver somniferum durch Anritzen gewonnener und luftgetrockneter Milchsaft. Bräunliche Masse mit 37 *Alkaloiden* (vor allem *Morphin*, Codein, Narcotin, Papaverin). Wurde früher als starkes Analgetikum verwendet, starke *Sucht*gefahr.

Orales Stadium. In der psychoanalytischen Theorie das erste *psychosexuelle Stadium*, das sich bis in das zweite Lebensjahr erstreckt und bei dem der Mund die wichtigste erogene Zone ist.

Organisches Psychosyndrom. Psychische Störung, bei der das abweichende Verhalten auf eine eindeutige organische Ursache zurückgeführt werden kann.

Pädophilie. Die Durchführung oder Vorstellung einer sexuellen Betätigung mit präpubertären Kindern ist die bevorzugte oder auschließliche Methode zur Erlangung sexueller Erregung. Die Pädophilie gehört zur Gruppe der *Paraphilien*.

Paniksyndrom. Eine *Angststörung*, bei für den Betroffenen plötzliche und unerklärliche Attacken unangenehmer körperlicher *Symptome* wie Atemnot, Herzklopfen, Benommenheit, Zittern, Furcht und das Gefühl einer bevorstehenden Ohnmacht auftreten.

Paradigma. Eine Reihe grundlegender Annahmen, die einen Bereich der Forschung festlegen. Dadurch sind die als legitim angesehenen Konzepte genauso festgelegt wie die Methoden zur Sammlung und *Interpretation* von Daten.

Paradigmenkonflikt. Der Konflikt, der dadurch entsteht, daß eine grundsätzliche neue Annahme ein vorherrschendes *Paradigma* zu ersetzen droht. Beispiel: Die Zurückweisung des Begriffs des Unbewußten, wie er in der *Psychoanalyse* verwendet wird, durch den *Behaviorismus*.

Paranoia. Allgemeiner Begriff für systematisierte *Wahn*ideen bei sonst ungestörten psychischen Funktionen. Häufig in der Form von *Verfolgungs-* oder *Größenwahn*. Tritt bei Paranoider Störung, bei *Schizophrenie* und bei der Paranoiden *Persönlichkeitsstörung* auf. Derartige Wahnideen können auch durch große Dosen bestimmter Substanzen wie *Kokain* oder Alkohol ausgelöst werden.

Paranoider Typus. Form der *Schizophrenie*, bei der *Verfolgungswahn, Größenwahn*, Eifersuchtswahn oder *Halluzinationen* mit Verfolgungs- oder Größeninhalten im Vordergrund stehen.

Paraphilie. Gruppe von psychischen Störungen, deren Hauptmerkmal darin besteht, daß ungewöhnliche, bizarre Vorstellungen oder Handlungen zur sexuellen Erregung erforderlich sind. Derartige Vorstellungen oder Handlungen sind meist anhaltend und werden unfreiwillig wiederholt, sie beinhalten im allgemeinen entweder 1. die Bevorzugung eines nichtmenschlichen Objekts zur sexuellen Erregung, 2. wiederholte sexuelle Betätigung mit Menschen, bei der reale oder simulierte Leiden oder Demütigungen zugefügt werden oder 3. wiederholte sexuelle Betätigung mit nicht einverstandenen Partnern.

Parasympathisches Nervensystem. Der Teil des *autonomen Nervensystems*, der für die Erhaltung des Organismus eine Rolle spielt; es kontrolliert viele innere Organe und ist vor allem dann im aktivierten Zustand, wenn sich der Organismus in Ruhe befindet.

Parataxische Verzerrung. Nach dem *Ich-Analytiker Harry Stack Sullivan* eine unbewußte Fehlinterpretation der Realität, die ihren Ursprung in einer Desorganisation zwischenmenschlicher Beziehungen in der Kindheit hat und sich auf alle späteren Beziehungen auswirkt.

Parietallappen. Der mittlere Teil der Großhirnhemisphären, der hinter dem *Sulcus centralis* und über dem *Sulcus lateralis* liegt. Zentrum für die Empfindungen aus der Haut und aus der Stellung des Körpers im Raum.

Parkinson-Krankheit. Durch Degeneration der Substantia nigra ausgelöster Mangel am *Neurotransmitter Dopamin*. *Symptome* der Krankheit sind Muskeltremor, steife Körperhaltung, kleinschrittiger Gang, maskenähnliches, ausdrucksloses Gesicht.

Pathologie. Lehre von den abnormen und krankhaften Vorgängen und Zuständen im Körper und deren Ursachen.

Penisplethysmograph. Vorrichtung zur Aufzeichnung von Veränderungen in der Penisgröße und damit des Blutstroms und der Erektion.

Peptisches Ulcus (Magen-Darm-Geschwür). Eine Läsion in der Magen- oder Duodenalwand, die durch übermäßige Sekretion von Salzsäure oder eine erhöhte Empfindlichkeit der Schleimhaut für deren Verdauungswirkung verursacht wird. Im allgemeinen als *psychophysiologische Störung* betrachtet.

Persönlichkeitsfragebogen. Besonders konstruierter Fragebogen zur Erfassung der Ausprägung von Persönlichkeitseigenschaften. Die Fragen (oder Items) zielen nicht auf die Erfassung von realen Gegebenheiten, sondern der Befragte soll eine Art Selbstbeurteilung vornehmen, die dann Rückschlüsse auf sein Verhalten, seine Gefühle, seine Gepflogenheiten usw. gibt.

Persönlichkeitsstörungen. Persönlichkeitsmerkmale, die starr und schlecht angepaßt sind, sowie entweder zu wesentlichen Beeinträchtigungen der sozialen oder beruflichen Leistungen führen oder subjektive Beschwerden verursachen. Sie sind bereits in der Adoleszenz oder früher zu erkennen und setzen sich während des größten Teils des Erwachsenenlebens fort, obwohl sie im mittleren oder höheren Lebensalter oft weniger auffällig werden.

Petit mal-Epilepsie. Form der *Epilepsie*, die durch kurzzeitige Bewußtseinsänderungen gekennzeichnet ist. Ist bei Kindern häufiger als bei Erwachsenen.

Peyotl. Rauscherzeugende mexikanische Droge aus den Wurzeln des Peyotl-Kaktus. Der aktive Bestandteil ist *Mescalin*.

Phänomenologie. Richtung der Psychologie, welche die subjektiv wahrgenommene Welt zum Gegenstand der Untersuchung macht.

Phänotyp. Die Gesamtheit der genetisch festgelegten bei einem Individuum beobachtbaren Merkmale. Vergleiche: *Genotyp*.

Phallisches Stadium. In der psychoanalytischen Theorie das dritte *psychosexuelle Stadium*, das im Alter von 3 bis 6 Jahren erreicht wird. Die größte Befriedigung wird durch genitale Stimulation erreicht.

Phenylketonurie (PKU). Brenztraubensäureschwachsinn. Autosomal-rezessiv erbliche Stoffwechselstörung, die unbehandelt zu *geistiger Behinderung*, verzögerter körperlicher Entwicklung und zu Krampfanfällen führt. Bei einer Frühdiagnose ist bei einer streng phenylalaninarmer Diät eine weitgehend normale Entwicklung möglich.

Phobische Störung (Phobie). Das Hauptmerkmal ist eine anhaltende und irrationale Furcht vor einem bestimmten Objekt, einer Tätigkeit oder einer Situation, die zu dem drängenden Wunsch führt, das gefürchtete Objekt, die Tätigkeit oder die Situation zu vermeiden. Die Furcht wird vom Betroffenen als übermäßig und irrational, gemessen an der tatsächlichen Gefährlichkeit des Objekts, der Tätigkeit oder der Situation, erkannt.

Physiologie. Wissenschaft von den normalen Lebensvorgängen.

Physiologisches Paradigma. Theoretischer Standpunkt, nach dem abweichendes Verhalten und psychische Störungen auf abnorme somatische Prozesse zurückzuführen sind.

Picksche Krankheit. Erbliche, spezifisch-degenerative *Encephalopathie* mit zunehmendem Persönlichkeitsverfall und *Demenz*. Tritt frühestens ab dem 40. Lebensjahr auf und ist gekennzeichnet durch: Ermüdbarkeit, Unfähigkeit, schwierigere Probleme zu lösen, abstrakt zu denken (bei lange erhaltenem Gedächtnis), Verfall sozialer Bindungen.

Placebo. Wirkstoff-freies, äußerlich nicht vom Original unterscheidbares ,,Leer-" oder ,,Scheinmedikament", das aber trotzdem eine Wirkung haben kann.

Plateauphase. Das zweite sexuelle Aktivierungsstadium, während dessen die Erregung und Spannung ein stabiles hohes Niveau erreicht haben, bevor es zum Orgasmus kommt.

Pons. Bereich des *Hirnstamms*, der Nervenbahnen enthält, die das *Kleinhirn* mit dem Rückenmark und mit den motorischen Bezirken des *Großhirns* verbinden.

Posttraumatische Belastungsreaktion. Ausbildung charakteristischer Symptome nach einem psychisch traumatischen Ereignis, das im allgemeinen außerhalb der üblichen menschlichen Erfahrung liegt. *Symptome:* Wiedererleben des traumatischen Ereignisses, Erstarren der Reagibilität auf oder verminderte Anteilnahme an der äußeren Welt, Vielzahl vegetativer, dysphorischer oder kognitiver Symtome. Vgl. auch *Kriegsneurose*.

Prädisposition. Die entweder angeborene oder erworbene Tendenz, auf eine bestimmte Weise zu reagieren. Dadurch kann die Fähigkeit, Belastungen zu ertragen, vermindert sein und so den Organismus anfälliger machen.

Prägung. Die irreversible Aneignung eines Verhaltens durch ein Lebewesen während einer kritischen Phase der Entwicklung.

Prämorbide Anpassung. In der *Schizophrenie*forschung die soziale Anpassung des Individuums vor Stellung der Diagnose oder dem Auftreten der *Symptome*. Patienten mit einer guten Anpassung waren sozial gut integriert und der Krankheitsverlauf ist in diesen Fällen günstiger.

Präsenile Demenz. Die im mittleren Lebensalter (5. Lebensjahrzehnt) auftretende Formen der *Demenz*, z. B. die *Picksche Krankheit* oder die *Chorea Huntington*.

Prävalenz. Häufigkeit aller Fälle einer bestimmten Krankheit in einer Population zum Zeitpunkt der Untersuchung. Vergleiche *Inzidenz*.

Primärer Narzißmus. In der *psychoanalytischen* Theorie der Teil des *oralen Stadiums* der psychosexuellen Entwicklung, während dessen sich das *Ich* noch nicht vom *Es* getrennt hat.

Primärprozeß. In der *psychoanalytischen* Theorie eines der Mittel des *Es*, Spannung zu reduzieren, nämlich durch Vorstellung dessen, was es sich wünscht.

Produkt-Moment-Korrelation. Parametrisches Verfahren zur Bestimmung des Ausmaßes der Wechselbeziehungen zwischen zwei quantitativen *Variablen*. Die Werte liegen zwischen +1.0 und −1.0.

Prognose. Voraussage des wahrscheinlichen Verlaufs und des Endzustands einer Krankheit.

Projektion. *Abwehrmechanismus*, bei dem Merkmale oder Wünsche, die für das *Ich* nicht akzeptabel sind, einer anderen Person zugeschrieben werden.

Projektiver Test. Diagnostisches Verfahren, bei dem Vorlagen verwendet werden, die unstrukturiert sind. Die von dem Getesteten vorgenommene Strukturierung läßt Rückschlüsse auf Motive und die Persönlichkeitsstruktur zu. Beispiele für derartige Tests sind der *Rorschach-Test* und der *TAT (Thematischer Apperzeptionstest)*.

Pronomenumkehr. Sprachproblem, bei dem das Kind sich selbst mit „er" und „du" bezeichnet und „ich" oder „mich" zur Bezeichnung anderer verwendet. Tritt bei *autistischen* Kindern auf.

Prozeßforschung. Erforschung der psychologischen Mechanismen, durch die eine Therapie zu einer Besserung führt. Gegensatz: *Ergebnisforschung*.

Psilobycin. *Halluzinogener* Inhaltsstoff mexikanischer Rauschpilze.

Psyche. Die Seele, der Geist oder der Verstand im Gegensatz zum Körper; in der psychoanalytischen Theorie die Gesamtheit des *Es*, des *Ichs*, des *Über-Ichs*, einschließlich bewußter und unbewußter Komponenten.

Psychoaktive Substanz. Eine chemische Verbindung, die eine psychische Wirkung hat, die Stimmung oder Denkprozesse verändert: Beispiel: *Tranquilizer*.

Psychoanalyse. Bezeichnet in erster Linie die von *Freud* entwickelten Techniken der Psychotherapie, zu denen *freies Assoziieren, Traumdeutung* und das Durcharbeiten der *Übertragungsneurose* gehören. In neuerer Zeit bezeichnet der Begriff die zahlreichen Varianten der *Freud*schen Therapie.

Psychodrama. Eine von *Moreno* eingeführte Art der Gruppenpsychotherapie, bei der Patienten ihre Gefühle wichtigen Personen und Situationen ihres Lebens gegenüber in Szene setzen.

Psychodynamisch. Begriff der *psychoanalytischen* Theorie, der sich auf die geistigen und emotionalen Kräfte und Prozesse bezieht, die sich in der frühen Kindheit entwickeln, und deren Auswirkungen auf das Verhalten und den psychischen Zustand.

Psychologischer Test. Standardisiertes Verfahren zur Erfassung von Fertigkeiten (z. B. Rechtschreibung oder Rechnen), Fähigkeiten (z. B. Räumliches Vorstellungsvermögen) oder Persönlichkeitsmerkmalen (z. B. Angst).

Psychomotorische Epilepsie. Form eines epileptischen Anfalls, bei dem Routinehandlungen, gelegentlich auch komplexere Aktivitäten, ausgeführt werden und der Betroffene den Kontakt zur Umwelt verloren hat, ohne anscheinend das Bewußtsein zu verlieren.

Psychopath. Siehe *antisoziale Persönlichkeit*.

Psychopharmaka. Psychoaktive Medikamente, die nach der klinischen Wirkung in folgende Gruppen eingeteilt werden: 1. *Neuroleptika* (Medikamente mit antipsychotischer Wirkung), 2. *Tranquilizer* (Beruhigungsmittel) und 3. *Antidepressiva*.

Psychophysiologische Störung. Eine Störung, in deren Vordergrund körperliche *Symptome* stehen. Gewebsschädigungen in den betroffenen Organen oder Organsystemen können, bedingt durch die ständige Erregung des *autonomen Nervensystems*, auftreten. Magengeschwüre sind dafür ein Beispiel.

Psychose. Vorübergehende oder sich stetig verschlechternde psychische Störung oder Abnormität mit erheblicher Beeinträchtigung psychischer Funktionen, gestörtem Realitätsbezug, mangelnder Einsicht und Fähigkeit, den üblichen sozialen Normen bzw. Lebensanforderungen zu genügen.

Psychosexuelle Dysfunktionen. Hemmung der Appetenz oder der psychophysiologischen Veränderungen, die den normalen sexuellen Reaktionsablauf kennzeichnen.

Psychosexuelle Stadien. In der *psychoanalytischen* Theorie kritische Entwicklungsphasen, die das Individuum durchläuft, wobei jede Phase durch den Körperbereich gekennzeichnet ist, an dem die maximale Befriedigung erlebt wird. Die Persönlichkeit des Erwachsenen hängt von dem Muster und der Intensität der erlebten Triebbefriedigung auf jeder einzelnen Stufe ab.

Psychosexuelle Störungen. Nach dem DSM-III-R umfaßt dieser Begriff die *Paraphilien* und die *psychosexuellen Dysfunktionen*.

Psychosomatische Störung. Siehe *Psychophysiologische Störung*.

Psychotische Depression. *Depression*, die mit *Wahnvorstellungen* und ungerechtfertigten Gefühlen der Wertlosigkeit oder der Schuld verbunden ist.

Psychotizismus. In *Eysencks* Persönlichkeitstheorie eine Dimension, die sich auf den Kontakt zur Realität bezieht.

Q-sort. Etwa 100 Karten, von denen jede mit einer Feststellung (z. B. „Ich habe Zweifel an meiner Fähigkeit.") bedruckt sind, werden von der Testperson nach dem Grad des Zutreffens auf sie selbst oder eine andere Person oder auf ihr Idealbild sortiert. Eine wesentliche Bedeutung hat diese Technik für die Feststellung der Ähnlichkeit zwischen Wunschbild und Selbstbild. Die Verschiebung dieser Beziehung im Verlauf einer therapeutischen Behandlung erlaubt einen guten Einblick in den Erfolg der Therapie.

Rational-emotive Therapie. Von *Albert Ellis* eingeführte *Verhaltenstherapie*, die auf der Annahme aufbaut, daß ein Großteil gestörten Verhaltens eine Funktion dessen ist, was die Personen erwarten. Die Therapie zielt direkt darauf ab, die Ziele, die sich die Individuen setzen, zu ändern, insbesondere die, die unrealistisch sind.

Raynaud-Krankheit. *Psychophysiologische Störung*, bei der die Kapillaren, insbesondere der Finger und Zehen Spasmen aufweisen. *Symptome* sind kalte und feuchte Hände, die mit Schmerzen einhergehen. Lokale Gewebsveränderungen sind eine häufige Folge.

Reaktionsbildung. *Abwehrmechanismus*, durch den ein unbewußter und unakzeptabler Impuls, der zur *Angst* führen würde, in sein Gegenteil verkehrt wird, so daß er bewußt werden und ausgedrückt werden kann.

Refraktärphase. An erregbaren Membranen der Zeitraum unmittelbar nach einer Erregung, in dem die Membran infolge der Inaktivierung des Natriumsystems völlig unerregbar ist. Entspricht zeitlich dem Aktionspotential (ohne Nachpotential), beträgt bei Nervenfasern 2, am Herzmuskel 200–500 msec.

Regression. *Abwehrmechanismus*, bei dem *Angst* durch Rückgriff auf Verhaltensmuster eines früheren *psychosexuellen Stadiums* vermieden wird.

Reliabilität (Zuverlässigkeit). Gütekriterium einer Meßmethode und speziell eines standardisierten Tests, welches die Meßgenauigkeit angibt.

Retrograde Amnesie. Verlust des Gedächtnisses für Ereignisse unmittelbar vor einem traumatischen Ereignis; nach einer Hirnschädigung manchmal auch für Ereignisse, die weit in die Vergangenheit hineinreichen.

Rezessives Gen. Ein *Gen*, das nur dann als Merkmal im *Phänotyp* in Erscheinung tritt, wenn es mit einem gleichartigen bei einem Individuum vorhanden ist.

Rh(esus)-Faktor. Eine erbliche, der Membran der roten Blutkörperchen eigene, durch Rh-Sera nachweisbare Blutgruppeneigenschaft. Rh-positiv sind 95% aller weißen Menschen, Rh-negative Personen sind im Fall der Rh-Sensibilisierung (bei der Schwangerschaft durch Bluttransfusion) zur Bildung von Rhesus-Antikörpern befähigt. Der Fötus kann dadurch geschädigt werden.

Röteln. Durch das Rötelnvirus verursachte akute Infektionskrankheit, die vor allem bei Kindern und Jugendlichen auftritt und eine lebenslange stabile Immunität hinterläßt. Wenn diese Infektionskrankheit bei einer werdenden Mutter in den ersten drei Schwangerschaftsmonaten auftritt, besteht ein großes Risiko für das Kind. Zu erwarten sind Mißbildungen (Herzmißbildung, Innenohrschwerhörigkeit, Glaukom, Hornhauttrübung) und *geistige Behinderung*.

Rorschach-Test. *Projektives Testverfahren*, bei dem einer Testperson nacheinander 10 Tafeln mit teilweise mehrfarbigen Klecksbildern mit der Bitte vorgelegt werden, mitzuteilen und zu zeigen, was sie darin sieht.

Sadismus. Deutliche Vorliebe dafür, sexuelle Befriedigung durch das Zufügen von Schmerzen zu erreichen oder zu vermehren.

Schilddrüse. Endokrine hufeisenförmige Drüse, die um die Luftröhre liegt. Die Schilddrüsenhormone Thyronin und *Thyroxin* steuern den Sauerstoffverbrauch und die Wärmeproduktion, über den Stoffwechsel auch das Wachstum und die körperliche Entwicklung.

Schizophrenia simplex. Symptomarme, auf die Grundsymptome (Dissoziation des Denkens und affektive Verarmung) beschränkte Form der *Schizophrenie*.

Schizophrenie. Gruppe psychotischer Störungen, die durch ausgeprägte Störungen des Denkens, der Emotionen und des Verhaltens gekennzeichnet sind. *Denkstörungen*, bei denen zwischen den Gedanken kein logischer Zusammenhang besteht, fehlerhafte Wahrnehmung und Aufmerksamkeit; bizarre Störungen der motorischen Aktivität; Beeinträchtigung der Verbindung zwischen Wahrnehmung und Emotion, was zu flachen, unangemessenen, ambivalenten oder labilen Emotionen führt; verminderte Toleranz für Belastungen aus zwischenmenschlichen Beziehungen, was dazu führt, daß sich der Patient von anderen Menschen und von der Realität häufig in ein Phantasieleben von *Wahn*vorstellungen und *Halluzinationen* zurückzieht.

Schlafkrankheit. Siehe *Encephalitis lethargica*.

Schulphobie. Eine akute, irrationale *Angst* vor dem Schulbesuch, häufig mit somatischen Beschwerden einhergehend; die häufigste *Phobie* der Kindheit.

Schwere geistige Behinderung. Starke Beeinträchtigung der intellektuellen Leistungsfähigkeit mit IQ-Werten zwischen 20 und 34. Die Betroffenen sind kaum in der Lage für sich selbst zu sorgen.

Sedativum. Eine Substanz, die die Körperaktivitäten verlangsamt, insbesondere diejenigen des Zentralnervensystems; angewandt zur Verminderung von Schmerz und Spannung und zur Erzeugung von Entspannung und Schlaf.

Sehr schwere geistige Behinderung. Sehr starke Beeinträchtigung der intellektuellen Leistungsfähigkeit. Der IQ liegt unter 20.

Sekundärprozeß. Das von der Realität ausgehende Treffen von Entscheidungen und Problemlösen des Ichs; vergleiche Primärprozeß.

Senile Demenz. Im höheren Lebensalter beginnende *Demenz* durch eine allgemeine Hirnatrophie oder die *Alzheimersche Krankheit.*

Senile Plaques. Veränderungen in der Struktur des Großhirngewebes. Sie bestehen aus einem Amyloidkern, der von degenerierten neuronalen Fortsätzen und reaktiven nicht-neuronalen Zellen umgeben ist. Die senilen Plaques finden sich in hoher Konzentration bei *Dementen.*

Sensitivity-(encounter)-Gruppe. Eine Gruppe von Personen, die eine bestimmte Zeit zusammen verbringen. Die Teilnehmer werden ermutigt oder dazu gezwungen ihre häufig unterdrückten Gefühle sich selbst und anderen gegenüber zu erkunden und zu äußern.

Serotonin. Biogenes Amin, *Neurotransmitter.*

Skinner-Box. Apparatur für Tierexperimente, die eine Vorrichtung enthält, mittels derer bei Druck auf einen Hebel ein Stück Futter in einen Behälter fällt. Während das Tier gewöhnlich zunächst nur durch einen Zufall die richtige Bewegung macht, wird sein Verhalten mit der Zeit zielgerichtet. Der Lernerfolg wird durch die *operante Konditionierung* erklärt.

Soma. Die Gesamtheit der körperlichen Ausstattung eines Individuums.

Somatisierungssyndrom. Psychische Störung, bei der Patienten medizinische Hilfe für andauernde und multiple körperliche Beschwerden suchen, die keine körperlichen Ursachen haben. Die medizinische Vorgeschichte ist kompliziert und wird häufig dramatisch dargestellt. Vergleiche auch *Hypochondrie.*

Somatoforme Störungen. Störungen, bei denen körperliche *Symptome* eine körperliche Krankheit nahelegen, für die jedoch keine Ursache zu finden ist. Es wird daher angenommen, daß diese Störungen in Verbindung mit psychischen Konflikten und Bedürfnissen stehen, aber nicht willentlicher Kontrolle unterliegen. Zu diesen Störungen gehören: *Somatisierungssyndrom, Konversionssyndrom* (oder Hysterische Neurose), Psychogenes Schmerzsyndrom und *Hypochondrie.*

Somatogenese. Entwicklung aus körperlichen Ursprüngen im Gegensatz zur Entwicklung aus psychischen Ursprüngen.

Sozioökonomischer Status. Durch Beruf, Einkommen und Ausbildung bestimmte relative Position in der Gesellschaft.

Spiegelmethode. Eine Technik des Psychodramas, bei der eine Person eine andere, die sie nachahmt, beobachtet und so eine bessere Vorstellung davon gewinnt, wie sie von anderen gesehen wird.

Stabilität-Labilität. Dimension zur Klassifizierung der Reaktionsbereitschaft des *autonomen Nervensystems.* Labile Individuen sind diejenigen, bei denen eine große Vielfalt von Stimuli zur autonomen Erregung führen kann.

Statistische Signifikanz. Bezieht sich auf Unterschiede, die nur mit geringer Wahrscheinlichkeit zufällig auftreten und daher als bedeutsam eingestuft werden.

Stellvertretendes Konditionieren (Vicarious conditioning). Lernen durch die Beobachtung der Reaktionen anderer auf bestimmte Reize oder durch Zuhören.

Stimulans. Substanz, die Wachheit und motorische Aktivität vermehrt und gleichzeitig Müdigkeit verringert und es so einem Individuum ermöglicht, über einen ausgedehnten Zeitraum hinweg wach zu bleiben.

Störungen der Geschlechtsidentität. Inkongruenz zwischen anatomischem Geschlecht und dem Gefühl der Zugehörigkeit zu einem Geschlecht. Die Störung kann bereits im Kindesalter auftreten.

Streß. Reize, welche die physiologischen oder psychologischen Kapazitäten des Organismus belasten.

Subdurales Hämatom. Venöser Bluterguß zwischen den Hirnhäuten, vor allem nach Schädelverletzungen; führt bei größerer Blutung zu zunehmendem Hirndruck, wobei nach freiem Intervall Bewußtlosigkeit auftritt.

Substanzinduzierte Störungen. Störungen, bei denen Substanzen wie Alkohol und *Kokain* in einem so starken Ausmaß konsumiert werden, daß das Verhalten nicht mehr angepaßt ist. Soziale und berufliche Leistungen sind beeinträchtigt. Kontrolle des Konsums und Abstinenz wird unmöglich. Die Weiterverwendung der Droge kann entweder auf Abhängigkeit oder *Sucht* zurückgeführt werden.

Sucht. Siehe *Drogensucht.*

Sulcus. Furche in der Großhirnrinde, die nebeneinanderliegende Windungen oder *Gyri* voneinander trennt.

Sulcus centralis. Große Furche, die in der Mitte der oberen und lateralen Oberfläche jeder Großhirnhemisphäre verläuft und den *Frontallappen* vom *Parietallappen* trennt.

Sulcus lateralis. Große horizontale Furche längs der Seite jeder Großhirnhemisphäre, die den *Frontal-* und den *Parietallappen* vom *Temporallappen* trennt.

Sympathisches Nervensystem. Der Teil des *autonomen Nervensystems*, der so auf Körpersysteme einwirkt, daß der Organismus auf Erschöpfung, emotionale Belastung und extreme Kälte vorbereitet wird, z. B. durch Kontraktion der Blutgefäße, Verlangsamung der Peristaltik und Beschleunigung des Herzschlags.

Symptom. Beobachtbare physiologische oder psychologische Manifestation einer Krankheit.

Synapse. Kontaktstelle zwischen Nervenzellen, in der die Übertragung der Aktionspotentiale erfolgt und zwar beim Menschen vor allem biochemisch durch die *Neurotransmitter*.

Syndrom. Eine Gruppe oder ein Muster von *Symptomen*, die bei einer bestimmten Krankheit meist gemeinsam vorhanden sind.

Systematische Desensibilisierung. Verfahren der *Verhaltenstherapie*, bei dem von einer Person, die *Angst* hat, verlangt wird, sich in tiefer Entspannung eine Reihe progressiv mehr Angst erzeugender Situationen vorzustellen. Die beiden Reaktionen der Entspannung und der Angst sind miteinander nicht vereinbar und die Angst wird so vermindert.

Tachykardie. Herzrasen, häufig verbunden mit hohem Angstniveau.

Tarantismus. Im 13. Jahrhundert in Westeuropa verbreiteter, manieartiger Zustand mit wilden Tänzen, angeblich durch den Biß einer Tarantel ausgelöst.

Taylor Manifest Anxiety Scale (TMAS). 50 aus dem *MMPI* stammende Items, die als Fragebogen zur Angstdiagnostik verwendet werden.

Tay-Sachs-Krankheit. Eine Störung des Fett(Lipid-) Stoffwechsels, die zu *schwerer geistiger Behinderung*, Muskelschwäche, schließlich zu Blindheit und etwa im dritten Lebensjahr zum Tod führt.

Temporallappen. Ein großer Bezirk der Großhirnhemisphären unterhalb des *Sulcus lateralis* und vor dem *Occipitallappen;* enthält vor allem auditive Projektions- und Assoziationsbezirke und allgemeine Assoziationsbezirke.

Testosteron. Männliches Sexualhormon, das von den Hoden produziert wird; verantwortlich für die Ausbildung der sekundären männlichen Geschlechtsmerkmale wie zum Beispiel der Vergrößerung der Hoden und das Wachstum des Barthaars.

Tetrahydrocannabiol (THC). Die hauptsächliche Wirksubstanz in *Marihuana* und *Haschisch*.

Thalamus. Wichtige Relais-Station des Gehirns, die aus zwei eiförmigen Lappen besteht und im *Diencephalon* lokalisiert ist; erhält Impulse von allen sensorischen Bezirken, ausgenommen vom olfaktorischen, und überträgt sie auf das *Großhirn*.

Thanatos. In der *psychoanalytischen* Theorie der Todestrieb, der zweite der zwei grundlegenden Triebe im *Es*, neben dem *Eros*.

Thematischer Apperzeptionstest (TAT). *Projektiver Test*, der aus einer Reihe (20) von Bildern ambivalenter Situationen besteht, zu denen die Testpersonen jeweils eine Geschichte erzählen soll.

Theorie der spezifischen Reaktion. Annahme, daß ein Individuum eine bestimmte *psychophysiologische Störung* deshalb entwickelt, weil sie eine angeborene Tendenz des *autonomen Nervensystems* aufweist, in bestimmter Weise auf *Streß* zu reagieren, z. B. durch einen beschleunigten Herzschlag oder eine Erhöhung der Sekretion von Magensaft.

Thiamin. Vitamin des B-Komplexes.

Thyroxin. Hormon, das von der *Schilddrüse* produziert wird; nimmt an der Regulation des Kohlehydrat-Stoffwechsels teil und bestimmt so das Aktivitätsniveau und bei Kindern das Wachstum, die Entwicklung und die intellektuelle Leistungsfähigkeit.

Toleranz. Zum Wirkungsabfall eines wiederholt gegebenen Pharmakons führende Anpassung des Organismus an die Substanz. Vor allem bei Drogenabhängigkeit werden immer größere Mengen zur Erreichung der gleichen Wirkung benötigt.

Tonische Phase. Zustand rigider Muskelspannung und Atemstillstand bei einem *epileptischen Grand mal-Anfall*.

Tranquilizer. Medikament, das mäßige bis geringe *Angst*niveaus reduziert; häufig bei neurotischen Störungen verwandt; vor allem der Gruppe der Benzodiazepine zugehörig.

Transsexualismus. Überzeugung, einem anderen Geschlecht als dem biologisch bestimmten anzugehören.

Transvestitismus. *Paraphilie*, bei der das Anziehen von Kleidern des anderen Geschlechts, meist zum Zweck sexueller Erregung, im Vordergrund steht.

Trauerarbeit. In *Freuds* Depressionstheorie das Wiedererwecken von Erinnerungen, die mit einer verlorenen Person zu tun haben, durch eine trauernde Person mit dem Ziel, eine Trennung vom Verstorbenen herbeizuführen.

Trauma. Eine schwere körperliche Verletzung oder Verwundung des Körpers, die durch eine äußere Kraft verursacht wird, oder ein psychologischer Schock, der eine anhaltende Wirkung auf das psychische Leben ausübt.

Traumdeutung. Schlüsseltechnik der *Psychoanalyse*, bei der unbewußte Bedeutungen des Traummaterials aufgedeckt werden.

Tremor. Ein unwillkürliches Zittern der Muskulatur, gewöhnlich begrenzt auf die kleinen Muskeln bestimmter Körperbezirke.

Trennungsangst. Angststörung, bei der die exzessive Angst vor einer Trennung von einer Bezugsperson im Vordergrund steht. Möglicherweise eine wichtige Ursache der *Schulphobie*.

Trepanation. Ein grobes chirurgisches Verfahren der Steinzeit, bei dem in den Schädel einer Person, die sich eigenartig verhielt, ein Loch gebohrt wurde, vermutlich um so den bösen Geistern die Flucht zu ermöglichen.

Trisomie. Vorhandensein von drei anstelle des üblichen Paars von *Chromosomen* im Zellkern.

Trizyklische Antidepressiva. Medikamente, die zur Behandlung von *Depression* eingesetzt werden. Sie verhindern die Wiederaufnahme des *Noradrenalins* durch das *Neuron*, nachdem es erregt worden war.

Tumor (Neoplasma). Abnormes Zellwachstum, das, wenn es im Gehirn stattfindet, in jeder Hinsicht gefährlich werden kann. Maligne Tumore zerstören das Hirngewebe direkt, benigne führen zu einer Erhöhung des intrakraniellen Drucks und zu einer sekundären Schädigung des Hirngewebes.

Überflutungstherapie (Implosion therapy). Technik der *Verhaltenstherapie* zur Reduzierung neurotischer *Ängste;* der Klient wird ermuntert, sich die am meisten furchterregenden Situationen vorzustellen, wobei ein Ausweichen aus der Situation durch den Therapeuten verhindert wird.

Über-Ich. In der psychoanalytischen Theorie der Bestandteil der Persönlichkeit, der als Gewissen fungiert und die moralischen Normen der Gesellschaft, wie sie von den Eltern gelehrt werden, widerspiegelt.

Überprüfbarkeit. Das Ausmaß, in dem eine wissenschaftliche Aussage Gegenstand systematischer Prüfung ist, von denen jede den Erwartungen des Wissenschaftlers zuwiderlaufen könnte.

Übertragung. Die positiven oder negativen Gefühle des Analysanden, die dadurch zum Ausdruck kommen, daß er seinen Analytiker als symbolische Repräsentation einer wichtigen Person in seiner Vergangenheit behandelt. Beispiel: Der *Analysand* wird dem Analytiker gegenüber zornig und drückt dabei Emotionen aus, die er eigentlich seinem Vater gegenüber fühlt.

Ulcus. Geschwür; aus einer örtlichen Ursache oder aus einer Allgemeinerkrankung resultierender Substanzverlust der Haut. Im Magen oder Duodenum eine Wandläsion, die durch exzessive Sekretion von Salzsäure verursacht wird; im allgemeinen als *psychophysiologische* Störung betrachtet.

Unabhängige Variable. Der Faktor, die Erfahrung oder die Behandlung bei einem psychologischen *Experiment*, die der Kontrolle durch den Versuchsleiter unterliegen und von denen erwartet wird, daß sie einen Effekt auf die Versuchspersonen haben, der durch Veränderungen in der *abhängigen Variablen* zum Ausdruck kommt.

Unangemessener Affekt. Emotionale Reaktionen, die nicht zum Kontext passen, z.B. Lachen beim Erfahren trauriger Nachrichten.

Unipolare Depression. Bezeichnung für die psychische Störung, bei der die Betroffenen zwar *depressive* Episoden, aber keine Phasen von *Manie* erleiden.

Unkonditionierter Reiz. Reiz, der eine angeborene unkonditionierte Reaktion auslöst; Beispiel: Fleischpulver, das Speichelfluß auslöst.

Unterbewußtsein. In der *psychoanalytischen* Theorie der Teil der Persönlichkeit, insbesondere die *Es*-Impulse oder die *Es*-Energie, deren sich das *Ich* nicht bewußt ist.

Vaginalplethysmograph. Vorrichtung zur Aufzeichnung der Blutmenge in den Wänden der Vagina und damit zur Messung der Erregung.

Vaginismus. Schmerzhafte, krampfartige Kontraktionen des äußeren Drittels der Vaginalwand, das den Koitus fast oder vollständig unmöglich macht.

Validität, ätiologische. Das Ausmaß, in dem sich bei einer Anzahl von Patienten die gleiche Ursache oder die gleichen Ursachen für eine Störung finden lassen. **V., interne.** Das Ausmaß, in dem experimentelle Ergebnisse zuverlässig der Manipulation der *unabhängigen Variable* zugeschrieben werden können. **V., externe.** Das Ausmaß, in dem Forschungsergebnisse auf andere Populationen und Umstände übertragen werden können. **Übereinstimmungs-V.** Das Ausmaß, in dem vorher nicht entdeckte Merkmale bei Patienten mit der gleichen Diagnose gefunden werden. **Voraussage-V.** Das Ausmaß, in dem Voraussagen über das zukünftige Verhalten von Patienten mit der gleichen Diagnose gemacht werden können.

Variable. Ein Merkmal oder Aspekt, hinsichtlich dessen Personen, Objekte, Ereignisse oder Zustände variieren.

Verdrängung. *Abwehrmechanismus*, bei dem Impulse und Gedanken, die für das *Ich* nicht akzeptabel sind, in das Unbewußte verschoben werden.

Verhaltensanalyse. Ermittlung der vorhandenen Bedingungen, Gefühle und des offenen Verhaltens in deren situativem Kontext; im Gegensatz zu *projektiven Tests* und *Persönlichkeitsfragebogen*.

Verhaltensformung (shaping). Beim *operanten Konditionieren* die *Verstärkung* von Reaktionen, die schrittweise näher an dem gewünschten Verhalten liegen.

Verhaltensgenetik. Die Untersuchung individueller Unterschiede im Verhalten, die teilweise Unterschieden in der genetischen Ausstattung zuzuschreiben sind.

Verhaltenstherapie. Anwendung experimentell begründeter Lernprinzipien mit dem Ziel, unangepaßtes Verhalten zu verändern.

Vermeidungslernen. Ein experimentelles Verfahren, bei dem ein neutraler Reiz mit einem unangenehmen gepaart wird, so daß der Organismus lernt, den vorher neutralen Reiz zu vermeiden.

Verstärkung. Beim *operanten Konditionieren* die Erhöhung der Wahrscheinlichkeit, daß eine Reaktion erneut auftreten wird, entweder durch Darbietung eines kontingenten positiven Ereignisses oder durch Beseitigung eines negativen; oder jedes befriedigende Ereignis oder jeder befriedigende Reiz, der eine Reaktion, auf die hin er kontingent erfolgt, belohnt und stärkt und die Wahrscheinlichkeit erhöht, daß die Versuchsperson wieder so reagieren wird.

Versuchsplan mit multiplen Ausgangswerten (multiple-baseline design). Versuchsplan, bei dem zwei Verhaltensweisen eines Individuums für eine Untersuchung ausgewählt werden und eine dieser Verhaltensweisen einer Behandlung unterzogen wird; das nicht behandelte Verhalten dient als Vergleichswert, gegen den die Effekte der Behandlung bestimmt werden können.

Versuchsplan mit Reversion (ABAB-Plan). Versuchsplan, bei dem Verhalten während einer Ausgangsperiode (A), während einer Behandlungsphase (B), während der Wiedereinführung der ursprünglich vorhandenen Bedingungen (A) und einer weiteren Behandlungsphase (B) gemessen wird.

Vineland Social Maturity Scale. Verfahren zur Feststellung der Anzahl altersentsprechender, sozial angepaßter Verhaltensweisen eines Kindes.

Voodoo-Tod. Aus einer symptomatischen *Psychose* mit tödlicher Angst vor einem existenzbedrohenden Zauber resultierendes psychogenes Sterben.

Voyeurismus. Erreichen sexueller Befriedigung durch Beobachten anderer in unbekleidetem Zustand oder während sexueller Aktivitäten.

Wächserne Biegsamkeit. Aspekt der *Katatonie;* die Glieder des Patienten können in eine Vielzahl von Positionen gebracht werden und bleiben dann über ungewöhnlich lange Zeiträume in dieser Stellung.

Wahn. Eine Überzeugung, die zur Realität im Gegensatz steht und trotz des Beweises des Gegenteils unverrückbar beigehalten wird. **Beeinflussungs-W.** Überzeugung, daß man durch eine äußere Kraft, z.B. Radar, Fernsehen oder außerirdische Wesen manipuliert wird. **Größen-W.** Überzeugung, daß man eine besonders wichtige oder mächtige Person ist. **Verfolgungs-W.** Überzeugung, daß man von anderen verfolgt oder bedrängt wird.

Weiße Substanz. Struktur im Zentralnervensystem, die von Bündeln von Bahnen oder Nervenfasern gebildet wird.

Wernicke-Syndrom (Pseudoencephalitis haemorrhagica superior). Stammhirnerkrankung bei chronischem *Alkoholismus* durch Vitamin B-Mangel. Symptome: Verwirrung, Benommenheit, partielle Augenmuskellähmung und unsicherer Gang.

Widerstand. Eine während einer *Psychoanalyse* auftauchende Tendenz, die unbewußten Anteile des *Ichs* abzuwehren, um so zu verhindern, daß besonders bedrohliches, verdrängtes Material ins Bewußtsein gelangt.

Zentralnervensystem. Der Bestandteil des Nervensystems, der bei Wirbeltieren aus dem Gehirn und dem Rückenmark besteht und zu dem alle sensorischen Impulse übertragen werden und von dem motorische Impulse ausgehen; überwacht und koordiniert die Aktivitäten des gesamten Nervensystems.

Zufällige Zuweisung (random assignment). Verfahren, bei dem Versuchspersonen den verschiedenen Bedingungen eines *Experiments* zufällig zugewiesen werden. Das Verfahren trägt dazu bei, daß Unterschiede zwischen den verschiedenen Gruppen keine systematische Ursache haben.

Zwang. Unwiderstehlicher Drang, eine irrationale Handlung immer von neuem zu wiederholen.

Zwei-Faktoren-Theorie. *Mowrers* Theorie des *Vermeidungslernens*, nach der 1. *Angst* mit einem neutralen Reiz durch Paarung dieses Reizes mit einem unangenehmen unkonditionierten Stimulus verbunden wird, und 2. die Person lernt, die durch den *konditionierten Reiz* erzeugte Angst und damit den unkonditionierten Reiz zu meiden.

Zwillingsmethode. Forschungsstrategie der *Verhaltensgenetik*, bei der die *Konkordanz*raten *monozygoter* und *dizygoter* Zwillinge verglichen werden.

Zygote. Befruchtete Eizelle.

Literatur

Abel, C. C., Barlow, D. H., Blanchard, E. B., & Guild, D. (1977). The components of rapists' sexual arousal. *Archives of General Psychiatry*, **34**, 895–903.

Abraham, K. (1911). Notes on the psychoanalytical investigation and treatment of manic-depressive insanity and allied conditions. In E. Jones (Ed.), *Selected papers of Karl Abraham, M.D.* London: Hogarth Press. 1927.

Abrams, R. (1975). What's new in convulsive therapy? In S. Arieti & G. Chrzanowski (Eds.), *New dimensions in psychiatry*. New York: Wiley.

Abramson, L. Y., Garber, J., Edwards, N. B., & Seligman, M. E. P. (1978). Expectancy changes in depression and schizophrenia. *Journal of Abnormal Psychology*, **87**, 102–109.

Abramson, L. Y., Seligman, M. E. P., & Teasdale, J. D. (1978). Learned helplessness in humans. Critique and reformulation. *Journal of Abnormal Psychology*, **87**, 49–74.

Achenbach, T. M. (1982). *Developmental psychopathology*. (2nd ed.). New York: Wiley.

Achenbach, T. M., & Edelbrock, C. S. (1978). The classification of child psychopathology: A review of empirical efforts. *Psychological Bulletin*, **85**, 1275–1301.

Achenbach, T. M., & Edelbrock, C. S. (1981). Behavioral problems and competencies reported by parents of normal and disturbed children aged 4 through 16. *Monographs of the Society for Research in Child Development*, **46**, Serial No. 188.

Adams, E. H., & Durell, J. (1984). Cocaine: A growing public health problem. In J. Grabowski (Ed.), *Cocaine: Pharmacology, effects, and treatment of abuse*. Rockville, Md.: NIDA.

Adams, K. M. (1980). In search of Luria's battery: A false start. *Journal of Consulting and Clinical Psychology*, **48**, 511–516.

Adler, A. (1964). Compulsion neurosis, 1931. In H. L. Ansbacher & R. R. Ansbacher (Eds.), *Superiority and social interest*. Evanston, Ill.: Northwestern University Press.

Agras, S., Sylvester, D., & Oliveau, D. (1969). The epidemiology of common fears and phobias. Unpublished manuscript, 1969.

Akhter, S., Wig, N. N., Varma, V. K., Pershad, D., & Verma, S. K. (1975). A phenomenological analysis of symptoms in obsessive-compulsive neurosis. *British Journal of Psychiatry*, **127**, 342–348.

Albee, G. W., Lane, E. A., & Reuter, J. M. (1964). Childhood intelligence of future schizophrenics and neighborhood peers. *Journal of Psychology*, **58**, 141–144.

Aldrich, C. K., & Mendkoff, E. (1963). Relocation of the aged and disabled: A mortality study. *Journal of the American Geriatrics Society*, **11**, 185–194.

Alexander, F. (1950). *Psychosomatic medicine*. New York: Norton.

Alexander, F., & French, T. M. (1946). *Psychoanalytic therapy*. New York: Ronald Press.

Allderidge, P. (1979). Hospitals, mad houses, and asylums: Cycles in the care of the insane. *British Journal of Psychiatry*, **134**, 321–324.

Allen, M. G. (1976). Twin studies of affective illness. *Archives of General Psychiatry*, **33**, 1476–1478.

Alloy, L. B., & Abramson, L. Y. (1979). Judgment of contingency in depressed and nondepressed students: Sadder but wiser? *Journal of Experimental Psychology: General*, **108**, 441–485.

Allport, G. W. (1961). *Pattern and growth in personality*. New York: Holt, Rinehart and Winston.

American Cancer Society. (1976). *Task force on tobacco and cancer—Target 5*. Report to the Board of Directors, American Cancer Society.

American Heart Association Heart Facts 1982. (1981). Dallas, Texas: American Heart Association.

American Law Institute. (1962). *Model penal code: Proposed official draft*. Philadelphia: The American Law Institute.

American Psychiatric Association. (1980). *Diagnostic and statistical manual of mental disorders*. First edition, 1952; second edition, 1968; third edition, 1980. Washington, D.C.: American Psychiatric Association.

Andersen, B. L. (1983). Primary orgasmic dysfunction: Diagnostic considerations and review of treatment. *Psychological Bulletin*, **93**, 105–136.

Andreasen, N. C. (1979). Thought, language, and communication disorders: II. Diagnostic significance. *Archives of General Psychiatry*, **36**, 1325–1330.

Andreasen, N. C. (1982). Negative symptoms in schizophrenia. Definition and reliability. *Archives of General Psychiatry*, **39**, 784–787.

Andreasen, N. C., & Olsen, S. A. (1982). Negative versus positive schizophrenia. Definition and validation. *Archives of General Psychiatry*, **39**, 789–794.

Andreasen, N. C., Olsen, S. A., Dennert, J. W., & Smith, M. R. (1982). Ventricular enlargement in schizophrenia: Relationship to positive and negative symptoms. *American Journal of Psychiatry*, **139**, 297–302.

Angrist, B., Lee, H. K., & Gershon, S. (1974). The antagonism of amphetamine-induced symptomatology by a neuroleptic. *American Journal of Psychiatry*, **131**, 817–819.

Aragone, J., Cassady, J., & Drabman, R. S. (1975). Treating overweight children through parental training and contingency contracting. *Journal of Applied Behavior Analysis*, **8**, 269–278.

Arieti, S. (1955). *Interpretation of schizophrenia*. New York: Basic Books.

Arieti, S. (1979). New views on the psychodynamics of phobias. *American Journal of Psychotherapy*, **33**, 82–95.

Arkonac, O., & Guze, S. B. (1963). A family study of hysteria. *New England Journal of Medicine*, **268**, 239–242.

Armor, D. J., Polich, J. M., & Stambul, H. B. (1978). *Alcoholism and treatment*. New York: Wiley.

Aronson, E. (1972). *The social animal*. San Francisco: Freeman.

Aronson, E., & Carlsmith, J. R. (1968). Experimentation in social psychology. In G. Lindzey & E. Aronson (Eds.). *The handbook of social psychology: Vol 2. Research methods*. Menlo Park, Calif.: Addison-Wesley.

Ashcroft, G., Crawford, T., & Eccleston, E. S. (1966). 5-Hydroxyindole compounds in the cerebrospinal fluid of patients with psychiatric or neurological disease. *Lancet*, **2**, 1049–1052.

Atchley, R. (1980). Aging and suicide: Reflection of the quality of life. In S. Haynes & M. Feinleib (Eds.), *Proceedings of the Second Conference on the Epidemiology of Aging*. National Institute of Health. Washington, D.C.: U.S. Government Printing Office.

Atthowe, J. M. (1976). Treating the hospitalized person. In W. E. Craighead, A. E. Kazdin, & M. J. Mahoney (Eds.), *Behavior modification: Principles, issues, and applications*. Boston: Houghton Mifflin.

Ausubel, D. P. (1961). Causes and types of narcotic addictions: A psychosocial view. *Psychiatric Quarterly*, **35**, 523–531. (a)

Ausubel, D. P. (1961). Personality disorder is disease. *American Psychologist*, **16**, 69–74. (b)

Ax, A. F. (1953). The physiological differentiation between fear and anger in humans. *Psychosomatic Medicine*, **15**, 433–442.

Ayllon, T., & Azrin, N. H. (1968). *The token economy: A motivational system for therapy and rehabilitation*. New York: Appleton-Century-Crofts.

Bach, G. R. (1966). The marathon group: Intensive practice of intimate interactions. *Psychological Reports*, **181**, 995–1002.

Bagby, E. (1922). The etiology of phobias. *Journal of Abnormal Psychology*, **17**, 16–18.

Bahm, A. K., Chandler, C., & Eisenberg, L. (1961). *Diagnostic characteristics related to service on psychiatric clinics for children.* Paper presented at the 38th Annual Convention of Orthopsychiatry, Munich.

Bakwin, H. (1973). The genetics of enuresis. In J. Kolvin, R. C. MacKeith, & S. R. Meadow (Eds.), *Enuresis and encopresis.* Philadelphia: Lippincott.

Ball, J. C., & Chambers, C. D. (Eds.), (1970). *The epidemiology of opiate addication in the United States.* Springfield, Ill.: Charles C. Thomas.

Baller, W. R. (1975). *Bed-wetting: Origin and treatment.* Elmsford, N.Y.: Pergamon Press.

Bancroft, J. H., Jones, G. H., & Pullan, B. R. (1966). A simple transducer for measuring penile erections, with comments on its use in the treatment of sexual disorders. *Behaviour Research and Therapy,* **4,** 239–241.

Bandura, A. (1969). *Principles of behavior modification.* New York: Holt, Rinehart and Winston.

Bandura, A. (1973). *Aggression: A social learning analysis.* Englewood Cliffs, N.J.: Prentice-Hall.

Bandura, A. (1977). Self-efficacy: Toward a unifying theory of behavioral change. *Psychological Review,* **84,** 191–215.

Bandura, A., Blanchard, E. B., & Ritter, B. (1969). Relative efficacy of desensitization and modelling approaches for inducing behavioral, affective, and attitudinal changes. *Journal of Personality and Social Psychology,* **13,** 173–199.

Bandura, A., Grusec, J. E., & Menlove, F. L. (1967). Vicarious extinction of avoidance behavior. *Journal of Personality and Social Psychology,* **5,** 16–23.

Bandura, A., Jeffrey, R. W. & Bachicha, D. L. (1974). Analysis of memory codes and cumulative rehearsal in observational learning. *Journal of Research in Personality,* **7,** 295–305.

Bandura, A., & Menlove, F. L. (1968). Factors determining vicarious extinction of avoidance behavior through symbolic modeling. *Journal of Personality and Social Psychology,* **8,** 99–108.

Bandura, A., & Perloff, B. (1967). Relative efficacy of self-monitored and externally imposed reinforcement systems. *Journal of Personality and Social Psychology,* **7,** 111–116.

Bandura, A., & Rosenthal, T. L. (1966). Vicarious classical conditioning as a function of arousal level. *Journal of Personality and Social Psychology,* **3,** 54–62.

Bandura, A., & Walters, R. H. (1959). *Adolescent aggression.* New York: Ronald Press.

Bandura, A., & Walters, R. H. (1963). *Social learning and personality development.* New York: Holt, Rinehart and Winston.

Barahal, H. S. (1958). 1000 prefrontal lobotomies: Five-to-ten-year follow-up study. *Psychiatric Quarterly,* **32,** 653–678.

Barbach, L. G. (1975). *For yourself.* New York: Doubleday.

Barber, T. X. (1969). *Hypnosis: A scientific approach.* New York: Van Nostrand Reinhold.

Barber, T. X., & Silver, M. J. (1968). Fact, fiction, and the experimenter bias effect. *Psychological Bulletin, Monograph Supplement,* **70,** 1–29.

Barefoot, J. C., Dahlstrom, G., & Williams, R. B. (1983). Hostility, CHD incidence, and total mortality: A 25-year follow-up study of 255 physicians. *Psychosomatic Medicine,* **45,** 59–63.

Barkley, R. A., & Cunningham, C. E. (1979). The effects of methylphenidate on the mother-child interactions of hyperactive children. *Archives of General Psychiatry,* **36,** 201–208.

Barkley, R. A., Hasting, J. E., Tousel, R. E., & Tousel, S. E. (1976). Evaluation of a token system for juvenile delinquents in a residential setting. *Journal of Behavior Therapy and Experimental Psychiatry,* **7,** 227–230.

Barlow, D. H., Abel, G. G., & Blanchard, E. B. (1979). Gender identity change in transsexuals. *Archives of General Psychiatry,* **36,** 1001–1007.

Barlow, D. H., Becker, R., Leitenberg, H., & Agras, W. S. (1970). A mechanical strain gauge for recording penile circumference. *Journal of Applied Behavior Analysis,* **3,** 73–76.

Barlow, D. H., Reynolds, E. J., & Agras, W. S. (1973). Gender identity change in a transsexual. *Archives of General Psychiatry,* **29,** 569–576.

Barlow, D. H., Vermilyea, J., Blanchard, E. B., Vermilyea, B. B., Di Nardo, P. A., & Carny, J. A. (in press). The phenomenon of panic. *Journal of Abnormal Psychology.*

Baron, R. A., & Byrne, D. (1977). *Social psychology: Understanding human interaction* (2nd ed.). Boston: Allyn and Bacon.

Barrett, C. L. (1969) Systematic desensitization versus implosive therapy. *Journal of Abnormal Psychology,* **74,** 587–592.

Barrett, C. L., Hampe, E., & Miller, L. (1978). Research on psychotherapy with children. In S. L. Garfield & A. E. Bergin (Eds.), *Handbook of psychotherapy and behavior change: An empirical analysis* (2nd ed.). New York: Wiley.

Bartlett, F. (1932). *Remembering.* Cambridge, England: Cambridge University Press.

Bartus, R. T., Dean, R. L., Beer, B., & Lippa, A. S. (1982). The cholinergic hypothesis of geriatric memory dysfunction. *Science,* **217,** 408–417.

Basedow, H. (1925). *The Australian aboriginal.* London: Adelaide.

Basmajian, J. V. (1977). Learned control of single motor units. In G. E. Schwartz & J. Beatty (Eds.), *Biofeedback: Theory and Research.* New York: Academic Press.

Bateson, G., Jackson, D. D., Haley, J., & Weakland, J. (1956). Toward a theory of schizophrenia. *Behavioral Science,* **1,** 251–264.

Battle, E. S., & Lacey, B. A. (1972). Context for hyperactivity in children, over time. *Child Development,* **43,** 757–773.

Bauer, D. H. (1976). An exploratory study of developmental changes in children's fears. *Journal of Child Psychology and Psychiatry.,* **17,** 69–74.

Baum, A., & Valins, S. (1973). Residential environments, group size and crowding. *Proceedings of the 81st Annual Convention of the American Psychological Association.* Washington, D.C.: American Psychological Association.

Baum, M. (1970). Extinction of avoidance responding through response prevention (flooding). *Psychological Bulletin,* **74,** 276–284.

Baumeister, A. A., & Berkson, G. (1980). FY 1981 Appropriations Statement on Appropriations to the National Institute of Child Health and Human Development.

Baumeister, A. A., & Maclean, W. E., Jr. (1979). Brain damage and mental retardation. In N. R. Ellis (Ed.), *Handbook of mental deficiency, psychological theory and research* (2nd ed.). Hillsdale, N.J.: Lawrence Erlbaum Associates.

Baxter, E., & Hopper, K. (1981). *Private lives/public places: Homeless adults on the streets of New York City.* New York: Community Service Society.

Beck, A. T. (1967). *Depression: Clinical, experimental and theoretical aspects.* New York: Harper and Row.

Beck, A. T. (1976). *Cognitive therapy and the emotional disorders.* New York: International Universities Press.

Beck, A. T., Kovacs, M., & Weissman, A. (1979). Assessment of suicidal ideation: The Scale for Suicide Ideation. *Journal of Consulting and Clinical Psychology,* **47,** 343–352.

Beck, A. T., Kovacs, M., & Weissman, A. (1975). Hopelessness and suicidal behavior: An overview. *Journal of the American Medical Association.,* **234,** 1146–1149.

Beck, A. T., Rush, A. J., Shaw, B. F., & Emery, G. (1979). *Cognitive therapy of depression.* New York: Guilford Press.

Beck, A. T., Schuyler, D., & Herman, I. (1974). Development of suicidal intent scales. In A. T. Beck, H. L. P. Resnik, & D. J. Lettieri (Eds.), *The prediction of suicide.* Bowie, M.D.: Charles Press.

Beck, A. T., & Ward, C. H. (1961). Dreams of depressed patients: Characteristic themes in manifest content. *Archives of General Psychiatry,* **5,** 462–467.

Beck, A. T., Ward, C. H., Mendelson, M., Mock, J. E., & Erbaugh, J. K. (1962). Reliability of psychiatric diagnosis: II. A study of consistency of clinical judgments and ratings. *American Journal of Psychiatry.,* **119,** 351–357.

Beck, J. G., Sakheim, D. K., & Barlow, D. H. (1983). Operating characteristics of the vaginal photoplethysmograph: Some implications for its use. *Archives of Sexual Behavior*, **12**, 43-58.

Beck, M. (1979, November 12). Viet vets fight back. *Newsweek*, 44-49.

Becker, C., & Kronus, S. (1977). Sex and drinking patterns: An old relationship revisited in a new way. *Social Problems*, **24**, 482-497.

Bednar, R. L., & Kaul, T. J. (1978). Experiential group research: Current perspectives. In S. L. Garfield & A. E. Bergin (Eds.), *Handbook of psychotherapy and behavior change: An empirical analysis* (2nd ed.). New York: Wiley.

Beecher, H. K. (1966). Ethics and clinical research. *New England Journal of Medicine.*, **274**, 1354-1360.

Begab, M. J. (1974). The major dilemma of mental retardation: Shall we prevent it? (Some implications of research in mental retardation). *American Journal of Mental Deficiency*, **78**, 519-529.

Begelman, D. A. (1975). Ethical and legal issues of behavior modification. In M. Hersen, R. Eisler, & P. M. Miller (Eds.). *Progress in behavior modification*. New York: Academic Press.

Bell, J. E. (1975). *Family therapy.* New York: Jason Aronson.

Bellack, A. S., Hersen, M., & Turner, S. M. (1976). Generalization effects of social skills training in chronic schizophrenics: An experimental analysis. *Behavior Research and Therapy*, **14**, 391-398.

Belliveau, E., & Richter, L. (1970). *Understanding "Human Sexual Inadequacy."* New York: Bantam.

Belmont, J. M., & Butterfield, E. C. (1969). The relations of short-term memory to development and intelligence. In L. P. Lipsitt & H. W. Reese (Eds.), *Advances in Child Development and Behavior,* Vol. 4. New York: Academic Press.

Belmont, J. M., & Butterfield, E. C. (1971). Learning strategies as determinants of memory deficiencies. *Cognitive Psychology*, **2**, 411-420.

Bem, D. J., & Allen, A. (1974). On predicting some of the people some of the time: The search for cross-situational consistencies in behavior. *Psychological Review*, **81**, 506-520.

Bem, S. L.(1974). The measurement of psychological androgeny. *Journal of Consulting and Clinical Psychology*, **42**, 155-162.

Bem, S. L. (1984). Gender schema theory and its implications for child development: Raising gender-aschematic children in a gender-schematic society. *Signs: Journal of Women in Culture and Society*, **8**, 598-616.

Bemis, K. M. (1978). Current approaches to the etiology and treatment of anorexia nervosa. *Psychological Bulletin*, **85**, 593-617.

Bender, L., & Blau, A. (1937). The reactions of children to sexual relations with adults. *American Journal of Orthopsychiatry*, **7**, 500-518.

Bennett, I. (1960). *Delinquent and neurotic children.* London: Tavistock Publications.

Bennett, W. (1980). The nicotine fix. *Harvard Magazine*, **82**, 10-14.

Benson, H. (1975). *The relaxation response.* New York: Morrow.

Ben-Tovim, Marilov, V., & Crisp, A. H. (1979). Personality and mental state within anorexia nervosa. *Journal of Psychosomatic Research*, **23**, 321-325.

Benton, A. (1978). Some conclusions about dyslexia. In A. L. Benton & D. Pearl (Eds.), *Dyslexia.* New York: Oxford University Press.

Berger, P. A., & Dunn, M. J. (1982). Substance induced and substance use disorders (opioids, cocaine, amphetamines and similarly acting sympathomimetics, phencyclidine (PCP), inhalants, hallucinogens, and cannabis, tobacco, caffeine). In J. H. Greist, J. W. Jefferson, & R. L. Spitzer (Eds.), *Treatment of mental disorders.* New York: Oxford University Press.

Berger, K. S., & Zarit, S. H. (1978). Late life paranoid states: Assessment and treatment. *American Journal of Orthopsychiatry*, **48**, 528-537.

Bergin, A. E. (1966). Some implications of psychotherapy research for therapeutic practice. *Journal of Abnormal Psychology*, **71**, 235-246.

Bergin, A. E. (1971). The evaluation of therapeutic outcomes. In A. E. Bergin & S. L. Garfield (Eds.), *Handbook of psychotherapy and behavior change: An empirical analysis.* New York: Wiley.

Bergin, A. E., & Lambert, M. J. (1978). The evaluation of therapeutic outcomes. In S. L. Garfield & A. E. Bergin (Eds.), *Handbook of psychotherapy and behavior change: An empirical analysis* (2nd ed.). New York: Wiley.

Bergler, E. (1946). Personality traits of alcohol addicts. *Quarterly Journal of Studies on Alcohol*, **7**, 356-361.

Bergmann, K., Kay, D. W. K., Foster, E. M., McKechnie, A. A., & Roth, M. (1971). A follow-up study of randomly selected community residents to assess the effects of chronic organic brain syndrome and cerebrovascular disease. *Psychiatry,* Part II, Proceedings of the Fifth World Congress of Psychiatry, Mexico.

Berman, E. M., & Lief, H. I. (1976). Sex and the aging process. In W. W. Oaks, G. A. Melchiode, & I. Ficher (Eds.), *Sex and the life cycle.* New York: Grune and Stratton.

Bernard, J. (1973). *The future of marriage.* New York: Bantam.

Bernstein, D. A., & Nietzel, M. T. (1980). *Introduction to clinical psychology.* New York: McGraw-Hill.

Berry, J. C. (1967). Antecedents of schizophrenia, impulsive character and alcoholism in males. Paper presented at the 75th Annual Convention of the American Psychological Association, Washington, D.C.

Besdine, R. W. (1980). Geriatric medicine: An overview. In C. Eisodorfer (Ed.), *Annual review of gerontology and geriatrics.* New York: Springer.

Bettelheim, B. (1960). *The informed heart.* New York: The Free Press.

Bettelheim, B. (1967). *The empty fortress.* New York: The Free Press.

Bettelheim, B. (1969). *Children of the dream.* London: Collier-Macmillan.

Bettelheim, B. (1973). Bringing up children. *Ladies Homes Journal*, **90**, 28.

Bettelheim, B. (1974). *A home for the heart.* New York: Knopf.

Bibring, E. (1953). The mechanism of depression. In P. Greenacre (Ed.), *Affective disorders.* New York: International Universities Press.

Bieber, I., Dain, H. J., Dince, P. R., Drellich, M. G., Grand, H. C., Gundlach, R. H., Kremer, M. W., Rifkin, A. H., Wilbur, C. B., & Bieber, T. B. (1962). *Homosexuality: A psychoanalytical study.* New York: Random House.

Bijou, S. W., & Baer, D. M. (1961). *Child development: Vol. 1. A systematic and empirical theory.* New York: Appleton-Century-Crofts.

Billings, A. G., Cronkite, R. C., & Moos, R. H. (1983). Social-environmental factors in unipolar depression: Comparisons of depressed patients and nondepressed controls. *Journal of Abnormal Psychology*, **92**, 119-133.

Bindrim, P. (1968). A report on a nude marathon: The effect of physical nudity upon the practice interaction in the marathon group. *Psychotherapy: Theory, Research and Practice*, **5**, 180-188.

Birnbaum, M. (1960). The right to treatment. *American Bar Association Journal*, **46**, 499-505.

Birren, J. E., & Sloane, R. B. (Eds.). (1980). *Handbook of mental health and aging.* Englewood Cliffs, N.J.: Prentice-Hall.

Bitterman, M. E. (1975). Issues in the comparative psychology of learning. In R. B. Masterson, M. E. Bitterman, C. B. G. Campbell, & N. Hotten (Eds.), *The evolution of brain and behavior in vertebrates.* Hillsdale, N.J.: Lawrence Erlbaum Associates.

Blanchard, E. B., & Miller, S. T. (1977). Psychological treatment of cardiovascular disease. *Archives of General Psychiatry*, **34**, 1402-1413.

Blanchard, E. B., Miller, S. T., Abel, G. G., Haynes, M. R., & Wicker, R. (1979). Evaluation of biofeedback in the treatment of borderline essential hypertension. *Journal of Applied Behavior Analysis*, **12**, 99-109.

Bland, K., & Hallam, R. (1981). Relationship between response to graded exposure and marital satisfaction in agoraphobics. *Behaviour Research and Therapy*, **19**, 335-338.

Blanken, A. J., Adams, E. H., & Durell, J. (in press). Drug abuse: Implications and current trends. *Psychiatric Medicine.*

Blatt, B. (1966). The preparation of special educational personnel. *Review of Educational Research*, **36**, 151-161.

Blazer, D. (1982). *Depression in late life.* St. Louis, Mo.: Mosby.

Blazer, D., & Siegler, I. C. (1984). *A family approach to health care of the elderly.* Menlo Park, Calif.: Addison-Wesley.

Blazer, D., & Williams, C. D. (1980). Epidemiology of dysphoria and depression in the elderly population. *American Journal of Psychiatry,* **137,** 439–444.

Blenker, M. (1967). Environmental change and the aging individual. *Gerontologist,* **7,** 101–105.

Bleuler, E. (1923). *Lehrbuch der psychiatrie* (4th ed.). Berlin: Springer.

Bliss, E. L. (1980). Multiple personalities: A report of 14 cases with implications for schizophrenia and hysteria. *Archives of General Psychiatry,* **37,** 1388–1397.

Bloch, S., and Reddaway, P. (1977). *Psychiatric terror: How Soviet psychiatry is used to suppress dissent.* New York: Basic Books.

Block, J. (1971). *Lives through time.* Berkeley, Calif.: Bancroft Books.

Bloomfield, H. H. (1973). Assertive training in an outpatient group of chronic schizophrenics: A preliminary report. *Behavior Therapy,* **4,** 277–281.

Blumenthal, J. A., Williams, R. B., Kong, Y., Schanberg, S. M., & Thompson, I. W. (1978). Type A behavior and angiographically documented coronary disease. *Circulation,* **58,** 634–639.

Bobruff, A., Gardos, G., Tarsy, D., Rapkin, R. M., Cole, J. O., & Moore, P. (1981). Clonazepan and phenobarbital in tardive dyskinesia. *American Journal of Psychiatry,* **138,** 189–193.

Bockhoven, J. (1963). *Moral treatment in American psychiatry.* New York: Springer.

Bohman, M., Cloninger, R. C., Sigvardsson, S., & Knorring, A. von. (1982). Predisposition to criminality in Swedish adoptees: I. Genetic and environmental heterogeneity. *Archives of General Psychology,* **39,** 1233–1241.

Bohman, M., Sigvardsson, S., & Cloninger, C. R (1981). Maternal inheritance of alcohol abuse. *Archives of General Psychiatry,* **38,** 965–969.

Boll, T. J., Heaton, R., & Reitan, R. M. (1974). Neuropsychological and emotional correlates of Huntington's chorea. *Journal of Nervous and Mental Disease,* **158,** 61–69.

Bollerup, T. (1975). Prevalence of mental illness among 70 year olds domiciled in nine Copenhagen suburbs. *Acta Psychiatrica Scandinavica,* **51,** 327–339.

Bolton, A. (1976). A study of the need for and availability of mental health services for mentally retarded jail inmates and juveniles in detention facilities. Unpublished report, Arthur Bolton Associates, Boston. Cited in J. Monahan (1981). *The clinical prediction of violent behavior.* Rockville, Md.: National Institute of Mental Health.

Bond, I. K., & Hutchison, H. C. (1960). Application of reciprocal inhibition therapy to exhibitionism. *Canadian Medical Association Journal,* **83,** 23–25.

Bonica, J. J. (1981). Pain research and therapy: Past and current status and future needs. In L. Ng & J. J. Bonica (Eds.), *Pain, discomfort, and humanitarian care.* New York: Elsevier.

Bootzin, R. R., Engle-Friedman, M., & Hazelwood, L. (1983). Sleep disorders and the elderly. In P. M. Lewinsohn & L. Teri (Eds.), *Clinical geropsychology: New directions in assessment and treatment.* New York: Pergamon Press.

Borkovec, T. D., & O'Brien, G. T. (1976). Methodological and target behavior issues in analogue outcome research. In M. Hersen, R. M. Eisler, & P. M. Miller (Eds.), *Progress in behavior modification,* Vol. 3. New York: Academic Press.

Borkowski, Peck, & Danbery (1983). See Keri Weed letter for Mender, 9/19/85

Bornstein, P. E., Clayton, P. J., Halikas, J. A., & Robins, E. (1973). The depression of widowhood after thirteen months. *British Journal of Psychiatry,* **122,** 561–566.

Bornstein, P. H., Hamilton, P., Miller, D., Quevillon, C., & Spitzform, R. (1977). Reliability and validity enhancement: A treatment package for increasing fidelity of self-report. *Journal of Clinical Psychology,* **33,** 861–866.

Bosch, G. (1970). *Infanile autism.* New York: Springer-Verlag.

Boskind-Lodahl, M., & White, W. C. (1978). The definition and treatment of bulimarexia in college women—A pilot study. *Journal of American College Health Association,* **27,** 84–97.

Botwinick, J. (1977). Intellectual abilities. In J. E. Birren & K. W. Schaie (Eds.), *Handbook of the psychology of aging.* New York: Van Nostrand Reinhold.

Botwinick, J. (1984). *Aging and Behavior,* (3rd ed.). New York: Springer.

Bourne, P. G. (1970). *Men, stress, and Vietnam.* Boston: Little, Brown.

Bourne, P. G., Alford, J. A., & Bowcock, J. Z. (1966). Treatment of skid row alcoholics with disulfiram. *Quarterly Journal of Studies on Alcohol,* **27,** 42–48.

Bower, G. H. (1981). Mood and memory. *American Psychologist,* **36,** 129–148.

Bower, G. H., Black, J. B., & Turner, T. J. (1979). Scripts in memory for text. *Cognitive Psychology,* **11,** 177–220.

Bowers, M. B., Jr. (1974). Central dopamine turnover in schizophrenic syndromes. *Archives of General Psychiatry,* **31,** 50–54.

Bowlby, J. (1973). *Attachment and loss: Vol. 2. Separation.* New York: Basic Books.

Brand, F. N., Smith, R. T., & Brand, P. A. (1977). Effect of economic barriers to medical care on patients' noncompliance. *Public Health Reports,* **92,** 72–78.

Brand, R. J., Rosenman, R. H., Jenkins, C. D., Sholtz, R. L. & Zyzanski, S. J. (in press). Comparison of coronary heart disease prediction in the Western Collaborative Group Study using the structured interview and the Jenkins Activity Survey assessments of coronary-prone Type A behavior pattern. *Journal of Chronic Diseases.*

Brandt, J., Butters, N., Ryan, C., & Bayog, R. (1983). Cognitive loss and recovery in chronic alcohol abusers. *Archives of General Psychiatry,* **40,** 435–442.

Bransford, J. D., & Johnson, M. K. (1973). Considerations of some problems of comprehension. In W. G. Chase (Ed.), *Visual information processing.* New York: Academic Press.

Brecher, E. M., & the Editors of *Consumer Reports* (1972). *Licit and illicit drugs.* Mount Vernon, N.Y.: Consumers Union.

Brehony, K. A., & Geller, E. S. (1981). Agoraphobia: Appraisal of research and a proposal for an integrative model. In M. Hersen, R. M. Eisler, & P. M. Miller (Eds.), *Progress in behavior modification,* Vol. 12. New York: Academic Press.

Breuer, J., & Freud, S. (1895). *Studies in hysteria.* Translated and edited by J. Strachey, with the collaboration of A. Freud. New York: Basic Books, 1982.

Brickel, C. M. (1984). The clinical use of pets with the aged. *Clinical Gerontologist,* **2,** 72–75.

Bridge, T. B., & Wyatt, R. J. (1980). Paraphrenia: Paranoid states of late life. II. American research. *Journal of the American Geriatrics Society,* **28,** 210–205.

Bridge, T. P., Cannon, H. E., & Wyatt, R. J. (1978). Burned-out schizophrenia: Evidence for age effects on schizophrenic symptomatology. *Journal of Gerontology,* **33,** 835–839.

Bridger, W. H., & Mandel, I. J. (1965). Abolition of the PRE by instructions in GSR conditioning. *Journal of Experimental Psychology,* **69,** 476–482.

Brill, H., & Malzberg, B. (1954). Statistical report on the arrest record of male ex-patients, age 16 and over, released from New York State mental hospitals during the period 1946–48. Unpublished manuscript, New York State Department of Mental Hygiene. As cited in J. Monahan (1981). *The clinical prediction of violent behavior.* Rockville, Md.: National Institute of Mental Health.

Brodie, H. K. H., & Leff, M. J. (1971). Bipolar depression: A comparative study of patient characteristics. *American Journal of Psychiatry,* **127,** 1086–1090.

Broverman, J. K., Broverman, D. M., & Clarkson, F. E. (1970). Sexual stereotypes and clinical judgments of mental health. *Journal of Consulting and Clinical Psychology,* **34,** 1–7.

Brown, A. L. (1974). The role of strategic behavior in retardate memory. In N. R. Ellis (Ed.), *International review of research in mental retardation,* Vol. 7. New York: Academic Press.

Brown, G. W., & Birley, J. L. T. (1968). Crises and life changes and the onset of schizophrenia. *Journal of Health and Social Behavior*, **9**, 203-214.

Brown, G. W., Bone, M., Dalison, B., & Wing, J. K. (1966). *Schizophrenia and social care.* London: Oxford University Press.

Brown, G. W., & Harris, T. O. (1978). *Social origins of depression.* London: Tavistock.

Brown, W. F. (1942). Heredity in the psychoneuroses. *Proceedings of the Royal Society of Medicine*, **35**, 785-790.

Brownell, K. D. (1982). Behavioral medicine. In C. M. Franks, G. T. Wilson, P. C. Kendall, & K. D. Brownell (Eds.), *Annual review of behavior therapy: Theory and practice,* Vol. 8. New York: Guilford Press.

Brownell, K. D., Stunkard, A. J., & Albaum, J. M. (1980). Evaluation and modification of exercise patterns in the natural environment. *American Journal of Psychiatry*, **137**, 1540-1545.

Brownmiller, S. (1975). *Against our will: Men, women and rape.* New York: Simon and Schuster.

Bruch, H. (1980). Preconditions for the development of anorexia nervosa. *American Journal of Psychoanalysis*, **40**, 169-172.

Bruch, H. (1981). Developmental considerations of anorexia nervosa and obesity. *Canadian Journal of Psychiatry*, **26**, 212-217.

Budzynski, T. H., Stoyva, J. M., Adler, C. S., & Mullaney, D. M. (1973). EMG biofeedback and tension headache: A controlled outcome study. *Psychosomatic Medicine*, **35**, 484-496.

Buell, J., Stoddard, P., Harris, F. R., & Baer, D. M. (1968). Collateral social development accompanying reinforcement of outdoor play in a preschool child. *Journal of Applied Behavior Analysis*, **1**, 167-173.

Buglass, D., Clarke, J., Henderson, A. S., Kreitman, N., & Presley, A. S. (1977). A study of agoraphobic housewives. *Psychological Medicine*, **7**, 73-86.

Bukovsky, V. (1977, May 3). General Svetlichny: "We will let him rot in the insane asylum!" *The New York Times.*

Bulman, R. J., & Wortman, C. B. (1977). Attributions of blame and coping in the "real world": Severe accident victims react to their lot. *Journal of Personality and Social Psychology*, **35**, 351-363.

Bunney, W. E., Goodwin, F. K., & Murphy, D. L. (1972). The "Switch Process" in manic-depressive illness. *Archives of General Psychiatry*, **27**, 312-317.

Bunney, W. E., Murphy, D. L., Goodwin, F. K., & Borge, G. F. (1970). The switch process from depression to mania: Relationship to drugs which alter brain amines. *Lancet*, **1**, 1022.

Burgess, A. W., & Holmstrom, L. L. (1974). *Rape: Victims of crisis.* Bowie, Md.: Robert J. Brady Company.

Burwen, L. S., & Campbell, D. T. (1957). The generality of attitudes toward authority and nonauthority figures. *Journal of Abnormal and Social Psychology*, **54**, 24-31.

Buss, A. H. (1966). *Psychopathology.* New York: Wiley.

Busse, E. W. (1976). Hypochondriasis in the elderly: A reaction to social stress. *Journal of the American Geriatrics Society*, **24**, 145-149.

Busse, E. W., & Blazer, D. G. (1979). Disorders related to biological functioning. In E. W. Busse & D. Blazer (Eds.), *Handbook of geriatric psychiatry.* New York: Van Nostrand Reinhold.

Butler, R. N., & Lewis, M. I. (1982). *Aging and mental health: Positive psychosocial approaches* (3d ed.). St. Louis: Mosby.

Butterfield, E. C., & Belmont, J. M. (1977). Assessing and improving the cognitive functions of mentally retarded people. In I. Bialer and M. Sternlicht (Eds.), *The psychology of mental retardation: Issues and approaches.* New York: Psychological Dimensions.

Caddy, G. R. (1983). Alcohol use and abuse. In B. Tabakoff, P. B. Sutker, C. L. Randell (Eds.), *Medical and social aspects of alcohol use.* New York: Plenum Press.

Cadoret, R. J. (1978). Evidence for genetic inheritance of primary affective disorder in adoptees. *American Journal of Psychiatry*, **135**, 463-466. (a)

Cadoret, R. J. (1978). Psychopathology in adopted-away offspring of biologic parents with antisocial behavior. *Archives of General Psychiatry*, **35**, 176-184. (b)

Cadoret, R. J., Cain, C. A., & Grove, W. M. (1980). Development of alcoholism in adoptees raised apart from alcoholic biologic relatives. *Archives of General Psychiatry*, **37**, 561-563.

Calhoun, J. B. (1970). Space and the strategy of life. *Ekistics*, **29**, 425-437.

Cameron, N. (1959). The paranoid pseudo-community revisited. *American Journal of Sociology*, **65**, 52-58.

Cameron, N. (1963). *Personality development and psychopathology: A dynamic approach.* Boston: Houghton Mifflin.

Cameron, N., & Magaret, A. (1951). *Behavior pathology.* Boston: Houghton Mifflin.

Cannon, W. E. (1942). "Voodoo" death. *American Anthropologist*, **44**, 169-182.

Cantwell, D. P. (1975). Genetic studies of hyperactive children. In R. Fieve, D. Rosenthal, & H. Brill (Eds.), *Genetic research in psychiatry.* Baltimore: Johns Hopkins University Press.

Cantwell, D. P., Baker, L., & Rutter, M. (1978). Family factors. In M. Rutter & E. Schopler (Eds.), *Autism: A reappraisal of concepts and treatment.* New York: Plenum Press.

Cantwell, D. P., & Carlson, G. A. (1978). Stimulants. In J. S. Werry (Ed.), *Pediatric psychopharmacology: The use of behavior modifying drugs on children.* New York: Brunner/Mazel.

Cantwell, D. P., Russell, A. T., Mattison, R., & Will, L. (1979). A comparison of DSM-II and DSM-III in the diagnosis of childhood psychiatric disorders. *Archives of General Psychiatry*, **36**, 1208-1228.

Caplan, G. (1964). *Principles of preventive psychiatry.* New York: Basic Books.

Caporael, L. (1976). Ergotism: The satan loosed in Salem? *Science*, **192**, 21-26.

Carpenter, W. T., Murphy, D. L., & Wyatt, R. J. (1975). Platelet monoamine oxidase activity in acute schizophrenia. *American Journal of Psychiatry*, **132**, 438-441.

Carr, A. T. (1971). Compulsive neurosis: Two psychophysiological studies. *Bulletin of the British Psychological Society*, **24**, 256-257.

Carr, A. T. (1974). Compulsive neurosis: A review of the literature. *Psychological Bulletin*, **81**, 311-319.

Carr, E. G., Schreibman, L., & Lovaas, O. I. (1975). Control of echolalic speech in psychotic children. *Journal of Abnormal Child Psychology*, **3**, 331-351.

Carskadon, M. A., Brown, E., & Dement, W. C. (1980). Respiration during sleep in the elderly. *Sleep Research*, **9**, 99.

Cashman, J. A. (1966). *The LSD story:* Greenwich, Conn.: Fawcett Publications.

Casper, R. C., Eckert, E. O., Halmi, K. A., Goldberg, S. C., & Davis, J. M. (1980). Bulimia: Its incidence and clinical importance in patients with anorexia nervosa. *Archives of General Psychiatry*, **37**, 1030-1035.

Cautela, J. R. (1966). Treatment of compulsive behavior by covert sensitization. *Psychological Record*, **16**, 33-41.

Cautela, J. R. (1971). Covert extinction. *Behavior Therapy*, **2**, 192-200.

Chambliss, C. A., & Murray, E. J. (1979). Efficacy attribution, locus of control, and weight loss. *Cognitive Therapy and Research*, **3**, 349-353.

Chao, R. C., Green, D. E., Forrest, J. S., Kaplan, J. N., Winship-Ball, A., & Braude, M. (1976). The passage of ^{14}C-delta^{9}-tetrahydrocannabinol into the milk of lactating squirrel monkeys. *Research Communications in Chemical Pathology and Pharmacology*, **15**, 303-317.

Chapman, L. J., & Chapman, J. P. (1969). Illusory correlation as an obstacle to the use of valid psychodiagnostic signs. *Journal of Abnormal Psychology*, **74**, 271-287.

Charlesworth, W. B. (1976). Human intelligence as adaptation. An ethological approach. In L. E. Resnick (Ed.), *The nature of intelligence.* Hillsdale, N.J.: Lawrence Erlbaum Associates.

Charney, D. S., Heninger, G. R., & Sternberg, D. E. (1984). Serotonin function and the mechanism of action of antidepressant treatment. *Archives of General Psychiatry*, **41**, 359-365.

Chein, I., Gerard, D. L., Lee, R. S., & Rosenfield, E. (1964). *The road to H: Narcotics, delinquency, and social policy.* New York: Basic Books.

Chester, P. (1972). *Women and madness.* Garden City, N.Y.: Doubleday.

Chesney, M. A., Eagleston, J. R., & Rosenman, R. H. (1980). The Type A Structured Interview: A behavioral assessment in the rough. *Journal of Behavioral Assessment*, **2**, 255-272.

Chesno, F. A., & Kilmann, P. R. (1975). Effects of stimulation intensity on sociopathic avoidance learning. *Journal of Abnormal Psychology*, **84**, 144-151.

Christensen, A. (1983). Intervention. In H. H. Kelley, E. Berscheid, A. Christensen, J. H. Harvey, T. L. Huston, G. Levinger, E. McClintock, L. A. Peplau, & D. R. Peterson (Eds.), *Close relationships.* San Francisco: Freeman.

Christie, A. B. (1982). Changing patterns in mental illness in the elderly. *British Journal of Psychiatry*, **140**, 154-159.

Churchill, D. W. (1969). Psychotic children and behavior modification. *American Journal of Psychiatry*, **125**, 1585-1590.

Churchill, W. (1967). *Homosexual behavior among males: A cross-cultural and cross-species investigation.* Englewood Cliffs, N.J.: Prentice-Hall.

Clark, R. (1970). *Crime in America.* New York: Simon and Schuster.

Clark, W. B., & Cahalan, D. (1976). Changes in drinking behavior over a four-year span. *Addictive Behaviors*, **1**, 251-259.

Clausen, J. A., & Kohn, M. L. (1959). Relation of schizophrenia to the social structure of a small city. In B. Pasamanick (Ed.), *Epidemiology of mental disorder.* Washington, D.C.: American Association for the Advancement of Science.

Clayton, P. J. (1973). The clinical morbidity of the first year of bereavement: A review. *Comparative Psychiatry*, **14**, 151-157.

Clayton, P. J., Halikas, J. A., & Maurice, W. L. (1972). The depression of widowhood. *British Journal of Psychiatry*, **129**, 532-538.

Clayton, V. P., & Birren, J. E. (1980). The development of wisdom across the life span: A reexamination of an ancient topic. In P. B. Baltes & O. G. Brim (Eds.), *Life-span development and behavior,* Vol. 3. New York: Academic Press.

Cleckley, J. (1976). *The mask of sanity* (5th ed.). St. Louis: Mosby.

Cloninger, C. R., Reich, T., & Guze, S. B. (1975). The multifactorial model of disease transmission: II. Sex differences in the familial transmission of sociopathy (antisocial personality). *British Journal of Psychiatry*, **127**, 11-22.

Cloninger, R. C., Sigvardsson, S., Bohman, M., & Knorring, A. von (1982). Predisposition to petty criminality in Swedish adoptees: II. Cross-fostering analysis of gene-environment interaction. *Archives of General Psychiatry*, **39**, 1242-1247.

Cobb, S., & Rose, R. M. (1973). Hypertension, peptic ulcer, and diabetes in air traffic controllers. *Journal of the American Medical Association*, **224**, 489-493.

Cocozza, J., Melick, M., & Steadman, H. (1978). Trends in violent crime among ex-mental patients. *Criminology*, **16**, 317-334.

Cohen, H. L., & Filipczak, J. (1971). *A New learning environment.* San Francisco: Jossey-Bass.

Cohen, S. (1980). Therapeutic aspects. In *Marijuana research findings: 1980.* Washington, D.C.: U.S. Government Printing Office.

Cohen, S. (1981). Adverse effects of marijuana: Selected issues. *Annals of the New York Academy of Science*, **362**, 119-124.

Collaborative study of children treated for phenylketonuria, preliminary report 8 (February 1975). Principal investigator: R. Koch. Presented at the Eleventh General Medicine Conference, Stateline, Nevada.

Combs, G., Jr., & Ludwig, A. M. (1982). Dissociative disorders. In J. H. Greist, J. W. Jefferson, & R. L. Spitzer (Eds.), *Treatment of mental disorders.* New York: Oxford University Press.

Comfort, A. (1980). Sexuality in later life. In J. E. Birren & R. B. Sloane (Eds.), *Handbook of mental health and aging.* Englewood Cliffs, N.J.: Prentice-Hall.

Committee on Government Operations (1985). *The federal response to the homeless crisis.* Washington, D.C.: U.S. Government Printing Office.

Conger, J. J. (1951). The effects of alcohol on conflict behavior in the albino rat. *Quarterly Journal of Studies on Alcohol*, **12**, 1-29.

Conger, J. J., Sawrey, W. L., & Turrell, E. S. (1958). The role of social experience in the production of gastric ulcers in hooded rats in a conflict situation. *Journal of Abnormal and Social Psychology*, **57**, 214-220.

Conners, C. K. (1969). A teacher rating scale for use in drug studies with children. *American Journal of Psychiatry*, **126**, 884-888.

Conners, C. K., Taylor, E., Meo, G., Kurtz, M., & Fournier, M. (1972). Magnesium pemoline and dextroamphetamine: A controlled study in children with minimal brain dysfunction. *Psychopharmacologia*, **26**, 321-336.

Conoley, C. W., Conoley, J. C., McConnell, J. A., & Kimzey, C. E. (1983). The effect of the ABCs of rational emotive therapy and the empty-chair technique of Gestalt therapy on anger reduction. *Psychotherapy: Theory, Research, and Practice*, **20**, 112-117.

Cooper, A. F., Garside, R. F., & Kay, D. W. K. (1976). A comparison of deaf and non-deaf patients with paranoid and affective psychoses. *British Journal of Psychiatry*, **129**, 532-538.

Cooper, A. F., Kay, D. W. K., Curry, A. R., Garside, R. F., & Roth, M. (1974). Hearing loss in paranoid and affective psychoses of the elderly. *Lancet*, **2**, 851-854.

Cooper, A. F., & Porter, R. (1976). Visual acuity and ocular pathology in the paranoid and affective psychoses of later life. *Journal Psychosomatic Research*, **20**, 107-114.

Cooper, J. E., Kendell, R. E., Guland, B. J., Sharpe, L., Copeland, J. R. M., & Simon, R. (1972). *Psychiatric diagnosis in New York and London.* London: Oxford University Press.

Coppen, A., Prange, A. J., Whybrow, P. C., & Noguera, R. (1972). Abnormalities in indoleamines in affective disorders. *Archives of General Psychiatry*, **26**, 474-478.

Corey, G. (1977). *Theory and practice of counseling and psychotherapy.* Belmont, Calif.: Wadsworth.

Costa, P. T., Jr., & McCrae, R. R. (1978). Objective personality assessment. In M. Storandt, I. E. Siegler, & M. R. Elias, (Eds.), *The clinical psychology of aging.* New York: Plenum Press.

Covi, L., Lipman, R. S., Derogatis, L. R., Smith, J. E., & Pattison, J. H. (1974). Drugs and group psychotherapy in neurotic depression. *American Journal of Psychiatry*, **131**, 191-197.

Cowan, P. A., Hoddinott, B. A., & Wright, B. A. (1965). Compliance and resistance in the conditioning of autistic children: An exploratory study. *Child Development*, **36**, 913-923.

Cowen, E. L. (1983). Primary prevention in mental health: Past, present, and future. In R. D. Felner, L. A. Jason, J. N. Moritsugu, & S. S. Farber (Eds.), *Preventive psychology: Theory, research and practice.* New York: Pergamon Press.

Cox, A., Rutter, M., Newman, S., & Bartak, L. (1975). A comparative study of infantile autism and specific developmental language disorders: II. Parental characteristics. *British Journal of Psychiatry*, **126**, 146-159.

Cox, V. C., Paulus, P. B., & McCain, G. (1984). Prison crowding research: The relevance for prison housing standards and a general approach regarding crowding phenomena. *American Psychologist*, **39**, 1148-1160.

Coyne, J. C. (1976). Depression and the response of others. *Journal of Abnormal Psychology*, **85**, 186-193.

Coyle, J. T., Price, D. L., & Delong, M. R. (1983). Alzheimer's disease: A disorder of cortical cholinergic innervation. *Science*, **219**, 1184-1190.

Craft, M. J. (1969). The natural history of psychopathic disorder. *British Journal of Psychiatry*, **115**, 39-44.

Craig, M. M., & Glick, S. J. (1963). Ten years' experience with the Glueck social prediction table. *Crime and Delinquency*, **9**, 249-261.

Craik, F. I. M. (1977). Age differences in human memory. In J. E. Birren & K. W. Schaie (Eds.), *Handbook of the psychology of aging.* New York: Van Nostrand Reinhold.

Creer, T. L. (1982). Asthma. *Journal of Consulting and Clinical Psychology*, **50**, 912-921.

Creer, T. L., Renna, C. M., & Chai, H. (1982). The application of behavioral techniques to childhood asthma. In D. C. Russo & J. W. Varni (Eds.), *Behavioral pediatrics: Research and practice.* New York: Plenum Press.

Creer, T. L., Weinberg, E., & Molk, L. (1974). Managing a hospital behavior problem: Malingering. *Journal of Behavior Therapy and Experimental Psychiatry*, **5**, 259-262.

Crisp, A. H. (1967). The possible significance of some behavioral correlates of weight and carbohydrate intake. *Journal of Psychosomatic Research*, **11**, 117-131.

Crisp, A. H., Palmer, R. L., & Klucy, R. S. (1976). How common is anorexia nervosa? A prevalence study. *British Journal of Psychiatry*, **128**, 529-554.

Crissey, M. S. (1975). Mental retardation. Past, present, and future. *American Psychologist*, **30**, 800-808.

Crowe, R. R. (1974). An adoption study of antisocial personality. *Archives of General Psychiatry*, **31**, 785-791.

Crowe, R. R., Noyes, R., Pauls, D. L., & Slymen, D. J. (1983). A family study of panic disorder. *Archives of General Psychiatry*, **40**, 1065-1069.

Crowe, R. R., Pauls, D. L., Slymen, D. J., & Noyes, R. (1980). A family study of anxiety neurosis: Morbidity risk in families of patients with and without mitral valve prolapse. *Archives of General Psychiatry*, **37**, 77-79.

Crtryn, L., & McKnew, D. H. (1979). Affective disorders. In J. Noshpitz (Ed.), *Basic handbook of child psychiatry*, Vol. 2. New York: Basic Books.

Cruickshank, W. M. (1977). Myths and realities in learning disabilities. *Journal of Learning Disabilities*, **10**, 51-63.

Cummings, J. L., & Benson, D. F. (1983). *Dementia: A clinical approach*. Woburn, Mass.: Butterworth.

Cunningham, C. E., & Barkley, R. A. (1979). The interactions of normal and hyperactive children with their mothers in free play and structured tasks. *Child Development*, **50**, 217-224.

Curran, J. P. (1977). Skills training as an approach to the treatment of heterosexual social anxiety. *Psychological Bulletin*, **89**, 140-157.

Daneman, E. A. (1961). Imipramine in office management of depressive reactions (a double-blind study). *Diseases of the Nervous System*, **22**, 213-217.

Davidson, P. R., Malcolm, P. B., Lanthier, R. D., Barbaree, H. E., & Ho, T. P. (1981). Penile response measurement: Operating characteristics of the Parks plethysmograph. *Behavioral Assessment*, **3**, 137-143.

Davis, J. M. (1976). Overview: Maintenance therapy in psychiatry: II. Affective disorders. *American Journal of Psychiatry*, **133**, 1-13.

Davis, J. M. (1978). Dopamine theory of schizophrenia: A two-factor theory. In L. C. Wynne, R. L. Cromwell, & S. Matthysse (Eds.), *The nature of schizophrenia*. New York: Wiley.

Davis, J. M., Klerman, G., & Schildkraut, J. (1967). Drugs used in the treatment of depression. In L. Efron, J. O. Cole, D. Levine, & J. R. Wittenborn (Eds.), *Psychopharmacology, A review of progress*. Washington, D.C.: U.S. Clearinghouse of Mental Health Information.

Davison, G. C. (1964). A social learning therapy programme with an autistic child. *Behaviour Research and Therapy*, **2**, 146-159.

Davison, G. C. (1966). Differential relaxation and cognitive restructuring in therapy with a "paranoid schizophrenic" or "paranoid state." *Proceedings of the 74th Annual Convention of the American Psychological Association*. Washington, D.C.: American Psychological Association.

Davison, G. C. (1968). Elimination of a sadistic fantasy by a client-controlled counterconditioning technique. *Journal of Abnormal Psychology*, **73**, 84-90. (a)

Davison, G. C. (1968). Systematic desensitization as a counterconditioning process. *Journal of Abnormal Psychology*, **73**, 91-99. (b)

Davison, G. C. (1973). Counter countrol in behavior modification. In L. A. Hamerlynck, L. C. Handy, & E. J. Mash (Eds.), *Behavior change: Methodology, concepts and practice*. Champaign, Ill.: Research Press.

Davison, G. C. (1974). Homosexuality: The ethical challenge. Presidential address to the Eighth Annual Convention of the Association for Advancement of Behavior Therapy, Chicago.

Davison, G. C. (1976). Homosexuality: The ethical challenge. *Journal of Consulting and Clinical Psychology*, **44**, 157-162.

Davison, G. C. (1978). Not can but ought: The treatment of homosexuality. *Journal of Consulting and Clinical Psychology*, **46**, 170-172.

Davison, G. C. (1980). And now for something completely different: Cognition and little r. In M. J. Mahoney (Ed.), *Psychotherapy process: Current issues and future directions*. New York: Plenum Press.

Davison, G. C., Feldman, P. M., & Osborn, C. E. (1984). Articulated thoughts, irrational beliefs, and fear of negative evaluation. *Cognitive Therapy and Research*, **8**, 349-362.

Davison, G. C., & Goldfried, M. R. (1973). Postdoctoral training in clinical behavior therapy. Menninger Clinic Bulletin 17.

Davison, G. C., Robins, C., & Johnson, M. K. (1983). Articulated thoughts during simulated situations: A paradigm for studying cognition in emotion and behavior. *Cognitive Therapy and Research*, **7**, 17-40.

Davison, G. C., & Stuart, R. B. (1975). Behavior therapy and civil liberties. *American Psychologist*, **30**, 755-763.

Davison, G. C., Tsujimoto, R. N., & Glaros, A. G. (1973). Attribution and the maintenance of behavior change in falling asleep. *Journal of Abnormal Psychology*, **82**, 124-133.

Davison, G. C., & Valins, S. (1969). Maintenance of self-attributed and drug-attributed behavior change. *Journal of Personality and Social Psychology*, **11**, 25-33.

Davison, G. C., & Wilson, G. T. (1973). Attitudes of behavior therapists toward homosexuality. *Behavior Therapy*, **4**, 686-696.

Davison, G. C., & Zighelboim, V. (1985). Irrational beliefs in the articulated thoughts of socially anxious college students. Unpublished manuscript, University of Southern California.

deCharms, R. (1968). *Personal causation: The internal affective determinants of behavior.* New York: Academic Press.

DeJong, R. N., & Sugar, O. (1971). *The yearbook of neurology and neurosurgery.* Chicago: Year Book Medical Publishers.

DeJonge, G. A. (1973). Epidemiology of enuresis: A survey of literature. In I. Kolvin, R. C. Mackeith, & S. R. Meadow (Ed.), *Enuresis and encopresis.* Philadelphia: Lippincott.

Dekker, E., & Groen, J. (1956). Reproducible psychogenic attacks of asthma. *Journal of Psychosomatic Research*, **1**, 58-67.

Dekker, E., Pelser, H. E., & Groen, J. (1957). Conditioning as a cause of asthmatic attacks. *Journal of Psychosomatic Research*, **2**, 97-108.

Dement, W. C., Laughton, E., & Carskadon, M. A. (1981). "White paper" on sleep and aging. *Journal of the American Geriatrics Society*, **30** , 25-50.

DeMyer, M. (1975). The nature of the neuropsychological disability of autistic children. *Journal of Autism and Childhood Schizophrenia.*, **5**, 109-127.

DeMyer, M., Barton, S., DeMyer, W. E., Norton, J. A., Allen, J., & Steele, R. (1973). Prognosis in autism: A follow-up study. *Journal of Autism and Childhood Schizophrenia*, **3**, 199-246.

DeMyer, M., Pontius, W., Norton, J. A., Barton, S., Allen, J., & Steele, R. (1972). Parental practices and innate activity in autistic and brain-damaged infants. *Journal of Autism and Childhood Schizophrenia*, **2**, 49-66.

Denhoff, E. (1973). The natural history of children with minimal brain dysfunction. *Annals of the New York Academy of Sciences*, **205**, 188-205.

Depue, R. A., & Monroe, S. M. (1978). Learned helplessness in the perspective of the depressive disorders: Conceptual and definitional issues. *Journal of Abnormal Psychology*, **87**, 3-20.

Detterman, D. K. (1979). Memory in the mentally retarded. In N. R. Ellis (Ed.), *Handbook of mental deficiency, psychological theory and research* (2nd ed.). Hillsdale, N.J.: Lawrence Erlbaum Associates.

Deutsch, A. (1949). *The mentally ill in America.* New York: Columbia University Press.

DeVries, H. A. (1975). Physiology of exercise and aging. In D. S. Woodruff & J. E. Birren (Eds.), *Aging: Scientific perspectives and social issues.* New York: Van Nostrand Reinhold.

Dewys, W. D., Begg, C., & Lavin, P. T. (1980). Prognostic effect of weight loss prior to chemotherapy in cancer patients. *American Journal of Medicine*, **69**, 491-497.

Diament, C., & Wilson, G. T. (1975). An experimental investigation of the effects of covert sensitization in an analogue eating situation. *Behavior Therapy*, **6**, 499-509.

Diamond, B. (1974). The psychiatric prediction of dangerousness. *University of Pennsylvania Law Review*, **123**, 439-452.

Diamond, M. (1982). Sexual identity, monozygotic twins reared in discordant sex roles and a BBC follow-up. *Archives of Sexual Behavior*, **11**, 181-186.

Diamond, S., Baldwin, R., & Diamond, R. (1963). *Inhibition and choice*. New York: Harper and Row.

Didion, J. (1979). *The white album*. New York: Simon and Schuster.

DiMascio, A., Weissman, M. M., Prusoff, B. A., Neu, C., & Zwilling, M. (1979). Differential symptom reduction by drugs and psychotherapy in acute depression. *Archives of General Psychiatry*, **36**, 1450-1456.

Dodson, B. (1974). *Liberating masturbation*. New York: Bodysex Designs.

Dogoloff, L. I. (1980). Prospect of the 1980s: Challenge and response. *Drug Enforcement*, **7**, 2-3.

Dohrenwend, B. S., Krasnoff, L., Askenasy, A. R., & Dohrenwend, B. P. (1978). Exemplification of a method for scaling life events: The PERI life events scale. *Journal of Health and Social Behavior*, **19**, 205-229.

Dole, V., & Nyswander, M. (1966). Methadone maintenance: A report of two years' experience. In *Problems of drug dependence*. Washington, D.C.: National Academy of Science. National Research Council.

Doleys, D. M. (1977). Behavioral treatments for nocturnal enuresis in children: A review of the recent literature. *Psychological Bulletin*, **8**, 30-54.

Dollard, J., & Miller, N. E. (1950). *Personality and psychotherapy*. New York: McGraw-Hill.

Domino, E. F., Krause, R. R., & Bowers, J. (1973). Various enzymes involved with putative transmitters. *Archives of General Psychiatry*, **29**, 195-201.

Donnellan, A. M., Mirenda, P. L., Mesaros, R. A., & Fassbender, L. L. (1984). Analyzing the communicative functions of aberrant behavior. *The Journal of the Association for Persons with Severe Handicaps*, **9**, 201-212.

Doris, J., & Sarason, S. B. (1955). Test anxiety and blame assignment in a failure situation. *Journal of Abnormal Psychology*, **50**, 335-338.

Doubros, S. G. (1966). Behavior therapy with high level, institutionalized, retarded adolescents. *Exceptional Children*, **33**, 229-233.

Douglas, J. D. (1967). *The social meanings of suicide*. Princeton, N.J.: Princeton University Press.

Dovenmuehle, R. H., Recklass, J. B., & Newman, G. (1970). Depressive reactions in the elderly. In *Normal aging*. Durham, N.C.: Duke University Press.

Drabman, R. S., Cordue, G. D., Hammer, D., Jarvie, G. I., & Horton, W. (1979). Developmental trends in eating rates of normal and overweight preschool children. *Child Development*, **50**, 211-216.

Drabman, R. S., Spitalnik, R., & O'Leary, K. D. (1973). Teaching self-control to disruptive children. *Journal of Abnormal Psychology*, **82**, 10-16.

Duck, S. (1984). A perspective on the repair of personal relationships. In S. Duck (Ed.), *Personal relationships 5: Repairing personal relationships*. New York: Academic Press.

Dunham, H. W. (1965). *Community and schizophrenia: An epidemiological analysis*. Detroit: Wayne State University Press.

DuPont, R. W. (1976). Testimony before the subcommittee on aging and subcommittee on alcoholism and narcotics of the U.S. Senate Committee on Labor and Public Welfare, Washington, D.C. Cited in D. M. Peterson, F. I. Whittington, & E. T. Beer (1979). Drug use and misuse among the elderly. *Journal of Drug Issues*, **9** (1), 5-26.

Durkheim, E. (1897). *Suicide* (2nd ed., 1930, in French). English translation by J. A. Spaulding & G. Simpson, (1951). New York: The Free Press.

Dworkin, B. R., Filewich, R. J., Miller, N. E., & Craigmyle, N. (1979). Baroreceptor activation reduces reactivity to noxious stimulation: Implications for hypertension. *Science*, **205**, 1299-1301.

Dye, C. J. (1978). Psychologist's role in the provision of mental health care for the elderly. *Professional Psychology*, **9**, 38-49.

Dysken, M. W. (1979). Clinical usefulness of sodium amobarbital interviewing. *Archives of General Psychiatry*, **36**, 789-794.

D'Zurilla, T. J., & Goldfried, M. R. (1971). Problem-solving and behavior modification. *Journal of Abnormal Psychology*, **78**, 107-126.

Eastman, C. (1976). Behavioral formulations of depression. *Psychological Review*, **83**, 277-291.

Eckert, E. D., Goldberg, S. C., Halmi, K. A., Casper, R. C., & Davis, J. M. (1982). Depression in anorexia nervosa. *Psychological Medicine*, **12**, 115-122.

Edwards, A. L. (1957). *The social desirability variable in personality research*. New York: Dryden Press.

Edwards, G., Gross, M. M., Keller, J., Moser, J., & Room, R. (1977). *Alcohol related disabilities*. Geneva, Switzerland: World Health Organization.

Edwards, G., Hensman, C., Hawker, A., & Williamson, V. (1967). Alcoholics Anonymous: The anatomy of a self-help group. *Social Psychiatry*, **1**, 195-204.

Egan, G. (1975). *The skilled helper*. Monterey, Calif.: Brooks/Cole.

Ehrhardt, A., & Money, J. (1967). Progestin-induced hermaphroditism: IQ and psychosexual identity in a study of ten girls. *Journal of Sex Research*, **3**, 83-100.

Ellenberger, H. F. (1972). The story of "Anna O": A critical review with new data. *Journal of the History of the Behavior Sciences*, **8**, 267-279.

Ellingson, R. J. (1954). Incidence of EEG abnormality among patients with mental disorders of apparently nonorganic origin: A criminal review. *American Journal of Psychiatry*, **111**, 263-275.

Ellis, A. (1961). *The folklore of sex*. New York: Grove Press.

Ellis, A. (1962). *Reason and emotion in psychotherapy*. New York: Lyle Stuart.

Ellis, A. (1971). Rational-emotive treatment of impotence, frigidity, and other sexual problems. *Professional Psychology*, **2**, 346-349.

Ellis, A. (1984). Rational-emotive therapy. In R. J. Corsini (Ed.), *Current psychotherapies* (3rd. ed.). Itasca, Ill.: Peacock Press.

Ellis, A., & Bernard, M. E. (1983). An overview of rational-emotive approaches to the problems of childhood. In A. Ellis & M. E. Bernard (Eds.), *Rational-emotive approaches to the problems of childhood*. New York: Plenum Press.

Ellis, H. (1906). *Studies in the psychology of sex*. New York: Random House.

Ellis, N. R. (1963). The stimulus trace and behavioral inadequacy. In N. R. Ellis (Ed.), *Handbook of mental deficiency*. New York: McGraw-Hill.

Ellis, N. R. (1970). Memory processes in retardates and normals. In N. R. Ellis (Ed.), *International review of research in mental retardation*, Vol. 4. New York: Academic Press.

Elmore, A. M. (1979). A comparison of the psychophysiological and clinical response to biofeedback for temporal pulse amplitude reduction and biofeedback for increases in hand temperature in the treatment of migraine. Unpublished doctoral dissertation. State University of New York at Stony Brook.

Elmore, A. M., & Tursky, B. (1978). The biofeedback hypothesis: An idea in search of a theory and method. In A. A. Sugerman & R. E. Tarter (Eds.), *Expanding dimensions of consciousness*. New York: Springer.

Elmore, A. M., & Tursky, B. (1981). A comparison of two psychophysiological approaches to the treatment of migraine. *Headache*, **21**, 93-101.

Elmore, J. L., & Sugerman, A. A. (1975). Precipitation of psychosis during electroshock therapy. *Diseases of the Nervous System*, **3**, 115-117.

Endicott, J., Nea, J., Fleiss, J., Cohen, J., Williams, J. B., & Simon, R. (1982). Diagnostic criteria for schizophrenia. Reliability and agreement between systems. *Archives of General Psychiatry*, **39**, 884-889.

Engel, B. T., & Bickford, A. F. (1961). Response specificity: Stimulus response and individual response specificity in essential hypertension. *Archives of General Psychiatry*, **5**, 478-489.

Emery, R. E., & O'Leary, K. D. (1979). Children's perceptions of marital discord and behavior problems of boys and girls. Paper presented at the annual meeting of the Association for Advancement of Behavior Therapy, San Francisco.

Endicott, J., & Spitzer, R. L. (1978). A diagnostic interview: The Schedule for Affective Disorders and Schizophrenia. *Archives of General Psychiatry*, **35**, 837–844.

Englemann, S. (1969). *Conceptual learning*. San Rafael, Calif.: Dimensions Publishing Company.

English, H. B. (1929). Three cases of the "conditioned fear response." *Journal of Abnormal and Social Psychology*, **34**, 221–225.

Ennis, B., & Emery, R. (1978). *The rights of mental patients—An American Civil Liberties Union Handbook*. New York: Avon.

Ennis, B., & Siegel, L. (1973). *The rights of mental patients*. American Civil Liberties Union Handbook Series. New York: Avon.

Enright, J. B. (1970). An introduction to Gestalt techniques. In J. Fagan & I. L. Shepherd (Eds.), *Gestalt therapy now: Theory, techniques, applications*. Palo Alto, Calif.: Science and Behavior Books.

Epstein, L. C., & Lasagna, L. (1969). Obtaining informed consent. *Achives of Internal Medicine*, **123**, 682–688.

Epstein, L. H., Beck, S., Figueroa, J., Farkas, G., Kazdin, A. E., Danema, D., & Becker, D. (1981). The effects of point economy and parent management on urine glucose and metabolic control in children with insulin dependent diabetes. *Journal of Applied Behavior Analysis*, **14**, 365–375.

Epstein, L. H., Masek, B. J., & Marshall, W. R. (1978). A nutritionally based school program for control of eating in obese children. *Behavior Therapy*, **9**, 766–788.

Epstein, L. H., Wing, R. R., Thompson, J. K., & Griffen, W. (1980). Attendance and fitness in aerobics exercise: The effects of contract and lottery procedures. *Behavior Modification*, **4**, 465–479.

Epstein, S. (1979). The stability of behavior: On predicting most of the people much of the time. *Journal of Personality and Social Psychology*, **37**, 1097–1126.

Erikson, E. H. (1950). *Childhood and society*. New York: Norton.

Evans, I. M. (1976). Classical conditioning. In M. P. Feldman & A. Broadhurst (Eds.), *Theoretical and experimental bases of the behaviour therapies*. New York: Wiley.

Evans, R. B. (1969). Childhood parental relationships of homosexual men. *Journal of Consulting and Clinical Psychology*, **33**, 129–135.

Evans, R. I., Rozelle, R. M., Maxwell, S. E., Raines, B. E., Dill, C. A., Guthrie, T. J., Henderson, A. H., & Hill, P. C. (1981). Social modelling films to deter smoking in adolescents: Results of a three-year field investigation. *Journal of Applied Psychology*, **66**, 399–414.

Exner, J. E. (1978). *The Rorschach: A comprehensive system. Vol. 2. Current research and advanced interpretation*. New York: Wiley.

Eysenck, H. J. (1952). The effects of psychotherapy: An evaluation. *Journal of Consulting Psychology*, **16**, 319–324.

Eysenck, H. J. (1957). *Dynamics of anxiety and hysteria*. London: Routledge and Kegan Paul.

Eysenck, H. J. (1975). Crime as destiny. *New Behaviour*, **9**, 46–49.

Fagan, J., & Shepherd, I. L. (Eds.). (1970). *Gestalt therapy now: Theory, techniques, applications*. Palo Alto, Calif.: Science and Behavior Books.

Fagerstrom, K-O. (1978). Measuring degree of physical dependence to tobacco smoking with reference to individualization of treatment. *Addictive Behaviors*, **3**, 235–241.

Fagerstrom, K-O. (1982). A comparison of psychological and pharmacological treatment in smoking cessation. *Journal of Behavioral Medicine*, **5**, 343–351.

Fairburn, C. G. (1980). Self-induced vomiting. *Journal of Psychosomatic Research*, **24**, 193–197.

Fairweather, G. W., Ed. (1964). *Social psychology in treating mental illness: An experimental approach*. New York: Wiley.

Falloon, I. R. H., Boyd, J. L., McGill, C. W., Razani, J., Moss, H. B., & Gilderman, A. N. (1982). Family management in the prevention of exacerbation of schizophrenia: A controlled study. *New England Journal of Medicine*, **306**, 1437–1440.

Farina, A. (1976). *Abnormal psychology*. Englewood Cliffs, N.J.: Prentice-Hall.

Farkas, G., & Rosen, R. C. (1976). The effects of alcohol on elicited male sexual response. *Studies in Alcohol*, **37**, 265–272.

Farris, E. J., Yeakel, E. H., & Medoff, H. (1945). Development of hypertension in emotional gray Norway rats after air blasting. *American Journal of Physiology*, **144**, 331–333.

Feingold, B. F. (1973). *Introduction to clinical allergy*. Springield, Ill.: Charles C. Thomas.

Feingold, B. F. (1975). *Why your child is hyperactive*. New York: Random House.

Feinsilver, D. B., & Gunderson, J. G. (1972). Psychotherapy for schizophrenics—Is it indicated? *Schizophrenia Bulletin*, **1**, 11–23.

Felner, R. D., Stolberg, A., Cowen, E. L. (1975). Crisis events and school mental health referral patterns of young children. *Journal of Consulting and Clinical Psychology*, **43**, 305–310.

Fenichel, O. (1945). *The psychoanalytic theory of neurosis*. New York: Norton.

Fernando, C. K., & Basmajian, J. V. (1978). Biofeedback in physical medicine and rehabilitation. *Biofeedback and Self-regulation*, **3**, 435–455.

Ferster, C. B. (1961). Positive reinforcement and behavioral deficits of autistic children. *Child Development*, **32**, 437–456.

Ferster, C. B. (1965). Classification of behavioral pathology. In L. Krasner & L. P. Ullman (Eds.), *Research in behavior modification*. New York: Holt, Rinehart and Winston.

Feuerstein, R. (1980). *Instrumental enrichment: An intervention program for cognitive modifiability*. Baltimore: University Park Press.

Field, T., Goldberg, S., Stern, D., & Sostek, A. (Eds.). (1980). *High-risk infants and children: Adult and peer interactions*. New York: Academic Press.

Field, T., Sostek, A., Goldberg, J., & Shuman, M. (Eds.). (1979). *Infants born at risk*. New York: Spectrum Books.

Figley, C. R. (1978). Introduction. In C. R. Figley (Ed.), *Stress disorders among Vietnam veterans*. New York: Brunner/Mazel. (a)

Figley, C. R. (1978). Psychosocial adjustment among Vietnam veterans: An overview of the research. In C. R. Figley (Ed.), *Stress disorders among Vietnam veterans*. New York: Brunner/Mazel. (b)

Figley, C. R., & Leventman, S. (1980). Introduction: Estrangement and victimization. In C. R. Figley & S. Leventman (Eds.), *Strangers at home: Vietnam veterans since the war*. New York: Praeger.

Fillmore, K. M., & Caetano, R. (1980). Epidemiology of occupational alcoholism. Paper presented at the National Institute on Alcohol Abuse and Alcoholism's Workshop on Alcoholism in the Workplace. Reston, Va., May 22, 1980.

Finkelhor, D. (1979). *Sexually victimized children*. New York: Free Press.

Finn, S. E. (1982). Base rates, utilities, and DSM-III: Shortcomings of fixed-rule systems of psychodiagnosis. *Journal of Abnormal Psychology*, **91**, 294–302.

Fischer, M. (1971). Psychoses in the offspring of schizophrenic monozygotic twins and their normal co-twins. *British Journal of Psychiatry*, **118**, 43–52.

Fish, F. (1960). Senile schizophrenia. *Journal of Mental Science*, **106**, 938–946.

Fleming, M., Steinman, C., & Bocknek, G. (1980). Methodological problems in assessing sex-reassignment surgery. A reply to Meyer and Reter. *Archives of Sexual Behavior*, **9**, 451–456.

Fletcher, C., & Doll, R. (1969). A survey of doctors' attitudes to smoking. *British Journal of Prevention and Social Medicine*, **23**, 145–153.

Fodor, I. (1978). Phobias in women: Therapeutic approaches. In *Helping women change: A guide for professional counseling*. New York: BMA Audio Cassette Program.

Folstein, M. F., & McHugh, P. R. (1978). Dementia syndrome of depression. In R. Katzman, R. D. Terry, & K. L. Bick (Eds.), *Alzheimer's disease: Senile dementia and related disorders*, Vol. 7. *Aging* New York: Raven Press.

Folstein, S., & Rutter, M. (1978). A twin study of individuals with infantile autism. In M. Rutter & E. Schopler (Eds.), *Autism: A reappraisal of concepts and treatment*. New York: Plenum Press.

Fontana, A. (1966). Familial etiology of schizophrenia: Is a scientific methodology possible? *Psychological Bulletin*, **66**, 214–228.

Ford, C., & Neale, J. M. (1985). Effects of a helplessness induction on judgments of control. *Journal of Personality and Social Psychology.*

Ford, C. S., & Beach, F. A. (1951). *Patterns of sexual behavior.* New York: Harper.

Ford, C. V., & Sbordone, R. J. (1980). Attitudes of psychiatrists towards elderly patients. *American Journal of Psychiatry*, **137**, 571-575.

Ford, D. H., & Urban, H. B. (1963). *Systems of psychotherapy: A comparative study.* New York: Wiley.

Fordney-Settlage, D. S. (1975). Heterosexual dysfunction: Evaluation of treatment procedures. *Archives of Sexual Behavior*, **4**, 367-388.

Fordyce, W. E. (1973). An operant conditioning method for managing chronic pain. *Postgraduate Medicine*, **53**, 123-128.

Fordyce, W. E. (1976). *Behavioral methods for chronic pain and illness.* St. Louis: Mosby.

Frances, A. (1980). The DSM-III personality disorders section: A commentary. *American Journal of Psychiatry*, **137**, 1050-1054.

Frank, J. D. (1973). *Persuasion and healing* (2nd ed.). Balitmore: Johns Hopkins University Press.

Frankel, B. G., & Whitehead, P. C. (1981). *Drinking and damage: Theoretical advantages and implications for prevention.* Monograph 14. New Brunswick, N.J.: Rutgers Center of Alcohol Studies.

Frankl, V. (1959). *From death camp to existentialism.* Boston: Beacon Press.

Frankl, V. (1963). *Man's search for meaning.* New York: Washington Square Press.

Franks, C. M. (1984). Behavior therapy with children and adolescents. In G. T. Wilson, C. M. Franks, K. D. Brownell, & P. C. Kendall (Eds.), *Annual review of behavior therapy: Theory and practice,* Vol. 9. New York: Guilford Press.

Freed, E. X. (1971). Anxiety and conflict: Role of drug-dependent learning in the rat. *Quarterly Journal of Studies on Alcohol*, **32**, 13-29.

Freud, A. (1946). *The ego and mechanisms of defense.* New York: International Universities Press.

Freud, A. (1946). *The psychoanalytic treatment of children: Lectures and essays.* London: Imago.

Freud, S. (1905). Three contributions to the theory of sex. In A. A. Brill (Ed.), *The basic writings of Sigmund Freud.* New York: Modern Library, 1938.

Freud, S. (1909). Analysis of a phobia in a five-year-old boy. In *Collected works of Sigmund Freud,* Vol. 10. London: Hogarth Press.

Freud, S. (1915). A case of paranoia running counter to the psychoanalytical theory of the disease. In *Collected papers*, Vol. 2. London: Hogarth Press, 1956.

Freud, S. (1917). Mourning and melancholia. In *Collected papers,* Vol. 4. London: Hogarth Press and the Institute of Psychoanalysis, 1950.

Freud, S. (1918). Lines of advance in psychoanalytic therapy. In *The complete psychological works of Sigmund Freud.* Translated by J. Strachey. London: The Hogarth Press, and the Institute of Psychoanalysis, 1955.

Freud, S. (1936). *The problem of anxiety.* New York: Norton, 1926.

Freud, S. (1937). 'Analysis terminable and interminable. *International Journal of Psychoanalysis*, **18**, 373-391.

Freud, S. (1949). *A general introduction to psychoanalysis.* New York: Garden City Publishing Company.

Freund, K. (1963). A laboratory method for diagnosing predominance of homo- and hetero-erotic interest in the male. *Behaviour Research and Therapy*, **1**, 85-93.

Friar, L. R., & Beatty, J. (1976). Migraine: Management by trained control of vasoconstriction. *Journal of Consulting and Clinical Psychology*, **44**, 46-53.

Friedberg, C. K. (1966). *Diseases of the heart* (3rd ed.). Philadelphia: Saunders.

Friedman, E., Shopsin, B., Sathananthan, G., & Gershon, S. (1974). Blood platelet monoamine oxidase activity in psychiatric patients. *American Journal of Psychiatry*, **131**, 1392-1394.

Friedman, J. M. (1978). Sexual adjustment of the postcoronary male. In J. LoPiccolo & L. LoPiccolo (Eds.), *Handbook of sex therapy.* New York: Plenum Press.

Friedman, M. (1969). *Pathogenesis of coronary artery disease.* New York: McGraw-Hill.

Friedman, M., Thoresen, C. E., Gill, J. J., Ulmer, D., Thompson, L., Powell, L., Price, A., Elek, S. R., Rabin, D. D., Breall, W. S., Piaget, G., Dixon, T., Bourg, E., Levy, R., & Tasto, D. I. (1982). Feasibility of altering Type A behavior pattern after myocardial infarction. *Circulation*, **66**, 83-92.

Friedman, R., & Dahl, L. K. (1975). The effect of chronic conflict on the blood pressure of rats with a genetic susceptibility to experimental hypertension. *Psychosomatic Medicine*, **37**, 402-416.

Fristoe, M., & Lloyd, L. L. (1979). Nonspeech communication. In N. R. Ellis (Ed.), *Handbook of mental deficiency, psychological theory and research* (2nd ed.). Hillsdale, N.J.: Lawrence Erlbaum Associates.

Fromm-Reichmann, F. (1948). Notes on the development of treatment of schizophrenics by psychoanalytic psychotherapy. *Psychiatry*, **11**, 263-273.

Fromm-Reichmann, F. (1952). Some aspects of psychoanalytic therapy with schizophrenics. In E. Brady & F. C. Redlich (Eds.), *Psychotherapy with schizophrenics.* New York: International Universities Press.

Frude, N. (1982). The sexual nature of sexual abuse: A review of the literature. *Child Abuse and Neglect*, **6**, 211-223.

Furinan, Stolberg, & Coner (1975). xxxxxxxx ?????????? xxxxxxx

Gagnon, J. H. (1977). *Human sexualities.* Chicago: Scott, Foresman.

Furman, W., Rahe, D., & Hartup, W. (1979). Rehabilitation of socially withdrawn preschool children through mixed-age and same-age socialization. *Child Development*,, **50**, 915-922.

Gagnon, J. H., & Davison, G. C. (1974). Enhancement of sexual responsiveness in behavior therapy. Paper presented at the 82nd Annual Convention of the American Psychological Association, New Orleans.

Gagnon, J. H., & Davison, G. C. (1976). Asylums, the token economy, and the metrics of mental life. *Behavior Therapy*, **7**, 528-534.

Gagnon, J. H., & Simon, W. (1973). *Sexual conduct: The social origins of human sexuality.* Chicago: Aldine.

Gaines, J. (1974). The founder of Gestalt therapy: A sketch of Fritz Perls. *Psychology Today*, **8**, 117-118.

Galin, D., Diamond, R., & Braff, D. (1977). Lateralization of conversion symptoms: More frequent on the left. *American Journal of Psychiatry*, **134**, 578-580.

Gallagher, D., Breckenridge, J. N., Thompson, L. W., Dessonville, C., & Amaral, P. (1982). Similarities and differences between normal grief and depression in older adults. *Essence*, **5**, 127-140.

Gallagher, D., & Thompson, L. W. (1982). Elders' maintenance of treatment benefits following individual psychotherapy for depression: Results of a pilot study and preliminary data from an ongoing replication study. Paper presented at the annual meeting of the American Psychological Association, Washington, D.C.

Gallagher, D., & Thompson, L. W. (1983). Cognitive therapy for depression in the elderly. A promising model for treatment and research. In L. D. Breslau & M. R. Haug (Eds.), *Depression and Aging: Causes, care and consequences.* New York: Springer.

Garcia, J., McGowan, B. K., & Green, K. F. (1972). Biological constraints on conditioning. In A. H. Black & W. F. Prokasy (Eds.), *Classical conditioning II: Current research and theory.* New York: Appleton-Century-Crofts.

Garfield, S., & Kurtz, R. (1974). A survey of clinical psychologists: Characteristics, activities, and orientations. *The Clinical Psychologist*, **28**, 7-10.

Garfinkel, P. E., Moldofsky, H., & Garner, D. M. (1980). The heterogeneity of anorexia nervosa. *Archives of General Psychiatry*, **37**, 1036-1040.

Garmezy, N. (1977). DSM-III: Never mind the psychologists—Is it good for the children? *The Clinical Psychologist*, **31**, 3-4.

Gauthier, Y., Fortin, C., Drapeau, P., Breton, J., Gosselin, J., Quintal, L., Weisnagel, J. & Lamarre, A. (1978). Follow-up study of 35 asthmatic preschool children. *Journal of the American Academy of Child Psychiatry*, **17**, 679-694.

Gauthier, Y., Fortin, C., Drapeau, P., Breton, J., Gosselin, J., Quintal, L., Weisnagel, J., Tetreault, L., & Pinard, G. (1977). The mother-child relationship and the development of autonomy and self-assertion in young (14-30 months) asthmatic children. *Journal of the American Academy of Child Psychiatry*, **16,** 109-131.

Gebhard, P. H., Gagnon, J. H., Pomeroy, W. B., & Christenson, C. V. (1965). *Sex offenders.* New York: Harper and Row.

Geer, J. H., Heiman, J., & Leitenberg, H. (1984). *Human sexuality.* Englewood Cliffs, N.J.: Prentice-Hall.

Geer, J. H., Davison, G. C., & Gatchel, R. I. (1970). Reduction of stress in humans through nonveridical perceived control of aversive stimulation. *Journal of Personality and Social Psychology*, **16,** 731-738.

Geer, J. H., Morokoff, P., & Greenwood, P. (1974). Sexual arousal in women. The development of a measuring device for vaginal blood volume. *Archives of Sexual Behavior*, **3,** 559-566.

Geis, G. (1977). Forcible rape: An introduction. In D. Chappell, R. Geis, & G. Geis (Eds.), *Forcible rape: The crime, the victim, and the offender.* New York: Columbia University Press.

Geis, G., & Monahan, J. (1976). The social ecology of violence. In T. Lickona (Ed.), *Moral development and behavior.* New York: Holt, Rinehart and Winston.

Geller, E., Ritvo, E. R., Freeman, B. J., & Yuwiler, A. (1982). Preliminary observations on the effect of fenfluramine on blood serotonin and symptoms in three autistic boys. *New England Journal of Medicine*, **307,** 165-169.

Geller, E., Yokota, A., Schroth, P., & Novak, P. (1984). Study of fenfluramine in outpatients with the syndrome of autism. *Journal of Pediatrics*, **105,** 823-828.

General Register Office (1968). *A glossary of mental disorders.* Studies on Medical and Population Subjects 22. London: General Register Office.

Gentry, W. D., Chesney, A. P., Gary, H. G., Hall, R. P., & Harburg, E. (1982). Habitual anger-coping styles: I. Effect of mean blood pressure and risk for essential hypertension. *Psychosomatic Medicine*, **44,** 195-202.

Gentry, W. D., Chesney, A. P., Hall, R. P., & Harburg, E. (1981). Effect of habitual anger-coping pattern on blood pressure in black/white, high/low stress area respondents. *Psychosomatic Medicine*, **43,** 88.

George, L. K. (1980). *Role transitions in later life.* Monterey, Calif.: Brooks Cole.

George, L. K., & Weiler, S. J. (1981). Sexuality in middle and late life: The effects of age, cohort, and gender. *Archives of General Psychiatry*, **38,** 919-923

Gerald, P. S. (1980). X-Linked mental retardation and an X-chromosome marker. *New England Journal of Medicine*, **303,** 696-697.

Gerbino, L., Oleshansky, M., & Gershon, S. (1978). Clinical use and mode of action of lithium. In M. A. Lipton, A. DiMascio, & F. K. Killam (Eds.), *Psychopharmacology: A generation of progress.* New York: Raven Press.

Gibbons, D. C. (1975). *Delinquent behavior.* Englewood Cliffs, N.J.: Prentice-Hall.

Gibbs, J. (Ed.). (1968). *Suicide.* New York: Harper and Row.

Gilboy, J. A., & Schmidt, J. R. (1971). "Voluntary" hospitalization of the mentally ill. *Northwestern University Law Review*, **66,** 429-439.

Ginsburg, A. B., & Goldstein, S. G. (1974). Age bias in referral to psychological consultation. *Journal of Gerontology*, 29, 410-415.

Gittelman-Klein, R., & Klein, D. F. (1976). Methylphenidate effects in learning disabilities. *Archives of General Psychiatry*, **33,** 655-664.

Gittelman-Klein R., Klein, D. F., Abikoff, H., Katz, S., Gloisten, A. C., & Kates, W. (1976). Relative efficacy of methylphenidate and behavior modification in hyperkinetic children: An interim report. *Journal of Abnormal Child Psychology*, **4,** 361-379. (a)

Gittelman-Klein, R., Klein, D. F., Katz, S., Saraf, K., & Pollack, E. (1976). Comparative effects of methylphenidate and thioridazine in hyperkinetic children. *Archives of General Psychiatry*, **33,** 1217-1231. (b)

Glaser, G. H., Newman, R. J., & Schafer, R. (1963). Interictal psychosis in psychomotor-temporal lobe epilepsy: An EEG psychological study. In G. H. Glaser (Ed.), *EEG and behavior.* New York: Basic Books.

Glass, C. R., & Merluzzi, T. V. (1981). Cognitive assessment of social-evaluative anxiety. In T. W. Merluzzi, C. R. Glass, & M. Genest (Eds.), *Cognitive assessment.* New York: Guilford.

Glass, D. C. (1977). *Behavior patterns, stress, and coronary disease.* Hillsdale, N.J.: Lawrence Erlbaum Associates.

Glassman, A. H., & Roose, S. P. (1981). Delusional depression. *Archives of General Psychiatry*, **38,** 424-427.

Glover, E. (1956). *On the early development of mind.* New York: International Universities Press.

Glueck, S., & Glueck, E. (1959). *Predicting delinquency and crime.* Cambridge, Mass.: Harvard University Press.

Goetzl, U., Green, R., Whybrow, P., & Jackson, R. (1974). X-linkage revisited. *Archives of General Psychiatry*, **31,** 665-671.

Goffman, E. (1961). *Asylums: Essays on the social situation of mental patients and other inmates.* Chicago: Aldine.

Goldberg, E. M., & Morrison, S. L. (1963). Schizophrenia and social class. *British Journal of Psychiatry*, **109,** 785-802.

Golden, C. J. (1981). A standardized version of Luria's neuropsychological tests: A quantitative and qualitative approach to neuropsychological evaluation. In S. B. Filskov & T. J. Boll (Eds.), *Handbook of clinical neuropsychology.* New York: Wiley.

Golden, C. J., Hammeke, T., & Purisch, A. (1978). Diagnostic validity of a standardized neuropsychological battery derived from Luria's neuropsychological test. *Journal of Consulting and Clinical Psychology*, **46,** 1258-1265.

Goldfried, M. R. (1980). Psychotherapy as coping skills training. In M. J. Mahoney (Ed.), *Psychotherapy process: Current issues and future directions.* New York: Plenum Press.

Goldfried, M. R., & Davison, G. C. (1976). *Clinical behavior therapy.* New York: Holt, Rinehart and Winston.

Goldfried, M. R., Decenteceo, E. T., & Weinberg, L. (1974). Systematic rational restructuring as a self-control technique. *Behavior Therapy*, **5,** 247-254.

Goldfried, M. R., & D'Zurilla, T. J. (1969). A behavioral-analytic model for assessing competence. In C. D. Speilberger (Ed.), *Current topics in clinical and community psychology,* Vol. 1. New York: Academic Press.

Goldfried, M. R., Linehan, M., & Smith, J. L. (1978). Reduction of text anxiety through cognitive restructuring. *Journal of Consulting and Clinical Psychology*, **46,** 32-39.

Goldfried, M. R., & Sobocinski, D. (1975). Effects of irrational beliefs on emotional arousal. *Journal of Consulting and Clinical Psychology*, **43,** 504-510.

Goldfried, M. R., Stricker, G., & Weiner, I. B. (1971). *Rorschach handbook of clinical and research applications.* Englewood Cliffs, N.J.: Prentice-Hall.

Goldstein, A. (1976). Opioid peptides (endorphins) in pituitary and brain. *Science*, **193,** 1081-1086.

Goldstein, M., & Rodnick, E. (1975). The family's contribution to the etiology of schizophrenia: Current status. *Schizophrenia Bulletin*, **14,** 48-63.

Goldstein, S. E., & Birnbom, F. (1976). Hypochondriasis and the elderly. *Journal of the American Geriatrics Society*, **24,** 150-154.

Goodwin, D. W. (1979). Alcoholism and heredity: A review and hypothesis. *Archives of General Psychiatry*, **36,** 57-61.

Goodwin, D. W. (1982). Substance induced and substance use disorders: Alcohol. In J. H. Griest, J. W. Jefferson, & R. L. Spitzer (Eds.), *Treatment of mental disorders.* New York: Oxford University Press.

Goodwin, D. W., Crane, J. B., & Guze, S. B. (1969). Alcoholic "blackouts": A review and clinical study of 100 alcoholics. *American Journal of Psychiatry*, **26,** 191-198.

Goodwin, D. W., & Guze, S. B. (1984). *Psychiatric diagnosis* (3rd ed.). New York: Oxford University Press.

Goodwin, D. W., Schulsinger, F., Hermansen, L., Guze, S. B., & Winokur, G. A. (1973). Alcohol problems in adoptees raised apart from alcoholic biological parents. *Archives of General Psychiatry*, **128,** 239-243.

Goodwin, D. W., Schulsinger, F., Knop, J., Mednick, S. A., & Guze, S. B. (1977). Psychopathology in adopted and nonadopted daughters of alcoholics. *Archives of General Psychiatry*, **34**, 1005–1009.

Gorenstein, E. E. (1982). Frontal lobe functions in psychopaths. *Journal of Abnormal Psychology*, **91**, 368–379.

Gorman, J. M., Levy, G. F., Liebowitz, M. R., McGrath, P., Appleby, I. L., Dillon, D. J., Davies, S. O., & Klein, D. F. (1983). Effect of acute beta-adrenergic blockade on lactate-induced panic. *Archives of General Psychiatry*, **40**, 1079–1082.

Gotlib, I. H., & Robinson, L. A. (1982). Responses to depressed individuals: Discrepancies between self-report and observer-rated behavior. *Journal of Abnormal Psychology*, **91**, 231–240.

Gottesman, I. (1962). Differential inheritance of the psychoneuroses. *Eugenics Quarterly*, **9**, 223–227.

Gottesman, I., & Shields, J. (1972). *Schizophrenia and genetics: A twin study vantage point.* New York: Academic Press.

Gottlieb, J., Gottlieb, B. W., Schmelkin, L. P., & Curci, R. (1983). Low- and high-IQ learning disabled children in the mainstream. *Analysis and Intervention in Developmental Disabilities*, **3**, 59–69.

Gottman, J., Notarius, C., Gonso, J., & Markman, H. (1976). *A couple's guide to communication.* Champaign, Ill.: Research Press.

Gove, W. R. (1970). Societal reaction as an explanation of mental illness: An evaluation. *American Sociological Review*, **35**, 873–884.

Gove, W. R., & Fain, T. (1973). The stigma of mental hospitalization. *Archives of General Psychiatry*, **28**, 494–500.

Gove, W. R., & Tudor, J. (1973). Adult sex roles and mental illness. *American Journal of Sociology*, **78**, 812–835.

Goyette, C. H., & Conners, C. K. (1977) Food additives and hyperkinesis. Paper presented at the 85th Annual Convention of the American Psychological Association.

Grabowski, J. (Ed.). (1984). *Cocaine: Pharmacology, effects, and treatment of abuse.* Rockville, Md.: National Institute on Drug Abuse.

Graham, D. T. (1967). Health, disease and the mind-body problem: Linguistic parallelism. *Psychosomatic Medicine*, **29**, 52–71.

Graham, J. R., & Wolff, H. G. (1938). Mechanisms of migraine headache and action of ergotamine tartrate. *Archives of Neurology and Psychiatry*, **18**, 23–45.

Graham, P. J., Rutter, M. L., Yule, W., & Pless, I. B. (1967). Childhood asthma: A psychosomatic disorder? Some epidemiological considerations. *British Journal of Preventive Medicine*, **21**, 78–85.

Gray, J. (1971). *The psychology of fear and stress.* New York: McGraw-Hill.

Green, R. (1974). *Sexual identity conflict in children and adults.* New York: Basic Books.

Green, R. (1976). One hundred ten feminine and masculine boys: Behavioral contrasts and demographic similarities. *Archives of Sexual Behavior*, **5**, 425–446.

Green, R., & Money, J. (1969). *Transsexualism and sex reassignment.* Baltimore: Johns Hopkins University Press.

Greenberg, L. S., & Rice, L. N. (1981). The specific effects of a gestalt intervention. *Psychotherapy: Theory, Research, and Practice*, **18**, 31–37.

Greenblatt, D. J., & Shader, R. I. (1978). Pharmacotherapy of anxiety with benzodiazepines and β-adrenergic blockers. In M. A. Lipton, A. DiMascio, & K. F. Killiam (Eds.), *Psychopharmacology: A generation of progress.* New York: Raven Press.

Greenblatt, M., Solomon, M. H., Evans, A. S., & Brooks, G. W., (Eds.), (1965). *Drugs and social therapy in chronic schizophrenia.* Springfield, Ill.: Charles C. Thomas.

Grings, W. W., & Dawson, M. E. (1978). *Emotions and bodily responses: A psychophysiological approach.* New York: Academic Press.

Grinker, R. R., & Spiegel, J. P. (1945). *War neuroses.* New York: Arno Press, 1979.

Gross, M. B., & Wilson, W. C. (1974). *Minimal brain dysfunction.* New York: Brunner/Mazel.

Grossman, H. J. (Ed.). (1983). *Classification in mental retardation.* Washington, D.C.: American Association of Mental Deficiency.

Grosz, H. J., & Zimmerman, J. (1970). A second detailed case study of functional blindness: Further demonstration of the contribution of objective psychological laboratory data. *Behavior Therapy*, **1**, 115–123.

Groth, N. A., & Burgess, A. W. (1977). Sexual dysfunction during rape. *New England Journal of Medicine*, **297**, 764–766.

Group for Advancement of Psychiatry. (1966). *Psychopathological disorders in childhood: Theoretical considerations and a proposed classification.* Report 62. New York: Mental Health Memorials Center.

Gubbay, S., Lobascher, M., & Kingerlee, P. (1970). A neurological appraisal of autistic children: Results of a Western Australia survey. *Developmental Medicine and Child Neurology*, **12**, 422–429.

Guerney, B. G. (Ed.). (1969) *Psychotherapeutic agents: New roles for nonprofessionals, parents and teachers.* New York: Holt, Rinehart and Winston.

Gunderson, J. G., Kolb, J. E., & Austin, V. (1981). The diagnostic interview for borderline patients. *American Journal of Psychiatry*, **138**, 896–903.

Gurland, B. J., & Cross, P. S. (1982). Epidemiology of psychopathology in old age. In L. F. Jarvik & G. W. Small (Eds.), *Psychiatric Clinics of North America.* Philadelphia: Saunders.

Gurman, A. S., & Kniskern, D. P. (1978). Research on marital and family therapy: Progress, perspective, and prospect. In S. L. Garfield & A. E. Bergin (Eds.), *Handbook of psychotherapy and behavior change: An empirical analysis* (2nd ed.). New York: Wiley.

Gurman, A. S., & Kniskern, D. P. (1981). Family therapy outcome research: Knowns and unknowns. In A. S. Gurman & D. P. Kniskern (Eds.), *Handbook of family therapy.* New York: Brunner/Mazel.

Guze, S. B. (1967). The diagnosis of hysteria: What are we trying to do? *American Journal of Psychiatry*, **124**, 491–498.

Guze, S. B. (1976). *Criminality and psychiatric disorders.* New York: Oxford University Press.

Haaga, D. A., & Davison, G. C. (in press). Cognitive change methods. In A. P. Goldstein & F. H. Kanfer (Eds.), *Helping people change* (3rd ed.). Elmsford, N.Y.: Pergamon Press.

Habot, B., & Libow, L. S. (1980). The interrelationship of mental and physical status and its assessment in the older adult: Mind-body interaction. In J. E. Birren & R. B. Sloane (Eds.), *Handbook of mental health and aging.* Englewood Cliffs, N.J.: Prentice-Hall.

Hafner, R. J. (1982). Marital interaction in persisting obsessive-compulsive disorders. *Australian and New Zealand Journal of Psychiatry*, **16**, 171–178.

Hafner, R. J., Gilchrist, P., Bowling, J., & Kalucy, R. (1981). The treatment of obsessional neurosis in a family setting. *Australian and New Zealand Journal of Psychiatry*, **15**, 145–151.

Haggard, E. (1943). Some conditions determining adjustment during and readjustment following experimentally induced stress. In S. Tomkins (Ed.), *Contemporary psychopathology.* Cambridge, Mass.: Harvard University Press.

Haley, S. A. (1978). Treatment implications of post-combat stress response syndromes for mental health professionals. In C. R. Figley (Ed.), *Stress disorders among Vietnam veterans.* New York: Brunner/Mazel.

Hall, C. S. (1954). *A primer of Freudian psychology.* New York: New American Library.

Halleck, S. L. (1971). *The politics of therapy.* New York: Science House.

Hamilton, E. W., & Abramson, L. Y. (1983). Cognitive patterns and major depressive disorder: A longitudinal study in a hospital setting. *Journal of Abnormal Psychology*, **92**, 173–184.

Hammen, C. L. (1980). Depression in college students: Beyond the Beck Depression Inventory. *Journal of Consulting and Clinical Psychology*, **48**, 126–128.

Hammen, C. L., & Cochran, S. D. (1981). Cognitive correlates of life stress and depression in college students. *Journal of Abnormal Psychology*, **90**, 23–27.

Hanusa, B. H., & Schulz, R. (1977). Attributional mediators of learned helplessness. *Journal of Personality and Social Psychology*, **35**, 602–611.

Haracz, J. L. (1982). The dopamine hypothesis: An overview of studies with schizophrenic patients. *Schizophrenia Bulletin*, **8**, 438–469.

Harburg, E., Erfurt, J. C., Hauenstein, L. S., Chape, C., Schull, W. J., & Schork, M. A. (1973). Socioecological stress, suppressed hostility, skin color, and black-white male blood pressure: Detroit. *Psychosomatic Medicine*, **35**, 276-296.

Hare, R. D. (1970). *Psychopathy: Theory and research.* New York: Wiley.

Hare, R. D. (1978). Electrodermal and cardiovascular correlates of sociopathy. In R. D. Hare & D. Schalling (Eds.), *Psychopathic behaviour: Approaches to research.* New York: Wiley.

Hare, R. D. (1980). A research scale for the assessment of psychopathy in criminal populations. *Personality and Individual Differences*, **1**, 111-119.

Hare, R. D. (in press). Psychopathy and physiological activity during anticipation of an aversive stimulus in a distraction paradigm. *Psychophysiology.*

Hare, R. D., & Jutai, J. W. (in preparation). Psychopathy and electrocortical indices of perceptual processing during selective attention.

Harlow, J. M. (1868). Recovery from the passage of an iron bar through the head. *Publication of the Massachusetts Medical Society*, **2**, 327ff.

Harrington, A., & Sutton-Simon, K. (1977). Rape. In A. P. Goldstein, P. J. Monti, T. J. Sardino, & D. J. Green (Eds.), *Police crisis intervention.* Kalamazoo, Mich.: Behaviordelia.

Harris, E. L., Noyes, R., Crowe, R. R., & Chaudhry, D. R. (1983). Family study of agoraphobia: Report of a pilot study. *Archives of General Psychiatry*, **40**, 1061-1064.

Hart, B. M., Reynolds, N. J., Baer, D. M., Brawley, E. R., & Harris, F. R. (1968). Effect of contingent and noncontingent social reinforcement on the cooperative play of a preschool child. *Journal of Applied Behavior Analysis*, **1**, 73-76.

Hartmann, H. (1958). *Ego psychology and the problem of adaptation.* New York: International Universities Press.

Harvey, J., Judge, C., & Wiener, S. (1977). Familial X-linked mental retardation with an X chromosome abnormality. *Journal of Medical Genetics*, **14**, 45-50.

Hawley, C., & Buckley, R. (1974). Food dyes and hyperkinetic children. *Academic Therapy*, **10**, 27-32.

Haynes, S. N., & Horn, W. F. (1982). Reactivity in behavioral observation: A review. *Behavioral Assessment*, **4**, 369-385.

Hays, P. (1976). Etiological factors in manic-depressive psychoses. *Archives of General Psychiatry*, **33**, 1187-1188.

Haywood, H. C., Filler, J. W., Jr., Shiffman, M. A., & Chatelanat, G. (1975). Behavioral assessment in mental retardation. In P. McReynolds (Ed.), *Advances in psychological assessment*, Vol. 3. Palo Alto, Calif.: Science and Behavior Books.

Heaton, R. K. (1975). Subject expectancy and environmental factors as determinants of psychedelic flashbacks. *Journal of Nervous and Mental Disease*, **161**, 157-165.

Heaton, R. K., & Victor, R. G. (1976). Personality characteristics associated with psychedelic flashbacks in natural and experimental settings. *Journal of Abnormal Psychology*, **85**, 83-90.

Heiman, J. R., & LoPiccolo, J. (1983). Effectiveness of daily versus weekly therapy in the treatment of sexual dysfunction. Unpublished manuscript, State University of New York at Stony Brook.

Heiman, N. M. (1973). Postdoctoral training in community mental health. *Menninger Clinical Bulletin 17.*

Heller, J. (1974). *Something happened.* New York: Knopf.

Hembree, W. C., Nahas, G. G., & Huang, H. F. S. (1979). Changes in human spermatozoa associated with high dose marihuana-smoking. In G. G. Nahas & W. D. M. Paton (Eds.), *Marihuana: Biological effects.* Elmsford, N.Y.: Pergamon Press.

Hempel, C. (1958). The theoretician's dilemma. In H. Feigl, M. Scriven, & G. Maxwell (Eds.), *Minnesota studies in the philosophy of science,* Vol. 2. Minneapolis: University of Minnesota Press.

Heninger, G. R., Charney, D. S., & Menkes, D. B. (1983). Receptor sensitivity and the mechanism of action of antidepressant treatment. In P. J. Clayton & J. E. Barrett (Eds.), *Treatment of depression: Old controversies and new approaches.* New York: Raven Press.

Henkel, H., & Lewis-Thomé, J. (1976). *Verhaltenstherapie bei männlichen Homosexuellen.* Diplomarbeit der Studierenden der Psychologie. University of Marburg.

Henker, B., & Whalen, C. K. (1980). The changing face of hyperactivity. In C. K. Whalen & B. Henker (Eds.), *Hyperactive children.* New York: Academic Press.

Henry, J. P., Ely, D. L., & Stephens, P. M. (1972). Changes in catecholamine-controlling enzymes in response to psychosocial activation of defense and alarm reactions. In *Physiology, emotion, and psychosomatic illness.* Ciba Symposium 8. Amsterdam Netherlands: Associated Scientific Publishers.

Hepler, R. S., & Frank, I. M. (1971). Marijuana smoking and intraocular pressure. *Journal of the American Medical Association*, **217**, 1392.

Herbert, J. (1965). Personality factors and bronchial asthma. A study of South African Indian children. *Journal of Psychosomatic Research*, **8**, 353-364.

Herbert, M. (1978). *Conduct disorders of childhood and adolescence.* New York: Wiley.

Herbert, M. (1982). Conduct disorders. In B. B. Lahey & A. E. Kazdin (Eds.), *Advances in clinical child psychology,* Vol. 5. New York: Plenum.

Herman, C. P., & Mack, D. (1975). Restrained and unrestrained eating. *Journal of Personality*, **43**, 647-660.

Herman, C. P., & Polivy, J. (1980). Restrained eating. In A. Stunkard (Ed.), *Obesity.* Philadelphia: Saunders.

Hernández-Peón, R., Chávez-Ibarra, G., & Aguilar-Figueroa, E. (1963). Somatic evoked potentials in one case of hysterical anesthesia. *EEG and Clinical Neurophysiology*, **15**, 889-892.

Herr, J. J., & Weakland, J. H. (1979). *Counseling elders and their families: Practical techniques to applied gerontology.* New York: Springer.

Hersen, M., & Bellack, A. S. (Eds.). (1981) *Behavioral assessment: A practical handbook.* 2nd ed. New York: Pergamon Press.

Heston, L. L. (1966). Psychiatric disorders in foster home reared children of schizophrenic mothers. *British Journal of Psychiatry*, **112**, 819-825.

Hetherington, E. M., & Martin B. (1979). Family interaction. In H. C. Quay & J. S. Werry (Eds.), *Psychopathological disorders of childhood* (2nd ed.). New York: Wiley.

Hewett, F. M. (1965). Teaching speech to an autistic child through operant conditioning. *American Journal of Orthopsychiatry*, **33**, 927-936.

Heyd, D., & Bloch, S. (1981). The ethics of suicide. In S. Bloch & P. Chodoff (Eds.), *Psychiatric ethics.* New York: Oxford University Press.

Hibbert, G. A. (1984). Hyperventilation as a cause of panic attacks. *British Medical Journal*, **288**, 263-264.

Hickey, T. (1980). *Health and aging.* Belmont, Calif.: Wadsworth.

Higgins, G. F. (1978). Sexuality and the spinal cord injured patient. In J. LoPiccolo & L. LoPiccolo (Eds.), *Handbook of sex therapy.* New York: Plenum Press.

Hilgard, E. R. (1979). The Stanford hypnotic susceptibility scales as related to other measures of hypnotic responsiveness. *American Journal of Clinical Hypnosis*, **21**, 68-83.

Hilgard, E. R., Morgan, A. H., & MacDonald, H. (1975). Pain and dissociation in the cold pressor test: A study of hypnotic analgesia with "hidden reports" through automatic keypressing and automatic talking. *Journal of Abnormal Psychology,* **84**, 280-289.

Hill, D. (1952). EEG in episodic psychotic and psychopathic behavior: A classification of data. *EEG and Clinical Neurophysiology*, **4**, 419-442.

Hill, J. H., Liebert, R. M., & Mott, D. E. W. (1968). Vicarious extinction of avoidance behavior through films: An initial test. *Psychological Reports*, **12**, 192.

Hill, S. Y. (1980). Introduction: The biological consequences. In *Alcoholism and alcohol abuse among women: Research issues.* Rockville, Md.: National Institute on Alcohol Abuse and Alcoholism.

Hilterbrand, K. (1983). Depression in anorexia nervosa. Unpublished manuscript, University of Southern California.

Hiroto, D. S., & Seligman, M. E. P. (1975). Generality of learned helplessness in man. *Journal of Personality and Social Psychology*, **31**, 311-327.

Hirschfeld, R. A., & Cross, C. K. (1982). Epidemiology of affective disorders. *Archives of General Psychiatry*, **39**, 35–46.

Hite, S. (1976). *The Hite report*. New York: Macmillan.

Hobbs, S. A., Beck, S. J., & Wansley, R. A. (1984). Pediatric behavioral medicine: Directions in treatment and prevention. In M. Hersen, R. M. Eisler, & P. M. Miller (Eds.), *Progress in behavior modification*, Vol. 16. New York: Academic Press.

Hoch, P. H., & Dunaif, S. L. (1955). Pseudopsychopathic schizophrenia. In P. H. Hoch & J. Zubin (Eds.), *Psychiatry and the law*. New York: Grune and Stratton.

Hoch, P. H., & Polatin, P. (1949). Pseudoneurotic forms of schizophrenia. *Psychiatric Quarterly*, **23**, 248–276.

Hodapp, V., Weyer, G., & Becker, J. (1975). Situational stereotypy in essential hypertension patients. *Journal of Psychosomatic Research*, **19**, 113–121.

Hodgson, R. J., & Rachman, S. J. (1972). The effects of contamination and washing on obsessional patients. *Behaviour Research and Therapy*, **10**, 111–117.

Hodgson, R., & Rachman, S. J. (1972). The treatment of chronic obsessive-compulsive neurosis. *Behaviour Research and Therapy*, **10**, 181–189.

Hoffman, M. L. (1970). Moral development. In P. H. Mussen (Ed.),. *Carmichael's manual of child psychology*. London: Wiley.

Hogan, D. (1978). The effectiveness of sex therapy: A review of the literature. In J. LoPiccolo & L. LoPiccolo (Eds.), *Handbook of sex therapy*. New York: Plenum Press.

Hogarty, G. E., Goldberg, S. C., Schooler, N. R., Ulrich, R. F., & The Collaborative Study Group (1974). Drug and socio-therapy in the aftercare of schizophrenic paitents: II. Two-year relapse rates. *Archives of General Psychiatry*, **31**, 603–608.

Hokanson, J. E., & Burgess, M. (1962). The effects of three types of aggression on vascular processes. *Journal of Abnormal and Social Psychology*, **65**, 446–449.

Hokanson, J. E., Burgess, M., & Cohen, M. F. (1963). Effects of displaced aggression on systolic blood pressure. *Journal of Abnormal and Social Psychology*, **67**, 214–218.

Hokanson, J. E., Willers, K. R., & Koropsak, E. (1968). Modification of autonomic responses during aggressive interchange. *Journal of Personality*, **36**, 386–404.

Holden, C. (1972). Nader on mental health centers: A movement that got bogged down. *Science*, **177**, 413–415.

Holinger, P. C. (1979). Violent deaths among the young: Recent trends in suicide, homicides, and accidents. *American Journal of Psychiatry*, **136**, 1144–1147.

Hollingshead, A. B., & Redlich, F. C. (1958). *Social class and mental illness: A community study*. New York: Wiley.

Hollon, S. D., & Beck, A. T. (1979). Cognitive therapy of depression. In P. C. Kendall & S. D. Hollon (Eds.), *Cognitive-behavioral interventions: Theory, research, and procedures*. New York: Academic Press.

Hollon, S. D., & Kendall, P. C. (1980). Cognitive self-statements in depression: Development of an automatic thoughts questionnaire. *Cognitive Therapy and Research*, **4**, 383–395.

Holmes, T. H., & Rahe, R. H. (1967). The social readjustment rating scale. *Journal of Psychosomatic Research*, **11**, 213–218.

Holmes, T. S., & Holmes, T. H. (1970). Short-term intrusions into the life style routine. *Journal of Psychosomatic Research*, **14**, 121–132.

Holmstrom, L. L., & Burgess, A. W. (1980). Sexual behavior during reported rapes. *Archives of Sexual Behavior*, **9**, 427–439.

Honigfeld, G., & Howard, A. (1978). *Psychiatric drugs: A desk reference* (2nd ed.). New York: Academic Press.

Hoon, E. F., & Hoon, P. W. (1978). Styles of sexual expression in women: Clinical implications of multivariate analyses. *Archives of Sexual Behavior*, **7**, 105–116.

Horan, J. J., Linberg, S. E., & Hackett, G. (1977). Nicotine poisoning and rapid smoking. *Journal of Consulting and Clinical Psychology*, **45**, 344–347.

Horn, A. S., & Snyder, S. H. (1971). Chlorpromazine and dopamine: Conformational similarities that correlate with the anti-schizophrenic activity of phenothiazine drugs. *Proceedings of the National Academy of Sciences*, **68**, 2325–2328.

Horney, K. (1939). *New ways in psychoanalysis*. New York: International Universities Press.

Horney, K. (1942). *Self-analysis*. New York: Norton.

Horowitz, M., (1975). Intrusive and repetitive thoughts after experimental stress. *Archives of General Psychiatry*, **32**, 223–228.

Horwitz, L. (1974). *Clinical prediction in psychotherapy*. New York: Jason Aronson.

Houts, P. S., & Serber, M. (Eds.). (1972). *After the turn-on, what? Learning perspectives on humanistic groups*. Champaign, Ill.: Research Press.

Hsu, L. K. G. (1980). Outcome of anorexia nervosa: A review of the literature (1954 to 1978). *Archives of General Psychiatry*, **37**, 1041–1046.

Hugdahl, K., Fredrikson, M., & Öhman, A. (1977). Preparedness and arousability as determinants of electrodermal conditioning. *Behaviour Research and Therapy*, **15**, 345–353.

Hulicka, I. M. (1967). Short-term learning and memory efficiency as a function of age and health. *Journal of the American Geriatrics Society*, **15**, 285–294.

Hull, J. G. (1981). A self-awareness model of the causes and effects of alcohol consumption. *Journal of Abnormal Psychology*, **90**, 586–600.

Hunt, D. D., Carr, J. E., & Hampson, J. L. (1981). Cognitive correlates of biologic sex and gender identity in transsexualism. *Archives of Sexual Behavior*, **10**, 65–77.

Hunt, W. A., & Bespalec, D. A. (1974). An evaluation of current methods of modifying smoking behavior. *Journal of Clinical Psychology*, **30**, 431–438.

Hussian, R. A. (1981). *Geriatric psychology: A behavioral perspective*. New York: Van Nostrand Reinhold.

Hussian, R. A., & Lawrence, P. S. (1980). Social reinforcement of activity and problem-solving training in the treatment of depressed institutionalized elderly patients. *Cognitive Therapy and Research*, **5**, 57–69.

Husted, J. R. (1975). Desensitization procedures in dealing with female sexual dysfunction. *The Counseling Psychologist*, **5**, 30–37.

Hutchings, B., & Mednick, S. A. (1974). Registered criminality in the adoptive and biological parents of registered male adoptees. In S. A. Mednick, F. Schulsinger, J. Higgins, & B. Bell (Eds.), *Genetics, environment and psychopathology*. New York: Elsevier.

Hutt, C., Hutt, S. J., Lee, D., & Ounsted, C. (1964). Arousal and childhood autism. *Nature*, **204**, 908–909.

Huttenlocher, P. R. (1974). Dendritic development in neocortex of children with mental defect and infantile spasms. *Neurology*, **24**, 203–210.

Hyman, B. T., Van Hoesen, G. W., Damasio, A. R., & Barnes, C. L. (1984). Alzheimer's disease: Cell-specific pathology isolates the hippocampal formation. *Science*, **225**, 1168–1170.

Inglis, J. (1969). Electrode placement and the effect of ECT on mood and memory in depression. *Canadian Psychiatric Association Journal*, **14**, 463–471.

Innes, G., Millar, W. M., & Valentine, M. (1959). Emotion and blood pressure. *Journal of Mental Sciences*, **105**, 840–851.

Insell, T. R., Murphy, D. L., Cohen, R. M., Alterman, I., Itts, C., & Linnoila, M. (1983). Obsessive-compulsive disorder. A double-blind trial of clomipramine and clorgyline. *Archives of General Psychiatry*, **40**, 605–612.

Insull, W. (Ed.). (1973). *Coronary risk handbook*. New York: American Heart Association, 1973.

Isen, A. M., Shaiken, T. F., Clark, M., & Karp, L. (1978). Affect,accessibility of material in memory, and behavior: A cognitive loop? *Journal of Personality and Social Psychology*, **36**, 1–12.

Issidorides, M. R. (1979). Observations in chronic hashish users: Nuclear aberrations in blood and sperm and abnormal acrosomes in spermatozoa. In G. G. Nahas & W. D. M. Paton (Eds.), *Marihuana: Biological effects*. Elmsford, N.Y.: Pergamon Press.

Jackson, A. M. (1973). Psychotherapy: Factors associated with the race of the therapist. *Psychotherapy: Theory, Research, and Practice*, **10**, 273–277.

Jackson, D. D., & Weakland, J. (1961). Conjoint family therapy:

Some considerations on theory, technique and results. *Psychiatry*, **24**, 30-45.

Jacobs, M., Jacobs, A., Gatz, M., & Schaible, T. (1973). Credibility and desirability of positive and negative structured feedback in groups. *Journal of Consulting and Clinical Psychology*, **40**, 244-252.

Jacobson, A., & McKinney, W. T. (1982). Affective disorders. In J. H. Greist, J. W. Jefferson, & R. L. Spitzer (Eds.), *Treatment of mental disorders*. New York: Oxford University Press.

Jacobson, E. (1929). *Progressive relaxation*. Chicago: University of Chicago Press.

Jacobson, N. S., Follette, W. C., Baucom, D. H., Hahlweg, K., & Margolin, G. (in press). Variability in outcome and clinical significance of behavioral marital therapy: A reanalysis of outcome data. *Journal of Consulting and Clinical Psychology*.

Jacobson, N. S., & Margolin, G. (1979). *Marital therapy: Strategies based on social learning*. New York: Brunner/Mazel.

James, N., & Chapman, J. (1975). A genetic study of bipolar affective disorder. *British Journal of Psychiatry*, **126**, 449-456.

Jamison, K. R. (1979). Manic-depressive illness in the elderly. In O. J. Kaplan (Ed.), *Psychopathology of aging*. New York: Academic Press, 79-95.

Jarvik, L. F., Mintz, J., Steuer, J., & Gerner, R. (1982). Treating geriatric depression: A 26-week interim analysis. *Journal of the American Geriatrics Society*, **30**, 713-717.

Jarvik, L. F., & Perl, M. (1981). Overview of physiologic dysfunction related to psychiatric problems in the elderly. *Aging: Neuropsychiatric Manifestations of Physical Disease in the Elderly*, **14**, 1-15.

Jarvik, L. F., Ruth, V., & Matsuyama, S. (1980). Organic brain syndrome and aging: A six-year follow-up of surviving twins. *Archives of General Psychiatry*, **37**, 280-286.

Jarvik, M. E. (1979). Biological influences on cigarette smoking. In N. A. Krasnegor (Ed.), *The behavioral aspects of smoking*. Washington, D.C.: National Institute on Drug Abuse.

Jarvik, M. E., & Schneider, N. G. (1984). Degree of addiction and effectiveness of nicotine gum therapy for smoking. *American Journal of Psychiatry*, **141**, 790-791.

Jarvis, M. J., Raw, M., Russell, M. A. H., & Feyerabend, C. (1982). Randomised controlled trial of nicotine chewing-gum. *British Medical Journal*, **285**, 537-540.

Jay, S. M., Elliott, C. H., Ozolins, M., & Olson, R. A. (1982). Behavioral management of children's distress during painful medical procedures. Paper presented at the annual meeting of the American Psychological Association, Washington, D.C.

Jeans, R. F. I. (1976). An independently validated case of multiple personality. *Journal of Abnormal Psychology*, **85**, 249-255.

Jeffrey, D. B. (1974). A comparison of the effects of external control and self-control on the modification and maintenance of weight. *Journal of Abnormal Psychology*, **83**, 404-410.

Jellinek, E. M. (1952). Phases of alcohol addiction. *Quarterly Journal of Studies on Alcohol*, **13**, 673-684.

Jemmott, J. B., III, Borysenko, J. Z., Borysenko, M., McClelland, D. C., Chapman, R., Meyer, D., & Benson, H. (1983). Academic stress, power motivation, and decrease in salivary secretory immunoglobulin A secretion. *Lancet*, **1**, 1400-1402.

Jemmott, J. B., III, & Locke, S. E. (1984). Psychosocial factors, immunologic mediation, and human susceptibility to infectious disease: How much do we know? *Psychological Bulletin*, **95**, 79-108.

Jenkins, C. D. (1971). Psychologic and social precursors of coronary disease. *New England Journal of Medicine*, **284**, 244-255, 307-317.

Jenkins, C. D. (1976). Recent evidence supporting psychologic and social risk factors for coronary disease. *New England Journal of Medicine*, **294**, 987-994, 1033-1038.

Jenkins, C. D., Rosenman, R. H., & Zyzanski, S. J. (1974). Prediction of clinical coronary heart disease by a test for the coronary-prone behavior pattern. *New England Journal of Medicine*, **290**, 1271-1275.

Jenkins, C. D., Zyzanski, S. J., & Rosenman, R. H. (1978). Coronary-prone behavior: One pattern or several? *Psychosomatic Medicine*, **40**, 25-43.

Jenkins, R. L., & Glickman, S. (1947). Patterns of personality organization among delinquents. *Nervous Child*, **6**, 329-339.

Jennings, C., Barraclough, B. M., & Moss, J. R. (1978). Have the Samaritans lowered the suicide rate? A controlled study. *Psychological Medicine*, **8**, 413-422.

Jersild, A. T., & Holmes, F. B. (1935). *Children's fears*. New York: Teachers College Press, Columbia University.

Jersild, A. T., Markey, F. V., & Jersild, C. L. (1933). Children's fears, dreams, wishes, daydreams, likes, dislikes, pleasant and unpleasant memories. In A. T. Jersild (Ed.), *Child psychology*. Englewood Cliffs, N.J.: Prentice-Hall, 1960.

Joffee, J. M., & Albee, G. W. (1981). Powerlessness and psychopathology. In J. M. Joffee & G. W. Albee (Eds.), *Prevention through political action and social change: Primary prevention of psychopathology*, Vol. 5. Hanover, N.H.: University Press of New England.

Johnson, A. M., Falstein, E. I., Szurek, S. A., & Svendson, M. (1941). School phobia. *American Journal of Orthopsychiatry*, **11**, 701-702.

Johnson, E. H. (1984). Anger and anxiety as determinants of elevated blood pressure in adolescents. Unpublished doctoral dissertation, University of South Florida.

Johnston, M. B., Whitman, T. L., & Johnson, M. (1980). Teaching addition and subtraction to mentally retarded children: A self-instructional program. *Applied Research in Mental Retardation*, **1**, 141-160.

Jones, B. M. (1973). Memory impairment on the ascending and descending limbs of the blood alcohol curve. *Journal of Abnormal Psychology*, **82**, 24-32.

Jones, B. M., & Parsons, O. A. (1971). Impaired abstracting ability in chronic alcoholics. *Archives of General Psychiatry*, **24**, 71-75.

Jones, B. M., & Parsons, O. A. (1975). Alcohol and consciousness: Getting high, coming down. *Psychology Today*, **8**, 53-58.

Jones, E. (1955). *The life and work of Sigmund Freud*, Vol. 2. New York: Basic Books.

Jones, M. (1953). *The therapeutic community*. New York: Basic Books.

Jones, M. C. (1924). A laboratory study of fear: The case of Peter. *Pedagogical Seminary*, **31**, 308-315.

Jones, R. T. (1977). Human effects. In R. C. Peterson (Ed.), *Marijuana research findings: 1976*. NIDA Research Monograph 14. Washington, D. C.: U.S. Government Printing Office.

Jones, R. T. (1980). Human effects: An overview. In *Marijuana research findings: 1980*. Washington, D.C.: U.S. Government Printing Office.

Jones, R. T. (1984). The pharmacology of cocaine. In J. Grabowski (Ed.), *Cocaine: Pharmacology, effects, and treatment of abuse*. Rockville, Md: National Institute on Drug Abuse.

Jones, R. T., & Benowitz, N. (1976). The 30-day trip—Clinical studies of cannabis tolerance and dependence. In M. C. Braude & S. Szara (Eds.), *Pharmacology of marijuana*. New York: Raven Press.

Justice, B., & Justice, R. (1979). *The broken taboo: Sex in the family*. New York: Human Sciences Press.

Jutai, J. W., & Hare, R. D. (1983). Psychopathy and selective attention during performance of a complex perceptual-motor task. *Psychophysiology*, **20**, 140-151.

Kagan, J. (1965). Reflection-impulsivity and reading ability in primary grade children. *Child Development*, **36**, 609-628.

Kahn, R. L. (1975). The mental health system and the future aged. *The Gerontologist*, **15**, Part II, 24-31.

Kahn, R. L., Zarit, S. H., Hilbert, N. M., & Niederehe, G. (1975). Memory complaint and impairment in the aged. *Archives of General Psychiatry*, **32**, 1569-1573.

Kammen, D. P. van, Bunney, W. E., Docherty, J. P., Jimerson, D. C., Post, R. M., Sivis, S., Ebart, M., & Gillin, J. C. (1977). Amphetamine-induced catecholamine activation in schizophrenia and depression. *Advances in Biochemical Psychopharmacology*, **16**, 655-659.

Kanfer, F.H. (1979). Self-management: Strategies and tactics. In A. P. Goldstein & F. H. Kanfer (Eds.), *Maximizing treatment gains: Transfer enhancement in psychotherapy*. New York: Academic Press.

Kanfer, F. H., & Busemeyer, J. R. (1982). The use of problem-solving and decision making in behavior therapy. *Clinical Psychology Review*, **2**, 239-266.

Kanfer, F. H., & Nay, W. R. (1982). Behavioral assessment. In G. T.

Wilson & C. R. Franks (Eds.), *Contemporary behavior therapy: Conceptual and empirical foundations.* New York: Guilford Press.

Kanfer, F. H., & Phillips, J. S. (1970). *Learning foundations of behavior therapy.* New York: Wiley.

Kanner, L. (1943). Autistic disturbances of affective contact. *Nervous Child,* **2,** 217-250.

Kanner, L. (1973). Follow-up of eleven autistic children originally reported in 1943. In L. Kanner (Ed.), *Childhood psychosis: Initial studies and new insights.* Washington, D.C.: Winston-Wiley.

Kanner, L., & Eisenberg, L. (1955). Notes on the follow-up studies of autistic children. In P. Hoch & J. Zubin (Eds.), *Psychopathology of childhood.* New York: Grune and Stratton.

Kantor, J. S., Zitrin, C. M., & Zeldis, S. M. (1980). Mitral valve prolapse syndrome in agoraphobic patients. *American Journal of Psychiatry,* **137,** 467-469.

Kantorovich, N. V. (1930). An attempt at associative-reflex therapy in alcoholism. *Psychological Abstracts,* **4,** 493.

Kaplan, H. S. (1974). *The new sex therapy.* New York: Brunner/Mazel.

Karacan, I., Thornby, J., Holzer, C. E., Warheit, G. J., Schwab, J. J., & Williams, R. L. (1976). Prevalence of sleep disturbance in a primarily urban Florida county. *Social Science Medicine,* **10,** 239-244.

Karasu, T. B., Stein, S. P., & Charles, E. S. (1979). Age factors in patient-therapist relationship. *Journal of Nervous and Mental Disease,* 167, 100-104.

Karrer, R., Nelson, M., & Galbraith, G. C. (1979). Psychophysiological research with the mentally retarded. In N. R. Ellis (Ed.), *Handbook of mental deficiency, psychological theory and research* (2nd ed.). Hillsdale, N.J.: Lawrence Erlbaum Associates.

Kasl, S. V., & Cobb, S. (1970). Blood pressure changes in men undergoing job loss: A preliminary report. *Psychosomatic Medicine,* **32,** 19-38.

Kaslow, F. W. (1981). Divorce and divorce therapy. In A. S. Gurman & D. P. Kniskern (Eds.), *Handbook of family therapy.* New York: Brunner/Mazel.

Kastenbaum, R., & Candy, S. E. (1973). The 4% fallacy: A methodological and empirical critique of extended care facility population statistics. *International Journal of Aging and Human Development,* **4,** 15-21.

Katchadourian, H. A., & Lunde, D. T. (1972). *Fundamentals of human sexuality.* New York: Holt, Rinehart and Winston.

Katz, E. R. (1980). Illness impact and social reintegration. In J. Kellerman (Ed.), *Psychological aspects of childhood cancer.* Springfield, Ill.: Charles C. Thomas.

Katz, E. R., Kellerman, J., & Siegel, S. E. (1980). Behavioral distress in children with leukemia undergoing bone marrow aspirations. *Journal of Consulting and Clinical Psychology,* **48,** 356-365.

Katzman, R. (1976). The prevalence and malignancy of Alzheimer's disease. *Archives of Neurology,* **33,** 217-218.

Kay, D. W. K., Cooper, A. F., Garside, R. F., & Roth, M. (1976). The differentiation of paranoid from affective psychoses by patient's premorbid characteristics. *British Journal of Psychiatry,* **129,** 207-215.

Kazdin, A. E. (1975). Covert modelling, imagery assessment, and assertive behavior. *Journal of Consulting and Clinical Psychology,* **43,** 716-724.

Kazdin, A. E., & Wilson, G. T. (1978). *Evaluation of behavior therapy: Issues, evidence, and research strategies.* Cambridge, Mass.: Ballinger.

Keen, S. (1979). Some ludicrous theses about sexuality. *Journal of Humanistic Psychology,* **19,** 15-22.

Kegel, A. H. (1957). Sexual function of the pubococcygeus muscle. *Western Journal of Surgery,* **60,** 521-524.

Keith, S. J., Gunderson, J. G., Reifman, A., Buchsbaum, S., & Mosher, L. R. (1976). Special report: Schizophrenia 1976. *Schizophrenia Bulletin,* **2,** 509-565.

Keller, M. B., Shapiro, R. W., Lavori, P. W., & Wolfe, N. (1982). Relapse in major depressive disorder. *Archives of General Psychiatry,* **39,** 911-915.

Kellerman, J., & Varni, J. W. (1982). Pediatric hematology/oncology. In D. C. Russo & J. W. Varni (Eds.), *Behavioral pediatrics: Research and practice.* New York: Plenum Press.

Kellner, R. (1982). Disorders of impulse control (not elsewhere classified). In J. H. Greist, J. W. Jefferson, & R. L. Spitzer (Eds.), *Treatment of Mental Disorders.* New York: Oxford University Press.

Kelly, E., & Zeller,B. (1969). Asthma and the psychiatrist. *Journal of Psychosomatic Research,* **13,** 377-395.

Kendall, P. C., & Hollon, S. D. (Eds.). (1981) *Assessment strategies for cognitive-behavioral interventions.* New York: Academic Press.

Kendell, R. E. (1975). *The role of diagnosis in psychiatry.* London: Blackwell.

Kennedy, W. A. (1965). School phobia: Rapid treatment of 50 cases. *Journal of Abnormal Psychology,* **70,** 285-289.

Kenney, R. A. (1982). *Physiology of aging.* Chicago, Ill.: Year Book Medical Publishers.

Kent, R. N., O'Leary, K. D., Diament, C., & Dietz, A. (1974). Expectation biases in observational evaluation of therapeutic change. *Journal of Consulting and Clinical Psychology,* **42,** 774-780.

Kernberg, O.F. (1970). A psychoanalytic classification of character pathology. *Journal of the American Psychoanalytic Association,* **18,** 800-822.

Kernberg, O. F. (1973). Summary and conclusion of "Psychotherapy and psychoanalysis: Final report of the Menninger Foundation's Psychotherapy Research Project." *International Journal of Psychiatry,* **11,** 62-77.

Kessler, J. (1966). *Psychopathology of childhood.* Englewood Cliffs, N.J.: Prentice-Hall.

Kety, S. S. (1974). From rationalization to reason. *American Journal of Psychiatry,* **131,** 957-963.

Kety, S. S., Rosenthal, D., Wender,P. H., & Schulsinger, F. (1968). The types and prevalence of mental illness in the biological and adoptive families of adopted schizophrenics. In D. Rosenthal & S. S. Kety (Eds.), *The transmission of schizophrenia.* Elmsford, N.Y.: Pergamon Press.

Kety, S. S., Rosenthal, D., Wender, P. H., Schulsinger, F., & Jacobson, B. (1975). Mental illness in the biological and adoptive families of adopted individuals who have become schizophrenic: A preliminary report based on psychiatric interviews. In R. R. Fieve, D. Rosenthal, & H. Brill (Eds.), *Genetic Research in Psychiatry.* Baltimore: Johns Hopkins University Press.

Keuthen, N. (1980). Subjective probability estimation and somatic structures in phobic individuals. Unpublished manuscript, State University of New York at Stony Brook.

Kidder, T. (1978). Soldiers of misfortune. *The Atlantic Monthly,* **241,** 41-52.

Kiloh, L. G. (1961). Pseudo-dementia. *Acta Psychiatrica Scandinavia,* **37,** 336-351.

Kinsey, A. C., Pomeroy, W. B., & Martin, C. E. (1948). *Sexual behavior in the human male.* Philadelphia: Saunders.

Kinsey, A. C., Pomeroy, W. B., Martin, C. E., & Gebhard, P. H. (1953). *Sexual behavior in the human female.* Philadelphia: Saunders.

Kinsman, R. A., Spector, S. L., Shucard, D. W., & Luparello, T. J. (1974). Observations on patterns of subjective symptomatology of acute asthma. *Psychosomatic Medicine,* **36,** 129-43.

Klee, G. D., Bertino, J., Weintraub, W., & Calaway, E. (1961). The influence of varying dosage on the effects of lysergic acid diethylamide (LSD-25). *Journal of Nervous and Mental Disease,* **132,** 404-409.

Klee, G. D., & Weintraub, W. (1959). Paranoid reactions following lysergic acid diethylamide (LSD-25). In P. B. Bradley, P. Demicker, & C. Radonco-Thomas (Eds.), *Neuropsychopharmacology.* Amsterdam, Netherlands: Elsevier.

Kleeman, S. T. (1967). Psychiatric contributions in the treatment of asthma. *Annals of Allergy,* **25,** 611-619.

Klein, D. C., & Seligman, M. E. P. (1976). Reversal of performance deficits and perceptual deficits in learned helplessness and depression. *Journal of Abnormal Psychology,* **85,** 11-26.

Klein, D. F., & Davis, J. M. (1969). *Diagnosis and drug treatment of psychiatric disorders.* Baltimore: Williams and Wilkins.

Klein, M. (1932). *The psychoanalysis of children.* London: Hogarth Press.

Kleinmuntz, B. (1967). *Personality measurement: An introduction.* Homewood, Ill.: Dorsey Press.

Klerman, G. L. (1972). Drug therapy of clinical depressions. *Journal of Psychiatric Research*, **9**, 253–270.

Klerman, G. L. (1975). Drug therapy of clinical depressions—Current status and implications for research on neuropharmacology of the affective disorders. In D. F. Klein & R. Gittelman-Klein (Eds.), *Progress in psychiatric drug treatment.* New York: Brunner/Mazel.

Klerman, G. L. (1983). Problems in the definition and diagnosis of depression in the elderly. In M. Hauge & L. Breslau (Eds.), *Depression in the elderly: Causes, care, consequences.* New York: Springer.

Kluger, J. M. (1969). Childhood asthma and the social milieu. *American Academy of Child Psychiatry*, **8**, 353–366.

Knapp, P. H. (1969). The asthmatic and his environment. *Journal of Nervous and Mental Disease*, **149**, 133–151.

Knapp, S., & Vandecreek, L. (1982). Tarasoff: Five years later. *Professional Psychology*, **13**, 511–516.

Knight, B. (1983). An evalution of a mobile geriatric team. In M. A. Smyer & M. Gatz (Eds.), *Mental health and aging: Programs and evaluations.* Beverly Hills, Calif.: Sage Publications.

Knight, R. P. (1937). The dynamics of chronic alcoholism. *Journal of Nervous and Mental Disease*, **86**, 538–548.

Kobasa, S. C. (1979). Stressful life events, personality and health: An inquiry into hardiness. *Journal of Personality and Social Psychology*, **37**, 1–11.

Kobasa, S. C., Maddi, S. R., & Kahn, S. (1982). Hardiness and health: A prospective study. *Journal of Personality and Social Psychology*, **42**, 168–177.

Kobasa, S. C., & Puccetti, M. C. (1983). Personality and social resources in stress resistance. *Journal of Personality and Social Psychology*, **45**, 839–850.

Koegel, R. L., Schreibman, L., Britten, K. R., Burke, J. C., & O'Neill, R. E. (1982). A comparison of parent training to direct child treatment. In R. L. Koegel, A. Rincover, & A. L. Egel (Eds.), *Educating and understanding autistic children.* San Diego, Calif.: College-Hill.

Koenig, K., & Masters, J. (1965). Experimental treatment of habitual smoking. *Behaviour Research and Therapy*, **3**, 235–243.

Kohn, M. L. (1968). Social class and schizophrenia: A critical review. In D. Rosenthal & S. S. Kety (Eds.), *The transmission of schizophrenia.* Elmsford, N.Y.: Pergamon Press.

Kohut, H. (1966). Forms and transformations of narcissism. *Journal of the American Psychoanalytic Association*, **14**, 243–272.

Kohut, H. (1971). *The analysis of the self.* New York: International Universities Press.

Kohut, H. (1977). *The restoration of the self.* New York: International Universities Press.

Kohut, H., & Wolf, E. S. (1978). The disorders of the self and their treatment: An outline. *International Journal of Psychoanalysis*, **59**, 413–425.

Kolb, L. C. (1968). *Noyes' modern clinical psychiatry* (7th ed.). Philadelphia: Saunders.

Kolvin, I., MacKeith, R. C., & Meadows, S. R. (1973). *Bladder control and enuresis.* Philadelphia: Lippincott.

Konig, P., & Godfrey, S. (1973). Prevalence of exercise-induced bronchial lability in families of children with asthma. *Archives of Diseases of Childhood*, **48**, 518.

Kopfstein, J. M., & Neale, J. M. (1972). A multivariate study of attention dysfunction in schizophrenia. *Journal of Abnormal Psychology*, **80**, 294–299.

Kornetsky, C. (1976). Hyporesponsivity of chronic schizophrenic patients to dextroamphetamine. *Archives of General Psychiatry*, **33**, 1425–1428.

Kovacs, M., & Beck, A. T. (1977). The wish to live and the wish to die in attempted suicides. *Journal of Clinical Psychology*, **33**, 361–365.

Kovacs, M., Rush, A. J., Beck, A. T., & Hollon, S.D. (1981). Depressed outpatients treated with cognitive therapy or pharmacotherapy: A one-year follow-up. *Archives of General Psychiatry*, **38**, 33–39.

Kozel, N. J., Grider, R. A., & Adams, E. H. (1982). National surveillance of cocaine use and related health consequences. *Morbidity and Mortality Weekly Report 31*, **20**, 265–273.

Kozol, H., Boucher, R., & Garofalo, R. (1972). The diagnosis and treatment of dangerousness. *Crime and Delinquency*, **18**, 371–392.

Kraepelin, E. (1883). *Lehrbuch der Psychiatrie* (1st ed., 1883; 8th ed., 1915). *Clinical psychiatry.* Translated from the 7th German edition by A. R. Diefendorf. Delmar, N.Y.: Scholars' Facsimiles and Reprints, 1981.

Kramer, M. (1977). *Psychiatric services and the changing institutional scene 1950–1985.* Washington, D.C.: National Institute of Mental Health.

Krantz, S., & Hammen, C. L. (1979). Assessment of cognitive bias in depression. *Journal of Abnormal Psychology*, **88**, 611–619.

Kranz, H. (1936). Lebenschicksale krimineller Zwillinge. Berlin: Springer-Verlag, 1936.

Krech, D., Rosenzweig, M., & Bennett, E. (1966). Environmental impoverishment, social isolation, and changes in brain chemistry and anatomy. *Physiology and Behavior*,, **1**, 99–104.

Kringlen, E. (1970). Natural history of obsessional neurosis. *Seminars in Psychiatry*, **2**, 403–419.

Kroll, P., Chamberlain, P., Halpern, D. (1979). The diagnosis of Briquet's syndrome in a male population. *Journal of Nervous and Mental Disease*, **169**, 171–174.

Kucharski, L. T., White, R. M., & Schratz, M. (1979). Age bias, referral for psychological assistance and the private physician. *Journal of Gerontology*, **34**, 423–428.

Kuhn, T. S. (1962). *The structure of scientific revolutions.* Chicago: University of Chicago Press.

Kunst-Wilson, W. R., & Zajonc, R. B. (1980). Affective discrimination of stimuli that cannot be recognized. *Science*, **207**, 557–558.

Kuriansky, J. B., Deming, W. E., & Gurland, B. J. (1974). On trends in the diagnosis of schizophrenia. *American Journal of Psychiatry*, **131**, 402–407.

Kutchinsky, B. (1970). *Studies on pornography and sex crimes in Denmark.* Copenhagen: New Social Science Monographs.

Lacey, J. I. (1967). Somatic response patterning and stress: Some revisons of activation theory. In M. H. Appley & R. Trumball (Eds.), *Psychological stress.* New York: McGraw-Hill.

Lachman, S. J. (1972). *Psychosomatic disorders: A behavioristic interpretation.* New York: Wiley.

Laing, R. D. (1964). Is schizophrenia a disease? *International Journal of Social Psychiatry*, **10**, 184–193.

Lamb, H. R., & Zusman, J. (1979). Primary prevention in perspective. *American Journal of Psychiatry*, **36**, 12–17.

Lambert, M. J., Bergin, A. E., & Collins, J. L. (1977). Therapist-induced deterioration in psychotherapy. In A. S. Gurman & A. M. Razin (Eds.), *Effective psychotherapy: A handbook of research.* Elmsford, N.Y.: Pergamon Press.

Lando, H. A. (1977). Successful treatment of smokers with a broad-spectrum behavioral approach. *Journal of Consulting and Clinical Psychology*, **45**, 361–366.

Lane, E. A., & Albee, G. W. (1965). Childhood intellectual differences between schizophrenic adults and their siblings. *American Journal of Orthopsychiatry*, **35**, 747–753.

Lang, A. R., Goeckner, D. J., Adessor, V. J., & Marlatt, G. A. (1975). Effects of alcohol on aggression in male social drinkers. *Journal of Abnormal Psychology*, **84**, 508–518.

Lang, A. R., & Marlatt, G. A. (1982). Problem drinking: A social learning perspective. In R. J. Gatchel, A. Baum, & J. E. Singer (Eds.), *Handbook of psychology and health.* Hillsdale, N.J.: Lawrence Erlbaum Associates.

Lang, P. J. (1969). The mechanics of desensitization and the laboratory study of fear. In C. M. Franks (Ed.), *Behavior therapy: Appraisal and status.* New York: McGraw-Hill.

Lang, P. J., & Lazovik, A. D. (1963). Experimental desensitization of a phobia. *Journal of Abnormal and Social Psychology*, **66**, 519–525.

Lang, P. J., & Melamed, B. G. (1969). Case report: Avoidance conditioning therapy of an infant with chronic ruminative vomiting. *Journal of Abnormal Psychology*, **74**, 1–8.

Lange, A. J., & Jakubowski, P. (1976). *Responsible assertive behavior.* Champaign, Ill.: Research Press.

Lange, J. (1929). *Verbrechen als Schicksal.* Leipzig: Georg Thieme Verlag.

Langer, E. J. (1981). Old age: An artifact? In J. McGaugh & S. Kiesler (Eds.), *Aging: Biology and behavior.* New York: Academic Press.

Langer, E. J., & Albelson, R. P. (1974). A patient by any other name . . . : Clinician group difference in labelling bias. *Journal of Consulting and Clinical Psychology*, **42**, 4-9.

Langer, E. J., & Rodin, J. (1976). The effects of choice and enhanced personal responsibility for the aged. *Journal of Personality and Social Psychology*, **34**, 191-198.

Langevin, R., Paitich, D., Ramsay, G., Anderson, C., Kamrad, J., Pope, S., Geller, G., Pearl, L., & Newman, S. (1979). Experimental studies of the etiology of genital exhibitionism. *Archives of Sexual Behavior*, **8**, 307-331.

Langevin, R., Paitich, D., & Steiner, B. (1977). The clinical profile of male transsexuals living as females versus those living as males. *Archives of Sexual Behavior*, **6**, 143-154.

LaRue, A., Dessonville, C., & Jarvik, L. F. (1985). Aging and mental disorders. In J. E. Birren & K. W. Schaie (Eds.), *Handbook of psychology of aging* (2nd ed.). New York: Van Nostrand Reinhold.

Lasagna, L., Mosteller, F., Von Felsinger, J. M., & Beecher, H. K. (1954). A study of the placebo response. *American Journal of Medicine*, **16**, 770-779.

Lavelle, T. L., Metalsky, G. I., & Coyne, J. C. (1979). Learned helplessness, test anxiety, and acknowledgment of contingencies. *Journal of Abnormal Psychology*, **88**, 381-387.

Lawton, M. P. (1972). Schizophrenia forty-five years later. *Journal of Genetic Psychology*, **121**, 133-143.

Lawton, M. P. (1979). Clinical geropsychology: Problems and prospects. In *Master lecture series on the psychology of aging.* Washington, D.C.: American Psychological Association.

Lazarus, A. A. (1961). Group therapy of phobic disorders by systematic desensitization. *Journal of Abnormal and Social Psychology*, **63**, 504-510.

Lazarus, A. A. (1965). Behavior therapy, incomplete treatment, and symptom substitution. *Journal of Nervous and Mental Disease*, **140**, 80-86.

Lazarus, A. A. (1968). Behavior therapy in groups. In G. M. Gazda (Ed.), *Basic approaches to group psychotherapy and counseling.* Springfield, Ill.: Charles C. Thomas. (a)

Lazarus, A. A. (1968). Learning theory and the treatment of depression. *Behavior Research and Therapy*, **6**, 83-89. (b)

Lazarus, A. A. (1971). *Behavior therapy and beyond.* New York: McGraw-Hill.

Lazarus, A. A., & Davison, G. C. (1971). Clinical innovation in research and practice. In A. E. Bergin & S. L. Garfield (Eds.), *Handbook of psychotherapy and behavior change: An empirical analysis.* New York: Wiley.

Lazarus, A. A., Davison, G. C., & Polefka, D. (1965). Classical and operant factors in the treatment of school phobia. *Journal of Abnormal Psychology*, **70**, 225-229.

Lazarus, R. S. (1974). Psychological stress and coping in adaptation and illness. *International Journal of Psychiatry in Medicine*, **5**, 321-333.

Lazarus, R. S., & Cohen, J. B. (1977). Environmental stress. In I. Altman & J. F. Wohlwill (Eds.), *Human behavior and environment*, Vol. 2. New York: Plenum Press.

Lazovik, A. D., & Lang, P. J. (1960). A laboratory demonstration of systematic desensitization psychotherapy. *Journal of Psychological Studies*, **11**, 238-247.

Lee, T., & Seeman, P. (1977). Dopamine receptors in normal and schizophrenic human brains. *Proceedings of the Society of Neurosciences*, **3**, 443.

Leff, J. P. (1976). Schizophrenia and sensitivity to the family environment. *Schizophrenia Bulletin*, **2**, 566-574.

Lefkowitz, M. M., & Burton, N. (1978). Childhood depression: A critique of the concept. *Psychological Bulletin*, **85**, 716-726.

Lehrer, P. M., & Woolfolk, R. L. (1982). Self-report assessment of anxiety: Somatic, cognitive, and behavioral modalities. *Behavioral Assessment*, **4**, 167-177.

Leibtag, D. (1980, July 11). Potent new heroin smoked and snorted. *ADAMHA News.*

Leland, H., & Smith, D. (1965). *Play therapy with mentally subnormal children.* New York: Grune and Stratton.

Lemieux, G., Davignon, A., & Genest, J. (1956). Depressive states during rauwolfia therapy for arterial hypertension. *Canadian Medical Association Journal*, **74**, 522-526.

Leon, G. R., Gillum, B., Gillum, R., & Gouze, M. (1979). Personality stability and change over a 30-year period—Middle age to old age. *Journal of Consulting and Clinical Psychology*, **47**, 517-524.

Levendusky, P., & Pankratz, L. (1975). Self-control technique as an alternative pain medication. *Journal of Abnormal Psychology*, **84**, 165-168.

Levenson, M. (1972). Cognitive and perceptual factors in suicidal individuals. Unpublished doctoral dissertation, University of Kansas.

Levitsky, A., & Perls, F. S. (1970). The rules and games of Gestalt therapy. In J. Fagan & I. L. Shepherd (Eds.), *Gestalt therapy now: Theory, techniques, applications.* Palo Alto, Calif.: Science and Behavior Books.

Levitt, E. E. (1971). Research on psychotherapy with children. In A. E. Bergin & S. L. Garfield (Eds.), *Handbook of psychotherapy and behavior change: An empirical analysis.* New York: Wiley.

Levy, L. H. (1963). *Psychological interpretation.* New York: Holt, Rinehart and Winston.

Levy, R., & Muskin, J. (1973). Somatosensory evoked response in patients with hysterical anesthesia. *Journal of Psychosomatic Research*, **17**, 81-84.

Lewinsohn, P. H. (1974). A behavioral approach to depression. In R. J. Friedman & M. M. Katz (Eds.), *The psychology of depression: Contemporary theory and research.* Washington, D.C.: Winston: Wiley.

Lewinsohn, P. H., & Libet, J. M. (1972). Pleasant events, activity schedules and depression. *Journal of Abnormal Psychology*, **79**, 291-295.

Lewinsohn, P. M., Steinmetz, J. L., Larsen, D. W., & Franklin, J. (1981). Depression-related cognitions: Antecedent or consequences? *Journal of Abnormal Psychology*, **90**, 213-219.

Lewinsohn, P. M., & Teri, L. (1983). *Clinical geropsychology: New directions in assessment and treatment.* New York: Pergamon Press.

Lewinsohn, P. H., Weinstein, M., & Alper, T. (1970). A behavioral approach to the group treatment of depressed persons: A methodological contribution. *Journal of Clinical Psychology*, **26**, 525-532.

Lichtenstein, E., & Danaher, B. G. (1977). Modification of smoking behavior: A critical analysis of theory, research, and practice. In M. Hersen, R. M. Eisler, & P. M. Miller (Eds.), *Progress in behavior modification*, Vol. 4. New York: Academic Press.

Liberman, M. A. (1983). Social contexts of depression. In L. D. Breslau & M. R. Haug (Eds.), *Depression and aging: Causes, care and consequences.* New York: Springer.

Liberman, R. P., Wheeler, E. G., & Kuehnel, J. M. (1983). Failures in behavioral marital therapy. In E. B. Foa & P. M. G. Emmelkamp (Eds.), *Failures in behavior therapy.* New York: Wiley.

Lieberman, M. A., Yalom, J. D., & Miles, M. B. (1973). *Encounter groups: First facts.* New York: Basic Books.

Liebert, R. M., & Baron, R. A. (1972). Short-term effects of televised aggression on children's aggressive behavior. In J. P. Murray, E. A. Rubinstein, & G. A. Comstock (Eds.), *Television and social behavior.* Vol. 2. Washington, D.C.: U.S. Government Printing Office.

Liebert, R. M., Neale, J. M., & Davidson, E. S. (1973). *The early window: The effects of television on children and youth.* Elmsford, N.Y.: Pergamon Press.

Liebowitz, M. R., Fyer, A. J., Gorman, J. M., Dillon, D. J., Appleby, I. L., Levy, G. F., Anderson, S., Levitt, M., Palij, M., Davies, S. O., & Klein, D. F. (1984). Lactate provocation of panic attacks. *Archives of General Psychiatry*, **41**, 764-770.

Liebson, I. (1967). Conversion reaction: A learning theory approach. *Behaviour Research and Therapy*, **7**, 217-218.

Liem, J. H. (1974). Effects of verbal communications of parents and children: A comparison of normal and schizophrenic families. *Journal of Consulting and Clinical Psychology*, **42**, 438-450.

Lifton, R. J. (1976). Advocacy and corruption in the healing profession. In N. L. Goldman & D. R. Segal (Eds.), *The social psychology of military service.* Beverly Hills, Calif.: Sage Publications.

Linton, H. B., & Langs, R. J. (1964). Empirical dimensions of LSD-25 reactions. *Archives of General Psychiatry*, **10**, 469–485.

Lion, J. R. (1978). Outpatient treatment of psychopaths. In W. H. Reid (Ed.), *The psychopath: A comprehensive study of antisocial disorders and behaviors.* New York: Brunner/Mazel.

Lipinski, D. P., Black, J. L., Nelson, R. O., & Ciminero, A. R. (1975). The influence of motivational vairables on the reactivity and reliability of self-recording. *Journal of Consulting and Clinical Psychology*, **43**, 637–646.

Lipowski, Z. J. (1980). *Delirium: Acute brain failure in man.* Springfield, Ill.: Charles C. Thomas.

Lipowski, Z. J. (1983). Transient cognitive disorders (delirium and acute confusional states) in the elderly. *American Journal of Psychiatry*, **140**, 1426–1436.

Lipton, M. A., & Nemeroff, C. B. (1978). The biology of aging and its role in depression. In G. Usdin & C. K. Hofling (Eds.), *Aging: The process and the people.* New York: Brunner/Mazel.

Liskow, B. (1982). Substance induced and substance use disorders: Barbiturates and similarly acting sedative hypnotics. In J. H. Greist, J. W. Jefferson, & R. L. Spitzer (Eds.), *Treatment of mental disorders.* New York: Oxford University Press.

Liston, E. H. (1982). Delirium in the aged. In L. F. Jarvik & G. W. Small (Eds.), *Psychiatric clinics of North America.* Philadelphia, Penn.: Saunders.

Lockyer, L., & Rutter, M. (1969). A five-to-fifteen-year follow-up of infantile psychosis: III. Psychological characteristics. *British Journal of Psychiatry*, **115**, 865–882.

London, P. (1964). *The modes and morals of psychotherapy.* New York: Holt, Rinehart and Winston.

Loney, J., Langborne, J. E., Jr., & Paternite, C. E. (1978). An empirical basis for subgrouping the hyperkinetic-minimal brain dysfunction syndrome. *Journal of Abnormal Psychology*, **87**, 431–441.

LoPiccolo, J. (1977). Direct treatment of sexual dysfunction in the couple. In J. Money & H. Musaph (Eds.), *Handbook of sexology.* New York: Elsevier/North Holland.

LoPiccolo, J., & Friedman, J. M. (1985). Sex therapy: An integrated model. In S. J. Lynn & J. P. Garskee (Eds.), *Contemporary psychotherapies: Models and methods.* New York: Charles E. Merrill.

LoPiccolo, J., & Hogan, D. R. (1979). Multidimensional treatment of sexual dysfunction. In O. F. Pomerleau & J. P. Brady (Eds.), *Behavioral medicine: Theory and practice.* Baltimore: Williams and Wilkins.

Loranger, A. W., Oldham, J. M., & Tulis, E. H. (1983). Familial transmission of DSM-III borderline personality disorder. *Archives of General Psychiatry*, **40**, 795–799.

Lothstein, L. M. (1980). The postsurgical transsexual: Empirical and theoretical considerations. *Archives of Sexual Behavior*, **9**, 547–564.

Lothstein, L. M. (1983). *Female-to-male transsexualism: Historical, clinical, and theoretical issues.* Boston: Routledge and Kegan Paul.

Lotter, V. (1966). Epidemiology of autistic conditions in young children: I. Prevalence. *Social Psychiatry*, **1**, 124–137.

Lotter, V. (1974). Factors related to outcome in autistic children. *Journal of Autism and Childhood Schizophrenia.*, **4**, 263–277.

Lotter, V. (1978). Follow-up studies. In M. Rutter & E. Schopler (Eds.), *Autism: A reappraisal of concepts and treatment.* New York: Plenum Press.

Lovaas, O. I. (1977). *The autistic child: Language development through behavior modification.* New York: Irvington.

Lovaas, O. I., Freitag, G., Gold, V. J., & Kassorla, I. C. (1965). Experimental studies in childhood schizophrenia: Analysis of self-destructive behavior. *Journal of Experimental Child Psychology*, **2**, 67–84.

Lovaas, O. I., Koegel, R., Simmons, J. Q., & Long, J. S. (1973). Some generalization and follow-up measures on autistic children in behavior therapy. *Journal of Applied Behavior Analysis*, **6**, 131–166.

Lovaas, O. I., Schreibman, L., Koegel, R., & Rehm, R. (1971). Selective responding by autistic children to multiple sensory input. *Journal of Abnormal Psychology*, **77**, 211–222.

Lovibond, S. H. (1964). *Conditioning and enuresis.* Oxford, England: Pergamon Press.

Lovibond, S. H., & Caddy, G. (1970). Discriminated aversive control in the moderation of alcoholics' drinking. *Behavior Therapy*, **1**, 437–444.

Lowen, A. (1958). *The physical dynamics of character structure.* New York: Grune and Stratton.

Lowenthal, M. F., Berkman, P., & Associates (1967). *Aging and mental disorder in San Francisco.* San Francisco: Jossey-Bass.

Lubin, B. (1983). Group therapy. In I. B. Weiner (Ed.), *Clinical methods in psychology* (2nd ed.). New York: Wiley.

Lubin, R. A. (1977). Influences of alcohol upon performance and performance awareness. *Perceptual and Motor Skills*, **45**, 303–310.

Luborsky, L., & Spence, D. P. (1978). Quantitative research on psychoanalytic therapy. In S. L. Garfield & A. E. Bergin (Eds.), *Handbook of psychotherapy and behavior change: An empirical analysis* (2nd ed.). New York: Wiley.

Luparello, T. J., McFadden, E. R., Lyons, H. A., & Bleecker, E. R. (1971). Psychologic factors and bronchial asthma. *New York State Journal of Medicine*, **71**, 2161–2165.

Luria, A. R. (1961). *The role of speech in the regulation of normal and abnormal behavior.* New York: Pergamon Press.

Luria, D. B. (1970). *Overcoming drugs: Program of action.* New York: McGraw-Hill.

Luthe, W., & Schultz, J. H. (1969). *Autogenic therapy,* Vol. 1. *Autogenic methods.* New York: Grune and Stratton.

Lyght, C. E. (Ed.). (1966). *The Merck manual of diagnosis and therapy* (11th ed.). Rahway, N.J.: Merck Sharp and Dohme Research Laboratories.

Lykken, D.T. (1957). A study of anxiety in the sociopathic personality. *Journal of Abnormal and Social Psychology*, **55**, 6–10.

Lystad, M. M. (1957). Social mobility among selected groups of schizophrenics. *American Sociological Review*, **22**, 288–292.

Maccoby, N., & Alexander, J. (1980). Use of media in lifestyle programs. In P. O. Davidson & S. M. Davidson (Eds.), *Behavioral medicine: Changing health lifestyles.* New York: Brunner/Mazel.

Maccoby, N., Farquhar, J. W., Wood, P. D., & Alexander J. (1977). Reducing the risk of cardiovascular disease: Effects of a community-based campaign on knowledge and behavior. *Journal of Community Health*, **3**, 100–114.

MacCorquodale, K., & Meehl, P. (1948). On the distinction between hypothetical constructs and intervening variables. *Psychological Review*, **5**, 95–107.

MacFarlane, J. W., Allen, L., & Honzik, M. R. (1954). *A developmental study of the behavior problems of normal children between 21 months and 14 years.* Berkeley, Calif.: University of California Press.

Mackay, A. V. P., Iversen, L. L., Rossor, M., Spokes, E., Arregio, A., Crease, I., & Snyder, S. H. (1982). Increased brain dopamine and dopamine receptors in schizophrenia. *Archives of General Psychiatry*, **39**, 991–997.

MacPhillamy, D. J., & Lewinsohn, P. M. (1973). A scale for the measurement of positive reinforcement. Unpublished manuscript, University of Oregon.

MacPhillamy, D. J., & Lewinsohn, P. M. (1974). Depression as a function of levels of desired and obtained pleasure. *Journal of Abnormal Psychology*, **83**, 651–657.

Maddi, S. R. (1967). The existential neurosis. *Journal of Abnormal Psychology*, **72**, 311-325.

Magenis, R. E., Overton, K. M., Chamberlin, J., Brady, T., & Lovrien, E. (1977). Paternal origin of the extra chromosome in Down's syndrome. *Human Genetics*, **37**, 7–16.

Maher, B. A. (1966). *Principles of psychopathology: An experimental approach.* New York: McGraw-Hill.

Maher, B. A. (1974). *Journal of Consulting and Clinical Psychology*, **42**, 1-3 (editorial).

Mahoney, M. J. (1972). Research issues in self-management. *Behavior Therapy*, **3**, 45–63.

Mahoney, M. J. (1974). *Cognition and behavior modification.* Cambridge, Mass.: Ballinger.

Mahoney, M. J. (1980). *Abnormal psychology: Perspectives on human variance.* New York: Harper and Row.

Main, T. F. (1958). Perception and ego-function. *British Journal of Medical Psychology*, **31**, 1–7.

Malin, H., Coakley, J., Kaelber, C., Munch, N., & Holland, W. (1982). An epidemiologic perspective on alcohol abuse in the United States. In *Alcohol consumption and related problems.* National Institute of Alcohol Abuse and Alcoholism. Washington, D.C.: U.S. Government Printing Office.

Malloy, T. R., Wein, A. J., & Carpiniello, V. L. (1980). Comparison of the inflatable penile and the small carrion prostheses in the surgical treatment of erectile impotence. *Journal of Urology*, **123**, 678–679.

Mandler, G. (1966). Anxiety. In D. L. Sills (Ed.), *International encyclopedia of the social sciences.* New York: Macmillan.

Mannello, T. A., & Seaman, F. J. (1979). *Prevalence, costs and handling of drinking problems on seven railroads.* Washington, D.C.: University Research Corporation.

Margolin, G. (1982). Ethical and legal considerations in marital and family therapy. *American Psychologist*, **37**, 788–801.

Margolin, G. (1978). The relationship among marital assessment procedures: A correlational study. *Journal of Consulting and Clinical Psychology*, **46**, 1556–1558.

Margolin, G., & Fernandez, V. (in press). Marital dysfunction. In M. Hersen & A. S. Bellack (Eds.), *Handbook of clinical behavior therapy with adults.* New York: Plenum Press.

Margolin, G., & Weiss, R. L. (1978). Comparative evaluation of therapeutic components associated with behavioral marital treatment. *Journal of Consulting and Clinical Psychology*, **46**, 1476–1486.

Marijuana research findings. (1980). Washington, D.C.: U.S. Government Printing Office.

Marks, I. M. (1969). *Fears and phobias.* New York: Academic Press.

Marks, I. M. (1981). *Care and cure of neuroses: Theory and practice of behavioral psychotherapy.* New York: Wiley. (a)

Marks, I. M. (1981). Review of behavioral psychotherapy: I. Obsessive-compulsive disorders. *American Journal of Psychiatry*, **138**, 584–592. (b)

Marks, I. M., & Gelder, M. G. (1966). Different onset ages in varieties of phobia. *American Journal of Psychiatry*, **123**, 218, 221.

Marks, I. M., & Gelder, M. G. (1967). Transvestism and fetishism: Clinical and psychological changes during faradic aversion. *British Journal of Psychiatry*, **113**, 711–729.

Marks, I. M., Gelder, M. G., & Bancroft, J. (1970). Sexual deviants two years after electrical aversion. *British Journal of Psychiatry*, **117**, 73–85.

Marlatt, G. A. (1983). The controlled drinking controversy: A commentary. *American Psychologist*, **38**, 1097–1110.

Marlatt, G. A., Demming, B., & Reid, J. B. (1973). Loss of control drinking in alcoholics: An experimental analogue. *Journal of Abnormal Psychology*, **81**, 233–241.

Marmor, J. (1962). Psychoanalytic therapy as an educational process: Common denominators in the therapeutic approaches of different psychoanalytic schools. In J. H. Masserman (Ed.), *Science and psychoanalysis*, Vol. 5. *Psychoanalytic education.* New York: Grune and Stratton.

Marshall, W. L., Gauthier, J., & Gordon, A. (1979). The current status of flooding therapy. In M. Hersen, R. M. Eisler, & P. M. Miller (Eds.), *Progress in behavior modification*, Vol. 7. New York: Academic Press.

Marston, A., & Marston, M. (1980). *Comprehensive weight control.* New York: BMA cassettes.

Martin, B. (1961). The assessment of anxiety by physiological behavioral measures. *Psychological Bulletin*, **58**, 234–255.

Martin, D., & Lyon, P. (1972). *Lesbian/woman.* New York: Bantam.

Martin, R. (1975). *Legal challenges to behavior modification: Trends in schools, corrections, and mental health.* Champaign, Ill.: Research Press.

Maslow, A. H. (1968). *Toward a psychology of being.* New York: Van Nostrand Reinhold.

Massie, H. N., & Beels, C. C. (1972). The outcome of family treatment of schizophrenia. *Schizophrenia Bulletin*, **1**, 24–36.

Masters, W. H., & Johnson, V. E. (1966). *Human sexual response.* Boston: Little, Brown.

Masters, W. H., & Johnson, V. E. (1970). *Human sexual inadequacy.* Boston: Little, Brown.

Mathe, A., & Knapp, P. (1971). Emotional and adrenal reactions of stress in bronchial asthma. *Psychosomatic medicine*, **33**, 323–329.

Mattes, J. A., & Gittelman, R. (1983). Growth of hyperactive children on maintenance regimen of methylphenidate. *Archives of General Psychiatry*, **40**, 317–321.

Matthews, K. A. (1978). Assessment and developmental antecedents of pattern A behavior in children. In T. M. Dembroski, S. M. Weiss, J. L. Shields, S. G. Haynes, & M. Feinleib (Eds.), *Coronary-prone behavior.* New York: Springer-Verlag.

Matthews, K. A. (1982). Psychological perspectives on the Type A behavior pattern. *Psychological Bulletin*, **91**, 293–323.

Matthews, K. A., Glass, D. C., Rosenman, R. H., & Bortner, R. W. (1977). Competitive drive, Pattern A, and coronary heart disease: A further analysis of some data from the Western Collaborative Group Study. *Journal of Chronic Diseases*, **30**, 489–498.

Matthews, K. A., Krantz, D. S., Dembroski, T. M., & McDongal, J. M. (1982). Unique and common variance in Structured Interview and Jenkins Activity Survey measures of the Type A behavior pattern. *Journal of Personality and Social Psychology*, **42**, 303–313.

Mausner, B. (1973). An ecological view of cigarette smoking. *Journal of Abnormal Psychology*, **81**, 115–126.

May, P. R. A. (1968). *Treatment of schizophrenia: A comparative study of five treatment methods.* New York: Science House.

May, P. R. A. (1974). Psychotherapy research in schizophrenia—Another view of present reality. *Schizophrenia Bulletin*, **1**, 126–132.

May, P. R. A., Tuma, A. H., Yale, C., Potepan, P., & Dixon, W. J. (1976). Schizophrenia—A follow-up study of results of treatment: II. Hospital stay over two to five years. *Psychiatry*, **33**, 481–486.

Maynard, R. (1970, June 29). Omaha pupils given "behavior" drugs. *Washington Post.*

Mays, D. T., & Franks, C. M. (1980). Getting worse: Psychotherapy or no treatment—The jury should still be out. *Professional Psychology*, **11**, 78–92.

McAdoo, W. G., & DeMyer, M. K. (1978). Personality characteristics of parents. In M. Rutter & E. Schopler (Eds.), *Autism: A reappraisal of concepts and treatment.* New York: Plenum Press.

McAllister, T. W., & Price, T. R. P. (1982). Severe depressive pseudodementia with and without dementia. *American Journal of Psychiatry*, **139**, 626–629.

McCary, J. L. (1973). *Human sexuality* (2nd ed.). New York: Van Nostrand Reinhold.

McCord, J., McCord, W., & Thurber, S. (1962). Some effects of paternal absence on male children. *Journal of Abnormal and Social Psychology*, **64**, 361–369.

McCord, W., & McCord, J. (1964). *The psychopath: An essay on the criminal mind.* New York: Van Nostrand Reinhold.

McCord, W., McCord, J., & Gudeman, J. (1959). Some current theories of alcoholism. *Quarterly Journal of Studies on Alcohol*, **20**, 727–749.

McCord, W., McCord, J., & Gudeman, J. (1960). *Origins of alcoholism.* Stanford, Calif.: Stanford University Press.

McCrae, R. R. (1982). Age differences in the use of coping mechanisms. *Journal of Gerontology*, **37**, 454–460.

McCrae, R. R., Costa, P. T., Jr., & Arenberg, D. (1980). Constancy of adult personality structure in males: Longitudinal, cross-sectional and times-of-measurement analysis. *Journal of Gerontology*, **35**, 877–883.

McFall, R. M., & Hammen, C. L. (1971). Motivation, structure, and self-monitoring: Role of nonspecific factors in smoking reduction. *Journal of Consulting and Clinical Psychology*, **37**, 80–86.

McFall, R. M., & Lillesand, D. B. (1971). Behavior rehearsal with modeling and coaching in assertion training. *Journal of Abnormal Psychology*, **77**, 313–323.

McGarry, L., & Chodoff, P. (1981). The ethics of involuntary hospitalization. In S. Bloch & P. Chodoff (Eds.), *Psychiatric ethics.* New York: Oxford University Press.

McGeer, E., & McGeer, P. L. (1976). Neurotransmitter metabolism in the aging brain. In R. D. Terry & S. Gershon (Eds.), *Aging*, Vol. 3. New York: Raven Press.

McGhie, A., & Chapman, J. S. (1961). Disorders of attention and perception in early schizophrenia. *British Journal of Medical Psychology*, **34**, 103–116.

McGlashan, T. M. (1983). The borderline syndrome: I. Testing three diagnostic systems. *Archives of General Psychiatry*, **40**, 1311–1318.

McGuire, R. J., Carlisle, J. M., & Young, B. G. (1965). Sexual deviations as conditioned behaviour: A hypothesis. *Behaviour Research and Therapy*, **2**, 185–190.

McMullen, S., & Rosen, R. C. (1979). Self-administered masturbation training in the treatment of primary orgasmic dysfunction. *Journal of Consulting and Clinical Psychology*, **47**, 912–918.

McNally, R. J., & Reiss, S. (1982). The preparedness theory of phobias and human safety-signal conditioning. *Behaviour Research and Therapy*, **20**, 153–159.

McNeill, E. (1967). *The quiet furies.* Englewood Cliffs, N.J.: Prentice-Hall, 1967.

Mednick, S. A., Gabrielli, W. F., & Hutchings, B. (1984). Genetic influences in criminal convictions: Evidence from an adoption cohort. *Science*, **224**, 891–894.

Mednick, S. A., & Hutchings, B. (1978). Genetic and psychophysiological factors in psychopathic behaviour. In R. D. Hare & D. Schalling (Eds.), *Psychopathic behavior: Approaches to research.* New York: Wiley.

Mednick, S. A., & Schulsinger, F. (1968). Some premorbid characteristics related to breakdown in children with schizophrenic mothers. In D. Rosenthal & S. S. Kety (Eds.), *The transmission of schizophrenia.* Elmsford, N.Y.: Pergamon Press.

Mednick, S. A., Schulsinger, F., & Griffith, J. (1981). Children of schizophrenic mothers: The Danish high-risk study. In F. Schulsinger, S. A. Mednick, & J. Knop (Eds.), *Longitudinal research: Methods and uses in behavioral science.* Hingham, Mass.: Martinus Niggoff.

Medvedev, Z. (1972). *A question of madness.* New York: Knopf.

Meehl, P. E. (1962). Schizotaxia, schizotypy, schizophrenia. *American Psychologist*, **17**, 827–838.

Meichenbaum, D. H., & Asarnow, J. (1979). Cognitive-behavioral modification and metacognitive development: Implications for the classroom. In P. C. Kendall & S. D. Hollon (Eds.), *Cognitive-behavioral interventions: Theory, research, and procedures.* New York: Academic Press.

Meichenbaum, D. H., & Goodman, J. (1969). Reflection-impulsivity and verbal control of motor behavior. *Child Development*, **40**, 785–797.

Meichenbaum, D. H., & Goodman, J. (1971). Training impulsive children to talk to themselves. A means of developing self-control. *Journal of Abnormal Psychology*, **77**, 115–126.

Meiselman, K. C. (1978). *Incest: A psychological study of causes and effects with treatment considerations.* San Francisco, Calif.: Jossey-Bass.

Melamed, B. G., Hawes, R. R., Heiby, E., & Glick, J. (1975). Use of filmed modeling to reduce uncooperative behavior of children during dental treatment. *Journal of Dental Research*, **54**, 797–801.

Melamed, B. G., & Siegel, L. J. (1975). Reduction of anxiety in children facing hospitalization and surgery by use of filmed modeling. *Journal of Consulting and Clinical Psychology*, **43**, 511–521.

Mello, N. K., & Mendelson, J. H. (1970). Experimentally induced intoxication in alcoholics: A comparison between programmed and spontaneous drinking. *Journal of Pharmacology and Experimental Therapy*, **173**, 101.

Mellor, C. S. (1970). First rank symptoms of schizophrenia. *British Journal of Psychiatry*, **117**, 15–23.

Meltzer, H. Y., Sachar, E. J., & Frantz, A. G. (1974). Serum prolactin levels in acutely psychotic patients: An indirect measurement of central dopaminergic acitivity. In E. Usdin (Ed.), *Neuropsychopharmacology of monoamines and their regulatory enzymes.* New York: Raven Press.

Mendels, J. (1970). *Concepts of depression.* New York: Wiley.

Mendels, J., & Cochrane, C. (1968). The nosology of depression. The endogenous-receptive concept. *American Journal of Psychiatry*, **124**, 1–11.

Mendels, J., Fieve, A., Fitzgerand, R. G., Ramsey, T. A., & Stokes. J. W. (1972). Biogenic amine metabolites in cerebrospinal fluid of depressed and manic patients. *Science*, **175**, 1380–1382.

Mendels, J., Stinnett, J. L., Burns, D., & Frazer, A. (1975). Amine precursors and depression. *Archives of General Psychiatry*, **32**, 22–30.

Mendelson, J. H. (1964). Experimentally induced chronic intoxication and withdrawal in alcoholics. *Quarterly Journal of Studies on Alcohol,* Supplement 2.

Mendelson, J. H., Rossi, A. M., & Meyer, R. E. (Eds.). (1974). *The use of marijuana, A psychological and physiological inquiry.* New York: Plenum Press.

Mendlewicz, J., & Rainer, J. D. (1977). Adoption study supporting genetic transmission in manic-depressive illness. *Nature*, **268**, 327–329.

Merskey, H. (1979). *The analysis of hysteria.* London: Bailliere Tindall.

Metalsky, G. I., Abramson, L. V., Seligman, M. E. P., Semmel, A., & Peterson, C. (1982). Attributional styles and life events in the classroom: Vulnerability and invulnerability to depressive mood reactions. *Journal of Personality and Social Psychology*, **43**, 612–617.

Metzner, R., Litwin, G., & Weil, G. M. (1965). The relation of expectation and mood to psilocybin reactions. *Psychedelic Review*, **5**, 3–39.

Mey, B. J. V., & Neff, R. L. (1982). Adult-child incest: A review of research and treatment. *Adolescence*, **17**, 717–735.

Meyer, A. (1917). The aims and meaning of psychiatric diagnosis. *American Journal of Insanity*, **74**, 163–168.

Meyer, J., & Reter, D. J. (1979). Sex reassignment follow-up. *Archives of General Psychiatry*, **36**, 1010–1015.

Meyer, V. (1966). Modification of expectations in cases with obsessional rituals. *Behaviour Research and Therapy*, **4**, 273–280.

Meyer, V., & Chesser, E. S. (1970). *Behavior therapy in clinical psychiatry.* Baltimore: Penguin.

Meyer, V., Robertson, J., & Tatlow, A. (1975). Home treatment of an obsessive-compulsive disorder by response prevention. *Journal of Behavior Therapy and Experimental Psychiatry*, **6**, 37–38.

Meyer-Bahlburg, H. (1979). Sex hormones and female homosexuality: A critical examination. *Archives of Sexual Behavior*, **8**, 101–119.

Miklich, D. R., Rewey, H. H., Weiss, J. H., & Kolton, S. (1973). A preliminary investigation of psychophysiological responses to stress among different subgroups of asthmatic children. *Journal of Psychosomatic Research*, **17**, 1–8.

Miles, L. E., & Dement, W. C. (1980). Sleep and aging. *Sleep*, **3**, 119–220.

Milgram, N. A. (1973). Cognition and language in mental retardation: Directions and implications. In D. K. Routh (Ed.), *The experimental psychology of mental retardation.* Chicago: Aldine.

Miller, E. (1975). Impaired recall and the memory disturbance in presenile dementia. *British Journal of Social and Clinical Psychology*, **14**, 73–79.

Miller, H. R. (1981). Psychiatric morbidity in elderly surgical patients. *British Journal of Psychiatry*, **138**, 17–20.

Miller, I. W., & Norman, W. H. (1979). Learned helplessness in humans: A review and attribution theory model. *Psychological Bulletin*, **86**, 93–118.

Miller, N. E. (1948). Studies of fear as an acquirable drive. I. Fear as motivation and fear-reduction as reinforcement in the learning of new responses. *Journal of Experimental Psychology*, **38**, 89–101.

Miller, N. E. (1959). Liberalization of basic S-R concepts: Extensions to conflict behavior, motivation, and social learning. In S. Koch (Ed.), *Psychology: A study of a science,* Vol. 2. New York: McGraw-Hill.

Miller, R. G., Palkes, H. S., & Stewart, M. A. (1973). Hyperactive children in suburban elementary schools. *Child Psychiatry and Human Development*, **4**, 121–127.

Miller, S. M. (1979). Controllability and human stress: Method, evidence and theory. *Behaviour Research and Therapy*, **17**, 287–304.

Miller, W. R., Seligman, M. E. P., & Kurlander, H. M. (1975). Learned helplessness, depression, and anxiety. *Journal of Nervous and Mental Disease*, **161**, 347–357.

Milton, F., & Hafner, J. (1979). The outcome of behavior therapy for agoraphobia in relation to marital adjustment. *Archives of General Psychiatry*, **36**, 807–811.

Milton, O., & Wahler, R. G. (Eds.). (1969). *Behavior disorders: Perspectives and trends* (2nd ed.). Philadelphia: Lippincott.

Mintz, E. (1967). Time-extended marathon groups. *Psychotherapy*, **4**, 65–70.

Mintz, R. S. (1968). Psychotherapy of the suicidal patient. In H. L. P. Resnik (Ed.), *Suicidal behaviors*. Boston: Little, Brown.

Minuchin, S., Baker, L., Rosman, B. L., Liebman, R., Milman, L., & Todd, T. C. (1975). A conceptual model of psychosomatic illness in children: Family organization and family therapy. *Archives of General Psychiatry*, **32**, 1031–1038.

Mirenda, P. L., Donnellan, A. M., & Yoder, D. E. (1983). Gaze behavior: A new look at an old problem. *Journal of Autism and Developmental Disorders*, **13**, 397–409.

Mirsky, I. A. (1958). Physiologic, psychologic, and social determinants in the etiology of duodenal ulcer. *American Journal of Digestive Diseases*, **3**, 285–314.

Mischel, W. (1968). *Personality and assessment*. New York: Wiley.

Mischel, W. (1973). Toward a cognitive social learning reconceptualizaton of personality. *Psychological Review*, **80**, 252–283.

Mischel, W. (1977). On the future of personality assessment. *American Psychologist*, **32**, 246–254.

Mischel, W., & Peake, P. K. (1982). Beyond déjà vu in the search for cross-situational consistency. *Psychological Review*, **89**, 730–755.

Mohr, J. W., Turner, R. E., & Jerry, M. B. (1964). *Pedophilia and exhibitionism*. Toronto: University of Toronto Press.

Monahan, J. (1973). The psychiatrization of criminal behavior. *Hospital and Community Psychiatry*, **24**, 105–107.

Monahan, J. (1976). The prevention of violence. In J. Monahan (Ed.), *Community mental health and the criminal justice system*. Elmsford, N.Y.: Pergamon Press.

Monahan, J. (1977, April 30). Prisons: A wary verdict on rehabilitation. *Washington Post*, A13.

Monahan, J. (1978). Prediction research and the emergency commitment of dangerous mentally ill persons: A reconsideration. *American Journal of Psychiatry*, **135**, 198–201.

Monahan, J. (1981). *The clinical prediction of violent behavior.* Rockville, Md: National Institute of Mental Health.

Monahan, J. (1984). The prediction of violent behavior: Toward a second generation of theory and policy. *American Journal of Psychiatry*, **141**, 10–15.

Monahan, J., Caldeira, C., & Friedlander, H. (1979). The police and the mentally ill: A comparison of arrested and committed persons. *International Journal of Law and Psychiatry*, **2**, 509–518.

Money, J., & Ehrhardt, A. (1972). *Man and woman, boy and girl.* Baltimore: Johns Hopkins University Press.

Money, J., Hampson, J. G., & Hampson, J. L. (1955). An examination of some basic sexual concepts: The evidence of human hermaphroditism. *Johns Hopkins Hospital Bulletin*, **97**, 301–319.

Moniz, E. (1936). *Tentatives opératories dans le traitement de certaines psychoses.* Paris: Masson.

Moos, R. H. (1974). *Evaluating treatment environments.* New York: Wiley.

Moreno, J. L., & Kipper, D. A. (1968). Group psychodrama and community-centered counseling in G. M. Gazda (Ed.), *Basic approaches to group psychotherapy and group counseling.* Springfield, Ill.: Charles C. Thomas.

Morganstern, K. P. (1973). Implosive therapy and flooding procedures: A critical review. *Psychological Bulletin*, **79**, 318–334.

Morris, A. A. (1968). Criminal insanity. *Washington Review*, **43**, 583–622.

Morris, J. (1974). *Conundrum.* New York: Harcourt Brace Jovanovitch.

Morris, J. B., & Beck, A. T. (1974). The efficacy of antidepressant drugs. *Archives of General Psychiatry*, **30**, 667–674.

Morris, N. (1966). Impediments to legal reform. *University of Chicago Law Review*, **33**, 627–656.

Morris, N. (1968). Psychiatry and the dangerous criminal. *Southern California Law Review*, **41**, 514–547.

Morrison, J. R., & Stewart, M. A. (1971). A family study of the hyperactive child syndrome. *Biological Psychiatry*, **3**, 189–195.

Morrison, J. R., & Stewart, M. A. (1973). The psychiatric status of the legal families of adopted hyperactive children. *Archives of General Psychiatry*, **28**, 888–891.

Morse, S. J. (1978). Crazy behavior, morals, and science: An analysis of mental health law. *Southern California Law Review*, **51**, 527–654.

Morse, S. J. (1979). Diminished capacity: A moral and legal conundrum. *International Journal of Law and Psychiatry*, **2**, 271–298.

Morse, S. J. (1982). A preference for liberty: The case against involuntary commitment of the mentally disordered. *California Law Review*, **70**, 54–106. (a)

Morse, S. J. (1982). Failed explanation and criminal responsibility: Experts and the unconscious. *Virginia Law Review*, **68**, 971–1084. (b)

Morse, S. J. (1982, June 23). In defense of the insanity defense. *Los Angeles Times.* (c)

Mowrer, O. H. (1939). A stimulus-response analysis of anxiety and its role as a reinforcing agent. *Psychological Review*, **46**, 553–565.

Mowrer, O. H. (1947). On the dual nature of learning—a reinterpretation of "conditioning" and "problem-solving." *Harvard Educational Review*, **17**, 102–148.

Mowrer, O. H. (1950). *Learning theory and personality dynamics.* New York: Ronald Press.

Mowrer, O. H., & Mowrer, W. M. (1938). Enuresis: A method for its study and treatment. *American Journal of Orthopsychiatry*, **8**, 436–459.

Mowrer, O. H., & Viek, P. (1948). An experimental analogue of fear from a sense of helplessness. *Journal of Abnormal and Social Psychology*, **43**, 193–200.

Munby, M., & Johnston, D. W. (1980). Agoraphobia: The long-term follow-up of behavioural treatment. *British Journal of Psychiatry*, **137**, 418–427.

Munjack, D. J., & Kanno, P. H. (1979). Retarded ejaculation: A review. *Archives of Sexual Behavior*, **8**, 139–150.

Murphy, D. L., & Wyatt, R. J. (1972). Reduced MAO activity in blood platelets from schizophrenic patients. *Nature*, **238**, 225–226.

Murphy, G. E., Simons, A. D., Wetzel, R. D., & Lustman, P. J. (1984). Cognitive therapy and pharmacotherapy: Singling out together in the treatment of depression. *Archives of General Psychiatry*, **41**, 33–41.

Muscettola, G., Potter, W. Z., Pickar, D., & Goodwin, F. K. (1984). Urinary 3-methoxy-4-hydroxyphenylglycol and major affective disorders. *Archives of General Psychiatry*, **41**, 337–342.

Myers, J. K., & Weissman, M. M. (1980). Psychiatric disorders and their treatment. *Medical Care*, **18**, 117–123.

Myers, J. K., Weissman, M. M., Tischler, G. L., Holzer, C. E., Leaf, P. J., Orvaschel, H. A., Anthony, J. C., Boyd, J. H., Burke, J. D., Kramer, M., & Stoltzman, R. (1984). Six-month prevalence of psychiatric disorders in three communities: 1980–1982. *Archives of General Psychiatry*, **41**, 959–967.

Nathan, P. E., & Goldman, M. S. (1979). Problem drinking and alcoholism. In O. F. Pomerleau & J. P. Brady (Eds.), *Behavioral medicine: Therapy and practice.* Baltimore: Williams and Wilkins.

Nathan, P. E., & Harris, S. L. (1980). *Psychopathology and society* (2nd ed.). New York: McGraw-Hill.

Nathan, P. E., Titler, N. A., Lowenstein, L. W., Solomon, P., & Rossi, A. M. (1970). Behavioral analysis of chronic alcoholism. *Archives of General Psychiatry*, **22**, 419–430.

National Cancer Institute (1977). *The smoking digest: Progress report on a nation kicking the habit.* Washington, D.C.: U.S. Department of Health, Education and Welfare.

National Center for Health Statistics (1979). *The National Nursing Home Survey: 1977 Summary for the United States.* Department of Health, Education and Welfare Publication (PHS) 79-1794.

National Institute on Alcohol Abuse and Alcoholism. (1983). *Special Report to the U.S. Congress on Alcohol and Health.* Washington, D.C.: U.S. Government Printing Office.

National Institute on Drug Abuse. (1983). *Population projections, based on the National Survey on Drug Abuse, 1982.* Rockville, Md.

National Survey on Drug Abuse. (1979). Washington, D.C.: National Institute on Drug Abuse.

National Survey on Drug Abuse. (1982). Washington, D.C.: Department of Health and Human Services, National Institute on Drug Abuse.

Nawas, M. M., Fishman, S. T., & Pucel, J. C. (1970). The standardized desensitization program applicable to group and individual treatment. *Behaviour Research and Therapy*, **6**, 63-68.

Neale, J. M. (1971). Perceptual span in schizophrenia. *Journal of Abnormal Psychology*, **77**, 196-204.

Neale, J. M., & Katahn, M. (1968). Anxiety, choice and stimulus uncertainty. *Journal of Personality*, **36**, 238-245.

Neale, J. M., & Liebert, R. M. (1980). *Science and behavior: An introduction to methods of research* (2nd ed.). Englewood Cliffs, N.J.: Prentice-Hall.

Neisser, U. (1976). *Cognition and reality.* San Francisco: Freeman.

Nelson, J. C., & Bowers, M. B. (1978). Delusional unipolar depression. *Archives of General Psychiatry*, **35**, 1321-1328.

Nelson, R. E., & Craighead, W. E. (1977). Selective recall of positive and negative feedback, self-control behaviors, and depression. *Journal of Abnormal Psychology*, **86**, 379-388.

Nelson, R. O. (1977). Assessment and therapeutic functions of self-monitoring. In M. Hersen, R. M. Eisler, & P. M. Miller (Eds.), *Progress in behavior modification.* New York: Academic Press.

Nelson, R. O., Lipinski, D. P., & Black, J. L. (1975). The effects of expectancy on the reactivity of self-recording. *Behavior Therapy*, **6**, 337-349.

Nelson, R. O., Lipinski, D. P., & Black, J. L. (1976). The reactivity of adult retardates' self-monitoring: A comparison among behaviors of different valences, and a comparison with token reinforcement. *Psychological Record*, **26**, 189-201.

Nelson, R. O., Lipinski, D. P., & Boykin, R. A. (1978). The effects of self-recorders' training and the obtrusiveness of the self-recording device on the accuracy and reactivity of self-monitoring. *Behavior Therapy*, **9**, 200-208.

Nemetz, G. H., Craig, K. D., & Reith, G. (1978). Treatment of female sexual dysfunction through symbolic modeling. *Journal of Consulting and Clinical Psychology*, **46**, 62-73.

Neugarten, B. L. (1977). Personality and aging. In J. E. Birren & K. W. Schaie (Eds.), *Handbook of the psychology of aging.* New York: Van Nostrand Reinhold.

Neugebauer, R. (1979). Mediaeval and early modern theories of mental illness. *Archives of General Psychiatry*, **36**, 477-484.

Neuhaus, E. C. (1958). A personality study of asthmatic and cardiac children. *Psychosomatic Medicine*, **20**, 181-186.

Neuringer, C. (1964). Rigid thinking in suicidal individuals. *Journal of Consulting Psychology*, **28**, 54-58.

Newmark, C. S., Frerking, R. A., Cook, L., & Newmark, L. (1973). Endorsement of Ellis' irrational beliefs as a function of psychopathology. *Journal of Clinical Psychology*, **29**, 300-302.

Nihira, K., Foster, R., Shellhaas, M., & Leland, H. (1975). *AAMD-Adaptive Behavior Scale.* Washington, D.C. American Association on Mental Deficiency.

Nisbett, R. E., & Wilson, T. D. (1977). Telling more than we can know: Verbal reports on mental processes. *Psychological Review*, **84**, 231-259.

Nogrady, H., McConkey, K. M., Laurence, J. R., & Perry, C. (1983). Dissociation, duality, and demand characteristics in hypnosis. *Journal of Abnormal Psychology*, **92**, 223-235.

Norton, G. R., Harrison, B., Hauch, J., & Rhodes, L. (1985). Characteristics of people with infrequent panic attacks. *Journal of Abnormal Psychology*, **94**, 216-221.

Norton, J. P. (1982). Expressed emotion, affective style, voice tone and communication deviance as predictors of offspring schizophrenia spectrum disorders. Unpublished doctoral dissertation, University of California at Los Angeles.

Nowlan, R., & Cohen, S. (1977). Tolerance to marijuana: Heart rate and subjective "high." *Clinical Pharmacology Therapeutics*, **22**, 550-556.

Noyes, R., Anderson, D. J., Clancy, J., Crowe, R. R., Slyman, D. J., Ghoneim, M. M., & Hinrichs, J. V. (1984). Diazepam and propanolol in panic disorder and agoraphobia. *Archives of General Psychiatry*, **41**, 287-292.

Noyes, R., Clancy, J., Crowe, R., Hoenk, P. R., & Slymen, D. J. (1978). The familial prevalence of anxiety neurosis. *Archives of General Psychiatry*, **35**, 1057-1059.

Nunnally, J. C. (1967). *Psychometric theory.* New York: McGraw-Hill.

Obler, M. (1973). Systematic desensitization in sexual disorders. *Journal of Behavior Therapy and Experimental Psychiatry*, **4**, 93-101.

Ochitil, H. (1982). Conversion disorder. In J. H. Greist, J. W. Jefferson, & R. L. Spitzer (Eds.), *Treatment of mental disorders.* New York: Oxford University Press.

O'Connor, R. D. (1969). Modification of social withdrawal through symbolic modeling. *Journal of Applied Behavior Analysis*, **2**, 15-22.

O'Donnell, J. A., & Clayton, R. R. (in press). The steppingstone hypothesis: A reappraisal. *Chemical Dependencies.*

Öhman, A., Erixon, G., & Löfberg, I. (1975). Phobias and preparedness: Phobic versus neutral pictures as conditional stimuli for human autonomic responses. *Journal of Abnormal Psychology*, **84**, 41-45.

O'Leary, K. D. (1980). Pills or skills for hyperactive children. *Journal of Applied Behavior Analysis*, **13**, 191-204.

O'Leary, K. D., & O'Leary, S. G. (Eds.). (1977). *Classroom management* (2nd ed.). Elmsford, N.Y.: Pergamon Press.

O'Leary, K. D., Pelham, W. E., Rosenbaum, A., & Price, G. H. (1976). Behavioral treatment of hyperkinetic children: An experimental evaluation of its usefulness. *Clinical Pediatrics*, **15**, 510-515.

O'Leary, K. D., & Turkewitz, H. (1978). Marital therapy from a behavioral perspective. In T. J. Paolino, Jr., & B. S. McCrady (Eds.), *Marriage and marital therapy.* New York: Brunner/Mazel.

O'Leary, K. D., Turkewitz, H., & Taffel, S. J. (1973). Parent and therapist evaluation of behavior therapy in a child psychological clinic. *Journal of Consulting and Clinical Psychology*, **41**, 289-293.

O'Leary, K. D., & Wilson, G. T. (1975). *Behavior therapy: Application and outcome.* Englewood Cliffs, N.J.: Prentice-Hall.

Oltmanns, T. F., Broderick, J. E., & O'Leary, K. D. (1976). Marital adjustment and the efficacy of behavior therapy with children. Paper presented at the Association for the Advancement of Behavior Therapy. New York City.

O'Neal, J. M. (1984). First person account: Finding myself and loving it. *Schizophrenia Bulletin*, **10**, 109-110.

Orenstein, H., & Carr, J. (1975). Implosive therapy by tape-recording. *Behaviour Research and Therapy*, **13**, 177-182.

Orne, M. T. (1959). The nature of hypnosis: Artifact and essence. *Journal of Abnormal and Social Psychology*, **58**, 277-299.

Orne, M. T., Dinges, D. F., & Orne, E. C. (1984). The differential diagnosis of multiple personality in the forensic court. *International Journal of Clinical and Experimental Hypnosis*, **32**, 118-169.

Orris, J. B. (1967). Visual monitoring performance in three subgroups of male delinquents. Unpublished M.A. thesis, University of Illinois.

Pahnke, W. N. (1963). Drugs and mysticism. Unpublished doctoral dissertation, Harvard University.

Parfitt, D. N., & Gall, C. (1944). Psychogenic amnesia: The refusal to remember. *Journal of Mental Science*, **90**, 511-531.

Parkes, C. M., & Brown, R. J. (1972). Health after bereavement: A controlled study of young Boston widowers. *Psychosomatic Medicine*, **34**, 49-461.

Parloff, M. B., Waskow, I. E., & Wolfe, B. E. (1978). Research on therapist variables in relation to process and outcome. In S. L. Garfield & A. E. Bergin (Eds.), *Handbook of psychotherapy and behavior change: An empirical analysis* (2nd ed.). New York: Wiley.

Parsons, O. A. (1975). Brain damage in alcoholics: Altered states of consciousness. In M. M. Gross (Ed.), *Alcohol intoxication and withdrawal.* New York: Plenum Press.

Pasamanick, B., Rogers, M., & Lilienfeld, M.A. (1956). Pregnancy experience and the development of behavior disorder in children. *American Journal of Psychiatry*, **112**, 613-617.

Paternite, C. E., & Loney, J. (1980). Childhood hyperkinesis: Relationships between symptomatology and home environment. In C. K. Whalen & B. Henker (Eds.), *Hyperactive children.* New York: Academic Press.

Patsiokas, A. T., Clum, G. A., & Luscomb, R. L. (1979). Cognitive characteristics of suicide attempters. *Journal of Consulting and Clinical Psychology*, **47**, 478–484.

Patterson, G. R. (1974). A basis for identifying stimuli which control behaviors in natural settings. *Child Development*, **45**, 900–911. (a)

Patterson, G. R. (1974). Interventions for boys with conduct problems: Multiple settings, treatments, and criteria. *Journal of Consulting and Clinical Psychology*, **42**, 471–481. (b)

Patterson, G. R., Cobb, J. A., & Ray, R.S. (1973). A social engineering technology for retraining families of aggressive boys. In H. E. Adams & I. P. Unikel (Eds.), *Issues and trends in behavior therapy.* Springfield, Ill.: Charles C. Thomas.

Patterson, G. R., Ray, R. S., Shaw, D. A., & Cobb, J. A. (1969). *Manual for coding of family interactions.* New York: ASIS/NAPS, Microfiche Publications.

Patterson, G. R., & Reid, J. B. (1970). Reciprocity and coercion: Two facets of social systems. In C. Neuringer & J. Michael (Eds.), *Behavior modification in clinical pyschology.* New York: Appleton-Century-Crofts.

Paul, G. L. (1966). *Insight vs. desensitization in psychotherapy.* Stanford, Calif.: Stanford University Press.

Paul, G. L. (1967). Insight versus desensitization in psychotherapy two years after termination. *Journal of Consulting Psychology*, **31**, 333–348.

Paul, G. L. (1969). Chronic mental patient: Current status—future directions. *Psychological Bulletin*, **71**, 81–94.

Paul, G. L., & Lentz, R. J. (1977). *Psychosocial treatment of chronic mental patients: Milieu versus social learning programs.* Cambridge, Mass.: Harvard University Press.

Paul, G. L., & Shannon, D. T. (1966). Treatment of anxiety through systematic desensitization in therapy groups. *Journal of Abnormal Psychology*, **71**, 124–135.

Paulauskas, S.L., & Campbell, S. B. G. (1979). Social perspective-taking and teacher ratings of peer interaction in hyperactive boys. *Journal of Abnormal Child Psychology*, **7**, 483–493.

Pavlov, I. P. (1928). *Lectures on conditioned reflexes.* New York: International Publishers.

Paykel, E. S. (1979). Recent life events in the development of the depressive disorders. In R. A. Depue (Ed.), *The psychobiology of the depressive disorders.* New York: Academic Press.

Pearlin, L. I. (1983). Role strains and personal stress. In H. B. Kaplan (Ed.), *Psychosocial stress: Trends, theory and research.* New York: Academic Press.

Pearson, C., & Gatz, M. (1982). Health and mental health in older adults: First steps in the study of a pedestrian complaint. *Rehabilitation Psychology*, **27**, 37–50.

Pechacek, T. F. (1979). Modification of smoking behavior. In N. A. Krasnegor (Ed.), *The behavioral aspects of smoking.* Washington, D.C.: National Institute on Drug Abuse.

Pendery, M. L., Maltzman, I. M., & West, L. J. (1982). Controlled drinking by alcoholics? New findings and a reevaluation of a major affirmative study. *Science*, **217**, 169–175.

Penk, W. E., Robinowitz, R., Roberts, W. R., Patterson, E. T., Dolan, M. P., & Atkins, H. G. (1981). Adjustment differences among male substance abusers varying in degree of combat experience in Vietnam. *Journal of Consulting and Clinical Psychology*, **49**, 426–437.

Pentoney, P. (1966). Value change in psychotherapy. *Human Relations*, **19**, 39–46.

Perley, M. J., & Guze, S. B. (1962). Hysteria—the stability and usefulness of clinical criteria. *New England Journal of Medicine*, **266**, 421–426.

Perlmutter, M. (1978). What is memory aging the aging of? *Developmental Psychology*, **14**, 330–345.

Perlmutter, M., & Hall, E. (1985). *Adult development and aging.* New York: Wiley.

Perls, F. S. (1947). *Ego, hunger, and aggression.* New York: Vintage.

Perls, F. S. (1969). *Gestalt therapy verbatim.* Moab, Utah: Real People Press.

Perls, F. S. (1970). Four lectures. In J. Fagan & I. L. Shepherd (Eds.), *Gestalt therapy now: Therapy, techniques, applications.* Palo Alto, Calif.: Science and Behavior Books.

Perls, F. S., Hefferline, R. F., & Goodman, P. (1951). *Gestalt therapy: Excitement and growth in the human personality.* New York: Julian Press.

Perris, L. (1969). The separation of bipolar (manic-depressive) from unipolar recurrent depressive psychoses. *Behavioral Neuropsychiatry*, **1**, 17–25.

Pervin, L. A. (1963). The need to predict and control under conditions of threat. *Journal of Personality*, **31**, 570–585.

Peters, J. J. (1977). The Philadelphia rape victim project. In D. Chappell, R. Geis, & G. Geis. (Eds.), *Forcible rape: The crime, the victim, and the offender.* New York: Columbia University Press.

Peterson, C., & Seligman, M. E. P. (1984). Causal explanations as a risk factor for depression: Theory and evidence. *Psychological Review*, **91**, 347–374.

Pfeiffer, E. (1977). Psychopathology and social pathology. In J. E. Birren & K. W. Schaie (Eds.), *Handbook of psychology and aging.* New York: Van Nostrand Reinhold.

Pfeiffer, E., & Busse, E. W. (1973). Mental disorders in later life—Affective disorders: Paranoid, neurotic and situational reactions. In E. W. Busse & E. Pfeiffer (Eds.), *Mental illness in later life.* Washington, D. C.: American Psychiatric Association.

Pfeiffer, E., Eisenstein, R. B., & Dabbs, G. E. (1967). Mental competency evaluation for the federal courts: I. Methods and results. *Journal of Nervous and Mental Disease*, **144**, 320–328.

Pfeiffer, E., Verwoerdt, A., & Wang, H. S. (1968). Sexual behavior in aged men and women: I. Observations on 254 community volunteers. *Archives of General Psychiatry*, **19**, 753–758.

Pfeiffer, E., Verwoerdt, A., & Wang, H. S. (1969). The natural history of sexual behavior in a biologically advantaged group of aged individuals. *Journal of Gerontology*, **24**, 193–198.

Phares, J. (1979). *Clinical psychology: Concepts, methods, and professions.* Homewood, Ill.: Dorsey Press.

Phillips, E. I. (1968). Achievement Place: Token reinforcement procedures in a home style rehabilitation setting for predelinquent boys. *Journal of Applied Behavior Analysis*, **1**, 213–223.

Phillips, L. (1953). Case history data and prognosis in schizophrenia. *Journal of Nervous and Mental Disease*, **117**, 515–525.

Pilowsky, I. (1970). Primary and secondary hypochondriasis. *Acta Psychiatrica Scandinavica*, **46**, 273–285.

Pinel, P. (1962). *A treatise on insanity, 1801.* English translation by D. D. Davis. New York: Hafner.

Pirsig R. M. (1974). *Zen and the art of motorcycle maintenance: An inquiry into values.* New York: Morrow.

Plummer, S., Baer, D. M., & LeBlanc, J. M. (1977). Functional consideration in the use of time out and an effective alternative. *Journal of Applied Behavior Analysis*, **10**, 689–706.

Pokorny, A. D.(1968). Myths about suicide. In H. L. P. Resnik (Ed.), *Suicidal behaviors.* Boston: Little, Brown.

Polivy, J. (1976). Perception of calories and regulation of intake in restrained and unrestrained eaters. *Addictive Behavior*, **1**, 237–243.

Pope, H. G., & Hudson, J. I. (1984). *New hope for binge eaters: Advances in the understanding and treatment of bulimia.* New York: Harper and Row.

Pope, H. G., Jonas, J. M., Hudson, J. I., Cohen, B. M., & Gunderson, J. G. (1983). The validity of DSM-III borderline personality disorder. *Archives of General Psychiatry*, **40**, 23–30.

Post, F. (1975). Dementia, depression, and pseudodementia. In D. F. Benson & D. Blumer (Eds.), *Psychiatric aspects of neurologic disease.* New York: Grune and Stratton.

Post, F. (1978). The functional psychosis. In A. D. Isaacs & F. Post (Eds.), *Studies in Geriatric Psychiatry.* Chichester, England: Wiley.

Post, F. (1980). Paranoid, schizophrenia-like and schizophrenic states in the aged. In J. E. Birren & R. B. Sloane (Eds.), *Handbook of mental health and aging.* Englewood Cliffs, N.J.: Prentice-Hall.

Post, R. M., Fink, E., Carpenter, W. T., & Goodwin, F. K. (1975). Cerebrospinal fluid amine metabolites in acute schizophrenia. *Archives of General Psychiatry*, **32**, 1063–1069.

President's Commission on Mental Health (1978). Report to the President. Washington, D.C.: Superintendent of Documents, U.S. Government Printing Office.

Price, R. H. (1972). *Abnormal behavior. Perspectives in conflict.* New York: Holt, Rinehart and Winston.

Price, V. A. (1982). *Type A behavior pattern: A model for research and practice.* New York: Academic Press.

Prien, R.F., Kupfer, D. J., Mansky, P. A., Small, J. G., Tuason, V. B., Voss, C. B., & Johnson, W. E. (1984). Drug therapy in the prevention of recurrences in unipolar and bipolar affective disorders. *Archives of General Psychiatry*, **41**, 1096–1104.

Prinz, P., & Raskind, M. (1978). Aging and sleep disorders. In R. Williams & R. Karacan (Eds.), *Sleep disorders: Diagnosis and Treatment.* New York: John Wiley & Sons.

Prizant, E. M. (1983). Echolalia in autism: Assessment and intervention. *Seminars in Speech and Language*, **4**, 63–77.

Prochaska, J. O. (1984). *Systems of psychotherapy* (2nd ed.). Homewood, Ill. Dorsey Press.

Proctor, J. T. (1958). Hysteria in childhood. *American Journal of Orthopsychiatry*, **28**, 394–407.

Proshansky, H. M., Ittelson,W. M., & Rivlin, L. (Eds.). (1972). *Theory and research in environmental psychology.* New York: Holt, Rinehart and Winston.

Purcell, K., Brady, K., Chai, H., Muser, J., Molk, L., Gordon, N., & Means, J. (1969). The effect on asthma in children of experimental separation from the family. *Psychosomatic Medicine*, **31**, 144–164.

Purcell, K., & Weiss, J. H. (1970). Asthma. In C. G. Costello (Ed.), *Symptoms of psychopathology: A handbook.* New York: Wiley.

Purdie, F. R., Honigman, T. B., & Rosen, P. (1981). Acute organic brain syndrome: A view of 100 cases. *Annals of Emergency Medicine*, **10**, 455–461.

Purpura, D. P. (1976). Discussants' comments. In T. D. Tjossem (Ed.), *Intervention strategies for high risk infants and young children.* Baltimore: University Park Press.

Quay, H. C. (1964). Personality dimensions in delinquent males as inferred from the factor analysis of behavior ratings. *Journal of Research in Crime and Delinquency*, **1**, 33–37.

Quay, H. C. (1965). Psychopathic personality as pathological stimulus seeking. *American Journal of Psychiatry*, **122**, 180–183.

Quay, H. C. (1979). Classification. In H. C. Quay & J. S. Werry (Eds.), *Psychopathological disorders of childhood* (2nd ed.). New York: Wiley.

Rabavilas, A., & Boulougouris, J. (1974). Physiological accompaniments of ruminations, flooding and thought-stopping in obsessional patients. *Behaviour Research and Therapy*, **12**, 239–244.

Rabins, P. V., & Folstein, M. F. (1982). Delirium and dementia: Diagnostic criteria and fatality rates. *British Journal of Psychiatry*, **140**, 149–153.

Rachman, S. J. (1966). Sexual fetishism: An experimental analogue. *Psychological Record*, **16**, 293–296.

Rachman, S. J., & Hodgson, R. J. (1980). *Obsessions and compulsions.* Englewood Cliffs, N.J.: Prentice-Hall.

Rachman, S. J., & Wilson, G. T. (1980). *The effects of psychological therapy* (2nd ed.). Elmsford, N.Y.: Pergamon Press.

Radloff, L. (1975). Sex differences in depression: The effects of occupation and marital status. *Sex Roles*, **1**, 249–265.

Rahe, R. H., & Holmes, T. H. Life crises and disease onset: A prospective study of life crises and health changes. Unpublished manuscript.

Rahe, R. H., & Lind, E. (1971). Psychosocial factors and sudden cardiac death: A pilot study. *Journal of Psychomatic Research*, **15**, 19–24.

Ramey, C. T., MacPhee, D., & Yeates, K. O. (1982). Preventing developmental retardation. A general systems model. In L. Bond & J. Joffee (Eds.), *Facilitating infant and early childhood development.* Hanover, N.H.: University Press of New England.

Rank, O. (1936). *Will therapy.* New York: Knopf.

Rapaport, D. (1951). *The organization and pathology of thought.* New York: Columbia University Press.

Rapaport, K., & Burkhart, B. R. (1985). Personality and attitudinal characteristics of sexually coercive college males. *Journal of Abnormal Psychology.*

Rapoport, J. L., Buchsbaum, M. S., Zahn, T. P., Weingartner, H., Ludlow, D., & Mikkelson, E. J. (1978). Dextroamphetamine: Cognitive and behavioral effects in normal prepubertal boys. *Science*, **199**, 560–563.

Rappaport, J. (1977). *Community psychology: Values, research, and action.* New York: Holt, Rinehart and Winston.

Rappaport, J. (1981). In praise of paradox: A social policy of empowerment over prevention. *American Journal of Community Psychology*, **9**, 1–25.

Rappaport, J., & Chinsky, J. M. (1974). Models for delivery of service from a historical and conceptual perspective. *Professional Psychology*, **5**, 42–50.

Raskin, F., & Rae, D. S. (1981). Psychiatric symptoms in the elderly. *Psychopharmacology Bulletin*, **17**, 96–99.

Raymond, E. F., Michaels, T. J., & Steer, R. A. (1980). Prevalence and correlates of depression in elderly persons. *Psychological Reports*, 47, 1055–1061.

Raymond, J. G. (1979). *The transsexual empire: The making of the she-male.* Boston: Beacon Press.

Redfield, J., & Stone, A. (1979). Individual viewpoints of stressful life events. *Journal of Consulting and Clinical Psychology*, **47**, 147–154.

Redick, R. W., & Taube, C. A. (1980). Demography and mental health care of the aged. In J. E. Birren & R. B. Sloane (Eds.), *Handbook of mental health and aging.* Englewood Cliffs, N.J.: Prentice-Hall.

Rees, L. (1963). The significance of parental attitudes in childhood asthma. *Journal of Psychosomatic Research*, **7**, 181–190.

Rees, L. (1964). The importance of psychological, allergic and infective factors in childhood asthma. *Journal of Psychosomatic Research*, **7**, 253–262.

Reeve, V. C. (1979). Incidence of marijuana in a California impaired driver population. Sacramento: State of California, Department of Justice, Division of Law Enforcement Investigative Service.

Reich, W. (1942). *The function of the orgasm.* New York: Noonday Press.

Reid, E. C. (1910). Autopsychology of the manic-depressive. *Journal of Nervous and Mental Disease*, **37**, 606–620.

Reifler, B. V., Larson, E., & Hanley, R. (1982). Co-existence of cognitive impairment and depression in geriatric outpatients. *American Journal of Psychiatry*, **139**, 623–626.

Rekers, G. A., & Lovaas, O. I. (1974). Behavioral treatment of deviant sex role behaviors in a male child. *Journal of Applied Behavioral Analysis*, **7**, 173–190.

Rescorla, R. A., & Solomon, R. L. (1967). Two-process learning theory: Relationships betwen Pavlovian conditioning and instrumental learning. *Psychological Review*, **74**, 151–182.

Resnik, H. L. P. (Ed.). (1968). *Suicidal behaviors.* Boston: Little, Brown.

Review Panel on Coronary-Prone Behavior and Coronary Heart Disease. (1981). A critical review. *Circulation*, **63**, 1199–1215.

Richards, P., Berk, R. A., & Forster, B. (1979). *Crime as play: Delinquency in a middle class suburb.* Cambridge, Mass.: Ballinger.

Richter, C. P. (1957). On the phenomenon of sudden death in animals and man. *Psychosomatic Medicine*, **19**, 191–198.

Ricks, D. M. (1972). The beginning of vocal communication in infants and autistic children. Unpublished dissertation, University of London.

Rie, H. E., Rie, E. D., Stewart, S., Ambuel, F. P. (1976). The effects of methylphenidate on underachieving children. *Journal of Consulting and Clinical Psychology*, **44**, 250–260.

Rieder, R. O., Mann, L. S., Weinberger, D. R., Kammen, D. P. van, & Post, R. M. (1983). Computer tomographic scans in patients with schizophrenia, schizoaffective, and bipolar affective disorder. *Archives of General Psychiatry*, **40**, 735–739.

Rimland, B. (1964). *Infantile autism.* New York: Appleton-Century-Crofts.

Rimland, B. (1969). Psychogenesis versus biogenesis: The issues and the evidence. In S. C. Plog & R. B. Edgerton (Eds.), *Changing perspectives in mental illness.* New York: Holt, Rinehart and Winston.

Rimm, D. C., & Masters, J. C. (1979). *Behavior therapy: Techniques and empirical findings* (2nd ed.). New York: Academic Press.

Ritter, B. (1968). The group treatment of children's snake phobias, using vicarious and contact desensitization procedures. *Behaviour Research and Therapy*, **6**, 1-6.

Ritvo, E. R., Freeman, B. J., Geller, E., & Yuwiler, A. (1983). Effects of fenfluramine on 14 outpatients with the syndrome of autism. *Journal of the American Academy of Child Psychiatry*, **22**, 549-558.

Ritvo, E. R., Yuwiler, A., Geller, E., Ornitz, E. M., Saeger, K., & Plotkin, S. (1970). Increased blood serotonin and platelets in early infantile autism. *Archives of General Psychiatry*, **23**, 556-572.

Robbin, A. A. (1958). A controlled study of the effects of leucotomy. *Journal of Neurology, Neurosurgery, and Psychiatry*, **21**, 262-269.

Robbin, A. A. (1959). The value of leucotomy in relation to diagnosis. *Journal of Neurology, Neurosurgery, and Psychiatry*, **22**, 132-136.

Roberto, L. G. (1983). Issues in diagnosis and treatment of transsexualism. *Archives of Sexual Behavior*, **12**, 445-473.

Robey, A. (1965). Criteria for competency to stand trial: A checklist for psychiatrists. *American Journal of Psychiatry*, **122**, 616-622.

Robins, E., & Guze, S. B. (1970). Establishment of diagnostic validity in psychiatric illness: Its application to schizophrenia. *American Journal of Psychiatry*, **126**, 983-987.

Robins, L. N. (1966). *Deviant children grown up.* Baltimore, Md.: Williams and Wilkins.

Robins, L. N. (1972). Follow-up studies of behavior disorders in children. In H. C. Quay & J. S. Werry (Eds.), *Psychopathological disorders of childhood.* New York: Wiley.

Robins, L. N., Helzer, J. E., Weissman, M. M., Orvaschel, H., Gruenberg, E., Burke, J. D., & Regier, D. A. (1984). Lifetime prevalence of specific psychiatric disorders in three sites. *Archives of General Psychiatry*, **41**, 949-958.

Robinson, N. M., & Robinson, H. B. (1976). *The mentally retarded child.* 2nd ed. New York: McGraw-Hill.

Rodin, J. (1980). Managing the stress of aging: The control of control and coping. In H. Ursin & S. Levine (Eds.), *Coping and health.* New York: Academic Press.

Rodin, J., & Langer, E. J. (1977). Long-term effects of a control-relevant intervention with the institutionalized aged. *Journal of Personality and Social Psychology*, **35**, 897-902.

Roesch, R., & Golding, S.L. (1980). *Competency to stand trial.* Urbana, Ill.: University of Illinois Press.

Rofman, E. S., Askinazi, C., & Fant, E. (1980). The prediction of dangerous behavior in emergency commitment. *American Journal of Psychiatry*, **137**, 1061-1064.

Rogers, C. R. (1942). *Counseling and psychotherapy: New concepts in practice.* Boston: Houghton Mifflin.

Rogers, C. R. (1951). *Client-centered therapy.* Boston: Houghton Mifflin.

Rogers, C. R. (1961). *On becoming a person: A therapist's view of psychotherapy.* Boston: Houghton Mifflin.

Rogers, C. R. (1970). *Carl Rogers on encounter groups.* New York: Harper and Row.

Rogers, C. R., Gendlin, G. T., Kiesler, D. V., & Truax, C. B. (1967). *The therapeutic relationship and its impact: A study of psychotherapy with schizophrenics.* Madison: University of Wisconsin Press.

Romanczyk, R. G., Diament, C., Goren, E. R., Trunell, G., & Harris, S. L. (1975). Increasing isolate and social play in severely disturbed children: Intervention and postintervention effectiveness. *Journal of Autism and Childhood Schizophrenia*, **43**, 730-739.

Romanczyk, R. G., Kent, R. N., Diament, C., & O'Leary, K. D. (1973). Measuring the reliability of observational data: A reactive process. *Journal of Applied Behavior Analysis*, **6**, 175-184.

Rooth, F. G. (1973). Exhibitionism, sexual violence, and pedophilia. *British Journal of Psychiatry*, **122**, 705-710.

Rorschach, H. (1921). *Psychodiagnostics: A diagnostic test based on perception.* Translation and English edition by P. Lemkau & B. Kronenberg (9th ed.). New York: Grune and Stratton, 1981.

Rose, R. M., Jenkins, C. D., & Hurst, M. W. (1978). *Air traffic controller health change study.* Report to the Federal Aviation Administration.

Rosen, E., Fox, R., & Gregory, I. (1972). *Abnormal psychology* (2nd ed.). Phildelphia: Saunders.

Rosen, J. C., & Leitenberg, H. (1982). Bulimia nervosa: Treatment with exposure and response prevention. *Behavior Therapy*, **13**, 117-124.

Rosen, J. N. (1946). A method of resolving acute catatonic excitement. *Psychiatric Quarterly*, **20**, 183-198.

Rosen, R. C., & Hall, E. (1984). *Sexuality.* New York: Random House.

Rosen, R. C., & Rosen, L. (1981). *Human sexuality.* New York: Knopf.

Rosenbaum, M. (1980). The role of the term schizophrenia in the decline of diagnoses of multiple personality. *Archives of General Psychiatry*, **37**, 1383-1385.

Rosenhan, D. L. (1973). On being sane in insane places. *Science*, **179**, 250-258.

Rosenman, R. H., Brand, R. J., Jenkins, C. D., Friedman, M., Straus, R., & Wurm, M. (1975). Coronary heart disease in the Western Collaborative Group Study: Final follow-up experience of 8½ years. *Journal of the American Medical Association*, **233**, 872-877.

Rosenman, R. H., Friedman, M., Straus, R., Wurm, M., Kositichek, R., Hahn, W., & Werthessen, N. T. (1964). A predictive study of coronary heart disease. *Journal of the American Medical Association*, **189**, 103-110.

Rosenthal, D. (1955). Changes in some moral values following psychotherapy. *Journal of Consulting Psychology*, **19**, 431-436.

Rosenthal, D. (1970). *Genetic theory and abnormal behavior.* New York: McGraw-Hill.

Rosenthal, R. (1966). *Experimenter bias in behavioral research.* New York:Appleton-Century-Crofts.

Rosenthal, T. L., & Bandura, A. (1978). Psychological modeling: Theory and practice. In S. L. Garfield & A. E. Bergin (Eds.), *Handbook of psychotherapy and behavior change: An empirical analysis* 2nd ed. New York: Wiley.

Rosin, A. J., & Glatt, M. M. (1971). Alcohol excess in the elderly. *Quarterly Journal of Studies on Alcoholism*, **32**, 53-59.

Rosman, B. L., Minuchin, S., & Liebman, R. (1975). Family lunch session: An introduction to family therapy in anorexia nervosa. *American Journal of Orthopsychiatry*, **45**, 846-852.

Rosman, B. L., Minuchin, S., & Liebman, R. (1976). Input and outcome of family therapy of anorexia nervosa. In J. L. Claghorn (Ed.), *Successful psychotherapy.* New York: Brunner/Mazel.

Ross, A. O. (1981). *Psychological disorders of childhood: A behavioral approach to theory, research, and practice* (2nd ed.). New York: McGraw-Hill.

Ross, D. M., & Ross, S. A. (1973). Storage and utilization of previously formulated mediators in educable mentally retarded children. *Journal of Educational Psychology*, **65**, 205-210.

Ross, D. M., & Ross, S. A. (1976). *Hyperactivity: Research, theory, and action.* New York: Wiley.

Ross, J. L. (1977). Anorexia nervosa: An overview. *Bulletin of the Menninger Clinic*, **41**, 418-436.

Roth, D., & Rehm, L. P. (1980). Relationships among self-monitoring processes, memory, and depression. *Cognitive Therapy and Research*, **4**, 149-157.

Roth, M. (1955). The natural history of mental disorder in old age. *Journal of Mental Science*, **99**, 439-450.

Roth, M., & Kay, D. W. K. (1956). Affective disorder arising in the senium: II. Physical disability as an etiological factor. *Journal of Mental Science*, **102**, 141-150.

Roth, S., & Kubal, L. (1975). The effects of noncontingent reinforcement on tasks of differing importance: Facilitation and learned helplessness effects. *Journal of Personality and Social Psychology*, **32**, 680-691.

Rothman, D. (1971). *The discovery of the asylum.* New York: Harper and Row.

Runck, B. (1980). *Biofeedback—Issues in treatment assessment.* Rockville, Md.: National Institute of Mental Health.

Runck, B. (1982). *Behavioral self-control: Issues in treatment assessment.* Rockville, Md.: National Institute of Mental Health.

Rush, A. J., Beck, A. T., Kovacs, M., & Hollon, S. D. (1977). Comparative efficacy of cognitive therapy and pharmacotherapy in the treatment of depressed outpatients. *Cognitive Therapy and Research*, **1**, 17-39.

Rusin, M., & Siegler, I. C. (1975). Personality differences betwen participants and dropouts in a longitudinal study. Paper presented at the Gerontological Society, Louisville, Ky.

Ruskin, A., Board, O. W., & Schaffer, R. L. (1948). Blast hypertension: Elevated arterial pressure in victims of the Texas City disaster. *American Journal of Medicine*, **4**, 228-236.

Russell, D. E. H. (1982). *Rape in marriage*. New York: Macmillan.

Russo, D. C., & Varni, J. W. (1982). Behavioral pediatrics. In D. C. Russo, & J. W. Varni (Eds.), *Behavioral pediatrics: Research and practice*. New York: Plenum Press, 1982.

Rutter, M. (1966). Prognosis: Psychotic children in adolescence and early adult life. In J. K. Wing (Ed.), *Childhood autism: Clinical, educational, and social aspects*. Elmsford, N.Y.: Pergamon Press.

Rutter, M. (1967). Psychotic disorders in early childhood. In A. J. Cooper (Ed.), *Recent developments in schizophrenia. British Journal of Psychiatry*, Special Publication.

Rutter, M. (1971). Parent-child separation: Psychological effects on the children. *Journal of Child Psychology and Psychiatry*, **12**, 233-260.

Rutter, M. (1978). Diagnosis and definition. In M. Rutter & E. Schopler (Eds.), *Autism: A reappraisal of concepts and treatment*. New York: Plenum Press.

Rutter, M. (1979). Maternal deprivation. 1972-1978: New findings, new concepts, new approaches. *Child Development*, **50**, 283-305.

Rutter, M., & Lockyer, L. (1967). A five to fifteen year follow-up of infantile psychosis: I. Description of sample. *British Journal of Psychiatry*, **113**, 1169-1182.

Rutter, M., Tizard, J., & Whitmore, K. (1970). *Education, health, and behavior*. London: Longmans.

Ryall, R. (1974). Delinquency: The problem for treatment. *Social Work Today*, **15**, 98-104.

Ryan, W. (1971). *Blaming the victim*. New York: Random House.

Rybstein-Blinchik, E. (1979). Effects of different cognitive strategies on chronic pain experience. *Journal of Behavioral Medicine*, **2**, 93-101.

Sackeim, H. A., Nordlie, J. W., & Gur, R. C. (1979). A model of hysterical and hypnotic blindness: Cognition, motivation and awareness. *Journal of Abnormal Psychology*, **88**,474-489.

Safer, D. J., & Allen, R. P. (1976). *Hyperactive children: Diagnosis and management*. Baltimore: University Park Press.

Sajdel-Sulkowska, E. M., & Marotta, C. A. (1984). Alzheimer's disease brain: Alterations in RNA levels and in ribonuclease-inhibitor complex. *Science*, **225**, 947-949.

Sakel, M. (1938). The pharmacological shock treatment of schizophrenia. *Nervous and Mental Disease Monograph 62*.

Sallan, S. E., Zinberg, N. E., & Frei, E. (1975). Antiemetic effect of delta-9-THC in patients receiving cancer chemotherapy. *New England Journal of Medicine*, **293**, 795-797.

Salter, A. (1949). *Conditioned reflex therapy*. New York: Farrar, Straus.

Salzman, L. (1980). *Psychotherapy of the obsessive personality*. New York: Jason Aronson.

Salzman, L., & Thaler, F. H. (1981). Obsessive-compulsive disorders: A review of the literature. *American Journal of Psychiatry*, **138**, 286-296.

Sargent, J. D., Green, E. E., & Walters, E. D. (1972). Preliminary report on the use of autogenic feedback techniques in the treatment of migraine headaches. *Headache*, **12**, 120-124.

Sargent, J. D., Green, E. E., & Walters, E. D. (1973). The use of autogenic feedback training in a pilot study of migraine and tension headaches. *Psychosomatic Medicine*, **35**, 129-135.

Sartorius, N., Shapiro, R., & Jablonsky, A. (1974). The international pilot study of schizophrenia. *Schizophrenia Bulletin*, **2**, 21-35.

Sassenrath, E. N., Chapman, L. F., & Goo, G. P. (1979). Reproduction in rhesus monkeys chronically exposed to moderate amounts of delta-9-tetrahydrocannabinol. In G. G. Nahas & W. D. M. Paton (Eds.), *Marihuana: Biological effects*. Elmsford, N.Y.: Pergamon Press.

Satterfield, J. H., Cantwell, D. P., Lesser, L. I., & Podosin, R. L. (1972). Physiological studies of the hyperactive child. *American Journal of Psychiatry*, **128**, 1418-1424.

Sawrey, W. L., & Weisz, J. D. (1956). An experimental method of producing gastric ulcers: Role of psychological factors in the production of gastric ulcers in the rat. *Journal of Comparative and Physiological Psychology*, **49**, 457-461.

Scarlett, W. (1980). Social isolation from agemates among nursery school children. *Journal of Child Psychology and Psychiatry*, **21**, 231-240.

Schachter, S. (1977). Nicotine regulation in heavy and light smokers. *Journal of Experimental Psychology: General*, **106**, 5-12.

Schachter, S. (1978). Pharmacological and psychological determinants of smoking. *Annals of Internal Medicine*, **88**, 104-114.

Schachter, S., Kozlowski, L. T., & Silverstein, B. (1977). Effects of urinary pH on cigarette smoking. *Journal of Experimental Psychology: General*, **106**, 13-19.

Schachter, S., & Latané, B. (1964). Crime, cognition, and the autonomic nervous system. In D. Levine (Ed.),. *Nebraska symposium on motivation*, Vol. 12. Lincoln: University of Nebraska Press.

Schachter, S., Silverstein, B., Kozlowski, L. T., Herman, C. P. & Liebling, B. (1977). Effects of stress on cigarette smoking and urinary pH. *Journal of Experimental Psychology: General*, **106**, 24-30.

Schachter, S., Silverstein, B., & Perlik, O. (1977). Psychological and pharmacological explanations of smoking under stress. *Journal of Experimental Psychology: General*, **106**, 31-40.

Schaie, K. W. (1980). Intelligence and problem solving. In J. E. Birren & R. B. Sloane (Eds.), *Handbook of mental health and aging*. Englewood Cliffs, N.J.: Prentice-Hall.

Schain, R. J., & Reynard, C. J. (1975). Effects of a central stimulant drug (methylphenidate) in children with hyperactive behavior. *Pediatrics*, **55**, 709-716.

Schank, R., &Abelson, R. (1977). *Scripts, plans, goals, and understanding*. Hillsdale, N.J.: Lawrence Erlbaum Associates.

Schatzberg, A. F., Orsulak, P. J., Rosenbaum, A. H., Cole, J. O., & Scheerenberger, R. C. (1983). *A history of mental retardation*. Baltimore, Md.: P. H. Brookes.

Scheerer, M., Rothman, E., & Goldstein, K. (1945). A case of "idiot savant": An experimental study of personality organization. *Psychological Monographs*, **58** (whole No. 269).

Scheff, T. J. (1966). *Being mentally ill: A sociological theory*. Chicago: Aldine.

Schildkraut, J. J. (1965). The catecholamine hypothesis of affective disorders. *American Journal of Psychiatry*, **122**, 509-522.

Schildkraut, J. J. (1983). Biochemical subtypes of unipolar depressions. In P. J. Clayton & J. E. Barrett (Eds.), *Treatment of depression: Old controversies and new approaches*. New York: Raven Press.

Schlesier-Stropp, B. (1984). Bulimia: A review of the literature. *Psychological Bulletin*, **95**, 247-257.

Schmauk, F. J. (1970). Punishment, arousal, and avoidance learning in sociopaths. *Journal of Abnormal Psychology*, **76**, 443-453.

Schneider, K. (1959). *Clinical psychopathology*. New York: Grune and Stratton.

Schneider, N. G., Jarvik, M. E., & Forsythe, A. B. (1984). Nicotine vs. placebo gum in the alleviation of withdrawal during smoking cessation. *Addictive Behaviors*, **9**, 149-156.

Schneider, N. G., Jarvik, M. E., Forsythe, A. B., Read, L. L., Elliott, M. L., & Schweiger, A. (1983). Nicotine gum in smoking cessation: A placebo-controlled, double-blind trial. *Addictive Behaviors*, **8**, 253-261.

Schoeneman, T. J. (1977). The role of mental illness in the European witchhunts of the sixteenth and seventeenth centuries: An assessment. *Journal of the History of the Behavioral Sciences*, **13**, 337-351.

Schofield, W. (1964). *Psychotherapy: The purchase of friendship*. Englewood Cliffs, N.J.: Prentice-Hall.

Schuckit, M. A. (1983). The genetics of alcoholism. In B. Tabakoff, P. B. Sutker, & C. L. Randall (Eds.), *Medical and social aspects of alcohol use*. New York: Plenum Press.

Schuckit, M. A., & Moore, M. A. (1979). Drug problems in the elderly. In O. J. Kaplan (Ed.), *Psychopathology of aging*. New York: Academic Press.

Schuckit, M. A., & Rayses, V. (1979). Ethanol ingestion: Differrences in blood acetaldehyde concentrations in relatives of alcoholics and controls. *Science*, **203**, 54-55.

Schulsinger, F. (1972). Psychopathy: Heredity and environment. *International Journal of Mental Health*, **1**, 190-206.

Schultz, R., & Brenner, G. (1977). Relocation of the aged: A review and theoretical analysis. *Journal of Gerontology*, **32**, 323-333.

Schutz, W. C. (1967). *Joy*. New York: Grove Press.

Schwab, J. J., Fennell, E. B., & Warheit, G. J. (1974). The epidemiology of psychosomatic disorders. *Psychosomatics*, **15**, 88-93.

Schwarz, J. R. (1981). *The Hillside strangler: A murderer's mind*. New York: New American Library.

Schwartz, G. E. (1973). Biofeedback as therapy: Some theoretical and practical issues. *American Psychologist*, **28**, 666-673.

Schwartz, G. E., & Weiss, S. M. (1978). Behavioral medicine revisited: An amended definition. *Journal of Behavioral Medicine*, **1**, 249-252.

Schwartz, G. J. (1977). College students as contingency managers for adolescents in a program to develop reading skills. *Journal of Applied Behavior Analysis*, **10**, 645-655.

Schwartz, M. A., Wyatt, R. J., Yang, H., & Neff, N. (1974). Multiple forms of monamine oxidase in brain: A comparison of enzymatic activity in mentally normal and chronic schizophrenic individuals. *Archives of General Psychiatry*, **31**, 557-560.

Schwartz, M. S. (1946). The economic and spatial mobility of paranoid schizophrenics. Unpublished M.A. thesis. University of Chicago.

Schwartz, R., & Schwartz, L. J. (1980). *Becoming a couple*. Englewood Cliffs, N.J.: Prentice-Hall.

Schwartz, R. M., & Gottman, J. M. (1976). Toward a task analysis of assertive behavior. *Journal of Consulting and Clinical Psychology*, **44**, 910-920.

Schwitzgebel, R. L., & Schwitzgebel, R. K. (1980). *Law and psychological practice*. New York: Wiley.

Segovia-Riquelma, N., Varela, A., & Mardones, J. (1971). Appetite for alcohol. In Y. Israel & J. Mardones (Eds.), *Biological basis of alcoholism*. New York: Wiley.

Seidman, L. J. (1983). Schizophrenia and brain dysfunction: An integration of recent neurodiagnostic findings. *Psychological Bulletin*, **94**, 195-238.

Seiden, R. H. (1974). Suicide: Preventable death. *Public Affairs Report*, **15**, 1-5.

Seligman, M. E. P. (1971). Phobias and preparedness. *Behavior Therapy*, **2**, 307-320.

Seligman, M. E. P. (1973). Fall into helplessness. *Psychology Today*, **7**, 43-48.

Seligman, M. E. P. (1974). Depression and learned helplessness. In R. J. Friedman & M. M. Katz (Eds.), *The psychology of depression: Contemporary theory and research*. Washington, D.C.: Winston-Wiley.

Seligman, M. E. P. (1978). Comment and integration. *Journal of Abnormal Psychology*, **87**, 165-179.

Seligman, M. E. P. (1975). *Helplessness: On depression, development, and death*. San Francisco: Freeman.

Seligman, M. E. P., Abramson, L. V., Semmel, A., & Von Baeyer, C. (1979). Depressive attributional style. *Journal of Abnormal Psychology*, **88**, 242-247.

Seligman, M. E. P., & Hager, M. (Eds.). (1972). *Biological boundaries of learning*. New York: Appleton-Century-Crofts.

Selling, L. S. (1940). *Men against madness*. New York: Greenberg, Publishing.

Selye, H. (1936). A syndrome produced by diverse nocuous agents. *Nature*, **138**, 32.

Settin, J. M. (1982). Clinical judgment in geropsychology practice. *Psychotherapy: Theory, Research and Practice*, **19**, 397-404.

Shader, R. I., Caine, E. D., & Meyer, R. E. (1975). Treatment of dependence on barbiturates and sedative hypnotics. In R. I. Shader (Ed.), *Manual of psychiatric therapeutics: Practical psychopharmacology and psychiatry*. Boston, Mass.: Little, Brown.

Shader, R. I., & DiMascio, A. (1970). *Psychotropic drug side-effects: Clinical and theoretical perspectives*. Baltimore, Md.: Williams and Wilkins.

Shapiro, A. P. (1961). An experimental study of comparative responses of blood pressure to different noxious stimuli. *Journal of Chronic Diseases*, **13**, 293-311.

Shapiro, D., & Surwit, R.S. (1979). Biofeedback. In O. F. Pomerleau & J. P. Brady (Eds.), *Behavioral medicine: Theory and practice*. Baltimore, Md.: Williams and Wilkins.

Shapiro, D., Tursky, B., & Schwartz, G. E. (1970). Control of blood pressure in man by operant conditionong. *Circulation Research*, **26**, 127-132.

Shatan, C. F. (1978). Stress disorders among Vietnam veterans: The emotional content of combat continues. In C. R. Figley (Ed.), *Stress disorders among Vietnam veterans*. New York: Brunner/Mazel.

Shaw, B. F. (1977). Comparison of cognitive therapy and behavior therapy in the treatment of depression. *Journal of Consulting and Clinical Psychology*, **45**, 543-551.

Shaywitz, S.E., Cohen, D. J., & Shaywitz, B. A. (1978). The biochemical basis of minimal brain dysfunction. *The Journal of Pediatrics*, **92**, 179-187.

Sher, K. J., & Levenson, R. W. (1982). Risk for alcoholism and individual differences in the stress-response-dampening effects of alcohol. *Journal of Abnormal Psychology*, **91**, 350-367.

Sherman, A. R. (1972). Real-life exposures as a primary therapeutic factor in the desensitization treatment of fear. *Journal of Abnormal Psychology*, **79**, 19-28.

Sherman, E. (1981). *Counseling the aging: An integrative approach*. New York: The Free Press.

Shevitz, S. A. (1976). Psychosurgery: Some current observations. *American Journal of Psychiatry*, **133**, 266-270.

Shilling, L. E. (1984). *Perspectives on counseling therapies*. Englewood Cliffs: N.J.: Prentice-Hall.

Shneidman, E. S. (1976). A psychological theory of suicide. *Psychiatric Annals*, **6**, 51-66.

Shneidman, E. S. (1973). Suicide. In *Encyclopedia Britannica*. Chicago: Encyclopedia Britannica.

Shneidman, E. S., & Farberow, N. L. (1970). A psychological approach to the study of suicide notes. In E. S. Shneidman, N. L. Farberow, & R. E. Litman (Eds.), *The psychology of suicide*. New York: Jason Aronson.

Schneidman, E. S., Farberow, N. L., & Litman, R. E. (Eds.), (1970). *The psychology of suicide*. New York: Jason Aronson.

Shopsin, B., Friedman, E., & Gershon, S. (1976). Parachloropheny-lalanine reversal of tranylcypromine effects in depressed patients. *Archives of General Psychiatry*, **33**, 811-819.

Shopsin, B., Gershon, S., Thompson, H., & Collins, P. (1975). Psychoactive drugs in mania. *Archives of General Psychiatry*, **32**, 34-42.

Short, J. F., & Nye, F. I. (1958). Extent of unrecorded juvenile delinquency: Tentative conclusions. *Journal of Criminal Law, Criminology, and Police Science*, **29**, 296-302.

Siegel, R. A. (1978). Probability of punishment and suppression of behavior in psychopathic and nonpsychopathic offenders. *Journal of Abnormal Psychology*, **87**, 514-522.

Seigel, R. K. (1982). Cocaine smoking. *Journal of Psychoactive Drugs*, **14**, 277-359.

Siegler, I. C., & Costa, P. T., Jr. (1985). Health behavior relationships. In J. E. Birren & K. W. Schaie (Eds.), *Handbook of the psychology of aging*. 2nd ed. New York: Van Nostrand Reinhold.

Siegler, I. C., George, L. K., & Okun, M. A. (1979). A cross sequential analysis of adult personality. *Developmental Psychology*, **15**, 350-351.

Siemens, A. J. (1980). Effects of cannabis in combinations with ethanol and other drugs. In *Marijuana research findings: 1980*. Washington, D.C.: U.S. Government Printing Office.

Silverstein, B., Kozlowski, L. T., & Schachter, S. (1977). Social life, cigarette smoking, and urinary pH. *Journal of Experimental Psychology: General*, **106**, 20-23.

Silverstein, C. (1972). Behavior modification and the gay community.

Paper presented at the annual convention of the Association for Advancement of Behavior Therapy, New York City.

Silverstein, C. (1977). *A family matter: A parent's guide to homosexuality.* New York: McGraw-Hill.

Simeons, A. T. W. (1961). *Man's presumptuous brain: An evolutionary interpretation of psychosomatic disease.* New York: Dutton.

Simpson, G. M., & May, P. R. A. (1982). Schizophrenic disorders. In J. H. Greist, J. W. Jefferson, & R. L. Spitzer (Eds.), *Treatment of mental disorders.* New York: Oxford University Press.

Simpson, M. T., Olewine, D. A., Jenkins, F. H., Ramsey, S. J., Zyzanski, S. J., Thomas, G., & Hames, C. G. (1974). Exercise-induced catecholomines and platelet aggregation in the coronary-prone behavior pattern. *Psychosomatic Medicine*, **36**, 476–487.

Sines, J. O. (1963). Physiological and behavioral characteristics of rats selectively bred for susceptibility to stomach ulcer development. *Journal of Neuropsychiatry*, **4**, 396–398.

Singer, M., & Wynne, L. C. (1963). Differentiating characteristics of the parents of childhood schizophrenics. *American Journal of Psychiatry*, **120**, 234–243.

Sintchak, G. H., & Geer, J. H. (1975). A vaginal plethysmograph system. *Psychophysiology*, **12**, 113–115.

Sizemore, C. C., & Pittillo, E. S. (1977). *I'm Eve.* Garden City, N.Y.: Doubleday.

Skinner, B. F. (1948). "Superstition" in the pigeon. *Journal of Experimental Psychology*, **38**, 168–172.

Skinner, B. F. (1953). *Science and human behavior.* New York: Macmillan.

Skinner, H. A., & Allen, B. A. (1982). Alcohol dependence syndrome: Measurement and validation. *Journal of Abnormal Psychology*, **91**, 199–209.

Sklar, L. A., & Anisman, H. (1979). Stress and coping factors influence tumor growth. *Science*, **205**, 513–515.

Skrzypek, G. J. (1969). The effects of perceptual isolation and arousal on anxiety, complexity preference and novelty preference in psychopathic and neurotic delinquents. *Journal of Abnormal Psychology*, **74**, 321–329.

Slater, E. (1938). Erbpathologie des manisch-depressiven Irreseins. Die Eltern und Kinder von Manisch-Depressiven. *Zeitschrift für die gesarnte Neurologie und Psychiatrie*, **163**, 1–17.

Slater, E. (1961). The thirty-fifth Maudsley lecture: Hysteria 311. *Journal of Mental Science*, **107**, 358–381.

Slater, E., & Glithero, E. (1965). A follow-up of patients diagnosed as suffering from hysteria. *Journal of Psychosomatic Research*, **9**, 9–13.

Slater, E., & Shields, J. (1969). Genetic aspects of anxiety. In M. H. Lader (Ed.), *Studies of anxiety.* Ashford, England: Headley Brothers.

Slavson, S. R. (1950). *Analytic group psychotherapy with children, adolescents and adults.* New York: Columbia University Press.

Sloane, R. B. (1980). Organic brain syndrome. In J. E. Birren & R. B. Sloane (Eds.), *Handbook of mental health and aging.* Englewood Cliffs, N.J.: Prentice-Hall.

Sloane, R. B., Staples, F. R., Cristol, A. H., Yorkston, N. J., & Whipple, K. (1975). *Psychoanalysis versus behavior therapy.* Cambridge, Mass.: Harvard Universtiy Press.

Small, G. W., & Jarvik, L. F. (1982). The dementia syndrome. *Lancet*, 1443–1446.

Small, G. W., Liston, E. H., & Jarvik, L. F. (1981). Diagnosis and treatment of dementia in the aged. *The Western Journal of Medicine*, **135**, 469–481.

Smith, D. W., Bierman, E. L., & Robinson, N. M. (1978). *The biologic ages of man: From conception through old age.* Philadelphia, Penn.: Saunders.

Smith, K. F., & Bengston, V. L. (1979). Positive consequences of institutionalization: Solidarity between elderly parents and their middle aged children. *The Gerontologist*, **5**, 438–447.

Smith, P. B. (1975). Controlled studies of the outcome of sensitivity training. *Psychological Bulletin*, **82**, 597–622.

Snyder, S. H. (1974). *Madness and the brain.* New York: McGraw-Hill.

Snyder, S. H., Banerjee, S. P., Yamamura, H. I., & Greenberg, D. (1974). Drugs, neurotransmitters, and schizophrenia. *Science*, **184**, 1243–1253.

Sobell, M. B., & Sobell, L. C. (1978). *Behavioral treatment of alcohol problems: Individualized therapy and controlled drinking.* New York: Plenum Press.

Sobell, M. B., & Sobell, L.C. (1976). Second-year treatment outcome of alcoholics treated by individualized behavior therapy: Results. *Behaviour Research and Therapy*, **14**, 195–215.

Solnick, R. L., & Corby, N. (1983). Human sexuality and aging. In D. S. Woodruff & J. E. Birren (Eds.), *Aging: Scientific perspectives and social issues.* 2nd ed. Monterey, Calif.: Brooks/Cole.

Sommer, R. (1969). *Personal space: The behavioral basis of design.* Englewood Cliffs, N.J.: Prentice-Hall.

Soueif, M. I. (1976). Some determinants of psychological deficits associated with chronic cannabis consumption. *Bulletin of Narcotics*, **28**, 25–42.

Spadoni, A. J., & Smith, J. A. (1969). Milieu therapy in schizophrenia. *Archives of General Psychiatry*, **20**, 547–557.

Spanos, N. P. (1978). Witchcraft in histories of psychiatry: A critical appraisal and an alternative conceptualization. *Psychological Bulletin*, **35**, 417–439.

Spanos, N. P. (1982). Hypnotic behavior: A cognitive, social psychological perspective. *Research Communications in Psychology, Psychiatry, and Behavior*, **7**, 199–213.

Spanos, N. P., Gwynn, M. I., & Stam, H. J. (1983). Instructional demands and ratings of overt and hidden pain during hypnotic analgesia. *Journal of Abnormal Psychology*, **92**, 479–488.

Spanos, N. P., Weekes, J. R., & Bertrand, L. D. (in press). Multiple personality: A social psychological perspective. *Journal of Abnormal Psychology.*

Spar, J. E. (1982). Dementia in the aged. In L. F. Jarvik & G. W. Small (Eds.), *Psychiatric clinics of North America.* Philadelphia, Penn.: Saunders.

Sparrow, S. S., Ballo, D.A., & Cicchetti, D. V. (1984). Vineland Adaptive Behavior Scales. Circle Pines, Minn.: American Guidance Service.

Special Report to the U.S. Congress on Alcohol and Health (1983). Washington, D.C.: NIAA.

Speer, D. C. (1971). Rate of caller re-use of a telephone crisis service. *Crisis Intervention*, **3**, 83–86.

Speer, D. C. (1972). An evaluation of a telephone crisis service. Paper presented at the Midwestern Psychological Association meeting, Cleveland, Ohio.

Sperling, M. (1973). Conversion hysteria and conversion symptoms: A revision of classification and concepts. *Journal of the American Psychoanalytic Association*, **21**, 745–771.

Spielberger, C. D., Johnson, E. H., Russell, S. F., Crane, R. J. & Worden, T. J. (1985). The experience and expression of anger. In M. A. Chesney, & R. H. Rosenman (Eds.), *Anger and hostility in cardiovascular and behavioral disorders.* New York: Hemisphere.

Spiers, P. A. (1982). The Luria-Nebraska Neuropsychological Battery revisited: A theory in practice or just practicing? *Journal of Consulting and Clinical Psychology*, **50**, 301–306.

Spinetta, J. J. (1980). Disease-related communication: How to tell. In J. Kellerman (Ed.), *Psychological aspects of childhood cancer.* Springfield, Ill.: Charles C. Thomas.

Spitzer, R. L., & Endicott, J. (1978). *Schedule for Affective Disorders and Schizophrenia.* New York: Biometrics Research, New York State Psychiatric Institute.

Spitzer, R. L., Endicott, J., & Gibbon, M. (1979). Crossing the border into borderline personality and borderline schizophrenia. *Archives of General Psychiatry*, **36**, 17–24.

Sprague, R. L., & Gadow, K. D. (1976). The role of the teacher in drug treatment. *School Review*, **85**, 109–140.

Sprague, R. L., & Sleator, E. K. (1977). Methylphenidate in hyperkinetic children: Differences in dose effects on learning and social behavior. *Science*, **198**, 1274–1276.

Srole, L., Langner, T. S., Michael, S. T., Opler, M. K., & Rennie, T. A. C. (1962). *Mental health in the metropolis: The midtown Manhattan study.* New York: McGraw-Hill.

Sroufe, L. A. (1975). Drug treatment of children with behavior problems. In F. Horowitz (Ed.), *Review of child development research.* Chicago: University of Chicago Press.

Staats, A. W., & Butterfield, W. H. (1965). Treatment of nonreading in a culturally deprived juvenile delinquent: An application of learning principles. *Child Development*, **36**, 925–942.

Staats, A. W., & Staats, C. K. (1963). *Complex human behavior.* New York: Holt, Rinehart and Winston.

Stampfl, T. C., & Levis, D. J. (1967). Essentials of implosive therapy: A learning-therapy-based psychodynamic behavior therapy. *Journal of Abnormal Psychology*, **72**, 496–503.

Stang, R. R. (1970). The etiology of Parkinson's desease. *Diseases of the Nervous System*, **31**, 381–390.

Stanton, A. H., & Schwartz, M. S. (1954). *The mental hospital.* New York: Basic Books.

Stanton, M. D., & Bardoni, A. (1972). Drug flashbacks: Reported frequency in a military population. *American Journal of Psychiatry*, **129**, 751–755.

Stanton, M. D., & Figley, C. R. (1978). Treating the Vietnam veteran within the family system. In C. R. Figley (Ed.), *Stress disorders among Vietnam veterans.* New York: Brunner/Mazel.

Starfield, B. (1972). Enuresis: Its pathogenesis and management. *Clinical Pediatrics*, **11**, 343–350.

Starr, B. D., & Weiner, M. B. (1981). *The Starr-Weiner report on sex and sexuality in the mature years.* New York: Stein and Day.

Staub, E., Tursky, B., & Schwartz, G. E. (1971). Self-control and predictability: Their effects on reactions to aversive stimulation. *Journal of Personality and Social Psychology*, **18**, 157–162.

Steadman, H. J. (1979). *Beating a rap: Defendants found incompetent to stand trial.* Chicago: University of Chicago Press.

Stein, D. M., & Lambert, M. I. (1984). Telephone counseling and crisis intervention: A review. *American Journal of Community Psychology*, **12**, 101–126.

Stein, Z., & Susser, M. A. (1971). Changes over time in the incidence and prevalence of mental retardation. In J. Hellmuth (Ed.), *Exceptional infant.* New York: Brunner/Mazel.

Stenmark, D. E., & Dunn, V. K. (1982). Issues related to the training of geropsychologists. In J. F. Santos & G. R. VandenBos (Eds.), *Psychology and the older adult.* Washington, D.C.: American Psychological Association.

Stephens, J. H., & Kamp, M. (1962). On some aspects of hysteria: A clinical study. *Journal of Nervous and Mental Disease*, **134**, 305–315.

Sterman, H. B. (1973). Neurophysiologic and clinical studies of sensorimotor EEG biofeedback training: Some effects on epilepsy. *Seminars in Psychiatry*, **5**, 507–525.

Stern, D. B. (1977). Handedness and the lateral distribution of conversion reactions. *Journal of Nervous and Mental Disease*, **164**, 122–128.

Stern, R. S., & Cobb, J. P. (1978). Phenomenology of obsessive-compulsive neurosis. *British Journal of Psychiatry*, **132**, 233–234.

Stern, S. L., Rush, J., & Mendels, J. (1980). Toward a rational pharmacotherapy of depression. *American Journal of Psychiatry*, **137**, 545–552.

Sternbach, R. A. (1966). *Principles of psychophysiology:* New York: Academic Press.

Steuer, J. L., & Hammen, C. L. (1983). Cognitive-behavioral group therapy for the depressed elderly: Issues and adaptations. *Cognitive Theory and Research*, **7**, 285–296.

Stevenson, J., & Jones, I. H. (1972). Behavior therapy technique for exhibitionism: A preliminary report. *Archives of General Psychiatry*, **27**, 839–841.

Stewart, M. A., Pitts, F. N., Craig, A. G., & Dieruf, W. (1966). The hyperactive child syndrome. *American Journal of Orthopsychiatry*, **36**, 861–867.

Stoller, F. H. (1968). Accelerated interaction: A time-limited approach based on the brief intensive group. *International Journal of Group Psychotherapy*, **18**, 220–235.

Stone, A. A. (1975). *Mental health and law: A system in transition.* Rockville, Md.: National Institute of Mental Health.

Stone, A. A., & Neale, J. M. (1984). New measure of daily coping: Development and preliminary results. *Journal of Personality and Social Psychology*, **46**, 892–906.

Stone, L. J., & Hokanson, J. E. (1967). Arousal reduction via self-punitive behavior. *Journal of Personality and Social Psychology*, **12**, 72–79.

Storandt, M. (1977). Age, ability level and methods of administering and scoring the WAIS. *Journal of Gerontology*, **32**, 175–178.

Storandt, M. (1983). *Counseling and therapy with older adults.* Boston: Little, Brown.

Strub, R. L., & Black, F. W. (1981). *Organic brain syndromes: An introduction to neurobehavioral disorders.* Philadelphia, Penn.: F. A. Davis Company.

Strupp, H. H., Hadley, S. W., & Gomes-Schwartz, B. (1977). *Psychotherapy for better or worse: An analysis of the problem of negative effects.* New York: Jason Aronson.

Stuart, R. B. (1976). An operant interpersonal program for couples. In D. H. L. Olson (Ed.), *Treating relationships.* Lake Mills, Iowa: Graphic Publishing Company.

Stuart, R. B. (1978). Protection of the right to informed consent to participate in research. *Behavior Therapy*, **9**, 73–82.

Stuart, R. B. (1980). *Helping couples change: A social learning approach to marital therapy.* New York: Cuilford Press.

Sturgis, E. T., & Adams, H. E. (1978). The right to treatment: Issues in the treatment of homosexuality. *Journal of Consulting and Clinical Psychology*, **46**, 165–169.

Sullivan, H. S. (1929). Research in schizophrenia. *American Journal of Psychiatry*, **9**, 553–567.

Sullivan, H. S. (1953). *The interpersonal theory of psychiatry.* New York: Norton.

Sutherland, S., & Scheri, D. J. (1977). Crisis intervention with victims in rape. In D. Chappell, R. Geis, & G. Geis (Eds.), *Forcible rape: The crime, the victim and the offender.* New York: Columbia University Press.

Syndulko, K. (1978). Electrocortical investigations of sociopathy. In R. D. Hare & D. Schalling (Eds.), *Psychopathic behaviour: Approaches to research.* New York: Wiley.

Szasz, T. S. (1960). The myth of mental illness. *American Psychologist*, **15**, 113–118.

Szasz, T. S. (1963). *Law, liberty, and psychiatry.* New York: Macmillan.

Szasz, T. S. (Ed.), (1974). *The age of madness: The history of involuntary hospitalization.* New York: Jason Aronson.

Tashkin, D. P., Calvarese, B., & Simmons, M. (1978). Respiratory status of 75 chronic marijuana smokers: Comparison with matched controls. University of California at Los Angeles School of Medicine. Abstract in *American Review of Respiratory Diseases*, **117**, 261.

Tate, B. G., & Baroff, G. S. (1966). Aversive control of self-injurious behavior in a psychotic boy. *Behaviour Research and Therapy*, **4**, 281–287.

Taylor, C. B. (1983). DSM-III and behavioral assessment. *Behavioral Assessment*, **5**, 5–14.

Taylor, J. A. (1953). A personality scale of manifest anxiety. *Journal of Abnormal and Social Psychology*, **48**, 285–290.

Terry, R. D., & Wisniewski, H. M. (1974). Sans teeth, sans eyes, sans taste, sans everything. *Behavior Today*, **5**, 84.

Terry, R. D., & Wisniewski, H. M. (1977). Structural aspects of aging of the brain. In C. Eisdorfer & R. O. Friedel (Eds.), *Cognitive and emotional disturbances in the elderly.* Chicago: Year Book Medical Publishers.

Theodor, L. H., & Mandelcorn, M. S. (1973). Hysterical blindness: A case report and study using a modern psychophysical technique. *Journal of Abnormal Psychology*, **82**, 552–553.

Thibaut, J. W., & Kelley, H. H. (1959). *The social psychology of groups.* New York: Wiley.

Thigpen, C. H., & Cleckley, H. (1954). *The three faces of Eve.* Kingsport, Tenn.: Kingsport Press.

Thoits, P. A. (1982). Conceptual, methodological, and theoretical problems in studying social support as a buffer against life stress. *Journal of Health and Social Behavior*, **23**, 145–159.

Thompson, S. C. (1981). Will it hurt less if I can control it? A complex answer to a simple question. *Psychological Bulletin*, **90**, 89–101.

Thorndike, E. L. (1935). *The psychology of wants, interests and attitudes.* New York: Appleton, Century.

Tillich, P. (1952). *The courage to be.* New Haven, Conn.: Yale University Press.

Tollefson, D. J. (1972). The relationship between the occurrence of fractures and life crisis events. Unpublished master of nursing thesis, University of Washington, Seattle.

Tomlinson, B. E., & Henderson, G. (1976). Some quantitative findings in normal and demented old people. In R. D. Terry & S. Gershon (Eds.), *Neurobiology of aging.* New York: Raven Press.

Torgersen, S. (1983). Genetic factors in anxiety disorders. *Archives of General Psychiatry*, **40**, 1085–1089.

Tramontana, J., & Stimbert, V. (1970). Some techniques of behavior modification with an autistic child. *Psychological Reports*, **27**, 498.

Treffert, D. A., McAndrew, J. B., & Dreifuerst, P. (1973). An inpatient treatment program and outcome for 57 autistic and schizophrenic children. *Journal of Autism and Childhood Schizophrenia*, **3**, 138–153.

Truett, J., Cornfield, J., & Kannel, W. (1967). Multivariate analysis of the risk of coronary heart disease in Framingham. *Journal of Chronic Disease*, **20**, 511–524.

Tuckman, J., Kleiner, R. J., & Lavell, M. (1959). Emotional content of suicide notes. *American Journal of Psychiatry*, **116**, 59–63.

Turkewitz, H., & O'Leary, K. D. (1977). A comparison of communication and behavioral marital therapy. Paper presented at the Eleventh Annual Convention of the Association for Advancement of Behavior Therapy, Atlanta.

Turner, R. J., & Sternberg, M. P. (1978). Psychosocial factors in elderly patients admitted to a psychiatric hosptial. *Age and aging*, **7**, 171–177.

Turner, R. J., & Wagonfeld, M. O. (1967). Occupational mobility and schizophrenia. *American Sociological Review*, **32**, 104–113.

Ullmann, L., & Krasner, L. (1975). *A psychological approach to abnormal behavior.* 2nd ed. Englewood Cliffs, N.J.: Prentice-Hall.

Umbarger, C. C., Dalsimer, J. S., Morrison, A. P., & Breggin, P. R. (1962). *College students in a mental hospital.* New York: Grune and Stratton.

Upper, D., & Ross, S. M. (Eds.), (1980). *Behavioral group therapy 1980: An annual review.* Champaign, Ill.: Research Press.

U.S. Department of Health and Human Services (1982). *Prevention in adulthood: Self-motivated quitting.* In *Cancer: The health consequences of smoking, a report of the Surgeon General.* Washington, D.C.: U.S. Government Printing Office.

Vaillant, G. E. (1979). Natural history of male psychologic health: Effects of mental health on physical health. *New England Journal of Medicine*, **301**, 1249–1254.

Valenstein, E.S. (1973). *Brain control.* New York: Wiley.

Van Praag, H., Korf, J., & Schut, D. (1973). Cerebral monamines and depression: An investigation with the probenecid technique. *Archives of General Psychiatry*, **28**, 827–831.

Van Putten, T., May, P. R. A., Marder, S. R., & Wittman, L. A. (1981). Subjective response to antipsychotic drugs. *Archives of General Psychiatry*, **38**, 187–190.

VandenBos, G. R., Stapp, J., & Kilburg, R. R. (1981). Health service providers in psychology: Results of the 1978 APA Human Resources Survey. *American Psychologist*, **36**, 1395–1418.

Vardaris, R. M., Weisz, D. J., Fazel, A., & Rawitch, A. B. (1976). Chronic administration of delta-9-tetrahydrocannabinol to pregnant rats: Studies of pup behavior and placental transfer. *Pharmacology and Biochemistry of Behavior*, **4**, 249–254.

Varner, R. V., & Gaitz, C. M. (1982). Schizophrenic and paranoid disorders in the aged. In L. F. Jarvik & G. W. Small (Eds.), *Psychiatric clinics of North America.* Philadelphia, Penn.: Saunders.

Varni, J. W., & Dietrich, S. L. (1981). Behavioral pediatrics: Towards a reconceptualization. *Behavioral Medicine Update*, **3**, 5–7.

Varni, J. W., & Wallander, J. L. (in press). Adherence to health-related regimens in pediatric chronic disorders. *Clinical Psychology Review.*

Varni, J. W. (1981). Self-regulation techniques in the management of chronic arthritic pain in hemophilia. *Behavior Therapy*, **12**, 185–194.

Vaughn, C. E., & Leff, J. P. (1976). The influence of family and social factors on the course of psychiatric illness. A comparison of schizophrenic and depressed neurotic patients. *British Journal of Psychiatry*, **129**, 125–137.

Vincente, K., Wiley, J. A., & Carrington, R. A. (1979). The risk of institutionalization before death. *Gerontologist*, **19**, 361–367.

Voeltz, L. M. (1977). Syntactic rule mediation and echolalia in autistic children. Unpublished manuscript, University of Hawaii.

Voeltz, L. M. (1980). Children's attitudes toward handicapped peers. *American Journal of Mental Deficiency*, **84**, 455–464.

Voeltz, L. M. (1982). Effects of structured interactions with severely handicapped peers on children's attitudes. *American Journal of Mental Deficiency*, **86**, 380-390.

Von Felsinger, J. M., Lasagna, L., & Beecher, H. K. (1956). The response of normal men to lysergic acid derivatives. *Journal of Clinical and Experimental Psychopathology*, **17**, 414–428.

Von Wright, J. M., Pekanmaki, L., & Malin, S. (1971). Effects of conflict and stress on alcohol intake in rats. *Quarterly Journal of Studies on Alcohol*, **32**, 420–441.

Vygotsky, L. S. (1978). *Mind in society: The development of higher psychological processes.* Edited and translated by M. Cole, V. John-Steiner, S. Scribner, & E. Souberman. Cambridge, Mass.: Harvard University Press.

Wachtel, P. (1977). *Psychoanalysis and behavior therapy: Toward an integration.* New York: Basic Books.

Wachtel, P. L. (1982). Vicious circles: The self and the rhetoric of emerging and unfolding. *Contemporary Psychoanalysis*, **18**, 259–273.

Waldron, I. (1978). The coronary-prone behavior pattern, blood pressure, employment and socio-economic status in women. *Journal of Psychosomatic Research*, **22**, 79–87.

Walen, S., Hauserman, N. M., & Lavin, P. J. (1977). *Clinical guide to behavior therapy.* Baltimore, Md.: William and Wilkins.

Walker, E., Bettes, B. A., Kain, E., & Harvey, P. (1985). Relationship of gender and marital status with symptomatology in psychotic patients. *Journal of Abnormal Psychology*, **94**, 42–50.

Wallander, J. L., & Hubert, N. C. (1985). Long-term prognosis for children with attention deficit disorder with hyperactivity (ADD/H). In B. B. Lahey & A. E. Kazdin (Eds.), *Advances in child clinical psychology.* Vol. 8. New York: Plenum Press.

Walsh, B. T., Stewart, J. W., Roose, S. P., Gladis, M., & Glassman, A. H. (1984). Treatment of bulimia with phenelzine. *Archives of General Psychiatry*, **41**, 1105–1109.

Walton, D. (1961). The application of learning theory to the treatment of a case of somnambulism. *Journal of Clinical Psychology*, **37**, 96–99.

Ward, C. H., Beck, A. T., Mendelson, M., Mock, J. E., & Erbaugh, J. K. (1962). The psychiatric nomenclature: Reasons for diagnostic disagreement. *Archives of General Psychiatry*, **7**, 198–205.

Warheit, G. J., Arey, S. A., & Swanson, E. (1976). Patterns of drug use: An epidemiologic overview. *Journal of Drug Issues*, **6**, 223–237.

Warner, K. E. (1977). The effects of the antismoking campaign on cigarette consumption. *American Journal of Public Health*, **67**, 645–650.

Warren, C. A. B. (1982). *The court as last resort: Mental illness and the law.* Chicago: University of Chicago Press.

Watson, G. C., & Buranen, C. (1979). The frequency and identification of false positive conversion reactions. *Journal of Nervous and Mental Disease*, **167**, 243–247.

Watson, J. B. (1913). Psychology as the behaviorist views it. *Psychological Review*, **20**, 158–177.

Watson, J. B., & Rayner, R. (1920). Conditioned emotional reactions. *Journal of Experimental Psychology*, **3**, 1–14.

Watt, N. F. (1974). Childhood and adolescent roots of schizophrenia. In D. Ricks, A. Thomas, & M. Roff (Eds.), *Life history research in psychopathology.* Vol. 3. Minneapolis, Minn.: University of Minnesota Press.

Watt, N. F., Stolorow, R. D., Lubensky, A. W., & McClelland, D. C. (1970). School adjustment and behavior of children hospitalized for schizophrenia as adults. *American Journal of Orthopsychiatry*, **40**, 637-657.

Weick, K. E. (1984). Small wins: Redefining the scale of social problems. *American Psychologist*, **39**, 40-49.

Weinberg, G. (1972). *Society and the healthy homosexual.* New York: St. Martin's Press, 1972.

Weinberger, D. R., Cannon-Spoor, H. E., Potkin, S. G., & Wyatt, R. J. (1980). Poor premorbid adjustment and CT scan abnormalities in chronic schizophrenia. *American Journal of Psychiatry*, **137**, 1410-1413.

Weinberger, D. R., Wagner, R. L., & Wyatt, R. J. (1983). Neuropathological studies of schizophrenia: A selective review. *Schizophrenia Bulletin*, **9**, 193-212.

Weiner, B., Frieze, L., Kukla, A., Reed, L., Rest, S., & Rosenbaum, R. M. (1971). *Perceiving the causes of success and failure.* New York: General Learning Press.

Weiner, H. (1977). *Psychobiology and human disease.* New York: Elsevier.

Weiner, H., Thaler, M., Reiser, M. F., & Mirsky, I. A. (1957). Etiology of duodenal ulcer: I. Relation of specific psychological characteristics to rate of gastric secretion. *Psychosomatic Medicine*, **17**, 1-10.

Weiner, J. W. (1969). The effectiveness of a suicide prevention program. *Mental Hygiene*, **53**, 357-363.

Weingartner, H., & Silberman, E. (1982). Models of cognitive impairment: Cognitive changes in depression. *Psychopharmacology Bulletin*, **18**, 27-42.

Weiss, J. M. (1968). Effects of coping responses on stress. *Journal of Comparative and Physiological Psychology*, **24**, 409-414.

Weiss, J. M. (1970). Somatic effects of predictable and unpredictable shock. *Psychosomatic Medicine*, **32**, 397-408.

Weiss, J. M. (1977). Psychological and behavioral influences on gastrointestinal lesions in animal models. In J. D. Maser & M. E. P. Seligman (Eds.), *Psychopathology: Experimental models.* San Francisco: Freeman.

Weiss, R. L., & Cerreto, M. C. (1980). The Marital Status Inventory: Development of a measure of dissolution potential. *American Journal of Family Therapy*, **8**, 80-85.

Weiss, R. L., & Wieder, G. B. (1982). Marital and family distress. In A. S. Bellack, M. Hersen, & A. E. Kazdin (Eds.), *International handbook of behavior modification.* New York: Plenum Press, 1982.

Weiss, R. L., Hops, H., & Patterson, G. R. (1973). A framework for conceptualizing marital conflict, a technology for altering it, some data for evaluating it. In L. A. Hamerlynck, L. C. Handy, & E. J. Mash (Eds.), *Behavior change: Methodology, concepts, and practice.* Champaign, Ill.: Research Press.

Weissberg, R. P., Gesten, E. L., Rapkin, B. D., Cowen, E. L., Davidson, E., deApodaca, R. F., & McKim, B. J. (1981). Evaluation of a social-problem-solving training program for suburban and inner-city third-grade children. *Journal of Consulting and Clinical Psychology*, **49**, 251-261.

Weissman, M. M., Kidd, K. K., & Prusoff, B. A. (1982). Variability in rates of affective disorders in relatives of depressed and normal probands. *Archives of General Psychiatry*, **39**, 1397-1403.

Weissman, M. M., & Myers, J. K. (1978). Affective disorders in a U.S. urban community. *Archives of General Psychiatry*, **35**, 1304-1310.

Weissman, M. M., Klerman, G. L., & Paykel, E. S. (1971). Clinical evaluation of hostility in depression. *American Journal of Psychiatry*, **128**, 261-266.

Weissman, M. M., Klerman, G. L., Prusoff, B. A., Sholomskas, D., & Padian, N. (1981). Depressed outpatients. Results one year after treatment with drugs and/or interpersonal psychotherapy. *Archives of General Psychiatry*, **38**, 51-56.

Weitzenhoffer, A. M., & Hilgard, E. R. (1959). *Stanford hypnotic susceptibility scale, Forms A and B.* Palo Alto, Calif: Consulting Psychologists Press.

Wells, C. C. (1978). Chronic brain disease: An overview. *American Journal of Psychiatry*, **135**, 1-12.

Wells, C. E., & Duncan, G. W. (1980). *Neurology for psychiatrists.* Philadelphia, Pa.: F. A. Davis Company.

Werry, J. S., Methven, R. J., Fitzpatrick, J., & Dixon, H. (1983). The interrater reliability of DSM-III in children. *Journal of Abnormal Child Psychology*, **11**, 341-354.

Wertsch, J. (1979). From social interactions to higher psychological processes: A clarification and application of Vygotsky's theory. *Human Development*, **22**, 1-22.

Whalen, C. K. (1983). Hyperactivity, learning problems, and the attention deficit disorders. In T. H. Ollendick & M. Hersen (Eds.), *Handbook of child psychopathology.* New York: Plenum Press.

Whanger, A. D. (1973). Paranoid syndrome of the senium. In E. Eisdorfer & W. E. Fann (Eds.), *Psychopharmacology—Aging.* New York: Plenum Press.

White, W. A. (1932). *Outlines of psychiatry.* 13th ed. New York: Nervous and Mental Disease Publishing Company.

White, W. C., & Boskind-White, M. (1981). An experiential-behavioral approach to the treatment of bulimarexia. *Psychotherapy: Theory, Research, and Practice*, **18**, 501-507.

White, J., Davison, G. C., & White, K. (1985). Cognitive distortions in the articulated thoughts of depressed patients. Unpublished manuscript, University of Southern California.

Whitehead, A. (1973). Verbal learning and memory in elderly depression. *British Journal of Psychiatry*, **123**, 203-208.

Whitlock, F. A. (1967). The aetiology of hysteria. *Acta Psychiatrica Scandinavica*, **43**, 144-162.

Wickens, D. D., Allen, C. K., & Hill, F. A. (1963). Effects of instruction on extinction of the conditioned GSR. *Journal of Experimental Psychology*, **66**, 235-240.

Wicks-Nelson, R., & Israel, A. C. (1984). *Behavior disorders of childhood.* Englewood Cliffs, N.J.: Prentice-Hall.

Wiens, A. N., & Menustik, C. E. (1983). Treatment outcome and patient characteristics in an aversion therapy program for alcoholism. *American Psychologist*, **38**, 1089-1096.

Wig, N. N., & Varma, V. K. (1977). Patterns of long-term heavy cannabis use in North India and its effects on cognitive functions. A preliminary report. *Drug and Alcohol Dependence*, **2**, 211-219.

Wigdor, B., & Morris, G. (1977). A comparison of twenty-year medical histories of individuals with depressive and paranoid states. *Journal of Gerontology*, **32**, 160-163.

Wiggins, J. (1968). Inconsistent socialization. *Psychological Reports*, **23**, 303-336.

Wilkins, L. T. (1969). *Evaluation of penal measures.* New York: Random House.

Williams, H., & McNicol, K. N. (1969). Prevalence, natural history and relationship of wheezy bronchitis and asthma in children: An epidemiological study. *British Medical Journal*, **4**, 321-325.

Williams, L., Martin, G. L., McDonald, S., Hardy, L., & Lambert, L., Sr. (1975). Effects of a backscratch contingency of reinforcement for table serving on social interaction with severely retarded girls. *Behavior Therapy*, **6**, 220-229.

Williams, R. B., Haney, T. L., Lee, K. L., Kong, Y., Blumenthal, J. A., & Whalen, R. E. (1980). Type A behavior, hostility, and coronary atherosclerosis. *Psychosomatic Medicine*, **42**, 539-549.

Williams, S. L., & Rappoport, A. (1983). Cognitive treatment in the natural environment for agoraphobics. *Behavior Therapy*, **14**, 299-313.

Wilson, G. T., & Abrams, D. (1977). Effects of alcohol on social anxiety and physiological arousal: Cognitive versus pharmacological processes. *Cognitive Therapy and Research*, **1**, 195-210.

Wilson, G. T., & Davison, G. C. (1969). Aversion techniques in behavior therapy: Some theoretical and metatheoretical considerations. *Journal of Consulting and Clinical Psychology*, **33**, 327-329.

Wilson, G. T., & Davison, G. C. (1971). Processes of fear reduction in systematic desensitization. Animal studies. *Psychological Bulletin*, **76**, 1-14.

Wilson, G. T., & Lawson, D. M. (1976). The effects of alcohol on sexual arousal in women. *Journal of Abnormal Psychology*, **85**, 489-497.

Wilson, G. T., & O'Leary, K. D. (1980). *Principles of behavior therapy.* Englewood Cliffs, N.J.: Prentice-Hall.

Wilson, R. C., Christensen, P. R., Merrifield, P. R., & Guilford, J. P. (1975). *Alternate uses test.* Beverly Hills, Calif.: Sheridan Psychological Company.

Wilson, T. D., Goldin, J. C., & Charbonneau-Powis, M. (1983). Comparative efficacy of behavioral and cognitive treatments of depression. *Cognitive Therapy and Research*, **7**, 111–124.

Wilson, W. R. (1975). Unobtrusive induction of positive attitudes. Unpublished doctoral dissertation, University of Michigan.

Winett, R. A., & Winkler, R. C. (1972). Current behavior modification in the classroom: Be still, be quiet, be docile. *Journal of Applied Behavior Analysis*, **5**, 499–504.

Winkler, R. (1977). What types of sex-role behavior should behavior modifiers promote? *Journal of Applied Behavior Analysis*, **10**, 549–552.

Winokur, G. (1963). Sexual behavior: Its relationship to certain effects and psychiatric diseases. In G. Winokur (Ed.), *Determinants of human sexual behavior.* Springfield, Ill.: Charles C. Thomas.

Winokur, G. (1979). Unipolar depression. *Archives of General Psychiatry*, **36**, 47–52.

Winokur, G., & Clayton, P. J. (1967). Family history studies: I. Two types of affective disorders separated according to genetic and clinical factors. In J.Wortis (Ed.), *Recent advances in biological psychiatry.* Vol. 9. New York: Plenum Press.

Winokur, G., Clayton, P. J., & Reich, T. (1969). *Manic-depressive illness.* St. Louis, Mo.: Mosby.

Winokur, A., March, V., & Mendels, J. (1980). Primary affective disorder in relatives of patients with anorexia nervosa. *American Journal of Psychiatry*, **137**, 695–698.

Winters, K. C., & Neale, J. M. (1985). Mania and low self-esteem. *Journal of Abnormal Psychology*, in press

Winters, K. C., Weintraub, S., & Neale, J. M. (1981). Validity of MMPI codetypes in identifying DSM-III schizophrenics, unipolars and bipolars. *Journal of Consulting and Clinical Psychology*, **49**, 486–487.

Wise, T. (1978). Where the public peril begins: A survey of psychotherapists to determine the effects of Tarasoff. *Stanford Law Review*, **31**, 165–190.

Wolberg, L. R. (1954). *The technique of psychotherapy.* New York: Grune and Stratton.

Wold, D. A. (1968). The adjustment of siblings to childhood leukemia. Unpublished medical thesis, University of Washington, Seattle.

Wolf, A. (1949). The psychoanalysis of group. *American Journal of Psychotherapy*, **3**, 16–50.

Wolf, M., Risley, T., & Mees, H. (1964). Application of operant conditioning procedures to the behavior problems of an autistic child. *Behaviour Research and Therapy*, **1**, 305–312.

Wolchik, S. A., Spencer, S. L., & Lisi, I. S. (1983). Volunteer bias in research employing vaginal measures of sexual arousal. *Archives of Sexual Behavior*, **12**, 399–408.

Wolin, S. J. (1980). Introduction: Psychosocial consequences. In *Alcoholism and alcohol abuse among women: Research issues.* Rockville, Md.: National Institute on Alcohol Abuse and Alcoholism.

Wolpe, J. (1958). *Psychotherapy by reciprocal inhibition.* Stanford, Calif.: Stanford University Press.

Wolpe, J. (1980). Cognitive behavior and its roles in psychotherapy: An integrative account. In M. J. Mahoney (Ed.), *Psychotherapy process: Current issues and future directions.* New York: Plenum Press.

Wolpe, J., & Rachman, S. J. (1960). Psychoanalytic "evidence," A critique based on Freud's case of Little Hans. *Journal of Nervous and Mental Disease*, **131**, 135–147.

Woodruff, R. A., Goodwin, D. W., & Guze, S. B. (1974). *Psychiatric diagnosis.* New York: Oxford University Press.

World Health Organiztion (1948). *Manual of the international statistical classification of diseases, injuries and causes of death.* Geneva: WHO.

Wright, J. C. (1976). A comparison of systematic desensitization and social skill acquisition in the modification of social fear. *Behavior Therapy*, **7**, 205–210.

Wright, D. S. (1971). *The psychology of moral behavior.* Harmondsworth, England: Penguin Books.

Yalom, I. D., Green, R., & Fisk, N. (1973). Prenatal exposure to female hormones: Effect on psychosexual development in boys. *Archives of General Psychiatry*, **28**, 554–561.

Yurchenco, H. (1970). *A mighty hard road: The Woody Guthrie Story.* New York: McGraw-Hill.

Zarit, S. H. (1980). *Aging and mental disorders: Psychological approaches to assessment and treatment.* New York: The Free Press.

Zarit, S. H., Eiler, J., & Hassinger, M. (1985). Clinical assessment. In J. E. Birren & K. W. Schaie (Eds.),. *Handbook of psychology of aging.* 2nd ed. New York: Van Nostrand Reinhold.

Zeaman, D., & House, B. J. (1979). A review of attention theory. In N. R. Ellis (Ed.), *Handbook of mental deficiency, psychological theory and research.* 2nd ed. Hillsdale, N.J.: Laurence Erlbaum Associates.

Zeigob, L. E., Arnold, S., & Forehand, R. (1975). An examination of observer effects in parent-child interactions. *Child Development*, **46**, 509–512.

Zerbin-Rüdin, E. (1972). Genetic research and the theory of schizophrenia. *International Journal of Mental Health*, **1**, 42–62.

Ziegler, F. J., Imboden, J. B., & Meyer, E. (1960). Contemporary conversion reactions: A clinical study. *American Journal of Psychiatry*, **116**, 901–910.

Zigler, E. (1969). Development versus difference theories of mental retardation and the problem of motivation. *American Journal of Mental Deficiency*, **73**, 536–556.

Zilbergeld, B., & Evans, M. (1980). The inadequacy of Masters and Johnson. *Psychology Today*, **14**, 28–43.

Zilboorg, G., & Henry, G. W. (1941). *A history of medical psychology.* New York: Norton.

Zimbardo, P. G., Andersen, S. M., & Kabat, L. G. (1981). Paranoia and deafness: An experimental investigation. *Science*, **212**, 1529–1531.

Zimberg, S. (1978). Diagnosis and treatment of elderly alcoholics. *Alcoholism: Clinical and Experimental Research*, **2**, 27–29.

Zitrin, C. M., Klein, D. F., & Woerner, M. G. (1980). Treatment of agoraphobia with group exposure in vivo and imipramine. *Archives of General Psychiatry*, **37**, 63–72.

Zitrin, C. M., Klein, D. F., Woerner, M. G., & Ross, D. C. (1983). Treatment of phobias 1. Comparison of imipramine hydrochloride and placebo. *Archives of General Psychiatry*, **40**, 125–138.

Zucker, K. J., Finegan, J. K., Deering, R. W., & Bradley, S. J. (1984). Two subgroups of gender-problem children. *Archives of Sexual Behavior*, **13**, 27–39.

Zung, W. W. K. (1967). Depression in the normal aged. *Psychosomatics*, **8**, 287–292.

Ergänzende Literaturhinweise

Achterberg-Lawlis, J. & Kenner, C. (1982). Burn patients. In D. M. Doleys, R. L. Meredith & A. R. Ciminero (Eds.), Behavioral medicine: Assessment and treatment strategies. New York: Plenum Press.

Adorno, T. W. (1969). Erziehung nach Auschwitz. In T. W. Adorno, Stichworte. Frankfurt: Suhrkamp.

Agras, W. S. (1984). The behavioral treatment of somatic disorders. In W. D. Gentry (Ed.), Handbook of behavioral medicine. New York: Guilford Press.

Alexander, F. (1950). Psychosomatische Medizin. Grundlagen und Anwendungsgebiete. Berlin: de Gruyter 1985.

Allport, W. (1961). Gestalt und Wachstum in der Persönlichkeit. Königstein: Hain 1970.

Appel, M. A. (1986). Hypertension. In K. A. Holroyd & T. L. Creer (Eds.), Self-management of chronic disease. New York: Academic Press.

Arieti, S. (1955). Schizophrenie. Ursachen, Verlauf, Therapie. München: Piper 1985.

Bandura, A. (1973). Aggression. Eine sozial-lerntheoretische Analyse. Stuttgart: Klett-Cotta 1979.

Barbach, L. G. (1975). For Yourself. Die Erfüllung weiblicher Sexualität. Berlin: Ullstein 1977.

Barrett, J. & Rose, R. M. (Hg.) (1966). Mental disorders in the community. Findings from psychiatric epidemiology. New York: Guilford.

Barth, J. T. & Boll, T. J. (1981). Rehabilitation and treatment of central nervous system dysfunction: A behavioral medicine perspective. In C. K. Prokop & L. A. Bradley (Eds.), Medical psychology: Contributions to behavioral medicine. New York: Academic Press.

Basaglia, F. (1976). Die Institutionen der Gewalt. In F. Basaglia (Hg.), Die negierte Institution oder Die Gemeinschaft der Ausgeschlossenen (S. 122–161). Frankfurt: Suhrkamp.

Basaglia, F., Basaglia-Ongaro, F. & Gianichedda, M. G. (1979). Gesundheit, Krankheit und Gesellschaft. In H. Keupp (Hg.), Normalität und Abweichung. München: Urban & Schwarzenberg.

Bastiaan, P. (1984). Akteneinsicht für psychisch Kranke. Sozialpsychologische Information, 14 (2), 93–109.

Beck, A. T. (1976). Wahrnehmung der Wirklichkeit und Neurose. Kognitive Psychotherapie emotionaler Störungen. Pfeiffer: München 1979.

Beck, A. T., Rush, A. J., Shaw, B. F. & Emery, G. (1979). Kognitive Therapie der Depression. München, Weinheim: Psychologie Verlags Union, 2. Aufl. 1986.

Beck, U. (1985). Von der Vergänglichkeit der Industriegesellschaft. In T. Schmid (Hg.), Das pfeifende Schwein. Berlin: Wagenbach.

Beck, U. (1986). Risikogesellschaft. Auf dem Weg in eine andere Moderne. Frankfurt: Suhrkamp.

Bellack, A. S. & Williamson, D. A. (1982). Obesity and anorexia nervosa. In D. M. Doleys, R. L. Meredith & A. R. Ciminero (Eds.), Behavioral medicine: Assessment and treatment strategies. New York: Plenum Press.

Bettelheim, B. (1960). Aufstand gegen die Masse. München: Kindler 1980.

Bettelheim, B. (1969). Die Kinder der Zukunft. Wien/München: Molden 1971.

Bettelheim, B. (1974). Der Weg aus dem Labyrinth. Stuttgart: Deutsche Verlags Anstalt 1975.

Biegel, D. E. & Naparstek, A. E. (Hg.) (1982). Community support systems and mental health. New York: Springer.

Birbaumer, N. & Haag, G. (1982). Behavioral treatment of migraine. In R. S. Surwit, R. B. Williams, A. Steptoe & R. Biersner (Eds.), Behavioral treatment of disease. New York: Plenum Press.

Bird, B. L., Cataldo, M. F. & Parker, L. (1981). Behavioral medicine for muscular disorders. In S. M. Turner, K. S. Calhoun & H. E. Adams (Eds.), Handbook of clinical behavior therapy. New York: Wiley.

Birk, L. (Ed.) (1973). Biofeedback: Behavioral medicine. New York: Grune & Stratton.

Blanchard, E. B. & Andrasik, F. (1985). Management of chronic headaches: A psychological approach. New York: Pergamon Press.

Blasius, D. (1980). Der verwaltete Wahnsinn. Eine Sozialgeschichte des Irrenhauses. Frankfurt: Fischer.

Bleuler, E. (1916). Lehrbuch der Psychiatrie. Berlin: Springer, 15 Auflage 1983.

Blumenthal, J. A. & Califf, R. (1982). Secondary prevention of coronary heart disease. In R. S. Surwit, R. B. Williams, A. Steptoe & R. Biersner (Eds.), Behavioral treatment of disease. New York: Plenum Press.

Bohm, E. (1985). Lehrbuch der Rorschach-Psychodiagnostik für Psychologen, Ärzte und Pädagogen. Bern: Huber.

Borkovec, T. D. (1977). Insomnia. In R. B. Williams & W. D. Gentry (Eds.), Behavioral approaches to medical treatment. Cambridge, Mass.: Ballinger.

Boudewyns, P. A. (1977). Cigarette smoking. In R. B. Williams & W. D. Gentry (Eds.), Behavioral approaches to medical treatment. Cambridge, Mass.: Ballinger.

Bowlby, J. (1973). Trennung. Psychische Schäden als Folge der Trennung von Mutter und Kind. Frankfurt: Fischer 1976.

Breuer, J., & Freud, S. (1895). Studien über Hysterie. Frankfurt: Fischer 1970.

Brown, P. (1985). The transfer of care. Psychiatric deinstitutionalization and its aftermath. London: Routledge & Kegan Paul.

Brownmiller, S. (1975). Gegen unseren Willen. Vergewaltigung und Männerherrschaft. Frankfurt: Fischer 1984.

Buchholz, W., Gmür, W., Höfer, R. & Straus, F. (1984). Lebenswelt und Familienwirklichkeit. Frankfurt: Campus.

Bühringer, G. & Hahlweg, K. (1986). Kosten-Nutzen-Aspekte psychologischer Behandlung. Psychologische Rundschau, 37, 1–19.

Bundesvereinigung für seelische Gesundheit (Hg.) (1987). Gemeinsam handeln im Alltag. Köln: Bundeszentrale für gesundheitliche Aufklärung.

Burish, T. G. & Lyles, J. N. (1983). Coping with the adverse effects of cancer treatments. In T. G. Burish & L. A. Bradle (Eds.), Coping with chronic disease. New York: Academic Press.

Cinciripini, P. M. (1984). Applications of behavioral medicine with children I. Epidemiology of coronary heart disease. In M. Hersen, R. M. Eisler & P. M. Miller (Eds.), Progress in behavior modification, Vol. 17. New York: Academic Press.

Cluss, P. A. (1986). Behavioral interventions as adjunctive treatments for chronic asthma. In M. Hersen, R. M. Eisler & P. M. Miller (Eds.), Progress in behavior modification, Vol. 20. New York: Academic Press.

Coates, T. J. & Thoresen, C. E. (1981). Treating sleep disorders: Few answers, some suggestions, and many questions. In S. M. Turner, K. S. Calhoun & H. E. Adams (Eds.), Handbook of clinical behavior therapy. New York: Wiley.

Coates, T. J. & Ewart, C. K. (1985). Primary prevention of hypertension: A program with adolescents. In R. M. Kaplan & M. H. Criqui (Eds.), Behavioral epidemiology and disease prevention. New York: Plenum Press.

Cooper, T., Detre, T. & Weiss, S. M. (1981). Coronary-prone behavior and coronary heart disease: A critical review. Circulation, 63, 1199–1215.

Cox, D. J., Gonder-Frederick, L., Pohl, S. & Pennebaker, J. W. (1986). Diabetes. In K. A. Holroyd & T. L. Creer (Eds.), Self-management of chronic disease. New York: Academic Press.

Cramer, M. (1982). Psychosoziale Arbeit. Stuttgart: Kohlhammer.

Cramer, M., Fliegel, S. & Scholten, B. (1983). Protokoll eines Gesprächs zwischen DGVT und dem Bundesministerium für Jugend, Familie und Gesundheit (BMJFG) am 26. 10. 1983 in Bonn. Verhaltenstherapie und psychosoziale Praxis, 15 (4) 484–489.

Creer, T. L. (1983). Respiratory disorders. In T. G. Burish & L. A. Bradley (Eds.), Coping with chronic disease: Research and applications. New York: Academic Press.

Creer, T. L. & Winder, J. A. (1986). Asthma. In K. A. Holroyd & T. L. Creer (Eds.), Self-management of chronic disease. New York: Academic Press.

Crefeld, W. (1983). Über das Verhältnis zwischen Juristen und Psychiatern. In Deutsche Gesellschaft für soziale Psychiatrie (Hg.), Recht & Psychiatrie (S. 7–16). Rehburg-Loccum.

Delprato, D. J. & McGlynn, F. D. (1986). Innovations in behavioral medicine. In M. Hersen, R. M. Eisler & P. M. Miller (Eds.), Progress in behavior modification, Vol. 20. New York: Academic Press.

Dembroski, T. M., MacDougall, J. M., Eliot, R. S. & Buell, J. C. (1983). Stress, emotions, behavior, and cardiovascular disease. In L. Temoshok, C. V. Dyke & L. S. Zegans (Eds.), Emotions in health and illness. Theoretical and research foundations. New York: Grune & Stratton.

Deutscher Bundestag (Hg.) (1975). Bericht über die Lage der Psychiatrie in der Bundesrepublik Deutschland. Drucksache 7/4200 Bonn.

DGSP/DGVT/GwG (1986). Psychosoziale Hilfen im regionalen Verbund. Analysen und Perspektiven zur Überwindung der Struktur und Finanzkrise. Tübingen: dgvt, 2. Aufl.

Didion, J. (1979). Das weiße Album. Kalifornische Geisterbeschwörung. Köln: Kiepenheuer & Witsch 1983.

Dilling, H., Weyerer, S. & Castell, R. (1984). Psychische Erkrankungen in der Bevölkerung. Stuttgart: Enke.

DiMatteo, M. R. & DiNiccola, D. D. (1982). Achieving patient compliance. The psychology of the medical practitioner's role. New York: Pergamon Press.

Dörner, K. (1969). Bürger und Irre. Zur Sozialgeschichte und Wissenschaftssoziologie der Psychiatrie. Frankfurt: Europäische Verlagsanstalt; 2. Aufl. Frankfurt: Fischer 1975.

Dörner, K. (1983). Meine Patienten dürfen Akten sehen. Recht und Psychiatrie, 1, 13.

Dörner, K. & Plog, U. (1984). Irren ist menschlich. Lehrbuch der Psychiatrie/Psychotherapie. Bonn: Psychiatrie-Verlag.

Dohrenwend, B. S. (1978). Social stress and community psychology. American Journal of Community Psychology, 6, 1–14.

Dohrenwend, B. S. & Dohrenwend, B. P. (1981). Socioenvironmental factors, stress and psychopathology. American Journal of Community Psychology, 9, 129–155.

Dohrenwend, B. P. (1983). Psychological implications of nuclear accidents. The case of Three Mile Island. Bulletin of the New York Academy of Medicine, 59, 1060–1076.

Dohrenwend, B. P., Dohrenwend, B. S., Gould, M. S., Link, B., Neugebauer, R. & Wunsch-Hitzig, R. (1980). Mental illness in the United States: Epidemiologic estimates. New York: Praeger.

Doleys, D. M. & Meredith, R. L. (1982). Urological disorders. In D. M. Doleys, R. L. Meredith & A. R. Ciminero (Eds.), Behavioral medicine: Assessment and treatment strategies. New York: Plenum Press.

Douglas, J. D. & Waksler, F. C. (1982). The sociology of deviance. Boston: Little, Brown & Co.

Dreitzel, H. P. (1981). Körperkontrolle und Affektverdrängung. Integrative Therapie, 7, 179–196.

Durkheim, E. (1897). Der Selbstmord. Frankfurt: Suhrkamp 1983.

Dubbert, P. M., Martin, J. E. & Epstein, L. H. (1986). Exercise. In K. A. Holroyd & T. L. Creer (Eds.), Self-management and chronic disease. New York: Academic Press.

Dubbert, P. M., Rappaport, N. B. & Martin, J. E. (1987). Exercise in cardiovascular disease. Behavior Modification, 11, 329–347.

Edwards, A. L. (1957). Versuchsplanung in der Psychologischen Forschung. Eschborn: Verlag der Fachbuchhandlung für Psychologie 1985.

Egan, G. (1975). Der fähige Helfer. Grundformen helfender Beziehungen. Offenbach: Burckardthaus – Laetare 1979.

Elias, N. (1976). Über den Prozeß der Zivilisation. Frankfurt: Suhrkamp.

Ellis, A. (1982). Die rational-emotive Therapie. Das innere Selbstgespräch bei seelischen Problemen und seine Veränderung. München: Pfeiffer.

Elton, D., Stanley, G. & Burrows, G. (1983). Psychological control of pain. New York: Grune & Stratton.

Erikson, E. H. (1950). Kindheit und Gesellschaft. Stuttgart: Klett-Cotta 1984.

Eron, L. D. & Peterson, R. A. (1982). Abnormal behavior: Social approaches. Annual Review of Psychology, 33, 231–264.

Faltermaier, T. (1987). Lebensereignisse und Alltag. München: Profil.

Farquhar, J. W., Maccoby, J. & Solomon, D. S. (1984). Community applications of behavioral medicine. In W. D. Gentry (Ed.), Handbook of behavioral medicine. New York: Guilford Press.

Felner, R. D., Jason, L. A., Moritsugu, J. N. & Farber, S. S. (1983) (Hg.). Preventive psychology. New York: Pergamon.

Fenichel, O. (1945). Psychoanalytische Neurosenlehre. (3 Bände) Berlin: Ullstein 1983.

Ferster, C. B., Nurnberger, J. I. & Levitt, E. E. (1962). The control of eating. Journal of Mathetics, 1, 87–109.

Feuerstein, M. & Gainer, M. (1982). Chronic headache: Etiology and management. In D. M. Doleys, R. L. Meredith & A. R. Ciminero (Eds.), Behavioral medicine: Assessment and treatment strategies. New York: Plenum Press.

Feuerstein, M., Labbé, E. E. & Kuczmierczyk, A. R. (1986). Health psychology: A psychobiological perspective. New York: Plenum Press.

Figueiredo, J. M. de & Frank, J. D. (1982). Subjective incompetence, the clinical hallmark of demoralization. Comprehensive Psychiatry, 23, 325–339.

Filipp, S. (Hg.) (1981). Kritische Lebensereignisse. München: Urban & Schwarzenberg.

Fischer, C.S. (1982). To dwell among friends. Personal networks in town and city. Chicago: The University of Chicago.

Fischer, F. (1969). Irrenhäuser. Kranke klagen an. München: Kurt Desch.

Foreyt, J. P. & Goodrick, G. K. (1981). Weight disorders. In C. J. Golden, S. S. Alcaparras, F. D. Strider & B. Graber (Eds.), Applied techniques in behavioral medicine. New York: Grune & Stratton.

Foucault, M. (1954). Psychologie und Geisteskrankheit. Frankfurt: Suhrkamp 1968.

Foucault, M. (1969). Wahnsinn und Gesellschaft. Frankfurt: Suhrkamp 1973.

Frank, J. D. (1973). Die Heiler. Wirkungsweisen psychotherapeutischer Beeinflussung. Stuttgart: Klett-Cotta 1981.

Frankl, V. E. (1959) ... trotzdem Ja zum Leben sagen. Ein Psychologe erlebt das Konzentrationslager. München: dtv 1977.

Frankl, V. E. (1963). Der Mensch vor der Frage nach dem Sinn. München: Piper 1985.

Freedman, R. F. & Ianni, P. (1986). Raynaud's disease. In K. A. Holroyd & T. L. Creer (Eds.), Self-management of chronic disease. New York: Academic Press.

Freud, A. (1936). Das Ich und die Abwehrmechanismen. Frankfurt: Fischer 1977.

Freud, A. (1971). Heimatlose Kinder. Zur Anwendung psychoanalytischen Wissens auf die Kindererziehung. Frankfurt: Fischer 1982.

Freud, S. (1904). Zur Psychopathologie des Alltagslebens. Gesammelte Werke (GW) IV. Frankfurt: Fischer 1968.

Freud, S. (1905). Drei Abhandlungen zur Sexualtheorie. GW V, a. a. O.

Freud, S. (1909). Analyse der Phobie eines fünfjährigen Knaben. GW VII, a. a. O.

Freud, S. (1915). Mitteilung eines der psychoanalytischen Theorie widersprechenden Falles von Paranoia. GW X, a. a. O.

Freud, S. (1916/1917). Vorlesungen zur Einführung in die Psychoanalyse. GW XI, a. a. O.

Freud, S. (1917). Trauer und Melancholie. GW X, a. a. O.

Freud, S. (1919). Wege der psychoanalytischen Therapie. GW XII, a. a. O.

Freud, S. (1926). Hemmung, Symptom und Angst. GW XIV, a. a. O.

Freud, S. (1938). Die endliche und die unendliche Analyse. GW XVI, a. a. O.

Fried, M. (1969). Social differences in mental health. In J. Kosa, A. Antonovsky & I. K. Zola (Hg.), Poverty and health. Cambridge: Harvard University Press.

Friedman, M. & Rosenman, R. M. (1959). Association of specific overt behavior pattern with blood and cardiovascular findings. Journal of the American Medical Association, 169, 1286.

Friedman, M. & Rosenman, R. M. (1971). CMD incidence during 8 ½ year follow-up according to behavior pattern. Annuals of Clinical Research, 3, 305.

George, W. H. & Marlatt, G. A. (1986). Problem drinking. In K. A. Holroyd & T. L. Creer (Eds.), Self-management of chronic disease. New York: Academic Press.

Gerber, W.-D. (1986). Verhaltensmedizin gynäkologischer Erkrankungen. In W. Miltner, N. Birbaumer & W.-D. Gerber, Verhaltensmedizin. Berlin: Springer.

Gerber, W.-D. (1986). Verhaltensmedizinische Aspekte der Nephrologie und Urologie. In W. Miltner, N. Birbaumer & W.-D. Gerber, Verhaltensmedizin. Berlin: Springer.

Glasgow, R. E. (1986). Smoking. In K. A. Holroyd & T. L. Creer (Eds.), Self-management of chronic disease. New York: Academic Press.

Glasgow, R. E., Schafer, L. & O'Neill, H. K. (1981). Selfhelp books and amount of therapist contact in smoking cessation programs. Journal of Consulting and Clinical Psychology, 49, 659–667.

Glasgow, R. E. & Bernstein, D. A. (1981). Behavioral treatment of smoking behavior. In C. K. Prokop & L. A. Bradley (Eds.), Medical psychology: Contributions to behavioral medicine. New York: Academic Press.

Goffman, E. (1961). Asyle. Über die soziale Situation psychiatrischer Patienten und anderer Insassen. Frankfurt: Suhrkamp 1972.

Goldfried, M. R. & Davison, G. C. (1976). Klinische Verhaltenstherapie. Berlin: Springer 1979.

Gottschick, J. (1975). Der medizinische und der juristische (Gesundheits- und) Krankheitsbegriff. In K. E. Rothschuh (Hg.), Was ist Krankheit? (S. 343–379). Darmstadt: Wissenschaftliche Buchgesellschaft.

Hatch, J. P., Fisher, J. G. & Rugh, J. D. (Eds.) (1987). Biofeedback. Studies in clinical efficacy. New York: Plenum Press.

Haynes, R. B. (1979). Strategies to improve compliance with referrals, appointments, and prescribed medical regimes. In R. B. Haynes, D. W. Taylor & D. L. Sackett (Eds.), Compliance in health care. Baltimore: John Hopkins University Press.

Haynes, R. B., Taylor, D. W. & Sackett, D. L. (1979). Compliance in health care. Baltimore: John Hopkins University Press.

Heiland, C. P. & Freitag, H. O. (1978). Rechtswissenschaftliche Gutachten: Zur psychologischen Behandlung durch nichtärztliche Psychotherapeuten. Tübingen: DGVT.

Helbig, N. (1986). Psychiatriereform und politisch-ökonomische Strukturkrise in der Bundesrepublik Deutschland. Marburg: Verlag Arbeiterbewegung und Gesellschaftswissenschaft.

Heller, J. (1966). Was geschah mit Slocum? Frankfurt: Fischer 1974.

Herd, J. A. (1981). Treatment of cardiovascular disorders. In Ch. A. Prokop & L. A. Bradley (Eds.), Medical psychology: Contributions to behavioral medicine. New York: Academic Press.

Herzog, G. (1985). Krankheits-Urteile. Logik und Geschichte in der Psychiatrie. Rehburg-Loccum: Psychiatrie-Verlag.

Hite, S. (1976). Hite-Report. Das sexuelle Erleben der Frau. München: Bertelsmann 1977.

Hobbs, N. & Perrin, J. M. (Eds.) (1985). Issues in the care of children with chronic illness. San Francisco: Jossey-Bass.

Holland, J. G. (1978). Behaviorism: Part of the problem or part of the solution? Journal of Applied Behavior Analysis, 11, 163–174.

Hollingshead, A. B. (1986). Social class and mental illness. In M. M. Weissman, J. K. Myers & C. E. Ross (Hg.) Community surveys of psychiatric disorders. New Brunswik: Rutgers University Press.

Hollingshead, A. B. & Redlich, F. (1958). Der Sozialcharakter psychischer Störungen. Frankfurt: Fischer 1975.

Holzman, A. D. & Turk, D. C. (Eds.) (1986). Pain management: A handbook of psychological treatment approaches. New York: Pergamon Press.

Honneth, A. & Jonas, H. (1980). Soziales Handeln und menschliche Natur. Frankfurt: Campus.

Horkheimer, M. & Adorno, T. W. (1971). Dialektik der Aufklärung. Frankfurt: Fischer.
Horney, K. (1939). Neue Wege in der Psychoanalyse. Stuttgart: Gustav Kilpper; Frankfurt: Fischer 1977.
Horney, K. (1942). Selbstanalyse. München: Kindler 1974.
Hubert, H. B., Feinleib, M., McNamara, P. M. & Castelli, W. P. (1983). Obesity as an independent risk-factor for cardiovascular disease: A 26-year follow-up of the participants in the Framingham Heart Study. Circulation, 67, 968–977.
Hussian, R. A. (1984). Behavioral geriatrics. In M. Hersen, R. M. Eisler & P. M. Miller (Eds.), Progress in behavior modification, Vol. 16. New York: Academic Press.
Hyde, P. & Pegram, V. (1982). Sleep, sleep disorders, and some behavioral approaches to treatment of insomnia. In D. M. Doleys, R. L. Meredith & A. R. Ciminero (Eds.), Behavioral medicine: Assessment and treatment strategies. New York: Plenum Press.

Jay, S. & Wright, L. (1981). Psychosomatic disorders in children. In C. J. Golden, S. S. Alcaparras, F. D. Strider & B. Graber (Eds.), Applied techniques in behavioral medicine. New York: Grune & Stratton.
Jeavons, C. M. & Zeiner, A. R. (1985). Research update of behavioral interventions for essential hypertension: The role of cognitive factors. In A. R. Zeiner, D. Bendell & C. E. Walker (Eds.), Health psychology: Treatment and research issues. New York: Plenum Press.
Jeger, A. M. & Slotnick, R. S. (Hg.) (1982). Community mental health and behavioral ecology. New York: Plenum Press.
Jervis, G. (1978). Kritisches Handbuch der Psychiatrie. Frankfurt: Syndikat.
Johnson, S. B. (1985). The family and the child with chronic illness. In D. C. Turk & R. D. Kerns (Eds.), Health, illness, and families. New York: Wiley.
Johnston, D. W. (1982). Behavioural treatment in the reduction of coronary risk factors: Type A behaviour and blood pressure. British Journal of Clinical Psychology, 21, 281–294.
Jones, E. (1955). Das Leben und Werk von Sigmund Freud (3 Bände), Bd. 2: Jahre der Reife 1901–1919. Bern: Huber 1982.

Kaplan, B. J. & Wyler, A. R. (1974). Coping with epilepsy. In T. G. Burish & L. A. Bradley (Eds.), Coping with chronic disease: Research and applications. New York: Academic Press.
Kaplan, H. S. (1974). Sexualtherapie. Ein neuer Weg für die Praxis. Stuttgart: Enke 1983.
Kaplan, N. M. (1982). Clinical hypertension. Baltimore: Williams & Wilkins, 3rd. ed.
Kaplan, N. M. (1983). Mild hypertension: When and how to treat. Archives of Internal Medicine, 143, 255–259.
Kardorff, E. v. (1986). Klienten. In G. Rexilius & S. Grubitzsch (Hg.), Psychologie. Reinbek: Rowohlt.
Kargl, W. (1977). Die Jurisprudenz der Geisteskrankheit. Zur juristisch-psychiatrischen ,,Kooperation" in Unterbringungsverfahren. Leviathan, 301–332.
Katschnig, H. (Hg.) (1980). Sozialer Streß und psychische Erkrankung. München: Urban & Schwarzenberg.
Keefe, F. J., Gil, K. M. & Rose, S. C. (1986). Behavioral approaches in the multidisciplinary management of chronic pain: Programs and issues. Clinical Psychology Review, 6, 87–113.
Kendall, P. C., Williams, L., Pechacek, T. F., Graham, L., Shissak, C. & Herzoff, N. (1979). Cognitive-behavioral and patient education interventions in cardiac catheterization procedures: The Palo Alto Medical Psychology Project. Journal of Consulting and Clinical Psychology, 47, 49–85.
Kendall, P. C. & Watson, D. (1981). Psychological preparation for stressfull medical procedures. In C. K. Prokop & L. A. Bradley (Eds.), Medical psychology: Contributions to behavioral medicine. New York: Academic Press.
Kendell, R. E. (1975). Die Diagnose in der Psychiatrie. Stuttgart: Enke 1978.
Keupp, H. (Hg.) (1972). Der Krankheitsmythos in der Psychopathologie. München: Urban & Schwarzenberg.
Keupp, H. (1976). Abweichung und Alltagsroutine. Die Labeling-Perspektive in Theorie und Praxis. Hamburg: Hoffmann & Campe.
Keupp, H. (Hg.) (1979). Normalität und Abweichung. München: Urban & Schwarzenberg.
Keupp, H. (1980). Sozialisation in Institutionen der psychosozialen Versorgung. In K. Hurrelmann & D. Ulich (Hg.), Handbuch der Sozialisationsforschung. Weinheim: Beltz.
Keupp, H. (1987). Psychosoziale Praxis im gesellschaftlichen Umbruch. Bonn: Psychiatrie-Verlag.
Keupp, H. & Röhrle, B. (Hg.) (1987). Soziale Netzwerke. Frankfurt: Campus.
Kickbusch, I. (1983). Vom Verlust des Kontextes und der Leere der Autonomie. In Argument-Sonderband 77 (S. 135–148). Berlin: Argument-Verlag.
Kleiber, D. & Rommelspacher, B. (1986) (Hg.). Die Zukunft des Helfens. München/Weinheim: Psychologie Verlags Union.
Klein, M. (1932). Die Psychoanalyse des Kindes. München: Ernst Reinhardt 1971.
Koch, U. (1982). Psychotherapie im medizinischen Bereich. In U. Baumann, H. Berbalk & G. Seidenstücker (Hg.), Klinische Psychologie: Trends in Forschung und Praxis, 5. Bern: Huber.
Köhler, E. (1977). Arme und Irre. Die liberale Fürsorgepolitik des Bürgertums. Berlin: Wagenbach.
Köhler, Th. (1985). Psychosomatische Störungen. Stuttgart: Kohlhammer.
Kohut, H. (1977). Die Heilung des Selbst. Frankfurt: Suhrkamp, 2. Aufl. 1981.
Kosten, T. R., Jacobs, S. C. & Kasl, S. V. (1985). Terminal illness, bereavement, and the family. In D. C. Turk & R. D. Kerns (Eds.), Health, illness, and families. New York: Wiley.
Krantz, D. S. & Deckel, A. W. (1983). Coping with coronary heart disease and stroke. In T. G. Burish & L. A. Bradley (Eds.), Coping with chronic disease. New York: Academic Press.
Krüskemper, G. M. (1985). Patienten mit rheumatischen Beschwerden. In H.-D. Balser & I. Florin (Hg.), Klinische Psychologie und körperliche Krankheit. Stuttgart: Kohlhammer.
Kuhn, Th. S. (1962). Die Struktur wissenschaftlicher Revolutionen. Frankfurt: Suhrkamp 1973.

Langeluddecke, P. P. (1986). The role of behavioral change procedures in multifactorial coronary heart disease prevention programs. In M. Hersen, R. M. Eisler & P. M. Miller (Eds.), Progress in behavior modification, Vol. 20. New York: Academic Press.
Lankford, D. A. & Herman, S. H. (1982). Geriatric patients. In D. M. Doleys, R. L. Meredith & A. R. Ciminero (Eds.), Behavioral medicine: Assessment and treatment strategies. New York: Plenum Press.
Lasch, C. (1984). The minimal self. Psychic survival in troubled times. New York: Paladin.
Lazarus, R. S. & Folkman, S. (1984). Stress, appraisal, and coping. New York: Springer.

Lazarus, A. A. (1971). Verhaltenstherapie im Übergang. Breitbandmethoden für die Praxis. München: Reinhardt 1978.

Lefebvre, R. C. (1987). Primary prevention of coronary heart disease: A review of multifactor prevention trials. In M. Hersen, R. M. Eisler & P. M. Miller (Eds.), Progress in behavior modification, Vol. 21. London: Sage Publications.

Legewie, H. & Nusselt, L. (Hg.) (1975). Biofeedback-Therapie: Lernmethoden in der Psychosomatik, Neurologie und Rehabilitation. München: Urban & Schwarzenberg.

Leventhal, H., Zimmerman, R. & Gutmann, M. (1984). Compliance: A self-regulation perspective. In W. D. Gentry (Ed.), Handbook of behavioral medicine. New York: Guilford Press.

Levy, S. M. (1981). Treatment of the chronically ill geriatric patient. In C. K. Prokop & L. A. Bradley (Eds.), Medical psychology: Contributions to behavioral medicine. New York: Academic Press.

Levy, R. I. (1981). Declining mortality in coronary heart disease. Atheriosclerosis, 1, 312–327.

Levy, R. I. & Moskowitz, J. (1982). Cardiovascular research: Decades of progress, a decade of promise. Science, 217, 121–128.

Lowen, A. (1958). Körperausdruck und Persönlichkeit. München: Kösel 1985.

Luria, A. R. & Judowitsch, F. J. (1961). Die Funktion der Sprache in der geistigen Entwicklung des Kindes. Berlin: Ullstein 1982.

Lutzker, J. R. & Lazamor, E. A. (1985). Behavioral pediatrics: Research, treatment, recommendations. In M. Hersen, R. M. Eisler & P. M. Miller (Eds.), Progress in behavior modification, Vol. 19. New York: Academic Press.

Maccoby, N., Farquhar, J. W. & Fortman, S. P. (1985). The Community studies of the Stanford Heart Disease Prevention Program. In R. M. Kaplan & M. H. Criqui (Eds.), Behavioral epidemiology and disease prevention. New York: Plenum Press.

Nagri, F. & Schneller, Th. (1985). Psychologische Maßnahmen in der Zahnmedizin. In H.-D. Basler & I. Florin (Hg.), Klinische Psychologie und körperliche Krankheit. Stuttgart: Kohlhammer.

Mahoney, M. J. (1974). Kognitive Verhaltenstherapie. Neue Entwicklungen und Integrationsschritte. München: Pfeiffer 1979.

Mangen, S. P. (1985) (Hg.). Mental health care in the European Community. London: Croom Helm.

Marcuse, H. (1980). Aggressivität in der gegenwärtigen Industriegesellschaft. In H. Dahmer (Hg.), Analytische Sozialpsychologie, Bd. 2. Frankfurt: Suhrkamp.

Martin, J. E., Dubbert, P. M. & Cushman, W. S. (1987). Controlled trial of aerobic exercise in hypertension. Unveröffentlichtes Manuskript (Eingereicht zur Publikation).

Maslow, A. A. (1968). Psychologie des Seins. Ein Entwurf. Frankfurt: Fischer 1978.

Masters, J. C., Cerreto, M. C. & Mendlowitz, D. R. (1983). The role of the family in coping with childhood chronic illness. In T. G. Burish & L. A. Bradley (Eds.), Coping with chronic disease. New York: Academic Press.

Masters, W. H. & Johnson, V. E. (1966). Die sexuelle Reaktion. Reinbek: Rowohlt 1984.

Masters, W. H. & Johnson, V. E. (1970). Impotenz und Anorgasmie. Zur Therapie funktioneller Störungen. Frankfurt: Goverts 1973.

Matarazzo, J. D. (1980). Behavioral health and behavioral medicine. American Psychologist, 37, 1–14.

Matarazzo, J. D. (1984). Behavioral immunogens and pathogens in health and illness. In B. L. Hammonds & C. J. Scheirer (Eds.), Psychology and health. Washington, D. C.: American Psychological Association.

Matthews, K. A. & Krantz, D. S. (1976). Resemblances of twins and their parents in pattern A behavior. Psychosomatic Medicine, 38, 140–144.

Meyer, A. & Beckmann, D. (1985). Psychologie in der Frauenheilkunde. In H.-D. Basler & I. Florin (Hg.), Klinische Psychologie und körperliche Krankheit. Stuttgart: Kohlhammer.

Meyerowitz, B. E., Heinrich, R. L. & Schag, C. C. (1983). A competency-based approach to coping with cancer. In T. G. Burish & L. A. Bradley (Eds.), Coping with chronic disease. New York: Academic Press.

Miltner, W. (1986). Hauterkrankungen und Verbrennungen. In W. Miltner, N. Birbaumer & W.-D. Gerber, Verhaltensmedizin. Berlin: Springer.

Miltner, W. (1986). Rheuma. In W. Miltner, N. Birbaumer & W.-D. Gerber, Verhaltensmedizin. Berlin: Springer.

Minister für Arbeit, Gesundheit und Soziales des Landes Nordrhein-Westfalen (1985). Psychotherapeutisch/heilkundliche Tätigkeit von Diplompsychologen. Runderlaß des Ministers für Arbeit, Gesundheit und Soziales vom 2. 10. 1985.

Möbius, P. (1900). Über Entartung. Wiesbaden.

Mollica, R. F. & Milic, M. (1986). Social class and psychiatric practice: A revision of the Hollingshead and Redlich model. American Journal of Psychiatry, 143, 12–17.

Mollica, R. F. & Redlich, F. (1980). Equity and changing patient characteristics – 1950 to 1975. Archives of General Psychiatry, 37, 1257–1263.

Morris, J. N., Chave, S. P. W., Adam, C., Sirey, C., Epstein, L. & Shedan, D. J. (1973). Vigorous exercise in leisure time and incidence of heart disease. Lancet, 1, 333–336.

Morris, J. N., Pollard, R., Everitt, M. G. & Shave, S. W. (1980). Vigorous exercise in leisure time: Protection against coronary heart disease. Lancet, 8, 1208–1210.

Mostofsky, D. I. & Iguchi, M. Y. (1982). Behavior control of seizure disorders. In D. M. Doleys, R. L. Meredith & A. R. Ciminero (Eds.), Behavioral medicine: Assessment and treatment strategies. New York: Plenum Press.

Murphy, J. M. (1986). Diagnosis, screening, and ‚demoralization': Epidemiologic implications. Psychiatric Developments, 2, 101–133.

Murrell, S. A. (1973). Community psychology and social systems. New York: Behavioral Publications.

Mrozynski, P. (1984). Vormundschaft und Psychischkrankenrecht. Recht & Psychiatrie, 2, 87–94.

Nader, P. R. & Baranowski, T. (1985). A family – based approach to cardiovascular risk reduction education. In R. M. Kaplan & M. H. Criqui (Eds.), Behavioral epidemiology and disease prevention. New York: Plenum Press.

Naughton, J. (1985). Role of physical activity as a secondary intervention for healed myocardial infarction. American Journal of Cardiology, 55, 21D–26D.

Neisser, U. (1976). Kognition und Wirklichkeit. Prinzipien und Implikationen der kognitiven Psychologie. Stuttgart: Klett-Cotta 1979.

Newlin, D. B. (1981). Modifying the Type A behavior pattern. In C. J. Golden, S. S. Alcaparras, F. D. Strider & B. Graber (Eds.), Applied techniques in behavioral medicine. New York: Grune & Stratton.

Nirenberg, T. D., Ersner-Hershfield, S., Sobell, L. C. & Sobell, M. B. (1981). Behavioral treatment of alcohol problems. In C. K. Prokop & L. A. Bradley (Eds.), Medical psychology: Contributions to behavioral medicine. New York: Academic Press.

Nooe, R. M. (1980). A model for integrating theoretical approaches to deviance. Social Work, 25, 366–370.

Osterweis, M., Solomon, F. & Green, M. (Eds.) (1984). Bereavement: Reactions, consequences, and care. Washington, D. C.: National Academy Press.

Parker, L. H. & Cinciripini, P. M. (1984). Behavioral medicine with children: Applications in chronic disease. In M. Hersen, R. M. Eisler & P. M. Miller (Eds.), Progress in behavior modification, Vol. 17. New York: Academic Press.
Parker, F. C., Harsha, D. W., Farris, R. P., Webber, L. S., Frank, G. C. & Berenson, G. S. (1986). Reducing the risk of cardiovascular disease in children. In K. A. Holroyd & T. L. Creer (Eds.), Self-management and chronic disease. New York: Academic Press.
Patel, C. & North, W. R. S. (1976). Randomized controlled trial of yoga and biofeedback in the management of hypertension. Lancet, 2, 93–95.
Patel, C., Marmot, M. G. & Terry, D. J. (1981). Controlled trial of biofeedback-aided behavioural methods in reducing mild hypertension. British Medical Journal, 282, 2005–2008.
Perls, F. S. (1969). Gestalt-Therapie in Aktion. Stuttgart: Klett-Cotta 1979.
Perls, F. S. (1947). Das Ich, der Hunger und die Aggression. Stuttgart: Klett-Cotta 1985.
Perls, F. S., Hefferline, R. F., & Goodman, P. (1951). Gestalt-Therapie. Lebensfreude und Persönlichkeitsentfaltung. Stuttgart: Klett-Cotta 1981.
Perrucci, R. & Targ, D. B. (1982). Mental patients and social networks. Boston: Auburn House.
Pilisuk, M. & Parks, S. (1986). The healing web: Social networks and human survival. Hanover: University Press of New England.
Pinkerton, S. S., Hughes, H. & Wenrich, W. W. (1982). Behavioral medicine: Clinical applications. New York: Wiley.
Pirsig, R. M. (1974). Zen und die Kunst ein Motorrad zu warten. Ein Versuch über Werte. Frankfurt: Fischer 1984.
Pollack, M. L., Wilmore, J. H. & Fox, S. M. (1984). Exercise in health and illness. Philadelphia: W. B. Saunders.
Pomerleau, O. F. & Brady, J. P. (Eds.) (1979). Behavioral medicine: theory and practice. Baltimore: Williams & Wilkins.
Premack, D. (1970). Mechanisms of self-control. In W. A. Hunt (Ed.), Learning and mechanisms of control of smoking. Chicago: Aldine-Atherton.
Pudel, W. (1978). Zur Psychogenese und Therapie der Adipositas. Berlin: Springer.

Rabkin, S. W., Mathewson, F. A. L. & P. W. Hsu (1977). Relation of body weight to development of ischemic heart disease in a cohort of young North American men after a 26 year observation period: The Manitoba Study. American Journal of Cardiology, 39, 452–458.
Rappaport, J. (1984). Seeking justice in the real world. Journal of Community Psychology, 12, 208–216.
Raynak, J. T. (1981). Children's psychosomatic problems: Family interventions. In C. J. Golden, S. S. Alcaparras, F. D. Strider & B. Graber (Eds.), Applied techniques in behavioral medicine. New York: Grune & Stratton.
Redaktionsgruppe Psychiatrie-Ratgeber (1983). Psychiatrie und Recht. Praktischer Ratgeber zur Durchsetzung ihrer Rechte in der Psychiatrie. Bonn: Verlag Kritische Psychologie; Freiburg: Dreisam Verlag, 2. Aufl. 1984.
Redlich, F. & Kellert, S. R. (1978). Trends in American mental health. American Journal of Psychiatry, 135, 22–28.
Reich, W. (1942). Die Entdeckung des Orgons I. Die Funktion des Orgasmus. Frankfurt: Fischer 1969.
Rogers, C. R. (1951). Die klientenzentrierte Gesprächspsychotherapie. Frankfurt: Fischer 1978.
Rogers, C. R. (1961). Entwicklung der Persönlichkeit. Psychotherapie aus der Sicht eines Therapeuten. Stuttgart: Klett-Cotta 1985.
Rogers, C. R. (1970). Encounter Gruppen. Das Erlebnis der menschlichen Begegnung. München: Kindler 1974.
Rosenberg, H. M. & Klebba, A. J. (1979). Trends in cardiovascular mortality with a focus on ischemic heart disease: United States 1950–1976. In R. J. Havlik & M. Feinlieb (Eds.), Proceedings of conference on the decline and coronary heart disease mortality. Washington, D. C.: U. S. Govt. Printing Office.
Roskies, W., Schevack, M., Surkis, A., Cohen, C. & Gilman, S. (1978). Changing the coronary-prone (Type-A) behavior pattern in a nonclinical population. Journal of Behavioral Medicine, 1, 201–216.
Ross, A. O. (1981). Psychische Störungen bei Kindern. Ihre Erforschung, Diagnostizierung und Behandlung. Stuttgart: Hippokrates 1982.

Sackett, D. L. & Haynes, R. B. (1976). Compliance with therapeutic regimes. Baltimore: John Hopkins University Press.
Sackett, D. L. & Snow, J. C. (1979). The magnitude of compliance and noncompliance. In R. B. Haynes, D. W. Taylor & D. L. Sackett (Eds.), Compliance in health care. Baltimore: John Hopkins University Press.
Saphiro, D. (1982). Hypertension from the standpoint of behavioral medicine. In R. S. Surwit, R. B. Williams, A. Steptoe & R. Biersner (Eds.), Behavioral treatment of disease. New York: Plenum Press.
Sallis, J. F., Hill, R. D., Fortman, S. P. & Flora, J. A. (1986). Health behavior change at the worksite: Cardiovascular risk reduction. In M. Hersen, R. M. Eisler & P. M. Miller (Eds.), Progress in behavior modification, Vol. 20. New York: Academic Press.
Sarason, S. B. (1981). Psychology misdirected. New York: Free Press.
Sarbin, T. R. & Mancuso, J. C. (1982). Schizophrenie. Medizinische Diagnose oder moralisches Urteil? München: Urban & Schwarzenberg.
Sauer, O. (1974). Die Neugestaltung des Entmündigungsrechts. Diss. Jur. Marburg.
Savage, M. P., Petratis, M. M., Thompson, W. H., Berg, K., Smith, J. L. & Sady, S. P. (1986). Exercise training effects on serum lipids of prepubescent boys and adult men. Medicine and Science in Sports and Exercise, 18, 197–204.
Schachter, S. (1982). Recidivism and self-cure of smoking and obesity. American Psychologist, 37, 436–444.
Scheff T. J. (1966). Being mentally ill. A sociological theory. New York: Aldine, 2. Aufl. 1984.
Schenk, M. (1984). Soziale Netzwerke und Kommunikation. Tübingen: J. C. B. Mohr.
Schneider, K. (1931) Klinische Psychopathologie. Stuttgart: Thieme, 8. Auflage 1967.
Schofield, W. (1964). Psychotherapy. The purchase of friendship. Englewood Cliffs: Prentice Hall.
Schuler, H. (1980). Ethische Probleme psychologischer Forschung. Göttingen: Verlag für Psychologie.
Schulte, B. (1983). Die Rechte des psychisch Kranken: Das Unterbringungs- bzw. Psychischkrankenrecht. In Deutsche Gesellschaft für Psychiatrie (Hg.), Recht und Psychiatrie (S. 17–57). Rehburg-Loccum: Psychiatrie-Verlag.
Schulte, B. & Trenk-Hinterberger, P. (1979). ,,Psychotherapeut" – ein neuer Heilberuf. Zentralblatt für Sozialversicherung, Sozialhilfe und Versorgung, 11–12.

Schumacher, D. & Schumacher-Merz, I. (1980). Rechtliche Probleme der Psychotherapie-Ausübung. In W. Wittling (Hg.), Handbuch der Klinischen Psychologie, Bd. 6 (S. 177–224). Hamburg: Hoffmann und Campe.
Schwartz, G. E. (1981). A systems analysis of psychobiology and behavior theory: Implications for behavioral medicine. Psychotherapy and Psychosomatics, 36, 159–184.
Schwartz, G. E. (1982). Integrating psychobiology and behavior therapy: A systems perspective. In G. T. Wilson & C. M. Franks (Eds.), Contemporary behavior therapy. New York: Guilford Press.
Schwartz, G. E. (1984). Psychobiology of health: A new synthesis. In B. L. Hammonds & C. J. Scheirer (Eds.), Psychology and health. Washington, D. C.: American Psychological Association.
Schwartz, G. E. & Weiss, S. M. (1978). Yale Conference on behavioral medicine: A proposed definition and statement of goals. Journal of Behavioral Medicine, 1, 3–12.
Scull, A. T. (1977). Die Anstalten öffnen? Decarceration der Irren und Häftlinge. Frankfurt: Campus 1980.
Seligman, M. E. P. (1975). Erlernte Hilflosigkeit. München/Weinheim: Psychologie Verlags Union, 3. Aufl. 1986.
Shrader, W. (1984). Demoralization in modern society: Symptoms and dynamics. Contemporary Crises, 8, 57–81.
Siegrist, J. (1985). Koronargefährdendes Verhalten. In H.-D. Basler & I. Florin (Hg.), Klinische Psychologie und körperliche Krankheit. Stuttgart: Kohlhammer.
Slavson, S. R. (1950). Gruppenpsychotherapie mit Kindern. Göttingen: Vandenhoeck & Ruprecht 1976.
Sloane, R. B., Staples, F. R., Cristol, A. H., Yorkston, N. Y. & Whipple, K. (1975). Analytische Psychotherapie und Verhaltenstherapie. Eine vergleichende Untersuchung. Stuttgart: Enke 1981.
Sloop, E. W. (1977). Urinary disorders. In R. B. Williams & S. D. Gentry (Eds.), Behavioral approaches to medical treatment. Cambridge, Mass.: Ballinger.
Smith, M. L., Glass, G. & Miller, T. (1980). The benefits of psychotherapy. Englewood Cliffs: Prentice Hall.
Snyder, S. H. (1974). Psychose und Gehirnfunktionen. Stuttgart: Hippokrates 1982.
Snyder, K. A. & Nowak, T. C. (1984). Jop loss and demoralization: Do women fare better than men? International Journal of Mental Health, 13, 92–106.
Southam, M. A. & Dunbar, J. (1986). Facilitating patient complicance with medical interventions. In K. A. Holroyd & T. L. Creer (Eds.), Self-management of chronic disease. New York: Academic Press.
Starr, B. D. & Weiner, M. B. (1981). Der Starr-Weiner-Report. Bergisch Gladbach: Bastei-Lübbe 1984.
Steptoe, A. (1982). Control of cardiovascular reactivity and the treatment of hypertension. In R. S. Surwit, R. B. Williams, A. Steptoe & R. Biersner (Eds.), Behavioral treatment of disease. New York: Plenum Press.
Stolz, P. (1986). Der sozialstaatliche Ausbau der deutschen Psychiatriegesetze – Kontrolle durch Fürsorge? Recht & Psychiatrie, 2, 51–59.
Straw, M. K. (1983). Coping with obesity. In T. G. Burish & L. A. Bradley (Eds.), Coping with chronic disease. New York: Academic Press.
Strider, M. A. (1981). Psychological aspects of the clinical management of diabetes. In C. J. Golden, S. S. Alcaparras, F. D. Strider & B. Graber (Eds.), Applied techniques in behavioral medicine. New York: Grune & Stratton.
Stuart, R. B. (1967). Behavioral control of overeating. Behaviour Research and Therapy, 5, 357–365.
Stuart, R. B., Mitchell, Ch. & Jensen, J. A. (1981). Therapeutic options in the management of obesity. In C. K. Prokop & L. A. Bradley (Eds.), Medical psychology: Contributions to behavioral medicine. New York: Academic Press.
Suinn, R. M. (1977). Type A Behavior Pattern. In R. B. Williams & W. D. Gentry (Eds.), Behavioral approaches to medical treatment. Cambridge, Mass.: Ballinger.
Sullivan, H. S. (1953). Die interpersonale Theorie der Psychiatrie. Frankfurt: Fischer 1983.
Szasz, T. S. (1963). Recht, Freiheit und Psychiatrie. Auf dem Wege zum „therapeutischen Staat?“. Frankfurt: Suhrkamp 1980.
Szasz, T. S. (1976). Die Fabrikation des Wahnsinns. Frankfurt: Suhrkamp.
Szasz, T. S. (1978). Psychiatrie – Die verschleierte Macht. Frankfurt: Suhrkamp.

Temoshok, L., Dyke, C. V. & Zegans, L. S. (1983). Emotions in health and illness: Theoretical and research foundations. New York: Grune & Stratton.
Thoits, P. A. (1986). Social support as coping assistance. Journal of Consulting and Clinical Psychology, 54, 416–423.
Thoresen, C. E., Friedman, M., Gill, H. K. & Ulmer, D. K. (1982). The recurrent coronary prevention project: Some preliminary findings. Acta Medica Scandinavica, 660, 172–192.
Tillich, P. (1952). Das neue Sein. In Tillich-Auswahl (3 Bde), Bd. 1. Gütersloh: Mohn 1980.
Traue, H. C. (1986). Behavioral Medicine – Verhaltensmedizin. Psychologische Rundschau, 37, 195–208.
Trojan, A. (1986). Wissen ist Macht. Frankfurt: Fischer.
Turk, D. C., Meichenbaum, D. & Genest, M. (1983). Pain and behavioral medicine: A cognitive-behavioral perspective. New York: Guilford Press.
Turk, D. C. & Speers, M. A. (1983). Diabetes Mellitus: A cognitive-functional analysis of stress. In T. G. Burish & L. A. Bradley (Eds.), Coping with chronic disease: Research and applications. New York: Academic Press.
Turner, S. M. & Morrison, R. L. (1982). Movement disorders. In D. M. Doleys, R. L. Meredith & A. R. Ciminero (Eds.), Behavioral medicine: Assessment and treatment strategies. New York: Plenum Press.
Tzagournis, M. (1977). Serum triglycerides and obesity. Obesity/Bariatric Medicine, 63, 88–93.

Uexküll, T. v. (1981). Lehrbuch der psychosomatischen Medizin. München: Urban & Schwarzenberg, 2. Aufl.
Ulich, D. (1987). Krise und Entwicklung. Zur Psychologie der seelischen Gesundheit. München/Weinheim: Psychologie Verlags Union.
Ullmann, L. P. & Krasner, L. (1969). A psychological approach to abnormal behavior. Englewood Cliffs: Prentice Hall.
U.S. Public Health Service (1979). Smoking and health: A report on the surgeon General (DHEW Publication No. PHS 79-50066). Washington D.C.: U.S. Government Printing Office.

Wachtel, P. L. (1977). Psychoanalyse und Verhaltenstherapie. Ein Plädoyer für ihre Integration. Stuttgart: Klett-Cotta 1981.
Wallach, M. A. & Wallach, L. (1983). Psychology's sanction of selfishness. San Francisco: Freeman.
Watzlawick, P., Weakland, J. H. & Fisch, R. (1974). Lösungen. Zur Theorie und Praxis menschlichen Wandels. Bern: Huber.
Weber, M. (1963). Die protestantische Ethik und der Geist des Kapitalismus. In ders., Gesammelte Aufsätze zur Religionssoziologie I. Tübingen: J. C. B. Mohr.

Weik, T. (1987). Umschichtungen. Erfolge und Mißerfolge der Gemeindepsychiatrie. München: AG SPAK.
Weiner, B. (1971). Wirkung von Erfolg und Mißerfolg auf die Leistung. Stuttgart: Klett 1975.
Weissman, M. M., Myers, J. K. & Ross, C. E. (Hg.) (1986). Community surveys of psychiatric disorders. New Brunswik: Rutgers University Press.
Wellisch, D. K. (1981). Intervention with the cancer patient. In C. K. Prokop & L. A. Bradley (Eds.), Medical psychology: Contributions to behavioral medicine. New York: Academic Press.
Wells, K. C. & Copeland, B. (1985). Childhood and adolescent obesity: Progress in behavioral assessment and treatment. In M. Hersen, R. M. Eisler & P. M. Miller (Eds.), Progress in behavior modification, Vol. 19. New York: Academic Press.
Wenger, N. K., Hellerstein, H. K., Blackburn, H. & Castranova, S. J. (1982). Physician practice in the management of patients with uncomplicated myocardial infarction: Changes in the past decade. Circulation, 65, 421–427.
Whitehead, W. E. (1986). Gastrointestinal disorders. In K. A. Holroyd & T. L. Creer (Eds.), Self-management of chronic disease. New York: Academic Press.
Wiennand, M. W. (1982). Psychotherapie, Recht und Ethik. Weinheim: Beltz.
Williams, R. B. (1977). Headache. In R. B. Williams & W. D. Gentry (Eds.), Behavioral approaches to medical treatment. Cambridge, Mass.: Ballinger.
Williamson, D. A., Davis, C. J. & Ruggiero, L. (1987). Eating disorders. In R. L. Morrison & A. S. Bellack (Eds.), Medical factors and psychological disorders. New York: Plenum Press.

Yates, A. J. (1980). Biofeedback and the modification of behavior. New York: Plenum Press.
Yoder, J. (Hg.) (1985). Support networks in a caring community. Dordrecht: Nijhoff.

Zegans, L. S. (1983). Emotions in health and illness: An attempt at integration. In L. Temoshok, C. V. Dyke & L. S. Zegans (Eds.), Emotions in health and illness. Theoretical and research foundations. New York: Grune & Stratton.
Zeiner, A. R., Bendell, D. & Walker, C. E. (1985). Health psychology: Treatment and research issues. New York: Plenum Press.
Ziesat, H. A. (1981). Behavioral approaches to the treatment of chronic pain. In C. K. Prokop & L. A. Bradley (Eds.), Medical psychology: Contributions to behavioral medicine. New York: Academic Press.

Sachverzeichnis

Personenverzeichnis

Bildnachweis

Kapitel 1
S. 7: The Bettmann Archive. S. 9: The New York Public Library. S. 10: Bildarchiv Preussischer Kulturbesitz (links oben); H. Roger-Viollet (links unten); Radio Times Hulton Picture Library (rechts unten). S. 11: H. Roger-Viollet. S. 12: The Bettmann Archive. S. 13: P. Boyer und S. Nissenbaum, „Ergotism: The Satan Loosed in Salem?" Caporal, L. R., Science, Band 192, S. 21–66. Abb. 1, 2. April 1976. Copyright 1976 American Association for the Advancement of Science. S. 17: Radio Times Hulton Picture Library. S. 18: Bulloz/Art Reference Bureau (oben); The Historical Society of Pennsylvania (unten). S. 21: H. Roger-Viollet. S. 23: News and Publication Service, Stanford University. S. 25: The Bettmann Archive.

Kapitel 2
S. 38: The Bettmann Archive (oben); Edmund Engelman (unten). S. 39: Edmund Engelman. S. 41: mit freundlicher Erlaubnis von Weidenfeld und Nicolson. S. 44: Alan Carey/The Image Works (oben); Michael Weisbrot und Familie (unten). S. 48, 50: Culver Pictures. S. 51: J. R. Holland/Stock, Boston. S. 60: Michael Rougier/Life Magazine © Time, Inc.

Kapitel 2a
S. 74: American Journal of Community Psychology 1981. S. 88: Manfred Lowack, Offenbach (links oben); Jerry Bauer, Rom (rechts oben); Suhrkamp Verlag, Frankfurt/M. (links und rechts unten).

Kapitel 3
S. 97: Leonard Freed/Magnum (oben); Linda Ferrer, 1981/Woodfin Camp (unten). S. 101: Steven Hansen/Stock, Boston (oben); Peter Southwick/Stock, Boston (unten).

Kapitel 4
S. 109: Copyright 1943 President and Fellows of Harvard College; copyright © 1971 Henry A. Murray. S. 111: mit freundlicher Erlaubnis von Dr. Henri F. Ellenberger. S. 119: Bohdan Hrynewych/Stock, Boston. S. 126: Michal Heron/Woodfin Camp (oben); Merrim/Monkmeyer Press Photo (unten). S. 129: mit freundlicher Erlaubnis von Daniel O'Leary, Foto von Stella Kupferberg. S. 135: Foto von Charlyce Jones.

Kapitel 5
S. 143: Springer/Bettmann Film Archive. S. 149: George Malave/Stock, Boston. S. 150: David S. Strickler/The Picture Cube. S. 153: Harry F. Harlow, Regional Primate Research Center.

Kapitel 6
S. 163: © 1972 Charles Addams/The New Yorker Magazine, Inc. S. 166: Jeff Albertson/Stock, Boston. S. 174: David M. Grossman. S. 177: Enrico Ferorelli/Dot. S. 183: The Bettmann Archive. S. 185: Tom Ballard/EKM-Nepenthe.

Kapitel 7
S. 204: © Menschenfreund. S. 212: Barbara Alper (links); David McCullin/Magnum (rechts). S. 213: © 1981 Francino/The New Yorker Magazine, Inc. S. 219: Michal Heron.

Kapitel 8
S. 222: mit freundlicher Erlaubnis des Central Museum der Gemeente, Utrecht. S. 225: Michael Weisbrot und Familie (oben und unten links); Rose Skytta/Jeroboam (oben rechts); Randy Matusow (unten rechts). S. 232: Dr. Jeanne M. Riddle, Dept. of Pathology, Wayne State University-School of Medicine, Detroit, Michigan (oben); Sidney Harris (unten). S. 233: Fred Ward/Black Star. S. 236: Sepp Seitz, 1980/Woodfin Camp. S. 239: American Heart Association. S. 242: Sidney Harris. S. 243: © 1983 Handelsman/The New Yorker Magazine, Inc. S. 250: Ken Robert Buck/The Picture Cube.

Kapitel 9
S. 259: Bruce Davidson/Magnum. S. 263: Rhoda Sidney/Monkmeyer Press Photo. S. 271: Mark Antman/The Image Works. S. 273: Mark Antman/The Image Works. S. 285: © 1980 Hazel Hankin. S. 286: Jean Weyrich, Luxemburg. S. 290: Sandra Johnson, 1983/The Picture Cube. S. 293: UPI/Bettmann Newsphotos. S. 294: © 1980 Hazel Hankin.

Kapitel 10
S. 304: © 1975 Stevenson/The New Yorker Magazine, Inc. S. 310: Ellis Herwig/The Picture Cube. S. 312: David Powers/Stock, Boston. S. 317: © 1978 William L. Apple. S. 318: Michael Douglas/The Image Works. S. 321: Ethan Hoffman/Archive Pictures, Inc.

Kapitel 11
S. 329: Mark Antman/The Image Works (oben); Etienne Montes/Gamma/Liaison (unten). S. 332: Culver Pictures. S. 335: Janice Fullman/The Picture Cube. S. 343: The Bettmann Archive. S. 344: Cary Wolinsky/Stock, Boston (oben links); Louise Gubb/Gamma/Liaison (unten); Eric Kroll/Taurus (oben rechts). S. 351: R. Alcorn/Gamma/Liaison. S. 354: Owen Franken/Stock, Boston. S. 359: Culver Pictures.

Kapitel 12
S. 376: UPI/Bettmann Newsphotos (links); Robin Laurence/NYT Pictures (rechts). S. 381: Sidney Harris. S. 383: Giancarlo Botti/Sygma. S. 386: Mary Stuart Lang. S. 395: © 1974 Charles Addams/The New Yorker Magazine, Inc. S. 396: Katherine Lambert. S. 401: Wide World Fotos.

Kapitel 13
S. 404: The Bettmann Archive. S. 407: Ira Wyman/Sygma. S. 413: Hella Hammid/Rapho-Photo Researchers, Inc. S. 418: Paul Fortin/Stock, Boston. S. 420: Andrew Brilliant/The Picture Cube.

Kapitel 14
S. 430: Radio Times Hulton Picture Library. S. 431: The Bettmann Archive. S. 436: mit freundlicher Erlaubnis von Heidi Schneider. S. 437: © 1982 Sempé/The New Yorker Magazine, Inc. S. 439: Professor Harvey Trager, Jane Addams College of Social Work, University of Illinois. S. 440: Grunnitus/Monkmeyr Press Photo. S. 453: mit freundlicher Erlaubnis von David Rosenthal. S. 455: Christopher S. Johnson. S. 460: David R. Weinberger, M. D./Dept. of Health and Human Services/NIMH. S. 463: P. Schön Jensen. S. 464: Michael Weisbrot.

Kapitel 15
S. 489: Michael Weisbrot. S. 492: mit freundlicher Erlaubnis von Albert Bandura, Stanford University. S. 501: © 1980 Ann Chwatsky/Black Star. S. 503: © 1982 Susan Rosenberg/Photo Researchers, Inc. S. 504: William E. Sauro/NYT Pictures. S. 507: © 1979 Michal Heron/Monkmeyer Press. Photo.

Kapitel 16
S. 519: Catherine Ursillo/Photo Researchers, Inc. S. 520: Meri Houtchens-Kitchens/The Picture Cube. S. 526, 527: © Bruce Roberts/Photo Researchers, Inc. S. 528: © 1982 Sepp Seitz/Woodfin Camp. S. 529: F. Stop/Taurus Photos. S. 533: Ellis Herwig/Stock, Boston. S. 535: Dean Abramson/Stock. S. 539: Steve Potter/Stock, Boston. S. 548: Alan Carey/The Image Works.

Kapitel 17
S. 555: Culver Pictures (links); Bettye Lane/Photo Researchers, Inc. (rechts). S. 558: Marilyn Sanders/Peter Arnold (oben rechts); Erika Stone/Peter Arnold (oben links); Sybil Shelton/Peter Arnold (unten links); Patrick Ward/Stock, Boston (unten rechts). S. 561: Timothy Eagan/Woodfin Camp. S. 570: Ira Wyman/Sygma. S. 579: Nancy Durrell McKenna/Photo Researchers, Inc. S. 590: Frank Siteman/The Picture Cube. S. 594: Sybil Shelton/Peter Arnold (oben); © Ulrike Welsch (unten). S. 599: Erika Stone/Photo Researchers, Inc.

Kapitel 18
S. 606: Bob Kalman/The Image Works, Inc. (oben); Alan Carey/The Image Works (unten). S. 607: Ann McQueen/Stock, Boston (oben links); © 1983 Richard Wood/The Picture Cube (oben rechts); Peter Vandermark/Stock, Boston (unten). S. 608: H. W. Sylvester/Rapho-Photo Researchers. S. 611: Judith D. Sedwick/The Picture Cube. S. 612: © 1976 Whitney Darrow, Jr./The New Yorker Magazine, Inc. S. 616: AP/Wide World Photos. S. 628: The Bettmann Archive. S. 631: Harriet F. Schenker/Gestalt Institute of Cleveland. S. 633: Paul Fusco/© Magnum Photos.

Kapitel 19
S. 641: Public Relations Dept./Temple University Health Sciences Center. S. 643: Don Hogan Charles/The New York Times. S. 644: Korody/Sygma. S. 657: mit freundlicher Erlaubnis von Albert Bandura. S. 659: Institute for Rational-Emotive Therapy. S. 669: Richard Wood/The Picture Cube.

Kapitel 20
S. 691: © 1981 Ira Berger. S. 696: Richard Kalvar/Magnum Photos. S. 701: © 1971 Geo, Price/The New Yorker Magazine, Inc. S. 703: Linda Ferrer/Woodfin Camp.

Kapitel 20a
S. 726: mit freundlicher Genehmigung der Aktion Psychisch Kranke e. V., Bonn und Frau Renate Triltsch.

Kapitel 21b
S. 760: Bruce Roberts/Photo Researchers, Inc. (oben); David S. Strickler/The Picture Cube (unten).

Zwischenblätter
S. 1 (Teil I): Ernest Trova, Study/Falling Man # 25, 1963. Abrams Family Collection. S. 159 (Teil II): James Strombotne, The Group, 1960. Collection of The Whitney Museum of American Art, New York. Juliana Force Purchase. S. 299 (Teil III): Edvard Munch, Ashes, 1894. Nasjonalgalleriet, Oslo. S. 427 (Teil IV): Frederico Castellón, The Dark Figure, 1938. Collection of The Whitney Museum of American Art, New York. S. 473 (Teil V): Karel Appel, Child with Birds, 1950. Oil on canvas, 39 1/2″ × 39 3/4″. Collection, The Museum of Modern Art, New York. Mr. and Mrs. Willam B. Jaffe Fund. S. 603 (Teil VI): Oskar Schlemmer, Four Figures in a Room, 1925. Öffentliche Kunstsammlung, Kunstmuseum, Basel.

Angaben zu den Autoren

Gerald C. Davison, Ph.D., ist Lehrstuhlinhaber und Professor für Psychologie an der University of Southern California, Los Angeles. Er erwarb seinen B.A. 1961 in Harvard. 1966 bis 1979 war er an der psychologischen Fakultät der State University of New York, Stony Brook; 1969 bis 1970 hatte er eine außerordentliche Gastprofessur an der Stanford University (wo er 1965 seinen Doktortitel erhielt) inne und arbeitete von 1975 bis 1976 am National Institute of Mental Health in Harvard. Er hat zahlreiche Arbeiten auf dem allgemeinen Gebiet der Verhaltenstherapie und Persönlichkeitsforschung veröffentlicht, insbesondere zu theoretischen und philosophischen Themen. Davison ist Mitautor von Clinical Behavior Therapy (1976) und Case Studies in Abnormal Psychology (2. Aufl. 1986). Er war Präsident der Association for Advancement of Behavior Therapy und hatte als Mitglied der American Psychological Association dort verschiedene Ehrenämter inne. Davison ist im Herausgeberbeirat von mehreren Fachzeitschriften, u. a. von Journal of Consulting and Clinical Psychology, Behavior Research und Cognitive Therapy and Research. Sein gegenwärtiges Forschungsinteresse gilt der Beziehung zwischen Wahrnehmung und einer Vielzahl von Verhaltens- und Gefühlszuständen. Neben Lehre und Forschung ist er als praktizierender Klinischer Psychologe tätig. Anschrift: University of Southern California, Department of Psychology, Seeley G. Mudd Building, University Park, Los Angeles, California 90089-1061, USA

John M. Neale, Ph.D., Professor für Psychologie an der State University, Stony Brook. 1965 erwarb er seinen B.A. an der University of Toronto und 1969 seinen Doktortitel an der Vanderbilt University. Danach war er ein Jahr am Neuropsychiatrischen Institut Langley Porter im Bereich der Medizinischen Psychologie tätig. Sein hauptsächliches Forschungsinteresse gilt der Psychopathologie sowie den Wirkungen von Streß auf Gesundheit und Immunsystem. Für seine Forschung über Schizophrenie wurde er 1974 mit dem Early Career Award der American Psychological Association ausgezeichnet. Er ist im Herausgeberbeirat von mehreren Fachzeitschriften, u. a. von Journal of Abnormal Psychology und durch zahlreiche Veröffentlichungen hervorgetreten, so als Autor und Mitautor von fünf Büchern: Science and Behavior: An Introduction to Methods of Research; The Early Window: Effects of Television on Children and Youth; Psychology; Case Studies in Abnormal Psychology (2. Aufl. 1986) und Schizophrenia. Zuletzt leitete er ein neues gesundheitspsychologisches Programm in Stony Brook. Anschrift: State University of New York at Stony Brook, Department of Psychology, Stony Brook, N. Y. 11794, USA

Angaben zu den Beiträgern

Dr. Steffen Fliegel, geb. 1948, Dipl.-Psych., Promotion im Bereich Klinische Psychologie/Verhaltenstherapie an der Universität Bochum. Mitglied des Leitungsteams einer Psychosomatischen Klinik für Kinder und Jugendliche. Arbeitsschwerpunkte: Verhaltenstherapie, Psychosomatik, Aids, Gesundheitsversorgung. Wichtige Veröffentlichung: Verhaltenstherapeutische Standardmethoden (zusammen mit Groeger, Künzel, Schulte und Sorgatz 1981). Anschrift: DRK-Reha-Klinik, Lindenstr. 4, 5483 Bad Neuenahr-Ahrweiler

Dr. Alexa Franke, Dr. phil., Dipl.-Psych. Arbeitete im Bereich Klinische Psychologie sehr lange an verschiedenen Universitäten. Arbeitsschwerpunkte: Psychotherapie und Verhaltenstherapie, vor allem Behandlung von Patienten mit psychosomatischen Beschwerden; Gesundheitspolitik. Seit 1987 Leitende Psychologin an einer Klinik für Psychosomatik und Verhaltensmedizin. Wichtige Veröffentlichung: Gruppentraining gegen psychosomatische Störungen (1984). Anschrift: Klinik Berus, Zentrum für Psychosomatik und Verhaltensmedizin, Oranastr. 55, 6636 Überhern-Berus

Professor Dr. Heiner Keupp, geb. 1943, Dipl.-Psych., Dr. phil., Habilitation in Psychologie, Professor für Sozialpsychologie am Institut der Universität München. Arbeitsschwerpunkte: Devianzforschung, Sozialepidemiologie, Gemeindepsychologie und Alternativen in der Sozialpsychologie. Wichtige Veröffentlichungen: Psychosoziale Praxis (zusammen mit Rerrich 1982), Soziale Netzwerke (zusammen mit Röhrle 1986). Anschrift: Institut für Psychologie, Sozialpsychologische Abteilung, Universität München, Leopoldstr. 13, 8000 München 40

Professor Dr. Hans Reinecker, geb. 1947, Professor für Klinische Psychologie an der Universität Bamberg. Arbeits- und Forschungsschwerpunkte: Grundlagen Klinischer Psychologie, Kognitive Verhaltenstherapie, Selbstkontrolle und Selbstmanagement, Therapie neurotischer und psychosomatischer Störungen, differentielle Verlaufs- und Interaktionsanalysen. Wichtige Veröffentlichung: Grundlagen der Verhaltenstherapie (1987). Anschrift: Universität Bamberg, Lehrstuhl Klinische Psychologie, Postfach 1549, Markusstr. 6, 8600 Bamberg